※ 党和国家领导人参加首都义务植树活动

2012年4月3日，党和国家领导人胡锦涛、吴邦国、温家宝、贾庆林、李长春、习近平、李克强、贺国强、周永康来到北京市丰台区永定河畔参加首都义务植树活动。这是胡锦涛同大家一起植树。

（新华社记者兰红光　摄）

※ 2012年11月6日，贾庆林出席绿色经济与包容发展高层论坛，并会见各国代表和使节。

（贾达明　摄）

※ 2011年11月7日，贾治邦出席亚太林业周开幕式并发言。　（贾达明　摄）

※ 2011年9月8日，赵树丛与国际友人参加植树活动。（贾达明　摄）

※ 2011年1月4日，祝列克在新闻发布会上介绍我国荒漠化和沙化监测及防沙治沙情况。
（李惠均　摄）

※ 2011年11月3日，张建龙赴义乌参观第二届中国国际林业产业博览会暨第四届中国义乌国际森林产品博览会。（中国林业网　供图）

※ 2011年9月15日，印红会见美国中国园基金会主席鲍勃斯多曼一行。（贾达明　摄）

※ 2011年4月18日，孙扎根在扑救河北抚宁森林火灾现场。　　（中国绿色时报　提供）

※ 2011年4月，陈述贤考察陕西省铜川市退耕还林工作。　　（赵玉涛　提供）

※ 2011年4月28日，张永利在北京军区商都义务植树基地植树。（贾达明　摄）

※ 2011年6月28日，陈凤学考察吉林森工集团。（刘广平　摄）

※ 2011年7月8日，杜永胜在广东检查森林防火工作。　　　　　　　　（防火办　提供）

CHINA FORESTRY
YEARBOOK

中国林业
年鉴
2012

中国林业出版社

图书在版编目（CIP）数据

中国林业年鉴. 2012 / 国家林业局编纂. －北京：中国林业出版社, 2013.7
ISBN 978-7-5038-7110-8
Ⅰ. ①中… Ⅱ. ①国… Ⅲ. ①林业－中国－2012－年鉴
Ⅳ. ①F326.2-54
中国版本图书馆CIP数据核字(2013)第151438号

出　版：中国林业出版社（100009 北京西城区德内大街刘海胡同7号）
网　址：http://lycb.forestry.gov.cn
E-mail：cfybook@163.com　　电　话：+8610-83223789
发　行：中国林业出版社
印　刷：北京中科印刷有限公司
版　次：2013年7月第1版
印　次：2013年7月第1次
开　本：880mm×1230mm　1/16
印　张：45
彩　插：24
字　数：1750千字
定　价：300.00元

中国林业年鉴编辑委员会 ◎

孟宪林　国家林业局濒危物种进出口管理中心常务副主任
孙国吉　国家林业局天然林保护工程管理中心主任
潘迎珍　国家林业局西北华北东北防护林建设局局长
周鸿升　国家林业局退耕还林（草）工程管理中心主任
刘　拓　国家林业局防治荒漠化管理中心主任
闫　振　国家林业局世界银行贷款项目管理中心（速丰办）主任
胡章翠　国家林业局科技发展中心主任
刘东生　国家林业局经济发展研究中心主任
黄正秋　国家林业局人才交流开发中心主任
苏　明　国家林业局对外合作项目中心常务副主任
焦德发　国家林业局森林防火预警监测信息中心主任
张松丹　国家林业局森林资源监督管理办公室副主任
马广仁　国家林业局湿地保护管理中心主任
张守攻　中国林业科学研究院院长
王忠武　国家林业局调查规划设计院院长
郭青俊　国家林业局林产工业规划设计院院长
李向阳　国家林业局管理干部学院党委书记
柏章良　中国绿色时报社社长
岳永德　国家林业局国际竹藤中心常务副主任
鲁　德　亚太森林网络管理中心常务副主任
赵良平　中国林学会副理事长兼秘书长
臧春林　中国野生动物保护协会秘书长
刘　红　中国花卉协会秘书长
陈　蓬　中国绿化基金会副秘书长兼办公室主任
王　满　中国林业产业联合会秘书长
李怒云　中国绿色碳汇基金会秘书长
刘树人　国家林业局驻内蒙古自治区森林资源监督专员办事处（中华人民共和国濒危物种进出口管理办公室内蒙古自治区办事处）专员（主任）
王志高　国家林业局驻长春森林资源监督专员办事处（中华人民共和国濒危物种进出口管理办公室长春办事处）专员（主任）
赵恩举　国家林业局驻黑龙江省森林资源监督专员办事处（中华人民共和国濒危物种进出口管理办公室黑龙江省办事处）专员（主任）
蒋周明　国家林业局驻大兴安岭森林资源监督专员办事处专员
付　贵　国家林业局驻成都森林资源监督专员办事处（中华人民共和国濒危物种进出口管理办公室成都办事处）专员（主任）
万兆奇　国家林业局驻云南省森林资源监督专员办事处（中华人民共和国濒危物种进出口管理办公室云南省办事处）专员（主任）

冯树清　国家林业局驻福州森林资源监督专员办事处（中华人民共和国濒危物种进出口管理办公室福州办事处）专员（主任）
侯　龙　国家林业局驻西安森林资源监督专员办事处（中华人民共和国濒危物种进出口管理办公室西安办事处）专员（主任）
何美成　国家林业局驻武汉森林资源监督专员办事处（中华人民共和国濒危物种进出口管理办公室武汉办事处）专员（主任）
康晓达　国家林业局驻贵阳森林资源监督专员办事处（中华人民共和国濒危物种进出口管理办公室贵阳办事处）专员（主任）
许　辉　国家林业局驻广州森林资源监督专员办事处（中华人民共和国濒危物种进出口管理办公室广州办事处）专员（主任）
薛全福　国家林业局驻合肥森林资源监督专员办事处（中华人民共和国濒危物种进出口管理办公室合肥办事处）专员（主任）
刘家顺　国家林业局驻乌鲁木齐森林资源监督专员办事处（中华人民共和国濒危物种进出口管理办公室乌鲁木齐办事处）专员（主任）
程　鹏　国家林业局驻上海森林资源监督专员办事处（中华人民共和国濒危物种进出口管理办公室上海办事处）专员（主任）
向可文　国家林业局驻北京森林资源监督专员办事处（中华人民共和国濒危物种进出口管理办公室北京办事处）副专员（副主任）
马爱国　国家林业局森林病虫害防治总站总站长
张惠新　国家林业局北方航空护林总站总站长
郝佩和　国家林业局南方航空护林总站总站长
王邱文　南京森林警察学院党委书记
傅宾领　国家林业局华东林业调查规划设计院院长
周光辉　国家林业局中南林业调查规划设计院院长
张　翼　国家林业局西北林业调查规划设计院院长
唐芳林　国家林业局昆明勘察设计院院长
徐元鸿　武警森林指挥部政治部主任

特约委员

邓乃平　北京市园林绿化局局长
张宗启　天津市林业局局长
王金品　河北省林业厅纪检组组长
李永林　山西省林业厅厅长
高锡林　内蒙古自治区林业厅厅长
曹　元　辽宁省林业厅厅长
张德新　吉林省林业厅厅长
蔡炳华　黑龙江省林业厅厅长
马云安　上海市绿化和市容管理局局长

夏春胜	江苏省林业局局长
楼国华	浙江省林业厅厅长
程中才	安徽省林业厅厅长
陈家东	福建省林业厅厅长
阎钢早	江西省林业厅厅长
贾崇福	山东省林业厅厅长
刘有富	河南省林业厅副厅长
王海涛	湖北省林业厅厅长
邓三龙	湖南省林业厅厅长
张育文	广东省林业厅厅长
陈秋华	广西壮族自治区林业厅厅长
关进平	海南省林业厅厅长
吴　亚	重庆市林业局局长
王　平	四川省林业厅厅长
黄永昌	贵州省林业厅机关党委书记
陈玉侯	云南省林业厅厅长
雷桂龙	西藏自治区林业厅厅长
李三原	陕西省林业厅厅长
赵建林	甘肃省林业厅副厅长
党晓勇	青海省林业厅厅长
王文宇	宁夏回族自治区林业局党组书记、局长
彭小明	新疆维吾尔自治区林业厅党委委员、政治部主任
杨江勇	新疆生产建设兵团林业局局长
张学勤	中国内蒙古森林工业集团公司董事长
贾玉霞	中国吉林森林工业集团有限责任公司纪委书记
李文达	黑龙江省森林工业总局巡视员
单增庆	大兴安岭林业集团公司行署专员
宋维明	北京林业大学校长
杨传平	东北林业大学校长
曹福亮	南京林业大学校长
周先雁	中南林业科技大学校长
赵　忠	西北农林科技大学常务副校长
刘惠民	西南林业大学校长

中国林业年鉴特约编辑 ◎

国家林业局办公室	涂先喜
国家林业局政策法规司	周金锋
国家林业局造林绿化管理司	覃庆锋
全国绿化委员办公室	周力军
国家林业局森林资源管理司	杨　净
国家林业局野生动植物保护与自然保护区管理司	张云毅
国家林业局农村林业改革发展司	邢　红
国家林业局森林公安局	王金海
国家林业局发展规划与资金管理司	刘建杰
	袁卫国
	孔　卓
国家林业局科学技术司	谢春华
国家林业局国际合作司	黄一川
国家林业局人事司	段兆刚
国家林业局直属机关党委	冷　鹏
中央纪委、监察部驻国家林业局纪检组、监察局	唐长宏
国家林业局信息中心	冯峻极
国家林业局国有林场和林木种苗工作总站	隗合飞
国家林业局林业工作站管理总站	许　绠
国家林业局林业基金管理总站	刘文萍
国家林业局宣传办公室	曹　靖
国家林业局濒危物种进出口管理中心	张　旗
国家林业局天然林保护工程管理办公室	徐　鹏
国家林业局西北华北东北防护林建设局	刘　冰
国家林业局退耕还林工程管理办公室	汪飞跃
国家林业局防治荒漠化管理中心	林　琼
国家林业局世界银行贷款项目管理中心	马　藜
国家林业局科技发展中心	龚玉梅
国家林业局经济发展研究中心	菅宁红
国家林业局人才交流开发中心	何乐观
国家林业局对外合作项目中心	孙念军
国家林业局湿地保护管理中心	王隆富
国家林业局森林资源监督管理办公室	董　冶
亚太森林网络管理中心	庄作峰
中国林业科学研究院	林泽攀
国家林业局调查规划设计院	赵有贤
国家林业局林产工业规划设计院	田健夫
国家林业局管理干部学院	潘世英
中国绿色时报社	蔡　鸿
中国林业出版社	段植林
国家林业局竹藤中心	王　刚
中国林学会	刘合胜
中国野生动物保护协会	王晓婷
中国花卉协会	宿友民
中国绿化基金会	费　勇
中国林业产业联合会	白会学
国家林业局森林病虫害防治总站	闫　峻
国家林业局北方航空护林总站	黄丽梅
国家林业局南方航空护林总站	杨　林
南京森林警察学院	夏桂林
国家林业局华东林业调查规划设计院	楼　毅

国家林业局中南林业调查规划设计院　齐建文
国家林业局西北林业调查规划设计院　王义贵
国家林业局昆明勘察设计院　张凤仙
武警森林指挥部　管黎丽
北京市园林绿化局　黄桂林
天津市林业局　王　浩
河北省林业厅　袁　媛
山西省林业厅　谢英杰
内蒙古自治区林业厅　张爱军
辽宁省林业厅　王树森
吉林省林业厅　刘　明
黑龙江省林业厅　崔祥娟
上海市绿化和市容管理局　胡建文
江苏省林业局　吴小巧
浙江省林业厅　肖　林
安徽省林业厅　王小明
福建省林业厅　林　萍
江西省林业厅　钟传宇
山东省林业厅　刁训禄
河南省林业厅　杨晓周
湖北省林业厅　彭锦云
湖南省林业厅　李邵平
广东省林业厅　欧阳学工
广西壮族自治区林业厅　李巧玉
海南省林业厅　慕立忠
重庆市林业局　谭挺锋
四川省林业厅　贾发扬
贵州省林业厅　侯勇军
云南省林业厅　王　锐
西藏自治区林业厅　陈　平
陕西省林业厅　吕旭东
甘肃省林业厅　赵　俊
青海省林业厅　宋晓英
宁夏回族自治区林业局　马永福
新疆维吾尔自治区林业厅　俞言琳
新疆生产建设兵团林业局　贾寿珍
中国内蒙古森林工业集团公司　杨建飞
中国吉林森林工业集团有限责任公司　路增春
黑龙江省森林工业总局　姜东涛
大兴安岭林业集团公司　陈广辉
北京林业大学　张　勇
东北林业大学　黄靖强
南京林业大学　王　强
中南林业科技大学　李波涛
西北农林科技大学　陈　辉
西南林业大学　董勤益

编辑说明

一、《中国林业年鉴》是一部综合反映我国社会主义林业建设重要活动、发展水平、基本成就与经验教训的大型资料性工具书。每年出版一卷，反映上年度情况。2012 年卷为第二十六卷，收录限 2011 年的资料，宣传彩页部分收录 2012 年资料。

二、《中国林业年鉴》的基本任务是为全国林业战线和有关部门的各级生产和管理人员、科技工作者、林业院校师生和广大社会读者全面、系统地提供中国森林资源消长、森林培育、林政保护、森林工业、林业经济、科学技术、专业理论研究、院校教育以及体制改革等方面的年度信息和相关资料。

三、第二十六卷编纂内容设 21 个栏目。统计资料除另有说明外，均不含香港特别行政区、澳门特别行政区、台湾省数字。

四、年鉴编写实行条目化，条目标题力求简洁、规范。长条目设黑体和楷体两级层次标题。全卷编排按内容分类。条头设【】。按分类栏目设书眉。

五、年鉴撰稿及资料收集由国家林业局机关各司（局），各直属单位承担；其中“各省、自治区、直辖市林业”由各省（区、市）林业厅（局）承担。

六、释文中的计量单位执行 GB3100 ～ 3102—1993《国际单位制（SI）及其应用》的规定。数字用法按 GB/T15835—1995《出版物上数字用法的规定》执行。

七、条目、文章一律署名，文责自负。

《中国林业年鉴》编辑部

胡锦涛出席首届亚太经合组织林业部长级会议开幕式并致辞

2011年09月06日 新华网

※ 9月6日，国家主席胡锦涛在人民大会堂出席首届亚太经合组织林业部长级会议开幕式并致辞

首届亚太经合组织林业部长级会议9月6日上午在北京人民大会堂开幕。国家主席胡锦涛出席开幕式并发表题为《加强区域合作　实现绿色增长》的致辞。胡锦涛强调，亚太经济发展和区域合作正面临新的机遇。亚太经合组织各成员应该深化合作、携手共进，让森林永远造福人类，为亚太和世界人民创造更加美好的明天。

胡锦涛指出，当前，经济全球化继续发展，科技创新孕育新突破，经济合作持续推进，各国经济相互依存不断加深，全球经济治理出现新变革。亚太经济保持良好发展势头，成为世界经济复苏和可持续增长的重要推动力量。同时，国际金融危机深层次影响仍然存在，国际金融市场不稳定不确定因素增多，国际和地区热点此起彼伏，气候变化、生态恶化、能源资源安全、粮食安全、重大自然灾害等全球性挑战日益突出，全球金融治理任重道远。有效应对全球发展面临的挑战、实现共同发展已经成为国际社会普遍关注的重大课题。

胡锦涛强调，在去年举行的横滨会议上，为促进区域经济实现平衡、包容、可持续、创新、安全增长，我们通过了《亚太经合组织领导人增长战略》，提出了推动亚太经济发展的指导原则、行动计划、落实机制，绿色增长就是其中的重要内容。森林在推动绿色增长中具有重要功能。亚太地区拥有世界上最丰富最独特的森林生态系统。近年来，亚太地区林业呈现良好发展势头，森林面积持续增加，成为扭转全球森林资源下降趋势的主要力量。为应对亚太林业发展面临的挑战、实现共同发展，亚太经合组织各成员高度重视林业在应对气候变化、实现绿色增长方面的重要作用，积极开展区域合作。亚太经合组织林业合作虽然处于起步阶段，但潜力巨大、前景广阔。

胡锦涛就区域林业发展与合作提出3点建议。一是加强林业建设，把林业发展纳入经济社会发展总体布局，完善林业政策，增加资金投入，推进科技创新，加大资源培育力度，创新管理模式，提升森林资源数量和质量，优化资源配置，推动产业发展，突出生态建设。二是发挥森林多种功能，妥善处理发展和保护、产业和生态的关系，充分发挥森林在经济、社会、生态、文化等方面的多种效益，合理利用森林资源，壮大绿色经济，维护粮食安全和能源安全，加强生物多样性保护，增加森林碳吸收，维护区域和全球生态安全。三是深化区域合作，本着平等互利原则，以务实态度开展区域合作，加强林业政策协调，深化林业经济技术合作，减少或消除绿色贸易壁垒，积极参与全球森林问题磋商和对话，增加对发展中成员的支持。

胡锦涛指出，中国高度重视林业建设，把发展林业作为实现科学发展的重大举措、建设生态文明的首要任务、应对气候变化的战略选择。中国不断增加投入，加强森林生态系统、湿地生态系统、荒漠生态系统建设和生物多样性保护，全面实施退耕还林、天然林保护等重点生态工程，持续开展全民义务植树，深入推进集体林权制度改革，调动全社会发展林业积极性，实现了森林资源和林业产业协调发展。

胡锦涛强调，中国将继续加快林业发展，力争到2020年森林面积比2005年增加4000万公顷、森林蓄积量比2005年增加13亿立方米，为绿色增长和可持续发展作出新的贡献。中国将继续通过亚太森林恢复与可持续管理组织，为亚太经合组织发展中成员提供力所能及的支持。（致辞全文另发）

开幕式前，胡锦涛同亚太经合组织各成员代表团团长合影留念。

中共中央政治局委员、国务院副总理回良玉参加上述活动。

这次会议是中国政府于2010年在日本横滨举行的第十八次亚太经合组织领导人非正式会议上倡议的，受到各方欢迎和支持。这次会议主题是“加强区域合作，促进绿色增长，实现亚太林业可持续发展”。来自亚太经合组织21个成员的代表团，亚太经合组织秘书处，联合国粮农组织、联合国森林论坛、国际竹藤组织等国际组织的代表，我国有关部门负责人出席会议。

破难均山 和谐林改
——浦北县林业局

※ 2011年10月9～10日，全国林下经济现场会在广西召开。图为国家林业局局长贾治邦（前右二）和与会领导在浦北现场参观点了解林农红椎菌生产情况。

广西壮族自治区浦北县地处广西南部，面积2521平方千米，人口91万，其中农业人口82.6万。全县集体林地16.33万公顷。2009年3月启动集体林权制度改革，全力破解改革难题，实现了和谐林改“软均山”。用不到两年的时间，基本完成主体改革任务，确权发证面积14.92万公顷，发证率91.3%；均山到户率85.3%。

※ 浦北县集体林权制度改革坚持高位推进和严把质量相结合，严格推行“外业质量三道关”和“内业质量三道关”的把关办法，确保宗地界址清楚，面积准确，确保林改对历史对人民负责。（图为县委、县政府主要领导深入外业勘界现场进行督查）

确权均山，农民作主

怎么确权，如何分山，农民自己作主。当均山明显存在强势大户人家压弱势小户人家时，政府和林业部门不听任放纵，适时协调，正确引导。充分讲明林改政策，使大户人家接受公平均山。

正视问题，不留隐患

浦北县林改面临着三大棘手难题：一是部分集体山由“谁造谁有”政策落入少数农户手中；二是部分集体山出租流转给外资企业或其他个人经营；三是部分集体山已划为公益林。如果简单地按现状确权，林改可能做成“夹生饭”，给农村留下不和谐的隐患。如果尽可能公平地均山到户，难度大、风险高，但分山彻底、利益均衡，确保农村长期和谐稳定。对此，浦北县集民众之智，举全县之力，有序有

※ 浦北县创新思路，整合林业、农业、水利、国土、建设、交通等部门有测绘技能的人员，进行勾图知识和实地操练的强化培训与严格考试。（图为学员在上勾图知识理论课）

※ 浦北县为确保林改质量，使林权证成为“铁证”，在林改过程中规范操作，严格程序，从调查摸底到领证，每个农户必须亲自签字盖指模11次以上，有的群众打趣地说：林权证不简单，要领证到手，得签发“11个文件呀”。（图为农民在外业勘界现场签字盖指模）

节破解难题。

智破三难，彻底均山

智破第一难，采取4种途径将“大户山”均山到户。途径一，林木成熟的，由造林户依法伐木还山集体分给农户；途径二，由造林大户与得山农户签订租地合同，付给租金，继续经营至林木采伐后再将山还归得山农户；途径三，造林大户与得山户以股份合作方式，双方签订协议，共同管护，按比例分成；途径四，由造林大户与分山户协商，将活立木一次性作价卖给得山户经营。

※ 浦北县在林改中创造了预勘界法，通过群众先行上山划界定标，确定界至，方便技术人员勾图勘界。不仅提高了技术精度，而且提高了外业勘界工作效率30%以上。（图为群众自行上山开展预勘界）

智破第二难，将“流转山”均山到户。由村民与本村民小组签订《关于维护集体山流转合同的协议书》，维持原经营权，将承包费或租金按预均山面积均分到户，流转期满后经营权回归得山农户，实现了“软均山”。

智破第三难，将“公益林山”均山到户。由农户与村民小组签订《集体公益林管护到户协议书》，落实公益林生态效益补偿基金分配，把公益林的经营权、管护权、收益权交给农户。

乘势发展，壮大产业

林改后，全县农民投入造林资金3600万元，新造桉树0.8万公顷，桉树速丰林基地跃升到3.53万公顷，“绿色储蓄”达到9亿元。

基地发展拉动产业发展，全县吸纳社会投资近亿元，落户工业园区的木材胶合板厂22家，形成木材加工产业园区化集聚，集群化发展。2011年，全县木材加工产值5.23亿元，带动就业1.69万人。全县建设百万亩林下经济产业区，形成林菌、林鸡、林畜、林蜂、林药、藤芒编织、森林旅游等七大产业基地。2011年，全县林下经济产值达13.9亿元，农民人均林下经济收入1683元。

“林水结合”打造美丽平原水乡

——湖北昌兴农林集团

※ 湖北昌兴集团胡兴江董事长

※ 胡兴江董事长陪同原湖北省委书记罗清泉、荆州市委书记李新华视察昌兴木业板材制造车间

湖北昌兴农林开发集团有限公司是一家以营造速生丰产用材林和林木深加工为主的集团化民营企业，旗下拥有林业、木业、林下养殖、物流等6家子（分）公司和1家林业专业合作社，现已成为湖北省平原水网地区民营造林第一大户、湖北省农业和林业产业化省级重点双龙头企业。公司创新的“林水结合”造林绿化模式,由公司出资出机械为乡村挖沟洗渠，对河渠沟按标准进行疏浚，换取河岸植树造林的权益，达到公司与镇、村、农户的共赢，收到了好的效果，得到了广泛推广。公司又把这种模式拓展为“林路”、“林滩”、“林湾”结合等多种模式。十年来，公司斥资1亿多元，栽植意杨1000多万株，构建起“点、线、网”相结合的平原水网速丰林基地，林地遍布江汉平原,森林蓄积价值达6亿元。“林水结合”模式走出了一条平原水网造林之路，破解了平原湖区林业发展和农田水利建设的难题。湖北省委副书记张昌尔在考察昌兴时赞誉“林水结合”模式是江汉平原植树造林的最好模式。2010年6月，集团公司投资近2亿元，在武汉经济技术开发区洪湖新滩新区动工兴建了一条年产10万立方米中高密度纤维板项目，于2011年8月28日建成投产， 2012年创产量9.8万立方米，销售10万立方米，实现产值1.68亿元。生产的“喜杨杨”牌系列中高密度纤维板，经国家质量监督检疫总局检验，各项物理性能指标达到国家E1标准，产品畅销全国，走出国门，在业内树立起高档板材的企业形象，打造了绿色生态的“昌兴模式”。

※ 湖北昌兴集团在曹市向荣永利河营建的林水结合林

绿色崛起中的太子山

——湖北太子山林场管理局

湖北省太子山林场管理局（以下简称林管局）是湖北省林业厅唯一直属国有林场，成立于1957年，辖石龙林场、仙女林场等4个国有林场和12个二级单位，总人口2206人，职工1302人。半个多世纪以来，几代林业工人挥汗流血，垦山不歇，造林不止，艰苦奋斗，辛勤创业，到20世纪90年代中期，实现了境内所有宜林荒山的绿化目标。使昔日的不毛之地、血吸虫疫区变成了茫茫林海、国家级森林公园、湖北省现代林业发展示范区、大中城市居民森林旅游的目的地、天然氧吧之地。林管局先后被授予“全国国营林场先进单位”“全国国土绿化先进集体”“湖北省造林绿化先进单位”“湖北省十强国有林场”“湖北省最佳文明单位”“国家级生态文明教育基地”等100多个荣誉称号。

※ 林管局长柯艳山（左一）、林管局党委书记郑冠宇（右二）陪同湖北省林业厅党组书记、厅长刘新池（右一）查看苗木生长情况

※ 林管局长柯艳山（右一）陪同湖北省林业厅副厅长谢思芳（右二）考察苗圃基地生产

在湖北省林业厅的坚强领导和大力支持下，林管局始终坚持以邓小平理论和“三个代表”重要思想为指导，认真贯彻执行党的路线、方针、政策和国家法律法规，在造林绿化、生态建设、产业建设、经济建设、基础设施建设、制度建设、干部职工队伍建设、党风廉政建设、文明建设、科学管理等方面做出了积极的探索，取得了比较显著的成绩。在生态建设上形成了生态公益林、风景林、速生丰产林三位一体的优良生态体系，被誉为“江汉绿色明珠”；在产业发展上形成了速生原料林、绿化苗木工程、森林旅游、林下经济、木材加工、机械制造、制药、职工自营经济等要素发展齐头并进的林业产业链条，成为全国国有林场产业发展和省总工会职工自营经济发展的示范经验推广单位；在社会发展上，正在积极创建国家级文明先进单位，建设湖北省旅游名镇、中国农谷绿肺和林业产业的上游对接区。林管局的建设与发展，受到中央电视台、湖北电视台、中国绿色时报、中国林业、湖北林业等众多新闻媒体的关注，各兄弟单位纷纷前来考察，上级部门和社会各界予以充分肯定。林管局走出了一条学习实践科学发展观，勃发林场经济的成功之路，成为全省国有林场改革与发展的示范园地，国家级生态文明教育基地，北京林业大学、华中农业大学、中南民族大学等高校的教学实习基地，全国国有林场场长挂职锻炼基地等。被纳入湖北“中国农谷”核心区和“湖北文化创作交流基地”的太子山林区按照“强资源、兴产业、富民生”的工作思路，正沿着立足林区资源特色和区位优势，科学规划，发展产业，合作开放，强化管理,建设“生态型、富裕型、文明型”和谐小康林场之路开拓前进。

滇西北森林的忠诚卫士

——南方航空护林总站丽江站

丽江航空护林站是国家林业局设在云南省丽江市，为滇西北地区森林防火及林业生态建设服务的抢险救灾公益型事业单位，也是直属于国家林业局南方航空护林总站的正处级单位，下设航空护林科、计划财务科、办公室3个科室。单位于1988年由原林业部批准成立，1997年正式开展森林航空消防工作，航护范围包括丽江、大理、迪庆、怒江、楚雄5州（市）的22个县（市），航护面积873万公顷。护区内森林资源丰富，有玉龙雪山、老君山、泸沽湖、梅里雪山、苍山等很多国家级和省级自然保护区，是长江源头重要的水源涵养林区，也是国家实施天然林资源保护工程的重点区域。

※ 丽江站站长袁天平

航站自开航以来，先后使用BO-105、EC-135、海豚、M-171、M-8、K-32直升机和Y-12固定翼飞机开展森林航空消防工作。1997～2013年，共飞行1300多架次，2600多小时，发现和处置火情400多起，其中直升机参与扑救林火73起，吊桶灭火洒水1130余桶，投撒森林防火宣传单100多万份，在森林火灾的预防和扑救中发挥了重要作用，做出了应有贡献，多次受到国家林业局南方航空护林总站和地方各级党委、政府的表彰奖励。

※ 丽江站站貌

随着社会发展和国家富强，航站不断引进更适合高原作业的飞机用于森林航空消防，航护效益不断提高，森林防火工作对航站的依赖性越来越强，丽江航空护林已成为滇西北林区森林防火工作中不可替代的重要力量。

※ 丽江站直升机在吊桶灭火扑救云南楚雄“4·23”森林火灾

目 录

特 辑

重要林业法律法规

中国林业概述

森林培育与生态建设

林业重点工程

森林培育与生态建设

林业产业

森林资源保护与林政管理

森林资源保护

林业政策法规与体制改革

集体林权制度改革

林业科学技术

林业信息化

林业教育与培训

国有林场和林业工作站建设

林业计划统计

林业财务会计与资金稽查

林业精神文明建设

各省、自治区、直辖市林业

林业社会团体

林业大事记与重要会议

CONTENTS

Specials

Forest Cultivation and Ecological Improvement

Forestry Industry

Forest Resource Conservation and Forestry Administration & Governance

Forest Resource Protection

Forest Fire Prevention

Forest Public Security

Forest Resource Management and Supervision

Forestry Policies & Laws and System Reform

Collective Forest Tenure Reform

Forest Science and Technology

Forestry Informalization

Forestry Education and Training

Forestry Opening-up

Development of State-owned Forest Farms and Forestry Workstations

Forestry Planning and Statistics

Forestry Financial Accounting and Funds Auditing

Forestry Spiritual Civilization Improvement

Forestry Development in Provinces, Autonomous Regions and Municipalities

Forestry Human Resources

Institutions Directly under the State Forestry Administration

Forestry Social Organizations

Forestry Events and Important Meetings

Appendixes

特　辑

01

国家领导人重要讲话

加强区域合作　实现绿色增长

——在首届亚太经合组织林业部长级会议上的致辞

胡锦涛

（2011年9月6日）

女士们，先生们：

金秋时节，来自亚太经合组织各成员的代表们相聚北京，举行首届亚太经合组织林业部长级会议，共同探讨林业发展和绿色增长。首先，我谨代表中国政府和人民，对会议的召开表示热烈的祝贺！向与会各位代表表示诚挚的欢迎！

当前，经济全球化继续发展，科技创新孕育新突破，经济合作持续推进，各国经济相互依存不断加深，全球经济治理出现新变革。亚太经济保持良好发展势头，成为世界经济复苏和可持续增长的重要推动力量。同时，国际金融危机深层次影响仍然存在，国际金融市场不稳定不确定因素增多，国际和地区热点此起彼伏，气候变化、生态恶化、能源资源安全、粮食安全、重大自然灾害等全球性挑战日益突出，全球金融治理任重道远。有效应对全球发展面临的挑战、实现共同发展已经成为国际社会普遍关注的重大课题。

女士们、先生们！

在去年举行的横滨会议上，为促进区域经济实现平衡、包容、可持续、创新、安全增长，我们通过了《亚太经合组织领导人增长战略》，提出了推动亚太经济发展的指导原则、行动计划、落实机制，绿色增长就是其中的重要内容。

森林在推动绿色增长中具有重要功能。森林是陆地生态系统的主体和维护生态安全的保障，对人类生存发展具有不可替代的作用。森林是重要而独特的战略资源，具有可再生性、多样性、多功能性，承载着潜力巨大的生态产业、可循环的林产工业、内容丰富的生物产业。森林是陆地上最大的碳储库，减少森林损毁、增加森林资源是应对气候变化的有效途径。

亚太地区拥有世界上最丰富最独特的森林生态系统，森林面积占全球一半以上。近年来，亚太地区林业呈现良好发展势头，森林面积持续增加，成为扭转全球森林资源下降趋势的主要力量。同时，亚太地区也面临着毁林、森林退化、林区相对贫困和林产品贸易保护主义等挑战。

为应对亚太林业发展面临的挑战、实现共同发展，亚太经合组织各成员高度重视林业在应对气候变化、实现绿色增长方面的重要作用，积极开展区域合作。2007年亚太经合组织领导人第十五次非正式会议通过的《气候变化、能源安全和清洁发展悉尼宣言》提出“到2020年，本地区各种森林面积净增长2000万公顷”的目标。2010年亚太经合组织领导人宣言进一步提出，各方应该共同努力，实现悉尼目标，推动森林恢复和可持续经营。这充分体现了亚太经合组织各成员加强林业合作的政治意愿。亚太经合组织林业合作虽然处于起步阶段，但潜力巨大、前景广阔。

首届亚太经合组织林业部长级会议的召开，为加强区域合作、加快林业发展提供了新的合作渠道。会议将围绕转变经济发展方式、应对气候变化、发展绿色经济、促进绿色增长进行深入探讨，意义重大。这里，我愿就区域林业发展和合作提出3点建议。

第一，加强林业建设。我们应该把林业发展纳入经济社会发展总体布局，完善林业政策，增加资金投入，推进科技创新，加大资源培育力度，创新管理模式，加强森林执法，提升森林资源数量和质量，优化资源配置，推动产业发展，突出生态建设。

第二，发挥森林多种功能。我们应该妥善处理发展和保护、产业和生态的关系，充分发挥森林在经济、社会、生态、文化等方面的多种效益，实现平衡发展。要合理利用森林资源，发展林业产业，壮大绿色经济，扩大就业，消除贫困。要挖掘林业潜力，发展木本粮油和生物质能源，维护粮食安全和能源安全。要加强生物多样性保护，涵养水源，防治荒漠化，增加森林碳吸收，应对气候变化，维护区域和全球生态安全。

第三，深化区域合作。我们应该本着平等互利原则，以务实态度开展区域合作。要推动亚太林业高层对话，加强林业政策协调，深化林业经济技术合作，减少或消除绿色贸易壁垒，积极参与全球森林问题磋商和对话，发挥区域林业合作机制作用，增加对发展中成员的支持。

女士们、先生们！

中国高度重视林业建设，把发展林业作为实现科学发展的重大举措、建设生态文明的首要任务、应对气候变化的战略选择。中国不断增加投入，加强森林生态系统、湿地生态系统、荒漠生态系统建设和生物多样性保护，全面实施退耕还林、天然林保护等重点生态工程，持续开展全民义务植树，深入推进集体林权制度改革，调动全社会发展林业积极性，实现了森林资源和林业产业协调发展。目前，中国森林面积达到1.96亿公顷，其中人工林面积达到6168万公顷，居世界首位，为促进绿色增长、推动可持续发展提供了有利条件。

中国将继续加快林业发展，力争到2020年森林面积比2005年增加4000万公顷、森林蓄积量比2005年增加13亿立方米，为绿色增长和可持续发展作出新的贡献。中国将继续通过亚太森林恢复与可持续管理组织，为亚太经合组织发展中成员提供力所能及的支持。

女士们、先生们！

亚太经济发展和区域合作正面临新的机遇。亚太经合组织各成员应该深化合作、携手共进，让森林永远造福人类，为亚太和世界人民创造更加美好的明天！

祝会议取得圆满成功！

谢谢各位。

在全国森林防火工作电视电话会议上的讲话

国务院副总理　回良玉

（2011年3月15日）

在“十一五”规划辉煌收官、“十二五”蓝图已经开启的重要时刻，在惊蛰已过、春分即到，各地春季森林防火形势日益严峻的关键时期，全国“两会”刚刚结束，国务院召开的第一个全国性会议就是这次全国森林防火工作电视电话会议，很及时、很必要、很重要，也很紧迫。会议的主要任务是，认真贯彻全国“两会”精神，全面总结“十一五”时期的森林草原防火工作，深入分析研判面临的严峻形势，认真安排部署当前和今后一个时期的防控工作。刚才，吉林、内蒙古、江西、广西四省区作了发言，讲得都很好。特别是吉林省取得了连续30年无重大森林火灾的佳绩，创造了我国森林防火史上的一个奇迹，成绩来之不易，经验十分宝贵，值得各地认真学习借鉴。国家森林防火指挥部总指挥、国家林业局局长贾治邦同志，对森林防火工作进行了回顾总结，并对今年的工作进行了安排部署，我完全赞同，请各地区各部门结合实际认真贯彻落实。下面，我简要讲三点意见。

一、认真总结“十一五”时期森林草原防火工作的成就和经验

防范森林草原火灾，是维护森林草原资源安全、保护生态建设成果的基础环节，是维护人民群众生命财产安全、保护经济社会发展成果的重要举措。对此，党中央、国务院历来高度重视。“十一五”期间，胡锦涛总书记、温家宝总理等中央领导同志多次就加强森林草原防火作出重要指示，国务院多次召开专门会议进行研究部署，各地区各有关部门大力支持，森林草原防火部门认真负责、常抓不懈，森林草原火灾预防和扑救工作取得了显著成效。

一是火灾损失明显下降。过去五年，气象条件复杂多变，极端天气明显增多，森林草原防火任务十分艰巨。按照中央统一部署，各级森林草原防火部门勇担重任，防扑并举，科学预防火灾发生，成功扑救数十起重特大森林火灾，取得了火灾次数、受害面积、人员伤亡较历史平均水平分别下降26.5%、81.1%、78.9%的好成绩，为维护森林草原资源和人民群众生命财产安全、促进经济社会又好又快发展作出了重要贡献。

二是组织机构明显健全。国务院批准成立了国家森林防火指挥部及办公室，组建了森林防火专家组，加强了对全国森林草原防火工作的组织协调与业务指导。各地大力加强森林草原防火机构建设，积极推行专职指挥员制度，10个省区成立了预警监测机构，大部分县级以上地方人民政府设立了森林防火指挥部及办事机构。各级森防指成员单位密切配合，认真履职，初步构建起中央统一领导、地方分级负责、部门分工协作、专家出谋划策的组织指挥与业务指导体系，扑救指挥工作更加科学有力。

三是扑火队伍明显壮大。各地大力推进森林消防队伍标准化建设，全国地方森林消防队伍达到1.8万支、56.6万人，较“十五”期末分别增加38.9%和41.4%。森林航空消防航站和飞机数量不断增加。米－26等大型飞机投入使用，在14个省区开展了航空护林工作。武警森林部队编制大幅增加，并新组建了福建、甘肃两个森林总队和机动支队、直升机支队，初步形成地方队伍、森林部队、航空消防协同作战的森林防火队伍体系。

四是基础建设明显加强。国务院批准实施了首个《全国森林防火中长期发展规划》，全面推进重点火险区综合治理工程，中央累计投入森林防火资金26.6亿元，比“十五”时期增加60%。各地不断加大资金投入力度，全面加强森林防火基础设施建设，瞭望设施和防火道路、隔离带密度逐步加大，扑火装备数量和质量逐步提升，初步形成了投入渠道比较稳定、基础设施比较完善、机具装备比较充足的应急保障体系，火灾预防和扑救能力有较大提升。

五是工作机制明显完善。修订实施了《森林防火条例》、《国家处置重特大森林火灾应急预案》、《森林航空消防管理办法》等法规制度，进一步明确细化了森林火灾防控的程序、职责和措施。各地认真执行各项防火规章制度，大力推进依法治火。严格落实地方行政首长负责制、部门分工责任制、基层联防包保责任制、防火岗位责任制，初步建成了具有中国特色的森林防火工作机制。

六是防火意识明显提高。深入开展森林草原防火宣传教育，在中央电视台等新闻媒体及时播发森林高火险天气预报和公益广告，在林区中小学校广泛普及森林防火知识。启用了中国森林防火吉祥物——防火虎“威威”，开通了全国森林火警报警系统，评选表彰了一大批先进集体和个人。越来越多的民众关注和参与森林防火，全社会森林防火氛围更加浓厚，初步构建起全社会广泛参与的群防群治防火体系。

在取得上述成绩的同时，森林草原防火工作也初步积累了一些成功经验。一是坚持以人为本、预防为主、积极消灭的工作方针，把保护人民群众生命财产安全和扑救人员人身安全放在防火工作首位，防范与扑救并举，建设与管理并重。二是坚持依靠法治、依靠科学、依靠群众的工作原则，完善森林草原防火法律法规，注重发挥专家在指挥决策中的重要作用，广泛动员林区群众做好防范工作。三是坚持因地制宜、分类指导、分区施策的工作举措，把预防和扑救的普遍准则与各地实际紧密结合，实现效能效益最大化。四是坚持专群结合、军地协同、各方支持的工作方式，充分发挥地方和武警专业消防队伍在扑救中的主力军作用，提高专业化水平。五是坚持政府全面负责、部门齐抓共管、社会广泛参与的工作机制，形成防火工作合力。这些宝贵经验，是我国森林草原防火战线广大干部职工集体智慧的结晶，是森林草原防火工作多年实践的升华，是符合我国国情、社情、林情、火情的成功做法，需要长期坚持并不断发展创新。

总的看，过去的五年是我国森林草原防火工作地位不断提升、能力不断增强、成绩十分突出的五年，是我国森林草原防火战线为保护生态建设和经济社会发展成果作出重要贡献的五年，是我国森林草原防火史上浓墨重彩、成就辉煌的五年。在此，我代表党中央、国务院，向全国森林草原防火战线广大干部职工、公安民警、武警官兵表示亲切的慰问！向关心支持森林草原防火工作的各界人士表示衷心的感谢！

二、准确把握森林草原防火工作面临的严峻形势

经过这些年的艰苦努力，我们防范和扑救森林草原火灾的能力确实明显增强。但切不可盲目乐观、掉以轻心。应当看到，森林草原火险隐患相当严重，仍然是制约林业以至经济社会可持续发展的一个重大危险；重大森林草原火灾时有发生，仍然是威胁人民生命财产安全的一个突出因素；预防和扑救设施条件落后，仍然是国家基础设施建设的一个薄弱环节。我们必须对森林草原防火工作面临的严峻形势始终保持清醒认识，切实做到警钟长鸣、常抓不懈。

第一，引发森林草原火灾的各种因素叠加交织，防控任务更加艰巨。森林草原火灾既是自然灾害，也是人为灾害；既与气象条件有关，也与经济社会活动有关。从气象条件看，全球气候变化导致森林草原火灾进入高发期。在全球气候变化的大背景下，极端天气灾害频繁发生。受高温、干旱、大风等极端天气的共同作用，近几年希腊、美国、澳大利亚、俄罗斯等国相继爆发了历史罕见的森林大火，标志着全球已进入森林火灾的高发期。据专家预测，今后10年全球气温仍将继续攀升，发生极端天气的可能性和频率大幅增加。这将给森林草原防火工作带来极大压力。从人为因素看，火源管控难度不断加大。我国是一个人口大国和农业大国，村林相间、林农交错，绝大多数森林火灾由人为用火引发。随着林区经济和森林旅游的快速发展，进山生产作业、旅游度假的人员不断增多，野外生产生活用火、庆典民俗用火相互交织，清明、“五一”等节假日的防火难度更为突出。从成火条件看，林间可燃物明显增多。近年来我国森林资源快速增长，但由于抚育经营没有及时跟上，林间枯枝落叶不断积累，为森林火灾留下较多隐患。我们绝不能低估森林草原火灾发生的可能性，必须始终保持高度警惕，坚决堵塞各种漏洞，努力把火灾次数减少到最低限度。

第二，森林草原火灾造成的影响愈发深远，防控责任更加重大。随着经济社会发展和生态环境意识增强，森林草原火灾的危害性更大、敏感性更强、波及面更广。一旦发生大的森林草原火灾，不仅将给森林草原资源和人民生命财产造成巨大损失，而且有可能给国家政治、经济、军事安全带来严重威胁，甚至酿成国家灾难。2007年的希腊森林大火波及一半以上国土，致使全国进入紧急状态。2007年的美国加州大火直接威胁到6.8万户居民的安全，约100万人紧急疏散。2009年澳大利亚发生的森林大火，演变成该国“百年来最大的自然灾害”，导致200多人死亡。2010年的俄罗斯森林大火烧毁大量军事设施，多处重要军事目标被暴露。我国是森林草原火灾多发的国家，如果森林草原火灾处置不当，不仅会造成重大经济损失和人员伤亡，而且还可能影响社会和谐稳定，甚至影响我国国际形象和应对气候变化大局。我们绝不能低估森林草原火灾的危害性，必须采取更加严密的防范措施，一旦发生就要采取有力的扑救措施，努力把火灾损失减小到最低限度。

第三，森林草原火灾扑救手段依然落后，防控能力亟待提高。森林草原防火工作的基本要求是努力确保不发生火灾，一旦发生，就要尽力做到“打早、打小、打了”。虽然近年来我们在健全组织、加强队伍、添置设备等方面做了很多工作，但要达到这一基本要求还有很多问题需要解决。特别是基础设施仍然薄弱，预警监测体系不完善，通信指挥系统不健全，森林航空消防还处于起步阶段；应急能力仍然不足，一些地方专业队伍标准化建设滞后，物资储备数量不足，大型扑火装备尤为缺乏，高效安全扑火能力弱；科技水平仍然滞后，规范化和标准化水平较低，现代科技手段应用不够，还没有完全脱离人海战术和使用传统工具；工作机制还不够完善，一些地方森林草原防火组织领导机构不健全，人员编制不到位，工作措施不到位，责任落实不到位。我们绝不能低估存在问题的严重性，必须下更大的决心，采取更有力的举措，把森林草原火灾防控能力提高到一个新水平。

三、全面做好当前和今后一个时期的森林草原防火工作

党的十七届五中全会明确要求，“十二五”时期要“提高森林覆盖率，增加蓄积量，增强固碳能力”。为此，我们既要做加法，大力推进植树造林和草原建设，不断增加森林草原资源总量；也要做减法，切实强化现有森林草原资源保护，最大限度减少灾害损失。做好森林草原防火工作，要以邓小平理论和“三个代表”重要思想为指导，深入贯彻落实科学发展观，把严密防范森林草原火灾作为加强社会管理的重要抓手，把提高森林草原火灾防控能力作为加强生态保护和防灾减灾体系建设的重要举措，以保护森林草原资源和人民群众生命财产安全为宗旨，以全面提升森林草原火灾综合防控水平为主线，加大投入力度，健全防范机制，促进科技进步，力争到2015年基本构建起科学高效的森林草原火灾防控体系，火灾当日扑灭率达到98%以上，年均受害率控制在1‰以内，为发展现代林业、建设生态文明、维护社会稳定提供有力保障。实现上述目标和要求，必须在以下方面下工夫。

（一）加强预警监测，确保预报及时准确。继续推进各级森林草原防火预警监测机构建设，强化工作职能，完善火险预测预报基础设施，健全各部门会商联动机制，及时发布高火险天气等级信息，建立与森林草原火险等级相对应的预警响应机制，切实做到因险设防。继续完善林火卫星监测系统，合理布局地面瞭望设施，加大航空巡护力度，构建全方位、立体化、多手段的林火监测体系，尽快消除监测盲区。

（二）加强应急处置，确保扑救有力有序有效。进一步完善扑火应急预案，搞好实战演练。充实物资储备，保持扑火装备数量充足、性能优良。加快推进森林消防队伍标准化建设，强化业务培训，全面提升安全扑火和紧急避险能力。完善航站基础设施，增加飞机数量，尽快实现重点区域森林航空消防全覆盖。武警森林部队要强化队伍训练，加快现代化建军步伐。探索建立地空配合、军地协作、多兵种联合作战机制，构建反应迅速、安全高效的应急处置体系。

（三）加强法制建设，确保实现依法治火。深入贯彻《森林防火条例》，建立健全配套办法，总结推广形象、生动、管用的乡规民约，构建符合现代森林防火特点、国家法规与民间智慧相结合的保障体系。广泛开展全民普法宣传教育活动，加大执法力度，及时查处火案，依法严惩火灾肇事者，切实做到违法必究、规范执法。

（四）加强科技支撑，确保提升防控水平。加大森林草原防火科技资金投入和项目支持力度，抓紧组建国家森林防火研究中心和重点实验室，推动基础理论研究，强化实用技术和装备的研究、开发、推广，不断提升森林防火科学化、机械化和信息化水平。成立全国森林消防技术标准化委员会，加大标准制修订力度，推进森林防火工作标准化、规范化发展。

（五）加强资金投入，确保基础得到夯实。加快实施《全国森林防火中长期发展规划》，各地也要分级制定本地区森林防火规划，优先安排规划确定的建设项目。构建森林防火经费稳定增长机制，建立森林防火特殊岗位津贴、扑火安全保险等制度，推广森林火灾保险制度。重点生态治理工程和林区建设项目要安排森林防火设施建设资金，探索建立森林防火评估、审批和验收制度，促进森林防火与工程建设同步规划、同步设计、同步实施。

（六）加强组织领导，确保责任落实到位。森林草原防火责任重于泰山。地方各级政府要牢固树立“抓防火就是抓和谐、保稳定、促发展”的观念，切实履行行政首长负责制，着力解决好影响和制约森林草原防火事业发展的重大问题。各成员单位要严格落实部门分工责任制，积极主动完成森防指部署的各项工作任务。各级林业和森林防火部门要充分发挥组织、协调、指导和监督等职能作用，切实加强对基层森林防火机构、武警森林部队的组织领导和业务指导。武警森林部队要坚决服从各级政府和林业部门的统一领导，发挥好尖兵和生力军作用。林区驻军、预备役部队、武警部队、公安民警和各级工会、共青团、妇联以及其他社会组织，要充分发挥各自优势，一如既往地支持森林草原防火工作。

这里，我强调一下春防工作。今年是“十二五”开局之年，也是建党90周年，做好森林草原防

火工作具有特殊重要的意义。据气象部门预测，今春我国大部地区气温偏高、降水偏少，火险等级较高。近一个时期，一些地方森林火灾呈高发态势，造成严重人员伤亡，必须吸取惨痛教训。当前正值春耕时节，农事活动频繁，野外用火明显增多。随着清明、“五一”节的来临，祭祖、旅游人员增加，森林草原防火形势更加严峻。各地务必加强对森林草原防火工作的组织领导，各部门密切配合，做到工作早部署、责任早落实；加强隐患排查，严格火源管理，做到问题早发现、火患早排除；加强预警监控和应急值守，抓好队伍准备和物资储备，做到火情早发现、火灾早处置。

森林草原防火工作事关国土生态安全，事关改革发展大局，事关社会和谐稳定，事关我国国家形象，既是一个重大的生态课题，也是一个现实的民生问题，还是一项严肃的政治任务。让我们紧密团结在以胡锦涛同志为总书记的党中央周围，高举中国特色社会主义伟大旗帜，以邓小平理论和“三个代表”重要思想为指导，深入贯彻落实科学发展观，牢固树立政治意识、大局意识和责任意识，切实把森林草原防火作为建设生态文明的基础工程、促进社会和谐的民生工程、应对气候变化的减排工程，科学谋划，精心部署，严防特大森林草原火灾，严防重大人员伤亡，努力夺取森林草原防火工作的全面胜利，为维护国家生态安全和人民生命财产安全、促进经济社会又好又快发展作出新的贡献。

在全国天然林资源保护工程工作会议上的讲话

国务院副总理 回良玉

（2011 年 5 月 20 日）

实施天然林资源保护工程是党中央、国务院作出的重大部署，是促进林业发展、维护国家生态安全的战略举措，是事关长远、造福子孙的德政大事。在天保工程一期的各项建设任务顺利完成、工程二期全面启动的关键时刻，国务院召开全国天然林资源保护工程工作会议，十分及时、十分必要，也十分重要。会议的主要任务是，回顾总结 13 年来天保工程建设的成效和经验，分析研判当前的林业形势和天保工程进展情况，宣传表彰先进单位和个人，研究部署今后 10 年特别是近期的天保工程各项工作，以进一步促进全国生态保护和建设，努力夯实经济社会可持续发展基础。刚才，黑龙江、四川、甘肃省和内蒙古森工集团作了大会发言，听了很受启发，也很有感触。林业局、发展改革委、财政部、人力资源和社会保障部分别就做好相关工作讲了很好的意见。贾治邦同志下午还将作会议总结，希望各地区各有关部门结合实际认真贯彻落实。会议还表彰了保护森林和野生动植物资源先进集体、先进个人和优秀组织单位。在此，我谨代表党中央、国务院，向获奖的单位和个人表示热烈祝贺！向积极参与和大力支持天保工程的全体建设者、社会各界人士表示衷心的感谢！下面，我讲四点意见。

一、认真总结天然林资源保护工程建设的成就和经验

1998 年长江、松花江、嫩江流域发生特大洪灾后，党中央、国务院果断决定对天然林资源实行更严格的保护，在长江上游、黄河上中游地区全面停止天然林商品性采伐，在东北、内蒙古等重点国有林区大幅度调减木材产量。这是我国全面加强生态保护建设的标志性工程，也是林业发展从以木材生产为主向以生态建设为主转变的历史性举措。13 年来，在党中央、国务院的正确领导下，在各地区、各有关部门精心组织和大力支持下，经过工程区广大干部职工的不懈努力，工程一期建设取得显著成效，实现了工程区森林资源由过度消耗向恢复性增长转变、生态状况由持续恶化向逐步改善转变、经济社会由举步维艰向全面发展转变。天保工程建设的成就，主要体现在以下几个方面：

一是资源保护明显加强。围绕“停、减、管、造”，全面采取各项措施，天然林得以休养生息，生态功能显著增强。通过停止采伐、调减产量，累计少砍木材 2.2 亿立方米，相当于少消耗森林蓄积3.79亿立方米。通过加强管护、积极营造，使16亿多亩森林得到有效保护，森林面积净增1.5亿亩，森林蓄积净增7.25亿立方米。这不仅使工程区生态状况明显好转、为野生动植物提供了良好的栖息环境，而且减少了江河中下游的泥沙淤积、为保障防洪安全作出了重要贡献。同时，通过实施天保工程，使社会公众的森林资源保护意识得到提高，生态文明观念进一步增强。

二是林区民生明显改善。天保工程实施前，林区经济普遍困难，民生问题十分突出，一些地方职工工资拖欠严重，群体性上访事件频繁发生。通过参与森林管护和公益林建设，发展林下经济，扩大了林区就业机会，增加了林区职工收入。通过健全社会保障政策，林业职工养老、医疗、工伤、失业、生育等社会保险问题基本得到解决。近年来，中央在应对国际金融危机冲击、扩大国内需求的过程中，加大了对国有林区棚户区改造和国有林场危旧房改造的支持力度，增加了对林区饮水、电力、供暖、交通等基础设施建设的投入。生产生活条件的改善，使林区职工群众精神面貌焕然一新，林区社会呈现和谐稳定的新气象。

三是产业结构明显优化。长期以来，林区主要从事木材生产，为国家建设作出了重大贡献。但这种资源消耗型的单一产业结构，既不能实现快速发展，又难以长期持续下去。通过实施天保工程，森林资源的多种功能逐步得到发挥，林区产业的多元化逐步得到发展。目前，多数林区已实现由单一提供木材产品向主要提供生态产品转变，由简单出售原木向发展精深加工转变，由注重利用林木资源向综合利用林地资源转变，由单一国有经济向多种所有制经济共同发展转变。产业结构的不断优化，改变了“独木支撑”的林区经济格局，为林区长远发展打下了良好基础。

四是发展活力明显增强。各地以实施天保工程为契机，紧密结合实际，积极探索国有林区发展新体制新机制。林区职工转岗分流安置取得重大进展，累计有27.6万人由“砍树人”变成“护林人”、“种树人”，68万人实现了分流。企业负担明显减轻，中央财政累计豁免各类债务118亿元，补贴企业承担的政策性社会性支出160亿元，部分森工企业已将教育、医疗等社会职能移交地方政府。国有森林资源经营管理体制改革积极推进，一些地方成立了专门的国有林管理局，一些地方探索将林地承包给职工管护经营，一些地方成立了专业化的营造林公司。这些改革举措，调动了企业和职工的积极性，有力地促进了林区发展。

实践充分证明，天保工程的实施，给工程区资源、生态、经济、社会各方面都带来了深刻变化，具有显著的综合效益，为发展现代林业、建设生态文明、推动科学发展作出了重大贡献，在国内外产生了巨大影响。不少国际组织和国外人士对天保工程给予高度评价，对中国作为一个发展中国家拿出巨额资金保护天然林表示钦佩。

在13年的试点和建设过程中，我们还初步积累了一些成功做法和有益经验。一是坚持停伐减产与积极营造双管齐下，正确处理保护存量与扩大增量的关系，通过转岗分流和调整产业结构减少森林资源消耗、切实保护好现有森林，通过自然修复和人工培育积极扩大森林资源。二是坚持保护生态与改善民生统筹兼顾，正确处理生态优先与经济发展的关系，通过加强森林资源保护夯实林区可持续发展基础，通过增加林区群众福祉调动他们保护生态的积极性。三是坚持加大投入与深化改革协调推进，正确处理政策扶持与自身努力的关系，通过多种途径支持林区加快建设发展，通过创新体制机制最广泛调动林区各方面积极因素。四是坚持统一部署与分级负责紧密结合，正确处理中央和地方权责关系，通过中央统筹规划科学配置各种建设资源，通过明确各地责任促进建设任务落实。这些既是天保工程建设取得成效的重要保障，也是今后必须遵循的重要原则，对我们做好其他生态工程建设也具有重要借鉴意义。

二、充分认识进一步推进天然林资源保护工程建设的重要性和紧迫性

经过一期建设，天保工程区的生态状况和经济社会面貌发生了明显变化。但必须清醒地看到，天然林生态系统仍然十分脆弱、很不稳定，正处于不进则退的关键阶段；国有林区改革相对滞后，政企不分、企社不分问题仍然十分突出，正处于积累经验的探索阶段；林区产业支撑能力不强，社会事业和基础设施欠账较多，正处于爬坡过坎的攻坚阶段。天保工程区的自然生态状况，与建设生态文明的要求还有很大距离；天保工程区的森林资源储备，与加快推进工业化城镇化的需要还有很大差距；天保工程区的经济社会发展水平，与人民群众的期待还有很大落差。加强天然林资源保护仍然是一项事关全局的重大战略任务，我们要充分认识这项工程的重大意义，切实增强责任感和紧迫感。

(一)进一步推进天保工程建设是维护国家生态安全的迫切需要。我国是一个自然灾害多发频发的国家，也是一个缺林少绿、生态问题十分突出的国家。党的十七大首次提出建设生态文明，并将生态良好作为2020年实现全面小康的重要衡量标准。今后10年是我国生态文明建设的关键时期和攻坚阶段。森林是陆地生态系统的主体，林业在生态建设中居首要地位。天然林是森林资源的精华，保护好天然林是林业工作和生态建设的重中之重。从总量看，我国天然林面积18亿亩、蓄积量114亿立方米，分别占全国森林面积和蓄积量的61.2%和83.1%。从功能看，天然林是自然界中群落最稳定、生物多样性最丰富、结构最复杂的陆地生态系统，具有强大的保持水土、涵养水源等生态功能。从区位看，我国天然林主要分布在大江大河、重要支流的源头及两岸，分布在三峡、小浪底、丹江口水库等水利枢纽的周边，是维护江河湖库安澜、水利工程安全的绿色屏障。森林自然生长发育是一个长期过程，经过天保工程一期的保护，天然林刚刚进入恢复发展阶段，中幼林比重还很大，还有大量森林亟待抚育和改造培育。继续实施天保工程，不仅可以有效巩固天然林保护成果，而且可以进一步提升森林质量和生态功能。我们要从维护国家生态安全、提高可持续发展能力的大局出发，高度重视和推进这项工程。

(二)进一步推进天保工程建设是应对气候变化的迫切需要。全球气候变化是人类面临的共同挑战，是国际社会广泛关注的焦点问题。应对气候变化，既需要直接减少温室气体排放，也需要通过吸收和固化减少大气中的温室气体。我国工业化城镇化进程还远未完成，面临着发展经济和减少排放的双重压力。但要看到，我国有45亿多亩林地、60多亿亩草原、5.8亿亩湿地，是固碳减排的宝库。特别是森林具有巨大的增汇减排功能，不仅存储了大量的碳，还可以继续吸收。据测算，仅天保工程区现有森林碳储存量高达30多亿吨，今后10年可以增加森林碳汇4.16亿吨。如果这些天然林被毁坏，不仅不能增加碳汇，还将释放出大量的碳，加速全球气候变暖步伐。2010年底召开的坎昆气候变化大会，在减少毁林、防止森林退化等方面达成了广泛共识。保护好天然林、增加森林碳汇，是我国应对气候变化的优势所在，也是我国在国际事务中的一个重要砝码。我们要从树立负责任大国形象、赢得更大发展空间的长远战略出发，切实保护好天然林。

(三)进一步推进天保工程建设是实现林业发展战略目标的迫切需要。改革开放30多年来，我国林业发展取得了巨大成就。在今后10年全面建设小康社会的进程中，林业建设任务仍然十分艰巨。继续推进天保工程建设是推动林业发展的重要举措。从完成林业“双增”任务看，天保工程担当着重大责任。胡锦涛总书记在联合国气候变化峰会上已经作出承诺，到2020年我国森林面积比2005年增加6亿亩、森林蓄积增加13亿立方米。据测算，仅通过实施天保工程，今后10年就可以新增森林面积7800万亩、森林蓄积11亿立方米。从保障国家木材安全看，天然林是最重要的资源储备。我国是世界木材生产、加工、消费和进出口大国。2009年我国进口木质林产品(原木、板材、胶合板、纸浆等)折合木材1.84亿立方米，占国内需求的43.6%。随着木材出口国限制措施的逐步增强，今后进口木材越来越难。随着我国经济社会的发展，全社会对木材的需求将长期持续增加。这就要求我们必须立足国内培育后备木材资源。天保工程区特别是东北、内蒙古重点国有林区一直是我国重要的商品材供应基地。通过实施天保工程让这些地区的天然林休养生息，对保障我国木材安全具有长远意义。

(四)进一步推进天保工程建设是缩小区域差距的迫切需要。促进区域协调发展是实现科学发展的必然要求。天保工程区集中分布在中西部地区，工程实施单位绝大部分分布在革命老区、少数民族地区、边疆地区和贫困地区，这些地区发展经济、改善民生的任务十分艰巨。承担天保工程建设任务的国有林区，就业岗位严重不足，收入水平普遍较低，社会事业发展严重滞后，出行难、上学难、看病难等问题依然突出，维护社会稳定压力较大。通过实施天保工程建设，进一步加强森林保护、改善生态状况，有利于提高这些地区的长远发展能力；进一步优化产业结构、加强基础设施建设，有利于加快这些地区的发展步伐；进一步扩大就业机会、增加职工和林农收入，有利于维护这些地区的社会稳定。我们必须要把加快天保工程区发展步伐作为缩小区域差距的重大战略任务，通过长期不懈的奋斗，努力把这些地区建设成为山清水秀、安居乐业、生活幸福、社会和谐的社会主义新林区。

三、准确把握天然林资源保护工程建设的总体思路和关键环节

在新的历史条件下，加快推进天然林资源保护工程建设，必须深入贯彻落实科学发展观，把保护天然林资源作为建设生态文明的战略举措，把加快林区建设作为促进区域协调发展的重要抓手，把改善林区民生作为全面建设小康社会的重要任务，以保护和培育森林资源为核心，完善政策措施，加大投入力度，创新体制机制，加快建立布局合理、结构稳定、功能强大的森林生态系统，为经济社会可持续发展提供牢固的资源基础和坚强的绿色屏障。为此，要突出抓好以下四个关键环节：

一是着力保护森林资源。这是天保工程的宗旨，是加强生态建设最经济、最有效的途径。能否管好管住现有天然林，是衡量工程成败最基本的标准。要继续严格执行长江上游、黄河上中游地区天然林禁伐政策，坚决落实东北、内蒙古等重点国有林区木材产量调减任务，不因前期禁伐减产成效显著而有丝毫懈怠，不因木材需求巨大而有丝毫退缩。要建立健全森林管护责任制，明确管护责任，完善管护办法，创新管护模式，让参与管护的林区群众得到实惠，充分调动他们的管护积极性。要加强森林防火基础设施建设，深入开展防火宣传教育，做好森林病虫害防治和生物多样性保护。要强化森林资源监测评价，积极运用遥感等先进技术手段，增加巡查频次，提高监测的针对性、及时性、有效性。我们一定要本着对国家和人民高度负责的态度，把每一棵该保的林木坚决保住，把每一寸该守的林地坚决守住。

二是着力增加森林资源。我们不仅要立足保护好现有森林资源，更要努力扩总量、提质量、增效益。天保工程二期新增加的一项重要内容，就是加大对森林资源培育的投入力度，把加快提升森林质量、增加森林面积放在突出位置。要全面加强森林抚育，重点解决好中幼龄林密度过大、枯损严重、生长受阻等突出问题，促进森林健康生长。要继续推进长江上游、黄河上中游地区公益林建设，运用补助政策调动造林积极性，运用科技手段提高造林成效，运用“飞、封、造”等多种方式加快造林进度。要抓好东北、内蒙古等重点国有林区后备森林资源培育，按照宜造则造、宜抚则抚、宜改则改、宜补则补的原则，制定培育方案，落实培育措施，增加森林资源战略储备。我们要牢固树立科学经营森林的理念，让树木生长得更茁壮，让森林发育得更茂盛。

三是着力加快林区发展。这是构建天然林保护长效机制、有效化解天然林资源压力的根本途径。要大力培育接续和替代产业，在保护好森林资源和生态环境的前提下，充分利用森林的多种功能，积极发展林下经济、特色种养、森林旅游、花卉苗木等，尽快使林区的产业结构有根本性改变。要努力拓宽就业渠道，通过森林管护、公益林建设、森林培育等促进职工转岗就业，鼓励职工自主创业，引导职工外出就业、减轻林区就业和人口压力。要加强林区基础设施建设，国家在制定基础设施建设规划和扶持政策时要将林区纳入覆盖范围，地方政府在安排基础设施项目时要统筹考虑林区和其他地区的需要，投资标准和配套要求要符合林区实际。要大力发展林区社会事业，不断提高林区教育、卫生、文化发展水平，按规定将林业职工和林区居民纳入地方社会保障体系。要加强和创新林区社会管理，及时化解各种矛盾，维护林区社会稳定。我们要顺应林区广大群众过上美好生活的新期待，通过国家扶持和自力更生相结合，尽快使林区经济社会发展水平上个新台阶。

四是着力创新体制机制。这几年，我们集中精力推进集体林权制度改革，极大地调动了林农发展林业的积极性。下一步，我们要在天保工程建设中下大力气推进国有林区体制改革。这是确保天保工程取得预期效果、促进林区发展的根本保障，也是林业改革整体布局的重要环节。要推进国有林资源管理体制改革，按照资源管理和资源经营分开的原则，把森林资源管理职能从森工企业中剥离出来，由国有林管理机构代表国家行使管理职责。要推进国有林区公共事务管理体制改革，按照政企分开、企事分开的原则，把目前由企业承担的社会管理和公共服务职能逐步分离出来，转由地方政府承担。要推进国有森工企业改革，加快建立现代企业制度，促进企业转换经营机制，提高市场竞争能力。我们要利用好天保工程二期的历史机遇，大力推进改革，鼓励探索创新，尽快建立起有利于森林资源保护和激发林区发展活力的体制机制。

四、切实加强对天然林资源保护工程建设的组织领导

实施天然林资源保护工程二期建设，需要投入的资金规模更加庞大，需要落实的政策措施更加复杂，需要完成的工作任务更加繁重，需要解决的体制和机制问题更加棘手。各地区、各有关部门要把思想和认识统一到中央的部署上来，切实加强领导，认真组织实施，确保工程建设顺利推进。

(一)强化地方责任。天保工程区各级党委和政府要加强组织领导，县级以上各级地方政府要成立工程建设领导小组，负责工程的统一协调和组织实施。继续实行省级人民政府对天保工程实施负全责，继续坚持目标、任务、资金、责任“四到省”的责任制。省级以下也要层层落实责任，对工程建设的主要指标实行任期目标管理，签订责任状，严格考核，严格奖惩。要深入工程区调查研究，协调解决工程实施中遇到的各种具体问题。

(二)强化政策落实。国务院审议批准的天保工程二期实施方案，在森林资源保护和培育、生态公益林建设、完善社会保障、增加就业渠道等方面出台了许多含金量高的政策措施。要科学编制好实施方案，把各项建设任务落实到山头地块，把各项扶持政策兑现到林业场局和职工、林农家庭。要妥善处理好工程建设中的各种利益关系，严格把握政策界限，避免产生矛盾纠纷。要进一步加大宣传力度，提高政策的传播面和知晓度，推动政策更好地贯彻落实。

(三)强化部门协调。各有关部门要认真履行职责，加强协调配合，形成推动工程建设的合力。发展改革部门要将林区发展纳入国民经济和社会发展规划，加大对林区的基本建设投资。财政部门要加快资金拨付进度，加强资金管理，确保资金使用效益。人力资源和社会保障部门要继续完善林区职工社会保障政策，加强再就业培训，推动林区转岗职工和就业困难人员实现再就业。住房和城乡建设部门要继续抓好国有林区棚户区和国有林场危旧房改造，积极支持林区小城镇建设。交通、供水、供电、通信等部门要加强林区相关基础设施建设。天保工程的继续实施，林业部门负有更重要的职责，要会同有关部门细化、实化各项措施，随时掌握情况，不断解决在工程推进过程中遇到的相关问题；要抓好工程年度计划的编制和实施，抓紧完善相关规章制度，做好信息化管理工作，加大科技支撑力度，加强工程管理机构和干部队伍建设。

(四)强化督导检查。天保工程涉及地域广阔，承担建设任务的单位众多，能否确保工程建设按规划实施、资金分配使用按规定执行，是一个重大考验。要严格工程质量管理，推行招投标制、监理制和报账制，确保工程质量和进度。要加强审计稽查，强化资金使用监督，杜绝截留、挤占、挪用现象。要完善工程核查制度，继续开展国家、省、县(局)三级核查，对存在的问题要及时发现、及时纠正、及时整改。要建立健全激励机制，完善考评办法，对在天然林保护工作中作出贡献的单位和个人给予表彰奖励，激发干部群众参与工程建设的积极性。

“十年天保、百年功德”，保护天然林是一项功在当代、泽被后世的伟大事业。让我们紧密团结在以胡锦涛同志为总书记的党中央周围，高举中国特色社会主义伟大旗帜，抓住机遇，再接再厉，扎实工作，全面开创天然林保护工作新局面，为维护国家生态安全、促进经济社会又好又快发展作出新的更大贡献。

在第八届中国城市森林论坛开幕式上的讲话

全国政协副主席　王　刚

（2011 年 6 月 18 日）

今天，第八届中国城市森林论坛在这里开幕了。首先，我代表全国政协和贾庆林主席、代表关注森林活动组委会，向出席论坛的各位嘉宾和各位代表表示热烈欢迎，向长期以来关心关注森林活动的各有关方面和为本次论坛的筹办提供大力支持的辽宁省和大连市表示衷心感谢！向荣获“国家森林城市”称号的城市表示热烈祝贺！

刚才，大连市市长李万才同志，辽宁省委副书记、省长陈政高同志，经济日报社总编辑庹震同志，全国绿化委员会副主任、国家林业局局长贾治邦同志发表了热情洋溢的讲话，充分肯定了关注森林活动取得的成绩。

关注森林活动开展 13 年来，始终围绕党和国家重大决策部署，围绕生态建设的重点问题，围绕人民群众普遍关注的民生问题，通过宣传、调研、论坛等多种方式，成功开展了一系列主题鲜明、内容丰富、形式多样的活动，特别是成功举办中国城市森林论坛和组织开展“国家森林城市”创建活动，积极倡导和推广“让森林走进城市、让城市拥抱森林”的理念，得到了各级党委和政府的支持，赢得了人民群众的赞誉，对改善城市生态环境、提高城市宜居程度、建设现代化都市产生了重要影响，为加快我国林业发展、加强生态文明建设、促进人与自然和谐发展发挥了重要作用。

“十一五”时期，我国经济社会发展打了攻坚战，取得了大胜利。“十一五”一路走来，我们担负的任务十分繁重，面临的形势异常复杂，遇到的困难非常艰巨，面对的挑战极为严峻。以胡锦涛同志为总书记的党中央团结带领全党全国各族人民，万众一心，共克时艰，办成了大事、办好了喜事、办妥了难事，经济社会发展取得了新的重大成就，国家面貌发生了新的历史性变化，谱写了中国特色社会主义事业新篇章。

今年 3 月召开的十一届全国人大四次会议审议通过了国家“十二五”规划纲要，描绘了我国经济社会发展的宏伟蓝图，提出了 24 项经济社会发展主要指标，其中有 12 项指标是约束性的，涉及资源环境的有 7 项，充分体现了以科学发展为主题、以加快转变经济发展方式为主线的要求。按照规划纲要提出的目标，“十二五”时期，我国国内生产总值年均增长 7%，到 2015 年将达到 55 万亿元以上，是“十一五”是期末的 1.5 倍。我们要再通过一个五年的发展，使我国综合国力得到更大提升，人民生活得到更大改善，国家面貌发生更大变化。

今年是中国共产党成立 90 周年，也是“十二五”时期开局之年。做好今年党和国家各项工作，对于实现“十二五”时期良好开局，完成“十二五”时期经济社会发展目标任务，具有十分重要的意义。新的形势和任务，既为做好关注森林活动提供了广阔空间，也提出了更高要求。我们要从推动科学发展、加快转变经济发展方式的战略高度，从全面建设小康社会、加快推进社会主义现代化的全局高度，充分认识新形势下开展关注森林活动的重要意义，认真分析开展关注森林活动面临的新情况新问题，积极探索开展关注森林活动的新思路新举措，不断丰富开展关注森林活动的新形式新载体，广泛动员社会各界更加关心和支持关注森林活动，凝聚各方力量积极参与关注森林活动，为推动我国生态文明建设、促进经济社会又好又快发展作出新的更大贡献。

第一，关注森林活动要为加快转变经济发展方式作贡献。长期以来，我国经济总量在世界上的份额与我国资源消耗总量在世界上的份额不相适应，单位国内生产总值能耗明显高于发达国家水平和世界平均水平。在大量消耗资源的同时，污染排放问题日益加重。大量资源消耗和温室气体排放成为制约我国经济发展的主要瓶颈，也使我国发展面临很大国际压力。我国长期形成的主要依靠物质投入的经济发展方式与资源环境的矛盾日益突出，部分地区资源环境承载能力接近极限，外延式扩张模式难以为继。转变经济发展方式的一个重要内容，就是要走循环经济、绿色经济、低碳经济的新路子。森林作为庞大的自然循环经济体，是发展绿色经济和低碳经济的重要基础。关注森林活动要牢牢把握科学发展这个主题、紧紧抓住加快转变经济发展方式这条主线，始终坚持和全面落实节约资源和保护环境的基本国策，深入实施可持续发展战略，建设以低碳排放为特征的产业体系和消费模式，积极推进资源节约型、环境友好型社会建设，努力推动整个社会走上生产发展、生活富裕、生态良好的文明发展道路。

第二，关注森林活动要为积极应对气候变化作贡献。全球气候变化是人类面临的巨大威胁，也是人类必须共同面对的重大挑战。应对气候变化，最有效的途径是工业直接减排和森林间接减排。与工业减排相比，森林固碳更具经济可行性和现实操作性。世界各国都把增加森林碳汇作为实现间接减排、绿色减排的重要措施。在2009年联合国气候变化峰会上，胡锦涛主席向全世界作出“大力增加森林碳汇，争取到2020年森林面积比2005年增加4000万公顷，森林蓄积量比2005年增加13亿立方米”的庄严承诺。实现这一“双增”目标，从现在起每年至少要新增造林面积8800万亩，任务十分艰巨。关注森林活动要紧紧围绕这个发展目标，一方面，采取丰富多样的宣传形式，广泛动员社会各方面力量，积极投入国土绿化和森林保护事业；另一方面，组织专家学者就提高森林质量、增加森林碳汇进行深入研究，提出造林绿化、森林经营的新模式，最大限度地发挥森林在我国应对气候变化中的特殊作用。

第三，关注森林活动要为维护国家生态安全、能源资源安全作贡献。森林是重要的生态屏障，也是一个巨大的可再生资源库。森林是“地球之肺”，湿地是“地球之肾”，生物多样性是地球的“免疫系统”，各类生态系统在维持地球生态平衡中发挥着重要作用。森林还是生物质能源库，是仅次于煤炭、石油、天然气的能源资源，发展森林生物质能源已经成为世界各国能源替代战略的一个重要选择。加快林业发展，增加森林资源总量和林产品供给，增强森林生态系统整体功能，实现自然生态系统与社会经济系统的良性循环，对于维护国家生态安全、能源资源安全都具有重要的战略意义。关注森林活动要深入研究影响我国生态安全、能源资源安全的全局性、战略性、前瞻性等重大问题，密切关注国内外技术研发新成果新动向，努力提出发展相关新能源和可再生能源的意见和建议。要紧紧围绕“十二五”规划确定的推进主体功能区建设这一重要任务，以建设重点生态功能区为着力点，积极推进建设以森林植被为主体、林草结合的国土生态安全体系，努力推动形成“两屏三带”为主体的生态安全战略格局。

第四，关注森林活动要为建设宜居环境作贡献。随着我国经济社会不断发展和人民生活水平不断提高，广大人民群众改善生活质量的愿望越来越迫切，对干净的水、新鲜的空气、优美的环境等方面的要求越来越高。森林是地球生态系统的重要组成部分，是地球生态产品的最大生产者，大力发展森林，可以使地球的空气更清新、广大群众居住的环境更美好。关注森林活动要以满足人民群众对生态的需求为出发点，积极开展创建国家森林城市活动，大力推动身边增绿行动，努力使森林走进城市、走进社区、走进乡村，有效改善人居环境，努力建设幸福家园，让广大城乡居民更加直接地享受生态改善的成果。特别是要按照“让森林走进城市、让城市拥抱森林”的要求，大力促进城市发展森林，积极推动城市环境改善，提升城市生态承载能力，努力建设人与自然和谐、充满生机与活力的低碳宜居城市。要通过各种途径、采取多种方式调动广大群众绿化环境的积极性和主动性，积极组织开展群众性植树造林、绿化环境活动，使关注森林活动的成果更好地体现在改善人民群众的实际生活中。要深入开展生态宣传教育，普及生态知识，传播生态文化，弘扬生态道德，倡导生态文明，努力引导人们树立“爱绿、植绿、护绿、兴绿”的社会责任和意识，努力在全社会形成爱护森林、保护生态的良好风尚。

关注森林活动是一项关系全体公民、惠及整个社会的公益活动，希望各级党委、政府和有关部门积极给予指导和支持，为关注森林活动的开展创造良好条件。全国政协人口资源环境委员会作为关注森林活动的主要牵头单位之一，要积极支持、引导和鼓励广大政协委员发挥自身优势、积极参与关注森林活动，为搞好这项活动献计出力。

举办中国城市森林论坛，对于推动我国生态文明建设、促进经济社会又好又快发展具有重要意义。这里，我就办好本次论坛提几点希望：一是深入探讨城市森林建设的理论问题，注重研究世界城市绿化的发展趋势和前沿成果，积极探索具有中国特色城市森林建设的新路子。二是广泛交流城市森林建设的实践经验，认真总结和推广各地发展城市森林的成功经验和做法，为各地推进城市森林建设提供有益借鉴。三是进一步改进城市森林论坛活动方式，丰富论坛内容，吸引和带动更多的社会公众关注、支持、参与论坛活动，不断扩大论坛的社会影响力。

同志们，让我们紧密团结在以胡锦涛同志为总书记的党中央周围，高举中国特色社会主义伟大旗帜，以邓小平理论和“三个代表”重要思想为指导，深入贯彻落实科学发展观，锐意进取，扎实工作，不断提高关注森林活动工作水平，为建设生态文明、促进人与自然和谐作出更大贡献，以优异成绩迎接中国共产党成立90周年。

全面深化改革　转变发展方式
以林下经济发展促进绿色增长

——在全国林下经济现场会上的讲话

全国人大常委会副委员长　陈昌智

（2011年10月10日）

刚刚闭幕的首届亚太经合组织林业部长级会议上，胡锦涛主席高度概括了森林在绿色增长中的重要功能，为全社会重新认识林业、大力支持林业、加快发展林业进一步指明了方向。今年4月，全国人大常委会听取和审议国务院关于集体林权制度改革工作的报告，对集体林权制度改革工作给予了充分肯定和高度评价，并对深化改革提出了审议意见。为了贯彻落实党中央、国务院领导的重要指示，国家林业局又召开全国林下经济现场会，学习交流“不砍树，能致富”，实现绿色增长的经验和做法。刚才，几位同志的发言和贾治邦局长的讲话，我完全赞成。下面就全面深化集体林权制度改革、发展林下经济，讲三点意见。

一、集体林权制度改革意义重大，影响深远

集体林权制度改革是我国农村经营体制一项深刻而又复杂的重大变革，事关农民的切身利益，事关经济社会发展，事关生态文明建设。当前，集体林权制度改革进入关键阶段，我们要从全局和战略的高度对集体林权制度改革的重大意义进行再认识、再提高、再深化，进一步增强全面深化改革的自觉性和坚定性。

1. 集体林权制度改革调动了全社会发展林业积极性，促进了绿色增长，推动了可持续发展。这项伟大的改革实践，既落实和保障了农民的林地权益，又进一步规范了农村林地承包经营权的流转，调动了农民积极性，激发了林业发展的活力。各地造林面积不断增加，森林资源持续增长，森林生态系统功能不断增强，林产品供给能力不断提高，增强了农村农业发展基础，推动了可持续发展。近几年来，全国每年造林面积一直保持在9000万亩的较高水平。根据第七次全国森林资源清查结果表明，截至2008年年底全国森林面积达29.25亿亩，比上次（截至2002年年底，下同）清查净增3.08亿亩；森林覆盖率达20.36%，净增2.15个百分点；活立木蓄积量达149.13亿立方米，净增11.28亿立方米；人工林面积9.3亿亩，净增1.26亿亩，继续保持世界首位。

2. 集体林权制度改革坚持充分尊重农民意愿的原则，完善了社会治理体系，促进了社会和谐稳定。集体林权制度改革坚持规则公平、机会公平、分配公平原则，普遍完善利益协调、诉求表达、纠纷调处、权益保障机制，保障群众的民主权利和物质利益。始终遵循社会发展规律，主动正视矛盾，妥善处理人民内部矛盾和其他社会矛盾。据统计，全国已勘界确权25.24亿亩集体林地，占集体林地总面积的92.23%，其中发证8222.25万户，受益农民达4亿人。累计调处山林权属纠纷80多万起，调处率达97%，群众满意率达98%。不断为减少和化解矛盾，不断完善政策措施、强化制度保障，最大限度完善社会治理机制，不断激发社会活力，不断增加和谐因素，最大限度减少不和谐因素，促进了农村社会和谐。

3. 集体林权制度改革解放了农村生产力，促进了民生改善，推动了区域经济发展。山区、林区大多是贫困地区，更是小康社会目标实现的重点、难点和关键地区。山区拥有丰富的森林、林木、林地、生物多样性、森林景观、劳动力等社会生产要素资源。通过推进集体林权制度改革，创新林业机制体制，充分调动了山区、林区农民发展林业的积极性，优化农村各种生产要素向林业聚集，寻找了一条发展生产的路子，实现了资源增长，搞活了农村经济，促进了农民增收，为改善民生和促进区域经济发展作出了积极贡献。截至2010年年底，全国2550多个林改县，农民林业收入占人均年收入的比重由2009年的12.96%增加到20%以上，重点林区农户林业收入占总收入的比重达60%以上。全国林业总产值由2006年的1.07万亿元增加到2010年的2.09万亿元，五年翻了一番。全国林地直接产出率由2003年的每亩84元提高到2010年的198元。

4. 集体林权制度改革通过发展林业和林下经济，有力推动了扶贫开发工作，促进了城乡统筹发展。中国的贫困人口主要集中在山区，592个国家重点扶贫县中，丘陵和山区占86%。同时，山区也是森林分布最集中的地区，全国90%的林地面积、84%的森林蓄积都集中在山区。林业发展是中国扶贫开发的希望所在，也是潜力所在。林改搞活了林业经济，林业成为新的农村经济增长点。以林下种植、林下养殖、采集加工、森林景观利用等为主的林下经济新兴产业迅速兴起，种苗培育、用材林培育、竹藤花卉等传统产业不断壮大，许多山区的农民实现了多年未能实现的脱贫致富愿望。湖南省安化县既是山区县，也是国家级重点扶贫县，林改后安化县2010年林下经济和经济林总产值达18.1亿元，带动农民人均实现增收2100多元，占当年农民人均纯收入的近80%，林下经济发展成为农民增收致富的重要渠道。陕西省宁陕县既是重点林业县，也是国家级贫困县。2007年开始实施集体林权制度改革，同时大力推进林下经济发展，全县绝对贫困人口由2007年的1.8万人减少到目前的1.2万人，下降了33.33%，有效地促进了扶贫开发工作开展。

二、稳定农村林业基本经营制度，必须始终坚持林地承包经营权长久不变

集体林权制度改革就是要普惠广大农民，保证农民平等享有林地承包经营权，这是改革的意义所在，也是中央10号文件的要求。明晰产权，承包到户改革仅仅是开始，在全面深化集体林权制度改革中仍要贯彻落实好这一根本要求。要实现林业改革发展目标，战略方向要正确，选取的路径要对，采取的措施要有效，要始终把握几个根本要求。

1. 农村集体林地承包经营制度是党在农村的基本土地政策，也是国家法律制度的基本要求。平等享有集体林地承包经营权，明确林地承包经营权权能，确立农民作为农村林地承包经营权人的主体地位，这是党在农村的基本土地政策。中共中央政治局常委、全国人大常委会委员长吴邦国指出，农村土地承包法执法检查是今年全国人大常委会监督工作的一个重点。要通过这次检查，大力宣传中央的精神和《农村土地承包法》等法律、法规，特别是要让大家了解中央关于“现有土地承包关系要保持稳定并长久不变”的精神。集体林权制度改革，应按照这一精神，把保障农民的林地承包经营权、保证农村林地承包经营权长久不变、规范林权依法自愿有偿流转、依法解决好农村林地承包经营纠纷等重点工作，作为全面深化改革的重要内容，切实抓好。核心就是要让农民牢牢把握住“林地承包经营权”，贯彻落实好党在农村的土地承包经营政策，做实农村土地制度这块基石。

2. 农村集体林地承包经营制度是新时期推进农村改革发展总体要求的具体体现。党的十七届三中全会作出的《中共中央关于推进农村改革发展若干重大问题的决定》，对我国下一步农村改革发展进行了战略部署，明确了当前和今后一个时期推进我国农村改革发展的总体思路。强调要把建设社会主义新农村作为农村改革发展的重要组成部分，必须毫不动摇地坚持我国农村基本经营制度。搞好农村林地确权、登记、颁证工作，赋予农民更加充分而有保障的林地承包经营权，完善林地承包经营权权能，依法保障农民对承包林地的占有、使用、收益等权利，加强林地承包经营权流转管理和服务，发展多种形式的适度规模经营，走一条有中国特色的林业现代化道路，这是社会主义新农村建设在林业建设发展中的具体体现。

3. 农村集体林地承包经营制度是贯彻落实国家“三农”工作一系列方针政策的目标要求。农村改革发展的战略任务，是始终不渝地把农业增产和农民增收作为首要任务。全面深入开展集体林权制度改革，进一步研究制定扶持林业综合发展的政策措施，认真落实各项强林惠农政策，大力实施林业重点工程，引导农民大力发展森林培育、森林旅游、生态疗养等产业；鼓励农民因地制宜发展林果经济林、林下种植业和养殖业、林下产品深加工等，提高林地综合利用率和产出率，实现不砍树也能致富走出一条资源增长、农民增收、生态良好的现代林业发展之路，既是促进现代林业发展的重要手段，也是贯彻落实中央农村工作政策，解决“三农”问题的出发点和落脚点。

三、大力发展林下经济，全面深化集体林权制度改革

集体林权制度改革，就是要解决制约农村经济发展的体制性障碍和制度性障碍，促进林业要素的有序流转和林业资源的优化配置。当前阶段，要大力发展林下经济，使林业蕴藏着的林地资源潜力、物种资源潜力和市场潜力得到充分释放，使林改真正成为促进农民增收、林业增效、社会和谐的强大推动力量。

1. 培育农村经济新的增长点，保障小康社会和社会主义新农村建设目标实现。广西、辽宁、浙江等许多省区把林下经济发展作为农村经济新的增长点来抓，制定了林下经济发展规划，出台了扶持政策，强化了服务措施，涌现了一大批农民增收致富的好典型。实践证明，发展林下经济，是短平快又惠及农村千家万户的致富新途径，是解决山区、林区、沙区农民脱贫致富的民生工程，是引导农民不砍树或少砍树照样能致富，节约森林资源、保护生态的绿色惠民工程。发展林下经济，解决广大山区贫困人口增收致富问题，实现区域农民收入翻番的宏伟目标，是十分重要的战略选择。今年4月，吴邦国委员长到广西调研时指出：“发展林下经济是贫困地区加快发展、老百姓脱贫致富的一条重要路子，要因地制宜发展林下经济，培育农村经济新的增长点。”这给我们深化林改指明了方向，也提出了要求。在明晰产权承包到户改革完成后，应该不失时机抓发展，改变林业发展方式，大力发展林下经济，走一条促进农民增收、又促进生态建设的现代林业发展新路子。

2. 准确把握几个重大问题，切实保障林下经济又好又快发展。发展林下经济是一项复杂的系统工程，需要同时兼顾生态保护和农民增收这一协调发展目标，统筹生态保护和农村经济发展，探索在保护生态前提下增加农民收入的林业生产发展双赢模式，走绿色增长道路。要办好这件利国利民的大事，必须要处理好四大关系：一是正确处理好农民增收与生态保护的关系，坚持生态优先，科学利用，确保生态资源得保护。二是正确处理好家庭承包与规模经营的关系，坚持企业带动，农民参与，确保农民得实惠。三是正确处理好农民自愿与政府推动的关系，坚持政府引导，示范推广，确保农民意愿得尊重。四是正确处理好传统产业与科技创新的关系，坚持科技支撑，效益为本，确保提高土地综合利用率和产出率。

3. 进一步完善集体林权制度改革政策，切实保障林下经济健康发展。农村土地问题既是经济问题，更是政治问题，关系到国家发展稳定大局。各地要结合本地的实际情况，切实执行涉农法律和落实惠农政策，着力在体制和机制方面不断创新，不断完善。这些问题概括起来，主要集中在土地权益保护和资金投入两个方面。对于土地权益保护，通过“明晰产权、承包到户”改革，已经为深化林地制度改革奠定了扎实的基础。下一步，应当重点推进林权管理服务改革，建立健全林权管理制度，充实林权权利内容，加强林权流转监管和服务，建立现代林业发展体制机制，为优化配置生产要素，加快林下经济发展，支撑现代林业提供条件。对于资金投入问题，一方面，要保证各级政府的支农惠农资金落到实处，并保持稳定增长；另一方面，要充分利用市场手段，加快推进落实好林权抵押贷款和农民小额贷款，积极开展森林保险，加大财政和货币扶持农村金融发展政策的支持，理顺现有的农村金融体系，解决农民发展资金问题。

同志们，集体林权制度改革从全面推进到全面深化、整体推进，各地积极开展了一系列卓有成效的工作，取得了明显成效。各地要以这次全国林下经济现场会为契机，以高度的政治责任感、使命感，以对农民、农业和农村工作的深厚感情，深入贯彻落实胡锦涛总书记在首届亚太经合组织林业部长级会议上关于“深化集体林权制度改革”的指示精神，完善各项政策，转变林业发展方式，构建现代林业发展体系，加快林业发展，为建设社会主义新农村，实现绿色增长作出更大贡献。

在全国深化集体林权制度改革会暨地方党政领导干部林改专题研究班上的讲话

全国政协副主席　罗富和

（2011 年 3 月 30 日）

在全党全国人民深入学习贯彻党的十七届五中全会精神，“十二五”规划实施的开局之年，国家林业局在福建省永安市召开和举办全国深化集体林权制度改革会暨地方党政领导干部林改专题研究班，与百名分管县长一起交流探讨深化集体林权制度改革的有关问题，意义十分重大。非常高兴有机会能够出席这次会议和研究班，与大家共同探讨推动集体林业科学发展的好经验、好做法。

1998 年，福建省永安市洪田村在没有先例可借鉴的情况下，把耕地承包责任制引入林地，创造性地完成了“分山到户”，在全国率先迈出了“山定权、树定根、人定心”的第一步。2003 年以来，福建省通过在永安市召开现场会，进行了以“明晰所有权、放活经营权、落实处置权、确保收益权”为主要内容的集体林权制度改革，并在完善配套政策措施方面进行了积极探索，既实现了森林资源得保护，又促进了农民就业增收。通过深化集体林权制度改革推动林业的发展，是一项重要经验和做法。我个人认为，集体林业发展的真正希望在于林权落实到户，活立木蓄积资产化，建立健全促进集体林业发展的制度性保障。其中，确权到户、活立木资产化是集体林权制度改革的基础性工作。福建省在这方面进行了很好的探索，永安市带了一个好头。刚才，张建龙副局长详细概括了永安的经验和做法，非常生动，非常全面，我完全赞同。

党中央、国务院对集体林权制度改革高度重视。胡锦涛总书记、温家宝总理等中央领导同志，多次深入一线，考察和指导改革实践，为集体林权制度改革注入了强大动力。2008 年 6 月，党中央、国务院颁发了《关于全面推进集体林权制度改革的意见》。2009 年 6 月，召开了新中国成立以来的首次中央林业工作会议，对集体林权制度改革作出全面部署。2010 年 10 月，又召开全国集体林权制度改革百县经验交流会，对推进改革进行了再动员、再部署。今天，百县分管县长共聚一堂，共同探讨深化集体林改的大计，意义非常重大。目前，全面推进集体林权制度改革的大政方针已定，工作进展顺利，成效逐步显现。

下面，借此机会，谈一点自己的体会和认识，供大家参考。

一、林业面临着良好的发展机遇

党的十七届四中全会把生态文明建设作为中国特色社会主义事业总体战略布局的组成部分。十七届五中全会关于“十二五”规划建议中明确指出，面对日趋强化的资源环境约束，要加强生态保护，加快建设资源节约型、环境友好型社会，提高生态文明水平。林业作为生态建设的主体和生态文明建设的主要承担者，使命光荣而艰巨，同时也面临着千载难逢的良好发展机遇，前景十分广阔。

从全球范围来看，加快发展林业、充分发挥森林在应对气候变化中的减排作用已成为各国的共识。目前，全球气候变化的形势十分严峻。最近，一些科学家研究发现，南极、北极冰山正在加快融化。如果按照最近两三年来融化的速度推算，未来全球海平面可能将上升 6 米，许多地区将被海水所淹没。长久以来，人们对于林业重要作用的认识，更多地局限于林业作为一项基础产业为经济社会发展提供木材。进入 21 世纪以来，社会对林业的认识发生了根本性的转变，更加重视林业在维护生态安全中的重要作用，更加重视林业为经济社会发展提供生态屏障的重要功能。尤其是在气候变化问题日益严峻的情况下，林业的碳汇功能得到了国际社会的一致认可。从《京都议定书》到《巴厘岛路线图》，从哥本哈根会议到坎昆会议，都对林业在应对气候变化中的重要作用形成了广泛共识，对森林间接减排寄予了很大希望。2009 年，胡锦涛总书记在出席联合国气候变化峰会上向全世界作出了“双增”的庄严承诺，即：2020 年森林面积比 2005 年增加 4000 万公顷，森林蓄积量比 2005 年增加 13 亿立方米。无论是全球最发达的国家、最贫穷的国家，还是发展中国家，除了中国之外，没有任何一个国家能够鼓起勇气进行这样掷地有声的承诺。胡锦涛总书记之所以能够作出这样的承诺，正是基于我国林业快速发展的大好形势，基于对全国林业系统广大干部职工的充分信任，基于充分展示中国作为一个发展中的负责任大国的良好形象。所以，从这个意义上讲，我国作出“双增”的承诺，进一步凸显了加快发展林业在应对气候变化中的重要意义。

从国内来看，加快林业发展也得到了前所未有的重视。一是党和国家高度重视林业，真正把林业摆上了前所未有的战略高度。在深入贯彻落实科学发展观、全面推进生态文明建设的新形势下，党中央、国务院赋予了林业“四个地位”、“四大使命”和“五大功能”，确定了 2020 年“双增”目标，提出了“三个依靠”和“两项措施”。这些重大举措，进一步明确了我国林业建设的重要地位、基本原则、主要措施和奋斗目标，必将指导我国林业发展实现新的跨越。同时，各级地方党委、政府纷纷把发展林业作为贯彻落实科学发展观的重大举措来抓，涌现出“五级书记抓林改”、“五级书记抓造林”的大好局面，掀起了造林绿化、兴林富民的新热潮，先进典型、先进人物层出不穷。刚才，陈锡文主任透露，森林覆盖率和森林蓄积量两项指标已经作为“十二五”规划的刚性约束指标纳入地方党政领导干部考核范畴，这一方面是我国实现森林资源“双增”的必然要求，同时也从另一方面充分体现了党和政府对林业工作的高度重视。可以预见，今后这两项指标将逐级分解到省、到地(市)、到县(区)。届时，各级各地林业发展的目标将更加明确，全党动员、全民动手、全社会办林业的大好局面将进一步巩固与完善。二是林业已成为转变经济发展方式的重要抓手，具有十分广阔的发展前景。贯彻落实科学发展观，必须坚持走生产发展、生活富裕、生态良好的文明发展道路，建设资源节约型、环境友好型社会，实现速度和结构质量效益相统一、经济发展与人口资源环境相协调。森林是巨大的、绿色的、可再生的资源库和能源库，林业是庞大的循环经济体和绿色经济的重要组成部分。加快发展林业产业，有利于替代高耗能、高排放、高污染的传统产业，逐步摆脱拼资源、拼能源的传统发展模式，推动经济发展方式的转变。三是我国综合国力大幅提升，为林业发展提供了更加有力的支撑和保障。目前，我国人均 GDP 已经达到 4000 美元，步入了新的发展阶段，国家财力明显增强，消费需求不断升级。一方面，国家有能力更加注重生态建设和保护，继续加大对林业的投入力度；另一方面，社会对林产品和生态产品需求的不断增加和日益多样化，为林业发展开辟了更加广阔的市场空间。四是林业发展呈现良好态势。经过多年的不懈努力，我国林业建设的总体思路基本完善，体制机制逐步创新，政策措施不断优化，资金投入显著增加，支撑保障更加有力，林区民生稳步改善，林业发展更具活力，农民发展林业的积极性空前高涨，资金、技术和劳动力等生产要素迅速向林业汇集，林业具备了加快发展的良好基础。

总体上看，林业发展正面临着千载难逢的大好机遇。希望大家以科学发展观为指导，以世界眼光和战略思维，深刻认识林业形势出现的新变化，准确把握林业发展呈现的新特点，抓住发展机遇，转变发展方式，努力推动林业科学发展，更好地服务于国家现代化建设大局。

二、集体林权制度改革意义重大，影响深远

集体林权制度改革是党中央、国务院站在国家发展全局高度作出的重大决策，是中央深化农村经营体制的重要变革，是对农村生产关系进行调整的又一重要举措，更是推动我国林业改革发展新的里程碑。各地各部门认真贯彻落实中央决策部署，切实加强组织领导，不断采取有力措施，全力推进集体林改，改革取得重大成果。福建、江西、辽宁、浙江、云南、河北、安徽、湖北、重庆等20个省(区、市)已基本完成明晰产权、承包到户的改革任务，全国共完成确权面积24.3亿亩，发放林权证7750多万本，3亿农民从中直接受益。实践证明，这项得民心、顺民意、惠民生、增民利的改革，顺应发展潮流，符合农民意愿，合乎农村实际，是新时期农村改革的又一项伟大创举，深受广大干部群众的拥护和欢迎。

集体林权制度改革是我国农村经营制度的一项深刻而复杂的重大变革，事关农民的切身利益，事关经济社会发展，事关生态文明建设。面对当前形势的新变化，结合改革实践的深入，我们要从全局和战略的高度对集体林权制度改革的重大意义进行再认识、再提高、再深化，进一步增强全面推进改革的自觉性和坚定性。

第一，全面推进集体林权制度改革是加快生态建设的必然要求。长期以来，我国森林资源稀少、森林质量较差、土地沙化、水土流失、湿地破坏、干旱缺水、物种濒危等生态问题十分严峻。生态差距已成为我国与发达国家的主要差距之一，生态问题已成为制约经济社会科学发展的最大瓶颈。只有加强生态建设，才能有效维护生态安全、能源安全和经济安全，才能不断增强可持续发展能力，才能不断提升应对气候变化的能力。全面推进集体林权制度改革，有利于进一步优化林业生产要素配置，盘活林业资源，充分释放林地、物种、劳动力等生产要素的巨大潜能，激发林业发展的内在活力，为加快生态建设提供源源不竭的动力，为实现胡锦涛总书记提出的“双增”目标作出新贡献。

第二，全面推进集体林权制度改革是解决“三农”问题的重要途径。解决好“三农”问题，一直是党和政府工作的重中之重。全面建设小康社会，最繁重、最艰巨的任务在农村。我国是一个多山国家，山区面积占全国陆地面积的69%，人口占全国总数的56%，经济发展相对缓慢，贫困面较大，是我国经济社会发展最薄弱的环节，是实现全面建设小康社会的重点和难点。山区实现大发展，潜力在山、希望在林。全面推进集体林权制度改革，有利于充分发挥山区的优势，彻底解放27亿亩集体林地的生产力，促进林木种植、林下经济、木本粮油、竹藤花卉、森林旅游、生物质能源以及林产品加工等林业产业的发展，为广大农民增收致富奔小康开辟新的广阔空间。同时，也成为党和政府关心群众生活，紧抓民生之本、解决民生之急、排除民生之忧，密切党群关系，做好群众工作的重要举措。

第三，全面推进集体林权制度改革是促进社会和谐的生动实践。集体林权制度改革表面上是一场关于林业的改革，实际上已经远远超出了林业领域，正在引发农村社会发生深层次的变革。在改革过程中，各级党委、政府部门认真落实一系列强林惠林政策，全心全意地为人民服务，转变了工作作风，树立了良好的形象，赢得了民心，改善了党的领导，巩固了基层政权。各地坚持依法决策、民主决策，严格踏查勘界，认真排查纠纷，化解了大量的林权纠纷，有效消除了农村大量不稳定因素，促进了社会和谐。广大林农群众积极通过村民代表大会维护权益、决议重要事项，民主参与的热情空前高涨，民主决策和民主监督能力进一步提高。这次大家参观的永安市洪田村就是一个生动的实例，党支部书记邓文山带领村民“分山到户”，发展林业产业，兴林富民奔小康，从而赢得了村民的广泛拥护，多次高票当选，有力地巩固了党的执政地位，促进了农村社会和谐。

第四，全面推进集体林权制度改革是深化林业改革的重要举措。长期以来，我国林业改革一直相对滞后，体制不顺、机制不活、责权不清等问题在重点林区和主要领域表现突出，现代林业产权制度还没有完全建立起来，束缚林业发展的体制机制性障碍还没有完全消除，影响到林业建设的速度、质量和效益，制约了广大林农群众和社会各界参与林业、发展林业的积极性。集体林权制度改革的过程，既是一个渐进深化的过程，又是一个示范带动的过程，更是一个突破创新的过程。全面推进集体林权制度改革，通过逐步和局部的制度调整，积少成多，由量变到质变，有利于推动进一步深化林业整体改革，为构建推动林业科学发展的长效机制作出新贡献。

加快林业改革发展，是当前和今后一个时期农村工作的重要内容。各级党委、政府，特别是县级党委、政府一定要做到认识有高度、工作有目标、行动有措施、投入有保障、机制有创新，坚持加快发展林业的决心不动摇、全面推进集体林权制度改革的力度不减弱、强化林业的各项工作不松懈，确保林业改革发展顺利推进、取得实效。一要加强组织领导。积极主动向地方各级主要领导汇报，把林业工作摆上重要议事日程，进一步完善领导体制和工作机制，及时研究解决林业改革发展中遇到的重大问题，层层落实工作责任制，确保领导到位、责任到位、措施到位。二要强化协作配合。各有关部门要切实增强大局意识，密切配合、通力协作、各负其责，积极支持林业改革发展。要进一步强化舆论支持，加大宣传力度，引导社会各界关注林业、支持林业，努力形成“全党动员、全民动手、全社会办林业、全民搞绿化”的良好局面。三要完善政策法规。深入开展调查研究，不断探索深化改革、推动工作的新思路、新途径，完善有利于林业改革发展的政策法规，建立健全支持集体林业发展的长效机制。四要加强服务引导。在坚持稳定农村土地承包经营制度的前提下，积极引导“分山到户”后的林农群众依托优势产业、特色产品组建林业专业经济合作组织。建立健全基层林业社会化服务体系，努力为林农群众提供先进、及时、管用、全方位的社会化服务。大力鼓励林农群众发展林下经济，培育主导产业，实现以短补长，确保生态得保护、林农得实惠。五要坚持常抓不懈。要始终按照党中央、国务院作出的全面推进集体林权制度改革的决定，做好打“持久战”的思想准备，既要突出阶段性工作重点，又要抓好日常管理工作，通过常抓不懈、持之以恒，使这项惠及亿万林农群众的改革不断取得新的成效。

同志们，加快林业改革发展，建设生态文明，是推动科学发展的重要组成部分，也是全国人民的共同期盼。让我们在以胡锦涛同志为总书记的党中央的正确领导下，高举中国特色社会主义理论伟大旗帜，以邓小平理论和“三个代表”重要思想为指导，深入贯彻落实科学发展观，扎实工作，开拓进取，为建设生态文明、全面建设小康社会作出新贡献！

在全国林业生物质成型燃料现场会上的讲话

全国政协副主席　罗富和

（2011 年 12 月 16 日）

首先，对这次会议的成功召开表示热烈的祝贺。

我觉得此次会议开得很好，增强了信心，鼓舞了干劲，明确了今后工作的思路和要求，我相信林业生物质能源的发展一定会取得新的进展。

刚才，张永利副局长全面回顾了“十一五”期间林业生物质能源发展方面所取得的显著成绩。同时，从贯彻落实科学发展观、加快经济发展方式转变这条主线出发，特别强调要进一步落实林业系统生物质能源发展的整体规划，而且还强调了规划的意义及重点，提出了一些重要的举措和要求，是进一步做好林业生物质能源工作的一个重要部署。张德新厅长介绍了吉林省在发展林业生物质能源方面取得的成绩，强调了下一步应该如何部署和推进。延边州林管局刘怀局长介绍了延边在木质颗粒燃料加工、利用等方面的优秀项目以及这些优秀项目实现产业化的经验，我们可以作为典型来学习和借鉴。

第二，祝贺北方林区利用林业剩余物生产生物质成型燃料项目的成功。

通过现场参观、录像及资料的介绍，我们了解到林区已经走出了一条利用林业剩余物生产生物质成型燃料发展生态产业的成功路径，实现了生态良性循环，促进了富民和利民，令人信服。全国政协一直比较关注这个项目，近几年我本人一直呼吁推进这件事情。今天看到项目如此成功，我非常高兴，成功真的来之不易，值得祝贺。

在我国北方林区广泛应用林业剩余物制造菌袋，生产木耳等各种食用菌，以前废弃的菌袋没有利用，被随意丢在山里，倒到河沟里，对环境造成了严重的污染。昨天通过现场参观，我们看到这个项目是以回收的废弃菌袋为主要原料，通过合理配比生产出燃烧性能优良的颗粒燃料，这大大出乎我的意料。在参观以前，辉南宏日新能源有限责任公司的洪浩董事长和我说起这个设想的时候，我当时觉得值得一试，但是担心热值可能会有问题，所以昨天参观时我特别注意这个问题。当我了解到以废弃木耳菌袋为原料生产出的颗粒燃料能达到4000多大卡的热值，看到颗粒燃料在宏日公司配套改进的锅炉里燃烧得这么好，我非常高兴。

这个项目产生了显著的效益，达到了循环经济的要求，这是延边大兴沟和天桥岭两个林业局与宏日公司一起合作努力的结果。这项技术的成功，产业化的实现，证明了项目综合效益通过努力可以实现。从生态效益上看，项目以废弃物为原料生产出颗粒燃料，替代传统化石能源用于取暖，不仅避免了菌袋直接对环境的污染，还减轻了燃煤对大气的污染；从社会效益上看，将颗粒燃料供暖系统应用于棚户区改造后的楼房供暖，可以使林区职工的生活条件得到大幅改善，同时通过有价回收菌袋，还能为林区职工增加一定的经济收入；从经济效益上看，目前对企业来说，虽然一吨颗粒燃料仅有20到40元的毛利，但是我觉得能够变废为宝、减少大气污染，又能使森林资源更健康地发展，这本身就是一件功德无量的事。我对这个项目产生的三大效益给予充分肯定。

第三，项目中三方面的创新给我留下深刻的印象。

从更高角度思考，吉林省促进生物质能源发展的成功经验表明，在推动国家经济发展进程中，必须依靠科技的进步来建设创新型国家，通过企业自主创新等一系列重要战略性举措，在推动林业这个传统产业的发展中发挥着巨大的作用。

一是研究思路的创新。我曾和宏日公司董事长洪浩探讨交流过这个项目，其创新思路曾在他的北大博士论文中提到的“分布式能源替代”，如果未来让生物质能源可以替代石油、煤炭等传统石化能源的话，应解决刚才张永利副局长谈到的集中度问题，在集中度不够的情况下来做大规模采集是难以实现的。洪浩在博士论文中对比了各种各样的方法，明确提出生物质能源实现的路径应是分布式的，生物质能源原料应就近取材，充分发挥小锅炉造价成本低、使用灵活等特点，形成原料就近利用小锅炉取暖系统，采用原料就近取材、小规模产业化的成套技术体系来实现林业生物质能源有效替代石化能源是可行的。这个思路上的创新，对于指导工作非常有利，给我印象也非常深刻。

二是技术装备的创新。宏日公司曾经尝试把欧美的技术装备成套引进中国，但实践证明不可行。目前宏日公司生产生物质颗粒燃料的关键技术装备是具有自主知识产权的，也获得了国家发明专利。一个民营科技型企业能够坚持不懈地根据生产实际来研发和创新技术装备这一点尤为可贵。

三是组织模式的创新。这种创新体现在官、产、学、研的合作上。吉林省委孙书记、省政府王省长对这个项目的发展都作了重要批示，表示对该项事业的高度重视和大力支持。在后期的产业化推进过程中，吉林省各级政府都给予了大力支持，从吉林省林业厅到延边林管局，从国家发改委、财政部再到国家能源局，北京林业大学、中国农业大学等相关部门均给予了大力支持。这个项目最终具体落实和运作主要依靠公司股份制的运作，即宏日公司、延边林业集团、大兴沟和天桥岭林业局三方的共同合作。这种典型组织模式的创新，对于推进成果的产业化和加快转化速度起到了至关重要的作用。在这个过程中，各方力量都给予了全力配合，是真正官、产、学、研的联合。如果没有这种组织模式的创新，产业化可能是小规模或纸上谈兵。

近几年我一直跟踪这件事情，这三点创新对于项目成功发挥着相当重要的作用。

第四，为什么民进这样一个民主党派会关注这件事情。

中国民主促进会是由从事教育文化出版工作的知识分子组成，表面上看似乎跟生物质能源关系不大，实际上民进已经依托老阵地开拓出了许多新领域，其中一个重要领域就是人口、资源与环境。我们积极推进把节约资源列入国家的基本国策，1998年许嘉璐主席代表民进中央向中共中央提出了这个建议，中共中央非常重视，由办公厅复函感谢民进，随后国家在修订宪法时将节约资源写进了宪法，现在节约资源已经作为基本国策的一部分。民进也比较早地关注到了经济发展过程中人口、资源、环境的制约问题，民进非常关注林业生物质能源发展的情况，在调研的基础上报送了在北方林区推广使用林业剩余物生产颗粒燃料的建议，得到了中央的高度重视，李克强副总理直接作了批示，国家发改委、财政部、国家能源局都给予了积极支持。我本人是学林业的，我们会始终跟林业部门的同志们一起，多一些调研，多一些呼吁，看到问题多提一些建议，有时候就能发挥作用。这就是为什么我们特别关注林业生物质能源这项工作。

第五，就林业生物质能源的发展提几点建议，供大家工作中参考。

一是发展林区剩余物生产颗粒燃料这个产业的第一要务在于促进森林的健康发展。目前，我国森林面临最大的问题就是缺少抚育间伐，使得森林不能健康生长，颗粒燃料生产将促进这项工作的开展。以我国东北林区相似的北欧林区为例，北欧森林如果是 60 ~ 80 年的轮伐期，他们会在此期间抚育间伐 4 次，4 次抚育收获量可达到最后皆伐收获的 1/4 以上。在芬兰，每年约采伐 6000 万立方米，其中 3000 万立方米采伐的是成过熟林，另外 3000 万立方米来自对中幼林和近熟林的抚育间伐。他们这样不是为了利益，而是为了森林的健康生长。我国现在的森林虽然密密麻麻但缺乏大材，要培育大材就需要森林健康生长，抚育间伐是非常重要的措施。目前我国还缺乏将森林抚育间伐剩余物有效利用的手段，这也正是利用林区剩余物生产颗粒燃料最重要的意义所在，这一点希望林业系统的同志们注意。但是，值得注意的是利用林区剩余物生产颗粒燃料需在林业部门的专业指导下执行，这是为了让森林在林业部门的管理下得到科学合理的经营。抚育间伐应该有科学决策，不要影响森林的健康成长，所以，对第一要务的认识还有待提高。胡主席在亚太经合组织林业部长级会议上重申，我国森林要实现"双增"目标，即到 2020 年森林面积要增加 4000 万公顷，蓄积增加 13 亿立方米。坚持森林抚育工作，其重要意义是能使森林更健康，通过抚育后森林质量提高，获得活立木蓄积量增加，生产大径材才有保证。

二是建议加大生物质颗粒生产技术的推广应用。我在参观过程中认识到现有生产技术已相对成熟，需要加大推广力度。主要推广依靠林业剩余物和菌袋生产颗粒燃料的技术体系，进一步提高设备的标准化，进一步完善生产工艺流程，促进生产效率的提高。目前这是第一代以菌袋为原料的设备，以后生产企业会生产出二代、三代、四代或更高的标准，有了设备的规模生产，成本将会降低，在此基础上加大推广应用将会产生巨大效益。

三是进一步研究和探索生物质气化、液化等技术方面的要求。我们不能满足目前的技术水平，要不断加强研发，后续的发电等技术还需要不断论证，是否合适，投入产出是否值得，要一边推广现有的成熟技术，一边继续研究改进。

四是希望林业部门的同志们继续支持政协的工作，支持民主党派的工作。大家如有好的意见和建议可以反映，我们可以向中央和国家的各个部门提出。例如生产生物质燃料过程中是否能够享受像农区秸秆利用一样的税收和补贴政策，加大对林区棚户区改造的支持力度等，我们会继续认真地反映这些意见。每年春节之前，中央都会邀请民主党派负责人进中南海，听取大家的意见，这些意见往往都是反映民生方面的问题和建议。我们在 2009 年春节前曾提到了林区很多工区没有电，林区棚户区还比较简陋，道路交通不方便的问题，反映的意见中央很重视，李克强副总理也来过吉林省林区，出台了林区棚户区改造的政策。昨天，林场职工告诉我能住上这么好的房子感觉很幸福，这就是所谓的安居乐业。居住区适度集中，林区职工孩子上学问题、再就业问题都比在偏远地方容易解决，少了很多后顾之忧，体现了党和政府对林业职工的关心。所以我希望大家能够继续支持全国政协的工作，支持各民主党派的工作。

局领导重要讲话

抓住战略机遇　转变发展方式
全面开创现代林业科学发展新局面
——在全国林业厅局长会议上的讲话

贾治邦

（2011年1月5日）

这次会议的主要任务是，认真学习贯彻党的十七大和十七届三中、四中、五中全会，中央经济、农村、林业工作会议以及全国人才工作、组织部长会议精神，全面总结"十一五"林业工作，认真谋划"十二五"发展思路，安排部署2011年重点工作。

党中央、国务院对这次会议高度重视。中共中央政治局委员、国务院副总理回良玉同志会前专门听取汇报，对林业工作作出了重要指示。回良玉副总理充分肯定了"十一五"时期的林业工作，对谋划"十二五"、部署2011年林业工作提出了明确要求。我们要认真学习，深刻领会，全面落实。

下面，我讲三个问题，供大家讨论。

一、关于"十一五"林业工作的简要回顾

五年来，党中央、国务院高度重视林业工作，颁发了中央10号文件，召开了首次中央林业工作会议和全国集体林权制度改革百县经验交流会，明确了林业的"四个地位"、"四大使命"和"五大功能"，把林业摆上了前所未有的战略高度。全国务林人奋发进取，锐意改革，扎实工作，有效破解了长期以来严重制约林业发展的体制机制性障碍，成功应对了各种重大自然灾害和国际金融危机的冲击，林业三大体系建设和各项工作取得了辉煌成就，林业的面貌发生了重大而深刻的变化，为促进经济社会发展作出了历史性贡献。

（一）集体林权制度改革取得重大成果，为林业和农村发展注入了强大活力。经过精心谋划和全力推进，集体林权制度改革取得显著成效，受到广大农民的衷心拥护和社会各界的普遍赞誉，成为继土地家庭承包之后我国农村经营制度的又一重大变革和经济体制改革的又一突出亮点。一是明晰产权、承包到户取得重大进展。目前，已有18个省（区、市）基本完成明晰产权任务，全国共解决林权纠纷80余万起，确权到户林地22.36亿亩，占全国集体林地总面积的81.69%。6825万农户拿到林权证，3亿多农民直接受益。二是完善政策、创新机制取得重大突破。公共财政支持制度、林业金融支撑制度、林权保护和流转制度、林木采伐管理制度和林业社会化服务体系相继建立。林权保护管理服务工作日益规范，林木采伐管理制度改革试点在全国193个县展开。林业合作组织达到6.4万个，带动农户1846万户，经营林地3亿多亩。三是兴林富民、农村稳定取得重大成效。林改大幅度增加了农民的家庭财产，极大地激发了农民兴林致富的热情，为破解农民增收难的问题找到了有效途径。全国林地直接产出率已由2003年的84元/亩提高到2010年的198元/亩。2550个林改县农民林业收入占人均年收入的比重，由2009年的12.96%增加到20%以上，重点林区县超过60%，一些山区农民的收入超过了平原地区。新疆维吾尔自治区若羌县2001年农民人均收入只有2216元，2010年仅红枣收入一项就达3万多元，增长了10多倍。林改还推动了基层民主政治建设和党风廉政建设，密切了党群干群关系，促进了农村和谐稳定。同时，国有林场改革稳步推进，改革思路基本成熟；重点国有林区改革试点顺利推进，已经取得初步成效。

（二）生态建设和保护全面加强，国家生态安全屏障的框架基本形成。紧紧围绕"三个系统一个多样性"，全面加强生态建设和保护，为维护国家生态安全作出了突出贡献。一是森林生态系统建设力度加大。全国完成造林3.7亿亩，义务植树117.2亿株。全国森林面积达29.32亿亩，森林覆盖率达20.36%，活立木蓄积达149.13亿立方米。人工林保存面积达9.26亿亩，稳居世界首位。森林植被总碳储量达78.11亿吨，年生态服务价值10.01万亿元。森林经营实现突破，完成中幼林抚育4.7亿亩。林木良种使用率达到51%。天然林保护工程圆满完成一期建设任务，退耕还林政策进一步完善，三北防护林、速生丰产用材林等工程建设成效明显。国务院批准了《全国林地保护利用规划纲要》，征占用林地定额管理制度开始实施，林地保护力度明显加大。二是湿地生态系统保护全面加强。实施了《全国湿地保护工程规划（2005～2010年）》，完成湿地保护与恢复工程项目201个，5万多公顷湿地得到恢复。湿地自然保护区达550多处，国家湿地公园达100处，国际重要湿地达37处。自然湿地保护率达到50.3%，较"十五"末增加5个多百分点。启动了第二次全国湿地资源调查。建立了长江、黑龙江等流域湿地保护网络。黑龙江、湖北、宁夏等省（区）湿地保护和恢复面积明显增加。三是荒漠生态系统明显改善。国务院召开了全国防沙治沙大会，国家林业局与各重点省份签订了防沙治沙责任书，全面实行了省级政府防沙治沙目标责任制。启动了石漠化治理工程和38个全国防沙治沙综合示范区建设。第四次全国荒漠化沙化监测结果显示，2005～2009年，全国沙化土地面积年均缩减1717平方千米，比上个监测期年均多缩减434平方千米，沙化土地减少的省份增加到29个。全国土地沙化防治进入了“整体遏制、局部恶化”的新阶段。四是生物多样性保护成效明显。大熊猫等50多个濒危野生动物繁育种群持续扩大，苏铁等千余种野生植物人工种群基本建立，野马等物种回归自然进展顺利，野生动物损害补偿试点有序推进。林业系统自然保护区达2035处，总面积达18.5亿亩，占国土面积的12.9%，90%的陆地生态系统类型、85%的野生动物种群和65%的高等植物群落得到有效保护。同时，森林在农田、草原和城市生态系统中的基础作用更加突出。

（三）林业产业发展连续迈上两个大台阶，林产品生产和贸易大国地位已经确立。出台了《林业产业政策要点》和《林业产业振兴规划》，加强了产业扶持和指导，成功应对国际金融危机冲击，林业产业发展继续保持强劲势头。一是产业规模迈上新台阶。松香、人造板、木竹藤家具、木地板产量跃居世界第一，干鲜果品和花卉产量名列世界前茅，成为世界林产品生产和贸易大国。2005年全国林业产值只有8400多亿元，2006年超过1万亿元，2010年突破2万亿元。林产品进出口贸易额由“十五”末的400多亿美元增加到900亿美元。二是结构调整迈出新步伐。林业一、二、三产业的比例由2005年的52:41:7调整为目前的38:53:9，林业工业化进程明显加快，第三产业比重逐步加大。经济林产品产量突破1.27亿吨。2009年全国人均水果占有量达到91.2千克，超过85千克的世界平均水平。油茶、核桃等木本油料产业快速发展，不仅开辟了农民增收就业的新渠道，而且为维护国家粮油安全发挥了积极作用。以木竹加工和野生动植物繁育利用为主的林业第二产业主要产品产量持续增长，森林旅游业等新兴产业成为林业第三产业新的增长点。三是产业素质实现新提升。特色产业集群初步形成，龙头企业逐步壮大，林产品质量继续提高，产业化经营势头良好，工农合作更加紧密，产业带动能力持续增强。浙江省安吉县以占全国2%的竹资源，形成了占全国20%的竹产品市场、年产值达120亿元的竹产业。

（四）生态文化体系建设全面展开，全社会生态文明观念普遍树立。首次明确提出要构建繁荣的生态文化体系，并将其与林业生态体系和林业产业体系建设同步推进，实现了生态文化建设的良好开局。一是全社会生态文明观念明显增强。中央作出了建设生态文明的战略决策，形成了经济建设、政治建设、文化建设、社会建设以及生态文明建设“五位一体”的现代化建设格局，进一步丰富和发展了科学发展观的内涵。建设生态文明成为各级党委政府和全社会的共同行动，江西、福建等省把春节团拜改成了植树活动，重庆、山西、河南、广西、内蒙古、黑龙江、辽宁等省区市纷纷加大造林绿化力度。“生态立省”、“生态立市”、“生态立县”，“既要金山银山，更要绿水青山”成为地方各级党政领导的执政理念，加强生态建设、加快林业发展成为各地规划的重要内容，创建森林城市成为市长们的不懈追求。目前，已有贵阳、沈阳、长沙等22个城市成为国家森林城市。二是生态文化建设成绩斐然。成立了中国生态文化协会，深入研究生态价值观、生态道德观、生态发展观、生态消费观、生态政绩观等问题，取得了一批重要理论成果。创作了一批富有震撼力的生态文学、影视和艺术作品，涌现出《天狗》、《踏界》、《龙顶》、《绝处逢生》、《森林之歌》、《从吴起开始》等精品力作。整理出版了《中华大典·林业典》。三是林业宣传影响广泛。围绕林业改革发展的中心工作，开展了丰富多彩的林业宣传活动，中央媒体每年刊播林业稿件1万多条。广泛深入的宣传活动，使林业政策深入人心，林业行业精神得到弘扬，生态文化知识广泛普及。四是生态文明教育活动扎实开展。与教育部、共青团中央共同确定了30个国家生态文明教育基地，成功举办了森林城市论坛、生态文化论坛、生态文明高层论坛、绿博会、花博会等宣传教育活动，强化了全社会生态文明观念。

（五）林业应急处置工作取得重大成效，防灾减灾能力显著增强。过去五年，是林业应急任务极为繁重的五年，也是应急能力全面提升、防灾减灾成效显著的五年。一是成功抗击重特大自然灾害。林业系统全力投入抗击低温雨雪冰冻、汶川特大地震、玉树地震、舟曲泥石流等重特大自然灾害，努力降低生命财产损失和对自然生态的影响，大力推进灾后生态修复和重建。二是森林防火取得显著成效。实施了《全国森林防火中长期发展规划》，加强了火灾防控能力建设和责任、措施的落实。成功扑灭2006年免渡河、2009年沾河、2010年呼中等地发生的数十起重特大森林火灾，年均火灾次数、受害面积和人员伤亡分别下降27.2%、82.6%和80.3%，与部分国家连续发生历史罕见森林大火形成鲜明对比，多次受到中央领导同志的表扬。三是林业有害生物防控全面加强。落实了地方政府及林业主管部门防控责任，形成了联防联控有效机制，推进了有害生物测报站点建设，增强了灾情处置能力，测报准确率达到85%，成灾率降至5‰以下。四是野生动物疫源疫病监测防控不断强化。设立了350处国家级、768处省级和一批市县级监测站，成功控制多起突发疫情，维护了公共卫生安全和人民群众利益。五是沙尘暴应急体系逐步健全。制定了部门应急预案和重点省区应急预案，建立了沙尘暴趋势会商制度。建设了39个沙尘暴地面监测站，开展了重点地区监测工作。加强了重大沙尘暴现场救灾指导，减缓了沙尘暴危害。六是林区治安状况继续改善。全面推进森林公安“五化”建设，重点加强林区治安源头管理、重点地区综合治理、突发事件应对和林区禁毒工作，稳妥处理了一批涉林非法集资案件，维护了林区社会和谐稳定。

（六）林业对外开放加速推进，国际影响力明显提升。以应对气候变化为重点，积极推进林业国际合作，全力服务国家发展和外交大局，林业的国际地位和影响力显著提升。一是森林应对气候变化成为重大国家战略。认真落实胡锦涛主席在APEC领导人会议和联合国气候变化峰会上的庄严承诺，实施了《应对气候变化林业行动计划》，建立了亚太森林网络中心，提前兑现了2010年森林覆盖率达到20%的承诺，确立了林业在应对气候变化中的特殊地位。二是积极实施“引进来”和“走出去”战略。引进实施国际合作项目2000多个，实际利用外资30多亿美元。湿地生物多样性保护和世行、亚行、欧投行等国际金融组织贷款项目顺利实施。援助欠发达国家生态建设起步良好，林业“走出去”步伐加快，利用两种资源、服务两个市场的能力明显增强。三是深入开展各领域国际合作。积极配合国家重大外交行动，开展了大熊猫、朱鹮、东北虎等外交工作，成功参与“老虎峰会”和《濒危野生动植物种国际贸易公约》第十五届缔约国大会，妥善处理老虎保护、木材非法采伐等敏感问题。积极参与中美战略与经济对话、中日经济高层对话等重要活动，全力推动中美合作共建中国园项目建设。认真履行国际公约，与美、英、日、澳、德、印等国就林业相关议题展开了双边磋商与合作。国际竹藤组织在上海世博会设立了全部由竹藤制作的独立展馆。

（七）强林惠林政策体系初步形成，为兴林富民提供了有力保障。五年来，特别是中央林业工作会议召开后，各项强林惠林政策密集出台，为林业改革发展提供了有力保障。一是林业投资创历史新高。“十一五”国家林业投入达2979亿元，比“十五”增加了80%。其中，林业基本建设投入由389亿元增加到479亿元，财政资金由1267亿元增加到2500亿元。林业贴息贷款和基本建设贴息贷款由223亿元增加到588亿元，增幅达164%。二是林业公共财政支持制度初步建立。营造林投入补助标准由每亩100元提高到200元。属集体的国家级公益林，中央财政补偿标准由每亩每年5元提高到10元。造林、林木良种和森林抚育补贴与湿地保护补助等试点相继启动，32种林业机具纳入农机购置补贴范围。三是林业金融扶持政策取得重大突破。中国人民银行等五部门出台了《关于做好集体林权制度改革与林业发展金融服务工作的指导意见》。中央财政森林保险保费补贴试点稳步推进，公益林保费补贴比例提高到50%，与中国人保财险公司签订了《共同推进森林保险框架协议》。林权抵押贷款规模不断扩大，2010年涉林贷款规模预计达1200亿元。四是林业税费政策更加优惠。以林区“三剩物”和次小薪材为原料生产加工的综合利用产品增值税即征即退政策继续执行。育林基金征收标准从20%降至10%以下，农民涉林负担进一步减轻。林业部门行政事业经费纳入同级财政预算，改变了靠收费养人的状况。五是林区民生工程和基础设施建设扎实推进。国有林区棚户区和危旧房改造安排中央投资70.5亿元，安排改造任务52.43万户，林区134万户列入全国保障性住房建设规划，林区安全饮水纳入全国农村饮水安全工程规划，林区生产生活条件明显改善。同时，地方各级政府林业投资规模空前，“十一五”共投入1900多亿元，为“十五”的3.4倍。

（八）林业基础工作取得实质性进展，可持续发展能力明显增强。一是科技兴林全面加强。共获得重要科技成果1036项、国家科学技术奖励36项、林业专利9569项，科技成果转化应用率首次超过50%，林业科技进步贡献率由39.1%提高到43%。发布国家及行业标准502项。生态定位站、基层推广站和林产品质检机构等科技能力建设明显加强。森林认证和林业知识产权保护工作有序推进。二是人才强林取得实效。林业干部培训实现了规范化、信息化，大规模培训任务圆满完成，人才总量持续增长，素质不断提高。一大批基层实用人才脱颖而出，在带动农民增收致富中发挥了重要作用。林业院校共建工作和学科建设进展顺利。三是依法治林成效明显。森林法修改、湿地保护条例和林权争议处理条例制定工作加快推进，濒危野生动植物进出口管理条例颁布实施，森林防火条例修订完成，行政许可工作进一步规范，林业综合行政执法工作稳步推进，多起行政复议案件得到妥善处理。林业执法力度不断加大，有效打击了涉林违法犯罪活动。四是林业信息化建设实现重大突破。发布了《全国林业信息化建设纲要》及其《指南》，成功召开了首届全国林业信息化工作会议，确定了“加快林业信息化、带动林业现代化”的总体思路。大力开展信息化示范工程建设，强化了数据库、应用系统、林业网站建设与整合，搭建了林业信息资源共享平台。建成了中国林业网、国家林业局办公网、全国林业专网和国家林业中心机房，国家林业局政府网访问量突破1.5亿人次，荣获“中国政府网站领先奖”。综合办公系统正式上线运行，全国林业系统开始进入无纸化办公新阶段，文件平均运转周期由3周缩短为1周。编制了《全国林业信息化发展“十二五”规划》，开展了首次“中国林业信息化发展战略研究”。建立了林业信息化标准规范和制度体系，开展了林业信息化示范省建设，辽宁、湖南、福建和吉林森工成为全国首批林业信息化示范省（单位）。湖南省投资近2亿元，建成了省市县乡四级专网，实现从省到乡的网络化办公和科技营造林信息化管理。五是机构队伍建设全面推进。森林防火、森林公安、林业改革、湿地管理、信息化管理、森林认证、碳汇造林等林业机构得到强化。广西、新疆、湖北、青海等省（区）将林业局升格为林业厅。增加了武警森林部队编制，新建了福建、甘肃总队和机动、直升机支队。南京森林公安专科学校升格为森林警察学院，并被确定为全国公安民警招录培养改革试点院校。局驻地方森林资源监督机构和濒危物种进出口管理机构实现合署办公。基层林业工作站建设扎实推进。深化了干部人事制度改革，组织工作科学化水平明显提高。六是机关建设和党建工作常抓不懈。深入开展学习实践科学发展观、“讲党性、重品行、作表率”、“创四型机关、做五个模范”、“强党性、促政风、带行风”廉洁从政警示教育和“创先争优”活动，惩治和预防腐败体系进一步健全，林业行风政风继续改善，林业行政效能全面提高。离退休干部工作取得明显成效，机关事务管理和后勤服务保障水平不断提高。

总的看，过去的五年，是我国林业发展史上极不平凡、成就辉煌、影响深远的五年，是林业地位不断提高、内涵不断丰富、功能不断拓展的五年，是林业改革波澜壮阔、林业活力全面迸发、林业发展亮点纷呈的五年，是林业投入力度最大、兴林富民成效最好、林农群众受益最多的五年，也是林业作用最为凸显、国际影响力最为显著、为国家大局和社会贡献最为突出的五年。林业改革发展取得的重大成就，归功于党中央、国务院的正确领导，归功于各级党委、政府的高度重视，归功于有关部门和社会各界的大力支持，归功于全国务林人的艰苦努力。在此，我代表全国绿化委员会和国家林业局，向所有关心、支持和参与林业建设的全体同志表示衷心感谢和崇高敬意！

在取得重大成就的同时，也积累了许多宝贵经验：一是坚持紧紧围绕国家战略大局谋划林业发展。始终站在经济社会发展全局的高度，紧扣解决“三农”问题、应对气候变化、维护粮油安全、改善林区民生等国家战略，着力推进集体林权制度改革、森林碳汇、木本粮油、棚户区和危旧房改造等重点工作，既与党中央、国务院保持高度一致，又拓展了林业发展空间。二是坚持用实践的全面的辩证统一的科学方法指导林业发展。提出了“发展现代林业、建设生态文明、推动科学发展”的总体要求，注重统筹推进林业三大体系建设，正确处理生态与产业、兴林与富民、保护与利用等重大关系，充分发挥林业的多种功能，不断满足社会的多样化需求，开创了现代林业建设新局面。三是坚持以深化改革推动林业发展。以集体林权制度改革为突破口，极大地解放和发展了农村生产力，极大地调动了亿万农民的积极性，全面带动了林业体制机制创新。同时，积极推进国有林场和重点国有林区改革，林业发展活力持续增强。四是坚持以工程项目带动林业发展。通过深入实施林业重点工程和完善林业政策，争取到了较大规模的资金投入，形成了从良种培育、植树造林、生态补偿到加工利用的强林惠林政策体系，为林业长期稳定发展奠定了坚实基础。五是坚持以先进典型引导林业发展。从林业改革到产业发展，从政策制定到全面实施，都注重围绕重点难点问题，发现、培育和总结典型，积累经验后再全面推开，既防止急躁冒进、造成失误，又避免消极畏难、无所作为，形成了点上突破、以点带面、全面推开的工作方法，确保了各项事业稳步推进。

同时，我们也清醒地认识到，当前林业发展还存在一些问题和困难：一是造林绿化难度加大。60%以上的宜林地集中在三北、南方石漠化及干热河谷等地区，造林难度大，成果巩固难。二是森林资源质量不高。7亿多亩中幼龄林亟待抚育，4亿多亩低产林亟待改造，生态系统整体功能亟待提高。三是木材供需矛盾加剧。木材及木制品进口折合成原木，已占国内总消费量的43.6%，木材安全形势日益严峻。四是林业改革任务依然艰巨。集体林权制度改革配套政策仍需继续完善，少数地区明晰产权质量有待进一步提高。国有林场和国有林区改革尚未全面启动。五是林区民生问题突出。林区基础设施落后，经济社会发展滞后，生产生活条件亟待改善。六是林业发展方式粗放。林业质量效益不高，自主创新能力不足，转变发展方式任重道远。对于这些问题和困难，一定要高度重视，认真解决。

二、关于“十二五”林业工作的总体思路

“十二五”时期，是我国全面建设小康社会的关键时期，是深化改革开放、加快转变经济发展方式的攻坚时期，也是加快林业改革发展、全面推进现代林业建设的战略机遇期和黄金发展期。

之所以说林业发展面临极好的战略机遇，主要基于以下几点判断：第一，以科学发展为主题，必须加快林业发展。科学发展观的第一要义是发展，核心是以人为本，基本要求是全面协调可持续，根本方法是统筹兼顾。我国山区面积占国土面积的69%，山区人口占全国人口的56%，山区经济是我国经济最薄弱的环节。加快山区发展是实现全面协调可持续发展最大的难题，是统筹城乡发展最艰巨的任务，也是扩大国内需求的潜力所在。加快林业发展，可以释放山区发展的巨大潜能，带动亿万农民增收致富，对于统筹山区和平原、城市和农村协调发展具有战略意义。近年来的实践证明，越来越多的山区通过发展林业找到了新的经济增长点，越来越多的农民通过发展林业走上了致富之路，也必将为统筹城乡发展、扩大国内需求、拉动全国经济再上新的台阶发挥越来越重要的作用。第二，以加快转变经济发展方式为主线，必须加快林业发展。转变经济发展方式，就需要以最少的资源能源消耗和最小的生态环境代价，实现最大限度的发展和最大利润的回报。森林是巨大的、绿色的、可再生的资源库和能源库，是培育战略性新兴产业和发展循环经济的潜力所在。许多地方通过大力发展林业产业，已经逐步摆脱了拼资源、拼能源、高排放、高污染的旧发展模式，为转变经济发展方式展示了美好前景。第三，提升生态文明水平，必须加快林业发展。生态文明既有物质的又有意识的概念。所谓生态是指生物生存的环境和状态；所谓文明是指意识的、道德的范畴。建设生态文明，重点包括三个层面：一是改善生态。其核心是建设和保护“三个系统一个多样性”。没有生态的改善，生态文明就无从谈起。二是转变生产方式和生活方式。使人类的行为自觉地与自然和谐相处，自觉地节约资源、保护环境。三是增强全社会的生态文明意识和提高全社会的生态道德水平。生态意识的增强和生态道德水平的提高，又能反过来促进生态状况的改善和生产生活方式的转变。林业部门承担着建设和保护“三个系统一个多样性”的重要职责，担负着弘扬生态文化、普及生态知识的重要任务，只有加快林业发展，才能持续改善生态状况，才能增强全社会的生态文明意识，才能促进全社会形成有利于改善生态的绿色生产生活方式，才能不断提升生态文明建设水平。因此，中央明确指出，建设生态文明必须把发展林业作为首要任务。第四，应对气候变化，必须加快林业发展。森林的增汇减排功能已经得到国际社会的一致认可，成为一些国家履行减排承诺的重要途径。2010年年底召开的坎昆气候变化大会，在减少毁林、防止森林退化和建立绿色基金等方面达成了共识，进一步凸显了林业在应对气候变化中的特殊作用与地位。我国在发展经济和减少排放的双重压力下，必须大力发展林业，全面增强森林的碳汇功能。只有这样，我国才能在应对全球气候变化的进程中占据主动地位，才能为我国经济发展赢得更大的空间。为此，在国家“十二五”规划中，已明确将森林覆盖率和森林蓄积量确定为约束性指标。第五，维护国家木材安全，必须加快林业发展。在世界各国不断加大本国森林资源保护力度的情况下，我国必须立足国内加强森林资源培育，加快建立木材生产战略储备基地，尽快改变木材对外依存度过高的局面，防止木材供应长期受制于人。总之，从国家战略大局看，加快林业发展已经成为历史潮流和大势所趋。目前，国家综合实力和地方经济实力已经明显增强，完全有能力进一步加大对林业的投入。2010年12月29日，国务院审议通过了天然林保护工程二期实施方案，仅此一项今后10年的中央投资就高达2195.2亿元，为一期投入的2.4倍。尤其是经过“十一五”时期的不懈努力，我国林业已经站在新的历史起点上，呈现出良好的发展态势，具备了大发展、新跨越的坚实基础。

在看到这些有利条件的同时，“十二五”林业发展也面临着一些不利因素。林业问题的国际化、政治化趋势更加明显，我国林业将在物种保护、木材进口等方面，面临更多挑战，承受更大压力。同时，国内巨大的社会需求与林业供应能力不足的矛盾将长期存在，创新体制、完善政策的任务还很艰巨，改善林区民生仍然任重道远。对此，我们必须要有清醒的认识，争取最大限度地变被动为主动、化不利为有利，才能为现代林业发展创造更好的条件。

总的来看，“十二五”时期我国林业发展机遇大于挑战，有利条件多于不利因素，仍然处于可以大有作为的战略机遇期和黄金发展期。只要我们满怀信心，审时度势，科学应对，趋利避害，加快转变林业发展方式，就一定能够推动现代林业发展再上新台阶。

根据对林业形势的判断，我们提出“十二五”时期林业工作的总体思路是：高举中国特色社会主义伟大旗帜，以邓小平理论和“三个代表”重要思想为指导，深入贯彻落实科学发展观，全面实施以生态建设为主的林业发展战略，以推动林业科学发展为主题，以加快转变林业发展方式为主线，以确保如期实现“双增”目标为核心，以兴林富民为宗旨，坚持依靠人民群众，坚持依靠科学技术，坚持依靠深化改革，加大生态建设保护力度，加强森林抚育经营，加速培育主导产业，加快繁荣生态文化，全面开创现代林业科学发展新局面，为夺取全面建设小康社会新胜利作出新贡献。力争到2015年，森林覆盖率达到21.66%，森林蓄积量达到143亿立方米，林地保有量达到3.09亿公顷，森林植被总碳储量达到84亿吨，林业总产值达到3.5万亿元，生态文明观念全面增强，为到2020年实现生态良好奠定坚实基础。

按照这一总体思路，“十二五”时期在全面完成各项林业建设任务的基础上，必须重点建设“十大生态屏障”，加快发展“十大主导产业”，为维护国家生态安全和扩大内需、改善民生作出更大贡献。

十七届五中全会和全国主体功能区规划都明确要求，加快构建国土生态安全屏障。林业是生态建设的主体，必须义不容辞地承担起这一重大历史任务，坚持以建设和保护“三个系统一个多样性”为核心，以林业重点生态工程为依托，以防范和减轻风沙、山洪、泥石流等灾害为重点，加快构建十大生态屏障。一是东北森林屏障。以天然林保护和经营为重点，着力提高森林资源的总量和质量。二是北方防风固沙屏障。以防护林体系建设和现有植被保护为重点，着力解决风沙危害和水土流失问题。三是东部沿海防护林屏障。以营造防风消浪林带、海岸基干林带和纵深防护林为重点，尽快建成沿海综合防护林体系。四是西部高原生态屏障。以高原植被和高寒湿地保护修复为重点，着力建设以林草植被为主体的高原防护林体系。五是长江流域生态屏障。以防护林体系建设和流域湿地保护为重点，切实维护三峡库区和长江中下游生态安全。六是黄河流域生态屏障。以增强水源涵养能力和防治水土流失为重点，进一步减少黄河泥沙含量。七是珠江生态屏障。以水源涵养林建设和石漠化防治为重点，全面改善珠江流域生态状况。八是中小河流及库区生态屏障。以防治水土流失和山洪、泥石流灾害及涵养水源、净化水质为重点，全面提升中小河流及库区周边森林生态系统的功能。九是平原农区生态屏障。以平原绿化和农田林网建设为重点，为平原农区粮食稳产高产和农村生产生活提供坚实的生态保障。十是城市森林生态屏障。以发展城市森林和加强郊区绿化为重点，全面增强城市生态功能。这十大生态屏障，建设范围覆盖了全国主要的生态重点地区和生态脆弱地区，建设内容包括森林、湿地、荒漠、城市等主要生态系统，构成了国家生态安全体系的基本框架，是全国生态建设的主要抓手和战略重点。着力建设好这十大生态屏障，就能有效维护国家生态安全，为经济社会可持续发展奠定坚实的生态基础。

增加农民收入，保障和改善民生，扩大国内需求，必须依托林业资源优势，大力发展林业富民产业，着力提升林业传统产业，积极培育林业战略性新兴产业，加快发展十大主导产业。一是木材及其他原料林培育产业。以建立优质高效木材生产基地为重点，切实增强木材等原材料供应能力。二是林产工业。以科技创新和技术改造为重点，不断提升林产品的质量和档次。三是木本粮油和特色经济林产业。以优化品种结构和强化经营管理为重点，大力发展油茶、核桃、枣等木本粮油。四是森林旅游产业。以保护、开发和利用森林景观资源为重点，不断壮大绿色低碳林业产业规模。五是林下经济产业。以发展林下种植业、养殖业为重点，实现林业以短养长和农民快速致富。六是竹产业。以竹林资源培育和综合开发利用为重点，努力构建具有区域特色的竹产业带。七是花卉苗木产业。以培育特色花卉和绿化苗木为重点，不断满足日益增长的花卉苗木需求。八是林业生物产业。以挖掘林地资源和物种资源潜力为重点，大力发展生物质能源、生物基因材料和生物制药等产业。九是野生动植物繁育利用产业。以加快建设野生动植物种源繁育基地为重点，全面开发利用野生动植物资源的多种功能。十是沙产业。以发展沙区灌草饲料、沙漠观光、中药材、太阳能等为重点，充分发挥沙区光、热、土地等资源优势。这十大主导产业，涵盖了林业一二三产业，是林业发展的潜力和优势所在，是农民增收的希望和出路所在。要通过培育林业主导产业，在全国建立起一大批布局科学合理、主导优势明显、产业特色突出、市场竞争力强的用材林基地县、油茶县、核桃县、红枣县、板栗县、花卉县、竹子县和林业产业集群，逐步形成能够在农民增收致富和县域经济乃至全国经济发展中发挥主导性、支柱性作用的产业，真正为扩大内需、改善民生作出突出贡献。

要如期完成“十二五”各项规划任务，切实抓好十大生态屏障建设和十大主导产业发展，必须全面贯彻落实以科学发展为主题、以转变发展方式为主线的中央关于经济发展的总方针、总政策，并结合林业实际，切实把握好以下五项重要原则。一要坚持把实现"双增"目标作为转变林业发展方式的主要任务。"双增"目标是林业建设质与量的有机统一，充分体现了推动科学发展、转变发展方式的基本要求。"十二五"时期，既是转变林业发展方式的机遇期，也是确保2020年实现"双增"目标的攻坚期。必须紧紧围绕林业"双增"目标和"十二五"时期森林覆盖率、森林蓄积量这两个约束性指标，层层分解任务，加大考核力度，确保森林面积和森林蓄积同步增长。二要坚持把兴林富民作为转变林业发展方式的根本宗旨。转变林业发展方式的根本目的就是要更好地实现兴林富民，坚持兴林富民也更有利于转变林业发展方式。因为，只有兴林才能富民，只有富民才能激发林业经营主体的内在动力，以最少的投入获得最大的效益，从而更加自觉有效地推进林业发展方式的转变。我们必须把兴林富民作为转变林业发展方式的出发点和落脚点，在兴林富民上想办法、下工夫、见实效。通过兴林富民切实增强林业发展的活力与动力，真正推动林业走上科学发展的轨道。三要坚持把深化改革作为转变林业发展方式的强大动力。转变林业发展方式是一场深刻变革，必须从深化改革、根除体制机制性障碍入手。要全面深化集体林权制度改革，搞好国有林场和重点国有林区改革试点，着力解决与现代林业科学发展不相适应的体制机制、政策措施和管理方式，不断增强林业发展的全面性、协调性和可持续性。四要坚持把科技创新作为转变林业发展方式的重要支撑。科技创新是林业长期稳定发展的根本所在和不竭动力。必须把科技创新作为转变发展方式的中心环节和战略基点，充分发挥科技对林业的驱动引领和突破带动作用，切实把林业发展转到依靠科技进步和提高劳动者素质上来，最大程度地提高林业生产力和资源综合利用率，全面提升林业建设的质量和效益。五要坚持把森林经营作为转变林业发展方式的重要内容。森林经营既是发展现代林业的永恒主题，又是转变林业发展方式最重要的内容。我国9.26亿亩人工林，平均每亩蓄积只有3.26立方米，不到世界平均水平的一半，仅为林业发达国家的1/5～1/10，这既是林业发展最突出的问题，又是林业发展最大的潜力。我们必须把森林经营作为转变林业发展方式的重要内容，摆上突出位置，加大资金投入，科学经营森林，精心抚育森林，力争经过一段时间的努力，使我国森林资源的质量有一个大的提升。

总之，加快转变林业发展方式，是全面提升林业建设质量和效益，充分发挥林业多种功能和作用的根本途径，是推动林业科学发展的必由之路。必须把加快转变林业发展方式作为主线，贯穿于现代林业建设的全过程和各领域，在发展中促转变、在转变中谋发展，最终实现现代林业又好又快发展。

三、关于2011年的林业重点工作

2011年是"十二五"规划的开局之年，也是转变林业发展方式的关键之年，做好全年林业工作，对于确保"十二五"开好头、起好步，意义重大。要按照党中央、国务院的决策部署和"十二五"林业工作总体思路，重点抓好以下九项工作。

（一）着力深化林业改革，增强发展活力。一要全面深化集体林权制度改革。指导督促各地搞好"回头看"和检查验收，加强纠纷调处和调解仲裁，全力打好明晰产权攻坚战，确保2011年全面完成集体林地确权任务，2012年全面完成林权证发放任务。深化改革要有新举措，必须在顶层制度设计上下工夫，从森林保险、信用担保机构建设、抵押贷款入手，继续完善配套政策，打通银行资本等各种资本大规模进入林业的渠道，全面盘活森林资源资产，进而带动整个农村经济发展。筹备召开林下经济现场会，总结交流各地兴林富民的生动实践。在认真总结福建省永安市深化改革经验的基础上，开展百县林改大培训。切实加强农民林业专业合作社示范建设，加强林权管理服务中心标准化建设，扩大村级涉林公益事业一事一议财政奖补试点，探索转变政府职能、强化公共服务的新途径。二要抓好国有林场改革。深化国有林场改革试点，筹备召开全国国有林场工作会议。各地要先行先试，创新经营机制，重点解决好职工养老、医疗、就业等问题，分离国有林场办社会职能。三要稳步推进重点国有林区改革。在充分调研的基础上，提出重点国有林区改革的总体思路和近期任务，争取出台改革的指导性意见，深化重点国有林区改革试点。

（二）继续推进造林绿化，努力改善生态状况。全年计划安排营造林任务9000万亩，抚育森林8000万亩，低产林改造2500万亩，义务植树25亿株。一要加大造林绿化力度。尽快上报国务院批准《全国造林绿化规划纲要》，全面落实造林绿化任务。优化造林绿化方式，增加混交林、乡土树种、珍贵树种造林比重。抓好油茶造林项目，开展核桃标准化园、碳汇造林、能源林基地建设试点。抓好义务植树和部门绿化，努力提高尽责率。开展全民义务植树30周年纪念活动，筹备召开全国造林绿化管理工作会议。二要抓好天然林保护等重点工程建设。国务院决定继续实施天然林保护工程二期，这是我国林业建设史上的又一件大事。与一期工程相比，二期工程取消了地方配套，中央财政对中央投资的项目实行全额补助；大幅度提高了森林管护、公益林建设和社会保险补助标准，并将进行动态调整；将森林经营纳入了天保工程，增加了中幼林抚育和森林改造培育补助政策；扩大了工程实施范围，增加了丹江口库区11个县。这些重大突破和政策设计，充分体现了党中央、国务院推进生态文明建设的坚定决心和对林业改革发展的高度重视。必须根据国务院常务会议精神，按照目标、任务、资金、责任"四到省"的要求，认真实施天保二期工程。上半年要专门召开总结表彰大会，全面部署天保二期工程建设。同时，要抓紧编制退耕还林、三北防护林、京津风沙源治理等工程规划，深入推进沿海防护林和速生丰产用材林等工程建设。三要强化森林经营。开展森林经营现状调查，编制《森林抚育经营实施方案》。继续抓好森林抚育补贴试点，努力扩大试点规模，提高补贴标准，增加试点内容。强化森林经营监督管理，推行森林经营行政、技术和施工负责人制。修订森林经营技术标准，加强森林经营模式和关键政策研究。四要抓好良种壮苗培育。加强国家重点林木良种基地管理，确定一批新的国家重点林木良种基地和保障性苗圃。搞好林木良种补贴试点跟踪检查。依据《全国林木种苗发展规划》，合理布局林木种苗工程项目。加强珍贵树种苗木繁育，优化种苗供应结构。严格执行“两证一签”制度，开展林木种苗专项执法检查，整顿规范生产经营秩序。

（三）加大资源保护力度，切实巩固建设成果。一要加强森林资源保护。认真落实《全国林地保护利用规划纲要》，完成省级县级林地保护利用规划编制工作。分解落实全国“十二五”期间年森林采伐限额，继续推进林木采伐管理制度改革。开展保护森林资源目标责任制监督检查。做好第八次全国森林资源清查工作。启动国家级公益林监测与评价试点。严厉打击毁坏林木、侵占林地、破坏野生动植物资源等违法犯罪行为。二要加强湿地资源保护。大力推进湿地保护立法和制度建设，建立健全湿地生态效益补偿制度。深入实施湿地保护工程，加快构建湿地保护长效机制。研究建立湿地生态系统健康、价值和功能评价指标体系。加强国际重要湿地建设和管理，促进湿地公园健康发展。三要加强荒漠资源保护。编制《全国防沙治沙规划（2011～2020年）》，启动国家级沙化土地封禁保护区项目。开展防沙治沙目标责任考核。做好岩溶地区第二次石漠化监测工作。完成京津风沙源治理、石漠化综合治理工程林业建设任务，抓好防沙治沙综合示范区建设。推动石羊河流域、新疆等重点地区防沙治沙规划报批工作。四要加强生物多样性保护。编制野生动植物保护及自然保护区建设相关规划和《大熊猫保护工程规划》。推进自然保护区示范省和示范自然保护区建设。推动落实全国极小种群野生植物拯救保护实施方案。加强珍稀濒危物种拯救和保护，扩大回归自然范围。推动《国家重点保护野生动物名录》、《国家重点保护野生植物名录（第二批）》的调整和颁布。做好第二次全国野生动物资源调查、野生植物资源调查试点和第四次大熊猫调查。

（四）强化林业应急管理，提升灾害防控能力。一要全力抓好森林防火。继续贯彻落实《森林防火条例》，组织实施《全国森林防火中长期发展规划》，强化基础设施建设和装备配备。完善预警响应和应急处置机制，扎实推进依法治火、科学防火和群防群治，构建快捷高效的防火保障体系。严格落实行政首长负责制和村级联户承包责任制，严防发生特大森林火灾。二要强化林业有害生物防治。推行重大危险性林业有害生物防治政府参与的“双线”责任制管理，全面落实松材线虫病和美国白蛾防治工作政府责任制。健全考核指标评价办法，建立检疫责任追溯制度，开展检疫执法整顿工作。开展林业有害植物摸底调查，进一步强化防控措施。三要加强野生动物疫源疫病监测防控。完善监测防控体系，制定监测防控管理办法。强化监测防控形势研判，大力推进主动预警，做好重点时节、重点区位和重点疫病的监测防控。四要妥善处置沙尘暴灾害。加强沙尘暴预测预警，做好沙尘暴高发期适时监测、信息报送和应急处置工作，减缓灾害损失。五要加大林区治安防范力度。建立新型警务机制，加大林区治安源头管理和综合治理力度，深化林区禁毒工作。妥善处置涉林非法集资案，防止发生群体性突发事件。

（五）加快发展林业产业，促进农民就业增收。一要继续壮大林业产业规模。充分发挥市场配置资源的基础作用和政府宏观调控的引导作用，推动落实《林业产业振兴规划》，大力培育十大主导产业，力争全国林业产业总产值达到2.4万亿元，林产品国际贸易总量突破1000亿美元。二要大力发展林下经济。鼓励推广林药、林菌、林菜、林牧等立体开发、循环利用模式，实现长中短有机结合、上中下综合利用、林农牧复合经营，提高林地综合利用率和产出率，促进农民在较短时间内增收致富。三要不断提高综合服务水平。制定《关于建立国家级木材贸易加工示范区的意见》、《关于建立重点林产品市场和林业企业联席制度的意见》，办好第二届中国（国际）林业博览会、中国林产品交易会等展会。四要加强林产品市场信息搜集与分析，提升林业企业应对国际贸易技术壁垒的能力。

（六）加强生态文化建设，提升生态文明水平。一要加强林业宣传。积极策划开展系列宣传活动，进一步提升林业的地位和影响力。深入开展关注森林系列活动，继续办好第八届中国城市森林论坛，组织开展第五届关注森林奖评选工作。二要推进生态文明基地建设。新建一批生态文化博物馆、科技馆、森林公园、湿地公园、主题公园、生态文化和生态文明教育示范基地。三要开展生态文化宣传教育活动。继续推进森林城市、绿化模范先进单位等创建活动，组织开展森林旅游节、湿地文化节、国际湿地日、爱鸟周等生态文化主题活动，全面展示生态文明建设成果。四要加大生态文化作品创作力度。创作一批社会效益明显的生态文化精品，办好《绿野寻踪》、《绿色时空》电视栏目，抓好《湿地空间》专题片摄制工作，大力弘扬人与自然和谐相处的价值观。加强林业系统报刊管理，提高办刊质量效益。

（七）推进基础设施建设，切实改善林区民生。一要加快林区棚户区危旧房改造。2011年是林区棚户区危旧房改造规模最大的一年，涉及林区上百万人口的切身利益。各地要进一步搞好调查摸底，登记核实，确保符合政策规定的棚户区和危旧房全部纳入国家保障性住房建设规划。要根据年度建设任务，科学编制建设方案，协调落实配套资金，抓紧和细化各项前期工作，确保及时开工建设。采取更加严格的措施，加强质量监管，确保工程质量优良、职工群众满意。拆迁安置、户型设计、房屋分配等工作，要广泛听取职工意见，充分尊重群众意愿，切实做到公开、公正、公平。多渠道筹措资金，加大棚户区危旧房改造配套供热、给排水、小区道路、绿化美化等设施建设力度，确保职工群众居住条件、居住环境同步改善。密切关注和妥善处理棚户区危旧房改造工作中出现的新情况、新问题，切实维护林区稳定。二要切实加强林区道路、饮水、供电等基础设施建设。详细测算建设任务，抓紧与有关部门对接。对已经纳入相关专项规划的，要进一步明确建设任务，落实投资渠道，加快建设进程。对还未纳入规划的，要积极反映，争取尽快纳入相关专项规划，确保林区基础设施建设得到同步改善。三要做好灾区生态和基础设施恢复重建工作。认真实施雨雪冰冻灾害和汶川地震灾害生态修复规划，积极推进玉树地震灾区、舟曲地质灾区生态修复和基础设施重建工作，加大扶持力度，确保工程质量。通过劳务购买等方式，扩大林业职工和林农就业，保障灾区群众生产生活水平不下降，确保兴林富民、改善民生取得新成效。

（八）增强支撑保障能力，促进林业可持续发展。一要进一步完善强林惠林政策体系。继续实施造林、林木良种、湿地保护、中幼林抚育、野生动物损害、森林保险保费等补贴补偿补助政策。完善金融支持体系和税收扶持政策。积极争取防沙治沙财政补助政策。努力将国有林场纳入国家分离国有农场办社会政策范围。二要推进科技创新和成果转化。强化困难立地造林、森林经营和雷击火防范技术攻关，力争在林业碳汇监测计量、生物质能源、资源保护、野外科学观测和生态服务功能测算等方面取得新突破。继续实施林业科技引领计划、林业科技富民示范工程和林业科技特派员创业行动，推动建立科技成果转化基地、标准化示范区等各级各类科技示范样板。加强林业植物新品种等知识产权保护和运用，强化林业生物安全和遗传资源管理，加快推进森林认证工作。加强协调，积极推进国家重点实验室、林业野外生态定位观测站、国家工程实验室、工程技术（研究）中心、林产品质量监督与检验检测机构等林业科技条件能力建设。三要强化依法治林。切实抓好森林法修改，继续开展自然保护区立法调研，推进沿海防护林条例、湿地保护条例、森林病虫害防治条例等行政法规起草修订工作。抓好野生动植物进出口证书核发管理办法、集体林权制度改革档案管理办法等部门规章制定工作。推进林业综合行政执法示范点建设。完成规范性文件清理，深化行政审批制度改革，认真做好林业行政复议工作，提升各级林业部门依法行政水平。四要大力推进林业信息化建设。林业信息化建设必须统一规划、统一标准、统一制式、统一平台、统一管理，加大资源整合，促进信息共享，在统一的前提下，发挥各自优势，开展各具特色的信息化业务。加快推进“金林工程”立项工作，尽快启动物联网应用示范工程。积极拓展林业信息化交流与合作，适时召开全国林业信息化工作会议。加强林业信息化示范省建设和林业信息化标准建设，推进应急通讯和先进成熟信息技术的应用普及。五要深化国际交流合作。及时准确掌握应对气候变化林业议题谈判形势变化，认真研究坎昆会议通过的两项决议，积极开展相关政策研究和科技攻关，及早制定我国林业与国际应对气候变化规则接轨的新政策、新措施、新规程和新标准，为林业议题谈判和林业长远发展争取主动。妥善应对森林可持续经营、非法采伐和老虎、象牙、犀牛角等涉林敏感、热点问题，全力维护国家权益。做好联合国亚太地区林业委员会会议、APEC 林业部长会议等重要国际会议和国际森林年的相关工作。积极参与相关国际公约谈判和国际规则制定。继续实施林业“走出去”战略，巩固和拓展政府间、部门间合作渠道。积极争取日、韩、澳、德和联合国粮农组织、全球环境基金会、国际热带木材组织等双多边援助项目。

（九）全面抓好自身建设，提高服务管理能力。一要加强干部培养管理。深化干部人事制度改革，加大竞争上岗、挂职锻炼力度，抓好关键岗位轮岗交流，优化机关干部配置，选派一批政治上靠得住、业务上过得硬的干部充实到关键岗位。颁布实施国家林业局关于进一步加强林业人才工作的意见、全国林业人才“十二五”及中长期发展规划和全国林业教育培训“十二五”规划。二要抓好基层林业队伍建设。加快推进森林公安、调查监测、信息化等队伍建设，切实加强林业工作站、木材检查站、国有林场等基层单位建设，稳定机构队伍，强化职能作用，理顺资金渠道，完善基础设施，改善办公条件，着力解决干部职工关心的民生问题。三要推进反腐倡廉建设。切实抓好教育、制度、监督并重的惩治和预防腐败体系建设，开展各种专项治理工作，加强对重点领域、环节和岗位的监督检查，加大违纪违法案件查办力度，促进党员干部廉洁从政，依法行政。四要强化作风建设。深入开展创先争优活动，表彰一批先进党组织和优秀共产党员，努力形成学习先进、崇尚先进、争当先进的良好氛围。切实转变工作作风，以良好的作风凝聚人心，以优良的政风推动工作。

同志们，回顾过去，我们备感自豪；展望未来，我们充满信心。让我们紧密团结在以胡锦涛同志为总书记的党中央周围，高举中国特色社会主义伟大旗帜，以邓小平理论和“三个代表”重要思想为指导，深入贯彻落实科学发展观，抓住机遇，科学谋划，扎实工作，全面开创现代林业科学发展新局面，为夺取全面建设小康社会新胜利作出新的更大贡献，以优异的成绩迎接建党90周年！

贾治邦在全国森林资源管理工作会议上的讲话

（2011 年 4 月 26 日）

在“十二五”开局起步之年，召开全国森林资源管理工作会议，系统总结“十一五”走过的历程，全面部署“十二五”时期的森林资源管理工作，意义十分重大。刚才，大会表彰了“十一五”时期在森林资源管理战线作出卓越贡献的先进集体和先进个人，他们是建设现代林业的功臣，是全国林业工作者学习的楷模，我们要以他们为榜样，忠于职守、勤奋工作、秉公执法、不辱使命！进入“十二五”，我们更要以科学发展观统揽全局，用世界眼光和战略思维，深刻认识国内外形势的新变化，准确把握林业发展呈现的新特点，精心谋划好新时期森林资源管理工作，扎实推进现代林业科学发展。建龙同志在会上要作一个工作报告，请各地各部门认真贯彻落实。现在，我讲两点意见。

一、认清形势、把握大局，深刻认识新时期加强森林资源管理工作的重大意义

“十一五”以来，国内外形势发生了深刻变化，林业作为特殊的公益事业和重要的基础产业，地位日益提升，任务更加艰巨。伴随着全球性生态危机和气候变化问题的日益严峻，林业巨大的生态、经济和社会功能，特别是森林碳汇功能不可替代的作用，越来越关乎人类的生存与发展，越来越受到国际社会的认同与关注。从《京都议定书》到《巴厘岛路线图》，从哥本哈根会议到坎昆会议；从2009年联合国气候变化峰会把林业列为专门议题，到2010年联合国气候变化框架公约第16次缔约方大会，森林问题成为重大国际会议和多边、双边外交的重要议题，保护和发展森林资源已经成为维护生态安全的首要任务。

在深入贯彻落实科学发展观、全面推进生态文明建设的新形势下，党中央、国务院充分肯定了林业的"四个地位"、"四大使命"和"五大功能"，确定了2020年"双增"目标，国家"十二五"规划又将森林覆盖率和森林蓄积量纳入约束性指标，把林业摆上了前所未有的战略高度。集体林权制度改革全面推进，破解了长期以来严重制约林业发展的体制、机制性障碍，为林业和农村发展注入了强大活力，成为继土地家庭承包之后我国农村经营制度的又一重大变革和经济体制改革的又一突出亮点。围绕"三个系统一个多样性"，生态建设和保护全面加强，建设"林业十大生态屏障"和发展"林业十大主导产业"的框架基本形成。随着我国综合国力大幅提升，国家有能力更加注重生态建设；社会经济的快速发展，对林产品和生态产品多样化需求不断增加。在国家投入和社会需求的双重拉动下，资金、技术和劳动力等生产要素迅速向林业汇聚。可以预见，"十二五"林业的战略机遇期和黄金发展期仍将持续，现代林业发展的道路更加广阔。

发展现代林业的核心任务是构建完备的林业生态体系、发达的林业产业体系和繁荣的生态文化体系，而森林资源是"三大体系"的物质基础。离开了森林资源，"三大体系"必将成为"无源之水、无本之木"。同样，没有森林资源的数量增长和质量提高，就没有森林多功能、多效益的和谐发挥，就没有"三大体系"的可持续发展。在资源和环境制约严重、转变经济发展方式成为必然趋势的压力下，森林资源管理承担的责任和使命也越来越艰巨。

(一)"十一五"森林资源管理取得了显著成效。"十一五"是发展现代林业、建设生态文明、推动科学发展取得开创性成就的五年。森林资源保护管理为推进现代林业发展作出了重要贡献。

一是国务院批准的全国林地保护利用规划纲要，构建了国家、省、县三级规划体系框架，为严格保护和科学利用林地，保障和拓展林业发展空间奠定了坚实基础；建立了林地使用定额管理和用途管制制度，征占用林地审核审批和林权登记发证管理工作进一步规范，林地林权管理得到加强。

二是森林资源监测领域不断拓展、内涵不断丰富。全面完成了第七次全国森林资源清查，并首次开展了全国森林生态功能及价值综合评价，全国森林植被总碳储量78.11亿吨，森林生态服务功能效益年价值量10.01万亿元，提升了森林资源监测的科学性及其监测价值。胡总书记作出重要批示，高度肯定了林业取得的成绩，明确了林业的发展目标，提出要通过"三个依靠"和"两项措施"，确保实现"一个目标"。联合国粮农组织在发布2010年全球森林资源评估结果中高度评价：中国大规模植树造林，抵消了南亚及东南亚地区森林资源的持续减少；10年间，世界防护林面积增加了5900万公顷，主要归功于中国大面积营造防护林；中国对扭转全球森林资源持续减少的趋势作出了贡献。

三是采伐管理改革不断创新，森林资源利用管理进一步规范。在全国24个省(区、市)193个县开展了森林采伐管理改革试点，出台了集体林采伐管理改革九项政策，特别是采伐限额公示、指标落实到村户、简化审批程序，激发了广大林农森林经营的活力。"十一五"森林采伐限额制度得到有效执行，保障了森林资源合理利用和持续发展，初步构建起有中国特色的森林可持续经营管理体系基本框架。

四是森林资源监督体系不断健全、制度不断完善，监督检查手段更加科学，监督范围实现了除港、澳、台地区外的全覆盖。各派驻森林资源监督机构和濒管机构实现了合署办公。全国森林资源管理监督部门认真履行职责，加大执法力度，严厉打击违法犯罪行为。"十一五"期间，全国共查处林业行政案件170万起，挽回经济损失72.9亿元，有效控制了森林资源的非法流失和过量消耗，维护了全国森林资源管理的正常秩序。

然而我们也要清醒地认识到，目前我国森林资源状况不容乐观。第七次清查结果反映出，虽然我国森林面积、蓄积持续"双增长"，但是森林资源总量不足、质量不高、分布不均、效益低下的问题依然突出；现有用材林中的中幼龄林面积占72%、蓄积占52%，木材的刚性需求与现阶段森林可采资源不足的矛盾日益加剧；现有宜林地质量好的仅占13%，质量差的占52%，而且全国宜林地60%分布在西北地区，营造林难度越来越大；五年内林地转为非林地的面积，相当于同期新造林面积1/10，林地保护管理形势更加严峻；少数地方法制意识淡薄，破坏森林资源的行为时有发生。

(二)"十二五"森林资源管理责任重大，任务艰巨。"十二五"森林资源管理机遇与挑战同在，我们必须增强机遇意识、忧患意识和责任意识，科学把握新时期森林资源管理的定位，主动适应形势变化和客观规律，有效化解各种矛盾，奋发有为地推进现代林业建设。

森林是可再生的资源库、能源库和储碳库，林业是循环经济体和低碳经济的重要组成部分，具有十分广阔的发展前景，成为国家转变经济发展方式的重要抓手。越来越多的地方逐步摒弃了拼资源、拼能源、拼资金，高耗能、高排放、高污染，粗放经营的传统产业，开始大力发展森林旅游、木本粮油、林下经济、竹木精深加工等绿色、无污染、可持续的林业产业，逐步成为农民增收的重要渠道和县域经济的重要支柱，把生态优势转化为经济优势，既要绿水青山，又要金山银山。深化改革、转变方式，进一步强化森林资源管理，对于保障森林生态功能的发挥、维护国土的生态安全，对于保障林产品供应、维护木材安全，对于繁荣生态文化、建设生态文明具有现实而深远的意义。

总之，森林资源管理必须脚踏实地、服务大局、与时俱进，始终把加强森林资源管理作为发展现代林业、统筹人与自然和谐、推进生态文明建设的基本任务；始终把改革创新，完善机制作为森林资源管理监督工作的出发点和落脚点，不断增强保护发展森林资源的活力；始终坚持处理好保护与利用的关系，认真贯彻"严格保护、积极发展、科学经营、持续利用”的方针，统筹兼顾生态建设与经济社会发展的客观需求；始终坚持依法行政，寓监管于服务之中，维护森林经营者的合法权益。

二、围绕中心、狠抓落实，全力开创“十二五”森林资源管理工作新局面

林业“十二五”规划明确了到2015年，林地保有量增加到3.09亿公顷，森林面积达到2.08亿公顷，森林蓄积量达到143亿立方米，森林覆盖率达到21.66%，森林植被总碳储量达到84亿吨，林业总产值达到3.5万亿元。要实现上述目标，关键在于把战略决策变为我们攻坚克难、狠抓落实的实际行动。紧紧围绕科学发展这个主题，牢牢扭住加快转变林业发展方式这条主线，以兴林富民为宗旨，以确保如期实现“双增”目标为核心，以落实国家、省、县三级林地保护利用规划为基础，把经营管理好现有森林资源放在首位，更加注重林地保有量，着力提高森林质量、功能和效益，更加注重改革阻碍林业可持续发展的体制机制、激发林区活力和改善林区民生，关键要正确处理三个关系，着力抓好四项工作。

一要处理好保护与利用的关系。森林资源承载力是指在可持续利用的前提下，一定区域内的森林资源所能够维系和支撑的最大人口和经济规模，反映出森林资源对人类社会和经济发展的贡献和制约。保护和利用是充分发挥森林多种功能与效益的主要途径，要科学分析不同区域的森林资源承载力，正确处理眼前利益和长远利益、局部利益和整体利益、具体利益和根本利益的关系，在严格保护的前提下，做到在保护中利用，在利用中发展，确保森林资源既满足经济社会可持续发展的需要，又实现森林资源自身的可持续发展。决不能为了追求一时的发展速度“竭泽而渔”，造成森林生态系统破坏、生存环境恶化的局面。现代林业建设的实践已充分证明，单纯的保护和过度的利用都是不可取的，而遵循自然规律和经济规律，正确处理好保护和利用的关系，不仅会带来绿水青山，更会赢得金山银山。

二要处理好继承与创新的关系。林地林权管理、采伐限额管理、森林资源监测、森林资源监督，是我国在60年来森林资源管理实践中建立健全、发展完善的基本制度，是经济社会发展对森林资源管理的历史性选择，是对世界林业发达国家先进经验的有益借鉴，符合我国现阶段的国情林情，必须全面继承、长期坚持。同时，我们也应该看到，随着经济增长方式的转变，现代林业建设不断推进，原有的资源管理理念、管理体制和机制，也必须与时俱进，不断改革和完善。但是改革绝不是简单地一概取消原有的管理制度和管理方式，而是按照科学发展观的要求，解除陈旧的思想禁锢和束缚，实现由“以林为本”向“以人为本”的转变，从根本上解决“栽好树”、“管好树”、“用好树”的问题，调动和解放广大森林经营者的巨大潜能，不断解放林业生产力，促进林业又好又快地发展。

三要处理好监管与服务的关系。森林资源是非排他性又有竞争性的公共资源，一些地方在发展林业的过程中，单纯依靠市场机制，没有发挥政府的宏观引导和监管作用，导致林地非法流失、林木低价转让、木材经营加工无序发展。同时，一些地方单纯依靠行政命令推动林业工作，没有树立为经营者服务的理念，严重影响了社会各界参与林业建设的积极性，制约了林业的发展。随着集体林权制度改革的不断深入，森林经营主体多元化、资源配置深度市场化、行业服务中介化、管理手段现代化的趋势已经形成，政府的监管必须从注重行政指令向法律、行政和经济等手段并重转移；从注重单纯监管向服务、监管并重转移，寓监管于服务之中，在监管中做好服务，在服务中加强监管。

在今后的发展中，如何处理好经济、社会和生态三者之间的关系，是中国的课题，也是世界的课题，更是至关人类生存的重大课题。森林资源是生态的根本、产业的基础、文明的载体，更是当今经济社会最短缺的产品，我们要像爱护自己的眼睛一样，保护好森林资源、管理好森林资源。

（一）坚持深化改革，构建森林资源管理新体制。现代林业的发展是全面、协调、可持续的科学发展。凡是阻碍科学发展的我们都要采取有效措施改革、完善、摒弃或调整。转变林业发展方式，是林业结构调整和体制机制转型的复杂过程，要通过深层次改革，在体制机制上寻求重大突破，形成内生的经济增长动力，才能够取得实质性突破。要站在国家战略和现代林业发展大局的高度，系统研究在经济体制深刻变革、社会结构深刻变动、利益格局深刻调整、思想观念深刻变化的新形势下，森林资源管理的体制结构、战略布局及其与之相适应的管理体系、政策体系和经营机制。一是对于占全国林地总面积60%的集体林，实施以家庭承包经营为主的基本经营制度，在坚持集体林地所有权不变的前提下，将林地的承包经营权和林木的所有权落实到本集体经济组织的农户。面对经营主体多元化的新情况，森林资源管理要研究新的政策措施和管理方式，进一步深化采伐管理改革，指导林农编制和实施好森林经营方案。建立健全森林资源流转和评估制度，规范林权流转行为，维护林农合法权益。完善社会化服务体系，扶持林业专业合作经济组织，实现规模化、市场化经营，引导森林资源逐步走上资本化、价值化途径，实现兴林富民。二是对于国营林场，按照社会主义市场经济和现代林业发展要求，划分商品型、公益型国有林场分类经营，采取不同的森林资源管理方式，彻底改变“不事不企、不工不农、不城不乡”的状况。三是对于东北、内蒙古重点国有林区，抓住实施天然林保护二期工程与大小兴安岭生态保护和经济转型规划的战略机遇期，重点做好“两剥离、一确立”工作，即，剥离林业部门办社会职能，剥离由市场配置资源的木材加工第二产业，切实减轻负担，同时，真正确立森林资源的经营管护主体，彻底改变“人吃林子”的现象，充分发挥国有森林资源在维护国家生态安全中的主体作用，形成有利于森林资源保护利用的坚实基础。同时，要下决心在改革重点国有林区森林资源管理体制方面取得实质性进展。

（二）坚持与时俱进，创新森林资源管理新方式。创新是社会发展和事业进步的不竭动力，森林资源管理只有在不断创新中才能保持生机和活力。一是要及时修订和完善现有管理体系中不适应时代要求的管理方式、政策规定、技术规范，真正形成系统、协调、有机衔接的森林资源监管体系。二是要以编制和落实林地保护利用规划为契机，统筹好国家、省、县三级规划体系，要确保林地落界成图，实现以图管地。在“十二五”期间，创建全国森林资源“一张图、一套数、一盘棋”的森林资源“一体化”监测体系。推进森林资源监测现代化、标准化、精准化进程，建成时效性强、针对性强的监测服务体系。要开展对两个约束性指标的评价，做到及时更新、年度出数，加强对森林多种功能和效益，特别是全国森林碳汇的监测与评估。要以监测的成果指导管理工作、评价管理效果。三是完善林权登记发证制度，尽快完成对《林木和林地权属登记管理办法》的修订，研究国有林区森林资源资产产权变动管理办法，对外资企业使用林地作出政策规范，研究提出解决历史遗留问题的政策措施。

（三）坚持依法行政，强化森林资源监管法制力。强化依法行政理念，严格执行森林资源保护管理的法律法规和规章制度。一是要落实林地用途管制，严格执行“十二五”期间占用征收林地定额和森林采伐限额，依法做好行政许可审核审批。争取通过法律完善，实现林地占用前置审批。对于申请占用征收林地的建设项目，各林业调查设计单位要把好设计关，林业主管部门要把好审核审批关，森林资源监督部门要把好执行检查关，既要保证国家和省级重大建设项目用地，又要能不占则不占、能少占则少占，必须要占的，尽量不要占有林地；要抵制超越资源承载力，为了局部或者某些企业的利益，侵占森林资源的项目。对未批先占、先斩后奏的做法，要严厉查处。二是各级林业主管部门要始终保持对毁林开垦、乱砍滥伐、非法占用林地行为强有力的打击态势，坚决做到依法严查、随起随刹。三是各派驻森林资源监督机构要加强对驻在地政府森林资源消长、林地保护管理的监督，认真完成违法案件的核查督办；切实做好对县级人民政府森林资源保护管理目标责任制落实情况的监督检查，确保责任落到实处。

（四）加强队伍能力建设，提高森林资源管理工作的执行力。森林资源管理包括森林资源行政管理、执法监督、调查监测，森林资源管理机构和队伍是我国林业工作的骨干力量。各级林业主管部门要高度重视队伍建设，用好这支力量，使其在现代林业建设中发挥更大的作用。一是要围绕“强化职能、创新机制、规范行为、严肃纪律”的总体要求，建立健全科学的用人机制和激励机制，内强素质、外塑形象，打造一支政治思想坚定、专业技能精湛、工作作风过硬、执法监管严格的森林资源管理队伍。二是要坚持勤政务实，寓管理于服务之中。森林资源管理工作涉及面广，政策性、法律性和技术性强。特别是集体林权制度改革后，各级森林资源管理部门要强化依法行政和执政为民意识，从广大林农的需求出发，及时调整工作机制，着力做好政务公开、减少管理环节、简化采伐审批手续、规范林权登记发证等工作。三是要加强森林资源管理机构的基础建设，加大投入力度，尽快扭转其装备落后、经费不足的状况；积极协调地方政府将木材检查站、林业工作站的行政事业经费纳入地方财政预算，从根本上杜绝“靠罚没款生存”的状况，维护林业行政执法的严肃性和公正性。

同志们，“十二五”期间，森林资源管理的任务更加艰巨，责任更加重大，使命更加光荣。我们要深刻领会和认真贯彻以胡锦涛同志为总书记的党中央作出的战略决策和部署要求，紧紧围绕林业大局，把握时代内涵，锐意改革、扎实工作，全面提升森林资源管理的水平，为发展现代林业、建设生态文明、推动科学发展再立新功！

贾治邦在国家林业局党组扩大会暨全国林业厅局长电视电话会上的讲话

（2011 年 7 月 15 日）

这次会议是国家林业局党组研究决定召开的一次重要会议。主要任务是：认真学习胡锦涛总书记“七一”重要讲话，全面总结上半年林业工作，安排部署下半年重点任务，确保“十二五”林业开好局、起好步，为全面完成“十二五”各项林业建设任务奠定坚实基础。

刚才，赵树丛同志代表局党组作了一个重要报告，客观全面地总结了上半年林业工作，实事求是地分析了工作中存在的问题，对下半年工作进行了安排部署。赵树丛同志的报告，充分体现了十七届五中全会、中央经济工作会议以及全国“两会”精神，也充分体现了年初全国林业厅局长会议精神。正如赵树丛同志强调的那样，做好下半年各项工作，对于全面完成今年任务和整个“十二五”规划任务都非常关键，意义深远。希望各地各单位各部门紧密结合各自实际，加强领导，强化措施，狠抓落实。下面，我再强调三点意见。

一、认清形势，齐心协力，共同把林业改革发展推向新的阶段

从上半年的形势看，当前林业改革发展正处于可以大有作为的战略机遇期和黄金发展期。去年，胡鞍钢教授等许多专家也指出，林业正面临着良好的发展机遇，必须抓住机遇，趁势而上，全面开创林业建设新局面。为什么会有这样的判断呢？我认为主要有三个依据。

（一）各级党委政府高度重视林业改革发展和生态建设。上至党中央、国务院，下至省市县乡各级党委政府，对林业都非常重视。从中央层面看，在参加今年首都义务植树活动时，胡锦涛总书记再次强调，要在新的起点上进一步推进植树造林工作，坚持依靠群众、依靠科技、依靠改革，不断提高生态文明建设成效，努力促进经济社会可持续发展。今年 4 月份，全国人大常委会审议了国务院关于集体林权制度改革的报告。与会的

400多名代表，不仅对集体林权制度给予了高度评价，而且对整个林业和生态建设给予了充分肯定，并建议将国家林业局升格为正部级单位。从各地情况看，有的省提出了生态立省战略，有的市提出了建设低碳城市、绿色城市的目标。许多地方党政一把手亲自研究、亲自调研、亲自安排部署林业工作，很多省委书记和省长还是植树造林与生态建设的积极分子。前不久，我在新疆调研时的感受很深，自治区党委政府主要负责同志对林业工作极为重视，把林业作为实现科学发展的重大举措，作为建设生态文明的首要任务，作为应对气候变化的战略选择，作为解决"三农"问题的重要途径，摆到了非常重要的位置。又如，湖北、青海等省把林业局升格为林业厅，都充分说明了对林业和生态建设的高度重视。

(二)林业投资力度不断加大。近年来，不仅中央林业投资连创新高，仅天保工程二期投资就比一期翻了一番，达到2440多亿元。各级地方政府林业投资也不断攀升。据了解，今年重庆市仅市财政本级对林业投资就达10亿元，加上长江两岸绿化的23亿元，以及各区县林业投资，全市林业投资达到100多亿元。其他许多省份大幅度增加了产业扶持力度和生态效益补偿额度。照此规模和趋势，"十二五"期间林业投资肯定会大幅度增长。这么大的资金量投入林业建设，必将极大地推动林业改革发展，林业基础设施和生产能力必将大幅度提高，林业发展一定会呈现崭新的局面。

(三)农民造林育林护林积极性空前高涨。近期，国家林业局派出的10个督导组对全国31个省区市林改进行督导检查时发现，林业建设呈现出"四个前所未有"的大好局面，可以用"高、大、好、快"来概括。一是农民造林育林护林的热情前所未有的高，二是森林资源保护力度前所未有的大，三是林业产业发展前所未有的好，四是林农致富步伐前所未有的快。这充分说明基层广大干部群众对林业改革发展和生态建设的热情空前高涨，也充分体现了党中央把生态文明建设与经济建设、政治建设、文化建议、社会建设一起抓的决策是非常英明正确的。

总之，当前林业正处于大有作为的战略机遇期和黄金发展期。为抓住机遇，加快发展，国家林业局党组号召和要求林业系统的每个党员干部积极投入林业改革发展的伟大实践，带头讲工作、讲责任、讲效率，为党和人民的事业敢抓、敢管、敢负责，严格履行自己的职能，不推诿、不扯皮，出色地完成各项工作任务；号召和要求林业系统的每个党员干部带头深入实际、深入群众、深入基层，勤政廉洁，严格要求，服务基层，服务群众，切实提高林业部门服务水平，努力建设学习型、服务型机关；号召和要求林业系统的每个党员干部带头讲政治、讲大局、讲团结，齐心协力，同心同德，抓住林业建设的大好机遇和大好形势，集中精力抓好各项业务工作，努力开创林业改革发展新局面。

二、加强学习，提高认识，深刻领会胡锦涛总书记"七一"重要讲话精神实质

胡锦涛总书记在庆祝中国共产党成立90周年大会上，站在历史和全局的高度发表了重要讲话。讲话高瞻远瞩、总揽全局，思想深刻、内涵丰富，闪耀着时代的特征，是又一篇马克思列宁主义纲领性文献。各级林业部门的广大干部职工一定要按照中央要求，认真学习、深刻领会讲话的精神实质，努力做到"五个深刻认识"。

(一)深刻认识中国共产党90年来革命、建设、改革所取得的伟大成就。要全面掌握中国共产党在革命、建设、改革三个历史时期所做的三件大事。通过认真学习、提高认识，更加自觉地做到"三个坚持"。一要更加自觉地走中国特色社会主义道路，二要更加自觉地坚持中国特色社会主义理论体系，三要更加自觉地坚持中国特色社会主义制度。

(二)深刻认识马克思列宁主义政党的先进性。要通过认真学习、提高认识，做到"四个始终保持"。一要始终保持党开拓前进的精神动力，二要始终保持党同人民群众的血肉联系，三要始终保持党的蓬勃活力，四要始终保持党的肌体健康。要充分认识反腐败斗争的长期性、复杂性和艰巨性。有的党员腐败分子通过教育可以解决，有的则只能通过组织处理来解决，只有这样党的肌体才能健康。

(三)深刻认识党面临的"四个考验"和要防止的"四个危险"。胡锦涛总书记在"七一"重要讲话中指出，加强党的执政能力建设和先进性建设，面临许多前所未有的新情况新问题新挑战，执政考验、改革开放考验、市场经济考验、外部环境考验是长期的、复杂的、严峻的。精神懈怠的危险，能力不足的危险，脱离群众的危险，消极腐败的危险，更加尖锐地摆在全党面前。我们党能充分认识到这"四个考验"和"四个危险"，充分体现了党的伟大，这在国际上和党内引起了强烈反响，我们必须深刻认识，牢记教诲，自觉遵循。

(四)深刻认识在新的历史条件下提高党的建设科学化水平"五个必须坚持"的基本要求。一是必须坚持解放思想、实事求是、与时俱进，大力推进马克思主义中国化时代化大众化，提高全党思想政治水平。二是必须坚持五湖四海、任人唯贤，坚持德才兼备、以德为先用人标准，把各方面优秀人才集聚到党和国家事业中来。三是必须坚持以人为本、执政为民理念，牢固树立马克思主义群众观点，自觉贯彻党的群众路线，始终保持党同人民群众的血肉联系。四是必须坚持标本兼治、综合治理、惩防并举、注重预防的方针，深入开展党风廉政建设和反腐败斗争，始终保持马克思主义政党的先进性和纯洁性。五是必须坚持用制度管权管事管人，健全民主集中制，不断推进党的建设制度化、规范化、程序化。林业部门各级党组织和广大党员干部，都要按照这"五个必须坚持"，以改革创新精神研究解决党的建设与林业发展面临的重大理论和实际问题，不断提高党的建设科学化水平，不断提高林业建设的质量和效益。

(五)深刻认识在新的历史条件下推进中国特色社会主义事业必须做到"五个坚定不移"的大政方针。胡锦涛总书记在"七一"重要讲话中强调，必须坚定不移依靠改革开放，坚定不移走科学发展道路，坚定不移走中国特色社会主义政治发展道路，坚定不移发展社会主义先进文化，坚定不移推进社会主义和谐社会建设。这"五个坚定不移"，是新的历史条件下推进中国特色社会主义事业的大政方针，是党的基本路线在新形势下的具体化，为我们推进中国特色社会主义事业各方面、各领域工作，处理好改革发展稳定的关系提出新的要求，提供了基本遵循。林业部门各级党组织和广大党员干部都要认真学习，深刻领会，全面落实。

当前，学习贯彻胡锦涛总书记“七一”重要讲话，要围绕“一个主题”，搞好“四个结合”，解决“三个问题”。“一个主题”是：创先争优强作风、兴林富民促发展；“四个结合”是：与做好当前各项业务工作结合起来，与推进学习型党组织建设结合起来，与深入开展创先争优活动结合起来，与学习弘扬杨善洲精神结合起来；“三个问题”是：着力解决党员干部的党性问题、党风问题、党纪问题。同时，在学习过程中，要搞演讲、搞评比，善于发现身边的典型和榜样，组织学习身边的杨善洲、学习身边的典型，这是下半年党建工作的重点。只有这样，我们党的执政能力和先进性才能提高，机关建设和机关党的建设才能达到一个新水平。

三、改进作风，狠抓落实，全面完成全年各项工作任务

抓工作落实，最重要的是要抓好以下三个环节。

第一，要明确主题和主线抓落实。主题就是科学发展，主线就是加快转变经济发展方式。抓住主题和主线，必须着眼我国经济社会发展全局，正确处理好重点和一般、局部和整体、当前和长远、平衡和不平衡这四个关系。结合林业实际，怎么样把这些精神贯彻落实好，关键是要处理好三个重要关系。一是既要关注发展不够的问题，又要注重可持续发展的问题。也就是既要注意每年的生长量，又要注意每年的采伐量。各级林业部门都要充分认识到，全国有全国的采伐定额，各省有各省的采伐盘子，都要科学地下达采伐指标，落实抚育经营任务。只有处理好这个关系，这样才能实现越采越多、越采越好、青山常在、永续利用。二是既要关注发展的规模和速度，又要注重发展的质量和效益。就是既要注意造林面积，又要注意造林成活率。如果只管种得多，但成活率不高，这就不是科学发展。三是既要关注利用自然为人类造福，又要注重人与自然和谐相处。林业建设既要支持地方经济发展，又要保护森林和湿地资源，处理好这个关系并不很难。比如：地方政府要在林地里采矿，我们就要认真研究采矿对林业有什么样的影响，怎么开采才能两者兼顾，这就是林业科学发展的辩证认识。同时，还要既关注生态建设又注重产业发展，既关注兴林又注重富民，既关注保护又注重利用。这就是马克思主义的辩证统一，这就是科学发展的内在要求，这就是唯物辩证法在经济发展和林业改革发展上的充分运用。处理好这些重要关系，林业工作就抓住了科学发展这个主题和转变发展方式这根主线。

第二，要明确责任抓落实。具体讲，要做到四个到位。一是任务分解要到位。对各项工作任务，任何单位、部门和个人都不能截留，必须层层分解下去，分解到每一个处室和人员身上，做到纵向到底、横向到边、相互衔接，确保人人有任务、人人有责任。二是完成要求要到位。各项工作任务，尤其是大的活动、大的项目、大的工程，必须提出完成的时限和质量要求，不能马马虎虎，要事事有着落、件件有交代。三是组织领导要到位。要做到“三个亲自”、“两个加强”、“一个下功夫”。“三个亲自”就是主要领导要亲自研究、亲自安排、亲自部署；“两个加强”就是加强指导、加强调度；“一个下功夫”就是必须在帮助解决下属遇到的困难问题上下功夫。四是督导检查要到位。过去毛主席讲过，党委决定、各方去办，办也有决、不离原则，工作检查、党委有责。这就是说，工作检查部门的主要领导同志有责任，方法很多，最重要的就是抓两头带中间，从而推动全局。同时，要做到月小结、季讲评，一个月小结一次，一个季度讲评一次，安排的任务完成得怎么样，特别是重大的项目和资金落实如何，必须认真检查。

第三，要搞好结合抓落实。在搞好结合上，一定要吃透“两头”，既要把领导的讲话吃透，还要把本部门的实际情况吃透，然后创造性地搞好结合、安排工作、落实任务。坚决反对以文件落实文件，以会议落实会议。上半年各个单位在完成各自任务上都做得很好，其中速丰办、老干部局、机关党委工作比较突出。比如：速丰办突出抓了木材战略储备建设规划、血防林建设规划和争取世行亚行欧投行贷款规划，抓得很有特色，工作很有起色。老干部局一直围绕提高离退休老干部服务水平，抓学习、抓思想工作、抓喜闻乐见的活动，对离退休老同志服务到位、保障到位，所以老同志对党组的工作给予了极大支持。中央国家机关工委还把老干部局党支部评为优秀党支部。机关党委围绕一条主线，突出一个主题，开展了五个活动，促进了五项工作。特别是学习杨善洲活动和党建工作抓得有声有色。最近，中央创先争优活动领导小组办公室把国家林业局学习杨善洲同志的情况专门发了简报，报送中央领导同志阅，李源潮同志还作出了重要批示。总之，只要各司局、各单位把党组的要求吃透了，又结合实际创造性地开展工作，各项任务肯定能落到实处。

同志们，下半年任务十分繁重，做好下半年工作责任重大、意义深远。希望同志们认真贯彻落实这次会议精神，全面地完成今年的各项工作任务，以实际行动为林业改革发展和全国经济社会发展作出新的更大贡献。

贾治邦在全国林业有害生物防治工作会议上的讲话

（2011 年 8 月 17 日）

这次会议是经国务院同意召开的一次十分重要的会议。刚才，葛慧君同志发表了热情洋溢的致辞，张永利同志代表国家林业局与各省区市政府签订了《2011～2013 年松材线虫病等重大林业有害生物防治目标责任书》，王祝雄同志通报了上一期防治责任兑现情况，浙江、北京、山东、云南、陕西五个省市分别介绍了在森防工作中的一些经验和做法，讲得都很好。最后，张永利同志代表国家林业局作了一个主题报告，全面总结了

“十一五”全国森防任务，安排部署了“十二五”森防工作，特别是对当前要重点抓好的六项工作提出了明确要求。希望各地紧密结合实际，认真贯彻落实。如何落实好这次会议精神，我再强调三点意见。

一、进一步提高认识

温家宝总理明确批示，林业有害生物防治是林业发展的一项重要内容和长期工作。按照国务院的部署和中央领导的指示要求，我们做了大量卓有成效的工作。刚才，张永利同志在报告中对“十一五”林业有害生物防治工作及取得的突出成绩进行了全面总结，令人鼓舞，催人奋进。可以说，过去五年是林业有害生物防治工作全面加强、防控体系不断健全、防治成效最为明显的五年。概括地说，主要表现在“五个更加注重”。一是更加注重责任落实，地方各级政府之间、林业部门之间“双线”责任制基础建立。二是更加注重灾害预防，检疫和监测预报工作不断强化。三是更加注重科学防治，应急能力不断提升，无公害防治率大幅提高。四是更加注重突出重点，松材线虫病和美国白蛾等重大林业有害生物治理成效显著。五是更加注重转变职能，林业有害生物检疫防治机构建设取得新突破。实践证明，只要责任落实、措施得力、科学防治，林业有害生物是可防可治的。

虽然“十一五”期间，林业有害生物防治工作取得了显著成绩，防控水平跃上了一个新台阶，但是也必须清醒地看到，随着全球气候变暖、经济贸易增多、物流活动频繁等诸多因素的影响，加之我国林业有害生物种类繁多、分布广泛，当前全国林业有害生物仍然呈现传播速度快、防控难度大、发生面积广、危害程度重、复发次数多的持续高发态势，对森林资源安全构成严重威胁。特别是一些重大林业有害生物灾害还未得到彻底遏制，松材线虫病仍在向西向北扩散，美国白蛾正在向南向北扩散。总的看，林业有害生物防治工作的形势依然非常严峻，任务依然十分艰巨。一定要充分认识全面加强林业有害生物防治工作的重大意义，切实增强责任感和紧迫感，真正做到像抓森林防火那样抓有害生物防治。

一是做好林业有害生物防治工作，事关实现“双增”目标这个政治大任。顺利实现2020年林业“双增”目标，是各级林业部门的首要政治任务，关键是要确保森林资源持续健康增长。积极发展，加强造林营林工作，是增加森林资源；严格保护，抓好有害生物防治工作，也是增加森林资源。“十一五”期间，全国林业有害生物年均发生面积1.7亿亩，远远大于新造林的面积，每年造成经济损失1100亿元，也大大超过森林火灾造成的损失。正如人们所讲的，“千里之堤，毁之一蚁”，“万顷之林，毁之一虫”。如果只抓发展、不抓保护，就会年年造林不见林，森林资源就会出现负增长，“双增”目标就难以如期实现。必须通过加强林业有害生物防治，一方面保护好现有森林资源，确保不受损失；另一方面保护好新造林，确保顺利成林。只有这样，林业“双增”才能顺利实现。

二是做好林业有害生物防治工作，事关维护群众利益这个民生大计。集体林权制度改革后，森林资源安全成为几亿农民最重要的利益所在。如果发生病虫害，不仅会使农民经营的森林资源遭受损失甚至化为乌有，直接损害农民的经济利益，而且还会严重挫伤农民发展林业的积极性，进而影响林业发展大局。只有做好林业有害生物防控工作，防住“虫口”、止住病害，保护好森林资源，才能维护好发展好亿万人民群众的切身利益，也才能巩固好发展好林权改革的喜人局面。同时，做好林业有害生物防控工作，还可以减少化学药品污染，防止疫源疫病传播，促进和保障群众的饮食安全和身体健康。我们有责任有义务，为群众筑起防虫除害之墙，围起健康安全之障，把林业改革发展的成果惠及最广大的人民群众。

三是做好林业有害生物防治工作，事关国际国内贸易这个经济大局。我国林业总产值已经达到2.28万亿元。松香、人造板、木竹藤家具、木地板产量跃居世界第一，干鲜果品、竹藤和花卉产量名列世界前茅，林产品进出口年贸易额接近1000亿美元，我国已经成为林产品生产和贸易大国。做好林业有害生物防治工作，有利于提高我国林产品的数量和质量，防止其他国家利用有害生物的传播危害特性设置贸易壁垒，为我国经济贸易创造良好环境。只有认真做好林业有害生物防治工作，才能确保我国木材安全和经济安全，更好地维护国家利益。

四是做好林业有害生物防治工作，事关应对气候变化这个全球大事。增强森林碳汇功能，必须在扩大森林面积的同时，提高森林健康水平。林业有害生物是破坏森林健康、影响碳汇功能的重要因素，不仅可以降低森林的固碳能力，而且还会增加森林的碳排放。研究表明，2000年以来加拿大因林业有害生物造成的森林碳排放量，是森林火灾和森林采伐排放总量的3~5倍。我国森林资源持续增长所形成的强大固碳释氧能力，是我国对全球应对气候变化的一个重要贡献，也是我国在气候外交斗争中的一个突出亮点。充分发挥林业在应对气候变化的特殊作用，就必须切实减少有害生物对森林资源的破坏，保障森林资源健康生长，不断提升森林碳汇功能，努力防止形成新的碳源。

二、进一步抓好落实

要把这次会议的精神贯彻好，真正取得成效，关键还在于抓好落实。抓好这次会议精神的贯彻，各省林业厅局的党组要认真研究，尽快向省政府的领导汇报，拿出贯彻落实的具体意见和实施方案。在抓落实工作中，我们历来反对两种现象：一种是以会议落实会议，以文件落实文件；再一种就是上下一个样、上下一个方法，上面怎么讲，下面也就怎么照抄照搬。这两种现象就叫做只有普遍性没有特殊性，只有照本宣科没有创新措施，工作必然落实不好。抓落实，我们提倡抓住“四个字”、做到“四到位”。“四个字”的前两个叫“结合”，后两个字叫“具体”。所谓结合，就是要吃透“两头”，一要吃透“上头”，我们提出了加强森防工作的意见，把这个精神要吃透；再就是要吃透“下头”，也就是要掌握本地的实际，做到基层的情况心里有数。只有吃透了这“两头”，才能搞好结合，只有结合了才能有创新，只有创新了才能把各项措施落实到实处。凡是搞好结合的地方，必然有新的发展思路和理念。所谓具体，就是贯彻落实的办法要具体，措施也要具体。只有做到这一点，才能真正结合实际，否则结合不具体、措施不到位，就难以取得实效。所以说，具体才能真落实，结合才能出实效。"四到位"，就是领导责任要到位、森防的应急预案要到位、办法措施要到位、检查监管要到位。我们通报前三年的防治目标责任完成情况，也是一种检查监管。浙江省防治松材线虫工作搞得好，主要是疫木流向监管到位。如果监管不到位，可能会导致扩散得更严重。因此，我们要求抓好这次会议精神的落实，就是要做到"四个字"、"四到位"。

三、进一步突出重点

为做好当前和"十二五"林业有害生物防治工作，国家林业局编制了《全国林业有害生物防治建设规划(2011～2020)》。这个规划明确了森防工作的目标，是一个分两步走的目标，第一步就是到2015年成灾率控制在4.5‰以内，第二步是到2020年成灾率要控制在4‰以内，实现这个目标就很不简单。对松材线虫病，到2015年要根除县级疫区40个，前30年根除的疫区只有57个，现在五年要根除40个，这个任务非常艰巨。美国白蛾的叶片保存率达到80%，主要景点和交通要道的叶片保存率达到95%，这些任务都很艰巨。所以，大家要把这个目标搞清楚，回去还要把这个目标进一步分解细化搞具体，目标不具体、任务不落实，就难以取得新成绩、新突破。

为了完成这个目标，必须认真地、坚决地贯彻落实森防工作16字方针，即"预防为主、科学治理，依法监管、强化责任"。其中，前8个字讲的是总的方针和理念，后8个字讲的是总的要求和措施。这是当前和今后一个时期工作中要重点把握、切实遵循的总方针、总要求。

一是预防为主。预防是基础，治源是根本，要把预防工作贯穿林业生产的各个环节、各个方面。真正做到预防为主就是要做到"三个加强"，即：加强检疫，达到切断传播途径的目的；加强监测预报，达到早发现早除治早根治；加强抚育经营，促进提高森林自然免疫力和抵抗力。

二是科学治理。林业有害生物防治工作涉及面广、专业性强，特别是一些重大林业有害生物防治，时间紧、任务重、要求高，必须把科学防治放在第一位，贯穿于防治工作的全过程。科学防控的内涵很多，主要抓好两点：一要遵循森防工作的客观规律，突出做好施药的"三性"，即科学性、时限性、安全性。二要抓住科学防治的关键环节和重点，比如：防治松材线虫病关键是要切断传播途径，线虫传播到松树，媒介是松褐天牛，采取措施有效控制松褐天牛，不让其传播，就是一个关键环节；美国白蛾的防控也有其关键环节。所以，必须把关键环节抓住，把握了关键环节和重点，采取了科学应对之策，防控和治理就能收到显著效果。

三是依法监管。加强林业有害生物防治监管，是确保防治成效的关键所在。各级林业部门要切实肩负起监管职责，完善管理制度，创新管理机制，提高管理水平。这里需要重点强调的，就是一定要加强联防联治。森防工作不只是林业部门一家的事，也正因为这样，国务院明确要求将责任落实到各级政府。这次会议非常荣幸地请到各省的秘书长来，我拜托各位回去后一定要进一步加强这项工作的协调，形成林业、农业、工商、质检等多部门协同联动，只有各个部门联防联治，才能逐步形成分工明确、各负其责、齐抓共管、共同参与的防治机制。如果你治我不治，他治你不治，效果就不会好，只有加强联防联治，落实监管责任，才能把有害生物治理好。

四是强化责任。要落实好"双线"责任制，一定要把政府的责任落实到位，一定要把部门的责任落实到位。签订目标责任书，就是确保认识到位、责任到位、政策到位、工作到位。国家林业局与各省人民政府签订的防治目标责任书，既是国务院考核各省林业有害生物防治工作的重要标尺，也是各级林业部门加强林业有害生物防治工作的基本遵循。三年后我们要进行检查考核，对防治目标完成好的予以表扬，差的通报批评。各地一定要按照责任书确定的总体目标，抓紧细化分解，层层落实政府和林业部门的"双线"责任制，实行任期目标管理，严格考核、严格奖惩，定期检查、定期通报，确保落实。

同志们，加强林业有害生物防治工作，切实巩固林业建设成果，是我们的神圣职责和光荣使命。让我们紧密团结在以胡锦涛同志为总书记的党中央周围，高举中国特色社会主义伟大旗帜，按照这次会议的安排部署，开拓创新，扎实工作，狠抓落实，全面提升林业有害生物防治水平，为全面开创现代林业科学发展新局面作出新的更大贡献！

壮大林下经济　实现兴林富民
全面推动集体林权制度改革深入发展

——在全国林下经济现场会上的讲话

贾治邦

（2011年10月10日）

在全国上下认真学习贯彻首届亚太经合组织林业部长级会议精神的关键时刻，在集体林权制度改革明晰产权、承包到户任务即将完成的重要时期，经国务院批准，国家林业局决定召开全国林下经济现场会，这是全面深化林改、促进农民增收、实现兴林富民的重大举措。会议的主要任务是，全面贯彻党中央、国务院关于集体林权制度改革的决策部署，认真落实胡锦涛主席在首届亚太经合组织林业部长级会议上的重要讲话精神，学习传达中央领导同志关于发展林下经济的重要指示和批示，总结交流各地成功经验，研究部署今后一个时期林下经济工作，将农民通过改革释放出来的积极性，引导到促进资源增长、农民增收上来，坚持走一条不砍树也能致富的发展之路，把集体林权制度改革不断推向深入，确保实现生态受保护、农民得实惠的目标。

党中央、全国人大、国务院对林下经济工作高度重视。今年4月29日，中共中央政治局常委、全国人大常委会委员长吴邦国在广西考察时指出："集体林权制度改革之后，要因地制宜，把发展林下经济等特色林业作为农村经济新的增长点来培育。"9月26日，中共中央政治局常委、国务院总理温家宝作出重要批示："发展林下经济，既能促进农民增收，又能巩固集体林权制度改革。"10月7日，中共中央政治局委员、国务院副总理回良玉作出重要批示："发展林下经济是巩固集体林权制度改革成果、促进绿色增长的迫切需要，是提高林地产出、增加农民收入的有效途径，目前已经取得明显成效。要认真总结经验，科学谋划，加强引导，积极扶持，进一步加快发展步伐，确保农民不砍树也能致富，实现生态受保护、农民得实惠的改革目标。"中央领导同志的重要指示和批示，充分肯定了发展林下经济的重大意义，对进一步壮大林下经济提出了明确要求，是做好林下经济工作的基本遵循。大家一定要认真学习，深刻领会，全面落实，推动林下经济实现更大发展。全国人大常委会副委员长陈昌智亲自出席今天的会议，随后将作重要讲话，希望大家认真学习领会，结合各自实际抓好贯彻落实。

这次会议之所以在广西召开，主要是因为近年来广西壮族自治区党委、政府对林业工作高度重视，始终坚持"五级书记抓林改"，不仅明晰产权、承包到户的改革取得了明显成效，而且林下经济也得到了极大发展。2010年全区林下经济产值达135.8亿元，实现了生态受保护、农民得实惠，涌现了一批成功典型，积累了许多宝贵经验。通过昨天的现场参观和刚才广西的典型发言，广西发展林下经济的经验可以概括为四条：一是坚持加强领导、高位推动。自治区党委、政府把发展林下经济作为贯彻落实科学发展观，促进农民增收、农业增效、农村发展的重大举措来抓，专门成立了林下经济发展工作领导小组。郭声琨书记、马飚主席、陈际瓦副书记、陈章良副主席等自治区领导经常深入一线调研指导，多次召开会议进行部署和推动，形成了"五级书记"抓林下经济的良好局面，为林下经济工作提供了坚实的组织保障。二是坚持科学规划、因地制宜。编制了全区林下经济"十二五"发展规划，启动了"千万林农千元增收"工程。各地根据实际情况，积极发展多种形式的林下经济，形成了"三大区域"(桂东与桂东南、桂中与桂西、桂北)、"四大类型"(林下种植、林下养殖、林下产品加工、林下旅游)、"八大模式"(林药、林菌、林花、林草、林禽、林蜂、林藤、林下休闲)的发展格局。三是坚持完善政策、加强扶持。自治区政府相继出台了《关于大力推进林下经济发展的意见》、《关于进一步完善加快林下经济发展优惠政策若干意见的通知》，制定了《集体林权制度配套改革总体方案》、《林权抵押贷款管理办法》、《森林保险试点方案》、《林权流转管理办法》等文件，设立了林下经济发展专项资金，为林下经济发展提供了可靠的政策保障，充分调动了农民发展林下经济的积极性。四是坚持企业带动、规模经营。积极培育并充分依托龙头企业，通过"农户+基地+龙头企业"等形式，着力构建农户与企业衔接紧密、产销顺畅、运转协调、管理高效的利益联结机制，既解决了农户与大市场对接的问题，又延长了企业的产业链条，实现了农户与企业合作良性循环，走出了林工贸一体化、产供销一条龙的产业化发展之路。

刚才，浙江省、辽宁省和安徽省黄山区、陕西省宁陕县、重庆市秀山县也分别作了典型发言，介绍了各自发展林下经济的好做法与好经验，听了很受启发，很有收获，深受鼓舞。他们的经验值得认真总结，全面推广。其他没有发言的省区市，也有许多好的经验值得学习推广。希望大家继续广泛交流，互相学习，积极借鉴，共同推动林下经济又好又快发展。下面，我讲三点意见。

一、深刻认识发展林下经济的重大意义

林下经济作为一种崭新的林业生产方式和经济现象，目前全国正处于起步阶段。在生产实践中，各地对林下经济的含义有不同的理解，还没有一个统一的概念，专家对此也有不同的见解。我们这里所讲的林下经济，主要是指以林地资源和森林生态环境为依托，发展起来的林下种植业、养殖业、采集业和森林旅游业，既包括林下产业，也包括林中产业，还包括林上产业。林下经济具有发展模式多、就业容量大、从业门槛低的显著优势，是林地承包到户后农民发展林业的首要选择和重要内容。在全面深化集体林权制度改革的关键阶段，一定要从增加农民收入、巩固改革成果、实现绿色增长的战略高度，深刻认识发展林下经济的重大意义，切实增强做好林下经济工作的责任感和紧迫感。

(一)发展林下经济是保护森林资源、实现绿色增长的迫切需要。壮大绿色经济，实现绿色增长，是胡锦涛主席在首届亚太经合组织林业部长级会议上对林业提出的最新最高要求。这就要求我们必须积极培育森林资源，不断增加森林碳汇，加快发展林业产业，协调发挥森林的生态、经济、碳汇等功能。在长期探索实践中，广大农民深刻地认识到，发展林下经济必须保护和发展好森林资源，才能获得稳定的经济收益。他们在从事林下种植业、养殖业的同时，都能够自觉地植树造林、爱绿护绿，实现了生态与产业协调发展，这就是对转变发展方式、实现绿色增长的最好诠释和生动实践。新疆在发展红枣时，农民就会在枣园周围栽种大面积防护林带，以减轻风沙危害、改良土壤、蓄水保墒，为红枣创造良好的生长环境。阿克苏市自1986年以来实施了柯柯牙绿化工程，完成造林面积17.2万亩，建成了南北长25千米、东西宽4千米的防护林带，不仅取得了显著的生态效益，而且打造了著名的特色果品基地，红枣、核桃、苹果等林产品畅销世界各地。广西浦北县农民在红椎林下种红椎菌，合浦县农民在紫檀、黄花梨下种植金花茶，融水县农民在林下种灵芝，不仅林子越管越好，农民收益也越来越高。浙江省安吉县依托丰富的森林资源，积极开展森林旅游和“农家乐”，将“砍树”变成了“看树”，走出了一条成功的绿色发展之路。从全国范围看，通过发展林下经济，一方面，每亩林地直接产出率由2003年的84元提高到了2010年的198元，有力地促进了农民增收；另一方面，农民植树造林积极性空前高涨，纷纷把山当田耕、把树当菜种，森林资源的数量和质量明显提升，生物多样性更加丰富，有力地促进了生态建设，为实现绿色增长奠定了坚实的生态基础，提供了丰富的绿色资源，探索了宝贵的发展模式。

（二）发展林下经济是促进农民就业增收、实现不砍树也能致富的成功实践。我国拥有丰富的林地资源，其中仅集体林地就有27.37亿亩，是耕地的1.5倍。长期以来，由于缺乏科学经营和必要投入，林地生产力低下，综合利用潜力巨大。尤其是许多林地土壤肥沃，富含有机质，林下动植物和微生物种类繁多，水气热条件优越，森林景观资源丰富，既能发展林参、林菌、林药等种植业，又能发展林禽、林畜、林蛙等养殖业，还能发展观光休闲、果品采摘、生态疗养等森林旅游业，是农民最熟悉、最适宜、最便捷的就业门路和增收渠道，是农村缩小城乡差距、发展特色经济的独特优势和潜力所在。林地承包到户后，各地引导农民大力发展林下经济，改变了传统的木头经济发展模式，缩短了林业生产周期，增加了农民收入，走出了一条不离乡能就业、不砍树能致富的发展之路。山东省齐河县农民在林下套种食用菌、发展养殖业，食用菌一个月可以收获上市，养鸭45天、养鸡3个月可以出栏，年收入相当可观。当地老百姓形象地说，“我们手里有两张‘绿色存折’，一张是种树成材的定期存折，一张是发展林下经济的活期存折”。辽宁省本溪市农民通过发展人参、林蛙等林下经济，涌现出了3000多个百万元户、120个千万元户、3个亿元户。陕西省宁陕县2010年林下经济产值达2.45亿元，农民人均林业纯收入4000元，占总收入的70%以上。新疆若羌县林改后大力发展红枣，2010年仅此一项人均收入就高达3万元，一些农民通过种植红枣成为百万元户。广西宾阳县农民以林下盛产的芒藤为主要原料编织各种工艺品，产品远销30多个国家，年出口创汇3600多万美元，编出了致富路，编出了幸福村。广大农民都说，发展林下经济让山上成了摇钱树，林下成了聚宝盆。在全国很多地方，林下经济让过去的沟沟坎坎变成了现在的致富基地，让过去的穷山沟造就了许多百万富翁，已经成为增加林地产出、提高林业效益、解决“三农”问题的重要渠道。

（三）发展林下经济是满足社会需求、拉动经济发展的重要途径。林业既承担着保障物质产品供给，又承担着保障生态产品供给的两大重要使命。随着经济社会的不断发展和维护食品安全的迫切需要，社会对绿色无污染林产品的需求日益多样，且呈急剧增长态势。人们对油茶、核桃、红枣、板栗等木本粮油，以及松茸、木耳、松籽、枸杞等林特产品的需求与日俱增，对鹿茸、天麻、三七、茯苓等名贵中药材日益青睐，对新鲜的空气、洁净的淡水、优美的环境等生态产品须臾不可或缺，对回归自然、亲近森林、走进郊野缓解精神压力的休闲方式更加向往。同时，随着化石能源的逐渐枯竭，生物质能源已成为重要的替代能源，市场需求前景广阔。总的看，林业生产的无论是物质产品还是生态产品，都已经成为当今社会最短缺、最急需的产品，而这些产品绝大多数是耕地无法提供的，也不能利用木材加工而成，只能通过发展林下经济，才能满足社会日益增长的多样化需求。近年来，随着林下经济的快速发展，林下种植、林下养殖、森林旅游已成为许多地方的支柱产业，产品种类日益多样，产品产量明显提高，不仅为社会提供了丰富的绿色林产品，改善了人民群众生活品质，促进了人们身心健康，而且为农民开辟了广阔的就业增收空间，有力地推动了地方经济发展。目前，我国林地产出率还很低，拉动经济增长的潜力十分巨大。如果将林地平均产出率由目前的不足200元提高到与耕地相当的700多元，全国45亿多亩林地每年总产值可达3万多亿元，将为增加农民收入、扩大国内需求、拉动经济增长发挥更大作用，推动我国经济发展迈上一个新台阶。从长远看，社会对林产品和生态产品的需求还将继续增加，发展林下经济蕴藏着无限的生机与潜力，既可以增加农民收入，提高农民购买能力，又可以满足城市居民绿色消费需求，进而提升国内消费水平，全面增强经济发展内生动力。

（四）发展林下经济是全面深化林改、巩固林改成果的重要抓手。农民群众是植树造林的主体，也是林改的参与和受益主体。把27亿多亩集体林地和数十万亿元森林资产确权到户，大幅度增加了农民收入，激发了农民耕山致富的积极性。但这只是林改“万里长征”的第一步，如何确保农民群众有积极性、有能力依靠经营山林发家致富，真正实现生态受保护、农民得实惠的改革目标，才是林改成功的关键所在和主要标志。当前，全国明晰产权、承包到户的改革任务即将完成，帮助农民通过发展林业实现增收致富显得尤为迫切，这关系到林改成果的巩固与扩大，关系到森林资源的保护与发展，关系到农村社会的和谐与稳定。如果不能通过经济利益，让农民既有发展林业的积极性，又有保护森林的主动性，林改就会功亏一篑，甚至对森林资源造成严重破坏，对林业发展造成重大损失。林地承包到户后，各地把发展林下经济作为全面深化林改、促进农民增收的重要举措来抓，既保护了森林资源，改善了生态环境，又壮大了绿色产业，增加了农民收入，促进了农民从单纯利用林木资源向综合利用林地资源、生态资源和景观资源转变，大幅度提高了林地利用率和产出率，实现了近期得利、长期得绿，长短结合、以短养长，取得了明显的生态、经济和社会效益，极大地巩固和扩大了林改成果。同时，林下经济的快速发展，又带动资金、技术、人才等生产要素向林业流动，推动了强林惠林政策体系的完善和落实，促进了林业发展长效机制的形成和确立，为林业科学发展提供了可靠的制度保障。

总之，只有大力发展林下经济，让农民获得实实在在的经济利益，才能引导农民自觉处理好生态与产业、保护与利用、兴林与富民的关系，逐步形成生态与产业共进、保护与开发并重、改革与发展互动的良好局面。大家必须统一思想，提高认识，真正把发展林下经济摆上重要位置，切实抓紧抓好，抓出成效。

二、准确把握发展林下经济的关键环节

林下经济是近年来随着林业改革发展的逐步深入而

出现的一个新生事物，虽然各地有许多成功经验和好的做法值得借鉴，但林下经济工作涉及面广，政策性强，发展任务重。要切实把这件事关林改成败和亿万农民切身利益的大事办好，各地需要高度重视，科学谋划，突出特色，稳步推进，确保实效。当前，重点要把握好以下四个关键环节。

（一）因地制宜，科学规划。我国土地面积辽阔，自然条件迥异，资源禀赋不同，林产品市场需求也千变万化，发展林下经济必须因地制宜，科学规划。各级林业干部要深入基层，摸清林情，了解民意，在充分调查研究的基础上，根据当地自然条件、林地资源状况、经济发展水平、市场需求情况等，科学制定林下经济发展规划，并争取纳入当地经济社会发展总体规划。要结合实际，突出特色，科学确定发展林下经济的种类与规模，允许发展模式多样化，防止搞“一刀切”，避免盲目跟进、一哄而上。要坚持生态优先，科学利用并严格保护森林资源，确保产业发展与生态建设良性互动，绝不能因发展经济而牺牲生态。

（二）完善政策，积极扶持。各地要积极争取财政部门支持，设立林下经济发展专项资金，帮助农民解决水电路等基础设施落后问题。要大力培育主导产业和龙头企业，推进规模化、产业化、标准化经营。要通过财政投入、受益者和损坏者出资等方式，多渠道筹集生态公益林补偿资金，尽快提高补偿标准，调动农民管护生态公益林的积极性。要努力争取金融机构支持，充分发挥财政贴息政策的带动和引导作用，积极开办林权抵押贷款、农民小额信用贷款和农民联保贷款等业务，解决农民发展林下经济融资难的问题。要积极争取税务部门支持，比照农业生产者销售自产农产品，对林下经济产品免征增值税。有关林业发展资金和建设项目，要加大对林下经济的支持力度。

（三）强化服务，引导合作。各级林业部门要加强对林下经济工作的指导和服务，为农民提供全方位的科技服务与技术培训，帮助解决资金、技术、生产、销售等问题。要积极培育适宜林下种植、林下养殖的新品种和好品种，不断提高林产品产量和质量，为社会提供丰富的绿色健康的林产品。要重点研发林产品采集加工新技术、新工艺，延长林下经济产业链，提升产业素质和产品附加值，增加农民收入。要加强农民林业专业合作社建设，引导农民开展合作经营，提高林下经济的组织化水平、抗风险能力和市场竞争力。要建立信息发布平台，完善各种咨询渠道，及时提供政策法律、市场信息等咨询服务，为农民发展林下经济创造良好条件。

（四）树立典型，示范带动。各地要抓好试点示范，善于发现、认真总结、广泛宣传发展林下经济的先进典型，及时推广他们的好经验、好做法，充分发挥典型引路、示范带动的作用，推动林下经济全面发展。要通过新闻媒体、宣传手册、技术培训等多种形式，大力宣传发展林下经济的重大意义、政策措施和实用技术，做到政策深入人心，技术熟练掌握，信息及时了解，充分调动农民发展林下经济的积极性，形成全面推动林下经济发展的浓厚氛围。

三、切实加强对林下经济工作的组织领导

发展林下经济是一项复杂的系统工程，涉及生态建设、产业发展多个领域，需要协调发挥生态、经济和社会效益。尤其是当前林下经济发展正处于起步阶段，还面临许多困难和问题，任务十分艰巨而繁重，离不开强有力的引导和指导。各级林业部门要牢固树立兴林富民理念，切实加强组织领导，积极采取有效措施，不断加大工作力度，全力推动林下经济发展。

（一）主动争取多方支持。各级林业部门要把发展林下经济作为全面深化林改、增加农民收入、提高林业效益的一项重要举措来抓，真正摆上议事日程，专门成立林下经济工作领导小组，明确分工，落实责任，确保认识到位、领导到位、责任到位、措施到位、落实到位。要主动请示汇报，当好参谋助手，积极争取各级党政领导的重视与支持，继续像“五级书记”抓林改那样抓林下经济工作。要加强协调沟通，争取相关部门的理解、帮助和支持，通过资金扶持、以奖代补、信贷贴息等方式，支持农民和企业发展林下经济。要推动建立政府引导、市场带动、农民参与的林下经济工作组织机制和考核机制，充分发挥基层党组织作用，形成推动林下经济发展的强大合力。

（二）充分尊重农民意愿。农村土地家庭承包经营制度，是党的农村政策的基石，是保障农民权益和农村发展的基础。在发展林下经济过程中，农民作为独立的市场主体，既要承担自然风险和市场风险，也有获得相应收益的权利。发展林下经济，必须充分尊重农民意愿，保障农民生产经营自主权。发展什么、怎么发展、发展多少，都要由农民自主决策。农民与龙头企业选择什么样的利益联结方式，也必须尊重农民和龙头企业的意愿。各级林业部门要加强指导和提供帮助，但绝不能拔苗助长，更不能违背农民和企业意愿，搞行政命令和瞎指挥。要引导农民自觉按照市场规律和自然规律办事，自主选择发展林下经济的重点与模式。

（三）积极转变政府职能。各级林业部门要切实转变职能，从严格保护、加强管制向放活经营、搞好服务转变，重点做好规划编制、政策设计和技术服务等工作。要抓紧制定林下经济产品质量标准，加强质量监管，确保食品安全。要积极推进林业社会化服务组织建设，加快构建公益性和经营性相结合、专业服务与综合服务相协调的新型林业社会化服务体系。要全面加强林业科技服务体系建设，加快构建基层林业科技服务网络，为农民提供便捷周到的技术服务。要经常开展送科技下乡活动和实用技术培训，尽快提高农民的林业经营水平。要加大森林火灾、林业有害生物、野生动物疫源疫病等重大林业灾害防控力度，降低农民发展林下经济的灾害风险。要深入基层一线，注重调查研究，及时发现并帮助解决各种困难和问题，为农民和企业发展林下经济提供有益帮助。

（四）全面深化各项改革。要继续坚持以明晰产权、承包到户为核心，扎实推进确权发证工作，确保全面完成改革任务。要围绕林地确权率、家庭承包率、纠纷调处率、发证到户率，认真组织开展“回头看”和检查验收，确保林改质量。要加强林权保护管理，维护农民合法权益，解决历史遗留问题，消除农村稳定隐患。要推动完善林业支持保护制度，争取各级财政继续加大林业支持力度。要加强林业合作经济组织建设，规范林权流转和林木采伐管理，完善森林资源资产化经营体系，为林下经济发展创造良好条件。

同志们，发展林下经济，事关林改成败，事关生态建设，事关农民增收，事关林业长远，意义十分重大，任务十分艰巨。让我们紧密团结在以胡锦涛同志为总书记的党中央周围，高举中国特色社会主义伟大旗帜，以邓小平理论和“三个代表”重要思想为指导，深入贯彻落实科学发展观，统一思想，提高认识，科学谋划，进一步发展壮大林下经济，全面深化集体林权制度改革，为发展现代林业、建设生态文明、推动科学发展作出新的更大贡献。

提升多种功能　促进绿色增长
把现代林业建设不断推向前进

——在全国林业厅局长会议上的讲话

贾治邦

（2011 年 12 月 29 日）

这次全国林业厅局长会议，是在“十二五”时期顺利开局、现代林业建设全面推进的关键时刻召开的一次重要会议。会议的主要任务是，深入贯彻党的十七大及三中、四中、五中、六中全会，中央扶贫开发工作会议、中央经济工作会议、中央农村工作会议和首届亚太经合组织林业部长级会议精神，总结 2011 年林业工作，分析林业形势与任务，部署 2012 年林业工作。党中央、国务院对这次会议高度重视。中共中央政治局委员、国务院副总理回良玉同志 12 月 28 日专门作出重要批示，充分肯定了 2011 年林业工作成绩，对 2012 年工作提出了明确要求，对于指导当前和今后一个时期林业改革发展具有十分重要的意义。大家一定要认真学习，深刻领会，全面落实。下面，我讲三点意见，供大家讨论。

一、2011 年林业工作简要回顾

一年来，在党中央、国务院的正确领导下，我们成功召开了首届亚太经合组织林业部长级会议，向全国人大常委会报告了集体林权制度改革工作情况，启动了天然林资源保护工程二期。全年完成造林 9207 万亩，义务植树 25.14 亿株，实现林业总产值 2.83 万亿元，同比增长 24.1%。全国林业改革发展又取得了新进展新成效，“十二五”时期林业建设实现良好开局。

（一）林业改革取得重大进展。一是明晰产权任务基本完成。认真落实全国人大常委会审议意见，加快推进林改步伐。全国确权集体林地 26 亿亩，占集体林地总面积的 95%；发证面积 22.65 亿亩，占确权林地总面积的 87%，发放林权证 9785 万本，8379 万农户拿到林权证。二是配套改革逐步深入。26 个省区市林权抵押贷款 456 亿元，21 个省区市森林保险投保面积 3.9 亿亩、保费 4.3 亿元。确定了 200 个农民林业专业合作社示范县，合作经济组织达 10 万多个。全国县级以上林权管理服务机构达 980 多家，林权交易逐步规范，林权纠纷仲裁和农民权益保护工作得到加强。三是林下经济快速发展。召开了全国林下经济现场会，总结推广了 100 多个典型县的做法和经验。广西林下经济年产值突破 230 亿元，惠及林农 312 万人，走出了一条不砍树能致富的发展之路。四是林改成效全面显现。林改在推动林业发展、促进就业增收等方面的作用更加突出，许多林业大县林业收入已占到农民纯收入一半以上，实现了生态受保护、农民得实惠的改革目的。江西省林改后不仅造林步伐明显加快，而且单位面积森林蓄积量增加了 16.8%。福建省永安市通过林改实现了农村劳动力充分就业，同时还吸纳 1 万多名外地农民工就业。五是国有林场和国有林区改革试点稳步推进。制定出台了《国有林场管理办法》，初步明确了国有林场改革的中央支持政策，在江西、湖南等七省开展了国有林场改革试点。江西省出台了《关于推进国有林场改革的指导意见》，浙江省将 90 个国有林场明确为事业单位。国有林区改革试点与实施天然林资源保护工程二期同步展开。

（二）生态建设成效明显。一是造林绿化稳步推进。颁发了《全国造林绿化规划纲要（2011～2020 年）》，启动了《国务院关于开展全民义务植树运动的实施办法》修订工作，开展了共和国部长义务植树、绿化长江重庆行动、国际森林年中国行动等大型植树造林活动。加强了森林抚育经营统一管理、技术指导和检查验收。广东省启动了生态景观林带建设工程。广西壮族自治区实施了“绿满八桂”造林绿化工程。浙江省开展了“1818”平原绿化行动。辽宁省启动了青山工程，成立了森林资源保护局，全年投资 332 亿元，完成造林 783.2 万亩。山西的“身边增绿”、江西的“一大四小”、湖南的“三边”造林等省级工程建设扎实推进。二是重点工程深入实施。国务院召开了全国天然林资源保护工程工作会议，启动了天然林资源保护工程二期，总投资达 2440 多亿元。对工程建设情况进行了督导检查，联合 5 个部委开展了林区民生问题大调研。召开了巩固退耕还林成果部际联席会议，调整了巩固退耕还林成果专项规划，与工程省区政府签订了责任书，编制上报了《重点生态地区退耕还林总体方案》，完成了 2300 多万亩国家级和 4700 多万亩省级阶段验收任务。开展了三北工程发展战略研究和四期工程总结评估，编制了《三北防护林五期工程规划》，启动了黑龙江、辽宁、陕西 3 个百万亩人工林基地建设试点。三是防沙治沙取得重要进展。京津风沙源治理工程完成治理任务 1140 万亩，工程二期规划思路已获部际联席会议批准，建设内容更加突出了林业生态建设。石漠化治理工程正式启动，建设范围扩大到

200个县。批准了甘肃石羊河流域、新疆塔里木盆地两个防沙治沙工程规划。在全国重点沙区省份实施了“三禁”制度。启动了第二次石漠化监测工作，开展了省级政府防沙治沙目标责任期末综合考核。四是林木种苗管理明显加强。制定了《国家重点林木良种基地管理办法》，确定了第二批国家重点林木良种基地。全年生产种子2500万千克、苗木300多亿株，合格率分别达88.4%、93%。开展了打击制售假冒伪劣林木种苗和保护植物新品种权专项行动。

（三）资源保护管理全面加强。一是森林资源保护力度明显加大。基本完成省级林地保护利用规划编制，县级林地保护利用规划编制和林地落界工作稳步推进。下发了《占用征收林地定额管理办法》，修订了《林木和林地权属登记管理办法》，规范了外资使用林地管理。出台了《商品林采伐限额结转管理办法》，开展了木材运输检查执法监督年活动，制定了《森林增长指标考核评价实施方案》，启动了200个县级单位森林可持续经营管理试点。对559个县级单位进行了执法检查和专项监测，首次在80个县开展了保护发展森林资源目标责任制建立和执行情况检查。各地纷纷加大了资源保护力度，湖北省主要领导强调“要坚决守住林地保有量这条绿色的红线，不能踩，更不能越”。二是湿地保护扎实推进。编制完成了全国湿地保护“十二五”实施规划。制订了《湿地保护补助资金管理暂行办法》，稳定了湿地保护补助资金投入渠道。全国湿地资源调查任务完成80%以上。实施全国湿地保护工程项目42个，新增湿地保护面积495万亩，恢复湿地34.5万亩，新增4处国际重要湿地和68处国家湿地公园试点。发布了《中国国际重要湿地生态状况公报》，制订了湿地生态系统健康价值功能评价指标体系，举办了亚洲湿地论坛。三是生物多样性保护得到加强。新增林业自然保护区18处、面积163万亩，自然保护区总数达2053处，下发了《关于进一步加强林业系统自然保护区建设管理工作的通知》。编制了《全国极小种群野生植物拯救保护工程规划(2011～2015年)》，启动了拯救保护工作试点。完成了四川大熊猫保护区震后重建任务，加强了大熊猫、朱鹮、金丝猴、扬子鳄等濒危野生动物保护，实施了蟒蛇、黄腹角雉放归自然活动，开展了第二次全国陆生野生动物、重点保护野生植物资源调查和第四次全国大熊猫调查工作，推进了华盖木等重点野生植物示范性回归，强化了深圳大运会周边、三江源、鄱阳湖等重点区域野生动物保护。

（四）林业产业蓬勃发展。一是产业规模持续壮大。主要林产品产量稳步提升，供给能力有所增强。营造了1030万亩速生丰产用材林，实施了特殊林木培育项目，启动了《全国木材战略储备生产基地规划》编制工作。全国人造板产量达1.65亿立方米，木竹地板产量达4.9亿平方米，同比分别增长7.7%和2.2%。干鲜果品、木本油料、木本药材等特色经济林产品产量达1.26亿吨。广东省林业产业总产值达到3300亿元，福建、浙江、山东、江苏超过2000亿元。二是产业结构不断优化。林业一二三产业比重由去年的39:52:9调整为36:54:10，一产业比重有所下降，二三产业比重逐步提升。全国林产品进出口贸易额达到1160亿美元，同比增长23.6%。木材加工及竹藤棕草制品业、家具制造业、造纸及纸制品业规模以上工业企业增加值同比分别增长21.7%、15.3%和15%。三是产业竞争力逐步增强。举办了第二届中国国际林业产业博览会，现场交易金额54亿元，签约项目1745个、金额830亿元。举办了首届中国核桃节，首次开展了林业龙头企业认定、生态原产地产品保护管理工作，认定了湖北五峰生物产业基地。福建省新增林业上市企业3家，新增中国驰名商标3个。湖北省现代林业科技产业园区达到20个，产业素质明显提高。四是新兴产业快速发展。全年新造油茶林320万亩，改造低产林300多万亩。确认了中国十佳花木种植企业和中国花木之乡，全国花卉种植面积1376万亩，花卉销售额达862亿元。新增国家级森林公园13处，总数达到759处。全国森林公园旅游人数超过4.2亿人次，实现社会总产值2400多亿元，同比增长10%以上。与国家旅游局联合召开了全国森林旅游工作会议，签署了《关于发展森林旅游的合作框架协议》，下发了《关于加快森林旅游发展的意见》，举办了中国森林旅游博览会，海南省和温州市成为全国森林旅游试验示范区。

（五）生态文化引领作用日益显现。一是林业宣传工作成效明显。中央和地方主要媒体刊播林业新闻报道1万多条(次)，全年组织开展重大主题宣传活动20多场，为林业改革发展营造了良好氛围。林业系统报刊、出版、网站影响力明显增强。二是生态文化主题创建活动扎实有效。国家森林城市、国家生态文明教育基地创建活动深入开展，大连等9个城市荣获国家森林城市称号，复旦大学、善洲林场等11个单位荣获国家生态文明教育基地称号。目前，全国共有55个城市正在创建国家森林城市，2011年共投入城市森林建设资金774亿元，完成植树造林1671万亩。创建国家森林城市活动已经成为提升林业地位、拓展林业领域、增加林业投资、推动城乡绿化一体化的成功实践。三是生态文化传播形式更加多样。举办了西安世界园艺博览会、中国城市森林论坛、生态文化高峰论坛、竹文化节、爱鸟周30周年等活动，启动了“丝绸之路生态文化万里行”活动，开展了首届全国生态作品大赛、全国绿色生态动漫作品展、“林改改变生活”摄影展、国际森林年征文活动。四是生态文化基础设施逐步完善。中国林业网开通了国家森林公园、国有林场、种苗基地、自然保护区网站群。全国新建了一批森林博物馆、标本馆、科普长廊、生态文化馆。五是生态文学作品不断涌现。电影《杨善洲》引起社会强烈反响，电视专题片《大漠长河》在中央电视台播出，并荣获第11届金熊猫国际电视节特别大奖，《青青的油茶树》、《梦萦张家界》等文学作品完成创作，《中华大典・林业典》编纂完成。

（六）应急处置能力明显提升。一是森林火灾得到有效防控。截至11月底，全国共发生火灾5331起，受害森林面积39万亩，伤亡92人，同比分别下降28%、42%和15%。快速扑灭了河北抚宁“4・12”、山东济南“4・18”等9起重大森林火灾，避免了发生特大火灾。强化了军事管理区森林火灾防控，召开了中俄第二次联防会议，举行了“绿色卫士”灭火实战演习。二是沙尘暴应急处置机制逐步健全。完善了沙尘暴灾害应急处置部际协调机制，加强了应急值守和39个地面监测站管理。三是林业有害生物防控全面加强。召开了全国林业有害生物防治工作会议，与31个省区市政府签订了重大林业有害生物防控目标责任书，将美国白蛾防治等纳入考核范围。开展了松材线虫病防治目标责任检查，实现了发生面积、病株数和县级疫点三下降。出台了《全国林业有害生物防治建设规划(2011～2020年)》，开展了灾害标准制定和检疫追溯信息平台建设。四是野生动物疫源疫病监测防控稳步推进。突出了主动预警，强化了监测防控体系建设，加强了驯养繁殖场所监测防控，启用了监测网络直报系统，开展了边境联防联控试点和非洲猪瘟等外来疫病防控工作，成立了两个野生动物疫病研究中心。

(七)林业国际合作深入开展。一是完成多项重大外事活动。成功举办了首届亚太经合组织林业部长级会议、联合国粮农组织第二届亚太林业周和第二十四届亚太林委会会议。亚太森林恢复与可持续管理组织注册为国际性组织。出席了联合国森林论坛第九届会议、《联合国防治荒漠化公约》第十次缔约方大会，我国林业国际地位和影响力明显提升。集体林权制度改革成为世界关注的焦点，印尼、老挝等国家专门派人前来学习借鉴我国的成功经验。二是深入开展履约与国际合作。签署了5个双边政府和部门间协议，双边协议达74个。制定了《濒危野生动植物种国际贸易公约履约规划(2011～2015年)》，成立了国内部门间公约执法工作协调小组。召开了全国林业利用国际金融组织贷款工作会议，印发了贷款项目"十二五"规划。欧洲投资银行设立了2.5亿欧元林业专项贷款，这是首次在我国为行业设立专项贷款。全球环境基金批准2600万美元的GEF五期湿地项目。积极推进防治荒漠化国际履约和中非荒漠化治理合作，联合国秘书长潘基文专门致信表示高度赞赏。就打击非法采伐及相关贸易、老虎保护及大熊猫合作、濒危物种国际贸易等热点问题，与相关国家及组织进行积极对话。成立了国际森林问题领导委员会和国际森林问题研究中心。启动了《国际森林文书》履约工作。三是积极应对气候变化。加强了林业应对气候变化组织管理，制定了《林业应对气候变化"十二五"行动要点》，参与了国家应对气候变化规划编制工作。启动了林业低碳经济综合试点示范、碳汇林业试验区建设试点，组建了华东、中南和西北3个林业碳汇计量监测中心。参与了联合国气候变化会议、巴拿马气候谈判、南非德班气候大会等重要国际会议，开展了亚欧森林可持续管理应对气候变化高级别研讨会系列活动。

(八)支撑保障能力继续增强。一是林业政策和投入取得新突破。森林覆盖率和蓄积量2个约束性指标、12项重点工程及林业三大改革列入国家"十二五"规划纲要，出台了《林业发展"十二五"规划》。林木良种、造林补贴、湿地保护补助试点范围扩大，木本油料造林补助标准由每亩160元提高到200元，森林抚育补贴资金突破50亿元，18种林机具纳入补贴范围。天保二期工程取消了20%的地方配套资金，设立了改革奖励资金，森林管护、社会保险等补助标准提高3倍多。支持木本油料产业发展的资金超过40亿元，林下经济、竹产业首次纳入农业综合开发扶持范围。以农林剩余物为原料的综合利用产品增值税即征即退政策将长期执行，退税比例达80%以上。林业棚户区改造投资60.4亿元，新增供热等基础设施投资4亿元。林区广播电视、道路、供水、供电纳入国家相关规划。全年中央林业直接投资近900亿元，比"十一五"年均水平增长50.3%，比去年增加126亿元。涉林贷款余额达1216亿元，同比增长20.7%，其中财政贴息贷款余额381亿元。二是林业信息化成效显著。召开了第二届全国林业信息化工作会议。印发了《全国林业信息化发展"十二五"规划》，成立了全国林业信息化专家咨询委员会，签署了国家林业局与中国电信集团战略合作框架协议，发布了《中国林业信息化发展报告2011》，实施了林业资源综合监管服务体系试点建设项目，整合了省级林业系统门户网站，建成了"全国林业一张图"林业资源信息化管理模式，建设了中国林业网络博物馆、网络博览会，启动了第二批全国林业信息化示范省建设，开展了年度信息化发展水平评测和政府网站绩效评估，推动了"金林工程"、国家云计算平台林业试点示范和物联网项目。移动办公系统上线运行。国家林业局政府网在73个部委网站绩效评估中首次进入前10名。三是科技支撑能力逐步提升。现代林业专题列入"十二五"农村科技规划，一批重点科技项目立项启动。全年组织实施项目850个，6项科技成果获国家科技进步奖。林木遗传育种国家重点实验室获得批复并开始筹建。开展了林业科技特派员、全国林业科技活动周活动，基层林业站指导培训林农15万人次。启动了林产品质量安全监测工作。全国县级以上林业技术推广站达2638个，生态定位站点达100个。编制了《中国林木遗传资源国家报告》。全面推进了森林认证，成为国际森林认证体系认可计划(PEFC)国家会员，完成了互认准备工作。下发了《贯彻实施〈国家知识产权战略纲要〉指导意见》，开展了林业知识产权试点。湖南省大力推广林地测土配方系统，帮助2000多万林农科学种树。四是法制建设明显加强。《森林法》修改和《湿地保护条例》立法等工作稳步推进，"六五"普法工作全面启动，森林公安执法资格管理制度开始施行。出台了《国家级森林公园管理办法》和《大熊猫国内借展管理规定》。审查行政许可4800多件，办理林业行政复议21件，审查规范性文件142件。开展了农村土地承包执法检查和"亮剑"、"清网"行动，清查征占用林地项目7384个。成功侦破一批历史积案，86%的网上逃犯被抓。及时处置了涉林非法集资案件。

(九)行业自身建设扎实有效。一是林业机构队伍建设不断加强。下发了《关于进一步加强林业人才工作的意见》，推进了派驻地方森林资源监督和濒危物种进出口管理机构全面整合，优化了机关和事业单位职能配置和内部机构设置，开展了司处级干部竞争上岗和干部轮岗交流工作，加强了林业教育培训和面向农村的职业教育工作。青海、广东两省林业局升格为林业厅，已有24个省区市将林业部门设置为政府组成部门。在部分省区撤乡并镇的情况下，全国基层林业站稳定在2.8万个以上，职工人数稳定在14万左右，80%以上的林业站纳入了财政预算。二是机关党的建设富有成效。以"服务中心、建设队伍"为核心，举办了丰富多彩的建党90周年纪念活动，开展了"兴林富民促发展、创先争优强作风”主题教育实践活动，认真学习弘扬杨善洲精神，营造了学习先进、争当先进的浓厚氛围。三是扎实推进党风廉政建设和反腐败工作。召开了廉政风险防控工作动员部署大会，印发了《廉政风险防控工作实施方案》，举办了专题培训班，开展了党组织和党员干部廉政风险排查工作，有针对地制定了防控措施。推进了林业系统惩治和预防腐败体系建设，加强了内部审计和资金稽查监管。四是不断加强工青妇、后勤服务和离退休干部工作。成立了国家林业局青年联合会，举办了青年主题演讲活动。积极改善干部职工住房和就餐条件，努力解决离退休老干部的各种困难。

这些成绩的取得，是党中央、国务院正确领导的结果，是地方各级党委、政府高度重视的结果，是中央有关部门和社会各界大力支持的结果，是全体务林人和广大人民群众共同努力的结果。在此，我代表全国绿化委员会、国家林业局、国家森林防火指挥部，向地方各级党委政府、各有关部门、各新闻媒体、全体务林人、全体森林防火专业人员，以及所有关心支持林业改革发展的各界人士表示衷心感谢！

在看到成绩的同时，也必须正视存在的困难和问题：一是森林资源总量不足、质量不高，生态脆弱和林产品短缺问题依然突出；二是林地保护压力持续增大，巩固林业建设成果任务十分艰巨；三是林区经济社会发展水平总体偏低，民生问题亟待改善；四是会议、文件和检查核查过多，基层负担偏重。这些问题有的是体制机制方面的问题，有的是管理手段和工作作风方面的问题，都影响着林业改革发展进程。我们一定要高度重视，认真研究，逐步解决。

二、当前林业的形势与任务

新世纪以来，随着经济社会的快速发展，人们对林业的认识正在发生深刻变化。从全球范围看，生态恶化、气候变暖、能源短缺等问题日益突出。林业具有缓解这些问题的多种功能，因而成为国际社会关注的焦点、国际交流合作的重点、重大外交活动的热点，世界范围内形成了加快林业发展的热潮。从国内来看，党中央、国务院作出了贯彻落实科学发展观、加快转变经济发展方式、建设生态文明等重大战略决策，并赋予林业“四个地位”、“四大使命”和“五大功能”，相继采取一系列重大举措加快林业改革发展，把对林业的认识升华到了前所未有的高度，把对林业的重视提升到了前所未有的程度，把对林业的建设加大到了前所未有的力度。所有这些，都是为了实现林业又好又快发展，充分发挥林业的多种功能，更好地服务于国家重大战略的实施。可以预见，当前和今后一个时期，我国林业仍将处于重要的战略机遇期和黄金发展期，社会对林业的多样化需求会更加突出，林业必将肩负更加光荣的使命、承担更加繁重的任务。根据当前外部形势的发展变化和林业实践的逐步深入，必须紧紧围绕国际国内战略大局，准确判断和把握林业的新形势和新任务。

第一，促进绿色增长，必须充分发挥林业的重要作用。绿色增长是一种资源节约、环境友好、人与自然和谐的发展模式，是一条低排放、低能耗、低污染的发展道路，体现着科学发展和可持续发展的理念。2012 年联合国可持续发展大会已把绿色增长确定为大会主题。联合国秘书长潘基文呼吁，各国要促进绿色增长，以修复支撑全球经济的自然生态系统。党的十七届五中全会明确要求树立绿色发展理念，国家“十二五”规划对绿色发展作出了具体部署。推动绿色发展，促进绿色增长，需要良好的生态环境提升承载能力，需要绿色的资源能源支撑经济发展，需要先进的生态文化引领时代潮流。胡锦涛主席在首届亚太经合组织林业部长级会议上指出，森林在推动绿色增长中具有重要功能，要高度重视林业在实现绿色增长中的重要作用，并再次重申“中国将继续加快林业发展，力争到 2020 年森林面积比 2005 年增加 4000 万公顷、森林蓄积量比 2005 年增加 13 亿立方米，为绿色增长和可持续发展作出新贡献”。这就要求必须加快发展现代林业，全面增强林业多种功能，进一步提升林业促进绿色增长的能力和水平。

第二，应对气候变化，必须充分发挥林业的特殊作用。应对气候变化是人类共同面临的严峻挑战，国际社会正在为此作出不懈努力，想方设法减少温室气体排放。森林具有吸碳、储碳和替代功能，是地球陆地上最大的储碳库和最经济的吸碳器，在应对气候变化中发挥着特殊作用。利用森林碳汇进行间接减排，既可以实现减排目标，减缓气候变暖，又可以改善生态状况，拓展经济发展空间，实现一举多得。刚刚闭幕的德班气候大会通过决议，决定建立德班增强行动平台特设工作组，实施《京都议定书》第二承诺期并启动绿色气候基金。这就意味着国际社会最迟将于 2015 年制定一项约束所有缔约方减排的法律文书，并于 2020 年开始生效实施。保护和增加森林资源，减少毁林和森林退化，已成为国际社会应对气候变化的广泛共识和共同行动。当前，我国正处于工业化、城镇化快速推进的关键阶段，发展经济的任务十分繁重，二氧化碳排放量将长期保持较高水平，面临着越来越大的减排压力。随着应对气候变化进程的不断推进，如何为国家经济发展赢得更大空间，已经成为务林人的重要任务。我国森林资源丰富，且大多是中幼林，提高质量、增加碳汇的潜力很大。在发展经济与减少排放的双重压力下，必须继续加强森林资源培育，如期实现 2020 年林业“双增”目标，全面提升林业应对气候变化的能力。

第三，扩大国内需求，必须充分发挥林业的拉动作用。在国内通胀压力不减和外部需求明显下降的情况下，保持我国经济平稳较快增长，必须更多依靠国内需求特别是消费需求拉动。目前，我国农村消费能力和消费水平普遍偏低，扩大消费需求的潜力主要在农村、在山区。农民的消费愿望很强烈，消费需求很旺盛。通过集体林权制度改革，将 40 多亿立方米森林资源确权到户，让农民获得了价值 2 万多亿元的家庭财产和 27 亿多亩林地的承包经营权，极大地调动了农民发展林业的积极性。许多农民通过经营山林实现发家致富的愿望后，一方面开始购置家电、汽车、房产等大件商品，逐步改善生活条件，另一方面纷纷购置大量林业生产资料，用于扩大林业再生产，有力地提升了农村消费能力，成为拉动经济增长的重要力量。如果依靠科技进步和精耕细作，将我国林地亩均产出由目前的 200 元提高到与耕地相当的 1000 元，仅 27 亿亩集体林地产值就可高达 2. 7 万亿元，农民的收入水平和消费能力将会进一步提高，极大地增强经济发展的内生动力。尤其林产品是市场紧缺的绿色健康产品，加快林业发展，不会导致产能过剩，更不会形成经济泡沫，只会增加有效供给，扩大消费需求，持久地拉动经济发展。

第四，加强扶贫开发，必须充分发挥林业的关键作用。当前，我国扶贫开发已经从以解决温饱为主要任务的阶段，转入巩固温饱成果、加快脱贫致富、改善生态环境、提高发展能力、缩小发展差距的新阶段。稳定解决扶贫对象温饱、尽快实现脱贫致富成为现阶段扶贫攻坚的首要任务。我国现有592个国家级贫困县中496个在山区，全国56%的人口集中在山区。山区森林面积占全国的90%，分布着6000多种经济植物、丰富的野生动物和森林景观资源，开发潜力巨大。林地是山区农民最重要的生产资料，林木是山区农民最宝贵的绿色财富，林业是农民最适合的就业门路。大力发展贫困地区林业，既可以改善当地生态状况，增强自身发展能力，又可以促进农民就业增收，加快脱贫致富步伐，是山区扶贫开发的主要途径和关键所在，是深受农民欢迎的造血扶贫、绿色扶贫和长效扶贫。近年来，许多山区农民林业收入已占到纯收入的60%以上，成为就业增收的主要来源。《中国农村扶贫开发纲要(2011～2020年)》要求，2015年贫困地区森林覆盖率要比2010年底增加1.5个百分点，力争实现1户1项增收项目；2020年贫困地区森林覆盖率要比2010年底增加3.5个百分点，初步构建特色支柱产业。这对林业发展提出了新的更高要求，必须加强森林资源培育，积极发展绿色富民产业，为加快贫困地区农民脱贫致富步伐、夺取新一轮扶贫开发新胜利作出更大的贡献。

第五，建设文化强国，必须充分发挥林业的引导作用。党的十七届六中全会作出了深化文化体制改革、推动社会主义文化大发展大繁荣的战略部署，要求努力建设社会主义文化强国，为中华民族伟大复兴提供强大的精神力量。森林作为人类的摇篮，既是一座循环再生的资源宝库，又是一座博大精深的文化宝库，在孕育、发展、繁荣和传承人类文化方面发挥着重要作用。自古以来，森林就是文人墨客的创作源泉，留下了许多以树木山水为题材的名篇佳作，至今还在激发人的斗志、净化人的心灵、陶冶人的情操，有的甚至成为民族精神的象征。尤其是兴起于森林、繁荣于森林的生态文化始终倡导“天人合一”、“道法自然”的理念，对人类社会发展进步产生了重要而深远的影响。一些中外思想家甚至认为，要解决人类当前面临的生态危机，必须汲取两千多年前中国古代思想家崇尚自然的智慧。随着林业的不断发展，近年来我国生态文化建设全面加强，创作了大量生态文学作品，建立了完善的生态文化传播平台，已经成为社会主义先进文化的重要内容。在建设社会主义文化强国的新形势下，必须进一步推动生态文化大发展大繁荣，引导人民牢固树立人与自然和谐的理念，更加自觉地建设生态文明、推动科学发展。

总的来看，新形势新任务既为林业改革发展提供了良好机遇，又提出了更高要求。目前，我国现代林业发展水平还比较低，林业的功能还不健全、不平衡、不协调，有的功能甚至还没有认识到，难以适应经济社会快速发展的迫切需要。今后，必须继续把提升林业多种功能、满足社会多样化需求作为林业工作的重要任务，努力开创现代林业科学发展新局面。

2012年林业工作的总体要求是：高举中国特色社会主义伟大旗帜，以邓小平理论和“三个代表”重要思想为指导，深入贯彻落实科学发展观，全面实施以生态建设为主的林业发展战略，正确处理兴林与富民、改革与发展、生态与产业、保护与利用的关系，加快转变林业发展方式，着力维护生态安全，着力发展绿色产业，着力保障木材供给，着力创新体制机制，着力强化科技支撑，进一步提升林业多种功能和生态产品、林产品供给能力，为建设生态文明、推动科学发展、扩大国内需求、促进绿色增长作出新的更大贡献。

按照这一总体要求，当前和今后一个时期的林业工作，必须在坚持原有好做法好经验的基础上，牢牢把握以下几个重大问题。

一是必须把维护生态安全作为林业建设的首要任务，全面实施以生态建设为主的林业发展战略。2003年，党中央、国务院确立了以生态建设为主的林业发展战略，推动林业建设取得了显著成效。但是，我国仍然是一个缺林少绿、生态脆弱的国家。森林覆盖率不到世界平均水平的2/3，人均森林面积不到世界平均水平的1/4。自然湿地只有5.43亿亩，仅占国土面积的3.77%，远低于世界6%的平均水平。全国濒危和受威胁的物种总数已占高等植物和脊椎动物种类总数的10%～15%。生态问题依然是我国经济社会可持续发展的一个突出制约，生态建设依然是我国现代化建设的一个紧迫任务。必须始终把维护生态安全作为林业建设的首要任务，毫不动摇地坚持生态优先的原则，深入推进林业重点工程建设，加大生态建设和保护力度，全面构建以林草植被为主体的国土生态安全体系，为经济社会可持续发展提供坚实的生态屏障。

二是必须把发展绿色产业作为林业建设的重要内容，不断增强农民持续增收能力。发展绿色产业，是充分发挥林业经济功能、拉动生态建设、促进绿色增长的必然要求。我国林地广袤，其中许多林地土壤肥沃，物种资源众多，水热条件优越，森林景观迷人，具有发展绿色产业的独特优势和巨大潜力。集体林地承包到户后，广大农民积极发展林下经济，自觉处理好了生态与产业、保护与利用、兴林与富民的关系，实现了生态受保护、农民得实惠双赢，走出了一条不砍树能致富、长中短相结合的发展之路。发展林下经济已成为科学利用森林资源、壮大绿色产业规模、促进农民就业增收的成功实践。必须牢固树立绿色发展理念，坚持因地制宜、科学规划、完善政策、强化服务，引导农民进一步做大做强林下经济，增强农民的持续增收能力。

三是必须把保障木材供给作为林业建设的重大使命，切实加强资源培育和保护。保障木材供给，满足国家建设和人民生活对木材的需求，始终是林业建设的一项重大战略任务。随着全球资源能源危机和生态危机的不断加剧，木材安全已经由一般的经济问题演变为资源战略问题，并逐渐呈现出国际化、政治化和复杂化发展态势。近年来，我国木材需求与日俱增，供需缺口逐步加大。2010年，全国消耗木材4.32亿立方米，其中进口1.84亿立方米，对外依存度很高，木材安全隐患很大。目前，世界上大多数国家开始限制木材出口，依靠进口解决木材供给问题的难度越来越大。必须立足国内丰富的林地资源，加快木材生产基地建设步伐，加强森林抚育经营，加大资源保护力度，全面提升森林资源数量和质量，不断增强国内木材生产供给能力。

四是必须把创新体制机制作为林业建设的强大动力，继续深化各项林业改革。创新体制机制，是增强林业活力、提升多种功能的根本途径。我国有45.6亿亩林地、29.3亿亩森林、5亿亩自然湿地和丰富的野生动植物资源，但是仍然不能够满足人们的生态需求和木材等林产品需求。其根本原因在于林业的体制不顺、机制不活、活力不强。近年来，我们通过集体林权制度改革，释放了27亿多亩林地的活力与潜力，有力地促进了经济社会发展和农民就业增收。创新林业体制机制，推动林业科学发展，还得继续依靠深化改革。必须把体制机制创新作为增强林业发展动力的根本途径，全面深化集体林权制度改革，稳步推进国有林场和重点国有林区改革试点，不断完善林业政策，积极创新管理模式，让林业发展的活力竞相迸发，将林业蕴藏的潜力充分释放。

五是必须把强化科技支撑作为林业建设的重要保障，着力推进科教兴林进程。提升林业功能，增加产品供给，关键在科技。目前，我国林业科技贡献率仅为43%，我国农业已达到53.5%，林业发达国家更是高达80%以上，同时我国林业装备水平和管理手段也比较落后，严重制约了林业快速发展，严重影响了林产品供给，加强林业科技支撑显得尤为迫切。特别是集体林权制度改革后，农民对科技的需求十分强烈。不解决科技落后的问题，林地生产力就难以提高，农民收入就难以增加，防火防虫等抗灾能力就难以增强，林业的功能和效益就难以提升。必须坚定不移地实施科教兴林战略，加大科技攻关和人才培养力度，提高创新能力，破解科技难题，强化科技推广，全面提升林业发展质量和效益。

三、2012年林业工作重点

2012年是实施“十二五”规划承上启下的一年，党的十八大将胜利召开，做好全年林业工作，意义十分重大。根据“十二五”规划的安排部署和中央经济工作会议、中央农村工作会议的要求，全年要着力抓好以下重点工作。

（一）继续深化林业改革。集体林权制度改革是将家庭承包经营制度从耕地拓展到林地，对农村基本经营制度的丰富和完善，是贯彻落实科学发展观的生动实践，是调动亿万农民积极性、构建绿色生态屏障的重大举措。今年明晰产权的任务基本完成，明年要巩固成果、全面完成发证任务。要在检查验收和“回头看”的基础上，重点抓好五项工作。一要切实减轻负担，放活经营权。积极稳妥地推进林木采伐制度改革。二要继续加大政策扶持力度，全面落实财政扶持政策和金融保险支持政策以及强林惠林富林的各项补贴政策，逐步提高生态公益林补偿标准。三要推动各地因地制宜地发展林下经济，培育各具特色的林下主导产业。四要加强合作组织建设，使各类生产要素通过合作组织这个通道顺畅地进入林业发展的各个领域。五要全力搞好技术、市场、信息等服务。在深入调查研究的基础上，制定出台一个深化改革、巩固成果的文件，指导配套改革深入推进。同时，要继续抓好国有林场改革和国有林区改革试点。

（二）稳步推进造林绿化。一要认真落实《全国造林绿化规划纲要》。全年计划安排造林任务9000万亩，森林抚育8000万亩，低产林改造2500万亩，义务植树25亿株。研究制定造林绿化目标责任制考核办法。抓好中央财政造林补贴试点、碳汇造林试点和能源林建设项目。强化部门绿化检查指导，加强乡村绿化和身边增绿工作。二要认真实施林业重点工程。抓好天保工程政策落实，建立绩效考评指标体系，全面加强工程管理。协调国家发改委等部门，争取国务院尽快批准在生态脆弱区和重点地区重启退耕地还林。加强综合效益监测，提高工程管理水平，巩固和扩大退耕还林成果。认真实施三北防护林五期工程，扩大百万亩人工林基地建设试点，继续推进规模治理。启动长防、珠防和太行山绿化三期工程。开展木材战略储备生产基地示范工作，推进重点地区速生丰产用材林基地建设，逐步提高木材自给能力。三要突出抓好防沙治沙工作。认真编制《全国防沙治沙规划》和《京津风沙源治理工程二期规划》，推进京津风沙源治理工程、石漠化治理工程和全国防沙治沙综合示范区建设。做好第二次石漠化监测成果汇总、分析和发布工作。协调有关部门探索建立荒漠生态补偿机制，启动国家沙化土地封禁保护区试点。与省级政府签订新一轮防沙治沙责任书。四要切实加强森林抚育经营。编制全国森林经营中长期规划，建立健全森林抚育经营标准体系，发布森林抚育作业设计规定和检查验收办法。抓好森林抚育补贴试点，完善森林抚育补贴制度。五要加强林木种苗培育和管理。确定一批国家级林木种质资源库和保障性苗圃，推进国家重点林木良种基地建设，提升良种壮苗生产和供应能力。加强林木良种补贴试点项目跟踪检查。继续开展打击制售假冒伪劣林木种苗和保护植物新品种权专项行动。

（三）切实加强资源保护管理。一要加强以林地为核心的森林资源保护管理。着力推进县级林地保护利用规划编制、林地落界等工作，完善《占用征收征用林地审核审批管理办法》，制定《国有森林资源流转管理办法》，实现森林资源管理科学化、规范化。深化林木采伐管理改革，推进森林资源可持续经营管理试点。加强森林资源监测体系建设，做好第八次全国森林资源清查复查工作。开展森林资源两项约束性指标考核评价工作，落实保护发展森林资源目标责任制。建立森林资源保护管理约谈制度，开展森林资源管理执法检查，加大案件查办督办力度，严厉打击各类涉林违法犯罪行为。编制《全国森林公园发展规划》，加强森林公园建设与管理。二要加强湿地保护与恢复。推进《全国湿地保护工程实施规划》报批和实施工作。基本完成第二次全国湿地资源调查，开展国家重要湿地确认和湿地生态系统健康价值功能评价试点。研究湿地生态效益补偿政策框架，加大湿地保护补助力度，加强湿地公园建设和管理。三要加强野生动植物保护和自然保护区建设管理。继续做好第二次全国陆生野生动物、重点保护野生植物资源调查和第四次全国大熊猫调查，制定圈养大熊猫、华南虎等珍稀濒危物种繁育计划。加强珍稀濒危物种拯救与放归自然等工作，调整发布国家重点保护野生动物、野生植物名录，出台有关野生动物驯养繁殖、猎捕、经营利用管理办法。开展自然保护区检查评估工作，推进全国示范自然保护区和自然保护区示范省建设。实施全国极小种群野生植物拯救保护工程，研究制定加强植物园建设的相关措施。

（四）全面增强林业应急能力。一要强化森林防火工作。深入实施《全国森林防火中长期发展规划》，推进防火实用技术和专业装备研发推广，提升防火工作现代化、标准化和信息化水平。完善《森林防火条例》配套规章，严厉打击非法用火行为。强化林火监测和火险预警响应，健全宣传教育、火源管控和分级响应机制。强化应急处置和责任落实，加强应急指挥体系和专业消防队、武警森林部队、森林航空消防能力建设。二要狠抓林业有害生物防控。联合修订《植物检疫条例》，认真实施《全国林业有害生物防治建设规划》。推行检疫员备案制度和监测预警报告、灾情上报制度，加强林业有害生物发生趋势预报预警。启动林业有害生物检疫追溯试点。三要加强野生动物疫源疫病监测防控。继续推进主动预警试点，加强野生动物疫源疫病监测和疫情防控，强化重点时节、重点区域监测。推进监测防控体系建设，出台《陆生野生动物疫源疫病监测管理办法》。四要做好沙尘暴监测预警工作。坚持会商制度，加强重点预警期应急值守，筹建沙尘暴灾害应急处置平台，完善沙尘暴灾害应急体系建设，做好沙尘天气信息报告、发布和应急处置工作。

（五）加快发展林业产业。一要加大政策引导和宏观调控力度。协调有关部门出台促进林业产业结构调整的指导意见，编制完成木材战略储备生产基地、林业生物质能源、特色经济林产业、花卉产业、森林旅游产业、人造板产业等发展规划。建立完善与林业产业相关的企业、产品市场准入制度，加强林产品质量监管，推进林产品标准化生产。开展野生动植物繁育利用产业监督检查，强化对资源消耗的宏观调控，规范行业行为，优化资源配置。推进国家级林业龙头企业认定和管理工作，继续抓好林产品会展经济。二要进一步加大对木本油料的扶持力度。油茶产业要积极培育龙头企业，创新发展机制，努力形成以生产加工、资金投入、市场销售、技术推广为主要内容的产业联合体，逐步扩大产业规模，提高产品质量。三要积极培育战略性新兴产业。加快发展林业节能环保、新能源、新材料、生物医药、下一代信息技术等战略性新兴产业，强化核心技术支撑作用，提升林业产业竞争力。四要不断强化综合服务。支持建立林产品交易市场和人才、资金、技术、产权等林业要素市场，鼓励开展林产品电子商务，争取森林认证林产品进入政府采购名录。加强市场信息搜集与发布，提高林业企业抵御市场风险的能力。

（六）积极繁荣生态文化。一要加强林业宣传工作。以迎接党的十八大召开为主线，组织开展林业重大成就等大型系列宣传活动。抓紧录制《湿润的文明》、《中国金丝猴》、《绿染三北》等林业题材大型专题片，认真办好《绿色寻梦》、《绿色时空》等电视栏目，筹备举办第九届中国城市森林论坛，切实开好“关注森林”活动总结表彰大会。二要强化生态文学创作。研究起草推进生态文化发展的指导意见，编制全国生态文化发展规划，推动生态文化大发展大繁荣。开展林业精神提炼征集活动，凝聚行业精神，扩大林业影响。组织作家、艺术家深入林业实践，创作生态文学精品力作。三要丰富生态文化活动。推进全国绿化模范单位、国家森林城市、国家生态文明教育基地创建活动，发挥森林公园、湿地公园、自然保护区、动植物标本馆的生态文化传播功能。办好森林旅游节、湿地日、荒漠化日等节庆活动，全面宣传展示生态文化成果。四要培育生态文化产业。推进林业新闻出版单位改革，引入市场机制开发生态文化产品。把生态文化产业纳入产业发展总体规划，积极发展森林、湿地、沙漠生态旅游和木竹雕、竹藤、生态影视等特色生态文化产业，提升生态文化产业竞争力。

（七）不断强化科技创新。要认真贯彻落实中央农村工作会议精神，筹备召开全国林业科技大会，发布《林业科学和技术“十二五”发展规划》。一要推进科技创新和科技推广。加大关键生态技术、碳汇计量监测、生态功能评估、新兴产业技术等科技攻关力度。继续实施林业科技引领计划和林业科技富民示范工程，建立科技成果转化和示范推广基地、标准化示范区等示范样板。二要重视林业科技新兴领域。加强林业知识产权工作和林业植物新品种保护，强化林业生物安全和遗传资源管理，开展全国油茶遗传资源调查编目工作，建立健全林业认证制度，力争在林业认证机构、咨询机构、培训机构上取得新突破。三要加强林业科技能力建设。推进国家重点实验室、国家工程实验室、林业生态定位研究站和林业质检机构建设，完善林业科技创新平台。

（八）着力夯实发展基础。一要完善和落实林业政策。健全森林生态效益补偿制度，争取继续提高补偿标准。推进森林保险保费补贴试点，扩大中央财政补贴范围。完善林木良种、造林、森林抚育等财政补贴政策，扩大试点规模。优化林业信贷和财政贴息政策，扩大林业信贷投资规模。加大对木本油料产业发展的支持力度。新设沙化土地封禁保护区补助试点和极小种群野生植物拯救保护补助资金。落实林业棚户区改造政策，加强林区基础设施建设和服务体系建设。二要加快林业信息化建设步伐。积极推进“金林工程”、国家云计算平台林业试点示范、森林物联网、卫星应用等立项工作。按照“五个统一”原则，加快整合全国林业信息资源。广泛开展林业信息化交流与合作，继续推进林业信息化示范省建设，有序开展应急通讯和先进成熟信息技术的应用普及。三要加强林业法制建设。稳步推进《森林法》修改工作，加强湿地保护管理等立法协调，着手制定《森林公园管理条例》，出台野生动植物进出口证书核发等部门规章。加强林业综合行政执法示范点建设，推进行政审批制度改革，规范行政许可行为，完成规范性文件清理工作，依法办理林业行政复议案件，做好涉林非法集资案件善后处置工作。四要强化森林公安队伍建设。深化“五化”建设，充实警力，强化保障，提升执法打击能力和服务管理水平。加强林区治安维稳工作，排查化解不稳定因素，避免发生重大涉林群体性事件。积极推进林区禁毒工作。五要加强国际交流与合作。研究制定更加完善的国际履约战略和国别政策，认真履行相关国际公约和双边协议。开展重点领域国际合作窗口建设，全面提升国际交流能力和我国林业国际影响力，研究探索更加务实的国际合作机制，不断拓展合作交流渠道。加强林业应对气候变化相关重大政策研究，制定林业碳汇项目、碳汇计量监测资质管理办法，争取将林业碳汇纳入国家碳排放权交易体系。积极参与国际涉林议题谈判，妥善应对林业国际热点问题，为出席联合国可持续发展大会做好准备。加强亚太森林网络组织建设，推进国际化进程。积极参加 2012 年荷兰世界园艺博览会。

（九）有效提升林业行政能力。一要继续加强干部培养管理。实施《全国林业人才“十二五”规划》，健全林业人才工作机制，加强林业学科建设，推进职业教育改革创新，加大干部职工教育培训力度，推动各类林业人才队伍协调发展。完善干部选拔任用机制，加强干部轮岗交流和培训力度，提高干部队伍素质。稳步推进事业单位分类改革。开展林业系统劳动模范、先进工作者表彰奖励活动。二要努力转变工作作风。深入开展转文风、强作风活动，坚决减文减会，提高工作效率。整合规范各类检查核查，改进管理手段，提升管理水平，减轻基层负担。紧紧围绕林业难点热点问题，切实加强调查研究，推动林业科学决策。三要全面强化基层队伍建设。加强林业工作站、木材检查站、种苗站、国有林场、林权管理服务机构等基层单位建设，稳定机构，强化职能，着力解决基层干部职工关心的热点难点问题。要高度关注乡镇机构改革，尽量避免对林业工作站等基层林业机构带来不利影响。四要不断推进林业反腐倡廉建设。推进廉政风险防控工作和林业系统政风行风建设。加强项目资金监管，确保资金安全有效运行。强化对重要岗位、重点领域和关键环节监督检查，加强巡视工作，加大违法违纪案件查办力度，促进党员干部廉洁从政。

同志们，艰辛成伟业，奋斗铸辉煌。让我们紧密团结在以胡锦涛同志为总书记的党中央周围，高举中国特色社会主义伟大旗帜，以邓小平理论和“三个代表”重要思想为指导，深入贯彻落实科学发展观，抢抓机遇，开拓进取，扎实工作，把现代林业建设不断推向前进，以优异的成绩迎接党的十八大胜利召开！

重要林业法律法规

02

国家林业局关于印发《退耕还林工程退耕地还林阶段验收办法》的通知

林退发〔2011〕3 号

各有关省、自治区、直辖市林业厅(局)，新疆生产建设兵团林业局：

为规范退耕还林工程退耕地还林阶段验收工作，确保阶段验收工作顺利开展，我局于 2008 年以林退发〔2008〕146 号文印发了《退耕还林工程退耕地还林阶段验收办法(试行)》(以下简称《试行办法》)。《试行办法》施行 3 年来，基本保证了阶段验收工作的顺利开展。为进一步满足工作需要，我局对《试行办法》进行了修订，制定了《退耕还林工程退耕地还林阶段验收办法》，现印发你们，请遵照执行。执行中有何问题及意见建议，请及时与我局退耕办联系。

附件：退耕还林工程退耕地还林阶段验收办法

国家林业局

2011 年 1 月 6 日

附件　退耕还林工程退耕地还林阶段验收办法

第一章　总　则

第一条　为规范退耕还林工程退耕地还林阶段验收工作，巩固和发展退耕还林成果，提升工程建设质量，并为完善退耕还林政策补助资金和巩固退耕还林成果专项资金拨付提供依据，按照《退耕还林条例》和《国务院关于完善退耕还林政策的通知》(国发〔2007〕25 号)有关规定，制定本办法。

第二条　本办法适用于经国家批准的退耕还林工程。验收范围为国家历年安排的退耕地还林计划任务，逐年对原有补助政策已经期满的退耕地还林面积在期满次年进行验收。

第三条　验收内容包括：

(一)退耕地还林面积保存情况。

(二)退耕地还林质量情况。

(三)工程管理情况。

第四条　验收方式包括全面检查验收和重点核查验收。

第五条　全面检查验收由各工程省(含自治区、直辖市、新疆生产建设兵团，下同)林业行政主管部门组织开展，重点核查验收由国家林业局组织开展。

第二章　技术标准

第六条　引用的主要技术文件包括：

(一)《名特优经济林基地建设技术规程》(LY/T1557－2000)

(二)《生态公益林建设技术规程》(GB/T18377.3－2001)

(三)《退耕还林工程生态林与经济林认定标准》(林退发〔2001〕550 号)

(四)《退耕还林工程档案管理办法》(办退字〔2003〕33 号)

(五)《京津风沙源治理工程年度检查验收办法》(办沙字〔2003〕41 号)

(六)《森林资源规划设计调查主要技术规定》(林资发〔2003〕161 号)

(七)《退耕还林工程作业设计规定》(林退发〔2003〕90 号)

(八)《全国营造林实绩综合核查办法》(林资发〔2003〕92 号)

(九)《国家林业局关于进一步完善退耕还林工程人工造林初植密度标准的通知》(林造发〔2004〕19 号)

(十)《造林技术规程》(GB/T15776－1995 和 GB/T15776－2006)

(十一)《退耕还林工程建设年度检查验收办法》(林退发〔2009〕294 号)

第七条　造林密度标准

造林密度至少符合以下规定之一：

(一)《退耕还林工程生态林与经济林认定标准》(林退发〔2001〕550 号)。

(二)《国家林业局关于进一步完善退耕还林工程人工造林初植密度标准的通知》(林造发〔2004〕9 号)。

(三)《造林技术规程》(GB/T15776－1995 或 GB/T15776－2006)。

(四)其他经国家林业局批复同意的退耕还林工程人工造林树种初植密度标准。

第八条　造林地区类别

造林地区类别分为一般地区和特殊地区，特殊地区包括年降水量 400 毫米以下地区、干旱半干旱地区、干热(干旱)河谷地区，特殊地区以外的地区为一般地区。

年降水量 400 毫米以下地区：以《造林技术规程》(GB/T15776－2006)的附录 D 和《京津风沙源治理工程年度检查验收办法(试行)》(办沙字〔2003〕41 号)的附件一为准，名单详见附 1。

干旱半干旱地区：包括内蒙古、陕西、甘肃、青海、宁夏、新疆的全省范围。

干热(干旱)河谷地区：以国家林业局正式批准的范围为准，国家林业局正式批准前，暂以各工程省已正式确认的范围为准。

同时符合两个或两个以上特殊地区的，按上述特殊地区排列的先后顺序确定。

第九条 成林标准

乔木林：郁闭度≥0.2。

灌木林：覆盖度≥30%。

乔灌混交林：（乔木郁闭度/0.2 + 灌木覆盖度/30%）≥1。

达到以上成林标准的面积为成林面积。

第十条 小班保存标准

退耕地还林小班达到下表保存标准的面积为保存面积，其余为未保存面积（包括未达到保存标准面积、不核实面积和损失面积）。

未达到保存标准面积：指未成林小班内苗木保存株数达不到保存基本合格标准的面积。

不核实面积：指上报面积中实际并不存在和核查验收不认可的面积。

损失面积：指因征占用、自然灾害、复耕等造成原退耕地块已损毁的面积。

植被配置类型	保存标准	
	保存合格面积标准	保存基本合格面积标准
乔木林	郁闭度≥0.20或一般地区株数保存率≥80%（特殊地区株数保存率≥65%）	一般地区：70%≤株数保存率<80% 特殊地区：60%≤株数保存率<65%
灌木林	覆盖度≥30%或一般地区株数保存率≥80%（特殊地区株数保存率≥65%）	
乔灌混交林	（乔木郁闭度/0.2 + 灌木覆盖度/30%）≥1或一般地区株数保存率≥80%（特殊地区株数保存率≥65%）	

株数保存率计算：

乔木林株数保存率 =（小班单位面积乔木树种保存株数/小班单位面积乔木树种造林总株数）×100%

灌木林株数保存率 =（小班单位面积灌木树种保存株数/小班单位面积灌木树种造林总株数）×100%

乔灌混交林株数保存率 =（小班单位面积乔木树种保存株数 + 小班单位面积灌木树种保存株数）/（小班单位面积乔木树种造林总株数 + 小班单位面积灌木树种造林总株数）×100%

造林总株数按以下方法确定：实际造林株数在合理初植密度区间内时，实际造林株数计为造林总株数；实际造林株数低于最低合理初植密度时，最低合理初植密度计为造林总株数；实际造林株数高于最高合理初植密度时，最高合理初植密度计为造林总株数。

第十一条 林带确认标准

林带行数在两行及两行以上，乔木林带行距≤4米、灌木林带行距≤2米。

当林带的缺损长度超过林带宽度3倍时，应视为两条林带。

乔木林带带距≤8米、灌木林带带距≤4米的按片林调查；乔木林带带距>8米、灌木林带带距>4米的，按林带调查。

第十二条 面积误差允许范围

小班面积允许误差为±5%。小班面积误差 =［（小班检查验收面积 - 小班上报面积）/小班上报面积］×100%，其中小班检查验收面积和上报面积均不含检查验收认定的损失面积。

面积误差在允许范围内的小班，小班上报面积即为小班检查验收面积。

面积误差超过允许范围的小班，当误差超过 -5%时，实际求算面积即为小班检查验收面积；当误差超过5%时，小班上报面积即为小班检查验收面积。

第十三条 所有面积均以水平面积计，以亩为单位，保留一位小数，小班最小起算面积为0.1亩。株数保存率的百分数取整数，面积保存率的百分数取两位小数，其他各率的百分数均保留一位小数。

第十四条 其他标准

确权发证：以县级人民政府颁发的林权证为依据。

档案管理：以《退耕还林工程档案管理办法》为依据。

管护：采取了封禁等管护措施，小班内无明显人畜破坏迹象，重新造林小班进行了抚育等。

第三章 调查方法

第十五条 资料收集

（一）省级资料收集

1. 相关年度国家下达到省和省分解到县的退耕还林计划及完成情况。

2. 退耕还林工程年度实施方案、总结材料。

3. 相关规定和管理文件。

4. 其他相关材料。

（二）县级资料收集

1. 退耕还林工程年度计划、分解及完成情况。

2. 退耕还林工程各年度实施方案、作业设计文件（包括作业设计变更文件）。

3. 工程管理情况，包括确权发证、档案管理、政策兑现、管护措施等。

4. 各年度退耕还林小班绘制到同一张地形图上的验收图和小班登记表，地形图原始比例尺原则上要求大于或等于1:25000。

5. 其他相关材料。

资料收集后，需进行全面核对与分析，排查年度重复、地块重复等各种问题。

第十六条 验收面积和单位的抽取

（一）全面检查验收

各工程省退耕地还林面积100%验收。

（二）重点核查验收

抽取各工程省经全面检查验收上报保存总面积的50%进行验收。

各工程省重点核查验收应查总面积 = 省级全面检查验收上报保存总面积×50%，其中各林种及原有补助政策兑现林种发生改变的面积核查比例相应达到50%。

（三）重点核查单位抽取

县级核查单位由国家林业局抽取，核查县各林种应查面积根据工程省重点核查验收各林种应查总面积和各核查县上报该林种保存面积计算确定。核查县核查工作开始前，应进行数据核对，当核查县提供的面积与经国家林业局退耕还林办公室审核确认的全面检查验收上报面积不一致时，核查工组应及时督促工程省和核查县查明原因，由工程省以正式文件将有关情况说明和重新确认的相关面积上报国家林业局退耕还林办公室，经同意后，更正有关上报面积，并按更正后的面积进行核查。

乡级核查单位由重点核查验收工组抽取，具体抽乡方法如下：

1. 按核查县核查范围内各乡上报保存总面积（各年度各林种上报面积之和）从大到小的顺序（因行政区划变动造成计划挂靠又未单独上报全面检查验收结果的县级单位，其各乡镇保存面积参与原计划所在县级单位排序），填入重点核查验收抽乡表（详见附2），构成抽乡闭合环。

2. 按规定的起始号，加上间隔数机械抽取核查乡，如闭合环中循环抽取乡重复时，按顺序加1继续抽取。

3. 按从上到下的顺序累计抽中乡各年度各林种（从左至右的顺序）上报保存面积，当其达到相应应查面积要求（±10%范围内）时，抽中乡即为核查乡，核查乡上报的该年度各林种保存面积全查；当累计面积还不满足相应项目应查面积时，继续向下累计下一个抽中乡，直至达到要求，下一个抽中乡只查该项上报保存面积；当抽中乡累计面积达到应查面积的110%以上（不含110%）时，最后一个抽取乡按面积最接近的原则变通确定，若变通仍无法满足要求时，在最后一个抽中乡中随机抽取核查村或小班，直至满足要求。

第十七条 面积验收

（一）小班调绘及面积求算

在上报区划小班基础上，利用验收图、GPS定位技术或丈量等方法进行现地核对和面积测算。当现地核对的小班与验收图位置及形状基本一致时，对小班面积进行现地求算，如果现地求算出的小班面积与上报小班面积误差在允许范围内，则承认其上报小班面积，否则以求算面积为准；当现地核对的小班与验收图形状、边界不一致，但位置基本正确时，现地重新调绘并测量求算小班面积，如果现地求算出的小班面积与上报小班面积误差在允许范围内，则承认其上报小班面积，否则以求算面积为准；当现地核对的小班与验收图位置及形状有明显出入时，如退耕农户享受原有补助政策地块与现地一致，则按正常情况进行验收，否则按不核实处理；当小班内退耕还林地块与非退耕地块交错时，逐块落实退耕还林地块面积后，累计确定小班面积。

同一小班内同时出现保存与未保存、保存合格与保存基本合格连续面积≥1亩（小班总面积≤1亩的，连续面积≥0.1亩）的，需分别调查记载其面积。

当同一小班内作业年度（影响到是否成林）、林种等不一致，且所占比例较小的面积比例≥40%时，应进一步区划小班并单独按其实际情况调查记载。单独记载的小班，原小班号不变，且其上报面积之和应与原小班上报总面积一致。

（二）几种情况下的面积认定

1. 同一小班不同年度重复上报时，认定为计划年度在先的造林面积。

2. 重新造林（含萌芽）小班作业年度为近三年（含验收年度当年及其前两年）的新造林面积，未达到成林标准的按成活率认定，成活率合格（一般地区成活率≥85%，特殊地区成活率≥70%）的，认定为保存合格面积，否则为未保存面积；重新造林小班作业年度为非近三年的，仍按保存标准判断其面积是否为保存面积。

3. 由于林地征用占用或自然灾害等原因而异地重造的退耕地还林小班，认定保存面积除达到相应保存（成活）标准外，还须同时满足以下条件：

（1）具有经过地（市、州）级林业主管部门批准的变更作业设计。

（2）符合退耕地还林的地类条件（按《退耕还林条例》第十五条和第十六条的规定认定）。

（3）属于变更时间以后的新造林地。

（4）合同、档案资料齐全。

（5）政策补助问题有相关方签字认可的协议。

4. 林草复合型小班内林木达到保存标准时，认定为退耕地还林保存面积。

（三）林带面积调查

林带面积＝［（林带行数－1）×行距＋4（灌木2米）］×林带长

第十八条 生态林、经济林认定

执行《退耕还林工程生态林与经济林认定标准》（林退发〔2001〕550号）的规定，其中涉及的造林密度标准，执行本办法第七条规定。

原有享受补助政策的林种发生改变的，以此次验收结果为准。

第十九条 郁闭度调查

采用样点、样线等方法调查。

第二十条 覆盖度调查

采用样方、样带等方法调查。

第二十一条 株数保存率调查

乔木林郁闭度＜0.2、灌木林覆盖度＜30%、乔灌混交林（乔木郁闭度/0.2＋灌木覆盖度/30%）＜1时，调查株数保存率（近3年新造林调查成活率），可采用样行、样地等方法调查。

样行或样地调查的面积比例：当小班面积在100亩以下时，样行或样地面积应不少于小班面积的5%；100～450亩应不少于3%；450亩以上应不少于2%。

样行或样地根据小班苗木定植情况，均匀布设在有代表的地段，样行数按小班应调查的样行面积确定，每个小班不少于3行。

样地设置为带状样地，带宽5米，机械布设，样地数按小班应调查的样地面积确定，每个小班不少于3个。

对林带设置样段进行调查，样段长20米，样段数按小班应调查的样地面积确定，每个小班不少于3个样段。

在样行或样地内计数总的人工造林株数（包括死苗、缺苗）以及保存株数。

按穴造林如每穴造林株数或保存株数多于1株，均按1株计算。

第二十二条 植被配置类型调查

植被配置类型分乔木林、灌木林、乔灌混交林3个类型。

乔灌混交时，乔木树种达到郁闭度或株数保存率要求的，为乔木林；乔木树种没有达到郁闭度或株数保存率要求，而灌木树种达到了覆盖度或株数保存率要求的，为灌木林；乔木树种和灌木树种均未达到相应保存标准的，为乔灌混交林。

毛竹植被配置类型按乔木林调查记载；胸径≥2厘米的杂竹及其他竹植被配置类型按乔木林调查记载，胸径<2厘米的杂竹及其他竹植被配置类型按灌木林调查记载；藤本的植被配置类型按灌木林调查记载；因气候或经营矮化的乔木林按灌木林调查记载。

第二十三条　平均树高和平均胸径调查

对生态林中植被配置类型为乔木林的小班进行调查。在小班内选取3～5株平均木，分别测量其树高和胸径，并用算术平均法计算小班平均树高和平均胸径。

第二十四条　每亩收益调查

通过访问和实地调查，掌握最近一年退耕还林地每亩实际产值收益(不含国家政策补助)。

第二十五条　小班调查表填写

对外业小班调查表及时进行检查、整理，确保外业小班调查表项目填写齐全、规范、准确，确认无误后建立检查验收小班数据库(全面检查验收可根据各省情况建立不同格式的数据库，但要求均能形成Excel格式文件；重点核查验收按统一格式建立数据库)。小班调查表及填写说明详见附3。

第四章　计算方法与统计汇总

第二十六条　全面检查验收指标计算与汇总

(一)保存总面积＝生态林保存面积＋经济林保存面积

(二)生态林保存面积＝∑生态林小班保存合格面积＋∑生态林小班保存基本合格面积

(三)经济林保存面积＝∑经济林小班保存合格面积＋∑经济林小班保存基本合格面积

(四)成林面积＝∑乔木林郁闭度≥0.2的小班保存面积＋∑灌木林覆盖度≥30%的小班保存面积＋∑乔灌混交林(乔木郁闭度/0.2＋灌木覆盖度/30%)≥1的小班保存面积

(五)林权证发证面积＝∑已发放林权证小班保存面积

全面检查验收结果统计上报表见附5的表1—4。

第二十七条　重点核查验收指标计算与汇总

(一)生态林面积保存率＝∑调查小班上报为生态林的保存面积/∑调查小班上报为生态林的上报面积×100%

(二)经济林面积保存率＝∑调查小班上报为经济林的保存面积/∑调查小班上报为经济林的上报面积×100%

(三)总面积保存率＝∑调查小班保存面积/∑调查小班上报面积

(四)成林率＝[∑乔木林郁闭度/≥0.2的调查小班保存面积＋∑灌木林覆盖度≥30%的调查小班保存面积＋∑乔灌混交林(乔木郁闭度/0.2＋灌木覆盖度/30%)≥1的调查小班保存面积]/∑调查小班保存面积×100%

(五)林权证发证率＝(∑已发放林权证调查小班保存面积/∑调查小班保存面积)×100%

(六)建档率＝(∑已建档的调查小班保存面积/∑调查小班保存面积)×100%

(七)管护率＝(∑已实施管护的调查小班保存面积/∑调查小班保存面积)×100%

重点核查验收统计表见附6的表1—11。

第五章　验收成果

第二十八条　全面检查验收成果

(一)验收小班数据库文件。按附3的验收因子建立。

(二)各类统计汇总表。按附5的表1—4统计。

(三)验收成果报告。参照重点核查验收中的省级和国家级核查报告要求编写。

各工程省全面检查验收工作完成后，应将验收数据库存档，并及时向国家林业局退耕还林办公室上报各类统计表格(按附5中表1—4的要求统计上报)和验收成果报告(含电子文档，表格Excel格式、文本Word格式)。

第二十九条　重点核查验收成果

(一)验收数据库文件。按重点核查验收信息管理系统要求建立。

(二)各类统计汇总表。按附6的表1—11统计。

(三)存档资料。各验收承担单位建立验收档案，主要包括：抽乡表、核查单位抽查范围的验收图、主要收集资料(计划文件、实施方案、变更设计文件、相关管理规定等)、核查报告、核查小班表等。

(四)核查验收成果报告

1. 县级核查报告

由重点核查验收工组向重点核查验收承担单位提交重点核查验收县级报告。报告主要内容包括：

(1)验收工作基本情况。主要包括验收人员组织、工作时间、验收对象、验收工作量等内容。

(2)核查验收结果。分年度简述抽查范围主要核查结果，包括退耕地还林面积保存情况、工程管理情况和质量情况结果，并对结果进行分析，附典型照片。

(3)工程建设主要成效和经验。总结分析巩固退耕还林成果的政策措施、经营措施、管理经验以及富有特色的产业发展和效益情况，并附典型照片。

(4)存在的主要问题。根据核查结果和掌握的有关情况，指出影响退耕还林工程成果巩固的主要因素，并从管理、实施、技术、政策等方面分析存在的突出问题和典型事例，并附典型照片。

县级报告还应附主要问题一览表(格式见附6的表12)、未保存小班一览表(格式以统计程序产生的表格为准)和林种转换小班一览表(格式以统计程序产生的表格为准)。

2. 省级和国家级核查报告

由重点核查验收承担单位向国家林业局退耕还林办公室提交重点核查验收省级报告。国家级核查报告由国家林业局退耕还林办公室组织编写。报告主要内容包括：

(1)验收工作基本情况。主要包括人员组织、工作时间、验收范围和对象、验收方法、验收工作量和质量管理等内容。

(2)全面检查验收基本情况和主要结果。基本情况包括全面检查验收的人员组织、验收形式、验收时间、对象、工作量和主要做法；主要结果包括各年度原有补助政策到期面积、验收后的保存总面积、林种转移面积及转移原因、未保存总面积、各分项未保存面积及其比例等。

(3)重点核查验收结果。分述抽查范围各年度退耕地还林面积保存情况结果(包括：上报总面积、保存总面积、未达到保存标准面积、不核实面积、损失面积、面积保存率、结果较好和较差的工程县及原因分析，近三年新造林面积及原因分析，林种转换面积与原因分析，未保存面积分类原因分析等)；分述抽查范围各年度退耕地还林工程管理情况结果(包括：林权证发放、档案管理和管护核查结果，并对结果进行分析)；分述抽查范围各年度退耕地还林质量情况结果(包括：成林情况、平均高、平均胸径、经济收益情况核查结果，并对未成林原因进行分析)；分述抽查范围各年度退耕地还林其他情况结果(包括：权属、坡度级及各植被配置类型的核查结果等)。各类结果与分析均需附典型照片。

(4)工程建设主要成效和经验。结合核查验收结果和典型事例，从森林资源增长、产业发展、经济效益、生态效益、社会效益等方面总结退耕还林工程取得的成就，附典型照片；围绕有关政策、措施，总结退耕还林工程在工程建设、工程管理和成果巩固等方面取得的成功经验，附典型照片。

(5)存在的主要问题、对策及建议。在核查验收结果分析的基础上，归纳提炼工程建设、成果巩固及其管理工作中存在的突出问题和共性问题，并针对存在的问题，有针对性地提出对策和建议。

(6)附主要问题一览表(格式见附6的表12)和各类统计汇总表(格式见附6的表1—11)。

第六章　质量管理和责任追究

第三十条　质量管理

(一)承担验收单位在开展验收工作前应组织技术业务培训，培训考核合格的技术人员方可参加验收工作。

(二)各承担验收单位要重点对下列环节进行质量监控：

1. 图、表、卡等资料收集、核对、查验与归档。
2. 小班调绘和面积测量、求算。
3. 郁闭度、覆盖度、株数保存率调查。
4. 各类因子的调查及外业小班调查表填写。
5. 有关报告的内容及质量。

(三)县级重点核查验收工作结束后，验收工组向县级林业主管部门反馈主要核查验收结果，并由县级林业主管部门主要领导签字确认(县级核查报告作为签字材料)，拒绝签字的，由验收工组所在单位向国家林业局退耕还林办公室上报备案。核查结果未经国家林业局同意，不得擅自公布。

(四)在重点核查验收过程中，国家林业局退耕还林办公室组织对验收工作进行督察。

第三十一条　责任追究

各验收单位和有关人员要严格遵守本办法要求和廉政规定。对在验收工作中发生弄虚作假、违反技术标准、擅自改变核查方法、未按规定将相关资料存档等验收质量事故和违反有关廉政建设规定的单位及责任人，视其情节轻重，按照有关规定进行处理；对于违反国家法律法规的，依法追究责任。

第七章　附　则

第三十二条　本办法由国家林业局退耕还林办公室负责解释。

第三十三条　本办法自公布之日起执行，原《退耕还林工程退耕地还林阶段验收办法(试行)》(林退发〔2008〕146号)同时废止。

附：1. 年降水量400毫米以下地区范围县名单(略)

2. 重点核查验收抽乡表(略)

3. 退耕还林工程退耕地还林阶段验收小班调查表及填写说明(略)

4. 树种及其代码表(略)

5. 退耕还林工程退耕地还林全面检查验收结果统计上报表(略)

6. 退耕还林工程退耕地还林重点核查验收统计表(略)

国家林业局关于贯彻实施《国家知识产权战略纲要》的指导意见

林技发〔2011〕5号

各省、自治区、直辖市林业厅(局)，内蒙古、吉林、龙江、大兴安岭森工(林业)集团公司，新疆生产建设兵团林业局，国家林业局各司局、各直属单位：

为贯彻落实《国家知识产权战略纲要》和中央林业工作会议精神，全面提升林业知识产权创造、运用、保护和管理能力，强化科技支撑，促进现代林业又好又快发展，现提出如下指导意见。

一、加强林业知识产权工作的重要意义

1. 加强林业知识产权工作是建设现代林业的重要战略举措。随着经济全球化的深入发展，知识产权作为国家、地区、行业发展的战略资源和国际竞争力的核心要素，已成为提升国家自主创新能力的关键。加强林业知识产权的创造、运用和保护，对于加快转变林业发展方式，提高林业发展的质量和效益，实现森林面积和蓄积“双增”目标，推动我国林业国际化进程具有重要战略意义。

2. 加强林业知识产权工作是推进林业自主创新的强大动力。经过多年努力，我国林业科技自主创新取得了长足发展，为林业发展提供了有力支撑。通过强化林业植物新品种、林产品地理标志、林业生物遗传资源和涉林专利、商标、著作权等林业知识产权保护，不断优化创新环境，保障创新权益，加快转化运用，必将为林业自主创新注入不竭的动力。

3. 加强林业知识产权工作是提升林业产业核心竞争力的重要手段。当前我国林业产业正处在加快经济转型，促进产业升级的关键时期，大力实施知识产权战略，充分运用和依法保护林业专利、商标等知识产权，通过掌握核心技术，引领行业发展，开拓两个市场，将有力助推林业产业升级，开发战略性林业新兴产业，增强我国林业产业国际竞争力。

二、林业知识产权工作的总体要求

4. 指导思想。以邓小平理论、“三个代表”重要思想和科学发展观为指导，贯彻落实《国家知识产权战略纲要》，按照“激励创造、有效运用、依法保护、科学管理”的方针，进一步完善林业知识产权保护制度，强化林业自主创新，加快林业核心技术产业化，建立健全林业知识产权服务体系，创专利、立标准、树品牌，为发展现代林业、建设生态文明、推动科学发展提供强有力的支撑。

5. 发展目标。到2015年，林业知识产权实现量的增长和质的提升，林业知识产权创造和运用能力持续增强，林业知识产权对生态建设和林业产业发展的促进作用初步显现，林业植物新品种测试机构和测试手段基本完备。林业专利拥有量年递增10%以上，林业植物新品种申请量达到1000件以上，授权品种达到600件以上；建立100家林业知识产权试点示范单位，实施50项重大专利产业化示范项目，形成20个优良植物新品种、10个地理标志产品产业化示范基地，组建10个林业知识产权保护战略联盟。

到2020年，林业知识产权的拥有量和质量显著提高，运用效果明显增强，政策法规基本完善，管理体系基本健全，林业知识产权对现代林业发展的支撑作用充分显现，林业知识产权拥有量进入世界先进行列。

6. 重点任务。以强化林业企业主体地位，提升林业研发机构知识产权创造能力为重点，加快构建林业知识产权创造体系；以实施林业专利和优良植物新品种产业化示范工程为重点，促进林业知识产权的转化运用；以林业植物新品种为重点，加大林业知识产权保护执法力度；以构建信息平台和预警机制为重点，健全林业知识产权公共服务体系；以财政支持、金融服务、激励机制为重点，完善各项支持和保障措施。

三、加快构建林业知识产权创造体系

7. 确立企业在林业知识产权创造中的主体地位。建立和完善以企业为主体、市场为导向、产学研相结合的林业知识产权创造体系和运行机制。以林业知识产权试点示范、优势企业培育等工作为抓手，引导企业加大研发投入，建立自主创新与研发团队，制定知识产权战略，通过科技创新形成具有自主知识产权的技术和产品，提高产品的市场竞争力和占有率。支持林业企业将专有技术申报知识产权，鼓励并扶持林业企业在境外取得知识产权。

8. 提升林业科研机构和高等院校的知识产权创造能力。完善科技管理评价考核体系，突出知识产权在林业科技创新活动中的引领和导向作用，将知识产权内容纳入林业科技计划管理、成果管理、成果转化及产业化等各个环节，促进自主创新成果知识产权化；研究探索公共财政资助开发的林业科技成果归属和利益分享制度，调动林业知识产权创造者的积极性；充分发挥科研教学单位的重要带动作用，支持建立一批具有国际先进水平的林业科技创新基地。

9. 加快林业植物新品种培育。建立植物新品种保护激励机制，制定扶持政策。鼓励单位和个人积极培育开发植物新品种，将育种创新成果转化为知识产权，形成一批拥有林业植物新品种权的种苗创制单位；加强优良林木新品种繁育体系建设，抓好主要造林树种和优质高抗基因育种工程，建设一批适宜不同区域、不同利用目的的优良林木新品种繁育中心和示范基地。

四、大力促进林业知识产权转化运用

10. 促进林业专利运用与产业化。积极推进林业专利权的转让、实施许可、投资入股、质押融资等各项政策措施的落实，支持组建多种形式的产业化技术创新战略联盟，扶持符合现代林业发展需要和市场推广前景良好的专利转化与推广运用项目。推动具有核心专利技术的林产品纳入政府采购名录，鼓励并支持将专利转化为标准，推进专利标准化应用。发挥好工程咨询设计单位在促进知识产权转化运用中的桥梁与纽带作用。

11. 实施林业知识产权品牌战略。推进林业企业品牌建设，引导和支持拥有驰名商标、知名品牌和林产品地理标志的林业企业加快发展，鼓励在国外注册商标，提升产品质量和企业形象，力求将知识资源优势转化为经济发展强势。完善林产品地理标志保护制度，开展资源普查，建立产业化示范基地，推动地方特色资源的开发和利用。

12. 促进林业植物新品种推广应用。建立林业植物新品种权转化运用的政策导向和激励机制，在明晰品种权属、保障相关利益者合法权益的基础上，筛选一批优良植物新品种，纳入各级林业科技推广示范工程，支持建立具有自主品种权的生产基地。对具有重大社会公益推广价值的新品种给予政府补贴。

13. 加强林业生物遗传资源保护与利用。组织开展林业生物遗传资源的本底调查，建立健全林业生物遗传资源管理和保护制度，有效防止林业生物遗传资源的流失和无序利用。协调林业生物遗传资源保护、开发和利用的利益关系，构建合理的林业生物遗传资源获取与利益分享机制。

五、加大以林业植物新品种为重点的林业知识产权保护力度

14. 健全林业知识产权行政执法体系。完善林业知识产权行政执法协作机制，有针对性地开展林业重点领域的联合执法；建立林业知识产权行政保护与司法保护的协调处理机制，对诉诸法律解决的案件，各级林业主管部门要积极配合依照法定程序处理；鼓励林业企事业单位申请知识产权海关备案，加强林业知识产权边境保护。

15. 强化林业植物新品种保护执法。完善林业植物新品种保护制度，将植物新品种保护纳入林业行政综合执法范畴，充实专业执法力量，保证执法经费，加大执法力度，重点查处侵犯林业植物新品种权和假冒授权品种的案件，提高执法队伍素质和行政执法能力。

16. 加强林业植物新品种保护的条件能力建设。完善林业植物新品种保护的技术支撑体系，加快林业植物新品种保护测试机构和保藏机构建设，抓紧编制林业植物新品种测试指南，健全已知品种数据库，提高审查测试能力，保证授权质量。组织开展林业植物新品种测试技术和方法的研究，完善林业植物新品种权受理、审查、授权和复审程序，缩短审查周期，提高行政效率。

17. 建立林业知识产权维权机制。鼓励建立林业知识产权保护联盟，形成多元化的依法维权援助机制，加强对林业中小企业知识产权维权的组织指导，有效保护权利人的合法权益；开展国际知识产权制度和规则的研究，建立林业知识产权涉外案件上报制度，提高应对涉外知识产权纠纷的能力。

六、建立健全林业知识产权服务体系

18. 加强林业知识产权公共信息服务平台建设。尽快建立林业植物新品种、林产品地理标志、林业专利以及林业生物遗传资源等林业知识产权基础数据库，建立林业知识产权专家咨询和辅助决策分析系统，有效集成多种林业知识产权信息资源和服务功能。重视林业知识产权信息资源的二次开发运用，提高林业产业技术创新的起点，为林业产业技术升级、产品更新换代提供信息支撑与服务。

19. 建立重点领域林业知识产权预警机制。开展国内外林业知识产权信息的动态分析与对策研究，建立重点出口的林产品知识产权预警指标体系，及时发布林业重点领域知识产权发展态势和预警分析报告。对可能引发的涉及面广、影响大的林业知识产权纠纷、争端和突发事件，制定应对预案。引导林业企业公平参与国际竞争，有效防范知识产权侵权风险。

20. 培育发展林业知识产权中介服务。支持林业知识产权中介服务体系建设，鼓励建立区域性、专业性林业知识产权中介服务机构，开展林业知识产权咨询、代理、评估和交易等中介服务。充分发挥行业协会的作用，支持林业相关行业协会组织会员单位开展工作，协调解决知识产权纠纷，增强行业维权与诉讼的整体能力。加强对基层林业专业合作组织的政策指导，促进林业知识产权在基层单位转化应用。完善林业植物新品种保护代理制度，规范代理机构的服务行为。

七、强化林业知识产权保障措施

21. 加强组织领导。各级林业主管部门要切实加强林业知识产权工作的组织领导，明确管理机构和职责，建立林业实施知识产权战略的协调议事制度，结合本地区特点和实际，制定相应的政策措施，协调并指导林业知识产权发展规划、计划的制定和实施，切实推进本地区林业知识产权工作。

22. 多渠道解决林业知识产权资金投入。各级林业主管部门应设立林业知识产权发展专项资金，用于林业知识产权工作的实施、奖励和补贴。积极争取将林业知识产权工作经费纳入各级财政公共支出预算。鼓励林业企事业单位多渠道筹集资金，切实保障知识产权工作顺利有效开展。

23. 积极推动落实金融扶持政策。鼓励和引导各类金融机构、风险投资、创业投资基金及社会资本进入林业知识产权创造、运用、转化和服务领域。鼓励林业知识产权的有偿转让或作价入股，推动金融机构依法开展林业知识产权质押贷款。完善信用担保体系，对林业企业自主知识产权实施贷款担保支持。

24. 加强林业企事业单位知识产权管理。切实改进林业科研机构和高等院校的知识产权管理工作，完善管理机构和制度。鼓励林业企业建立知识产权管理部门，确定专人负责本单位知识产权的申请、管理和保护工作，建立健全知识产权档案和数据库。

25. 扎实开展林业知识产权试点示范工作。按照“试点先行、典型引路、示范带动、整体提高”的工作思路，选择一批具有相应工作基础和条件的林业企事业单位作为试点，探索创新，积累经验。在验收考核的基础上，实施一批林业重点专利成果转化示范项目，建立一批林业优良新品种和地理标志产业化示范基地。

26. 建立健全林业知识产权奖励制度。各级林业主管部门及企事业单位要健全林业知识产权奖励机制，完善奖励办法，把知识产权的数量、质量和效益列为评价科技创新能力和技术进步水平的重要指标。重点奖励职务发明人、植物新品种培育人以及在推动知识产权产业化过程中作出突出贡献的单位和个人。

27. 加快林业知识产权人才培养和队伍建设。充分发挥和调动各方面的积极性，形成多元化、多层次、多渠道的林业知识产权教育培训体系，对林业知识产权管理及相关人员实施分类培训。完善吸引、使用和管理专业人才的相关制度，形成一支适应现代林业发展和市场需求的人才队伍。鼓励林业高等院校开设林业知识产权专业课程，培养专门管理人才。

28. 加大林业知识产权宣传力度。创新林业知识产权宣传形式和内容，扩大宣传面，提高全行业知识产权保护意识。努力扩大国内外林业知识产权的交流与合作。积极培育尊重知识、崇尚创新、诚信守法的知识产权文化，营造有利于林业知识产权创造、保护和运用的良好氛围。

国家林业局

2011 年 1 月 6 日

国家林业局关于印发能源林及小桐子原料林可持续培育指南的通知

林造发〔2011〕33号

各省、自治区、直辖市林业厅(局)，内蒙古、吉林、龙江、大兴安岭森工(林业)集团公司，新疆生产建设兵团林业局：

林业生物质能源是可再生能源的重要组成部分，实现能源林的可持续培育是确保林业生物质能源产业健康发展的基础。为加强对能源林建设工作的指导，实施科学培育，实现能源林的可持续健康发展，我局组织编制了《能源林可持续培育指南》(见附件1)，并在《能源林可持续培育指南》框架下，制定了重要能源林树种——小桐子的可持续培育指南(见附件2)。现印发给你们，请认真参照执行，执行中有什么问题及建议，请及时反馈我局造林绿化管理司。

今后，我局还将根据各有关能源林树种培育技术成熟情况，陆续编写培育技术指南，以促进能源林栽培技术水平的不断提高。

特此通知。

附件：1. 能源林可持续培育指南

2. 小桐子原料林可持续培育指南

国家林业局

2011年2月15日

附件1　能源林可持续培育指南

第一章　总　则

第一条　为指导和规范能源林培育和开发利用，实现既保障林业生物质能源原料产品品质及可持续供应，又兼顾生态环境和社会环境建设，确保林业生物质能源产业持续健康发展，特制定本指南。

第二条　能源林是指以生产固体、液体、气体燃料等生物能源为主要目的的林分。包括油料能源林、木质能源林和淀粉能源林。

可持续培育是指通过采取科学、合理的培育方式，使能源林的现在和将来都具备生物多样性、林地生产力及活力，实现生态、经济和社会效益共赢。

第三条　本指南适用于指导和规范各级林业主管部门开展能源林培育活动的全过程，也适用于评估各类能源林培育、开发活动。企业、林场、个体农户等造林实体在开展能源林培育活动中也应参照执行。

第四条　开展能源林培育应遵循的基本原则：

1. 遵循与本地区社会经济、林业发展规划相协调的原则。能源林培育活动应密切结合本地区实际，符合本地区社会经济、林业等相关发展规划要求，保障土地所有者及劳动者的各项权益，实现互利互惠，促进当地经济和社区发展的目标。

2. 遵循合理利用土地原则。能源林培育所使用的土地应符合当地土地利用规划，充分利用荒山(沙)荒地及边际性土地，做到“不与人争粮、不与粮争地”。

3. 遵循规模化培育原则。能源林培育应相对集中连片，达到一定的规模，便于集约经营和实现机械化作业，实现促进形成培育、收获、加工利用产业链的要求。

4. 遵循生态先行原则。开展能源林培育活动，应充分利用现有林业资源，重视节约使用水资源和节省耗能，重视保护生物多样性，重视发挥森林的生态效益。应避免在生物多样性丰富地区连片开展人工造林。

5. 遵循坚持科技创新原则。加快现有技术成果的应用，加强技术培训。通过科技力量优化整合，强化科技研发和技术瓶颈攻关，提高林业自主创新、科技成果转化的能力。

6. 遵循行政管理和市场调节相结合原则。各级林业主管部门应加强指导，结合本地实际情况，因地制宜发展能源林，积极协调和解决能源林培育过程中出现的问题和困难，支持、鼓励企业、社团等社会各界力量的积极参与，发挥市场调节作用，推进能源林建设。

第二章　规划设计

第五条　省级林业主管部门应结合本地区实际，在对本地区现有林业能源资源、基本情况开展调查摸底的基础上，编制能源林发展规划。规划应包括目标、建设布局、建设内容、重点工程及保障措施等主要内容。

第六条　任何单位(企业、林业局、林场及个体等)在区域内开展能源林培育活动，均应遵循本地区的能源林发展规划，根据规划编制能源林培育实施方案，报省级林业主管部门备案。能源林培育实施方案应包括以下内容：自然概况、社会经济状况、能源林培育目标、总体布局、营林措施、基础设施建设、环境影响评价及环境保护措施、能源林综合利用措施、效益分析、经济可行性分析和风险评估等。

第七条　在开展能源林培育活动前，应根据能源林培育实施方案制定作业设计，严格按作业设计开展整地、造林、经营管理和采收等活动。

第三章　种苗生产

第八条　各级林业部门和造林单位应突出做好优良品种的引进、试验及良种选育工作，针对不同能源树种及不同地区的气候条件、立地条件等不断开展良种优选，积极推广产量高、抗逆性、适应性强的优良品种。拟从省(区、市)外调入生产性穗条和苗木的，应在引种试验或专家论证的基础上，由省级种苗管理部门统一组织调入。

第九条 为保证种苗的纯度和丰产优质性能，鼓励优先选用本地的优良种源和良种基地生产的种子，种子的质量要达到GB7908标准或相应地方标准规定的合格种子的标准；苗木应品种优良、根系发达、生长发育良好、植株健壮，裸根苗达到GB6000规定的Ⅰ、Ⅱ级苗木标准，容器苗应严格执行LY1000的有关规定。

第十条 能源林种苗生产应严格实行生产经营许可证制度，即由获得省级林业主管部门核发良种生产经营许可证的单位进行定点采穗，定点育苗，定单生产，定向供应，保障品种清楚，种源清楚，确保能源林的优质高产。在种苗生产过程中，应严格执行森林植物检疫制度、种苗质量检验制度，并接受有关部门监督。

第十一条 应建立健全能源林种苗档案，做到每一批穗条和苗木来源清楚、品种清楚，繁殖及栽植地点清楚，生产过程清楚，能源林产量清楚，实现有据可查，有据可依。

第四章　选址与整地

第十二条 能源林造林地选择应根据能源林树种的生物生态学特性要求，充分考虑气候条件，海拔、坡向、坡位等地形条件和立地条件。在气候条件适宜的情况下，选择土层适宜、光照充足、坡度比较平缓(30度以下)等立地条件好，面积相对集中连片，交通方便的宜林荒山荒(沙)地、采伐迹地、火烧迹地、疏林地、灌木林地、退耕地及边际性土地。

第十三条 造林前宜采用块状或带状形状开展林地清理，时间上可与整地同时进行。块状清理以种植穴为中心清除四周的灌丛和杂草；带状清理是沿等高线清除带内的灌木和杂草，灌木和杂草要尽可能的堆放在穴、带边缘。穴与穴、带与带之间及山脚和山顶均应注意保留一定宽度的原生植被带。

第十四条 整地应在造林前一个月进行。整地时，宜施底肥，表土回填，并根据造林地土壤肥力状况和酸碱性确定施肥量，合理搭配肥料种类。应多使用有机肥等长效肥料，鼓励采用测土配方施肥，补充林木所需微量元素。

第十五条 为避免引起水土流失，应根据造林地的具体情况采取不同的整地方式。主要包括穴状整地和带状整地。25度以上的应采用穴状整地，25度以下的可采用穴状整地或带状整地。带状整地要沿等高线进行，带长根据地形确定，带宽依据造林株行距设定，带面应建成外高内低形状，逐步形成标准的坡改梯。

第十六条 为实现能源林生长快、产量高、品种优及便于收获季节的采摘、收获及运输等，应配套加强道路、作业道、灌溉设施等基础设施建设，确保原料的可持续供应。

第五章　造　林

第十七条 能源林造林一般采用植苗造林。

第十八条 能源林造林应依据立地条件、目标等因素，因地制宜地选择合理的造林密度。其中利用果实的油料能源林、淀粉能源林提倡修枝整形、矮化栽植，实现丰产丰收；木质能源林造林密度应以实现生物量最大化为宜。

第十九条 栽植前对苗木根部进行适当修理，并采用浸水、蘸泥浆或浸蘸ABT生根粉等方式方法，干旱地区宜采用保水剂。栽植时必须做到栽正、舒根、栽紧、不吊空、不窝根等，栽植后须及时浇水覆土。

第二十条 为提高林地的生产力，在开展能源林培育同时，提倡实行间作。

第二十一条 能源林造林，分别不同地区，春季、秋季或雨季均可进行。

第六章　经营管理

第二十二条 造林后，前3年应加强幼树管理。适时进行松土除草(可与扶苗、除蔓等措施结合进行)。松土时应做到里浅外深，不伤害苗木根系，深度一般为5~10厘米，干旱地区应深些。采用穴状整地的可结合松土除草实施逐年扩穴，增加营养面积。对穴外影响幼树生长的高密杂草，要及时割除，清除的杂草应铺于穴面并盖土。实行林农间作的地区，可结合间作作业进行幼树管理。造林后第一年冬季应对幼林采取覆土、盖草等防寒(旱)措施。有冻害的地区，第一年的幼林管理应以除草为主，减少松土次数。

第二十三条 能源林生长过程中，应适时施肥，根据土壤肥力状况、树种及植株生长需求等因素确定施肥量和施肥时间。提倡开展测土配方，使用专用肥。

第二十四条 对油料能源林、淀粉能源林应适时进行定干，采取修枝、整形等树体管理措施；对灌木木质能源林应适时进行平茬复壮。

第二十五条 对新造林地、未成林地要加强管护，除了有计划的割草和开展未成林地抚育外，避免人、畜随意进入，必要时可配套建设封禁设施。

第二十六条 森林病虫害防治应纳入能源林培育的全过程。建立健全监测预报体系，预防为主，实现早发现，早防治。在防治过程中，应重视保护森林生物多样性，重视保护和提高森林自身的抗病虫能力。

第二十七条 重视加强森林防火工作，制定护林防火公约，树立护林防火标牌，建立健全各项防火制度，强化防火意识。按照地形、地貌及林地面积，规范建设防火道等防火设施，消除火灾隐患。

第二十八条 应合理安排和确定能源林采收时间和采收方式，确保采收不影响林木生长，并最大限度地减少对土地、水及其他林木资源的干扰，实现可持续经营。

第七章　能源林基地

第二十九条 能源林基地是指具有一定规模，通过集约经营的方式为生物质能源的工业化利用提供稳定、可持续的原料，实现产量及经济效益的最大化的能源林。能源林基地应在造林树种的适生区选择立地条件较好、交通便利的宜林荒山荒(沙)地或边际性土地。

第三十条 能源林基地宜集中连片，满足规模经营、机械化作业的要求。在一个县域范围内，油料能源林和淀粉能源林基地应达到1万亩以上；木质能源林基地应达到3万亩以上。

第三十一条 能源林基地建设应采用高效高产的集约化经营模式，有相对配套的基础设施，全部使用良种，形成从育苗、整地、栽培、水肥管理、土壤管理、树形管理到灾害管理的全部标准化生产过程。鼓励生产机械化。

第三十二条 鼓励企业、单位、社团、个人参与能源林基地建设；鼓励与林权所有者通过租赁、承包等多种形式开展合作，取得林权证或林地租赁承包合同等合法证明，形成规模化、标准化经营的能源林基地，实现互惠互利。

第八章 生态保护

第三十三条 在野生动物活动频繁或其他重要生态区位区开展能源林培育活动时，应根据具体情况划出高保护价值区域，重视保护野生动植物物种栖息地以及典型的森林生态系统类型。在保护区域周边留出一定的缓冲区。在高保护价值区域及缓冲区内，不应开展能源林培育活动。

第三十四条 在开展能源林建设过程中，应重视保护规划区域内现有林木和林木景观，根据造林地的实际情况，提倡开展片状混交，避免形成连片、大面积纯林，保护生物多样性，减少病虫害的发生和传播，防止破坏自然生态系统情况的发生。

第三十五条 在开展能源林培育各项活动中，应重视采取多种措施，保护水资源，维护林地的自然特性，避免地力衰退。在溪河岸边，应建立足够宽的缓冲区，以保持水土。

第三十六条 能源林培育过程中，要重视加强检疫检测，建立健全监测预警体系，防止外来有害生物入侵。在开展病虫害防治过程中，应重视采取生物防治措施，保护环境，保护森林生物多样性。

第三十七条 应按照能源林培育主体，建立相应的监测制度和资源培育档案，按照监测制度，对能源林进行定期监测，内容应包括能源林培育状况及其对环境与社会的影响等内容。同时应对不同时期的监测结果进行比较和评估，以此为依据，及时修订能源林培育实施方案和作业设计。建立健全资源培育档案，为提高能源林培育水平奠定基础。

第九章 社区发展

第三十八条 能源林培育活动中，经营者应建立与当地社区的协商机制，积极与当地居民协商，明确双方的经济收益，保证通过培育活动及土地的合理开发利用，使当地居民获益，促进社区发展。协商应建立在透明、公开、参与的基础上，协商结果应通过签定协议或合同的方式保存下来，依法保障土地所有者及当地居民的各项权益。

第三十九条 能源林经营者应重视了解与尊重当地的习俗，保障能源林培育活动所涉及区域内居民的土地、林木和其他资源所享有的法定权利不受到侵犯。尤其是在多民族聚居区，要保障能源林培育活动不对当地的文化、生态、经济造成不利影响。

第四十条 能源林经营者应鼓励居民参与能源林培育活动，尽可能为居民提供就业、培训及其他社会服务的机会，并保障劳动者合法权益。

附件2 小桐子可持续培育指南

第一章 总 则

第一条 小桐子(*Jatropha curcas* L.)，又名麻疯树、膏桐、臭桐树、黄肿树、芙蓉树、假花生等，属大戟科(Euphorbiaceae)麻疯树属(*Jatropha*)，半肉质落叶灌木或小乔木，一般呈现大灌木状，高2～7米，分枝多，幼枝粗壮、绿色、无毛，皮层灰绿色，厚而具乳汁。小桐子原产热带美洲，现广泛分布于世界各适生区，是热带、南亚热带干旱地区优良的造林先锋树种，也是性能优良的生物柴油原料树种之一，约有30～50年的经济寿命。小桐子在我国分布于云南、四川、贵州、广西、广东、海南等地，云贵高原南部的四川攀西和云南干热河谷地区为集中分布区。

第二条 为指导和规范小桐子培育和开发利用，实现既保障生物柴油原料产品品质及可持续供应，又兼顾生态环境和社会环境建设，确保林业生物柴油产业健康发展，特制定本指南。

本指南适用于指导和规范我国南方地区各级林业主管部门培育小桐子能源林活动的全过程，也适用于评估小桐子能源林培育参与者的相关活动。企业、林场等造林实体、个体农户的小桐子培育活动可参照执行。

第三条 小桐子能源林培育活动必须遵循《能源林可持续培育指南》的各项原则及要求。

第四条 小桐子能源林培育活动，应根据省级能源林发展规划，制定县级小桐子可持续培育实施方案，并按照年度造林计划开展作业设计。

第二章 种苗培育

第五条 小桐子种子育苗需选用经认定的良种，应选择粒大饱满、表面为深黑色、无病虫害的种子；良种采穗圃种苗也需选用经确定的优良品种或株系(参考目录见附录)。

第六条 小桐子苗圃地宜选择交通方便、地势平坦、有灌溉条件、土壤疏松的地段。

第七条 小桐子育苗分种子育苗和扦插苗培育。育苗时间以造林前半年以上为宜。种子育苗应采用种子园采集的种子，在种子播完后及时浇水并保湿，根据实际情况进行施肥和灌溉，搞好间苗和定苗工作。扦插苗培育应采用良种采穗圃提供的穗条，穗条长10～20厘米，并适量使用生根剂；待生根10厘米以上后可出苗。苗木出圃前一个月左右，严格控制水肥。

第八条 苗木出圃时，宜随起、随运、随栽，不能及时移栽或包装运往造林地的苗木，要临时假植。苗木运输时要特别注意保护根系，避免机械损伤。

第九条 小桐子培育提倡使用优良无性系扦插苗。

第三章 造林地选择

第十条 小桐子造林应根据小桐子生物生态学特性要求，充分考虑气候、地形和立地条件等多项因素，选择面积相对集中连片、交通方便，能形成适当经营规模的宜林荒山荒地、采伐迹地、疏林地、灌木林地和退耕地。

第十一条 小桐子造林宜选择年均气温16℃以上、≥10℃积温5000℃以上、最低气温≥5℃、年均降雨量700毫米以上、年日照时数2200小时以上的热带、南亚热带无霜冻地区。

第十二条 小桐子造林地一般在选择海拔1600米以下，坡度不超过30度的阳坡或半阳坡。土层厚度最好30厘米以上，并土质疏松、石砾少、土壤排水性、透气性较好。或选择通过适当改造，能够获得上述较好立地条件地区。

第四章 整 地

第十三条 小桐子造林应依照立地条件，因地制宜、合理选择初植密度，一般为每亩74株到133株。应根据立地条件确定配置方法，一般采用"品"字形配置，也可采用长方形和正方形配置。

第十四条 小桐子造林地应采用块状或带状清理方式，并可与整地同时进行。块状清理以种植穴为中心清除四周的灌丛和杂草，清理范围不小于80厘米×80厘米；带状清理，应根据造林地的地形地貌、土壤条件选择带宽，一般不小于1米，清除带内的灌木和杂草。山脚、山顶宜保留一定宽度的原生植被带。

第十五条 整地在造林前一个月进行。为避免引起水土流失，对缓、陡坡采取不同的整地方式，一般为穴状整地和带状整地。

穴状整地适用于25度以上的坡地，一般沿水平等高线"品"字形整地，整地规格宜采用60厘米×60厘米×60厘米、80厘米×80厘米×60厘米。在土壤干旱的地段，为了集水保水，采用水平沟整地，规格有：50厘米×50厘米×1米~3米、60厘米×60厘米×1米~3米。

带状整地适用于16~25度的坡地，一般沿等高线进行，整地宽度40厘米~100厘米，深30厘米~50厘米，带长根据地形确定，带的方向沿等高线保持水平，带宽依造林株行距而定。

第十六条 造林前半个月施底肥，根据土壤条件测土施肥，提倡施有机肥，每穴不少于2千克，也可施适量复合肥。底肥料应与一定量的表土混合均匀，施入种植穴中，表面盖土，避免肥力流失。有条件的地方宜使用保水剂。

第十七条 为实现小桐子能源林高产质优、原料可持续供应的目标以及便于收获季节的采摘、收获及运输等，应配套加强道路、作业道、灌溉设施等基础设施建设。

第五章 造 林

第十八条 小桐子原料林造林宜采用植苗造林。苗木应由最近距离的能源林定点苗圃供应，苗木出圃时应严格实施检查，确保符合国家一级苗苗木标准(GB 6000－1999)。

第十九条 各地可根据具体情况选择造林季节，一般以雨季造林为宜。

第二十条 小桐子栽植应做到栽正、舒根、栽紧、不吊空、不窝根，将苗木周围的土由边缘向中心踩实。栽植后为了减少水分蒸发和防止土壤干燥，应将枯枝落叶或割下周围的杂草覆盖于栽植坑面。

第二十一条 小桐子原料林培育活动中，提倡开展林粮间作、林林间作、林药间作等。间作方式可根据具体情况，选择带状、列状或块状。

第二十二条 造林后，应对造林地实施封山育林，并进行常年管护，防止栽植苗木受到人畜破坏。

第二十三条 造林后没有达到合格标准的造林地应及时进行补植。补植前应认真分析苗木死亡原因，找出改善措施后再进行补植。补植可结合抚育割草等抚育措施进行，以提高施工效率。

第六章 经营管理

第二十四条 小桐子造林后一般需连续抚育3年，每年抚育次数、时间根据具体情况确定。

抚育主要采取窝抚、带抚两种方式。窝抚方式为去除植株周围1米以内的杂草，同时对种植穴进行松土、培土；带抚方式为去除带内的杂草，同时对种植穴进行松土、培土。除草、松土时要注意不要损伤苗木根系，抚育深度一般10厘米左右。抚育时应注意将割下的草覆盖在栽植坑的表面，用泥土压实，以防止树坑内土壤水分蒸发，并增加土壤肥力。

第二十五条 小桐子种植3年后的成林林地每年需抚育两次，6月底至7月中旬进行1次，8月底到9月初进行1次。每年第一次抚育松土深度不要超过8厘米，并将除下的杂草铺于树根周围；第二次抚育宜结合施肥进行，除草同时进行松土，里浅外深，深度一般为10厘米~15厘米。

第二十六条 小桐子生长过程中，应适时施肥，并应根据土壤肥力状况及植株生长需求等因素确定施肥量和施肥时间。提倡开展测土配方，使用专用肥。

第二十七条 干旱季节，小桐子造林地宜适时适当开展灌溉。缺乏水源或灌水条件较差的地方可采取覆草或覆盖地膜的办法进行保墒。同时，雨季要注意排除小桐子造林地的田间积水及在春梢停止生长后到秋梢停止生长前注意控制小桐子造林地的水量，以防止新梢后期的疯长。

第二十八条 小桐子造林后前3年是确定树形发展的重要时期，应及时进行定干、修枝、整形等树体管理，培育良好的冠型，促进开花结果。具体措施为：幼树于30厘米~50厘米高处定干，并选择3~5个萌条培养成主枝，诱导生成二级枝；二级枝在40厘米~60厘米处进行截枝，诱导生成三级枝4个以上；三级枝在40厘米~60厘米处进行截枝，诱导生成结果枝；修枝的同时及时剪除、清除枯枝和病虫危害枝条。修剪在休眠期进行。

第二十九条 小桐子常见的病虫害有白粉病、枯梢病和根腐病等，主要危害嫩芽、叶片、根和果实等，具体的防治措施可参见相关技术规程。小桐子的病虫害防治工作应以预防为主，建立健全监测预报体系，实现早发现，早防治。在防治过程中，应重视采取生物防治措施，重视保护森林生物多样性，提高森林自身的抗病虫能力。

第三十条 要重视加强小桐子造林地的森林防火工作，制定护林防火公约，树立护林防火标牌，建立健全各项防火制度，强化防火意识。小桐子造林地应按照地形、地貌及林地面积，规范建设防火道等防火设施，消除火灾隐患。防火带一般应在与造林地接壤的人员往来较多的路边、田边设置，坡地应沿等高线或沿山脊线设置，宽度按照常规防火带要求；造林后年限不长的造林地，应在7月下旬抚育除草时一并除去防火带中的草，10月下旬旱季开始后应再次去除防火带内的草，并应及时将枯草及其他可燃物全部拿到防火带外。

附录

经认定的小桐子优良品种(无性系)目录

川 R－SP－JC－010－2009
川 R－SP－JC－011－2009
川 R－SP－JC－012－2009
川 R－SP－JC－013－2009
川 R－SP－JC－016－2009
川 R－SP－JC－014－2009
川 R－SP－JC－015－2009
滇 R－ETS－JC－015－2009
滇 R－SC－JC－003－2010
滇 R－SC－JC－004－2010
滇 R－SC－JC－005－2010

国家林业局关于贯彻落实《国务院批转林业局关于全国“十二五”期间年森林采伐限额审核意见的通知》的通知

林资发〔2011〕92号

各省、自治区、直辖市林业厅(局)，内蒙古、吉林、龙江、大兴安岭森工(林业)集团公司，新疆生产建设兵团林业局，国家林业局各直属林业调查规划设计院、各派驻森林资源监督机构：

《国务院批转林业局关于全国“十二五”期间年森林采伐限额审核意见的通知》(国发〔2011〕3号，以下简称国发3号文件)是指导“十二五”期间全国森林采伐管理的纲领性文件，各级林业主管部门要系统学习、深入领会、全面抓好贯彻落实。现就贯彻落实国发3号文件，进一步加强“十二五”期间森林采伐管理的有关事项通知如下：

一、充分认识森林采伐管理的重大意义

“十二五”期间是实现胡锦涛总书记提出的“到2020年森林面积比2005年增加4000万公顷，森林蓄积量增加13亿立方米”宏伟目标的关键时期，是发展现代林业、建设生态文明、推动科学发展的重要时期，也是深入推进林业各项改革和转变林业发展方式的攻坚时期。大力加强森林资源保护管理，依法实行采伐限额制度，严格控制森林资源消耗，提高森林资源利用效益，推进森林经营方案的编制与实施，对于建立完善的林业生态体系、发达的林业产业体系和繁荣的生态文化体系，应对全球气候变化，促进经济社会可持续发展，具有重要而深远的意义。各级林业主管部门对此必须进一步提高认识，切实加强组织领导，将采伐管理作为森林资源经营和保护管理的重要内容，采取有效措施，明确考核目标、落实责任主体，依法实行采伐限额制度，严格控制森林资源消耗，不断提升采伐管理的科学性和执行力，确保森林保有量和质量的不断提高，为如期实现“双增”目标，推进林业各项改革，应对全球气候变化作出积极贡献。

二、认真做好采伐限额分解落实并规范管理

各省级林业主管部门要积极协助同级人民政府，依据森林资源的实际，于2011年3月31日前将国务院批准的采伐限额分解落实到各编限单位并报我局；东北、内蒙古重点国有林区的采伐限额由各森工(林业)主管部门分解落实到各森工企业局等单位。在分解落实过程中，省级林业(森工)主管部门经我局核定后，只能预留不超过5%的采伐限额，其余采伐限额必须全部分解落实到编限单位，不得层层截留。

国务院批准的“十二五”期间年森林采伐限额，是每年采伐胸径5厘米以上林木蓄积的最大限量，各级林业主管部门必须严格执行，不得突破。商品林采伐限额年度有节余的，经认定后，可以在“十二五”期间向以后各年度结转使用，具体办法由我局制定；公益林采伐限额不允许结转使用。国家级公益林中的一级公益林禁止采伐。长江上游、黄河上中游、海南、新疆和建设兵团天然林资源保护工程区内，继续停止天然林商品性采伐，集体林区集体林权制度改革后划为商品林的天然林除外。因自然灾害、建设工程占用征收林地和森林经营保护等特殊情况确需采伐天然林的，经我局批准后，可以占用所在编限单位或省级预留的人工林采伐限额。其中，采伐天然林500立方米以下的，由省级林业主管部门批准，于下年度1月31日前汇总后报我局备案；采伐天然林500立方米以上的，由省级林业主管部门向我局单报单批。

三、深入推进采伐管理改革和森林可持续经营管理体系建设

森林采伐管理改革是创新森林资源管理体制，转换森林资源管理方式的重要内容。“十二五”期间要继续深化森林采伐管理改革，开展以森林采伐管理改革为重点的森林可持续经营示范试点工作。各地要在总结森林采伐管理改革试点经验的基础上，开展以编制和实施森林经营方案为核心内容的试点工作，系统总结符合当地森林资源实际的可持续经营模式，逐步建立起有中国特色的森林可持续经营管理体系。

根据森林经营方案，采用科学方式，严格执行技术规程，因地制宜地实施不同方式、不同类型的森林采伐是培育森林资源、改善森林结构、提高森林质量的重要手段和促进森林可持续经营的重要保障。已按照森林经营方案编制采伐限额的单位，要严格执行森林经营方案；未编制森林经营方案的单位，要抓紧完成方案的编制，将森林资源培育和采伐利用措施落实到山头地块。各地要结合林地保护利用规划，抓紧编制省、县级森林可持续经营规划，力争在5年内完成森林可持续经营规划的编制，省级规划报我局备案。

四、全面加强东北、内蒙古重点国有林区采伐管理

东北、内蒙古重点国有林区，“十二五”期间要严格执行天然林资源保护工程二期实施方案和《大小兴安岭林区生态保护与经济转型规划(2010～2020年)》确定的年森林采伐限额和木材产量。其2011年、2012年、2013年的木材产量分别为：内蒙古森工集团110.0万立方米、110.0万立方米、110.0万立方米，吉林森工集团146.0万立方米、131.7万立方米、117.5万立方米，龙江森工集团140.0万立方米、114.7万立方米、89.4万立方米，大兴安岭林业集团72.0万立方米、64.3万立方米、56.5万立方米。同期，内蒙古岭南八局的木材产量分别为17.0万立方米、14.8万立方米、12.6万立方米；吉林4个森林经营局的木材产量分别为19.7万立方米、18.1万立方米、16.5万立方米。纳入《大小兴安岭林区生态保护与经济转型规划(2010～2020年)》的黑龙江大小兴安岭林区要全面停止主伐。

各级森工(林业)主管部门及其所属单位，要严格按照国发3号文件确定的木材产量和采伐类型组织木材生产，严禁超采；要加大伐区调查设计管理力度，提高伐区调查设计精度；我局各派驻森林资源监督机构要严格林木采伐许可证核发，对伐区调查设计不符合规定和抽检不合格的单位，一律不得核发采伐许可证。森工企业局在特殊情况下，确需跨年度采伐作业的，跨年度日期不得超过10日，并要经省级森工(林业)主管部门会同我局派驻森林资源监督机构认定。

五、严格规范低产低效林改造工作

低产低效林改造要以提高森林质量和林地产出水平为目标，严格按照《低产用材林改造技术规程》、《低效林改造技术规程》等标准认定改造对象。集体的低产低效林改造，还必须按照有关法律法规，经村民代表大会同意后实施；已经承包到户的，必须经承包人同意后实施。各级林业主管部门要加强对低产低效林改造的监管，做到“五个确保”：确保改造对象认定准确，确保不出现乱砍滥伐，确保不改变林地用途，确保不造成水土流失，确保林地利用由低产低效提升为高产高效。

六、大力加强木材运输和经营加工管理

各地要依据《全国木材(林业)检查站建设规划(2010～2015年)》，按照科学规划、统筹安排、优化结构、合理布局的原则，对现有木材检查站进行调整，不断完善木材运输检查机制。要理顺木材检查管理体制，木材检查站应当由县级以上林业主管部门管理，不得下放管理权限；全国实行统一的木材运输证和木材运输管理系统，木材运输证由县级以上林业主管部门核发。要将木材检查站的行政事业经费纳入地方财政预算，凡无经费保障的，应当予以撤销。各地要根据林业产业发展规划，合理确定木材经营加工企业的布局、规模和数量，对新建扩建年消耗林木蓄积10万立方米以上的，由省级林业主管部门批准后报我局备案。

七、不断强化采伐限额监督检查的执行力

建立年度采伐限额执行情况报告制度。各省级林业(森工)主管部门于每年3月31日前，向我局报告上年度采伐限额执行情况；我局每年对各地采伐限额执行情况进行检查，检查结果上报国务院并通报全国。建立检查结果新闻发布制度，接受舆论和群众的监督。各地要加大对检查结果反映问题的整改力度，依法处理违法事项的相关责任人和责任单位。对存在问题严重的，要对其行政主要负责人进行约谈。我局各派驻森林资源监督机构，要认真履行监督职责，切实加强对监督区域内森林资源保护发展责任制的建立和执行情况以及采伐限额执行情况的监督检查。

特此通知。

国家林业局
2011年3月28日

国家林业局关于印发《占用征收林地定额管理办法》的通知

林资发〔2011〕98号

各省、自治区、直辖市林业厅(局)，内蒙古、吉林、龙江、大兴安岭森工(林业)集团公司，新疆生产建设兵团林业局：

为切实加强占用征收林地管理，落实占用征收林地定额管理制度，严格保护、节约集约使用林地，我局研究制定了《占用征收林地定额管理办法》，现印发给你们，请遵照执行。

附件：占用征收林地定额管理办法

国家林业局
2011年4月12日

附件　占用征收林地定额管理办法

第一章　总　则

第一条　为加强占用征收林地管理，落实林地用途管制制度，根据《森林法》等法律法规和政策规定，特制定本办法。

第二条　本办法适用于勘察、开采矿藏和各项建设工程占用征收林地定额管理。

临时占用林地、森林经营单位在其所经营的林地范围内修筑直接为林业生产服务的工程设施占用林地，不纳入占用征收林地定额管理。

第三条　占用征收林地定额（以下简称定额）是指年度内国家允许勘察、开采矿藏和各项建设工程占用征收林地面积的最大限量。

第四条　县级以上地方人民政府林业主管部门应当促请本级人民政府将定额的执行情况作为政府目标责任制的重要内容。

第五条　林业主管部门不得超定额审核同意建设项目占用征收林地。

第六条　定额使用应当以严格保护为前提，节约集约使用林地；执行国家产业政策和供地政策，优先保障国家重点基础建设项目；严格控制林地转为建设用地，确保森林面积占补平衡。

第二章　定额编制

第七条　定额每5年编制一次。省级林业主管部门编制的定额建议指标和编制报告，经省级人民政府审查后，报国务院林业主管部门审定。

内蒙古、吉林、龙江、大兴安岭森工（林业）集团公司的定额单独编制，报国务院林业主管部门审定。

第八条　省级林业主管部门编制的定额建议指标，应当依据国民经济和社会发展规划、林地保护利用规划、土地利用总体规划、林业中长期发展规划，根据土地供应政策、新增建设用地计划指标和林地利用的实际情况等因素确定。

第九条　省级定额编制报告应当包括：

（一）上一期定额执行情况；

（二）指导思想、原则和依据；

（三）需求预测和供给能力分析；

（四）论证定额与新增建设用地规模、农用地转用规模等土地利用调控指标间的协调性；

（五）保障措施。

第三章　定额管理

第十条　国务院林业主管部门审定省级定额建议指标，应当坚持生态优先、统筹兼顾、适度从紧、保障重点的原则，依据各类建设项目用地标准测算用地规模，优先保障省级以上重点建设项目、基础设施项目，从严控制经营性项目，禁止国家法律法规明令禁止供地的建设项目。

经国务院林业主管部门审定的省级定额，按年度下达到省级林业主管部门。

第十一条　国务院林业主管部门可以预留不超过全国总量10%的定额，用于解决和调控国家重大工程项目使用林地；各省、自治区、直辖市定额的使用和分解由其自定。

第十二条　省级年度定额必须优先用于国家能源基地、国家级电网、油气干线管网、公（铁）路、港口、机场、水利工程等基础设施建设项目；适度控制用于城镇扩展边界、工矿开发和商业性开发等建设项目。

第十三条　省级林业主管部门审核同意的占用征收林地建设项目使用的定额，要在年度定额内相应核减；上报国务院林业主管部门审核的建设项目所需定额，进行预核减，建设项目经审核同意后正式核减。定额的使用管理由省级林业主管部门负责。

第十四条　定额实行5年总额控制，允许年度间调剂使用。

年度定额有节余的，经国务院林业主管部门核定后可结转使用；年度定额不足的，允许提前使用下年度定额。提前使用的定额数量，不得超过本年度定额的20%。其中，10%以内的，由省级林业主管部门核定，并报国务院林业主管部门备案；超过10%的，报国务院林业主管部门核定。

结转或者提前使用的定额，国务院林业主管部门在下年度定额中给予相应增加或者核减。

第十五条　申请提前使用下年度定额的，仅限于经国务院有关部门或者省级人民政府及其发展改革部门审批、核准或者备案的重点建设项目、基础设施项目和抢险救灾需要使用的林地。

第十六条　符合下列条件之一的，由省级林业主管部门当年一次性申请国家备用定额。

（一）经国务院有关部门或者省级人民政府审批、核准或者备案的重点建设项目、基础设施项目和抢险救灾需要使用的林地，申请单位已经提前使用下年度定额的20%；

（二）单个建设项目占用征收林地面积超过1000公顷以上或者超过年度定额50%以上的；

（三）其他特殊情形的。

第十七条　备用定额只能用于所申请的建设项目，当年不使用的，不得结转下年，由国务院林业主管部门收回。

第十八条　申请提前使用下年度定额或者国家备用定额，应当提交以下材料：

（一）申请报告；

（二）建设项目的批准文件；

（三）建设项目使用林地可行性报告。

第十九条　林地年度定额的下达和使用情况由国务院林业主管部门予以公告。

第四章　监督管理

第二十条　省级林业主管部门应当按项目建立定额使用管理档案，按月上报定额使用情况和统计报表。

第二十一条　国务院林业主管部门对各地年度定额

执行情况，按照有关规定进行检查。

国务院林业主管部门各派驻森林资源监督机构负责对监督区域年度定额执行情况的监督，对违反本办法的，督促地方有关部门依法处理，并报告国务院林业主管部门。

第二十二条 对具有下列情形之一的，国务院林业主管部门据情调减其下年度定额。

（一）擅自超定额审核占用征收林地的；

（二）违反规定，隐瞒不报的；

（三）将审核项目变更为临时占用或者直接为林业生产服务工程设施项目的；

（四）存在其他严重问题的。

第二十三条 对违反本办法第二十二条规定的责任单位和责任人，依照有关法律法规，严肃处理。

第五章 附 则

第二十四条 省级林业主管部门根据本办法制定具体措施，并报国务院林业主管部门备案。

第二十五条 本办法由国务院林业主管部门负责解释。

第二十六条 本办法自印发之日起施行。

国家林业局 商务部 国家旅游局关于做好赴（在）外人员CITES公约知识宣传工作的通知

林濒发〔2011〕102号

各省、自治区、直辖市林业厅（局）、商务厅（局）、旅游局，内蒙古、吉林、龙江、大兴安岭森工（林业）集团公司，新疆生产建设兵团林业局、商务局、旅游局，驻外使领馆经商处：

濒危物种是地球生态系统中无可替代的组成部分。保护和拯救濒危物种，对于保障生态安全、建设生态文明、维护国家声誉、促进人与自然和谐共存，具有十分重要的意义。《濒危野生动植物种国际贸易公约》（以下简称“CITES公约”）是管理濒危物种国际贸易的国际法，我国自1981年缔结该公约以来，在各地、各有关部门的高度重视和密切配合下，国家履约体系不断完善，国际贸易有序开展，对外谈判能力显著提高，国际影响日益扩大。但是，随着我国改革开放的不断深入和对外交往的不断增加，我国赴（在）外人员违反CITES公约规定，非法携带、邮寄和运输濒危物种及其制品出入境现象亦日益频繁，不仅给自身带来经济损失和法律责任，也对我国的声誉和形象造成不良影响。为提高上述人员的履约守法意识，消除违约现象的发生，维护国家声誉和生态安全，我们编辑了《CITES公约知识问答》（见附件），现印发给你们，并就做好CITES公约知识宣传工作通知如下：

一、充分认识做好CITES公约知识宣传工作的重要性和紧迫性。在CITES公约事务中，濒危物种问题不仅是单纯的保护、经济和生态问题，还是极为敏感的道德、政治和外交问题。不少国家和媒体以我国公民频频发生违约携带、邮寄和运输陆龟、象牙、犀牛角、鳄鱼皮包、中成药等濒危物种及其制品出入境现象为由，利用公众对野生动物的宠爱，借题发挥，诋毁我国。因此，普及CITES公约知识，提高履约意识，遏制相关违约活动，已成当务之急。

二、开展形式多样、内容丰富的宣传教育活动。林业主管部门应借助我国加入CITES公约30周年契机，利用“世界湿地日”、“国际生物多样性日”、“国际森林年”、“爱鸟周”、“保护野生动物宣传月”等活动，运用电视、广播、网络等媒体以及自然保护区宣教中心和野生动植物救护中心等场所，参考《CITES公约知识问答》，向全社会广泛宣传CITES公约规定，普及CITES公约知识；商务、旅游部门以及驻外使领馆经商处除须将《CITES公约知识问答》上挂本单位网站外，还应将《CITES公约知识问答》转发各在外中资企业、对外劳务合作企业、对外承包工程企业、外贸企业和国际旅行社，要求这些企业必须切实做好本企业员工以及赴（在）外劳务、商务和旅游人员等的CITES公约知识的普及工作，教育这些企业的员工和服务对象不得无证携带、邮寄和运输濒危物种及其制品出入境。

三、加强组织领导，确保CITES公约知识宣传工作取得实效。CITES公约知识宣传工作是一项长期任务，要加强领导，建立机制，精心组织，确保实效。要把做好CITES公约知识宣传工作同贯彻党的十七大精神、建设生态文明结合起来，同落实科学发展观、促进人与自然和谐共存结合起来，同实现经济平稳较快发展、保障生态安全结合起来，努力使CITES公约知识宣传到每一个赴（在）外劳务、商务和旅游人员，使大家通过了解和掌握这些知识，自觉地遵守相关规定，尽到履约义务，维护公民个人利益和国家形象。

附件：CITES公约知识问答

国家林业局

中华人民共和国商务部

中华人民共和国国家旅游局

2011年3月30日

附件 CITES 公约知识问答

1. 什么是 CITES 公约？

CITES 公约是《濒危野生动植物种国际贸易公约》的简称，签署于 1973 年，生效于 1975 年 7 月 1 日，其英文文本见 CITES 秘书处网站（http：//www. cites. org/），中文文本见中华人民共和国濒危物种进出口管理办公室（以下简称“国家濒管办”）网站（http：//www. cites. gov. cn/）。

2. CITES 公约的法律地位如何？

CITES 公约是管理濒危物种国际贸易的多边环境协议，属于国际法。

依照我国《野生动物保护法》第四十条规定，CITES 公约直接适用于我国。

目前，CITES 公约共有 175 个缔约国。无论是在境内还是境外，任何单位和个人携带、邮寄或运输濒危物种及其制品出入国境，都必须遵守 CITES 规定。

3. 为什么要签署 CITES 公约？

签署 CITES 公约是为了预防濒危物种因国际贸易而遭到过度开发乃至灭绝。

4. CITES 公约的管理对象是什么？

CITES 公约的管理对象包括三个附录。

附录一纳入了所有受到和可能受到贸易的影响而有灭绝危险的物种，目前共有 890 多个物种，包括老虎、大象、犀牛、熊、海龟等，其商业性国际贸易被严格禁止。

附录二纳入了目前虽未濒临灭绝但对其贸易如不严加管理以防止不利其生存的利用就可能变成有灭绝危险的物种以及为了使上述某些物种的贸易能得到有效的控制而必须加以管理的其他物种，目前共有 33 000 多个物种，包括陆龟、穿山甲、河马、高鼻羚羊、蟒蛇、海马、砗磲等，其国际贸易受到严格限制。

附录三纳入了任一缔约国认为属其管辖范围内应进行管理以防止或限制开发利用而需要其他缔约国合作控制贸易的物种，目前共有 160 多种，包括部分国产龟鳖类，其出口受到一定限制。CITES 公约对上述物种的国际贸易管理，特别是允许进出口证明书的核发，规定了共同标准和程序，并允许各缔约国采取比 CITES 公约更为严厉的国内措施。

CITES 附录一、附录二、附录三物种清单，可在 CITES 秘书处或者国家濒管办网站上查询。

5. CITES 公约是如何管理濒危物种国际贸易的？

在国际层面上，每 2～3 年召开一次 CITES 缔约国大会，研究调整 CITES 公约附录，审议 CITES 公约执行效力，提出更好履行公约的决议和决定。

在国家层面上，各国均指定了履行 CITES 公约的管理机构和科学机构。其中，管理机构主要负责依照 CITES 公约和本国相关法律法规规定的标准和程序，为进出口 CITES 附录物种及其制品核发允许进出口证明书；科学机构主要负责就具体进出口活动向管理机构提供科学咨询。

各缔约国管理机构和科学机构的名称、地址和联系方式等，可在 CITES 秘书处网站上查询。

中国的 CITES 管理机构是中华人民共和国濒危物种进出口管理办公室，设在国家林业局。CITES 科学机构是中华人民共和国濒危物种科学委员会，设在中国科学院北京动物研究所。

6. 单位或者个人携带、邮寄或者运输濒危物种出入境的，需要办理什么手续？

携带、邮寄或者运输附录一物种或其制品出入境的，必须事先取得进口国 CITES 管理机构核发的允许进口证明书和出口国管理机构核发的允许出口证明书，凭证接受进出口国海关查验。

携带、邮寄或者运输附录二、附录三物种或其制品出入境的，必须事先取得出口国 CITES 管理机构核发的允许出口证明书，凭允许出口证明书接受进出口国海关查验；包括我国和欧盟在内的一些国家，还采取了更为严格的国内措施，要求凭出口国的允许出口证明书来办理允许进口证明书，凭允许出口证明书以及允许进口证明书接受进口国海关查验。

申请办理允许进出口证明书所需文件和程序，可致电各国 CITES 管理机构了解；申请中方允许进出口证明书的，可上国家濒管办网站查询。

7. 对违反 CITES 公约的行为，如何处罚？

未取得允许进出口证明书而实施进出口的，有关濒危物种或其制品将予以没收，涉案单位或者个人须依照案发地所在国的法律予以追究行政或者刑事责任。国际刑警组织和世界海关组织已经收到多起中国籍旅客在境外被罚款甚至判处有期徒刑的案例。

未取得允许进出口证明书，携带、邮寄和运输 CITES 公约附录一、附录二物种或其制品出入我国国境的行为，触犯刑法第一百五十一条之规定，最高可处以无期徒刑，并处罚款或者没收个人财产。近十年来，我国已有数十人因走私猎隼、象牙、穿山甲、虎豹皮被判处无期徒刑。

8. 中国公民走私濒危物种的情形如何？

在国内，每年均查获大量我国公民走私濒危物种及其制品案件。比如，2010 年中国海关共查获了 860 起走私濒危物种案件，其中 700 多起与个人非法携带、邮寄和运输象牙及其制品入境有关。

在国外，特别是在非洲、欧洲以及亚洲，每年也截获不少我国公民非法携带、邮寄和运输濒危物种及其制品出入境的案件，不少人还被罚款或者监禁。

上述非法活动，经境外媒体反复炒作，对我国国家声誉和民族形象造成不良影响。

9. 针对中国公民，国际上都采取了哪些监管措施？

近年来，各国海关和其他边境执法部门都加强了对旅客携带，托运和货物贸易渠道的检查，查获的濒危物种及其制品大幅上升。

据悉，从非洲直飞回国或者经中东、欧洲、东南亚回国的东亚籍旅客的行邮物品已经成为各国海关的重点布控对象，从东亚前往欧美国家或者在欧美国家中转的东亚籍旅客的行邮物品也成为这些国家的重点布控对象，前者检查有无象牙、犀牛角、陆龟、海马、鳄鱼皮等濒危物种或其制品，后者重点检查有无含虎骨、豹骨、犀牛角、麝香、熊胆粉、羚羊角、穿山甲片、龟壳、天麻、石斛、狗脊、木香等濒危物种成分的中成药。

国家林业局关于印发《林地保护利用规划编制审查办法(暂行)》的通知

林规发〔2011〕110号

各省、自治区、直辖市林业厅(局)，内蒙古、吉林、龙江、大兴安岭森工(林业)集团公司，新疆生产建设兵团林业局：

为规范林地保护利用规划编制审查工作，依据《中华人民共和国森林法》和《中华人民共和国森林法实施条例》，我局研究制定了《林地保护利用规划编制审查办法(暂行)》，现印发给你们，请遵照执行。执行过程中有何意见建议，请及时反馈。

特此通知。

附件：林地保护利用规划编制审查办法(暂行)

国家林业局

2011年4月20日

附件　林地保护利用规划编制审查办法(暂行)

第一章　总　则

第一条　为规范林地保护利用规划的编制、审查和报批，提高林地保护利用规划的科学性、严谨性和可操作性，根据《中华人民共和国森林法》和《中华人民共和国森林法实施条例》等法律法规，制定本办法。

第二条　林地保护利用规划编制由县级以上人民政府组织，林业行政主管部门具体承担。林业行政主管部门会同有关部门编制本级林地保护利用规划，审查下级林地保护利用规划，适用本办法。

第三条　林地保护利用规划是指导林地保护和利用工作的纲领性文件，是落实林地用途管制，优化林地结构、布局，统筹各项林地利用活动的重要依据。

城建、工业、交通、水利、能源、工矿、旅游、农业、环保等各类建设项目，凡涉及使用林地的，应当符合林地保护利用规划的要求。

第四条　编制和审查林地保护利用规划，应当贯彻落实科学发展观，坚持严格保护、积极发展、科学经营、持续利用的方针。把林地放在与耕地同等重要的位置，坚持最严格的保护制度和最严格的节约集约用地制度，注重保护林农及其他森林经营者的合法权益，统筹生态建设和经济社会发展使用林地的需求，充分发挥森林的生态、经济和社会效益，为经济社会可持续发展奠定基础。

第二章　规划编制

第五条　编制林地保护利用规划，应当遵循国家、行业、地方的相关标准和规程规范。

第六条　编制林地保护利用规划，坚持政府组织、部门协作、统筹兼顾、因地制宜、广泛参与、科学决策、依法依规、注重实施的工作方针。

第七条　林地保护利用规划分为国家、省、县三级。下一级规划应当根据上一级规划编制，并与同级主体功能区规划、土地利用总体规划相衔接。

编制县级林地保护利用规划，要科学合理地界定林地范围，对林地进行分区、分类、分级、分等，并落实到山头地块，建立档案。

第八条　林地保护利用规划编制前，林业行政主管部门应当开展基础调查、重大问题研究等前期工作，原已编制和实施林地保护利用规划的单位，还应当对上轮规划实施情况进行评估。

第九条　林业行政主管部门应当在前期工作的基础上，以全国森林资源连续清查数据为总控、以森林资源规划设计调查成果等为依据确定省级规划基数，编制省级林地保护利用规划大纲(以下简称“规划大纲”)和县级林地保护利用规划框架(以下简称“规划框架”)。

规划大纲(框架)必须明确规划指导思想、基本原则，确立规划期林地保护利用的基本战略、主要目标和相应的调控指标，明确严格保护、合理利用、区域统筹、差别管理的林地保护利用方向及政策措施。

第十条　林业行政主管部门以规划大纲(框架)为依据，编制林地保护利用规划。

县级规划应当根据省级规划大纲分解下达的规划目标和任务，与省级规划同步编制。

第十一条　在林地保护利用规划编制过程中，对涉及的区域协调、城乡建设用地扩展边界控制、土地整治和生态建设等重大问题要征求有关部门和专家的意见。

第十二条　对林地保护利用规划编制中的重大问题，可以向社会公众征询解决方案。对直接涉及林农和其他森林经营者合法权益的规划内容，应当充分听取权益相关人的意见。必要时可以依法举行听证会。

第十三条　林业行政主管部门应当建立专家咨询机制，对林地保护利用规划成果进行专家论证，论证意见及采纳情况应当作为审查材料一并上报。

第十四条　省级规划由具有甲级林业调查规划设计资质单位(或省级林业调查规划设计单位)编制，县级规划由乙级以上林业调查规划设计资质单位编制。

第三章　规划内容

第十五条　林地保护利用规划，应当包括下列内容：

（一）林地基本情况和上轮林地保护利用规划实施情况。

（二）林地保护利用形势分析。

（三）林地保护利用战略、目标和主要任务。

（四）林地保护规划和措施。

（五）林地利用规划和措施。

（六）林地结构、区域布局的优化方案。

（七）林地差别化管理政策措施。

（八）规划实施保障措施。

第十六条　省级林地保护利用规划重点内容：

（一）国家林地保护利用规划任务和指标的落实情况。

（二）林地保护和利用重大问题的解决方案。

（三）林地保护的分级、布局和措施。

（四）林地利用的主要方向和区域布局。

（五）林地结构优化和国家、省级林业重点工程安排。

（六）对县级规划的调控。

（七）林地用途管制主要措施，占用征收林地规模测算。

（八）林地分区、分类、分级、分等保护和管理的政策措施。

（九）规划实施的机制创新。

第十七条　县级林地保护利用规划重点内容：

（一）省级规划任务和指标的落实情况。

（二）林地规模、保护分级、利用方向、结构、区域布局的具体安排。

（三）公益林地区划布局和管护措施。

（四）功能分区、结构布局和差别化管理政策措施。

（五）补充林地、退化林地修复、宜林地造林规划的具体安排。

（六）林地边界的划定，衔接核定城乡建设用地扩展边界；对林地进行分区、分类、分级、分等，落实到山头地块，制定保护和管理措施。

（七）落实国家、省级林业重点工程规模、分布和实施措施。

第十八条　林地保护利用规划包括以下图件：

（一）林地现状图件，包括林地利用现状图、林地质量等级分布图、林地结构现状图（反映林地权属、森林起源、森林类别、林种等）。

（二）林地规划图件，包括林地保护利用等级规划图、分区布局图等。

第十九条　林地保护利用规划附表包括现状表和规划表，反映林地权属、地类、质量、结构，森林类别、起源等现状和规划指标内容。

省级规划附表要分解到县级单位。

第四章　审查和报批

第二十条　林地保护利用规划审查报批，分为规划大纲（框架）审查和规划成果审查报批两个阶段。

第二十一条　省级林地保护利用规划成果（规划大纲）报国务院林业行政主管部门审查，县级林地保护利用规划成果（规划框架）报省级林业行政主管部门审查。

第二十二条　林地保护利用规划（大纲或框架）审查和报批提交下列材料：

（一）文本及编制说明。

（二）附表和图件。

（三）专题研究报告。

（四）县级规划提交林地档案和林地规划数据库（含矢量和属性数据）及数据库说明。

（五）征求意见、专家论证意见、规划大纲（框架）审查意见及修改落实情况等。

（六）其他材料。

以上材料一式 10 份。

第二十三条　国家和省级林业行政主管部门审查林地保护利用规划成果过程中，应当征求有关部门和单位意见。对于有较大意见分歧的，林业行政主管部门应当组织相关方面进行协调。

第二十四条　林业行政主管部门依据下列法律、法规、技术规定和有关成果对林地保护利用规划进行审查：

（一）国家和地方颁布的有关林地和森林资源保护的法律和法规。

（二）国家和地方有关林地和森林资源保护利用管理的政策和规范性文件。

（三）国家、行业、地方的相关标准和规程规范。

（四）上级林地保护利用规划。

（五）本级国民经济和社会发展规划、主体功能区规划、土地利用总体规划、林业发展规划等。

（六）自然保护区和森林公园总体规划以及其他林业专项规划。

（七）森林资源规划设计调查、林业专项调查、公益林区划界定成果等。

第二十五条　林业行政主管部门应当对下一级林地保护利用规划进行全面审查，提出审查意见。审查内容包括：

（一）规划基数的确定方法和具体数据的准确性。

（二）上轮规划实施评价。

（三）规划编制原则与指导思想。

（四）战略定位与规划目标。

（五）林地保护利用结构、规模、布局和时序。

（六）林地保护利用主要指标分解情况。

（七）规划衔接、协调、论证情况。

（八）规划实施保障措施。

（九）县级林地规划数据库矢量数据与属性数据。

（十）其他需要审查的内容。

第二十六条　规划大纲（框架）审查通过后，有关林业行政主管部门应当依据审查通过的规划大纲（框架），组织编制林地保护利用规划。

规划大纲（框架）审查如未通过，有关林业行政主管部门应当根据审查意见修改规划大纲（框架），重新申报审查。

第二十七条　省级规划经国务院林业行政主管部门审查同意后，由省级人民政府批准实施。县级规划经省级林业行政主管部门审查同意后，由县级人民政府批准实施。

内蒙古、吉林、龙江、大兴安岭森工(林业)集团公司及其所属林业局单独组织编制林地保护利用规划，由国务院林业行政主管部门审批，规划成果汇总到其所在地的同级规划。

新疆生产建设兵团及其所属团场单独组织编制林地保护利用规划，由兵团审批，规划成果汇总到其所在地的同级规划。

国家级自然保护区、国家级森林公园、省(区)直属国有林场等确需单独编制规划的，由省级林业行政主管部门审批，规划成果纳入其所在县级林地保护利用规划。

第五章　附　则

第二十八条　本办法自印发之日起施行。

国家林业局关于印发《林业生物能源原料基地检查验收办法》的通知

林造发〔2011〕114 号

各省、自治区、直辖市林业厅(局)，内蒙古、吉林、龙江、大兴安岭森工(林业)集团公司，新疆生产建设兵团林业局：

为进一步规范林业生物能源原料基地检查验收工作，不断提高基地建设水平，促进林业生物柴油原料资源的可持续发展，根据《财政部、国家发展改革委、农业部、国家税务总局、国家林业局关于发展生物质能源和生物化工财税扶持政策的实施意见》(财建〔2006〕702 号)、财政部《生物能源和生物化工原料基地补助资金管理暂行办法》(财建〔2007〕435 号)，我局组织编制了《林业生物能源原料基地检查验收办法》(见附件)，经商财政部同意，现印发给你们，请认真执行。在执行中如发现问题请及时向我局造林绿化管理司反馈。

为引导和推动我国林业生物能源原料基地健康发展，对基地建设中涌现出来的典型样板，我局将在严格检查验收的基础上，确定为“林业生物能源示范基地”。

特此通知。

附件：林业生物能源原料基地检查验收办法

国家林业局

2011 年 5 月 4 日

附件　林业生物能源原料基地检查验收办法

第一章　总　则

第一条　为加强林业生物能源原料基地管理，规范检查验收工作，促进林业生物能源原料基地建设质量不断提高，依据《财政部、国家发展改革委、农业部、国家税务总局、国家林业局关于发展生物能源和生物化工财税扶持政策的实施意见》(财建〔2006〕702 号)、财政部《生物能源和生物化工原料基地补助资金管理暂行办法》(财建〔2007〕435 号)、国家林业局《全国营造林实绩综合核查办法》及有关技术规程，特制定本办法。

第二条　林业生物能源原料基地检查验收实行建设单位自查、省级核查验收和国家抽查的方式开展。省级核查验收采取抽查检查方式。基地建成后，由国家林业局负责组织竣工验收。

第三条　建设单位自查由项目建设单位自行组织或委托具有相应资质的单位开展，自查成果作为申报项目依据；省级核查验收由省级林业主管部门组织专业技术人员进行抽查检查；国家林业局结合日常工作、营造林实绩核查等进行不定期抽查。

第四条　林业生物能源原料基地检查验收应遵循公共道德准则，实事求是，讲求诚信，坚决杜绝弄虚作假。

第二章　基地认定标准

第五条　林业生物能源原料基地是指为企业生产生物能源产品提供原料的林业基地。基地建设要充分开发利用宜林荒山荒地、沙荒地和边际性土地，确保不与粮争地，有利于生态保护，相对集中连片。

第六条　企业是林业生物能源原料基地主体。同时具备以下条件：1. 基地面积不少于 30 万亩，并持有林权证、林地租赁承包合同等权属证明；2. 有种苗繁育基地，不少于 500 亩；3. 已根据本地林业发展规划编制林业生物能源原料基地建设实施方案，经省级林业主管部门审核通过并报财政部、国家林业局备案。

第七条　造林树种应具有结实早、果实含油率较高、结实量大、适应性强、利用周期长、生物柴油转化技术相对成熟等特点。根据此原则暂定小桐子、文冠果、黄连木、光皮树、油桐、乌桕、无患子等 7 个树种为林业生物能源原料树种。

第八条　造林密度标准

各树种定植后株数不少于下述规定标准：小桐子 64 株/亩、文冠果 54 株/亩、黄连木 56 株/亩、光皮树 64 株/亩、油桐 64 株/亩、乌桕 64 株/亩、无患子 42 株/亩，并应分布均匀。

第九条　造林合格标准

造林成活率≥95% 为合格，94% ~51% 为待补植，

≤50%为失败。

第十条 林业生物能源原料基地应采取人工植苗造林。经核准的现有低产林改培，并符合下述条件的，可以同样认定为造林面积：1. 立地条件较好，增产潜力较大；2. 通过实施补植、间伐、施肥、修枝整形、深翻扩穴、高接换优、病虫害防治等技术措施，能够有效提高单位面积产量和质量；3. 符合造林密度标准要求。

第三章 建设单位自查

第十一条 自查内容

自查应当在造林一年以后进行。建设单位对原料基地进行全面自查，自查内容包括：

（一）是否按照林业生物能源原料基地建设实施方案和作业设计完成年度造林任务。

（二）造林作业面积、造林成活率合格面积、待补植面积、失败面积等。

（三）整地方式及规格、树种选择及配置、栽植密度、株行距、种苗质量、栽植时间、施肥、病虫害防治等情况。

（四）造林地的抚育管护、档案建立等情况。

第十二条 自查方式

核实面积的自查应采用1:50000地形图或GPS现地逐个小班调绘和实测、量算小班面积。小班均需留存实测的GPS控制点位的坐标或调绘的1:50000地形图。

采用样行或样地（样园）调查法调查株数成活率。

样行或样地（样园）调查的面积比例：当小班（地块）面积在100亩以下时，样行或样地面积应占小班（地块）面积5%；100～450亩应占3%；450亩以上不少于2%。

样行或样地（样园）应根据小班苗木定植情况，均匀布设在有代表的地段。

样行调查样地设置为带状，带宽5米，机械布设，样行数按小班应调查的样地面积确定，每个小班不少于3行。

样园调查应选择具有代表性的调查点位，设置半径为3.26米的样园。样园调查个数要求：小班50亩以下的不少于3个，小班面积50～100亩的不少于5个，小班面积100～150亩的不少于6个，小班面积150亩以上的不少于7个。

在样行或样地（样园）内计数总的人工造林株数（包括死苗、缺苗）以及成活株数。

穴状整地造林中，当每穴造林株数或成活株数多于1株时，按1株计算。

省级核查验收前1个月内及核查工作开展后补植的苗木不计入成活株数。

自查后的结果应按统一格式填写造林小班（地块）卡片，分小班（地块）、行政村（林班）、乡镇（林场）逐级统计、汇总至县级单位；各项因子调查结果应当制表，一并录入计算机，建立数据库。小班（地块）面积应按比例标绘在1:50000地形图上，并标注小班（地块）号，建立地理信息数据库。

第十三条 自查报告

自查结束后，建设单位应将自查情况及时上报省级林业主管部门，并申请省级核查验收。申请省级核查验收面积应为成活率合格面积。自查报告应包括以下内容：

（一）原料基地实施基本情况。包括造林完成情况、造林质量、实施单位管理情况等。

（二）自查工作概况。

（三）自查结果。明确造林作业面积、成活率合格面积、待补植面积、失败面积等。

（四）分析总结和评价原料基地建设过程中，建设的基本措施和经验，实施中存在的问题、对策及建议等。

（五）图表资料：《______年度林业生物能源原料基地造林小班（地块）一览表》（见附表1，略）和造林小班（地块）布局图。

（六）林业生物能源原料基地造林小班（地块）地理信息数据库。

第十四条 自查档案管理

将林业生物能源原料基地造林实施方案，项目造林作业设计及图表，年度资金使用报告及报表，项目自查验收报告，外业调查图、表（含面积量算记录）、小班调查卡、统计汇总表等有关资料按技术档案管理规定正卷归档。

第四章 省级核查验收

第十五条 核查验收内容

在建设单位自查上报数据的基础上进行省级核查验收。省级核查验收内容同自查。

第十六条 核查验收工作量

省级林业主管部门对建设单位的林业生物能源原料基地造林进行核查，核查面积不少于上报总面积的10%。

第十七条 核查验收样本抽取

（一）省级核查验收抽检县（市、区）数量原则上不少于两个，少于两个的全部检查。

（二）省级核查验收乡（镇）样本、小班的确定。

1. 核查的乡（镇）、行政村、小班由外业检查人员到达抽检县后进行抽取。

2. 各抽检县检查乡（镇）数量原则上不少于两个。

3. 按抽检县各乡（镇）基地建设保存率合格面积，从小到大依次排列，形成一个闭合环，按照规定的起始号和间隔号（起始号和间隔号由省级林业主管部门事先确定）抽取核查乡（镇），直至抽中乡（镇）的累计面积大于该县应核查面积的90%。如抽取的核查累计面积大于应当核查面积的，最后一个被抽取的核查乡（镇）应当调换到累计核查面积最接近应当核查面积的乡（镇）。如果没有累计核查面积在99%～120%的乡（镇）可以调换，将原抽中的最后一个乡（镇）的各行政村造林面积（不落实到村时以造林小班为单位）按照从大到小排序，按规定的起始号和间隔号，依次抽取行政村（小班），使累计面积最接近该县应查面积。

4. 如正常抽取未达到两个乡（镇）即因超过应查面积需要调换乡镇时，按照顺序抽足两个乡（镇），按照这两个乡（镇）行政村造林成活率合格面积（造林面积不落实到村时以造林小班为单位）从小到大排序，形成一个闭合环，按规定的起始号和间隔号直接抽取行政村或小班，使累计面积最接近该县(市)应查面积，如抽中的全部为同一乡镇的行政村或小班时也不再补抽乡(镇)。

5. 抽取乡(镇)、行政村或小班时，当重复抽取的轮次中再次抽到已抽中的乡(镇)、行政村或小班时，顺延抽取下一个单位。

6. 乡(镇)或行政村合格面积相同时，依次按照乡(镇)或行政村第一字、第二字笔画由小到大排序；小班按照县(市)自查小班号顺序由小到大排序。

7. 如按照上述方法不能正常抽取核查乡(镇)或行政村(小班)时，核查人员应当将抽检县建设单位自查情况，向核查验收工作组织单位报告，以确定核查样本。

8. 乡(镇)、行政村或小班一旦确定，不得随意改动，如遇重大灾情或特殊情况需要改动时，应得到核查验收工作组织单位的批准。

9. 受检的建设单位应当事先提供《年度林业生物能源原料基地造林小班(地块)一览表》，核查人员再按照起始号和间隔号抽取检查样本。如提供的材料与上报的自查材料不一致时，建设单位需加盖公章确认，然后核查人员再抽取检查样本。

第十八条 核查验收方式

(一)核查验收采取现地检查、听取汇报、查阅材料和座谈交流等多种形式相结合的方式。

(二)对抽中的行政村或小班全部进行现场检查。

(三)核查的行政村或小班原则上需勾绘到1∶50000地形图上，利用GPS定位技术，现地核对行政村(小班)位置、形状和范围，重新求算行政村(小班)面积。当检查核实面积与上报面积相差在±5%范围内时，认可原上报面积，否则以核实面积为准。

行政村(小班)采用GPS控制点与地形图调绘相结合的方法求算面积。每个行政村(小班)均需留存GPS控制点位的坐标。

(四)采用样行或样地(样园)调查法调查成活率。

(五)填写《______年度林业生物能源原料基地造林小班(地块)核(抽)查一览表》(见附表2，略)和《______年度林业生物能源原料基地造林核(抽)查汇总表》(见附表3，略)。

第十九条 核查验收成果

(一)省级核查验收后，及时汇总核查结果，形成核查验收报告，并提交核查验收标准数据库文件，提交成果包括以下内容：

1. 核查统计汇总表。

2. 核查成果报告。

(二)省级核查成果报告除应当对核查结果做出说明外，还应当着重对核查结果进行深入分析，并反映核查中所发现的问题。报告内容包括：

1. 核查工作开展情况、任务量、核查单位数、工作时间，参加人员等。

2. 核查结果：用文字和表格分别表述受检单位林业生物能源原料基地造林完成情况、质量状况。

3. 成绩与经验：建设单位林业生物能源原料基地建设中采取的主要措施，取得的主要成效和经验。

4. 问题：对在核查中发现的上报面积与核查结果相差较大的情况，要进行说明和分析。突出、有代表性问题要落实到行政村(小班)。

5. 建议：包括基地建设合作单位的意见建议和核查验收人员在核查验收中发现问题的改进意见建议等。

第二十条 核查验收档案管理

省级核查验收后，应当将核查验收报告，外业调查图、卡片，数据库、统计汇总表等有关资料按技术档案管理规定立卷归档，并抄送省级财政部门。

第五章 国家抽查及竣工验收

第二十一条 国家抽查在省级核查验收的基础上进行。抽查内容与自查相同。抽查面积不少于建设单位申请省级核查验收面积的3%。抽查时样本的抽取、抽查方式、抽查成果的报告及抽查档案管理均与省级核查验收相同。

第二十二条 基地建成后的竣工验收在历次省级核查验收的基础上进行，采取抽查检查的方式，内容与自查相同。抽查检查面积不少于建设单位“林业生物能源原料基地建设实施方案”中设计的基地建设面积的2%。抽查检查时样本抽取、抽查检查方式及档案管理均与省级核查验收相同，但不填写附表3(附表3，略)。

第二十三条 抽查检查后，及时汇总抽查检查成果，提交《林业生物能源原料基地竣工验收汇总表》(见附表4，略)和基地验收标准数据库文件及竣工验收报告(内容与省级核查验收相同)，并抄送财政部。

第六章 计算方法与统计汇总

第二十四条 计算方法

造林成活率、面积核实率、面积核实合格率、造林作业设计率、管护抚育率、档案建立率。

(一)造林成活率(%)=小班标准地内成活株数/小班标准地内造林总株数×100%。

1. 初植密度达到设计造林密度

成活率=[成活株数/初植株(穴)数]×100%。

2. 初植密度达不到设计造林密度

成活率=(成活株数/设计造林密度)×100%。

3. 初植密度超过设计造林密度，且死亡苗木均匀分布的成活率=(成活株数/设计造林密度)×100%计。超过100%的，按照100%计。

4. 初植密度超过设计造林密度，但死亡苗木呈块状分布的：

成活率=(按设计的株行距调查的成活株树/设计造林密度)×100%

(二)面积核实率。

面积核实率(%)=(∑小班核实面积/∑小班上报面积)×100%

(三)面积核实合格率。

上报面积合格率(%)=(∑合格小班面积/∑小班上报面积)×100%

面积核实合格率(%)=(∑合格小班面积/∑小班核实面积)×100%

(四)管理指标。

1. 造林作业设计率(%)=(∑作业设计合格小班核实面积/∑小班核实面积)×100%

2. 管护抚育率(%)=(∑有抚育管护小班核实面积/∑小班核实面积)×100%

3. 档案建立率(%)=(∑有建档小班核实面积/∑小班核实面积)×100%

第二十五条 省级核查验收结果推算出上报合格面积总数。

第二十六条 省级核查验收与建设单位自查结果误差允许范围。行政村或小班面积检查允许误差为±5%;行政村或小班造林成活率调查允许误差为±2%,超过允许误差时,以省级核查验收结果为准。

第二十七条 所有面积均以水平面积计,以亩为单位,保留整数。造林成活率的百分数均取整数,其他各率的百分数均保留1位小数。造林成活率、面积核实率、面积核实合格率、管理指标等不大于100%。

第七章 其他规定

第二十八条 本办法由国家林业局负责解释。

第二十九条 本办法自印发之日起执行。

国家林业局关于印发《林业数表管理办法》的通知

林资发〔2011〕115号

各省、自治区、直辖市林业厅(局),内蒙古、吉林、龙江、大兴安岭森工(林业)集团公司,新疆生产建设兵团林业局,国家林业局各直属林业调查规划设计院:

为了加强全国林业数表管理,规范林业数表的编制、颁布和修订工作,我局研究制定了《林业数表管理办法》,现印发给你们,请遵照执行,并将执行中的情况及时反馈我局森林资源管理司。

特此通知。

附件:林业数表管理办法

国家林业局

2011年4月13日

附件 林业数表管理办法

第一条 为了加强和规范林业数表管理,发挥林业数表在林业和经济社会中的计量、评价作用,制定本办法。

第二条 本办法所指林业数表的范围,包括用于森林贮量及产品计量、森林生态服务功能计量、森林质量评价和森林经营指导的数学模型、数值表格和图形图像等。

第三条 林业数表的编制、颁布和修订,应当遵循本办法,并按照《全国林业数表体系建设导则》要求开展相关工作。

第四条 国家林业局负责全国林业数表工作的管理和监督,并负责组织主要树种二元立木材积表、二元立木生物量表、二元立木出材率(量)表、原条材积表、原木材积表的编制、颁布和修订工作。

各省级林业主管部门负责辖区内其他林业数表的编制、颁布、修订和管理。

第五条 二元立木材积表、二元立木生物量表、二元立木出材率(量)表、原条材积表、原木材积表等应当按照标准化工作有关规定,纳入国家或者行业标准体系。其他林业数表应当纳入行业或者地方标准体系。

第六条 二元立木材积表、二元立木生物量表、二元立木出材率(量)表、原条材积表、原木材积表的编制和修订,应当由具有甲级林业调查规划设计资质的单位承担。

森林经营数表的编制和修订,应当由具有丙级以上林业调查规划设计资质的单位承担。

其他林业数表的编制和修订,应当由具有乙级以上林业调查规划设计资质的单位承担。

第七条 林业数表编制和修订的承担单位,对林业数表质量和采集、使用的基础数据负责。

第八条 省级以上林业主管部门应当设立林业数表专家委员会,专家委员会人数7~20人。

林业数表专家委员会主要承担林业数表编制和修订的技术指导、咨询和成果审查以及林业主管部门委托的相关技术工作。

省级林业主管部门应当将专家委员会人员名单报国家林业局备案。

第九条 林业数表编制和修订的技术方法,应当执行国家相应的技术标准或规定。国家尚未规定的,由林业数表专家委员会确定。

第十条 林业数表编制完成后,由省级以上林业主管部门组织林业数表专家委员会进行审查。审查形成的书面意见,由林业数表专家委员会主任委员签字。参加审查的委员不少于7人。

第十一条 林业数表编制成果送审材料包括:

(一)编制的林业数表。

(二)工作报告和技术报告。其中,技术报告需要说明编表范围、数据采集、数据处理、编表数据、建模方法、模型参数、模型检验和评价指标以及数表使用范围和注意事项等。

(三)基础数据。包括采集的样木、样地原始数据和直接用于编表的数据。

(四)其他需要报告的材料。

第十二条 省级以上林业主管部门根据专家委员会的审查意见,对通过审查的林业数表予以颁布,并在网站上予以公布。

第十三条 省级以上林业主管部门应当定期组织开

展林业数表的适用性检验。

使用期限超过20年的林业数表，或者数表编制对象的总体特征发生显著变化的，应当组织适用性检验。

第十四条 经适用性检验，林业数表使用误差在允许误差内的，可以继续使用；在允许误差1～3倍内的，应当进行修订；大于3倍的，应当重新编制。

经修订和重新编制的林业数表，按照本办法第十、十一、十二条的规定审查颁布。

第十五条 省级林业主管部门应当根据本办法，制定本辖区的实施办法。

第十六条 本办法由国家林业局负责解释。

第十七条 本办法自印发之日起实施。

国家林业局关于印发《国家重点林木良种基地管理办法》的通知

林场发〔2011〕138号

各省、自治区、直辖市林业厅(局)，内蒙古、吉林、龙江、大兴安岭森工(林业)集团公司，新疆生产建设兵团林业局：

为进一步加强国家重点林木良种基地的建设与管理，明确各级管理机构的职责和任务，规范国家重点林木良种基地申请与确定程序，确保国家重点林木良种基地的持续、稳定、健康发展，我局研究制定了《国家重点林木良种基地管理办法》。现印发你们，请遵照执行。

附件：国家重点林木良种基地管理办法

国家林业局

2011年5月30日

附件 国家重点林木良种基地管理办法

第一章 总 则

第一条 为加强国家重点林木良种基地的建设与管理，促进林木种苗科研成果的转化与应用，提高林木良种生产能力，推动我国林木良种化进程，根据《中华人民共和国种子法》和有关法律法规的规定，制定本办法。

第二条 国家重点林木良种基地是指具有较好的自然条件和生产潜力，育种资源丰富、保存完好，管理规范，具有一定的良种选育和推广能力，在林木良种生产中发挥主导和示范作用，经国家林业局筛选和评定后确定的林木良种基地。

第三条 国家重点林木良种基地的建设、管理、申请与确定应当遵守本办法。

第二章 管理机构与职责

第四条 国家重点林木良种基地建设由国家林业局和各省级林业主管部门共同监督管理和组织实施，具体工作由国家林业局国有林场和林木种苗工作总站和各省级林业主管部门林木种苗管理机构负责。

第五条 国家林业局是国家重点林木良种基地宏观管理部门，主要职责是：

(一)组织制定国家重点林木良种基地发展、建设和管理的相关政策和规章。

(二)负责国家重点林木良种基地的确定、取消。

(三)审核批复各省、自治区、直辖市，内蒙古、吉林、龙江、大兴安岭森工(林业)集团公司，新疆生产建设兵团国家重点林木良种基地发展规划。

(四)指导国家重点林木良种基地建设及生产，并在政策和资金上予以扶持。

(五)组织对国家重点林木良种基地的建设与管理进行评估、考核和监督。

(六)组织开展有关技术培训和交流，并建立国家重点林木良种基地基础数据库，实现资源共享。

(七)组织有关专家成立分树种重点林木良种基地协作组，搭建良种选育科研攻关平台。

第六条 省级林业主管部门是国家重点林木良种基地的具体管理部门，主要职责是：

(一)负责本辖区申报国家重点林木良种基地的审核和推荐工作。

(二)负责组织编制本辖区国家重点林木良种基地发展规划和发展计划。

(三)审核批复本辖区内国家重点林木良种基地年度建设和生产计划。

(四)指导及监督本辖区国家重点林木良种基地的生产和管理。

(五)协调落实国家重点林木良种基地的地方配套经费。

(六)对辖区内国家重点林木良种基地生产推广的林木良种进行跟踪调查，及时根据本地林业生产和社会需求提出主要建设树种的调整建议。

(七)对本辖区内国家重点林木良种基地进行年度评估与考核，并将结果报国家林业局。

第三章 申请与确定

第七条 国家重点林木良种基地按照林木良种生产单位提出申请、省级林业主管部门审核推荐、国家林业局评审确定的程序产生。

第八条 国家重点林木良种基地应具备的基本条件：

(一)基地自然条件适合建设树种生长发育，区域布局合理，当地或者生态条件相似地区对选育树种的种子(穗条)、苗木有长期或者潜在的需求。

(二)对选育树种开展了系统研究，收集保存了丰富的育种资源，且保存完好。

(三)具备一定生产规模和发展潜力，生产用地规模不少于20公顷且不能为租赁土地。

(四)机构健全，人员配备合理，享受财政补贴(拨款)人员不少于3人；具备一定技术力量，专业技术人员不少于2人。

(五)建设与管理规范，各项管理制度健全，档案资料齐全且保存完整。

(六)重视生产与科研相结合，与科研、教学单位有长期合作关系，有技术力量较强的单位作为科技支撑单位。

(七)具有《林木种子生产许可证》、《林木种子经营许可证》。

(八)经省级林业主管部门确定为"省级重点林木良种基地"一年以上。

第九条 申报与确定程序

(一)申报国家重点林木良种基地的单位根据国家林业局有关文件的要求，提出书面申请报告(包括本单位基本情况、基础设施建设、科研及生产的开展情况、主要成果等内容)，填写《国家重点林木良种基地申报表》，并附基地照片等图片材料，报所属林业主管部门核实后，报省级林业主管部门审核。

(二)省级林业主管部门对本辖区申报的材料进行审核汇总后，提出推荐意见，报国家林业局。

(三)国家林业局组织专家对申报材料进行评估和实地考察，提出审核意见，经公示后予以确定。

第四章 国家重点林木良种基地的任务

第十条 国家重点林木良种基地主要任务是：

(一)制定本基地年度生产、建设计划，报经省级林业主管部门林木种苗管理机构审批后组织实施。

(二)完成上级林业主管部门下达的各项建设和生产任务。

(三)开展林木种质资源收集、保存、评价和利用工作。

(四)开展林木良种选育、生产、示范和推广工作。

(五)建立完善各项管理制度，建立健全各类生产经营和管理档案及信息数据库。

(六)加强与科技支撑单位、技术专家及其他林木良种基地的协作，与科技支撑单位签订协议，明确科技支撑的内容、责任和任务，实现资源共享。

(七)每年年底前向省级林业主管部门林木种苗管理机构上报基地工作总结和下一年度工作计划。

第五章 监督与管理

第十一条 国家林业局对国家重点林木良种基地实行动态管理，坚持合理布局、总量控制、定期评估、优胜劣汰的原则。

第十二条 省级林业主管部门每年年底前要对辖区内国家重点林木良种基地当年任务的完成情况作出评价(优秀、合格、不合格)。

第十三条 省级林业主管部门要定期深入基地进行检查，国家林业局不定期地组织人员对国家重点林木良种基地进行抽查，并对基地存在的问题提出指导性意见。

第十四条 有下列情况之一的，国家林业局将取消其国家重点林木良种基地资格：

(一)经检查和评估无正当理由未完成生产建设任务的。

(二)不按要求上报年度总结和下年度生产计划的。

(三)生产的林木种子、苗木已不适应当地或者周边地区林业发展需要的。

(四)在林木种苗生产经营中，出现质量事故的。

(五)基地管理混乱，挪用资金的。

(六)其他违反有关规定的。

第六章 附 则

第十五条 本办法由国家林业局负责解释。

第十六条 本办法自公布之日起实施。

国家林业局关于取消《林木种苗检验员证》年检制度和调整《林木种苗检验员证》样式的通知

林场发〔2011〕153号

各省、自治区、直辖市林业厅(局)，内蒙古、吉林、龙江、大兴安岭森工(林业)集团公司，新疆生产建设兵团林业局：

2002年8月，我局下发了《关于实行〈林木种苗检验人员持证上岗制度〉的通知》(林场发〔2002〕188号)，要求各地按照《种子法》的规定，对林木种苗质量检验人员进行培训，考核合格后持证上岗，并统一制定了《林木种苗检验员证》的样式，实行年检制度。该项制度施行以来，对规范林木种苗质量检验程序，提高检验人员技术水平，进而对把好林木种苗质量关，确保造林绿化成效发挥了重要作用。按照《行政许可法》有关规定，《林木种苗检验员证》年检制度不属于定期检验的事项，因此，我局决定停止实行这项年检制度。同时，为规范管理，简化程序，提高办事效率，加强动态监管，我局决定对《林木种苗检验员证》的内容、规格和样式进行调整(具体样式见附件)，并将《林木种苗检验员证》更名为《林木种苗质量检验员证》(以下简称《检验员证》)，现将有关事项通知如下：

一、提高认识，加强领导

林木种苗质量检验制度是《种子法》规定的一项重

要制度。林木种苗质量检验是林木种苗进入流通环节的第一道关口，也是保证林业建设用种用苗质量的最关键环节，直接关系到造林质量和林地生产力。同时，林木种苗质量检验是一项专业性、技术性很强的工作，对林木种苗质量检验人员的知识水平、操作技能和责任心要求很高。为此，各地要充分认识实施林木种苗质量检验制度的重要性，积极采取有效措施，建立健全各项规章制度，认真加以落实。要不断强化检验人员的考核和培训工作，努力建立一支思想素质高、业务技术精、工作责任心强的林木种苗质量检验队伍，为林业建设用种用苗把好质量关。

二、规范程序，依法行政

《检验员证》是根据《种子法》规定制定的，是林木种苗质量检验人员从事种苗检验工作的凭证，凡是从事林木种苗质量检验的工作人员必须经省级以上林业主管部门培训合格，持证上岗。各地要严格按照《种子法》和《林木种苗质量监督检验机构建设规定》要求，加强对林木种苗质量检验证件的管理，《检验员证》的内容由发证机关填写，加盖印章后有效；对伪造、变造、买卖、租借《检验员证》的，要依法查处；对林木种苗质量检验人员工作发生变动的，要及时收回《检验员证》，根据工作需要及时补充相应人员。

三、加强管理，做好服务

新的《检验员证》自2011年10月1日起正式启用，有效期3年。第一批《检验员证》由我局统一印制，免费下发。各地要做好新、旧《检验员证》的更换衔接工作，对已发的未到期的《林木种苗检验员证》，允许继续使用，到有效期后再换发新证。《检验员证》停止年检后，各地要加强对检验人员的动态管理，及时加强其培训和知识更新，尤其要加强其政策规定、检验程序、检验方法、检验结果判定等方面的业务培训，不断提高检验人员的操作技能，使其真正做到理论与实际操作相结合，既能运用标准对种苗质量进行评判，又能结合实际情况解决实际问题，充分发挥宣传国家政策、指导生产实践的双重作用。

附件：《林木种苗质量检验员证》样式(略)

国家林业局

2011年6月15日

国家林业局关于印发《国家林业局林业行政许可审批项目资金管理办法》的通知

林规发〔2011〕156号

国家林业局各有关司局、各有关直属单位：

为加强国家林业局林业行政许可审批项目资金的管理，规范资金使用范围，提高资金使用效益，根据财政部《中央本级项目支出预算管理办法》(财预〔2007〕38号)和国家有关财务规章制度，我局研究制定了《国家林业局林业行政许可审批项目资金管理办法》。现印发你们，请遵照执行。执行中有何意见和建议，请及时反馈我局。

国家林业局

2011年6月22日

附件　国家林业局林业行政许可审批项目资金管理办法

第一章　总　则

第一条　为加强国家林业局林业行政许可审批项目资金的管理，规范资金使用范围，提高资金使用效益，根据财政部《中央本级项目支出预算管理办法》(财预〔2007〕38号)和国家有关财务规章制度，特制定本办法。

第二条　本办法所称的林业行政许可审批项目资金是指通过中央部门预算安排，用于支持开展林业行政许可及其相关工作的中央财政专项经费。

第三条　本办法适用于直接承办国家林业局行政许可工作，以及受行政许可主管部门委托承办行政许可工作，并相应通过部门预算专项安排林业行政许可审批项目资金的所有项目单位(以下简称“项目单位”)。

第四条　国家林业局行政许可工作管理办公室(以下简称“国家林业局许可办”)负责归口管理林业行政许可审批项目资金预算的整合申报、下一年度预算分配建议等预算工作。

第二章　资金的使用范围和支出内容

第五条　林业行政许可审批项目资金主要用于开展以国家林业局为实施主体的行政许可工作支出。使用范围具体包括：

(一)行政许可申请的受理支出。制作各类行政许可申请书格式文本的支出；公示申请行政许可的有关事项、依据、条件、数量、程序、期限以及需要提交材料等产生的支出。

(二)行政许可申请的审查支出。针对行政许可申请材料实质内容进行核实产生的核查费用支出；针对行政许可申请开展的咨询、论证、评审等支出；听取行政许可申请人、利害关系人进行陈述、申辩的支出；组织行政许可听证的支出；审查行政许可申请产生的检验、检测、检疫、鉴定等支出。

(三)行政许可的决定支出。制作与送达行政许可决定文书、行政许可证件和标签的费用支出。

(四)行政许可的监督检查支出。为了反映被许可人从事行政许可事项活动的情况，开展的监督检查、实地核查、安全性检测等支出。

（五）行政许可的工作保障支出。为了保障行政许可日常工作正常开展的相关支出，包括开展行政许可工作所必需的办公、邮电支出；设备和软件的购置、使用、更新、升级、维修支出，档案管理、聘用人员和专家、组织召开工作会议支出。

（六）行政许可的能力建设支出。为了提高行政许可办事效率，促进人员队伍建设的支出，包括：电子政务及信息网络平台建设、行政许可宣传、国际交流、技能培训、研究协作等支出。

第六条 林业行政许可审批项目资金支出内容包括：

（一）办公费：用于开展行政许可工作购买的办公用品等费用。

（二）印刷费：用于证书制作、印刷材料、文书印制等支出。

（三）邮电费：用于邮寄费、电话费、传真费等费用。

（四）设备购置费：用于开展行政许可工作必需的计算机、复印机、照相机（摄像机）、传真机、打印机、扫描仪、GPS、投影仪、面积测量仪器等设备购置，以及设备相关耗材所发生的费用。

（五）维修费：用于开展行政许可工作的办公设备和器材所发生的维修费用。

（六）差旅费：用于开展行政许可工作人员出差的住宿费、旅费、伙食补助费、杂费等支出。

（七）会议费：用于召开行政许可听证、许可工作座谈会、研讨会、论证会、交流会、专家评审会等会议的支出。

（八）培训费：用于开展行政许可培训所发生的聘请师资、购置教材、租赁场地设备，以及按规定开支的其他费用等。

（九）劳务费：用于开展行政许可工作临时聘用人员的劳务支出和评审、咨询等费用。

（十）其他费用：用于开展上述业务活动开支之外的有关支出内容，包括：在行政许可实施过程中开展监督检查及对被许可人进行监督检查所发生的劳保费、野外补助费、意外伤害保险费等费用；行政许可业务合作、委托、档案和信息管理、国际交流、检验、检测、检疫、鉴定、实地核查、安全性监测等所发生的费用。

第三章　预算申报与审核

第七条 国家林业局行政许可项目经费纳入国家林业局部门预算，实行预算管理。国家林业局许可办负责审核各项目单位提交的行政许可项目资金支出预算的合理性、可行性和必要性。

（一）“一上”申请。项目单位根据国家林业局中央部门预算“一上”要求，结合本单位下一年度行政许可工作任务和需要，编制下一年度行政许可项目资金支出预算申请报告。项目预算报送局政法司进行初步审核汇总后，统一报送局计财司审核后纳入国家林业局部门预算“一上”报送财政部。

（二）“一下”控制数。根据财政部审核下达国家林业局部门预算“一下”控制数，将林业行政许可项目“一下”控制数下达局政法司提出项目细化分配建议数，审核同意后再下达各项目单位“一下”控制数。

（三）“二上”细化。各项目单位根据“一下”控制数，调整编制细化的“二上”预算。局计财司审核汇总后纳入国家林业局部门预算“二上”报送财政部。

第四章　资金监督与管理

第八条 各项目单位应当严格按照批复的项目内容和支出方向使用资金，确保专款专用。

第九条 各项目单位在下一年度1月底以前向国家林业局许可办报送行政许可项目完成及资金使用情况报告，国家林业局许可办汇总后向局计财司报送项目综合完成及资金使用决算报告。

第十条 项目结转结余资金严格按照《财政部关于印发〈中央部门财政拨款结转和结余资金管理办法〉的通知》（财预〔2010〕7号）的规定管理和使用。在编制申请下年度项目预算时，项目单位要主动提出统筹使用结转资金计划，结转资金不足以安排时再申请增加财政拨款。

第十一条 各单位应当加强林业行政许可项目资金的执行进度，预算执行进度应达到序时进度要求。对预算执行进度慢、影响资金使用效益的单位，下一年度安排项目预算时，一律予以压缩预算安排规模。

第十二条 各单位应当加强对林业行政许可项目资金的监督管理。对违反本规定截留、挤占、挪用行政许可项目资金的，按照《财政违法行为处罚处分条例》及其他法律法规追究有关单位及其责任人的法律责任。

第五章　附　则

第十三条 本办法由国家林业局负责解释。

第十四条 本办法自发布之日起实施。

国家林业局关于印发《核桃示范基地建设指南》的通知

林造发〔2011〕159号

各省、自治区、直辖市林业厅（局），内蒙古、吉林、龙江、大兴安岭森工（林业）集团公司，新疆生产建设兵团林业局，各计划单列市林业局：

核桃具有分布广泛、适应性强、收益期长、品质优良等诸多优点，是我国食用植物油的主要潜在资源。为充分利用山区、丘陵区、干旱荒漠区的非耕地资源，实施示范基地带动战略，促进核桃等木本油料产业健康发展，根据《财政部关于整合和统筹资金支持木本油料产业发展的意见》(财农〔2011〕19 号)，我局组织编制了《核桃示范基地建设指南》(以下简称《指南》)，现印发给你们，请遵照执行，并就贯彻落实《指南》提出如下要求。

一、提高认识。加快核桃等木本油料产业发展，不仅能减轻油料生产对耕地的依赖，促进农民就业增收，优化膳食结构，而且能实现粮油安全和生态建设双赢，提高我国食用植物油的自给水平。各地对此务必高度重视，提高认识，加大宣传，执行规定，确保实效。

二、强化管理。《指南》是示范基地建设的技术依据。各地要认真贯彻，加强对示范基地建设前期指导、中间督查、后期验收、绩效评价的全过程管理。各示范基地要按照中央财政整合和统筹资金的项目渠道及相关管理规定，完成建设任务，推广好的经验和做法。

三、认真总结。各省级林业主管部门要加强信息统计和分析，认真总结验收，适时反馈信息，并将总结验收结果于每年 10 月 31 日前报我局造林绿化管理司。在各地上报基础上，我局将组织进行严格检查，对验收合格的，统一授牌并公布，确定为“国家核桃示范基地”。各示范基地要按照统一样式设立标牌，扩大影响，接受监督。

各地在执行过程中有何问题和建议，请及时反馈我局造林绿化管理司。

附件　核桃示范基地建设指南

国家林业局

2011 年 6 月 24 日

附件　核桃示范基地建设指南

为充分利用我国丰富的核桃资源，加大核桃产业发展力度，规范指导核桃的生产、管理和产品利用，促进核桃产业的健康发展，根据《财政部关于整合和统筹资金支持木本油料产业发展的意见》(财农〔2011〕19 号)的要求，国家林业局决定组织开展核桃示范基地创建工作，特制定本指南。

一、指导思想

(一)以科学发展观为指导，以提高单产和产品品质为目标，以整合项目、集成技术、加大投入、强化管理为手段，充分利用山区、丘陵区、干旱荒漠区的非耕地资源，实施优势区域加快发展战略，建设高标准核桃示范基地，拓展延长核桃产业链，促进区域经济发展，带动农民增收致富就业，全面提升我国核桃综合生产能力和产业竞争力，为维护国家粮油安全，满足社会对核桃等木本粮油产品的需求发挥更大作用。

二、目标任务

(二)示范基地包括新造林、现有林抚育和低产林改造等。通过推广优良新品种和集成先进实用技术，实现品种良种化、栽培区域化、管理科学化、加工机械化、经营品牌化。核桃品质达到无公害、绿色、有机产品质量标准。基地商品果率 90% 以上，优质果率 80% 以上。核桃(干)产量：新造基地盛果期 200 千克/亩以上；抚育和低产林改造基地增产 100 千克/亩以上。

三、建设原则

(三)坚持合理利用土地。示范基地建设所利用土地应符合当地土地利用规划，充分利用宜林“四荒地”及其他宜林地，充分尊重土地使用权者的意愿，不占用基本农田。

(四)坚持区域优势发展。以市场为导向，发挥区位和资源优势，因地制宜，适地适树，统筹规划，合理布局，示范带动，促进区域经济发展，带动农民兴林致富。

(五)坚持可持续培育利用。按照高产、优质、高效、生态、安全的要求，通过分类经营措施，调整优化品种结构，提高核桃生产水平，增强资源利用效率。

(六)坚持产业发展生态化。要新造与低改并重，在追求经济效益的同时，高度重视核桃林的生态和社会效益，注重生物多样性保护，减少水土流失。

(七)坚持合作互利共赢。完善政策措施，拓宽投资渠道，创新发展模式，吸引社会力量参与产业发展，逐步建立风险共担、利益共享的联动机制。

四、基本要求

(八)建设主体。以核桃龙头企业、农民专业合作组织、联户或种植大户等为示范基地建设主体。

(九)建设规模。相对集中连片，适度规模经营，新建核桃示范基地连片规模 1000 亩以上，抚育和低产林改造连片规模 2000 亩以上；最小连片面积不少于 100 亩。

(十)建设基础。交通便利，具备一定配套设施，示范基地主干道硬化，便于作业运输；水、电、路以及防护林体系配套完善，能够做到旱能浇、涝能排；示范基地主干道入口处设立植物检疫警示牌。

(十一)确保质量。执行《核桃优良品种育苗技术规程(LY/T1883－2010)》、《核桃优良品种丰产栽培管理技术规程(LY/1884－2010)》等标准及规范。建立核桃产品质量安全追溯制度，对产品从生产、流通到消费全过程跟踪，实现对产品质量安全的有效监管。产地环境要符合国家无公害食品标准的要求，逐步满足国家绿色或有机食品标准要求。

五、建设管理

(十二)种苗管理。要把推广应用核桃优良品种放在首要位置，严格实行林木种子生产经营许可证制度。推行“四定三清楚”制度，即定点采穗、定点育苗、订单生产、定向供应和品种清楚、种源清楚、去向清楚，确保示范基地建设使用优良种苗。以省级为单位，选择一些基础条件好、技术力量强的苗圃确定为保障性种苗生产基地，切实加强核桃种苗(含砧木、穗条等)的规范化管理，集约化经营，提高良种穗条的生产能力。

(十三)土壤管理。大力推广科学施肥技术，改革传统耕作方式方法，加强树下管理，全面推行增施有机肥。积极推广生草栽培，要求草和绿肥种类与核桃无共生性有害生物，且为浅根、矮秆和非藤蔓类。旱季或冬季提倡树盘覆盖。保持树盘下及周边地表疏松。地表严重板结的，在非雨季适度中耕。

（十四）栽培管理。新建基地栽植前进行整地，平地采用条沟状整地，沟宽1～1.2米，深度0.8米；山地采用隔坡沟状梯田整地，沟宽1.5～2米，深度1.2米；结合整地，施入有机肥，灌透水沉实，填平后等待定植；平地行向为南北，山地行向为沿等高线；根据品种特性、环境条件、管理水平等合理确定栽培密度，同一核桃园，品种相对统一，园貌整齐，树势健壮，通风透光，丰产稳产。抚育和低产林改造基地重点进行树上整形修剪、疏花疏果、高接换头，嫁接优良品种，实现品种化栽培；树下进行扩穴施肥、修整树盘。

（十五）肥水管理。开展测土测叶营养诊断平衡施肥，增施有机肥，提高土壤有机质含量。根据核桃不同品种物候期对肥料的需要量和土壤肥力情况，分基肥、追肥和根外追肥等方式进行施肥，力争做到配方施肥。施肥以有机肥为主、化肥为辅，不断增加土壤肥力及土壤微生物的活性。所施用的肥料不应对示范基地环境和核桃坚果品质安全产生不良影响。提倡节水灌溉，科学合理用水。

（十六）树体管理。大力推广大树树体改造和树形改良技术，降低树高，打开光路，提高质量。通过间伐、修剪等措施控制矮化密植园树冠。株间无严重交叉，树冠通风透光良好，无严重枝叶重叠，树冠内有害生物危害的枝条和枯枝少。植株生长整齐，树冠大小、高度、树形基本一致，缺株率≤2%。

（十七）有害生物防控。加强有害生物预测预报，科学使用农药，推广物理、生物等绿色防控技术，禁止使用高毒、高残留农药或其他禁用限用农药。全面应用杀虫灯、性诱剂、粘虫色板等，将有害生物危害控制在可忍受经济阈值以下。大力推广安全间隔期用药新技术，加强农药科学使用技术指导，根据农药在不同时期的降解规律，确定合理的用药时期，引导果农科学合理用药，减少用药次数和数量，最大限度地减少农药在坚果中的残留，提高核桃质量安全水平。实行有害生物专业化统防统治。

（十八）采收。严格执行农药、化肥施用后采收安全间隔期，不合格的产品不得采收上市；根据果实成熟度、用途和市场需求综合确定采收期，杜绝早采晚收。

（十九）清园。将病残枝、落叶、箱袋等废弃物及杂草清理干净，集中进行无害化处理，并进行越冬有害生物的防控，保持核桃示范基地清洁。

六、重点工作

（二十）科学选点。根据示范基地建设基本要求，在国家、省级规划的核桃优势区域范围内，选择立地条件适宜，技术基础好，地方政府重视，农民有积极性，带动辐射作用大的核桃主产区和发展潜力巨大的新产区进行规划布局，科学选择建设地点。

（二十一）实施方案。各建设主体制定示范基地实施方案，以县级为单位组织汇总，报省级林业主管部门审核同意后实施，并以省级林业主管部门为单位报国家林业局备案。

（二十二）技术指导。加强新技术引进和实用技术推广，强化技术培训指导，全面推行无公害、绿色、有机生产。各地要根据基地建设要求，组织编制技术方案，确定技术支撑单位，实行专家技术负责制，深入示范基地，举办现场观摩，开展技术指导与服务，解决生产环节中存在的问题。

（二十三）生产档案。以县级为单位统一印发生产档案本，有完整的生产管理档案记录，包括使用投入品的名称、来源、用法、用量和使用日期，有害生物危害及重要灾害发生与防控情况，主要管理技术措施，产品收获日期。生产档案记录保存至少5年以上。

（二十四）宣传推广。通过报刊、广播、电视、网络等多种媒体，宣传报道示范基地建设工作的进展、成效、问题及经验，共同营造良好的社会氛围。

七、保障措施

（二十五）加强组织领导。各级林业主管部门要提高认识，加强领导，分解任务，落实责任。省级林业主管部门成立示范基地建设工作领导小组，协调相关单位，组织开展创建工作；示范基地建设县成立实施小组，整合项目和技术力量，保证各项生产、技术和工作措施到位。

（二十六）加大政策支持。按照财农〔2011〕19号文件的要求，中央财政整合和统筹安排现代农业生产发展、财政扶贫、农业综合开发、林木良种补贴试点、巩固退耕还林成果专项、造林补贴试点、林业科技推广示范、国家水土保持重点建设工程补助专项、林业贷款中央财政贴息以及农业保险保费补贴等十项资金，重点用于扶持木本油料优质种苗、基地建设（新造、抚育和低产林改造）、新品种和新技术推广、龙头企业种植加工及金融支持等环节。地方各级林业主管部门要积极争取当地政府和有关部门的支持，加大高标准建设和技术推广力度，加强水电路、良种苗木、采后商品化处理、贮运保鲜等设施建设。基地建设享受林地使用、投融资、信贷、税收、保险等方面的普惠政策，确保取得实效。

国家林业局关于印发《林业行业标准制修订经费管理办法》的通知

林规发〔2011〕169号

各省、自治区、直辖市林业厅（局），内蒙古、龙江、大兴安岭森工（林业）集团公司，国家林业局各司局、各直属单位，各有关单位：

为规范和加强林业行业标准制修订经费的管理，提高资金使用效益，保证林业行业标准制修订任务的完成，根据《国家标准制修订经费管理办法》（财行〔2007〕

29号)及有关规章制度规定，我局制定了《林业行业标准制修订经费管理办法》。现印发你们，请遵照执行。执行中有何意见和建议，请及时反馈我局。

附件：林业行业标准制修订经费管理办法

国家林业局

2011年7月15日

附件　林业行业标准制修订经费管理办法

第一章　总　则

第一条　为规范和加强林业行业标准制修订经费(以下简称标准经费)的管理，提高资金使用效益，保证林业行业标准制修订任务的完成，根据《国家标准制修订经费管理办法》(财行〔2007〕29号)及有关规章制度规定，制定本办法。

第二条　标准经费是指国家林业局部门预算安排的用于补助林业行业标准制修订工作的专项经费。标准经费由国家林业局归口管理，各有关部门和单位的具体管理职责如下：

(一)局计财司负责标准经费年度预算的审核、批复、经费拨付，对标准经费使用情况进行监督检查，逐步建立标准经费的绩效评价制度。

(二)局科技司负责标准经费年度预算的组织编制、审查、上报，组织计划项目和年度经费预算的实施，对项目承担单位项目执行情况和经费使用情况进行监督检查。

(三)项目承担单位负责林业行业标准计划项目的实施，落实配套经费，接受监督检查，按照要求报送项目实施情况和经费使用情况。

第三条　标准经费的管理和使用应当遵循下列原则：

(一)科学安排，整合协调。明确和规范经费支出范围，科学合理安排经费，保障林业行业标准制修订工作有效开展。

(二)突出重点、分类支持。标准经费重点用于制修订强制性林业行业标准和基础类、通用方法类、公益类推荐性林业行业标准，原则上实行成本补助，项目承担单位应当保证落实相应的配套资金。制修订产品类推荐性行业标准主要实行定额补助，并逐步转向市场，由企业和社会出资承担。

(三)专款专用、追踪问效。标准经费应当纳入项目承担单位财务统一管理，单独核算，专款专用。标准经费的管理和使用要建立面向结果的追踪问效机制。

第四条　林业行业标准任务承担单位一般为林业行业的相关部门、标准化技术委员会、科研院所、大专院校、检测机构和企业等。

第二章　标准经费的使用范围

第五条　标准经费的使用范围包括：

(一)标准的前期论证及预研。

(二)国际标准和国外先进标准的购置、翻译和跟踪采用。

(三)标准的起草、征求意见、试验验证等。

(四)标准样品的研制、复制。

(五)标准的技术审查、审批、发布和公告。

(六)标准文本的印制和信息发布。

(七)标准的宣传、推广和英文版翻译。

(八)标准复审。

(九)与标准制修订直接相关的其他工作。

第六条　标准经费的开支项目包括：

(一)资料费：制修订标准过程中需要支出的书刊、资料、复印等费用以及购置的国际标准、国外先进标准和目录等文本或软件资料等必须支出的费用。

(二)设备费：制修订标准过程中购置或租赁试验仪器设备而发生的费用。

(三)试验验证费：制修订标准中必须进行的试验、验证所发生的能源、材料、低值易损耗品的购置费用及测试费用。

(四)差旅费：制修订标准过程(包括技术审查、技术协调和审核、复审)中，按规定支出的交通费、住宿费、伙食补助费、公杂费等费用。

(五)会议费：制修订标准过程中为了进行论证、研讨、协调而召开有关会议，按规定开支的房租费、伙食补助费、会议场地和仪器设备租用费、会议文件资料印刷费等。

(六)劳务费：按规定支付给参加标准的起草、汇总整理、审核、翻译等方面的人员的劳务性费用，劳务费不得支付给参与标准经费及其项目管理的相关工作人员。

(七)专家咨询费：标准草案在审定过程中支付给临时聘请的咨询专家的费用，专家咨询费不得支付给参与标准经费及其项目管理的相关工作人员。

(八)公告费、印刷费：标准审批完成后进行公告和印制时所发生的费用。

(九)宣传推广费：对涉及面广、影响较大的标准，为推动其实施所发生的费用。

(十)其他费用：与标准制修订直接相关的，除上述支出以外的其他支出。

第三章　项目及预算申报审批程序

第七条　制修订标准计划项目按照统一规划的原则，由局科技司在4月底以前统一发布下一年度林业行业标准项目申报指南，实行公开征集制度。

第八条　林业行业的相关部门、标准化技术委员会、科研院所、大专院校、检测机构和企业等，根据林业行业标准项目申报指南要求，向局科技司申报制修订林业行业标准的项目建议。

第九条　“一上”预算。局科技司根据当年的林业行业标准项目申报指南，对制修订林业行业标准项目建议申报书进行审查、征求意见、协调和汇总，形成年度制修订林业行业标准计划项目，报局计财司审核后纳入国家林业局“一上”预算上报财政部。

第十条 “一下”预算和“二上”预算。局计财司根据财政部下达“一下”控制数，下达标准经费“一下”控制数，由局科技司调整编制标准经费“二上”预算，经局计财司审核后纳入国家林业局“二上”预算上报财政部。

第十一条 批复预算。局计财司根据财政部批复的年度预算，15 日内批复下达所属预算单位的标准经费预算。对地方单位等非所属预算单位承担的林业行业标准制修订任务及预算，由国家林业局根据本级部门预算批复情况批复下达，各地方主管单位应于接到国家林业局下达预算的15 日内批复下达所属项目承担单位标准经费预算。

第四章 标准经费的使用和管理

第十二条 林业行业标准制修订周期原则上不超过两年。按照财政国库管理制度有关规定，标准经费一次性拨付项目承担单位，按项目实施进度分年度使用经费。

第十三条 项目承担单位应当按照下列要求对标准经费进行使用与管理：

（一）项目承担单位应当根据制修订标准计划，制定项目实施计划，并严格组织管理。

（二）标准经费的使用与管理，应当严格执行国家有关财务制度规定，合理安排、节约使用，并保证专款专用。

（三）标准经费要与配套资金统筹安排，单独立项核算。

（四）项目完成后，项目承担单位应当按照要求及时向局计财司和科技司报送标准经费使用报告及项目完成情况的总结报告。

（五）项目结转结余资金，严格按照《财政部关于印发〈中央部门财政拨款结转和结余资金管理办法〉的通知》（财预〔2010〕7 号）规定加强管理和使用。

第十四条 制修订标准过程中涉及政府采购的项目，按照政府采购有关规定执行。

第十五条 标准经费及项目一经批准，项目承担单位不得自行调整。执行过程中，如项目计划需要调整，应当按规定提出申请，报国家林业局按程序审核批复后方可执行。

第十六条 项目被撤销或中止的，标准经费作为结余资金由国家林业局按规定统筹安排用于下一年度部门预算项目支出。

第十七条 项目承担单位因特殊原因不能按合同规定完成项目任务的，应当及时书面报告局科技司，由局科技司按规定批准后方可延期。

第十八条 局计财司、科技司负责对项目的实施过程和完成情况进行绩效评价。

第五章 检查、监督与罚则

第十九条 各单位应当按规定及时请拨标准经费预算，各级林业主管部门应当将项目资金及时、足额拨付相关项目承担单位，保证项目的及时开展和实施。

第二十条 各项目承担单位应当加强对标准经费的监督管理，并主动接受上级有关部门的监督与检查。对于经检查发现存在截留、挤占、挪用项目资金等违反有关法律、行政法规和财务规章制度的行为，国家林业局将采取停止拨付剩余项目资金、追回被截留挪用资金以及取消相关单位项目申报资格等措施进行相应处罚，并按照《财政违法行为处罚处分条例》及其他法律法规追究有关单位及其责任人的法律责任。

第二十一条 局计财司、科技司对标准经费使用情况、项目执行情况等进行定期或不定期的监督检查。

第六章 附 则

第二十二条 本办法由国家林业局负责解释。

第二十三条 本办法自发布之日起实施。

国家林业局关于印发《国家林业局关于支持西藏自治区进一步加强生态保护和建设的意见》的通知

林规发〔2011〕170 号

西藏自治区林业局，国家林业局各司局、各直属单位：

为深入贯彻落实中央第五次西藏工作座谈会精神，做好新时期对口援藏工作，我局研究提出了《国家林业局关于支持西藏自治区进一步加强生态保护和建设的意见》。现印发给你们，请遵照执行。

附件：国家林业局关于支持西藏自治区进一步加强生态保护和建设的意见

国家林业局

2011 年 7 月 23 日

附件 国家林业局关于支持西藏自治区进一步加强生态保护和建设的意见

为深入贯彻中央第五次西藏工作座谈会精神，切实落实党和国家关于加快西藏生态保护和建设的一系列部署，维护西藏的重要生态功能，保障国家生态安全，结合西藏的林业实际，现提出支持西藏自治区进一步加强生态保护和建设的意见。

一、深刻认识支持西藏自治区进一步加强生态保护和建设的重大意义

西藏地处祖国西南边疆，是重要的国家安全屏障，也是重要的生态安全屏障。西藏的发展、稳定和安全，事关民族团结和社会稳定，事关祖国统一和国家安全，也事关国家形象和国际斗争。西藏地理位置独特，资源优势明显，是中华民族母亲河及众多河流的发源地，是我国水资源安全战略基地和水能资源接续基地，也是我国乃至全球重要的生物物种基因库。加快构建西藏生态安全屏障，对于保障国家生态安全具有特殊的战略作用。近些年来，西藏的生态保护和建设虽然取得了一定成效，但由于受全球气候变化等影响，生态保护和建设与经济社会发展之间的矛盾日趋突出。西藏森林覆盖率仅有11.9%，远低于全国平均水平，且分布不均匀，生态保护和建设的任务十分繁重。

党中央、国务院一直对西藏的生态保护和建设高度重视，中央第五次西藏工作座谈会明确将"确保生态环境良好"列入当前和今后一个时期西藏工作的指导思想，同时指出："要更加注重保护高原生态环境"，"使西藏成为重要的生态安全屏障"。胡锦涛总书记等中央领导同志多次对西藏的生态保护和建设作出指示，习近平同志在庆祝西藏和平解放60周年大会上再次强调指出要"加强生态环境保护"。国务院专门批准实施了《西藏生态安全屏障保护与建设规划(2008～2030年)》。进一步加强西藏自治区的生态保护和建设，是林业主管部门面临的一项艰巨的任务，必须进一步加大工作力度，落实工作措施，确保西藏生态保护和建设取得更大成效。为西藏经济社会快速发展和长治久安，促进中华民族共同繁荣发展作出更大贡献。

二、支持西藏自治区进一步加强生态保护和建设的总体思路和工作重点

根据中央关于西藏工作的总体部署，按照新时期国家对生态保护和建设的要求，结合西藏生态面临的新形势、新任务，"十二五"期间支持西藏自治区进一步加强生态保护和建设的总体思路是：高举中国特色社会主义伟大旗帜，以邓小平理论和"三个代表"重要思想为指导，深入贯彻落实科学发展观，按照中央第五次西藏工作座谈会要求，结合西藏林业发展的实际，以建设西藏生态安全屏障为主题，着力恢复和增加林草植被，坚持因地制宜，保护优先，深化改革，科学发展，切实拓展西藏人民的生产生活生存空间。积极发展生态产业，促进农牧民增收致富，为西藏经济社会可持续发展作出更大贡献。

围绕上述基本思路，"十二五"期间，国家林业局将采取更有力的措施，进一步加大投入力度，在以下六个方面予以重点支持。

(一)着力加强西藏生态保护。中央财政安排森林管护费、森林生态效益补偿基金，继续实施天然林资源保护二期工程，进一步加强重点公益林管护，全面有效保护西藏天然林、原生植被生态系统和生物多样性；针对西藏特有的野生动植物、极小种群物种以及湿地资源分布地区，建设一批不同类型的自然保护区(保护小区、保护点)或保护监测站，加强国家级自然保护区能力建设，实施国家级自然保护区建设工程、重要湿地保护恢复工程；加大森林防火、森林公安及林业有害生物防治的支持力度，建设森林火险预警、森林防火通信和信息指挥系统，实施重点火险区综合治理工程和省级物资储备库建设。加强森林公安机关业务技术用房和基层派出所警用装备建设，进一步改善全区森林防火、公安装备和基础设施水平，提高森林火灾综合防控能力和打击破坏野生动植物违法犯罪能力。

(二)全面推进西藏生态建设。继续实施退耕还林工程，有计划开展荒山荒地造林，切实巩固退耕还林成果；加快防护林体系建设步伐，以拉萨市周边、重要城镇、主要公路沿线、机场边境口岸为重点，建设藏东南"四江"流域重要地带防护林体系；进一步加大防沙治沙力度，有重点地开展土地沙化防治，继续推进西藏山南地区防沙治沙综合示范区建设，对暂不具备治理条件、集中连片的沙化土地或具有明显沙化趋势的土地纳入《国家级沙化土地封禁保护区规划》，实施封禁保护；开展造林补贴和森林抚育补贴试点工作，提高森林质量，加快森林生态系统功能恢复步伐。

(三)加大对西藏林业基础设施建设支持力度。进一步扶持林木种苗基地(保障性苗圃、良种基地、采种基地、林木种质资源保存库)建设，保护林木种质资源，丰富造林树种，提高种苗科技含量，初步实现主要造林树种良种化；搞好林业信息化建设，强化森林资源保护和管理；加大对西藏各级林业主管部门和乡镇林业站及木材检查站基础设施建设投入，提高人员素质，强化"管理、组织、指导、服务"职能，充分发挥基层林业工作站、木材检查站在林业建设中的基础保障作用；帮助西藏开展森林资源二类调查、野生动物资源调查、湿地资源调查、林业有害生物普查、森林价值测算等基础性工作。将西藏作为国有林场危旧房改造的重点地区予以积极支持，力争用两年左右时间，完成西藏国有林场危旧房改造任务。加大对国有贫困林场的扶持力度。

(四)积极促进西藏的生态产业发展。结合林业重点工程、森林生态效益补偿、农业综合开发等资金，多渠道引导农民发展生态产业。以丰富的森林资源、林下资源、野生动植物资源为依托，大力发展林下资源采集、野生动植物驯养繁殖、森林药材种植和核桃等特色经济林基地；以国家级森林公园、湿地公园、自然保护区为依托，做大做强西藏森林生态旅游产业。

(五)做好人才援藏工作。继续选派优秀中青年干部到西藏挂职援助工作，积极开展区内外人才交流、互派工作；有计划开展地方各级林业干部培训；根据西藏实际，选派项目管理专业人员、森林资源调查人员、网络专业技术人员短期进藏，参与西藏项目前期、质量监督与工程验收，森林资源二类调查、野生动物资源普查、林业有害生物普查以及网络建设与运行维护，并为西藏培养相应的紧缺急需人才。

(六)加大科技支撑，不断提高西藏生态保护和建设水平。大力推进林业科技进步，组织全国林业科研院所配合当地林业科技部门，重点围绕西藏实施的林业重点工程建设，组织科技攻关，推广先进适用林业技术，力争在高寒困难立地造林、良种选育、防沙治沙、重大林业优惠生物防治技术、高原生态植被恢复等领域取得突破，提高西藏林业的技术装备水平，探索高寒地区生态保护和建设的经验。

三、强化林业援藏工作的组织保障

在已有林业援藏工作领导小组基础上，进一步加强组织领导，强化和完善办公室工作职责。国家林业局党组书记、局长贾治邦同志担任领导小组组长，局党组副书记、副局长赵树丛同志、局党组成员、副局长孙扎根同志为副组长，有关司局、直属单位主要负责人为成员。领导小组下设办公室（设在“发展规划与资金管理司”），具体做好相关的组织协调工作，各有关司局和直属单位按照各自工作职能开展工作。继续坚持国家林业局与西藏自治区林业援藏联席会议制度，不定期召开林业援藏工作联席会议，研究解决西藏生态保护和建设重大问题。

西藏自治区林业局要切实加强组织领导，按照生态保护和建设发展目标和任务，协调自治区内有关部门，加大对林业的支持力度，制定阶段性行动计划，尽快细化完善相关措施，将各项任务分级落实到相关区县，明确目标任务和工作责任，完善监督考核机制，切实把生态保护和建设落到实处。

国家林业局各司局、各直属单位要高度重视西藏的生态保护和建设，要按照国家林业局党组确定的关于支持西藏自治区进一步加强生态保护和建设的总体部署，结合各自职能狠抓落实，全力推进西藏生态保护与建设实现跨越式发展。

国家林业局关于进一步加强林业有害生物防治工作的意见

林造发〔2011〕183号

各省、自治区、直辖市林业厅（局），内蒙古、吉林、龙江、大兴安岭森工（林业）集团公司，新疆生产建设兵团林业局，各计划单列市林业局：

林业有害生物防治是保护森林的战略性措施，是维系生态安全的基础性保障工作。为贯彻落实党中央、国务院领导同志批示精神，加快构建林业有害生物防治长效机制，切实提高防治能力，有效遏制林业有害生物高发势头，促进林业“双增”目标的如期实现，现就进一步加强林业有害生物防治工作提出如下意见。

一、充分认识加强林业有害生物防治工作的重要意义

（一）维护国土生态安全对林业有害生物防治工作提出了新要求。我国是林业有害生物危害最严重的国家之一，现有林业有害生物8000余种，主要林业有害生物近300种，广泛分布在森林、湿地、荒漠三大生态系统中，严重威胁着生态安全。加强林业有害生物防治，保护好“三个系统、一个多样性”，是维护国土生态安全的必然要求。

（二）维护经济贸易安全对林业有害生物防治工作提出了新使命。一些国家为限制我国产品出口，利用林业有害生物设置贸易壁垒，遏制我国经济发展。近年来，北美洲地区、欧盟、韩国等针对舞毒蛾、光肩星天牛、香蕉穿孔线虫等分别制定了《来自亚洲舞毒蛾疫区的船舶及船上货物运行管理指南》等技术性贸易措施，导致我国每年数百亿美元的货物出口受到影响。加强林业有害生物防治，已成为应对国际技术性贸易壁垒，维护经济贸易安全的重要内容。

（三）维护森林食品安全对林业有害生物防治工作提出了新挑战。当今森林食品越来越受到人们的青睐，但由于林业有害生物防治方式和防治技术的落后，使用化学农药防治的现象仍很普遍，直接造成农药残留、水源污染等森林食品安全问题。特别是集体林权制度改革后，经济林和林下经济得到较快发展，森林食品产量大幅增加。转变防治方式，改进防治技术，科学开展防治工作，是从源头上保证森林食品安全，有效保障广大林农切身利益及公众健康的重要举措。

（四）实现林业“双增”目标对林业有害生物防治工作提出了新任务。我国每年因林业有害生物灾害造成的材积损失达2551万立方米，年均成灾面积占乔木林受灾总面积的50.69%。目前，松材线虫病、杨树天牛、林业鼠（兔）害等重大有害生物仍呈高发态势，破坏了森林资源，影响了森林质量，降低了森林碳汇能力，威胁到林业“双增”目标的如期实现。加强林业有害生物防治，是巩固造林成果，提高森林质量，增强森林碳汇能力的重要途径。

二、林业有害生物防治的指导思想、基本原则和主要目标

（五）指导思想。以邓小平理论和“三个代表”重要思想为指导，深入落实科学发展观，紧紧围绕现代林业建设大局，以促进森林健康、遏制林业有害生物高发势头为目标，以机制创新、科技进步为动力，以检疫御灾为核心、监测预报为重点，以坚持科学防治、推进防治检疫队伍规范化、标准化和制度化建设为主线，坚持“预防为主，科学治理，依法监管，强化责任”的方针，强化体系建设，硬化目标管理，深化改革创新，全面提升林业有害生物防治水平，为发展现代林业、建设生态文明、推动科学发展提供有力保障。

（六）基本原则。

政府主导，属地管理。按照“守土有责”的要求，进一步落实地方各级政府在重大林业有害生物防控中的责任，采取更加有力的措施，将林业有害生物防治责任落到实处。

预防为主，标本兼治。以培育健康森林为目标，以营林措施为基础，以生物防治为主导，把有害生物预防措施落实到林业生产全过程，不断提高森林抵御生物灾害的能力，实现有害生物可持续控制。

依法防控，加强监管。推进林业有害生物防治法制化进程，突出抓好检疫执法工作。运用法律手段，规范防治行为，明确政府、部门、经营者、公众的责任和义务。

因害设防，综合治理。协调运用人工、物理、生物、化学等防治措施，实行综合治理。按森林资源类型特点，实行分类施策。按生态区位重要性，实行分区治理。

尊重自然，保护生态。把握并遵从林业有害生物发生发展规律，采取以生物措施为主的防治方法，促进森林健康，保护生物多样性，实现人与自然和谐发展。

（七）主要目标。到2015年，全国林业有害生物成灾率控制在4.5‰以下，无公害防治率达85%以上，测报准确率达85%以上，种苗产地检疫率达95%以上。松材线虫病发生面积控制在70万亩以下，根除县级疫区40个以上，基本根除县级疫区30个以上，力争根除现有疫区的50%左右。美国白蛾发生区林木叶片保存率达80%以上，其中主要风景区、交通要道两侧及重大活动场所周边等关键部位叶片保存率95%以上。到2020年，全国林业有害生物成灾率控制在4‰以下。

三、林业有害生物防治工作主要任务

（八）加强防控体系建设。认真实施《全国林业有害生物防治建设规划（2011～2020年）》，到2015年，全国基本建成与林业发展相适应的，以数据采集、传输、处理等为主要内容的监测预警体系，以风险评估、检疫追溯、除害处理等为主要内容的检疫御灾体系，以应急防控指挥、航空与地面防治、应急防控物资储备等为主要内容的防治减灾体系。在全国建成500个县级森防检疫示范局（站）。

（九）拓宽投融资渠道。积极争取各级政府逐步增加林业有害生物防治公共财政资金，推进林业有害生物灾害综合保险制度，加大林业贴息贷款、扶贫贴息贷款、小额担保贷款对林业有害生物防治的支持，引导林木所有者和经营者投资、投劳开展防治。政府防治补助资金主要用于预防及预防性治理，并加强资金绩效考核。

（十）完善联防联治机制。推进不同地区、不同部门形成“统一作业设计、统一防治作业、统一技术标准、统一检查验收”的联防联治机制，协调解决防治工作中的问题，提高整体防治成效。引导农户本着自愿原则，建立联户合作防治、组内或村内统一防治的防治联合体和应急处置联合队，实行联防联治、群防群治。

（十一）健全应急防控机制。建立健全统一领导、综合协调、分级联动、各负其责、属地管理为主的林业有害生物突发事件应急机制。各地要结合实际，及时修订和完善应急预案、实施方案，健全应急预案体系。建立健全由行政管理人员、专业技术人员和专家等组成的应急防控队伍。

（十二）推进社会化防治。鼓励和引导不同形式的组织和个人成立防治专业公司、森林医院等，开展承包防治、技术咨询等业务，形成多元化的防治格局。加强社会化防治组织的监管和服务，探索建立防治组织资质和从业人员资格认定制度，规范防治生产作业。加强人员培训，特别是要配合集体林权制度改革加大林农培训力度，提高防治技能。

四、加强林业有害生物防控的主要措施

（十三）落实预防措施。加强监测预报，切实将监测预报工作落实到人、落实到山头地块。严格执行林业有害生物事件周报制度，做好信息报送工作。将林业有害生物防治措施纳入造林设计、森林经营方案，大力营造混交林，科学配置造林绿化树种，推广良种壮苗和抗性树（品）种，禁止使用携带检疫性、危险性林业有害生物的苗木造林。做好全国林业有害生物普查工作，摸清林业有害生物发生情况。

（十四）坚持分级管理和科学用药。对林业有害生物实行分级管理，当前主要把松材线虫病、美国白蛾、林业鼠（兔）害、薇甘菊、钻蛀性有害生物和新入侵的高风险有害生物作为重大林业有害生物，实行重点治理。大力推广应用环境友好的药剂，严禁使用假冒伪劣药剂，倡导科学用药、适时施药、规范用药，确保环境、水源、食品和人畜安全，要特别注意蜂、蚕、鱼虾等非标靶生物的保护。推进无公害防治，鼓励生物防治，开展以生物防治为主的综合防治试点示范，“十二五”期间各省份至少建成1个生物防治示范区。

（十五）强化科技支撑。推进产、学、研相结合，加大科技攻关和新技术开发力度，着力解决快速准确检验鉴定、精准施药、生物防治新技术等防治技术难题。加大航空器喷洒、静电施药、微胶囊缓释和信息素等先进技术的推广应用力度，鼓励无公害新药剂的研制。加强国际合作交流，有重点有选择地引进先进技术。加大信息技术的应用力度，实现林业有害生物防治数字化、智能化、可视化。

（十六）规范疫区管理。重大检疫性有害生物县级疫区由国务院林业主管部门公布，乡镇级疫点由省级人民政府公布。疫情根除后，符合条件的要及时取消疫区。采取封锁、控制、根除措施，防止疫情传播扩散，建立除害处理机制，推进无害化利用，减少经济损失。

（十七）健全法律法规体系。推进防治法律、法规的制修订工作，建立和完善与法律、法规相配套的规章和技术标准。联合农业部门共同做好农林植物保护法律的制修订工作。积极开展地方立法工作，基本形成以国家法律法规为基础、以地方法规相配套、技术标准为补充的林业有害生物防治的法制体系。各地要大力开展检疫执法专项行动，严格执行限期除治通知书等制度，形成区域性联合执法行动机制，严厉打击违反林业有害生物防治检疫法律、法规行为。加大林业有害生物防治的法律法规宣传工作力度，增强全民防控林业有害生物的责任意识。

（十八）建立检疫追溯制度。建立健全检疫追溯体系，加强疫情源头管理。开展松材线虫病疫木加工、国外引种、新疆健康果园果品和云南苗木调运等检疫追溯试点工作。对检疫的林业植物及其产品实行标识管理，并与检疫证结合，逐步实现从生产到流通、使用等环节的全过程跟踪和有效监管，促进产地检疫、调运检疫、复检和引种审批工作的规范化，杜绝行政执法与经济利益挂钩的现象。加强与进出境、农业等部门的协调沟通，交换疫情信息，建立检疫联动机制。

（十九）规范行政许可行为。健全引种审批风险评

估制度，完善评估体系，按风险等级进行分类管理，对栎猝死病等高风险有害生物的寄主植物要实行更加严格的检疫监管措施。加强国（境）外引种隔离试种检疫与疫情监测工作，严防外来有害生物传入。积极推进网上行政许可，建立安全、高效、便捷的行政许可新机制。地方各级林业主管部门要认真履行职责，进一步规范行政许可行为。

五、切实加强组织领导

（二十）实行“双线”责任制度。重大林业有害生物防治工作是各级人民政府的重要职责，按照“政府主导、属地管理”的原则，切实加强组织领导和部门协调，层层落实并细化防治责任，将松材线虫等重大林业有害生物防治目标及“成灾率”列入政府工作目标考核体系。各级林业主管部门要将本辖区林业有害生物防治工作列入重要议事日程，积极组织开展检疫、测报和防治工作，并将“无公害防治率”、“测报准确率”、“种苗产地检疫率”纳入部门工作考核内容。要签订“双线”责任书，加强检查考核，作为评价林业工作的重要依据。

（二十一）强化机构职能建设。切实加强各级林业有害生物防治检疫机构建设，规范林业有害生物防治检疫机构名称，落实人员编制和经费，稳定专业队伍，提高人员素质。强化执法能力、服务能力建设，加快职能转变，改进服务方式，加强教育培训，强化行政执法、行政管理和技术服务职能，推进防治机构参照公务员法管理进程，履行好公共管理职责。

（二十二）严格落实奖惩制度。建立健全林业有害生物防治的奖励和责任追究制度，对在防治工作中取得显著成绩的单位和个人，要给予表彰奖励；对组织领导不力、责任制落实不到位、造成重大损失或未完成防治目标任务的，要追究领导责任；对监测不力和漏报、瞒报、虚报疫情和灾情、贻误防治时机的，要通报批评，并责令限期整改；对在检疫执法中违法违规、失职渎职、造成严重后果的，要依法追究责任；对违法违规使用药剂，造成环境污染的，要依法依规严肃处理。

国家林业局

2011 年 8 月 15 日

国家林业局关于进一步加强林业系统自然保护区管理工作的通知

林护发〔2011〕187 号

各省、自治区、直辖市林业厅（局），内蒙古、龙江、大兴安岭森工（林业）集团公司，新疆生产建设兵团林业局，各计划单列市林业局，国家林业局各司局、各直属单位：

为促进自然保护区建设健康发展，2010 年 12 月 28 日，国务院办公厅下发了《关于做好自然保护区管理有关工作的通知》（国办发〔2010〕63 号，以下简称《通知》），成为指导我国自然保护区建设发展的重要文件。林业系统建设管理的自然保护区是我国自然保护区的主体。为切实加强森林、湿地、荒漠、野生动物和野生植物类型自然保护区建设和科学化、规范化管理，进一步发挥自然保护区在保护生物多样性、维护国土生态安全、建设生态文明和促进经济社会可持续发展方面的重要作用，现就林业主管部门深入贯彻落实《通知》精神，进一步加强自然保护区建设管理工作提出如下意见，请认真执行。

一、认真贯彻《通知》精神，进一步提高对加强自然保护区建设管理工作的认识

（一）用《通知》精神统一思想，指导自然保护区的建设管理工作。党中央、国务院高度重视生态建设和生物多样性保护工作，近年来，国家加大资金投入，加强政策支持，我国自然保护区事业取得很大成效。到 2010 年，全国林业系统建设和管理的各种类型、不同级别的自然保护区达 2035 处，总面积 12 370.92 万公顷，约占国土面积的 12.88%，占全国各种类型自然保护区数量的 80.09%、面积的 83.73%，其中，国家级自然保护区 247 个，面积 7597.42 万公顷。

但是，随着我国经济社会的快速发展，各地所面临的保护与开发的矛盾日益突出，自然保护区的体制机制管理问题也逐渐显现，资金投入等尚难以满足自然保护区发展的需要。《通知》针对我国自然保护区的形势和面临的新情况、新问题，提出了加强管理的新要求，具有重要的指导意义。各省级林业主管部门要高度重视，充分认识到我国自然保护区的建设发展正在经历重要的转型时期和面临着良好的发展形势和机遇，要认真学习研究和贯彻落实《通知》要求，结合本地具体情况，制定贯彻落实措施，报请省级人民政府审定后实施，以切实解决当前自然保护区存在的问题。

（二）牢固树立生态系统保护的宗旨意识，全面提升自然保护区管理质量。自然保护区是国家依法划定、建设的最重要、最有价值的生物多样性区域。各级林业主管部门和自然保护区管理机构的从业人员，应当树立生态系统管理理念，务求以提高管理能力、管理质量和管理水平为主要目标，努力实现自然保护区建设的规范化、科学化，不断提高自然保护区的管理能力和生物多样性保护的有效性。

二、明确发展目标，扩大生物多样性保护成效

（一）巩固现有成效，明确发展目标。根据国家经济社会发展的客观需求，林业主管部门在“十二五”期间，拟在自然保护区空缺的区域增加自然保护区数量和面积，使自然保护区数量达到 2120 处，占国土面积 13%左右，其中，国家级自然保护区数量达到 300 处，面积达到 7750 万公顷，使森林、湿地、荒漠、野生动物和野生植物类型自然保护区的级别、布局、结构等方面得到进一步优化；使国家重要生态区域、生物多样性保护关键地区的保护得到进一步加强。

（二）以点带面，实现自然保护区整体发展。各地要进一步推进《全国林业自然保护区发展规划（2006～2030年）》的实施，结合全国第二次野生动物资源调查、全国第二次重点保护野生植物资源调查、第二次全国湿地普查以及全国第四次大熊猫调查，根据当地的实际情况，制定本地区的自然保护区发展目标，将保护价值较高、生态状况较好的区域划入自然保护区，优先围绕珍稀濒危动物和极小种群植物的保护拯救建立和晋升自然保护区。要将自然保护区建设管理绩效情况纳入目标管理考核中，在发挥国家级自然保护区资源保护核心作用的基础上，带动区域性自然保护区群的整体建设发展。

三、依法履行职责，加大生物多样性保护力度

（一）严格管理自然资源，保护生物多样性。各级林业主管部门和自然保护区管理机构要依照法律法规的规定和职责，认真履行对自然保护区生态系统和自然资源的保护管理职能，将森林、林木、林地、湿地、野生动物和野生植物资源等作为保护重点，严格行政许可，定期开展自然保护区专项执法检查，加大执法力度，依法查处各类违法违规行为。省级林业主管部门要建立省级以上自然保护区行政执法及其执法监督机制，充分调动自然保护区管理机构执法力量，规范行政执法行为，提高行政执法能力。各级森林公安机关要充分发挥林业执法的主力军作用，切实将自然保护区作为执法重点区域，依法严厉打击破坏自然保护区内森林和野生动植物资源的违法犯罪活动。要进一步理顺森林、湿地、荒漠、野生动物、野生植物类型自然保护区的行业隶属关系，提升保护管理的专业水准，提高自然保护区的资源管理和生态保护成效。

要认真贯彻落实全国主体功能区规划，不得以任何形式流转自然保护区资源；不得在自然保护区内开展矿产资源的开发活动，对已进行的探矿和采矿活动，各地应在5年内完成清理工作；要严格限制自然保护区范围和功能区的调整，对于确需调整的，必须严格依法履行审批程序；在自然保护区内开展的各类建设项目，要严格履行有关行政许可审批程序，对未批先建的，应依法严肃处理；要严格控制自然保护区内野生动植物驯养、繁育、培植项目建设，以避免危及种群及生态系统安全；要加强对自然保护区内旅游活动的监管，自然保护区管理机构必须对自然保护区内旅游活动实施统一管理，不得以委托或承包经营的方式开展生态旅游等经营活动；任何单位或个人不得在自然保护区设立风景名胜区、景区和各类公园等，或者加挂与自然保护区管理内容相重复或冲突的其他牌子，不得改变自然保护区隶属关系，对交叉重叠的，应逐步清理，规范管理。

（二）加强法制化建设，依法推进自然保护区发展。各级林业主管部门要结合当地实际，促请加快自然保护区立法进程，加快落实“一区一法”。国家级自然保护区要争取由地方人大或政府颁布保护管理条例或办法，力争在3到5年内完成。

各级林业主管部门和各自然保护区管理机构要制定普法计划，形式多样地开展自然保护区的法制培训和普法工作，切实提高保护管理人员和公民保护自然生态系统和自然资源的法律意识。

（三）规范自然保护区总体规划编制并强化执行监管。总体规划是自然保护区开展建设管理工作的主要依据，各级林业主管部门和各自然保护区管理机构应在综合科学考察、本底资源及补充调查的基础上，科学、系统地编制自然保护区总体规划，维护其严肃性，发挥总体规划的指导作用；国家林业局在审批国家级自然保护区总体规划前将组织有关专家对规划内容进行现场核查；省级和其他地方级自然保护区也应在3至5年内全面完成总体规划的编制工作，报省级林业主管部门审批。

要通过总体规划的编制、执行，明确自然保护区边界四至和功能分区，落实土地权属，完善相关审批手续。对自然保护区内国有土地，采取政府划拨、调换等方式将土地使用权划归自然保护区管理机构；对于自然保护区内的集体土地，在征得土地所有权人同意的前提下，由当地政府通过租赁、赎买、置换、补偿等方式，将土地尤其是核心区的土地划归自然保护区管理机构管理使用，依法稳定自然保护区内的土地使用权，妥善处理好自然保护区与周边群众生产生活和经济发展的关系。国家林业局将定期对国家级自然保护区总体规划执行情况进行检查评估，对违规行为依法、依规查处。

四、依靠科学技术，提高自然保护区的管理水平

（一）积极推进示范自然保护区建设。要进一步落实省级林业主管部门首长负责制，推动全国示范自然保护区建设。通过广泛吸取社会各方面的意见，分析制约示范自然保护区建设发展的关键因素，明确示范工作重点，落实相应的措施。各地也可以选择一些具有典型性和代表性的地方级自然保护区作为示范单位进行建设，并注意借鉴国际、国内在自然保护方面的先进经验和有效措施。学习全国示范自然保护区及示范省在自然保护区管理体制、资金投入机制、规范管理、参与式管理等方面的成功经验，结合当地实际深化和拓展，促进自然保护区管理水平的整体提升。

（二）加快建立自然保护区监测网络体系。省级林业主管部门应结合林业信息化建设，逐步建立以自然保护区生态系统、植被和珍稀濒危物种分布数据库和巡护监测网络为主要内容的数字化监测体系，组织国家级自然保护区完成主要保护对象及其栖息地、自然资源、自然环境等调查，建立和完善自然保护区监测体系，使自然保护区科学监测工作常规化和规范化，为国家重大决策提供科学数据。逐步建立向社会公布自然保护区生态监测信息及生态状况的公告制度。

（三）进一步提升科技支撑能力。自然保护区管理机构要在切实做好保护和管理自然生态系统核心任务的前提下，不断提升科研监测能力，为保护和管理提供科学依据；要发挥自然保护区科研平台作用，吸引国内外科研单位开展涉及自然保护区的科研工作，并积极参与有关研究活动，增强自身的研究能力；要根据主要保护对象的特性，采取科学管理措施，提高保护质量。

（四）发挥科普教育和生态文明教育基地作用。要进一步发挥自然保护区的社会服务功能，联合相关部门，充分利用自然保护区建设管理成果，使自然保护区成为科普教育、生态文明教育基地；要加强相关基础设施建设，在总体规划和生态旅游规划的范围内，加大旅游步道、访问中心、宣教解说等社会服务性基础设施建设力度，组织开展特色活动，引导公众热爱自然，参与和关心自然保护区建设，提升自然保护区的社会服务能力，展示林业生态建设和生物多样性保护建设成效，为提高国民素质和爱国热情发挥重要作用。

五、落实保障措施，推动自然保护区健康发展

（一）落实自然保护区的生态效益补偿机制。自然保护区是保护森林、湿地和荒漠生态系统的最重要、最有效措施，其范围清楚，生态补偿的主体和受体明确，在生态服务功能和转变经济增长方式等方面发挥着重要的作用。各省级林业主管部门在安排天然林资源保护、国家和省级生态公益林补偿和湿地保护补助资金时，要将自然保护区单列。根据国家级自然保护区管理的特殊性，结合本地的实际，在国家政策范围内制定国家级自然保护区工程实施、资金使用监管和监测数据上报等相关办法，确保资金有效使用与管理。

各省级林业主管部门要联合当地发展改革、财政等相关部门加快自然保护区生态服务功能评估等工作，研究制定生态补偿标准体系。

（二）切实加强对自然保护区管理工作的领导。自然保护区建设管理工作是社会公益事业，也是各级政府的职责，各级林业主管部门要按照《通知》的精神，积极主动地争取地方政府和有关部门的支持，将省级以上自然保护区的日常管理经费纳入省级财政预算，并积极落实地、县级自然保护区的日常管理和建设经费。

要落实《自然保护区条例》、《森林和野生动物类型自然保护区管理办法》的规定，将国家级自然保护区直接归属所在省级林业主管部门管理；要参照《自然保护区工程项目建设标准(试行)》配备自然保护区管理机构的人员，并争取参照公务员法管理；要选派政治素质高、专业能力强、工作作风实的干部担任自然保护区管理机构的主要领导，提高自然保护区的专业管理水平；要强化培训工作，将国际和国内成功有效的保护理念和研究成果应用于实际工作中；各级林业主管部门要争取把自然保护区建设纳入政府目标责任制考核范围，建立健全自然保护区建设管理考核评估机制，切实提高自然保护区建设管理的有效性。

特此通知。

国家林业局

2011 年 8 月 17 日

国家林业局关于印发《林业发展“十二五”规划》的通知

林规发〔2011〕194 号

各省、自治区、直辖市林业厅(局)，内蒙古、吉林、龙江、大兴安岭森工(林业)集团公司，新疆生产建设兵团林业局，各计划单列市林业局，国家林业局各司局、各直属单位：

为贯彻落实党的十七届五中全会和中央林业工作会议精神，根据《中华人民共和国国民经济和社会发展第十二个五年规划纲要》，我局制定了《林业发展“十二五”规划》(以下简称《规划》，见附件)。现印发你们，请结合各地实际，认真贯彻落实，并就有关事宜通知如下：

一、高度重视，解放思想，着力推进现代林业科学发展

“十二五”时期，是我国全面建设小康社会的关键时期，是深化改革开放、加快转变经济发展方式的攻坚时期，也是发展现代林业、建设生态文明、推动科学发展的重要战略机遇期。我国林业改革发展使命光荣，任务艰巨，工作繁重。各地区、各单位一定要高度重视，根据胡锦涛总书记对林业的重要批示精神，以《规划》为指导，进一步解放思想、实事求是，结合本地区、本单位实际，研究制定贯彻落实的具体措施，真抓实干，加快转变林业发展方式，努力开创现代林业发展新局面。

二、加强领导，落实责任，确保实现林业“十二五”发展目标

《规划》进一步明确了“十二五”现代林业科学发展的主要任务、发展目标和重要措施。各地区、各单位要加强组织领导，提高认识，认真分解任务，层层落实责任，并狠抓落实，务求实效。各级林业主管部门要紧紧围绕胡锦涛总书记提出的“双增”目标，以完成“十二五”森林覆盖率和森林蓄积量两个国家约束性指标为核心，将任务分解落实到山头地块、落实到图上，采取得力措施，确保实现国家战略意图。

三、完善评估，强化考核，推动规划顺利实施

各级林业主管部门要不断完善监测评估制度，强化对“十二五”林业规划实施情况的跟踪分析；要研究制定林业规划实施的绩效评价考核办法，提出各项具体指标的考核标准，特别是针对森林覆盖率和森林蓄积量两个国家约束性指标，要配合各级人民政府和有关部门对规划实施开展考核评价，并将考核结果作为各级人民政府领导班子和领导干部考核的重要依据。

请各省级林业主管部门依据各地规划程序，尽快印发本地区(本单位)“十二五”林业发展规划，并报送我局备案。

附件：林业发展“十二五”规划

国家林业局

2011 年 8 月 30 日

附件　林业发展"十二五"规划

第一章　"十一五"林业发展简要回顾

第一节　我国林业建设进入科学发展新阶段

"十一五"时期是我国经济社会发展极不平凡的五年，是我国林业由传统林业向现代林业转变、全面实施以生态建设为主林业发展战略具有里程碑意义的重要时期。我国林业建设全面贯彻落实科学发展观，准确把握世情、国情和林情，遵循自然规律和经济发展规律，采取综合措施促进了林业又好又快发展。

一、确立了林业在经济社会发展全局中的新地位

党中央、国务院高度重视林业建设，2008年颁发了《中共中央　国务院关于全面推进集体林权制度改革的意见》(中发〔2008〕10号)，2009年中央首次召开了林业工作会议，明确了林业在国民经济和社会发展中的战略地位和使命，林业地位得到显著提升。中央林业工作会议指出："在贯彻可持续发展战略中林业具有重要地位，在生态建设中林业具有首要地位，在西部大开发中林业具有基础地位，在应对气候变化中林业具有特殊地位"，"实现科学发展必须把发展林业作为重大举措，建设生态文明必须把发展林业作为首要任务，应对气候变化必须把发展林业作为战略选择，解决'三农'问题必须把发展林业作为重要途径"。林业具备的生态、经济、社会、碳汇和文化功能，在全社会进一步形成了共识。

二、开创了现代林业发展的新局面

国家林业局党组按照党中央、国务院的部署，站在经济社会发展全局的高度，提出了"发展现代林业、建设生态文明、推动科学发展"。发展现代林业成为林业工作的总任务，建设生态文明成为林业工作的总目标，推动科学发展成为林业工作的总要求，三者紧密联系、有机统一，共同构成了我国林业发展总体思路的核心和主题，成为林业建设的旗帜和方向。其核心内容是构建完善的林业生态体系、发达的林业产业体系、繁荣的生态文化体系，全面开发和不断提升林业的多种功能，努力提高林业的生态、经济、社会效益，满足社会对林业日益增长的多样化需求。

三、取得了集体林权制度改革的新突破

按照党中央和国务院的总体部署，各地积极推进集体林权制度改革，明晰产权、承包到户的主体改革任务取得重大突破，相关配套改革政策措施进一步完善。全国有18个省区市基本完成了明晰产权、承包到户的改革工作，已确权林地面积达1.62亿公顷，重新核发林权证的集体林地面积达1.34亿公顷，涉及全国3亿农户。全国已建立林权保护管理机构851个，森林资源资产评估机构618个，出台了集体林采伐管理改革9项政策。集体林权制度改革真正实现了"山定权、树定根、人定心"，极大地调动了农民发展林业的积极性，解放了林业生产力，被誉为我国农村土地经营制度的又一次重大变革，成为我国经济体制改革的一大亮点。集体林区开始呈现森林资源增加、农民群众增收和生活改善、林业经济增长、林区社会和谐稳定的良好局面。

四、形成了促进林业发展的新机制

国家出台了一系列支持林业发展的政策措施，公共财政支持林业的政策体系初步建立。人工造林中央投入标准由100元/亩提高到200元/亩，中央财政对属集体和个人的国家级公益林生态效益补偿标准由每年每亩5元提高到10元，27个省区市实施了地方森林生态效益补偿基金制度。首次开展了森林抚育、森林保险、林木良种和造林中央财政补贴以及湿地保护补助试点。改革了育林基金制度，征收标准由20%降至10%以下，并逐步将基层林业部门行政事业经费纳入同级财政预算。建立了省级政府防沙治沙目标责任制。进一步完善了林业贷款贴息政策，相继颁布实施了《林业产业政策要点》、《林业产业振兴规划》和《全国油茶产业发展规划》。国务院批准实施《全国林地保护利用规划纲要》，确定了全国45.57亿亩林地，建立了林地使用定额管理和用途管制制度，进一步巩固和拓展了林业发展空间。

五、树立了我国林业的国际新形象

林业在国际重大问题上的话语权不断增强，林业产业的全球化步伐不断加快，林业发展的国际空间不断拓宽，全方位、多层次、宽领域的林业对外开放新格局正在形成。在应对气候变化等国际政治和外交博弈中，我国提出的新增4000万公顷森林面积和13亿立方米森林蓄积的发展目标，纳入了应对气候变化行动，成为国际林业应对气候变化的重要风向标，树立了中国林业的国际形象。林业成为亚太经合组织、中非合作论坛、中欧和中俄、中美等首脑会议的重要议题，特别是亚太森林恢复和可持续管理网络的建立和有效运行，积极参与全球森林资源评估，凸显了我国林业在国际林业和区域林业发展中的重要地位和作用。气候变化、荒漠化防治、生物多样性保护、湿地保护、濒危野生动植物种国际贸易等国际公约谈判规则的制定和负责任的履约，赢得了我国林业在国际林业事务中的主动权。林产品对外贸易发展迅速，林业利用外资和对外投资更加活跃，奠定了提升我国林业国际竞争力的坚实基础。

第二节　林业建设取得的主要成就

林业"十一五"规划顺利实施，全国共完成造林面

专栏1　林业"十一五"规划主要指标实现情况

指　标	2005年	"十一五"目标	2010年
森林覆盖率(%)	18.21	20	20.36
森林蓄积量(亿立方米)	125	132	137
新增沙化土地治理面积(万公顷)		750	1081
自然湿地保护率(%)	40	50	50
林业自然保护区面积占国土面积(%)	12.36	13	12.88
国家级公益林保护面积(万公顷)		5700	7000
林业产业总产值(万亿元)	0.85	1.2	2.28

积2529万公顷，其中，林业重点工程完成造林面积1699万公顷。全民义务植树运动不断深入，全国参加义务植树人数达27.7亿人次，植树118亿株。林业投入大幅度增加，国家对林业投入2979亿元，其中，中央基本建设投资479亿元，中央财政专项资金2500亿元；地方政府投入林业资金达到1900亿元。林业利用外资总规模为39.13亿美元，林产品对外贸易总额3549亿美元。

一、森林资源快速增长

完成第七次（2003～2008年）全国森林资源清查，全国森林面积1.95亿公顷，森林覆盖率20.36%，森林蓄积量137.21亿立方米。与第六次资源清查相比呈现以下特点：一是森林面积、蓄积持续增长。森林面积净增2054.30万公顷，全国森林覆盖率上升了2.15个百分点，森林蓄积量净增11.23亿立方米，继续呈现长大于消的良好态势。其中天然林面积净增393.05万公顷，天然林蓄积量净增6.76亿立方米；人工林面积净增843.11万公顷，人工林蓄积量净增4.47亿立方米。二是森林质量有所提高。乔木林每公顷蓄积量为85.88立方米，平均增加1.15立方米；每公顷年均生长量为3.85立方米，平均增加0.30立方米，混交林比例为37.41%，上升9.17个百分点。三是以采伐天然林为主向以采伐人工林为主的战略转变急步推进。人工林采伐量占全国森林采伐量的39.44%，上升了12.27个百分点。四是首次开展了全国森林生态功能及价值综合评价，森林植被总碳储量达到78.11亿吨，森林生态服务功能年价值量达到10.01万亿元。

二、生态建设取得显著成效

“十一五”期间，林业重点生态工程稳步推进，工程区生态状况明显改善。天然林资源保护工程有效管护森林1.03亿公顷，完成公益林建设任务550万公顷。退耕还林工程完成造林任务542万公顷，水土流失和风沙危害明显减轻。三北防护林体系建设工程完成造林任务334万公顷，长江、珠江、沿海等防护林体系建设工程累计造林200万公顷，森林防护功能稳步提高。无林少林的广大平原地区森林覆盖率提高到15.8%，农田林网控制率达到74%，促进了农业稳产高产。全国完成沙化土地治理面积1081.41万公顷，沙化土地由上世纪末的年均扩展3436平方千米变为目前的年均减少1717平方千米，土地沙化趋势总体上得到初步遏制。湿地保护取得重大进展，新建国家湿地公园140处、国际重要湿地16处，全国已累计建立国家湿地公园145处、国际重要湿地37处，50%的自然湿地得到有效保护。野生动植物保护进一步加强，对多种珍稀濒危野生动植物实施野外巡护、栖息地恢复、原生地和迁地保护、人工繁育和放（回）归自然等措施，我国濒危野生动植物野外种群稳中有升。林业系统自然保护区建设不断加强，新建各级各类自然保护区336处，面积364.22万公顷，全国林业系统已累计建立森林生态、湿地、荒漠、野生动植物等各级各类自然保护区2035处，总面积12 370.92万公顷。国有林场和森林公园已经成为生态建设的重要力量，新增国有林场41个、森林公园530个，全国已累计建立国有林场4507个、各级森林公园2583个。

三、林业产业不断壮大

“十一五”期间，我国林业产业继续保持了较快发展势头，产业规模迈上新台阶。全国林业产业总产值从2006年突破1万亿元，到2010年达到2.28万亿元；林产品进出口总额由“十五”末的400亿美元增长到“十一五”末的963亿美元。林业产业结构调整迈出新步伐。林业一二三产业的比例由“十五”末的52∶41∶7调整为“十一五”末的38∶53∶9，林业工业化进程明显加快，第三产业比重逐步加大。以油茶等木本粮油、干鲜果品、茶、中药材以及森林食品在内的经济林产品的种植与采集业产值成为林业第一产业的亮点，以木、竹加工为主的林业第二产业主要产品产量持续增长，森林旅游业成为林业第三产业新的增长点，野生动植物驯养繁育利用产业发展迅猛，花卉苗木产业已成为综合性朝阳产业。我国林业产业初步形成了以市场需求为导向、基地建设为手段、精深加工为带动、多主体共同发展的新格局。龙头企业不断涌现，企业建基地、基地连农户的模式对产业发展推动作用明显。

四、生态文化体系建设进展顺利

“十一五”以来，生态文化理论体系和组织体系逐步完善。成立了各类生态文化协会、学会、研究会、促进会等社团组织，生态文化管理、研究、创作和宣传队伍不断加强。建设了一批以自然保护区、森林公园、湿地公园、博物馆等为依托的生态文明和生态文化教育基地，开展了创建国家级和省级森林城市和“创绿色家园、建富裕新村”活动。林业宣传和生态文化传播力度加大，充分利用报纸、广播、电视等传统媒体和网络、手机等现代媒体广泛地宣传林业，制作播出了一批生态科普文化作品。通过植树节、公益广告、野生动物保护宣传月、爱鸟周、世界湿地日、荒漠化日和举办绿博会、花博会、森林旅游节、湿地文化节和各种论坛等活动，以及整理出版以《中华大典——林业典》为代表的一批森林文化典籍，进一步扩大了生态文化影响力。

五、森林保护能力不断增强

一是森林采伐管理逐步完善。“十一五”森林采伐限额得到有效执行，在全国24个省区市193个县开展了森林采伐管理改革试点，初步建立了森林可持续经营管理体系基本框架。二是森林防火工作进一步加强。修订了《森林防火条例》，实施了《全国森林防火中长期发展规划》，组织指挥机构和应急管理不断完善，森林消防队伍建设稳步推进，装备和基础设施明显改善，年均森林火灾受害率低于1‰，好于同期林业发达国家的平均水平。三是森林公安建设得到强化。编制经费问题取得重大突破，民警培训、警务督察、抚优抚恤工作进一步加强，队伍正规化建设取得新进展，开展“绿盾”、“飞鹰”等一系列严打整治行动，森林公安执法能力和社会形象进一步提升。四是林业有害生物防治工作取得长足进展。初步建立了监测预警、检疫御灾、应急防控三大体系，已建成各级林业有害生物防治检疫站3111个，国家级中心测报点1000个，主要有害生物发生面积进一步得到控制，成灾率下降到5‰以下。

六、支撑保障能力得到加强

一是林业科技支撑不断强化。全国已建立地市级以上林业科研机构232个，省、市、县级林业科技推广机构2296个，全国林业标准化委员会23个，局级林业重点实验室34个，陆地生态系统定位研究站43个，国家级(局级)林业产品质量检验检测中心(站)26个。取得重要科技成果1036项、专利9569件，林业科技进步贡献率达到了43%，科技成果应用率超过50%。二是林木种苗建设进一步加强。全国已建立良种基地28.5万公顷、采种基地158.1万公顷、苗圃48.71万公顷，年种子生产能力2500万千克，穗条产量15亿条(根)，合格苗木产量300多亿株，建立了13个国家级林木种质资源库和131个国家级重点林木良种基地，林木良种使用率达到51%。三是林业工作站、木材检查站等基层机构得到稳定发展，森林资源监督体系建设得到加强。全国已建立省区市及新疆生产建设兵团林业站管理机构22个，地市级林业站300个，县级林业站2295个，乡镇林业站28 806个。已建立木材检查站4236个，木材检查人员2.9万人。国家林业局向全国派驻了14个森林资源监督专员办事处。四是林业立法不断完善，执法体系逐步加强，林业案件查处率大幅提高。五是林业信息化建设全面推进，确定了林业信息化总体思路和顶层设计，制定了一系列林业信息化管理制度和标准，启动实施了一批重点工程。六是更加重视林业技能人才培养，新建林业行业职业技能鉴定站15家，培训鉴定林业技能人才14.2万人次。

七、林区民生不断改善

启动实施了林业棚户区(危旧房)改造工程，林区134万户列入全国保障性住房建设规划，已完成林业棚户区(危旧房)改造任务52.47万户，成为新中国成立60多年来惠及林区上百万林业职工、数百万人口的一项最大的民生工程。林区职工收入不断提高，生活条件不断改善，基本养老、医疗等社会保障基本覆盖林区职工。林区安全饮水、林区部分道路、林区供电、林区广播电视等基础设施建设也取得了新进展，为进一步改善林区民生奠定了良好基础。

第三节　林业发展的基本经验

一、坚持着眼全局谋划发展

“十一五”期间，国家林业局党组主动适应建设生态文明和实施可持续发展战略的要求，将林业融入国民经济和社会发展的全局来谋划。以经济社会发展对林业的主导需求为核心，紧紧围绕以生态建设为主的林业发展战略，统筹国际国内两种资源、两个市场，着眼全局谋划林业发展。坚持科教兴林和人才强林，不断增强林业生态、物质和文化产品的供给能力，满足经济社会发展对林业的多样化需求。

二、坚持深化改革推进发展

坚持把改革作为推动林业又好又快发展的根本动力，努力发展和形成符合现代社会发展要求的林业生产力和生产关系。实现了理念上由以林为本向以人为本的转变，管理方式上由政府主导向政府主导与全社会发动并重的转变，政策取向上由取之于林向予之于林的转变。特别是集体林权制度改革的深入推进，各种生产要素开始向林业集聚，非公有制林业快速发展，投资主体多元化、经营形式多样化，进一步解放了林业生产力。

三、坚持重点工程带动发展

实施重点工程是我国加快发展和实施可持续发展战略的成功范例。通过重点工程的实施，调整和优化了林业生产力布局，以重点突破带动了林业的全面快速发展和整体管理水平的提高，形成了林业大发展的良好态势。在国家重点工程带动下，各地根据发展实际，规划启动了适应地方发展要求的各项工程，逐步形成了以国家生态建设工程为主，地方工程配合，合力推进生态建设的新格局。

四、坚持兴林富民促进发展

兴林是林业发展之本，富民是林业发展之基，只有正确处理好兴林和富民的关系，为人民谋利益，为老百姓增福祉，才能促进林业又好又快发展。我国丰富的林地资源、物种资源、景观资源蕴藏着巨大的发展潜力，随着林业产业迅猛发展，林地、物种、景观等生态资源加速转化为发展资本，林业的经济潜力逐步得到挖掘，群众实实在在分享到了现代林业发展的成果，也激发出了更高的造林、育林、护林积极性，进一步促进了现代林业建设。

五、坚持科教兴林、人才强林提升发展

坚持“科学技术是第一生产力，人才资源是第一资源”的战略思想。通过不断建设和完善科技创新体系、成果转化推广体系、质量标准检验检测体系和条件能力建设，充分发挥林业科技引领发展、支撑建设、服务全局的能力。大力加强各类人才队伍建设，加强林业学科、专业建设和人才培养，深化干部人事制度改革，建立健全人才选拔培养使用制度，人才总量持续增长、素质不断提高、效能得到发挥，人才在现代林业建设中的作用日益凸显。

六、坚持三大体系协调发展

发展现代林业，必须坚持以生态建设为主的林业发展战略，努力构建完善的林业生态体系、发达的林业产业体系和繁荣的生态文化体系。没有完善的林业生态体系，林业产业就是无源之水；没有发达的林业产业体系，生态建设就没有活力和动力；没有生态文化的大发展，人们的生态文明观就难以牢固树立。三大体系相互依赖、相互促进，任何一个体系的缺位或者弱化，都不能满足可持续发展的要求和建设生态文明的需要。

第二章　新时期经济社会发展对林业的需求

第一节　林业发展面临的新形势

从国际上看，随着国际社会对林业认识的日益深化，以及林业在应对气候变化、经济全球化等方面的影响力不断提高，凸显了林业对维护国家利益、提升国家形象发挥着越来越重要的作用。一是在联合国应对气候变化峰会、丹麦哥本哈根和墨西哥坎昆气候大会、亚太经合组织领导人会议、第十三届世界林业大会等国际重要场合，林业对经济社会可持续发展的制衡作用备受关注。二是国际经济环境正在发生深刻变化，林业经济增长方式面临深度调整，对我国调整林业产业结构、扩大林产品出口和拉动内需带来巨大的外部压力，也形成了调整的内生动力。三是随着后危机时代的到来，世界科技创新正孕育新的突破，为我国林业充分利用国际创新资源提供了难得的机遇。

从国内看，我国的发展条件和动力正在发生深刻变化，政治、经济、文化、社会、生态文明建设并列构成中国特色社会主义事业"五位一体"的总体布局，坚持协调发展、绿色发展、共享发展，加快实现结构调整、民生改善、生态建设等战略目标，为林业提供了前所未有的发展机遇。同时，西部大开发、振兴东北等老工业基地和中部崛起战略的深入推进，全国主体功能区规划和长三角、珠三角、环渤海、大小兴安岭林区生态保护与经济转型等区域规划的实施，以及国家宏观经济政策保持连续性、稳定性，为林业发展提供了更多的政策支持和更加广阔的发展空间。

一、实现科学发展迫切需要加快林业发展

党的十七届五中全会指出，要以科学发展为主题，以加快转变经济发展方式为主线，坚持把保障和改善民生作为加快转变经济发展方式的根本出发点和落脚点，坚持把建设资源节约型、环境友好型社会作为加快转变经济发展方式的重要着力点。实现科学发展，就是要坚持以人为本，推动整个社会走上生产发展、生活富裕、生态良好的科学发展道路。林业作为重要的公益事业和基础产业，在国民经济和社会发展全局中居于战略地位。中央林业工作会议进一步确立了林业的"四个地位"，明确赋予了林业的"四大使命"，这是党中央在新的历史时期对林业的最新认识成果，深刻揭示了林业在我国"十二五"加快转变经济发展方式、实现科学发展中的重要地位和作用。

二、建设生态文明迫切要求林业加快构筑国土生态安全屏障

加强生态保护，提高生态文明水平，是加快转变经济发展方式、实现科学发展的重要着力点，也是提高人民群众生活质量的必然要求。我国生态状况依然十分脆弱，生态文明建设与可持续发展面临着严峻挑战。一是生存发展空间不容乐观。全国沙化土地面积174万平方千米，占国土面积的18.1%，还有石漠化土地面积12.96万平方千米，并且以年均2%左右的速度扩展。二是土地质量严重下降。全国水土流失面积达356万平方千米，占国土总面积的37.1%，每年流失土壤45亿多吨。我国中西部地区现有坡耕地3亿多亩，每年造成的水土流失占全国的30%以上。三是生物多样性面临严重威胁。全国已有233种脊椎动物濒临灭绝，36种野生植物的种群数量仅存1000株以下。四是天然湿地急剧减少，蓄水调洪能力和净水贮碳功能下降。生态问题已成为我国经济社会可持续发展最大的障碍之一，生态产品已成为我国最短缺的产品之一，生态差距已成为我国与发达国家的最大差距之一。林业作为生态建设的主体，解决生态问题迫切需要加强林业建设，加快构筑国土生态安全屏障。

三、保障和改善民生迫切需要发挥林业就业和增收潜力

保障和改善民生是我国加快转变经济发展方式、实现科学发展的根本出发点和落脚点。我国山区占国土总面积的69%，山区人口占全国总人口的56%，这些地区贫困人口相对集中，经济社会发展相对滞后，民生问题更为突出。我国现有林地面积是耕地面积的2.3倍，解决"三农"问题最现实的选择是调整农村产业结构，充分挖掘林地潜力，不断提高林地单位产出率，通过积极发展林产品加工业、森林旅游业等，促进农林牧副渔结构合理、协调发展，对农民就业形成"磁吸效应"，对农民增收形成"倍数效应"。同时，集体林权制度改革直接惠及3亿农民，农户经营的森林和林地资产，也为增收就业创造了有利条件。同时，我国林业产业包含了国民经济一、二、三产业门类，产业链条长、涵盖范围广、产品种类多，能提供大量的就业岗位。因此，发展林业是缓解社会就业矛盾、促进增收的最现实、最直接、最可行的渠道。拉内需、促就业、保民生，需要充分发挥林业就业蓄水池和增收保障作用。

四、应对气候变化迫切需要增加森林碳汇、提升减缓气候变化的能力

应对气候变化，不仅是人类社会共同面临的严峻挑战，也是我国实现科学发展必须着力解决的重大问题。森林固碳减排，具有投资少、综合效益大等优点，是赢得国家排放空间和发展时间、抢占经济竞争优势的巨大潜力所在。胡锦涛总书记在联合国气候变化峰会上向国际社会作出了"大力增加森林碳汇，到2020年森林面积比2005年增加4000万公顷，森林蓄积量比2005年增加13亿立方米"的"双增"目标承诺。大力植树造林，加强森林保护，强化森林经营，已成为我国增加森林碳汇总量、提高应对气候变化能力的必然选择。

五、经济结构战略性调整迫切需要发挥林业维护资源和粮油安全功能

经济结构战略性调整是我国加快转变经济发展方式、实现科学发展的主攻方向，树立绿色、低碳发展理念，大力发展循环经济，加强资源节约和管理，保障国家粮油安全和加强现代能源产业体系建设是经济结构战略性调整的重要内容。一是我国经济社会快速发展，对木材和林产品的需求日益增大，到"十二五"末，我国木材及林产品总需求将达到3.86亿～4.32亿立方米，届时国内木材供给量约为2.46亿～2.72亿立方米，供需缺口达1.4亿～1.6亿立方米，折合森林蓄积达2亿多立方米。同时，我国经济林产品、林化产品和食用菌等林副产品需求不断增长，到"十二五"末，缺口约达3000万吨。因此，保障我国木材、林产品等资源安全迫切需要林业增强战略资源储备能力。二是林业拥有近46亿亩林地，发展木本粮油潜力巨大，是立足自给、增强后备粮油储备能力、保障粮油安全的形势需要。三是森林就其能源当量而言，是仅次于煤、石油、天然气的第四大能源，而且具有清洁安全、可再生、可降解、不与农争地、不与人争粮等优点，为维护国家能源安全，迫切需要将林业生物质能源作为我国新能源开发的重点。

六、推动文化大发展迫切需要繁荣生态文化

生态文化是中华传统文化、和谐文化的重要组成部分，是支撑生态文明的基础。繁荣生态文化的目的是全社会形成亲近自然、热爱自然的良好风尚，大家更加自觉地保护生态、爱护环境、节约资源能源。大力发展生态文化，可以引领全社会普及生态知识，树立生态道德、崇尚生态文明和人与自然和谐相处的价值观。林业在繁荣生态文化中扮演着主要角色，自然保护区、森林公园、湿地公园、博物馆、展览馆等是生态文化传播的重要阵地，能够为深化文化内涵、提升全社会生态文明观念发挥积极的促进作用。

第二节 林业面临的挑战和发展潜力

一、面临的挑战

我国林业建设虽然取得了举世瞩目的成就，但与国民经济和社会发展的总体要求还很不适应，各种结构性、深层次矛盾和问题也进一步凸显，特别是短期问题与长期矛盾交织在一起使新时期林业发展面临巨大挑战。

一是林业提供生态、经济和文化产品能力不足与人民群众日益增长的需求之间的矛盾仍然突出。特别是我国面临的土地沙化、水土流失、物种减少、湿地萎缩等重大生态问题，依然是制约我国经济社会可持续发展的重要因素。

二是我国森林资源质量不高，林地利用率低、生产力低，林木良种使用率较低，森林生态系统整体功能仍然相当脆弱，林业的多功能远未发挥出来。用目前占全球4.7%的森林资源难以支撑占全球23%人口对生态和林产品的基本需求。

三是推进生态建设和造林绿化向纵深发展难度加大。目前，我国60%以上的宜林地集中在三北、南方石漠化及干热河谷等地区，立地条件差，造林成本高，成果巩固难，今后全国森林覆盖率每提高1个百分点，需要付出更大的代价，生态建设进入攻坚阶段。

四是林区基础设施建设和民生保障水平较低。国有林区和国有林场以及林业基层单位基础设施落后，制约着其功能和作用的发挥。广大林业职工收入和生产生活条件还没有达到应有水平，林区社会保障严重滞后于社会平均水平。

五是制约林业发展的体制机制障碍尚未根本消除。体制不顺、机制不活依然是制约林业发展的深层次根源。重点国有林区“政企分开、企社分离”、建立现代企业制度的企业管理体制改革和“森林资源行政管理与企业经营分离”的国有森林资源管理体制改革，以及国有林场改革等任务非常繁重。

总体上看，生态建设与社会发展不协调，生态承载力与经济增长需求不适应，主要林产品供需矛盾突出，“十二五”时期林业改革、发展、保护任务依然艰巨。

二、发展潜力

林业是循环经济、绿色经济和低碳经济的复合体，在建设生态文明、促进可持续发展的新形势下，积极稳妥地化解制约林业发展的各种不利因素，充分挖掘和释放林业潜力，努力增加林业生态、物质和文化产品的有效供给，对于切实增强经济社会可持续发展能力具有重要意义。

一是林地利用率和生产力提升空间很大。目前，全国有林地面积1.8亿公顷，仅占林业用地面积的59.71%，尚有较大发展潜力；我国乔木林单位面积蓄积量仅85.9立方米/公顷，相当于世界平均水平110立方米/公顷的78%，主要原因是缺乏经营管理。只要通过建立健全良种、造林、抚育、保护、管理投入补贴制度，就能从根本上提高产出能力；只要通过加强森林经营工作，就能有效解决经营粗放、质量效益低下的问题；只要通过加强造林更新，调整树种和林龄结构、林分密度，就能提高森林质量、林地利用率和生产力。同时，近些年林下经济的快速发展，已成为提高林地生产力的重要手段。

二是物种资源开发利用潜力巨大。我国有木本植物8000多种、陆生野生动物2400多种、野生植物30 000多种，其中有1000多个经济价值较高的树种。这些物种绝大部分在山区林区，为广大农民群众大力发展培育种植业、养殖业和加工业，增加农村就业和农民收入，提供了丰富的资源条件。林业很多物种资源还可以作为发展战略性新兴产业的重要物质基础和占领未来发展制高点的重大战略资源。

三是林产品市场需求潜力巨大。我国正处于工业化、城市化阶段，日益增长的社会需求形成了国内林产品市场的巨大空间，为农村发展林业生产提供了广阔的市场。城乡居民消费层次和消费结构不断升级，对林业的需求已呈现出明显的多样化趋势，木材等可再生性原材料和生物质能源需求增长显著，木本粮油产品、森林食品、药品及保健品需求日趋旺盛，森林旅游快速发展，这些都为培育林业新的经济增长点提供了动力。

四是林业解决劳动力就业优势明显。今后一个时期，我国将继续大力推进生态建设，深入实施重点工程，营造林仍保持较大规模，森林抚育经营任务繁重，需要大量的劳动力参与才能保障生态建设各项任务顺利完成。集体林权制度改革的稳步推进，吸引了大量农民务林创业，有效拓展了农民就业空间。以劳动密集型为特点的林业产业，可以有效拉动城乡就业。

“十二五”是实现全面建设小康社会奋斗目标承上启下的关键时期，是全面贯彻落实科学发展观、构建社会主义和谐社会的重要时期，也是发展现代林业、建设生态文明、推动科学发展的重要战略机遇期。纵观国际国内形势，“十二五”时期林业发展的机遇与挑战共存，机遇大于挑战，具备了化解不利因素，在新形势下加速前进的经济基础、市场潜力和制度保障。只要战略谋划得当，政策措施有力，就能抓住机遇、趁势而上，把林业建设推向又好又快发展的新阶段。

第三章 “十二五”林业发展基本思路

第一节 指导思想

“十二五”林业发展的指导思想是：高举中国特色社会主义伟大旗帜，以邓小平理论和“三个代表”重要思想为指导，深入贯彻落实科学发展观，全面实施以生态建设为主的林业发展战略，以发展现代林业、建设生态文明、推动科学发展为主题，以加快转变林业发展方式、提升林业质量效益为主线，以实现兴林富民为目标，坚持依靠人民群众，坚持依靠科技进步，坚持依靠深化改革，加大生态保护建设力度，加强森林经营，加快培育主导产业，加快繁荣生态文化，更好地完善林业三大体系，更好地凸显林业四大地位，更好地履行林业四大使命，更好地发挥林业五大功能，努力构建现代林业发展的基本框架，奠定生态文明建设的牢固基础，创建科学发展的良好环境，为全面建设小康社会作出新贡献。

“十二五”时期，以发展现代林业、建设生态文明、推动科学发展为主题，就是要更加突出林业在生态建设中的主体作用，更加突出林业在人口资源环境协调发展中的关键作用，更加突出林业在惠农富民中的重要作

专栏 2

三大体系→指现代林业建设的三大目标，即，构建完善的林业生态体系、发达的林业产业体系、繁荣的生态文化体系。

四大地位→中央林业工作会议指出："在贯彻可持续发展战略中林业具有重要地位，在生态建设中林业具有首要地位，在西部大开发中林业具有基础地位，在应对气候变化中林业具有特殊地位"。

四大使命→中央林业工作会议指出："实现科学发展必须把发展林业作为重大举措，建设生态文明必须把发展林业作为首要任务，应对气候变化必须把发展林业作为战略选择，解决'三农'问题必须把发展林业作为重要途径"。

五大功能→中央林业工作会议明确赋予林业五大功能，即生态、经济、社会、碳汇和文化功能。

用，更加突出林业在应对气候变化、增强碳汇能力中的特殊作用。通过实施五大战略，不断开发林业的多种功能，满足经济社会发展对林业的多样化需求。

实施国土生态安全屏障战略，构筑国土生态安全体系。以保护和建设森林生态系统、治理和修复荒漠生态系统、保护和恢复湿地生态系统、维护生物多样性为核心，以重点工程为带动，以山洪泥石流等地质灾害易灾区为重点，加强森林资源保护与经营，大力开展植树造林，深入开展全民义务植树。强化野生动植物和湿地保护，加强自然保护区建设，构筑绿色生态屏障，形成维护国土生态安全的保障体系。

实施国家木材和粮油安全战略，保障林产品有效供给。大力推进速生丰产林、工业原料林、珍贵树种培育基地建设，优化林分结构，提高森林综合生产能力，有效提高木材、可再生能源供给能力；结合我国木本粮食和木本油料的资源现状和适宜发展条件等特点，按照集约化、产业化、规模化、标准化发展的要求，加快发展油茶、核桃、红枣、板栗等木本粮油产业基地，努力增加林产品有效供给。

实施固碳抵排战略，提升应对气候变化能力。通过加强林地保护、严格控制林木采伐和湿地占用、强化森林防火、有害生物防治和森林执法，减少毁林排放，防止森林退化。通过木材防腐、改性等措施延长木材寿命，维护自然生态系统固碳总量，增强森林固碳能力；开展造林绿化，扩大森林面积，加强森林经营，提高森林质量，增加森林碳汇，抵减工业排放，提升应对气候变化能力。

实施增绿惠民战略，促进社会和谐进步。大力发展森林旅游、林下种养殖业等兴林富民产业；大力开展"身边增绿"活动，推动部门（系统）绿化，加快城乡绿化美化一体化步伐，创建森林城市、森林乡镇、森林村庄、森林校园，建设以林为主、品种多样、景观优美、生态良好的宜居环境，改善生产生活条件；加强林业棚户区改造和道路、饮水、供电、通讯、广播电视等基础设施建设，改善林区民生。

实施繁荣生态文化战略，促进生态文明建设。积极构建繁荣的生态文化体系，弘扬人与自然和谐相处的生态价值观，让生态融入生活、用文化凝聚力量，形成尊重自然、保护自然、合理利用自然的生产生活方式，建立一批自然保护区、森林公园、森林人家、湿地公园、博物馆等具有特色的生态文明教育基地，加强宣传教育，增强生态意识，加大生态文化作品创作和挖掘力度，加快生态文明建设进程。

第二节　基本原则

坚持把"双增"目标作为林业发展的核心任务。"十二五"是落实胡锦涛总书记重要批示和"双增"目标的关键时期，必须以严格保护林地为前提，坚持依托林业重点工程，加快森林资源培育，全面开展森林抚育经营，提高林地生产水平，加快城乡绿化步伐，切实增强林业发展活力，充分调动广大农民和社会各方造林育林护林的积极性，为实现"双增"目标奠定坚实基础。

坚持把加快转变发展方式作为林业发展的重要途径。"十二五"时期，必须紧紧围绕发展方式转变这条主线，在加快发展中转变方式，在转变方式中加快发展，从数量扩张向数量质量并重转变，更加注重效益，更加注重保护现有森林资源，巩固生态建设成果。林业产业建设在保持发展速度的同时，更加注重产业结构调整和惠农富民。林业发展机制在政府主导的同时，更加注重发挥市场配置资源的基础性作用。林业建设在加大投入的同时，更加注重发挥科技创新的关键作用。

坚持把兴林富民、改善民生作为林业发展的根本出发点和落脚点。"十二五"时期，必须着眼于创造更丰富的生态产品，不断改善我国生态状况；着眼于提供更优质的物质文化产品，满足人民物质精神需要；着眼于吸纳更多的社会就业，促进社会和谐稳定；着眼于改善林区民生，使林区人民与全国人民一起实现小康。

坚持把深化改革作为林业发展的强大动力。"十二五"时期，必须继续深化集体林权制度改革，积极创造条件启动国有林场和国有林区改革，形成林业改革全面推进的态势，为新时期林业发展注入新的活力，用体制机制创新为林业发展提供动力，用改革的成果惠及广大人民群众。

坚持把应对气候变化作为林业发展的重要内容。"十二五"时期，必须采取更加有效的措施，提高林业应对气候变化的能力。积极发展碳汇林业，积极参与气候变化林业议题国际谈判。增强林业在应对气候变化国家战略中的作用，努力构建具有我国林业特色又适应国际规则的全国林业碳汇计量与监测体系。

第三节　主要目标和总体布局

一、主要目标

根据经济社会发展的客观要求，为确保实现 2020 年奋斗目标奠定坚实基础，"十二五"林业发展目标是：5 年完成新造林 3000 万公顷、森林抚育经营 3500 万公顷，全民义务植树 120 亿株。到 2015 年，森林覆盖率达到 21.66%，森林蓄积量达到 143 亿立方米以上，森林植被总碳储量力争达到 84 亿吨，重点区域生态治理取得显著成效，国土生态安全屏障初步形成，林业产业总产值达到 3.5 万亿元，特色产业和新兴产业在林业产业中的比重大幅度提高，产业结构和生产力布局更趋合理；生态文化体系初步构成，生态文明观念广泛传播。

到2015年林业发展主要指标如下：

◆ 林地保有量达到3.09亿公顷；

◆ 国家级公益林保护面积达到1.13亿公顷；

◆ 新增沙化土地治理面积达到1000万公顷以上；

◆ 湿地面积达到4248万公顷，自然湿地保护率达到55%以上；

◆ 林业自然保护区面积占国土面积比例稳定在13%左右；

◆ 90%以上国家重点保护野生动物和80%以上极小种群野生植物种类得到有效保护；

◆ 义务植树尽责率达到65%，城市建成区绿化覆盖率达到39%，人均公园绿地面积达到11.2平方米，村屯建成区绿化覆盖率达到25%；

◆ 商品材年产量达到1亿立方米左右，人工林商品材供应率达到70%左右；

◆ 主要经济林产品总产量达到2亿吨，产值7000亿元；

◆ 林业生物质能源占我国可再生能源比例达到2%；

◆ 主要造林树种种子全部实现基地供种，良种使用率达到65%；

◆ 森林火灾受害率稳定控制在1‰以下；

◆ 林业有害生物成灾率控制在4.5‰以下；

◆ 科技进步贡献率达到50%；

◆ 集体林地确权率和林权证发放率达到90%以上；

◆ 林业生产累计直接提供就业机会100亿个工日；

◆ 森林公园总数达到3000个，面积达到1800万公顷，森林旅游累计接待游客18亿人次，产值7000亿元。

专栏3　林业"十二五"时期发展的主要指标

指　标	2015年	属　性
森林覆盖率(%)	21.66	约束性
森林蓄积量(亿立方米)	143以上	约束性
新增沙化土地治理面积(万公顷)	1000	约束性
自然湿地保护率(%)	55	约束性
林业自然保护区面积占国土面积(%)	13	约束性
国家级公益林保护面积(亿公顷)	1.13	约束性
林地保有量(亿公顷)	3.09	预期性
义务植树尽责率(%)	65	预期性
科技进步贡献率(%)	50	预期性
良种使用率(%)	65	预期性
林业产业总产值(万亿元)	3.5	预期性

二、总体布局

综合考虑《全国主体功能区规划》、《中国可持续发展林业战略研究》和《全国林业发展区划》成果，继续按照"西治、东扩、北休、南用"优化配置林业生产力布局，充分挖掘林业五大功能，紧密结合现代林业三大体系建设，重点突出"十大生态屏障、十大主导产业、重点生态文化基地"。

(一)构筑十大国土生态安全屏障

按照国家推进形成主体功能区的要求，以重点工程为依托，加快在东北森林区、西北风沙区、沿海区、西部高原区、长江、黄河、珠江、中小河流及库区、平原农区、城市区等构筑十大生态屏障，形成维护国土生态安全的保障体系。

1. 东北森林屏障。范围包括长白山、张广才岭、小兴安岭、大兴安岭以及三江平原地区。以天然林保育为重点，加强天然林保护；开展森林抚育和低效林改造，提高森林生态系统整体功能；加强自然保护区和森林公园建设；保护高纬度湿地资源，遏制湿地围垦和改造，加强自然湿地保护；加强森林防火，提高预警监测、火情快速处置能力；保护该区域高纬度永久冻土资源。

2. 北方防风固沙屏障。范围包括内蒙古中西部、辽宁西部、吉林西部、河北北部、北京北部、山西、陕西、甘肃西部及东北部、青海北部、新疆和宁夏。以治理风沙危害和水土流失为重点，在保护现有植被和生物多样性、加大防控鼠兔害基础上，封飞造、乔灌草相结合，因地制宜，开展植树造林、退耕还林等生态修复；在条件合适的地区建设沙化土地封禁保护区；加强自然保护区和森林公园建设；实施生态补水，维护湿地生态功能。

3. 沿海防护林屏障。范围包括我国东南沿海地区。以营造沿海防护林为重点，建设以消浪林带、海岸基干林带、纵深防护林为主的综合防护林体系，形成多层次海岸保护带；加强自然保护区和森林公园建设；保护滨海湿地。

4. 西部高原生态屏障。范围包括青藏高原及东南缘和黄土—云贵高原地区。在青藏高原及东南缘地区，以保护修复为重点，全面加强对天然林、原生植被、生物多样性和三江源头高寒湿地及祁连山水源涵养区、甘南重要水源补给区等生态系统的保护，以及川西北沙化治理；在黄土—云贵高原地区，突出水土流失综合治理、退耕还林、退化森林修复和石漠化综合治理，建设以林草植被为主体、布局合理、结构稳定、功能完善的防护林体系。

5. 长江流域生态屏障。范围包括青海、西藏、甘肃、四川、云南、贵州、重庆、陕西、湖北、湖南、河南、安徽、江西、江苏、山东、浙江、福建、上海等18个省区市。以长江防护林、天然林保护、退耕还林和石漠化综合治理等工程为依托，以突出涵养水源，防治水土流失为主要目的，积极推进植树造林、森林抚育和低效林改造，加快森林生态系统功能恢复的步伐；加强流域内自然保护区、森林公园建设和湿地保护与恢复；突出长江上中游和洞庭湖、鄱阳湖地区和三峡库区、丹江口库区及沿线的治理，重点构筑三峡库区周边和南水北调源头及沿线生态屏障。

6. 黄河流域生态屏障。范围包括青海、四川、甘肃、宁夏、内蒙古、陕西、山西、河南、山东等9个省区。依托天然林资源保护、退耕还林、三北防护林体系建设等重点工程，以突出涵养水源、防治水土流失为主要目的，积极推进植树造林、森林抚育经营，加快森林生态系统功能恢复的步伐，加强流域内自然保护区、森林公园建设和湿地保护与恢复。

7. 珠江流域生态屏障。范围包括江西、湖南、云南、贵州、广西和广东6个省区。依托珠江防护林、天然林保护、退耕还林和石漠化综合治理等重点工程，加强水源涵养林建设，治理水土流失及石漠化；保护浅海湿地滩涂，修复湿地生态功能；加强自然保护区和森林公园建设，保护珍稀野生动植物资源。

8. 中小河流及库区生态屏障。范围包括流域面积200平方千米以上有防洪任务的中小河流重点河段，以及重要水库。以防护林体系建设、天然林资源保护、退耕还林等工程为依托，以植树造林、保护和恢复湿地等生物措施积极防治水土流失，涵养水源和净化水质。加强自然保护区和森林公园建设，提高中小河流及库区周边生态系统稳定性。

9. 平原农区生态屏障。在广大平原农区，特别是粮食主产区，大力建设农田防护林，以保障粮食增产和改善农村生产生活环境为目标，将东北平原、黄淮海平原、华北平原等作为重点建设区域，加快建设农田林网，大力开展村屯绿化美化。

10. 城市森林生态屏障。范围包括全国大中小城市和乡镇。以推动身边增绿，加强森林公园建设，使广大城乡居民共享生态建设成果为目标，通过发展城市森林，构建远山、近郊和城区相连结，水网、路网和林网相融合，以森林为主体，城市和乡村一体化的生态系统。

（二）培育十大主导产业

依托森林资源优势，以市场需求为导向，通过制定产业政策和相关标准引导扶持和规范产业发展，促进林业产业转型升级，重点培育十大主导产业，在全国建立起一大批布局科学合理、主导优势明显、产业特色突出、市场竞争力强的用材林基地县、油茶县、核桃县、红枣县、板栗县、花卉县、竹子县等林业产业集群，逐步形成能够在农民增收致富和县域经济发展中发挥主导性、支柱性作用的产业。同时，各地要按照区域比较优势，因地制宜地引导发展富有特色的林业产业。

1. 林产工业。在东北内蒙古地区，加强木材加工企业技术改造，提升加工水平；在东部沿海地区，发展壮大以生产家具、地板和木门等高附加值、高科技含量产品的产业集群；在黄河及长江中游地区，培植龙头企业，促进产品升级换代；在南方地区，加快发展外向型林产品加工业；在西南地区，大力发展松香类产品精深加工、天然植物香料等林产化工业，并适度建设一批木（竹）浆造纸和纤维利用项目；在西北地区，适当发展木材加工业。

2. 木材及其他原料林培育。立足于各省区市的光热水土优势，大力推动林板、林纸、林油、林电（热）一体化进程，加快建立一批优质、高效的木材生产、林业生物质能源和后备战略资源储备基地。

3. 木本粮油和特色经济林产业。在浙江、安徽、福建、江西、河南、湖北、湖南、广东、广西、重庆、四川、贵州、云南、山西、山东、内蒙古、河北、陕西、新疆、甘肃、西藏等省区市，大力发展以油茶、核桃、油橄榄、仁用杏为重点的木本油料产业基地；在北京、河北、山西、辽宁、安徽、广西、山东、河南、湖北、陕西、宁夏、新疆等省区市，发展以板栗、枣、柿子为重点的木本粮食产业基地；在长江中上游地区发展茶叶、花椒、杜仲、厚朴、黄柏为主的特色经济林产业基地。各省区市要根据比较优势，大力发展区域特色经济林产业基地。

4. 森林旅游。充分利用林业旅游资源，逐步培育和形成以国家级森林公园为主，自然保护区、湿地公园为辅的森林旅游分布和发展格局。

5. 林下经济。充分利用林地资源，发展具有地方特色的种植业、养殖业、非木质产品采集业。东北、西南等国有林区重点发展以北药和南药为主导的森林中药材、森林食品等产业基地。

6. 竹产业。在华东、华南、华中、西南等竹子主要分布区，重点发展竹笋、竹板、竹胶、竹炭、竹家具、竹纤维、竹浆造纸等竹产业基地。

7. 花卉苗木产业。结合区域优势和发展现状，重点发展花卉苗木的种子（种籽、种苗、种球）生产基地建设，引导切花切叶、盆花、盆栽观叶植物、盆景、花坛植物、绿化苗木中心产区基地建设。

8. 林业生物产业。大力发展以生物农药、生物肥料、植物生长调节剂等为主的绿色生物产品，以生物基材料、森林中药材、生物制药等为主的生物制造产业基地。

9. 野生动植物繁育利用产业。在东北、西北和华北地区，发展毛皮野生动物繁育利用产业基地；在大中型城市等高密度人口区，发展野生动物园；在东北、华中、西南等地区，发展以药用和观赏为主的野生动植物繁育利用产业基地。

10. 沙产业。在干旱沙漠、戈壁和绿洲区，培育具有当地特色的经济林、干鲜果品、花卉苗木、饲料、中药材和沙漠旅游等产业基地；在半干旱沙地区，积极发展工业原料林、生物质能源林、人造板、造纸、饲料、中药材等产业基地；在青藏高原高寒荒漠区，积极发展高原特有的中药材培育、加工、饲料等产业基地；在黄淮海平原和南方湿润沙地区，大力发展木材、木本粮油、果品、饲料、药材、种苗花卉等产业基地。

（三）建设一批重点生态文明、生态文化教育基地

与全国主体功能区规划相衔接，以自然保护区、森林公园、湿地公园、植物园、学校、博物馆等生态景观或教育资源丰富的单位为基础，创建一批重点生态文明、生态文化教育基地。逐步使我国每个地级市建设1个国家级生态文明或生态文化教育基地，每个县有1个地方级生态文明或生态文化教育基地，各个地区的生态文化教育基地要突出地方特色。

第四章　加快建设国土生态安全体系

充分发挥林业在生态保护与建设中的主体功能，以保护建设森林、湿地、荒漠生态系统和维护生物多样性为核心，以林业重点生态工程为依托，以防范和减轻风沙、山洪、泥石流等灾害为重点，加快实施国土生态安全屏障战略。

第一节　加强林业生态保护与建设

一、保护和建设森林生态系统

实施林业重点生态工程，全面加快国土绿化步伐。加强森林资源管护，切实保护天然林和原始森林。大力开展植树造林，巩固和扩大退耕还林成果，建设三北、长江和沿海等重点防护林体系，推进全民义务植树，促

进森林生态系统的自然恢复和人工修复，努力建设以林草植被为主、布局合理、结构稳定、功能完善的绿色生态屏障。

二、保护和恢复湿地生态系统

实施湿地保护工程，全面加强对湿地的抢救性保护和对自然湿地的保护监管，对退化或面临威胁的重要湿地进行生态补水、污染治理、限养限用、保育结合等综合治理，重点建设国际和国家重要湿地、各级湿地保护区、国家湿地公园以及滨海湿地、高原湿地、鸟类迁飞网络和跨流域、跨地区湿地，有效保护和恢复湿地功能。

三、治理和修复荒漠生态系统

坚持科学防治、综合防治、依法防治的方针，统筹规划全国防沙治沙工作，加大《防沙治沙法》宣传和执法力度，全面落实防沙治沙目标责任制，启动实施沙化土地封禁保护区建设，建设重点地区防沙治沙工程和全国防沙治沙综合示范区，恢复林草植被，构建以林为主、林草结合的防风固沙体系。

四、维护和发展生物多样性

大力推进野生动植物保护及自然保护区建设工程，保护和改善珍稀、濒危野生动植物栖息地，建立健全野生动植物救护、驯养繁殖（培植）、基因保护体系，提高野生动植物保护能力和自然保护区管理水平。加强野生动植物种进出口管理，推动我国野生动植物保护事业再上新台阶。

第二节　加快推进林业重点生态工程

一、天然林资源保护二期工程

（一）长江上游、黄河上中游地区天然林资源保护工程区。实施范围包括长江上游地区（以三峡库区为界）的云南、四川、贵州、重庆、湖北、西藏6省（自治区、直辖市）和黄河上中游地区的陕西、甘肃、青海、宁夏、内蒙古、山西、河南7省（自治区）的750个县（市、区）、61个国有林业企事业单位，共811个实施单位（见图1，略）。“十二五”期间主要任务是继续停止天然林商品性采伐，加强森林管护、中幼林抚育和公益林建设等。

（二）东北内蒙古等重点国有林区天然林资源保护工程区。实施范围包括内蒙古、吉林、黑龙江（含大兴安岭）、海南、新疆（含新疆生产建设兵团）共5个省（自治区）境内的84个国有重点森工企业、16个地方森工企业、3个国有林管理局、3个旗（市）及27个县级林业局、场（见图1，略）。“十二五”期间主要任务是进一步调减木材产量，加强森林管护、中幼林抚育和后备资源培育等。

二、退耕还林工程

实施范围包括重点水源涵养区、黄土高原水土流失区、严重岩溶石漠化地区和重点风沙区等4个类型区，建设重点为西南岩溶石漠化地区、三峡库区、南水北调中线工程水源涵养区、黄土高原丘陵沟壑区、地震和特大泥石流重灾区等重点生态脆弱区和重要生态区位（见图2，略）。“十二五”期间主要任务是巩固已有退耕还林成果，并开展一定规模的退耕地造林、宜林荒山荒地人工造林和封山育林等。

三、三北防护林体系建设五期工程

实施范围包括北京、天津、河北、山西、内蒙古、辽宁、吉林、黑龙江、陕西、甘肃、宁夏、青海、新疆等13个省区市和新疆生产建设兵团（见图3，略）。在风沙区构建乔灌草相结合的防风固沙防护林体系，在西北荒漠区构建以沙生灌木为主的荒漠绿洲防护林体系，在黄土高原丘陵沟壑区构建生态经济型防护林体系，在东北华北平原农区构建高效农业防护林体系。同时，在科尔沁沙地、毛乌素沙地、呼伦贝尔沙地、晋西北、河西走廊、柴达木盆地、天山北坡谷地、塔里木盆地周边、准噶尔盆地南缘、阿拉善地区、晋陕峡谷、陇东丘陵、渭河流域、湟水河流域、三江平原、松辽平原、长白山、海河流域、乌兰布和沙漠周边等区域内，组织实施一批重点建设项目。“十二五”期间主要任务是开展人工造林、封山育林和飞播造林等。

四、沿海防护林体系建设工程

实施范围包括辽宁、河北、天津、山东、江苏、上海、浙江、福建、广东、广西、海南等沿海11省区市和大连、青岛、宁波、深圳、厦门5个计划单列市中受海洋性灾害严重危害的261个县、市、市辖区（见图4，略）。从浅海水域向内陆地区延伸建设以红树林为主的消浪林带、海岸基干林带和沿海纵深防护林。“十二五”期间主要任务是开展人工造林、封山封滩育林、低效防护林改造（基干林带修复）等。

五、长江流域防护林体系建设三期工程

实施范围包括青海、西藏、甘肃、四川、云南、贵州、重庆、陕西、湖北、湖南、河南、安徽、江西、江苏、山东、浙江、福建、上海等18个省区市（见图5，略）。管理培育好现有3000万公顷防护林，加强中幼龄林抚育，改造低效林；加大水源涵养林、水土保持林、护岸林建设力度，完善防护林体系基本骨架，提高整体防护功能。“十二五”期间主要任务是开展人工造林、封山育林、中幼林抚育和低效林改造等。

六、珠江流域防护林体系建设三期工程

实施范围包括江西、湖南、云南、贵州、广西和广东6个省区（见图5，略）。依据珠江干流各河段及一级支流集水区范围，在南、北盘江流域，左、右江流域，红水河流域，珠江中下游流域和东、北江流域开展水源涵养林建设和水土流失及石漠化治理。“十二五”期间主要任务是开展人工造林、封山育林和低效林改造等。

七、太行山绿化三期工程

实施范围包括河北、山西、河南、北京4省市（见图5，略）。在桑干河、大清河、滹沱河、滏阳河、漳河、卫河、沁河等7个流域营造水源涵养林和水土保持林，并加强五台山周围、桑干河中上游、滹沱河上游、西柏坡周围、大清河上中游、滏阳河上中游、沁河中游、太岳山山地、漳河上游、卫河上游等重点区域治理。“十二五”期间主要任务是开展人工造林、封山育林和低效林改造等。

八、平原绿化三期工程

实施范围包括北京、天津、河北、山西、内蒙古、辽宁、吉林、黑龙江、上海、江苏、浙江、安徽、福建、江西、山东、河南、湖北、湖南、广东、广西、海南、四川、陕西、甘肃、宁夏、新疆等26个省区市和新疆生产建设兵团。重点区域为全国粮食主产省和粮食主产县，重点内容是农田防护林带建设。“十二五”期间主要任务是开展人工造林、现有林网改造等高标准农田林网建设。

九、京津风沙源治理二期工程

实施范围将在一期的北京、天津、河北、内蒙古、山西5个省区市75个县(市、区、旗)的基础上，适当科学合理地调整扩大。巩固一期工程建设成果，在总体推进的同时，强化治理区域和植被恢复方式的针对性。“十二五”期间主要任务是开展退耕还林(均为一期规划剩余任务)、人工造林、封山育林和飞播造林等。

十、国家级沙化土地封禁保护区建设

建设范围包括内蒙古、西藏、青海、甘肃、宁夏、陕西和新疆等7个省区。在主要沙尘源和沙尘暴主要路径区的西北干旱区和部分半干旱区依法划建一批国家级沙化土地封禁保护区，封禁保护面积近30万平方千米，通过对封禁保护区农牧民转产安置、加强封禁保护区管护设施建设和封禁及监管能力建设，促进区内植被的自然恢复，减轻沙尘暴危害。

十一、野生动植物保护及自然保护区建设工程

实施《全国野生动植物保护及自然保护区建设工程总体规划》，拯救大熊猫、朱鹮、虎、金丝猴、藏羚羊、亚洲象、长臂猿、麝、野生雉类、苏铁、兰科植物等15大珍稀濒危野生动植物种；拯救和恢复极度濒危的40种野生动物和120种极小种群野生植物及其栖息地，强化就地、迁地和种质资源保护，对人工繁育成功的30种野生动物和20种极小种群野生植物实施野外回归，加强野生动植物科研、种质资源收集保存、救护繁育。实施《全国林业自然保护区发展规划》，加强重点地区自然保护区、自然保护小区和保护点建设，进一步完善自然保护区网络，继续推进51处全国示范自然保护区和自然保护区示范省建设，加强国家级自然保护区(见图6，略)基础设施及能力建设。加强野生动植物调查监测体系和保护管理体系建设。

十二、湿地保护工程

根据《全国湿地保护工程规划(2002～2030年)》的总体部署，实施《全国湿地保护工程实施规划(2011～2015年)》，全面加强对湿地的抢救性保护和对自然湿地的保护监管。重点建设国际重要湿地(见图7，略)、国家重要湿地、各级湿地自然保护区、国家湿地公园以及相关的流域湿地生态系统，并对滨海湿地、高原湿地、鸟类迁飞网络和跨流域、跨地区湿地给予优先考虑，形成国家层次示范效果。加强对一些生态退化严重湿地采取水资源调配与管理、污染治理、生态恢复与修复、有害生物防治等综合治理。加强湿地资源监测、管理等支撑体系建设。

十三、岩溶地区石漠化综合治理工程

实施范围包括贵州、云南、广西、湖南、湖北、四川、重庆、广东8个省区市的451个县(市、区)，在“十一五”试点的基础上全面启动实施。一是对南方石漠化土地通过封山育林(草)、退耕还林(草)、人工造林种草等措施进行综合治理，逐步恢复林草植被；二是加强石漠化地区基本农田建设和农村能源以及人畜饮水工程建设，并在石漠化危害极其严重地区有计划、有步骤地开展生态移民；三是在不破坏生态的前提下，积极发展经济林、中药材等生态经济型特色产业和岩溶地区生态旅游，增加农民收入。“十二五”期间林业主要任务是开展人工造林、封山育林育草等。

十四、林业血防工程

实施范围包括江苏、安徽、江西、湖北、湖南、四川、云南等7个省。把植树造林、退耕还林、重点防护林工程、湿地保护工程等与抑螺防病结合起来，实行兴林、抑螺、防病综合治理，从根本上改变钉螺孳生环境，降低钉螺密度，有效压缩钉螺面积。“十二五”期间主要任务是营造抑螺防病林。

专栏4　林业生态保护和建设重点工程

1	**天然林资源保护二期工程**→继续全面停止长江上游、黄河上中游地区天然林的商品性采伐；根据东北内蒙古等重点国有林区资源承受能力，大力调减木材产量；加强森林资源管护、公益林建设和森林培育。
2	**退耕还林工程**→全面组织实施好巩固退耕还林成果专项规划，切实巩固已有退耕还林成果；继续在重点水源涵养区、黄土高原水土流失区、严重岩溶石漠化地区和重点风沙区对25°以上坡耕地和严重沙化耕地实施退耕还林。
3	**三北防护林体系建设五期工程**→按照不同区域功能定位，对重点建设区进行集中连片治理，规模推进，大力推进造林育林、封禁保护、更新改造、巩固提高，着力构建高效农田防护林体系、生态经济型防护林体系、防风固沙防护林体系和荒漠绿洲生态体系，构建北方防风固沙屏障。
4	**沿海防护林体系建设工程**→对重点区域消浪林带、海岸基干林带、沿海纵深防护林进行重点建设和集中治理，构建沿海绿色生态屏障。
5	**长江流域防护林体系建设三期工程**→调整防护林体系内部结构，完善防护林体系基本骨架，提高重点区域防护林建设标准和整体功能，构建长江流域生态屏障。
6	**珠江流域防护林体系建设三期工程**→对重点治理区域进行重点建设，增加工程区森林面积，提高混交林比重和森林质量，构建珠江流域生态屏障。
7	**太行山绿化三期工程**→按7个流域营造水源涵养林和水土保持林，加强五台山周围、大清河上中游等重点区域治理。
8	**平原绿化三期工程**→以全国粮食主产省和粮食主产县为重点区域，以农田防护林带建设为重点内容，构建平原农区生态屏障。
9	**京津风沙源治理二期工程**→加强林草植被保护，巩固一期工程建设成果；突出重点，强化治理区域和植被恢复方式的针对性。
10	**国家级沙化土地封禁保护建设**→在我国主要沙尘源和沙尘暴主要路径区的西北干旱区和部分半干旱区划建国家级沙化土地封禁保护区，实施封禁保护。
11	**野生动植物保护及自然保护区建设工程**→加快拯救大熊猫、兰科植物等15大珍稀濒危野生动植物种，扩展拯救和恢复一批极度濒危野生动物和极小种群野生植物；加强林业自然保护区建设；加强野生动植物调查监测和保护管理体系建设。

（续）

12	**湿地保护工程**→加强国际和国家重要湿地、国家湿地公园等湿地生态系统保护与建设，对生态退化严重湿地采取水资源调配、污染治理、生态修复等综合治理，加强湿地资源监测、管理等支撑体系建设。
13	**岩溶地区石漠化综合治理工程**→在"十一五"试点的基础上全面启动实施，通过退耕还林、封山育林等措施，加强林草植被的保护与建设。
14	**林业血防工程**→把植树造林、退耕还林、重点防护林、湿地保护工程等与抑螺防病结合起来，实行兴林、抑螺、防病综合治理。

第五章　加快发展林业产业体系

以《林业产业政策要点》和《林业产业振兴规划（2010～2012年）》为指导，加快发展绿色富民产业，大力提升传统产业，积极扶持战略性新兴产业，推动我国由林业产业大国向林业产业强国转变。

第一节　加快发展绿色富民产业

一、大力发展油茶、核桃等木本粮油和特色经济林产业

进一步调整特色经济林产品布局，建设经济林基地，加大新品种、新技术研究推广和实用技术培训力度，加快推进产业化进程，以实施《全国油茶产业发展规划》为契机，大力发展油茶、核桃、油橄榄、枣、板栗、柿子、仁用杏等木本粮油产业，以及木本饮料、调料、药材和特色干鲜果品业。一是要坚持品种良种化，建立区域性种苗繁育骨干基地，加大优良品种栽培应用力度。二是要坚持栽培区域化，合理品种结构，建立标准化示范基地。三是要坚持管理科学化，完善技术标准和技术服务体系建设，加大配套栽培技术研发与推广应用，鼓励和支持"公司＋基地＋农户"、"公司＋专业合作组织＋农户"、联户或大户等经营形式，提升产业化经营程度。四是要坚持加工机械化，加快采后商品化处理过程的机械化程度，加强产品精深加工和综合利用，拓展延长产业链。五是要坚持经营品牌化，加快发展无公害、绿色、有机、健康产品认证，加强质量监督检验，确保果品安全，推动经济林产品上水平上档次，竭力打造一批具有市场竞争力的名牌产品。到"十二五"末，我国经济林栽培面积达到3300万公顷。

二、积极推动林下经济

以提高森林资源的保护和利用水平，优化林业产业结构为出发点，以促进农民增收致富为落脚点，根据区域分异和资源条件，整合优势资源，以基地建设为载体，按照以林为主、保护第一、集约经营、规模发展、因地制宜、突出特色的原则，突出绿色无污染、野生有营养、规模有特色的发展模式，加大林下经济开发力度。引导农民利用承包的林地，大力发展林参、林果、林药、林菌、林花等林下种植业，以及养鸡、养猪、养兔等林下养殖业，缩短林业生产周期，让农民实现快速致富的愿望，进一步提高林业综合效益，解决农民经营林业长期没有收益的问题，实现近期得利、长期得林，以短养长、长短协调的良性循环，极大地调动农民发展林业的积极性。强化科学规划，把发展林下经济与农业结构调整、农业产业化、无公害产品、建设社会主义新农村相结合，多角度、多层次挖掘林下经济的发展潜力。强化宣传引导，营造良好舆论氛围，激发群众发展林下经济的热情。积极争取国家制定并出台扶持林下经济发展的政策，为农民增收致富创造更好的条件。

三、加快发展森林旅游业

积极发展以国家森林公园为主、国家级自然保护区和湿地公园、沙漠为辅的森林旅游产业基地。加快现有国家森林公园基础设施建设，大力发展适应区域性需求的不同层次的森林公园，引导扶持森林公园、森林人家建设，树立森林旅游品牌。积极推进精品景区、森林旅游示范县、示范村建设，鼓励发展特色森林旅游产品，形成品牌，提高市场竞争力；支持各地举办森林旅游节庆活动，培育良好的森林旅游市场，将森林旅游业培育成为林业第三产业中的龙头。积极发展滨海森林湿地生态游、山地森林生态游、沙漠游、冰雪度假游、温泉度假游、城郊森林休闲健身游等特色森林旅游形式；大力打造休闲度假、登山、漂流、滑雪、科考探险、养生、科普教育、民俗体验等特色森林旅游产品，增强森林旅游在旅游市场的竞争力和知名度。建立国家森林旅游试验示范区，探索生态保护与旅游开发良性互动的产业发展模式。

四、大力培育竹产业

优化竹产业生产布局，推进优势竹产品生产向优势区域集中，发展规模生产，构建具有区域特色的竹产业带，培育相应的拳头产品和龙头企业。加强竹林资源管理，重点推进现有低产竹林抚育改造。利用生物技术等手段培育优质、高产、高效的竹子新品种；改良传统的竹、笋经营措施，发展生态环境友好的经营技术；开发环境友好型竹材防护和功能性改良新技术、竹筒高效碾平和形变稳定化技术、竹材专用胶黏剂制备技术；开发应用于建筑、风电叶片、船舶等高端领域的高性能竹质结构材料制备新工艺新技术。大力拓展竹纤维应用领域，开发以竹纤维为主要原料的高性能工程、保温、包装、纺织材料等系列新产品。进一步推动竹质人造板在车箱底板、集装箱底板、混凝土模板等领域的应用，加强提高材料耐久性和使用寿命的新技术和新工艺研发。培育竹产品市场，鼓励竹产品出口；建立竹生产和加工利用技术及产品的标准体系和竹产品质量可追溯体系。

五、加快培育花卉苗木产业

坚持"优化产业结构、合理区域布局、增加科技含量、提高经济效益"的原则，构建花卉苗木良种选育推广、现代花卉苗木栽培技术研发推广、花卉苗木产业集群、花卉苗木现代化信息系统、花卉文化等五大体系，提高花卉苗木生产水平。一是提高品种创新能力，开展花卉苗木种质资源调查和收集保存工作，在保护名贵珍稀种质资源基础上，积极引进国外先进技术、优良品种，培育一批拥有自主知识产权、商品化潜力大、推广性强的名特新优品种。二是提升产品质量，注重商品花卉品种收集与保存、花期调控和花卉采后保鲜、冷藏、包装、运输、病虫害防治等关键技术研究和推广。三是发挥产业集群效应，打造完整的区域产业链，保证花卉苗木生产基地、包装运输、市场销售等产业上下游、相关配套企业、技术服务机构、技术标准等的建立与完善。四是提供便捷服务，建立完善全国花卉苗木信息网络，定期发布花卉苗木品种、价格、规格、数量等供求信息。五是引导市场消费，系统挖掘整理花文化与提升国民生活品质密切相关的特点，大力宣传和普及花文化，引导花卉消费。

六、积极推进野生动植物繁育利用产业

按照“加强资源保护，积极驯养繁殖，合理开发利用”的方针，以保护为前提、发展为主导、合理利用为目的，进一步优化驯养繁育利用产业布局。积极引进、培育和推广野生动植物驯养繁育新品种、新技术，加强野生动植物良种繁育技术培训和疫病防控工作，加快野生动植物种源繁育基地建设，推进以利用野生动植物野外资源为主向利用人工培育资源为主的战略转变。加快野生动植物驯养繁育利用的规模化、标准化、产业化经营，培育一批基础设施较完善、技术力量雄厚、经济效益显著的示范基地和龙头企业。强化宏观调控手段，严格控制资源消耗总量，提高资源利用效益。合理布局野生动植物及其产品流通体系，建立市场准入机制，加强监管力度，依法规范市场秩序，推行野生动植物及其产品认证制度、公告制度和统一标识制度，严格禁止非法来源的野生动植物及其产品进入市场。整合资源，健全行业组织体系，为从事野生动植物繁育利用的企业和个人提供专业技术支持和市场信息服务。

七、大力发展沙产业

在保护生态的前提下，以多用光、少用水、高科技为原则，以市场为导向，以资源培育为基础，以精深加工为途径，开拓沙产业的内涵和外延，提高沙区资源利用率，努力发展循环经济和低碳绿色环保产业。突出抓好应用高新技术开展的新兴产业及现代种植业、养殖业和加工业；积极推进名特优新干鲜果、特有药材和食用植物基地建设；大力开发果品、药品、保健品及藻类等系列产品，实现产业化、规模化经营；努力推广、引进节水新技术和新设备，提高沙区水资源利用率和太阳能利用；积极开展灌木资源的综合利用，大力推进以灌木为主的生物质能源和饲料林等产业的发展，形成区域优势突出、资源配置合理、品牌特色明显、综合效益显著的沙产业发展新格局，增加沙区农民收入，促进沙区经济社会可持续发展。

第二节　加快木材战略储备生产基地建设

木材与钢材、水泥、塑料并称为四大原材料，是森林的主要物质产品，也是林业经济效益的主要来源，加快木材生产基地建设，事关国家木材安全。

“十二五”期间，以河北、内蒙古、辽宁、吉林、黑龙江、江苏、浙江、安徽、福建、江西、山东、河南、湖南、湖北、广东、广西、海南、重庆、四川、云南、山西、陕西、甘肃、贵州、新疆等25个省区为重点，统一科学规划，以全面提高基地木材产出率、立足国内解决我国木材需求、建立一批木材基地县和国家木材战略储备基地、保障木材安全为目标，加强基础设施建设，力争使单位面积木材年生长量达到一般人工林的2倍左右，缓解我国木材供需矛盾，维护国家木材安全。南方原料林产业带要以建设短周期纤维浆纸原料林基地为主，因地制宜地大力发展周期较长的热带和南亚热带特有珍贵树种；西南和西北适宜地区主要发展特色用材林和长周期珍贵用材树种；长江中下游原料林产业带要培育欧美杨和松类、杉、竹类为主的工业原料林，兼顾周期较长的大径级珍贵用材林基地建设；以黄河中下游地区为重点的黄淮海平原工业原料林产业带要发展适宜该区域生长的毛白杨、欧美杨等浆纸和人造板原料林。东北、内蒙古地区采取定向培育方式，改造培育红松、黄波罗、水曲柳、核桃楸等后备木材储备基地。积极开展红木类、常绿硬木类、落叶硬木类等珍贵树种培育。

第三节　大力提升林产工业

一、加快木材加工产业结构调整

依靠科技进步，加强技术改造，引进和采用先进技术、设备、工艺，延长产业链，提高传统产品设备自动化水平，提高环保标准，延长木材产品使用寿命，进一步丰富产品种类，提升产品档次，大力开发高附加值人造板(材)新产品，重点发展重组木(竹)及木塑复合、定向结构刨花板、单板层积材等功能性、结构性产品，积极探索速生材优化改性，大力发展以人工速生材、小径材、木材加工剩余物为原料的人造板品种，适度发展以大径材为原料的人造板品种，推进林板一体化，拓宽人造板(材)应用领域，提高产品的核心竞争力。大力发展木制家具、地板和木门等现代家居产品，在继续保持生产量和出口量世界第一的基础上，加大自主创新力度，加快转变增长方式。引导木材制品向绿色安全健康方向发展。同时，要进一步发展壮大木雕等工艺品产业，大力推进木制工艺品产业化。

二、着力提高林产化工业水平

按照产业布局区域化、资源供给基地化、利用方向高值化、生产工艺清洁化、生产装备节能化、产品加工精深化的要求，加快发展松脂精深加工、天然香料、生物农药和生物新材料开发等。重点发展粤桂琼闽赣等地区基地与产品系列加工一体化的林产化工骨干企业；强化川渝黔滇赣等地区松香、松节油、紫胶和香精香料等传统产品开发，提高产品的档次和质量。

三、大力发展林纸一体化

以市场为导向，以资本和经济利益等多种形式为纽带，进一步完善市场环境，加大自主创新，转变发展模式，促进产、学、研相结合，提高木浆造纸装备国产化水平；推进清洁生产，节约资源，减少污染，科学合理地培育和发展林纸一体化企业，全面构建装备先进、生产清洁、发展协调、增长持续、循环节约、竞争有序的现代造纸工业，进一步适应国民经济发展的要求和世界经济一体化的形势。

第四节　发展林业战略性新兴产业

一、加快生物质能源林基地建设

通过加强林业生物质能源林的定向培育、基地化建设及产业示范，提高林地生产力和林业剩余物利用率，形成稳定的原料供应渠道，为生物质能源持续发展提供资源保障。强化科技研发与创新，积极开展能源树种良种选育的科研攻关和推广应用，大力推广容器苗和实用造林技术，探索早产丰产的栽培管理模式，促进基地尽快产生经济收益。强化生物质能源林基地建设的社会化服务体系建设，积极争取国家专项资金扶持能源林示范基地建设；鼓励、支持和培育大型龙头企业或集团公司参与林业生物质能源产业，推动能源林基地建设规模化持续发展。

二、积极培育林业生物产业、新能源产业和新材料产业

加强林业生物产业高效转化和综合利用。生物产品重点推进抗逆、抗虫、高产和优质基因的林木、竹藤品种等产业化；推进高品质的重要酶制剂的工业生产和应用，发展适用于林木的生物农药、生物肥料、植物生长调节剂等制剂产业，培育林业生物制品大型企业集团。生物制造重点是大力发展生物基产品，实现对化石原料的部分替代，加快用生物技术改造传统产业的生产工艺。加快森林药材的种植和林下资源培育，建立一批林药一体的生物制药产业示范基地。加强林业新能源产业发展。重点推动高热值、高含油且环境适应性强的能源树种新品种培育和产业化，以麻疯树、无患子、黄连木、文冠果、光皮树等树种为主，在西北、西南、中原、华北地区发展林油、林热一体化产业。在薪材、灌木和林木剩余物资源集中区发展林电一体化产业。在林区、沙区和偏远农区进行物质成型燃料炉具应用试点和分散式生物质能生产生活利用示范。加强林业新材料产业发展。通过关键技术突破和产业化示范，以松脂、木本油脂、木本纤维素等林木生物质为原料，建立一批生物基高分子新材料和绿色化学品、糖工程产品和新型炭质吸附材料规模化示范企业。

专栏5　林业产业重点工程

1	**油茶产业发展工程**→建设油茶基地，保障国家食用油安全，提高国民膳食健康水平。建设油茶基地217万公顷，其中，新造56万公顷、更新改造122万公顷、嫁接改造2万公顷、抚育改造37万公顷。
2	**林业生物质能源发展工程**→开发麻疯树、无患子、黄连木、文冠果、光皮树等生物质能源树种，建设林业生物质能源原料林基地，开发生物质高效能转化供热技术、发电技术、定向热解气化技术和液化油提炼技术，建设一批林木质电站。
3	**特色经济林发展工程**→调整农村，产业结构，促进农民增收。走区域化布局、良种化建园、规范化生产、市场化引导、集约化经营、标准化管理、集群化发展道路，根据比较优势，建设特色经济林产业带战备储备。
4	**木材生产基地建设工程**→建设短周期浆纸和人造板原料林基地，建设各类珍贵树种基地，适量发展周期较长的热带和南亚热带特有珍贵用材树种，兼顾大径级用材林基地建设，提高基地木材产出率。

第六章　加快推进生态文化体系建设

实施繁荣生态文化战略，大力推进生态文明和生态文化教育示范基地建设，加快城乡绿化美化步伐，加强生态文化创作与宣传，引导全社会牢固树立生态道德观、生态价值观、生态政绩观、生态消费观等生态文明观念。

第一节　加强生态文明和生态文化教育示范基地建设

坚持严格保护、科学规划、统一管理、合理利用、协调发展，充分发挥森林公园在森林生态保护和观光休闲、健身疗养等方面的作用，大力发展城市型、城郊型森林公园，鼓励集体林建设成森林公园，形成布局合理、类型齐全、功能完备的森林公园体系。在有效整合现有国家森林公园的基础上，选择资源条件好、发展潜力大的200处重点国家森林公园，加强总体规划编制，打造一流景区。选择一批典型性、代表性、教育基础设施较好且交通便利的森林公园、湿地公园、自然保护区和生态文明教育深入扎实的学校、义务植树基地等命名为国家生态文明或生态文化教育示范基地；以国家级森林公园为重点，建设150处“全国生态文化教育示范基地”；在全国命名10处“全国生态文化示范基地”，50家“全国生态文化示范企业”和500个“全国生态文化村”。

第二节　推进城乡绿化美化一体化建设

在推进荒山造林、城市绿化和通道绿化的同时，按照城区园林化、郊区森林化、道路林荫化、农民庭院花果化要求，大力发展城市和乡村绿化。大力开展环城林、环镇林、环村林、单位庭院绿地、居住区绿地建设，推进立体绿化、屋顶绿化、绿荫停车场建设，为城乡群众提供游憩和林荫空间。结合新农村建设，开展村屯道路、庭院、房前屋后绿化，广泛种植珍贵树种、经济林果，将农村居住环境改善与农民增收相结合。开展创建“国家森林城市”、“全国绿化模范单位(城市、区、县、单位)”等活动，不断推进森林城市、森林乡镇、森林村庄等建设，让城乡居民享受更多更好的生态产品。到2015年，城市建成区绿化22.5万公顷、乡镇建成区绿化30万公顷、村屯建成区绿化92.2万公顷。

第三节　加强生态文化宣传和作品创作

加强林业宣传，及时广泛地传播生态文明理念和林业生态建设成就，反映林业发展及生态建设面临的困难，为现代林业发展创造良好舆论氛围。加强生态文化产品创作、挖掘活动，举办野生动植物保护成果展、生态摄影展、文艺家采风和生态笔会等活动，鼓励开展生态文艺作品创制；系统开展生态文化体系研究，完善生态文化建设理论体系；积极挖掘整理森林文化典籍，出版反映森林历史文化内涵的作品；通过各种活动，传播各具特色的生态文化；建设健全生态博物馆、小展览馆等生态文化设施，不断提高生态文化品位。

第七章　加强林地保护与管理

林地是国家重要的自然资源和战略资源，是森林赖以生存和发展的根基，是野生动植物栖息繁衍和生物多样性保护的物质基础。加强林地保护利用管理，提升森林资源承载力，已经成为发展现代林业、保障国土生态安全、应对气候变化、推进生态文明建设的基础。

第一节　统筹林地保护与利用

一、实施《全国林地保护利用规划纲要》

依据《全国林地保护利用规划纲要(2010～2020年)》，分级编制省、县林地保护利用规划，明确林地范围、性质和权属并进行功能区划，层层落实林地保护各项目标、任务、措施和管理政策。严格保护林地，确保林地规模适度增加。严格保护森林，确保到2015年森林保有量达到20 795万公顷以上。统筹区域林地保护利用，分区、分类、分级确定林地保护利用方向，合理调整天然林地和人工林地结构，对不同区域、不同类别林地实行差别化保护利用政策。科学经营林地，建立林地质量等级评价制度，确定适宜的森林经营目标和经营利用程度。加强规划实施动态监管，地方各级人民政府对本行政区域的林地保护利用规划和林地用途管理负全责。

二、加强林地林权保护基础建设

采用遥感、地理信息系统等高新技术手段，将全国林地逐块落界，全面实现林地动态管理，使林业行政管理目标明确，提高占用征收林地、森林采伐、营造林核查和林业行政执法等动态监管的针对性和时效性。加快全国林地“一张图”建设，实现由以数字管地向以图管地转变。建立林地地籍档案和全国林权登记信息查询管理平台，做到图、文、表一致，人、地、证相符。开展林地普查和动态监测，建立林地监测、评估与统计制度和全国林地数据年度更新机制。加强林地分级保护基础设施建设，对重点保护林地设界桩、碑牌，以及配备管护设备等。

三、全面加强林地林权管理

完善林地保护利用制度和政策，修订《林木和林地权属登记管理办法》、《占用征收林地审核审批管理办法》，制定出台《重点国有林区林地管理办法》。完善占用征收林地定额管理制度，健全占用征收林地补偿和安置机制。严格林地用途管制，严格限制林地转为建设用地，必须占用征收林地的要依法办理审核手续；严格控制林地转为其他农用土地，禁止毁林开垦、挖塘等将林地转化为其他农用土地，在农业综合开发、耕地占补平衡、土地整理过程中，不得挤占林地。严格保护公益林地。临时占用林地期满后必须按要求恢复林业生产条件。“十二五”期间，年均占用征收林地定额控制在11.4万公顷。三是引导节约用地，适度保障国家基础设施及公共建设用地，引导建设项目节约使用林地，控制城乡建设使用林地，限制独立选址的工业、矿产资源开发项目使用公益林地、天然林地和重点商品林地，规范商业性经营使用林地；制定禁止和限制使用林地项目目录。落实林地保护利用目标责任制，建立重点国有林区和国有林场森林资源资产产权变动管理制度。

第二节　推进森林资源管理

一、建立健全保障森林可持续经营的采伐管理机制

加强森林资源管理，严格实施“十二五”森林采伐限额做好分解落实工作，全面实行采伐限额分配公示制度；深化森林采伐管理改革，指导森林经营者编制与实施森林经营方案，建立以森林经营方案为基础的森林采伐限额管理机制，开展森林可持续经营试点工作。修订《采伐更新管理办法》；建立中幼龄林抚育成效监测体系和档案管理制度，规范低产低效林改造，严格控制天然林转化为人工林。加强东北、内蒙古重点国有林区的伐区调查设计和作业质量检查。规范木材运输和经营加工管理，严厉打击木材非法采伐及相关贸易等违法犯罪行为。

二、建立国家级公益林监管长效机制

优化完善国家级公益林政策体系，实现对国家级公益林政策执行和落实、动态调整以及管护效果等情况的年度监管，确保国家级公益林在我国国土生态安全中发挥主导性作用。建立国家级公益林动态监测体系，及时掌握国家级公益林资源的动态变化情况和生态环境的变化。建立国家级公益林地籍管理体系。确保国家级公益林落实到山头地块，建立健全国家级公益林档案。建立国家级公益林管理成效核查考评体系。对各地国家级公益林政策执行情况和效果进行检查和评价，切实加强各地国家级公益林管理。

三、加强森林资源监督和林政稽查

加强资源监督和林政稽查队伍建设，强化和规范森林及野生动植物资源监督和林政稽查。出台《保护发展森林资源目标责任制检查办法》，全面开展地方政府保护发展森林资源目标责任制检查。在国家对各省区市派驻森林资源监督机构和濒危物种进出口管理机构进行优化配置，以及深化国有林区和国有林场森林资源监督管理体制改革的基础上，逐步实现有关省区市向重点林业市、县派驻森林及野生动植物资源监督机构，形成覆盖面广、功能齐全的森林及野生动植物资源监督体系。充分利用森林资源调查监测成果，运用高新技术手段，提高森林资源执法检查的准确度和权威性；建立营造林综合核查、限额、林地、三总量等常规检查和专项打击相结合的森林资源执法检查机制，建立完善执法检查结果新闻发布制度。建立和完善森林及野生动植物资源林政案件的举报查处制度和责任追究制度，加大林政执法力度，切实履行对森林资源、湿地资源、野生动植物资源、古树名木及自然保护区管理的监督职责。

四、加强资源监测体系建设

初步建立较为完备的森林资源监测体系，实现森林资源一体化监测，完善森林资源综合监测体系。开展全国森林植被多阶遥感动态监测和森林资源本底区划调查，实施森林资源年度监测；对各地保护森林资源目标责任制必须实现的森林覆盖率和森林蓄积量2项约束性指标开展动态监测；开展专项和应急森林资源监测。加快林业数表编制和更新步伐，加强森林资源标准化建设。加强林业调查监测单位和森林资源综合监测机构建设。强化国家森林资源连续清查体系建设，增强对森林健康、森林生物量、生物多样性及可持续经营状况的调查评价能力。加快全国林业碳汇计量监测方法、指标、标准建设，初步建成具有我国林业特色又符合国际规则的全国林业碳汇计量监测体系。

第八章　着力提高造林质量和森林质量

着力提高造林质量和森林质量是“十二五”加快林业转变发展方式的重要内容，要加快林木良种化进程，夯实造林绿化的质量基础；加强森林抚育经营，切实提高森林质量；建立健全营造林质量监管体系。

第一节　加快林木良种化进程

坚持“面向生产、立足优势、主攻重点工程、保证种苗供应”的原则，按照东北山地平原区、华北风沙盐碱区、西北干旱地区、西南高山地区、青藏高原区、华东丘陵平原区、华南低山丘陵区等7个区域，全面推进林木良种选育推广、林木种苗生产供应、林木种苗行政执法、林木种苗社会化服务体系建设。一是有效保护我国林木种质资源。开展主要造林树种种质资源调查，建设和完善国家和省级林木种质资源原地保存和异地保存库100处。二是加大林木良种选育力度，培育一批优良品种和优良无性系，造林良种使用率达到65%以上，其中，商品林造林全部使用良种，使主要用材树种材积生长量提高10%~30%。三是加强林木良种基地营建与管理，建设和完善国家重点林木良种基地200处，造林基地供种率达到80%以上，其中主要造林树种种子供应全部实现基地供种；加快杉木、马尾松、湿地松、油松、杨树、落叶松、樟子松等主要用材林树种和油茶、核桃、红枣等主要经济林树种良种培育，新建一批以油茶、核桃、红枣、板栗为主的木本粮油树种、生物质能源树种和珍贵用材树种等林木良种基地。四是加大良种苗木培育力度和重点采种基地管理，建立和完善保障性苗圃300处、重点采种基地100处。五是建立和完善国家、省、市、县四级林木种苗管理机构和质量检验机构，加强林木种苗基础设施和执法能力建设，加大林木种苗管理人员培训力度，建立健全种苗服务体系。

第二节　突出抓好森林经营

森林经营是现代林业建设的永恒主题，"十二五"期间，要以森林可持续经营和生态系统经营理论为指导，以促进森林可持续经营，构建健康、稳定、高效的森林生态系统为目标，以增加森林资源、提高林地生产力、增强森林综合功能和效益为根本，以创新政策机制为动力，以中幼林抚育和低质低效林改造为重点，分类经营、定向培育、分别指导、持续利用，转变林业发展方式，优化森林结构，提高森林质量，建设和培育稳定的森林生态系统。

对公益林和商品林采取不同的经营机制和政策措施。对于公益林，要立足于森林多功能多效益的发挥，加大中幼林抚育、封山管护和低质低效林改造等森林抚育经营力度，增强公益林的生态功能。要按事权划分的原则，国家级公益林由国家作为投资主体，承担并开展森林抚育经营活动；地方公益林由地方承担，国家给予适当补助。对于商品林，要逐步放开抚育经营活动，由各种投资主体自主决定抚育经营方式和强度，提高商品林的经济效益；研究出台相关的技术规程和监管措施，对商品林的森林抚育经营活动实行技术指导和有效监管。各经营主体都要依法依规编制森林经营方案，并按照批准的方案开展森林经营活动，接受林业主管部门的检查和监督。国家鼓励和支持森林抚育经营与林产品加工、林业生物质能源利用等相结合，与市场消费相连接，不断增强森林经营的动力和后劲。

对不同生态区位和培育目标采取不同的经营管理措施。我国南方集体林区和东北内蒙古等重点国有林区和国有林场，要对生态区位重要的中幼林和低质低效林，通过加大抚育、科学改造，使其逐步形成树种多样、层次复杂、结构稳定、功能完备的公益林；对水热资源丰富、生态条件较好地区商品林中的中幼林和低质低效林，通过加大投入、集约经营，使其形成速生、丰产、高效的商品林；对正处于不断演替过程、状态尚不稳定的低质低效天然次生林，通过严格管护、适时抚育，使其加快恢复到稳定森林群落的状态。我国西部地区尤其是西北地区要在进一步扩大森林面积的同时，高度重视对现有生态建设成果的巩固，加强森林科学经营和管护，不断提高森林质量。

"十二五"期间任务是，在扩大中幼龄林抚育试点的基础上，全面启动森林抚育经营，调整、优化森林结构，提高森林质量，全面提升森林的多种功能。

第三节　建立健全营造林质量监管体系

推进从造林绿化招投标、作业设计、采种育苗、整地栽植、抚育管护、有害生物防治到采伐更新全过程的质量管理和标准化生产。

政府投入的造林绿化工程，逐步推行招投标管理制度，评标机构必须有造林绿化专家参加。规范造林绿化设计管理，定期对造林设计单位进行资质审查；工程造林组织有资质的设计单位进行作业设计，按规定程序审批。加强种子执法和苗木检验检疫工作，实行种源管理制度，强化林木种苗生产经营许可制度、标签制度、档案制度、检验检疫制度和主要林木品种审定制度。逐步推进施工队伍专业化，建立并推行施工单位资质证书制度。逐步实行工程造林监理制，建立营造林工程监理单位、监理工程师、监理员资格准入制度。推行造林绿化作业前科学设计、作业中全程监理、作业后严格验收的质量监管，坚持实行县级自查、省级核查、国家抽查的三级检查验收制度，保证造林绿化质量。加强森林经营模式总结推广，建立森林经营成效评价体系，定期公布森林抚育经营成效。

第九章　深化林业改革

构建管理高效、运行有序、充满活力、适应生产力发展要求的林业体制机制，是建设现代林业的关键所在。通过完善政策，加大投入，规范管理，健全服务，进一步深化集体林权制度改革，形成集体林业的良性发展机制。推动国有林场和国有林区改革，进一步解放和发展林业生产力，促进传统林业向现代林业转变，不断为林业发展注入新的动力。

第一节　深入推进集体林权制度改革

一、完成"明晰产权、承包到户"的改革任务

贯彻落实《中共中央 国务院关于全面推进集体林权制度改革的意见》和中央林业工作会议精神，全面落实集体林地家庭承包经营制度，加快明晰产权步伐。切实加强对集体林权制度改革薄弱环节和滞后地区的指导，加强林改宣传、政策培训、典型示范和现场指导，搞好分区分类指导，确保到2013年左右，全国基本完成明晰产权、承包到户的改革任务。实现产权到户、林权证发放到户和确立以农民为主的经营主体地位。加大支持力度，抓好督促检查，确保责任落实，做到确权率和林权证发放率均达到90%以上，集体林地家庭承包经营率山区不低于70%，丘陵地区不低于60%，平原区不低于50%，确权准确率、纠纷调处率和档案管理合格率不低于95%。

二、建立健全林权保护管理体系

加快推进林权保护管理法律法规体系建设，推动林权流转、集体林改档案管理等方面部门规章制定。建立和完善林业改革和林权保护管理机构，全面加强林权登记及档案、林权流转、林权争议调处、林地承包经营纠纷调解仲裁等管理，搞好林权管理信息系统和林权交易平台建设。"十二五"期间全国建立2000个林权管理服务机构，完成2000个县级林权档案管理标准化建设，指导1000个山区农村林地承包仲裁委员会建设，基本建立保障林权长期稳定和符合社会主义市场经济发展要求的林权保护管理体系。

三、完善林权改革的管理体制和运行机制

建立健全林业支持保护制度、林业金融支撑制度、森林保险保障制度、林木采伐管理制度、集体林权流转制度和林业社会化服务体系。按照《国家林业局关于促进农民林业专业合作社发展的指导意见》（林改发〔2009〕190号）要求，建立健全相关规章制度，构建较为规范、完备的农民林业专业合作组织体系。指导建立各类林业专业合作组织，创建200个农民林业专业合作社示范县，引导林农走专业化合作道路，提高林业组织化、专业化、产业化水平，巩固改革成果。进一步完善统分结合的林业双层经营体制，基本建立符合集体林业特点的林业管理体制和运行机制。

第二节　推动国有林场与国有林区改革

一、推进国有林场改革

坚持以抓改革为主题，解决长期以来制约国有林场发展的深层矛盾，理顺管理体制，激活经营机制，促进健康发展。坚持以促发展为核心，不断改善国有林场发展环境，增强国有林场发展能力。坚持以惠民生为重点，按照以人为本的原则，切实加强基础设施建设，着重解决国有林场职工生存条件恶劣和生活贫困问题，使其共享经济社会发展成果；妥善解决现有职工养老保险，完善社会保障制度；多渠道妥善安置国有林场富余职工，确保林区社会稳定；妥善解决国有林场分离办社会职能。坚持保生态为目标，提高国有林场森林资源整体质量，增强维护国家生态安全的能力。

按照因地制宜、分类指导、先易后难、稳步推进的原则，指导各地积极探索国有林场不同类型的改革模式。建立符合社会主义市场经济发展要求、适应以生态建设为主林业发展战略的国有林场森林资源产权制度和经营体制，将国有林场划分为生态公益型林场和商品经营型林场。生态公益型林场按从事公益事业单位管理，人员经费和机构经费纳入同级人民政府财政预算；商品经营型林场全面推行企业化管理，按市场机制运作。切实加强对国有林场工作的领导，把国有林场建设纳入当地经济社会发展总体规划，加大国有林场管理技术人才队伍建设和培训力度；建立新的经营机制，实行事业单位人员聘用制度和岗位管理制度，激活内部经营机制。

二、稳步推进国有林区改革

按照中发〔2003〕9号和中发〔2010〕1号文件精神，结合《大小兴安岭林区生态保护与经济转型规划》和天然林资源保护二期工程的实施，按照政、企、事分开的原则，稳步推进重点国有林区改革。一是政企分开，社企分离。继续按中央决定"把目前由企业承担的社会管理职能逐步分离出来，转由政府承担"的要求，把森工企业承担的社会管理和公共服务职能移交给地方政府负责，建立和完善以政府为主导的林区社会管理体制。二是企事分开，资企分离。按照中央决定"建立责权利相统一，管资产和管人、管事相结合的森林资源管理体制。按照政企分开的原则，把森林资源管理职能从森工企业中剥离出来，由国有林管理机构代表国家行使，并履行出资人职责，享有所有者权益"的要求，不断促进国有森林资源管理与企业生产经营分开，逐步建立国有林管理新体制，强化国有林区森林资源监管职能，建立健全国有森林资源资产管理制度。制定并出台重点国有林区森林资源管理体制改革的指导意见，编制改革试点方案。三是企业重组，市场运作。按照中央决定"使企业真正成为独立的经营主体，参与市场竞争。国有森工企业要按照专业化协作的原则，进行企业重组，妥善分流安置企业富余职工"的精神，按照社会主义市场经济发展的要求，加快主辅分离改革，建设充满生机活力的新机制。通过股份制改革，促进企业经营机制的转换，按照专业化协作的原则进行企业重组，推动建立现代化企业制度。四是积极推进林区（林场址）区划调整，加快林区城镇化水平，为提高社会资源利用效率创造基础条件。

第十章　加快林业科技创新

围绕"支撑双增、引领发展"的总目标，重点把握"突出创新、强化应用、升级产业、服务林改"，针对林业生态建设与产业发展重大科技问题，紧扣资源增长、生态安全、产业升级和应对气候变化等战略需求，攻克技术瓶颈，加速科技进步，提升自主创新能力。

第一节　加快林业科技攻关

攻克现代林业重大关键技术，重点加强林业生态建设、森林经营和保护、资源培育与高效利用、林业生物产业、林业碳汇、木本粮油、林业生物能源、林业装备等领域的重大关键技术研究。培育高抗新品种150个以上，获得具有自主知识产权的林木功能基因100个，开发重大生物灾害控制技术与设备（药剂）50项以上，研发森林火灾预警防控与快速扑救等重大装备系统10套以上，培育丰产稳产、抗逆性强经济林新品种50个以上，研发生物质新材料、生物质能源和生物质化学品等林业资源高效加工利用新技术、新工艺、新产品200项以上。实施"国家林业科技引领计划"专项，研究林木、竹藤、花卉、林特产品资源高效分子育种及转基因技术，引领林业生物产业发展；研究生物反应器规模化合成林源活性物质技术，引领林药产业发展；创制新型生物质材料与绿色化学品，引领林业新材料产业发展；研究林业生物质能源固化、液化、气化等高新技术，开发第二代生物质能源产品；探索林木光合作用调控、高性能纳米生物基新材料制备、生物质定向解聚与分子重组等前沿技术。加强林业基础科学研究，增强林业原始创新能力，为现代林业发展提供基础理论支撑。

第二节　提升科技成果推广应用水平

建立林业科技示范体系，实施《"百县千村万户"林业科技示范行动实施方案》，选择资源丰富、技术水平高、有典型示范带头作用的地区，建立林业科技示范点、示范基地2000个；在全国建设100个林业科技示范县、1000个科技示范村、10000个科技示范户。以林业科技富民示范工程、科技成果转化专项资金为载体，提高林业科技成果转化率。构建林业产业技术创新战略联盟，优先选择产业发展比较成熟、企业基础好、能够带动产业技术升级的林业产业，建设一批林业科技产业示范园区、林业生物产业基地等。加强林业科技推广体系建设，逐步完善和建立省级林业科技推广站（中心）32个，地市级林业科技推广站（中心）343个，县级林业科技推广站（中心）2987个，进一步强化基础设施和能力建设，初步建立起覆盖全国的林业科技推广服务网，提高社会化服务能力。到2015年，力争实现林业科技成果转化率达到60%以上，科技进步贡献率达到50%以上。

第三节　完善林业标准化与质量监督体系

加快现代林业标准化进程，加强标准制修订工作，形成以国家标准和行业标准为核心，地方标准和企业标准相配套，强制性标准与推荐性标准互有侧重的林业标准体系。建立标准实施的检查、评估和信息反馈机制，突出典型示范，大力开展林业标准化示范区建设。建立健全林产品和林木种苗质量监督体系，加强林产品质量安全管理、监测、监督机制、检验检测服务体系和林产品质量检验机构建设，确保林产品质量安全。推进林产品数量计量评价体系建设，确保林产品计量评价准确。加强对涉及人类身体健康和生命安全的经济林果、花卉、野生动植物产品、人造板材、竹藤制品、林业药材和林业装备等产品的质量检测和安全评估。

第四节　加强林业科技创新平台和服务体系建设

一、强化科技创新平台建设

组建国家林业科学中心、区域林业科技中心、国家大型林业科技公共平台，建设国家大型林业综合试验（林）基地、重点实验室、生态定位站、工程（技术）研究中心和大型林业分析测试中心，全面提升基础条件水平。创建1个国家级和8～10个局级重点实验室，新建58个生态定位站，建设3～5个国家工程（技术）研究中心，建立8～10个区域林业分析测试中心。加强林业机械装备研发制造水平，形成集研究、开发、生产技术水平、质量可靠、物美价廉的林业机械装备产业基地。

二、加强林业生物安全和遗传资源管理

一是加强林业转基因生物安全管理。推进林业转基因生物安全法律法规建设，完善管理制度，健全检测监测、监督管理体系。在全国建立6个林业转基因生物中间试验、环境释放和生产性试验基地，建设1个国家级检测中心和5个区域分中心，对50个重要林业转基因生物开展田间实时监测和定位检测，在重点口岸地区建设10个林业外来生物试种隔离区。二是加强林业生物遗传资源管理。实行林业生物物种资源优先保护和分级保护，研究建立林业遗传资源与惠益分享制度和林业遗传资源信息交换机制；开展遗传资源特别是我国珍稀林木遗传资源本底调查与编目，开展遗传多样性分析并确定优先保护名录，建立珍稀林木遗传资源空间地理信息系统；开展我国特有林木基因库建设，建立5～10个不同经济性状或生态价值的特有林木基因库。

三、强化林业知识产权管理

进一步完善林业植物新品种保护测试体系和行政执法保护体系，重点建设1个测试中心、2个分中心和10个测试站；建立100家林业知识产权试点示范单位和30家林业自主知识产权产业化示范基地，建立重点领域林业知识产权预警机制和林业知识产权专家咨询、决策分析系统，支持建设10个林业知识产权保护联盟。

四、推进林业认证体系建设

建立符合我国国情、林情并与国际接轨的国家森林认证体系，制修订发布森林认证、碳汇林、竹林、非木质林产品、森林生态环境服务和生产经营性珍稀濒危物种认证等行业和国家标准；加大森林认证试点示范力度，探索不同类型森林认证模式，扩大认证面积。扩展林业认证范围，逐步建立林业行业认证制度，培育认证市场。

第十一章　加快改善林区民生

第一节　加快林区基础设施建设

按照中央林业工作会议要求，全面加强林业基础设施建设，推进国有林区棚户区改造和国有林场危旧房改造工程，将林区道路、供水、供电、通信等基础设施建设纳入各级政府经济社会发展规划和相关行业发展规划，改善林区生产生活条件。建立健全林区社会保障体系，积极发展绿色、生态和大量吸纳就业的产业，促进林区职工群众就业与增收。

一、林业棚户区改造工程

按照林业棚户区（危旧房）改造规划，“十二五”期间要完成林业棚户区改造工程。林业棚户区改造要与新林区建设结合起来，与林区的生产与生活布局调整结合起来，与保护森林资源结合起来，与建设绿色生态宜居环境结合起来，与推进城乡一体化结合起来，高起点规划，高水平设计，高质量施工，确保将符合条件的危房改造内容都纳入政策范围。“十二五”期间改造林业棚户区（危旧房）81.53万户，重点改善国有林区、国有林场、国有苗圃和国家重点良种基地、林业工作站职工住房条件。同时，结合棚户区改造和林区城镇化建设，加快推进高寒林区分散供热方式的改变。

二、林区路、水、电、广播电视和医疗卫生、教育等基础设施建设

林区道路立足现有路网基础，以保障林区人民出行，有利于森林资源安全、生态建设和促进林区经济可持续发展为根本，逐步将已由交通部门完成公路基础数据和电子地图调查的林区民生公路，纳入《全国农村道路“十二五”建设规划》统筹解决。对于未纳入交通部门调查的林区民生公路，以及森林防火、林区生产等专业道路，积极争取国家专项资金逐步予以解决。

林区供水重点解决严重影响林区职工身体健康的水质问题，以及局部地区的严重缺水问题，使国有林区基本实现生产生活用水供应有保障，并达到安全卫生标准。将林区320万人口饮水不安全问题，纳入《2010～2013年全国农村饮水安全工程规划》统筹解决。

完善林区供电设施，建立完善以国家和地方电网为主、小型水电为辅、太阳能和风电为补充的林区非营利性供电网络体系，解决林区生活用电和非营利性公共设施用电。

解决边远林区（居住在乡镇以下）群众收听收看广播电视难问题，按照因地制宜、注重实效、经济适用的原则，采取地面无线、直播卫星和有线网络等方式，切实加强林区广播电视基础设施建设，扩大广播电视对林区的有效覆盖。

加大对林区医疗卫生、教育等社会职能机构基础设施建设的支持，改善林区医疗卫生机构的基础设施条件和林区办学条件，消除危房校舍，加快建立设施比较齐全、运转有效的林区卫生服务网络和多层次、多形式、多功能的开放型学习教育体系。

第二节　加快提高林区职工和林农收入

一、创造就业岗位保障职工工资性收入

针对林区保护森林资源和木材减产的现实性，把促进职工就业、稳定职工收入作为改善林区民生的重要着力点，依托天然林保护二期工程、森林生态效益补偿基金制度和湿地保护补助政策，通过森林管护、中幼林抚育、后备资源培育、公益林建设、湿地保护、政策性社会性岗位等，为林区下岗职工和社会人员提供大量就业岗位，保障林区职工工资性收入不断增长。

二、发展林副特产业增加职工和林农收入

积极调整林区产业结构，大力发展非林非木产业，努力实现林区从单纯国有经济向多种所有制经济发展转变。巩固集体林权制度改革成果，保障农民的财产性收入。依托林区丰富的林地资源，通过发展林下种养业、特色养殖业、森林旅游业、小木制品加工业等，千方百计为林区职工和林农创造增收途经，带动林区经济整体跃升，增加职工和林农收入。

三、建立健全林区社会保障体系

将林业职工和林区居民纳入地方社会保险保障覆盖，并与地方同类人员享受同等待遇。从林区社会可持续发展的要求出发，根据社会经济发展水平，继续实施林区社会保险补助，逐步健全完善林区社会保险保障体系，不断提高保障水平，使职工收入和社会保障接近或达到社会平均水平，为林区改革发展和社会稳定创造宽松的政策环境。

第十二章　建立健全林业防灾减灾和应急体系

第一节　加强森林防火

全面落实《森林防火条例》和《全国森林防火中长期发展规划》，强化森林火灾预防、扑救、保障三大体系，重点加强森林火险预警和林火监测、森林防火通信和信息指挥、森林航空消防、专业森林消防队伍装备和基础设施以及科技支撑系统建设；加强法制建设，推进依法治火；完善森林防火科研开发、宣教培训、火灾损失评估和火案勘查体系，推进现代化林火管理进程，全面提高森林火灾综合防控能力。到2015年，实现卫星监测成果30分钟内发布，当日火灾扑灭率达到98%，重点治理区域森林火情瞭望监测覆盖率和森林防火通信覆盖率分别达到90%和95%以上，森林火灾受害率稳定控制在1‰以下。

第二节　加强森林公安建设

紧密围绕林业和公安工作大局，全面推进森林公安队伍正规化、执法规范化、警务信息化、保障标准化、警民关系和谐化建设。合理增加队伍专项编制，规范机构名称和内部机构，逐级落实领导协管和高配制度；逐级落实刑事、行政和治安执法权，强化“三情”、“四网”和“两个管理”，适时部署专项行动；建设“森林金盾工程”，公安网接入率全部达标；落实中央政法经费保障政策，各级森林公安经费全部纳入同级财政预算，加强森林公安基础设施建设，按标准配备各类警用装备；坚持从严治警、从优待警，加强警务督察、抚优抚恤、宣传教育等工作，确保林区社会和谐稳定。

第三节　加强林业有害生物防治

切实加强以检疫御灾、监测预警、应急防控和服务保障四大体系为主体的林业有害生物防控体系建设。加强对松材线虫病、美国白蛾、森林鼠(兔)害、薇甘菊等重点林业有害生物灾害治理；继续开展松蠹虫、松蚧虫、松象虫等松树病虫害，杨树天牛、杨树食叶害虫等杨树病虫害以及其他针叶林、阔叶林病虫害和林业有害植物的治理。加强京津冀地区和“三峡”库区等重点区位、黄山和张家界等重要风景名胜区，新疆和云南省区等特色林果基地等重要区域的林业有害生物防治基础设施建设。组织开展林业植物检疫联合执法行动，实行林业有害生物突发事件周报制。大力推进以生物防治为主的无公害防治措施，积极推行森林健康恢复与示范林建设。到2015年，将林业有害生物成灾率控制在4.5‰以下，无公害防治率达到80%以上，灾害测报准确率达到85%以上，种苗产地检疫率达到100%。

第四节　加强陆生野生动物疫源疫病监测防控

加强陆生野生动物疫源疫病监测预警体系建设，进一步加强基础设施建设，充实监测防控队伍，完善运行保障机制和政策措施，全面提升监测预警能力和防范控制水平，更好地发挥野生动物疫源疫病监测防控在动物疫病防控和公共卫生安全中的前沿作用。“十二五”期间，建立覆盖全国候鸟迁徙活动路线和野生动物重要分布区、饲养密集区、集散地的监测网络，新建1765处、扩建250处国家级野生动物疫源疫病监测站，使国家级监测站总数达到2015处，监测覆盖率达到88.3%；建立323处预警站，完成初检能力和预警分析平台建设；建立健全信息管理与决策指挥平台；建立41处应急物资储备库、2处应急演练培训基地，组建190人的野生动物疫情应急预备队。

第五节　强化林业应急体系建设

按照“预防为主、积极消灭，科学防控、依法处置”的原则，建立和完善重大林业灾害应急体系。一是处置重特大森林火灾应急预案，建立和完善森林火险预警响应机制，加强瞭望监测、通信能力和专业队伍建设，提升应急处置能力，确保实现火灾“打早、打小、打了”，最大限度减少灾害损失；二是重大外来林业有害生物灾害应急预案，建立外来有害生物风险评估机制和快速反应机制，加强专业队伍和应急物质储备建设，全面提升应对重大外来林业有害生物控制能力，保障国家生物安全；三是重大林业生态破坏事故应急预案，针对重大破坏森林和林木事故、重大破坏林地和湿地事故、重大破坏野生动植物事故、重大林权纠纷和破坏生态设施事故等，提高快速反应和应急处理能力，保护森林资源，保障国家生态安全；四是加强沙尘暴灾害应急体系建设，推进沙尘暴监测预警基础设施建设，在沙尘暴高发区新建15个地面监测站，建立沙尘暴救灾物资储备库和1～2处应急演练培训基地，充实监测队伍，完善监测预警运行机制，建立沙尘暴灾害信息快速报送与共享平台和灾害快速评估系统，做好重大沙尘暴灾害应急预案的宣传、培训和演练工作，提高各级应急处理能力和水平；五是针对我国目前自然灾害频发的实际情况，强化林业应对地震、极端天气事件、山洪泥石流等自然灾害的应急救灾和处置能力建设。

第十三章　加快推进林业信息化

以《全国林业信息化建设纲要》为引领，深化信息技术在林业资源、评价、规划、管理、保护与合理利用各环节的应用，形成布局科学、高效便捷、先进实用、稳定安全的全国林业信息化格局，为现代林业发展提供强大支撑。

第一节　加快推进生态建设信息化

一、加强林业资源监管和综合营造林管理信息化建设

加快森林、湿地、荒漠化和生物多样性等资源数据库系统建设，提高林业资源基础信息服务能力，为制定国家政策和重大工程规划等工作提供详实可靠的林业资源信息。加快建设森林、荒漠化和沙化土地、湿地、种质资源、生物多样性等资源监管系统，支撑林业资源监测、管理和林业碳汇计量、监测工作。加强综合营造林管理信息化建设，建立国家和地方营造林管理系统，实现对营造林建设现状和发展动态的信息化管理。

二、加强林业灾害监测体系和应急信息化建设

加快建设森林防火监控和应急指挥系统、林业有害生物监测预警和防控管理系统、野生动物疫源疫病监测管理系统，沙尘暴防治等林业灾害管理系统，提高林业防灾减灾和应急处置的信息保障能力。

三、建设国家卫星林业遥感应用平台

研发包含遥感数据接入、业务运行管理、数据管理、林业数据标准化处理、林业遥感应用处理、林业产品共享、林业产品服务、数据产品质量评价等分系统及北斗卫星导航林业应用系统的国家卫星林业遥感数据应用平台，提高林业遥感应用水平和监测、服务能力。积极推动发射林业卫星，提升现代林业管理水平。

第二节　加快推进产业发展信息化

一、建立林业经济运行信息系统

建立公平、透明、开放的林业产业信息系统，提供丰富的网站交互功能，全面提高林业产业发展预测、预警、重点林产品监测分析、林业行业重点企业、市场动态监控和林产品市场产销存预警预报能力。建立全国林业产业基础数据库，制定数据采集规程和标准，规范产业基础信息的采集和应用全面掌握林业产业发展情况。

二、建设林业电子商务平台

建立统一的林权交易网，实现林地、林木、股权、债权、项目工程和林业技术等项目统一挂牌，交易会员、经纪会员和中介会员统一在线服务，形成林权交易信息统一发布和聚集平台；开发统一的网上交易系统，实现林权等的网上拍卖、招标、议价和网络报价等交易方式，提供一个公开、公正、全程监管的林权交易平台；建立林产品网上商城，为广大林农和中小林业企业提供一个网上市场，实现林产品交易的电子商务化。

第三节　加快推进生态文化信息化和信息化基础建设

一、加强生态文化信息化建设

建设林业数字图书馆、中国林业网络博物馆、中国网络博览会，完善中国林业网络电视，整合林业系统门户网站，形成中国林业网站群；开展多层次的林业信息化技能培训，建设覆盖全国的现代化远程教育系统，加强生态文化传播与宣传，不断推动生态文化体系发展和完善。

二、加强林业信息化统一基础平台建设

构建包括基础设施、数据库、应用支撑、应用系统等多个层次的林业信息化基础平台，为林业内网、外网建设提供统一、稳定、先进、高效的运行环境。加快推进物联网、云计算、IPV6 等新一代信息技术应用。加强网络安全与综合管理体系建设，修订现有标准，优先制定林业信息化建设急需、共性、基础性和关键性标准。积极做好林业信息化网络及运行维护体系建设工作。“十二五”期间，确保 80% 的省级以上单位实现无纸化办公，80% 以上的行政许可项目实现在线处理；完成 80% 的省级林业信息化建设基础平台，80% 的省级单位建成国家、省、市、县 4 级互联互通的全国林业电子政务传输网络。加强林业信息化标准建设和安全等级保护工作，提高信息安全保障能力和水平。

第十四章　扩大林业对外开放

以国家总体外交战略为指导，以促进现代林业建设为宗旨，顺应全球林业发展趋势，统筹国内国际两个大局，紧紧围绕“十二五”林业发展目标，突出周边、立足亚太，关注非洲，巩固大国，面向全球，全面实施互利共赢的开放战略，以开放促发展、促改革、促创新。

第一节　积极提升互利共赢的林业对外合作水平

一、巩固和提高我国林业国际合作地位

以落实我国领导人在双边和多边场合涉及林业的对外政治承诺为重点，继续加强与我国林业建立合作机制的多边、区域组织、国际进程和国家、地区的国际合作，以及重要非政府国际组织和民间机构的合作，加强林业对外宣传工作，全面增强我国林业参与国际事务的整体能力。建立林业国际合作项目交流、示范与推广机制，构建林业外援和援外工作的新渠道、新形式和新局面。

二、加强林业国际履约和谈判工作

积极参与联合国防治荒漠化公约、湿地公约、濒危野生动植物种国际贸易公约和气候变化框架公约、生物多样性公约、植物新品种保护公约、植物保护公约等国际公约的履约、谈判，以及联合国森林论坛、蒙特利尔进程、森林执法与治理等进程和相关国际规则的制定，建立国际森林文书履约和国际森林问题谈判机制，进一步提升林业国际谈判能力，有效应对木材非法采伐及相关贸易、敏感物种、林业应对气候变化等国际林业热点问题，维护我国权益。

三、加强我国倡导设立的国际和区域林业组织建设

加强亚太森林恢复与可持续管理网络建设，加强政策对话和能力建设活动，完善试点示范项目机制，加强网络自身基础设施和能力建设，努力实现推动亚太森林网络向区域国际组织发展的目标。进一步加强对国际竹藤组织的支持力度，通过包括国际竹藤网络中心在内的有关单位，进一步拓展与国际竹藤组织的合作。

第二节 优化林产品对外贸易结构

稳定和拓展外需市场，针对国际金融危机对我国出口导向型林产品对外贸易和传统林业外贸发展方式带来的严峻挑战，加快转变林产品对外贸易发展方式，促进出口产品由初级产品、低附加值为主向精深加工产品、高附加值、高集成创新技术转变，增强林产品竞争力，巩固和扩大产品外需市场份额。加快推进多元化贸易战略，巩固和拓展林产品出口国的份额和数量，进一步发掘和拓宽林产品进口途径，特别是要原料性林产品进口途径，规避贸易风险，夯实市场多元化战略基础。建立健全安全有效的林产品贸易体系，加强对林产品国际贸易预警体系的建设和完善。

第三节 提高林业利用外资水平

积极有效利用外资，继续争取国外赠款和贷款投资林业生态建设及产业和生态文化发展，按照《外商投资产业指导目录》积极引导外国直接投资投向林业相关建设领域，进一步发挥外资对我国林业建设的重要推动作用。加强对外科技交流与合作，加大智力、人才、技术和先进管理理念引进力度。建立外援项目示范点，扩大外援项目辐射作用。不断创新林业利用外资机制，进一步探索国外资金与国内资金、官方与民间、赠款与贷款、多边与双边相结合的有效途径，建立多元化外资利用机制。

第四节 加快实施林业“走出去”战略

一、加强境外林业资源开发利用合作

实施境外森林资源合作重点国别战略，从全球森林资源供给的资源性、地缘性、投资环境和双边关系出发，针对不同区域特点，因地制宜确定开展境外森林资源合作的重点国别和领域。培育和扶持具有国际竞争力的跨国公司，促进具有资金、技术、人员、设备优势的企业进行强强联合，组建具有规模效益、抗风险能力强的集采伐、加工、贸易、科研一体化的林业开发集团。

二、探索和开拓林业援外工作

遵循国家援外总体战略，以能力建设和技术合作为切入点，以国内林业发展的成功经验为后盾，以首脑峰会、高层对话和合作协议为平台，以援外培训和项目为抓手，着力推广林业适用技术经验和林业优势人才技能，扩大我林业领域对外影响力。

第十五章 加强林业法制建设

紧紧围绕加快现代林业建设的需要，完善林业立法工作机制，创新林业行政执法机制，建立权责明确、行为规范、监督有效、保障有力的林业行政执法体系。

第一节 加快林业立法进程和提升林业政策制定能力

一、加强林业立法

加大力度研究拟定林业生态建设促进、湿地保护、沿海防护林保护、森林公园和森林旅游、国有林场、公益林等方面法律法规；加快林权登记流转立法，制定林权档案管理办法等与社会主义市场经济相适应的法律、法规、规章，形成比较完善的林权保护管理法律体系。同时，根据现代林业发展的新形势和新情况，对现行森林法、野生动物保护法、种子法、自然保护区条例、植物检疫条例等法律法规规章进行修改完善。建立规章定期清理制度，完善立法后评估制度，提高立法质量。

二、强化政策制定能力

在全国范围内选取具有代表性、典型性的重点林业生态建设县（市）、国有林场、重点国有林区林业局，建立500个林业政策固定观察点，设定观察指标体系，为林业科学决策提供实时的、可评价的、可对比的参考依据。进一步完善林业政策制定过程中的民主参与制度，充分听取专家、学者以及相关利益主体的意见和建议。开展重大林业政策前瞻性研究，探索建立林业政策后评估制度，提高林业政策民主化、科学化水平。

第二节 提升林业执法能力

进一步加强森林和野生动植物资源保护管理，依法严厉打击乱砍滥伐林木、乱采滥挖、乱捕滥猎野生动物、违法调运森林植物及其产品等犯法犯罪行为。提高林业综合行政执法能力，调整林业行政执法职能，整合林业行政执法资源，积极做好林业综合行政执法工作，建立100个综合行政执法示范点。推进林业行政执法规范化建设，明确执法权限，落实执法责任，健全执法保障。推进林业行政许可办理体系建设，逐步建立起国家林业局—省级林业主管部门—县级林业主管部门之间完备、便捷、高效运行的行政许可业务咨询、业务办理、审批流程、结果公开体系。

第三节 加强林业普法

建立健全领导干部法制讲座制度、理论中心组学法制度、法律培训制度、重大决策前法律咨询审核制度，县级以上林业行政主管部门每年应当定期举办法制讲座。加强法制宣传教育阵地建设，林业系统各级各类学校开设法制教育课程，特别是发挥各级党校、林业干部学院(校)在领导干部法律知识培训工作中的主渠道作用。建立健全林业普法考核制度。“六五”普法期间，林业系统公务员将全部参加法律知识培训。每年12月作为林业系统当年的普法考试、考核期，统一进行全国林业系统法律知识考试。

第十六章 主要政策和保障措施

第一节 加大林业建设投入

一、建立林业生态建设投入保障制度

建立与社会主义市场经济体制相适应的林业生态建设投入保障制度，中央对林业生态建设的投入力度不断加大，地方政府对林业生态建设的投入要保持稳步增长。对国家林业生态建设重点工程实行工程管理，中央逐步提高投入标准，逐步完善配套政策。

二、加大林业基础设施建设投入

加强国有森工局（林业局）、重点营林局、国有林场、省级以上自然保护区和森林公园中的林区道路建设。加强林区饮水设施建设投入，着力解决林区安全饮水问题。加大对林业工作站、种苗站、技术推广站、森林病虫害防治检疫站、木材检查站、林政稽查机构、森林派出所、林权保护管理服务机构等基层林业站所以及林业执法监督体系、林业综合行政执法机构的基本建设投入。

第二节　建立健全生态补偿和林业补贴制度

一、完善林业生态补偿制度

进一步完善森林生态效益补偿基金制度，逐步提高补偿标准，充分调动广大农民保护公益林的积极性，建立和完善地方森林生态效益补偿机制，研究制定分级分类的森林生态效益补偿标准。

二、建立健全林业财政补贴制度

逐步建立林业补贴政策的普惠制，完善中央财政造林、森林抚育补贴制度，在逐步扩大试点规模基础上全面实施。逐步扩大国际重要湿地、国家重要湿地、省级以上湿地自然保护区和国家湿地公园开展湿地保护补助试点范围和加大补助力度，并在试点基础上逐步推开。建立林木良种补贴制度，对国家重点林木良种基地和良种苗木培育给予补贴。实行林业机具购置补贴，加快林业机械化、现代化发展步伐。研究制定深化集体林权制度改革、促进集体林和林下经济发展的财政政策。制定和完善我国荒漠化治理财政支持政策，研究实施国家级沙化土地封禁保护区支持政策。进一步加大对油茶、核桃等木本油料产业和林业生物质能源发展的支持力度。加大对林业有害生物监测和防治的支持力度。

三、完善林业金融税收扶持政策

进一步争取金融机构加大对林业建设的贷款投入力度，争取各级财政加大贷款贴息力度，完善贴息政策。建立和完善财政支持下的森林保险机制，进一步扩大中央财政对森林保险的补贴规模和范围，根据实际需要，逐步提高中央财政对森林保险保费补贴标准，健全林业基层服务森林保险体系和工作机制。积极鼓励金融机构开发与林业多种功能相适应的金融产品，建立面向林农的小额贷款和林业中小企业贷款扶持机制，适度放宽贷款条件，降低贷款利率，简化贷款手续，积极开展包括林权抵押贷款在内的符合林业产业特点的多种信贷融资业务。同时，完善林业税费扶持政策，减轻农民和企业负担。对林业综合利用产品实行税收优惠政策，对劳动密集型和高附加值林产品争取提高出口退税标准，推动低碳经济和劳动密集型企业发展。

第三节　完善林业发展的市场体系

一、引导社会资金投入林业发展

积极发展非公有制林业，鼓励各类社会化投资，包括民营企业、社会团体和个人投资造林绿化，鼓励以股份制、股份合作制、个体承包等形式参与林业建设。进一步明确非公有制林业的法律地位，切实落实“谁造谁有、合造共有”的政策，依法保护投资者权益。降低民间资本进入林业的门槛，在投融资、林木税费、林地使用、森林采伐利用等方面制定有利于社会资金进入林业的政策措施，大力发展林业产权要素市场，促进并规范森林资源资产评估等中介机构的建立和发展，为多元投资主体提供创业舞台。

二、大力培育林产品市场体系

按照社会主义市场经济规律，加强市场需求研究，及时搜集分析林产品市场信息，准确掌握行业和市场发展变化趋势，大力发展订单林业，按照市场需求组织产品生产。加大林产品消费政策引导，积极培育国内市场需求，加快建设区域性林产品市场，健全林产品市场流通体系。在稳定城市消费市场的基础上，结合新农村建设、灾后重建、山区综合开发、棚户区改造等工程，推动“林产品下乡”，建立适应农民需要的农村林产品市场。充分发挥现有木材加工企业的生产能力，挖掘林产品城乡市场消费潜力，建立和完善多元、稳定、安全的林产品市场体系。

三、建立和完善林产品市场准入制度

开展中国名牌林产品评认定活动，打造能在国内外立足的自主品牌。严格限制对资源消耗高、产品质量不达标、环境污染严重的林产品加工企业进入市场。制定和修订林产品国家标准和行业标准，强化林产工业企业环境认证和质量认证的监督检查，规范林业产业市场行为。

第四节　加强林业机构队伍建设

一、强化林业行政管理体系

根据加快生态保护与建设以及林业改革发展的需要，进一步加强林业机构队伍建设，加快政府职能转变，强化林业行政管理体系。各级政府要将林业部门行政事业经费纳入财政预算，将森林防火、有害生物防治、林木种苗以及林权保护管理、林业行政执法体系等方面的装备和基础设施建设纳入基本建设规划和相关营造林工程规划。加强中央派驻地方林业监管机构建设，健全基层各级林业工作机构设置，制定符合各级林业机构设置、人员编制的相关政策。加强林业人才队伍能力建设，全面提升管理服务水平。

二、加强林业人才培养

加强林业高等教育、培训、人才开发、职业技能鉴定与人才评价体系建设。实施林业科技领军人才、急需紧缺骨干人才培养引进、青年英才培育、党政领导干部能力提升、专业技术人员知识更新、高技能与基层实用人才开发、西部和基层一线人才援助等重点林业人才工程，加快林业人才资源开发和人才队伍能力建设。建立完善现代林业教育培训与技能人才开发体系，重点加强教育培训重点基地、党政领导干部培训、关键岗位干部培训、林业重大改革培训、重点工程配套培训、基层林业实用人才培训、林业高等教育学科共建、林业职业教育支持等 8 项工程建设，积极开展远程培训、出国培训和技能人才培训与鉴定工作，重点加强高层次专业技术人才与高技能人才培养。加快林业各类人才信息库建设，重点建设 30 个国家林业科技创新团队；培养 20 名具有显著影响力的科技领军人物，100 名引领行业技术进步的科技拔尖人才，培养和稳定 10000 名基层林业技术骨干。

三、加强林业基层单位建设

加强林业工作站建设。按照建设标准化、规范化、科学化的要求，强化林业站基础设施建设，理顺管理体制和经费渠道，建立比较完备的省、市、县林业站管理体系；加强队伍和能力建设，充分发挥林业站政策宣传、资源管护、林政执法、生产组织、科技推广和社会化服务等职能作用，确保林业各项工作在基层全面落

实。加强木材检查站和森林植物检疫检验站建设。加快布局调整，重点在林业重点工程区、松材线虫等检疫性有害生物发生区和重点预防区、交通干线以及通往木材集散地的主要路段，完善全国木材运输和检验检查监督网络体系；加强队伍和制度建设，加大培训力度；完成一级木材检查站基础设施和设备的标准化建设，运行全国木材运输管理系统，实现对木材运输检查监督网络化、技术装备现代化、检查执法规范化。

第五节 实行林业生态建设目标责任制

合理划分中央和地方在生态建设方面的事权，建立激励约束机制，实行地方政府林业生态建设目标责任制。林业主管部门要履行好组织、协调和指导等职责，搞好任务落实和监督检查等工作。各有关部门要发挥各自优势和潜力，按职责分工，各司其职，各负其责，密切配合，建立起由地方政府统一领导下的部门分工协作的生态建设目标考核机制，共同推进本地区的生态建设任务。

第六节 建立全国动员全民动手全社会办林业新机制

强化舆论宣传，充分利用广播、电视、报纸和网络等媒体，开展形式多样、内容丰富的林业宣传活动，提高全民参与生态建设的认识，做好参与国土绿化的全国动员工作。在推进全民义务植树活动及生态保护工作中，不断创新形式，积极发挥社团组织作用，广泛发动和组织各行各业、社会各界人士积极投身国土绿化和生态保护事业，提高义务植树尽责率和生态保护参与意识。努力调动各部门力量共同推进国土绿化事业。倡导认种认养绿地，实现全民动手参与城乡绿化美化。大力普及林业科学技术和法律知识，加强全民生态道德教育，采取各种有效形式，不断提高全民的法制意识、绿化意识，调动社会各界参与林业建设的积极性，建立起全社会办林业的新机制，促进全民共建共享。

第七节 加强林业规划的实施与监督

实施好规划，是各级林业主管部门的重要责任，要切实履行职责，加大工作力度，确保林业生态建设投入，引导和有效利用各种社会资源，做到责任有主体，投入有渠道，任务有保障，逐项实施规划提出的各项任务和保障措施。要加强部门合作，将规划中的各项目标层层落实到各地区、各级政府部门和重点实施单位，共同推进规划实施，确保规划任务的顺利完成。逐步建立规划评估考核机制，加强对规划执行情况的监督和检查，定期公布重点工程项目进展情况和规划目标完成情况。加强对规划实施情况进行中期评估和终期考核。

附件（略）

国家林业局关于进一步加强林业安全生产工作的通知

林规发〔2011〕205 号

各省、自治区、直辖市林业厅（局），内蒙古、吉林、龙江、大兴安岭森工（林业）集团公司，新疆生产建设兵团林业局，国家林业局各司局、各直属单位：

2011 年以来，全国安全生产形势总体保持稳定，但重大事故和较大涉险事故时有发生，一些行业（领域）事故频发，非法违规生产经营建设行为屡禁不止，安全生产形势依然严峻。特别是 7 月份以来，接连发生多起重特大事故，造成了严重的人员伤亡和财产损失，社会影响很大。这些事故的发生，充分暴露了我国生产经营建设领域仍然存在安全责任落实不到位、防范措施不到位、安全监管不到位、治理整顿不到位等突出问题，一些重大隐患未得到及时治理，非法违法生产经营建设行为大量存在，教训极其深刻。

为此，温家宝总理主持召开国务院第 165 次常务会议，针对当前事故多发的严峻形势，部署进一步加强安全生产工作的各项措施。为切实贯彻落实中央领导同志重要批示指示和国务院第 165 次常务会议精神，进一步做好林业安全生产各项工作，根据《国务院安委会关于认真贯彻落实国务院第 165 次常务会议精神 进一步加强安全生产工作的通知》（安委明电〔2011〕8 号）精神，现就有关要求通知如下：

一、清醒认识近期重特大事故多发的严峻形势，进一步增强做好林业安全生产工作的责任感、紧迫感和使命感

各级林业主管部门和各单位务必保持清醒的认识和高度的警觉，从全局和战略的高度，充分认识加强安全生产工作的极端重要性。要牢固树立安全发展的科学理念，自觉把思想和行动统一到党中央、国务院对当前安全生产形势的科学判断上来，统一到中央对安全生产工作的决策部署上来。要充分认识安全生产形势的严峻性、复杂性、长期性和反复性，在谋发展、搞建设、抓生产的过程中，坚持以人为本，决不能以牺牲人的生命为代价谋求发展，进一步增强做好林业安全生产工作的责任感、紧迫感和使命感，以对党和人民高度负责的精神，深刻吸取事故经验教训，举一反三，切实加强安全生产各项工作，有效防范和坚决遏制重特大事故发生，努力促进全国安全生产形势持续稳定好转。

二、进一步强化企业主体、部门监管责任，确保安全生产各项制度措施落实到位

各级林业主管部门和各单位要进一步贯彻落实《国务院关于进一步加强企业安全生产工作的通知》（国发〔2010〕23 号）、《国务院办公厅关于继续深化“安全生产年”活动的通知》（国办发〔2011〕11 号）精神，全面落实和进一步强化企业安全生产主体责任，健全企业安全生产责任制，完善安全生产规章制度，切实加强全员、全方位、全过程的精细化管理，把安全生产责任层层落实到每个环节、每个岗位和每个职工；对关系安全生产的重点部位、关键岗位，要配强干部和管理人员，确保有人负责、有得力的人负责、能负得了责；要强化法定代表人、实际控制人的安全生产第一责任者的责任，认真落实企业负责人现场带班制度，严防违章指挥、违章作业和违反劳动纪律现象，及时在现场解决安全生产中遇到的突出问题，真正做到不安全不生产。要进一步强化部门安全监管责任，加强行业指导，对不具备安全生产条件或存在重大安全隐患的，提请政府协调有关部门责令坚决停产整顿或依法关闭，坚决遏制事故多发的势头。要严格安全生产责任考核和追究，依法依规严厉查处每起事故，严肃追究事故责任，严肃惩处事故背后的失职渎职、违法违规和腐败行为。

三、进一步强化重点领域的安全防范，全面开展安全生产大检查，深入排查和消除各类安全隐患

各级林业主管部门和各有关单位要针对近期事故多发暴露出的突出问题，立即组织开展林业安全生产大检查和专项督查，深化重点领域的安全专项整治。要着力预防、综合施治，深查隐患、强力整治，切实做到整改措施、责任、资金、时限和预案"五到位"；要反复抓、抓反复，持之以恒、常抓不懈，着力治大隐患、防大事故。对以林区道路、桥梁为重点的交通运输，以索道、游船为重点的森林旅游设施，以高压容器、危化品为重点的生产经营领域，以在建住房项目为重点的建筑领域等，开展全面、系统、彻底的安全隐患排查。对发现的安全隐患，必须限期整改。对不具备安全生产条件的生产经营企业，要坚决停产整顿或依法关闭。对存在重大安全隐患的桥梁、建筑、车辆、大型娱乐设施等，要坚决停用，待采取措施符合安全要求后方可使用。对非法违法生产经营建设行为，要依法打击，并严防死灰复燃。要强化制度、规范运行，着力推进隐患排查治理的经常化、制度化建设，并将其纳入企业日常管理和安全监管的重要内容，建立跟踪督促整改制度，对重大隐患层层挂牌督办，该停产整顿的绝不放过、该取缔关闭的绝不手软、该异地搬迁的绝不拖延；要强化源头治理，严格执行安全生产许可制度，严格行业安全准入，切实做到防微杜渐，防患于未然。

当前正值汛期，洪涝和地质灾害易发，要切实做好汛期安全防范工作，进一步强化汛期安全责任，认真排查治理各类安全隐患，凡是有重大水灾隐患和受山洪、泥石流威胁隐患的生产经营单位．在强降雨、飓风等极端天气来临之前，必须停产撤人，严防自然灾害引发生产安全事故。要完善与相关部门协调配合和应急联动机制，并加强极端天气条件下人员撤离和抢险救灾的演练。各地要进一步部署开展汛期安全生产大检查，确保主汛期安全生产。

四、进一步强化安全培训和宣传教育，全面提高安全生产群防群治能力

要加强安全法制教育，结合"六五"普法活动，健全完善安全生产法律法规、安全生产业务和应急救援知识进企业、进学校、进乡村、进家庭活动制度，通过以案说法等多种形式，加强安全生产法律法规的宣传贯彻，筑牢安全生产思想防线。要积极开展安全培训，切实强化职业教育培训、岗前培训、全员培训和专业技能培训，严格实行持证上岗制度，严格规范安全行为；领导干部尤其要全面学习掌握安全生产知识，增强安全生产意识，严格依法依规办事。要大力加强安全文化建设，面向全社会开展形式多样的安全知识宣讲活动，积极推进安全文化示范企业、安全发展城市、安全社区等创建活动，推广先进的安全理念，切实增强全民安全素质和意识，着力提升社会成员和从业人员的自主保安、互助保安和群防群治能力。要加强社会监督和新闻舆论监督，做好重特大生产安全事故新闻发布和舆论引导工作，健全完善安全生产网络舆情监测制度，充分发挥广大社会成员、社会组织和企业职工群众参与、支持和监督保障安全生产工作的作用。

五、进一步加强对安全生产工作的领导

各地区和各单位要切实加强对安全生产工作的领导，把安全生产工作作为重中之重，摆上重要议事日程，进一步强化综合预防措施。要按照科学发展、安全发展的要求，统筹安全和速度、质量、效益的关系，建立安全生产与经济社会发展同步规划、部署、推进、考核、奖惩的责任体系和工作机制。要坚持以人为本，警钟长鸣，从零开始，常抓不懈，健全完善安全生产工作激励约束机制，采取经济、法律、行政、教育等各种手段，紧紧依靠广大人民群众，动员全社会力量，更好地维护人民群众的生命财产安全。要注重把事故后的责任追究与事故前的防范有机结合起来，把解决制约安全生产的突出问题与构建安全生产长效机制有机结合起来，统筹兼顾、突出重点，扑下身子、求真务实，坚决打赢安全生产这场攻坚战，进一步减少事故总量，进一步有效防范和坚决遏制重特大事故发生，为经济发展和社会和谐稳定创造良好的安全生产环境。

各地区和各单位要高度重视并认真抓好中央领导同志重要批示指示和国务院第165次常务会议精神的学习贯彻，接本通知后，迅速做好有关精神的传达，并紧密结合本地区、本单位实际，积极动员，作出全面安排部署。要切实加强领导，精心组织，周密安排，认真贯彻落实，务求取得实效。

特此通知。

国家林业局

2011年9月9日

国家林业局关于印发《国家林业局关于加强林业系统廉政风险防控机制建设的意见》的通知

林监发〔2011〕210号

各省、自治区、直辖市林业厅（局），内蒙古、吉林、龙江、大兴安岭森工（林业）集团公司，新疆生产建设兵团林业局，国家林业局各司局、各直属单位：

现将《国家林业局关于加强林业系统廉政风险防控

机制建设的意见》印发你们，请结合实际认真贯彻落实。请各省级林业主管部门将贯彻落实本意见和开展廉政风险防控机制建设的情况，及时报国家林业局党风廉政建设领导小组。

特此捅知。

国家林业局

2011 年 9 月 21 日

附件　国家林业局关于加强林业系统廉政风险防控机制建设的意见

为认真贯彻党的十七大和十七届中央纪委五次、六次全会精神，全面落实中央《建立健全惩治和预防腐败体系 2008～2012 年工作规划》和国家林业局党组的实施办法，积极探索预防腐败的有效途径，强化对权力运行的监督制约，提高党员干部特别是领导干部的廉政风险防范能力，现就加强林业系统廉政风险防控机制建设提出如下意见。

一、重要意义

近年来，国家林业局高度重视党风廉政建设和反腐败工作，各级林业主管部门惩治和预防腐败体系建设取得了初步成效，林业系统政风行风发生了明显好转。但必须清醒地看到，林业系统违纪违法案件数量仍然较多，涉林职务犯罪问题仍然突出，群众来访反映林业问题的数量仍然增长，林业系统反腐倡廉建设面临的形势依然严峻，广大干部职工面临的廉政风险依然很大。当前，林业改革发展正处于重要的战略机遇期和黄金发展期，“十二五”期间国家对林业的投入力度进一步加大，林业的任务更加繁重。为了林业的改革与发展，采取有力措施有效预防腐败，打造一支过得硬的干部队伍，已经成为林业系统广大干部职工当前的一项重要课题。廉政风险是指党员干部和国家公职人员在行使公共权力中发生腐败行为的可能性。廉政风险防控机制是指以积极防范为目标，以强化管理为手段，在公共权力行使的重点领域、重要岗位和关键环节，排查廉政风险，健全内控机制，加强风险预警的防控机制。加强廉政风险防控机制建设，对于贯彻“标本兼治、综合治理、惩防并举、注重预防”方针，完善林业系统惩治和预防腐败体系，提高反腐倡廉建设水平；对于推动林业科学发展，建设生态文明，提高林业主管部门科学决策水平和公共管理效能；对于增强党员干部廉政风险防控意识，最大限度地减少党员干部廉政风险，具有重要促进作用。各级林业主管部门和各林业单位要充分认识开展廉政风险防控工作的重要意义，切实加强领导，认真组织实施，推进工作落实。

二、指导思想、工作目标和基本原则

（一）指导思想

坚持以邓小平理论和“三个代表”重要思想为指导，深入贯彻落实科学发展观，牢固树立以人为本、执政为民理念，以梳理权力结构为基础，以排查廉政风险为核心，以健全防控制度为保障，以规范权力运行为目标，有针对性地采取防控措施，着力降低廉政风险，切实提高预防腐败工作的科学化、规范化和制度化水平，不断完善林业系统惩治和预防腐败体系，为林业科学发展提供坚强保障。

（二）工作目标

通过全面推进廉政风险防控工作，力争 2012 年底前，建立起覆盖各级林业主管部门和各林业单位的较为全面的廉政风险防控体系，并经过 1～2 年的努力，初步形成系统内部权力运行比较严密的自我约束机制、切实有效的相互制约机制、坚强有力的监督防范机制，初步达到决策、业务流程、操作环节和岗位执法行为处于严密的内部制约与监控之下，将廉政风险控制到最低限度，最大限度地避免腐败问题的发生。

（三）基本原则

1. 围绕中心，服务大局。围绕林业中心任务，把发展现代林业、建设生态文明、推动科学发展作为开展廉政风险防控机制工作的出发点和落脚点，通过规范公共权力运行、提升工作效能，服务、促进和保障林业科学发展。

2. 突出重点，注重实效。以各级林业行政主管部门为重点，突出党政领导班子、领导干部特别是主要领导干部，针对腐败现象易发多发的重点领域、重要岗位、关键环节和涉及群众切身利益、社会反映强烈的难点热点问题，把廉政风险防控机制建设融入林业业务工作，确保取得实效。

3. 积极探索，勇于创新。坚持解放思想、实事求是，认真研究和改革不利于林业科学发展的体制、机制和制度，探索创新有利于降低廉政风险，加强从源头预防腐败的改革举措。

4. 分类指导，有序推进。从各级林业主管部门和各林业单位的实际出发，区别不同地区、不同部门、不同单位、不同岗位、不同人员的特点，坚持分类指导，分步实施，积极稳妥，有序推进。

三、主要内容和方法

运用现代管理学的理念和方法，紧密结合林业实际，重点围绕制约监督和规范权力运行，全面排查思想道德、岗位职责、业务流程、制度机制和外部环境等方面可能引发廉政风险的问题，通过评估风险等级、梳理权力清单、规范权力运行、加强风险预警、强化考核追究等手段，采取前期预防、中期监控和后期处置等措施，对预防腐败工作进行科学化、系统化循环管理。

（一）查找廉政风险

根据部门职能、岗位职责和工作流程，全面排查廉政风险点，评估风险等级。

1. 查找个人岗位廉政风险。党员干部对照履行职责、执行制度的情况，认真查找个人岗位存在的廉政风险内容及其表现形式。

2. 查找部门廉政风险。对管理人、财、物和行政审批、行政许可、行政处罚、项目资金分配、资源监管等事项的重要岗位，由部门对照职责定位等情况，查找在业务流程、制度机制和外部环境等方面存在或可能存在的廉政风险，并细化分析风险的内容和表现形式。

3. 查找机关（单位）廉政风险。结合各级林业主管部门和各林业单位自身特点和林业行业特点，查找机关（单位）在重大决策、重要干部任免、重大项目安排和大额度资金使用等方面容易产生腐败行为的风险内容及表现形式。

4. 评估廉政风险。按照风险发生的几率大小或可能造成的危害程度，把廉政风险分为三级：一级风险为发生几率高，或者一旦发生可能造成严重损害后果，有可能触犯国家法律，构成犯罪的风险；二级风险为发生几率较高，或者一旦发生可能造成较为严重的后果，有可能违反党纪政纪和相关法规，受到党纪政纪处分的风险；三级风险为发生几率较小，或者一旦发生可能造成不良社会影响的风险。廉政风险等级实行分级管理、分级负责。一级廉政风险由机关（单位）主要领导负责，二级廉政风险由机关（单位）分管领导负责，三级廉政风险由部门领导直接管理和负责。

（二）制定防控措施

围绕排查确定的各类风险点和风险等级，有针对性地提出并落实防控措施，着力形成以岗位为点、以程序为线、以制度为面的廉政风险防控机制，建立廉政风险信息系统。

1. 针对岗位风险，由本人对照与业务工作相关的各项法规制度，提出防范控制风险的具体措施和办法。

2. 针对机关（单位）、部门风险，由党政领导班子围绕决策、执行过程和监督、检查、考核等关键环节，研究制定具体防控措施和相关工作程序，统一以流程图或表格等形式在一定范围内予以公开。

3. 针对行业、系统风险，各有关机关和单位要认真研究分析本行业、本系统存在的共性问题，并结合业务工作和自身实际，进一步健全完善防控风险的相关规章制度，明确防控风险任务要求和工作标准，形成廉政风险防范管理上下一体、左右联动的通畅、有效运行机制。

4. 建立廉政风险信息库。机关（单位）、部门、个人查找的廉政风险点和采取的防控措施，经组织审核把关后，填写机关（单位）廉政风险防控登记表、部门廉政风险防控登记表和个人岗位廉政风险防控登记表。廉政风险点要在一定范围内公示，接受社会监督。对查找的廉政风险要加强综合分析和研判，结合信访举报、廉政档案、考核检查等渠道获得的信息，形成廉政风险信息库。

（三）合理配置职权，完善权力运行机制

1. 清理权力事项。对照法律法规和机构职能“三定”方案，按照“谁行使、谁清理”的原则，对机关单位、部门和岗位权力事项自下而上进行清理规范，逐项审核确定权力事项的类别、行使依据、责任主体。凡没有法律法规依据和规定的职权，原则上取消，确因工作需要保留的，应当按照法定程序加以设定；虽有法律法规依据但不切实际或实际中不需要的职权，要尽可能取消。进一步削减审批项目，精简办事环节，防止已压缩的权力事项扩张、已取消的事项反弹。

2. 规范岗位职责和工作流程。针对岗位的工作性质和业务特点，按照“程序法定，流程简便”’的要求，编制岗位职权目录、制度目录和业务流程目录，绘制权力运行流程图，进一步优化权力运行程序，固化工作流程。

3. 实施有效制约权力的措施。不断完善决策权、执行权、监督权既相互制约又相互协调的权力结构，形成结构合理、配置科学、程序严密、制约有效的权力运行机制。对风险较高的重大事项决策权、行政审批权、执法权、监督权等，要根据法律规定和实际工作需要，进行合理分解，强化制约监督，防止权力过于集中。建立健全单位主要领导不直接分管财务、人事、基建工程、物资采购、项目审批等制度。对重要部门负责人、重点岗位人员应按规定实行定期轮岗交流。制定行政处罚行政审批等权力行使的实施细则，规范自由裁量权，防止自由裁量权过大产生廉政风险。全面实行岗位责任制、首问负责制、限时办结制、绩效评估制、行政问责制。

（四）推行“阳光权力”，强化监督制约

公开“权力清单”。行政决策、行政执行、重要人事任免、行政执法、行政服务、行政监督、廉政勤政等事项，都应在不同范围内公开。公开办事流程、权力依据和办事结果。充分运用科技手段和信息化技术，推进电子政务和电子监察系统建设，对政务事项推行网上公开、网上办事，鼓励有条件的机关和单位建设综合电子监督系统，构建行政审批阳光运行平台和监督机制，实时监控廉政风险，提升廉政风险防控工作的科技含量，促进权力运行的规范化、公开化、程序化，保证公共权力在阳光下运行。

（五）实行风险预警，落实防控责任

针对腐败现象易发多发的重点领域和关键环节，从投诉举报、经济责任审计、案件分析、巡视、干部考察、述职述廉、个人重大事项报告、新闻媒体、问卷调查等渠道收集廉政风险信息，进行分析评估，对可能引发腐败的苗头性、倾向性问题，视情节轻重，分别作出岗位预警、单位预警、综合预警，并采取自查自纠、教育提醒、廉政谈话等方式，及时进行预警提示和纠正，避免发展成违纪违法行为。通过信息监测、定期自查、上级检查、社会评议等方式，对廉政风险防控效果进行监控。对不按照规定落实廉政风险防控措施，群众举报和社会有反映的，区分不同情况，采取提醒警示、谈话诫勉、效能责任追究、问责、组织处理和纪律处分等措施，帮助和督促其及时纠正工作中的失误和偏差。对整改不力，造成后果的，按照相关规定作出处理。对廉政风险进行动态管理，突出过程考核，及时堵塞漏洞，逐步建立健全监督检查、考核评估、纠错整改和责任追究机制。

（六）开展风险教育，筑牢思想防线

根据廉政风险等级和岗位特点，从容易滋生腐败、发生不正之风特别是利益冲突的领域入手，有针对性地安排廉政教育，通过情景教育、案例警示以及知识测试、廉政承诺、约访谈话等多种形式，突出抓好党员干部思想道德教育、岗位廉政行为规范教育、廉政风险防控教育和法纪教育，引导党员干部牢固树立廉洁意识、风险意识和责任意识，筑牢拒腐防变的思想道德防线。

四、加强领导

廉政风险防控机制建设是一项系统工程，涉及面广，政策性强，工作量大。各级林业主管部门和各林业单位要切实加强组织领导，坚持把加强廉政风险防控机制建设作为反腐倡廉建设的重要内容，列入领导班子重要议事日程，周密部署安排，认真组织实施。国家林业局党风廉政建设责任制领导小组具体负责全国林业系统廉政风险防控机制建设的指导、协调和推进工作。各地林业主管部门和各林业单位要明确相应的工作机构，制定具体实施方案，明确责任领导、责任部门和工作人员。要加强调查研究，定期分析防控机制运行过程中出现的新情况新问题，积极探索廉政风险防控的新途径、新办法。要强化分类指导和督导检查，注意总结推广好做法、好经验，把好的思路和方法运用到工作中去，完善工作机制，改进工作方法，推动工作更好地开展。各级领导班子及其成员要按照党风廉政建设责任制的要求，切实履行“一岗双责”，主要领导负总责，亲自抓，主管领导具体抓，带头查找廉政风险，带头制定和落实防控措施，带头抓好自身和管辖范围内的廉政风险防控工作，确保预防腐败各项要求落到实处。

国家林业局关于加强湿地保护
坚决打击毁湿开垦等破坏湿地资源行为的通知

林湿发〔2011〕213 号

各省、自治区、直辖市林业厅（局），内蒙古、吉林、龙江、大兴安岭森工（林业）集团公司，新疆生产建设兵团林业局，国家林业局各派驻森林资源监督机构：

近一段时期以来，一些地方屡屡发生毁湿开垦等破坏湿地资源事件，人民群众反应强烈，中央领导高度关注。为更好地保护珍贵的湿地资源，维护湿地健康，促进生态文明建设，必须进一步采取切实有效的措施，继续推进自然湿地的抢救性保护和退化湿地的科学恢复，坚决打击破坏湿地资源的违法行为。现就有关问题通知如下：

一、加大保护力度，不断巩固和扩大湿地保护的成果

（一）加强自然湿地保护，确保辖区自然湿地不缩减。地方各级林业主管部门要下大力气做好本地区湿地保护规划的编制工作，把辖区范围内的国际重要湿地、国家重要湿地、湿地自然保护区、湿地公园、湿地保护小区等纳入规划范围予以重点保护，确保自然湿地面积不减少，功能不退化。要组织实施好辖区范围内的国家湿地保护工程项目和中央财政湿地保护补助项目，落实项目建设任务，加强项目管理，总结推广项目建设的成功技术模式，形成项目示范体系。要通过多种渠道，及时掌握了解本地区其他相关重大规划对湿地可能造成的影响和威胁，凡是有关规划涉及占用自然湿地的，要进行严格的审核把关，防止在重大项目建设中造成自然湿地的掠夺式开发和大面积破坏。要积极探索建立自然湿地流失的调控机制，凡是自然湿地遭到大面积破坏的地区，我局一律不予安排湿地保护工程项目和湿地保护补助项目，并视情况进行全国通报。

（二）加强制度建设，推动建立有利于湿地保护的长效机制。要坚决贯彻落实党中央、国务院关于加强湿地保护的一系列政策，积极协调有关地方政府加强对湿地的监管。要进一步建立完善湿地保护的政策及管理制度，重点探索建立建设项目等占用湿地的审批审核制度、占补平衡制度、损失补偿制度。要做好立法和执法工作，未出台地方湿地保护条例的省份，林业主管部门要积极主动地做好相关工作，争取尽快建立起湿地保护的法律制度。已经出台湿地保护条例的省份，要按照条例的规定，依法开展湿地保护，从根本上遏制破坏湿地资源事件的发生，保障湿地保护事业的顺利发展。

（三）加强能力建设，着力提高湿地保护管理水平。各级林业主管部门要把湿地保护管理机构建设放到重要位置，积极争取编制部门建立湿地保护管理专门机构，明确具体职责，配齐配强人员，落实工作责任。要通过争取设立本级财政部门预算项目，以及实施国家湿地保护补助项目，为各级湿地保护管理机构配备必要的保护管理设施设备，切实强化保护管理手段。要切实加强湿地保护管理基层队伍建设，各国际重要湿地、湿地类型自然保护区和国家湿地公园管理机构要成立湿地资源管护组织，聘请管护人员，开展经常性的管护和巡护，及时发现并制止破坏湿地资源的行为。要采取多种形式，开展培训工作，提高从业人员的业务水平和工作能力，提高保护湿地资源及对破坏湿地资源事件的应急能力。

二、采取有效措施，及时妥善处理破坏湿地资源事件

（一）高度重视破坏湿地资源事件的应急处理工作。破坏湿地资源事件的处理必须坚持属地管理的原则，在当地政府的统一领导下进行。对于发生在国际重要湿地、湿地自然保护区以及国家湿地公园的破坏湿地资源事件，有关地方林业主管部门要按照国内相关法规的有关要求，及时组织开展调查核实，提出处理意见，并向本级人民政府和上级林业主管部门进行报告。属于其他部门管理的，及时协调转交有关部门进行处理。涉及国际重要湿地的破坏湿地资源事件，要将处理结果逐级报我局。要高度重视群众对湿地保护的监督作用，对于群众反映的线索具体的破坏湿地资源事件，要及时组织力量进行调查核实，属于实名举报的，要在调查清楚和处理结束后，将处理结果电话通报举报人。

（二）正确引导新闻媒体对湿地保护的有效监督。对于媒体反映的破坏湿地资源事件，要积极与媒体进行沟通，了解相关情况。发生在国际重要湿地、省级以上湿地自然保护区、国家湿地公园的媒体报道事件，我局派驻森林资源监督机构要积极督促省级林业主管部门组成调查组，进行调查和核实，提出处理意见，并将调查处理情况报送我局，同时向媒体进行通报。

（三）建立并落实破坏湿地资源事件核实督办制度。对于我局批转的破坏湿地资源事件，我局各派驻森林资源监督机构要进行督办，提出明确要求。事件影响重大的，我局将派出联合调查组，进行调查核实，提出处理意见，提交地方进行处理。各级林业主管部门要及时跟踪了解群众和媒体反映的辖区破坏湿地资源事件有关情况，做到反应迅速，核实准确，督办到位，报告及时，促进湿地资源的有效保护。

三、迅速部署落实，开展打击毁湿开垦等破坏湿地资源专项行动

从2011年10月至2011年底，省级林业主管部门要部署开展打击毁湿开垦等破坏湿地资源专项行动。要积极向党政领导进行宣传汇报，宣传湿地保护的重大意义，宣传破坏湿地资源事件的危害和影响，争取重视和支持，为开展行动创造良好的条件。要迅速研究制定行动方案，明确行动目标，提出具体措施。要组织力量对违法开垦、占用、填埋以及污染自然湿地的情况进行一次全面检查，查清本省范围内毁湿开垦等破坏湿地资源情况，掌握最新情况和动态，采取真正管用的举措。我局各派驻森林资源监督机构要进一步强化对湿地资源的监督职责，加强对打击行动的工作指导，落实破坏湿地资源事件核实督办制度。2011年底前，我局将派出工作组，对各地开展行动情况进行督促检查。同时，请各省级林业主管部门于2011年12月31日前，将打击行动总结报告报我局。

特此通知。

国家林业局

2011年9月23日

国家林业局关于认真贯彻落实胡锦涛主席在首届亚太经合组织林业部长级会议上重要讲话精神的通知

林办发〔2011〕217号

各省、自治区、直辖市林业厅（局），内蒙古、吉林、龙江、大兴安岭森工（林业）集团公司，新疆生产建设兵团林业局，各计划单列市林业局，国家林业局各司局、各直属单位：

2011年9月6日，胡锦涛主席出席首届亚太经合组织林业部长级会议开幕式并发表重要讲话，充分体现了党中央、国务院对林业发展和生态建设的高度重视，对推动林业改革发展具有重大的现实意义和深远的历史意义。现就胡锦涛主席重要讲话的学习传达和贯彻落实工作提出如下要求。

一、深刻认识胡锦涛主席重要讲话的重大意义，准确掌握讲话精神实质

胡锦涛主席的重要讲话，深入分析了当前亚太区域发展面临的严峻挑战，对林业的地位和作用作了高度概括，对我国林业发展和生态建设取得的成绩给予了充分肯定，并就区域林业发展和合作提出了3条建议，对推动亚太区域林业发展和我国林业发展与生态建设都具有重要的里程碑意义。各地各单位一定要认真学习，深刻领会精神实质，把思想和行动统一到胡锦涛主席的重要讲话精神上来，切实增强推动林业改革发展的自觉性和主动性。

（一）胡锦涛主席的重要讲话充分肯定了我国林业发展和生态建设的巨大成就，为加快林业改革发展注入了强大动力。胡锦涛主席在讲话中明确指出："中国高度重视林业建设，把发展林业作为实现科学发展的重大举措、建设生态文明的首要任务、应对气候变化的战略选择。中国不断增加投入，加强森林生态系统、湿地生态系统、荒漠生态系统建设和生物多样性保护，全面实施退耕还林、天然林保护等重点生态工程，持续开展全民义务植树，深入推进集体林权制度改革，调动全社会发展林业积极性，实现了森林资源和林业产业协调发展。目前，中国森林面积达到1.96亿公顷，其中人工林面积达到6168万公顷，居世界首位，为促进绿色增长、推动可持续发展提供了有利条件"。这是胡锦涛主席对林业工作的充分肯定，是对各级林业主管部门和全体务林人的最高褒奖。我们要以此为动力，认真总结经验，继续发扬成绩，加倍努力工作，不断推动林业改革发展取得新的成效。

（二）胡锦涛主席的重要讲话高度概括了森林在绿色增长中的重要功能，为全社会重新认识林业、大力支持林业、加快发展林业进一步指明了方向。胡锦涛主席在讲话中明确指出："森林在推动绿色增长中具有重要功能。森林是陆地生态系统的主体和维护生态安全的保障，对人类生存发展具有不可替代的作用。森林是重要而独特的战略资源，具有可再生性、多样性、多功能性，承载着潜力巨大的生态产业、可循环的林产工业、内容丰富的生物产业。森林是陆地上最大的碳储库，减少森林损毁、增加森林资源是应对气候变化的有效途径"。这是我国领导人对人类发展规律、经济发展规律和林业重要地位作用的最新总结。既体现了坚持以科学发展为主题，以转变发展方式为主线的总方针、总政策，又体现了林业应对气候变化、维护生态安全、促进绿色发展的最新要求。我们一定要深刻领会胡锦涛主席重要讲话的丰富内涵和精神实质，把胡锦涛主席重要讲话作为推动林业全局工作的根本指针。

（三）胡锦涛主席的重要讲话对区域林业发展合作提出了3条具体建议，必将对加强区域合作、加快林业发展产生积极而深远的影响。胡锦涛主席在讲话中就区域林业发展和合作提出了加强林业建设、发挥森林多种功能、深化区域合作的建议。这充分体现了对我国林业和区域林业发展的高度重视，既是对国际社会作出的庄严承诺，又是对做好我国当前和今后一个时期林业工作提出的最新要求。我们一定要以高度的政治责任感承担起这一历史重任，加快林业改革发展，在亚太区域率先实现2020年奋斗目标，为实现亚太区域2020年林业发展目标贡献力量。

二、认真传达学习胡锦涛主席重要讲话，全面贯彻落实讲话精神

当前，各地各单位要以传达学习胡锦涛主席重要讲话为契机，结合实际，抓住机遇，制定具体措施，狠抓工作落实，扎实推动林业改革发展取得新成效。

（一）*认真传达学习*。各级林业主管部门要迅速将胡锦涛主席重要讲话精神传达到每个单位、每位干部职工。要认真组织开展学习讨论，让广大干部职工深刻领会胡锦涛主席重要讲话的重大意义，深刻领会党中央、国务院对林业工作的最新要求，进一步激发做好林业工作的干劲，振奋奉献林业的精神，增强发展现代林业、建设生态文明、推动科学发展的光荣感、责任感、使命感。各地要积极向当地党委政府主要负责同志汇报，向各有关部门通报，加大协调力度，努力争取各方面更多的支持，形成发展林业的强大合力，迅速掀起林业建设的新热潮。

（二）*加大宣传力度*。各地各单位要围绕胡锦涛主席重要讲话，制定详细的宣传方案，积极开展宣传活动。要通过电视、网络、报刊、杂志等媒体，广泛宣传林业的地位、作用及成效，广泛宣传林业部门采取的贯彻落实措施，让人们充分了解我国林业在推动区域发展、应对全球气候变化中作出的重大贡献，让全社会进一步认识林业、关心林业、支持林业，为加快林业改革发展、加强区域合作、实现绿色增长营造一个良好的舆论环境。

（三）*制定落实措施*。各地各单位要认真对照胡锦涛主席提出的具体要求，深入开展如何加强林业建设、如何发挥森林多种功能等专题研究，制定科学可行的落实方案。重点要完善林业政策，增加资金投入，推进科技创新，加大资源培育力度，创新管理模式，加强林业执法，提升林业资源数量和质量，优化资源配置，推动产业发展，突出生态建设；妥善处理好保护和发展、生态和产业的关系，充分发挥林业在经济、社会、生态、文化等方面的多种效益，合理利用林业资源，发展林业产业，壮大绿色经济。

三、加强组织领导，确保取得实效

认真贯彻落实好胡锦涛主席重要讲话精神，是当前和今后一个时期各级林业主管部门的一项重大政治任务，各地各单位要高度重视，切实加强领导，精心组织安排，强化督促检查，确保抓出成效。

（一）*高度重视，加强领导*。各地各单位主要负责同志要负总责，对传达贯彻工作亲自研究，亲自部署，亲自组织。主要负责同志要亲自组织开展专门的学习传达活动，每个单位都要开展专题讨论活动。各地各单位领导班子成员要积极发挥表率作用，带头学习，带头宣传，带头抓落实。党员领导干部要带头讲工作、讲责任、讲效率，严格履行职能，不推诿、不扯皮，出色地完成各项工作任务。

（二）*周密安排，精心组织*。各地各单位要紧密结合实际情况，把贯彻落实胡锦涛主席重要讲话精神与做好当前各项工作结合起来，与开展创先争优活动、推进学习型党组织建设结合起来，与学习弘扬杨善洲精神、转变工作作风结合起来，完善思路，科学谋划，抓住重点，环环相扣，扎实推进。要将任务分解到每一个单位和个人，做到纵向到底，横向到边，相互衔接，确保人人有任务、人人有责任，事事有人抓、件件有着落。

（三）*加强督查，狠抓落实*。各地各单位要加强督促检查，对落实情况进行跟踪，对落实好的要给予鼓励和表扬，对落实不好的要敢抓、敢管。要善于抓典型，积极发挥典型的示范带动作用。

请各地各单位将贯彻落实情况及时报国家林业局办公室。

特此通知。

国家林业局

2011年9月13日

国家林业局、国家旅游局关于加快发展森林旅游的意见

林场发〔2011〕249号

各省、自治区、直辖市林业厅（局）、旅游局（委），内蒙古、吉林、龙江、大兴安岭森工（林业）集团公司，新疆生产建设兵团林业局、旅游局，各计划单列市林业局、旅游局：

我国拥有极其丰富的森林旅游资源。多年来，以森林公园、湿地公园、自然保护区为主要依托的森林旅游业一直保持着15%左右的年增长速度，森林旅游年接待人数超过4.5亿人次，占国内旅游人数的1/5强，森林旅游已成为我国旅游业的重要组成部分，并在推动我国旅游业又好又快发展中显示出强劲动力。为深入贯彻落实《中共中央　国务院关于全面推进集体林权制度改革的意见》（中发〔2008〕10号）和《国务院关于加快发展旅游业的意见》（国发〔2009〕41号），进一步挖掘我国森林旅游的发展潜力，提升发展水平，国家林业局、国家旅游局决定加强战略合作，共同把发展森林旅游上升为国家战略，作为建设生态文明的重要任务，实现兴林富民的战略支撑点，推动绿色低碳发展的重点领域，促进旅游业发展的新的增长极。为此，提出如下意见。

一、充分认识加快发展森林旅游的重要意义

（一）加快发展森林旅游是建设生态文明的重要任务，是经济社会发展的迫切要求。随着我国经济社会的快速发展和人们生活水平的不断提高，我国旅游业呈现出蓬勃发展态势，尤其是以走进森林、回归自然为主要特点的森林旅游越来越成为公众特别是城镇居民的旅游新内容，人们对林区观光、休闲游憩、生态养生、山水摄影、自然探索等方面的需求日益增大，加快发展森林旅游对于建设生态文明、满足国民日益增长的精神文化需求、提高人民的生活质量具有十分重要的意义。

（二）加快发展森林旅游是推进现代林业发展和旅游业升级转型的强劲动力。森林旅游是新兴的林业产业，是开发利用森林多种功能的主要形式，是实现森林资源永续利用的有效途径。多年来的实践证明，发展森林旅游，有利于林区自然资源和生态环境的保护，实现森林资源的可持续利用；有利于丰富和完善旅游产品体系，促进旅游业的升级转型；有利于拓展林业产业发展空间，促进林业产业结构调整，壮大林区经济实力；有利于普及生态文化知识，提高人们的生态文明意识。

（三）加快发展森林旅游是实现兴林富民和兴旅富民的重要途径。森林旅游是林业经济发展新的增长点，具有环境成本低、产业链条长、就业容量大、综合效益好的产业优势，并且在推动农村、农民生产发展、生活富裕中具有天然的地缘优势。加快发展森林旅游，是拓宽林农就业渠道、增加林农收入、改善林农生活条件的重要途径。同时，有利于巩固集体林权制度改革成果，维护林区的繁荣稳定；有利于推动城乡交流，促进城乡经济社会一体化发展。

二、加快发展森林旅游的指导思想、基本原则和总体目标

（四）指导思想。以邓小平理论和“三个代表”重要思想为指导，深入贯彻落实科学发展观，按照发展现代林业、建设生态文明、推动科学发展的总体要求，解放思想，深化改革，创新体制机制，转变发展方式，加强统筹协调和部门合作，提升建设和服务水平，增强森林旅游业发展活力，把森林旅游业培育成为我国林业的支柱产业，培育成为我国旅游业发展新的增长极。

（五）基本原则。坚持严格保护、科学规划、合理利用、协调发展，实现森林资源保护与利用、生态与产业良性发展的格局；坚持以人为本，因地制宜，整合资源，打造特色，不断满足人民群众日益增长的森林旅游需求；坚持协同发展，加强区域合作，加强森林旅游与文化旅游、乡村旅游、红色旅游的融合，实现资源互补，利益共享；坚持改革创新，建立适应市场经济发展的管理体制和经营机制，不断提升森林旅游的产业规模和发展质量。

（六）总体目标。到2020年，各类森林旅游景区总数达到8000处，构建起以森林公园为主体，湿地公园、自然保护区旅游小区、森林植物园（树木园）、林业观光园等相结合的森林旅游发展体系，形成较为完善的森林旅游基础设施和服务接待能力，开发一批特色鲜明的森林旅游专项产品，推出一批国际国内一流的森林旅游景区。全国年森林旅游人数达到14亿人次，创社会综合产值达8000亿元，将森林旅游培育成林业支柱产业，满足城乡居民森林旅游的需求，森林旅游健康持续发展。

三、加快发展森林旅游的主要任务

（七）加快森林旅游景区发展。优化资源配置，在森林植被良好，景观资源丰富，生态环境优越，文化底蕴深厚的森林、湿地等区域，加快森林公园、湿地公园等各类森林旅游景区的发展。在理顺产权利益关系和群众自愿的基础上，支持鼓励林农利用具备一定景观条件的集体或个人经营管理的森林资源，提供森林旅游服务。在区位条件良好、具有林业特色的区域，鼓励各类林业观光园、采摘园和特色文化园的建设。

（八）提升景区建设水平和服务质量。改善森林旅游景区的外部交通条件，完善景区的供电、供水、供气、供热和通信等设施。加快森林旅游基础设施建设，重点加强资源环境保护设施、科普教育设施、旅游道路、停车场、游客服务中心以及各种安全、环卫设施的建设。改善景区接待服务条件，创新完善森林旅游服务体系，大力提高森林旅游接待服务质量。加强生态文化建设，强化生态文化教育功能。实施森林旅游精品工程，打造一批森林旅游精品景区，推出一批“全国森林旅游示范区”。积极开展森林旅游在线服务、网络营销、网络预定和网上支付，逐步提高景区的信息化服务水平。

（九）构建具有可持续竞争力的森林旅游产品体系。在提升传统观光旅游产品的同时，重点发展休闲度假旅游。积极发展山地森林生态游、冰雪度假游、温泉度假游、森林生态养生游、城郊森林休闲健身游、滨海森林生态游、民俗风情体验游等特色森林旅游形式。丰富特色森林旅游项目，在加强保护、严格监管的前提下，因地制宜地开展登山、漂流、滑雪、山地自行车、滑翔伞、定向越野、溯溪、探险、攀岩、露营等森林旅游活动。打造一批有吸引力的森林旅游精品线路，加强“森林人家”等森林旅游接待服务品牌建设，开发富有地方特色的森林旅游商品和富有文化创意的森林旅游纪念品。

（十）深化森林旅游经营机制改革。在确保景区管理机构行使统一规划、统一管理职能并保持森林旅游资源权属稳定的基础上，鼓励国内各类企业、社会团体、个人以合资、合作等形式参与森林旅游景区的开发和经营；引入现代企业管理制度，依托市场在资源配置中的主导作用，提高景区经营水平和资源利用效率。积极引导森林旅游经营企业集群化、专业化发展；积极推进建立各级森林旅游行业协会，加强森林旅游行业的自我管理。稳步推进“全国森林旅游试验示范区”建设，大胆探索有利于森林旅游发展的管理体制、经营机制、投入机制和开发建设模式。

（十一）加强宣传推广。加大森林旅游宣传力度，打造优秀森林旅游品牌。国家林业局、国家旅游局定期举办“中国森林旅游节”和“中国森林旅游博览会”，强化国家级宣传品牌建设；充分利用电视、报刊、广播、网络等公共媒体，将系列报道与专题报道相结合，加大对森林旅游的公益宣传力度。引导各地不断丰富和推出具有地方特色、资源特色和文化特色的森林旅游主题活动；立足自身资源优势和产品优势，准确把握市场定

位，加大特色森林旅游产品的宣传和推介。推动森林旅游景区与专业旅行社之间的合作，鼓励旅行社把开拓森林旅游市场纳入重要的业务范畴。

（十二）推动农民增收和农村经济发展。引导森林旅游景区积极为周边林农提供就业机会。鼓励林农依托各类森林旅游景区，大力发展餐饮、住宿、运输、导游服务等森林旅游相关产业，大力发展直接为森林旅游服务的种植业、养殖业和制造业，着力兴办“森林人家”等接待服务设施，让游客体验“住森林人家、吃绿色食品、呼吸清洁空气、欣赏森林美景、品读自然山水”的人与自然深度融合的森林旅游新形式。鼓励农民积极利用森林风景资源，建设经营各具特色的森林旅游景区（点），引导各地立足自身文化特色，建成民族村寨、民俗文化村等。

（十三）强化区域间合作。支持相邻行政区域间整合毗邻的森林旅游资源，提高资源的完整性，共同打造森林旅游品牌，扩大市场知名度；允许跨行政区划的森林旅游景区按照行政区划设置各自的管理机构，保持独立管理和经营。鼓励相邻省区间、相邻景区间在森林旅游产品开发、旅游线路设计、市场营销和交通服务等领域加强合作。支持各级政府在区域旅游合作中发挥主导作用，积极营造互利合作的良性氛围。鼓励各专业旅行社逐步开拓跨地区森林旅游客源市场，并在业务工作中加强合作。

（十四）加强资源保护和植被景观建设。加强对珍贵森林旅游资源的基础研究，建立科学的分类、调查与评价体系，明确保护对象和范围。加强对森林旅游景区资源保护工作的指导，加强保护能力建设，落实对珍贵资源的保护措施，建立保护档案，逐步建立起必要的监测体系；合理规划建设各类森林旅游设施，建设项目做到尽量不占或少占林地；做好重大旅游开发项目的前期研究及生态环境影响评估；将森林公园内非林地上的各类开发建设纳入森林公园总体规划的控制范畴；加快景区造林绿化，加强风景林抚育和改造，全面提升植被景观质量。

四、加快发展森林旅游的政策及保障措施

（十五）科学规划。将森林旅游统筹纳入全国旅游发展规划。编制《全国森林旅游发展规划》及各省、自治区、直辖市森林旅游建设发展规划，挖掘森林旅游发展潜力，统筹各类森林旅游景区发展。指导森林旅游景区认真做好总体规划的编制和修订，增强规划的科学性和可操作性；增强规划实施的严肃性，坚持以总体规划统领景区的开发建设；坚持“以人为本、重在自然、贵在和谐、精在特色”的景区开发理念。

（十六）完善法规、标准。进一步完善现有法律法规，明确森林的游憩功能，确立森林旅游发展的法律地位；研究制定《森林公园管理条例》、《湿地公园管理条例》，加强森林公园、湿地公园的规范化管理建设；推动地方性法规的制定，对于重要的森林旅游景区，鼓励制定“一园（区）一法”。完善森林旅游标准化体系，逐步制定森林旅游景区在规划、保护、管理、建设、经营、服务等领域的国家标准或行业标准。积极开展标准化试点示范工作，进一步提升森林旅游标准化服务水平。

（十七）加大投入力度。各级林业、旅游行政主管部门要紧密合作，积极争取将森林旅游发展纳入各地经济社会发展规划，把城市型、城郊型森林旅游景区纳入城市公共服务网络；加大对森林旅游基础设施建设的投入，积极争取将森林旅游景区发展需要融入铁路、公路、水运码头、支线机场等相关建设规划。积极争取将国家级森林公园、湿地公园的基础设施建设纳入林业基本建设中央投资计划。把发展森林旅游作为各级林业基本建设、林业产业扶持、林业重点工程、旅游发展基金等项目资金的重要支持方向。积极争取国家文化和自然遗产地保护、旅游景区基础设施建设等国家项目的支持。扩大林业信贷对森林旅游的扶持，积极推进金融机构的信贷支持。鼓励各类经济实体依法投资森林旅游景区景点、旅游项目、商业网点、服务接待以及交通运输等的建设和经营。

（十八）加强监督检查。建立健全对森林旅游景区的监督检查制度，规范监督检查机制。督促森林旅游景区加强资源保护，加快开发建设步伐，实施规范化保护、建设、管理、经营和服务。加大执法力度，严厉打击各类违法占用林地、破坏森林风景资源和生态环境的开发建设行为，严厉打击各类非法旅游经营活动，严肃查处无规划或不按规划进行建设的行为，坚决取缔不按程序审批、不符合主体功能定位的开发建设项目。充分发挥行业协会的作用，维护旅游经营者和旅游消费者合法权益，提高行业自律水平。

（十九）加强安全管理。坚持“安全第一，预防为主”的方针，确保旅游者的人身安全。健全景区安全管理制度，严格执行有关安全标准。配备安全保障和救援队伍，完善安全设施设备，加强安全检查，强化安全培训，落实安全责任。完善事故应急机制，建立火灾、地质灾害等安全隐患的监测预警、应急疏散制度，建立医疗急救站（点）和报警点，配备急救物资及设施。强化森林消防工作。维护好景区治安和森林旅游秩序。加强饮食卫生和环境卫生管理。严格执行安全事故报告制度和重大责任追究制度。

（二十）加强人才队伍建设。鼓励各林业院校强化森林旅游学科建设，加快实用型、技能型森林旅游人才培养；发展森林旅游职业教育，提高从业人员的职业技能水平；制定并实施森林旅游人才培训计划，重点加强森林旅游管理人员、导游员、解说人员的分级分类培训；鼓励相关领域的专业技术人员特别是离退休老专家、老教师从事森林旅游专业解说工作。

（二十一）健全组织领导。国家林业局、国家旅游局共同设立“全国森林旅游工作领导小组”及其办公室，定期召开工作协调会，加强对森林旅游产业发展的领导。各地林业、旅游行政主管部门要加强合作，建立联合推动森林旅游发展的有效机制。同时，积极争取其他部门的支持，会集各方力量，调动一切资源，合力推进森林旅游发展。

各级林业、旅游行政主管部门要进一步解放思想，转变观念，深化对加快发展森林旅游重要性的认识。各级林业行政主管部门要加大对森林旅游资源保护和利用的指导、监督和执法力度；各级旅游行政主管部门要加强对各地森林旅游发展的指导，创造良好的森林旅游发展环境和市场条件。要根据各地实际，明确森林旅游的发展定位，研究出台支持森林旅游发展的具体措施，确保在森林旅游发展中取得新突破，为我国到 2020 年成为世界旅游强国作出更大贡献。

国家林业局
中华人民共和国国家旅游局
2011 年 11 月 9 日

国家林业局关于印发《国家林业局中央部门预算支出绩效评价管理暂行办法》的通知

林规发〔2011〕252 号

各省、自治区、直辖市林业厅(局)，内蒙古、吉林、龙江、大兴安岭森工(林业)集团公司，新疆生产建设兵团林业局，国家林业局各司局、各直属单位：

为建立和健全国家林业局中央部门预算支出绩效评价制度体系，进一步规范和加强中央部门预算支出绩效评价工作，根据财政部《财政支出绩效评价管理暂行办法》(财预〔2011〕285 号)规定，结合国家林业局中央部门预算管理的具体情况，我局制定了《国家林业局中央部门预算支出绩效评价管理暂行办法》，现印发你们，请遵照执行。

附件：国家林业局中央部门预算支出绩效评价管理暂行办法

国家林业局
2011 年 11 月 14 日

附件　国家林业局中央部门预算支出绩效评价管理暂行办法

第一章　总　则

第一条　为建立和健全国家林业局中央部门预算支出绩效评价制度体系，加强中央部门预算支出绩效评价工作，根据财政部《财政支出绩效评价管理暂行办法》(财预〔2011〕285 号)规定，结合国家林业局中央部门预算支出预算管理的具体情况，制定本办法。

第二条　中央部门预算支出绩效评价(以下简称绩效评价)是指财政部门和国家林业局根据设定的绩效目标，运用科学、合理的绩效评价指标、评价标准和评价方法，对中央部门预算支出的经济性、效率性和效益性进行客观、公正的评价。

第三条　财政部和国家林业局是绩效评价的主体。

第四条　国家林业局中央部门预算安排支出的绩效评价及相关管理活动适用本办法。

第五条　绩效评价应当遵循以下基本原则：

(一)统一领导原则。绩效评价工作由财政部统一领导，国家林业局负责具体组织实施。

(二)科学规范原则。绩效评价应当严格执行规定的程序，按照科学可行的要求，采用定量与定性分析相结合的方法。

(三)公正公开原则。绩效评价应当符合真实、客观、公正的要求，依法公开并接受监督。

(四)分类管理原则。国家林业局根据评价对象的单位类型、项目特点等进行分类管理。

(五)绩效相关原则。绩效评价应当针对具体支出及其产出绩效进行，评价结果应当清晰反映支出和产出绩效之间的紧密对应关系。

第六条　绩效评价的主要依据：

(一)国家相关法律、法规和规章制度。

(二)财政部和国家林业局制定的预算管理制度、资金及财务管理办法、财务会计资料。

(三)国家林业局职能职责、中长期发展规划及年度工作计划。

(四)相关行业政策、行业标准及专业技术规范。

(五)申请预算时提出的绩效目标及其他相关材料，财政部和国家林业局预算批复、年度预算执行情况，年度决算报告。

(六)人大审查结果报告、审计报告及决定、财政监督检查报告。

(七)其他相关资料。

第二章　绩效评价的对象和内容

第七条　绩效评价对象为纳入国家林业局部门预算管理的资金，具体包括国家林业局本级管理的资金(含局本级管理由相关单位承担的项目资金)和直属单位管理使用的资金。

第八条　国家林业局部门预算支出绩效评价包括基本支出绩效评价、项目支出绩效评价和部门整体支出绩效评价。

国家林业局部门预算支出绩效评价以项目支出为重点，重点评价一定金额以上、与本部门职能密切相关、具有明显社会影响和经济影响的项目。随着绩效评价制度的完善和深入，逐步扩大绩效评价的范围。

第九条　绩效评价的基本内容主要是决策、管理和绩效三个方面，具体包括：

(一)绩效目标的设定情况，包括项目目标内容、项目决策依据与程序、项目资金分配办法与结果等。

（二）资金投入和使用情况，项目资金到位率及到位的及时性、财务管理状况与资金使用情况等。

（三）为实现绩效目标设置的组织机构及其运行情况，制定的相关制度及其执行情况、采取的其他措施等。

（四）绩效目标的实现程度及效果，包括产出数量与质量、产出与成本、项目产生的经济社会环境效益、项目的可持续影响、项目服务对象满意度。

（五）绩效评价的其他内容。

第十条 绩效评价一般以预算年度为周期，对经常性专项业务费项目可根据项目完成结果实施评价；对重要的跨年度支出项目可根据截止评价年度的项目支出完成和进展情况实施过程的阶段性评价。

第三章 绩效目标

第十一条 绩效目标是绩效评价的对象计划在一定期限内达到的产出和效果，由国家林业局各预算单位在申报预算时填报。国家林业局各预算单位编制“一上”、“二上”预算时，应当按照本办法规定的要求将绩效目标编入年度预算；执行中申请调整预算的，应当随调整预算一并上报绩效目标。

第十二条 绩效目标应当包括以下主要内容：

（一）预期产出，包括提供的公共产品、服务的数量和质量。

（二）预期效果，包括经济效益、社会效益、环境效益和可持续影响等。

（三）服务对象或者项目受益人满意程度。

（四）达到预期产出所需要的成本资源。

（五）衡量预期产出、预期效果和服务对象满意程度的绩效指标。

（六）其他。

第十三条 绩效目标应当符合以下要求：

（一）指向明确。绩效目标要符合国民经济和社会发展规划、国家林业局职能及林业事业发展规划，并与相应的中央部门预算支出范围、方向、效果紧密相关。

（二）具体细化。绩效目标应当从数量、质量、成本、效率、效益和满意度等方面进行细化，尽量进行定量表述，不能以量化形式表述的，可以采用定性的分级分档形式表述。

（三）合理可行。制定绩效目标时要针对具体项目进行调查研究，经过科学论证，制定的目标要符合客观实际。

第十四条 国家林业局对各预算单位申报的绩效目标进行审核，符合相关要求的可进入下一步预算编审流程；不符合相关要求的，国家林业局可以要求其调整、修改。

第十五条 绩效目标一经确定一般不予调整。确需调整的，应当根据绩效目标管理的要求和审核流程，按照规定程序重新报批。

第十六条 绩效目标确定后，随同年初预算或者追加预算一并批复，作为国家林业局各预算单位执行和项目绩效评价的依据。

第四章 绩效评价指标、评价标准和方法

第十七条 绩效评价指标是指衡量绩效目标实现程度的考核工具。绩效评价指标的确定应当遵循以下原则：

（一）相关性原则。应当与绩效目标有直接的联系，能够恰当反映目标的实现程度。

（二）重要性原则。应当优先使用最具评价对象代表性、最能反映评价要求的核心指标。

（三）可比性原则。对同类评价对象要设定共性的绩效评价指标，以便于评价结果可以相互比较。

（四）系统性原则。应当将定量指标与定性指标相结合，系统反映国家林业局部门预算财政支出所产生的社会效益、经济效益、环境效益和可持续影响等。

（五）经济性原则。应当通俗易懂、简便易行，数据的获得应当考虑现实条件和可操作性，符合成本效益原则。

第十八条 绩效评价指标分为共性指标和个性指标。

（一）共性指标是适用于所有评价对象的指标。主要包括预算编制和执行情况、财务管理状况、资产配置、使用、处置及其收益管理情况以及社会效益、经济效益等。

（二）个性指标是针对国家林业局预算单位或者项目特点而设定，适用于国家林业局整体预算支出或者项目预算支出的绩效评价指标。

共性指标由财政部统一制定，个性指标由财政部会同国家林业局制定。

第十九条 绩效评价标准是指衡量部门预算支出绩效目标完成程度的尺度。绩效评价标准具体包括：

（一）计划标准。是指以预先制定的目标、计划、预算、定额等数据作为评价的标准。

（二）行业标准。是指参照国家公布的行业指标数据制定的评价标准。

（三）历史标准。是指参照同类指标的历史数据制定的评价标准。

（四）其他经财政部确认的标准。

绩效评价指标的评分标准根据具体项目与对象的实际情况，参照财政部发布的“财政支出绩效评价指标体系（参考样表）”中的赋值，加以确定。

绩效评价结果的等级根据既定各项绩效评价指标的评分标准，对所评项目进行综合计分得出。考评等级标准分为优、良、合格和不合格四个等级。综合得分在90分（含90分）以上为优，80～89分为良，70～79分为合格，70分以下为不合格。

第二十条 绩效评价方法主要采用成本效益分析法、比较法、因素分析法、最低成本法、公众评判法等。

（一）成本效益分析法。是指将一定时期内的支出与效益进行对比分析，以评价绩效目标实现程度。

（二）比较法。是指通过对绩效目标与实施效果、历史与当期情况、预算与预算执行结果、不同部门和地区同类支出的比较，综合分析绩效目标实现程度。

（三）因素分析法。是指通过综合分析影响绩效目标实现、实施效果的内外因素，评价绩效目标实现程度。

（四）最低成本法。是指对效益确定却不易计量的

多个同类对象的实施成本进行比较，评价绩效目标实现程度。

（五）公众评判法。是指通过专家评估、公众问卷及抽样调查等对部门预算支出效果进行评判，评价绩效目标实现程度。

（六）其他评价方法。

第二十一条 绩效评价方法的选用应当坚持简便有效的原则。

根据评价对象的具体情况，可采用一种或多种方法进行绩效评价。

第五章 绩效评价的组织管理和工作程序

第二十二条 财政部负责拟定全国的绩效评价规章制度和相应的技术规范，组织、指导本级部门预算的绩效评价工作；根据需要对本级预算部门支出实施绩效评价或者再评价；提出改进预算支出管理意见并督促落实。

第二十三条 国家林业局负责制定本部门绩效评价规章制度；按照财政部的要求与国家林业局部门预算管理的需要，负责确定绩效评价对象与项目；具体组织、指导国家林业局各预算单位的绩效目标确定与申报工作，组织实施本部门绩效评价工作；向财政部报送绩效报告和绩效评价报告；落实财政部整改意见；配合财政部进行再评价工作，根据绩效评价结果改进预算支出管理。

第二十四条 国家林业局绩效评价工作采取委托专家实施的方式（成立绩效评价专家组），专家组织参与绩效评价工作接受财政部和国家林业局的指导。

第二十五条 绩效评价工作一般按照以下程序进行：

（一）国家林业局预算管理部门初步确定绩效评价试点项目，“一上”组织国家林业局各预算单位申报绩效目标，审核汇总后上报财政部。

（二）财政部“一下”通知确定绩效评价试点项目。

（三）国家林业局各预算单位“二上”调整申报试点项目的绩效目标。

（四）国家林业局预算管理部门对国家林业局各预算单位上报的绩效目标进行审核和调整。

（五）国家林业局预算管理部门将审核确定的绩效目标汇总上报财政部。

（六）根据财政部批复绩效评价试点项目及其绩效目标，向国家林业局各预算单位批复下达试点项目绩效目标。

（七）成立绩效评价工作小组，确定绩效评价工作人员。

（八）绩效评价工作小组制定绩效评价工作方案，确定绩效评价指标体系、评价标准和方法。

（九）绩效评价工作小组收集资料、审查核实资料、进行实地调研和现场考核，开展绩效评价。

（十）国家林业局各预算单位提交绩效报告。

（十一）绩效评价工作小组综合分析并形成评价结论，撰写并向国家林业局预算管理部门提交绩效评价报告。

（十二）国家林业局向财政部提交绩效评价报告。

（十三）建立绩效评价档案。

（十四）应用绩效评价结果。

第二十六条 绩效评价试点项目确定与绩效目标申报的周期与节点（与部门预算编制周期完全相同）：

（一）“一上”、“一下”阶段。

6～7月：根据财政部相关要求布置绩效评价工作，国家林业局初步确定下一年度绩效评价试点项目，通知国家林业局各预算单位“一上”申报绩效目标，国家林业局“一上”汇总报财政部。

8～10月：财政部对“一上”绩效目标、试点项目进行审核、确认，“一下”通知试点项目。

（二）“二上”、“二下”阶段。

11～12月：国家林业局各预算单位“二上”调整编制试点项目绩效目标，国家林业局预算管理部门审核汇总后随“二上”报财政部。

下一年度3月：国家林业局根据财政部批复绩效评价试点项目及绩效目标情况，批复国家林业局各预算单位。

第六章 绩效报告和绩效评价报告

第二十七条 年度绩效评价试点项目的具体承担单位应当按照本办法的规定编写提交绩效报告，项目主管部门（单位）根据各单位提交的绩效报告形成汇总绩效报告，上报国家林业局预算管理部门审核。绩效报告应当包括以下主要内容：

（一）基本概况，包括单位职能、事业发展规划、预决算情况、项目立项依据、项目实施进度计划情况、项目服务对象满意度情况等。

（二）绩效目标及其设立依据和调整情况。

（三）管理制度、措施及组织实施情况；

（四）总结分析绩效目标完成情况。

（五）说明未完成绩效目标及其原因。

（六）下一步改进工作的意见及建议。

第二十八条 国家林业局绩效评价专家组设在北京林业大学经济管理学院，并根据绩效评价项目的不同抽调相关专业人员成立项目专家组。专家组负责撰写绩效评价报告，并提交国家林业局预算管理部门审核。绩效评价报告应当包括以下主要内容：

（一）基本概况。

（二）绩效评价的组织实施情况。

（三）绩效评价指标体系、评价标准和评价方法。

（四）绩效目标的实现程度。

（五）存在问题及原因分析。

（六）评价结论及建议。

（七）其他需要说明的问题。

第二十九条 绩效报告和绩效评价报告应当依据充分、真实完整、数据准确、分析透彻、逻辑清晰、客观公正。

国家林业局各预算单位应当对绩效报告涉及基础资料的真实性、合法性、完整性负责。

国家林业局的绩效评价工作完成后，按照财政部的要求，将绩效评价报告及时上报财政部审核。

第七章 绩效评价结果及其应用

第三十条 绩效评价结果应当采取评分与评级相结

合的形式，具体分值和等级根据不同评价对象和不同内容设定。

第三十一条 国家林业局负责整理、归纳、分析、反馈绩效评价结果和落实财政部的整改意见，并将其作为改进预算管理和安排以后年度预算的重要依据。

对绩效评价结果较好的，国家林业局可予以表扬或者继续支持；其中满足财政部表彰条件的报请财政部予以表彰。

对绩效评价发现问题、达不到绩效目标或者评价结果较差的，国家林业局可予以通报批评，并责令其限期整改；问题严重的报请财政部通报批评。不进行整改或者整改不到位的，根据情况调整项目内容或者调减项目预算，直至取消该项目预算。

第三十二条 绩效评价结果应当按照政府信息公开有关规定在一定范围内公开。

第三十三条 在部门预算支出绩效评价工作中发现财政违法行为，依照《财政违法行为处罚处分条例》等国家有关规定追究责任。

第八章 附 则

第三十四条 本办法自发布之日起施行。《中央部门预算支出绩效考评实施细则》（林计发〔2007〕5 号）同时废止。《国家林业局关于进一步推进中央部门预算项目支出绩效评价试点工作的通知》（林规发〔2010〕9 号）及其他有关规定与本办法不一致的，以本办法为准。

国家林业局关于印发《国有林场管理办法》的通知

林场发〔2011〕254 号

各省、自治区、直辖市林业厅（局），国家林业局各司局、各直属单位：

为了加强国有林场管理，维护国有林场合法权益，保障国有林场改革顺利进行，促进国有林场科学发展，根据《中华人民共和国森林法》和其他有关法律法规，我局研究制定了《国有林场管理办法》，现印发给你们，请认真贯彻执行。

特此通知。

附件：国有林场管理办法

国家林业局

2011 年 11 月 11 日

附件 国有林场管理办法

第一章 总 则

第一条 为加强国有林场管理，维护国有林场合法权益，保障国有林场改革顺利进行，促进国有林场科学发展，根据《中华人民共和国森林法》和其他有关法律、法规，制定本办法。

第二条 在中华人民共和国境内进行国有林场的设立、变更、分立、合并、撤销以及国有林场的经营管理等活动，应当执行本办法。

本办法所称国有林场，是指国家建立的专门从事植树造林、森林培育、保护和利用的具有独立法人资格的林业事业单位。

第三条 国务院林业主管部门负责全国国有林场的管理工作，具体工作由其国有林场管理机构负责。

县级以上地方人民政府林业主管部门按照行政隶属关系，负责所属国有林场管理工作，具体工作由其国有林场管理机构负责。

跨地（市）、县（市、区）的国有林场，由所跨地区共同上一级林业主管部门负责管理。

第四条 国有林场管理机构的主要职责是：

（一）拟定、贯彻实施国有林场相关法律、法规；

（二）协调编制国有林场发展规划；

（三）组织编制并会同资源管理部门审批国有林场森林经营方案和国有林场森林采伐、抚育作业设计；

（四）审核国有林场的设立、变更、分立、合并、和撤销等事项；

（五）受委托对国有林场森林资源资产进行监管；

（六）受委托对国有林场森林资源资产评估项目进行核准或备案；

（七）指导和检查考核国有林场生产经营活动；

（八）法律、法规规定的其他职责。

第五条 国有林场实行“营林为本、生态优先、合理利用、持续发展”的办场方针，主要任务是培育和保护森林资源，维护国家生态安全和木材安全；开展科学试验和技术创新，推广先进技术；保护林业生态文化资源，促进人与自然和谐发展。

第六条 国有林场经营范围内的国有森林资源属于国家所有，由国有林场依法经营管理。任何单位和个人不得随意收缴、归并、侵占和平调，不得以任何形式侵占、破坏国有森林资源。

国有林场经营管理的集体林地、林木，应当明确权属关系，依法维护经营管理区的稳定和林权权利人的合法权益。

第七条 县级以上林业主管部门应当按照行政隶属关系，组织编制所属国有林场发展规划，明确国有林场的发展方向、主要任务和建设目标。各项林业建设资金应当重点向国有林场倾斜，支持国有林场发展。

第八条 国有林场的基础设施建设应当纳入各级政府的基本建设规划和相关行业发展规划。

第九条 鼓励国有林场通过多种方式扩大经营范围，壮大林场规模。

第十条 各级林业主管部门应当加强对国有林场干部职工的培训，提高国有林场干部职工综合素质。

第二章 设立、变更与撤销

第十一条 设立国有林场，应当经省级林业主管部门审核或者审批，并由省级林业主管部门报国务院林业主管部门备案。

国有林场数量较多的地区，应当设立国有林场管理局或者总场，统一组织国有林场的生产经营。

第十二条 新设立的国有林场，应当林地权属清楚，四至界线分明，且具有合法有效的林地权属证明材料。

第十三条 国有林场经批准设立后，应当依法办理事业单位法人登记。

第十四条 国有林场的经营范围和隶属关系，应当保持稳定，不得擅自变更；确需分立、合并、撤销、变更经营范围或者改变隶属关系的，应当按原报批程序报原审批设立的机关审核、批准。

国有林场分立、合并、撤销、变更经营范围或者改变隶属关系的，应当进行资源评价、资产评估和经济审计，依法清理债权债务，明确划分责任，保护好森林资源资产和其他国有资产。

第十五条 企业性质的营林单位或者由国有林场控股的股份制林场，符合本办法第十一条规定的，经省级以上林业主管部门批准，可纳入国有林场系列管理。

第三章 森林资源经营与保护

第十六条 国有林场应当依法保护和合理利用森林资源，维护国家生态安全和木材安全。有条件的林场可以采取承租集体林地造林经营的方式，扩大森林资源规模。承租集体林地应当签订书面的承租合同，明确承租双方的权利和义务，保护承租双方的合法权益。

第十七条 国有林场应当大力推广林业先进实用新技术，加快中幼龄林抚育步伐，大力发展珍贵用材树种，积极培育大径级林木，不断提高森林资源质量。

第十八条 国有林场应当按照国家规定开展森林资源调查，建立森林资源档案，健全森林资源动态监测体系，掌握森林资源发展变化情况。

第十九条 国有林场应当根据林业长远发展规划、林地保护利用规划和林业分类经营的总体要求，结合本场实际情况编制森林经营方案，报县级以上林业主管部门批准后实施。其中跨地(市)国有林场、省属国有林场和省级以上公益林占有林地面积50%以上的国有林场森林经营方案，由省级以上林业主管部门审批。

调整森林经营方案应当报原批准机关审核批准。

国有林场应当建立并完善森林经营档案。

第二十条 国有林场进行林木采伐，应当严格执行国家森林采伐限额、林木采伐许可证制度和造林育林、采伐更新技术规程，并依法进行更新造林。作为单独采伐编制限额单位的国有林场，年度采伐限额由省级林业主管部门实行采伐许可指标单列。

第二十一条 严格控制建设项目占用国有林场林地。涉及占用国有林场林地的建设项目，省级以上林业主管部门国有林场管理机构应当参与项目立项的可行性评估工作。

第二十二条 在国有林场范围内设立森林公园、湿地公园、自然保护区、风景名胜区、地质公园等，应当经省级以上林业主管部门国有林场管理机构审核同意后，按规定程序报批。其中设立风景名胜区、地质公园等，不得改变国有林场的林地使用权归属，并应当明确收益分配方式。

第二十三条 国有林场应当加强森林资源保护，合理区划，设立护林站，健全护林组织，配备森林管护人员，明确管护职责，确保管护成效。

第二十四条 国有林场应当根据国家有关森林防火的规定，加强森林防火设施设备建设，成立护林防火组织，组建森林火灾专业扑救队伍，制定火灾应急预案，建立健全各项森林防火制度，抓好火源管理，组织火灾扑救。

第二十五条 国有林场应当根据林业有害生物防治的需要配备森防技术人员，加强林业有害生物防治基础建设，建立检疫、预测预报制度，加强林业有害生物防治工作。

第二十六条 国有林场应当加强林业执法，保护森林资源资产。

第二十七条 国有林场应当保护其经营管理范围内的野生植物；对国家或者地方重点保护野生植物、古树名木等应当登记造册，建立档案，加强管理。

第二十八条 国有林场应当保护其经营管理范围内的野生动物；对国家或者地方重点保护的野生动物，应当采取相应的保护措施，维护其生息繁衍的环境。

第二十九条 森林公安机关根据工作需要，可以在国有林场设立公安派出机构，加强森林资源保护。

第四章 权利和义务

第三十条 国有林场依法享有以下经营管理权：

(一)依据林业长远发展规划和森林经营方案制定年度各项生产、经营计划，确定建设项目和生产规模；

(二)按照市场需求依法经营销售本场生产的木材、林产品和其他产品；

(三)依法保护和合理开发利用国有林场经营范围内的各种资源；

(四)依法对其经营范围内的森林公园、湿地公园、自然保护区、风景名胜区、地质公园等进行统一管理；

(五)按照国家有关规定和本场工作需要决定本场的机构设置、人员调配、干部任免、劳动用工和工资奖金分配；

(六)法律、法规规定的其他权利。

第三十一条 在国有林场内从事生产经营和其他活动的单位和个人，应当服从国有林场的统一管理，遵守国有林场的有关规定，不得损毁国有林场的林木及设施、设备。

第三十二条 任何单位和个人不得向国有林场摊派

和乱集资、乱收费。对于非法向国有林场集资、收费、摊派的，国有林场有权拒绝，并可以依法向有关机关申诉。

第三十三条 国有林场与其他单位和个人发生林地、林木权属争议的，争议双方应当协商解决。协商不成的，由县级以上人民政府依法处理。国有林场应当将争议情况及时报省级林业主管部门。

第三十四条 国有林场应当加强国有森林资源保护和管理，保证国有森林资源稳定增长。

第三十五条 国有林场不得以其经营的国有森林资源资产为其他单位和个人提供任何形式的担保。

第三十六条 国有林场应当建立健全各项内部规章制度，严格独立经济核算。

第三十七条 国有林场应当严格遵守国家财务、税收、劳动工资等方面的规定，接受财政、税务、审计等机关的监督。

第三十八条 国有林场应当落实职工社会保障有关政策，按照有关规定参加各项社会保险。

第五章　组织机构

第三十九条 国有林场实行场长负责制。

国有林场场长的产生，采取聘任、委任或者职工代表大会选举的办法。具体产生方式由其主管部门确定。国有林场场长产生后，应当报省级林业主管部门备案。

第四十条 场长负责管理国有林场的生产、经营等工作，行使下列职权：

（一）组织实施本场的经营方针、长远规划和年度计划；

（二）提请或者决定本场管理机构的设置、调整；

（三）依法提请行政主管部门任免或者聘任、解聘本场管理人员；

（四）依法聘任或者解聘应由行政主管部门聘任或者解聘以外的林场工作人员，并按照有关规定报行政主管部门备案；

（五）组织制定工资调整、资金使用、财务预决算等方案和重要规章制度。提请职工代表大会审议决定有关职工福利等重大事项；

（六）决定本场岗位责任制、承包责任制方案。

（七）其他需要由场长行使的职权。

第四十一条 国有林场实行以聘用制度和岗位管理制度为主要内容的事业单位人事管理制度，实行以岗位绩效工资为基础的收入分配制度。国有林场应当结合所承担的主要任务，科学设置岗位，明确岗位职责和条件，按有关人事政策公开招聘人员，实行竞聘上岗、择优聘用、以岗定酬、合同管理。

第四十二条 国有林场应当建立和完善职工代表大会制度或者职工大会制度，实行民主管理。职工代表大会是国有林场实行民主管理的基本形式，是职工行使民主管理权利的机构。国有林场改革方案、工资调整方案等事关职工利益的重大事项，应当经职工代表大会审议通过。

第四十三条 国有林场应当依法建立工会组织，开展工会活动，维护职工的合法权益。

第四十四条 国有林场应当根据实际情况，设立相应的财务、人力资源、森林资源管理、护林防火等部门及管辖区内的管护站（点）、瞭望台，并配备相应的人员。

第四十五条 国有林场开办的企业，应当按照市场机制运作，组建独立法人实体经营，林场履行出资人职责，享有所有者权益。

第六章　附　则

第四十六条 省级林业主管部门可以制定本地区国有林场管理办法，并报国务院林业主管部门备案。

第四十七条 本办法由国务院林业主管部门负责解释。

第四十八条 本办法自公布之日起实施。

国家林业局关于印发《油茶林抚育改造技术指南》的通知

林造发〔2011〕261号

浙江、安徽、福建、江西、河南、湖北、湖南、广东、广西、重庆、四川、贵州、云南、陕西省、自治区、直辖市林业厅（局）：

加快推进现有油茶林抚育改造是实现油茶产业发展目标的重要措施，也是快速增加我国茶油总量、促进林农增收的有效途径。根据《全国油茶产业发展规划（2009～2020年）》目标和国家实施森林抚育补贴试点的要求，为规范现有油茶林抚育改造技术指导，我局组织编制了《油茶林抚育改造技术指南》，现印发给你们，请遵照执行。在实际工作中，要切实加强组织管理和技术服务，积极协调拓宽资金渠道，不断提高建设成效，以点带面，全面推进油茶林抚育改造工作。

各地在执行过程中有何问题和建议，请及时反馈我局造林绿化管理司。

附件：油茶林抚育改造技术指南

国家林业局

2011年11月18日

附件　油茶林抚育改造技术指南

第一章　总　则

第一条　为促进全国油茶产业健康发展，提高现有油茶林的经营水平和效益，规范油茶林抚育改造技术指导，根据《全国油茶产业发展规划（2009～2020年）》目标，依据国家实施森林抚育补贴试点要求，特制定本指南。

第二条　现有油茶林分类：现有油茶林均指5年以上成龄油茶林。根据现有立地条件、林分状况、产量水平等将油茶林分为三类：

一类林为立地条件好，优良单株70%以上，林分达到标准栽植密度，大部分植株为中壮龄林，林相整齐，年均亩产油10千克以上的林分。

二类林为立地条件较好，林分密度70株/亩以上，结实单株占50%以上，但树龄不一致，植株疏密不匀，年均亩产油7千克以上的林分。

三类林为立地条件一般，林相不太整齐，老、残、病、劣株占2/3以上，年均亩产油7千克以下的林分。

第三条　油茶林抚育改造是指对现有一、二类油茶林，通过实行修剪、垦复、施肥、蓄水保土、补植、嫁接换冠、病虫害防治等规范性综合技术管理，达到提高油茶林产量，实现丰产稳产目标。改造后的油茶林单位面积年产油量达到25千克/亩以上。

第四条　油茶林抚育改造原则

（一）坚持与本地区产业发展规划相协调的原则。开展油茶林抚育改造应结合本地区油茶产业发展实际，并充分尊重土地使用权者和林木所有者的意愿；注重区域生态保护，最大限度减少对土地、水及其他林木资源的干扰。

（二）坚持规模化培育和集约经营的原则。油茶林抚育改造应符合科学经营要求，林地相对集中连片，利于规模经营与管理，利于促进形成培育、收获、加工利用产业链的要求，利于增加林农经济收入。

（三）坚持科技应用和创新原则。开展油茶林抚育改造，要改变单一抚育模式，充分采用现有综合技术集成配套，确保提升油茶经营可持续生产能力，并能够发挥较强的示范辐射作用。

（四）坚持合作互利共赢的原则。开展油茶林抚育改造，要积极运用现有政策措施，吸引更多社会力量参与油茶经营。不断创新和完善经营模式，逐步建立起风险共担、利益共享的联动机制。

第二章　建设地点选择

第五条　地点选择。依据《全国油茶产业发展规划（2009～2020年）》，选择在油茶核心发展区和积极发展区域内现有油茶林面积5万亩以上的县（市、区），并且油茶林栽培在海拔500米以下、坡度25度以下、远离污染源的低山丘陵区。西南高山地区，可选择海拔在500～1800米之间的油茶栽培缓坡地或高山台地，进行规划布点。

第六条　建设规模。在一个县域范围内，油茶林抚育改造面积应达到5000亩以上，单一小班最小面积不少于50亩。并制定年度抚育改造作业设计，严格按作业设计组织施工。

作业设计文件由作业设计说明书、作业设计表和作业设计图组成。

第七条　建设环境。所在县（市、区）政府重视、支持油茶林抚育改造工作；经营者对发展油茶有较高的热情和积极性，并具有一定经营管理经验，能较好地参与抚育改造经营活动。油茶林抚育改造区域具备一定基础配套设施，交通便利，便于作业和运输。

第八条　建设主体。以县（市、区）为单位组织实施，以油茶企业、农村经济合作组织、种植大户或农户联合体为建设主体。

第三章　技术措施与管理

第九条　林地管理

（一）林地清理。将油茶林中的藤灌木、杂草、寄生植物和其他混生的林木树种等连根挖除，并清除老、残、病、劣油茶树。

（二）垦复。选择冬季或早春进行。第一年垦复，树冠外深度要在20厘米以上，树冠内稍浅。此后要坚持两年一次深挖，每年一次浅垦。坡度小于15度的林地采用全垦；坡度16～25度的林地采取带垦或穴垦，挖一带留一带，隔年轮换。

（三）蓄水保土。沿环山水平方向开竹节沟。沟底宽、深均30厘米以上，节长因地而定，一般1.5～3米。沟间距，坡度15度以下为8米，15度以上为6米，结合垦复每年清沟一次。有条件的地方，结合垦复逐年修筑等高水平梯带，防止水土流失。

（四）施肥。根据油茶生长结果状况、不同生长时期及油茶测土配方施肥方案进行精准施肥，推广使用油茶专用有机肥料。应掌握好肥料性能，坚持以有机肥料为主，化学肥料为辅。做到大年增施磷、钾肥，小年增施氮肥或复合肥。秋冬以有机肥为主，春夏季以速效肥为主。对立地条件好、长势强的林分多施磷、钾肥，立地条件较差、长势弱的林分多施氮肥。对丰产树多施肥，结果少的树少施肥。提倡在油茶林内间种适合的绿肥植物，绿肥要埋青，以促进土壤熟化和改良。

施肥节律：冬肥每两年一次，以氮磷钾总量8%以下的有机肥为主，在11月至1月结合垦复时施入；春肥每年一次，以氮磷钾总量15%以上的有机复混肥或高效复合肥为主，在春梢萌动前15天左右施入。

施肥方法：结合垦复，沿树冠外缘投影地开半圆形环状沟或条状沟，沟深15～20厘米左右施入肥料后覆土。坡度15度以上的林分宜在植株上坡施肥。

施肥量：每亩用量，磷肥40～60千克；钾肥10～20千克；

氮肥：其中碳铵30～40千克，尿素20～30千克；有机肥500千克以上。

第十条　树体管理

（一）修枝整形。油茶林的修剪，包括修枝和整形。

油茶成林以疏剪为主。在每年果实采收后至翌年树液流动前，剪除干枯枝、病虫枝、重叠枝、寄生枝、徒长枝、衰老枝、下脚枝等，改善通风透光条件。

修剪要因树制宜，树冠下部和内膛应适当重剪，树冠上中部和外缘轻剪；长势弱的适当重剪，长势旺的宜轻剪。修剪后要加强树体管理，及时除萌、抹芽，以防养分分散和干扰树形。

（二）密林疏伐。将过密的油茶林进行疏伐，伐除病、老、劣株及不结果株，使林地保存20%～30%相对均匀的林间透光度。根据不同的立地条件和品种，每亩保留油茶植株70～110株左右。

（三）疏林补植。对林间空地（原有空地、清理林地和伐除老、残、病、劣后出现的空地），凡超过3米×3米的要进行补植。选用实生、2年生以上的良种大苗，挖大穴（70厘米×70厘米×60厘米）整地栽植，每穴内施足基肥（约1千克有机专用肥或5千克土杂肥），栽植时要根舒、苗正、填土压实。补植季节以早春为宜，每年在垦复、复铲、施肥的同时，对补植幼树要进行抚育，促进其快速生长。

（四）嫁接换冠。油茶林分中部分不结果或结果不多但生长旺盛的植株，经两年观察标定，平均年挂果量少于1千克的植株，可采用嫁接换冠的方法进行改造，以改善油茶品种结构，提高林分产量，嫁接换冠植株数量应在合理密度植株总数的30%以下。

嫁接换冠使用良种优树穗条，采用拉皮枝接和嵌合枝接等方法。嫁接时间要根据各地的气候条件而定，一般在4月底至6月中旬为好，同一片林地必须在1～2年内完成嫁接改造。要加强对嫁接树的抚育管理，按技术规范及时剪砧、解罩与解绑、除萌与扶绑、防治虫害。要注意防止人畜损害及蚂蚁侵害。

因嫁接换冠技术要求高，应视实际条件实施。

第十一条 防治病虫害。对油茶成林造成危害较大的有油茶软腐病、炭疽病 、煤污病、油茶毒蛾、油茶尺蠖等，具体的防治措施可参见相关技术规程。

油茶病虫害的防治要贯彻“防重于治”的原则，建立健全监测预报制度，做到早发现、早防治。采取以营林技术为基础，与生物、药物防治相结合的综合防治措施。

使用化学药物防治病虫害，要选择适合的农药种类和最佳防治时期。禁用高毒、剧毒、高残留以及对植物有药害、对环境有危害的农药。提倡使用无公害农药、引诱剂、黄胶板和天敌昆虫进行防治。

第十二条 果实采收与处理。油茶是蒴果，成熟时会自行开裂，种子落地不易收集，要及时采收。

油茶果实成熟标志：果皮光滑，色泽变亮，约有5%左右的果实果尖开裂。红皮类型的果实成熟时果皮红中带黄，青皮类型青中带白。

油茶果实主要分为“寒露籽”和“霜降籽”，均宜分别在“寒露”、“霜降”两个节气的前3天和后4天进行统一采收。油茶果实采回后，堆放5～6天，除尽杂物，晾晒脱粒，使茶籽含水量降至15%以下，并尽快运送榨油。若需短时期内储藏，要存放在室内阴凉干燥处。

第四章　抚育改造工作管理

第十三条 加强对油茶林抚育改造工作的组织领导。油茶林抚育改造区域的各级林业主管部门要把此项工作作为推进油茶产业健康发展的一项重要内容来抓，加强领导，强化管理。要积极探索科学合理的经营机制和模式，要从政策扶持、资金投入、技术服务等方面为试点示范工作创造良好的外部环境。鼓励有能力的社会主体参与油茶抚育改造工作，并能进得来、稳得住、能发展。及时总结推广成功经验和有效做法，充分发挥示范带动作用，推动油茶抚育改造全面开展。

第十四条 加强对油茶抚育改造的科技支撑。要通过试点示范，积极探索不同区域、不同立地类型、不同林龄阶段的油茶抚育改造经营技术模式，逐步建立起科学实用的技术规范体系。要加强技术培训和指导服务，组织开展送技术下乡和科技成果对接，提高油茶经营者实践技能，提升油茶林经营水平。要做好档案建设管理，实现有据可查。

第十五条 开展油茶林抚育改造活动时，要重视加强森林防火工作。要强化防火意识，明确防火责任制，消除一切火灾隐患。

国家林业局关于印发《商品林采伐限额结转管理办法》的通知

林资发〔2011〕267号

各省、自治区、直辖市林业厅（局），内蒙古、吉林、龙江、大兴安岭森工（林业）集团公司，新疆生产建设兵团林业局，国家林业局监督办、各直属林业调查规划设计院、各派驻森林资源监督机构：

为进一步完善商品林采伐限额管理制度，深化集体林权制度配套改革，促进森林科学经营和合理利用，根据《国务院批转林业局关于全国“十二五”期间年森林采伐限额审核意见的通知》（国发〔2011〕3号）关于商品林采伐限额节余可以结转使用的规定，我局制定了《商品林采伐限额结转管理办法》，现印发你们，请结合本地实际，认真贯彻执行。

附件：商品林采伐限额结转管理办法

国家林业局

2011年11月23日

附件　商品林采伐限额结转管理办法

第一条　为进一步完善商品林采伐限额管理制度，深化集体林权制度配套改革，促进森林科学经营和合理利用，规范商品林采伐限额结转管理，根据有关政策规定，制定本办法。

第二条　商品林采伐限额结转的申请主体为编制森林采伐限额（以下简称“编限”）单位，非编限单位不得作为主体申请结转。

第三条　商品林采伐限额结转限于限额执行期内。当年有节余需结转的编限单位，应当在次年3月底前提出申请；逾期未提出申请的视为放弃。

第四条　商品林采伐限额结转应当本着申请自愿、情况真实、程序规范、管理严格、公开透明的原则，按以下规定提出申请：

（一）以县为总体编限单位的，由县级林业主管部门提出申请，按隶属关系逐级上报到省级林业主管部门；

（二）单独编限的国有森林经营单位按隶属关系逐级上报到省级林业主管部门；

（三）东北、内蒙古重点国有林区编限单位，由所在省级林业（森工）主管部门汇总核实后向国家林业局提出申请；

（四）其他编限单位商品林采伐限额结转的申请程序，由省级林业主管门规定。

第五条　申请商品林采伐限额结转使用，应当提交以下材料：

（一）商品林采伐限额结转申请报告。内容包括：商品林采伐限额执行情况，结转使用商品林采伐限额的数量、类型、申请理由、保障措施等；

（二）其他证明商品林采伐限额确有节余的相关材料。

第六条　林业主管部门收到商品林采伐限额结转使用申请后，应当及时对申请材料进行审核，必要时进行实地核验，对符合要求的予以批复。

实地核验办法参照国家林业局《商品林采伐限额执行情况检查方案》（资用字〔2003〕20号）的规定执行。

经批准结转使用的采伐限额，由申请主体所在地林业主管部门在当地进行公示。

第七条　有以下情形之一的编限单位，不得批准结转：

（一）申请材料失实和弄虚作假的；

（二）申请结转采伐限额数量大于实际节余采伐限额数量的；

（三）发生乱砍滥伐、乱占林地、毁林开垦等破坏森林资源重大案件的；

（四）在有关森林资源核查、检查中，发现突出问题的。

第八条　商品林采伐限额结转后的使用管理按国家相关的法规和政策执行。

除天然林采伐限额可以用于人工林采伐、森林主伐限额可以用于商品林抚育采伐和其他采伐外，其余采伐限额结转前后结构类型应当保持一致。

第九条　地方各级林业主管部门应当加强对商品林采伐限额结转使用的监督管理，加大核查检查力度。发现弄虚作假、不按规定使用结转采伐限额、造成超限额采伐或者森林资源破坏的，应当及时制止，并依法追究相关责任人员的责任。

国家林业局各派驻森林资源监督机构应当加强对商品林采伐限额结转使用的监督检查。

第十条　森林经营单位和林业主管部门应当建立商品林采伐限额结转管理档案。

第十一条　省级林业主管部门应当将本辖区商品林采伐限额结转使用统计结果和相关情况，于次年5月底前报国家林业局，同时抄送国家林业局派驻森林资源监督机构。

第十二条　省级林业主管部门可以根据本办法规定，结合实际制定具体的实施办法。

第十三条　本办法自印发之日起施行。

国家林业局关于实行林业灾情快报制度的通知

林规发〔2011〕271号

各省、自治区、直辖市林业厅（局），内蒙古、吉林、龙江、大兴安岭森工（林业）集团公司，新疆生产建设兵团林业局，各计划单列市林业局：

为及时、客观、全面地反映林业遭受突发自然灾害损失情况，为救灾工作提供科学决策依据，根据有关规定和要求，我局决定实行林业灾情快报制度。现就有关事宜通知如下：

一、适用范围

辖区内突发较大以上级别自然灾害（主要包括洪涝、旱灾、雪灾、冻害、冰雹、地震、山体滑坡、泥石流、台风、林业有害生物、野生动物疫情及其他灾害等），对国有林业企事业单位和其他林业生产经营单位造成人员伤亡和较大财产损失的，由省级林业主管部门填报汇总《林业灾害损失情况表》（见附件），连同救灾工作情况和灾区需求等文字材料加盖公章后报我局。

二、灾情快报

报告灾情发生、发展情况，填报汇总《林业灾害损失情况表》分为初报和核报两种形式。如遇特别重大灾情，根据需要随时报告。

（一）初报

辖区内一旦发生上述突发性自然灾害，凡造成人员伤亡和较大财产损失的，县级林业主管部门应在第一时间了解掌握灾情，及时向上一级林业主管部门和同级人民政府民政部门报告初步情况，最迟不得晚于灾害发生后2小时。省级林业主管部门在接到县级报告后，在2小时内完成审核、汇总灾情数据的工作，在《林业灾害损失情况表》标题后加注“（初报）”，将汇总数据（含分县、分自然保护区数据）连同开展救灾工作情况以及灾区紧急需求报我局。

（二）核报

灾情稳定后，县级林业主管部门应在15日内核定灾情，向上一级林业主管部门和同级人民政府民政部门报告。省级林业主管部门在接到县级报告后，应于10日内完成灾情数据的审核、汇总工作，在《林业灾害损失情况表》标题后加注“（核报）”，将汇总数据（含分县、分自然保护区数据）连同救灾工作情况、救灾及恢复生产需求报我局。

三、有关要求

（一）提高认识，加强组织领导。林业灾情快报制度是及时反映灾情信息、提高应急救助能力的前提和基础。各级林业主管部门和各单位要高度重视这项工作，分管领导要亲自抓，明确责任单位，建立健全专兼职灾害信息员队伍，确保灾情信息及时、准确上报。

（二）加强值守和调度，确保信息畅通。一旦遇有灾情，各级林业主管部门和各单位要进一步加强带班值班工作，密切跟踪灾害过程，及时了解灾情变化，做好灾情和救灾应急信息的上传下达。

（三）确保灾情数据信息的准确性和可靠性。要组织专家评估小组，通过全面调查、抽样调查、典型调查和专项调查等形式对灾情进行科学评估和核定，不得弄虚作假和虚报。

（四）林业灾情快报制度自本通知下发之日起实行。灾情报告时，同时将《林业灾害损失情况表》（可在中国林业网〈在线服务〉在线下载栏目里下载）以Excel格式电子版发送至：JCS440@ forestry. gov. cn

林业灾情快报制度执行过程中如遇到问题请及时与我局联系。

附件：林业灾害损失情况表（略）

国家林业局

2011年12月6日

国家林业局关于印发《国家林业局工程（技术）研究中心认定办法（试行）》的通知

林科发〔2011〕290号

各省、自治区、直辖市林业厅（局），内蒙古、吉林、龙江、大兴安岭森工（林业）集团公司，新疆生产建设兵团林业局，国家林业局各司局、各直属单位：

国家林业局工程（技术）研究中心（以下简称“工程中心”）是林业科技创新体系的重要组成部分，是林业研究开发和科技成果转化应用的集成平台。加强工程中心的建设，对于加快科技成果转化，促进产学研结合，带动相关行业的技术提升和科技进步，增强产业技术创新能力和市场竞争力等具有重要的作用。

为加强和规范工程中心的建设与运行管理，我局研究制定了《国家林业局工程（技术）研究中心认定办法（试行）》，现印发给你们，请遵照执行，执行过程中有何意见和建议，请及时反馈我局。

附件：国家林业局工程（技术）研究中心认定办法（试行）

国家林业局

2011年12月22日

附件　国家林业局工程（技术）研究中心认定办法（试行）

第一章　总　则

第一条　为规范国家林业局工程（技术）研究中心（以下简称“工程中心”）的认定工作，加强工程中心管理，推进工程中心建设，更好地服务于现代林业科学发展，依据国务院《国家中长期科学和技术发展规划纲要（2006～2020年）》和国家林业局《林业科学和技术中长期发展规划（2006～2020年）》，特制定本办法。

第二条　工程中心是林业科技创新体系的重要组成部分，是加快技术研发、成果转化、产业发展、培养和聚集高层次科技人才的重要平台，对提高科技核心竞争力、促进林业科技进步、建设现代林业具有重要意义。

第三条　工程中心主要依托林业相关领域科技实力较强的科研机构、高等院校和企业建立，旨在建成拥有先进的工程技术研究、开发和成果转化的专业技术队伍，以及较完备的工程化综合配套条件，能够为林业发展提供综合性技术服务并具有明显带动作用的技术研发机构。

第四条　工程中心的主要任务是针对林业发展的重大技术需求，持续不断地创造新成果，开发新技术，实现科技成果的工程化和产业化，促进行业技术发展；提供技术与咨询服务；培养、聚集相关专业的高层次工程技术和管理人才；开展多种形式的国际、国内合作与交流。

第五条 国家林业局为工程中心的建设和发展提供必要支持。

第二章 认定条件

第六条 申请单位应当具备以下条件：

（一）在某一技术领域具有较强的科研实力，能承担国家、行业重大科技项目，拥有一定数量的具有自主知识产权的科技成果和专利；

（二）拥有技术水平高、实践经验丰富、结构合理的工程技术和管理人才队伍；

（三）具备比较完善的工程技术试验条件、工艺设备和基础设施，有比较完善的、先进的分析、测试和检测手段，具有承担工程技术研究、开发和中试任务的能力；

（四）拥有较强的科研资产和经济实力，有筹措资金的能力和信誉；

（五）具有良好的产学研结合基础，能够实现技术转移和扩散，促进科技成果产业化。

第七条 工程中心认定指标：

（一）具有相对固定的工程技术转化场所和设施设备；

（二）人员结构合理，固定人员不少于20人，其中专业技术人员不少于80%，高级职称人员不少于30%；

（三）有明确的组织机构，工程中心主任应当具有良好的学术水平、市场意识和管理经验，同时设立工程技术委员会；

（四）拥有一定数量的具有自主知识产权的科技成果和专利，且有1~2项行业领先的工程化技术成果。

第三章 认定程序

第八条 国家林业局科技司归口管理工程中心的认定工作，并根据林业技术创新和产业发展的需要发布工程中心申报指南。

第九条 地方申报单位须按照国家林业局的申报指南等文件要求，结合自身的优势和具体情况，提出工程中心申请报告（编写提纲见附），上报当地省级林业主管部门。

国家林业局有关直属单位负责本单位工程中心的申报工作。

第十条 省级林业主管部门和国家林业局有关直属单位负责本地区（单位）工程中心申请报告的审核和推荐工作，并将审核后的申请报告及相关材料报送国家林业局。

第十一条 国家林业局组织专家对申报的工程中心进行评审，对通过评审的工程中心进行认定，并颁发认定证书。

第十二条 省级林业主管部门和国家林业局有关直属单位应当加强对工程中心的管理，于每年年底前将工程中心当年工作总结上报国家林业局。

第十三条 国家林业局每5年对工程中心进行一次综合评估，实行动态管理。

第四章 附 则

第十四条 本办法由国家林业局负责解释。

第十五条 本办法自发布之日起施行。

国家林业局关于切实做好天然林资源保护工程二期各项重点工作的通知

林天发〔2011〕315号

各有关省、自治区、直辖市林业厅（局），内蒙古、龙江、大兴安岭森工（林业）集团公司，新疆生产建设兵团林业局：

国务院全国天然林资源保护工程工作会议召开后，我局积极贯彻落实会议精神，及时于7月20日在内蒙古森工集团召开了全国天然林资源保护工程二期工作部署会议，就天然林资源保护工程（以下简称天保工程）二期的各项任务作出了具体部署，提出了明确要求。

为切实贯彻好国务院会议精神，全面落实各项工作任务，近期，我局组成8个督导检查组，对各省级实施单位（以下简称省）落实会议精神和工作任务完成情况进行了督导检查。总体来看，各省对天保工程二期全面启动高度重视，及时召开工作会议传达国务院会议精神，进一步明确具体政策和措施，积极组织编制实施方案，层层分解下达工程任务，天保工程二期建设启动工作总体上扎实有序、进展顺利。但也存在个别省方案编制进展缓慢、资金下达不及时、管理机构相对薄弱、管护政策落实不到位、一次性安置人员生活困难等问题。

为深入推进天保工程二期建设，进一步把各项工作落到实处，结合本次督导检查情况，现就切实做好天保工程二期各项重点工作通知如下：

一、抓紧做好实施方案编制、审批和备案工作。根据国务院批准的全国天保工程二期实施方案和四部委《通知》要求，没有完成省级实施方案编制、审批和备案的省，请务于2012年1月15日之前完成省级方案的备案工作，并抓紧完成县（局）级实施方案的编制和审批工作。待省级人民政府批复后，2012年春节前要把财政专项资金下拨到实施单位。基本建设资金要预安排下达，确保2012年春季造林前及时到位。资金下达文件及时报送我局。

二、健全天保工程建设领导和管理机构。天保工程二期建设任务繁重、责任重大。为了加强对实施天保工程的组织领导，天保工程区县级以上各级林业主管部门都应当促请各级地方政府成立天保工程建设领导小组，设立、明确专门工程管理机构，对工程建设实施统一管理、监督和检查。要加强工程管理机构干部队伍建设，选派得力人员充实力量。

三、完善森林管护补助政策措施。各地要进一步落实好天保工程二期森林管护补助政策，没有建立地方公益林补偿制度的省，要按照天保工程二期政策要求，协调财政部门，尽快落实地方公益林补偿政策，建立健全森林管护责任制，明确管护责任，完善管护办法，创新管护模式。对于集体林，要结合集体林权制度改革，健全森林生态效益补偿机制，让林权所有者和参与管护的林区群众得到实惠，充分调动他们参与森林管护的积极性，切实加强森林资源保护。

四、强化落实社会保险补助相关政策。各地要认真贯彻落实天保工程二期社会保险补助相关政策，推动解决好一次性安置人员、生活困难人员等林区弱势群体的社会保障问题，维护林区社会稳定。要促进落实再就业培训和小额担保贷款贴息等政策，加大就业再就业扶持，加强公共就业指导，提供及时的就业岗位介绍等服务。要积极与当地社保部门沟通协调，确保符合条件的林业职工纳入地方居民最低生活保障范围，享受同等保障待遇。

各地要及时将相关工作进展情况报我局。

特此通知。

国家林业局

2011 年 12 月 28 日

国家林业局关于贯彻落实《国务院关于清理整顿各类交易场所切实防范金融风险的决定》的通知

林改发〔2011〕319 号

各省、自治区、直辖市林业厅（局），内蒙古、吉林、龙江、大兴安岭森工（林业）集团公司，新疆生产建设兵团林业局，国家林业局各司局、各直属单位：

为深入贯彻落实《国务院关于清理整顿各类交易场所切实防范金融风险的决定》（国发〔2011〕38 号，以下简称《决定》）要求，做好林业产权交易场所的清理整顿，规范林权流转行为，加强林权流转监管，建立规范有序的林业产权交易场所，现通知如下：

一、认真学习贯彻《决定》精神

颁布实施《决定》是确保国家金融安全，维护农民群众根本利益，实现经济社会可持续发展的客观要求，是国务院针对金融市场形势，维护金融秩序采取的一项重要措施。各级林业主管部门一定要站在全局和政治的高度，深入学习理解《决定》精神，切实把思想和行动统一到国务院的决策上来，提高认识，高度重视林权交易的风险防范，提高林权交易风险的防控能力。

目前，全国已建了一批林权交易场所，在服务林农、实现林权的经济功能、引导社会资金投资林业、优化生产要素配置等方面发挥了重要的作用。但林权交易场所的设立、交易方式的规范、交易资金和交易市场的管理等监管工作薄弱。为了确保整个林权交易市场健康、可持续发展，各级林业主管部门应高标准、严要求规范林权交易场所建设，完善林权流转规章制度，建立林权交易场所监管体系，不断巩固和发展集体林权制度改革成果。

二、稳妥推进林权交易场所的清理整顿工作

按照属地管理原则，林业交易场所由省级人民政府负责监管，各省级林业主管部门应当积极配合省级人民政府开展清理整顿林权交易场所和规范林权交易市场秩序的相关工作，切实履行职责，承担起林权交易场所监管责任，监督林权流转工作。根据法律法规和有关政策，在省级人民政府的统一领导下，组织力量集中开展本地区林权交易场所的清理整顿，并做好相关统计监测、违规处理和风险处置工作，采取有效措施确保林权交易规范有序安全运转。各省级林业主管部门应尽快制定清理整顿工作方案，报送省级人民政府并抄送我局。在清理整顿期间，暂停批准设立林权交易场所。

三、规范林权交易场所的管理制度和管理程序

凡使用“林权交易所”字样的交易场所，必须报省级人民政府批准，经工商部门依法核准登记。省级人民政府批准前，应征求“清理整顿各类交易场所部际联席会议”意见。为规范交易场所名称，林权交易场所名称应当由“行政区划地名、字号、林权交易所”三部分内容组成；具有行政职能的林权管理服务机构应当由“行政区划地名 + 林权管理服务中心”两部分内容依次组成。省级林业主管部门应当明确林权交易场所的监管机构，落实监管责任，规范交易场所发展，明确交易规则，建立健全监管制度，对未按上述规定批准设立或违反上述规定在名称中使用“林权交易所”字样的交易场所，坚决进行清理整顿。

四、加强组织领导

省级林业主管部门要把林权流转管理服务机构建设作为巩固集体林权制度改革成果的大事来抓，切实加强领导，精心组织实施。省级林业主管部门应在省级人民政府领导下，结合本地区实际情况制定清理整顿工作方案，提出时间和进度要求，狠抓落实，务求实效；要同有关部门密切合作，加强协调，形成合力；要严格依法开展清理整顿工作，维护林权流转市场的正常秩序；要科学合理设置林权交易场所，保证林权交易的有序规范发展。

各省级林业主管部门要采取切实措施，认真贯彻落实《决定》精神，并于 2012 年 4 月底前将贯彻落实情况报送我局林改司。

特此通知。

国家林业局

2011 年 12 月 31 日

国家林业局办公室关于支持甘肃省生态建设的通知

办规字〔2011〕3 号

国家林业局各司局、各直属单位：

为全面贯彻落实《国务院办公厅关于进一步支持甘肃经济社会发展的若干意见》(国办发〔2010〕29 号)，进一步支持甘肃省生态建设，经研究，我局提出相关落实措施，现通知如下：

一、充分认识加快甘肃省生态建设的重要意义

甘肃位于西北地区的中心地带，地处青藏高原、内蒙古高原、黄土高原交汇处，是我国重要的生态屏障和陆路交通枢纽，同时，又是黄河、长江的重要水源涵养区，生态区位极其重要。据第七次全国森林资源清查结果显示，甘肃省森林面积为 468.78 万公顷，森林蓄积 19363.83 万立方米，森林覆盖率为 10.42%，分别低于全国和西部地区森林覆盖率 9.94 和 6.63 个百分点。森林资源总量不足、分布不均、生态脆弱是甘肃林业的突出特点。为加快甘肃经济社会发展，国务院于 2009 年批复了我国第一个区域循环经济规划《甘肃省循环经济总体规划》，并于 2010 年出台了《国务院办公厅关于进一步支持甘肃经济社会发展的若干意见》，明确提出了将甘肃打造成西北重要生态屏障的战略目标，充分体现出国家对甘肃林业建设新的更高要求。加快甘肃生态建设步伐，是全面贯彻落实党中央、国务院战略部署的重大步骤和具体措施，是推进西部大开发、全面建设小康社会、维护社会稳定与边疆安全、全面推进甘肃经济社会可持续发展的战略需要。各单位对此务必高度重视，切实配合和支持做好各项工作。

二、加快甘肃省生态建设总体要求

(一)指导思想

以邓小平理论和“三个代表”重要思想为指导，认真贯彻落实科学发展观，坚定不移地实施西部大开发战略，全力实施好构建生态安全屏障的四大保障性措施，努力把甘肃建设成为西北乃至全国重要的生态屏障和生态文明省，促进各民族共同团结奋斗、共同繁荣发展的国家循环经济示范区。

(二)基本原则

坚持科学发展，转变发展方式。坚持生态优先，加强防护林体系建设，促进森林可持续经营，不断提高森林质量，提高森林覆盖率，实现可持续发展。

坚持统筹兼顾，突出重点区域。针对甘肃生态建设水平和生态建设任务的实际，坚持因地制宜，实施差别化的区域生态建设政策，优先加强“重点经济区”、“重点扶持区”、“重点生态功能区”及其他特殊地区的生态建设。

坚持改革创新，建设现代林业。进一步加大林业基础设施建设，不断促进集体林权制度改革，创新生态补偿机制，不断激发林业内在活力，着力完善现代林业发展的体制机制，全面提高林业对内对外开放水平。

坚持兴林富民，实现和谐发展。把改善城乡人居环境、增加农民收入作为林业工作的出发点和落脚点，促进基本公共服务均等化。

(三)战略任务

实施生态立省的发展战略。大力加强防护林体系建设，加快实施有利于保护环境的生态补偿政策，逐步提高国家级公益林生态效益补偿标准，实现生态环境恶化的有效抑制

实施重点区域生态建设工程。实施好构建生态安全屏障的四大保障性措施，保护好黄河、长江重要水源涵养区，实现沙区有效治理。

实施科教兴林和人才强林战略。大力推广林业先进实用技术，推进产、学、研紧密结合，不断加强林业科技创新体系建设。加快培养实用型技术人员和林农，建立鼓励高素质和实用型林业人才城乡自由流动的良性机制。

(四)发展目标

到 2015 年，生态环境得到恢复和有效保护，生态良好区域和重要生态功能区保持稳定并持续改善，森林覆盖率持续提高，生态恶化的趋势得到有效抑制，水土流失和风沙危害明显减轻。

到 2020 年，生态建设和保护取得突破性进展，森林覆盖率达到 16%，形成西北乃至国家重要生态安全屏障。

三、以林业重点工程为突破口，加大重点生态脆弱区和重点生态区生态建设，加强森林经营管理，加速推进西北地区生态屏障建设

(一)全力推进林业生态建设

加大生态建设，促进甘肃循环经济圈建设。积极争取把包括甘肃省在内的陡坡耕地和严重沙化土地退耕还林问题、黄土丘陵沟壑区、长江上游水源涵养区及黑河、石羊河流域的 40 多个县纳入到《退耕还林工程“十二五”规划》范围。争取安排甘肃省天然林资源保护二期工程中人工造林任务 600 万亩，封山育林任务 700 万亩，安排三北防护林体系建设工程建设任务 1065 万亩。加大支持三北防护林体系建设五期工程建设的力度。

(二)进一步推进祁连山生态环境保护和建设

积极配合甘肃省协调国家有关部门，力争尽快启动实施祁连山生态保护和建设工程。在原来相继启动实施的退耕还林、三北防护林体系建设、野生动植物保护及自然保护区建设等一系列林业重点工程的基础上，进一步加大这一地区林业重点工程建设支持力度。积极协调有关单位，尽快批复实施《祁连山北坡水源涵养生态补偿试验示范方案》。进一步加大自然保护区建设力度，加强管理局址、站点以及科研监测、巡护道路、森林防火等林业基础性建设，不断提高林业基础保障能力。

（三）力争尽早实施石羊河流域防沙治沙及生态恢复项目

积极配合甘肃省力争国家尽快启动实施石羊河流域防沙治沙及生态修复工程。继续加强甘肃省张掖市、民勤县两个防沙治沙综合示范区的监测工作，积极推进甘肃荒漠化沙化监测体系建设，增加监测站点，加强技术培训，提高甘肃荒漠化监测水平。

（四）做好“两江一水”流域生态保护与建设项目相关工作

积极配合甘肃省有关部门，开展《甘肃省长江流域“两江一水”生态保护与治理规划》的编报立项及实施工作。结合现有林业重点工程，加大对甘肃省“两江一水”流域生态保护与建设的支持力度。

（五）做好甘南重要水源补给区生态恢复和自然保护区建设

继续积极支持甘南州的湿地保护管理工作，特别是尕海则岔、黄河首曲等重要湿地自然保护区建设管理工作。在“十二五”期间力争将重点湿地地区纳入国家“十二五”规划予以实施，并帮助甘肃省力争将黄河首曲自然保护区晋升为国家级自然保护区。根据甘肃敦煌西湖国家级自然保护区和张掖国家湿地公园两处开展湿地保护补偿试点工作的情况，加大对《甘肃省湿地生态补偿方案》所提地点的支持力度，开展好湿地生态监测巡护和退化湿地恢复工作。确保甘南州作为长江上游、特别是黄河上游的重要水源地，全球重要国际影响的若尔盖高原湿地继续发挥对涵养水源和控制气候变化的重要作用。

进一步加大其他重点地区湿地保护建设力度，将部分重要的湿地地区，纳入国家湿地保护“十二五”规划，力争在“十二五”期间实施并形成示范效果。

（六）做好生态效益补偿工作

按照《国家级公益林区划界定办法》（林资发〔2009〕214 号）规定，甘肃省符合上述《办法》规定的公益林，将被区划为国家级公益林，纳入中央财政森林生态效益补偿范围，加大补偿力度，地方公益林，甘肃省纳入地方财政森林生态效益补偿范围，并逐步提高补偿标准。

特此通知。

国家林业局办公室
2011 年 1 月 7 日

国家林业局办公室关于印发《国家林业局移动办公管理办法（试行）》的通知

办发字〔2011〕10 号

国家林业局各司局、各有关直属单位：

为更好地提高我局办文办事效率，我局组织研制了国家林业局移动办公系统，作为国家林业局综合办公系统的补充和扩展。为规范移动办公的管理，切实发挥其应有的作用，我局研究制定了《国家林业局移动办公管理办法（试行）》，现印发你们，请认真执行，执行中有何意见与建议，请及时反馈局信息办。

附件：国家林业局移动办公管理办法（试行）

国家林业局办公室
2011 年 1 月 21 日

附件　国家林业局移动办公管理办法（试行）

第一条　国家林业局移动办公系统是在国家林业局综合办公系统的基础上，为局领导和各司局、各有关直属单位负责人在外紧急签批公文和处理应急事件提供的移动办公服务。为规范其使用管理，根据有关规定，特制定本办法。

第二条　国家林业局信息办负责国家林业局移动办公系统的建设与管理工作。

第三条　国家林业局移动办公具有短信提醒功能，通过移动办公可审批公文、处理业务、收发邮件以及查看重要信息等，及时处理紧急事件。

第四条　国家林业局移动办公应用范围，目前为局领导和各司局、各有关直属单位（局院内）主要负责人。局领导目前设置手机和笔记本电脑两个终端，各司局、各有关直属单位主要负责人设置笔记本电脑一个终端。

第五条　通过国家林业局外网统一用户管理平台，登录国家林业局移动办公系统。

第六条　使用手机时通过用户名和密码进入国家林业局移动办公界面。使用笔记本电脑终端进入国家林业局移动办公界面，除通过用户名和密码外，还需持有数字身份证书，该证书是国家林业局移动办公身份认证的密钥。根据工作需要发放。

第七条　国家林业局内网的文件需要移动办公处理时，局领导的文件由秘书提交审核员（如秘书随局领导外出，由国家林业局办公室文书档案处有关人员提交审核员）；各司局、各有关直属单位的文件由本单位综合处长提交审核员；提交人应当按照保密要求认真审核，并对其安全性负责。

第八条　审核员由国家林业局信息办自动化管理处负责人担任，其负责及时将文件转交给刻盘人员。刻盘工作由国家林业局信息办自动化管理处干部承担，每个工作日 8 时、10 时、12 时、15 时、17 时分别刻一次盘，如遇紧急特殊情况，随时刻盘，由国家林业局内网倒入移动办公系统。

第九条　为加强保密管理，国家林业局移动办公遵循"直送直取、一步审批"的原则。文件在移动办公中，要求一步签批，不能横向签批。移动办公签批后，退回原提交人员。

第十条 局领导在国家林业局内网没有完成的重要文件，可以自主点击到移动办公系统继续办理，办结后，再点击退回到国家林业局内网原来位置。

第十一条 本办法由国家林业局信息办负责解释。

第十二条 本办法自印发之日起执行。

国家林业局办公室关于印发《国家林业局2010年政府信息公开年度报告》的通知

办发字〔2011〕42号

国家林业局各司局、各直属单位：

现将《国家林业局2010年政府信息公开年度报告》(见附件)印发给你们，请按照《政府信息公开条例》及《国家林业局〈政府信息公开条例〉实施办法》有关要求，进一步做好此项工作，促进我局政府信息公开工作再上新台阶。

特此通知。

附件：国家林业局2010年政府信息公开年度报告

国家林业局办公室

2011年3月22日

附件　国家林业局2010年政府信息公开年度报告

按照《政府信息公开条例》有关要求，现将我局2010年政府信息公开情况公布如下：

一、基本情况

2010年，我局高度重视政府信息公开工作，采取了一系列重要措施，开展了大量卓有成效的工作，加大政府信息公开力度，充分发挥政府信息对人民群众生产生活和经济社会活动的服务作用。堪称"中国法治蓝皮书"的《中国法治发展报告(2011版)》近日发布第二次中国政府透明度年度报告，国家林业局信息公开工作在部委排名中列第二名。具体开展了以下几项工作：

(一)进一步拓展政府信息公开渠道。围绕社会广泛关注、事关群众切身利益的重大事项，除借助于新闻发布会、新闻媒体、各类公报等常规手段外，我局充分利用现代信息手段快捷高效、信息量大、覆盖面广的特点，将国家林业局政府网(中国林业网)作为信息公开的主渠道，主动公开我局产生的非涉密信息，切实加强与网民的交流互动，有效保障了社会公众的信息知情权。坚持先易后难、循序渐进的原则，积极稳妥地推进林业行政许可结果网上公开，进一步规范林业行政审批的运行，逐步实现林业行政审批全过程的动态公开，不断提高便民服务的层次和水平。强化政府信息公开目录编制和检索功能，为广大人民群众随时查询我局有关政府信息提供便利条件。同时，将我局门户网站与现有50多个司局和直属单位网站进行了有机整合，实行统一域名管理下的网站群管理模式，并增建繁体版和英文版，大大拓展了政府信息公开的广度和深度。通过组织策划开展"解读中央林业工作会议精神"等系列活动、"新中国林业60年"和局长在线访谈等专题，进一步丰富了信息公开的内容和形式，拉近了人民群众与政府之间的距离，树立了亲民爱民的政府形象。

(二)进一步强化依申请公开工作。依申请公开是政府信息公开的重要途径，是主动公开方式的延伸和补充。与主动公开不同，依申请公开是一种被动行为。一旦处理不当，将会给政府机关带来负面影响及不必要的麻烦。为此，我局始终高度重视依申请公开工作。为确保此项工作的顺利开展，我局健全了依申请公开机制，完善了依申请公开流程，认真受理人民群众的每一份政府信息公开申请，并在第一时间内作出积极响应，在法定的时限内予以答复，依法满足社会个体的合理需求，主动接受社会各界和人民群众对林业行政行为的监督和检查。

(三)进一步做好政府信息公开保密审查工作。按照《国家林业局〈政府信息公开条例〉实施办法》有关要求，我局及时修订并完善了公文发文稿头纸及相关文稿形式，将政府信息公开和保密审查作为重要内容列入公文运转程序中，建立健全了政府信息公开保密审查工作机制。在公文运转过程中，要求起草人员拟制公文、信息时，必须按照有关要求首先确定所办公文、信息是否涉密、能否公开，如果不涉密，就必须确定公开方式，明确"社会公开"或"内部公开"；各级领导审核公文、信息时，除对公文内容、公文格式进行审定外，还必须对其是否涉密、能否公开进行严格把关，做到责任分解，层层把关，风险共担，既防止借口保密而出现该公开的事项不公开或不及时、不全面公开等情况，也防止片面强调公开而发生失泄密。

(四)进一步推进林业重大事项的内部公开。在继续做好社会公开工作的基础上，加大力度，积极推进内部公开工作。对于我局在履行职能过程中产生的不宜向社会公众公开、但可让机关干部职工知晓的事项，以国家林业局办公网(内网)等形式在机关和直属单位内部公开，切实加强干部职工对权力运行的内部监控，防止少数人或个人滥用权力。逐步建立和完善内部公开工作机制，围绕机关干部职工关心的，如干部选拔任用、政府采购、基建工程、资金使用状况等问题，制定公开制度，加大公开力度，做到公开结果与公开过程相结合。

二、政府信息公开情况

（一）主动公开方面

1. 本年度，我局在国家林业局政府网共发布政府信息67 294条（外网46 945条，内网20 349条），其中公文1255条（外网174条，内网1081条），其他政府信息66 039条（外网46 771条，内网19 268条）；印发《国家林业局公报》4期。

2. 本年度，我局共举办各类新闻发布会10场，内容涉及第二届中国绿化博览会安徽吉祥物主题口号、中国森林生态服务评估研究成果、中国（温州）森林旅游节、西安世界园艺博览会、集体林权制度改革进展情况、春季造林绿化情况、国新办退耕还林发展生物质能源造林绿化新闻吹风会、全国林地保护利用规划、绿化长江重庆行动、国新办中小河流治理和山洪地质灾害防治等方面。

3. 本年度，共办理林业行政许可事项197 725件（准予许可188 976件，不准予许可8749件）。其中，按具体承担单位计：国家林业局机关办理许可4880件（准予许可4823件，不准予许可57件）；植物检疫机构准予许可23件；濒管系统办理许可61 003（准予许可60 996件，不准予许可7件）；国家林业局内蒙古专员办办理许可27 976件（准予许可27 918件，不准予许可58件）；国家林业局长春专员办办理许可27 053件；国家林业局黑龙江专员办办理许可55 223件（准予许可47 133件，不予许可8090件）；国家林业局大兴安岭专员办办理许可21 567件（准予许可21 030件，不予许可537件）。

（二）依申请公开方面

本年度，我局共接到3份依申请公开申请。对此，我局均按照《政府信息公开条例》有关要求，依法按期作了答复。

（三）申请行政复议及提起行政诉讼方面

本年度，我局未接到涉及信息公开的行政复议申请和行政诉讼。

（四）收费及减免情况

考虑到我国目前尚未出台政府信息公开收费具体标准等，我局本年度在公开政府信息工作方面未收取任何费用。

下一步，我局将以林业信息化建设为契机，加大力度，切实加强政务公开工作，不断提高政府信息公开工作效率和质量，确保社会公众政府信息知情权的有效落实。

国家林业局办公室关于印发《关于坎昆气候大会后进一步加强林业应对气候变化工作的意见》的通知

办造字〔2011〕45号

国家林业局应对气候变化和节能减排工作领导小组各成员单位：

2010年底，墨西哥坎昆气候大会通过两个林业决定，标志着林业作为减缓和适应气候变化的有效途径和重要手段，在应对气候变化中的特殊地位进一步得到了国际社会的充分肯定。这两个林业决定的通过，对于我国林业更好地履行《联合国气候变化框架公约》义务，顺势推动和加快林业改革发展，扎实开展造林绿化，切实加强森林保护和经营，实现林业“双增”奋斗目标，增强森林生态系统整体功能和林业应对气候变化能力，巩固和提高林业在应对气候变化中的独特作用和重要地位都具有十分重要的意义。

针对坎昆气候大会两个林业决定提出的任务，结合我国林业实际，并考虑到未来气候变化谈判的趋势，我局提出了《关于坎昆气候大会后进一步加强林业应对气候变化工作的意见》（见附件），现印发给你们。请结合职能，分工协作、密切配合、抓好落实，共同推进我国林业应对气候变化工作。

特此通知。

附件：关于坎昆气候大会后进一步加强林业应对气候变化工作的意见

国家林业局办公室

2011年3月24日

附件　关于坎昆气候大会后进一步加强林业应对气候变化工作的意见

2010年底在墨西哥坎昆召开的《联合国气候变化框架公约》第16次缔约方大会和《京都议定书》第6次缔约方大会，通过了“关于与减少发展中国家毁林和森林退化所致排放以及森林保护、可持续经营和增加森林碳储量有关问题的政策方法和激励措施的决定”（REDD +）、“关于土地利用、土地利用变化和林业的决定”（LULUCF）两个林业议题的决定。这两个决定的通过，标志着林业作为减缓和适应气候变化的有效途径和重要手段，在应对气候变化中的特殊地位进一步得到了国际社会的充分肯定，气候变化林业议题谈判取得了新的进展。认真研究、分析坎昆大会通过的两个林业决定，无论从我国作为发展中国家缔约方履行公约义务，争取林业议题谈判主动权，还是从实现我国林业“双增”奋斗目标，进一步扎实开展造林绿化，切实加强森林保护经营，增强森林生态系统整体功能和林业应对气候变化能力，都需要我们牢牢抓住应对气候变化这一重大机遇，将林业融入国际、国内重大问题和热点问题中，顺势推动和加快林业改革发展，进一步巩固和提高林业在应对气候变化中的独特作用和重要地位，为贯彻落实我国应对气候变化国家战略、赢取国家发展空间、维护国家利益作出更大贡献。

一、坎昆气候大会两个林业决定给我国林业提出的任务

认真研究、分析坎昆大会通过的两个林业决定，归纳起来，主要包括以下内容。

根据REDD+议题决定，一是发达国家要通过多边和双边渠道，为发展中国家开展实施减少森林排放及保护和增加森林碳储量行动提供资金、技术支持。二是在获得资金和技术支持后，发展中国家要根据国情和能力，制定国家战略或行动计划。三是在国家或次国家层面上，针对核算减少森林排放及保护和增加森林碳储量行动的效果，确定参考水平（即基准线），建立森林碳监测体系。四是通过发达国家和发展中国家共同努力，扭转全球森林面积减少趋势，进一步增加全球森林碳汇。

根据LULUCF议题决定，一是发达国家要向公约秘书处提交核算森林管理活动碳汇和碳排放的“参考水平”数值，说明其确定“参考水平”数值依据的数据和方法，并经过专家评审。二是“参考水平”数值评审合格后，将被正式确定下来，作为发达国家第二承诺期核算森林管理活动碳源/碳汇的重要依据。此外，发达国家还主张增加湿地管理、采伐木质林产品碳源/碳汇核算，扣除不可抗拒自然因素引起的森林火灾、病虫害导致的碳排放等。

根据坎昆大会通过的两个林业决定，结合我国林业实际，并考虑到未来气候变化谈判的趋势，当前和今后一段时期，我国林业需要着重抓好以下几方面工作。

（一）紧紧围绕4000万公顷目标，进一步扎实开展造林绿化，统筹城乡绿化，继续加强荒山造林，推进“身边增绿”，加快构建东北森林、北方防风固沙、东部沿海防护林、西部高原、长江流域、黄河流域、珠江流域、中小河流及库区、平原农区、城市森林等十大生态安全屏障，努力扩大森林面积。

（二）紧紧围绕13亿立方米目标，切实加强森林抚育经营和低效林改造，加强森林经营模式和关键政策研究，探索建立适应现代林业发展的森林经营制度、技术模式和扶持政策。加强森林抚育经营技术培训和指导服务，提高广大林农开展森林经营抚育的技能，全面开展森林经营，努力提高森林质量和碳储量，增强森林碳汇能力。

（三）加大财政预算资金支持力度，加快全国林业碳汇计量监测体系建设进程，抓紧制定、完善体系建设总体思路、基本框架和相关技术指南、方法、指标、标准等，初步建成全国林业碳汇计量与监测体系，为全面掌握我国林业碳汇现状、变化、分布、结构、潜力等基础数据，算清、说清我国森林碳汇现状和变化趋势，支撑气候变化林业议题谈判和国家应对气候变化相关宏观政策制定提供科学依据。

（四）结合《林业发展“十二五”规划》、《全国林地保护利用规划（2011～2020年）》、《应对气候变化专项规划》和实现林业“双增”目标等，着手制定减少森林碳排放和稳定、增加森林碳储量的国家战略，修改完善《应对气候变化林业行动计划》，编制并适时发布《林业行动计划》“十二五”行动要点，明确提出“十二五”期间林业应对气候变化工作的指导思想、基本原则、主要目标、重点任务等。

（五）结合林权制度改革，进一步完善我国林业相关政策和制度体系。继续实施森林生态效益补偿、造林、林木良种、森林抚育、湿地保护、野生动物损害、森林保险，以及发展木本粮油林等补贴补偿补助政策，积极争取防沙治沙财政补助政策，形成一套切实让林农受惠、地方受益、促进发展和保护森林以及林业增汇减排的长效制度和政策体系。

（六）积极推进碳汇造林、森林经营、生物质能源林等减少森林排放和稳定增加森林碳汇的试点示范，探索建立具有中国特色并符合“可测量、可报告、可核查”等国际规则要求的造林项目、森林经营项目碳汇计量监测技术标准体系和管理办法。结合“十二五”期间国内拟开展的碳排放交易试点工作，积极争取将林业纳入其中，探索林业融入国内碳排放交易试点的途径，争取国内碳交易政策对林业增汇减排工作的支持。

（七）结合《森林法》修改，积极推进应对气候变化国家立法进程，进一步明确林业在应对气候变化中的地位、作用、政策、措施，探索建立林业碳汇抵减工业排放的政策机制和社会参与造林增汇的激励机制，逐步建立健全林业应对气候变化的法制保障体系，将林业应对气候变化管理纳入法制化轨道。

（八）深入研究和掌握IPCC指南等相关国际技术规则，积极开展既与国际接轨又符合我国林情的林业碳汇计量监测技术体系、模型体系、数据体系、评估体系、标准体系、指标体系等相关重大基础课题研究。针对下步气候变化林业议题谈判涉及的利用“参考水平”核算森林管理活动碳源/碳汇、湿地管理活动和采伐木质林产品碳源/碳汇核算、扣除不可抗拒自然因素引起的森林火灾、病虫害导致的碳排放核算等焦点问题，加强跟踪，积极开展前瞻性研究，为我国积极主动、有准备地参与相关议题谈判提供对策建议。

（九）进一步加强和联合国相关机构、全球环境基金、世界银行及相关非政府组织的联系，积极参与林业应对气候变化国际合作。积极利用亚太森林网络等平台，加强和亚太地区国家的林业合作和交流，积极争取在拟建的“国家应对气候变化对外合作基金”中增加林业合作内容。按照党中央、国务院的统一部署，在国家气候变化主管部门指导下，认真开展《气候公约》和《京都议定书》涉林议题谈判对策研究，积极参与相关林业议题谈判会议和国际规则制定，坚决维护国家利益。

（十）积极配合有关部门做好中国林业对外宣传工作，扩大我国林业国际影响力和话语权，提升我国林业在周边外交中的地位和作用。配合2011年南非德班气候大会，与有关部门、相关媒体共同开展林业应对气候变化专题系列报道宣传，继续完善、维护运行中国碳汇网，提高公众对林业应对气候变化的认识。

二、有关工作分工和进度安排

针对坎昆气候大会两个林业决定提出的任务，为进一步推进林业应对气候变化工作，提高我国林业在国家应对气候变化工作和参与国际合作与林业议题谈判中的作用、地位和话语权，需要我局各有关司局单位结合各自职能，分工协作、共同推进以下几方面工作。

（一）充实、调整国家林业局应对气候变化和节能减排工作领导小组，进一步加强林业应对气候变化工作组织领导。具体见附1。造林司（气候办）牵头，各有关司局单位配合。2011年一季度完成。

（二）上述第（一）项任务。需要结合实施林业发展“十二五”规划有序推进。造林司、计财司牵头，各有关司局单位配合。“十二五”期间完成。

（三）上述第（二）项任务。需要结合实施林业发展“十二五”规划有序推进。造林司牵头，各有关司局单位配合。“十二五”期间完成。

（四）上述第（三）项任务。造林司已经开展了大量前期工作，在辽宁、山西、四川省试点，完成了总体思路、基本框架、技术指南和指标体系（试行）。具体见附2。造林司、资源司牵头、分工负责，计财司、人事司、国际司、科技司、湿地办、治沙办、规划院等司局单位配合。2012年底前完成。

（五）上述第（四）项任务。造林司牵头，各有关司局单位配合。2011年上半年完成。

（六）上述第（五）项任务。需要结合实施林业发展“十二五”规划有序推进。计财司牵头，各有关司局单位配合。“十二五”期间完成。

（七）上述第（六）项任务。造林司牵头，计财司、科技司、中国绿色碳汇基金会等单位配合。“十二五”期间完成。

（八）上述第（七）项任务。政法司牵头，造林司、计财司等有关司局单位配合。“十二五”期间完成。

（九）上述第（八）项任务。科技司牵头，造林司、国际司、资源司、防火办、湿地办、规划院、经研中心、林科院等有关司局单位配合。“十二五”期间完成。

（十）上述第（九）项任务。国际司牵头，各有关司局单位配合。“十二五”期间完成。

（十一）上述第（十）项任务。宣传办牵头，造林司、国际司等单位配合。2011年底前完成，并常年坚持。

附　1. 关于充实调整国家林业局应对气候变化和节能减排工作领导小组与领导小组办公室的意见

2. 关于进一步加快全国林业碳汇计量监测体系建设的意见

附1　关于充实调整国家林业局应对气候变化和节能减排工作领导小组与领导小组办公室的意见

为进一步加强林业应对气候变化和林业行业节能减排工作的组织领导，积极主动地发挥林业在应对气候变化和节能减排工作中的特殊作用，根据林业应对气候变化和林业行业节能减排工作的新形势、新任务和新要求，并考虑到有关司局和直属单位负责人的岗位变动，对国家林业局应对气候变化和节能减排工作领导小组进行如下调整。

一、领导小组

组长：贾治邦

副组长：祝列克、印红、张永利

成员单位：局办公室、造林司、资源司、保护司、防火办、政法司、计财司、科技司、国际司、人事司、服务局、宣传办、经研中心、湿地办、信息办、治沙办、中国绿色碳汇基金会、规划院。

领导小组主要职责：研究贯彻国务院关于应对气候变化和节能减排的相关部署；统筹部署林业应对气候变化和林业行业节能减排工作；研究制定林业应对气候变化和林业行业节能减排工作方案和计划；研究解决林业应对气候变化和林业行业节能减排工作中的重大问题；审议林业应对气候变化和林业行业节能减排有关重要国际合作和谈判议案；审议相关管理制度和办法等。

二、领导小组办公室

领导小组办公室继续设在造林司，承担日常事务和协调督办工作，并负责与国务院应对气候变化和节能减排领导小组办公室对口联系。办公室主任兼联络员由造林司司长王祝雄担任，副主任由国际司、造林司、资源司、计财司、服务局、中国绿色碳汇基金会各1名领导担任。

领导小组办公室下设6个工作组：林业生物质能源工作组，设在造林司；林业碳汇工作组，设在造林司；森林恢复和可持续管理网络工作组，设在国际司；林业谈判工作组，设在国际司；木材节约工作组，设在计财司；节能减排工作组，设在服务局。

三、领导小组议事规则

（一）国家林业局应对气候变化和节能减排工作将结合各司局、各直属单位职能，实行成员单位分工负责制，重大问题由领导小组讨论。重大问题需要提交领导小组讨论时，可由各相关司局和直属单位提出，由领导小组办公室统一报送领导小组组长或副组长决定。

（二）领导小组原则上每年召开一次会议，也可根据工作需要不定期召开会议。

（三）领导小组研究决定的事项，各成员单位要按照既定职能、统一协调、分工负责的原则加以实施。领导小组办公室负责做好日常协调服务和督办工作。

附2 关于进一步加快全国林业碳汇计量监测体系建设的意见

全国林业碳汇计量监测体系建设是我国林业应对气候变化的重要基础性、支撑性工作。为全面掌握我国林业碳汇现状、变化、分布、结构、潜力等基础数据，支撑气候变化林业议题谈判和国家气候变化内政外交，自2007年开始，我局启动开展了全国林业碳汇计量监测体系建设工作，在经费有限、基础条件薄弱的情况下，初步形成了体系建设总体方案和基本思路。对照坎昆气候大会两个林业决定提出的任务，为进一步加快体系建设进程，提出如下意见。

一、建设原则

坚持与国际接轨原则，坚持与国内现有林业资源调查监测体系衔接原则，坚持节俭高效原则，坚持及时准确原则，坚持系统全面原则。

二、建设目标

争取用3~5年时间，初步建成既符合国际通用规则又符合中国林业实际的全国林业碳汇计量监测体系，形成我国林业碳汇基础信息综合平台。体系建成后，每两年出一次全国林业碳汇资源综合报告，为局党组决策提供全面、系统、科学、权威的基础数据支撑。

三、工作内容

全国林业碳汇计量监测体系建设工作内容由三大部分组成：第一部分是涉林谈判两大议题，即土地利用、土地利用变化与林业(英文简称 LULUCF)，以及减少毁林排放等行动(英文简称 REDD+)。第二部分是林业三大体系碳汇，即森林生态系统碳汇、湿地生态系统碳汇、荒漠生态系统碳汇。第三部分是林业其他三大活动碳汇，即木质林产品储碳、城市森林储碳、森林外树木储碳。具体工作内容详见图1。

四、技术框架

全国林业碳汇计量监测体系建设技术框架主要包括四大部分，即技术体系、数据体系、模型体系和评估体系。

(一)技术体系

技术体系为获取数据、建立模型、开展碳汇计量监测提供技术指南、操作规程和实施细则。主要任务：一是编制森林生态系统五大碳库的外业调查与内业测定分析的技术指南与实施细则，研究制定我国森林碳汇计量监测标准。二是分别研究湿地和荒漠生态系统碳汇估算技术，提出适合我国湿地与荒漠化特点的碳汇估算技术。

(二)数据体系

数据体系主要确定数据类型、种类、获取方法、测定分析、标准化处理，以及基础数据库建设。主要任务：一是分析现有我国森林资源清查数据、森林资源规划设计调查数据、湿地资源调查数据、荒漠化土地监测数据、生态网络监测数据、森林灾害损失统计数据，建立林业碳汇计量监测基础数据库。二是开展营造林数据、LULUCF 数据、REDD+数据获取工作。

(三)模型体系

模型体系主要旨在建立针对不同目标、不同尺度、不同数据来源的模型。主要任务，一是研究分析国际上针对森林生态系统五大碳库计量监测的模型构成与参数组成特征，对国内已有的碳库估算模型进行筛选、拟合与检验，建立满足精度要求的计量监测模型。二是针对目前湿地、荒漠化监测成果与特点，分析湿地、荒漠化土地地面碳储量实测数据与遥感监测数据关系，研究建立适合湿地、荒漠化土地碳储量与碳动态估算模型。三是深入研究国内外遥感生物量估算模型及其应用条件，按照区域、森林类型建立遥感生物量估算模型，运用样地生产力数据与遥感数据建立植被生产力遥感估算模型。

(四)评估体系

针对基础数据、模型精度、计量方法、监测结果进行综合评估。主要任务：根据获取的碳汇现状、动态变化、发展潜力三方面成果，对数据的精度与可靠性、碳汇影响因子、模型选择与应用条件及其拟合精度，以及碳汇成果的精确性等方面进行分析评估，提出不确定性因素和最佳估算模式。

根据体系建设目标和技术框架，选择典型区域，围绕实施技术、数据获取、模型应用、成果评估四个方面开展试点示范，对其中相关内容进行应用、验证、完善，最终完成体系建设任务。

五、预期成果

(一)掌握我国林业(森林、湿地、荒漠生态系统)碳汇总体现状、动态变化及其空间分布。

(二)掌握我国林业建设重点工程的碳汇现状、动态变化及其空间分布。

(三)掌握我国不同行政区域、不同生态区域、不同森林类型、不同林种、不同森林龄组碳汇现状、动态及其空间分布。

(四)掌握 LULUCF 与 REDD+活动核算方法及其相应的碳汇现状、动态变化、空间分布以及潜力。

(五)摸清造林和森林经营增汇减排变化规律，提出增加林业碳汇、减少林业排放，以及林业适应气候变化的最佳森林经营模式与方法。

(六)摸清我国城市森林、森林外树木、木质林产品储碳情况及其动态变化。

(七)基于现有全国林业碳汇状况及其变化规律，分析预测我国林业碳汇的未来发展潜力。

(八)利用遥感数据建立遥感生物量估算模型，针对森林灾害引起的碳汇变化进行快速计量监测。

六、工作计划与进度安排

全国林业碳汇计量监测体系建设计划分三个阶段完成，具体如下：

第一阶段：准备起步阶段(2007~2009年)

碳汇体系建设的准备起步阶段，在建设经费有限、技术基础薄弱的情况下，主要开展了以下工作：一是编制全国林业碳汇计量监测体系工作指南、林业碳汇计量监测抽样调查技术方法，并在辽宁省开展了试点；二是分析整理了森林资源清查、规划设计调查数据，确定了开展碳汇专项补充调查的内容；三是收集整理了300多个树种的生长模型和300多个林分类型的碳库分配关系模型，并通过比较分析筛选出可用的计量模型；四是组织编制了碳汇计量监测软件系统；五是组织开展了林业碳汇计量监测技术培训，培养了一批专门技术人才，组建了技术队伍。

第二阶段：建设发展阶段(2010～2012年)

建设发展阶段是林业碳汇体系建设的关键阶段，已经完成和计划完成以下工作。一是组织编制了《全国林业碳汇计量监测技术指南(试行)》、《全国林业碳汇计量监测体系建设试点工作方案》、《全国林业碳汇计量监测指标体系(试行)》，在辽宁、山西、四川等省开展试点，着手制定体系建设的技术标准及其实施细则。二是完成数据库建设。三是完成模型库建设。四是扩大体系建设试点范围，按照全国区划和森林类型完成试点工作。五是选择部分区域开展碳汇资源评估。六是提交1990～2005年全国碳汇资源本底信息，以及2005～2020年全国碳汇资源潜力状况报告。

第三阶段：稳步运行阶段(2012年后)

计划在2012年底建成全国林业碳汇计量监测体系。2012年后步入稳步运行阶段，此阶段的主要工作：一是定期提交全国林业碳汇现状数据、空间格局及其分布数据、全国碳储量等级与碳密度数据及其分布图。二是开展全国林业碳汇定期监测、分析、评估，每2年出一次全国林业碳汇资源状况及其动态分析报告。三是为国家、区域、项目提供碳汇计量监测日常工作提供支撑。体系建成后，将形成我国林业碳汇计量监测基础信息综合平台，满足对林业碳汇的各种数据和技术需求。

七、保障措施

全国林业碳汇计量监测体系建设是林业应对气候变化的一项综合性、基础性工作，涉及我局多个司局单位。为进一步加快体系建设进程，各有关司局单位要结合各自职能，采取积极措施，分工协作、形成合力，共同推进此项工作。

(一)建立分工负责、协同推进的工作机制。在局应对气候变化和节能减排工作领导小组领导下，由造林司(气候办)统筹全国林业碳汇计量监测体系建设工作，负责提出总体方案、工作要求和技术要求，各有关司局、单位分工负责，协同配合，共同推进体系建设。

(二)充分利用好现有各种基础数据。全国林业碳汇计量监测体系建设要充分利用现有森林资源清查、湿地资源调查、荒漠化沙化监测等基础数据，这是国际社会广泛认可的数据源。资源司、湿地办、治沙办等有关司局单位要依据管理职能，按照全国林业碳汇计量监测体系建设要求，研究提出相关数据使用管理办法，并为体系建设提供必要的数据来源和技术支撑。

(三)进一步组建和完善林业碳汇计量监测机构。在已经成立国家林业局林业碳汇计量监测中心和西南林业碳汇计量监测中心的基础上，按照合理布局的原则，抓紧组建华东、中南、西北林业碳汇计量监测中心。国家林业局林业碳汇计量监测中心负责制定计量监测总体框架、技术方案、技术指南、指标体系等，并负责汇总和完成全国林业碳汇计量监测工作；各区域中心在全国统一的计量监测体系框架和技术指南下开展工作，分别负责各大区域的林业碳汇计量监测工作。

(四)加大财政预算对体系建设的资金支持力度。按照体系建设目标和体系建设资金需求测算，要在2012年底前初步建成体系，需要中央财政部门预算在2011和2012年每年安排经费1400万元，体系建成后每年约需300万元开展定期碳汇计量监测维护和完善等工作。计财司要将此项经费纳入常规年度预算序列，重点予以支持，保证体系建设所需资金的稳定性和连续性。

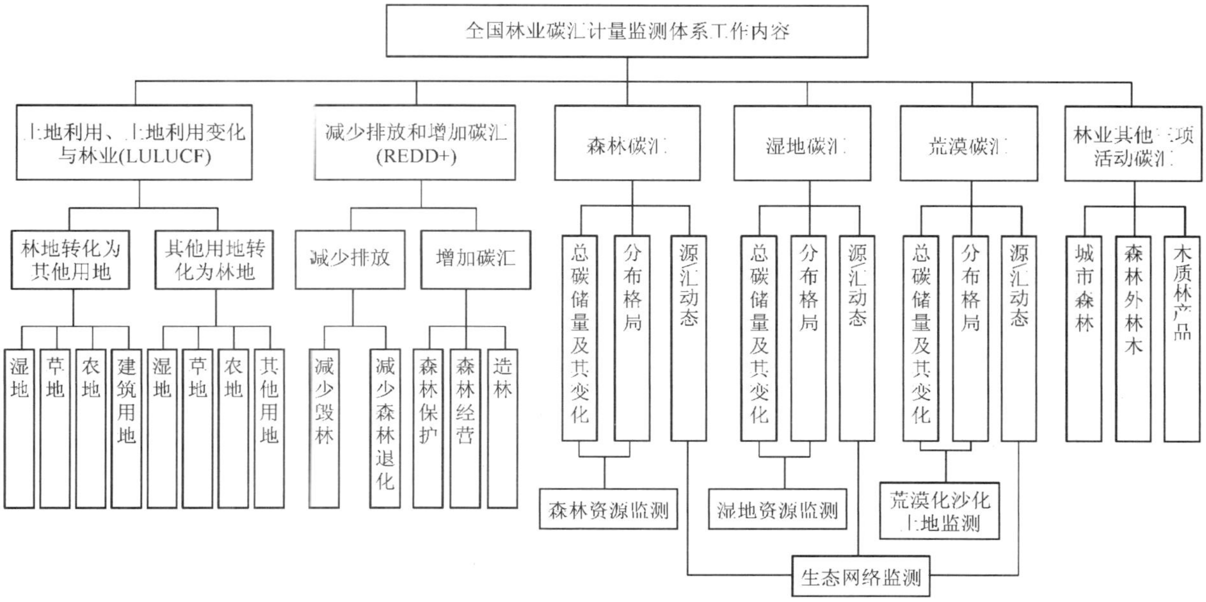

全国林业碳汇计量监测体系工作内容框架图

国家林业局办公室关于印发《省级林地保护利用规划大纲审查要点》的通知

办规字〔2011〕57 号

各省、自治区、直辖市林业厅(局)，内蒙古、吉林、龙江、大兴安岭森工(林业)集团公司，新疆生产建设兵团林业局，国家林业局各直属林业调查规划设计院：

为规范省级林地保护利用规划大纲审查工作，根据《国家林业局关于编制省级县级林地保护利用规划的通知》(林规发〔2010〕203 号)精神，我局研究制定了《省级林地保护利用规划大纲审查要点》，现印发给你们，请遵照执行。

特此通知。

附件：省级林地保护利用规划大纲审查要点

国家林业局办公室

2011 年 4 月 13 日

附件　省级林地保护利用规划大纲审查要点

本要点适用于省级林地保护利用规划大纲(以下简称“规划大纲”)的审查工作，内蒙古、吉林、龙江、大兴安岭森工(林业)集团公司、新疆生产建设兵团规划大纲审查参照执行。

一、审查组织

规划大纲审查工作由全国林地保护利用规划编制工作领导小组负责组织，成立审查小组，对规划大纲进行审查。审查小组由全国林地保护利用规划编制领导小组成员单位、相关领域专家等人员组成。

二、审查原则

规划大纲审查工作要以科学发展观为统领，立足于贯彻落实《全国林地保护利用规划纲要(2010～2020年)》，坚持严格保护、积极发展、科学经营、持续利用的方针，对规划大纲的科学性、合理性、可操作性等提出意见。具体遵循以下原则：

(一)依法依规，注重实施。贯彻国务院关于“要把林地与耕地放在同等重要的位置，高度重视林地保护”的要求，既要严格遵循国家有关法律法规、政策制度和规程规范，又要兼顾各地经济社会发展和林地保护利用现状及特点，确保规划大纲既符合国家宏观管理战略布局，又便于在本行政区域进行控制和实施。

(二)严格保护，突出重点。按照发展现代林业、建设生态文明、推动科学发展的总体要求，严格保护现有林地资源，积极拓展绿色生态空间。对生态区位重要和生态脆弱区域林地，以及高效生产木材、木本粮油和生物质能源等林地进行重点保护。

(三)持续利用，提高效益。按照建设资源节约型和环境友好型社会的要求，转变林业发展和林地利用方式，科学利用林地，充分发挥林地生产力，促进林地利用从粗放低效向集约高效转变。

(四)优化结构，合理布局。满足经济社会发展对林地的多功能需求，优化林地保护利用结构与空间布局，统筹生态、生产、建设使用林地，明确区域林地利用方向和重点，合理配置林地资源。

(五)强化调控，科学管理。遵循自然规律和经济规律，创新林地保护利用管理机制，因地制宜，分区施策，分类管理，强化规划实施保障措施，增强林地管理参与宏观调控的有效性和针对性。

三、审查依据

(一)《森林法》、《森林法实施条例》和地方颁布的与森林资源保护相关的地方性法规和政策文件。

(二)《全国林地保护利用规划纲要(2010～2020年)》及国函〔2010〕69 号文件。

(三)国家和地方颁布的森林资源保护管理技术标准。

(四)《省级林地保护利用规划编制指导意见》。

(五)《全国主体功能区规划》、《全国土地利用总体规划纲要(2006～2020 年)》。

(六)全国森林资源连续清查、地方森林资源规划设计调查、公益林区划界定和全国土地调查等成果。

(七)国家和地方国民经济和社会发展规划，全国造林绿化规划，全国、区域林业发展区划。

(八)其他有关资料。

四、审查重点

(一)基础数据

1. 审查规划基础数据的客观准确性。规划的基础数据要以符合规定的森林资源规划设计调查成果和国家级公益林区划界定成果等为基础，以最新全国森林资源连续清查成果数据为总控，并结合国土、农业、水利等部门调查成果，按规划的林地分类将林地及森林资源现状数据统一到规划基准年 2009 年，合理分解落实到县级单位。

2. 规划基础数据，要包括反映林地现状与结构的地类、权属、森林类别等数据；反映森林现状及结构的森林面积、森林覆盖率、森林蓄积量和起源、林种等数据。

3. 规划基础数据要明确林地质量等级及划分标准、林地生产率现状，国家级公益林、地方公益林的数量及结构分布，现有林业重点工程数量及实施范围。

4. 其他有关基础数据。

(二)专题研究

1. 规划大纲要在充分开展专题研究的基础上进行编制。

2. 专题研究要立足地方林地保护利用的实际，围绕林地保护利用重大问题开展并形成专题报告。

3. 专题研究要突出针对性、前瞻性和较强的指导作用。

（三）林地现状评价

林地现状分析评价要全面准确，客观体现本行政区域的特点、林地保护利用工作的成效，存在的突出矛盾和问题，并全面分析原因，论证编制林地保护利用规划的必要性。

（四）指导思想

规划大纲编制要以邓小平理论和“三个代表”重要思想为指导，深入贯彻落实科学发展观，坚持严格保护、可持续经营的方针；要遵循自然规律和经济规律，坚持合理布局、优化结构、科学管理的原则；要体现统筹协调发展与保护，节约集约使用林地原则，强化调控，严格林地用途管制制度。

（五）规划目标与任务

规划大纲要充分考虑当地经济社会发展基础和自然资源环境条件，准确把握未来林地利用和管理面临的主要机遇与挑战；要围绕经济社会发展战略目标，以加强节能减排、提高林业应对气候变化能力为出发点，明晰林地保护和保障经济社会发展的规划思路；要立足解决当地林地保护利用中的重大问题，提出林地保护利用的目标任务、战略重点和政策导向。规划目标要体现“双增”目标实现情况，并明确规划目标指标的实现途径和可行性。

（六）结构调整优化

围绕发展现代林业、建设生态文明、推动科学发展的要求，按分区、分类、分级、分等统筹安排，合理调整结构。

1. 在区域间差异性和区域内一致性分析的基础上，结合全国、省级主体功能区规划和林业发展区划，合理进行林地保护利用区划，确定区域林地保护利用方向，体现区域布局的合理性。

2. 统筹公益林地与商品林地结构，优先保护生态区位重要地区的林地，保障重点公益林建设，积极发展重点商品林基地；要积极保护天然林资源，科学调整天然林地与人工林地结构。

3. 按照《全国林地保护利用规划纲要（2010～2020年）》提出的要求，制定林地保护等级划分标准，明确不同保护等级规模和保护措施。

（七）指标控制

规划大纲必须落实《全国林地保护利用规划纲要（2010～2020年）》提出的各项规划指标。指标确定要符合当地实际及需要，并分解落实到县级单位。分解依据要充分，时序安排要合理。

1. 林地保有量

林地保有量安排必须体现“应保尽保”的原则，原则上保证森林“数量不减少、质量有提高”。省级以上林业重点工程与重点生态建设项目用地必须保障和落实。

林地动态平衡调整方案要切实可行，补充林地数量要能满足本辖区规划期内生态建设需求。符合退耕还林政策的生态重要区域、25度以上的耕地和生态脆弱区域的沙化耕地、能够恢复植被条件的石漠化土地、退化土地等要纳入补充林地范围；废弃工矿、废弃山区村庄及村中空闲地等宜林闲置地要按照宜林则林的原则纳入补充林地；违法毁林开垦的林地必须纳入还林规划。

2. 森林保有量

森林保有量要满足森林覆盖率奋斗目标的要求，体现对有林地和生态脆弱地区灌木林地的严格保护。

森林保护与发展要以改善当地生态状况为目标，规划宜林地造林、退化林地修复、森林植被恢复等内容。

3. 重点公益林地比率

重点公益林地规划指标要体现以生态建设为主的林业发展战略，比率要科学合理。国家级公益林地范围和面积不得擅自调整。

4. 重点商品林地比率

重点商品林地规划指标要以维护生态安全为前提，优先保障国家木材生产基地和其他林产品生产基地建设对林地的需求，合理确定。

5. 占用征收林地定额

占用征收林地指标要适度保障对经济社会发展有重大影响的能源、交通、水利等基础设施及公共建设使用林地，控制城乡建设使用林地，限制工矿开发占用林地，规范商业性经营使用林地。

6. 林地生产率

林地生产率指标要综合考虑林地潜力、森林经营模式、利用方式等因素，科学合理测算。

（八）林地用途管制

规划大纲要本着节约集约使用林地的原则，科学合理预测建设用地对林地的需求，体现“优化配置、有保有压”的原则，重点保障必要的基础设施和公共事业建设使用林地，严格控制经营性项目使用林地。临时占用林地和灾毁林地要有恢复计划和措施。

（九）林地保护

1. 结合本行政区林地现状、发展潜力以及生态建设和森林覆盖率奋斗目标的需求，规划可行的补充林地后备资源途径，发挥林地对生态安全的支撑作用。

2. 围绕森林保护目标，明确保护有林地和国家特别规定灌木林地，遏制林地退化，实行森林占补平衡的政策措施。

3. 按差别化管理要求，结合已完成的国家级、省级主体功能区（包括优化开发区、重点开发区、限制开发区、禁止开发区）规划成果，统筹调控本辖区的林地利用方向，落实差别化林地保护管理政策措施。

（十）林地利用

1. 根据各地实际情况，提出林地质量分等标准，明确不同等级林地的利用模式、规模和管理措施。

2. 本着“科学经营、持续利用”的方针，加强宏观调控，合理转变林业发展方式和林地利用方式，明确森林质量工程、林产品基地用地规模与布局，提高林地生产率，促进林地利用由粗放向集约高效转变。

（十一）保障措施

规划大纲要围绕保障各项规划目标的实现，从法律、经济、行政、技术等多个方面，拟定有针对性和可操作性的保障措施，强化规划实施执行力。

落实《全国林地保护利用规划纲要（2010～2020年）》提出的各项保障措施，尤其要落实节约使用林地的价格调节机制、不同用地途径的管理与调控政策等创新性林地管理政策措施，明确将约束性目标指标作为地方各级政府森林资源保护与发展目标责任制考核的重要内容，建立规划实施监测与评估机制和体系，确保规划的执行。

有关配套政策和措施的建议要符合有关法律法规和政策规定，符合政府职能转变和管理方式转变的改革方向，有利于形成保护林地和发展森林资源的长效机制，提高林地保护利用宏观调控能力。

（十二）成果要求

规划大纲要符合《省级林地保护利用规划编制指导意见》、《林地保护利用规划编制审查办法》等相关要求，结构清晰完整，说明简明扼要，统计表全面，专题研究报告有针对性。

（十三）协调与论证

1. 规划大纲须经过专家咨询和部门论证，经本辖区省级林地保护利用规划编制领导小组审查同意后上报。

2. 规划大纲编制要与当地发展改革、财政、国土、环保、城建、农业、交通、水利等部门协调，对规划目标及林地规模、结构、布局和相关政策等进行沟通确认，并与下级规划进行对接。

五、审查结果处理

审查单位应当将审查意见反馈给省级林业主管部门。

规划大纲通过审查的，省级林业主管部门依据审查意见，编制林地保护利用规划。

规划大纲未通过审查的，省级林业主管部门应当根据审查意见进一步修改完善，重新申报。

国家林业局办公室关于印发《林业产业突出贡献奖管理办法》和《林业产业创新奖管理办法》的通知

办资字〔2011〕88 号

各省、自治区、直辖市林业厅（局），内蒙古、吉林、龙江、大兴安岭森工（林业）集团公司，新疆生产建设兵团林业局，国家林业局各司局、各直属单位：

为贯彻落实国家林业局、国家发展改革委、财政部、商务部、国家税务总局联合颁布的《林业产业振兴计划》和第二届全国林业产业大会有关精神，鼓励技术创新，表彰林业产业发展中作出突出贡献的单位和个人，推动林业产业行业技术进步，促进我国林业产业持续健康发展，按照国务院纠正行业不正之风办公室《关于评比达标表彰保留项目的通知》中核准我局保留“林业产业突出贡献奖、创新奖”林业类评比达标表彰项目的有关意见，我局研究制定了《林业产业突出贡献奖管理办法》和《林业产业创新奖管理办法》（见附件 1、2），现印发给你们，并提出如下意见，请一并贯彻执行。

一、中国林业产业联合会要按照《林业产业突出贡献奖管理办法》和《林业产业创新奖管理办法》的规定，尽快拟定实施细则，并组织开展相关工作。

二、鉴于“林业产业突出贡献奖”事关林业产业全局，此奖项的评比工作由中国林业产业联合会组织，各地林业主管部门协助申报，以两年为一个周期，在全国林业产业大会上表彰；“林业产业创新奖”的评奖工作由中国林业产业联合会根据行业分类，会同各有关行业协会组织评选。

特此通知。

附件：1. 林业产业突出贡献奖管理办法

2. 林业产业创新奖管理办法

国家林业局办公室
2011 年 6 月 2 日

附件 1　林业产业突出贡献奖管理办法

第一章　总　则

第一条　为奖励在我国林业产业发展工作中作出突出贡献的单位和个人，促进我国林业产业持续快速健康发展，推动我国现代林业又好又快发展与生态文明建设进程，根据国家有关规定，制定本办法。

第二条　林业产业突出贡献奖（以下简称突出贡献奖）的奖励对象为全力推动我国林业产业发展的地方各级林业主管部门、林业科研机构、林业龙头企业及个人。

第三条　突出贡献奖的评审应当坚持科学、公开、公平、公正的原则，保障奖励工作的严肃性。

第四条　突出贡献奖根据不同行业，不同区域分别评选，每两年一届。

第五条　突出贡献奖由中国林业产业联合会主办，评审管理工作受国家林业局的监督指导。

第二章　管理及执行机构的职责

第六条　中国林业产业联合会牵头成立林业产业突出贡献奖评审委员会（以下简称评审委员会），负责突出贡献奖的评审，中国林业产业联合会秘书处负责突出贡献奖的日常管理和执行工作。

第七条　评审委员会由中国林业产业联合会秘书处组织推荐，由国家林业局有关司局、直属单位负责人、行业专家及相关媒体人员等共同组成。

第八条　评审委员会的职责是：

（一）审核制定突出贡献奖的评审原则和评审标准；

（二）对申报单位和个人提出评审意见；

（三）向突出贡献奖主办单位报告评审结果；

（四）研究、解决奖励工作中出现的重大问题。

第九条 中国林业产业联合会秘书处为突出贡献奖的日常管理和执行机构，其职责是：

（一）组织突出贡献奖的申报及评审工作；

（二）负责申报单位和个人的资格初审及评审结果的公示公布；

（三）负责与评审专家的日常联系；

（四）建立并保管评审工作档案；

（五）受理突出贡献奖查询事务和异议处理。

第十条 评审委员会专家的资格条件：

（一）关心林业产业发展，热心于林业产业工作；

（二）熟悉林业产业国内外发展现状和动向，具备综合判断能力；

（三）具有良好的职业道德，工作认真负责；

（四）具有相应的专业技术职称（公务员身份除外），身体健康。

第三章 奖励范围及申报条件

第十一条 奖励范围：在林业第一、二、三产业，包括林木种植、经济林培育、花卉培育、木竹采运、木竹加工、人造板业、木浆造纸、林产化工、林副产品采集加工、森林旅游及林业机械、生物制药等行业中有突出业绩，对促进当地林业产业发展具有表率作用的单位和个人。

第十二条 申报单位和个人应当符合以下条件：

（一）从事产业符合国家产业政策，带动当地农民就业和增加收入作出突出贡献，具有明显的经济、社会和环境效益；

（二）林业产业建设成效显著，上年林业产业产值达到同级单位或行业前列；

（三）近年来林业产业快速发展，上年林业产业产值同比增幅超过30%；

（四）科研院所申报人常年坚持在生产、教育、科研第一线，并对中国林业产业科学研究作出突出贡献；

（五）林业企业年产值排名细分行业前列，严格遵守国家的法律法规和各项政策，合法经营，照章纳税，积极参与社会公益事业，为行业内遵纪守法、诚信经营的表率。

第十三条 各省区市林业厅（局）、各地（市）县林业局、各林业科研院所、各林业龙头企业每届限报突出贡献个人奖一名、单位奖一名。

第四章 申报资料及申报程序

第十四条 申报资料包括以下文件，一式两份并按顺序装订成册：

（一）《中国林业产业突出贡献奖申报书》（有关表格可通过中国林业产业网 www. chinalycy. com 下载）；

（二）有关财务报表、纳税证明或统计资料（仅企、事业单位提供）；

（三）有关行业核准资料和证明（仅企、事业单位提供）；

（四）申报人员身份证复印件及所在单位证明；

（五）突出贡献奖主办单位要求申报的其他资料。

第十五条 申报程序：

（一）申报表及支撑文件的书面和影像资料经省级林业产业类协会或者林业相关主管单位初审盖章后，报送中国林业产业联合会（中国林业产业联合会、中国林产工业协会副会长单位可以直接报中国林业产业联合会）；

（二）中国林业产业联合会秘书处按照本办法要求对申报资料进行复审，对复审合格的资料签署推荐意见、盖章后报送评审委员会审议；

（三）评审委员会负责对申报资料进行审核。

第五章 奖项设置与评审

第十六条 突出贡献奖的评审将根据林业产业涉及面广的特点，以及申报单位和个人的不同区域、不同行业，贡献大小，经济、社会和环境效益，对当地林业产业发展的促进作用等方面进行综合评价。对于贡献特别巨大的单位或者个人，颁发突出贡献奖（特别奖）；对于贡献突出的单位或者个人，颁发突出贡献奖；对于有杰出贡献的基层单位，颁发突出贡献奖（杰出基层单位奖）。

第十七条 评审委员会由5人以上单数委员组成，申报单位的评审专家应当回避。

评审委员会依据评审标准，在充分讨论的基础上，采取无记名投票方式表决。获奖单位和个人需获得出席评审会议半数以上的评委通过方为有效。

第六章 公示与公布

第十八条 通过评审的获奖单位和个人经突出贡献奖主办单位审核后在有关书面媒体或者网站上公示，公示期为15天。

第十九条 任何单位或者个人对公示的内容持有异议，均可在公示期内以署实名的书面形式向突出贡献奖主办单位提出异议，并提供必要的证明材料。

第二十条 对突出贡献奖的异议，由主办单位组织专人调查后，提出处理意见。

第二十一条 无异议或者有异议但已妥善解决的获奖单位和个人，报评审委员会审查。通过审查的获奖单位和个人报经主办单位备案后公布。

第七章 纪 律

第二十二条 申报突出贡献奖的单位和个人不得弄虚作假，违者将视情节轻重给予批评教育直至取消申报或者获奖资格的处理。

第二十三条 突出贡献奖主管部门工作人员和评审专家必须严守秘密，秉公办事，廉洁自律，不得收受企、事业单位和有关人员的礼品、礼金。违者将视情节轻重给予批评教育直至取消评审专家或者工作人员资格的处理，并将违纪行为通知本人所在单位。

第二十四条 对已经获得突出贡献奖的单位和个人，若发现其弄虚作假等重大问题，突出贡献奖主办单位将组织有关人员进行核实并提出书面报告，情况属实的，取消其突出贡献奖资格，在媒体上公布并追回奖状、证书。

第八章　奖　励

第二十五条　中国林业产业联合会向获得突出贡献奖的单位和个人颁发奖状和奖励证书。

第二十六条　突出贡献奖获奖情况应当记入个人档案，作为考核、晋升、评审专业技术职称等的重要依据。

有关部门、地区和获奖单位应当根据本部门、本地区和本单位的实际情况，对获奖单位和个人给予奖励。

第九章　附　则

第二十七条　本办法自印发之日起施行。

第二十八条　本办法由中国林业产业联合会秘书处负责解释。

附件 2　林业产业创新奖管理办法

第一章　总　则

第一条　为贯彻落实科学发展观和构建创新型国家的战略决策，充分调动广大林业工作者的积极性和创造性，鼓励技术创新，推动我国林业产业行业技术进步，促进我国林业产业持续快速健康发展，表彰在我国林业产业行业技术进步工作中富于创新精神，并达到较高水平的单位和个人，根据国家有关规定，制定本办法。

第二条　林业产业创新奖（以下简称创新奖）的奖励项目应当符合国家产业政策、技术政策和有关标准规范的规定。

第三条　创新奖的评审应当坚持科学、公开、公平、公正的原则，保障奖励工作的严肃性。

第四条　创新奖的奖励对象为全国范围内对推动林业产业技术进步，促进林业产业持续快速健康发展有积极作用的科学技术成果的完成单位和个人。

第五条　根据不同行业，创新奖划分为不同类别分别评选。

第六条　创新奖每一类别均设立一、二、三等奖 3 个等级，每两年评选一次。

第七条　中国林业产业联合会设立专家评审小组（以下简称评审小组）负责创新奖的评审，中国林业产业联合会秘书处负责创新奖的日常管理和执行工作。

第八条　创新奖由中国林业产业联合会主办，评审管理工作受国家林业局的监督指导。

第二章　管理及执行机构的职责

第九条　专家评审小组由中国林业产业联合会负责推荐组织，由相关行业专家、学者和中国林业产业联合会秘书处有关负责人员共同组成。

第十条　评审小组的职责是：

（一）审核制定创新奖的评审原则和评审标准；

（二）推荐有关专家参与创新奖的评审工作；

（三）对申报项目提出评审意见；

（四）向创新奖主办单位报告评审结果；

（五）研究、解决奖励工作中出现的其他重大问题。

第十一条　中国林业产业联合会秘书处为创新奖的日常管理和执行机构，其职责是：

（一）组织创新奖的申报及评审工作；

（二）负责申报项目的资格初审和评审结果的公示公布；

（三）负责与评审专家的日常联系；

（四）建立并保管评审工作档案；

（五）受理创新奖查询事务和异议处理。

第十二条　评审小组专家的资格条件：

（一）关心行业科技发展，热心于林业产业科技工作；

（二）熟悉本行业技术领域国内外现状和发展动向，并具备综合判断能力；

（三）具有良好的职业道德，工作认真负责；

（四）具有相应的专业技术职称（公务员身份除外）、身体健康。

第三章　奖励范围及申报条件

第十三条　创新奖励范围包括：

（一）在林业科学技术理论研究中产生重要影响，对林业科学技术领域学科体系的建立和发展有突出贡献的成果；

（二）应用于林业生产的新科技成果（包括新产品、新技术、新工艺、新材料、新设计等）；

（三）在推广、应用已有的重大林业科学技术成果工作中，作出创造性贡献并取得重大经济效益或者社会效益；

（四）在重大林业工程建设、重大林业设备研制和企业技术改造及技术创新中，采用新的林业科学技术，作出创造性贡献并取得重大经济效益或者社会效益；

（五）在引进、消化、吸收、开发、应用国外先进的林业科学技术中，作出创造性贡献并取得了重大经济效益或者社会效益；

（六）为林业生产决策科学化与林业产业管理现代化而进行创造性研究并取得显著效果的软科学成果。

第十四条　申报项目应当符合以下条件：

（一）所报项目已经建设完成，通过科技成果或投产鉴定；

（二）符合国家产业政策，创新性强且实用效果突出；

（三）符合节能环保要求；

（四）具有较高技术含量，达到国际国内同类项目的先进水平；

（五）具有明显的经济、社会和环境效益；

（六）知识产权明晰，无产权纠纷和异议；

（七）研究人员排序无异议；

（八）申报项目的技术成果是近 5 年取得的，并为首次申报。

第十五条　两个或者两个以上单位共同完成的项目，由项目第一完成单位与其他完成单位协商一致后申报推荐。

一等奖主要完成单位不超过5个，主要完成人员不超过7人；二、三等奖主要完成单位不超过3个，主要完成人员不超过5人。

第四章　申报资料及申报程序

第十六条　申报资料包括以下文件，一式2份并按顺序装订成册：

（一）《中国林业产业创新奖申报书》；

（二）科技成果鉴定证书（至少一份为原件）及鉴定资料；

（三）有关标准、技术规范、管理手册等相关文件资料（软科学类成果除外），专利和通过ISO认证的相关材料，以及生产许可文件；

（四）法定的检测机构出具的近期质量检测报告（软科学类成果除外）；

（五）经过省级相关奖项备案、认定规定范围的技术和产品，须提供相应的备案或者认定证书；

（六）用户意见或者应用于生产与工程实践的证明，以及2家以上已推广应用的工程或者单位名单；

（七）涉及计量、安全、环保、卫生等产品必须出具相关行政主管部门的生产许可批件；

（八）主要完成人员身份证复印件及完成单位证明；

（九）创新奖主办单位要求申报的其他必要的技术资料。

第十七条　申报程序：

（一）申报表及支撑文件的书面和影像资料报送中国林业产业联合会秘书处。电子版申报表及有关电子文档发送邮箱：china_ forestry@ hotmail. com

（二）中国林业产业联合会秘书处工作人员按照本办法要求对申报项目进行初审，对初审合格的项目签署推荐意见并盖章后报送评审小组审议；

（三）评审小组负责对申报资料进行审核。

第五章　评　审

第十八条　创新奖根据林业产业涉及面广的特点，以及申报项目的技术水平，技术难度和深度，技术应用状况，经济、社会和环境效益，提升行业科技进步作用等方面进行综合评价。

一等奖：一般应达到同类项目的国际先进水平，技术难度与深度很大，提升行业科技进步作用重大，并取得显著经济、社会和环境效益。

二等奖：一般应达到同类项目的国内领先水平，技术难度大，提升行业科技进步作用很大，并取得很大经济、社会和环境效益。

三等奖：一般应达到同类项目的国内先进水平，技术难度较大，对行业的科技进步，提高经济、社会和环境效益起到较大的推动作用。

第十九条　评审小组由专家委员会根据申报项目情况从专家库中随机抽取5人以上单数委员组成，申报单位的专家必须回避。

评审小组依据评审标准，在充分讨论的基础上，以无记名投票方式表决。一等奖项目需获得到会评委2/3通过，二、三等奖项目需获得到会评委1/2通过。

第六章　公示与公布

第二十条　通过评审的项目经创新奖主办单位审核后在有关书面媒体或者网站上公示，公示期为15天。

第二十一条　任何单位或者个人对公示的项目持有异议，均可在公示期内以署实名的书面形式向创新奖主办单位提出异议，并提供必要的证明材料。

第二十二条　对于有效异议，由评审小组负责协调解决，必要时可报创新奖主办单位组织专人调查，提出处理意见。

第二十三条　无异议或者已经妥善解决异议的公示项目，报评审小组审查。通过审查的获奖项目报经创新奖主办单位备案核准后公布。

第七章　纪　律

第二十四条　申报创新奖的单位不得弄虚作假，违者将视情节轻重给予批评教育直至取消申报或者获奖资格的处理。

第二十五条　创新奖主管部门工作人员和评审专家必须严守秘密，秉公办事，廉洁自律，不得收受企、事业单位和有关人员的礼品、礼金。违者将视情节轻重给予批评教育直至取消评审专家或者核查人员资格的处理，并将违纪行为通知本人所在单位。

第二十六条　对已经获得创新奖的项目，若发现其存在剽窃、弄虚作假等重大问题或者工程质量隐患，创新奖主办单位将组织有关人员进行核实并提出书面报告，情况属实的，将取消其林业产业创新奖项目资格，在媒体上公布并追回获奖证书。

第八章　奖　励

第二十七条　中国林业产业联合会向获得创新奖的项目单位和相关人员颁发奖状和奖励证书。

第二十八条　创新奖获奖情况应当记入获奖人档案，作为考核、晋升、评审专业技术职称等的重要依据。

有关部门、地区和获奖单位应当根据本部门、本地区和本单位的实际情况，对获奖单位和有关人员给予奖励。

第九章　附　则

第二十九条　本办法自印发之日起施行。

第三十条　本办法由中国林业产业联合会秘书处负责解释。

国家林业局办公室关于进一步严格执行评比达标表彰活动规定的通知

办发字〔2011〕138 号

国家林业局各司局、各直属单位：

2010 年 5 月，我局以办发字〔2010〕70 号文转发了国务院纠正行业不正之风办公室《关于评比达标表彰保留项目的通知》，并据此明确要求各司局、各直属单位“对没有列入保留项目的，一律不得擅自开展评比达标表彰活动”。通知下发后，绝大部分单位都能按照要求严格执行。但是，近来发现仍有单位违反规定擅自开展评比达标表彰活动。为此，现就进一步严格执行评比达标表彰规定通知如下：

一、进一步提高对规范评比达标表彰活动重要性的认识

规范评比达标表彰活动，是党中央国务院作出的重大决策部署，是维护各级党委、政府和部门形象的重要举措，各司局、各直属单位必须把严格执行评比达标表彰活动的规定，提高到认真贯彻落实党中央国务院重大方针政策，与党中央保持一致的高度来认识，做到思想上高度重视，行动上坚定自觉。

二、认真自查自纠，坚决做到令行禁止

2011 年 3 月，全国评比达标表彰工作协调小组制定了《评比达标表彰活动管理办法(试行)实施细则》(国评组发〔2011〕5 号)，就规范评比达标表彰活动作出了具体明确的规定和细化分解，为我局开展这一活动提供了翔实标准和操作依据；同时，有关部门根据社会反映，对我局评比达标表彰工作进行了督查并提出了要求。为自觉接受社会监督，进一步严格执行评比达标表彰活动规定，各司局、各直属单位自接到本通知之日起，要立即对相关工作进行一次认真的自查自纠，对不符合规定又正在组织的活动要一律停止。同时，必须切实严格执行国务院纠正行业不正之风办公室《关于评比达标表彰保留项目的通知》和全国评比达标表彰工作协调小组《评比达标表彰活动办法(试行)实施细则》的规定，不得擅自开展评比达标表彰活动。

特此通知。

国家林业局办公室

2011 年 8 月 26 日

国家林业局办公室关于印发《国家林业局森林抚育经营工作领导小组工作制度》的通知

办造字〔2011〕143 号

国家林业局各司局、各直属单位：

现将 2011 年 5 月 4 日局长办公专题会议审定通过的《国家林业局森林抚育经营工作领导小组工作制度》印发你们，请认真遵照执行。

特此通知。

附件：国家林业局森林抚育经营工作领导小组工作制度

国家林业局办公室

2011 年 9 月 2 日

附件　国家林业局森林抚育经营工作领导小组工作制度

为明确职能，规范行为，集中力量，加强全国森林抚育经营统一管理，全力抓好森林抚育经营工作，确保实现“十二五”规划确定的两个约束性指标，根据我局各有关司局、各有关直属单位职责，特建立本制度。

一、成立领导小组

成立国家林业局森林抚育经营工作领导小组(以下简称“领导小组”)。张永利副局长担任组长，造林司司长、资源司司长、计财司司长、天保办主任担任副组长，成员由造林司、资源司、计财司、科技司、场圃总站、工作总站、基金总站(稽查办)、天保办、规划院等司局、直属单位各一位负责同志参加，领导小组办公室设在造林司。造林司司长兼任领导小组办公室主任。

领导小组的主要职责是：组织制定全国森林抚育经营相关规划和生产建设任务；协调落实所需采伐限额，审定森林抚育经营检查验收、成效监测和评比表彰办法；组织审定森林抚育经营资金稽查年度任务；负责局领导交办的相关重大事项。

领导小组工作实行联席会议制度。领导小组每年第一季度举行一次全体会议，听取并审议领导小组办公室上年度工作汇报和本年度工作安排。涉及森林抚育经营计划资金安排、实施方案审批、采伐指标落实、检查验收、成效监测等重大问题，可随时进行会商审议。

二、明确职责分工

造林司承担领导小组办公室日常工作，指导各地开展森林抚育经营；提出全国森林抚育经营生产建设任务建议草案；负责拟订森林抚育经营有关技术规程、标准和规范，组织开展森林抚育经营检查验收、评比表彰等工作；负责有关森林抚育经营作业档案管理，调度森林抚育经营进度和信息，及时向领导小组成员通报有关情况。

资源司负责森林抚育经营采伐限额管理和监督，组织开展森林抚育经营成效监测和评价。

计财司负责组织制定全国森林抚育经营相关规划，下达森林抚育经营生产建设任务。

科技司负责森林抚育经营科学研究、技术推广和标准化建设等科技支撑工作。

场圃总站负责具体指导国有林场森林抚育经营工作。

工作总站负责基层林农技术培训，指导林农实施抚育经营。

基金总站(稽查办)承担全国森林抚育经营资金稽查工作。

天保办负责指导天保工程区森林抚育经营具体工作。

规划院承担全国森林抚育经营检查验收等工作。

三、加强协调配合

领导小组办公室要加强森林抚育经营工作的协调和领导，强化统一管理，统一制定规划计划、统一制定管理办法、统一制定技术标准、统一组织检查验收、统一开展评比表彰。各成员单位要在领导小组的统一领导下，齐心协力，顾全大局，明确责任，精心策划，确保森林抚育经营工作扎实有效地开展。

四、严格遵守制度

此制度一经公布，各有关司局、各有关直属单位都要严格要求，认真按章办事，依规履行职责，努力构建各司其职、各负其责、运转顺畅、廉洁高效的运行机制。

国家林业局办公室印发《国家林业局关于进一步加强新形势下厉行节约工作的意见》的通知

办发字〔2011〕148 号

各司局、各直属单位：

现将《关于进一步加强新形势下厉行节约工作的意见》印发给你们，请结合实际认真贯彻执行，按照本意见精神，各司局要制定具体落实措施，各直属单位要制定具体实施办法。

特此通知。

附件：国家林业局关于进一步加强新形势下厉行节约工作的意见

国家林业局办公室

2011 年 9 月 14 日

附件　国家林业局关于进一步加强新形势下厉行节约工作的意见

为贯彻落实党中央、国务院关于厉行节约的要求和四部委《关于中央国家机关带头厉行节约发挥表率作用的通知》精神，进一步加强新形势下厉行节约工作，推进节约型机关建设，现就贯彻落实中央国家机关厉行节约工作部署提出如下意见。

一、充分认识加强新形势下厉行节约工作的重要意义、总体要求和基本原则

(一)加强新形势下厉行节约工作的重要意义。党政机关带头厉行节约，压缩公务经费，把有限的资金和资源更多用在发展经济、改善民生上，是党中央、国务院从全局和战略高度作出的重要部署。加强新形势下中央国家机关厉行节约工作是党中央、国务院交给的重要政治任务，对于贯彻落实中央关于建设节约型社会的要求，发挥中央国家机关示范表率作用，有效控制和规范公务经费支出，降低行政成本，建设节约型机关，进一步加强党风廉政建设，促进机关和党员领导干部作风建设具有十分重要的意义。近年来，国家林业局党组高度重视厉行节约工作，认真贯彻中央决策部署，连续下发有关文件，采取有力措施，进一步强化厉行节约、反对铺张浪费，有效控制和规范了公务经费支出，收到了明显成效，为建设节约型机关打下了坚实的基础。

(二)加强新形势下厉行节约工作的总体要求。全面贯彻落实党的十七大和十七届三中、四中、五中全会精神，以邓小平理论和“三个代表”重要思想为指导，深入贯彻落实科学发展观，认真落实中央关于厉行节约的要求和四部委《关于中央国家机关带头厉行节约发挥表率作用的通知》精神，大力弘扬艰苦奋斗优良传统和作风，带头厉行节约，制止奢侈浪费，着力解决突出问题，加强规范管理，建立和完善制度标准，构建监督制约管理体系，确保节约目标的实现。

(三)加强新形势下厉行节约工作的基本原则。坚持分级负责，齐抓共管。明确责任分工，健全工作机制，落实厉行节约工作责任制，一级抓一级，层层抓落实。坚持严格控制，规范管理。建立和完善制度标准，明确节约目标，严格预算管理，构建制约机制，从严控制公务经费支出，有效降低行政成本。坚持民主监督，公开透明。着力构建民主监督机制，大力推广政务公开，及时公布“三公”经费，自觉接受群众和舆论监督。

坚持标本兼治，纠建并举。认真纠正和清理违规违纪问题，坚持深化改革，创新管理方式，着力构建厉行节约长效机制。坚持积极稳妥，扎实有效。广泛动员，扎实推进，明确重点，把握环节，制定方案，采取措施，抓好落实，确保厉行节约工作取得实效。

二、扎实做好新形势下厉行节约工作

（一）大力推进节能减排工作。认真落实《公共机构节能条例》和中央国家机关要求，确保实现2011年用油、用电、用水指标比上年下降2%的目标。一是加强用油管理。严格执行"一车一卡"、定点加油和单车核算制度，加强用油定额考核，认真落实油耗统计报告制度。严格控制公务车使用，除会议、安全、保密和外事等必要活动外，要求职工外出办理公务尽量采用公共交通或骑自行车，有效控制油料经费支出。二是加强用电管理。实施用电设备节电技术改造，淘汰高耗能设备，选用节能灯等先进设备。积极推进合同能源管理，年底前完成供暖水泵改造、机关和所属单位高效照明产品使用率要达到100%。加强用电监控和管理，减少电梯运行数量，充分利用自然光，杜绝白昼灯、长明灯现象。严格控制空调温度和关闭时间，空调温度设置夏季不低于26℃、冬季不高于20℃。实行分区域和单元供电、单独计量和采用IC卡收费。加强巡视检查，发现问题及时纠正。三是加强用水用气管理。建立和完善节水管理机制，杜绝跑冒滴漏和长流水现象，教育引导职工自觉养成节约用水习惯；合理实施办公区绿地浇灌，严禁漫灌；禁止在单位冲洗私家车。大力推进科学节水改造，办公区和食堂用水要全部采用节水器具、安装水表，完成办公区所有水平衡测试，2011年40%以上的所属单位要达到节水型单位标准。加强节约燃气管理，严格控制锅炉供暖时间和食堂用气，做到科学管理有效使用。所有燃气锅炉要全部采用全自动化控制装置，有效降低燃气消耗，年底前所属单位节气型食堂灶具使用率要达到20%以上。四是加强资源循环利用管理。积极推广使用高效节能办公用品，严格规范办公用品配置和采购管理，充分利用互联网办公，大力推进无纸化办公，有效控制纸质公文印刷数量，坚决抵制过度包装。对废旧电脑及办公用品耗材实行回收利用，进一步节约办公经费和减少污染。

（二）严格控制和规范公务经费支出。一是加强因公出国(境)管理。认真落实中央办公厅、国务院办公厅关于加强因公出国(境)管理规定，严格控制出国(境)团组数量和规模，杜绝不必要和没有实质性内容的出国(境)培训、考察和访问，严禁以公务考察为名出国(境)旅游。严格执行因公出国(境)审批制度和费用标准，实现因公出国(境)经费预算零增长。二是加强公务用车配备使用管理。扎实推进公务用车问题专项治理工作，认真落实党政机关和领导干部公务用车配备使用管理办法，严格执行公务用车新编制新标准和购置审批程序，认真纠正公务用车超编超标等违规问题，有效控制公务用车使用范围。完善公务用车使用管理制度，严格执行"定点保险、定点维修、定点加油"规定，建立公务用车使用登记和封存制度，严禁公车私用，积极稳妥推进公务用车改革，有效减少车辆运行经费支出。三是加强公务接待管理。认真落实《党政机关国内公务接待管理规定》，建立和完善接待制度，明确接待标准和范围，严格审批程序。公务接待要安排在机关食堂就餐，严格按标准提供工作餐，尽量减少陪餐人员；工作日午餐不准饮酒，不得组织到营业性娱乐、洗浴、健身场所活动，不得安排旅游项目；严禁用公款大吃大喝、相互宴请。严禁以举办会议、培训为名，列支、转移、隐匿接待费开支，不得向下级或其他相关单位转嫁接待费用。四是加强会议经费管理。严格执行会议定点规定和会议费标准，报销会议费时须附定点饭店原始费用明细单据，凡超出会议预算和违反支出规定的不予报销；严格控制会议数量、时间和规模，除确需召开的会议外，应采用电视电话、网络视频和下发文件等方式进行；在京召开会议原则上在机关内部召开，无外地代表不安排食宿，一般性会议不摆放花卉，不安排"茶歇"。五是加强办公经费管理。严格执行差旅费、通信费、小型设备维修费以及办公用品费等限额包干使用规定，凡超出限额的不予报销；努力压缩出差次数、人数和天数，严格控制一般性考察调研、学习交流等活动。加强办公设备日常管护，有效减少办公用品消耗，尽量压减各项费用支出。六是加强办公设备购置管理。坚持从严从紧配备各类办公设备，凡超出采购预算和非急需设备不予采购；加强采购计划管理，严格执行政府采购规定，有效减少设备购置数量。

（三）积极开展节约粮食活动。广泛开展以"珍惜粮食、尊重劳动、反对浪费"为主题的宣传教育活动，倡导"崇尚节俭、科学饮食、健康消费"的生活理念和饮食文化，营造"节约粮食光荣、浪费粮食可耻"的氛围，切实增强干部职工节约粮食的意识。认真做好机关食堂和所属宾馆、招待所、培训中心和幼儿园等单位餐厅的节约粮食工作，加强粮食采购、贮存和加工管理，防止生虫变质造成浪费。按照经济适量、计口下粮的原则烹制食品，切实减少剩余食物。进一步完善节约粮食措施，建立节约粮食长效机制。

（四）大力加强国有资产管理。完善资产管理体制，明晰产权关系，落实资产管理责任制。加强资产日常使用管理，盘活存量资产，创新资产管理方式，完善国有资产处置机制，建立统一的调剂使用和报废制度，提高资产使用效益，防止资产浪费和流失。加强办公用房管理，禁止对外出租办公用房，从严控制楼堂馆所建设，严禁超标准装修办公用房。加强经费管理，合理安排使用资金，严格审批程序，加强监督审计，从严控制经费支出。

（五）积极推进节能产品采购和信息工程共建共享。严格执行节能产品政府优先采购和强制采购制度，对节能产品清单中的计算机、打印机、照明产品等9类强制采购的产品实施集中采购，发挥政府采购规模效应，促进能源、资源和财政节约。积极推进有关网络数据共建共享，提高已有信息工程设施设备利用率，避免重复建设，有效节省资金。

三、切实加强新形势下厉行节约工作的组织领导

（一）高度重视厉行节约工作。厉行节约工作在局党组统一领导下进行，成立国家林业局厉行节约工作领导小组，局党组成员、副局长张永利同志任组长，办公室、计财司、人事司、直属机关党委、监察局、机关服务局为成员单位，负责全面协调指导和监督厉行节约工作。下设办公室，办公室设在机关服务局，负责日常安排规划、组织协调、指导检查和督促落实工作（名单附后）。各司局各单位要成立相应的工作机构并设立联络员，主要负责同志亲自抓、负总责，分管领导具体抓。要坚持两手抓、两手都要硬的方针，把厉行节约工作摆在突出位置，纳入单位和领导班子年度考核评价范围，作为领导干部工作业绩考核的重要内容。要把厉行节约工作与建设学习型党组织和创先争优活动紧密结合起来，制定厉行节约创新工作指标体系和机关工作人员勤俭节约行为规范，逐步实现厉行节约工作科学化制度化规范化。

（二）加大厉行节约宣传教育力度。要认真开展有关形势教育，引导广大干部职工提高对厉行节约重要性的认识，增强责任感和紧迫感；要大力开展弘扬艰苦奋斗优良传统和作风教育，引导广大干部职工牢固树立廉洁自律、勤俭节约、反对浪费的崇高思想；要积极开展《公共机构节能条例》的宣传，引导广大干部职工自觉养成勤俭节约的习惯。要充分利用简报、大屏幕、互联网、报纸等媒体，认真宣传厉行节约工作情况。要适时召开经验交流和总结表彰会，大力推广先进单位和个人的经验和做法，营造浓厚氛围，全面推进厉行节约工作深入开展。

（三）完善厉行节约制度标准。抓紧完善厉行节约政策法规制度，特别是要完善和执行机构编制、经费预算、国有资产、公务用车、公款出国（境）、公务接待、差旅会议、公共机构节能以及政府采购等管理规定，细化各项经费开支标准，完善各项具体措施，逐步建立厉行节约长效机制。

（四）深化与厉行节约有关的制度改革。严格控制行政机构设置和行政编制，积极稳妥推进直属事业单位机构改革，严格控制事业单位编制使用范围；深化预算管理制度改革，完善支出标准，细化预算编制，推行实物费用定额和“公务卡”结算方式，加强收支两条线管理，将各项非税收入纳入预算管理，强化预算管理的刚性约束；深化机关事务管理体制改革，为机关有序运转、提高行政效能、降低运行成本提供有力保障。

（五）加强厉行节约监督检查。局厉行节约工作领导小组成员单位，要各负其责、加强沟通协作、形成合力，按照责任分工搞好协调指导和监督检查。领导小组办公室要担负起统一规划、组织协调、督促检查和加强指导的重要职责，推动厉行节约工作落到实处。要建立厉行节约的激励约束机制，明确厉行节约工作考核目标和奖惩条件。要增加厉行节约工作透明度，及时公布“三项经费”支出情况，自觉接受群众监督，真正形成群策群力，齐抓共管的格局。

国家林业局办公室关于印发《集体林权制度改革突发事件应急预案》的通知

办改字〔2011〕158号

各省、自治区、直辖市林业厅（局），新疆生产建设兵团林业局，国家林业局各司局、各直属单位：

现将《集体林权制度改革突发事件应急预案》印发给你们，自印发之日起实施。

特此通知。

附件：集体林权制度改革突发事件应急预案

国家林业局办公室

2011年9月30日

附件　集体林权制度改革突发事件应急预案

1. 总则

1.1　编制目的

建立健全林业主管部门参与因集体林权制度改革（以下简称林改）引发突发事件的预防、处置工作机制，最大程度地预防和减少林改突发事件的发生，降低事件造成的危害和影响，切实维护社会稳定，保障人民生命财产和森林资源安全，为林改的顺利推进创造安全稳定的社会环境。

1.2　编制依据

依据《中华人民共和国突发事件应对法》、《中华人民共和国森林法》、《中华人民共和国农村土地承包法》、《中华人民共和国农村土地承包经营纠纷调解仲裁法》和《中共中央　国务院关于全面推进集体林权制度改革的意见》、《国家突发公共事件总体应急预案》、《国家林业局林木林地权属争议处理办法》等有关规定，制定本预案。

1.3　适用范围

本预案所指林改突发事件是指在林改过程中或处理林权历史遗留问题过程中突然发生的，对经济发展、社会稳定、生态安全有重大影响，造成或者可能造成人民生命财产和森林资源重大损失的群体性事件。

本预案适用于相关林业主管部门参与处理林改过程中或解决林权历史遗留问题所引发的特别重大、重大（以下简称重大）群体性突发事件的预防、处置工作。

1.4　工作原则

重大突发事件预防、处置等，实行统一领导、分级管理，条块结合、属地管理，快速反应、相互配合，依法处置、防止激化，预防为主、防处结合的工作原则。

1.5　事件等级

林改突发事件按照其性质、严重程度、可控性和影响范围等因素，划分为四级：特别重大（Ⅰ级），重大（Ⅱ级），较大（Ⅲ级），一般（Ⅳ级）。

1.5.1　Ⅰ级（特别重大）事件

（1）造成死亡3人以上的事件；

（2）聚众盗伐、滥伐、毁损、哄抢森林、林木数量达3000立方米（幼树20万株）以上的事件；

（3）因聚众上访人数较多、阻断交通等严重破坏社会秩序，危及跨省区社会稳定的事件；

（4）发生Ⅱ级林改突发事件后，未得到及时有效控制的；

（5）国务院领导明确批示、指示，需要尽快作出预防、处置的事件。

1.5.2　Ⅱ级（重大）事件

（1）破坏森林资源或林权纠纷等造成人员死亡的事件；

（2）聚众盗伐、滥伐、损毁、哄抢森林、林木数量达1000立方米（幼树10万株）以上的事件；

（3）因聚众上访人数较多等造成严重社会不良影响的事件；

（4）需要省级林业主管部门尽快参与处置的事件。

1.5.3　Ⅲ级（较大）事件

（1）破坏森林资源或林权纠纷等造成一定数量人员重伤的事件；

（2）聚众盗伐、滥伐、哄抢、损毁森林、林木（幼树）数量较多的事件；

（3）因聚众上访人数较多等在当地和周边部分地区造成严重社会不良影响的事件。

1.5.4　Ⅳ级（一般）事件

（1）破坏森林资源或林权纠纷等造成人员伤残的事件；

（2）聚众哄抢、毁损森林、林木（幼树）的事件；

（3）因聚众上访人数较多等在当地造成社会不良影响的事件。

2. 组织机构与职责任务

2.1　*国家林业局领导机构及职责*

国家林业局和各省（自治区、直辖市，以下简称各省）林业主管部门分别设立林改突发事件应急领导小组。国家林业局林改突发事件应急领导小组，在林业主管部门职责范围内，指导、协助下级人民政府及其林业主管部门做好Ⅰ、Ⅱ级林改突发事件的应对工作，必要时参与Ⅰ级林改突发事件应急工作。领导小组由国家林业局主要负责人任组长，分管农村林业改革发展、森林资源管理、森林公安的负责人和中央纪委驻国家林业局纪检组组长任副组长，成员由国家林业局办公室、政策法规司、造林绿化管理司、森林资源管理司、野生动植物保护与自然保护区管理司、农村林业改革发展司、森林公安局、发展规划与资金管理司、科学技术司、人事司、监察部驻国家林业局监察局、国家林业局国有林场和林木种苗工作总站、林业工作站管理总站、宣传办公室等司局和直属单位的主要负责人组成。

其职责为：

（1）贯彻执行党中央、国务院关于应急工作的方针、政策；

（2）认真落实国务院关于林改突发事件应急工作的指示和要求；

（3）建立和完善林改突发事件应急预警机制；

（4）组织制定和完善国家林业局林改突发事件应急预案；

（5）指导各省林业主管部门制定林改突发事件应急预案；

（6）在林业主管部门职责范围内，指导、协助下级人民政府及其相应部门做好Ⅰ、Ⅱ级林改突发事件的应对、公众宣传、信息发布等工作；

（7）必要时向国务院报告重大林改突发事件预警、应急和处置情况。

2.2　*省级林业主管部门领导机构及职责*

各省林业主管部门林改突发事件应急领导小组，在林业主管部门职责范围内，指导、协助下级人民政府及其林业主管部门做好林改突发事件的应对工作，配合国家林业局处理在本省的Ⅰ级林改突发事件应急工作，必要时参与本省的Ⅱ级林改突发事件应急工作。组长由省林业主管部门主要负责人担任，分管农村林业改革发展、森林资源管理、森林公安的负责人和驻省林业主管部门的纪检组组长任副组长，成员由相关处室、直属单位的主要负责人组成。其职责为：

（1）贯彻党中央、国务院和省委、省政府有关应急工作的方针、政策；

（2）落实国家林业局林改突发事件应急领导小组的指示；

（3）建立本省林改突发事件应急预警机制；

（4）组织制定和完善本省重大林改突发事件应急预案；

（5）在林业主管部门职责范围内，指导、协助下级人民政府及其林业主管部门做好林改突发事件的应对工作，必要时参与本省Ⅱ级林改突发事件应急工作；

（6）向省人民政府和国家林业局林改突发事件应急领导小组报告事件的预警、应急和处置等情况。

2.3　*办事机构及职责*

国家林业局林改突发事件应急领导小组下设办公室，作为领导小组的日常办事机构和执行机构，其主要职责为：

（1）接收国务院有关林改突发事件应急的命令、指示及各省和社会各界上报的有关林改突发事件的报告、信息；

（2）传达国家林业局林改突发事件应急领导小组的指令，通报有关单位应急工作情况；

（3）协调系统内各有关应急单位和各应急组的行动；

（4）拟订应急预案、记录应急过程、评价应急行动、起草应急工作总结；

（5）负责与有关部门、单位的联络及信息交换，组织应急工作和各种保障措施的落实；

（6）建立林改突发事件预警系统和应急资料库；

（7）聘请相关行业和领域的专业人员组成专家组，为应急处置提供决策咨询和政策法规、技术支持；

（8）办理林改突发事件应急工作的日常管理和国家林业局林改突发事件应急领导小组交办的其他工作。

国家林业局林改突发事件应急领导小组办公室设在国家林业局农村林业改革发展司，由该司司长任主任，成员由各有关司局分管副司局长组成。各省林业主管部门林改突发事件应急领导小组办公室的组成和职责，参照以上要求，结合本省实际自行确定。

2.4 现场处置组

必要时，组成国家林业局林改突发事件应急现场处置组，由国家林业局林改突发事件应急领导小组或办公室从有关司局和直属单位调集人员组成，受领导小组和办公室的调度与派遣赶赴事件现场，在林业主管部门职责范围内，做好林改突发事件的应对工作。

2.5 信息联络组

国家林业局林改突发事件应急信息联络组设在国家林业局林改突发事件应急领导小组办公室，必要时可从有关司局、直属单位抽调人员参加，负责与现场建立通信联系，保证信息传递畅通，及时将有关信息报告给国家林业局林改突发事件应急领导小组和办公室的领导。

各省林业主管部门根据实际情况和工作需要，可建立相应的现场应对、信息联络、专家咨询或后勤保障等机构或队伍。

3. 预防预警

3.1 预防措施

切实加强对林改工作的组织领导。深入贯彻落实中央林业工作会议和2008年中央10号文件精神，统一思想认识，克服松懈情绪，保持清醒头脑，切实负起历史责任，努力形成党政齐抓共管、部门合力推进的工作局面，确保林改工作质量。

定期开展林改工作进展情况调度监测。以省为单位定期开展林改的综合监测和分析评价，准确掌握全国及各省林改工作的全面数据和相关信息，对有可能引发林改突发事件的情况和隐患，及时提出相应对策，采取有效措施。

定期或不定期召开林改工作会议、专题会议或开展督促检查。根据需要及时组织召开林改工作会议或解决林改历史遗留问题、加强林权保护管理等专题会议，不定期组织开展专项督促检查，发现问题，及时处理。

加强林改方针、政策和法律、法规的宣传。充分利用电视、报刊、网络等媒体，在全社会大力宣传林改的重大意义，用生动的实践说服人，用鲜活的案例引导人，努力营造良好的舆论氛围，让社会各界了解、支持、参与林改，为防止和减少林改突发事件的发生奠定广泛的社会基础。

强化林权保护管理。要加快完善林权保护管理法律法规和有关政策，建立健全林权管理服务中心，规范林权登记发证行为，加强林权动态管理和档案管理，维护好当事人的合法权益。加强林权流转市场体系和交易服务平台建设，为农民平等、自愿、有偿流转林权提供指导和服务。加大山林权属争议调处和林地承包经营纠纷调解仲裁工作力度。

加强林权纠纷预防、调处工作。各级林业主管部门要会同有关部门，在管辖范围内组织开展定期或不定期巡查，密切关注林改中可能引发群体性事件的苗头，及时发现和纠正可能引发林改突发事件的行为。要安排专门力量负责接待和处理群众反映林改中出现的各种矛盾和问题，对农民反映突出的问题，要派出得力干部及时进行调查处理，把矛盾化解在基层，解决在萌芽状态。要不断研究和完善应急处置机制和预案，提高应急处理能力。

3.2 预警行动

按照“早发现、早报告、早处置”的原则，国家林业局和各省级林业主管部门建立林改突发事件预警处置机制，及时、准确地掌握林改突发事件的信息，当接到各级林业主管部门、群众举报和媒体报道的有关林改突发事件的信息时，林改突发事件应急领导小组办公室应尽可能详细地了解事件的地点、性质、损失、原因等情况，初步判断事件的真伪和等级，及时向领导小组报告情况，并根据领导小组的指示，向事件发生地林业主管部门发布预警信息，部署开展事件真伪调查工作，指导和协助做好应对工作，防止事态扩大和蔓延。

3.3 预警发布

达到Ⅰ级标准的林改突发事件，为橙色预警，由国家林业局发布。

达到Ⅱ级标准的林改突发事件，为黄色预警，由所在省林业主管部门发布。

当死亡人数、聚众盗伐、滥伐、哄抢、毁损森林、林木（幼树）数量等级达到《国家林业局重大林业生态破坏事故应急预案》Ⅰ、Ⅱ级标准时，转按《国家林业局重大林业生态破坏事故应急预案》办理。

4. 应急响应

4.1 应急启动

4.1.1 Ⅰ级林改突发事件预警发布后，立即启动所在省林业主管部门和国家林业局的应急预案，同时，由省林业主管部门向省人民政府报告情况；国家林业局向国务院报告情况。

4.1.2 Ⅱ级林改突发事件预警发布后，立即启动省级林业主管部门的应急预案，同时，报省人民政府和国家林业局。国家林业局视情况决定是否启动本级应急预案，或给予必要的支持和援助。

4.2 现场处置

4.2.1 应急预案启动后，相应林业主管部门的应急领导小组要立即在林业主管部门职责范围内，指导、协助下级人民政府及其林业主管部门做好林改突发事件的应对工作。Ⅰ级林改突发事件预案启动后，需要国家林业局派出现场处置组的，现场处置组应在接到国家林业局林改突发事件应急领导小组指令24小时内赶到事发现场，参与现场处置工作。Ⅱ级林改突发事件预案启动后，需要省级林业主管部门派出现场处置组的，现场处置组应在接到省级林业主管部门林改突发事件应急领导小组指令12小时内赶到事发现场，参与现场处置工作。

4.2.2 在现场处置组到达之前，省级林业主管部门林改突发事件应急领导小组办公室，结合林业主管部门职责，指导事件发生地的县级以上人民政府和林业主管部门，责成迅速做好事故控制、现场保护、群众安全和对有关责任人员的监控工作，防止事态的扩大蔓延。必要时，提请本级人民政府派出工作组赶赴现场指导工作，控制事态发展。

4.2.3 现场处置组到达事发现场后，应遵循统一领导、果断处置、依法办事、积极稳妥、化解矛盾、防止激化、确保安全的原则，协同当地人民政府、林业主管部门和其他有关部门、单位，迅速开展调查、清理工作，核实事件的性质、危害和发生的具体时间、详细地点、演变过程、损失规模和相关责任等情况，及时制定和落实林业主管部门职责范围内相应的处置措施，确保有关林业现场处置工作的迅速、快捷、有效。

4.3 通讯保障

在重大林改突发事件应急处理的整个过程中，应确保各有关方面全天24小时不间断的通讯联络畅通。

4.4 信息报送

经初步判断为Ⅰ级林改突发事件的，省级林业主管部门要在4小时内报告国家林业局；情况紧急的，发生林改突发事件地县级以上人民政府和林业主管部门可越级报告。经初步判断为Ⅱ级林改突发事件的，省级林业主管部门要在12小时内报告国家林业局。在报告上一级政府或林业主管部门的同时，责任报告单位应及时向新闻主管部门通报情况，以便及时组织舆论引导工作。报告内容包括：林改突发事件的发生时间、地点、原因、危害程度和损失情况等。

应急结束后，责任报告单位应在10个工作日内，向上一级机关上报处理结果，报告事件处理的总体情况、采取的措施、潜在的危害、社会影响、责任单位和有关遗留问题，同时报告参加应急处理的部门、单位和工作情况，出具有关危害与损失的证明文件等。

4.5 信息发布及新闻报道

严格按照《中共中央办公厅　国务院办公厅关于进一步改进和加强国内突发事件新闻报道工作的通知》（中办发〔2003〕22号）的要求执行。大规模群体性事件一般不公开报道，新华社等中央主要媒体可按照规定及时通过内参反映情况。必要时，按程序报批后，由事发地主要媒体适当报道，引导舆论。

特别重大、重大林改突发事件的新闻发布，原则上由事发地所在省有关部门负责。

信息发布及新闻报道应坚持实事求是、及时准确、把握适度、遵守纪律的原则。对歪曲性报道或造谣攻击，及时组织有针对性的驳斥和澄清，正确引导舆论。

4.6 应急结束

事件现场得到有效控制，造成事件的成因和引发更大事件的隐患、条件已经消除，事件现场的各种专业应急处置行动已无继续的必要时，可视为应急状态结束。

应急结束由事件发生地人民政府、林业主管部门或事件现场处置组提出，并说明解除应急状态的理由，报林改突发事件应急领导小组批准后，由应急指挥部宣布应急结束。

5. 后期处置

5.1 伤亡人员处置

如出现人员伤亡的林改突发事件，事件结束后，当地人民政府和相关部门要尽快做好有关善后处置工作。

5.2 破坏资源处置

对被破坏的森林资源，事发地人民政府和林业主管部门应继续做好防控工作，并及时组织专家进行科学评估，提出处置意见和建议。对引发事件的林权矛盾纠纷，要认真分析，提出善后处理意见。

5.3 事件评价分析

应急状态终止后，林改突发事件应急领导小组应根据本级人民政府有关指示和实际情况，继续进行监测、监控。同时组织有关单位和专家，会同事发地人民政府和林业主管部门，及时做好事件发生、发展、应急处置等全过程的分析、评价和总结。责成有关部门及事故责任单位认真查找原因，汲取教训，防止类似事件的再次发生。

6. 应急保障

6.1 资金保障

处置林改突发事件所需的财政经费，按《突发事件财政应急保障预案》和《中华人民共和国突发事件应对法》第六十条执行。同时，国家林业局或所在省级人民政府应及时向中央财政部门报告事件或灾情，为受害地区的生态恢复和经济损失补助争取中央财政的支持。

6.2 装备保障

国家林业局和省级林业主管部门应根据应对重大林改突发事件的形势和要求，进一步提高装备水平，建立健全农村林业改革发展综合监测体系和信息管理系统，增加配备有关突发事件的预防、预警、应急、处置的装备和物资，保证在发生重大林改突发事件时能迅速赶赴现场，及时、有效地开展处置工作。

6.3 通讯保障

国家林业局和省级林业主管部门应建立和完善重大林改突发事件应急指挥系统，配备必要的有线、无线和卫星通讯器材，确保本预案启动时应急指挥部和有关部门及现场处置组之间的联络畅通。

6.4 队伍保障

各级林业主管部门和单位应加强本系统、本单位有关管理突发事件应急处置知识的培训，培训一批训练有素的林改突发事件应急、处置等专门人才。各级林业主管部门及其各职能机构、单位都有参与重大林改突发事件应急处理的责任和义务。重大林改突发事件发生后，根据应急工作的需要和应急指挥机关的调遣，必须在规定的时限内赶赴指定地点，完成指定的工作任务。对参加重大林改突发事件现场应急的工作人员，要办理意外伤害保险，确保应急工作人员的人身安全和切身利益。

7. 附则

7.1 奖励与责任

对在预防和处置重大林改突发事件中，由于报告及时，避免或减轻了事件损害，以及在应急工作中作出突出贡献的单位和个人，由国家林业局和上级林业主管部门给予表彰和奖励。对有重大立功表现的，由各级人民政府按照规定给予表彰和奖励。

对在重大林改突发事件中，由于不及时报告、虚报瞒报、失职渎职、玩忽职守，导致人民生命财产受到重大损失、国家森林资源受到重大损害，或散布谣言，扰乱社会秩序的，对国家公职人员依法给予行政处分；属于违反治安管理行为的，由公安机关依照有关法律法规的规定予以处罚；构成犯罪的，由司法机关依法追究刑事责任。

7.2 预案制定与更新

本预案是国家林业局处置重大林改突发事件应急响应的工作文件，由国家林业局负责制定。各省林业主管部门应当遵照执行，并参照本预案，结合各自实际，细化林改突发事件Ⅲ级、Ⅳ级等级标准，制定相应的应急预案，并报国家林业局备案。本预案将结合工作实际定期进行复审和修订。

7.3 预案解释机关

本预案由国家林业局负责解释。

7.4 预案实施时间

本预案自发布之日起施行。

国家林业局办公室关于印发《林业应对气候变化“十二五”行动要点》的通知

办造字〔2011〕241号

各省、自治区、直辖市林业厅(局)，内蒙古、吉林、龙江、大兴安岭森工(林业)集团公司，新疆生产建设兵团林业局，国家林业局各司局、各直属单位：

为贯彻落实《中华人民共和国国民经济和社会发展第十二个五年规划纲要》、《林业发展“十二五”规划》和《应对气候变化林业行动计划》，进一步推进“十二五”期间林业应对气候变化工作，我局组织制定了《林业应对气候变化“十二五”行动要点》(见附件)，现印发你们，请结合本地本单位实际，认真贯彻执行。

附件：林业应对气候变化“十二五”行动要点

国家林业局办公室

2011年12月31日

附件　林业应对气候变化“十二五”行动要点

气候变化是全球面临的重大危机和严峻挑战，事关人类生存和经济社会全面协调可持续发展，已成为世界各国共同关注的热点和焦点。林业是减缓和适应气候变化的有效途径和重要手段，在应对气候变化中的特殊地位得到了国际社会的充分肯定。以坎昆气候大会通过的关于“减少毁林和森林退化以及加强造林和森林管理”(REDD+)和“土地利用、土地利用变化和林业”(LULUCF)两个林业议题决定为契机，紧紧围绕《中华人民共和国国民经济和社会发展第十二个五年规划纲要》和《“十二五”控制温室气体排放工作方案》赋予林业的重大使命，采取更加积极有效措施，加强林业应对气候变化工作，对于建设现代林业、推动低碳发展、缓解减排压力、促进绿色增长、拓展发展空间具有重要意义。为进一步推进“十二五”期间林业应对气候变化工作，特制定本行动要点。

一、指导思想

坚持以科学发展为主题，以发展现代林业为宗旨，以实现林业“双增”目标为核心任务，以落实《应对气候变化林业行动计划》为总要求，全面实施《林业发展“十二五”规划》，继续推进造林绿化，扩大森林面积，着力加强森林经营，提高森林质量，努力防控森林灾害，切实强化森林、湿地、荒漠生态系统和生物多样性保护，不断增加林业碳储量，提高林业减缓和适应气候变化能力，为促进经济社会可持续发展作出积极贡献。

二、基本原则

(一)坚持林业应对气候变化和国家自主控制温室气体排放行动目标相结合。

(二)坚持林业减缓和适应气候变化相结合。

(三)坚持扩大森林面积、增加碳储量和提高森林质量、增强碳汇能力相结合。

(四)坚持增加森林碳吸收和控制森林碳排放相结合。

(五)坚持政府主导和社会参与相结合。

三、主要目标

根据应对气候变化国家战略总体要求，结合林业发展“十二五”规划，紧紧围绕实现林业“双增”奋斗目标，“十二五”期间，全国完成造林任务3000万公顷、森林抚育经营任务3500万公顷，到2015年森林覆盖率达21.66%，森林蓄积量达143亿立方米以上，森林植被总碳储量达到84亿吨。新增沙化土地治理面积1000万公顷以上。湿地面积达到4248万公顷，自然湿地保护率达到55%以上。林业自然保护区面积占国土面积比例稳定在13%左右，90%以上国家重点保护野生动物和80%以上极小种群野生植物种类得到有效保护。森林火灾受害率稳定控制在1‰以下。林业有害生物成灾率控制在4.5‰以下。初步建成全国林业碳汇计量监测体系。

四、重点领域和主要行动

(一)减缓领域

1. 加快推进造林绿化。实施《全国造林绿化规划纲要(2011~2020年)》，继续推进林业重点工程建设，加大荒山造林力度，大力开展全民义务植树，统筹城乡绿化，推动身边增绿，加快构建十大生态安全屏障。大力培育特色经济林、竹林、速生丰产用材林、珍贵树种用材林等，加快木材及其他原料林基地建设。努力扩大森林面积，增加森林碳储量。

2. 全面开展森林抚育经营。建立健全森林抚育经营调查规划、设计施工、技术标准、检查验收、成效评价管理体系，研究建立森林抚育经营管理新机制。完善森林抚育补贴制度，逐步扩大补贴规模，增加建设内容。积极推进低产林改造，提高森林质量，增强森林碳汇能力。

3. 加强森林资源管理。实施《全国林地保护利用规划纲要(2010~2020年)》，分级编制省、县林地保护利用规划纲要。完善林地保护利用制度和政策，修订《林木和林地权属登记管理办法》、《占用征收征用林地审核审批管理办法》。严格执行“十二五”森林采伐限额制度。规范木材运输和经营加工管理，严厉打击木材非法采伐及相关贸易等违法犯罪行为。

4. 强化森林灾害防控。全面落实《全国森林防火中长期发展规划(2009～2015年)》，强化森林火灾预防、扑救、保障体系建设。落实《森林防火条例》，加强法制建设，推进依法治火。落实《全国林业有害生物防治建设规划(2011～2020年)》，加强林业有害生物检疫御灾、监测预警、应急防控、服务保障体系建设，加强松材线虫病、美国白蛾等重大林业有害生物灾害治理。大力推进实施以生物防治为主的林业有害生物无公害防治措施。依法开展林业执法专项整治行动，遏制毁林行为，加强森林火灾病虫害防控，减少森林碳排放。

5. 培育新兴林业产业。落实《林业产业政策要点》，加快林业产业结构调整，积极推进木材工业“节能、降耗、减排”和木材资源高效循环利用，开发木材防腐、改性等技术，延长木材使用寿命，增加木材及林产品储碳能力。编制实施《林业生物质能源发展规划》，加快能源林示范基地建设，推进林业剩余物能源化利用，开发林业生物质能高效转化技术，培育林油、林热、林电一体化产业，优化能源结构，提高林业生物质能源占可再生能源比例，实现对化石能源的部分替代。

（二）适应领域

6. 科学培育健康优质森林。加强主要造林树种种质资源调查和保护，加大林木良种选育和应用力度，加强林木良种基地建设和良种苗木培育，提高人工林良种使用率。坚持适地适树原则，合理选择造林树种，增加乡土树种造林比例，科学配置林种，优化造林模式，提高造林质量，构建适应性好、抗逆性强的人工林生态系统。调整、优化森林结构，改善森林健康状况，增强森林抵御气候灾害能力。加强防护林体系建设，提高海岸堤带、沙化地区和农田生态系统适应气候变化能力。

7. 加强自然保护区建设和生物多样性保护。优化森林、湿地、荒漠生态系统自然保护区布局，加强重点地区自然保护区、自然保护小区和保护点建设。加强野生动物、野生植物类型自然保护区建设，加大重点物种保护力度，加强生物多样性保护，提高野生动物疫源疫病监测预警能力。加大生态区位重要、生态状况脆弱地区植被保护力度，增强森林生态系统适应气候变化能力。

8. 大力保护湿地生态系统。建立和完善湿地保护管理体系，加强泥炭湿地自然保护区建设，加快湿地公园发展。推进国家湿地立法工作，开展湿地可持续利用示范，加强湿地保护管理，维护湿地生态系统碳平衡，增强湿地储碳能力。

9. 强化荒漠和沙化土地治理。继续实施京津风沙源治理工程，加强林草植被保护，巩固工程建设成果。加大岩溶地区石漠化综合治理力度，有效控制石漠化扩展趋势。在西北干旱区和部分半干旱区规划建设国家级沙化土地封禁保护区，增强荒漠生态系统适应气候变化能力。

（三）能力建设

10. 加强机构和法制建设。建立健全林业应对气候变化协调工作机制，充分发挥我局作为国家应对气候变化工作领导小组协调联络办公室副主任单位的职能，加强与相关部门的协调、联络；充分发挥局气候办的组织、协调、联络、督办职责作用，统筹推进林业应对气候变化工作。加快推进《森林法》修改，积极配合有关部门推进国家应对气候变化立法进程，确立林业在应对气候变化中的特殊地位和重要作用，将林业应对气候变化管理工作纳入法制化轨道。

11. 建立碳汇计量监测体系。加快推进全国林业碳汇计量监测体系建设，开展区域林业碳汇计量监测试点。组建各区域林业碳汇计量监测中心，加强技术培训，建立健全碳汇计量监测机构、队伍和管理体系。加快建立林业碳汇计量监测技术标准体系，结合碳汇造林和森林经营试点，同步推进碳汇计量监测工作。开展木质林产品碳储存、林业生物质能源替代化石能源的碳计量技术研究。开展湿地碳汇计量监测指标体系研究。启动湿地生态系统固碳能力调查评估试点。

12. 探索开展试点示范。继续开展国内碳汇造林试点，积极推进清洁发展机制(简称CDM)碳汇造林活动。探索开展林业低碳经济综合试点。结合国家控制温室气体排放和碳排放权交易试点，开展林业碳汇试点示范。开展林业碳汇产权、碳汇交易等相关政策研究和试点。

13. 开展相关科学研究。积极开展既与国际接轨又符合我国林情的林业碳汇计量监测基础课题研究。重点研究森林碳汇的增汇、计量、监测以及森林对气候变化的适应等关键技术，评估林业固碳及生物质利用储碳能力，构建碳汇林业建设与管理技术体系。跟踪国际气候变化林业议题谈判，针对利用“参考水平”核算森林管理活动碳源/汇、湿地管理活动和木质林产品碳源/汇核算、森林火灾和病虫害导致的碳排放核算等焦点问题，开展前瞻性研究，支撑林业议题谈判。

14. 积极推进国际合作。积极开展《联合国气候变化框架公约》和《京都议定书》涉林议题对案研究、谈判及履约工作，主动参与相关国际规则制定，推进双边和多边林业应对气候变化务实合作。切实加强气候谈判队伍建设，建立稳定的谈判梯队，强化谈判力量。进一步加强与联合国相关机构和相关国际组织联系，推进林业应对气候变化国际合作。进一步发挥亚太森林恢复与可持续管理网络的作用，加强亚太地区的林业交流合作。

15. 加强宣传引导。积极配合有关部门做好中国林业对外宣传工作，广泛深入宣传中国林业在应对全球气候变化中的特殊地位和重要贡献，增强我国林业国际影响力和话语权。积极推广应用现代信息技术，减少办公纸张物质资源和能源消耗，建设节能机关。倡导低碳生活和低碳消费，鼓励公众积极参加造林增汇，消除碳足迹。引导公众关注气候变化，增强保护气候意识。

国家林业局令第26号

《国家林业局关于废止和修改部分部门规章的决定》已经2011年1月25日国家林业局局务会议审议通过，现予公布，自公布之日起施行。

国家林业局局长　贾治邦
2011年1月25日

国家林业局关于废止和修改部分部门规章的决定

根据《中华人民共和国立法法》和国务院的有关规定，我局对现行部门规章进行了清理，对部门规章名称不规范、引用法律法规名称不一致和明显不符合法律规定的下列部门规章予以废止或者进行修改：

一、废止的部门规章

林业系统内部审计工作规定(1996年4月2日 林业部令第7号)

二、修改部分条款的部门规章

(一)对下列部门规章中涉及行政许可的规定作出修改

1. 植物检疫条例实施细则(林业部分)(1994年7月26日 林业部令第4号)

(1)将第十二条修改为“生产、经营应实施检疫的森林植物及其产品的单位和个人，应当在生产和经营之前向当地森检机构备案，并在生产期间或者调运之前向当地森检机构申请产地检疫。对检疫合格的，由森检机构发给《产地检疫合格证》；对检疫不合格的，由森检机构发给《检疫处理通知单》。产地检疫的技术要求按照《国内森林植物检疫技术规程》的规定执行”。

(2)将第十八条修改为“森检机构应当自受理检疫申请之日起二十日内实施检疫并核发检疫单证。二十日内不能作出决定的，经森检机构所属的林业主管部门负责人批准，可以延长十日，并告知申请人”。

(3)将第二十三条中的“森检机构应当在收到引进申请后三十日内按林业部有关规定进行审批”修改为“森检机构应当自受理引进申请后二十日内作出决定”。

2. 林木种子生产、经营许可证管理办法(2002年11月2日　国家林业局令第5号)

(1)将第十条中的“县级以上人民政府林业行政主管部门应当在收到申请或者审核材料之日起15个工作日内”修改为“县级以上人民政府林业行政主管部门应当自受理之日起20日内”。

(2)删除第十六条。

(3)删除第十八条第一款中的“年检材料”。

3. 国家重点保护野生动物驯养繁殖许可证管理办法(1991年1月9日 林业部发布)

将第五条第三款修改为“批准驯养繁殖野生动物的，作出行政许可决定的林业行政主管部门应当核发《驯养繁殖许可证》”。

(二)对下列部门规章中涉及行政复议的规定作出修改

植物检疫条例实施细则(林业部分)(1994年7月26日 林业部令第4号)

将第三十二条中的“当事人对森检机构的行政处罚决定不服的，可以自接到处罚通知书之日起十五日内，向作出行政处罚决定的森检机构的上级机构申请复议”修改为“当事人对森检机构的行政处罚决定不服的，可以自接到处罚通知书之日起六十日内提起行政复议”。

(三)对下列部门规章中涉及“征用”的规定作出修改

1. 将《林木和林地权属登记管理办法》(2000年12月31日 国家林业局令第1号)第七条修改为“林地被依法征收、征用、占用或者由于其他原因造成林地灭失的，原林权权利人应当到初始登记机关申请办理注销登记”。

2. 将《占用征用林地审核审批管理办法》(2001年1月4日 国家林业局令第2号)修改为《占用征收征用林地审核审批管理办法》；将第一条、第二条、第三条、第四条、第五条、第十条、第十一条、第十五条、第十六条中的“征用”修改为“征收、征用”。

3. 将《森林公园管理办法》(1993年12月11日 林业部令第3号)第十三条中的“征用”修改为“征收、征用”。

4. 将《沿海国家特殊保护林带管理办法》(1996年11月13日 林业部令第11号)第十一条、第十二条、第十三条中的“征用”修改为“征收、征用”。

(四)对下列部门规章中引用法律、行政法规名称或者上位法修改后条文内容不对应的规定作出修改

林木良种推广使用管理办法(1997年6月15日 林业部令第13号)

(1)将第一条中的“《中华人民共和国种子管理条例》”修改为“《中华人民共和国种子法》”。

(2)将第十一条第二款修改为“国家投资或者国家投资为主的造林项目和国有林业单位造林，应当根据林业行政主管部门制定的计划使用林木良种，实行目标管理，逐步实现造林良种化”。

(3)删除第十二条、第十三条、第十九条、第二十二条。

(4)将第十七条第二款修改为“对国家投资或者国家投资为主的造林项目和国有林业单位造林，应当将使用林木良种的情况作为验收内容”。

(5)将第二十条中的“伪造《林木良种合格证》或者《良种壮苗合格证》的”修改为“伪造林木良种证书的”。

(五)对下列部门规章中涉及行政收费的规定作出修改

1. 植物检疫条例实施细则(林业部分)

将第十六条第二款中的“不收检疫费，只收证书工本费”修改为“不收检疫费和证书工本费”。

2. 国家重点保护野生动物驯养繁殖许可证管理办法

删去第十三条中的“核发《驯养繁殖许可证》时，可适当收取工本、手续费。收费标准由省、自治区、直辖市政府林业行政主管部门提出，报同级物价、财政部门核定，并报林业部备案”。

（六）对下列部门规章中涉及行政审批改革的规定作出修改

1. 植物检疫条例实施细则（林业部分）

将第二十五条修改为“对森检对象的研究，不得在该森检对象的非疫情发生区进行。因教学、科研需要在非疫情发生区进行时，应当经省、自治区、直辖市林业主管部门批准，并采取严密措施防止扩散”。

2. 林业标准化管理办法（2003 年 7 月 21 日 国家林业局令第 9 号）

将第十一条第二款第三项修改为“国家林业局经汇总、协调后，组织实施林业行业标准项目年度计划”。

3. 中华人民共和国植物新品种保护条例实施细则（林业部分）（1999 年 8 月 10 日 国家林业局令第 3 号）

（1）删除第八条第二款。

（2）将第十四条修改为“中国的单位和个人申请品种权的，可以直接或者委托代理机构向国家林业局提出申请”。

（3）将第十六条修改为“外国人、外国企业或者其他外国组织向国家林业局提出品种权申请和办理其他品种权事务的，应当委托代理机构办理”。

三、本决定自公布之日起实行。

国家林业局令第 27 号

《国家级森林公园管理办法》已经 2011 年 4 月 12 日国家林业局局务会议审议通过，现予以公布，自 2011 年 8 月 1 日起施行。

国家林业局局长　贾治邦

2011 年 5 月 20 日

国家级森林公园管理办法

第一条　为了规范国家级森林公园管理，保护和合理利用森林风景资源，发展森林生态旅游，促进生态文明建设，制定本办法。

第二条　国家级森林公园的管理，适用本办法。

国家级森林公园的设立、撤销、合并、改变经营范围或者变更隶属关系，依照《国家级森林公园设立、撤销、合并、改变经营范围或者变更隶属关系审批管理办法》的有关规定办理。

第三条　国家林业局主管全国国家级森林公园的监督管理工作。

县级以上地方人民政府林业主管部门主管本行政区域内国家级森林公园的监督管理工作。

第四条　县级以上地方人民政府林业主管部门应当指导本行政区域内的国家级森林公园经营管理机构配备管理和技术人员，负责森林风景资源的保护和利用。

第五条　国家级森林公园的主体功能是保护森林风景资源和生物多样性、普及生态文化知识、开展森林生态旅游。

国家级森林公园的建设和经营应当遵循“严格保护、科学规划、统一管理、合理利用、协调发展”的原则。

第六条　国家级森林公园总体规划是国家级森林公园建设经营和监督管理的依据。任何单位或者个人不得违反国家级森林公园总体规划从事森林公园的建设和经营。

第七条　国家级森林公园应当自批准设立之日起 18 个月内，编制完成国家级森林公园总体规划；国家级森林公园合并或者改变经营范围的，应当自批准之日起 12 个月内修改完成总体规划。

国家级森林公园总体规划的规划期一般为 10 年。

第八条　国家级森林公园总体规划，应当突出森林风景资源的自然特性、文化内涵和地方特色，并符合下列要求：

（一）充分保护森林风景资源、生物多样性和现有森林植被；

（二）充分展示和传播生态文化知识，增强公众生态文明道德意识；

（三）便于森林生态旅游活动的组织与开展，以及公众对自然与环境的充分体验；

（四）以自然景观为主，严格控制人造景点的设置；

（五）严格控制滑雪场、索道等对景观和环境有较大影响的项目建设。

国家级森林公园总体规划还应当包括森林生态旅游、森林防火、旅游安全等专项规划。

第九条　已建国家级森林公园的范围与国家级自然保护区重合或者交叉的，国家级森林公园总体规划应当与国家级自然保护区总体规划相互协调；对重合或者交叉区域，应当按照自然保护区有关法律法规管理。

第十条　国家级森林公园总体规划，应当委托具有相应资质的单位，按照有关标准和规程编制。

编制国家级森林公园总体规划，应当广泛征求有关部门、公众和专家的意见；报送审核（批）国家级森林公园总体规划时应当对征求意见及其采纳情况进行说明。

第十一条　国家级森林公园总体规划，由省、自治区、直辖市林业主管部门组织专家评审并审核后，报国家林业局批准。

经批准的国家级森林公园总体规划5年内不得修改；因国家或者省级重点工程建设需要修改的，应当报国家林业局同意。

在国家级森林公园设立后、总体规划批准前，不得在森林公园内新建永久性建筑、构筑物等人工设施。

第十二条 国家林业局批准的国家级森林公园总体规划，应当自批准之日起30日内予以公开，公众有权查阅。

第十三条 国家级森林公园内的建设项目应当符合总体规划的要求，其选址、规模、风格和色彩等应当与周边景观与环境相协调，相应的废水、废物处理和防火设施应当同时设计、同时施工、同时使用。

国家级森林公园内已建或者在建的建设项目不符合总体规划要求的，应当按照总体规划逐步进行改造、拆除或者迁出。

在国家级森林公园内进行建设活动的，应当采取措施保护景观和环境；施工结束后，应当及时整理场地，美化绿化环境。

第十四条 国家级森林公园经营管理机构应当依法编制并组织实施森林经营方案，加强森林公园内森林、林木的保护、培育和管理。

因提高森林风景资源质量或者开展森林生态旅游的需要，可以对国家级森林公园内的林木进行抚育和更新性质的采伐。

第十五条 严格控制建设项目使用国家级森林公园林地，但是因保护森林及其他风景资源、建设森林防火设施和林业生态文化示范基地、保障游客安全等直接为林业生产服务的工程设施除外。

建设项目确需使用国家级森林公园林地的，应当避免或者减少对森林景观、生态以及旅游活动的影响，并依法办理林地占用、征收审核审批手续。建设项目可能对森林公园景观和生态造成较大影响或者导致森林风景资源质量明显降低的，应当在取得国家级森林公园撤销或者改变经营范围的行政许可后，依法办理林地占用、征收审核审批手续。

第十六条 因国家级森林公园总体规划的实施，给国家级森林公园内的当事人造成损失的，依法给予补偿。

第十七条 国家级森林公园经营管理机构应当对森林公园内的森林风景资源和生物多样性进行调查，建立保护管理档案，并制定相应的保护措施。

国家级森林公园经营管理机构应当加强对重要森林风景资源的监测，必要时，可以划定重点保护区域。

国家级森林公园经营管理机构应当严格保护森林公园内的天然林、珍贵树木，培育具有地方特色的风景林木，保持当地森林景观优势特征，提高森林风景资源的游览、观赏和科普价值。

第十八条 在国家级森林公园内禁止从事下列活动：

（一）擅自采折、采挖花草、树木、药材等植物；

（二）非法猎捕、杀害野生动物；

（三）刻划、污损树木、岩石和文物古迹及葬坟；

（四）损毁或者擅自移动园内设施；

（五）未经处理直接排放生活污水和超标准的废水、废气，乱倒垃圾、废渣、废物及其他污染物；

（六）在非指定的吸烟区吸烟和在非指定区域野外用火、焚烧香蜡纸烛、燃放烟花爆竹；

（七）擅自摆摊设点、兜售物品；

（八）擅自围、填、堵、截自然水系；

（九）法律、法规、规章禁止的其他活动。

国家级森林公园经营管理机构应当通过标示牌、宣传单等形式将森林风景资源保护的注意事项告知旅游者。

第十九条 在国家级森林公园内开展影视拍摄或者大型文艺演出等活动的，国家级森林公园经营管理机构应当根据承办单位的活动计划对森林公园景观与生态的影响进行评估，并报省、自治区、直辖市人民政府林业主管部门备案。

国家级森林公园经营管理机构应当监督承办单位按照备案的活动计划开展影视拍摄或者大型文艺演出等活动；对所搭建的临时设施，承办单位应当在国家级森林公园经营管理机构规定的期限内拆除，并恢复原状。

第二十条 经有关部门批准，国家级森林公园可以出售门票和收取相关费用。国家级森林公园的门票和其他经营收入应当按照国家有关规定使用，并主要用于森林风景资源的培育、保护及森林公园的建设、维护和管理。

国家级森林公园可以根据实际情况采取减免门票或者设立免费开放日等方式，为老年人、儿童、学生、现役军人、残疾人等特殊群体游览提供便利。国家另有规定的，从其规定。

第二十一条 国家级森林公园的建设和经营，应当由国家级森林公园经营管理机构负责；需要与其他单位、个人以合资、合作等方式联合进行的，应当报省级以上人民政府林业主管部门备案。

单位和个人参与国家级森林公园的建设和经营，应当符合国家级森林公园总体规划并服从国家级森林公园经营管理机构的统一管理。

国家级森林公园建设和经营管理的主体发生变动的，应当依法向国家林业局申请办理国家级森林公园被许可人变更手续。

第二十二条 国家级森林公园经营管理机构应当对森林公园的范围进行公示和标界立桩。

国家级森林公园经营管理机构应当按照规定使用中国国家森林公园专用标志。未经国家林业局同意，任何单位和个人不得使用国家级森林公园的名称和专用标志。

第二十三条 国家级森林公园经营管理机构应当建立健全解说系统，开辟展示场所，对古树名木和主要景观景物设置解说牌示，提供宣传品和解说服务，应用现代信息技术向公众介绍自然科普知识和社会历史文化知识。

第二十四条 国家级森林公园经营管理机构应当在危险地段设置安全防护设施和安全警示标识，制定突发事件应急预案。

没有安全保障的区域，不得对公众开放。

国家鼓励国家级森林公园采取购买责任保险的方式，提高旅游安全事故的应对能力。

第二十五条 国家级森林公园经营管理机构应当根据国家级森林公园总体规划确定的游客容量组织安排旅游活动，不得超过最大游客容量接待旅游者。

进入国家级森林公园的交通工具，应当按照规定路线行驶，并在指定地点停放。

国家鼓励在国家级森林公园内使用低碳、节能、环保的交通工具。

第二十六条 国家级森林公园经营管理机构应当建立健全森林防火制度，落实防火责任制，加强防火宣传和用火管理，建立森林火灾扑救队伍，配备必要的防火设施与设备。

第二十七条 国家级森林公园经营管理机构应当引导森林公园内及周边的居民发展具有地方特色的、无污染的种植、养殖和林副产品加工业，鼓励其从事与森林公园相关的资源管护和旅游接待等活动。

第二十八条 国家级森林公园经营管理机构应当建立健全信息报送制度，按照要求向县级以上人民政府林业主管部门报送森林风景资源保护、利用等方面的情况。

第二十九条 县级以上人民政府林业主管部门应当健全监督管理制度，加强对国家级森林公园总体规划、专项规划及其他经营管理活动的监督检查。国家级森林公园经营管理机构应当配合监督检查，如实提供有关材料。

第三十条 在国家级森林公园内有违反本办法的行为，森林法和野生动物保护法等法律法规已有明确规定的，县级以上人民政府林业主管部门依法予以从重处罚。

第三十一条 违反本办法规定的下列行为，由县级以上人民政府林业主管部门对直接负责的主管人员或者其他直接责任人员依法给予处分，或者建议有关主管部门给予处分：

(一)未按照规定编制总体规划、擅自变更总体规划或者未按照总体规划进行建设活动的；

(二)未按照规定从事森林公园建设和经营的；

(三)建设项目对森林公园景观和生态造成较大影响或者导致森林风景资源质量明显降低，未事先取得国家级森林公园撤销或者改变经营范围的许可的；

(四)国家级森林公园建设和经营管理的主体发生变动，未依法办理国家级森林公园被许可人变更手续的。

第三十二条 国家级森林公园未按照规定编制总体规划或者未按照总体规划进行建设，经责令整改仍达不到要求并导致国家级森林公园主体功能无法发挥的，国家林业局可以将国家级森林公园撤销。

国家级森林公园的森林风景资源质量下降，经中国森林风景资源评价委员会专家评审，达不到国家级森林公园风景资源质量等级标准的，国家林业局应当将国家级森林公园撤销。

被撤销的国家级森林公园，3 年内不得再次申请设立国家级森林公园。

第三十三条 县级以上人民政府林业主管部门及其工作人员在监督管理国家级森林公园工作中，滥用职权、徇私舞弊的，依法给予处分；情节严重、构成犯罪的，依法追究刑事责任。

第三十四条 本办法自 2011 年 8 月 1 日起施行。

国家林业局令第 28 号

《大熊猫国内借展管理规定》已经 2011 年 6 月 14 日国家林业局局务会议审议通过，现予公布，自 2011 年 9 月 1 日起施行。

国家林业局局长　贾治邦

2011 年 7 月 25 日

大熊猫国内借展管理规定

第一条 为了加强大熊猫保护，规范大熊猫国内借展管理，保障大熊猫圈养种群健康发展，提高公众保护野生动物意识，促进生态文明建设，根据《中华人民共和国野生动物保护法》等有关法律法规，制定本规定。

第二条 本规定所称借展是指以文化交流、科普宣传或者公众教育等为目的，借出或者借入大熊猫进行展览的行为。

第三条 借展大熊猫应当遵循科学、适度的原则，不得危及大熊猫圈养种群的发展，不得以单纯营利为目的。

第四条 借展大熊猫的借入方应当具备与驯养繁殖大熊猫相适应的资金、设施和人员等条件，取得具有大熊猫物种的国家重点保护野生动物驯养繁殖许可证。

第五条 用于借展的大熊猫应当是人工繁殖的健康个体，年龄在 2 岁以上 25 岁以下。

禁止将非人工繁殖或者野外救护的大熊猫用于借展；禁止将 2 岁以下和 25 岁以上的大熊猫用于借展。

第六条 借展双方应当签订书面协议，对大熊猫生活条件、医疗条件、应急保障条件及应急预案、借展期限、费用、借展结束后大熊猫送返以及违约责任等进行约定。

借展大熊猫的期限不得少于 1 年，但因不可抗力等特殊情况除外。

第七条 申请借展大熊猫，应当提交下列书面材料：

(一)野生动物保护管理行政许可事项申请表；

(二)借展双方的法人证书、组织机构代码证等单位证明材料；

（三）借展双方具有大熊猫物种的国家重点保护野生动物驯养繁殖许可证；

（四）借展双方签订的借展协议；

（五）借出方大熊猫圈养种群状况说明材料；

（六）借展大熊猫个体谱系号、标记等身份证明材料；

（七）借入方借展活动及大熊猫饲养管理、科普教育方案；

（八）借展双方省级人民政府林业行政主管部门对借展活动的书面意见。

第八条 申请借展大熊猫按照下列程序办理：

（一）由借出方向国家林业局提出申请。

（二）国家林业局依法受理后，应当对申请材料进行审查。经过审查，符合本规定条件的，国家林业局应当在20个工作日内作出准予行政许可的决定。必要时，国家林业局可以组织专家在30日内对借入方借展活动、大熊猫饲养管理方案以及场馆设施进行论证或者实地检验。

（三）国家林业局作出行政许可决定后，借出、借入方所在地省级人民政府林业行政主管部门分别在借展开始前和结束后依据国家林业局行政许可文书核发大熊猫离开借出方、借入方的运输证件。

第九条 借展期间，借入方应当提供满足大熊猫生活、生理健康的饲养和医疗条件。

借展期间，借入方应当建立大熊猫病例档案和饲养日志，载明大熊猫饲养管理、医疗健康情况等内容。

借展期间，禁止采集借展大熊猫的血液、精液等样品，但是对大熊猫进行健康检查的除外。法律法规另有规定的，从其规定。

借展期间，借入方不得将借展大熊猫转借第三方。

第十条 借展期间，借出方应当对借入方的借展大熊猫的饲养管理和疫病防治等进行指导，并应当每年对借展大熊猫进行一次以上健康检查。

第十一条 国家林业局和借展双方所在地人民政府野生动物行政主管部门应当对大熊猫借展活动的情况进行监督检查，督促借展双方完善应急处置机制。

借展双方应当配合监督检查，如实提供有关材料。

第十二条 借展期间，借展大熊猫发生受伤、患病等突发事件的，借入方应当通知借出方，及时采取救护措施，并报告所在地县级以上地方人民政府野生动物行政主管部门；借展大熊猫发生致残、死亡等重大突发事件的，借入方应当立即通知借出方并报告所在地省级人民政府林业行政主管部门和国家林业局。

有关人民政府野生动物行政主管部门应当监督借展双方在发生突发事件时按照应急预案进行妥善处理。

第十三条 在借展期间，借出方或者借入方违反本规定的，由县级以上人民政府野生动物行政主管部门依照野生动物保护法律法规给予处罚；野生动物保护法律法规没有规定的，可以根据情节轻重作出如下处理：

（一）给予警告、责令限期改正；

（二）有违法所得的，处以违法所得一倍以上三倍以下且不超过三万元的罚款；没有违法所得的，处以一万元以下的罚款。

经责令改正仍拒不改正的，国家林业局可以责令终止借展活动，限期将大熊猫送返借出方。

借展期间，借出方或者借入方有违法行为、构成犯罪的，依法追究刑事责任。

第十四条 借出方或者借入方存在下列情形之一的，国家林业局1年内不予批准开展大熊猫借展活动：

（一）申请行政许可过程中隐瞒有关情况或者提供虚假材料的；

（二）擅自借出或者转借大熊猫的；

（三）重大过失造成大熊猫死亡的；

（四）拒不配合各级人民政府野生动物行政主管部门监督检查或者拒不执行野生动物行政主管部门处罚决定的。

借出方或者借入方以欺骗、贿赂等不正当手段取得行政许可的，国家林业局3年内不予批准开展大熊猫借展活动。

第十五条 各级人民政府野生动物行政主管部门有关工作人员在大熊猫借展管理过程中，滥用职权、徇私舞弊的，依法给予处分；情节严重、构成犯罪的，依法追究刑事责任。

第十六条 本规定所称"以上"包括本数，"以下"不包括本数。

第十七条 本规定自2011年9月1日起施行。

国家林业局公告

2011年第2号

根据《植物检疫条例》的有关规定，现将我国2011年松材线虫病疫区公告如下：

江苏省：南京市玄武区、涓口区、栖霞区、雨花台区、江宁区、六合区、溧水县、高淳县，无锡市滨湖区、惠山区、宜兴市，连云港市新浦区、连云区，淮安市盱眙县，扬州市仪征市，南通市崇川区，镇江市京口区、润州区、丹徒区、新区、句容市，常州市金坛市、溧阳市，苏州市常熟市。

浙江省：杭州市西湖区、富阳市、临安市，宁波市江北区、镇海区、北仑区、鄞州区、余姚市、慈溪市、奉化市、宁海县、象山县，温州市乐清市、洞头县，嘉兴市平湖市、海盐县，湖州市吴兴区、长兴县、德清县，绍兴市越城区、诸暨市、上虞市、嵊州市、绍兴县、新昌县，舟山市定海区、普陀区，台州市黄岩区、临海市、温岭市，丽水市缙云县。

安徽省：合肥市蜀山区、肥东县，芜湖市南陵县，马鞍山市雨山区、花山区、当涂县，铜陵市郊区、铜陵县，安庆市宜秀区、桐城市、枞阳县、怀宁县，滁州市南谯区、明光市、全椒县、来安县、定远县，巢湖市居巢区、含山县、无为县、庐江县，六安市霍山县，池州市青阳县，宣城市宣州区、宁国市、广德县、郎溪县。

福建省：福州市仓山区、马尾区、晋安区、闽侯县、连江县、长乐市、福清市，厦门市思明区、湖里区、翔安区、海沧区，三明市梅列区、三元区、沙县、泰宁县，泉州市鲤城区、丰泽区、石狮市、南安市，漳州市云霄县、漳浦县、东山县、龙海市、诏安县，南平市延平区。

江西省：南昌市南昌县、进贤县，九江市庐山区、彭泽县、湖口县、都昌县，新余市分宜县，赣州市章贡区、赣县，吉安市吉州区、吉安县，上饶市信州区、鄱阳县。

山东省：青岛市崂山区，烟台市长岛县，威海市文登市、荣成市，潍坊市临朐县，淄博市博山区。

河南省：信阳市新县。

湖北省：武汉市洪山区，宜昌市伍家岗区、点军区、猇亭区、夷陵区、宜都市、长阳土家族自治县，恩施土家族苗族自治州恩施市，黄冈市红安县，襄阳市保康县。

湖南省：衡阳市石鼓区、衡南县，邵阳市邵东县，岳阳市云溪区、临湘市，益阳市资阳区、桃江县，郴州市北湖区、苏仙区。

广东省：广州市天河区、白云区、黄埔区、花都区、萝岗区、从化市、增城市，深圳市龙岗区，汕头市濠江区，韶关市武江区、曲江区、乐昌市、始兴县、乳源瑶族自治县，肇庆市封开县，惠州市惠城区、惠阳区、惠东县、博罗县，梅州市梅江区、梅县，东莞市。

广西壮族自治区：梧州市万秀区、苍梧县，贵港市桂平市。

重庆市：沙坪坝区、万州区、涪陵区、长寿区、巴南区、忠县、云阳县。

四川省：甘孜藏族自治州泸定县。

贵州省：遵义市红花岗区、遵义县，毕节地区金沙县，黔西南布依族苗族自治州册亨县。

陕西省：商洛市柞水县，汉中市略阳县，安康市汉滨区。

特此公告。

国家林业局

2011 年 1 月 28 日

国家林业局公告

2011 年第 3 号

根据《植物检疫条例》的有关规定，现将我国 2011 年撤消的松材线虫病疫区公告如下：

浙江省：舟山市岱山县、嵊泗县。

安徽省：芜湖市三山区、芜湖县，铜陵市狮子山区，安庆市大观区，巢湖市和县，池州市石台县，六安市舒城县。

福建省：福州市鼓楼区，泉州市洛江区、惠安县，莆田市秀屿区，龙岩市新罗区。

江西省：赣州市兴国县，吉安市安福县。

山东省：青岛市市南区、市北区。

湖北省：宜昌市西陵区。

湖南省：衡阳市南岳区，益阳市沅江市，常德市汉寿县。

广东省：深圳市宝安区。

重庆市：江北区。

四川省：广安市邻水县，雅安市雨城区。

云南省：德宏傣族景颇族自治州瑞丽市。

特此公告。

国家林业局

2011 年 1 月 28 日

国家林业局公告

2011 年第 5 号

根据《植物检疫条例》有关规定，现将我国 2011 年美国白蛾疫区公告如下：

北京市：东城区、西城区、海淀区、朝阳区、丰台区、石景山区、房山区、通州区、顺义区、大兴区、昌平区、平谷区、怀柔区、密云县、门头沟区。

天津市：滨海新区、东丽区、西青区、津南区、北辰区、武清区、宝坻区、蓟县、宁河县、静海县。

河北省：石家庄市正定县、行唐县、灵寿县、深泽县、平山县、无极县、新乐市、藁城市、辛集市、新华区、桥西区、桥东区、长安区、裕华区，承德市兴隆县、宽城满族自治县、双桥区，秦皇岛市昌黎县、抚宁县、卢龙县、青龙满族自治县、山海关区、海港区，唐山市玉田县、乐亭县、滦南县、唐海县、滦县、迁西县、迁安市、遵化市、丰润区、丰南区、古冶区、开平区、路南区、路北区，廊坊市大厂回族自治县、香河县、固安县、永清县、文安县、大城县、三河市、霸州市、广阳区、安次区，保定市涞水县、涿州市、高碑店市、定兴县、徐水县、容城县、雄县、安新县、清苑县、易县、望都县、博野县、蠡县、顺平县、满城县、安国市、高阳县、唐县、曲阳县、定州市、北市区、南市区、新市区，沧州市青县、献县、沧县、孟村回族自治县、海兴县、盐山县、南皮县、东光县、吴桥县、肃宁县、泊头市、河间市、黄骅市、任丘市、新华区、运河区，衡水市桃城区、冀州市、枣强县、武邑县、深州市、武强县、饶阳县、安平县、故城县、景县、阜城县，邢台市临西县、清河县、南宫市、任县、邢台县、威县、宁晋县、广宗县、桥西区，邯郸市大名县、魏县、馆陶县、广平县、成安县、邱县。

辽宁省：沈阳市苏家屯区、东陵区、沈北新区、于洪区、新民市、辽中县，大连市甘井子区、旅顺口区、金州区、瓦房店市、普兰店市、庄河市、长海县，鞍山市海城市、台安县、岫岩满族自治县，本溪市本溪满族自治县，丹东市振兴区、元宝区、振安区、东港市、凤城市、宽甸满族自治县，锦州市太和区、凌海市、北镇市、黑山县、义县，营口市鲅鱼圈区、老边区、大石桥市、盖州市，辽阳市宏伟区、太子河区、弓长岭区、灯塔市、辽阳县，盘锦市盘山县、大洼县，葫芦岛市龙港区、连山区、兴城市、绥中县，抚顺市顺城区、抚顺县，铁岭市清河区、银州区、开原市、调兵山市、昌图县、铁岭县。

吉林省：四平市梨树县。

山东省：济南市历下区、天桥区、槐荫区、市中区、历城区、长清区、章丘市、商河县、济阳县、平阴县，青岛市崂山区、城阳区、黄岛区、市北区、市南区、李沧区、四方区、胶南市、即墨市、莱西市、胶州市、平度市，淄博市张店区、周村区、博山区、淄川区、高青县、临淄区、桓台县、沂源县，东营市东营区、河口区、利津县、垦利县、广饶县，烟台市芝罘区、福山区、莱山区、牟平区、莱阳市、莱州市、龙口市、蓬莱市、海阳市、栖霞市、招远市、长岛县，潍坊市奎文区、寒亭区、坊子区、潍城区、寿光市、昌邑市、高密市、诸城市、青州市、安丘市、临朐县、昌乐县，济宁市任城区、市中区、梁山县、汶上县、兖州市、曲阜市、金乡县、邹城市、鱼台县、嘉祥县、微山县，泰安市岱岳区、泰山区、肥城市、新泰市、宁阳县、东平县，威海市环翠区、荣成市、乳山市、文登市，日照市东港区、岚山区、五莲县、莒县，莱芜市莱城区、钢城区，临沂市兰山区、河东区、罗庄区、沂南县、沂水县、莒南县、费县、郯城县、平邑县、蒙阴县、临沭县、苍山县，德州市德城区、齐河县、平原县、乐陵市、禹城市、武城县、陵县、庆云县、夏津县、宁津县、临邑县，聊城市东昌府区、东阿县、茌平县、高唐县、阳谷县、临清市、冠县、莘县，滨州市滨城区、邹平县、博兴县、无棣县、沾化县、阳信县、惠民县，菏泽市牡丹区、定陶县、曹县、单县、郓城县、成武县、巨野县、鄄城县、东明县。

河南省：濮阳市范县、台前县、南乐县、濮阳县、清丰县、华龙区、高新区，安阳市内黄县、滑县，鹤壁市浚县、淇县。

江苏省：连云港市连云区、海州区、新浦区、赣榆县、东海县。

特此公告。

国家林业局

2011 年 2 月 15 日

国家林业局公告

2011 年第 6 号

根据《国务院办公厅关于做好规章清理工作有关问题的通知》(国办发〔2010〕28 号)要求，我局对单独制定的以及牵头会同其他部门联合制定的规章进行了全面清理。现将我局 2010 年 12 月 31 日前发布的现行有效的规章目录(见附件)予以公告。

特此公告。

附件：国家林业局现行有效规章目录

国家林业局

2011 年 3 月 1 日

附件　国家林业局现行有效规章目录(42 件)

序号	制定机关	规章名称	发布日期及文号	备注
1	林业部 农业部	国家重点保护野生动物名录	1989 年 1 月 14 日林业部令第 1 号	1988 年 12 月 10 日国务院批准
2	林业部	国家重点保护野生动物驯养繁殖许可证管理办法	1991 年 1 月 9 日；2011 年 1 月 25 日国家林业局令第 26 号修改	1990 年 12 月 30 日部务会议审议通过
3	林业部、财政部、国家物价局	陆生野生动物资源保护管理费收费办法	1992 年 12 月 19 日	1992 年 11 月 22 日国务院批准
4	林业部	森林公园管理办法	1994 年 1 月 22 日林业部令第 3 号；2011 年 1 月 25 日国家林业局令第 26 号修改	
5	林业部	植物检疫条例实施细则(林业部分)	1994 年 7 月 26 日林业部令第 4 号；2011 年 1 月 25 日国家林业局令第 26 号修改	
6	林业部	林业行政处罚程序规定	1996 年 9 月 27 日林业部令第 8 号	

（续）

序号	制定机关	规章名称	发布日期及文号	备注
7	林业部	林业行政执法监督办法	1996年9月27日林业部令第9号	
8	林业部	林木林地权属争议处理办法	1996年10月14日林业部令第10号	
9	林业部	沿海国家特殊保护林带管理规定	1996年12月9日林业部令第11号；2011年1月25日国家林业局令第26号修改	
10	林业部	林业行政执法证件管理办法	1997年1月6日林业部令第12号	
11	林业部	林木良种推广使用管理办法	1997年6月15日林业部令第13号；2011年1月25日国家林业局令第26号修改	
12	国家林业局	国家林业局关于授权森林公安机关代行行政处罚权的决定	1998年6月26日国家林业局令第1号	
13	国家林业局	中华人民共和国林业植物新品种保护名录(第一批)	1999年4月22日国家林业局令第2号	
14	国家林业局	中华人民共和国植物新品种保护条例实施细则(林业部分)	1999年8月10日国家林业局令第3号；2011年1月25日国家林业局令第26号修改	
15	国家林业局 农业部	国家重点保护野生植物名录(第一批)	1999年9月9日国家林业局令第4号	1999年8月4日国务院批准
16	国家林业局	中华人民共和国植物新品种保护名录(林业部分)(第二批)	2000年2月2日国家林业局令第5号	
17	国家林业局	林业工作站管理办法	2000年3月13日国家林业局令第6号	
18	国家林业局	国家保护的有益的或者有重要经济、科学研究价值的陆生野生动物名录	2000年8月1日国家林业局令第7号	
19	国家林业局	林木和林地权属登记管理办法	2000年12月31日国家林业局令第1号；2011年1月25日国家林业局令第26号修改	
20	国家林业局	占用征收征用林地审核审批管理办法	2001年1月4日国家林业局令第2号；2011年1月25日国家林业局令第26号修改	
21	国家林业局	中华人民共和国主要林木目录(第一批)	2001年6月1日国家林业局令第3号	
22	国家林业局	林业行政处罚听证规则	2002年11月2日国家林业局令第4号	
23	国家林业局	林木种子生产、经营许可证管理办法	2002年11月2日国家林业局令第5号；2011年1月25日国家林业局令第26号修改	
24	国家林业局	中华人民共和国植物新品种保护名录(林业部分)(第三批)	2002年12月2日国家林业局令第6号	
25	国家林业局	国家重点保护野生动物名录(调整部分)	2003年2月21日国家林业局令第7号	国务院批准
26	国家林业局	主要林木品种审定办法	2003年7月14日国家林业局令第8号	
27	国家林业局	林业标准化管理办法	2003年7月21日国家林业局令第9号；2011年1月25日国家林业局令第26号修改	
28	国家林业局	营利性治沙管理办法	2004年7月1日国家林业局令第11号	
29	国家林业局	中华人民共和国植物新品种保护名录(林业部分)(第四批)	2004年10月14日国家林业局令第12号	
30	国家林业局	突发林业有害生物事件处置办法	2005年5月23日国家林业局令第13号	
31	国家林业局	林业行政处罚案件文书制作管理规定	2005年5月27日国家林业局令第14号	
32	国家林业局	林业统计管理办法	2005年6月1日国家林业局令第15号	

（续）

序号	制定机关	规章名称	发布日期及文号	备注
33	国家林业局	国家级森林公园设立、撤销、合并、改变经营范围或者变更隶属关系审批管理办法	2005年6月16日国家林业局令第16号	
34	国家林业局	普及型国外引种试种苗圃资格认定管理办法	2005年9月23日国家林业局令第17号	
35	国家林业局	松材线虫病疫木加工板材定点加工企业审批管理办法	2005年9月23日国家林业局令第18号	
36	国家林业局	引进陆生野生动物外来物种种类及数量审批管理办法	2005年9月27日国家林业局令第19号	
37	国家林业局	开展林木转基因工程活动审批管理办法	2006年5月11日国家林业局令第20号	
38	国家林业局	林木种子质量管理办法	2006年11月13日国家林业局令第21号	
39	国家林业局	林木种质资源管理办法	2007年9月8日国家林业局令第22号	
40	国家林业局	森林资源监督工作管理办法	2007年9月28日国家林业局令第23号	
41	国家林业局	国家林业局产品质量检验检测机构管理办法	2007年11月30日国家林业局令第24号	
42	国家林业局	林业行政许可听证办法	2008年8月1日国家林业局令第25号	

国家林业局公告

2011年第7号

根据《中华人民共和国种子法》第十六条规定，现将由国家林业局林木品种审定委员会审定通过的湖北利川水杉母树林种子等29个品种、认定通过的金铃等4个品种作为林木良种予以公告（详见附件）。自公告发布之日起，这些品种在林业生产中可以作为林木良种使用，并在本公告规定的适宜种植范围内推广。

特此公告。

附件：林木良种名录（中英文）

国家林业局

2011年3月10日

附件　林木良种名录

一、审定通过品种

1. 湖北利川水杉母树林种子

树种：水杉

学名：*Metaseqoia glyptostroboides*

类别：母树林种子

通过类别：审定

编号：国 S-SS-MG-001-2010

品种特性　落叶乔木，年均高生长量1.0米，年均径生长量1.3厘米，种子平均千粒重2.3克，木材品质轻软，心材色泽微红，边材淡色；耐水湿，可作为防护林网、道路、四旁植树、园林城市景观树种。

栽培技术要点　适宜土层深厚，肥沃立地，冬、春两季造林，造林密度3米×2米以上，成林后疏伐成6米×4米间距。

适宜种植范围　适宜于长江中下游平原、洞庭湖区、江汉平原、华北平原南部，四川盆地等地栽培。

2. 丽白

树种：杞柳

学名：*Salix integra* ‘Libai’

类别：品种

通过类别：审定

编号：国 S-SV-SI-002-2010

品种特性　不分杈，去皮干条洁白、无刺、无疤痕，表面有丝状光泽，水泡后质地柔软，弯曲不起刺、光洁度好。在山东省内扦插当年夏条可达7800千克/公顷，河南等地扦插当年夏条产量可达7500千克/公顷。适用于做柳编原料。

栽培技术要点　基肥以每667平方米施1.5立方米有机肥加30千克复合肥为好，每年分别在夏条50厘米、150厘米、秋条20厘米时进行追肥，每次施尿素10千克/667平方米；正常年份浇水2～4次；每年3～4次防治病虫害；经济寿命5年为宜。

适宜种植范围　山东临沂、济宁；江苏徐州、连云港；安徽阜阳；河南固始等杞柳栽培区。

3. 南林 862 杨

树种：美洲黑杨

学名：*Populus deltoides* ‘Nanlin 862’

类别：无性系

通过类别：审定

编号：国 S-SC-PD-003-2010

品种特性　雄株，树冠中等。在江苏泗洪 10 年生树高 27.7 米，胸径 35.4 厘米，单株材积 0.8726 立方米，比该地区主栽品种 I-69 杨材积生长量提高 32.8%；木材基本密度为 0.332 克/立方厘米，提高 3.5%；单板出材率可提高 25.3%。抗杨树黑斑病，耐水湿。可作为单板用材品种。

栽培技术要点　用高 4.0 米以上大苗壮苗，大穴造林，穴规格为 1 米×1 米×1 米，栽植时大水大肥。栽单板用材栽植密度每公顷为 270～400 株。最佳轮伐期为 10～15 年。

适宜种植范围　长江中下游杨树栽培区。

4. 南林 3804 杨

树种：美洲黑杨

学名：*Populus deltoides* ‘Nanlin 3804’

类别：无性系

通过类别：审定

编号：国 S-SC-PD-004-2010

品种特性　雄株，树冠中等。在江苏宝应 12 年生树高 31.0 米，胸径 37.1 厘米，单株材积 1.0404 立方米，比该地区主栽品种 I-69 杨材积生长量提高 17.2%；木材基本密度为 0.328 克/立方厘米，提高 3.0%，单板出材率可提高 28.6%。抗杨树黑斑病，耐水湿。可作为单板用材品种。

栽培技术要点　用高 4.0 米以上大苗壮苗，大穴造林，穴规格为 1 米×1 米×1 米，栽植时大水大肥。单板用材栽植密度每公顷为 270～400 株。最佳轮伐期为 10～15 年。

适宜种植范围　长江中下游杨树栽培区。

5. 南林 3412 杨

树种：美洲黑杨

学名：*Populus deltoides* ‘Nanlin 3412’

类别：无性系

通过类别：审定

编号：国 S-SC-PD-005-2010

品种特性　雄株，树冠中等。在江苏宝应 12 年生树高 31.8 米，胸径 37.3 厘米，单株材积 1.0818 立方米，比该地区主栽品种 I-69 杨材积生长量提高 21.9%；木材基本密度为 0.330 克/立方厘米，提高 3.0%，单板出材率可提高 28.1%。抗杨树黑斑病，耐水湿。可作为单板用材品种。

栽培技术要点　用高 4.0 米以上大苗壮苗，大穴造林，穴规格为 1 米×1 米×1 米，栽植时大水大肥。单板用材栽植密度每公顷为 270～400 株。最佳轮伐期为 10～15 年。

适宜种植范围　长江中下游杨树栽培区。

6. 四季

树种：青绿苔草

学名：*Carex leucochlora* ‘Siji’

类别：品种

通过类别：审定

编号：国 S-SV-CL-006-2010

品种特性　冷季型宿根草本植物。叶片形成厚密的株丛，自然株高 32 厘米左右。春季花序自然质朴，花果期为 3 月上中旬至 5 月上旬。在北京地区 3 月 15 日左右返青，11 月中旬枯黄，绿色期 240 余天。适宜作为耐阴地被。

栽培技术要点　对土壤的适应性广，壤土、黏土、轻质沙土都可正常生长。栽植深度以覆盖根际为宜，移栽后需浇透水。为了春季萌芽良好，冬前、春前各灌溉一次。花果期不宜移栽。

适宜种植范围　山东、河北中南部及北京平原地区的林下及其他公共绿地。

7. 翠玉

树种：绿爬山虎

学名：*Parthenocissus laetivirens* ‘Cuiyu’

类别：品种

通过类别：审定

编号：国 S-SV-PL-007-2010

品种特性　叶色翠绿，幼叶褐色。分枝多，一株当年扦插苗覆盖面积可达 4 平方米，卷须及不定根发达，垂直攀援时不需要人为的固定措施。在 78% 遮光条件下，植株可以正常生长，在 -10℃ 条件下，枝条可保持 50% 的存活率，高温高湿条件下生长更旺盛。可用于建筑物立面绿化，公路两侧、河岸边坡及裸露地面植被覆盖。

栽培技术要点　用于公路两侧及河岸边坡覆盖时，挖直径 30 厘米，深 50 厘米的种植穴，填入客土、保水剂、肥料后，植入枝藤长度 1 米以上的一年生或二年生种苗，压实、定植、浇水，保证种植穴土面低于周围地面；用于建筑物立面绿化时，在距离绿化目标 40～50 厘米左右挖直径 50 厘米、深 50 厘米的种植穴，填入 20 厘米厚的肥土，植入枝藤长度 1 米以上的一年生或二年生种苗，加入原位固有土壤踏实，浇水后再覆 3～4 厘米土层即可；用于裸露地面植被恢复时，二年生种苗按株行距 30～40 厘米×30～40 厘米进行穴植，种植穴直径 30 厘米，深 40 厘米，放入种苗后按普通植树方法栽植。

适宜种植范围　山东、河北中南部及北京平原地区的公园林下、公路两侧及河岸边坡、城市立交桥等人工建筑物立面。

8. 加引 1 号

树种：五叶爬山虎

学名：*Parthenocissus quinquefolia* ‘Jiayin 1’

类别：品种

通过类别：审定

编号：国 S-SV-PQ-008-2010

品种特性　叶色浓绿，叶片绿色期长，在北京地区绿色期可达 210 天。一株当年扦插苗覆盖面积可达 5 平方米，卷须及不定根发达，吸盘吸附力强，垂直攀援时不需要人为的固定措施。在 90% 遮光条件下，植株可以正常生长，在 -20℃ 条件下，枝条可保持 50% 的存活率。可用于公共绿地、公路两侧、河岸边坡及城市立交桥等人工建筑物立面。

栽培技术要点 用于公路两侧及河岸边坡覆盖时，挖直径30厘米，深50厘米的种植穴，填入客土、保水剂、肥料后，植入枝藤长度1米以上的一年生或二年生种苗，压实、定植、浇水，保证种植穴土面低于周围地面；用于庭院、建筑物立面绿化时，将大苗自根基部起剪留至40厘米左右，在距离绿化目标40～50厘米左右挖直径50厘米、深50厘米的种植穴，填入20厘米厚的肥土，放入苗子后加入原位固有土壤踏实，浇水后再覆3～4厘米土层即可；用于土石荒山植被恢复时，二年生种苗按株行距30～40厘米×30～40厘米进行穴植，种植穴直径30厘米，深40厘米，放入种苗后按普通植树方法栽植。

适宜种植范围 山东、河北中南部及北京平原地区的公共绿地、公路两侧及河岸边坡、城市立交桥等人工建筑物立面。

9. 早脆王

树种：枣

学名：*Ziziphus jujuba*'Zaocuiwang'

类别：品种

通过类别：审定

编号：国 S-SV-ZJ-009-2010

品种特性 树势中强，结果后树势渐缓。在河北沧州8月中旬成熟，比当地金丝小枣提前40天，在山西运城8月上旬成熟，比当地梨枣提前30天。果色鲜红，高接第三年亩产600～1000千克，平均单果重30.9克，最大果重98克，可食率96.7%，成熟果可溶性固形物含量39%，Vc含量360毫克/100克。适于鲜食和加工。

栽培技术要点 选择土层深厚、光照充足的圃地建园，春秋两季栽种。施足基肥的条件下，于发芽前、初花期、幼果期追肥三次，栽培过程中做好冬剪、夏剪、开甲、除草、防治病虫等工作。

适宜种植范围 河北、山西、江西、浙江等省枣栽培区。

10. 沧蜜1号

树种：枣

学名：*Ziziphus jujuba*'Cangmi 1'

类别：品种

通过类别：审定

编号：国 S-SV-ZJ-010-2010

品种特性 树势强，树体较大。平均单果重17.2克，最大单果重35.2克，果形指数1.2，整齐度0.73，可食率97.7%，8月中旬白熟，9月上中旬完熟。主要用作加工蜜枣，白熟期为最佳采收期。

栽培技术要点 树形主要采用自然圆头形和纺锤形。栽植密度为3米×5米为宜，在开花量为20%～30%时开甲。春季萌芽前，N、P、K肥一次性施入，适时病虫害防治。

适宜种植范围 山东、河北、天津等金丝小枣分布区种植。

11. 曙光

树种：枣

学名：*Ziziphus jujuba*'Shuguang'

类别：品种

通过类别：审定

编号：国 S-SV-ZJ-011-2010

品种特性 树势中庸，树冠自然半圆形。高接换头当年即可结果，2～3年逐步进入结果期，4～5年逐步进入盛果期。平均果重12.2克，最大果重16.5克，大小均匀。鲜枣可溶性固形物含量26.5%，可食率95.8%。适于制干和蜜枣，制干率55.4%，制干后的红枣含总糖77%，有机酸0.31%，Vc含量为5.57毫克/100克。

栽培技术要点 栽植密度2.5米×4米、3米×4米较为合理，定植穴长、宽、深各50厘米。秋施有机肥，花期、幼果期、果实膨大期追肥，注意病虫害防治。

适宜种植范围 河北、河南、山西等枣树适生区。

12. 京枣18

树种：枣

学名：*Ziziphus jujuba*'Jingzao18'

类别：品种

通过类别：审定

编号：国 S-SV-ZJ-012-2010

品种特性 树势中等，果实大小整齐，近圆形，平均单果重11.7克，最大单果重13.8克，可溶性固形物含量34.1%，总糖含量21.43%，有机酸1.44%，是普通鲜食枣品种的4倍，Vc含量为141.8毫克/100克。可鲜食和加工枣汁。

栽培技术要点 栽植密度2米×3米为宜，冬夏结合修剪保持通风透光，施肥以有机肥为主，化肥为辅，注意疏花疏果和病虫害防治。

适宜种植范围 内蒙古鄂尔多斯以南的华北地区、新疆南疆地区等枣栽培区。

13. 京枣28

树种：枣

学名：*Ziziphus jujuba*'Jingzao28'

类别：品种

通过类别：审定

编号：国 S-SV-ZJ-013-2010

品种特性 树势强，果实大小整齐，果大，苹果形，平均单果重33.6克，最大单果重45.5克，可溶性固形物含量28.4%，总糖含量21.6%，有机酸0.4%，Vc含量为275毫克/100克。适于鲜食。

栽培技术要点 栽植密度2米×3米或4米×3米为宜，冬夏结合修剪保持通风透光，施肥以有机肥为主，化肥为辅，注意疏花疏果和病虫害防治。

适宜种植范围 内蒙古鄂尔多斯以南的华北地区、新疆南疆地区等枣栽培区。

14. 京枣31

树种：枣

学名：*Ziziphus jujuba*'Jingzao31'

类别：品种

通过类别：审定

编号：国 S-SV-ZJ-014-2010

品种特性 树势中强，果近圆形或圆柱形，平均单果重12.6克，最大单果重16.5克，可溶性固形物含量31.6%，总糖含量23.3%，有机酸0.6%，Vc含量为

310 毫克/100 克。适于鲜食和加工。

栽培技术要点 栽植密度 2 米×3 米或 4 米×3 米为宜，冬夏结合修剪保持通风透光，施肥以有机肥为主，化肥为辅，注意病虫害防治。

适宜种植范围 内蒙古鄂尔多斯以南的华北地区、新疆南疆地区等枣栽培区。

15. 京枣 60

树种：枣

学名：*Ziziphus jujuba* ‘Jingzao 60’

类别：品种

通过类别：审定

编号：国 S-SV-ZJ-015-2010

品种特性 树势中强，果近圆锥形，平均单果重 25.6 克，最大单果重 31.4 克，可溶性固形物含量 26%，总糖含量 18.6%，有机酸 0.54%，Vc 含量为 324 毫克/100 克。适于鲜食和加工。

栽培技术要点 栽植密度 2 米×3 米或 4 米×3 米为宜，冬夏结合修剪保持通风透光，施肥以有机肥为主，化肥为辅，注意疏花疏果和病虫害防治。

适宜种植范围 内蒙古鄂尔多斯以南的华北地区、新疆的南疆地区等枣栽培区。

16. 丽春

树种：桃

学名：*Prunus persica* ‘Lichun’

类别：品种

通过类别：审定

编号：国 S-SV-PP-016-2010

品种特性 树姿半开张，树势较旺盛。果实近圆稍长，平均单果重 141 克，最大单果重 166 克，全面着鲜红色，有玫瑰红色斑条纹，半黏核。可溶性固形物含量 11.2%，可溶性糖含量 8.7%，总酸 3.04 克/千克，Vc 含量为 5.03 毫克/100 克。适于鲜食。

栽培技术要点 选择排水良好，土层深厚，光照充足的地块建园。露地栽种行株距以 5 米×3 米、4 米×3 米、5 米×2 米为宜；增施基肥，以有机肥为主，配合磷钾肥，最好于落花后追施果树专用肥；及时夏剪，以改善光照，增进果实着色。注意疏花疏果和病虫害防治。

适宜种植范围 北京、河北、山东等桃栽培区。

17. 超红珠

树种：桃

学名：*Prunus persica* ‘Chaohongzhu’

类别：品种

通过类别：审定

编号：国 S-SV-PP-017-2010

品种特性 树姿半开张，树势较旺盛。果实圆长形，平均单果重 148.2 克，最大单果重 155 克，全面着鲜红至玫瑰红色，明亮，半黏核。可溶性固形物含量 14.2%，可溶性糖含量 9.2%，总酸 3.28 克/千克，Vc 含量为 7.22 毫克/100 克。适于鲜食。

栽培技术要点 选择排水良好，土层深厚，光照充足的地块建园。露地栽种行株距以 5 米×3 米、4 米×3 米、5 米×2 米为宜；增施基肥，以有机肥为主，配合磷钾肥，最好于落花后追施果树专用肥；及时夏剪，以改善光照，增进果实着色。注意疏花疏果和病虫害防治。

适宜种植范围 北京、河北、山东等桃栽培区。

18. 围选 1 号

树种：杏

学名：*Prunus armeniaca* ‘Wei Xuan 1’

类别：品种

通过类别：审定

编号：国 S-SV-PA-018-2010

品种特性 树姿开张，树势强健，果实橙黄色。离核，核阔卵圆形，平均单核重 2.5 克。杏仁呈心脏形，平均单仁重 0.88 克，出仁率 35.24%，仁皮棕黄色，仁肉乳白色，杏仁蛋白质、脂肪、硒含量分别为 27.8 克/100 克、46.5 克/100 克、0.016 毫克/千克。用于加工开口杏仁及制作食品、饮料等。

栽培技术要点 栽植密度为 4 米×4 米或 4 米×5 米，栽植穴规格 1 米×1 米×1 米。授粉品种为优一，主栽品种与授粉树比例为 4～5∶1，每年秋施基肥，盛果期每株施有机肥 50～80 千克，施肥后浇水。盛花期和硬核期前合理疏花疏果，注意防治病虫害。

适宜种植范围 河北、山西、辽宁、吉林等杏栽培区。

19. 金艳

树种：猕猴桃

学名：*Actinidia eriantha*×*A. chinensis* ‘Jinyan’

类别：品种

通过类别：审定

编号：国 S-SV-AE-019-2010

品种特性 树势旺，果面黄褐色，密生短绒毛，果实圆柱形，果肉金黄色，平均单果重 101 克。可溶性固形物含量 14.2%～19.8%，可溶性糖含量 8.55%，总酸 0.86%，Vc 含量为 100.55 毫克/100 克。适于鲜食和加工。

栽培技术要点 栽培架式宜采用大棚架或"T"型棚架，树形采用一干两主蔓多侧蔓，幼树夏季整形，冬季轻剪，成年树冬季修剪为主，重施基肥，以有机肥为主，授粉树为磨山 4 号，雌雄比 6～8∶1，种植密度56～84 株，合理疏花疏果。

适宜种植范围 湖北、江西、陕西等猕猴桃栽培区。

20. 云红

树种：板栗

学名：*Castanea mollisima* ‘Yunhong’

类别：品种

通过类别：审定

编号：国 S-SV-CM-020-2010

品种特性 树姿开张，树势中等。坚果椭圆形，平均单果重 11.95 克，出籽率 41.6%～47.8%，坚果水分含量 49.2%，粗蛋白 9.13%，总糖含量 18.59%，淀粉含量 40.96%，粗脂肪含量 4.17%，淀粉糊化温度 59℃。适于作糖炒栗子或加工果仁。

栽培技术要点 栽植密度 4 米×5 米，定干高度 80～90 厘米，采用开心形树形，种植时每株施有机肥 50～80 千克，幼树以轻剪为主，成龄树及时疏花疏果。

适宜种植范围 云南海拔1300～1900米广大山区、半山区及江苏板栗种植区。

21. 云雄

树种：板栗

学名：*Castanea mollisima* ‘Yunxiong’

类别：品种

通过类别：审定

编号：国S-SV-CM-021-2010

品种特性 树姿开张，树势强。坚果椭圆形，平均单果重15.6克，出籽率54.3%，坚果水分含量49.98%，粗蛋白8.05%，总糖含量19.71%，淀粉含量58.42%，粗脂肪含量3.61%，淀粉糊化温度57℃，适于采果，也可作授粉品种。

栽培技术要点 栽植密度5米×6米～6米×8米，树形采用开心形或疏散分层，种植时每株施有机肥50～80千克，幼树以轻剪为主，盛果期加强土肥管理。

适宜种植范围 云南海拔1300～2190米广大山区、半山区及江苏板栗种植区。

22. 亚特

树种：金银花

学名：*Lonicera japonica* ‘Yate’

类别：品种

通过类别：审定

编号：国S-SV-LJ-022-2010

品种特性 常绿小灌木，直立多分枝，花期4～11月，初花南方4月下旬，北方地区5月中旬，每年开花4～5茬，花蕾密集于顶端，成熟整齐，便于采收。千针鲜重88.3克，花蕾绿原酸含量5.33%，木犀草苷含量0.20%。药食兼用，主要用于制药。

栽培技术要点 选择一年生健壮苗木进行栽培，苗木规格根径0.5厘米以上，高度25厘米，平原肥沃土地每667平方米栽植450株，株行距1米×1.5米，山坡地每667平方米栽植660株，株行距1米×1米，穴规格为40厘米×40厘米×30厘米。栽植3个月后进行追肥，每株施复合肥60～100克，尿素30～50克。第二年起，每年应松土除草，追肥两次。第一次在1～2月进行，第二次6～7月进行，每株施尿素50～60g。

适宜种植范围 山东、北京、甘肃、湖北、安徽等金银花栽培区。

23. 亚特红

树种：金银花

学名：*Lonicera japonica* ‘Yatehong’

类别：品种

通过类别：审定

编号：国S-SV-LJ-023-2010

品种特性 常绿藤本，多分枝，花期4～6月，千针鲜重77.5克，花蕾绿原酸含量4.68%，木犀草苷含量0.20%。主要芳香成分古吧烯含量26.06%，芬芳木樟素含量20.02%，药食兼用，主要用于生产保健茶、保健食品。

栽培技术要点 选择一年生健壮苗木进行栽培，苗木规格根径0.5厘米以上，高度25厘米，平原肥沃土地每667平方米栽植450株，株行距1米×1.5米，山坡地每667平方米栽植660株，株行距1米×1米，穴规格为40厘米×40厘米×30厘米。栽植3个月后进行追肥，每株施复合肥60～100克，尿素30～50克。第二年起，每年应松土除草，追肥两次。第一次在1～2月进行，第二次6～7月进行，每株施尿素50～60克。

适宜种植范围 山东、北京、甘肃、湖北、安徽等金银花栽培区。

24. 亚特立本

树种：金银花

学名：*Lonicera japonica* ‘Yateliben’

类别：品种

通过类别：审定

编号：国S-SV-LJ-024-2010

品种特性 半常绿小灌木，直立性好，可密植，长枝上部无明显缠绕，花期5～9月，千针鲜重85.3克，花蕾绿原酸含量5.09%，木犀草苷0.19%。药食兼用，主要用于制药。

栽培技术要点 选择一年生健壮苗木进行栽培，苗木规格根径0.5厘米以上，高度25厘米，平原肥沃土地每667平方米栽植450株，株行距1米×1.5米，山坡地每667平方米栽植660株，株行距1米×1米，穴规格为40厘米×40厘米×30厘米。栽植3个月后进行追肥，每株施复合肥60～100克，尿素30～50克。第二年起，每年应松土除草，追肥两次。第一次在1～2月进行，第二次6～7月进行，每株施尿素50～60克。

适宜种植范围 山东、北京、甘肃、湖北、安徽等金银花栽培区。

25. 赣70

树种：油茶

学名：*Camellia oleifera* ‘Gan 70’

类别：无性系

通过类别：审定

编号：国S-SC-CO-025-2010

品种特性 树体生长旺盛、树冠紧凑，鲜果大小为28个/500克，鲜出籽率49.2%，干出籽率为29.1%，干出仁率65.1%，种仁含油率50.5%，鲜果含油率为9.6%，连续四年每667平方米产油量达52.8千克。茶油油酸含量82.53%，亚油酸含量7.27%，可用于食用植物油生产。

栽培技术要点 选择丘陵林地，带状或块状细致大穴整地。选用合格芽苗砧嫁接苗造林，每667平方米栽植60～120株。施足基肥，即时抚育、施肥，促进幼林生长。结果树要做好抚育，及时补充营养，保持高产稳产。

适宜种植范围 江西、广西、湖南油茶适生区。

26. 赣无12

树种：油茶

学名：*Camellia oleifera* ‘Ganwu 12’

类别：无性系

通过类别：审定

编号：国S-SC-CO-026-2010

品种特性 树体生长旺盛、树冠紧凑，鲜果大小为42个/500克，鲜出籽率40.3%，干出籽率为24.2%，干出仁率61.4%，种仁含油率52.1%，鲜果含油率为7.8%，连续四年每667平方米产油量达68.9千克。茶油油酸含量80.1%，亚油酸含量8.66%，可用于食用植物油生产。

栽培技术要点 选择丘陵林地，带状或块状细致大穴整地。选用合格芽苗砧嫁接苗造林，每667平方米栽植60~120株。施足基肥，即时抚育、施肥，促进幼林生长。结果树要做好抚育，及时补充营养，保持高产稳产。

适宜种植范围 江西、广西油茶适生区。

27. 赣无24

树种：油茶

学名：*Camellia oleifera*'Ganwu 24'

类别：无性系

通过类别：审定

编号：国S-SC-CO-027-2010

品种特性 树体生长旺盛、树冠紧凑，鲜果大小为33个/500克，鲜出籽率51.9%，干出籽率为29.8%，干出仁率66.2%，种仁含油率50.9%，鲜果含油率为10.1%，连续四年每667平方米产油量达62.6千克。茶油油酸含量85%，亚油酸含量6.36%，可用于食用植物油生产。

栽培技术要点 选择丘陵林地，带状或块状细致大穴整地。选用合格芽苗砧嫁接苗造林，每667平方米栽植60~120株。施足基肥，即时抚育、施肥，促进幼林生长。结果树要做好抚育，及时补充营养，保持高产稳产。

适宜种植范围 江西、广西、湖南油茶适生区。

28. 桂普32

树种：油茶

学名：*Camellia oleifera*'Guipu 32'

类别：无性系

通过类别：审定

编号：国S-SC-CO-028-2010

品种特性 树形为自然开张形，鲜出籽率46.1%，干出籽率为26.5%，干出仁率62.7%，种仁含油率45.5%，鲜果含油率为7.5%，连续四年每667平方米产油量达50千克。茶油油酸含量80.2%，亚油酸含量9.5%，可用于食用植物油及化妆品生产。

栽培技术要点 选择酸性红壤，土层深厚，排水好的退耕地，缓坡地，低山丘陵地等为宜。选用苗高30厘米以上，地径0.3厘米以上的健壮苗木造林，每667平方米栽植74~110株。施足基肥，即时抚育、施肥，促进幼林生长。结果树要做好抚育，及时补充营养，保持高产稳产。

适宜种植范围 江西、广西油茶适生区。

29. 桂普101

树种：油茶

学名：*Camellia oleifera*'Guipu 101'

类别：无性系

通过类别：审定

编号：国S-SC-CO-029-2010

品种特性 树形为圆头形，冠幅大、开张，鲜果出籽率46.32%，干出籽率26.86%，干出仁率62.48%，种仁含油率47.03%，鲜果含油率7.87%。连续四年每667平方米产油量达50千克。茶油油酸含量76.2%，亚油酸含量11.3%，可用于食用植物油及化妆品生产。

栽培技术要点 可选择退耕地，缓坡地，低丘或小岗地等，选用苗高30厘米以上，地径0.3厘米以上的健壮苗木造林，每667平方米栽植80~120株。施足基肥，即时抚育、施肥，促进幼林生长。结果树要做好抚育，及时补充营养，保持高产稳产。

适宜种植范围 江西、广西油茶适生区。

二、认定通过品种

1. 金铃

树种：猕猴桃

学名：*Actinidia macrosperma*'Jinling'

类别：品种

通过类别：认定(3年)

编号：国R-SV-AM-001-2010

品种特性 观赏品种。树势生长紧凑，果实呈卵圆形，平均果重约20克，大小均匀，果皮光滑，翠绿色，在树上成熟过程中，果皮和果肉逐渐转为橘黄色，颜色鲜艳。雌花着生节位低，观果期长达3个月。

栽培技术要点 大籽猕猴桃雄株作为授粉树，以施有机肥为主，采用棚架、篱架等架式栽植。整形修剪以轻剪为主。作盆景时要选择较大较深的花盆种植，并注意适时整形修剪，及时浇水和补肥。

适宜种植范围 湖北、江西、云南猕猴桃适生区。

2. 锦带

树种：川鄂爬山虎

学名：*Pathenocissus henryana*'Jindai'

类别：品种

通过类别：认定(3年)

编号：国R-SV-PH-002-2010

品种特性 成熟叶叶背红紫色，叶面绿色有白色叶脉。分枝多，一株当年扦插苗覆盖面积可达3.7平方米，在90%遮光条件下，植株可以正常生长，在-14℃条件下，可保持90%的存活率。可用于公园林下、公路两侧、河岸边坡、裸露地面及城市立交桥等建筑物立面的植被覆盖。

栽培技术要点 用于公路两侧及河岸边坡覆盖时，挖直径30厘米，深50厘米的种植穴，填入客土、保水剂、肥料后，植入枝藤长度1米以上的一年生或二年生种苗，压实、定植、浇水，保证种植穴土面低于周围地面；用于裸露地面植被恢复时，二年生种苗按株行距30~40厘米×30~40厘米进行穴植，种植穴直径30厘米，深40厘米，放入种苗后按普通植树方法栽植。

适宜种植范围 山东、河北中南部及北京平原地区的公园林下、公路两侧及河岸边坡、城市立交桥等人工建筑物立面。

3. 黄中皇

树种：桃

学名：*Prunus persica*'Huangzhonghuang'

类别：品种

通过类别：认定(5年)

编号：国R-SV-PP-003-2010

品种特性 果实圆形，缝合线浅，果顶凹，平均单果重196.6克，最大果重330.4克，去皮果肉硬度5.6

千克/平方厘米。果实成熟后颜色金黄，着红晕，果皮不易剥离；果肉橙黄色，无红色素；黏核，近核处无红色素；可溶性固形物含量 11.8%，可滴定酸含量 0.28%；可加工或鲜食。

栽培技术要点 选择光照充足、排水良好的地块建园。定植穴，深 60 厘米，宽 100 厘米，表土与心土分开放置，穴内施足有机肥。丘陵山地株行距 2 米 ×4 米；平原地 4 米 ×5 米。幼树生长旺盛，应重视夏季修剪，冬季修剪以整形为主，合理疏花疏果，注意水肥管理和病虫害防治。

适宜种植范围 山东、北京、宁夏、河南等桃适生区。

4. 川早 1 号

树种：核桃

学名：(*Juglans sigillata* × *J. Regia*) × *J. Regia* 'Chuanzao 1'

类别：品种

通过类别：认定(5 年)

编号：国 R-SV-JS-004-2010

品种特性 树势中庸偏强，3 年生树高可达 2.5 米以上，坚果扁圆形，平均单果重 12.1 克，壳厚 0.90 毫米，可取整仁，出仁率 51.60%；核仁饱满，黄白色，味香，粗脂肪含量 72.14%、粗蛋白含量 16.80%。可加工或鲜食。

栽培技术要点 密植建园栽培适宜株行距为 3 米 × 4 米，果粮间作适宜株行距为 4 米 ×5 米或 5 米 ×6 米，适宜树形为开心形，大穴(80 厘米)整地，重施基肥 100～200 千克/穴，5% 过磷酸钙泥浆蘸根。栽植时间为 12 月上旬至 2 月上旬，3 月、5 月追施化肥。栽植 1～2 年后整形，注意病虫害防治。

适宜种植范围 四川、重庆山区土壤疏松肥沃，土层厚度 1 米以上，土壤 pH 6.0～7.5 的核桃适生区。

注：通过认定的林木良种，认定期满后不得作为良种继续使用，应重新进行林木品种审定。

国家林业局公告

2011 年第 9 号

国家林业局批准《油茶低产林改造技术》等 91 项行业标准(目录见附件)，现予以公布，自 2011 年 7 月 1 日起实施。

特此公告。

附件：《油茶低产林改造技术》等 91 项行业标准目录

国家林业局

2011 年 6 月 10 日

附件 《油茶低产林改造技术》等 91 项行业标准目录

序号	标准编号	标准名称	代替标准号
1	LY/T1935－2011	油茶低产林改造技术	
2	LY/T1936－2011	油茶采穗圃营建技术	
3	LY/T1937－2011	油橄榄苗木质量等级	
4	LY/T1938－2011	红树林建设技术规程	
5	LY/T1939－2011	黄连木育苗技术规程	
6	LY/T1940－2011	果用香榧栽培技术规程	
7	LY/T1941－2011	美国山核桃栽培技术规程	
8	LY/T1942－2011	顶坛花椒培育技术规程	
9	LY/T1943－2011	文冠果栽培技术规程	
10	LY/T1944－2011	重阳木培育技术规程	
11	LY/T1945－2011	肉桂丰产栽培技术规程	
12	LY/T1946－2011	红锥丰产栽培技术规程	
13	LY/T1947－2011	猴樟培育技术规程	
14	LY/T1948－2011	西南桦用材林培育技术规程	
15	LY/T1949－2011	相思纸浆原料林定向培育技术规程	
16	LY/T1950－2011	云南松速生丰产林	

（续）

序号	标准编号	标 准 名 称	代替标准号
17	LY/T1951－2011	秃杉速生丰产林	
18	LY/T1952－2011	森林生态系统长期定位观测方法	
19	LY/T1953－2011	自然保护区设施标识规范	
20	LY/T1954－2011	森林资源调查卫星遥感影像图制作技术规程	
21	LY/T1955－2011	林地保护利用规划林地落界技术规程	
22	LY/T1956－2011	县级林地保护利用规划编制技术规程	
23	LY/T1957－2011	国家森林资源连续清查数据处理统计规范	
24	LY/T1958－2011	森林可持续状况评价导则	
25	LY/T1959－2011	陆生野生动物疫病分类与代码	
26	LY/T1960－2011	外来树种对自然生态系统入侵风险评价技术规程	
27	LY/T1961－2011	光肩星天牛防治技术规程	
28	LY/T1962－2011	枫香采脂技术规程	
29	LY/T1963－2011	澳洲坚果果仁	
30	LY/T1964－2011	酸枣	
31	LY/T1965－2011	鲜切花常见刺吸式害虫检测规程	
32	LY/T1966－2011	杜鹃盆花生产技术规程	
33	LY/T1967－2011	菊花切花生产技术规程	
34	LY/T1968－2011	凤梨盆花产品质量等级	
35	LY/T1969－2011	百合盆花生产技术规程	
36	LY/T1970－2011	绿化用有机基质	
37	LY/T1971－2011	变压吸附精制氢气用活性炭	
38	LY/T1972－2011	松香季戊四醇酯	
39	LY/T1973－2011	生物质棒状成型炭	
40	LY/T1974. 1－2011	民族乐器锯材 第 1 部分 古琴用材	
41	LY/T1974. 2－2011	民族乐器锯材 第 2 部分 琵琶用材	
42	LY/T1285－2011	船舶锯材	LY/T1285－1998
43	LY/T1369－2011	次加工原木	LY/T1369－1999 LY/T1505－1999
44	LY/T1503－2011	加工用原木 枕资	LY/T1503－1999
45	LY/T1184－2011	橡胶木锯材	LY/T1184－1995
46	LY/T1975－2011	木材和工程复合木材的持续负载和蠕变影响评定	
47	LY/T1598－2011	石膏刨花板	LY/T1598－2002
48	LY/T1976－2011	楼梯用木质踏板	
49	LY/T1977－2011	木质板材用热熔胶线	
50	LY/T1978－2011	甲醛释放量抽吸法测定	
51	LY/T1979－2011	刨花板生产节材和减排技术规范	
52	LY/T1980－2011	挥发性有机化合物及甲醛释放量检测箱	
53	LY/T1981－2011	甲醛释放量气体分析法检测箱	
54	LY/T1982－2011	人造板及其制品甲醛释放量检测用大气候室	
55	LY/T1983－2011	铜箔、铝箔饰面人造板	
56	LY/T1984－2011	重组木地板	

（续）

序号	标准编号	标 准 名 称	代替标准号
57	LY/T1985－2011	防腐木材和人造板中五氟苯酚含量的测定方法	
58	LY/T1986－2011	直接印刷木地板	
59	LY/T1987－2011	木质踢脚线	
60	LY/T1278－2011	电工层压木板	LY/T1278－1998
61	LY/T1601－2011	水基聚合物异氰酸酯木材胶黏剂	LY/T1601－2002
62	LY/T1283－2011	木材防腐剂对腐朽菌毒性实验室试验方法	LY/T1283－1998
63	LY/T1417－2011	航空用桦木胶合板	LY/T1417－2001
64	LY/T1599－2011	旋切单板	LY/T1599－2002
65	LY/T1614－2011	实木集成地板	LY/T1614－2004
66	LY/T1611－2011	地板基材用纤维板	LY/T1611－2003
67	LY/T1330－2011	抗静电木质活动地板	LY/T1330－1999
68	LY/T1346－2011	林业机械 便携式油锯 平衡和最大握持力矩的测定	LY/T1346－1999
69	LY/T1166－2011	林业机械 便携式油锯护手器 机械强度	LY/T1166－1995
70	LY/T1041－2011	林业机械 苗圃筑床机	LY/T1041－1991 LY/T1042－1991 LY/T1043－1991 LY/T1044－1991
71	LY/T1988－2011	林业机械 背负式高射程喷雾喷粉机	
72	LY/T1989－2011	园林机械 坐骑式草坪割草机安全使用规程	
73	LY/T1990－2011	森林工程 装备系统设计导则 总纲	
74	LY/T1991－2011	森林工程 装备系统设计导则 育苗工程	
75	LY/T1992－2011	森林工程 装备系统设计导则 造林工程	
76	LY/T1993－2011	森林工程 装备系统设计导则 森林采伐工程	
77	LY/T1150－2011	栲胶生产综合能耗	LY/T1150－1994
78	LY/T1530－2011	刨花板生产综合能耗	LY/T1530－1999
79	LY/T1114－2011	松香生产综合能耗	LY/T1114－1993
80	LY/T1104－2011	转子式干燥机	LY/T1104－1993 LY/T1105－1993 LY/T1106－1993
81	LY/T1142－2011	立式浸渍干燥生产线	LY/T1142－1993
82	LY/T1994－2011	多轴竹条铣床	
83	LY/T1995－2011	气固分离装置分类、规格与性能表示方法	
84	LY/T1996－2011	竹筷生产线验收通则	
85	LY/T1997－2011	双端铣床	
86	LY/T1998－2011	原竹劈条机	
87	LY/T1999－2011	锤式削片机	
88	LY/T2000－2011	废旧木材破碎机	
89	LY/T2001－2011	超薄硬质合金圆锯片	
90	LY/T2002－2011	木材工业气力输送系统验收通则	
91	LY/T2003－2011	滚筒式搅胶机	

中国林业概述

03

2011 年中国林业

2011 年，是现代林业建设取得重大进展的一年。2011 年 9 月 6 日，在北京成功召开首届亚太经合组织林业部长级会议，中共中央总书记、中国国家主席胡锦涛出席会议开幕式并发表了“加强区域合作、实现绿色增长”的重要讲话，深刻阐述森林在绿色增长中的重要作用，充分肯定了中国林业建设成就，对继续加强林业建设提出明确要求。2011 年 4 月，全国人大常委会委员长吴邦国主持召开全国人大常委会听取国家林业局代表国务院所作的关于集体林权制度改革工作情况的报告，对集体林权制度改革给予高度评价。正式启动天然林资源保护工程二期，工程新增加丹江口库区的 11 个县区，各项政策更加完善，工程总投入达 2440 亿元。各地各单位认真贯彻落实中央各项决策部署，积极投身林业建设，全国林业改革发展又取得新进展新成效，“十二五”时期林业建设实现良好开局。

林业改革取得重大进展 ①明晰产权、承包到户改革任务基本完成。认真落实全国人大常委会审议意见，加快推进林改步伐。全国确权集体林地 1.78 亿公顷，占集体林地总面积的 97.9%；发证面积 1.58 亿公顷，占确权林地总面积的 88%，发放林权证 1 亿本，8784 万农户拿到林权证。②配套改革逐步深入。27 个省(区、市)林权抵押贷款 530 亿元，20 个省(区、市)森林保险投保面积 0.51 亿公顷、保额 3280 亿元、保费 7.92 亿元。在全国创建了 200 个农民林业专业合作社示范县、2000 个林业专业合作社示范社，2011 年林业合作经济组织达 9.78 万个。全国县级以上林权管理服务机构达 1065 家，林权交易逐步规范，林权纠纷仲裁和农民权益保护工作得到加强。③林下经济快速发展。全国林下经济现场会，总结推广了 100 多个典型县的做法和经验。据不完全统计，2011 年全国林下经济产值达 2081 亿元，参与农户 5770 万户。其中，广西林下经济年产值突破 230 亿元，惠及林农 312 万人，走出了一条不砍树能致富的发展之路。④林改成效初步显现。林改在推动林业发展、促进就业增收等方面的作用更加突出，许多林业大县林业收入已占到农民纯收入一半以上，初步实现生态受保护、农民得实惠的改革目的。江西省林改后不仅造林步伐明显加快，而且单位面积森林蓄积量增加了 16.8%。福建省永安市通过林改实现了农村劳动力充分就业，同时还吸纳 1 万多名外地农民工就业。⑤国有林场和国有林区改革试点稳步推进。制定出台了《国有林场管理办法》，初步明确国有林场改革的中央支持政策，在江西、湖南、河北、浙江、安徽、山东、甘肃等 7 省开展国有林场改革试点。江西省出台《关于推进国有林场改革的指导意见》，浙江省将 90 个国有林场明确为事业单位。国有林区改革试点与实施天然林资源保护工程二期同步展开。

生态建设成效明显 ①造林绿化稳步推进。全年完成造林 599.67 万公顷，义务植树 25.14 亿株，森林抚育 80 万公顷。颁发《全国造林绿化规划纲要(2011～2020 年)》，开展共和国部长义务植树、绿化长江重庆行动、国际森林年中国行动等大型植树造林活动。加强森林抚育经营统一管理、技术指导、典型示范和检查验收。广东省启动生态景观林带建设工程。广西壮族自治区实施“绿满八桂”造林绿化工程。浙江省开展“1818”平原绿化行动。辽宁省启动青山工程，成立了森林资源保护局，全年投资 332 亿元，完成造林 52.21 万公顷。山西的“身边增绿”、江西的“一大四小”、湖南的“三边”造林等省级工程建设扎实推进。②重点工程深入实施。国务院召开全国天然林资源保护工程工作会议，明确了总体思路和工作要求。加强工程管理和能力建设，对工程建设情况进行督导检查，联合 5 个部委开展林区民生问题大调研。召开巩固退耕还林成果部际联席会议，调整巩固退耕还林成果专项规划，组织实施了 51 万公顷配套荒山荒地造林和封山育林任务，与工程省区政府签订责任书，编制上报《重点生态地区退耕还林总体方案》，完成 313.33 多万公顷退耕地造林阶段验收任务。开展三北工程发展战略研究和四期工程总结评估，编制《三北防护林五期工程规划》，启动黑龙江、辽宁、陕西 3 个百万亩人工林基地建设试点。③防沙治沙取得重要进展。京津风沙源治理工程完成治理任务 76 万公顷，工程二期规划思路已获部际联席会议批准，建设内容更加突出林业生态建设。石漠化治理工程正式启动，建设范围扩大到 200 个县。批准甘肃石羊河流域、新疆塔里木盆地两个防沙治沙工程规划。在全国重点沙区省份实施“三禁”制度。启动第二次石漠化监测工作，开展省级政府防沙治沙目标责任期末综合考核。④林木种苗管理明显加强。制定《国家重点林木良种基地管理办法》，确定了第二批国家重点林木良种基地。全年生产种子 2500 万千克、苗木 300 多亿株，合格率分别达 88.4%、93%。开展打击制售假冒伪劣林木种苗和保护植物新品种权专项行动。

资源保护管理全面加强 ①森林资源保护力度明显加大。基本完成省级林地保护利用规划编制，县级林地保护利用规划编制和林地落界工作稳步推进。下发《占用征收林地定额管理办法》。出台《商品林采伐限额结转管理办法》，开展木材运输检查执法监督年活动，制定了《森林增长指标考核评价实施方案》，启动了 200 个县级单位森林可持续经营管理试点。对 559 个县级单位进行执法检查和专项监测，首次在 80 个县开展了保护发展森林资源目标责任制建立和执行情况检查。共查处林业行政案件 28.53 万起，查处率达 99.51%。②湿地保护扎实推进。编制完成全国湿地保护“十二五”实施规划。制订了《湿地保护补助资金管理暂行办法》，稳定湿地保护补助资金投入渠道。全国湿地资源调查任务完成 80%。实施全国湿地保护工程项目 42 个，新增湿地保护面积 33 万公顷，恢复湿地 2.3 万公顷，新增 4

处国际重要湿地和68处国家湿地公园试点。发布了《中国国际重要湿地生态状况公报》，制定湿地生态系统健康价值功能评价指标体系，举办了第二届中国湿地文化节暨亚洲湿地论坛。③生物多样性保护得到加强。新增林业自然保护区91处，自然保护区总数达2126处，其中国家级自然保护263处。下发《关于进一步加强林业系统自然保护区建设管理工作的通知》。编制《全国极小种群野生植物拯救保护工程规划(2011～2015年)》。完成四川大熊猫保护区震后重建任务，加强大熊猫、朱鹮、金丝猴、扬子鳄等濒危野生动物保护，实施蟒蛇、黄腹角雉放归自然活动，开展第二次全国陆生野生动物、重点保护野生植物资源调查和第四次全国大熊猫调查工作，推进华盖木等重点野生植物示范性回归，强化深圳大运会周边、三江源、鄱阳湖等重点区域野生动物保护。组织召开全国濒危物种国际贸易管理培训暨工作会议，开展对大宗贸易物种和两栖爬行类物种贸易与资源调查监测。

林业产业蓬勃发展 ①产业规模持续壮大。主要林产品产量稳步提升，供给能力有所增强。营造了68.67万公顷速生丰产用材林，实施特殊林木培育项目，启动《全国木材战略储备生产基地规划》编制工作。全国人造板产量达2.09亿立方米，木竹地板产量达6.29亿平方米，同比分别增长36.2%和31.3%。干鲜果品、木本油料、木本药材等特色经济林产品产量达1.34亿吨。全国林业产业总产值达到3.06万亿元，广东省林业产业总产值达到3328亿元，山东、浙江、福建、江苏超过2000亿元。②产业结构不断优化。林业一二三产业比重由2010年的39:52:9调整为36:55:9，一产业比重有所下降，二三产业比重逐步提升。全国林产品进出口贸易额达到1205亿美元，同比增长28.4%。③产业竞争力逐步增强。举办第二届中国国际林业产业博览会，现场交易金额54亿元，签约项目1745个、金额830亿元。举办首届中国核桃节，首次开展林业龙头企业认定、生态原产地产品保护管理工作，认定湖北五峰生物产业基地。福建省新增林业上市企业3家，新增中国驰名商标3个。湖北省现代林业科技产业园区达到20个，产业素质明显提高。④新兴产业快速发展。全年新造油茶林23.47万公顷，改造低产林9.33万公顷。确认了中国十佳花木种植企业和中国花木之乡，全国花卉种植面积86.2万公顷，花卉销售额达826亿元。森林公园总数达到2747处。全国森林公园旅游人数超过4.68亿人次，实现社会总产值3000多亿元，同比增长27%以上。与国家旅游局联合召开全国森林旅游工作会议，签署《关于发展森林旅游的合作框架协议》，下发《关于加快森林旅游发展的意见》，举办中国森林旅游博览会，海南省和温州市成为全国森林旅游试验示范区。

生态文化引领作用日益显现 ①林业宣传工作成效明显。中央和地方主要媒体刊播林业新闻报道1万多条(次)，全年组织开展重大主题宣传活动20多场，为林业改革发展营造良好氛围。林业系统报刊、出版、网站影响力明显增强。②生态文化主题创建活动扎实有效。国家森林城市、国家生态文明教育基地创建活动深入开展，大连等9个城市荣获国家森林城市称号，复旦大学、善洲林场等11个单位荣获国家生态文明教育基地称号。2011年，全国共有55个城市正在创建国家森林城市，全年共投入城市森林建设资金774亿元，完成植树造林111.4万公顷。创建国家森林城市活动已经成为提升林业地位、拓展林业领域、增加林业投资、推动城乡绿化一体化的成功实践。③生态文化传播形式更加多样。举办西安世界园艺博览会、中国城市森林论坛、生态文化高峰论坛、竹文化节、爱鸟周30周年等活动，启动“丝绸之路生态文化万里行”活动，开展首届全国生态作品大赛、全国绿色生态动漫作品展、“林改改变生活”摄影展、国际森林年征文活动。④生态文化基础设施逐步完善。中国林业网开通国家森林公园、国有林场、种苗基地、自然保护区网站群。全国新建了一批森林博物馆、标本馆、科普长廊、生态文化馆。⑤生态文学作品不断涌现。电影《杨善洲》引起社会强烈反响，电视专题片《大漠长河》在中央电视台播出，并荣获第11届金熊猫国际电视节特别大奖，《青青的油茶树》、《梦萦张家界》等文学作品完成创作，《中华大典·林业典》编纂完成。

应急处置能力明显提升 ①森林火灾得到有效防控。全国共发生火灾5550起，受害森林面积2.67万公顷，伤亡91人，同比分别下降28%、41%和16%。快速扑灭河北抚宁“4·12”、山东济南“4·18”等9起重大森林火灾，避免了发生特大火灾。强化军事管理区森林火灾防控，召开中俄第二次联防会议，举行“绿色卫士”灭火实战演习。②沙尘暴应急处置机制逐步健全。完善沙尘暴灾害应急处置部际协调机制，加强应急值守和39个地面监测站管理。③林业有害生物防控全面加强。召开全国林业有害生物防治工作会议，与31个省(区、市)政府签订重大林业有害生物防控目标责任书，将松材线虫病、美国白蛾等防治工作纳入考核范围。开展2008～2010年松材线虫病防治目标责任检查，根除了1个省级疫区和28个县级疫区。出台《全国林业有害生物防治建设规划(2011～2020年)》，下发《关于进一步加强林业有害生物防治工作的意见》，开展灾害标准制定和检疫追溯信息平台建设。④野生动物疫源疫病监测防控稳步推进。积极开展野外巡护监测工作，及时发现疫情、及时应急处置，确保了全年无重大野生动物疫情发生。突出主动预警，强化监测防控体系建设，加强驯养繁殖场所监测防控，启用监测网络直报系统，开展边境联防联控试点和非洲猪瘟等外来疫病防控工作，成立了两个野生动物疫病研究中心。

林业国际合作深入开展 ①完成多项重大外事活动。成功举办首届亚太经合组织林业部长级会议、联合国粮农组织第2届亚太林业周和第24届亚太林委会会议。亚太森林恢复与可持续管理组织注册为国际性组织。出席了联合国森林论坛第9届会议、《联合国防治荒漠化公约》第10次缔约方大会，中国林业国际地位和影响力明显提升。集体林权制度改革成为世界关注的焦点，印尼、老挝等国家专门派人前来学习借鉴中国的成功经验。②深入开展履约与国际合作。签署了5个双边政府和部门间协议，双边协议达74个。制定《濒危野生动植物种国际贸易公约有效决议决定行动方案(2011～2013年)》，成立国内部门间公约执法工作协调小组。举行中国加入公约30周年宣传纪念活动，召开全国林业利用国际金融组织贷款工作会议，印发国际金融组织贷款项目"十二五"规划。欧洲投资银行设立了2.5亿欧元林业专项框架贷款，这是首次在中国为行业设立专项贷款。全球环境基金批准2600万美元的GEF五期湿地项目。积极推进防治荒漠化国际履约和中非荒漠化治理合作，联合国秘书长潘基文专门致信表示高度赞赏。就打击非法采伐及相关贸易、老虎保护、濒危物种国际贸易等热点问题，与相关国家及组织进行积极对话。成立国际森林问题领导委员会和国际森林问题研究中心。启动《国际森林文书》履约工作。③积极应对气候变化。加强林业应对气候变化组织管理，制定《林业应对气候变化"十二五"行动要点》，参与国家应对气候变化规划编制工作。启动林业低碳经济综合试点示范、碳汇林业试验区建设试点，组建了华东、中南和西北3个林业碳汇计量监测中心。参与联合国气候变化会议、巴拿马气候谈判、南非德班气候大会等重要国际会议，开展亚欧森林可持续管理应对气候变化高级别研讨会系列活动。

支撑保障能力继续增强 ①林业政策和投入取得新突破。森林覆盖率和蓄积量两个约束性指标、12项重点工程及林业三大改革列入国家"十二五"规划纲要，出台《林业发展"十二五"规划》。林木良种、造林补贴、湿地保护补助试点范围扩大，木本油料造林补助标准由每公顷2400元提高到3000元，森林抚育补贴资金突破50亿元，18种林机具纳入补贴范围。天保二期工程取消了20%的地方配套资金，设立改革奖励资金，森林管护、社会保险等补助标准提高3倍多。支持木本油料产业发展的资金超过40亿元，林下经济、竹产业首次纳入农业综合开发扶持范围。以农林剩余物为原料的综合利用产品增值税即征即退政策将长期执行，退税比例达80%。林业棚户区改造投资60.4亿元，新增供热等基础设施投资4亿元。林区广播电视、道路、供水、供电纳入国家相关规划。全年中央林业直接投资近900亿元，比"十一五"年均水平增长50.3%，比2010年增加126亿元。涉林贷款余额达1216亿元，同比增长20.7%，其中中央财政贴息贷款余额381亿元。②林业信息化成效显著。召开第二届全国林业信息化工作会议。印发《全国林业信息化发展"十二五"规划》，成立全国林业信息化专家咨询委员会，签署国家林业局与中国电信集团战略合作框架协议，发布了《中国林业信息化发展报告2011》，实施林业资源综合监管服务体系试点建设项目，整合省级林业系统门户网站，建成"全国林业一张图"林业资源信息化管理模式，建设中国林业网络博物馆、网络博览会，启动第二批全国林业信息化示范省建设，开展年度信息化发展水平评测和政府网站绩效评估，推动"金林工程"、国家云计算平台林业试点示范和物联网项目。移动办公系统上线运行。国家林业局政府网在73个部委网站绩效评估中首次进入前10名。③科技支撑能力逐步提升。现代林业专题单独列入国家科技"十二五"规划，一批重点科技项目立项启动，发布了127项林业国家标准和行业标准。全年组织实施项目850个，6项科技成果获国家科技进步奖。林木遗传育种国家重点实验室获得批复并开始筹建。开展林业科技特派员、全国林业科技活动周、林业知识产权周、林业站站长能力测试等活动，基层林业站指导培训林农15万人次。启动林产品质量安全监测工作。全国县级以上林业技术推广站达2638个，生态定位站点达100个。编制《中国林木遗传资源国家报告》。全面推进森林认证，成为森林认证体系认可计划(PEFC)会员，完成互认准备工作。拓展认证试点范围，启动集体林认证试点。下发《贯彻实施〈国家知识产权战略纲要〉指导意见》，开展林业知识产权试点。林业植物新品种测试体系基本建成，开展打击侵犯林业植物新品种权活动。湖南省大力推广林地测土配方系统，帮助2000多万林农科学种树。④法制建设明显加强。《森林法》修改和《湿地保护条例》立法等工作稳步推进，"六五"普法工作全面启动，森林公安执法资格管理制度开始施行。出台《国家级森林公园管理办法》和《大熊猫国内借展管理规定》，制订《集体林权制度改革档案管理办法》。审查行政许可6059件，办理林业行政复议21件，审查规范性文件142件。开展农村土地承包执法检查和"亮剑"、"清网"行动，清查征占用林地项目7384个。成功侦破一批历史积案，86%的网上逃犯被抓。及时应对涉林非法集资案件。

林业队伍建设不断加强 下发《关于进一步加强林业人才工作的意见》，推进派驻地方森林资源监督和濒危物种进出口管理机构全面整合，优化机关和事业单位职能配置和内部机构设置，开展司处级干部竞争上岗和干部轮岗交流工作，加强林业教育培训和面向农村的职业教育工作。青海、广东两省林业局升格为林业厅，已有24个省(区、市)将林业部门设置为政府组成部门。在部分省区撤乡并镇的情况下，全国基层林业站始终稳定在2.8万个左右，职工人数稳定在13万左右，85%的林业站纳入财政预算。以"服务中心、建设队伍"为核心，举办丰富多彩的建党90周年纪念活动，开展"创先争优强作风、兴林富民促发展"主题教育实践活动，学习弘扬杨善洲精神，营造了学习先进、争当先进的浓厚氛围。成立了国家林业局青年联合会，举办青年主题演讲活动。

(韩学文)

中国林业基本情况

【森林和野生动植物资源】

森林资源 1949年新中国成立以来，中国先后开展了七次全国森林资源清查。第七次全国森林资源清查(2004~2008年)结果显示，全国森林面积19545.22万公顷，活立木总蓄积149.13亿立方米，森林蓄积137.21亿立方米，森林覆盖率20.36%，比建国初期提高了8.6%，净增11.76个百分点。中国森林面积居俄罗斯、巴西、加拿大、美国之后，列世界第五位；森林蓄积量居巴西、俄罗斯、美国、加拿大、刚果民主共和国之后，列世界第六位。我国人工林保存面积6168.84万公顷，蓄积19.61亿立方米，人工林面积列世界第一位。

除香港、澳门和台湾地区外，全国有林地面积18138.09万公顷。按林种划分，公益林、商品林面积分别占52.41%和47.59%，其中公益林面积中防护林8308.38万公顷、特种用途林1197.82万公顷；商品林面积中用材林6416.16万公顷、薪炭林174.73万公顷、经济林2041万公顷(其中油茶林263万公顷)。按林地权属划分，国有林7246.77万公顷，集体林10 891.32万公顷，分别占39.95%和60.05%。按林木权属划分，国有的7143.58万公顷，集体经营的5176.99万公顷，个体经营的5817.52万公顷，分别占39.38%、28.54%和32.08%。全国现有天然林面积11 969.25万公顷，占有林地面积的65.99%；蓄积114.02亿立方米，占全国森林蓄积的85.33%。全国现有人工林面积6168.84万公顷，占有林地面积的34.01%；蓄积19.61亿立方米，占全国森林蓄积的14.67%。

总体上看，我国森林资源仍存在总量不足、质量不高、分布不均衡的问题。中国的森林覆盖率只有世界平均水平30.3%的2/3，人均占有森林面积不到世界人均占有量0.62公顷的1/4，人均占有森林蓄积量仅相当于世界人均占有蓄积量68.54立方米的1/7强。造林良种使用率仅为51%，与林业发达国家的80%相比，还有很大差距。除香港、澳门和台湾地区外，在中国现有森林中，中、幼龄林比重较大，面积占乔木林面积的67.25%，蓄积量占森林蓄积量的40.03%。从地域分布上看，东北的大、小兴安岭和长白山，西南的川西川南、云南大部、藏东南，东南、华南低山丘陵区，以及西北的秦岭、天山、阿尔泰山、祁连山和青海东南部等区域，森林资源分布相对集中；而地域辽阔的西北地区、内蒙古中西部、西藏大部，以及人口稠密、经济发达的华北、中原及长江、黄河中下游地区，森林资源分布较少。

野生动植物资源 中国野生动植物资源十分丰富。全国有脊椎动物约7500种，占世界脊椎动物种类的10%以上，其中兽类581种、鸟类1331种、爬行类412种、两栖类346种、鱼类4936种，并且大熊猫、朱鹮、扬子鳄等100多种珍稀濒危野生动物为中国所特有。中国有许多特有的野生动物，其中特有的兽类86种，鸟类80种，两栖类163种，爬行类126种。全国约有高等植物3万多种，居世界前三位，其中特有植物种类约1.7万余种，如银杉、珙桐、银杏、百山祖冷杉、香果树等，均为中国特有的珍稀濒危野生植物种类。为保护这些珍稀濒危野生动植物，中国先后颁布了国家重点保护野生动物名录和国家重点保护野生植物名录，将341种陆生野生动物、246种野生植物确定为国家一级或二级保护对象，予以重点保护。中国现有古树名木323.2万株，其中国家一级古树14.43万株(树龄500年以上)、国家二级古树107.27万株(树龄300～499年)、国家三级古树199.6万株(树龄100～299年)，国家级名木1.89万株。林木良种资源收集保存库面积1000万余公顷，收集保存林木种质资源约5万份。

林业自然保护区 中国林业系统共建立各类自然保护区2126处，总面积1.227亿公顷，约占国土陆地面积的12.77%，其中国家级自然保护区263处，面积7629.07万公顷。林业系统建立的自然保护区中，森林生态系统类型自然保护区1316处，面积3107.76万公顷；湿地生态系统类型自然保护区365处，面积3190.16万公顷；荒漠生态系统类型自然保护区33处，面积3737.91万公顷；野生植物类型自然保护区119处，面积139.39万公顷；野生动物类型自然保护区284处，面积2074.83万公顷。此外，中国还建立近5万处自然保护小区，100处国家湿地公园。这些自然保护区，有效地保护了中国90%的陆地生态系统、85%的野生动物种群和65%的高等植物群落以及20%面积的天然林群落。调查结果显示，中国50.3%的自然湿地，85%以上的珍稀野生动植物物种，特别是大熊猫、朱鹮等物种的野外种群，都依靠自然保护区得到有效保护。中国有29处自然保护区加入联合国教科文组织“人与生物圈”保护区网络，41处被列入国际重要湿地名录，18处被列为世界自然遗产名录，相当一部分自然保护区是全球生物多样性保护的重点地区。

国有林场 中国共有国有林场4507个，职工总数66万人，其中在职职工47万人、离退休职工19万人。全国国有林场总经营面积6200万公顷，其中林业用地面积5500万公顷，森林面积4500万公顷，森林蓄积量23.4亿立方米，分别约占全国林业用地面积、森林面积和森林蓄积量的18%、23%和17%。在5500万公顷林业用地面积中，商品林面积1000万公顷，公益林面积4300万公顷，其中重点公益林面积2700万公顷。国有林场有林地总面积3000万公顷，疏林地面积200万公顷，灌木林地面积900万公顷，宜林荒山荒地面积800万公顷。

森林风景资源 中国森林风景资源十分丰富，是自然文化遗产的重要组成部分。为有效保护和合理开发利用这些珍贵的森林风景资源，1982年中国开始建立第一个森林公园——湖南张家界国家森林公园。目前，全国共建立各类森林公园2747处，保护森林风景资源1703万公顷，其中国家级森林公园746处、国家级森林旅游区1处，保护森林风景资源1176万公顷，基本形成以国家级森林公园为骨干，国家级、省级和县级森林公园协同发展的森林风景资源保护管理体系。中国世界自然和文化遗产名录中有15处涵盖森林公园的景观资源，中国世界地质公园名录中有15处是森林公园，森林风景资源保护在自然文化遗产保护中发挥着重要作用。

【湿地资源保护】

湿地资源状况 据首次全国湿地资源调查(1996～2003年)结果显示，中国单块面积大于100公顷的湿地总面积3848.55万公顷(人工湿地只包括库塘)，居亚洲第一位、世界第四位，其中自然湿地3620.05万公顷，占94.06%；库塘湿地228.50万公顷，占5.94%。在自然湿地中，沼泽湿地1370.03万公顷，近海与海岸湿地594.17万公顷，河流湿地820.70万公顷，湖泊湿地835.16万公顷。湿地内分布有高等植物2276种，野生动物724种，其中水禽类271种、两栖类300种、爬行类122种、兽类31种。

中国湿地主要有以下特点：①类型多，《湿地公约》定义的各类湿地在中国均有分布，是全球湿地类型最丰富的国家；②分布广，从寒温带到热带，从沿海到内陆，从平原到高原都有分布；③区域差异显著，东部地区河流湿地多，东北部地区沼泽湿地多，长江中下游和青藏高原湖泊湿地多；④生物多样性丰富，湿地生境类型众多，不仅物种数量多，而且许多为中国特有。总体来看，中国自然湿地仅占国土面积的3.77%，远远低于6%的世界平均水平，人均自然湿地面积0.028公顷，仅相当于世界人均湿地面积的13.15%。

湿地保护管理 中国是《湿地公约》缔约国。加入《湿地公约》以来，中国政府采取一系列措施保护和恢复湿地。2000年，国务院17个部门联合颁布《中国湿地保护行动计划》。2003年，国务院批准《全国湿地保护工程规划(2002～2030年)》。2004年，国务院办公厅发出《关于加强湿地保护管理的通知》。2005年，国务院批准《全国湿地保护工程实施规划(2005～2010年)》，提出以工程措施对重要退化湿地实施抢救性保护。全国已建立湿地类型自然保护区553处，国家湿地公园145处，以湿地自然保护区、湿地公园为主的湿地保护网络体系初步形成，湿地保护面积达到1820万公顷，占全国自然湿地总面积的50.3%。通过积极有效的政策和行动，中国的湿地保护得到国际社会的肯定，2002年世界自然基金会将“献给地球的礼物”荣誉奖颁发给中国国家林业局，2004年湿地国际将“全球湿地保护与合理利用杰出成就奖”授予中国，2005年中国科学家蔡述明教授获得“湿地保护科学奖”。

【荒漠化和沙化状况】

荒漠化和沙化状况 中国是世界上荒漠化和沙化面积大、分布广、危害重的国家之一，严重的土地荒漠化、沙化，威胁着中国生态安全和经济社会可持续发展。全国第四次荒漠化和沙化监测(2005～2009年)结果显示，全国荒漠化土地面积为262.37万平方千米，沙化土地面积为173.11万平方千米，分别占国土总面积的27.33%和18.03%。与全国第三次荒漠化和沙化监测(2000～2004年)比较，5年间全国荒漠化土地面积年均减少2491平方千米，沙化土地面积年均减少1717平方千米。监测表明，中国土地荒漠化和沙化整体得到初步遏制，荒漠化、沙化土地持续净减少，局部地区仍有扩展。

第四次全国荒漠化和沙化监测与第三次监测间隔5年内，中国防沙治沙呈现四个重要变化。①荒漠化和沙化土地面积持续净减少。5年间全国荒漠化土地减少1.25万平方千米，沙化土地减少8587平方千米，分别比上次监测时减少0.47%和0.49%。中国有荒漠化土地分布的18个省(区、市)，荒漠化土地均有所减少；有沙化土地分布的30个省(区、市)，绝大部分省(区、市)沙化土地有所减少。②荒漠化和沙化程度持续减轻。5年间，中度、重度、极重度3种类型的荒漠化土地分别减少1.69万平方千米、6800平方千米和2.34万平方千米；中度、重度、极重度3种类型的沙化土地分别减少9906平方千米、1.04万平方千米和1.56万平方千米；流动沙地、半固定沙地减少7084平方千米。③沙区植被状况进一步改善。5年间，沙化土地植被平均盖度由17.03%提高到17.63%，植被盖度50%以上的沙化土地面积增加1.03万平方千米，盖度小于10%的沙化土地面积减少1.36万平方千米。荒漠化和沙化重点保护治理区植物种类明显增加，植被群落稳定性增强。④重点治理区生态环境明显改善。重点治理的科尔沁沙地、毛乌素沙地、浑善达克沙地、呼伦贝尔沙地、京津风沙源治理工程区等区域生态明显改善。

困难与挑战 中国防沙治沙虽然取得巨大成绩，但同时也存在一些需要解决的问题和困难。全国现有沙化土地173万平方千米，占国土总面积的近1/5，其中可治理面积53万平方千米，按照每年缩减1717平方千米的速度计算，完成全部治理任务大概需要300年时间。同时，人口、经济发展的压力与生态承载能力的矛盾突出。中国生态承载能力只及世界平均水平的1/3，现在人口、牲口、灶口这“三口”问题比较突出，一些地区滥樵采、滥开垦、滥放牧、水资源不合理利用等行为在沙区较为严重。另外，防沙治沙投入严重不足，相关优惠政策亟待完善，机制需要活化，防沙治沙的科技含量较低，科技支撑力度不够等也是中国防沙治沙工作亟待解决的问题。

【林业法律法规和规章】 1949年新中国成立以来，中国基本形成以《森林法》为主体，其他相关林业法律、法规、规章相辅相成的林业法律体系。各项林业工作基本做到有法可依、有章可循，为推动现代林业建设、促进林业部门依法行政发挥了重要作用。

林业法律 法律方面，颁布了《森林法》、《野生动物保护法》、《种子法》、《防沙治沙法》、《农业法》、《农业技术推广法》、《农村土地承包法》、《农民专业合作社法》、《农村土地承包经营纠纷调解仲裁法》和《第五届全国人民代表大会第四次会议关于开展全民义务植树运动的决议》。

林业行政法规 行政法规方面，颁布了《森林法实施条例》、《陆生野生动物保护实施条例》、《野生植物保护条例》、《自然保护区条例》、《植物新品种保护条例》、《森林防火条例》、《植物检疫条例》、《森林病虫害防治条例》、《森林采伐更新管理办法》、《国务院关于开展全民义务植树运动的实施办法》、《森林和野生动物类型自然保护区管理办法》、《退耕还林条例》、《濒危野生动植物进出口管理条例》、《城市绿化条例》、《风景名胜区条例》、《重大动物疫情应急条例》。

林业部门规章 部门规章方面，颁布了46件，主要有《林木和林地权属登记管理办法》、《占用征收征用林地审核审批管理办法》、《林业行政处罚程序规定》、《植物检疫条例实施细则(林业部分)》、《林业标准化管理办法》、《植物新品种保护名录(林业部分)》、《引进林木种子、苗木及其他繁殖材料检疫审批和监管规定》、《引进陆生野生动物外来物种种类及数量审批管理办法》、《林木种子生产、经营许可证管理办法》、《国家级森林公园设立、撤销、合并、改变经营范围或者变更隶属关系审批管理办法》、《林木种子质量管理办法》、

《主要林木品种审定办法》、《林木种质资源管理办法》、《开展林木转基因工程活动审批管理办法》、《森林资源监督工作管理办法》、《国家林业局产品质量检验检测机构管理办法》、《营利性治沙管理办法》、《突发林业有害生物事件处置办法》、《大熊猫国内借展管理规定》等。

此外，还有地方人大、政府制定的一系列地方性林业法规和地方政府林业规章。

【林业科技、教育与信息化】

林业科技 1949 年新中国成立以来，特别是改革开放以来，中国林业科技工作取得科技成果 2.4 万多项，其中获国家级奖励 300 多项，林业科技贡献率达到 43%。全国审(认)定林木良种 3383 个，颁布实施林业国家标准 334 项，行业标准 778 项，在基础研究、应用研究、高新技术研究、软科学研究以及科技成果转化推广、高新技术产业化等领域全面参与国家各类重大科技计划，并初步形成包括林业科学研究与技术开发、科技推广与技术服务、科学技术普及、技术标准与质量监督、林业科技管理等在内的比较完整的林业科技创新体系。全国共有地(市)级以上林业科研机构 232 个，研究开发人员 1.4 万人。现有国家重点实验室 1 个，局级重点实验室 34 个，国家级和局级陆地(森林、湿地、荒漠)生态系统定位研究站 100 个，国家级林木种质资源保存库 13 个，国家级林木良种基地 226 处，科学数据中心 1 个，国家级和局级工程(技术)研究中心 13 个，林业科技示范园 6 个、林业科技示范县 70 个，标准化示范区 238 个，林业专业标准化技术委员会 23 个，国家级和局级林业质量检验检测机构 28 个，省级林木种苗质量检验机构 29 个，地(市)、县级林木种苗质量检验机构 666 个，省、地(市)、县三级林业科技推广机构 2638 个，全国林业科普基地 78 个。已建立植物新品种测试中心 1 个、测试分中心 5 个、分子测定实验室 2 个，专业测试站 5 个。

林业教育 林业教育体系健全，形成普通高等林业教育与高、中等林业职业技术教育、林业培训协调发展的林业教育培训体系。目前，涉林一级学科有生物学、生态学、林业工程、林学、风景园林学、农业资源与环境、农林经济管理 7 个，授予专业学位的种类有风景园林、林业、工程 3 种。全国独立设置的普通高等林业本科院校 7 所，独立设置的林业(生态)职业技术学院 13 所、中等林业(园林)职业学校 29 所，另有 346 所其他普通高等院校和高等职业院校、421 所中等职业学校招收林科专业学生。以国家林业局管理干部学院为骨干的培训机构负责林业干部培训工作，设有国家林业局教育培训信息中心、成人教育研究中心、职业教育研究中心、自学考试管理中心。全国共有林业行业关键岗位培训单位 57 个，林业职业技能鉴定站 61 个。全国林科类专业在校研究生 2.1 万人，本科生和高职、高专生 21.3 万人，中专生 25.2 万人，全行业年培训林业从业人员 300 多万人次，3.8 万人次通过林业行业职业技能鉴定考核获得国家职业资格证书。

林业信息化 信息化机构和队伍建设加强，2010 年 3 月经中央编办批复，成立了国家林业局信息中心，对全国林业信息化工作履行行业管理等职能。林业信息化全面快速推进。建成高标准的内网、外网、专网，形成全国林业信息高速公路。林业综合办公系统建成运行，实现公文办理、会议办理、事务办理等政府机关主要工作的在线办理，全国林业系统进入无纸化办公时代。启动实施移动办公系统，彻底打破传统办公方式的时空局限，实现随时随地办公的模式。建成包括司局、直属单位子站群和自然保护区、森林公园等专业网站群在内的中国林业网统一门户网站大规模网站群，开设中国林业网络博物馆、中国林业网络博览会、网络森林医院、网络植树、网络电视、林权交易、林业展示等平台，形成国家林业信息发布、在线办事和互动交流的统一平台。整合林业数据库和应用系统建设，初步实现副省级以上决策层面的专业数据集中管理和统一基础平台上的跨部门数据共享。启动了林业信息化示范工程和示范省建设。推动信息技术基础架构库与运维的结合，初步达到运维流程化、自动化和规范化。《全国林业信息化建设纲要》、《全国林业信息化建设技术指南》、《全国林业信息化发展"十二五"规划》印发实施。信息化标准规范建设步伐加快。开展中国林业信息化发展战略研究。2010 年起每年发布《中国林业信息化发展报告》。信息化制度建设得到加强，印发了《全国林业信息化工作管理办法》等 15 个管理办法，林业信息化走上规范化管理轨道。

【林业机构与队伍】

林业机构 国家林业局内设办公室、政策法规司、造林绿化管理司(全国绿化委员会办公室)、森林资源管理司、野生动植物保护与自然保护区管理司、农村林业改革发展司、森林公安局(国家森林防火指挥部办公室)、发展规划与资金管理司(全国木材行业管理办公室)、科学技术司、国际合作司(港澳台办公室)、人事司 11 个职能司局和机关党委、离退休干部局，机关行政编制 313 名。另有国家林业局国有林场和林木种苗工作总站、林业工作站管理总站、濒危物种进出口管理中心、天然林保护工程管理中心、退耕还林(草)工程管理中心、防治荒漠化管理中心、森林资源监督管理办公室、湿地保护管理中心、中国林业科学研究院、调查规划设计院等 54 个直属事业单位，其中国有林场和林木种苗工作总站、林业工作站管理总站、濒危物种进出口管理中心、防治荒漠化管理中心、森林资源监督管理办公室、湿地保护管理中心等 24 个直属事业单位列入参照公务员法管理事业单位。此外，还有主管或挂靠的中国林业产业联合会、中国绿色碳汇基金会等 28 个全国性社会团体。

林业队伍 中国林业自上而下拥有一套完整的行政管理体系，每个省区市都设有林业厅(局)，绝大多数地市县设有单独的林业行政机构，大部分乡镇设有林业工作站。同时，中国拥有健全的林业执法机构和执法队伍。全国有近 7000 个森林公安工作机构、1.7 万个防火检查站、4236 个木材检查站、27 943 个乡镇林业工作站、3119 个森林病虫害防治检疫局(站)、1372 多个林木种苗管理站、7083 个野生动植物管理站和 350 个国家级、768 个省级、2000 余个市县级陆生野生动物疫源疫病监测站，有执法人员约32万人，其中森林公安民警6万人。全国有3595个县级以上森林防火指挥部办事机构，人员2.1万人；专业、半专业森林消防队近2万支，人员61万人。全国有851个林权管理服务机构。全国共有林业有害生物防治检疫工作人员3万余人，野生动物疫源疫病专兼职监测人员1万余人，林木种苗质量检验人员10 376人，从事森林公园管理和服务人员14.3万人，另有乡村护林员73.7万人。全国有2000多个林业调查规划设计单位，各类专业技术人员5万人。全国共有国有重点森工企业135个，重点营林局20个，国有林场4507个，乡村林场6.5万个，国有苗圃8738个，林木良种基地876个。全国林业系统职工总人数169万人。

【林业国际合作】

国际交流与援助 中国已与德国、美国、加拿大、日本、澳大利亚、俄罗斯、荷兰等40多个国家和地区及联合国粮农组织、联合国开发计划署、全球环境基金、国际热带木材组织、世界银行、亚洲开发银行、世界自然基金会、大自然保护协会、湿地国际、世界园艺生产者协会、亚洲花店业学会等20多个国际组织建立林业交流与合作渠道，在湿地保护、自然保护区建设、人员培训等领域开展了一系列的项目合作，引进技术和资金，改善项目区的生态环境。中国林业共争取无偿援助项目760个，无偿援助金额8.5亿美元；争取世界银行林业贷款项目6个，引进世界银行贷款9亿多美元；与世界自然基金、保护国际等19个非政府国际组织在华代表处的业务主管单位建立了紧密联系，有效推动多边国际合作。中日民间绿化合作（"小渊基金"）共争取日方援助资金达50亿日元，实施项目163个，项目造林4.17万公顷，促进了两国的交流与合作。

执行国际公约 中国由林业部门牵头执行的国际公约有4项，分别是《联合国防治荒漠化公约》、《濒危野生动植物种国际贸易公约》、《关于特别是作为水禽栖息地的国际重要湿地公约》和《国际森林文书》。同时，林业部门还参与执行了《联合国生物多样性公约》、《国际植物新品种保护公约》、《联合国气候变化框架公约》、《国际植物保护公约》和《京都议定书》、《国际热带木材协定》等国际公约协定和牵头负责联合国森林论坛各项谈判工作。

政府间合作 由林业部门负责执行的政府间双边协定有12项，分别是《中日候鸟保护协定》、《中国澳大利亚候鸟保护协定》、《中印老虎保护协定》、《中俄森林防火联防协定》、《中俄兴凯湖保护区协定》、《中俄老虎保护协定》、《中蒙森林草原防火联防协定》、《中印尼联合打击非法林产品贸易谅解备忘录》、《中南非林业合作谅解备忘录》、《中韩候鸟保护协定》、《中美打击木材非法采伐谅解备忘录》、《中国澳大利亚打击木材非法采伐谅解备忘录》。

中国与芬兰、加拿大、新西兰、墨西哥、澳大利亚、俄罗斯、印度尼西亚、泰国、美国、越南、奥地利、苏里南、圭亚那、韩国、德国、智利、伊朗、土耳其、缅甸、西班牙、法国、斯洛伐克、斐济、希腊、英国、埃及、日本、莱索托、瑞典、阿曼、意大利、巴西、捷克、印度、科特迪瓦、蒙古、朝鲜、阿根廷、伊拉克、刚果共和国、尼泊尔、奥地利、阿联酋、马来西亚等44个国家，先后签署了56个林业部门间合作协议（备忘录）。 （中国林业基本情况由涂先喜供稿）

森林培育与生态建设

04

林业重点工程

天然林资源保护工程

【综　述】 2011年是天然林资源保护工程(以下简称天保工程)二期开局之年，也是天保工程极不平凡的一年。通过工程一期近13年的建设，工程区资源保护明显加强，林区民生明显改善，产业结构明显优化，发展活力明显增强。国务院审议批准的天保工程二期实施方案，在森林资源保护和培育、生态公益林建设、完善社会保障、增加就业渠道等方面出台了许多更高含金量的政策措施，将更加有力推动天保工程深入发展。在各级政府、林业主管部门及广大林业职工、林农的共同努力下，工程二期建设第一年各项工作进展顺利。

召开两个重要会议，工程二期开局顺利　国务院于2011年5月20日在北京召开全国天保工程工作会议，回良玉副总理出席会议并发表重要讲话，认真总结了天保工程建设取得的巨大成就和宝贵经验，深刻阐述了继续推进天保工程建设的重要性和紧迫性，进一步明确了天保工程二期建设的总体思路和关键环节，并就切实加强对天保工程建设的组织领导提出了明确要求。7月20日国家林业局在内蒙古森工集团莫尔道嘎召开全国天保工程二期工作部署会议，副局长赵树丛出席并发表重要讲话。会议科学谋划了二期建设的目标、任务，为全面开创天保工程建设新局面指明了方向，提出了要求，明确了重点。

贯彻落实两次会议精神，开展督导检查　为切实贯彻好会议精神，全面落实各项工作任务和措施，从2011年10月下旬开始，国家林业局派出8个督导检查组，对20个天保工程省级实施单位进行督导检查，并对天保工程二期有关政策进行调研。从督导检查结果来看，各地高度重视，认真贯彻会议精神，准确把握天保工程二期政策，分解任务，强化管理，工作扎实有序，天保工程二期起步阶段进展顺利。

认真做好实施方案编制指导工作　根据国务院第138次常务会议精神，全国天保工程工作会议结束后，按照国家林业局党组要求，制定并下发了省级实施方案编制指导意见，并对县局级方案编制提出了要求。各地根据国务院批准的全国天保工程二期实施方案和四部委文件要求，认真组织编制省级和县局级实施方案。

加强协调，各项任务稳步推进　2011年，中央共下达天保工程资金194.68亿元，其中：中央基本建设投资11.75亿元，财政专项资金182.93亿元，地方投入17.71亿元。各省强化管理，落实政策，完成各项工程建设任务。长江上游、黄河上中游地区全面停止了天然林商品性采伐，东北、内蒙古等重点国有林区木材年产量已由1094.1万立方米调减到504.7万立方米。完成公益林建设任务57.50万公顷，中幼林抚育162.26万公顷，后备森林资源培育3.02万公顷。落实管护措施，明确管护责任，使1.17亿公顷森林得到有效保护。

依托天保工程二期政策和建设任务，以解决林区职工就业为目的，改善民生，维护稳定。2011年，森林管护安排职工就业19万人，公益林建设、森林抚育及森林改造培育拉动林区就业11万多人。国有职工人均年收入比上年增长率达19.77%。大兴安岭集团公司职工年平均工资由2010年的16 383元增长到2011年的23 014元，增幅超过40%。

围绕落实管护责任，认真抓好森林管护制度建设　森林管护是确保天保工程建设成效、解决职工就业，增加林农收入的有效手段。针对工程二期森林管护政策变化大、管护难度大的情况，国家林业局先后到四川、山西、吉林等地，就工程二期管护责任落实、集体公益林补偿政策兑现、森林管护与林下经济发展结合等问题进行调研。为强化管护责任，规范了森林管护合同(协议)文本，明确要求把森林管护与发展林下经济相结合，促进职工和林农增收。

强化管理，能力建设扎实稳固　一是做好有关工程管理办法的修改完善及制订工作。针对工程二期的相关内容和目标，一方面组织对一期工程期间的有关管理办法(《工程管理办法》、《森林管护办法》、《“四到省”考核办法》、《工程核查验收办法》、《档案管理办法》)进行修订、完善和补充；另一方面协调、配合发改委制订下发了《公益林建设管理办法》、《森林资源培育管理办法》等。二是完成了2009年度“四到省”考核的收尾工作，编印了《国家林业局天保工程“四到省”考核报告》，以国家林业局文件将“四到省”考核结果印发各地，并在《中国绿色时报》上公开报道。完成了对2010年度天保工程实施成效的核查，从6月中旬到8月下旬，对天保工程区20个省级单位的92个县进行了全面核查，印制《国家林业局关于2010年度天保工程核查报告》，发布核查结果通报。三是下发《关于加强天然林资源保护工程二期培训工作的通知》，举办4期天保工程县局级管理干部和工程技术人员培训班、东北内蒙古等重点国有林区森林培育管理办法和实施方案编制培训班，共为工程区培训管理人员和技术人员540人。

加强宣传，营造氛围，生态保护意识深入人心。党的十七大把生态文明确定为党的奋斗目标。通过实施天保工程，社会公众的生态保护意识得到很大提高，生态文明观念进一步增强，为我们搞好工程宣传提供了有利条件。围绕天保工程二期启动和部署工作，在全国天保工程工作会议和工作部署会议的会前、会期和会后，在有关单位的支持和配合下，开展了大规模宣传工作，通过电视、报纸、杂志、网络等多种传媒，掀起了天保工程新的宣传高潮。通过天保二期政策解读、典型经验、人物专访、新闻特写、专题综述等多种形式，在《人民日报》刊发评论员文章；在中央电视台一、二、四、七等频道播出新闻和专题报道；在中国网和人民网实况播出人物专访；在《经济日报》和《中国绿色时报》分别开辟了天保工程专版、专栏；在《绿色中国》杂志开辟专家特刊，刊登两院院士、人保部领导等关于天保工程的高端访谈，发表20个省级单位厅局长关于天保工程一期建设成效的署名文章；在《中国林业》杂志上发表28个县局级基层单位领导聚焦天保工程辉煌成就的署名文章；开展天保工程一期成果和二期政策大型图片展览，编辑《中国天然林资源保护工程》中英文宣传画册等。中央有关新闻单位记者开展了实地采访活动，为营造有利于天保工程健康发展的良好氛围搞好服务，提供必要的支持。各省也充分把握良好时机，利用各种媒体、网络、现场等平台进行广泛宣传，在本地召开动员部署会前后，组织大规模宣传活动，收到了很好的社会效果，全社会关注天保、关心天保、理解天保、支持天保的良好局面已经基本形成。

【国务院召开全国天然林资源保护工程工作会议】 2011年5月20日，国务院在京召开全国天然林资源保护工程工作会议。中共中央政治局委员、国务院副总理回良玉到会并发表重要讲话。国家林业局局长贾治邦宣读了《国家林业局关于表彰保护森林和野生动植物资源先进集体、先进个人、优秀组织奖的决定》，会议向全国83个先进集体、146个先进个人的获奖者和获奖代表颁奖。黑龙江省副省长吕维峰、四川省副省长钟勉、甘肃省副省长泽巴足、内蒙古森工集团总经理安国通、国家林业局副局长赵树丛、国家发展和改革委员会副主任解振华、财政部副部长廖晓军、人力资源和社会保障部副部长信长星先后在会上发言。国务院办公厅副秘书长丁学东主持会议。国家林业局副局长张建龙、孙扎根、张永利出席会议。中央有关部门和17个有工程建设任务的省、自治区、直辖市人民政府，新疆生产建设兵团及林业、发展改革、财政、人力资源和社会保障部门负责人，内蒙古、吉林、黑龙江、大兴安岭森工(林业)集团公司主要负责人参加会议。

【全国天然林资源保护工程二期工作部署会议】 2011年7月20日，全国天然林资源保护工程二期工作部署会议在内蒙古大兴安岭莫尔道嘎召开。国家林业局党组副书记、副局长赵树丛出席会议并讲话，国家林业局总工程师陈凤学主持会议，国家林业局天保办主任孙国吉做会议总结。国家林业局相关司局负责人，天保工程区20个省级实施单位林业部门、内蒙古、吉林、龙江、大兴安岭森工公司分管负责同志和计划财务、天保两个部门的负责同志，天保工程区森林资源监督办负责同志等共计140余名代表参加了会议。会议的主要任务是，认真学习贯彻落实全国天然林资源保护工程工作会议精神，把握天保工程二期政策，研究部署今年天保工程建设的重点工作，进一步统一思想，明确任务，全力推进天保工程二期建设。赵树丛副局长指出，要认真学习全国天保工程工作会议精神，更加自觉地推动林业转型发展，把思想统一到党的生态文明建设根本要求上来，统一到国务院对天保工程的根本要求上来，统一到林业使命转型的根本要求上来。要全面把握天保工程的新形势，坚定推进二期建设的信心，要围绕天保工程二期主要目标，把"保生态、强民生、促改革"落到实处。为此，要把握好以下几个主要环节：一是天保工程的核心是保护森林资源、维护国家生态安全；二是要把民生问题放在更加突出的位置；三是要更加深入地推进改革；四是要大力增加投入；五是要加强工程的建设管理。要狠抓落实，扎实推进天保二期各项建设任务，政府要强化责任主体意识，要抓好各项政策的落实，要加强工程资金和质量管理，要努力营造良好的社会氛围。会议还就工程二期建设的有关管理工作提出了明确要求，并就天保工程绩效考评办法和有关工程管理办法的修改完善工作作了说明，与会代表认真学习和分组讨论了赵树丛副局长的重要讲话，对天保工程有关管理办法提出了进一步的修改意见。

【国家林业局开展天保工程二期启动工作督导检查工作】 2011年10月下旬，国家林业局派出8个督导检查组分赴各地，对各天保工程省级实施单位贯彻落实全国天保工程工作会议精神和全国天保工程二期工作部署会议精神情况进行督导检查，并结合会议期间与会代表们反映的重点政策建议和意见进行调研，及时掌握各地在工程实施中出现的新情况、新问题，确保天保工程二期建设开局良好。国家林业局副局长赵树丛就此次督导检查工作召开动员会议，要求各督导组要由组长负责、加强学习、廉明督查。各督导组成员要熟悉掌握天保工程二期规划方案和政策标准。国家林业局督导组采取听取各省级实施单位和县(局)情况汇报、与基层林业干部职工召开座谈会和实地考察相结合的方法，主要督导检查六个方面的内容。一是各地落实两次会议精神的举措和工作安排等情况；二是天保工程二期省级、县(局)级实施方案编制情况、任务衔接情况、存在的问题；天保工程中央投资到位情况以及任务分解下达情况；三是天保工程领导小组和办公室机构编制、人员、经费等情况，"四到省"目标责任制落实情况；四是天保工程集体和个人所有公益林补偿政策和管护责任落实情况；五是天保工程区灵活就业的就业困难人员社会保险缴费补助政策落实情况；六是有关新近出台和修改完善的政策、管理办法等情况。从各督查组汇总情况来看，各地在工作部署中采取的有力措施，开创了工程二期的良好开局。一是全面深化林区改革，加快构建长效机制。内蒙古森工集团提出今后的发展是以生态建设为主，结合经济转型，突出特点是在转型中保护，在保护中转型。在保护的前提下用全新的体制培育非林替代产业，形成生态引领、多元支撑的经济格局，推动林业经济向林区经济转变。二是着力培育森林资源，切实筑牢生态屏障。强化森林资源管护措施，坚决管好管住现有天然林资源；继续执行天然林禁伐政策，坚决停止天然林商品性采伐，严格森林采伐限额管理；建立健全森林资源管护责任制，加大森林培育力度，推进公益林建设，努力增加森林资源总量。三是努力改善林区民生，维护社会和谐稳定。妥善安置职工就业，统筹考虑资源和人员的配置，妥善处理工程建设中的各种利益关系，确保林区社会稳定。落实属地责任，严格控制新增人员，落实社会保障和再就业扶持的各项政策，将林区建设纳入地方经济社会发展规划同步进行。四是切实加强工程资金和质量管理，加快省、县两级实施方案的编制工作，确保一、二期工程平稳过渡。全面、细致地研究天保工程二期的各项政策和主要任务，科学编制实施方案；强化管理，严格执行国务院四部委批准的实施方案，认真组织编制木材减产计划，切实加强对木材运输和经营加工单位的监督管理。五是严格落实工程责任，全面完成建设任务。强化领导责任，继续实行行政首长负责制，各级人民政府对本地区天保工程负总责；完善工作机制，市地政府直接领导，县政府组织实施，林业部门具体操作，相关部门搞好服务。六是尽快制订、完善、修订有关工程管理办法。

【国家林业局关于组织对2010年度天然林资源保护工程实施情况进行核查的通知】 为全面考核2010年度天保工程实施情况，国家林业局下发了《国家林业局关于组织对2010年度天然林资源保护工程实施情况进行核查的通知》(林天发〔2011〕57号)。通知指出核查内容包括富余职工分流安置、混岗职工安置、政社性人员情况、职工参加基本养老、基本医疗、失业、工伤、生育五项保险情况、在岗职工年均工资增减变化、木材停伐减产和林木采伐管理情况、工程管理能力、资金管理和使用等8个方面，采取抽样调查和全面调查相结合的方法，并对国家级核查做了具体时间安排，提出了具体工作要求。

【全国天保工程森林管护工作研讨会】 国家林业局天保办于2011年9月21~22日在西安召开了天保工程森林管护工作研讨会，天保工程区各省(区、市)天保办负责人及部分县局级实施单位的有关人员参加了会议。各省级实施单位汇报、交流了森林管护工作，重点对天保工程二期集体和个人所有的公益林补偿落实及管护措施落实情况、国有职工管护集体林情况、国有林管护责任落实情况等问题进行了研讨。会议还讨论了《天然林保护工程森林管护办法(修改稿)》和《森林管护合同(初稿)》。会议指出，在落实天保工程二期森林管护政策工作中，要处理好两个矛盾：一是专职管护与林权所有者自行管护的矛盾。要在确保林权权利人利益的基础上，落实好管护责任，确保管护措施到位。二是处理好保护与发展的矛盾。要想办法帮助和鼓励林业职工和林农在保护好森林资源的同时，通过发展林地经济等途径，增加经济收入，增强森林管护的动力。会议对做好森林管护工作提出了三点要求：一是提高对森林管护工作的认识；二是增强对森林管护工作的责任意识；三是加快森林管护责任制的落实。

【天然林资源保护工程二期长江上游、黄河上中游地区公益林建设管理办法出台】 为加强天然林资源保护工程二期公益林建设管理，提高公益林建设成效，根据国务院批准的《长江上游、黄河上中游地区天然林资源保护工程二期实施方案》，国家林业局和国家发展改革委联合出台了《天保工程二期长江上游、黄河上中游地区公益林建设管理办法》。办法所指“公益林建设”是指天保工程实施的封山育林、飞播造林、人工造林建设项目，适用于四川、云南、贵州、重庆、湖北、西藏、陕西、山西、内蒙古、河南、甘肃、宁夏、青海省(区、市)天保工程实施单位。办法共49条，从计划管理、调查设计、施工管理、检查验收、组织管理、奖惩等几个方面对工程区公益林建设管理作出了明确规范。

【天然林资源保护工程二期东北、内蒙古等重点国有林区森林资源培育管理办法出台】 为做好天保工程二期森林资源培育工作，根据国务院批准的《东北、内蒙古等重点国有林区天然林资源保护工程二期实施方案》，国家林业局和国家发展改革委联合出台了《天保工程二期东北、内蒙古等重点国有林区森林资源培育管理办法》。森林资源培育是通过人工干预，促进森林资源尽快越过自然演替阶段，积极恢复顶极森林生态系统，从而实现森林资源的可持续利用和林区经济社会的可持续发展。该办法所称森林资源培育，包括人工造林、补植补造和改造培育项目，适用于东北、内蒙古重点国有林区和内蒙古岭南八局、海南、新疆天然林资源保护工程二期实施单位。办法共43条，从计划管理、森林培育对象及措施、调查设计、施工作业、检查验收、组织管理等几个方面，对重点国有林区森林资源培育工作作出了明确规范。

【国家林业局办公室关于加强天然林资源保护工程二期培训工作的通知】 为深入贯彻落实《国家中长期人才发展规划纲要(2010~2020年)》和《林业发展“十二五”规划》关于加强林业人才培养的有关要求，组织实施好天保工程二期的各项工作，国家林业局办公室下发了《关于加强天保工程二期培训工作的通知》(办天字〔2011〕195号)。通知要求各有关省级林业主管部门要充分认识天保工程二期培训工作的重要意义，将其列入重要议事日程，加强领导，采取措施，切实抓紧抓好。基本原则是讲求实效、统筹规划、突出重点，力求创新。总体目标是，“十二五”期间，国家林业局计划举办天保工程培训班40期，培训3500人次。培训对象为天保工程省级实施单位相关管理人员，天保工程县及重点国有林区林业局长，天保工程县(局)工程管理及技术人员。到2020年，基本完成对工程相关工作人员的轮训，10年间培训规模达到60期，培训5200人(次)。通知指出，由国家林业局天保办依据全国林业教育培训工作总体安排，具体负责制定天保工程二期培训总体计划，根据实际情况每年对下一年度的计划进行相应调整，并纳入国家林业局干部培训年度计划。同时将各省级实施单位培训工作开展情况作为天保工程核查和“四到省”考核的内容之一。各省级林业主管部门，要选择国家林业局直属培训机构和省级林业主管部门直属培训机构等具备培训条件的单位作为承办单位，制定相应的培训工作方案和计划。要注重普遍性与工程专业性相结合，加强师资培训和教材编写工作。要多方筹措资金，切实落实好培训经费。

【全国天保办主任会议】 为总结2011年全国天保工程各项工作，研究部署2012年工作，国家林业局天保办于2011年12月14～16日在四川省乐山市召开了全国天保办主任工作会议。会议听取了各省级天保工程实施单位关于2011年天保工程工作的基本情况、主要做法、成效和工程实施中存在的问题的汇报，讨论研究了2012年天保工程工作的思路和安排；讨论修改了有关工程管理办法。

【重点国有林区森林资源培育管理办法和县局级森林培育实施方案编制培训班】 2011年10月15～16日，国家林业局天保办在吉林省汪清林业局举办了重点国有林区森林资源培育管理办法和县局级森林培育实施方案编制培训班。东北、内蒙古等重点国有林区省级天保、计划、设计单位人员和天保实施县(局)主管领导、天保办主任共250余人参加了此次培训。国家发改委农经司、国家林业局天保中心、吉林省发展改革委、吉林省林业厅有关领导参加了开班仪式。培训班邀请了北京林业大学赵秀海教授作了关于"欧洲近自然林经营"情况专题报告。吉林省汪清林业局负责人介绍了森林抚育和森林经营及管理措施和经验。培训班对森林资源培育管理办法和县局级森林培育实施方案编制进行了讲解，详实介绍了重点国有林区森林资源培育管理办法编制总则、计划管理、森林培育对象及措施、调查设计、施工作业、检查验收等内容和方法，详细说明了县局级森林培育实施方案编制的基本情况、资源状况、指导思想、总体布局等提纲，为重点国有林区森林资源培育管理办法和县局级森林培育实施方案编制顺利完成奠定了良好基础。 (天然林资源保护工程由徐鹏供稿)

退耕还林工程

【综　述】 2011年，退耕还林工程中央总投入达300.3亿元，其中种苗造林补助费14亿元、现金和生活费补助170.4亿元、巩固成果专项资金115.9亿元。退耕还林工作按照深入贯彻落实科学发展观，坚持巩固成果与稳步推进并举，退耕还林与改善民生兼顾，调整工程布局，突出建设重点，完善补助政策，创新管理机制，确保工程质量，提高建设成效，进一步巩固退耕还林成果，积极稳妥地推进工程建设的总体思路，各级退耕还林工程管理部门齐心协力、开拓创新、扎实工作，各项工作进展顺利。

巩固成果深入推进 2011年是实施巩固退耕还林成果专项规划的第四年。由于前几年的部分建设任务叠加到2011年来完成，使得2011年任务更加繁重。一年来，各级工程管理部门克服困难、精心组织，扎扎实实地推进了巩固成果建设项目实施工作。①根据2010年国务院五部门《关于适当调整巩固退耕还林成果专项规划有关事项的通知》要求，各地对专项规划进行了适当调整，有关部门对各工程省(区、市)调整后的《巩固退耕还林成果专项规划》进行了严格的审核和批复。各地根据巩固成果的实际需要，调增基本口粮田建设任务11.6万公顷，增长4.3%；调整了农村能源建设结构，增加了太阳能热水器、太阳灶建设任务，减少了户用沼气池、节柴灶(炕)、薪炭林建设任务；调减生态移民14万人，减少10.5%；从市场需求变化和退耕农户意愿出发，增加了一些致富效果明显的后续产业项目；考虑到近年来退耕还林地因灾损失较大的实际，调增补植补造任务25.73万公顷，增长15.1%。②在各地申报2011年度巩固成果专项建设任务计划的基础上，国家林业局会同有关部门联合审核下达了2011年度巩固成果任务计划，协调财政部提前预下拨了2012年巩固成果专项资金112亿元。③7月11～12日，国家林业局作为副组长单位，配合国家发改委在广西南宁召开了全国巩固退耕还林成果部际联席会议第二次会议暨现场会。会议代表参观了现场，交流了经验。会议总结了前段时间巩固成果工作的成绩和面临的问题，并重点就切实搞好巩固成果的农村能源建设提出了要求，对进一步做好巩固成果工作进行了安排部署。④为督促各地认真做好部际联席会议第二次会议精神的贯彻落实，督查各地专项规划建设中存在问题的整改情况，进一步加快各专项建设进度，提高项目建设质量，部际联席会议成员单位组成7个联合督查组，对河北等12个省(区、市)开展了巩固退耕还林成果专项建设情况联合督查。各地认真贯彻落实中央有关部门的要求，扎实开展巩固成果各项工作。河北省下发了加强巩固退耕还林成果项目管理、加快项目实施进度两个通知，抓提质增效、示范带动、工程质量和技术创新，加快了项目建设进度，提高了项目建设质量和成效。陕西省为认真贯彻落实中央有关精神和陕西省省委、省政府领导在陕北调研时讲话的精神，切实解决好退耕区广大农户的长远生计问题，巩固已有退耕还林成果，针对巩固成果工作中出现的新情况、新问题，要求各级林业部门统一思想认识，增强巩固成果的责任感和紧迫感；坚持封山禁牧，切实搞好现有退耕林地的管护工作；加强退耕还林地管理，做到面积不减少、质量不降低；搞好森林经营，提高退耕还林建设质量；发展后续产业，增加退耕农户收入，并制定了巩固退耕还林成果林业后续产业建设项目管理办法、作业设计办法和检查验收细则，对63个退耕还林后续产业项目初步设计进行了集中审查，确保了项目建设的质量和规模效益。云南省新增核桃、油茶等木本粮油面积8.53万公顷，竹子、桉树等工业原料林面积2.68万公顷，为退耕农户增收、巩固成果打下了良好基础。通过实施大规模的基本口粮田建设，因地制宜开展农村能源建设，对不具备生存条件的退耕农户实行生态移民，发展多种形式、各具特色的后续产业，加强退耕农民技能培训，有效缓解了退耕农户当前生活困难，并为解决退耕农户的长远生计问题夯实了基础。通过补植补造和加强抚育管护，退耕还林成果得到有效巩固。根据国家林业局组织开展的阶段验收结果，1999～2003 年退耕还生态林和 1999～2006 年退耕还经济林共 720 万公顷的计划面积保存率达到 99.27%，成林率达 74.5%。

工程建设继续稳步推进 ①继续实施配套荒山荒地造林。2011 年度退耕还林工程中央预算内新增投资 14 亿元，并将荒山荒地人工造乔木林种苗造林补助费标准从 2009 年的 3000 元/公顷进一步提高到 4500 元/公顷。7 月 21 日，国家发改委、国家林业局联合下发了《关于下达退耕还林工程配套荒山荒地造林 2011 年中央预算内投资计划的通知》(发改投资〔2011〕1555 号)，全年安排退耕还林任务 51 万公顷，其中荒山荒地人工造乔木林 24.34 万公顷、造灌木林 3.33 万公顷，封山育林 23.33 万公顷。计划下达后，各工程省(区、市)认真编制省级年度实施方案，国家林业局退耕办于 9 月上旬对各工程省(区、市)编制的省级年度实施方案集中进行了审核，并下达了审核意见。各地按照审核的实施方案，抢抓造林季节，认真组织造林施工。据统计，到 2011 年底，各地共完成退耕还林任务 36.8 万公顷，其中荒山荒地人工造乔木林 19.67 万公顷、造灌木林 0.50 万公顷，封山育林 16.63 万公顷，分别占计划任务 72.15%、80.85%、14.86% 和 71.26%。山西省从规划设计、树种选择、模式运用、整地标准、栽植方法等各个环节上，坚持依靠科技，推广应用径流林业整地、容器苗造林、阔叶树截杆造林、截后覆盖等技术，有效加快了工程建设进度，提高了质量，到 2011 年底，全面完成了国家下达的造林任务。安徽省在造林和整地期间，省林业厅分片进行督查，每十天通报一次进度，连续发了 10 次整地造林进度通报，并抄送省政府办公厅和各市市委、市政府，引起各级党委、政府的高度重视，有力地推动了工程建设任务的落实。青海省林业厅与北京中林华联建设工程监理有限公司西北监理部签订了《青海省 2011 年退耕还林周边荒山造林工程委托监理合同》，提高了工程实施质量和管理水平。②重新启动退耕地还林取得重要进展。有关部门共同研究形成的《重点生态地区退耕还林总体方案》于 12 月 7 日正式上报国务院审批。而且，为深入贯彻落实贵州毕节试验区新一轮改革发展推动大会精神，在生态产业发展与生态效益结合方面走出一条新路子，2011 年 9 月，毕节地委、行署召开了毕节试验区新一轮改革发展 13.33 万公顷坡耕地生态建设工程启动大会，决定 2011 年全面启动 13.33 万公顷坡耕地生态建设工程，确保年内完成 2 万公顷，2012 年完成 3.33 万公顷，2015 年全面完成建设任务。重庆市也在长江两岸 17 个区县实施了退耕地还林 2.07 万公顷。云南省研究起草了陡坡耕地生态治理工程实施方案，编制了 2011～2020 年退耕还林工程规划。

阶段验收顺利完成 2011 年，国家林业局继续代表国家对 2003 年退耕还生态林和 2006 年退耕还经济林进行阶段验收，组织完成省级全面验收面积 315.93 万公顷、国家级重点核查验收面积 154.47 万公顷，是阶段验收任务最重的一年。一年来，组织调动精干力量，克服时间紧、任务重、工作难度大等困难，高质量地完成了 2011 年的阶段验收工作。①对试行三年的《退耕还林工程退耕地还林阶段验收办法(试行)》进行了修改完善，1 月 6 日以林退发〔2011〕3 号文下发执行。②3 月中旬组织召开了 2011 年度全国退耕还林工程阶段验收工作座谈会，全面掌握省级验收进展情况和国家级验收前期准备情况以及对 2010 年阶段验收、管理实绩核查中发现问题的整改情况，研究部署下一步的阶段验收工作。③以局退耕还林工程阶段验收工作领导小组办公室的名义与局 5 个直属林业调查规划(勘察)设计院和 19 个工程省区林业厅(局)签订了责任书，确保将国家级验收任务安排到位、责任落实到位。④为确保省级全面验收质量，4 月份对各工程省的省级验收结果进行了集中统一会审，有效地增强了省级验收数据的准确性。⑤为加强工作指导和检查监督，制订了《2011 年度退耕还林工程国家级核查验收督察(质量检查)工作方案》，成立督察组对内蒙古、湖南、云南、甘肃等 11 个工程省区国家级重点核查验收工作进行督察。为切实做好阶段验收工作，内蒙古自治区林业厅由厅领导包片督查阶段验收工作。⑥及时完成了验收数据汇总，形成了 2011 年度全国退耕还林工程阶段验收工作报告，按时报送财政部。⑦9 月中旬召开了 2011 年退耕还林工程阶段验收工作总结会，全面总结了 2011 年的阶段验收工作，通报了阶段验收成果，并对今后的阶段验收等退耕还林工作进行了安排部署。全年阶段验收工作共历时 9 个月，组织国家和省级验收人员 3.7 万余人，验收了 220 多万个小班，涉及 1988 个县的 2.2 万多个乡镇。同时，根据检查验收结果，国家林业局及时汇总并向财政部报送了 2004～2006 年财政决算确认完成面积数据以及 2011 年度阶段验收数据，为及时拨付 2011 年退耕还林政策补助资金提供了可靠依据。

宣传引导成效显著 2011 年，国家林业局退耕办进一步加强宣传工作，取得了良好成效。①在亚太森林网络中心组织编写的《中国林业生态建设》(英文版)中全面介绍了退耕还林工程，广泛宣传工程建设的巨大成就、成功经验和发展前景，扩大国际影响。②以“退耕还林的启示”为主题，在《中国绿色时报》组织编发了系列报道，先后刊发了《世界奇迹：中国退耕还林的壮举》等 8 篇深度报道文章，引起较大反响。③以“走基层、看退耕”为主题，在《中国绿色时报》组织刊发了 30 多篇大型专栏宣传，对基层丰富、亮丽的工程建设风貌、成果、经验、模式、创新等进行了集中展示。④定期报送政务信息，编发《退耕还林工程简报》，进一步规范退耕还林网站管理，并充分利用国家林业局门户网站和中国退耕还林网开展宣传。⑤认真做好两会提案议案答复工作。2011 年，退耕还林工程建设仍然受到全国人大代表、政协委员的热切关注，国家林业局共收到有关人大建议 22 件、政协提案 18 件。通过认真办理人大建议、政协提案，进一步向人大代表和政协委员宣传展示了退耕还林工程建设的巨大成就，促进了有关部门对工程建设中存在的热点、难点问题的解决。各地也广泛开展退耕还林宣传活动，为巩固和扩大退耕还林成果营造良好舆论氛围。辽宁省退耕办组织和指导各地开展多次采风和组稿活动，共刊登新闻稿件60余篇，其中在《中国绿色时报》和《辽宁日报》各发一个专版，在《中国绿色时报》进行5期连载，深入宣传工程建设十周年的巨大成效。宁夏回族自治区退耕办在各种媒体上发布退耕还林信息212条，其中在《人民日报》等报刊上发表文章9篇，在人民网等中央网络上发布信息136条，在宁夏广播电台播出消息3条，并编印了《宁夏退耕还林实用手册(上、下)》、《宁夏回族自治区退耕还林大事记》，在全区征集并精选汇编了《宁夏退耕还林工程论文集》，出版了《宁夏退耕还林工程研究》，扩大退耕还林工程的社会影响。

工程管理更加规范 加强和规范工程管理是做好退耕还林工作永恒的主题。①探索创新工程建设项目管理新机制。国家林业局退耕办调度统计分析了工程区陡坡耕地、严重沙化耕地、宜林荒山荒地面积及分布情况，研究提出了《退耕还林工程项目管理办法》(初稿)，提出了规范项目管理、进一步突出重点、发挥规模效益、提高质量成效的具体办法。②规范工程森林经营管理。国家林业局退耕办研究制定了《退耕还林工程林地林木经营管理办法(征求意见稿)》，进一步规范退耕还林森林经营管理行为，强化对森林经营的分类指导。辽宁省组织各工程县编制退耕还林工程森林经营方案，认真开展森林经营工作，2011年全省共完成幼林抚育0.68万公顷、抚育间伐0.96万公顷、低产林改造0.30万公顷。吉林省对退耕还林地全面实行封山禁牧，严禁牲畜进入退耕还林地，并完善管护责任制度和规章，依法保护工程建设成果。③加强档案管理。国家林业局退耕办组织筛选出了江西高安市、云南昌宁县、甘肃静宁县、青海大通县等不同类型的档案管理典型，在全国加以推广。天津市蓟县2011年投资十几万元购置档案管理设备，扩大档案室空间，增加档案管理人员，加强业务培训，按照电子、声像、文书档案分类，专人专档管理，达到了天津市一级档案管理标准。河北省涉县林业局档案室有关退耕还林的文件、图表等卷宗达2500余卷，其中技术卷占90%，他们通过强化领导、健全机构，规范程序、完善管理，健全制度、依法治档，达到省三级档案室标准。④进一步加强对退耕还林工程管理人员的技术培训工作。国家林业局退耕办在督促指导各地认真执行分级培训制度的同时，结合林业援疆等工作，配合局人才中心、林业管理干部学院举办了6期退耕还林专题培训班，共培训500多人次。河北省先后举办了不同类型、不同层次的培训班180多期，培训人员近3万人次。新疆维吾尔自治区林业厅退耕办根据民族地区干部的实际，举办了4期退耕还林工程管理人员培训班，对各地州市、工程县分管退耕还林工作的局长、退耕办主任、部分工程县政府分管领导共210人进行了系统培训，为进一步提高工程管理水平奠定了良好基础。⑤工程科技支撑能力进一步加强。国家林业局退耕办按时完成了《退耕还林工程基础空间地理信息库》建设，配合中科院开展了退耕还林工程效益评价研究，组织开展了中国南方退耕还林工程效益监测与评价研究。⑥进一步强化效益监测工作。国家林业局退耕办进一步明确了强化退耕还林效益监测工作的总体思路，组织编制了《全国退耕还林综合效益监测体系建设项目可行性报告(送审稿)》，全力推进效益监测工作。贵州省退耕办和省林科院制订了《贵州省“十二五”退耕还林工程综合效益监测与评价实施方案》，将投入资金150万元，在继续对“十五”期间16个监测重点县开展植被动态、水土流失定位监测的同时，重点开展巩固成果专项建设项目的综合监测，科学评价项目实施的综合效益。湖北省林业厅退耕办完成了《鄂西山地区典型退耕还林模式生态效益对比研究》。⑦规范政策兑现工作。重庆市林业局会同财政局下发了《关于开展退耕还林补助资金专项治理行动的通知》，编制了实施方案，成立了领导小组，提出了工作目标。通过专项治理，验收合格面积补助兑现率达100%，清理、整改了违规违纪案件，完善了监管制度，强化了监管手段，全市聘请退耕还林补助资金义务监督员388人，规范各级补助资金经办机构及工作人员职责50个，查找到风险点15个，制定风险防控措施39项，完善规章制度80项。湖北省林业厅还出台了《关于进一步加强退耕还林工程管理的意见》(鄂林退〔2011〕403号)，认真组织开展春季造林、检查验收和补植补造督办工作，切实加强退耕还林地块的抚育管理，最大限度地减少2011年全省大面积旱、涝灾害对工程的影响，并约谈了存在问题县市的政府分管领导和林业局长，扎实开展整改督促工作，确保工程建设质量。

责任落实进一步强化 为了确保退耕还林工程建设健康发展和退耕农户的切身利益，2011年进一步强化了责任落实和问题整改工作。①根据2010年工程管理实绩核查、阶段验收和全国营造林综合核查结果，国家林业局通报了2010年度退耕还林工程责任书执行情况，并与各工程省(区、市)人民政府签订了《2011年度退耕还林工程责任书》，同时各地逐级层层签订责任书，进一步强化了各级政府工程建设、巩固成果以及工程管理等方面的责任。广西壮族自治区林业厅出台《广西壮族自治区退耕还林工程责任书检查考核办法》，从2011年起从巩固成果、年度建设任务完成、工程管理与监督三个方面检查考核退耕还林工程责任书执行情况。宁夏回族自治区林业局和财政厅2011年2月联合下发了《宁夏退耕还林工程管理考核办法(试行)》，首次对全区工程管理进行年度考核，对先进单位进行了表彰。新疆维吾尔自治区制定了《退耕还林工程及巩固退耕还林成果专项规划建设项目考核办法(试行)》和《退耕还林工程管理办法(试行)》，以自治区政府办公厅的文件下发执行。②国家林业局组织开展了2011年度退耕还林工程管理实绩核查。下发了开展核查工作的通知，制订了工作方案，完善了核查内容和指标设置，在各省(区、市)自查的基础上，组成3个核查组对各工程省(区、市)工程实施进展情况、工程管理情况、成果巩固情况以及存在问题整改情况进行实地核查。③针对阶段验收中发现的不合格面积和新造林面积，及时督促各地抓好补植补造工作。北京市对保存不合格的退耕还林地，通过开展补植补造、调整地块异地造林等措施，实现了退耕还林面积零流失的目标。2011年3月，黑龙江省退耕办对各地历年阶段验收的未保存面积进行清算，召开退耕还林工作座谈会，给存在未保存面积的地方政府逐一下发整改通知书，要求立即制订整改方案，积极开展补植补造、异地重造，并派出工作组赴重点县市专程约谈政府主管领导，研究解决实际问题，确保退耕地还林全部达到国家保存标准。④国家林业局利用审计署对退耕还林工程开展审计的机遇，强化了对各地问题的查处和整改。2011年4月，审计署向国务院上报了对14个省（区、市）2006～2009年退耕还林专项资金的审计结果，在充分肯定退耕还林工作成效的同时，也指出了一些具体问题，引起国务院领导的高度重视，李克强副总理、回良玉副总理做了重要批示。为做好问题的整改，国家林业局在全国巩固成果现场会上和阶段验收工作座谈会上专门做了部署，并利用阶段验收督察、管理实绩核查等机会，要求各地对审计出的问题逐条进行深入剖析，针对不同问题，认真研究整改措施，扎实抓好整改，并进行跟踪检查。⑤高度重视做好群众举报办理工作，确保退耕农户的切身利益。为进一步强化这项工作，国家林业局退耕办对各省2010年度群众举报办理情况进行了通报。2011年批转到各省的群众举报共45件，截至12月底各省反馈群众举报办理情况32件，其中查证属实的14件。各地按照国家要求，进一步加强信访举报办理工作。山西省退耕办配合省"政风行风热线"节目，于3月份、10月份两次与群众直接对话，对反映的问题进行认真查处和解答。甘肃省林业厅下发了《关于进一步加强退耕还林信访举报案件办理工作的通知》，建立了较为完善的接访、调查、交办、督办和查处结果反馈工作运行机制，做到"有访必接、接访必查、出动迅速、查处及时"。3月26日，甘肃省林业厅厅长高清和率队上线参加了政风行风热线制作播出的《严格落实退耕还林政策，保护林农合法权益》主题节目，认真解答群众通过电话和短信反映的问题，并批转至相关县市查处。同时，与省纠风办组成督查组，对群众反映的3起典型问题进行了实地调查和现场办公处理。 （退耕办）

【全国巩固退耕还林成果部际联席会议第二次会议暨现场会】 为深入贯彻落实国务院关于完善退耕还林政策有关精神，认真总结2008年以来实施巩固退耕还林成果专项规划的经验，进一步推进各项工作，2011年7月11～12日，全国巩固退耕还林成果部际联席会议第二次会议暨现场会在广西南宁市召开。巩固退耕还林成果部际联席会议召集人、国家发展改革委副主任杜鹰，巩固退耕还林成果部际联席会议副召集人、国家林业局副局长张永利以及水利部副部长刘宁、农业部总经济师杨绍品、财政部有关司负责人出席会议并讲话，广西壮族自治区人民政府副主席陈章良到会祝贺并致辞。监察部、国土资源部、审计署、国家统计局、国家粮食局、国家能源局有关司局负责同志以及退耕还林工程区25个省（区、市）和新疆生产建设兵团发展改革委、财政厅（局）、农业厅（局）、水利厅（局）、林业厅（局）有关负责同志近200人参加了会议。会议期间，全体代表实地考察了武鸣县、都安县有关农村能源、基本口粮田、后续产业与农民技能培训等建设项目点。广西南宁市、陕西延安市、山西翼城县、宁夏彭阳县、甘肃甘谷县人民政府负责同志在大会上作典型发言，交流了各地好的做法和经验。 （汪飞跃）

【国家林业局与各工程省（区、市）签订2011年度退耕还林工程责任书】 为全面贯彻落实《退耕还林条例》，进一步强化地方政府实施退耕还林工程的责任意识，根据"国家对退耕还林实行省、自治区、直辖市人民政府负责制"的规定，国家林业局副局长张永利代表国家林业局与25个工程省（区、市）人民政府和新疆生产建设兵团签订了2011年度退耕还林工程责任书。2011年度退耕还林工程责任书共包括4部分内容：①建设任务，明确2011年国家下达给各有关省（区、市）、新疆生产建设兵团的退耕还林工程建设任务；②省级人民政府责任，包括切实巩固退耕还林成果、逐级落实年度建设任务、强化工程管理和监督等；③国家林业局责任，包括下达计划、审核实施方案、制定和完善工程各项管理规定、组织工程实施和检查监督等；④对执行责任书提出具体要求。 （王维亚）

【通报2010年度各省办理退耕还林举报情况】 2010年度国家林业局退耕办批转到有关省的群众举报共79件。截至2011年5月中旬，各省反馈2010年群众举报办理情况共77件，占批转总件数的98%。国家林业局退耕还林办公室下发了《关于2010年度群众举报办理情况的通报》（退工字〔2011〕15号），要求各地进一步重视举报办理工作，对批转的群众举报，做到件件有着落、事事有回音，并认真查处、及时整改。 （王维亚）

【全国退耕还林工程2011年度阶段验收工作座谈会】 2011年3月16～17日，国家林业局退耕还林办公室在江西省召开了全国退耕还林工程2011年度阶段验收工作座谈会。国家林业局5个直属林业调查规划（勘察）设计院的有关领导和阶段验收技术负责人、全国25个工程省（区、市）和新疆生产建设兵团退耕办主任参加了会议。国家林业局退耕还林工程阶段验收工作领导小组副组长、国家林业局退耕办主任张鸿文出席会议并讲话，国家林业局退耕还林工程阶段验收工作领导小组成员、国家林业局退耕办副主任吴礼军主持会议。会议在参观江西省退耕还林工程现场、听取各工程省区和各院工作汇报、仔细解答各工程省区和各院提出问题的基础上，点评了前一阶段的阶段验收工作，并对下一步的阶段验收工作提出了三项要求：①再接再厉，做好省级验收的收尾工作。②精心准备，确保国家级验收顺利启动。③坚持不懈，继续抓好廉政和作风建设。会议还对退耕还林的其他重点工作进行了部署：①积极推进退耕还林工程建设项目管理。②尽快完成2009年和2010年的工程建设任务，积极做好2011年工程实施的准备工作。③扎实进行整改，确保整改措施落实到位。 （曹海船）

【国家林业局向财政部报送2004～2006年度退耕还林工程各省退耕地还林保存合格面积情况】 根据《退耕还林条例》、《国务院关于进一步完善退耕还林政策措施的若干意见》（国发〔2002〕10号）的规定及有关要求，在各退耕还林工程省（含自治区、直辖市、生产建设兵团，下同）核查上报的基础上，国家林业局对2004～2006年度退耕还林工程（含京津风沙源治理工程中退耕还林部分）各省退耕地还林保存合格面积进行了审核汇总，

2011 年 4 月 7 日向财政部报送了《关于报送 2004～2006 年度退耕还林工程各省退耕地还林保存合格面积情况的函》(林函退字〔2011〕46 号)。（曹海船）

【2011 年全国退耕还林工程阶段验收工作总结会议】 2011 年 9 月 17 ~18 日，为了深入贯彻落实《国务院关于完善退耕还林政策的通知》(国发〔2007〕25 号)精神，进一步做好退耕还林阶段验收工作，切实巩固和发展好退耕还林成果，国家林业局退耕还林办公室在新疆维吾尔自治区青河县召开了 2011 年全国退耕还林工程阶段验收工作总结会议。全国 25 个工程省(区、市)和新疆生产建设兵团退耕办主任、国家林业局 5 个直属林业调查规划(勘察)设计院阶段验收技术负责人参加了会议。国家林业局退耕还林工程阶段验收工作领导小组副组长、国家林业局退耕办主任张鸿文，国家林业局退耕还林工程阶段验收工作领导小组成员、国家林业局退耕办副主任吴礼军出席会议并讲话。与会代表参观了青河县退耕还林工程建设及后续产业项目现场，会议全面总结了 2011 年退耕还林工程阶段验收工作，表扬了 2011 年度阶段验收工作先进集体，座谈交流了阶段验收及其他退耕还林工作情况，并对今后的阶段验收等退耕还林工作提出了 8 项要求：①积极筹划 2012 年阶段验收工作。②认真组织开展 2011 年度管理实绩核查工作。③抓紧落实 2010 年和 2011 年的荒山荒地造林计划任务。④扎实做好巩固退耕还林成果专项规划中的各项林业工作。⑤切实抓好审计和验收发现问题的整改。⑥做好实行退耕还林工程项目管理的准备。⑦高度重视信息报送工作。⑧进一步做好效益监测工作。（曹海船）

【国家林业局通报表扬退耕还林工程 2011 年度阶段验收工作集体】 为了激励广大退耕还林工作者的积极性和创造性，进一步做好退耕还林工程阶段验收工作，切实巩固和发展好工程建设成果，2011 年 9 月 20 日，国家林业局办公室印发了《关于表扬退耕还林工程 2011 年度阶段验收工作集体的通报》(办退字〔2011〕151 号)，对甘肃省林业厅、内蒙古自治区林业厅、湖南省林业厅、云南省林业厅、湖北省林业厅、河南省林业厅、陕西省林业厅、辽宁省林业厅、新疆维吾尔自治区林业厅、国家林业局华东林业调查规划设计院等 10 个在 2011 年度阶段验收工作中表现突出的集体予以通报表扬。（曹海船）

【2011 年退耕还林工程管理实绩核查】 为了进一步掌握退耕还林工程建设管理情况，更加有针对性地加强工程管理，确保工程建设质量，切实巩固和发展好退耕还林成果，2011 年 9 月 23 日，国家林业局下发《关于开展 2011 年退耕还林工程管理实绩核查工作的通知》(林退发〔2011〕214 号)。2011 年退耕还林工程管理实绩核查以退耕还林工程责任书执行情况为重点，主要包括以下 4 个方面内容：①2010 和 2011 年度工程实施进展情况；②工程管理情况；③成果巩固情况；④存在突出问题的整改情况。在各工程省(含自治区、直辖市、生产建设兵团，下同)组织本省的工程县开展自查的基础上，国家林业局组织 3 个核查组分别到各工程省进行核查，对每省随机抽取若干个工程县进行深入调查。核查工作采取听取工作汇报、查看管理文件、查看技术资料和图表、调查外业小班、核对有关数据、走访退耕农户了解情况等方式进行。（曹海船）

【巩固退耕还林成果专项建设情况联合督查】 为落实全国巩固退耕还林成果部际联席会议第二次会议暨现场会精神，推动专项建设进度，堵塞资金管理漏洞，促进政策落实，强化林地保护，2011 年 11 月 17 日，国家发改委、监察部、财政部、国土资源部、水利部、农业部、审计署、国家林业局等 8 部门联合印发了《关于开展巩固退耕还林成果专项建设情况联合督查的通知》(发改办西部〔2011〕2786 号)，决定对巩固退耕还林成果专项建中存在问题情况进行联合督查。12 月底以前，有关部门组成 7 个联合督查组对河北、山西、黑龙江、江西、安徽、河南、湖北、湖南、广西、重庆、四川、云南等 12 个工程省(区、市)巩固成果专项规划实施情况进行了督查，其中国家林业局退耕办带队对河北省、黑龙江省进行了督查。通过督查，发现并指出了各地专项规划实施中存在的问题，提出了整改意见，促进了各地规范巩固退耕还林成果专项规划建设项目管理，加快了项目实施进度，提高了项目建设质量。（汪飞跃）

京津风沙源治理工程

【综　述】

工程建设进展　2011 年工程进展顺利，工程五省(区、市)全年共完成林业建设任务 54.82 万公顷，占年度计划任务的 100%，比 2010 年多完成 9.66 万公顷。其中：完成人工造林(含爆破和困难地造林)20.94 万公顷，飞播造林 10.93 万公顷，封山育林 22.94 万公顷。2011 年京津风沙源治理工程下达投资 17 亿元，其中林业建设项目投资 93 990 万元。

工程重要措施　工程建设十年，取得成效显著，为当地经济与社会发展作出了重要贡献。①坚持定期督查指导，确保了工程建设质量。按照定期督查、指导制度，春季造林期间派出工作组对工程区春季造林进展和种苗质量情况进行检查、指导，并会同五省(区、市)协调帮助基层解决造林中存在的困难与问题。各地造林时节也都派管理和技术人员到现场，进行造林督查和技术指导，确保了造林质量。②强化林分抚育和依法保护，巩固了工程建设成果。制定并下发了《关于切实做好京津工程林分抚育和管护工作的通知》、《京津风沙源治理工程林分抚育和管护工作考核办法(试行)》。各地坚持一手抓治理，一手抓管护，“建管并重”，切实巩固了工程建设成果。③加大科技支撑力度，提高了造林成活率。总结了80余种先进实用治理模式，并优选48种主要治理模式编印成册，在工程区大力推广，取得了比较好的效果。根据各地生产实际和需求，5省(区、市)广泛开展了多种形式的技术培训，十年累计培训超过1000万人次。此外，各地还着力推广了先进实用技术，特别是容器苗造林技术、系列抗旱造林技术等应用，大大提高了造林成活率。④加强产业建设，促进了区域经济增长。各地依托工程建设，依靠龙头企业带动，发展了一批具有地方特色的产业建设项目，初步形成优势明显、特色鲜明、前景广阔的资源综合利用开发型的产业发展格局，为地方经济发展作出了较大贡献。北京市积极发展林下经济，多种途径和方式增加农民收入，扩大了工程建设成效。据统计，截至2011年年底，北京市林下经济总产值达17亿元，2011年当年林下经济实现产值近2亿元，户均收入达1.4万元。⑤规范了工程管理，确保了工程有序开展。建立了以工程管理办法为核心的一系列工程建设规章制度，合同制、招投标制、监理制等市场经济条件下的现代管理制度在工程建设中得到广泛运用；建立了工程档案管理与达标制度，规范了档案管理工作；建立了工程信息调度与反馈制度，自下而上建立了近百人的工程信息员队伍；建立了工程县级自查、省级复查和国家级核查的三级检查验收制度，促进了工程建设速度和质量的提高；建立了"三专一封"的资金管理与资金使用情况定期稽查审计制度，确保工程资金有效使用和安全运行。

工程取得成效 工程实施十多年来，在党中央、国务院的正确领导下，在有关部门和工程区各地的共同努力下，工程建设取得了显著成效。①初步建立了京津地区生态防护体系，为绿色奥运作出了重要贡献。工程实施以来，建成了四条乔灌草、带网片相结合的防护林体系，京津工程区已经从沙尘暴加强区变为减弱区，第七次全国森林清查(2004～2008年)结果显示，工程区森林覆盖率为15.01%，比第六次森林清查(1999～2003年)时的10.94%增长了4.07个百分点。2010年全国草原监测结果表明，工程区内植被盖度比非工程区平均提高15个百分点。②风沙天气明显减少，生态环境得到明显改善。北京市空气质量二级以上天数由2000年的177天提高到2010年的286天，十年间年优良天气数量增加了109天，增加61.6%，空气质量明显改善。③植被盖度和生物多样性显著改善。工程区的生物多样性指数显著上升，群落层片由单一的草丛植被或灌草丛植被，逐渐转变为乔、灌、草或灌、草结合的复合植被系统，植被生态系统的稳定性增强，退化严重的荒漠草原区的草地群落经封育后植物种数量由7种增加到11种以上。④沙化土地明显减少，蓄水保土功能增强。据第四次全国荒漠化和沙化土地监测结果显示，1999～2009年，京津工程涉及的5个省(区、市)沙化土地总面积减少116.3万公顷，占5省(区、市)沙化土地总面积的2.56%。随着林草植被的恢复和覆盖度的提高，工程区土壤的侵蚀强度明显下降，土壤风蚀总量比2001年减少了5.2亿吨，下降了44%；地表释尘总量比2001年减少了1352万吨，减幅为43.4%。⑤经济社会稳步发展，可持续发展能力不断增强。据统计，工程区人均GDP从1999年的4687元增加到2010年的27 192.7元，增长了5.8倍，年均增长17.3%，增速高于全国平均水平。工程区农民人均纯收入从1999年1956.3元增长到2010年的4084.8元，增长了1.09倍，年均增长6.9%，增速与全国平均水平持平。据北京师范大学开展的工程效益监测与评估显示，工程区可持续发展能力提高，工程建设对区域可持续发展贡献率保持在23.0%～28.3%。 (江天法)

【京津风沙源治理工程部际联席会议】 11月7日，京津风沙源治理工程部际联席会议在北京召开，会议由发改委杜鹰副主任主持，国家林业局张永利副局长出席会议。会议审议了由国家林业局组织有关院士、专家经过近一年时间研究提出的《京津风沙源治理工程二期规划思路研究报告》(以下简称《报告》)。会议原则同意了这个《报告》，并报请国务院批准。

《报告》对一期工程的成效和经验进行了总结。《报告》认为，工程坚持治山、治水、治沙，使沙区绿起来；坚持防沙治沙、用沙，使群众富起来；坚持改革创新，使机制活起来。取得明显成效：工程区森林覆盖率年均增加0.8个百分点，建成了四条乔灌草、带网片相结合的防护林体系；地表释尘量减少16.2%；土壤风蚀总量下降29%；从沙尘暴加强区变为减弱区；促进了产业结构优化、农民增收和可持续发展能力的提高。对实施二期工程的必要性进行了分析。《报告》从影响京津地区沙尘的三条路径(西北、北路、西路发生频率分别占50.8%、29.5%、19.7%)入手分析，认为一期工程主要考虑的是北路，其范围有限，要从总体上有效减轻京津地区沙尘危害，必须将西北路路径的重点区域纳入治理范围；而且从构筑北方生态屏障，落实双增长目标，巩固一期成果等方面的需要出发，实施二期工程是必要的。

同时，《报告》对二期工程建设范围与分区、治理目标及政策等提出了建议。 (白建华)

三北及长江流域等防护林体系建设工程

【三北防护林工程建设】 2011年是"十二五"开局之年，也是三北五期工程启动之年。一年来，各地抢抓国家转变经济发展方式，高度重视林业生态建设的重要机遇，坚持把"突出重点、规模治理、建设百万亩人工林基地"作为转变三北工程发展方式的重要抓手，强化领导，加大投入，突出重点，规模推进，在转变中发展，在发展中创新，实现了"十二五"工程建设的良好开局。全年共完成造林育林85.07万公顷，占年度计划任务的

109%；完成中央投资19.7亿元。工程建设呈现出快速发展、结构优化、质量提升、效益凸显的良好态势。

政府主导林业生态建设的作用日益彰显，工程建设加快由部门行为向政府行为转变 各级党委、政府对林业生态建设的认识尺度不断深化，重视程度不断提升，支持力度不断加大，推行绿色新政、促进绿色发展、再造绿水青山成为执政为民的着力点和切入点，采取强有力的措施高位推动工程建设。甘肃省委、政府确立了“建设生态文明省”的战略目标，省政府出台了《关于进一步加强三北防护林体系建设的意见》，成为继河北、内蒙古、陕西出台贯彻落实国务院办公厅《意见》后的又一个省区。兰州市将新区生态建设作为“一把手”工程，成立了由市长任总指挥的新区生态建设指挥部，强力推动林业建设。

规模治理成为转变发展方式的重要突破口，工程建设加快由分散治理向集中治理转变 各地调整优化工程建设布局，突出重点，规模治理，加快转变工程发展方式，将60%的任务和资金集中向重点区域倾斜，启动实施了一批区位重要、规模宏大、集中连片、功能多样的重点工程。陕西省榆林市以打造百万亩樟子松人工林基地为目标，大力推进毛乌素沙地樟子松造林步伐，全年新造樟子松1.48万公顷，已在毛乌素沙地形成了总面积达4万多公顷的樟子松林海，陕北绿色生态屏障初具规模。山西省将70%的投资、任务用于重点区域治理，集中连片，规模推进，建成万亩以上的工程11处，5000亩以上的工程32处，基本做到了县县有精品、处处有亮点。

改善人居环境成为社会对林业生态建设的主导需求，工程建设加快由“山上治本”向“山上治本”与“身边增绿”并重转变 工程建设重点发生了变化，由主攻荒山荒地造林，发展到荒山荒地造林与推进“身边增绿”并重，改善城乡人居环境成为工程建设的主战场。黑龙江省全力推进村屯、城镇绿化，完成村屯绿化面积2.73万公顷，绿化村屯近万个，其中建设高标准村屯绿化2000个。新疆生产建设兵团开展“绿色小康连队”创建活动，打造庄园式、园林化营区，改善人居环境。

兴林富民的发展理念不断深化，工程建设由生态功能为主向生态与经济兼容并重方向转变 各地在坚持生态优先的前提下，充分挖掘林业的多种功能，寻求生态建设与农民增收致富的最佳结合点，探索走出了一条“不砍树能致富”的发展之路。新疆维吾尔自治区坚持把建设特色林果基地作为实施优势资源转换战略的一项重要内容，以每年百万亩的速度大力发展特色林果业，全力打造绿色富民产业。目前，全区特色林果总面积已经突破120万公顷，位列全国第九，果品总产量达到650多万吨，林果业总产值达到200多亿元，农民人均来自林果业的收入超过900元，在一些重点产区，林果业收入已占到农民年均纯收入的50%。青海省采取“公司＋基地＋农户”的产业化发展模式，依托龙头公司带动，东抓沙棘、西抓枸杞，初步建成了高原有机沙棘、枸杞基地近2万公顷。甘肃省平凉市大力推进苹果适宜区全覆盖战略，全市以苹果为主的经济林面积已达12.33万公顷，相当于全市耕地总面积的29.2%，年果品总产量81万吨，产值19.6亿元，“平凉金果”已成为全市四大支柱产业之一。

质量精品意识不断强化，工程建设加快由粗放型向集约型转变 自2010年开展优质造林工程评选活动以来，各地的质量意识、精品意识、规模意识显著增强，打造了一大批高起点、高质量、高标准的优质示范工程。被表彰的19个优质造林工程，就是他们当中的杰出代表。河北省大力推广容器苗造林，荒山造林容器苗应用率高达70%，贫瘠立地条件全部采用容器苗造林，成活率、保存率大幅度提升。辽宁省在三北五期工程建设中推行每亩千元的高标准示范造林，中央补助4500元/公顷，省政府配套10 500元/公顷，去年完成高标准造林近0.33万公顷，为全省林业建设作出了示范。

改革创新力度不断加大，工程建设组织实施加快向市场化方向转变 各地充分发挥市场机制在资源配置中的基础作用，锐意改革创新，工程建设机制加快向专业化、市场化方向转变。内蒙古、山西、陕西、宁夏等省（区）坚持以成活为中心、以分期报账为抓手，推行专业队、专业公司造林，实行造前预付、先验后付、报账制管理，既强化造林的质量意识和责任意识，又提高了造林成活率和保存率。目前，仅山西省就有造林专业队1200支、3.5万多人，承担着90%以上的工程建设任务。陕西省榆林市全部采用招投标的方式推行承包造林，按不同苗木规格，实行单株核算，按质论价，分三年按6:2:2的比例兑现造林投资。

【三北防护林建设主要工作及完成情况】

精心编报五期工程规划 一年来，继续把五期工程规划的修订和上报审批作为全年的中心任务，积极协调、全力抓好规划的修订和报审工作。按照国家林业局的要求，广泛征求了三北地区各省（区、市）林业主管部门、国家林业局有关司局、国家有关部委对五期工程规划的意见，对规划文本进一步修改完善，并在京召开了五期工程规划专家论证会，与会专家一致认为，三北五期工程规划是一个突出科学发展主题，突出转变方式主线，具有时代性、创新性、前瞻性的发展规划，一致通过了规划文本。

全面开展四期工程总结评估 对四期工程进行全面总结评估是国家林业局安排部署的一项重要任务。一年来，在各省（区、市）的大力支持和密切配合下，三北局会同国家林业局西北院扎实开展四期工程总结评估工作。制订了总结评估《工作方案》和《技术方案》，举办了总结评估技术培训班，统一了标准、程序和方法。采取实地考察、问卷调查、查阅资料相结合的方式，从县级、省级、重点区域、国家级四个层面对四期工程进行了全面系统的总结评估，科学评价了四期工程的决策背景、实施过程、工程效益、目标任务、可持续性等，形成了三北四期工程自评估和后评估报告，并在京召开了专家审定会，顺利通过了专家论证。与会专家一致认为，四期工程是三北工程发展史上极不平凡的一个时期，创造了工程建设许多个第一；全面完成了工程建设计划任务，主要建设目标基本实现，建设成效十分显著；在充分肯定工程建设成就的基础上，深入分析了面临的形势和任务，为下一步的工程发展提出了有针对性的意见和建议，必将对五期工程科学发展产生重要的影响。

率先开展百万亩人工林基地建设试点 启动建设百万亩人工林基地是2011年工程建设的重中之重。各地认真贯彻落实国家林业局在陕西榆林召开的三北防护林体系建设现场会精神，以突出重点，规模治理，建设一批百万亩人工林基地为抓手，加快推进工程发展方式由分散治理向规模治理转变。一是科学规划布局。在广泛调查研究的基础上，确定了32个区位重要、各具特色、功能多样、具有较强代表性和示范性的百万亩人工林基地项目，整体纳入了三北五期工程规划，为推动五期工程规模化发展提供了重要支撑。二是制订了试点方案。研究制订了百万亩人工林基地项目试点方案，规范了百万亩项目立项、设计、审批、实施、后期管护等全过程管理，得到了国家发改委的充分肯定，成为指导百万亩项目试点的基本遵循。三是率先启动了试点项目。积极协调国家发改委率先启动了黑龙江、辽宁、陕西3个百万亩人工林基地建设项目，审批了三个试点项目的实施方案，开启了工程建设规模治理的新篇章。

强化工程建设督导检查 坚持从实际出发，适应行政管理体制改革的要求，把工程管理的重心转移到督导检查上来，研究制定了《三北防护林体系建设检查验收办法(讨论稿)》，规范了工程建设的监督、检查、考核、评价等各个环节，为强化各级工程管理部门的职能提供了重要依据。该《办法》经广泛征求意见后将上报国家林业局颁布实施。组织开展了春季造林专项督查。组织了8个春季造林督导检查组分赴三北地区13省(区、市)的50多个县(区)，采取实地查看与座谈讨论相结合的方法，重点对2011年春季造林进展情况进行了督导检查，及时了解工程建设动态，查找分析存在的困难和问题，研究提出了进一步推进工程建设科学发展的对策和措施，对督促各地加强工程建设的组织领导、资金保障、科技支撑、责任落实等方面起到了很好的作用。

优化工程内外部发展环境 一是积极协调国家发改委等有关部门，将工程建设投资标准由原来的3000元/公顷提高到目前的4500元/公顷，在突破工程建设投资"瓶颈"上迈出了一大步。二是深入开展宣传发动工作，编辑出版了画册《绿色长城——重塑山河的伟大壮举》；邀请中央电视台"走基层"栏目组深入工程建设一线采访报道，传承和弘扬"三北精神"；协助亚太网络组织赴黑龙江、辽宁、山西、陕西等地考察工程建设，扩大对外交流。三是加强工程建设科技支撑。全面落实了2011年三北工程科技推广项目，组织对2008年度科技推广项目进行检查验收。四是加强工程监测评价体系建设，率先建成了覆盖整个科尔沁沙地的营造林管理信息系统，实现了对区域内营造林工作的信息化管理；开发建成了三北局局级营造林管理信息系统综合处理和信息发布平台。五是组织开展工程发展前瞻性战略研究。面向工程建设长远发展，组织开展了统筹城乡绿化一体化、沙地生态系统提质增效、黄土高原地区生态屏障建设、百万亩人工林基地项目建设和管理、林业产业发展等五个专题研究，为指导五期工程科学发展储备理论支撑。 （三北及长江流域等防护林体系建设工程由刘冰、靳诚供稿）

重点地区速生丰产林基地建设工程

【速丰林基地工程建设情况】 重点地区速生丰产用材林基地建设工程自2002年启动实施以来，截至2011年底，19个项目省(区)累计完成营造林880万公顷。其中，2011年完成68.7万公顷，工程建设继续保持较快增长的态势，初步形成了以粤桂琼闽地区为代表的南方工业原料用材林产业带，以长江中下游地区与黄河中下游地区为代表的中东部工业原料用材林产业带，以东北、内蒙古地区为代表的北方工业原料用材林产业带。工程的实施，有效地增加了木材供给，扩大了林产工业规模，壮大了林业产业实力，对维护国家木材安全，改善生态环境，增加农民收入，调整产业结构，应对气候变化发挥着重要的作用。 （崔海鸥）

【特殊林木项目】 为提高大径级的培育水平，加快特殊树种培育的步伐，提高国内珍稀、大径材供给能力，保障国家木材安全，在速丰林工程大径材培育试点示范项目的基础上，2011年整合调整为特殊林木项目。在北京、河北、山西、辽宁、吉林、黑龙江、浙江、安徽、福建、江西、山东、湖北、湖南、广西、云南、陕西、吉林森工、龙江森工、大兴安岭林业集团共19个省(区、市)、森工集团的89个林场启动实施了特殊林木项目，安排中央投资9000万元，培育特殊林木15 153公顷。

为把这项工作做实做好，6月15 ~17日，国家林业局计财司与速丰办联合在哈尔滨召开全国特殊林木后备资源培育工作会议，明确了特殊林木项目建设思路、主要任务和发展布局等，并按要求组织有关省区编制了《特殊林木项目实施方案(2012 ~2015)》，制订了特殊林木项目技术规程。 （崔海鸥）

【开展《全国木材战略储备基地建设规划》编制工作】 一是成立了规划编制领导小组，领导小组办公室设在国家林业局计财司，协调规划编制的重大事项，日常工作由速丰办负责。二是下发了《国家林业局关于编制全国木材战略储备基地规划有关问题的通知》(林规发〔2011〕107号文)，明确了规划编制的指导思想、基本原则、规划范围、建设内容等。三是成立了规划编制团队，集中力量开展规划编制工作。四是召开规划编制座谈会，安排部署了规划编制工作。五是开展专项课题研究，做好规划的科技支撑。为使《规划》编制更科学、更符合实际，开展了"我国木材供需现状和趋势研究"、"现有用材林木材生产能力研究"、"我国用材林林地区域布局研究”和“全国木材战略储备生产基地基础设施建设研究”等四个课题专题研究。六是围绕木材战略储备基地建设的内容、模式、措施等先后赴8个省区，开展了调查研究工作。七是积极做好2012年木材战略储备基地示范项目工作。选择水、光、热条件优越的福建、广西、广东、湖南、云南、河南、江西等7省(区)，作为2012年木材战略储备示范项目建设单位。

(崔海鸥)

森林培育与生态建设

林木种苗生产

【综　述】

林木种子生产　据全国30个省(区、市)，内蒙古、吉林、龙江、大兴安岭森工(林业)集团公司，新疆生产建设兵团种苗管理部门上报的年报统计，2011年全国共采收林木种子3138万千克，同比增长31%。增长原因：一是红松结实丰硕，为了以丰补欠，东北三省包括森工集团都加大了红松籽的采收力度，特别是黑龙江省的采收量增长了9倍。二是西部地区大力发展经济林，核桃产量明显增加，宁夏、新疆两地林木种子产量都比2010年增加了100万千克以上。

2011年采收前种子库存量为271万千克，2011年实际用种量为1848万千克。

良种基地生产　据统计，2011年全国良种基地共生产种子357万千克(种子园产种量55万千克，母树林产种量302万千克)，比2010年增加166万千克，主要是吉林、黑龙江省红松母树林增产所致。2011年全国良种基地生产穗条22.5亿条(根)，其中采穗圃生产穗条15.2亿条(根)、良种繁殖圃生产穗条7.3亿条(根)，比2010年增加4亿条(根)。

采种基地生产　2011年全国采种基地共采收种子1006万千克，占全国林木种子采收量的32%，比2010年增加360万千克，黑龙江、吉林、宁夏三省区采种增加量都在100万千克以上。

苗木生产　2011年全国共完成育苗面积84.9万公顷，其中新育苗面积24.9万公顷，占育苗总面积的29.34%。国有、乡村集体和个体育苗面积分别占育苗总面积的14.63%、5.02%和80.35%。与2010年相比，国有育苗面积比重减少1.41个百分点，乡村集体育苗面积比重减少0.04个百分点，个体育苗面积比重增加1.45个百分点，个体育苗面积所占比重首次超过80%。

2011年育苗总量为536亿株，除留圃苗木外，实际用于造林绿化的苗木量为190.2亿株，其中生态公益林苗木103.9亿株，经济林苗木28.8亿株，其他林种苗木57.5亿株。2011年实际用苗量中31%来自国有单位，6%来自乡村集体，还有63%来自个体。

2011年容器育苗产量为86亿株，良种苗产量138亿株，与2010年相比，容器苗产量增加34亿株，良种苗产量增加7亿株。

林木种苗工程建设投资　据统计，2011年全国林木种苗工程项目投资总计169 777万元，其中国家投资65 837万元，地方配套投资103 940万元。主要用于省级种苗示范基地、良种基地、采种基地、苗圃和基础设施建设，投资范围涉及全国26个省(区、市)，内蒙古、吉林、龙江、大兴安岭森工(林业)集团公司，新疆生产建设兵团。

林木种子基地建设　截至2011年年底，全国林木良种基地建设面积164万公顷，其中：种子园3.9万公顷、母树林15.8万公顷、采穗圃1.2万公顷、良种繁殖圃72.6万公顷、测定林1.6万公顷、收集区0.5万公顷、良种示范林67.1万公顷、其他1.3万公顷。2011年全国采种基地可采种面积56万公顷。

育苗单位　2010年年末至2011年年末，全国共有苗圃34.1万个，国有、乡村集体和个体所占比例分别为2.39%、1.45%和96.16%。在国有苗圃单位中，林业系统内部的苗圃有5733个。

(李　焰)

【林木种苗工程项目建设】

林木种苗工程项目投资　2011年中央预算内投资计划下达林木种苗工程建设投资2亿元，投资与2010年持平。其中，地县级林木种苗质检机构建设2993万元，林木良种基地建设投资9577万元，林木种质资源收集保存库建设投资6369万元，林木采种基地建设投资415万元，其他投资646万元，分别占中央预算内投资的14.97%、47.89%、31.85%、2.08%、3.21%。与2011年相比，增加了地县级林木种苗质检机构建设项目，林木良种基地占当年投资比例降低了21.1%，种质资源收集保存库占当年投资比例提高了6%，采种基地与其他投资占当年投资比例增加了0.1%。

林木种苗工程项目建设　2011年建设林木种苗工程项目121个，开工建设规模8249.8公顷。其中，林木良种基地项目72个，林木种质资源保存库项目34个，采种基地等项目4个，种苗基地等其他项目4个，建设规模依次为4713.7公顷、2177.9公顷、809.8公顷、548.4公顷，分别占建设总规模的57.1%、26.4%、9.8%、6.6%；投资建设了7个省的地县级林木种苗质检机构能力项目；在建设过程中，计划建成项目63个，规模4549.7公顷。其中：建成林木良种基地项目42个，林木种质资源库14个，采种基地等项目4个，种苗基地等其他项目2个，规模依次为2565公顷、1046.6公顷、809.8公顷、128.4公顷，分别占投资建成规模的56.4%、23%、17.8%、2.8%。（于滨丽）

林木种苗工程项目计划执行情况 按照国家发改委要求，中央投资项目建设进展情况执行月报制度。据统计结果，林木种苗工程项目能按照基本建设程序，坚持按批复设计，按设计施工，按标准建设，能够实行项目法人责任制、项目建设监理制和招投标制，项目管理及资料档案管理比较完善，工程建设进度正常，资金到位比较及时，发挥效应显著。（韩文兵）

【国家林木种质资源库项目建设完成】 国家林业局国有林场和林木种苗工作总站(以下简称为场圃总站)从2008年开始承担了国家沙柳、油桐、油松和麻疯树种质资源保存库建设项目，通过几年的建设，完成了各项建设任务。项目批复和下达中央预算内资金总投资821万元。建设总规模303.2公顷，主要建设种质资源收集保存区、示范区以及必要的配套设施设备等。

项目建设完成情况 该项目建设实际完成总投资831.43万元，其中：支付编制项目可行性研究报告和初步设计费用16万元，实际完成项目建设投资815.43万元，为计划的101.3%。该项目实际建设总规模311.65公顷，完成计划的102.8%。其中：国家油松种质资源保存库建设项目实际完成建设总规模70.1公顷，收集保存库68.1公顷，是计划的113.5%。收集种质资源907份，是计划的120.93%。实际建设生产用房100.36平方米，完成计划100.4%，同时还建设生产道路、供水供电等必要的基础设施，购置了必要的仪器设备。

国家油松种质资源保存库建设项目 实际完成建设总规模70.1公顷，收集种质资源907份，是计划的120.93%。实际建设生产用房100.36平方米，完成计划100.4%。

国家沙柳种质资源保存库建设项目 实际完成建设总规模51.2公顷，收集保存沙柳23个种源1115份种质，定植优良无性系定植69个。

国家麻疯树种质资源保存库建设项目 分别在四川省、云南省、贵州省建设3个库。在四川省建设完成规模40公顷，收集保存了65个种源种质447份，是计划的149%；在云南省完成建设规模50公顷，收集保存种源40个843份，是计划的118.7%；在贵州省建设总面积50.35公顷，收集了28个种源、182个优良单株、286份繁殖材料。

国家油桐种质资源保存库建设项目 累计完成建设基地50公顷，收集保存全国油桐树种产区种质资源213份，是计划任务的213%以上。

项目建设管理情况 在项目建设期间，从项目组织管理入手落实责任和分工，用制度建设管理项目，用科技支撑来保证项目建设的科学实施，用监督检查保证建设质量。

科技支撑 为确保建设质量，组织成立了由生产、管理、科研、教学等多方面专家组成的国家林木种质资源建设专家顾问组；确定内蒙古农业大学、中南林业科技大学、西北农林科技大学、四川省林科院等作为项目技术依托单位，明确专家对项目进行技术指导，选择有关专家成立项目专家组，全面负责项目实施的技术工作，保证了项目顺利实施。

检查督导 多次派出专家和管理人员实地指导、监督和检查，跟踪了解项目进程。协调有关省区积极配合项目建设单位做好种质资源调查和收集工作。陕西、内蒙古、四川、云南、湖南等省区林木种苗站，经常赴项目建设地点检查、指导，及时发现问题及时解决，从而保证项目建设质量和项目的顺利实施。

开展项目预验工作 根据《林业建设项目竣工验收实施细则》的要求，组织验收组对内蒙古自治区、湖南省、云南省等项目开展预验收工作，委托陕西省、四川省、贵州省分别对其负责实施的建设项目进行了预验收，同时根据存在的问题，提出建议。（于滨丽）

【各省参照公务员管理及编制省级林木种苗规划情况】 各省(区、市)林木种苗管理部门认真贯彻落实2010年11月召开的全国林木种苗工作会议精神，加强了省级林木种苗行业管理机构的职能，同时还加强了省级以下的种苗机构建设。截至2011年年底，全国省级林木种苗管理机构中有19个省(区、市，森工局)参照了公务员法管理。2011年全国共新建立各级种苗站123个，其中新建立省级种苗站1个、地市级种苗站16个、县级种苗站106个。海南省在多年没有省级种苗管理机构的情况下，2010年省编办专门批复成立了海南省林木种苗管理站。广东省种苗站为公益类事业单位。19个省(区、市)召开了全省区市林木种苗工作会议，14个省(区、市)编制并下发了省级林木种苗中长期发展规划。新疆、内蒙古、山西、江西、吉林、重庆出台了本省(区、市)加快种苗发展的意见，其中新疆、内蒙古是以区政府名义出台意见。形成了全社会重视林木种苗，各部门支持林木种苗发展的良好局面。（韩文兵）

【印发《国家重点林木良种基地管理办法》】 为了加强国家重点林木良种基地的建设与管理，确保国家重点林木良种基地的持续健康发展，2011年5月30日，国家林业局印发《国家重点林木良种基地管理办法》(林场发〔2011〕138号)(以下简称《办法》)。《办法》进一步规范了国家重点林木良种基地申请与确定程序，明确国家重点林木良种基地的主要任务，明确各级管理机构的职责，规定国家重点林木良种基地实行优胜劣汰的动态管理的原则等。《办法》的下发，为保证国家重点林木良种基地持续健康发展奠定了基础。（赵 兵）

【第一批国家重点林木良种基地发展规划批复】 2011年国家林业局对确定的第一批131处国家重点林木良种基地(2010～2015年)发展规划进行了批复。批复对各基地的规划建设目标、建设规模和达到的种子生产能力都进行了详细的核实，并对基地的经营管理提出了明确的要求。（鲁新政）

【林木良种补贴试点】 为加快中国林木良种化进程，提高森林资源质量和林地生产力，促进林业发展方式转变和林农增收，财政部和国家林业局从2010年起开展了林木良种补贴试点工作。试点两年来，各省(区、市)财政部门和林业主管部门高度重视，密切配合，加强试点工作组织领导，认真组织落实试点任务，建立健全相关规章制度，加强规范资金管理，试点工作扎实顺利推进，取得了明显成效。

良种补贴试点基本情况 2010～2011年中央财政每年安排林木良种补贴试点资金2亿元，对131处国家重点林木良种基地和林木良种苗木培育给予补贴。国家重点林木良种基地总面积4.95万公顷，试点面积2.28万公顷，其中：种子园0.681万公顷，种质资源库0.153万公顷，采穗圃0.109万公顷，试验林0.494万公顷，母树林0.844万公顷。补贴标准为种子园和种质资源库每公顷每年9000元，采穗圃300元，母树林和试验林100元。每年安排补贴资金1亿元，主要用于改善131处国家重点林木良种基地生产条件，提高良种供应能力。林木良种苗木培育补贴对象为国有育苗单位培育的良种苗木，两年共补贴8.2亿株，平均补贴标准为每株0.2元，2011年油茶、核桃、油橄榄每株补贴0.5元。每年安排补贴资金1亿元，主要是对国有育苗单位因使用良种、采用先进技术培育良种苗木所增加成本的补贴。

主要成效 林木良种补贴政策的实施，极大地调动了良种基地、国有育苗单位生产良种和林农使用良种的积极性，对提高中国林木良种使用率，提升林业发展质量和促进林农增收具有深远意义。通过两年多的试点，政策实施效果已初步显现，林木良种产量增加，使用良种意识提高，为今后建立长期稳定的补贴政策探索积累了宝贵经验。

①提高林木良种基地生产能力。各良种基地利用补贴资金及时开展抚育、人工辅助授粉、有害生物防治、测土配方施肥等活动，购置或修建简易设施设备、新建晒场、维修林道等，良种基地生产条件有所改善，林木种质资源得到保护，良种基地生产能力明显提高。据统计，纳入补贴的种子园，2010年生产良种28.2万千克，2011年提高到34.6万千克，分别比2009年提高20%和47%；采穗圃2010年生产穗条2.69亿条，2010年增加到3.91亿条，分别比2009年增加97%和187%；2011年母树林生产种子256.3万千克(2011年是红松接种大年，产量大幅增加)，是2010年的1.85倍。福建省2011年国家重点林木良种基地林木良种种子产量比2010年增加326%，良种穗条产量增加146%。

②林木种质资源得到了有效保护。国家重点林木良种基地是林木种质资源收集保存的重要载体，收集全国各地的种质资源，是基地进行遗传选育的重要基础。通过实施良种补贴项目，对基地进行抚育砍伐，对不同资源进行挂牌，有效保护种质资源。如江西省信丰林木良种基地就利用补贴资金对种源试验林进行了全面的挂牌清理，共计挂牌1500个。

③促进了基地科研与生产的紧密结合。各省(区、市)充分发挥科研院校等科技支撑单位和专家的作用，大力推广应用先进的管理经验和新的科研成果，科学开展种质资源收集保存、杂交育种、遗传测定等工作，有效地推动了中国林木良种繁育向多树种、多目标、高世代方向发展。同时，通过成立分树种的技术协作组，充分发挥协作组育种专家和技术顾问的科技支撑作用，指导基地科学制定规划和生产管理，根据良种基地的需要开展不定期的培训工作，举办多层次的技术培训班，基地人员素质和技术水平有了明显提高。

④提高了广大林农使用良种苗木的积极性。采取限价销售措施，缩小了良种苗木与普通苗木之间的价格差异，林农使用良种苗木的积极性得到了提高。杉木、马尾松等良种容器苗市场价格0.3～0.5元，每株补贴0.2元后价格下降，与普通裸根苗0.15～0.2元基本接近，农民纷纷选用良种容器苗。随着林木良种补贴政策的长期实施，非良种苗木市场空间将受到挤压，为提高林木良种使用率奠定坚实基础。

⑤提高了社会对林木良种的认识。通过补贴政策的实施和宣传，各级领导和群众进一步理解了推广使用林木良种的重大意义，提高了林农自觉选用良种的意识。2011年春季，湖南省杉木、马尾松、湿地松良苗普遍出现了供不应求的喜人局面。在中央补贴政策的带动下，地方财政加大了对林木良种工作的支持力度。安徽、新疆等省区财政厅已经实施了林木良种补贴政策，2010年安徽省财政安排良种补贴资金700万元，2011年增加到800万元，2012年新疆安排特色林果良种补贴资金1200万元。2012年，辽宁和湖南两省也将启动实行省级林木良种补贴政策。

主要做法

加强试点工作组织管理 各省(区、市)采取多种措施加强管理，确保试点工作顺利开展。一是除广西、海南、甘肃等3省(区)以外，其他省份林业主管部门均成立了以单位主要领导任组长，计财、种苗等部门参加的林木良种补贴试点领导小组，山西、湖南两省林业厅和财政厅联合组成试点领导小组，辽宁、吉林等省林业厅还成立了良种基地建设专家组，加强对林木良种基地的技术指导。二是组织召开试点启动工作会议，部署试点工作。三是各省级林业主管部门编制了补贴试点实施方案，各林木良种基地编制了作业设计共131个，全部报经省级林业主管部门审批。四是部分省区建立了试点工作调度制度，明确由专人负责，如吉林、黑龙江、福建、江西等4个省要求试点单位每个月或者每个季度报送试点工作进度，江西省制定了试点工作简报，以此督促各地加快工作进度，互相交流好的工作经验。五是认真组织检查、评估，福建省林业厅组织种苗、财务人员，并抽调试点单位技术骨干，开展了交互检查，通过相互交流、讨论、咨询、评分等验收方式，对2011年度良种补贴工作实施情况进行了全面评估。

加强补贴资金监管 一是通过编制实施方案、下发试点实施意见，制定资金管理办法，签订合同或责任状等形式，进一步明确了补贴资金用途和资金管理要求。内蒙古、江西、黑龙江等3省(区)制定了试点补贴资金管理办法，浙江省制定了浙江省林木良种基地建设施工定额，福建省试行了林木良种基地建设劳动定额。二是加强试点任务与资金检查验收，各省林业主管部门会同财政部门下发文件组织开展了检查验收工作，山东、江西、湖南、四川、陕西等5个省还制定了试点检查验收办法。

加强补贴试点政策宣传 国家林业局在《中国绿色时报》和国家种苗网开辟了"走进国家重点林木良种基地"专栏，宣传林木良种补贴政策实施后良种基地取得的成效。各省也采取形式多样、生动活泼的方式，积极宣传良种补贴试点各项政策，为试点工作顺利开展营造了良好社会氛围。湖南省各主要新闻媒体对全省良种补贴试点情况进行报道宣传，林业主流媒体制作专栏、专题片，深入宣传补贴政策和意义，提升了社会各界对林木良种的认识，激发了广大林农识良种、用良种的热情。 （赵 兵）

【全国落叶松良种基地技术协作组成立】 为进一步加强国家重点林木良种基地的建设与管理，提高基地的技术管理和经营水平，促进科研成果的推广和应用，开展技术协作，实现资源共享。国家林业局场圃总站于2011年9月18 ~22日在吉林省延吉市举办了落叶松良种基地技术协作组成立大会暨落叶松良种选育技术培训班。共有来自14个省(区、市)和森工集团18个国家落叶松重点良种基地的负责人、省种苗站负责人及部分科研院所的专家共计70余人参加了成立大会及培训。

全国落叶松良种基地技术协作组是继杉木、马尾松和油茶之后成立的第四个树种的良种基地技术协作组，旨在根据全国林木种苗发展规划和良种需求，结合落叶松产地的特点，指导制定不同地区落叶松遗传改良的策略和技术路线、良种基地建设规模和建设方向，协调区域间或省际间落叶松良种选育和基地建设，实现技术和信息共享，为中国落叶松遗传改良和国家杉木良种基地建设提供先进和实用技术支撑。协作组由国内长期从事落叶松良种选育的科研院所、林业种苗管理机构及国家杉木重点林木良种基地的科研、管理人员组成，具有科学技术含量高、科技支撑覆盖面广、科技服务功能强的特点。协作组由东北林业大学校长、教授杨传平任组长，成员由国内长期从事落叶松良种选育的科研院所的专家和18个国家落叶松重点良种基地的技术负责人组成，协作组办公室设在东北林业大学。全国落叶松良种基地技术协作组的成立，为推进科研—生产—管理的有机结合、提高中国落叶松良种选育和良种基地生产管理的水平、提高良种产量和质量创造了良好的条件。

（赵 兵）

【全国林木种苗质量抽查】 2011年，国家林业局委托国家林业局南方林木种子检验中心、北方林木种子检验中心、林木种子质量检验检测中心(长沙)、林木种子质量检验检测中心(呼和浩特)对河北、山西、内蒙古、辽宁、吉林、黑龙江、河南、陕西、甘肃、青海、宁夏等省(区)的林木种子，以及河北、山西、内蒙古、辽宁、吉林、黑龙江、浙江、安徽、福建、江西、山东、河南、湖北、湖南、广东、广西、重庆、四川、贵州、云南、西藏、陕西、甘肃、新疆等省(区、市)，龙江森工集团、大兴安岭林业集团的苗木质量进行了抽查。林木种子共抽查了45个县(市)，48个单位，22个树种，267个林木种子样品；苗木共抽查了121个县、145个单位(含个人，下同)、61个树种(品种)、318个苗批(其中油茶103个苗批)。

林木种子抽查结果显示，林木种子样品合格率为88.4%，较2010年的91.7%下降了3.3个百分点。抽查的48个单位，全部落实了林木种子生产经营许可制度、建立了档案、实行了自检，档案内容齐全的单位27个，占56.3%；使用标签的单位47个。抽查的45个县(市)中，涉及确定采种林和公布采种期工作的县(市)有35个。其中，按《种子法》规定，确定采种林并向社会公告的县(市)级林业主管部门30个，占85.7%；在采种季节向社会公布采种期的县(市)级林业主管部门有25个，占71.4%。抽查的22个树种(品种)中，列入主要林木目录的树种(品种)18个，通过审(认)定的主要林木良种9个、占50%。抽查的267个林木种子样品中，来自种子园的6个、占2.3%，母树林的19个、占7.1%，采种基地的49个、占18.4%，一般采种林的171个，占64.0%；来源不详的22个，占8.2%。

苗木抽查结果显示，苗木苗批合格率为93%，较2010年的78.7%上升了14.3个百分点。检查的61个树种(品种)中，列入主要林木目录的树种(品种)54个，通过审(认)定的林木良种18个，占列入主要林木目录树种的33.3%。在检查的145个单位中，应当具有林木种子生产经营许可证的单位138个，有林木种子生产经营许可证的单位133个，占96.4%；生产经营环节使用标签的单位126个，标签使用率为86.9%；应当实行自检的141个单位中，实行自检的单位123个，占87.2%；已经建立档案的单位141个，占97.2%，档案内容齐全的单位81个，占55.9%。在检查的215个苗批中(油茶除外)，使用种子园、母树林、采种基地、一般采种林种子和采穗圃穗条育苗的苗批数为193个，占89.8%；来源不详的22个，占10.2%。

针对检查结果，分别下发了《国家林业局关于2011年林木种苗质量抽查苗木情况的通报》(林场发〔2011〕177号)和《国家林业局关于2011年林木种子质量抽查情况的通报》(林场发〔2011〕253号)，对检查、检测项目不合格的单位进行了批评，对检查和检测项目全部合格的单位进行了表扬，分析了检查中存在的问题，同时要求各地提高认识，加强林木种苗质量管理；落实林木种子生产经营许可、标签、质量检验、档案和品种审(认)定等各项制度；采取措施，培育和使用林木良种；加强培训，提高生产技术人员、检验技术人员等种苗从业人员水平。 （薛天婴）

【取消检验员年检制度和调整检验员证式样】 2011年，国家林业局下发了《关于取消〈林木种苗检验员证〉年检制度和调整〈林木种苗检验员证〉样式的通知》(林场发〔2011〕153号)(以下简称《通知》)。根据《行政许可法》有关规定，补充和修改了2002年国家林业局下发的《关于实行〈林木种苗检验人员持证上岗制度〉的通知》(林场发〔2002〕188号)部分规定。《通知》中明确提出，林木种苗检验员证年检制度不属于定期检验的事项，决定停止实行《林木种苗检验员证》年检制度。同时，为规范管理，简化程序，提高办事效率，加强动态监管，决定对检验员证的内容、规格和样式进行调整，将《林木种苗检验员证》更名为《林木种苗质量检验员证》，并进行了补充和完善。 （薛天婴）

【打击制售假冒伪劣林木种苗】 2010年10月，国务院决定在全国范围内集中开展打击侵犯知识产权和制售假冒伪劣商品专项行动。专项行动期间，全国各级林业主管部门积极响应国务院号召，共出动执法人员45 300多人次，立案1094起，移送司法机关12起，查处无林木种苗生产、经营许可证和标签的909起，销毁、封存假劣种子19 800多千克、苗木1200多万株，涉案金额800多万元。林业打假工作取得了显著成效，主要原因：一是领导重视，责任明确。国家林业局党组高度重视知识产权保护和打击制售假冒伪劣商品专项行动，成立了打击制售假劣种苗和保护植物新品种权以及软件正版化专项行动领导小组，制订了实施方案，召开了专题会议，进行了动员和部署。全国27个省(区、市)林业厅(局)，龙江、大兴安岭、内蒙古森工(林业)集团及新疆生产建设兵团也分别成立了专项行动领导小组，制定了实施细则，明确了工作目标，强化了组织领导。二是广泛宣传，扩大影响。专项行动实施以来，全国各级林业主管部门积极行动，加大了宣传力度。国家林业局以《种子法》实施10周年为契机，以制售假冒伪劣种苗、无证生产经营和超范围经营等违法案例为内容，组织制作了专题宣传片，先后在中组部全国农村党员干部现代远程教育卫星频道和国家林业局网站绿色频道播放，印制了2万套宣传画，免费发放到乡镇；组织开展了《种子法》知识竞赛活动；在中国打击侵犯知识产权和制售假冒伪劣商品专项行动成果展网站设立了林业专栏和举报电话，全面介绍了林木种苗识假辨假方法以及国家现行的林木种苗政策、法律法规。先后在《人民日报》、《光明日报》、《中国绿色时报》、国家林业局网、国家种苗网等多种媒体、网站刊发文章，宣传报道了国家林业局和各地开展专项活动情况，曝光违法案件，震慑不法分子。各省(区、市)结合本地实际，组织广播、电视、报刊、网络等媒体，加大宣传力度。据不完全统计，专项行动开展期间，全国各地共发放各类宣传材料300多万份，出动宣传车辆2000多次，培训执法和生产技术人员1万多人次。三是突出重点，严格执法。专项行动期间，各级林业主管部门围绕林木种苗市场存在的突出问题，定期开展专项检查，加强了市场监管。2011年，国家林业局对26个省(区、市)重点工程造林使用的种苗质量进行了大规模抽查，并对抽查结果进行了通报；组织了3个检查组分别对安徽、山东、广西3个省(区)进行重点检查，同时部署其他省(区、市)林业主管部门进行全面自查。重点检查种苗集散地、种苗交易市场等关键部位，严厉打击以次充好、以假乱真、坑害林农的违法行为。四是完善制度，依法行政。为了给打击制售假冒伪劣林木种苗行为提供有力法律保障，国家林业局依照立法程序，开展了对相关法律法规的修订和完善。组织了《种子法》修改的前期调研工作；对《林木种子生产经营许可证管理办法》进行了修改和完善；组织专家对《林木种子质量分级》、《主要造林树种苗木质量分级》、《育苗技术规程》等14项标准进行修订。各地也结合本地区实际完善了相关法律制度。(周景莉)

【打击制售假冒伪劣林木种苗和保护植物新品种权专项行动电视电话会议】 国家林业局于2011年3月15日召开打击制售假冒伪劣林木种苗和保护植物新品种权专项行动电视电话会议。国家林业局党组成员、副局长张建龙，全国打击侵犯知识产权和制售假冒伪劣商品专项行动领导小组办公室、商务部市场秩序司刘红宇，科技中心主任胡章翠以及国家林业局打击制售假劣林木种苗和保护植物新品种权专项行动领导小组全体成员和国家林业局有关司局领导在主会场参加了会议。各省(区、市)林业厅(局)、内蒙古、吉林、龙江、大兴安岭森林(林业)集团公司和新疆生产建设兵团林业局的主要领导和有关人员，国家林业局驻各地森林资源监督专员办的负责人在各地分会场参加会议。会上，张建龙副局长作了讲话，回顾林业贯彻实施《种子法》和《植物新品种保护条例》取得的成效，分析了当前形势，阐述了打击制售假劣林木种苗和保护植物新品种权专项行动的重大意义，部署了开展打击制售假劣林木种苗和保护植物新品种权专项行动。(薛天婴)

【打击制售假冒伪劣林木种苗和保护植物新品种权专项行动执法检查】 为严厉打击制售假冒伪劣林木种苗的违法行为，保护植物新品种权，按照国家林业局打击制售假劣林木种苗和保护植物新品种权专项行动电视电话会议的统一部署，国家林业局组成专项执法检查工作组，于2011年6月下旬进行打击制售假冒伪劣林木种苗和保护植物新品种权专项行动执法检查。此次执法检查，采取各省(含自治区、直辖市，集团公司，新疆兵团，下同)全面自查和选择重点省进行重点检查的方式进行。通过明查暗访、检查指导、听取情况汇报、召开座谈会等形式，深入基层、深入实际了解情况，进行专项检查。国家林业局组成专项执法检查组，赴安徽、山东、河南、广西开展检查。其中，安徽、河南重点检查油茶苗木生产经营情况和种苗交易市场；山东重点检查种苗交易市场和植物新品种侵权情况；广西重点检查种苗生产经营和植物新品种侵权情况。总体情况看，各地高度重视，加强组织领导，大力开展宣传，加强对林木种苗生产经营秩序监管，加大油茶种苗质量管理力度，规范种苗交易市场管理，努力做好林业植物新品种保护工作。但是，仍然存在着种苗机构不健全，种苗执法力量薄弱，执法难度大，苗农的法律意识淡薄，油茶种苗质量管理力度有待改进等方面的问题。对此，检查组当场指出发现的问题，提出整改意见；同时，向各级种苗管理机构工作人员及基层从业者宣传了种苗质量管理相关制度。检查结束后，各地积极整改，取得了预期的收效。(薛天婴)

【林木良种宣传】 2011年，场圃总站为加强社会对林木良种重要性的认识，配合林木良种补贴制度的建立和实施，开展了林木良种系列宣传活动。一是2011年7月，在《中国绿色时报》头版刊登文章《破冰之旅，林木良种补贴"剑出鞘"》，对林木良种补贴试点实施1周年以来取得的建设成就进行综述。二是2011年9月在《中国绿色时报》和国家种苗网开辟"走进国家重点林木良种基地"专栏，宣传国家重点林木良种基地建设取得的成就，配合林木良种补贴制度的建立和实施。专栏对27处国家重点林木良种基地的生产现状、林木良种补贴试点实施以来取得的成就进行了宣传报道。

（丁明明）

【北方省区林木种苗站站长座谈会】 为了全面贯彻落实全国林木种苗工作会议精神，安排部署2011年林木种苗工作，国家林业局场圃总站于2011年6月12～14日在陕西省西安市召开了北方省区林木种苗站站长座谈会。共有来自北方18个省（区、市）、四大森工（林业）集团、新疆生产建设兵团和上海市、江苏省、海南省林木种苗站负责人共50多人参加此次会议。国家林业局场圃总站总站长杨超出席会议并作了讲话。会上，各省（区、市）林木种苗站负责同志就本省区贯彻落实全国林木种苗工作会议采取的具体措施、林木良种补贴试点实施中的具体做法和存在的问题以及核桃产业发展等方面的问题进行了认真的座谈和交流，并对做好今后林木种苗工作提出了许多很好的建议。中国林科院裴东研究员对国内外核桃资源分布、良种选育、基地管理与发展潜力等进行了专题讲座。

【全国林木种苗行政执法工作座谈会】 为总结《种子法》实施以来全国林木种苗行政执法工作，进一步推动依法治种进程，促进林木种苗事业科学发展，国家林业局场圃总站于7月中旬在宁夏召开全国林木种苗行政执法工作座谈会。各省（区、市）、四大森工（林业）集团公司和新疆生产建设兵团林木种苗站分管站长和执法、质检科长，大连、青岛市林木种苗站站长，辽宁、河北、湖南、宁夏林木种苗执法示范县代表参加了会议。会议总结交流了各地《种子法》实施十年来取得的成绩、存在的问题，交流了各地典型经验和做法，研究提出了进一步加强林木种苗行政执法重点工作；全面总结了打击制售假冒伪劣林木种苗和保护植物新品种权专项行动；部分种苗执法示范县在会上进行了典型经验交流，为各地林木种苗执法及质量监管体系建设提供经验和借鉴。

（周景莉）

【全国杉木和马尾松良种基地建设技术培训班】 为进一步加强国家重点林木良种基地的建设与管理，提高基地的技术管理和经营水平，促进科研成果的推广和应用，开展技术协作，实现资源共享。国家林业局场圃总站委托全国杉木良种基地技术协作组和全国马尾松良种基地技术协作组于2011年8月5～9日和11月14～17日分别在南京林业大学和重庆市举办了全国杉木和马尾松良种基地建设技术第二期培训班。共有来自全国15个省（区、市）45个国家杉木和马尾松重点良种基地的负责人、省种苗站负责人及部分从事杉木、马尾松育种的专家180余人参加培训。培训的主题是杉木和马尾松高世代种子园建立与管理技术。培训内容包括杉木和马尾松多世代遗传改良程序与关键策略，高世代种子园营建技术，林木种质资源收集保存和评价利用，子代测定遗传设计和实验数据分析，良种繁育技术等内容。培训期间全国马尾松良种基地建设技术协作组的专家赴重庆市南岸区国家马尾松良种基地进行现场指导，并针对目前全国马尾松良种基地的现状，提出了关于全国马尾松一代种子园保育利用的建议。

（赵　兵）

【林木种苗生产经营许可证核发】 根据《林木种子生产、经营许可证管理办法》要求，对2010、2011年全国核发林木种苗生产和经营许可证情况进行了统计，结果：2010年，共核发林木种子生产、经营许可证29 097份，其中：生产许可证14 585份，经营许可证14 512份；2011年，全国共核发林木种子生产、经营许可证31 137份，其中：生产许可证15 765份，经营许可证15 372份。各级林业行政主管部门及其所属种苗管理机构认真贯彻落实《种子法》，采取有力措施，加快推进林木种苗生产经营许可制度。一是加大宣传和培训力度，进一步提高种苗生产经营者的法律意识。二是规范许可证核发程序，优化两证发放环境。各级林业行政主管部门相继在本地林业网站和办公场所向社会公示许可证办事程序，全面加强林木种苗生产、经营许可证的发放管理，严把申报材料和发证对象的审核，严格执行审批期限，实行受理、送达和审批相分离。三是加强对被许可人的监督管理。加强对许可证核发环节管理，加大对被许可人的监管力度，实行动态的监督检查，及时了解掌握被许可人生产经营动态情况，重点检查被许可人是否存在违法、违规行为，发现问题，及时处理。四是加大执法力度，严格种苗市场监管。通过加大执法力度，严格种苗市场监管，对所辖区域生产经营单位进行拉网式摸底的基础上，对无证从事生产经营活动的单位坚决予以取缔。对具备两证但已过期又未及时进行延续或在生产经营过程中存在违法行为的单位，予以依法注销林木种苗生产、经营许可证。

（高　举）

【行政许可受理】 国家林业局场圃总站共承担6项行政许可事项，2011年主要办理了其中的5项，依次为林木种子经营许可证核发，向境外提供或从境外引进林木种质资源审批，采集或采伐国家重点保护种质资源审批，国家森林公园设立、撤销、合并、改变经营范围或变更隶属关系审批，林木种苗进口审批。国家林木种子质量检验机构资质考核这一许可事项，没有接到申请人申请，没有办理。2011年共受理行政许可2115件。其中准予行政许可1944件，不予行政许可12件，发出各类通知书75份，申请人申请撤销行政许可1件，修改行政许可文书83件。

（韩文兵）

【林木种苗引进】 为了丰富中国的物种资源，保障中国造林绿化种苗的供应。2011年3月17日，财政部和国家税务总局下发了《关于"十二五"期间进口种子（苗）种畜（禽）鱼种（苗）和种用野生动植物种源税收问题的通知》（财关税〔2011〕9号）。文件中明确规定：为了支持引进和推广良种，加强物种资源保护，丰富中国动植物资源，发展优质、高产、高效农林业，经国务院批准，在"十二五"期间对进口种子（苗）、种畜（禽）、鱼种（苗）和种用野生动植物种源免征进口环节增值税。2011年场圃总站受理承办的《种用林木种子苗木进口审批》免税申请的单位有中国林木种子公司、北京林大林业科技股份有限公司、浙江虹越花卉有限公司等34家单位。截至2011年年底，共从美国、加拿大、澳大利亚、荷兰、比利时、日本、丹麦等国家和中国香港地区进口林木种子20 811吨，苗木1545.2万株，种球

15 591万粒。其中松、杉、柏、槭树、桉树、水果、干果等各类林木种子565.86吨；早熟禾、黑麦草、高羊茅、狗牙根等草坪种子19 902.8吨；鸡冠花、一串红、仙客来、蝴蝶兰、百合、郁金香、唐菖蒲等花卉种子342.41吨；百合、郁金香、唐菖蒲等花卉种球15 590.57万粒。（赵　兵）

森林培育

【综　述】 2011年是"十二五"开局之年，各级林业部门认真贯彻中央林业工作会议、中央农村工作会议和全国绿化委员会第二十九次全体会议精神，紧紧围绕到2020年比2005年森林面积增长4000万公顷、森林蓄积增长13亿立方米的"双增"目标，突出林业"十大生态屏障"和"十大主导产业"建设重点，全力推进造林绿化。全国造林613.8万公顷，较2010年同期增长3.9%，超额完成全年造林任务。

主要特点和做法

准备充分，部署早　新年刚过，全国绿化委员会、国家林业局下发《关于做好2011年造林绿化工作的通知》（全绿字〔2011〕1号），要求各地、各部门高度重视造林绿化工作，特别是针对部分省份旱情严重，及时提出工作方案，抓紧落实各项措施，以不误林时。全国绿化委员会、国家林业局相继召开全国绿化委员会第二十九次全体会议和全国林业厅局长会议，对2011年全国造林绿化工作及时作出动员、部署和安排。各省陆续召开林业工作会议、造林绿化动员大会，印发会议通知，全面部署春季、雨季、秋冬季造林绿化，扎实抓好整地、种苗、物资储备等工作，做到早部署，早备耕，早栽植。

领导重视，措施硬　党中央、国务院高度重视"十二五"时期造林绿化和生态建设，森林覆盖率、森林蓄积量纳入国家约束性指标考核，天保二期工程、退耕还林（还草）、防护林体系建设等十余项造林绿化和生态建设重点工程列入国家"十二五"规划纲要。经国务院副总理回良玉同意，全国绿化委员会、国家林业局联合印发了《全国造林绿化规划纲要（2011～2020年）》，提出今后10年全国造林绿化的指导思想、基本原则、目标任务、建设重点和相关保障措施。国家林业局分别与广东、海南、陕西、黑龙江、辽宁省政府签订合作协议和备忘录，支持五省以造林绿化为主的生态建设。各级政府、林业主管部门坚持签订造林绿化和林业有害生物防治目标责任书，量化考核指标，明确责任主体，落实建设任务。河北、内蒙古、辽宁、黑龙江、河南等省区高度重视雨季、秋季造林，做到任务、措施双落实。

机制创新，投入大　2011年中央和地方普遍加大了造林绿化投入，形成各级政府、有关部门、企业和个人多元化投入造林绿化的新局面。中央财政造林补贴、森林抚育补贴试点范围扩大、补助增加、标准提高。企业营造生物柴油原料林经国家组织验收合格，中央财政按每公顷3000元给予补助。珍贵树种培育示范建设投资力度加大，珍贵树种造林比重逐年增加。

全民参与，声势强　4月2日，胡锦涛总书记等党和国家领导人到北京永定河畔参加首都义务植树活动。全国绿化委员会、国家林业局以纪念全民义务植树30周年和国际森林年为契机，组织开展了"共和国部长植树"、"国际友人义务植树"、"保护母亲河——青年长征纪念林建设"等主题鲜明、特色突出、内容丰富的义务植树活动。各地积极响应，党政军领导带头参加，组织开展了形式多样的义务植树活动，形成了全社会积极参与造林绿化的浓厚氛围。

多措并举，防控严　面对严重旱情，有关省（区、市）积极应对，制订抗旱造林技术方案，加强保墒措施和新植幼树的后期管护。普遍采用苗木浸泡、座水栽植、覆膜造林、容器苗造林、开沟深栽、生根粉、保水剂等抗旱造林技术。国家林业局召开了全国林业有害生物防治工作会议，下发了《关于进一步加强林业有害生物防治工作的决定》，与各省区市政府签订了《2011～2013年松材线虫病等重大林业有害生物防治（预防）目标责任书》，全面落实各级政府林业有害生物防治责任。将美国白蛾、鼠兔害、薇甘菊等纳入2011～2013年重大林业有害生物防治目标责任考核范围。建立健全林业有害生物防治预案和监测预警机制，加大监测调查频度，强化检疫措施，控制林业有害生物蔓延，确保造林绿化成效。安徽各地积极开展新造林"回头看"，全力狠抓雨季、秋季补植补造工作，及时做好受害林木清理，极力挽回春季干旱给造林绿化带来的损失，巩固造林成果和质量。青海、云南等省份在雨季、秋季造林中，特别注意气象条件，准确把握雨情，采取抗旱保水措施，确保重点工程和核桃等特色经济林造林任务完成。

管理到位，督导实　4～5月国家林业局组成6个督查组，每组由司局领导带队，分赴11个省区开展了2011年春季造林绿化督查工作。各级造林绿化管理部门加强造林绿化进展情况调度，不断总结各地经验做法，针对存在问题及时提出推进工作的措施意见。地方各级林业主管部门也相继组织开展春季、雨季、秋季造林绿化督查工作，领导分片负责，管理人员深入一线，现场督导督办，指导工作开展。

集体林权制度改革　明晰产权任务基本完成，全国确权集体林地1.73亿公顷，占集体林地总面积的95%。发证面积1.51亿公顷，占确权林地总面积的87%，8379万农户拿到林权证。配套改革逐步深入，26个省（区、市）林权抵押贷款456亿元，21个省（区、市）森林保险投保面积2600万公顷、保费4.3亿元。确定了200个农民林业专业合作社示范县，合作经济组织达10万多个。全国县级以上林权管理服务机构达980多家，林权交易逐步规范，林权纠纷仲裁和农民权益保护工作得到加强。召开了全国林下经济现场会，总结推

广100多个典型县的做法和经验，林下经济快速发展。

造林绿化政策支持　森林覆盖率、森林蓄积量纳入国家约束性指标考核，天保二期工程、退耕还林(还草)、防护林体系建设等十余项造林绿化和生态建设重点工程列入国家"十二五"规划纲要。全国绿化委员会、国家林业局发布《全国造林绿化规划纲要(2011～2020年)》，国家林业局发布《林业发展"十二五"规划》。林木良种、造林、森林抚育补贴试点范围扩大；18种林机具纳入补贴范围。天保二期工程取消20%的地方配套资金，森林管护等补助标准提高两倍多。中央财政木本油料造林补助标准由每公顷2400元提高到3000元，整合资金支持木本油料产业发展的资金超过40亿元，林下经济、竹产业首次纳入农业综合开发扶持范围。企业营造生物柴油原料林经国家组织验收合格，中央财政按每公顷3000元给予补助。珍贵树种培育示范建设投资力度加大，珍贵树种造林比重逐年增加，国家林业局将浙江省建德市和海南省东方市作为国家珍贵树种培育示范市。森林抚育补贴试点资金突破50亿元，抚育规模达到306.93万公顷，覆盖全国2525个县(森工局、国有林场等)。以农林剩余物为原料的综合利用产品增值税即征即退政策将长期执行，退税比例为80%，其中，林业成型燃料、生物质发电退税比例达100%。全年中央林业投资达到1220.3亿元，比2010年增加260多亿元。涉林贷款余额达1216亿元，同比增长20.7%，其中财政贴息贷款余额381亿元。

各地造林绿化保障措施　"生态立省"、"生态立市"、"生态立县"，"既要金山银山，更要绿水青山"，已成为地方各级党委政府转变经济发展方式、实现科学发展的重要执政理念。辽宁省政府将造林绿化纳入政府绩效考评体系，层层签订责任状，落实奖惩措施，有力地推动了造林绿化事业，全年投入造林绿化资金340亿元，是2010年的两倍，超过"十一五"期间造林绿化投入的总和。湖北省创新机制，积极培植营造林企业、林业专业合作组织和造林大户"三大主体"，拉动社会投资造林28.3亿元，占全省造林总投入的74.87%。重庆、湖南、广西等省区市发挥财政资金的引导和扶持作用，采用政府"投"、项目"筹"、社会"建"、银行"贷"等多种方式广筹造林绿化资金。内蒙古自治区推行各级领导联系包点制度和行政、技术双责任制，完善相关政策措施，加大资金投入，推动造林绿化进程。

存在问题　①自然灾害对造林绿化的不利影响越来越大。2011年春季，大部分地区遭遇干旱，影响春季造林。入夏以后，南方部分省区又由旱急转为涝，一些地区灾情严重。旱涝灾害制约造林进程，损毁成果，林业抗灾避险能力有待增强。②造林补助标准有待提高，造林基础设施亟待配套。宜林地造林难度越来越大，种苗价格、整地费用不断上涨，造林补助标准有待提高。干旱和石漠化地区水利灌溉设施、生产作业道路等基础建设薄弱，制约着造林、抚育、森防的开展，山区、沙区、林区水、路等基础设施亟待配套。③林改后农民自主经营林地，从比较效益考虑，林农更倾向使用林地发展投入产出效益高的林木，给营造公益林、生物多样性保护等带来了新挑战，各级财政对重点生态公益林的补偿标准亟待提高。　(周力军)

【2011年春季造林绿化督查】　为深入贯彻全国绿化委员会第二十九次会议、全国林业厅局长会议精神，详细掌握全民义务植树、林业重点工程造林、部门绿化、油茶和核桃等经济林建设以及森林抚育、低产林改造、林业有害生物防治等情况，实地督促进度、总结经验、解决问题，确保2011年各项造林绿化任务按时保质保量完成，实现"十二五"林业建设开好局、起好步，4月中旬至5月中旬国家林业局组织开展了2011年春季全国造林绿化督查工作。春季造林绿化督查工作，由造林绿化管理司牵头组织，造林司、资源司、林改司、计财司、科技司派出司局级领导，分别担任各督查组组长，场圃总站、工作总站、天保办、三北局、退耕办、治沙办、速丰办、森防总站等单位派人参加有关督查组，组成6个督查组，分赴河北、内蒙古、吉林、黑龙江、江苏、安徽、四川、贵州、云南、甘肃、青海等11省(区)，开展春季造林绿化督查。督查结束后，国家林业局专门召开春季造林督查工作汇报会，张永利副局长出席汇报后，听取各组汇报，并对进一步做好造林绿化工作提出指导意见。　(周力军)

【《全国造林绿化规划纲要(2011～2020年)》】　《全国造林绿化规划纲要2011～2020年》(以下简称《纲要》)经全国绿化委员会主任、国务院副总理回良玉签批，于2011年6月16日以全国绿化委员会、国家林业局文件(全绿字〔2011〕6号)印发。《纲要》是统领全国造林绿化事业的纲领性文件，是未来10年做好造林绿化工作的基本遵循。

2010年4月1日，回良玉副总理在全国绿化委员会第28次全体会议上提出要将编制《全国造林绿化规划纲要(2011～2020年)》作为2010年国土绿化两项任务之一和林业工作的一件大事，并要求国家林业局尽快牵头组织编制力量，发改、财政、国土、农业、水利、交通等相关部门密切配合，共同把这件事办好。为落实回良玉副总理指示精神，国家发改委将《纲要》列为2010年国务院审批的专项规划之一，国家林业局党组高度重视，多次召开专题会议，安排部署《纲要》编制工作。全国绿化委员会和国家林业局印发了《关于编制全国造林绿化规划纲要的通知》。2010年4月，由全国绿化委员会办公室牵头，制定了《纲要》编制工作方案和编写提纲，就《关于〈全国造林绿化规划纲要(2011～2020)〉编制工作有关事项的请示》签报国家林业局党组。成立了《纲要》编制领导小组、办公室和编制组。由造林司(全绿办)牵头，中南院等有关专家参加，承担了《纲要》的具体编制工作。

2011年6月16日，国务院副总理、全国绿化委员会主任回良玉签发了《纲要》。《纲要》的形成，是集思广益、科学求实、民主决策的过程。

《纲要》明确了造林绿化指导思想、基本原则、总体目标和主要任务；根据各地特点，提出了八大分区，从国家和区域层面明确了造林绿化发展方向和建设重点；将造林绿化任务分解落实到各地及相关部门，强化了地方政府和相关部门的责任；针对当前造林绿化存在的主要问题，提出了六条保障措施，明确了政策调控和制度建设的主要方向。　(王恩苓)

【全国绿化委员会、国家林业局印发造林绿化工作通知】 为了认真贯彻落实全国林业厅局长会议精神，切实做好2011年的造林绿化工作，实现林业建设“十二五”开局良好，新年刚过，全国绿化委员会、国家林业局印发《关于切实做好2011年造林绿化工作的通知》（全绿字〔2011〕1号），从加强宣传发动、创新体制机制、依靠科学技术、强化资源保护、切实加强领导五个方面，全面部署2011年造林绿化工作。通知要求各地、各部门要高度重视今冬明春造林绿化工作，做到早研究，早部署，早动员，早准备，早开展。特别是针对部分省份出现的旱情，及时研究提出工作方案，抓紧落实各项措施。切实做好种苗准备，提前做好整地，落实人力、物资、机具、灌溉设施以及组织、宣传经费。做到不误林时，适时推进，确保完成2011年造林绿化任务。

（周力军）

【中央财政造林补贴试点】 2011年，造林补贴试点继续推进，实施范围由2010年20个省份扩大到除北京、上海外的29个省（区、市）及宁波、青岛2个计划单列市，木本油料经济林补贴标准提高到200元/亩。国家相关部门和试点省区高度重视试点工作，认真组织部署，各级财政和林业部门狠抓落实，试点工作稳步推进。

主要工作 财政部、国家林业局联合下发《关于开展2011年造林补贴试点工作的意见》（财农〔2011〕97号），明确了中央财政造林补贴试点原则、范围，资金规模、补贴对象和标准、资金拨付政策，以及相关工作要求。2011年安排中央财政造林补贴试点资金5.44亿元，其中，直接补贴4.94亿元，间接补贴0.49亿元，资金总额比2010年增长73%。国家林业局组织编制了《中央财政造林补贴试点检查验收管理办法》，于2月23日经专家评审会审议通过，后进一步修改完善，以国家林业局文件林造发〔2012〕9号印发了《中央财政造林补贴试点检查验收管理办法》（以下简称《办法》）。《办法》明确了造林补贴试点检查验收对象、技术标准、工作程序及相关部门责任，按照县级检查、省级验收和国家级核查的三级检查验收形式，对中央财政造林补贴试点工作进行管理与监督。各地对中央财政造林补贴试点工作高度重视，成立了试点工作领导小组，组织编制了实施方案，及时分解落实了任务资金，认真抓好政策宣传、造林主体确定、公告公示、合同签订、作业设计编报与审批、技术培训、施工作业、监督检查及档案管理等各项工作，确保试点工作成效。

建设成效 中央财政造林补贴试点工作实施两年来，为完善政策，建立造林补贴的长效机制，从试点造林转向规模实施探索了路子，积累了经验，取得了成效。一是中央财政造林补贴试点政策使林业重点工程以外的造林得到了中央资金扶持，有效缓解了群众造林资金不足的压力，进一步调动和激发了全社会特别是广大群众参与造林的积极性。二是财政直补造林通过少量的资金补贴带动了大批社会资金投入造林绿化事业。三是中央财政对相关造林主体进行直补，拉动了与造林绿化相关产业的发展，为当地富余劳力提供了就业机会，提升了造林主体的就业能力。四是造林补贴试点的实施，为集体林权制度改革后实现联合经营、规模经营、集约经营探了路子，积累了经验。五是实行先造林、后验收兑付补贴资金的报账制，从政策机制上促进了造林主体注重造林质量，促进了良种壮苗的推广使用，提高了造林良种使用率。

存在问题 由于试点刚刚启动，政策有待进一步完善，工作有待进一步改进。一是补贴标准低，资金兑现时间长。1500～3000元/公顷的补贴标准远低于实际造林成本，也低于林业重点工程造林国家补助标准，且分为3年两次兑付，各地反映比较强烈。二是试点规模小，与实际需求差距大。中央财政造林补贴政策尚处在试点阶段，资金安排规模小，还不能满足各地造林需要，有相当一部分造林主体享受不到补贴，需扩大资金规模，力争国家重点工程以外的造林主体都能得到造林补贴。三是补贴对象、造林地类局限。目前的补贴对象没有涵盖龙头企业等。一些地方反映，除宜林荒山荒地外，在“四旁”等非规划林地上的造林也应得到造林补贴。四是计划下达晚，影响当年造林的组织实施。补贴造林计划在6、7月份下达，大部分地区错过了最佳造林季节，影响当年造林任务的完成。五是工作经费提取比例低，管理经费不足。补贴造林涉及林农等造林主体较多，造林地块分散，点多面广，工作内容既多且实，要确保造林任务完成，资金兑付落到一村一场，一家一户，工作量很大，5%的工作经费不能满足工作需要。

（王恩苓 张 华）

【珍稀树种培育示范建设】 2011年，国家加大珍稀树种培育示范基地建设力度，安排中央预算内林业基本建设投资6000万元，资金规模是2010年2000万元的3倍。补助标准提高，人工新造补助由4500元/公顷提高到7500元/公顷，定向改培由2250元/公顷提高到4500元/公顷。在全国27个省（区、市）、3个森工集团的106个县级单位实施，建设任务9230.1公顷，其中，新造5954.6公顷，改培3275.5公顷，对降香黄檀、檀香紫檀、楠木、水曲柳、核桃楸、黄波罗等50多个珍贵树种开展培育示范。为切实提升示范建设和资金使用成效，做好珍稀树种培育的探索总结和示范推广工作，示范基地建设任务重点安排在有区域、树种代表性，领导重视，资金、技术力量较强的国有林场实施，并鼓励集约经营，要求每个示范基地建设规模不少于66.7公顷，种植地块要相对集中，最小地块种植面积不小于3.3公顷。各级林业主管部门高度重视示范基地建设，强化优质森林培育意识，总结历年建设经验，针对存在问题，加强基地建设作业设计、造林质量等管理工作，确保示范建设成效。示范基地建设对引导各地优化造林树种结构，提升林分质量，探索总结珍稀树种培育模式、政策机制，示范带动、科学推进全国珍稀树种培育工作起到了重要作用。

为示范带动、鼓励地方政府加大力度推进珍贵树种培育，探索、总结培育模式和管理经验，国家林业局启动了国家珍贵树种培育示范县建设工作，以林造发〔2011〕140号、141号批复了浙江省建德市、海南省东方市为全国珍贵树种培育示范市。

（王恩苓 张 华）

森林抚育经营

【森林抚育经营组织领导】 为加强森林抚育经营工作的统一领导，局党组审时度势，成立了“国家林业局森林抚育经营工作领导小组”，统一协调推进全国森林抚育经营工作，张永利副局长任组长，王祝雄、汪绚、封加平、孙国吉任副组长，造林、资源、计财、科技等9个相关部门为成员单位，领导小组办公室设在造林司，王祝雄兼任办公室主任。印发了《国家林业局森林抚育经营工作领导小组工作制度》，进一步明确了领导小组的主要职责和相关司局、单位的职责分工，建立了联席会议制度，形成了在局党组统一领导下合力推进森林抚育经营工作的新格局。（高均凯）

【2010年森林抚育补贴试点检查验收】 国家林业局组织专业技术人员，严格按照检查验收办法的规定，分区域、分阶段对2010年度29个试点省份、141个试点单位、458个抚育作业小班、1.9万公顷抚育面积进行了实地检查。检查结果表明，2010年抚育补贴各项政策得到较好落实，抚育面积核实率和合格率分别达到99.5%和96.6%，继续保持较高水平。（高均凯）

【森林抚育补贴试点规模扩大】 2011年森林抚育补贴资金取得突破，补贴规模达到51.3亿元，试点任务达到306.93万公顷，覆盖全国30个省(区、市)、4大森工集团和新疆生产建设兵团的2525个县(国有林场、森工局、团场)，资金规模和计划任务较2010年分别增加156.5%和130.2%。（高均凯）

【全国人大办公厅、财政部、国家林业局调研森林经营工作】 全国人大常委会办公厅将重庆市代表团盛娅农代表提出的《关于加大森林经营投入 提高建设标准的建议》(第3101号)确定为重点处理建议。国家林业局针对建议中提出的“完善森林经营可持续经营政策、法规和技术规范”与“加大森林经营投入，提高建设标准”两项主要内容，协调财政部、全国人大常委会办公厅赴重庆、广西开展调研，当面听取人大代表意见，并就扩大补贴资金规模、提高补助标准等形成答复意见。通过调查研究和建议答复为森林经营工作营造了外部环境，为政策协调奠定了基础，产生了很好的社会影响。（高均凯）

森林公园建设

【综　述】 2011年，全国森林公园建设与森林旅游发展继续保持着快速、健康、持续发展的良好态势。截至2011年年底，全国共建立各级森林公园2747处，总规划面积达1703万公顷，占国土面积的1.77%。广东、山东、浙江、河南、山西、江西、四川、福建、湖南等9个省的森林公园数量超过100处，其中广东省森林公园总数达458处。各森林公园通过多种形式积极筹措建设资金，2011年共计投资达313.1亿元，比2010年增长63%，森林公园基础设施和旅游服务接待能力不断增强。至2011年年底，全国森林公园拥有旅游道路6.03万千米，接待床位72.75万个、餐位127.87万个，旅游车(船)3.11万台(艘)，从事管理与服务的职工达15万人，导游人员1.6万人。

各地采取多种措施，不断加强森林公园保护管理力度，促进了森林公园的规范化建设和发展。湖南省人大将森林公园管理作为省人大监督执法的重要内容，2011年省林业厅先后组织了森林公园建设项目清理和旅游安全等专项检查，及时纠正、处理了一批森林公园未编制规划、违规建设、违规转让经营权以及管理体制不顺等问题。黑龙江、江西等省确定2011年为森林公园工作“法制年”，在全系统开展了森林公园执法检查。重庆歌乐山国家森林公园，组织专项整治小组，对公园内的摊区进行了综合整治，取缔摊位7个，拆除公园内摊区乱搭、乱建的窝棚等违章建筑100余平方米，规范公园摊区12户，彻底清除了公园内乱摆摊设点现象。

各森林公园加大了资源保护的投入和培育力度，努力提高森林风景资源质量。据不完全统计，2011年全国森林公园用于资源培育和生态保护的投资达43.2亿元，比2010年增长70.7%，共营造风景林10.3万公顷，改造林相15.8万公顷，资源及环境保护设施和环境监测设施建设也得到进一步加强。江西省将国家级森林公园列入国家生态公益林补助范围，将省级森林公园列入省级生态公益林补助范围，全省森林公园每年获得国家和省级生态公益林补助资金约6000万元。山东泰山国家森林公园投资7580万元开展“数字泰山”监控建设，提高瞭望及指挥调度科技化水平；投资230余万元，对林道、林缘防火线及重点火险部位的林内可燃物进行清理，有效减少可燃物载量，降低了火险等级；投资24万元，对114株古树进行了保护，对3000余株长势衰弱、生长环境差的古树名木进行保护复壮，确保了古树名木资源的安全。

各地开展了丰富多彩的宣传推介活动，努力扩大森林公园的社会影响力。2010年5月，国家林业局和浙江省人民政府共同主办“2011中国(温州)森林旅游节”；9

月，国家林业局和重庆市人民政府共同主办了2011中国(重庆·武隆)森林旅游节；12月，国家林业局和黑龙江省人民政府共同主办了2011黑龙江·中国雪乡旅游节，各地举办的浙江遂昌森林旅游节、浙江诸暨森林旅游节、江苏森林旅游节、四川成都森林文化旅游节、亚布力滑雪节等主题节庆活动，都提升了森林公园的知名度。山东省林业局和旅游局共同评选并推出“全省十佳森林生态旅游胜地”和“十大森林生态景观”，辽宁省林业厅与省旅游局联合举办“辽宁人喜欢的十佳森林公园”评选活动，江西省林业厅组织开展以“唱响森林之歌，享受生态之旅”为主题的新闻媒体森林旅游采风活动，进一步丰富了森林公园的宣传促销方式，增强了森林公园的市场竞争力。同时，各森林公园以丰富的自然景观、良好的自然生态和深厚的历史文化为依托，广泛开展避暑、休闲、登山、徒步、漂流、滑雪、狩猎、观鸟、露营、野营、野餐、温泉浴、观花赏枫、森林氧吧、科学考察和研究大自然等类型多样的森林旅游活动，满足了公众日益强烈的回归自然需求。据统计，2011年全国森林公园共接待游客4.68亿人次，占国内旅游人数的17.67%，比2010年增长18.2%；全国森林公园以门票为主的直接旅游收入达376.42亿元，比2010年增长27.6%，旅游人数和旅游收入继续保持双增长。

森林公园旅游效益的持续增长，带动更多的当地农民实现了“不砍树，能致富”，有力促进了地方社会经济发展。黑龙江横头山国家森林公园附近村屯的农民自建客栈型农家乐50家、度假型农家乐36家，大型宾馆8家，土特农产品、旅游纪念品商户16家，旅游服务产业链条不断延长，为周边林农提供了2000多个就业岗位；河北塞罕坝国家森林公园每年为社会提供就业岗位8000多个，相邻的5个乡镇已经发展成为旅游小镇，并促进了围场县37个乡镇农家旅游的发展，森林公园为当地创造的旅游综合效益达5亿元；重庆市石柱县黄水镇依托黄水国家级森林公园，成立了“黄水人家”乡村旅游专业合作社，2011年入社农户户均创收1.51万元。统计显示，湖南省森林公园年提供就业岗位5万个，使所在地的85个乡、670个村、近120万林农受益，带动了280个村脱贫致富，对地方财政贡献达12亿元；山东省森林公园直接吸纳农业人口13.8万人就业，间接转移农村劳动力近30万人，发展辐射带动300多个乡镇、2200多个村庄、近300万人口受益，使700多个村脱贫致富，实现年社会旅游综合收入80多亿元。据不完全统计，2011年全国森林公园共提供就业岗位64万个，所创造的社会综合旅游收入据测算超3000亿元。

与此同时，各森林公园积极创造条件实行低门票甚至免收门票措施，为广大居民的日常休闲娱乐提供便利。据对18个省(区、市)的初步统计，2011年共有228处森林公园实现免费开放、本年度享受免票福利的游客达7000多万人(次)，比例高达全国森林公园旅游总人数的15%。山西省56处县级城郊型森林公园全部免费开放，日接待游客36万人(次)，直接受惠人数达到1600万人，全省近半人口享受着便利的森林公园公共生态休闲服务，体现出森林公园强烈的社会公益性。

国家花木专类园建设经营状况良好。2011年，洛阳国家牡丹园、鄢陵国家花木博览园和邳州国家银杏博览园共投入建设资金3400万元，接待游客580万人次，综合收入达3.3亿元。 (俞 晖)

【国家林业局森林公园保护与发展中心成立】 2011年7月18日，中央机构编制委员会办公室批复在国家林业局国有林场和林木种苗工作总站加挂国家林业局森林公园保护发展中心牌子，从国家层面确立了国家林业局对森林公园的保护管理职能，强化了森林公园的组织管理机构建设。 (许 晶)

【《国家级森林公园管理办法》公布施行】 2011年5月20日，国家林业局令第27号公布《国家级森林公园管理办法》，自2011年8月1日起施行。该管理办法共34条，分别对国家级森林公园的经营管理机构、总体规划、建设项目、资源保护、建设经营、旅游活动、禁止性活动以及监督检查等方面作出了具体规定。管理办法首次明确了国家级森林公园的三大主体功能，即：保护森林风景资源和生物多样性、普及生态文化知识和开展森林生态旅游，规定了国家级森林公园总体规划由省、自治区、直辖市林业主管部门组织专家评审并审核后报国家林业局批准。办法还明确了国家级森林公园的建设和经营由国家级森林公园经营管理机构负责，规定国家级森林公园不得超过最大游客容量接待旅游者，并对主体功能无法发挥或森林风景资源质量达不到等级标准的国家级森林公园，作出了撤销的规定。 (许 晶)

【全国森林旅游工作会议】 2011年11月18日，全国森林旅游工作会议在海口市召开。本次会议由国家林业局、国家旅游局首次联合召开，各省(区、市)林业、旅游部门以及相关单位近400人参加。会议由国家林业局副局长张建龙主持，国家林业局局长贾治邦、国家旅游局副局长王志发分别作讲话，海南省副省长李秀领出席并致辞。

贾治邦在讲话中指出，大力发展森林旅游是加快转变经济发展方式、推动科学发展的重要举措，是加快区域经济发展、促进人民群众就业增收的重要途径，是建设生态文明、推动文化大发展大繁荣的重要内容。基于中国森林景观资源十分丰富、发展森林旅游扶持政策不断优惠、发展森林旅游市场前景广阔的形势分析，贾治邦提出当前和今后一个时期中国森林旅游发展的总体思路和目标，同时要求在发展森林旅游过程中，要重点把握好坚持统筹规划、整体推进，坚持科技创新、丰富产品，坚持品牌引导、做强市场，坚持规范管理、优化市场四大原则。最后，贾治邦要求从加强组织领导、强化组织协调、着力完善森林旅游政策、广泛开展森林旅游宣传等四个方面入手，全面加快中国森林旅游发展步伐。

王志发在讲话中指出，基于对森林旅游产业基础好、市场空间大、发展动力足、体制保障强的因素，判断“十二五”期间森林旅游将进入大众化旅游新阶段，同时指出，森林旅游发展还面临现有森林旅游产品与富集、优质的森林旅游资源不相适应现有森林旅游经济规模与大林业、大旅游的要求还不相适应，以及现有森林旅游的体制机制与现代林业和旅游现代服务业的要求还不相适应的挑战。王志发还指出，发展森林旅游要注意确保林农(工)得实惠、坚持按规律办事、确保资源不破坏，并特别强调森林旅游的发展要树立现代旅游理念、打造现代旅游产品、培养引进现代旅游人才和构建现代旅游机制。

会上向海南省等10家"全国森林旅游示范区"试点单位进行了授牌。（许　晶）

【2011中国森林旅游博览会】 2011年11月18～20日，由国家林业局、国家旅游局、海南省人民政府共同主办的2011中国森林旅游博览会在位于海口市的海南国际会议展览中心举办。全国政协副主席白立忱，国家林业局局长贾治邦、副局长张建龙，国家旅游局副局长王志发、局党组成员吴文学，海南省代省长蒋定之(时任)等出席开幕式。张建龙副局长、国家旅游局王志发副局长和海南省代省长蒋定之(时任)先后致辞，白立忱宣布博览会开幕，并与贾治邦、王志发、蒋定之共同按下标志博览会开幕的水晶球。本届博览会以"森林生态旅游，人类健康选择"为主题，以"森林让生活更多彩"为口号，并分设两大展厅。第一展厅为综合、海南及温州展区，第二展厅为各省(区、市)、四大森工集团以及森林旅游企业展区，通过精美的景观图片和声、光、电等技术，展示了全国丰富多彩的森林旅游资源和特色森林旅游产品，同时成功举办了森林旅游招商引资推介会。（许　晶）

【全国森林旅游工作领导小组成立】 2011年8月9日，国家林业局、国家旅游局共同印发《关于成立"全国森林旅游工作领导小组"的通知》，成立由国家林业局副局长张建龙、国家旅游局副局长王志发任组长，国家旅游局党组成员、规划财务司司长吴文学、国家林业局森林公园管理办公室主任杨超任副组长的全国森林旅游工作领导小组。通知明确领导小组的职责是协调和制定两局关于推进森林旅游发展的相关政策，争取相关项目资金支持，研究部署重大活动和工作措施等。国家林业局森林公园管理办公室、国家旅游局规划财务司具体负责领导小组办公室日常工作。（许　晶）

【10家全国森林旅游示范区试点单位公布】 2011年11月16日，国家林业局、国家旅游局联合印发《关于公布"全国森林旅游示范区"试点单位的通知》，同意海南省、浙江省温州市、黑龙江省伊春市、重庆市武隆县、福建省浦城县富岭镇双同村、江西省靖安县宝峰镇毗炉村、湖南张家界国家森林公园、内蒙古阿尔山国家森林公园、江苏省姜堰溱湖国家湿地公园和湖北神农架国家级自然保护区10家试点单位先行开展全国森林旅游示范区创建工作。（许　晶）

【国家林业局、国家旅游局关于加快发展森林旅游的意见发布】 2011年11月9日，国家林业局、国家旅游局联合发布《关于加快发展森林旅游的意见》(以下简称《意见》)。《意见》提出，国家林业局、国家旅游局决定加强战略合作，共同把发展森林旅游上升为国家战略，作为建设生态文明的重要任务，实现兴林富民战略支撑点，推动绿色低碳发展的重点领域，促进旅游业发展的新的增长极。《意见》要求充分认识加快发展森林旅游的重要意义，指出加快发展森林旅游是建设生态文明的重要任务，是经济社会发展的迫切需求，是推进现代林业发展和旅游业升级转型的强劲动力，是实现兴林富民和兴旅富民的重要途径。

《意见》提出，加快发展森林旅游的指导思想是：以邓小平理论和"三个代表"重要思想为指导，深入贯彻落实科学发展观，按照发展现代林业、建设生态文明、推动科学发展的总体要求，解放思想，深化改革，创新体制机制，转变发展方式，加强统筹协调和部门合作，提升建设和服务水平，增强森林旅游业发展活力，把森林旅游业培育成为我国林业的支柱产业，培育成为我国旅游业发展新的增长极。总体目标是：到2020年，各类森林旅游景区总数达到8000处，构建起以森林公园为主体，湿地公园、自然保护区旅游小区、森林植物园(树木园)、林业观光园等相结合的森林旅游发展体系，形成较为完善的森林旅游基础设施和服务接待能力，开发一批特色鲜明的森林旅游专项产品，推出一批国际国内一流的森林旅游景区。全国年森林旅游人数达到14亿人次，创社会综合产值达8000亿元，将森林旅游培育成林业支柱产业，满足城乡居民森林旅游的需求，森林旅游健康持续发展。《意见》还提出了加快发展森林旅游的主要任务是：加快森林旅游景区发展；提升景区建设水平和服务质量；构建具有可持续竞争力的森林旅游产品体系；深化森林旅游经营机制改革；加强宣传推广；推动农民增收和农村经济发展；强化区域间合作；加强资源保护和植被景观建设。同时，《意见》明确了加快发展森林旅游的政策及保障措施是：科学规划，完善法规、标准，加大投入力度，加强监督检查，加强安全管理，加强人才队伍建设，健全组织领导。

《意见》要求，各级林业行政主管部门要加大对森林旅游资源保护和利用的指导、监督和执法力度，各级旅游行政主管部门要加强对各地森林旅游发展的指导，创造良好的森林旅游发展环境和市场条件，同时要求各地根据实际研究出台支持森林旅游发展的具体措施，确保在森林旅游发展中取得新突破。（许　晶）

【国家林业局、国家旅游局签署推进森林旅游发展的合作框架协议】 2011年5月11日，国家林业局和国家旅游局在北京人民大会堂签署《关于推进森林旅游发展的合作框架协议》。国家林业局副局长张建龙主持签字仪式，国家林业局局长贾治邦、国家旅游局局长邵琪伟分别在协议上签字。

根据协议，国家林业局、国家旅游局将把发展森林旅游作为两部门合作推进的长期共同任务，建立领导机构和磋商机制，并出台促进发展的指导性意见和全国性规划。协议还提出将在以下六个方面进行合作：一是联合启动全国森林旅游示范建设的创建工作，适时推出一批全国森林旅游示范县、示范村(镇)和示范景区；二是规范和提升"森林人家"旅游品牌，培育和发展一批"森林人家"专业村(基地)；三是加大宣传推介力度，不定期联合主办中国森林旅游节、中国森林旅游博览会等活动；四是共同争取项目资金，重点扶持示范县、示范村(镇)、示范景区；五是积极探索并推行符合国情的生态旅游发展模式；六是共同加快森林旅游标准化体系建设，加强森林旅游景区与旅行社、旅游企业等的协作，并加强森林旅游景区中高级管理人员的岗位职务培训和导游员的资格认定与培训。　　　　　　（许　晶）

【国家林业局与海南省政府签署战略合作协议】 2011年2月25日，国家林业局和海南省人民政府在海口市签署《加快推进海南森林生态旅游建设战略合作协议》。国家林业局局长贾治邦、海南省省长罗保铭分别在协议书上签字，国家林业局副局长祝列克、张建龙，海南省委书记卫留成，海南省委常委、宣传部长、副省长谭力，海南省副省长陈成出席签字仪式。

根据协议，国家林业局同意将海南作为中国森林旅游试验示范区，在编制全省森林生态旅游发展规划、打造森林生态旅游精品景区、国家级森林公园和国家级自然保护区建设、统筹和保障森林生态旅游开发的用地需求、提升森林生态旅游经营水平、森林生态旅游科技文化建设、提升森林生态旅游的档次和水平等方面予以重点支持。协议还明确，双方将共同设立局省合作建设领导小组，不定期举行全体会议，听取合作共建工作的进展情况，研究合作共建中的重大问题。　　（许　晶）

【国家级森林公园行政许可办理】 2011年，国家林业局先后作出行政许可决定，准予本溪环城等9处国家级森林公园改变经营范围，准予金银山等4处国家级森林公园变更名称，不予设立嘎仙洞国家级森林公园。截至2011年底，全国共拥有746处国家级森林公园和1处国家级森林旅游区，规划总面积1176.48万公顷。

序号	行政许可决定书文号	内容提要
1	林场许准〔2011〕5号	准予本溪环城国家级森林公园改变经营范围，面积减少9.9公顷
2	林场许准〔2011〕7号	准予仰天岗国家级森林公园改变经营范围，面积增加675.99公顷
3	林场许准〔2011〕8号	准予亚布力国家级森林公园改变经营范围，面积减少298公顷
4	林场许变〔2011〕4号	准予金银山国家级森林公园的名称变更为酉阳桃花源国家级森林公园
5	林场许变〔2011〕6号	准予御景峰国家级森林公园的名称变更为梁化国家级森林公园
6	林场许准〔2011〕123号	准予勃利国家级森林公园改变经营范围，面积减少21 723公顷
7	林场许准〔2011〕206号	准予㵲阳湖国家级森林公园改变经营范围，面积减少288.3公顷
8	林场许变〔2011〕7号	准予仰天岗国家级森林公园的名称变更为毓秀山国家级森林公园
9	林场许准〔2011〕956号	准予交城山国家级森林公园改变经营范围，面积增加1407.72公顷
10	林场许准〔2011〕965号	准予百里杜鹃国家级森林公园改变经营范围，面积增加114.6公顷
11	林场许不准〔2011〕4号	不予设立嘎仙洞国家级森林公园
12	林场许变〔2011〕8号	准予莱阳河国家级森林公园的名称变更为太阳河国家级森林公园
13	林场许准〔2011〕1887号	准予五顶山国家级森林公园改变经营范围，面积增加4605公顷
14	林场许准〔2011〕1888号	准予风穴寺国家级森林公园改变经营范围，面积增加3730公顷，名称变更为汝州国家级森林公园

（许　晶）

油茶产业

【综　述】 2011年，在国家林业局党组的重视下，在各级林业主管部门的推动下，全国油茶产业发展取得新的进展，新的突破，呈现出良好发展态势。一是油茶良种苗木生产供应瓶颈有效突破，质量不断提升。2011年14个省(区、市)共嫁接油茶良种苗4.94亿株，可出圃一年生嫁接苗1.9亿株左右，二年生苗2.8亿株，加上广西、广东、福建、云南等省(区)生产的部分扦插苗和优良农家品种实生苗，可供造林油茶苗木近5亿株，可新造油茶林近33.33万公顷。特别是造林使用两年生苗木比重大幅度增加，已从2010年的35%提高到了60%，为提高油茶新造林成活率、保存率奠定了坚实基础。二是稳步推进油茶新造林和低产林改造工作，油茶高产示范林基地规模不断扩大。随着油茶良种苗木问题的解决，油茶新造林和低产林改造得到快速推进。据统计，14个省(区、市)新造油茶林面积达到21.33多万公顷，是前两年新造林面积的总和。各地在稳妥推进油茶新造林的同时，还积极对现有油茶低产林进行垦复改造，2011年14省(区)共抚育改造低产林20多万公顷。三是不断加大中央扶持油茶产业发展的政策和资金力度。资金投入是产业发展的关键，经过不断争取，2011年此项工作得到了较大进展，落实并下达了国家发改委安排的国家计划内基本建设投资油茶专项资金2

亿元，新造林单位面积补助标准已由3000元/公顷提高到4500元/公顷。财政部下发了《关于整合和统筹资金支持木本油料产业发展的意见》，明确提出整合和统筹现代农业生产发展等十项涉农资金扶持油茶等木本油料产业发展，2011年全国共整合资金40.11亿元，其中中央整合资金26.15亿元，地方整合13.96亿元，用于油茶产业的资金达18亿元。同时开展了林木良种补贴试点工作，在林木良种补贴试点资金中安排6000万元对油茶良种苗木进行补贴。四是加大对油茶产业企业的扶持力度，为企业的发展创造良好的发展空间。举办了全国油茶产业发展研讨班，积极引导企业科学参与油茶产业发展，坚定企业和林农发展油茶产业的决心和信心。开展了全国油茶产业重点企业和油茶科技示范基地评选认定活动，国家林业局认定了43家全国油茶重点企业和19个全国油茶科技示范基地，并在第四次全国油茶产业发展现场会上为企业和基地授牌。五是油茶产业科技创新和支撑能力不断增强。近两年投入了7000万元在14个油茶省(区、市)开展林业科技工程，选择良种油茶轻基质网袋容器工厂化育苗等10项技术在各地推广应用。2011年8月，国家林业局成立了全国油茶技术协作组，为科技成果转化、推广搭建了平台。各地对农民和基层林业技术人员开展了多层次、全方位的技术培训，近几年来，共举办各类油茶技术培训班1000多期，培训人员达50多万人(次)。油茶的科技创新能力不断增强，国家油茶产业关键技术研究与示范项目已在新品种选育、园艺化栽培、产品精深加工技术等方面取得了突破性进展，聚集了一批新成果，为油茶产业升级提供了强有力的科技支撑。在第四次全国油茶现场会上，国家林业局表彰了22名为推动油茶产业发展作出突出贡献的科技工作者。六是油茶宣传工作进一步强化，油茶技术标准进一步完善。2011年，颁布实施了《油茶低产林改造技术》和《油茶采穗圃营建技术》2个行业标准。编辑出版《全国油茶产业发展文件汇编》和《油茶使用栽培技术手册》

（张超英）

【第四次全国油茶产业发展现场会】 2011年9月27日，国家林业局在广东省梅州市召开第四次全国油茶产业发展现场会。会议的主要任务是：认真贯彻落实胡锦涛总书记在APEC林业部长级会议上的重要讲话精神，促进绿色增长。研究探讨当前油茶产业发展存在的主要问题，有针对性地提出解决的问题的措施，努力把油茶产业做大做强做优。本次会议的主题是充分发挥龙头企业引领带动作用，进一步推进油茶产业发展。通过总结各地龙头企业引领带动发展油茶产业好的做法、好的经验，加快油茶高产示范基地的建设，进一步推动油茶产业又好又快发展。国家发展改革委农经司、财政部农业司以及国家开发银行等单位应邀参加了会议。14个油茶主产省(区、市)林业厅(局)主要负责人，油茶办、部分油茶重点企业负责人，国家林业局有关司局和直属单位主要负责同志，有关科研院所的专家等200余人参加了会议。

国家林业局局长贾治邦在会上作了主题报告，国家林业局副局长赵树丛主持会议，并宣读了中国林业产业联合会关于表彰林业产业突出贡献奖的决定和国家林业局关于认定全国油茶产业重点企业和全国油茶科技示范基地的决定，广东省人民政府党组成员李容根致辞。

会议表彰了22名在推动油茶产业发展中作出突出贡献的科技工作者，并为第一批获得国家林业局认定、命名的43个全国油茶重点企业和19个全国油茶科技示范基地授牌。

广东省林业局、广东省梅州市、湖南江山生态农林发展有限公司、江西春源绿色食品有限公司、浙江信林担保有限公司、湖南省永州市永大高科有限公司有关负责人以及获奖的油茶科技工作者代表中国林科院亚林所副研究员庄瑞林作典型发言。会议还组织参观了广东新大地生物科技股份有限公司的油茶种质资源圃、良种苗木繁育圃、油茶科技研发中心、油茶精深加工基地、油茶高产示范基地以及梅州市润源实业有限公司引领带动农民营造的油茶丰产林示范基地。

（欧国平）

【全国油茶技术协作组成立】 为深入贯彻落实第三次全国油茶产业发展现场会精神，促进各地龙头企业在油茶产业发展中充分发挥技术、资金及组织管理优势，开展并引领、带动广大林农积极参与油茶基地建设，促进油茶林基地规模化生产、标准化种植、集约化管理，进一步提高油茶基地建设水平，创新油茶产业发展模式与机制，促进油茶产业快速健康发展。为深入贯彻落实第三次全国油茶产业发展现场会议精神，进一步整合和合理配置资源，推动油茶科研、管理和生产的有机结合，形成强有力的科技支撑平台，提高科技成果转化能力，促进油茶产业科学健康持续发展根据2011年工作计划，2011年8月2～3日，国家林业局场圃总站在浙江省富阳市召开油茶办全国油茶技术协作组成立大会湖北宜昌举办全国油茶产业发展研讨班。14个油茶发展省(区、市)林业厅(局)油茶办、种苗站负责人及相关同志，有关大专院校、林业科研院所的专家及科技人员，国家重点油茶良种基地和部分油茶企业负责人以及国家林业局油茶办的相关同志，共100多人参加了大会。

全国油茶技术协作组是在全国油茶产业发展到一个关键时期，为顺应全国油茶产业发展对科学技术的迫切需求，按照平等自愿、优势互补、风险共担、利益共享的原则自发成立。旨在联合国内油茶产业行业管理部门、油茶生产及开展油茶技术研究的科研院所、高等院校，共同探索建立以良种基地为平台、科研机构为主体、技术创新与技术服务为导向、产学研紧密结合的产业技术创新与服务机制，协作组以引导产业发展、推动技术创新和服务基层为宗旨，以保障全国油茶产业发展规划目标的实现为目的，围绕油茶良种基地管理、生产、科研当中出现的问题，共同协作解决油茶产业发展的共性问题和关键技术，提升油茶良种基地的管理水平和科技含量，促进油茶科技成果最大限度地在生产中推广应用，努力提高油茶科技成果转化率和贡献率。同时，提高协作组各成员单位的技术创新能力和成果转化能力，促进协作组成员的发展与技术进步，形成“资源共享、联合攻关、成果互惠、协作统一”的技术创新与推广应用协作组。协作组设立指导委员会、专家咨询委员会、专业技术委员会和秘书处。秘书处为协作组的常设机构，设在中国林科院亚热带林业研究所，负责协作组的日常工作。

成立油茶技术协作组是要把生产、科研、教学、管理部门有机结合起来，形成一种畅通渠道，探索建立以良种基地为平台，科研机构为主体，技术创新与技术服务为导向，产、学、研紧密结合的产业创新与服务机制，为生产服务，为企业服务，为林农服务，推动油茶良种化进程，确保油茶产业全部实现良种造林。油茶技术协作组不是政府行为，大家本着自愿的原则参加，通过这个协作平台，要达到"相互交流、相互协作、优势互补、互惠互利"的目的。通过这个平台，集中国内权威研究机构和专家的科研成果与先进技术运用到国家良种基地建设中，切实提高基地建设水平和良种产量，为油茶产业发展提供坚实的物质基础和保障，进一步推动油茶产业持续健康发展。（欧国平）

【油茶产业发展调研】 5月27日至6月2日，国办督查室会同国家林业局、财政部有关司局的同志组成联合调研组，深入湖南、江西两省对油茶产业发展情况进行调研。调研组听取了两省林业部门负责同志的情况介绍，到油茶重点产区湖南省耒阳、常宁、浏阳和江西省丰城、渝水、袁州等县（市、区）实地考察了油茶种植基地、种苗繁育基地、加工企业，与基层干部、种植大户、农民、企业经营者、科研人员进行了座谈，对两省油茶产业发展状况有了比较全面的了解。同时，也真实了解了当前油茶产业发展中存在的困难与不足。通过3年来的努力，油茶良种供需矛盾得以根本缓解，两省新造油茶林18多万公顷，改造低产林26.67多万公顷，这是党中央、国务院高度重视，国家林业局党组和两省各级党委、政府强力推动，农民和企业积极参与的结果。发展油茶产业，是集体林权制度改革后，为南方山区农民解决种什么的问题找到了真正出路。油茶产业的大发展，必将为推动山区综合开发、促进山区农民就业增收，缓解中国食用油供需矛盾作出巨大贡献，必将会载入中国历史发展史册。

调研组起草了《关于湖南、江西两省油茶产业发展情况的调研报告》。报告充分肯定了湖南、江西两省推进油茶产业发展所做的大量工作和取得的显著成效，并针对当前两省油茶产业发展存在的一些突出问题，提出了扶持产业发展的意见和建议。国办领导对调研报告作了重要批示，国家林业局局长贾治邦指示在《中国绿色时报》全文刊发调研报告。此次专项调研为进一步争取和落实相关扶持政策，推进油茶产业持续健康发展起到了积极的作用。（欧国平）

【全国油茶科技示范基地认定】 为进一步推动油茶产业的科技创新与进步，促进中国油茶产业持续健康发展，国家林业局决定认定一批全国油茶科技示范基地，2011年8月24日，下发了《国家林业局办公室关于认定全国油茶重点企业、全国油茶科技示范基地有关工作的通知》和《全国油茶科技示范基地认定办法》（办场字〔2011〕136号），经各省（区、市）推荐，国家林业局审核评定，认定中国林科院亚热带林业研究所（腾冲红花油茶实验站）等19家油茶基地为全国油茶科技示范基地（林场发〔2011〕216号文件）。2011年9月27日，国家林业局在第四次全国油茶产业发展现场会上为19家全国油茶科技示范基地举行了授牌仪式。

全国油茶科技示范基地名单

省（区、市、单位）	油茶科技示范基地
中国林科院	中国林科院亚热带林业研究所（腾冲红花油茶实验站） 中国林科院亚热带林业实验中心
浙　江	金华市婺城区东方红林场
安　徽	黄山市林业科学研究所
福　建	厦门中盛粮油集团有限公司长汀县基地
江　西	江西省林科院 九江云山油茶科技发展有限公司 江西星火农林科技发展有限公司
河　南	光山县神农专业合作社联合社油茶基地
湖　北	咸宁市国有林场管理处油茶示范基地
湖　南	湖南省林科院 湖南省林木种苗繁育示范中心 浏阳市国家油茶良种基地
广　东	广东东源绿保生物科技开发有限公司
广　西	广西国有三门江林场
重　庆	重庆市梁平油茶苗圃基地
四　川	荣县国有林场
贵　州	天柱县林木良种繁育场
陕　西	安康市汉滨区林木种苗管理站油茶示范基地

（张超英）

【林业产业（油茶）突出贡献奖】 国家林业局以中国林业产业联合会的名义表彰了一批为油茶产业发展作出突出贡献的科技工作者。2011年8月25日，中国林业产业联合会下发了《关于开展林业产业（油茶）突出贡献奖评选工作的通知》，经14个油茶产业发展省（区、市）推荐申报，经中国林业产业联合会组织相关专家组成评审委员会评审通过，2011年9月27日，在第四次全国油茶产业发展现场会上，授予姚小华等22位林业产业突出贡献奖称号。

林业产业突出贡献奖名单

姓名	职称、职务	工作单位
何云芳	教授级高级工程师	浙江省林业种苗管理总站
潘新建	高级工程师	安徽省黄山林科所
刘国敏	高级工程师、副场长	福建省闽侯桐口国有林场
杜天真	教授	江西农业大学
徐林初	研究员	江西省林科院
龚　春	副研究员	江西省林科院
潘德森	教授级高级工程师	湖北省林业科学研究院
管天球	教授	湖南科技学院
黄展鹏	高级工程师	湖南省平江县林业局
陈永忠	研究员、所长	湖南省林业科学院

（续）

姓名	职称、职务	工作单位
黄永芳	教授	华南农业大学林学院
张乃燕	高级工程师、副所长	广西壮族自治区林业科学研究院
袁昌选	站长	天柱县林业科技推广站
杨正华	高级工程师、站长	云南德宏州林业局营林站
李江南	研究员、中心主任	中国林科院亚热带林业实验中心
姚小华	研究员	中国林科院亚热带林业研究所
韩宁林	研究员	中国林科院亚热带林业研究所
庄瑞林	研究员	中国林科院亚热带林业研究所
王开良	副研究员	中国林科院亚热带林业研究所
何　方	教授	中南林业科技大学
谭晓风	教授	中南林业科技大学
钟海雁	教授	中南林业科技大学

（张超英）

【全国油茶产业发展研讨班】 为充分发挥龙头企业在油茶产业发展中的辐射、示范、带动作用，促进油茶林基地规模化生产、标准化种植、集约化管理，切实提高油茶基地建设水平，促进油茶产业快速健康持续发展。2011年6月8~10日，国家林业局油茶办在湖北宜昌市举办以油茶龙头企业和造林大户参加的全国油茶产业发展研讨班，来自南方14省(区、市)林业厅(局)油茶办负责人、60多个龙头企业法人代表、总经理及20多位种植大户代表共100余人参加了研讨班。国家林业局造林司、计财司、科技司、油茶办的有关同志出席研讨班。研讨班由国家林业局场圃总站总站长杨超主持，国家林业局油茶办常务副主任、计财司副司长郝燕湘在开班仪式上作了讲话。中国林科院亚林所、湖南林科院、中南林业科技大学、中粮集团、安徽省油茶协会等专家学者就油茶良种育苗、栽培及管理、茶油的质量与安全、中国油脂供应形势、茶油市场定位和营销策略等方面内容进行了专题讲座。研讨班还就油茶产业发展模式与机制进行深入交流与座谈，听取了龙头企业负责人、造林大户对油茶产业发展的意见与建议，组织参观了湖北华饴木本油脂有限公司的油茶高产原料林基地和茶油加工基地。（张超英）

【全国油茶采穗圃和良种基地建设督察】 自2008年第一次全国油茶产业发展现场会议以来，国家林业局始终把油茶良种生产和质量监管作为一项基础工作来抓，制定出台了“四定三清楚”等一系列行之有效的政策措施，确定了一批临时采穗圃作为定点采穗圃，同时投资新建76个良种采穗圃。经过3年多的努力，目前种苗生产供应不足的瓶颈已经得到有效突破，种苗生产供应形势发生了根本性变化，已经从数量保障型向质量效益型转变。为适应新的形势要求，不断提高油茶产业发展水平，严格油茶采穗圃的质量管理，从源头上把好种苗质量关。国家林业局油茶办决定，2011年11月下旬至12月底对全国油茶采穗圃和良种基地建设进行督察。督察的主要内容：一是2009年国家投资建设的76个油茶良种基地项目完成及验收情况，发挥作用情况。二是定点采穗圃管理情况。包括采穗圃建立时间，采穗圃林龄、品种组成、生长状况，目前是否还适合做采穗圃，林业主管部门意见等。督察组由计财司、造林司、科技司、场圃总站等单位人员组成。督察组通过听取汇报、座谈讨论、查阅档案、察看现场等，分别对浙江、福建、江西、湖南、广东、湖北等6省进行了督察，其他8个省份采取自查方式进行。通过督察进一步增强了油茶良种采穗圃项目建设质量意识，推动油茶种苗质量进一步提升。（张超英）

【油茶生产技术专家座谈会】 2011年1月13日，国家林业局油茶办在北京组织召开了首次油茶生产技术专家座谈会。中国林科院亚林所、亚林中心，北京林业大学，中南林业科技大学，华南农业大学，湖南省林科院，江西省林科院，广西壮族自治区林科院，安徽省油茶协会等相关专家及国家林业局场圃总站、油茶办领导以及相关处室负责人参加了会议。座谈会紧紧围绕当前油茶产业发展中存在的突出问题及解决办法展开深入座谈、研讨。专家们认为，在党中央、国务院的高度重视下，在国家林业局的强力推动和各油茶主产省(区、市)各级党委、政府和林业主管部门的不懈努力下，油茶产业发展势头良好，环境宽松，目标明确，措施得力，成效显著，正在步入健康科学的发展轨道。但是，当前油茶产业发展依然还存在一些不容忽视的问题。如种苗质量问题、造林技术问题、发展体制与机制创新问题、扶持政策不到位等问题。针对这些问题，专家提出了很好的意见和建议。会后，油茶办对专家提出的问题与建议进行了认真归纳梳理。（李世峰）

【油茶发展省(区、市)种苗站站长座谈会】 为组织好2011年油茶良种种苗生产，进一步加强油茶种苗质量管理，国家林业局场圃总站和油茶办于2011年4月6~7日在浙江省金华市召开14个油茶发展省(区、市)种苗站站长座谈会。国家林业局南方、北方、长沙林木种子检验中心主要负责人参加了会议。会议总结交流了2010年油茶种苗生产及质量管理情况，研究部署了2011年良种种苗生产工作。国家林业局场圃总站总站长杨超在会上作了重要讲话。充分肯定了2010年全国油茶良种种苗生产和质量管理工作取得的成绩，对2011年油茶种苗生产提出了四点要求：一是要继续坚定不移地按照“四定三清楚”要求组织好种苗生产供应。二是要切实加强苗圃生产管理，提高经营管理水平。三是要进一步加强采穗圃建设与管理工作。四是要强化油茶种苗执法，严厉打击违法行为，净化油茶种苗市场。

（李世峰）

【油茶造林和种苗质量专项检查】 2011年7月15日，国家林业局油茶办下发《关于开展2011年全国油茶造林和种苗质量专项检查的通知》(林场油字〔2011〕55号)，组织了四个专项检查组，分赴广东、广西、福建、云南等4省(区)开展种苗及造林质量专项检查。检查组深入油茶造林基地和育苗基地现场，认真查看了基地的生产管理情况汇报及相关档案材料，通过听取汇报、与基层林业干部职工和群众座谈，全面了解了当地在推动油茶产业发展方面出台的具体措施、取得的主要经验及存在的突出问题。对在检查中发现的问题，检查组及时进行了反馈，并要求当地林业主管理部门认真总结，加以整改。（李世峰）

【《全国油茶产业发展文件汇编(2008～2011年)》出版】 自2008年以来，全国油茶产区14个省(区、市)结合本地油茶产业发展现状和工作实际，研究制定了许多行之有效的政策措施，促进了中国油茶产业的健康发展。为方便各地交流经验，相互借鉴，帮助油茶生产者和管理者了解、遵循和借鉴油茶产业发展的有关政策措施和技术规程，提高油茶生产水平和管理水平，促进全国油茶产业又好又快发展，国家林业局油茶产业发展办公室汇编出版《全国油茶产业发展文件汇编(2008 ~2011年)》。（李世峰）

【《油茶实用栽培技术手册》出版】 为提高油茶产业集约经营水平，引导广大林农科学经营，国家林业局油茶产业发展办公室组织编撰出版了《油茶实用栽培技术手册》。该书采用图文并茂的形式对油茶良种的选择、良种繁育技术、油茶栽培技术及油茶主要病虫害防控技术等方面进行了深入浅出的讲解。该书集中体现了几十年来中国油茶科学研究方面的主要成果，更重要的是为广大的油茶种植者提供了一本看得懂、学得会的“图解式”油茶科普图书。（李世峰）

【全国油茶产业重点企业认定】 为提高油茶产业的组织化程度和企业经营管理水平，充分发挥油茶重点企业在油茶产业发展中的示范辐射带动作用，推动中国油茶产业持续健康发展，国家林业局下发《国家林业局关于认定全国油茶产业重点企业和全国油茶科技示范基地的通知》(林场发〔2011〕216号)，认定浙江卖油翁油品有限公司等43家企业为全国油茶重点企业。

全国油茶产业重点企业名单

浙江省(3家)
　浙江卖油翁油品有限公司
　浙江常发粮油食品有限公司
　浙江茶之语科技开发有限公司
安徽省(4家)
　安徽大别山科技开发有限公司
　黄山市徽山食用油业有限公司
　黄山裕籽贵茶油有限公司
　安徽绿健生物科技有限公司
福建省(3家)
　福建省尤溪县沈郎食用油有限公司
　福建省老知青集团公司
　福建省三本农业高科技有限公司
江西省(8家)
　江西春源绿色食品有限公司
　青龙高科技股份有限公司
　江西山村油脂食品有限公司
　江西绿海油脂有限公司
　江西省高氏油茶发展有限公司
　江西御润坊富硒山茶油有限公司
　景德镇市青原农林开发有限公司
　江西云河实业有限公司
河南省(1家)
　新县安太食品有限公司
湖北省(5家)
　湖北华佁木本油脂有限公司
　湖北黄袍山绿色产品有限公司
　阳新富川油脂有限责任公司
　湖北四季春茶油有限公司
　湖北汇澄茶油股份有限公司
湖南省(7家)
　湖南金浩茶油股份有限公司
　湖南大自然茶油有限公司
　郴州邦尔泰苏仙油脂公司
　耒阳神龙农业科技公司
　湖南江山生态农林发展公司
　湖南林之神科技有限公司
　湖南山润油茶科技发展公司
广东省(6家)
　广东新大地生物科技股份有限公司
　广东山马农林发展有限公司
　广东鸿利丰农林发展有限公司
　广东宝华农业科技股份有限公司
　广东富然农科有限公司
　梅州天润生态农林发展有限公司
广西壮族自治区(2家)
　广西金茶王油脂有限公司
　广西桂林思源生态农业科技开发有限责任公司
重庆市(1家)
　酉阳县康友粮油有限公司
贵州省(1家)
　黎平县绿野油脂有限公司
云南省(1家)
　云南云岭茶油有限公司
陕西省(1家)
　陕西金籽茶油有限公司　（李世峰）

防沙治沙

【防沙治沙政策及其执行情况】

沙化土地封禁保护工作 在全面完成《国家级沙化土地封禁保护区规划(2011～2020年)》编制工作以后，2011年工作重点是做好沟通协调，争取尽快上报国务院审批。为此国家林业局与国家发改委、财政部、国土资源部、环境保护部、水利部、农业部进行了多次沟通、协调，完成了会签并上报国务院。《规划》确定了国家级封禁保护区建设的指导思想、原则和目标，明确了国家级封禁保护区的划定条件，确定了国家级封禁保护区的总体布局和重点区域，提出了相应的保障措施。与此同时，积极争取防沙治沙财政补助试点项目，开展了专题调研，并立项开展专题研究。

编制全国防沙治沙规划和相关的区域性规划 ①组织编制《全国防沙治沙规划(2011～2020年)》，完成了规划初稿。②2011年8月，协调指导新疆维吾尔自治区启动了《新疆防沙治沙工程规划》编制工作。③推进区域性防沙治沙工程规划报批，《新疆塔里木盆地周边防沙治沙工程规划》、《石羊河流域防沙治沙及生态恢复工程规划》已经国家发改委批复实施。

国家林业局批复《全国防沙治沙综合示范区建设规划(2011～2020年)》 为进一步加强全国防沙治沙综合示范区建设，更好地发挥其在防沙治沙中的综合示范作用，切实推进防沙治沙工作，根据《中华人民共和国防沙治沙法》和《国务院关于进一步加强防沙治沙工作的决定》的要求，2011年3月，国家林业局批复并印发了《全国防沙治沙综合示范区建设规划(2011～2020年)》(林规发〔2011〕46号，以下简称《规划》)。《规划》在认真总结"十一五"示范区建设成效并科学分析当前中国防沙治沙形势的基础上，明确了"十二五"及今后一段时期示范区建设的指导思想、基本原则和目标，确定了布局、规程和进度安排，提出了相关保障措施。力争用10年时间，在综合防治、技术创新、政策机制完善、产业发展等方面建成一批防沙治沙示范样板项目。加大对现有示范区的建设力度，择优增设一批新的示范区，到2020年，完成建设任务100万公顷，初步实现示范区生态、经济、社会协调发展，为推动全国防沙治沙进程提供示范样板、发挥辐射和带动作用，为推进生态文明建设作出贡献。

省级政府防沙治沙目标责任期末综合考核工作 根据《国务院办公厅关于转发林业局等部门省级政府防沙治沙目标责任考核办法的通知》(国办发〔2009〕29号)要求，国家林业局会同发改委、监察部、国土资源部、环境保护部、水利部、农业部等部门对河北、山西、内蒙古、辽宁、吉林、黑龙江、西藏、陕西、甘肃、宁夏、新疆、青海省(区)人民政府和新疆生产建设兵团"十一五"防沙治沙目标责任落实情况进行了期末综合考核。切实增强了地方各级政府和有关部门防沙治沙的责任意识，有力促进了地方各级政府防沙治沙问责制度的建立和完善，对于进一步推动防沙治沙事业发展发挥了重要的促进作用。同时进一步凸显了林业部门在生态建设中的重要地位，彰显了林业部门依法行政的能力。

沙产业成果展览 充分利用第二届中国国际林业产业博览会的有利机遇，精心组织沙产业成果的布展工作。全面收集、认真遴选参展产品，科学设计参展方案，全面展示了中国沙产业发展的最新成果，受到了与会领导和参观人员的一致好评，大家普遍认为沙产业馆产品丰富、门类齐全、设计精美。这次活动对于进一步促进沙产业发展、推动防沙治沙工作起到了积极作用，产生了深远影响。 (张德平　张　璐)

【沙尘暴灾害监测及应急处置工作】 2011年春季(3～5月)，全国北方地区共发生8次沙尘天气过程，其中扬沙、浮尘4次，沙尘暴3次，强沙尘暴1次；按月份统计，3月份发生3次，4月份发生4次，5月份发生1次。据不完全统计，沙尘暴造成直接经济损失约8700万元。

与往年相比，沙尘天气具有五个特点：①沙尘天气发生频次低于2001～2010年均值(12.6次)，高于2003年春季(7次)。②春季发生沙尘暴和强沙尘暴天气共4次，低于近10年同期均值(7.8次)。③影响范围涉及西北、华北、东北13省(区、市)551个县市，影响人口约2亿，小于2010年同期[21个省(区、市)928个县市，人口近4亿]。④沙尘天气主要起源于南疆盆地、甘肃河西走廊—内蒙古西部地区，仅2次起源于蒙古国南部。⑤北京遭受3次浮尘天气影响，与2010年同期持平，低于近10年同期均值(4.9次)。

2011年，按照《重大沙尘暴灾害应急预案》的要求，认真做好沙尘暴灾害应急处置工作。①认真做好沙尘暴灾害预测预警。与中国气象局联合开展春季沙尘天气趋势预测分析会商，加强与气象、农业等部门灾害预警信息沟通与交流。加强卫星遥感、监测站、短信平台监测，全面掌握灾情发生发展走势。②全面部署沙尘暴灾害应急工作。下发《关于认真做好今春沙尘暴灾害应急处置工作的通知》(林沙发〔2011〕47号)，督促检查重点省级应急工作方案和制度落实情况。③加强重点预警期应急值守和监测工作，明确沙尘暴灾害发生后工作组赴现场处置的几种情形，加强灾害评估工作。④做好灾害信息日报、周报、季报、半年报和年报工作，建立省级沙尘暴应急信息通报制度和地面监测站数据报送通报制度。⑤切实做好宣传工作。通过中央新闻媒体宣传沙尘暴灾害预防常识和国家林业局应急处置措施，将沙尘暴应急基本常识以汉、蒙、维文印发到老百姓手中。⑥加强沙尘暴灾害应急体系建设。重点做好短信平台和灾情评估系统升级，筹建信息传输系统和灾情信息管理系统。 (潘红星)

【荒漠化公约履约和国际合作】

国际履约 2011年履约和国际合作进一步深化对公约进程的参与，加强了国际影响。①联合国秘书长潘基文6月17日在世界防治荒漠化和干旱日专程发来贺信，肯定中国取得成效，赞赏中非合作论坛对荒漠化防治的支持。②印红副局长率团参加荒漠化公约第十次缔约方大会，促成会议成果积极务实。担任高级别专题会议联合主席，发言提出荒漠化防治对自然资源和生态服务、绿色增长，减轻贫困和保障粮食安全的重要作用。③参加66届联大防荒漠化高级别会议介绍中国经验，获普遍认可，荒漠化公约秘书处希望中国发挥影响力推动全球荒漠化防治。④参加履约审查委员会第九次会议，通过荒漠化公约第四次履约评审，经亚太区域推选参加全球荒漠化影响指标示范。评估指标适用技术和数据需求，分析中国荒漠化区域农村贫困人口、土地覆盖等指标的变化趋势，为完善公约履约量化考核提出建议。⑤第十次缔约方大会期间组织中国日专题宣传活动，参与国际组织边会，协助民间组织和企业参加大会论坛，全面宣传中国履约。⑥6月17日至7月10日举办中非合作论坛框架下荒漠化防治培训班，促进中非防治荒漠化合作。中韩蒙林业部门签署东北亚荒漠化土地退化和干旱区域网络合作计划，积极推动区域履约合作。4月19～21日，亚太经社会东北亚环境机制，东北亚沙尘暴次区域投资战略项目启动。⑦4月9～11日参加全球环境机制亚太区域会议，加强全球环境基金与国家履约机构的联系。

荒漠化公约第十次缔约方大会 10月11～22日国家林业局印红副局长率团参加荒漠化公约第十次缔约方大会，应邀担任高级别专题会议联合主席，提出荒漠化防治对维持和扩大自然资源基础和生态服务基础的重要作用，对促进绿色增长，减轻贫困和保障粮食安全的重要作用。代表团积极参与重要问题谈判，支持《昌原倡议》提出的设定全球治理目标，强化多元参与，加强科技支撑，实施量化评审体系和设定土地生命奖的倡议；影响和促成全球机制机构调整和公约预算达成一致。会议期间，中国代表团与6个国家及国际组织开展高级别双边会谈、签署了东北亚区域荒漠化土地退化和干旱网络合作协议；组织中国日专题宣传活动，播放《大漠长河》纪录片，展出中国荒漠化防治图片，散发中国荒漠化防治纪念邮册；参与国际组织合作组织三次边会，协助中国非民间组织和企业参加了大会论坛；全方位宣传了中国履约行动，展现中国防治成效和经验措施的魅力。在第十次科技委员会会议期间应邀专门介绍中国示范工作，为2012年公约完善影响指标体系总结了经验，加强了中国技术对公约进程的影响。

中非防治荒漠化高级政策研修班 2011年6月17日至7月10日13个非洲国家的36名司处级官员参加了中非防治荒漠化政策高级研修班，宣传中国防治荒漠化经验措施，深化非洲国家与中国合作意愿，为进一步落实《中非合作论坛行动计划》奠定基础。各相关领域的知名院士、权威专家、政府官员和企业领导，通过专题讲座、实地考察和互动交流，全方位展现中国荒漠化防治的成效，多角度介绍中国防治荒漠化措施和经验；使非洲学员亲身感受了中国人民艰苦奋斗的治沙精神。非洲学员致信商务部和国家林业局高度评价组织工作，提出开展后续工作建立中非防治荒漠化措施交流网络，在中非合作论坛框架下设立防治荒漠化分论坛，开展试点项目，促进中非防治荒漠化合作的建议。

国际合作项目 ①中国土地退化和评估专业技术服务走出国门，发挥亚洲区域培训中心作用。4月在联合国粮农组织的支持下为亚洲12个国家举办为期一周的土地退化专业技术培训班，派遣专家为库克群岛土地退化评估工作提供技术支持和培训。实施了联合国粮农组织菲律宾土地退化评估技术援助项目；签署了《南亚国家土地退化评估技术援助项目协议》，通过项目实施中国土地退化和评估技术在亚太地区的影响不断加强。中国参加粮农组织实施的全球土地退化评估项目二期已获得财政部同意，该项目的实施将进一步保持中国在土地退化评估和政策决策工作上的技术领先地位和国际影响力。②东北亚次区域沙尘暴防治合作迈出实质性步伐。4月19日联合国亚太经社会东北亚次区域环境机制东北亚沙尘暴防治总体战略试点示范项目启动，组织中蒙双方专家共同实地考察，确定项目主要内容和优先行动；9月在内蒙古二连浩特市共同举办对蒙古国防治荒漠化技术培训班。③中德合作北方荒漠化防治框架项目开展专题研究、促进经验交流共享，为解决国内建设问题出谋划策。召开荒漠化防治最佳措施研讨会，促进国家重点工程和国际合作项目管理团队交流和沟通，经验共享；开展中德合作项目监测指标体系研究，防治荒漠化措施经济影响评估两项专项研究为进一步完善国家重点生态工程效益监测提供经验和参考；召开气候变化与荒漠化防治中德合作意向交流会，探讨双方研究需求和开展合作途径。 （贾晓霞）

【荒漠文化宣传】 深入开展宣传教育活动，全民防治荒漠化意识不断增强。组织多家媒体、利用各种机会、采取多种形式积极向社会进行宣传、教育和培训，起到了全民参与“三增强”的作用。

一是春季沙尘暴多发期间，组织《人民日报》记者赴川西北并于4月21日刊登了题为《弱生态经不起人为干扰 沙化土地在川西北扩展》的专题宣传报道，通过宣传荒漠化的危害、普及沙尘暴应急常识、播放《大漠长河》记录片等多种方式正确引导社会舆论，增强公众对防治荒漠化的责任意识和法制观念；二是“6·17”世界防治荒漠化与干旱日期间，专门设计制作中英文对照的《中国荒漠化防治纪念邮册》，并以报刊、网络、电视、广播等多种形式宣传中国荒漠化防治的重要意义、工作进展和战略举措，在《人民日报》发表了贾治邦局长纪念荒漠化日的署名文章，全面反映中国防治荒漠化的成效，增强公众搞好防治荒漠化的信心和决心；三是省级政府防沙治沙目标责任期末综合考核期间，通过召开座谈会、走访群众等形式，大力宣传防沙治沙的相关政策，宣传做好防沙治沙目标责任考核工作的重要意义，增强地方各级政府防沙治沙的责任感和使命感。

（林　琼　张　璐）

【石漠化综合治理工程省部际联席会议】 4月15日，石漠化综合治理工程第三次省部际联席会议暨现场会在云南省文山州召开。会议听取文山州和石漠化工程8省

(区、市)工程建设情况汇报，总结交流治理经验，部署安排下一步工程建设工作。与会代表现场参观考察了文山州西畴县石漠化治理典型及文山州三七科技示范园等产业发展项目。会议由国家发改委副主任杜鹰主持，国家林业局副局长印红出席会议并讲话。　（江天法）

经济林建设

【《全国特色经济林产业发展规划(2011～2020年)》编制完成】　重点突出核桃、油茶、仁用杏、枣、板栗、柿子等木本粮油为主的国家战略经济林林示范基地建设，并将其纳入《林业"十二五"发展规划》之中；参与编制和审定《全国竹产业发展规划(2011～2020年)》和《全国花卉产业发展规划(2011～2020年)》。

（易　哲）

【首届中国核桃节】　在河北邢台、云南大理、新疆阿克苏、陕西商洛4市(地、州)申报基础上，按照《全国性经济林产品节会管理规定》要求，组织完成了首届中国核桃节的调研工作，确定并批复了河北省邢台市为首届中国核桃节举办地；协调审定了《首届中国核桃节总体方案》；组织协调主办、承办、协办三方，紧紧围绕"高标准建设，产业化发展"这一主题，成功举办了首届中国核桃节。全国各省(区、市)林业厅(局)、森工集团，核桃主产区的政府、企业、协会、科研院所等单位以及林农代表1700多人参加；300家企业展示展览核桃产品500多种，签订合作项目总额达72亿多元，评选核桃坚果等金奖18个、银奖32个、优秀奖65个。节会期间，还举办了首届全国核桃高峰论坛，总结成绩，交流经验，展示成果，扩大影响，对加速国土绿化，促进林农增收，保障粮油安全，推动全国经济林产业健康有序发展。　（易　哲）

【第六届中国竹文化节】　确定宜春市为举办地，协调落实《竹文化节总体方案》，紧紧围绕"弘扬竹文化，低碳我先行"的主题，成功举办第六届竹文化节。16个竹主产省(区、市)2000多人参加；评出竹产品金奖100个；国际竹藤中心安徽太平试验中心被授予"中国竹产业科技示范基地"，浙江安吉等3个县被授予"中国竹产业集群"，贵州正安等9个县被授予"中国特色竹乡"，安徽广德县东亭乡被授予"中国竹制品名镇"，62家企业被授予"中国竹业龙头企业"称号。　（易　哲）

【核桃示范基地建设】　一是积极协调并参与制定《财政部关于整合和统筹资金支持木本粮油发展的工作方案及意见》，提出相关意见和建议。在资金投入和项目安排上取得重大突破，落实中央财政整合统筹40.11亿元；二是制定颁发《核桃示范基地建设指南》，指导核桃示范基地建设有序开展。三是参与国家农发经济林产业化示范项目的初审、实施、指导与管理工作。2011年国家农发经济林花卉项目安排项目364个，中央财政投资3.2亿元，占国家农发林业项目总投资的68.7%，比2010年新增投资1.6亿元。四是认定宁夏中卫、海南万宁为国家枸杞、槟榔示范基地，批复中国陕西(洛川)西部干果会展中心，开展高标准示范基地建设，推动经济林产业全面发展。　（刘道平）

【基层服务工作】　为落实中央援疆工作会议和首届APEC林业部长级会议精神，组织召开了全国林果业现场会，观摩了林果现场和产品展示展览，总结了新疆近年来林果业发展特别是在"生态健康果园"建设中的好经验、好做法；举办全国经济林技能和新疆林果实用技术培训，推广新疆林果实用技术，储备林果人才，强化智力援疆工作力度；复函山东、新疆、宁夏、海南等省(区)政府同意共同主办2014年青岛世界园博会、2011年新疆特色林果产品(广州)交易会；组织中国经济林协会换届改选工作；改版升级"中国经济林信息网"，充分利用新闻媒体，加大宣传力度，为经济林、竹林、花卉产业发展提供优质信息服务；完成第二届林博会国家主题馆——"木本粮油、特色经济林和生物质能源展"的展区设计、展品征集、布展展览工作；撰写脚本，组织拍摄了《大力发展特色经济林，维护国家粮油安全》的宣传片，强化宣传；造林司荣获大会特别组织奖；协调完成国家林业局与质检总局、供销总社共同支持举办的中国(南宁)国际果蔬展，推进中国特别是新疆、宁夏、陕西等西部省区林果产品外销国际市场。

（易　哲）

林业生物质能源建设

【全国林业生物质成型燃料现场会】　12月15～16日，国家林业局造林绿化管理司在吉林省延吉市组织召开了全国林业生物质成型燃料现场会。各省(区、市)林业厅(局)分管厅(局)长、主管处长和有关专家、企业代表以及国家发改委、财政部、国家能源局、国家林业局有关司(局)单位派代表参加了会议。会议期间，与会代表参观了大兴沟林业局、天桥岭林业局成型燃料生产线、利用成型燃料供暖的林场职工住宅、办公楼和森林抚育现场等，全国政协罗富和副主席应邀出席会议并作了重要讲话，张永利副局长作了会议主题报告。

（王晓华）

全民义务植树和全国城乡绿化

【综　述】 2011 年是全面实施"十二五"规划起步之年，是开展全民义务植树运动 30 周年，也是联合国确定的"国际森林年"。各地区、各部门在党中央、国务院的正确领导下，认真贯彻中央林业工作会议、中央农村工作会议和全国绿化委员会第二十九次全体会议精神，紧紧围绕林业"双增"目标，扎实开展国土绿化工作，取得新的成绩。

全民义务植树深入开展

各级领导率先垂范　4 月 2 日，胡锦涛等党和国家领导人在北京市永定河畔，参加首都义务植树活动。胡锦涛总书记在植树时强调："前不久召开的全国两会，明确了'十二五'时期经济社会发展的目标任务，对生态文明建设提出了新的更高要求。我们要在新的起点上进一步推进植树造林工作，坚持依靠群众、依靠科技、依靠改革，不断提高生态文明建设成效，努力促进经济社会可持续发展。"全国绿化委员会、中共中央直属机关绿化委员会、中央国家机关绿化委员会、首都绿化委员会共同组织开展了以"国际森林年中国行动"为主题的"共和国部长义务植树活动"，197 名部级领导参加了义务植树。全国人大、政协、中国人民解放军组织开展了全国人大、政协领导、百名将军义务植树活动。地方各级党政军领导在各地植树季节来临之际带头参加义务植树。各级领导率先垂范，为广大公民履行植树义务起到了良好的示范引领作用。

组织发动广泛深入　全国绿化委员会、国家林业局以全民义务植树 30 周年为契机，组织开展了一系列纪念活动，利用电视、广播、报刊、网络等媒体广泛宣传义务植树 30 年的辉煌成就、基本经验和先进典型，与人力资源和社会保障部联合表彰奖励一批全国绿化先进集体、劳动模范和先进工作者。12 月 13 日，在全民义务植树决议颁布 30 周年之际，召开新闻发布会，通报了 30 年来全民义务植树和国土绿化情况。各地进一步加大造林绿化的宣传力度，广泛宣传义务植树、绿化祖国、美化家园的重大意义，着力营造造林绿化、全民参与、人人有责的浓厚社会氛围。

尽责形式丰富多样　新形势下，全民义务植树尽责形式呈现出一些新的变化。各地区、各部门在坚持直接参加植树为基本形式的前提下，积极创新机制，大力推行栽植树木与抚育管护、认建认养、以资代劳等多种方式相结合的尽责形式。北京市加强义务植树组织管理，认真落实 18 种义务植树尽责形式，对申请以资代劳履行植树义务的单位，收缴以资代劳费，安排专业绿化队代其完成植树任务；对申请直接参与植树劳动的单位，统筹安排参加区（县）、乡（镇）重点绿化工程的整地、栽植等绿化劳动。从市、区到乡（镇），各级绿化委员会开通全民义务植树服务热线电话，强化服务，引导社会力量参与首都绿化美化建设。

植树活动蓬勃开展　全国绿化委员会、国家林业局组织开展了以"植树造林，减缓气候变化，中国人民在行动"为主题的 2011 国际森林年活动。各地区、各部门积极响应，组织开展丰富多彩、形式多样的主题活动。全国绿化委员会、国家林业局、共青团中央组织开展了"保护母亲河——2011 年度青少年植树行动"，在全国选取 10 个在党的历史和红军长征途中具有重要意义的地区，举行统一行动日活动，上百万青少年参加植树活动，进一步激发了青少年的爱国热情，增强了生态文明意识。全国绿化委员会、国家林业局和全国妇联在内蒙古自治区库伦旗举办"母亲公益林示范基地"揭碑仪式，开展治沙造林活动，进一步激发了广大妇女投身生态建设的积极性。

据统计，2011 年全国共有 6.14 亿人次参加义务植树，植树 25.14 亿株。截至 2011 年年底，全国参加义务植树人数累计达 133 亿人次，义务植树 614 亿株。中国的全民义务植树运动已成为世界上参与人数最多、持续时间最长、影响范围最大的生态文明实践活动。

林业生态工程建设　各级林业部门突出林业"十大生态屏障"和"十大主导产业"建设，提前谋划，强化管理，加大投入，扎实推进林业生态工程建设，取得显著成绩。据统计，全年造林 613.8 万公顷。

天然林资源保护工程全年造林 57.16 万公顷，森林改培 3.33 万公顷，森林抚育 175.13 万公顷，1.15 亿公顷森林得到有效保护，天然林管护措施全面落实，长江上游、黄河上中游地区坚持禁止天然林商品性采伐，东北、内蒙古国有林区森林采伐量继续调减。退耕还林成果巩固深入推进，工程建设继续稳步实施，全年荒山荒地造林 45.29 万公顷、封山育林 20.87 万公顷。截至 2011 年年底，退耕还林工程造林 2700 万公顷，其中退耕地造林 900 万公顷、荒山荒地造林 1500 万公顷、封山育林 300 万公顷。"三北"及长江流域等重点防护林体系工程全年造林 134.43 万公顷，其中，"三北"防护林建设五期工程开局良好，工程建设呈现快速发展、规模推进、结构优化、质量提升、效益凸显的良好态势。沿海防护林、长江、珠江流域防护林以及太行山绿化工程造林稳步推进，工程区水土保持、水源涵养、防风、消浪等防护能力不断增强。京津风沙源治理工程全年完成林业建设任务 53.63 万公顷，二期规划建设范围扩大，增加了固沙项目。岩溶地区石漠化工程由试点转入重点治理，全年完成林业建设任务 21.17 万公顷。速生丰产用材林基地建设工程以工业原料用材林建设为重点稳步推进，形成了以粤桂琼闽地区为代表的南方原料用材林产业带，以长江中下游地区与黄河中下游地区为代表的中东部工业原料用材林产业带，以东北、内蒙古地区为代表的工业原料用材林产业带。各地也相继组织实施地方造林绿化工程，加快林业生态建设步伐。

城乡绿化　国土绿化的深入推进，为人居环境逐步改善发挥了有力的推动作用。通过旧城改造增绿、庭院拆墙透绿、中心城区添绿、新区规划建绿、城郊造林扩绿等多种形式，推动城市绿化快速发展。按照高标准大力开展城市绿化，已成为各地改善城市生态的重大举措。2011 年全国城市建成区绿化覆盖面积 161.2 万公顷，比上年增长 11.8 万公顷；城市人均拥有公园绿地面积 11.18 平方米，比上年增加 0.52 平方米。全国城市建成区绿化覆盖率、绿地率已分别达到 38.62% 和 34.47%，有 183 个城市被命名为国家园林城市，31 个城市被命名为国家森林城市。北京、辽宁、吉林、黑龙江、浙江、福建、湖南、广东、广西、新疆等省（区、市）继续深入开展“创绿色家园、建富裕新村”活动，不断加大四旁植树和农村庭院绿化美化力度，积极发展特色林果业，一批乡村被各地命名为森林乡村、绿化示范村等，乡村面貌逐步改善，呈现出生产、生态、观光、休闲于一体的田园风光。

部门绿化 中央直属机关、中央国家机关积极参加首都城乡手拉手、共建新农村义务植树活动，扎实推进山区义务植树基地和机关庭院绿化美化工作。中直机关全年完成山区义务植树 13.5 万株，新建庭院绿地面积 12 万多平方米，改建庭院绿地面积 10 万多平方米，节日摆花 25 万余盆。中央国家机关义务植树 10 万株，抚育树木约 900 万株，新增庭院绿化面积 6000 多平方米，机关办公区基本形成道路林荫化、庭院花园化，三季有花、四季常青。

交通运输系统以建设“资源节约型、环境友好型”公路为目标，通过政府引导、社会联动、多元投入，积极推进公路绿化。2011 年，全国新增公路绿化里程 10.11 万千米，累计实现中国公路绿化 204.45 万千米，占可绿化里程的 59.15%。其中，绿化国道 13.35 万千米，省道 23.29 万千米，农村公路（县、乡、村道）164.55 万千米，各类专用公路 3.27 万千米。

铁道系统以巩固成果、提高质量为重点，着力做好铁路沿线和站区造林绿化工作，改善沿线生态环境。全年种植乔木 1178.3 万株、灌木 2421.4 万株。截至目前，在全国 4.8 万千米宜林线路上，已绿化达标 3.5 万千米。

水利系统进一步加大湖泊、库区、河渠绿化力度，提高水利工程区植被覆盖度，净化了水质，有效改善生态景观。全年完成湖泊、库区绿化面积 3955 公顷，河渠沿岸绿化 5400 千米。累计完成湖泊、库区绿化面积 10.70 万公顷，江河沿岸绿化 5.61 万千米，实施水土流失综合治理近 110 万平方千米。

教育系统始终把校园绿化摆在重要位置，坚持生态文明教育与绿色实践相结合，积极发动广大师生参与造林绿化，涌现出一批绿化模范单位和园林式学校。全国各级各类学校绿化率已近 30%。

农垦系统普遍推行农场领导干部任期绿化目标责任制，造林绿化任务落实到地块，责任落实到人。各垦区积极完善农田防护林体系，保障农业综合生产能力不断增强，全年绿化垦区农田林网 5.7 万公顷，新增垦区道路绿化 7123.2 千米、垦区江河沿岸绿化 2285.2 千米。

中国人民解放军和武装警察部队积极组织开展营区绿化美化和森林管护活动，已创建绿色营区和生态营区 1000 余个，营区绿地率和军事管理区森林管护水平有较大提高。与此同时，积极出动兵力、车辆，组织官兵义务植树，支援驻地造林绿化和生态建设。

全国各级共青团组织在广大青少年中广泛开展生态意识宣传教育，传播绿色理念，培养青少年绿色队伍，开展“保护母亲河”植树造林活动，全年共组织 300 多万人次青少年参加植树。自 1999 年实施保护母亲河行动以来，共青团系统共组织青少年 5.1 亿多人次参加造林绿化活动。

全国妇联继续以“三八绿化工程”活动为载体，紧紧围绕农村经济发展和生态建设实际，组织发动妇女开展造林绿化活动。

中国石油以打造绿色、国际、可持续的中石油为目标，加大资金投入力度，实施一批矿区绿化项目，不断改善矿区生态环境。全年矿区新增各类绿地 1230 公顷，矿区绿化覆盖率达 33.17%。中国石化以改善生态环境、促进可持续发展、提高职工生活质量为目标，坚持以人为本、生态优先的经营理念，加强管理，推动绿化美化工作深入发展。

冶金行业将推进造林绿化和改善环境作为企业实现可持续发展的重要任务，实施了一系列绿化美化和矿山复垦造林的绿化工程，深入推进矿区绿化，不断提升企业绿化美化的品味和质量。全年新增绿化面积 380 公顷，矿山企业绿化面积已达 2.8 万公顷，绿化覆盖率达 35% 以上。

森林经营 各级林业部门坚持把森林经营作为现代林业建设的永恒主题，摆到突出位置，加强组织领导。国家林业局和各省区市都成立了森林抚育经营工作领导小组，明确了部门职责，层层签订目标责任制，强化目标管理和绩效考核，形成合力推进森林经营工作的新格局。森林抚育补贴试点管理工作全面加强，已建立县级自查、省级核查验收、国家抽查的质量控制体系以及资金拨付、调查设计、公开公示、技术培训、合同管理、监督指导、检查验收、成效监测、考核奖惩等一系列规章制度。

各地围绕提高森林质量、促进林农职工就业增收，纷纷采取措施，加强森林抚育经营。北京、浙江、福建、湖北等省（市）相继出台政策，加大地方财政对森林抚育、低产低效林改造的支持力度，拓展森林经营的资金渠道。

2011 年全国完成森林抚育 800.2 万公顷。根据国家林业局、财政部组织对河北等 29 个省（区、市）、141 个单位进行抽查结果，森林抚育面积核实率达 99.5%，抚育质量合格率达 96.6%。

草原建设 草原建设遵循“生产、生态有机结合，生态优先”的基本方针，着力落实各项草原牧区发展扶持政策，积极推进草原生态保护建设，推动草原生态、牧业生产和牧民生活持续协调发展。国务院制定出台指导中国牧区发展的纲领性文件《关于促进牧区又好又快发展的若干意见》，召开了全国牧区工作会议，批准农业部等部门提出的完善退牧还草政策的意见，提出加强草原生态保护建设、发展现代草原畜牧业的重要政策措施。2011 年起中央财政每年安排专项资金，在草原牧区实施生态保护补助奖励政策。按照“权属明确、管理规范、承包到户”的要求积极稳妥地推进草原承包经营。

目前，全国已累计承包草原2.43亿公顷，占可利用草原面积的73%，初步实现了"草定性、地定权、人定心"。继续实施退牧还草、京津风沙源草地治理和西南岩溶地区草地治理试点等草原保护建设工程，与非工程区相比，工程区草原植被盖度平均提高10个百分点，高度平均提高42.8%。全年完成种草改良面积1046.67万公顷，建设草原围栏700万公顷。全国草原生态加速恶化的势头得到初步遏制，局部地区明显改善。

森林、草原保护

森林、草原有害生物防控 出台《全国林业有害生物防治建设规划(2011～2020年)》。召开全国林业有害生物防治工作会议，与31个省(区、市)人民政府签订重大林业有害生物防治目标责任书。开展松材线虫病防治目标责任检查，实现发生面积、病株数和县级疫点"三下降"。实施美国白蛾联防联治，未发生严重灾害。建立重大、危险和突发林业生物灾害应急"周报告"制度。加快国家网络森林医院服务平台建设，已有天津、江苏、湖北等26个省(区、市)建成地方网络森林医院分院，聘用各级服务专家4800多人，基本形成了国家、省、市、县4级网院专家服务体系。野生动物疫源疫病监测防控稳步推进，加强驯养繁殖场所监测防控，启用监测网络直报系统，开展边境联防联控试点和非洲猪瘟等外来疫病防控工作。全国共防治草原鼠害703万公顷、草原虫害534万公顷，鼠虫害防治面积较去年增加6%，草原鼠虫害生物防治分别超过80%和50%，遏制草原害虫蔓延的趋势。

森林、草原火灾扑救 由多种卫星组成的卫星林火监测系统、国家森林防火指挥中心升级更新并投入运行，全国近600个森林火险监测站并网使用，预警响应速度得到较大提升。中俄第二次边境地区森林防火工作联防会议成功举行，中蒙、中缅、中哈联防取得进展，森林防火国际合作更加深入。强化军事管理区森林火灾防控。快速扑灭河北抚宁"4·12"、山东济南"4·18"等9起重大森林火灾，避免发生特大火灾。全国森林火灾、受害森林面积和伤亡人数，同比分别下降28.1%、41.2%和15.7%。通过加强草原防火应急响应和火情监测预警，大力开展草原防火宣传培训和应急演练，继续加强草原防火基础建设，草原火灾防控成效显著。与"十一五"时期的平均水平相比，草原火灾发生次数下降63.7%，受害草原面积下降11.4%，草原火灾发生次数和火灾损失均处于历史低位。

森林、草原管理 制订《森林增长指标考核评价实施方案》。首次在80个县开展保护发展森林资源目标责任制建立和执行情况检查。基本完成省级林地保护利用规划编制，稳步推进县级林地保护利用规划编制和林地落界工作，积极构建全国林地"一张图"，第一次实现全国统一标准的高分辨率遥感影像全覆盖。修订《林木和林地权属登记管理办法》，印发《占用征收林地定额管理办法》，出台《商品林采伐限额结转管理办法》。颁布全国木材检查站"十二五"建设规划，开展木材运输检查执法监督年活动。完成西藏等6省(区)森林资源清查和联合国粮农组织遥感样地监测。启动县级单位森林可持续经营管理试点和乡镇林业工作站编制简易森林经营方案试点。加强草原保护建设系列规划的编制与实施，落实草原管护制度，依法推进基本草原划定，推行禁牧、休牧、轮牧和草畜平衡制度，牧区已划定基本草原6200万公顷，禁牧草原面积9507万公顷，推行草畜平衡面积1.44亿公顷。

森林、草原执法 "亮剑行动"、"清网行动"等相继开展，有效打击各类破坏森林资源违法行为，全年收缴林木木材50余万立方米，野生动物89万余头(只)，收回林地8万余公顷，挽回经济损失40余亿元。深入组织开展草原禁牧和草畜平衡落实情况的专项执法检查，加大对各类草原违法案件的查处力度，全年结案1.61万起，结案率为97.6%。

存在问题 ①城乡之间、地区之间绿化发展不平衡，城乡绿地总量不足、质量不高，林地、草地生产力低，生态系统整体功能仍然十分脆弱。②现有宜林地立地条件差，造林绿化成本高，推进造林绿化和生态建设向纵深发展的难度加大，生态建设进入攻坚阶段。③造林绿化资金投入总量不足、标准偏低，作业道路、水利灌溉等配套设施建设滞后。④森林、草原有害生物防治和防火形势依然严峻，乱砍滥伐、非法侵占林地、绿地、草原案件居高不下。 (周力军)

【纪念全民义务植树运动30周年新闻发布会】 2011年是全民义务植树运动开展30周年。为了全面总结30年全民义务植树运动取得的巨大成就、宝贵经验，对新时期全民义务植树进行再动员，再部署，进一步调动社会各界积极参加全民义务植树活动，支持造林绿化和生态建设，在12月13日全国人大《关于开展全民义务植树运动的决议》颁布纪念日，全国绿化委员会、国家林业局召开纪念全民义务植树运动30周年新闻发布会。全国绿化委员会委员、国家林业局副局长张永利出席新闻发布会，并对全民义务植树运动开展30年来的主要成就、开展全民义务植树运动的主要做法、新时期深入开展全民义务植树运动的主要对策，进行情况通报。

全国绿化委员会办公室秘书长、国家林业局造林绿化管理司司长王祝雄也出席新闻发布会，并通报2011年全国造林绿化情况和国际森林年活动开展情况。

共有50多家新闻媒体记者出席新闻发布会，现场采访报道。新华社、国务院新闻办等重要新闻单位，《人民日报》、《经济日报》、《中国日报》、《中国绿色时报》等主要报刊，中央政府网、中国网、凤凰网、网易、搜狐等知名网站，中国林业网、中国气象网、中国财经网等专业网站，浙江、河南、新疆等地方媒体纷纷以全民义务植树在加快国土绿化步伐和推进生态文明建设方面的巨大作用、今后义务植树的目标任务以及2011年造林绿化呈现的特点为新闻点，以"全民义务植树30年取得巨大成就"、"未来10年中国将组织65亿人次植树260亿株"或者"2011年全国造林9000万亩的计划任务提前完成"为醒目标题，全面报道全民义务植树和造林绿化工作，进一步宣传造林绿化和生态建设事业。

(周力军)

【《2010年中国国土绿化状况公报》发布】 为大力宣传各地区、各部门在造林绿化和林业生态建设上的重大举措和取得的显著成绩，进一步调动社会各界支持和参与造林绿化事业的积极性，3月12日植树节，全国绿化委员会办公室发布《2010年中国国土绿化状况公报》。公报全面反映全民义务植树、国家重点工程造林、部门绿化、森林保护等实际进展、取得成绩和经验做法，指出了当前存在的困难和问题，提出了2011年造林绿化总体思路。植树节前后，《新华社》、《人民日报》、《经济日报》、《中国绿色时报》以及中国网、新浪、搜狐、中国林业网等几十家新闻媒体登载公报，宣传效果很好。

（周力军）

【全国绿化委员会第二十九次全体会议】 3月29日，全国绿化委员会在京召开第二十九次全体会议，总结"十一五"时期国土绿化工作，研究部署"十二五"及2011年国土绿化任务。国务院副秘书长、全国绿化委员会副主任丁学东主持会议。中共中央政治局委员、国务院副总理、全国绿化委员会主任回良玉出席会议并讲话。全国绿化委员会副主任、国家林业局局长贾治邦代表全国绿化委员会作工作报告。全国绿化委员会全体成员参加了会议。

回良玉要求，采取综合措施，突出重点任务，全面提升国土绿化的质量和效益。一要认真实施《全国造林绿化规划纲要（2011—2020）》，将建设任务分解落实到各个地方，严格检查验收，确保如期完成。二要全面深化集体林权制度改革，增强林业发展的活力与吸引力，充分调动社会各界尤其是广大农民群众参与林业建设的积极性，不断壮大国土绿化的力量。三要深入开展全民义务植树运动，研究探索推进义务植树的新思路、新办法，鼓励适龄公民通过多种方式履行植树义务。四要着力巩固国土绿化成果，依法严惩盗伐滥伐林木和非法占用林地绿地行为，切实加强森林草原防火工作，抓好林业有害生物防治。五要切实加强国土绿化工作的组织领导，完善地方各级政府造林绿化目标责任制和部门绿化责任制。

贾治邦在工作报告中简要回顾了2010年国土绿化工作，对2011年国土绿化工作进行了安排部署。国土绿化工作必须紧紧围绕提高森林覆盖率和增加森林蓄积量这一核心，始终抓住转变发展方式这条主线，力争全年完成造林600万公顷，抚育森林533万公顷，低产林改造187万公顷，义务植树25亿株；完成种草改良867万公顷，建设草原围栏面积333万公顷，草原禁牧面积累计达到6670万公顷；完成水土流失治理面积500万公顷，湖泊、水库周边绿化4000公顷，江河沿岸绿化5300千米；全年新增公路绿化里程超过10万千米，干线公路宜绿化路段绿化率达到86%；创建100个绿色营区、20个生态营区，完成4万公顷"三荒"造林和6667公顷海防林建设任务。要突出抓好以下重点工作。一是抓紧修订《国务院关于开展全民义务植树运动的实施办法》，推动各级地方政府颁布义务植树法规。二是全力抓好林业重点工程建设，进一步提高工程建设质量和成效。三是积极推进部门绿化，努力形成多主体、多层次、多形式的国土绿化新格局。四是继续强化草原保护与利用，强化草原监督管理，加强草原技术推广与示范，促进草原生态治理和保护。五是切实提高造林绿化工作质量，强化森林经营监督管理。六是探索创新国土绿化新机制，充分调动各种经营主体造林绿化的积极性，全面增强国土绿化事业的活力与吸引力。七是着力抓好宣传发动工作。紧紧围绕颁布《全国造林绿化规划纲要（2011～2020年）》、义务植树30周年、国际森林年等内容，充分运用各类媒体和手段，大力营造全民参与国土绿化的良好氛围。

会议还审议通过了《全国造林绿化规划纲要（2011～2020年）》和《关于表彰全国绿化先进集体、全国绿化劳动模范和先进工作者的决定》。 （伍赛珠）

【共和国部长义务植树活动】 3月26日，全国绿化委员会、中共中央直属机关绿化委员会、中央国家机关绿化委员会、首都绿化委员会共同开展"共和国部长义务植树活动"。来自中共中央直属机关和中央国家机关各部委、单位的197名部级领导参加植树活动。在北京通州区植下近2800株树木。自2002年活动开展以来，已连续举办10次，先后有1742人次部级领导参加义务植树，共栽种树木21 570株，营造纪念林10处。

（魏晓双）

【国际森林年中国行动启动仪式】 4月9日，全国绿化委员会、国家林业局在北京市朝阳区望京公园举办国际森林年中国行动启动仪式。来自50多个国家驻华使馆、20多个国际组织驻华机构的代表以及北京市群众代表共500人参加活动，以植树播绿的形式，为国际森林年中国行动系列活动拉开了序幕。 （魏晓双）

【"保护母亲河——2011年度青少年植树行动"统一行动日活动】 4月22日，全国绿化委员会、共青团中央、国家林业局共同组织开展"保护母亲河——2011年度青少年植树行动"统一行动日活动。在全国选取10个在党的历史和红军长征途中有重要意义的地区同步举行活动。活动当天，全国共有184万青少年植下约1970万棵树，面积1.07万余公顷。自1999年实施保护母亲河行动以来，共青团系统共组织青少年5.1亿多人次参加造林绿化活动，建设近26.67万公顷青年林。

（魏晓双）

【"母亲公益林示范基地"命名揭碑仪式】 7月25～26日，全国绿化委员会、国家林业局、全国妇联在内蒙古通辽市库伦旗举办"母亲公益林示范基地"命名揭碑仪式。全年创建全国"三八绿色工程"示范基地39个，目前总数已达421个。 （魏晓双）

【绿色文明校园】 全国绿化委员会、教育部、国家林业局在《中国绿色时报》和《中国教育报》上组织开展"生态文明从我做起"有奖征文活动。印制《为了我们共同的绿色家园——纪念全民义务植树运动30周年》宣传画册及《全民义务植树工作总结汇编》。 （魏晓双）

林业应对气候变化

【《林业应对气候变化"十二五"行动要点》】 围绕《中华人民共和国国民经济和社会发展第十二个五年规划纲要》和国务院《"十二五"控制温室气体排放工作方案》赋予林业的重大使命，国家林业局办公室印发了《林业应对气候变化"十二五"行动要点》，对"十二五"期间林业应对气候变化工作做出了总体部署。"行动要点"以发展现代林业为宗旨，以实现林业"双增"目标为核心任务，根据应对气候变化国家战略部署和林业发展"十二五"规划总体要求，提出了5项林业减缓气候变化主要行动、4项林业适应气候变化主要行动和6项加强能力建设主要行动。 (蒋三乃)

【《关于坎昆气候大会后进一步加强林业应对气候变化工作的意见》】 根据2010年底墨西哥坎昆气候大会通过的两个关于林业的决定，为更好地发挥林业在中国履行《联合国气候变化框架公约》义务，顺势推动和加快林业改革发展，扎实开展造林绿化，切实加强森林保护和经营，实现林业"双增"奋斗目标，增强森林生态系统整体功能和林业应对气候变化能力，巩固和提高林业在应对气候变化中的独特作用和重要地位，国家林业局制定了《关于坎昆气候大会后进一步加强林业应对气候变化工作的意见》，并印发各有关单位执行。《意见》针对坎昆气候大会两个林业决定提出的任务，结合中国林业实际，并考虑到未来气候变化谈判的趋势，要求各有关单位结合职能、分工协作，密切配合、抓好落实，共同推进中国林业应对气候变化工作。根据林业应对气候变化工作的新形势、新任务、新要求，并考虑有关单位人员变动情况，《意见》对国家林业局应对气候变化工作领导小组及其办公室组成人员进行了调整。

(蒋三乃)

【林业应对气候变化工作机构】 为进一步加强对林业应对气候变化工作的组织领导，更好地发挥林业在应对气候变化工作中的特殊作用，2011年3月，对国家林业局应对气候变化和节能减排工作领导小组进行了调整、充实和加强，领导小组成员单位由15个增加到18个，领导小组办公室继续设在国家林业局造林绿化管理司，承担日常事务和协调督办工作，并负责与国家应对气候变化领导小组办公室对口联系。5月，国家林业局向国家发改委报送了赵树丛同志为国家应对气候变化领导小组协调联络办公室副主任。 (章升东)

【全国林业碳汇计量监测体系建设】 在现有国家林业局林业碳汇计量监测中心、国家林业局西南林业碳汇计量监测中心的基础上，2011年，国家林业局又组建了华东、中南、西北3个林业碳汇计量监测中心，形成了1个国家局中心、4个区域性分中心的全国林业碳汇计量监测体系架构。为进一步加快体系建设进程，召开了体系建设座谈会，继续推进山西、辽宁、四川林业碳汇计量监测体系建设试点，新启动安徽试点。举办了两期全国林业碳汇计量监测技术培训班和林业应对气候变化专业技术人员能力建设高级研修班。制定印发了《全国林业碳汇计量监测技术指南(试行)》，组织编制了林业碳汇计量监测、林业碳库调查、植被生物量监测遥感应用等技术规范，完成全国林业碳汇计量监测体系建设的数据、模型、方法三大核心内容的部分建设任务，取得了阶段性成果。 (蒋三乃)

【碳汇造林相关试点示范】 利用社会捐资开展碳汇造林试点，完成2010年碳汇造林试点项目实施方案的备案和碳汇计量监测方案的审查批复，协调落实并部署安排了2011年碳汇造林试点任务。组织编制了《林业低碳经济北京西山试验林场综合试点示范项目可研报告》和实施方案，通过专家审定，批复启动了试点工作。指导编制并批复同意《浙江临安碳汇林业试验区建设实施方案》，启动了试验区建设工作。 (章升东)

【林业碳汇交易试点】 按照国家"十二五"规划纲要及《"十二五"控制温室气体排放工作方案》要求，国家林业局造林绿化管理司组织开展了林业碳汇自愿交易研究，提出了关于逐步建立国内碳汇自愿交易市场的建议。同时，结合国家发展和改革委员会关于开展北京等7省市碳排放权交易试点工作的部署。2011年12月，组织召开了林业碳汇与碳排放权交易试点研讨会，提出了将林业碳汇纳入国家碳排放交易体系的总体思路，并对相关工作进行了部署。 (章升东)

【林业应对气候变化国际交流合作】 积极参加减少毁林排放等行动(以下简称REDD+)伙伴关系研讨会及巴拿马、南非德班气候大会林业议题谈判。成功召开首届亚太经济合作组织林业部长级会议、联合国粮食与农业组织第24次亚太林委会会议和第二届亚太林业周活动以及第二届东北亚生态论坛。亚太森林恢复与可持续管理网络成功注册为国际性组织。加强了与美国大自然保护协会、法国开发署、世界自然基金会等有关国际组织在林业碳汇计量监测、竹子造林碳汇项目及新一代人工林项目等方面的交流与合作。 (章升东)

林业产业

05

【综　述】 2011年，林业产业蓬勃发展，主要表现在产业规模持续壮大、产业结构不断优化、产业竞争力逐步增强、新兴产业快速发展。林业产业总产值首次突破3万亿元大关，达到3.06万亿元(按现价计算)，比2010年增长34.32%，产业规模再上新台阶。自2001年以来，林业产业总产值的平均增速达到22.29%。

分产业看，第一产业产值11 056.19亿元，占全部林业产业总产值的36.14%，同比增长24.29%；第二产业产值16 688.40亿元，占全部林业产业总产值的54.54%，同比增长40.51%；第三产业产值2852.14亿元，占全部林业产业总产值的9.32%，同比增长42.12%。近年来，林业三个产业的产值结构逐步调整，不断优化，已由“十五”末期的52∶41∶7，调整为36∶55∶9，林业二、三产业所占比重逐年增大，产业结构调整迈出新步伐。

【中国绿色林产品极大丰富】 2011年中国主要林产品产量有增有减。2011年全国花卉种植面积102.40万公顷，销售额近1068.54亿元，花卉业发展方式正在由数量扩张型向质量效益型转变。全国各类经济林产品总产量达到1.26亿吨，与2010年同期基本持平，其中水果1.11亿吨，干果807万吨。全国木材产量为7272万立方米，比2010年同期减少818万立方米，同比减少10.1%，仅内蒙古、吉林、龙江、大兴安岭四大森工(林业)集团公司的木材产量就比2010年同期减少了517万立方米。全年累计生产人造板16 543万立方米，比2010年同期增长7.7%。全年累计生产木竹地板48 994万平方米，比2010年同期增长2.2%。全年累计生产木质家具22 306万件，比2010年同期增长15.0%。2011年，森林公园发展到2151处，森林旅游收入达到1863亿元，比2010年增长42.18%，直接带动其他产业产值超过3296亿元。

【国家级林业产业展会工作座谈会】 7月18日，国家林业局计财司在黑龙江省牡丹江市主持召开了国家级林业产业展会工作座谈会。会议认真总结交流了国家级林业产业展会的工作，分析了林业会展经济形势，研究部署了下一阶段的主要工作。

国家林业局计财司副司长孙建在会上作了重要讲话。孙建副司长要求，下一步发展林业会展经济，要在打造品牌、办出特色上下工夫；要提升档次、办成精品，加强交流、形成联动机制；要充分展示林业的低碳环保的产业特色。

为探索建立稳定、长期的国家级林业产业展会工作协作机制，会议研究讨论了《中国国际林业产业博览会申报管理暂行规定》。牡丹江、伊春、菏泽、义乌、三明等五个国家级林业展会的具体承办城市间签署了《战略合作框架协议》。

黑龙江、山东、浙江、福建省林业厅产业主管部门负责人，黑龙江省牡丹江、伊春市，山东省菏泽市、浙江省义乌市、福建省三明市政府主管领导和市林业局主要负责人等参加了会议。

【中国现代林业产业网及中国林业产业基础数据库应用培训会议】 7月29～30日，国家林业局计财司在黑龙江省伊春市组织召开了中国现代林业产业网及中国林业产业基础数据库应用培训会。来自全国各省市及四大森工集团公司的90名代表参加了会议。

国家林业局计财司副司长、全国木行办主任孙建到会作了主题为“加快全国林业产业信息化建设，促进林业产业发展”的重要讲话，旨在认真贯彻落实第二届全国林业信息化工作会议的工作部署，科学分析林业产业信息化工作面临的新形势和新要求，安排部署今后一段时期的林业产业信息化工作。会议还邀请农业部市场司做了关于农产品市场监测预警及中国农业信息网建设经验介绍，邀请国家林业局信息办解读了全国林业信息化发展“十二五”规划，还邀请中通木材电子交易有限公司做了运用电子商务技术促进木材信息化发展的报告。

【国家发改委《产业结构调整指导目录(2011年本)》发布实施】 2011年6月1日起，国家发改委修订并发布的《产业结构调整指导目录(2011年本)》(下文简称2011年本目录)已经正式施行，作为政府引导投资方向，管理投资项目，制定和实施财税、金融、投资、进出口等政策的重要依据，修订后的新版目录中各项重点条目广受关注。

2011年产业目录共有五大特点：一是力求全面反映结构调整和产业升级的方向内容。鼓励类新增了新能源、城市轨道交通装备、综合交通运输、公共安全与应急产品等14个门类。二是更加注重战略性新兴产业发展和自主创新。三是更加注重对推动服务业大发展的支持。四是更加注重对产能过剩行业的限制和引导。“十二五”规划《纲要》提出“加大淘汰落后产能力度，压缩和疏导过剩产能”，为此，根据国发〔2009〕38号文件和相关产业准入条件，在限制类条目设置上加强了对产能过剩和低水平重复建设产业的限制，从产品规格、参数和生产装置规模等方面分别对限制范围进行了比较明确的界定，提高了准入标准。五是更加注重落实可持续发展的要求，在几乎所有制造业门类中均增加了清洁生产工艺、节能减排、循环利用等方面的内容。

【国家林业局首次开展“全国油茶产业重点企业”认定工作】 近年来，党中央、国务院高度重视油茶产业发展，中国油茶产业呈现良好的发展态势。为充分发挥14个油茶主产省(区、市)油茶重点企业和油茶科技示范基地的示范辐射带动作用，进一步推动中国油茶产业持续健康发展，国家林业局决定认定首批“全国油茶重点企业”，并相应出台了《“全国油茶重点企业”认定办法》。在局计财司和油茶办的组织部署和统筹指导下，经过专家认真评审，2011年9月，国家林业局认定公布了43家“全国油茶产业重点企业”，并在9月底召开的第四次全国油茶产业发展现场会上进行了企业授牌。

首批43家“全国油茶产业重点企业”名单：浙江卖油翁油品有限公司、浙江常发粮油食品有限公司、浙江茶之语科技开发有限公司、安徽大别山科技开发有限公司、安徽黄山市徽山食用油业有限公司、安徽黄山裕籽贵茶油有限公司、安徽绿健生物科技有限公司、福建省尤溪县沈郎食用油有限公司、福建老知青集团公司、福建三本农业高科技有限公司、江西春源绿色食品有限公司、江西青龙高科技股份有限公司、江西山村油脂食品有限公司、江西绿海油脂有限公司、江西省高氏油茶发展有限公司、江西御润坊富硒山茶油有限公司、江西景德镇市青原农林开发有限公司、江西云河实业有限公司、河南新县安太食品有限公司、湖北华饴木本油脂有限公司、湖北黄袍山绿色产品有限公司、湖北阳新富川油脂有限责任公司、湖北四季春茶油有限公司、湖北汇澄茶油股份有限公司、湖南金浩茶油股份有限公司、湖南大自然茶油有限公司、湖南郴州邦尔泰苏仙油脂公司、湖南耒阳神龙农业科技公司、湖南江山生态农林发展公司、湖南林之神科技有限公司、湖南山润油茶科技发展公司、广东新大地生物科技股份有限公司、广东山马农林发展有限公司、广东鸿利丰农林发展有限公司、广东宝华农业科技股份有限公司、广东富然农科有限公司、广东梅州天润生态农林发展有限公司、广西金茶王油脂有限公司、广西桂林思源生态农业科技开发有限责任公司、重庆酉阳县康友粮油有限公司、贵州黎平县绿野油脂有限公司、云南云岭茶油有限公司、陕西金籽茶油有限公司。

【第二届中国国际林业产业博览会】 为认真贯彻落实中央林业工作会议精神，全面展示中国林业产业发展的新面貌、新成就，构建林产品贸易与交流平台，促进林业产业全面转型升级，加强中国与世界林业的合作与交流，推动林业生态建设与产业建设快速、健康、协调发展，11 月 1 ~4 日，第二届中国国际林业产业博览会暨第四届中国义乌国际森林产品博览会在浙江省义乌市隆重开幕。本届林博会由国家林业局与浙江省人民政府共同主办，国家林业局计财司、国家林业局国际司、国家林业局宣传中心、中国林业产业联合会、浙江省林业厅、义乌市人民政府联合承办。浙江省省委书记赵洪祝为博览会发来贺信，国家林业局副局长赵树丛，浙江省委常委、副省长葛慧君等在开幕式上分别致辞。全国政协原副主席张思卿、国家林业局局长贾治邦、浙江省代省长夏宝龙按动水晶球为博览会启幕。

中国国际林业产业博览会是中国唯一经国务院批准的国际性林业博览会。第二届林博会是首届北京林博会的时隔五年之后、又一次检阅中国林业产业发展成就的盛会，打造了中国名牌林业企业集体亮相、中国林产品精华荟萃和中国林产品走向世界的重要贸易平台、合作平台、信息平台。本届林博会以“兴林富民，共享绿色低碳生活”为主题，以“展示产业成就，检阅产业队伍，扩大交流合作，推动转型升级”为宗旨，设国际标准展位 4519 个，展览面积 8.1 万平方米，参展商品包括木竹家居、木竹工艺品、木竹日用品、森林休闲、木本粮油和森林食品、花卉园艺、林业装备七大类。在国际商贸城、义乌家具市场、义乌副食品市场设 3 个分展馆。本届林博会展会期间举行各种配套活动 20 余项，有来自境外 30 个国家（地区）和境内 30 个省（区、市）的 2000 余家企业参展，有来自 100 多个国家（地区）的 13.25 万名境内外采购商参会，其中境外客商 6500 余人；实现展览成交额 50.18 亿元，其中外贸成交额 26.09 亿元，占总成交额的 51.99%。第二届林博会已发展成为中国规格最高、亚太地区规模最大的国际性林业盛会。

【第二届中国国际林业产业博览会政务版网页上线】 8 月，第二届中国国际林业产业博览会网页上线。网页共设置大会概况、通知公告、工作动态、参展参观、重要活动、参展企业、媒体聚焦、展团风采、展会摄影 9 个栏目。网页挂在中国现代林业产业网上，在国家林业网热点专题内设置链接，成为宣传第二届中国国际林业产业博览会的一个重要平台。第二届中国国际林业产业博览会网页共更新包含林博会组委会文件等内容百余条，林博会现场照片等图片上百张。“在线林博会”网站（包括森博会网、现代林业产业网）4 天点击量 20 余万次。

【产业论坛活动】 第二届林博会期间，举办了林业产业发展国际论坛、促进中国和发展中国家林业（竹业）合作部级官员研修班、中国木本粮油发展高峰论坛和中国林业生物质能源发展高峰论坛。

中国国际林业产业发展论坛由国家林业局计财司（木行办）、中国林业产业联合会、国家林业局林产工业规划设计院承办。国家林业局局长贾治邦作主旨报告，邀请了国家发改委、财政部等有关领导进行政策解读；邀请相关院士、专家、学者作其重点学术领域介绍；各省林业厅局长、部分企业家等参加了会议。

促进中国和发展中国家林业（竹业）合作部级官员研修班由义乌市人民政府、国家林业局竹子研究开发中心承办，国家林业局局长贾治邦、副局长印红出席并作重要讲话，国际合作司、中国林科院等领导和有关知名专家学者参加。国家林业局副局长赵树丛作中国林业发展形势主旨报告。

中国木本粮油发展高峰论坛由国家林业局计财司、湖南省林业厅负责组织，湖南省林业科学院承办。论坛紧扣“发展木本粮油产业、服务国家粮油安全”的主题，以展示中国油茶等木本粮油产业发展成就、扩大交流合作、推动转型升级为宗旨，提升木本粮油产业地位、增强产品知名度和市场竞争力。国家林业局副局长赵树丛作《加快油茶产业发展，服务国家粮油安全》的主旨报告。

中国林业生物质能源发展高峰论坛由国家林业局计财司、中国林科院负责组织，中国林业科学研究院林产化学工业研究所承办。围绕专用能源林培育、生物质能高效转化、生物基产品替代以及产业政策等生物质能源产业发展的主要方向和重点，邀请国内知名专家和学者作论坛主题报告。

【千家企业产品荣获第二届林博会林产品金奖、优质产品奖】 第二届林博会授予北京瑞祥安古典家具有限公司葡萄沙发十一件套、北京市天博饲料有限公司水貂颗粒、秦皇岛野生动物救护中心野生动物标本、圣象集团强化复合地板、大亚人造板集团有限公司纤维薄板、安徽龙华竹叶有限公司高档全竹家具等 456 个产品金奖。授予孝感市福良山农业综合开发有限公司福良山碧剑、湖北宝贝生物科技有限公司西谷核桃油、来凤县古杨梅食品有限公司杨梅酒、青海康普生物科技股份公司虫草菌粉胶囊、青海清华博众生物技术有限公司“青海青”沙棘维生素P粉等587个产品优质产品奖。

【第五届中国(牡丹江)—俄罗斯(远东)国际木业博览会】 8月16~18日，国家林业局与黑龙江省人民政府共同举办了第五届中国(牡丹江)—俄罗斯(远东)国际木业博览会。本届木博会以“畅想绿色 共享发展”为主题，通过搭建国际、国内林业产业交流合作平台，重点突出“面向东北亚、辐射全世界、服务全中国”的特色定位，推动建设牡丹江发达的林业产业体系，利用“国际木业之都”的影响力，打造国际会展平台。本届木博会的主会场设在牡丹江国际会展中心，展馆面积达2万平方米，有国际标准展位1100余个，设立了木材制品、家居及设计、木业机械、木业配套产品、森林食品及森林旅游、国际林产品、五大林业会展城市以及林业产业化龙头企业等八大类展区，涉及展品2000余种。共有3200余位国内外嘉宾莅临本届木博会，有400余家企业参展。

【第八届中国林产品交易会】 9月19~22日，国家林业局与山东省人民政府共同举办了第八届中国林产品交易会。

本届林交会历时4天，到会参观人数达17.6万人次，分别来自美国、日本、法国、澳大利亚、捷克斯洛伐克、韩国、新加坡、中国香港、中国台湾等10多个国家和地区以及国内12个省(区、市)的采购商1670人，其中境外客商300多人，专业观众18 600多人；签订投资和销售合同及协议103个，其中内资合同、协议96个，金额190.6亿元，外资合同、协议7个，金额8.05亿美元，现场交易额6500万元。

【第五届中国海峡两岸林产品交易博览会】 9月6~9日，国家林业局与福建省人民政府共同举办了第五届中国海峡两岸林产品交易博览会。共有15个国家(地区)8万多名来宾和客商前来参会参展，其中重要嘉宾有2700多名。

本届展会展馆面积2.1万平方米，共有481家境内外企业参展，参展产品2300多种，现场销售及商品交易订单总额达到11.36亿元。

展会期间，50多家两岸知名药企高管和140多名两岸业界代表参加了两岸生物医药论坛。草珊瑚、黄精、虎杖顺利通过道地优质药材评审认定，实现三明道地药材品牌零的突破。共有87人组成的台湾妇女代表团参加了闽台妇女经贸论坛，台湾花莲县妇女会还与三明市妇联签订了友好合作协议。

本届展会共签约项目230项，总投资145.73亿元。投资合作领域涉及林产品深加工、资源培育、生物医药、森林食品、旅游开发、建材、工业园区和科技交流合作等领域。在合同项目中，台外资项目29项，总投资2.7亿美元，合同利用台外资2.28亿美元。

【贺兰山东麓百万亩葡萄产业带建设启动】 2011年，宁夏自治区编制完成了《中国(宁夏)贺兰山东麓百万亩葡萄产业带及文化长廊发展总体规划》，规划到2020年，在贺兰山东麓培育100万亩葡萄基地，建设一个葡萄文化发展中心、三个区域性重点葡萄酒城、十个特色葡萄文化小镇、100个葡萄酒重点酒庄，1000亿元的综合产值，将葡萄产业与文化、旅游等产业有机融合，充分发挥独特的资源优势、省会城市的区域优势；把贺兰山东麓打造成一个竞争力强、辐射面广、国内最大、全球知名的葡萄酒产业生态经济带。

【山东省林业产业工作暨集体林权制度改革总结表彰会议】 2011年7月26日，山东省委、省政府在济南召开全省林业产业工作暨集体林权制度改革总结表彰会议，对全省集体林权制度改革工作中涌现的先进集体和先进个人进行表彰，并谋划林业产业发展，推动林业产业大省向产业强省跨越。会议认为，下一步，在完善配套措施、巩固改革成果，确保全面完成集体林改任务的同时，全省林业工作的重点应当转到林业产业化上来。

国家林业局总工程师陈凤学，山东省省委副书记、省政协主席刘伟出席会议并讲话，副省长贾万志主持会议。省政府办公厅副主任高洪波宣读了省委、省政府《关于表彰全省集体林权制度改革工作先进集体和先进个人的通报》，授予济南市历城区林业局等60个单位“山东省集体林权制度改革工作先进集体”称号；给予李明等20名同志记一等功。省人社厅副厅长杨喜坤宣读了省人社厅、省林业局《关于表彰全省集体林权制度改革工作先进个人的通报》，给王书朋等60名同志记二等功；给郭承福等100名同志记三等功。省林业局局长贾崇福宣读了表彰全省林业产业先进典型的通报。

会议号召全省各级各部门和广大干部群众要以先进为榜样，深入贯彻落实科学发展观，齐心协力，锐意进取，攻坚克难，把集体林权制度改革作为促进社会和谐、推动农村社会发展的强大动力，以更加饱满的热情、更加扎实的工作，进一步深化集体林权制度改革，为发展现代林业、建设生态文明、推动经济文化强省建设作出应有的贡献。

【湖北省出台《关于试办湖北现代林业科技产业园区的意见》】 2011年，湖北省林业厅在广泛调研、深入探讨的基础上，出台了《关于试办湖北现代林业科技产业园区的意见》，阐明了建设园区的重要意义、总体思路、基本原则、建设重点、扶持政策、保障措施等，引起了地方党委、政府主要领导的高度重视和关注，多数地方主动制定产业园区建设总体规划，纷纷上门争取省厅授牌。编印了《林业产业文件选编》，帮助龙头企业利用国家法规和政策加快自身发展。还专门出台文件，为入园龙头企业提供贴息贷款，扶持现有骨干企业发展壮大。按照培育大龙头、建设大基地、发展大产业的思路，大力开展招商引资活动，积极引进战略合作伙伴，推进企业科技成果转化。近两年，省林业厅先后组团赴广州、深圳、台湾招商，成功签约项目33个，签约金额超过82亿元。一批上市公司、中央企业已抢滩湖北林业，投资湖北林业。凯迪控股公司计划在湖北投资30亿元，投资生物质能源电厂8座和建设40万公顷生物质原料基地；山东晨鸣纸业投资100亿元建设林浆纸一体化项目，已流转林地20万公顷。同时，注重整合涉林专项资金，每年按一定比例，重点扶持园区企业工业原料林基地建设、林产品技术引进改造、设备更新、品牌建设和科技研发。还采取贷款贴息、以奖代投、投资参股等多种方式，扶持林业产业化龙头企业。

【福建省认定85家林业产业化龙头企业】 福建省林业厅、省财政厅日前联合下发通知，认定福建福人木业有限公司等85家企业为2011 ~2013年度福建省林业产业化龙头企业。

根据福建省林业产业化龙头企业认定和管理办法，林业产业化龙头企业须以森林资源为经营对象，主业突出，具有市场开拓、科技开发、加工流通、辐射带动等能力，并在同行业中起到示范带动作用；须能通过各种利益联接机制与农户相联系，带动林农发展商品生产，在规模和经营指标上达到规定标准。

福建省林业厅和省财政厅对认定的林业产业化龙头企业实行动态管理，省林业厅不定期对龙头企业进行监测。动态监测合格的龙头企业可享受其间优惠政策；监测不合格的将取消资格，并不再享受有关优惠政策。

福建省现有规模以上的林业工业企业2700多家，上市林业企业15家，拥有中国名牌产品2个、中国驰名商标11枚、省名牌产品154个、省著名商标56枚、国家地理标志产品保护5个。2010年，全省实现林业产业总产值1673亿元。

【四川省林业产业发展现场会】 12月22日，四川省林业产业发展现场会在广元召开。会议总结了近年来四川省林业产业发展经验，对当前及今后一段时期的林业产业各项工作进行了安排部署。会议强调，要做大做强林业经济，带动农民持续稳定增收。

四川省省委副书记、省长蒋巨峰出席会议并作重要讲话，省委常委、副省长钟勉主持会议，省委常委、省委农工委主任李昌平，广元市委书记罗强及省级相关部门负责人出席会议。

“十一五”以来，全省林业展现深入贯彻落实科学发展观，紧紧围绕“推进产业化、全面建小康”的总体思路，依靠科技进步，优化产业布局，创新工作机制，林业产业发展取得了显著成效。

会上，大竹县、万源市、江安县、北川县、青神县、华蓥市等6县(市、区)获得全省第二批林业产业强县称号。广元市市委副书记、市长马华代表广元作大会交流发言。

全省各市州分管农业负责人，省林业产业化龙头企业、专合组织主要负责人参加了此次会议。

（林业产业由陈瑞国、田野供稿）

森林资源
保护与林政管理

06

森林资源保护

林业有害生物防治

【中国林业有害生物的发生与防治】 全国主要林业有害生物发生面积为1168万公顷。其中虫害发生面积845万公顷，病害发生面积120万公顷，鼠(兔)害发生面积203万公顷。另外，有害植物发生面积16万公顷。与2010年全国主要林业有害生物发生面积1199万公顷相比，发生面积略有下降。

2011年，在党中央、国务院的高度重视下，在各级地方政府和各级林业主管部门的共同努力下，林业有害生物防治工作按照“预防为主，科学治理，依法监管，强化责任”方针，突出重点、分类施策，采取了一系列强有力的措施，取得了较为显著的防治成效。全国林业有害生物防治面积867万公顷，累计防治作业面积2000多万公顷次，主要林业有害生物成灾率控制在5.1‰以下，无公害防治率达到82%，测报准确率达到84%，种苗产地检疫率达到96%，松材线虫病、美国白蛾、林业鼠(兔)害、薇甘菊、钻蛀性有害生物等重大林业有害生物得到持续控制，较好地完成了2011年目标管理任务指标。

【全国林业有害生物防治工作会议】 经请示国务院同意，国家林业局于2011年8月17日在浙江宁波市召开了全国林业有害生物防治工作会议。全国绿化委员会副主任、国家林业局局长贾治邦、国家林业局副局长张永利出席会议并做重要讲话，全面部署了防治工作。各省(区、市)人民政府分管秘书长，国家发改委、财政部、农业部、科技部、质检总局等有关部门参加了会议。

贾治邦指出，“十一五”期间，林业有害生物防治工作和防控体系建设得到了全面加强，取得了极为显著的防治成效，但随着全球气候变暖、经济贸易增多、物流活动频繁等不利因素的影响，加之我国林业有害生物种类众多、分布广泛，当前全国林业有害生物仍然呈现传播速度快、防控难度大、发生面积广、危害程度重、复发次数多的持续高发态势，对森林资源安全构成严重威胁。特别是一些重大林业有害生物灾害还未得到彻底遏制，松材线虫病仍在向西向北扩散，美国白蛾正在向南向北扩散，林业有害生物防治工作的形势越来越严峻、任务越来越艰巨。要求各地一定要充分认识全面加强林业有害生物防治工作的重大意义，切实增强责任感和紧迫感，以预防为主，实现科学治理。做好林业有害生物防治工作，事关实现“双增”目标这个政治大任。做好林业有害生物防治工作，事关维护群众利益这个民生大计。做好林业有害生物防治工作，事关国际国内贸易这个经济大局。做好林业有害生物防治工作，事关应对气候变化这个全球大事。针对当前和“十二五”林业有害生物防治工作，各地要进一步加强组织领导，落实防治责任；要加强灾害预防，推动源头治本；要加强科学防治，坚持综合治理；要加强防治监管，提高管理水平。

张永利全面总结了“十一五”全国林业有害生物防治工作的成绩和经验，深刻阐述了全面加强林业有害生物防治工作的重大意义，深入分析了工作中存在的问题，并对“十二五”的工作进行了安排部署，提出着力做到林业有害生物防治工作的“六个强化、六个确保”，即强化组织领导，确保责任落实到位；强化改革创新，确保管理措施到位；强化预防措施，确保重心前移到位；强化政策扶持，确保任务落实到位；强化依法防治，确保监管服务到位；强化科研推广，确保技术支撑到位。

会上，国家林业局还通报了2008～2010年松材线虫病目标责任考核检查结果，表扬了“十一五”期间林业有害生物防治工作的先进单位和先进个人，并与31个省(区、市)人民政府签订了《2011～2013年松材线虫等重大林业有害生物防治目标责任书》，进一步将松材线虫病、美国白蛾等重大林业有害生物的防控责任落实到各省政府。

【全国林业有害生物防治建设规划(2011～2020年)】 党中央、国务院高度重视林业有害生物防治工作，温家宝总理、回良玉副总理等中央领导同志对做好林业有害生物防治做出明确批示，国务院办公厅多次发文就松材线虫、美国白蛾等重大林业有害生物防控进行动员部署。2011年2月，温家宝总理明确指示“要高度重视森林病虫害防治工作”。为全面落实中央领导的批示精神，做好新时期林业有害生物防治工作，2011年9月26日，国家林业局与国家发改委联合印发了《全国林业有害生物防治建设规划(2011～2020年)》(林规发〔2011〕225号)。

该“规划”重点明确了今后10年林业有害生物防治工作的阶段目标、总体目标及主要防治任务，提出了以国家、省、市、县4级森防检疫机构为依托，全面开展林业有害生物防治体系建设的具体内容和指标。

《规划》的实施期限为10年(2011～2020年)，《规划》提出的发展目标为“到2020年，将林业有害生物成灾率控制在4‰以下，无公害防治率达到85%以上，灾害测报准确率达到85%以上，种苗产地检疫率达到100%，主要有害生物常发区监测覆盖率达到100%”。

【关于进一步加强林业有害生物防治工作的意见】 随着林业有害生物发生危害形势的不断变化，原有的防治思路、防治方针、防治目标和对策措施也需要进行相应的调整。为进一步理清防治思路，更加有效、科学地指导各地开展防治工作，国家林业局根据当前的新情况、新形势和新要求，于2011年8月15日下发了《国家林业局关于进一步加强林业有害生物防治工作的意见》(林造发〔2011〕183号)。

《意见》从加强能力建设、提高监测预警水平、推进生物防治、创新防治机制、强化检疫工作等15个方面提出了加强林业有害生物防治工作的具体意见和措施，确定了今后一个时期内，林业有害生物防治工作的重点任务是加强防控体系建设、拓宽投融资渠道、完善联防联治机制、健全应急防控机制、推进社会化防治，确保重点任务完成的主要措施是在进一步落实“双线”责任制度、强化机构职能建设和严格落实奖惩制度的基础上，从落实预防措施、坚持分级管理和科学用药、强化科技支撑、规范疫区管理、健全法律法规体系、建立检疫追溯制度、规范行政许可行为等方面入手，全面加快构建林业有害生物防治长效机制。

【《2008～2010年松材线虫病防治(预防)目标责任书》考核检查工作】 2009年，受国务院委托，国家林业局共与16个省(区、市)人民政府签订了防治《责任书》，和6个省(区、市)签订了预防《责任书》，与有关省(区、市)签订了《2008～2010年松材线虫病防治(预防)目标责任书》。2011年1月，经国务院同意，国家林业局组成了8个检查组，赴江苏、浙江、安徽、江西、福建、山东、河南、湖北、湖南、广东、广西、重庆、云南、贵州、四川、陕西16个疫情发生省(区、市)进行了考核检查。各检查组通过现场查看、听取汇报、座谈分析、查阅防治档案和材料等方式进行了检查。检查结果表明：三年来，通过各级政府和林业部门认真履行《责任书》，落实责任，精心组织，强化措施，全国松材线虫病防治工作取得了历史以来最大防治成效。一是除河南和陕西两省在签订《责任书》后发现疫情外，其他省(区、市)均完成了《责任书》中要求的防治(预防)目标任务。二是根除1个省级疫点(云南省)和26个县级疫点。其中，县级疫点的根除数量占松材线虫病发生以来总根除量的45.61%。三是历史首次实现县级疫点数量较上年度减少(2010年县级疫点187个，2009年县级疫点200个，减少13个)，松材线虫病传播危害的严峻态势在一定程度得到遏制。四是发生面积、病死树数量、新发疫点数量实现3年持续明显下降。2010年全国松材线虫病发生面积3100公顷，病死树61.99万株，新发疫点6个，较2008年分别减少了25.99%、41.61%和66.67%。

(林业有害生物防治由赵宇飞、陈小平供稿)

自然保护区建设

【综　述】 2011年，自然保护区建设继续呈现出蓬勃发展的良好态势，林业系统新建自然保护区91处，新增河北驼梁等16处国家级自然保护区。保护区总数达2126处，总面积达12 269.03万公顷，占国土总面积约12.77%，其中国家级自然保护区263处，面积7629.07万公顷。实现了《全国野生动植物及自然保护区建设工程总体规划》和《全国林业自然保护区发展规划》确定的阶段目标，进一步完善了林业系统自然保护区网络，巩固了林业系统自然保护区在全国自然保护区中的主体地位。这些自然保护区有效地保护了中国90%的陆地生态系统类型、85%的野生动物种群和65%的高等植物群落以及50.3%的天然湿地和30%的典型荒漠地区，对维护生态和生物多样性、促进可持续发展发挥了重要作用。另外，全国林业系统还建设有各种类型保护小区5万多处，总面积150多万公顷，保护着各地的森林生态、湿地、野生动植物及其栖息繁殖地、古树名木、文化遗产和自然景观等。这些保护小区多分布于中国南方人口稠密地区，且大部分面积较小，不适宜建自然保护区，但保护价值很大，有力补充了自然保护区的建设。

(高建平)

【贯彻国务院办公厅文件精神，推动自然保护区建设发展】 近年来，在党中央、国务院的关心支持下，中国自然保护区事业取得了很大成就。但是，随着国家经济建设及社会发展，自然保护区工作还面临新的挑战，在这种形势下，国务院办公厅颁发《关于做好自然保护区管理有关工作的通知》，对解决存在的问题，促进保护区健康发展提供了极为有利的条件。为此，我们充分利用这一有利条件，认真贯彻落实国办通知精神，强化林业自然保护区的管理工作，2011年8月17日专门下发了《国家林业局关于进一步加强林业系统自然保护区管理工作的通知》，对自然保护区的总体规划、土地权属、机构人员、编制经费、管理体制等提出了要求，为加快自然保护区发展努力营造有利条件。　　(李　忠)

【提请国务院审批国家级自然保护区晋升及范围调整工作】 2011年3月，林业系统国家级自然保护区评审委员会对河北等16个省、自治区、直辖市人民政府申报晋升国家级的自然保护区以及国家级自然保护区范围调整进行了评审。根据评审委员会的评审结果，国家林业局将辽宁大黑山、吉林汪清、黑龙江明水、黑龙江乌裕尔河、福建闽江河口、湖北堵河源、湖北十八里长峡、湖北三峡大老岭、湖南东安舜皇山、湖南金童山、广西大桂山鳄蜥、广西邦亮长臂猿、四川鞍子河、云南铜壁关、甘肃黄河首曲、陕西老县城、新疆天池博格达峰等17处自然保护区上报国务院提请晋升国家级自然保护区，将河北衡水湖、黑龙江凤凰山等2处自然保护区上报国务院提请国家级自然保护区范围及功能区调整。

4月，国务院批准建立河北驼梁等16处国家级自然保护区，其中林业系统管理的自然保护区15处，分别是河北驼梁、内蒙古高格斯台罕乌拉、辽宁白狼山、吉林波罗湖、黑龙江新青白头鹤、安徽清凉峰、江西九岭山、湖北赛武当、湖南高望界、重庆雪宝顶、四川老君山、云南轿子山、陕西延安黄龙褐马鸡和米仓山、甘肃张掖黑河湿地国家级自然保护区。

截至2011年底，经国务院批准，林业系统国家级自然保护区达到263处。（安丽丹）

【保护区基础设施能力建设】 为提高自然保护区管理能力，加强基础设施建设，2011年国家林业局批复了26个国家级自然保护区基础设施建设可行性研究报告，累计批复总投资22 386万元；并根据各地自然保护区建设管理情况，下达中央投资资金3亿元用于国家级自然保护区基础设施建设，保护区管护能力得到进一步提高。同时，配合国家发改委和中国国际工程咨询公司完成了《全国野生动植物保护与自然保护区建设工程》的评估工作。（安丽丹）

【组织自然保护区管理培训班】 10月19～27日在北京管理干部学院举办了第十五期国家级自然保护区领导干部培训班，共计45位国家级自然保护区的主要负责同志参加了培训。此项培训工作自1998年至今，累计培训了林业系统国家级自然保护区的主要负责同志达690多人。根据参培人员均为新担任此项工作、甚至是新进入自然保护领域的实际情况，培训内容主要确定为国家有关自然保护区建设管理的法律法规和政策、国内外有关自然保护区管理的基本理论、先进理念和技术。通过培训，使承担国家重点生态保护工作的基层领导能够了解本职工作的特殊性、重要性，明确工作方向，确保工作重点。

根据国家林业局2011年的培训计划，保护司2011年分别在福建武夷山、四川九寨沟、内蒙古大青山和云南西双版纳4个国家级自然保护区举办了5期国家级自然保护区生物多样性保护及资源调查培训班，就中国自然保护区建设管理、保护区资源调查、监测、生态旅游、公众教育等内容进行了培训。全国林业系统国家级自然保护区的300名负责同志和业务骨干参加了培训。对于提高保护区的管理水平及保护效果，具有重要的推动作用。（郭红燕）

【交流与合作】 按照与台湾公园学会海峡两岸自然保护交流机制，2011年分别在黑龙江和台湾举办了第十六届和第十七届海峡两岸业务交流研讨会。

第十六届海峡两岸自然保护区业务交流研讨会于8月21～30日在黑龙江举行。来自辽宁、吉林、黑龙江、四川等省的林业管理机构，中国林科院、东北林大、辽宁大学、黑龙江林科院等科研、教学单位的专家，自然保护区的管理人员30余人以及台湾公园学会的25名会员，共计60余人参加了研讨会。会议就包括自然保护区和“国家公园”的信息化建设、社区管理、物种保护研究等问题进行了交流与讨论。海峡两岸18位专家、学者(大陆8人、台湾10人)分别做了自然保护区和国家公园保护、科研及管理方面的学术报告。台湾代表还实地考察了黑龙江省的扎龙、小北湖、兴凯湖、珍宝岛、七星河五个湿地类型国家级自然保护区，与保护区的工作人员就考研、监测、公众教育等问题进行了探讨和交流。通过会议交流，分享成功的经验和做法，海峡两岸同仁均感到受益匪浅。此次活动，承办单位黑龙江省林业厅高度重视，会务安排有序得体，考察行程精彩紧凑。代表团所到的五个自然保护区当地政府也高度重视，湿地保护区也充分展现了自身特色和建设成果，给台湾同仁留下了深刻印象。

11月23日至12月2日，在台湾举办了第十七届海峡两岸自然保护区业务交流研讨会，大陆方面组织了23名从事自然保护区行政管理、科研工作人员赴台参会。两岸同仁对自然保护区保护管理、保育研究、解说及环境教育、环境维护管理、社区协调发展、志工制度运作等进行了深入交流和研讨，并实地考察了雪霸、太鲁阁等国家公园。（郭红燕　安丽丹）

【提高全国林业系统自然保护区的管理质量】 按照《全国野生动植物及自然保护区建设工程总体规划》和《全国林业自然保护区发展规划》的总体部署和《国家林业局关于进一步加强林业系统自然保护区管理工作的通知》要求，进一步加大对国家级自然保护区总体规划和生态旅游规划的审批力度。2011年，完成了35个国家级自然保护区总体规划和10个国家级自然保护区生态旅游规划的评审工作，国家林业局批复了吉林松花江三湖、上海崇明东滩、湖北龙感湖、陕西延安黄龙褐马鸡、陕西太白山和湖南舜皇山等6个国家级自然保护区的总体规划和云南白马雪山、湖南借母溪、河南湿地国家级自然保护区(洛阳段)生态旅游规划。截至2011年底，国家林业局已批复220个国家级自然保护区的总体规划，占林业系统国家级自然保护区总数的84%。

近年来，中国自然保护区建设面临前所未有的大好形势，国家一系列有关生态保护和建设的重大方针和政策的出台为自然保护区的建设提供了有利条件，国民经济建设的发展和综合国力的提高也为保护区建设提供了物质基础，林业系统自然保护区建设取得了很大的成绩，但其现状仍然不能适应国家社会经济和林业发展的形势，主要体现在以下方面：一是地方经济发展对自然保护区建设发展的压力增大。一些地方、一些人认识不到位，重利用轻保护，或者绝对保护禁止开发等思想，都妨碍着自然保护区事业的进一步发展；二是重点生态区的自然保护区的布局有待进一步完善。一些地区自然保护区的数量和占国土面积比例仍偏小，在一些生态系统典型、生物多样性丰富、珍稀物种分布密集、重要湿地以及生态脆弱、正在遭受威胁破坏等地区，仍然没有划建自然保护区；三是法规政策滞后。中国现行的《自然保护区条例》、《森林和野生动物类型自然保护区管理条例》等保护法律法规主要颁布实施于20世纪80、90年代，有些条款已经难以适应新形势下保护区建设事业的发展；四是资金严重不足。中国自然保护区分布范围广，大多处于偏远落后地区，保护任务十分繁重，但在保护区资金方面，投入力度与保护难度不相称，成为制约保护区发展的主要因素。（高建平）

野生动物保护与繁育

【第二次陆生野生动物资源调查】 由于野生动物资源本身是动态变化的，社会经济发展对野生动物及其产品需求在一定程度上造成资源的此消彼长，各类自然灾害也导致部分区域野生种群及其栖息地变化加剧，迫切需要调查更新数据和信息。为此，国家林业局于2009年开始准备全国第二次陆生野生动物资源调查前期准备，起草了资源调查总体方案、技术规程，开展了野生动物资源调查试点。在此基础上，国家林业局成立了全国第二次陆生野生动物资源调查技术指导委员会和专家技术委员会，并于2011年1月11日召开了全国第二次陆生野生动物资源调查专家委员会全体会议，审议通过了调查总体方案、技术规程和技术细则。国家林业局副局长印红出席了会议，向专家颁发了聘任证书，并就调查工作发表了重要讲话。这标志着全国第二次陆生野生动物资源调查的全面启动。

为掌握中国陆生野生动物资源状况，中国于1995年启动了首次陆生野生动物资源调查，历时7年，基本查清了252个珍稀濒危野生动物的资源情况和分布情况，评估了野生动物种群及其栖息地面临的主要威胁因素，为“十五”、“十一五”期间野生动物保护决策提供了有效的科学依据，发挥了积极的作用。 （张德辉）

【第二次全国重点保护野生植物资源调查试点工作】 为准确掌握中国重点保护野生植物资源状况，分析总结消长变化，国家林业局于5月12日启动了第二次全国重点野生植物资源调查试点工作，选择了黑龙江、新疆、云南、广西、浙江5省（区）和国家苏铁种质资源保护中心、华东林业调查规划设计院两个单位进行试点调查。 （王晓洁）

【爱鸟周30周年纪念暨表彰活动总结】 2011年是国务院批准设立爱鸟周活动30周年。为弘扬生态文化，倡导人与自然和谐理念，表彰和宣传先进模范事迹，激励社会各界支持、参与保护鸟类等野生动物的积极性，推动现代林业发展和生态文明建设，国家林业局于5月11日在北京奥林匹克公园庆典广场（国家体育馆鸟巢外）召开了全国“爱鸟周”30周年纪念暨保护森林和野生动植物资源先进集体和先进个人表彰大会。来自各省级林业主管部门、受表彰先进单位代表和先进个人、北京林业大学学生、社会各界鸟类保护爱好者、志愿者以及新闻媒体记者约500人参加了本次活动，全国政协副主席陈宗兴到会祝贺。

国家林业局原副局长、中国野生动物保护协会会长赵学敏主持会议。大会在宣布国家林业局关于表彰全国保护森林和野生动植物资源先进集体和先进个人的决定后，向42个先进集体、41名先进个人颁发了奖牌、证书和奖章；先进集体、先进个人代表发言，表达了今后做好鸟类保护工作的决心；中国野生动物保护协会会员代表向全社会发出了爱鸟护鸟倡议；国家林业局副局长印红发表了重要讲话，希望社会各界以先进模范为榜样，为中国鸟类等野生动物保护事业作出更大贡献。

（斯　萍）

【全国保护工作会议】 2月28日至3月1日，全国野生动植物保护与自然保护区建设管理工作会议在广西南宁召开。国家林业局副局长印红出席会议并发表题为“抓准定位 抓住机遇 创新模式 开创野生动植物保护与自然保护区管理新局面”的讲话。会议认真总结回顾了“十一五”全国保护工作的成效与存在的问题，分析了当前保护工作形势，对“十二五”工作进行了部署。

（张云毅）

【朱鹮保护30周年国际研讨会】 5月23～24日，国家林业局和陕西省政府在陕西洋县联合举办了朱鹮保护30周年国际研讨会。国家林业局，陕西、河南、浙江、北京等省市林业厅（局）和汉中市、日本驻华大使、日本环境省、韩国庆尚南道等国内外领导嘉宾共100多人出席会议。

2011年是中国在陕西省洋县重新发现朱鹮30周年，为总结30年来朱鹮保护成效，探讨今后朱鹮保护及国际合作的重点及方向，本次会议首先回顾了中国朱鹮种群从重新发现时的7只逐渐发展到目前约1600只的保护历程，介绍了朱鹮保护过程中取得的一系列科研成果和最新科研进展，交流了朱鹮保护管理技术及经验，分析了面临的问题和困难，探讨了今后发展方向和国际合作重点领域。研讨会期间，还开展了朱鹮放归自然活动。 （张德辉）

【国家林业局中国科学院野生动物疫病研究中心成立】 5月26日，国家林业局中国科学院野生动物疫病研究中心成立暨揭牌仪式在中国科学院动物研究所举行，国家林业局副局长印红、中国科学院副院长李家洋为中心揭牌。该中心的成立，标志着中国野生动物疫源疫病监测防控工作步入科研先导的轨道。 （罗　颖）

【野生动物疫源疫病监测信息网络直报系统启用】 经过前期试运行，国家林业局于7月1日在全国范围内正式启用野生动物疫源疫病监测信息网络直报系统。为确保信息上报安全、畅通、快捷提供了有力保障，有力促进了监测防控工作的规范化、动态化管理。

野生动物疫源疫病监测防控工作开展以来，各地一直采用“传真为主、电话和邮件为辅”的方式上报监测信息，存在安全性低、时效性差、费用高等缺点和隐患。为有效解决这些问题，国家林业局野生动植物保护与自然保护区管理司和局野生动物疫源疫病监测总站在深入调研的基础上，组织研发了该系统。 （罗　颖）

【大熊猫国内借展管理规定正式颁布】 7月25日，国家林业局印发了《大熊猫国内借展管理规定》，进一步规范大熊猫国内借展须以科普宣传为目的，杜绝以单纯营利为目的的借展行为，并规定了相关审批原则和程序。该规定于2011年9月1日起正式施行。（丁　楠）

【首次召开植物园建设管理座谈会】 8月9～10日，在上海召开了植物园建设管理座谈会，各省林业部门、具代表性的植物园和专家等参加了会议。此次会议开启了国家林业局强化植物园在野生植物迁地保护方面重要作用的工作进程。（王晓洁）

【国家林业局长春野生动物疫病研究中心成立】 8月26日，国家林业局长春野生动物疫病研究中心在吉林省长春市揭牌。该中心由国家林业局会同军事医学科学院，以军事兽医研究所为依托建立，中心的主要任务是，提高中国野生动物疫病的研究和防控能力，推动中国在野生动物保护与疫病防控研究领域的科技进步和新兴产业的全面发展。（罗　颖）

【亚太地区野生动物疫源疫病监测防控管理研讨会】 8月29日，国家林业局野生动植物保护与自然保护区管理司会同中国科学院生命科学与生物技术局、美国农业部动植物检疫局野生动物管理局，在北京联合召开亚太地区野生动物疫源疫病监测防控管理研讨会。

本次会议旨在深化野生动物疫源疫病监测防控双边、多边合作与交流，进一步完善区域联防联控机制，增强突发重大野生动物疫情应对能力，美国、加拿大、俄罗斯等有关国家以及中科院动物所、国家林业局野生动物疫源疫病监测总站等国内相关单位技术、管理层面的30余位专家代表参加会议，并围绕亚太地区重要野生动物疫病监测防控研究和管理这一主题，深入探讨了禽流感、狂犬病、鼠疫、非洲猪瘟等重大野生动物疫病的潜在传播风险，其对野生动物资源、经济发展和人类健康的影响以及如何增进亚太野生动物疫病网络协作等；广泛交流与共享了野生动物疫源疫病的科研进展以及野外现场的监测、采样等方面的策略和经验。会议为国内外野生动物疫病监测防控领域学者间、管理工作者间的合作与交流搭建一个良好的平台，为彰显中国重视和加强公共卫生安全、生态安全和野生动物疫源疫病监测防控工作提供一个很好的宣传窗口，并对进一步拓展国际合作渠道，树立中国在亚太区域野生动物疫病防控负责任大国的形象，赢得国际社会对中国野生动物疫源疫病监测防控工作的理解和支持具有重要的推动作用。（罗　颖）

【第一期全国陆生野生动物疫源疫病预警培训班举行】 9月1～6日，第一期全国陆生野生动物疫源疫病预警培训班在东北林业大学举行，来自全国20个省(区、市)21个监测站的61名技术骨干参加了培训。中科院动物所、东北林业大学、中国林科院的专家分别讲授了有关陆生野生动物疫源疫病预警的相关技术和要求等。美国农业部助理协调员 Dale Nolte、美国科罗拉多州立大学 Richard Bowen 博士和联合国粮农组织 Scott Newman 博士应邀在培训期间进行了专题讲座。

此次培训班的举办，标志着中国野生动物疫源疫病监测工作正式由“被动监测”向“主动预警”转变，工作科技水平将进一步提高。（罗　颖）

【第二届两岸三地大熊猫保育研讨会召开】 9月20～22日，由台北市立动物园与中国保护大熊猫研究中心、北京动物园、香港海洋公园共同召开的第二届两岸三地大熊猫保育教育学术研讨会在台北市立动物园举行。会议通过保护策略研讨、技术交流等形式，进一步提高大熊猫保护管理和科学研究水平，提高与会单位的社会公众教育能力，密切了大陆和台、港、澳在大熊猫保护上的合作关系。（丁　楠）

【中国首次正式开展黄腹角雉放归自然】 在中国黄腹角雉繁育取得成功且人工繁育种群稳定扩大的基础上，10月23日，国家林业局野生动植物与自然保护区管理司和湖南省林业厅在湖南省炎陵县桃源洞国家级自然保护区开展了中国首次人工繁育黄腹角雉放归自然活动，以促进该物种野外种群的恢复和增长。这标志着中国黄腹角雉保护进入了新的阶段。（张德辉）

【全国第四次大熊猫调查】 10月24日，国家林业局在北京召开全国第四次大熊猫调查启动会，宣布中国针对大熊猫及其栖息地开展的第四次专项调查正式启动，并成立了调查工作领导小组、顾问委员会和专家技术委员会，制定了《全国第四次大熊猫调查技术规程》。国家林业局副局长印红出席启动会并讲话。（丁　楠）

【全国野生动物疫源疫病监测防控现场经验交流会】 11月7～8日，国家林业局野生动植物保护与自然保护区管理司、国家林业局野生动物疫源疫病监测总站，在浙江省杭州市组织召开了首次全国野生动物疫源疫病监测防控现场经验交流会。会议全面总结了监测防控工作取得的显著成就，科学分析了监测防控面临的严峻形势，明确了“十二五”时期野生动物疫源疫病监测防控总体工作思路和工作重点，指明了野生动物疫源疫病监测防控发展方向。浙江、山西、上海、福建、湖北和新疆6省(区、市)在会上作了典型发言。会上还现场参观学习了浙江省野生动物疫源疫病监测防控信息采集系统。

野生动物疫源疫病监测防控工作开展以来，各地林业部门克服困难，创造条件，扎实推进监测防控，在保护野生动物资源、保障经济社会发展、维护公共卫生安全中作出了应有的贡献。此次会议的召开，为总结成绩，交流经验，查找问题，理顺思路，引领“十二五”期间野生动物疫源疫病监测防控科学发展，起到了积极的促进作用。（罗　颖）

【突发野生动物疫源疫病应急处置管理培训】 11月14日至12月4日，国家林业局野生动物疫源疫病监测总站根据局里的统一部署，组织国家林业局相关直属单位和辽宁、吉林、福建、浙江、四川等地省级、基层野生动物疫源疫病监测防控机构管理人员以及中科院动物所、浙江大学等科技支撑单位的专家共20人，赴意大利开展了为期21天的突发野生动物疫源疫病应急处置管理培训。

野生动物疫源疫病监测防控工作起步晚，底子薄，监测防控整体水平尚处于较低层面。为学习、借鉴其他国家好的做法、成功经验，促进中国监测防控事业较快发展，根据国家外国专家局和国家林业局的安排组织了本次培训。通过培训学习和考察交流，加深了对意大利野生动物保护和疫病监测防控的相关政策法规、动物保护管理及野生动物疾病监测防控项目实施、野生动物疾病管理等方面情况的了解，汲取了经验，拓展了思路，圆满完成了培训任务。（罗　颖）

【中英大熊猫科研合作正式开展】 12月4日，来自中国保护大熊猫研究中心的大熊猫“甜甜”和“阳光”抵达英国爱丁堡动物园，开始了为期10年的旅居生活。这两只大熊猫是根据中国野生动物保护协会与苏格兰皇家动物学会签署的大熊猫合作研究协议，由中方提供大熊猫用于双方合作研究，并对英国公众展出。（丁　楠）

【重点野生植物示范性野外回归工作】 2011年，国家林业局对2007 ~2009年在广西、云南启动的德保苏铁、华盖木、西畴青冈、杏黄兜兰等物种的野外回归试验进行了跟踪和推进，回归试验总体进展顺利，成活率均在90%以上。（王晓洁）

【《全国极小种群野生植物拯救保护工程规划》的编制工作】 此规划为期5年，包括120种极小种群野生植物，为推动规划的编制和批复工作，在中国相关权威专家的呼吁建议下，得到国务院领导的高度重视和批示。为落实国务院领导的批示精神，国家林业局与国家发改委就工程规划的推动协调了意见和采取的措施。（王晓洁）

濒危野生动植物进出口管理和履约工作

【综　述】 2011年，野生动植物进出口管理和履行《濒危野生动植物种国际贸易公约》工作有效推进，成效显著。

强化野生动植物进出口行政许可管理　组织开展对龙鱼、欧洲鳗鲡、台湾文心兰、南美蒺藜木等贸易调研，研究便利政策和加强监管措施。制定《2011年度野生动植物进出口行政许可监督检查工作方案》，组织开展行政许可后续专项监督检查，了解掌握贸易利用情况，促进企业依法经营。及时研究处理几内亚等猩猩贸易问题，专门发文给相关方面进行风险提示。积极与财政、税务、海关等部门沟通，确定今后五年种用濒危物种进口免税政策，并召开会议通报部署。进一步修订《野生动植物种证书核发管理办法（征求意见稿）》，在国务院法制办网站公开征求意见。起草了《允许进出口证明书被许可人监督检查管理办法（草案）》和《非〈进出口野生动植物种商品目录〉物种证明被许可人监督检查管理办法（草案）》、《被许可人信用评估制度研究工作方案》。召开了全国濒危物种国际贸易管理培训暨工作会议，会议系统总结了“十一五”履约和进出口管理的工作和经验，研究部署了“十二五”工作目标和内容。2011年，濒管系统共核发允许进出口证明书、物种证明7万6千多份，收取进出口管理费3000多万元，很好地保障了贸易、科研、文化和外事交流正常进行。

加强履约谈判、国际交流与合作　组团及派员参加了公约第25次动物委员会、第19次植物委员会和第61次常委会议、公约象牙和犀牛特别执法工作组会议、老虎保护专门会议、第23届欧盟履约执法工作组会议、苏铁贸易研讨会、无害判定研讨会，参与各项议题研究讨论，反映中国立场意见，及时妥善处理相关问题。赴南非、坦桑尼亚、加蓬、肯尼亚等国开展履约执法交流，推动开展犀牛、大象执法合作；参加中欧履约执法对话会议；邀请公约秘书长来华访问；参与印度、南非、世界银行等国家和国际组织人员来访和会谈。撰写提交履约《年度报告》、《双年度报告》以及《老虎、大象保护管理和执法国家报告》、《中国海关查获走私案件案情报告》，通报管理执法情况，履行履约义务。组织开展了两爬类动物监测、大宗贸易和敏感物种的结合试点项目，对热带木材、苏铁和石斛的资源及贸易情况实行监测和监督管理，为履约工作提供了科学依据。承办“亚洲蛇类贸易研讨会”、举办“中印尼履约执法培训研讨会议”，推进各国履约管理执法交流合作，推进解决关注物种问题；协调参加国际专项执法行动，会同海关总署参加了世界海关组织在非洲、欧洲和亚洲部分国家开展的“类人猿专项执法行动”，取得阶段性成效。通过上述工作，提高了对外谈判水平，推动解决了有关问题，争取和维护了国家权益，扩大了与重点国家、地区和组织的联系与合作。积极推进《2010 ~ 2013中国履行公约有效决议、决定行动方案》实施，推动各部门开展行动，就虎豹、象、犀牛、高鼻羚羊、鲨鱼、蛇、热带木材等物种以及网络贸易、海上引进、来源代码等问题开展工作，取得重要进展。举办了“中央政府与港澳履约会谈”、组织“港澳人员执法鉴定培训交流活动”，提升了三方履约合作水平。派员赴台开展动植物培育和贸易考察，接待了台湾野生动植物管理团组来大陆访问，增进了与台贸易管理交流。

推进执法协调工作　组织开展了濒危动物非法贸易调查活动，对国内重点市场、主要网站以及其他主要经营利用场所开展调查，掌握了大量经营和走私濒危野生动植物情况，并协调有关部门开展查处。针对广西边境走私濒危野生动植物案件常发的情况，会同广西自治区林业厅、森林公安、海关缉私等部门联合开展了为期七个月的专项打击行动，查获非法濒危物种产品，有力地遏制了当地非法经营的势头。组织举办了“第七届履约执法工作会议”和“第三届控制网上非法濒危物种贸易研讨会”，继续推动对敏感物种的执法，协调推动完善相关执法政策措施，推动完善控制互联网非法贸易活动。成立了中国“部门间 CITES 执法工作协调小组”，由国家林业局、公安部、农业部、海关总署、国家工商总局等部门组成，召开了工作组第一次联席会议，总结工作经验，部署安排今后一段时期协调执法活动，对推进中国履约整体发展、树立国家形象、维护国家权益将产生积极深远的影响。

开展宣传培训活动 协调国家林业局、商务部和国家旅游局联合发布通知，要求各地通过对外劳务、援助或贸易企业、国际旅行社和驻外使领馆商务处，对赴外、在外中国公民开展公约知识普及工作。继续推进设立“口岸履约宣传牌”工作，会同海关总署在我国数百个口岸通关处摆放宣传海报，提示出入境旅客不得无证携带、邮寄和托运濒危物种及其制品。举行中国加入公约30周年宣传纪念活动，在人民大会堂召开有关部门和国际组织座谈会，制作发放“中国履约30年”宣传片，通过各新闻媒体开展宣传报道以及在公约秘书处网站连续登载中国履约工作专题等，扩大了国际影响。开展对进出口企业和一线海关、森林公安、边防等人员进行业务培训。全年濒管办系统与海关、森林公安等举办履约管理、执法、鉴定培训41次(批)，培训各方面人员3700多人(次)，成千上万出入境旅客受到教育，增加履约守法意识，对遏制相关走私活动、回应国际社会关注起到重要作用。 (张　旗)

【中国加入濒危野生动植物种国际贸易公约30周年座谈会】 4月9日，中国加入濒危野生动植物种国际贸易公约(以下简称公约)30周年座谈会在北京召开。来自国家林业局、农业部、海关总署、外交部等27个部门和单位，香港、澳门特区公约管理机构、中国野生动物保护协会、世界自然基金会、国际野生物贸易研究组织的代表及公约秘书长约翰·斯甘伦先生参加了座谈会。会议回顾、总结了中国加入公约30年来，各部门和单位在加强濒危野生动植物保护及履约工作中取得的成就和经验，谋划了今后一个时期的履约工作。

座谈会后，举行了濒危野生动植物网上博物馆开通仪式。通过开展濒危野生动植物网上博物馆建设，利用当代信息网络，向中国网民传播濒危物种保护知识，进一步增强全民特别是青少年生态保护意识。

(张　旗)

【部门间濒危野生动植物种国际贸易公约执法工作协调小组成立】 12月9日，部门间濒危野生动植物种国际贸易公约执法工作协调小组正式成立。国家林业局副局长、国家濒管办主任、协调小组组长印红出席并主持会议，公安部治安管理局、农业部渔政指挥中心、海关总署监管司和缉私局、国家工商总局市场司、国家林业局保护司和森林公安局、国家濒管办等组成单位派员出席了会议，最高人民法院研究室、最高人民检察院研究室、外交部条法司、公安部边防局、发改委价格认证中心、司法部司法鉴定管理局、国家质检总局动植司、国家旅游局监督管理司、国家濒科委和国家林业局国际合作司等联系单位派员列席了会议。协调小组的成立，标志着我国履约执法工作进入新起点，步入新阶段，将有利于共享履约执法信息、交流履约执法经验、解决履约执法难题、提升履约执法水平，有利于评估履约执法形势、制定履约执法计划、指导履约执法行动，加大履约执法力度，有利于执行公约规定、处理敏感物种问题、促进对外执法合作、树立良好国家形象，对强化部门间联系协作，推动履约执法工作深入开展发挥重要作用。

(钟　海)

【公约亚洲蛇类贸易研讨会】 4月11～15日，由濒危野生动植物种国际贸易公约秘书处主办、中国承办的“公约亚洲蛇类贸易研讨会”在广州召开，来自18个国家及10个政府间国际组织和非政府组织共63名代表参会。该会是根据中美“关于加强蛇类保护与管理”共同提案形成的公约15.75号决定召开的，是公约两届缔约国大会之间的最重要会议。会议听取了中国蛇类贸易国家报告、中国蛇类保护及管理策略的说明。会议成立了科学、管理、执法三个工作组，并形成了最终报告。会上，各国代表达成积极共识，为有效加强蛇类保护，增进国际合作打下了良好基础。 (何金星)

【濒危野生动植物种国际贸易公约动物委员会第25次会议】 濒危野生动植物种国际贸易公约动物委员会第25次会议于2011年7月18～22日在瑞士日内瓦召开。中国代表团共7人参加了会议。

此次会议是公约第15届缔约国大会后的第一次动物委员会会议，也是为第61届常委会和下一届缔约国大会做铺垫的一次会议，尤其是非致危性判定和海洋物种列入附录标准等公约深层次议题影响深远。

来自50个缔约方和国际组织、非政府组织的近200人参加了会议。此次会议涉及的综合性议题有：议事规则、各区域进展报告、与其他环境公约的合作、战略规划、大宗贸易回顾、海洋物种列入附录Ⅰ和附录Ⅱ的标准、附录所列物种的标本的生产系统(来源代码使用指南)、捕养以及由附录Ⅰ降至附录Ⅱ物种的捕养标本的贸易、非致危性判定、能力建设项目及附录Ⅱ物种的国家自愿出口限额、附录物种的定期回顾、活体动物运输、命名事宜、鉴别手册等。重点物种议题涉及鲨鱼、海参、鲟鱼、蛇类、猫科动物、淡水龟鳖等。其中，鲨鱼、海参、鲟鱼、海马等物种问题以及大宗贸易回顾、非致危性判定、将物种纳入附录Ⅰ和附录Ⅱ的标准、来源代码使用指南、捕养以及由附录Ⅰ降至附录Ⅱ物种的捕养标本的贸易等综合性议题与中国关系较大。本着“全面参与会议讨论交流、处理好重点关注议题、促进保护和维护权益并重”的原则，中国代表团各成员根据职能分工和业务实际，针对会议的重点和难点，互相配合，密切协作，集体分析，果断应对，圆满地完成了参会任务，取得了预想的谈判成果。 (巫忠泽)

【第二届中印尼濒危野生动植物种国际贸易公约履约执法交流培训班】 10月11～15日，国家濒危物种进出口管理办公室在成都组织召开了“第二届中印尼濒危野生动植物种国际贸易公约履约执法交流培训班”，来自中国、印度、尼泊尔等国家以及国际爱护动物基金会、国际野生物贸易研究组织、世界自然基金会和印度野生动物保护协会的50多名政府官员和专家参加了会议。

会议介绍了中国、印度和尼泊尔的履约执法情况，学习了常见非法贸易物种的识别技术，回顾了执行中印、中尼林业合作文件相关建议所取得的成绩，提出了履约执法面临的问题和困难，探讨了三方可能的合作领域。（钟 海）

【第三届控制濒危物种网上交易联席会议】 5月23～26日，国家濒管办、工信部、农业部、海关总署、国家工商总局和国家林业局在青岛召开了"第三届控制濒危物种网络交易联席会议"。会议通报了国内外野生动植物执法动态，交流了各部门、有关国际组织和网站的网控经验，评估了控制濒危物种网络交易现状，提出了进一步推动工作的意见。（钟 海）

【第七届敏感物种履约执法联席会议】 9月6～7日，国家濒管办、海关总署缉私局和国家林业局森林公安局在宁夏银川联合召开了"第七届敏感物种履约执法联席会议"，来自最高人民法院、最高人民检察院、公安部、国家发改委、司法部、农业部、海关总署、国家工商总局、国家林业局、国家濒管办以及有关省(区、市)海关、森林公安和濒危物种进出口管理机构的60多名代表出席会议。国际野生物贸易研究组织代表应邀列席会议开幕式。

会议听取了国家濒管办、各有关部门、国际组织和单位的报告，交流了各地敏感物种履约执法工作开展情况，评估了中国的履约执法工作现状，分析了中国履约执法形势以及相关工作存在的问题和困难，探讨了今后一段时期加强部门间濒危野生动植物种国际贸易公约执法重点工作方向和2012年的重点工作。（钟 海）

【中国沉香属植物资源保护和贸易状况调查】 5月，国家濒管办在广东、广西、海南、云南和福建5省(区)启动了沉香属植物资源和贸易调查。调查内容涉及我国沉香属植物的野外资源状况、人工培植状况、加工和经营利用状况、进出口情况、非法贸易情况等多个方面。经过4个多月深入细致的工作，各省区相继完成调查工作，在此基础上，国家濒管办于10月份完成了《中国沉香属植物资源保护和贸易状况调查报告》。

调查结果显示，目前我国野生沉香资源破坏严重、保护形势严峻，非法交易和走私情况严重，履约压力大，市场流通混乱，执法监管难度大，人工培植沉香和人工诱导结香技术有良好发展前景。针对目前形势，国家濒管办提出应加大对野生沉香的保护力度，积极鼓励沉香种植，大力推广人工结香技术，加强对市场的监管，加强进出口监管、打击走私活动等建议。

本次调查基本摸清了中国沉香属植物的资源和贸易现状，对今后进一步采取有效措施，推动中国沉香属植物的资源保护与可持续利用、加强对沉香及其产品的进出口管理工作有着积极的促进作用。（袁良琛）

湿地保护管理

【湿地保护工程规划编制】 2011年，国家林业局组织起草编写《全国湿地保护工程实施规划(2011～2015年)》，总结了"十一五"湿地保护工程建设成效、做法、主要效益和建设模式，对3000多个项目进行了筛选，将《实施规划》纳入了国务院批复的"十二五"国家专项规划名单，并就规划任务、投资规模等重大问题进行了沟通协调。完成了规划征求部门、省政府意见工作。提请国家林业局科技委于2011年7月8日在北京召开了《实施规划》专家论证会，与会专家予以通过。2011年9月，《实施规划》提交中国国际工程咨询公司进行评估。湿地保护相关内容已纳入林业"十二五"规划、《全国生态保护与建设规划(2011～2020年)》。推进把湿地保护纳入全国重要江河湖泊水功能区划、海洋功能区划、省市级土地利用总体规划、省级主体功能区规划等30多项重大战略规划。指导地方编制湿地保护中长期规划。（王福田）

【湿地保护工程项目建设】 落实了湿地保护工程项目任务。组织项目审核组，对63个湿地保护工程项目进行了技术审核，提报了2011年湿地保护工程项目建议方案。按照《全国湿地保护工程实施规划(2005～2010年)》，2011年7月21日，国家发展改革委、国家林业局下发了《关于下达湿地保护工程2011年中央预算内投资计划的通知》(发改投资〔2011〕1556号)，投入中央预算内资金2.41亿元，安排实施林业湿地保护工程项目39个，建设保护管理站点100多处，恢复湿地2.3万公顷。开展了湿地保护工程项目检查评估。委托国家林业局西北调查规划设计院，在2010年开展检查评估的基础上，完成了2011年湿地保护工程项目检查评估工作，实地检查评估项目10个，形成了《全国湿地保护工程项目检查评估报告》。为贯彻落实批示，与发改委农经司、国家林业局计财司组成联合调研组，赴四川省西昌市，对邛海湿地保护问题进行了专题调研，提出了支持邛海湿地保护的具体措施。（王福田）

【中央财政湿地保护补助项目】 2011年，继续开展中央财政湿地保护补助项目建设。财政部于2011年7月6日下发了《关于拨付2011年湿地保护补助资金的通知》(财农〔2011〕179号)，安排中央财政湿地保护补助资金2亿元，实施了69个林业湿地保护补助项目。2011年11月4日，财政部、国家林业局下发了《财政部国家林业局关于印发〈中央财政湿地保护补助资金管理暂行办法〉的通知》(财农〔2011〕423号)，明确"中央财政湿地保护补助资金主要用于林业系统管理的国际重要湿地、湿地类型自然保护区及国家湿地公园，开展湿地保护与恢复工作"，建立了湿地保护补助的长效机制。同时，委托国家林业局华东调查规划设计院，开展了湿地保护补助项目监测评估，制定了项目评估细则。

（王福田）

【湿地资源调查】 组织完成了河北等9个省级单位340万平方千米国土面积的卫星遥感数据解译判读、湿地区划和制图。开展了2012年8个省份的集中区划判读工作。完成了2011年湿地资源外业调查任务。组织国家林业局西北调查规划设计院、中国科学院东北地理与农业生态研究所对2010年9省市调查工作进行了检查验收。召开了全国湿地资源调查总结暨启动会、全国湿地资源调查成果鉴定会。召开9次调查例会以及行政区划省界问题咨询会，研究省际行政区域界线数据、调查报告修改、成果发布、成果出版等重大问题。指导对省级调查报告进行修改完善。加强了监测评价工作，发布了《中国国际重要湿地生态状况公报》，完成了浙江、安徽、广西等3省(区)13块国家重要湿地确认工作。

（王福田）

【湿地科学研究】 开展湿地保护重大课题研究，委托中科院遥感所开展了湿地生态系统健康价值功能评价指标研究工作。2011年7月23日在北京召开了国家湿地科学专家技术委员会第二次全体会议，研究了湿地保护"十二五"工作思路，讨论了"十二五"湿地科研攻关重大专项。（王福田）

【打击破坏湿地资源专项行动】 为遏制破坏湿地资源违法行为高发态势，2011年9月23日，国家林业局下发了《关于加强湿地保护，坚决打击毁湿开垦等破坏资源行为的通知》精神(林湿发〔2011〕213号)，在全国部署开展了打击破坏湿地资源专项行动。各地按照通知要求，制定了行动方案，于2011年10至12月，部署开展了集中统一行动。据统计，全国共出动人员42 900多人次，出动车辆5400余台次，开展执法检查1000多次，制止或查处违法破坏湿地行为近3800起，处理违法人员300多人，发放宣传材料447 000多份。通过打击行动，排查掌握了破坏湿地资源状况，大部分省份没有发生严重违法毁湿行为，但是，一些地方的湿地自然保护区、湿地公园存在违法采砂采矿采金、无序养殖、排放污染、过度放牧等破坏湿地资源的现象。在打击行动中，各地查处了一批典型案件，遏制了违法行为，树立了林业部门的权威，扩大了湿地保护的社会影响。

（王福田）

【湿地公园建设】 完成了12个国家湿地公园验收。组织完成新申报72处国家湿地公园(试点)专家实地考察；召开了2011年国家湿地公园专家评审委员会会议，对拟建72处国家湿地公园进行了技术审查，其中68处通过了评审，并在拟建国家湿地公园所在地进行了公示。目前，全国国家湿地公园达到213处，总面积达150多万公顷，保护湿地面积100多万公顷。（王隆富）

【湿地保护立法】 《湿地保护条例(第三次征求意见稿)》修改完成，正式征求了20个部门的意见。与国务院法制办组成联合调研组赴黑龙江开展了湿地保护立法调研。湿地立法列为2011年国家林业局办理的全国人大重点建议。（王隆富）

【第二届中国湿地文化节暨亚洲湿地论坛】 2011年10月11～13日，国家林业局、江苏省政府、湿地国际、日本湿地与人间研究会共同在江苏省无锡市举办了第二届中国湿地文化节暨亚洲湿地论坛。全国政协领导、湿地公约秘书处、湿地国际、世界湿地科学家协会、联合国粮农组织等机构代表以及亚洲相关国家的政府代表出席了活动，参加人员涵盖了全球20多个国家和地区，总人数700多人。围绕"湿地与人类福祉"的主题，举办了"湿地与森林"、"湿地与气候变化"、"湖泊湿地"、"湿地与水禽"、"湿地与生态农业"、"湿地与旅游"等6个分论坛，形成了倡导湿地保护与合理利用的《无锡宣言》。公约秘书长亲自宣布了中国新指定的4块国际重要湿地名单。为12个国家湿地公园正式授牌，为第二届中国湿地文化节摄影大赛获奖者颁奖。来自中日韩三国的小朋友们宣读了致大会的一封信并展示了献给本次大会的自做画和签名长卷。（王隆富）

【湿地保护宣传教育】 2011年2月2日"世界湿地日"的主题是"湿地与森林"。期间，国家林业局在《人民日报》发表了专题文章，与中央电视台、世界自然基金会联合拍摄播放了《湿地与森林的珍稀动物》。印发宣传张贴画6000张。《中国经济周刊》刊载了《湿地之失》的大型专题报道。中央电视台《新闻联播》节目多次播出了有关湿地保护的新闻。"湿地中国"网发挥了宣传主阵地作用。在杭州中国湿地博物馆组织举办"中国国际重要湿地展示会"。通过广泛的宣传，人们的湿地保护意识显著提高，营造了良好的湿地保护氛围。

（王隆富）

【《湿地公约》履约】 2011年中国参加了《湿地公约》常委会第42次、43次会议，公约财务小组会议，亚洲区域会议，韩国东亚湿地中心研讨会议，《昌原宣言》网络暨湿地公约韩国东亚湿地中心指导委员会等会议，参与了相关议题的讨论和决策，妥善处理了"喜马拉雅湿地保护动议"和达赉湖国际重要湿地等敏感问题。代表中国政府在亚洲区域会议上做了"中国湿地保护"的发言。（方　艳）

【国际重要湿地申报和数据更新】 2011年国家林业局、农业部、国家海洋局等部门配合，完成了4处国际重要湿地的指定，使中国国际重要湿地总数达到41处。组织专家对2005年提名的云南大山包、辽宁双台河口、青海扎陵湖等9块国际重要湿地数据信息表进行了更新，并按程序提交公约秘书处。（方　艳）

【《中国履行湿地公约国家报告》完成】 根据《湿地公约》规定，在中国湿地公约履约委员会成员单位及香港特区政府的共同努力下，中国政府完成了《中国履行湿地公约国家报告》(中英文版)，于2011年8月31日提交公约秘书处。（方　艳）

【国际重要湿地能力建设】 与世界自然基金会合作，在香港米埔国际重要湿地举办了3期国际重要湿地管理培训班，提高湿地保护区管理人员的湿地保护管理水平和管理能力。（方　艳）

【国家履约委员会第四次会议】 中华人民共和国国际湿地公约履约办公室组织召开了中国履行《湿地公约》国家委员会第四次会议。外交部、环保部、水利部、农业部、国家海洋局等5个副主任委员单位和发改委、教育部、科技部、财政部、国土资源部、建设部、交通部、中国科学院、中国气象局等9个委员单位的代表出席了会议。会议介绍了2010年中国湿地保护管理和履约工作情况，研讨了2012年有关工作计划和安排，加强了委员会组成部门间的沟通与协作。 （方 艳）

【中澳湿地项目】 按照“中澳环境发展伙伴项目——湿地管理政策、指南与能力建设”项目框架，2011年组织了赴澳考察活动，举办了5个项目点研讨会，在原有项目的基础上，争取了国际重要湿地生态特征描述和宁夏湿地保护管理两个新增项目，完成了5个湿地技术指南的编写工作。 （方 艳）

【中美湿地项目】 参加了2011年中美经济与战略对话——中美能源和环境合作第七次工作组会议，开展了合作框架下的“中美湿地合作十年行动计划”以及与美国地质调查局国家湿地研究中心共同出版亚洲湿地专刊的相关工作。 （方 艳）

【中德湿地生物多样性保护合作项目】 先后完成了国家、省和项目点三级能力建设需求评估和培训方案编制工作。组织了综合生态系统保护和湿地生态系统评估方法的培训。完成了黑龙江省富锦三环泡省级自然保护区、黑龙江省宝清东升省级自然保护区以及山东黄河三角洲国家级自然保护区三个项目点湿地生态系统评估工作。完成了项目点利益相关者的分析工作。完成了湿地生态效益补偿方案的调研和起草工作。组织了德国、西班牙湿地考察学习活动。完成了山东黄河三角洲国家级保护区GIS系统开发的调研和方案编制工作。

（关东明）

森林防火

【综 述】 2011年，中国森林防火工作取得了“三无三下降”（无特大森林火灾、无火烧连营、无重大伤亡事故，森林火灾次数、受害森林面积、人员伤亡数较去年同期均有大幅度下降）的优异成绩。

加强工作指导 2011年，中国西北、西南、华中等地降水持续偏少，华北地区出现数十年甚至百年不遇的特大旱情，大兴安岭、新疆北部、山西等地频繁发生干雷暴，极端天气活动异常，中俄、中尼、中哈、中朝边境外方森林火灾多次威胁我方，中国森林防火形势极为严峻。党中央、国务院高度重视，胡锦涛、温家宝等中央领导同志先后24次做出重要批示，对森林防火工作提出明确要求。国务院专门召开全国电视电话会议，回良玉副总理亲自安排部署森林防火工作。国家森防指、国家林业局多次组织召开森林防火工作会议、紧急电视电话会议和重点地区片会，专题部署森林防火工作。国家森防指总指挥、国家林业局局长贾治邦逢会必讲森林防火工作，专程视察武警森林部队，并多次主持召开局党组会和部门协调会，研究解决森林防火存在的问题。国家森防指及其办公室根据火险形势，先后下发80多个文电，派出20多个工作组，逐时段、逐环节、逐地区强调布置森林防火工作。此外，还专门派出工作组赶赴扑火人员伤亡较大的地方，指导当地分析原因，汲取教训，改进工作。

强化应急处置 2011年，全国相继发生多起社会影响较大的森林火灾。特别是河北抚宁“4·12”、山东济南“4·18”、山西“4·29”、新疆“9·13”等森林火灾，引起了党中央、国务院的高度关注。火灾发生后，国家森防指迅速启动应急预案，贾治邦总指挥坐镇指挥，多次召集有关部门和专家研究部署扑火工作，并迅速委派张建龙副局长、孙扎根副总指挥等领导带领工作组赶赴火场，协助地方加强扑火领导和指挥工作。国家森防指办公室全员动员，加班加点处置火情，共制作火场监测图像100余幅，协调增派直升飞机10余架，跨区调动森林部队官兵2200余名，并紧急调拨数千件扑火装备支援前线灭火。据统计，全年共启动国家级应急预案10余次，派出火场工作组近20个，高效处置了河北、山东、山西等9起重大森林火灾，确保了森林资源、人民群众生命财产和重要目标的安全，把灾害损失降到了最低。

提升防控水平 先后配合计财司审批防火项目135个，储备中央投资11.3亿元；启动实施183个建设项目，下达中央投资12亿元；下拨森林防火物资储备经费4000万元，采购扑火物资41 055件，调拨防火物资24 644件，进一步提升了森林防火基础能力建设。相继修订了《国家处置重特大森林火灾应急预案》，编制了武警森林部队、森林航空消防飞机等跨区增援作战预案和赴火场工作组方案，出台了《关于进一步强化火源管理工作的意见》、《全国森林防火通信组织管理工作规范》和《森林火灾损失评估技术规范（试行）》，进一步提升森林防火规范化水平。陆续组织开展了“轴流式风力灭火机研究”、“森林防火数字超短波应急通信指挥系统应用研究”等科研项目，大力推进国家森林防火重点实验室建设和森林消防标准化技术委员会成立工作，进一步提升科技支撑能力。前后举办防火指挥员、省级防火办主任、森林火灾预警和火场应急通信等培训班20余期，培训森林防火管理和业务骨干达1000多名。共计在15个省区开展了森林航空消防工作，租用飞机144架，累计飞行3289架次6738小时，空中发现和处置林火193起。

加强预警监测 组织进行了春、夏、秋冬季3次全国森林火险形势会商，对全国气候变化、森林火险形势进行科学预测。协调气象部门进一步加强森林火险预测预报工作，与国家气象局联合下发了《关于切实做好秋冬季森林防火预警服务工作的通知》。实施了国家森林防火指挥部建设工程和雷击森林火灾监测和预警系统体系建设，完成了 EOS/MODIS 卫星林火监测系统更新项目，开发了卫星数据自动传输软件。进一步加强火险预测预报工作，先后制作发布森林火险气象等级预报 365 期，未来一周全国森林火险预测 52 期，高森林火险天气警报 87 期和重大森林火灾火场气象服务 69 期。进一步加强高森林火险预警工作，先后制作发布了 33 次高森林火险橙色和红色预警信号，并协调中央电视台及时进行播报，提醒各地立即采取分级响应措施。进一步加强卫星监测、值班调度和火情信息的收集、报送工作，对森林火灾实行 24 小时全方位、立体化监测，共制作监测图像 9676 幅，监测热点 10 167 个，监测发现林火 1549 个。

营造防火氛围 指导各地开展森林防火宣传工作，创新森林防火宣传形势，逐年提升森林防火的社会影响力。以全国绿委、国家森防指名义组织开展吉林省连续 30 年无重大火灾的专项表彰活动，协调组织中央主要媒体对吉林省森林防火成功经验进行宣传报道。举办吉林森林防火专题展览，全面介绍吉林省成功经验，发挥典型示范作用。结合国家第 3 个“防灾减灾日”和第 16 个“全国中小学生安全教育日”，组织开展森林防火宣传周活动。在《人民日报》推出森林防火专版，向各地发放 1.5 万套《森林火灾预防与扑救挂图》和 2 万册《画说森林防火》宣传册。在森林高火险期，协调中央电视台、中央广播电台等新闻媒体播出森林火险等级天气预报和森林防火公益广告，提高了全社会森林防火意识。

（唐　伟　李新华）

森林火灾

【全国森林火灾情况】 2011 年森林火灾情况（见 2011 年全国森林火灾分月统计表）如下：

火灾次数情况 2011 年全国共发生森林火灾 5550 起，为 2002 年以来的近十年中火灾次数最少的一年，比近 3 年（2008～2010 年）平均值下降 4692 起，下降幅度达 45.8%。其中一般火灾 2993 起，较大火灾 2548 起，重大火灾 9 起，无特大火灾发生。一般火灾和较大火灾分别比近 3 年平均值下降了 50.7% 和 38.6%，而重大火灾比近 3 年平均值下降 14.3 起，下降幅度达 61.4%。与 2010 年相比，森林火灾次数减少 28.1%，其中一般火灾、较大火灾和重大火灾次数分别减少 37.6%、12.2% 和 59.1%，而特大火灾则下降了 100.0%，特大火灾由 2010 年的 4 起减少为 2011 年的 0 起。

火灾损失情况 2011 年全国森林火灾受害森林面积 26 949.8 公顷，比近 3 年平均值下降了 21 215.3 公顷，下降幅度达 44.0%。因森林火灾伤亡 91 人，比近 3 年平均值减少 39.7 人，减少幅度为 30.4%。其中轻伤、重伤和死亡人数分别为 22 人、24 人和 45 人，分别比近 3 年平均值减少 15.0%、2.7% 和 22.0%。2011 年因森林火灾死亡的 45 人中，云南省 10 人，贵州省 7 人，浙江省 6 人，湖南省 5 人，福建省、江西省各 3 人，河北省、安徽省和四川省各 2 人，北京市、吉林省、广西壮族自治区和陕西省各 1 人。与 2010 年相比，受害森林面积减少 41.2%，森林火灾伤亡人数减少 15.7%，其中死亡人数减少 30.8%，受伤人数比 2010 年减少 19.4%。总之，在党中央和国务院的正确领导下，在国家森林防火指挥部和全国各级森林防火部门的直接指挥和指导下，在全国军民的不懈努力下，2011 年中国再次取得森林火灾次数、受害森林面积和森林火灾伤亡人数三项重要指标的进一步全面下降，从而实现了森林火灾次数、受害森林面积和森林火灾伤亡人数三项重要指标连续四年持续下降的骄人成绩。

火灾扑救情况 2011 年，全国扑救森林火灾共出动 89.16 万个人工日，出动车辆 7.7 万辆（台）次，分别比近 3 年平均值减少 30.7% 和 23.1%。共出动飞机 1810 架次，比近 3 年平均值增加了 114.0%。投入扑救森林火灾经费 1.35 亿元，比近 3 年平均值增加了 13.0%。这些数据进一步证明中国森林火灾扑救工作不断引进和采用先进技术和装备，特别是利用飞机灭火大大提高了扑火工作的效率，提高了运送扑火部队和扑火人员及装备的快速机动能力，提高了指挥扑救的科学性，增强了快速处置应急事件的效率，最大限度地减少森林火灾造成的损失，确保国家和人民的生命财产安全。

火灾原因分析 2011 年全国因雷击火引发的森林火灾次数为 94 起，比 2010 年上升了 80.8%。而其他自然火引发的森林火灾次数为 9 起，比 2010 年下降了 86.4%。2011 年因非生产性火源引发的森林火灾次数为 2642 起，因生产性火源引发的森林火灾次数为 1966 起，分别比 2010 年减少 34.0 % 和 3.4%。而未查明原因的森林火灾 747 起，比 2010 年下降了 56.4 %。

2011 年全国发生的森林火灾中，人为因素引发的森林火灾仍然占已查明火源的森林火灾总次数的 90% 以上。其中，烧荒烧炭、上坟烧纸、野外吸烟、小孩玩火以及痴呆人弄火分别占已查明火源的森林火灾总次数的 28.3%、27.2%、8.5%、4.0% 和 3.1%。

重大森林火灾情况 2011 年全国共发生重大森林火灾 9 起，其中山西省 4 起，福建省、山东省各 2 起，河北省 1 起。在这 9 起重大森林火灾中，4 起因干雷暴引起，1 起因烧田埂地边引起，1 起因电击引起，1 起因野外吸烟引起，1 起因炼山造林引起，1 起未查明火因。干雷暴、烧田埂地边、野外吸烟以及电击和炼山造林仍为引发重大森林火灾的主要原因。2011 年重大火灾造成的受害森林面积占全国当年森林火灾受害总面积的 16.6%。

森林火灾“三率”情况 2011 年森林火灾发生率（起火灾/10 万公顷森林）为 2.84，森林火灾控制率（公顷受害森林面积/每起森林火灾）为 4.90，森林火灾受害率（受害森林面积/森林总面积）为 0.138‰（按全国森林面

2011 年全国森林火灾分月统计表

月份	森林火灾次数					火场总面积（公顷）	受害森林面积（公顷）			损失林木		人员伤亡（人）				其他损失折款（万元）	出动扑火人工（工日）	出动车辆（台次）		出动飞机（架次）	扑火经费（万元）
	共计	一般火灾	较大火灾	重大火灾	特大火灾		共计	其中 原始林	其中 人工林	成林蓄积（立方米）	幼林株数（万株）	共计	轻伤	重伤	死亡			共计	其中汽车		
全年累计	**5550**	**2993**	**2548**	**9**	**0**	**63 416**	**26 950**	**1696**	**23 947**	**633 600.9**	**6206.084**	**91**	**22**	**24**	**45**	**20 173.42**	**891 629.5**	**76 883**	**56 290**	**1810**	**13 529**
一月	255	156	99	0	0	1818.4	638.1	5.8	625.64	9163.2	52.174	1	0	0	1	95.24	21 394	2028	1679	7	203.07
二月	1623	930	693	0	0	12 068	4888.5	230.63	4525.5	87 354.98	542.816	16	1	4	11	908.834	144 773	14 891	10 711	66	1232
三月	1159	626	531	2	0	12 996	6108.5	157.83	5526.5	170 757.7	3905.257	47	17	13	17	1136.004	154 639	13 827	9087	15	1706.2
四月	1529	728	798	3	0	17 620	8227.7	441.52	7333.8	133 771	1139.482	17	2	5	10	11 066.25	238 551	25 296	17 495	1113	5460.3
五月	349	209	136	4	0	8942.6	4145.2	223.96	3835.4	157 594.6	59.241	3	1	1	1	4608.297	175 987	8990	7797	65	1778.2
六月	35	18	17	0	0	463.95	271.27	102.06	123.81	5105.038	3.09	0	0	0	0	325.288	10 056	856	728	0	129.07
七月	54	34	20	0	0	429.02	315.7	213.4	97.74	2051.75	5.925	0	0	0	0	4.21	7998	598	546	3	23.626
八月	140	85	55	0	0	1204	513.1	18.274	490.23	23 240.69	27.846	2	0	0	2	555.22	41 667.5	3042	2370	8	383.09
九月	148	75	73	0	0	2334.8	779.85	115.63	602.62	28 299.39	39.386	5	1	1	3	977.79	46 257	3560	2937	488	2147.1
十月	82	47	35	0	0	2997.9	482.26	167.85	206.14	5734.41	11.92	0	0	0	0	338.96	23 536	1576	1420	21	139.19
十一月	54	35	19	0	0	510.46	83.44	0	81.59	1463.94	311.864	0	0	0	0	44.82	6006	677	401	2	85.575
十二月	122	50	72	0	0	2031.2	496.17	19.07	497.8	9064.218	107.083	0	0	0	0	112.505	20 765	1542	1119	22	241.95

积19 545万公顷计算)。 (韩学林)

森林火灾综合分析 2011年是中国森林草原防火工作取得重大成绩的一年。2011年全国共发生森林火灾5550起，受害森林面积26 949.8公顷，人员伤亡91人，同比分别下降了28.1%、41.2%和15.7%。特别是在全党、全国人民隆重纪念中国共产党成立90周年庆典、世界园艺博览会以及第26届世界大学生运动会等重大国际国内活动期间，未发生大的森林火灾，确保了重要时段的安全稳定。2011年，胡锦涛、温家宝、回良玉等中央领导同志对中国森林火灾扑救工作多次作出重要指示，为扑救森林火灾指明了方向，做出了科学的部署和正确的决策。党中央领导同志的指示极大地鼓舞了广大武警森林部队官兵和参加扑火战斗的干部群众的奋斗精神，为取得扑火战斗的彻底胜利提供了可靠的保证。事实证明，我们的武警森林部队确实是一支特别能吃苦、特别能战斗的队伍；是一支在关键时刻能够拉得出、打得赢的英雄部队；是一支党和人民完全可以信赖的部队。2011年国务院多次召开会议研究部署森林防火工作。在党中央、国务院的坚强领导下，经过各地区、各部门的共同努力，全国森林防火工作取得了重大进展。主要体现在三个方面：一是森林防火法制化、规范化建设迈出重大步伐，以多种形式广泛宣传新修订的《森林防火条例》，做到家喻户晓，深入人心。二是森林火灾应急处置能力明显提升，进一步加强了武警森林部队直升机支队和地方森林消防队伍建设。三是森林防火应急指挥体系进一步健全，调整充实了国家森林防火指挥部，完善、改进和加强了森林防火指挥和预警系统的硬件和软件设施。在多个省区遭遇数十年不遇干旱天气的不利条件下，森林防火实现了火灾次数、受害面积和伤亡人数“三下降”，为保护国家森林资源和人民生命财产安全、维护社会和谐稳定作出了重要贡献。

我们要保持清醒冷静的头脑，认清当前森林防火工作面临的严峻形势，时刻提高警惕，居安思危，克服一切麻痹思想。对全球气候异常，各种自然灾害频发的严重形势，应提高警惕，未雨绸缪，及时准备好各种应对措施。对于2011年发生的重大森林火灾和重大伤亡事件，一定要认真总结经验教训。例如3月2日云南省大理州剑川县和2月5日浙江省淳安县发生的重大伤亡事件，这些灾害和伤亡严重威胁当地森林资源和人民群众的生命财产安全和社会稳定，引起了党中央、国务院的高度重视和社会各界的广泛关注。这些重大火灾发生的原因，除气候条件不利等客观因素外，大多是由烧荒烧炭、小孩玩火、上坟烧纸、违规烧地、电线短路、野外吸烟等人为因素引发的。这说明，基层森林防火工作还存在思想认识不到位、工作措施不到位、责任落实不到位等问题。对此，各级领导和森林防火主管部门必须高度重视，严肃查处，坚决整改。我们要按照国务院的统一部署，全力以赴地做好森林防火工作，为维护国家森林资源和人民群众生命财产安全，为发展现代林业、建设生态文明、推动科学发展作出新的更大贡献！

(韩学林)

【河北省秦皇岛抚宁县“4·12”森林火灾】 4月12日，河北省秦皇岛市抚宁县大新寨镇因当地农民违规农事用火引发森林火灾，由于持续干旱，风力较大，火灾迅速蔓延，一度威胁林内重要设施安全。经14 000余名军警民连续7天7夜奋力扑救，火灾于4月19日10时全部扑灭。扑火期间，胡锦涛总书记、温家宝总理、回良玉副总理等党和国家领导同志先后多次作出重要指示，提出具体要求。国家森防指孙扎根副总指挥、杜永胜副总指挥亲率工作组在扑火一线协调指导。国家森防指紧急调派7架直升机和1600名森林部队官兵进行增援。河北省党、政、军主要负责同志始终在一线坐镇指挥。经核查，本次森林火灾过火面积1080公顷，受害森林面积205公顷，扑火中未发生人员伤亡。 (王 岩)

【山东省济南市长清区“4·18”森林火灾】 4月18日，山东省济南市长清区万德镇因部队销毁废旧弹药引发森林火灾。由于火场风力较大，火势迅速蔓延。经12 700多名参战军警民共同努力，火灾于4月21日4时全部扑灭。扑火期间，温家宝总理、回良玉副总理等党和国家领导同志先后作出重要批示。国家森防指派出张建龙副局长带队的工作组第一时间赶赴火场协调指导，东北航空护林中心紧急调派2架直升机飞赴火场实施空中灭火。山东省党、政主要领导和当地解放军、武警部队有关负责同志始终在一线靠前指挥。经核查，本次森林火灾过火面积458公顷，受害森林面积455公顷，扑火中未发生人员伤亡。 (王 岩)

【山西省“4·29”森林火灾】 4月29日，山西省长治、晋中等地遭遇干雷暴天气，加之前期持续干旱，一天内连续发生4起重大森林火灾，火势迅速蔓延，卫星监测热点一度多达81像素，发展之快、范围之大、火势之猛、扑救之难均为该省历史罕见。经过27 500余人4昼夜的奋力扑救，于5月2日17时将火灾全部扑灭。扑火期间，温家宝总理、回良玉副总理等中央领导同志相继作出重要批示，国家森防指总指挥贾治邦、副总指挥孙扎根连夜部署，急调600名武警森林部队官兵和1架卡-32灭火直升机前往支援，同时派出副总指挥杜永胜带队的工作组和专家组赶赴一线协调指导。经核查，4起重大森林火灾过火面积累计5588公顷，受害森林面积累计2942公顷，扑火中未发生人员伤亡。

(王 岩)

森林防火重要会议及活动

【中央领导高度关注森林防火工作】 2011年，中国华北、西南等地气候异常，旱情严重，森林防火形势十分严峻。对此，党中央、国务院高度重视，中央领导同志对森林防火工作作出数十次批示，新华网及时报道了有关批示精神。2月29日，中共中央政治局常委、国务院总理温家宝主持召开国务院常务会议，决定实施天然林资源保护二期工程，要求加强森林管护，建立健全管护责任制，完善管护模式，加大林政执法力度，强化森林防火与病虫害防治。2月5日，针对浙江省淳安县发生森林火灾造成6人死亡的情况，中共中央政治局委员、国务院副总理回良玉作出重要批示，要求迅速扑灭火灾，认真总结教训，进一步加强对群众的防火教育和有关机制建设，坚决杜绝此类状况再次发生。国家森林防火指挥部要对全国的森林防火工作作出进一步部署，一旦出现火情，要及时启动预案，迅速予以扑灭，并要加强引导教育，注重科学扑火，确保人员安全。2月13～15日，回良玉在山西省考察指导农业生产和抗旱工作时强调，要做好春季植树造林和森林草原防火工作。3月3日，针对云南省大理州剑川县森林火灾造成重大人员伤亡的情况，回良玉要求认真做好受伤人员的救治和牺牲人员的善后工作，并要求各有关地区进一步落实森林防火责任，严格管控野外火源，强化火险预警监测；发生火情后，务必科学指挥，调集足够力量特别是专业队伍，采取得力措施，尽早将火扑灭，并确保扑火人员安全。3月15日，国务院专门召开全国森林防火工作电视电话会议，回良玉要求各地区、各有关部门始终坚持以人为本、预防为主、积极消灭的方针，务必加强对森林草原防火工作的组织领导，及时排查隐患，严格火源管理，加强预警监测，强化队伍建设，充实物资储备，切实做到火情早发现，火灾早处置，严防重大森林草原火灾和重大人员伤亡，为促进经济发展和维护社会稳定提供有力保障。3月21日，国务院在河南省许昌市召开全国春季农业生产工作会议，回良玉强调要着力加快林业建设，推进春季植树造林，防范森林草原火灾。3月29日，回良玉在全国绿化委员会全体会议上强调，要着力巩固国土绿化成果，依法严惩盗伐滥伐林木和非法占用林地绿地行为，切实加强森林草原防火工作，抓好林业有害生物防治。4月12日，针对河北省抚宁县大新寨镇发生的森林火灾，回良玉要求调集足够力量特别是专业队伍，尽早将火扑灭，要强化科学指挥，确保扑火人员安全，最大限度地减少损失。当前高温物燥，林场树密、山高坡陡，对扑火的难度应有充分的估计和准备，应予以严密组织和有力指导。8月22日，针对四川、重庆发生的多起森林火灾回良玉要求调集足够力量，强化科学指挥，尽早将火扑灭，并确保扑火人员安全。近日重庆、四川、贵州等地高温干旱严重，森林火险等级不断攀升，要强化森林防火责任制的落实，严格火源管理，努力防止新的火灾发生。9月17日，针对新疆维吾尔自治区布尔津县禾木“9·13”森林火灾，回良玉要求加强指挥调度，增派专业救援力量和设备，尽快予以控制和扑灭。（敖孔华）

【国家林业局与武警总部举行新春座谈】 1月26日，春节到来之际，全国绿化委员会副主任、国家森林防火指挥部总指挥、国家林业局局长、武警森林指挥部党委第一书记、第一政委贾治邦一行与武警总部举行新春座谈，向武警部队全体官兵致以节日问候，并对武警部队全体官兵对全国林业工作给予的支持、对全国生态建设作出的重要贡献表示衷心感谢。贾治邦指出，在武警总部的关心和领导下，武警森林部队作为森林防火、灭火主力军，政治素质、思想素质、战斗素质持续提高。近几年我国森林火灾发生次数、受灾面积和死亡人数呈大幅度下降趋势，我国森林火灾的扑救工作受到了国内外的广泛关注，得到了党中央、国务院和中央军委的高度评价和人民群众的广泛赞誉。武警森林部队是安全的卫士、稳定的卫士、绿色的卫士。王建平指出，2011年是“十二五”的开局之年，也是武警部队全力推进现代化建设的起步之年。武警部队将大力加强队伍建设，努力提升森林部队装备建设水平，提升森林部队扑火灭火能力；在保护森林资源和防火灭火工作中，武警部队要担负当地森林火灾扑救任务，森林部队以外的其他武警部队在发生森林火灾时都要成为扑火灭火生力军；在国土绿化方面，武警部队将全力以赴，协助地方完成植树造林任务，支持配合全国林业工作，在支持生态建设、绿化美化祖国、应对全球气候变化中取得新成绩。国家林业局领导张建龙、印红、孙扎根、陈述贤、张永利，武警部队司令员王建平，政委许耀元，副政委吴云峰、王长河，参谋长牛志忠、副参谋长周爱民，武警森林指挥部主任王佐明，副主任李全海、金林炎等出席座谈会。

（敖孔华）

【全国森林防火工作电视电话会议】 3月15日，国务院召开全国森林防治工作电视电话会议，主要任务是总结“十一五”期间森林草原防火工作，安排部署“十二五”及2011年森林草原防火重点任务。中共中央政治局委员、国务院副总理回良玉出席会议并讲话，国务院副秘书长丁学东主持会议，国家森林防火指挥部总指挥、国家林业局局长贾治邦通报2010年森林防火工作情况和2011年工作安排意见。

回良玉强调，各地区、各有关部门要牢固树立政治意识、大局意识和责任意识，切实把森林草原防火作为建设生态文明的基础工程、促进社会和谐的民生工程、应对气候变化的减排工程，科学谋划，精心部署。一要加强预警监测，完善火险预测预报基础设施，加快构建全方位、立体化、多手段的林火监测体系。二要加强应急处置，完善扑火应急预案，充实物资储备，加快推进森林消防队伍标准化建设。三要加强法制建设，深入贯彻《森林防火条例》，加大执法力度，依法严惩火灾肇事者。四要加强科技支撑，强化实用技术和装备的研究、开发、推广，提升森林草原防火科学化、机械化和信息化水平。五要加强资金投入，加快实施《全国森林防火中长期发展规划》，构建森林草原防火经费稳定增长机制。六要加强组织领导，严格落实地方行政首长负责制、部门分工责任制、基层联防包保责任制、防火岗位责任制。

国家森林防火指挥部副总指挥、国家林业局副局长孙扎根宣读了全国绿化委员会、国家森林防火指挥部关于通报表扬吉林省森林防火工作的决定。吉林省副省长王守臣、内蒙古自治区政府副主席刘新乐、江西省政协副主席胡幼桃、广西壮族自治区政府副主席陈章良在会上发了言。

国家森林防火指挥部副总指挥、国家林业局原副局长李育材，国家森林防火指挥部专家组组长、国家林业局原副局长马福，国家森林防火指挥部全体成员和中央有关部门负责人在主会场出席会议。各省、自治区、直辖市和计划单列市人民政府、新疆生产建设兵团负责同志，有关市县和单位负责人在各地分会场出席会议。

（敖孔华）

【全国森林防火工作紧急电视电话会议】 4月20日，国家森林防火指挥部召开全国森林防火工作紧急电视会议。国家森林防火指挥部总指挥、国家林业局局长贾治邦出席会议并讲话。

贾治邦强调，森林防火工作事关国土生态安全，事关改革发展大局，事关社会和谐稳定。各地各部门要以对党和人民高度负责的精神，思想上一丝不苟，工作上一环不漏，措施上一抓到底，精心组织，周密安排，坚决打赢春防关键期这场硬仗，维护国家森林资源和人民生命财产安全，以优异成绩迎接建党90周年。一是坚决把森林防火责任落实到位，确保火有人管、责有人担。二是坚决把"预防为主"的方针落实到位，确保火灾发生少、火灾损失小。三是坚决把预警响应措施落实到位，确保防范及时、应对得力。四是坚决把应急预案落实到位，确保火灾不跨界、扑火不过夜。五是坚决把基础保障落实到位，确保增强防控能力、提升管理水平。

国家森林防火指挥部副总指挥、国家林业局副局长孙扎根主持会议。武警森林指挥部主任王佐明、中国气象局副局长于新文出席会议。中央办公厅、国务院应急办、教育部、国家旅游局有关负责同志、国家森林防火指挥部成员单位联络员、国家林业局各司局及直属单位主要负责同志在北京主会场参加会议。各省（区、市）、计划单列市和新疆生产建设兵团森林防火指挥部领导、成员和联络员，各省（区、市）林业厅（局）、四大森工集团负责同志、防火办主任、森林公安局长，武警森林总队、航空护林中心（总站）及国家林业局京外直属单位的负责同志在各地分会场参加会议。 （敖孔华）

【吉林省连续30年无重大森林火灾表彰奖励电视电话会议】 6月3日，吉林省委、省政府召开，吉林省连续30年无重大森林火灾表彰奖励电视电话会议，主要任务是全面总结吉林省过去30年森林防火工作经验，表彰30年来为吉林省森林防火事业作出突出贡献的单位和个人，对今后一个时期森林防火工作做出部署。国家森林防火指挥部、国家林业局专门发出贺电，祝贺吉林省取得这一成绩。国家森林防火指挥部副总指挥、国家林业局副局长孙扎根为吉林省连续30年无重大森林火灾颁发奖金并讲话。孙扎根指出，30年来，吉林省历届党委、政府和有关部门始终把森林防火作为林区第一件大事、第一位职责来抓，坚持政府负责、高位推动不放松，坚持预防为主、积极消灭不放松，坚持科学防控、创新机制不放松，坚持多元投入、夯实基础不放松，坚持依法治火、严查严处不放松，经受了全球气候异常、极端天气增多的严峻考验，经受了林区人员流动频繁、火源管理难度加大的严峻考验，取得了连续30年无重大森林火灾的辉煌业绩，树立了相同纬度、相似火险地区森林防火工作的典范，走出了一条具有中国特色的森林防火道路，积累了一套富有成效的森林防火经验，创造了巨大的经济、社会和生态效益，为维护国家生态安全和促进地方经济社会可持续发展作出了重大贡献。吉林省森林防火的成功实践充分证明，只要领导重视、社会支持，方法得当、措施得力，森林火灾损失就可以大大减少，森林防火工作就能大有作为。

吉林省委副书记、省长王儒林出席会议并讲话，省人大、省政协、省纪委等省领导出席会议。武警部队副政治委员吴云峰、武警森林指挥部政委亢进忠及国家林业局有关司局负责同志应邀到会指导。省直有关部门、单位，各市（州）、县（市、区）森林防火指挥部、林业部门、单位等4200余人分别在主、分会场参加了会议。

（刘　萌）

【全国秋冬季森林防火工作会议】 9月16日，国家森林防火指挥部在山东省泰安市召开全国秋冬季森林防火工作会议，主要任务是深入贯彻落实胡锦涛总书记"七一"重要讲话和在首届亚太经合组织林业部长级会议上的讲话精神，贯彻落实温家宝总理、回良玉副总理等中央领导同志有关林业和森林防火工作的一系列重要指示精神，通报春夏季森林防火工作情况，总结交流森林防火工作经验，安排部署秋冬季森林防火工作任务。

国家森林防火指挥部总指挥、国家林业局局长贾治邦致信大会，要求各级森防指深入贯彻党中央、国务院的重要决策部署精神，统一思想，提高认识，切实增强做好森林防火工作的责任感、紧迫感和使命感；建立健全森林防火完善的责任机制、稳定的投入机制、管用的防范机制、规范的处置机制和可靠的保障机制，努力构建科学高效的森林火灾防控体系；加大火灾防控力度，做到认识到位，责任落实，防范严密，处置迅速，处罚严格，确保不发生特大森林火灾，确保不发生重大人员伤亡，确保不发生火烧连营，坚决夺取今年森林防火工作的全面胜利。

受贾治邦委托，国家森林防火指挥部副总指挥、国家林业局副局长孙扎根出席会议并讲话。孙扎根指出，2011年以来，在党中央、国务院的坚强领导下，各地各部门狠抓组织领导、隐患排查、宣传教育、预警监测、协调配合和火情处置工作，实现了森林火灾次数、受害森林面积和人员伤亡"三下降"。孙扎根强调，要按照党中央、国务院的决策部署和贾治邦总指挥的总体要求，迅速采取得力措施，加大火灾防控力度，做到思想认识、防火责任、火源管理、扑火措施和部署检查五到位，全力做好秋冬防火工作，确保不出大的问题。

山东、黑龙江、广东、陕西森防指及东北航空护林中心、武警黑龙江森林总队作了会议发言。国务院应急办、国家森防指成员单位联络员、专家组成员，各省（区、市）森林防火指挥部、林业厅（局）、四大森工集团有关负责同志参加会议。 （敖孔华）

【中俄两国召开第二次边境森林防火联防会议】 7月12日，中俄两国政府林业部门在黑龙江省哈尔滨市召开中俄第二次边境森林防火联防会议。会上，双方在森林防火会晤机制、中俄边境地区联防联络机制、边境地区计划预防用火通报机制、部门交流合作机制、中俄两国联防协定修订内容等方面达成了共识，签署了会议纪要。国家森林防火指挥部副总指挥、国家林业局副局长孙扎

根和俄罗斯联邦林务局副局长契卡尔约克出席了会议。 （王　岩）

【国家森防指召开专题座谈会研究森林防火安全工作】为深入贯彻国务院领导同志批示精神，汲取教训、推广经验，不断提高中国森林防火安全工作水平，国家森林防火指挥部办公室于7月20～21日在四川省凉山州组织召开了一次“专职指挥谈安全”专题座谈会。会议以大量真实案例说明了对于扑火安全工作的认识和定位，阐述了处理好确保人员安全和实现“打早、打小、打了”的辩证关系。与会领导和专家就如何提高扑火人员的安全意识和安全扑火技能、扑火实战中紧急避险等问题提出了各自的见解。 （王　岩）

【中蒙两国正式签订森林草原防火联防协定实施细则】为加强中蒙两国边境地区森林草原火灾的联防工作，2011年2月份，中蒙双方在蒙古国正式签署了《中华人民共和国政府和蒙古国政府关于边境地区森林、草原防火联防协定实施细则》，对两国火灾预防、火情通报等工作做出了明确规定。 （王　岩）

【组织开展边境森林防火隔离带建设考察活动】为进一步加强边境森林防火隔离带建设，提高各边境省区隔离带开设质量，加强学习、扩大交流，国家森防指办公室于12月15～17日在云南省保山市腾冲县组织开展了2011年度边境森林防火隔离带建设考察活动，边境7个省（自治区）有关负责同志实地考察了腾冲县中缅边境森林防火隔离带建设情况，并就边境森林防火隔离带建设工作进行了专题座谈。 （王　岩）

森林消防体系建设

【举办《全国森林防火中长期发展规划》解读培训班】3月22～23日，国家森林防火指挥部办公室在广州市举办了《全国森林防火中长期发展规划》（以下简称《规划》）解读培训班。曹真巡视员代表森防指办公室传达了中央领导和国家森防指、国家林业局领导关于《规划》实施的指示精神，并对实施工作提出了要求。会议组织与会代表参观了广州市以水灭火和生物防火林带建设情况。培训班共有来自各省、自治区、直辖市林业厅（局），内蒙古、龙江、大兴安岭森工（林业）集团公司，新疆生产建设兵团林业局防火办主管基本建设的主任和具体工作人员共70名代表参加。大家纷纷表示，将以此次培训班为契机，进一步完善省级规划、加强项目储备，坚决按照中央要求，千方百计保证地方建设任务按期完成，为《规划》整体目标顺利实现作出应有贡献。 （李　杰）

【中央加强森林防火基础设施建设】2011年，按照《全国森林防火中长期发展规划》确定的项目建设重点，国家林业局共批复重点火险区综合治理工程、森林防火信息指挥系统等森林防火基本建设项目135个，涉及总投资16.8亿元，其中中央投资11.3亿元，地方配套投资5.5亿元。同时，根据国家发展改革委安排，国家林业局下达了当年森林防火基本建设投资计划，累计下达森林防火资金16.4亿元，其中中央投资12亿元，地方配套投资4.4亿元，启动实施各类建设项目182个。截至2011年底，累计开工项目93个，完工11个，完成投资1.2亿元。 （李　杰）

【升级完善森林防火信息指挥系统】2011年，国家防火办实施完成了《国家林业局森林防火信息指挥系统升级完善建设项目》。项目建设内容包括指挥室设施升级、数据中心建设、网络平台及信息安全系统建设、可视IP电话系统建设、林火信息系统和地理信息系统开发以及指挥中心装修及机房改造六个部分。通过项目实施，建设成一个“功能齐全，系统完善，服务决策，便利指挥”的森林防火的应急指挥软硬件平台；实现了图像数据、流媒体数据、管理信息系统数据、地理信息系统数据等数据的共享，实现了国家林业防火信息管理标准化、数据规范化、服务人性化；充分满足了国家森林防火指挥部、国家林业局森林火灾应急处置需求；大大提高了森林防火科学化和现代化水平。 （杜建华）

【森林火灾卫星遥感监测】2011年，国家林业局森林防火预警监测信息中心高度重视森林火灾卫星遥感监测工作，充分利用可用的卫星资源，全面加强了热点的日常监测和重特大森林火灾的跟踪监测，为发现和处置森林火灾做好了服务。据统计，国家林业局森林防火预警监测信息中心和西南、西北、东北三个分中心全年共接收、处理中国风云卫星、美国NOAA系列卫星和EOS/MODIS卫星数据8000余轨，制作监测图像10 729幅，监测热点11 835个，其中反馈为林火1586个，占热点总数的13%。与2010年相比，热点总数减少11%，反馈林火数减少15%。同时，国家林业局森林防火预警监测信息中心加强与中国资源卫星应用中心的合作，利用环境减灾等高分辨率卫星开展森林火灾监测，既提高了较小森林火灾的发现能力，又为重特大森林火灾和灾后评估提供了更为丰富的监测信息。2011年，中国资源卫星应用中心共制作森林火灾卫星监测图像111幅，对云南、四川、山西、河北、山东、新疆等省区10多起较大森林火灾进行了跟踪监测，对11起森林火灾进行了灾后损失评估。 （王治洋）

【加强森林火灾卫星遥感监测能力建设】为进一步做好森林火灾卫星遥感监测工作，2011年国家林业局森林防火预警监测信息中心采取一系列措施，更新监测系统，改进监测方法，加强监测工作管理，提高了森林火灾卫星监测技术和服务水平。一是完成了卫星林火监测系统升级改造项目。2011 年，国家林业局森林防火预警监测信息中心在充分调研中国风云三号系列卫星、欧洲空间局 MeTop 系统卫星和美国 NPOESS 系列卫星的基础上，按照国家林业局《关于卫星林火监测系统升级改造项目可行性研究报告的批复》精神，完成了风云三卫星数据接收和预处理系统的建设工作，与 2009 年建成的风云三号监测系统构成了"一主一备"的双系统运行模式，解决了卫星接收时间冲突问题，形成数据双备份，增加了对同一区域林火监测频次，提高了监测工作质量，提升了卫星林火监测能力和水平。二是对森林防火网进行升级改造，完善了卫星监测轨道浏览、热点统计和重要森林火灾数据存储查询等功能，确保各级森林防火部门及时准确掌握卫星过境信息、监测热点和森林火灾统计情况，建立了重要森林火灾数据库，收集了森林火灾常规监测信息和火灾的发生、扑救、损失等情况。三是提高了重点林区的监测热点起报标准，从而减少了漏报、误报现象，增强了森林火灾监测的时效性和准确性。 (王泊洋)

森林航空消防

【综　述】 在国家林业局的高度重视和正确领导下，中国的森林航空消防事业得到较快的发展。2011 年，北京、河北、山西、内蒙古、辽宁、吉林、黑龙江、江西、河南、广东、广西、四川、重庆、云南、新疆等 15 个省(区、市)已开展了森林航空消防工作，总巡护面积达 233 万平方千米，占国土总面积的 24.4%。主要执行巡逻报警、火场侦察、火场急救、空投空运、吊桶灭火、机(索)降灭火、防火宣传等任务。据统计，全年南北方各航期共租用飞机 144 架次，其中直升机 72 架次，固定翼飞机 72 架次，全年累计飞行 3405 架次 6909 小时，空中发现和处置林火共 292 起，对其中 248 起林火实施吊桶灭火，吊灭飞行 297 架次 442 小时，洒水 1695 桶；机降飞行 207 小时、138 架次、3808 人次；运送扑火物资 35.2 吨。对 6 个火场实施 113 架次化学灭火作业，喷洒灭火药液 89.3 吨。配合地方森林防火部门开展防火宣传，投撒防火传单 51.5 万份。特别是在扑救云南大理剑川火场、广东清城区源潭火场、重庆九龙坡和荣昌火场过程中发挥了至关重要的作用。

(周生瑞)

武警森林部队

【指挥部领导和指挥部各部门领导】

主任　王佐明　少将

第一政治委员　党委第一书记　贾治邦(国家林业局局长兼)

政治委员　亢进忠　少将(3 月任，武警广东省总队原政治委员)

副主任　李全海　少将

　金林炎　少将(12 月晋少将)

副政治委员　崔建设　少将(10 月退休)

　聂增龙　少将(10 月任，森林指挥部政治部原主任，12 月晋少将)

参谋长　郝晓光　少将(10 月退休)

　魏凤桐　大校(12 月任，黑龙江省森林总队原总队长)

副参谋长　张京科　大校

　郑虎平　大校(10 月退休)

　闫　鹏　大校

　杨宇光　大校(10 月任，内蒙古自治区森林总队原总队长)

政治部主任　聂增龙　大校(10 月任森林指挥部副政治委员)

　徐元鸿　大校(10 月任，森林指挥部政治部原副主任)

政治部副主任　崔永安　大校 (6 月退休)

　刘树荣　大校

　徐元鸿　大校(10 月任森林指挥部政治部主任)

　张忠林　大校(6 月任，武警总部政治部组织部原副部长)

后勤部部长　崔进福　大校

后勤部副部长　刘宝会　大校

　朱金跃　大校

　董立初　大校

【综　述】 2011 年 7 月，根据武警部队司令部《关于院校和训练机构体制编制调整改革有关问题》(武司〔2011〕210 号)文件精神，10 月 1 日，武警警种指挥学院移交武警部队领导管理。2011 年，各级坚持以国防和军队建设主题主线为统领，着眼建设现代化森林部队，积极探索特点规律，理清发展思路，注重标准质量，狠抓工作落实，推动了部队建设科学发展、安全发展、创新发展。

思想政治建设　扎实抓好党的创新理论武装，严格落实党委中心组带机关理论学习制度，突出主题主线、胡锦涛总书记"七一"讲话和十七届六中全会精神学习贯彻，举办师团职干部网上理论集训，丰富完善学习方法，注重转化学习成果，指挥部党委中心组理论学习做法受到总部主要领导充分肯定。着眼提高机关干部理论素养、业务素质和指导能力，率先在指挥部机关开展了“学理论、学法规、学业务”活动。扎实抓好主题教育，推广机动支队“情景式”教育方法，组织系列配合活动，教育做法被总政《宣传简报》刊发；坚持按纲规范教育秩序，在吉林总队召开座谈会进行专题研究，促进了教育在基层的落实，总政《政治工作通讯》刊发了做法。大力培育践行核心价值观典型，福建总队三明支队政委许长有被列为全军勤廉兼优重大典型，在中央级新闻媒体进行广泛宣传。做细做实经常性思想工作，认真落实谈心谈话、思想汇报、政治审查等制度，坚持每月滚动摸排个别人情况，组织团以下官兵心理测查，开展法律服务到基层活动，确保官兵身心健康和思想稳定。为防火灭火、“绿色卫士—11”演习等大项任务做好政治工作，研发推广车载宣传教育系统、野战教育器材，服务保证作用得到有效发挥。河北抚宁“4·12”灭火作战政治工作做法被总部转发，内蒙古总队推进现代化建设政治工作经验在“广东会议”上作了介绍。加大新闻宣传力度，指挥部被评为武警部队新闻工作先进单位。

现代化建设　认真贯彻胡锦涛主席主题主线重大战略思想，注重顶层设计，搞好理论研究，总结提出战斗力生成模式“五个转变”的目标要求，受到总部首长肯定。持续推进信息化建设，在语音、数据、图像同步传输和火场、动中、全时“三通”上取得明显成效，运用信息化手段在灭火作战实施全过程、不间断、可视化指挥等方面迈出新步伐，指挥部被总部表彰为信息化建设先进单位。按照系列化、定型化、配套化、国产化的要求，加强以水灭火装备的研发、试验和资金投入，购置配发新型灭火装甲车，引进远程输水管线系统，组织装备管理工作集训，装备建设走出了以水为主、风水化结合的新路子。灭火装甲车、森林消防车在全军非战争军事行动装备成果展上进行了展示。不断加强直升机支队建设，成立常年帮建工作组实施不间断指导，飞行一大队遂行任务能力初步形成，二大队组建工作有序推进。投入5个单位3800名兵力，在加格达奇成功组织部队组建以来规模最大、规格最高、样式最新、要素最全的“绿色卫士—11”演习，受到总部首长和各界领导高度评价，在军内外产生良好反响。

核心军事能力　坚持依法按纲施训，突出抓好新兵训练、基础训练、指挥训练、紧急避险训练和“两化”训练，组织跨区轮训、骨干培训和比武竞赛活动，搞好针对性维稳处突演练，部队遂行任务能力不断提高。直升机支队支队长孟凡中被评为武警部队十大军事训练典型。严格落实战备制度，加强重点防区、重点目标勘察，按照“一地一案、一案多情、一情多策”的要求，建立完善各类战备预案，防期组织靠前驻防和设卡巡护。加强理论、训法、战法和指挥研究，组织指挥机制进一步顺畅。全年动用兵力39万余人次，参加灭火作战533起，防火执勤1万余次，抢险救灾69次，特别是在扑救河北抚宁“4·12”、山西阳泉“4·30”、新疆禾木“9·13”等重大森林火灾中，森林部队充分发挥了国家队、专业队、突击队作用。参与处置内蒙古群体性事件、藏区和疆区维稳备勤、重要目标守卫等任务。

部队管理　注重抓好机关、基层正规化管理两个《规定》的落实，扭住依法从严治警不放松，深入开展“条令学习月”活动，狠抓专项教育整顿，有效纠治有法不依、有章不循、不按制度办事等突出问题，部队“四个秩序”进一步规范。严密组织新兵“三查”，及时清退283名不合格新兵，从源头上排除了安全隐患。认真落实院校编制调整有关要求，警种指挥学院顺利移交。突出防范政治安全、日常安全和任务安全，加强重大节日、重点部位和敏感时段的安全管控，认真开展安全常识教育，坚持每季度召开安全工作讲评会，组织密码工作专项检查，部队保持了高度安全稳定，实现了“三无”目标。

抓基层打基础工作　着眼解决按纲抓建内容不全面、标准不统一、指导不科学的问题，研究制定森林部队落实《纲要》实施办法，对党委统筹、机关指导、基层自建和官兵争先创优作出系统规范。大力加强干部队伍建设，研究制定干部教育、培训、管理、考核、使用“五位一体”办法；坚持分级分类抓培训，依托军地院校培训干部，安排新毕业学员到先进中队实习锻炼，组织200名预任中队主官集中轮训，举办12类700余人的专业培训，努力培养按纲抓建的人才。广泛开展学习成才活动，黑龙江总队大兴安岭地区支队被评为武警部队人才培养先进单位。重视做好党员发展和保留工作，深入开展创先争优活动，着手解决集中驻防大队包办代替中队问题，不断强化基层党支部自建能力。注重培养宣扬基层建设先进典型，四川总队甘孜支队康定中队被表彰为武警部队基层建设标兵中队。

现代后勤建设　不断强化后勤管理标准意识，严格经费预算制度执行，对“四项设施”建设进行普查摸底，推广应用财务、被装、车辆管理信息系统，进一步提高后勤规范化管理水平。在内蒙古总队召开后勤工作会议，研究后勤现代化建设和社会化保障问题，探索了营区绿化保洁、物资采购、机关饮食保障改革的路子。积极推进干部住房制度改革，四川、西藏、内蒙古、吉林、黑龙江、福建总队等单位的干部自有住房建设取得较好成效。大力加强后勤专业训练，广泛开展专业技能比武活动，及时调整充实战备物资，配发炊事车、多功能加油车和综合修理车等骨干装备，升级改进部分防护装具，应急保障能力不断提高，重大行动保障任务完成圆满。严格经费管理，深入开展治理虚假发票活动，落实领导干部离任、基建工程审计等制度，解放军审计署对指挥部王佐明主任的经济责任审计，受到了最高级别的评价。

党委班子建设　着眼班子建设面临的形势任务和部队发展定位，研究提出“政治强、素质高、作风实、风气正、团结好、形象好、有凝聚力、有战斗力”的班子建设目标和“三个适应、一个目标”的部队建设思路，科学界定五级职能职责，达到了统一思想、凝聚共识、牵引建设的目的。注重提高贯彻民主集中制质量，严格议事规则，把握议事重点，重大问题充分发扬民主，坚持集体决定，始终做到“四个不议”、“三个不决策”和“五个符合”，各级党委班子决策水平、团结质量、领导能力进一步提高。坚持把思想作风教育整顿和7个方面突出问题专项治理作为加强班子作风建设的重大举措，扎实抓好集中教育、深入查找梳理问题，采取“挂账、销号、归零”的办法从严抓整治，在四川总队召开讲评会强力推动，解决机关超占兵员、违规使用车辆号牌、转业干部滞留、老干部移交等棘手问题成效明显。指挥部抓七项治理的经验在总部电视会议上作了介绍，接受军委纪委工作组抽查受到好评。认真贯彻“双重领导”原则，坚持重要工作、重大事项及时请示报告，坚决完成各项任务，为部队建设发展赢得了更大支持。

【抗击冰雪灾害】 1月3日，持续数日的风雪严寒致使内蒙古东乌珠穆沁旗北部草原牧区平均降雪深度达30厘米，局部地区暴风积雪厚度达1米左右，导致交通堵塞、牲畜死亡，近万人受灾。内蒙古森林总队锡盟支队应急救援队，深入受灾最严重的满都镇抗击雪灾。疏通道路500多千米，为20多户牧民运送饲料35吨，救助受困牧民3人，拖拽受困车辆5台，并为部分困难户送上慰问金10 000元，受到当地政府的高度赞誉。

【党委二届四次全体(扩大)会议】 1月17～18日，森林指挥部召开党委二届四次全体(扩大)会议。传达学习军委扩大会议、武警党委一届九次全体(扩大)会议、全国政法工作会议和全国林业厅(局)长会议精神，总结分析2010年部队建设形势，筹划部署新年度工作任务。国家森林防火指挥部副总指挥、国家林业局副局长孙扎根，武警部队副参谋长周爱民莅临大会指导。指挥部党委委员出席会议，指挥部后勤部副部长、直升机支队主官、各单位司政后领导和指挥部机关处长列席会议。指挥部党委副书记王佐明作题为《坚持科学发展，提升质量效益，更加有效地履行职责使命》的工作报告，并就《抢抓历史机遇，狠抓工作落实，加速推进森林部队现代化建设》作重要讲话。指挥部纪委作书面工作报告，机关各部分别召开对口会，听取各单位工作汇报并对军事、政治、后勤工作进行部署。

【回良玉副总理看望部队】 2月26日，中共中央政治局委员、国务院副总理回良玉在国家林业局局长贾治邦、国务院副秘书长张勇、云南省省委书记白恩培和云南省政府副省长孔垂柱及云南省委常委、昆明市委书记仇和等领导陪同下，到昆明市金殿国家森林公园亲切看望慰问了正在进行防火宣传和防火巡护的云南省森林总队昆明市支队官兵，回副总理作重要指示。

【宣布命令大会】 3月9日，森林指挥部召开宣布国务院、中央军委命令大会。武警部队副政委吴云峰宣布国务院、中央军委命令：武警广东省总队政委亢进忠任武警森林指挥部政委。大会由王佐明主任主持，国家林业局副局长孙扎根、森林公安局局长杜永胜，总部干部部副部长赵修民出席大会，孙扎根副局长代表国家林业局局长、武警森林指挥部第一政委、党委第一书记贾治邦讲话。

【森林灭火指挥培训】 3月22～26日，武警部队16个内卫总队、5个机动师的副参谋长、作勤(训)处(科)长，在警种指挥学院进行森林灭火指挥培训。武警部队副参谋长周爱民作开训动员讲话，总部训练部副部长张春俊、处长戴汉中，森林指挥部政治部聂增龙主任出席动员会议。培训班观摩了机动支队单兵灭火机具操作演示。

【扑救河北省抚宁县森林火灾】 4月12～20日，河北省抚宁县发生森林火灾。中共中央政治局委员、国务院副总理回良玉作出重要批示，要求调集足够力量，特别是专业队伍，尽早将火扑灭；国家林业局贾治邦局长就火灾扑救作出五点批示。森林指挥部先后调动机动支队和内蒙古、吉林总队1600名官兵，149台车辆摩托化开进800多千米，驰援火场执行灭火任务。官兵们奋战9天8夜，扑灭火线80余千米，清理火线60余千米，清理烟点、火点180余个，保卫重要目标2处，安全转移群众200余人。国家林业局副局长孙扎根、河北省省长陈全国、国家林业局防火办主任杜永胜、武警部队司令员王建平、武警部队副参谋长杨斌、政治部主任于建伟等领导亲临火场一线看望慰问森林部队灭火官兵。

【直升机训练】 4～12月，森林指挥部直升机支队8架直－8WJS直升机分3批全部接装到位，共组织飞行83个场次、飞行1021小时58分、3918架次。组织机降灭火飞行、索(滑)降灭火飞行、林区水上悬停飞行、外挂货物起落航线飞行和吊桶灭火飞行等专项课目训练。8月23日，6架直－8WJS直升机参加“绿色卫士－11”灭火实兵演习，实现了火场侦察一次成功，人员索降一次成功，机降投送一次成功，跟进吊桶洒水灭火一次成功，保证了飞行安全，圆满完成上级赋予的演习任务。首创“四机跟进吊桶洒水”战法，经灭火实兵演习验证效果较好。直升机支队有3个机组具备遂行任务能力，完成年度训练任务127.7%。

【二届五次党委全会】 5月5日，森林指挥部召开二届五次党委全会，亢进忠政委主持会议，王佐明主任作重要讲话，崔建设副政委就出席武警部队第二次党代表大会代表候选人初步人选酝酿提名情况及有关问题作说明。会议圈选确定指挥部出席武警部队第二次党代表大会24名代表候选人预备人选；王佐明主任就当前需要重点关注和抓好的工作讲了四点意见。

【贾治邦局长检查工作】 6月2日，国家林业局贾治邦局长，赵树丛、孙扎根副局长和陈凤学总工程师以及有关司局领导到森林指挥部听取王佐明主任代表指挥部作的工作汇报，观看了森林部队全面建设和机动支队扑救抚宁“4·12”特大森林火灾纪实录像片，国家林业局孙扎根副局长、森林公安局杜永胜局长分别讲话。亢进忠政委主持会议，贾治邦局长作重要指示，提出“五点希望”：一要牢记任务；二要进一步提高防灭火能力；三要能打硬仗；四要坚持好双重领导；五要重视当前森林火情。指挥部李全海副主任、金林炎副主任、政治部聂增龙主任、后勤部崔进福部长等在家常委以及部门首长和各处(室)负责人参加会议。

【许耀元政委到森林指挥部调研】 6月15～17日，武警部队许耀元政委率总部工作组，重点围绕如何贯彻主题主线加强森林部队建设，如何抓好“两个经常性工作”座谈会精神落实，到森林指挥部进行检查调研。许政委强调，下一步工作重点加强四个方面的研究。一是怎样进一步理清部队科学发展的思路；二是怎样进一步提升部队建设标准；三是怎样进一步夯实部队建设基础；四是怎样进一步加强部队建设的关键。

【合作办学签约仪式】 7月5日，警种指挥学院与清华大学、中国地质大学、北京交通大学、北京师范大学4所高校举行合作办学签约仪式。武警部队潘昌杰副司令员、周爱民副参谋长，总部二级部有关领导，黄金、森林、水电、交通4支警种部队主要领导，4所大学有关领导和学院全体官兵参加签约仪式。签约仪式上，警地双方重点在合作办学的组织领导、沟通协调机制、教学资源共享、人才交流互培、重大项目攻关合作国防建设教育普及等方面达成一致意见，4所高校领导分别与李保全院长签订合作办学协议，清华大学韩景阳副书记、森林指挥部王佐明主任分别讲话，武警部队潘昌杰副司令员作重要指示。

【贾治邦局长慰问】 7月25日，国家林业局贾治邦局长、孙扎根副局长和有关司局领导一行19人来到森林指挥部机关进行“八一”慰问。亢进忠政委主持召开座谈会并简要汇报工作，孙扎根副局长宣读全国绿化委员会、国家森防指、国家林业局致森林部队官兵的《慰问信》，贾局长作重要指示，要求森林部队一是要坚持一个体制(双重领导体制)；二是要发扬一种精神(连续作战的精神)；三是要增强三种意识(政治意识、大局意识、使命意识)；四是要大力提高部队防火灭火能力。指挥部李全海副主任、金林炎副主任、崔建设副政委、政治部聂增龙主任、后勤部崔进福部长等在家常委以及部门领导和各处(室)负责人参加会议。

【刘源政委到西藏森林总队视察】 8月6日，解放军总后勤部政委刘源在总后勤部司令部李克让副参谋长等陪同下，到西藏森林总队机关检查指导工作。刘源政委视察了总队的全面建设，并与总队全体机关干部、战士合影留念。刘源政委希望总队广大官兵认真贯彻落实胡锦涛主席主题、主线的重大战略思想，努力践行当代革命军人核心价值观，忠实履行职能使命，真正把西藏的青山绿水保护好，把党中央、中央军委、武警总部赋予森林部队的任务完成好，为西藏经济社会跨越式发展和长治久安作出应有的贡献。

【“绿色卫士－11”灭火实兵演习】 8月23日10时，武警森林部队在大兴安岭举行“绿色卫士－11”灭火实兵演习。武警部队司令员王建平，国家林业局党组副书记、副局长赵树丛现场观摩并发表重要讲话。国家森林防火指挥部副总指挥、国家林业局孙扎根副局长，武警部队副司令员潘昌杰，副参谋长周爱民，国家财政部预算司潘波主任，国防司魏学调研员，黑龙江森林总队第一政委、黑龙江省吕维峰副省长，大兴安岭地委肖建春书记，大兴安岭地区行署单增庆专员，森林指挥部主任王佐明，政治委员亢进忠以及内蒙古、吉林、黑龙江等3省(区)的林业部门领导，武警水电、交通、黄金指挥部和内蒙古、吉林、黑龙江内卫总队首长以及内蒙古、吉林森工集团、黑龙江森工总局、东北航空护林中心、西南航空护林总站领导，中国电子科学研究院，中国电子科技集团公司第十五研究所，直升机系统，湖南江麓机电科技有限公司领导现场观摩了演习。演习以扑救东北林区重大森林火灾为背景，以实兵、实装、实战的方式，分启动应急响应机制、组织机动、战前准备、作战实施和清理看守5个阶段，重点演练了常规装具灭火、特种车辆灭火、水泵管线灭火、直升机吊桶灭火、综合集成灭火五种灭火方法和手段，演练组织指挥程序，展示主战装备，演练主要战法，汇报森林部队现代化建设阶段性成果。演习中，森林部队直升机成功完成了火场侦察、索降、滑降、机降任务，4架直升机同时编队吊桶作业，6架直升机同时编队飞行，受到与会领导一致好评。森林部队最新装备的履带式森林消防车、远程输水管线系统等新装备在演习中充分展示性能和作用，演习还对无人机、飞艇等装备进行试飞研究。演习利用灭火作战指挥信息系统实施指挥，利用卫星综合通信车、卫星便携站和无线图传系统远程传输，利用背负式北斗通信终端和背负式无线数传终端保障一线指挥，充分展示了森林部队信息化指挥控制、辅助决策和通信保障能力。

【森林部队装备管理工作集训】 8月24～25日，武警森林部队装备管理工作集训在黑龙江省加格达奇地区召开。森林指挥部王佐明主任、金林炎副主任、郝晓光参谋长、政治部聂增龙主任，各部门领导、各总队(机动支队、直升机支队)总(支)队长、参谋长、后勤部部长，指挥部、总队(机动支队、直升机支队)作训、通信、警务装备、军械运输部门的处(科)长，警种指挥学院院长、警务装备科科长、相关教研室负责人以及各支队的支队长参加集训。金林炎副主任作动员讲话，郝晓光参谋长对集训工作提出要求。集训听取专题辅导，观看装备管理综合信息系统软件功能介绍和森林部队装备规范化管理演示片。与会代表在三大队现场观摩猛士卫星综合通信车功能、履带式森林消防车人员和装备运行标准、远程输水管线系统使用操作3个课目的动态演示，参观森林部队部分装备展示，主要包括车辆、灭火装备、侦观器材、军需被装、直升机，观摩大兴安岭地区支队综合修理所建设及工作开展情况、大兴安岭地区支队三大队正规化建设成果。王佐明主任以《紧贴使命任务，着力破解难题，努力提升森林部队装备现代化建设水平》为主题作重要讲话，金林炎副主任作集训总结讲话。

【森林部队军事教练员暨教导队教员比武】 9月2～9日，森林部队军事教练员暨教导队教员比武在机动支队进行。森林指挥部李全海副主任出席动员会会议并讲话。各总队、机动支队和直升机支队的59名军事教练员及教员进行理论测试、5000米跑、教案编写、课件制作及理论授课、“四会”教学6个课目的比武。黑龙江总队、机动支队、云南总队分别荣获军事教练员暨教导队教员比武团体第一名、第二名、第三名，机动支队、甘肃总队、新疆总队分别荣获参谋业务比武团体前三名，指挥部首长为优胜单位和个人颁发奖杯、证书和奖金，王佐明主任作重要指示。

【警种学院举行转隶交接签字仪式】 9月4日，警种学院举行转隶交接签字仪式。武警部队副参谋长周爱民，总部司令部警种部副部长邓道军、政治部组织部副部长郝光、后勤部财务部副部长王一波，森林指挥部主任王佐明、副参谋长郑虎平、政治部副主任刘树荣、后勤部副部长朱金跃以及武警总部、森林指挥部机关、警种学院科室以上领导，各学员队、直属队军政主官参加了转隶交接签字仪式。周爱民副参谋长、王佐明主任代表总部和森林指挥部签字交接，军事、政治、后勤组负责人也分别在交接书上签字。周爱民副参谋长作指示，王佐明主任代表指挥部党委首长和机关讲话。10月1日，警种指挥学院正式移交武警总部司令部领导管理。

【森林部队后勤工作会议】 9月6～8日，森林部队后勤工作会议在内蒙古森林总队教导队召开，各总队、机动支队分管后勤工作的副总队长(副支队长)、后勤部长，直工、战勤、军需、营房科科长，直升机支队分管后勤工作的副支队长、场站站长以及指挥部司令部直工处处长、后勤部各处处长，共70人参加会议。会议的主要任务是贯彻落实武警部队武汉后勤工作会议精神，按照指挥部党委建设现代化森林部队的决策指示，紧紧围绕“贯彻主题主线思想，推进现代后勤建设与改革”的主题，重点就保障社会化改革、军需保障信息化和现代营房建设等工作进行研究部署，推行试点经验，明确目标要求。内蒙古自治区人民政府刘新乐副主席、林业厅龚家栋副厅长等领导出席会议，包头市政府常务副市长刘德君参加在包头市的观摩活动；武警总部后勤部刘占琪副部长出席会议指导并作重要指示；森林指挥部王佐明主任、金林炎副主任分别作重要讲话；指挥部后勤部崔进福部长讲评后勤工作开展情况，并就如何抓好会议精神贯彻落实提出具体要求；内蒙古、西藏森林总队分别进行经验交流；观看吉林森林总队伙食管理和森林部队现代营房建设标准两部录像片；观摩内蒙古森林总队后勤农副业生产基地、仓库信息化管理、总队机关保障社会化改革、包头中队现代营房及警营饮食文化建设等现场。会议组织干部住房档案展评，并参观中国兵器第一机械厂；讨论修改《森林部队遂行任务保障能力检验评估实施方案》、《森林部队大宗物资采购实施细则》和《森林部队现代营房建设标准》，重点围绕保障社会化改革问题进行讨论，为下一步抓好工作确立了制度标准，增强了后勤有效履行职责使命的能力，为推动现代后勤建设又好又快发展奠定坚实的基础。

【抗震救灾】 11月1日8时21分，新疆伊宁县和巩留县交界处发生里氏6.0级浅源型地震。新疆森林总队伊犁州支队出动60名官兵参加抗震救灾，协助自治区民政部门搭建救灾帐篷200顶、发放棉被1000套、棉衣1000套，转移受伤群众630余人，协助地方民政部门装载运输救灾物资250余吨，搭建帐篷200余顶，清理废墟450立方米，整修房屋21幢。

【王建平司令员到森林指挥部调研】 11月30日，武警部队王建平司令员率警种部丁福建部长一行4人莅临森林指挥部机关检查调研。观看了森林部队信息化建设成果演示，听取指挥部的工作汇报，就有关工作情况与班子成员进行座谈，与指挥部王佐明主任、亢进忠政委和班子部分人员进行谈话，并召开反馈会。亢进忠政委主持汇报会，王佐明主任作专题汇报，王司令员作重要指示。

【王建平司令员到国家林业局走访慰问】 12月19日，应国家林业局邀请，武警部队王建平司令员，戴肃军副司令员，吴云峰、王长河副政委，姬延芳副参谋长，在森林指挥部王佐明主任、亢进忠政委等领导陪同下到国家林业局走访慰问。国家林业局领导贾治邦、赵树丛、张建龙、印红、孙扎根、陈述贤、张永利，陈凤学、杜永胜，办公室主任张鸿文，森林公安局王海忠副局长，机关服务局王永海局长出席座谈。武警总部警种部丁福建部长、森林指挥部魏凤桐参谋长、政治部徐元鸿主任、后勤部崔进福部长参加座谈。贾治邦局长首先代表全国绿化委员会、国家林业局和全国林业战线职工，向武警部队党委首长和全体官兵致以亲切问候。王司令员代表武警部队党委首长机关、代表许耀元政委对国家林业取得的辉煌成就表示热烈祝贺，王佐明主任、亢进忠政委还就森林部队任务完成情况和直升机支队建设情况向与会领导作了简要汇报，对国家林业局和武警总部对森林部队的关心支持表示衷心感谢。

【国家林业局慰问森林指挥部】 12月26日，国家林业局局长贾治邦，副局长赵树丛、印红、孙扎根、张永利，森林防火指挥部专职副总指挥杜永胜以及相关司、局领导一行15人到森林指挥部机关进行元旦、春节慰问。指挥部党委常委、在家部门副职领导和机关处长参加了慰问座谈。座谈会由亢进忠政委主持，王佐明主任作简要汇报，贾局长作重要讲话。

【英模群体】 2011年9月8日，武警部队政治部通令(武政〔2011〕277号)为森林指挥部机动支队一大队一中队记一等功。

“4·12”特大森林火灾发生后，一大队一中队100名参战官兵快速机动，连续奋战7天6夜，转战2个火场，扑灭火线10余千米，扑打火点30余处，保卫了祖山林场等的安全，为整个战区灭火作战取得全面胜利作出重大贡献。 （武警森林部队由管黎丽供稿）

森林公安

【综　述】 2011年，在党中央、国务院和国家林业局党组、公安部党委的正确领导下，我局(办、预警中心)积极强化自身建设，团结奋斗，扎实工作，大力推进森林公安“五化”(队伍正规化、执法规范化、警务信息化、保障标准化、警民关系和谐化)建设，森林公安工作取得“双提升三加强”(立案数提升43.9%，破案率提升6.8%，队伍管理、执法本领、警务保障加强)的突出成效，为国家生态安全、现代林业建设和社会和谐稳定作出了积极贡献，受到中央、国务院等各级领导的充分肯定和地方各级党委政府的高度评价。

争取领导重视　2011年，胡锦涛总书记、温家宝总理等中央领导同志对涉林案件查处工作作出重要批示，对森林公安执法工作提出殷切希望。政法委书记周永康、国务委员孟建柱亲切接见了第四届“我最喜爱的人民警察”森林公安系统获奖民警，勉励广大民警永远做人民群众的贴心人。国家林业局贾治邦局长、孙扎根副局长，公安部刘金国副部长、黄明副部长等领导多次批示，充分肯定森林公安工作成绩，对下一步工作提出明确要求。特别是6月14日，贾治邦局长还率领全体局领导，亲切接见了荣获第四届“我最喜爱的人民警察”提名奖的两名森林公安代表，号召林业战线广大干部职工和全体森林公安民警向他们学习，争做绿色卫士和人民群众的贴心人。据统计，全年森林公安系统共有570个集体和2930名个人立功受奖，其中有两名民警被公安部授予“全国特级优秀人民警察”，有1个集体荣获全国公安系统青年文明号，有6名个人、5个集体荣获2010年斯巴鲁生态保护奖和第三届中国边境野生生物卓越、优秀卫士奖。此外，在第四届全国公安系统“卫士之光”书法美术摄影作品展中，森林公安系统有5件书法、2件美术和3件摄影作品获奖并参展。

加强队伍建设　加强干部协管，对13个省区的24位省级森林公安机关领导班子成员进行了考核并提出任免意见，致函有关省区林业厅党组就进一步推进森林公安主要领导进班子或高配提出建议。加强教育训练工作，分别召开专题会议，就加强民警培训、进一步推进招录培养体制改革试点工作等进行了研讨，共举办“三个必训”培训班12期，培训民警1920人。建立全国森林公安警员基础信息库，开展警衔网上申报、审核，完成全国5143名森林公安民警的警衔审核审批和56名省局人员警籍审核工作，换发、补办人民警察证6924人，将119名历史遗留未授警衔人员的公务员登记表报送公安部警衔办。加强民警优抚工作，向209名符合条件的因公牺牲民警家属发放了104.5万元特别慰问金。组织开展森林公安先进模范、“创新林区社会管理，服务现代林业建设”等专题宣传，弘扬队伍正气，宣扬执法成果。加强森林公安反腐倡廉工作，组织开展“发扬传统、坚定信念、坚持执法为民、树立良好警风”主题教育实践和“大走访”开门评警活动，开展涉案财物管理问题专项治理，围绕中心工作组织了4次专项督察活动，受理群众信访案件56件，在全国通报了有关民警的违法违纪行为，进一步和谐了警民关系。

规范执法行为　组织近5万名森林公安民警参加首次基本级执法资格考试，民警执法水平、执法能力整体增强。实施了消防岗位检查监督资格认证，向137名考试合格及免试民警发放了公安消防岗位资格证书。制定实施了《森林公安机关执法细则》，对森林公安机关办理涉林刑事、治安、林业行政案件以及执法管理的基本环节和步骤，作出了较为全面、详细、具体的规定，对提升森林公安的整体执法质量将起到重要推动作用。制定下发《关于建立跨区域林区治安防范合作机制的指导意见》，推动建立林区警务合作机制，南方八省区、西部七省区、东北内蒙古林区、中东部地区、泛西南地区等5个林区分别签署了合作协议或通过了合作章程，全国34个省级森林公安机关全部参与了不同区域合作。加强执法典型培养，公安部命名了4个、国家林业局森林公安局命名了21个全国执法示范单位。深入推进涉案人员非正常死亡问题集中整治、集中清理涉法涉诉信访积案等活动，着力解决执法突出问题。

履行执法职能　为认真贯彻落实中央领导的批示和国务院批复的《全国林地保护利用规划纲要(2010～2020年)》精神，在全国组织开展了为期两个月的“亮剑行动”，国家林业局10起挂牌案件及吉林鸿博矿产开发公司非法占用林地17.6公顷案等一批大要案件成功告破，从严从重从快打击了乱征滥占林地违法犯罪行为。为保障林改顺利推进，发挥严打震慑警示作用，督办大要案件116起，对70起林地案件进行了集中督办，其中包括胡锦涛总书记、温家宝总理、回良玉副总理批示的“河北省抚宁县特大森林火灾案”、“河北、福建等4省涉林信访案”，中央电视台“焦点访谈”报道的“浙江省景宁县非法占用林地案”等大要案件。围绕深圳大运会安保工作任务，组织广东等11个省区开展了打击破坏野生动物资源专项行动。认真做好林区禁毒工作，共查获毒品案件37起，抓获犯罪嫌疑人33名，缴获毒品海洛因22.63千克、冰毒29.2千克、易制毒配剂盐酸4548.6千克。按照公安部统一部署，组织东北、内蒙古大面积国有林区森林公安机关开展“清剿火患”战役，开展了社会治安“春季攻势”和网上追逃“清网行动”，全力维护林区社会稳定。积极参加CITES执法工作、中印尼CITES履约执法交流等国际履约执法活动，在国际社会树立了良好的执法形象。

强化警务保障　与财政部联合调研了森林公安经费保障情况，进一步科学完善了资金分配办法。在中央财政中落实森林公安警用装备建设资金4300万元，积极扶持引导各地加强森林公安各类警用装备建设。组织和督促中西部地区加快推进派出所建设，推进森林公安业务技术用房建设，组织指导各地积极协调地方发改部门，将森林公安基础设施建设基本纳入地方政法基础设施建设“十二五”规划。完成《全国森林公安发展规划

(2011～2020年)》编制工作，并征求了有关司局和各地的意见。加强森林公安信息化建设，协调将森林公安信息化建设内容纳入《全国林业“十二五”信息化发展规划》，加大刑事案件管理系统推广使用力度，完成全国森林公安人事信息采集录入工作，建立警员基础信息库。完成2010年度森林公安派出所、看守所等级评定工作，其中一级派出所104个，二级所450个，三级所1956个；二级看守所18个，三级所13个，对3个挂牌治理的看守所经省监管部门考核予以摘牌。

（唐 伟 李新华）

森林公安重要活动

【全国森林公安机关重点专项工作推进会】 11月16日国家林业局召开全国森林公安机关重点专项工作推进会，国家林业局孙扎根副局长出席会议并讲话，国家林业局森林公安局杜永胜局长通报专项工作进展情况和下一步工作安排意见。会议充分肯定了“清网”、“亮剑”、“涉案财物管理问题专项治理”、“涉案人员非正常死亡问题集中整治”和执法规范化建设等专项工作取得的阶段性成绩，并提出了深入推进的具体措施。一是进一步增强攻坚意识和责任感，明确工作责任，加大工作推进力度，确保如期实现各项重点专项工作的既定目标。二是立足长远，研究建立长效治本之策，着力解决执法管理和队伍建设中存在的突出问题，打牢森林公安发展的基础。三是进一步加大组织领导力度，提供必要的人力、物力、财力保障，加强森林公安软硬件建设，提升警务保障能力和执法办案水平。四是有关部门和单位要联手加大管理、执法、监督力度，形成保护森林和野生动植物资源的整体合力。五是广大森林公安民警主动投身各项重点专项工作，深入开展人民警察核心价值观教育，在行动中自觉接受锻炼和考验。国家林业局有关司局、直属单位有关负责同志在北京主会场参加会议，各省(区、市)林业厅(局)、内蒙古、龙江、大兴安岭森工(林业)集团公司、新疆生产建设兵团林业局有关负责同志在各地分会场参加会议。 （敖孔华）

【森林公安组织开展网上追逃专项督察“清网行动”】 5月26日至12月15日，根据公安部的统一部署，国家林业局森林公安局在全国森林公安系统组织开展了网上追逃专项督察“清网行动”。行动期间，国家林业局贾治邦局长、孙扎根副局长，公安部刘金国副部长先后作出21次批示，湖北、江西等省政府有关领导也分别作出批示，对森林公安“清网行动”提出明确要求，并充分肯定了取得的成绩。各级森林公安机关紧密围绕“一降(网上在逃人员总量明显下降)二升(历年网上在逃人员、命案在逃人员抓捕率明显上升)三提高(网上在逃人员信息质量、网上追逃工作规范化水平、全警追逃破案能力大幅提高)”的总体目标，主动攻坚克难，最终夺取了“清网行动”的全面胜利。一是高度重视，强化工作部署。5月26日，全国公安机关网上追逃专项督察“清网行动”电视电话会议召开后，国家林业局森林公安局立即召开局长办公会，传达会议精神，研究贯彻落实措施。成立了由森林公安局局长任组长的领导小组，在警务督察处设立领导小组办公室，由分管副局长兼任办公室主任，具体负责领导小组的日常工作。制订了《全国森林公安机关网上追逃专项督察“清网行动”工作方案》，下发了《关于组织开展网上追逃专项督察工作的通知》，对全国森林公安系统的“清网行动”进行了部署。及时向全国森林公安系统传达贯彻了全国公安机关“清网行动”领导小组历次会议精神，专题部署了环粤、环藏、环疆安保圈“清网行动”，加大了重点地区“清网行动”工作力度，并在森林公安华南、西北、东北区域警务合作联席会议上，对“清网行动”进行了反复强调。各地森林公安机关结合当地实际，细化工作方案，狠抓工作落实。二是摸清底数，落实追逃责任。国家林业局森林公安局对全国森林公安机关行动前网上在逃人员进行了全面梳理，并组织各地森林公安机关按照“谁立案、谁上网、谁负责”以及办案单位归属原则，对行动前网上在逃人员信息进行核对、完善，实行“一逃一档”制度，夯实网上追逃工作基础。三是强化宣传，加强舆论引导。分别在《中国绿色时报》、森林公安信息网等媒体开设了森林公安“清网行动”专栏，编发了60多期《森林公安情况快报——“清网行动”专刊》，其中3篇稿件被公安部“清网办”采用刊发，及时反映全国森林公安机关“清网行动”开展情况及战果。四是严格考核，突出工作绩效。建立并实行了“一月一排名、一月一通报”制度，制定下发了《全国森林公安机关网上追逃专项督察“清网行动”月度工作量化考核办法》，对省级森林公安机关“清网行动”月度工作进行认真考评，并及时通报考评结果，以此来督促各地森林公安机关逐步加大工作力度，努力扩大“清网行动”战果。五是突出重点，加大打击力度。结合森林公安业务特点和各地实际，确定吉林省、黑龙江森工、内蒙古大兴安岭为重点地区，民愤较大、危害严重的暴力犯罪、经济犯罪和疑难信访案件以及盗伐滥伐林木、盗猎和非法贩卖野生动物重大案件的逃犯为重点逃犯，要求各地重点突破；指导吉林、湖北等地根据网上在逃人员排查清理情况，组织开展集中统一行动，全面缉捕网上逃犯，切实打出“清网行动”的气势，增强对网上在逃人员的威慑力。经过全国上下共同努力，截至12月15日，全国森林公安机关行动前网上在逃人员下降率达到92.2%，有10个省份清网率达到100%，全面完成了清网目标，受到公安部的通令嘉奖。 （张晓辉）

【森林公安组织参加第四届“我最喜爱的人民警察”评选活动】 2月28日至6月12日，公安部和中央电视台联合举办了第四届“我最喜爱的人民警察”评选活动。按照组委会的统一安排，各级森林公安机关认真做好各项参评工作，最终，森林公安系统两名民警获提名奖。一是积极开展森林公安系统候选人推荐工作。本届评选活动与全国公安机关开展的“大走访”开门评警活动紧密结合，由组织推荐、群众推荐、媒体推荐三种方式产生60名正式候选人。其中，经过组织选拔和新闻媒体推荐，江西省德安县森林公安局局长聂辉、云南省德宏州森林公安局局长董建川被确定为正式候选人。二是全面宣传了候选人的先进事迹。国家林业局森林公安局积极协调新华社、中央电视台、人民公安报等媒体记者，深入实地采访报道候选人的先进事迹。在《中国绿色时报》专题报道了聂辉和董建川的先进事迹以及本届评选活动开展情况。指导候选人在新浪网、腾讯网发布微博，主动与网友沟通交流，全面展示候选人的风采及森林公安整体风貌，候选人的微博听众达到25万余人。组织全国森林公安民警积极参与到本届评选活动中来，在广大民警中形成了“学先进、赶先进，为现代林业建设作贡献”的浓厚氛围。三是认真做好有关领导接见森林公安系统候选人的相关工作。6月12日，组委会在北京举行颁奖典礼，对全国60名公安民警参选代表进行了表彰奖励，并受到了中共中央政治局常委、中央政法委书记周永康，国务委员、公安部部长孟建柱等中央领导同志的亲切接见。6月14日、国家林业局领导班子集体接见了森林公安系统两名获奖民警，贾治邦局长作了重要讲话。国家林业局森林公安局认真做好了领导接见的协调联络与宣传报道工作，并指导两位获奖代表所在省森林公安局，切实做好对获奖代表的迎接与宣传报道等工作。 （张子辉）

【森林公安组织开展涉案财物管理问题专项治理】 按照公安部统一部署，3至12月，国家林业局森林公安局在全国森林公安机关部署开展了涉案财物管理问题专项治理，成立了领导小组及其办公室，制定并下发了《全国森林公安机关涉案财物管理问题专项治理工作方案》，编发了《森林公安情况快报——涉案财物管理问题专项治理专刊》，协调有关新闻媒体，加大宣传力度，及时反映各地专项治理工作动态，指导各地认真开展专项治理工作。各地森林公安机关积极动员部署、排查清理、整改建制、总结验收，深入开展专项治理工作，共排查清理2010年以来所办理的案件10万余件，其中涉及涉案财物案件2.4万件，发现整改问题2326个，切实完善了相关工作制度，进一步加强了长效机制建设。

（张子辉）

【财政部、国家林业局联合调研森林公安经费保障工作】 3月23 ~27日，财政部、国家林业局组成联合调研组，赴云南省就森林公安经费保障工作，特别是中央财政森林公安转移支付资金落实情况进行了调研。调研组与云南省财政厅、林业厅有关部门的同志，对省森林公安局、玉溪市澄江县森林公安局、保山市腾冲县森林公安局和澄江县抚仙湖林区派出所进行了实地查看，掌握了森林公安业务工作开展、警用装备和基础设施建设等情况；与地方政府及财政、林业、森林公安等有关部门的同志进行座谈，听取各地落实中央森林公安资金情况介绍，讨论征求了进一步加强森林公安经费保障工作的意见和建议。调研组回到北京后，认真总结了云南省加强森林公安经费保障工作的做法和成效，分析了森林公安面临的执法形势和经费保障存在的困难，就进一步加强森林公安经费保障工作提出相关意见和建议。

（张晓辉）

【全国森林公安民警首次基本级执法资格考试举行】 根据公安部《公安机关人民警察执法资格等级考试办法》规定，自2011年1月1日起，对全体在编在职公安机关人民警察包括领导干部进行执法资格考试，实行执法资格等级管理制度。国家林业局森林公安局负责统一组织全国森林公安民警基本级和中级执法资格考试工作。2011年，国家林业局森林公安局先后制定下发了考试实施办法、考试大纲，组织编写了考试复习资料。各级森林公安机关精心制定工作方案，认真组织学习培训，积极帮助民警复习迎考，使全体民警得到了一次系统的法律学习教育的机会，达到了以考促学、以学促用的目的。9月24日至11月13日，全国4.7万名民警分4个批次、16个轮次，在131个考点参加了由国家林业局森林公安局统一命题、统一监考、统一阅卷、统一划定合格分数线的首次基本级执法资格考试。公安部执法资格等级考试办公室对所有考试试题进行了审定，并派出巡考组到北京考点全程监考，对考试组织工作给予了充分肯定。 （汶　哲）

【全国林区警务合作体系初步形成】 按照国家林业局党组书记、局长贾治邦同志对建立林区警务合作机制的重要批示精神，结合公安部对全国公安机关加强警务合作的总体部署，2011年，国家林业局森林公安局指导各省级森林公安机关，通过召开林区警务合作会议，签署合作协议，积极推动建立林区警务合作机制。各级森林公安机关立足森林和野生动植物执法实战需求，重点突出不同区域的资源保护工作特点，相继建立了南方八省区、西部七省区、东北内蒙古地区、中东部十四省市和泛西南地区等五大林区警务合作区域，初步形成了信息共享、巡防联动、联合整治、互援共处、办案协作等五项具体工作机制。34个省级森林公安机关全部参加了相应的合作机制，标志着全国林区警务合作体系已经初步形成。 （汶　哲）

【深圳大运会林区安全保卫任务圆满完成】 8月，第26届世界大学生夏季运动会在广东省深圳市举行。各级森林公安机关牢固树立全国“一盘棋”思想，精心组织，周密部署，坚持区域协作、整体防控、以面保点，强化各项安保措施，细化工作方案和应急预案，合力构筑了平安大运的林区安全屏障。广东省和湖南、江西、福建、广西、海南等周边省区森林公安机关紧紧抓住野生动物保护、涉林不稳定因素排查调处、森林防火等敏感问题，全警动员，全力以赴，实现了不发生重大涉林恶性案件、不发生影响稳定的涉林群体性事件、不发生特大森林火灾的预期目标。东北、内蒙古等大面积国有林区森林公安机关全力维护林区社会稳定，确保了大运会期间没有发生影响稳定的案件。南京森林警察学院派出2854名师生，全程参与志愿服务工作，为大运会的顺利举行作出了突出贡献，受到公安部、国家林业局和广东省、深圳市的褒奖。 （汶　哲）

森林公安队伍建设

【机构及人员】 截至2011年底，全国除上海市外，30个省(区、市)共建立森林公安机构近7000个，实有警力近60 000人。在实有警力中，大专以上学历占总警力的81.6%，比2010年增加了4.21个百分点；中专高中学历占总警力的16.88%，比2010年减少了0.34个百分点；初中以下学历占总警力的1.50%，比2010年减少了24.7个百分点。在实有警力中，30岁以下民警占总警力的15.44%，比2010年上升了9.42个百分点；31~50岁民警占总警力的67.65%；51岁以上民警占总警力的16.9%。 (王凤阁)

【领导干部协管工作】 根据森林公安机关领导干部双重管理有关规定，国家林业局森林公安局严格执行对省级森林公安机关领导干部的协管工作，2011年，先后8次组成考核组，对14个省级森林公安机关的25位领导干部任免履行了协管程序。经过不懈努力，目前，全国共18个省级森林公安机关一把手实现了进班子或高配。 (邹庆浩)

【警衔评授工作】 2011年全年共审核审批森林公安人民警察警衔6605人。其中：警监警衔44人(首授6人，晋升38人)，警督警衔3358人(首授131人，晋升3227人)，警司、警员警衔3203人(首授882人，晋升2321人)。2011年森林公安系统有19位符合选升三级警监警衔的同志参加公安部选升三级警监警衔的培训，并顺利完成授衔。 (王凤阁)

【教育训练】 2011年10月19~29日，组织参加了公安部在武汉举办的全国公安机关警务实战教官技能比武活动。经过全体参赛队员的共同努力，森林公安代表队参加了全部六个团体项目比赛，取得了理想的成绩：总团体第29名，战术攻防对抗单项团体第4名，获得优秀组织奖。此前3个月，根据公安部的部署，森林公安局先后组织选拔了12名民警参加了公安部在辽宁的集训，依托南京警院组织了70人的队伍进行集中培训。期间，克服训练用枪弹短缺等困难，反复协调有关单位和部门，最后由黑龙江林业公安局空运枪支到南京森林警察学院，从江苏省公安厅购买弹药，保证了训练的顺利开展。5月份以来，按照公安部部署，积极组织开展“发扬传统、坚定信念、坚持执法为民、树立良好警风”主题教育实践活动。活动期间，全国各级森林公安机关共组织各类培训1200多期，培训民警6万多人次。共查处涉林案件6万多起，依法处理违法犯罪人员8万多人次，为国家挽回直接经济损失约15亿元。结合“大走访”开门评警活动，全国森林公安组织民警“访民情、问民意、解民忧”，共走访林区农户30多万家，调查问卷40多万份，化解涉林矛盾纠纷5万多起，为人民群众办好事、做实事10多万件。7月19日至8月27日，认真做好第26届世界大学生夏季运动会部分安保工作。按照公安部统一部署，南京森林警察学院2850名师生赴深圳承担第26届世界大学生夏季运动会部分安保工作。8月11日，在深圳第26届世界大学生夏季运动会开幕前夕，国家林业局党组副书记、副局长赵树丛专程前往深圳，代表贾治邦局长和国家林业局党组，亲切慰问参加大运会安保工作的南京森林警察学院师生。在大运会安保期间，南京森林警察学院师生共执行任务10.5万人次，在大运村、主媒体中心、各场馆累计安检55万余人次，检查箱包53万余件、车辆3.2万余辆，查处限带物品9000余件、禁带物品1500余件，出色地完成了所负责的安保任务，被公安部记集体三等功一次。为进一步提升基层政工干部队伍整体素质，国家林业局森林公安局分别在山西、湖南举办了两期政治工作业务培训班，对200多名市、县两级森林公安机关政工干部进行了集中培训，专门邀请了中组部全国组织干部学院的专家、地方公安从事政治工作的领导、南京森林警察学院的教授、优秀基层森林公安机关的代表为学员们授课，取得了很好的效果。为研究做好“十二五”期间森林公安教育训练工作，1月12~14日，国家林业局森林公安局组织在湖北召开了全国部分省森林公安机关教育训练工作研讨会，期间，与会同志专程到湖南省公安厅学习该省地方公安开展教育训练工作好的经验和做法。为积极稳妥地推进森林公安民警招录培养体制改革试点工作，3月13日，国家林业局森林公安局在南京森林警察学院召开2011年全国森林公安民警招录培养体制改革试点工作专题会议，总结了2010年全国森林公安民警招录培养体制改革试点工作，介绍定点培养单位招录工作经验，并就2011年招录改革试点工作进行动员、部署。根据公安部、国家林业局关于森林公安系统教育训练的统一部署，2011年森林公安局共组织各类训练班22期，参训人员1817人次。全国共组织各类培训班2000多期，培训民警6万多人次。 (邹庆浩)

【立功创模】 2011年，全国森林公安系统有300多个(次)集体和2200多人(次)受到表彰。结合专项工作，森林公安局积极做好及时表彰工作，全国森林公安系统警务技能大比武活动结束后，国家林业局森林公安局立即组织专项表彰，对在大比武中奋勇争先、取得突出成绩的集体和个人以及为大比武组织工作付出辛劳和汗水的同志进行了及时表彰。吉林省吉林市丰满区旺起林业派出所民警张宏光在2010年的抗洪抢险战斗中英勇无畏、壮烈牺牲；河南省南召县森林公安局民警张建明在侦破一起案件中，因长时间超负荷工作，牺牲在工作岗位上。得到两位同志牺牲的消息后，国家林业局森林公安局立即组织专人对两位同志的事迹进行深入挖掘，认真组织整理，最终两位同志被公安部追授全国公安系统二级英模光荣称号。国家林业局森林公安局积极组织参加第四届“我最喜爱的人民警察”评选活动，通过广泛宣传发动，经过网上投票、媒体推荐，江西省德安县森林公安局局长聂辉和云南省德宏州森林公安局局长董建川入围，并被公安部授予"全国特级优秀人民警察"称号。6月，这两位同志参加了公安部举办的"我最喜爱的人民警察"颁奖典礼，受到了周永康等中央领导的亲切接见。8月，组织森林公安系统先进典型休养活动，来自全国13个省区的13位荣获一等功以上荣誉的民警及其家属共30人在吉林参加了为期6天的休养，取得了良好的效果。（邹庆浩）

【优抚工作】 2011年，共有12名森林公安民警因公牺牲，60名森林公安民警因公负伤。2011年，按照公安部、财政部《因公牺牲公安民警特别补助金和特别慰问金管理暂行规定》(公通字〔2004〕49号)等有关规定，对符合1980 ~2002年特别慰问金条件的209名因公牺牲民警的家属发放特别慰问金，对符合2003年以来特别补助金发放条件的18名因公牺牲民警的家属发放了特别补助金。根据公安部、民政部、财政部联合印发的《关于发给公安机关做出特殊贡献的牺牲病故人民警察家属特别抚恤金的通知》规定，对1995年1月1日以来符合一次性特别抚恤金发放条件的5名牺牲病故民警家属发放了一次性特别抚恤金。对36名英烈、因公致残及特困民警子女发放了助学金。选派1名英烈子女参加由公安部组织的英烈子女代表团赴俄罗斯访问，1名英烈子女保送就读南京森林警察学院。（张 卫）

【警务督察】 2011年，各级森林公安机关紧紧围绕森林公安中心工作和重大警务部署，全面开展警务督察，推动了各项工作的落实。一是组织开展"清网行动"专项督察。8月、11月、12月，国家林业局森林公安局先后三次派出机动警务督察队，对重点省区"清网行动"开展情况进行了专项督察，及时发现和纠正了各地工作中存在的不足与问题，调查了解了基层单位和民警对相关工作的意见和建议，推动了"清网行动"深入开展。二是组织开展队伍管理和执法安全现场督察。5月中下旬，国家林业局森林公安局派出14个督察组，分赴15个省级、39个地市级、71个县级森林公安机关和35个基层所队，督察了涉案人员非正常死亡和涉案财物管理问题专项治理、队伍内部管理工作开展情况，及时发现和纠正了各地专项治理工作所存在的问题，发掘和总结了各地专项治理工作的好做法和好经验，调查了解了基层森林公安机关和广大民警对相关工作的意见和建议，推动了森林公安内部管理和执法规范化建设工作。三是元旦春节期间队伍内部管理现场督察活动。元旦前，国家林业局森林公安局在全国森林公安机关部署开展了加强队伍内部管理现场督察活动。1月中旬，抽调机动警务督察队，组成10个督察组，分赴10个省份的105个基层森林公安单位，现场督察了各地落实相关工作部署、执行警务纪律、强化队伍内部管理等工作情况，及时发现和纠正各地工作中的突出问题。督察结束后，向全国森林公安机关通报了督察情况，要求各级森林公安机关从中吸取教训，采取有针对性的措施，对易发、多发问题深入开展清理整顿和教育防范，进一步加强内部管理，切实保证整个森林公安队伍稳定。与此同时，各级森林公安机关认真学习、宣传、贯彻新修订的《公安机关督察条例》，加强了督察机构和队伍建设；国家林业局森林公安局为2010年新增加的4个机动警务督察队配备了必要的督察设备，为机动警务督察队更好地执行督察任务提供了保障。（张子辉）

【反腐倡廉建设】 2011年，全国森林公安机关认真贯彻落实党的十七大和十七届四中、五中、六中全会精神，坚持教育、监督、制度并重，大力加强反腐倡廉建设。一是及时部署反腐倡廉建设年度工作。国家林业局森林公安局下发了《关于认真做好2011年全国森林公安机关反腐倡廉建设工作的通知》，在全国森林公安系统传达了"全国林业系统党风廉政建设工作会议"、"全国公安机关反腐倡廉建设会议"精神，要求各地认真贯彻，全面落实党风廉政建设责任制，切实加强反腐倡廉建设工作。公安部"11·18"会议召开后，国家林业局森林公安局及时传达了公安部副部长刘金国在会上的重要讲话精神，对全国森林公安系统近年来党风廉政建设工作进行了梳理，剖析了存在的问题，提出了下一步工作要求。二是加强反腐倡廉警示教育。及时在全国森林公安机关通报了吉林、广西等地发生的森林公安民警违反"五条禁令"案件，要求各级森林公安机关认真贯彻落实"五条禁令"，切实抓好警车和枪支管理，严防类似事件再次发生。三是加大民警违纪违法案件查办和督办力度。各级森林公安机关积极处理森林公安民警违法违纪信访案件，对领导批办、上级转办和自发现的重大案件线索及时进行查办和督办，查清了一些违法违纪问题，清除了森林公安队伍中的害群之马；对不实举报，及时予以澄清，维护了民警的正当权益。据统计，国家林业局森林公安局全年共受理群众信访案件75件，对其中17起案件进行了督办。（张子辉）

【宣传文化】 2011年，各级森林公安机关积极协调有关媒体，全面宣传森林公安工作和队伍建设成就，广泛组织形式多样的文化活动，丰富了森林公安警营文化生活，展示了民警风采，营造了良好的舆论氛围和社会环境。一是组织开展了"创新林区社会管理，服务现代林业建设"的森林公安专题宣传活动。国家林业局森林公安局在全国选取了6个有代表性的省(区、市)森林公安局，围绕"创新林区社会管理，服务现代林业建设"，实地采写了8篇稿件，其中有6篇稿件在《中国绿色时报》刊发，全面宣传了森林公安加强林区社会管理创新、积极服务林业改革发展的情况。二是组织开展"清网行动"专题宣传。国家林业局森林公安局在《中国绿色时报》开设聚焦森林公安"清网行动"专栏，刊发稿件20多篇，全面报道了各地森林公安机关"清网行动"开展情况及战果，为推动森林公安"清网行动"营造了良好的舆论氛围。三是组织参加了第四届全国公安系统"卫士之光"书法美术摄影作品展览活动。国家林业局森林公安局在全国森林公安机关组织开展了创作征集活动，共收到各地报送的作品300多件。经评选，分别遴选出书法作品45件、美术作品22件、摄影作品36件，报送到组委会，最终有5件书法、2件美术和3件摄影作品获奖并参展。四是组织参加了"2011中国红歌会警营唱区”活动。推荐四川省森林公安局民警刘兴林、南京森林警察学院学生小合唱代表森林公安系统参加比赛，两支代表队均进入复赛。选调四川省森林公安局民警刘兴林参加了“2011 公安文化基层行”活动。五是组织编印《全国森林公安理论研究优秀论文集》。国家林业局森林公安局组织有关单位，将 2010 年全国森林公安机关理论研究征文优秀获奖论文编印成集，下发各级森林公安机关和广大民警，供大家学习借鉴。　（张子辉）

森林公安执法办案

【全国森林公安机关查处刑事案件情况】　2011 年，全国森林公安机关共立刑事案件 2.6 万起，同比上升 13%，破案 2.1 万起，同比上升 14.7%。其中，立森林和野生动物刑事案件 2.3 万起，同比上升 16%，破案 1.9 万起，同比上升 17.2%；抓获违法犯罪人员 2.6 万人，其中提请批捕 1 万人，同比上升 26.4%；收缴林木 14.4 万立方米、林地 8.2 万公顷、野生动物 7.7 万头（只），涉案金额达 27 亿元。森林和野生动物刑事案件呈现以下特点：一是森林、野生动物刑事案件总体呈现大幅上升态势。森林、野生动物刑事案件较 2010 年同期分别上升 13.8%、78.4%。二是滥伐、盗伐林木和失火烧毁森林林木案占森林刑事案件的七成以上，是破坏森林资源犯罪高发类型；野生动物刑事案件七成发生在流通环节。三是近九成的重特大案件发生在滥伐林木、失火烧毁森林林木、盗伐林木、非法采伐毁坏国家重点保护植物环节和非法猎杀、收购、运输、出售珍贵、濒危野生动物及其制品的环节。四是非法占用农用地、滥伐林木、失火烧毁森林林木对森林资源的破坏最为严重，非法经营是野生动物遭受损失的重大诱因。五是作案成员以文化程度低的本地中青年农民为主。六是森林刑事案件主要集中在南方集体林区和云南等地，野生动物刑事案件主要集中在云南、两广等南部地区。44.8% 的森林刑事案件集中在江西、福建、云南、广西四省区，68.3% 的野生动物刑事案件集中在云南、广东、河南、广西四省区。七是第二季度森林刑事案件相对多发，占全年森林刑事案件的 32%，岁末年初的野生动物刑事案件较多。　（郑璐璐）

【森林公安办理行政案件情况】　2011 年，全国森林公安机关共查处行政案件 214 284 起，同比上升 16.8%；处罚违法人员 319 002 人次，收缴林木树木和木材 357 722.2 立方米、野生动物 821 281 头（只），涉案金额 13.1 亿元。森林和野生动物行政案件呈现以下特点：一是森林行政案件总体呈现上升态势，全年共受理森林行政案件 202 077 起，比 2010 年上升 17%，其中，擅自改变或者占用林地案、盗伐林木案和滥伐林木案三类比重较大的行政案件增幅明显。二是违法经营加工木材案、违法运输木材案、违法收购明知是盗伐滥伐林木案等流通领域的违法行为是破坏森林资源违法行为的主要形式，三类案件合计占森林行政案件的 32.7%。三是野生动物行政案件的发案数量与去年基本持平，全年共受理野生动物行政案件 6110 起，比 2010 年减少 0.3%。　（朱晓玉）

【督办大要案件】　2011 年，针对中国破坏森林和野生动物资源犯罪日趋严重的情况，国家林业局森林公安局通过下发督办文件、赴实地督办等方式，督办了胡锦涛总书记、温家宝总理和回良玉副总理批示查办的“河北省抚宁县特大森林火灾案”及“河北、福建等 4 省毁林案”等重大案件，共计 116 起。同时，针对一些地方乱征滥占林地问题较为突出，毁坏林地现象时有发生，新闻媒体和人民群众高度关注的情况，对 70 起乱征滥占林地案件进行了督办，并派工作组赴实地对中央电视台“焦点访谈”报道的“浙江省景宁县非法占用林地案”等大要案件进行了督办。通过大要案件督办，严厉打击了破坏森林资源违法犯罪，遏制了破坏森林资源违法犯罪上升的势头，有效保护了中国森林及野生动植物资源。　（耿永平）

【亮剑行动】　8～9 月，为全面落实胡锦涛主席在联合国气候变化峰会上提出的林业“双增”目标，深入贯彻落实《国务院关于〈全国林地保护利用规划纲要（2010～2020 年）〉的批复》精神，切实加强对林地的保护，坚决守住林地保有量这条“红线”，以国家林业局名义，在全国范围内组织开展了严厉打击破坏林地资源违法犯罪专项行动（代号“亮剑行动”），出动人员 38 万余人次、车辆 12 万余台次，清查占用征收林地项目 7384 个，查处案件 1 万余起，打击处理 2 万余人，收回林地 0.67 万余公顷。通过两个月的严打整治，一是有效遏制了破坏林地资源违法犯罪活动的多发势头，与 8～9 月相比，10～11 月全国非法占用农用地案环比下降 4.7%；二是清理整顿了一批非法征占用林地项目，依法收回大量项目用地和借“土地开发整理”之名非法侵占的林地，切实扭转了各地违法违规用地的乱象；三是大大增强了广大业主和群众保护林地资源的自觉性，各地占地办证率明显提高；四是针对乱征滥占林地问题存在的根源，推动林业部门建立完善了巡查监督、倒查问责等长效机制，进一步提升了林地管理水平。为表彰“亮剑行动”中表现突出的单位，激励执法办案工作的积极性，国家林业局森林公安局对森林公安系统 39 个单位予以通令嘉奖。　（郑璐璐）

【打击象牙制品非法贸易集中统一行动】　12 月 29～30 日，针对国内象牙市场存在的突出问题，国家林业局森林公安局在北京、天津、上海、福建、广东、云南等地组织开展了一次集中执法行动，严厉查处象牙及其制品非法贸易活动，全面整顿国内象牙市场，及时铲除了一批违法制售象牙制品的犯罪窝点，在国内外形成了良好的舆论氛围。这次行动，北京等六省市共出动人员 4000 余人次，查获案件 21 起，收缴象牙 16.53 千克、象牙制品570件，涉案财物价值高达500余万元。福建省莆田市森林公安局破获一起特大非法出售象牙制品案件，从仙游县度尾镇洋坂工艺新村雅木居店内查获6个整根象牙和17件象牙制品，总重量达32.23千克，案值近225万元。 （郑璐璐）

【林区禁毒人民战争战果继续扩大】 各级林业主管部门认真学习贯彻孟建柱国务委员在国家禁毒委员会全体会议上的重要讲话精神，紧紧围绕《2011年度全国禁毒工作意见》，以宣传教育为基础，以踏查铲毒为手段，以执法打击为突破口，以创建"无毒林区"为目标，深入推进林区禁毒人民战争，取得显著成效。据统计，2011年，重点省区森林公安机关共办理或协助办理毒品刑事案件56起(其中千克以上案件12起)，抓获犯罪嫌疑人64名，缴获各类毒品63.28千克，查获易制毒配剂盐酸4.55吨。办案数量和缴获毒品数量分别比2010年上升44%和89%。林区发现铲除毒品原植物数量持续下降，继续保持历史最低水平。国家禁毒委员会办公室先后3次发出贺电，对林区禁毒严打整治取得的成效予以肯定；山西省森林公安局等6个单位作为"十一五"期间禁种铲毒工作优秀组织单位、云南省德宏傣族景颇族自治州森林公安局局长董建川作为全国禁毒堵源截流成绩突出个人，受到国家禁毒委员会通报表彰。 （汶　哲）

【清剿火患战役】 2011年9月26日至2012年2月29日，为深化消防安全"大排查、大整治、大宣传、大培训、大练兵"活动，全面消除林区火灾隐患，有效预防和减少火灾发生，国家林业局森林公安局按照公安部的统一部署，在东北、内蒙古等大面积国有林区组织开展了"清剿火患"战役。各地紧紧依靠各级政府，全面发动各部门、各警种和各类基层组织、社会单位及广大群众，共同开展"清剿火患"战役。针对辖区消防安全难点乱点问题及林区的区域特点，加强对重点时段、重点地区的检查，及时排查整改火灾隐患，严肃查处消防违法行为，确保了去年冬季今年春季林区火灾形势的稳定。 （郑璐璐）

森林公安警务保障

【举办全国森林公安警务保障培训班】 为促进全国森林公安装备、基础设施和信息化建设等警务保障工作不断向标准化、规范化迈进，国家林业局森林公安局于11月28~29日在湖南长沙举办了全国森林公安警务保障培训班。各省(区、市)森林公安局(处)及南京森林警察学院、长春林业公安培训中心等负责警务保障工作的领导和有关同志共68人参加了培训班。各地代表总结介绍近年来本省(区、市)森林公安警务保障工作的主要做法、下一步工作思路、有关意见和建议等情况。国家林业局森林公安局副局长焦德发在总结讲话中充分肯定了"十一五"以来全国森林公安警务保障工作取得的成绩，客观分析了当前工作形势、机遇和问题，并全面部署了今后森林公安装备、基建和信息化各项重点工作。此次培训班效果显著，意义深远，对进一步推动全国森林公安警务保障工作具有重要的促进意义。 （贺　飞）

【全力推进森林公安基础设施建设】 2011年，全国各级森林公安机关积极利用中央和各级地方投资，全力推进各项基础设施建设，取得明显进展。在派出所建设上，2007~2010年国家发展改革委下达中央预算内资金7.31亿元，用于3355个中西部地区森林公安派出所建设。目前各地使用中央国家投资，并积极争取地方配套资金和政策，正全力推进解决派出所房建问题，进一步改善基层民警的办公办案条件。在地(市)县级森林公安局业务技术用房建设上，经各地大力协调争取，初步纳入各省级政法基建"十二五"规划的项目约有3318个(其中市县级森林公安业务用房建设项目1836个、中西部派出所项目1440个、省森林公安警务技能训练基地4个、看守所/拘留所38个)，建筑面积约259.9万平方米，总投资54.6亿元(其中中央投资37.6亿元)。 （贺　飞）

【森林公安派出所等级评定】 按照公安部对派出所等级评定工作的部署，国家林业局森林公安局组织全国森林公安机关开展了2010年度森林公安派出所等级评定工作。国家林业局森林公安局成立8个工作组分两批赴16个省(区、市)开展了实地检查督导，检查组深入基层对一、二级公安派出所进行了抽查考核，通过听取汇报、实地检查、开展座谈等方法，确保考核评定结果的真实性。同时要求各级森林公安机关通过制定和完善评定工作方案，落实考核评定、申报审批工作，在对所有派出所进行等级评定的基础上，依据工作实绩、按照得分排出名次，逐级申报，确保等级评定质量。截至2010年，全国森林公安系统共有一级公安派出所104个，占全国森林公安派出所总数的2.4%；二级公安派出所450个，占派出所总数的10.5%；三级公安派出所1956个、四级公安派出所1549个、五级公安派出所233个，分别占派出所总数的45.6%、36.1%、5.4%。总体来看，随着森林公安编制经费逐步落实、森林公安警力的不断充实以及中西部派出所建设力度不断加大，一、二级公安派出所总量稳步增加，不合格公安派出所比例大幅降低。 （朱晓玉）

森林资源管理与监督

森林资源管理

【综　述】 2011 年，资源司、监督办按照国家林业局党组的部署，认真贯彻发展现代林业、建设生态文明、推动科学发展的总体思路，全面落实全国林业厅局长会议和森林资源管理工作会议精神，坚持改革创新、完善机制，围绕中心、服务大局，稳步推进森林资源管理监督各项工作。

森林资源监测

第八次森林资源清查　召开了清查工作前期会，审定了 2011 年复查省的工作方案和技术方案，组织开展对北京、河北、甘肃、新疆、西藏、江西 6 省(区、市)和新疆生产建设兵团连续清查的复查工作，复查面积 369.44 万平方千米，调查地面样地 11.83 万个，判读遥感样地 86.7 万个，组织国家林业局中南院帮助西藏自治区完成森林资源连续清查外业工作，完成了 2010 年 7 省(区)森林资源清查成果审定、汇总分析与发布工作，印发了《第八次全国森林资源清查第二批 7 省(区)森林资源清查主要结果》，公布了 2010 年清查省的森林资源主要结果。开展了森林生物量调查建模工作，完成了东北地区云杉等 14 个树种(组)森林生物量调查建模数据采集、参数测定和分析工作。

协助联合国粮农组织在北京举办了东亚地区遥感监测培训班，组织 1500 余名技术专家完成了 2010 年全球森林资源评估中国境内 900 多块遥感样地调查工作，相关结果经汇总论证后提报联合国粮农组织。

林业数表编制　组织内蒙古、辽宁、安徽、福建、湖南和龙江森工 6 个省(单位)林业数表编制示范工作。完成了 1977 年"(二元)梨木材积表" 22 万余株编制数据的入库工作；完成了红松、柞树 1977 年数据拟合材积公式，并与原材积式的对比检验工作；完成了杨树、云冷杉、落叶松等树种材积表的检验工作；编制了林分断面积—蓄积量标准表，起草了地位指数表、一元材积表编制技术规程。

公益林管理　编制了《国家级公益林监测评价试点方案》和《中央财政森林生态效益补偿基金制度实施绩效考核评价暂行办法》，提出了监测的方法和评价指标体系，对绩效考评的依据、指标、方法、程序和评分标准进行了具体规定。研究确定了广东、辽宁、湖南、浙江、龙江森工、青海等省级试点单位，并在辽宁开展了遥感监测试点。

森林资源一体化监测　组织有关专家研究提出了推进森林资源"一体化"监测、创新森林资源监测体系的总体思路，组织编制了《森林资源监测一体化技术方案》，为逐步形成中央和地方森林资源监测工作"一盘棋"，监测成果"一套数"，上下一体、服务高效的森林资源监测体系奠定了基础。在广东、湖南、浙江 3 省就森林资源"一体化"监测总体思路、森林资源年度出数和公益林监测评价等开展专题调研，结合森林资源增长指标考核工作，进一步完善实现森林资源监测一体化的工作思路和技术方案。

为有效加强对林业调查规划设计单位的资质管理，国家林业局对改变林业调查规划设计资质行政审批管理方式的有关情况和工作思路进行了研究，制定了《林业调查规划设计资质管理暂行办法》，起草了《关于改变林业调查规划设计资质认证行政审批管理方式的通知》。

森林增长指标考核评价　森林增长指标年度考核评价，是国家"十二五"规划《纲要》实施情况考核评价的内容之一。为切实做好森林增长指标考核评价工作，国家林业局组织制订了《森林增长指标考核评价初步方案》，并提交国家发改委，提出了以现行国家森林资源清查体系为基础的考核评价方法。制订了《森林增长指标考核评价技术方案》和《森林增长指标考核评价实施方案》，将重大毁林事件、重大非法占用林地事件纳入考核评价指标。

森林资源利用监管

林木采伐管理　认真贯彻国发〔2011〕3 号文件精神，下发了《国家林业局关于贯彻落实〈国务院批转林业局关于全国"十二五"期间年森林采伐限额审核意见的通知〉的通知》，对"十二五"采伐限额的分解落实和严格采伐限额管理提出了明确要求，对各省预留限额进行了审核认定，对全国"十二五"采伐限额分解落实和省级预留指标等情况进行了汇总分析，开展了采伐限额汇总审验和编印成册工作，制定出台了《商品林采伐限额结转使用管理办法》。对四川、重庆公益林采伐问题进行了专题调研，在充分会商国家发改委的基础上审批增加了两省市"十二五"公益林采伐限额。开展了大树采挖移植管理的政策研究，起草了《国家林业局关于进一步加强和规范树木采挖移植管理的通知》。开展了伐区调查设计质量和伐区作业质量"两项检查"技术规程的审定工作，对 2010 年伐区调查设计质量和伐区作业质量"两项检查"情况进行了汇总分析。

森林可持续经营管理　组织制定了《森林经营方案编制与实施规范》、《简明森林经营方案编制技术规程》、《森林抚育中央财政补贴试点项目成效监测管理办法》等政策文件和技术规范。对 2004 年以来森林可持续经营试验示范和 2009 年以来森林采伐管理改革试点进行了认真总结，形成了《关于全国森林采伐管理改革

试点工作的总结报告》，提出了进一步深化采伐管理改革的建议。在总结试点经验的基础上，下发了《国家林业局关于开展森林可持续经营试点工作的通知》，召开了工作会议，启动了全国200个县级单位的试点工作，在全国范围深入开展以森林经营方案编制与实施为重点内容的森林可持续经营管理试点示范。继续推进瑞典宜家公司支持中国森林可持续经营项目，基本完成各项目单位数据库构建、数据收集和模型建立工作，组织专家对项目单位进行考察和技术指导，研究了森林管理委员会(FSC)关于森林可持续经营标准、指标与中国的差异性，培训了一批森林经营和管理人员，建立了中国森林可持续经营数据库，为在全国范围推行森林可持续经营方案提供了示范。积极开展国际间森林可持续经营活动交流。开展了蒙特利尔进程国家报告编制工作，成立了国家林业局蒙特利尔进程国家报告编制领导小组和编制工作组，完成了国家报告编制工作方案，开展了报告编制的相关技术准备工作。参加了APEC部长级会议、中德合作森林可持续项目研讨会等相关会议的筹备和文件起草工作；参加了由美国大自然保护协会组织的印度尼西亚木材合法性认定体系的国际考察活动。

木材运输管理　印发了《全国(林业)木材检查站建设规划(2010～2015)》，为全国木材检查站的规范化建设和更好地发挥木材检查站在森林资源保护管理中的职能作用奠定了基础。在全国范围组织开展了以"严肃执法、严格管理、严明纪律、严谨作风"为主要内容的木材运输检查执法监督年活动，修改完善了《全国木材运输管理系统方案》及《技术规范》，指导各地木材运输管理系统的维护运行。参与了全国治理公路"三乱"部际协调工作，联合交通运输部、公安部、国务院纠风办和农业部下发《关于印发2011年治理公路三乱工作要点的通知》，对林业系统治理"三乱"作出了部署。

林地林权管理

全国林地保护利用规划纲要编制　下发了《林地保护利用编制审查办法(暂行)》和《省级林地保护利用规划大纲审查要点》，组织对各省编制的规划大纲进行审查。全国36个省级单位的省级规划大纲编制全面完成，各省级规划文本基本完成。完成了全国林地落界高分辨率遥感底图制作，对3978景高分辨率遥感数据进行校正、融合增强处理和质量检查，制作林地落界遥感底图近20万幅，第一次实现了全国统一标准的高分辨率遥感影像全覆盖。组织起草了《森林资源数据库更新技术规范》和《林地档案数据更新技术规范》，制定了《林地保护利用规划林地落界技术规程》等三个行业标准，下发了林地保护利用规划编制审查、落界检查验收等办法，为做好省、县两级林地保护利用规划编制和林地"一张图"建设夯实了基础。目前，黑龙江、贵州、福建、北京、青海5省市和东北"四大家"林地落界工作已经全部完成，落界成果已通过国家级验收。

征占用林地审批　下发了《占用征收林地定额管理办法》，明确了定额管理"五年总控，年度调剂"。组织对《占用征用林地审核审批管理办法》、《占用征用林地审核审批管理规范》和《森林植被恢复费征收使用管理暂行办法》以及《林地和林木权属登记管理办法》进行了修订。实行占用征收林地项目纸质报批和网上审批双轨运行，优化了网上审批系统软件，推出了国家占用征收林地管理信息系统单机版并实现与网络版本对接，非涉密的项目均已上网，全国共在网上终审7548个非涉密项目。对北京、内蒙古等11省(区、市)及新疆生产建设兵团提前使用下年度定额和国家备用定额进行了审查，依法审核审批占用征收林地项目。全国共审核审批占用征收林地项目14 818项，占用征收林地面积107 599.73公顷，征收森林植被恢复费74.18亿元。配合国家发改委开展整顿清理高尔夫球场的调研。

林权管理工作　修订了《林木和林地权属登记管理办法》，并通过国务院法制办网上向社会公开征求意见；启动了林权登记档案和林权登记簿管理办法的研究制定工作。配合全国人大和国务院法制办对河南确山县乐山林场林权纠纷进行调研；开展了斯道拉恩索公司在中国使用林地情况的调研，并向国家发改委、商务部提供了有关建议，指导地方政府林业主管部门明确了外资涉林不核发林权证，只发生租赁合同关系的意见，维护了国家权益；对重点国有林区矿产资源开发和风电项目使用林地情况进行了调研，并组织专家进行研究论证，研究相关管理政策规定。开展全国林地登记发证调查以及重点林区林地权属变化情况调查，召开了重点国有林区林权证发放问题研讨会，为摸清中国林地权属底数，制定和调整相应的管理政策提供依据。

森林资源监督

林政案件督查督办　发函督办了四川省广元市非法占用林地案、黑龙江省绥芬河市非法占用林地案、新疆维吾尔自治区巴楚县毁林开垦案等62起破坏森林资源案件；现地督办了河北易县、福建莆田市涵江区、河南桐柏县和四川南充市高坪区等非法采伐林木案，河南确山县、浙江景宁县等非法占用林地案以及浙江开化县违法处理非法运输木材案。正式启动了针对重大案件处理的约谈制度，对浙江省开化县违法处理非法运输木材案、黑龙江省破坏林地严重问题、辽宁省铁岭县非法采伐林木案，约谈了相关省、市、县三级政府和林业主管部门的领导。联合最高人民检察院编写出版了《破坏森林资源渎职案例评析》一书，赠送全国所有基层林业管理部门和检察院系统。

森林资源监督检查　继续组织了营造林、采伐限额、征占用林地、三总量等专项检查核查，首次大规模将遥感技术引入其中，2011年分别检查了385、40、120和9个县级单位，分别下发了《通报》和《整改通知》，对2010年采伐限额、占用征收林地和"三总量"检查中发现问题的单位，督促整改落实。出台了《保护发展森林资源目标责任制检查办法》，举办了培训班。

保护发展森林资源目标责任制检查　出台了《保护发展森林资源目标责任制检查办法》，下发了《国家林业局关于开展保护发展森林资源目标责任制建立和执行情况检查的通知》，在全国80个县启动了县级人民政府责任制建立和执行情况检查。通知下发后，全国有916个县新建立责任制，已有1720个县建立了责任制。

森林资源监督建设　举办了东北、内蒙古重点国有林区企业局长森林资源管理培训班，系统总结了"十一五"东北、内蒙古重点国有林区取得的巨大成就，分析了森林资源状况和管理中存在的问题。整理汇编了各派驻森林资源监督机构2010年度《森林资源监督报告》，指导驻乌鲁木齐、合肥、成都和西安专员办召开了森林资源监督工作联席会议，协助人事司完成部分派驻森林资源监督机构干部竞争上岗工作。

重点国有林区体制改革　召开了国有林区国有森林资源管理体制研讨会，借鉴交流了各省(区、市)管理国有森林资源的管理体制、经营机制方面的经验，进一步研讨了东北、内蒙古重点国有林区国有森林资源管理体制改革思路。组织了对内蒙古五岔沟、白狼林业局的国有林区家庭管护承包经营、产业发展等情况的专题调研，进一步总结开展家庭生态林场进行森林资源管护承包的经验；会同发改委对吉林松江河、白河和汪清林业局经济社会状况、森工企业体制、企业发展困境情况进行调研；与全国农林水利工会对内蒙古森工集团乌尔其汗林业局和吉林森工集团松江河林业局进行调研，研究探讨集体林权制度改革的成功经验对国有林区改革的借鉴意义。在深入调研的基础上，结合天然林保护二期工程相关政策，认真贯彻回良玉副总理、贾治邦局长有关国有林区改革的讲话精神，不断完善国有林区森林资源管理体制改革的指导意见。　(陈　昱)

【全国森林资源管理工作会议】　4月26～28日，在重庆市召开了全国森林资源管理工作会议，贾治邦局长、赵树丛副局长、张建龙副局长和黄建兴组长出席会议，国家发改委、国土资源部、国务院法制办的代表以及各省级林业主管部门和各司局、直属单位主要负责同志参加了会议。贾治邦在大会上做了重要讲话、赵树丛宣读了森林资源管理先进单位、个人的表彰决定，张建龙做了大会主题报告。会议期间，演示了《全国林地"一张图"》宣传片，分发了《破坏森林资源渎职案例评析》一书以及各地"十一五"森林资源保护管理的法规、政策文件和森林资源管理专题调研材料汇编，得到了与会代表的高度评价。会议系统总结"十一五"期间森林资源管理工作取得的成效、经验，科学谋划"十二五"森林资源管理工作的思路，部署了2011年森林资源管理重点工作，对做好今后一个时期的森林资源管理工作，具有重要的指导意义。　(陈　昱)

林地林权管理

【全国省县级林地保护利用规划编制和全国林地"一张图"建设稳步推进】　省县级林地保护利用规划编制和全国林地"一张图"建设是国家林业局贯彻落实《全国林地保护利用规划纲要(2010～2020年)》，构建国家、省、县三级林地保护利用规划体系，加强森林资源动态监管，强化林地保护管理，推动林地科学利用，促进绿色增长的重大举措。

2011年全国省级林地保护利用规划编制基本完成。省级林地保护利用规划编制分为规划大纲编制和规划文本编制两个阶段。全国36个省级单位(含自治区、直辖市、森工集团、新疆建设兵团)全部完成了省级规划大纲编制，国家林业局成立省级林地保护利用规划审查组，对各省级规划大纲的规划目标、任务和措施等内容进行了审查，并以局办文将审查意见函复各省级林业主管部门。各省级林业主管部门按照国家林业局的审查意见，已全部完成了省级规划文本编制。省级规划文本经国家林业局审查同意后，由各省(区、市)人民政府批准实施。

县级林地保护利用规划由县级林业主管部门组织，根据其所属省级单位的省级林地保护利用规划确定的目标和任务编制，经省级林业主管部门审查同意后，由县级人民政府批准实施。2011年县级林地保护利用规划编制工作已全面铺开，将于2012年全部完成。

全国林地"一张图"建设是以高分辨率遥感影像、森林资源调查数据和基础地理信息为基础，建立以林地界线为核心内容的多源数据库。全国林地"一张图"建设于2010年10月全面启动，由国家林业局统一部署，森林资源管理司组织实施，各省林业厅、局和国家林业局直属调查规划设计院具体承担。主要包括底图制作、林地落界、汇总建库三个工作环节：一是国家林业局按统一标准集中处理制作遥感底图；二是各省林业部门以遥感底图和森林资源二类调查数据为基础，结合现地核实，逐块落实林地边界，构建数据库；三是对各省林地落界成果进行检查验收、拼接处理、汇总建成全国林地"一张图"数据库。2011年全国各省林地落界已完成总体工作量的45%左右，按计划，全国林地"一张图"建设将于2012年底全面完成。　(韩爱惠)

【制定出台《占用征收林地定额管理办法》】　国家林业局从2008年开始实行占用征收林地定额管理制度，是落实林地用途管制的主要举措。占用征收林地定额是国务院批复的《全国林地保护利用规划纲要(2010年～2020年)》中确定的约束性指标。2011年，国家林业局制定出台了《占用征收林地定额管理办法》(以下简称《办法》)，明确了占用征收林地定额实行"五年总控，年度调剂"，确立了林地使用"总量控制、定额管理、节约用地、合理供地、占补平衡"的新机制。并将占用征收林地定额作为县级以上地方人民政府目标责任制的重要内容。《办法》要求，林地定额使用应当以严格保护为前提，节约集约使用林地，严格控制林地转为建设用地。实行占用征收林地定额管理，使占用征收林地行政许可无数量限制向定额管理的转变，林地供给模式由需求主导型向供给引导型的转变。　(胡长茹)

【全国占用征收林地定额使用情况】　2011年是"十二五"开局之年，也是《占用征收林地定额管理办法》(以下简称《办法》)实施的第一年。根据《全国林地保护利用规划纲要(2010～2020年)》，国家林业局审定的全国

"十二五"期间占用征收林地总额为56.48万公顷，2011年占用征收林地年度定额为11.29万公顷，其中，下达各省林地定额10.24公顷。据统计，2011年国家林业局和各省级林业主管部门审核同意建设项目实际使用占用征收林地定额9.99万公顷。其中，实际使用下达各省林地定额8.95万公顷，有12个省提前使用2012年林地定额0.53万公顷，有9个省申请使用2011年国家备用定额0.51万公顷。（胡长茹）

【全国审核审批占用征收林地情况】 2011年，全国（不含台湾省，下同）共审核占用征收林地项目14 818项，审核同意面积107 599.73公顷；批准临时占用林地和直接为林业生产服务的工程设施占用林地项目2949项，批准面积13 503.72公顷；征收森林植被恢复费741 792.08万元。其中，国家林业局审核占用征收林地项目294项，审核同意面积36 715.79公顷；批准临时占用林地和直接为林业生产服务的工程设施占用林地项目105项，批准面积6564.78公顷；征收森林植被恢复费277 098.32万元。各省（区、市、新疆生产建设兵团）林业主管部门审核占用征收林地项目14 524项，审核同意面积70 883.94公顷；批准临时占用林地和直接为林业生产服务的工程设施占用林地项目2844项，批准面积6938.94公顷；征收森林植被恢复费464 693.76万元。（胡长茹）

【占用征收林地行政许可被许可人监督检查】 为落实《行政许可法》有关规定，根据《国家林业局征占用林地行政许可被许可人监督检查办法》和《国家林业局关于委托征占用林地行政许可被许可人监督检查工作的通知》，2011年，国家林业局组织各派驻森林资源监督机构（以下统称专员办）开展了国家林业局占用征收林地行政许可被许可人监督检查工作。经统计，检查工作从4月初开始，至10月下旬全面完成。各专员办共投入449名检查人员，检查了202项国家林业局审核审批的占用征收林地建设项目，涉及225个县（市、区、局、团场）。

检查的202项占用征收林地建设项目中，160项建设项目依法使用林地；42项建设项目不同程度存在超审核（批）范围使用和异地使用等问题，违法违规使用林地面积196.97公顷。此外，检查还发现有13项建设项目的配套附属设施或辅助工程违法违规使用林地面积37.77公顷。

检查结果表明，大部分建设项目能够按照行政许可确定的地点、面积、范围、用途、期限依法依规使用林地，能够采取有效措施，对古树名木、重点保护野生动植物及周边森林资源等进行保护。同时，检查也反映出以下问题，一是公路、铁路等线型建设项目违法违规使用林地现象较为突出；二是部分建设项目存在超审核面积、期限使用林地，未经审批临时占用林地以及使用期满未及时恢复林业生产条件等问题；三是个别省存在违反森林植被恢复费征收使用管理办法的情况；四是地方林业主管部门存在监管不到位问题。

针对检查反映的问题，各专员办已对违法违规使用林地项目进行了督查整改，基本整改到位。同时，纠正了个别省违反森林植被恢复费征收使用管理办法的问题。国家林业局将进一步完善规章制度，强化建设项目占用征收林地监管工作，坚决打击违法违规使用林地行为。（付长捷）

【全国占用征用林地情况检查主要结果】 2011年国家林业局森林资源管理司组织各直属调查规划设计院和驻内蒙古自治区、长春、黑龙江省、大兴安岭林业集团公司专员办，对全国34个省（区、市、公司、兵团、集团，以下简称省）的120个县级单位占用征收林地情况进行了检查。

本次共检查2010年以来占用征收林地项目3107项，调查到期临时占用林地项目354项，调查森林植被恢复费使用情况2215项，调查占用征收林地补偿林权权利人1695户（包括农户、国有森林经营单位和其他森林经营单位或个人），查出违法使用林地380起，毁林开垦118起。

在3107项占用征收林地项目中，审核（批）项目2762项，面积18 063.9公顷，项目审核率88.9%，面积审核率94.7%。与上次检查结果（同口径）相比，项目审核率上升了1.6个百分点，面积审核率上升了4.9个百分点。

在3107项占用征收林地项目中，按标准应缴纳森林植被恢复费的项目2985项，费用102 093.2万元；实际缴纳的项目2648项，费用98 764.0万元。项目收缴率88.7%，费用收缴率96.7%。与上次检查结果（同口径）相比，森林植被恢复费项目和费用收缴率分别上升了2.3和6.5个百分点。

新疆、福建、安徽省（区）项目收缴率上升幅度较大，分别上升了46.9、44.1和35.5个百分点；新疆、福建、安徽等省（区）的费用收缴率上升幅度较大，分别上升了84.6、42.5、33.6个百分点；项目收缴率和费用收缴率均为100.0%的有广东、甘肃、青海、大兴安岭、内蒙森工、吉林森工和龙江森工等7个省。

从检查结果看，全国占用征收林地管理取得了一定的成效，但依然存在一些不容忽视的问题。一是采矿采石侵占林地现象突出。检查发现的未经林业主管部门审核（批）的勘查采矿等违法违规使用林地项目186项、面积394.6公顷，占全部违法违规项目数的48.9%、面积的39.0%。二是经营性建设项目存在囤积林地现象。本次检查发现共有409起项目经审核（批）后未动工建设，其中各类经营性建设项目331项，占80.9%。三是毁林开垦现象屡禁不止。检查共发现毁林开垦118起，面积192.1公顷。局部地区农民零星毁林开垦种植农作物现象比较普遍。

根据检查结果，国家林业局下发了通报，公布了8项严重违法占用征收林地项目。要求各省级林业主管部门要高度重视林地管理工作，依法加强占用征收林地管理。要将此次通报的问题及相关情况，及时向省人民政府汇报，制定有力措施，切实加强整改，督促有关部门依法严肃处理。（柏建伟）

森林资源利用监管

【国家制定出台《商品林采伐限额结转管理办法》】 根据《中华人民共和国森林法》及其实施条例的规定，国家对森林实行限额采伐，年森林采伐限额每五年核定一次，由国务院批准。国务院批准的年森林采伐限额是年度允许采伐消耗胸径5厘米以上林木蓄积的最大限量，任何单位不得突破、挪用和挤占。由于采伐限额是允许采伐的最大限量，不是必须完成的采伐量，因此理论上不存在节余结转的问题。但实际执行中，由于采伐量大小直接与地方和林农的经济利益息息相关，采伐限额剩余后不能结转，反而强化了一些地方和森林经营者的短期行为，促使森林经营单位或个人不论木材价格如何都尽量使用采伐限额采伐林木，从而造成森林资源在限额内更早更多消耗。为进一步完善采伐限额管理制度，深化集体林权制度配套改革，促进森林科学经营和合理利用，规范商品林采伐限额结转管理，根据《国务院批转林业局关于全国“十二五”期间年森林采伐限额审核意见的通知》（国发〔2011〕3号）关于商品林采伐限额节余可以结转使用的规定，国家林业局制定印发了《商品林采伐限额结转管理办法》（林资发〔2011〕267号）。

《办法》规定，商品林采伐限额结转限于限额执行期内，结转的申请主体为编制森林采伐限额单位，非编限单位不得作为主体申请结转。对结转的申请和审批，《办法》明确，以县为总体的编限单位，由县级林业主管部门提出申请，按隶属关系逐级上报到省级林业主管部门；单独编限的国有森林经营单位按隶属关系逐级上报到省级林业主管部门；东北、内蒙古重点国有林区编限单位，由所在省级林业（森工）主管部门汇总核实后向国家林业局提出申请；其他编限单位商品林采伐限额结转的申请程序，由省级林业主管门规定。申请结转，应当提交包括商品林采伐限额执行情况和结转限额的数量、类型、申请理由、保障措施等内容的申请报告和其他证明商品林采伐限额确有结余的相关材料。

《办法》要求，林业主管部门收到商品林采伐限额结转使用申请后，应当及时对申请材料进行审核，必要时进行实地核验，对符合要求的予以批复。实地核验办法参照国家林业局《采伐限额执行情况检查方案》（资用字〔2003〕20号）的规定执行。经批准结转使用的采伐限额，由申请主体所在地林业主管部门在当地进行公示。《办法》强调，有以下四种情形之一的编限单位，不得批准结转：一是申请材料失实和弄虚作假的；二是申请结转采伐限额数量大于实际结余采伐限额数量的；三是发生乱砍滥伐、乱占林地、毁林开垦等破坏森林资源重大案件的；四是在有关森林资源核查、检查中，发现突出问题的。对商品林采伐限额结转后的使用管理，《办法》明确要求要“按国家相关的法规和政策执行”；除天然林采伐限额可以用于人工林采伐、森林主伐限额可以用于商品林抚育采伐和其他采伐外，其余采伐限额结转前后结构类型应保持一致。

在采伐限额执行监管到位的情况下，实行商品林限额结转管理不仅可有效缓解森林经营者对限额指标的需求，而且有利于森林经营者长远考虑节约使用限额和更有效利用森林资源，对控制森林资源消耗，保护和发展森林资源，充分调动森林经营者营林护林积极性均具有重要意义。 （谢守鑫）

【全国木材运输检查执法情况】 为进一步规范木材检查执法行为，提升木材运输管理水平，2011年，国家林业局下发《关于在全国木材运输检查系统开展“执法监督年”活动的通知》（林资发〔2011〕120号），在全国部署开展了木材检查“执法监督年”活动。各省区市林业主管部门认真贯彻落实林资发〔2011〕120号文件精神，精心组织，统筹安排，木材运输管理系统执法管理人员积极参与，扎实工作，确保了“执法监督年”活动各项目标任务的圆满完成并取得了预期成效。一是木材运输检查执法理念进一步端正。通过活动的开展，木材检查站执法人员更加准确把握和深刻理解了依法行政、执法为民理念的内涵和本质，特别是通过分析评议，找到了自身存在的差距，积极主动地边学边改、边议边改、边整边改，法治意识、服务意识、科学执法理念进一步增强，振奋了精神，激发了工作热情。二是木材运输检查执法能力进一步提高。通过积极引导执法人员认真学习法律、法规和有关业务知识，并将所学知识运用指导于执法实践中，使木材检查站的工作流程管理、案卷归档管理、票据使用管理、处罚案件台账管理进一步得到了规范，执法人员学习的主动性、办案能力、协调能力也得到了进一步提高。特别是在自查整改阶段，各木材检查站对存在的不足及时进行整改，适时调整工作重心，对薄弱环节进一步加强，形成了一套管理严格、纪律严明、作风严谨、执法规范的工作制度，有力地促进了木材检查站的各项工作，确保森林资源安全和正常的木材流通秩序。三是木材运输检查执法形象进一步改观。通过开展活动，广大执法人员树立了五个形象，即着装整齐、举止端庄的仪表形象；勤奋工作、乐于奉献的敬业形象；秉公执法、不徇私情的公正形象；礼貌待人、热情服务的文明形象；严格要求、洁身自好的廉洁形象。各检查站在案件查处中，统一处罚原则、处罚标准，杜绝了“三乱”现象的发生，树立了良好的林业执法形象。四是木材运输检查工作作风进一步改进。通过强化服务意识，树立公仆意识，执法人员杜绝了“门难进、脸难看、话难听、事难办”的衙门作风以及“冷、横、硬、推”的工作态度，切实提高了服务水平，塑造了木材检查队伍新形象。 （张厚武）

【召开森林可持续经营试验示范点建设交流研讨会】 从2004年开始，国家林业局先后批复了吉林省汪清林业局、福建省永安市等7个县市为国家级森林可持续经营管理试验示范单位。试点工作开展以来，各试点单位结合实际，勇于开拓，大胆实践，针对不同类型的森林、不同的管理体制以及不同的森林经营水平，进行了大量的实践探索，建立了形式多样的经营管理模式，为探索建立有中国特色的森林可持续经营管理体系摸索了经验和思路，试点工作取得了阶段性成果。为进一步推进和深化森林可持续经营试验示范工作，全面总结所取得的成绩和经验，认真分析工作中存在的主要问题，科学谋划和部署"十二五"期间试点的总体思路和重点工作，2011 年 7 月 27 ~29 日，在辽宁省清原满族自治县召开了森林可持续经营试验示范点建设总结研讨会。来自各试点省林业主管部门、各试点单位、各科技支撑单位、国家林业局相关司局的 49 位代表参加了会议。

会议研究讨论 2004 年以来试点成果总结的基本思路和具体要求；研究探讨"十二五"期间试点的总体思路和重点工作；研究部署联合国粮农组织亚太林委会第二十三届会议和第二届亚太森林周期间森林可持续经营试点成果的宣传事宜；参观模式林建设现场和相关试点成果等。（崔武社）

【启动全国 200 个单位森林资源可持续经营管理试点】 森林资源可持续经营管理是一项实践性很强的工作，为大力推进中国森林资源可持续经营管理工作，积极探索适合国情林情的森林资源可持续经营管理的体制机制、政策措施和技术模式，全面提升中国森林资源可持续经营管理水平，在前期森林可持续经营管理试点示范和森林采伐管理改革试点工作的基础上，通过各地推荐，国家林业局在全国范围确定了 200 个森林经营单位，启动了以推行森林经营方案制度和森林采伐管理改革为重点的森林资源可持续经营管理试点。并于 2011 年 11 月下发了《国家林业局关于开展森林资源可持续经营管理试点工作的通知》(林资发【2011】248 号)，《通知》就试点工作的重要性和必要性，试点工作的指导思想、基本原则和总体目标，试点工作的重点任务和相关要求等做出了明确规定。

同时，国家林业局资源司又于年底在湖北武汉市召开了全国森林资源可持续经营管理试点工作会，系统总结和交流了近年来森林可持续经营管理试点和采伐管理改革试点工作取得的成效和经验，全面分析和研讨了新形势下森林资源经营管理亟待解决的问题和面临的主体任务，周密安排和部署了全国森林资源可持续经营管理试点工作。（崔武社）

【完成两项森林经营方案编制行业标准】 为指导各地系统、科学、规范地开展森林经营方案编制工作，国家林业局在 2005 年制定下发《森林经营方案编制与实施纲要》，2009 年下发《县级森林可持续经营规划编制指南》等政策性文件的基础上，又制定了《森林经营方案编制与实施规范》和《简明森林经营方案编制技术规程》两个行业标准，已于 2011 年正式发布。两个标准从森林经营方案编制的术语、原则、编案单位、编案程序、编案内容与深度、森林经营分析与评价、编案技术要求、编案方法与公众参与、成果要求等多个方面进行了系统规定。这对于进一步推进中国森林经营方案制度的建立，加强森林经营方案制度在采伐管理中的作用以及推进森林可持续经营有着重要的意义。（崔武社）

【全国森林采伐限额执行情况检查】 2011 年国家林业局对全国 26 个省(区、市)的 40 个县(区、市、局)的 2010 年度森林采伐限额执行情况进行了检查。

全国森林采伐限额制度执行情况继续保持良好态势，超限额采伐现象得到有效遏制，伐区凭证采伐率、发证合格率比 2009 年度有所提高。

第一，超限额采伐得到有效遏制。40 个县的总采伐量占总采伐限额的 42.0%，比 2009 年下降了 4.2 个百分点。商品材总采伐量占年商品材限额的 48.2%，比 2009 年下降了 6.5 个百分点。在检查的 1439 个采伐小班中，有 1251 个小班的采伐蓄积未超林木采伐许可证规定的数量，占检查采伐小班总数的 86.9%。第二，伐区凭证采伐率、发证合格率、发证率有所提高。全国伐区凭证采伐率、发证合格率、发证率分别平均为 98.1%、93.0%、81.7%，分别比 2009 年度上升了 0.7、9.0、1.3 个百分点。40 个县中，内蒙古通辽市科尔沁区、辽宁彰武县、吉林通榆县和集安市、湖南靖州县、云南宁洱县和云龙县、山西管涔山国有林管理局、重庆城口县、四川邛崃市和珙县、陕西略阳县等 12 个县的伐区凭证采伐率达到 100%；内蒙古通辽市科尔沁区、辽宁彰武县、吉林集安市、黑龙江宝清县、浙江遂昌县、福建将乐县、江西修水县、山东曹县、海南海口市、山西管涔山国有林管理局等 10 个县的发证合格率达 100%；河北承德县、内蒙古通辽市科尔沁区、吉林集安市、黑龙江宾县和宝清县、浙江遂昌县、安徽东至县、福建邵武市和将乐县、四川邛崃市和珙县等 11 个县发证率达到 100%。

检查结果表明，尽管林木采伐管理水平有了很大的提高，总采伐量未超总采伐限额，但还存在超分项限额发证、无证采伐、超证采伐、发证质量不高等问题。

第一，超分项限额发证。第二，超证采伐情况仍然存在。第三，无证采伐现象依然严重。第四，发证质量不高。

根据检查结果，国家林业局下发了《关于 2011 年度森林采伐限额执行情况检查结果的通报》(林资发〔2011〕292 号)，并就检查发现的其他问题以《整改通知书》的形式，要求有关地方进行整改。国家林业局各派驻森林资源监督机构负责对监督区内的整改工作进行督办，并向国家林业局报告督办情况。对整改处理不到位的，国家林业局将采取现场督办、新闻曝光、约谈训诫、行政调控等措施，确保违法责任处理到位，行政责任追究到位。（王　鹏）

森林资源监测

【完成6省7单位第八次全国森林资源清查】 2011年是第八次全国森林资源清查的第三年，北京、河北、江西、西藏、甘肃和新疆6省(区、市)以及新疆建设兵团共7单位开展连清复查工作，复查面积369.44万平方千米，占国土面积的38.5%，调查地面样地11.83万个，判读遥感样地86.7万个。各清查单位按照总体工作部署和具体要求，严格执行《全国森林资源清查质量管理办法》(办资字【2009】63号)，认真做好队伍组建审核和技术培训工作，加强清查工作全过程的指导检查和督促把关，狠抓质量管理，有力保证了清查成果质量。经检查验收，6省(区、市)地面固定样地合格率达到98.2%，遥感样地综合正判率均在85%以上，整体达到93.1%，森林资源清查工作整体质量达到"优"级。同时，为加强森林碳汇监测，增强森林资源监测工作对应对全球气候变化的服务能力，按国家林业局的统一部署，各单位加强了组织协调，严格执行《国家森林资源连续清查森林生物量模型建立暂行办法(试行)》、《森林生物量建模样本采集技术规定(试行)》，扎实推进森林生物量调查建模工作，圆满完成了东北地区云杉、华北落叶松等14个树种(组)森林生物量调查建模工作。

(黄国胜　闫宏伟)

【发布第八次全国森林资源清查7省(区)主要结果】 按照国家林业局统一部署，2010年完成了山西、辽宁、黑龙江、江苏、广西、贵州、宁夏等7省(区)的第八次全国森林资源清查工作。为确保清查成果的科学性，2011年国家林业局资源司组织对7省(区)森林资源清查成果进行了严格审查，汇总形成了《第八次全国森林资源清查2010年度清查主要结果报告》。并邀请中国林科院、北京林业大学以及国家林业局有关司局、直属院和相关省的15名院士、专家，对7省(区)清查结果及拟发布的主要结果进行了集中论证。为增强各省(市)清查成果数据使用的时效性，充分发挥森林资源清查成果在林业宏观决策和森林资源经营管理中的作用，切实提高全国森林资源清查结果使用实效，根据国家林业局《关于进一步规范使用森林资源清查成果的通知》要求，下发了《国家林业局关于公布山西等7省(自治区)2010年森林资源清查主要结果的通知》(林资发〔2011〕182号)，印制并发送了《第八次全国森林资源清查第二批7省(区)森林资源清查主要结果》，及时公布了2010年清查省的森林资源主要结果。　(黄国胜　闫宏伟)

【森林资源增长指标年度考核评价启动】 森林增长指标年度考核评价，是国家"十二五"规划《纲要》实施情况考核评价的内容之一。国家"十二五"规划考核评价工作由国家发改委牵头组织，考核评价内容包括经济发展、科技教育、资源环境和人民生活4个方面，涉及16个部委共20项指标。森林增长指标属于资源环境方面的约束性指标，由国家林业局负责考核，具体包括森林覆盖率和森林蓄积量两个分指标。森林增长指标年度考核评价工作从2011年上半年开始启动，完成的主要工作：一是组织制订了《森林增长指标考核评价初步方案》，按时提交发改委。二是对初步方案进行了补充和细化，将重大毁林事件、重大非法占用林地事件等纳入到考核评价指标中，制订了《森林增长指标考核评价技术方案》，并组织专家进行了咨询研讨，在此基础上制订了《森林增长指标考核评价实施方案》。三是为确保考核评价实施方案的可行性和合理性，进一步完善考评标准和方法，自2011年9月底以来，组织开展了辽宁省森林增长指标年度考核评价试点，在此基础上组织专家对《实施方案》进行了专题研讨，经修改完善后正式报送国家发改委。四是组织起草了《森林增长指标年度考核评价实施办法》，细化了考核评价的技术方法、工作组织、实施步骤和质量管理等内容，并征求了发改委、国家林业相关部门、中国林科院有关专家的意见。

森林增长指标考核评价方案的形成，认真落实国家林业局党组的指示，经与国家发改委进行了深入交流和沟通，并充分借鉴了其他部委考评方案的一些做法，同时也广泛集中了专家们智慧。　(曾伟生　闫宏伟)

【推进全国森林资源监测体系建设】 森林资源监测是林业重要的基础性工作和公益性事业，是国情国力调查的重要组成部分。为适应新时期经济社会发展和现代林业建设的需求，森林资源监测工作需要开拓发展思路，创新监测方法，改进技术手段，增强服务能力，不断优化和完善体系。从2010年底开始，资源司就积极组织力量，研究进一步完善全国森林资源监测体系。①研究提出了《优化全国森林资源监测体系，推进森林资源一体化监测总体方案》，即按照现代林业建设的要求，在保持现有监测体系稳定的前提下，统筹国家和地方森林资源监测工作，统一技术标准，整合监测成果，逐步形成全国森林资源监测工作"一盘棋"、森林资源"一套数"、森林分布"一张图"的一体化森林资源监测体系。②组织调研组到广东、湖南、浙江3省开展专题调研，就森林资源"一体化"监测总体思路、森林资源年度出数和公益林监测评价等方面与地方进行深入交流。③在总体思路的指导下，借鉴专题调研取得的成果，编制了《全国森林资源监测一体化技术方案》。④就总体思路和技术方案多次征求有关专家和各省意见，逐步得到了广泛认同。⑤结合森林增长指标考核评价工作，对实现森林资源一体化监测的工作思路和技术方案做了深入研究和完善，进一步明确了应加大系统整合力度，推进监测内容一体化，推进技术手段一体化，推进成果应用一体化，最终形成尺度间相互补充、论断上协调一致、展现上完整统一的一体化森林资源监测体系。

(曾伟生　闫宏伟)

【国家级公益林管理】 为加强国家级公益林管理，及时掌握国家级公益林建设、资源变化以及生态状况情况，科学、全面评价中央森林生态效益补偿基金制度实施绩效，促进中央森林生态效益补偿基金制度健康实施，提高财政资金使用效益，结合财政部提出开展中央财政森林生态效益补偿基金制度实施绩效考核评价的要求，2011 年推进了国家级公益林监测与评价的试点工作。一是组织制订了《国家级公益林监测评价试点方案》，提出了监测的方法和评价指标体系。二是与财政部进行了深入的沟通交流，对试点方案进行研讨，在考评思路上达成共识，考评指标得到其认可。三是在咨询相关专家意见的基础上，组织制定了《中央财政森林生态效益补偿基金制度实施绩效考核评价暂行办法》，对绩效考评的依据、指标、方法、程序和评分标准进行了具体规定。四是与财政协商，确定了广东、辽宁、湖南、浙江、龙江森工集团、青海等省、单位为试点单位，并在辽宁进行了遥感监测的试点。由于 2011 年本项工作没有财政专项经费的支持，全面试点工作将于 2012 年开展。（白卫国　闫宏伟）

【全国营造林综合核查工作】 2011 年全国营造林综合核查工作以科学发展观为指导，以服务林业“双增”目标，优化核查方法，提高技术手段，强化分析评价，坚持标准、组织、核查、评价“四统一”的工作原则，创新工作思路、强化组织管理、减轻基层负担的工作方法，廉洁、高效地完成了核查任务。

2011 年综合核查工作内容包括：①2010 年度全国及林业重点工程营造林实绩核查，即对各省、自治区、直辖市统计上报的 2010 年度人工造林、飞播造林和封山育林完成的营造林面积、作业质量和管理情况进行实绩核查。②相关年度全国及林业重点工程营造林成效核查，即对各省、自治区、直辖市统计上报的 2007 年度人工造林保存状况，2005 年度飞播造林和封山育林成效状况进行核查。③服务天保工程管理需要，开展天保工程区森林管护情况核查。④服务退耕还林管理需要，依据省级复查结果，按照退耕还林工程建设标准，评价退耕还林营造林实绩和成效状况。⑤继续开展集体林权制度改革专题调研。

2011 年综合核查工作突出以下四个方面，一是着力反映了中国营造林发展新形势和取得的新成就，揭示营造林工作中存在的问题，掌握各地为确保“双增”目标实现的政策保障措施、体制机制创新和科技支撑；依据综合核查结果，评价各省营造林任务完成情况和管理水平。二是充分反映了营造林在发挥林业四大地位、四大使命中的基础作用，深入分析林业重点生态工程等中央投资造林效益；高度关注特色经济林、碳汇林、能源林基地建设以及身边增绿工程、珍贵树种培育等营造林发展的新领域、新热点。三是开展遥感技术在营造林成效调查中的试点研究，努力提高营造林综合核查技术水平。四是优化抽样方法，突出林业重点生态工程营造林核查评价，为保障林业重点生态工程等中央投资造林效益提供依据。

在核查工作中，强化责任意识，将廉政建设和工作质量作为综合核查工作的重中之重。进一步强调核查工作领导责任制，重申院长是核查工作的第一责任人；严格执行国家林业局制定的廉洁自律“六不准”和森林资源核查检查工作“十项纪律”，继续推行廉政信息反馈卡制度；严格执行综合核查办法和相关技术规定，坚持了统一培训考核制度、定期汇报制度、重大事项及时报告制度、成果审核制度、保密制度、联络员制度、责任追究制度等各项工作制度。

经过努力工作，2011 年综合核查共抽查 385 个县、1368 个乡，共 30 112 个小班、159 个播区，抽查营造林面积 35.96 万公顷；集体林权制度改革调研共调查 8 个省、8 个县、24 个乡、72 个村，走访了 721 户农户。完成了《2011 年全国营造林综合核查总报告》、《关于 2011 年全国营造林综合核查情况的简要报告》、全国各重点工程核查报告（8 份）、全国各省级单位和 4 个监测区核查结果报告（39 份）、林权制度改革专题调研报告（8 份）。下发了《国家林业局关于 2011 年开展的全国营造林综合核查结果的通报》和《国家林业局关于 2011 年开展的全国林业重点工程营造林核查结果的通报》两个核查通报。（白卫国　桂来廷）

【全国营造林核查主要结果】

2010 年度营造林实绩　2010 年度全国营造林核实总面积 602.37 万公顷，面积核实率 94.3%，与 2009 年度同比上升 0.3 个百分点；合格总面积 572.57 万公顷，合格率（指核实合格率，下同）95.1%，与 2009 年度同比上升 5.1 个百分点。核实总面积、合格总面积分别比 2009 年度减少 39.61 万公顷、5.24 万公顷。

相关年度全国营造林成效　本次核查涉及 2007 年度人工造林（更新）保存状况、2005 年度封山育林和飞播造林成效。相关年度全国营造林原上报总面积 584.55 万公顷，核实总面积 556.22 万公顷，经核查，相关年度全国营造林成效总面积 502.28 万公顷，综合成效率 90.3%，同比上升了 0.1 个百分点。

全国营造林主要特点　一是全国营造林保持 600 万公顷规模，质量创近 10 年最好水平。2010 年度全国营造林上报完成总面积达到 638.72 万公顷；核实总面积 602.37 万公顷，总规模保持在较高水平。内蒙古、云南、陕西、四川、山西 5 省（区）核实面积合计占全国的 36.9%。与 2009 年度同比，有 16 个省营造林核实面积增长，其中重庆、湖南、广东、辽宁、黑龙江 5 省增幅均超过 35.0%，增幅最大的重庆市增长了 2.1 倍，面积达到 25.18 万公顷。全国营造林质量也进一步提升，总体合格率达到 95.1%，为近 10 年最好水平。

二是林业重点工程扎实推进，造林质量再上新台阶。2010 年度全国林业重点工程营造林核实面积达到 347.75 万公顷，占全国的 57.7%，在国土绿化和生态治理中继续发挥着主导作用。各地克服立地条件差等困难，坚持科学造林，积极应用先进实用技术，建立专业化造林队伍，营造林质量显著提高。核查结果显示，林业重点工程营造林总体合格率达到 94.1%，人工造林合格率达到 93.9%，分别比 2009 年度提高 5.2、8.4 个百分点；相关年度全国林业重点工程营造林成效率达到 89.0%。

三是因地制宜，科学实施生态治理。各地更加注重因地制宜，合理选择植被恢复方式，科学实施生态治理。2010年度重点生态工程封山育林面积比例达到45.7%，高出2009年度9.1个百分点。西部地区按照宜乔则乔、宜灌则灌原则，注重灌木树种造林，柠条、梭梭等沙区适生灌木树种的造林面积达到全国的7.2%。生态公益林混交林造林比重明显提高，达到39.3%，比2009年度提高13.9个百分点，造林树种单一、纯林多、混交林少的状况有所改善。

四是木本粮油林、珍贵用材林、特色经济林等建设取得新进展。核查结果显示，2010年度核桃、油茶、板栗等木本粮油树种造林面积比例达到13.9%。其中，油茶为4.2%，比2009年度提高了3.0个百分点。珍贵用材林、生物质能源林等基地建设继续得到重视。地方特色经济林发展势头不减，甘肃和新疆苹果造林面积比例分别达到23.5%、19.3%，新疆兵团枣树、辽宁山杏、海南橡胶、重庆柑橘、宁夏枸杞等特色经济林造林面积比例分别达到63.3%、42.6%、29.0%、27.4%、19.2%。生态文明观念的影响更加深入，各地结合森林城市、森林乡镇、森林村庄、森林校园等创建活动，加快城乡绿化进程，为人居环境逐步改善发挥了积极作用。

五是营造林机制创新和质量管理取得新突破。随着集体林权制度改革的推进，各地创新机制，大力发展非公有制造林，2010年度全国非公有制造林比例达到69.3%，比2009年度提高2.1个百分点。各地坚持严格管理，坚持依靠科技，加强珍稀树种、油茶、优良乡土树种的良种壮苗繁育，创新生态治理模式，大力推行专业队伍造林，并建立健全营造林质量监管体系，注重“三分造，七分管”，巩固了营造林成果。经核查，2007、2010年度人工造林抚育率达到80%以上，相关年度全国营造林综合成效率达到90.3%。

六是林业重点工程管理进一步规范。在重点工程管理中，各地继续实行项目法人制、招投标制、监理制和报账制，严格检查验收，强化作业设计和档案管理等基础工作，2010年度重点工程造林作业设计率、建档率、检查验收率继续稳定在98%以上。

2010年全国营造林取得了显著成绩，但也存在一些不容忽视的问题。主要表现在：少数地方管理不严格，存在以林冠下造林、零星植树、单行林带等充抵营造林面积的现象；个别地方营造林质量还有待提高。

（白卫国　桂来廷）

【全国林业数表工作】 一是促进林业数表编制修订工作机制的建立。根据2011年中央财政项目林业数表工作安排，对2011年项目承担单位上报的林业编制修订《工作方案》和《技术方案》进行审查，进一步明确各承担单位的工作内容、任务安排和成果提交等事项，并对项目承担单位的技术方案进行审查，提出指导建议。二是跟踪掌握各项目单位工作进展情况，及时了解林业数表编制修订工作中存在的困难和问题，为项目单位联系专家进行技术指导，督促各承担单位按年初工作计划完成工作，确保工作进度和成果质量。三是开展林业数表编制工作的调研，对龙江森工林业数表编制情况开展了调研，并根据调研掌握的情况，加强林业数表的新编和对原有林业数表的验证工作。四是筹划召开2011年林业数表工作交流研讨会，对2011年林业项目单位的编制成果、反映问题以及后续完善等进行集中研讨。

经过努力，2011年林业数表工作取得显著成绩：一是完成了1977年“（二元）立木采集表”22万余株编表数据入库工作；二是完成红松1977年数据拟合材积公式，并与原材积式的对比检验工作；三是完成了柞树1977年数据拟合材积公式，并与原材积式的对比检验工作；四是新采集柞树材积表样木数据近2000株，完成与1977年材积表编制数据、1977年材积公式的检验工作；五是完成林分断面积—蓄积量标准表的编制；六是起草了地位指数表、一元材积表的编制技术规程；七是指导内蒙古自治区编制地方林业数表体系建设方案，指导项目省份开展了落叶松、油松、红松、云杉、樟子松、杨树、马尾松、杉木、桉树、阔叶树等树种系列材积表的编制。

（白卫国）

【开展FAO 2010年全球森林资源评估中国遥感样地监测】 在2010年全球森林资源评估中，FAO按1°×1°经纬度间隔，在中国境内系统布设了991块面积大小为100平方千米的遥感调查样地，利用1990年、2000年和2005年三期TM影像，通过区划调查和解译判读，提取各个样地内林木覆盖和森林变化情况。按照国家林业局党组会议和局领导指示精神，资源司精心组织，相继派两名专家参加FAO遥感监测技术研讨和方案制订，配合FAO完成了中国境内9个样地方法测试工作，并在北京举办了东亚遥感监测技术国际培训班。同时，结合中国实际，经深入研究，编制了《中国遥感样地调查操作规程》，举办了全国遥感监测技术培训班，组织各省及时组建调查队伍，开展遥感样地区划判读和核实调查。并组织技术力量，跟踪指导和检查样地调查，按照FAO林木覆盖和森林图斑判定要求，编制了提报FAO的三期样地调查数据，形成了《中国遥感样地调查主要结果报告》。2011年7月，邀请院士、专家对调查成果进行了审议论证，8月由国际司牵头，结合中国林业气候国际谈判情况，对调查结果进行了咨询研讨，并于9月将遥感调查数据提报FAO。

中国遥感样地调查工作得到了FAO的充分肯定，提报的三期样地调查数据为FAO研判1990年以来全球及主要区域森林增加和减少趋势，编制全球生态区划图提供了依据。11月30日，FAO在德班世界气候大会上，正式发布了全球森林动态遥感监测初步结果，高度评价了包括中国在内的亚洲主要国家在增加森林面积、促进绿色增长中所作的重大贡献。

（黄国胜　闫宏伟）

林政执法

【重大林政案件督查督办情况】

督办重大破坏森林资源案件 一是现地督办大案要案。在对各类案件的督查督办中，由资源司领导带队，重点督办了一批大案要案。对胡锦涛总书记、回良玉副总理批示要求查处群众反映的河南、河北、四川、福建4省的5起案件，最终3名犯罪嫌疑人被追究了刑事责任，6名公务人员被给予行政处分；尤其是河北易县的非法采伐林木案，在追究责任人刑事责任的同时，还对负有领导责任的县长给予了行政处分。对吴邦国委员长批示群众反映的贵州、湖北省2起案件，组织驻贵阳、武汉专员办会同贵州、湖北省林业厅进行了查处，依法逮捕了4名犯罪嫌疑人。对中央电视台曝光的浙江省景宁县以土地整理为名毁林开垦案，河南省桐柏县非法采伐林木案，案件得到了依法处理，同时促使湖北、河南两省建立了交界地区森林资源保护管理的联防联治机制。对群众反映的浙江省开化县违法处理非法运输木材案，黑龙江省绥棱林业局账外销售木材案，查实了违法事实，查清了绥棱林业局存在的账外销售木材等问题，依法处理相关责任人。二是发文督办重点案件。对成都专员办报告的四川省广元市非法占用林地案，发局文商请四川省政府依法进行处理。对中央电视台曝光的黑龙江省方正县非法采伐林木案、湖南省石门县非法占用林地案、《经济参考报》曝光的黑龙江省绥芬河市非法占用林地案、总参三部反映的新疆维吾尔自治区巴楚县毁林开垦案，都发局文要求相关省级林业主管部门依法进行查处。目前，这些案件有的已依法处理，有的还在进一步查处中。

专项调查重大破坏森林资源案件 在督查督办重点案件的同时，国家林业局组织驻地方森林资源监督专员办事处和所属调查规划设计院，针对某一破坏森林资源严重区域，开展专项检查。2011年，根据局领导的批示精神，对群众反映的黑龙江省红星林业局毁林开垦案进行了专项检查，该局大平台地区1992年至今毁林开垦面积累计达4500公顷，仅2006~2010年，毁林开垦面积就达1197公顷，目前，国家林业局发文商请黑龙江省政府依法收回林地、处理违法人员。

出版《破坏森林资源渎职案件评析》 为贯彻落实依法治国基本方略、全面推进依法治林的具体举措，警醒各级林业主管部门干部职工，特别是领导干部，带头学法、守法、用法，大力加强林业普法和宣传教育工作，规范林业行政执法行为，强化执法监督，按照贾治邦局长、张建龙副局长的批示，从2010年开始，联合最高人民检察院编写了《破坏森林资源渎职案例评析》一书，汇编、分析点评了156个案例，收集摘选了刑法、森林法以及相关部门规章等法律法规中的有关条款，共约15万余字，于2011年4月正式出版。目前，已将该书赠送全国所有基层林业管理部门和检察院系统。

建立执法情况约谈和新闻发布制度 一是启动了约谈机制。2011年，正式启动了针对执法检查整改、重大案件、突发事件、突出问题处理的约谈制度，对浙江省开化县违法处理非法运输木材案、黑龙江省破坏林地严重问题、辽宁省铁岭县非法采伐林木案对省、市、县三级政府的领导和林业主管部门的领导进行了约谈。通过约谈，通报了情况，提出了要求，部署了工作，达到了统一思想、警示告诫、依法行政、依法监督的目的，取得了非常好的成效。下一步将继续完善规则、明确程序、制定相关办法，规范约谈行为。二是建立了执法检查、案件查处结果新闻发布制度。2011年，正式启动了执法检查情况、重大破坏森林资源案件新闻通报制度，将2010年占用征收林地情况检查结果和森林采伐限额执行情况、占用征收林地情况、三总量检查结果的整改结果通过新闻媒体向全社会进行了通报，曝光了重大非法占用林地案件，通报了整改处理结果，引起了社会的高度关注，促进了案件的依法查处，中央人民政府网、搜狐网等多家重要媒体进行了报道，取得了很好的宣传成效。（王　鹏）

【全国林业行政案件统计分析】 2011年度，根据35个单位的统计，全国共发生林业行政案件28.67万起，查处林业行政案件28.53万起，查处率为99.51%。

案件发生情况 在发生的林业行政案件中，各类主要案件为：非法收购、运输木材案14.72万起，占51.34%，涉及林木蓄积63.31万立方米；滥伐林木案3.70万起，占12.91%，涉及林木蓄积10.61万立方米；盗伐林木案2.05万起，占7.15%，涉及林木蓄积1.96万立方米；违法征、占用林地案1.95万起，占6.80%，涉及林地6923.84公顷，林木蓄积0.85万立方米；非法经营、加工木材案1.37万起，占4.78%，涉及林木蓄积8.81万立方米；毁坏林木、苗木案0.76万起，占2.65%，涉及林地21.77公顷，林木蓄积0.71万立方米；其他案件4.12万起，占14.37%。

案件处理情况 2011年全国共查处林业行政案件28.53万起，查处率为99.51%。全国共收回林地2991.06公顷；收缴木材50.61万立方米、苗木3331.85万株、种子2733.55千克；没收野生动物561 488只；挽回经济损失共计321 794.38万元，其中，处以罚款、责令赔偿损失、补征林业金费306 067.25万元，没收违法所得15 727.13万元；责令补种树木900.52万株；行政处罚人数29.50万人次。

案件发生特点 与2010年相比，2011年全国林业行政案件有以下特点：

一是案件发生总量呈下降趋势。与2010年同期相比，案件发生总量减少1.78万起，下降5.85%。查处力度进一步加大，案件查处率为99.51%，为历年最高。二是多数案件类型发生数量呈下降趋势。与2010年同期相比，统计的6种主要案件类型中有4种呈稳步下降趋势。特别是非法猎捕野生动物、非法经营加工木材和盗伐林木案件下降趋势明显，分别减少了333起、3470起和1227起，下降了21.05%、20.26%和5.65%。三是毁坏林木、苗木和违法征、占用林地案件发生数量有所上升。与2010年同期相比，毁坏林木苗木和违法征占用林地案发生数量分别增加了769起和3946起，上升了11.29%和25.28%。四是非法收购、运输木材案件发生数量大幅下降。与2010年同期相比，非法收购、运输木材案件减少21 063起，下降12.52 %。较为突出的有安徽、福建和湖南三省，发生非法收购、运输木材的案件总数与2010年同期相比，分别减少4903起、2520起和879起，分别下降18.55%、12.06%和4.13%。五是大部分统计单位案件发生总量呈下降趋势。与2010年同期相比，有23个单位(占统计单位总数的65.71%)案件发生量呈下降趋势。六是公民违法行为造成的案件数量占首位。违法行为按照行为主体划分为政府、企业、公民和其他组织，统计显示，2011年公民违法行为为27.11万件，占案件发生总数的94.55%，其次为企业和其他组织，分别占案件发生总数的3.56%和1.76%。

林业行政案件发生的主要原因及对策措施 近年来国家高度重视林业生态建设，在加大对生态建设投入，大力培育后备资源的同时，强化了对现有森林资源的管理和保护工作，下大力气推进依法治林，各地加大了对破坏森林资源违法行为的打击力度，震慑了破坏森林资源的违法犯罪活动，林业行政案件举报、受理和查处制度逐步健全，促使案件发生总量稳步下降。但案件总量仍然较高，究其原因主要为：少数地方政府保护森林资源意识不强，林地保护管理工作压力增大，经济利益驱使及基层林业执法机构队伍建设滞后等原因。

加强以林地为核心的森林资源保护管理工作，已成为今后一段时期林业行政管理工作的重中之重。当前，要着力抓好以下几个方面的工作：①进一步加大林业法律法规和方针政策的宣传力度。积极组织基层林业部门开展普法宣传活动，结合当地“六五”普法工作要求，充分利用网络媒体、广播电视、宣传海报等多种形式，向广大群众普及林业法律法规、方针政策和各项办事程序等知识，增强其依法保护森林资源的意识。宣传教育广大群众依法保护好自己的合法权益，远离破坏森林资源违法犯罪活动，珍惜绿色家园。②切实加强以林地为核心的森林资源保护管理工作。深入研究和探讨新形势下各类破坏森林资源违法犯罪活动的原因和规律，建立健全林业行政案件管理制度，强化林业行政案件统计分析工作，不断提高林业行政执法工作的主动性和科学性。加大林业行政案件监督管理和执法力度，加强以林地为核心的森林资源保护管理工作，特别要加大西部等生态脆弱地区森林资源的保护管理力度。进一步健全各级林业行政执法管理机构，理顺管理体制。③不断提高林业行政执法人员自身素质和工作能力。多渠道、多形式对各级林业行政执法人员进行业务培训，不断提高他们的思想政治素质、执法水平和办案能力，树立执法为民理念。工作中做到执法必严、违法必究，公正执法，廉洁执法，树立良好的执法形象。林业行政执法部门应主动加强与相关业务部门沟通协调，充分发挥各有关职能部门的作用，互相支持、密切配合、通力协作，增强林业行政执法反应能力，不断提高办案效率和办案质量。④高度重视林业行政案件管理和统计分析工作。各级林业主管部门要站在林业工作全局的高度，充分认识林业行政案件管理和统计分析工作的重要性，增强责任感和使命感，加强领导，充实力量，明确责任，切实加强林业行政案件管理和统计分析工作，不断提升工作效率和质量。 (班 奇)

【国家林业局森林资源行政案件稽查办公室受理举报林业行政案件办理情况】

案件发生情况 2011年，国家林业局稽查办共受理并批转群众举报林业行政案件107件。其中：举报政府行为违法案件11件，占10.30%，举报企业法人违法案件32件，占29.91%，举报村组负责人违法案件38件，占35.50%，举报其他行为主体人26件，占24.29%；举报盗伐林木案件19件，占17.76%，滥伐林木案件32件，占29.91%，毁坏林木和苗木案件45件，占42.06%，违法征占用林地案件6件，占5.61%，反映其他林业行政案件5件，占4.67%。

案件办理情况 2011年受理的107件林业行政案件，全部按领导批示转到相关省林业主管部门办理。全年要求各地反馈查处情况的案件67件，占总量的62.62%，其中：北京3件，天津1件，河北5件，山西3件，内蒙古5件，辽宁5件，吉林5件，黑龙江9件，浙江2件，安徽2件，福建2件，江西3件，山东3件，河南1件，湖北1件，湖南2件，广西1件，四川4件，重庆2件，云南1件，陕西1件，新疆2件，兵团1件，龙江集团3件。目前到期未反馈27件，占40.30%，这些省区市分别是：北京1件，天津1件，河北1件，陕西2件，内蒙古3件，辽宁4件，吉林4件，黑龙江3件，浙江1件，江西2件，湖南1件，新疆1件，兵团1件，龙江集团2件。

案件的特点和存在问题 2011年受理的林业行政案件呈现出以下几个方面的特点和问题：

一是举报案件略有上升。2011年共受理林业行政案件107件，与2010年同期受理的林业行政案件103件相比增加了4件。二是举报村组负责人违法案件突出。2011年举报村组负责人违法案件38起，与2010年同期相比呈上升趋势，增加4起，上升了11.76%。三是各地案件发生的情况不平衡。举报案件较多的单位主要有：黑龙江(12件)、河北(7件)、内蒙古(7件)、辽宁(7件)、吉林(6件)、山东(6件)、湖北(6件)。四是反馈率低。要求反馈的67件，除8件未到反馈期外，有27件逾期未反馈，占要求反馈的40.30%。

(宋文龙)

森林资源监督

【综　述】 2011年，在国家林业局党组的正确领导下，各派驻监督机构坚持服务大局、依法行政、科学监督，全面、出色地完成了各项工作。

突出重点，认真开展林地保护管理监督工作 ①认真开展征占用林地行政许可被许可人监督检查。各专员办对国家林业局审核审批同意的202项建设项目占用征用林地被许可人使用林地情况进行了监督检查。检查发现有42项违法违规使用林地建设项目，占检查项目的20.8%。通过对被许可人的监督检查，发现了林地征占用方面的问题，为规范林地使用管理提供了保证。②认真贯彻落实《全国林地保护利用规划纲要》。各专员办按照《纲要》的要求，加强了对各级政府、国有森工企业落实林地保护利用目标责任制、林地保有量和征占用林地定额目标考核的监督检查，从严控制征占用林地规模，严格征占用林地定额管理，使驻在地区、单位全年征占用林地总量控制在了定额之内。③积极开展林地保护管理的日常监督。各专员办结合监督区林地保护管理工作的实际情况，针对各地林地管理中的薄弱环节和存在的突出问题，不断加强对林地保护管理的日常监督工作。内蒙古专员办与自治区政府联合开展了治理违法占用林地专项行动，共督查督办重大违法占用林地案件21起。海口专员办在海南、广东、广西三省(区)开展林地资源保护管理监督年活动，为促进各地严格保护现有林地资源，提高林地管理水平和管理能力，推进建立林地保护管理长效机制发挥了积极作用。

强化监管，扎实推进森林资源采伐利用管理监督 ①认真完成"三总量"检查工作。东北、内蒙古重点国有林区监督机构对9个林业局2010年度的"三总量"进行了检查。检查发现，9个局均有无证采伐问题，有7个局存在超证采伐问题，有5个局存在串树种采伐问题，有5个局存在违法占地现象。2011年"三总量"检查首次全面应用了遥感卫片，进一步突出了技术的优势，提高了检查的准确性、时效性。通过检查，发现了重点国有林区在森林资源保护管理中存在的各类突出问题，国家林业局通报要求省级林业主管部门进行整改，对强化重点国有林区森林资源保护管理起到了有效的促进作用。②开展重点国有林区森工企业局伐区调查设计和作业质量核查工作。东北、内蒙古重点林区的资源监督部门出动5000余人次，分成50余个核查组，对87个林业局的1787个小班进行了核查。针对检查中发现的问题，各专员办及时向有关林业局下发了整改意见和通知书，并监督林业局对有关责任人员的处理，为确保森工企业局伐区调查设计和作业质量的不断提高发挥了重要作用。③严格执行林木采伐许可证核发制度。内蒙古、长春、黑龙江、大兴安岭专员办认真履行工作职责，在严格把关的同时，千方百计做好为基层服务工作。长春、大兴安岭专员办增加了采育林的审核程序，加强了申请上报手续的审核力度。黑龙江专员办在核查存在问题整改到位的基础上，严格执行了"三个停发、六个不发"的原则和发证程序，确保林木采伐许可证核发不出问题，承诺林木采伐许可证发放不过夜。2011年，4个专员办累计核发林木采伐许可证87 552份，核发蓄积883万立方米，核发出材492万立方米。④进一步加强木材凭证运输和经营加工监督。各专员办结合监督区实际，采取定期检查和集中整顿相结合的方式，加大对木材流通领域的监管。大兴安岭专员办对林区公路、铁路木材检查站等管理部门抽查40余次，监控铁路出区运材车皮20 525车，公路运输9421车；对全区221家木材加工企业和133家木制品加工企业进行了检查，使林区木材运输销售、加工管理得到进一步规范。

严格执法，认真督查督办破坏森林资源案件 ①做好国家林业局通报问题的整改。对通报整改不到位的单位提出相关要求，要求相关单位举一反三，建立长效机制，确保整改落实到位。如合肥专员办认真总结和宣传督办重大案件的经验，第一次对县政府领导问责和行政处理，检察机关第一次向县林业部门发出检察建议书，树立了林业部门威信，起到很好的警示教育作用。②督查督办了一批舆论关心、百姓关注的重大案件。重点对中央领导同志和国家林业局领导批示的群众反映强烈的贵州习水县乱砍滥伐林木案、新疆巴楚毁林开垦案，《法制日报》报道的"山东烟台600亩海防林被毁案"、黑龙江省红星林业局毁林开垦等案件进行了督查督办。云南专员办在案件督办查处方面，把重点放在个别地方政府和企业片面追求经济发展忽视生态保护、造成森林资源破坏的大案要案上，通过加大调查研究、专项检查和案件查处力度，既掌握了第一手资料，为国家林业局决策提供参考，又打击了违法犯罪，树立了监督工作的威信和形象。③认真做好来信来访反映问题的处理。通过对案件的督办查处，促进了依法治林，有力震慑了犯罪，保护了森林资源安全。如长春专员办加大对群众举报案件的查处力度，与吉林、辽宁两省林业厅一起，查处了葫芦岛市南票区特大滥伐林木、白山市江源区毁林采石、本溪县兴龙铁矿盗伐林木、铁岭市清河区盗伐林木等案件17起。2011年，各派驻森林资源监督机构共督查督办各类林业行政案件350余起。

开拓进取，扎实做好保护发展森林资源目标责任制检查工作 在全国启动县级人民政府保护发展森林资源目标责任制检查工作，是中国森林资源监管史上全新的重大举措。各专员办高度重视、精心组织，共派出101名检查人员，累计检查213天，召开座谈会172次，查阅文件资料近2000份，核查现地389处，较好地完成了全国80个县的检查任务，取得了显著成效。一是森林资源监督机构依法履行了主要职责，树立了监督机构监督权威。同时在检查中积累了工作经验，探索并完善了检查方法，锻炼了监督队伍，提高了履职尽责能力。二是推进了县级政府保护发展森林资源目标责任制的普遍建立。截至2011年底，全国31个省(区、市)已经有1720个县(市、区)政府建立起了保护发展森林资源目标责任制。三是找准了抓手，建立起了地方政府保护发展森林资源的长效机制。通过检查充分了解了国家林业政策法规在基层的执行情况，为各专员办确定工作重点、编写年度森林资源监督报告提供了依据，建立起了一条国家林业局掌握基层林情的快速通道。

强化管理，深入推进机关建设和党的建设各专员办坚持从监督区域的实际出发，努力创新，大胆工作，在全面完成各项业务工作的同时，不断强化内部管理，深入推进机关建设和党的建设，在坚持开展政治理论学习，组织开展向杨善洲同志学习系列活动，深入开展创先争优活动，以廉政风险防控为契机，认真开展党风廉政建设等方面也取得了较好的成效，特别是在进一步加强机构和队伍建设方面有了新的突破，各项工作保持了良好的势头。各专员办的“两建”工作也是亮点纷呈，如：在深入开展创先争优活动中，贵阳专员办在贵阳工作处设立“首问责任窗口”和“服务接待窗口”，挂牌开展工作，便于接受群众咨询和监督；武汉专员办召开由豫鄂两省及其边界地区林业主管部门负责同志参加的专题会议，推动两省建立边界地区森林资源保护管理联动机制。在局党组的亲切关怀下，监督机构干部竞争上岗工作得以有效推进，13个监督机构开展了处级干部竞争上岗工作，共有63名同志获得了提拔，真正做到了人尽其才，各得其所，极大地激发了广大监督干部的工作热情。黑龙江专员办认真查找森林资源监督工作的“廉政风险点”，研究制定了固定格式的“五书一卡”制度，在制度和机制上起到了预防腐败的作用。各专员办在日常工作中坚持以正面教育、自我教育、自我约束、互相监督为主的方针，通过政治理论、相关法律法规的学习和活动，深化在新形势下加强党风廉政建设和反腐败工作的认识，不断提高廉洁自律意识。 (沙永恒)

【国家林业局驻上海森林资源监督专员办事处挂牌成立】 2011年6月2日，国家林业局驻上海森林资源监督专员办事处在上海举行揭牌仪式，国家林业局副局长张建龙、上海市副市长沈骏等出席仪式并共同为办事处揭牌。仪式由国家林业局资源司司长、森林资源监督管理办公室主任汪绚主持。国家林业局相关司局，财政部驻上海专员办，上海海关，上海市、江苏省、浙江省人民政府及相关部门，驻地林业机构的领导和代表出席揭牌仪式。

新成立的上海专员办整合了原国家濒管办上海办事处、杭州办事处、南京办事处职能，并新增森林资源监督职能，领导机构设在上海，全面履行上海市、江苏省、浙江省的森林资源监督职责，并承担三省(市)的野生动植物及其产品进出口管理工作。在上海设立森林资源监督机构，辐射江苏省、浙江省，保护和发展好长三角地区的森林资源，是推进这一地区生态文明建设的战略需要，也是保障这一地区生态安全的必然要求。

(沙永恒)

【东北、内蒙古重点国有林区“三总量”执行情况检查】 2011年，国家林业局组织驻内蒙古自治区、长春、黑龙江省、大兴安岭林业集团公司森林资源监督专员办事处，联合各直属调查规划设计院，对内蒙古的金河、乌尔旗汗林业局，吉林的露水河、八家子林业局，黑龙江的绥棱、金山屯、铁力、带岭林业局以及大兴安岭林业集团公司的西林吉林业局共9个国有森工企业局，全面应用遥感技术，开展了“三总量”执行情况检查。

从对9个林业局“三总量”执行情况的检查结果看，大规模超限额采伐现象基本得到遏制，但仍然存在四个方面突出问题。一是违法占用林地。有5个局存在违法占地现象，共发现违法占地77块，占地面积378.5公顷。铁力林业局违法占用林地29块，面积112.0公顷。二是无证采伐。检查的9个局均存在无证采伐问题，共发现74个无证采伐地块，面积104.0公顷，蓄积2417.25立方米。三是超证采伐。有7个局存在超证采伐问题，共发现21块超证采伐小班，超采蓄积1275.30立方米。四是串树种采伐。有5个局存在串树种采伐问题，有16个串树种采伐小班，串树种采伐蓄积610.15立方米。

国家林业局就检查中发现的问题，下发了通报，要求各省级林业主管部门负责本辖区各林业局存在问题的整改。要做到原因不查清不放过，责任人处理不到位不放过，整改措施不落实不放过，教训不吸取不放过，涉嫌犯罪的必须依法移送司法机关处理。对存在无证采伐、超证采伐、违法占用林地、串树种采伐等问题严重的，要追究相关林业局领导的行政责任。 (柏建伟)

【森林资源监督报告】 2011年，国家林业局14个派驻森林资源监督机构分别向国家林业局和29个省(区、市)政府、集团公司、建设兵团提交了《森林资源监督报告》。

主要成效 ①严格执行林木采伐管理制度。各地认真执行森林采伐限额制度、凭证采伐制度和木材运输制度，森林资源消耗得到有效控制。大兴安岭集团公司减少森林资源消耗96.85万立方米，辽宁省探索了人工公益林近自然化改造、天然林综合培育等森林经营新模式，广东省原则上禁止采伐阔叶林。②科学管理林地。各地认真落实林地保护利用规划纲要，严格执行征占用林地审核审批制度、定额管理制度和专家评审制度。河南、黑龙江、江苏、浙江、吉林、福建、江西、云南等省份全面部署了省县两级规划编制工作，吉林、湖北等省份组织开展了非法占用林地清理整顿专项行动，湖南开展了“林地管理年”活动，山西省政府下发了《关于规范林权证使用事宜的通知》，吉林省政府下发了《关于进一步加强林地保护管理工作的通知》。③切实加强木材流通管理。江西省新设立了6个高速公路省际木材检查站，河南启用了统一开发的木材运输证管理系统，湖南实行木材检查站人员着装、车辆标识、规章制度、站房建设、木材运输证“五统一”制度。④充实完善相关政策法规。内蒙古制定了《林业行政许可监督管理办法》，湖南制定了《规范权力运行监督检查办法》、《规范权力运行查究问责办法》和《规范行政权力运行监督检查办法》，云南出台了《林地管理条例》和《森林资源资产评估管理暂行办法》。⑤严厉打击破坏森林资源违法行为。山西、内蒙古、辽宁、吉林、黑龙江、江苏、福建、江西、重庆、宁夏、青海、贵州、甘肃、云南、湖北、河南、海南等省(区、市)开展了以打击各类破坏森林资源和野生动植物资源违法犯罪为重点的专项行动，共查处各类涉林案件17.5万起，处理违法人员14.6万人次。

存在问题 ①违法侵占林地行为屡禁不止。重点工程建设中违法占用林地现象普遍存在，福建省向塘至莆田铁路建设项目在涵江段、永泰段、泰宁段违法占用林地22.5公顷，国家高速公路网福银线三福高速公路福州南线连接闽侯段违法占用林地6.6公顷。采石采矿非法占用林地数量居高不下，新疆准东煤电煤化工产业带建设规划设计占用林地面积近1.33万公顷，有28家企业非法占用林地达3133.3公顷。个别地方政府带头违法，海南林地管理条例的有关规定造成林地管理混乱、森林植被恢复费大量流失。②基层林业工作机构建设滞后。山西、辽宁、安徽、山东、湖南、广东、广西、云南等省(区)林业工作站、木材检查站人员偏少、装备落后、投入不足。③森林资源管护的压力和难度越来越大。随着工业化、城镇化的快速推进和基本农田的严格保护，各类开发用地项目向林地转移，各地违法占用林地现象越来越多，同时，随着集体林权制度改革的深入推进，森林资源经营主体向多元化、分散化发展，森林资源保护面临的情况更加复杂、压力越来越大。④县级林地保护利用规划编制经费无保障。湖南全省120多个县共需经费6000万元左右，省财政只解决了50万元的启动经费，资金缺口很大。

监督建议 ①贯彻落实《全国林地保护利用规划纲要》，加大林地资源保护力度。建议山西、内蒙古、安徽、福建、江西、山东、河南、湖北、四川、云南、甘肃等省(区)科学编制林地保护利用规划，加强征占用林地的定额管理和使用制度建设，强化审核审批和监督检查，切实杜绝非法占用林地现象。建议山西严厉查处工程建设中的非法占用林地行为，江西将林地保有量作为地方政府目标考核重要内容，海南进一步规范征占用林地建设项目管理，新疆结合“安居富民”和“定居兴牧”工程恢复河谷林资源。②建立和执行县级人民政府保护发展森林资源目标责任制。建议内蒙古、辽宁、黑龙江、江西、浙江、湖南、贵州、海南、宁夏、新疆、西藏等省(区)建立和执行目标责任制。③强化木材运输管理工作。建议湖北、广东、广西、贵州等省(区)理顺木材检查体制，加大扶持力度，解决经费来源，合理调整布局，发挥其应有的作月。建议福建等省在重点销售区的出省口设立木材检查站，湖南将木材检查站基础设施建设纳入省级财政基本建设计划。④加强基层林业机构和队伍建设。建议各地健全机构，充实人员，落实资金，改善条件，加强培训，提升能力。建议江西、福建等省试行省级林业主管部门向重点林业设区市派驻森林资源监督机构。⑤推进森林采伐管理制度改革。建议福建等省把森林采伐管理制度改革和森林科学经营结合起来，使森林采伐按照科学经营的要求或森林经营方案进行，建立促进科学经营的新型森林采伐管理制度。⑥加强部门间配合协调，管理服务好重点工程建设。建议各地发改委、国土资源、公路、水利、铁路等部门，在重点工程建设中加强与林业主管部门沟通协调，建立顺畅的配合机制，林业主管部门也要转变作风，提高效率，加强服务和指导。

领导重视 监督报告引起了相关省领导的高度重视。山西、辽宁、黑龙江、江苏、浙江、福建、江西、湖南、四川、贵州、西藏、陕西、甘肃、新疆等14个省(区)的党委、政府主要领导或分管领导对监督报告作出了批示。相关省领导认为，监督报告客观、实在、全面，要求省林业厅等部门对提出的建议认真研究、尽快落实，对指出的问题依法处置、整改到位。

(段秀廷)

【国家林业局第十三期森林资源监督干部培训班】 为深入贯彻落实全国森林资源管理工作会议精神，切实加强监督队伍能力建设，不断提高监督实效和工作水平。7月19~23日，国家林业局森林资源监督管理办公室在新疆乌鲁木齐市举办了国家林业局第十三期森林资源监督干部培训班。国家林业局各派驻森林资源监督机构共计80名干部参加了培训。培训班邀请有关专家、领导，采取集中授课、交流互动、案例教学与现场答疑等方式，对森林资源监督业务、森林资源管理的形势与任务、党风廉政建设、公务礼貌礼仪等方面知识进行了系统培训。通过培训，学员们进一步加深了对当前森林资源监督形势和任务的认识，增强了使命感和责任感，增加了对商务礼貌礼仪知识的了解，为不断提高监督实效和业务能力水平奠定了基础。学员普遍感到本次培训形式新颖、实用性强，拓宽了工作思路。 (沙永恒)

【东北、内蒙古重点国有林区森工企业局长培训】 为切实加强东北、内蒙古重点国有林区森林资源管理工作，3月2日，国家林业局在哈尔滨举办了东北、内蒙古重点国有林区企业局长森林资源管理培训班，对森工企业局长进行了培训。

2011年是“十二五”开局之年，是大小兴安岭生态保护与经济转型规划和天保工程二期方案有关政策实施的第一年，也是“十二五”森林采伐限额执行的第一年，在此关键时期，对东北、内蒙古重点国有林区森林资源直接的管理者和经营者进行培训，意义重大。国家林业局张建龙副局长、黑龙江省人民政府吕维峰副省长出席开班仪式，并做重要讲话。吉林省林业厅长、资源处长，内蒙古、吉林、龙江、大兴安岭森工(林业)集团公司总经理、资源处长，东北、内蒙古重点国有林区森工企业局、国有林管理分局局长，吉林省延边州林业管理局和黑龙江省森工总局驻牡丹江、松花江、合江、伊春林管局局长、资源处长，国家林业局森林资源管理司(森林资源监督管理办公室)等有关单位共140多人参加了培训班。

培训班总结了“十一五”东北、内蒙古重点国有林区取得的巨大成就，分析了研究森林资源状况和管理中存在的问题，使森工企业局长们认清了“十二五”面临的新形势、新任务，提高了对森林资源管理法律法规严肃性的认识和依法行政的执行力，增强了依法保护森林资源的责任意识以及加快国有林区改革发展的使命感、紧迫感，为实现既定目标奠定坚实的基础。

在“十五”、“十一五”开局之年，国家林业局分别在哈尔滨和长春举办过森林企业局长森林资源管理培训班，通过近十年的实践证明，取得了良好的效果。通过培训统一了思想，提高了认识，强化了责任，明确了任务，增强了保护发展森林资源的责任意识，采伐限额管理和“三总量”控制得到了普遍加强，超限额采伐等破坏森林资源的违法犯罪行为得到了有效遏制。参加培训的森工企业局长都清楚地认识到，在森林资源管理问题上，什么是党纪政纪的“红线”、什么是法律法规的“高压线”，起到了警钟长鸣、防患于未然的作用。

（王　鹏）

【保护发展森林资源目标责任制检查首次在全国启动】 2月，在深入总结3年责任制检查试点经验的基础上，国家林业局出台了《关于开展保护发展森林资源目标责任制建立和执行情况检查的通知》(林资发〔2011〕24号)，确立了自2011年开始的全国县级人民政府保护发展森林资源目标责任制建立和执行情况年度检查制度，并首次在全国启动了责任制检查。

检查结果 2011年全国共检查了80个县，结果于12月向全国进行了通报。检查结果显示，在80个被检查县中，获得“优秀”评级的有62个，占被检查县的78%；获得“良好”评级的有5个，占被检查县的6%；获得“中等”评级的有1个，占被检查县的1%；获得“差”评级的有12个，占被检查县的15%。

取得成效 检查结果表明，2011年责任制检查工作取得了显著成效。通过检查，有效保障了国家林业方针政策的贯彻落实，极大推进了全国责任制建立的进程，建立了国家林业局掌握基层林情的快速通道，促进了各地在责任制建立和执行工作方面的学习和交流。截至目前，全国已经有1720个县政府建立了责任制，其中有916个县是在林资发〔2011〕24号文下发后建立起来的。

存在问题与下一步工作 各地责任制的建立和执行仍存在一些问题。主要是对责任制工作重视不够，责任制建立和执行工作进度不平衡，已建立责任制的制度体系亟待完善等。下一步将进一步加大责任制检查的宣传力度，提高各地政府对责任制检查工作重大意义的认识，全力推进责任制建立。（段秀廷）

森林资源管理体制改革

【开展东北、内蒙古重点国有林区改革调研】 9月20～25日，由国家发改委彭森副主任带队，财政部、人力资源社会保障部、建设部、银监会等7个部委22名同志参加的调研组，分别赴内蒙古森工集团和大兴安岭林业集团公司，就重点国有林区改革工作进行了调研。通过调研，各部门进一步了解了内蒙古和大兴安岭两地国有林区和国有森工企业改革的总体情况和面临的主要问题，并就深化国有林区改革和国有森林资源管理体制改革提出了意见和建议。

当前重点林区在体制和机制方面存在的主要问题：一是林区管理政企不分，林区经济社会发展缺乏后劲。大兴安岭地区行署和集团公司政企合一的管理体制，致使政府活动几乎全部为森工企业的经营服务，市场配置资源的基础性作用无从发挥，政府社会管理和公共服务的基础职能无法充分履行，不但造成当地经济结构和产业结构单一，而且导致林区经济社会难以实现协调可持续发展。二是森林资源管理事企不分，资源监管难以落实。森林资源管理与企业经营利用集于一身的“事企合一”的森林资源管理体制，森工企业既代表国家对森林资源的实际管理者，同时又是森林资源的经营利用者，管用主体不分，经济需求刚性化，企业为追求短期效益而过度消耗森林资源，并以牺牲森林资源获取经济利益成为必然，监管难以落实到位。三是重点林区承担生态保护建设的任务繁重，这方面的需求与财政实际投入不足的矛盾还比较突出；林区经济社会发展滞后，基础设施与公共服务相对落后，民生问题比较突出。独木产业支撑，产业结构相对单一，接续产业发展基础薄弱。

通过大兴安岭林区调研，调研组对重点林区改革形成了一些共识。一是逐步推进林区政企分开、事企分开。首先，政府经济调节、市场监管、社会管理、公共服务职责与森工企业经营活动相分离，从森工集团公司到林业局全面实现政企分开；其次，彻底分离森工企业承担的社会职能。二是实施森林资源管理体制改革。把森林资源管理职能从森工企业中剥离出来，由国有林管理机构代表国家行使，并履行出资人职责，对森工企业局国有森林资源实行委托经营，实施监管，这个方向是完全正确的。应继续抓好现行森林资源管理体制改革试点，完善试点单位人员编制、工作经费等相关政策。三是健全林区生态保护机制和政策体系。要健全公共财政框架下的生态保护投入机制，突出重点国有林区的生态公益属性，以此作为制定政策和进行资金投入的基本导向。不断完善林区接续产业发展机制。加强林区基础设施和公共服务建设。（刘　义）

【召开国有林区国有森林资源管理体制改革研讨会】 2011年8月邀请山西、陕西、甘肃、新疆、青海5省(区)的有关国有林区经营、管理人员，借鉴交流了有关省(区)管理国有森林资源的管理体制、经营机制方面的经验，进一步研究了东北、内蒙古重点国有林区森林资源管理体制改革思路。

与会代表认为，当前和今后一个时期，保护森林资源、加快林业发展已成为应对气候变化、节能减排、发展循环经济、绿色经济、低碳经济的战略选择。国有林区，特别是东北、内蒙古重点国有林区的森林资源价值和生态区位、国防地位极为重要。长期以来“政企合一、企事合一、森林资源行政管理和企业经营利用合一”(以下简称“政事企合一”)的管理体制，严重制约着林区森林资源和经济社会可持续发展。深化重点国有林区改革，必须以科学发展观为统领，以《中共中央 国务院关于加快林业发展的决定》和中央林业工作会议精神为指导，建立“政事企分开”，权责利相统一，管资产和管人、管事相结合的国有森林资源统一管理体制，全面实施以生态建设为主的林业发展战略，努力构建生产发展、生活富裕、生态良好的和谐林区。

与会代表还提出，加快推进国有林区改革，实施“政事企分开”，建立垂直管理的森林资源管理机构，实行收支两条线，管理经费纳入财政预算。国有的森林资源应该由国家和省级进行管理，国有林场应该由省级林业主管部门管理，重点林区的森林资源由国务院林业主管部门代表国家进行管理，履行出资人的职责，实施垂直管理的体制。

山西省国有林场227个，其中省林业厅直接管理9个林业局所属林场达121个，其森林面积占全省森林面积的55%。青海和新疆两省(区)国有林区推行事业化改革得到了省(区)政府的全力支持，目前，新疆维吾尔自治区和青海省的3个林业局已完成了事业化改制，新成立的国有林管理局经费纳入省级财政预算，改革的成效非常显著。以上三省区对森林资源均采取权责利相统一、管资产与管人管事相结合的垂直管理的体制，这些好的经验和做法对研究制定国有林区改革意见有较好参考借鉴意义。（刘　义）

林业政策
法规与体制改革

07

【林业政策】

开展规范性文件清理工作 根据《国务院办公厅关于做好规章清理工作有关问题的通知》精神，结合国家林业局实际情况，按照规范性文件清理工作方案，明确了规范性文件的分类标准，细化了对保留、失效、废止和修改等处理意见。对各司局单位提交的1000多份文件进行了初步审核，提出了初步的审核意见，并反馈各单位确认。同时，将近两年新发布的规范性文件一并进行清理。

支持中国集体林权改革政策、法律和制度建设并促进知识交流项目进展顺利 项目执行期为3年(2009～2012年)，2011年是项目执行的第二年，也是任务最重的一年。经过多方的共同努力，项目执行时间过半，任务也完成过半，各项工作按照计划推进，进展顺利，取得了预期效果。

接受欧盟的中期评估。2011年6月，外部独立评估专家来华开展中期评估，从项目设计的相关性及质量、执行效率、执行效果、项目将来的影响、潜在可持续性等5个方面评估了项目实施情况。评估专家认为，项目设立恰逢其时，总体进展顺利，项目产出与项目预期成果及目标一致，执行效率和效果良好，同时评估报告也提出了一些改进的建议。

开展参与式森林经营研讨和培训活动。2011年6月，在湖南省浏阳市召开了参与式森林经营专题研讨会。随后试点应用参与式森林经营培训教材，并举办了参与式森林经营能力建设培训班。

开展对项目研究成果的推广应用。2010～2011年，项目已完成130多份项目研究报告，并完成了分报告以及指南的编写工作。为配合中国集体林权改革的深入发展，政策法规司积极组织了报告和指南的实际运用工作。一方面在试点县、试点村按照报告和指南提出的建议目标、途径，结合实际情况，大力建立和规范各项制度和行为，努力巩固提高林改效果。另一方面，积极将研究成果运用到我国《森林法修改草案》的起草工作中。

筹建了林业产权交易合作项目示范中心。项目选择筹建了南方林业产权交易所作为项目活动“提高林权交易中心效率”的示范点，为林权流转交易制度创立和运行试验发挥示范作用。

开展匈牙利和芬兰林业考察。2011年11月，由国家项目办和各省、县项目办组成的考察团先后拜访了匈牙利农村发展部、联合国粮农组织中欧及东欧分区域办事处、匈牙利私有林主协会、芬兰农业生产者和林主联合会等，重点考察了国外林主协会的运作情况，实地考察了工作现场，走访了林主协会管理人员，学习了两国林主协会的管理体制和运作机制。 (颜国强)

【林业立法】

森林法修改工作 《森林法(修改)》是经中央批准的《十一届全国人大常委会立法规划》确定的第一类立法项目，在本届人大任期内应当提请审议，同时列入2011年国务院立法工作计划二类项目。按照国家林业局党组关于加快森林法修改进程的指示，根据森林法修改工作安排，2011年主要开展了以下工作：一是开展专题调研。就林地征占用预审及审核审批、重点国有林区管理体制、森林公安执法等问题，赴吉林、云南等省进行专题调研。二是召开两个片会。7月和8月分别在山东、新疆召开了森林法修改座谈会，听取了各省级林业主管部门对森林分类、森林经营方案编制、林地管理、采伐限额管理等11个问题的意见和建议。三是形成了《森林法修改草案(第二次征求意见稿)》。并于8月份正式征求国家林业局内各司局、直属单位和地方林业主管部门意见。四是局务会议于12月8日对《森林法修改草案(草稿)》进行了第一次审议。

自然遗产保护法立法工作 在前期工作的基础上，会同保护司召开了生态保护、法律方面的专家座谈会，针对全国人大环资委开展自然遗产保护法的进程，及时向全国人大环资委、全国人大常委会法工委和国务院法制办提出国家林业局的意见和建议，对于重大问题及时向局领导汇报。

湿地保护条例的立法工作 湿地保护条例已经列入2011年国务院立法工作计划。在前期工作基础上，会同湿地办研究修改，并积极向国务院法制办汇报进展情况。7月，第三次征求农业部、环保部、国土部、水利部、海洋局等20家中央和国务院有关部门的意见。8月，与国务院法制办赴黑龙江省进行专题调研。为推进2012年湿地立法工作打下坚实基础。

部门规章审查工作 审查修改形成了《国家级森林公园管理办法》、《大熊猫国内借展管理规定》，经局务会议审议通过后，分别以国家林业局第27、28号令发布实施；审查修改了《集体林权制度改革档案管理办法》、《野生动植物进出口证书核发管理办法》、《国家林业局委托实施野生动植物行政许可办法》、《陆生野生动物疫源疫病监测办法》、《林地和林木权属登记办法》，待条件基本成熟后，报请局务会议审议。

与林业立法有关的其他工作 制定并实施了国家林业局2011年立法工作计划；积极做好农业技术推广法、旅游法的立法工作；会同国家林业局有关单位进行研究，积极向全国人大农委、财经委提出国家林业局的修改意见和建议，体现林业的职责。 (侯 翎)

【林业执法监督】

林业综合行政执法工作 一是编制完成《“十二五”期间林业综合行政执法机构能力建设规划》；二是修改完善《林业综合行政执法示范点建设标准》；三是积极向有关部门争取专项资金，争取解决林业综合行政执法工作存在的资金缺乏问题。

规范林业行政执法行为工作 一是做好林业行政执法证换发工作。共为国家林业局有关单位及35个省级林业主管部门统一林业行政执法证约21万套，确保了全国各级林业主管部门的执法人员能够做到持证上岗、严格执法。二是做好林业行政处罚文书修改工作。在有关省级林业主管部门和林业院校研究成果的基础上，完成了《林业行政处罚文书修订文本》(征求意见稿)。三是举办了全国林业行政执法骨干人员培训班，提高了基层林业行政执法人员的素质。

配合全国人大常委会完成了执法检查工作 一是组织起草完成了《国家林业局关于贯彻实施农村土地承包法情况的汇报》；二是参加了全国人大执法检查组赴吉

林、安徽、湖南3省的执法检查，参与了执法检查总报告的起草工作；三是按照全国人大要求，就《全国人大常委会执法检查组关于检查农村土地承包法实施情况的报告(征求意见稿)》提出了修改意见。

行政复议工作 坚持"复议以民"，认真做好行政复议工作。一是依法办理行政复议案件，2011年，国家林业局共收办行政复议申请20起，有效化解了多起行政争议，尤其是妥善办结了黑龙江虎林独木河行政复议案件。二是加强了对地方林业主管部门行政复议工作的指导，组织召开了全国林业行政复议案例研讨会，下发了各地的林业行政复议典型案例。三是积极探索行政复议案件有效办理形式。在办理新疆巴楚两起行政复议案件中，国家林业局专门致函新疆维吾尔自治区人民政府，要求其做好申请人协调工作，促进了案件顺利解决。在办理内蒙古鄂尔多斯案件中，针对案件中反映出来的地方林地征占用行政许可过程存在的问题，认真研究梳理，并督促地方对相应的许可行为进行规范。

(吕　振)

【林业普法】

总结"五五"普法工作，表彰"五五"普法先进 2010年，国家林业局对"五五"普法工作进行了全面总结和验收，各项工作圆满完成。在总结验收基础上，2011年5月，国家林业局下发了《国家林业局关于表扬全国林业系统"五五"普法宣传教育先进集体和先进个人的通报》(林策发〔2011〕125号)，对北京市林政稽查大队等109个单位和北京市园林绿化局李欣等159名同志进行了通报表扬，鼓励普法先进集体和先进个人，再接再厉，再创佳绩。

制定"六五"规划和年度要点，全面启动"六五"普法工作 一是根据《司法部、全国普法办关于印发〈二〇一一年全国普法依法治理工作要点〉的通知》(司发通〔2011〕22号)文件的精神，制定了《2011年林业系统法制宣传教育工作要点》(办策字〔2011〕47号)，并下发到各省、各单位；二是召开局普法领导小组工作会议。10月13日，国家林业局副局长赵树丛主持召开了国家林业局普法领导小组会议，会议学习了周永康同志在第七次全国法制宣传教育工作会议上的讲话，传达了第七次全国法制宣传教育工作会议精神，审议了《全国林业系统法制宣传教育第六个五年规划(送审稿)》，明确了2011年及"六五"普法期间的工作思路；三是制定印发"六五"普法规划。根据《中共中央、国务院转发〈中央宣传部、司法部关于在公民中开展法制宣传教育的第六个五年规划(2011～2015年)〉的通知》(中发〔2011〕6号)和十一届全国人大常委会第20次会议通过的《关于进一步加强法制宣传教育的决议》的要求，在征求各省、各单位意见的基础上，结合林业实际，制定印发了《全国林业系统法制宣传教育第六个五年规划》(林策发〔2011〕258号)，全面启动了林业"六五"普法工作。

采取多种宣传形式，深入推进普法工作 一是举办林业普法骨干培训班。根据2011年国家林业局普法工作安排，在广东省广州市举办了省级林业普法骨干培训班。培训班安排学习了第七次全国法制宣传教育工作会议精神和《全国林业系统法制宣传教育第六个五年规划》，学习了《中华人民共和国行政强制法》和中国特色社会主义法律体系的构成、特征、意义等。培训班的举办对全面贯彻落实全国第七次法制宣传工作会议精神和林业系统"六五"普法规划起到了积极的推动作用，产生了较好的效果。二是组织年度普法考试。在"12·4"全国法制宣传日期间，结合林业行业特点，继续将"12·4"法制宣传日活动与林业系统年度普法考试结合起来。各地、各单位通过积极组织年度普法考试，有力地带动了广大干部职工学法的热情，进一步推动了"六五"普法工作的深入开展。

(李　权)

【林业行政许可】

完善行政许可管理制度 一是组织开展林业行政许可公告修改工作，全面征求各省级林业主管部门意见，并邀请有关专家召开了座谈会，对行政许可的实施依据、申请人需提交的材料和审批条件、时限等进行进一步规范和完善；二是制定《林业行政许可项目资金定额标准》，为行政许可项目资金规范化管理和使用提供依据，保证行政许可项目资金的科学使用，保障资金安全。

深化行政审批制度改革 按照国务院行政审批制度改革办公室开展第六批行政审批事项清理的要求，组织国家林业局各行政许可、非行政许可审批事项的承办单位对审批事项进行清理，并上报清理成果(拟取消24项、下放3项、合并4项)。

规范行政许可行为 一是在分析汇总2009年行政许可监督检查成果的基础上，委托辽宁、河南、湖北开展2010年由国家林业局实施的行政许可的监督检查工作，进一步深入了解各行政许可事项的实施状况，收集申请人对行政许可事项和行政许可管理的意见和建议，以进一步规范行政许可行为，提高行政许可的效率，加强对申请人从事行政许可活动的监督；二是举办了林业行政许可窗口工作人员培训班，使有关工作人员更加深刻领会行政审批制度改革的重大意义，深入理解和贯彻落实《行政许可法》及相关法律、法规、规章的规定，提高工作人员的依法审批水平。

做好日常程序审查，确保工作质量 2011年，共办理林业行政许可事项189 338件(准予许可179 607件，不准予许可9731件)。其中，国家林业局机关办理许可6059件(准予许可5976件，不准予许可83件)；植物检疫机构准予许可2775件；濒管系统办理许可76 108件(准予许可76 097件，不准予许可11件)；国家林业局驻内蒙古自治区森林资源监督专员办事处办理许可20 662件(准予许可20 320件，不准予许可342件)；国家林业局驻长春森林资源监督专员办事处办理许可17 537件；国家林业局驻黑龙江森林资源监督专员办事处办理许可51 960件(准予许可42 956件，不准予许可9004件)；国家林业局驻大兴安岭林业集团公司森林资源监督专员办事处办理许可14 237件(准予许可13 946件，不准予许可291件)。

(姚　萍)

集体林权制度改革

08

【综　述】 在党中央、国务院的高度重视下，各级党委、政府加强领导，各个部门合力推进，农民群众积极参与，社会各界广泛关注，集体林权制度改革顺利推进。截至2011年底，明晰产权、承包到户改革任务已基本完成，深化改革有序开展，林下经济快速发展。农民成为集体林业的经营主体，森林资源快速增长，农民就业增收水平不断提高，林区社会和谐稳定。总结2011年的工作，有三个突出的亮点。

全国人大审议集体林权制度改革 2011年4月，全国人大常委会第二十次全体会议审议了《国务院关于集体林权制度改革工作情况的报告》，会议充分肯定并高度评价集体林权制度改革，对进一步深化改革提出了宝贵意见。国家林业局党组把贯彻落实审议意见作为一项政治任务和重点工作，认真学习审议意见，将贯彻落实任务分解为26项，逐一明确到17个司局和直属单位。派出10个督导检查组，分赴全国31个省(区、市)传达宣讲审议意见精神，督导检查各省(区、市)集体林权制度改革工作。通过开展督导检查，进一步提高了各地对推进集体林权制度改革重大意义的认识，增强了深入推进集体林权制度改革工作的信心和决心，同时也为深化改革明确了方向。各级林业部门开展多种形式的自查自纠行动，着力提高明晰产权改革质量，将林权制度改革推向新的高潮。

举办永安林改大培训 为系统研究和解决集体林权制度改革分山到户后林业如何发展、农民如何致富等重大问题，受中央组织部委托，国家林业局于2011年3月底4月初在福建省永安市举办了地方党政领导干部林改专题研究班，同时召开了全国深化集体林权制度改革会，全国107个林改典型县的分管副书记(副县长)、各省(区、市)林业厅(局)分管厅(局)长和林改处长参加培训和会议。通过这次培训，为县级党政领导干部提供了深化改革的"永安范本"，为系统解决林改分山到户后，林业怎么发展、农民怎么致富、制度怎么创新、政策怎么完善等重大问题找到了初步答案，增强了县级党政领导干部搞好深化改革的信心和决心。

召开全国林下经济现场会 2011年10月，全国林下经济现场会在广西召开，对今后一个时期的全国林下经济工作进行了安排部署。全国人大常委会副委员长、民建中央主席陈昌智到会作重要讲话。广西壮族自治区、浙江省、辽宁省、安徽省黄山区、陕西省宁陕县、重庆市秀山县先后介绍了发展林下经济的典型经验。会议还总结推广了100多个典型县发展林下经济的经验和做法。大会深入阐述了深化集体林权制度改革的重大意义，强调各地要以发展林下经济为重点，结合当地实际情况，全面深化集体林权制度改革，进一步完善集体林权制度改革政策，创新体制机制，切实保障林下经济健康发展，努力提高林地的综合产出率，促进林农就业增收。

【集体林权制度改革进展】 各地认真贯彻落实《中共中央 国务院关于全面推进集体林权制度改革的意见》和全国人大常委会对《国务院关于集体林权制度改革工作情况的报告》的审议意见，不断加大工作力度，着力深化改革，取得明显成效。

明晰产权任务基本完成 全国已确权林地面积1.78亿公顷，占集体林地面积的97.8%，占各地纳入集体林权制度改革面积的97.91%。全国已经发放林权证1亿本，其中2011年新发证2257万本，发证面积累积达1.58亿公顷，占纳入林改总面积的86.65%，发证户数8784万户，占涉及林改的1.5亿农户的58.72%，林改以来，已调处林权纠纷86.7万起，调处率为93.37%，涉及面积555万公顷。

生态效益补偿制度基本建立 各地落实国家级生态公益林补偿面积为4513.33万公顷，中央补偿资金为67.24亿元，其中2011年新增补偿面积1400万公顷，新安排补偿资金20.99亿元；地方配套5.54亿元，平均每公顷补偿161.25元。有24个省(区、市)建立了地方森林生态效益补偿基金制度，补偿地方公益林1986.67万公顷，比2010年增加13.31%，金额33.92亿元，其中，省级财政28.17亿元，市县5.75亿元；比2010年增加31.22%。平均每公顷补偿170.7元。北京市地方公益林每公顷平均补偿600元，江苏330元，浙江285元，海南255元，江西、广东225元，福建195元。

林权抵押贷款增长明显 全国有27个省(区、市)开展了林权抵押贷款工作。抵押贷款面积256.71万公顷，贷款金额529.9亿元，比2010年增加了64.57%，平均每公顷贷款20 640元。其中：农民抵押贷款面积145.76万公顷，抵押贷款金额255.99亿元，比2010年增加了96.4%，平均每公顷贷款17 565元。

森林保险快速发展 有20个省(区、市)开展森林保险，投保面积5146.67万公顷，比2010年(下同)增加了61.17%，保险金额3279.77亿元，增长59.07%，保费7.92亿元，增长107.33%，其中政策性补贴6.76亿元，增长了138.87%，平均每公顷保险金额6375元，平均每公顷保费15.45元，保费费率0.24%。

林权交易服务平台初步建立 全国有27个省(区、市)成立县级及以上的林权交易服务机构(包括综合服务中心中设立的交易机构)1065个，比2010年增长25.15%，成立745个资产评估机构，其中有资质的资产评估机构323个，据不完全统计，有资质的森林资源资产评估人员2835人。全国累积发生集体林地流转面积1080万公顷，占已确权林地的6.05%。

合作组织发展方兴未艾 全国共建立林业专业合作组织9.78万个，比2010年增长3.49%，加入合作组织的农户1260.71万户，合作组织经营林地面积1333.33万公顷，占已确权林地7.47%。合作组织中，林业专业合作社3.17万个，增长82.18%，加入合作社的农户为530.91万户，合作社经营的林地面积为556.05万公顷，增长14.35%，占已确权的林地总面积的3.12%，占合作组织总面积的41.72%。

林下经济快速发展 林改后，农民不断创新，大力发展林下经济。据不完全统计，2011年全国林下经济产值达2081.61亿元，参与农户5770.45万户。其中林下种植1189.84亿元，林下养殖597.42亿元，森林景观利用97.19亿元，林下产品采集加工197.16亿元。

增收贡献稳步提升 林改涉及1.50亿农户，5.66亿农民。据30个省(区、市)不完全统计，2011年林改县农民人均年收入为 6435 元，其中来自林业的收入 1203 元，占总收入的 18.69%；来自林下经济的收入 367 元，占林业收入的 30.51%。

林改机构建设不断加强 为了顺利推进集体林权制度改革，各地继续加强对集体林权制度改革的组织领导，2011 年新增各级林改工作机构 713 个。从集体林权制度改革工作开始有 330 个市、2647 个县、3.38 万个乡的党委、政府成立了林改领导小组，林改培训人数累计达 3312.3 万人。为了强化林权服务管理职能，各地经编办批准成立的集信息发布、政策咨询、林权服务于一体的林权管理服务机构已达 1210 个。

（集体林权制度改革由邢红、邓爱玲供稿）

林业科学技术

09

【综　述】 2011年是"十二五"开局之年，也是国家林业局贯彻落实胡锦涛总书记"三个依靠"重要指示精神，发展现代林业、建设生态文明、促进科学发展的关键之年。一年来，林业科技工作按照局党组的统一部署，重点围绕实现林业双增目标，大力实施科技兴林战略，开拓创新，扎实推进，圆满地完成了全年的任务，为"十二五"林业科技发展打下了坚实基础。

围绕林业发展大局谋划工作，为"十二五"开好局起好步 一是在国家层面，经过积极争取，首次将"现代林业"列为国家科技"十二五"规划的单独领域，将林业生物质能源、应对气候变化、生态建设、转基因等纳入了国家种业、生态农业、生物质能源、应对气候变化等国家综合性规划，进一步凸显了林业的地位和作用，大幅增加了林业科技在国家科技规划中的分量，为林业科技发展赢得了更大空间。2011年，共组织实施林业公益性行业科研专项、国家科技支撑计划、国家重大科技专项、中央财政林业科技推广示范资金专项、农业科技成果转化项目等中央财政预算项目850余项，总经费达8.5亿元。二是在林业层面，科学规划林业科技专项工作。积极与相关部门衔接，抓紧修改完善"林业科学和技术'十二五'发展规划"、"林业质检体系建设规划"、"生态定位站网建设规划"和"重点实验室发展规划"等，力争纳入国家林业局及国家相关规划并获得支持。

围绕关键领域加大创新，科技引领突破作用显著增强 一是针对林业生态建设与产业发展中的重大科技问题，谋划和组织实施了近200项事关中国林业发展全局性、前瞻性、方向性、战略性的重大项目。在新品种创制、森林经营、林业产业、生物质能源、信息技术、生态环境改善与治理、应对气候变化、生态文明等研究领域取得重大突破，形成了一批具有重大影响的创新成果，培育了一批以高新技术为引领的战略性新兴产业。实现了遥感监测森林碳汇，制定了适合中国的碳计量方法；编制了全国湿地分类分级系统，建立了生物环境恢复与水体处理技术体系；建立了沙区多种土地退化类型的综合防治模式；制定了生态文明评价指标体系（ECCI），实现了生态文明建设定量评价；引领中国高分子育种、新型生物质材料、生物质能源新产品开发等新兴战略性产业迅速发展。核桃增产潜势技术创新体系等6项科技成果获得国家科技进步奖。二是完成了"十二五"重点领域的科技创新布局，项目经费达9.7亿元，其中，科技支撑计划14项，总经费6.2亿元，较"十一五"同期增长69%；国家重大基础研究计划（973计划）1项，国家重大科技专项、科技基础性专项、863计划等20项，经费近2亿元；林业公益性行业科研专项81项，总经费2.4亿元。

围绕兴林富民加强服务，科技的支撑作用显著提高 一是紧紧围绕深化集体林权制度改革、加快森林资源培育、提高森林质量、促进木本油料产业发展等林业重点工作对科技的需求，继续开展"百县千村万户林业科技示范行动"，争取林业科技富民工程等推广资金3.14亿元，重点推广木本粮油新品种、发展林下经济、生物质能源和森林经营实用技术335项，积极为兴林富民提供科技支撑。二是围绕实现"双增"目标，组织开展了困难立地造林及植被恢复技术创新，筛选出抗干热、抗干旱、抗污染等6类抗逆优良植物种质152种，建立了95项森林经营技术模式、246个试验示范区与试验基地。三是加快推进科技成果转化。组织实施了农业科技成果转化资金项目17项，转化应用林木新品种42个，繁殖培育苗木近1400万株，建立示范生产线15条，实现销售收入约7500万元。在科技部组织召开的中西部地区农业科技成果转化工作经验交流会上，国家林业局作为唯一的部门代表作了关于林业科技成果转化的典型发言，赢得了科技部及各有关方面的高度赞扬。四是继续深入开展"林业科技特派员科技创业行动"，召开了全国林业科技特派员科技创业行动工作座谈会，探索建立了科技特派员服务合约制度，启动了林业科技特派员示范基地建设，组织2111名林业科技特派员深入林业生产一线创业。

围绕质量效益强化标准，科技的示范作用更加明显 一是加强林业标准制修订工作。发布91项林业行业标准，组织开展2011年林业行业标准计划项目135项、木制品等国际标准研究6项，完成了森林消防和林业有害生物防治两个技术委员会的筹建工作，积极配合国际标准化组织（ISO）参加国际标准研讨论证，提高了中国在国际标准化领域的影响力。二是大力开展标准化示范区建设。围绕木本粮油、林下经济发展，重点建设了油茶、核桃、竹子红枣等10项全国林业标准化示范区、14个国家农业标准化示范区，两个标准化示范区获得"全国农业标准化优秀示范区"荣誉称号。召开了全国林业标准化示范区建设现场经验交流会，带动更多生产单位和林农使用和实施标准。三是加强林产品质量安全监管。将《林产品质量安全管理办法》列入年度立法计划，将林产品质量安全监管等内容纳入《森林法》修订范围，积极协调申请国家林业局加入国家食品安全管理委员会，启动核桃、枣、竹笋、板栗、油茶等食用林产品质量安全监测工作和木质地板行业监督抽查工作。

围绕创新平台健全体系，科技条件能力继续提升 一是依托中国林科院与东北林业大学共同建设的"林木遗传育种国家重点实验室"获得了科技部正式批复，进入筹建阶段，实现了林业系统国家重点实验室零的突破。二是制定了加快生态站网建设的最新建设方案，30个新建站点的建设论证咨询工作全面完成，林业生态站建设被国家发改委列入重点建设内容，已建站点条件能力建设有望取得突破进展，建站点总数达100个，力争在3~5年基本完成生态站网站点布局和基本建设。三是积极推进永久性国家林业综合实验基地建设，在山东冠县建立了"北方平原林业创新与良种示范基地"、在福建三明市建立了南方综合实践基地。四是加强基层推广体系建设，积极参与《农业技术推广法》修订工作，为林业技术推广工作和推广体系建设提供法律保障。五是林业科技产业创新孵化平台建设逐步规范，发布了《国家林业工程（技术）研究中心认定办法》，批复江西成立了樟树工程技术研究中心，完成了生物防治、杨树等5个局级林业工程技术（研究）中心的评审工作；批复湖北五峰建立了林业生物产业基地。六是新成立了木质林产品、林化产品、林木种苗3个局级林产品质检中心。

围绕国内需求和国际热点加强合作，国际交流稳步推进 一是围绕林业发展主题与多个国际组织和国家开展多边、双边科技交流合作与互访，积极推动国际竹藤组织、中美中国园项目等顺利开展。二是通过实施948计划，先后与25个国家开展了300人次的合作交流，引进了美国红枫、檀香紫檀等林木种质资源新品种（系）近100个，丰富和充实了中国战略基因资源；引进了小分子RNA分离、实木优选在线检测与控制等先进高端技术40项，进一步提升了中国林业生物工程和产业加工利用水平；引进了木质天然纤维增强复合材料制造设备等当前国际前沿技术10项，加强相关领域技术的储备，直接带动和提高了中国相关领域的科研水平，实现了部分与国际接轨和同步。三是中国－全球环境基金（GEF）干旱生态系统土地退化伙伴关系框架下的“土地退化防治管理与政策支持”项目全面推进，有效地将综合生态系统管理（IEM）理念融入了各项目省级“十二五”规划和部门发展规划，基于气候变化背景开展的碳汇、成本效益分析、生态补偿等土地可持续管理创新活动取得了阶段性进展，建立了土地退化监测评价指标体系，进一步加强了与伙伴关系下其他项目、ADB、GEF、FAO等国际组织的沟通协调，显著扩大了项目国际影响和发展空间，GEF第5增资期项目争取工作进展顺利。

围绕林业相关业务加强协调配合，服务林业发展成效显著 一是召开局专家咨询委员会、科技委论证会，组织高层院士专家对林业改革发展与绿色经济、林权制度改革、林业碳汇与应对气候变化、森林经营等重大问题开展咨询论证，积极为党组决策提供科技咨询服务。二是围绕油茶、核桃等木本粮油的发展，组织开展了高产良种、丰产栽培技术创新，建立了全面的产业升级科技支撑体系，培育出经国家审定的高产油茶新品种45个，单产增加10倍以上，累计推广面积超过40万公顷，组织开展了油茶工作督查，举办了全国核桃科技推广工作研讨会，协助局油茶办组织召开了油茶现场会。三是配合全国人大农委、中农办开展了农业推广法后评估及执法检查，全国基层林业科技推广体系建设和林产品质量安全监管调研，为领导决策、政策制定提供科学依据；配合国家林业局造林司、林改司、天保办，开展了全国春季造林、天然林资源保护工程检查以及全国集体林权制度改革督导工作。

围绕林业科技绩效强化管理，科技管理水平显著提升 针对林业科技项目特点，为确保项目资金运行安全高效，采取多种措施加强管理。一是按照落实国家科技计划和经费管理改革要求编制好项目预算，建立预算执行评估与进度通报制度，提高预算执行能力。二是立足林业科研项目特点创新项目管理方式，及时签订项目合同，委托二级管理机构对研究领域相近、区域相对集中的项目进行集中会审，提高工作效率，促进项目交流和成果集成。三是召开项目管理培训会议，采取以会代训的方式，对相关负责人进行集中管理培训，加强对项目执行全过程的指导、监督、检查。四是开展中央财政林业科技项目绩效评价试点，健全各项管理制度，规范资金管理，督促项目执行，保障项目顺利实施。五是加强科技宣传，编发《林业科技动态》，举办科技活动周等科普活动，促进信息交流，提高科技显示度。

这些成绩的取得，得益于局党组的正确领导和局领导对科技工作的高度重视，得益于班子和全体同志的共同努力，得益于中央有关部门和局内各司局和各单位的大力支持配合，得益于各级林业科技工作者团结协作和勤奋工作。同时，我们也清楚地看到，当前林业科技工作还存在着一些不足。归纳起来，突出表现在三个方面：一是科技创新条件能力亟待加强。重点实验室、林业生态站、基层科技推广站、林产品质检机构等长期投入不足、欠账较多，新兴学科、边缘学科的人才和行业科技领军人物缺乏。二是林业自主创新能力亟待提升。基础研究比较薄弱，原始创新动力不足；前沿高新技术研究发展缓慢，产业带动作用还不显著；森林经营、灾害防控、困难立地造林等生态建设技术储备不足，创新水平不高。三是科技体制机制亟待进一步改善。科技资源配置不尽合理，共享机制尚未形成，科技与生产结合不够紧密，林业科技成果转化率和科技贡献率还较低，有利于激励科技人员创新、创业的体制机制尚不健全。

2012年林业科技工作的总体思路是：以邓小平理论和“三个代表”重要思想为指导，坚持科学发展观，深入贯彻落实中央经济工作会议、中央农村工作会议和全国科技工作会议精神，紧紧围绕科技兴林富民这一个宗旨，始终坚持“外拓空间”和“内强管理”两条原则，着力加强科技创新、成果转化、标准质量和条件能力建设四项任务，充分发挥科技的支撑、引领、带动、突破、示范和服务六大作用，显著提高科技对林业发展的贡献。

（科技司综合处）

林业科学研究

【国家科技支撑计划项目】 启动实施“十二五”首批林业项目。2011年8月，国家林业局科技司统筹林业科研单位优势力量，对“逆境生态林树木种质优选与示范”等7个前期已入库项目（课题级）进行了重新组装，启动实施了“林业生态科技工程”项目，国拨经费4278万元。

第二批项目立项取得新突破 根据“十二五”国家科技计划改革的最新动向和思路，2011年9月国家林业局科技司对入库林业项目进行了科学的组装和设计，组织编写了“主要林木花卉新品种选育与扩繁”等14个项目建议，其中“主要林木花卉新品种选育与扩繁”、“竹藤资源培育与高附加值加工利用技术研究”、“森林可持续经营关键技术研究与示范”、“荒漠化综合治理与修复技术研究与示范”、“商品林定向生产关键技术研究与示范”和“生物质低能耗固体成型燃料装备研发与应用”6个项目已于2011年12月通过专家论证，进入启动实施阶段。同时，经科技部同意，科技司采取定向征集的方式补充申报了一批备选项目，进一步扩大了林业项目在国家项目中的范围和份额。

在研项目进展顺利 “油茶产业升级关键技术研究与示范”项目经过近三年的攻关，攻克了一系列关键性、制约性技术难题。采用良种良法种植，油茶林年均亩产值增收达千元以上；应用新的加工利用技术，产品附加值增加1倍以上，总体上实现了中国油茶良种的升级换代，解决了良种苗木规模化生产的技术瓶颈，改变了中国油茶低产低效、资源综合利用率低、产品附加值低的现状。“高效防灾减灾沿海防护林体系构建优化技术研究与示范”项目，选育出166种高抗优质植物材料，提出沿海防护林困难立地恢复技术5种，高效防护林优化模式14个，营建技术示范区48个，示范面积400公顷，基本形成了多层次多林种相互衔接、多功能多效益复合经营的防护林建设技术体系。（科技司计划处）

【国家林业公益性行业科研专项】

资源争取稳中有升 2011年，经专家评审、报送项目建议等程序，国家林业局推荐的93个项目获得财政部、科技部正式批准立项，批复经费总预算18 552万元。这批项目主要结合林业的重点需求，围绕攻克重大共性关键技术，培育战略性新兴产业的创新技术，满足区域性、培育性、实用性、带动性地方林业发展需求，解决生态建设关键技术瓶颈，支撑产业结构调整与升级，开展林业理论与前沿技术研究以及实用技术开发等方面开展相关研究。

在研项目成效显著 2011年度到期的59项行业专项项目已通过验收，认定成果46项。围绕产业科技、生态科技、民生科技、履约科技等关键领域，取得了一大批具有自主知识产权及重要影响力的科技成果，部分成果达到国际水平。在森林培育与保护研究方面，在国际上率先研制了山茶花新品种特异性、一致性和稳定性（DUS）测试技术；在林业产业技术方面，攻克了木基复合材料无烟不燃关键技术国际性难题，研发的特种木基复合材料在800℃高温火焰灼烧5小时后能够无烟不燃，显著提高木材产品抵御火灾性能，市场开发应用前景广阔。在良种选育、木竹及林化深加工技术、生物基材料、生物质能源转化等方面，取得丰硕成果，建成多条生产线，有效促进了战略性新兴产业培育。森林和林业活动碳计量相关方法学研究，建立了符合国际规范的国家碳计量体系，提高中国林业的履约能力。“我国典型森林类型健康经营关键技术研究”重大项目，研制了森林资源综合监测集成系列标准，实现了森林资源监测技术和系统的高效集成。

2011年度国家林业公益性行业科研专项项目一览表

序号	项目编号	项目名称
1	201004074	寒温带湿地景观格局与湿地保护恢复模式研究
2	201004075	功能微生物在低碳林业中的应用研究
3	201004077	华山松大小蠹生态调控关键技术与示范
4	201004078	湖泊湿地植被恢复与重建的关键技术研究
5	201004079	大兴安岭药用真菌、黄芪栽培及利用技术研究
6	201004080	国兰新品种培育与产业化生产关键技术研究
7	201004081	山杏加工利用产业链技术体系研发
8	201004092	毛竹秋冬季出笋高效培育关键技术研究
9	201004093	北方核桃早丰品种选育、栽培技术研究
10	201004094	野生动植物及产品侦测鉴定技术研究
11	201004095	濒危珍稀木本花卉天女木兰保育及应用技术研究
12	201104001	重要珍贵阔叶用材树种培育与利用技术研究
13	201104002	生境胁迫立地植被恢复与重建技术研究
14	201104003	桉树生态经营及产业升级关键技术研究
15	201104004	木质纤维化学材料及功能化技术
16	201104005	典型森林植被对水资源形成过程的调控研究
17	201104006	森林增汇技术、碳计量与碳贸易市场机制研究
18	201104007	森林营建与利用的高效低耗现代技术装备研发
19	201104008	典型森林土壤碳储量分布格局及变化规律研究
20	201104009	森林生态系统碳、氮、水耦合观测、模拟与应用技术研究
21	201104010	马尾松纸浆材高世代育种和良种快繁技术研究
22	201104012	太行山区主要珍贵用材树种种质资源保育利用研究
23	201104013	饲料型刺槐多倍体品种选育及产业化关键技术研究
24	201104014	国外松高世代良种培育关键技术研究
25	201104015	松节油合成功能性化学品关键技术研究
26	201104016	湘鄂石漠化地区常绿阔叶林恢复研究
27	201104017	枣树重大病虫害防治及优质商品枣安全生产技术研究
28	201104018	刺槐无性系丰产林集约经营配套技术研究
29	201104019	黑荆树原花色素高效利用及树种优培技术研究
30	201104020	脂用马尾松和湿地松育种体系营建技术研究
31	201104021	退耕竹林水土保持功能高效经营技术研究
32	201104022	油松高世代育种关键技术研究
33	201104023	金银花、厚朴优良新品种创制及利用技术研究
34	201104024	种子超干及包覆技术在沙区生态修复中的应用研究

（续）

序号	项目编号	项目名称
35	201104025	板栗加工型品种选育及栽培关键技术研究
36	201104026	川西山地退化风景林生态恢复关键技术研究
37	201104027	落叶松培育与高附加值集成材产业升级关键技术研究
38	201104028	林分结构与生长模拟技术研究
39	201104029	严格自然保护区保护成效评价与适宜规模研究
40	201104031	松香深加工利用新技术研究
41	201104032	水载型复合有机木材防腐剂的研究与开发
42	201104033	南岭山地水松等珍稀树种濒危机制及其保育技术研究
43	201104034	干热河谷木棉纤维人工林培育关键技术研究
44	201104035	城市森林保健功能监测方法与评价体系研究
45	201104036	河西荒漠区沙地云杉引种繁育及造林技术研究
46	201104037	基于物联网的监测技术及其在林业上的应用研究
47	201104038	粤东沿海前沿困难地带营造防护林关键技术研究
48	201104039	北方主要林木品种指纹库构建及分子鉴定技术研究
49	201104040	吉林省西部新开水田防护林建设关键技术研究
50	201104041	西部生态经济型灌木树种栽培及开发利用技术研究
51	201104042	杉木高强度、高稳定性建筑用功能结构材的研发
52	201104043	西南山地林下经济体系构建关键技术研究
53	201104044	樟树加工剩余物高效利用技术研究
54	201104045	干旱区城市森林质量评估及空间配置技术研究
55	201104046	橡胶籽高值化综合利用技术的开发
56	201104047	山茱萸种质资源评价与早实优质新品种选育
57	201104048	珍稀野生食用真菌原生态栽培关键技术研究
58	201104049	高效农桐、农枣复合生态系统构建技术研究
59	201104050	圈养大熊猫野化培训与放归研究
60	201104051	森林公园景观质量提升及资源保护关键技术研究
61	201104052	红壤丘陵区经济林生态经营关键技术研究
62	201104053	秃杉大径材人工培育的关键技术研究

（续）

序号	项目编号	项目名称
63	201104054	欧美杨溃疡病发病规律及综合防治技术研究
64	201104055	长三角水源区面源污染林业生态修复技术研究
65	201104056	杉木第三代种子园营建和优良无性系组培技术研究
66	201104057	热带雨林生物多样性维持与自然恢复策略研究
67	201104058	红心杉高世代育种群体建立及心材形成机理研究
68	201104060	西南桦、光皮桦优良无性系育林技术研究
69	201104061	臭柏固沙、碳汇林建设关键技术及后续产业开发
70	201104063	东北虎种群及栖息地保护恢复技术研究
71	201104064	落叶松结构材应力分等技术装备研究与开发
72	201104065	洞庭湖木本沼泽湿地功能规律及恢复关键技术研究
73	201104066	黄檗高效资源培育与活性成分提取技术研究
74	201104068	黄淮海平原生态经济型防护林持续经营技术研究
75	201104069	利用林下有毒植物和病原微生物开发可降解生物农药技术研究
76	201104070	长白山区天然林资源恢复及珍稀树种保护技术研究
77	201104071	高酸海棠品种（系）的选育及丰产栽培技术研究
78	201104072	红树林湿地动态监测与健康评价技术研究
79	201104073	金丝猴生境适宜性评价与遗传管理对策研究
80	201104074	长柄扁桃优良品种选育及丰产栽培技术研究
81	201104075	提高城市森林固碳能力的关键技术研究
82	201104076	西南山地乡土杨树资源及利用研究
83	201104077	荒漠生态系统对全球变化的响应与适应对策
84	201104081	红花荷新品系选育及产业关键技术研究
85	201104086	森林火灾案件侦查关键技术研究
86	201104088	城市湿地生态系统健康评价与恢复技术研究
87	201104090	南方林果自然环境采摘机器人关键技术研究
88	201104091	抗旱耐盐碱新树种繁育及盐碱地造林技术研究
89	201104100	果用无患子良种选育及高效栽培技术研究
90	201104101	兴安落叶松与华北落叶松速生丰产栽培技术研究
91	201104104	冀北防风固沙林优化经营调控技术研究

（续）

序号	项目编号	项目名称
92	201104106	枣树杂交新品种培育（快繁）及配套栽培技术研究
93	201104109	四川地震灾区灾后植被恢复及可持续发展关键技术研究与示范

2011 年度国家林业公益性行业科研专项验收项目认定成果一览表

序号	成果名称
1	森林雷击火监测预警与火险预报关键技术
2	机载激光雷达单木树高估测技术
3	基于高空间分辨率影像的小班区划技术
4	油桐尺蠖病毒杀虫剂生产与应用技术
5	中国松材线虫疫区病原种群分化及疫源追溯技术
6	昆虫细胞系建立及细胞系库管理技术
7	气候变化对林业生物灾害影响及适应对策研究
8	以水分生产函数为基础的人工林密度调控技术
9	利用废弃盐碱湖水规模养殖螺旋藻及其应用技术
10	南方集体林区天然阔叶用材林可持续经营技术
11	河套灌区盐碱宜林荒地植被快速恢复关键技术研究
12	南方人工林退化生态系统植被恢复技术
13	石漠化山地植被恢复技术
14	西藏园林植物资源数据库检索系统
15	青藏高原高寒沙区沙化草地治理与植被恢复技术
16	有害生物测报 GIS 平台
17	翠柏繁殖栽培与天然林保育技术
18	茶花新品种选育及扩繁技术
19	京香 1 号、薄壳早、维 2 号等核桃良种适生区及其配套栽培技术
20	核桃优良品种大方块芽接壮苗繁育技术
21	厚朴优良种源筛选及区划
22	西北特色灌木资源收集保存与开发利用技术
23	塔拉高效栽培技术
24	油茶杂交种子园营建与高产培育关键技术研究与示范
25	思茅松工业原料林集约化培育技术
26	旱冬瓜良种选育及人工林集约化培育技术
27	油橄榄品种选择和丰产栽培技术
28	麻栎炭用林定向培育技术
29	油茶主要栽培品种分子鉴定技术
30	南洋楹优良家系选择与优树嫁接技术
31	草坪草自动调控精准灌溉技术
32	生物质能源树种乌桕新品种选育技术
33	含氟松香酰胺诱食剂
34	松香或松香衍生物甲基烯丙基酯合制备和应用技术
35	生物质液化油制备和精炼技术
36	木质材料防腐及超疏水改性技术
37	生物质醇解液化制备液体燃料油和高值化学品
38	食用菌农药残留检测及安全性评估技术
39	林业科技文献信息支撑系统研建与应用
40	节能隔声型预制木结构外墙制造技术
41	有机油茶生产关键技术集成示范
42	锥栗新类型选择与高产栽培技术
43	枫香树脂采集技术及方法
44	风送高射程低污染人工林病虫害防治施药机
45	木材加工与人造板行业信息平台网
46	植物源灭鼠剂及野外害鼠智能捕捉监测仪

（科技司计划处）

【引进国际先进林业科学技术计划项目（948 项目）】 2011 年度批准新立项 948 项目 81 项，年度经费 4200 万元。主要围绕林业良种培育、林业产业发展、生态建设与保护、国际前沿新技术等领域开展先进技术引进、创新与示范。2011 年度到期的 81 项 948 项目通过验收，认定成果 57 项。

通过实施 948 计划，2011 年先后与 25 个国家开展了 300 人次的合作交流，引进了一大批林木基因资源和先进技术，通过消化吸收再创新获得了一批具有自主知识产权的新技术。一是引进了美国红枫、美洲椋木、檀香紫檀等林木种质资源新品种（系）近 100 个，丰富和充实了中国战略基因资源。二是引进了小分子 RNA 分离、实木优选在线检测与控制等先进高端技术 40 项，进一步提升了中国林业生物工程和产业加工利用水平。三是引进了木质天然纤维增强复合材料制备等当前国际前沿技术 10 项，加强相关领域技术的储备，直接带动和提高了中国相关领域的科研水平，实现了部分与国际接轨和同步。

2011 年度 948 项目一览表

序号	项目编号	项目名称
1	2011－4－01	大功率超声波植物提取技术引进
2	2011－4－02	林木采育装备用林木自动测量技术引进
3	2011－4－03	紫杉醇原料林枝叶采收及干燥技术引进
4	2011－4－04	实木优选在线检测与控制关键技术引进
5	2011－4－05	纳米乳化型木材防水剂制备及应用技术引进
6	2011－4－06	亚纳米木粉干法粉碎装备关键制造工艺与技术引进
7	2011－4－07	木材液化产物化学合成再生纤维关键技术引进
8	2011－4－08	电阻抗快速测定树木抗寒性技术引进
9	2011－4－09	竹材加工剩余物高品质羧甲基纤维素制造技术引进
10	2011－4－10	大型自装卸移动式林业剩余物削片装备技术引进
11	2011－4－11	木质天然纤维增强复合材料关键技术引进
12	2011－4－12	速生木材热压－高温热处理关键技术引进
13	2011－4－13	木质纤维生物炼制丁醇汽油及乳酸生物塑料技术引进

（续）

序号	项目编号	项目名称
14	2011－4－14	木结构梁柱加工设备关键技术引进
15	2011－4－15	林果及林药等林产品残留农药降解剂制备及施用关键技术引进
16	2011－4－16	抗肿瘤药物 CZ112 制备技术引进
17	2011－4－17	山苍子油合成鸢尾酮等高级香料关键技术引进
18	2011－4－18	计算机断层扫描检测木材特性技术引进
19	2011－4－19	木材压缩预处理关键技术引进
20	2011－4－20	高性能 MUF 共缩聚树脂木材胶黏剂制备技术引进
21	2011－4－21	蓝莓自动采摘关键技术引进
22	2011－4－22	环保型无胶刨花板制造工艺与技术引进
23	2011－4－23	便携式活立木弹性模量分等装置技术引进
24	2011－4－24	耐干旱优良地被植物品种爬地柏及繁育技术引进
25	2011－4－25	美国红枫抗逆性优良种质资源及快繁技术引进
26	2011－4－26	北方冬季宿果类观赏树木种质资源及培育技术引进
27	2011－4－27	生态经济型优良白刺遗传资源及其繁育技术引进
28	2011－4－28	美国竹柳及高效定向培育技术引进
29	2011－4－29	珍贵药用植物锯叶棕及栽培技术引进
30	2011－4－30	美洲椧木优良种质资源及培育技术引进
31	2011－4－31	薄壳山核桃优质良种杂交配置技术引进
32	2011－4－32	红木珍贵树种檀香紫檀优良种源及培育技术引进
33	2011－4－33	日本花柏优良种质及生态栽培技术引进
34	2011－4－34	南亚松优良种质资源及培育技术引进
35	2011－4－35	国外优良黄连木种质资源及栽培技术引进
36	2011－4－36	新优木本花卉洵金彩梅及其培育技术引进
37	2011－4－37	富含亚麻酸仁用杏新品种及培育技术引进
38	2011－4－38	荷兰核桃良种及其培育技术引进
39	2011－4－39	美国野生枸杞种质资源及培育利用技术引进
40	2011－4－40	拔克西木属高效防护与鲜切花树种及培育技术引进
41	2011－4－41	日本雪椿品种种质资源及培育技术引进
42	2011－4－42	豆梨优良品种及选育技术引进
43	2011－4－43	伯尔硬胡桃优质资源及培育技术引进
44	2011－4－44	观赏欧洲鹅耳枥优良种质资源与园艺栽培技术引进
45	2011－4－45	无籽果实应用技术引进
46	2011－4－46	猕猴桃新品种及栽培技术引进
47	2011－4－47	日本无籽梨新品种及优质无公害栽培技术引进

（续）

序号	项目编号	项目名称
48	2011－4－48	优良棕榈藤种质资源及培育技术引进
49	2011－4－49	竹类植物种质创新关键技术引进
50	2011－4－50	转基因植物外源基因高效特异删除技术引进
51	2011－4－51	土壤微生物测序及群落结构分析技术引进
52	2011－4－52	葡萄抗根瘤蚜砧木多抗聚合育种技术引进
53	2011－4－53	蝴蝶兰基因组测序技术引进
54	2011－4－54	千年种子库林木种质资源设施保存核心技术引进
55	2011－4－55	小分子 RNA 分离技术引进
56	2011－4－56	沙地节水造林综合配套技术引进
57	2011－4－57	森林火灾燃烧蔓延计算与模拟技术（Prometheus）引进
58	2011－4－58	苗木培育精准施肥关键技术引进
59	2011－4－59	桉树人工林长期生产力维持技术引进
60	2011－4－60	灌溉用高矿化度地下水磁化脱盐技术引进
61	2011－4－61	墨天牛性信息素合成与应用技术引进
62	2011－4－62	热区主要造林树种无土育苗技术引进
63	2011－4－63	林用高效有机－无机复合肥生产工艺及施用技术引进
64	2011－4－64	PGPR 微胶囊对林药连作障碍生物修复技术引进
65	2011－4－65	新型氧肥制造与施用技术引进
66	2011－4－66	云杉八齿小蠹信息素应用及监测关键技术引进
67	2011－4－67	原野机器人苗木远程监测分析技术引进
68	2011－4－68	便携式多级森林消防泵技术引进
69	2011－4－69	抗病松树（二针松类）组织培养规模化繁殖技术引进
70	2011－4－70	蓝莓种质资源及经营技术引进
71	2011－4－71	园林废弃物制造栽培基质技术引进
72	2011－4－72	泥碳藓种植与泥炭开采迹地恢复技术引进
73	2011－4－73	权衡多重生态系统服务、保护与发展的决策支持系统（InVEST）引进
74	2011－4－74	宜林废弃矿区植被恢复技术引进
75	2011－4－75	废弃金属矿山土地综合治理与植被恢复技术引进
76	2011－4－76	流域森林水文动态模拟与可视化技术引进
77	2011－4－77	森林－砂防工程治山技术体系引进
78	2011－4－78	中国干旱区生态系统碳储量估算技术合作研究
79	2011－4－79	林业产品的碳足迹评估及其系统优化关键技术引进
80	2011－4－80	森林生态系统碳循环遥感模型技术引进
81	2011－4－81	城市污泥用于矿山废弃地植被恢复技术引进

2011 年度 948 验收项目认定成果一览表

序号	成果名称
1	FSY－30 型林木枝丫粉碎机制造技术
2	桉树能源林高产栽培技术
3	薄板木质材料力学性能快速检测仪
4	常规木材干燥节能技术集成
5	储藏果品臭氧去感染技术
6	帝王花等新型木本切花生产技术
7	东方百合大周径组培种球产业化生产技术
8	多功能林经营与调控关键技术研究
9	防护林无线传感生态监测系统 V1．0
10	防治沙棘木蠹蛾多组分微胶囊技术引进
11	风信子鳞片扦插繁殖技术
12	高效分离黄酮的分子印迹/膜分离耦合技术
13	高效环保型土壤改良剂
14	高效环保型土壤改良剂生产工艺
15	河湖湿地生态护岸技术成果
16	河溪植被缓冲带恢复综合技术引进
17	核果类砧木良种及快繁技术
18	核桃丰产园 NPK 施肥技术
19	花旗松与落叶松体细胞胚专用生物反应器产业化繁殖技术
20	基于 CFFE－FVS 软件的森林碳储量监测系统
21	基于菌根培育和土壤改良耦合作用的生态脆弱区植被恢复技术
22	蓝莓花色苷提纯技术
23	两步法半干苹果酒酿制技术
24	林木抗逆功能基因组研究平台技术
25	美国白蜡抗逆性良种选育及盐碱地土壤改良技术
26	木材剩余物溶液化产物制备碳纤维技术
27	南方红壤重金属污染区森林植物组合修复技术
28	欧洲花楸育苗技术
29	漂白紫胶微波—真空干燥技术
30	苹果、桃、枣等疏花疏果技术
31	破坏山体植被恢复长期维持综合配套技术
32	热带森林涡度协方差数据处理技术程序及通量监测规程
33	人造板胶黏剂现场固化介电监测技术
34	森林火灾生态环境监测分析系统及应用技术
35	森林经营单位水平森林调查新技术
36	森林经营过程可视化模拟技术
37	沙地疏林草地植被恢复技术
38	杉木、桉树人工林土壤质量评价及地力维护
39	杉木人工林碳汇功能提升技术
40	蛇皮果良种及配套栽培技术
41	深耕免灌植被恢复技术及配套机械
42	生物活性固沙剂及治沙技术
43	食药用菌 β-葡聚糖生物酶法提取与检测技术
44	城市河流生态系统的生物工程修复技术
45	树木动态可视化关键技术
46	小叶龙竹和马来甜龙竹组织培养快速繁殖和转化体系
47	新型纳米纤维素复合膜材料
48	用霜冻气候室测定桉树耐寒性技术
49	云南木蠹象诱捕技术
50	云杉体细胞胚胎发生技术
51	植被恢复用可降解植生带卷材制造技术
52	重齿小蠹聚集信息素应用技术
53	竹林金针虫监测及综合治理技术
54	竹子重要性状的基因工程技术与分子辅助育种技术体系
55	竹子重要性状功能基因的筛选、克隆、转化和分子育种技术体系
56	蠋蝽半人工饲料及包装技术
57	阻燃型松香聚酯多元醇的制备技术

（科技司计划处）

【科技基础性工作专项】 “林产化工标准样品研制与体系构建”项目顺利通过验收，初步建立起林化行业标准样品的框架体系和多功能研制平台，编制了一批标准样品应用技术规范，为制定相关的国家及行业标准、产品质量检测及树种鉴别等提供了标准样品及参照物质基础。开发的马尾松松节油等 11 项标准样品通过了全国标准样品技术委员会评审，实现了中国林化标准样品研制与应用方面的重大突破。（科技司计划处）

【国家林业局重点科研计划项目】 2011 年新增国家林业局重点科研计划项目 5 项，总经费 214.5 万元。完成了 2011 年度到期局重点项目的验收工作，通过验收 18 项，认定成果 10 项。通过对抗寒紫斑牡丹、蓝靛果、寒温带黑木耳等经济林花卉良种开展区域化试验等研究，选育出一批适合当地发展的优良品种，并总结出了配套的培育技术。

2011 年度国家林业局重点科研项目一览表

序号	项目编号	项目名称
1	2011－01	山苍子种质资源收集评价与高产新品系选育区试
2	2011－02	热敏性林化产品低温喷雾干燥技术研究及装备开发
3	2011－03	榛子良种选育与栽培关键技术研究
4	2011－04	面向森林监测的无线传感网关键技术研究
5	2011－05	油茶炭疽病检测及生物防控技术研究

2011 年度国家林业局重点科研计划项目验收认定成果一览表

序号	成果名称
1	防治美国白蛾的植物源杀虫剂(苦参碱水剂)的开发与应用
2	寒温带黑木耳新品种选育及应用技术
3	蓝靛果良种选育及区域化试验
4	秦巴山区野生百合资源调查
5	青刺果优良种源选育及配套栽培技术
6	森林生态系统长期定位研究标准体系
7	喜树资源定向培育及其主要成分喜树碱利用技术
8	油楠实生苗培育技术
9	重大林业工程生态效益评价模型与评价技术
10	紫斑牡丹抗寒品种快速鉴定技术

(科技司计划处)

【陆地生态系统定位观测研究网络建设】 制定了生态站网建设新方案。起草了《关于加快国家林业局陆地生态系统定位研究站网建设的报告》,凝练出"十二五"总体思路,形成了生态站网建设新方案,力争"十二五"期间基本完成生态站网站点布局和基本建设。

生态站网建设发展迅速 2011 年,新建生态站 30 个,已建站点达 100 个,其中森林生态站 70 个、湿地生态站 18 个、荒漠生态站 12 个,落实生态站网基建经费 4000 万元。生态站网基础设施、观测水平、创新研究等取得长足发展,取得的关键技术、优化模式、标准规范、示范样板等系列成果,为中国森林保护、湿地恢复、荒漠化防治等重大工程提供了重要支撑。生态站网标准体系进一步完善,通过建章整制,森林站网基本形成了完善的标准体系,首次出台了国际上首个《森林生态系统长期定位观测方法》,是生态领域生态观测方法的唯一标准。 (科技司计划处)

林业科技成果

【成果统计与奖励】 完成了 2011 年度到期项目的验收工作,有 59 项林业公益性行业专项项目通过验收,认定成果 46 项;81 项 948 项目通过验收,认定成果 57 项;18 项局重点项目通过验收,认定成果 10 项。2011 年共登记林业科技成果 318 项,其中,软科学类 3 项,基础理论类 13 项,应用技术类 302 项。"森林计测信息化关键技术与应用"获国家技术发明二等奖,"南方砂梨种质创新及优质高效栽培关键技术"、"核桃增产潜势技术创新体系"、"防潮型刨花板研发及工业化生产技术"、"主要商品盆花新品种选育及产业化关键技术与应用"、"银杏等工业原料林树种资源高效利用技术体系创新集成及产业化"5 项获国家科技进步二等奖。

2010 年获国家科学技术奖励的林业项目

项目名称	主要完成单位	主要完成人	奖 种
森林计测信息化关键技术与应用	北京林业大学、哈尔滨师范大学、广州南方测绘仪器有限公司、北京市测绘设计研究院、北京农学院	冯仲科、臧淑英、马 超、杨伯钢、余新晓、姚 山	国家技术发明二等奖
南方砂梨种质创新及优质高效栽培关键技术	中南林业科技大学,浙江大学,湖北省农业科学院果树茶叶研究所,云南省农业科学院园艺作物研究所,株洲市地杰现代农业有限责任公司,云南红梨科技开发有限公司	谭晓风,周国英,滕元文,袁德义,胡红菊,舒 群,刘君昂,乌云塔娜,张 琳,曾艳玲	国家科技进步二等奖
核桃增产潜势技术创新体系	中国林业科学研究院林业研究所,河北农业大学,山西省林业科学研究院,北京市农林科学院,四川省林业科学研究院,云南省林业科学院,新疆林业科学院	裴 东,张志华,王 贵,郝艳宾,韩华柏,陆 斌,张俊佩,王 根宪,魏玉君,杨文忠	国家科技进步二等奖
防潮型刨花板研发及工业化生产技术	西南林业大学,昆明新飞林人造板有限公司,昆明人造板机器厂,昆明美林科技有限公司,河北金赛博板业有限公司,唐山福春林木业有限公司,中国林业科学研究院木材工业研究所	杜官本,张建军,储键基,李学新,廖兆明,李 宁,李 君,张国华,雷 洪,龙 玲	国家科技进步二等奖
主要商品盆花新品种选育及产业化关键技术与应用	北京林业大学,广东省农业科学院花卉研究所,南京农业大学,中国科学院昆明植物研究所,北京林福科源花卉有限公司,云南远益园林工程有限公司,丹东天赐花卉有限公司	张启翔,朱根发,陈发棣,张长芹,高亦珂,房伟民,吕复兵,孙 明,李奋勇,赵惠恩	国家科技进步二等奖
银杏等工业原料林树种资源高效利用技术体系创新集成及产业化	南京林业大学,中国林业科学研究院资源昆虫研究所,中国林业科学研究院经济林研究开发中心,扬子江药业集团有限公司,山东永春堂集团有限公司,江苏同源堂生物工程有限公司	曹福亮,段琼芬,李芳东,张往祥,杜红岩,郑 璐,赵林果,颜廷和,张燕平,俞建国	国家科技进步二等奖

(科技司综合处)

林业科技推广

【中央财政林业科技推广示范资金专项】 按照国家财政预算的有关要求，2011年中央财政林业科技推广示范资金3.0亿元，共支持282个项目。其中，由国家林业局负责组织的跨区域重点推广示范项目126项，资金1.44亿元，推广成果涉及油茶、核桃(含山核桃)、板栗(含锥栗)、油橄榄等木本粮油树种的丰产栽培及加工利用技术；松树、杉木等主要用材树种繁育及丰产栽培技术；森林经营技术及林业剩余物加工利用技术。省级林业主管部门会同财政部门负责组织的其他推广示范项目156项，资金1.56亿元，推广成果涉及困难立地造林生态环境建设技术、优良经济林(花卉)品种繁育及丰产栽培技术、林业生物质能源树种培育技术、森林资源培育技术、林特资源开发及高效利用技术、重大林业有害生物防治及森林防火等技术，共在全国31个省(市、区)实施。 (科技司推广处)

【林业科技成果国家级推广项目】 2011年林业科技成果国家级推广项目资金1435.5万元，共组织实施推广项目53项。项目主要涉及优良生态树种及生态环境建设技术、木本粮油等优良经济林(花卉)品种繁育及丰产栽培技术、森林抚育经营技术、林业生物质能源林种植技术、林特资源开发及高效利用技术、重大森林病虫害防治及森林防火等技术。

国家林业局2011年度林业科技成果国家级推广项目表

序号	项目名称	承担单位
1	珍贵用材树种楸树优良无性系示范推广	中国林科院林业研究所
2	基于环境与竹笋安全的笋用竹林生态经营技术示范推广	中国林科院亚热带林业研究所
3	南方红豆杉药用优良种质及高效培育技术示范推广	中国林科院亚热带林业研究所
4	甜柿茶叶混交高效栽培模式集成示范推广	中国林科院亚热带林业研究所
5	多用途马鹿花繁殖栽培与综合利用技术示范推广	中国林科院资源昆虫研究所
6	枣良种扩繁与培育技术示范推广	国家林业局泡桐研究开发中心
7	洋白蜡优良无性系示范推广	国家林业局南京森林公安高等专科学校
8	紫杉醇高效诱导、提取技术推广	东北林业大学
9	长春花活性物质高效利用生态工艺技术示范	东北林业大学
10	杨树专用高效复合肥及施用技术示范推广	南京林业大学
11	杉木高效利用关键技术示范推广	中南林业科技大学
12	滇杨优良无性系示范推广	西南林学院
13	优质大型丛生竹笋材兼用林集约经营及产业化关键技术示范推广	西南林学院
14	白蜡虫交替放养高效生产技术示范推广	中国林科院资源昆虫研究所
15	五倍子高产培育关键技术示范推广	中国林科院资源昆虫研究所
16	切花菊周年生产标准化集成配套技术示范推广	北京林业大学
17	北方耐寒花卉良种繁育及品种推广	东北林业大学
18	多用途珍贵青钱柳优良种源及其复合经营技术示范	南京林业大学
19	观果海棠优良品种示范推广	南京林业大学
20	油茶寒露籽杂交新品种及配套栽培技术示范推广	中南林业科技大学
21	大果高产油茶新品种示范推广	中南林业科技大学
22	薜荔新品系繁育与栽培技术示范推广	中南林业科技大学
23	黄土高原优质核桃丰产栽培配套技术示范推广	西北农林科技大学
24	凤县花椒规范化生产技术示范	西北农林科技大学
25	木瓜深加工系列产品技术示范推广	西北农林科技大学
26	优良沙旱生灌木栽培技术示范推广	中国林科院林业研究所
27	农牧交错区土地退化控制与修复技术示范推广	中国林科院林业研究所
28	抗旱节水型优灌木种源选育技术示范推广	中国林科院林业研究所
29	低效生态林阔叶化改造技术示范推广	中国林科院亚热带林业研究所
30	长白山次生林区生态采伐更新技术示范推广	北京林业大学
31	裸露坡面植被恢复综合技术示范推广	北京林业大学

（续）

序号	项目名称	承担单位
32	石油污染地林草间（混）种配套植被恢复技术示范推广	东北林业大学
33	耐盐树种扩繁及沿海防护林综合配套技术示范推广	南京林业大学
34	石质丘陵山地植被恢复技术示范推广	南京林业大学
35	干旱条件下木棉产业化栽培技术示范推广	西南林学院
36	黄土高原优良树种快速繁育技术示范推广	西北农林科技大学
37	毛乌素沙区优良沙生灌木林营造技术示范推广	西北农林科技大学
38	黄土高原坡地防护林优化模式及抗旱抚育技术示范推广	西北农林科技大学
39	阻燃实木复合地板生产技术	中国林科院木材工业研究所
40	高稳定松香季戊四醇酯的制备新工艺	中国林科院林产化学工业研究所
41	雷击火预警电场传感器产品中试	国家林业局哈尔滨林业机械研究所
42	侧柏重大蛀干类害虫植物源引诱剂防治技术示范推广	国家林业局森林病虫害防治总站
43	珍宝冲剂、软胶囊系列产品制备工艺产业化示范应用	大兴安岭富林山野珍品科技开发有限责任公司
44	森林生长收获预测及抚育决策管理技术示范推广	北京林业大学
45	森林蓄积量遥感估测技术示范推广	北京林业大学
46	都市森林景观三维可视化表达技术示范推广	北京林业大学
47	落叶松食叶害虫生物控制技术示范推广	东北林业大学
48	高效林用生物药剂的开发与示范	东北林业大学
49	年产5万立方米连续辊压薄型中、高密度板生产技术示范	东北林业大学
50	松萎蔫病病株早期诊断和防治新技术示范推广	南京林业大学
51	松材线虫检测鉴定技术示范推广	南京林业大学
52	无烟不燃门板墙体用木基复合材料制造关键技术应用示范	中南林业科技大学
53	松节油制备香料、医药中间体关键技术示范	中南林业科技大学

（科技司推广处）

【农业科技成果转化】 根据科技部办公厅、财政部办公厅《关于发布2011年度农业科技成果转化资金项目指南的通知》（国科办农〔2011〕10号）要求，国家林业局科技司及时下发了《国家林业局科技司关于申报2011年度农业科技成果转化资金项目的通知》（科推便字〔2011〕6号），积极组织开展了2011年度农转项目的申报、评审和推荐工作。经科技部、财政部批复立项17个项目，国拨项目总经费1020万元。这些项目实施区域主要是内蒙古、上海、江苏、浙江、安徽、福建、江西、河南、湖北、湖南、广东、四川、云南、青海等14个省（区、市）。

2011年度农业科技成果转化资金项目

序号	项目名称	承担单位
1	柚木优良无性系及组培微扦插移栽示范	中国林科院热带林业研究所
2	生态脆弱环境植被恢复与重建技术	中国林科院
3	木豆优良杂交品种制种生产及栽培示范	中国林科院资源昆虫研究所
4	檀香资源培育与利用技术集成与示范	中国林科院热带林业研究所
5	甜柿优质品种及亲和性砧木区试与示范	中国林科院亚热带林业研究所
6	保健型富硒雷竹笋安全高效培育技术转化	中国林科院亚热带林业研究所
7	桉树修枝技术示范	国家林业局桉树研究开发中心
8	高活性竹笋膳食纤维制备及其系列产品开发	国家林业局竹子研究开发中心
9	基于生态经营技术的毛竹林结构优化示范	国际竹藤网络中心
10	青藏高原干旱区优良抗逆灌木树种中试与示范	中国林科院林业研究所
11	沿海平原优新特色抗逆树种规模化繁育及应用示范	中国林科院亚热带林业研究所
12	杜仲雄花高效栽培及雄花茶中试与示范	国家林业局泡桐研究开发中心
13	亚热带典型人工林质量提升关键技术集中示范	中国林科院亚热带林业研究所
14	松香基季铵盐型双子表面活性剂产业化技术开发	中国林科院林产化学工业研究所
15	泡桐大径材速生丰产林培育专用肥施用技术转化与示范	国家林业局泡桐研究开发中心
16	相思根瘤菌肥料关键技术转化及产品示范	中国林科院热带林业研究所
17	桐油制备节能环氧沥青材料的研究与开发	中国林科院林产化工研究所南京科技开发总公司

（科技司推广处）

【国家林业局工程技术研究中心】 一是为规范林业工程(技术)研究中心的建设和管理，国家林业局于2011年12月印发了《国家林业局工程(技术)研究中心认定办法》(试行)(林科发〔2011〕290号)。二是完成了国家林业局樟树工程技术研究中心、生物防治工程技术研究中心的批复工作。 (科技司推广处)

【林业生物产业基地】 继续开展林业生物产业基地认定工作，组织专家对湖北五峰林业生物产业基地进行了实地考察，并于2011年12月批复"湖北五峰国家非木质林产品生物产业基地"。 (科技司推广处)

【继续推进科技特派员制度】 2011年6月在福建省福州市召开全国林业科技特派员科技创业行动工作座谈会，总结交流各地各单位开展科技特派员科技创业行动的成功经验和做法，安排部署了2011年林业科技特派员工作。各地根据科技部、国家林业局等8部委联合印发的《关于深入开展科技特派员农村创业行动的意见》精神，积极组织筛选、选派专业理论知识扎实、实践经验丰富，热心服务企业和"三农"工作的林业科技特派员2111名，深入生产第一线，跟林农一起创业，促进林业产业发展、企业增效提质、林农增收致富。 (科技司推广处)

【中央财政林业科技推广示范资金绩效评价工作】 为了规范和加强中央财政林业科技推广示范资金与项目管理，发挥财政资金使用效益，财政部、国家林业局联合下发了《财政部 国家林业局关于印发〈中央财政林业科技推广示范资金绩效评价暂行办法〉的通知》(财农〔2011〕3号)，并在全国对2010年立项的项目以及省级管理工作进行了绩效评价。 (科技司推广处)

【参与《农业技术推广法》修订工作】 2011年，科技司参加了农业部办公厅召开的《农业技术推广法(修订草案)》起草领导小组会议，全国人大农委法案室、国家发改委、财政部、人力资源和社会保障部、科技部、教育部、水利部、国家林业局、农业部等部委有关司局同志参加了会议，《农业技术推广法》修订工作正式启动。为了在修订《农业技术推广法》中充分反映林业技术推广的特点和需求，为林业技术推广工作和推广体系建设提供法律保障，2011年4月下发了《关于征求〈农业技术推广法〉修订意见的通知》，全面征集各省(区、市)、各有关单位的修订意见。根据林业科技推广工作现实需求，向有关部门提交了国家林业局关于《农业技术推广法》的修订意见。 (科技司推广处)

林业标准化工作

【2011年发布的林业国家标准和行业标准】 经国家林业局批准，2011年发布林业行业标准91项(参见本书第165页内容)。经国家质量监督检验检疫总局、中国国家标准化管理委员会批准，2011年发布林业国家标准36项。

2011年发布的林业国家标准目录

序号	标准编号	标准名称	代替标准号
1	GB 26509－2011	园林机械 以汽(柴)油机为动力的步进式草坪割草机 安全技术要求和试验方法	
2	GB 26508－2011	园林机械 坐骑式草坪割草机 安全技术要求和试验方法	
3	GB/T 26534－2011	山杏封沙育林技术规程	
4	GB/T 26535－2011	国家重要湿地确定指标	
5	GB/T 26536－2011	竹条	
6	GB/T 26908－2011	枣贮藏技术规程	
7	GB/T 26914－2011	棕榈藤名词术语	
8	GB/T 26903－2011	水源涵养林建设规范	
9	GB/T 26910－2011	植物新品种特异性、一致性、稳定性测试指南 柳属	
10	GB/T 26911－2011	植物新品种特异性、一致性、稳定性测试指南 山茶属	
11	GB/T 15775－2011	森林植物害虫分类与代码	
12	GB/T 26899－2011	结构用集成材	
13	GB/T 26909－2011	植物新品种特异性、一致性、稳定性测试指南 核桃属	
14	GB/T 26900－2011	空气净化用竹炭	
15	GB/T 26898－2011	大花惠兰盆花质量等级	
16	GB/T 26901－2011	李贮藏技术规程	

（续）

序号	标准编号	标准名称	代替标准号
17	GB/T 26904－2011	桃贮藏技术规程	
18	GB/T 26905－2011	杏贮藏技术规程	
19	GB/T 26906－2011	樱桃质量等级	
20	GB/T 26907－2011	油茶苗木质量分级	
21	GB/T 26913－2011	竹炭	
22	GB/T 18002－2011	中密度纤维板生产线验收通则	
23	GB/T 26912－2011	竹木复合地板生产线验收通则	
24	GB/T 26902－2011	热带、亚热带生态风景林建设技术规程	
25	GB/T 27650－2011	棕榈藤种实采收及处理技术规程	
26	GB/T 27647－2011	湿地生态风险评估技术规范	
27	GB/T 27648－2011	重要湿地监测指标体系	
28	GB/T 27649－2011	竹木复合层积地板	
29	GB/T 27646－2011	牡丹盆花	
30	GB/T 27651－2011	防腐木材的使用分类和要求	
31	GB/T 27654－2011	木材防腐剂	
32	GB/T 27655－2011	木材防腐剂性能评估的野外埋地试验方法	
33	GB/T 27656－2011	农作物支护用防腐小径木	
34	GB/T 27653－2011	防腐木材中季铵盐的分析方法 两相滴定法	
35	GB/T 27652－2011	防腐木材化学分析前的预处理方法	
36	GB/T 27645－2011	黄脊竹蝗防治技术规程	

（科技司标准处）

【2011年林业标准计划项目】 围绕服务林业生态建设、产业建设等林业中心工作，2011年的林业标准项目重点保障有利于促进森林可持续经营、湿地保护、荒漠化治理，提高林业产业的市场竞争力，推动科技进步和技术创新的项目。国家林业局批准了2011年林业行业标准制修订项目135项；经国家标准化管理委员会审查批准林业国家标准项目45项。

2011年度林业行业标准项目

序号	标准项目编号	标准项目名称
1	2011－LY－001	森林公园　术语
2	2011－LY－002	国有林场贫困认定标准
3	2011－LY－003	森林资源资产评估规范
4	2011－LY－004	长白山山地森林培育技术规程
5	2011－LY－005	小兴安岭山地森林培育技术规程
6	2011－LY－006	低产用材林改造技术规程
7	2011－LY－007	湿地资源调查规范　湿地野生动物
8	2011－LY－008	湿地资源调查规范　湿地野生植物
9	2011－LY－009	森林采伐更新调查设计规范
10	2011－LY－010	林业数表编制数据采集技术规程
11	2011－LY－011	一元材积表编制技术规程
12	2011－LY－012	林业档案分类与代码
13	2011－LY－013	中国森林认证　非木质林产品认证指南
14	2011－LY－014	中国森林认证　森林生态环境服务
15	2011－LY－015	中国森林认证　森林生态环境服务认证指南
16	2011－LY－016	中国森林认证　竹林认证指南
17	2011－LY－017	中国森林认证　森林经营单位操作指南
18	2011－LY－018	中国森林认证　加工企业操作指南
19	2011－LY－019	植物新品种特异性、一致性、稳定性测试指南　油桐属
20	2011－LY－020	植物新品种特异性、一致性、稳定性测试指南　榆属

（续）

序号	标准项目编号	标准项目名称
21	2011－LY－021	植物新品种特异性、一致性、稳定性测试指南　含笑属
22	2011－LY－022	植物新品种特异性、一致性、稳定性测试指南　桑属
23	2011－LY－023	植物新品种特异性、一致性、稳定性测试指南　杉木
24	2011－LY－024	速生丰产用材林检验方法
25	2011－LY－025	长白落叶松、兴安落叶松速生丰产林
26	2011－LY－026	水杉速生丰产用材林
27	2011－LY－027	森林火灾隐患评价标准
28	2011－LY－028	林业科普基地
29	2011－LY－029	灰斑古毒蛾防治技术规程
30	2011－LY－030	春尺蠖防治技术规程
31	2011－LY－031	美国白蛾防治技术规程
32	2011－LY－032	陆生野生动物疫源疫病监测技术规范
33	2011－LY－033	野生动物疫病危害性等级划分
34	2011－LY－034	青藏高原高寒荒漠(沙地)生态系统定位观测指标体系
35	2011－LY－035	沙漠(含戈壁、沙地)编目技术规范
36	2011－LY－036	石漠化治理监测与评价规范
37	2011－LY－037	软木复合板卷材
38	2011－LY－038	不饱和聚酯树脂装饰人造板
39	2011－LY－039	包装用木质人造板材
40	2011－LY－040	纺织用木质层压板
41	2011－LY－041	浮雕纤维板
42	2011－LY－042	结构用指接材
43	2011－LY－043	模压托盘
44	2011－LY－044	木材工业用豆基蛋白胶黏剂
45	2011－LY－045	木质层积塑料
46	2011－LY－046	人造板防霉性能评价
47	2011－LY－047	木蜡油
48	2011－LY－048	处理木材中有效药剂透入度的测定方法
49	2011－LY－049	结构用定向刨花板性能设计值确定
50	2011－LY－050	结构用规格材动态弹性模量应力波无损测试技术规程
51	2011－LY－051	木材及结构复合木材销钉类连接件连接试验方法
52	2011－LY－052	木材及制品耐干湿性能测定方法
53	2011－LY－053	枕材
54	2011－LY－054	小原条
55	2011－LY－055	乙酰化木材
56	2011－LY－056	森林生态系统生物多样性监测评估规范
57	2011－LY－057	α－蒎烯
58	2011－LY－058	β－蒎烯
59	2011－LY－059	电缆松香
60	2011－LY－060	黑荆树栲胶
61	2011－LY－061	精制浅色松香
62	2011－LY－062	净水载银活性炭
63	2011－LY－063	木焦油抗聚剂
64	2011－LY－064	木麻黄栲胶
65	2011－LY－065	软木纸
66	2011－LY－066	软木砖

（续）

序号	标准项目编号	标准项目名称
67	2011－LY－067	松焦油
68	2011－LY－068	松香改性酚醛树脂
69	2011－LY－069	紫胶虫种胶
70	2011－LY－070	紫胶原胶
71	2011－LY－071	薄壳山核桃育苗技术规程
72	2011－LY－072	长网成型机
73	2011－LY－073	成叠单板剪板机
74	2011－LY－074	电磁振动器
75	2011－LY－075	环式刨片机
76	2011－LY－076	间歇式木材真空干燥机
77	2011－LY－077	链式横截机
78	2011－LY－078	热磨机
79	2011－LY－079	热压机热压板技术条件
80	2011－LY－080	人造板机械精度检验通则
81	2011－LY－081	三层振动筛
82	2011－LY－082	筛环式打磨机
83	2011－LY－083	纤维板生产用镀锌钢丝垫网
84	2011－LY－084	采伐剩余物计量方法
85	2011－LY－085	国有重点林区伐区等级划分
86	2011－LY－086	林用架空索道　安全规程
87	2011－LY－087	林业架空索道设计规范
88	2011－LY－088	木材物流规划设计符号
89	2011－LY－089	森林工程 装备系统的森林生态系统作用效应审核导则 总纲
90	2011－LY－090	园林机械 以汽油机为动力的楔形劈木机
91	2011－LY－091	林业机械 苗床播种机
92	2011－LY－092	林业机械 以汽油机为动力的便携式树木打孔注药机
93	2011－LY－093	园林机械 杆式电动绿篱修剪机
94	2011－LY－094	园林机械 随进式草坪滚压机
95	2011－LY－095	植树机
96	2011－LY－096	大兴安岭山地森林培育技术规程
97	2011－LY－097	蓝莓生产技术规程
98	2011－LY－098	舞毒蛾防治技术规程
99	2011－LY－099	经济林木蜡封接穗技术规程
100	2011－LY－100	石蒜类植物栽培养护技术规程
101	2011－LY－101	燕山太行山地森林培育技术规程
102	2011－LY－102	南方红豆杉育苗技术
103	2011－LY－103	枳壳培育技术规程
104	2011－LY－104	三峡库区防护林健康评估规范
105	2011－LY－105	沉水樟育苗技术规程
106	2011－LY－106	樟树培育技术规程
107	2011－LY－107	金银花栽培技术规程
108	2011－LY－108	城市森林廊道规划与设计规范
109	2011－LY－109	鹅掌楸培育技术规程
110	2011－LY－110	陆生野生动物（两栖爬行类）饲养场通用技术条件
111	2011－LY－111	野生动物养殖从业人员技术要求
112	2011－LY－112	野生动物活体运输包装容器设计制作规范

（续）

序号	标准项目编号	标准项目名称
113	2011－LY－113	野生动物饲养技术规程 熊类
114	2011－LY－114	森林消防避火罩
115	2011－LY－115	林业企业能源计量器具管理规范
116	2011－LY－116	人造板热压机节能监测方法
117	2011－LY－117	自然保护区外来物种管理规范
118	2011－LY－118	自然保护区自然资源适应性经营方案编制导则
119	2011－LY－119	野生动物类型自然保护区最小面积确定技术规程
120	2011－LY－120	木材干燥设备节能监测方法
121	2011－LY－121	腊梅切花生产技术规程
122	2011－LY－122	切花芍药种苗生产技术规程和质量分级
123	2011－LY－123	花果兼用梅栽培技术规程
124	2011－LY－124	林用烟雾剂质量检测及施放技术要求
125	2011－LY－125	天竺桂培育技术规程
126	2011－LY－126	麻栎播种育苗技术规程
127	2011－LY－127	苗木质量监督抽查规则
128	2011－LY－128	悬铃木扦插繁殖技术
129	2011－LY－129	油茶扦插育苗技术规程
130	2011－LY－130	油茶容器育苗技术规程
131	2011－LY－131	主要针叶造林树种优树选择技术
132	2011－LY－132	主要针叶造林树种优树子代遗传测定技术
133	2011－LY－133	杜仲丰产技术规程
134	2011－LY－134	吴茱萸栽培技术规程
135	2011－LY－135	喜树栽培技术规程

2011 年度林业国家标准项目

序号	计划编号	项 目 名 称
1	20111703－T－432	红松松籽
2	20111704－T－432	木质活性炭试验方法甲苯吸附率的测定
3	20111705－T－432	木质活性炭试验方法甲醛吸附率的测定
4	20111706－T－432	杨树云斑天牛防治技术规范
5	20111707－T－432	自然保护区功能区划技术规程
6	20111708－Q－432	农林机械 便携式割灌机和割草机 安全要求和试验 第 2 部分：背负式动力机械
7	20111709－T－432	CCA 防腐木材的使用规范
8	20111710－T－432	户外连接件用木材防腐剂的野外试验评价方法
9	20111711－T－432	结构用竹集成材
10	20111712－T－432	木门分类和通用技术要求
11	20111713－T－432	木质材料和木结构连接极限状态设计标准抗力计算规范
12	20111714－T－432	木质结构材螺栓连接力学性能测试方法
13	20111715－T－432	木质门窗用材规范
14	20111716－T－432	轻型木结构设计值确定方法
15	20111717－T－432	无机水载型木材防腐剂固着时间的确定方法
16	20111718－T－432	中国陆地木材生物危害等级区域划分
17	20111719－T－432	结构用集成材生产技术规程
18	20111720－T－432	人造板及其制品中苯酚释放量测定——小型气候箱法
19	20111721－T－432	植物单根短纤维拉伸性能测试方法

（续）

序号	计划编号	项目名称
20	20112192－T－432	湿地松松脂
21	20112193－T－432	林业和园林机械　便携式动力机械振动测定规范 手把振动
22	20112194－Q－432	林业机械　杆式动力修枝锯安全要求和试验 第1部分：侧挂式杆式动力修枝锯
23	20112195－Q－432	林业机械　杆式动力修枝锯安全要求和试验 第2部分：背负式杆式动力修枝锯
24	20112196－Q－432	林业机械 便携式油锯 安全要求和试验 第1部分：林用油锯
25	20112197－T－432	林业及园林机械 便携式动力机械噪声测定规范 工程法(2级精度)
26	20112198－Q－432	农林机械　便携式割灌机和割草机　安全要求和试验　第1部分：侧挂式动力机械
27	20112199－T－432	锯切用原木
28	20112200－T－432	刨光材
29	20112201－T－432	刨切单板用原木
30	20112202－T－432	特级原木
31	20112203－T－432	旋切单板用原木
32	20112204－T－432	原木检验术语
33	20112205－T－432	原木批量检查抽样、判定方法
34	20112206－T－432	原木缺陷
35	20112207－T－432	造纸木片
36	20112208－T－432	主要商品木材树种代号
37	20112209－T－432	胶合板
38	20112210－T－432	浸渍胶膜纸饰面人造板
39	20112211－T－432	硬质纤维板　产品的标志、包装、运输和贮存
40	20112212－T－432	硬质纤维板　检验规则
41	20112213－T－432	硬质纤维板　密度的测定
42	20112214－T－432	硬质纤维板　含水率的测定
43	20112215－T－432	硬质纤维板　静曲强度的测定
44	20112216－T－432	硬质纤维板　吸收率的测定
45	20110915－T－432	栎木(橡木)实木地板

（科技司标准处）

【2011年全国林业标准化示范区项目】 围绕木本粮油作物发展，重点开展了油茶、核桃、竹子、银杏等木本粮油标准化生产示范区建设，新建了10个全国林业标准化示范区，推动标准实施示范，提高木本粮油发展水平，带动地方经济发展和农民增收。

2011年全国林业标准化示范区项目

序号	计划编号	示范区项目名称
1	2011－BZSFQ－001	全国杏扁生产标准化示范区
2	2011－BZSFQ－002	全国银杏栽培标准化示范区
3	2011－BZSFQ－003	全国雷竹栽培标准化示范区
4	2011－BZSFQ－004	全国南方红豆杉培育标准化示范区
5	2011－BZSFQ－005	全国油茶低产改造标准化示范区
6	2011－BZSFQ－006	全国青花椒生产标准化示范区
7	2011－BZSFQ－007	全国毛竹栽培标准化示范区
8	2011－BZSFQ－008	全国寿竹栽培标准化示范区
9	2011－BZSFQ－009	全国核桃生产标准化示范区
10	2011－BZSFQ－010	全国红枣栽培标准化示范区

（科技司标准处）

【全面开展林业标准化和林产品质量监管发展专题调研】 为全面了解和分析林产品质量安全监管和林业标准化工作，按照中央农村工作领导小组办公室就农业科技改革发展有关问题的部署和工作安排，国家林业局高度重视，精心组织，成立了林产品质量安全监管和林业标准化工作调研工作小组，制定了调研方案，开展了书面调研。在书面调研的基础上，组织了6个调研组，深入黑龙江、辽宁、河北、山东、浙江、湖南、广东、陕西和新疆等9个重点省区进行了专题调研，形成了调研报告，上报中央农村工作领导小组办公室。通过调研，我们总结了成绩，分析了经验，尤其是查找了问题，提出了对策。（科技司标准处）

【新批准成立4个国家林业局产品质量检验检测机构】 2011年，根据《行政许可法》和《国家林业局产品质量检验检测机构管理办法》的要求，按照行政许可审批有关规定，国家林业局批准成立了国家林业局林产化工产品质量检验检测中心(南京)、国家林业局林产品质量检验检测中心(徐州)、国家林业局林木种子质量检验中心(石家庄)、国家林业局花卉产品质量检验检测中心(上海)。国家林业局将逐步完善林业产品质量监督检验体系，促进林产品质量安全保障体系的建立，推动林业产业又好又快地发展。（科技司标准处）

【编制完成全国林产品质量检验检测机构建设规划(2011～2020)】 为适应国民经济发展需要，确保林产品安全、产业健康发展、市场有序竞争，急需加强全国林产品检验检测体系建设，编制完成了《全国林产品质量检验检测体系建设规划(2011 ~2020)》(简称《规划》)，并通过专家评审。《规划》明确了全国林产品质量检验检测体系建设的指导思想、基本原则和建设目标，对全国林产品质量检验检测体系建设进行了合理布局，强化了全国林产品质量检验检测机构的能力建设，提出了《规划》实施的保障措施。规划建设国家林业局产品质检中心共91个，省级综合性林产品质量检验检测中心31个。《规划》将成为未来几年内规范中国林产品质量检验检测体系建设的指导性文件。（科技司标准处）

【林业标准化项目绩效考核】 2011年，根据财政部和国家林业局对“林业标准化项目”进行绩效考核的要求，科技司配合计财司开展了2010年林业标准化项目的绩效考核，重点对安徽太湖县林业局承担的油茶标准化示范区项目、河北怀来县林业局承担的葡萄标准化示范区项目开展了专家现场考核，完成了林业标准化项目绩效评价工作。通过加强林业标准化项目实施的监督检查，提高了项目执行的进度和水平。（科技司标准处）

【林业标准培训工作】 2011年5月，国家林业局科技司在广西南宁举办了全国林业标准编写培训班。来自林业科研、教学、生产、管理等单位的200多人参加了培训。主要结合林业特点，针对林业系统的标准化现状，重点培训了《标准化工作导则　第1部分：标准的结构和编写》(GB/T1.1－2009)，同时介绍了林业标准体系情况，如何采用国际标准以及如何编写强制性标准等内容；并对标准项目管理和财政补助经费管理等内容进行了详细讲解。其目的在于进一步提高林业标准编写人员的标准化水平，提高标准的编写质量。

（科技司标准处）

【林产品质量检验检测高级研修班】 经申请人力资源和社会保障部批准，将林产品质量检验检测高级研修班纳入专业技术人才知识更新工程2011年高级研修项目计划。2011年12月国家林业局在浙江杭州举办了该高级研修班，培训时间为1周，邀请国家认证认可监督管理委员会、国家人造板及竹木质量监督检验中心、中国林科院木材工业研究所、国家林业局林产品质量检验检测中心(杭州)、农业部果品及种苗质量监督检验中心(北京)等单位的专家进行了林产品质检机构计量认证、管理体系、基本建设、检验工作等方面内容的专题培训。各质检机构负责人和技术专家60多人参加培训，考核合格学员将颁发《人力资源和社会保障部专业技术人才知识更新工程高级研修项目结业证书》，通过培训提高了质检人员的业务水平，为下一步做好林产品质量监管工作打下基础。（科技司标准处）

【林产品质量安全监测项目】 2011年，启动了林产品质量安全监测项目。组织开展了核桃、枣、板栗、油茶等食用林产品质量安全监测工作，据统计，板栗合格率为98.7%；核桃合格率为99.4%；枣合格率为99.3%；油茶产地环境合格率95%。经质检总局同意，重点对100家浸渍纸层压木质地板(强化木地板)企业进行了行业监督抽查，产品合格率为89%。（科技司标准处）

【林产品质检机构能力比对试验】 加强林产品质检机构检验检测能力建设。为提高国家林业局检验机构的检验水平，查找实验室间存在的差异，发现分析并解决问题，组织16家质检机构开展了甲醛释放量检测比对试验，14家检测数据满意，1家检测数据为可疑值，1家检测数据为离群值。（科技司标准处）

【全国林业标准化示范区建设现场经验交流会议】 2011年9月17日，科技司在河北沧州组织召开了全国林业标准化示范区建设现场经验交流会。会议总结汇编了40个标准化示范区典型经验材料，河北、浙江、贵州、湖南等省份分别介绍了各自在生态建设、林果生产、种苗培育等领域开展标准化示范区建设的经验，参会人员还实地参观了全国金丝小枣标准化示范区。国家林业局组织开展的两个林业标准化示范区和推荐的3名标准化示范区工作者获国家标准委“全国农业标准化优秀示范区”和“全国农业标准化示范区先进工作者”。标准化示范区建设推动了标准实施，促进了林业标准化生产。

（科技司标准处）

【国际标准化工作】 2011年，组团赴澳大利亚和乌克兰参加了国际标准化组织人造板(ISO/TC198)和木材(TC89)两个技术委员会全体成员国年会，积极参与相关国际标准研讨，提高了中国在国际标准化领域的影响力。（科技司标准处）

林业知识产权保护

【综　述】 2011 年全国林业系统深入贯彻落实《国家知识产权战略纲要》和《国家林业局关于贯彻实施〈国家知识产权战略纲要〉的指导意见》，在鼓励林业知识产权创造的同时，扎实推进转化运用和试点示范，取得了突破性进展。一年来，国家林业局切实推进林业知识产权创造、运用、保护和管理工作，大力开发和利用知识产权资源，加快林业发展方式转变，提高林业自主创新能力和核心竞争力，取得了显著成效。

林业知识产权专项研究　2011 年，组织开展了《木地板锁扣技术专利分析》、《林业科研教育机构专利分析》、《破解专利转化运用难题、推动林业产业转型升级》等专题研究工作。建立了木地板锁扣技术专题数据库，收集并加工整理了 1960 ~ 2010 年全球木地板锁扣技术专利，利用林业专利信息预警分析系统对锁扣技术专利进行了深入分析，撰写了《木地板锁扣技术专利分析报告》；收集 1985 ~ 2010 年已公开的林业院校和林业科研机构申请的专利，经过数据整理，建立了中国林业科研教育机构专利数据库，完成了《木地板锁扣技术专利分析报告》；加强专利转化运用研究，形成了《破解专利转化运用难题，推动林业产权转型升级》研究报告。

林业知识产权试点示范　为贯彻落实《国家知识产权战略纲要》和中央林业工作会议精神，全面提升林业知识产权创造、运用、保护和管理能力，增加林业知识产权保护与管理意识，自 2010 年首次启动第一批 26 家林业企事业知识产权试点单位之后，2011 年启动了第二批 29 家试点单位，制定完成了试点工作方案和实施计划。

第二批全国林业知识产权试点单位名单

（排名不分先后）

序号	单　位
1	中国林业科学研究院亚热带林业研究所
2	中国林业科学研究院林产化学工业研究所
3	山西省林业科学研究院
4	圣象集团有限公司
5	江苏德威木业有限公司
6	江苏洛基木业有限公司
7	浙江省林业科学研究院
8	浙江森禾种业股份有限公司
9	浙江大庄实业集团有限公司
10	浙江世友木业有限公司
11	浙江富得利木业有限公司
12	江西康替龙竹业有限公司
13	江西铜鼓江桥竹木业有限责任公司
14	山东省林业科学研究院
15	东营正和木业有限公司
16	河南省林业科学研究院
17	湖南康派木业有限公司
18	湖南福湘木业有限责任公司
19	广东盈然木业有限公司
20	广东省宜华木业股份有限公司
21	巴洛克木业(中山)有限公司
22	广西华峰林业股份有限公司
23	重庆星星套装门有限责任公司
24	贵州大自然科技有限公司
25	甘肃省林业科学研究院
26	黑龙江林副特产研究所
27	北京林业大学
28	南京林业大学
29	浙江农林大学

《林业知识产权“十二五”规划》编制　根据中央林业工作会议精神，以《国家知识产权战略纲要》、《林业发展“十二五”规划》、《林业科学和技术“十二五”发展规划》和《国家林业局贯彻实施〈国家知识产权战略纲要〉指导意见》为依据，国家林业局组织专家编制了《林业知识产权“十二五”发展规划》，经过多次专家咨询和讨论，对规划进行了反复修改和完善，于 2011 年年底完成编制工作。

林业知识产权保护宣传教育　在全国知识产权宣传周(4 月 20 ~ 26 日)期间开展了林业知识产权宣传活动。举办了以“知识产权与现代林业”为主题的林业知识产权高层论坛和以“加强知识产权工作，支撑现代林业发展”为主题的林业知识产权保护与运用成就展览，印发了林业知识产权保护宣传册，召开了全国林业知识产权试点单位座谈会，在《中国绿色时报》上开展知识产权专版宣传。

林业知识产权信息平台建设　2011 年，加强了林业知识产权信息平台建设，开通《中国林业知识产权网》，完善和建设了林业知识产权资源导航、林业专利、林业植物新品种权、软件著作权、林业地理标志、林业知识产权动态、文献和法律法规等基础数据库 14 个，入库记录达到 38.3 万条，建立了试点单位信息共享平台和网上林业专利分析系统，开展了国内外木地坂专利的实时检索、下载和预警分析工作。

林业知识产权保护与管理培训　2011 年 12 月 19 ~ 22 日，在云南昆明举办了林业知识产权保护与管理培训班。就知识产权法律制度、保护与管理现状、“十二五”规划以及林业植物新品种权、专利申请、审批程序、林业知识产权信息平台和预警机制建设等内容进行了培训，来自各省(区、市)林业厅(局)科技处负责同志和第一批、第二批 55 家试点单位的 60 多名代表参加了培训。

林业知识产权保护与管理工作专题调研 2011年10～12月，国家林业局科技中心组成3个调研组，分别对浙江、江西、湖北、湖南、山东、河北、河南7省进行了林业知识产权保护与管理工作的专题调研。调研组深入14家林业知识产权试点单位，了解贯彻落实《国家林业局贯彻实施〈国家知识产权战略纲要〉的指导意见》和开展林业知识产权保护试点示范、转化运用、执法维权等情况，听取了对《林业知识产权"十二五"发展规划》的意见和建议。

林业专利产业化推进工程和试点项目建设 2011年，在55家林业知识产权试点单位中选择了3项重点专利(燕加隆"一拍即合"锁扣专利、林科院木材所"纤维化单板重组木制造技术"和竹藤中心"风机叶片用竹木复合材料加长技术")，开展专利产业化推进工程，选择了8家试点单位开展知识产权战略制定等工作。

(龚玉梅)

林业植物新品种保护

【综　述】 2011年，按照《植物新品种保护条例》等相关法规的规定，国家林业局作为植物新品种权审批机关，积极履行职责，林业植物新品种保护工作取得显著成效。

植物新品种保护宣传 抓住全国知识产权宣传周和世界知识产权宣传日的有利契机，通过《中国绿色时报》等新闻媒体，开展多种形式的宣传活动，努力提高全社会植物新品种保护意识，营造植物新品种保护的良好环境。印发林业知识产权宣传册，宣传植物新品种保护的意义目的和作用，有力促进了大型种苗企业品种权保护意识。 (周建仁)

林业植物新品种的受理、审查与授权 认真开展了林业植物新品种权申请的受理、审查与授权，全年共受理国内外品种权申请139件，同比增加了77.2%，对52个新品种权申请进行了实质审查，授权11件，其余正在按程序报批。发布了初审公告等15批公告，对初步审查合格的品种权申请进行了公开。同时，起草了植物新品种审批规则，公开征集了第5批林业植物新品种保护名录，不断扩大保护范围。 (周建仁)

【林业植物新品种行政执法】 配合全国打击侵犯知识产权专项行动，加大了植物新品种行政执法力度，制定了林业植物新品种保护专项行动实施方案，组织召开了国家林业局电视电话会议，开展了林业保护知识产权专项行动督查工作，积极指导林业主管部门开展植物新品种保护行政执法，重点督导河北、河南两省林业主管部门分别开展"美人榆"、"全红杨"新品种维权执法工作，取得了明显成效，有力打击了林业植物新品种侵权行为，依法保护了品种权人的合法权益。 (龙三群)

【林业植物新品种测试及培训】 完成了木兰、枸杞属等8个测试指南编制工作，举办了2期林业植物新品种保护技术培训班，培训了林业植物新品种保护技术和管理人员120多人。完成了竹子、牡丹、杏3个测试站验收工作，5个专业测试站全部验收合格，新品种测试机构建设得到加强。 (龙三群)

林业生物安全管理

【综　述】 2011年，国家林业局继续按照国务院412号令和《开展林木转基因工程活动审批管理办法》，深入开展林业转基因生物安全管理工作，取得了显著成效。

转基因林木安全审批行政许可 根据《开展林木转基因工程活动审批管理办法》的规定，国家林业局共受理"转双抗虫基因三倍体毛白杨中间试验行政许可"等转基因林木工程活动安全审批行政许可申请5项，许可4项，1项延期评审。

林业转基因生物安全监测 共安排了"转基因SacB银腺杨抗旱4号(S13－52)环境释放和生产性试验安全性监测"等5个林业转基因安全性监测项目。下达了项目任务书并召开会议部署了监测工作。为规范林业转基因安全性监测工作，起草了《林业转基因生物安全监测管理办法》和《转基因林木环境安全监测技术规程》。

卡塔赫纳生物安全议定书国家报告编制 为全部掌握各国履行《卡塔赫纳生物安全议定书》情况，议定书秘书处要求编制第二次履约国家报告。国家林业局配合环境保护部，组织林业方面的专家，完成了《卡塔赫纳生物安全议定书第二次国家报告》林业部分的编制工作。报告的编制，将极大地促进中国履行《卡塔赫纳生物安全议定书》的工作，提升中国的国际形象。 (李启岭)

林业遗传资源保护与管理

【综　述】 按照国家林业局的统一部署，认真开展林业生物遗传资源管理工作，整体工作水平不断提高。

中国林木遗传资源国家报告编制 按照联合国粮农组织(FAO)将首次编制《世界林木遗传资源状况报告》要求，2011 年国家林业局完成了《中国林木遗传资源国家报告》编制工作。其内容主要包括中国林木遗传资源的多样性状况、原地保存状况、异地保存状况、资源利用与可持续经营、国家计划与立法、区域和国际合作、资源获取和惠益分享、对中国粮食安全和可持续发展的贡献等 8 部分内容。《报告》已经国家委员会审定，已按程序提交联合国粮农组织。

油茶遗传资源调查与编目 组织中国林科院等单位的专家，制定了《油茶遗传资源调查编目技术规程》，规定了常用术语和定义、调查对象与内容、调查方法、技术要求与测定方法以及调查编目用表等，将其作为开展油茶遗传资源调查编目工作的技术依据。

遗传资源获取与惠益分享 遗传资源获取与惠益分享日益成为国际热点问题，国家林业局加强了对遗传资源获取与惠益分享事宜的研究力度。2011 年科技发展中心组织专家对国内外遗传资源获取与惠益分享现状、遗传资源获取与惠益分享方面的法律和法规进行了研究，起草了《林业遗传资源获取与惠益分享管理办法(初稿)》。 (李启岭)

国际交流合作与履约

【国际履约】 积极履行《国际植物新品种保护公约》(UPOV)、《生物安全议定书》和《遗传资源获取与惠益分享议定书》三个国际公约，派员参加了相关国际会议和谈判，积极准备谈判对案，努力维护和争取国家利益。在联合国粮农组织遗传资源委员会第 13 次会议上，当选为亚太林业技术工作组成员，为争取国家利益和展现大国形象奠定了基础。完成了《生物安全议定书》第二次国家报告的编写工作。为积极有效履约，从容应对国际压力，组织专家开展了“UPOV91 年文本对我国的影响”等相关履约对案研究，以保障中国在履约谈判中处于有利地位。 (龙三群　周建仁)

【国际交流与合作】 参加了商务部组织的中欧第九次知识产权工作组会议、中瑞第五次知识产权工作组会议，参加东亚植物新品种保护论坛第四次会议，积极参加中欧、中澳、中日、中韩植物新品种保护双边对话和交流，增进了理解和互信。认真执行中荷植物新品种保护合作项目，项目实施 2 年来，中方分 4 批派出了 12 名测试人员赴荷兰进行培训，派出了 5 名管理人员赴荷兰进行考察交流，派出了 2 名主管人员赴荷兰宣讲中国植物新品种保护制度。荷方分 4 批派出 9 名专家来华培训中方有关人员 200 多人(次)，其中培训林业植物新品种保护技术和管理人员 60 多名，派出 2 名专家来华就中国植物新品种保护法律制度及审查流程提供咨询服务，项目于 2011 年 5 月 11 日在北京顺利通过验收。 (周建仁　李启岭)

森林认证

【综　述】 2011 年，以实现国际互认为重点，森林认证工作取得显著成效。

指导意见的贯彻 深入贯彻落实《国家林业局关于加快推进森林认证工作的指导意见》，及时研究提出了贯彻该意见的具体措施，局领导高度重视，贾治邦局长亲自听取汇报，进一步明确了森林认证工作的方向和重点任务，全面部署了森林认证工作。

组织机构建设 筹备成立了国家林业局森林认证工作领导小组和中国森林认证管理委员会，建立健全了森林认证组织管理机构。

国际体系互认 按照局党组提出的与森林认证体系认可计划(PEFC)实现互认的要求，完成了互认文件的编制，并向 PEFC 秘书处提交了入会申请，7 月份 PEFC 理事会全票通过，中国正式成为 PEFC 国家会员，互认工作取得了重大突破。

认证试点建设 在国有林认证试点基础上，新启动了集体林认证和人工林联合认证审核试点，选择江西静安开展集体林认证试点，山东临沂开展联合认证试点，试点范围不断扩大，为开展审核工作打基础。

技术规范制定 完成了《中国森林认证 森林经营》、《中国森林认证 产销监管链》两个标准升国标的讨论稿，完成了《中国森林认证 森林生态环境服务》、《中国森林

认证 森林生态环境服务审核导则》、《中国森林认证 森林经营认证操作指南》、《中国森林认证 产销监管连认证操作指南》等四项行业标准的起草和咨询工作，启动了非木质林产品认证标准、审核导则、竹林认证审核导则等标准的编制工作，认证标准体系不断完善。

国际研讨会和中国森林认证体系专题展览 举办了森林认证国际研讨会和中国森林认证体系专题展览，印制了中国森林认证宣传册，来自有关国家、国际组织和国内有关单位代表100多人参加会议，中国森林认证体系影响力不断扩大。此外，还开展了森林认证成本效益分析、森林认证产品纳入政府采购政策研究，为推进森林认证、开拓认证产品市场提供决策依据。

（于 玲）

林业智力引进

【综 述】 2011年，对林业引智工作进行了系统总结，结合现代林业建设的需求，提出了下一步引智工作的对策措施，得到国家外专局的重视和支持。围绕森林可持续经营、信息化等林业重点工作，组织了5个引智出国(境)培训团组，共培训100余人。引进国外专业人才项目29项，组织实施了2项引智示范基地项目、2个引进国外高端人才项目，推荐澳大利亚专家获得了国家“友谊奖”。

（于 玲）

林业信息化

10

【综　述】 2011 年，林业信息化快速推进，取得多项重要突破，一系列重大举措的提出和落实，为林业信息化可持续发展奠定了坚实基础，实现了"十二五"的良好开局。12 月，中共中央书记处书记、中央纪委副书记何勇同志来国家林业局视察时，专门视察了国家林业中心机房，观看了《信息改变林业》短片，对林业信息化工作给予了充分肯定。

制定发展规划　印发了《全国林业信息化发展"十二五"规划(2011～2015 年)》,《规划》提出了"十二五"时期林业信息化的发展思路、建设目标、建设任务和保障措施等，为促进林业决策科学化、办公规范化、监督透明化、服务便捷化奠定了扎实基础。发布了《中国林业信息化发展报告 2011》和全国林业信息化发展水平评测报告，推动林业信息化工作科学发展。

推动战略合作　国家林业局与中国电信集团公司签署了战略合作框架协议；与工业和信息化部、黑龙江省人民政府合作，积极推进了"国家林业信息化服务产业园"项目建设；与有关单位、专家合作，成立了全国林业信息化专家咨询委员会；与清华大学、中国林科院等也都进行了富有成效的战略合作。北京市、辽宁省、吉林省、广东省、上海市等分别与首都之窗、中国移动、重点 IT 企业、重点院校、国际组织等加强战略合作，形成共赢机制，全面提升信息资源共建共享和应用水平。

树立典型示范　确定北京、山西、内蒙古、江西、山东、河南、广东、陕西、沈阳为第二批全国林业信息化示范省(区、市)。按照有关要求，各示范省份纷纷成立由实施单位主要负责同志任组长、有关部门负责同志参加的林业信息化示范省建设工作领导小组，统一领导本省(区、市)的林业信息化示范省建设工作，并加大资金、政策、技术、人才等方面的扶持力度。

强化工程管理　实施林业资源综合监管服务体系试点建设项目，逐步形成对"森林生态系统、湿地生态系统、荒漠生态系统和生物多样性"的有效监管；积极推进"金林工程"、国家云计算平台林业试点示范建设项目和森林物联网项目立项；积极推进中国林业网络博物馆、中国林业网络博览会、森林公园、湿地公园、自然保护区、国有林场网站群、网络植树项目建设，整合省级林业系统门户网站，形成更加完善的中国林业网站群；西藏林业网正式开通，结束了西藏林业局没有门户网站的历史，实现了全国省级林业网站的全覆盖；加强软件正版化工作，完成局本级、直属单位软件正版化检查、采购及部署工作。

拓展应用服务　正式启用了移动办公系统，彻底打破了传统办公的时空限制，大大提升了办公效率和水平。不断优化国家林业局办公网功能与栏目设置，完善了信息平台、学习平台、生活平台和交流平台，完成办文、办会、办事 5 万多件。全面加强中国林业网(国家林业局政府网，国家生态网)应用服务，整合形成功能强大、更加完善的中国林业网站群，加大了信息发布、在线办事和互动交流，共发布各类政务信息 20 余万条，政府文件 500 多件，举办 10 多次在线访谈和在线直播活动，中国林业网日访问量突破 30 万次。组织举办了中国林业网首届全国生态作品大赛等活动。在 2011 年全国政府网站综合评估中，中国林业网在 73 个部委中进入前 10 名。

加强队伍建设　按照全局的统一部署和安排，选拔优秀信息化人才充实信息化队伍。积极开展林业信息化培训工作，举办局内外网应用技能培训班、首届林业 CIO 高级研修班，组织开展赴澳大利亚林业信息化培训，举办首届全国林业信息化学术研讨会，活跃学术气氛，提高理论和专业水平，推进技术合作交流。

完善标准制度　修改完善了《国家林业局信息办(信息中心)工作规则》等 8 项制度；出台了《国家林业局信息办关于加强单位文化建设的实施意见》；印发了《全国林业省级单位机房建设管理规范》，开展了林业信息化标准制定、修改、推广和应用工作，为互联互通、资源共享、业务协同等奠定了坚实基础。

【第二届全国林业信息化工作会议】 5 月 9～10 日，第二届全国林业信息化工作会议在辽宁沈阳召开，国家林业局党组书记、局长贾治邦发表了题为《加快林业信息化，带动林业现代化》的重要讲话，国家林业局党组成员、副局长张永利主持会议并作总结讲话。会议认真总结了"十一五"全国林业信息化工作，全面展示了林业信息化建设新成果，学习借鉴了辽宁省和沈阳市等林业信息化建设经验，科学分析了林业信息化发展面临的新形势，安排部署了"十二五"及 2011 年林业信息化工作。会议举办了第二届全国林业信息化高峰论坛和第二届全国林业信息化成果展，开通了森林公园等网站群。这是林业系统覆盖面最广、科技含量最高、内容最为丰富、衔接最为紧凑、反响最为强烈的一次专门会议。

【全国林业信息化发展水平评测】 7～11 月，组织开展了 2010 年全国林业信息化发展水平评测工作，并印发了《2010 年全国林业信息化发展水平评测报告》(办信字〔2011〕184 号)。2010 年全国各地林业信息化发展水平平均总得分 62.01 分，最高得分 95.19 分(辽宁)，最低得分 24.88 分(西藏)。辽宁、湖南、北京、福建、浙江、广东、山东、安徽、上海和河南排在前 10 名。

【全国林业网站绩效评估】 2011 年对中国林业网各司局、各直属单位 50 个子站和全国各省(区、市)林业厅局 42 个子站的建设与运行维护情况进行了全面绩效评估，按照《全国林业网站绩效评估标准》和《全国林业网站绩效评估办法》，评选出了全国林业十佳网站和国家林业局十佳网站。

全国林业十佳网站　首都园林绿化政务网、福建省林业厅网站、江苏林业网、上海市林业局网站、河南省林业厅网站、浙江林业网、广东林业网、湖北省林业厅网站、辽宁省林业厅网站、湖南林业信息网。

国家林业局十佳网站　保护司子站、信息办子站、政法司子站、公安局(防火办)子站、计财司子站、基金总站子站、工作总站子站、西北院子站、规划院子站、林科院子站。

【2009～2011 年、2011 年全国林业信息化十件大事评选】 为总结全国林业信息化全面加快发展 3 年来的成

就和2011年林业信息化建设成果，推动林业信息化建设持续快速发展，2011年12月20日至2012年1月5日，中国林业网（国家林业局政府网）组织开展了“2009～2011年全国林业信息化十件大事”和“2011年全国林业信息化十件大事”评选活动。评选活动得到广大网友及社会各界的积极响应和热情参与，先后有30多万人次参与投票。

2009～2011年全国林业信息化十件大事 印发《全国林业信息化建设纲要》和《全国林业信息化建设技术指南》，成立国家林业局信息化管理办公室；召开首届全国林业信息化工作会议，确立信息化工作总体思路；征集并启用“林业信息化标识”；公布首批全国林业信息化建设示范省；正式成立国家林业局信息中心；全国林业系统开始无纸化办公；第二届全国林业信息化工作会议在沈阳召开；智能林业首批国家物联网应用示范项目启动；国家林业局政府网进入前十名；林业资源监管试点建设等项目建成运行。

2011年全国林业信息化十件大事 国家林业局移动办公系统上线运行；《全国林业信息化发展“十二五”规划》印发实施；第二届全国林业信息化工作会议在沈阳召开；智能林业首批国家物联网应用示范项目启动；《全国林业省级单位机房建设管理规范》出台；西藏林业网正式开通；国家林业局政府网进入前十名；林业资源监管试点建设等项目建成运行；首届全国生态作品大赛成功举办；中国林业信息化发展战略研究基本完成。

【林业信息化大事】

1月21日 《国家林业局移动办公管理办法（试行）》印发。

1月27日 国家林业局移动办公系统正式上线运行，彻底打破了办公的时空局限，开启了林业系统移动办公新时代。

2月16日 国家林业局与中国电信集团公司签署战略合作框架协议。

2月24日 国家林业局荣获部委信息公开第二名。《中国法治发展报告No.9（2011）》第二次发布了中国政府透明度年度报告，国家林业局政府信息公开工作在国务院所属59个部门中排名第二。

3月2～22日 经国家外国专家局批准，国家林业局信息化管理办公室组织“林业信息化建设管理技术培训团”，赴澳大利亚进行为期21天的培训、考察。

3月25日 《全国林业信息化发展“十二五”规划（2011～2015年）》印发。

4月9～12日 组织4个工作组分赴河南、江西、山西、陕西、山东、内蒙古、广西、广东进行林业信息化示范省调研。

4月16日 北京林业大学信息学院成立10周年。

5月5日 启动第二批全国林业信息化示范省建设工作，确定北京、山西、内蒙古、江西、山东、河南、广东、陕西、沈阳为示范省（区、市）。

5月5日 发布《2008年和2009年全国林业信息化发展水平评测报告》。

5月6日 全国林业信息化专家咨询委员会成立。

5月9日 第二届全国林业信息化工作会议召开。

5月10日 举办第二届全国林业信息化高峰论坛和第二届全国林业信息化成果展。

6月1日 山东省机构编制委员会批复成立山东省林业信息中心。

7月5日 中国林业网国有林场、种苗基地、自然保护区子站群陆续上线开通，中国林业网站群基本形成。

7月25日 国家林业局信息办联合清华大学举办了首届林业CIO高级研修班。

8月17日 湖南省组织召开全省林业信息化工作会议。

8月24日 国家批复首批国家物联网应用示范工程实施方案，标志着智能林业等首批国家物联网应用示范项目正式启动。

9月7日 林业资源综合监管服务体系试点建设项目通过初步验收。

9月16日 中科院办公厅信息处来国家林业局调研信息化建设情况。

10月19日 四川省林业信息化专家咨询委员会在成都成立。

10月27～28日 首届全国林业信息化学术研讨会在京召开。

10月30日 中国林业网访问量两年突破2亿人次，日均访问量超过30万人次。

11月7日 发布《2010年全国林业信息化发展水平评测报告》，市级林业网站数量由2009年的257个增加到370个。

11月9日 《国家林业局信息办关于加强单位文化建设的实施意见》出台。

11月10日 《全国林业省级单位机房建设管理规范》出台。

11月16～21日 国家林业局以“感知生态 智慧森林物联网建设方案”参加第十三届高交会展览，荣获“发展新一代信息技术，加快经济社会信息化”主题展览优秀组织奖。国家林业局被授予“国家物联网应用示范工程”奖牌。

11月22日 西藏林业网正式开通，实现了全国省级林业网站的全覆盖，标志着中国林业信息化建设取得了新进展。

11月29～30日 在政府网站集约化建设与精品栏目管理经验交流会上，国家林业局政府网“行政许可”和“网络视频”栏目获精品栏目奖。上海市林业局网站的“办事大厅”栏目和“辽宁省林业厅网站”的“辽宁林业网络电视”栏目，分别获在线办事类和互动交流类精品栏目奖。

12月1日 《中国林业信息化发展报告2011》出版发行。

12月2日 中国政府网站绩效评估结果公布，国家林业局政府网进入前10名。

12月6日 中共中央书记处书记、中央纪委副书记何勇视察国家林业中心机房并观看《信息改变林业》视频短片。

12月15日 中国林业信息化发展战略研究基本完成。

12 月 25 日 全国林业网站绩效评估工作完成。评估工作对中国林业网 100 多个子站的建设情况和国家林业局内网 50 多个单位的应用情况进行了全面评估。评选出全国林业十佳网站、国家林业局十佳网站、国家林业局内网应用先进单位以及网站单项指标领先单位。

12 月 30 日 首届全国生态作品大赛圆满成功。为弘扬生态文化，倡导生态文明，中国林业网、国家生态网举办了首届全国生态作品大赛。大赛自启动以来，得到社会各界的广泛关注和热情参与，收到文学、摄影、绘画和书法作品 8000 多件，评选出各类作品的一、二、三等奖和优秀奖共 64 名。大赛宣传范围广、作品类别多、参与人员广、投稿热情高，达到了预期目的。

（林业信息化由冯峻极供稿）

林业教育与培训

11

林业教育与培训

【综　述】 2011年，国家林业局继续推进林业教育培训改革和规范化、信息化、组织化建设。一是推进林业干部教育培训改革。探索建立体现培训需求的计划生成机制、培训考核评价机制、激励约束机制、质量评价机制，完善培训内容，创新培训方式方法；就"十二五"期间的乡镇林业工作站站长能力测试工作做出安排，组织编制完成了《乡镇林业站站长能力测试应知应会1000题》，建立了试题库，7400多名乡镇林业站站长参加了测试。二是强化行业教育培训工作的指导协调。印发实施了《全国林业教育培训"十二五"规划》，举办了省级林业主管部门培训管理者培训班，实施了2011年度局直属机关干部培训计划及面向地方林业部门业务培训班计划，成立了林业学科建设指导协调小组和林业学科建设专家咨询组，部署了"十二五"期间国家林业局高职教育重点专业、精品课程、示范性实训基地评选等工作。三是推进教育培训信息化建设。开发了《政策性森林保护和保险问题的探索》等远程教育课件，充实了中国林业教育培训网在线学习平台；承办了全国党员干部现代远程教育专用频道《林业生态与产业发展》栏目，巩固发展了面向基层干部群众宣传林业方针政策、弘扬生态文明的阵地。（吴友苗）

【《全国林业教育培训"十二五"规划》】 《全国林业教育培训"十二五"规划》于2011年12月由国家林业局正式印发施行。本规划全面总结了"十一五"林业教育培训工作，提出了"十二五"林业教育培训发展思路和工作任务，即紧紧围绕现代林业建设中心工作，以提高现有从业人员素质能力、培养高质量后备人才为目标，抓好行业培训、职业教育和高等教育三项工作，实施党政领导干部培训工程、关键岗位干部培训工程、重大改革及重点工程专项培训工程、基层实用人才培训工程、林业专业知识培训工程、教育培训重点基地建设工程、职业教育支持提升工程、高等教育学科共建等工程，为发展现代林业、建设生态文明、推动科学发展作出新贡献。本规划较好地保持与《国家中长期人才发展规划纲要》、《2010～2020年干部教育培训改革纲要》、《林业发展"十二五"规划》等规划的衔接，具有前瞻性、科学性、政策性和系统性等特点。（吴友苗）

【地方党政领导干部林业专题培训】 受中共中央组织部委托，国家林业局2011年3月在集体林权制度改革发祥地福建永安举办了县级领导干部深化集体林权制度改革专题研究班，全国集体林改典型县中的98个分管县长、31个省（区、市）林业厅局和新疆生产建设兵团的分管厅局长、林改处长等共161人参加了研究班。研究班以深化集体林权制度改革为主题，实地考察了永安林业要素市场、福建竹子现代科技园、洪田林改陈列馆等，亲身感受永安市推进集体林权配套改革的生动实践和推动新农村建设显著成效。全国人大、财政部、人民银行、保监会等中央国家机关的资深专家就公共财政支持政策、林业金融政策、森林保险政策等进行权威讲解；国家林业局有关司局负责人等就"十二五"林业发展规划、森林可持续经营、森林防火等开设专题讲座。研究班还安排永安市党委、政府领导和当地银行、保险公司的领导、村民代表等做经验介绍，并就林业信贷、森林保险等热点问题与学员进行交流互动。通过培训，学习了永安"不唯书不唯上只唯实"的改革精神，增强了进一步做好林业工作的信心。本期研究班发挥了"点亮一盏灯，照亮一大片"的作用，在集体林权制度改革进程中具有里程碑的意义。（吴友苗）

【县市林业局长培训】 根据中共中央组织部《关于实施基层干部"科学发展主题培训行动计划"的通知》（组通字[2011]30号）要求，为加强基层林业干部队伍建设，全面推进现代林业发展，国家林业局2011年8月举办了县林业局长培训班，培训66人。培训班设置了林业发展"十二五"规划解读、林业应对气候变化、森林资源保护与可持续经营、森林防火、林业产业发展、林业信息化等专题课程，安排了林下经济发展、生态旅游等现场考察，还组织开展了交流研讨。通过培训，学员及时准确掌握中国林业政策及林业的新任务、新要求，进一步提高了工作水平，增强了信心。（陈峥嵘）

【林业专业技术人才高级研修】 为加强林业碳汇计量监测专业技术人才培养和林产品质量检验检测体系建设，2011年国家林业局分别在长沙和杭州举办了应对气候变化和林产品质量检验检测等2期林业专业技术人才高级研修班，共培训175人。研修班分别安排了林业碳汇和林产品质量安全相关政策解读、碳汇计量和安全生产有关技术培训、碳汇造林和林产品质量检验实地现场考察和交流研讨等，加强了林业碳汇计量监测专业技术人才队伍和林产品质量检验检测体系建设，提高了开展林业碳汇计量监测工作的能力水平和林业行业质量检验检测人员业务素质和工作能力。上述高研班纳入全国专业技术人才知识更新培训工程。（陈峥嵘）

【林业专业知识培训】 为进一步加强林业干部队伍建设，促进新进入林业系统工作的不具备林业专业知识背景的干部更好地适应岗位工作要求，国家林业局于2011年8月14～26日在京举办了首期林业专业知识培训班，国家林业局和地方林业部门的102名干部参加了培训。培训班按照林业部门履行管理"三个系统、一个多样性"职责和建设林业三大体系要求，精心设置了森林生态、森林生物多样性保护、中国的荒漠化治理行动、湿地生态系统保护、林业政策法规、林业生态建设和生态文明建设、林业产业发展、集体林权制度改革、林业信息化建设等15门专题课程，安排了北京密云生态文明建设及北京市城市森林质量与健康等现场考察，还组织了交流研讨。通过培训，学员较为系统地学习和掌握了林业基础知识，增强了胜任本职工作的能力。

（陈峥嵘）

【新疆林业干部培训】 为深入贯彻落实中央新时期新疆工作总体部署，按照国家林业局支持新疆加快林业发展工作总体安排，2011年，国家林业局与新疆林业厅继续联合开展新疆林业领导干部和专业技术人员培训，分别举办新疆林业干部培训班、专业技术人员培训班各两期。根据当前经济形势、林业发展实际和新疆区域特点，安排了林业专题、时事政治、管理科学、新疆发展、林业工程等多方面的课程内容，实地参观集体林权制度改革、防沙治沙工程、退耕还林工程等林业项目。通过培训，参训学员进一步开拓了视野，提升了能力素质。来自新疆维吾尔自治区林业厅机关、直属单位的112名处级干部和林场场长、120名专业技术骨干参加培训。（陈峥嵘）

【党员干部现代远程教育林业专题教材制播】 2011年，国家林业局调整了局全国党员干部现代远程教育工作领导协调小组成员并召开工作会议，成立了局全国党员干部现代远程教育林业教材制播中心。为庆祝中国共产党成立90周年和全民义务植树运动30周年，组织开展了《为你而歌》——庆祝建党90周年电视系列展播活动；配合集体林权制度改革制作了《林下财富行》、《林下经济》系列片。全年完成了52期林业专题教材的制作任务，向中组部报送了187个课件计3120分钟。

（吴友苗）

【林业学科建设】 2011年，林业学科建设进一步加强。一是国务院学位委员会、教育部成立了第二届全国风景园林专业学位研究生教育指导委员会、全国林业专业学位研究生教育指导委员会，并分别聘请国家林业局副局长张建龙、张永利任主任委员；二是国务院学位委员会转发了全国林业专业学位研究生教育指导委员会定的《林业硕士专业学位研究生指导性培养方案（试行）》；三是国家林业局成立了林业学科建设指导协调小组和林业学科建设专家咨询组，并召开了林业学科建设指导协调小组和专家咨询组工作会议。国家林业局党组成员、副局长、林业学科建设指导协调小组组长张永利出席会议并作了重要讲话，系统总结了“十一五”期间中国林业学科建设取得的显著成绩，阐明了新形势下加强林业学科建设指导协调的重要意义，强调要坚持以人为本，树立全面、协调、可持续的发展观，完善林业学科专业体系，提高林业学科建设水平，加强重点学科专业建设，加快林业学科人才梯队培养，全面推进林业学科建设；四是根据国务院学位委员会《关于进一步完善服务国家特殊需求博士人才培养项目的通知》要求，国家林业局组织了浙江农林大学“竹资源与高效利用”等3个授予博士学位的服务国家特殊需求人才培养项目的论证和推荐工作。（吴友苗）

【加快发展面向农村的职业教育】 为适应农村经济社会发展对农村职业教育改革发展提出的新要求，2011年，国家9部门探索通过合作共建加快发展面向农村的职业教育工作机制。一是2011年10月出台了《教育部等九部门关于加快发展面向农村的职业教育的意见》，着力健全管理体制，建立稳定、长效的投入保障机制，加强农林职业院校和涉农专业建设，推进三教统筹、农科教结合，建立健全县、乡、村三级职业教育培训网络，推广“送教下乡”等培养培训新模式，努力培养新型农民，提升现代农业、现代林业发展能力。二是11月，9部门在西安联合召开了加快发展面向农村的职业教育工作会议。教育部副部长鲁昕到会做重要讲话，国家林业局副局长孙扎根在会上发言，提出今后将从发展中高等林业职业教育、加强林业科技推广工作、开展林业职业技能培训和鉴定、加强农村干部群众的林业知识培训等方面入手，加快发展面向农村的林业职业教育。

（吴友苗）

【国家林业局高等林业职业教育精品课程】 2011年国家林业局组织评选出了10门2011年度国家林业局高职精品课程，其中专业基础课2门，专业课8门，分别是：《园林植物与应用》（广西生态工程职业技术学院安家成）、《森林营造技术》（辽宁林业职业技术学院张梅春）、《家具生产工艺编制与实施》（黑龙江林业职业技术学院李丹丹）、《园林工程》（江苏农林职业技术学院刘玉华）、《家具设计》（江西环境工程职业学院曾传柯）、《室内设计》（杨凌职业技术学院李军科）、《园林工程技术》（甘肃林业职业技术学院张德祥）、《中国森林旅游文化》（湖南环境生物职业技术学院屈中正）、《园林硬质景观施工技术》（宁波城市职业技术学院李耀健）、《黑龙江导游基础知识与实训》（伊春职业学院崔红）。国家林业局高等林业职业教育精品课程荣誉称号有效期5年。（吴友苗）

【2012届全国林科十佳毕业生评选】 由中国林业教育学会、国家林业局人才开发交流中心主办的北美枫情杯2012届全国林科十佳毕业生评选于2011年6月3日在京启动。评选活动以“展现真我风采，弘扬生态文明”为主题，按照院校推荐、资格审查、网络投票及专家综合评审四个环节有序进行，评选出本专科组十佳毕业生10名、优秀毕业生41名；研究生组十佳毕业生11名、优秀毕业生39名。2011年11月29日举行颁奖典礼。国际竹藤网络中心于子绚（女）等11人被评为研究生组十佳毕业生，辽宁林业职业技术学院于晶晶（女）等10人被评为本专科组十佳毕业生。北京林业大学等8个单位获优秀组织奖。（陈峥嵘）

北京林业大学

【概　况】 2011年，北京林业大学占地面积46.88万平方米，学校产权建筑面积46.58万平方米。固定资产总值174 807.38万元，其中，教学、科研仪器设备资产值48 150.47万元。图书馆建筑面积23 400平方米，藏书231.18万册，其中，纸质图书156.86万册、电子图书74.32万册。电子文献37 000GB，电子资源库36种。全年教育经费投入84 448.35万元，其中，国家拨款59 807.88万元、自筹经费24 640.47万元。学校信息化投入343万元，拥有计算机7356台，多媒体教室座位12 260个，网络信息点21 000个，校园网出口总带宽1.1G，电子邮件用户数5200个，上网课程62门，数字资源量16T，管理信息系统总量22GB。校区设置13个院(系、部)；开设57个专业及覆盖10个学科；具有一级学科32个，一级学科博士点39个，博士学位授权点9个，硕士学位授权点27个和专业学位授权点11个；博士后流动站5个，其中，博士后研究人员出站12人、进站29人、退站2人和在站86人。学校拥有1个一级国家重点学科(涵盖7个二级学科)，2个二级国家重点学科，1个国家重点(培育)学科；10个国家林业局重点学科；1个北京市一级重点学科，4个北京市二级重点学科，1个北京市交叉重点学科。建有1个国家工程实验室、1个国家工程技术研究中心、1个国家野外台站、4个教育部重点实验室、3个教育部工程技术研究中心、1个教育部科技创新团队、5个国家林业局重点实验室、2个北京市重点实验室、5个国家林业局定位观测站，1个北京市工程技术研究中心。学校现有教职工1697人，其中，专任教师1113人，包括教授209人、副教授473人；有博士生导师195人，硕士生导师390人；中国工程院院士4人。有长江学者4人，973项目首席科学家1人，“千人计划”人选1人，国家“百千万人才工程”人选5人，国家“新世纪百千万人才工程”人选3人，国家有突出贡献专家8人，省部级有突出贡献专家20人，享受政府特殊津贴专家107人。教育部“新世纪优秀人才”27人。外籍教师3人，其中，教授3人。毕业生6444人，其中，学历教育学生中全日制研究生1184人(博士生244人、学术型学位硕士867人、专业学位硕士73人)，普通本科生3053人，成人教育本专科生1991人(本科生1055人、专科生936人)；在职人员攻读硕士学位授予学位数216人。本科毕业生就业率95.06%。招生11 891人，其中，学历教育学生中全日制研究生1463人(博士生257人、学术型学位硕士867人、专业学位硕士339人)，普通本科生3337人、成人教育本专科生6600人(本科生3930人、专科生2670人)；在职人员攻读硕士学位招生人数491人。高考北京地区文科录取线560分、理科526分。在校生32 430人，其中，学历教育学生中全日制研究生4160人(博士生930人、学术型学位硕士2715人、专业学位硕士515人)，普通本科生13 213人，成人教育本专科生13 280人(本科生8120人、专科生5160人)；在职人员攻读硕士学位1777人。留学生毕业22人，招生23人，在校生95人。

【新增一个北京市重点实验室】 4月22日，北林大申报的北京市“水体污染源控制技术”重点实验室获批，至此该校北京市重点实验室数量增至两个。该实验室以环境科学与工程学院为主体，主要围绕以下几方面开展研究工作：有毒有害难降解有机废水的成套处理技术的研发；城市污水深度处理与污泥资源化利用技术的研发；水源水污染控制技术的研发；面源污染控制技术的研发等。

【获得3项北京市科技进步奖】 4月28日，北京市科学技术奖励大会在北京会议中心举行，会上公布北京市科技进步奖获奖名单，北林大3项成果获奖，分别是：林学院教授冯仲科主持完成的“测绘信息化关键技术及生态环境应用”获北京市科技进步一等奖；林学院教授马履一主持完成的“北京山区生态公益林高效经营关键技术与示范”获北京市科技进步二等奖；园林学院成仿云教授主持完成的“牡丹新品种选育与产业化开发”获北京市科技进步三等奖。

【在北林大召开首届中国自然保护论坛】 5月22～23日，首届中国自然保护论坛在北京林业大学举办。论坛以“生物多样性与森林”为主题，秉承“加强自然保护区建设，保护生物多样性”的基本理念，共同探讨自然保护区建设、管理与生物多样性保护，协调生态保护与社会经济发展。论坛由北京林业大学、中国野生动物保护协会、北京富群环境研究院决定联合举办，共有来自国家部委、省厅、各自然保护区、国内外环保组织代表及专家学者、社会各界人士200余人参加论坛。论坛期间，中外专家深入交流了中外自然保护与管理，特别是自然保护区建设、湿地与重点野生动植物保护研究中的进展与经验，分析了中国自然保护区建设与管理当前面临的关键问题，探讨了中国自然保护工作中的公众参与机制，并提出了中国野生动植物保护、湿地保护和自然保护区事业未来的发展战略。中外专家达成广泛共识，共同发表《北京宣言》。

【承办2011年发展中国家林业官员研修班】 5月26日至6月15日，商务部主办、北林大承办的2011年发展中国家林区经济可持续发展官员研修班在北林大举办。共有来自阿尔及利亚、菲律宾、圭亚那、加纳、喀麦隆、尼泊尔、塞拉利昂、苏丹、乌干达、印度尼西亚、越南和朱巴等国的30名林业官员参加了本次研修班。研修班通过讲座、研讨、实地考察、京外调研等环节，让学员对中国林业建设与管理、林业政策、集体林权制度改革、国有林区发展、林产品贸易、竹产业可持续发展等内容有了一个较为全面的了解。在研修期间，各国学员就各自国家在林区经济可持续发展中面临的问题、采取的行动、制订的政策以及发展能力建设等方面进行了热烈广泛的交流。

【3名教师获北京市级教学名师奖】 7月8日，北京市教委公布了第七届北京市高校教学名师奖获奖名单。北林大3名教师获奖，分别是经济管理学院教授温亚利、人文学院教授严耕和园林学院教授刘燕。

本次评选经过了学校推荐、现场教学观摩课评价、评审专家组评议、评委会投票、市教委审核并公示等环节。共有105名教师获得了教学名师奖。

【获第五届全国年鉴编校质量二等奖】 9月，在全国第五届年鉴编校质量检查评比活动中，《北京林业大学年鉴(2010卷)》获得全国二等奖。本次共评选出全国二等奖49家，北林大年鉴为获得该奖项的唯一一家高校年鉴。本届评审活动由中国版协年鉴工作委员会主办，自2011年3月启动，经过参评单位自查、评委初查、顾问专家复审组复审、评审委员会审核批准等评比工作程序，于2011年9月确定各项评审结果。北林大年鉴工作始于2009年，至今已连续出版3部年鉴，学校成立了年鉴编委会和编辑部，组建了稳定的兼职组稿队伍，聘请离退休人员作为特约编辑，制定严格的审校流程，严把语言文字质量关。

【举办海峡两岸校际水土保持研讨会】 9月1～2日，2011年海峡两岸校际水土保持学术研讨会在北林大举行。本次学术研讨活动旨在加强海峡两岸科技合作，促进两岸水土保持领域的学术与人才培养经验的交流。共有来自台湾屏东科技大学、北京市水土保持总站、北林大水土保持学院的十余位教授就"台湾河川生态护溪工程"、"北京生态清洁小流域建设"和"陕北半干旱黄土区植被恢复极近自然造林技术"等10余个水土保持不同专业领域内的前沿成果进行学术交流。在交流期间，台湾学者参观了北京市生态清洁小流域建设、密云县石匣水土保持科技示范园和首都圈森林生态系统定位观测研究站，并就小流域综合治理、生态环境建设以及今后两岸的水土保持科研、教学、技术交流与合作进行深入探讨。

【成立国家能源非粮生物质原料研发中心】 10月，北林大联合中国农业大学、大唐集团新能源股份有限公司和河南天冠集团有限公司共同建立的国家能源非粮生物质原料研发中心正式成立。北林大主要负责林业生物质原料方面的研发工作。

国家能源非粮生物质研发中心对中国非粮生物质原料资源现状、潜力、趋势及生物能源开发的环境影响进行评估，制定未来发展重点和产业战略；开展能源作物育种和高效栽培技术研究；研发非粮生物质原料收集、运输、贮藏和加工的关键技术和成套设备；培养研究型和技术性专业人才。中心的建成，对中国高产、优质、低耗的非粮生物质原料可持续供应具有重大的意义。中心将围绕国家对生物质能源的战略需求，关键技术和装备、生产管理政策等问题开展研究。中心的近中期目标将围绕纤维素乙醇、生物柴油为主的液体燃料的非粮原料的培育与开发利用，形成标准化生产技术体系，进而在边际地上进行生产示范，推动中国非粮生物质产业的健康、快速和可持续发展。

【与10所高校发起成立北京高科大学联盟】 10月19日，北京高科大学联盟成立大会在北京钓鱼台国宾馆举行。北京林业大学联合北京交通大学、北京科技大学、北京邮电大学、北京化工大学、中国矿业大学(北京)、中国地质大学(北京)、中国石油大学(北京)、哈尔滨工程大学、西安电子科技大学、华北电力大学等10所大学成立北京高科大学联盟。

联盟的11所大学涵盖了电子信息、网络与通信、铁路公路交通、新型材料、化学化工、电力系统、地质、能源、林业、造船业等重要工程领域。每一所学校都具有显著的行业办学特色和突出的学科群优势，在其行业领域处于"领头羊"地位。联盟将通过资源共享、优势互补、强强合作，在人才培养、科学研究、师资队伍建设、招生就业、国际合作、校园文化等方面，开展全方位的合作与交流。联盟围绕国家重大战略需求和重大科学问题，发挥不同类型行业特色型高校在基础研究、前沿技术研究和示范性集成应用方面的特色和优势，大力推进高校之间、高校与科研院所、高校与行业企业等方面的协同创新，形成集群创新效应，力争在国家支柱产业、战略性新兴产业的关键技术创新、集成解决交叉领域和新兴领域发展中出现的重大科技问题以及工程技术拔尖创新人才培养模式创新等方面，取得实质性突破和成果，为持续提高中国自主创新能力及促进国民经济社会发展提供强有力的支撑和引领作用。

【承办第二届亚太地区林业院校长会议】 11月11日，由亚太森林恢复与可持续管理组织(APFNet)主办，联合国粮食与农业组织(FAO)、北京林业大学、加拿大不列颠哥伦比亚大学、马来西亚布特拉大学、澳大利亚墨尔本大学、大自然保护协会(TNC)联合承办的第二届亚太地区林业院校长会议在北京国家会议中心召开。会议共有来自9个亚太地区国家的15所林业院校和7个林业国际组织的代表参会。本届会议的主题为"理念·行动·共享"，旨在促进区域内林业院校之间的深度合作与交流，推动各林业院校的教育理念与人才培养模式优化，以适应当今全球林业可持续发展的新要求。会议主要议程包括审议亚太地区林业院校长会议机制框架，组建亚太地区林业院校长会议机制指导委员会，讨论亚太地区林业教育合作发展的优先领域与合作方式。会议通过主题演讲、即兴问答、小组讨论等多种形式对当今世界林业教育发展前景、亚太地区林业教育发展现状、亚太区域林业教育合作、亚太地区林业院校长会议机制的职能和未来发展方向等内容进行了深入的讨论和交流，为今后更加广泛深入的亚太地区林业教育合作与交流奠定了坚实基础。

第二届亚太地区林业院校长会议是联合国粮农组织第二届亚太林业周和第二十四届亚太林委会会议的重要

边会之一，受到了亚太地区林业高等院校、科研机构和国际组织的广泛关注。本届亚太地区林业院校长会议不仅为本地区林业高校提供了展示自我、互相学习的交流平台，也使北林大在建设成为国际知名、特色鲜明、高水平研究型大学的道路上又迈出了坚实的一步。

【一篇论文获全国优秀博士论文】 11月3日，教育部和国务院学位委员会下发了《关于批准2011年全国优秀博士学位论文的决定》，正式批准97篇学位论文为全国优秀博士学位论文，北林大林木遗传育种学科博士生王君的学位论文《青杨派树种多倍体诱导技术研究》(指导教师：康向阳教授)榜上有名。至此北林大全国优秀博士论文增至5篇。

本次评选工作于2010年11月正式启动，评选对象为全国所有博士学位授予单位2008年9月至2009年8月间的博士学位获得者的学位论文，2004年9月至2008年8月间的少量论文也参加了评选。经过学位授予单位推荐、省级学位委员会或研究生教育主管部门初选、同行专家通讯评议、专家会议复审和网上公示，最终由教育部和国务院学位委员会批准发布。教育部和国务院学位委员会从1999年开始进行首次全国优秀博士学位论文评选，至今已开展13次，入选论文共计1279篇，提名论文共计1902篇。评选全国优秀博士学位论文是贯彻落实《国家中长期教育改革和发展规划纲要(2010 ~2020年)》，促进高层次创新人才脱颖而出的重要措施，对培养和激励在学博士生的创新精神，促进中国博士生培养质量的提高发挥了积极的作用。

【签署校地科教合作框架协议】 12月12日，北林大与海淀区人民政府签署校地科教合作框架协议。根据框架协议，双方在“十二五”期间，将本着“优势互补，精诚合作，求实高效，互惠互利，共同发展”的原则，充分发挥双方优势，共同创造条件，促进甲乙双方以多种形式、多种途径广泛开展合作与交流。

【成立生物质能源产业技术研究院】 12月26日，北林大与中国留学人才发展基金会国际交流和管理中心合作成立北京林业大学生物质能源产业技术研究院。研究院的战略定位与发展方向：构建国际化交流与合作平台，广泛开展国际间的生态科技的交流与合作，培养、引进高科技专业人才；以国家生态领域的重大需求为导向，瞄准国际生态科技的前沿，研发与引进相结合，有效实现科技成果的孵化与应用；设立非粮生物质能源研究学科、非粮生物质能源林业种植学科，培养后备人才；建立国家级实验室，为国家生态安全和生态建设提供科学依据。

研究院实行双院长负责制，北林大校长宋维明，中国留学人才发展基金会理事、国际交流和管理中心主任郝雪共同担任研究院院长。研究院成立后将纳入国家非粮生物质能源材料研究中心的统一发展规划和北京林业大学科技园区的主要入驻机构，同时建立国际交流与合作、非粮生物质能源重点实验室和科技成果孵化中心三个中心。

【学生获奖众多】 2月23日，在泰国曼谷几班的IFLA亚太地区风景园林设计竞赛中，林学生赢得了竞赛一、二、三等奖，同时获得了15个评委奖中的10个，该竞赛由国际风景园林师联合会(IFLA)和泰国风景园林协会联合主办，IFLA亚太区学生设计竞赛是亚洲范围内风景园林专业最高级别的学生设计竞赛，此次竞赛的主题为“善待土地：人与土地和谐共存”，旨在促使风景园林专业的学生去研究人类和土地的关系问题以及思考土地怎样才能给人类生活带来更多方便，参加者可以选择城市或者城市边缘地区，对研究、考虑甚至是质疑“善待土地”概念提出构思和设计，并在新设计中展示如何提高人与土地直接的环境性、社会性、文化性、节约型、政治性等；7月4日，在“2011大中华区VR盟主选拔赛”中，北林大信息学院数字媒体艺术和动画专业的学生作品分别荣获大赛金奖、银奖、优选奖，该项赛事拥有中国3D/VR界奥斯卡盛宴、华人3D/VR界最高荣誉之称，共有来自全国的35组选手参赛；7月25 ~27日，在第二届中国大学生创意创业大赛全国总决赛中，北林大4个参赛团队分别获得全国一等奖2项，全国二等奖2项，有来自全国35所高校的92支团队参加比赛。 (北京林业大学由刘继刚、张勇供稿)

东北林业大学

【概　况】 2011年，东北林业大学设有17个学院和2个教学部，有5个博士后科研流动站、7个一级学科博士点、40个二级学科博士点、20个一级学科硕士点、134个二级学科硕士点、10个种类28个领域的专业学位硕士点和61个本科专业。拥有2个一级学科国家重点学科、12个二级学科国家重点学科、6个国家林业局重点学科、1个黑龙江省重点学科群、7个黑龙江省重点一级学科；1个国家重点实验室，1个国家工程实验室，1个国家重点野外科学观测台站，有1个教育部“长江学者和创新团队发展计划”创新团队，有3个教育部重点实验室，4个国家林业局重点实验室，5个黑龙江省重点实验室，7个省教育厅重点实验室；有1个教育部工程研究中心，1个高等学校学科创新引智基地，2个国家林业局生态系统定位研究站，1个省中试基地，1个省哲学社会科学研究基地，3个省普通高校人文社会科学重点研究基地，2个省中小企业共性技术研发推广中心；有东北林业大学大庆生物技术研究院、植物资源生态与分子工程研究院等47个研究机构；有帽儿山实验林场、凉水实验林场等10个校内实习基地和209个校外实习基地。学校现有教职工2753人，其中：教学人员1461人，包括教授293人、副教授488人，具有博士学位514人、硕士学位604人；中国工程院院士2人及受聘两院院士6人，“长江学者”特聘教授4人，“龙江学者”特聘教授9人和讲座教授3人，29人入选教育部“新世纪优秀人才支持计划”，国家级有突出贡献中青年专家4人，享受国务院政府特殊津贴专家92人，“国家百千万人才工程”一、二层次人选4人，“新世纪百千万工程”人选6人，国家杰出青年基金获得者1人，全国百篇优秀博士学位论文获得者5人。近年来，有国家教学名师奖获得者2人，全国优秀教师5人，省级教学名师奖获得者7人，省级优秀教师6人，全国“五一”劳动奖章获得者和省级模范教师4人。2011年，毕业本科生4198人，全日制在校生达22 814人，其中：博士研究生912人，硕士研究生2877人，本专科生19 025人，留学生35人。教学行政用房面积370 490平方米，学生宿舍面积148 280平方米，教学科研仪器设备总值4.82亿元，图书馆面积41 765平方米，馆藏纸质文献188.89万册。

【成为“985”工程优势学科创新平台高校】 2011年6月8日，东北林大申报的“森林资源可持续经营与高效利用优势学科创新平台”项目获得教育部、财政部建设立项，标志着学校成为国家“985”工程优势学科创新平台重点建设高校。

【林木遗传育种国家重点实验室获批立项建设】 2011年4月，东北林大与中国林科院共建的林木遗传育种实验室获批国家重点实验室立项建设。林木遗传育种国家重点实验室的立项建设填补了中国林业行业在国家重点实验室领域的空白，是新中国成立以来林业行业首个国家级重点实验室，是全国林业以及东北林大科学研究工作的一项重大突破。国家重点实验室是国家科技创新体系的重要组成部分，是国家组织高水平基础研究和应用基础研究、聚集和培养优秀科技人才、开展高水平学术交流、科研装备先进的重要研究基地。

【国家工程实验室实现零的突破】 2011年11月8日，东北林大申报的生物资源生态利用国家地方联合工程实验室(黑龙江)获得国家发改委批准，这是学校国家工程实验领域零的突破。生物资源生态利用国家地方联合工程实验室(黑龙江)将围绕中国林业生物产业的特色和优势，着力解决黑龙江省林业生物产业发展中的关键技术与装备等瓶颈问题，促进产业技术进步和结构调整，支撑和推动黑龙江省林业经济又好又快发展。

【森林碳增汇理论与育种技术创新团队获教育部批准建设】 2011年7月，东北林大申报的以王传宽教授为带头人的“森林碳增汇理论与育种技术”创新团队项目获教育部批准，填补了学校在教育部创新团队领域的空白，是学校科学研究工作的又一项重大突破。

【李坚教授当选为中国工程院院士】 2011年12月8日，东北林大李坚教授在2011年院士增选中当选为中国工程院院士。这是学校高层次人才队伍建设工作的又一重大突破。李坚教授作为木材科学与技术学科的带头人，不仅在中国生物木材学、木质环境学领域作出了开拓性贡献，而且率先拓展了传统木材学研究范畴，在推动木材科学与其他多学科交叉融合方面作出了创造性的贡献。

【获第三批全国文明单位荣誉称号】 2011年12月20日，东北林大获第三批全国文明单位荣誉称号。这是物质文明、政治文明、精神文明建设综合性评价的国家级最高荣誉称号，也是文明创建工作的国家级荣誉和最高级别奖励。学校党委书记吴国春作为黑龙江省获得全国文明单位的唯一代表赴京领奖。

【完成竞争上岗选拔副校长工作】 2011年6月，东北林大面向校内开展了竞争上岗选拔两位副校长工作，分别分管教学管理和行政管理等工作。在公开报名、资格审查、民主推荐、面试和民主测评、组织考察等工作的基础上，学校党委常委会讨论确定学校理学院院长李斌和资金筹措与财务管理处处长兼直属党支部书记李顺龙为副校长拟任人选，并提交全委会表决通过。学校党委全委会讨论通过后，进行了公示。9月将关于李斌、李顺龙任职的请示报送教育部党组，10月收到教育部党组的有关文件，任命李斌为东北林大党委委员、常委、副校长；任命李顺龙为东北林业大学党委常委、副校长。

【被评为科技管理研究先进集体】 2011年11月4日，在中国高等教育学会科技管理研究分会上，东北林大与清华大学、北京大学等15所高校被评为科技管理研究先进集体。

【关于东北虎及其栖息地保护合作备忘录签署】 2011年11月6日，东北林大与世界自然基金会(WWF)(瑞士)北京代表处签署了关于东北虎及其栖息地保护合作的合作备忘录，根据合作备忘录，双方将围绕中国东北地区和俄罗斯远东地区东北虎及其栖息地的保护开展合作。这一合作备忘录的签署，将使学校成为国际自然保护行动网络的一个重要支点，对科学研究、人才培养具有深远影响。

【刘达诞辰100周年纪念大会举办】 刘达是哈尔滨市第一任市长，东北林业大学、东北农业大学的创始人，曾历任黑龙江大学、中国科技大学、清华大学党委书记、校长。2011年1月5日，东北林大和东北农业大学联合举办“刘达同志诞辰100周年纪念大会”。中国高等教育学会会长、教育部原副部长周远清，农业部原常务副部长、党组副书记王连铮，全国工商联原副主席王治国，中国科技大学党委书记许武，清华大学原党委书记方惠坚等领导，东北林业大学和东北农业大学的学校领导班子成员、师生代表以及社会各界人士共计千余人参加了大会。

【举办第四届海峡两岸创新方法(TRIZ)研讨会】 2011年12月26日，东北林大举办第四届海峡两岸创新方法

(TRIZ)研讨会，来自全国29个单位和部门的80余名代表参加了研讨会。研讨会期间，与会代表分别就TRIZ理论前沿、TRIZ推广应用以及TRIZ教学实践展开了分组讨论。

【联合成立高水平行业特色大学优质资源共享联盟】 2011年4月23日，东北林大与中国矿业大学、江南大学等13所行业特色的教育部直属大学，在江苏徐州签署章程，联合成立高水平行业特色大学优质资源共享联盟，将在人才培养、科学研究等领域展开资源共享。行业特色大学优质资源共享联盟是教育部直属的部分原行业高校自愿组成的校际合作组织，以平等自愿、互信互利、互相尊重、共同发展为原则，将构建优质教育资源互利共享的合作机制，实现资源共享、开放办学，在人才培养、科学研究、仪器设备、图书文献资源等方面开展互利共享的合作，共同打造高水平行业特色大学战略联盟，着力提升高校的创新力与竞争力，增强服务国家战略需求、行业和地方经济社会发展的能力。

【获高校校园文化建设优秀成果一等奖】 2011年12月，在由教育部思想政治工作司举办的2011年高校校园文化建设优秀成果评选活动中，学校选送的“用青春谱写绿色和谐，用大爱诠释东林精神——东北林业大学构建高校生态文明教育体系的实践探索”获高校校园文化建设优秀成果一等奖。

【两件作品获中国公益广告黄河奖】 2011年9月20日，东北林大广告学专业教师宫立明指导学生创作的两件作品喜获第十八届中国国际广告节中国公益广告黄河奖。公益广告黄河奖是面向中国境内(包括香港、澳门、台湾)及亚洲、非洲、欧洲、美洲、大洋洲等地区权威的华文公益广告赛事。

【学校关工委被授予全国教育系统关心下一代工作先进集体荣誉称号】 2011年4月26日，学校关工委被授予全国教育系统关心下一代工作先进集体称号，学校文法学院原党总支书记、校党委特邀党建组织员王长兴教授被授予全国教育系统关心下一代工作先进个人称号。

【学生关桦楠获第七届中国青少年科技创新奖】 2011年8月22日，学校生命科学学院森林生物工程学科博士研究生关桦楠获第七届中国青少年科技创新奖，并参加在人民大会堂举行的颁奖大会，黑龙江省此次共有两名学生获奖。

【付玉杰教授获全国五一巾帼标兵荣誉称号】 2011年3月8日，学校付玉杰教授获中华全国总工会授予的“五一”巾帼标兵称号，是黑龙江省31名获奖个人中唯一一名高校教师代表。

【各地校友会成立】 2011年1月16日，东北林业大学北京校友会成立，中华全国供销总社常务副主任李春生当选会长。3月19日，东北林业大学福建校友会成立，福建八建建筑工程有限公司董事长兼总经理翁兆雄当选会长。7月23日，东北林业大学哈尔滨校友会成立，黑龙江省林业厅常务副厅长杨克杰当选为哈尔滨校友会会长。9月18日，东北林大丹东校友会成立，丹东市晟林木材贸易有限公司总经理、林产90届校友刘玉国当选首届会长。

【签署校际协议】 2011年，东北林大新签署或续签校际交流协议共13份，包括加拿大林产品创新研究院、美国科罗拉多大学丹佛分校、澳大利亚查尔斯特大学、芬兰奥伯学术大学、美国密西西比州立大学、俄罗斯远东人文大学、俄罗斯符拉迪沃斯托克国立经济服务大学、英国伍斯特大学、日本福冈大学、加拿大阿卡迪亚大学、中国台湾义守大学、台湾东海大学、台湾中华大学，主要在学术交流、科研合作、教师及学生的人员往来等方面开展合作，进一步将双方的实质交流做大做实。

【校际交流】 2011年，共有来自于美国、加拿大、芬兰、日本等14个国家和地区的高校或研究所的106位外国专家来东北林大进行合作研究、学术交流、讲学、野外考察及工作访问。学校53个代表团的125人次出国(境)访问考察。代表团访问了美国、加拿大、日本、韩国、越南、印度、英国、德国、法国、瑞典、芬兰、意大利、匈牙利、俄罗斯、澳大利亚、新西兰、以色列以及中国台湾等18个国家和地区。其中有56人次参加国际会议并发表论文53篇，42人次进行合作研究及学术交流，22人次为引进项目和工作访问，3个团组签署了校际合作协议。

【科研获奖】 2011年，组织申报各类项目1340多项，获得立项675项，获批立项经费接近2个亿，比2010年增加了74%，再创历史新高。获得各类科技奖励62项，其中：黑龙江省科技奖7项，第二十届全国发明展览会金奖1项、银奖1项，第十届黑龙江省青年科技奖1人，黑龙江省高校科技奖7项(一等奖2项、二等奖4项、三等奖1项)，黑龙江省第十二届自然科学技术学术成果奖25项(一等奖1项、二等奖11项、三等奖13项)等。学校被中国高等教育学会评为科技管理研究先进集体。全校申请专利214件，获授权专利104件。

【学生比赛获奖】 2011年10月，在第十二届“挑战杯”全国大学生课外学术科技作品竞赛决赛上，学校成绩取得历史性突破，共荣获二等奖一项，三等奖两项，西安世园会专项三等奖两项，学校获得全国高校优秀组织奖称号。7月，学校学生在第二届中国大学生创意创业大赛中获团体一等奖三项，二等奖两项，学校被授予2011年度中国大学生创意创业先进单位。12月，学校在“嘉汉杯”首届全国林科大学生绿色创业大赛全国总决赛中荣获冠军、季军和优秀组织奖。3月，学校在黑龙江省首届“TRIZ”杯大学生创新设计大赛中有11项作品获奖，其中一等奖1项，二等奖2项，三等奖1项，优胜奖7项，同时获得最佳组织奖称号。2月，学校土木工程学院08级土木工程专业刘晨同学荣获ACTS大学英语口语竞赛特别金奖。4月，学校工程技术学院学生在第三届顺丰杯全国大学生物流设计大赛中获得三等奖，创造了学校乃至黑龙江省参加全国物流设计大赛的历史最好成绩。学校信息与计算机工程学院学生组成的团队衡鼎公司获2011全国大学生管理决策模拟大赛总决赛一等奖。

【东北林业大学学报】 2011年，东北林业大学学报编辑部编辑出版的《东北林业大学学报》获首届黑龙江省出版奖——优秀期刊奖提名奖。1人获首届黑龙江省出版奖——优秀出版人物荣誉称号，1人获中国高校科技期刊杰出主编称号，1人获中国高校科技期刊优秀编辑称号，2人获全国高等农业院校学报系统优秀编辑工作者称号。 （东北林业大学由黄靖强、朱立明供稿）

南京林业大学

【概 况】 2011年，南京林业大学各类全日制在校学生27 207人，其中博士与硕士研究生3136人。招收本科生6667人（含三本2517人），毕业本科生5719人（含三本2066人）。招收研究生1035人，毕业研究生769人。教职工1848人，其中专任教师1180人，中国工程院院士2人，外聘院士7人，长江学者奖励计划特聘教授1人，江苏特聘教授1人，国家杰出青年基金获得者1人，全国优秀教师5人，省级教学名师3人，博士生导师152人。具有副高以上职称574人。学校占地面积466.33公顷，其中新庄主校区83.80公顷，句容下蜀校区291.33公顷，南方学院淮安校区88.47公顷，江宁工程培训中心等2.73公顷。教学科研仪器设备总值3.28亿元，图书馆纸质文献总量150余万册。有18个学院及研究生院、体育教育部和公有民办南方学院。有5个博士后流动站、7个一级学科博士点、36个博士点、19个一级学科硕士点、90个硕士点和22个专业学位授权领域。有1个国家重点学科一级学科（林业工程），5个国家重点学科二级学科（生态学、林木遗传育种、林产化学加工工程、木材科学与技术、森林保护学），11个省部级重点学科，4个省级优势学科。有林木遗传与生物技术省部共建教育部重点实验室、江苏省速生木材及农作物秸秆材料工程研究中心、国家林业局南方林木种子检验中心等40个省、部级研究开发机构、重点实验室和工程研究中心。有本科专业58个，其中国家级特色专业建设点6个，省级品牌专业4个，省级品牌专业建设点2个，省级特色专业7个，省级特色专业建设点3个。有国家级优秀教学团队1个，国家级人才培养模式创新实验区1个，国家级实验教学示范中心2个，国家级精品课程3门。与20多个国家的50多所高校或科研机构建立了学术交流和研究合作关系，具有招收外国留学生和港、澳、台学生的资质。

2011年，南林大完成“十二五”规划体系和处科两级领导干部换届聘任工作，召开本科教学工作会议，举办中国风景园林学会年会等。获全国毕业生就业典型经验高校、全国高校后勤十年社会化改革先进院校、全国模范职工之家、全国林业知识产权试点单位 、江苏省师资队伍建设先进高校等称号。

【王明庥院士获省科技贡献奖】 2011年2月26日，江苏省举行科学技术奖励大会，南林大王明庥和国家电网电力科学研究院薛禹胜两位院士获得2010年度江苏省科学技术突出贡献奖，每人获省政府200万元奖励。

【现代林业发展高层论坛】 2011年12月23日，中国林学会举办2011年现代林业发展高层论坛暨第四届梁希林业科学技术奖颁奖活动。南林大校长曹福亮教授获中国科协授予的全国优秀科技工作者称号并获十佳全国优秀科技工作者提名奖。南林大10个科研项目获得第四届梁希林业科学技术奖。其中王浩等完成的城市绿地规划设计的理论与实践、汪贵斌等完成的特种工业原料林培育技术、周定国等完成的速生材人造板技术和产品的集成创新与产业化等项目获梁希林业科学技术二等奖。

【湿地保护区设计方案】 2011年1月21日由南林大副校长王浩主持的扬州三湾湿地保护区设计方案，在扬州市召开的三湾湿地保护区设计方案全球征集专家评审会上获得二等奖。该项目是扬州市市委、市政府为迎接2014年扬州建城2500年的重要工程。国内外32家单位参与竞标。经评选，来自中国、美国、英国、加拿大、法国等国内外6家单位入围，南林大是中国大陆地区唯一入围单位。该项目2011年启动建设，2014年建成后将成为融湿地保护、古运河文化展示、休憩娱乐为一体的具有自然特色、乡土气息和文化内涵的市级综合公园。

【2011年国家自然科学基金】 2011年10月，2011年国家自然科学基金杰出青年基金评审公布，南林大长江学者特聘教授尹佟明因在林木遗传育种学研究领域的突出创新成果，获2011年国家自然科学基金杰出青年基金资助，为2011年度林业行业唯一获此殊荣的科学家。

【优势学科】 2011年根据《关于公布江苏高校优势学科建设工程一期项目增列立项学科的通知》（苏政办发〔2011〕137号），确定江苏高校优势学科建设工程一期项目增列30个立项学科，南林大环境科学与工程学科入选。7月，南林大已经拥有林业工程、生物学、林学、环境科学与工程4个江苏高校优势学科。

【南林大博士硕士学位授权学科】 2011年根据国务院学位办《关于下达2010年审核增列的博士和硕士学位授权一级学科名单的通知》，在2010年博士、硕士学位授权审核增列工作中，南林大申报的机械工程、轻工技术与工程2个一级学科被增列为博士学位授权学科，哲学等12个一级学科被增列为硕士学位授权学科。通过申报，南林大具有博士学位授权的一级学科增加为5个，二级学科增加为36个。具有硕士学位授权的一级学科增加为17个，二级学科增加为90个。

【国际生物经济大会】 2011年6月26日，以"发展生物经济，促进民生改善"为主题的2011国际生物经济大会在天津举行。南林大校长曹福亮教授出席大会，并在生物资源与生物多样性分会上作题为"银杏等工业原料林树种资源高效利用技术体系创新集成及产业化"的报告。会上，126位国内外知名专家、学者、企业家就当前生物科技、医药科技及产业发展的前沿、热点问题进行深入探讨。

【海峡两岸林业敬业奖励基金】 2011年10月12日，海峡两岸林业敬业奖励基金颁奖仪式在北京林业大学举行。2011年度共有5位专家学者获奖，南林大教授余世袁以其在林产生物化学加工领域的突出成绩获此殊荣。海峡两岸林业敬业奖励基金是在原刘业经教授奖励基金的基础上建立的。

【举办中国风景园林学会年会】 2011年10月28日，中国风景园林学会2011年年会在南林大举办。来自哈佛大学、英国谢菲尔德大学、北京大学、清华大学等国内外高校、科研院所的专家以及园林行业相关企业人员近千人参会。周干峙、孟兆祯、齐康等院士出席开幕式。中国风景园林学会理事长陈晓丽主持开幕式。

【续签挂县强农富民协议】 2011年3月5日，江苏省挂县强农富民工程推进会议在南京举行，副省长黄莉新出席会议并讲话。南林大副校长薛建辉代表学校与阜宁县人民政府续签挂县强农富民服务协议。2009年，南林大与阜宁县人民政府签订挂县强农富民服务协议。南林大按照省委省政府的要求，依托学校在林果、花卉苗木、森林病虫害防治等方面的学科和科研优势，为阜宁县杨树产业、花卉苗木产业、林果产业和林下经济产业的发展作出积极贡献，推动阜宁县林业的快速发展。获得挂县强农富民工程先进单位称号。

【受聘国家林业学科建设咨询专家】 2011年11月24日，国家林业局林业学科建设指导协调小组和专家咨询组正式成立。南林大校长曹福亮被聘为指导协调小组成员，南林大副校长施季森、薛建辉和森林资源与环境学院院长叶建仁被聘为专家咨询组成员。

【全国高校后勤社会化改革表彰】 2011年12月9日，全国高校后勤十年社会化改革总结表彰大会在广东东莞召开，南林大获全国高校后勤十年社会化改革先进院校称号。该评选由各省高校后勤研究会推荐、评选工作领导小组审核，经中国高等教育学会后勤管理分会十届二次理事会讨论通过。江苏省共有22所院校获此殊荣。

【中国林业青年科技奖】 2011年12月由国家林业局人事司与中国林学会共同组织开展的第十一届中国林业青年科技奖评选工作揭晓，南林大教授徐勇获得中国林业青年科技奖称号。全国共有20位青年科技工作者获此殊荣。徐勇主要从事植物纤维资源生物炼制领域的教学科研和技术服务工作，在纤维素燃料乙醇、功能糖、戊糖代谢微生物分子生物学、绿色饲料等方面多项成果获奖。

【温作民当选美国金融管理学会理事】 2011年12月，南林大教授温作民当选美国金融管理学会（AAFM）理事。美国金融管理学会成立于1995年，是美国劳工部（the US Department of Labor）认可的金融专业学会。会员涉及金融机构从业人员、MBA、CPA、教授、博士、律师等，分布在全球150多个国家和地区。温作民长期从事生态经济学研究，在生态资金管理、生态税制均衡、生态会计核算和生态市场要素组合等生态金融国际前沿领域做了大量研究。

【邵晓峰当选南京市青年美术家协会主席】 2011年12月24日，南京市青年美术家协会第二次会员代表大会召开，大会选举产生第二届理事会，南林大邵晓峰当选为主席。邵晓峰，南林大艺术学院美术与设计研究中心主任、教授、中国美术家协会会员、江苏省"333工程"第三层次培养对象、江苏省徐悲鸿研究会副会长、江苏省收藏家协会古典家具委员会副主任。

【首届中国教育之声论坛暨卓越校长年度盛典颁奖典礼】 2011年12月29日由中央人民广播电台、中国广播网主办、在中国科技会堂举行。颁发了最受广大网友关注的十大教育改革杰出人物、十佳卓越校长、来华留学生眼中的十大高校等13项大奖。南林大作为江苏地区唯一入围高校与北京大学、南开大学等全国10所高校获得2011年度来华留学生眼中的十大高校称号。

【聘任江苏产业教授】 2011年5月9日，南林大举行首位江苏产业教授聘任仪式。江苏沭阳新概念木业有限公司董事长叶敬言博士受聘为南林大木材科学与技术学科江苏产业教授。南林大副校长赵林出席聘任仪式并颁发聘书。

【共建观赏海棠产业园】 2011年3月1日，南林大与泗阳县海棠农业生态园有限公司共建观赏海棠产业园项目签约仪式在泗阳举行。南林大副校长薛建辉、泗阳县委常委马伟、副县长刘娟等出席签约仪式。签约项目有利于发挥海棠新品种资源优势，加强产业化配套技术集成，加速科技成果转化，打造中国高水平观赏海棠产业化示范基地。　（南京林业大学由钱一群供稿）

南京森林警察学院

【概 况】 2011年，南京森林警察学院设有治安系、侦查系、刑事科学技术系、警务管理系、警务技战术系、信息技术系、森林消防系。国家林业局警官培训中心、森林消防指挥培训中心、森林公安司法鉴定中心和林业职业教育研究中心挂靠在学院。目前专业设置有：治安管理、侦查、刑事技术、信息网络安全监察4个专科专业；治安学、侦查学、消防工程、刑事科学技术4个本科专业，全日制在校生4468人。学院现有教职工368人，专任教师272人，其中正高职称27人，博士、硕士研究生159人，聘请兼职教授15人、高级教官20人。学校占地总面积76.2公顷，总建筑面积近20万平方米。学院拥有教学仪器设备总值7497万元，图书馆馆藏文献总量达271万册，其中纸质图书57万册。

【江苏省委常委、副省长黄莉新关心南京森林警察学院发展】 2011年1月15日下午，江苏省委常委、副省长黄莉新听取学院党委书记王海忠工作汇报。

黄莉新希望学院能围绕培养高素质应用型警务人才这个目标，在继承教学、科研、实战相结合办学传统的基础上，立足于本科办学平台，进一步加强科研工作，建设科研实力雄厚、科研效益显著、具有较强科研竞争力的公安本科院校。

【国家林业局党组调整南京森林警察学院领导班子】 2011年1月20日，学院召开全院高级职称、科级以上干部会议，宣布国家林业局党组关于学院领导班子调整的决定。国家林业局党组成员、副局长张永利，江苏省委组织部副部长赵永贤等出席会议。

国家林业局党组和国家林业局任命张高文为南京森林警察学院委员会副书记（兼），苏惠民不再兼任南京森林警察学院委员会副书记职务；国家林业局任命张高文为南京森林警察学院院长（正司局级），苏惠民为南京森林警察学院正院级调研员。

【学院警乐团赴欧参赛交流并获金奖】 2011年2月25日至3月6日，学院警乐团的49名同学前往欧洲参加比利时2011年国际音乐节的比赛并获金奖，同时与荷兰皇家警察培训学院、荷兰皇家警察乐团、比利时皇家军乐团、比利时林堡省皇家警察局进行交流。

此次比利时国际音乐节历时两天，中国、比利时、荷兰、德国、法国等多个国家均派出自己的参赛团队。学院警乐团是唯一来自中国的参赛团队，同学们以最佳的状态展示了中国预备警察的风采。经过大赛组委会评审，学院警乐团获此次比赛的金奖，学院荣获最佳组织奖，指挥陆铭老师获指挥金奖，随团指导王洪老师荣获最佳演奏奖，南京森林警察学院成为此次音乐节上获奖最多的参赛团队。

【学院获2007～2009年度江苏省精神文明建设工作先进单位称号】 2011年3月6日，江苏省精神文明建设指导委员会下发《关于命名表彰2007～2009年度江苏省群众性精神文明建设工作先进单位的决定》（苏文明委〔2010〕9号），授予学院2007～2009年度江苏省精神文明建设工作先进单位称号。

【学院首次获得中央高校基本科研业务费专项资金资助】 2011年4月2日《国家林业局关于批复2011年部门预算的通知》（林规发〔2011〕95），资助学院中央高校基本科研业务费专项资金100万元。

【学院获江苏省高等学校思想政治教育工作先进集体称号】 2011年4月6日，江苏省教育厅下发《关于表彰江苏省高等学校思想政治教育工作先进集体和先进个人的通知》（苏教社政〔2011〕1号），授予学院江苏省高等学校思想政治教育工作先进集体称号。

【学院被国家林业局森林公安局记集体二等功】 2011年4月7日，国家林业局森林公安局下发《关于为全国森林公安系统警务技能大比武先进集体优秀组织人员和运动员记功嘉奖的命令》（林公奖字〔2011〕4号），给学院记集体二等功一次。

【国家林业局党组宣布调整学院领导班子的决定】 2011年5月24日，南京森林警察学院召开干部会议，宣布国家林业局党组调整学院领导班子的决定。受国家林业局党组书记、局长贾治邦委托，国家林业局党组成员、副局长孙扎根出席会议并讲话。

国家林业局党组、国家林业局决定：王海忠不再担任南京森林警察学院委员会书记职务，另有任用。王邱文任南京森林警察学院委员会书记（正司局级），试用期一年，不再担任南京森林警察学院委员会副书记、纪委书记职务；李明担任南京森林警察学院委员会副书记、纪委书记职务；林平担任南京森林警察学院委员会副书记（兼）；任命张治平为南京森林警察学院常务副院长（原职级不变），免去其南京森林警察学院副院长职务；任命陶珑、吉小林、傅冰钢为南京森林警察学院副院长（副司局级），试用期一年；免去李明的南京森林警察学院副院长职务。

【学院赴深圳大运会参加安保工作】 7月22日至8月27日，根据公安部统一部署，学院派出2800余名师生赴深圳参加第26届世界大学生运动会安保工作。在此期间，师生们完成了各项执勤安保任务，实现了“平安大运”的目标。为表彰学院在深圳大运安保工作中作出的突出贡献，公安部为学院记集体三等功，国家林业局领导对学院师生在此次活动中的出色表现给予充分肯定和高度评价。8月11日，国家林业局党组副书记、副局长赵树丛一行前往深圳，代表局长贾治邦和国家林业局党组，看望慰问了参加大运会志愿服务工作的学院师生。

【大学生实践创新训练项目立项】 2011年9月19日，根据《省教育厅关于公布2011年大学生实践创新训练计划立项项目的通知》(苏教高〔2011〕25号)，由学院遴选推荐的18项大学生实践创新训练计划项目全部获江苏省教育厅立项，立项数目比2010年增加了50%。

【野生动植物物证技术实验教学中心被确定为省级实验教学示范中心建设点】 2011年9月21日，根据《省教育厅关于公布2011年省级实验教学示范中心建设点遴选结果的通知》(苏教高〔2011〕4号)，学院申报的野生动植物物证技术实验教学中心，被确定为省级实验教学示范中心建设点。

【国家教育体制改革试点工作全面启动】 2011年10月24日，国务院办公厅批准黄群教授申报的教育体制改革试点项目《野生动植物保护与利用紧缺人才培养模式改革》方案。2011年3月10日，国家教育体制改革领导小组办公室致函国家林业局，同意申报项目备案实施。以此为标志，学院参与国家教育体制改革试点工作全面启动。

【江苏省教育科学"十一五"规划课题通过鉴定】 2011年11月5日，薛殿杰教授主持的江苏省教育科学"十一五"规划课题公安院校学生现代信息侦查能力训练教学模式研究，通过由山东警察学院、浙江警察学院、江西警察学院、湖南警察学院、河北警察学院等全国7所公安院校侦查系、信息系主任(教授)组成的专家组鉴定。

【2012届全国林科十佳毕业生】 2011年11月29日，"北美枫情杯"2012届全国林科十佳毕业生颁奖盛典在北京国际竹藤大厦举行。学院刑事科学技术系王念同学获十佳毕业生称号，信息技术系张叶彤同学获优秀毕业生称号，治安系宗源钰、侦查系朱婷婷、警务管理系阚鹏程同学获评选提名奖。

【赴美国、加拿大两国考察警务教育训练】 2011年12月11~20日，应美国、加拿大两国有关方面邀请，经国家林业局批准，张高文院长率学院警务教育训练考察团，赴美国加州圣何塞警察学院、加拿大多伦多警察学院进行参观考察和学习交流，并就加强校际合作事宜与两校有关领导、职能部门进行磋商。

考察期间，考察团与两校深入交流警察教育训练情况，并通过实地考察警察院校建设和基层警务部门，重点了解两国警察教育训练管理体制和运行机制、警察教育训练理念、人才培养模式、教学训练方法、教学管理和后勤保障、校园文化建设等方面，对美国、加拿大两国警察体制的多样化、警察教育和培训的多元化加深了了解。

【获"五五"普法先进单位称号】 2011年12月8日，江苏省委宣传部、江苏省司法厅、教育厅召开全省教育系统"六五"普法动员部署会。会议对"六五"普法工作作了动员部署，对"五五"普法工作进行了总结表彰，会上，学院获2006~2010年江苏省教育系统法制宣传教育先进单位称号。

【科研成果首获梁希林业科学技术奖】 2011年12月23日，中国林学会在北京举办2011年现代林业发展高层论坛暨第四届梁希林业科学技术奖颁奖活动。南京森林警察学院丛静华教授带领团队开展的森林消防技术设备系列化研制与开发项目获二等奖。这是学院第一次获此奖。

【师资队伍建设】 2011年，学院以能力建设为核心，以优化结构为主线，推进师资队伍建设。引进专任教师272人，其中博士17人、硕士142人；教师培养方面，25人晋升高一级职称，其中正高2人、副高14人、中级9人；4人参加公安业务实践，提升了公安专业化教育能力。

【毕业生就业工作】 2011年，学院采取多种措施，提升毕业生就业能力，努力为现代林业建设事业输送高素质的建设者和保卫者。建立了一支精干、高效、专业的就业辅导队伍(包括公务员考试辅导团队)，开设了有关就业技能、技巧以及公务员考试的必(选)修课程和活动，对学生进行公务员考试培训辅导及应试就业技能、求职技巧方面的培训。2011年，先后举办各类招聘活动20余次，接待用人单位40多家。截至12月底，2011届毕业生总就业率达86.31%。

(南京森林警察学院由夏桂林供稿)

林业教育信息统计

2011/2012 学年初普通高、中等林业院校和其他高、中等院校林科基本情况

单位：人

名 称	学校数（所、个）	毕业生数	招生数	在校学生数	毕业班学生数	教职工数	
						合计	其中：专任教师
总 计	**—**	**112 727**	**164 039**	**487 987**	**150 058**	**—**	**—**
一、研究生	77	5554	7052	20 676	7620	—	—
1. 高等林业院校	6	3882	5215	15106	5689	11 276	7289
2. 其他高等院校（林科）	63	1442	1549	4708	1610	—	—
3. 科研单位	8	230	288	862	321	—	—
二、普通本专科生	366	55 511	62 873	213 019	56 281	—	—
1. 高等林业院校	7	23 445	27 379	100 355	23 742	—	—
2. 其他高等院校（林科）	359	32 066	35 494	112 664	32 539	—	—
三、中专生	450	51 662	94 114	254 292	86 157	—	—
1. 中等林业（园林）职业学校	29	14 306	17 797	58 221	28 256	3143	1967
2. 其他中等职业学校（林科）	421	37 356	76 317	196 071	57 901	—	—

2010～2011 学年初普通高等林业院校教职工情况

单位：人

学校名称	教职工数										
	总计	校本部教职工									
		合计	专任教师						行政人员	教辅人员	工勤人员
			小计	正高级	副高级	中级	初级	无职称者			
总 计	**11 276**	**10 843**	**7289**	**1138**	**2362**	**3153**	**490**	**146**	**1755**	**1017**	**782**
北京林业大学	1697	1603	1113	209	473	359	15	57	247	159	84
东北林业大学	2517	2347	1461	293	488	569	94	17	361	360	165
南京林业大学	1848	1738	1180	173	296	561	150	0	318	105	135
浙江农林大学	1465	1440	956	138	324	443	42	9	265	145	74
中南林业科技大学	2253	2240	1492	195	481	733	83	0	363	128	257
西南林业大学	1116	1108	815	104	226	355	67	63	140	106	47
南京森林警察学院	380	367	272	26	74	133	39	0	61	14	20

学校名称	教职工数			其他人员			
	科研机构人员	校办企业职工	其他附设机构人员	聘请校外教师	离退休人员	附属中小学幼儿园教职工	集体所有制人员
总 计	**87**	**105**	**241**	**1094**	**4503**	**33**	**199**
北京林业大学	0	57	37	296	756	33	0
东北林业大学	9	25	136	72	1088	0	160
南京林业大学	43	23	44	282	1010	0	39
浙江农林大学	9	0	16	76	3	0	0
中南林业科技大学	13	0	0	209	1081	0	0
西南林业大学	8	0	0	145	391	0	0
南京森林警察学院	5	0	8	14	174	0	0

2011/2012 学年初普通

学校名称	总　计	教学及辅助用房					
		计	教　室	图书馆	实验室、实习场所	专用科研用　房	体育馆
一、学校产权建筑面积	**3 854 232**	**1736 362**	**533 857**	**190 631**	**778 329**	**51 127**	**150 312**
北京林业大学	356 938	134 713	41 038	22 521	50 379	11 555	9220
东北林业大学	890 798	362 821	80 126	41 765	179 948	10 761	40 845
南京林业大学	692 600	305 648	68 360	31 146	169 503	0	26 700
浙江农林大学	430 139	204 617	122 693	18 814	30 899	18 356	4933
中南林业科技大学	824 405	404 351	118 185	34 933	200 845	9395	37 124
西南林业大学	483 936	245 917	83 761	29 814	119 203	1060	12079
南京森林警察学院	175 416	78 295	19 694	11 638	27 552	0	19411
二、正在施工面积	**99 232**	**53 757**	**15 433**	**3260**	**35 064**	**0**	**0**
北京林业大学	68 232	53 757	15 433	3260	35 064	0	0
东北林业大学	0	0	0	0	0	0	0
南京林业大学	31000	0	0	0	0	0	0
浙江农林大学	0	0	0	0	0	0	0
中南林业科技大学	0	0	0	0	0	0	0
西南林业大学	0	0	0	0	0	0	0
南京森林警察学院	0	0	0	0	0	0	0
三、非学校产权建筑面积	**171 712**	**154 544**	**80 317**	**601**	**72 826**	**0**	**0**
北京林业大学	51 350	49 600	600	0	49 000	0	0
东北林业大学	0	0	0	0	0	0	0
南京林业大学	0	0	0	0	0	0	0
浙江农林大学	0	0	0	0	0	0	0
中南林业科技大学	120 362	104 944	79 717	601	23 826	0	0
西南林业大学	0	0	0	0	0	0	0
南京森林警察学院	0	0	0	0	0	0	0

高等林业院校校舍情况

单位:平方米

	行政办公用房	生活用房						教工住宅	其他用房
会　堂		计	学生宿舍	学生食堂	教工单身宿舍	教工食堂	生活福利及其他用房		
32 106	**238 037**	**1453 962**	**1134 175**	**136 857**	**66 375**	**16361**	**100 194**	**397 967**	**27 904**
0	22 343	185 411	151 567	7456	7153	0	19 235	0	14471
9376	69 875	207 515	161 719	24 482	4806	0	16 508	250 587	0
9939	63 425	254 478	196 587	22 638	21 622	9501	4130	55 616	13 433
8922	31 303	194 219	160 078	22 358	10 724	0	1059	0	0
3869	33 063	340 101	284 910	23 573	3600	3857	24 161	46 890	0
0	8179	184 966	130 034	19 774	8744	500	25 914	44 874	0
0	9849	87 272	49 280	16 576	9726	2503	9187	0	0
0	**14 475**	**31 000**	**31 000**	**0**	**0**	**0**	**0**	**0**	**0**
0	14 475	0	0	0	0	0	0	0	0
0	0	0	0	0	0	0	0	0	0
0	0	31 000	31 000	0	0	0	0	0	0
0	0	0	0	0	0	0	0	0	0
0	0	0	0	0	0	0	0	0	0
0	0	0	0	0	0	0	0	0	0
0	0	0	0	0	0	0	0	0	0
800	**4950**	**12 218**	**8200**	**1258**	**400**	**1258**	**1102**	**0**	**0**
0	150	1600	1600	0	0	0	0	0	0
0	0	0	0	0	0	0	0	0	0
0	0	0	0	0	0	0	0	0	0
0	0	0	0	0	0	0	0	0	0
800	4800	10 618	6600	1258	400	1258	1102	0	0
0	0	0	0	0	0	0	0	0	0
0	0	0	0	0	0	0	0	0	0

2011/2012 学年初普通高等林业院校资产情况

学校名称	占地面积(平方米)			图书资料		拥有教学用计算机(台)	多媒体教室座位数(个)	语音实验室座位数(个)	固定资产总值(万元)	
	总面积	其中		合计(万册)	其中:当年新增(万册)				计	教学、科研仪器设备资产
		绿化用地	运动场地							
一、学校产权	**9 942 090**	**4 025 728**	**495461**	**1028.47**	**40.03**	**47 862**	**89 256**	**7268**	**875 573.02**	**183 436.5**
北京林业大学	468 796	124 750	56505	156.15	7.03	8068	13 892	658	171 126.55	45 777.51
东北林业大学	1 359 837	400 000	100 291	188.89	2.52	8921	17 313	1400	157 894.36	48 203.52
南京林业大学	3 730 262	1492 104	66 475	155.10	5.50	7484	13 958	1124	119 672.27	33 088.00
浙江农林大学	1 547 074	748 044	64 681	159.83	5.71	5706	15 111	700	126 032.33	18 539.24
中南林业科技大学	1 307 246	586 000	52175	179.70	0.00	10 172	12 931	2392	98 800.00	19 598.00
西南林业大学	802 737	258 628	70 118	131.60	18.07	4595	10 372	674	153 281.51	13075.37
南京森林警察学院	726 138	416 202	85 216	57.20	1.20	2916	5679	320	48 766.00	5154.86
二、非学校产权	**1 764 575**	**586 000**	**52 175**	**179.7**	**0**	**0**	**1585**	**420**	**0**	**0**
北京林业大学	0	0	0	0.00	0.00	0	0	0	0.00	0.00
东北林业大学	0	0	0	0.00	0.00	0	0	0	0.00	0.00
南京林业大学	0	0	0	0.00	0.00	0	0	0	0.00	0.00
浙江农林大学	0	0	0	0.00	0.00	0	0	0	0.00	0.00
中南林业科技大学	1 307 246	586 000	52 175	179.70	0.00	0	1585	420	0.00	0.00
西南林业大学	437 329	0	0	0.00	0.00	0	0	0	0.00	0.00
南京森林警察学院	20 000	0	0	0.00	0.00	0	0	0	0.00	0.00

2011/2012 学年初普通高等林业院校和其他高等院校、科研院所林科研究生分单位情况

单位:人

学校名称	毕业生数	招生数	在校学生数	毕业班学生数
总　计	**5554**	**7052**	**20676**	**7620**
一、博士生	**666**	**875**	**3587**	**1889**
1. 高等林业院校	489	626	2702	1472
北京林业大学	244	257	930	432
东北林业大学	129	196	912	523
南京林业大学	76	123	638	394
中南林业科技大学	40	50	222	123
2. 科研单位	75	110	360	154
中国林业科学研究院	75	110	360	154
3. 其他高等院校(林科)	102	139	525	263
二、硕士生	**4888**	**6177**	**17 089**	**5731**
1. 高等林业院校	3393	4589	12 404	4217
北京林业大学	940	1206	3230	1125
东北林业大学	859	1090	2877	849
南京林业大学	693	912	2498	947

（续）

学校名称	毕业生数	招生数	在校学生数	毕业班学生数
浙江农林大学	278	406	1100	391
中南林业科技大学	424	577	1586	526
西南林业大学	199	398	1113	379
2. 其他高等院校（林科专业）	1340	1410	4183	1347
北京师范大学	6	7	18	7
中国农业大学	21	22	77	22
中国人民大学	2	1	5	2
北京农学院	29	18	77	28
天津科技大学	1	4	12	1
河北农业大学	63	50	165	63
山西大学	3	7	16	3
山西农业大学	14	21	53	14
内蒙古农业大学	87	66	237	85
沈阳农业大学	70	57	188	70
辽宁工程技术大学	6	5	18	6
东北师范大学	1	0	1	1
吉林农业大学	23	16	63	25
北华大学	13	10	36	13
东北农业大学	35	33	109	35
上海交通大学	15	11	41	15
上海财经大学	1	2	3	1
南京农业大学	32	32	74	32
苏州大学	8	16	38	8
浙江大学	8	6	19	8
安徽农业大学	48	66	175	48
福建农林大学	77	144	327	73
福建师范大学	1	2	5	1
江西农业大学	36	45	118	36
南昌大学	6	2	12	6
江西财经大学	2	6	8	2
山东建筑大学	7	6	20	7
山东轻工业学院	0	0	0	0
青岛农业大学	19	15	46	19
曲阜师范大学	4	0	5	4
山东农业大学	65	60	187	65
聊城大学	1	6	10	1
河南农业大学	17	31	77	17
华北水利水电学院	3	3	12	3

（续）

学校名称	毕业生数	招生数	在校学生数	毕业班学生数
华中农业大学	100	88	263	101
湖北民族学院	1	4	6	1
长江大学	6	7	16	6
湖南师范大学	1	0	1	1
吉首大学	3	4	13	3
仲恺农业工程学院	4	18	27	4
华南农业大学	70	51	177	70
华南师范大学	7	8	25	7
广西大学	31	36	109	31
广西师范大学	0	2	6	2
海南大学	19	32	67	19
西南大学	55	52	166	56
西南交通大学	10	6	26	10
四川大学	10	7	27	10
西华师范大学	2	1	7	2
四川农业大学	89	64	244	89
贵州大学	27	33	101	27
云南农业大学	21	31	83	21
西藏大学	0	0	2	2
长安大学	0	0	1	1
西北农林科技大学	130	151	442	133
西安理工大学	2	3	8	2
陕西科技大学	1	0	1	1
陕西师范大学	0	0	3	0
甘肃农业大学	16	24	55	16
兰州交通大学	0	0	0	0
青海大学	0	5	10	0
新疆农业大学	11	13	45	11
3. 科研单位	155	178	502	167
中国林业科学研究院	137	155	442	150
中国农业科学院研究生院	2	2	5	1
中国科学院沈阳应用生态所	1	1	3	1
中国科学院南京土壤研究所	1	2	4	1
中国科学院华南植物研究所	6	6	18	6
武汉植物研究所	0	4	8	0
中国科学院新疆生态与地理研究所	8	8	22	8

2011/2012学年初普通高等林业院校和其他高等院校、科研院所林科研究生分专业情况

单位:人

专业名称	毕业生数	招生数	在校学生数	毕业班学生数
总　计	**5554**	**7052**	**20 676**	**7620**
一、博士生	**666**	**875**	**3587**	**1889**
1. 林科类专业小计	620	807	3270	1702
林木遗传育种	23	50	176	75
森林培育	101	101	404	218
森林保护学	21	48	201	110
森林经理学	29	46	187	104
野生动植物保护与利用	18	27	111	56
园林植物与观赏园艺	40	57	235	119
水土保持与荒漠化防治	46	56	197	80
森林工程	24	61	250	134
木材科学与技术	34	63	230	117
林产化学加工工程	13	34	114	53
林业经济管理	82	67	368	238
其他	189	197	797	398
2. 林业院校和科研单位其他专业	46	68	317	187
草业科学	6	4	19	11
发育生物学	3	6	19	9
机械设计及理论	17	18	117	85
生物化学与分子生物学	2	8	33	14
微生物学	2	9	25	11
细胞生物学	0	6	22	11
食品科学与工程	0	3	4	0
遗传学	4	4	17	8
载运工具运用工程	6	1	17	11
制浆造纸工程	5	4	32	22
马克思主义理论与思想政治教育	1	5	12	5
二、硕士	**4888**	**6177**	**17 089**	**5731**
1. 林业学科小计	3003	3411	9904	3425
森林工程	121	179	459	166
木材科学与技术	157	162	537	189
林产化工加工工程	80	108	270	96
林木遗传育种	117	137	399	143
森林培育	243	258	769	247
森林保护学	139	154	463	148
森林经理学	189	198	578	199
野生动植物保护与利用	77	88	289	77
园林植物与观赏园艺	980	1063	3108	1096
水土保持与荒漠化防治	229	314	840	287
林业经济管理	91	92	297	90
其他林业学科	580	658	1895	687
2. 林业院校和科研单位其他学科	1885	2766	7185	2306
材料加工工程	6	6	23	6
材料学	10	13	44	13
草业科学	16	19	58	17

（续）

专业名称	毕业生数	招生数	在校学生数	毕业班学生数
测试计量技术及仪器	10	13	36	12
车辆工程	6	12	26	6
道路与铁道工程	22	30	90	33
地图学与地理信息系统	52	57	144	58
动物学	22	39	98	24
动物遗传育种与繁殖	2	3	11	2
发酵工程	3	2	9	3
发育生物学	17	16	55	19
法学理论	10	7	29	10
风景园林	130	290	446	280
高分子化学与物理	16	18	49	19
工业设计工程	0	33	66	0
管理科学与工程	41	55	165	48
国际贸易学	12	13	39	12
果树学	3	5	11	3
汉语言文字学	11	7	27	11
化学工程	0	5	5	0
化学工艺	15	18	50	15
环境工程	19	21	68	19
环境科学	79	96	299	109
环境与资源保护法学	86	88	286	121
会计学	21	32	83	21
机械电子工程	4	16	36	4
机械工程	12	8	20	12
机械设计及理论	22	44	119	22
机械制造及其自动化	3	25	55	3
计算机技术	0	8	8	0
计算机软件与理论	10	9	26	10
计算机应用技术	55	67	189	69
技术经济及管理	0	4	9	0
检测技术与自动化装置	9	18	50	9
建筑与土木工程	5	36	41	5
交通信息工程及控制	8	2	13	8
交通运输工程	0	13	14	0
交通运输规划与管理	12	8	33	12
结构工程	33	44	137	33
金融学	5	6	18	5
科学技术哲学	15	17	51	15
控制理论与控制工程	12	25	53	12
旅游管理	28	27	82	39
伦理学	10	15	40	10
马克思主义基本原理	8	13	32	8
马克思主义中国化研究	27	23	83	27
农产品加工及储藏工程	16	27	79	16
农村与区域发展	42	118	187	48
农业电气化与自动化	0	6	8	0

（续）

专业名称	毕业生数	招生数	在校学生数	毕业班学生数
农业机械化工程	6	8	20	6
农业经济管理	3	22	48	3
农业生物环境与能源工程	10	6	22	10
农业信息化	23	15	38	23
企业管理	79	70	251	79
桥梁与隧道工程	11	27	61	11
轻工技术与工程	0	7	7	0
人口、资源与环境经济学	13	11	35	13
设计艺术学	201	267	771	278
生理学	8	8	24	8
生物化工	13	12	38	13
生物化学与分子生物学	52	45	165	52
生物物理学	15	19	49	15
生药学	11	21	66	11
食品加工与安全	0	25	25	0
食品科学	27	25	78	29
水生生物学	5	13	31	5
思想政治教育	25	37	92	25
特种经济动物饲养	5	5	16	5
统计学	11	11	37	11
外国语言学及应用语言学	23	44	109	27
微生物学	33	43	142	38
细胞生物学	23	24	87	23
行政管理	32	46	148	41
岩土工程	3	10	26	4
养殖	0	1	1	0
药物化学	5	10	25	5
遗传学	13	19	62	15
应用化学	14	16	47	15
应用数学	9	15	39	9
应用心理学	13	13	41	17
英语语言文学	32	40	109	36
园艺	0	1	1	0
载运工具运用工程	16	26	73	25
植物营养学	8	11	36	8
制浆造纸工程	31	38	127	39
自然地理学	7	7	23	7
其他专业	160	271	615	172

2011/2012 学年初普通高等林业院校和其他高等院校林科分学校学生情况

单位：人

学校名称	毕业生数			招生数			在校学生数			毕业班学生数		
	合计	本科生	专科生	合计	本科生	专科生	合计	本科生	专科生	合计	本科生	专科生
总　　计	**55 511**	**35 181**	**20 330**	**61 736**	**43 383**	**18 353**	**212 815**	**157 818**	**54 997**	**55 339**	**36 343**	**18 996**
一、普通高等林业院校	**23 445**	**21 468**	**1977**	**27 379**	**26 089**	**1290**	**100 355**	**97 876**	**2479**	**23 742**	**22 777**	**965**
北京林业大学	3053	3053	0	3337	3337	0	13 219	13 213	6	3263	3252	11
东北林业大学	4198	4198	0	4849	4849	0	19 025	19 025	0	4523	4523	0
南京林业大学	3653	3653	0	4150	4150	0	15 762	15 762	0	3896	3896	0
浙江农林大学	3016	3016	0	3383	3383	0	13 469	13 469	0	3238	3238	0
中南林业科技大学	5555	5035	520	6281	5510	771	21 028	21 028	0	4873	4873	0
西南林业大学	2513	2513	0	3876	3876	0	16011	13 538	2473	3949	2995	954
南京森林警察学院	1457	0	1457	1503	984	519	1841	1841	0	0	0	0
二、其他高等院校（林科）	**32 066**	**13 713**	**18 353**	**34 357**	**17 294**	**17 063**	**112 460**	**59 942**	**52 518**	**31 597**	**13 566**	**18 031**
北京联合大学	14	0	14	13	0	13	42	0	42	15	0	15
北京城市学院	93	0	93	20	0	20	159	0	159	94	0	94
中国农业大学	63	63	0	34	34	0	197	197	0	53	53	0
北京农业职业学院	136	0	136	33	0	33	215	0	215	110	0	110
北京农学院	155	155	0	140	140	0	530	530	0	145	145	0
天津科技大学	61	61	0	70	70	0	249	249	0	50	50	0
天津滨海职业学院	29	0	29	26	0	26	82	0	82	29	0	29
天津城市建设学院	68	68	0	97	97	0	284	284	0	68	68	0
天津农学院	205	113	92	172	139	33	705	456	249	195	103	92
河北政法职业学院	257	0	257	112	0	112	414	0	414	239	0	239
唐山职业技术学院	99	0	99	108	0	108	300	0	300	99	0	99
河北科技师范学院	108	108	0	141	77	64	415	351	64	108	108	0
中国环境管理干部学院	57	0	57	58	0	58	215	0	215	57	0	57
河北工程大学	141	74	67	42	42	0	292	200	92	141	74	67
河北农业大学现代科技学院	71	71	0	70	70	0	267	267	0	71	71	0
保定职业技术学院	86	0	86	76	0	76	229	0	229	86	0	86
河北农业大学	487	311	176	353	233	120	1353	1044	309	446	294	152
河北北方学院	50	0	50	68	0	68	162	0	162	50	0	50
河北旅游职业学院	105	0	105	87	0	87	326	0	326	105	0	105
沧州职业技术学院	47	0	47	49	0	49	149	0	149	47	0	47
沧州师范学院	61	0	61	74	0	74	135	0	135	61	0	61
廊坊职业技术学院	142	0	142	108	0	108	302	0	302	107	0	107
廊坊师范学院	37	0	37	0	0	0	37	0	37	37	0	37
衡水学院	73	39	34	60	60	0	193	159	34	73	39	34
衡水职业技术学院	117	0	117	33	0	33	236	0	236	103	0	103
山西林业职业技术学院	487	0	487	436	0	436	1344	0	1344	439	0	439
长治职业技术学院	27	0	27	49	0	49	129	0	129	27	0	27
山西农业大学信息学院	97	97	0	150	150	0	423	423	0	97	97	0
山西运城农业职业技术学院	0	0	0	52	0	52	102	0	102	0	0	0
山西农业大学	187	187	0	258	258	0	723	723	0	180	180	0
运城学院	44	0	44	68	68	0	112	68	44	44	0	44
山西师范大学	0	0	0	83	83	0	159	159	0	0	0	0
吕梁学院	74	0	74	37	0	37	178	0	178	74	0	74
内蒙古农业大学	606	551	55	881	853	28	2794	2651	143	593	538	55
内蒙古民族大学	80	80	0	78	78	0	329	329	0	87	87	0
内蒙古商贸职业学院	0	0	0	26	0	26	27	0	27	0	0	0
乌兰察布职业学院	53	0	53	66	0	66	197	0	197	53	0	53
沈阳大学	66	31	35	63	32	31	228	130	98	66	31	35
辽宁林业职业技术学院	709	0	709	395	0	395	1564	0	1564	692	0	692
辽宁商贸职业学院	7	0	7	0	0	0	7	0	7	7	0	7
沈阳大学科技工程学院	30	30	0	0	0	0	81	81	0	30	30	0
沈阳建筑大学	30	30	0	22	22	0	99	99	0	30	30	0
沈阳化工大学	0	0	0	27	27	0	27	27	0	0	0	0
沈阳农业大学	172	137	35	210	165	45	863	742	121	183	148	35
沈阳农业大学科学技术学院	56	56	0	75	75	0	258	258	0	56	56	0
辽宁科技学院	59	0	59	0	0	0	111	0	111	59	0	59

（续）

学校名称	毕业生数			招生数			在校学生数			毕业班学生数		
	合计	本科生	专科生	合计	本科生	专科生	合计	本科生	专科生	合计	本科生	专科生
辽东学院	109	0	109	83	0	83	298	0	298	104	0	104
辽宁农业职业技术学院	85	0	85	121	0	121	325	0	325	85	0	85
辽宁工程技术大学	52	52	0	47	47	0	202	202	0	52	52	0
阜新高等专科学校	21	0	21	24	0	24	77	0	77	21	0	21
辽宁职业学院	55	0	55	32	0	32	151	0	151	55	0	55
吉林农业大学	221	221	0	255	224	31	923	892	31	229	229	0
长春大学	83	83	0	76	76	0	298	298	0	83	83	0
吉林建筑工程学院建筑装饰学院	28	28	0	64	64	0	174	174	0	28	28	0
吉林农业大学发展学院	119	57	62	90	65	25	374	224	150	112	57	55
吉林农业科技学院	55	29	26	133	133	0	373	290	83	55	29	26
北华大学	206	206	0	195	195	0	790	790	0	206	206	0
松原职业技术学院	0	0	0	7	0	7	29	0	29	0	0	0
延边大学	35	35	0	68	68	0	212	212	0	35	35	0
哈尔滨师范大学	19	0	19	34	34	0	130	67	63	19	0	19
黑龙江林业职业技术学院	398	0	398	235	0	235	946	0	946	358	0	358
黑龙江农垦职业学院	0	0	0	47	0	47	47	0	47	0	0	0
齐齐哈尔职业学院	0	0	0	10	0	10	23	0	23	0	0	0
黑龙江大学	39	39	0	29	29	0	142	142	0	41	41	0
黑龙江生物科技职业学院	127	0	127	76	0	76	311	0	311	111	0	111
黑龙江农垦科技职业学院	0	0	0	0	0	0	1	0	1	0	0	0
黑龙江农业工程职业学院	44	0	44	61	0	61	149	0	149	44	0	44
东北农业大学	159	159	0	53	53	0	496	496	0	157	157	0
黑龙江生态工程职业学院	191	0	191	72	0	72	449	0	449	184	0	184
黑龙江畜牧兽医职业学院	89	0	89	26	0	26	195	0	195	80	0	80
伊春职业学院	0	0	0	54	0	54	152	0	152	0	0	0
齐齐哈尔大学	29	29	0	56	56	0	198	198	0	29	29	0
黑龙江八一农垦大学	101	101	0	61	61	0	289	289	0	101	101	0
佳木斯大学	34	34	0	38	38	0	113	113	0	34	34	0
黑龙江农业职业技术学院	57	0	57	27	0	27	119	0	119	57	0	57
牡丹江师范学院	56	56	0	68	68	0	186	186	0	54	54	0
黑龙江农业经济职业学院	121	0	121	69	0	69	284	0	284	119	0	119
黑龙江农垦林业职业技术学院	55	0	55	0	0	0	55	0	55	55	0	55
大兴安岭职业学院	83	0	83	35	0	35	173	0	173	83	0	83
上海交通大学	23	23	0	141	141	0	210	210	0	23	23	0
上海商学院	103	103	0	72	72	0	322	322	0	103	103	0
上海应用技术学院	49	49	0	77	77	0	283	283	0	49	49	0
上海海洋大学	38	38	0	37	37	0	125	125	0	38	38	0
同济大学	0	0	0	0	0	0	0	0	0	0	0	0
上海农林职业技术学院	84	0	84	113	0	113	302	0	302	84	0	84
上海建桥学院	50	0	50	0	0	0	128	0	128	50	0	50
南京农业大学	77	77	0	34	34	0	236	236	0	78	78	0
江苏联合职业技术学院	121	0	121	0	0	0	244	0	244	121	0	121
三江学院	14	0	14	23	0	23	64	0	64	14	0	14
金陵科技学院	73	73	0	78	78	0	333	333	0	73	73	0
金陵科技学院龙蟠学院	74	74	0	126	126	0	279	279	0	74	74	0

（续）

学校名称	毕业生数			招生数			在校学生数			毕业班学生数		
	合计	本科生	专科生	合计	本科生	专科生	合计	本科生	专科生	合计	本科生	专科生
南京交通职业技术学院	34	0	34	45	0	45	126	0	126	34	0	34
无锡城市职业技术学院	35	0	35	35	0	35	70	0	70	35	0	35
徐州工程学院	169	132	37	94	94	0	432	395	37	158	121	37
徐州师范大学	48	48	0	47	47	0	188	188	0	48	48	0
苏州大学	40	40	0	24	24	0	134	134	0	40	40	0
苏州农业职业技术学院	175	0	175	126	0	126	482	0	482	175	0	175
苏州科技学院	60	60	0	0	0	0	215	215	0	60	60	0
苏州科技学院天平学院	0	0	0	67	67	0	160	160	0	0	0	0
硅湖职业技术学院	47	0	47	14	0	14	100	0	100	47	0	47
南通农业职业技术学院	89	0	89	157	0	157	410	0	410	89	0	89
连云港师范高等专科学校	20	0	20	0	0	0	40	0	40	20	0	20
淮阴工学院	0	0	0	67	67	0	67	67	0	0	0	0
江汉大学	0	0	0	17	0	17	48	0	48	0	0	0
梧州学院	0	0	0	43	43	0	86	86	0	0	0	0
扬州大学	54	54	0	61	61	0	256	256	0	54	54	0
扬州环境资源职业技术学院	121	0	121	78	0	78	303	0	303	121	0	121
扬州大学广陵学院	65	65	0	91	91	0	250	250	0	65	65	0
江苏城市职业学院	0	0	0	34	0	34	34	0	34	0	0	0
江苏农林职业技术学院	244	0	244	405	0	405	1036	0	1036	244	0	244
南京林业大学南方学院	209	209	0	294	294	0	775	775	0	199	199	0
江苏畜牧兽医职业技术学院	140	0	140	157	0	157	465	0	465	140	0	140
宿迁学院	40	40	0	37	37	0	150	150	0	40	40	0
杭州职业技术学院	167	0	167	0	0	0	148	0	148	148	0	148
杭州万向职业技术学院	0	0	0	0	0	0	0	0	0	0	0	0
绍兴文理学院元培学院	0	0	0	37	37	0	37	37	0	0	0	0
浙江大学	17	17	0	0	0	0	40	40	0	17	17	0
浙江外国语学院	0	0	0	0	0	0	0	0	0	0	0	0
浙江农林大学天目学院	110	110	0	141	141	0	447	447	0	110	110	0
宁波城市职业技术学院	98	0	98	46	0	46	263	0	263	98	0	98
温州科技职业学院	168	0	168	188	0	188	522	0	522	168	0	168
温州职业技术学院	56	0	56	68	0	68	187	0	187	56	0	56
嘉兴职业技术学院	135	0	135	157	0	157	438	0	438	130	0	130
金华职业技术学院	124	0	124	41	0	41	268	0	268	124	0	124
台州科技职业学院	62	0	62	41	0	41	147	0	147	62	0	62
丽水学院	133	94	39	117	77	40	493	332	161	133	94	39
丽水职业技术学院	205	0	205	134	0	134	469	0	469	205	0	205
安徽城市管理职业学院	59	0	59	73	0	73	191	0	191	59	0	59
安徽林业职业技术学院	199	0	199	357	0	357	794	0	794	199	0	199
安徽农业大学	357	288	69	244	244	0	986	917	69	357	288	69
安徽建筑工业学院	61	61	0	0	0	0	61	61	0	61	61	0
芜湖职业技术学院	16	0	16	56	0	56	126	0	126	16	0	16
淮南师范学院	55	55	0	137	137	0	492	492	0	48	48	0
安庆职业技术学院	37	0	37	107	0	107	198	0	198	37	0	37
安徽农业大学经济技术学院	75	75	0	92	92	0	345	345	0	75	75	0
黄山学院	235	166	69	276	276	0	940	871	69	235	166	69

（续）

学校名称	毕业生数			招生数			在校学生数			毕业班学生数		
	合计	本科生	专科生	合计	本科生	专科生	合计	本科生	专科生	合计	本科生	专科生
滁州学院	0	0	0	48	48	0	48	48	0	0	0	0
安徽科技学院	68	68	0	66	66	0	307	307	0	68	68	0
阜阳师范学院	54	54	0	83	83	0	236	236	0	54	54	0
宿州职业技术学院	61	0	61	97	0	97	249	0	249	61	0	61
巢湖职业技术学院	0	0	0	36	0	36	76	0	76	0	0	0
六安职业技术学院	71	0	71	62	0	62	230	0	230	71	0	71
皖西学院	87	0	87	0	0	0	87	0	87	87	0	87
池州职业技术学院	77	0	77	147	0	147	313	0	313	77	0	77
宣城职业技术学院	36	0	36	80	0	80	179	0	179	36	0	36
福州黎明职业技术学院	33	0	33	51	0	51	127	0	127	33	0	33
福建农林大学	477	477	0	668	668	0	2108	2108	0	477	477	0
福建农业职业技术学院	179	0	179	272	0	272	679	0	679	179	0	179
福建农林大学东方学院	50	50	0	46	46	0	203	203	0	50	50	0
三明学院	52	0	52	0	0	0	52	0	52	52	0	52
福建农林大学金山学院	0	0	0	148	148	0	186	186	0	0	0	0
武夷山职业学院	0	0	0	0	0	0	36	0	36	0	0	0
漳州城市职业学院	36	0	36	56	0	56	123	0	123	36	0	36
漳州师范学院	50	50	0	97	97	0	305	305	0	50	50	0
漳州职业技术学院	82	0	82	57	0	57	210	0	210	82	0	82
福建林业职业技术学院	189	0	189	154	0	154	540	0	540	189	0	189
龙岩学院	39	0	39	0	0	0	72	0	72	39	0	39
闽西职业技术学院	87	0	87	48	0	48	166	0	166	87	0	87
宁德职业技术学院	35	0	35	28	0	28	106	0	106	35	0	35
江西农业大学	197	165	32	246	213	33	899	798	101	197	165	32
南昌工程学院	88	56	32	94	62	32	361	268	93	88	56	32
江西生物科技职业学院	52	0	52	113	0	113	255	0	255	52	0	52
江西赣江职业技术学院	0	0	0	30	0	30	30	0	30	0	0	0
江西农业大学南昌商学院	72	72	0	85	85	0	348	348	0	72	72	0
江西财经大学	96	0	96	0	0	0	154	0	154	96	0	96
江西科技师范学院	56	0	56	89	0	89	256	0	256	56	0	56
景德镇高等专科学校	42	0	42	52	0	52	133	0	133	42	0	42
九江学院	0	0	0	23	23	0	61	61	0	0	0	0
江西渝州科技职业学院	12	0	12	0	0	0	12	0	12	12	0	12
江西环境工程职业学院	208	0	208	411	0	411	921	0	921	208	0	208
井冈山大学	0	0	0	45	45	0	147	147	0	0	0	0
宜春学院	65	33	32	88	60	28	295	205	90	65	33	32
山东建筑大学	74	74	0	69	69	0	276	276	0	74	74	0
山东省农业管理干部学院	129	0	129	65	0	65	300	0	300	129	0	129
山东轻工业学院	41	41	0	36	36	0	116	116	0	41	41	0
青岛农业大学	154	154	0	120	120	0	540	540	0	154	154	0
青岛求实职业技术学院	41	0	41	45	0	45	112	0	112	41	0	41
淄博职业学院	26	0	26	27	0	27	80	0	80	26	0	26
东营职业学院	41	0	41	25	0	25	133	0	133	41	0	41
山东大王职业学院	24	0	24	5	0	5	45	0	45	24	0	24
烟台职业学院	38	0	38	0	0	0	43	0	43	38	0	38

（续）

学校名称	毕业生数			招生数			在校学生数			毕业班学生数		
	合计	本科生	专科生	合计	本科生	专科生	合计	本科生	专科生	合计	本科生	专科生
青岛农业大学海都学院	0	0	0	53	53	0	158	158	0	0	0	0
潍坊学院	34	34	0	40	40	0	147	147	0	34	34	0
潍坊职业学院	310	0	310	168	0	168	703	0	703	310	0	310
潍坊科技学院	87	0	87	50	0	50	206	0	206	87	0	87
济宁职业技术学院	60	0	60	9	0	9	131	0	131	60	0	60
山东农业大学	524	523	1	382	382	0	1472	1471	1	524	523	1
泰山职业技术学院	91	0	91	38	0	38	220	0	220	91	0	91
莱芜职业技术学院	40	0	40	16	0	16	63	0	63	40	0	40
临沂大学	79	65	14	100	78	22	398	346	52	79	65	14
山东现代职业学院	0	0	0	20	0	20	50	0	50	0	0	0
聊城大学	45	45	0	38	38	0	154	154	0	45	45	0
聊城职业技术学院	43	0	43	25	0	25	119	0	119	43	0	43
山东英才学院	40	0	40	21	0	21	91	0	91	40	0	40
滁州职业技术学院	48	0	48	79	0	79	171	0	171	48	0	48
德州学院	9	0	9	0	0	0	9	0	9	9	0	9
河南农业大学华豫学院	0	0	0	76	76	0	165	165	0	0	0	0
河南城建学院	0	0	0	38	38	0	38	38	0	0	0	0
商丘师范学院	0	0	0	44	44	0	44	44	0	0	0	0
滨州职业学院	100	0	100	30	0	30	160	0	160	100	0	100
菏泽学院	34	34	0	21	21	0	113	113	0	34	34	0
河南农业大学	266	266		216	216	0	722	722	0	266	266	0
河南农业职业学院	207	0	207	260	0	260	663	0	663	207	0	207
河南科技大学林业职业学院	404	0	404	0	0	0	404	0	404	404	0	404
河南科技大学	223	223	0	400	217	183	1198	720	478	223	223	0
安阳工学院	10	0	10	0	0	0	37	0	37	10	0	10
河南科技学院	58	58	0	127	127	0	560	560	0	58	58	0
新乡学院	94	0	94	119	0	119	348	0	348	94	0	94
濮阳职业技术学院	71	0	71	103	0	103	251	0	251	71	0	71
许昌职业技术学院	70	0	70	47	0	47	183	0	183	70	0	70
三门峡职业技术学院	63	0	63	78	0	78	214	0	214	63	0	63
商丘职业技术学院	45	0	45	110	0	110	265	0	265	45	0	45
信阳农业高等专科学校	343	0	343	323	0	323	1072	0	1072	343	0	343
周口职业技术学院	55	0	55	28	0	28	133	0	133	55	0	55
黄淮学院	155	65	90	156	156	0	505	415	90	155	65	90
武汉软件工程职业学院	33	0	33	36	0	36	101	0	101	33	0	33
湖北生物科技职业学院	76	0	76	116	0	116	291	0	291	76	0	76
华中农业大学	205	205	0	200	200	0	849	849	0	205	205	0
湖北民族学院科技学院	0	0	0	31	31	0	60	60	0	0	0	0
武汉民政职业学院	112	0	112	67	0	67	293	0	293	112	0	112
湖北生态工程职业技术学院	532	0	532	606	0	606	1656	0	1656	532	0	532
华中农业大学楚天学院	32	32	0	300	300	0	513	513	0	32	32	0
武汉科技大学中南分校	32	0	32	0	0	0	66	14	52	32	0	32
武汉生物工程学院	368	74	294	319	83	236	1015	286	729	368	74	294
湖北三峡职业技术学院	54	0	54	33	0	33	121	0	121	54	0	54
荆楚理工学院	85	0	85	86	0	86	252	0	252	85	0	85

（续）

学校名称	毕业生数			招生数			在校学生数			毕业班学生数		
	合计	本科生	专科生	合计	本科生	专科生	合计	本科生	专科生	合计	本科生	专科生
长江大学	200	144	56	167	145	22	623	520	103	203	146	57
荆州职业技术学院	48	0	48	32	0	32	122	0	122	48	0	48
黄冈职业技术学院	26	0	26	82	0	82	192	0	192	26	0	26
咸宁职业技术学院	28	0	28	83	0	83	133	0	133	28	0	28
随州职业技术学院	21	0	21	0	0	0	39	0	39	21	0	21
恩施职业技术学院	69	0	69	23	0	23	133	0	133	69	0	69
湖北民族学院	18	18	0	80	80	0	213	213	0	18	18	0
仙桃职业学院	48	0	48	25	0	25	107	0	107	48	0	48
湖南农业大学	125	125	0	80	80	0	408	408	0	124	124	0
湖南城市学院	34	34	0	0	0	0	89	89	0	34	34	0
湖南农业大学东方科技学院	139	139	0	132	132	0	551	551	0	139	139	0
湖南生物机电职业技术学院	212	0	212	185	0	185	572	0	572	212	0	212
中南林业科技大学涉外学院	121	121	0	140	140	0	530	530	0	122	122	0
长沙职业技术学院	0	0	0	18	0	18	64	0	64	0	0	0
湖南科技大学	50	50	0	57	57	0	223	223	0	50	50	0
湖南环境生物职业技术学院	270	0	270	226	0	226	674	0	674	270	0	270
吉首大学张家界学院	0	0	0	58	58	0	82	82	0	0	0	0
邵阳学院	39	39	0	55	55	0	179	179	0	39	39	0
邵阳职业技术学院	2	0	2	0	0	0	2	0	2	2	0	2
岳阳职业技术学院	39	0	39	55	0	55	137	0	137	39	0	39
益阳职业技术学院	66	0	66	38	0	38	213	0	213	66	0	66
永州职业技术学院	32	0	32	28	0	28	88	0	88	32	0	32
怀化学院	44	44	0	72	72	0	264	264	0	44	44	0
娄底职业技术学院	65	0	65	90	0	90	218	0	218	65	0	65
吉首大学	53	53	0	68	68	0	196	196	0	53	53	0
湘西民族职业技术学院	0	0	0	16	0	16	32	0	32	0	0	0
仲恺农业工程学院	103	103	0	113	113	0	342	342	0	103	103	0
华南农业大学	297	297	0	373	373	0	1210	1210	0	297	297	0
私立华联学院	45	0	45	53	0	53	170	0	170	45	0	45
韶关学院	114	58	56	75	53	22	320	206	114	114	58	56
深圳职业技术学院	147	0	147	147	0	147	459	0	459	147	0	147
佛山科学技术学院	63	63	0	56	56	0	234	234	0	63	63	0
顺德职业技术学院	150	0	150	219	0	219	535	0	535	150	0	150
湛江师范学院	37	37	0	47	47	0	168	168	0	37	37	0
广东海洋大学	93	93	0	105	105	0	409	409	0	93	93	0
广东农工商职业技术学院	0	0	0	54	0	54	113	0	113	0	0	0
广东海洋大学寸金学院	0	0	0	109	109	0	212	212	0	0	0	0
长江大学文理学院	23	23	0	29	29	0	115	115	0	23	23	0
肇庆学院	26	26	0	47	47	0	152	152	0	26	26	0
惠州学院	31	31	0	71	71	0	183	183	0	31	31	0
嘉应学院	35	35	0	77	47	30	191	161	30	35	35	0
阳江职业技术学院	88	0	88	66	0	66	215	0	215	88	0	88
广西大学行健文理学院	0	0	0	35	35	0	118	118	0	0	0	0
广西职业技术学院	23	0	23	0	0	0	23	0	23	23	0	23
广西大学	244	244	0	249	249	0	875	875	0	244	244	0

（续）

学校名称	毕业生数			招生数			在校学生数			毕业班学生数		
	合计	本科生	专科生	合计	本科生	专科生	合计	本科生	专科生	合计	本科生	专科生
桂林理工大学	26	26	0	0	0	0	26	26	0	26	26	0
玉林师范学院	0	0	0	54	0	54	54	0	54	0	0	0
广西农业职业技术学院	129	0	129	135	0	135	398	0	398	129	0	129
广西生态工程职业技术学院	235	0	235	352	0	352	818	0	818	235	0	235
北京航空航天大学北海学院	0	0	0	54	54	0	114	114	0	0	0	0
广西英华国际职业学院	14	0	14	8	0	8	40	0	40	14	0	14
贺州学院	20	0	20	12	0	12	58	0	58	20	0	20
广西城市职业学院	47	0	47	54	0	54	146	0	146	47	0	47
三峡旅游职业技术学院	53	0	53	23	0	23	129	0	129	53	0	53
海南师范大学	0	0	0	44	44	0	87	87	0	0	0	0
海南职业技术学院	69	0	69	84	0	84	235	0	235	69	0	69
海南大学	133	133	0	152	152	0	598	598	0	133	133	0
琼台师范高等专科学校	0	0	0	28	0	28	67	0	67	0	0	0
海南大学三亚学院	79	79	0	99	99	0	389	389	0	79	79	0
重庆三峡职业学院	223	0	223	301	0	301	742	0	742	223	0	223
重庆工贸职业技术学院	121	0	121	149	0	149	338	0	338	121	0	121
西南大学	162	162	0	408	408	0	1139	1139	0	162	162	0
重庆城市管理职业学院	98	0	98	167	0	167	383	0	383	98	0	98
西南大学育才学院	59	59	0	93	93	0	240	240	0	59	59	0
重庆文理学院	99	99	0	212	212	0	589	589	0	99	99	0
西南交通大学	34	34	0	0	0	0	34	34	0	34	34	0
四川大学	23	23	0	0	0	0	38	38	0	23	23	0
成都理工大学	31	31	0	52	52	0	179	179	0	31	31	0
成都学院	48	48	0	91	91	0	358	358	0	48	48	0
四川国际标榜职业学院	28	0	28	56	0	56	107	0	107	28	0	28
成都农业科技职业学院	150	0	150	182	0	182	471	0	471	150	0	150
绵阳师范学院	73	73	0	67	67	0	251	251	0	73	73	0
内江职业技术学院	52	0	52	44	0	44	133	0	133	52	0	52
南充职业技术学院	68	0	68	98	0	98	233	0	233	68	0	68
西华师范大学	37	37	0	126	56	70	332	176	156	37	37	0
眉山职业技术学院	40	0	40	28	0	28	101	0	101	40	0	40
广安职业技术学院	56	0	56	25	0	25	128	0	128	56	0	56
四川农业大学	875	758	117	1016	854	162	4122	3744	378	875	758	117
四川现代职业学院	0	0	0	63	0	63	63	0	63	0	0	0
西昌学院	88	55	33	55	20	35	237	148	89	88	55	33
贵州师范大学	96	50	46	61	61	0	261	215	46	96	50	46
贵州大学	242	242	0	227	227	0	972	972	0	242	242	0
贵州师范大学求是学院	61	61	0	0	0	0	98	98	0	61	61	0
安顺职业技术学院	37	0	37	20	0	20	103	0	103	37	0	37
铜仁学院	38	0	38	32	0	32	95	0	95	38	0	38
贵阳职业技术学院	0	0	0	107	0	107	107	0	107	0	0	0
贵阳学院	0	0	0	63	63	0	127	127	0	0	0	0
黔西南民族职业技术学院	12	0	12	15	0	15	41	0	41	12	0	12
黔东南民族职业技术学院	37	0	37	18	0	18	89	0	89	37	0	37
黔南民族职业技术学院	32	0	32	28	0	28	105	0	105	32	0	32

（续）

学校名称	毕业生数			招生数			在校学生数			毕业班学生数		
	合计	本科生	专科生	合计	本科生	专科生	合计	本科生	专科生	合计	本科生	专科生
云南民族大学	47	47	0	85	85	0	271	271	0	47	47	0
云南农业职业技术学院	225	0	225	118	0	118	491	0	491	225	0	225
云南师范大学文理学院	52	52	0	69	69	0	347	347	0	52	52	0
云南林业职业技术学院	488	0	488	776	0	776	1843	0	1843	488	0	488
昆明学院	0	0	0	37	0	37	37	0	37	0	0	0
昆明理工大学	0	0	0	31	31	0	67	67	0	0	0	0
河西学院	62	0	62	25	0	25	87	0	87	62	0	62
云南农业大学	209	209	0	157	157	0	661	661	0	209	209	0
玉溪农业职业技术学院	48	0	48	69	0	69	177	0	177	48	0	48
思茅师范高等专科学校	46	0	46	37	0	37	104	0	104	46	0	46
云南热带作物职业学院	132	0	132	100	0	100	348	0	348	132	0	132
云南国防工业职业技术学院	0	0	0	62	0	62	62	0	62	0	0	0
西双版纳职业技术学院	0	0	0	16	0	16	16	0	16	0	0	0
西藏职业技术学院	48	0	48	98	0	98	239	0	239	48	0	48
藏大农学院	190	128	62	279	201	78	705	529	176	190	128	62
西北农林科技大学	363	363	0	523	523	0	1862	1862	0	337	337	0
西安外事学院	29	29	0	27	27	0	117	117	0	29	29	0
西安东方亚太职业技术学院	0	0	0	16	0	16	16	0	16	0	0	0
延安大学西安创新学院	40	40	0	61	61	0	165	165	0	40	40	0
咸阳职业技术学院	68	0	68	65	0	65	186	0	186	68	0	68
西安职业技术学院	0	0	0	0	0	0	13	0	13	0	0	0
杨凌职业技术学院	30	0	30	30	0	30	89	0	89	30	0	30
延安大学	59	59	0	40	40	0	198	198	0	54	54	0
汉中职业技术学院	3	0	3	21	0	21	40	0	40	3	0	3
榆林学院	50	0	50	60	35	25	186	83	103	50	0	50
安康学院	71	36	35	85	63	22	277	174	103	71	36	35
甘肃农业职业技术学院	63	0	63	45	0	45	148	0	148	63	0	63
甘肃农业大学	167	167	0	229	229	0	836	836	0	176	176	0
甘肃林业职业技术学院	601	0	601	671	0	671	1891	0	1891	575	0	575
青海大学	0	0	0	45	45	0	94	94	0	0	0	0
青海畜牧兽医职业技术学院	45	0	45	22	0	22	125	0	125	45	0	45
宁夏大学	68	68	0	0	0	0	186	186	0	68	68	0
宁夏职业技术学院	41	0	41	44	0	44	113	0	113	35	0	35
新疆农业大学	154	154	0	181	181	0	773	773	0	139	139	0
新疆农业大学科学技术学院	79	79	0	153	153	0	450	450	0	79	79	0
巴音郭楞职业技术学院	15	0	15	35	0	35	87	0	87	15	0	15
塔里木大学	132	132	0	100	100	0	419	419	0	100	100	0
伊犁师范学院	35	0	35	26	0	26	121	0	121	35	0	35
伊犁职业技术学院	32	0	32	15	0	15	84	0	84	31	0	31
石河子大学	143	143	0	173	173	0	615	615	0	144	144	0

2011/2012 学年初普通高等林业院校和其他高等院校林科分专业学生情况

单位：人

专业名称	毕业生数			招生数			在校学生数			毕业班学生数		
	合计	本科生	专科生	合计	本科生	专科生	合计	本科生	专科生	合计	本科生	专科生
总　计	**55 511**	**35 182**	**20 329**	**62 873**	**43 981**	**18 892**	**213 019**	**158 042**	**54 977**	**56 281**	**37 449**	**18 832**
一、林科专业	**34 864**	**17 066**	**17 798**	**41 206**	**22 584**	**18 622**	**125 074**	**75 574**	**49 500**	**35 729**	**18 880**	**16 849**
1. 林业工程类	3105	2564	541	4180	3444	736	14 092	11 847	2245	2503	2271	232
森林工程	485	267	218	574	479	95	1905	1473	432	275	275	0
木材科学与工程	2159	1870	289	3155	2585	570	10365	8705	1660	1821	1589	232
林产化工	461	427	34	635	553	82	1822	1669	153	396	396	0
2. 森林资源类	6220	3274	2946	8224	4295	3929	24 154	14 566	9588	21 005	4388	16 617
林学	4357	2230	2127	5893	2981	2912	17 296	10 317	6979	18 135	3121	15 014
森林资源保护与游憩	1240	687	553	1838	948	890	5297	3204	2093	1679	876	803
野生动物与自然保护区管理	623	357	266	493	366	127	1561	1045	516	512	391	121
森林资源类新专业	0	0	0	89	89	0	177	177	0	679	0	679
3. 环境生态类	25 228	10 917	14 311	28 412	14 455	13 957	85 477	47 810	37 667	11 969	11 969	0
园林	24 289	9978	14 311	9441	12 793	13 957	80 597	42 930	37 667	11 082	11 082	0
水土保持与荒漠化防治	785	785	0	1061	1061	0	3527	3527	0	784	784	0
环境生态类新专业	154	154	0	601	601	0	1353	1353	0	103	103	0
4. 农林经济管理类	311	311	0	390	390	0	1351	1351	0	252	252	0
农林经济管理	311	311	0	390	390	0	1351	1351	0	252	252	0
二、林业院校非林科专业	**20 647**	**18 116**	**2531**	**21 667**	**21 397**	**270**	**87 945**	**82 468**	**5477**	**20 552**	**18 569**	**1983**
安全工程	0	0	0	0	0	0	75	75	0	31	31	0
包装工程	157	157	0	197	197	0	679	679	0	131	131	0
保险	0	0	0	33	33	0	798	798	0	62	62	0
材料成型及控制工程	49	49	0	47	47	0	232	232	0	0	0	0
材料化学	56	56	0	154	154	0	467	467	0	54	54	0
财务管理	0	0	0	45	45	0	198	198	0	104	104	0
草业科学	27	27	0	58	58	0	259	259	0	62	62	0
测绘工程	98	98	0	151	151	0	580	580	0	104	104	0
测控技术与仪器	55	55	0	49	49	0	251	251	0	56	56	0
朝鲜语	26	26	0	28	28	0	176	176	0	24	24	0
车辆工程	57	57	0	233	233	0	643	643	0	64	64	0
城市管理	60	60	0	68	68	0	243	243	0	60	60	0
城市规划	278	278	0	314	314	0	1497	1497	0	285	285	0
道路桥梁工程技术	71	0	71	0	0	0	0	0	0	0	0	0
地理信息系统	218	218	0	224	224	0	988	988	0	218	218	0
电气工程及其自动化	132	132	0	219	219	0	743	743	0	132	132	0
电气信息工程	0	0	0	34	34	0	67	67	0	0	0	0
电子科学与技术	45	45	0	30	30	0	146	146	0	45	45	0
电子商务	161	114	47	131	59	72	647	399	248	155	114	41
电子信息工程	479	479	0	352	352	0	1890	1890	0	474	474	0
电子信息科学类	0	0	0	209	209	0	419	419	0	0	0	0
电子信息科学与技术	57	57	0	59	59	0	278	278	0	59	59	0
动画	21	21	0	174	174	0	352	352	0	24	24	0
动物科学	67	67	0	116	116	0	340	340	0	71	71	0
动物医学	56	56	0	42	42	0	212	212	0	57	57	0
俄语	33	33	0	67	67	0	282	282	0	33	33	0
法学	405	405	0	367	367	0	1552	1552	0	409	409	0
法语	48	48	0	114	114	0	252	252	0	51	51	0
高分子材料与工程	199	199	0	268	268	0	927	927	0	211	211	0
给水排水工程	58	58	0	58	58	0	223	223	0	59	59	0
工程管理	247	247	0	276	276	0	1113	1113	0	271	271	0
工程力学	29	29	0	0	0	0	80	80	0	39	39	0
工商管理	352	352	0	468	468	0	1473	1473	0	363	363	0
工业工程	53	53	0	75	75	0	264	264	0	55	55	0
工业设计	530	530	0	423	423	0	2075	2075	0	54	54	0
公安学类新专业	0	0	0	134	134	0	270	270	0	0	0	0
公共事业管理	84	84	0	183	183	0	496	496	0	84	84	0
广播电视新闻学	0	0	0	27	27	0	55	55	0	0	0	0

（续）

专业名称	毕业生数			招生数			在校学生数			毕业班学生数		
	合计	本科生	专科生	合计	本科生	专科生	合计	本科生	专科生	合计	本科生	专科生
广告学	244	244	0	226	226	0	1013	1013	0	251	251	0
国际经济与贸易	479	479	0	502	502	0	1814	1814	0	488	488	0
国际商务	186	0	186	138	50	88	577	101	476	187	0	187
过程装备与控制工程	57	57	0	55	55	0	243	243	0	57	57	0
汉语言	27	27	0	28	28	0	114	114	0	27	27	0
汉语言文学	128	128	0	161	161	0	531	531	0	131	131	0
行政管理	30	30	0	39	39	0	169	169	0	30	30	0
化学	51	51	0	47	47	0	190	190	0	56	56	0
化学工程与工艺	239	239	0	258	258	0	1061	1061	0	245	245	0
环境工程	251	251	0	221	221	0	937	937	0	268	268	0
环境科学	322	322	0	196	196	0	1029	1029	0	333	333	0
环境科学类新专业	0	0	0	85	85	0	173	173	0	0	0	0
会计电算化	282	0	282	0	0	0	115	0	115	115	0	115
会计学	919	919	0	1194	1194	0	4278	4278	0	931	931	0
机电一体化技术	54	0	54	0	0	0	31	0	31	31	0	31
机械电子工程	0	0	0	141	141	0	269	269	0	0	0	0
机械类	0	0	0	239	239	0	239	239	0	0	0	0
机械设计制造及其自动化	916	916	0	944	944	0	3723	3723	0	996	996	0
计算机科学与技术	733	733	0	459	459	0	2611	2611	0	735	735	0
建筑环境与设备工程	63	63	0	63	63	0	309	309	0	67	67	0
建筑学	56	56	0	171	171	0	450	450	0	59	59	0
交通工程	145	145	0	57	57	0	310	310	0	131	131	0
交通运输	381	381	0	384	384	0	1781	1781	0	398	398	0
经济学	44	44	0	69	69	0	267	267	0	46	46	0
景观建筑设计	0	0	0	65	65	0	234	234	0	0	0	0
警察管理	115	0	115	63	0	63	299	0	299	119	0	119
警察指挥与战术	137	0	137	0	0	0	133	0	133	133	0	133
酒店管理	172	0	172	0	0	0	517	0	517	55	0	55
旅游管理	529	501	28	424	424	0	1879	1879	0	506	506	0
农村区域发展	0	0	0	47	47	0	199	199	0	0	0	0
农学	38	38	0	97	97	0	266	266	0	38	38	0
农业机械化及其自动化	23	23	0	0	0	0	125	125	0	23	23	0
农业资源与环境	86	86	0	74	74	0	286	286	0	86	86	0
汽车服务工程	0	0	0	44	44	0	154	154	0	0	0	0
汽车检测与维修技术	45	0	45	0	0	0	0	0	0	0	0	0
轻化工程	206	206	0	209	209	0	982	982	0	206	206	0
热能与动力工程	120	120	0	155	155	0	541	541	0	120	120	0
人力资源管理	124	124	0	153	153	0	547	547	0	125	125	0
日语	236	236	0	243	243	0	1045	1045	0	236	236	0
软件工程	62	62	0	101	101	0	378	378	0	62	62	0
森林消防	32	0	32	0	0	0	40	0	40	40	0	40
商务英语	34	0	34	0	0	0	79	0	79	0	0	0
社会工作	71	71	0	86	86	0	327	327	0	71	71	0
社会体育	35	35	0	32	32	0	126	126	0	35	35	0
摄影	42	42	0	0	0	0	132	132	0	42	42	0
生态学	74	74	0	125	125	0	347	347	0	74	74	0
生物工程	142	142	0	137	137	0	576	576	0	142	142	0
生物技术	307	307	0	323	323	0	1329	1329	0	521	521	0

（续）

专业名称	毕业生数			招生数			在校学生数			毕业班学生数		
	合计	本科生	专科生	合计	本科生	专科生	合计	本科生	专科生	合计	本科生	专科生
生物科学	164	164	0	209	209	0	784	784	0	164	164	0
食品科学与工程	402	402	0	346	346	0	1541	1541	0	402	402	0
食品质量与安全	30	30	0	39	39	0	218	218	0	30	30	0
市场营销	317	317	0	224	224	0	1398	1398	0	427	427	0
室内设计技术	39	0	39	0	0	0	0	0	0	0	0	0
数学与应用数学	89	89	0	98	98	0	394	394	0	89	89	0
数字媒体艺术	61	61	0	61	61	0	294	294	0	61	61	0
体育教育	45	45	0	55	55	0	182	182	0	45	45	0
通信工程	200	200	0	158	158	0	644	644	0	200	200	0
统计学	154	154	0	87	87	0	501	501	0	154	154	0
统计学类新专业	0	0	0	90	90	0	90	90	0	0	0	0
土地资源管理	57	57	0	0	0	0	106	106	0	57	57	0
土木工程	967	967	0	1335	1335	0	4167	4167	0	970	970	0
网络工程	0	0	0	30	30	0	30	30	0	0	0	0
网络系统管理	3	0	3	0	0	0	0	0	0	0	0	0
文化产业管理	60	60	0	64	64	0	246	246	0	60	60	0
物理学	43	43	0	41	41	0	182	182	0	43	43	0
物流工程	178	178	0	150	150	0	731	731	0	178	178	0
物流管理	86	86	0	152	152	0	417	417	0	86	86	0
物业管理	130	108	22	123	123	0	462	462	0	108	108	0
消防工程	34	34	0	46	46	0	158	158	0	34	34	0
心理学	81	81	0	67	67	0	314	314	0	81	81	0
信息管理与信息系统	319	319	0	203	203	0	1213	1213	0	319	319	0
信息网络安全监察	150	0	150	0	0	0	255	0	255	126	0	126
信息与计算科学	212	212	0	205	205	0	941	941	0	212	212	0
刑事技术	222	0	222	0	0	0	402	0	402	192	0	192
艺术类	0	0	0	295	295	0	295	295	0	0	0	0
艺术设计	1157	1092	65	1135	1135	0	4659	4256	403	1267	1189	78
艺术设计学	191	191	0	0	0	0	540	540	0	199	199	0
音乐表演	64	64	0	43	43	0	192	192	0	78	78	0
印刷工程	50	50	0	54	54	0	187	187	0	53	53	0
英语	649	649	0	662	662	0	3269	3269	0	671	671	0
应用化学	147	147	0	166	166	0	635	635	0	155	155	0
应用物理学	0	0	0	0	0	0	52	52	0	0	0	0
园艺	243	243	0	281	281	0	1055	1055	0	249	249	0
侦查	394	0	394	47	0	47	1215	0	1215	433	0	433
侦查学	0	0	0	414	414	0	498	498	0	0	0	0
政治学与行政学	38	38	0	58	58	0	207	207	0	38	38	0
植物保护	62	62	0	100	100	0	344	344	0	62	62	0
治安管理	433	0	433	0	0	0	1264	0	1264	433	0	433
治安学	0	0	0	293	293	0	305	305	0	0	0	0
中药学	57	57	0	0	0	0	187	187	0	57	57	0
资源环境与城乡规划管理	138	138	0	238	238	0	799	799	0	143	143	0
自动化	232	232	0	282	282	0	1098	1098	0	256	256	0
其他专业	304	304	0	334	334	0	1457	1457	0	303	303	0

2011～2012学年初普通高等林业院校分专业学生情况统计表

学校	专业	毕业生数	招生数	在校学生数	毕业班学生数
北京林业大学	**学生总数**	**4237**	**4800**	**17 373**	**4809**
	其中:林业学科专业学生	1264	1358	4897	1441
	占学生总数的比例(%)	29.83	28.3	28.2	29.9
	一、研究生合计	**1184**	**1463**	**4160**	**1557**
	(一)博士小计	244	257	930	432
	1.林业学科	174	179	668	274
	林木遗传育种	6	12	33	11
	森林培育	14	17	49	15
	森林保护学	4	6	22	7
	森林经理学	9	11	34	16
	野生动植物保护与利用	4	6	26	13
	园林植物与观赏园艺	15	14	39	14
	水土保持与荒漠化防治	19	19	40	5
	森林工程	2	1	7	4
	木材科学与技术	6	8	19	6
	林产化学加工工程	3	10	23	7
	林业经济管理	25	14	64	39
	其他林业学科	67	61	312	137
	2.其他学科	70	78	262	158
	(二)硕士小计	940	1206	3230	1125
	1.林业学科	386	401	1161	419
	森林培育	32	31	96	33
	森林保护学	19	23	70	26
	森林经理学	28	22	71	25
	野生动植物保护与利用	14	17	47	16
	园林植物与观赏园艺	65	62	202	72
	水土保持与荒漠化防治	44	42	130	40
	森林工程	7	6	21	8
	木材科学与技术	35	35	116	41
	林产化学加工工程	16	17	56	19
	林业经济管理	17	10	35	12
	其他林业学科	126	146	352	139
	2.其他学科	537	795	2069	706
	二、本科生合计	**3053**	**3337**	**13 213**	**3252**
	1.林科专业	687	768	3033	736
	林学	91	106	429	101
	森林资源保护与游憩	22	28	101	20
	野生动物与自然保护区管理	22	28	117	33
	园林	186	189	778	199
	水土保持与荒漠化防治	84	93	376	93
	木材科学与工程	123	158	590	141
	林产化工	94	78	323	82
	农林经济管理	65	88	319	67
	2. 其他专业	2366	2569	10 180	2516
东北林业大学	**学生总数**	**5186**	**6135**	**22 814**	**5895**
	其中:林业学科专业学生	963	1002	3935	1167
	占学生总数的比例(%)	40.7	16.33	17.2	19.79
	一、研究生合计	**988**	**1286**	**3789**	**1372**
	(一)博士小计	129	196	912	523
	1.林业学科	84	85	398	217
	林木遗传育种	3	3	7	0
	森林培育	2	2	15	9
	森林保护学	5	6	34	25
	森林经理学	1	1	16	13
	野生动植物保护与利用	6	7	33	19

（续）

学校	专业	毕业生数	招生数	在校学生数	毕业班学生数
	园林植物与观赏园艺	0	1	7	3
	水土保持与荒漠化防治	6	2	17	9
	森林工程	5	9	49	35
	木材科学与技术	6	11	33	13
	林产化学加工工程	3	6	14	4
	林业经济管理	44	17	116	71
	其他林业学科	3	20	57	16
	2. 其他学科	45	111	514	306
	(二)硕士小计	859	1090	2877	849
	1. 林业学科	187	242	669	176
	林木遗传育种	11	15	42	17
	森林培育	12	12	42	14
	森林保护学	13	33	99	26
	森林经理学	29	38	75	13
	野生动植物保护与利用	17	24	66	21
	园林植物与观赏园艺	28	25	98	31
	水土保持与荒漠化防治	13	13	42	13
	森林工程	17	12	28	5
	木材科学与技术	14	22	42	8
	林产化学加工工程	16	11	29	5
	林业经济管理	14	5	23	6
	其他林业学科	3	32	83	17
	2. 其他学科	672	848	2208	673
	二、本科生合计	**4198**	**4849**	**19 025**	**4523**
	1. 林科专业	692	675	2868	774
	林学	69	88	411	112
	森林资源保护与游憩	53	56	206	50
	野生动物与自然保护区管理	97	81	325	91
	园林	183	96	425	147
	森林工程	66	92	414	108
	木材科学与工程	115	135	573	144
	林产化工	43	51	201	48
	农林经济管理	66	76	313	74
	2. 其他专业	3506	4174	16 157	3749
南京林业大学	**学生总数**	**4422**	**5185**	**18 898**	**5237**
	其中:林业学科专业学生	966	1097	4026	1138
	占学生总数的比例(%)	21.84	21.16	21.3	21.73
	一、研究生合计	**769**	**1035**	**3136**	**1341**
	(一)博士小计	76	123	638	394
	1. 林业学科	59	98	454	239
	林木遗传育种	3	7	33	18
	森林培育	5	9	40	24
	森林保护学	4	9	41	29
	森林经理学	1	2	19	16
	野生动植物保护与利用	1	2	5	2
	园林植物与观赏园艺	4	6	30	19
	水土保持与荒漠化防治	3	8	22	10
	森林工程	4	6	33	19
	木材科学与技术	2	10	54	32
	林产化学加工工程	1	4	21	10
	林业经济管理	12	9	59	41
	其他林业学科	19	26	97	19
	2. 其他学科	17	25	184	155
	(二)硕士小计	693	912	2498	947
	1. 林业学科	165	214	593	177
	林木遗传育种	16	14	45	10
	森林培育	17	31	76	23

（续）

学校	专业	毕业生数	招生数	在校学生数	毕业班学生数
	森林保护学	15	21	54	17
	森林经理学	8	18	52	18
	野生动植物保护与利用	1	2	6	3
	园林植物与观赏园艺	22	29	81	28
	水土保持与荒漠化防治	9	12	38	13
	森林工程	17	6	29	11
	木材科学与技术	33	21	73	20
	林产化学加工工程	11	16	40	9
	林业经济管理	13	10	26	7
	其他林业学科	3	34	73	18
	2. 其他学科	528	698	1905	770
	二、本科生合计	**3653**	**4150**	**15 762**	**3896**
	1. 林科专业	742	785	2979	722
	林学	337	298	1241	327
	园林	110	113	365	64
	森林工程	22	27	106	26
	木材科学与工程	214	267	1001	242
	林产化工	28	52	142	30
	农林经济管理	31	28	124	33
	2. 其他专业	2911	3365	12 783	3174
中南林业科技大学	**学生总数**	**6019**	**6908**	**25 309**	**6476**
	其中：林业学科专业学生	588	663	2538	698
	占学生总数的比例（%）	9.77	9.6	19.85	10.78
	一、研究生合计	**464**	**627**	**1808**	**649**
	（一）博士小计	40	50	222	123
	1. 林业学科	20	16	61	20
	林木遗传育种	0	2	5	2
	森林培育	10	8	23	6
	森林保护学	0	2	5	2
	森林经理学	1	0	3	1
	森林工程	4	3	9	3
	木材科学与技术	4	1	8	3
	林产化学加工工程	1	0	8	3
	2. 其他学科	20	34	161	103
	（二）硕士小计	424	577	1586	526
	1. 林业学科	23	45	144	55
	林木遗传育种	0	0	3	2
	森林培育	2	6	14	8
	森林保护学	0	0	1	0
	森林经理学	1	0	10	5
	野生动植物保护与利用	1	4	10	3
	园林植物与观赏园艺	0	0	1	0
	水土保持与荒漠化防治	0	2	16	11
	森林工程	0	0	1	0
	木材科学与技术	0	6	18	9
	林产化学加工工程	3	2	9	4
	林业经济管理	5	4	15	9
	其他林业专业	16	25	61	13
	2. 其他学科	401	532	1442	471
	二、本专科生合计	**5555**	**6281**	**23 501**	**5827**
	（一）本科小计	5035	5510	21 028	4873
	1. 林科专业	540	598	2318	614
	林学	110	137	538	109
	森林资源保护与游憩	40	35	147	47
	园林	178	129	625	185
	森林工程	21	77	218	59
	木材科学与工程	108	113	416	128

（续）

学校	专业	毕业生数	招生数	在校学生数	毕业班学生数
	林产化工	48	36	154	47
	农林经济管理	35	71	220	39
	2. 其他专业	4495	4912	18 710	4259
	(二)专科小计	520	771	2473	954
	其他专业	520	771	2473	954
西南林业大学	**学生总数**	**2712**	**4274**	**14 651**	**3374**
	其中:林业学科专业学生	684	830	3404	897
	占学生总数的比例(%)	25.22	19.42	23.23	26.59
	一、研究生合计	**199**	**398**	**1113**	**379**
	硕士小计	199	398	1113	379
	1. 林业学科	93	140	496	167
	林木遗传育种	5	8	29	9
	森林培育	10	11	43	17
	森林保护学	8	19	49	14
	森林经理学	18	15	73	27
	野生动植物保护与利用	18	26	83	29
	园林植物与观赏园艺	22	30	103	24
	水土保持与荒漠化防治	0	10	10	0
	森林工程	4	5	18	10
	木材科学与技术	4	8	35	10
	林产化学加工工程	0	1	1	0
	林业经济管理	4	7	52	17
	2. 其他学科	106	258	617	212
	二、本科生合计	**2513**	**3876**	**13 538**	**2995**
	1. 林科专业	591	690	2908	730
	林学	91	94	452	115
	森林资源保护与游憩	79	89	407	95
	野生动物与自然保护区管理	42	41	173	33
	园林	160	165	686	205
	水土保持与荒漠化防治	28	51	187	44
	森林工程	50	72	288	52
	木材科学与工程	55	92	364	87
	林产化工	32	35	147	33
	农林经济管理	54	51	204	66
	2. 其他专业	1922	3186	10 630	2265
浙江农林大学	**学生总数**	**3294**	**3789**	**14 569**	**3632**
	其中:林业学科专业学生	486	445	1702	469
	占学生总数的比例(%)	14.75	11.74	11.68	12.91
	一、研究生合计	**278**	**406**	**1100**	**391**
	硕士小计	278	406	1100	391
	1. 林业学科	37	91	237	54
	林木遗传育种	0	10	15	1
	森林培育	21	22	75	23
	森林保护学	6	11	30	12
	森林经理学	0	7	15	2
	园林植物与观赏园艺	0	23	56	6
	木材科学与技术	7	8	22	5
	林产化学加工工程	0	3	3	0
	林业经济管理	3	7	21	5
	2. 其他学科	241	315	863	337
	二、本科生合计	**3016**	**3383**	**13 469**	**3238**
	1. 林科专业	449	354	1465	415
	林学	118	70	310	77
	园林	98	58	276	94
	木材科学与工程	177	165	635	198
	农林经济管理	56	61	244	46
	2. 其他专业	2567	3029	12 004	2823

2011/2012 学年初普通中等林业(园林)职业学校和其他中等职业学校林科分学校基本情况

单位:人

学校名称	毕业生数	招生数	在校学生数	毕业班学生数
总　计	**51 174**	**93 705**	**252 481**	**77 162**
(一)中等林业(园林)职业学校	**13 818**	**17 388**	**56 410**	**19 261**
北京市园林学校	246	88	781	273
天津市园林学校	197	140	424	148
内蒙古扎兰屯林业学校	964	1557	5255	866
内蒙古大兴安岭林业学校	461	1010	2369	617
沈阳市园林学校	31	46	172	56
辽宁林业职业技术学院中专部	37	46	159	48
白山市林业职业高级中学	0	0	67	67
黑龙江省齐齐哈尔林业学校	559	546	1652	574
黑龙江省伊春林业学校	2106	1993	3948	1764
涿鹿县宝峰寺林业中学	60	280	496	120
黑龙江省林业卫生学校	1198	1811	7061	2377
黑龙江林业职业技术学院中专部	186	239	612	116
上海市园林学校	260	162	680	154
河南省林业学校	536	1101	3189	1323
朗乡林业局职业中学	33	16	68	32
河南省信阳林业学校	56	0	1071	1071
湖北省园林工程学校	731	326	1449	332
福建三明林业学校	1560	2086	6407	2465
福建林业职业技术学院中专部	107	0	171	0
广东省林业职业技术学校	1135	1660	4532	1276
广西壮族自治区桂林林业学校	435	718	2214	619
云南林业职业技术学院中专部	125	1179	2633	502
云南省普洱林业学校	105	255	1456	785
贵州省林业学校	1165	621	3124	1336
陕西省榆林林业学校	560	381	1371	388
陕西省林业广播电视学校	50	0	0	0
甘肃省庆阳林业学校	820	540	3249	1450
甘肃省庆阳市庆城县太白梁林业中学	95	587	1800	502
新疆林业学校	488	409	1811	995
(二)其他中等专业学校(林科)	**37 356**	**76 317**	**196 071**	**57 901**

2011/2012 学年初普通中等林业(园林)职业学校和其他中等职业学校林科分专业基本情况

单位:人

专业名称	毕业生数	招生数	在校学生数	毕业班学生数
总　　计	**51 662**	**94 114**	**254 292**	**78 157**
(一)林科专业	**43 528**	**84 705**	**224 268**	**67 227**
林业	5440	10 950	33 927	10 445
园林	28 175	60 607	142 456	33 104
木材加工	3274	4640	10 710	4642
森林资源保护与管理	1879	3240	8868	2715
生态环境保护	118	695	964	796
林产化工	62	0	28	28
农林类新专业	4580	4573	27 315	15 497
(二)非林科专业	**8134**	**9409**	**30 024**	**10 930**
保安	0	0	46	46
播音与节目主持	1	0	0	0
采矿技术	33	0	55	38
茶叶生产与加工	0	0	188	105
城市轨道交通运营管理	0	17	17	0
宠物养护与经营	0	10	10	0
畜禽生产与疾病防治	0	300	431	131
船舶电气技术	7	0	0	0
船舶制造与修理	24	0	2	2
道路与桥梁工程施工	21	163	455	158
地质调查与找矿	0	0	45	45
地质与测量	13	0	0	0
电气运行与控制	0	5	59	40
电子电器应用与维修	42	24	24	0
电子技术应用	119	0	252	252
电子商务	305	182	693	290
电子与信息技术	39	27	191	104
动漫游戏	0	0	21	0
法律事务	72	0	25	25
房地产营销与管理	18	17	68	32
服装设计与工艺	197	45	159	50
工程测量	0	91	95	4
工程造价	0	79	169	9
工艺美术	22	95	155	23
国际商务	0	9	36	14
果蔬花卉生产技术	0	6	40	19
焊接技术应用	19	13	97	46
航空服务	0	0	8	8
护理	1030	1763	6918	2304
化工机械与设备	2	0	0	0
化学工艺	114	37	137	34
会计	939	934	2666	952
会展服务与管理	0	2	9	0
机电技术应用	346	20	114	50
机电设备安装与维修	128	110	303	43
机械加工技术	0	0	35	35
机械加工技术	89	8	126	99

（续）

专业名称	毕业生数	招生数	在校学生数	毕业班学生数
计算机应用	1810	1608	4886	2581
计算机与数码产品维修	0	45	64	0
家具设计与制作	48	208	337	67
建筑工程施工	95	191	545	137
金融事务	0	13	27	8
酒店服务与管理	38	91	470	91
口腔修复工艺	139	181	488	74
旅游服务与管理	227	275	719	333
美发与形象设计	0	37	75	0
美术设计与制作	38	53	129	38
模具制造技术	130	0	0	0
模具制造技术	20	0	0	0
模具制造技术	117	0	10	10
农村电气技术	4	111	726	1
农村经济综合管理	93	441	1218	331
农村医学	0	25	71	0
农业机械使用与维护	0	428	759	0
农业与农村用水	0	37	54	0
平面媒体印制技术	0	0	17	17
其他新专业	387	27	771	639
汽车电子技术应用	18	38	62	20
汽车美容与装潢	0	25	25	0
汽车运用与维修	106	623	1151	185
商品经营	0	4	25	13
商务俄语	17	1	12	11
商务英语	34	0	0	0
设施农业生产技术	50	0	0	0
生态环境保护	13	0	1	0
生物技术制药	0	0	13	4
石油天然气开采	0	34	34	0
市场营销	0	79	183	24
市政工程施工	88	153	344	9
数控技术应用	273	70	411	190
数字广播电视技术	37	0	0	0
水利水电工程施工	5	0	0	0
通信技术	0	75	166	51
通信运营服务	0	7	7	0
土木水利类新专业	3	0	16	16
微电子技术与器件制造	0	0	13	13
文秘	480	223	1098	312
物流服务与管理	40	0	22	0
物业管理	15	0	15	0
现代农艺技术	124	136	733	501
信息技术类新专业	0	0	0	0
学前教育	0	111	155	0
眼视光与配镜	0	35	121	41
药剂	0	27	94	29
营养与保健	29	0	54	54
影像与影视技术	0	3	4	0
中草药种植	1	20	38	2
中药制药	75	17	212	170

2010～2011 学年初普通中等林业

学校名称	教职工	校本部职工数						
		合计	专任教师					
			计	正高级	副高级	讲师	助理讲师	教员
合计	**3143**	**3134**	**1967**	**2**	**698**	**721**	**446**	**101**
天津市园林学校	67	67	37	0	11	17	7	2
广东省林业职业技术学校	230	230	137	0	61	52	21	3
韩家园林业局教师进修校	12	12	12	0	1	6	5	0
黑龙江农垦林业职业技术学院	0	0	0	0	0	0	0	0
漠河县阿木尔林业局教师进修学校	21	21	18	1	7	10	0	0
河南省林业学校	239	237	160	0	58	52	50	0
普洱林业学校	62	57	45	0	18	15	10	2
北京市园林学校	110	110	65	1	20	27	16	2
双丰林业局教育教研室	25	25	17	0	4	11	2	0
沈阳市园林学校	41	41	36	0	6	20	10	0
铁力林业局教师进修学校	8	8	8	0	3	3	2	0
甘肃省庆阳林业学校	119	119	83	0	25	27	31	0
白山市林业职业高级中学	0	0	0	0	0	0	0	0
福建三明林业学校	150	150	117	0	40	32	33	12
上海市园林学校	161	161	69	0	12	35	22	0
黑龙江省齐齐哈尔林业学校	203	203	121	0	53	24	44	0
陕西省林业广播电视学校	0	0	0	0	0	0	0	0
新疆林业学校	196	196	98	0	32	46	14	6
黑龙江省林业卫生学校	167	167	96	0	33	24	26	13
黑龙江林业职业技术学院	0	0	0	0	0	0	0	0
朗乡林业局职业中学	42	42	35	0	6	20	9	0
陕西省榆林林业学校	198	198	111	0	43	48	20	0
朗乡林业局教师进修学校	19	19	10	0	4	4	1	1
湖北省园林工程学校	114	114	54	0	21	11	13	9
内蒙古扎兰屯林业学校	121	121	99	0	53	26	8	12
广西壮族自治区桂林林业学校	106	106	83	0	13	49	21	0
信阳林业学校	169	169	132	0	27	41	39	25
内蒙古大兴安岭林业学校	205	205	110	0	62	39	9	0
贵州省林业学校	157	157	88	0	27	43	15	3
黑龙江省伊春林业学校	150	148	78	0	47	9	11	11
涿鹿县宝峰寺林业中学	28	28	25	0	2	23	0	0
桃山林业局教育教研室	8	8	8	0	6	2	0	0
甘肃省庆阳市庆城县太白梁林业中学	15	15	15	0	3	5	7	0

(园林)职业学校教职工基本情况

单位:人

教辅人员	行政人员	工勤人员	校办厂(场)职工	附设机构人员	兼任教师(不在教职工数中)
381	**331**	**455**	**4**	**5**	**416**
10	2	18	0	0	9
29	30	34	0	0	51
0	0	0	0	0	0
0	0	0	0	0	0
2	0	1	0	0	0
17	20	40	2	0	38
5	0	7	0	5	7
21	7	17	0	0	20
3	2	3	0	0	0
4	0	1	0	0	0
0	0	0	0	0	0
8	17	11	0	0	0
0	0	0	0	0	0
11	12	10	0	0	108
12	51	29	0	0	0
23	9	50	0	0	0
0	0	0	0	0	0
33	14	51	0	0	1
25	30	16	0	0	101
0	0	0	0	0	0
4	3	0	0	0	0
30	40	17	0	0	12
6	3	0	0	0	0
27	8	25	0	0	0
1	8	13	0	0	46
11	9	3	0	0	6
26	7	4	0	0	0
18	21	56	0	0	0
30	12	27	0	0	17
22	26	22	2	0	0
3	0	0	0	0	0
0	0	0	0	0	0
0	0	0	0	0	0

(林业教育信息统计由吴友苗供稿)

林业对外开放

12

【综　述】 2011年是"国际森林年"，中国林业国际合作按照紧紧围绕提升中国林业的国际地位，增强话语权，妥善应对国际敏感问题，维护国家利益，积极研究新思路，探索新途径，寻找新突破，取得了明显进展。新签署了《中华人民共和国政府和日本国政府关于打击木材非法采伐及相关贸易支持森林可持续经营的合作备忘录》、《〈中华人民共和国政府和蒙古国政府关于边境地区森林、草原防火联防协定〉实施细则》、《中华人民共和国国家林业局与文莱达鲁萨兰国工业和初级资源部关于林业合作的谅解备忘录》、《中华人民共和国国家林业局和韩国山林厅关于继续开展东北虎繁殖合作的协议》、《中国野生动物保护协会与英国苏格兰皇家动物学会开展大熊猫保护研究合作协议》5个政府和部门间双边协议；续签了中美自然保护议定书、中美林业合作协议、中美共建中国园协议；新争取到澳大利亚、日本、全球环境基金无偿援助项目6个，总金额约3030万美元。争取到科技部对外援助培训项目12个，共计人民币2819万元；全年共审批560批(2590人次)的出访和来华，其中派出团组320批(1040人次)，请进240批(1550人次)。　　(黄一川)

林业重要外事活动

【贾治邦局长出访澳大利亚、文莱】 应澳大利亚农渔林业部和文莱工业与初级资源部邀请，国家林业局局长贾治邦率中国林业代表团于2011年10月19~27日访问了澳大利亚和文莱。贾治邦局长在与澳大利亚农渔林业部长拉德维格会谈时介绍了中国林业概况，特别是实施重点林业生态建设工程和集体林权制度改革的情况，双方就深化中澳林业合作达成多项共识；在与文莱工业与初级资源部长叶海亚会谈中，贾治邦局长提议中文两国应相互借鉴林业发展经验，促进共同发展，双方就建立中文林业部门间合作渠道达成重要共识。代表团还考察了澳大利亚国立树木园、文莱红树林保护区和木材加工厂，贾治邦局长在两国亲手种下了象征友谊的银杏树与棕榈树。　　(夏　军)

【赵树丛副局长赴美出席第三轮中美战略与经济对话】 第三轮中美战略与经济对话于2011年5月9~10日在美国华盛顿举行，国家林业局副局长赵树丛随副总理王岐山和国务委员戴秉国率领的中国代表团参加了本次对话。赵树丛副局长在专题发言中介绍中国在植树造林方面取得的巨大成就及对扭转亚太和全球森林资源持续减少作出的贡献，提议中美加强打击木材非法采伐及相关贸易合作，希望美方抓紧筹资，尽早启动中国园项目建设。期间，赵副局长还会见了美国林务局副局长里弗斯，考察了美国国家树木园。　　(夏　军)

【赵树丛副局长出访肯尼亚、加蓬】 应肯尼亚林业与野生动物部、加蓬水和森林部邀请，赵树丛副局长率团于2011年9月13~21日访问了肯尼亚和加蓬。赵树丛副局长在会见肯尼亚林业和野生动物部长维凯萨和加蓬水和森林部长马纳纳时，介绍了中国林业建设的巨大成就以及履行国际公约，积极承担应对气候变化义务，坚决打击木材非法采和野生动植物非法贸易的原则立场，得到了对方的一致赞赏。代表团还实地考察了肯尼亚的野生动物保护、加蓬的森林经营以及中资企业在加蓬的木材采伐现场和锯材厂。　　(夏　军)

【张建龙副局长访问瑞士、意大利】 应瑞士环境署和联合国粮农组织的邀请，2011年9月16~25日，国家林业局副局长张建龙率团访问瑞士和意大利。张建龙副局长会见了瑞士环境署署长安德里亚斯·高兹，双方交换了两国林业发展近况和重点工作，探讨了在林业政策、应对气候变化、多功能林业、森林保护、木材加工、林业研究和教育等领域的合作前景，表达了加强合作与交流的强烈愿望，并就签署中瑞(士)林业合作谅解备忘录达成了共识。在瑞士期间，张建龙副局长还实地考察了上瓦尔登州和因特拉肯林区森林经营、防护林建设和木材采伐作业。在与联合国粮农组织助理总干事爱德华多·罗哈斯·布里亚莱斯的会见中，双方交换了2011年11月由国家林业局承办的亚太林委会第24次会议暨第2届亚太林业周的筹备情况，回顾了近30年来双方良好的项目合作，探讨了在林权改革、森林经营、林业应对气候变化等领域的合作前景。　　(王　骅)

【陈述贤组长访问奥地利、丹麦】 应奥地利共和国联邦农业、林业、环境和水资源管理部和联合国环境规划署能源、气候和可持续发展里索中心的邀请，国家林业局党组成员、中纪委驻局纪检组组长陈述贤于2011年10月11~20日率团访问奥地利、丹麦。陈述贤组长会见了奥地利联邦农业、林业、环境和水利部部长尼古拉斯·贝拉科维奇，与奥地利联邦农业、林业、环境和水利部林业总司司长格哈德·曼斯伯格共同出席了中奥林业工作组第一次会议，并实地考察了奥地利林业机械、门窗生产、木材加工、种苗生产、林业教育以及防护林经营情况，参观了奥地利林业机械和生物质能源设备展览会。访问丹麦期间，陈述贤组长与联合国环境规划署能源、气候和可持续发展里索中心以及丹麦科技大学进行工作会谈，介绍了中国林业减缓和适应气候变化的行动计划以及发展林木生物质能源、推进森林可持续经营的设想，听取了里索中心和丹麦科技大学在利用林木剩余物和其他生物质，加工、转化为生物质能源的新技术研发情况，探讨了进一步交流、合作的可能性。

(王　骅)

【张永利副局长访问英国，签署大熊猫合作研究协议】 2011年1月10日，在李克强副总理和英国尼克·克莱格副首相的共同见证下，中国野生动物保护协会与苏格兰皇家动物学会在伦敦签署了中英共同开展大熊猫保护研究合作协议。国家林业局副局长张永利参加了仪式。根据该协议，中方将向英方提供一对大熊猫赴爱丁堡动物园进行为期10年的合作研究，推动两国在物种和生物多样性保护方面的合作，并进一步加深两国人民的友谊。参与该项合作研究的大熊猫将来自卧龙中国保护大熊猫研究中心。访英期间，张永利副局长还率团与英方有关单位进行了深入商讨和交流，实地考察了大熊猫即将入住的爱丁堡动物园，为今后双方进一步合作奠定了良好的基础。（王　骅）

【日本林野厅长官皆川芳嗣来华出席第六次中日林业高层定期会晤】 第六次中日林业高层定期会晤于2011年8月19日在北京召开，国家林业局局长贾治邦与日本林野厅长官皆川芳嗣出席了会议，双方就共同关切的中日林业政策、打击木材非法采伐和相关贸易、中日民间绿化合作、中国派遣赴日林业研修生、日本木材对华出口、林业应对气候变化等议题交换了意见。根据2005年国家林业局与日本林野厅签署的“两国林业主管部门关于建立高层定期会晤机制的备忘录”，林业高层会晤每年定期举行，由两国轮流主办，介绍本国林业发展情况，就共同关心的林业问题进行磋商和交流。（张　喆）

林业对外科技交流与合作

【贾治邦会长访问台湾，进行林业调研】 应台湾动物园暨水族馆协会的邀请，2011年2月18～25日，中国野生动物保护协会名誉会长贾治邦率代表团赴台湾进行林业调研工作，重点考察了台湾重点林区和国家公园的管理和保护情况，并全面听取台湾有关部门关于国家公园和国有林区的基础设施建设、法规制度构建、行政管理体制、财政资金保障、工作机制运作等方面的情况介绍，了解了林业和自然保育工作取得的成就、积累的经验、存在的薄弱环节以及未来设想、思路、目标和发展方向。期间，代表团会见了海峡交流基金会董事长江丙坤以及台湾国家公园管理负责人（营建署署长）叶世文、林业负责人（林业局局长）颜仁德等重要人士，专程探访了落户在台北市立木栅动物园的大熊猫伉俪“团团”、“圆圆”。2月22日，贾治邦还在宝岛最南端的垦丁国家公园种下一株大叶山榄，为两岸林业交流合作掀开了新的历史篇章。（王　骅）

【中蒙签署《〈中华人民共和国政府和蒙古国政府关于边境地区森林、草原防火联防协定〉实施细则》】 2011年2月24日，外交部部长杨洁篪访问蒙古国期间，中国驻蒙古大使王小龙代表国家林业局与蒙古国家紧急事务局局长阿姆格楞巴亚尔签署《〈中华人民共和国政府和蒙古国政府关于边境地区森林、草原防火联防协定〉实施细则》。边境地区森林草原火灾对中蒙两国造成严重危害，为此1999年两国政府签订了《中华人民共和国政府和蒙古国政府关于边境地区森林、草原防火联防协定》，为加强边境地区森林草原防火工作奠定了良好基础。通过签署防火协定实施细则，进一步明确了边境地区森林草原火灾预防、火情通报、扑救工作等具体事项，推动了防火联防协定的落实。（张　喆）

【中韩签署《中华人民共和国国家林业局和大韩民国山林厅关于继续开展东北虎繁殖合作的协议》】 2011年4月19日，国家林业局副局长印红与韩国山林厅次长河永孝在北京签署《中华人民共和国国家林业局和大韩民国山林厅关于继续开展东北虎繁殖合作的协议》，双方决定通过合作协议，支持象征两国友谊的东北虎在韩国繁衍生息，建立稳定种群，推动中韩两国的密切关系。（张　喆）

【中日签署《中华人民共和国政府和日本国政府关于打击木材非法采伐及相关贸易支持森林可持续经营的合作备忘录》】 2011年8月19日，贾治邦局长与日本外务大臣松本刚明、农林水产大臣鹿野道彦签署《中华人民共和国政府和日本国政府关于打击木材非法采伐及相关贸易支持森林可持续经营的合作备忘录》。中日都是林业大国和木材贸易大国，在林业领域有着长期友好的合作关系。自2008年以来，中日就开展打击木材非法采伐合作进行了多次磋商，达成共识。根据协议，两国承诺将推动打击木材非法采伐及相关贸易的进程，促进对木材合法性认定的理解，加强森林执法与施政，开展法律法规等信息交流，推动森林可持续经营。（张　喆）

【中国与文莱签署《中华人民共和国国家林业局与文莱达鲁萨兰国工业和初级资源部关于林业合作的谅解备忘录》】 2011年11月21日，温家宝总理访问文莱期间，外交部部长杨洁篪代表国家林业局与文莱外交与贸易部长穆罕默德签署《中华人民共和国国家林业局与文莱达鲁萨兰国工业和初级资源部关于林业合作的谅解备忘录》。文莱地处热带地区，森林覆盖率高，被誉为亚太地区的绿色明珠。根据该协议，两国将在森林可持续经营与利用、应对共同关心的气候变化等林业问题、发展林业产业以及生态保护宣传教育等领域开展多种形式的交流与合作。（张　喆）

【中韩林业工作组第八次会议】 中韩林业工作组第八次会议2011年4月19日在北京召开，国家林业局副局长印红与韩国山林厅次长河永孝共同出席会议并致辞。会议回顾了中韩林业合作的进展情况，相互介绍各国林业发展的最新情况，确定了在森林经营、野生动物保护、防治荒漠化、森林旅游、病虫害防治等领域开展的合作项目与活动计划。会议期间，副局长印红与河永孝次长共同签署《中国国家林业局和韩国山林厅关于继续开展东北虎繁殖合作的协议》。中韩两国1994年签署林业部门间合作协议并成立林业工作组，定期就共同关心的林业问题交换看法，商定合作项目与活动。林业工作组在推动中韩林业交流与合作方面发挥了重要作用。 （夏 军）

【中美举行自然保护议定书附件11磋商】 中美自然保护议定书附件11项目磋商于2011年4月4～9日在美国华盛顿举行，国家林业局代表团与美国渔和野生动物局代表团共同回顾了2007～2010年度附件10各项活动的成果，就2011～2013年度中美自然保护议定书附件11项目与活动的领域和内容进行了深入探讨，确定2011～2013年度双方在自然保护区管理、湿地保护宣传、濒危物种贸易、水生生物栖息地保护等领域开展19个交流项目，支持湿地恢复等其他项目的实施。2011年是中美签订自然保护协定25周年，双方高度赞赏中美在自然保护领域25年合作的显著成效，一致同意延长议定书有效期5年以继续合作。 （夏 军）

【中美林业工作组第五次会议】 中美林业工作组第五次会议于2011年6月20～21日在北京举行，国家林业局副局长赵树丛会见前来出席会议的美国林务局副局长里弗斯一行，国家林业局副局长印红与里弗斯副局长共同出席会议开幕式并致辞。会议确定森林健康、森林应对气候变化、外来物种防治、森林资源清查和分析等领域为双方今后合作重点，同意在2011～2012年合作框架下开展十多个合作项目和具体活动。根据1999年签署的《中国国家林业局和美国农业部关于林业合作的谅解备忘录》，中美林业工作组至今已召开了5次会议，在森林病虫害防治、林业体制改革政策、天然林保护、森林可持续经营、生态旅游、森林防火、森林健康等领域开展了积极的合作与交流。 （夏 军）

【芬兰农林部部长杰瑞·科斯基宁出席中芬林业合作研讨会】 2011年10月27日，根据中芬林业工作组第16次会议纪要，中芬林业合作研讨会在北京召开。国家林业局副局长印红、芬兰农林部部长杰瑞·科斯基宁、芬兰驻华大使岚涛出席了上述会议。研讨会重点分析了中国林权制度改革与现代林业发展面临的机遇和挑战，探讨中芬对口部门和企业间的合作前景与形式。来自芬兰农林部、科研院校和林业企业的代表，中国相关政府部门、林改重点省份、科研院校、企业协会的代表共50余人参加了上述会议。双方一致肯定了过去的30多年中芬两国在林木育种、人工林经营、木材加工、森林可持续经营诸多等领域合作的成果，同意进一步将合作领域拓展到农村林业改革、私有林发展、气候变化、可再生能源、林业教育与科研、林业产业发展等关系两国林业共同发展的新课题，希望两国专家学者、企业界人士共同研究新的合作模式和资金支持机制，推动中芬两国林业领域的合作与交流可持续发展。 （王 骅）

【俄罗斯联邦林务局副局长契卡尔约克率团来华参加中俄第二次森林防火联防会晤】 7月12日，根据1995年6月中俄两国签署的《森林防火联防协定》，中俄第二次边境森林防火联防会议在黑龙江省哈尔滨市召开。国家森林防火指挥部副总指挥、国家林业局副局长孙扎根与俄罗斯联邦林务局副局长契卡尔约克分别率团参加了上述会议。双方回顾了近年来中俄林业及森林防火方面的合作与交流，并表示将进一步加强经验交流、信息共享和定期会晤，强化森林防火联防机制。会后双方签署了中俄第二次边境森林防火联防会议纪要，在《中俄森林防火联防协定》的框架下明确了定期会晤及紧急会晤机制，双方森林火灾、火情、用火信息及火灾监测信息的交换机制，边境地区联防联络机制和部门间技术合作与交流机制，并商定中俄第三次边境森林防火联防会议2013年在俄罗斯举行。会后，中俄双方代表联合考察了黑龙江省森林防火装备建设和队伍建设。

（王 骅）

【促进中国和发展中国家林业（竹业）合作部级官员研修班】 2011年10月25日促进中国和发展中国家林业（竹业）合作部级官员研修班在京开班，来自亚非拉等25个发展中国家的林业、农业、自然资源等部委的部省级官员约30人参加。此次研修班属商务部发展中国家援外培训项目，由林科院所属竹子中心具体承办，是商务部首次将部级培训班分配给其他单位执行。各国官员就中国木材资源生产和加工、生物质能源与森林碳汇、以竹子为主的非木质林产品的产业化和商品化等议题进行了专题研讨，还考察了浙江竹业和竹产品，出席了2011中国国际林业博览会暨第4届中国（义乌）国际森林产品博览会开幕式。 （张 喆）

林业经济技术交流与合作

【全球环境基金（GEF）项目】 根据财政部关于申报GEF第五增资期赠款项目的要求，争取到财政部“加强中国湿地保护体系，促进生物多样性保护”项目。项目执行单位有国家林业局，新疆、安徽、湖北、江西、海南省（区）林业厅（局）及大兴安岭、内蒙古森工（林业）集团。该项目拟申请GEF赠款总额为2600万美元，项目内容为“1＋6架构”，即由一个中央层面子项目和6个示范点子项目组成。根据GEF有关规定，该项目的7个子项目将在框架文件获GEF理事会批准后的18个月内即2013年5月前全部实施。 （张忠田）

【中德财政合作江西造林项目】 2011年5月31日至6月7日，由德国复兴信贷银行高级项目经理莎夫女士任组长的评估组一行3人组成的德国复兴银行评估团对江西中德合作造林项目进行了终期评估，江西项目正式结束。评估组对江西项目得以圆满实施表示祝贺，认为该项目聚焦于中国森林保护与恢复，强调可持续性森林经营等关键问题，从长远来看，项目通过提供劳务补贴，引进经济林及木材林，实施合同体系，引入参与式规划等四大举措，对当地扶贫和可持续发展作出了贡献。

（余 跃）

【中德财政合作辽宁朝阳与内蒙古赤峰造林项目】 2011年9月12～24日，由德国复兴信贷银行高级林业专家哈斯先生任组长的评估组一行2人先后对中德财政合作辽宁朝阳造林项目与内蒙赤峰造林项目进行了终期评估。辽宁朝阳项目和内蒙古赤峰项目正式结束。评估组祝贺了上述两个项目圆满完成各项预期目标，产生了良好而显著的生态、组织和社会经济影响，并分别总结了其主要经验和教训，提出了巩固项目成果的相关建议。评估组特别指出了辽宁朝阳项目尽管面临立地条件较差、气候条件恶劣等不利因素的影响，总体造林任务仍旧超额完成，且项目其他任务也按计划得到很好的执行。同时，评估组肯定了内蒙赤峰造林项目总体上顺利完成了项目各项任务包括新增活动任务，并赞赏了项目在恶劣自然条件下，仍保持了令人满意的存活率。

（余 跃）

【中日营造林技术与管理培训班】 2011年2月22～28日，由国家林业局国际合作司、对外合作项目中心与日本国际协力机构(下称JICA)中国事务所共同主办的营造林技术与管理培训班先后在内蒙古、宁夏、河南、陕西、青海与甘肃正式开班。

此次培训班基于2011年1月17日正式启动的中日技术合作“中国黄土高原林业新技术及管理方法推广普及项目”，该项目将利用日援赠款项目的技术和经验，以能力建设为主要形式，针对日援贷款项目相关省区人员开展新技术培训，在山西、内蒙古、宁夏、河南、陕西、甘肃和青海七省(区)实施，为期5年。

为了对新启动项目提供示范，2011年初，国家林业局国际合作司、对外合作项目中心与JICA达成共识，双方决定以新项目为依托，由参与项目实施的七省区各实施一期营造林技术和管理培训班，JICA为此提供额外资助。其中山西项目的培训班已于2011年1月举办。

各省区根据各自的林业重点工作，聘请了各省知名专家和教授授课，参加培训的人员以各省市县级林业主管领导、技术人员和日援贷款项目负责人为主。培训班通过室内授课和实地教学等方式，旨在提高学员的营造林技术和项目管理能力，促进本地林业建设。

（许强兴）

【中日合作中国黄土高原林业新技术及管理方法推广普及项目】 2011年1月17日，中日合作中国黄土高原林业新技术及管理方法推广普及项目启动大会在山西省太原市召开。该项目实施期限为2010～2015年。项目主管机构为国家林业局国际合作司、对外合作项目中心以及日本JICA中国事务所，项目实施单位为山西省林业厅，实施参与单位为内蒙古、河南、山西、甘肃、宁夏、青海省(区)林业厅。项目旨在通过整理、开发、改进黄土高原地区有效、合理的林业新技术和管理方法，并在黄土高原地区推广普及，扩大日援造林工程影响，强化中国黄土高原造林区域的经济创收意识，提高造林技术和管理能力，促进农民增收和区域经济发展。

（许强兴）

【中日民间绿化合作“小渊基金”项目】 2011年争取到小渊基金援助资金7.7亿日元，项目区涉及中国29个省(区、市)。项目涉及防沙治沙、水源涵养、海防林建设、灾后生态林恢复建设等领域，造林8000公顷。

（许强兴）

林业多边国际交流与合作

【首届APEC林业部长级会议】 2011年9月6～8日首届亚太经合组织(APEC)林业部长级会议在北京举行。这次会议是胡锦涛主席在2010年亚太经合组织第18次领导人非正式会议上倡议召开的。来自APEC 21个经济体的林业部长和高官出席了会议。国家主席胡锦涛出席了会议开幕式并发表了题为《加强区域合作，实现绿色增长》的重要讲话。胡主席在讲话中针对森林在推动绿色增长中的重要功能以及林业与绿色增长的关系进行了深刻论述，并就亚太区域林业发展与合作提出了3点建议，强调要加强林业建设，发挥森林的多种功能，让森林永远造福人类，为亚太和世界人民创造更加美好的明天。回良玉副总理出席了会议闭幕式并致词。

会议围绕“加强区域合作，促进绿色增长，实现亚太林业可持续发展”的主题进行了深入的研讨，通过了旨在加强亚太区域林业合作的《北京宣言》。

（张忠田）

【气候变化林业议题谈判】 2011年11月28日至12月10日，《联合国气候变化框架公约》(以下简称“公约”)第17次缔约方大会暨《京都议定书》(以下简称“议定书”)第7次缔约方会议在南非德班举行。国家林业局派员作为由发改委和外交部牵头组成的中国代表团成员参会。

本次气候变化谈判会议涉及三个林业议题：①关于减少发展中国家毁林排放等行动的政策激励机制议题；②关于减少发展中国家毁林排放等行动的相关技术方法议题；③土地利用、土地利用变化和林业议题。会议期间林业议题深受各方关注。

关于减少发展中国家毁林排放等行动的政策激励机制议题主要讨论的是如何为发展中国家全面实施减少毁林排放等行动提供长期资金支持的问题。根据本次会议通过的决定，发达国家将根据实施结果，通过多边、双边、公共和私营等多种渠道，为发展中国家实施减少毁林排放等行动提供新的、额外的、可预见的资金支持。同时，也将以适当方式，建立基于市场的资金机制，并综合减缓和适应在内的非市场手段，为发展中国家开展减少毁林排放等行动以及森林可持续经营等提供资金支持。

关于减少发展中国家毁林排放等行动的相关技术方法议题主要涉及3个技术问题，一是如何报告发展中国家在实施减少毁林排放等行动中，遵循保护生物多样性、社区参与等原则的情况；二是如何为评估发展中国家减少毁林排放等行动的实施效果设置参考值；三是如何建立森林监测体系，测量、报告和核查（"三可"）发展中国家减少毁林排放等行动的结果。根据该议题的决定，各方同意通过国家信息通报等方式定期提供发展中国家实施毁林排放等行动过程中遵守保护生物多样性和社区参与等保障措施的信息；同意根据IPCC相关技术指南，以建立参考值或基数的方式，评估发展中国家实施减少毁林排放等行动的效果；要求各方根据此决定所附技术指南，提交建立参考值或基数的相关信息，并对参考值或基数进行具体说明。各方可对参考值或基数进行修订，但应说明相关修订的技术方法等。

土地利用、土地利用变化和林业议题关乎发达国家能否承担第二承诺期的问题，因此，谈判异常艰苦。经过夜以继日的艰苦谈判，各方才采取了妥协的态度，最终通过了议题的决定。该决定的通过对确保议定书第二承诺期发挥了重要作用。根据该议题的决定，发达国家在2012年后的二期减排中，必须将造林、再造林、毁林、森林管理活动产生的碳源/碳汇变化情况纳入核算，但可自行选择确定是否将植被恢复、牧地管理、农田管理和湿地管理活动产生的碳源/碳汇变化纳入核算。发达国家在核算森林管理活动产生的碳源/碳汇变化情况时，必须按照决定中所附的参考值或基数，在综合考虑各自木质林产品碳排放、剔除由不可控制自然因素引起的森林火灾、病虫害导致的碳排放后，按照决定中相关条款规定核算出各国在议定书二期中，森林管理活动碳源/碳汇的净变化量，并据此以不超过每个发达国家1990年工业、能源领域排放量的3.5%为限，确定各国实际可用于抵消工业、能源活动排放的碳汇量。同时，在符合规定的条件下，允许将采伐1960~1990年人工林或改变该期间人工林地用途导致的碳排放纳入森林管理活动碳源/碳汇变化核算。（张忠田）

【大森林论坛】 10月17~21日，大森林论坛2011年年会在墨西哥瓦哈卡市召开，张永利副局长率团参会。会议由美国产权与资源机构主办，墨西哥环境与自然资源部国家林业委员会承办，来自中国、美国、俄罗斯、加拿大、巴西、印度尼西亚、墨西哥、民主刚果共和国等8个国家的代表及相关国际机构共计30余人出席会议。

会议以"经济动荡和气候变化条件下的森林管理"为主题，共分成各国林业最新动态分享、全球林业市场扫描、林业应对金融危机、森林生态效益补偿、林业部门应对自然灾害、气候变化应对策略、林权改革等8个议题，采取专题发言、讨论交流、专家点评、实地考察等形式，与会各国代表和受邀嘉宾进行了广泛深入的讨论和交流。张永利副局长对会议议题作了主旨发言，详细介绍了中国林业发展的最新情况并交流了对会议各议题的看法。达到了增进友谊、促进交流和加强合作的目的。（张忠田）

【第二届亚太林业周和联合国粮农组织（FAO）第24届亚太林委会会议】 2011年11月，国家林业局在北京承办了"联合国粮农组织第2届亚太林业周和第24届亚太林委会会议"。来自亚太地区33个国家、200多个国际区域组织以及部分私营部门、科研机构和大学的代表出席了会议。林业周期间，与会代表通过经验交流会、专题研讨会、林业成就展览和林业电影放映等多种形式，围绕亚太地区林业发展的"新挑战·新机遇"这一主题，就林业发展战略、气候变化、林业政策和改革、森林治理、资源管理和林业产业等议题进行了深入探讨和交流。国家林业局局长贾治邦出席开幕式并致辞，赵树丛副局长出席闭幕式并致词。联合国粮农组织副总干事布莱利斯、联合国森林论坛秘书处主任简·麦卡尔平参加了会议并致辞。国家林业局组建的中国代表团参加了林委会各项议题的讨论，组成跟踪报道组全程报道了林业周期间的主题边会和亚太林委会情况，编印了5期会议简报，并主办了"中国林业的新机遇和新挑战"主题边会。国家林业局国际合作司司长苏春雨被推选为亚太林委会主席。（肖望新）

【联合国森林论坛第九届会议】 联合国森林论坛第九届会议于2011年1月24日至2月4日在纽约联合国总部召开。会议以"森林造福人民、改善民生、消除贫困"为主题，着力探讨以社区为基础的森林管理、社会发展和民生问题，审议国际森林文书的实施进展情况，磋商解决森林资金机制的工作方案，并就筹备2012年环发大会20周年峰会提出相关建议。祝列克副局长率由国家林业局、外交部和常驻联合国代表团组成的政府代表团出席了会议。会议通过了《部长级宣言》和《关于森林造福人民、改善民生和消除贫困的决议》。会议期间还举办了高级别会议，重点关注的问题包括森林与改善民生、融资问题、林业与其他部门关系和林业与里约20年峰会等。祝列克副局长出席了高级别会议并作讲话，介绍了中国在发展林业、减贫惠民方面的经验和做法，特别介绍了中国正在全面推行的集体林权制度改革。祝列克副局长在讲话中还呼吁各国拿出政治意愿和诚意，加快解决森林资金问题，为进一步谈判具有法律约束力的国际森林文书铺平道路。（肖望新）

【联合国防治荒漠化公约第10届缔约方大会】 此次会议2011年10月10~21日在韩国昌原召开，公约科学技术委员会会议和履约审查委员会会议同时举行。国家林业局副局长印红率由外交部、发改委、财政部、国家林业局组成的中国政府代表团出席会议。大会围绕防治荒漠化与粮食安全、里约+20会议背景下的荒漠化公约、利用科学促进防治土地退化和干旱等三大议题，分别召开了高级别圆桌会议并提出了《昌原倡议》，主要包括三项内容：一是呼吁设立防治荒漠化政府间专门委员会；二是鼓励私营部门参与荒漠化防治；三是在公约下设立"生命土地奖"，提高国际社会和公众对防治荒漠化的认识。在高级别圆桌会议上，印红副局长就里约+20会议背景下的荒漠化公约议题阐述了中方的立场和观点，就公约未来的实施提出4点建议，指出防治荒漠化是缓解贫困的核心和底线，希望各缔约方强化政治意愿，将推动荒漠化防治进程作为自觉行动，推动十年战略实施。应主办方邀请，印红副局长还担任了高级别会议圆桌会议分议题的联合主席，引导与会代表针对该议题进行了深入的讨论，得到了与会各方的高度赞赏。会议期间，印红分别会见了《联合国防治荒漠化公约》执行秘书尼亚卡贾，韩国山林厅长官李敦求、次长河永孝，伊朗农业副部长阿里瑞扎·欧朗吉，阿尔及利亚国土管理与环境部长谢里夫·拉曼，蒙古自然、环境与旅游部长甘苏克·卢梅德等各国高官，就加强中国与有关国家在防治荒漠化方面的合作交换了意见。此外，印红还出席了《东北亚防治荒漠化、土地退化和干旱网络备忘录》签字仪式以及中国代表团举办的“中国日”活动并致辞。 （肖望新）

亚太森林恢复和可持续管理网络

【综　述】 2011 年，国家林业局亚太森林网络管理中心全面贯彻国家林业发展政策，积极结合林业发展的实际需求，大力推动亚太森林恢复与可持续管理组织(以下简称“亚太森林组织”)的进一步发展。

机构建设 经民政部核准，亚太森林恢复与可持续管理组织(以下简称“亚太森林组织”)已正式注册为国际组织，标志着其法律地位的确立，为机构安全、合法运行和业务拓展提供了保障，为秘书处的正式设立和运行奠定基础。并于首届 APEC 林业部长级会议上举行揭牌仪式，正式对外运行。目前已建立了由中国、美国、澳大利亚、越南、泰国、马来西亚、印度尼西亚和巴布亚新几内亚等 8 个经济体以及联合国联农组织亚太区域办公室和美国大自然保护协会组成的指导委员会，并于 2011 年 6 月成功召开了指导委员会第一次会议。以指导委员会和联络员机制为平台，出台了《亚太森林组织运行框架文件》、《2011～2015 年组织战略规划》、《指导委员会议事规则》和《联络员工作机制》，确定了亚太森林组织机构框架、内设机构及职责、管理机制和运行模式以及业务活动的重点领域和开展方式。

示范项目 为有效扩大亚太森林组织业务范围，大量积累区域内相关业务经验，充分发挥其自身优势，提升其在区域内的影响力，2011 年国家林业局向亚太森林组织注资约 550 万美元，已获批 10 个项目，其中 2011 年批准实施 6 个，项目范围覆盖 21 个经济体。在网络中心的监督指导下，进一步修改、完善了《亚太森林组织项目管理办法》，明确了项目协议签署程序和条件、项目执行机构的责任和义务、项目指导委员会和项目办公室职能、项目启动、实施、检查、评估和报告的程序和要求；规定了项目资金按照项目总体规划和年度计划以及工作进展进行拨付、使用、监管和审计。同时，完善了项目遴选工作程序，进一步修改了项目概念书和项目建议书遴选的标准和指标。依托国内外科研单位和国际组织，建立项目专家库，为项目实施提供技术支撑。目前已有 30 名国内外专家加入了专家库。

伙伴关系 为促进亚太森林组织的伙伴关系发展，2011 年 11 月在北京举行的第二届亚太林业周期间，通过第一届亚太地区林业企业论坛，深化了同美国大自然保护协会的合作，并对构建与企业的伙伴关系进行了初步探索；在第一届亚太地区林业院校长会议的基础上，组织召开了第二届亚太地区林业院校长会议，扎实推进与学术团体的伙伴关系建设，正式建立了亚太区域林业院校长会议机制，在北京林业大学设立了院校长机制协调办公室，为组织发展科研教育机构成员奠定了坚实的基础。亚太森林组织同国际热带木材组织正式签署了合作谅解备忘录，同国际林联、国际竹藤组织和加拿大哥伦比亚大学就签署合作备忘录事宜等开展磋商。

信息共享 2011 年，借助承办首届 APEC 林业部长级会议、亚欧森林可持续管理应对气候变化高级别研讨会和第二届亚太林业周的优势，国家林业局利用现有人力、物力等资源全力帮助亚太森林组织实现信息共享功能，提升宣传水平和质量，亚太森林组织的知名度得到显著提高。与联合国粮农组织合作为首届 APEC 林业部长级会议编写了《亚太地区林业面临的机遇和挑战》及《首届 APEC 林业部长级会议背景报告》。发挥网站优势，组织人员对三个会议进行现场跟踪报道。依托首届 APEC 林业部长级会议和亚太森林组织开展的能力建设项目，先后编辑出版了中英文版《首届 APEC 林业部长级会议中国领导人及林业部长讲话》、英文版《首届 APEC 林业部长级会议部长讲话》、《亚太地区社区林业报告》、《亚太地区森林资源管理报告》和《中国林权改革经验与成效》，并有英文版《中国森林资源管理》、《中国森林生态建设》和《中国绿色长城》等出版物正处于编审过程中。通过网站、国际场合以及邮寄等渠道，加强信息共享。 （亚太网络中心）

世行中心

【林业综合发展项目实施顺利】 世行贷款“林业综合发展项目”实施进展顺利。截至 2011 年 12 月 31 日，整个项目已营造多功能人工林 27 163.25 公顷、修复现有人工林 8160.3 公顷、修建集水窖 256 个；项目已采购办公设备 278 台；扶持组建农民协会 20 个；为支持林改工作，项目完成各级培训、国内外考察和专家咨询 64

936人日，占年度计划的128%。项目新造的多功能人工林和修复的现有林，经各级检查验收，达到了项目规定的质量标准。项目设计的水土保持林、防风固沙林、农田防护林等造林技术模型，得到了应用。世行检查组对项目执行进展和质量总体满意。

项目按计划完成了提款报账、落实了配套资金。已使用世行贷款1593.45万美元，占贷款总额的15.9%；配套资金实际到位15 296.05万元，占年度计划的109.6%。（董　晖）

【欧洲投资银行贷款内蒙古碳汇造林项目顺利启动】 欧洲投资银行贷款内蒙古碳汇造林项目2011年7月正式启动，项目计划在内蒙古自治区呼和浩特市、包头市、通辽市、巴彦淖尔市的9个旗(县、区、站)建设人工营造碳汇林31 805.7公顷。该项目是中国第一个利用欧洲投资银行贷款开展的碳汇造林项目，旨在通过项目实施，借助碳市场机制，探索森林生态效益价值的实现途径，实现国家生态建设目标与社会各界实践低碳发展诉求的有机结合。项目总投资为37 857万元人民币，其中申请欧洲投资银行贷款26 500万元，占项目总投资的70%，地方配套11 357万元人民币，占项目总投资的30%。截至2011年底，已完成碳汇造林6417.5公顷，申请第一笔资金800万美元已到达自治区指定账户。（张　莳）

【江西生物质能源林示范项目实施顺利】 欧洲投资银行贷款江西生物质能源林示范项目进入启动后的第三年，2011年全省共完成项目造林4104.8公顷，其中油茶造林4036公顷、光皮树造林68.8公顷。完成第一次提款报账1200万美元。该项目在项目准备、实施、报账等工作上得到了国家发改委、财政部和欧洲投资银行的充分肯定。（张　莳）

【西北三省区林业生态发展项目启动实施】 2月28日至3月1日，在财政部统一组织下，国家林业局会同有关省区项目实施机构代表，就项目法律文件与亚行谈判代表进行了反复磋商，提出了修改完善意见。双方最终就法律文件文本内容达成一致，签署了谈判纪要。9月项目协议正式生效。为完善项目管理的内控制度和管理流程，明确各级项目管理机构职责权限，规范项目管理要求和程序，经广泛征求有关省区项目管理机构人员意见，国家林业局组织制定了《项目管理办法》和《项目资金支付办法》，并多次组织召开项目管理研讨培训班，对3省(区)17个市55个县(市、区)的项目管理和财务人员进行岗位培训，强化项目管理人员培训和能力建设。同时为适应林业信息化发展要求，提高项目管理的自动化、信息化和精细化水平，组织开展了亚行项目管理信息系统建设，建成集信息采集、处理、传递、汇总、统计、分析和查询于一体的综合信息管理系统，在各级项目管理机构间建立起了统一的信息平台。为实现各级管理机构对项目执行进度和质量的实时监控和管理奠定了基础。（万　杰）

林业民间国际合作与交流

【综　述】 2011年，国家林业局对外合作项目中心积极配合中国林业的发展和国际合作的需要，根据局党组确定的2011年林业重点工作，认真履行工作职责，积极推进民间国际合作与交流的全面开展。

在双边合作方面：在继续保持与美国、德国等国民间交流的同时，重点加强了与韩国国际协力团、日本国际协力机构的交流与合作；在与日中绿化交流基金事务局合作中，确定小渊基金新合作项目21个，援助资金7.7亿日元；同时，为配合中国集体林权制度改革，加强了与世界各国林主协会的联系，并于2011年10月与瑞典林主协会正式签署了合作协议，双方初步计划在福建、广东等省开展实质性合作。在多边合作方面：先后与世界自然基金会、大自然保护协会、国际自然保护联盟等6个国际非政府组织分别召开了2011年度工作会议，共同签署了2011/2012年度合作备忘录，明确双方开展合作项目146个，预计援助金额约3952万元人民币。在履行“国际森林文书”方面：积极参与了年初在联合国总部召开的联合国森林论坛第九次会议，并按照会议决议的要求，组织或协助组织开展了2011国际森林年的有关活动，进一步推进了“国际森林文书”各项工作的全面开展。（孙念军）

【中日民间绿化合作2011年工作年会】 2月14～16日，中日民间绿化合作2011年工作年会在日本东京举行。双方就中日民间绿化合作委员会第十二次会议筹备工作和合作项目可持续发展等有关问题交换了意见并达成共识。（许强兴）

【小渊基金事务局长梶谷辰哉考察项目区】 3月14～16日，日本小渊基金事务局长梶谷辰哉考察了浙江温岭小渊基金海防林项目区。并对项目实施工作给予积极评价。（许强兴）

【中日民间绿化合作委员会第十二次会议】 6月27日，中日民间绿化委员会第十二次会议在日本东京召开，委员会成员国家林业局国际合作司、外交部亚洲司与日本外务省亚洲大洋洲局、林野厅森林整备部派代表出席，对外合作项目中心和日本日中绿化交流基金事务局列席会议。会议总结了中日民间绿化合作2010年项目执行情况，项目检查结果和资金使用情况等，批准通过了2011年度项目实施方案。（许强兴）

【中日民间绿化合作新项目磋商会】 于8月25～29日在日本东京举行。双方就2011年度新项目实施可行性交换了意见，确定小渊基金新项目21个，援助资金7.7亿日元（含正在执行项目的补充援助资金6亿日元），并就配合国际森林年和中日邦交正常化40周年开展宣传活动达成共识。（许强兴）

【小渊基金项目落户青海高原】 7月17日，中日小渊基金合作青海省湟中县南朔山水源涵养示范林项目在青海省湟中县启动。项目区位于湟中县鲁沙尔镇朱家庄村，项目计划3年内投资158.2万元，建设总规模为200公顷。主要营造青海云杉、沙棘和高山柳等乡土树种。该项目的实施可增加青海高原森林资源，增强水源涵养能力。（许强兴）

【纪念联合国国际森林年暨中日民间绿化合作小渊基金项目管理工作会议】 11月25～26日，纪念联合国国际森林年暨中日民间绿化合作小渊基金项目管理工作会议在安徽合肥召开。安徽省人民政府，国家林业局国际合作司、对外合作项目中心，中国国际青年交流中心的领导出席会议并致辞。日本驻华使馆参赞青户直哉、日中绿化交流基金事务局长梶谷辰哉和日中科学技术协力会、日中交流协会、日本奥伊斯嘉国际组织、日本世界沙漠绿化协会等日方团体的代表以及来自全国29个省（区、市）项目负责同志共150余人与会。

会议总结了小渊基金项目合作在改善生态、兴林富民、推动绿色增长、发展林下经济等方面的成果和经验，探讨了项目合作可持续发展机制。会议期间，中日双方在合肥高新林业科技园举行了纪念联合国国际森林年中日民间绿化合作植树活动。（许强兴）

【小渊基金项目年度检查】 受中绿化交流基金委托，对外合作项目中心于2010年8月至2011年1月初，组织了造林、水保、生态等行业专家深入项目实施区现场，按照人工造林检查验收的有关要求和标准，对2009年度中日民间绿化合作的69个项目造林情况进行了全面的检查验收。项目区基本完成了计划的造林面积4893公顷，共栽植各类苗木1017万株，按绿化造林面积进行加权计算，当年平均造林成活率达89%以上。（许强兴）

【印红副局长会见瑞典乡村事务部国务秘书麦格那斯·廷布先生一行】 5月13日，印红副局长会见了瑞典乡村事务部国务秘书麦格那斯·廷布先生一行。双方就加强中瑞林业合作事宜广泛交换了意见，并表示将进一步推动两国政府部门林业企业、行业协会之间的交流与合作。（沈素华）

【与瑞典农民联合会签署合作谅解备忘录】 10月15日，在中国商务部副部长钟山与瑞典外交部外贸国务秘书古纳·乌姆的共同见证下，国家林业局对外合作项目中心与瑞典农民联合会合作谅解备忘录在广州签署。根据该谅解备忘录，双方将在林农合作组织的建立、森林可持续经营和森林认证、发展林木市场、开发利用林木剩余物等领域开展各种形式的合作，以共同促进两国林业的发展。（沈素华）

【瑞典家庭林主联合会代表团访问中国】 10月12～18日，应国家林业局邀请，瑞典家庭林主联合会主席托斯滕松先生率代表团一行6人访问中国。代表团考察了广东、福建两省集体林权制度改革和林农合作组织建设情况，以寻求双方合作的对接点。（沈素华）

【国家林业局与瑞典斯凯孚集团合作】 根据2010年《国家林业局对外合作项目中心与斯凯孚中国投资有限公司林业合作框架协议》和《中瑞合作斯凯孚集团造林项目框架协议》。斯凯孚集团于2011年投入206万瑞典克朗，中方配套36.5万人民币，在辽宁阜新造林107.6公顷，成活率达98.4%。（沈素华）

【中瑞合作斯凯孚造林项目委员会第二次会议】 4月17日，中瑞（典）合作斯凯孚造林项目委员会第二次会议在辽宁省阜新市召开。对外合作项目中心、辽宁省林业厅、外资办，斯凯孚集团中国区总裁、大连公司和业务发展总监等出席了会议，来自辽宁省阜新市、阜蒙县政府和林业局的代表以及瑞典林业专家约20人列席会议。与会代表听取了2010年项目进展汇报和技术报告，审议通过了2011年项目实施计划和报账支付程序，中外双方签署了《中瑞合作斯凯孚造林项目2011年实施计划》。（沈素华）

【中德财政合作南方森林可持续经营框架项目】 2011年5月25～27日，中德财政合作南方森林可持续经营框架项目研讨会在湖南长沙召开，来自国家林业局法规司、造林司，安徽、福建等项目省的代表以及德国复兴信贷银行官员和德国农业技术公司等咨询公司的专家约70人出席了会议。会议针对“森林经营的激励制度和创新融资机制”、“森林可持续经营效益的核算”和“南方小农户森林可持续经营的融资问题”等3个主题进行了研讨。

9月14～16日，项目森林经营方案编制培训班在安徽歙县举办，来自南方8省德援项目主管和技术人员共45人参加。会议就《森林经营方案编制与实施规范》和《简明森林经营方案编制技术规程》进行了培训。

12月2日，第三次项目协调小组会议在北京召开，会上总结了一年来项目实施活动及其成果，并讨论通过下2012年度的工作计划。（沈素华）

【国家林业局与保护国际基金会合作项目年会】 国家林业局与保护国际基金会2011年合作项目年会于6月9日在北京召开，来自保护国际，国家林业局有关司局、直属单位以及有关省（区）林业厅（局）相关部门负责人参加了会议。双方在总结上一年度合作项目成果和经验的基础上，对2011/2012年度的合作项目进行了磋商并达成共识，形成《国家林业局与保护国际基金会2011/2012年度合作备忘录》。根据备忘录，国家林业局将与保护国际基金会在淡水资源保护、中国森林标准、林业碳汇和气候变化、野生动物疫病防控和贸易防控及自然保护区和野生动物廊道建设等领域开展合作，并在青海、四川和云南等省实施项目试点，预计援助资金约1000万元人民币。（杨瑷铭）

【国家林业局与大自然保护协会合作项目年会】 国家林业局与大自然保护协会2011年合作项目年会于6月15～16日在内蒙古召开，来自大自然保护协会，国家林业局有关司局、直属单位以及有关省（区）林业厅（局）的30多位代表参加了会议。双方在总结2011年合作项目成果和经验的基础上，对下一年度的合作项目进行了磋商并达成共识，形成了《国家林业局与大自然保护协会2011/2012年度合作备忘录》。国家林业局与大自然保护协会将在保护地、生物多样性保护、气候变化和森林可持续经营等3个领域开展合作，并在内蒙古、四川和云南省（区）实施项目试点，预计援助资金约750万元人民币。 （杨瑷铭）

【国家林业局与世界自然基金会合作项目年会】 国家林业局与世界自然基金会2011年合作项目年会于9月1～2日在北京召开，来自世界自然基金会、国家林业局有关司局、直属单位以及有关省（区、市）林业厅（局）的50多位代表参加了会议。年会总结了2010年度合作成果，对2011～2012年的合作项目进行了磋商并达成共识，形成《国家林业局与世界自然基金会2011/2012年度合作项目备忘录》。国家林业局将与世界自然基金会在湿地保护与管理、野生动植物保护、森林保护与可持续经营等领域开展合作项目，共同实施48个自然保护项目，预计援助资金1782万元人民币。

（荣林云）

【国家林业局与国际野生生物保护学会合作年会】 国家林业局与国际野生生物保护学会2011年合作项目年会5月31日在北京举行。来自国际野生生物保护学会，国家林业局有关司局、直属单位以及有关省（区）林业厅（局）相关部门的负责人参加了会议。会议听取了国际野生生物保护学会的工作报告以及各省与学会合作项目执行情况介绍，讨论《国家林业局与国际野生生物保护学会2011/2012年度合作工作计划》并达成了共识。根据工作计划，该学会将与中国相关林业单位在野生东北虎及其栖息地的保护、野生动物贸易控制管理以及扬子鳄保护等领域开展20个合作项目，预计援助资金约220万元人民币。 （丁　蕾）

【国家林业局与湿地国际合作项目年会】 国家林业局与湿地国际2011年合作项目年会于5月17日在北京举行。国家林业局湿地保护管理中心、对外合作项目中心、湿地国际—中国办事处的代表参加了会议。与会双方回顾了上一年度合作项目执行情况，并拟定了2011年合作计划。根据会议纪要，2011年双方将在共同关心的领域开展合作。 （王　智）

【国家林业局与世界自然保护联盟合作年会】 国家林业局与世界自然保护联盟2011年合作项目年会于5月12日在北京召开，国家林业局相关司局、直属单位、北京市园林绿化局的代表及世界自然保护联盟在华办公室项目负责人员参加了会议。会议期间，双方讨论了《国家林业局与世界自然保护联盟2011/2012年度合作项目年会之谅解备忘录》，并就合作项目达成共识。世界自然保护联盟将与中国林业相关单位在森林景观恢复与森林可持续管理等领域共同开展10个合作项目，预计援助资金约200万元人民币。 （丁　蕾）

【纪念国际森林年国际友人植树活动】 为纪念国际森林年，4月9日，国家林业局在京组织了国际森林年中国行动启动仪式——暨国际友人植树活动。国家林业局局长贾治邦、副局长印红等局领导以及北京市、外交部等部门的领导参加了植树活动并为国际森林年纪念碑揭幕。来自50多个国家驻华使馆、20多个国际组织驻华机构的代表以及北京市民约500人参加了植树活动。

（王　智）

【可持续林业与市场发展国际研讨会】 6月22～23日，由国家林业局林产品国际贸易研究中心、对外合作项目中心和大自然保护协会等单位共同举办的可持续林业与市场发展国际研讨会在上海举行，来自国内外政府部门、科研机构、企业以及社会团体的代表300多人参加了会议。与会代表听取了关于中国林产品贸易政策、美国雷斯法案进展、中国森林认证进程、绿色建筑业木材使用趋势及其对中国林产工业界的影响等领域的专题报告，并就如何提高森林经营水平，确保木材合法来源等技术问题进行了广泛的讨论。 （杨瑷铭）

【保护国际基金会北京代表处登记注册】 6月10日，民政部批准保护国际基金会（美国）北京代表处设立登记，业务主管单位为国家林业局。保护国际基金会成立于1987年，总部设在美国阿灵顿的国际非盈利环保组织，其宗旨是保护地球尚存的自然遗产和全球的生物多样性。国家林业局与保护国际基金会于2005年签署了合作框架协议，正式建立了合作关系。6年来双方在生物多样性保护、自然保护区发展与管理、森林资源管理和生态效益补偿等领域开展了一系列富有成效的合作，为中国的自然保护工作作出了积极的贡献。

（胡元辉）

【联合国森林论坛第九次会议】 于2011年1月24日至2月5日在纽约联合国总部召开，国家林业局及外交部派相关人员参加了会议。会议上回顾了各国执行《国际森林文书》情况，探讨了森林可持续经营的有效途径，呼吁各国政府重视林业工作并加强政治承诺。国家林业局副局长祝列克出席了会议并作题为《发展林业是改善民生消除贫困的主要措施》的发言。

本次会议通过了《部长级宣言》，承诺：要创造必要条件，加强融资、贸易、环境友好型技术的转让、能力建设和治理以及明晰土地产权、构建参与式决策和利益分享机制，使森林实现可持续经营。会议期间，还举行了“国际森林年”的启动仪式。主要是通过开展一系列“森林为民”的主题活动，在全球范围内广泛宣传森林的作用，提高公众生态意识和对森林活动的参与。

（胡元辉）

中国-GEF干旱生态系统土地退化伙伴关系项目

【项目总体进展】 2011年项目各组按照项目实施计划，全面推进项目实施，取得了显著成绩：一是促进各省区将IEM战略与行动计划融入省级“十二五”规划和部门发展规划，并适时进行分析和协调；完成了《中国干旱地区土地退化防治最佳实践(第二卷)》中文稿；土地可持续管理技术与模式在西部省区得到了进一步推广；顺利启动了示范点后续建设工作。二是深入开展项目创新性实践活动，在内蒙古自治区和青海省开展了碳汇专题调研，编制了两省区《碳汇监测方法和数据采集技术规程》；完成了案例点碳汇专题研究报告初稿；成功举办青藏高原气候变化与生态系统碳汇功能国际研讨会；编制了土地退化治理成本效益分析使用手册，提出了适合中国西部地区土地退化治理的成本效益分析方法；探索了可持续土地管理的生态补偿机制与政策途径。三是初步建立了多尺度、多部门的综合土地退化监测与评价指标体系，开展了区域性的综合土地退化监测与评价示范；加强了省级IEM信息中心的可持续管理能力，推进省级土地退化数据的共享和网络机制的建立。四是积极推进6省区公私伙伴关系专项研究，完成了《土地退化防治公司伙伴关系建立培训手册和方法指南》和《通过公司伙伴关系扩大土地退化投资》的总结报告，加强了中央项目办和省(区)项目办同公私部门的沟通与合作，强化了伙伴关系项目的协调与管理，扩大了项目的国际影响。（科技司综合处）

【完成亚行评估】 2011年3月3～8日，亚行评估团对土地退化防治管理与政策支持项目进行了2010年度评估。评估团针对2010年项目进展情况，资金使用进度，2011年工作安排等多方面开展了评估，并赴内蒙古进行了实地考察。评估团听取了中央项目执行办对2010年各项工作的汇报，对2010年项目取得的进展表示满意。3月8日，国家林业局科技司副司长、中央项目执行办主任胡章翠与Frank作为双方机构代表分别签署了谅解备忘录。（科技司综合处）

【召开项目指导委员会全体委员会议】 2011年3月22日，中国－全球环境基金(PRC－GEF)干旱生态系统土地退化防治伙伴关系项目指导委员会在北京国际竹藤大厦召开了全体委员会议，审议“土地退化防治管理与政策支持项目”2010年工作报告和2011年工作计划。项目指导委员会主任江泽慧主持会议，国家发改委、财政部、全国人大法工委、国家林业局、水利部、农业部、国土资源部、科技部、环保部、中国气象局和中国科学院等11个成员单位代表出席会议，亚行国际专家代表、国内咨询专家代表、中央项目执行办全体工作人员列席会议。（科技司综合处）

【推广项目成果和经验】 以6月17日至7月7日在北京隆重举行的中非合作论坛框架下荒漠化防治高级研修班为契机，积极向非洲国家推广项目建设成果。项目指导委员会主任江泽慧教授为研修班学员授课，重点介绍了综合生态系统管理(IEM)及其在中国西部六省(区)的应用。内蒙古项目执行办委派刘清泉博士以“干旱、半干旱区造林”为题发言，从实例角度深入介绍了对IEM理念的理解和运用。培训班引起了国内外高度关注。联合国秘书长潘基文发来贺信，国家林业局贾治邦局长会见与会嘉宾，张永利副局长出席开班式并做主旨讲话。中国各相关领域的政府官员、专家和企业家先后作了专题讲座，35名来自12个非洲法语国家的司处级官员参加了研修班。培训内容受到非洲国家代表们的热烈欢迎，他们表示回到各自的国家之后，将努力推广IEM理念与中国土地退化防治技术，把中国荒漠化防治的成功经验应用到各自国家的荒漠化防治当中。同时倡议建立“非洲法语国家荒漠化防治网”，致力于长期推进中非合作在荒漠化防治方面的工作。（科技司综合处）

【召开青藏高原气候变化与生态系统碳汇功能国际研讨会】 7月12～14日，中国—全球环境基金(GEF)干旱生态系统土地退化防治伙伴关系中央项目办联合青海省林业厅、澳大利亚国际发展署中澳环境发展伙伴项目办在青海西宁共同主办了“青藏高原气候变化与生态系统碳汇功能国际研讨会”。通过学习交流国内外森林及其他陆地生态系统碳汇的监测、评价与适应性管理的研究进展与成果，国际碳市场贸易及机制，提高了中央项目执行办和省(区)项目管理团队的业务素质和管理水平，为项目顺利推进奠定基础。同时，通过借鉴国内外碳汇林业发展经验与成功模式，推动了在青海乃至中国西部地区探索适应气候变化的陆地生态系统增汇减排的技术途径、方法以及可持续管理对策的进程，加快了中国西部地区在减缓和适应气候变化背景下进行土地退化综合防治和生物多样性保护的步伐。（科技司综合处）

国有林场和林业工作站建设

13

国有林场改革与发展

【综　述】 截至2011年年底，全国有国有林场4507处，经营面积0.62亿公顷，其中林业用地面积0.55亿公顷，森林面积0.45亿公顷，森林蓄积量23.4亿立方米，分别约占全国林业用地面积、森林面积和森林蓄积量的18%、23%和17%。在0.55亿公顷的林业用地总面积中，公益林面积0.4亿公顷，其中国家重点公益林0.27亿公顷，2465个国有林场纳入了中央森林生态效益补偿范围。

截至2011年底，国有林场职工总数66.1万人，其中在职43.5万人，离退休22.6万人，国有林场职工人年均工资11 966元，较2010年增加2081元，离退休职工养老金人年均14 507元，比2010年增加1472元。

2011年国有林场营业总收入126.6亿元，总成本138.9亿元，亏损林场2112个，亏损面47%，比2010年减少1.4%，亏损林场亏损额20.4亿元，比2010年减亏2.8亿元。2011年，以木材为主的种植业依然是国有林场营业收入与利润的主要组成部分，其中全年木材产量1036万立方米，销量1086万立方米，销售收入68.4亿元；纤维板全年产量84.4万立方米，销量84.1万立方米，销售收入10.1亿元；苗木销售收入9.6亿元；旅游服务业收入2.3亿元，利润4.3亿元。

2011年国有林场实际收到财政资金103.8亿元，其中基本建设投资24.1亿元，财政投入79.8亿元，其中：机构运行支出22.6亿元；财政专项资金49.6亿元，包括天保工程7.2亿元，森林生态效益补偿基金15.3亿元，森林培育8.6亿元，石油价格6.4亿元，贫困国有林场扶贫资金2.3亿元；政府性基金5.2亿元，其他2.4亿元。投入按层级分：中央投入52.5亿元，省级投入22.4亿元，地市级投入12.3亿元，县级投入16.6亿元。 （郝　明）

【国有林场改革】

启动国有林场改革试点 根据2010年国务院第111次常务会议精神，国家林业局会同国家发展改革委于2011年1月19日联合下发《关于开展国有林场改革的指导意见》（发改办经体〔2011〕142号），选择部分具有代表性省份先行开展国有林场改革试点，进一步总结经验，稳步推进改革工作。按照通知要求，正式提出试点申请的有河北、吉林、黑龙江、浙江、安徽、江西、山东、湖南、广东、重庆、贵州、云南、西藏、陕西、甘肃等15个省份。其中浙江、江西、湖南、重庆为改革整省（市）推进，其他省份选择部分市、县开展国有林场改革试点。

召开改革会议 2011年9月5日，国家林业局会同国家发展改革委召开了国有林场和国有林区改革工作小组第二次小组会议，原则同意江西、湖南、浙江、安徽、河北、山东和甘肃7个省作为全国国有林场改革试点地区，并对下一步国有林场改革试点工作进行了部署。10月17日，国家林业局会同国家发改委联合下发了《关于开展全国国有林场改革试点工作的复函》（发改办经体〔2011〕2498号），同意江西、湖南、浙江、安徽、河北、山东和甘肃开展全国国有林场改革试点，其中江西和湖南为整省范围开展试点，其他省份选择部分地区开展试点，国有林场改革试点工作正式启动。10月31日，国家林业局会同国家发改委和财政部召开国有林场改革座谈会，进一步明确改革重点和应当把握的环节，对下一步国有林场改革试点工作提出具体要求。

出台《国有林场管理办法》 为加强国有林场管理，维护国有林场合法权益，保障国有林场改革顺利进行，促进国有林场科学发展，国家林业局于2011年11月14日颁布实施了《国有林场管理办法》。《办法》共分6章共48条，主要内容：一是明确了国有林场性质，规定了新时期国有林场办场方针和主要任务；二是规定了国有林场管理机构主要职责；三是规范了国有林场设立、变更和撤销；四是加强了国有森林资源资产管理；五是规定了国有林场权利和义务；六是规定了国有林场组织机构。《办法》的实施，为保护中国珍贵国有森林资源提供了重要依据，成为国有林场改革顺利推进的有效保障。 （李建锋）

【扶持国有贫困林场脱贫】 2011年共安排国有贫困林场扶贫资金（以下简称扶贫资金）2.9亿元。根据各省总结报告，2011年扶贫资金支持了28个省（区、市）的720个国有贫困林场，共752个项目。扶贫资金用于以下四个方面：一是省级林业主管部门提取项目管理费272万元，占扶贫资金总量的1%；二是支持贫困林场改善生产生活条件，安排基础设施建设项目634个，扶贫资金23 522万元，占资金总量的81.1%；三是支持贫困林场发展生产，安排种植业、养殖业等生产发展项目118个，扶贫资金5101万元，占资金总量的17.6%；四是开展人员培训，共培训林场干部和技术人员560人次，安排资金105万元，占资金总量的0.3%。总体来说，2011年地方各级林业主管部门和财政部门密切配合，严格执行《管理办法》各项规定，坚持完善省级项目管理，强化资金使用管理，保证扶贫资金安全有效运行。

据不完全统计，2011年林场扶贫项目共新建和维修改造贫困林场和职工危旧房面积17万平方米，维修和新建林区道路1263.6千米，打机井144眼，建蓄水池68个，铺设输水管道284.5千米，新建和改造输电线路223.7千米；营造速生丰产林3012.13公顷，培育珍稀树种183.33公顷，毛竹林低产改造186.67公顷，建设种苗基地458.98公顷。这些项目的实施，极大地改善了林场生产生活条件，解决了340个居住点7723名职工及家属饮水问题，生态建设“主力军”的形象以及社会地位得到了较大提升，林场干部职工精神面貌焕然一新，生产积极性不断增强，为林业生态建设提供有力保障。一是确保林区稳定。通过实施基础设施建设项目，改变了职工生产生活条件，增强了职工信心，稳定了职工队伍，增强林场的凝聚力和发展后劲，为林场发展奠定了良好基础；二是节约生产成本。扶贫项目的实施，为林场生产建设降低成本，减少非生产性资金的投入，间接增加了林场经济收入；三是促进了经济发展。部分林场发展经济林、森林旅游和林下种、养殖业，极大地促进了林场经济发展，为贫困林场脱贫、职工致富发挥了积极作用。 （杜书翰）

【国有林场基本建设】

继续实施国有林场危旧房改造工作 2011 年是国有林场危旧房改造工作的攻坚年，国家综合考虑各省前期工作准备情况、实施条件和省级配套能力等因素，确定改造国有林场危旧房 18.5 万户，安排中央投资 18.5 万元。截至 2011 年 10 月底，国有林场危旧房已全部开工。

国有林场供电基础设施建设项目开始启动 通过积极争取，国有林场供电设施建设已经纳入了国家规划的大盘子。国家能源局、农业部和国家林业局联合下发了《关于做好农林场电网改造升级工作有关要求的通知》，要求各省发改委、能源局会同农垦、林业部门，组织电网企业开展农林场电力情况调查，理顺农林场电力管理体制，研究制定农林场电网改造升级规划，并要求各省在安排农网改造升级投资计划时，要明确本年度农林网电网安排情况。7 月 5 日，国家发改委下发了《关于下达农村电网改造升级工程 2011 年中央预算内投资计划的通知》(发改投资〔2011〕1392 号)，将国有林区(场)电网改造升级工程列入了 2011 年投资计划，并就投资安排原则提出了明确要求。同时，下发了《国家林业局办公室关于做好 2011 年国有林区(场)电网改造升级工作的通知》，对各省做好国有林区(场)电网改造升级工作做了具体要求。

国有林场广播电视覆盖工作取得重大突破 通过大力协调，在国家发改委和国家广电总局联合下发的《关于做好 2011 年广播电视村村通中央投资下达工作的通知》中，明确将国有林场纳入广播电视村村通工程建设范围。据统计，已有 80 165 户国有林场职工享受了中央补助政策，每户补助 120 元。 （李建锋）

林业工作站建设

【综　述】 2011 年按照“发展现代林业，建设生态文明，促进科学发展”这个总要求，紧紧围绕实现林业“双增”目标，全面加强基层林业站建设，在稳定机构促发展，增加投资提能力，科学管理上水平方面做了大量工作，取得了明显成效。一是在全国基本建立健全乡镇或区域性林业工作站。面对部分省(区)县乡机构改革的压力，基本保持林业站机构队伍稳定。全国乡镇和区域性林业工作站稳定在 2.8 万个，职工人数稳定在 13 万左右，纳入财政预算的林业站上升到 80% 以上。二是林业站的服务能力明显增强。完成乡镇林业站站长测试量 7659 人，超额完成了年初确定的 6000 人测试计划，测试通过率达到 99% 以上。林业站人员专业技术能力进一步提高，专业技术人员占比达到 56%。林业站指导培训林农达 15 万人次。全国有 866 个林业站新建了站房，有 1106 个林业站新配备了通讯设备，有 1314 个林业站新配备了机动交通工具。累计建设林业站重点县 1213 个，标准站试点 214 个。三是林业站职能充分发挥。林业站努力完成各项林业生产建设任务，在集体林权制度改革工作中，充分发挥了“政策宣传员、技术指导员、勘界测绘员、纠纷协调员、质量检验员、林农服务员”的重要作用，保障了林改工作的顺利推进。在天然林保护、生态公益林管护、造林绿化以及林业产业发展等项工作中充分发挥了职能作用，成为各项林业工作的落脚点，林业部门联系林农群众的桥梁和纽带。

机构队伍建设 各地积极贯彻落实《国务院关于深化改革加强基层农业技术推广体系建设的意见》(国发〔2006〕30 号)和《中共中央、国务院关于全面推进集体林权制度改革的意见》(中发〔2008〕10 号)文件精神，按照温家宝总理在今年政府工作报告中提出的“年底前，在全国普遍建立健全乡镇或区域性农业技术推广等公共服务机构”的目标要求，全力抓好林业站机构队伍建设。

林业站基础设施建设 一是积极争取加大对林业站建设的投入，2011 年国家林业局投入林业站基础设施建设的资金达 6000 万元，带动地方配套资金近 5.7 亿元。二是通过开展林业站重点县和标准化林业站建设，改善林业站工作条件，提高林业站建设标准。2011 年在全国 165 个县(市、区)开展了林业站重点县建设，在 93 个林业站开展了标准化建设试点。三是积极争取林业站危旧住房改造立项。通过积极汇报、争取，最近，五部委发文明确国有林区(场)棚户区(危旧房)改造中涉及林业工作站等地方林业事业单位的，由地方纳入保障性住房建设范畴。

乡镇林业站站长能力测试工作 3 月，下发了《国家林业局关于开展乡镇林业工作站站长能力测试的通知》(林站发〔2011〕50 号)，提出用五年时间对近 3 万名乡镇林业站站长进行测试，明确了国家林业局人事司、国家林业局林业工作站管理总站、国家林业局成人教育研究中心和国家林业局人才开发交流中心的工作分工。同时，开展了乡镇林业站站长能力测试试题库建设，组织有关专家参加编撰工作，拟定了涵盖林业政策法规、森林资源管理、林木栽培技术、林业站管理等内容的编写计划，完成了《乡镇林业站站长应知应会 1000 题》题库编写任务。此外，申报设立了林业站培训项目，林业站人员培训已经纳入了国家财政支持的主渠道。

林业站职能作用发挥 一年来，各级林业站主管部门加强了对林业站工作的业务指导，广大林业站职工爱岗敬业，努力工作，林业站的职能得到了较好的发挥。据统计，在27 943个乡镇林业站中，有38%的林业站加挂了野生动植物保护管理站的牌子，27%的林业站加挂了林业技术推广站的牌子，20%的林业站加挂了天然林资源管理站牌子。林业站共指导组织完成造林面积410万公顷，完成封山育林面积123万公顷，四旁植树19亿株，育苗面积32万公顷，抚育作业面积881万公顷。全国共有12 744个林业站受上级林业主管部门的委托行使林业行政执法权，占总站数的45%，共受理林政案件8.9万件，参与调处林权纠纷8万件，受理林业承包合同纠纷3.9万件，森林病虫鼠害防治面积895万公顷，采伐设计面积169万公顷。全国林业站共建立科技示范基地101万公顷，推广面积181万公顷，建立站办林场1155个，指导扶持的林业经济合作组织26 197个，会员239万人，带动农户609万户，连接基地面积332万公顷。

开展森林保险和林下经济工作 一是稳步推进森林保险试点工作。与人保财险公司联合召开了森林保险座谈会，国家林业局副局长张建龙、陈凤学总工程师出席会议并作重要讲话，中央政策研究室、中央农村工作领导小组办公室、财政部、国务院发展研究中心、保监会等有关部门的领导和专家参加了会议。二是积极促进林下经济发展学术研讨与经验交流相结合，在山东省德州市召开现场会，中科院院士唐守正、中国林科院首席科学家盛炜彤作了主旨发言。通过深入交流讨论，对下一步林下经济发展的理论研究与实践探索提出了新的方向和建议。

林业行政案件稽查督办和林权纠纷调处工作 全年共接听举报电话2000多个，受理举报信件107件，发函督办、接待来访人员102件次。召开了2011年度全国林业行政案件统计分析会，对年度林业行政案件的发生情况、损失情况、查处收缴情况及案件特点等进行了详细统计分析。起草了《省际林权争议突发事件应急预案》和《林木林地权属争议调处条例》。（侯　艳）

【站长能力测试】 为贯彻落实《2010～2020年干部教育培训改革纲要》，根据国家林业局关于“十二五”林业教育培训工作的总体安排，2011年，国家林业局率先启动了乡镇林业工作站站长能力测试（以下简称“站长能力测试”）工作，计划用5年时间，对全国近3万名乡镇林业工作站站长进行以《基层林业工作站站长指导性岗位培训计划》规定的必修课以及乡镇林业工作站站长岗位规范对岗位能力要求为主要内容的水平考试。国家林业局林业工作站管理总站主要承担完成了以下几项工作：一是根据具体情况，把培训及测试计划细化分解到各省（区、市）；二是组织编印了《森林资源管理》、《林木栽培技术》、《林业政策法规》、《林业工作站管理》和《乡镇林业工作站集体林权制度改革工作指导手册》等5本资料；三是组织林业站管理专家依据5本资料编制了2011年培训测试题库，含近500道测试题。四是组织派出近60个（次）组对各省（区、市）培训测试情况进行现场检查督导；五是协调能力测试资金180万元，用于补助各省（区、市）开展测试工作。目前，全国共有27个省（区、市）完成了年度任务，培训测试了7659名站长，通过率99%以上，超额完成了计划任务。

通过开展能力测试，取得了良好的成效：一是进一步激发了林业站长学习的积极性、主动性。平时，林业站长们白天要到现场进行协调、指导，晚上还要挤出时间学习，十分辛苦，因此，他们非常珍惜这次难得的机会，一些老同志克服年纪大、记忆力差的弱点，更加刻苦学习，为年轻同志树立了榜样。在老同志的感召下，今年北京市10多名年过五旬的林业站长都通过了培训测试。吉林省组织了案例教学，结合工作中遇到的实际问题开展了培训，学员踊跃提问，激发了广大林业站职工的学习积极性、主动性，由“要我学”转变到“我要学”。二是进一步促进集体林权主体改革工作质量的提升。各地都把林改涉及到的相关政策、法规以及具体流程作为培训测试重点，使广大林业站干部职工更加明确了推进林改的重要意义，统一了思想认识，熟悉掌握林改工作的各个环节、政策要点和法律依据，主动投身到改革当中，当好林改的“政策宣传员、技术指导员、勘界测绘员、纠纷协调员、质量检验员、林农服务员”，进一步提高林权主体改革的工作质量。三是进一步提高了林业站的管理能力和服务水平。各地结合开展“林业站规范建设年”活动，把提高林业站管理能力和服务水平作为培训测试的重要内容落实好。安徽省埇桥区在培训测试中完善了《基层林业站规范化管理办法》，制定了林业站档案管理制度、考勤制度、廉政建设制度、学习制度、会议制度等，与各站签订了目标责任书，进一步完善林业站工作目标考核机制。灵璧县通过抓好培训测试，突出站务公开，公开林权抵押贷款、森林资产评估、林权证、采伐证办理流程，公开林业站服务标准和服务承诺，自觉接受群众监督。河北省邢台县将军墓林业站通过开展培训测试，林业站人员的专业技能和服务能力得到了大幅度提升，他们帮助林农建立了全国知名的“浆水牌”苹果和板栗示范基地，让群众得到了实惠。四是进一步强化了对林业站队伍的廉政教育。工作总站结合贯彻落实《农村基层干部廉洁履行职责若干规定》的具体要求，在组织专家开展《乡镇林业站站长能力测试应知应会1000题》题库建设中，加入《农村基层干部廉洁履行职责若干规定》中有关“19不准”的内容，深入推进基层林业站预防涉林渎职犯罪警示教育，进一步规范岗位权力，降低廉政风险。（罗　雪）

【林业站宣传工作】 做好林业站宣传工作，树立行业良好形象。突出宣传林业站在建设生态文明、促进绿色增长、服务林业工作大局的职能和作用：一是加强队伍建设，培训骨干力量。6月份在南京举办了全国省级林业站信息员培训班。40多名省级林业站信息员参加了培训，信息宣传服务能力得到进一步提高。二是树立先进典型，推动宣传工作。对2010年各季度及全年林业站站务信息工作先进单位和先进个人进行了通报表彰。对近5年来在林业站站务信息工作方面表现突出的3名省级信息员进行了表扬奖励，进一步激发了各级林业站人员搞好林业站信息报送工作的热情。三是抓好日常宣传，积极拓宽渠道。在《中国绿色时报》发表宣传文章10余篇，在国家林业局政府网“林业工作站”子站发布林业站信息340余条。由于工作突出，“林业工作站”子站获2011年国家林业局“十佳子站”光荣称号。同时与《绿色中国》杂志社签订了合作协议，拓宽了宣传渠道。

（罗　雪）

【全国林业站本底调查关键数据】 至2011年底，全国有地级林业站282个，管理人员2473人，有县级林业站2009个，管理人员20 852人，与2010年相比，地级林业站减少24个，管理人员增加353人，县级林业站减少162个，管理人员减少1169人。全国建立乡镇林业站27 943个，其中，为县级林业主管部门派出机构的站9514个，占34%，县、乡双重管理的站7011个，占25%，乡镇管理的站11 418个，占41%。与2010年相比，全国乡镇林业站数量减少169个，派出机构的比例减少了2%，双重管理的比例减少了5%，乡镇管理的比例增加了7%。全国乡镇林业站核定编制116 922人，现有在岗职工129 314人，其中，长期职工126 606人，与2010年相比，核定编制数减少2765人，在岗职工人数减少了7145人，长期职工减少6400人。在岗职工中，经费渠道为财政全额的99 830人，占77%，比2010年增加5%，林业经费9062人，占7%，比2010年减少3%，财政差额10 069人，占8%，自收自支10 353人，占8%，分别比2010年减少1%。

2011年，各地通过开展多种形式、多种渠道的培训，提高优化林业站职工队伍的素质。在林业站长期职工中，大专以上学历61 508人，占48.6%，比2010年增加了1.6%；中专、高中学历55 890人，占44.1%，比2010年减少0.9%，初中以下文化程度10 530人，占7.3%，比2010年减少0.7%。2011年，全国完成林业站站长培训12 807人，站员培训42 567人，完成站长能力测试7659人。林业站职工参加林业大中专班、农广校中专班、专业证书班毕业生人数为2171人，在校生人数为2758人，新入学人数为857人。

（张志刚）

【林业重点工程区林业工作站建设重点县工作】 林业重点工程区林业工作站建设重点县工作，是结合林业重点工程和集体林权制度改革开展的一项重要工作，是林业工作站巩固、完善、提高的重要手段。2011年，全国在165个县(市、区)开展了林业重点工程区林业工作站重点县建设，为1960个乡镇林业站配备了必要的设施设备。通过重点县的建设，全面加强乡镇林业站基础设施建设，提高队伍整体素质，强化现代管理手段，不断提高工作效率和工作质量，促进林业工作站职能作用更好地发挥，带动全国林业工作站建设整体水平的提高。

（张志刚）

【林业工作站管理模式研究】 为适应全国乡镇机构改革的新形势，结合集体林权制度改革，认真探索不同地区乡镇林业站的机构设置模式、管理体制形式、人员配备标准、内部规范管理、站务公开、设备配置等建设管理模式，在吉林、黑龙江、湖南、陕西、甘肃、宁夏等省区选取6个乡镇林业站进行了林业站建设管理模式研究。通过管理模式研究，为新时期加强林业站建设，进一步深化林业站改革提供理论和实践依据。

（张志刚）

【标准化林业工作站建设试点】 标准化林业工作站建设试点是面对现代林业建设新形势，为更好地适应集体林权制度改革需要，结合建设社会主义新农村的要求，使林业工作站更好地履行所担负的职责，充分发挥其在现代林业建设中的基础保障作用而开展的建设项目。通过开展标准化林业工作站建设试点，切实强化林业站管理、服务能力建设，确保各项林业重点工程和集体林权制度改革的顺利实施，全方位、高质量、高效率地为林农提供服务。为全国不同区域、不同林业重点工程区的林业工作站建设探索模式、积累经验、树立典型，发挥示范带动作用。此项工作从2009年开始，“十一五”期间累计完成121个标准化林业工作站建设试点任务。2011年在全国选择93个林业站继续进行试点。

（张志刚）

【重点林区乡镇林业站管理服务能力建设试点】 集体林权制度主体改革完成之后，实现了“山定权、树定根、人定心”，为广大林农充分利用林地资源脱贫致富提供了基础和条件，同时也形成森林经营主体多元化的格局。广大林农需求日益多样化，林业站管理、监督、服务范围不断扩大，承担的任务日趋繁重。为进一步强化林业站管理服务能力，保障集体林权制度改革成果的巩固，2011年，在林权制度改革等重点林区，选择24个乡镇林业站，通过强化机构队伍建设，配备必要的仪器设备，开展为林农提供林业行政办证、林权管理、森林资源流转、科技信息、政策法律咨询等“一站式”服务的试点。

（张志刚）

林业计划统计

14

林业规划

【林业规划工作】

《中华人民共和国国民经济和社会发展第十二个五年规划纲要》 《规划纲要》经第十一届全国人民代表大会第四次会议审议通过后正式印发，将林业的森林覆盖率和蓄积量两个指标作为国家“十二五”经济社会发展的约束性指标，并将林业以及与林业有关的12项重点生态工程列入国家规划纲要，为“十二五”林业发展提供了政治和政策保障。

《林业发展“十二五”规划》 2011年8月，国家林业局以林规发〔2011〕194号印发了《林业发展“十二五”规划》。《规划》实施期限是2011～2015年。

《规划》的主要指标：5年完成新造林3000万公顷、森林抚育经营3500万公顷，全民义务植树120亿株。到2015年，森林覆盖率达到21.66%，森林蓄积量达到143亿立方米以上，森林植被总碳储量力争达到84亿吨，重点区域生态治理取得显著成效，国土生态安全屏障初步形成，林业产业总产值达到3.5万亿元，特色产业和新兴产业在林业产业中的比重大幅度提高，产业结构和生产力布局更趋合理；生态文化体系初步构成，生态文明观念广泛传播。

《规划》主要任务：加快建设国土生态安全体系、加快发展林业产业体系、加快推进生态文化体系建设、加强林地保护与管理、着力提高造林质量和森林质量、深化林业改革、加快林业科技创新、加快改善林区民生、建立健全林业防灾减灾和应急体系、加快推进林业信息化、扩大林业对外开放、加强林业法制建设等。

《全国中小河流治理和病险水库除险加固、山洪地质灾害防御和综合治理总体规划》 总体规划经国务院常务会议审议通过后正式印发各地，其中由国家林业局会同国家发改委牵头，组织农业部、水利部、环保部、国土资源部、气象局等6个部门，编制完成了《易灾地区生态环境综合治理专项规划》。

《全国造林绿化规划纲要》 《纲要》经全绿委第二十九次全体会议审议通过后，由全绿委和国家林业局以全绿字〔2011〕6号正式印发。《纲要》实施期限是2011～2020年。

《纲要》的主要奋斗目标：到2020年，森林面积、蓄积稳步增加，区域分布更加合理，林种树种结构趋于优化，森林质量明显提高，森林碳汇显著增加，森林功能大大增强，草原退化趋势得到遏制，全国生态状况明显改善。木材及其他林产品有效供给稳步增长，林业主导产业快速发展。城乡绿化覆盖面积大幅度提高，人居环境总体达到全面建设小康社会的要求。生态文化体系基本形成，全民生态意识明显增强。

《纲要》的主要建设内容：围绕奋斗目标，努力完成造林更新，城乡绿化美化，绿色通道、河渠湖库周边绿化、农田林网建设与矿区植被恢复，森林抚育经营，义务植树，种苗建设，草原建设7个方面的建设任务。规划造林更新7000万公顷，部门及城乡绿化700万公顷，森林抚育经营7500万公顷，草原建设15 000万公顷。

《林业有害生物防治建设规划》 国家林业局和国家发改委以林规发〔2011〕225号联合印发《规划》。

《规划》实施期限是2011～2020年。

《规划》的主要目标：到2020年，将我国林业有害生物成灾率控制在4‰以下，无公害防治率达85%以上，灾害测报准确率达85%以上，种苗产地检疫率达到100%，主要有害生物常发区监测覆盖率达100%。

《规划》的主要建设内容：综合考虑不同区域的基础设施现状和未来完成防治任务需要，建设以国家、省、市、县4级森防检疫站(局)为依托，构建以监测预警、检疫御灾、防治减灾和服务保障四大体系为主，网络完善、布局合理、运行高效的林业有害生物防治体系。

《全国木材检查站规划》 2011年2月，国家林业局以林规发〔2011〕23号联合印发该《规划》。《规划》实施期限是2010～2015年。

《规划》的主要目标：到2012年，完成945个木材检查站基本建设任务；到2015年，共完成3044个木材检查站的基本建设任务。

《规划》的建设重点：按照规划的指导思想和遵循原则，在区域上保障林业重点建设工程及木材主产区的木材检查站建设；在布局上保障国道和林区交通主干线以及木材产销结合部的木材检查站建设；在项目上统筹木材检查站的基础设施建设和技术装备建设以及队伍建设。

《履约CTTES公约发展规划》 2011年5月，国家林业局以林规发〔2011〕137号印发《规划》。《规划》实施期限是2011～2015年。

《规划》的主要目标：逐步改变濒危物种进出口管理和履约工作在濒危物种保护、进出口执法、社会公众教育、能力建设等方面相对薄弱的现状，进一步建立和完善以行政许可为手段，大宗贸易物种调查评价，进出口物种及其产品标记、鉴定管理，企业信誉管理和执法为支撑的履约业务体系；进一步和完善以国家濒管办为主体，各办事处为支撑，多部门协调联动的履约组织体系。

《规划》重点建设任务：建立完善野生动植物进出口管理和履约监管体系、濒危物种贸易监测评估体系、履约执法协调管理体系、履约对外交流合作体系、履约能力建设体系。

《全国防沙治沙综合示范区建设规划》 2011年3月，国家林业局以林规发〔2011〕46号印发《规划》。《规划》实施期限是2011～2020年。

《规划》的主要目标和建设任务：通过全面推进和加快示范区建设，力争用10年时间，实现示范区可治理沙化土地治理率达70%，在生态改善、技术创新、政策机制、产业发展等方面建成一批防沙治沙示范样板项目。加大对现有示范区的建设力度，择优增设一批新的示范区，到2020年，完成建设任务100.33万公顷，初步实现示范区生态、经济、社会协调发展，为推动全国防沙治沙进程提供示范样板、发挥辐射和带动作用，为推进生态文明建设作出贡献。 （陈嘉文 覃鑫浩）

林业计划

【2011年林业投资情况】 2011年是"十二五"开局之年，是转变林业发展方式的关键之年，林业投资以"加快转变林业发展方式、实现林业'双增目标'"为主线，以科学发展为主题，以兴林富民为宗旨，狠抓工作落实，加大投资力度，保持林业持续发展，全年落实林业基本建设投资180.8亿元，比2010年的164.2亿元增加16.6亿元。

按照全国林业厅局长会议要求，准确把握现代林业发展的新要求，着力深化林业改革，调整投资结构，加大资金整合力度，突出重点，优化布局，提高效益。继续实施以生态建设为主的林业发展战略，不断加快重点生态工程建设步伐，生态建设和保护投资保持较高水平，直接用于生态建设和保护的投资达到106亿元，占总投资的59%。结合林业生态建设实际，继续加强三北、沿海等防护林工程建设，全年落实投资34亿元。大幅度增加珍稀及特殊林木培育基地项目投资，从2010年的4000万元提高到15 000万元。争取新开辟棚户区配套供热项目专项投资渠道，安排投资40 000万元，国有林区社会性基础设施建设投资继续增加，较2010年增加2000万元，切实解决林区棚户区配套基础设施建设问题。林业公共服务体系站点建设项目较2010年增加3000万元。将新开辟的集体林权改革服务管理体系建设试点从500万元增加到1000万元，进一步夯实林业改革基础。

林业棚户区（危旧房）改造继续深入推进，全年安排林业棚户区危旧房改造中央投资60.4亿元，安排改造任务46.4万户。其中国有林区棚户区安排投资42亿元，安排改造任务28万户；国有林场危旧房改造安排投资18.4亿元，安排改造18.4万户。新增供热等配套基础设施投资4亿元。到2011年底，中央投资131亿元，安排改造任务98.8万户，竣工60.1万户，入住42.1万户。这项惠及林区100多万林业职工、数百万林区人口的工程，使林区生活设施建设得到极大改善，林区就医难、上学难、就业难等一系列难题得到有效破解，成为60多年来林区最大的民生工程、民心工程。

（张利明 孙嘉伟 郭 伟）

【2011年林业固定资产投资建设项目批复情况】

森林防火项目 共审批森林防火项目137个，批复总投资170 440万元，其中中央投资115 027万元，地方配套投资55 413万元。

序号	项目名称	批复文号	批复投资（万元）		
			合计	中央	地方
			170 440.0	**115 027.0**	**55 413.0**
1	黑龙江大兴安岭林业集团公司森林防火大型机械设备建设项目	林规批字〔2011〕1号	1767.0	1414.0	353.0
2	黑龙江大兴安岭林业集团公司塔河移动航站建设项目	林规批字〔2011〕6号	370.0	296.0	74.0
3	北京市森林重点火险区综合治理三期工程建设项目	林规批字〔2011〕78号	1103.0	441.0	662.0
4	河北省木兰围场国有林场管理局森林重点火险区综合治理二期工程建设项目	林规批字〔2011〕79号	352.0	211.0	141.0
5	河北省邢台市太行山森林重点火险区综合治理二期工程建设项目	林规批字〔2011〕80号	1726.0	1036.0	690.0
6	河北省邯郸市太行山森林重点火验区综合治理二期工程建设项目	林规批字〔2011〕81号	1170.0	702.0	468.0
7	辽宁省西部建平等3县森林重点火险区综合治理二期工程建设项目	林规批字〔2011〕82号	442.0	177.0	265.0
8	辽宁省北部铁岭等3县森林重点火险区综合治理二期工程建设项目	林规批字〔2011〕83号	612.0	245.0	367.0
9	吉林省浑江流域森林重点火险区综合治理二期工程建设项目	林规批字〔2011〕84号	1087.0	652.0	435.0
10	吉林省延吉市等3市森林重点火险区综合治理二期工程项目	林规批字〔2011〕85号	1202.0	721.0	481.0

（续）

序号	项目名称	批复文号	批复投资(万元)		
			合计	中央	地方
11	黑龙江省呼玛县森林重点火险区森林防火综合治理二期工程	林规批字〔2011〕86 号	651.0	391.0	260.0
12	大兴安岭松岭林业局森林重点火险区综合治理二期工程建设项目	林规批字〔2011〕87 号	882.0	706.0	176.0
13	大兴安岭韩家园林业局森林重点火险区综合治理三期工程	林规批字〔2011〕88 号	992.0	794.0	198.0
14	大兴安岭呼中林业局森林重点火险区综合治理三期工程	林规批字〔2011〕89 号	1000.0	800.0	200.0
15	黑龙江省南岔、桃山、朗乡林业局森林重点火险区综合治理三期工程	林规批字〔2011〕90 号	1580.0	948.0	632.0
16	黑龙江省通北、绥棱、铁力林业局森林重点火险区综合治理三期工程	林规批字〔2011〕91 号	1618.0	971.0	647.0
17	黑龙江省桦南、双鸭山林业局森林重点火险区综合治理三期工程	林规批字〔2011〕92 号	1566.0	940.0	626.0
18	黑龙江省乌马河、带岭、翠峦林业局森林重点火险区综合治理三期工程	林规批字〔2011〕93 号	1588.0	953.0	635.0
19	黑龙江省海林林业局森林重点火险区综合治理三期工程	林规批字〔2011〕94 号	586.0	352.0	234.0
20	黑龙江省柴河、林口林业局森林重点火险区综合治理三期工程	林规批字〔2011〕95 号	1186.0	712.0	474.0
21	黑龙江省方正林业局森林重点火险区综合治理三期工程	林规批字〔2011〕96 号	795.0	477.0	318.0
22	黑龙江省绥阳、穆棱、八面通林业局森林重点火险区综合治理三期工程	林规批字〔2011〕97 号	1805.0	1083.0	722.0
23	黑龙江省新青、汤旺河林业局森林重点火险区综合治理三期工程	林规批字〔2011〕98 号	1220.0	732.0	488.0
24	黑龙江省东方红林业局森林重点火险区综合治理三期工程建设项目	林规批字〔2011〕99 号	970.0	582.0	388.0
25	黑龙江省迎春林业局森林重点火险区综合治理三期工程	林规批字〔2011〕100 号	747.0	448.0	299.0
26	江苏省镇江市森林重点火险区综合治理工程建设项目	林规批字〔2011〕101 号	896.0	358.0	538.0
27	江苏省无锡市环太湖森林重点火险区综合治理工程项目	林规批字〔2011〕102 号	713.0	285.0	428.0
28	浙江省南部森林重点火险区综合治理二期工程建设项目	林规批字〔2011〕103 号	1610.0	644.0	966.0
29	安徽省安庆市森林重点火险区综合治理二期工程建设项目	林规批字〔2011〕104 号	2068.0	1241.0	827.0
30	安徽省宣城市森林重点火险区综合治理二期工程建设项目	林规批字〔2011〕105 号	1800.0	1080.0	720.0
31	江西省安源森林重点火险区综合治理二期工程项目	林规批字〔2011〕106 号	1319.0	791.0	528.0
32	江西省新余森林重点火险区综合治理二期工程建设项目	林规批字〔2011〕107 号	890.0	534.0	356.0
33	江西省饶河源森林重点火险区综合治理三期工程	林规批字〔2011〕108 号	480.0	288.0	192.0
34	江西省鄱阳湖生态经济区东部森林重点火险区综合治理二期工程项目	林规批字〔2011〕109 号	910.0	546.0	364.0
35	山东泰山山系重点火险区综合治理二期工程建设项目	林规批字〔2011〕110 号	1637.0	655.0	982.0
36	山东省临沂市蒙山森林重点火险区综合治理二期工程建设项目	林规批字〔2011〕111 号	807.0	323.0	484.0
37	湖南省张家界国家森林公园森林重点火险区综合治理工程项目	林规批字〔2011〕112 号	431.0	259.0	172.0
38	湖南省衡阳市森林防火重点火险区综合治理工程	林规批字〔2011〕113 号	1743.0	1046.0	697.0
39	湖南省韶山管理局核心景区森林重点火险区综合治理二期工程项目	林规批字〔2011〕114 号	501.0	300.0	201.0
40	广东省云浮片森林重点火险区综合治理二期工程建设项目	林规批字〔2011〕115 号	1717.0	687.0	1030.0
41	重庆市江津区、永川区森林重点火险区综合治理二期工程建设项目	林规批字〔2011〕116 号	992.0	794.0	198.0

（续）

序号	项目名称	批复文号	批复投资(万元)		
			合计	中央	地方
42	重庆市武隆县、彭水县森林重点火险区综合治理二期工程建设项目	林规批字〔2011〕117 号	1025.0	820.0	205.0
43	重庆市黔江区森林重点火险区综合治理二期工程建设项目	林规批字〔2011〕118 号	483.0	386.0	97.0
44	云南省楚雄州森林重点火险区综合治理二期工程建设项目	林规批字〔2011〕119 号	2426.0	1941.0	485.0
45	云南省大理州森林重点火险区综合治理二期工程建设项目	林规批字〔2011〕120 号	2218.0	1774.0	444.0
46	云南省曲靖市森林重点火险区综合治理二期工程建设项目	林规批字〔2011〕121 号	2084.0	1667.0	417.0
47	陕西省延安市森林重点火险区综合治理二期工程建设项目	林规批字〔2011〕122 号	1632.0	1306.0	326.0
48	陕西省佛坪县森林重点火险区综合治理建设项目	林规批字〔2011〕123 号	307.0	246.0	61.0
49	甘肃省甘南藏族自治州林区重点火险区综合治理二期工程建设项目	林规批字〔2011〕124 号	1575.0	1260.0	315.0
50	甘肃省太子山林区森林重点火险区综合治理二期工程建设项目	林规批字〔2011〕125 号	325.0	260.0	65.0
51	西藏自治区山南森林重点火险区综合治理二期工程建设项目	林规批字〔2011〕126 号	1697.0	1697.0	0.0
52	宁夏回族自治区六盘山森林重点火险区综合治理工程二期建设项目	林规批字〔2011〕127 号	708.0	566.0	142.0
53	宁夏中卫市海原县森林重点火险区综合治理工程建设项目	林规批字〔2011〕128 号	532.0	426.0	106.0
54	新疆维吾尔自治区天山东部国有林管理局森林重点火险区综合治理二期工程建设项目	林规批字〔2011〕129 号	1481.0	1185.0	296.0
55	新疆天山西部林区森林重点火险区综合治理三期工程建设项目	林规批字〔2011〕130 号	1832.0	1466.0	366.0
56	新疆维吾尔自治区阿尔泰山森林重点火险区综合治理三期工程建设项目	林规批字〔2011〕131 号	1388.0	1110.0	278.0
57	内蒙古自治区阿拉善盟重点火险区综合治理二期工程建设项目	林规批字〔2011〕132 号	1028.0	822.0	206.0
58	内蒙古自治区巴彦淖尔市重点火险区综合治理建设项目	林规批字〔2011〕133 号	1617.0	1294.0	323.0
59	内蒙古自治区赤峰市森林重点火险区综合治理三期工程建设项目	林规批字〔2011〕134 号	1683.0	1347.0	336.0
60	河南省熊耳山森林重点火险区综合治理二期工程建设项目	林规批字〔2011〕135 号	1878.0	1127.0	751.0
61	广西壮族自治区钦州市森林重点火险区综合治理二期工程	林规批字〔2011〕136 号	766.0	613.0	153.0
62	广西壮族自治区北海市森林重点火险区综合治理工程建设项目	林规批字〔2011〕137 号	784.0	627.0	157.0
63	黑龙江省金山屯、鹤北、鹤立林业局森林重点火险区综合治理三期工程	林规批字〔2011〕138 号	1809.0	1085.0	724.0
64	四川省阿坝州马尔康等 4 县(局)森林重点火险区综合治理三期工程	林规批字〔2011〕139 号	1672.0	1338.0	334.0
65	四川省甘孜州巴塘等 3 县森林重点火险区综合治理三期工程	林规批字〔2011〕140 号	1507.0	1206.0	301.0
66	四川省甘孜州康定等 3 县森林重点火险区综合治理三期工程	林规批字〔2011〕141 号	1410.0	1128.0	282.0
67	四川省凉山州木里等 3 县(局)重点火险区综合治理三期工程	林规批字〔2011〕142 号	1519.0	1216.0	303.0
68	四川省西昌等 4 县森林重点火险区综合治理三期工程建设项目	林规批字〔2011〕143 号	1508.0	1207.0	301.0
69	内蒙古自治区中西部森林防火通信系统建设项目	林规批字〔2011〕144 号	2260.0	1808.0	452.0
70	海南省森林防火通信系统建设项目	林规批字〔2011〕145 号	849.0	679.0	170.0
71	江苏省环太湖区域森林防火通信系统建设项目	林规批字〔2011〕146 号	1275.0	510.0	765.0
72	江苏省淮北区域森林防火通信系统建设项目	林规批字〔2011〕147 号	1337.0	535.0	802.0
73	江苏省宁镇扬区域森林防火通信系统建设项目	林规批字〔2011〕148 号	1391.0	556.0	835.0
74	山东鲁西北森林防火通信系统建设项目	林规批字〔2011〕149 号	1521.0	608.0	913.0

（续）

序号	项目名称	批复文号	批复投资(万元)		
			合计	中央	地方
75	山东鲁北森林防火通信系统建设项目	林规批字〔2011〕150 号	1334.0	534.0	800.0
76	山东鲁东森林防火通信系统建设项目	林规批字〔2011〕151 号	749.0	300.0	449.0
77	山东鲁南森林防火通信系统建设项目	林规批字〔2011〕152 号	1513.0	605.0	908.0
78	湖北省鄂西南地区森林防火通信系统建设项目	林规批字〔2011〕153 号	1875.0	1125.0	750.0
79	湖北省鄂东北地区森林防火通信系统建设项目	林规批字〔2011〕154 号	2087.0	1252.0	835.0
80	西藏自治区森林防火通信系统建设项目	林规批字〔2011〕155 号	1881.0	1881.0	0.0
81	北京市重点山区县森林防火信息指挥系统建设项目	林规批字〔2011〕156 号	650.0	260.0	390.0
82	黑龙江省地方林业森林防火信息系统建设项目	林规批字〔2011〕157 号	1327.0	796.0	531.0
83	黑龙江省地方林业森林防火指挥系统建设项目	林规批字〔2011〕158 号	1778.0	1067.0	711.0
84	黑龙江省森工林区森林防火信息指挥系统建设项目	林规批字〔2011〕159 号	2757.0	1654.0	1103.0
85	黑龙江大兴安岭森林防火信息指挥系统建设项目	林规批字〔2011〕160 号	1727.0	1382.0	345.0
86	河北省燕山太行山区森林防火信息指挥系统建设项目	林规批字〔2011〕161 号	2305.0	1383.0	922.0
87	河北省北部森林防火信息指挥系统建设项目	林规批字〔2011〕162 号	2250.0	1350.0	900.0
88	辽宁省森林防火信息指挥系统建设项目	林规批字〔2011〕163 号	988.0	395.0	593.0
89	吉林省中西部片区森林防火信息指挥系统建设项目	林规批字〔2011〕164 号	1736.0	1042.0	694.0
90	吉林省东部森林防火信息指挥系统建设项目	林规批字〔2011〕165 号	1356.0	814.0	542.0
91	吉林省南部片区森林防火信息指挥系统建设项目	林规批字〔2011〕166 号	1272.0	763.0	509.0
92	江苏省省级森林防火信息指挥系统建设项目	林规批字〔2011〕167 号	615.0	246.0	369.0
93	浙江省省级森林防火信息指挥系统建设项目	林规批字〔2011〕168 号	840.0	336.0	504.0
94	安徽省森林防火信息指挥系统建设项目	林规批字〔2011〕169 号	1030.0	618.0	412.0
95	福建省森林防火信息指挥系统建设项目	林规批字〔2011〕170 号	1162.0	465.0	697.0
96	江西省森林防火信息指挥系统建设项目	林规批字〔2011〕171 号	1081.0	649.0	432.0
97	河南省森林防火信息指挥系统建设项目	林规批字〔2011〕172 号	988.0	593.0	395.0
98	湖北省森林防火信息指挥系统建设项目	林规批字〔2011〕173 号	917.0	550.0	367.0
99	湖南省森林防火信息指挥系统建设项目	林规批字〔2011〕174 号	1006.0	604.0	402.0
100	广东省森林防火信息指挥系统建设项目	林规批字〔2011〕175 号	1251.0	500.0	751.0
101	广西壮族自治区森林防火信息指挥中心建设项目	林规批字〔2011〕176 号	720.0	576.0	144.0
102	海南省森林防火信息指挥系统建设项目	林规批字〔2011〕177 号	685.0	548.0	137.0
103	四川省盆周山区森林防火信息指挥系统建设项目	林规批字〔2011〕178 号	2006.0	1605.0	401.0
104	四川省川西地区森林防火信息指挥系统建设项目	林规批字〔2011〕179 号	1717.0	1374.0	343.0
105	四川省攀西地区(含省级)森林防火信息指挥系统建设项目	林规批字〔2011〕180 号	2263.0	1810.0	453.0
106	云南省滇中片区森林防火信息指挥系统建设项目	林规批字〔2011〕181 号	2123.0	1698.0	425.0
107	云南省滇南片区森林防火信息指挥系统建设项目	林规批字〔2011〕182 号	1613.0	1290.0	323.0
108	云南省滇西片区森林防火信息指挥系统建设项目	林规批字〔2011〕183 号	2168.0	1734.0	434.0
109	云南省滇东片区森林防火信息指挥系统建设项目	林规批字〔2011〕184 号	1900.0	1520.0	380.0
110	西藏自治区森林防火信息指挥系统建设项目	林规批字〔2011〕185 号	2514.0	2514.0	0.0
111	陕西省森林防火信息指挥系统建设项目	林规批字〔2011〕186 号	1060.0	848.0	212.0
112	甘肃省森林防火信息指挥体系建设项目	林规批字〔2011〕187 号	1439.0	1151.0	288.0
113	青海省森林防火信息指挥系统建设项目	林规批字〔2011〕188 号	923.0	738.0	185.0
114	宁夏回族自治区森林防火信息指挥系统建设项目	林规批字〔2011〕189 号	797.0	638.0	159.0
115	新疆维吾尔自治区森林防火信息指挥系统建设项目	林规批字〔2011〕190 号	914.0	731.0	183.0
116	天津市森林防火信息指挥系统建设项目	林规批字〔2011〕191 号	465.0	186.0	279.0
117	贵州省省级森林防火信息指挥系统建设项目	林规批字〔2011〕192 号	1083.0	866.0	217.0
118	贵州省森林火险预警监测系统建设项目	林规批字〔2011〕193 号	783.0	684.0	99.0
119	江苏省森林火险预警系统建设项目	林规批字〔2011〕194 号	184.0	112.0	72.0

（续）

序号	项目名称	批复文号	批复投资(万元)		
			合计	中央	地方
120	北京森林火险预警系统建设项目	林规批字〔2011〕195 号	75.0	42.0	33.0
121	内蒙古大兴安岭根河航空护林站基础设施建设项目	林规批字〔2011〕196 号	804.0	643.0	161.0
122	湖北省武当山航空护林站建设项目	林规批字〔2011〕197 号	995.0	597.0	398.0
123	局西航总站丽江站白沙直升机场建设项目	林规批字〔2011〕198 号	1325.0	1325.0	0.0
124	局西航总站保山站长岭岗直升机场建设项目	林规批字〔2011〕199 号	1234.0	1234.0	0.0
125	西航总站西昌站盐源直升机场建设项目	林规批字〔2011〕200 号	1116.0	1116.0	0.0
126	江西省森林航空消防移动航站建设项目	林规批字〔2011〕201 号	274.0	164.0	110.0
127	内蒙古兴安盟森林航空消防移动航站建设项目	林规批字〔2011〕202 号	376.0	301.0	75.0
128	湖北鄂东省级森林防火省级物资储备库建设项目	林规批字〔2011〕203 号	422.0	127.0	295.0
129	陕西省森林防火物资储备库建设项目	林规批字〔2011〕204 号	539.0	162.0	377.0
130	河北塞罕坝机械林场林火视频监测与指挥系统建设项目	林规批字〔2011〕205 号	662.0	397.0	265.0
131	内蒙古鄂尔多斯市森林防火视频监控体系建设项目	林规批字〔2011〕206 号	850.0	680.0	170.0
132	陕西省桥山森林公园防火体系建设项目	林规批字〔2011〕207 号	500.0	400.0	100.0
133	吉林省大黑山林区森林重点火险区综合治理二期工程建设项目	林规批字〔2011〕230 号	1163.0	698.0	465.0
134	吉林省边境地区森林重点火险区综合治理三期工程建设项目	林规批字〔2011〕244 号	964.0	771.0	193.0
135	吉林省长白山林区(图们江流域)森林重点火险区综合治理三期工程建设项目	林规批字〔2011〕251 号	2006.0	1605.0	401.0
136	吉林省鸭绿江流域森林重点火险区综合治理三期工程建设项目	林规批字〔2011〕294 号	2045.0	1227.0	818.0
137	吉林省老爷岭林区森林重点火险区综合治理三期工程建设项目	林规批字〔2011〕293 号	2200.0	1320.0	880.0

国家级自然保护区建设项目 共审批国家级自然保护区基础设施建设项目 25 个，批复总投资 37 454 万元，其中中央投资 29 577 万元，地方配套投资 7877 万元。

序号	项目名称	批复文号	批复投资(万元)		
			合计	中央	地方
			37 454.0	**29 577.0**	**7877.0**
1	内蒙古大青山国家级自然保护区呼和浩特管理分局基础设施建设项目	林规批字〔2011〕57 号	2740.0	2192.0	548.0
2	陕西延安黄龙山褐马鸡国家级自然保护区基础设施建设项目	林规批字〔2011〕58 号	1730.0	1384.0	346.0
3	云南药山国家级自然保护区基础设施二期建设项目	林规批字〔2011〕59 号	1145.0	916.0	229.0
4	湖南东洞庭湖国家级自然保护区基础设施二期建设项目	林规批字〔2011〕60 号	1520.0	1145.0	375.0
5	浙江九龙山国家级自然保护区基础设施二期建设项目	林规批字〔2011〕61 号	983.0	786.0	197.0
6	陕西化龙山国家级自然保护区基础设施二期建设项目	林规批字〔2011〕62 号	1080.0	864.0	216.0
7	黑龙江胜山国家级自然保护区基础设施二期建设项目	林规批字〔2011〕63 号	1383.0	1106.0	277.0
8	湖南黄桑国家级自然保护区基础设施二期建设项目	林规批字〔2011〕64 号	1238.0	990.0	248.0
9	福建漳江口红树林国家级自然保护区基础设施二期建设项目	林规批字〔2011〕65 号	961.0	769.0	192.0
10	甘肃连城国家级自然保护区基础设施二期建设项目	林规批字〔2011〕66 号	1223.0	978.0	245.0
11	贵州草海国家级自然保护区基础设施二期建设项目	林规批字〔2011〕67 号	1270.0	1016.0	254.0
12	新疆西天山国家级自然保护区基础设施二期建设项目	林规批字〔2011〕68 号	1898.0	1518.0	380.0
13	浙江凤阳山－百山祖国家级自然保护区基础设施二期建设项目	林规批字〔2011〕69 号	1035.0	828.0	207.0
14	河南董寨国家级自然保护区基础设施三期建设项目	林规批字〔2011〕70 号	958.0	766.0	192.0
15	湖南小溪国家级自然保护区基础设施三期建设项目	林规批字〔2011〕71 号	1030.0	824.0	206.0

（续）

序号	项目名称	批复文号	批复投资(万元)		
			合计	中央	地方
16	浙江清凉峰国家级自然保护区基础设施三期建设项目	林规批字〔2011〕72 号	1054.0	843.0	211.0
17	吉林向海国家级自然保护区基础设施三期建设项目	林规批字〔2011〕73 号	1008.0	806.0	202.0
18	河北雾灵山国家级自然保护区保护与宣教设施建设项目	林规批字〔2011〕74 号	2204.0	1763.0	441.0
19	福建梅花山国家级自然保护区华南虎繁育及野化训练基地建设项目	林规批字〔2011〕75 号	2712.0	2170.0	542.0
20	黑龙江牡丹峰国家级自然保护区宣教设施建设项目	林规批字〔2011〕76 号	1598.0	1278.0	320.0
21	黑龙江呼中国家级自然保护区保护与宣教体系建设项目	林规批字〔2011〕77 号	960.0	768.0	192.0
22	黑龙江新青白头鹤国家级自然保护区基础设施建设项目	林规批字〔2011〕264 号	1943.0	1474.0	469.0
23	湖南舜皇山国家级自然保护区基础设施建设项目	林规批字〔2011〕271 号	1806.0	1325.0	481.0
24	湖北赛武当国家级自然保护区基础设施建设项目	林规批字〔2011〕266 号	2140.0	1680.0	460.0
25	湖北龙感湖国家级自然保护区基础设施建设项目	林规批字〔2011〕265 号	1835.0	1388.0	447.0

林业有害生物防治项目　共审批林业有害生物防治基础设施建设项目 46 个，批复总投资 46 510 万元，其中中央投资 30 424 万元，地方配套投资 16 086 万元。

序号	项目名称	批复文号	批复投资(万元)		
			合计	中央	地方
			46 510.0	**30 424.0**	**16 086.0**
1	河北省林业有害生物检疫御灾体系建设项目	林规批字〔2011〕11 号	1431.0	859.0	572.0
2	辽宁省林业有害生物检疫御灾体系建设项目	林规批字〔2011〕12 号	1507.0	904.0	603.0
3	吉林省林业有害生物检疫御灾体系基础设施建设项目	林规批字〔2011〕13 号	1590.0	954.0	636.0
4	内蒙古大兴安岭林区林业有害生物检疫御灾体系基础设施建设项目	林规批字〔2011〕14 号	1440.0	1152.0	288.0
5	内蒙古林业有害生物检疫御灾体系基础设施建设项目	林规批字〔2011〕15 号	1653.0	1322.0	331.0
6	福建省林业有害生物检疫御灾体系基础设施建设项目	林规批字〔2011〕16 号	1690.0	1014.0	676.0
7	宁波市林业有害生物检疫御灾体系基础设施建设项目	林规批字〔2011〕17 号	639.0	383.0	256.0
8	青海省藏区林业有害生物检疫御灾体系基础设施建设项目	林规批字〔2011〕18 号	1696.0	1357.0	339.0
9	广西壮族自治区林业有害生物检疫御灾体系基础设施建设项目	林规批字〔2011〕19 号	1062.0	850.0	212.0
10	西藏自治区林业有害生物检疫御灾体系基础设施建设项目	林规批字〔2011〕20 号	1214.0	1214.0	0.0
11	陕西省林业有害生物检疫御灾体系基础设施建设项目	林规批字〔2011〕21 号	1415.0	1132.0	283.0
12	大兴安岭森林鼠害综合治理基础设施建设项目	林规批字〔2011〕22 号	879.0	703.0	176.0
13	天津市京津冀联防联治重大林业有害生物防治体系基础设施建设项目	林规批字〔2011〕23 号	796.0	478.0	318.0
14	黑龙江省鼠害防控体系基础设施建设项目	林规批字〔2011〕24 号	1310.0	786.0	524.0
15	安徽省林业有害生物应急防控基础设施建设项目	林规批字〔2011〕25 号	1313.0	788.0	525.0
16	海南省薇甘菊等林业有害生物综合治理基础设施建设项目	林规批字〔2011〕26 号	1035.0	828.0	207.0
17	江苏省美国白蛾综合治理建设项目	林规批字〔2011〕27 号	960.0	576.0	384.0
18	贵州省林业有害生物防控体系基础设施建设项目	林规批字〔2011〕28 号	1185.0	948.0	237.0
19	青岛市松材线虫病监测与综合防控建设项目	林规批字〔2011〕29 号	875.0	525.0	350.0
20	广东省松材线虫病检疫防控体系基础设施建设项目	林规批字〔2011〕30 号	1347.0	808.0	539.0
21	云南省苗木花卉基地及木材交易集散地林业有害生物综合防控体系建设项目	林规批字〔2011〕31 号	1324.0	1059.0	265.0
22	新疆维吾尔自治区林业有害生物防控检疫指挥体系基础设施建设项目	林规批字〔2011〕32 号	1476.0	1181.0	295.0
23	四川省蜀柏毒蛾等林业有害生物防控体系基础设施建设项目	林规批字〔2011〕33 号	1300.0	1040.0	260.0

（续）

序号	项目名称	批复文号	批复投资(万元)		
			合计	中央	地方
24	北京市京津冀联防联治区域重大林业有害生物综合治理体系基础设施建设项目	林规批字〔2011〕34 号	1350.0	810.0	540.0
25	河北省木兰围场国有林场林业有害生物防控体系基础设施建设项目	林规批字〔2011〕35 号	618.0	371.0	247.0
26	河北省南部太行山林业有害生物防控体系基础设施建设项目	林规批字〔2011〕36 号	1297.0	778.0	519.0
27	内蒙古自治区兴安盟嫩江流域林业有害生物综合治理基础设施建设项目	林规批字〔2011〕37 号	614.0	491.0	123.0
28	浙江省南太湖流域林业有害生物防控体系基础设施建设项目	林规批字〔2011〕38 号	863.0	518.0	345.0
29	福建戴云山林业有害生物防控体系基础设施建设项目	林规批字〔2011〕39 号	502.0	301.0	201.0
30	山东省鲁西北平原地区杨树食叶害虫防控体系基础设施建设项目	林规批字〔2011〕40 号	950.0	570.0	380.0
31	河南省漯河市林业有害生物防控体系建设项目	林规批字〔2011〕41 号	529.0	317.0	212.0
32	湖北省幕阜山区林业有害生物防控体系基础设施建设项目	林规批字〔2011〕42 号	518.0	311.0	207.0
33	湖北省大别山革命老区林业有害生物防控体系建设项目	林规批字〔2011〕43 号	688.0	413.0	275.0
34	湖南省湘江源头重要生态区林业有害生物防控体系建设项目	林规批字〔2011〕44 号	1468.0	881.0	587.0
35	湖南省洞庭湖区林业有害生物防控体系建设项目	林规批字〔2011〕45 号	990.0	594.0	396.0
36	广西壮族自治区北部湾红树林虫害综合治理基础设施建设项目	林规批字〔2011〕46 号	896.0	717.0	179.0
37	海南尖峰岭林区森林病虫害监测防治体系建设项目	林规批字〔2011〕47 号	435.0	348.0	87.0
38	黑龙江省哈尔滨市林业有害生物防治公共服务体系建设项目	林规批字〔2011〕48 号	495.0	297.0	198.0
39	河北省秦皇岛市林业有害生物天敌繁育场建设项目	林规批字〔2011〕49 号	476.0	190.0	286.0
40	山东省临沂市林业有害生物天敌繁育场建设项目	林规批字〔2011〕50 号	452.0	181.0	271.0
41	山东省荣成市松材线虫病媒介昆虫天敌繁育场建设项目	林规批字〔2011〕51 号	508.0	203.0	305.0
42	大连市林业有害生物天敌繁育场建设项目	林规批字〔2011〕52 号	621.0	248.0	373.0
43	内蒙古自治区巴彦淖尔市啄木鸟繁育场建设项目	林规批字〔2011〕53 号	350.0	140.0	210.0
44	贵州省林业有害生物天敌繁育场建设项目	林规批字〔2011〕54 号	573.0	230.0	343.0
45	湖北省当阳白僵菌厂扩建工程	林规批字〔2011〕55 号	1118.0	335.0	783.0
46	江苏省新型植物源生物农药制剂厂建设项目	林规批字〔2011〕56 号	1062.0	319.0	743.0

森工非经营性建设项目 共审批森工非经营性建设项目 39 个，批复总投资 21 871 万元，其中中央投资 17 502 万元，地方配套投资 4369 万元。

序号	项目名称	批复文号	批复投资(万元)		
			合计	中央	地方
			21 871.0	**17 502.0**	**4369.0**
1	内蒙古大兴安岭森林调查规划院基础设施改造设备更新项目	林规批字〔2011〕273 号	731.0	585.0	146.0
2	《林海日报》出版印刷系统设备更新改造工程项目	林规批字〔2011〕255 号	741.0	593.0	148.0
3	内蒙古自治区绰源林业局给水工程建设项目	林规批字〔2011〕303 号	732.0	586.0	146.0
4	内蒙古自治区甘河林业局给水建设项目	林规批字〔2011〕302 号	696.0	557.0	139.0
5	内蒙古自治区克一河林业局给水建设项目	林规批字〔2011〕301 号	882.0	706.0	176.0
6	内蒙古自治区绰尔林业局给水建设项目	林规批字〔2011〕300 号	571.0	457.0	114.0
7	吉林省泉阳林业局职工医院改扩建	林规批字〔2011〕295 号	777.0	622.0	155.0
8	吉林省大兴沟林业局职工医院改扩建	林规批字〔2011〕292 号	578.0	462.0	116.0
9	吉林省松江河林业局职工医院改扩建	林规批字〔2011〕291 号	578.0	462.0	116.0
10	吉林省白石山林业局局址给水改扩建工程	林规批字〔2011〕254 号	803.0	642.0	161.0
11	黑龙江省林业科学技术研究中心建设项目	林规批字〔2011〕288 号	1782.0	1426.0	356.0

（续）

序号	项目名称	批复文号	批复投资(万元)		
			合计	中央	地方
12	黑龙江省大海林林业局局址排水改扩建工程	林规批字〔2011〕286 号	660.0	528.0	132.0
13	黑龙江省桦南林业局局址给排水改扩建项目	林规批字〔2011〕287 号	704.0	564.0	140.0
14	黑龙江省桃山林业局局址给水改扩建工程	林规批字〔2011〕285 号	1240.0	992.0	248.0
15	黑龙江省海林林业局职工医院改扩建项目	林规批字〔2011〕252 号	591.0	473.0	118.0
16	黑龙江省东京城林业局职工医院改扩建项目	林规批字〔2011〕289 号	1070.0	856.0	214.0
17	黑龙江省乌马河林业局职工医院改扩建项目	林规批字〔2011〕314 号	1140.0	912.0	228.0
18	黑龙江省翠峦林业局翠峦中学迁建工程项目	林规批字〔2011〕270 号	1336.0	1069.0	267.0
19	黑龙江省迎春林业局第一中学改扩建项目	林规批字〔2011〕308 号	606.0	485.0	121.0
20	黑龙江省南岔林业局东方红小学改扩建工程	林规批字〔2011〕290 号	644.0	515.0	129.0
21	大兴安岭林业勘察设计院设备更新与房屋节能改造工程	林规批字〔2011〕296 号	319.0	255.0	64.0
22	大兴安岭新林林业局小学集中办学改扩建工程项目	林规批字〔2011〕297 号	700.0	560.0	140.0
23	大兴安岭塔河林业局第一小学改扩建项目	林规批字〔2011〕243 号	595.0	476.0	119.0
24	大兴安岭呼中林业局第二小学改扩建工程	林规批字〔2011〕298 号	652.0	522.0	130.0
25	大兴安岭阿木尔林业局望峰学校改扩建工程	林规批字〔2011〕253 号	280.0	224.0	56.0
26	大兴安岭林业集团公司图强林业局职工医院设备购置建设项目	林规批字〔2011〕256 号	265.0	212.0	53.0
27	云南省金沙江木材水运局棚户区改造给排水及供电配套工程建设项目	林规批字〔2011〕307 号	194.0	155.0	39.0
28	云南省普洱市景东林业局棚户区改造给排水及供电配套工程建设项目	林规批字〔2011〕241 号	126.0	101.0	25.0
29	云南省巨甸林业局棚户区改造给排水及供电	林规批字〔2011〕313 号	50.0	40.0	10.0
30	云南省宁蒗林业局棚户区改造给排水及供电配套工程建设项目	林规批字〔2011〕240 号	372.0	298.0	74.0
31	云南省罗平南盘江林业局(开发公司)棚户区改造给排水及供电配套工程建设项目	林规批字〔2011〕306 号	133.0	107.0	26.0
32	云南省南盘江林业局曲靖木材加工厂棚户区改造给排水及供电配套工程建设项目	林规批字〔2011〕305 号	68.0	55.0	13.0
33	云南省云台山林业局漾濞跃进林场棚户区改造给排水及供电配套工程建设项目	林规批字〔2011〕284 号	125.0	100.0	25.0
34	云南省云台山林业局云龙团结林场棚户区改造给排水及供电配套工程建设项目	林规批字〔2011〕282 号	110.0	88.0	22.0
35	云南省云台山林业局洱源西山林场棚户区改造给排水及供电配套工程建设项目	林规批字〔2011〕242 号	106.0	85.0	21.0
36	云南省云台山林业局永平北斗林场棚户区改造给排水及供电配套工程建设项目	林规批字〔2011〕283 号	132.0	106.0	26.0
37	四川省阿坝州马尔康林业局棚户区改造配套饮水工程建设项目	林规批字〔2011〕281 号	190.0	152.0	38.0
38	四川省阿坝州松潘林业局棚户区改造配套饮水工程建设项目	林规批字〔2011〕280 号	196.0	157.0	39.0
39	陕西省宁西林业局棚户区改造给排水供电配套改造	林规批字〔2011〕304 号	396.0	317.0	79.0

直属单位基础设施建设项目　共审批直属单位建设项目 41 个(包括初步设计 22 个、可研报告 19 个)，批复总投资 43 535 万元，其中中央投资 43 298 万元，地方配套投资 237 万元。

序号	项目名称	批复文号	批复投资(万元)		
			合计	中央	地方
			43 535.0	**43 298.0**	**237.0**
	直属单位初步设计		23 972.0	23 867.0	105.0
1	中国林科院沙林中心近地面沙尘观测系统建设项目初步设计	林规批字〔2011〕4号	126.0	126.0	0.0
2	国家竹藤工程技术研究中心实验用房及附属设施建设项目初步设计	林规批字〔2011〕7号	510.0	510.0	0.0
3	局森防总站现办公楼维修、车库翻建及院区排水管网改造项目初步设计	林规批字〔2011〕8号	345.0	345.0	0.0
4	陕西佛坪国家级自然保护区基础设施建设项目初步设计	林规批字〔2011〕267号	2329.0	2329.0	0.0
5	局昆明院小坝院区排水系统改造工程项目初步设计	林规批字〔2011〕231号	110.0	110.0	0.0
6	局昆明院一二一大街71号院室外雨污分流改造工程建设项目初步设计	林规批字〔2011〕269号	312.0	312.0	0.0
7	局中南院院区挡土墙及公共设施维修改造项目初步设计	林规批字〔2011〕268号	697.0	697.0	0.0
8	甘肃白水江国家级自然保护区管理局机关院区基础设施改造工程初步设计	林规批字〔2011〕312号	274.0	274.0	0.0
9	国家林业局盐碱地研究中心建设项目初步设计	林规批字〔2011〕310号	2820.0	2820.0	0.0
10	中国林科院西南特色昆虫资源及经济树种种质资源收集保存与良种繁育基地建设项目初步设计	林规批字〔2011〕236号	569.0	569.0	0.0
11	中国林科院资源昆虫培育与利用重点实验室扩建工程项目初步设计	林规批字〔2011〕309号	1617.0	1617.0	0.0
12	国家卫星林业遥感数据应用平台建设项目初步设计	林规批字〔2011〕263号	2342.0	2342.0	0.0
13	中国林业出版社综合信息系统建设项目拓扑结构设计	林规批字〔2011〕259号	231.0	231.0	0.0
14	局设计院西侧业务用房设施维修改造项目初步设计	林规批字〔2011〕258号	640.0	640.0	0.0
15	局生物质能源工程技术研究中心(生物柴油)装备试验室基地建设项目项目初步设计	林规批字〔2011〕311号	1529.0	1424.0	105.0
16	中国林科院热带林业研究所职工食堂建设项目初步设计	林规批字〔2011〕238号	251.0	251.0	0.0
17	局亚热带林木培育重点实验室扩建暨油茶种质资源创新与利用实验室建设项目初步设计	林规批字〔2011〕235号	2754.0	2754.0	0.0
18	局热带林业研究实验室实验用房建设项目初步设计	林规批字〔2011〕233号	2411.0	2411.0	0.0
19	局管理干部学院林业干部教育培训网络基础设施建设项目初步设计	林规批字〔2011〕234号	740.0	740.0	0.0
20	中国林科院亚林中心油茶良种繁育基地建设项目初步设计	林规批字〔2011〕239号	605.0	605.0	0.0
21	中国林科院林化所生物质化学与二程实验用房建设项目初步设计	林规批字〔2011〕237号	2312.0	2312.0	0.0
22	宁夏六盘山森林生态系统定位研究站建设项目初步设计	林规批字〔2011〕248号	448.0	448.0	0.0
	可研报告批复		19 563.0	19 431.0	132.0
1	局人防办和平里七区业务用房改造工程	林规批字〔2011〕5号	219.0	219.0	0.0
2	国家林业局林干院主楼等设施维修工程项目	林规批字〔2011〕208号	2830.0	2830.0	0.0
3	中国林科院林木育种国家重点实验室设备购置项目	林规批字〔2011〕274号	2010.0	2010.0	0.0
4	中国林业科学研究院热带林业实验中心科研综合楼建设工程	林规批字〔2011〕260号	1961.0	1961.0	0.0
5	国家林业局泡桐中心研究生及青年职工宿舍与附属用房建设工程	林规批字〔2011〕228号	816.0	816.0	0.0
6	中国林业科学研究院社区服务中心建设项目	林规批字〔2011〕209号	613.0	481.0	132.0
7	国家林业局林业固定资产投资管理系统建设项目	林规批字〔2011〕261号	591.0	591.0	0.0
8	国家人造板与木竹制品质量监督检验中心综合能力提升工程项目	林规批字〔2011〕262号	840.0	840.0	0.0

（续）

序号	项目名称	批复文号	批复投资(万元)		
			合计	中央	地方
9	中国林业科学研究院热带林业研究所尖峰试验站森林防火基础设施建设项目	林规批字〔2011〕211 号	620.0	620.0	0.0
10	中国林业科学研究院华北林业实验中心森林防火基础设施建设项目	林规批字〔2011〕210 号	686.0	686.0	0.0
11	南京森林警察学院北区基础设施配套工程项目	林规批字〔2011〕223 号	945.0	945.0	0.0
12	南京森林警察学院警官培训楼改造工程项目	林规批字〔2011〕222 号	752.0	752.0	0.0
13	国家林业局昆明院院勘查设备及配套设施建设项目	林规批字〔2011〕227 号	697.0	697.0	0.0
14	局竹藤科学与技术重点开放实验室改建项目	林规批字〔2011〕232 号	643.0	643.0	0.0
15	国际竹藤网络中心热带森林植物种质资源研究与保存基地二期工程	林规批字〔2011〕229 号	2964.0	2964.0	0.0
16	国家林业局调查规划设计院望京路 10 号院污水排水管道改造工程	林规批字〔2011〕225 号	90.0	90.0	0.0
17	国家林业局内外网安全等级保护建设项目	林规批字〔2011〕224 号	899.0	899.0	0.0
18	国家林业重点工程社会经济效益监测设备购置建设项目实施方案	林规批字〔2011〕212 号	390.0	390.0	0.0
19	局部分职工住宅小区相关配套设施改造项目	林规批字〔2011〕226 号	997.0	997.0	0.0

林业科技教育基础设施建设项目 共审批林业科技教育基础设施建设项目 22 个，批复总投资 9185 万元。

序号	项目名称	批复文号	批复投资(万元)		
			合计	中央	地方
			9185.0	**9185.0**	**0.0**
1	青海共和荒漠生态系统定位研究站基础实验设施建设项目	林规批字〔2011〕245 号	523.0	523.0	0.0
2	北京林业大学实验林场生态观测站建设项目	林规批字〔2011〕278 号	435.0	435.0	0.0
3	浙江钱江源森林生态系统定位研究站基础试验设施建设项目	林规批字〔2011〕215 号	438.0	438.0	0.0
4	广西友谊关森林生态系统定位研究站建设项目	林规批字〔2011〕277 号	371.0	371.0	0.0
5	辽宁白石砬子森林生态系统定位研究站建设项目	林规批字〔2011〕213 号	331.0	331.0	0.0
6	内蒙古乌梁素海湿地生态系统定位研究站建设项目	林规批字〔2011〕219 号	371.0	371.0	0.0
7	内蒙古浑善达克沙地荒漠生态系统定位研究站建设项目	林规批字〔2011〕246 号	440.0	440.0	0.0
8	吉林查干湖湿地生态系统定位研究站建设项目	林规批字〔2011〕250 号	468.0	468.0	0.0
9	山东省黄河三角洲森林生态系统定位研究站建设项目	林规批字〔2011〕216 号	510.0	510.0	0.0
10	河南禹州森林生态系统定位研究站建设项目	林规批字〔2011〕247 号	405.0	405.0	0.0
11	广西大瑶山森林生态系统定位研究站建设项目	林规批字〔2011〕299 号	413.0	413.0	0.0
12	云南玉溪森林生态系统定位研究站建设项目	林规批字〔2011〕272 号	445.0	445.0	0.0
13	宁夏回族自治区贺兰山森林生态系统定位研究站建设项目	林规批字〔2011〕214 号	517.0	517.0	0.0
14	重庆三峡湿地生态系统定位研究站建设项目	林规批字〔2011〕249 号	426.0	426.0	0.0
15	海南文昌森林生态系统定位研究站建设项目	林规批字〔2011〕218 号	385.0	385.0	0.0
16	陕西榆林荒漠化生态系统定位研究站建设项目	林规批字〔2011〕276 号	450.0	450.0	0.0
17	甘肃祁连山森林生态系统定位研究站改扩建项目	林规批字〔2011〕217 号	680.0	680.0	0.0
18	甘肃黑河流域中游湿地生态系统定位研究站建设项目	林规批字〔2011〕279 号	544.0	544.0	0.0
19	国家林业局林产品质量检验检测中心(西安)可食林产品检测实验设备购置项目	林规批字〔2011〕221 号	359.0	359.0	0.0
20	国家林业局林产品质量检验检测中心(石家庄)设备购置项目	林规批字〔2011〕220 号	234.0	234.0	0.0
21	国家木制家具及人造板质量监督检验设备购置项目	林规批字〔2011〕257 号	440.0	440.0	0.0

（王新凯　曾德梁）

【全国林业经济运行分析】

生态建设与保护

营造林总体状况　2011年造林绿化工作稳步推进，全国共完成荒山荒地造林面积599.66万公顷，比2010年增长1.47%，完成计划任务的99.94%。其中人工造林406.57万公顷，飞播造林19.69万公顷，无林地和疏林地新封山育林173.40万公顷。西部12个省区（含新疆兵团）共完成造林面积324.57万公顷，占全部造林面积的54.13%。

2011年，中央和各地加强了森林抚育经营的统一管理、技术指导和检查验收。全国森林抚育面积持续增长，共完成中幼龄林抚育面积733.45万公顷，比2010年增长10.10%，完成低产低效林改造面积78.88万公顷，比2010年增长18.51%。

完成有林地造林面积41.64万公顷；更新造林32.66万公顷；四旁（零星）植树24.58亿株。林木种苗管理明显加强，林木种苗产量大幅增加，全国育苗面积、苗木产量和林木种子采集量为76.92万公顷、530.55亿株和5.67万吨，分别比2010年增长16.47%、28.10%和11.45%。

2011年造林总体上呈以下几个特点：①用材林和经济林比重有所提高。从林种结构看，在全部造林面积中，用材林101.93万公顷、经济林121.83万公顷、防护林368.88万公顷、薪炭林3.68万公顷、特种用途林3.34万公顷，占全部造林面积的比重分别为17.00%、20.32%、61.51%、0.61%和0.56%。生态公益林（防护林和特种用途林）占全部造林面积的比重为62.07%，比2010年下降5个百分点。用材林和经济林所占比重分别比2010年提高3个和2个百分点。②乡土树种占较高比重。从树种类型看，在全部造林面积中，使用乡土树种的面积为379.01万公顷，所占比重为63.20%。使用珍贵树种的面积为5.21万公顷，使用速生树种的面积为92.67万公顷，占全部造林的6.47%。③混交林所占比重有待提高。从结构类型看，在全部造林面积中，纯林面积352.33万公顷，混交林面积199.67万公顷，其他类型47.66万公顷，所占比重分别为58.75%、33.30%和7.95%，纯林所占比重比2010年提高5个百分点，混交林所占比重下降3个百分点，混交林比重仍有待提高。

国家林业重点工程　2011年，国家林业重点工程深入实施，共完成造林面积309.39万公顷，占全部造林面积的51.59%。其中天保工程、退耕还林工程（不含京津工程退耕）、京津风沙源治理工程和三北及长江流域等重点防护林体系工程分别为55.36万公顷、73.02万公顷、54.52万公顷和126.40万公顷，占全部造林面积的比重分别为9.23%、12.18%、9.09%和21.08%，其他社会造林占全部造林面积的48.41%。社会造林所占比重自2006年来逐年上升（扣除2008年中央扩大内需新增造林任务因素），各级地方政府、企业和个人多元化投入造林绿化的新局面已逐步形成，在生态建设中发挥的作用也越来越突出。

1. 天然林资源保护工程。2011年，国务院召开全国天然林资源保护工程工作会议，启动天然林资源保护工程二期，工程总投资达2440多亿元。①工程区木材产量。2011年，工程区木材产量进一步调减，为1114.32万立方米，比2010年减少14.25%，仅占全国木材总产量的13.68%。②公益林建设。2011年，天保工程完成造林面积55.36万公顷，其中人工造林13.98万公顷，飞播造林8.69万公顷，无林地和疏林地新封山育林32.69万公顷。中央财政森林抚育补贴试点任务完成面积140.01万公顷。森林管护面积有所增加，达11 596万公顷，其中国有林管护面积7237万公顷，集体和个人所有的国家级公益林面积1950万公顷，集体和个人所有的地方公益林面积2409万公顷。自1998年工程实施以来，14年工程累计完成人工造林297.04万公顷、飞播造林335.30万公顷、新封山育林778.89万公顷。③人员结构及安置情况。天保工程区年末全部在册职工人数为85.30万人，其中在岗职工61.21万人，下岗待安置职工10.92万人，离开本单位保留劳动关系人员13.17万人。在岗职工参加基本养老保险人数为50.56万人，在岗职工参加基本医疗保险人数为52.46万人。自工程实施以来，工程区累计一次性安置职工69.06万人。天保工程二期不再安排国有职工一次性安置，而是通过实施公益林建设、森林管护、中幼林抚育等建设任务增加就业岗位，保证工程区所有职工充分就业。

2. 退耕还林工程。2011年退耕还林工程共完成造林面积74.13万公顷（含京津风沙源工程中1.11万公顷），其中退耕地造林59公顷，荒山荒地造林52.77万公顷，无林地和疏林地新封山育林21.35万公顷。全年完成种草面积1.14万公顷。西部12个省区（含新疆兵团）完成退耕还林任务42.05万公顷，占退耕工程总造林面积的56.72%。

2011年涉及粮款兑现的退耕地面积为842.06万公顷。全年粮食补助资金103.84亿元，生活费兑现金额34.85亿元。全年粮款兑现涉及2503万农户，比2010年减少9.10%。

自1999年工程试点以来，累计完成退耕地造林906.30万公顷，荒山荒地造林1533.97万公顷，新封山育林246.81万公顷。累计粮食补助资金1936.72亿元，累计生活费兑现金额262.44亿元。

3. 防沙治沙及京津风沙源治理工程。2011年，防沙治沙取得重要进展，京津风沙源治理工程二期规划思路已获部际联席会议批准，建设内容更加突出林业生态建设。石漠化治理工程正式启动，建设范围扩大到200个县。在全国重点沙区省份实施“三禁”制度，开展省级政府防沙治沙目标责任期末综合考核。

2011年，京津风沙源治理工程共完成造林54.52万公顷，其中人工造林21.56万公顷，飞播造林11.00万公顷，无林地和疏林地新封山育林21.96万公顷。草地治理面积14.24万公顷，小流域治理面积8.36万公顷，治理总面积77.12万公顷。另外，建设暖棚152.25万平方米；购置各类饲料机械1.13万台；完成水利配套设施1.52万处；生态移民1444人，涉及457户。

京津风沙源治理工程实施11年来累计完成治理总面积966.91万公顷，其中林业工程631.28万公顷，草地治理235.46万公顷，小流域治理100.17万公顷。在林业工程中，累计完成人工造林312.91万公顷、飞播造林88.85万公顷、新封山育林229.52万公顷。

4. 三北及长江流域等防护林体系建设工程。2011年，国家编制《三北防护林五期工程规划》，并开展三北工程发展战略研究和四期工程总结评估。总体看，工程共完成造林面积126.40万公顷，其中人工造林79.53万公顷，无林地和疏林地新封山育林46.87万公顷。分工程看，三北防护林五期工程完成造林面积73.78万公顷，长江流域防护林三期工程完成造林面积20.48万公顷，沿海防护林三期工程完成造林面积20.99万公顷，珠江流域防护林三期工程完成造林面积7.23万公顷，太行山绿化三期工程完成造林面积3.66万公顷，平原绿化三期工程完成造林面积0.26万公顷。

在全部造林面积中，防护林面积所占比重为87.34%，其中水土保持林和防风固沙林所占比重最高，分别为30.59%和23.52%。另外，完成低产低效防护林改造面积1.87万公顷。

自2001年以来，工程累计完成人工造林761.55万公顷、飞播造林29.11万公顷、新封山育林448.55万公顷。其中三北防护林工程累计完成人工造林470.47万公顷、飞播造林10.12万公顷、新封山育林232.87万公顷。

5. 野生动植物保护及自然保护区建设工程。2011年，野生动植物保护及自然保护区建设工作得到加强。截至2011年底，林业系统自然保护区已达2126处，总面积1.23亿公顷，占全国国土面积的12.78%，其中国家级自然保护区263处，面积7629.07万公顷。

年末实有自然保护小区4.87万个，总面积1146万公顷。野生植物就地保护点622个，总面积439万公顷。野生动物种源繁育基地2485个，其中商业性野生动物驯养繁殖单位2350个。野生植物种源培育基地533个。野生动物观赏展演单位295个，植物园108个，狩猎场140个。野生动植物保护管理站4607个，野生动植物科研及监测机构736个，鸟类环志中心（站）114个。全国从事野生动植物及自然保护区建设的人员达4.71万人，其中各类专业技术人员1.49万人。

6. 湿地保护与恢复工程。2011年，湿地保护工作扎实推进，编制完成全国湿地保护“十二五”实施规划。实施全国湿地保护工程项目42个，新增湿地保护面积33万公顷，恢复湿地2.3万公顷，新增4处国际重要湿地和68处国家湿地公园试点。截至2011年底，国际重要湿地达41处，面积为371万公顷，湿地示范区面积349万公顷。

林业产业发展 2011年，林业产业蓬勃发展，主要表现在产业规模持续壮大、产业结构不断优化、产业竞争力逐步增强、新兴产业快速发展。

林业产业总产值 2011年，林业产业总产值首次突破3万亿元大关，达到3.06万亿元（按现价计算），比2010年增长34.32%，产业规模再上新台阶。自2001年以来，林业产业总产值的平均增速达到22.29%。

分产业看，第一产业产值11 056.19亿元，占全部林业产业总产值的36.14%，同比增长24.29%；第二产业产值16 688.40亿元，占全部林业产业总产值的54.54%，同比增长40.51%；第三产业产值2852.14亿元，占全部林业产业总产值的9.32%，同比增长42.12%。近年来，林业三次产业的产值结构逐步调整，不断优化，已由“十五”末期的52:41:7，调整为36:55:9，林业二、三产业所占比重逐年增大，产业结构调整迈出新步伐。

第一产业中，包括干鲜果品、茶、中药材以及森林食品等在内的经济林产品种植与采集业产值为6319.87亿元，所占比重最大，为57.16%；第二产业中，包括锯材、人造板等在内的木材加工及木竹制品制造业产值为6789.16亿元，所占比重最大，为40.68%；第三产业中，林业旅游与休闲服务业产值为1863.07亿元，所占比重最大，为65.32%，全年涉及林业旅游和休闲的人数为11.24亿人次。油茶产业、林化产品制造业、林产中药材的种植与采集等新兴产业快速发展，增长速度分别达到75.43%、75.07%和49.94%。

分地区看[①]，东部地区林业产业总产值为15 545.50亿元，占全部林业产业总产值的50.81%；中部地区林业产业总产值为6009.91亿元；西部地区林业产业总产值为5772.06亿元；东北地区林业产业总产值为3269.26亿元。东部地区林业产业总产值的增速最高，所占比重最大，与其他地区的差距进一步拉大。林业产业总产值超过2000亿元的省份共有5个，分别是广东、山东、浙江、福建和江苏。

木材生产及林产工业

1. 木材产量。2011年，天然林资源保护二期工程启动实施，东北、内蒙古等重点国有林区木材产量进一步调减，比2010年减少497万立方米，集体林区木材产量普遍增长，全国商品材总产量与2010年基本持平，为8145.92万立方米。

在全部木材产量中，原木产量7449.64万立方米，比2010年减少0.85%；薪材产量696.28万立方米，比2010年增长20.80%。木材产量按生产单位分，林业系统内国有企业单位生产的木材大幅减少，为813.75万立方米；系统内国有林场、事业单位生产木材1220.12万立方米；系统外企、事业单位采伐自营林地的木材301.67万立方米；乡（镇）集体企业及单位生产木材产量535.68万立方米；村及村以下各级组织和农民个人生产的木材5274.70万立方米。2011年农民自用材采伐量668.79万立方米，农民烧材采伐量2150.62万立

① 本分析报告采用国家四大区域的分类方法，即将全国划分为东部、中部、西部和东北四大区域。东部地区包括：北京、天津、河北、上海、江苏、浙江、福建、山东、广东、海南10个省（市）；中部地区包括：山西、安徽、江西、河南、湖北、湖南6个省；西部地区包括：内蒙古、广西、重庆、四川、贵州、云南、西藏、陕西、甘肃、青海、宁夏、新疆12个省（区、市）；东北地区包括：辽宁、吉林、黑龙江3个省和大兴安岭地区。

方米。

2. 锯材与木片、木粒加工产品产量。2011 年，锯材产量为 4460.25 万立方米，比 2010 年增长 19.81%。木片、木粒加工产品 2237.33 万实积立方米，比 2010 年增长 19.42%。

3. 人造板产量。近年来，全国人造板产量保持高速增长，2011 年产量首次突破 2 亿立方米，达到 20 919.29 万立方米，比 2010 年增长 36.19%。

受日本地震灾区恢复重建等因素影响，山东、江苏等地的胶合板和刨花板产量大幅增长。在全部人造板产量中，胶合板 9869.63 万立方米，比 2010 年增长 38.24%，占全部人造板产量的 47.18%；纤维板 5562.12 万立方米，比 2010 年增长 27.73%，占全部人造板产量的 26.59%，其中中密度纤维板产量为 4973.41 万立方米；刨花板产量 2559.39 万立方米，比 2010 年增长 102.45%，占全部人造板产量的 12.23%；其他人造板 2928.15 万立方米（细木工板占 69.47%），比 2010 年增长 12.52%，占全部人造板产量的 14.00%。另外，单板产量为 3173 万立方米，人造板表面装饰板产量为 2.66 亿平方米。

从分省情况看，山东、江苏、广西、河南、河北、安徽、福建和广东 8 省（区）产量均超过 700 万立方米，人造板产量共计 17 121.50 万立方米，占全国人造板总产量的 81.85%，其中山东突破 6000 万立方米，江苏突破 3000 万立方米，广西突破 2000 万立方米。

4. 木竹地板产量。2011 年木竹地板产量达到 6.29 亿平方米，比 2010 年增长 31.29%。在木竹地板产量中，实木木地板 1.22 亿平方米，占全部木竹地板产量的 19.44%；复合木地板 3.57 亿平方米，占全部木竹地板产量的 56.70%；其他木地板 1.03 亿平方米；竹地板 0.47 亿平方米。江苏省和浙江省是木竹地板产量最大的省份，产量分别为 1.83 亿平方米和 1.15 亿平方米。

5. 林产化工产品产量。2011 年，全国松香类产品产量 141.30 万吨，比 2010 年增长 6.02%。松节油类产品产量 18.17 万吨，比 2010 年增长 14.73%。樟脑产量 1.30 万吨，冰片 665 吨，栲胶类产品 9129 吨，紫胶类产品产量 2966 吨。

经济林、竹、油茶、花卉产业　2011 年，全国水果产量小幅增长，核桃、枣、松子等干果产量大幅增长，全年各类经济林产品总量达到 1.34 亿吨，比 2010 年增长 6.05%。从产品类别看，水果产量为 11 471 万吨，比 2010 年增长 3.99%；干果产量为 927 万吨，比 2010 年增长 24.81%；毛茶等林产饮料产品的产量为 159 万吨；花椒、八角等林产调料产品的产量为 59 万吨；竹笋干、食用菌等森林食品产量为 293 万吨；杜仲、枸杞等木本药材的产量为 144 万吨；油茶等木本油料产量为 155 万吨；松脂、油桐等林产工业原料产量 172 万吨。

2011 年竹材产量为 15.39 亿根，比 2010 年增长 7.64%，其中毛竹 10.26 亿根，篙竹 5.13 亿根。竹产业产值达 1047 亿元。

近年来，中央财政扶持油茶产业发展的力度不断加大，整合和统筹各类资金支持油茶、核桃、油橄榄等木本油料产业发展。2011 年，油茶林面积达 346 万公顷，当年新造油茶林 23.50 万公顷，低产林改造 9.36 万公顷。繁殖圃 442 个，苗木产量 9.09 亿株，油茶籽产量为 148 万吨，比 2010 年增长 35.51%。从事油茶良种苗木培育、种植、茶油以及其他副产品生产加工的企业有 1174 家，油茶产业产值达 245 亿元。

2011 年，花卉种植面积 86.22 万公顷，比 2010 年增长 12.85%，花卉种植产值达 940 亿元。切花切叶 142 亿支；盆栽植物 29 亿盆；观赏苗木 121 亿株；草坪 4.08 亿平方米。具有一定规模的花卉市场 4100 多个，花卉企业 4.24 万家，其中大中型花卉企业 7900 多家；花卉从业人员 433 万人，花农 117 万户；控温温室面积和日光温室面积分别为 3332 万平方米和 15 095 万平方米。

林业主要产品销售价格　2011 年，全国主要林业工业产品销售价格普遍上涨。木材综合平均价格为每立方米 748 元，比 2010 年提高 7.01%；竹材综合平均价格为每根 7 元，价格没有变化；锯材综合平均价格为每立方米 1145 元，比 2010 年提高 4.09%；木片综合平均价格为每实积立方米 861 元，比 2010 年提高 37.98%；木地板综合平均价格为每平方米 132 元，比 2010 年提高 5.60%；胶合板综合平均价格为每立方米 2056 元，比 2010 年提高 24.61%；中密度纤维板综合平均价格为每立方米 1699 元，比 2010 年提高 13.57%；刨花板综合平均价格为每立方米 1067 元，比 2010 年下降 5.58%；林化产品中，松香综合平均价格为每吨 12 885 元，比 2010 年提高 21.71%；栲胶综合平均价格为每吨 7879 元，比 2010 年下降 7.23%；紫胶综合平均价格为每吨 17 148 元，比 2010 年提高 9.59%。

林业投资　2011 年，林业政策和投入取得新突破，中央林业投资继续向林业重点工程和林业民生工程倾斜，造林、森林抚育等补贴资金的补贴范围和资金总量增加，支持木本油料产业发展的资金得到整合，中央财政森林保险保费补贴试点范围进一步扩大，公共财政支持林业的长效机制逐步建立。

林业建设资金来源情况　2011 年，林业各类建设资金来源合计 2744.48 亿元。按来源分，国家预算资金 1302.15 亿元，占资金来源合计的 47.45%，国内贷款、利用外资、自筹资金和其他资金为 274.17 亿元、22.84 亿元、737.42 亿元和 407.90 亿元，分别占资金到位总量的 9.99%、0.83%、26.87% 和 14.86%。国家预算资金中，中央资金为 772.76 亿元，地方资金为 529.39 亿元。

林业投资完成情况　2011 年，全部林业投资完成额达 2632.61 亿元，其中国家投资完成 1106.60 亿元，占全部林业投资完成额的 42.03%。

按建设内容分，用于生态建设与保护方面的投资为 1302.50 亿元，占全部林业投资完成额的 49.48%；用于林木种苗、森林防火、有害生物防治等林业支撑与保障方面的投资为 300.66 亿元；用于林业产业发展方面的资金为 522.41 亿元；其他资金 507.04 亿元。

分地区看，东部地区林业投资完成额672.44亿元，占全部林业投资完成额的25.54%；中部地区林业投资完成额400.23亿元，占全部林业投资完成额的15.20%；西部地区林业投资完成额1135.31亿元，占全部林业投资完成额的43.12%；东北地区林业投资完成额410.34亿元，占全部林业投资完成额的15.59%。

2011年，国有林区棚户区和危旧房改造工作进展顺利，这项惠及林区100多万林业职工、数百万林区人口的工程，使林区生活设施得到极大改善，林区民生工程和基础设施建设成效显著。林业系统全年房屋施工面积达2115.30万平方米，竣工面积1371.49万平方米，分别比2010年增长81.37%和65.83%。其中，住宅施工面积为1894.71万平方米，竣工面积为1186.52万平方米，住宅竣工价值达150.82亿元。

林业利用外资情况 2011年，全国林业利用外资项目个数为272个，实际利用外资规模达16.99亿美元，比2010年增长158.56%，其中国外借款10.53亿美元，外商直接投资5.48亿美元，无偿援助0.98亿美元，分别占林业实际利用外资总规模的61.97%、32.24%和5.79%。林业实际利用外商直接投资金额占全国实际利用外商直接投资的1.46%。

林业系统从业人员情况和安全生产 截至2011年底，全国林业系统各种经济类型单位共计46 283个，其中国有经济单位45 991个，集体经济单位165个，其他各种经济单位127个。国有经济单位中，企业2123个，事业单位39 790个，机关4078个。

2011年林业系统在册职工共计165.70万人，比2010年减少2.66%。其中在岗职工131.27万人。在岗职工按所属行业分，木材及竹材采运企业、国有林场和林业工作站位居前三位，分别为42.73万人、37.09万人和11.57万人。在岗职工中，具有中高级技术职称的人员仅占14.27%；大专以上学历的人员仅占35.71%，职工队伍的整体素质亟待提高。

林业系统在岗职工年平均工资达23 611元，比2010年增长16.68%。分地区看，东北地区林业系统在岗职工年平均工资最低，为17 472元；东部地区林业系统在岗职工年平均工资最高，达到33 636元，两者相差近1倍；西部地区林业系统在岗职工年平均工资为27 728元，比2010年增长21.58%，增速最快；中部地区林业系统在岗职工年平均工资为20 978元。分行业看，林业规划设计管理业年平均工资最高，为49 993元，非木质林产品加工业年平均工资最低，为12 496元。

2011年，林业防灾减灾和安全生产有序开展，林业生产事故伤亡人数比2010年大幅减少。轻伤、重伤和死亡分别为688人次、54人次和82人，比2010年减少187人次、62人次和83人。2011年，森林火灾得到有效防控，森林防火工作取得"三下降"的好成绩。全国共发生森林火灾5550起，没有特大火灾发生，受害森林面积2.69万公顷，人员伤亡91人（其中死亡45人），与2010年同期相比分别下降28.14%、41.16%和15.74%。

主要林产品进出口贸易 2011年，全国林产品进出口贸易受欧美传统市场需求减弱影响，出口增速放缓，但与巴西、印度等新兴市场国家林产品贸易增势良好，总体上保持稳定增长。根据海关统计数据汇总分析，2011年全国林产品进出口贸易总额为1204.5亿美元，比2010年增长28.4%。其中出口额550.8亿美元，比2010年增长18.3%；进口额653.7亿美元，比2010年增长37.5%。

主要林产品进口情况 2011年原木进口量4232.6万立方米，金额82.7亿美元，分别比2010年增长23.2%和36.2%；锯材进口量2160.7万立方米，金额57.2亿美元，分别比2010年增长45.9%和47.5%；纸及纸板纸制品进口量347.8万吨，金额50.6亿美元，分别比2010年减少1.7%和增长9.6%；纸浆进口量1444.6万吨，金额119.4亿美元，分别比2010年增长27.1%和35.3%；木家具进口量549.7万件，金额5.5亿美元，分别比2010年增长26.1%和40.9%。

主要林产品出口情况 2011年木家具出口量2.9亿件，金额171.2亿美元，分别比2010年减少3%和增长6%；纸及纸板纸制品出口量599.8万吨，金额103.3亿美元，分别比2010年增长13.4%和35%；木制品出口金额42亿美元，比2010年增长9.7%；胶合板出口量957.3万立方米，金额43.4亿美元，分别比2010年增长26.8和27.6%（以上数据除林产品进出口为海关初步数据外，其他均为林业统计年报数据）。

（刘建杰　于百川　姜喜麟）

【林业区域建设】

召开支持西藏林业生态建设座谈会 7月28日，国家林业局与西藏自治区在拉萨召开支持西藏林业生态建设座谈会。国家林业局党组副书记、副局长赵树丛出席座谈会并讲话。会议充分肯定西藏自治区林业建设取得的成就，回顾了林业"十一五"援藏工作，明确林业"十二五"期间援藏工作的各项任务。会议强调，西藏林业建设的任务第一是保护，第二是保护，第三还是保护。要切实加强西藏的生态保护和建设，更扎实地开展林业援藏工作，必须结合西藏的区位特点和资源状况，从国家发展全局和促进西藏经济社会发展的战略高度，把西藏生态保护与建设提高到更高的地位，加大支持力度，努力推动西藏林业在科学发展的轨道上实现跨越式发展。会议期间，赵树丛会见西藏自治区党委书记张庆黎等主要领导，共商西藏林业实现跨越式发展大计。

（郝学峰　赵　戈）

【出台支持西藏加强生态保护和建设的意见】 7月23日，国家林业局出台《国家林业局关于支持西藏自治区进一步加强生态保护和建设的意见》（林规发〔2011〕170号），明确"十二五"期间支持西藏林业发展的工作重点，在加强生态保护与建设、加快推动林业科技进步、加强林业基础设施建设、加强人才培养和人才交流等方面加大支持力度。（郝学峰　赵　戈）

【赴西藏调研】 7月24～28日，国家林业局党组副书记、副局长赵树丛带队赴西藏调研林业发展情况。在西藏自治区政府副主席格桑次仁及有关领导的陪同下，先后在林芝地区和拉萨市深入林业生态保护和建设第一线和林区农户，考察西藏天然林资源保护、退耕还林、自然保护区建设、湿地保护、公益林管护、森林公园建设、造林绿化工程及木材检查站管理建设等情况。并慰问西藏林业干部职工、驻藏武警森林部队和林业援藏干部，同藏族、珞巴族等少数民族同胞交谈，了解农牧民参与林业重点工程建设的增收情况。

（郝学峰　赵　戈）

【召开林业援疆工作座谈会】　7月4日，国家林业局与新疆维吾尔自治区在乌鲁木齐召开林业"十二五"援疆工作座谈会，全面总结林业"十一五"援疆工作，安排部署林业"十二五"援疆任务。全国绿委副主任、国家林业局局长贾治邦出席会议并讲话。会议要求，要认真贯彻落实中央新疆工作座谈会和第二次全国对口支援新疆工作会议精神，充分认识做好林业援疆工作的重大意义，切实增强责任感、使命感和紧迫感，进一步加大林业对口援疆工作力度，支持新疆全面完成"十二五"各项林业建设任务，努力推动新疆经济社会实现跨越式发展和长治久安。会议期间，国家林业局与新疆维吾尔自治区政府、新疆生产建设兵团分别签署共建框架协议。同时，明确国家林业局将帮助新疆自治区编制伊犁州察布查尔县土地整理项目中的林业建设项目规划。

（郝学峰　赵　戈）

【赴青海调研】　10月27日至11月1日，国家林业局计财司赴青海藏区及国家林业局对口支援县班玛县进行专题调研，实地考察西宁南北山绿化和班玛县及玛可河林业局（林业厅直属）山地造林、苗圃基地建设、棚户区改造、森林管护等情况，并在班玛县和西宁分别召开座谈交流会。（郝学峰　赵　戈）

【签订合作协议】　2011年，国家林业局与黑龙江省签订《国家林业局　黑龙江省人民政府实现林业"双增"目标合作共建框架协议》；与新疆自治区签订《国家林业局 新疆维吾尔自治区人民政府加快新疆林业发展合作共建框架协议》；与新疆生产建设兵团签订《国家林业局 新疆生产建设兵团加快新疆兵团林业发展合作共建框架协议》；与河南省签订《国家林业局 河南省人民政府共同推进中原经济区生态建设的框架协议》。

（郝学峰　赵　戈）

【启动林业生态原产地产品保护管理工作】　2011年，国家林业局计财司生态处与国家质量监督检验检疫总局通关司原产地产品管理处，共同启动生态原产地产品保护管理工作。与国家质检总局及中国生态道德促进会一起，对9家申请保护的产品开展相关评审工作。协调有关单位，选取油茶等林业特色产品参加了首批评审，充分发挥涉林产品纯天然、无公害、高品质的优势，力争推动林业特色产品纳入到第一批保护名单中。

（陆诗雷　张明吉）

【完成三峡库区森林资源监测年度工作】　为进一步做好三峡工程生态与环境监测工作，及时准确反映库区生态与环境的状况及变化规律，国务院三峡办单独立项开展三峡库区森林资源监测工作。按照国务院三峡办的统一部署，2010年组织了由局规划院牵头的重点站、湖北省和重庆市的中心站及区县的基层站开展了库区内的森林资源监测工作。历时1年零5个月，于2011年4月完成监测工作，并顺利通过国务院三峡办组织的评审验收工作。（陆诗雷　张明吉）

【农业综合开发工作】　2011年，农业综合开发工作取得突破。①在政策上取得新突破。为贯彻落实中央关于大力发展林下经济和竹产业的有关指示精神，协调国家农业综合开发办公室，将林下经济和竹产业发展纳入农业综合开发林业项目的扶持范围，并在《国家林业局计财司 国家农业综合开发办公室关于印发〈2012年农业综合开发林业项目申报指南〉的通知》（规山函〔2011〕94号）作了具体部署。②在资金争取上取得新突破。在2011年已安排农业综合开发林业项目中央投资37 077万元的基础上，追加木本油料专项资金1亿元，主要用于油茶、核桃、油橄榄等木本油料产业发展。2011年农业综合开发林业项目中央投资达4.7亿元，比2010年增加1.65亿元，增幅53.9%。

完成2011年农业综合开发林业项目的批复　国家林业局计财司会同国家农业综合开发办公室对2011年农业综合开发林业生态示范和名优经济林等示范项目及新增资金项目计划进行批复，共批复项目529个，中央财政投资47 077万元。具体包括林业生态示范项目175个，中央财政投资14 776万元；名优经济林示范354个，中央财政投资32 301万元。

开展2012年农业综合开发林业项目计划编报工作　2011年，共安排2012年农业综合开发资金中央财政投资54 139万元，比2011年新增7062万元，增幅15%。为做好2012年农业综合开发林业项目计划编报工作，国家林业局计财司联合国家农业综合开发办公室印发《2012年农业综合开发林业项目申报指南》，组织专家对各省上报的610个项目进行评审，形成2012年农业综合开发林业项目初步计划报国家农业综合开发办公室。2011年，共安排林业生态示范项目163个，中央财政投资16 838万元，比2011年增加2062万元；安排名优经济林等示范项目311个，中央财政投资37 301万元，比2011年增加5000万元。

农业综合开发林业项目综合检查工作　下发《关于开展2011年农业综合开发林业项目综合检查工作的通知》，要求各地开展自查工作。在此基础上，国家林业局计财司组织专家对陕西、甘肃、河南、江西、湖南的项目进行抽查，形成检查报告报送国家农业综合开发办公室。国家农业综合开发办公室委托中介机构对河北、山西两省的农业综合开发项目进行再次抽查，对林业项目实施情况以及资金管理情况给予高度评价。

农业综合开发林业项目和资金管理培训工作　国家农业综合开发办公室修订《国家农业综合开发部门项目管理办法》。国家林业局计财司于6月份组织对各省林业厅局计财处长进行专题培训，并于11月份组织对各省林业厅局主管农业综合开发的处长和经办人员进行培

训，同时，对农业综合开发林业项目资金管理进行座谈和交流。（刘跃祥　韩　非）

【建立林业灾情快报制度】 国家林业局下发《关于实行林业灾情快报制度的通知》（林规发〔2011〕271号）。按照有关规定和要求，辖区内突发较大以上级别自然灾害（主要包括洪涝、旱灾、雪灾、冻害、冰雹、地震、山体滑坡、泥石流、台风、林业有害生物、野生动物疫情及其他灾害等），对国有林业企事业单位和其他林业生产经营单位造成人员伤亡和较大财产损失的，由省级林业主管部门按照初报和核报两种方式向国家林业局报告灾情发生、发展以及救灾工作情况。一旦发生灾害，国家林业局将按照有关规定，启动和响应相关应急预案，科学组织和指导救灾工作。（杨万利）

【林业对外贸易工作】

林业利用外资工作　拓宽外资来源和投资领域，提高利用外资质量和效益。①完成"十二五"林业利用国际金融组织贷款规划的编制并正式下发。②组织召开申请利用欧洲投资银行、亚洲开发银行贷款项目准备工作座谈及培训会。③在欧投行林业专项达成2.5亿欧元贷款意向。④组织完成亚行贷款木本油料项目建议书及预可研报告的编制并报送国家发改委。⑤召开亚行贷款西北三省区林业生态项目启动会。

境外森林资源合作　加大工作力度，创新合作模式，推动境外森林资源合作向纵深发展。①落实商务部和国家林业局《境外森林资源合作部际工作机制会议》精神，完成《境外森林资源合作规划纲要》和《俄罗斯远东及东西伯利亚地区森林资源合作战略研究》。②启动对俄三期规划即伊尔库茨克州森林资源合作规划工作。③赴俄罗斯、加蓬、印度尼西亚开展境外企业森林可持续经营利用指南试点的调研工作，并召开中国企业境外森林可持续经营利用试点工作研讨会，同时组织有关单位在《中国企业境外森林可持续经营利用指南》英文版基础上翻译成法语、俄语、葡萄牙语3种不同版本。④沟通协调财政部为境外林业投资合作争取补助。⑤继续推进境外森林资源合作信息库构建工作。协调商务部，全力争取利用援外资金在非洲开展森林培育与恢复示范项目建设及开展对外林业设备援助，扩大林业的对外影响和国际地位。

妥善应对林业国际热点问题　着力做好木材非法采伐及相关贸易等热点问题的应对工作，维护正常的林产品贸易秩序。①落实中美打击木材非法采伐及相关贸易双边论坛成果，继续推进与美国的合作工作进程。同时通过中美战略与经济对话、中美商贸联委会就《雷斯法案》有关议题与美方开展磋商。②推进与欧盟合作，开展木材合法性认定项目研究合作，完成与英国发展署合作的木材合法性认定办法研究工作和评审。③赴刚果（布）参加三河流域热带雨林保护峰会，了解国际森林与气候问题的最新进展情况，加强与国际机构的交流与合作。参加泛太平洋消除跨国非法网络——木材非法采伐及相关贸易专题研讨会，宣传中国开展打击木材非法采伐及相关贸易的姿态和中国倡导的木材合法性认定办法，争取相关国家的理解和支持。

林产品对外贸易工作　积极做好分析预警，妥善应对林产品国际贸易摩擦，促进林产品贸易健康发展。①召开国家林业局林产品国际贸易研究中心第二届年会。②召开第三届可持续林业与市场发展国际研讨会，宣传中国林业对外贸易有关政策和成就。③配合商务部组织有关单位开展美国对中国木地板反补贴反倾销起诉的应对工作。④按月做好林产品进出口贸易统计分析工作。⑤照海关总署单耗联络小组工作安排开展林产品贸易单耗标准的制定工作。⑥编制"十二五"林业技术性贸易措施规划，积极参与技术性贸易措施相关工作。⑦配合领导出访做好重点国别林产品贸易统计分析工作。⑧在林业产业杂志开辟"外贸前沿"专版，展现林业对外贸易发展的动态和相关工作情况。（付健全　田　禾）

生态与林业产业统计

全国历年造林面积

单位：千公顷

年　别	造林面积				年　别	造林面积			
	合计	人工造林	飞播造林	新封山育林		合计	人工造林	飞播造林	新封山育林
1949～1952	1707.33	1707.33			1958	6098.67	6098.67		
1953	1112.93	1112.93			1959	5449.67	5442.67	7.00	
1954	1166.20	1166.20			1960	4143.93	4136.93	7.00	
1955	1710.53	1710.53			1961	1441.33	1432.33	9.00	
1956	5723.27	5723.27			1962	1198.73	1188.73	10.00	
1957	4355.07	4355.07			1963	1530.13	1516.03	14.10	

（续）

年　别	造林面积				年　别	造林面积			
	合计	人工造林	飞播造林	新封山育林		合计	人工造林	飞播造林	新封山育林
1964	2911.33	2893.23	18.10		1995	5214.61	4629.35	585.26	
1965	3425.33	3403.23	22.10		1996	4919.38	4314.96	604.42	
1966	4533.33	4351.83	181.50		1997	4354.93	3737.75	617.18	
1967	3904.00	3540.99	363.01		1998	4811.05	4086.00	725.05	
1968	3413.33	2858.81	554.52		1999	4900.71	4276.85	623.86	
1969	3479.33	2753.31	726.02		2000	5105.14	4345.01	760.13	
1970	3884.00	2976.48	907.52		2001	4953.04	3977.32	975.72	
1971	4525.13	3404.40	1120.73		2002	7770.97	6896.04	874.93	
1972	4635.73	3473.33	1162.40		2003	9118.89	8432.48	686.41	
1973	4982.87	3925.47	1057.40		2004	5598.08	5018.89	579.19	
1974	5002.47	4114.74	887.73		2005	3637.68	3221.29	416.39	
1975	4973.73	4437.66	536.07		2006	3838.79	2446.12	271.80	1120.87
1976	4925.73	4323.06	602.67		2007	3907.71	2738.52	118.67	1050.52
1977	4793.27	4218.54	574.73		2008	5353.74	3684.26	154.07	1515.41
1978	4496.33	4125.73	370.60		2009	6262.33	4156.29	226.34	1879.70
1979	4489.27	3910.27	579.00		2010	5909.92	3872.76	195.95	1841.21
1980	4552.00	3940.00	612.00		2011	5996.61	4065.69	196.93	1733.99
1981	4110.07	3681.00	429.07		1949～1952	1707.33	1707.33		
1982	4495.60	4115.80	379.80		1953～1957	14 068.00	14 068.00		
1983	6324.40	5603.13	721.27		1958～1962	18 332.33	18 299.33	33.00	
1984	8253.67	7290.74	962.93		1963～1965	7866.79	7812.49	54.30	
1985	8336.80	6948.80	1388.00		1966～1970	19 213.99	16 481.42	2732.57	
1986	5274.00	4158.20	1115.80		1971～1975	24 119.93	19 355.60	4764.33	
1987	5414.20	4207.27	1206.93		1976～1980	23 256.60	20 517.60	2739.00	
1988	5533.27	4574.80	958.47		1981～1985	31 520.54	27 639.47	3881.07	
1989	5023.33	4109.53	913.80		1986～1990	26 453.27	21 403.14	5050.13	
1990	5208.47	4353.34	855.13		1991～1995	28 735.54	24 699.49	4036.05	
1991	5594.47	4751.80	842.67		1996～2000	24 091.21	20 760.57	3330.64	
1992	6030.40	5083.70	946.70		2001～2005	31 078.66	27 546.03	3532.64	
1993	5903.40	5044.40	859.00		2006～2010	25 272.49	16 897.96	966.82	7407.71
1994	5992.66	5190.24	802.42		**1949～2011**	**281 713.29**	**241 254.12**	**31 317.48**	**9141.70**

注：1. 1985 年以前，造林成活率达到 40% 即统计造林面积，以后为达到 85% 以上统计。

2. 根据造林技术规程（GB/T 15776－2006），本表自 2006 年起将无林地和疏林地新封山育林面积计入造林总面积。

全国历年新封山育林和迹地更新面积

单位：千公顷

年份	新封山育林面积	迹地更新面积	年份	新封山育林面积	迹地更新面积
1949～1952		22.53	1989	4535.33	719.10
1953		16.53	1990	4910.47	671.50
1954		38.80	1991	6220.47	664.10
1955		39.20	1992	5874.10	673.60
1956		94.13	1993	4795.60	739.20
1957		55.80	1994	4844.44	722.70
1958		391.13	1995	4538.49	750.96
1959		560.33	1996	3659.83	794.75
1960		483.73	1997	3865.81	798.38
1961		157.07	1998	9699.10	806.30
1962		106.33	1999	6704.50	1042.83
1963		183.00	2000	6130.00	919.80
1964		206.53	2001	5821.90	515.29
1965		238.93	2002	2561.36	379.00
1966		321.00	2003	1817.34	285.99
1967		303.00	2004	1196.55	319.31
1968		240.00	2005	1763.00	407.55
1969		233.00	2006	1120.87	408.24
1970		325.00	2007	1050.52	390.91
1971		307.53	2008	1515.41	424.00
1972		319.00	2009	1879.70	344.25
1973		356.73	2010	1841.21	306.71
1974		362.00	2011	1733.99	326.64
1975		422.00	1949～1952		22.53
1976		420.80	1953～1957		244.46
1977		416.40	1958～1962		1698.59
1978		458.40	1963～1965		628.46
1979		409.33	1966～1970		1422.00
1980		421.93	1971～1975		1767.26
1981	3652.33	442.60	1976～1980		2126.86
1982	5732.00	438.80	1981～1985	26 889.87	2580.47
1983	5678.07	508.80	1986～1990	25 277.07	3308.40
1984	6780.67	552.00	1991～1995	26 273.10	3550.56
1985	5046.80	638.27	1996～2000	30 059.24	4362.06
1986	5736.13	577.40	2001～2005	13 160.15	1907.14
1987	5449.13	703.50	2006～2010	7407.71	1874.12
1988	4646.00	636.90	**1949～2011**	**130 801.12**	**25 819.54**

注：2004 年后新封山育林面积指无林地和疏林地新封山育林面积。

全国营林生产主要指标2011年与2010年比较

指 标 名 称	单位	2011年	2010年	2011年比2010年增减(%)
一、荒山荒(沙)地造林面积	**公顷**	**5 996 613**	**5 909 919**	**1.47**
(一)按造林方式分				
1. 人工造林	公顷	4 065 693	3 872 762	4.98
其中:竹林面积	公顷	74 580	69 978	6.58
2. 飞播造林	公顷	196 931	195 948	0.50
3. 无林地和疏林地新封	公顷	1 733 989	1 841 209	-5.82
(二)按经济成分分				
1. 公有经济造林	公顷	2 947 928	3 266 278	-9.75
(1)国有经济造林	公顷	1 467 113	1 746 703	-16.01
(2)集体经济造林	公顷	1 480 815	1 519 575	-2.55
2. 非公有经济造林	公顷	3 048 685	2 643 641	15.32
(三)按林种用途分				
1. 用材林	公顷	1 019 320	809 937	25.85
2. 经济林	公顷	1 218 281	1 110 896	9.67
3. 防护林	公顷	3 688 827	3 943 432	-6.46
4. 薪炭林	公顷	36 805	18 887	94.87
5. 特种用途林	公顷	33 380	26 767	24.71
(四)按树种类型分				
其中:速生树种	公顷	926 657	740 974	25.06
乡土树种	公顷	3 790 122	3 404 268	11.33
珍贵树种	公顷	52 081	101 522	-48.70
(五)按结构类型分				
1. 纯林	公顷	3 523 366	3 196 667	10.22
2. 混交林	公顷	1 996 667	2 163 194	-7.70
3. 其他类型	公顷	476 580	550 058	-13.36
二、有林地造林面积	**公顷**	**416 352**	**388 021**	**7.30**
1. 林冠下造林	公顷	119 864	76 355	56.98
2. 飞播营林	公顷	—	—	—
3. 有林地和灌木林地新封	公顷	296 488	311 666	-4.87
三、更新造林	**公顷**	**326 641**	**306 708**	**6.50**
四、四旁(零星)植树	**万株**	**245 776**	**246 930**	**-0.47**
五、年末实有封山(沙)育林面积	**公顷**	**23 481 113**	**23 938 134**	**-1.91**
六、森林抚育				
1. 低产低效林改造面积	公顷	788 810	665 598	18.51
2. 幼林抚育作业面积	公顷次	12 800 526	13 011 459	-1.62
3. 幼林抚育实际面积	公顷	7 349 667	7 769 016	-5.40
4. 成林抚育面积	公顷	11 322 527	10 486 104	7.98
其中:中、幼龄林抚育面积	公顷	7 334 450	6 661 746	10.10
5. 抚育改造出材量	立方米	7 400 849	8 764 648	-15.56
其中:中、幼龄林抚育出材量	立方米	5 362 034	5 502 556	-2.55
七、林木种苗				
1. 林木种子采集量	吨	56 690	50 866	11.45
其中:良种种子采集量	吨	18 254	18 361	-0.58
2. 当年苗木产量	万株	5 305 505	4 141 786	28.10
其中:良种苗木产量	万株	1 680 349	1 461 647	14.96
3. 育苗面积	公顷	769 168	660 410	16.47
其中:本年新增育苗面积	公顷	219 512	196 854	11.51
4. 年末实有母树林面积	公顷	296 022	318 142	-6.95
5. 年末实有种子园面积	公顷	48 845	69 002	-29.21
6. 年末实有采穗圃面积	公顷	14 609	15 032	-2.81
7. 年末实有采种基地面积	公顷	272 837	—	—

指　标	总　计	天然林资源保护工程	退耕还林工程	京津风沙源治理工程	合　计
一、本年完成造林面积	**3 093 865**	**553 564**	**730 177**	**545 191**	**1 264 026**
（一）按造林方式分					
1. 人工造林	1 668 237	139 742	516 714	215 606	795 268
2. 飞播造林	196 931	86 931	—	110 000	—
3. 无林地和疏林地新封	1 228 697	326 891	213 463	219 585	468 758
（二）按林种用途分					
1. 用材林	218 224	22 246	122 640	9672	62 759
2. 经济林	347 525	34 611	207 425	11 412	94 077
3. 防护林	2 499 684	491 654	380 257	523 773	1 104 000
4. 薪炭林	15 425	1053	14 106	—	266
5. 特种用途林	13 007	4000	5749	334	2924
二、低产低效防护林改造面积	**18 676**	**—**	**—**	**—**	**18 676**
三、年末实有封山育林面积	**13 078 899**	**6 210 091**	**1 788 154**	**2 228 509**	**2 852 145**
四、全部林业投资完成额	**5 322 129**	**1 826 744**	**2 463 373**	**250 395**	**664 819**
其中：国家投资	4 343 147	1 696 826	1 949 855	223 978	394 431

建设情况

单位:公顷,万元

三北及长江流域等重点防护林体系建设工程						野生动植物保护及自然保护区建设工程	速生丰产用材林基地建设工程
三北防护林工程	长江流域防护林体系工程	沿海防护林体系工程	珠江流域防护林体系工程	太行山绿化工程	平原绿化工程		
737 784	**204 844**	**209 894**	**72 288**	**36 577**	**2639**		**907**
411 083	124 660	187 119	50 568	19 199	2639		907
—	—	—	—	—	—		—
326 701	80 184	22 775	21 720	17 378	—		—
10 677	19 803	16 716	13 616	500	1447		907
66 451	13 782	6467	4965	1594	818		—
658 290	170 759	186 417	53 707	34 483	344		—
173	—	93	—	—	—		—
2193	500	201	—	—	30		—
9332	**2842**	**2901**	**3468**	**133**	**—**		**—**
1 960 742	**204 479**	**386 114**	**127 122**	**173 688**	**—**		**—**
322 215	**98 832**	**200 344**	**26 204**	**12 948**	**4276**	**114 253**	**2545**
208 105	42 627	117 478	14 984	11 167	70	77 727	330

各地区按造林方式和按林种用途分的造林面积

单位:公顷

地区	总计	按造林方式分			按林种用途分				
		人工造林	飞播造林	无林地和疏林地新封山育林	用材林	经济林	防护林	薪炭林	特种用途林
全国合计	**5 996 613**	**4 065 693**	**196 931**	**1 733 989**	**1 019 320**	**1 218 281**	**3 688 827**	**36 805**	**33 380**
北京	20 796	6510	—	14 286	11	390	19 698	—	697
天津	7401	7401	—	—	1973	1037	4391	—	—
河北	286 423	175 906	40 665	69 852	24 789	21 437	240 164	—	33
山西	299 713	215 390	2668	81 655	300	81 295	212 168	5950	—
内蒙古	731 837	335 136	113 598	283 103	17 738	14 030	699 445	—	624
内蒙古集团	1725	1725	—	—	1520	—	91	—	114
辽宁	246 767	140 167	—	106 600	11 947	16 673	218 032	62	53
吉林	36 424	34 090	—	2334	1819	3082	31 480	—	43
吉林集团	4	4	—	—	4	—	—	—	—
黑龙江	123 763	71 921	—	51 842	17 005	1899	102 108	260	2491
龙江集团	—	—	—	—	—	—	—	—	—
上海	710	710	—	—	—	105	605	—	—
江苏	57 294	57 294	—	—	7601	7683	41 082	—	928
浙江	40 473	36 536	—	3937	2665	8158	28 734	—	916
安徽	45 629	23 373	—	22 256	10 329	14 924	19 997	334	45
福建	212 724	212 724	—	—	144 061	20 590	46 154	286	1633
江西	164 521	141 693	—	22 828	71 029	33 418	56 942	1617	1515
山东	219 028	217 329	—	1699	34 598	51 154	130 896	—	2380
河南	237 740	193 500	—	44 240	56 717	28 704	150 747	666	906
湖北	194 654	145 911	—	48 743	66 712	38 733	85 697	34	3478
湖南	402 435	235 823	—	166 612	115 459	48 334	235 527	1106	2009
广东	125 476	121 640	—	3836	51 541	13 115	60 478	200	142
广西	147 810	132 213	—	15 597	113 198	12 201	22 165	—	246
海南	10 914	10 914	—	—	458	1133	8715	—	608
重庆	244 644	139 288	—	105 356	53 047	22 834	164 516	3655	592
四川	251 926	131 636	—	120 290	84 882	50 926	109 431	667	6020
贵州	202 409	98 724	—	103 685	30 013	67 872	101 038	2365	1121
云南	619 961	551 252	—	68 709	67 076	433 746	109 746	9293	100
西藏	46 705	34 306	—	12 399	27 847	2115	8789	7954	—
陕西	325 752	200 151	40 000	85 601	4051	84 570	237 131	—	—
甘肃	189 807	106 043	—	83 764	—	15 718	167 756	—	6333
青海	177 492	49 731	—	127 761	—	—	177 492	—	—
宁夏	90 478	59 810	—	30 668	1630	21 472	67 376	—	—
新疆	216 907	160 571	—	56 336	824	100 933	112 327	2356	467
新疆兵团	30 710	20 309	—	10 401	1	8277	22 385	—	47
大兴安岭	—	—	—	—	—	—	—	—	—

注:全国合计造林面积中包括军事管理区 1.8 万公顷人工营造的防护林。

各地区林业重点工程造林面积

单位:公顷

地　区	全部造林面积	重点工程造林面积						其他造林面积
		合计	天然林资源保护工程	退耕还林工程	京津风沙源治理工程	三北及长江流域等重点防护林体系建设工程	速生丰产用材林建设工程	
全国合计	**5 996 613**	**3 093 865**	**553 564**	**730 177**	**545 191**	**1 264 026**	**907**	**2 902 748**
北　京	20 796	17 953	—	—	17 753	200	—	2843
天　津	7401	7401	—	—	—	7401	—	—
河　北	286 423	181 654	—	12 380	94 705	73 935	634	104 769
山　西	299 713	181 776	46 343	45 291	24 734	65 408	—	117 937
内蒙古	731 837	660 392	87 317	39 696	407 999	125 380	—	71 445
内蒙古集团	1725	—	—	—	—	—	—	1725
辽　宁	246 767	129 279	—	30 664	—	98 615	—	117 488
吉　林	36 424	35 273	—	11 269	—	24 004	—	1151
吉林集团	4	—	—	—	—	—	—	4
黑龙江	123 763	110 428	—	27 091	—	83 064	273	13 335
龙江集团	—	—	—	—	—	—	—	—
上　海	710	—	—	—	—	—	—	710
江　苏	57 294	29 517	—	—	—	29 517	—	27 777
浙　江	40 473	13 595	—	—	—	13 595	—	26 878
安　徽	45 629	38 684	—	15 335	—	23 349	—	6945
福　建	212 724	46 288	—	—	—	46 288	—	166 436
江　西	164 521	52 890	—	22 660	—	30 230	—	111 631
山　东	219 028	63 733	—	—	—	63 733	—	155 295
河　南	237 740	99 952	4664	48 261	—	47 027	—	137 788
湖　北	194 654	102 892	23 694	42 672	—	36 526	—	91 762
湖　南	402 435	70 093	—	35 487	—	34 606	—	332 342
广　东	125 476	44 587	—	—	—	44 587	—	80 889
广　西	147 810	45 592	—	18 246	—	27 346	—	102 218
海　南	10 914	9016	—	2465	—	6551	—	1898
重　庆	244 644	58 938	32 669	26 269	—	—	—	185 706
四　川	251 926	105 096	78 199	26 897	—	—	—	146 830
贵　州	202 409	51 241	19 336	18 667	—	13 238	—	151 168
云　南	619 961	230 605	72 985	137 060	—	20 560	—	389 356
西　藏	46 705	11 999	3333	8666	—	—	—	34 706
陕　西	325 752	231 076	88 634	59 356	—	83 086	—	94 676
甘　肃	189 807	141 323	50 311	22 164	—	68 848	—	48 484
青　海	177 492	101 707	28 132	22 516	—	51 059	—	75 785
宁　夏	90 478	40 698	17 947	5999	—	16 752	—	49 780
新　疆	216 907	162 187	—	33 066	—	129 121	—	54 720
新疆兵团	30 710	23 731	—	2000	—	21 731	—	6979
大兴安岭	—	—	—	—	—	—	—	—

注:退耕还林工程中包括军事管理区 1.8 万公顷荒山荒地造林。

天然林资源保护工程建设情况

指　标	单位	合计	东北、内蒙古等国有重点林区	长江上游、黄河上中游地区
一、工程区木材产量	**立方米**	**11 143 204**	**6 060 896**	**5 082 308**
其中:人工林木材产量	立方米	5 182 401	627 735	4 554 666
二、荒山荒(沙)地造林面积	**公顷**	**553 564**	**—**	**553 564**
1. 人工造林	公顷	139 742	—	139 742
2. 飞播造林	公顷	86 931	—	86 931
3. 无林地和疏林地新封	公顷	326 891	—	326 891
按林种用途分				
1. 用材林	公顷	22 246	—	22 246
2. 经济林	公顷	34 611	—	34 611
3. 防护林	公顷	491 654	—	491 654
4. 薪炭林	公顷	1053	—	1053
5. 特种用途林	公顷	4000	—	4000
三、年末实有封山(沙)育林面积	**公顷**	**6 210 091**	**721 473**	**5 488 618**
四、年末实有森林管护面积	**公顷**	**115 961 799**	**37 824 158**	**78 137 641**
1. 国有林	公顷	72 365 296	37 824 158	34 541 138
2. 集体和个人所有的国家级公益林	公顷	19 504 379	—	19 504 379
3. 集体和个人所有的地方公益林	公顷	24 092 124	—	24 092 124
五、工程区项目实施单位人员情况				
1、年末全部在册职工人数	人	852 976	684 305	168 671
其中:混岗职工人数	人	105 084	104 392	692
(1)年末在岗职工人数	人	612 062	449 311	162 751
(2)年末下岗待安置职工人数	人	109 240	105 658	3582
(3)年末离开本单位保留劳动关系人数	人	131 674	129 336	2338
2. 年末其他从业人员	人	21 042	3131	17 911
3. 林业单位全年平均在岗职工人数	人	570 914	417 529	153 385
4. 自工程实施以来累计一次性安置职工人数	人	690 615	615 455	75 160
(1)全民职工人数	人	441 268	368 422	72 846
(2)混岗职工人数	人	249 347	247 033	2314
其中:本年一次性安置职工人数	人	484	84	400
5. 本年一次性安置费	万元	1231	74	1157
6. 年末实有离退休人数	人	629 776	487 194	142 582
7. 当年离退休人员生活费	万元	1 316 774	1 091 508	225 266
8. 年末参加基本养老保险人数	人	879 192	695 170	184 022
其中:在岗职工	人	505 606	378 390	127 216
9. 年末参加基本医疗保险人数	人	1 128 779	890 480	238 299
其中:在岗职工	人	524 553	386 720	137 833
六、全部林业投资完成额	**万元**	**1 826 744**	**1 088 100**	**738 644**
其中:国家投资	万元	1 696 826	1 060 758	636 068
1. 造林	万元	106 329	—	106 329
2. 森林管护	万元	614 681	265 114	349 567
3. 森林抚育	万元	253 517	206 117	47 400
4. 社会保险	万元	307 019	210 518	96 501
5. 政社性支出	万元	318 361	294 306	24 055
6. 其他	万元	226 837	112 045	114 792

退耕还林工程建设情况

指　标	单位	合　计	退耕还林工程	京津风沙源治理工程中的退耕还林
一、造林面积	**公顷**	**741 251**	**730 177**	**11 074**
1. 退耕地造林	公顷	59	59	—
其中：生态林面积	公顷	59	59	—
25°以上坡耕地退耕面积	公顷	—	—	—
严重沙化耕地退耕面积	公顷	—	—	—
2. 荒山荒地造林	公顷	527 729	516 655	11 074
3. 无林地和疏林地新封	公顷	213 463	213 463	—
按林种用途分				
1. 用材林	公顷	122 990	122 640	350
2. 经济林	公顷	209 129	207 425	1704
3. 防护林	公顷	389 277	380 257	9020
4. 薪炭林	公顷	14 106	14 106	—
5. 特种用途林	公顷	5749	5749	—
二、年末实有封山(沙)育林面积	**公顷**	**2 000 857**	**1 788 154**	**212 703**
三、当年种草面积	**公顷**	**11 400**	**—**	**11 400**
其中：退耕地种(育)草面积	公顷	—	—	—
四、补助粮、款兑现				
1. 当年粮款兑现退耕地总面积	公顷	8 420 627	7 453 733	966 894
2. 自工程实施以来累计粮食补助资金总计	万元	19 367 169	17 521 971	1 845 198
其中：当年粮食补助资金合计	万元	1 038 394	893 728	144 666
其中：当年新退耕地粮食补助资金	万元	12	12	—
3. 自工程实施以来累计生活费兑现金额总计	万元	2 624 443	2 320 793	303 650
其中：当年生活费兑现金额合计	万元	348 513	304 890	43 623
其中：当年新退耕地生活费兑现金额	万元	2	2	—
4. 当年粮款兑现涉及户数	户	25 026 146	22 845 312	2 180 834
五、全部林业投资完成额	**万元**	**2 722 725**	**2 463 373**	**259 352**
其中：国家投资	万元	2 175 650	1 949 855	225 795
1. 粮食补助资金	万元	1 038 394	893 728	144 666
2. 种苗费	万元	112 656	111 676	980
3. 生活费补助	万元	348 513	304 890	43 623
4. 巩固退耕还林成果专项资金	万元	768 687	721 923	46 764
5. 其他费用	万元	454 475	431 156	23 319

京津风沙源治理工程建设情况

指　标	单　位	本年实际
一、治理情况		
（一）荒山荒（沙）地造林面积	公顷	545 191
1. 人工造林	公顷	215 606
2. 飞播造林	公顷	110 000
3. 无林地和疏林地新封	公顷	219 585
按林种用途分		
1. 用材林	公顷	9672
2. 经济林	公顷	11 412
3. 防护林	公顷	523 773
4. 薪炭林	公顷	—
5. 特种用途林	公顷	334
（二）年末实有封山（沙）育林面积	公顷	2 228 509
（三）草地治理面积	公顷	142 399
（四）暖棚建设面积	平方米	1 522 500
（五）饲料机械台数	台	11 334
（六）小流域治理	公顷	83 591
（七）水利设施	处	15 235
（八）生态移民人数	人	1444
（九）生态移民户数	户	457
二、全部投资完成额	**万元**	**300 750**
其中：林业投资完成额	万元	250 395
其中：国家投资	万元	223 978
1. 造林	万元	158 657
2. 科技费用	万元	—
3. 其他	万元	91 738

三北及长江流域等重点防护林体系工程建设情况

单位:公顷,万元

指 标	三北及长江流域等重点防护林体系建设工程						
	合 计	三北防护林工程	长江流域防护林体系工程	沿海防护林体系工程	珠江流域防护林体系工程	太行山绿化工程	平原绿化工程
一、荒山荒(沙)地造林面积	**1 264 026**	**737 784**	**204 844**	**209 894**	**72 288**	**36 577**	**2639**
1. 人工造林	795 268	411 083	124 660	187 119	50 568	19 199	2639
2. 飞播造林	—	—	—	—	—	—	—
3. 无林地和疏林地新封	468 758	326 701	80 184	22 775	21 720	17 378	—
按林种用途分							
1. 用材林	62 759	10 677	19 803	16 716	13 616	500	1447
2. 经济林	94 077	66 451	13 782	6467	4965	1594	818
3. 防护林	1 104 000	658 290	170 759	186 417	53 707	34 483	344
其中:水源涵养林	131 905	48 552	34 459	29 867	10 995	8032	—
水土保持林	386 727	202 896	85 304	58 063	21 216	19 215	33
防风固沙林	297 361	275 305	1753	17 237	—	3066	—
农田、牧场防护林	58 360	39 691	2812	15 857	—	—	—
护岸护堤林	9979	1202	3957	4820	—	—	—
护路林	15141	5290	3264	6483	—	—	104
4. 薪炭林	266	173	—	93	—	—	—
5. 特种用途林	2924	2193	500	201	—	—	30
二、年末实有封山(沙)育林面积	**2 852 145**	**1 960 742**	**204 479**	**386 114**	**127 122**	**173 688**	**—**
三、低产低效林改造面积	**18 676**	**9332**	**2842**	**2901**	**3468**	**133**	**—**
四、全部林业投资完成额	**664 819**	**322 215**	**98 832**	**200 344**	**26 204**	**12 948**	**4276**
其中:国家投资	394 431	208 105	42 627	117 478	14 984	11 167	70
1. 造林	533 951	256 856	75 175	172 481	17 010	11 939	490
2. 低产低效防护林改造	5583	621	1682	2064	1216	—	—
3. 种苗	53 205	33 152	4891	13 278	1434	—	450
4. 森林防火	3509	892	689	462	292	974	200
5. 病虫害防治	5318	1761	858	2157	141	20	381
6. 科技费用	1602	870	193	512	27	—	—
7. 其他	61 651	28 063	15 344	9390	6084	15	2755
五、群众投工投劳(折合资金)	**116 503**	**52 353**	**25 870**	**23 804**	**4174**	**10 302**	**—**

地　区	有林地造林面积				更新造林	四旁(零星)植树(万株)	年末实有封山(沙)育林面积	低产低效林改造面积	幼林抚育作业面积(公顷次)	幼林抚育实际面积
	合　计	林冠下造林	飞播营林	有林地和灌木林地新封						
全国合计	**416 352**	**119 864**	**—**	**296 488**	**326 641**	**245 776**	**23 481 113**	**788 810**	**12 800 526**	**7 349 667**
北　京	12 447	67	—	12 380	1014	257	133 372	6413	20 992	11 911
天　津	—	—	—	—	—	477	26 014	—	56 214	28 907
河　北	—	—	—	—	4019	10 357	943 059	998	537 226	364 331
山　西	2812	—	—	2812	—	10 803	868 733	1334	132 180	112 564
内蒙古	667	—	—	667	14 347	4498	3 331 150	9744	599 038	260 037
内蒙古集团	—	—	—	—	2614	27	—	—	23 612	19 322
辽　宁	10 201	10 201	—	—	8983	9777	1 213 833	5057	175 452	140 002
吉　林	94 958	56 936	—	38 022	8118	1490	402 917	6562	671 390	402 125
吉林集团	20 564	20 564	—	—	839	10	46 633	46	144 432	87 535
黑龙江	35 067	11 866	—	23 201	11 589	1826	757 367	5933	679 806	395 279
龙江集团	11 149	11 149	—	—	11 589	195	407 444	533	120 662	85 297
上　海	—	—	—	—	—	92	—	—	20 550	6058
江　苏	50	—	—	50	1514	9476	22 781	417	197 671	143 661
浙　江	18 238	591	—	17 647	13 033	2858	811 446	27 422	58 211	50 091
安　徽	152	152	—	—	—	18 869	466 401	14242	474 826	271 948
福　建	37 762	12 245	—	25 517	72 418	2861	617 169	21 815	617 169	507 446
江　西	17 223	5029	—	12 194	26 746	14 820	919 261	66 195	464 312	309 391
山　东	6964	47	—	6917	8266	20 609	236 097	14 746	1 112 728	456 662
河　南	—	—	—	—	299	23 793	314 611	9647	586 725	382 262
湖　北	17 690	8	—	17 682	3373	12 317	953 850	33 432	341 810	265 922
湖　南	—	—	—	—	—	10 107	871 141	126 487	631 115	308 590
广　东	42 680	7767	—	34 913	70 707	7587	185 436	28 997	230 259	203 788
广　西	17 033	65	—	16 968	66 568	5409	2 010 661	12 461	625 922	425 588
海　南	—	—	—	—	5073	1362	331 376	31	7058	9693
重　庆	1186	—	—	1186	—	10 922	372 116	16 718	116 200	102 434
四　川	8214	3767	—	4447	5720	27 648	1 190 727	91 703	223 236	141 752
贵　州	4287	—	—	4287	—	4236	625 302	32 433	111 357	108 944
云　南	72 597	10 758	—	61 839	2768	9323	1 670 675	153 309	42 770	38 370
西　藏	—	—	—	—	520	260	12 399	—	—	—
陕　西	333	—	—	333	—	11 441	834 057	59 569	463 570	393 154
甘　肃	4358	—	—	4358	—	7423	817 462	1766	151 843	114 098
青　海	—	—	—	—	—	1330	887 499	133	29 233	29 233
宁　夏	—	—	—	—	—	1451	254 179	2778	596 853	298 916
新　疆	11 433	365	—	11 068	1566	2096	1 400 022	36 401	2 824 810	1 066 510
新疆兵团	—	—	—	—	119	152	330 347	151	252 620	91 981
大兴安岭	—	—	—	—	—	—	—	2067	—	—

主要指标完成情况

单位:公顷

森林抚育				林木种苗							
成林抚育面积		抚育改造出材量（立方米）		林木种子采集量（吨）	当年苗木产量（万株）	育苗面积		年末实有母树林面积	年末实有种子园面积	年末实有采穗圃面积	年末实有采种基地面积
合计	其中:中、幼林抚育面积	合计	其中:中、幼林抚育出材量			合计	其中:本年新增育苗面积				
11 322 527	**7 334 450**	**7 400 849**	**5 362 034**	**56 690**	**5 305 505**	**769 168**	**219 512**	**296 022**	**48 845**	**14 609**	**272 837**
83 158	80 605	8838	4862	89	11 516	12 015	1015	7	368	9	297
58 505	34 701	18 623	7704	—	1728	8280	2351	—	—	—	—
391 409	277 358	127 783	104 718	2649	335 673	43 933	17 661	495	796	46	11 023
86 239	82 971	17 072	17 072	2864	230 611	53 842	24 515	9638	1098	30	8314
1 105 776	692 473	373 340	275 947	2108	231 034	19 040	8257	29 270	2090	276	30 146
335 164	335 164	35 699	35 699	1	7035	90	22	14 001	170	233	12 300
74 049	62 120	386 771	264 000	1900	789 390	19 481	7352	6558	2191	841	29 376
313 862	267 538	1 600 929	1 360 344	6973	154 903	12 114	4440	41 643	3646	47	3867
36 257	35 026	240 275	228 923	283	10 728	383	96	12 732	736	—	387
668 399	627 856	869 528	479 937	5865	151 373	12 915	3363	131 346	4859	19	27 950
495 647	493 314	100 163	48 393	1473	38 190	400	78	91 953	1224	10	26 910
41 621	10 358	—	—	—	3235	52	5	—	—	—	—
441 481	263 670	165 503	126 331	1315	790 343	109 442	13 105	487	177	34	—
223 425	131 641	163 342	85 556	50	457 698	113 614	21 794	1710	840	142	4204
579 261	344 618	626 835	354 989	879	120 685	44 733	11 106	1707	1347	768	2627
116 523	68 232	199 255	189 209	14	61 174	1522	808	1143	1077	68	894
247 866	190 175	146 894	130 306	129	143 071	27 683	5329	1942	782	849	1575
1 062 132	843 713	207 313	145 988	4472	253 077	95 911	23 272	617	1091	145	1728
711 730	357 226	273 401	243 958	1050	164 220	19 666	12 077	1520	259	235	3300
384 311	220 573	344 510	221 954	3972	114 264	34 781	8366	5450	3059	1342	1636
353 449	327 500	88 899	48 365	396	116 369	16 342	1453	3684	716	165	1339
149 147	99 273	20 542	16 371	34	75 297	3598	1019	495	436	45	723
590 382	231 745	300 483	89 889	91	84 872	1782	1197	3391	412	129	1763
42 515	38 534	—	—	37	7243	993	124	13	13	—	60
67 443	60 417	27 539	27 539	525	81 989	17 353	4693	7935	2259	142	31 172
163 399	154 043	62 102	43 455	9200	156 777	8988	4710	4978	1516	1197	2873
107 687	70 703	373 332	302 157	811	107 734	6558	2523	3485	1860	63	8603
127 342	126 335	280 534	129 700	2559	104 053	4358	2964	3215	2645	2572	4923
13 333	13 333	—	—	1	3355	926	262	—	575	—	1344
269 192	201 792	92 892	85 900	3693	259 230	21 747	9366	12 125	8894	514	89 651
196 007	129 507	28 255	9826	632	164 162	15 886	9001	5880	664	593	1639
7573	6240	1786	1774	135	51 122	3567	1132	244	430	39	279
363 000	195 976	—	—	3428	35 761	23 700	7994	515	56	—	6
1 988 326	829 239	1335	970	817	43 176	14 298	8231	4937	3291	4299	1525
319 481	85 210	425	60	31	3982	2208	1312	4219	1672	1	333
293 985	293 985	593 213	593 213	2	367	48	27	11 592	1398	—	—

林业系统野生动植物保护及自然保护区工程建设情况

指　标	单位	本年实际
一、年末实有自然保护区个数	**个**	**2126**
其中:国家级	个	263
二、年末实有自然保护区面积	**百公顷**	**1 226 903**
其中:国家级	百公顷	762 907
三、年末实有自然保护小区个数	**个**	**48 729**
年末实有自然保护小区面积	百公顷	114 580
四、野生植物就地保护点个数	**个**	**622**
野生植物就地保护点面积	百公顷	43 916
五、禁猎(采)区个数	**个**	**1908**
禁猎(采)区面积	百公顷	544 525
六、国际重要湿地个数	**个**	**41**
国际重要湿地面积	百公顷	37 099
七、湿地示范区面积	**百公顷**	**34 870**
八、野生动物种源繁育基地	**个**	**2485**
1. 公益性野生动物救护繁育基地	个	135
2. 商业性野生动物驯养繁殖单位	个	2350
九、野生植物种源培育基地	**个**	**533**
十、野生动植物保护管理站	**个**	**4607**
十一、鸟类环志中心(站)个数	**个**	**114**
鸟类环志中心(站)人员	人	372
十二、野生动植物科研及监测机构个数	**个**	**736**
在野生动植物科研及监测机构中各类专业技术人员	人	3245
十三、野生动物观赏展演单位	**个**	**295**
1. 动物园	个	159
2. 野生动物园	个	33
3. 马戏团等展演单位	个	103
十四、植物园个数	**个**	**108**
十五、狩猎场个数	**个**	**140**
其中:对外国人开放的狩猎场个数	个	24
十六、从事野生动植物及自然保护区建设的职工人数	**人**	**47 081**
其中:各类专业技术人员	人	14 893
十七、野生动植物及自然保护区建设投资完成额	**万元**	**114 253**
其中:国家投资	万元	77 727

重点地区速生丰产用材林基地工程建设情况

指　　标	单位	本年实际
一、各种地类造林面积	**公顷**	**907**
1. 荒山荒(沙)地造林	公顷	907
2. 更新造林	公顷	—
3. 非林业用地造林	公顷	—
各种地类造林面积按投资主体分		
1. 林场(国有．集体)造林面积	公顷	273
2. 内资企业造林面积	公顷	—
3. 外资企业造林面积	公顷	—
4. 合资企业造林面积	公顷	—
5. 农户造林面积	公顷	634
6. 其他主体造林面积	公顷	—
二、改培面积	**公顷**	**15 240**
三、当年造林和改培面积按培育目的分		
1. 浆纸原料林	公顷	—
2. 人造板原料林	公顷	181
3. 大径级用材林	公顷	12 202
4. 其他	公顷	3764
四、当年造林和改培面积按树种分		
1. 桉树	公顷	—
2. 湿地松、火炬松、马尾松	公顷	—
3. 杉木、柳杉	公顷	—
4. 杨树	公顷	1294
5. 落叶松、红松、云杉、冷杉、樟子松	公顷	14 540
6. 柚木、楠木、西南桦、桃花心木	公顷	—
7. 水曲柳、核桃楸、黄波罗、椴树	公顷	280
8. 竹类	公顷	—
9. 其他	公顷	33
五、全部林业投资完成额	**万元**	**2545**
其中：国家投资	万元	330

林业产业总产值

（按现行价格计算）

单位：万元

指　　标	总产值
总　　计	**305 967 308**
一、第一产业	**110 561 944**
（一）涉林产业合计	105 966 785
其中：湿地产业	332 727
1. 林木的培育和种植	19 152 654
（1）育种和育苗	6 583 657
（2）造林	7 330 092
（3）林木的抚育和管理	5 238 905
其中：幼林的抚育和管理	1 972 918
成林的抚育和管理	2 626 660
2. 木材和竹材的采运	9 484 698
（1）木材采运	7 858 651
①商品材	6 444 322
②农民自用材	569 016
③农民烧柴	845 313
（2）竹材采运	1 626 047
其中：除毛竹、蒿竹外的其他竹材	291 904
3. 经济林产品的种植与采集	63 198 661
其中：水果及干果的种植与采集	41 551 549
茶及其他饮料作物的种植与采集	5 521 051
林产中药材的种植与采集	4 087 909
森林食品的种植与采集	6 772 578
4. 花卉的种植	9 399 110
5. 陆生野生动物繁育与利用	2 815 344
（1）陆生野生动物狩猎和捕捉	132 253
（2）陆生野生动物饲养	2 683 091
6. 林业生产辅助服务	1 916 318
（二）林业系统非林产业	4 595 159
二、第二产业	**166 883 963**
（一）涉林产业合计	162 359 243
其中：湿地产业	92 764
1. 木材加工及木、竹、藤、棕、苇制品制造	67 891 581
（1）锯材、木片加工	11 610 726
（2）人造板制造	37 162 883
（3）木制品制造	14 785 099
（4）竹、藤、棕、苇制品制造	4 332 873
2. 木、竹、藤家具制造	23 231 559
3. 木、竹、苇浆造纸	39 591 936
4. 林产化学产品制造	5 754 278
5. 木制工艺品和木制文教体育用品制造	3 243 777
6. 非木制林产品加工制造业	15 286 908
7. 其他	7 359 204
（二）林业系统非林产业	4 524 720
三、第三产业	**28 521 401**
（一）涉林产业合计	24 719 938
其中：湿地产业	579 516
1. 林业旅游与休闲服务	18 630 740
2. 林业生态服务	2 767 685
3. 林业专业技术服务	802 077
4. 林业公共管理及其他组织服务	2 519 436
（二）林业系统非林产业	3 801 463
补充资料：竹产业产值	10 469 452
油茶产业产值	2 454 328
林下经济产值	8 732 532
全部山区县茶、桑、果产值	14 636 664
全部丘陵县茶、桑、果产值	6 978 360

全国主要林产工业产品产量 2011 年与 2010 年比较

主要指标	单位	2011 年	2010 年	2011 年比 2010 年增减 (%)
木材产量	万立方米	8145.92	8089.62	0.70
原木	万立方米	7449.64	7513.21	-0.85
薪材	万立方米	696.28	576.41	20.80
竹材产量	万根	153 929.49	143 007.81	7.64
锯材产量	万立方米	4460.25	3722.63	19.81
人造板产量	万立方米	20 919.29	15 360.83	36.19
其中：胶合板	万立方米	9869.63	7139.66	38.24
纤维板	万立方米	5562.12	4354.54	27.73
刨花板	万立方米	2559.39	1264.20	102.45
其他人造板	万立方米	2928.15	2602.43	12.52
木竹地板产量	万平方米	62 908.25	47 917.15	31.29
松香类产品产量	吨	1 413 041	1 332 798	6.02
栲胶类产品产量	吨	9129	10 925	-16.44
紫胶类产品产量	吨	2966	3804	-22.03

各地区主要林产工业产品产量

单位:万立方米,万平方米,万根,吨

地区	木材	竹材	锯材	人造板					木地板	松香类产品产量	栲胶类产品产量	紫胶类产品产量
				合计	胶合板	纤维板	刨花板	其他人造板				
全国合计	**8145.92**	**153 929**	**4460.25**	**20 919.29**	**9869.63**	**5562.12**	**2559.39**	**2928.15**	**62 908.25**	**1 413 041**	**9129**	**2966**
北京	10.29	—	—	20.40	—	20.40	—	—	177.40	—	—	—
天津	9.88	—	—	3.50	0.10	—	3.40	—	11.30	—	—	—
河北	71.34	—	180.80	1253.79	446.21	306.77	223.68	277.13	40.00	—	1350	—
山西	5.36	—	6.49	58.13	0.11	18.97	14.23	24.82	—	—	—	—
内蒙古	217.88	—	570.44	87.83	26.74	15.81	25.99	19.29	8.88	—	1251	—
内蒙古集团	114.20	—	—	—	—	—	—	—	—	—	—	—
辽宁	197.57	—	236.41	271.21	80.15	92.70	36.54	61.82	2414.57	—	—	—
吉林	434.27	—	145.92	354.59	123.58	92.59	99.74	38.67	3117.74	—	—	—
吉林集团	92.82	—	6.88	64.64	0.39	15.52	48.00	0.74	307.67	—	—	—
黑龙江	336.79	—	307.89	278.36	123.54	41.35	83.33	30.14	536.86	—	—	—
龙江集团	166.14	—	47.75	61.71	4.49	17.61	27.77	11.84	120.39	—	—	—
上海	—	2	1.64	24.15	7.75	16.40	—	—	3383.54	—	—	—
江苏	166.14	359	83.84	3639.02	2010.26	656.13	528.09	444.54	18 342.39	—	—	—
浙江	176.26	18 681	300.46	594.59	195.47	128.12	18.34	252.67	11 486.20	15 757	—	—
安徽	494.85	10 111	227.85	896.74	425.27	252.57	35.31	183.60	5234.62	4101	—	—
福建	563.26	45 360	169.11	846.28	299.78	176.67	204.81	165.03	1941.35	81 747	—	12
江西	290.28	7077	200.86	286.84	90.70	96.72	17.36	82.05	2169.24	98 798	—	—
山东	347.98	—	554.20	6161.61	3502.78	1303.59	946.76	408.47	4378.74	—	—	—
河南	279.00	168	149.64	1473.07	600.90	429.30	69.40	373.46	292.75	2591	—	—
湖北	292.15	2836	70.16	333.18	50.28	216.13	14.39	52.38	2881.33	13 832	—	—
湖南	599.93	6998	271.46	518.76	202.21	86.48	42.85	187.22	1617.56	28 506	11	4
广东	735.51	12 804	152.64	772.52	200.51	415.00	99.51	57.49	3492.04	89 546	—	587
广西	1525.92	28 328	364.42	2078.47	1233.94	647.61	54.45	142.47	103.22	855 732	6417	—
海南	111.24	1384	24.57	28.80	11.70	8.40	8.69	0.02	16.00	3180	—	—
重庆	28.63	170	22.93	39.55	15.39	17.79	0.43	5.95	4.20	750	—	—
四川	239.91	3752	174.99	587.46	145.59	337.87	24.44	79.56	916.64	3190	—	43
贵州	194.08	584	73.04	65.05	42.20	6.72	0.09	16.04	55.25	5402	—	—
云南	533.03	15 022	136.06	138.51	31.20	83.75	7.07	16.48	259.11	209 909	—	2320
西藏	97.48	30	8.75	0.18	0.18	—	—	—	0.07	—	—	—
陕西	54.24	265	2.39	69.66	1.49	67.76	0.18	0.23	—	—	100	—
甘肃	5.00	—	1.58	0.70	0.70	—	—	—	—	—	—	—
青海	2.30	—	—	—	—	—	—	—	—	—	—	—
宁夏	0.04	—	—	—	—	—	—	—	—	—	—	—
新疆	40.53	—	6.05	11.48	0.38	11.00	—	0.10	—	—	—	—
新疆兵团	6.04	—	—	—	—	—	—	—	—	—	—	—
大兴安岭	84.79	—	15.63	24.85	0.51	15.52	0.31	8.51	27.27	—	—	—

主要木材、竹材产品产量

产品名称	单位	全部产量
木材及竹材		
一、木材	**万立方米**	**8145.92**
其中:热带木材	万立方米	627.01
(一)原木	万立方米	7449.64
其中:针叶原木	万立方米	1446.10
1. 直接用原木	万立方米	3063.24
2. 特级原木	万立方米	70.12
3. 等内加工原木	万立方米	1281.88
其中:针叶原木	万立方米	587.77
4. 造纸用原木	万立方米	467.39
5. 胶合板材	万立方米	941.50
6. 杉原条	万立方米	521.61
7. 其他原木	万立方米	1103.90
(二)薪材	万立方米	696.28
二、竹材		—
(一)竹材	万根	153 929.49
1. 毛竹	万根	102 577.93
2. 篙竹	万根	51 351.55
(二)小杂竹	万吨	1177.38
补充资料:		—
1. 按生产单位分的全部木材产量和竹材产量		—
(1)系统内国有企业单位生产的木材	万立方米	813.75
(2)系统内国有林场、事业单位生产的木材	万立方米	1220.12
(3)系统外企、事业单位采伐自营林地的木材	万立方米	301.68
(4)乡(镇)集体企业及单位生产的木材	万立方米	535.68
(5)村及村以下各级组织和农民个人生产的木材	万立方米	5274.70
(6)村及村以下各级组织和农民个人生产的竹材产量	万根	89 838.72
2. 农民自用材采伐量	万立方米	668.79
3. 农民烧材采伐量	万立方米	2150.62

全国主要林产工业产品产量

产品名称	单位	产量	产品名称	单位	产量
木材加工及竹、藤、棕、苇制品			4. 人造板表面装饰板	万平方米	26 577.21
一、锯材	万立方米	4460.25	五、木竹地板	万平方米	62 908.25
1. 普通锯材	万立方米	4377.89	1. 实木木地板	万平方米	12 232.13
2. 特种锯材	万立方米	38.72	2. 复合木地板	万平方米	35 669.48
3. 枕木及其他锯材	万立方米	43.64	3. 其他木地板	万平方米	10 314.09
二、木片、木粒加工产品	万实积立方米	2237.33	4. 竹地板	万平方米	4692.55
三、人造板	万立方米	20 919.29	**林产化学产品**		
(一)胶合板	万立方米	9869.63	一、松香类产品	吨	1 413 041
1. 木胶合板	万立方米	8467.58	1. 松香	吨	1 253 651
2. 竹胶合板	万立方米	406.14	2. 松香深加工产品	吨	159 390
3. 其他胶合板	万立方米	995.91	二、松节油类产品	吨	181 729
(二)纤维板	万立方米	5562.12	1. 松节油	吨	145 356
1. 木质纤维板	万立方米	5486.26	2. 松节油深加工产品	吨	36 373
(1)硬质纤维板	万立方米	504.91	三、樟脑	吨	12 965
(2)中密度纤维板	万立方米	4973.41	其中:合成樟脑	吨	10 597
(3)软质纤维板	万立方米	7.95	四、冰片	吨	665
2. 非木质纤维板	万立方米	75.86	其中:合成冰片	吨	631
(三)刨花板	万立方米	2559.39	五、栲胶类产品	吨	9129
1. 木质刨花板	万立方米	2516.76	1. 栲胶	吨	9129
2. 非木质刨花板	万立方米	42.63	2. 栲胶深加工产品	吨	—
(四)其他人造板	万立方米	2928.15	六、紫胶类产品	吨	2966
其中:细木工板	万立方米	2034.16	1. 紫胶	吨	2046
四、二次加工材及相关板材			2. 紫胶深加工产品	吨	920
1. 单板	万立方米	3173.22	七、木材热解产品	吨	805 955
2. 强化木	万立方米	28.16	其中:木炭	吨	418 054
3. 指接材	万立方米	352.69			

全国主要经济林产品生产情况

单位:吨

指标	产量	指标	产量
各类经济林产品总量	**133 800 875**	三、林产饮料产品(干重)	1 590 558
一、水果产量	114 710 579	1. 毛茶	1 429 807
1. 苹果	31 009 584	2. 可可豆	14
2. 柑橘	24 121 896	3. 咖啡	58 710
3. 梨	15 341 226	4. 其他林产饮料产品	102 027
4. 葡萄	8 494 085	四、林产调料产品(干重)	586 976
5. 桃	10 863 106	1. 花椒	291 954
6. 杏	2 880 975	2. 八角	133 158
7. 荔枝	1 772 463	3. 桂皮	83 383
8. 龙眼	1 454 893	4. 其他林产调料产品	78 481
9. 猕猴桃	733 774	五、森林食品(干重)	2 929 348
10. 其他水果	18 038 577	1. 竹笋干	581 871
二、干果产量	9 272 963	2. 食用菌	1 867 204
1. 核桃	1 655 508	3. 山野菜	304 510
2. 板栗	1 896 603	4. 其他森林食品	175 763
3. 枣(干重)	3 467 874	六、木本药材	1 435 992
4. 柿子(干重)	1 073 312	1. 杜仲	197 894
5. 仁用杏	80 729	2. 黄柏	15 895
6. 山杏仁	156 328	3. 厚朴	147 390
7. 银杏(白果)	72 885	4. 枸杞	190 498
8. 榛子	79 622	5. 山茱萸	43 383
9. 松子	120 425	6. 其他木本药材	840 932
10. 其他干果	669 677	七、木本油料	1 550 773

（续）

指　标	产　量	指　标	产　量
1. 油茶籽	1 480 044	2. 油桐籽	437 702
2. 油橄榄	6550	3. 乌桕籽	36 024
3. 文冠果	28	4. 五倍子	17 648
4. 其他木本油料	64 151	5. 棕片	53 758
八、林产工业原料	1 723 686	6. 松脂	1 156 612
1. 生漆	18 867	7. 紫胶(原胶)	3075

全国油茶与花卉产业发展情况

指　标	单位	产　量
一、油茶产业发展情况		
1. 年末实有油茶林面积	公顷	3 455 676
当年新造面积	公顷	234 961
当年低改面积	公顷	93 582
2. 繁殖圃个数	个	442
繁殖圃面积	公顷	5349
3. 苗木产量	万株	90 917.43
其中：一年生苗木产量	万株	56 422.77
二年留床苗木产量	万株	27 845.48
4. 油茶籽产量	万吨	148.00
5. 油茶企业	个	1174.00
二、花卉产业发展情况		
1. 年末实有花卉种植面积	公顷	862 152
2. 切花切叶产量	万支	1 423 361
3. 盆栽植物产量	万盆	291 600
4. 观赏苗木产量	万株	1 208 636
5. 草坪产量	万平方米	40 833
6. 花卉市场	个	4104
7. 花卉企业	个	42 379
其中：大中型企业	个	7947
8. 花农	万户	117.20
9. 花卉从业人员	万人	432.59
其中：专业技术人员	万人	21.00
10. 控温温室面积	万平方米	3332
11. 日光温室面积	万平方米	15 095

劳动工资统计

林业系统从业人员和劳动报酬主要指标 2011 年与 2010 年比较

主要指标	单位	2011 年	2010 年	2011 年比 2010 年增减(%)
单位个数	个	46 283	45 896	-0.24
在册职工年末人数	人	1 657 022	1 702 350	-2.66
从业人员年末人数	人	1 353 96	1 396 494	-3.05
1. 在岗职工	人	1 312 749	1 347 142	-2.55
2. 其他从业人员	人	41 212	49 352	-16.49
在岗职工年平均工资	元	23 611	20 235	16.68

林业系统各地区按行业分

地区	总计	合计	企业	事业	机关	国有经	
						小计	木材及竹材采运企业
全国合计	**46 283**	**45 991**	**2123**	**39 790**	**4078**	**39 312**	**705**
北京	263	262	5	236	21	147	—
天津	98	98	—	90	8	88	—
河北	1553	1553	35	1336	182	1284	—
山西	2131	2131	17	1985	129	1927	—
内蒙古	1564	1558	44	1347	167	1330	19
内蒙古集团	53	49	24	25	—	24	19
辽宁	1623	1617	26	1478	113	1450	—
吉林	1577	1566	239	1236	91	1394	22
吉林集团	52	52	52	—	—	9	9
黑龙江	1893	1823	128	1570	125	1555	41
龙江集团	203	160	91	52	17	51	41
上海	40	40	—	39	1	11	—
江苏	755	736	—	713	23	713	2
浙江	1057	1045	25	921	99	869	—
安徽	1460	1455	42	1236	177	1229	11
福建	1997	1967	283	1455	229	1583	175
江西	2336	2333	328	1815	190	2007	151
山东	2319	2317	38	2141	138	2128	3
河南	1130	1125	18	930	177	899	1
湖北	1961	1944	86	1713	145	1686	17
湖南	2948	2935	129	2618	188	2550	40
广东	2352	2328	40	2062	226	1845	11
广西	2210	2188	125	1842	221	1772	—
海南	221	221	33	168	20	174	7
重庆	1219	1216	12	1138	66	1113	1
四川	3636	3623	190	3157	276	3159	81
贵州	2233	2233	79	2012	142	2049	54
云南	2339	2330	95	1990	245	1985	51
西藏	132	131	5	49	77	51	—
陕西	1591	1588	32	1407	149	1385	9
甘肃	1531	1531	12	1370	149	1311	—
青海	362	362	—	281	81	264	—
宁夏	302	301	2	273	26	266	—
新疆	1303	1288	40	1068	180	1056	—
新疆兵团	—	—	—	—	—	—	—
局直属单位	147	146	15	114	17	32	9
大兴安岭	63	62	14	32	16	12	9

企、事业及机关单位个数

单位：个

济 单 位							
农 林 牧 渔 业							
国有林场	国有苗圃	林业工作站	木材检查站	种苗站	病虫害防治站	治沙站	其他
4735	**1672**	**20 199**	**2356**	**902**	**1638**	**91**	**7014**
26	14	42	5	5	8	1	46
1	11	52	—	1	5	1	17
141	146	546	23	44	72	4	308
242	137	968	58	68	92	3	359
312	80	470	30	60	81	17	261
—	—	—	—	—	—	—	5
188	33	743	44	50	62	1	329
322	40	715	59	10	41	—	185
—	—	—	—	—	—	—	—
384	69	617	58	46	78	—	262
—	2	—	1	3	2	—	2
1	—	10	—	—	—	—	—
65	32	437	18	3	12	—	144
99	11	466	68	31	60	—	134
139	65	609	116	16	78	4	191
106	54	823	49	19	43	—	314
363	67	825	266	24	64	2	245
148	142	1359	43	57	95	—	281
86	78	200	82	33	86	1	332
235	40	807	145	42	73	—	327
205	81	1448	260	46	53	18	399
189	45	1089	183	17	60	—	251
151	62	779	167	43	74	—	496
28	7	57	45	1	12	—	17
74	8	848	64	19	34	—	65
189	102	2151	149	31	91	1	364
91	30	1290	119	58	89	1	317
173	22	1156	86	55	63	—	379
5	25	7	6	1	2	—	5
234	92	393	144	41	40	12	420
265	96	461	52	53	69	11	304
100	24	63	9	4	13	1	50
66	11	116	2	4	17	1	49
107	48	651	6	20	71	12	141
—	—	—	—	—	—	—	—
—	—	1	—	—	—	—	22
—	—	1	—	—	—	—	2

地　区	国　有　经					
	采矿业	制　造　业				
		小　计	木材加工及木、竹、藤、棕、苇制品业	木、竹、藤家具制造业	木、竹、苇浆造纸业	林产化学产品制造
全国合计	**13**	**353**	**237**	**27**	**2**	**18**
北　京	—	—	—	—	—	—
天　津	—	—	—	—	—	—
河　北	—	12	4	—	—	3
山　西	—	5	2	—	—	—
内蒙古	—	2	2	—	—	—
内蒙古集团	—	1	1	—	—	—
辽　宁	—	13	10	1	—	—
吉　林	7	19	14	1	—	1
吉林集团	7	16	11	1	—	1
黑龙江	1	23	15	—	1	1
龙江集团	—	16	12	—	1	—
上　海	—	1	—	—	—	—
江　苏	—	—	—	—	—	—
浙　江	—	5	5	—	—	—
安　徽	1	7	4	1	—	—
福　建	—	17	4	—	—	4
江　西	—	16	7	2	—	2
山　东	—	24	23	—	—	—
河　南	1	2	—	—	—	—
湖　北	—	12	5	2	—	1
湖　南	1	78	55	17	1	1
广　东	—	7	4	—	—	—
广　西	—	2	2	—	—	—
海　南	—	3	2	—	—	—
重　庆	—	2	1	—	—	—
四　川	—	77	66	3	—	3
贵　州	—	7	5	—	—	1
云　南	1	5	2	—	—	1
西　藏	—	—	—	—	—	—
陕　西	—	9	2	—	—	—
甘　肃	—	3	2	—	—	—
青　海	—	—	—	—	—	—
宁　夏	—	—	—	—	—	—
新　疆	—	1	1	—	—	—
新疆兵团	—	—	—	—	—	—
局直属单位	1	1	—	—	—	—
大兴安岭	1	1	—	—	—	—

（续）

济　单　位					
木质工艺品和木质文教体育用品制造业	非木质林产品加工业	其他	电力、燃气及水的生产和供应业	建筑业	批发和零售业
2	**9**	**58**	**13**	**18**	**212**
—	—	—	—	—	—
—	—	—	—	—	—
—	3	2	—	—	6
—	1	2	—	—	12
—	—	—	—	1	1
—	—	—	—	1	1
—	—	2	—	—	—
—	—	3	1	2	4
—	—	3	—	1	4
—	1	5	1	9	17
—	1	2	1	9	6
—	1	—	—	—	—
—	—	—	—	—	—
—	—	—	—	1	12
—	—	2	—	1	11
—	—	9	—	2	13
—	—	5	—	—	2
—	—	1	—	—	—
—	—	2	—	—	5
1	—	3	—	—	11
1	—	3	—	—	—
—	—	3	4	—	8
—	—	—	5	—	75
—	—	1	—	—	1
—	—	1	—	—	3
—	—	5	—	—	10
—	—	1	—	1	2
—	—	2	—	—	12
—	—	—	—	—	—
—	3	4	—	1	5
—	—	1	—	—	—
—	—	—	—	—	—
—	—	—	—	—	—
—	—	—	1	—	1
—	—	—	—	—	—
—	—	1	1	—	1
—	—	1	1	—	1

地 区	国 有 经 济					
	科学研究、技术服务和地质勘查业			水利、环境和公共设施管理业		
	小计	其中		小计	其中	
		科技交流和推广服务	规划设计管理		自然保护区管理	野生动植物保护
全国合计	**691**	**268**	**162**	**751**	**512**	**92**
北 京	5	—	5	87	1	2
天 津	—	—	—	2	2	—
河 北	31	25	1	8	3	2
山 西	28	13	14	19	15	2
内蒙古	17	3	5	14	13	—
内蒙古集团	2	—	1	4	3	—
辽 宁	25	10	8	12	8	4
吉 林	10	3	4	4	4	—
吉林集团	—	—	—	—	—	—
黑龙江	20	5	3	13	7	2
龙江集团	10	1	1	1	—	—
上 海	—	—	—	21	2	1
江 苏	—	—	—	—	—	—
浙 江	40	30	3	14	12	1
安 徽	11	6	3	12	9	2
福 建	47	14	20	27	23	2
江 西	56	20	14	25	12	11
山 东	7	3	—	6	3	1
河 南	24	2	2	9	6	3
湖 北	59	35	14	20	9	10
湖 南	59	22	13	34	26	7
广 东	59	21	2	163	138	10
广 西	40	12	3	21	19	2
海 南	5	1	—	10	9	1
重 庆	20	10	7	6	5	1
四 川	21	—	18	64	60	—
贵 州	12	5	2	7	6	1
云 南	13	6	—	64	61	2
西 藏	1	—	1	2	—	—
陕 西	12	5	4	14	9	5
甘 肃	22	11	4	40	29	10
青 海	4	1	3	1	1	—
宁 夏	—	—	—	6	5	1
新 疆	9	4	1	21	12	9
新疆兵团	—	—	—	—	—	—
局直属单位	34	1	8	5	3	—
大兴安岭	3	1	2	2	—	—

（续）

单　位					
教育	卫生、社会保障和社会福利业	公共管理和社会组织	其他	集体经济单位	其他各种经济单位
64	**28**	**4284**	**252**	**165**	**127**
—	—	22	1	1	—
—	—	8	—	—	—
—	—	209	3	—	—
4	3	129	4	—	—
2	6	174	11	4	2
1	5	1	9	2	2
1	—	113	3	6	—
1	1	106	17	11	—
—	—	—	15	—	—
18	8	127	31	58	12
14	8	17	27	39	4
2	1	1	3	—	—
—	—	23	—	19	—
—	—	100	4	—	12
—	—	180	3	2	3
—	1	257	20	23	7
2	—	203	22	3	—
—	—	150	2	1	1
—	—	178	7	4	1
3	1	148	4	2	15
2	—	203	8	5	8
2	—	232	8	7	17
2	—	229	42	5	17
—	—	25	3	—	—
—	—	69	3	1	2
2	1	279	10	8	5
—	—	150	5	—	—
—	—	245	5	4	5
—	—	77	—	—	1
3	2	150	7	1	2
3	2	149	1	—	—
—	—	92	1	—	—
1	—	26	2	—	1
2	—	194	3	—	15
—	—	—	—	—	—
14	2	36	19	—	1
11	2	16	12	—	1

林业系统各地区按行业分

地区	总计	合计	企业	事业	机关	国有经	
						小计	木材及竹材采运企业
全国合计	**1 312 749**	**1 299 372**	**533 269**	**670 921**	**95 182**	**1 086 753**	**427 271**
北京	13 710	13 648	419	11 895	1334	4490	—
天津	834	834	—	719	115	698	—
河北	26 165	26 161	4233	18 031	3897	17 352	—
山西	24 722	24 722	182	22 418	2122	21 023	—
内蒙古	107 279	106 955	57 035	45 225	4695	98 126	55 096
内蒙古集团	58 513	58 195	55 772	2423	—	55 568	55 096
辽宁	24 158	24 124	975	21 692	1457	21 287	—
吉林	118 689	118 574	80 986	34 460	3128	100 894	55 680
吉林集团	35 480	35 480	35 480	—	—	24 038	24 038
黑龙江	311 435	305 402	237 830	62 041	5531	284 169	228 837
龙江集团	251 463	246 059	235 741	7599	2719	229 752	228 837
上海	1906	1906	—	1738	168	330	—
江苏	13 282	13 141	—	12 824	317	12 824	—
浙江	12 643	12 516	850	9627	2039	9036	—
安徽	24 951	24 330	1779	20 388	2163	21 163	780
福建	24 900	23 643	4693	14 811	4139	16 791	3667
江西	64 503	64 439	14 639	43 457	6343	55 089	3839
山东	25 536	25 525	1512	21 847	2166	21 335	42
河南	29 569	29 500	158	25 131	4211	24 509	—
湖北	28 734	28 164	2546	22 194	3424	21 633	194
湖南	51 157	50 117	3938	39 250	6929	38 336	2922
广东	32 260	31 960	2686	22 923	6351	21 856	290
广西	44 920	44 442	3275	37 408	3759	36 341	—
海南	7288	7288	3132	3374	782	5645	1746
重庆	8582	8475	286	6860	1329	6552	13
四川	54 312	53 620	20 226	27 307	6087	40 899	11 409
贵州	20 984	20 984	3885	14 704	2395	17 723	2150
云南	40 982	40 417	9147	22 941	8329	27 585	5396
西藏	3383	3381	1050	873	1458	1542	—
陕西	39 130	38 608	4535	31 396	2677	33 217	3871
甘肃	40 170	40 170	9962	27 037	3171	33 057	—
青海	12 458	12 458	—	11 742	716	11 591	—
宁夏	9228	9091	338	8213	540	6988	—
新疆	24 199	24 139	5593	16 272	2274	20 102	—
新疆兵团	—	—	—	—	—	—	—
局直属单位	70 680	70 638	57 379	12 123	1136	54 570	51 339
大兴安岭	62 114	62 072	57 262	3918	892	53 855	51 339

在岗职工人数

单位:人

济　　单　　位							
农　林　牧　渔　业							
国有林场	国有苗圃	林业工作站	木材检查站	种苗站	病虫害防治站	治沙站	其他
370 858	**27 910**	**115 655**	**21 335**	**7185**	**11 774**	**1044**	**103 721**
874	1312	640	65	73	149	23	1354
60	144	175	—	13	84	4	218
7020	1617	2536	200	382	607	52	4938
8503	2083	3976	393	392	678	27	4971
31 636	1996	3622	225	574	805	287	3885
—	—	—	—	—	—	—	472
12 620	525	3613	340	340	523	2	3324
32 942	1600	4696	394	64	354	—	5164
—	—	—	—	—	—	—	—
46 193	1619	2248	456	277	394	—	4145
—	681	—	103	71	19	—	41
45	—	285	—	—	—	—	—
7993	1145	2081	275	27	97	—	1206
4035	132	2237	884	221	390	—	1137
11 323	2365	3227	1236	71	475	28	1658
5773	293	3759	883	65	146	—	2205
37 510	1454	5175	2651	166	400	20	3874
7933	1942	7337	587	312	645	—	2537
9579	1860	3219	1919	480	874	—	6578
9384	468	5304	1343	456	535	—	3949
16 326	1215	10 654	2540	350	388	81	3860
12 441	474	4151	1402	113	360	8	2617
23 726	528	3575	1310	284	369	—	6549
1846	110	460	272	1	79	—	1131
2849	18	2600	208	144	261	—	459
8535	829	7914	802	197	465	—	10 748
4594	227	6098	758	227	326	2	3341
5873	113	9177	524	441	359	—	5702
1050	280	10	72	—	9	—	121
14 788	1304	5391	1071	793	693	195	5111
22 207	862	2945	438	515	666	218	5206
7617	252	1902	27	35	113	16	1629
4170	572	985	30	24	180	7	1020
11 413	571	5553	30	148	350	74	1963
—	—	—	—	—	—	—	—
—	—	110	—	—	—	—	3121
—	—	110	—	—	—	—	2406

地　区	国　有　经					
	采矿业	制　造　业				
		小　计	木材加工及木、竹、藤、棕、苇制品业	木、竹、藤家具制造业	木、竹、苇浆造纸业	林产化学产品制造
全国合计	**2232**	**24 900**	**15 839**	**124**	**25**	**793**
北　京	—	—	—	—	—	—
天　津	—	—	—	—	—	—
河　北	—	3392	209	—	—	10
山　西	—	13	5	—	—	—
内蒙古	—	49	49	—	—	—
内蒙古集团	—	6	6	—	—	—
辽　宁	—	573	193	—	—	—
吉　林	983	9229	7537	75	—	315
吉林集团	983	7866	6174	75	—	315
黑龙江	—	2816	2534	—	15	103
龙江集团	—	2344	2188	—	15	—
上　海	—	—	—	—	—	—
江　苏	—	—	—	—	—	—
浙　江	—	117	117	—	—	—
安　徽	85	177	123	2	—	—
福　建	—	865	669	—	—	174
江　西	—	106	50	—	—	1
山　东	—	1344	530	—	—	—
河　南	5	7	—	—	—	—
湖　北	—	380	191	4	—	2
湖　南	4	334	204	21	10	10
广　东	—	165	135	—	—	—
广　西	—	252	252	—	—	—
海　南	—	2	2	—	—	—
重　庆	—	28	27	—	—	—
四　川	—	2214	616	22	—	122
贵　州	—	214	204	—	—	7
云　南	—	979	914	—	—	49
西　藏	—	—	—	—	—	—
陕　西	—	254	121	—	—	—
甘　肃	—	1226	1157	—	—	—
青　海	—	—	—	—	—	—
宁　夏	—	—	—	—	—	—
新　疆	—	—	—	—	—	—
新疆兵团	—	—	—	—	—	—
局直属单位	1155	164	—	—	—	—
大兴安岭	1155	164	—	—	—	—

（续）

济 单 位					
木质工艺品和木质文教体育用品制造业	非木质林产品加工业	其他	电力、燃气及水的生产和供应业	建筑业	批发和零售业
14	**173**	**7932**	**4065**	**2659**	**4318**
—	—	—	—	—	—
—	—	—	—	—	—
—	37	3136	—	—	37
—	8	—	—	—	150
—	—	—	—	149	131
—	—	—	—	149	131
—	—	380	—	—	—
—	—	1302	30	1120	289
—	—	1302	—	1117	289
—	30	134	1515	1363	307
—	30	111	1515	1363	84
—	—	—	—	—	—
—	—	—	—	—	—
—	—	—	—	2	198
—	—	52	—	—	438
—	—	22	—	10	95
—	—	55	—	—	16
—	—	814	—	—	—
—	—	7	—	—	24
—	—	183	—	—	69
14	—	75	—	—	—
—	—	30	182	—	64
—	—	—	22	—	1229
—	—	—	—	—	18
—	—	1	—	—	31
—	—	1454	—	—	350
—	—	3	—	6	48
—	—	16	—	—	715
—	—	—	—	—	—
—	98	35	—	9	57
—	—	69	—	—	—
—	—	—	—	—	—
—	—	—	—	—	—
—	—	—	—	—	—
—	—	—	—	—	—
—	—	164	2316	—	52
—	—	164	2316	—	52

地区	国有经济					
	科学研究、技术服务和地质勘查业			水利、环境和公共设施管理业		
	小计	其中		小计	其中	
		科技交流和推广服务	规划设计管理		自然保护区管理	野生动植物保护
全国合计	**25 061**	**4934**	**8568**	**26 127**	**14 633**	**1245**
北　京	113	—	113	7512	35	41
天　津	—	—	—	21	21	—
河　北	472	340	80	483	275	162
山　西	524	257	254	508	392	33
内蒙古	591	99	155	834	625	—
内蒙古集团	77	—	67	515	306	—
辽　宁	346	186	94	349	315	34
吉　林	1008	174	753	245	245	—
吉林集团	—	—	—	—	—	—
黑龙江	2745	887	1098	301	76	182
龙江集团	2123	858	631	25	—	—
上　海	89	—	—	1048	54	14
江　苏	—	—	—	—	—	—
浙　江	538	257	82	319	296	13
安　徽	114	57	24	126	105	18
福　建	761	148	261	400	346	7
江　西	910	301	308	487	405	72
山　东	204	136	—	185	180	5
河　南	487	31	17	48	39	9
湖　北	1096	323	329	764	627	137
湖　南	1570	239	619	1971	1894	65
广　东	1526	471	174	1176	863	155
广　西	1243	174	60	539	528	11
海　南	271	14	—	388	381	7
重　庆	251	72	84	79	73	6
四　川	1355	—	1301	1777	1085	—
贵　州	204	42	52	115	113	2
云　南	250	88	—	1759	1712	19
西　藏	72	—	72	309	—	—
陕　西	700	61	478	672	627	45
甘　肃	982	409	186	1290	1185	105
青　海	52	12	40	5	5	—
宁　夏	—	—	—	1393	1368	25
新　疆	654	53	265	376	298	78
新疆兵团	—	—	—	—	—	—
局直属单位	5933	103	1669	648	465	—
大兴安岭	452	103	349	183	—	—

（续）

单　位					
教育	卫生、社会保障和社会福利业	公共管理和社会组织	其他	集体经济单位	其他各种经济单位
8235	**5393**	**99 007**	**10 622**	**4680**	**8697**
—	—	1355	178	62	—
—	—	115	—	—	—
—	—	4400	25	4	—
326	23	2122	33	—	—
87	734	5258	996	226	98
50	720	41	938	220	98
6	—	1457	106	34	—
117	5	3430	1224	115	—
—	—	—	1187	—	—
1994	2671	5575	1946	2865	3168
1743	2671	2719	1720	2334	3070
239	3	168	29	—	—
—	—	317	—	141	—
—	—	2041	265	—	127
—	—	2169	58	356	265
—	62	4445	214	92	1165
670	—	6635	526	64	—
—	—	2445	12	7	4
—	—	4220	200	69	—
339	48	3479	356	74	496
683	—	7087	132	52	988
336	—	6495	160	108	192
500	—	3796	520	68	410
—	—	867	97	—	—
—	—	1344	190	22	85
93	509	6161	262	45	647
—	—	2414	260	—	—
—	—	8329	800	258	307
—	—	1458	—	—	2
263	629	2688	119	18	504
189	247	3171	8	—	—
—	—	793	17	—	—
80	—	540	90	—	137
260	—	2718	29	—	60
—	—	—	—	—	—
2053	462	1515	1770	—	42
1277	462	892	1264	—	42

林业系统各地区按行业分

地区	总计	国有经					
		合计	企业	事业	机关		
						小计	木材及竹材采运企业
全国合计	**23 611**	**23 771**	**17 797**	**25 876**	**40 882**	**21 082**	**17 139**
北京	59 632	59 813	26 493	56 847	95 640	53 570	—
天津	42 710	42 710	—	38 206	70 550	37 682	—
河北	26 546	26 546	20 789	27 238	29 620	26 515	—
山西	25 651	25 651	11 615	24 994	33 777	23 930	—
内蒙古	26 753	27 200	23 316	29 632	50 980	25 808	23 414
内蒙古集团	23 021	23 712	23 336	323 85	—	23 519	23 414
辽宁	22 857	22 877	14 980	22 268	37 376	21 616	—
吉林	21 611	21 615	22 203	18 686	38 809	19 700	21 675
吉林集团	26 798	26 798	26 798	—	—	24 890	24 890
黑龙江	14 228	14 464	12 764	18 274	39 392	13 247	12 649
龙江集团	13 593	13 855	12 767	33 304	45 914	12 655	12 649
上海	88 043	88 043	—	84 208	127 951	82 200	—
江苏	20 385	20 429	—	19 318	67 296	19 318	—
浙江	52 053	52 402	29 100	45 882	92 510	43 886	—
安徽	21 829	21 941	12 525	21 049	37 525	20 607	15 818
福建	28 970	29 246	20 081	29 438	38 566	26 513	20 144
江西	19 386	19 385	13 882	18 554	37 666	16 885	14 928
山东	27 720	27 724	15 986	27 582	37 179	26 909	12 791
河南	17 708	17 725	10 766	16 631	24 228	16 643	13 303
湖北	19 730	19 796	16 450	18 806	29 213	17 859	15 489
湖南	22 925	22 990	24 689	21 709	29 427	20 552	14 009
广东	33 747	33 873	19 235	31 142	51 563	28 111	23 855
广西	23 161	23 213	18 750	22 340	35 634	21 093	—
海南	24 284	24 284	21 818	20 614	49 276	20 993	27 129
重庆	34 272	34 419	15 822	33 366	44 432	33 055	22 774
四川	28 741	28 912	23 682	29 996	41 239	26 391	25 317
贵州	23 590	23 590	18 122	24 365	27 959	22 741	14 231
云南	27 759	27 980	18 818	28 396	36 981	26 195	18 629
西藏	50 673	50 673	30 299	48 192	66 668	37 062	—
陕西	29 858	29 963	15 915	31 193	39 977	28 979	14 921
甘肃	28 036	28 036	17 406	29 229	41 576	26 789	—
青海	27 050	27 050	—	25 836	46 956	25 508	—
宁夏	29 727	29 680	10 913	29 404	47 975	25 823	—
新疆	32 176	32 200	29 785	31 499	42 625	29 454	—
新疆兵团	—	—	—	—	—	—	—
局直属单位	65 025	65 025	87 781	63 863	94 871	60 073	—
大兴安岭	23 018	23 022	21 932	34 124	38 121	22 275	22 233

在岗职工年平均工资

单位:元

济　单　位							
农　林　牧　渔　业							
国有林场	国有苗圃	林业工作站	木材检查站	种苗站	病虫害防治站	治沙站	其他
20 330	**21 208**	**27 784**	**28 561**	**32 140**	**32 725**	**35 806**	**27 882**
61 833	51 153	61 400	51 158	63 463	71 426	84 169	43 649
45 473	33 606	35 379	—	51 830	47 546	54 315	35 109
28 596	19 322	31 874	21 984	22 285	25 209	32 295	23 829
24 708	17 265	22 447	17 155	26 046	27 892	17 421	26 370
25 076	27 751	42 422	41 444	44 006	43 903	40 209	40 842
—	—	—	—	—	—	—	35 753
18 667	14 994	23 485	29 752	29 159	30 775	47 604	28 682
14 793	17 143	25 917	31 872	36 940	30 240	—	23 510
—	—	—	—	—	—	—	—
14 365	13 884	25 043	21 315	30 886	29 151	41 865	21 715
—	11 162	—	4184	35 183	38 316	—	36 869
74 876	—	83 395	—	—	—	—	—
15 259	16 944	34 980	22 838	23 556	25 681	44 067	20 362
33 131	45 752	51 696	47 474	64 874	59 784	86 467	54 179
18 033	13 587	28 665	26 418	19 341	28 219	—	27 774
27 317	27 856	30 393	29 250	24 344	33 389	—	26 906
13 649	18 379	21 930	45 678	34 522	29 547	11 073	21 501
27 338	20 390	26 947	24 158	32 331	32 215	19 551	30 779
15 105	12 887	18 152	15 186	16 993	19 786	13 338	19 531
15 686	16 214	19 830	20 225	22 788	22 421	—	18 682
17 160	14 053	23 489	22 885	27 518	25 730	18 239	31 892
26 449	19 560	25 482	27 416	44 960	38 159	—	40 685
20 271	16 968	22 170	24 032	23 149	26 161	24 834	22 823
17 715	6202	19 931	25 286	50 610	37 186	—	16 780
32 242	37 962	32 258	32 964	35 533	40 758	—	36 380
24 175	26 907	29 173	29 258	37 779	37 381	—	26 396
23 227	28 547	25 163	24 987	29 035	26 240	23 814	21 348
28 102	25 981	26 226	31 295	32 287	32 793	32 857	30 307
30 299	52 592	62 438	60 375	—	70 537	—	48 890
28 673	23 251	33 072	31 852	37 375	31 889	50 071	34 601
23 558	24 690	31 503	32 816	33 602	34 799	42 741	34 210
22 988	36 499	22 408	40 068	43 765	46 168	55 888	36 477
20 610	26 695	37 791	43 204	43 637	40 464	31 564	30 848
27 754	27 208	31 570	37 243	35 594	36 509	34 403	31 430
—	—	—	—	—	—	—	—
—	—	—	—	—	—	—	60 073
—	—	33 432	—	—	—	—	22 601

地　区	国有经					
	采矿业	制造业				
		小　计	木材加工及木、竹、藤、棕、苇制品业	木、竹、藤家具制造业	木、竹、苇浆造纸业	林产化学产品制造
全国合计	**20 366**	**22 359**	**22 813**	**24 838**	**19 194**	**21 328**
北　京	—	—	—	—	—	—
天　津	—	—	—	—	—	—
河　北	—	21 531	23 966	—	—	26 605
山　西	—	30 002	30 202	—	—	—
内蒙古	—	19 620	19 620	—	—	—
内蒙古集团	—	33 333	33 333	—	—	—
辽　宁	—	16 923	22 234	—	—	—
吉　林	15 910	26 573	27 661	30 822	—	19 058
吉林集团	15 910	27 325	28 920	30 822	—	19 058
黑龙江	36 553	13 874	13 309	—	19 762	22 474
龙江集团	—	13 498	13 342	—	19 762	—
上　海	—	—	—	—	—	—
江　苏	—	—	—	—	—	—
浙　江	—	31 598	31 598	—	—	—
安　徽	5412	15 739	14 482	4800	—	—
福　建	—	39 973	46 277	—	—	23 738
江　西	—	12 060	9363	—	—	26 400
山　东	—	15 607	11 932	—	—	—
河　南	6000	10 301	—	—	—	—
湖　北	—	15 290	23 906	14 400	—	16 200
湖　南	5000	13 568	12 352	17 381	18 000	20 406
广　东	—	12 567	13 826	—	—	—
广　西	—	33 677	33 677	—	—	—
海　南	—	2400	2400	—	—	—
重　庆	—	16 288	16 700	—	—	—
四　川	—	26 731	18 781	15 819	—	17 147
贵　州	—	16 132	16 082	—	—	17 714
云　南	—	19 500	18 677	—	—	35 665
西　藏	—	—	—	—	—	—
陕　西	—	17 376	21 489	—	—	—
甘　肃	—	8301	7981	—	—	—
青　海	—	—	—	—	—	—
宁　夏	—	—	—	—	—	—
新　疆	—	—	—	—	—	—
新疆兵团	—	—	—	—	—	—
局直属单位	—	—	—	—	—	—
大兴安岭	24 999	19 902	—	—	—	—

（续）

济　单　位					
			电力、燃气及水的生产和供应业	建筑业	批发和零售业
木质工艺品和木质文教体育用品制造业	非木质林产品加工业	其他			
16 786	**12 496**	**21 757**	**14 922**	**27 548**	**18 173**
—	—	—	—	—	—
—	—	—	—	—	—
—	9395	21 496	—	—	3344
—	29 877	—	—	—	16 305
—	—	—	—	8418	32 176
—	—	—	—	8418	32 176
—	—	14 226	—	—	—
—	—	23 019	14 862	40 405	38 654
—	—	23 019	—	40 434	38 654
—	11 290	16 298	11 789	22 129	13 414
—	11 290	16 073	11 789	22 129	13 496
—	—	—	—	—	—
—	—	—	—	—	—
—	—	—	—	21 600	32 632
—	—	19 135	—	—	11 514
—	—	9772	—	10 000	12 694
—	—	15 219	—	—	12 346
—	—	18 000	—	—	—
—	—	10 301	—	—	5772
—	—	6306	—	—	12 823
16 786	—	13 271	—	—	—
—	—	6900	18 847	—	16 240
—	—	—	25 362	—	16 201
—	—	—	—	—	4739
—	—	5184	—	—	17 585
—	—	33 698	—	—	25 868
—	—	15 867	—	20 033	—
—	—	24 477	—	—	13 356
—	—	—	—	—	—
—	12 649	14 400	—	43 152	14 684
—	—	15 838	—	—	—
—	—	—	—	—	—
—	—	—	—	—	—
—	—	—	—	—	—
—	—	—	—	—	—
—	—	—	—	—	—
—	—	19 902	16 586	—	18 462

地区	国有经济					
	科学研究、技术服务和地质勘查业			水利、环境和公共设施管理业		
	小计	其中		小计	其中	
		科技交流和推广服务	规划设计管理		自然保护区管理	野生动植物保护
全国合计	**43 926**	**36 062**	**49 993**	**42 158**	**32 949**	**34 403**
北京	73 152	—	73 152	57 607	71 981	48 834
天津	—	—	—	55 570	55 570	—
河北	32 163	28 457	49 500	33020	33 174	34 595
山西	46 328	46 696	46 747	29547	28 793	29 125
内蒙古	43 628	37 856	33 578	35733	39 750	—
内蒙古集团	19 421	—	16 866	26 388	27 672	—
辽宁	37 988	38 602	37 078	35 174	35 185	35 071
吉林	44 816	44 742	45 603	31 857	31 857	—
吉林集团	—	—	—	—	—	—
黑龙江	33 975	34 668	32 375	32 358	18 850	39 085
龙江集团	34 803	34 657	33 788	35 720	—	—
上海	104 752	—	—	849 96	86 004	98 250
江苏	—	—	—	—	—	—
浙江	72 658	56 485	119 383	47 363	47 234	77 923
安徽	24 958	25 220	18 647	26 490	26 210	5944
福建	27 718	35 140	27 602	27 301	26 401	36 124
江西	25 678	22 908	27 267	36 227	35 805	34 755
山东	46 742	45 677	—	37 415	37 521	33 600
河南	14 802	19 125	28 764	15 974	16 357	14 316
湖北	24 414	18 103	27 394	23 703	23 646	23 965
湖南	41 551	23 632	49 136	24 521	23 997	34 563
广东	42 023	53 585	50 329	36 733	39 368	20 301
广西	43 455	23 841	23 280	29 914	30 035	25 070
海南	23 889	28 275	—	23 670	22 841	68 527
重庆	30 225	30 550	32 704	34 703	33 585	47 744
四川	32 698	—	32 073	40 517	36 972	—
贵州	49 475	22 527	26 107	52 268	26 266	21384
云南	35 129	35 002	—	27 812	27 453	56 356
西藏	43 837	—	43 837	38 251	—	—
陕西	39 104	35 131	47 642	42 566	42 718	40 961
甘肃	31 809	33 692	34 400	32 354	31 673	39 971
青海	48 139	61 000	44 281	40 295	40 295	—
宁夏	—	—	—	41 458	41 596	33 875
新疆	56 694	42 693	76 940	33 145	32 258	37 092
新疆兵团	—	—	—	—	—	—
局直属单位	64 841	—	102 414	40 218	40 218	—
大兴安岭	38 224	35 621	38 997	22 587	—	—

（续）

单　位					
教育	卫生、社会保障和社会福利业	公共管理和社会组织	其他	集体经济单位	其他各种经济单位
43 475	**27 980**	**41 117**	**30 984**	**4784**	**16 925**
—	—	95 841	24 122	21 290	—
—	—	70 550	—	—	—
—	—	29 432	20 000	—	—
47 766	26 839	33 777	16 356	—	—
47 826	26 311	49 584	35 772	1957	32 000
34 800	25 801	43 439	35 684	1945	32 000
44 236	—	37 376	16 139	8703	—
38 260	13 709	38 913	49 594	14752	—
—	—	—	50 921	—	—
41 100	23 668	39 379	32 941	2460	8083
41 228	23 668	45 914	34 611	2191	7976
73 546	88 365	127 951	95 567	—	—
—	—	67 296	—	16 323	—
—	—	92 420	19 114	—	14 842
—	—	37 590	11 842	18 770	15 849
—	36 396	38 686	18 636	23 595	2 3258
24 939	—	38 117	16 494	20 323	—
—	—	39 146	18098	8600	36 000
—	—	24 183	17542	10 998	—
40 515	32 210	29 165	11 071	18 608	16 230
46 653	—	30 088	21 064	13 708	19 938
43 562	—	51 957	30 297	26 648	16 443
44 145	—	35 785	18 409	14 291	18 164
—	—	47 689	8741	—	—
—	—	44 356	20 045	7227	27 414
33 717	39 232	41 541	27 123	11 902	16 301
—	—	27 959	17 813	—	—
—	—	36 981	15 489	5266	18164
—	—	66 668	—	—	—
42 702	23 845	39 962	24 237	8400	22 532
38 000	34 683	41 576	3240	—	—
—	—	47 288	61 441	—	—
31 568	—	46 964	37 843	—	32 847
49 545	—	44 261	33 600	—	22 000
—	—	—	—	—	—
62 164	—	81 477	78 745	—	—
37 372	42 957	38 121	25 471	—	17 929

林业系统按行业分职工伤亡事故情况

国民经济行业	轻　伤（人次）	重　伤（人次）	死　亡（人）
总　　计	**688**	**54**	**82**
一、农、林、牧、渔业	621	51	75
其中：国有林场	144	21	28
木材及竹材采运业	386	14	9
二、采矿业	4	1	1
三、制造业	36	—	1
1. 木材加工及木、竹、藤、棕、苇制品业	25	—	—
2. 木、竹、藤家具制造业	9	—	—
3. 木、竹、苇浆造纸业	—	—	—
4. 林产化学产品制造	—	—	—
5. 其他	2	—	1
四、建筑业	2	—	1
五、其他	25	2	4

固定资产投资统计

林业投资完成与资金来源情况

单位：万元

指　标	本年实际	指　标	本年实际
一、本年计划投资	**25 208 630**	其中：油茶示范基地建设	133 535
二、自年初累计完成投资	**26 326 068**	（2）花卉	273 446
其中：国家投资	11 065 990	（3）林下经济	170 329
1. 生态建设与保护	13 024 982	（4）其他	4 379 122
（1）造林	6 617 067	4. 其他	5 070 341
（2）更新	151 173	其中：财政事业费	1 292 987
（3）森林抚育	980 393	**三、本年资金来源合计**	**27 444 835**
（4）野生动植物保护及自然保护区	155 479	1. 上年末结余资金	625 988
（5）湿地恢复与保护	236 226	2. 本年资金来源小计	26 818 847
（6）其他	4 884 644	（1）国家预算资金	13 021 470
2. 林业支撑与保障	3 006 631	①中央资金	7 727 568
（1）林木种苗	266 155	②地方资金	5 293 902
（2）森林防火	250 412	（2）国内贷款	2 741 753
（3）林业有害生物防治	137 531	（3）债券	9709
（4）科技教育	60 604	（4）利用外资	228 403
（5）其他	2 291 929	（5）自筹资金	7 374 184
3. 林业产业发展	5 224 114	（6）其他资金来源	3 443 328
（1）特色经济林	401 217		

各地区林业投资完成情况

单位:万元

地　区	总　计	其中:国家投资
全国合计	**26 326 068**	**11 065 990**
北　京	953 587	774 033
天　津	87 612	80 260
河　北	546 499	411 553
山　西	1 040 002	376 034
内蒙古	1 146 495	925 331
内蒙古集团	315 082	270 369
辽　宁	1 201 371	666 443
吉　林	609 980	365 876
吉林集团	164 339	83 222
黑龙江	1 867 830	1226 747
龙江集团	1516 563	975 956
上　海	79 598	19 397
江　苏	953 810	22 839
浙　江	650 354	384 881
安　徽	401 092	101 195
福　建	1 670 013	56 529
江　西	570 750	277 293
山　东	1 199 874	244 035
河　南	974 898	232 296
湖　北	406 200	229 690
湖　南	609 371	353 217
广　东	505 088	181 677
广　西	5 159 485	492 222
海　南	77 965	25 146
重　庆	424 075	320 175
四　川	1 433 823	808 450
贵　州	381 500	298 853
云　南	734 802	363 059
西　藏	148 938	147 340
陕　西	498 242	374 732
甘　肃	608 123	377 627
青　海	165 341	155 920
宁　夏	188 696	136 172
新　疆	463 570	280 289
新疆兵团	147 290	38 568
局直属单位	567 084	356 679
大兴安岭	424 215	246 938

(刘建杰　于百川　姜喜麟)

林业财务
会计与资金稽查

15

林业财务和会计

【综　述】 2011年，各级林业计财部门围绕"深化林业改革、林业双增目标、建设十大生态屏障、发展十大主导产业、改善林区民生"，服务林业大局，狠抓工作落实，实现"十二五"的良好开局。

完善规划体系，在谋划林业发展上取得重大进展 ①提升林业在国家战略全局中的地位。森林覆盖率和蓄积量两个约束性指标以及林业12项重点工程、三大改革、应对气候变化和产业发展纳入《国民经济和社会发展第十二个五年(2011～2015年)规划纲要》。②印发全国《林业发展"十二五"规划》。各省(区、市)林业"十二五"规划相继经政府批准实施。③丰富林业专项规划。先后启动近30个林业专项规划的编制工作，印发《全国造林绿化规划纲要》、《全国林业有害生物防治建设规划》、《全国防沙治沙综合示范区建设规划》、《全国林业人才发展"十二五"规划》、《全国林业教育培训"十二五"规划》、《履行CITES公约发展规划》、《全国木材检查站规划》等7个规划。各地编制一批专项规划。贵州省在国务院有关部门支持下编制《贵州省水利建设生态建设石化治理综合规划》，并通过国务院批准，规划总投资达1472亿元，其中生态建设、石漠化治理规划投资达518亿元。云南省以中央提出建设西南桥头堡为契机，编制了《云南省生物多样性宝库和生态安全屏障建设规划》。④推动区域协调发展和扶贫开发。开展援藏、援疆、援青工作，与新疆、黑龙江、福建、河南等省(区)签订框架协议，并出台支持意见。配合国家发改委完成一批区域性规划编制工作。初步建立三峡库区森林资源及陆生野生动物监测体系。

完善林业政策，林业资金投入取得重大突破 ①林业投入明显增加。2011年，中央林业投资1220.3亿元，比2010年增加260多亿元。其中在国家基建投资总规模适度压缩的情况下，中央林业基本建设投资197亿元，比"十一五"年均水平增加88%；中央财政专项资金1010亿元，比"十一五"年均水平增加77.2%；争取有关部门用于林业建设的中央资金13.3亿元。各地积极争取本级财政支持，不断做大林业盘子。2011年，辽宁省林业总投资332亿元，增长1.8倍；山东省119.9亿元，增长74.2%；山西省73.69亿元，创历史最高水平。②林业公共财政、税收政策明显优化。天保工程二期取消20%的地方财政配套资金，森林管护等补助标准大幅度提高，并且可根据工资物价变动情况动态调整，建立了林业改革奖励机制；重点工程人工造林，中央投资补助标准由3000元/公顷提高到4500元/公顷；林木良种、造林、森林抚育等中央财政专项扩大补贴范围和资金规模；以农林剩余物为原料的综合利用产品增值税即征即退政策由一年一申请调整为长期执行，退税比例为80%；天保工程区企业和单位免征房产税、城镇土地使用税政策延长10年；18种林业机械纳入农机具购置补贴范围，并将林场职工列为补贴对象。2011年，江苏省森林生态效益补偿标准提高到20元/亩，苏州市达到125元/亩；重庆市将集体公益林生态效益补偿标准由原来的每亩每年3元提高到10元，在全国率先出台天保工程一次性安置人员社保补贴政策，对天保一次性安置人员参加基本养老保险、基本医疗保险给予补贴。③金融支持林业的力度明显加大。2011年金融系统林业贷款余额达到1216亿元，增长20.7%。中央财政森林保险保费补贴试点省区由6个扩大到9个，中央财政补贴资金2.88亿元，保险面积0.49亿公顷。2011年，浙江省林权抵押贷款累计达到68亿元，直接受益农户约9万户，全省林木火灾险及综合险投保面积达到321.47万公顷，占全省森林面积的55%，林木保险总额达到166.35亿元；江西省财政追加支持省林业担保公司国有资本金1000万元，省林业担保公司为林业企业和林农担保贷款余额达到7.3亿元；湖北省林业厅与省金融办、省银监局联合召开"金林搭桥·银企对接"座谈会，与省农行、省农发行、省农村信用社、民生银行签署战略合作协议，获得授信额度381亿元。

加强基础设施建设，林区民生得到重大改善 ①林业棚户区危旧房改造成效显著。全年安排林业棚户区危旧房改造中央投资60.4亿元，新增供热等配套基础设施投资4亿元。到2011年年底，中央投资131亿元，安排改造任务98.8万户，竣工60.1万户，入住42.1万户。工程惠及林区100多万林业职工、数百万林区人口，改善了林区生活设施条件，林区就医难、上学难、就业难等一系列难题得到有效破解，成为60多年来林区最大的民生工程、民心工程。②林区基础设施建设取得突破。编制重点国有林区社会公益性基础设施建设规划。对林区教育、医疗卫生、文化体育、局址道路、给排水、供电等进行统筹规划。协调广电总局将未通广播电视的林区纳入《全国"十二五"广播电视村村通工程建设规划》，落实所需全部建设资金；协调交通运输部将8万千米林区道路纳入农村公路信息数据库，将约3万千米林区民生道路纳入《"十二五"公路交通运输发展规划》，落实部分省区建设资金；协调水利部将林区安全饮水工程建设纳入"十二五"规划，中央计划投资17.5亿元；会同国家能源局、国家电网公司完成全国林业供电情况摸底调查，将部分国有林场纳入第一批投资计划。全年争取有关部门用于林业基础设施建设的中央资金13.3亿元。浙江省启动10万千米林道建设工程，制定林区道路建设规划技术指南，明确林道建设省级补助资金渠道和补助标准，新增省级补助资金1.87亿元；河北、山西、内蒙古、广西4省(区)以及内蒙古森工集团列入农村电网改造升级工程，已落实中央投资1.4亿元。③林业灾后恢复重建稳步推进。汶川、玉树特大地震和舟曲特大山洪泥石流灾后林业恢复重建进展顺利。四川省编纂完成《四川林业灾后重建志》，协调省财政追加森林防火灾后重建资金4953万元，累计完成林业灾后恢复重建投资98.7亿元，植被恢复、种苗基地恢复重建任务全面完成，林区水、电、路、通讯，各类房屋建设基本完成。甘肃省累计完成灾后恢复重建投资6.39亿元。④林业防灾减灾和安全生产有序开展。建立林业灾情快报制度，及时开展灾害处置、评估和救助。深入开展林业"安全生产年"活动和林业安全生产标准化创建工作。

加强引导扶持，林业产业发展取得重大成效 全年林业产业总产值达到2.83万亿元，增长24.1%，林业一二三产业比重由39:52:9调整为36:54:10，产业结构进一步优化。①加强引导。举办第二届中国国际林业产业博览会等一系列展会，现场交易金额54亿元，签约项目1745个、金额830亿元。以认定全国油茶重点企业为突破口，开展林业龙头企业认定。正式启动林业系统原产地产品保护管理工作，会同国家质检总局、中国生态道德促进会，对9家申请保护的林业特色产品进行评审。各地引导林业产业发展创造了许多好经验，促进了林业产业快速发展。广东省林业产业总产值达到3300亿元，福建、浙江、山东、江苏超过2000亿元。湖北省已批建现代林业科技产业园20个，入驻企业350家，吸引社会资金195亿元，提供就业岗位9万个，带动农户30多万户。宁波市通过市场引导和林业贴息贷款政策，促进当地林特资源的开发利用，促进林业龙头企业的升级换代，促进林业增效林农增收，促进生态建设和绿色增长。②加强扶持。配合财政部出台《关于整合和统筹资金支持木本油料产业发展的意见》，统筹和整合42亿元财政资金支持木本油料产业发展，其中中央财政落实28亿元，地方落实14亿元。协调国家农业综合开发办公室首次将林下经济、竹产业纳入农业综合开发林业项目扶持范围，并追加1亿元用于木本油料产业发展。安徽省整合1.2亿元资金支持木本油料产业发展；河北省编制《整合和统筹资金支持核桃产业发展工作实施方案》，整合各类资金15.3亿元。

扩大对外开放，林业对外合作开发和林产品贸易得到拓展 ①争取外资取得新进展。印发《"十二五"林业利用国际金融组织贷款规划》，启动亚行1亿美元贷款西北3省区林业项目，争取欧投行首次设立2.5亿欧元林业专项贷款。②境外林业合作稳步推进。编制《林业"走出去"战略规划》、《中俄地区林业合作规划》、《中俄森林资源合作三期规划》，中国企业合作利用境外林地资源0.24亿公顷。2011年，大兴安岭林业集团公司在境外生产商品材50.6万立方米，为同年国内生产商品材72万立方米的70.3%。③林业援外取得新突破。争取利用国家援外资金在非洲和东南亚等重点国家开展森林培育与恢复示范项目建设及林业设备援助。④有效应对林业对外贸易热点问题。参与中美战略与经济对话等机制下林业议题谈判，指导协会和企业开展贸易摩擦应对，做好中国林产品进出口贸易监测预警，增强林业的国际话语权。全年林产品进出口贸易额1190亿美元，增长26.9%。

强化制度建设，林业项目和资金管理明显加强 ①强化资金管理。制订了《天然林资源保护工程财政专项资金管理办法》、《中央财政湿地保护补助资金管理暂行办法》、《中央财政林业科技推广示范资金绩效评价暂行办法》等10个资金管理办法。完善重大事项集体决策机制和资金项目审批程序制约机制。资金监管系统("NC")正式上线运行，实现对京内直属单位财务运行状况的实时监控，强化了廉政风险防控。浙江省制定《林业项目建设和资金管理导则》、《森林抚育补贴试点资金和项目管理暂行办法》、《造林补贴试点资金和项目管理暂行办法》，修订《森林生态效益补偿基金管理办法》，实行林业建设项目全目标管理、过程化管理、整合化管理。②强化预算管理。增强预算编制科学性，推进预算信息公开，规范机关事业单位津贴和补贴，开展项目绩效评价和定额标准体系建设。加大预算执行力度，按月对直属单位预算执行支出进度进行调度和分析，并对部分单位开展预算督导，国家林业局预算执行进度在中央农口部门位居前列。③强化资金安全检查。组成33个工作组，对2010年和2011年中央林业投资、汶川地震灾后恢复重建项目进行重点检查，共检查328个项目，涉及金额97亿元。继续加强"小金库"专项治理，完成全面复查阶段的各项任务。④强化建设标准编制管理。对自然保护区工程总体设计标准等23个行业标准进行函审和复审。北京市初步建立荒山造林、抚育管理、护林防火、有害生物防控、野生动植物保护、城市绿化等项目预算投资标准，为预算编制打下了良好基础。⑤强化项目储备。协调国家发改委，推进重大项目前期工作。

强化统计工作，林业统计服务水平明显提升 ①健全指标体系。全国林业综合统计制度进一步完善，对指标含义、计算方法和统计口径进行严格界定，指标总数已达3000个，能够基本反映国内林业经济的总体运行情况。浙江省全面开展农村住户林业收支情况专项调查，进一步丰富林业统计调查内容。②加强与统计部门的合作。山东省认真实施《林业及相关产业分类》，省林业局联合统计局开展全省林业及相关产业产值统计调查，拓宽数据来源渠道，纳入原有漏统漏报产值，进一步摸清了林业产业产值真实情况。③完善统计工作制度。湖北省、湖南省、西藏自治区印发关于加强林业统计工作的通知，吉林省修订《林业统计管理办法》，新疆维吾尔自治区制订《林业统计数据管理暂行办法》。

（袁卫国）

【天然林资源保护工程财政政策更加完善】 为贯彻落实党的十七届三中全会通过的《中共中央关于推进农村改革发展若干重大问题的决定》、《中共中央 国务院关于2009年促进农业稳定发展农民持续增收的若干意见》（中发〔2009〕1号）以及《中共中央 国务院关于加大统筹城乡发展力度进一步夯实农业农村发展基础的若干意见》（中发〔2010〕1号）关于"延长天然林资源保护工程实施期限"的精神，国家林业局会同国家发改委、财政部、人力资源和社会保障部（以下简称四部门），在工程区各省（区、市）总结的基础上，全面总结天保工程一期实施以来的成效、经验和问题。针对有关问题进行专题调研，并研究继续实施天然林资源保护工程（以下简称天保工程二期）有关政策的意见，在此基础上编制了《实施方案》。2010年11月25日，四部门正式向国务院上报《关于报请审批〈关于天然林资源保护工程二期有关政策的意见〉的请示》，并于12月29日得到国务院第138次常务会议审议批准。2011年，四部门联合下发《关于继续组织实施长江上游黄河上中游地区和东北内蒙古等重点国有林区天然林资源保护工程的通知》（林规发〔2011〕21号），涉及的财政补助政策主要有：①继续实施森林管护补助政策。在长江上游黄河上中游地区对国有林，中央财政安排森林管护费每亩每年5元。对集体林，属于国家级公益林的，由中央财政安排森林生态效益补偿基金每亩每年10元，属于地方公益林的，主要由地方财政安排补偿基金，中央财政每亩每年补助森林管护费3元。在东北、内蒙古等重点国有林区，中央财政安排国有林管护费每亩每年5元；②完善社会保险补助政策，中央财政继续对森工企业和国有林场（以下简称国有林业单位）负担的在职职工基本养老、基本医疗、失业、工伤和生育等五项社会保险给予补助，并相应提高补助标准。对符合现行就业政策的国有单位代管的灵活就业的就业困难人员，地方人民政府按照国家有关规定统筹解决这部分人员的社会保险补贴，对国有林业单位跨行政区域的由所在地、市或省级人民政府统筹解决；③完善政策性社会性支出补助政策。中央财政继续对国有林业单位负担的教育、医疗卫生及公检法司经费给予补助，并相应提高补助标准；为鼓励推进改革，对将国有林业单位承担的消防、环卫、街道等社会公益事业移交地方政府管理的省（区、市），中央财政给予补助。补助标准，参照2008年全国社会平均水平，教育经费人年均补助3万元，医疗卫生经费人年均补助1.5万元，公检法司经费按天保工程一期补助基数给予补助。④继续实行公益林建设投资补助政策。在长江上游、黄河上中游地区，中央基本建设投资继续安排公益林建设任务，人工造林每公顷补助4500元，封山育林每公顷补助1800元，飞播造林每公顷补助1800元；⑤增加森林培育经营补助政策。中央财政对国有中幼林抚育每公顷补助1800元，在东北、内蒙古等重点国有林区，中央基本建设投资对后备资源培育中的人工造林和森林改造培育每公顷分别补助4500元和3000元。

与天保工程一期相比，天保工程二期财政补助政策在以下4个方面取得重大突破：①取消地方财政配套工程投入20%的做法。②大幅提高森林管护、社会保险和政社性支出等投入的补助标准。③将森林经营纳入二期工程，增加安排中幼林抚育财政补助。④建立对改革的奖励机制。对主动进行分离企业办社会职能和推进政企、政事彻底分开等改革并取得明显成效的省（区）给予奖励。这其中既包括对教育、医疗等一期工程延续项目，又扩大了政策性社会性支出补助范围，对森工企业承担的消防、环卫、街道等社会公益事业增加安排补助。（袁卫国）

【森林抚育、造林、林木良种补贴】 ①森林抚育补贴试点省（区、市）由2010年的26个扩大到了全国30个省（区、市），试点资金51.3亿元，比2010年增加31.3亿元，试点任务306.93万公顷（其中：天保工程175.27万公顷，其他131.67万公顷），比2010年增加173.6万公顷。同时，天保工程抚育补贴标准由1500元/公顷增加到1800元/公顷；并扩大抚育试点对象，将集体和个人所有的地方公益林中的人工林纳入试点范围。②造林补贴试点省（区、市）由2010年20个扩大到了29个，试点资金由3.15亿元增加到5.5亿元，并将营造木本油料经济林的补助标准由2400元/公顷提高到3000元/公顷。③继续开展林木良种补贴试点，对29个省（区、市）的131处国家重点林木良种基地和24个省（区、市）培育的3.2亿株林木良种苗木给予补贴，试点资金为2亿元，与2010年持平。（袁卫国）

【扶持木本油料产业发展】 为促进油茶、核桃、油橄榄等木本油料产业发展，提高全国食用植物油生产能力，财政部下发《财政部关于整合和统筹资金支持木本油料产业发展的意见》（财农〔2011〕19号），文件明确："2011年，中央财政整合和统筹安排现代农业生产发展资金、财政扶贫资金、农业综合开发资金、林木良种补贴试点资金、巩固退耕还林成果专项资金、造林补贴试点资金、林业科技推广示范资金、国家水土保持重点建设工程补助专项资金、林业贷款中央财政贴息资金以及农业保险保费补贴资金等十项资金，用于扶持木本油料优质种苗培育、基地建设（新造、抚育和低产林改造）、新品种和新技术推广、龙头企业种植加工以及金融支持等环节。"文件要求："采取有效措施，推进资金整合和统筹安排。中央财政在分配资金时，对木本油料主产区，且整合积极性高、措施有力的省（区、市）予以倾斜支持。一是在分配林木良种补贴试点资金、巩固退耕还林成果专项资金、造林补贴试点资金、林业科技推广示范资金、林业贷款中央财政贴息资金、农业综合开发资金等六项资金时，明确有关省（区、市）用于支持木本油料产业发展的资金数额。二是鼓励有关省（区、市），分别整合和统筹安排现代农业生产发展资金、财政扶贫资金、农业保险保费补贴资金、国家水土保持重点建设工程补助专项资金用于支持木本油料产业发展。地方各级财政部门要整合和统筹本地区财政安排的相关资金，进一步扩大整合和统筹资金的规模。加强与相关部门的沟通协商，把来自其他渠道的性质相近、用途相似的资金纳入整合和统筹范围，做到'多个渠道引水、一个池子蓄水、一个龙头放水'。"截至2011年年底，中央财政和省级财政已整合统筹的资金量达40.11亿元，其中：中央财政已落实26.15亿元，比年初预计数20亿元增加6.15亿元；省级财政部门落实13.96亿元。（袁卫国）

【林业税收扶持政策】 为扶持林业发展，国家林业局会同财政部、国家税务总局在调研、协调基础上，陆续出台一些列林业税收优惠政策。2011年出台的涉林税收优惠政策主要有：①继续实行对以农林剩余物为原料的综合利用产品增值税即征即退政策（原政策于2010年12月31日到期）。财政部、国家税务总局印发《关于调整完善资源综合利用产品及劳务增值税政策的通知》（财税〔2011〕15号）规定："对销售下列自产货物实行增值税即征即退80%的政策。以三剩物、次小薪材和农作物秸秆等3类农林剩余物为原料生产的木（竹、秸秆）纤维板、木（竹、秸秆）刨花板，细木工板、活性炭、栲胶、水解酒精、炭棒；以沙柳为原料生产的箱板纸。"并且该优惠政策不再设定实施期限，长期实行。②继续对天保工程实施企业和单位实行税收优惠政策。2011年，财政部、国家税务总局联合印发的《关于天然林保护工程(二期)实施企业和单位房产税 城镇土地使用税政策的通知》(财税〔2011〕90号)规定，对长江上游、黄河中上游地区，东北、内蒙古等国有林区天然林二期工程实施企业和单位专门用于天然林保护工程的房产、土地免征房产税、城镇土地使用税。③进口种子(苗)、非盈利性野生动植物种源等免征进口环节增值税。2011年3月，《财政部、国家税务总局关于"十二五"期间进口种子(苗)种畜(禽)鱼种(苗)和种用野生动植物种源税收问题的通知》(财关税〔2011〕9号)规定，"十二五"期间继续对进口种子(苗)种畜(禽)鱼种(苗)和种用野生动植物种源免征进口环节增值税。 (袁卫国)

【林业金融扶持体系】 ①林权抵押贷款规模快速增长。截至2011年末，全国金融机构林权抵押贷款余额406亿元，是2009年的2.2倍，涉林贷款1533亿元，是2009年的2倍。2011年除天津、上海和西藏外，全国共有28个省(区、市)开展林权抵押贷款业务，覆盖率达90%以上，其中12个省(区)的林权抵押贷款余额超过10亿元。林权抵押贷款业务的开展找到了破解"三农"融资难问题的有效途径，实现"三农"融资中抵押资产的突破，促进了金融业与林业协调发展。②中央财政森林保险保费补贴范围逐步扩大。2011年，中央财政森林保险保费补贴试点地区进一步扩大，保费补贴数额进一步增加。根据财政部《关于2011年度中央财政农业保险保费补贴工作有关事项的通知》(财金〔2011〕73号)，中央财政森林保险保费补贴试点地区新增广东、四川、广西3省(区)。截至2011年底，纳入中央财政森林保险保费补贴试点的地区已有江西、湖南、福建、浙江、辽宁、云南、广东、四川省和广西等省(区)。中央财政森林保险保费补贴比例商品林30%，公益林50%。试点省区森林保险投保面积5126.1万公顷，其中公益林2705.09万公顷，商品林2421.02万公顷；公益林保额平均为6225元/公顷，商品林保额平均为6345元/公顷；保险费率各省不一，公益林1‰~4‰，商品林1‰~8‰。交纳保费总计66 034亿元，其中：中央财政支付保费26 872万元，省、市县支付保费27 088万元，林业经营单位和林农个人支付保费12 074万元，所占比例分别为40.7%、41%和18.3%。赔付金额共计15 669万元，占保费的23.7%。财政支持下的森林保险制度的建立，极大地促进了森林保险业务的发展，提高了林农和林业经营者抵御风险的能力，改善了农村金融环境，增强了金融支持林业的信心，推动了农村经济的繁荣。 (朱介石)

【部门预算改革】 2011年，国家林业局按照中央部门预算编制和改革要求，积极推进包括部门预算公开、完善预算分配机制、绩效评价试点、项目支出标准建设等在内的各项改革措施，部门预算管理进一步向规范化、制度化、透明化迈进。

统筹协调，围绕林业工作和职能需要争取部门预算。2011年初批复下达部门预算34.9亿元(不包括预算内基建资金)，年中追加森林航空消防飞行补助费、森林防火物资储备等项目预算1.63亿元，全年部门预算累计36.53亿元，与2010年全年同口径部门预算数31.74亿元相比较，增加3.16亿元，增长10%。项目安排重点保障重大急需项目内容开展需要，如农林水事务类重点增加安排森林航空消防飞行补助费、森林防火物资储备、美国"中国园"等项目。

关注民生，落实机关事业单位规范津贴补贴预算。2011年，完成机关事业单位规范津贴补贴的资金测算工作，并上报财政部申请追加预算，包括局机关第三步津贴补贴、在京7家参公单位津贴补贴、京外15家二级参公及18家三级参公单位津贴补贴预算以及2010~2011年事业单位离退休津贴补贴预算。2011年累计落实局机关及事业单位规范津贴补贴资金10 392.52万元(含追加6749.76万元)。

加快改革，推进项目绩效评价和定额标准建设。①按照财政部批复要求和绩效评价有关规定，会同业务主管部门，制定"林业标准化"、"林木种质资源清查与保护"和"林政执法与督查"3个项目绩效评价工作方案，并组成工作组深入有关项目承担单位实地开展绩效评价工作，完成并上报项目绩效评价报告。②按照统筹规划、分步实施、突出重点、稳步推进的基本原则，根据国家林业局2011年度项目支出定额标准建设计划，会同业务单位组织相关人员研究项目预算支出定额标准，逐步推进项目预算执行和规范项目预算编制。2010年启动的林业病虫害预测预报、林业信息运行等4个项目定额标准将进入试运行阶段，2011年启动的荒漠化监测、森林防火物资储备等8个定额标准完成初稿拟定工作。

公开预决算，推动部门预决算信息公开工作。按照《中华人民共和国政府信息公开条例》规定，国家林业局继2010年首次公开部门预算后，2011年继续公开2011年部门预算，首次公开2010年部门决算和2011年"三公经费"情况，并及时在国家林业局政府网站上向社会公布。

建章立制，进一步规范部门预算管理和支出。根据财政部加快规章制度建设的统一部署，为进一步加强部门预算管理，2011年制定发布《林业行业标准修制定经费管理办法》、《国家林业局中央部门预算支出绩效评价管理暂行办法》等5个管理办法，草拟了《森林资源管理项目预算管理办法》、《国家林业局湿地监测与管理项目资金管理办法》等5个项目预算管理办法。

编制决算，做好全年预算执行的总结工作。编制完成国家林业局2010年中央部门决算、2010年住房改革支出决算等会计决算报表，并按财政部要求及时上报。2010年度财务决算报表工作质量继续提高，国家林业局2010年度中央部门决算和2010年住房改革决算荣获一等奖，得到财政部通报表扬。

统筹兼顾，完成2012年部门预算编制工作。①超前组织开展2012年部门预算项目初步方案编制工作。重点做好项目组织、项目储备和项目整合，完成2012年部门项目预算初步方案编制工作。②在培训的基础上，结合预算单位结余资金和预算执行进度等情况，在确保重点工作支出需要的前提下，按照工作轻重缓急和预算管理的要求，完成国家林业局“一上”、“二上”预算编制工作。财政部下达国家林业局2012年部门预算“一下”控制数49.23亿元(不含预算内基本建设投资)，其中：基本支出6.95亿元，项目支出42.28亿元。同2011年财政部批复的同口径部门预算34.9亿元相比较，预算增加14.33亿元，增长41.1%。2012年预算重点全部解决机关、参公单位在职人员以及事业单位离退休人员的规范津贴补贴所需资金，也确保了森林航空护林飞行费、美国“中国园”建设、林地保护利用和林业双增目标考核及大兴安岭天保二期等重点项目支出的需要。

积极探索，推动部门预算管理信息化建设。2010年国家林业局开始研发国家林业局部门预算管理信息系统，2011年正式投入使用，初步建立完整的预算数据库和全方位查询分析功能、实现项目支出预算的动态管理，完善项目申报功能和预算细化分配功能，切实推动预算管理信息化进程。国家林业局部门预算管理信息系统极大地提高了部门预算编制、审核、汇总和管理效益。 (徐旺明)

【强化政府采购管理】 2011年通过举办政府采购信息统计及计划执行报表编制培训班等方式，国家林业局进一步强化局机关和直属单位政府采购信息统计及计划执行报表等基础管理和政府采购预算编制工作，完成政府采购计划报表、计划执行报表、信息统计报表和直属单位采购进口产品审核、上报工作。国家林业局各直属单位严格按照《政府采购法》及有关规定，开展各项政府采购工作，完成政府采购资金总计33 135.80万元，采购预算35 323.95万元，节约资金2188.15万元，资金节约率6.19%，比2010年完成的19 500.34万元，提高69.92%。按项目类别分，货物类规模为19 162.64万元，占采购总规模的57.83%；工程类采购规模为12 039.72万元，占采购总规模的36.33%；服务类采购规模为1933.44万元，占采购总规模的5.84%。

(张丽媛)

【“小金库”专项治理】 2011年根据《中央治理“小金库”工作领导小组关于印发〈2011年“小金库”专项治理工作实施方案〉的通知》(中治金〔2011〕2号)要求，国家林业局继续深入开展党政机关和事业单位“小金库”专项治理工作。①部署“小金库”专项治理摸底排查工作。根据《深入贯彻落实贺国强同志关于“小金库”治理工作重要讲话和批示精神的通知》精神，结合2010年11月5日召开的中央单位“小金库”治理重点检查布置会的工作部署，国家林业局在全局范围部署开展“小金库”治理摸底排查工作，并于2011年2月10日，上报《国家林业局关于上报摸底排查工作的函》(林治组发〔2011〕3号)。②紧密联系林业实际，认真开展全面复查。2011年4月19日，国家林业局印发《国家林业局2011年“小金库”专项治理工作实施方案》(林治组发〔2011〕4号)，在全局范围部署开展专项治理全面复查工作。6月10日，国家林业局向中央治理“小金库”工作领导小组办公室报送《关于报送2011年全面复查工作情况的函》(林治组发〔2011〕9号)。③组织实施重点检查工作。根据《中共中央办公厅 国务院办公厅印发〈关于深入开展“小金库”治理工作的意见〉的通知》(中办发〔2009〕18号)和《中央治理“小金库”工作领导小组关于印发〈2011年“小金库”专项治理工作实施方案〉的通知》(中治金〔2011〕2号)等文件精神，国家林业局研究制定《国家林业局2011年“小金库”专项治理重点检查工作方案》，对纳入“小金库”专项治理范围的192户单位(局本级、107个直属事业单位、65户国有企业和19户社会团体)，组织重点检查工作，检查面达到50%。9月10日，上报《关于报送2011年重点检查工作情况的函》。④认真总结，积极构建长效机制建设。根据中央小金库治理工作领导小组统一部署，国家林业局采取思想教育、制度建设和强化监督等多项举措，积极构建防治“小金库”长效机制建设工作。11月30日，上报了《关于上报“小金库”专项治理工作总结的函》(林治组发〔2011〕12号)。 (张 栩)

【国有资产管理】 2011年10月10日，根据《财政部关于编报2010年行政事业单位资产管理信息系统统计报表的通知》(财办行〔2011〕40号)要求，国家林业局向财政部报送行政事业单位资产管理信息系统统计报表及电子数据；11月15日，根据《国务院机关事务管理局关于编报2010年中央行政事业单位国有资产年度决算报告的通知》(国管资〔2011〕183号)，国家林业局向国务院机关事务管理局报送2010年度中央行政事业单位国有资产决算报告；12月11日，根据《国务院机关事务管理局关于编报2013年中央行政事业单位国有资产年度配置计划的通知》(国管资〔2011〕197号)，国家林业局向国务院机关事务管理局报送2013年中央行政事业单位国有资产年度配置计划。 (李成钢)

【全国林业行业财政资金收支状况】 2011年全国林业行业预算投入1502.3亿元，其中中央投入869.2亿元，地方投入633.1亿元。与2010年相比，预算投入增加175.3亿元，其中中央投入增加119.2亿元，地方投入增加56.1亿元。全年实际到位资金1524.5亿元，实际支出1462.7亿元。具体如下：

中央预算投入(投资计划) 2011年中央预算投入869.2亿元，包括基本建设投资178.1亿元，财政投入691.1亿元。①基本建设投资178.1亿元，主要包括棚户区改造60.6亿元，三北、沿海等防护林建设工程33.9亿元，退耕还林工程13.4亿元，天然林资源保护工程12亿元，森林防火11.6亿元，京津风沙源治理工程11.4亿元，野生动植物保护及自然保护区建设工程3.5亿元，病虫害防治3.6亿元。②财政投入691.1亿元，其中财政专项资金690.8亿元，主要包括：退耕还林工程285.4亿元，森林生态效益补偿基金95.6亿元，天然林资源保护工程140.9亿元，森林抚育51.3亿元，造林补贴试点5.5亿元，林木良种补贴试点2亿元，林业(含基本建设)贷款贴息11.2亿元，林业科技推广示范资金3.1亿元，林业有害生物防治2亿元，国有贫困林场扶贫资金2.9亿元，农业综合开发林业项目4.7亿元。与2010年750亿元相比，2011年中央预算投入增加119.2亿元，其中基本建设投资与2010年基本持平；财政投入增加126.6亿元，主要是天然林资源保护工程增加86.8亿元，森林抚育增加31.3亿元，森林生态效益补偿基金增加19.8亿元，石油价格补贴增加38.4亿元(退耕还林减少38.3亿元)。

地方预算投入(投资计划) 2011年，地方各级财政投入633.1亿元，其中省级252.4亿元，比2010年减少3.7亿元，地市级136.8亿元，比2010年增加24.1亿元，县级243.9亿元，比2010年增加35.7亿元。按项目分，包括基本建设投资103亿元，财政投入530.1亿元(机构运行支出220.4亿元，财政专项资金309.7亿元)。财政专项资金主要包括森林培育75.7亿元，森林生态效益补偿基金51亿元，森林防火14.2亿元，天然林资源保护工程5.2亿元，退耕还林工程4.6亿元。与2010年577亿元相比，2011年地方预算投入增加56.1亿元，主要是财政投入中机构运行支出增加55.2亿元。

资金到位与支出情况 2011年，中央与地方林业行业财政资金到位1524.5亿元，实际支出1462.7亿元，加2011年年初结余245.4亿元，年末结余307.2亿元。①基本建设投资。本年实际收到285.8亿元，支出280.7亿元，年末结余87亿元(2010年年末结余81.9亿元)，主要包括棚户区(危旧房)改造结余24.1亿元，天然林保护工程结余9亿元，三北、沿海等防护林工程建设结余9.8亿元。②财政资金。2011年实际收到1238.7亿元，支出1182亿元，年末结余220.2亿元(2010年年末结余163.5亿元)。结余较多的主要是财政专项资金结余217.4亿元，主要包括森林生态效益补偿基金42.6亿元，退耕还林工程32.2亿元，天然林资源保护工程30.9亿元，森林培育23.6亿元。

天然林资源保护工程财政专项资金 2011年，全国天然林资源保护工程(以下简称"天保工程")财政资金实际收入162.3亿元(不含基本建设投资)，比2010年的79亿元增加83.3亿元。具体是中央财政专项资金140.1亿元，地方财政补助5.6亿元，利息等其他收入1.6亿元，天保工程实施单位自筹15亿元。当年实际支出141.7亿元，年末累计结余30.9亿元。分项收入与支出情况如下：①森林管护费收入67.2亿元。其中中央财政补助62.1亿元，地方财政补助3.9亿元，天保工程实施单位自筹1亿元，其他0.2亿元；全年实际支出56.5亿元。②社会保险补助费收入42.2亿元。其中中央财政补助40.9亿元，地方财政补助0.7亿元，天保工程实施单位自筹0.6亿元；全年实际支出37.9亿元。③政策性社会性支出收入50.5亿元。其中中央财政补助35.6亿元，地方财政补助0.2亿元，天保工程实施单位自筹13.3亿元，其他收入1.4亿元；全年实际支出45.7亿元。

2011年年末，全国天保工程财政资金结余30.9亿元，主要是森林管护费14.8亿元，社会保险费7.7亿元，政策性社会性支出5.8亿元，其他2.6亿元。从省区(单位)来看，四川省和吉林省结余最多，达4.7亿元，其次为内蒙古森工集团、龙江森工集团和云南省，分别结余4.5亿元、4.1亿元和3.8亿元。

造林补贴试点资金 2011年各实施单位共到位造林补贴资金16.1亿元，其中中央财政补贴5.2亿元，地方财政补贴10.9亿元。根据各省决算数据，2011年共支出造林补贴资金15.2亿元，其中种苗费、人工费等直接补贴14.7亿元，作业设计、检查验收费等间接补贴0.4亿元，年末结余2.4亿元(比2010年增加0.9亿元)。

2011年实际完成补贴造林面积44.31万公顷，占计划任务的46.4%。补贴造林范围涉及1283个县(区)，补贴林农18.9万户，补贴林农合作组织4939个，补贴承包经营国有林的林业职工3525人。

森林抚育补贴试点资金 2011年，中央财政共下达森林抚育补贴试点资金51.3亿元，比2010年增加31.3亿元，根据各省决算数据，实际到位补贴资金49.2亿元。地方各级财政落实森林抚育补贴资金2.8亿元。2011年共支出补贴资金41.2亿元，其中人员工资、机械燃油费等直接费用33.4亿元，作业设计费、检查验收费等间接费用7.8亿元。年末大部分省区补贴资金存在结余，共计13.6亿元，结余量较大的有龙江森工集团5.9亿元，吉林省1.8亿元。

2011年年底前已开工面积210.73万公顷，占当年计划任务的55.6%，年底已完工面积237.14万公顷。参加抚育单位5115个，参与抚育人数78万人。

森林生态效益补偿基金 2011年各级财政森林生态效益补偿基金预算146.6亿元(比2010年增加30.9亿元)，其中中央补偿基金95.6亿元，比2010年增加19.8亿元，补偿面积0.78亿公顷。地方补偿基金51亿元，比2010年增加11.2亿元。实际收到补偿基金149.3亿元(比2010年增加33亿元)，中央、省级、地市级、县级分别为97.3亿元、41亿元、7.3亿元、3.7亿元。根据各省(区、市，下同)决算数据，2011年，省级补偿基金最多为广东省8.4亿元，其次为上海市5.2亿元，江西省5.1亿元。

2011年，森林生态效益补偿基金实际支出137.5亿元(比2010年增加34.8亿元)，其中中央补偿基金支出85.6亿元(比2010年增加17.8亿元)。年末结余42.6亿元(年初结余为30.8亿元)，其中中央补偿基金结余32.2亿元。中央补偿基金结余最多的为四川省达6.4亿元，其次为云南省5亿元，广西壮族自治区4.5亿元。

育林基金

征收与提取情况　2011年，全国征收提取育林基金48.6亿元，其中林业主管部门征收26.3亿元，国有森工企业和林场(苗圃)提取20.3亿元，营林产品销售净收入及其他2亿元。育林基金征收主要集中在南方集体林区，广西、湖南、福建和江西4省(区)分别征收育林基金5.1亿元、4.5亿元、3.3亿元和3.3亿元，合计16.2亿元，占全国征收育林基金总额的62%。育林基金提取主要集中在东北、内蒙古重点国有林区，吉林省、龙江森工集团、大兴安岭林业集团公司分别为10亿元、2.3亿元、1.2亿元，合计13.5亿元，占全国育林基金提取总额的67%。

收支情况　林业部门收到(含自提自用)育林基金60.1亿元，其中国有森工企业、林场与苗圃自提自用15.4亿元，财政和林业主管部门拨入32.9亿元，营林产品销售净收入及其他11.8亿元。全年实际支出57.5亿元，其中森林培育16.7亿元，有害生物防治1.3亿元，森林防火与扑救3.8亿元，森林资源监测1.6亿元，林业技术推广0.9亿元，营林护林等基础设施建设和设备购置6.9亿元，其他支出26.3亿元(含林业行政事业经费支出7.6亿元)。全国共有25个省(区)将育林基金用于林业行政事业经费支出，支出最多的为湖南省1.8亿元，其次是福建省1.4亿元，江西省0.9亿元，吉林省0.7亿元。2011年年末，全国育林基金结余92.5亿元，与年初结余89.9亿元相比增加2.6亿元，结余主要集中在东北、内蒙古重点国有林区，共65.2亿元，占全国的70.4%，其中吉林省20.2亿元，龙江森工集团19.4亿元，内蒙古森工集团13.7亿元，大兴安岭林业集团公司11.9亿元。

森林植被恢复费　2011年，全国征收森林植被恢复费65.2亿元，征收数额最大的为内蒙古自治区林业厅17.9亿元，其次为云南省8.1亿元，福建省6.1亿元。按收入级次分，中央级0.3亿元，省级54.8亿元，地市级1.2亿元，县级8.9亿元。与2010年征收57.4亿元相比，2010年多征收7.8亿元。2011年林业部门实际收到各级财政拨入森林植被恢复费70.2亿元(比2010年增加19.9亿元)，其中中央级1.4亿元，省级50.8亿元，地市级5.3亿元，县级12.7亿元。2011年实际支出58.1亿元(比2010年增加14.8亿元)，其中整地、造林、抚育等营林生产42.6亿元，比2010年增加12亿元；营林管理费、调查规划设计、森林保护等营林费用支出10.2亿元；其他支出5.3亿元(含林业部门行政事业经费支出1.9亿元)。2011年年末，全国森林植被恢复费结余51.2亿元，比2010年增加11.9亿元。

(邓海艺)

【全国国有森工企业财务状况】 2011年，全国国有森工企业财务报表共汇总18个省(区)1038户企业(比2010年增加3个)，经营面积0.59亿公顷，其中林地面积0.44亿公顷；年末职工144万人，其中国有职工67.9万人，混岗职工10.1万人，离退休职工65.9万人；企业总资产854.9亿元；全年营业总收入217.3亿元；实现净利润0.5亿元，比2010年减少4.5亿元。

资产负债情况　2011年年末，全国国有森工企业总资产854.9亿元，其中流动资产392.6亿元(货币资金116.5亿元)、非流动资产462.3亿元(固定资产净值287.1亿元)；总负债582.4亿元，其中流动负债362.6亿元、非流动负债219.9亿元；所有者权益272.5亿元，其中实收资本164.1亿元(国家资本148.9亿元)，资本公积158.1亿元，专项储备1.4亿元，盈余公积11.1亿元，未分配利润-81.5亿元，股东权益19.3亿元。2011年年末，含林木资产的资产负债率68.1%，比2010年提高3.1个百分点。不含林木资产的资产负债率70.9%，比2010年提高2.4个百分点。

损益情况　2011年，全国森工企业营业总收入217.3亿元，比2010年增加1.7亿元；营业总成本235.1亿元(主营业务成本122.6亿元，管理费用78.6亿元，财务费用3.2亿元)，比2010年增加23.7亿元；营业外净收入18.7亿元，比2010年增加18.2亿元。2011年盈利企业466户，亏损企业572户，亏损面55.1%，比2010年减少0.1个百分点；亏损企业亏损额15.3亿元，比2010年增加2.7亿元。盈亏相抵，2011年全国森工企业净利润0.5亿元，比2010年减少4.5亿元。其中，国有林区净利润减少3.2亿元，种植业中的木材营业收入仍是影响整体利润的主要因素。虽然2011年木材平均售价比2010年上涨269.7元/立方米，但国有林区木材产销量大幅下降，导致整体经济效益锐减。集体国有林区净利润减少1.3亿元，除安徽、福建、湖南净利润比2010年有所增长外，其余集体国有林区净利润均比2010年出现不同程度下滑，森工企业产品较为单一，尚未完全摆脱靠单一的生产维持企业发展的局面。此外，2011年森工企业政策性社会性支出共42.1亿元(比2010年增加9.7亿元)，其中教育12.8亿元、医疗卫生4.2亿元、公检法司5.7亿元、政府经费7亿元、环卫等其他12.4亿元。扣除各级财政补助29.6亿元和事业等收入后，企业损益实际负担政社性支出12.1亿元，也是森工企业净利润减少的主要因素。

收入和利润主要情况及分析　2011年，全国森工企业营业收入217.3亿元，比2010年增加1.7亿元；营业利润64.4亿元(剔除营业总成本中管理费用、财务费用等期间费用后的产品或行业销售利润，下同)，比2010年减少4.6亿元。以林木采伐为主的种植业是森工企业营业收入与营业利润的最主要组成部分。2011年，全国森工企业种植业营业收入93.6亿元，占总收入的43.1%；营业利润49.1亿元，占总营业利润的76.2%。

按地区分，国有林区营业收入186.8亿元(东北、内蒙古重点国有林区174.4亿元)，占86%；集体林区收入30.5亿元，占14%。集体林区收入主要集中在福建、江西和广西等省(区)，分别为14.5亿元、3.1亿元和7.8亿元，合计占集体林区总收入的83.3%。

2011年全国森工企业营业收入与利润结构表

单位：万元

产业(产品)	营业收入		
	2011年	2010年	增减额
合　计	**2 172 524**	**2 155 255**	**17 267**
种植业	936 158	1 119 720	-183 562
其中：木材	844 181	1 070 457	-226 277
养殖业	1379	1840	-462
种养业初加工产品	97 453	96 348	1104
综合利用产品	211 252	195 720	15 532
其他	926 282	741 627	184 655

产业(产品)	营业利润		
	2011年	2010年	增减额
合　计	**644 443**	**689 688**	**-45 245**
种植业	491 105	577 777	-86 672
其中：木材	439 303	552 283	-112 980
养殖业	264	734	-470
种养业初加工产品	7705	6619	1086
综合利用产品	19 238	19 461	-223
其他	126 131	85 097	41 034

主要产品产销情况及分析

木材　全年产量706.2万立方米，比2010年减少530.6万立方米；销量763.4万立方米，比2010年减少516.9万立方米。木材销售收入84.4亿元，比2010年减少22.6亿元。木材平均售价1105.8元/立方米，比2010年提高269.7元/立方米。营业利润43.9亿元，比2010年减少11.3亿元，占森工企业营业利润总额的68.2%，占种植业营业利润的89.4%。从地区分布来看，木材产销主要集中在东北、内蒙古重点国有林区，产量586.8万立方米，占全国的83.1%；销量629.4万立方米，占全国的82.4%。

纤维板　全年产量50.9万立方米，比2010年减少7.2万立方米；销量49.6万立方米，比2010年减少10.3万立方米；实现销售收入6亿元，比2010年减少0.2亿元；平均售价1210元/立方米，比2010年提高167元/立方米；实现营业利润446万元，比2010年减少0.2亿元。纤维板的产量主要在吉林、福建和广西等省(区)，分别为15.5万立方米、8.3万立方米、19.5万立方米，合计占全国国有森工企业产量的85%。

刨花板　全年产量80.5万立方米，比2010年增加8.7万立方米；销量84.4万立方米，比2010年增加9.5万立方米；实现销售收入11.5亿元，比2010年增加0.5亿元；平均售价1366.7元/立方米，比2010年降低100元/立方米；实现营业利润0.8亿元，比2010年减少0.4亿元。刨花板产量主要集中在吉林森工集团和福建省，分别为46.7万立方米和25.5万立方米。

税费缴纳和财政资金收入情况

缴纳税费　2011年，全国森工企业上缴税费9.6亿元(比2010年增加2.1亿元)，主要包括增值税3.9亿元、营业税1.4亿元、所得税1.2亿元。缴纳社会保险费32.1亿元，其中基本养老保险18.2亿元，基本医疗保险10.7亿元。年末未交税费4.9亿元(增值税0.1亿元，营业税0.5亿元，所得税0.7亿元)。年末欠缴社会保险费5.6亿元，主要是基本养老保险4.5亿元，基本医疗保险0.5亿元。以前年度应返还增值税383万元，本年实际返还0.8亿元，年末应返还0.3亿元。

财政资金收入　2011年，森工企业实际收到财政资金248.1亿元(比2010年增加105.1亿元)。其中基本建设投资83.3亿元(比2010年增加20.4亿元，主要是棚户区改造71.3亿元，比2010年增加24.9亿元和天保工程2.2亿元)、财政投入164.8亿元(比2010年增加84.5亿元，包括机构运行支出0.9亿元、财政专项资金160.7亿元和其他3.2亿元，其中财政专项资金主要是天保工程106.9亿元、森林培育20.6亿元、石油价格补贴18亿元、补偿基金2.4亿元)。

投入按级次分，中央投入196.3亿元(比2010年增加84.5亿元)。其中基建投资53亿元(比2010年增加8.8亿元，含天保工程2.1亿元，棚户区改造41.7亿元，比2010年增加13亿元)；财政投入143.3亿元，主要是财政专项资金140.9亿元，包括天保工程93.6亿元，森林培育20.5亿元，石油价格改革财政补贴17.9亿元，中央财政森林生态效益补偿基金1.7亿元。省级投入32.4亿元，包括基本建设投资23.2亿元，财政投入9.2亿元(其中专项资金7.9亿元)。地市级投入0.6亿元，主要为财政投入0.6亿元。县级投入1.2亿元，包括基本建设投资0.5亿元，财政投入0.7亿元。

社会保险与职工工资福利情况

参保情况　国有职工67.9万人，应参加基本养老保险人数57.4万人，实际参保54.6万人，参保率95.1%；应参加基本医疗保险人数60.3万人，实际参保58.3万人，参保率96.7%；应参加失业保险人数57.4万人，实际参保54万人，参保率94.1%；应参加工伤保险人数58万人，实际参保54.9万人，参保率94.7%；实际参加生育保险人数51.5万人。离退休职工65.9万人，实际参加基本养老保险51.1万人，参保率77.5%；参加基本医疗保险59.5万人，参保率90.3%。

工资福利情况　全年国有职工工资总额77.4亿元，人年均工资11 397元；离退休职工养老金总额101.3亿元，其中企业负担4.4亿元，人年均养老金15 374元。年末累计拖欠职工工资费用总额2亿元。其中主要包括职工工资1.6亿元，涉及1.6万人；拖欠医药费0.1亿元；拖欠离退休金0.2亿元，涉及1万人。(邓海艺)

【全国国有林场财务状况】　2011年，全国国有林场财务报表共汇总30个省份4502个国有林场(比2010年增加119个，主要是青海增加55个)，经营面积0.78亿公顷，其中林地面积0.43亿公顷。年末职工68.3万人，其中国有职工42.6万人，混岗职工1.7万人，离退休职工24万人。年末总资产1023.3亿元，负债427.3亿元，所有者权益596亿元。全年营业总收入148.1亿元，比2010年增加25.1亿元，实现净利润17.2亿元，比2010年增加4.4亿元。

资产负债情况　2011年年末，全国国有林场总资产1023.3亿元。其中流动资产273.1亿元(货币资金114亿元)，非流动资产750.2亿元(固定资产净值147.1亿元，林木资产475.1亿元)。总负债427.3亿元，其中流动负债332.9亿元，非流动负债94.4亿元。2011年年末，含林木资产的资产负债率41.8%，比2010年增加3.7个百分点；不含林木资产的资产负债率77.9%，比2010年增加1.6个百分点。所有者权益596亿元，其中实收资本112.7亿元(国家资本57.4亿元)，林木资本439.1亿元，资本公积42.8亿元，盈余公积19亿元，未分配利润-17.6亿元。

损益情况　2011年，全国国有林场营业总收入148.1亿元，比2010年增加25.1亿元；营业总成本166.4亿元，比2010年增加31.6亿元；营业外净收入5.9亿元，比2010年增加2.3亿元。承包户上交净收入8.2亿元，比2010年增加0.8亿元。补贴收入21.1亿元，比2010年增加7.7亿元。2011年，全国国有林场实现净利润17.2亿元，比2010年增加4.4亿元。2011年在4502个国有林场中，盈利林场2677个，亏损林场1825个，占林场总数的40.5%，比2010年减少1.3个百分点；亏损林场亏损额10.5亿元，比2010年减亏9.6亿元。此外，2011年国有林场政策性社会性经费收入4.2亿元，其中各级财政补助和事业等其他收入3.2亿元，企业自筹1亿元。全年共支出2.6亿元(比2010年增加0.1亿元)，其中教育0.5亿元、医疗卫生0.5

亿元、公检法司0.6亿元、政府经费0.4亿元、环卫等其他0.6亿元。

收入和利润主要情况及分析 2011年，全国国有林场营业收入148.1亿元，比2010年增加25.1亿元；营业利润59.2亿元(剔除营业总成本中管理费用、财务费用等期间费用后的产品或行业销售利润，下同)，比2010年增加7.1亿元。

2011年全国国有林场营业收入与利润结构表

单位：万元

产业(产品)	营业收入		
	2011年	2010年	增减额
合　计	**1 480 589**	**1 228 662**	**251 928**
种植业	1 012 778	847 989	164 789
其中：木材	814 078	683 655	130 423
养殖业	19 439	10 532	8908
种养业初加工产品	55 603	45 200	10 403
综合利用产品	111 450	109 442	2008
其他	281 319	215 499	65 820
产业(产品)	**营业利润**		
	2011年	2010年	增减额
合　计	**592 003**	**520 608**	**71 395**
种植业	472 064	418 195	53 869
其中：木材	391 401	347 009	44 392
养殖业	5741	891	4850
种养业初加工产品	6164	7180	-1016
综合利用产品	3839	8120	-4281
其他	104 195	86 222	17 973

以林木采伐为主的种植业是国有林场营业收入与利润主要组成部分。2011年，全国国有林场种植业营业收入101.3亿元，占总收入的68.4%；营业利润47.2亿元，占总营业利润的80%。另外，非林非木产业发展比较快，经济效益开始显现，实现营业收入28.1亿元(比2010年增加6.6亿元)，占林场总收入的19%；销售利润10.4亿元，占总营业利润的17.6%，与2010年对比增加1.8亿元。

按地区分，营业收入最多的是广西、吉林和湖南省(区)，分别是43.3亿元、15.8亿元和10.5亿元。以上3省(区)合计69.6亿元，占全国47%。净利润最多的是广西、吉林和黑龙江省(区)，分别是9.1亿元、2.0亿元和1.8亿元，以上3省区合计12.9亿元，占全国74.1%。

主要产品产销情况及分析

木材　全年产量1051万立方米，比2010年增加27万立方米；销量1085万立方米，比2010年增加3.5万立方米。木材销售收入81.4亿元，比2010年增加13亿元。木材平均售价750.5元/立方米，比2010年上升118.2元。销售利润39.1亿元，比2010年增加4.4亿元，占国有林场总营业利润的66%，占种植业营业利润的82.8%。

纤维板　全年产量82.3万立方米，比2010年减少2万立方米；销量81万立方米，比2010年减少3.1万立方米；实现销售收入10.2亿元，比2010年减少0.2亿元；平均售价1261元/立方米，比2010年增加23.8元；实现销售利润-2429万元，比2010年减少7420万元。纤维板的产量全部在辽宁省和广西壮族自治区，分别为8.5万立方米和73.7万立方米。

苗木　销售收入11.2亿元，比2010年增加1.8亿元。实现销售利润3.9亿元，比2010年减少0.2亿元。

旅游服务业　营业收入6.6亿元，比2010年增加2亿元。营业利润2.2亿元，比2010年增加1亿元。

税费缴纳和财政资金收入情况

缴纳税费　2011年，全国国有林场上缴税费3.3亿元(比2010年增加0.9亿元)，其中主要包括增值税1.3亿元、营业税0.5亿元、所得税0.2亿元。缴纳社会保险费21.2亿元，其中基本养老保险15.3亿元，基本医疗保险4.7亿元。以前年度应返还增值税984万元，本年缴纳0.7亿元，实际返还0.5亿元，年末应返还0.3亿元。

财政资金收入　2011年，国有林场实际收到财政资金153亿元，其中基本建设投资33.9亿元，比2010年增加9.8亿元。基本建设投资中，天保工程2.1亿元，与2010年基本持平，危旧房改造24.8亿元，比2010年增加10.3亿元，其他基本建设投资7.0亿元。财政投入119.1亿元。其中机构运行支出28.3亿元，比2010年增加5.7亿元；财政专项资金84.9亿元，主要包括天保工程18.2亿元，森林生态效益补偿基金15.9亿元，森林培育17.1亿元，石油价格补贴19亿元，贫困国有林场扶贫资金2.9亿元；其他5.9亿元。

投入按级次分：中央投入86.2亿元。其中基建投资19.6亿元(含天保工程2亿元、危旧房改造12.3亿元)；财政投入66.6亿元，主要是财政专项资金65.6亿元，包括天保工程16.9亿元，中央财政森林生态效益补偿基金11.5亿元，森林培育13.8亿元，石油价格改革财政补贴18亿元。省级投入28.9亿元，其中基本建设投资10.9亿元，财政投入18亿元(含财政专项资金11.9亿元)。地市级投入12.5亿元，其中基本建设投资0.5亿元，财政投入12亿元。县级投入20.8亿元，其中基本建设投资1.1亿元，财政投入19.7亿元。

职工参保与工资福利情况

参保情况　国有职工42.6万人，应参加基本养老保险人数37.6万人，实际参保31.6万人，参保率84%；应参加基本医疗保险人数34.9万人，实际参保28.7万人，参保率82.2%(比2010年增加1.4个百分点)；应参加失业保险人数23.3万人，实际参保17.4万人，参保率74.7%(比2010年增加2.1个百分点)；应参加工伤保险人数22.3万人，实际参保16.4万人，参保率73.5%(比2010年增加2.7个百分点)；实际参加生育保险人数12.5万人。离退休职工24万人，实际参加基本养老保险16.4万人，参保率68.3%；参加基本医疗保险17.6万人，参保率73.3%。

工资福利情况　全年国有职工工资总额58.2亿元，人年均工资13 664元，比2010年增加1698元。离退休职工养老金总额39亿元(其中林场负担12.1亿元)，人年均养老金16 247元，比2010年增加1740元。年末累计拖欠职工工资费用总额54.5亿元。主要有拖欠职工工资40.5亿元，涉及10.8万人，拖欠医药费0.5亿元，拖欠离退休金8.4亿元，涉及3.5万人。　（孔　卓）

【全国国有苗圃财务状况】　2011年，全国国有苗圃财务报表共汇总30个省份1639个国有苗圃，总资产45.6亿元，全年总收入13.3亿元，净利润7200万元，比2010年增加2074万元。苗圃总经营面积15.95万公顷，其中育苗面积2.58万公顷，有林地苗圃面积10.3万公顷；年末职工4.7万人，其中国有苗圃在册职工3万人，离退休职工1.7万人。

资产负债情况　2011年末，全国国有苗圃总资产45.6亿元。其中流动资产21.2亿元(其中货币资金8亿元)，非流动资产24.4亿元(固定资产净值15.1亿元，林木资产2.2亿元，其他非流动资产7.1亿元)。总负债25.8亿元。其中流动负债22.6亿元、非流动负债3.2亿元。所有者权益19.8亿元。其中实收资本14.6亿元(国家资本5.2亿元)，林木资本1.8亿元，资本公积4.4亿元，盈余公积1亿元，未分配利润－2亿元。与2010年相比，国有苗圃资产增加1.8亿元，负债增加0.8亿元，所有者权益增加1亿元。2011年年末，含林木资产的资产负债率56.6％，比2010年减少0.5个百分点。不含林木资产的资产负债率59.4%，比2010年减少0.3个百分点。

损益情况　2011年，国有苗圃营业总收入13.3亿元，与2010年相比增加0.1亿元。其中主营业务收入11.9亿元(主要是苗木收入9.1亿元)，与2010年相比增加1.6亿元；其他业务收入1.4亿元，与2010年相比减少1.5亿元。营业总成本15.5亿元，比2010年增加0.8亿元。营业外净收入0.4亿元，比2010年增加0.2亿元。另外，承包户上交净收入0.2亿元，比2010年略有增加；补贴收入2.3亿元，比2010年增加0.6亿元。2011年，国有苗圃实现净利润0.7亿元，与2010年相比增加0.2亿元。年末未分配利润－2亿元，比2010年减少0.5亿元。2011年，国有苗圃盈利999个，占61.0%；国有苗圃亏损640个，占39%，比2010年减少1个百分点，亏损额为0.8亿元，比2010年减少1.4亿元。

税费缴纳和财政资金收入情况

缴纳税费　2011年，全国国有苗圃上缴税费1601.4万元，主要包括增值税374.9万元、营业税527.5万元、所得税191.9万元。缴纳社会保险费1.2亿元，其中基本养老保险8152万元，基本医疗保险3262.6万元。年末未交税费511.2万元，主要包括营业税128.0万元。年末欠缴社会保险费6613.9万元，主要是基本养老保险费5892.5万元。

财政资金收入　2011年，国有苗圃实际收到财政资金8亿元，其中基本建设投资4033万元，主要包括种苗投资1659万元；财政投入7.6亿元，主要包括机构运行支出3.1亿元，财政专项资金4.2亿元，其他财政资金0.3亿元。

投入按级次分：中央投入2.4亿元。其中基建投资0.3亿元，主要包括种苗投资812万元；财政投入2.1亿元，主要是财政专项资金2.1亿元，其中天保工程1614万元，生态效益补偿基金762万元，石油价格改革财政补贴1.4亿元。省级投入8628万元，其中基建投资704万元，财政投入7924万元(其中专项资金5037万元)。地市级财政投入1.8亿元。县级投入27 581万元，其中基建投资692万元，财政投入26 889万元(主要是机构运行支出23 081万元)。

职工参保与工资福利情况

参保情况　2011年年末，国有苗圃在册职工3万人，参加基本养老保险人数2万人，参加基本医疗保险人数1.8万人，参加失业保险人数1万人，参加工伤保险人数0.8万人，参加生育保险人数0.6万人。离退休职工1.7万人，参加基本养老保险1.1万人，参保率64.7%；参加基本医疗保险1.1万人，参保率64.7%。

工资福利情况　全年国有苗圃职工工资总额4.9亿元，人年均工资16 293元；离退休职工养老金总额2.8亿元，其中苗圃负担0.62亿元，人年均养老金16 535元。年末累计拖欠职工工资费用总额2.4亿元，其中主要包括职工工资1.9亿元，涉及6422人；拖欠医药费145万元；拖欠离退休金0.4亿元，涉及5191人。

（孔　卓）

林业资金稽查

【综　述】　2011年，国家林业局审计稽查办公室按照国家林业局总体工作部署和强化资金监管的总体要求，紧紧围绕确保林业资金安全有效运行这个主题，突出工作重点，创新工作方法，不断加大对林业资金的稽查监管力度。

全年共派出8个稽查工作组、28人次、累计82个工作日，对种苗工程、中央林业投资、林业棚户区改造工程和林业科技推广项目资金开展稽查及稽查调研，稽查资金总额140.89亿元，查出违规违纪金额400万元。同时，积极配合国家林业局有关司局开展对天保工程二期前期工作的督导检查，圆满完成了各项工作任务。

【经常性稽查工作】　2011年，国家林业局审计稽查办公室组织开展了种苗工程投资和中央林业投资稽查工作。组织全国各地开展了种苗工程投资的稽查，重点对安徽、四川、广东和广西四省(自治区)的全部中央林业投资进行了稽查。稽查资金总额为140.89亿元，查出违规金额400万元。

【稽查调研】　2011年，国家林业局审计稽查办公室组织开展了林业棚户区改造工程投资和林业科技推广项目资金稽查调研。分别对内蒙古、陕西和新疆三省(自治区)的国有林区棚户区和国有林场危旧房改造工程投资进行了稽查调研，对河北省的林业科技项目资金进行了稽查调研。

【加强与外部门业务联系和工作配合】 2011 年，国家林业局审计稽查办公室积极加强与局内各有关司局的业务联系和工作配合。积极配合天保办完成了对天保工程二期前期工作的督导检查工作。

【加强稽查工作宣传与交流】 2011 年，国家林业局审计稽查办公室继续加强稽查工作的宣传与交流。全年编报稽查工作信息 12 条，组织各地发布稽查工作信息上千条。 (孙德宝)

林业审计

【综　述】 2011 年，林业内部审计工作紧紧围绕国家林业局重点工作，按照局党组《关于 2011 年加强党风廉政建设和反腐败工作安排意见》及其任务分工，认真贯彻落实局党组“加强内部审计免疫系统建设”的要求，积极协调配合人事教育司、计财司和监察局等部门，形成了经济责任审计与预算执行审计、专项治理整顿、查办大案要案等相互衔接的良好态势，内部审计工作得到了进一步加强，充分发挥了内部审计工作在加强干部管理和监督、保障直属单位事业健康发展中的“免疫系统”功能作用，在防范和化解经济风险，确保局直属单位资金安全有效运行和促进局党风廉政建设以及反腐败工作方面作出了积极的贡献。

经济责任审计工作。一是组织完成了 2011 年度各项经济责任审计工作。依据局人事教育司下发的《干部经济责任审计通知单》，组织完成了对 8 位局直属单位领导干部的经济责任审计工作，涉及审计总金额 46.91 亿元，查出各类违规违纪和管理不规范问题金额 1.15 亿元，并对各单位在财务管理、预算管理、项目管理、资产管理等方面存在的主要问题，提出了明确的整改要求。二是加强内部审计规范化建设。遵照《审计署关于内部审计工作的规定》和《中国内部审计准则》，制定了局管司局级干部存档的审计结论格式、经济责任审计资金违规违纪情况统计表和经济责任审计工作情况统计表。三是完成了领导干部审计结论进档案工作。配合人事教育司完成了对国家林业局以前年度 40 名(次)司局级领导干部审计结论进档案工作。对 2011 年完成经济责任审计的 8 名领导干部，向局人事教育司报送了审计报告和审计结论。

预算执行审计工作。为加强经常性的审计监督，努力实现将审计关口前移和常态化，组织完成了对中南林业调查规划设计院等 8 个近三年来未接受过任何审计的京外直属单位 2008 ~ 2010 年度的部门预算执行情况审计，涉及审计金额 14.9 亿元，查出各类违纪违规以及使用不规范资金 3.24 亿元，并针对存在问题及时提出了整改意见，有效地发挥了内部审计预防监督的作用。

内部审计人员继续教育培训工作。为适应工作的需要，解决审计工作中不断出现的新情况、新问题，及时组织内部审计人员进行了会计人员继续教育培训和内部审计人员继续教育培训，保证内部审计人员知识体系及时更新。

【经济责任审计工作联席会议】 为贯彻落实好中央办公厅、国务院办公厅印发的《党政主要领导干部和国有企业领导人员经济责任审计规定》精神，进一步规范经济责任审计工作，2011 年 2 月，召开了国家林业局经济责任审计工作联席会议，陈述贤组长主持会议并做了书面重要讲话。会议听取了国家林业局审计稽查办公室关于近年来经济责任审计工作开展情况的汇报，认真分析了国家林业局经济责任审计工作面临的形势与任务，对如何贯彻落实好两办《规定》，进一步加强局经济责任审计工作等问题进行了深入的研究和部署。会后，局办公室下发了《关于认真学习两办〈规定〉的通知》，要求各司局、直属单位认真学习《党政主要领导干部和国有企业领导人员经济责任审计规定》。 (审计处)

林业贴息贷款

【综　述】 2011 年，林业贴息贷款管理工作按照促进林业科学发展和加快转变林业发展方式的总体要求，紧紧围绕林业建设大局和中心任务，着力扩大林业贴息贷款规模，全面加强贴息贷款管理，深入推进集体林权制度改革，切实服务于林业“双增”和木本油料发展战略目标，加大林业小额贴息贷款扶持力度，在连续三年快速增长的基础上，2011 年林业贴息贷款工作再次实现新的突破，有力助推了现代林业建设和林业产业发展。

林业贴息贷款规模持续增长 2011 年，协调财政部下达林业贴息贷款建议计划规模 200 亿元，总规模比 2010 年增加 20 亿元，增长 11%。受中国人民银行五次上调存款准备金率影响，2011 年林业贴息贷款落实难度进一步加大，实际落实新增林业贴息贷款为 193 亿元，较 2010 年增加 31 亿元，增长 19%。据统计，2011

年度林业贴息贷款累计余额已达 314 亿元，较 2010 年增加 66 亿元，增长 27%，落实中央财政贴息资金 9.6 亿元，较 2010 年增长 2 亿元，增长 26%，中央财政贴息资金、林业贴息贷款均创历史新高。

林业贴息贷款结构进一步优化 2011 年，林业贴息贷款大力支持工业原料林、木本油料经济林和林业小额贷款项目建设，林业贴息贷款结构进一步优化，充分发挥了林业贴息贷款在实现林业"双增"目标、维护国家粮油安全、巩固和扩大林改成果以及带动林农就业增收等方面的重要作用。据统计，2011 年度，在 314 亿元林业贴息贷款余额总额中，工业原料林类项目(含木本油料、沙区种植项目，下同)累计贷款余额 125 亿元，占当年度林业贴息贷款累计余额总额的 40%，比 2010 年度增长 58%，中央财政予以贴息 3.94 亿元。其中，2011 年度新增贴息贷款 81 亿元，占当年度新增贴息贷款总额的 42%，同比增长 42%；木本油料项目累计贷款余额 46 亿元，占当年度林业贴息贷款累计余额总额的 15%，比 2010 年度增长 62%，中央财政予以贴息 1.39 亿元。其中，2011 年度新增贴息贷款 31 亿元，占当年度新增贴息贷款总额的 16%，同比增长 47%；林业小额贷款累计余额 59 亿元，占当年度林业贴息累计贷款余额总额的 19%，比 2010 年度增长 31%，中央财政予以贴息 1.73 亿元。其中，2011 年度林业小额贴息贷款 42 亿元，占当年度新增贴息贷款总额的 22%，同比增长 15%。

从林业贴息贷款投向上看，兼顾生态、木材和粮油安全以及带动农民增收致富的造林及其他种植业项目已成为林业贴息贷款的主要投资领域，充分说明各级贴息贷款管理部门较好地把握了贴息贷款扶持重点，很好地体现了林业贴息贷款政策的导向目标。

林业贴息贷款使用效益情况 据统计，2011 年度项目单位利用林业贴息贷款及其配套资金共计营造工业原料林 53.06 万公顷，抚育 61.87 万公顷次，新造改造经济林 43.05 万公顷，种植其他经济植物 31.99 万公顷。多种经营已投产项目创产值 293.14 亿元，创利税 32.67 亿元；未投产项目预计创产值 44.6 亿元，可创利税 5.95 亿元，共安置就业人员 14 万多人。

【召开全国林业贴息贷款管理业务会】 2011 年 4 月，在安徽省合肥市组织召开了全国林业贴息贷款管理业务工作会，中国人民银行、中国农业银行和中国农业发展银行的有关同志应邀参加了会议。会议从完善贴息贷款政策、创新贴息贷款管理机制以及贴息贷款取得的成效和发挥的重要作用等方面对"十一五"期间林业贴息贷款管理工作进行了全面总结，对林业贴息贷款管理先进单位和林业贴息贷款管理先进工作者等进行了表彰。同时，深入分析了当前林业贴息贷款管理工作面临的新任务与新要求，明确了"十二五"工作思路和目标任务，要求贴息贷款管理工作要全面贯彻落实党中央、国务院关于林业工作的战略部署和全国林业厅局长会议精神，以推动林业科学发展为主题，以加快转变林业发展方式为主线，以加快发展十大主导产业为重点，进一步完善政策措施，加大信贷投入，创新管理和服务机制，强化管理，提升质量，为现代林业建设作出新贡献。

【组织开展林业贴息贷款专项检查】 为了切实加强林业贴息贷款管理工作，确保中央财政贴息资金安全有效运行，2011 年 4 月，国家林业局林业基金管理总站下发了《关于开展 2010 年度林业贴息贷款项目及贴息资金检查工作的通知》，全面部署各地林业主管部门对 2010 年度中央财政贴息项目落实、实施和管理情况进行专项检查。根据各地自查情况，基金总站组成 7 个工作组分别对湖北、湖南、江苏、天津、甘肃、江西、重庆 7 省(市)进行了重点抽查。针对各地自查及重点抽查中发现的问题，下发了《关于 2010 年度林业贴息贷款项目检查工作情况的通报》，要求各地林业部门严格按照《林业贷款中央财政贴息资金管理办法》的要求，进一步加大监督检查力度，切实抓好问题排查及整改工作。

【完善林业贴息贷款项目监督管理机制】 为了不断提高林业贴息贷款管理总体水平，基金总站积极指导地方林业主管部门不断完善贴息贷款管理制度，明确管理责任，落实责任主体，规范贴息贷款项目申报、审核和监管等工作程序。据统计，截至 2011 年末，全国已有 26 个省(区、市)出台了林业贷款中央财政贴息资金管理办法实施细则，其中，安徽、江苏等 9 个省区的地方财政落实了配套贴息政策，山西、江苏、云南、青海省财政贴息比例基本上达到了 1:1 配套。各地通过出台实施细则，建立起了用制度规范贴息贷款管理工作行为，按制度办事的长效机制。

针对贴息贷款政策的调整以及有关中央单位贴息贷款项目管理工作中存在的问题，基金总站研究制定了《林业基金管理总站中央单位林业贴息贷款管理补充规定》，进一步规范了中央单位林业贴息贷款管理项目管理工作程序和工作规范。

【林业贴息贷款管理调研工作】 为了全面增强农业金融对林改以后林业发展的服务能力，不断创新完善林业贷款管理与服务机制，2011 年 5 月，基金总站与中国农业银行农村产业金融部组成联合调研组，赴湖南、湖北两省开展了以"加强银林合作，积极支持林业产业发展"为主题的联合调研，认真听取了湖南和湖北省、市、县林业和有关金融机构关于开展银林合作积极支持林业产业发展相关工作情况汇报和工作建议，深入分析林业融资过程中存在的主要问题，积极探索创新新时期实现银林有效对接的新思路、新机制、新模式，进一步推进完善林权抵押贷款管理办法和林业贷款相关政策措施。在联合调研的基础上，基金总站与中国农业银行农村产业金融部联合起草了国家林业局、中国农业银行《共同推进林业产业建设发展合作框架协议》，提出了"十二五"期间银林合作范围、方式、保障机制等，达成一致意见。

【加强与金融机构业务合作】 进一步加强与中国人民银行、中国农业发展银行和中国农业银行等金融管理部门业务沟通与协作，积极争取对林业贴息贷款工作的支持力度。一是着力做好 2011 年度林业贴息贷款建议计划落实工作。积极向有关农业金融机构推荐林业贴息贷款项目，介绍林业产业项目的特性及发展前景，特别是集体林权制度改革后焕发出的巨大潜力。经积极协调，中国农业发展银行下发了《关于积极支持国家林业局2011年度林业贴息贷款项目的通知》、中国农业银行下发了《林业贴息贷款项目推荐通知》，分别将国家林业局下达的2011年度林业贴息贷款建议计划推荐给各省级分行和总行营业部，要求对林业贴息贷款项目进行积极支持。二是召开林银联席会议，广泛开展业务合作。2011年，多次与中国农业发展银行、中国农业银行召开联席工作会议，确定年度业务合作工作方案，沟通交流双方业务合作情况，研究讨论支持林业发展中遇到的主要问题，制定相应对策，完善工作措施，有效地推动了各地银林合作，取得了良好的合作效果。三是开展联合调查研究工作。与中国农业银行、中国农业发展银行赴湖南、湖北、海南等地，就加大林业信贷投入、完善林业信贷政策、健全林业信贷服务体系等进行研究讨论，力求进一步完善"十二五"时期林业信贷政策。四是开展金融业务知识培训。邀请中国农业发展银行林业项目业务专家对全国省级林业贴息贷款业务管理人员进行有关知识培训，掌握了解金融机构对林业贷款项目审核管理要求，切实提高林业部门主管人员林业贴息贷款项目管理水平。

【开展林业贴息贷款管理业务培训】 2011年9月，在甘肃省兰州市举办了全国林业贴息贷款项目及贴息资金管理培训班。培训班上通报了对2010年度林业贴息贷款项目及贴息资金检查情况，强调各地要切实加强林业贴息贷款项目监督管理工作，落实监管责任，提高管理水平，充分发挥林业贴息贷款政策效益，确保贴息资金安全有效运行。培训班对2011年度林业贷款中央财政贴息资金申报、审核工作及2012年度林业贴息贷款建议计划申报工作进行了全面部署，对林业贴息贷款建议计划和中央财政贴息资金申报管理、林业贴息贷款项目效益统计及其网上录入、审核等业务进行了专门培训。中国农业发展银行曹华政处长就林业贴息贷款项目评估及管理进行了业务培训。来自各省、自治区、直辖市、计划单列市林业厅(局)、内蒙古、龙江森工集团、有关中央单位和新疆生产建设兵团林业局的代表80余人参加了培训。 (刘文萍)

林业精神文明建设

16

林业纪检监察

【中央书记处书记、中央纪委副书记何勇调研国家林业局党风廉政建设和反腐败工作】 2011年12月6日，中央书记处书记、中央纪委副书记何勇赴国家林业局就加强党风廉政建设和反腐败工作、促进加快转变经济发展方式进行调研时，对国家林业局反腐倡廉建设和中央纪委监察部驻国家林业局纪检组监察局工作给予了充分肯定。

何勇同志强调，要坚决贯彻落实中央关于林业改革发展的重大决策部署，坚持把反腐倡廉建设融入林业改革发展的大局，加强林业系统党风廉政建设和反腐败工作，为加快转变林业经济发展方式、全面完成“十二五”时期中国林业发展和生态建设目标任务提供坚强保障，推动开创现代林业科学发展新局面。要扎实做好林业系统党风廉政建设和反腐败工作，更好地服务、保障和促进林业改革发展。要加强对林业加快转变经济发展方式的监督检查，确保中央关于林业改革发展各项重大决策部署落到实处。要加强以完善惩治和预防腐败体系为重点的反腐倡廉建设，加强对党员干部的教育和监督，深入推进林业审批制度改革，深化政风行风建设，加强查办违纪违法案件工作，逐步构建符合行业特点的惩治和预防腐败体系。要加强林业系统专项治理工作，深入开展林业工程建设领域突出问题专项治理工作，认真解决林改过程中出现的热点、难点问题。要切实加强林业系统基层党风廉政建设，积极推进基层事务公开透明，保障广大林农的知情权、参与权、表达权和监督权。要深入开展文明窗口单位创建活动，进一步规范涉农执法和收费行为，落实减轻林农负担政策。

何勇同志要求，中央纪委监察部驻国家林业局纪检组监察局要认真履行职责，进一步树立政治意识、大局意识，积极协助党组抓好部门及所属系统的党风廉政建设和反腐败工作，努力提高林业系统反腐倡廉科学化水平，为发展现代林业提供有力保障。

【坚决贯彻落实中央纪委的工作部署，抓好林业反腐倡廉建设任务的具体安排和落实】 国家林业局党组制定了《中共国家林业局党组关于2011年党风廉政建设和反腐败工作安排意见》，驻局纪检组监察局制定了《关于做好2011年全国林业系统党风廉政建设和反腐败工作的意见》，分别印发各司局、直属单位和全国林业系统贯彻执行。

国家林业局党组召开了局直属机关“两建”工作会议和全国林业系统党风廉政建设会议，对2011年反腐倡廉工作作出安排部署。国家林业局党组书记、局长贾治邦在机关“两建”工作会议上亲自部署反腐倡廉工作，国家林业局党组成员、驻局纪检组组长陈述贤分别在机关“两建”工作会议和全国林业系统党风廉政建设会议上作反腐倡廉工作报告，进行工作安排和动员。

国家林业局党风廉政建设领导小组组织协调各成员单位对局党组确定的反腐倡廉任务进行分解，制定了《中共国家林业局党组关于2011年反腐倡廉工作任务的分工意见》。

对中央和国家机关反腐倡廉任务中涉及国家林业局的工作进行分解，制定《国家林业局办公室关于落实国务院第四次廉政工作会议精神任务分工的通知》。

【围绕党和国家工作大局，结合林业中心任务，加强对中央重大方针政策贯彻落实情况的监督检查】 结合巡视、民主生活会、年终干部考核等工作，成立10个检查组，对各单位贯彻落实党的十七届六中全会、全国人大政协十一届四次会议、全国林业厅局长会议精神，推进林业工作的情况进行集中督查。

印发《国家林业局关于开展2011年中央林业投资重点检查工作的通知》，分别于2011年6月和11月派出33个检查组，对328个中央林业投资项目的实施情况和整改落实情况等进行了检查，并对加快林业棚户区改造项目实施进度提出了明确要求，加大了督查力度。

为贯彻落实十一届全国人大常委会第二十次会议《对国务院集体林权制度改革工作情况报告的审议意见》精神，进一步加强集体林权制度改革情况的监督检查，召开贯彻落实全国人大常委会审议意见督查动员部署会，陆续派出10个督导检查组，分赴31个省（区、市），督导检查各地集体林权制度改革工作。

为贯彻落实地方政府防沙治沙目标责任制，召开国家林业局、国家发展与改革委、监察部、国土资源部、环境保护部、水利部、农业部7个部门电视电话会议，成立4个考核组，分赴12个省（区）和新疆生产建设兵团，对“十一五”防沙治沙目标责任制落实情况进行期末综合考核。

根据中央纪委《关于开展2010年度推进惩治和预防腐败体系建设检查工作的通知》要求，制定国家林业局开展2010年度推进惩治和预防腐败体系建设检查工作的实施方案，组织机关各司局和直属单位开展自查，派出2个检查组，对2个司局和4个直属单位进行了集中抽查，有力推动了2008～2012年工作规划各项任务的落实。

【严肃查处违纪违法案件，充分发挥案件查办的治本功能】 2011年，驻局纪检组监察局采取组织处理、行政问责、党纪政纪处分等手段，进一步保持案件查办的工作力度。全年共处理信访举报147件，组织初步核实38件，了结32件。严肃查处了违纪违法人员，有力维护了党纪政纪的严肃性和权威性。

国家林业局共实施领导干部报告个人有关事项1319人，领导干部述职述廉1309人，领导干部选拔任用和评优评先廉政审核332人次，同下级党政主要负责人谈话246人次，诫勉谈话11人次，党风廉政建设责任制考核68个单位，事业单位主要负责人经济责任审计9人。

【深入推进惩治和预防腐败体系建设】 2011年8月17～18日，驻局纪检组监察局在黑龙江桦南林业局召开全国林业系统廉政风险防控机制建设现场会，总结各地开展廉政风险防控工作经验，以典型引路的方式全面推进林业系统廉政风险防控工作。

9月21日，国家林业局印发了《国家林业局关于加强林业系统廉政风险防控机制建设的意见》，进一步加强对林业系统廉政风险防控工作的推进、规范、指导。

9月26日，国家林业局召开直属机关廉政风险防控工作动员部署会，印发《国家林业局廉政风险防控工作实施方案》，在各司局、直属单位集中排查廉政风险，认真制定和落实防控措施。

为深入开展预防涉林职务犯罪宣传教育活动，与最高人民检察院渎职侵权检察厅联合编写《破坏森林资源渎职案例评析》，贾治邦局长、张建龙副局长、陈述贤组长分别作序，印发全国林业系统作为教材开展学习。

【深入开展各专项治理工作，加强机关绩效管理和作风建设】 贯彻落实中央纪委关于开展《廉政准则》专项检查工作的通知要求，制定国家林业局党组开展《廉政准则》专项检查工作的实施方案，组织开展自查自纠，并派出10个检查组进行了重点抽查。

贯彻落实中办、国办《关于开展党政机关公务用车问题专项治理工作的实施意见》，组织开展了登记自查和审查核实工作，对检查中发现的问题进行了纠正。

贯彻落实中办、国办《关于开展清理和规范庆典、研讨会、论坛活动工作的实施意见》，在2010年开展清理摸底的基础上，重点加强了对这项工作的规范和管理。

贯彻落实中央有关厉行节约的文件要求，采取严格措施从严控制和压缩国家林业局机关“三公”经费。

贯彻落实行政审批项目第六轮集中清理工作要求，对国家林业局现有的行政审批项目进行审核论证，继续消减行政许可和审批事项，缩小审批范围。

在前两年开展“小金库”治理工作的基础上，2011年重点开展了复查工作，进行了督导抽查，加强财务管理和长效机制建设。

切实加强因公出国(境)管理和监督，严格控制团组规模和数量，将出国经费全部纳入预算管理，进一步完善禁止公款出国(境)旅游长效机制。

贯彻落实中办、国办《评比达标表彰活动管理办法》，严格按批准的项目内容开展评比达标表彰活动，切实加强监督检查。2011年，国家林业局机关对表彰活动进行了自查，对存在的问题进行了纠正。

【加强执法监察，推进林业系统政风行风建设】 加强行政执法监察工作。在全国范围内组织开展代号为“亮剑行动”的打击破坏林地资源违法犯罪专项行动，清查征占用林地项目7384个，查处案件近1.3万起，打击处理了2万余人，通过办案收回林地近0.67万余公顷，彻底扭转了违法违规用地现象，进一步规范了林地管理秩序。

推进林业基层党风廉政建设。把加强农村基层党风廉政建设与集体林改工作一起部署，一起落实，推动各级林业部门加强林业基层站所的规范化、制度化和廉政勤政建设，加强农民林业专业合作社示范建设，加强对林改关键环节的监督检查，维护林农的知情权、参与权、表达权和监督权。

加大林业系统政务公开力度。以林业系统网络平台为依托，加强全国林业系统信息化建设，进一步完善林业行政许可事项网上申办、办事指南查询、表格下载、审批办理、结果查询和公示等功能。

加大林业信访问题查处力度。针对群众反映的乱砍滥伐、林权纠纷、退耕还林等方面的问题，加大督查督办力度。

加强林业纠风工作。组织开展强农惠农资金监督检查、全国林业系统基层单位“文明窗口单位”创建等活动。巩固林业治理公路“三乱”成果，加强对重点地区、路段木材检查站的明察暗访，对个别“三乱”隐患进行集中整治，严防“三乱”问题反弹。

【加强反腐倡廉制度建设】 按照中央纪委《关于以完善防止利益冲突为重点对照〈廉政准则〉清理相关法规和规范性文件的通知》要求，对照《廉政准则》关于防止利益冲突的4个方面18项具体内容，对国家林业局相关党内或者行政法规和规范性文件进行了清理。

按照行政许可法要求，对《植物检疫条例实施细则(林业部分)》、《林木种子生产、经营许可证管理办法》等制度中涉及行政许可、行政收费、行政审批改革的规定进行了修改完善。

【全国林业系统党风廉政建设工作会议】 2011年4月14～15日，全国林业系统党风廉政建设工作会议在江西省南昌市召开。国家林业局党组成员、纪检组长陈述贤作主题报告，各省(区、市)林业厅(局)和各森工集团的纪检组组长(纪委书记)、监察室主任(监察处处长)以及国家林业局机关有关司局的同志参加了会议。

会议提出，全国林业系统要在全面完成2011年反腐倡廉建设各项任务的过程中，重点做好以下几项工作：加强对林业投资和项目的监督检查，保证中央扩大内需政策措施的贯彻落实；加强林业基层党风廉政建设，促进集体林权制度改革任务的顺利完成；加强预防涉林职务犯罪工作，推进林业系统惩治和预防腐败体系建设；加强纠正林业行业不正之风工作，解决人民群众反映强烈的突出问题；加强行政执法监察，保护森林资源和林业生态建设成果。

【全国林业系统廉政风险防控机制建设现场会】 2011年8月17～18日，驻局纪检组监察局在黑龙江森工集团桦南林业局召开了全国林业系统廉政风险防控机制建设现场会，国家林业局党组成员、驻局纪检组组长陈述贤出席会议并讲话。

会议就进一步加强林业系统廉政风险防控机制建设提出四点意见。一是各地林业部门在廉政风险防控方面的实践探索具有重要的示范和引领作用。这些实践探索经验主要体现在五个方面：紧密结合林业工作实际，明确工作思路和方法；坚持把深化认识和学习教育贯彻始终，筑牢思想基础；创新监控手段，有效规范制衡权力运行；建立长效制度机制，巩固深化工作成果；坚持做到“五个紧密结合”，有力地促进各项工作的同步推进。二是要充分认识加强林业系统廉政风险防控机制建设的重要意义。加强廉政风险防控机制建设，是推进惩防体系建设的重要内容，是推动党风廉政建设工作创新的重要实践，是保障林业科学发展的重要举措，是提高林业干部拒腐防变能力的重要手段。三是必须把握好以下几个关键点：抓住梳理权力这个起点，抓牢风险点查找这个热点，抓好动态跟踪这个难点，抓实建立机制这个重点，大力推进林业系统廉政风险防控机制建设。四是要加强领导、落实责任，突出重点、注重实效，大胆实践、勇于创新，确保推进林业系统廉政风险防控机制建设取得新成效。　　（林业纪检监察由唐长宏供稿）

国家林业局直属机关党的建设和机关建设工作

【综　述】 2011 年，国家林业局直属机关党的建设工作以建党 90 周年为契机，以服务中心、建设队伍为核心，以加强党的执政能力建设和先进性建设为主线，以加强作风建设为重点，继续抓好学习型党组织建设，深入开展创先争优活动，扎实做好抓基层打基础工作，切实加强惩防体系建设，全面提高机关党的建设科学化水平，为发展现代林业、建设生态文明、推动科学发展提供了坚强的思想、政治和组织保证。

深入推进创先争优活动

开展“创先争优强作风，兴林富民促发展”主题教育实践活动　围绕加强党的执政能力建设和先进性建设这条主线，突出创先争优强作风、兴林富民促发展这个主题，直属机关党委开展了“创先争优强作风 兴林富民促发展”主题教育实践活动。集中抓好“创先争优我先行”实践活动、“我为‘十二五’作贡献”攻坚活动、“抓改革，促发展，惠民生”调研活动、“廉政风险点”查找活动和“迎接建党 90 周年”纪念活动等五项活动，推动林业科学发展，夯实基层组织，服务党员群众，促进机关和谐，建设一流队伍，引导机关党建工作科学发展。

扎实开展群众评议工作。12 月 9 日，创先争优领导小组印发通知，在直属机关各级党组织中开展创先争优群众评议工作。各单位以党支部为单位，充分调动群众参与创先争优的积极性，组织本单位干部群众，对开展创先争优活动情况进行评议，自觉接受群众的监督和评价。

深化公开承诺践诺活动。3 月 1 日，直属机关党委印发《关于公开党组织承诺的通知》，在各级党组织中深入推进公开承诺、践诺、亮诺、评诺，并将各级党组织公开承诺书汇编成册予以印发，同时在国家林业局一楼大厅及内网中予以公示。

深入开展庆祝建党 90 周年系列活动。6 月 21 日，隆重召开国家林业局庆祝中国共产党成立 90 周年大会。举办了“光辉的历程，伟大的成就”庆祝中国共产党成立 90 周年红歌合唱比赛，国家林业局的 43 个机关司局、在京直属单位组成 15 个合唱队参加合唱比赛，5 个章节、18 首经典红歌的精彩演绎赢得了在场领导和观众的阵阵喝彩，成为国家林业局历史上规模最大、参赛人数最多、气氛最浓厚的一次大型歌咏比赛。邀请中国社科院党史专家开展了《90 年党的光辉历程》专题讲座，指导各单位广泛开展“纪念建党九十周年、深入开展创先争优”主题党日活动，引导广大党员干部进一步坚定理想信念、增强宗旨意识、强化党性修养，自觉投身林业建设。

开展“两优一先”评选表彰活动　组织开展了局直属机关 2009～2011 年度“先进基层党组织、优秀共产党员和优秀党务工作者”评选表彰活动，授予政法司党支部等 25 个集体“先进基层党组织”称号，授予王福东等 60 名同志“优秀共产党员”称号；授予王建子等 40 名同志“优秀党务工作者”称号。在中央国家机关工委“两优一先”评选活动中，离退休干部局党委、中国林科院资源信息研究所党委获“中央国家机关先进党组织”称号，局办公室文书处处长王福东获“中央国家机关优秀共产党员”称号，局管理干部学院第一党支部书记、国家林业局党校办公室主任王浩获“中央国家机关优秀党务工作者”称号。

扎实开展向杨善洲同志学习活动　在 2011 年局直属机关两建会上，贾治邦局长对学习杨善洲先进事迹专门进行了动员部署。3 月 25 日，局直属机关党委举办了杨善洲同志先进事迹展览，编辑整理领导批示、杨善洲生平事迹、杨善洲与林业、身边人看杨善洲和各方反应等五部分内容，印制小册子并发送至整个林业系统。3 月 29 日，陈述贤组长带队，50 名司处级干部参加了中组部、中宣部组织的杨善洲先进事迹报告会，并在会后组织了热烈的座谈讨论。4 月 12 日，在局党校第三十八期进修班开学典礼上，张建龙副局长对全体党校学员作了题为“弘扬善洲精神、加强作风建设，为林业‘十二五’科学发展做出新贡献”的讲话。贾治邦局长亲自撰写的文章《学习弘扬杨善洲精神，扎实推进创先争优活动》，在 4 月份《紫光阁》杂志上发表。中央国家机关工委信息交流和紫光阁网站还多次刊登国家林业局学习宣传杨善洲先进事迹有关情况。局直属机关党委同绿色时报社推出“强作风、促发展”专栏，集中宣传杨善洲同志先进事迹。活动期间，共编发杨善洲先进事迹报道 50 余篇。会同局信息办在局办公网开辟了机关党建专栏，将杨善洲事迹上网宣传，推动学习活动的深入开展。局党组召开党组中心组理论学习扩大会议，对深入开展学习活动进行了再动员、再部署。5 月 16 日，邀请杨善洲先进事迹报告团在局机关举行了专场报告会，组织开展“五个一”活动，即开展一次中心组学习，召开一次专题组织生活会，种植一片杨善洲纪念林，开展一次对照查找提高活动，召开一次总结交流会。制作了“杨善洲同志先进事迹报告会”光盘，协调有关部门下发了“关于授予善洲林场‘国家生态文明教育基地’的决定”，组织机关党员干部观看了电影《杨善洲》，召开了离退休干部学习杨善洲精神座谈研讨会，受到了中央领导同志的充分肯定。中央创先争优领导小组办公室第1294期《中央创先争优活动简报》专题刊发了国家林业局学习活动的简报。

切实加强青年工作 4月29日，国家林业局青年联合会成立大会在北京举行。组织青年开展了“创先争优强作风、兴林富民促发展”主题演讲活动，共有来自24个司局、直属单位的46名青年参加了3个青联界别组的比赛。共评出一等奖3名，二等奖7名，三等奖13名，纪念奖19名。印发了《青春播撒绿色希望》主题演讲文集。9月29日召开了“创先争优强作风、兴林富民促发展”主题演讲展示汇报会，贾治邦局长和中央国家机关工委副书记俞贵麟进行了精彩点评，对演讲活动给予了充分肯定，对进一步加强青年工作提出了明确要求。

扎实推进廉政风险防控工作 9月7日，举办了国家林业局纪检监察干部暨廉政风险防控工作培训班，针对中央国家机关廉政风险防控机制建设情况、防控机制建设主要内容、方法步骤、案件查处方法和技巧等方面内容，对纪检监察干部进行了专题辅导。9月26日，国家林业局举行局廉政风险防控工作动员部署大会。各级党组织按照《国家林业局廉政风险防控工作实施方案》的统一安排，集中3个月的时间，分统一思想认识、排查廉政风险、制定防控措施、总结提高4个阶段深入开展廉政风险防控工作。查找了廉政风险点，制定了防控措施，规范岗位运行，降低从政风险，初步构建直属机关廉政风险防控网络。

组织开展对胡锦涛主席在首届APEC林业部长级会议上讲话精神的学习 国家林业局党组对胡锦涛主席讲话精神的学习高度重视，迅速作出安排。局领导亲自过问、亲自部署、亲自把关，审定了工作方案，组成了专门小组，明确了13个题目，抽调有关司局、单位主要负责同志分别承担1个题目，撰写学习体会文章，以党组理论中心组名义在《中国绿色时报》先后刊发，在全国林业系统掀起学习贯彻胡锦涛主席重要讲话的热潮，引导全系统和全社会统一思想认识，鼓舞干劲，形成发展现代林业、促进绿色增长的强大合力。

大力推进学习型党组织建设 做好党组中心组理论学习服务工作，全年党组理论学习中心组分别就党中央国务院有关会议、国际国内林业重点热点问题等专题进行8次系统学习研究，并及时向上级党组织报送相关信息。组织开展了一系列学习实践活动，举办了1期学习十七届六中全会精神司局级领导干部理论研修班、2期局党校进修班和3期名家知识系列讲座等活动，向直属机关干部推荐《中国共产党历史》、《苦难辉煌》等重要书籍，推动了基层支部开展读书活动，强化了工作简报、信息交流和学习网页等载体建设，推进了学习型党组织建设工作。

切实加强基层党组织建设 深入学习贯彻《机关基层组织工作条例》，督促、指导51个基层党组织进行了换届选举，增设学习委员和青年委员，形成了完善严密、坚强有力的基层党组织网络体系。积极推进党务公开，制定和实施《关于在国家林业局直属机关基层党组织中深入推进党务公开的实施意见》，突出公开重点、规范公开程序、丰富公开方式，进一步保障了党员的主体地位和民主权利。

加强党员的教育管理和服务 紧紧围绕“坚持以人为本执政为民理念，发扬密切联系群众优良作风”这一主题，召开党员领导干部民主生活会，并组成工作组结合年度考核进行检查指导。坚持“三会一课”制度，做好党员发展工作，全年共发展新党员49名，预备党员转正59名。加强对入党积极分子的培养教育考察，认真做好党内信息统计工作，严格党费管理，及时公开党费收缴使用情况。落实党内关怀帮扶机制，开展走访慰问老党员、生活困难党员和困难职工活动，帮助他们排忧解难。

努力构建机关党建宣传格局 在机关内网开通“服务林业发展、加强机关两建”党建网站，在《中国绿色时报》开通“强作风、促发展”党建专栏，在中国林业新闻网开辟“强作风 促发展”专题报道，与有关媒体加强沟通联系，利用网络和报刊积极展示林业党建理论研究成果，交流各地区各单位好做法好经验，宣传林业系统典型人物事迹，共刊发林业党建宣传专题稿件近500条（次），形成了全面立体的宣传效果，为实施党务公开、推动党建工作提供了有效平台。

扎实做好统战群团和精神文明工作 积极支持局各民主党派基层组织开展活动，组织民主党派代表人士参观考察赛罕坝林场，推动了民主党派和无党派代表人士参政议政。坚持联系制度，重大问题、重要事项主动向民主党派和无党派同志征求意见和建议。3月8日，召开局直属机关工会联合会第四届委员会第二次全委会。4月8日，举办文体协会总结表彰会。举办了2011年春节团拜会、纪念“三八”妇女节座谈联谊会和2011年秋季趣味运动会，开展了先进模范人物集体休假、职工登山健身活动和送生日蛋糕卡、电影卡、公园卡等“送温暖工作”，组织了篮球、乒乓球、羽毛球和游泳等比赛，指导群众文体协会依照各自章程开展活动。举办了威海林业行业培训班及户外培训、象棋比赛、羽毛球比赛，组织林业系统队员参加了全国第二届智力运动会，获得行业组男子个人象棋第二名，林业体协荣获体育道德风尚奖。加强精神文明建设和和谐机关建设，中国林科院荣获全国精神文明单位称号。

切实加强党务干部队伍建设 坚持“一岗双责”，注重对支部书记的培训，举办司局级干部理论研讨班、直属机关支部委员培训班和纪检监察干部廉政风险防控专题研讨班，提升了党务干部的业务素质和工作能力。

（冷　鹏）

林业宣传

【综　述】 2011年，宣传办认真贯彻落实局党组的决策部署，把转变林业发展方式、提升林业发展质量作为主线，以林业三大体系建设和改革发展为重点，创新手段，丰富形式，凝聚力量，广泛宣传林业双增目标、四个地位、四大使命，深度报道林业建设成就和经验，为林业改革发展创造了良好的舆论和社会氛围。全年，中央主要媒体和网站共刊播林业报道近12 000条次。其中，《人民日报》263条，一版30条；中央电视台等主流电视媒体1179条，新闻联播113条；新华社2600多条次；中央人民广播电台300多条次。

把握林业和生态建设的新形势，组织开展了转变林业发展方式主题宣传 一是围绕首届APEC林业部长级会议和联合国森林论坛第九届会议，组织50多家国内外媒体，对中国林业建设经验和发展主张、胡锦涛总书记讲话、21个经济体代表发言、国家林业局领导8场外事活动、《北京林业宣言》等进行深入报道，仅国内媒体刊播报道就超过500条次，新华社还专门刊发了一期《动态清样》。二是围绕"两会"关于转变发展方式的主题，协调《求是》杂志刊发贾治邦局长署名文章《把握林业基本属性 推动林业科学发展》。组织安排国家林业局、地方领导和专家学者接受媒体专访，对森林面积和蓄积两项约束性指标、"林业绿色新政"和城市森林建设等进行了深入解读。三是围绕深化林改促进林业经济发展方式转变，对全国人大常委会听取林改专题汇报、全国林下经济现场会、永安林改培训班等进行深入报道，主要媒体共刊播稿件90多条次，《绿色时空》制播林下经济行81期。四是围绕城市森林建设开展转变城乡造林绿化方式进行宣传。在第八届中国城市森林论坛、中国东盟城市森林论坛期间，组织人民日报、经济日报等媒体刊发了20个专版，中国网、中国生态网制作播出了38期专访，集中宣传中国城市森林建设的生动实践和显著成效。

突出林业和生态建设成就，组织开展了回眸"十一五"展望"十二五"专题宣传 一是围绕全国林业厅局长会议，对"十一五"林业成就、"十二五"林业发展思路、"十大生态屏障"和"十大林业主导产业"进行深入宣传。央视推出解读林业"十二五"系列报道，《人民日报》头版刊发两条报道。会议前后一周内，中央主要媒体刊发稿件200多条次，是历年来厅局长会议报道少有的。二是围绕全国天保工作会议，组织开展声势浩大的天保成就宣传战役。协调中宣部下发专门宣传方案，组织中央12家媒体赴四川、陕西、内蒙古等地深入采访。会议前后，共刊播新闻200多条次，刊发13个专版和专刊，在各大媒体"红旗飘飘"、央视"经济半小时"、《人民日报》"生态环境"栏目深入报道天保工程实施的典型经验。三是围绕植树节和义务植树30周年，采取新闻发布会、专访和专版、电视和网络等多种形式，对中央领导植树、共和国部长植树、国际友人植树以及义务植树30年取得的成就进行深入报道。刊播了贾治邦局长专访、张永利副局长《强国论坛》网络、义务植树成就综述、国土绿化公报、造林绿化典型。四是围绕荒漠化日和荒漠化监测结果，协调国新办召开新闻发布会，发布第四次荒漠化和沙化土地监测结果，60多家中外媒体刊播稿件120多条。配合荒漠化方面的有关会议、中非合作论坛研修班等，协调各大媒体刊发了贾治邦局长署名文章及潘基文秘书长贺信，进行了综述报道和专版宣传。制作电视专题片《大漠长河》，并在央视黄金时段连续播出。

紧扣林业和生态建设安排部署，组织开展重点领域亮点工作系列宣传 一是加强林业产业宣传，借助第二届中国国际林业产业博览会，集中报道林业产业发展成就和发展前景，共刊播报道150多条，其中央视《新闻联播》、《晚间新闻》、《整点播报》连续3次报道。结合全国油茶产业现场会、全国森林旅游工作会和海峡两岸林产品博览会、2011年西安世界园艺博览会、中国(牡丹江)国际木业博览会、中国竹文化节，对相关产业进行深入报道。二是加强野生动植物和湿地保护宣传。在第十五个湿地日、第二届中国湿地文化节暨亚洲湿地论坛，组织中央主要媒体刊播贾治邦局长署名文章和相关消息，共刊播稿件90多条。借助全国自然保护区工作会议、濒危物种公约会议和野生动植物宣传月、爱鸟周以及第四次大熊猫调查和野马、蟒蛇放归等，加强野生动植物保护报道。三是加强森林防火宣传。采取公开报道、内参报道、公益广告等多种形式，对中央领导同志的批示、全国森林草原防火电视电话会议、国家森防指的重大部署、吉林30年无重大森林火灾进行大力宣传。坚持及时发布、主动引导的原则，组织中央主要媒体对云南玉龙、河北抚宁、山东长清、大兴安岭等火灾和火情进行了报道。四是加强林业典型人物宣传。协调中宣部将四川省川南613林场郑皆斌列入建党90周年重大典型，各大媒体"红旗飘飘"栏目都进行了报道。协调中宣部将内蒙古大兴安岭根河林业局高希明列入时代先锋，组织中央"四大家"进行采访报道。组织中央"四大家"等6家媒体深入善洲林场采访，报道杨善洲20多年植树造林、让荒山变绿洲的感人事迹。

着眼林业生态文化的繁荣，组织开展丰富多彩的生态文化活动 一是开展系列文化创作大赛。举办首届德源杯绿色生态动漫作品大赛，征集参赛作品600多部，在西安举行了颁奖晚会。与中共重庆市委宣传部联合举办绿化长江、重庆行动海内外征联大赛，收到楹联9000多件，获奖作品在重庆和北京进行了巡展。与中国摄影家协会、中国绿化基金会联合举办"林改改变生活"全国摄影大赛，收到参赛作品1.6万余件，在王府井步行商业街举办了获奖作品展。与中国绿化基金会、阿酷网络公司联合举办国际森林年征文大赛，收到参赛作品2000余篇，激发了网民关注森林的热情。二是做好文学创作和典志编纂。组织作家深入基层采访，创作出中篇报告文学《青青的油茶树》，并在《中国绿色时报》、《生态文化》杂志上连载。指导和支持电影《爱在绿洲》、电视剧《金凤凰玉凤凰》和《小兴安岭深处》的拍摄，推动电影《踏界》改编成电视剧。继续做好《中国林业志》和《中国林业典》的编纂工作，《森林培育与管理分典》将送出版社出版。三是组织和承办各类林业主题展览。主要包括：首届 APEC 林业部长级会议中国林业成就展，第二届中国国际林业产业博览会国家主题馆综合展，第二十四届亚太林委会和第二届亚太林业周中国林业成就展。组织有关司局、直属单位在局办公大楼一层大厅，共展出集体林改、天保建设、森林防火、机关党建、杨善洲先进事迹等专题展览 17 次。四是抓好国家生态文明教育基地创建等工作。联合教育部、团中央，完成第三批全国生态文明教育基地评选授予工作，目前已有 41 家单位成为国家生态文明教育基地。指导东北林业大学、黑龙江省林业厅共同建设中国(哈尔滨)森林博物馆。开展"生态文化建设指标体系研究"和"生态文化建设战略问题研究"课题研究。

注重林业宣传舆论的引导，组织开展了一系列扎实有效的工作 一是搞好林业新闻发布工作。适时召开新闻发布会，将林业重要事项向社会传递，全年共召开专题发布会 10 次，其中，1 场以国务院新闻办名义召开，3 场发布会开在了活动的现场。二是搞好宣传指导工作。制定《2011 林业宣传要点》，编辑《林业新闻信息通报》，及时发送到各省及中央和局属媒体。加强对省级林业宣传工作的考核，奖励先进，鞭策后进，努力构建上下联动开展宣传的新格局。定期召开局属报刊新闻通气会，明确每一个时段的林业宣传方向和宣传重点。三是搞好林业舆情研判工作。对新疆喀纳斯自然保护区功能调整、福建归真堂公司上市、外国人猎捕国家重点保护野生动物标本行政许可等事件，通过对重点网站、都市报刊和博客的监视，及时研判舆情，提出应对措施，采取"疏"、"堵"结合的方式，总体上营造了以我为主、于我有利的舆论格局。四是搞好自办电视栏目的管理。不断挖掘新的选题，进一步细化管理，使"绿色时空"和"绿野寻踪"两个电视栏目的节目质量大幅提高。"绿色时空"由 2009 年的中央电视台七套的警告栏目，提升到目前的中等排名。"绿野寻踪"收视率由原来的 0.26 提升到目前的 0.48，并被选定为国家在中国台湾地区播出的 9 个精品节目之一。

凝聚社会力量支持林业，组织开展与政协及各民主党派和团体的联系工作活动 一是开展关注森林活动。召开了关注森林活动组委会主任工作会议，中共中央政治局委员、全国政协副主席、关注森林活动组委会主任王刚亲自主持会议并作重要讲话，安排部署了调研、论坛、宣传等五个方面的工作任务，组委会各成员单位加强工作联系，形成了团结协作支持林业建设的工作合力。二是抓好全国"两会"提案建议工作。组织各司局有关单位围绕林业改革发展的重点难点问题进行认真研讨，提出并撰写提案建议稿 30 多篇。积极联系全国"两会"代表委员 150 多人，提交提案建议 380 件，在国家部委中名列前 5 名。三是联合开展各类工作。与中国农林水利工会召开第十次联席会议，通过了 2011 年联合工作方案。会商全国工商联、中国光彩会，形成了 2011 年联合工作方案，并开展了第四届光彩事业国土绿化贡献奖评选和第七期全国民营企业家及管理干部林业培训班。与民进中央召开一年一度的联席会议，共同商讨 2011 年双方合作的事项。与农工民主党中央联合开展第四届"中国环境与健康宣传周"活动。指导和支持北京林业大学开展"第五届全国青少年绿色长征暨第十五届绿桥活动"。

完善森林城市创建工作，组织开展规范指导和举办论坛工作 一是完善国家森林城市评价的指标体系。通过一年的时间，先后组织近百名专家学者对国家森林城市评价指标进行了调研、论证和修订，并通过了国家林业局组织的专家终审，即将以林业行业标准颁布。二是加强对创森城市的工作指导。先后组织专家 120 多人次，对 20 多个创森城市进行了把脉和指导，推动了创森工作沿着正确的轨道发展。据统计，正在开展创森活动的 55 个城市，2011 年共投入城市森林建设资金 774 亿元，新增森林绿地面积 111.4 万公顷。三是举办第八届中国城市森林论坛和中国东盟城市森林论坛。中共中央政治局委员、全国政协副主席、关注森林活动组委会主任王刚亲临第八届中国城市森林论坛并作重要讲话，授予了大连市等 8 个城市"国家森林城市"称号。73 个城市市长、专家学者、林业部门负责人等约 450 人出席第八届中国城市森林论坛。东盟十国政府林业部官员、市长及专家出席在广西南宁召开的中国东盟城市森林论坛，并授予南宁市国家森林城市称号。

回顾过去一年的工作，林业宣传之所以有这样好的氛围和成绩，主要得益于局党组的正确领导和亲切关怀，得益于各司局直属单位的大力支持和友好协作，得益于各新闻媒体的积极参与和无私帮助。我们还有四点深刻的体会：一是适应形势，调整思路，创新观念搞宣传。搞好林业宣传必须紧跟中央的战略决策，紧扣局党组的安排部署，紧贴林业建设的生动实践，以新视野、新理念、新举措来谋划、组织、实施宣传活动。二是抢抓机遇，乘势借力，拓展渠道搞宣传。搞好林业宣传必须抢抓时机，积极主动融入党的宣传大格局之中才能有所作为。2011 年，我们积极借助中宣部的专题宣传和各媒体的重点栏目加大宣传力度，收到很好的效果。三是紧扣中心，积极谋划，探索规律搞宣传。搞好林业宣传必须积极探索并准确把握宣传规律，通过超前谋划，深化宣传主题，挖掘宣传亮点，突出宣传特色，才能扩大宣传的影响力。四是关注热点，研判舆情，把握导向搞宣传。搞好林业宣传必须时刻掌握社会热点、民众兴奋点、媒体关注点，及时制定应对之策，变舆论危机为宣传时机，牢牢把握正确的舆论导向，形成有利于林业改革发展的舆论格局。

突出林业实现"双增目标"，开展造林绿化主题宣传 以 2011 国际森林年活动为载体，大力宣传中国在发展保护森林方面的举措和贡献。一是围绕植树节、首都植树日等活动(如全绿委会议、中央领导植树、共和国部长植树、国际友人植树等)，大力宣传全民义务植树的成就。《人民日报》、《经济日报》、《学习时报》、《大公报》、《中华英才》、《绿色时报》等刊发了贾治邦局长专访、国土绿化公报、造林绿化典型等专题报道，请张永利副局长座客人民网《强国论坛》进行在线访谈。二是围绕联合国森林论坛第九届会议，大力宣传发展林业、改善民生的贡献。协调中央主要新闻媒体，集中报道中国林业在改善民生消除贫困方面的措施和成效以及会议通过的《部长级宣言》。三是围绕北京首届 APEC 林业部长级会议，大力宣传植树造林、绿色增长的行动。组织 30 多家国内媒体和 20 多家国外媒体，对开幕式和闭幕式、胡锦涛主席讲话及评价、21 个经济体代表发言、局领导 8 场外事活动、《北京林业宣言》和会议成果、植纪念林等内容进行了报道。仅国内媒体刊播报道达 500 多条(次)。四是围绕荒漠化监测结果和荒漠化日，大力宣传绿化荒漠、改善生态的成效。在国务院新闻办第一场新闻发布会上，发布了全国第四次荒漠化和沙化土地监测结果，60 多家中外媒体参加发布会，刊播稿件 100 多条，中央电视台播出了 21 条专题新闻报道。利用世界荒漠化日、防沙治沙目标责任考核电视电话会、中非合作论坛防治荒漠化研修班等活动，协调各大媒体刊发贾治邦局长署名文章及潘基文对中国防治荒漠化取得的成就给予高度评价的贺信，进行综述和专版宣传，集中报道中国通过荒漠化防治提高旱地生产力、为改善人类福祉作贡献。制作播出防沙治沙电视专题片《大漠长河》。中央电视台农业频道 5 月份连续 7 天在早、中、晚三个黄金时段播出，社会反响很好。五是围绕第八届中国城市森林论坛和中国东盟城市森林论坛，大力宣传城市森林建设的成果。《人民日报》、《经济日报》、《香港文汇报》、《中国绿色时报》刊发了 20 个专版，中国网、中国生态网制作播出了 38 期专访，集中宣传中国城市森林建设的生动实践和显著成效，六是围绕重大典型人物杨善洲，大力宣传他荒山绿化的事迹。组织人民日报等 6 家媒体的记者深入善洲林场采访，报道了杨善洲 20 多年植树造林，让荒山变绿洲的感人事迹。

紧扣林业发展方式转变，开展回眸“十一五”展望“十二五”和林业产业发展主题宣传　一是围绕全国林业厅局长会议，大力宣传“十二五”林业转变发展方式的战略举措。对林业“十一五”成就“十二五”设想、“十大生态屏障”和“十大林业主导产业”进行了深入报道。中央电视台推出解读林业“十二五”系列报道，《人民日报》头版刊发两条报道。会议前后一周内，中央主要媒体刊发稿件 200 多条(次)，是历年来厅局长会议报道少有的。二是围绕全国“两会”，大力宣传林业在转变发展方式中的战略地位。《求实》杂志刊发贾治邦局长署名文章《把握林业基本属性 推动林业科学发展》。组织安排局领导、地方领导、相关专家接受媒体专访，对林业“十二五”森林面积和蓄积两项约束性指标、“林业绿色新政”和城市森林建设等内容进行了深入解读。三是围绕第二届中国国际林业产业博览会，大力宣传林业产业促进发展方式转变取得的成就和前景。对博览会开幕式、展会盛况及举办的 4 场论坛进行了集中报道，共刊播报道 150 多条(次)。四是围绕西安世界园艺博览会、油茶产业发展现场会等系列活动，大力宣传林业促进科学发展、和谐发展的贡献。协调中宣部下发了高规格的西安世博会报道方案，召开了两次新闻发布会，组织了一系列专访活动。对全国油茶产业发展现场会、首届全国森林旅游工作会议以及中国(牡丹江)国际木业博览会、海峡两岸林产品博览会、中国竹文化节进行了全方位的宣传报道。

强化资源保护林业改革，开展天保工程、动植物湿地保护和林权制度改革主题宣传　一是围绕全国天然林保护工作会议，开展了声势浩大的宣传报道。宣传办早谋划、早动手，在中宣部原则上不再为部门下发宣传方案的情况下，争取到了天保专题宣传方案。组织中央 12 家媒体赴四川、陕西、内蒙古等地，深入采访报道，在中央主要媒体“红旗飘飘”栏目、中央电视台“经济半小时”、人民日报“生态环境”等栏目，深入报道了天保实施的典型经验和人物。会议前后，共刊播天保新闻 200 多条(次)，其中《人民日报》10 篇、中央电视台新闻 8 条。《经济日报》、《香港文汇报》等媒体刊发 13 个专版和专刊。二是围绕湿地日、湿地文化节和野生动物放归等系列活动，开展连续宣传报道。组织人民日报、新华社、中国绿色时报在湿地日刊发贾治邦局长署名文章和消息报道，组织中央媒体对第二届中国湿地文化节暨亚洲湿地论坛进行全面宣传报道(刊播稿件 80 多条)。对爱鸟周、野生动植物宣传月，全国自然保护区工作会议、濒危物种公约会议、第四次大熊猫调查启动和野马、蟒蛇放归等活动，不失时机地加强宣传报道。三是围绕森林火灾扑救、防火重大部署等活动，开展了跟踪宣传报道。坚持及时发布火情、主动引导舆论的原则，采取公开报道、内参报道、公益广告等形式，组织人民日报、新华社、中央电视台等主要媒体对中央领导同志重要批示、全国森林草原防火电视电话会议、国家森防指重大部署、吉林 30 年无重森林大火灾典型。以及云南玉龙、河北抚宁、山东长清、大兴安岭松岭等多起森林火灾进行了报道。协调人民日报刊发森林防火专版和公益广告。四是围绕全国林下经济现场会、林改专项督查等活动，开展了全面宣传报道。全国林下经济现场会召开期间，中央及地方主要媒体对我国发展林下经济取得的成绩和经验作了深入报道，共刊播稿件 70 多条(次)。针对永安林改培训班、全国人大常委会听取林改专题汇报、林改专项督查，以及专家座谈会等活动，组织中央媒体对林改重大成果等情况进行了全面报道。我们与中宣部新闻局联合编辑出版了《林改新政惠民生》一书。

围绕生态文化建设工作，组织开展了丰富多彩的生态文化活动　一是开展了文化创作大赛活动。举办了“倡导绿色生活、共建生态文明”德源杯绿色生态动漫作品大赛，600 多部作品参展，获奖作品 60 部，在西安举行了颁奖晚会。与中共重庆市委宣传部、重庆市林业局联合举办“绿化长江、重庆行动”海内外征联大赛，收到楹联近万件，获奖作品在重庆和北京进行了巡展。与中国摄影家协会、中国绿化基金会联合举办“林改改变生活”全国摄影大赛，组织 10 个林改重点省的 50 名摄影师深入林改第一线拍摄，共收到全国 1.6 万余件作品，获奖佳作 118 幅，并在王府井步行商业街举办了摄影大展佳作展。与中国绿化基金会、阿酷网络公司联合举办国际森林年征文大赛，收到参赛作品 2000 余篇，投稿者有农民、作家、官员、学生和来自各行各业的群众，54 篇作品获奖。指导中国生态文化协会开展了“丝绸之路生态文化万里行”活动。二是开展了各类主题展览。举办首届 APEC 林业部长级会议中国林业成就展，第二届中国国际林业产业博览会国家主题馆综合成就展，第 24 届亚太林委会和第 2 届亚太林业周中国林业建设成就展。中国林业美术家协会在国家林业局举办了庆祝中国共产党成立 90 周年“中国林业美术家作品展”，共展出林业画家美术精品 28 件。三是开展了文学艺术创作。组织作家深入油茶林区采访，创作的《给力，中国油茶》在人民日报刊发，同时 7 万字的中篇报告文学《青青的油茶树》在中国绿色时报连载。积极支持电影《爱在绿洲》、电视剧《金凤凰玉凤凰》和《小兴安岭深处》的拍摄，推动电影《踏界》改编成电视剧。四是编纂好林业典志。《中国林业志》已完成长篇汇总工作，并通过两次专家审定会议，对长篇稿进行了修改。《中国林业典》在完成《森林培育与管理分典》的基础上，全面完成了其他四个分典校稿工作，并送出版社核对出版。五是抓好国家生态文明教育基地创建等工作。联合教育部、团中央，完成了第三批全国生态文明教育基地评选授予工作，目前已有 41 家单位成为国家生态文明教育基地。协调国家林业局授予辽宁本溪“中国枫叶之都”称号，指导东北林业大学、黑龙江省林业厅共同建设中国(哈尔滨)森林博物馆。还开展了“生态文化建设指标体系”和“生态文化建设战略问题”课题研究。

注重林业宣传舆论引导，组织开展了一系列扎实有效的工作　一是加强新闻发布工作。下发了《2011 林业宣传要点》，编辑好《林业新闻信息通报》，及时发送到各省及中央和局属媒体。适时召开新闻发布会，将林业重要事项向社会传递，目前已召开专题发布会 9 次，其中，有 3 场发布会开在了活动的现场。二是加强舆情研判。对新疆喀纳斯自然保护区功能调整、福建归真堂公司上市、外国人猎捕国家重点保护野生动物标本行政许可等事件，通过重点网站、都市报刊和博客的监控，及时掌握研判舆情，提出处理意见，并采取“疏”、“堵”结合的方式，让负面舆论降温和“刹车”，总体上营造了以我为主、于我有利的舆论格局。三是加强对各省宣传工作的指导和局属报刊的管理。严格按照指标考核各省林业宣传工作，奖励先进、激励后进，形成上下联动开展宣传的新格局。定期召开局属报刊新闻通气会，深入开展“新闻战线三项教育”、“全国记者站百日整顿行动”活动，在我局启动了中央非时政类报刊的转企改制工作，我局有一种期刊列入今年改制序列。顺利完成 2011 年局属报刊年检审读工作，组织中国林业出版社开展以教辅类读物为重点的图书质量专项检查，完成林业出版社原创图书出版工程推荐和增加电子出版权和互联网出版资质的申请工作。四是强化对《绿色时空》和《绿野寻踪》两个电视栏目的管理。不断挖掘新的选题，进一步细化管理工作，使两个电视栏目的节目质量大幅提高，收视率一路攀升，并由中央电视台举荐在台湾地区播出。

完善森林城市创建工作，组织开展了规范指导和举办论坛工作　一是规范和完善了国家森林城市评价的指标体系。历时一年，先后组织近百名专家学者对国家森林城市评价指标进行了修订，并通过了科技司组织的专家评审，现已按林业行业标准颁布。二是加强工作指导。先后组织专家百余人次，对 20 多个创森城市进行了指导和实地考察，推动了创森工作沿着正确的轨道发展。据统计，2011 年开展创建国家森林城市活动的 45 个城市，共投入造林绿化和城市森林建设资金 760 多亿元人民币，新增造林面积 2000 多万亩。三是成功举办了第八届中国城市森林论坛和中国东盟城市森林论坛。中共中央政治局委员、全国政协副主席、关注森林活动组委会主任王刚亲临第八届中国城市森林论坛并作重要讲话，授予了大连市等 8 个城市“国家森林城市”称号。73 个城市市长、专家学者、林业部门负责人等约 450 人出席第八届中国城市森林论坛。东盟十国政府林业官员、市长及专家出席了在广西南宁召开的中国东盟城市森林论坛。目前，已授予 31 个城市“国家森林城市”称号。

凝聚社会力量支持林业，继续加强了与政协及民主党派和团体的联系工作　一是办好关注森林活动。召开了关注森林活动组委会主任工作会议，中共中央政治局委员、全国政协副主席、关注森林活动组委会主任王刚亲自主持会议并作重要讲话，提出了在会议、调研、论坛、评选、宣传等五个方面的工作任务，要求组委会各成员单位切实加强协作、形成工作合力。二是抓好全国“两会”提案建议工作。组织各司局有关单位针对制约林业发展的瓶颈问题，撰写提案建议稿 30 多篇，积极联系全国“两会”代表委员 150 多人，提交提案建议 380 件，在国家部委中名列前 5 名。三是搞好与民主党派联合开展的活动。召开了国家林业局与中国农林水利工会第十次联席会议，通过了联合工作方案。会商全国工商联、中国光彩会，形成 2011 年联合工作方案，开展了第四届光彩事业国土绿化贡献奖评选和第七期全国民营企业家及管理干部林业培训班。与农工民主党中央联合开展第四届“中国环境与健康宣传周”活动，下发通知，组织启动仪式。　　　　（林业宣传由曹靖供稿）

林业出版

【综　述】　2011 年在局党组的正确领导下，经过全体干部职工的共同努力，全面完成了中央规定的各项转企任务，成为国家林业局第一家整体转制为企业的单位；围绕年初确定的重点工作目标，狠抓各项工作措施的落实，超额完成了年度图书出版任务，创造了历史新高。生产经营、图书销售、财务管理、编印发等各项管理工作运转平稳，党的建设和思想政治工作取得了新的成绩。

转企改制工作　按照中央的统一部署和国家林业局党组的要求，2009 年 5 月，中国林业出版社正式启动转企改制工作。这项工作政策性强、情况复杂、工作难度大、涉及方方面面、工作头绪比较多。社领导班子面对这场改革，团结一心、沉着冷静，牢牢把握了政治方向不迷失、国有资产不流失、图书品种不丧失、职工利益不损失的"四不失"原则，各项工作有序开展。国家林业局党组高度重视中国林业出版社转企工作。贾治邦局长、赵树丛副局长、陈述贤组长、张永利副局长等局领导多次来社考察，看望干部职工，解决实际困难，使全社干部职工倍感鼓舞。中国林业出版社按照中央各部门各单位出版社体制改革工作的总体要求，通过开展认真细致的工作，经过方案制定、清产核资及其专项财务审计、国有资产产权登记、职工社会保险接续、核销事业编制、注销事业法人、工商登记注册、全员聘用和签订责任书等若干个步骤，于2011年2月28日取得了国家工商行政管理总局制发的企业法人营业执照。从2011年3月1日起，中国林业出版社结束了已经运转近60年的事业单位体制，正式成为了国家林业局第一家整体转制为企业的单位。

图书生产进入"亿"时代 2011年，全年出版图书571种(其中新书423种、重印书148种)，图书生产码洋10 458万元；累计发货码洋5856万元，实洋3534万元，回款2465万元(不含补贴转销售)，累计组织预算收入3910万元；累计用纸2.68万令，总印数260万册。全年图书生产码洋首次突破1亿元，进入了林业图书生产"亿"时代。一年来，中国林业出版社在宣传和服务林业大局方面，出版了"创先争优学习实践活动系列丛书"，包括《共产党人的精神家园——杨善洲植树造林的故事》、《青山的回答——走进杨善洲的精神世界》、《时代先锋——孙建博》、《陕北汉子治沙英雄石光银》、《美哉塞罕坝》和《塞罕坝——建设生态文明、推动科学发展的典范》共6种；《中国林业年鉴2010卷》、《2010年林业重大问题调查研究报告》、《中国林业发展报告》、《国家林业重点工程社会经济效益监测报告》、《集体林权制度改革效益监测报告2010》、《集体林权制度改革效益监测报告2011》、《林业经济论(第2版)》、《破坏森林渎职案例评析》。在服务地方林业和林业科技方面，出版了《中国小兴安岭森林资源彩色图谱》、《京津风沙源治理工程十年建设成效分析》、《江西林木种质资源》、《深圳植物志》、《核桃种质资源》、"森林与湿地资源监测技术丛书"、《中国荒漠植物图鉴》、《中国珍稀濒危植物图鉴》、"科技服务林改实用技术丛书"等。在发挥专业特色和出版优势服务社会大众方面，出版了《中国现代红木家具(第3版)》、《中国戏曲美术》、《视觉景观色彩设计》、《东非莽原的诱惑》、"中国木雕根雕传统题材造型系列丛书"、《金堂奖：2010中国室内设计年度优秀作品集》、"创意样板房系列"、"室内表现档案系列"等。在加强林版教材建设方面，组织全国22所农林类高等院校召开了农林院校"十二五"规划教材建设工作会议，对出版社农林院校"十二五"规划教材建设工作起到了积极的推动作用；协助林指委组织召开了"高职园林技术专业工学结合教学改革创新研究"课题工作会议，启动并组织高职园林类(园林技术、园林工程技术、商品花卉)教材编写申报工作；成功举办了第八次木材科学及设计艺术学科教材编委会会议，总结"十一五"期间学科、教育和教材建设的成绩和经验，着重研讨了"十二五"期间学科和教材建设的发展规划，落实了60余种"十二五"规划教材的编写任务；召开了高等院校"十二五"规划教材《树木学》(南方本)第三版教材编写会议。

重点出版工程有新突破 向新闻出版总署申报的"中国数字森林博览馆建设与典型示范"项目，于2011年5月被批准列入新闻出版改革发展项目库，系国家文化产业振兴项目之一，申请投资总额3300万元，目前已到位资金530万元，实现了当年立项、当年投资和中国林业出版社自成立以来承担国家重大项目零的突破；启动了《国际竹藤数字化博览馆建设工程项目》申报工作，申请投资总额6000万元，已上报国家新闻出版总署。"林业应对气候变化与低碳经济系列丛书"、"中国森林生态网络体系工程建设系列丛书"、《中国西藏高原湿地》共3种(套)图书被列入"十二五"国家级重点图书出版规划；同时申报2012年国家出版基金资助项目图书1套(5种)；申报2012年国家科学技术学术著作出版基金项目图书17种。

图书获奖评奖情况 高等教育教材《园林树木学(第2版)》入选教育部2011年普通高等教育精品教材书目；《中国梅花品种图志》(中文版)入选国家"三个一百"原创图书出版工程。推荐《生态建设与改革发展：2008年林业重大问题调查研究报告》等20种图书参加2011年度"关注森林奖"——梁希图书期刊奖评选；推荐《中国传统木雕精品鉴赏》(共12册)等12种(套)图书参加中国书刊发行业协会组织的"2011年度全行业优秀畅销品种"评选。

【生态建设与改革发展：2010林业重大问题调查研究报告】 贾治邦主编，2011年1月出版。该书主要内容：林业重大问题调查研究工作紧密围绕关系林业改革发展的全局性、战略性问题，在现代林业与生态文明建设、集体林权制度改革、林业产业发展、林业应对气候变化与森林可持续经营、林业经济理论等重点领域开展调查研究。多部门和知名专家学者参与调研，深入基层、深入实际、深入研究，在实践中发现典型、提炼问题，形成了一批具有较高价值的研究成果，取得了显著的政策效果和社会影响。

【中国传统木雕精品鉴赏(合订本)】 徐华铛著，2011年1月出版。该套书共包括12册。每册均有200～280幅高清晰的木雕作品照片，并配有万余字的赏析点评介绍，囊括了中国传统木雕题材的精粹，有弥勒、达摩、罗汉、观音、神仙、寿星、武将、神将、仕女、神兽和动物等造型；具有丰富的文化内蕴，耐读耐看，是一套"观赏"与"实用"兼备的全彩根艺类系列画册。读者对象为广大雕艺创作人员、雕艺爱好者、收藏者。

【中国山区开发与建设】 石山主编，2011年1月出版。该书是中国著名的生态学专家石山先生在耄耋之年，以长者的眼光，积大半年丰富的经验，为山区开发发展疾呼的文章，对山区工作者有一定的启发，进而科学地利用山区。

【森林文化与生态文明(“浙江生态文化”系列丛书)】 蔡登谷主编，2011年3月出版。该书从森林文化与生态文明、历史渊源与比较借鉴、理论研究与实践探讨、森林文化与民俗文化、资源禀赋与发展模式、保障体系与对策建议等诸多层面上，全面系统地作了科学翔实的论述与解读，助推了浙江现代林业和生态文明建设。

【林业经济论(第2版)】 祝列克、王爱民著，2011年4月出版。该书将林业的发展分为了林地问题、资源问题和生态问题3个阶段。在土地问题阶段，林权政策呈现出以林地归属权为核心、以非正式制度安排为主的特征；在资源问题阶段，正式制度取代非正式制度，形成了以国有为主和以私有为主两条不同的路径；发展到生态问题阶段，当生态问题上升为主要问题时，林业面临的难点问题是：运用何种机制配置林业资源才能提高生态改善的效率？研究表明，政府在生态环境产品需求和供给上存在双重垄断特征。

【库姆塔格，不再遥远】 卢琦、万志虹编著，2011年4月出版。该书是“库姆塔格沙漠综合科学考察”科研项目的阶段性研究成果，用文学性的优美语言和精美图片介绍了库姆塔格地质、地貌、水文、气象、动物、植物、土壤、测绘、综合区划等方面的内容，厚重严谨，内容全面深邃，带读者认知及感受库姆塔格沙漠的风采。

【园林树木学(第2版)】 陈有民主编，2011年5月出版。本书为普通高等教育“十一五”国家级规划教材，2011年度国家级精品教材。本书内容分为绪论、总论、各论3部分。绪论、总论着重于理论阐述，包括园林树木的分类、生长发育规律、生态习性、功能、栽植、管理、配置、树种区域规划等内容；各论讲述全国各地习用及有发展前途的树种。

【中国现代红木家具(第3版)】 刘鹏主编，2011年6月出版。该书主要内容：①红木包括的木材种类及每一类木材的识别。书中除对每类木材的特征进行叙述外，还附有8类木材的实物照片。②为红木家具生产厂家选购木材和专业人员研究的需要，根据现有标本和资料把8类木材所包括的主要树种名称、产地、木材的特征(宏观及微观特征)及性质进行了详细叙述，特别是对每种木材的解剖分子进行了仔细观察和测计并附横切面、弦切面、径切面3张显微照片，为鉴别木材提供依据。③红木家具主要加工工艺。④红木家具的选购和保养。⑤中国现代红木家具名品鉴赏。

【林木病理学(第3版)】 叶建仁、贺伟主编，2011年6月出版。本书是教育部普通高等教育“十一五”国家级规划教材。总论主要介绍林木病理学的基本知识和原理；各论按照发病部位，对林木不同器官上病害发生发展的规律与特点以及林木苗期、叶部、枝干、根部等主要病害种类的发生情况、病原种类、发生发展规律和防治技术等进行了详细介绍。

【人造板工艺学(第2版)】 周定国主编，2011年6月出版。本书是教育部普通高等教育“十一五”国家级规划教材、高等院校木材科学与工程专业规划教材。本书加强了人造板的种类、性质及其对人造板生产工艺和质量的影响方面的详细介绍和分析，在人造板的生产工艺与设备、产品性能与应用等方面的特点进行了系统阐述。

【生物质能源工程与技术】 周建斌编著，2011年6月出版。本书是教育部普通高等教育“十一五”国家级规划教材。本书内容新颖、技术实用，主要介绍了生物质能源的基本概念和研究现状、生物质压缩成型技术、直接燃烧技术、热裂解技术、气化技术、液化技术、燃料乙醇技术、柴油技术、沼气技术及制氢技术。

【浙江根雕艺术】 郑剑夫主编，2011年7月出版。该书主要内容：浙江，自古聚灵秀人文之气，集物宝天华之精，人杰地灵。浙江根雕，作为根植于如此深厚文化土壤、并具有独特审美情趣与文化品位的一朵艺术奇葩，其艺术风格及地方特色始终处于中国根雕艺术的前列。自20世纪80年代以来，以嵊州根雕、象山竹根雕、开化根雕等为代表的浙江根雕著名品牌已在国内崭露头角，一批批体现自然美和艺术美和谐统一的，以新、精、雅、奇、巧为特色的优秀根雕艺术品不断涌现，令人世人瞩目。

【中国荷花新品种图志(Ⅰ)】 张行言主编，2011年7月出版。该书特请陈俊愉院士题写书名，采用中英文对照形式，共荟集203个品种、250余幅彩图。以14个品种群分类，每种详细介绍品种形态，性状记载采用统一标准。编者力求图文并茂，集科学性、知识性、实用性于一体。荷花品种是本书介绍的主题。书中综述篇收录“荷花发展前景展望”、“荷花展览创新的思考”、“泰国荷花访闻录”等文。附录采用中外人士对前《中国荷花品种图志》的评说，这是因为《新荷志》系连贯前3册图志的续篇，读者可从“评说”中了解荷花的起源以及中国荷花栽培历程，特别是对中国荷花品种的演进和品种资源的分布有一个粗略的认知。

【中国紫砂花盆】 邵忠编著，2011年8月出版。该书分为鉴赏篇、配置篇、工匠篇、史话篇4部分。主要包括：紫砂花盆概述、淳朴敦厚的古代盆、简洁明快的近代盆、多姿多彩的现代盆、配置五大原则、配置典型例证、中国陶器的发明和原始陶的发展、宜兴紫砂器的崛起、宜兴历代著名紫砂艺人名录、历代陶艺家姓氏、人名款索引等内容。

【科技服务林改实用技术丛书】 中国林科院等编著。2011年8月全部出版。该书是由国家林业局科技司与中国林业出版社共同组织专家，为服务于当前社会主义新农村建设和集体林权制度改革，以给林农脱贫致富提供实用、科学的技术为根本目的进行编写的，是针对培养、提高广大林业、园林苗圃经营者、专业户和合作组织的现代育苗技能，普及、推广先进实用技术，提高林木病虫害识别和防治技能而编写的一套兴林、富民的林业书籍。该丛书从内容大体上可以分成4个大类。首先，从生物学特性、资源现状、育苗技术、栽培管理、病虫害防治及综合利用等方面有针对性地对我国南、北方30种典型(重要)经济树种进行了介绍；其次，对1种重要花卉(牡丹)的栽培生产技术进行了介绍；再次，对2种重大性林木病虫害(美国白蛾和松材线虫病)的相关内容进行了着重介绍；最后，介绍了中国现有的主要林业药剂药械的种类、使用技术以及注意事项。

【中国观赏园艺研究进展2011】 张启翔主编，2011年8月出版。该书内容涵盖了中国观赏园艺行业的最新研究成果，包括种质资源、引种与育种、栽培生理、繁殖技术、应用研究、抗性生理、采后生理等。该书配合中国园艺学会观赏园艺专业委员会年会的召开，每年编辑出版一本，是了解我国观赏园艺研究动态的良好窗口。

【中国观赏植物种质资源】 张启翔主编，2011年8月出版。该书共收录了宁夏野生观赏植物资源91科297属651种(其中亚种3种，变种44种，变型2)，彩色图片近千幅。在总论部分对所有资源进行了科学的评价分类，而各论部分则对389种(包括种下类型)重点观赏植物资源给予详细的说明，包括简要特征的形态描述、分布及分布量、分布示意图、观赏形态彩图、生态习性观赏特性及用途等。对于引种育种及种质资源保存具有重要意义。

【生态和谐与林业发展】 温作明主编，2011年8月出版。该书的科研价值主要体现在以下方面：①全球气候变化与林业问题。该书密切关注国际气候变化涉林议题谈判进程，在森林碳汇交易机制构建、碳汇管理策略、碳汇认证及法律等方面开展了深入研究，并就应对气候变化的第四方案、实施森林碳汇的潜力评估、区域生态环境的定量评价提供了实证研究，对应对气候变化的林业问题提供了最新的研究视角和政策建议。②森林生态系统可持续管理问题。该书以美国休耕保护项目、越南国家森林公园项目为对象，详尽研究了美国休耕保护项目的分布区域和类型及其对生态环境的影响，应用CVM评估法核算了越南巴为森林公园的非使用价值。研究分析了野生动物资源最优管理动态经济模型及复杂生态系统网络，还就中国广东、江苏、吉林等区域的防护林建设、生态补偿模式及生态安全评估进行了针对性研究。

【全球陆地碳汇分析系统研发与应用】 周平主编，2011年9月出版。该书研究建立的全球碳汇分析系统能为该领域的研究人员提供一个数据查询和分析的平台，减少研究工作者花在相关海量空间和属性数据获取和常规处理方面的时间，同时为政府决策部门提供一种可视化、操作便利、直观反映结果、友好交互式的决策辅助工具。

【油茶实用栽培技术手册】 国家林业局油茶产业发展办公室、国家油茶科学中心主编，2011年9月出版。该书主要介绍了中国油茶主要良种选用原则、繁育技术、栽培技术、主要病虫害防治等内容，图文并茂，语言精炼，实操性强，对促进中国油茶产业推广与水平提高有重要意义。

【中国核桃种植资源】 裴东、鲁新政主编。2011年9月出版。该书以中国核桃主产区15省(区、市)的核桃属种质资源为基础，广泛收集中国核桃主产省科研和生产单位的核桃栽培品种、主要农家类型、优良单株以及特异种质资源，将中国核桃优良种质资源进行全面系统的归纳和汇编。目的在于将优良种质资源共享，为从事林木种质资源管理、研究和利用的工作者以及产业现代化提供基础素材，同时满足国家对经济林发展的需求以及定向选育经济型和生态经济型核桃良种的要求。作为向中国首届核桃节献礼的图书，这是一本图文并茂，集知识性、科普性和通俗性于一体的科技图书，内容编排合理，制作设计别具匠心。

【辽宁古树名木】 邹学忠、李作文主编，2011年9月出版。该画册内容丰富，结构严谨，图文并茂，对辽宁省古树资源进行了详细的调查研究，搜集了大量史实资料和古树信息，系统分析了古树的树龄结构、分布特点以及衰退原因，科学地提出了保护措施，对辽宁古树的保护工作具有重大指导意义。能够唤起更多的人关爱古树、关爱绿色、关爱自然、关爱生命。

【论中国集体林权制度改革】 贾治邦主编，2011年10月出版。本书通过重要论述、媒体采访、重要讲话3部分详细阐述了集林权制度改革的重大意义，集体林权制度改革的指导思想、基本原则和总体目标，明确集体林权制度改革的主要任务，完善集体林权制度改革的政策措施，加强对集体林权制度改革的组织领导，为发展现代林业、建设生态文明、推动科学发展提供有益的借鉴。

【青山的回答——走进杨善洲的精神世界】 国家林业局编著，2011年10月出版。该书记录了杨善洲同志艰苦奋斗的一生。杨善洲同志是原中共云南省保山地委书记，在任时全心全意为群众谋利益，艰苦创业，廉洁奉公；退休后带领群众义务植树20多年，建成了约3.73万公顷的林场，使昔日的荒山变成了现今的绿洲。杨善洲同志是当代共产党员的优秀代表，是领导干部的楷模，是老干部的优秀典型，是生态和林业建设的杰出榜样。该书也是中国林业出版社组织出版的“创先争优学习实践活动系列丛书”之一。

【2011中国林业发展报告(中文版)】 国家林业局编著。2011年10月出版。该书为国家林业局的白皮书，是对外宣传的重要资料。本书作为国家林业局对过去一年中国林业工作的回顾与总结以及对“十一五”的林业工作的介绍，全面记录了过去一年及“十一五”的林业工作，对于科学判断形势，抓住发展机遇，迎接新的挑战，全面开创“十二五”现代林业建设的新局面，意义重大。

【中国小兴安岭(伊春)森林资源彩色图鉴】 刘长青、刘旭东、丁全志主编，2011年11月出版。该书采用图文并茂的形式，共收录了植物近500种，大型真菌337种，动物229种。其中包含了诸多中草药材、山野果、食用蘑菇、药用真菌等。书中对各种动植物的种名、形态特征、功能与作用、生境、采集与加工分别作了详细介绍。该书将大大促进和方便林区职工群众对小兴安岭林区野生资源的开发利用，同时也可供医药、卫生防疫人员、大专院校师生、生物科学研究人员、土产、农林牧部门工作者参考使用。

【与自然和谐相处——岩溶地区石漠化综合治理的探索与实践】 杜鹰编著，2011年12月出版。该书分为领导讲话、治理模式、产业发展和制度建设4篇，全面收录了岩溶地区石漠化综合治理工程3次省部联席会暨现场会上的领导讲话，归纳整理了3年试点阶段探索出的石漠化治理方面的有效模式和经验，整理了与石漠化治理相关的管理办法等制度建设文件，指导地方有关部门继续做好石漠化综合治理工作。

(林业出版由段植林供稿)

林业报刊

【中国绿色时报社】 2011年，中国绿色时报社"一报两刊一网"(《中国绿色时报》、《中国林业》、《森林与人类》和中国林业新闻网)围绕林业中心工作，抓策划、抓创新、抓深度，突出重点报道的连续性、热点报道的原创性、一般报道的可读性，创品牌、出精品，极大地提高了报刊质量，"一报两刊"的市场竞争力得到进一步增强、林业主流媒体的地位得到进一步巩固、社会效益和经济效益得到进一步提升。

2011年，"一报两刊一网"围绕国家林业局党组提出的9项林业重点工作、林业"十二五"规划的重点内容以及林业重大活动组织开展宣传报道，共开设45个专栏，刊发系列报道46组、专题报道170多个，宣传报道在规模和质量上实现了新突破。报社有16件作品获得省部级以上奖励，其中通讯《为什么受伤的总是湿地》获得中国新闻界最高奖中国新闻奖三等奖。2011年，报社"一报两刊一网"突出了五个方面的重点报道。

集体林改宣传报道 2011年，报刊将林改宣传报道的着力点放在配套改革、政策完善和成果巩固上，深度挖掘典型，集中抓好国家林业局推出的百个林改典型县的宣传。同时关注各地林改的特点和亮点、难点和热点问题，对金融政策、保险制度、林业专业合作组织等给予了重点报道；对林改中出现的林权纠纷等难点问题，从正面引导，介绍和推广一些地方的好经验，为林改顺利推进发挥了舆论引导作用。拓展林改报道的深度和广度，对林改后农民发展林下经济、实现兴林富民的典型，以专栏形式进行了突出报道。

重大典型人物宣传 "一报两刊一网"全年共报道了50多位林业先进典型人物，其中包括全国重大先进典型杨善洲、孙建博，全国植树模范赵希海，全国优秀党员荆保山、樊渭，为林业献身的汤原县林业局局长王海青，科技功臣王明庥，绿色组织活动家易解放等。杨善洲事迹宣传是报社宣传报道工作的重中之重，报纸以专栏、专题、专版等形式进行了多元化、立体化、规模化的报道。全年共刊发学习杨善洲先进事迹活动报道40多篇，刊发3个整版专题报道，其中在一版头条刊发报道10篇。

重大活动报道 全年共组织策划了首届APEC林业部长级会议、全国林业厅局长会议、国际森林年中国行动、建党90周年等20多个重要会议和活动的报道。全国林业厅局长会议除做好会议消息、社论报道外，用两块整版的篇幅对"十二五"林业工作总体思路及2011年的9项林业重点工作进行了解读，并推出了24个版面的全彩厚报《全国林业厅局长会议特刊》。首届APEC林业部长级会议是一次高规格会议，报社派出10位记者上会采访，刊发了整版报道6块、文字报道46篇、图片报道48幅，共涉及10项报道内容。同时，报纸还开设了"学习胡锦涛主席重要讲话　推动现代林业科学发展"专栏，刊发国家林业局主要领导和局党组理论学习中心组的体会文章，让读者全面把握胡锦涛主席讲话精神。国际森林年中国行动报道，主要围绕《2011国际森林年中国行动方案》以及"植树造林，减缓气候变化，中国人民在行动"这一主题等内容展开，呈现出报道集中、重点突出、连续性强等特点，扩大了中国林业在国际上的影响力。建党90周年宣传与林业宣传紧密结合，组织策划了"红色圣地的绿色印迹"、"强作风　促发展"专栏和"唱支山歌给党听"专题报道。西安世园会报道历时9个多月，报社分期分批从各部门抽调20多人驻会采访，共刊发专栏报道155篇，专题报道8个整版。全国两会报道，推出了《总理为林改提出五个"确保"目标》、《老"案"办理纳良谏　新"案"热点问生态》等一批深受读者好评的佳作。

林业生态建设报道 报社重点对天保工程、退耕还林工程进行大规模宣传。在全国天保工程工作会议召开前，本社特别推出了报刊互动的"1个1"和"3个6"宣传：在《中国林业》杂志推出了1期集中反映天保建设全貌的"聚焦天保工程辉煌成就"专刊；在《中国绿色时报》推出6篇系列综述、6篇"聚焦天保人物"专栏报道、6个整版专题报道。在退耕还林宣传报道中，报纸推出了"聚焦退耕还林工程建设启示系列报道"8篇；开设了"走基层　看退耕"专栏，以记者采风的形式，全面报道工程开展13年来取得的新进展、新成就、新经验，将工程建设所取得的亮丽成果呈现给读者。

林业产业宣传 林业产业宣传报道重点围绕油茶、花卉种苗、林浆纸、木制品、森林食品、竹藤、森林旅游等展开，并以宏观报道、趋势性报道、深度报道见长。《绿色产业》周刊以林业产业转型发展和扩大内需为报道重点，相继推出了木结构产业、胶合板产业、木地板产业系列报道和木制建材下乡专栏报道等，组织策划了世界木门大会、上海地板展等大型林业专业展会报道。《花草园林》周刊关注花卉业界的大事，重点报道了北京国际花卉园艺博览会、中原花博会等8个业内大型活动以及林木良种、节日花市、城市绿化等，为花农、苗农及相关企业及时提供信息和技术，为城市绿化建设提供新鲜经验。《林浆纸》周刊围绕林纸一体化建设推出了10多篇系列报道和分析解读性报道，其中有多篇报道被中国纸业网等十几家行业权威网站转载。

（陈友平　蔡　鸿）

各省、自治区、直辖市林业

17

北京市林业

【概　述】 2011年，北京市园林绿化系统坚持以推动科学发展为主题，以转变发展方式为主线，以提升生态功能为核心，全力实施“生态园林、科技园林、人文园林”行动计划，加快绿化造林步伐，增加森林资源总量，全面开展森林健康经营，提高质量水平，增强生态服务功能效益，推进“山区绿屏、平原绿网、城市绿景”三大生态体系建设，为建设“人文北京、科技北京、绿色北京”和中国特色世界城市奠定基础。全面加快园林绿化建设，圆满完成北京市委、市政府和首都绿化委员会第30次全会部署的各项工作任务，实现了“十二五”发展的良好开局。全市新增城市绿地1320公顷，新增造林绿化面积1.67万公顷。全市林木绿化率达到54%，森林覆盖率达到37.6%；城市绿化覆盖率达到45.6%，人均公共绿地面积达到15.3平方米。

【城乡生态建设】 一是城市绿色空间不断拓展。大力推动规划建绿、多元增绿，全市新增绿地1320公顷，完成屋顶绿化11万平方米、垂直绿化3万延米、停车场绿化8万平方米、老旧小区绿化改造113处，改造公园绿地572公顷的建设任务；改建道路绿化450公顷；有效缓解了城市热岛效应。实施了三环路增绿添彩示范工程，共栽植乔木和灌木4.5万株、月季4.4万株、绿篱色带26.8万株，铺设草坪6.2万平方米，形成了“月季成环、大树成线、绿色成链”的优美景观，受到市领导和社会各界的高度评价。二是城郊景观环境明显提升。建成了10个城市休闲公园、10个郊野公园；11个新城滨河森林公园建设加快推进，通州、大兴、延庆3个公园建成开放，昌平、密云两个公园完成核心标段建设，正式接待游人。第二道绿隔地区完成绿化面积1093公顷。高标准完成永定河“四湖一线”绿化建设，“五园一带”建设稳步推进；完成7个重点小城镇绿化613公顷。三是山区生态建设不断加快。大力推进京津风沙源治理、三北防护林建设和太行山绿化等重点生态工程，共完成人工造林4900公顷、封山育林2.67万公顷，启动了0.2万公顷低效林改造试点，完成林木抚育4万公顷。完成京承三期、京山铁路二期、延琉路等3条重点通道绿化近万亩，公路河道绿化300千米，涌现出一批精品工程。全面完成京冀生态水源保护林1.33万公顷建设任务。

【造林营林】 2011年北京市的造林营林工作紧紧围绕市政府与各区县人民政府签订的《2011～2015年绿化目标责任书》和“十二五”规划目标任务、为民办实事、折子工程、新农村建设工程开展了以实施国家京津风沙源治理、三北防护林建设、太行山绿化建设和市级郊野公园环建设、重点绿色通道建设、公路河道绿化建设、彩色树造林等工程为重点的造林绿化工作，组织实施了以山区生态公益林林木抚育工程为重点的营林工作。

2011年国家下达北京市造林营林计划任务4666.67公顷、封山育林1.4万公顷。按照规划目标，2011年全年计划造林面积6666.67公顷，实际完成绿化造林面积8333.33公顷，栽植各类乔灌木1500万株，超国家下达计划任务的56%。超过北京市下达计划任务的25%。完成林木抚育4万公顷；实施封山育林2.67万公顷。

绿化造林工程 国家三北防护林工程完成绿化造林400公顷，植树121万株。太行山绿化完成造林200公顷，植树13万株。京津风沙源治理完成荒山造林3100公顷，植树350万株，完成爆破造林600公顷，植树67万株。

市级绿化造林工程 绿色通道建设密云京承三期工程规划绿化面积1207.6公顷，62.7千米，完成整地面积677.53公顷、绿化面积290.2公顷，栽植苗木81万株；大兴区京山铁路二期绿化工程完成面积34.27公顷，栽植苗木4.5万株；延庆县延琉路完成绿化面积307.73公顷，栽植苗木34万株。第二道绿化隔离地区完成绿化建设面积1093.33公顷，栽植各类苗木172万株。彩色树种造林面积1333.33公顷，栽植苗木128万株。公路河道完成绿化长度300千米，栽植苗木157万株。

郊野公园建设工程 2011年绿化隔离地区建成郊野公园10个，公园规划面积354.66公顷。据统计，现已完成移植、栽植乔灌树木4.2万株(移植树木2.8万株，新植树木1.4万株)；种植地被花卉及水生植物22.7万平方米；完成道路、广场铺装5万平方米，铺设排水管线6.8万米；完成土方100万立方米，拆除建筑面积1.824万平方米，动土方量95.6万立米。目前，海淀区北坞公园已基本建成，具备了开园条件。

各区县级完成造林绿化面积1720万公顷，栽植各类苗木近170万株。

生态公益林管护工作 进一步加强了国家重点公益林的管护工作，及时划拨管护资金，严格征占用林地审批，加大宣传教育力度，采取多种抚育措施，确保了国家重点公益林的安全和林分质量的提升。加强了山区生态林补偿机制管理工作，随着《关于完善本市山区生态补偿机制的通知》的贯彻落实，进一步强化了区县政府的主体责任，建立健全管理制度，确保了各项政策措施落实到位，管护员管林护林的积极性明显提高，责任心明显增强。积极开展生态林的中幼林抚育，扎实做好森林防火工作，有效遏制破坏森林资源行为，生态林管护水平明显提高。2011年围绕山区生态公益林生态效益促进发展机制，积极开展森林健康经营，完成了林木抚育4万公顷，提高了林分质量，增强了森林生态服务功能。

实施山区低效生态公益林改造工程6666.67公顷 按规划主要安排在重点风景区、前山脸重要部位、重点通道周边，通过补植补造、引针入阔、抚育间伐、更新改造、纯灌林改乔灌林等措施，改良林木组成结构，提升林分质量，提高生态景观效果。同时开展了2000公顷改造试点建设任务。积极探索经验和技术模式。为科学推进全市低效林改造工程奠定基础。

京冀生态水源保护林建设合作项目 按照《北京市人民政府 河北省人民政府关于进一步深化经济社会发展合作的会谈纪要》安排，2009～2011年京冀生态水源保护林建设合作项目计划在河北张家口、承德两市密云、官厅水库上游营造生态水源保护林1.33万公顷，工程投资1亿元，涉及赤城、怀来、丰宁、滦平4县。截至目前，三年1.33万公顷生态水源保护林规划建设任务已全部完成，累计栽植各类苗木2075万余株，其中，2011年按计划完成生态水源保护林建设任务4000公顷，涉及两市4县8个乡镇，栽植各类苗木642万余株，并完成割灌、修防火道以及宣传标志牌等建设内容，进入养护和验收阶段。张家口、承德两市分别组织四县完成工程自查验收，面积完成率100%，苗木成活率在85%以上，达到项目建设要求。年内开展了新闻媒体的专题宣传报道和历年项目质量核查工作，营造了良好的舆论氛围，巩固了项目建设成效。

各级领导重视，投入力度大 各区县把园林绿化建设列为重要工作，主要领导亲自部署、实地检查，力度大、投入多。据不完全统计，全市今年各级投入资金累计120多亿元，其中区县财政投入达80多亿元，是历史以来投入最大的一年。南海子公园二期建设面积626公顷，按计划年底完成60%建设任务，目前，拆迁面积340万平方米、处理垃圾1680万立方米任务已全部完成，栽植各类苗木3.5万株，进展顺利。二期公园建设费用50多亿元。各区县加大了对区、乡镇级公路、河道绿化资金的投入。区县园林绿化局部门积极自筹资金。密云县政府投资近3亿元，围绕新城建设启动实施县级"六路、一口、一园"绿化建设工程，规划绿化面积800公顷70.68千米。昌平区紧紧围绕区委、区政府提出的全面建设"高端引领、创新驱动、绿色发展、开放包容"的"京北创新中心、国际科教新城"的建设目标，区政府投资4.5亿元，全力实施高标准高质量的绿色通道建设工程，力争到2012年底，对全区镇级以上的284条公路(国道5条、市级道路10条、区级公路39条、镇级公路230条)及温榆河两侧绿化带提质增效建设，绿化总长度1500多千米，实施绿化面积2133.33公顷。丰台区政府投资3800余万元，用于园博园周边道路绿化建设。大兴区政府投资2.4亿元，对亦庄地区周边总长度65千米190平方米的道路实施了绿化与改造提升。顺义区政府拟投资2.98亿元，改造顺平路绿化带。

转变发展方式，创新政策机制 一是大兴、密云、昌平、朝阳、顺义、通州、延庆、海淀、丰台等区县参照市相关政策标准，相继出台了本地区的绿化建设、林木养护、占地补偿的政策，制定了绿化建设、检查验收管理办法，利于巩固绿化成果，保护农民利益；二是把林木抚育养护作为春季造林绿化的重点工作，2011年春在加快绿化造林的同时，广泛开展了修枝割灌、补植补造、清除枯死木等营林工作，促进了林木生长，提升了景观质量，推进了造林向营林转变。

【京津风沙源治理工程建设】 按照市发改委批复，北京市2011年京津风沙源治理工程建设总任务3.1万公顷，其中人工造林3633.33公顷、爆破造林666.66公顷、封山育林2.67万公顷、种苗基地建设1处。各项工程任务年底前全部完成。

【巩固退耕还林成果建设】 根据调整后《北京市巩固退耕还林成果专项建设规划(2008－2015年)》，2011年建设总任务为建设观光采摘示范园10个，退耕地造林补植补造2115.33公顷。截至2011年底，退耕地造林补植补造任务已经全部完成；采摘示范园建设年底前可完成全部任务。

【北京市对口支援新疆和田地区防沙治沙项目的管理工作】 2011年北京市园林绿化局承担北京市与新疆对口支援合作项目中两项防沙治沙项目的管理工作，邀请了北京林业大学等防沙治沙领域的有关专家赴项目区进行了实地考察，并与北京市对口支援和经济合作工作领导小组新疆和田指挥部及和田地区有关领导召开了协调会，洽谈了合同具体条款，明确了工程建设程序，确定了工程项目规模和建设模式并制定了援疆项目防沙治沙工程管理办法(试行)。截至目前，已完成初步设计、施工招标等前期工作，并于近期全面开工建设。

2011年底，全市已在延庆县等12个区县，示范推广林菌、林药、林花、林草等十种林下经济典型模式，推广面积20余万公顷，年实现产值2亿元，参与人员达30万人。

【资源保护管理】

森林火灾防控 八达岭、西山等市属林场防火阻隔工程基本完成，航空护林站、国家物资储备库和红外监测自动报警系统等重大项目扎实推进，成功实施了森林武警定点靠前驻防，提升安全保障能力，确保全市没有发生重大森林火灾。

林木有害生物防控 北京市政府与区县政府签订了"十二五"防控责任书，加大了动态监测和普查普防力度，实现了"有虫不成灾"的目标。

湿地、自然保护区和古树名木、野生动植物资源的保护管理 新建了房山长沟、怀柔琉璃庙两个市级湿地公园，野鸭湖、汉石桥湿地保护建设稳步推进；完成古树名木复壮640余株，松山、百花山国家级自然保护区基础设施建设全面加强，野生动物疫源疫病监测体系不断完善。

林政资源管理和执法 累计减少移伐树木、林木4.8万余株，减少征占用林地25公顷；全年受理查处林业行政案件472起，成功侦破一批刑事案件，保护了森林资源。

应急处置 面对2010年的极端天气考验，坚持因险而动、因情施策，全面加强了林木绿地资源的日常管护工作。为抗旱保林，全市仅重点绿色通道管护就补植补造树木4.2万株，巩固了绿化成果；针对夏季连续发生的暴雨险情，迅速启动应急抢险预案，支撑加固倾斜树木，清理倒伏断枝树木。针对公园绿地管理存在的突出问题，连续开展了全市性大检查，健全完善了整改措施。

【产业发展】 2011年，首次以北京市政府名义召开了全市林业产业大会，出台《关于加快花卉产业发展的意见》，推动绿色产业加快提质增效。

【产业结构调整】 结构调整成效明显，加大示范区建设力度，2011年重点在房山、顺义、密云、延庆等区县开展了以林下中草药、林下仿野生菌、林缘玫瑰、治沙植物新材料示范、芳香类植物等为主要内容的示范区建设。完成示范区建设482公顷。2011年，加大林下经济科研力度，继续和北京农学院合作，加大了对玫瑰的繁育、管理及后续加工的科研力度和组培快繁试验等相关研究；在深加工方面还开展了提取玫瑰花的活力细胞液及制作超微粉面膜等。

【果树产业】 2011年，果树产业提质增效显著，完成水蜜桃、甜柿改造工程1000公顷，建设出口基地66个，引进优良新品种500多个，实现产值42.7亿，比2010年净增6.1亿元，同比增长16.6%，增量和增幅均创历史新高；果品收入增长5.9亿元，果农户均果品收入1.38万元。

各树种果品产量均稳步增长 在经历2010年冻害之后，今年各树种果品产量均稳步增长。据初步统计，2011年全市果品产量为10.0亿千克，同比增产10.2%。其中鲜果产量达到9.4亿千克，同比增产10.4%；核桃、板栗、仁用杏等干果产量达到6215.7万千克，同比增长7.5%。全市鲜果收入达到35.2亿元，同比增长19.4%；干果收入7.3亿元，同比略有增长。全市樱桃总产量达到883.9万千克，比2010年增长1.8倍；收入3.4亿元，比2010年增长1.5倍。

从2006年以来，全市果品收入连续五年增长超过10个百分点，2011年全市30.9万户果农户均果品收入1.38万元，同比增长16.0%。

果树发展 2011年春，完成果树发展5666.66公顷、642.0万株。其中，新发展果树2600公顷（主要集中在山区县2200公顷）、357.6万株，鲜果1866.67公顷、果树303万株，葡萄448.8公顷、210.5万株，分别比去年增长137.0%、80.0%。为了迎接2014年世界葡萄大会的召开，房山、密云、延庆三个区县分别新植葡萄137.47公顷、193.33公顷、110公顷，占到全市的98.2%；新发展干果733.33公顷、果树54.6万株。"十二五"规划中明确了加强对低效果园改造的力度，2011年春全市更新老杂劣果树1466.67公顷、165.3万株（山区县1266.67公顷，149.4万株）。以枣146.2公顷、苹果、葡萄为主，改良品种、高接换优1600公顷、119.1万株。基本完成改接水蜜桃666.67公顷、甜柿333.33公顷的计划目标。实际完成传统硬肉桃高接优质水蜜桃637公顷、29.7万株；传统涩柿高接甜柿288.53公顷、12.1万株。

全市设施果品总收入又创历史新高 近几年设施果树栽植稳步发展，效益逐年提高，平均亩收入在1.7万～2.6万元。到2011年，全市共有设施果树面积1400公顷，其中结果面积1000公顷、1.4万个棚室，同比分别增长15.2%、33.8%和29.6%。在结果设施面积比去年增长的基础上，今年全市设施果品总产量达到1471.9万千克，比去年增长12.3%；总收入又创历史新高，达到3.9亿元，同比增长40.0%；结果面积的平均亩收入达到2.6万元。

京郊果园观光采摘效益持续攀升 据统计，2011年京郊果园共接待游客997.6万人次，同比增长10.3%；采摘果品总量达4074.3万千克，采摘直接收入达4.4亿元，同比增长32.4%。京郊采摘开放果园增加到1222个，面积达到3.86万公顷（同比增长12.6%）。通过观光采摘促销果品5924.0万千克；促销收入3.7亿元，同比增长27.0%。

2011年"五一"期间，京郊设施果园采摘果品量为13.30万千克、采摘收入547.68万元，采摘量、采摘收入同比分别增长16.72%和14.56%。"五一"小长假京郊果园共接待游客39.08万人次。观光旅游收入1489.89万元，比2010年增长11.95%。市民采摘主要集中在平谷、房山、顺义3个区，采摘量为10.65万千克，占全市的80.08%；采摘收入为455.79万元，占全市的83.22%。

全市完成干鲜果品及加工品出口2034万千克 8月29日，在大兴举行了"大兴黄金梨·北京果品批量出口第一单活动"的启动仪式，此次果品出口交易第一单拉开了北京市果品出口的帷幕。

据初步统计，2011年全市已完成干鲜果品及加工品出口2034.0万千克，收入5038.3万元，同比分别增长20.9%和29.6%。其中，出口桃、梨类鲜果714.5万千克、收入2567.3万元，同比分别增长32.1%、45.7%；板栗、仁用杏类干果267万千克、收入534万元，同比均增长25.9%；平谷的桃汁，怀柔的栗仁、核桃仁等果品加工品出口1052.5万千克、收入1937万元，同比分别增长13.2%、13.9%。

【花卉产业】 全年培育花卉新品种15个，引进优良品种500多个，实现产值15.2亿元，同比增长9.4%。全市生产鲜切花2402万支，其中月季329万支、百合935万支、菊花440万支；生产盆栽植物7943万盆，其中盆花7400万盆，盆花中花坛花卉5804万盆、月季732万盆、菊花228万盆、花烛属类196万盆、兰花类165万盆、凤梨类62万盆；生产观赏苗木1074万株等。

花卉文化宣传活动 围绕"绿色北京，让美好走进生活"的办节主题，组织开展了2011北京郁金香文化节、2011北京月季文化节、2011北京菊花文化节。一是成功举办了2011年北京郁金香文化节。本届郁金香文化节于4月22日～5月15日举行，在北京国际鲜花港集中展示水晶美人、紫衣王子等86个品种300万株郁金香，并辅以百合、风信子、洋水仙、花毛茛等八大类春季时令花卉，营造出令人神往的花海景观效果。在室内展出百合优良品种88个，15万株。节日期间吸引游客近22万人，实现销售收入667.8万元。二是成功举办了2011北京月季文化节。本届月季文化节以"温馨月季、浪漫之约"为主题，于5月26～6月12日举行。以北京植物园为主会场，天坛公园、陶然亭、北京世界花卉大观园、中科院植物研究所北京植物园为分会场，通过月季造景展、新品种月季、盆栽月季展及月季栽培大师作品展、月季种苗及新技术推介会等13项主题活动，充分展示月季品种、文化、生产。吸引游客30多万人。本次文化节还组织“市花月季进万家”活动，向北京市民提供2万盆盆栽月季。通过与社区合作，向选定的社区赠送月季，用市花月季布置家园；通过多种预约方式，将盆栽月季送给北京市民，推动市花月季走进千家万户。三是“2011北京菊花文化节”进展顺利。本届菊花文化节于9月24日开幕，展期持续到11月中旬。由北京国际鲜花港、世界花卉大观园、北海公园、北京植物园等4家单位承办。共展出1000多个品种、4万余盆独本菊；400余个品种、300余万株小菊和草本花卉以及1000余盆造型菊、艺菊和盆景菊。通过品种展示、菊花评比、“斗菊”等10多项丰富多彩的主题活动，弘扬市花文化，促进产业发展，到10月20日已吸引游客40多万人次。其中北京国际鲜花港展区共接待游客99 313人，同比增长62.4%，实现门票收入332万元，同比增长55.87%，其他经营收入103.4万元，同比增长326.14%，收入合计435.4万元，同比增长382.01%。

花卉产业示范基地建设 利用农业综合开发资金1140万元，启动建设大兴月季出口、密云百合、房山玫瑰加工、天竺高档盆花等4个花卉示范基地46.67公顷，努力打造花卉出口示范基地。

【种苗产业】 全市审定林木种苗新品种13个，新建彩色苗木基地200公顷，北京已成为全国最大的彩色乔木生产基地。

苗木企业调整 2011年以来，北京市种苗管理部门以满足市场化需求为目标，继续引导苗木企业调整结构，提高质量和效益，提高苗木生产标准化水平，加大良种培育力度。并结合北京市春季造林和绿化工程需要，提供优良苗木。

据统计数据分析显示，经过整合优化，目前全市共有苗圃1086个，同比减少19个；实际育苗面积0.93万公顷，同比减少0.02万公顷；总产苗量2.5亿株，可为下半年提供绿化苗木1.3亿株。全市针、阔、花灌木的比例为25∶38∶37，大规格苗木和彩色树种供应能力不断加强，育苗结构更加符合市场需求。

种苗市场建设 林木种苗交易市场建设作为“十二五”期间林木种苗发展规划的重要产业布局之一，是2011年种苗工作的重点。“十二五”期间，北京市将继续推进和扶持通州华源发林木种苗交易市场建设，将其建成集交易、展示和配送为一体、华北地区最大的林木种苗交易市场。经多次与通州区园林绿化局、市场负责人商讨市场发展对策和方向，结合市场发展需要，完成华源发种苗交易市场中长期发展规划编制工作，制定了明确的建设目标和内容。2011年，市场总投资480万元，新增经营性用地4公顷、新建温室大棚1座1800平方米、铺设排灌系统1278米、安装315kv变压器1座，新修10米宽道路1295米、翻修道路3200米。总营业收入7000万元，吸纳并带动周边从业人员300人。市场基础设施建设的不断完善，为“建设成为富于专业特色、立足北京、华北地区最大、国内一流、具有世界先进水平的综合交易市场”的目标奠定了坚实基础。

【蜂业发展】 北京市蜜蜂良种率达到58%，蜜蜂饲养量达到29万群，连续三年实现扩群3万群的目标。引进优良种蜂王1500只，蜜蜂良种率达58%；蜂蜜产量750万千克，比2010年增加19.6%；蜂王浆产量12.6万千克，比2010年增加10.5%；全市共有蜂业专业合作组织54个，有蜂业产业基地56个，售蜂收入680万元，蜂授粉收入1600万元，养蜂总产值1.9亿元，蜂产品加工产值超过9亿元，出口创汇超过1100万美元。

【产业链条不断拓展】 成功举办了“三节一展”和“百万市民观光采摘游”等系列花果节庆活动，吸引1100多万人次参加，实现果品采摘收入4.4亿元，提升了产业综合效益。林下经济、森林旅游等新兴产业蓬勃发展，建设林下经济示范区1100公顷。新设立3个市级森林公园，高标准建成开放西山国家森林公园，全市森林公园接待游人600万人次，总收入突破2.2亿元。大力发展新型市场业态，启动了五个市场交易中心的建设。

【生态园林文化】

基础研究 围绕贯彻党的十七届六中全会精神，开展了生态文化体系建设重大课题研究，取得的成果被首次写入《市委关于发挥文化中心作用、加快建设中国特色社会主义先进文化之都的意见》中，为下一步全面推进生态园林文化建设奠定了基础。

节庆文化活动 高水平完成了建党90周年和国庆62周年城市景观布置工作，特别是在时间紧、任务重、要求高的情况下，高质量完成了以“红心向党”为主题的天安门景观环境布置任务，受到市领导和社会各界的高度评价，成为首都庆祝活动中光彩夺目的亮点工程。围绕纪念全民义务植树30周年和开展国际森林年活动，组织举办了首届“森林与人”科普宣传、“第二届零碳音乐季”、“寻找绿色之光”文学作品、文史资料征集等活动，与北京电视台联合举办了首都全民义务植树30周年大型纪念晚会，取得较大影响。全市公园景区开展各类节庆文化活动达160多项，接待游客2.4亿人次。

各类重大展会 圆满完成第九届中国国际园林博览会各类建设项目的前期手续审批，并全面开工建设。开展了园区环境整治和绿化建设，完成园博馆、主展馆、北京园等标志性建筑的规划设计，并开工建设；召开了全国招展大会，对外邀展招商工作成效显著，已有31个省区市和港澳台地区、56个重点城市选定展园67个、面积10.76万平方米，近20个国家相关机构和城市来函咨询或现场考察，表达出浓厚的参展兴趣。圆满完成了西安世园会、重庆园博会北京园和义乌林博会、海南森林旅游博览会北京展厅建设，获得多项荣誉，受到高度评价。世界葡萄大会、中国菊花展等重大展会的筹建工作成效显著。参加了亚太林业周园林绿化展览，受到国际社会好评。

【全民义务植树活动】 圆满完成了中央领导等六大植树活动的筹备和组织协调工作，全市共有366万人次参加了义务植树活动，共植树400万株，抚育树木1733

万株。群众性绿化创建活动蓬勃开展，全年创建花园式单位150个、花园式社区55个、园林小城镇8个、首都绿色村庄100个；深入开展“城乡手拉手、共建新农村”活动，有1000个单位和驻京部队与700个村结成对子，提供绿化资金达2049万元、植树27万株，协调市有关部门投入绿化资金达5.6亿元；市民踊跃认建认养林木绿地，共认养地块245处、面积556.9公顷，认养树木12.8万株，投入资金达3.3亿元；林业碳汇行动计划稳步推进，计量监测体系不断完善。

【集体林权制度改革】 经过近三年的努力，全市基本完成以勘界确权、明晰产权、落实股权、保障收益权为核心的主体改革任务，林地确权面积86.67万公顷、确权率达98%，发放股权证57.74万本，山区百万农民从每年4亿多元生态效益补偿中得到实惠，年均增收200多元。

【政策法规体系】 在规划编制方面，与市发改委联合发布了全市园林绿化“十二五”发展规划，出台了规划任务分解方案，并与区县签订“十二五”绿化工作责任书；编制完成了十大滨水绿廊建设、永定河“五园一带”、湿地公园等一批重要的专项规划，市、区两级林地保护利用规划编制取得阶段性成果，编制完成各区县绿地系统规划，发布了园林绿化应对气候变化行动计划；在法制建设方面，市政府正式颁布了《北京市森林防火办法》，启动《湿地保护条例》的起草工作；在重大政策方面，以市政府名义制定出台关于推进城市空间立体绿化、加快花卉产业发展、推动城市绿线划定等3个重要政策文件。特别是针对长期以来园林绿化资源管理面临的突出问题，首次制定了《北京市公园维护管理费用指导标准和村庄绿化养护指导意见》，出台森林健康经营、代征绿地移交和湿地公园管理等一批重要的规范性文件，各区县也相继制定一批具体的政策办法，有力加强了园林绿化基础管理工作。

【科技支撑与国际交流合作】 组织实施科研课题34项，推广应用科技成果20项，制定、修订各类标准28项；历时四年的植物种质资源调查取得重大成果，森林资源连续清查圆满完成；完成8个基层林业站的标准化建设，食用林产品质量安全检测检查工作全面加强，林果乡土专家进城交友行动持续推进，林业生物质能源开发取得新的进展。中德、中韩等国际合作项目稳步推进，完成对外援助“中朝友好苗圃项目”，协助举办首届亚太经合组织林业部长级会议。

【管理服务】 强化全程办事代理、电子政务建设和政府信息公开，完善网上行政审批等信息管理平台。大力加强城市绿地的精细化管理，完善监督考核机制，完成中心城第一批绿线划定工作。加强公园和风景名胜区管理，开展主要公园和历史名园保护发展专题研究，进行精品公园审定评比，建成公园景区网络工作平台，启动假日服务保障机制，不断提升管理服务能力。

【国有林场和苗圃建设】 市属场圃加快转换经营机制，大力推动“场园一体”发展，在基础设施建设、森林经营抚育、科普教育示范和生态文化普及等方面实现新突破，全年共实施62个项目，完成投资2.8亿元。

（北京市林业由黄桂林供稿）

天津市林业

【概　述】

植树造林 全市共完成造林面积1.82万公顷，植树2003.5万株，占计划的134.1%。其中重点造林工程完成0.93万公顷，占计划的109.0%。全民义务植树工作成效显著。以开展纪念义务植树30周年和开展国际森林年活动为契机，分别组织市党政军领导、市直机关干部和全市大专院校师生以及在津外国专家、留学归国人员代表开展义务植树活动，共植树5万余株，同时配合新闻媒体进行宣传报道，收到良好效果，义务植树范围和影响不断拓展。截至2011年底，全市有林地面积达到21.13万公顷，灌木林面积0.47万公顷，四旁树折合面积2.2万公顷，林木覆盖率21.8%。

林政资源管理 ①按照《国务院批转国家林业局关于全国“十二五”期间年森林采伐限额审核意见的通知》要求，报请市政府印发了《关于下达“十二五”期间年森林采伐限额的通知》，下发有关单位执行。②依据国家林业局下发的《关于开展保护发展森林资源目标责任制建立和执行情况检查的通知》要求，开展了对县级人民政府保护发展森林资源目标责任制年度检查工作。③做好征占用林地审核、审批工作，全年审核审批84项，征占用林地面积210公顷，收取森林植被恢复费1783万元。④市级林地保护利用规划大纲编制完成；全国木材运输证信息化管理工作全面启动；配合有关单位开展清查全市高尔夫球场和违法占地活动。⑤森林资源二类调查进展顺利。截至2011年年底，全市已完成18万个小班作业调查工作，占任务总量的78.2%。

森林病虫害防治 编制完成《天津市2011年以美国白蛾为主的林业有害生物防治实施方案》。召开了天津市2011年美国白蛾防治工作动员会。完成三代美国白蛾防治工作，全年美国白蛾三代累计发生面积2.95万公顷，防治作业面积21.58万公顷，其中地面施药治理作业面积13.38万公顷，飞机防治作业面积3.47万公顷。超额完成了防治任务，其中防治作业面积、地面施药面积、飞机防治面积分别比计划防治面积增加3.64%、6.21%和4%。经国家林业局和市防控办检查验收，全市平均有虫株率为0.05%，达到了国家林业局下达天津市的防控指标。其他林业有害生物全年发生面积为5.98万公顷，防治作业面积9.12万公顷。经治理，达到了有虫不成灾的治理目标。

森林防火 ①传达全国森林防火电视电话会议精神，统一全市上下做好森林防火重要性的思想认识。进一步落实“谁主管、谁负责”的森林防火责任制。在重要节日和森林火险高发期间，组成检查组深入重点地区，检查森林防火工作。②完成和落实国家级物资储备库防火物资采购任务和建库资金。启动重点火险区蓟县森林防火2011年项目。③组织开展了森林防火宣传月活动，共发放森林防火宣传资料40 000余份，张贴标语4300份，各种宣传画4000份。有力地推动森林防火工作开展。④加强森林消防队伍建设，在蓟县成立了100人的合同制消防队，组织了2600人的兼职扑火队员，并进行了岗位培训。通过各项防火措施的落实，实现了连续21年无重大森林火灾的目标。

野生动植物、自然保护区和湿地保护与管理 ①全年共接收救护电话320余个，转接救护信息260余条，出动救护车辆400余次，救护国家二级重点保护野生动物90余只，市级保护动物1300余只。②在全市开展破坏野生动物资源调研整治专项行动和“春季行动”，共出动执法人员473人次，各种车辆87辆，清查宾馆、饭店86家，清查市场35个，没收野生动物10 000多只，收缴木材5360立方米，收缴网具1100米，查处各类案件31起，其中移送公安案件8起，行政处罚108起，行政罚款268 000元。③积极开展天津市第二次陆生野生动物资源调查各项准备工作。与北京师范大学签订了调查合作意向书，完成《工作方案》和《技术规程》的编制并通过了专家技术委员会的评审，适时举办调查技术培训，为外业调查的开展奠定了基础。④加强湿地保护管理工作。经市人民政府同意，对天津市湿地保护工作领导小组成员进行了调整。起草了《关于加强我市湿地保护管理的若干意见》。对湿地最低保有量、保护和改造措施、经费来源、征占用湿地的审批等事项均提出了明确的要求。依据最新的省界和海界区划图，对《天津市湿地资源调查报告》中的数据全部进行重新梳理和调整，尤其在重点湿地和河流湿地的数据与图表方面进行了细化，使调查成果更详细和更具有说服力。

机关自身建设 ①健全完善基层党支部、机关各处室(局)、各直属单位集中学习制度。聘请市委党校教授围绕落实胡锦涛总书记视察天津工作时的重要讲话作了专题辅导报告。安排4名处级干部和3名科级干部、党务干部参加农工委干部处举办的培训班。②建立健全岗位管理制度。制定了《天津市林业局事业单位岗位设置管理实施意见》，实现人事管理的科学化、规范化、制度化，有力调动各类人员的工作积极性，保证各项工作高标准完成。③抓好机关基础设施建设。完成局档案管理设施设备的升级改造工作，开展了建局以来的档案规范整理工作，在市档案局组织的档案管理评估检查中，通过二级档案达标验收。④做好后勤保障工作。对办公楼水、电、暖等设备进行维护改造，建立职工食堂，解决了全局职工就餐问题，就餐质量和环境得到明显改善。

【市级重点造林工程】 2011年，市级重点工程共完成造林面积0.93万公顷，植树1183.5万株。其中，①津晋高速绿化工程。完成造林面积101公顷，植树17万株，完成土方53万立方米。②荣乌高速公路绿化工程。完成造林面积135公顷，植树36万株，完成土方119万立方米。③滨海新区绿化工程。完成造林75.27公顷，植树8.8万株，完成土方138.3万立方米。④成片林地绿化工程。完成造林面积5716.35公顷，植树491万株。⑤环城绿化工程。完成造林面积162.67公顷，植树27.4万株。⑥园区绿化工程。完成造林面积1020.81公顷，植树256万株。⑦重要通道绿化工程。完成造林面积2044.23公顷，植树364.2万株。相比上一个年度，由于前期市林业局和各区县均重点进行了相关栽植技术培训，因此，栽植质量较往年有较大提高。

【爱鸟周】 4月18～24日，由天津市林业局主办，天津市野生动物保护协会、国家林业局濒危物种进出口管理中心天津办事处协办，天津市野生动植物保护管理站、西青区农业技术推广服务中心承办的以“全民动员 爱鸟护鸟”为主题的天津市第三十届爱鸟周宣传活动正式举办。天津市林业局党委书记、局长陶润立出席开幕式并在讲话中回顾了三十年爱鸟周宣传活动历程，总结了三十年坚持搞好这项活动的重大社会意义和所取得的良好社会成效。

开幕式上，天津市野生动物救护驯养繁殖中心工作人员在西青区水高庄大西河现场放飞了救护并已治疗痊愈的国家Ⅰ、Ⅱ级及市重点保护鸟类共9只，其中包括国家一级保护鸟类白鹳和国家二级保护鸟类灰鹤、天鹅以及市重点保护鸟类白冠长尾雉等。

【林业有害生物防治】 ①完善网络森林医院建设。天津市网络森林网络医院自开通运行以来，不断充实人员和信息量，现已设立了自助诊治、专业支持、公众报告等栏目，聘请南开大学、天津市植物保护研究所等教学、研究机构的专家作为顾问，方便广大林农和基层技术人员进行咨询，为普及森防知识，及时解决生产中的技术难题提供了便捷的通道。②加强林业病虫害的监测预报工作。对全市9个国家级中心测报点、3个市级测报点和基层监测点做好技术指导，开展抽查考核，保证正常运行。按照《天津市林业有害生物监测调查技术规程》实行全面普查、日常监测和专业监测相结合，根据病虫害发生特点开展监测调查，及时掌握病虫害发生动态。对一般病虫害实行月报制度，对突发重大林业生物灾害实行“零报告”制度。规范填报发生防治数据，逐级按时上报。利用简报、电台、电视台、短信平台、网站等多种途径及时发布预警信息，市、区县两级森防机构共发布虫情动态153期，指导基层林业部门和广大林农开展防治。全市2011年林业有害生物监测预报准确率达到90%，为科学防治奠定了基础。③加强检疫工作。2011年，对全市483家应施产地检疫的种苗基地、涉木加工企业和经营单位开展了走访和登记工作，建立了检疫源头档案和数据库。办理引种审批5次，产地检疫率为100%。全市调运检疫苗木529万株，木材64.11万立方米；复检苗木219万株，木材62.03万立方米、进行除害处理2批次；组织开展了为期一个月的松木及产品调运检疫专项执法活动，取得了良好的效果。

【全市造林绿化工作动员会】 2011年11月15日，天津市委、市政府召开2011～2012年度造林绿化工作动员会议，认真贯彻落实市委九届十一次全会精神和市委、市政府关于加快林业发展的一系列决策部署，全面总结2010年秋季以来造林绿化工作，安排部署今冬明春造林绿化重点任务。市委常委苟利军出席会议并讲话，副市长李文喜作总结部署。市有关部门和各区县负责同志参加会议。

李文喜强调，各区县、各部门要高度重视，认真按照市委、市政府的部署要求，精心组织，严格管理，真抓实干，确保今冬明春造林绿化工作再上新水平。一是要加强组织领导。二是要确保工程进度。三是要提升工程质量。四是要强化林木管护。五是要加快郊野公园建设。

【评选表彰绿化先进】 3月11日，天津市人民政府召开全市造林绿化表彰动员大会，表彰天津市2007～1010年度绿化先进区县、单位、先进个人和绿化津门十大人物。会上，表彰了经过层层评选出的先进单位100个、先进个人150名和绿化津门十大人物，同时市委宣传部及两报两台对绿化津门十大人物进行了广泛深入的采访和宣传报道，营造了良好的社会氛围。

【2011～2015年天津市造林绿化规划】 12月19日，市政府批准了《2011～2015年天津市造林绿化规划》。

《规划》确定的范围、期限、目标、原则和总体格局，是指导天津市"十二五"期间造林绿化工作的重要依据。《规划》的实施对加快天津市造林绿化步伐，全面完成各项造林任务，充分发挥林业的经济效益、生态效益和社会效益，顺利实现生态城市的定位，建设绿色天津具有重大战略意义。

【林业大事】

1月11日 中共天津市委组织部任命齐龙云同志为天津市林业局(天津市绿化委员会办公室)副巡视员(津党组〔2011〕18号)。

2月9日 副市长李文喜在市政府副秘书长于忠诚陪同下，到市林业局看望全体干部职工。

2月14日 副市长李文喜听取市林业局关于京沪高铁绿化方案汇报。

2月23日 市林业局党委书记、局长陶润立，局领导王海静、齐龙云、吴学东，深入宁河县检查指导造林绿化工作。县委书记荣建勋、县长李树起参加座谈，副县长姜福元等陪同检查。

2月24日 副市长李文喜，副秘书长于忠诚和市农委、市林业局负责同志对京沪高速铁路绿化工程进行现场考察。静海县、武清区、北辰区政府负责同志和林业主管部门负责同志分别陪同。

3月2日 副市长只升华、李文喜，副秘书长于忠诚到市林业局召开会议，研究全市造林绿化表彰动员大会和京沪高铁绿化工程相关问题。市林业局党委书记、局长陶润立，副局长吴学东参加会议。

3月3日 市重点造林绿化工程建设指挥部副总指挥陶润立主持召开京沪高速铁路绿化工作会议。北辰区、西青区、武清区和静海县主管区县长，林业主管部门和农垦集团负责同志参加会议。

3月11日 市政府召开全市造林绿化表彰动员大会，表彰天津市2007～2010年度绿化先进区县、单位、先进个人和绿化津门十大人物。副市长只升华讲话，副市长李文喜主持会议。天津警备区副司令杜克明、市政府副秘书长王敬威、于忠诚出席会议。市有关委办局、有关单位，各区县区县长、分管区县长和区县市容园林、林业部门负责同志参加会议。

3月15日 天津市组织收听收看全国森林防火工作电视电话会议。国务院和国家森林防火指挥部领导同志作了重要讲话，对"十二五"及2011年森林防火工作进行了安排部署，提出明确要求。会后，副市长李文喜就天津市贯彻落实这次全国电视电话会议精神提出要求。

3月15日 市林业局召开档案整理评估暨业务培训工作会议。齐龙云副局长主持会议并讲话。市档案局机关事业处有关同志应邀出席会议。局机关各处室(局)、各直属单位负责同志及专兼职档案人员参加会议。

3月17日 副市长李文喜听取市林业局关于京沪高速铁路两侧绿化方案汇报，并对做好下一步工作提出具体要求。市林业局党委书记、局长陶润立，副局长齐龙云、吴学东及有关处室负责同志参加汇报。

3月18日 张高丽、黄兴国、肖怀远、邢元敏、谢建华、董泽平等市领导与广大干部群众、中小学生、驻津部队和武警官兵一起，在南开区绿水园公园参加义务植树劳动，并听取了绿水园公园规划建设情况汇报。市有关部委办负责同志参加了植树劳动。

3月23日 副市长李文喜听取市林业局关于春季造林绿化情况汇报，并对做好下一步工作提出具体要求。市林业局党委书记、局长陶润立、副局长吴学东及有关处室负责同志参加了汇报。

3月24日 副市长李文喜率市农委、市林业局负责同志检查了荣乌高速公路两侧绿化工程、京沪高铁两侧绿化工程(静海段)、静海县大邱庄造林工程、104国道静海新线绿化工程以及静海县林海循环经济示范区造林现场。西青区政府、静海县政府及大港油田负责同志参加相关检查活动。

3月31日 全市召开春季造林绿化现场推动会。副市长李文喜和市政府副秘书长于忠诚率队检查了荣乌高速公路西青、静海段绿化工程，大邱庄农田林网工程，静海县京沪高铁绿化工程，104国道新线通道绿化工程建设情况。市农委、市林业局主要负责同志以及滨海新区、有农业区县主管区县长参加了会议。

4月6日 副市长李文喜听取市林业局落实春季造林绿化现场推动会情况汇报。

4月8日 市人民政府召开天津市2011年美国白蛾防治工作动员会。副市长李文喜出席会议并讲话，市政府副秘书长于忠诚出席会议，市农委主任张国庆主持会议，市重大外来林业有害生物防控领导小组成员单位、有农业区县政府和林业主管部门负责同志参加会议。

4月11日 市林业局召开一季度工作总结会。局党委书记、局长陶润立主持会议并讲话。局领导班子成员分别总结了一季度分管工作完成情况并安排了二季度重点工作。局机关处级干部和直属单位领导班子成员参加会议。

4月18日 天津市第三十届爱鸟周宣传活动开幕式在西青区举行。天津市林业局党委书记、局长陶润立出席开幕式并讲话，天津市林业局副巡视员、副局长王海静就即将开展的全市第二次野生动物资源调查做动员讲话，西青区农经委负责同志代表西青区政府致辞，蓟县林业局作为爱鸟护鸟典型单位发言。

4月22日 市森防指副总指挥、市林业局党委书记、局长陶润立带领局有关部门负责同志深入森林防火重点县蓟县督导检查森林防火工作，并召开专题座谈会。

5月6日 市林业局召开领导干部会议，传达学习胡锦涛总书记在天津考察工作时的重要讲话和全市领导干部会议精神，并就全局学习贯彻工作做出安排部署。局党委书记、局长陶润立出席会议并根据李文喜、张国庆讲话精神，结合林业局情况讲了具体贯彻意见。会议由副巡视员、副局长王海静主持，局领导李春国、齐龙云、吴学东出席会议并分别传达了胡锦涛总书记的重要讲话和市委书记张高丽的讲话。局机关处级干部、直属单位领导班子成员参加了会议。

5月10日 市林业局召开全市森林资源管理工作会议，贯彻落实全国森林资源管理工作会议精神，总结2010年森林资源管理工作，研究部署2011年森林资源管理工作任务。市林业局副巡视员、副局长王海静出席会议并讲话。

5月13日 市林业局邀请市委党校安连成教授就《胡锦涛总书记视察天津时的重要讲话》做辅导讲座。局领导班子成员，局机关全体党、团员，直属单位班子成员80余人参加。

5月27日 市林业局召开处级以上干部会议，传达学习市委九届十次全会和农口领导干部会议精神，部署当前工作。局党委书记、局长陶润立出席会议并讲话。会议由局党委副书记李春国主持，局领导王海静、齐龙云、吴学东出席会议。机关处级干部、直属单位领导班子成员参加了会议。

6月1日 市林业局组织召开美国白蛾防治工作专题会议。市林业局副巡视员、副局长王海静出席会议并讲话，市森防站、滨海新区及有农业区县森防部门负责同志参加会议。

6月1日 本市召开造林绿化工作总结会议。市委常委苟利军、副市长李文喜出席会议并讲话。有农业区县主管区县长参加了会议。

6月8日 黄兴国市长在市林业局报送的《2011～2015年天津市造林绿化规划(征求意见稿)》上作批示。

6月8日 市林业局党委书记、局长陶润立，副局长齐龙云率有关部门负责同志，深入宝坻区检查造林绿化和病虫害防治工作。区委书记王宏江、区长贾凤山参加座谈。副区长艾玉昆等陪同检查。

6月15日 市政府副秘书长于忠诚主持召开《2011～2015年天津市造林绿化规划》衔接会议并讲话。市城市规划设计研究院有关负责同志介绍了规划编制情况，市农委副主任李森阳，市林业局党委书记、局长陶润立，滨海新区规划局、区市容环保局、区农业局有关负责同志参加了会议。

6月22～24日 国家林业局贯彻落实全国人大常委会对国务院集体林权制度改革工作情况报告的审议意见督导检查组王前进巡视员、李近如副司长一行4人来天津市检查指导林政工作。

6月30日 副市长李文喜听取了《2011～2015年天津市造林绿化规划》修改工作汇报。市政府副秘书长于忠诚，市农委副主任李森阳，市林业局党委书记、局长陶润立，市规划局总规划师秦川以及滨海新区副区长刘子利，滨海新区规划局、区市容环保局、区农业局有关负责同志参加了会议。

7月6日 市林业局组织召开了飞机防治美国白蛾工作专题会议。市林业局副巡视员、副局长王海静出席会议并讲话，市森防站、武清区、宝坻区、静海县、蓟县森防部门负责同志参加会议。

7月20日 天津市机构编制委员会批复同意天津市野生动物救护驯养繁殖中心的经费渠道由自收自支变更为全额拨款，重新核定事业编制15名。

7月22日 天津市档案局副局长杨文杰和机关事业档案管理处处长苏春丽等五人组成的档案评估组，对市林业局档案管理工作进行了评估验收。

7月26日 市林业局党委书记、局长陶润立到天津市武清区飞机防治美国白蛾工作现场检查指导工作。武清区副区长张宗启、市林业局副巡视员王海静、武清区林业局及市森防站负责同志陪同检查。

7月29日 市林业局召开"学讲话、比贡献、创佳绩"活动动员暨上半年工作总结会。局党委书记、局长陶润立出席会议并讲话，局党委副书记李春国对活动进行动员部署，副局长吴学东宣读局党委命名"党员示范岗"的决定，会议由副巡视员、副局长齐龙云主持。机关各处室(局)、全额拨款事业单位全体党员、干部职工，自收自支事业单位主要负责同志，国家濒管办天津办事处负责同志和党员同志参加了会议。

7月25日 市林业局召开全市森林资源规划设计调查工作动员会。市林业局党委书记、局长陶润立出席会议并讲话。副局长吴学东主持会议并传达了市农委的通知。宁河县委常委、常务副县长张炳江致辞。市林业局相关处室、市林业调查规划设计院以及各区县林业主管部门负责同志参加了会议。

7月21日至8月9日 天津市开展了飞机防治第二代美国白蛾工作。

8月11～12日 国家林业局集体林权制度改革领导小组副组长黄建兴、林改司副司长李近如等一行3人到天津市静海县考察林改和林下经济工作。

8月27日 天津市林业局在静海县召开了天津市第二次陆生野生动物资源调查工作方案及技术规程专家论证会。市林业局副巡视员、副局长王海静出席会议并讲话，国家林业局调查规划设计院、首都师范大学、北京林业大学、天津自然博物馆、国家濒管办天津办事处、天津市林业工作站等单位的7名专家及市财政局、市林业局和部分区县林业局负责同志参加会议。

8月26日 国家林业局森林资源管理司(监督办)

副司长苏祖云一行4人，对天津市2011年中央林业投资项目执行情况和保护发展森林资源目标责任制落实情况进行了检查，市林业局副局长齐龙云和计财处、林政处负责同志陪同。

9月2日 上午，市二类调查领导小组召开了全市二类外业调查工作汇报会议。各区县相关单位负责同志参加了会议。

9月9日 市政府在市林业局召开《2011～2015年天津市造林绿化规划》征求意见专题会议。会议由于忠诚副秘书长主持，市发改委、市农委、市市容园林委、市财政局、市规划局、市国土房管局、市水务局、市环保局、市市政公路局、市农垦集团、北京铁路局天津办事处负责同志，市林业局党委书记、局长陶润立，副局长齐龙云、吴学东以及相关处室负责人参加了会议。

9月15日 市林业局召开全市林业有害生物防治工作会议，市林业局副巡视员、副局长王海静出席并讲话，有农业区县林业(农林)局、滨海新区农业局主管局长及森防站长参加会议。

10月18～20日 天津市野生动植物保护管理站在静海县启动了天津市第二次陆生野生动物资源调查培训班开班仪式，并组织开展了第一期培训工作。市林业局副巡视员、副局长王海静出席并讲话。国家濒管办天津办事处负责同志，有农业区县农委、区县林业(农林)局，滨海新区农业局，塘、汉、大城乡一体办调查领导小组成员及调查队员共80余人参加了开班仪式。

10月19日 天津市人民政府常务会议(第77次)审议并原则通过了《2011～2015年天津市造林绿化规划》。

11月10～12日 国家林业局检查组一行4人来天津检查林业项目实施情况。检查组一行先后到静海县、宝坻区和蓟县，分别检查了静海县沿海防护林工程、宝坻区三北防护林工程和蓟县森林重点火险区综合治理项目实施情况。

11月10日 市林业局召开造林绿化工作座谈会，市林业局党委书记、局长陶润立出席会议并讲话。有农业区县林业主管部门主要负责同志参加会议。

11月15日 市委、市政府召开2011～2012年度造林绿化工作动员会议。市委常委苟利军出席会议并讲话，副市长李文喜作总结部署。市有关部门和各区县负责同志参加。

11月19日 副市长熊建平、李文喜和副秘书长舒长云、袁树谦同志听取规划设计部门关于北辰郊野公园规划设计方案汇报。市建交委、市农委、市市容园林委、规划局、国土房管局、环保局、水务局、林业局、市市政公路局，北辰区政府，市规划院负责同志参加会议。

11月22日 市林业局召开全市林业系统办公室工作会议。市林业局副局长齐龙云主持会议并讲话。滨海新区农业局、区县林业局办公室主任，有关区农委(农林局)林业科科长，市林业局各处室(局)、直属单位负责同志参加会议。

11月24日 市林业局党委书记、局长陶润立率市林业局检查督导组检查静海县冬季造林绿化进展情况。静海县县长冀国强，副县长曹殿卿、张绵生及县林业局主要负责同志陪同检查。

11月25日 副市长李文喜和副秘书长于忠诚率队到津南、大港调研冬季造林绿化工作，市农委、市林业局主要负责同志，津南区、滨海新区、大港管委会负责同志陪同。

11月25日 市公务员局同意市林业局下属的天津市野生动物保护管理站(天津市湿地保护管理站)、天津市林业工作站、天津市林木种子管理站(天津市林木种子质量监督检验站)、天津市森林病虫害防治检疫站4家单位，为参照《中华人民共和国公务员法》管理的单位(津公局函〔2011〕14号)。

11月26日 副市长李文喜和副秘书长于忠诚、袁树谦带领市农委、市水务局、市林业局、市市政公路局主要负责同志深入北辰区郊野公园和滨保高速公路植树施工现场，察看围堰抽水和植树造林情况，并主持召开座谈会。

11月30日 市农委组织召开全市秋冬季造林绿化现场推动会，进一步贯彻落实全市2011～2012年度造林绿化工作动员会议精神，推动秋冬季造林绿化工作。市委农工委书记、市农委主任张国庆，市林业局党委书记、局长陶润立和副局长吴学东出席会议。会议由市林业局副局长齐龙云主持，滨海新区及有农业区县林业主管部门主要负责同志参加会议。

12月1日 市林业局召开“小金库”治理工作座谈会。

12月2日 市政府召开2011～2012年度冬季造林现场推动会，市政府副秘书长于忠诚出席会议并讲话，市林业局党委书记、局长陶润立主持会议。

12月4日 市人民政府任命张宗启为天津市林业局(天津市绿化委员会办公室)局长(主任)(津政人〔2011〕15号)。

12月13日 市政府副秘书长于忠诚、舒长云、袁树谦听取北郊生态公园建设近期工作进展情况汇报；并就公园规划、项目实施、组织机构、部门职责、近期工作等相关问题进行了座谈和研究。北郊生态公园建设指挥部总指挥、区委书记李宝锟和区委、区政府及指挥部有关领导参加座谈。

12月19～20日 市林业局召开全年工作总结会议，市林业局党委书记陶润立主持会议并讲话，市林业局局长张宗启出席会议并就当前重点工作做了安排部署。局领导班子成员出席会议。

12月19日 市人民政府批复同意《2011～2015年天津市造林绿化规划》(津政函〔2011〕181号)。

12月22日 市林业局局长张宗启、副局长吴学东及市林业局相关部门负责同志听取北辰区郊野公园建设情况汇报，并现场察看了公园建设进展情况。北郊生态公园指挥部办公室相关负责同志汇报情况并陪同检查。

12月24日 副市长李文喜和副秘书长于忠诚、袁树谦率市农委、市规划局、市林业局、市城市规划设计院及北辰区区委、区政府主要负责同志赴北京市门头沟区学习考察永定河两岸改造建设情况。北京市副市长夏占义、副秘书长安钢及北京市农委、市水务局、市园林绿化局、门头沟区政府主要负责同志陪同考察或参加会见。

(天津市林业由王浩供稿)

河北省林业

【概　述】 2011年，河北省林业建设紧紧围绕经济社会发展大局，突出重点，扎实推进，保持了良好的发展态势。全年落实省级以上林业投资37.5亿元，同比增加3.6亿元，创历史新高；完成造林28.67万公顷，中幼林抚育27.73万公顷，分别为目标任务的102%和139%；全省林业产业总产值746亿元，果品总产量124亿千克，分别为目标任务的102%和113%，实现了“十二五”林业建设良好开局。

造林绿化　扎实推进京津风沙源治理、退耕还林、三北防护林、太行山绿化、沿海防护林等林业重点工程，完成了京冀生态水源保护林、黄河故道沙化土地综合治理、通道绿化以及世行、德援等外资造林任务，实施了集中连片、规模化治理。按照河北省委、省政府的安排部署，组织开展了环首都、沿海、西柏坡等重点区域造林绿化以及易县石家统、围场御道口、滦平偏桥、张北喜顺沟的绿化帮扶工作，打造了一批精品工程。广泛开展了部门绿化、社会造林和全民义务植树活动，18位省级领导参加了春季义务植树，全省义务植树1.2亿株，新建义务植树基地590个。石家庄市以“打造绿色生态省会”为目标，大力实施了西山生态观光园、滹沱河绿色长廊等绿化工程；唐山市委、市政府组织开展了创建“绿色家园”活动，市县财政安排资金11亿元用于造林绿化；衡水市确立了“一人一亩林”的目标，积极推进环衡水湖生态建设、乡村绿化等造林工程；邯郸市全年净增有林地面积2.67万公顷，森林覆盖率增长2.1个百分点，位居全省第一。在扩大森林面积的同时，大力实施了中幼林抚育、珍稀树种培育等国家森林经营项目，进一步优化了林地利用结构和林种结构，提高了林地生产力，森林蓄积量稳步增长。

林果产业　一是果品产业。大力实施果品区域布局优化、结构调优、提质增效工程，完成结构调整和树体改造13.47万公顷，新增梨、苹果、葡萄、核桃、板栗等高标准果品基地13.8万公顷，全省特色果品基地达到130万公顷。争取中央林业贴息贷款3亿元，支持了万亩核桃基地等24个重点项目。果品贮藏保鲜、精深加工、出口创汇能力明显提升，年贮藏果品45亿千克，加工果品32亿千克，加工附加值132亿元，同比分别增长13%、14%和71%；板栗、枼出口量分别占到全国的80%和40%。二是林板(纸)产业。编制完成了《河北省木材战略储备生产基地规划》，下发了《河北省人造板产业“十二五”建设规划》，实施了大径材培育等项目，对衡水巴迈隆等林板龙头企业进行了重点扶持，全省林板年产量1250万立方米，居全国第四位。廊坊市积极发展林板加工和家具制造业，全年实现产值127亿元，位居全省第一。三是新兴特色产业。新建平山高山寨等6处省级森林公园，全省森林公园达到89处，实现旅游收入3.5亿元。新增花卉种植0.37万公顷，总面积达到3.07万公顷，实现产值26亿元。大力发展林菌、林药、林禽、林畜等林下经济，提高了林地综合利用效益。张家口市委、市政府召开了林业产业工作会议，出台了《关于加快林业产业发展的指导意见》，有力促进了全市林业产业发展。

资源保护　一是森林防火。面对去年冬春连旱、森林火险等级持续走高的严峻形势，全面强化野外火源管理、隐患排查整治、火灾应急扑救等措施，顺利扑灭了秦皇岛“4·12”重大森林火灾。河北省政府发布了《2011年春季森林草原封山防火公告》，出台了《关于进一步加强森林草原防火工作的意见》和《河北省森林防火规定》。承德、保定等8个森林防火重点市党政主要领导亲自安排调度、督导检查，有效遏制了森林火灾高发态势，全省森林火灾受害率控制在0.08‰，低于河北省政府0.3‰的控制目标，全年没有发生“进京火”和重大人员伤亡。二是林业有害生物防治。河北省政府办公厅下发了《关于做好松材线虫病等重大林业有害生物灾害防控工作的通知》，与各设区市政府签订了防控责任书，实施了飞机与地面防治相结合、生物与物理防治相结合、专业防治与群防群治相结合的综合防控措施，累计完成防治作业93.13万公顷次，林业有害生物成灾率控制在1.1‰，低于国家4.3‰的控制目标。三是野生动植物和湿地保护。加快推进自然保护区和湿地公园建设，平山驼梁晋升为国家级自然保护区，新建宣化黄羊滩、井陉南寺掌两个省级自然保护区，全省林业系统自然保护区达到33个，面积62.2万公顷。秦皇岛北戴河、丰宁海留图晋升为国家级湿地公园。四是林地林木管理。按照国务院《关于全国林地保护利用规划纲要的批复》，编制完成了《省级林地保护利用规划》。加强了征占用林地、林木采伐、木材经营加工等管理工作，开展了“亮剑”、“春季攻势”等专项行动，查处各类涉林违法案件7700多起，有效保护了森林资源安全。

林业改革　一是集体林权制度改革不断深化。全省累计完成明晰产权550.13万公顷，登记发证478.07万公顷，分别占总任务的99.6%和86.6%。积极推进配套改革，保定成立了市级林权管理服务中心，全省新增林权流转服务机构24个，累计达到58个，完成林地流转19.6万公顷，流转金额5.5亿元，落实林权抵押贷款3.9亿元，进一步拓宽了林业融资渠道。引导建立林业专业合作社1192个，涉及农民48万户，林农组织化程度显著提高。2011年11月，回良玉副总理对武安市“大户包山、综合开发”的做法作出重要批示；河北省委书记张庆黎批示，“这些成功的经验一定要巩固好、提高好、推广好”。二是国有林场改革试点顺利启动。河北省丰宁县11个林场、隆化县10个林场列入全国国有林场改革试点，开展了摸底调查，制定了实施方案，为改革工作深入推进奠定了基础。在未列入国家试点的情况下，张家口市将全市国有林场和大海陀自然保护区统一划归市林业局管理，经费纳入市财政预算；秦皇岛市将渤海林场、团林林场划归市政府统一管理，推动了国有林场改革发展。

基础保障 一是规划编制工作圆满完成。根据河北省森林覆盖率、森林蓄积量“双增”目标，编制完成了《河北省林业发展“十二五”规划》及12个专项规划，明确了发展的总体思路、目标任务和建设重点。二是科技支撑能力得到提升。新上林果科研项目15个，推广新技术190项次，建立、完善科技示范点390个，全省64%的县(市、区)落实了林业推广机构编制和人员。审(认)定林木良种27个，开展了林木良种补贴试点，林木良种使用率达到55%。沧州市林果标准化生产成效显著，国家林业局在沧州市召开全国林业标准化示范区建设经验交流会，推广了他们的经验和做法。三是国有林场危旧房改造进展顺利。新开工建设4840户，为目标任务的161%，开工率在全国名列前茅。

【河北省委书记张云川、省长陈全国参加义务植树活动】 3月16日和3月19日，省领导张云川、陈全国等与省会各界干部群众共3000余人，来到石家庄西柏坡参加义务植树活动。

在西柏坡纪念馆东侧坡地上，张云川、陈全国等首先听取了石家庄市关于“大西柏坡”规划和省林业局关于“大西柏坡”造林绿化规划的汇报，随后来到植树点，分组开始植树。张云川、陈全国表示，建设“大西柏坡”、绿化“大西柏坡”是一件很有意义的事情，一定要动员省会各界群众多到西柏坡义务植树，让革命圣地山更绿、景更美。他们同时指出，河北省是一个气候比较干旱的省份，造林绿化的任务十分艰巨，我们一定要广泛动员全省干部群众，坚持常年义务植树，让河北更绿、更美。

河北省计划利用两年的时间(2011～2012年)完成“大西柏坡”造林绿化面积4333公顷，其中以核桃为主的经济林380公顷，以侧柏、杨树为主的生态林3953公顷。工程分两期完成，一期工程2187公顷，其中西柏坡周围造林绿化1887公顷，西柏坡高速公路两侧造林绿化300公顷，工程已启动，2011年6月底前完成；二期工程2147公顷，其中人工造林413公顷，封造结合1733公顷，计划2012年9月底前完成。项目区位于平山县中西部，范围涉及6个乡镇42个行政村，总人口35.4万人。工程完成后，区内森林覆盖率将由25%提高到71%，区内群众通过新增的经济防护林年均可增收1150万元。

【《河北省环首都绿色经济圈生态林业发展规划》印发实施】 2011年4月2日河北省政府正式批准以环首都领导小组名义印发实施《河北省环首都绿色经济圈生态林业发展规划》。该规划是河北省环首都绿色经济圈建设中第一个印发实施的单项规划。规划的实施对把环首都绿色经济圈打造成风光秀丽的生态带有着重要的意义。

规划范围涉及环首都绿色经济圈3市14县，建设期限为2011～2020年。规划利用10年时间(2011～2020年)完成造林绿化总面积68.1万公顷。果树面积发展到42.1万公顷，特色果品产业基地19.5万公顷。新建观赏苗木标准化基地2500公顷，设施花卉基地120万平方米，宿根花卉基地500公顷。规划实施后环首都绿色经济圈有林地面积将增加43.3万公顷，森林覆盖率由现在的35.03%增长到49.58%，城市森林覆盖率由现在的20.25%增长到49.98%。构筑起结构稳定、功能多样、风光秀美的环首都绿色生态带，为促进京冀经济一体化提供有力的生态保障。

【河北抚宁森林大火】 2011年4月12日发生在河北省抚宁县的森林火灾，经过1万余名解放军指战员、武警森林、武警内卫和公安消防部队官兵、当地干部群众的奋力扑救，于19日10时全部扑灭，无人员伤亡。

火灾发生后，党中央、国务院领导高度重视，作出重要批示，要求采取有力措施，尽快扑灭火灾。国家森林防火指挥部总指挥、国家林业局局长贾治邦始终坐镇指挥中心部署火灾扑救工作，并派出国家森林防火指挥部副总指挥、国家林业局副局长孙扎根率队的3个梯次工作组赶赴火场协助指导扑救工作。国家森林防火指挥部紧急调动1600名武警森林部队官兵和4架直升机以及大量扑火物资装备支援火灾扑救工作。河北省省委书记张云川亲临一线指导，省长陈全国第一时间赶赴一线，并始终坐镇直接指挥。武警总部王建平司令员、北京军区黄汉标副司令员、森警部队王佐明主任、李全海副主任等亲临一线协助指挥扑火，为火灾扑救工作提供了有力的组织保障。

【河北省林业局召开总结汇报会议】 5月30～31日，河北省林业局在石家庄市召开全局总结汇报会议。省林业局党组书记、局长王海洋在会上作重要讲话。局机关各处室、驻石直属单位就前一阶段工作开展情况和下一步重点工作做了汇报。

王海洋在讲话中指出，2011年前5个月，实现了时间近半、完成任务过半。为确保高质量完成全年目标任务，一是扎实推进造林绿化，确保森林面积快速增加。二是着力抓好森林经营，切实提升森林质量。三是狠抓森林防火工作，确保不再出现大的问题。四是加快发展林业产业，促进农民就业增收。五是积极争取项目资金，为林业发展提供保障。六是加强森林资源管护，确保森林资源安全。七是全面深化林业改革，不断增强发展活力。八是加强林业基础工作，提高支撑保障能力。九是加强林业宣传工作，营造良好舆论氛围。王海洋还提出了干部队伍建设的总要求，概括起来有五句话，即：“振奋的精神，昂扬的干劲；科学的决策，严格的纪律；规范的程序，高效的运转；有力的工作，清廉的作风；团结的队伍，和谐的氛围”。

【河北省林业发展“十二五”规划印发实施】 8月22日，《河北省林业发展“十二五”规划》印发全省实施。《规划》分四部分：第一部分从目标完成情况、重点工程造林、城乡绿化、森林资源保护和管理、林果品产业发展、林权制度改革、科技兴林等方面总结了“十一五”林业建设的主要成就，分析了林业发展存在的突出矛盾。第二部分主要奋斗目标。规划到2015年森林覆盖率达到31%，森林蓄积达到1.4亿立方米，完成造林绿化140万公顷，林业产业总产值达到900亿元，果品总产量达到1500万吨左右，人造板产量达到1200万立方米。第三部分主要任务和建设重点。一是抓好国家造林工程、突出省级造林重点、完善生态补偿制度、加强野生动植物保护及自然保护区建设、加强湿地资源保护与恢复、加强森林经营、提高森林质量等方面突出林业生态体系建设；二是从现代果品基地建设、速生丰产林基地建设、提高林果加工能力、完善市场体系、培育新兴产业等方面做强林果富民产业；三是从森林防火、林业有害生物防治、森林公安、林业执法、林木种苗、科技支撑、林果产品质量监督检验、林业信息化与电子政务等方面加强林业基础建设；四是从深化集体林权制度改革、推进森林分类经营、改革林木采伐管理制度、加快国有林场改革等方面深化林业改革。第四部分是从加强领导、依法治林、科教兴林、广筹资金、扩大开放和大力宣传等方面阐述了主要保障措施。

【河北省林业局帮扶石家统村项目主体建设如期完成】 国庆节前夕，河北省林业局帮扶易县石家统村5个项目主体建设如期完工。共完成石家统村荒山绿化240公顷，村内所有广场、主街道绿化和狼牙山景区周边绿化1333公顷，林果基地建设117公顷，生态采摘园13公顷以及林果服务中心建设；完成各级建设投资1280万元，其中省级已到位资金1150万元，比原计划帮扶资金多70万元。石家统村生态环境、人居环境更加优美和谐，特色产业持续发展。2011年9月，被中国生态文化协会命名为第三批全国生态文化村。

【河北省荒漠化和沙化防治成效显著】 根据国家林业局2011年1月4日公布的第四次全国荒漠化和沙化监测结果，截至2009年底，河北省荒漠化土地面积2 136 464.9公顷，占全省国土面积的11.4%；沙化土地面积为2 125 289.1公顷，占全省总土地面积的11.3%。与2004年相比，五年间沙化土地减少278 208.5公顷，减少的面积居全国第一位；荒漠化土地减少180 205.5公顷，减少的面积居全国第二位。其中轻度、中度、重度、极重度荒漠化土地分别减少34 290.6公顷、133 469.7公顷、10 186.3公顷和2258.5公顷，分别减少了3.0%、12.9%、7.7%和69.6%。轻度沙化土地增加235 348.9公顷，增加了14.1%；中度、重度、极重度分别减少494 898.7公顷、18 611.2公顷、47.5公顷，分别减少了71.2%、55.4%和16.2%。经过治理和保护，沙区植被盖度明显增加。植被盖度<10%的沙化土地面积减少了70 647.9公顷，10%～19%和20%～29%的分别增加了50 145.6公顷和8181.9公顷；70%～79%和80%以上的分别增加了66 668.3公顷和287 358.5公顷。14 298.5公顷流动沙地全部固定或半固定，半固定沙地减少2099.9公顷，固定沙地减少247 129.0公顷，沙化耕地减少14 681.1公顷，沙化土地得到进一步固定。

【首届中国核桃节在邢台市召开】 9月9～11日，首届中国核桃节在邢台市隆重召开。本届核桃节由国家林业局、河北省人民政府主办，邢台市人民政府承办，中国经济林协会、河北省林业局、临城县人民政府协办。核桃节的主题是：高标准建设，产业化发展。参加核桃节的有来自各省、自治区、直辖市林业厅(局)，全国核桃重点产区市、县政府，核桃生产加工企业等单位代表共计1700多人。全国政协副主席罗富和、国家林业局副局长张永利、省政协副主席王刚、省政府副秘书长曹振国等领导出席首届中国核桃节开幕式。来自全国核桃产区的19个省(区、市)组团参加了展示交流会，共计240家企业参加了展示展销活动，参展客商达到800多人，展示产品主要种类有核桃坚果、核桃仁、核桃油、核桃饮料、胶囊、粉、片、酒、酥糖、工艺品等504种。在核桃产品评奖活动河北省获奖总数达到32个，其中金奖5个，获奖总数和金奖数均居全国第一位。本届核桃节发布招商合作项目106个，签约项目32个，有国外投资企业5家、省外投资企业21家，省内投资企业6家，总金额71.83亿元，其中吸引外资43亿元。

【河北省11个单位和13位个人荣获全国绿化表彰奖励】 为促进国土绿化事业又好又快发展，扎实推进经济社会发展和生态文明建设，共建美好家园，努力实现人与自然和谐，形成全社会办林业、全民搞绿化的新局面，全国绿化委员会、人力资源和社会保障部、国家林业局联合下发了《关于表彰全国绿化先进集体劳动模范和先进工作者的决定》。河北省塞罕坝机械林场等11个单位获“全国绿化先进集体”荣誉称号；木兰林管局龙头山种苗场王丽等4名同志荣获“全国绿化劳动模范”荣誉称号；易县林业局田明君等9名同志荣获“全国绿化先进工作者”荣誉称号。被授予全国绿化劳动模范和先进工作者的同志，享受省部级劳动模范和先进工作者待遇。

【京冀合作建设1.33万公顷生态水源保护林任务全面完成】 2006年北京市政府与河北省政府相继签署了《京冀合作备忘录》和《关于进一步深化经济社会发展合作的会谈纪要》，确定京冀共同规划建设密云、官厅水库上游生态水源保护林项目。2009年，北京市政府正式批准了《2009～2011年京冀生态水源护林建设和森林保护合作项目实施方案》。本着“统一规划，集中治理，突出重点，先易后难，生态优先，持续发展，科学管理，合作共享”的原则，规划2009～2011年，在潮河、白河和永定河主河道及主要支流两侧的第一重山脊范围内，按照7500元/公顷的投资标准，集中连片地营造生态水源保护林1.33万公顷，涉及河北省怀来、赤城、丰宁、滦平四县，投资1亿元。其中：2009年建设0.53万公顷、投资4000万元；2010年建设0.4万公顷、投资3000万元；2011年建设0.4万公顷、投资3000万元。京冀生态水源护林合作项目在京冀两省政府的大力支持和广大干部群众的共同努力下，全部造林任务已经高标准完成，三年累计栽植各类苗木2075万株，并建设围栏1.6万延米、防火道20 957延米以及碑牌设施，造林成活率达到85%以上。

【河北省在西安世界园艺博览会上获奖】 10月22日，2011年西安世界园艺博览会落下帷幕，河北省荣获两个最高奖项：河北园“雪香书院”荣获西安世界园艺博览会金奖，河北省花卉协会荣获最佳组织奖。河北园

"雪香书院"以十大古典园林之一的"古莲花池"为背景，将园林、书院、行宫合为一体，巧妙的融合了中国传统的时空意识、文化观念、审美情趣以及诗词书画等艺术精华，最终达到了深邃哲理与完美形式的和谐统一。

【林业大事】

2月22日 河北省林业局长会议在石家庄市召开。会议的主要任务是深入贯彻落实十七届五中全会、省委七届六次全会、全省经济工作会议和全国林业厅局长会议精神，系统总结"十一五"林业工作，谋划"十二五"发展思路，安排部署2011年重点工作。

2月28日 河北省林业局召开森林防火工作电视电话会议。省林业局党组副书记、副局长刘凤庭、省林业局巡视员张静等领导出席会议并全面分析了当前天气形势，对森林防火工作提出要求。

3月7日 河北省林业局召开全省退耕还林工作电视电话会议，主要任务是全面部署2011年退耕还林阶段验收和巩固成果项目建设工作，安排落实退耕还林专项资金审计问题的整改和提高造林质量有关工作。

4月23日 迁安市特邀院士工作站在位于长城脚下的瑞阳生态农业大观园隆重举行揭牌仪式。这是河北省首个在县级市建立的现代农业特邀院士工作站。

6月16日 为期一个月的2011年第三届中国迁西栗花节暨经贸洽谈会在板栗博物馆广场开幕。400余名国内外客商代表参加本次栗花节。栗花节推出大型板栗交易会、栗乡风情书画摄影展、礼赞迁西"一首好歌一篇美文"优秀作品颁奖活动、"垂钓之乡"——迁西县全国库钓邀请赛等一系列特色活动。

7月22日 河北省林业技术推广总站结合党支部"帮扶共创"活动，深入到"省无公害优质核桃示范基地"石家庄市元氏县西岭底村进行技术指导与服务。

8月6日 河北省林业系统纪检监察工作会议在保定市涞源县召开。会议对上半年工作进行了总结，对下半年工作进行了部署，特别是对政风行风建设和民主评议工作进行了具体安排。省林业局纪检组长、监察专员王金品出席会议并作了重要讲话。

10月14日 河北、北京、天津三省市在北京召开了京津冀2011年度森林防火工作联席会议。会议认真总结了2011年以来三省市森林防火工作情况和联防工作开展情况，充分肯定了近年来省级联防组织所取得的积极效果和主要成绩并就今后进一步加强三省市间的联防工作达成共识。

11月4日 河北省林业局召开全省2011年秋冬季造林绿化动员视频会议，主要任务是总结今年以来的造林绿化工作，安排部署秋冬季造林。省林业局局长王海洋出席会议并作重要讲话。

（河北省林业由袁媛、胡俊达、张彦威供稿）

山西省林业

【概　述】 2011年，山西省坚持科学发展观，围绕造林绿化、森林资源保护、集体林权制度改革和林业产业发展四项工作重点，强力推进生态兴省战略实施，加快建设绿化山西步伐、取得了明显成效。

造林绿化 继续坚持山上治本与身边增绿同步推进的思路，完成营造林30.25万公顷，其中人工造林21.54万公顷，封山育林8.44万公顷，飞播造林0.27万公顷。以天然林资源保护、退耕还林、京津风沙源治理、三北防护林和太行山绿化等国家林业重点工程完成23.01万公顷，以干果富民、通道沿线绿化、环城绿化等省级造林绿化工程完成4.92万公顷，市县造林完成2.32公顷。四旁树植树10 803万株，其中义务植树5158万株。

森林资源保护 继续狠抓"三防"体系建设，严格落实森林防火责任制，严厉打击破坏森林资源违法犯罪活动，加大执法办案力度，严密防控林业有害生物，森林资源得到有效保护。全省发生森林火灾40起，未发生一起重大人员伤亡事故，人为因素引发的森林火灾受害率控制在0.04‰。深入开展"春季攻势"、"绿锋二号"、"亮剑行动"等专项行动，查处案件1880起，处理相关责任人员125人。全省发生各类病虫害面积24.48万公顷，防治17.64万公顷，成灾率0.83‰。省政府召开了天然林资源保护工程电视电话会议，正式启动二期工程。开展了省级林地保护利用规划工作，在岢岚县启动县级林地保护利用规划试点工作。加快推进《山西省陆生野生动物造成人身与财产损害补偿办法》立法进程。国有林场基础设施建设进一步加强，新建标准化管护站69个，全部投入使用。

集体林权制度改革 省政府把集体林权制度改革作为全省6项重大改革之一，6月3日专门召开全省推进集体林权制度改革电视电话会议，省政府办公厅出台了《关于加快集体林权制度改革中林权争议调处工作的指导意见》，组织开展林改工作"回头看"。全省新完成集体林地确权面积119.07万公顷，累计达到512.87万公顷，产权明晰率为96.5%，主体改革任务基本完成。其中均山到户369.53万公顷，家庭承包率为72.5%。同时，积极探索配套改革，与省农村信用联合社在阳泉市和寿阳县开展了林权"一卡通"试点；农村林业专业合作组织快速发展，登记注册的农民林业专业合作社达到1600多个，入社农户近10万户，经营林地12多万公顷。

林业产业 坚持生态建设产业化、产业发展生态化，把发展干果经济林、林木种苗、森林旅游作为林业产业发展的重点。以核桃为重点的干果经济林发展势头强劲，全年新发展8.07万公顷。林木种苗发展速度加快，省林业厅制定出台了《关于加快推进林木种苗发展的意见》和《山西省"十二五"林木种苗发展规划》，全年新育苗2.45万公顷，育苗总面积达到5.38万公顷。森林旅游稳步推进，新建森林公园44处，其中省级18处，县级26处。森林公园全年接待游客713万人次，实现门票收入6731万元，分别比上年增长15%和13%。新建湿地公园5处。祁县昌源河湿地公园、沁县千泉湖湿地公园晋升为国家级湿地公园，全省国家级湿地公园达到3个。

林业科技 ①加强科技创新，围绕攻克困难立地植被恢复，开展了优良乡土树种选优、宜林荒山立地条件评价技术等25项课题，推动抗旱造林单项技术攻关研究为主向困难立地植被恢复集成技术研究转变；围绕干果经济林综合丰产管理，开展了核桃、红枣、仁用杏等引种、抗避晚霜危害、裂果防控和“三病”防治等10项技术研究；围绕提高林分质量，开展了中幼林抚育、灌改乔、有害生物防治等6项课题研究。“黄土丘陵区植被恢复与优质高效生态经济林研究”、“猪苓无性繁殖与仿野生栽培技术体系研究”2项课题通过省科技厅鉴定；“山西枣优良品种选育及栽培技术研究”、“油松良种选育与试验示范”2项成果分别获省科技进步二等奖、三等奖；省林科院参与完成的“枣育种技术创新及系列新品种选育与应用”、“核桃增产潜势技术创新体系”获得国家科学技术二等奖。②加大林业科技成果推广应用转化力度，在65个县区实施了中央财政科技推广示范、省财政支农成果转化和省林业科技示范69项，辐射面积3万多公顷，惠及2.4万农户和34个国有林场。③加快推进林业标准化建设，完成了《造林绿化苗木起运技术规程》、《油松种子园营建技术规程》等8个地方标准和《枣树良种选育技术规程》1个行业标准的制定，分别通过了省质量技术监督局和国家林业局组织的专家审查，其中《煤矿废弃地造林技术规程》、《山西河溪植被缓冲带建设技术规程》通过省质量技术监督局发布执行。

林业对外开放 继续扩大中日林业合作，组织实施小渊基金五台山绿化、黄土高原植被恢复生态示范林营造、黄土高原土地沙化与水土流失治理示范林营造三个项目，完成生态林营造151.7公顷。启动实施中日合作中国黄土高原林业新技术及管理方法推广普及项目，举办林业新技术和管理方法培训班四期，培训学员210名。

林业投融资 全省林业投融资总量73.69亿元，其中中央投资22.53亿元，省级投资13.24亿元，市级财政投资5.41亿元，县级财政投资17.17亿元，乡级财政投资3.27亿元，厂矿企业投资8.50亿元，其他社会筹资3.57亿元。

【山西省造林绿化现场会】 2011年8月30～31日，山西省人民政府在阳泉市召开全省造林绿化现场会。省委副书记、省长王君出席会议并讲话，省人大副主任靳善忠、省政协副主席郭良孝出席会议。各市市长、副市长，县长，各市林业局局长、绿化办主任，省直有关单位负责人参加会议。会议指出，“十二五”全省林业发展重点要抓好国家林业重点工程、省级造林绿化重点工程、生态环境治理工程和林业产业富民工程“四大工程”，建设晋北晋西北防风固沙林区、吕梁山黄土高原水土保持林区、太行山土石山水源涵养林区、中南部盆地防护经济林区“四大屏障”，加快发展干果经济林、林木种苗花卉、森林生态旅游、速生丰产林、林下资源开发“五大产业”，努力实现森林面积、森林蓄积量、农民收入增加的“三增”目标。提出了到2015年全省森林覆盖率达到23%，森林面积达到360万公顷，森林蓄积量达到1.2亿立方米、农民人均林业收入达到2000元，占农民人均纯收入的比重超过20%的目标。会议提出，当前及今后要继续加大力度推进造林绿化重点工程建设，进一步改善城乡生态环境；多种措施并举强化林业管护，全面提升造林绿化质量和成效；积极培育壮大林业产业，进一步提高林业综合效益；全面深化集体林权制度改革，不断激发造林绿化的动力和活力；进一步完善林业扶持政策，不断加大造林绿化投入力度；坚持科技兴林，大力发展现代林业，确保高标准、高质量地搞好造林绿化工程，着力推动全省林业又好又快发展。

【林业生态县】 2011年8月22日，山西省人民政府印发《关于命名左云县等10个县委山西省林业生态县的决定》(晋政函〔2011〕120号)，授予左云县、平鲁区、灵石县、介休市、盂县、平顺县、沁水县、吉县、安泽县、芮城县等10个县(市、区)山西省林业生态县称号。

【全省造林绿化先进集体】 2011年8月22日，山西省人民政府下发《关于表彰全省造林绿化先进集体的通报》(晋政函〔2011〕121号)，对在2010年全省造林绿化工作中涌现出来的先进集体进行表彰，授予阳泉市全省造林绿化先进市称号，奖励50万元，授予太原市杏花岭区等30个单位全省造林绿化先进单位称号。

【全省造林绿化先进个人】 2011年8月22日，山西省绿化委员会下发《关于表彰全省造林绿化先进个人的决定》(晋绿字〔2011〕2号)，对2010年以来在造林绿化工作中作出突出贡献的先进个人进行表彰，授予50名同志全省造林绿化先进个人称号。

【种苗建设现场推进会】 2011年9月28日，全省林业种苗建设推进会在大同市召开。会议提出，今后一段时期全省种苗发展，以促进现代林业建设为目标，以有效保障林业生态建设对林木种苗的需要为中心，以推进林木良种化进程和提高林木种苗质量为根本，坚持“适度扩大规模、创新发展机制、提高经济效益、满足造林需求”原则，完善执法程序，整合种苗资源，逐步建立种苗三大生产区域，推进种苗三大重点工程，构建种苗两大管理体系，全面提升林木种苗发展水平。到2015年育苗面积达到6万公顷，总产苗量达到28亿株，基地供种率达到80%，良种使用率达到65%，年总产值达到56亿元；到2020年育苗面积达到8万公顷，总产苗量达到30亿株，基地供种率达到95%，良种使用率达到70%，年总产值达到75亿元。今后一段时期重点抓好四项工作：一是以种苗基地建设为重点，确保种苗有效供给。二是以种苗良种培育为重点，提高种苗的品种质量。三是以种苗执法为重点，规范种苗市场秩序。四是以种苗市场建设为重点，搭建种苗服务平台。会议出台了《山西省林业厅关于加快推进林木种苗发展的意见》、《山西省“十二五”林木种苗发展规划》，印发了《山西省干果经济林种苗管理暂行办法》。

【西安世界园艺博览会山西展园】 2011年4月28日至10月22日，第三十届世界园艺博览会在陕西西安市浐灞生态区举行。山西展园面积约1200平方米，采用规则式和自然式相结合的园林方法布局，以“山水、人文、和谐”为立意，以皇城相府为载体，以“双头雪松”为寓意，展现了传统的儒家文化精髓。御书楼采用对称的古建筑形式，与石牌坊前后形成呼应，两处景观均按照1：1的比例建造，展现了皇城相府的厚重历史和陈廷敬的光辉人格。特别是“双头雪松”，造型奇特，寓意着秦晋之好，象征着两省齐头并进、共同发展的美好未来。三处景点以古代建筑秩序、传统文化内涵与现代景观理论的巧妙结合，展示了山西辉煌的文化历史。园区通过设计塑造出了山西人外向开拓和内敛自守的双重性格，呈现出博大精深的“三晋古韵”文化韵味。山西展园在20多个省区市、40多个国家、109个展园中脱颖而出，获得“2011西安世界园艺博览会金奖”、“2011西安世园会建筑银奖”、“2011西安世园会最佳组织管理奖”和“2011西安世园会优秀小品奖”。

【“4·29”森林火灾】 2011年4月29日21～22时，山西省太行山区的晋城市的陵川县、泽州县，长治市的壶关县、平顺县，晋中市的寿阳县，阳泉市郊区等地遭受强烈的干雷暴，同时暴发60多个起火点，加之持续严重的干旱、罕见的大风沙尘天气，形成了10多个较大的火场。党中央、国务院、中央军委领导高度重视，温家宝总理、回良玉副总理、徐才厚副主席相继作出重要指示，要求加强指挥，迅速调集专业力量，科学组织扑救，尽快将火扑灭，最大限度减少损失，并要确保扑火人员安全。省委书记、省人大常委会主任袁纯清专门作出批示，省委副书记、省长王君坐镇省森防指挥部指挥，副省长刘维佳、省林业厅厅长李永林第一时间赶赴火场指挥扑救。通过3个昼夜奋战，5月2日17时，扑灭了最后一处明火。这次森林火灾，共组织武警森林部队、武警内卫部队、解放军、民兵和预备役部队、森林消防专业队和半专业扑火队、干部群众2.47万人，动用飞机3架，各种车辆3297台次。经过调查，总过火面积为6067.1公顷，其中受害森林面积为3279.7公顷，受害林木蓄积140 638立方米，直接经济损失6801.5万元。

【山西省林权抵押贷款管理办法(试行)】 2011年12月26日，中国人民银行太原支行、中国银行业监督管理委员会山西监管局、中国保险监督管理委员会山西监管局、山西省林业厅联合下发了《关于印发〈山西省林权抵押贷款管理办法(试行)〉的通知》(并银发〔2011〕189号)。《办法》共八章四十六条，详细规定了贷款对象和条件、林权抵押的范围、程序、用途、期限及利率。《办法》的出台实施，标志着山西省深化集体林权制度改革走出了坚实的一步。

【林业大事】

1月14日 山西省第十一届人民代表大会常务委员会第二十一次会议决定任命李永林为省林业厅厅长。

2月14～15日 全省林业局长暨党风廉政建设工作会议在太原召开，刘维佳副省长出席会议并讲话。

3月6～8日 中国科协扶贫办、中国林学会、山西省林学会联合组织的核桃专家技术服务队，深入岚县、临县、方山等地开展核桃技术咨询服务。

3月7日 山西省网络森林医院正式开通。

3月12日 省绿化委员会、太原市人民政府在市森林公园联合举办“省城纪念义务植树30周年暨2011国际森林年创建森林城市启动仪式”活动。

4月7日 省城党政军民义务植树活动在太原市杏花岭区岑长沟举行。参加义务植树劳动的领导同志有：袁纯清、王君、金道铭、李小鹏、胡苏平、高建民、李政文、陈川平、聂春玉、刘云海、申联彬、杜玉林、杨安和、靳善忠、安焕晓、郭海亮、张平、刘维佳、张建欣、任润厚、郭良孝、李潭生、刘滇生、何永才、黄献军、仲轩，省高级人民法院院长左世忠、省人民检察院检察长王建明等。

4月10日 山西省第30届“爱鸟周”活动启动仪式在晋城市举行。活动主题是“科学爱鸟护鸟　弘扬生态文明”。

4月14日 山西省人民政府任命张云龙为省林业厅总规划师。

5月3日 山西省人民政府任命周洪为省林业厅巡视员。

5月5日 国家林业局印发《关于启动第二批全国林业信息化示范省建设工作的通知》(林办发〔2011〕112号)，山西省被列入全国第二批林业信息化示范省建设范围。

5月12日 省政协副主席卫小春就“兴林富民、林业直补”等工作在省林业厅调研。

5月18日 刘维佳副省长到管涔林业局就林场改革、天然林保护工程等进行调研。

6月3日 山西省人民政府召开推进集体林权制度改革电视电话会议。副省长刘维佳出席会议并讲话。

7月13～15日 全省林业系统“政治理论、党政法规、业务知识”培训班在省林业生态实验基地举办。

8月5日 省政协副主席周然就“改善我省水环境、促进城乡生态化”在省林业厅调研。

8月9日 国家林业局印发《关于公布山西等七省(自治区)2010年森林资源清查主要结果的通知》，正式公布了山西、辽宁、黑龙江、江苏、广西、贵州、宁夏等7个省(自治区)的第八次全国森林资源清查结果。山西省2010年森林资源清查主要结果：森林面积282.41万公顷(其中有林地261.35万公顷)，森林覆盖率为18.03%。

8月10日 省人大常委会副主任郭海亮就《山西省人民代表大会常务委员会关于大力推进林业生态建设的决定》执行情况在长治调研。

8月15日 省委副书记金道铭在省林业厅就林业改革发展、森林防火等情况进行调研。

8月20日 山西省人民政府办公厅印发《关于加强

集体林权制度中林权争议调处工作的指导意见》(晋政办发【2011】71 号)。

8 月 30 ~ 31 日 全省造林绿化现场会在阳泉市召开。省委副书记、省长王君出席会议并作了重要讲话,省人大常委会副主任靳善忠、省政协副主席郭良孝出席会议。

9 月 1 ~ 2 日 省人大常委会副主任王雅安在中条林业局就国有林区建设进行调研。

9 月 3 日 省人大常委会副主任王雅安在西安市世博园视察山西展园。

9 月 13 ~ 16 日 郭迎光副省长在运城市调研林业工作。

10 月 9 日 省委书记、省人大常委会主任袁纯清,省委副书记、省长王君带领省观摩检查组在晋中丰润泽现代农业科技示范园区观摩检查有害生物的防治工作。

11 月 1 ~ 4 日 第二届中国国际林业产业博览会暨第四届中国义乌国际森林产品博览会在浙江义乌市举行,汾州核桃等 11 个产品荣获金奖、晋中壶瓶枣等 8 个产品获优质产品奖,山西展厅获得优秀展位设计奖和优秀组织奖。

11 月 8 日 山西省人民政府办公厅印发《山西省人民政府办公厅转发省林业厅关于加强我省"十二五"期间年森林采伐限额使用和管理工作意见的通知》(晋政办发〔2011〕90 号)。

11 月 9 ~ 10 日 郭迎光副省长在临县、兴县、岚县、岢岚等县,对荒山绿化、通道绿化、天然林保护、林业产业发展进行调研。

11 月 16 日 国务院扶贫开发领导小组印发《关于表彰全国扶贫开发先进集体和先进个人的决定》(国开发【2012】11 号),授予山西省林业厅农村工作队"全国扶贫开发先进集体"。

11 月 28 ~ 30 日 省纪委、省监察厅、省林业厅联合举办全省林业系统领导干部岗位廉政教育培训班。

12 月 20 ~ 22 日 日本日中协力促进会副会长松井一郎在山西考察土地沙化与水土流失治理示范林营造项目。 (山西省林业由谢英杰、冀瑞平供稿)

内蒙古自治区林业

【概 述】

林业生态建设 ①造林绿化。全区共完成林业生态建设面积 73.2 万公顷,其中完成人工造林 33.5 万公顷,飞播造林 11.4 万公顷,封山(沙)育林 28.3 万公顷。完成四旁植树 4497.9 万株。补植补造 21 万公顷。完成 2010 年森林抚育补贴试点任务 9.3 万公顷,造林补贴试点任务 2.4 万公顷。全民义务植树深入开展,全区新建义务植树基地及绿化点 424 处,1000 多万人(次)参加义务植树,植树 7526.5 万株。北京军区商都县义务植树基地建设、赤峰市红山军马场植树造林活动取得新突破。②重点工程。召开了全区天然林资源保护工程工作会议,成功启动了天然林资源保护工程二期。按照天保工程二期规划,管护森林面积由一期的 1400 万公顷增加到 2067 万公顷。木材产量分三年由 243.2 万立方米/年调减到 122.6 万立方米/年,下调幅度 49.6%。经自治区编制委员会批准,成立了内蒙古自治区天然林资源保护管理局。切实巩固退耕还林成果,认真组织开展了退耕还林省级全面检查验收工作,在国家组织的退耕还林阶段验收中,自治区连续四年位居前列,受到了国家林业局通报表彰。组织开展了三北防护林优质工程评选活动,自治区有两个工程项目被评为全国三北防护林体系建设优质工程。在全力推进沙源工程当年任务落实的同时,开展了沙源工程二期规划的各项前期工作。③防沙治沙。进一步调整优化了治理布局,在呼伦贝尔、科尔沁、毛乌素、浑善达克沙地及周边适宜区域突出樟子松、沙地榆基地建设,在沙漠周边突出锁边防护林建设,在阴山北麓严重风蚀沙化区突出沙化土地封禁保护区建设。在国家七部委对各省(区、市)人民政府"十一五"防沙治沙目标责任完成情况考核中,自治区林业厅牵头,会同自治区发改委、财政厅等部门,对全区防沙治沙目标责任考核进行了全面准备,顺利地通过了国家的期末综合考核。④对外合作。中韩合作内蒙古巴彦淖尔市乌兰布和沙漠治理等一批对外合作项目进展顺利,欧洲投资银行贷款清洁发展机制造林项目、中日合作黄土高原林业新技术推广普及项目和旺业甸实验林场森林可持续经营示范项目成功启动。⑤林木种苗。全年共采集林木种子 270 万千克,完成育苗面积 1.9 万公顷,新育苗 0.69 万公顷,容器育苗 5 亿袋。组织开展了打击制售假劣林木种苗和保护植物新品种专项行动,认真做好林木良种基地建设和林木良种补贴试点工作。

森林资源管理 ①全区"十二五"期间年森林采伐限额分解落实到了 558 个编限单位,并报请自治区人民政府批转各地执行。②完成自治区林地保护利用规划大纲编制和 109 个旗县单位林地保护利用规划的补充调整和林地小班落界工作。③严格执行林地用途管制、征占用林地定额管理、森林植被恢复等林地保护管理制度,从严控制征占用林地规模,优先保障基础设施、重点项目和民生项目用地。共审核审批征占用林地项目 1006 项、面积 1.36 万公顷、征收森林植被恢复费 7.37 亿元,安排植树造林面积 5 万公顷,是同期征占用林地面积的近 4 倍。④经自治区人民政府批复同意,调整优化了全区 295 个木材检查站布局。⑤大力推进森林资源管理信息系统建设,基本完成森林资源基础数据库平台和资源管理应用系统的开发。

森林资源保护 ①打击涉林违法犯罪。组织开展了打击违法占用林地专项行动,对 21 起违法占用林地案件进行了专案督查督办。开展了"猎豹一号冬季行动"、"亮剑行动"和"清网行动"等一系列严打整治活动,集中打击破坏森林资源和林区社会秩序等违法犯罪活动。

全区共受理各类林业案件32 732起，查处32 650起，综合查处率99.7%，挽回直接经济损失6000多万元。②森林草原防火。按照胡春华书记、巴特尔主席等自治区领导对火灾预防扑救工作的批示精神，自治区林业厅认真组织开展了全区防火督导检查工作，强化了森林草原防火的各项措施，实现了“不发生大的人为火灾，不发生人员伤亡事故”的工作目标。全区共发生森林火灾57起，其中一般火灾21起，较大火灾36起，受害森林面积1088.6公顷；共发生草原火灾8起，其中一般火灾6起，较大火灾1起，重大火灾1起，受害草原面积11 544公顷；成功堵截蒙古、俄罗斯火灾21次，全年火灾当日扑灭率为97%。③林业有害生物防治。进一步落实防治责任，完善监测预警网络建设，重点加强了40个国家级中心测报点和18个自治区级中心测报点信息数据的质量管理，林业有害生物灾害应对能力得到加强。全区共发生林业有害生物101.6万公顷，其中，轻度发生55.7万公顷，中度发生33万公顷，重度发生12.9万公顷。通过采取有效措施，共防治各类林业有害生物66万公顷。特别是成功应对美国白蛾疫情，使疫情控制在可防可控的范围内，没有发生疫情蔓延扩散。④野生动植物和湿地保护管理。第二次内蒙古自治区湿地资源调查工作顺利通过国家验收，两处国家级湿地公园正在建设中。高格斯台罕乌拉自然保护区晋升为国家级自然保护区，编制完成了贺兰山和达赉湖两处国家级示范自然保护区建设实施方案。强化了陆生野生动物疫源疫病监测和濒危野生动植物物种进出口管理工作。⑤森林生态效益补偿。国家级公益林补偿面积达819.4万公顷，中央财政每年投入补偿资金达9.8亿元。从2011年开始，国家对黄河天保工程区的512.2万公顷集体地方公益林给予补助，中央财政每年投入补助资金2.3亿元。自治区启动地方公益林补偿面积达到64.7万公顷，三级财政每年投入补偿资金2900万元。

林业产业 ①组织全区40多家企业参加了第二届中国国际林业产业博览会暨第四届中国义乌森林产品博览会，参展林产品种类达100多种，荣获了优秀组织奖、优秀展台奖、最佳参展奖等三项大奖，并有11家企业获得第二届中国国际林业产业博览会优质产品评选金奖，6家企业获得优质产品奖。②参加了全国林业产业突出贡献奖和林业产业创新贡献评选活动，2个单位和1名个人获奖。③承担了全球环境基金公私伙伴关系项目研究推广工作。④组织第二届内蒙古林业产业协会理事会成员换届选举。⑤完成了对首批龙头企业监测及第二批拟评企业申报材料的初步审核，开展了2011年、2012年的产业化项目的申报、评审工作。⑥对林木生物质能源项目开展了摸底调查，内蒙古肉苁蓉申报地理标志认证工作有条不紊地开展。2011年，全区林业产业总产值达到218亿元，农牧民人均林业收入390元。

林业改革 ①全区累计确权面积达2100万公顷，确权率96.2%。发证面积906.7万公顷，发放林权证126万本，发证率41.5%。全区有11个盟市确权率超过97%，其中5个盟市确权率达到100%；有87个旗县市区确权率达到或超过95%，其中63个旗县市区确权率达到100%。全区集体林权制度改革确权任务基本完成。②开展了林权管理服务中心建设试点，相继成立县级林权管理服务中心23个。③认真贯彻落实国家和自治区林权抵押贷款要求，累计办理林权抵押贷款1.6万公顷，贷款3亿多元，缓解了部分林农资金短缺问题。④引导扶持林业合作组织发展，已成立农民林业专业合作社86个，通过合作互助，提高了产品质量和经营管理水平，增强了规模效益和抵御风险能力。

生态文化体系建设 ①围绕国土绿化、防沙治沙、集体林权制度改革、林业产业发展以及创建国家森林城市，联合区内外多家媒体开展了大规模集中宣传报道，累计在人民日报、中央电视台和内蒙古日报等媒体刊播报道500多条。②在全区范围内广泛开展了第五届“关注森林奖”评选活动，从中筛选出73件作品上报国家林业局参评。③配合中国生态文化协会开展了“全国生态文化村”、“全国生态文化示范企业”遴选活动，锡林郭勒盟多伦县曲家湾村、呼伦贝尔市扎兰屯市大甸子村当选全国生态文化村。④赤峰市、呼伦贝尔市创建国家森林城市活动深入开展。专题片《大漠长河》、电影《李德平》等生态文化作品不断涌现。

支撑保障能力建设 ①林业规划编制。编制完成了《内蒙古自治区林业发展“十二五”规划》，并经自治区政府批准执行。完成了《内蒙古自治区森林旅游发展规划(2011～2020年)》、《内蒙古自治区木材战略储备规划(2011～2020年)》、《内蒙古自治区林木种苗发展规划(2011～2020年》、《中西部森林防火“十二五”规划》等专项规划的编制上报工作。②林业法制。完成了地方性法规《内蒙古自治区大青山自然保护区管理条例》和政府规章《内蒙古自治区森林公园管理办法》草案的起草和调研工作，对《内蒙古自治区珍稀林木保护条例》、《内蒙古自治区公益林管理办法》进行了修改。完成了全区林业行政执法证审查、申报和换发工作，全面清理了林业厅系统执法单位和执法依据，开展了林业行政执法大检查、《森林法》和《内蒙古自治区湿地保护条例》等专项执法检查，受委托完成了国家林业局行政许可事项的检查和监督任务。③科技支撑。积极争取国家和自治区林业科技项目，努力增加林业科技投入，出台和完善各项制度办法，进一步规范了林业科技项目的管理。组织林业科技人员到生产一线开展科技服务活动，使基层林业技术人员和农牧民掌握多项造林实用技术，提高了造林质量。收集整理林业科技成果和适用技术，编印了《内蒙古自治区林业科技成果集》，充实了林业厅技术成果储备库。完成了《飞播造林技术规程》、《流动沙丘沙障设置技术规范》等4项林业地方标准的征求意见工作。加快定位站建设步伐，全区有4个定位站通过了国家林业局组织的专家论证，目前自治区已建和已通过专家论证的定位站共9个。④信息化建设。经自治区机构编制委员会批准成立了内蒙古自治区林业信息中心，举办了全区林业信息联络员第三期培训班，进一步强化信息机构和人员队伍建设。成功进入全国第二批林业信息化建设示范省区范围，下发了《关于开展林业信息化示范盟市和单位建设工作的通知》，在全区范围内开展了林业信息化示范盟市和单位建设活动。组织开展了林业信息化测评、网络资源整合、门户网站改版升级、安全保密检查、办公软件正版化等工作。⑤棚户区(危旧房)改造。2011年，国家下达自治区国有林场危旧房改造户数为20 221户，已开工户数为20 056户，开工率为99.2%。⑥基层林业站建设。按照林业站的职能和标准化建设要求，坚持"建设、完善、巩固和职能发挥"的方针，切实加强基层林业站机构能力和推广体系建设，全面提高了基层林业站整体水平。完成了9个旗县国家重点工程区林业站建设，2个乡镇国家林业局标准化基层林业站建设，8个旗县自治区级林业站建设，8个国家基层林业技术推广站建设，办公条件进一步改善、装备水平进一步提高。

存在问题

①生态恶化趋势虽然趋缓，但生态状况仍十分脆弱；②个别地区乱征滥占林地、乱捕滥猎野生动物案件仍时有发生；③林业产业总体上看，规模较小、效益较低，做大做强的任务十分艰巨；④个别地区截留、挤占、挪用林业生态建设资金的问题仍然存在。

【自治区党委常委曹征海到林业厅检查指导工作】 2月12日，自治区党委常委曹征海、党委副秘书长高慧广、政府副秘书长于清理等一行5人，到自治区林业厅检查指导工作，听取了林业厅厅长高锡林关于全区林业工作的汇报，并作了重要讲话。

高锡林厅长从五个方面对全区的林业工作进行了汇报。一是全区林业基本情况。二是"十一五"期间林业建设取得的成效。三是2010年林业工作任务完成情况及主要特点和措施。四是今后林业工作基本思路、目标和工作重点。五是2011年林业工作安排。

【第四次荒漠化和沙化监测结果公布】 内蒙古第四次荒漠化和沙化土地监测工作从2009年1月至2010年3月，历时十五个月，圆满完成了全区的各项监测任务。3月15日，《内蒙古自治区荒漠化和沙化状况公报》公布了内蒙古第四次荒漠化和沙化监测结果。

监测结果表明，内蒙古自治区荒漠化和沙化土地面积呈现了持续双减少，重点治理区生态环境明显改善。一是荒漠化、沙化土地面积呈持续减少态势。与2004年相比，荒漠化和沙化土地面积分别减少4671平方千米、1253平方千米。二是土地荒漠化和沙化程度减轻。与2004年比，轻度荒漠化土地增加1.28万平方千米，中度减少1.11万平方千米，重度减少0.51万平方千米，极重度减少0.13万平方千米。轻度沙化土地面积增加0.85万平方千米，中度减少0.33万平方千米，重度减少0.27万平方千米，极重度减少0.37万平方千米。三是重点治理区生态环境明显改善。重点治理的科尔沁沙地、毛乌素沙地、浑善达克沙地、呼伦贝尔沙地、京津风沙源治理工程区等区域生态环境明显改善。沙化土地植被盖度提高，生物多样性呈增加趋势。四是重点治理区土壤风蚀量和地表释尘量明显减少。京津风沙源治理工程区2009年土壤风蚀总量较2001年下降了44%，地表释尘量下降了43.3%。

监测表明，截至2009年底，全区荒漠化土地面积为61.77万平方千米，占自治区总土地面积的52.2%，分布于全区12个盟市的79个旗县；沙化土地总面积为41.47万平方千米，占自治区总土地面积的35.05%，分布于全区12盟市90个旗县。

【内蒙古林业厅与南京林业大学科技合作启动】 3月20日，内蒙古自治区林业厅与南京林业大学科技合作项目启动仪式在鄂尔多斯市伊金霍洛旗举行。自治区林业厅厅长高锡林、南京林业大学校长曹福亮等领导出席启动仪式并讲话。自治区林业厅副厅长呼群主持启动仪式。内蒙古林业厅进一步加大了与区内外高等院校、科研院所的合作交流力度，进一步拓宽科技合作领域，深化科技合作内容，解决了一批林业生态建设和产业发展中迫切需要解决的问题。

2010年，内蒙古自治区林业厅与南京林业大学签署了全面合作协议。内蒙古林业厅与南京林业大学科技合作启动仪式，标志着南京林业大学与内蒙古林业厅的产学研全面合作进入实质性的阶段，今后还将在现代林业、现代园林、生态环境保护与建设、城乡园林绿化、湿地恢复、林区丰产增收、林区景观林建设、特有观赏苗培育等方面进行战略合作，打造西部一流的林业生态示范区和林产品加工高新区。

【自治区副主席、防火指挥部总指挥刘新乐检查清明节防火工作】 4月5日，在春季森林草原防火的关键时期，自治区副主席、防火指挥部总指挥刘新乐到乌兰察布市、呼和浩特市检查森林草原防火工作。刘新乐深入到凉城县蛮汉山林场、和林县南山公园等重点防火单位，详细询问了防火工作开展情况，特别是清明节期间采取的主要措施，了解基层防火职工的生活情况，听取自治区防火指挥部、乌兰察布市、呼和浩特市的工作汇报。自治区防火指挥部副总指挥、林业厅厅长高锡林、林业厅副巡视员乔云、乌兰察布市代市长陶淑菊、呼和浩特市副市长云公和以及有关部门负责人陪同检查。刘新乐对各地的防扑火准备工作给予了充分肯定，并对下一步工作提出了要求。他指出，目前中西部地区气温迅速回暖，已经进入防火关键时期，特别是清明节期间，祭祀活动增多，极易引发人为火灾。各地要克服麻痹思想，按照国家和自治区有关要求，切实加强防火宣传教育和火源管理等预防工作。同时，不断健全森林草原火灾应急管理体系，严密组织，科学指挥，积极扑救，确保无人为重特大火灾发生，确保扑火人员的人身安全。

为全面做好清明节期间森林草原防火工作，坚决遏制人为火灾，自治区防火指挥部紧急成立了13个防火检查组，深入全区各地开展防火督察工作。

【自治区第六个"义务植树周"拉开序幕】 4月15日上午，自治区党委副书记、自治区主席巴特尔，自治区党委副书记任亚平以及自治区党政军领导与自治区林业厅和有关部门单位的千余名干部群众，来到位于呼和浩特市郊段家窑自治区党政军义务植树基地一起参加植树活动。巴特尔主席一来到植树点，就同广大干部群众一起爬上山坡植树，并接连栽植了十几棵云杉和果树。他一边劳动一边向自治区林业部门和呼和浩特市有关负责同志了解全区和首府的植树造林情况。在自治区领导同志的带动下，参加植树的人员干劲十足，经过一上午的劳动，大家共种下了大油松、云杉、大杏、李子、"123"等优质品种树木近万株。

【内蒙古高格斯台罕乌拉自然保护区晋升为国家级自然保护区】 4月16日，经国务院批准，内蒙古高格斯台罕乌拉自然保护区成功晋升国家级自然保护区。内蒙古高格斯台罕乌拉国家级自然保护区地处大兴安岭南麓，位于内蒙古赤峰市阿鲁科尔沁旗北部的罕山林场境内，总面积106 284公顷。该保护区的主要保护对象是山地森林—草原生态系统及栖息于该系统中的珍稀濒危野生动植物，属森林生态系统类型自然保护区。保护区内山势起伏、河网密布、森林茂密、物种丰富、环境优美、景观独特，有森林、草原、草甸、湿地等多样的生态系统，是大兴安岭南部山地目前保存下来最具代表性的森林—草原过渡类型的重要地区，是森林、草原野生动物的栖息地，也是西辽河重要的水源涵养地和源头之一。

截至2011年，全区林业系统已建立各种类型、不同级别的自然保护区144个，总面积1068.44万公顷，约占自治区土地面积的9%。其中，国家级自然保护区19处，面积273.05万公顷；自治区级自然保护区51处，面积660.9万公顷。初步形成了布局较为合理、类型较为齐全、功能较为完备的保护区网络，在维护生态平衡，改善生态环境，保护野生动植物和维护生物多样性等方面发挥了巨大的作用。

【北京军区在红山军马场展开植树造林活动】 5月30日下午，北京军区在红山军马场举行了植树造林启动仪式，北京军区副司令员黄汉标、联勤部部长董明祥，国家林业局副局长张永利，内蒙古军区副司令员海力斯，自治区林业厅厅长高锡林以及解放军总后勤部、赤峰市等有关领导参加了项目启动仪式。北京军区红山军马场植树造林项目是北京军区在内蒙古大地上实施的又一个植树造林项目，是北京军区贯彻胡锦涛总书记视察内蒙古时关于把内蒙古建设为祖国北方重要生态屏障指示精神的又一重大行动。该项目规划利用五年的时间完成2667公顷的植树造林任务，今年是项目实施的第一年。5月23日，北京军区2000名官兵进驻乌兰布统，截至5月30日，已完成植树造林483公顷。

【"北疆生态党旗红"演讲比赛】 6月24日，自治区林业厅举办了庆祝中国共产党成立90周年全区林业系统"北疆生态党旗红"演讲比赛。

选手们经过激烈角逐，在评委会的评审和监审组的监统下，竞赛产生一等奖一名、二等奖三名、三等奖六名、优秀奖九名，其中一等奖桂冠由阿拉善盟林业局选手刘洁同志摘得。

【国家林业局赵树丛副局长赴内蒙古自治区调研】 7月1日~3日，国家林业局党组副书记、副局长赵树丛带队赴内蒙古自治区，就天然林资源保护工程实施情况和《森林法》修改进行专题调研。自治区党委常委曹征海陪同调研，党委常委、宣传部长乌兰会见了赵树丛副局长一行。

赵树丛一行深入呼伦贝尔市海拉尔区、红花尔基林业局和内蒙古森工集团，就天保工程公益林营造、森林管护、森林抚育经营、林区经济转型、棚户区改造、林业体制改革等方面进行全方位调研，看望并慰问了奋战在森林资源保护和建设一线的林业工人、基层森林公安干警、退休林业职工以及森工企业职工。在考察期间，赵树丛副局长一行听取了内蒙古自治区林业工作汇报、内蒙古自治区天然林资源保护工程实施情况汇报和《森林法》修改建议。同时，还听取了呼伦贝尔市林业工作汇报以及内蒙古森工集团的工作汇报。赵树丛对内蒙古的林业工作给予充分的肯定、提出重要的意见、寄予新的希望，并表示国家林业局将继续大力支持。

自治区林业厅高锡林厅长、曹文仲巡视员、呼群副厅长陪同调研。

【全区欧洲投资银行碳汇造林项目在通辽市启动】 7月1日上午，内蒙古自治区欧洲投资银行碳汇造林项目在通辽市正式启动。国家林业局世行中心副主任姜喜山等一行和自治区副主席刘新乐，自治区林业厅厅长高锡林，副厅长田选明，通辽市委副书记、市长胡达古拉，副市长贺海东及自治区发改委、财政厅等部门负责人出席启动仪式。

作为中国林业利用欧洲投资银行贷款的第一个项目，内蒙古自治区欧洲投资银行碳汇造林项目建设内容主要是人工营造碳汇林，并开展碳吸收量测绘和监测，建设范围和地点辐射自治区4盟市的9旗县，建设期为5年，利用欧洲投资银行资金2500万欧元，贷款期为25年。

仪式上，刘新乐代表自治区政府与各项目市政府领导签订项目责任书，与会领导与来宾还为碳汇造林项目共同植树。

【天然林资源保护工程工作会议】 为认真贯彻落实全国天然林资源保护工程工作会议精神，总结自治区十三年来天保工程建设成效，表彰先进、交流经验，研究部署今后十年天保工程任务，内蒙古党委、政府于9月8日在呼和浩特市召开了全区天然林资源保护工程工作会议。自治区党委常委曹征海出席会议并做了讲话，自治区副主席刘新乐主持会议并作总结讲话。全区有天保工程建设任务的9个盟市的盟市委或政府(行政公署)分管负责人和盟市林业局、发改委(局)、财政局、人力资源和社会保障局主要负责人、内蒙古森工集团主要负责人及自治区有关部门的有关人员参加了会议。国家林业局驻内蒙古自治区森林资源监督专员办事处、自治区人大农牧委、政协农牧委、法院、检察院有关负责人应邀出席了会议。

会议表彰了自治区天然林资源保护工程一期建设的先进集体和个人。自治区林业厅、发改委、财政厅、人力资源和社会保障厅也分别就做好天保工程二期相关工作提出了要求；鄂尔多斯市人民政府、呼伦贝尔市红花尔基林业局、内蒙古贺兰山国家级自然保护区管理局、内蒙古森工集团根河林业局作了大会典型发言。会议就曹征海的讲话及天保工程二期建设等问题进行了分组讨论。

【多伦县曲家湾村和扎兰屯市大甸子村荣获全国生态文化村称号】 9月23~24日，中国生态文化协会在辽宁省鞍山市举行了"全国生态文化示范基地"、"全国生态文化村”、“全国生态文化企业”授牌仪式，共评出两个“全国生态文化示范基地”、63个全国生态文化村和10个全国生态文化企业。其中，自治区锡林郭勒盟多伦县曲家湾村和呼伦贝尔市扎兰屯市成吉思汗镇大甸子村荣获全国生态文化村称号。

2011年7月，中国生态文化协会在全国范围内开展了第三批全国生态文化村和第二批全国生态文化企业遴选命名活动。开展此项活动对于推进我国城乡生态文明建设，进一步扩大全国生态文化创建活动的覆盖面，促进社会各个领域和行业弘扬生态文化、树立生态意识、增强生态责任具有重要意义。目前，自治区共有五个行政村荣获全国生态文化村称号，两个企业各荣获全国生态文化示范基地、全国生态文化企业称号。

【举办党政领导干部研修班】 经自治区党委、政府同意，11月15日，由自治区党委组织部和林业厅联合举办的全区集体林权制度改革党政干部研修班在内蒙古党校开班，自治区党委常委曹征海出席开班仪式并作重要讲话。

研修班聘请了国家林业局农村林业改革发展司副司长江机生为学员授课，自治区党委、组织部、林业厅有关领导、各盟市委分管副书记、林业局长和部分旗县委书记参加了研修班，赤峰市宁城县、锡林郭勒盟东乌旗、鄂尔多斯市杭锦旗做了典型发言。

【参加义乌林博会】 11月1～4日，第二届中国国际林业产业博览会暨第四届中国义乌国际森林产品博览会在浙江省义乌市举行，自治区40多家林业企业代表和100多种产品参展。自治区副主席刘新乐出席开幕式并参观了内蒙古展区，自治区林业厅厅长高锡林在内蒙古展区介绍了内蒙古林业产业发展成绩。

自治区15个产品获第二届中国国际林业产业博览会暨第四届中国义乌国际森林产品博览会金奖，6个产品获优质产品奖。自治区代表团获优秀组织奖、优秀展台奖，内蒙古游牧一族生物科技有限公司获最佳参展奖。

【全区林业有害生物防治工作会议】 11月17日，内蒙古自治区人民政府在呼和浩特市召开了全区林业有害生物防治工作会议。自治区人民政府副秘书长、自治区政府办公厅主任盖文山，自治区林业厅厅长高锡林，自治区财政厅副厅长云宗元，自治区林业厅总工程师高桂英，自治区政府办公厅、发改委、财政厅有关负责同志出席会议。会议由高桂英主持，高桂英传达了全国林业有害生物防治工作会议精神；自治区人民政府副主席刘新乐作了重要的书面讲话；盖文山同志作了总结讲话。会上，自治区林业厅受自治区人民政府委托与各盟市行署、政府，签订了《2011～2013年松材线虫病等重大林业有害生物防控目标责任书》。

全区12个盟市及满洲里市、二连浩特市行署、政府分管秘书长，林业局局长，森防站站长，自治区林业厅各处室、直属单位负责人参加了会议。

【林业站、技术推广站建设】 “十一五”时期，自治区林业站、技术推广站坚持“巩固、完善、提高”的建设方针，紧密围绕林业生产和生态建设中心工作，积极投身林业改革和发展主战场，在林业生态建设、集体林权制度改革、林业产业发展、森林资源管护等方面发挥了主力军作用。

全区现有基层林业站781个、林业技术推广站779个，人才队伍得到不断充实、结构不断优化、能力不断增强，大专以上学历比例达到42.3%。在查处乱砍滥伐林木、乱捕滥猎野生动物、受理林政案件、调解处理林权纠纷、受理林业合同承包案件等方面积极工作，有效保护森林资源和广大林农的合法权益。完成了以节水抗旱造林系列技术、飞播造林配套技术、容器苗、生根粉、保水剂技术等为重点的指令性推广任务267万公顷，使林业六大重点工程建设技术推广覆盖率达到了90%以上。紧紧围绕林业生产中存在的关键技术和重点难题，开展了以“困难立地综合造林技术”、“低产低效林更新改造技术”等74项新品种、新技术和新模式的推广示范工作。通过科技成果和先进实用技术的集成组装，优化了林业科技资源的配置，凸现了区域优势，促进了造林两率和林分质量的提高，尤其在沙地、山地丘陵区、盐碱地综合治理方面取得了显著成效，发挥了林业科学技术在林业生态建设中的支撑作用。

（内蒙古自治区林业由张爱军供稿）

内蒙古森林工业集团

【概　述】 2011年，内蒙古森工集团(林管局)在国家林业局的领导和支持下，以生态保护与建设为主导，强化生态屏障意识，积极推动经济转型，促进科学发展。

主要经济指标　2011年，内蒙古森工集团全年实现林业产业总产值39.44亿元。主产品木材销售127.6万立方米，平均售价突破1000元/立方米，同比提高226元/立方米，实现销售收入12.76亿元，基本实现减产不减效；固定资产投资完成15.73亿元。实现全部营业收入18.94亿元，剔除棚户区改造配套资金后实现利润2300万元，净资产收益率为0.42%。全面完成各项生产建设任务和经营指标。

天保二期工程　全面承接天保二期工程，科学编制《内蒙古大兴安岭重点国有林区天保工程二期实施方案》和林区各基层林业局天保工程二期实施方案，全面完成生产任务和组织方式的适应性调整，落实119.6万立方米木材减产计划。2011年5月20日，全国天然林资源保护工程工作会议在北京召开，会议授予内蒙古森工集团(林管局)天保工程一期建设优秀组织奖。2011

年7月20日，全国天然林资源保护工程二期工作部署会议在内蒙古大兴安岭林区莫尔道嘎林业局白鹿岛召开，国家林业局党组副书记、副局长赵树丛出席会议并讲话，会议安排部署天保工程二期实施方案编制工作，对天保工程资金的安全运行和有效监管进一步提出明确要求，对天保工程绩效考评办法和有关工程管理办法的修改完善工作作出说明，对天保工程有关管理办法提出修改意见。

资源管理 严格执行林地征占用定额管理制度，优先保证重点项目建设用地，2011年上报国家林业局占地项目24项，获得家林业局行政许可19项，通过率为79%，全年审核报批林地征占用403.3公顷。编制上报《内蒙古大兴安岭林区林地保护利用规划》，为林地保护和经营利用提供了重要依据。适时开展专项行动，严厉打击毁林开垦等违法犯罪行为，层层鉴定责任状，对管理不力、发生毁林开垦的，严格追究相关人员责任，使林地林权得到切实保护。强化木材凭证运输管理工作，按照林管局制定的《木材运输管理和监督检查办法》分门别类地控制商品材、三剩物、人造板等的运输计划，合理发放各类木材运输证，做到木材生产总量与运输总量双向控制。保持对毁林开垦、乱砍盗伐等破坏森林资源违法行为的高压态势，集中开展“暖冬行动”、“春季攻势”、“夏季攻势”等专项打击行动，全年查处破坏森林资源案件4203起，收缴木材453.5立方米、野生动物59头(只)。

森林经营 全年完成火烧迹地、植被恢复工程更新造林0.45万公顷，完成人工促进更新0.98万公顷。按进度完成森林抚育25.33万公顷。完成育苗生产90.16公顷，产苗7121.3万株。全面完成母树林集约经营1.376万公顷。完成种子园经营计划100.32公顷，采穗圃经营计划233.33公顷。森林经营在分流人员、增加职工收入方面发挥了作用，森林经营质量得到显著提高。

森林灾害防控 2011年，林区共发生森林火灾31起，其中一般森林火灾12起，较大森林火灾19起，过火总面积676.89公顷，受害森林面积553.71公顷，火灾次数和受害森林面积分别比2010年下降60%和94%，森林受害率为0.067‰，大部分火情火灾实现当日灭火，是近五年来火情最少、扑救最快、成灾面积最小的一年。完成有害生物防治11.51万公顷，其中虫害防治面积5.88万公顷，病害防治面积2.1万公顷，鼠害防治面积3.53万公顷。林业有害生物成灾率为0.17‰，无公害防治率达到95.69%，测报准确率达到98.9%，种苗产地检疫率为100%，完成国家林业局下达的有害生物防治“四率”指标。

生态基础设施建设 汗马国家级自然保护区建设三期工程完成竣工验收，额尔古纳自然保护区一期建设工程进入收尾阶段。图里河、根河国家级湿地公园申报通过国家林业局专家评审，阿尔山、奎勒河、兴安里湿地自然保护区列入《全国湿地保护工程实施规划》。根河航站基础设施建设项目、有害生物疫情监控系统建设、特色树种良种基地建设、防火综合治理二期项目等一批重点生态建设项目陆续开工建设，生态保护建设能力进一步提高。 （张　亮）

产业发展 面对新的发展形势，森工集团及时组织林区上下开展创新发展大学习大讨论活动，确立发展森林经济的产业转型发展思路，将解决发展严重不足的问题作为林区当前的首要任务，加快推进重大项目建设，在实施好既定项目的同时，积极筹划新型产业转型项目，为林区经济长远健康发展奠定基础。

做精木材产业 围绕市场抓调查设计和木材生产，全面推行原条下山和贮木场效益造材，主伐原条进场率达到78.6%，同比提高5%，森林资源采伐消耗利用率提高10%，经济材比重提高15%。2010年，林区完成木材生产114.2万立方米，销售127.6万立方米，平均售价1000元/立方米，同比提高226元，实现销售收入12.76亿元，基本实现了减产不减效的目标。

做大森林旅游 积极融入区域旅游经济发展大局，采取“以区为面、以面带点、以点穿线”的方式，全面整合林区旅游资源，依托8个国家森林公园、2个国家湿地公园和110万公顷从未开发的原始森林等优势生态资源，全面布局林区旅游产业。加大旅游项目储备，对北部原始林区“中国的黄石公园”国家公园项目、阿尔山旅游整体项目、林区旅游专列项目、白鹿岛景区环保客车项目、根河旅游客车宿营地建设项目和金河旅游休闲驿站项目进行可研论证和前期准备工作。组建成立股份制的根河假日旅游公司，全面提高林区旅游接待水平。全年共接待游客34.45万人次，实现旅游综合收入2.42亿元，旅游从业人员达到12 305人。

深化对俄经贸合作 成立股份制的兴安国际贸易公司，拓展和提升对俄经济技术贸易的合作领导和层次。组织考察组对俄罗斯森林资源进行考察，与俄罗斯联邦伊尔库茨克州嘎丘克林业局签订的合同总金额6.5亿美元，总投资900万美元的森林资源及木材深加工项目已经启动。就整体收购俄罗斯布利亚特共和国最大森工企业贝加尔公司的森林经营权正在进行洽谈，力争在对俄经济贸易合作上取得重大突破。发挥集团化的优势，积极筹划在境外注册成立公司，实现境内统一洽谈、统一签约、统一争取国家对项目审批、税费减免、项目前期费用补助、木材回运补贴、贷款贴息、劳务指标配置等方面优惠政策，降低合作风险，加快产业推进。全年累计境外生产木材26.5万立方米，过货原木8.5万立方米，过货板材1.9万立方米；加工板材1.9万立方米；实现营业额2021.71万美元，外输劳动力673人。

做好项目储备 为用足、用活、用好国家西开东振、天保二期、转型规划、支持内蒙古发展若干意见等诸多政策，结合林区实际，成立了由主要领导、分管领导和相关部门组成的29个重点政策争取专项工作组，全力以赴、狠抓落实，力争抓住加快发展的历史机遇。围绕经济转型、资源开发、生态保护、改善民生、盘活存量等方面，梳理了175个重点项目，全力推进可研和前期论证，为林区实现转型发展奠定基础。(杨建飞)

管理体制改革

国有企业法人制度改革 按照自治区国资委在森工集团(林管局)建立现代企业法人治理结构试点的工作要求，派出调研组先后到区内外13家大型知名企业进行了实地考察，学习先进企业法人治理结构实施的成功经验，结合森工集团(林管局)实际，协助自治区国资

委完成了《公司章程》的修订工作，起草了《董事会议事规则》、《总经理办公会议事规则》、《专门委员会议事规则》、《党委常委会议议事规则》等一系列制度办法，构建企业法人治理结构整体框架，为新体制协调顺畅运转奠定了制度保障。

社会事业职能改革 6月21日林区无线电管理委员会办公室及其事业职能整建制移交自治区政府无线电管理委员会办公室管理，持续三年的企业事业职能改革告一段落。与呼伦贝尔市政府连续三年召开推进区域经济一体化地企联席会议，就城市环卫、计划生育、物业管理、森林公安后勤和劳动保障等社会职能改革工作达成共识，明确加快市场化改革和共同争取上级政策、逐步推进理顺林区社会事业职能的意见。积极协调蒙东电力集团公司，将林区新兴的矿业开发、森林旅游业等新增电力需求纳入区域电网改造的总体规划。

提升企业管理水平 在木材产量大幅减少119.6万立方米，主营业收入减少近10亿元的情况下，克服棚户区改造配套、支付大额改制成本、改制企业原料供应紧张、工资成本增加等诸多困难，科学测定财务盘子，合理调整目标体系，不断加强基础管理，节约挖潜、提质增效，保证了生产经营的有序进行和各项经济指标的如期完成。倾力支持改制企业发展，克服木材大幅减产的巨大压力，全年共调拨木质原料30万立方米，保证了改制企业正常运转。 （袁宏民）

民生状况持续改善

提高职工收入 规范工资统计口径，筹资3.4亿元为在岗职工调增工资，职工年人均工资由17 873元提高到23 021元，增长幅度为28.8%。集团公司、林管局和相关林业局积极筹措资金，全部偿清1997年以前拖欠的职工工资。各单位通过组织山产品采集、发展旅游产业、扶持发展家庭经济和提高森林经营工资成本等措施，多渠道增加职工收入。共投入805万元，对困难职工帮扶、救助做到了全覆盖。

落实职工社会保险政策 全面落实了自治区退休职工养老金调增政策，认真开展养老账户清查工作，退休职工年人均养老金达到15 366元。加大力度落实特繁工种和因病退休政策，全年共办理退休5355人，其中在岗职工退休2235人，一次性安置和企业改制人员退休3120人。协调做好大集体特繁工种认定工作，推进大集体特繁工种退休政策的落实。开展厂办大集体改革和退休幼教、职教老师待遇落实工作。完成“老工伤”人员工伤保险社会统筹管理实名登记工作。

改善职工居住和生产生活条件 2011年，企业自筹投入17 597万元，争取国家、自治区专项资金9亿元，启动棚户区改造项目19个（年内完成2.3万户，入住率为83%），同时完成2010年接转的棚户区改造项目。争取国家棚户区改造供热项目投资13 647万元，缓解棚改集中供热的压力，保障了民生工程的顺利实施。落实资金8816万元，全面启动职工住房公积金制度。争取国家、自治区投资2675万元，安排克一河、吉文、满归3个林业局安全饮水项目。全面完成新林区建设收尾项目，职工群众生产生活条件进一步改善。重视林业职工子女就业工作，全年累计考录中等专业学校和技工学校毕业生186人，招录大学毕业生183人。 （岳连鹏）

党的建设

创先争优 2011年1月19日，中共中央政治局委员、中央书记处书记、中央组织部部长、中央创先争优活动领导小组组长李源潮同志在林区创先争优活动有关材料上做了重要批示：“内蒙大兴安岭在创先争优活动中‘红了党旗、绿了森林、乐了群众’的做法很好。这是把总书记提出的创先争优活动要使发展有动力、群众得实惠、组织得加强要求的具体化。建议宣传他们的先进经验”。2月12日，中央创先争优活动领导小组《深入开展创先争优活动简报》（第808期）刊登林区的经验。2月24日，自治区党委书记胡春华作出批示“贯彻源潮同志指示精神，自治区要加强宣传，同时要向大兴安岭林管局学习”。自治区党委组织部李佳部长、自治区国资委党委苏和书记、自治区创先争优活动办公室领导先后对林区党建工作给予了高度评价。

内外宣传 坚持典型引领，开展向杨善洲、崔增女学习活动，举办“林海先锋、生态脊梁”颁奖和建党90周年表彰大会，通过选树先进集体和个人，典型代表巡回宣讲等形式提高林区党员的党性修养和思想境界。加大外宣工作力度，积极争取国家、自治区新闻媒体支持，全年发表外宣稿件600余条；精心组织参加第二届中国国际林业博览会，全面展示了林区产业发展新形象；在“中国绿网”开设森工集团专页，展示了林区新形象，日访问量达7000余次，为外界了解林区提供了便捷有效的新途径。10月12日，中央电视台“新闻1+1”栏目黄金时间播出著名主持人白岩松到林区采访的专题节目《后继有树！后继无人？》，加深了外界对林区的了解。

扶贫帮困 采取“季访月助”形式走访困难职工48 966户（次），解决实际问题8561件，扶持困难职工发展家庭经济1286户，林区贫困群体自我发展能力加强。举办林区纪念送温暖活动20周年暨帮扶中心建设十周年表彰大会。共青团组织积极响应党组织号召，创新理念，整合优势资源，建立了工作协作区机制，“我与祖国共奋进，我与林区同发展”主题形势任务宣讲教育和各类文化活动扎实开展。

党风廉政 廉政风险防控机制建设工作及时启动，纪委监察机关围绕重点项目、重点工程、煤炭采购、土地清查开展监察工作，实现对林区19个单位的棚户区改造等工程招标和验收的全过程监督，保证了国家惠民政策公平公正。 （朱显明）

社会稳定工作 通过各级领导和维稳、信访等各部门、单位的努力，2011年信访工作实现了“四下降一好转”，即办理群众来信93件，同比下降29%；接待群众个体信访293批，404人次，同比批次下降43%，人次下降33%；接待群众集体信访69批，1060人次，同比批次下降31%，人次下降45%。自治区交办案件结案率为100%，信访积案化解率达95%以上。综治、维稳、公安等部门积极推进平安林区建设，为林区经济发展创造了稳定平安的环境。 （王忠岩）

【森工大事】

1月16~22日 森工集团总经理、林管局局长安国通出席内蒙古自治区十一届人大四次会议。

3 月 5 日 全国人大代表、森工集团(林管局)总经理助理娄伯君赴京参加十一届全国人大四次会议。

3 月 13 日 内蒙古森工集团兴安国际贸易有限公司创立大会在牙克石召开。4 月 29 日，公司开业庆典在满洲里举行。

3 月 21 日 2011 年林区春季森林防火工作会议在牙克石宾馆召开。

4 月 6 日 森工集团(林管局)与呼伦贝尔市人民政府召开第三次联席会议，会议通报了第二次联席会议议定事项落实情况及第三次联席会议议定内容。

4 月 9 日 国有林区体制改革课题研讨会在北京大学举行第一次会议，森工集团总经理、林管局局长安国通作为课题组专家成员参加会议并作主题发言。

5 月 25 日 武警内蒙古森林总队总队长杨宇光一行到林区调研森林防火工作。

6 月 28 日 森工集团(林管局)党委召开纪念建党 90 周年暨林区第八次党内表彰大会。

6 月 30 日 森工集团(林管局)被自治区党委授予先进基层党组织称号，林区自 1952 年全面开发建设以来首次获此殊荣。

7 月 2～3 日 国家林业局党组副书记、副局长赵树丛一行到林区调研指导工作，给予林区改革“政府到位、企业归位、林业定位”的高度评价。

7 月 20 日 全国天然林资源保护工程二期工作部署会议在莫尔道嘎召开，国家林业局党组副书记、副局长赵树丛出席会议并讲话。

7 月 29 日 森工集团(林管局)召开电视电话会议，学习贯彻胡锦涛总书记“七一”重要讲话和全国林业厅局长电视电话会议精神。

8 月 16 日 森工集团(林管局)召开林区天然林保护工程二期实施方案编制工作部署会议。

9 月 9 日 林区干部大会召开，自治区党委组织部对森工集团(林管局)领导班子进行调整：安国通不再担任森工集团总经理、林管局局长职务，调任自治区环保厅厅长；张学勤担任呼伦贝尔市市委委员、常委、内蒙古森工集团董事长，森工集团(林管局)党委常委、书记；巴树桓担任内蒙古森工集团总经理、大兴安岭林管局局长，森工集团(林管局)党委常委、副书记。

10 月 26～28 日 以国家林业局办公室巡视员王建子为首的国家林业局二期天保工程督导检查组来到林区进行为期两天的检查调研。

12 月 10 日 林区“创新发展”理论研讨会召开，森工集团(林管局)党政领导班子成员和各基层党委党政负责人出席会议，并就林区下一步发展展开深入讨论。

（张　宏）

辽宁省林业

【森林资源】 辽宁省林地面积达到 697 万公顷，有林地面积达到 555 万公顷，活立木蓄积量达到 2.85 亿立方米，森林覆盖率达到 38.2%。全省公益林面积是 289.58 万公顷(国家公益林 180.53 万公顷、地方公益林 109.05 万公顷)、商品林面积 257.65 万公顷。目前，辽宁省纳入补偿的国家级公益林面积为 228.95 万公顷、省级公益林面积为 57.36 万公顷、天然林面积为 78.67 万公顷。2010 年全省森林生态服务功能价值超过 3723 亿元。

【林业建设】 2011 年，辽宁省林业系统全面超额、优质高效地完成了各项工作任务，取得重大成效，其中造林绿化的作业面积、资金投入、质量效果，林业产业发展水平、产值增长速度均创历史最好水平；在全国首开先河启动实施了青山工程；集体林权制度改革、森林资源管理、林业信息宣传等工作继续处于全国先进地位。

【生态建设】 全省完成造林绿化作业面积 52.24 万公顷，超年度计划 27.7%，是上年的 1.3 倍。其中，人工造林 39.36 万公顷，超年度计划 17.9%；工程封育 10.67 万公顷、飞播造林 2.2 万公顷，均完成了年度计划任务；全民义务植树 1.2 亿株，超全年计划的 20%；栽植大树 1124 万株，是上年的 7.4 倍。重点工程建设进展顺利。全省已累计完成大规模造林绿化任务 87.47 万公顷，占规划任务的 77%。其中，朝阳 33.33 万公顷荒山绿化工程，已提前超额完成；辽西北边界防护林体系建设工程和沿海经济带绿化工程进一步拓宽；阜新、朝阳坡地绿化工程，已完成 4.27 万公顷年度造林任务；“万村万树”绿化工程，新植树 3944 万株，全省村屯新植树都达到了 1000 株以上。森林经营工作加速推进。全省全社会投入造林绿化资金 340 亿元，是 2010 年的 2 倍，超过了“十一五”五年投入的总和。其中，省以上投入造林绿化资金 11.5 亿元，是 2007 年的 3 倍多。经初步查验，全省造林平均成活率近 90%，其中，辽西北地区达到 85% 以上，效果明显好于往年。

【青山工程启动】 机构队伍建设取得重大进展。省政府成立了以主要领导为组长、分管省长为副组长的高规格的青山工作领导小组，正厅级规格的领导小组办公室设在林业厅。省编委会正式批复组建了省森林资源保护局，增加 35 个专项编制，副厅级事业单位，局长高配至正厅级。各项基础工作迅速开展。省政府印发了《辽宁省人民政府关于青山工程的实施意见》，全省 11 个市和 30 个县出台了配套意见或实施方案；初步摸清了全省矿山(场)的基本情况，提出了全省 2012 年青山工程年度计划拟安排意见。完成了《青山保护规划》和《矿山及其他工程生态治理规划》大纲编制工作；完成了青山工程考核奖励和专项治理的方案与系列标准；《青山保护条例》已列入省人大立法计划。

【林权改革】 主体改革进一步完善。已累计完成确权面积525.2万公顷，占应改面积的99.6%。参改林农累计达到434万户、1520万人。群众满意率达到98%以上。配套改革全面深化。全省林权管理服务中心达到48个、林业合作经济组织2714个、林业行业协会996个，以林抵押贷款累计近50亿元，落实政策性森林保险面积208.53万公顷。全省涉林农民人均林业收入达到2517元，占其年总收入的31.5%，同比增长28%，高出全省农民人均收入增幅12.2个百分点。辽宁林改继续在全国保持领先的地位。

【林业经济】 全省林业总产值首次突破1000亿元大关，达到1238亿元，同比增长32%，比2007年增长了3倍。全省林业总产值跃居全国第9位，比2007年上升了5位，产值增幅位居全国前列。辽宁省政府在全国林地经济现场会上介绍了经验；辽宁省在全国第二届林业产业博览会上囊括了"最佳组织奖"、"最佳展台奖"和"最佳参展奖"全部三项大奖，13个产品获得金奖，14个产品获得优质产品奖。铁岭县荣获"中国榛子产业第一县"的命名，铁岭的榛子和西丰的鹿业跻身全省7个"一县一业"示范产业。西丰鹿业局和开原苗木花卉局归属林业部门管理，推动开原彩色苗木等一批发展前景好的林业产业初具"一县一业"产业雏形。完成了首批60家林产品龙头企业和全省林业产业示范市命名工作，奖励扶持林产品加工和品牌企业43家。新增林产品加工企业110家，新增规模以上企业32家。全省各类林产品加工企业累计达5864家，其中规模以上企业702家。全省引进林业投资项目79个、签约额413亿元。其中，彰武园区去年引进24家企业、协议投资13亿元，园区已实现产值22亿元。全省森林旅游和职工自营经济收入分别达到55亿元和19亿元。

【森林资源管护】 圆满完成了全省首次林地保护利用规划的编制工作；完成了"十二五"年森林采伐限额和年度采伐计划的分解落实工作；加大了森林采伐监管力度，节余采伐限额160万立方米，森林采伐改革试点工作取得成效并在全省推广；进一步规范了占用征收林地审核审批管理；全面开展了木材运输执法监督年活动并取得明显成效；新发林权证6.69万册，发证率达到96%以上；加大了违法占地案件的稽查力度，全年查处违法使用林地案件20起。深入贯彻落实《封山禁牧规定》；加大森林防火和森林病虫害防治力度，火灾数量持续下降，有害生物成灾率控制在3‰以下，双双低于国家控制水平；出台了"十二五"期间天然林保护的优惠扶持政策；首次编制了全省林地保护利用规划。

【基层基础建设】 林业资金投入再创历史新高，省以上林业建设资金25.3亿元。征缴育林基金省级分成达到2184万元，收缴森林植被恢复费1.7亿元。落实林业贴息贷款、申请中央财政贴息资金分别达到11.5亿元和3322万元。新上各类林业科研项目35项；发布实施了7个林业标准；到位科研和推广经费3428万元；林业科技成果获省政府科技进步二等奖3项、三等奖3项；累计建设各类示范基地79处、1.03万公顷。出台了《辽宁省生态公益林管理办法》(省政府令第258号)，开展了全省林业系统依法行政推进年活动，行政权力运行制度建设稳步推进。林业信息化建设取得突破性进展。第二届全国林业信息化工作会议在辽宁召开，省林业厅和沈阳市林业局双双成为全国林业信息化建设示范单位，辽宁省位列"全国十佳信息化建设单位"之首。全省3109户国有林场危旧房改造任务全面如期完成。全省纳入县级财政预算的乡镇林业站已达到92.2%。

【沈阳市林业信息化建设】 沈阳市把加强林业信息化建设作为提高行政管理能力和公共服务能力的有效途径来抓，阶段性地完成了林业信息化建设任务，被国家林业局授予全国市级唯一一家全国林业信息化示范市，国家林业局局长贾治邦视察了沈阳市林业信息化工作并予以充分肯定。以门户网站服务林农果农为核心，设8大栏目、20个具体版块，为林农、企业、社会提供全面信息服务。开发了营林造林、森林防火、资源管护、服务林农等应用系统，满足了林农果农致富需求、林业部门业务需求、领导科学决策需求。地理信息系统实现了资源共享，数据存贮、管理、编辑、发布实现了网络化。深化"三级建站、四级联网"，推进综合服务大厅建设，实现网络下延，让林农足不出户就能办理林权流转、贷款、采伐审批、保险、查询、咨询等业务。

【大连市全民义务植树】 全市各级党委、政府全面动员，深入发动，新闻媒体广泛宣传，深入报道，全社会造林护绿蔚然成风。绿色大连基金成功启动，社会各界积极响应，全市捐资企业、部门和单位达到3100个，意向和到位捐款3.4亿元，全市党政机关干部捐资684万元。"我为大连种棵树"等活动反响强烈，群众植树造林热情空前高涨，200万人(次)参与义务植树，全市涌现出"政协林"、"三八林"、"青年林"、"双拥林"等一批纪念林。

【鞍山市青山工程】 鞍山市政府起草了全市青山工程实施方案，以市政府办公厅文件下发；组织开展了详细的全面摸底调查，为今后规划制订和开展工作提供准确依据；初步形成2012～2015年青山工程规划，对"四绿"工程的17项子工程进行技术规划；指导协调重点区域、重点部门、重点工程的推进，全面展开矿山复垦、治理污染、清理小开荒和公墓改造等四方面治理行动；开展小开荒专项清理行动，已完成小开荒清场整地333.33公顷；召开了全市青山工程启动会，市政府与各县(市、区)政府及鞍钢矿山公司签订了青山治理与保护责任状。与市宣传部门、各级媒体联合开展广泛宣传，通过召开新闻发布会、专题采访、跟踪报道等形式，使青山工程形成舆论氛围。全市完成矿山生态治理253.33公顷，青山建设工程取得良好开端。

【抚顺市资源管护】 抚顺市森林资源日常管理继续强化；林政稽查工作初见成效，共办理各类林业行政案件15起，收缴罚没款近20万元；林地落界工作圆满完成；森林防火工作再创佳绩，全市仅发生1起一般森林火灾；森林病虫害防治工作成效突出，全市共发生林业有害生物3.77万公顷，共完成防治面积3.10万公顷；严厉打击破坏森林资源违法行为，全市森林公安机关共侦破查处各类林业案件426起，其中刑事案件103起，打击处理各类违法犯罪人员455人，为国家直接挽回经济损失798万元；林业站标准化建设得到加强，在全市开展标准化林业工作站建设和百分考核评比活动，进一步加强全市林业站标准化建设。

【本溪市集体林权制度改革】 本溪市已建成并投入使用市、县(区)级林权管理服务中心7个，建成5个乡镇林权管理服务分中心；专业合作进程不断加速。全市新建林业合作经济组织26个，累计达到555个，新成立专业协会27个，累计达到189个。特别是本溪县成立了兴林林业专业合作联社，成为全省乃至全国第一家县级合作联社，为广大林农提供了更好的服务；林业融资体系不断完善。新加入贷款银行3家，新增以林抵押贷款5.05亿元，累计达到9.95亿元。政策性森林保险试点正式启动，保险面积11.53万公顷；林权纠纷得到有效调处。全市已成立林地承包仲裁委员会6个，7个县区和市本级全部建立林权纠纷调处联席会议制度，调处纠纷500多起，调处率达到99%以上。

【丹东市生态精品工程】 丹东市按照园林城市创建目标，着力打造绿色园区和园林式小区，投入绿化资金2亿元，完成绿化面积133.33公顷，植树25万株。宽甸县启动"万株大树进城"，实施鸭绿江沿线生态建设等绿化工程，投入资金3.2亿元，完成造林0.58万公顷，植树2500万株；凤城市实施景观路、二龙河治理等绿化工程，投入资金4亿元，完成造林0.43万公顷，植树1400万株；东港市重点抓好经济开发区东西区、小城镇建设等绿化工程，投入资金2.1亿元，完成造林0.23万公顷，植树440万株；振安区名仕庄园、元宝区北国之春度假村、振兴区福春七社区等小区，绿化覆盖率达35%以上。

【锦州市森林资源管护工作】 全市无较大以上森林火灾发生，无人员伤亡事故发生，森林防火工作创历史同期最好成绩；林业有害生物综合防控能力得到全面提升。2011年，全市发生各种病虫害5.82万公顷，防治了5.78万公顷，林业有害生物成灾率仅为0.01‰，无公害防治率为96.63%，生物防治率为41.05%。重点抓好松材线虫病的普查和防控工作，全市无松材线虫病的发生，把住了辽宁的西大门；林业治安工作实现新突破。全年，共受理涉林案件216起，人均办案4.8起，百名民警办理案件数达480起，比去年同期递增0.2个百分点。积极开展林业严打专项整治行动；封山禁牧工作取得阶段性成果，全市实施牛、羊圈养比例达92%以上，初步实现了"圈着养、绿起来"的工作目标。

【营口市林业有害生物防治工作】 营口市打响了森林病虫害防治工作常态化管理的硬仗，做到"早观测、早查防、早除治"，全市防治面积2.048万公顷，无公害防治率99.37%、生物防治率66.7%、监测覆盖率97.93%、检测率100%，市(县)投入345万元。市林业局分别与各市(县、区)签订了林业有害生物与松材线虫病、美国白蛾防控责任状。狠抓春季苗木产地检疫工作，会同园林、高速公路、港务集团、公路处、监狱、火车站等部门，实施"三天一检查，五天一督察，十天一通报"制度。及时发现问题，适时采取措施，做到及时解决。

【阜新市产业发展】 阜新市实现林业产值52亿元。一是大力发展特色产业基地。进一步调整产业结构，仅春季就营造大扁杏、寒富苹果、梨、大枣、树莓、大果榛子共计1.53万公顷。同时，以龙头企业为依托，大力栽植工业原料林、生物质能源林，完成杨树工业原料林基地建设0.27万公顷，完成文冠果生物质能源林基地建设0.33万公顷。二是大力发展林下经济。发展林下经济面积达8.2万公顷，实现产值约7.4亿元。三是大力发展林产品深加工业。全面落实千个项目大会战和"大干500天，实现跨越发展"部署，辽宁彰武北方家具基地累计完成基础设施建设投资7亿元。目前，基地已签约项目116家，开工建设65家，投产达效30家，基地全口径工业实现产值20亿元。四是大力发展森林生态旅游业。结合全市发展都市休闲旅游业的建设思路，在城郊重点乡镇推出"城郊游"、"农家乐"、"采摘观光林"等生态休闲旅游项目。充分发挥森林资源优势，开展生态旅游。

【辽阳市毛皮动物繁育利用】 辽阳市经过不断发展完善，形成了从毛皮动物养殖、毛皮硝染、裘皮服装加工到市场批发销售一个完整的毛皮动物繁育利用产业链条，年产值61亿元，可解决全市20%劳动力就业问题。毛皮裘皮产业成为农民增收致富重要途径。目前，该市"龙头企业+基地+农户"的产业模式已经形成，野生动物养殖农民专业合作社和佟二堡皮草商会在组织协调产业发展中发挥了重大作用，全市共有驯养毛皮动物800余户，年出栏貂、狐、貉等80万只，产值5亿元，毛皮裘皮生产企业200余户，年生产裘皮服装产量达到50万件，产值达到50亿元；硝染企业10家，硝染毛皮数量2500万张，产值1.5亿元；毛皮裘皮服装经营业户3000余户。全市从事野生动物驯养、硝染、加工、营销的农民达到3.5万人，占劳动力总数20%以上。

【铁岭市林业产业开发】 铁岭榛子资源丰富，有"贡榛"、"御榛"美称。铁岭将榛子作为农业三大主导产业之一，通过实施基地升级战略，实现榛园产量、质量新突破；实施龙头牵动战略，实现榛子产业化经营新突破；实施科技兴榛战略，实现榛子产业技术管理新突破；实施名优品牌战略，实现铁岭榛子名特优新突破。新增榛林面积0.73万公顷，新建标准示范园0.67万公顷，启动了"兴农富民土地整理榛子开发建设项目"，投资2001万元，实施了22个榛园基建项目。目前全市榛林面积7.73万公顷，产果面积4万公顷，产量3000万千克，实现产值32.5亿元，年均增幅68%。山区农民人均榛子收入突破1500元，占总收入的30%，3万户榛农户均榛子收入5万元。以速生丰产林为主的木材生产基地8万公顷；种苗花卉基地1万公顷；以榛子为主的经济林面积 11.33 万公顷；山野菜、林下参等中药材面积 3 万公顷，梅花鹿存栏量 16.5 万只；林蛙养殖沟 1200 条，养殖场 366 个，林蛙总存量 6 亿只，年产商品蛙 0.6 亿只。

【朝阳市荒山绿化工程建设】 从 2009 年开始，辽宁省在朝阳市实施了 500 万亩荒山绿化工程，该工程计划三年时间。2011 年，为全面推进 500 万亩荒山绿化工程建设，朝阳市在工程实施中，统筹兼顾，全面发展，始终坚持“六个结合”。一是把造林绿化与林权制度改革相结合；二是把造林绿化与产业结构调整相结合；三是把造林绿化与提高管理水平相结合；四是把造林绿化与科技支撑相结合；五是把造林绿化与强化森林资源管护相结合；六是把专业队造林与全民造林相结合。经过不懈努力，全市提前超额完成 500 万亩荒山造林绿化任务，实现了朝阳造林绿化史上工程造林成活率最高、合格面积最大、投入最多的“三个历史之最”，全市人工造林平均成活率达到了 90% 以上，平均合格率达到了 95% 以上。

【盘锦市科技推广服务及林业站建设】 盘锦市在积极开展营造海防林、林下食用菌种植等试验的同时，广泛推广 ABT 生根粉、盐碱土壤改良技术等林业新技术，并引进中绥 4 号杨、中阳 9 杨、沙兰杨等杨树速生新品种；承担了中央财政林业科技推广资金项目及两项市级科技推广项目；完成《盘山县耐盐碱树种良种基地建设项目》的可研报告论证工作，并获省发改委批复；积极参加送科技下乡活动和“科普之冬”活动。共培训林农 800 人次，技术咨询 158 次，发放林业科普及实用技术宣传资料 5 种 3000 多份；组织两县举办各类培训班 10 期，培训林农 1000 人次，发放林业科普宣传资料 4000 多份。基层林业站实现县林业主管部门垂直管理，人员工资纳入县财政预算，使基层林业站职能作用得到充分发挥，为全市林业社会化服务及造林和资源保护作出积极贡献。

【葫芦岛市基层基础建设】 葫芦岛市注重推动基层林业站建设，积极举办基层林业站长培训班，提高基层林业站的业务和管理水平。深入开展“百乡千村林农科技致富行动”、“林业专家进村入户”、“赶科普大集”和“科普之冬”等惠农活动。重点推广林业实用技术 3 项，建立各类示范基地 6 个，科技示范村 10 个，扶持科技示范户 260 个。强化了“林以种为本、种以质为先”的理念，全市完成林业育苗 766.67 公顷，超计划 31%；总产苗木 1.1 亿株，其中容器育苗 3150 万株，良种育苗 1 亿株，可用于造林的成苗 1 亿株，能够满足全市造林所需；全市共收调林木种子 4.78 万千克。林业支撑和保障功能得到充分发挥。

【绥中县森林采伐管理工作】 2011 年，绥中县强化森林采伐指标管理，做到公平、公正、公开。严格按照技术规程进行采伐设计，逐步建立森林采伐设计和审批相互分离、相互制约的机制，实行审批例会制度。2011 年，绥中县杨树烂皮病非常严重，因此采伐工作重心转移到处理病死树木上，及时组织人力开展全面调查工作，成立专业领导小组，负责病死树木的鉴定、设计、审批工作，及时、迅速、最大限度地减少了林农经济损失。全县林木采伐的审批以病死树木为主，共计完成主伐 17.68 公顷，1367 立方米；更新伐 0.56 公顷，110 立方米；商品林其他采伐 301.09 公顷，26 732 立方米，公益林其他采伐 183.58 公顷，20 266 立方米；各类抚育 45.38 公顷，1845 立方米。

【昌图县造林绿化工作】 2011 年昌图县完成造林绿化 4500 公顷，超计划 11%；春季重点建设工程 28 处。符合省市重点工程标准 25 项，秋季整地和造林以东部榛子、寒富苹果为主 6 个千亩园、西北部以防风固沙林为主超千亩园 10 处，秋季人工造林任务为 0.27 万公顷，造林整地任务 0.3 万公顷，实际完成造林整地 0.3 万公顷，造林 0.27 万公顷，占计划 100%。封山育林任务 666.67 公顷，全部按时完成。

（辽宁省林业由王树森供稿）

吉林省林业

【生态建设】 2011 年是吉林省实施第二个十年绿化美化吉林大地规划的开局之年。全年完成造林 143 533 公顷，比 2010 年增长 14.6%；“绿化美化村屯、创建绿色家园”行动和“绿化美化标准县”创建活动完成村屯绿化 2204 个，城市新增绿地 797.3 公顷，县城新增绿地 396.3 公顷，公路铁路水路绿化 2782 千米，义务植树 3841 万株。完成各类生态建设任务 131 382 公顷，比 2010 年增长 9.99%，其中人工造林 34 090 公顷，无林地和疏林地新封 2334 公顷，林冠下造林 56 936 公顷，有林地和灌木林地新封 38 022 公顷。退耕还林、三北防护林五期两大重点工程共完成各类生态建设任务 80 122 公顷，占生态建设总任务的 60.98%，其中人工造林面积 32 939 公顷，占当年人工造林总面积的 96.62%；无林地和疏林地新封面积 2334 公顷，占无林地和疏林地新封总面积的 100%；林冠下造林 6827 公顷，占林冠下造林总面积的 11.99%；有林地和灌木林地新封 38 022 公顷，占当年有林地和灌木林地新封总面积的 100%。退耕还林完成生态建设任务 34 624 公顷，其中退耕地造林 59 公顷，荒山荒地造林 9543 公顷，无林地和疏林地新封 1667 公顷，林冠下造林 3726 公顷，有林地和灌木林地新封 19 629 公顷。全年兑现粮食补助资金 38 414 万元，生活补助费 7291 万元，种苗补助 2915 万元，巩固退耕还林成果专项资金 5911 万元。工程实施以来，累计兑现粮食补助资金 365 171 万元，生活补助费

61 055万元，有24万户农民从中受益。“三北”防护林五期工程完成生态建设任务45 498公顷，其中人工造林23 337公顷，无林地和疏林地新封667公顷，林冠下造林3101公顷，有林地和灌木林地新封18 393公顷。通过大力营造防风固沙、水源涵养、水土保持等防护林，使沙漠化土地得到有效治理，水土流失现象得到有效控制，更新改造原有农田防护林，形成网带片、乔灌草相结合的高标准农田防护林体系，为保证吉林省粮食主产区的稳产高产发挥生态屏障作用。在完成林业重点生态工程建设任务的同时，完成低产低效林改造6562公顷，成林抚育313 862公顷，幼龄林抚育267 538公顷。

【林业产业】 2011年，吉林省林业产业总产值1026.25亿元，比2010年增长34.50%。全省生产木材434.27万立方米，比2010年减少41.62万立方米，下降8.74%。木材采运产值46.82亿元，比2010年增长2.96%，占林业产业总产值的4.56%。人造板产量354.58万立方米，比2010年增长50.16%。其中胶合板123.58万立方米，比2010年增长35.17%；纤维板92.59万立方米，比2010年增长73.31%；刨花板99.74万立方米，比2010年增长61.93%；其他人造板（主要为细木工板）38.67万立方米，比2010年增长30.23%；人造板产值达96.03亿元，比2010年增长39.90%，占林业产业总产值的9.36%。木地板产量3117.73万平方米，比2010年下降2.04%，产值52.89亿元，比2010年增长12.26%，占林业产业总产值的5.15%。木制家具总产量297.35万件（套），产值29.30亿元，比2010年增长39.49%，占林业产业总产值的2.86%。木浆造纸业产值53.80亿元，比2010年增长21.84%，占林业产业总产值的5.24%。单板产量26.87万立方米，人造板表面装饰板1140.23万平方米。以中药材、坚果、山野菜、食用菌加工，葡萄酒和果汁制造为主的非木制林产品加工制造业产值235.25亿元，比2010年增长48.47%，占林业产业总产值的22.92%。林业旅游接待1206.1万人次，旅游与休闲服务产值达56.42亿元，比2010年增长23.97%，占林业产业总产值的5.50%。陆生野生动物繁育与利用产值达39.99亿元，比2010年增长12.33%，占全部林业产业总产值的3.90%。

【资金投入】 2011年，中央和省财政累计下达吉林省各类林业投资64.29亿元，到位资金同比增长16.14%，其中中央资金36.36亿元，占林业资金到位总量的56.56%，地方资金5.76亿元，占林业资金到位总量的8.97%；国内贷款和债券2.51亿元，占林业资金到位总量的3.90%；利用外资0.64亿元，占林业资金到位总量的0.99%；自筹资金和其他资金19.02亿元，占林业资金到位总量的29.58%。编制各类林业项目61个，争取项目建设投资16.3亿元，有37个项目被国家和省确定为储备项目。在争取林业发展政策资金、工程项目、基金和专项经费等方面，国土部和国家林业局对吉林省二次调查数据及时确认，使吉林省生态工程相关规划得到批复，保证了“十二五”生态工程建设任务的顺利落实。国家林业局将吉林省纳入全国造林补贴、林木良种补贴和野生动物损害补偿试点，予以政策扶持；在天然林资源保护二期工程上，增加管护面积33.4万公顷，年增投资2500万元，在今后10年中，国家将计划对吉林省累计投资158亿元，与一期投资相比，增加78亿元；增加对吉林省林区棚改配套供热方面的投资额度，将林业局旧的管网改造和维修改造房屋的供热设施建设一并纳入项目规划；争取中央财政每年对吉林省转移支付资金9000万元。协调省财政落实天保资金每年1500万～2000万元，将林业产业专项资金由每年2000万元增加到3000万元，将吉林省森林公安机关、驻吉林森工集团的8个公安局、自然保护区和吉林省蛟河林业实验区管理局公安分局的经费纳入财政预算，落实资金1.6亿元；协调出台关于林业棚户区改造税收优惠政策。

【森林资源保护管理】 2011年，森林防火实现连续31年无重大森林火灾，森林火灾受害率为0.0065‰，在全国继续保持标杆省位置。《吉林省湿地保护条例》正式颁布实施，林业相关法规制度进一步完善，依法治林和打击毁林犯罪力度不断加大，林地、湿地、野生动植物资源得到了有效保护。自然保护区和森林公园建设取得新进展，波罗湖保护区晋升为国家级自然保护区，新成立省级森林公园2处。梅花鹿驯养繁殖利用有了突破性进展。完成《吉林长白山东北虎保护与栖息地建设工程规划》编制工作，建立了中俄边境东北虎及有蹄类动物资源监测机制，推动了东北虎保护工作的深入开展。全省林业有害生物测报准确率、成灾率、无公害防治率和种苗产地检疫率分别为96.90%、0.66‰、87.5%和100%，均达到或超额完成国家林业局下达的任务目标。吉林省获国家林业局颁发的“保护森林和野生动植物资源优秀组织奖”。

【集体林权制度改革】 全省集体林权到户面积232.5万公顷，占参改林地面积的96.8%。其中实行家庭承包经营的有88.2万公顷，占37.9%；实行有偿转让经营的有116.4万公顷，占50%；实行股份合作经营的有21.9万公顷，占9.4%；村集体统一经营管理的有6.0万公顷，占2.7%。在集体林权面积中，已签订各种林改合同144万份，面积229.7万公顷，占参改林地面积的96%。集体林权制度改革极大地调动了广大林农护林造林积极性，他们把山当田耕，把树当粮种，精心管护，勤于经营，经营管理方式发生了重大变化。自林改以来，乱砍盗伐破坏森林案件发案率下降了15%，清理回收多年来被个人蚕食占用的林地13.4万公顷，有的地方农民自己贷款植树造林，许多地方农民群众自发组织联防队伍防火护林。

【林业科研与技术推广】 进一步加大林业科研和技术推广力度，全年批复立项国家和省级科研项目20项，科技推广项目28项，有10个项目获得省级科技进步奖，取得省部级科技成果27项，林业新产品6个。完成全省“科普服务林改行动计划”任务，扎实推进《全民科学素质行动计划纲要》的实施，有力地促进林业科技进步。

【林业政策法规】 继《吉林省湿地保护条例》2011 年 3 月 1 日正式颁布实施后，《吉林省林地保护条例》又通过省人大第一次审议，《吉林省封山禁牧管理办法》纳入省政府立法计划。还制定《吉林省林业厅森林资源监督工作若干规定》，建立使用林地预审制度，出台《关于集体林权流转的若干规定》和集体林采伐计划备案制、按采伐量单项管理、商品林采伐限额结转等规定。

【林业执法】 吉林省森林公安、林政稽查共查处各类林业行政案件 18 245 起，其中刑事案件 1120 起，重大刑事案件 14 起，特大刑事案件 10 起；行政罚款 3055.37 万元，没收非法所得 307.53 万元，补种树木 27.17 万株，依法处罚各类违法人员 18 311 人次；收缴木材 4680 立方米，为国家挽回经济损失 1360 多万元。

【天然林资源保护工程】 2011 年，根据国家四部委联合下发的《东北、内蒙古等重点国有林区天然林资源保护工程二期实施方案》，编制了《吉林省天保工程二期实施方案》，制定了《吉林省天保工程二期管理办法》、《吉林省天保工程二期考核办法》、《吉林省天保工程森林管护管理办法》、《天保工程财政资金管理办法》、《吉林省天保工程森林培育管理办法》等五个办法，为天然林资源保护工程二期的实施奠定了坚实的基础。

【国有林场改革】 2011 年，根据国家发改委、国家林业局《关于开展国有林场改革试点的指导意见》，吉林省对国有林场改革工作进行调研。通过调研摸清国有林场的经营现状、职工参加社会保险情况、债权债务情况等。初步研究确定两类林场划分标准职工分流安置办法等，起草了《吉林省国有林场改革试点方案》，推荐长春市净月开发区、蛟河市、梨树县作为全国国有林场改革试点单位，《方案》上报到国家国有林区和国有林场改革工作小组，待批复后实施。

【荒漠化治理】 2011 年，完成治沙造林 3.34 万公顷和白城市十个治沙产业示范基地建设 334 公顷。通过了国家对吉林省"十一五"防沙治沙目标责任考核工作的全面验收。建立了沙尘暴地面检测站和信息报告制度，在西部沙尘频发的 14 个县(市、区)重新确定了 16 名责任心强、并保持相对稳定的沙尘暴信息员，为沙尘暴的预警、预报提供了强有力的组织保障。

【林木种苗】 2011 年，吉林省母树林面积 41 643 公顷，种子园面积 3646 公顷。年产苗木 15.5 亿株，林木种子采集量 6973 吨，为造林绿化提供了充足的种源。8 月 16 日吉林柳河国家级苗木交易市场在柳河挂牌成立，成为全国第三个国家级苗木交易市场，也是全国首家国家级造林苗木交易市场，为吉林省及北方各省提供大量优质造林苗木。

【湿地管理】 由于连年干旱少雨，吉林省向海国家级自然保护区湿地严重缺水，湿地大面积萎缩，生物多样性遭到破坏。5 月中旬，吉林省林业厅、水利厅联合组成调研组，实地察看了向海湿地的缺水情况，提出了从内蒙古察尔森水库引水进入向海的"引察入向"应急补水建议，得到了省政府领导的高度重视。在水利部门的大力支持下"引察入向"水量达 7364 万立方米，大大缓解了向海湿地干旱缺水的局面，对向海湿地的修复发挥了重要作用，也为下一步建立西部湿地长效补水机制奠定了基础。以湿地保护区、湿地公园为主体的湿地保护管理体系逐步健全完善。2011 年新建了大安牛心套保、镇赉环城、长春净月潭三处湿地公园，其中大安牛心套保为国家湿地公园。截至 2011 年末，吉林省已建立湿地自然保护区 18 个，湿地公园 10 个，有 35% 的天然湿地得到有效保护。

【制定"十二五"规划】 按照国家林业局和吉林省政府要求，认真做好全省林业"十二五"规划上报审批和《长白山林区生态保护与经济转型规划纲要》调研论证工作，启动了《吉林省生态保护与建设规划》、《吉林省国家木材战略储备生产基地规划》、《吉林省国有林区防火与营林道路建设规划》、《吉林省森林和湿地生态旅游发展战略规划》、《吉林省湿地保护规划(2011～2020 年)》和《吉林省林地保护利用规划》的编制工作。

【民生实事】 林业棚户区(危旧房)改造进展顺利，2011 年开工总户数 45 721 户，超出国家下达计划 7.23%，竣工 22 263 户，有 10.2 万户林区居民迁入新居。

【创建绿色家园行动】 2011 年吉林省计划对 49 个试点县(市、区)2000 个村屯进行绿化美化，实际绿化美化村屯 2204 个，其中，达到优秀标准的村屯 168 个，良好标准村屯 1254 个，共投入村屯绿化资金 15 164.3 亿元，平均每个自然屯投入资金 7.6 万元。

【林业大事】

1 月 21 日 全省林业局局长会议在省宾馆召开。

3 月 1 日 《吉林省湿地保护条例》正式实施。这标志着吉林省湿地保护管理工作从此步入法制化、规范化管理轨道。

3 月 2 日 省政府办公厅下发《关于编制省级和县级林地保护利用规划的通知》(吉政办明电〔2011〕30 号)。

3 月 9～15 日 省政协副主席赵吉光带领视察组，对吉林省十年绿化美化规划完成情况及第二个十年绿化美化规划启动情况进行了视察。

3 月 15 日 在国务院召开的全国森林防火工作电视电话会议上，国家森防指副总指挥、国家林业局副局长孙扎根宣读全国绿化委员会、国家森林防火指挥部下发的《关于通报表扬吉林省森林防火工作的决定》，中共中央政治局委员 、国务院副总理回良玉为吉林省颁发奖牌，副省长王守臣代表吉林省政府作经验介绍。

3 月 28 日 省委、省政府召开十年绿化美化吉林大地总结表彰暨第二个十年绿化美化吉林大地活动动员大会。会议由秘书长房俐主持，国家林业局副局长印红致词，副省长王守臣宣读表彰决定，省长王儒林讲话，省委书记孙政才出席会议。会上，省政府与各市(州)

政府和相关部门签订了责任状。

4月12日 吉林省绿化委员会办公室组织省委、省人大、省政府、省政协、省军区及长春市五大班子和省内百名厅长、百名企业家同时在长春市雕塑公园集体参加义务植树。省林业厅厅长张德新，副厅长栾胜宽、金德友、乔恒、孙光芝、孙亚强等领导参加了植树活动。

4月14日 省政府办公厅下发《关于做好美国白蛾疫情防控工作的紧急通知》（吉政办明电〔2011〕41号）。

4月25日 吉林省林业厅13楼视频会议中心改造完成，正式启动了全省林业视频会议系统，该系统具备分别与国家林业局、省政府、全省林业系统召开视频会议的多项功能。

5月3日 省政府下发《关于下达"十二五"期间年森林采伐限额及加强采伐限额执行管理工作的通知》（吉政明电〔2011〕3号）。

5月19日 国家林业局下发《关于同意建立吉林柳河国家级苗木交易市场的复函》（林场发〔2011〕124号）。

5月25日至6月1日 国家林业局在局机关以"学习吉林省30年无重大森林火灾成功经验、我国森林防火工作新局面"为主题，设置专栏展出吉林省森林防火工作成就。

5月30日 副省长王守臣主持召开专题会议，研究解决向海湿地严重缺水和向海渔场困难职工生活补助问题。

6月3日 省委、省政府召开吉林省连续30年无重大森林火灾表彰奖励电视电话会议。会议邀请国家森林防火指挥部副总指挥、国家林业局副局长孙扎根，武警部队副政治委员吴云峰，武警森林指挥部政委亢进忠及国家林业局有关司局领导到会。省委秘书长房俐主持，省长王儒林讲话，省人大、省政协、省纪委等省领导出席会议。

6月14日 省政府办公厅下发《关于调整吉林省湿地保护管理协调领导小组成员的通知》（吉政办函〔2011〕83号）。

6月15日 吉林省人民政府门户网站、新华网吉林频道、吉林省林业厅网站（吉林林业网）三家同步启动首届"人·自然·生态"摄影大赛，当日通过平面媒体、网上媒介广泛宣传发动，开创了吉林省政府网站史上第一次开展网上摄影大赛活动的先河。

7月5日 全省林业系统庆祝建党90周年"绿色赞歌"文艺汇演在长春东方大剧院举行。省人大副主任包秦、省政府副省长王守臣、省政协副主席别胜学、省纪委副书记杨亚杰、省军区副司令员曹森、国家林业局治沙办巡视员王信建、省直机关工委副书记李树文等领导及省绿委成员单位应邀参加观看。

7月5日 全省11.6万公顷首轮补助到期的退耕还林地顺利通过国家阶段验收，全省面积保存率99.96%。

7月15日 全省完成国家下达的14万公顷第二批森林抚育补贴试点任务顺利通过国家验收。

7月18日 省政府召开全省天然林资源保护工程工作会议，副省长王守臣到会并讲话。

7月20日 全省"绿化美化村屯 创建绿色家园"行动顺利通过省级验收。三年共完成村屯绿化6600个，超额完成了省政府确定的6000个村屯的绿化任务。

7月25日 省政府下发《关于表彰全省天然林资源保护工程一期建设先进单位和先进个人的决定》（吉政函〔2011〕171号）。

8月16日 国家级苗木交易市场揭牌仪式在柳河县举行，省人大、省政协、省政府和国家林业局的领导出席仪式。

8月20日 吉林省林业厅机关综合办公系统正式上线试运行。

8月24日 省政府下发《关于成立吉林省湿地专家委员会的通知》（吉政函〔2011〕191号）。

8月24日 省政府办公厅下发《关于成立吉林省天然林资源保护工程领导小组的通知》（吉政办函〔2011〕117号）。

8月25日 继通化县、集安市、敦化市获得全国绿化模范县（市）后，磐石市通过省级绿化标准县检查验收，成为首个全省绿化标准县（市）。

9月6日 吉林省林业信息化专网建设项目通过专家评审组验收，标志着全省林业专网和视频会议系统项目正式竣工。

9月14日 全省林业站工作会议在延吉市召开。会议全面总结"十一五"林业站工作，并对"十二五"进行安排部署。省林业厅厅长张德新和国家林业局林业工作站管理总站站长潘世学到会并讲话。

9月16日 省政府下发《关于表彰全省集体林权制度改革先进单位和先进个人的决定》（吉政函〔2011〕202号）。

9月21日 省委、省政府召开全省集体林权制度改革总结表彰大会，总结主体改革工作，表彰先进，安排部署配套改革各项任务。省长、省集体林权制度改革领导小组组长王儒林讲话。

10月25日 省湿地保护管理协调领导小组召开会议，总结部署湿地保护管理工作。省政府副秘书长刘延春主持会议，副省长王守臣讲话。

10月27日 中国野生动物保护协会印发《关于确定吉林省长春市双阳区为中国梅花鹿种源养殖示范区的决定》（中动协秘字〔2011〕55号）、《关于确定吉林省东丰县为中国梅花鹿种源养殖示范县的决定》（中动协秘字〔2011〕56号）。

11月1日 全省林业公文传输系统正式上线试运行。

11月2日 经省政府批准，省林业厅、省发改委联合印发《吉林省林业发展"十二五"规划》（吉林计〔2011〕669号）。

11月7日 省政府副秘书长刘延春、张宝田主持召开专题会议，研究重点国有林区棚户区改造工程供暖基础设施建设项目配套资金有关问题。

11月22日 全省第二届关注森林活动总结表彰大会召开，省委副书记、省政协主席巴音朝鲁会前接见参会代表，省政协副主席林炎志、国家林业局纪检组组长陈述贤出席会议并讲话。

11月23日 全省森林公安机关传达贯彻国家森林公安局重点专项工作推进电视电话会议在吉林省森林公

安局会议室召开，吉林省林业首次实现在视频会议分会场召开全省性会议。

11 月 30 日 “吉林省森林公园和国家保护区查询系统”作为首批地理信息典型应用，在“天地图 · 吉林”正式上线试运行。

12 月 6 日 省编办下发《关于设立吉林省速丰生产林工作站等事宜的批复》（吉编事字〔2011〕398 号），设立吉林省速生丰产林工作站为林业厅直属全额拨款事业单位。撤销吉林省木材运输管理办公室，9 名全额拨款事业编制和实有在编人员全部划转吉林省速生丰产林工作站。

12 月 9 日 吉林省林业有害生物灾害应急处置指挥部召开全省林业有害生物防治暨美国白蛾防控工作会议，总结“十一五”林业有害生物防治工作，表彰先进，省政府与各市（州）政府、长白山管委会签订林业有害生物防治目标管理责任状。省林业有害生物灾害应急处置指挥部指挥长、副省长王守臣讲话。

12 月 20 日 吉林省林业首次通过视频会议系统召开全省林地保护利用规划编制工作会议，实现省林业厅与各接入单位的网上互动。

（吉林省林业由芦静、于善国供稿）

吉林森工集团

【概 述】

森林资源 2011 年，吉林森工集团（以下简称集团）完成更新造林 2.49 万公顷、森林抚育 8.49 万公顷。比 2010 年少采伐森林 45 万立方米。有林地面积达 122.09 万公顷，森林覆盖率达 90.7%，活立木总蓄积达 1.73 亿立方米。全年未发生大面积森林病虫害，实现连续 32 年辖区无重大森林火灾。发展种植、养殖和培植业，全年增收 6080 万元。推进林木良种基地和苗木移植驯化基地建设，实现造林、绿化苗木销售收入 1900 万元。

经济运行 克服木材减产、生产成本提升、房地产调控、建材市场需求不旺等不利因素的影响，调整产业产品结构，创新商业模式，强化经济运行管理，集团经济健康稳步发展，主要经营指标均创历史最好水平。实现总产值 123.8 亿元，同比增加 23.7 亿元，增长 24%。实现销售收入 62.5 亿元，同比增加 10.8 亿元，增长 21%。利润总额达 4 亿元，同比增加 2.4 亿元，增长 147%。净利润 2 亿元，同比增加 0.9 亿元，增长 83%。截至 2011 年底，资产总额达 130 亿元，比年初增加 31 亿元，增长 32%。净资产 34 亿元，比年初增加 3 亿元，增长 10%。

项目建设 建成吉林森工金桥地板工业园区，年产能达到 1000 万平方米，并引进无醛地板生产技术，新上 4 万延长米橱柜生产线。吉林森工股份公司江苏分公司刨花板生产线扩建项目已经启动，总投资 15 394 万元。集团海南吉森北纬 18 度温泉山庄项目开工建设，总投资 7 亿元，建筑面积 9.9 万平方米。吉林制材厂原址改造项目开工建设，规划占地 4.6 万平方米，建筑面积 27 万平方米。组建吉林森工担保公司，开拓金融产业领域，实现利润 3000 多万元。先后投资 3020 万元和 5200 万元入股富奥汽车零部件公司和榆树农商行。

经营管理 制定六个方面 37 项保障措施，管理费用比预算降低了 3%，三项费用支出占销售收入同比下降了 0.8%。向二级企业派驻资产监督人员，做到监督机构全覆盖、监督管理全过程。规范资金管理，所属企业 95% 的资金纳入吉林森工财务公司集中管理系统。开展固定资产清查和天保一期工程资金监督检查。落实财务管理办法和资产损失责任追究暂行办法等制度。实施全过程控制，严把产品质量关，实木复合地板获得国家出口免检免验资格证书。开展“安全生产责任落实年”专项活动，集团 47 个月无重伤、无死亡、无重大工业火灾。

市场开拓 与中盐银港人造板公司等三家企业建立 OEM 关系，合作生产刨花板 6.8 万立方米。与绿地等知名房地产商合作，销售地板 15 万平方米。推进沈阳、大连矿泉水销售市场，销量 11 万吨，同比增加 2.37 万吨。吉林森工金桥实木复合地板和“泉阳泉”矿泉水获得“中国驰名商标”称号，吉林森工股份公司红宝石纤维板、通化胶黏剂和白山云龙百叶窗被授予“吉林省名牌”称号。吉林森工股份公司露水河刨花板分公司、红石林业分公司和白石山林业局创达人造板厂通过了 FSC/COC 认证。利用举办吉林森工金桥地板工业园区落成投产仪式，承办第二届东北内蒙古四大森工集团年会，参展东北亚博览会、义乌森林博览会，赞助全国男子篮球联赛 LED 显示屏，为清华大学百年校庆提供专用水，宣传集团形象和产品品牌。

产品研发 应用冷压无醛胶技术制作的实木复合地板实现批量生产。自行研发的超厚单板旋切技术在实木复合地板生产中得到应用，获得国家专利和国家林业局 100 万元科技资金支持。E_1 级实木复合地板用脲醛树脂胶黏剂研制获得成功，各项指标均符合国家检测标准。开发出 7 个贴面刨花板新款花色木纹纸新品种。森林空气科技攻关项目已生产出标准化产品，完成专利申请和商标注册工作。

改革创新 推进商业模式创新，复制式发展二级代理商和分销商，拓宽了刨花板销售渠道；对客户实行分级制管理，发展授权客户，增强了刨花板销售能力；改变传统的 OEM 出口方式，设立莫斯科销售分公司，在国际市场经营地板产品自主品牌；国内建立地板直销网站，迈出了电子商务运作的第一步；利用吉林森工财务公司、投资公司和担保公司进行资本运作，获得了较高的利润回报。调整生产布局和管理机构，压缩各林业局生产单位和人员，集中组织生产，调整采伐工艺，整合生产设备。推进投资主体多元化，坚持实行集团控股、经营者和员工参股的体制模式，对集团房地产开发公司、中小企业担保公司和保险代理公司进行股份制改造，增加员工财产性收入。

民生工作 完成65.5万平方米棚改工程建设任务，5300多户林区居民入住新居。落实员工"五险"补助资金和社会公益事业补助资金2.4亿元。18 000多名五七家属工参加了养老保险，每年人均领取6300多元的养老金。为13 700多名老工伤人员争取到搭借破产企业老工伤政策，参加工伤保险，并免除趸交1.37亿元工伤保险费。建立扶贫帮困基金，共筹集扶贫资金2600多万元，帮扶困难员工101户。在岗员工人均年收入达32 600元，同比增加5400元，增长了20%。全年上缴利税4.3亿元，提取育林基金3.5亿元，支付银行利息18 308万元，政社性支出2.8亿元，民生建设投入资金6亿元。

党建和思想政治工作 以"为国效力、为民造福"主题实践活动为载体，开展创先争优活动，形成了"组织创先进、党员争优秀、企业上水平、员工提素质"的局面。按照"德才兼备、以德为先"的原则选拔任用干部，基层领导班子成员平均年龄为46岁，大学本科以上学历的占76%。推进"四好班子"创建活动。开展了"知足感恩、廉洁勤政"主题教育活动。落实了"三重一大"决策制度。围绕重要经营活动开展32项效能监察，为企业增收1007万元，节省资金1912万元。启动了国有企业加强廉政风险防控机制建设试点工作。开展了企业文化提升年活动。全面落实信访稳控领导责任制，对单访、集体访、涉法涉诉访等案件进行普查分析、督办落实，解决信访积案23件，实现了进京非正常访为零的工作目标。

【林业大事】

1月23日 吉林省副省长王守臣出席集团2012年度工作会议，并做重要讲话。

4月29日 吉林森工"金桥"牌实木复合地板和"泉阳泉"牌长白山天然矿泉水荣获中国驰名商标。

5月31～6月2日 吉林省政府副省长王祖继到集团基层单位调研指导工作。

6月17日～18日 国家林业局副局长赵树丛一行在吉林考察林业工作，期间，到集团调研指导工作。

6月27日 集团召开纪念建党90周年暨"双为"活动启动大会。

6月28日 吉林省委书记孙政才，国家林业局局长贾治邦，吉林省省长王儒林视察吉林森工金桥地板工业园区，并共同启动了金桥地板工业园区生产线。

同日 吉林森工金桥地板工业园区落成投产仪式在长春兰家工业园区举行。

8月25日～28日 第二届东北、内蒙古四大森工集团年会在吉林召开。本届年会由集团主办，以"林业生态建设与产业发展"为主题，与会各方共商东北、内蒙古重点国有林区生态建设与产业发展大计。

8月26日 集团在红石林业局白山湖码头举行吉林森工长白山水上旅游航线通航仪式。集团开通了红石白山湖码头至泉阳白龙湾码头至湾沟仁义码头水上旅游航线。同日，吉林省副省长王守臣参加吉林森工长白山水上旅游航线通航仪式，并视察集团旅游产业发展情况。

8月31日 吉林省政府副省长王祖继视察集团白石山林业局棚户区改造工程建设情况。

9月6日 国务院国资委副主任孟建民到集团调研指导工作。

9月26日 集团召开廉政风险防控机制建设动员大会。吉林省副省长王守臣参加吉林森工长白山水上旅游航线通航仪式，并视察集团旅游产业发展情况。

10月14日 集团红石林业局举行帽山林场灾后新址落成暨员工搬迁新居仪式。吉林省人大副主任周化辰出席仪式，并为员工代表发放新居钥匙。

11月19日 国家林业局局长贾治邦考察集团海南吉森·北纬18度温泉山庄项目。

（吉林森工集团由刘力武、吴在军供稿）

黑龙江省林业

【概　述】 2011年，为推进黑龙江省"八大经济区"、"十大工程"和"十大产业"建设，开展了扎实有效的工作。①全力推进产业建设，全省重点建设项目925个，其中林业产业项目89个，占项目总数9.62%；②为支持哈尔滨大庆齐齐哈尔工业走廊建设，对长青林场实施了整体搬迁，为林甸温室蔬菜基地建设项目腾让土地4万公顷；③为支持哈尔滨大庆齐齐哈尔客运专线建设，提前办理了项目林地征占手续；④支持东部煤电化基地建设，审核审批了32个风电项目，占用林地418公顷；⑤治理矿业沉陷区和煤矸石污染，在四大煤城增加造林6.53万公顷；⑥支持东北亚经济贸易开发区建设，打造绥阳和苇河两个黑木耳大市场，年交易量超过20万吨，交易额逾80亿元，蓝莓、坚果等一批年销售额超50亿元的特色产业也得到了快速发展；⑦积极争取，在保证大小兴安岭、森工总局天保资金70余亿元的基础上，伊春市嘉荫县、铁力市，黑河市逊克县、爱辉区被国家列入参照执行资源枯竭城市财政转移支付政策地区，每年多争取财政转移支付资金6.7亿元；⑧生物质气热联供、产业集聚区、旅游基础设施等8个重点转型项目，争取国家投资1.02亿元；⑨自然保护区建设，重点向大小兴安岭功能区倾斜，每年申报的4～6处自然保护区，3/4都放在大小兴安岭功能区范围内；⑩两大平原农业综合开发试验区，安排各种防护林建设14.52万公顷，治理沙化土地2.79万公顷，全省粮田保护面积达到85%以上；⑪支持北国风光特色旅游开发区建设，全省批建国家森林公园63处，国家湿地公园10处，积极支持十大旅游名镇绿化建设，特别是在北极村名镇建设过程中，全面参与规划设计和施工，直接垫付建设资金500多万元；⑫支持哈牡绥东对俄贸易加工区建设，认真落实省委省政府对俄林业合作的各项方针，加大对俄木材引进，全省实现对俄木材进口1002.8万立方米；⑬成功举办了第五届中国(牡丹江)—俄罗斯(远东)国际木业博览会，签订合作项目近百个，资金总额140多亿元；⑭加快推进高新科技产业集中开发区建设，重点规划建设了黑河市智慧森林系统，总投资18 153.6万元。重点建设黑河林业中俄科技园，占地7000多公顷，引进果木40多个品种，100多万株；全面启动肇东百万亩沙枣种植和产业体系建设，落实育苗用地200公顷，实生苗木350多万株；为支持"十大工程"和"十大产业"建设，省林业厅投入村屯绿化3500多万元，绿化村屯6447个，审核审批涉林公路建设项目101项，审批征占林地2500多公顷，绿化道路6066.8千米，完成危旧房改造2万余户，开工率达107%，竣工率达67.75%。

造林绿化 2011年2月，黑龙江省省委书记吉炳轩在植树造林工作汇报会议上指出，"绿化龙江大地的任务还远远没有完成，步伐不能停下来，劲头不能降下来，而且力度还要加大，标准还要提高，内容还要扩展"。全省上下积极响应省委、省政府的号召，精心组织，深入发动，强化质量，并力推进，造林绿化继续保持了三年会战期间快速发展的态势。共完成造林24.17万公顷，其中人工造林13.52万公顷，封山育林10.64万公顷。完善和新绿化村屯6447个，绿化道路6066.8千米。抓领导，凝心聚力强推进。省委、省政府先后召开造林绿化汇报会、全省三年造林绿化总结表彰暨2011年造林绿化动员会议，吉炳轩书记、王宪魁省长出席会议，常务副省长杜家毫作重要讲话，对全省2011年造林绿化工作作出全面部署。省委把造林绿化纳入了对各市(地)经济社会发展重要责任指标考核内容。林业厅党组召开会议，专题研究部署全省造林绿化工作。春造启动后，省政府组织了9个造林绿化督导组，分别由厅级领导干部带队，分片包干，对全省13个市(地)进行了督促、检查、指导和服务。各地市、县认真贯彻落实吉炳轩书记的指示和全省三年造林绿化总结表彰暨2011年动员大会精神，党政领导亲自抓，把造林绿化工作纳入党委和政府重要工作议事日程，及时召开造林绿化工作会、现场立标会和推进会，全力推进造林绿化工作。造林绿化工作形成了一级抓一级，层层抓落实的局面。抓重点，三项重点工程见成效。2011年初，省林业厅提出"十二五"期间造林绿化要实现"五个转变"，即由部门造林向社会广泛参与转变；由单一绿化向城市绿化与乡村绿化相结合转变；由分散造林向规模化造林转变；由一季造林向多季造林转变；由生态型造林向生态经济型造林转变。并确定了在抓好三北防护林和退耕还林等重点生态工程建设的基础上，突出抓好村屯绿化、绿色通道建设，大力推进规模造林和生态经济林建设的工作思路。全省各地围绕重点工作，全力推进。一是村屯和道路绿化进一步加快。很多地方采取多树种、大苗木、乔灌花草相结合方式进行绿化，村屯绿化品种更加丰富，绿化水平明显提高。绥化、齐齐哈尔所属部分市、县结合村屯综合整治，实行整乡、整村绿化。农垦总局在原有50米护城林、护路林的基础上加宽到80米，努力打造森林垦区。二是积极推进规模造林。各地按照省里的要求，克服困难，积极发展大片造林。据不完全统计，全省50～500亩的造林地块有5231块，500～1000亩的造林地块有198块，1000亩以上的造林地块有61块。全省百亩以上的规模造林近4万公顷。生态相对脆弱的科尔沁沙地区域9个县(市、区)，把沙地治理工程作为生态建设的重点，沙区造林1.1万公顷，千亩以上片林达到9块。三是积极引导生态经济林建设。从2010年下半年开始，省林业厅着手部署生态经济林建设。各地根据各自的资源情况和现实条件，积极推进以寒地小浆果、坚果为主的生态经济林建设。全省2011年保护、营造北方寒地小浆果林和红松、榛子等小坚果林近0.2万公顷。抓标准，科学造林提质量。严把整地、苗木、栽植等环节标准，保证造林质量。一是抢前抓早，超前准备。为保证春季适时造林，3月底前将造林任务、苗木、地块、资金等全部落实到位。二是不误林时，适时掀潮。全省总结表彰及动员会后，省林业厅及时下发了《关于迅速掀起植树造林高潮的紧急通知》，全省由南至北适时迅速启动造林，各地积极召开现场会和立标会进行推进，保质量，抢速度，春季一季人工造林就完成13.4万公顷。三是科学造林，注重质量。各地普遍适时采用"泥浆造林法"、"三大一深"、"樟子松容器苗造林"等适用抗旱造林技术，运用ABT生根粉浸泡，保证了造林成活率。四是加强管护，巩固成果。各地在造林后及时对新植林进行浇水、扶正、踏实、涂白、修枝等措施，并落实管护责任制，努力做到栽一棵、活一棵，造一片、活一片。

资源管护 为做好森林防火工作，全省在进入防期前召开森林防火形势分析会议，分析前期背景，预测面临形势，保持清醒认识。春防期间，降水全省平均少于2010年，气温高于2010年，大风日数较近几年有所增多，总的火险趋势高于常年，具备发生特大森林火灾的天气条件。秋防期间，降水量全省平均少于常年10%左右，气温全省平均高于常年。进入到秋季后，大兴安岭地区东部、南部，黑河市大部出现了较严重的旱情，全省大部分林区秋季火险等级明显高于往年。面对严峻的形势，全省认真贯彻国家森林防火指挥部各项具体要求，提早部署，制定目标，明确任务，环环紧扣，狠抓落实，重点强化了宣传教育、火源管控、监督检查、首次扑救和火案查处等措施，做到防扑并举，全面推进，森林防火工作取得了明显成效。2011年，全省共发生森林火灾43起，其中春防14起，夏防8起，秋防21起。一般森林火灾39起，较大森林火灾4起，过火总面积17 410.26公顷，其中有林地面积58.48公顷，森林受害率0.003‰。全省森林公安机关共受理森林和野生动物案件4612起，破获4553起，查处率98.7%。其中立刑事案件579起，破案552起；受理森林行政案件2216起，查处2184起；受理野生动物行政案件1817起，查处1817起。共打击处理各类违法犯罪人员5054人次，收缴木材4217.5立方米，收缴野生动物558 516(头)只，收缴野生动物制品116千克，收缴猎具2961件。共为国家挽回直接经济损失624.1万元。加大资源保护力度，实现保护与开展相协调。近年来，森林资源保护形势非常严峻，保护与发展的矛盾日益突出，先后发生方正县宝兴林场违法采伐和风电项目违规占地等案件，对此省林业厅非常重视，立即部署，集中力量，对相关案件从速依法依纪作出了处理，并对全省森林资源保护和制止破坏森林资源违法行为的活动进行了布置。①召开了全省森林资源管理集体约谈警示会。会议全面分析了全省森林资源管理工作面临的严峻形势、存在的主要问题。蔡炳华厅长参加会议并作了重要讲话，对全省如何遏制破坏森林资源现象的发生，提出了明确的要求。②组织开展了森林资源保护管理情况大检查。从5月30日起到2011年年底，在全省范围内开展森林资源保护管理情况大检查。重点对林木采伐、占用征收林地、毁林开垦和侵占林地、非法转让国有林等情况进行检查，彻底查清当前森林资源破坏情况，认真分析查找原因，有针对性地落实整改措施，彻底扭转森林资源管理的被动局面。

完善制度，做好林地林权管理，加大林地保护力度。①加强征占用林地审核、审批和上报工作。对现地勘验、审批组件、补偿收缴、上报国家等环节认真把关。2011年，全省共审核、审批征占用林地项目244起，面积1709公顷，收取森林植被恢复费1.02亿元。面积审核率、费用收缴率均超过95%。②积极争取，实现了森林植被恢复费由低标准向较高标准的转变。积极协调财政、物价等部门，对林地、林木补偿费进行了调整。经过多次协调省政府有关部门，省物价监督管理局、省财政厅下发了《关于我省征收、占用和临时使用林地补偿费等标准的批复》(黑价联〔2011〕27号)，明确了征收、占用林地补偿费标准按各市(地)人民政府(行署)公布的征地区片综合地价标准执行。据估算，林地补偿费将比以前提高6~8倍，进一步保障了林地所有者的合法权益，体现了林地资源的价值。

做好林木采伐管理，严格执行采伐限额制度。①对十二五期间年森林采伐限额进行了分解下达，编制了《关于分解下达"十二五"期间年森林采伐限额的通知》，对"十二五"期间森林采伐计划制定、审批管理提出了明确要求。下达了2011年全省木材生产计划。②严格林木采伐审批管理，在程序上实行了经营者申请、现地核实、审批发证、结果公示、伐区验收等措施。委托省规划院承担调查设计现地核实、伐区验收工作，对不符合规定的调查设计一律不予核发采伐许可证。③认真做好违法违规采伐的查处工作，对群众举报、国家和省检查中发现存在滥伐林木问题的及时下达整改通知，提出整改要求，严肃处理有关责任人。④举办了全省森林采伐行政许可管理培训班。2011年是"十二五"第一年，也是森林采伐管理体制改革的第一年，为做好"十二五"期间森林采伐管理工作，提高全省森林采伐行政许可发证人员业务能力，举办了全省森林采伐行政许可管理培训班，全省各市(地)、县(市、区)林业局主管局长、资源科、股长、林木采伐许可证发证人员，共300余人参加了培训。2011年，全省共查处林业行政案件562起，查处率达98.93%。全省林业有害生物发生面积为23.58万公顷，成灾面积为0.4万公顷，成灾率0.5‰；林业有害生物防治面积为19.9万公顷，其中无公害防治面积19.2万公顷，无公害防治率96.3%；预测发生26.8万公顷，实际发生23.58万公顷，预测预报准确率86%；产地检疫苗木46485.7万株，调运检疫苗木3667万株，复检苗木4722.2万株，处理疫苗27.3万株，剪除虫瘿82.8万个，苗木产地检疫率100%。

林业产业　2011年，列入全省林产品加工业重点推进项目19个，全省林产品加工业2011年实现产值1000亿元。林浆纸一体化：牡丹江市恒丰纸业股份有限公司特种纸建设项目，全年项目计划总投资3亿元。佳木斯龙江福浆纸有限公司硫酸盐针叶木浆生产线改扩建项目，全年项目计划总投资2.5亿元。林甸海达纸业有限公司纸浆及纸制品扩建项目，全年计划投资1.95亿元。黑木耳产业：全省黑木耳已形成两大集群，一是以绥阳黑木耳大市场为销售龙头的东部集群，年交易量10万吨，市场交易额达到38亿元；二是以尚志苇河黑木耳交易市场为龙头的中部集群，年交易黑木耳干品6.5万吨，交易额达到30亿元。东宁县食用菌年栽培量7亿袋，尚志市已达到10亿袋。哈尔滨市全年食用菌栽培达到12亿袋，完成投资12亿元，销售收入24亿元。东宁(绥阳)黑木耳(山产品)产业集群项目总投资10亿元，2011年投资8000万元。林浆(坚)果产业：全省2011年新建、改造生态经济林0.63万公顷，其中：红松果材兼用林0.51万公顷，榛子26.67公顷，蓝莓384公顷，黑豆果133.3公顷，花楸等200公顷，其他品种380公顷。森林、湿地旅游：大力开发、建设精品森林公园已取得进展。抚远县设立"华夏东极"省级森林公园，北极村国家森林公园已成为黑龙江省旅游精品，大青山已设立6处森林公园，黑龙江、乌苏里江沿岸的11个县份都设立了森林公园。现"两极"与"北水"。以"东北两极"和"南山北水"为基本框架，全省林业系统共设立63处森林公园。北药产业：随着黑龙江省生态、绿色资源优势的凸显，黑龙江省林区药材对全国药材市场开始产生影响，北药产业发展迅速。哈尔滨仁皇药业用刺五加、五味子加工系列药品年销售额达到3.3亿元，在伊春红星林业局林下建设0.67万公顷刺五加GAP基地。项目总投资1.5亿元。2011年计划投资1亿元。大庆市大同区政府投资建设板蓝根，种植面积2.67万公顷，项目总投资1.4亿元。2011年已完成种植0.67万公顷，投资20万元，销售收入2亿元，利润1.6亿元。黑河市中药材种植已形成一定规模，累计种植面积达1.13万公顷。孙吴县已成为黑河市的北药经营中心和集散地，每年发往国内外中药材价值在6000万元以上，数量1000吨以上。以家具为重点的木材加工：正在实施重点项目7项。伊春光明集团创业园区建设项目；大兴安岭在原有漠河宜家木业、漠河福圆木业、图强诚誉木业、新林兴盛木业4家企业基础上，重组整合成神州北极木业公司；华鹤集团有限公司节能阻燃复合门窗产业化项目；黑河广和盛兴林板一体化项目；圣象集团高档实木地板生产项目；黑龙江龙兴广发木业有限公司境内外木材加工园区建设项目；黑龙江三和木业(集团)有限公司环保节能干漆家装产品产业化项目。对俄开发：省林业厅派出考察小组与俄罗斯滨海边疆区、哈巴罗夫斯克边疆区、犹太州、阿穆尔州林业部门联系，加强与俄罗斯远东地区林业部门的交流与沟通。中俄二期林业合作拟在俄犹太州建立3个木材加工园区。2011年下列宁斯阔耶和帕斯科沃园区建设正在进行中。大兴安岭新林后贝加尔经济贸易有限公司赴俄森林资源开发项目、松岭中亚木业有限责任公司境外采伐加工项目、阿木尔兴安经济贸易责任有限公司境外采伐加工项目等3个项目正在实施中。

【黑龙江省林权抵押登记管理办法】 2011年，为规范集体和非公有制森林资源资产抵押操作，根据相关法律和政策规定，结合黑龙江省推进林业投融资改革情况，省林业厅制定下发了《黑龙江省集体(个人)和非公有制林权抵押登记管理办法》(黑林办发〔2011〕21号)，明确了林权抵押的范围、抵押登记的权限、办理林权抵押遵循的程序、抵押物合规性审核等相关规定，进一步规范林权抵押登记行为，推进黑龙江省林业投融资改革的健康发展。同时，省林业厅统一印制2万套森林资源资产抵押登记申请书、森林资源资产抵押登记簿和森林资源资产抵押登记证，发送到市、县林业主管部门。

【自然保护区、国家湿地公园建设】 2011年，国家批复了牡丹峰保护区四期基础设施建设项目和胜山保护区二期基础设施建设项目、黑瞎子岛湿地保护恢复建设项目、桦川松花江沿江湿地保护恢复建设项目、哈拉海湿地保护恢复建设项目和三江平原湿地宣教馆建设项目。完成5处省级自然保护区的申报工作，其中五大连池市引龙河、勃利县西大圈自然保护区已经得到了省政府的批复。完成乌裕尔河和明水2处省级自然保护区晋升国家级自然保护区的申报工作，完成黑瞎子岛、同江三江口、鹤岗十里河和肇东肇岳山4处国家湿地公园的申报工作，并接待了现地考察的专家。申请将七星河国家级自然保护区和珍宝岛国家级自然保护区列入国际重要湿地名录，获得同意。2011年，全国共有4处国家级自然保护区纳入国际重要湿地名录，黑龙江省有3处，全省列入国际重要湿地名录的重要湿地数量达到7处。安邦河国家湿地公园试点单位和白渔泡国家湿地公园试点单位通过了国家审核验收，成为国家林业局首批正式颁牌的国家湿地公园。

【《黑龙江省森林采伐更新技术规程》实施】 经由黑龙江省质量技术监督局审批，黑龙江省《森林采伐更新技术规程》DB23/T1444－2011于2011年4月12日发布，于2011年5月12日开始实施。新的《森林采伐更新技术规程》标准采用分类经营体系，规定了商品林采伐更新、公益林采伐更新、森林采伐更新调查设计、森林采伐更新作业和森林采伐更新管理等技术与管理等要求。新规程的颁布实施意义重大，对全省今后一个时期的森林采伐更新工作将起到纲领性作用。

【新林区建设】 2011年，共计建设35个林场，投入3500万元，建设项目90项，其中饮水29项，场区道路改造27项，供电线路改造14项，场区环境整治等20项。

【林业站建设】 2011年，林业站机构、队伍总体保持稳定。全省现有乡镇890个，设有乡镇林业站881个(其中片站12个)，在岗职工总人数2657人。全省有6个地市单独设有林业总站，有6个地市林业站工作由造林科或绿化办负责；所有的县市都设有林业总站，全省市、县两级林业站管理人员628人。目前，全省881个乡镇林业站中，林业局直管的349个，双重管理的91个，乡镇独立管理的91个，纳入农业服务中心管理的384个。林业站由县局直管的比例提高了0.9%，纳入财政拨款职工比例提高了2%。

【哈尔滨市林业产业】 ①2011年，林业产值实现超100亿元。以种植业、森林旅游业、木制品加工业等产业为重点，全年食用菌栽培发展10亿袋；北药种植基地发展0.33万公顷；红松果材兼用林基地发展到2.33万公顷；绿化种苗林基地发展0.1万公顷；木制品加工能力达110万立方米。森林湿地生态旅游年收入达1.5亿元，全市实现林业总产值135.7亿元。②松花江湿地知名度得到提升。编制了《万顷松江湿地保护与利用总体规划》，开展了以“感受松花江湿地风光，领略哈尔滨夏都魅力”为主题的湿地文化节；在北京举办了“湿地·家乡”交响音乐会。

【鹤岗市林业产业】 2011年，林下产品开发和产业建设取得重大进展。①将七台河市双叶家具实业有限公司引入到鹤岗市落户。该公司将与鹤岗市广亿木业有限公司联合生产细木工板、双叶家具和双叶牌地板块，双方将投资1.1亿元。项目投产后，每年将新增产值两亿元，实现利税3000万元。这一项目的引入，结束了鹤岗市木业行业无知名品牌的历史。②建设了野生五味子经济林示范基地53.33公顷；蓝莓种苗繁育圃0.67公顷，改培野生蓝莓333.33公顷。③改建红松坚果林333.33公顷。④建设了食用菌栽培示范区，栽培黑木耳1800余万袋。⑤建设了林浆纸原料基地900公顷。⑥建设了富森林产品公司大市场。目前已开发6大类126种山产品，有5种产品获得国家绿色标识认证，并取得了国家QS认证。

【林业大事】

1月9日 国家发改委和国家林业局在黑龙江省召开“大小兴安岭林区生态保护与经济转型规划宣传贯彻会议”。省长王宪魁致辞，国家发改委副主任张国宝、黑龙江省副省长吕维峰出席会议并讲话。

1月14日 黑龙江电视台公共频道《三农最前线》栏目播出了对杨克杰副厅长《给力三农 辉煌未来》的专访。

1月16日 全省林业工作会议在哈召开。吕维峰副省长、蔡炳华厅长出席会议并作重要讲话。厅领导杨克杰、王凤友、李树铭、王瑞斌、张凤仙、李跃民、杨国亭、金强出席会议。

同日 经省委组织部研究，同意张恒芳同志任省林业厅副厅长，试用期一年。

1月18日 省纪委十届八次全会授予省林业厅黑龙江省2010年中省直单位“关注民生 服务发展”群众满意奖。蔡炳华厅长列席会议并接受颁奖。

1月19日 黑龙江省森林防火电子沙盘指挥系统建设项目验收完毕并投入使用。

3月3日 重新修改并印发了《黑龙江省林业厅系

统行政执法责任制实施方案》。

3月9日 召开第五次厅党组会议，讨论对伊春市《关于贯彻落实〈大小兴安岭林区生态保护与经济转型规划〉和应对停止森林主伐情况的报告》的意见。蔡炳华厅长主持会议，厅领导杨克杰、李树铭、王瑞斌、张恒芳、张凤仙出席会议，厅领导杨国亭列席会议。

3月16日 省林业产业协会第一次会长办公会议在哈尔滨召开。省人大常委会副主任、省林业产业协会会长申立国出席会议并讲话，蔡炳华厅长主持会议，厅领导李跃民出席会议。

4月8日 全省造林绿化总结表彰暨2011年造林绿化动员大会在哈尔滨召开。省委常委、常务副省长杜家毫和国家森林防火指挥部副总指挥李育材分别作重要讲话，省委书记吉炳轩，省委副书记、省长王宪魁，省委副书记、省政协主席杜宇新，省领导刘国中、刘东辉、吕维峰、于莎燕，厅领导蔡炳华、杨克杰、李树铭、王瑞斌、张恒芳、张凤仙、李跃民、杨国亭及有关单位负责同志出席会议。

4月12日 黑龙江省质量技术监督局发布省林业厅组织制定的《杨树农田防护林营造技术规程》、《林业有害生物普查技术》、《市县林区主要林分类型形高表》、《防风种子质量分级及检验技术规程》、《龙胆种子质量分级及检验技术规程》和修订的《森林采伐更新技术规程》、《林木良种基地技术档案》等7项省林业地方标准，并于2011年5月12日开始在全省实施。

4月21日 国家林业局局长贾治邦、副局长赵树丛一行在哈尔滨市与省长王宪魁、副省长吕维峰以及省林业厅、省森工总局、大兴安岭地区行署和伊春市政府等部门的负责同志举行了关于《大小兴安岭生态保护与经济转型规划》实施后有关问题的座谈会，贾治邦、王宪魁分别在座谈会上讲话。蔡炳华厅长出席会议。

4月21日 中国政府网公布《国务院办公厅关于发布河北驼梁等16处新建国家级自然保护区名单的通知》，中国将新建河北驼梁等16处国家级自然保护区，黑龙江新青白头鹤保护区位列其中。

4月22日 国家林业局与黑龙江省政府在哈尔滨市天恒山举行实现森林面积、森林蓄积量“双增”目标共同行动启动仪式。国家林业局局长贾治邦与省长王宪魁签署共同行动框架协议并与省、哈尔滨市党政领导和驻哈部队官兵一起义务植树，吕维峰副省长主持启动仪式，国家林业局副局长赵树丛宣布“双增”行动启动。省、市领导盖如垠、刘海生、孙尧、孙永波、徐广国、孙东生、郭晓华、林铎，厅领导蔡炳华、杨克杰、李树铭、王瑞斌、张恒芳、李跃民、金强，省市党政机关部分干部职工、省军区、省武警部队官兵、林业干部职工代表、学生代表等千余人参加了启动仪式和义务植树。

4月23日 省委常委会议决定，李跃民、杨国亭任省林业厅副厅长，试用期一年。李跃民任省林业厅党组成员。

5月15～18日 蔡炳华厅长、李树铭副厅长陪同王宪魁省长到黑河、大兴安岭地区调研并慰问当地森警部队。

5月15日 由省林业厅主办、植物园协办的2011年林业科技活动周暨郁金香观赏节启动仪式开幕。

5月25日 黑龙江省林权制度改革领导小组更名为黑龙江省国有林场和林权制度改革工作领导小组，并调整了成员单位及成员。

6月25日 《黑龙江保护湿地，构筑北大仓生态屏障》在中央电视台新闻联播播出，杨国亭副厅长接受中央电视台记者的采访。

7月15日 《黑龙江省木材战略储备生产基地规划》编制完成。规划期为2011～2020年，确定10个市、30个县(市、区)、195个国有林场为黑龙江省木材战备储备生产基地建设区，在基地建设区新造用材林10万公顷，培育现有林30万公顷，努力缓解木材供需矛盾，初步构建黑龙江省木材生产安全保障体系。

7月18日 举行省林业厅与深圳巨融投资有限公司、中信银行哈尔滨分行签署中国(黑龙江)森林食品现代交易中心战略合作框架协议仪式，厅领导蔡炳华、杨克杰、王瑞斌、张恒芳、金强出席仪式。

7月27～30日 国家林业局局长贾治邦到牡丹江等地检查工作，林业厅领导蔡炳华、杨克杰、张凤仙、杨国亭陪同检查。

8月2～5日 国家林业局局长贾治邦在黑龙江省检查林业工作，厅长蔡炳华陪同检查。

8月16日 国家林业局副局长赵树丛一行赴绥芬河市、绥阳木耳大市场调研，厅长蔡炳华陪同调研。

8月17日 厅长蔡炳华陪同国家林业局副局长赵树丛一行赴宁安市小北湖林场调研并赴牡丹江市出席全省林业系统工作座谈会。

9月20日 中国生态协会授予黑龙江省七台河市新兴区红旗镇红光村、五常市二河乡庆丰村、呼玛县白银纳村为全国生态文化村。

10月19日 省林业厅举办林业发展战略辅导讲座，厅领导蔡炳华、杨克杰、王瑞斌、张恒芳、张凤仙、杨国亭及厅机关干部和直属单位副处级以上干部参加。

10月24日 《人民日报》第一版刊发了《秀美龙江大湿地》报道，中央领导作了重要批示，中宣部《新闻阅评》给予充分肯定和高度评价。

11月15日 厅长蔡炳华与省地质矿产局局长徐飞鹏分别代表省林业厅和省地质矿产局签署《联手促进龙江经济加速发展框架协议》，厅领导杨克杰、李树铭、王瑞斌、张恒芳、李跃民、杨国亭、金强出席签约仪式。

11月16日 全省国有林场危旧房改造工作现场推进会在黑河市嫩江县召开，9个市林业局、15个县(市、区)林业局和厅有关处室负责同志参加会议，副厅长李跃民主持会议。会议总结了今年危旧房改造工作，截至11月8日，按照省保障房检查结果，全省国有林场危旧房改造开工21 375户，开工率105%，竣工12 004户，完工率59%。

11月24日 省林业厅推荐的“森林消防避火罩的改进与研发”、“松嫩平原湿地恢复与保护技术研究”、“锦带花引种及选育技术研究”和“紫斑牡丹引种栽培研究”等4个项目在2011年省科学技术奖评审会上通过审核，荣获2011年度黑龙江省科学技术三等奖。

(黑龙江省林业由崔祥娟供稿)

黑龙江省森林工业

【概　述】 2011年是实施“十二五”规划、天保工程二期和大小兴安岭林区生态保护与经济转型规划的第一年，黑龙江森工全面完成了各项工作任务，实现“十二五”开局良好。完成产业总产值389.7亿元，同比增长13.3%；完成产业增加值163.3亿元，同比增长13.2%。实现营林产值9.3亿元；完成木材生产166万立方米，销售木材185.9万立方米，实现销售收入22.56亿元；木材加工园区19个，林产工业实现产值53.3亿元；种植养殖业实现产值70.2亿元，增长1.43%；森林食品业实现产值47.6亿元，增长44.14%；北药产业实现产值9亿元；森林旅游接待游客520万人次，实现产值22.8亿元，增长47.2%；建设风力发电项目4个，装机容量20万千瓦。

【营林生产】 2011年全系统营林工作以生态建设为先，以建设大美森工为目标，较好地完成了营林生产任务。

更新造林　全系统累计完成人工更新造林2万公顷、森林抚育49.9万公顷、育苗215公顷；义务植树674.9万株，人均植树10.3株，尽责率96%；人工更新造林当年成活率97%、3年面积保存率100%。在国道、省道和进局公路两侧绿化植树126.5万株。

花卉苗木　绿化苗木花卉基地建设成效显著。投资1985万元，兴建兴隆、鹤立、双鸭山、乌马河苗木、花卉基地82.8公顷、大树培育基地392公顷、移植及区划绿化苗592公顷，总产苗量达1.44万株，可生产樟子松、糖槭、山杏、胡桃楸、椴树、山丁子等50多个造林绿化品种。

有害生物防治　2011年森林病虫鼠害防治16.6万公顷，预报准确率达到97%，检疫率100%，无公害防治率93%。林业有害生物成灾率控制在0.02‰以下，达到国家规定的“四率”指标要求。

林木种苗　截至2010年年底，黑龙江森工系统共发放林木种子生产、经营许可证571份，依法注销两证2份。审定品种63个，认定品种11个。截至2011年年底林木良种使用率为60%，基地用种率为80%。

森林物候气象　2011年灾害天气预报准确率达到90%。在黑龙江省气象行业天气预报技能竞赛上，林口林业局荣获行业组第二名，森工总局获得优秀组织奖。

主要做法　①加大宣传力度，推进绿色增长。在《黑龙江日报》、《中国绿色时报》、《黑龙江林业报》办绿色专版，在黑龙江森工总局网站上建立营林网站等，以多种形式纪念全民义务植树运动开展30周年及联合国确立的国际森林年活动。通过宣传，在森工林区形成了人人关注生态、共建绿色家园的良好氛围。②加强基础工作，推进营林产业发展。开展黑龙江省林区打击制售假劣林木种苗和保护新植物品种权专项整治行动，发放近万份《关于印发〈黑龙江省森林工业总局打击制售假劣林木种苗和保护新植物品种权专项行动实施方案〉的通知》，营造了良好的舆论氛围。加强苗木培育工作，2011年新播面积由计划的53.93公顷增加到83.47公顷；适应造林绿化对苗木需求的变化，调整育苗对策，沾河、双丰、红星、友好等林业局收回已租赁的苗圃，用于扩大育苗面积；红星、东京城、鹤立等8个林业局开展培育红松、红皮云杉大苗试验；狠抓红松苗木培育，保证了红松造林苗木供应。召开育苗机械推广应用现场会，积极推进苗圃机械化作业。③加强病虫害防治，确保森林安全。2011年6月山河屯林业局突发栗山天牛虫害，总局严密部署、组织调查、重点防控，采取打孔注射、树干喷雾、灯光诱杀等防治措施进行除治，保证了哈尔滨市民用饮水周边环境生态安全。

【多种经营】 2011年多种经营总产值完成198.6亿元，比2010年增长7.46%。其中种植养殖业产值70.2亿元，比2010年增长1.43%；森林食品业产值47.6亿元，比2010年增长44.14%；北药业产值9亿元，比2010年减少3.5%。实现利税14.6亿元，完成计划的117%；从业人员收入118.5亿元，完成计划的110%。

主要产品产量　农业播种面积34.5万公顷，比2010年增长9%；粮食产量85万吨，比2010年增长2%；饲料作物播种面积2933公顷，比2010年增长3%；畜牧业养牛18.0万头，比2010年减少6%；养羊28.0万只，比2010年减少3%；养猪92.0万头，比2010年减少5%；养禽1228.7万只，比2010年减少23%；养蜂15.0万箱，比2010年增长5%；林蛙放养面积107.1万公顷，比2010年增长1%。黑木耳栽培16.3亿袋，比2010年增长2%；木耳产量5.8万吨，与2010年持平；山野菜采摘量3.6万吨，比2010年增长6%；柴河、迎春、清河等局的7大类、15个品种的森林食品被人民大会堂国宴选用。人工药材种植面积1.3万公顷，比2010年增长18%；五味子种植面积3866.7公顷，与2010年持平；“两参”栽培面积666.7公顷，与2010年持平；平贝种植面积2133.3公顷，与2010年持平。

主要做法　①争取种植养殖业政策。2011年共争取国家和黑龙江省各项政策性扶持资金2.57亿元，比2010年增加1.6亿元。其中粮食直补和水稻良种补贴、大豆良种补贴、玉米良种补贴资金2.22亿元；中央及省投资1550万元，新建农业综合开发小区13处；积极向省政府及省农委争取农机补贴政策，获农机补贴资金2000万元。②大力推进农业生产。在春季备耕期间，各林业局普遍采取农村信用社贷一些、企业垫一些、职工群众集一些的方式，积极筹措备春耕资金，全系统共筹措资金12.9亿元用于农业生产，实际完成播种面积34.5万公顷；农机普及率比2010年有明显增加，进一步提高农机化发展的质量和水平。③加快结构调整步伐。高价值经济作物种植比重增加，其中全系统蓝莓种植面积0.13万公顷，伊春林区种植面积达0.09万公顷。建立了新型农业示范园区及经营模式。畜产品深加工项目逐步开展。

【森林旅游】 2011年累计接待游客520万人次，实现产值22.8亿元，比2010分别增长40%和47.2%。

确定"十二五"森林生态旅游发展规划 "十二五"期间，以24个国家森林公园、17个省级森林公园、15条精品漂流景区、10个森林狩猎和滑雪旅游观光度假基地，5个地质公园和15个林区旅游名镇为支撑，组建一个旅游企业集团，构建两大森林生态旅游板块，完善三条森林生态旅游观光带，打造四个旅游圈，建成五大边境口岸旅游风景区，形成六个特色鲜明的旅游集合，全面构建森林生态旅游产业总体布局。同时，指导方正林业局、大海林林业局等和山河屯凤凰山、东方红珍宝岛、东京城鹿苑岛、大海林中国雪乡等重点景区景点编制旅游发展规划。

景区景点建设 大海林建设的灯光滑雪场投入使用，通往洋草山景区的道路和滑雪场已经全部竣工；山河屯凤凰山旅游景区登山栈道进行了全面改造、接待中心已经建成投入使用，招商引资3亿多元建设的家庭宾馆和别墅区已经完成立项；清河原始森林旅游景区栈道全部建设完成，游客中心已经建成投入使用；完成柴河通往北国小九寨的道路、游客中心和景区大门建设；穆棱六峰湖周边的木屋等接待设施建成使用；争取省政府投入建设的82千米亚雪公路建成通车，形成了亚布力、雪乡、凤凰山的环形旅游观光带。凤凰山被评为中国最具魅力景区，东方红珍宝岛湿地被评为中国最美森林湿地景区，大海林中国雪乡被评为中国最佳旅游目的地。

名镇建设 亚布力名镇完成总投资17亿元，世博龙江馆主体建筑和内、外部装修完成，接待游客；20栋木制别墅屋竣工使用；名镇的集中供热、自来水、排水管网、燃气、电力、有线电视等工程完工，在全省名镇建设检查评比中排名第一。

【木材生产销售】 2011年，全省森工系统木材生产完成166万立方米，比2010年少采254.5万立方米。

2010年11月1日至10月30日经销期全省森工林区销售木材185.9万立方米，其中"三江"林区和带岭林业局销售木材1 691 249立方米，比2010年同期少销1 193 442立方米；木材平均售价达到每立方米1334元，比2010年同期提高406元；木材销售收入22.56亿元。

木材经销主要特点 ①树种、径级、等级结构发生变化。从2011年销售的实际情况看，18厘米以上主要树种比例是柞木占总销量的8.8%，比2010年增加2.0%；榆木占4.8%，比2010年增加0.9%；色木占5.3%，比2010年增加1.0%；水曲柳占11.5%，比2010年增加2.7%；楸木占7.9%，比2010年增加1.0%；椴木占9.3%，比2010年增加1.2%。大径材比重明显上升，40厘米以上径级占总销量的2.4%，与2010年持平；30~38厘米占12%，比2010年提高1.0%；24~28厘米占22%，比2010年提高1%。一等品率占总销量的53.58%，比2010年提高0.55%；三等品率占9.93%，比2010年下降0.81%。②实行单根竞价销售。东方红局68厘米优质柞木刨切材竞价销售12根，销售金额达6万余元，比同材种多卖3000多元。柴河林业局平均径级46厘米柞木单根竞价销售94根，每根售价为4016元，比按价格表计价销售每根多卖2173元，增收20多万元。③开展森林认证工作。东方红、穆棱林业局为了和国际木材市场接轨，拓宽销售渠道，实行木材森林认证。东方红林业局2011年认证木材10 800立方米，增加收入32万元。

【林产工业】 2011年，全省森工林产工业战线贯彻落实全省森工工作会议精神，实施"四八四三"发展战略，全力推进各项重点工作，完成林产工业产值53.3亿元，完成计划的111.4%；实现产品销售收入45.5亿元，完成计划的109%；木材加工自用率达到90%；"三剩物"工业利用率达到75%。

产品产量 锯材完成55万立方米，比2010年减少38.8%；胶合板完成3.6万立方米，比2010年减少32.1%；刨花板完成24万立方米，比2010年减少14.9%；硬质纤维板完成1.3万立方米，比2010年减少50%；中密度纤维板完成19.4万立方米，比2010年减少17.4%；细木工板完成12.8万立方米，比2010年减少33.3%；集成材完成9.4万立方米，比2010年减少34.7%；家具完成6.2亿元，比2010年减少10.1%；卫生筷子完成102万标准箱，比2010年减少30.6%；复合地板完成98.8万平方米，比2010年减少21.3%。

工业园区建设 截至2011年年底，全省森工林区共有19个工业园区，投资总额33.42亿元，其中总局级工业园区1个、伊春林区4个、牡丹江林区4个、松花江林区5个、合江林区5个；园区占地面积1613.1公顷，入户企业812家，年加工木材155.6万立方米，安置就业人员32 176人；年创产值32.95亿元，年出口额1752.5万美元。

【资源保护和管理】 截至2011年年末，森工林区有林地面积由2010年的849.8万公顷增加到850.7万公顷，活立木总蓄积由7.7亿立方米增加到7.9亿立方米，平均公顷蓄积由87立方米提高到90立方米，森林覆盖率达到84.3%。

采伐限额管理 2011年，国家林业局和省森工总局下达木材生产计划157万立方米，蓄积消耗限额361.7万立方米。实际审批采伐蓄积298.4万立方米、出材量150.9万立方米，与计划相比，当年结余采伐限额63.3万立方米、木材产量6.1万立方米。

林地管理 2011年4月，黑龙江省森林资源管理局、林业公安局联合开展集中打击破坏林地专项行动，共查处森林刑事案件110起、林业行政案件2063起，逮捕36人，刑拘95人，起诉58人，行政处罚2093人；收缴木材266立方米，回收林地291公顷。各森林经营单位对林农混居地区适时开展林地检查，重点打击毁林开垦、蚕食林地等擅自改变林地用途的违法行为，遏制蚕食国有林地的行为。同时严厉打击各类建设工程未批先占、少批多占等违法使用林地行为。

林政管理 2011年6月，对21个林业局进行专项检查，针对发现的违规设计、违规采伐、违法占用林地、违法经营加工木材等问题下发通报和整改通知书。对有关责任人进行严肃处理，行政处分142人，其中行政撤职30人；对问题严重、涉嫌刑事犯罪的5起案件已移交省林业公安机关依法处理。2011年度盗伐林木案件减少844起，下降16.1%。接待群众来信来访29人次，调查处理14起信访举报案件。关闭和取缔未经省级林业主管部门批准，擅自在林业局辖区内非法设立的木材经营加工厂(点)525家。加大林政案件查处力度，2011年发生林政案件6199起、查处率达到99%，行政处罚6334人，挽回经济损失2200万元。

森林资源监督监测 按期完成海林、山河屯、东京城和兴隆4个林业局108.2万公顷的二类调查任务，经全面检查验收，各院的调查质量均达到规程标准。完成了国家林业局安排的两个天然树种生物量的专项调查和3个人工树种二元立木材积表编制工作。各级监督机构组织开展"三总量"执行情况的监督检查，督促整改发现的问题；并认真做好社会监督举报的接待、登记、督办、汇总工作；督查督办国家林业局和总局交办的案件，按时限保质保量上报查处情况。推进森林资源管理监督科学化、信息化。完成资源局新版网站重建工作，实现森林资源管理信息化。强化全省森林资源管理信息工作，及时掌握、分析和交流森林资源管理监督及调查监测工作情况。

依法管理森林资源 建立健全森林资源保护管理规章制度，先后下发《关于进一步加强森林资源管理监督工作的通知》、《关于进一步加强木片和食用菌原料(锯末)管理有关问题的通知》、《进一步清理整顿木材加工厂(点)的通知》等8个文件。收集整理天保工程以来各单位制定下发的森林资源管理监督方面的规章制度，积极参与《森林法》修订、《黑龙江省重点国有林区条例》和《黑龙江省国有重点林区管护经营条例》的调研修改工作。

【森林防火】 2011年，黑龙江森林区发生12起一般森林火灾(红星林业局4起、汤旺河林业局1起、五营林业局1起、上甘岭林业局1起、林口林业局1起、亚布力林业局2起、沾河林业局2起)；过火总面积257.09公顷("三江"林区38.83公顷)，其中有林地过火面积3.18公顷("三江"林区3.18公顷)，实现了全年没有发生较大以上森林火灾的工作目标。

主要做法 ①抓任务分解，责任制落实到位。一是全面实行森林防火包片责任制。做到森林防火的每一个环节、每一项工作都有专人负责，每一个山头、每一个地块都落实责任人和巡护人员。二是建立局县共建、场村共建，局局联防、场场联防的联防联治包保责任制，实现有火同打、无火同防，群防群治。三是对入山作业人员、林缘农田承包人员、社会重点人员等逐一明确监控责任人，落实监控措施。②抓严管火源，火险隐患排查到位。全林区共派出由处级以上领导带队的各级各类森林防火督查组950个次，增设临时哨卡1250处，在重点火险区和防火紧要期昼夜巡查。建立远山巡逻队、近山管护站和公路防火检查站"三道防线"，堵截和控制违规人员入山。组织开展了野外火源治理专项行动，展开面上巡逻、点上定查，深入重点林区腹地、施业区交界处、旅游景区和高危火险区域反复拉网式巡查。③抓全方位宣传，深入教育到位。在公路干线、要道口布设9793块森林防火标语牌，签订森林防火公约12.8万余份，设立防火宣传一条街509条，出动各类森林防火宣传车2975台次，对农林混居区域进行全覆盖地宣传，对外来务工人员、进山人员、旅游人员和未成年人等重点人群开展面对面的宣传教育。在入山道口、重点火险区、场区、村屯和林区公路沿线，对入山人员和野外作业人员进行登记和宣传。利用《黑龙江林业报》、电视、广播等媒体宣传典型案例、法律法规，扩大教育面。④抓队伍建设，扑救组织落实到位。一是每个林业局都组建了60～100人的局级森林消防队，每个林场(所)都组建了15～30人的场级森林消防队，重点火险区还组建了8～10人一组的快速扑火队，共有213支、8239人的专业防火队伍靠前驻防。二是通过高山瞭望塔、偏远山区流动巡逻队、沿湖(江)地带快艇巡查、空中飞机载人巡护、核查卫星热点信息等，实行全天候、全方位立体监测。三是修订和完善应急预案，对扑火指挥机构安排、梯队设置、机具配备、通信联络、战术应用、后勤保障供应等逐一细化落实。⑤抓资金投入，基础设施建设到位。投入资金5193万元，购置通讯设备4790台(部)、风力灭火机7923台、其他扑火工具4.6万把(支、套)、指挥车108辆、运输车709辆、履带式运兵车24辆。

【天然林资源保护工程】 2011年，龙江森工林区天保工程计划投资545 971万元，其中森林管护67 585万元、森林抚育89 760万元、后备资源培育3100万元、社会保险补助157 939万元、政社性社会性支出补助227 587万元，全年完成投资545 971万元。

木材产量调减到位140万立方米，完成森林抚育49.87万公顷，后备资源改造培育0.2万公顷，补植补造0.83万公顷。

全面整改2009年度国家级核查发现的问题 按照《国家林业局关于2009年度天然林资源保护工程实施情况的通报》(林天发〔2010〕279号)文件的要求，各有关天保实施单位都在规定的时间内完成了整改工作，森工总局以龙森天〔2011〕4号文件向国家林业局上报了整改情况。

完成黑龙江省森工国有林区天保工程二期省级实施方案的编制工作 按照国家林业局、国家发改委、财政部、人保部联合下发的《关于继续组织实施长江上游黄河中上游地区和东北内蒙古等重点国有林区天然林资源保护工程的通知》(林规发〔2011〕21号)等文件要求，总局开展天然林资源保护工程二期省级实施方案编制工作，建设任务已按照实际情况和建设标准落实到各建设单位。2011年，二期省级实施方案编制完成，经黑龙江省政府批准上报国家林业局。

制定《黑龙江省森林工业总局天然林资源保护工程2010年度考核办法》 借鉴其他省区的先进经验，量化了各项指标，采用打分的办法评定各项工作，按得分的多少排出考核的名次，具有较强的操作性。

完成2010年度天保统计的汇总工作 总局计划、财务、资源、社保、天保、营林、防火等部门加强了领

导，安排一名处级干部负责年报统计的具体工作。天保办在年报统计工作中密切加强与各局(处)的沟通与协调，确保了工作目标的实现。

开展2010年度天保工程实施情况的企业自查和省级复查工作　总局党委、总局高度重视，成立了由局长魏殿生为组长，副局长李文达、姜传军、董杰和各林管局局长为副组长，总局有关局处领导参加的天保工程复查工作领导小组，领导小组下设办公室负责复查的日常工作。截至2011年5月10日，40个林业局全部完成自查工作，林业局自查率达100%。6月，总局组成两个复查组，对山河屯、桦南、鹤立、清河、海林、穆棱、绥阳、友好、双丰、朗乡、翠峦、带岭、美溪、上甘岭林业局进行复查，占总数的37.5%。

筹备召开了全省天然林资源保护工程工作会议　2011年9月1日，全省天然林资源保护工程会议在哈召开，会议全面贯彻全国天然林资源保护工程工作会议和省政府第57次常务会议精神，总结了黑龙江省天保一期工程取得的成效和经验。黑龙江省副省长吕维峰、国家林业局天保办副主任陈学军出席会议并讲话，省政府副秘书长金济滨主持会议。

通过2010年度国家级核查验收　2010年7月11日至8月2日国家林业局核查组对东方红、山河屯、带岭、乌马河4个林业局进行核查，核查比率为10%。国家级核查组充分肯定了在龙江森工林区2010年度天保工程实施工作。

【森林抚育补贴试点】　制定统一了森林抚育技术标准、检查验收考核办法。全面完成2010年度抚育补贴试点验收工作和2011年中幼龄林抚育任务。2011年4月初，完成2010年森林抚育补贴试点任务省级验收工作，检查抽检面积合格率均为100%，上报完成面积占计划完成面积的100.03%。通过检查，抚育作业的地块与对照区地块相比，效果显著，林内卫生状况明显改善，林相整齐，林分密度、树种结构、层次结构更加合理。

【整合撤并林场(所)】　截至2011年年底，在国家没有政策资金扶持的情况下，整个森工林区完成99个林场(所)的撤并，生态移民1.63万户、4.4万人；35个林场(所)撤销了机构；56个林场(所)、1.47万户居民签订了搬迁协议。

【招商引资】　2011年，招商引资工作取得了突破性进展。赴香港进行招商引资活动，签订合作项目7个，投资额27.4亿美元；第22届哈洽会森工展团签约合同项目33个，总投资额为71.5亿元。

借助展会平台推介森工　总局组团参加了第2届中国国际林业产业博览会暨第四届中国义乌森林产品博览会，有11个展品获得金奖、10个展品获得优秀产品奖。组织参加了22届“哈洽会”、中国第一届新材料博览会，广泛加强与国内外企业交流；参加了第6届中国中西部经济贸易洽谈会和国家林业局在山东菏泽举办的第6届林产品交易会等，引入了一批项目落户林区。

优化招商引资环境　总局党委，总局主要领导积极推动、亲自谋划和组织招商引资，已形成总局、林管局、林业局强力推进招商引资的工作局面，研究和探索与地方政府共同招商的优惠政策、途径与办法，建立和完善利益共享机制，招商环境不断优化。

跟踪落实重点项目　制定了《黑龙江省森工总局香港(广东)招商和参加第二十二届哈洽会重点签约项目督查工作方案》，成立以副局长毕卫星为组长的3个推进督查组，每月对签约项目进展情况进行分析，对重点项目进行专项推进。

【新林区建设】

资金投入　2011年新林区建设投入资金92亿元，同比增加1倍多，其中棚户区改造投入70亿元(上级投入36亿元，林业局投入20亿元，职工自筹14亿元)；硬质路面建设投入3.2亿元(国家、省投资4955万元，林业局配套2.7亿元)。

基础设施建设　建设通局、通林场(所)和局址硬质路面1339千米，硬化率达92%。自来水入户47 042户，入户率达70%；新建砖瓦化住房面积189万平方米，住房砖瓦化率达98%；换彩钢瓦93万平方米、修刷墙面204万平方米、换塑钢窗15万平方米；棚户区改造16万户，改造总面积555万平方米。

环境整治　植树151万株，绿化面积499平方米，义务献工55万人次，栽绿篱51万延长米，清运垃圾92万立方米，钉板杖子17万延长米，砌排水沟12万延长米。

社会事业　局址新建综合性文化站106个、3.4万平方米；建休闲场所126个、36.3万平方米。改造D级中小学危房1.6万平方米。局医院达标建设投入6380万元，林场(所)卫生所投入2153万元，计生站投入524万元，医疗条件明显改善。

社会保障　参加养老保险(含退休人员)525 142人，参保率96 %；医疗保险648 217人，参保率95%；人员培训9.6万人次。

省级星级新林区建设　黑龙江省森工系统评定“五星级”林场(所)6个、“四星级”林场(所)20个、“三星级”林场(所)124个，总计150个林场(所)。

主要工作　①加强领导、明确任务。森工林区各级都调整完善了新林区建设领导小组，增强了新林区建设领导小组办公室的力量，制定推进方案，落实了包保分工责任制，把新林区建设作为重点工作来落实。并对照新林区“星级”验收标准，找差距、定目标，全面推进新林区建设。②把握契机，提档升级。各林业局充分利用各种有利政策和机遇，为新林区建设注入活力。一是借棚户区、泥草房改造政策，向试点单位倾斜。二是借助局县共建，打造新林区。与地方政府合作共建，共同发展。三是利用好国家和省通乡、通村公路建设配套资金，完成道路硬化改造；四是结合生态林场(所)建设，搞好绿化和环境治理工作。③发展生产，企强民富。森工各级都把发展生产，富裕职工作为根本任务来抓，鼓励支持职工群众创业，重点发展种植养殖业、森林食品业、北药业、森林旅游等四大产业，使职工群众经营性收入大幅度提高。

【棚户区改造】　2011年森工棚户区改造总户数149 800

户(其中新建112 539户，改建37 261户)；工程总投资824 278万元(其中中央投资224 700万元，省级配套投资149 800万元，企业和职工自筹449 778万元)。

加强领导、落实责任 实行"一把手"负责制，总局成立保障性住房工作推进组，落实开工、建设的具体目标和工作责任。

强化管理、坚持"四制" 严格按照建设方案内容组织项目建设，严格执行法人责任制、招标投标制、项目监理制及合同管理制，确保规范运作。

严把"五关"，确保工程质量与安全 严把设计关，勘查设计、咨询做到独立、公正、科学、可靠。严把审查关，认真履行基本建设程序，严格执行施工图设计文件审查、施工许可和竣工验收备案制度。严把材料关，大宗材料采购按照政府招标采购办法，严格实行招标或竞价采购。严把施工关，落实和执行好"四制"。严把验收关，达不到建设标准的、不符合技术规程的，不予验收。

阳光操作，依法拆迁 各建设单位在宣传发动、调查摸底、项目报批、申请审核、公示、签合同、拆迁、施工、验收、入住的整个工作流程置于社会公众视野之下，各个环节做到阳光操作，工作透明，妥善处理拆迁与维护百姓利益的关系，争取群众的理解和支持，保证拆迁安置的顺利完成。

【大小兴安岭生态保护与经济转型】

全面停止主伐，大幅度调减木材产量 小兴安岭森工林区所属24个林业局，木材产量由2009年的235万立方米调减到2011年的59万立方米，调减75%。2011年实际完成57.3万立方米，比计划少1.7万立方米，减少2.9%。

实行分类经营 在小兴安岭林区所属林业局重新划定国家级公益林1251 454公顷，其中一级公益林335 852公顷、二级公益林489 026公顷、三级公益林426 576公顷。对国家一级公益林全面停止采伐，对国家二、三级公益林采取抚育性经营采伐。对商品林，在保障生态功能的基础上，科学合理地进行经营，最大化发挥经济效益。

强化森林管护与保护 下发《关于进一步推进森林资源管护经营责任制意见》(黑森资〔2011〕161号)文件，实行森林资源管护全覆盖，全面落实森林资源管护面积，明确管护标准，建立健全管护队伍。对每个管护人员明确管护范围、对象、目标、任务和职责。对交通不便，人员活动稀少的远山区，以封禁管护为主，实行集体管护。对人口相对稠密，交通便利的林农交错区、近山区，实行个人或家庭承包管护为主。

【森工大事】

1月8日 由黑龙江省农委、哈尔滨市政府、中国国际贸易会黑龙江分会、省农垦总局、省森工总局和省供销合作社共同主办首届黑龙江绿色食品展销周开幕。黑龙江森工展团共有57个单位参展，产品八大系列、100种产品。

1月9日 国家发改委、国家林业局联合召开《大小兴安岭林区生态保护与经济转型规划》(2010～2020年)宣传贯彻会议。国家发改委副主任，国家能源局局长张宝国讲话，黑龙江省省长王宪魁致辞。国家林业局总工程师姚昌恬，黑龙江省副省长吕维峰，内蒙古自治区副主席刘新乐，黑龙江省森工总局局长魏殿生在会上作了发言。

2月1日 黑龙江省省长王宪魁在黑龙江森工林区大海林林业局调研旅游情况。

3月1日 全省森工工作会议在哈尔滨召开。国家林业局副局长张建龙，省政府副省长吕维峰，省政府副秘书长金济滨，国家林业局资源司司长汪绚、局资源司副司长张松丹应邀出席会议。总局领导高金芳、魏殿生、胡传义、李文达、毕卫星、吴爱国、姜传军、董杰、陈德志、王东旭、张维铎、时永录出席会议。

4月11日 全省三年绿化总结表彰暨2011年造林绿化动员大会在哈尔滨市召开。省委书记吉炳轩、省长王宪魁、省政协主席杜宇新等省领导和国家林业局森林防火副总指挥李育材出席会议。森工总局获得全省三年造林绿化会战贡献奖，兴隆、东京城、方正、绥阳、鹤立林业局获全省三年造林绿化先进单位称号。

4月22日 国家林业局与黑龙江人民政府签署实现森林面积、森林蓄积量双增目标协议。

5月30日 黑龙江省森工总局、黑龙江省林业厅、国家林业局驻省专员办共同组织召开全省森林资源管理监督工作会议在哈尔滨市召开。副省长吕维峰，省森工总局局长魏殿生、副局长董杰，省林业厅厅长蔡炳华、副厅长张凤仙，驻省专员办专员赵恩举、副专员左焕玉，省森林资源管理局局长李志海出席会议并讲话。

5月31日 由黑龙江省林科院主办的黑龙江省食用菌产业技术创新战略联盟成立。联盟是在省森工总局倡导下，由省林科院主办，由省内相关的大学、科研院所、食用菌生产企业等38家单位组成。

6月3～6日 魏殿生局长率黑龙江省森工总局赴粤、港学习考察、招商引资代表团先后到广东鱼珠国际木材市场、东莞市远大家具有限公司、东莞吉龙木材大市场等地参观学习考察。总局领导毕卫星、宋淑华，总局有关企业负责人随同考察。

8月1～5日 国家林业局局长贾治邦到柴河、东京城林业局调研棚户区改造和林业产业建设情况。

8月15～18日 国家林业局党组副书记、副局长赵树丛深入柴河、绥阳、东京城林业局就天保工程实施情况进行调研。

9月1日 省政府在哈尔滨市召开全省天然林资源保护工程会议。

9月20日 黑龙江省人民政府省长王宪魁在柴河林业局调研。

10月5日 省委书记吉炳轩到森工鹤北、亚布力林业局调研产业、棚户区改造和城镇化建设。

10月28日 省森工总局召开全省森工科学技术大会。

10月29日 中国绿色碳汇基金会黑龙江碳汇专项基金在哈尔滨举行成立仪式。

11月2日 黑龙江省森林工业总局、湖北省林业厅在武汉召开建设现代林业座谈会暨战略合作签约仪式，双方共同签署《关于推进现代林业建设战略合作协议》。

12 月 2 日 黑龙江省委书记吉炳轩在绥阳林业局调研产业和民生工作。

12 月 14 日 全省森工系统调整工资工作会议在哈尔滨召开，会议决定从 2012 年 1 月 1 日起，对林区在岗职工工资进行再次普调，人均增长 400 元。

12 月 20 日 黑龙江省森工总局与牡丹江市人民政府合作共建框架协议签约仪式在牡丹江市举行。

12 月 21 日 人民大会堂管理局与黑龙江省森工总局在北京签订森林食品供需合作协议，双方建立长期的供需合作关系。

（黑龙江省森林工业由宋淑华、姜东涛供稿）

大兴安岭林业集团公司

【概　述】 2011 年是"十二五"规划的开局之年，大兴安岭林业集团公司全面实施"把资源管起来，让百姓富起来"的发展战略，应对木材减产带来的严峻挑战，强力推进生态保护、经济转型和民生改善，以加快速度、提高质量、增加效益为核心，强化落实，推动生态型花园式新林区建设整体升级。2011 年，全年实现林业产业总产值 878 508 万元，同比增长 21.1%，其中，涉林产值完成 572 947 万元，同比增长 27.3%。按产业划分：第一产业完成 376 944 万元，同比增长 13.9%，其中，营林产值完成 108 186 万元，同比增长 434.6%，森林采运产值完成 80 793 万元，同比降低 37.4%；第二产业完成 377 002 万元，同比增长 21.8%，其中，工业总产值完成 377 002 万元，同比增长 21.8%，木材加工产值完成 226 793 万元，同比增长 22.5%；第三产业完成 124 562 万元，同比增长 47.1%。

生态建设 实施二期天保工程，全面停止主伐生产，木材产量调减至 72 万立方米，减幅 64.4%。投入营林生产资金 5.1 亿元，完成中幼林抚育 25.67 万公顷，人工更新造林 0.36 万公顷，从事营林生产人员 14 690 人，有林地面积和活立木总蓄积分别增加 2.21 万公顷、400 万立方米，森林覆盖率提高 0.08 个百分点，继续保持双增长。组织实施"兴安三号"等专项行动，查处各类资源林政案件 348 起，依法取缔木材加工厂点 19 家，累计挽回经济损失 3960 万元。南瓮河国家级自然保护区晋升为国际重要湿地，九曲十八湾等 4 处湿地公园晋升为国家湿地公园，42.4 万公顷蓝莓、红豆和偃松富集区承包给 6705 户职工群众，原麝、黄芪、草苁蓉等 3 个野生药材保护区获省政府批准。完成 14 个重点工程项目占用林地审批，确保项目建设顺利推进。争取国家森林防火项目 7 个、资金 5783 万元，投入森防资金 1.18 亿元，是 2010 年的 2.4 倍，林火综合防控能力显著提升，及时扑灭 12 起一般森林火灾。有林地过火面积 6.58 公顷，林地过火率远低于 1% 省控指标。年度减排目标全部完成，划定水源地保护区，水质达标率 100%。

替代产业 绿色食品、林产工业、寒带生物医药产值及生态旅游收入增幅分别达 26.4%、14.5%、29% 和 37%。绿色矿业进展迅速，松岭钼铅锌矿核准材料上报国家发改委，漠河砂宝斯岩金矿试生产，呼中飞虎山多金属矿完成矿产地详查 2 处，云冶公司生产锌锭 3722 吨，古莲河煤矿实现利税 3.4 亿元。三次产业比重调整到 38.8∶21.8∶39.4，森工采运和林产工业增加值占 GDP 比重 12.8%，降低 4.2 个百分点。转让富集区林冠下资源 42.4 万公顷，野生蓝莓集约化经营试点 1025 公顷，野生蓝莓原果售价每千克达 50 元，同比提高 11.8 元。黑木耳养殖 3.05 亿袋，平均每袋利润 1 元。马铃薯种植面积 0.69 万公顷，每公顷纯收入 1.5 万元。推广"彩特美"细胞酶生物技术 0.33 万公顷，大豆每公顷增产 11%。旅游业实现接待人数 299 万人次、收入 27.5 亿元，分别增长 34%、37%。全区招商引资签约项目 33 个，其中，超亿元项目 21 个，实际到位资金 57.9 亿元，增长 36.5%；实际利用外资 1955 万美元，增长 23.5%。新林后贝加尔公司实现利润 2350 万元，职工收入平均 6 万元。重点加强四大产业集团规范化运作，旅游公司完成组建并正式运营，木业公司取得木屋生产行业进出口权，矿业公司获得探矿权 6 个，林业投资公司 100 万立方米境外采伐项目通过国家商务部和省发改委审定，接收兴邦公司在俄林地及资产。成立兴安国际林业投资有限公司，境外生产商品材 50.6 万立方米，加工板材 7.06 万立方米。落实扶持非公经济发展实施细则，鼓励全民创业，非公企业实现增加值 42 亿元、税收 4.6 亿元，分别增长 23% 和 27.3%。

项目建设 实施产业项目三年攻坚战，强化责任分解落实，加强项目资金争取和报批工作，实地督促和调研，对重点产业项目进行集中会商会办，解决部分产业项目立项、土地审批、环评等问题。2011 年，全区重点推进以生态旅游、绿色矿业、生物质能源、绿色食品、现代物流为主的产业项目 33 个，总投资 185.5 亿元，纳入省重点推进产业项目 13 个，总投资 76.6 亿元。其中投资超亿元项目 22 个，超 10 亿元项目 5 个，已开复工 25 个，累计完成固定资产投资 12 亿元。神州北极旅游休闲度假区、阿木尔蓝莓产业园、塔河兴森生物质能源等 22 个项目完成或超额完成年度投资计划，海诺斯脱硫剂、岔路口铅锌钼矿、飞虎山铅锌多金属矿等项目加快推进。北天源中药饮片厂通过 GMP 认证，填补大兴安岭没有饮片加工企业的空白。塔河兴森生物质能源项目稳步推进，松岭壮志生物质能源项目试产获得成功。加格达奇机场建设任务基本完成，呼阿公路全线贯通，漠北高速公路竣工通车，结束大兴安岭没有高速公路的历史。申报并批复林业棚户区改造面积 244.27 万平方米，其中新建 176.67 万平方米，维修改造 67.6 万平方米。完成松岭林业局火险区综合治理二期、呼中林业局火险区综合治理三期、韩家园林业局火险区综合治理三期、集团公司森林防火信息指挥系统等 15 个中央预算内林业森工建设项目获得国家林业局批复，项目总投资13 518万元，其中，国家投资10 816万元，企业自筹投资2702万元。

民生工程 重点实施住房、教育、医疗、社会保障等14类30件民生工程，财政用于民生支出占一般预算55.7%。林业职工人均月增工资1047元，地林直机关人员人均月增工资571元，在岗职工和离退休人员发放取暖费补助人均1200元，拉动城镇居民人均可支配收入11 375元，增长18.9%。全面实行基本药物制度和药品零差价销售，投资1.64亿元的地区医院改扩建项目进入收尾阶段。独生子女父母奖励费当年兑现率100%，城镇职工、居民医疗保险最高核销限额分别提高7万元和2万元，大额医疗费补助由10万元调整到15万元，15 835名国有集体困难企业退休人员纳入城镇职工基本医疗保险范围，16 455人参加新型农村社会养老保险，参保率89%，高出省下达指标19个百分点。棚户区改造当年交工23 584户、118.09万平方米，泥草房改造完成5831户。投资1.57亿元启动“三供两治”项目9个，投入2.18亿元用于城镇园林绿化，投资1.87亿元启动15个中心村建设，新建住房1754户、农民集资楼1万平方米。新建10个标准化物业小区，获省级标准化物业小区称号5个。投资8290万元解决10个村屯、1428户农民用电问题。投资2.18亿元，新增绿地328万平方米，义务植树102万株。投资2.1亿元实施三县和加格达奇区临街建筑立面改造，部分小区和主街干道实施硬化、亮化和美化。古洛铁路一期工程、漠北高等级公路、呼阿通乡公路建成通车，高等级公路总里程1805.5千米，增长13.7%。加格达奇机场竣工并通过初步验收。新建、改扩建公办幼儿园24所，5所中小学通过省级标准化验收，义务教育均衡发展成为全省典型，职业学院被省教育厅批准为省级骨干高职院校建设项目单位，地区技工学校晋升技师学院。

【天保工程】 2011年是天保工程二期启动实施之年，大兴安岭林业集团公司按照把资源管起来，让百姓富起来的工作目标，组织编制大兴安岭林业集团公司天保工程二期实施方案，组织中幼林抚育和森林补植补造试点。加强森林资源保护，合理确定管护模式，建立管护领导机构，落实管护人员17 822人，建立全面系统管护体系。与各林业局签订“四到省”目标责任状，组织开展天保工程宣传月活动，采取设立永久宣传牌、主要路段悬挂横幅、印发宣传手册、报纸设专栏等多种形式广泛宣传。落实国家天保工程各项政策和目标，科学分解建设任务，把天保资金用到管资源、惠民生上来。全年到位天保工程国家补助资金177 227万元。其中，森林管护补助58 545万元、社会保险补助33 570万元、政社性补助49 804万元、培训费300万元、森林抚育补助33 108万元和森林补植补造投资1900万元。

【森林经营】 按照因地制宜、分区施策的经营原则，明确山上增量、身边增绿的发展目标，确立在保护中经营、在经营中利用、在利用中发展、在发展中保护的工作思路。以居民小区、主要街道和旅游名镇为绿化重点，推进“生态型花园式”新林区建设步伐，新增绿地面积328.1万平方米。制定《大兴安岭地区2011～2015年林木种苗培育规划》，加强林木良种基地和森林公园建设管理，强化林木种苗行政执法和林木种子采收，验收入库樟子松、落叶松和云杉种子3500千克，种子园培育0.113万公顷，母树林培育0.38万公顷。造林树种新播面积40.61公顷，苗木总产量12 123.2万株。全年15个项目获得批复并开工建设，争取中央和省资金6519.26万元。实施大兴安岭地区2011年度营林队伍培训工作方案，分级、分层和分类培训管理人员、工程技术人员和生产作业人员13 702名。实施2011年全区林业有害生物监测预报工作方案，全年实施林业有害生物监测面积100.25万公顷，完成国家林业局下达“四率”指标。全年完成抚育补贴试点13.33万公顷，补植补造0.22万公顷，人工造林0.36万公顷任务，碳汇试点666.67公顷，义务植树102万株。

【森林防火】 开展“查隐患、堵漏洞、强措施、保安全”火源治理专项行动，召开野外生产作业森林防火工作联防会议，制发大兴安岭地区野外生产作业森林防火工作方案，出动“三清”工作组910个、3804人次，“三清”作业飞行25架次，清除无证入山人员104人、非法狩猎地窨子9个。修订防火宣传教育工作实施方案，把林内作业人员、外来人员作为重点人群，把农林交错、偏远村屯和作业点作为重点区域，通过网上发布防火信息、手机短信、发放传单、播放专题片等形式营造宣传声势，全年发放宣传单32万余张，播放专题片2000余小时。全年投入森林防火资金1.18亿元，新建防火瞭望塔50座，开设米－26直升机吊桶取水池13处，购买运兵、通讯、运油等车辆184台，新增专业森林消防队750人，在全区17个乡镇组建半专业森林消防队255人。6350名专业扑火队员均建立电子管理档案，实行动态管理，制定《大兴安岭地区直属专业队伍管理办法》，推进森林防火专业化、制度化、标准化管理。全年举办林火预防、指挥扑救、通讯技术等各类防扑火培训班194个，培训人员10 200人次。全年发生一般森林火灾12起，出动扑火兵力16 617人次，过火总面积223.96公顷，其中有林地面积6.58公顷，林地过火率0.0097‰，远低于省1‰控制指标，未发生重特大森林火灾和人身伤亡事故。

【“兴安三号”专项行动】 自2010年3月15日开始，在全公司范围内开展为期三个月打击破坏森林资源“兴安三号”专项行动，建立资源、公安、野生动植物保护、纪检、工商等部门联合办案机制，形成资源保护合力。先后开展舆论宣传、资源综合检查、运输秩序整顿、林地保护清理、野生动物保护、明察暗访稽查等分项行动，查处各类森林资源案件130起，处理违法犯罪人员143人，罚款48万元，取缔加工厂19家，收回林地15.4公顷，没收木材419立方米、林木种子713千克、苗木7827株、野生动物及其制品5200余只(个)。责令纳入总量木材19 644立方米，限期补办加工用材购木材发票27 194立方米。拆除销毁猎捕工具2744件，解救放飞活鸟1260只，放生林蛙3000余只。累计为国家挽回经济损失3960万元。行政问责重特大典型案件相关领导和管理人员10人，追究管护人员经济责任9人。

【林下资源管理】 实施林冠下资源集约化管理，转让经营权，印发《大兴安岭林区野生蓝莓等主要利用林下经济植物集约化管理办法》，明确各林业局作为资源管理主体，组织人员统一采集。集中开展专项行动打击破坏资源行为，召开定单会与企业签订购销合同，形成林业局管理主干线、林场管护支岔线和管护站负责承包区管理模式。全区转让富集区蓝莓、红豆和偃松资源42.41万公顷，转让地2964块，户均转让面积63.26公顷。确定集约化经营试点地块1239公顷，其中，野生蓝莓1025公顷、野生偃松200公顷、野生五味子14公顷。打击破坏性采集林下资源行为，全年出动执法人员1575人次，收缴破坏性采集工具360个，处置调解掠青采集事件19起，清理违规入山人员1331人，有效防控掠采盗采行为。

【林产工业】 坚持低碳、环保、节能、循环的发展理念，转变经营机制，强化企业市场竞争力，企业提档升级。加快生物质能源项目建设，为林产工业传统产业与新兴产业的共同发展奠定基础。下发《股份制改造工作方案》，以塔河凯达木业、十八站华驿木业股份制改造为试点，起草下发《林木产品品牌整合工作方案》，突出知名品牌的优势，集中打造神州北极、华驿、大森林三大林木产品品牌。根据资源载量和林场分布情况，编制"生物质能源发展规划"。制发《"七统一"管理办法》，净化企业生产环境，降低内耗。全年林产工业完成产值226 792.9万元，同比增长14.5%，其中，精深加工产值167 065.1万元，同比增长19.1%，占总产值的比重73.7%；增加值84 479.6万元，同比增长12.4%；销售收入198 224.6万元，同比增长12.6%；实现利润19 040.4万元，同比增长16.4%；上缴税金13 605.7万元，同比增长99.4%。

2011年主要产品产销存一览表

单位：立方米，件，平方米，箱，吨，绝干吨

品　名	产　量	完成计划(%)	同比增长(%)	销　售	期末库存
板方材	126 507	52.5	-34.1	106 582	108 400.3
干燥材	3173	19.5	-84.6	1093	7205
定制材	24 219	67.7	-57.4	21 886	13 702
刨光材	2308	230.8	-67.8	2305	4298
集成材	8096	67.5	-62.3	7115	22 139
纤维板	155 242	91.3	-4.1	111 211	191 824
胶合板	5070	56.3	-51.1	4553	19 585
刨花板	3082	5.6	54	4087	14 676
细木工板	85 117	127.4	22.8	84 415	43 157
模　板	25 567	131.1	-2.0	27 108	9912
单　板	23 048	284.5	-26.7	18 631	17 066
木结构建筑	32 747	117	53.6	25 640.6	104 25
地　板	301 441	44.9	-14.4	148 834	827 825
木制品	10 045	186	9.3	9972	5438
木制家具	8505	8.5	27	6465	80 784
机制炭	75 042.5	187.6	53.7	82 190	8249
活性炭	1336	89.1	-7.9	1336	2309
木　片	169 321	73.5	-11	174 801	77 564

【资源管理】 开展伐区凭证采伐专项检查，控制资源消耗。加强对驻局监督办伐区作业质量检查验收工作的核查，责成伐区作业质量存在问题的林业局认真整改，从源头上控制资源消耗和减少资源损失浪费。按木材运输计划执行凭证运输制度，严格审核发放运输证。监管木材加工，开展木材加工企业专项清理整顿3次，建立资源、工商、林产工业和资源监督联合资质审查清理整顿机制，严防加工厂成为消化黑材和超采木材场所。全年查处违规加工案件9起，依法取缔木材加工厂点19家。制定毁林开垦地块恢复植被保证书制度，由林政稽查队、违法行为人、责任林场、资源科共同签订恢复植被保证书，违法行为人在规定期限内恢复植被，责任林场负责技术指导和监督，资源科负责检查验收，林政稽查队对应恢复植被跟踪检查。制订林地保护利用规划和技术方案，编制林地保护利用规划。大兴安岭东部林区林地保护利用规划通过评审，上报国家林业局。开展图强、呼玛县林业局森林资源二类调查，编制长远森林资源经营方案。开展年度森林资源监测，更新资源监测数据库，为科学经营森林资源提供依据。全年验收伐区调查设计21.9万公顷，其中，中幼林伐区20万公顷，抚

育伐伐区 1.5 万公顷，更新采伐伐区 0.3 万公顷，占地工程 0.1 万公顷。开展《森林法》宣传月、爱鸟周等普法宣传活动，设宣传点 145 处，出动宣传车 290 余台次，发放宣传单 10 万余份，张贴宣传标语 1366 幅，开辟普法宣传专栏 30 期。

【木材经销管理】 严把定价、招标、出场、复检四道关口，建立完善的、符合市场经济形势的价格动态运行机制，实行经济材目标售价逐月分解推进、监督制约机制，对全区木材销售主要材种落叶松原木销售价格实行公示制。修改完善《局内销售木材和贮木场造材剩余物竞价销售管理办法》，实施木材竞价销售，增加企业销售收入。执行《全区林木产品销售运输管理工作竞赛评比活动办法》、《全区贮木场竞赛评比活动办法》和《考核标准》，强化林木产品销售运输管理，各材种一律纳入木材销售大厅管理，实行木材经销、林产工业、财务、资源、营林、稽查、银行 7 个部门集中公开办公，提高服务质量和办事效率。调整、细化产品结构，品种由 25 个增加到 32 个。加强木材经销数字化管理，发挥其在运输计划、装车、划拨、数据传输、生产检斤等方面精准、智能、高效、监督和调度指挥功能，实现无缝隙管理。全年销售原木 123.69 万立方米，销售收入 9.16 亿元。其中，经济材 67.32 万立方米，销售收入 7.28 亿元。原木售价 740.25 元/立方米，同比提高 141.99 元/立方米，增收 1.76 亿元。其中，经济材售价 1081.22 元/立方米，同比提高 305.72 元/立方米，增收 2.06 亿元；造纸材售价 278.21 元/立方米，同比提高 49.42 元/立方米，增收 667 万元；火烧木售价 350.37 元/立方米，同比提高 76.62 元/立方米，增收 3286 万元。

【生态旅游】 推进重点旅游项目、神州北极旅游休闲区、百环木石神泉度假区、塔河鄂族新村等 9 个重点项目完成年度目标。拓展客源市场，旅游整体形象宣传广告在央视一套强档播出，与哈尔滨、齐齐哈尔、黑河联合旅游互动宣传，举办"5·19"中国首个旅游日宣传活动，发放宣传材料 2 万余份，制作展板 100 余张，悬挂横幅 90 余条，现场解答旅游注意事项、旅游投诉等问题。举办漠河冰雪汽车拉力赛，全国滑雪冠军赛，黑龙江国际滑雪节开滑式，邀请新华社、人民日报社、中央电视台、中央人民广播电台等新闻媒体 35 家对活动赛事全方位报道，"中国滑雪基地·世界冠军摇篮"品牌初步确立。开展规划编制、景区设计、市场营销等培训，查处旅行社擅自改变游览行程、收费标准不透明等违规行为，维护旅游市场秩序。全年旅游业实现接待人数 299.5 万人次，比 2010 年增长 34.2%，接待 60 人以上的大型旅游团 159 个，旅游收入实现 275 795 万元，比 2010 年增长 36.6%。

【工业园区】 全年工业园区完成基础设施投资 482.29 万元，新引进项目 5 个(超亿元项目 4 个)。呼玛完成基础设施投资 422.29 万元，漠河完成基础设施投资 60 万元。宜家木业、华城木业、凯达木业、宏翔木业、库伦斯木艺、鑫玛热电、金圣酒业、百盛蓝莓、三江食品、香麦食品等 17 户企业进入生产和试生产阶段，实现产值 47 765.92 万元，实现利润 2820.15 万元，上缴税金 2105.37 万元，安置就业 2128 人。

【野生动物保护"金雕专项行动"】 开展以打击破坏野生动物资源，为候鸟迁徙繁衍提供良好环境为主要内容的"金雕专项行动"。重点对全区野生动物栖息地、繁殖地、停歇地进行巡护，对餐饮业、市场、检查站等进行执法检查，对非法猎捕野生动物行为进行依法打击。全年出动人员 4351 人次，出动车辆 1696 台次，检查市场 39 处、个体业户 1425 户，检查过往车辆 5000 余台，清理非法入山人员 172 人，拆除猎捕窝点 3 处，收缴锁套、铁夹、粘网 2744 件，收缴林蛙、狍子、野鸟等野生动物及其制品 5200 余只(个)，放飞活鸟 1260 只，救助金雕 2 只、鸳鸯 1 只。查处破坏野生动物资源案件 13 起，其中，行政案件 8 起，立案 4 起，行政处罚 4 人，立破刑事案件 5 起，逮捕 3 人，取保候审 2 人。大兴安岭林业集团公司被国家林业局授予保护森林和野生动植物资源先进集体称号。

【湿地管理】 坚持生态优先、合理利用原则，科学编制《大兴安岭湿地保护工程"十二五"规划》，争取湿地保护与恢复、湿地生态补偿等政策保障。南瓮河国家级自然保护区在江苏省无锡市召开的第二届中国湿地文化节暨亚洲湿地论坛上被国际湿地公约组织公布列入国际重要湿地名录并授牌，是大兴安岭第一块国际重要湿地。大兴安岭古里河、九曲十八湾、双河源、阿木尔四处国家湿地公园获国家林业局批复。以世界湿地日为契机，开展湿地保护系列宣传，在《大兴安岭日报》开辟宣传专栏，世纪广场设立咨询台，发放宣传单，形成爱护湿地、保护湿地的良好氛围。开展湿地保护执法检查专项行动。全年出动人员 1350 人次车辆 62 台次，检查工程建设项目 19 处、农户 125 户，清理非法进入湿地保护区人员 132 人，查处破坏湿地资源和非法采挖运输湿地植物资源案件 3 起，行政处罚 4 人。

【大兴安岭国林旅游有限责任公司揭牌】 12 月 20 日，大兴安岭国林旅游有限责任公司在漠河揭牌。国林旅游公司由大兴安岭行署、林业集团公司出资组建。公司注册资金 2000 万元人民币，固定资产 1.9 亿元人民币，按照公司法国有独资公司规定，建立法人治理结构，公司注册地点和办公地点设在漠河县。公司依托神州北极、神奇天象、神秘源头、圣诞世界等优势旅游资源，本着智创卓越品质，缔造旅游未来的宗旨，着力打造具有国际化标准的旅游旗舰品牌。经营范围包括景区景点经营管理、旅游接待服务、旅游项目开发、旅游纪念品经营、宾馆餐饮及旅游文化娱乐业等，拥有北极村、观音山、胭脂沟、圣诞村、黑龙江源头等五大核心旅游景区。

【成立大兴安岭兴安国际林业投资有限公司】 2 月 19 日，经大兴安岭行署、林业管理局常务会议决定，成立大兴安岭兴安国际林业投资有限公司。公司实行二级法人制度，即林业集团公司所属的兴安国际林业投资有限公司为总公司，各林业局所属的境外采伐公司为子公司，均实行独立经营，总公司负责境外森林资源可持续经营与利用规划、项目洽谈、立项审批、政策资金争取、外派劳务指标报批等，实现对上争取、对外协调、对下指导和服务，子公司负责生产组织和经营管理，负责财务收支核算。全年累计生产商品材 50 596 万立方米，加工板材 7056 万立方米，超额完成年度生产计划。

【漠河县(林业局)生态建设】 推进营林工程化管理，全年完成森林抚育 1.88 万公顷，更新造林、补植补造 700 万公顷，森林面积和林分质量实现"双提高"。投入城乡绿化资金 8619 万元，实施十里长湖等 9 项绿化工程，完成村屯绿化 333.33 公顷，绿化档次和总量明显提升。持续开展"兴安"、"金雕"等专项行动，打击破坏野生动植物违法行为，有效保护森林资源。高度重视森林防火工作，投入 713 万元，实施重点火险区综合治理二期工程，强化防火设施、设备、器材配置，防扑火保障能力大幅提升，实现"人为火不发生，雷击火不成灾"的工作目标。加强地质环境治理，完成胭脂沟砂金过采区、古莲河露天煤矿三期治理工程，过采区生态环境得到恢复。西林吉镇、黑山村分别获国家生态镇、省级生态村称号。

【塔河县(林业局)森林防火】 争取重点火险区综合治理二期工程建设资金 580 万元。组织"三清"工作组 47 组 130 人，清理河 7 条，清沟系 42 条，清理违规入山人员 107 人。投资 364 万元，新建森警部队车库 430 平方米，新建防火瞭望塔 5 座、蓄水池 1 个，购置通讯车 1 台、油槽车 1 台、运兵车 4 台、快速运兵车 11 台和部分防扑火装备及通讯设备。加强防火宣传，悬挂防火条幅 600 面，张贴布告 1000 余张，在出租车、公共汽车张贴防火宣传标语 60 条，签订居民防火责任状 16 000 余份、十户联保责任状 1229 份，发放宣传单 8 万余张。镇内街路划分防火责任区 84 个，15 个重点地带和重点部位。全年发生雷击火 6 起，出动 1680 人次，车辆 118 台次，未发生人为森林火灾。

【松岭区(林业局)林产工业】 全年林产工业完成产值 27 194.1 万元，实现增加值 1006.2 万元，实现销售收入 23 846.1 万元，实现利润 2311.5 万元，实现税金 1745.6 万元。其中，大森林木业产值 4836 万元，木制颗粒公司产值 1698.5 万元。全年生产定制锯材 6726 立方米、定制小材小料 1418 立方米、地板块 18.6 万平方米、细木工板 3941 立方米、牙签 190 吨、定制材 8492 立方米、木制颗粒 3397 吨。组织木材加工企业参加上海地面装饰及材料博览会、哈洽会、山东荷泽林木产品交易会、义乌 森林产品交易会。大森林木业有限责任公司被黑龙江省中小企业协会评为诚信企业、获第二十二届哈洽会优秀展品奖、第五届中国(牡丹江)国际木业博览会优秀参展企业奖。松岭大森林牌实木复合地板被评为第八届中国林产品交易会金奖、黑龙江名牌产品、第四届中国义乌国际森林产品博览会优质奖。

【新林区(林业局)林木产品精深加工】 重点扶持大兴安岭绿洲盛兴人造板有限公司和大兴安岭新林兴盛木业有限公司两家省控规模以上林木产品深加工企业，全年大兴安岭绿洲盛兴人造板有限公司生产密度板 88 271 立方米，小材小料 2437 立方米，实现产值 16 206 万元，增加值 6774 万元，上缴税金 54 万元。大兴安岭新林兴盛木业有限公司生产木屋 12 500 平方米，集成材 2300 立方米，干燥锯材 2000 立方米，小材 2250 立方米，管护房 23 座，垃圾筒 500 个，实现产值 12 672 万元，增加值 5297 万元，上缴税金 40 万元。

【呼中区(林业局)绿色产业】 推进寒带黑木耳之乡建设，扶持有机黑木耳产业，与福建润德源有限公司合作，为食用菌生产提供技术服务、培训，提高食用菌产业的科技含量和经济效益，推广"麦饭石黑木耳"养殖技术，完善《木耳基地管理办法》，推广小孔栽培、麦饭石添加剂养殖技术，建设食用菌加工厂，申报"1800 吨的食用菌及山野菜加工项目"，叫响"呼中寒地黑木耳"品牌。全年黑木耳产量 2830 吨，创产值 16 998 万元，每千克售价比上年提高近 30 元，人均增收 650 元。投入资金 100 余万元，在呼源镇、碧水镇、宏伟镇建设总面积 45.9 万平方米食用菌养殖基地，养殖食用菌 7000 万袋，从事黑木耳产业人数 7000 人，约占呼中总人口 21%。组建大森林生态园马铃薯专业合作社，发展以马铃薯为主的特色生态农业，全年种植马铃薯 196.236 公顷，总产量 735 万千克，创产值 661.5 万元。投入资金 80 余万元，在呼中镇北出口建设占地 1.8 万平方米木砖结构蔬菜大棚 20 栋，打造无公害蔬菜种植基地，为种植户搭建发展平台。加大对偃松产品加工龙头企业服务力度，叫响"中国偃松之乡"品牌，引进千日果保健食品有限公司，政府无偿提供厂房 5500 平方米，安置就业人员 100 名，年利润 80 万元。

【图强林业局产业项目】 木材精深加工形成以木制别墅和实木门窗为主，集成材，刨光材、细木工板为辅新型产品体系，海文牌木制别墅在北京、青岛打开销售市场。育英木业全年实现产值 3550 万元，销售收入 2082 万元，质量管理连续 5 年通过 ISO9001 国际质量标准体系认证。与吉林公主岭、内幕古巴尔虎旗签订 239.29 立方米集成材、69.99 立方米刨光材、736.15 立方米细木工板供销协议。北京百环集团投资 6.8 亿元建设北极泉森林生态科研会展中心。九曲十八湾湿地公园腾龙阁及 3900 平方米停车场和铁路下交道口竣工。龙江第一湾 13 千米路面建设工程全面完工。旅游业全年接待 24 万人，收入 2.18 亿元。珍贵毛皮动物养殖户达 52 户，大型养殖场 2 座，珍贵毛皮动物存栏 4 万余只，累计出栏 11 万只。食用菌种植 1500 万袋，矿泉水产量 1200 吨，销售收入 162 万元。开发酸菜、山野菜、八宝菜、地环等酱菜产品 20 个品种，产品进入北京市场和哈尔滨道里厂酱菜食品有限责任公司营销网络，年销售酱菜 600 吨，销售收入 360 万元。灵芝养殖 23 户，栽培 20 万余袋。全局有绿色产业企业 8 个，资产总额 1000 万元，从业人数 3000 余人。

【十八站林业局打造生态驿站】 按照"三季有花、三季多彩”的工作理念，把“提升城镇品位，打造生态驿站”作为建设宗旨，科学布局，合理搭配，强化管理，先规划后建设，委托黑龙江省北方建筑设计院编制《十八站林业局园林绿化建设三年规划》，规划包括局址二区、三区及十三区绿化工程。确保城镇绿化规划设计高品位、高档次。合理搭配绿化树种和花卉，严把苗木质量和栽植标准，突出植物多样性和独特性，达到一街一景、一路一树的园林风格。联合开展群众绿化活动，采取认养、认管等形式，发动全社会参与绿化工作。在小区绿化带内及平房居民庭院内栽植以沙果、李子为主的花果木，实现“春观花、夏看叶、秋赏果”的视觉效果，彰显驿站生态园林城镇魅力。全年城镇园林绿化工程总投资 480 万元，栽植苗木 7522 株，绿篱 3010 平方米，草坪 44 544 平方米，硬化铺装 600 平方米，全局新增绿地面积 6.5 万平方米。

【阿木尔林业局蓝莓产业】 将阿木尔建设为城镇风格独特、产业特色鲜明的中国蓝莓小镇，纳入省“十二五”规划和蓝莓产业规划，确定“一园为核、三产联动”的发展战略，打造具有深厚文化底蕴的蓝莓产业链。推行野生蓝莓管护分户联包，户均 50 公顷，将富集区以第一年零租金方式转让承包给林场管护人员，由所在林场与其签订采集、管护和防火合同后，由承包人员以分户联包形式自由组合，实行股份制采集，分户承包户均收入达 3 万～5 万元。推进蓝莓人工种植进入千家万户，40 余户职工从事人工蓝莓种植。聘请黑龙江省农科院栽培专家指导繁育人工蓝莓，蓝莓园 12 栋温室大棚育苗 103 万株，人工蓝莓栽植 27 种、80 万株，栽植面积 33.33 公顷，是大兴安岭地区品种最多、栽植面积最大的人工蓝莓种植基地，扩建 2400 平方米现代化温室投入使用。通过政策引导和资金扶持，北极冰蓝莓酒庄公司正式投入运营，酒庄位于阿木尔林业局生态植物园内，建筑面积 6195 平方米，是集产品研发、果酒生产、窖藏销售、文化展示、休闲度假、商务洽谈为一体的欧式风格蓝莓酒庄，已研发具有世界级果酒品质高端系列产品 10 大类 34 种，产品全部通过国际质量认证。先后在加格达奇、漠河、济南、天津等地设立旗舰店，哈尔滨设立营销中心，在北京、上海等地设立办事处，加盟区域代理商 50 多家。林业局蓝莓产业年创产值 8000 余万元，上缴税收 300 余万元。

【韩家园林业局资源管理】 成立由纪委、资源林政牵头的专案组，严厉打击破坏森林资源、蚕食林地等违法行为。从严管控流通环节，发挥岗卡作用，“专打”期间收缴木材 600 余立方米，减少损失 58 万元。落实资源管理长效机制，坚持施业区党政主要领导负总责，层层落实责任，形成一级为一级负责的管理机制。全年整治关停木材粗加工企业及车间 30 余家，保留有发展前景的精深加工企业 3 家，落实“保证金”和“抵押金”制度，冬运生产期间停止拨付原料，黑材入厂现象得到彻底根治。继续开展砂金禁采，资源、森保部门与施业区单位密切配合，出动车辆 30 台次，清理大型采金船 3 条，水枪 13 支、采金溜槽 1 个，没收钩机 1 台、装载机 1 台。

【加格达奇林业局营造林】 强化营造林施工质量管理机制建设，1.53 万公顷中幼龄林抚育任务通过国家林业局验收。完成抚育伐 0.1 万公顷、重点公益林 474 公顷、1500 公顷植被恢复等抚育任务。全年完成义务植树 6000 株、常规造林 666.67 公顷及旱灾补植任务，加强退耕还林 19.9 万株苗木后续管理。完成母树林培育 300 公顷，种子园抚育 100 公顷，采集落叶松、樟子松球果 1.5 万多千克。加强林业有害生物防治，完成森林病虫害防治 1.82 万公顷，“四率”指标全部完成。成功破获毁林采种案 1 起，受理征占用林地项目 24 个，甘河流域两侧沙场平整恢复 90.16 公顷。连续三年被行署、林业管理局授予营林绿化先进单位。

（大兴安岭林业集团公司由陈广辉供稿）

上海市林业

【概　述】 2011 年，上海市绿化市容局（上海市林业局）积极发挥“十二五”规划在行业发展中的引领作用，推进绿化市容行业科学发展。先后完成《上海市绿化市容“十二五”规划》及绿化、林业、市容景观灯等 3 个专项规划，《上海市基本生态网络空间规划》、《上海市林业“三防”体系规划》、《上海市林地保护利用规划》等编制工作，组织开展大型居住社区结构性绿地建设导则，取得阶段性成果。开展外环生态专项、大型公共绿地建设。外环滨江二期、七宝文化公园、炮台湾公园二期等工程有序推进，嘉定、宝山、青浦等新城的公园绿地陆续开工建设。全年新建绿地 1000 公顷，其中公共绿地 500 公顷。辰山植物园建成亚洲最大展览温室，实现全面开放。继续推进京沪高铁、崇启高速公路沿线等绿色廊道以及农田林网、农村“四旁”林建设，进一步加强林业“三防”体系建设，推进崇明互花米草生态治理专项工作。全年完成人工造林 1000 公顷，森林覆盖率达 12.58%。进一步加强野生动植物和湿地的保护、开发和利用，提高自然保护区的研究、管理水平。推进全市花卉景观常态布置，每季布置花坛花镜 14 公顷，人民广场、外滩等重点区域绿化景观品质明显提升。推进林荫道路创建，制定《上海市林荫道路创建评定办法（试行）》，在衡山路、瑞金路等 13 个路段开展示范点建设。加强公园管理，提请市政府办公厅转发《关于进一步加强本市公园管理工作的若干意见》，完成友谊、宜川等老公园改造。推进立体绿化示范区建设，完成屋顶绿化 10 万平方米，其他立体绿化 3 万平方米。

【全民义务植树活动】 2011 是全民义务植树 30 周年纪

念以及国际森林年，根据全国绿委的要求，制订全年纪念义务植树30周年系列活动方案并加强宣传发动；召开专题新闻通气会，宣传和发布全年活动计划，发布全市全年树木绿地可供认建认养的信息；积极推进各区县落实各项义务植树组织发动和绿化宣传工作，策划组织“生命绿缘”和千人植树两项大型义务植树活动，并与宝山区联合组织纪念义务植树30周年暨宝山创建全国绿化模范城区专场演出；应用手机短信群发、网络微博、大型电子信息屏等宣传载体，扩大宣传覆盖面，丰富宣传内容。全年共30余万人参与义务植树，4500余名个人和395家单位参与认建认养，义务植树尽责率达到85%。

2011年3月15日，市领导俞正声、韩正、刘云耕、冯国勤、殷一璀等来到上海东方体育中心，参加植树活动。

【古树名木保护】 落实古树名木巡督查工作制度，进一步明确了巡查的时间、工作流程等。实施古树防雷设施建设项目，投入古树城市维护项目资金155万元，主要用于防雷设施建设，涉及10个区(县)53株古银杏，设立避雷塔22个点。实施古树技措项目，主要用于建挡土墙、设立支撑、新建仿木围栏、铺设透气砖、修剪防腐、铺设排水设施、种植地被等内容，涉及14个区(县)，25个点，40株古树和后续资源。加强重点建设项目古树名木保护的巡查和协调，发现问题即时解决，向建设单位发出12次保护意见。

【有害生物监测预报】 按照“装备统一、标识统一、技术统一”的标准，在全市推进测报点标准化建设。建成嘉定安亭、奉贤申亚、松江叶榭、闵行华漕和宝山罗店等5个林业有害生物标准化测报点，并加强对三级监测预报点的检查考核。严格执行周巡视监测报告制度和有害生物灾情报告制度，加强对生态敏感区、景观通道与经济果林重点区域常发性林业有害生物的预测预报，全年发布《病虫快讯》12期，编发《森防简报》10期；通过国债项目实施，进一步充实了4支市级和9支区(县)级应急防控队伍设施装备，开展了针对水杉赤枯病等重大林业有害生物的应急防控与演练，应急防控能力进一步增强；筹备建立森林网络医院，加快森防工作信息化建设。继续加强对美国白蛾、亚洲型舞毒蛾、橘小实蝇等重点危险性林业有害生物的监测，未发现上海地区有美国白蛾和亚洲型舞毒蛾成虫，橘小实蝇基本处于可控状态；开展新增补的林业检疫性有害生物——扶桑绵粉蚧的普查工作。

【林地抚育技术指导】 针对不同林种、不同造林模式，分别在青浦练塘，松江叶榭，泖港，崇明陈家镇、港沿镇，原南汇农业园区、奉贤庄行、金山廊下等大型生态片林区各建立1个林地抚育示范点，以点带面加强对林地抚育的技术指导；并对林业养护社拟招录人员进行初级工培训，对在岗林业养护人员开展专业技能培训，培育了一批社企一体的林地抚育专业队伍。开展森林生态定位监测，新建监测样地70个，完成5个主要公益林树种和2个经济果林树种活立木生物量及林下植被和土壤碳含量调查与分析，并对林地碳储量进行了估测。受上海市林业局委托，加强对林业政策和项目执行的指导与监管，完成2010年公益林基础设施建设项目、中幼林抚育项目检查验收工作以及2011年公益林基础设施建设项目、中幼林抚育项目方案评审，协助完成2011年度公益林生态补偿转移支付考核工作和2010年度新造林验收工作，开展全市林地水利设施需求调研、生态公益林养护成品油使用情况调查。运用第七次森林资源调查成果，更新完善上海市森林资源GIS数据管理系统，为课题研究、业务工作开展、专业调研等提供所需的各类资源数据。

【强化林木种苗行业管理】 抓好林木良种行业管理。根据国家林业局统一部署，开展打击制售假冒伪劣林木种苗和保护植物新品种权专项行动执法检查，对经济林建设中苗木品种混杂、以假乱真、坑害林农的违法行为，工程造林项目中林木生产许可证、林木经营许可证使用情况，未经品种权利人授权，盗用已授权的植物新品种进行营利性种植、繁殖、生产和销售的侵权行为以及假冒授权品种行为，组织了专项检查。开展苗木生产经营管理体制机制调研。调研结果显示，全市3.33公顷以上的苗木基地815家，总经营面积10 461.63公顷，苗木生产能力10 176.764万株。组织召开上海市林木种苗工作会议，全面落实全国林木种苗工作会议精神，明确了“十二五”全市林木种苗工作的总体思路、发展目标和工作重点。开展林木种苗质量检验员培训，做好林木种苗进口免税申请服务和信息统计，基本完成辰山植物园科学引种。

【完善地方林业标准和规范】 完成《上海市公益林养护定额》、《上海市公益林养护技术规程》、《上海市公益林抚育技术》、《天牛防治技术规程》、《安全优质信得过果园标准》和《上海果品等级　鲜葡萄》的编制；完成《上海市村庄绿化导则》、《上海市林业有害生物测报点建设标准》、《上海市林业有害生物测报点监测技术规范》、《上海市主要造林树种苗木质量分级标准》、《上海果品等级　水蜜桃》和《休闲农庄　观光采摘果园建设标准》等地方标准草案的起草工作；有序推进《香石竹种苗的生产技术规程》、《石蒜类栽培养护技术规程》两个国家林业行业标准项目以及《桃树栽培技术规范》、《梨树栽培技术规范》、《葡萄设施栽培技术规范》等果树技术标准的修订；同时，承担了国家林业局林业标准化体系建设项目国外林业标准现状的查询、上海市林业标准体系的修订等工作。

【林业科研管理】 经过筹备，上海市林业总站花卉产品质量检验中心通过国家林业局机构评审，成为国家林业局第一个花卉产品质量检验机构，为拓展林产品质量检验业务打下基础。林业科研管理进一步加强。修订并完善了科技管理办法，建立考核激励机制，充分调动科技人员从事科研工作的积极性。重视科研项目实施过程的检查、监督和指导，保证课题完成质量；全年共有9个项目顺利通过专家验收，其中国家林业局“948”项目1个、市科技兴农项目7个、局重点项目1个，验收批复项目均获得成果登记，发挥站科研工作指导委员会作用，精心谋划，拓展立项渠道，多方争取科研项目，全年共有10个项目获得立项批准，科研经费近500万元。

【鸟类资源调查监测】 ①组织崇明东滩鸟类国家级自然保护区管理处、九段沙湿地国家级自然保护区管理署、上海野生动植物保护协会鸟类专业委员会(上海野鸟会)等单位，继续开展多个鸟类资源调查，共记录到各种鸟类260种，489 377只(次)。其中上海市水鸟同步调查，对崇明东滩保护区、九段沙保护区、宝钢水库等13处天然湿地区域开展了15次同步调查。共记录到野生水鸟124种267 111只(次)。同时，完成长江中下游5省1市的越冬水鸟同步调查。②城(郊)区公园绿地野生鸟类监测。对共青森林公园等不同建成年代的4处大型公园开展11次野生鸟类监测工作，共记录到野生鸟类91种9882只(次)。自2011年5月起，对松江浦南水源涵养林、宝山罗泾水源涵养林、奉贤海湾森林公园等郊区林地开展鸟类调查，截至11月底，在7次调查中，共记录鸟类95种4101只(次)。对南汇东滩禁猎区所栖息的野生鸟类开展了11次监测工作，共记录到野生鸟类178种32 708只(次)。在15次横沙东滩鸟类资源调查野外调查中，共记录到野生鸟类174种72 023只(次)，其中水鸟93种64 914只(次)；同时，观测到小滨鹬、短嘴金丝燕、各种蝗莺属鸟等罕见于上海乃至华东沿海的鸟种，记录到了小青脚鹬、仙八色鸫、黑脸琵鹭等国家级保护动物；观测到半个多世纪都未曾在上海记录到的小鸥以及上海鸟类新纪录——大凤头燕鸥。组织华东师范大学专业人员进行横沙东滩底栖动物现状调查，掌握横沙东滩不同圈围时期内的底栖动物现状，完成两次的野外采样工作。

【开展野生动植物科研】 组织开展上海海岸带震旦鸦雀种群动态变化研究、上海滨海带芦苇现状调查的基础研究项目，完成项目的中期评估，掌握震旦鸦雀在上海海岸带的种群分布情况及动态变化情况。基本完成滨海带芦苇现状调查，初步了解全市现有滨海带芦苇面积约8580公顷。同时，分别在南汇东滩、奉贤边滩和崇明东滩开展震旦鸦雀的越冬种群和繁殖种群的现状调查。组织开展金山三岛国家重点保护野生植物现状调查。协调并配合开展以獐、狗獾为主要物种的重引入工作。先后与奉贤、松江等区和华东师范大学等单位开展以獐、狗獾为主要物种的重引入工作，在奉贤区的狗獾栖息地完成围栏改造，并从山东再次引进了1公4母的新种群，重引入狗獾已在人工条件下顺利产下后代；南汇完成野放獐的年度任务。松江浦南地区开展的市农委项目以及市科委的滨海湿地修复与滩涂动态保护的研究项目如期结题验收；在全国第二次湿地资源调查工作，先后参加了湿地调查工作方案及技术细则的编制、湿地调查启动与培训；承担了重点湿地区域野生动物资源调查工作。

【加强森林资源监管和执法】 ①完善森林资源网络管理平台。会同上海市规划和土地管理部门，对全市9.91万公顷林地的土地属性进行全面梳理调整，实现了两个部门在数据底板、技术口径、功能区划上的统一。对各区(县)和有关单位森林资源管理员进行培训，启动森林资源动态更新。②严格林地管理，规范林地征占用审批程序，分解林木采伐限额。年内共受理林业行政许可110件。组织开展以打击破坏森林资源违法犯罪为重点的“亮剑行动”。针对大型居住区涉及征占用林地一事开展全市调查和处理。③充分开发林业景观资源，推进公益林地综合利用，遴选出一批有亮点、有特色，能引领郊区公益林建设管理的林业生态示范点22个、林业旅游休闲示范点24个和林业复合经营示范点12个。组织参加全国森林旅游博览会、中国温州森林旅游图片展。④修订《公益林生态补偿考核办法》，完成全市公益林养护质量等级考核，将公益林生态补偿资金对应到具体田头地块。会同财务部门落实2012年生态补偿转移支付资金5.21亿元。

【林业宣传】 编写出版《世博大熊猫上海行活动》画册；组织第30届爱鸟周、2011年地球1小时和2011年世界湿地日市民体验活动等宣传教育活动；协调联系世界自然基金会，研究制订2011/2012年度合作项目备忘录；提出与世界自然基金会合作建设崇明东滩湿地培训基地方案，启动长江湿地保护网络国际培训中心即“TOT (training of trainers)——湿地管理”国际培训工作；向国家林业局自然保护网和湿地中国网提供47条信息，向国家林业局网站提供94条信息；协调联系湿地国际，完成《湿地》杂志的赞助、发行和组稿工作。

【开展上海地区水鸟栖息情况调查】 全年调查共记录到水鸟126种318 762只次，其中留鸟5种，夏候鸟14种，冬候鸟53种，旅鸟53种，迷鸟1种。共记录到国家级保护鸟类16种，世界自然保护联盟(IUCN)濒危物种18种，罗纹鸭、白头鹤、白腰杓鹬、翘嘴鹬、红颈滨鹬、黑腹滨鹬、长趾滨鹬、环颈鸻、蒙古沙鸻、铁嘴沙鸻、黑脸琵鹭、中杓鹬12个物种达到或超过东亚地区水鸟种群数量估计的1%标准。黑腹滨鹬、环颈鸻、红颈滨鹬、白鹭、斑嘴鸭、绿头鸭、绿翅鸭、大滨鹬、罗纹鸭和牛背鹭为记录数量最多的10种水鸟。通过分析发现，冬候鸟的数量和种类相对稳定，春秋过境旅鸟种类和数量有较大波动。

【开展专项整治活动】 ①按照沪动管〔2011〕12号文，从7月22日至9月5日开展了为期一个多月的夏季蛇蛙类专项整治工作。与区(县)(普陀、杨浦、金山、崇明)联合执法4次。共收到区(县)野生动物管理部门夏季蛇蛙类整治周报表73份，全市共组织检查1779次、组织宣传1210次、组织联合执法行动100余次，罚没青蛙1121.5千克、蟾蜍408.5千克、蛇149千克(56条)。在一定程度上遏制了蛇蛙类在市场上泛滥的现象，有力打击了非法销售蛇蛙类行为。开展春季候鸟迁徙期间野生鸟类保护行动和越冬候鸟保护专项行动。全市(尤其是郊区)检查沿海滩涂、大型林地、林带、果园等地点共948次，有力地打击了乱捕乱猎野生动物的行为，为在沪越冬候鸟提供更好的栖息环境。②从11月14日开始在全市范围内展开针对非法经营象牙等野生动物制品的摸底调查和联合执法。市和6个中心城区的野保部门对13个古玩和花鸟市场开展大检查，共宣传告知80多次，对20多家曾有经销象牙制品或存在少量制品的商家令其写出保证书，暂扣两家非法销售的非洲象牙制品13件、猛犸象牙4件，已对当事人立案处理。

【加强驯养繁殖单位日常监管】 截至2011年年底，本市野生动物驯养繁殖单位(个人)97家，比2010年减少9家。其中崇明县增加2家，松江区增加1家，闵行区增加1家，奉贤区增加1家，计增加5家；南汇和浦东合并后减少10家，金山区减少1家，市区减少3家，计减少14家。本市养殖国家重点保护动物的单位有71家，其中65家办理了国家重点保护动物驯养繁殖许可证，办证率为92%，比2010年下降1个百分点。

全市现有驯养繁殖野生动物467种，共1 777 271只。其中一级保护动物97种，3300只；二级保护动物128种，5130只；非重点保护动物242种，1 768 841只。

在详细调查的基础上，依法指导区(县)或与区(县)联合对重点驯养繁殖单位开展日常监管工作。对青浦现代农业园区驯养繁殖海南虎纹蛙现场监督检查，对浦东上海向樊蚯蚓养殖专业合作社申请驯养繁殖黑斑蛙许可现场核查。

【推进野生动物活体标记调查】 依法开展17类濒危活体标记野生动物调查。对涉及5家驯养繁殖单位重新开展调查，以利于全面掌握上海市17类濒危活体标记动物家底情况，包括动物的数量、生老病死、引进出让、驯养繁殖情况和动物谱系等。共有5家驯养繁殖单位涉及17类濒危野生动物标记工作，有756只17类濒危活体野生动物，已实施标记的有333只。

【开展野生鸟类监测预警样品采集工作】 3月，由上海市林业局野生动植物保护处、保护站牵头，依托上海市林业局专项项目，利用华东师范大学疫源疫病检测实验室，联合崇明东滩鸟类保护区、九段沙湿地保护区和浦东、奉贤等重点监测区域单位，建立监测预警工作机制，召开2011年度监测预警样品采集工作讨论会，确定样本采集专项工作方案和重点实施内容，并协调落实相关启动资金。同时依托崇明东滩保护区和九段沙保护区开展野生鸟类环志工作。截至2011年，共环志鸟类45种3900余只，为开展疫源疫病科学监测防控做好了准备。

【野生动植物保护专题宣传活动】 按照"以活动促发展，以发展带活动"的宗旨，开展品牌主题活动。①组织爱鸟周30周年纪念活动。组织全市共开展宣传活动65项，其中市级活动9项，区级及相关单位活动56项。其中展板展示13场；举办各类征文、绘画、演讲等竞赛活动5场；组织野外观鸟等实践活动5场；开展各类讲座、咨询活动11场；发放宣传资料、调查问卷等2万余份。参与公众8万余人，各大媒体报道50余篇。活动中还特别组织编写了30周年回顾画册《历程》。②开展湿地日宣传。以"湿地与森林"为主题，组织一批关注野生动物保护的市民前往淀山湖大莲湖湿地进行实地考察，举行沿途16千米的"漫游青西，赏湿地、森林"徒步宣传活动。

【未成年人生态道德教育】 全年共发展野生动物保护特色教育学校138所，涉及学生20余万人，覆盖全市所有区(县)。上海市中小学野生动物保护俱乐部和上海市青少年爱鸟俱乐部会员达8万余人。举办第七届上海市未成年人生态道德教育研讨会，开展特色学校项目主管教师专业培训班。评选出杨浦区民星路小学等15所2010年度十佳野生动物保护特色教育模范学校。连续五年在英特尔上海市青少年科技创新大赛上设立生态道德教育实践奖，鼓励更多的青少年开展内容丰富的生态实践活动。2011年，在全国第二十六届全国青少年科技创新大赛，上海参赛的关于青少年开展野生动物及生态环境保护的6个项目全部获奖。在闵行颛桥小学组织开展上海地区"我随鸟儿去旅行——爱鸟护鸟南北行活动"，得到中国野生动物保护协会的肯定。开展"生物限时寻"活动、"康健·樱花杯"爱鸟识鸟等活动，增加了青少年生态实践活动能力，提升生态道德素养。10月，在全市范围内首次启动"自然笔记"，创新青少年生态实践活动。构建生态教育联盟模式，推广管理部门+学校的青少年野生动植物保护生态教育联盟模式，鼓励区县野生动物保护管理部门与区域内野生动物保护特色学校建立长期宣传合作关系，全市18个区(县)的管理部门基本与区域内的特色学校挂钩。

【上海市野生动植物网站改版】 此次改版以"服务、互动、宣传"为宗旨，提升网站实用性，增加可看性和更多的资讯栏目，提供全面的法律法规和物种名录、资源监测状况等公众服务信息，开设网上咨询、物种鉴定等服务项目。根据行业和宣传需要，增设协会会员、志愿者网上申报、活动申请等栏目。运用网络，首次启动网络版爱鸟周宣传活动，与市民共建网上互动平台，取得良好反响。同时，完成编印3期《野生动物保护管理简报》，采编信息270多篇(录用中国上海门户网站129篇)，报送录用比例为45%；各区县录用信息126篇。2011年社会媒体对协会活动的报道达141篇，专稿33篇。

(上海市林业由秦磊供稿)

江苏省林业

【概　述】 截至2011年底，全省林木覆盖面积217.45万公顷，林地面积181.53万公顷，林木覆盖率21.2%，活立木总蓄积8700万立方米。2011年全省共完成造林面积8.51万公顷，其中成片林5.92万公顷。抓住纪念全民义务植树30周年和国际森林年的契机，以"同种一片绿树、共建美好江苏"为主题，广泛开展全民义务植树活动，全省参加义务植树4000万人次，义务植树1.25亿株，新建义务植树基地436个，营造"国际森林年纪念林"、"小记者爱绿林"、"大学生村官成长林"、"市民低碳林"、"车友减排林"等纪念林140片。"千村示范、万村行动"绿色村庄建设活动扎实推进，全年新建绿化示范村1250个，村庄总体绿量和绿化质量明显提高，农村生态条件和人居环境进一步改善。以提升森林资源质量为切入点，制定《江苏省中幼龄林抚育(试点)实施办法》和《江苏省中幼龄林抚育技术细则》，积极开展技术培训，启动国家级和省级试点示范，完成森林抚育10.27万公顷。全省现有国家森林城市2个(无锡市、扬州市)、全国绿化模范市和县(市)26个、国家级森林公园和湿地公园28个、省级森林公园和湿地公园60个，全国生态文化示范基地1个和全国生态文化村6个、省级生态文明教育基地12个。绿化模范城市和国家级湿地公园、生态文化村等创建工作均居全国前列。

森林资源管理　完成省级林地保护利用规划并经省政府批复实施，县级林地保护利用规划编制工作全面展开。全省划定省级以上生态公益林34.77万公顷，林权登记发证率达98%。省级以上生态公益林生态效益补偿制度全面落实，市县级生态公益林的区划与补偿工作取得重要进展，中央和省级财政共拨付生态公益林补偿资金10 431万元。制定《江苏省重点公益林监测办法(试行)》，做好省级生态公益林占补平衡工作。完成林地占用征收"十二五"总额与2011年度定额的分解落实工作，依法严格审核审批林地占用征收项目，加强对重点工程占用征收林地行为的监管，坚决遏制林地流失和逆转。2011年共审核审批永久性建设项目占用征用林地144起，面积541.8公顷，征收森林植被恢复费4556万元；办理临时占用林地9起，占用林地面积58.85公顷；审批直接为林业生产服务用地11起，占用林地面积21.34公顷。贯彻《省政府批转省林业局关于贯彻实施"十二五"期间年森林采伐限额意见的通知》，依法加强林木采伐审批管理，2011年共下达《江苏省采伐林木批准书》242件，批准采伐(含抚育采伐)森林、林木面积9882公顷、采伐蓄积218 102立方米。完成各地2010年林木覆盖率监测结果认定和2011年度营造林实绩综合核查，为全面建设小康社会和科学发展评价提供依据。2011年强化案件查处力度，全省共发生林政案件1810起，查处1786起，查处率为98.7%，共没收木材3777立方米，没收非法所得31.53万元，责令赔偿损失5.42万元，责令补种树木17.92万株，行政处罚1806人次。

野生动植物及湿地资源保护　林业自然保护区发展迅速。截至2011年底，全省已建立林业自然保护区22个，其中国家级1个、省级5个、市县级16个；从类型来看，湿地类型15个、森林生态系统类型6个、野生动物类型1个，保护区总面积约37.1万公顷，约占全省国土面积3.6%。"十一五"至今这段时期是全省湿地保护事业发展最快、成效最显著的时期。全省已有国际重要湿地2处、国家重要湿地5处，已建立各类湿地自然保护区26处，新建省级以上湿地公园31处，其中国家湿地公园11处。全省受保护自然湿地面积达50.4万公顷，占全省自然湿地面积25.9%。自然湿地保护率纳入省"八项工程"监测统计指标体系，出台《关于自然湿地保护率监测统计办法(试行)》，启动全省自然湿地保护率监测工作。湿地公园建设加快推进，姜堰溱湖、扬州宝应湖、苏州太湖、无锡梁鸿被国家林业局批准为首批国家湿地公园，占当年全国批准数量的1/3；苏州太湖三山岛、无锡蠡湖、扬州凤凰岛被认定为国家湿地公园建设试点单位；新建无锡蠡湖、苏州太湖三山岛、江都渌洋湖、金坛长荡湖、宝应射阳湖5个省级湿地公园。《江苏省太湖流域水环境综合治理湿地保护与恢复规划》编制完成。2011年，太湖省级专项资金共支持湿地保护与恢复项目26个，投资4亿多元，其中省级财政补助1.3亿多元，补助资金是2010年的2倍。顺利完成与省政府签订责任状的16个太湖湿地恢复项目年度建设任务，苏州太湖湿地生态定位站启动建设，苏州东太湖、高宝邵伯湖湿地恢复项目相继竣工，南京长江新济洲群湿地保护项目完成主体工程。全省野生动植物物种濒危状况逐步缓解。通过组织实施2011年绿色江苏野生动植物保护项目、国家林业局2011年珍稀濒危物种野外救护与繁育项目、中央林业基本建设小种群动植物保护项目，红豆杉、秤锤树、宝华玉兰、银缕梅、榉树、金钱松、中华虎凤蝶、河麂等省内有自然分布的国家重点保护或珍稀濒危野生动植物生境得到有效保护，野外种群恢复和人工繁育工作稳步推进，濒危状况逐步缓解。全省各动物园的猴类、鹤类、麋鹿、华南虎等科研和种群繁育水平位居全国前列。2011年，大丰麋鹿国家级自然保护区被确定为全国首批中国生物多样性保护与绿色发展示范基地，麋鹿种群数量净增171头，达到1789头，增长10.6%，其中野生种群净增26头，达182头，增长16.7%。野生动植物产业持续发展。2011年，全省新增野生动物驯养繁殖单位26家，全省批准的驯养繁殖单位达400余家，从业人员1.8万余人，年产值达80亿元。一些市场潜力大、开发价值高的野生动植物资源人工繁殖或培育业迅速发展，全省河麂、梅花鹿、鳄鱼、实验动物、红豆杉、兰花等特色养殖或培植业规模日益扩展，养殖梅花鹿达1万余头、暹罗鳄等鳄鱼3000余条、实验用猕猴2000余只和食蟹猴7000余只。野生动植物进出口业持续发展。出口兰花、西洋参、试验用猕猴和食蟹猴、西洋参等中药材类数量继续位居全国前列。2011年，全省野生动植物进出口贸易额达1500万美元。

林业有害生物防治　2011年，全省林业有害生物发生面积8.13万公顷(其中林木病害发生1.13万公顷，虫害发生7万公顷)，同比下降13.5%，属中等偏轻发生年份。监测覆盖率92%，防治面积7.13万公顷，防治率87.7%，无公害防治率86.7%。松材线虫病发生面积和死树数量呈现双下降，发生面积1.1万公顷，比2010年同期下降15%，病死松树27.3万株，同比下降7.4%；美国白蛾疫情蔓延较快，发生面积1.63万公顷，呈跳跃式发生状态；以舟蛾为主的杨树食叶害虫发生较轻，发生面积4.13万公顷，较2010年度减少33%，属于偏轻发生年份；杨树枝干害虫中的草履蚧危害轻，天牛危害仍较重；松毛虫仍维持有虫无灾，竹类害虫发生平稳，有害植物呈加重发生趋势，以野葛藤、野何首乌为主的有害植物在苏南丘陵山区发生普遍，危害日趋严重。面对美国白蛾扩散蔓延的严峻态势，全省首次利用飞机防治美国白蛾，组织开展飞防试验示范2667公顷。2011年12月首次召开全省林业有害生物防控工作会议，开创林业有害生物防控工作新局面。受省政府委托，与各市政府签订《2011～2013年松材线虫病、美国白蛾等重大林业有害生物防控目标责任书》，出台《关于切实加强林业有害生物防控工作的意见》，印发实施《江苏省林业有害生物防控“十二五”规划》和《江苏省松材线虫病防控规划(2011～2015年)》。全省林业有害生物监测预警体系逐步完善，31个国家级测报点和5个新建省级中心测报点的基础设施全面夯实，制度逐步健全。加大防治力度，推进联防联治，因“林”制宜应用喷烟机、高扬程喷雾机、注杆机等开展防治，全省各地新置大型高射程防治机械35台，担架式、推车式喷雾机械1150台，背负式喷雾喷粉机、烟雾机2380台，新组建30多家林业有害生物专业防控队伍，林业有害生物疫情得到有效遏制，新发生区疫情及时发现并迅速控制。

森林防火　2011年，全省共发生森林火灾51起，过火总面积141.3公顷，受害森林面积52.4公顷，未发生重特大森林火灾。全省森林火灾发生率为5.1次/10万公顷、受害率为0.029‰、控制率1.03公顷/次，均大大低于省控指标要求，较好完成与省政府签订的责任状目标。坚持森林防火宣传和警示教育先行，努力提高全民森林防火意识。加强林区景区和节假日期间的火源管理，高火险时期划定禁火区和发布禁火令，坚决把火灾隐患堵在山下林外。编制完成《江苏省森林防火现代化体系建设规划》。不断加强消防设施建设和防控能力建设，全省建设完成防火通道300余千米、生物防火林带180多千米、铁丝阻隔围网80千米；新建林火远程数码监控系统1套、森林火险预警系统11套，护林(检查)站30多个，无线电通讯差转台2个，建蓄水池80余个，铺设引水上山消防管道2万多米。同时各级护林防火指挥部加强应急物资的配备与储备，各地2011年新添置森林消防车5辆、机动细水雾系统4套、灭火机600台、水泵40多台、灭火弹5万余只、三号工具2000把、对讲机280部等一批应急扑火物资，开展应急演练28次，举办各类扑火培训班45期，参加人员近3000余人次。省森林防火指挥部于2011年12月在无锡举办第二届全省森林消防技能竞赛活动，来自南京、无锡、徐州、常州、苏州、连云港、镇江等7个森林防火重点市的8支森林消防专业队参加了灭火机装配、负重越野、灭火弹投掷、水泵接力和综合扑火技能竞赛。

林业产业　2011年，全省林业产业总值达2190亿元，比2010年增长40%，其中主导产业经济效益突出，杨树林板纸一体化产值达1604亿元，林木种苗产值达180亿元，特色经济林产值达188亿元，野生动植物培育利用产值达90亿元，森林湿地生态旅游产值达128亿元。二三产业的比重上升到71%、一产比重下降至29%，产业结构不断优化。全省人造板产量3107万立方米，占全国产量的18.8%；竹木地板产量1.6亿平方米，占全国产量的32.7%；干鲜果品等特色经济林产品产量达342.6万吨；林木种苗面积达12万公顷，年产苗量26亿株。杨树生产量、人造板产量、地板产量、林木育苗面积及产苗量均稳居全国前列。发挥林业贷款财政贴息资金的支持作用，落实以农林剩余物为原料的林产品销售实行增值税即征即退政策，引导林业产业结构调整、主导产业规模壮大和加工业转型升级。加强林产品质量监管体系建设，国家林业局林产品质量检验检测中心(徐州)在邳州设立。参加第二届中国林业产业与森林产品博览会，江苏省有13种林产品获金奖、10种林产品获优质产品奖，多家单位和个人获中国林业产业突出贡献奖。

科技兴林　编制完成《江苏林业科技发展“十二五”规划》，组织编制《江苏林业科技创新“十二五”行动计划》，今后五年全省将围绕“上山下滩”造林技术、“健康森林”构建技术、“转型升级”加工技术及“生态屏障”建设技术等四大任务，重点实施困难立地造林、杨树产业升级、森林可持续经营、湿地保护与恢复、林木重大病虫害防治及特殊用途树种培育与利用等6项林业科技创新工程，加快开展林木种质资源库、生态定位站、重点实验室、林业技术与成果交易中心、工程技术研究中心、林业科技示范园等创新载体建设。下达2011年度中央财政林业科技推广示范项目9项，经费900万元。大力实施林业品种、技术、知识三项更新工程，下达2011年度林业三项工程项目56项，省级财政支持经费2450万元，项目管理工作有序开展。通过项目的实施与带动，重点集成示范了宁镇低山丘陵主要森林类型近自然经营模式示范与推广、美国白蛾综合治理技术研制与示范、沿海防护林优良乡土树种繁育即栽培技术集成示范、珍稀乡土树种开发、石灰岩山地人工林健康经营技术集成示范、优良耐盐碱乡土树种收集、开发及繁育示范、沿海滩涂高效生态防护林建设技术示范、优良乡土树种榉树培育技术集成与示范等8项重大林业科技成果，重点引进和示范推广了刺楸、天竺桂、桤木、观赏竹、含笑、乌桕、榉树、栎树等10个绿色江苏建设潜力树种(品种)，开发推广美国白蛾防控技术、高效生态林农复合经营模式创新、杨树人工林抚育管理、环保型树种容器育苗、高耐磨、阻燃、防火竹木复合地板生产技术等8项关键技术。

依法治林　制定《江苏省林业行政处罚案卷评查办法》，规范全省林业行政处罚案卷评查的组织管理，提升林业行政执法监督效能，提高林业行政执法水平。加强行政执法队伍管理，按照国家林业局统一部署，组织各市县使用新版全国林业行政执法人员管理系统，加强行政执法队伍管理，在线完成全省1000多名行政执法人员信息的审核，组织做好证件换发、注销和新申领工作。印发《2011年江苏省林业系统依法行政工作要点》、《2011年全省林业系统法制宣传教育工作要点》、《全省林业系统“六五”普法规划》，推动林业法制宣传教育，部署安排全省林业系统依法行政工作。

森林公安　进一步规范执法行为。抓好《森林公安执法细则》的贯彻落实，2011年举办3期《森林公安执法细则》培训班，对全省所有在职在编森林公安民警进行轮训，全省森林公安民警接处警、复议复核、执法监督、执法安全、森林公安派出所警务、警械武器使用等执法相关业务、法律素养和执法水平得到有效提高。为严打涉林违法犯罪，先后组织全省森林公安开展"春季攻势"、"亮剑行动"和网上追逃专项督察"清网行动"等系列专项行动，共出动警力和执法人员8905人次，车辆3788台次，刑事立案66起，破案64起，其中破重特大案件7起；查处涉林违法行政案件398起，梳理清查征占用林地294处。抓获犯罪嫌疑人99人，打掉盗挖林木等涉林犯罪团伙6个，行政处罚涉林违法人员630人。基层基础设施和装备建设水平显著提高。2011年省级财政投入到森林公安的建设补助经费达800万元，市、县两级林业主管部门先后配套投入2000万元，全省28个派出所有14个建成相对独立的办公用房，有12个按照"五小工程"的功能和规范化派出所标准进行配套建设，2011年专门安排经费250万元用于派出所警车和单警装备的购置，市、县两级林业主管部门也配套300万元用于此项建设，全省75%的派出所达到相关装备和基础设施建设标准，100%的派出所解决了无交通工具、无电脑和无通信工具的问题，全省单警装备达标率达80%以上。为森林公安履职尽责创造了良好条件。2011年12月，全省森林公安正规化建设现场推进会召开，有力地推动了全省森林公安正规化建设工作。

集体林权制度改革　全省共有集体林地111.43万公顷，集体林权制度主体改革全面完成，改制率达100%。651万涉林农户中已有648万户领到相应林权证或股权证，林权证和股权证发证率分别达到99.56%、100%。积极推进集体林权制度配套改革，鼓励引导林业经济组织建设，全省建立林业专业合作组织3190个，经营面积7.49万公顷，进一步促进了生态受保护、发展添活力、农民得实惠。召开林下经济现场观摩会议，交流各地推进林下经济发展的好做法、好经验和好思路，切实加快全省林下经济发展步伐和水平。

项目资金管理　编制完成《江苏省林业发展"十二五"规划》，并于2011年7月12日正式发布执行，为"十二五"重大林业工程实施和资金争取提供了科学依据。利用林业贷款贴息等资金，积极扶持全省林业龙头企业发展，2011年下达省级以上林业贷款财政贴息资金5505万元，较2010年增长20.3%。继续加大对绿色江苏建设的投入力度，全年共投入2.65亿元；2011年争取国家林业资金3.22亿元，同比增长71%，省财政资金5.52亿元，同比增长11%，各地加大了对林业建设的投入，地方财政资金投入66.81亿元，为全省各项林业工作有序运转提供了资金保障。

林业信息化　强化江苏林业网内容保障，推进林业政务信息公开，努力提升全省林业信息化水平。召开全省林业信息培训会议，邀请省政府电子政务专家就提高信息写作质量作专题讲座。加大对江苏林业网内容保障工作的考核与通报力度，建立信息稿费制度。按照省政府网站测评要求，优化江苏林业网栏目体系，增加栏目内容，增强服务功能，细化内容保障工作分工。2011年，江苏林业网发布信息6100条，日访问量平均达1万次以上。在国家林业局组织的2011年度网站测评活动中获得全国林业十佳网站称号，在省政府组织的省级机关门户网站测评中获得优秀网站称号。深入推进政务公开，不断完善办公自动化系统与行政权力网上公开透明运行系统的功能，加大行政权力网上公开透明运行工作的推进力度，组织开展自查、督查工作，落实整改措施，同时加强技术服务，优化办事流程，取得良好的效果。全年实现网上运转公文678件，办理行政权力事项447件。同时强化政府信息公开，主动公开各类文件135件。

林业宣传　突出抓好媒体宣传。开展植树节主题宣传，在《新华日报》组织两个专版刊登省领导署名文章，宣传绿色江苏建设及义务植树成就。开展"6·5"环境日专题宣传，配合绿委办一起邀请局领导参加江苏卫视、现代快报等联合组织的环境日大型互动电视直播"地更绿"版块节目。开展绿色江苏建设成就宣传，全年在省级以上媒体刊发林业新闻120篇(次)，其中《江苏新时空》及《新华日报》、《中国绿色时报》头版刊发的稿件超过50篇。大力弘扬生态文化。出版《绿色，让江苏更美好》一书，制作《绿色江苏建设回眸与展望》宣传片。在全省开展"绿色江苏，我为你自豪"征文大赛，收到征文作品164件，获奖46件。启动绿色江苏建设航拍专题片项目。全年共编发《江苏林业情况》、《林业工作简报》86期，编辑出版《江苏绿化》6期。深入开展生态创建。把开展生态创建作为反映绿色江苏建设实绩、打响绿色江苏建设品牌的重要举措，2011年扬州市成功建成国家森林城市。宜兴竹海风景区等5家单位成为全省第二批省级生态文明教育基地。江宁区横溪街道前石塘村、金湖县前锋镇白马湖村、溧阳市天目湖镇桂林村获得全国生态文化村称号，红豆集团获全国生态文化示范企业称号。

【领导参加义务植树】　2011年3月2日，南京军区司令员赵克石、政委陈国令，江苏省委书记、省人大常委会主任罗志军等军地领导，来到南京河西滨江风光带南延段，与机关干部一起参加义务植树活动，共同为江苏大地增添绿色。参加植树活动的还有南京军区和军区机关领导，江苏省委、省人大、省政府、省政协及南京市领导，江苏省军区领导等。

【绿色江苏建设工作会议】　2011年3月30日，会议在江苏省大丰市召开。省委书记罗志军、省长李学勇对深入推进绿色江苏建设作出批示。省委常委、副省长黄莉新出席会议并讲话。黄莉新强调，2011年各地各有关部门要加强组织领导，强化政策扶持，加快推进绿色江苏建设。一要千方百计挖掘植树造林潜力，大力开展植树造林，增加森林资源总量。二要加快发展林业优势特色产业，积极发展林产品精深加工，提高林业经济效益。三要大力开展森林抚育改造，确保年内完成10万公顷森林抚育任务，提高森林资源质量。四要加强森林资源保护，严厉打击毁坏林木、侵占林地等违法犯罪行为，确保森林资源安全。五要严格执行森林防火行政首长负责制，加强森林防火基础设施建设，确保不发生重大森林火灾。六要深化集体林权改革，完善配套改革政策，增强林业发展活力。

【江苏省林学会第十次会员代表大会】　2011年6月3

日，江苏省林学会第十次会员代表大会在南京市召开。会议对第九次代表大会以来省林学会工作进行总结回顾，选举产生省林学会第十届理事会，研究部署下一阶段学会工作。江苏省委常委、副省长黄莉新代表省委、省政府，对会议的召开表示热烈的祝贺，并向全省林业工作者表示亲切慰问和衷心感谢！黄莉新指出，八年来，全省上下把建设绿色江苏作为最大的生态工程给予推进，取得了显著成效，为全省经济社会发展大局作出了重要贡献！大会听取并审议通过了省林学会第九届理事会工作报告，审议通过了《江苏省林学会章程》(审议稿)，选举产生了省林学会第十届理事会并商讨产生第十届理事会工作意见。省林业局局长夏春胜当选为新一届理事会理事长。

【国家森林城市——扬州市】 2011 年，扬州市成为全省第二个国家森林城市，秀美成为扬州的城市特质，绿色成为扬州的城市底色。扬州森林城市建设不但成绩突出，而且形成了“绿杨城郭、林水之州”的鲜明特色，堪称平原水网型森林城市全国典范。扬州市造林绿化累计投入资金近 100 亿元，建成一批城乡休闲绿地和道路、河湖堤岸绿化景观带；建成国家级湿地公园 1 个、省级湿地公园 5 个、省级森林公园 4 个；全市森林覆盖面积达 13.4 万公顷，陆地森林覆盖率达 35.1%，森林－湿地覆盖率达 51.2%；市区建成区绿化覆盖面积 3579 万平方米，绿化覆盖率 47.72%，人均公园绿地面积近 13 平方米，初步形成“林城一体、林水结合、林文相融”，独具平原水乡特色的城市森林生态体系、高效优质的林业产业体系和繁荣文明的林业文化体系。

【第四届江苏省森林生态旅游节】 2011 年 10 月 28 日，第四届江苏省森林生态旅游节在宿迁市开幕。江苏省委常委、副省长黄莉新致辞并宣布开幕，国家林业局总工程师陈凤学出席开幕式。黄莉新指出，生态文化是生态文明的基础，森林文化是生态文化的核心内容。森林公园、湿地公园及自然保护区是开展生态文明宣传教育的重要阵地，森林生态旅游是弘扬生态文化的重要载体。大力发展森林生态旅游，有利于增强人们关注森林、关爱绿色的生态文明意识，有利于促进人们在放松心情、调节身心的同时，接受森林文化熏陶。陈凤学代表全绿委、国家林业局对本届旅游节开幕表示热烈祝贺，并向长期以来支持关心林业工作的江苏省各级党委、政府表示衷心感谢，向长期以来生活、工作、战斗在江苏林业战线上的广大干部职工致以亲切的慰问。第四届江苏省森林生态旅游节由国家林业局森林公园管理办公室、江苏省林业局、江苏省旅游局、宿迁市人民政府共同主办，由宿迁市湖滨新城管委会、宿迁市林业局、宿迁市旅游局具体承办。江苏省森林生态旅游节已在苏州、南京、扬州成功举办三届，展示了全省丰富多彩、高品位的森林风景资源。本次旅游节会的主题是“走进山水森林，体验品质生活”，口号是“森林生态新宿迁，湖光山色梦田园”，旨在让百姓了解全省的森林资源，让百姓走进山水森林与大自然亲密接触，体验健康生态生活新理念。

【实施森林抚育改造工程】 2011 年，全省实施高效森林抚育改造面积 10.27 万公顷，为加快转变林业发展方式、全面提高森林资源质量、切实提升绿色江苏建设水平开了个好头。江苏省林业用地非常有限，大块的宜林荒山荒地已不存在，造林的难度逐步加大。森林抚育工程是“十二五”绿色江苏建设的全新工程，也是转变林业发展方式的重要载体。“三分造林、七分抚育”，全省加快实现森林由面积扩张向量质并举、由粗放经营向集约经营的根本转变，确保绿色江苏在更高水平上深入扎实推进。一方面大力开展森林抚育工作。重点加强全省中幼龄林和绿色通道防护林抚育工作，显著提高单位面积林木蓄积量。对于生态公益林，以不破坏原生植物群落结构为前提，采取定株抚育、生态疏伐、卫生伐、景观疏伐、修枝等技术措施，不断提高林木生长势，促进森林生长发育，诱导形成复层群落结构，增强森林生态系统的生态防护功能。对于速生及珍贵用材林，积极推广林粮、林草、林药、林菌、林禽、林牧、林渔、林菜、林苗等林农高效复合经营模式，以耕代抚，促进林木早期速生；加强施肥、灌溉、修枝、间伐和病虫害防治等抚育管理措施，促进速生，培育无节良材；适当延长轮伐期，培育大径级材。另一方面大力开展低效林改造工作。在试点的基础上，逐步推进低产低效林改造工作，提高森林质量，构建结构稳定、景观优美、优质高效、功能完备的地带性稳定森林群落。丘陵岗地一直是江苏林业的重要阵地，但由于多种原因，近年来丘陵岗地林分质量差、生产力低、病虫害严重、森林火灾隐患大的问题比较突出。部分平原地区人工林由于树种选择不当等原因，造成林木生长衰弱，林地生产力低，亟需进行林分改造。重点对生长差、质量低的林分尤其是单一树种纯林、残次林进行改造，通过补植、调整、抚育、封育、更新、复壮和人为干预促进演替等技术措施，改善现有林分状况，提高森林质量。为保障森林抚育改造目标任务的全面完成，全省各地采取积极有效措施，扎实推进森林抚育改造工作。一是加强目标考核，通过召开全省森林抚育工作会议，明确全省森林抚育目标任务、工作重点和推进措施，在充分调研的基础上将抚育任务分解至各省辖市；并将森林抚育改造纳入林业综合考核范围，以量化结果作为考核依据，有效推进森林抚育改造工作。二是加大扶持力度，制定补助办法、管理办法、验收办法等，强化财政资金的引导作用和使用效率。同时研究完善融资、采伐等相关政策，保障森林抚育改造工作的顺利开展。三是积极争取国家首次在江苏开展森林抚育试点工作，启动实施省级试点示范项目，大力开展近自然森林、健康森林培育试点示范工作，积极推广重点生态公益林抚育、杨树高效林农复合经营、无节良材标准化培育、银杏等经济林木高效经营等技术，以点带面，推动面上工作的全面开展。四是强化技术服务，以举办培训班、印发资料、现场督查、媒体宣传等形式向经营主体进行宣传，加强技术指导，全面提升生产经营者的素质，保证森林抚育改造的质量。制定印发《江苏省中幼龄林抚育(试点)实施办法》，对抚育对象、技术要求、管理措施细化，为各地开展抚育工作提供指导；制定《江苏省中幼龄林抚育技术细则》，分区域组织森林抚育技术培训。五是深化林权改革，不断创新体制机制，让各类主体能充分享受科学经营森林所带来的实惠，提高其参与森林抚育改造的积极性。

【第八次森林资源清查工作】 2011年11月完成了全省第八次森林资源清查工作。此次清查工作不仅摸清了全省森林资源现状，更是对绿色江苏建设八年来成效的一次全面检验，清查结果显示，全省森林覆盖率达20.64%，实现了既定目标。为了提高清查工作水平，省林业局举办两期技术培训班，调查员经考核取得资格后方可上岗；全省各地共抽调业务精湛、认真负责、作风过硬的技术人员658名组建149个调查工组参加调查，其中高级工程师95名、工程师287名，为清查工作打下坚实基础。省林业局与各市签订了《江苏省第八次森林资源清查工作责任状》，明确分级检查验收制、技术质量责任制和跨期责任追究制等3项工作制，出台《江苏省第八次森林资源清查质量检查办法》，组织13名专业技术人员分成6个质量检查小组开展省级技术指导和质量检查，保证了清查工作质量。本次清查共落实资金1410万元，其中国家投入费用285万元，省级财政配套资金600万元，市县级投入经费约525万元，保证了整个调查工作所需费用。此次清查还全面运用GPS复位固定样地，充分使用二类调查成果辅助遥感样地判读，自主研发软件进行逻辑汇总，用PDA调查系统开展无纸化调查，这些新技术的应用，提高了清查成果质量，提升了清查成果的科技含量，节约了调查成本和时间，丰富了成果的科学内涵。

【苏州市出台湿地保护条例】 2011年11月26日，江苏省十一届人大常委会第二十五次会议批准了《苏州市湿地保护条例》(以下简称《条例》)，将于2012年2月2日正式施行。《条例》是江苏省内出台的首个湿地保护条例。《条例》充分体现了保护优先、统筹规划、科学恢复、合理利用、持续发展的原则，并融合了苏州地方特色，在多方面作出了突破和创新。《条例》共分二十九条，主要明确了湿地的定义、湿地管理体制、湿地保护措施以及法律责任等内容。在湿地定义中将永久性水稻田等具有特殊保护价值的人工湿地纳入湿地保护范围，既符合国际《湿地公约》的要求，也较好地体现了苏州江南“鱼米之乡”的特色，又有利于加强基本农田保护。在湿地认定方面，明确了苏州市级重要湿地和一般湿地需要按照“认定条件”进行认定，并由市、县级市(区)政府公布名录与范围，“认定条件”则由政府部门组织湿地保护专家委员会制定。在湿地征占用许可中，规定市级重要湿地和一般湿地的征收、征用或者占用均需经过审核，并根据审核同意的湿地保护方案开展湿地恢复、保护工作。此外，除了对擅自征占用湿地和破坏湿地资源的行为予以处罚外，《条例》对未按要求恢复、保护湿地的行为也明确了处罚措施，加大了湿地保护力度。

【召开全省森林公安正规化建设现场推进会】 2011年12月1日召开全省森林公安正规化建设现场推进会，部署全面推进全省森林公安正规化建设工作，举行了全省森林公安机构警车发车仪式。省林业局党委书记、局长夏春胜，省公安厅政治部主任左锁粉出席会议并讲话。夏春胜要求各级林业主管部门要加强领导，全力支持，切实肩负起森林公安队伍建设的责任，为森林公安工作创造良好环境；要从严治警，努力提升森林公安队伍的整体形象。同时，各级森林公安机构要进一步加强队伍管理，进一步加强教育训练，进一步规范执法办案，进一步加大涉林案件打击力度。左锁粉要求，各级森林公安机构要紧紧围绕规范执法这个重点，不断提高森林公安整体的执法水平；紧紧跟上警务变革这个潮流，探索建立信息化为引领的现代警务机制；紧紧抓住队伍建设这个根本，努力建设一支高素质的森林公安队伍；紧紧咬定科学发展这个目标，不断夯实森林公安基层基础工作。 (江苏省林业由李祥供稿)

浙江省林业

【概 述】 2011年，浙江省各级林业部门紧紧围绕经济社会发展大局，统筹兼顾，突出重点，狠抓落实，采取有力措施加快林业改革发展，总体上保持了林业发展的良好态势，各项林业工作取得了新进展。2011年共完成造林更新4.2万公顷，参加义务植树2354万人次，完成义务植树6780万株。全省林业产业总产值达到3154.8亿元。

林权制度改革

主体改革 2011年抽取临安等12个县(市)29个乡(镇)中的68个村，组织开展主体改革调研性验收工作，查找主要问题，进行整改落实。加强山林纠纷调处，重点抓好温丽台市际热点纠纷和浙闽省际纠纷调处，全省共调处山林纠纷618起，落实争议面积0.3万公顷。

林权流转 以华东林业产权交易所和各地林权管理中心、林权交易中心为依托，扩大林权流转规模。华东林业产权交易所启动运行一年来，已挂牌的林权项目累计达123项，其中网上成交项目109项，成交面积1024公顷，成交金额6351万元，比起拍价增值28.4%。

林权抵押贷款 2011年贷款发生额达28亿元，林权抵押贷款累计实现68亿元，落实省级以上财政贴息2400万元。

政策性林木综合保险 全省林木火灾险有效保单面积295万公顷，综合保险有效保单面积8万公顷，两项合计303万公顷，占全省森林总面积的46%。

深化国有林场改革 2011年，杭州、温州、绍兴、金华、衢州、台州、丽水7个市列入全国国有林场改革试点。临安、云和、遂昌、松阳等县确定了林场的性质、编制和经费问题，增挂生态公益林保护站牌子。加

强国有林场基础设施建设，完成投资2.1亿元；推进国有林场危旧房改造，开工建设1280户，完成183户、面积8626平方米。

林业生态建设

“1818”平原绿化行动 近年来浙江开展的“1818”平原绿化行动，即计划到2015年新增林木面积12万公顷(180万亩)，林木覆盖率达到18%以上。省长夏宝龙主持召开全省平原绿化工作座谈会，并亲自参加全省“1818”平原绿化行动启动仪式。省政协主席乔传秀亲自参加全省高速公路(高铁)森林通道建设工程启动仪式。各地围绕平原绿化的总体部署，科学规划，项目带动，加大投入，强势推进，形成了以县委书记抓绿化的良好局面。2011年，全省完成平原新造林3万公顷，完成投资89亿元，其中参加省委座谈会的20个县共完成绿化面积1.3万公顷。乐清、瑞安、江山3个市的完成率达200%以上。

重点防护林建设 大力推行专业队造林、工程招投标、质量监理等机制，提高重点防护林建设成效，2011年全省完成重点防护林建设2.58万公顷，完成投资1.45亿元，直接拉动内需2.09亿元。

林木良种、造林和森林抚育补贴试点 2011年培育油茶等良种苗856万株和楠木等珍贵树种良种容器苗433.3万株；完成造林补贴试点面积0.5万公顷；完成森林抚育补贴试点面积2.28万公顷。“浙江省千万珍贵树木发展行动”进展顺利，3年累计赠送苗木1115万株，造林面积0.93万公顷。

公益林建设 2011年公益林最低补偿标准从每公顷255元提高到285元；开展公益林分类补偿试点工作和省级以上森林类自然保护区集体林租赁工作，核定租赁价每公顷每年498元。

启动全国林业碳汇交易试点工作 经国家林业局批准同意，2011年华东林业产权交易所和中国绿色碳汇基金会正式签订战略合作协议，先行开展全国林业碳汇交易试点工作，阿里巴巴等10家企业已签约订购全国首批14.8万吨林业碳汇指标，受到国内外的高度关注。

森林资源保护

林地管理 严格执行林地征占用定额管理制度，强化林地用途管制措施。组织开展省县两级林地保护利用规划编制工作，基本完成省级规划编制任务。强化建设项目征占用林地审核审批的服务工作，依法保障经济社会发展对林地的需求，2011年全省共办理各类征占用林地项目1192个，面积3004公顷。部署开展制止毁林造地的专项清理整顿工作，切实加强森林资源保护的日常监督管理。

森林采伐和木材运输管理 省政府下发《关于做好“十二五”期间森林限额采伐管理工作的通知》，把采伐管理改革试点中行之有效的措施上升为政策，简化林木采伐审批环节，进一步落实森林经营自主权。组织开展全省木材检查系统“执法监督年回头看”活动，进一步规范木检执法行为，提升木材运输管理水平。

森林消防 严格落实责任，严抓巡护督查，严控野外火源，深入组织开展“平安清明”等专项行动，及时采取人工增雨等应急措施，有效遏制森林火灾高发态势。2011年森林火灾发生率7.17起/10万公顷，受害率0.38‰，均低于省政府规定的控制指标。

松材线虫病除治 组织开展“保护生态、绿盾护林”检疫执法专项行动，查处一批违法违规案件。2011年，全省共完成松材线虫病除治面积3.84万公顷。

林业执法 以“平安林区”创建活动为载体，组织开展一系列打击破坏森林资源违法犯罪专项行动和侦破森林火灾案件大会战专项行动。2011年，全省共受理各类森林和野生动植物案件2289起，查处2223起，打击和处理各类违法犯罪人员3336人次。

【“关注森林”活动】

森林系列创建活动 2011年修订印发浙江省森林城市(城镇)《申报命名办法》和《评价量化指标》，进一步规范和推动创建森林城市工作。温州、绍兴、嘉兴、湖州、北仑等13个市、县和余杭塘栖等50个镇申报“省森林城市(城镇)”，创建森林村庄582个。

创新义务植树活动形式 2011年精心组织新春上班第一天全省党政军领导义务植树活动，上下联动，共有11.2万人参加植树活动，造林42万株，开创移风易俗过新年、崇尚文明新风尚的新开端，并将作为一项制度长期坚持下去。

生态文明主题植树活动 2011年省林业厅联合省军区、杭州市政府、浙江日报社、中日绿化交流基金会、团省委等单位先后组织开展“首迎生态日护林植树大行动”、“珍贵树木进军营、进社区活动”、“林报携手共栽珍贵树种”、“青年心向党、绿动长征路”等系列活动，引导全社会广泛参与林业建设，掀起了植树造林的高潮。

生态文化宣传活动 2011年通过举办爱鸟周、世界湿地日、“绿色中国行——走进衢州”、“花卉园艺进社区、生态文明促和谐”、生态文化论坛等一系列宣传活动，提高社会公众对森林的关注度、支持度和参与度。

生态文明基地建设 2011年卯山国家森林公园荣获国家生态文明教育基地称号，命名了首批13个省级生态文化基地。完成淳安千岛湖、平阳南麂列岛两个国家重要湿地的确认工作，批准建立开化钱江源、东阳东白山高山湿地、宁波杭州湾、普陀桃花岛大深水等4个省级湿地公园；玉环旋门湾、宁波杭州湾两个省级湿地公园升格为国家级；仙居括苍山保护区升格为省级自然保护区。

【林业产业】

林业产值 2011年，全省林业产业总产值为3154.8亿元，比2010年增加1190.7亿元。第一产业产值657.3亿元，增加107.8亿元，主要增加在营造林、花卉苗木和经济林产品的种植及采集，产值分别为35.1亿元、176.2亿元、370.2亿元。第二产业产值1900.8亿元，增加922亿元，主要增加在木竹藤棕苇制品制造、木竹藤家具、工艺品制造和木竹苇浆造纸，产值分别为605.7亿元、250亿元、138.8亿元和719.9亿元。第三产业产值596.7亿元，增加160.9亿元，主要增加在森林旅游和林木相关产品批零贸易，产值分别为288.7亿元、274.2亿元。

现代林业园区 2011年全面启动246个省级现代林业园区创建点建设，召开全省现代林业园区现场会，全省基本建成园区81个，有26个示范区和精品园通过省级验收，受到省政府表彰。全省园区实现当年产值36亿元，42.5万林农增加收入2415元。

油茶产业 积极争取国家和省扶持资金，引导工商资本投向油茶产业，抓好油茶种苗生产，确保油茶项目的顺利实施。全省共落实油茶产业发展资金3.48亿元，32个油茶项目县共完成油茶新造林0.7万公顷，油茶低产林改造0.67万公顷。

竹木加工业 加强中小企业金融服务，引导企业优化产品结构，竹产品从竹胶合板、竹地板、竹凉席等传统产品拓展到竹木复合板、竹材饰面板、竹纤维、竹炭等精深加工产品。加大龙头企业扶持力度，促进产业聚集，形成安吉的竹加工业、南浔的地板业、嘉善和丽水的人造板业、江山的木门业、东阳的木雕和红木家具业、云和的木制玩具业等特色产业集群。

森林旅游和野生动物驯养繁殖业 以举办森林旅游节为载体，打造森林旅游品牌，扩大全省森林旅游产业影响。温州市被列为国家森林旅游试验示范区，积极探索和创新森林旅游发展新模式。举办2011中国（温州）森林旅游节、2011浙江（诸暨）森林旅游节、2011浙江（遂昌）森林旅游节。命名了宁波中坡山、文成黄鹿山、新昌天姥山、绍兴香雪梅海等4个省级森林公园。新增野生动物驯养繁殖企业269家，经营利用646家。

2011中国（萧山）花木节 3月5日，2011中国（萧山）花木节暨第六届中国园林绿化产业交易会开幕式在萧山中国花木城隆重举行。开幕式上举行了2010年度中国十佳花木种植企业、2010年度中国花木产业十大年度人物、2010年度中国十大创新型绿化观赏苗木企业等授牌仪式。活动为期两天，由浙江省人民政府、中国花卉协会和国家相关部委联合主办。来自全国各地的100家施工企业、100家设计单位、100位花木经纪人、100个园林建设单位、100家大型骨干苗圃应邀参观、交流。活动期间举行第五届中国园林绿化高峰论坛，并公布“森林浙江”——平原绿化十佳推荐树种。

“浙江笋竹产品中原行”活动 2011年3月23日，浙江省林业厅、河南省林业厅在郑州联合举办“浙江笋竹产品中原行”活动。这是继东北行、西北行之后浙江举办的又一次笋竹产品的跨省推介活动，旨在让竹笋这一生态健康森林食品走进中原的千家万户，同时，以郑州市场为纽带，辐射中原，密切浙江和河南两省的交流，实现优势互补，资源共享，扩大内需。浙江省的60多家笋竹加工企业和河南省100多家超市商场、宾馆餐饮、食品和建材市场等相关企业的采购商和经销商进行了相互间的交流和接洽，部分企业达成初步合作意向。会上还举行浙豫两省笋竹产品销售合作签约仪式。

第二届中国国际林业产业博览会暨第四届中国义乌国际森林产品博览会 博览会于11月1日开幕，由国家林业局和浙江省政府联合举办。境外30个国家（地区）以及国内30个省（区、市）的2000余家企业参展，设国际标准展位4519个，实现展览成交额50.18亿元，其中外贸成交额26.09亿元；共有来自100多个国家（地区）的13.25万名境内外采购商参会，其中境外客商6500余人。

【林业支撑保障】

林业科技自主创新 开展省重点科技创新团队建设，建立碳汇林业和竹木加工2个省级科技创新团队。浙江省十县百万亩竹产业效益提升工程列入“十二五”农业重大科技成果转化工程。

林业技术普及推广 2011年举办第八届林业科技周活动和深化作风建设年“关注森林、兴林富民”林业送科技下乡活动。初步构建了基层林技推广、森林病虫与野生动物疫源疫病防控、林产品质量安全监管“三位一体”的林业公共服务机构。全省实施中央财政林业科技推广示范项目11个，农技推广林业项目45个。扎实推进全省毛竹覆盖“双百万”示范行动，举办培训班67期，受训人员3587人次，共有171户示范户开展毛竹覆盖，覆盖竹林年均公顷产竹笋达9000千克。

林木种苗 林木良种选育取得新进展，2011年新审（认）定林木良种23个，金华东方红林场油茶试验林测产，最优油茶品种公顷产茶油达1395千克。林木良种生产取得新成就，杉木良种产量达5400千克，再创全国新高，油茶苗木培育在全国率先实现分系育苗。容器育苗取得新突破，珍贵树种容器苗培育从原来的一年生小苗为主向多年生大苗方向发展，种苗质量和保障能力得到进一步提高。

林产品质量安全监管 开展严厉打击林产品非法添加和滥用食品添加剂专项行动、“地沟油”专项整治行动，组织开展全省可食林产品省级例行检测工作，2011年完成1197批可食林产品省级例行监测及97批森林食品基地环境质量（土壤）抽查工作，综合合格率98.7%。

林业法制 2011年省政府颁布出台《浙江省林权流转和抵押办法》。编印《浙江省林业行政处罚文书参考文本》，规范林业执法行为，杭州、武义、东阳、长兴等地的执法案卷质量明显提高。省林业厅联合省司法厅开展维护林农权益行动，有65个市、县建立林业法律援助站，共受理案件1265件，解答法律咨询7828人次。

【林业大事】

1月12日 时任省政协主席周国富先后到浙江科技学院、西湖区西湖街道双峰村、灵隐寺等地与高校师生、干部群众、寺院僧众一起参加义务植树劳动，省政协副主席陈艳华、黄旭明等一起参加植树劳动。

1月21日 杭州半山国家森林公园正式挂牌。省委常委、杭州市委书记黄坤明，国家森林公园管理办公室副主任、总工程师张健民为半山国家森林公园揭牌。

2月9日 全省各级党政军领导集体参加义务植树。省委书记赵洪祝、时任省长吕祖善、省政协主席乔传秀以及夏宝龙、任泽民、陈敏尔、李强、黄坤明、葛慧君、茅临生、蔡奇、林恺俊等省党政军领导，省级各部门各单位主要负责人及有关部门干部职工1000余人在杭州市西湖区参加义务植树。全省11个市90个县（市、区）上下联动，统一行动，积极组织开展新春上班第一天党政军义务植树活动。全省各级党政军领导和机关干部共计11.2万人参加义务植树，新栽各类树木42万多株。

3月10日 省委副书记夏宝龙在长兴主持召开全省平原绿化工作座谈会，萧山、鄞州、乐清等全省20个县(市、区)委书记及省级有关部门负责人参加座谈会。

4月8日 中国绿色碳汇基金会浙江碳汇基金北仑专项暨北仑森林基金正式成立，省政协副主席陈艳华，国家林业局绿化造林司、中国绿色碳汇基金会领导等参加成立仪式。

4月10日 中国野生动物保护协会在开化县举行授牌仪式，命名开化县为中国白颈长尾雉之乡。

5月15日 中国首个绿色碳汇基金会碳汇研究院授牌仪式在温州举行。国家林业局副局长张建龙，中国绿色碳汇基金会理事长刘于鹤等出席授牌仪式。

5月15日 2011中国(温州)森林旅游节暨浙江省第五届森林旅游节在温州市举行。国家林业局副局长张建龙出席开幕式并讲话，浙江省委常委、副省长葛慧君宣布开幕，省人大常委会副主任程渭山，副省长、温州市委书记陈德荣等参加开幕式。

6月8日 浙江省高速公路(高铁)森林通道建设工程启动仪式在海宁举行。省政协主席乔传秀参加仪式并宣布工程启动。

6月13~17日 全国集体林权制度改革督导组对浙江省集体林权制度改革工作进行督导检查。督导组实地考察了龙泉、安吉等地，听取了浙江省集体林权制度改革工作汇报，并举行学习贯彻全国人大林改工作审议意见精神宣讲会。

6月23日 浙江省"迎浙江生态日——全省护林植树大行动"启动仪式在杭州举行。省委副书记夏宝龙出席并宣布仪式启动，省政协副主席、省生态文化协会会长陈艳华等参加活动。

8月17日 全国林业有害生物防治工作会议在宁波召开，国家林业局局长贾治邦，浙江省委常委、副省长葛慧君，国家林业局副局长张永利等出席会议并讲话。全国各省(区、市)人民政府分管秘书长，各省(区、市)林业厅(局)、四大森工集团和新疆生产建设兵团林业局的代表等参加会议。

10月13~15日 湖南省副省长徐明华带领湖南省政府考察团一行到浙江省考察林业工作。

10月14日 浙桂林业工作交流会在杭州召开。浙江省省委常委、副省长葛慧君，广西壮族自治区党委副书记陈际瓦等参加会议。

10月16日 2011浙江(诸暨)森林旅游节暨绍兴市第三届森林休闲节在诸暨举行。省政协主席乔传秀，国家林业局总工程师陈凤学等参加开幕式。

10月20日 第九届中国苗木交易会暨首届中国(金华)盆景赏石展销会在金华市金东区举行，浙江省人大常委会副主任程渭山宣布开幕，国家林业局总工程师陈凤学等领导参加并致辞。

10月22日 中国(长兴)花木大会、第二届中国银杏节在长兴隆重举行。浙江省人大常委会副主任程渭山、省政协副主席陈艳华、国家林业局总工程师陈凤学等参加开幕式及相关活动。

10月26日 浙江省生态文化研究中心在浙江农林大学成立。省委常委、宣传部长茅临生，省政协副主席陈艳华等出席成立大会。

12月16日 浙江省林业厅在德清召开全省林业局局长会议，同时召开林业科技工作会议。

（浙江省林业由肖林供稿）

安徽省林业

【营林生产】 全省共完成荒山荒地造林4.56万公顷，其中人工造林2.34万公顷，森林经营2.22万公顷。林业重点工程完成人工造林1.64万公顷，其中退耕还林工程完成造林5333公顷；长防林工程完成造林1.11万公顷。完成一般造林3.41万公顷。完成新封山育林5.22万公顷。完成国家森林抚育补贴试点2万公顷。世行五期完成营造林5850公顷。加强林木种苗管理、良种选育和推广工作，《安徽省林木种子条例》颁布实施，全省新续建林木良种基地666.67公顷，林木采种基地6700公顷和林木种质资源保存库280公顷；完成3000万株油茶良种苗木培育、133.33公顷油茶良种推广示范林建设。苗木产业发展较快，全年新增育苗面积6667公顷。

全省完成绿色长廊工程建设5792千米，其中铁路55千米，高速公路130千米，公路国省道673千米，环城林带与城市出入口628千米，大江大河848千米，县乡道、沟渠绿化3458千米，折合造林面积2353.33公顷。按照"突出重点、提高标准、分步实施"的原则，加快推进绿色长廊示范工程建设，2011年实施合安高速公路合肥和安庆段、亳阜高速公路亳州段、京浦蚌埠段、京九铁路阜阳段和环湖大道巢湖段等5条路段，新建高标准绿色长廊328千米，折合造林面积1493.33公顷。

城乡绿化稳步推进 组织开展森林城市、绿化模范城市、园林城市和绿色小康村、绿化模范村、绿色城镇等创建活动，经国家林业局批准，安庆、池州、合肥3市正在组织创建国家森林城市，淮南市和桐城市正在组织创建国家绿化模范城市。全省国土绿化工作成效显著，淮南市林业局等8家单位获全国绿化先进集体称号；马钢(集团)控股有限公司副总经理高晋生等4人被评为全国绿化劳动模范；滁州市林业局局长单锡峰等4人被评为全国绿化先进工作者称号；淮北市人民政府、绩溪县人民政府以及合肥林业和园林局被全国绿化委员会授予国土绿化突出贡献单位称号，六安市金安区绿化委员会办公室原主任周世友、淮南市上窑林场场长周家林被授予国土绿化突出贡献人物称号。大力实施"千村绿化"工程，全省共完成集镇绿化396个，造林1333公顷；完成村庄绿化5800个，造林5600公顷。古树名木管理逐步加强，完成16个市古树名木认定工作。

全民义务植树活动深入开展 3月17日下午，省委书记张宝顺、省长王三运、省政协主席王明方率省暨合肥市党政领导、省市直机关干部和部队官兵1500多人，在合肥市滨湖新区金斗公园开展义务植树，当天植树4500多棵。“3·12”植树节当天，合肥市5万多干部群众自发参与植树。宿州市共有3万多机关干部和青年志愿者，义务植树10万株。围绕“植树造林，减缓气候变化”国际森林年活动主题，全省各地积极营造“国际森林年纪念林”，新建义务植树基地103处，造林1333公顷。据统计，2011年全省共义务植树1.21亿株。

【森林资源保护】

加强森林资源监测 启动全省新一轮二类调查；贯彻落实省政府“森林增长”目标考核要求，编制森林资源目标考核体系；根据《林业数表管理办法》，完成杉木数表编制工作。

加强林地保护管理 按照国家林业局部署，启动全省林地保护利用规划编制，界首市、金寨县试点工作取得初步成果。组织开展林地保护管理清理整顿专项行动，严厉打击和坚决遏制违法占用林地行为，全年实际使用林地定额3433公顷(其中年度定额为2370公顷，使用2012年度定额474公顷，申请国家林业局年度预留指标589公顷)，受理并办结林地案卷555件。

加强林木采伐管理 严格执行森林采伐限额制度，森林资源消耗量控制在国家下达的857.89万立方米年度限额指标范围内；及时总结上报10个试点县(市、区)森林采伐管理改革试点工作成果；督导临泉县和谯城区完成森林采伐限额执行中存在问题的整改。

完善木竹检查站管理 按照“科学合理，便捷高效”原则，会同省交通厅、公安厅和省政府纠风办，对东至、岳西、怀宁等县木竹检查站站址予以调整。严格规范木材运输管理，依法发放《木材运输证》1.6万本。

加大涉林案件查处力度 组织开展“春季攻势”专项行动、“亮剑行动”、“清网行动”，严厉打击破坏林业资源违法犯罪行为。专项行动中侦破森林刑事案件144起，查处林业行政案件1034起，林政罚款247万元；收缴非法林木木材1515立方米；收缴林地61.68公顷；清理非法侵占林地6.18公顷，清查占用征收林地项目229个，收回非法占用征收林地2.60公顷。据统计，2011年发生林业行政案件26 641起，查处26 603起，案件办结率99.86%。处罚27 363人，补种树木40.63万株，补征育林基金928.86万元，罚款4.46亿元，没收违法所得1137万元，没收木材3.77万立方米，挽回经济损失达4.66亿元。

【林业有害生物防治】

落实林业有害生物防治目标管理责任制 按照“预防为主，科学治理，依法监管，强化责任”防治方针，组织开展“绿剑2011”检疫执法专项行动，启动松材线虫病防治“两年攻坚计划”，扎实推进森林网络医院建设，林业有害生物防治“四率”指标均达到国家林业局要求，其中测报准确率82%，成灾率0.51‰，无公害防治率76%，种苗产地检疫率94%。全年林业有害生物发生面积40.07万公顷，病害发生面积5.27万公顷，虫害发生面积34.8万公顷，比2010年增加4.47万公顷。轻度、中度发生面积分别为30.33万公顷和7万公顷，重度发生面积2.73万公顷。完成林业有害生物防治面积34.93万公顷，防治率87.19%。其中，松材线虫病发生面积3093公顷，病死树10 839株，疫情涉及7个市、14个县(市、区)、36乡镇(国有林场)。拔除2个疫情发生区、8个疫情发生点。松毛虫和杨树病虫害发生面积同比有所增加，全省松毛虫发生面积8.8万公顷，较2010年增加3.33万公顷，重点分布在江淮丘陵和皖南山区。马尾松毛虫发生面积7.67万公顷、思茅松毛虫发生面积1.13万公顷。全省杨树病虫害发生面积24.07万公顷，杨树食叶害虫、草履蚧发生面积有所增加，蛀干害虫、杨树病害有所下降。经济林、竹类以及其他病虫害发生面积同比总体持平。以板栗、山核桃为主的经济林病虫害发生面积3.37万公顷，竹类病虫害发生面积1.33万公顷，松褐天牛发生面积1.33万公顷，双条杉天牛发生2787公顷；其他病虫害发生5787公顷。全省未发现美国白蛾侵入。

松材线虫病防治实现“三下降” 经国家林业局考核，安徽省2008~2010年松材线虫病防治目标责任考核得分92分，位居全国第6位。2008~2010年，全省根除7个县级疫点和29个乡镇疫点，新发生8个县级疫点。截至2010年底，全省县级疫点27个，乡镇级发生点38个，发生面积3460公顷，病死树0.62万株，与《2008~2010年松材线虫病防治(预防)目标责任书》确定的目标任务相比，松材线虫病防治实现发生点、发生面积和病死树数量“三下降”，超额完成6个县级疫点和23个乡镇级疫点的根除任务，发生面积超额减少1873.33公顷，病死树数量较2008年减少1.42万株。

【森林防火】 严格落实森林防火责任制，省、市、县三级政府层层签订责任状；制订《省林业厅领导督查森林防火工作方案》、《省防火办督查森林防火工作方案》并组织开展“春季攻势”专项行动，强化森林防火督查；加大火源管理和防范，生产性用火严格执行“五烧、五不烧”制度，非生产性用火严格执行“六禁止”制度；开展“严防森林火灾，共享森林美景”主题宣传，提高全民防火意识；加大火灾案件查处力度，严格执行《安徽省森林防火责任追究暂行规定》；进一步完善扑火应急预案，加快专业森林防火队伍和防火林带建设，组建38个跨区域省地共建重点森林消防专业队，完成生物防火林带建设918千米。加强高火险时段防火专业队伍管理，实行集中食宿，随时跨区域调用。武警森林驻皖部队除驻守黄山外，抽调部分官兵靠前驻防安庆市、宣城市，扑火效率进一步提高。据统计，2011年共发生森林火灾250起，受害森林面积254.6公顷，受害率0.068‰，远低于省政府确立0.5‰控制指标，全年未发生重大森林火灾和重大人员伤亡事故。

【野生动植物资源保护与自然保护区建设】 经省政府同意，建立全省湿地资源调查与保护管理部门联席会议制度。安徽省湿地保护中心正式批准成立。组织开展自然保护区自查、清理整改和全省第二次湿地资源调查工作；启动巢湖、升金湖、太平湖、石臼湖、扬子鳄栖息地5处国家重要湿地确认工作；池州平天湖、六安淠河、涡阳道源3处国家湿地公园已通过专家评审；完成同世界自然基金会长江湿地网络与国家林业局共同开展的2010～2011年度长江中下游水鸟同步调查；《安徽省陆生野生动物造成人身伤害和财产损失补偿办法》于7月1日颁布实施；以“科学爱鸟护鸟，弘扬生态文明”为主题的“爱鸟周”30周年启动仪式在阜阳市举行，省自然保护管理站、贵池十八索自然保护区程东升分别获全国“爱鸟周”先进集体和先进个人。2011年，全省已建各级、各类自然保护区99处，总面积达47.36万公顷，占省国土面积的3.40%。其中国家级7处，面积13.92万公顷；省级26处，面积27.29万公顷；市级4处，面积1.71万公顷；县区级62处，面积4.43万公顷。继续做好扬子鳄饲养繁育工作。扬子鳄专项调查获国家林业局批准立项，全年共收集鳄卵114窝，受精卵1798枚，孵出幼鳄1249条。

【林业改革】 ①继续深化行政审批权相对集中改革。按照省政府要求，制订《省林业厅深化行政审批权相对集中改革方案》，遵循决策、执行、监督适当分开原则，在确保机构、编制、职数不突破前提下，稳步推进行政审批职能管审分离。逐步建立审监分离、职责清晰、授权到位、运转顺畅的审批机制。②继续推进国有林场改革。加快改革试点工作，会同省发改委制订《安徽省国有林场改革试点工作方案》，明确将滁州市和黄山区作为安徽省国有林场改革试点区。③基层林业机构改革继续巩固。按照安徽省人民政府关于深化改革加强基层农业技术推广体系建设的实施意见，督促指导各地进一步抓好县级基层林业工作站、县级林业技术推广站改革与建设工作，2011年，基层林业站建设状况良好，县级林业技术推广机构得到加强。④森林公安机关执法权限全面理顺。会同省公安厅、省检察院、省高级人民法院联合下发《关于森林公安机关办理森林刑事、治安和林业行政处罚案件有关问题的通知》，明确省、市和林业重点县(市、区)森林公安机关是办理森林和陆生野生动物资源刑事、治安案件的专门机关，具有县级以上公安机关执法权限，自2011年6月1日起，全省森林公安执法权限正式独立行使。

【集体林权制度改革】 全省集体林权制度主体改革进一步完善，林权到户率、林权纠纷调处率和档案归档率逐步提高，完成集体林权勘界面积352.73万公顷，占应勘界面积的99.2%，涉及农户593万户；已发林权证240万本，发证面积347.6万公顷，占应勘界面积97.8%，林权到户率89%以上；调处林权纠纷14 200件，调处率93.9%。配套改革扎实推进，重点规范林权流转和林业要素市场建设、林权抵押贷款、农民林业专业合作组织建设、林下经济、林权档案管理和林权信息平台建设、森林保险、投融资体制改革、采伐管理体制改革、林业行政综合执法体制改革、林业社会化服务体系等。制定出台《关于规范农村集体林权流转的意见》，全省办理林权抵押贷款1.9万宗，抵押林地面积9.27万公顷，贷款金额15.4亿元；成立各类农民林业专业合作组织1256家，其中农民林业专业合作社808家，带动农户17万户，整合林地面积14.27万公顷；组织评选出100个林业专业合作示范社。黄山区等19个县(市、区)已申报全国农民林业专业合作社示范县；全省林下经济产值达50亿元，宁国市等7个县(市、区)入选全国林下经济发展典型县。完成林权管理信息平台软件开发，初步建成信息发布、林权交易、行政许可、综合服务等多项功能。建立林权管理服务中心91个，其中县级55个，乡镇级36个；组建了省级和6个市级信息平台；森林保险扩面工作加快，全省森林保险投保面积达4.93万公顷，保险金额达7.54亿元，保费达377万元。积极争取国家森林保险试点省，会同省财政厅、省金融办、省保监局共同制订了《安徽省关于开展森林保险试点工作实施意见》。

【林业产业】 2011年，全省林业产值突破千亿元大关，达到1171.8亿元，同比增长63.8%；宣城、宿州、六安、滁州、黄山、阜阳6个市产值超过100亿元，有5个县(市、区)产值超过50亿元、33个县(市、区)产值超过10亿元。①林业产业经济日趋壮大。紧紧围绕“生态产业、绿色富民”的主题，加大对龙头企业的扶持和培育力度，林业产业经济实现了又好又快的发展，据统计，全省林业第一产业实现总产值376.2亿元，同比增长41.8%；第二产业实现总产值647.4亿元，同比增长68.6%；第三产业实现总产值148.2亿元，同比增长124.2%。②林业产业基地建设稳步推进。编制完成《安徽省木材战略储备生产基地规划(2011～2020年)》，在6个国有林场建设特殊林木后备资源项目中新造林393.33公顷、培育680公顷。完成2000公顷生物质能源林基地建设任务。经济林基地面积不断扩大，完成油茶等经济林和竹林造林1.8万公顷。苗木花卉新增面积0.67万公顷，总种植面积达5.67万公顷。③建立林业产业发展激励机制。开展林业产业先进评定工作，评定宣城、六安、宿州、阜阳、黄山、滁州6个市为全省“十一五”林业产业发展先进单位；授予宁国、广德、砀山、埇桥、阜南、霍邱、太和、祁门、霍山、南谯等10个县(市、区)为2010年度全省林业产业发展十强县(市、区)称号。④森林生态旅游继续保持良好势头。新设立省级森林公园6处，全省森林公园总数已达58处；按照《安徽省森林公园管理条例》规定，组织完成3处森林公园总体规划评审和审批，指导4处森林公园开展总体规划设计。制定“森林旅游人家”建设地方标准；3处拟建国家湿地公园通过国家专家组评估。全省森林生态旅游与休闲服务产值达100亿元，森林公园接待游客达750万人次。⑤主要林产品实现了量的扩展。全年共生产木材494.85万立方米，其中原木421.08万立方米、薪材73.77万立方米；生产竹材10 110.57万根，其中毛竹8562.51万根、蒿竹1548.06万根；生产小杂竹29.68万吨；水果产量228.41万吨，干果产量21.75万吨，林产饮料产品8.94万吨，林产调料产品1392吨，森林食品80 559吨，木本药材14 943吨，木本油料31 730吨，林产工业原料10 425吨。

主要经济林产品产量

产品	单位	产量	产品	单位	产量
苹果	万吨	40.01	毛茶	吨	88 512
梨	万吨	99.64	食用菌	吨	50 382
葡萄	万吨	21.14	生漆	吨	244
桃	万吨	41.69	油桐籽	吨	2374
杏	吨	12 293	油茶籽	吨	31 608
猕猴桃	吨	13 629	乌桕籽	吨	180
柿子(干重)	吨	37 726	五倍子	吨	64
柑橘	吨	27 648	棕片	吨	1096
枣(干重)	吨	10 284	竹笋干	吨	16 959
核桃	吨	15 227	松脂	吨	6467
板栗	万吨	14.87	银杏(白果)	吨	2700

主要森林工业产品产量

产品	单位	产量
锯材	万立方米	227.85
木片	万实积立方米	59.23
人造板	万立方米	896.74
胶合板	万立方米	425.27
木胶合板	万立方米	363.95
竹胶合板	万立方米	47.88
其他胶合板	万立方米	13.44
纤维板	万立方米	252.57
其中：中密度纤维板	万立方米	241.99
刨花板	万立方米	35.31
其他人造板	万立方米	183.60
其中：细木工板	万立方米	132.54
单板	万立方米	37.42
木竹地板	万平方米	5234.62
实木木地板	万平方米	214.47
复合木地板	万平方米	1028.60
其他木地板	万平方米	3377.40
竹地板	万平方米	614.15

主要林产化学产品产量

产品	单位	产量
松香	吨	4101
松节油	吨	1024
木炭	吨	36 004

【林业科技】 全面贯彻科技兴林和可持续发展战略，大力推进林业科技推广工作。①加强林业科研工作。2011年完成石质山地营造林技术研究与推广等4项成果鉴定；霍山石斛(米斛)茎段组培及栽培技术应用研究和杉木、马尾松、湿地松人工用材林可持续经营技术研究与示范推广两项科研成果获省科技进步三等奖；蓝莓、绿萝组培育苗取得成功，油茶组培育苗已进入转生根阶段。北缘地区油茶良种选优工作取得成效，凤阳1-4号油茶优良单株通过省级良种认定。②林业先进实用技术得到大力推广。重点推广油茶丰产栽培、低产林改造、良种培育技术，薄壳山核桃、大别山山核桃丰产栽培技术和毛竹优质丰产与防雪灾技术、杨树优质丰产经营技术等为安徽省森林质量提升提供强有力的科技支撑。③开展林业科技培训。结合各类林业科技项目实施，开展各种形式培训班，在宿州、蚌埠、霍山、舒城、广德、歙县、阜阳等地分期举办杨树、油茶、毛竹、石斛、猕猴桃、薄壳山核桃丰产栽培及良种培育培训班。据统计，全年共举办培训班200多期，受训人数达4万多人。同时，按照省委、省政府“两纲”要求，培训农村妇女3万多人次。④加强林业科技项目的申报与实施。2011年申报国家林业局科技项目23个，其中18个项目获国家批准，国家投资金额达1500多万元。完成了“紫竹速生丰产栽培技术推广”和“杨树间伐与修枝技术推广示范”等国家级林业科技项目建设。启动实施“杨树优质丰产经营技术推广示范”、“南方低效生态公益林改造与恢复技术研究与示范”、“金寨县优质高产高效油茶生产技术示范推广”等一批国家级和省级林业科技推广示范项目。⑤加快林业标准化进程。2011年修订国家行业标准5项、地方标准12项，建立全国林业标准化示范区10个。制修订《油茶芽苗砧嫁接容器育苗技术规程》、《油茶低产林改造技术规程》、《林木采伐、加工剩余物和废弃木材回收利用规范》、《杞柳优质丰产栽培技术规程》、《林业有害生物防治服务组织资质规范》、《山核桃有害生物防治技术规程》等6个安徽省地方标准。国家林业局批准宁国市为全国山核桃标准化示范区。

【森林质量提升“1115”行动】 以森林质量提升“1115”行动计划为抓手，在继续主攻油茶、竹和杨树三大树种的同时，将薄壳山核桃纳入提升对象，认真抓好优质丰产栽培、低产林改造、良种培育、技术培训等工作；充分发挥首席专家的作用，指导建设林业科技示范园区14个、科技示范林1万公顷。扎实推进杉木、松类、硬阔类树种质量提升示范点建设。黄山市实施绿色质量提升行动，完成532个提升点建设任务。2011年，全省新造油茶林1.19万公顷、低改抚育4400公顷；完成竹林造林6100公顷；以淮北、沿江地区为重点，突出9个县(市、区)共300公顷杨树质量提升示范点建设，新建杨树良种繁育基地46.67公顷，新造杨树8000公顷。

【林业对外合作】 林业对外交流与合作活动日趋频繁，成功举办了纪念国际森林年暨中日民间绿化合作小渊基金项目会议；召开全省林业国际合作项目工作暨中德三期项目启动会议，省委常委、副省长余欣荣出席会议并讲话。创新思路，拓展对外交流与合作渠道，加强与世界各国有关技术、人才、资金和管理经验等领域的交流与合作。日本高知县中日友好造林志愿者一行11人专程来安徽省黄山区，参加中日友好第14次植树造林项目的启动仪式，并赴南陵、东至、岳西和舒城县进行林道和山体治理等方面技术交流；同时，日本小渊基金造林项目、中日友好造林第14期项目、日中绿化交流基金合作项目等国际合作在建项目进展顺利。2011 年，省林业厅接待德国、日本、越南、国际竹藤组织成员国等国官员、专家、友好人士 126 人次。组织 42 人次赴境外出访、参加国际会议和培训。

【林业保障】 ①基层林业组织建设逐步完善。随机抽查的 23 个重点县基层林业工作站建设均达到合格标准，国家标准化林业站建设项目稳步推进，基层林业基础设施正在逐步改善。配合国家林业局在宿州市完成第一批林业站站长能力测试，有效促进了基层林业系统干部的能力和水平。②项目和资金支撑作用得到增强。2011 年，中央和省财政安排全省林业建设资金分别达到 16.58 亿元和 2.63 亿元，较 2010 年增加 2.28 亿元。落实林业贴息贷款 23.43 亿元，当年新增 15.6 亿元，列全国第二位，受到国家林业局通报表扬。③国有林场基础设施与保障建设扎实推进。建立了国有林场危旧房改造厅领导联系点制度，2011 年度开工建设 5830 户、完工 632 户。继续加强林区基础设施建设和职工保障工作，完成林区道路建设 66.7 千米。养老保险参保职工已超过 50%。④林业法制建设进程加快。《安徽省林木种子条例》、《安徽省陆生野生动物造成人身伤害和财产损失补偿办法》已批准实施，《安徽省林权管理条例》、《安徽省湿地保护条例》已列入省人大立法计划。

存在的主要问题是①林业资源保护压力加大。随着经济社会的快速发展，人类对林业资源的需求呈现量多面广的趋势，导致乱砍滥伐林木、乱批滥占林地、乱捕滥猎野生动物、乱采滥挖野生植物等现象时有发生。同时，森林火灾、林业有害生物、地质灾害以及雨雪冰冻、干旱、洪涝等极端天气对林业资源破坏难以从根本上得到遏制，林业资源保护面临的形势严峻，任务艰巨。②林业产业整体水平偏低。尽管全省林业产值继续保持快速递增的势头，但产业结构不优、企业品牌不响、产品附加值较低、带动林农增收能力不强的问题仍然存在，优化升级、提升发展质量的潜力依然较大。③林业发展资金投入不足。地方公共财政对林业的投入与现实林业发展需要存在较大差距，对林业的投入远远跟不上地方经济的增速。同时，由于发展林业具有周期长，见效慢等特点，金融部门支持林业发展的热情度不高，投入规模较小，一定程度上影响到社会资金投资林业的积极性。④森林总体质量不高。全省乔木林单位面积蓄积仅 4.13 立方米/亩，低于全国平均水平；低产低效残次林比重较大，约占林分总面积的 1/3；用材林单位面积蓄积量、年均生长量分别为 3 立方米/亩和 0.4 立方米/亩，低于全国平均水平，且径级结构失衡，林分效益低下，林下产品附加值和资源增值率较低。⑤林业各项改革任重道远。全省集体林权制度主体改革任务虽然基本完成，相关林权制度配套改革的社会化服务体系、林产品市场、森林资源资产评估、公共财政服务、融资服务体系、林业标准化建设、林业科技服务、森林认证等林业发展机制转变能力尚待提高。国有林场经营机制改革以及支持林业金融制度的改革等任务依然十分繁重。

【亮剑行动】 8 月 1 日至 9 月 30 日，安徽省林业厅在全省范围内组织开展代号为“亮剑行动”的严厉打击破坏林地资源违法犯罪专项行动。专项行动打击重点是非法毁林开垦行为，非法占用林地进行工程建设行为，非法占用林地开采矿石行为等。按照调查摸底、挂牌督办、立案查处、总结提高 4 个阶段开展。专项行动期间，全省共出动人员 8029 人次，其中森林公安民警 5924 人次，出动车辆 3430 台次；立刑事案件 8 起，破案 6 起，抓获人员 17 人，打掉犯罪团伙 1 个；受理行政案件 137 起，查处 135 起，行政处罚 145 人，林政罚款 620 940 元；收缴林地 61.6786 公顷，木材 42.385 立方米；群众举报线索 43 条，媒体报道 33 条；清理借“土地开发整理”名义非法侵占林地 6.18 公顷，清查占用征收林地项目 229 个，收回非法占用征收林地 2.6045 公顷。通过专项行动，清理了一批非法征占用林地项目，查处了一批典型案件，为林业改革发展创造了良好环境。

【江南林业产权交易所】 2011 年 12 月 20 日，安徽省首个区域性林权交易机构——江南林业产权交易所正式挂牌运营。江南林业产权交易所是经省政府同意，由黄山市人民政府和省林业厅批准组建的国有控股公司。作为林权管理信息服务平台重要组成部分，江南林业产权交易所致力于建立面向全省、辐射全国的区域性统一、规范、公开的森林资源交易平台，主要从事林地使用权交易、原木等大宗林产品交易以及森林碳汇交易。

【《安徽省森林旅游发展规划》出台】 经省政府批准，由省林业厅和省旅游局共同组织编制的《安徽省森林旅游发展规划(2011～2020 年)》出台。该《规划》是安徽森林旅游的第一部发展规划。《规划》在全面分析安徽省森林旅游资源和森林旅游业发展现状的基础上，提出了未来 10 年安徽省森林旅游资源保护与开发的指导思想、形象定位、总体布局和规划目标。

【森林公安民警荣登“中国好人榜”】 经县市文明办推荐、省文明办审核、中央文明办确定符合条件候选人，中国文明网网上评议和投票等环节，全省共有 3 名森林公安民警荣登中央文明办举办的“中国好人榜”。宁国市公安局狮桥森林派出所副所长曹军被评为 2009 年 10 月的“见义勇为好人”；祁门县公安局金字牌森林派出所所长方信祥被评为 2009 年 12 月“敬业奉献好人”；黟县公安局美溪森林派出所民警张六一被评为 2010 年 10 月“诚实守信好人”。

【参展第二届林博会】 11 月 4 日在浙江义乌闭幕的第二届中国国际林业产业博览会上，安徽展馆荣获最佳展台奖，安徽省展团获博览会最佳组织奖，安徽家好家门窗有限公司、安徽宏宇竹木制品有限公司获最佳参展企业奖。中国宣纸集团公司、安徽宏宇竹木制品有限公司、安徽森泰集团、安徽詹氏食品有限公司、安徽绿健生物科技有限公司、郎溪县十字铺生态特色农业观光园、岳西县坤城木艺有限公司、岳西县翰林根艺文化有限公司等企业的 22 种林产品获金奖、31 种林产品获优质产品奖。达成林业产业投资合作意向 30 余个，投资额近10亿元。安徽龙华竹业、徽山油业、东盾人造板、扬子地板等4家省级林业产业化龙头企业，及安徽大国地板集团董事长肖大启和黄山市林科所所长潘新建分别荣获中国林业产业联合会颁发的中国林业产业突出贡献企业奖和突出贡献个人奖。

【“五级书记”大走访活动】 根据省委《关于开展以“访民情、汇民智、释民惑、解民忧、惠民生”为主题的五级书记带头大走访活动的通知》精神，省林业厅党组结合机关党建、林业中心工作和新农村建设，制定《省林业厅开展“五级书记大走访”活动实施意见》，明确目标任务、时间要求和具体措施。厅党组全体成员，轻车简从，分赴祁门县、歙县、庐江县、金安区的5个联系村，扎实开展大走访活动，访民情，汇民智，解民忧。活动期间共走访看望群众80多户。针对群众普遍关注的林业生产技术、林业政策和资金扶持等问题，厅党组着力抓好“四个服务”。①着力于科技型服务。组织实施科技专家服务“千村百镇”活动，为广大林农提供一线科技服务；②着力于政策型服务。采取喜闻乐见的宣传形式，及时把国家以及省委、省政府的强林惠农政策宣传到位；③着力于改革型服务。加快林业各项改革，让改革的最新成果与林农共享；④着力于效益型服务。整合资金，加强林业致富工程建设，促进林农增收。

【林业大事】

1月11~14日 国家林业局检查组来安徽省，对《2008~2010年松材线虫病防治目标责任书》任务完成情况进行考核检查。省政府副秘书长程中才会见核查组一行，并参加了汇报会。

2月21日 全省林业局长会议在合肥召开。省委常委、副省长赵树丛出席会议并讲话，省林业厅厅长韩柏泉作工作报告。

2月21~23日 日本高知县林业振兴环境部副部长大原充雄率团来安徽省开展林业交流合作。

3月15日 全国森林防火电视电话会议召开。会后，省委常委、副省长赵树丛作重要讲话，对安徽省森林防火工作进行了部署。

3月17日 省委书记张宝顺、省长王三运、省委副书记、省政协主席王明方率省暨合肥市领导、省市直机关干部和部队官兵1500多人，在合肥市金斗公园开展义务植树活动，省党政军领导孙金龙、段敦厚、徐立全、赵树丛、臧世凯、王宾宜、詹夏来、文可芝、朱先发、唐承沛、谢广祥、花建慧、郑牧民、张学平、李宏塔、李永生、张梅山、朱永和、罗志安及省政府秘书长梁卫国参加了植树活动。

3月18日 全省油茶产业发展现场会在舒城县召开。省委常委、副省长赵树丛出席会议并讲话，省人大常委会原主任孟富林到会指导，省人大常委会原副主任吴天栋作专题讲话，省林业厅厅长韩柏泉作会议发言。省政府副秘书长程中才主持会议。

4月14~15日 2011年中国花卉协会常务理事(扩大)会议在合肥召开。中国花协副会长、秘书长、副秘书长，各省花协会长、秘书长，中国花协各分会会长、秘书长出席会议，全国政协人资环委副主任、中国花卉协会会长江泽慧参加会议并讲话。安徽省委常委、合肥市委书记孙金龙，省委常委、副省长赵树丛会见江泽慧一行。

5月9日 经国家林业局批准，安徽省第七次扬子鳄野外放归仪式在宣城市郎溪县高井庙林场举行，野外放归扬子鳄6条。

5月27日 全省林业国际合作暨中德三期项目启动会议在合肥召开。省委常委、副省长余欣荣出席会议并讲话。

8月19日 《安徽省林木种苗条例》经省第11届人民代表大会常务委员会第27次会议审议通过。该《条例》自2012年1月1日施行。

10月12~14日 越南农业部林业项目管理委员会副主任、KfW四期项目管理委员会主任潘清，率越南德援项目考察团一行，来安徽省访问考察中德财政合作营造林项目。

10月17~19日 全国林业利用国际金融组织贷款工作会议在黄山市召开。国家林业局党组副书记、副局长赵树丛出席会议并讲话，安徽省委常委、纪委书记王宾宜到会致辞。

10月24日 省森林防火指挥部和省松材线虫病防治指挥部扩大会议在合肥召开。会上，省政府与各市政府签订森林防火和林业重大有害生物防治两个目标责任书。省委常委、副省长余欣荣出席会议并讲话，国家森林防火指挥部副总指挥杜永胜应邀到会指导。省政府副秘书长程中才主持会议，省林业厅厅长韩柏泉通报全省“两防”工作情况。

10月30日 《安徽省林业发展第十二个五年规划》论证会在合肥召开。

11月6日 2011中国·合肥苗木花卉交易大会在肥西县中国中部花木城隆重开幕。国家林业局副局长张建龙，省委常委、副省长余欣荣，省委常委、合肥市委书记吴存荣，省政协副主席李卫华共同启动开幕式水晶球。

12月20日 全省集体林权制度改革经验交流会在黄山召开。省委副书记孙金龙出席会议并讲话，省委常委、副省长余欣荣主持会议并作会议总结。省长助理邵国荷，省委副秘书长、督查室主任张杰，省政府副秘书长程中才，省林业厅厅长韩柏泉等以及全省16个市、72个县(市、区)党委或政府负责人、林业局局长，省直有关部门负责人等出席会议。

12月23~24日 全省林业产业大会在阜南县召开。省林业厅厅长韩柏泉参加会议并讲话。

（安徽省林业由王小明、程高记供稿）

福建省林业

【概　述】 2011年，福建省以造林绿化工作为中心，突出林权配套改革、林业产业发展、森林资源保护和森林经营管理等重点，强化科技支撑、自身建设两项保障，主动作为、真抓实干，福建林业实现"十二五"良好开局，林业发展继续保持良好态势。

造林绿化　经国家林业局华东调查规划设计院检查验收，2011年全省完成造林46.73万公顷，占43.33万公顷任务的107.8%。省级投入造林绿化资金7.5亿元，带动全省资金投入103.5亿元。其中全省"绿色城市、绿色村镇、绿色通道、绿色屏障"工程造林，绿色城市新增绿地4297.96公顷，植树1090.41万株，新增公园65个、中心绿地251个，创建绿色军营49个、绿色校园354个、绿色开发区34个；绿色村镇新增乡镇建成区绿化覆盖面积2637公顷，植树3500.2万株，创建绿色乡镇178个、创建绿色村庄2007个；绿色通道新增绿化里程6823千米，植树2287.99万株；绿色屏障完成"三沿一环"造林绿化5.97万公顷，治理水土流失2万公顷，植树13 977.61万株，培育绿化苗木3360.5万株。福建省32个县(市、区)列入国家长江流域防护林体系三期工程规划建设范围，国家重点林业生态工程首次在闽西北地区进行投资。

林权配套改革　林权登记发证进展顺利，全省登记发证率87.19%，林权证到户率81.52%。森林综合保险扎实推进，全省承保森林面积669.47万公顷、参保率87.3 %，居全国森林综合保险试点省第一。林业贷款额稳步提升，全省各类林业贷款141.29亿元，其中，林权证抵押贷款15.95亿元，林业小额贴息贷款10.68亿元。林业合作经济组织规范发展，认真落实"三免三补三优先"政策，全省成立林业专业合作社1623个，省财政专项资金150万元重点扶持30个林业专业合作社，省财政专项资金240万元投入12个省级示范林业专业合作社。2011年3月30日至4月6日，中共中央组织部、国家林业局在福建省永安市举办"地方党政领导干部深化林改专题研究班"，各省(区、市)林业厅(局)和107个林改典型县党政部门的负责同志，对当前集体林改工作中的一系列重大问题进行深入交流研究和学习培训。

林业产业发展　福建省花卉苗木、生物能源、生物医药、森林旅游等成为林业经济发展新的增长点。2011年全省林业产业总产值2559亿元、同比增长53%。新增境内外上市林业企业3家，累计15家，是全国最多的省份；新增中国驰名商标4个，新入选福建名牌产品55个，累计获中国名牌产品2个、中国驰名商标13个、省著名商标92个、福建名牌产品154个。闽台合作加快推进，成功举办第七届海峡两岸林业博览会暨投资贸易洽谈会、第十三届海峡两岸花卉博览会。全省新增涉林台资企业29家，利用台资0.9亿美元，新引进台湾"五新"技术21项。举办第九届林业院(校)企对接会，对接林业项目132项，总投资19.7亿元，争取中央和省级共安排资金19.3亿元。据统计，全省农民人均涉林收入2025元，人均增加376元，林业为农民增收贡献约5个百分点。

森林资源保护　福建省基本完成省、县两级林地保护利用规划编制工作。全省森林火灾发生率、受害率均在省控指标之内，森林火灾发生率、受害率分别为4.64次/10万公顷和0.99‰，均在省控指标之内。有效遏制林业主要有害生物灾害，全省防治面积13.69万公顷，成灾率控制在1.37‰以内。下发《福建省林业厅关于加强执法工作的意见》，组织开展"攻势三号"、"清网"、"亮剑"、"打假"等专项行动，在"清网"行动中抓获逃犯780人，清网率达98.7%。开展福建省湿地保护规划，完成长乐闽江河口、闽清黄楮林、南平茫荡山申报国家级保护区各项工作，新建永安龙头国家湿地公园1处，梅花山华南虎繁育及野化训练基地获国家林业局批准，福建省野生动植物保护管理中心、顺昌县林业局、清流县林业局被国家林业局授予保护森林和野生动植物资源先进集体称号。

森林经营管理　开展未成林地和中幼林抚育53.33万多公顷；大力推广不炼山造林，切实减少水土流失，保护生物多样性；暂停对天然阔叶林采伐，暂停对天然针叶林皆伐，出台《用材林主伐皆伐改择伐主要技术规定(试行)》，推进林木主伐逐步由皆伐向择伐转变，全省皆伐面积4.86万公顷，除灾害性清理和占用征收林地皆伐外的正常皆伐面积为4.17万公顷，占2010年8.28万公顷的50.4%；树种结构调整逐步推进，主要造林绿化树种由过去的杉木、马尾松、桉树为主增加到40多种。省政府出台《关于限制桉树人工林发展的意见》，规范桉树人工林科学发展。森林认证工作取得新进展，全省有10家经营单位的11.87万公顷森林通过FSC认证，其中2011年新增3家、面积3.9万公顷。

科技兴林　承担杉木和珍贵树种2个"省种业创新与产业化工程"项目，启动福清灵石林场海峡两岸优良树种种质资源收集及繁育基地建设项目，继续开展第三期林木种苗科技攻关，新建种质资源库18.67公顷，新建林木良种基地308.47公顷。完成国家"948"项目3项、省级重点项目10项；获国家科技进步二等奖1项、省技术发明奖1项，获省科技进步一、二、三等奖计20项；制定省地方标准10项，获地理标志保护产品1项。建立中央财政林业科技推广示范资金项目管理制度，实施一批林业科技推广项目；举办全国首届林农创业培训示范班和4期林业科技特派员行动创业培训班，培训350多人次；96355热线服务各类林业咨询3万多次。

自身建设　深入开展党建工作先进单位、文明单位创建活动，扎实推进"三级联创"和"创先争优、建功立业"实践活动。以纪念建党90周年为契机，开展"颂歌献给伟大的党 激情建设生态省"等一系列纪念活动。开展林业省级审批职能清理整顿，下放管理项目1项、取消2项、转变管理方式4项。深入学习厦航式服务精神，学习杨善洲、詹红荔、黄金水等同志的先进事迹，弘扬“实干、创新、奉献”的行业精神，建设勤政、务实、高效的机关作风，增强行业凝聚力、战斗力和执行力。进一步严明机关政治和工作纪律，改进机关文风会风。队伍建设进一步加强，省森林公安局行政编制增至45名，增设直属支队和警务督察室，增加2名副处级领导职数，加挂“福建省公安厅森林警察总队”的牌子。福建林业职业技术学院开展国家骨干高职院校建设，三明林校开展国家中等职业教育改革发展示范校建设，生态学校开展国家级重点中等职业学校建设。机关干部提任、交流面进一步加大。进一步强化反腐倡廉，深化行政审批制度改革，规范林业行政处罚自由裁量权和林业行政许可。

【造林绿化】 福建省委、省政府高度重视造林绿化工作，多次召开专题会议研究部署全省造林绿化工作，并把造林绿化工作列入福建省“五大战役”重要内容；省人大、省政协分别开展专项调研，各级党委、政府认真贯彻落实，省直有关部门密切配合、齐抓共管、合力推进，建立省、市、县(区)、乡(镇)、村五级书记和四级行政首长抓造林绿化工作的新机制。省林业厅和厅直属单位78位工作人员组成的39个造林绿化指导组、18名林业专业技术人员组成的专家服务团，深入基层开展为期1年的造林绿化督促检查和技术指导服务。全省各地从种苗准备、林地落实、整地挖穴、植树造林等各个环节加强全过程监管；建立“五天一调度、十天一通报”的工作制度，简化造林地采伐清理审批手续，推行专业队伍工程造林，开展造林专项督查，大力推广不炼山造林和多树种造林，造林树种由过去的杉木、马尾松、桉树3种为主增加到40多种；省财政投入7.5亿元，带动全省资金103.5亿元；《人民日报》、中央电视台《新闻联播》、《福建日报》、《中国绿色时报》等新闻媒体及时报道各地造林绿化动态，营造造林绿化氛围。2011年12月13日～20日，经国家林业局华东设计院检查验收，全省共完成造林绿化面积46.73万公顷，占全年造林任务的107.8%。

【花卉产业】 福建省委孙春兰书记、省政府苏树林省长和倪岳峰副省长多次批示要求加快发展花卉产业。连城县等8个县(市、区)12个花卉生产企业和农民专业合作社承担省级现代农业(花卉)生产发展资金项目，新建标准温室33 508平方米、钢构塑料大棚81.44公顷、生产用房700平方米、机耕道14.48千米、灌排水系统13.76千米，总投资7603.87万元。通过项目建设示范，辐射带动优势特色花卉产业发展，2011年福建全省花卉种植面积达3.21万公顷，产值185.9亿元、销售额135.6亿元、出口额6376.9万美元，分别比2010年增长21.6%、20.9%、47%和17%。其中，8个项目县花卉种植面积1.5万公顷、产值66.11亿元、销售额41.99亿元，分别比2010年增长42.2%、38.38%、48.7%。

【福建省生态文化协会成立暨第一次会员大会召开】 3月14日，此次大会在福州国家森林公园召开。会议表决通过了《福建省生态文化协会章程(草案)》、《福建省生态文化协会会费收取标准和管理办法(草案)》，聘请福建省林业厅厅长陈家东为省生态文化协会名誉会长，选举福建省林业厅副厅长谢再钟为省生态文化协会会长。

【省政府专题研究《福建省“十二五”林业发展专项规划》】 4月27日，福建省政府副省长倪岳峰主持召开福建省“十二五”林业发展专项规划专题会议，讨论研究《福建省“十二五”林业发展专项规划》。省发改委、省农办等16个省直有关部门领导对福建省“十二五”林业发展提出了意见和建议。

【《福建“十二五”林业发展专项规划》印发实施】 6月19日，省政府印发实施《福建“十二五”林业发展专项规划》。《规划》要求，全省5年内完成植树造林87万公顷，净增森林面积29万公顷，净增森林蓄积量3800万立方米。到2015年森林覆盖率达65.5%、森林蓄积量5.22亿立方米。《规划》突出生态优先、固碳抵排、区域发展、产业振兴、闽台合作和森林文化战略；构建一条沿海生态屏障，推动形成山区、沿海林业协调发展两大格局，打造以福州、泉州、厦门为中心辐射周边区域的三大森林城市群，开展以绿色村镇为基点的多点生态建设；重点实施“四绿”工程、森林经营工程等五大生态建设工程，建设速生丰产用材林等十大资源基地，培育外向型林产工业等五大产业集群，繁荣森林文化，构建闽台合作交流平台，加强林业基础设施建设，完善现代林业保障体系。

【林业有害生物防治】 2011年全省林业有害生物发生23.37万公顷，其中主要林业有害生物发生14.48万公顷，成灾面积1.26万公顷，成灾率为1.37‰，低于国家林业局下达的4.5‰的指标；全省林业有害生物防治面积13.69万公顷，有效防治率为94.52%。其中无公害防治面积13.5万公顷，无公害防治率98.6%，高于国家林业局下达的78%的指标；清除疫情面积0.14万公顷，除治率100%，寄主松树林分改造面积760公顷。全省共清除疫情发生区松枯死木(含濒死木、衰弱木、被压木等)3.61万株；全省林业有害生物实施监测累计面积1127.63万公顷，占全省应施监测累计面积1153.74万公顷的97.7%，其中松材线虫病监测覆盖率100%，全省测报准确率达96.2%，高于国家林业局下达的84%的指标。全年产地检疫种苗繁育基地101.3公顷，花卉基地50.6公顷，用材林130.1公顷，产地检疫率100%，高于国家林业局下达的99%的指标；全年共调运检疫木材557.03万立方米，苗木及其他繁殖材料359.02万株，竹材4405.21万根，种子1282.10千克，调运检疫率100%，高于95%的指标。

【林木采伐方式转变】 下发《福建省林业厅关于转变林木采伐方式促进森林可持续经营的通知》、《关于林木采伐方式促进森林可持续经营的补充通知》、《福建省用材林主伐皆伐改择伐主要技术规定(试行)》和《福建省林业厅关于〈福建省用材林主伐皆伐改择伐技术规定(试行)〉有关内容解释的通知》，转变林木采伐方式，倡导择伐，简化抚育采伐审批，建立皆伐面积限额制度，由省林业厅统筹占用征收林地的皆伐面积限额，同时要求培育大径材、复层林、异龄林、混交林，增强森林生态功能。省林业厅与省财政厅联合下发《关于做好2011年用材林主伐皆伐改择伐省级财政专项补助工作的通知》，对用材林皆伐改择伐进行补助，2011年省级财政对用材林皆伐改择伐补助资金1405万元。

【福建林木种苗发展十年规划】 8月17日，《福建省林木种苗发展规划(2011~2020年)》印发实施，《规划》按照闽西北、闽东南和福州、泉州、厦门3个城市群区域布局，构建林木良种选育推广体系、林木种苗生产供应体系、林木种苗市场监管体系、林木种苗社会化服务体系。《规划》提出，到2015年，基地供种率达90%，良种使用率达80%；林木品种新收集、整理、保存种质资源2000份，调查评价种质资源2000份，新选育优良材料500个，新增良种100个；全省建成总面积1.4万余公顷的林木良种基地和苗木培育基地。到2020年，基地供种率达100%，良种使用率达95%；全省建成总面积1.5万多公顷的林木良种基地和苗木培育基地。

【林业项目对接】 6月18日，在第九届中国·海峡项目成果交易会上，成功对接林业项目132项，总投资19.7亿元，其中签约项目38项，总投资7.5亿元。对接的132个项目中，闽台林业合作项目3个、农业“五新”项目22个，低碳经济项目2个，森林食品与粮油项目2个，高效资源培育与保护项目11个、良种繁育项目27个，合作领域更加集中、产业导向作用更加明显。中国工程院等24所省内外科研院(校)57位专家学者和福建省林业投资发展有限公司等180多位企业家代表参加此次交易会；9月7日，在第十五届中国国际投资贸易洽谈会上，福建省共签订林业外资合作项目89个，总投资约13.83亿美元。与2010年相比，全省林业合同利用外资增长6%，实际到资增长32%；11月9日，在第七届海峡两岸林业博览会暨投资贸易洽谈会上，福建省林业厅荣获展示展销特等奖。本届林博会共签约项目165项，总投资277.9亿元，利用区外资金及外资256.4亿元。

【森林防火与气象合作框架协议】 11月24日，福建省林业厅与福建省气象局签署《关于深化森林防火与气象合作框架协议》。双方按照优势互补、注重实效、稳步推进、共同发展的原则开展合作，进一步完善气象、林业信息共享机制；进一步提高森林火险气象等级预报时效和精度；进一步做好森林火险气象等级预报预警发布工作；进一步完善双方森林火灾监测信息通报和扑救应急联动机制；加强双方的科研合作。

(福建省林业由刘建波供稿)

江西省林业

【概 述】 2011年是实施“十二五”规划的开局之年。一年来，在省委、省政府的正确领导下，全省各级林业部门坚持以科学发展观为统领，紧密围绕“生态立省、绿色发展”战略和鄱阳湖生态经济区建设总体部署，继续深化林业改革，全面推进造林绿化，切实加强资源保护，加快发展林业产业，积极繁荣生态文化，林业建设实现了健康快速发展。

森林培育 据江西省统计报表反映，2011年全省荒山荒地造林面积为164 521公顷，其中人工造林141 693公顷，无林地疏林地新增封山育林22 828公顷。按林种结构分，完成用材林造林面积71 029公顷，经济林面积33 418公顷，防护林面积56 942公顷，薪炭林面积1617公顷，特种用材林1515公顷。全省公有制经济造林面积为38 699公顷，其中：国有经济造林21 670公顷，集体经济造林面积为17 029公顷；非公有制经济造林125 822公顷。全省投入造林绿化“一大四小”工程建设资金98.6亿元，其中社会资金51.4亿元，占年度总投资52%。全省新增造林面积25.91万公顷，造林成活率达到91.1%；森林覆盖率达63.1%，完成高速公路、国省道等主要通道绿化里程3917千米，基本形成以高速公路和国省道绿化为骨架的全省城乡绿化格局。造林绿化“一大四小”工程实施3年以来，全省共投入造林绿化资金189.1亿元，其中社会资金占57.5%，造林绿化面积87.53万公顷，通道绿化里程突破1万千米。

重点工程建设 2011年全省完成林业重点工程造林面积为53 658公顷。其中退耕还林工程为23 428公顷，长江流域防护林工程为26 894公顷，珠江流域防护林工程为3326公顷。

2011年完成退耕还林工程总投资49 859万元，其中：粮食补助资金10 621万元，种苗费3531万元，其他费用19 760万元。

三北及长江流域等重点防护林工程完成投资9750万元，其中：造林工程6176万元，低产低效防护林改造371万元。在投资来源中，国家投资为5247万元，群众投劳投工折合资金1799万元。

野生动植物保护及自然保护区建设 至2011年年底，江西省建成各类自然保护区201处，其中国家级自然保护区9处；实有保护区面积达114.14万公顷，其中国家级保护区面积为15.60万公顷，占全部保护区面积的13.67%。

据年报反映，至2011年年底，全省拥有85处野生植物物种源培育基地。全省建立各级野生动植物保护管理站80处，从事野生动植物及保护区建设的职工为4613人，其中1161人为专业技术人员，占职工总人数的 25.17%。

林业产业及总产值 2011 年，面对极为复杂的经济社会发展环境，江西省林业产业逆势上扬，实现总产值 1318 亿元，同比增长 25.1%。其中：第一产业 543.5 亿元，第二产业 482.3 亿元，第三产业 291.9 亿元，分别增长 19.91%、33.54%、22.38%；产业结构进一步改善，一、二、三产业产值由 2010 年的 43:34:23 调整到 41:37:22，林业产业均衡发展。全年林业计划投资 43.81 亿元，实际完成 57.08 亿元，同比增长 21%。其中，国家预算内资金 37.34 亿元，增长 83%；国内货款 1.46 亿元，增长 386.17%；利用外资 7487 万元，增长 271.38%；自筹资金 6.69 亿元，增长 19%；其他资金 10.82 亿元，减少 48%。全年生态建设与保护完成投资 29.16 亿元，林业支撑与保障完成投资 7.30 亿元，林业产业发展完成投资 5.61 亿元。全年林业固定资产计划投资 2.63 亿元，实际完成 4.17 亿元。林业利用外资项目 281 个，协议利用外资 632 万美元，实际利用外资 1673 万美元。

2011 年，全省生产木材 290.28 立方米，竹材 7077.40 万根，小杂竹 6.73 万吨；生产各种锯材 200.86 万立方米，各种人造板 286.84 万立方米，其中，胶合板 90.70 万立方米、纤维板 96.72 万立方米、刨花板 17.36 万立方米，木竹地板 2169.24 万立方米，松香 7.59 万吨、松节油 1.80 万吨，樟脑 395 吨。生产核桃 138 吨，板栗 2.85 万吨，银杏 112 吨，杜仲 1797 吨、桂皮 17 吨、竹笋干 1.09 万吨，食用菌 1.48 万吨，油茶籽 42.72 万吨，乌桕籽 1012 吨，五倍子 310 吨、棕片 2473 吨、松脂 7.99 万吨。林业产业结构由过去单一的木材加工业，发展为油茶、毛竹、林木种苗、药材、森林旅游等各具特色的林业优势产业。

全省 2011 年林业产业发展主要得益于以下四个方面：一是全省油茶产业保持良好发展势头。7 月，经省政府批准出台《江西省油茶产业发展规划（2011～2022）》。全年依法核发 32 家油茶定点育苗基地、20 家高产油茶采穗圃的种苗生产、经营许可证；生产苗木 1.65 亿株；新造油茶林面积 3.69 万公顷，全省实有油茶林面积达到 82.48 万公顷，增长 13.38%，油茶种植面积和油茶产量均居全国第二位；全年油茶产值实现 70.32 亿元，同比增长 278%。二是苗木等产业持续增长。9 月，省林业厅、省发改委、省财政厅联合出台《江西省林木种苗“十二五”及中长期规划》。全省共有苗木生产基地 1221 个，经营总面积 6.87 万公顷，年产苗木生产能力 16.2 亿株。全年新发放生产、经营许可证 38 份，注销生产、经营许可证 34 份，全年采集林木种子 129 吨，其中良种 23 吨；生产苗木 14.31 亿株，其中良种苗木 3.47 亿株；育苗面积 2.76 万公顷，其中新增育苗面积 5329 公顷；全年实现育种和育苗总产值 23.43 亿元，同比增长 112%。全省中药材面积 7.33 万公顷，林产中药材种植与采集实现总产值 13.81 亿元，同比增长 1%。三是森林旅游发展较快。省林业厅与省旅游局签订《江西省发展森林旅游合作框架协议》，与中国旅行社总社江西有限公司、南昌赣鄱园林景观设计有限公司签订《推动江西森林旅游发展战略合作协议》，组织新闻媒体开展森林旅游采风活动，打造森林旅游精品线路。全年实现森林旅游人次、森林旅游收入双增长，森林旅游 4272.55 万人次，同比增长 41%，森林旅游收入 187.72 亿元，同比增长 29%，直接带动其他产业产值 325.90 亿元。四是陆生野生动植物繁育与利用产业稳步发展。全省野生动植物驯养繁育和经营利用产业产值 43.7 亿元，同比增长 67.7%。其中，野生动物驯养繁育及利用产业产值 11.1 亿元，同比增长 155.8%；野生植物繁育利用产业产值 32.6 亿元，同比增长 50.0%。全省共有野生动植物驯养繁育和经营利用企业 913 家，同比增长 19%。其中野生动物驯养繁育及经营利用企业 500 家，同比新增 83 家，野生植物繁育利用企业 413 家，同比新增 63 家。全年办理野生动植物行政许可 309 件，同比增长 66%；其中野生动物行政许可 130 件，审核 40 件，审批 90 件；野生植物行政许可 179 件，审核 9 件，审批 170 件。

林业建设投资 江西省 2011 年到位各类林业建设资金总量为 570 750 万元。其中：国家预算内资金 373 401万元，利用外资 7487 万元，自筹资金 66 893 元，其他资金 108 283 万元，连续六年保持高位增长。

林业招商引资 2011 年江西省林业利用外资项目为 281 个，利用外资造林 1673 万美元，其中公益林项目为 338 万美元，商品林项目为 1335 万美元。

林业系统机构及从业人员 截至 2011 年年底，江西省林业系统共有各种经济性质单位 2319 个，其中国有经济单位 2316 个，集体单位 3 个。2011 年末，全省林业系统共有在册职工 90 105 人，其中：在岗职工 60 267人。全省林业系统从业人员年均工资稳步增长。2010 年林业系统在岗职工人均工资 19 223 元。

【温家宝总理对林权制度改革作出重要指示】 2011 年 3 月，国务院总理温家宝在参加全国“两会”江西代表团审议时，专门就集体林权制度改革作出重要指示。他指出，要确保林农的合法权益得到有效落实，确保林农在林地经营中真正得到实惠，确保森林资源总量增长和生态环境改善，确保林区乡村组织和林业部门的正常运转，确保林区社会稳定。江西作为这项改革的先行者，要积极主动地研究解决改革中出现的新情况、新问题，注意总结经验，逐步完善政策和制度，为全国集体林权制度改革探索新的路子，创造新的办法。

【省领导连续三年开展春节植树团拜活动】 2 月 9 日，省委书记苏荣、省长吴新雄、省委副书记张裔炯、省政协主席傅克诚等省领导来到南昌市省奥林匹克体育中心，与省市机关干部、驻赣官兵和当地群众一起，参加新春万人植树活动。这是省市机关连续第三年开展新春植树团拜活动。据统计，3 年来，全省参加义务植树人数累计达 4.89 亿人次，共植树 23.43 亿株。

【第六届中国竹文化节】 10 月 15～17 日，以“弘扬竹文化，低碳我先行”为主题的第六届中国竹文化节开幕式在宜春举行，共有 30 多个国际竹藤组织成员国代表和驻华使节、19 个国内产竹省（区、市）及 30 个中国竹子之乡代表等 2000 余人参会。全国政协副主席罗富和宣布第六届中国竹文化节开幕，省政协主席傅克诚，全国政协人口资源环境委员会副主任、国际竹藤组织董事会联合主席江泽慧，国家林业局副局长赵树丛，江西省领导陈达恒、姚木根、汤建人出席开幕式。竹文化节共组织开幕式、宜春竹园揭牌暨种植纪念竹、中国竹产业博览展销会、国际竹藤组织竹子研讨会、竹产业专题论坛等10项活动。期间，首次评出中国竹产业科技示范基地1个、中国竹产业集群3个、中国特色竹乡9个、中国竹业龙头企业60家、中国竹制品名镇1个。来自全国各省(区、市)的近200名企业界人士参加重点产业和重大项目经贸洽谈会，共签约项目25个，签约总金额57.8亿元。

【全省林业产权制度配套改革】 省政府出台《关于贯彻落实温家宝总理重要指示 进一步深化集体林权制度改革的意见》，提出了20条具体举措，继续推进江西省林权制度配套改革。南方林业产权交易所与北京环海投资管理中心合作，组建了南北联合林业产权交易股份有限公司，并与北京银行南昌分行等3家金融机构签订了战略合作协议，授信额度达120亿元。2011年，南方林业产权交易所交易额达9.66亿元。全省生态公益林补偿标准提高到提高到每公顷每年232.5元。全省森林保险新增面积308.11万公顷，累计投保面积878.68万公顷，每公顷投保7500元，森林保险面积占全省有林地面积80.12%。江西森林保险参保面积、参保率、综合险面积均列全国第一位。全年林权抵押贷款面积36.37万公顷，其中农户抵押面积15.56万公顷；全年贷款金额53.30亿元，其中农户贷款金额23.79亿元，贷款农户27.54万户；农户贷款余额16.36亿元。武宁等7县(市)逐步建立起集林权管理、流转交易、社会服务"三位一体"的林权管理服务机构，萍乡市在全省率先成立了林权管理服务局。全面推行了森林采伐管理改革，进一步完善了跨省调处山林权属纠纷联席会议制度，化解了大量山林权属争议，维护了林区社会稳定。

【全省造林绿化"一大四小"工程建设】 2011年，全省各地在总结前两年经验教训的基础上，及时调整工作思路，坚持一手抓"提升"，一手抓"创建"，造林绿化"一大四小"工程建设取得新进展。一方面，突出抓好高速公路及连接线等通道绿化的提升工作，重点围绕保质量、上档次、做精品，大规模打造通道绿化景观林带，大大提升了通道绿化的景观效果。另一方面，大力开展森林街道、森林社区等"森林十创"活动，将城市绿化与造景、造文化相结合，提升了城市形象和品位。2011年，全省投入造林绿化"一大四小"工程建设资金达98.6亿元；全省完成造林面积21.91万公顷，占年度任务的129.6%，造林成活率达到91.1%；完成高速公路、国省道等主要通道绿化里程3917千米，其中：高速公路1122千米，国道1036千米，省道1759千米；新建国家级自然保护区1处、森林公园1处，新建省级自然保护区5处、森林公园4处、湿地公园15处，全省城乡绿化水平有了大幅度提升。

【国有林场改革】 国家正式将江西列入国有林场改革试点省。省政府先后召开全省国有林场改革动员大会、全省国有林场改革推进会，出台《关于推进国有林场改革的指导意见》，成立由省委常委、常务副省长凌成兴任组长的全省国有林场改革试点工作领导小组；省人保厅出台《江西省国有林场林业行业特殊工种提前退休的实施办法》。全省国有林场参加基本养老保险职工76 097人，占78.3%；参加医疗保险职工82 990人，占85.4%；累计完成职工身份置换人数31 747人；剥离国有林场办医院63所，占73.3%；剥离国有林场办学校91所，占91.0%；崇义、全南、大余、婺源、安福、井冈山等6县(市)完成林场整合重组。全省2011年1万户危旧房改造竣工5064户(其中入住1214户)，占50.6%。2011年2万户危旧房改造全部开工，其中：竣工169户，占0.9%；进入基础施工5619户，占27.2%；完成土地平整14381户，占71.9%

【森林资源管理与保护】 全面落实森林防火重点管理制度，对构成重点管理条件的龙南、南康等7个县(市)进行了综合评估；全省专业森林消防队标准化建设基本完成，并组建标准化乡镇半专业扑火队383支；森林武警部队营区建设进展顺利，率先在省级航站引入M26飞机开展航空护林作业。全省2011年共发生森林火灾142起，过火面积3601.18公顷，受害森林面积1350.6公顷，与"十一五"年均值相比，分别下降了53%、40%、52%。江西省连续三年荣获全国森林防火综合考评第一名。省政府与各设区市政府签订了《2011～2013年松材线虫病等重大林业有害生物防控目标责任书》，在庐山区域成功开展了飞机喷洒噻虫啉防治松褐天牛工作，有效遏制了松材线虫病高发态势。正式启动了疫源疫病监测网络直报系统，实现了全省各级野生动物疫源疫病检查站和监测管理机构信息互通共享。《江西省湿地保护条例》进入正式立法阶段。完成了全省"十二五"森林采伐限额编制并以省政府名义批转至各地执行；完成了第八次全国森林资源清查江西省清查和第二次全国湿地资源调查江西重点区域调查工作，林地保护利用规划编制工作进展顺利。2011年先后开展了保护鄱阳湖候鸟、打击违法运输木材行为及"两清理一禁止"为主要内容的多项专项整治行动。全省共查处各类林业案件2万余起，其中刑事案件2000多起，处理违法犯罪人员1.66万人(次)，在"清网行动"中抓获网上逃犯344人。收缴木材3.9万立方米，收缴野生动物0.3万只(头)，为国家挽回直接经济损失超亿元。

【生态文化建设】 开展了首届"关注森林奖"评选活动，成立了江西省第一家以关注绿色生态、推进全民绿化为宗旨的地方性公募基金——江西省绿化基金会，首期募集资金1100万元。联合国家林业局、国际竹藤组织在宜春市成功举办了以"弘扬竹文化，低碳我先行"为主题的第六届中国竹文化节。江西环境工程职业学院被授予全国生态文明教育基地，南丰县三溪乡石邮村等5个村庄被授予全国生态文化村，江西含珠实业有限公司被授予全国生态文化示范企业称号。林改电影《踏界》在联合国粮农组织第二届亚太林业周上展映；护林影片《看山棚》获国家广电总局公映许可证；反映武宁县林改的中国首部林改文学作品《锄山鼓》由中国林业出版社出版。

【林业自身建设】 推进省行政权力运行及网上监察平台建设工作，江西省林业厅12项行政许可及3项公共服务事项全部纳入了省网上审批系统办理。完成了厅规章和规范性文件非行政许可审批项目清理，进一步规范了全省林业行政许可行为。新成立6个高速公路木材检查站，增编60人；江西环境工程职业学院升格为副厅级单位；厅湿地办、项目办及鄱阳湖自然保护区管理局被确定为参公管理单位。在全省范围内集中开展了涉林重点信访件化解工作，建立和落实了厅领导督办包案制，大部分涉林重点信访问题得到妥善解决。构建了省林业厅惩治和预防腐败体系基本框架，打造了富有江西历史文化及林业特色的林业廉政文化展厅，先后接待全国各地人员1200余人(次)，受到广泛好评。江西省连续第四年荣获全国森林防火综合考核第一名，连续第五年荣获全国森林公安综合考核第一名。江西省林业厅连续第七年获得"全省社会治安综合治理先进单位，连续第六年被授予全省平安单位、省直机关党建工作特别优秀奖、省直文明单位，连续第三年被评为全省文明单位、省直机关"五五"普法先进单位。还先后被授予全国先进基层党组织、全国社会治安综合治理先进单位、全国文明单位、江西省先进基层党组织、全省发展提升年活动先进单位等众多荣誉称号。

【林业大事】

1月2~17日 江西省持续低温降雪，给林业生产造成严重损失。林业受冻害面积81.21万公顷，直接经济损失42.92亿元。

1月10~12日 国家森林防火指挥部副总指挥李育材到江西调研林业工作。

1月12日 副省长朱虹到新建县调研，并召开鄱阳湖候鸟保护工作座谈会。

1月12日 江西省委常委、副省长陈达恒走访慰问省森林武警部队。

1月18日 江西省国有林场改革试点启动工作会议在南昌召开。省委常委、副省长陈达恒，国家林业局副局长张建龙、国有林场和林木和苗工作总站站长杨超、省林业厅厅长刘礼祖出席会议。

1月25~28日 全国人大常委会委员、全国人大农业与农村委员会主任委员王云龙到江西调研集体林权制度改革工作。江西省人大副主任姚亚平陪同调研。

1月30日 省委书记苏荣在省林业厅关于春节前全省造林绿化"一大四小"工程建设督导情况汇报材料上作出批示。

2月6日 省长吴新雄在《每日森林火情专报》上作出批示：请各有关市、县政府高度重视，迅速采取措施，组织消防应急、民兵预备役等人员扑救，遏制火势，防止蔓延，同时科学施救，注意自身安全。

2月16日 省人大副主任姚亚平到南方林业产权交易所视察林权市场建设。

2月15~18日 全国湿地资源调查2010年工作总结暨2011年启动会议在南昌召开。

2月19日 省政协副主席、省政府党组成员胡幼桃到省林业厅调研林业工作。

2月27日 国务院总理温家宝到中国政府网和新华网访谈室，同海内外网友进行在线交流。在与江西省武宁县罗坪镇长水村村民卢锋的交谈中，总理回忆起了2007年在长水村考察时的感受，并对林权改革的作用及意义作了进一步阐述。

2月27日 省政府召开全省森林防火电视电话会议，通报前段森林防火工作有关情况，研究全国"两会"期间森林防火工作，部署全省森林防火"平安春季行动"。省政协副主席、省政府党组成员胡幼桃出席会议并讲话。

3月7日 省长吴新雄，省政协副主席、省政府党组成员胡幼桃在省林业厅厅长刘礼祖陪同下，走访了国家林业局并与国家林业局领导进行了座谈。

3月9日 江苏省委常委、副省长黄莉新到南方林权交易所视察指导工作 。

3月11日 国务院总理温家宝来到江西代表团，同江西省全国人大代表一起审议政府工作报告。全国人大代表、江西省林业厅厅长刘礼祖就江西林权制度改革和生态保护建设采取的举措和取得的成果向总理作了汇报。

3月13日 《江西省森林生态效益评估》院士专家论证会在北京林业大学举行。中国科学院院士蒋有绪、中国工程院院士张齐生、中国林业科学研究院院长张守攻研究员、国家林业局农村林业改革发展司司长张蕾研究员等院士、专家应邀出席论证会。江西省政协副主席、省政府党组成员胡幼桃出席会议并讲话。

3月25日 由景德镇市人民政府和省林业厅共同主办的首届中国景德镇檵花节在景德镇龙山生态园开幕。解放军原副总参谋长、中国将军书画院名誉院长吴铨叙上将，省委常委、省人大常委会副主任陈达恒，省委常委、省军区政治委员陶正明少将，省委巡视组组长赵锦成，省林业厅厅长刘礼祖应邀出席开园仪式，

3月27日 江西首次动用M-26直升机成功扑灭新建县溪霞镇发生的一起森林火灾。

4月14~15日 全国林业系统党风廉政建设工作会议在南昌召开。国家林业局党组成员、驻局纪检组组长陈述贤作主题报告，江西省纪委常务副书记、监察厅厅长汪毓华致词。中央纪委监察综合室、最高人民检察院渎职侵权检察厅派员到会指导。

4月21日 省长吴新雄在省林业厅厅长刘礼祖陪同下，专程到省森林公安局调研。

4月22日 由共青团中央、全国绿化委员会、国家林业局共同主办的"保护母亲河——2011年度青少年植树行动"全国统一行动日活动，在红色故都瑞金举行启动仪式。

4月25日 全省国有林场改革动员大会在南昌召开。省政协副主席、省政府党组成员胡幼桃，驻国家林业局纪检组组长陈述贤，国家发改委经济体制改革综合改革司副司长王强，国有林场和林木种苗工作总站总站长杨超出席会议，省政府副秘书长谢茂林主持会议并传达省长吴新雄关于加快推进全省国有林场改革的指示。

4月25~26日 全省林业局局长会议在南昌召开。省政协副主席、省政府党组成员胡幼桃出席会议。

5月3日 省委常委、省纪委书记尚勇到省林业厅调研党风廉政建设工作。

5月10日 云南省林业厅厅长陈玉侯率团到江西考察林权制度配套改革工作情况。

5月14日 由江西省人民政府和中国林业科学研究院共同组织开展的《江西现代林业发展战略研究与规划》项目评审会在京举行。全国政协环资委副主任、项目领导小组组长江泽慧，江西省政协副主席、省政府党组成员胡幼桃出席评审会并讲话。专家组组长、中国林科院首席科学家彭镇华教授介绍项目研究主要内容和研究成果。

5月16日 由江西省人民政府组织的《江西马头山国家级自然保护区华南虎野化放归项目总体规划》省级评审会在南昌举行。

5月19日 江西省林业厅、南京林业大学全面合作协议签约仪式在南昌举行。

6月15日 全国人大常委会审议集体林权制度改革工作意见精神宣讲会在南昌召开。

6月19日 江西省植物炼油项目合作协议签约仪式在南昌举行。

6月21日 省委副书记张裔炯，省政协副主席、省政府党组成员胡幼桃到丰城市，就油茶产业发展情况进行调研。

6月29日 省委书记苏荣走访慰问省林业厅优秀党员姜晓装。

7月1日 中共江西省林业厅直属机关党委被中共中央授予全国先进基层党组织荣誉称号。

7月5日 由省委常委、省人大常委会副主任陈达恒及省人大常委会副主任姚亚平、魏小琴、朱秉发等20人组成的省人大视察组到省林业厅调研江西林业改革与发展情况。

7月13日 省委副书记张裔炯到省林业厅调研机关党组织的基本情况以及开展学习型党组织建设和创先争优活动等情况，听取了省林业厅党建工作汇报。

8月9日 副省长姚木根到省林业厅调研林业工作。

9月13日 代省长鹿心社、副省长姚木根、省政府秘书长谭晓林一行先后来到省航空护林站、江西森林武警部队、江西森林武警部队新营区工地、省森林防火指挥中心调研森林防火工作。

9月16日 省林业厅、省发改委、省财政厅联合印发《江西省林木种苗发展"十二五"及中长期规划(2011～2020年)》。

9月20日 省政府办公厅印发《关于加强自然保护区建设和管理工作的意见》。

9月29日 省政府召开全省森林防火工作会议。副省长姚木根出席会议并讲话。

9月30日 省政府在南昌召开全省国有林场改革推进会。副省长姚木根出席会议并讲话。

10月10日 省政府在南昌召开鄱阳湖区越冬候鸟与湿地保护工作会议。副省长朱虹、姚木根，省政府副秘书长蔡玉峰、谢茂林出席会议。

10月14日 省林业厅与省旅游局签署共同推进森林旅游发展合作框架协议。

10月15日 江西省绿化基金会成立大会在宜春市举行，这是江西第一家以关注绿色生态、推进全民造林绿化为宗旨的地方性公募基金会。

10月16日 国家林业局党组副书记、副局长赵树丛到省林业厅调研。

10月17日 国家发改委、国家林业局批复将江西列为全国国有林场改革试点省。

10月31日至11月4日 省林业厅党组书记、厅长刘礼祖率考察团到浙江金华市、萧山、江苏阳光集团有限公司考察花卉苗木产业发展情况，出席在浙江义乌举办的第二届中国国际林业产业博览会暨第四届中国义乌国际森林产品博览会，并到南京林业大学考察。

11月9～10日 全国人大代表、省林业厅厅长刘礼祖受邀参加全国人大农业与农村委员会在海南省海口市召开的粮食主产区扶持政策和加强林业发展建设研讨会，并就江西省林业改革发展情况作了专题发言。

11月20～21日 国家财政部党组成员、部长助理胡静林等一行到江西调研造林补贴工作。副省长姚木根陪同调研。

11月23日 省林业厅与江苏阳光集团有限公司在南昌举行战略合作协议签约仪式。副省长姚木根出席签约仪式。

11月25日 江西省首届"关注森林奖"评选总结表彰会议在南昌召开。省政协主席傅克诚出席会议。

11月29日 副省长朱虹到鄱阳湖视察候鸟保护工作。

12月2～3日 国家林业局党组成员、副局长张建龙率等一行到江西调研林改促进扶贫开发工作。副省长姚木根陪同调研。

12月6日 湘粤赣闽第27届边界护林联防工作会议在南昌市召开。

12月6日 省政府召开全省松材线虫病防控工作电视电话会议。副省长姚木根出席会议并讲话。

12月7日 国家林业局樟树工程技术研究中心在江西省林科院挂牌成立。省人大常委会副主任陈达恒出席揭牌仪式。

12月16日 江西环境工程职业学院升格为副厅级单位。

12月22日 省政府召开全省冬季造林电视电话会议。副省长姚木根出席会议并讲话。

（江西省林业由钟传宇供稿）

山东省林业

【概　述】 2011年，山东省林业重点抓好集体林权制度改革、造林绿化和林业产业3件大事，着力打好森林防火和林业有害生物防控两场硬仗，协调推进各项工作都取得了新的成效，“十二五”林业规划实施开局良好。全年新增造林面积21.93万公顷，比2010年增长9.3%。其中，水系成片造林16.8万公顷，完成年度任务的127.9%。新建农田林网13.53万公顷，完成年度任务的144.9%；新育苗3.23万公顷，完成年度任务的161.7%；全民义务植树1.45亿株，完成年度任务的103.6%。新建国家级湿地公园8处、省级湿地公园13处；林业产业继续保持强劲发展势头，总产值达到2951亿元，比2010年增长62.1%；森林防火形势保持总体平稳，全省发生森林火灾17起，过火林地面积860.6公顷，烧死烧伤树木80多万株，森林火灾受害率低于0.05‰，杜绝了人员伤亡现象发生；林业重大有害生物疫情得到有效控制，美国白蛾发生面积由26.43万公顷压缩到5.89万公顷，为防控成效最好的一年；国家和省财政投入林业项目资金12.58亿元，同比增长40.33%；审核占用征收林地项目140项、占用征收林地870.5公顷。受理林木采伐审批168起、采伐林木34 280.69立方米。审核野生动植物及其产品进出口65项，涉及进出口总额1578.77万美元。组织开展“春季攻势”、“亮剑行动”等林业严打专项行动，受理涉林案件8786起，打击处理违法犯罪人员10 216人。

【集体林权制度主体改革基本完成】 各级林业部门把林改作为一号工程来抓，围绕村级改革方案完善、合同签订、产权明晰、实地勘界、林权登记、纠纷调处和档案管理等关键环节，加强督导检查和业务指导，积极稳妥有序推进，全省基本完成以明晰产权为主要内容的主体改革任务，并组织完成了省级检查验收。全省323.87万公顷集体林地已全部明晰产权，其中，发放林权证面积211.35万公顷，发放股权证面积62.03万公顷，调解处理林权纠纷2915起，通过均林、均股、均利等形式，把林地使用权落实到户，确立了农民的经营主体地位。2011年7月26日，省委、省政府召开了全省林业产业工作暨集体林权制度改革总结表彰会议，充分肯定了集体林权制度改革成果，表彰了60名集体林权制度改革工作先进集体，给20人记一等功、60人记二等功、100人记三等功。

【林业生态建设】 6月28日，省林业局召开全省水系绿化暨雨季造林现场会议，参观了新泰市、平邑县和滕州市的水系造林绿化现场，对全省水系造林绿化工作进行了安排部署。各地加强督导检查和技术指导，创新造林机制，推进水系造林绿化实现新的突破，全年水系造林16.8万公顷，完成年度任务的127.9%。2月25日，省林业局召开全省森林抚育经营研讨会，全面启动了森林抚育经营试点工作。12月22日，又召开全省森林抚育经营工作现场会议，总结交流了经验，理清了发展思路，明确了工作任务，推进营造林由数量扩张向质量提升转变。全年完成中幼林抚育62.89万公顷，完成年度任务的113.9%。积极开展部门绿化和绿化创建活动，联合教育厅开展高校校园绿化检查评比，启动“山东省绿化模范镇(乡、街道办事处)”创建活动，形成了浓厚的社会氛围。

【林业产业发展】 在全省林业产业工作暨集体林权制度改革总结表彰会议上，省委、省政府明确提出把林业工作重点转移到林业产业发展上来，实现林业产业大省向强省跨越的目标。各地认真贯彻落实会议精神和全省果业、苗木花卉产业振兴规划，积极利用林权抵押贷款、财政贴息贷款等政策，重点扶持龙头企业和优势产业，推进林业产业规模持续壮大，总产值达到2951亿元，比上年增长62.1%。产业结构进一步优化，三产比重由45:53:2调整为37.3:57.7:5.0，第三产业比重明显提高。大力培育特色产业和特色品牌，评选出全省林业产业示范市3个、特色示范县13个、特色之乡9个、特色名镇21个、特色示范基地27个和100家省级林业龙头企业。积极参加各种博览会，不断提高山东林业的影响力，圆满完成了西安世界园博会“齐鲁园”建设工作，荣获2011西安世园会金奖；组织参加第二届中国国际林业产业博览会，获得优质产品奖119项，其中金奖40项，优质产品奖总数位居全国第一，金奖数量位居全国第二。大力发展森林旅游业，省林业局和省旅游局联合印发了《关于加快发展森林生态旅游的意见》，并评选出了十佳森林生态旅游胜地和十大森林生态景观。大力发展林下经济，全省林下经济开发总面积达20余万公顷，产值130多亿元，直接从事林下经济的农民110多万人。

【森林防火工作】 面对森林防火形势的严峻性和艰巨性，省政府于2011年3月15日和4月26日召开两次专题会议，安排部署森林防火工作；于3月份、5月份和11月份组织开展了三次森林防火督导检查工作。面对莱芜“4·16”和济南“4·18”两起重大森林火灾，省委书记姜异康、省长姜大明和济南军区领导坐镇指挥，广大武警官兵、森林公安干警和人民群众迅速反应、科学扑救，首次启用直升飞机参与灭火，投入上万人救火，没有造成一人伤亡，成功扑救了两起重大森林火灾。5月30日，省政府召开常务会议，研究加强森林防火能力建设工作。7月14日，省政府出台《关于加强森林防火能力建设确保人民生命财产和森林资源安全的意见》(鲁政发〔2011〕27号)，提出健全森林防火宣传教育网络、全面落实森林防火责任、规范林区墓地建设和管理、加强林火监测体系建设、加强森林消防专业队伍建设、加强防火通道及隔离带建设和加强森林防火机具装备建设7个方面的意见。特别是筹建航空护林站建设，使全省森林防火工作进入能力提升新阶段。

【飞机防控美国白蛾】 在2010年取得飞机防控美国白蛾成功经验的基础上，2011年省森防站与8家飞防公司签订了飞防协议，在115个县推行飞机防控美国白蛾，全省动用70余架飞机，飞防面积215万公顷次，美国白蛾发生面积由26.43万公顷压缩到5.89万公顷，发生范围减少了6个县(市、区)、64个乡镇(办事处)，为防控成效最好的一年，全年没有形成灾害，比人工防控节省资金2.07亿元，初步走出了一条经济、高效、生态防控的新路子。

【林业科技创新工作】 省林科院建立了烟台、临沂、淄博3处分院，提高了科技成果转化的针对性和实效性；首次申请到国家公益性行业重大专项，获得国家自然科学基金项目资助，项目资金782万元，科研经费为山东省单个林业科研项目最多；全年有13项林业科技成果获省科技进步奖，连续十年获得省科技进步一等奖；编制完成了8项林业行业标准，有4项标准顺利通过国家审查；积极开展林业知识产权保护工作，省林科院、东营正和木业有限公司被国家林业局确定为全国林业企事业单位知识产权试点单位。泰安市林科院把5个银杏新品种权以200万元转让给北京东方园林股份有限公司，开创了山东省林业知识产权保护的新篇章；积极推进森林和林产品认证工作，临沂市被国家林业局确定为全国森林认证试点单位，成立了金兴森林认证中心，初步选定2000公顷杨树人工林进行认证；组织开展了全省林木种质资源调查，采集紫椴、刺楸、三亚乌药等珍稀濒危树种种质资源70余份，为林木良种繁育打下了良好基础。

【全省林业产业工作暨集体林权制度改革总结表彰会议】 7月26日，山东省委、省政府召开全省林业产业工作暨集体林权制度改革总结表彰会议，对全省集体林权制度改革先进集体和先进个人进行表彰，并谋划林业产业发展，推动林业产业大省向产业强省跨越。

国家林业局总工程师陈凤学，山东省委副书记、省政协主席刘伟出席会议并讲话，副省长贾万志主持会议。省政府办公厅副主任高洪波宣读了省委、省政府关于表彰全省集体林权制度改革工作先进集体和先进个人的通报，授予济南市历城区林业局等60个单位山东省集体林权制度改革工作先进集体称号；给李明等20人记一等功。省人社厅副厅长杨喜坤宣读了省人社厅、省林业局关于表彰全省集体林权制度改革工作先进个人的通报，给王书朋等60人记二等功；给郭承福等100人记三等功。省林业局贾崇福局长宣读了表彰全省林业产业先进典型的通报。

【山东省林木种苗和花卉工作会议】 10月26日，山东省林木种苗和花卉工作会议在茌平县召开。会议表彰了先进单位和先进个人，与会代表参观了茌平县木材加工、王老苗圃等现场。东营市林业局、临沂市林业局、茌平县人民政府等9个单位作了典型发言。

【第八届中国林产品交易会】 9月19日，第八届中国林产品交易会在菏泽市开幕，国家林业局原副局长、中国林业经济学会理事长李育材，省政府副省长贾万志，菏泽市委书记赵润田参加了开幕式。交易会历时4天，累计到会人数达17.6万人次，分别与来自美国、日本、法国、澳大利亚、捷克、斯洛伐克、韩国、新加坡等20个国家和地区及国内12个省(区、市)；签订投资和销售合同及协议103个，其中内资合同、协议96个，金额190.6亿元，外资合同、协议7个，金额8.05亿美元，现场交易额6500万元。评出参展产品金奖29个，优质产品奖31个。本届林交会参展新品明显增多，数控化木工机械、高档多功能板材大幅增加。参展中国名牌产品、中国驰名商标、国家免检产品、省级名牌产品企业达50余家。

【省林业信息中心成立】 6月1日，山东省机构编制委员会办公室印发《关于设立省林业信息中心的批复》(鲁编办〔2011〕42号)，同意省林业局设立省林业信息中心。核定事业编制10人，配备主任1人、副主任1人。主要承担林业系统电子政务网络平台和网站的运行维护、信息更新等工作，承担局机关信息化建设有关工作。

【"元和绿宝杯"2011山东苹果王大赛活动】 3月29日，山东省林业局、国家苹果工程技术研究中心和山东广播电视台联合召开了"元和绿宝杯"2011山东苹果王大赛新闻发布会，决定在全省范围内开展苹果王大赛活动。凡是种植晚熟苹果0.2公顷以上，往年每公顷产量超过3万千克的种植户均可报名参加，共有5300多户果农取得报名资格。大赛邀请中国工程院院士、国家苹果工程技术研究中心主任束怀瑞教授为总顾问。大赛主要的指标是苹果综合品质，同时参考亩效益，依次进行农户自测、乡级测评推荐、县级测评推荐、市级汇总上报和全省决赛等5个阶段。

11月19日，大赛在济南泉城广场举行颁奖仪式，蓬莱市刘家沟镇李尚四夺得金奖，被授予苹果王称号，并奖励轿车1辆。同时，大赛评出银奖6名，奖励摩托车1辆；铜奖3名，奖励电动车1辆；优胜奖20名，优秀组织奖11名。省政府副省长贾万志，中国工程院院士、国家苹果工程技术研究中心主任束怀瑞，省林业局局长贾崇福，山东农业大学副校长高东升等出席颁奖大会并颁奖。 (山东省林业由王树军供稿)

河南省林业

【概　述】 2011年，在省委、省政府的正确领导下，全省林业系统坚持把林业工作放在全省经济社会发展大局中把握，以科学发展观为指导，坚持“四个重在”的实践要领，全面落实省委、省政府和国家林业局部署的重点工作，继续推进林业生态省建设和集体林权制度改革，各项目标任务圆满完成，实现了“十二五”的良好开局。

造林绿化持续推进　根据《河南林业生态省建设规划》和《2011年河南林业生态省建设实施意见》，突出抓好山区生态体系建设、农田防护林体系改扩建、村镇绿化、生态廊道网络建设等林业生态建设工程。据核查，2011年全省共完成造林总面积27.87万公顷，为目标任务26.67万公顷的104.5%；完成森林抚育与改造6.95万公顷，是目标任务6.67万公顷的104.3%。完成飞播造林1.38万公顷，为年度任务1.33万公顷的103.5%。德援等外资项目顺利实施。积极推进义务植树，全省共植树1.96亿株，为目标任务1.88亿株的104.2%，参加义务植树人数4902万人次，尽责率达90%以上。切实加强种苗生产，稳步推进国家林木良种补贴试点工作，共完成大田育苗1.97万公顷，为年度目标任务1.67万公顷的118%；继续扶持五大类25个优质树种种苗培育，共繁育优质苗木4981万株。林业生态县建设得到加强和巩固，全省有21个县(市、区)通过了林业生态县验收，为目标任务的175%，同时，前三年已达到林业生态县建设标准的县(市、区)，经复查建设水平有所提高，全省提前一年完成了《林业生态省建设规划》确定的林业生态县建设指标。国家森林城市创建再传捷报，洛阳市成为河南省第四个“国家森林城市”，三门峡市通过了国家森林城市验收。完成年度森林资源动态监测和生物量调查，森林资源持续增长，森林覆盖率、森林蓄积量由2010年的22.19%、1.29亿立方米增加到2011年的22.68%、1.36亿立方米，完成了年度“双增”目标。经评估，2010年全省林业(林木和湿地)生态效益总价值为4590.66亿元，比2009年增加了213.83亿元。

集体林权制度主体改革基本完成　切实落实省政府集体林权制度改革座谈会各项任务，实行林改工作月通报制度，开展林改“回头看”活动，加快主体改革进度。建立了集体林改档案管理制度，编制了《集体林改确权发证工作省级验收办法》，组织人员对全省18个省辖市153个县(市、区)开展了为期两个月的检查验收，一次性通过率为96.7%。经验收，全省通过确权到户，共明晰集体林地产权面积436.78万公顷，占全省集体林地总面积的96.5%，办理和发放林权证421.56万公顷、230.3万份；纠纷调处率93.7%、勘界准确率97.6%、合同签订率97.0%、登记合格率98.3%、林权证发放率93.1%，群众对林改工作满意率98.2%。在基本完成主体改革的同时，扩大了深化改革试点，新增兰考等11个试点县，稳步推进了配套改革工作，围绕发展林下经济、林业专业合作社建设、林权流转、森林资源资产评估、林权抵押贷款、平原农区林业综合改革等方面开展试点。据统计，全省共流转林地28.73万公顷，流转金额8.66亿元；开展林权抵押贷款面积3.27万公顷，贷款金额9.3亿元；引导建立林业专业合作社1350个，入社农户16.7万户，经营林地面积23.73万公顷；扶持林下经济实体2500多个，发展林下种植17.47万公顷、养殖规模1300万头(只)。建立了林权管理长效机制，加强了对市、县林权管理机构的指导，全省有3个省辖市、30个县(市、区)成立了林权管理常设机构。河南省集体林改的经验做法被国家林业局集体林权制度改革领导小组誉为“后起之秀、平原典范”。

林业产业快速增长　加快经济林和速丰林基地建设，全省新发展经济林面积1.39万公顷，为年度目标任务的138.6%；新建以杨树为主的速生丰产林基地1.77万公顷，为年度目标任务的102%，河南省木材战略储备生产基地建设和牡丹油生产被国家列入试点单位。认真组织实施《河南省花卉产业发展规划》，花卉产业呈现快速发展的良好态势，全省新发展花卉面积1.19万公顷，为目标任务的119%。花卉结构调整步伐加快，新发展盆花、鲜切花、食用药用花卉等5500公顷，占新发展花卉面积的46.4%。加强了林业产业行业管理，对145家省级林业产业化龙头企业建立档案，定期监测，动态管理；规范木材经营加工，共办理木材经营加工许可证4000余份。加强了国家林业局郑州林产品质量检验检测中心基础设施建设，新增9个检测产品、5个参数检测项目，全年共开展467批次林产品检测工作。成功举办第十一届中原花木交易博览会，组织参加了台北国际花卉博览会和西安世界园艺博览会、首届中国核桃节、第六届中国竹文化节、第二届中国国际林业产业博览会和全国森林旅游博览会等展会，河南省参展产品多次获奖，进一步扩大了河南省花卉和林产品影响。大力推进森林旅游，全省森林公园全年共接待游客2920万人次，直接旅游收入达6.9亿元，较上年增长11.1%，超过目标1.1个百分点。预计全省2011年可实现林业产值900亿元，较上年增长14%以上，超额完成年度目标任务。

资源保护管理不断加强　分解落实了河南省“十二五”期间年森林采伐限额，并加强采伐监督管理，全省森林、林木采伐量在年度采伐限额以内，伐区凭证采伐率、办证合格率均达90%以上。扎实做好林地管理工作，全年办理审核审批征占用林地项目280宗，保证了南水北调、连霍高速扩建等国家和省重点建设项目的用地需求。认真组织开展林地保护利用规划编制工作，编制了工作方案和技术细则，购置了最新影像，处理了相关数据，按时完成了省级规划大纲和规划文本的编制，并通过评审；加强了县级规划编制指导，培训技术人员

500余人，开展了林地落界和“一张图”构建工作。省政府召开会议，全面启动了河南省天保二期工程，实施范围在原有基础上新增了4个县，管护面积达105.4万公顷，省级实施方案获省政府批准，19个县级实施方案已编制完成。加强了公益林管护，落实了各项管护责任，新增生态公益林补偿面积28.93万公顷，全省国家级和省级公益林管护面积达到145.33万公顷，省级补偿标准由每年每公顷75元提高到150元。抓好美国白蛾、松材线虫病等森林病虫害防治工作，全省发生各类林业有害生物51.4万公顷，防治45.53万公顷，全省林木病虫害成灾面积1800公顷，成灾率0.35‰，低于4‰的控制目标。加强野生动物保护，猕猴驯养经营利用得到规范，朱鹮繁育又有新突破，全年共救护收容野生动物180只(头、条)，其中国家一、二级保护动物45只(头、条)。加强了野生动物疫源疫病监测防控工作，启动了网络直报系统，排查了野生动物驯养场所，全省没有发生野生动物疫病疫情。认真落实森林防火各项措施，全年航空护林累计飞行62架次149小时，实现了重点林区航空护林全覆盖，全省共扑灭森林火灾621起，总过火面积2060公顷，受害森林面积886.67公顷，全省森林火灾受害率低于1‰的控制目标，特别是在冬春连旱、周边省份发生重特大森林火灾的情况下，河南省没有让小火酿成大灾，没有出现人员伤亡事故。创新了森林资源行政案件跨区联动执法机制，已建立重点联动执法区29个，遏制了各类涉林违法犯罪活动。森林公安机关“三化”建设迈出重要步伐，实现了独立办案，扩大了刑事案件管辖范围，在原来24类案件的基础上，新增8类，总数达到32类。重点组织开展了涉林案件专项打击和区域治理活动，全省各级森林公安机关共受理各类涉林案件11 364起，其中，刑事案件1280起，省挂牌督办各类刑事案件22起。全省森林公安机关与相关部门密切配合，在“亮剑行动”中创新机制，取得了部门联动、整体作战的实绩和经验，在“清网行动”中，取得了“清网率”100%的好成绩。

支撑保障能力明显提升 一是林业投入再创新高。据初步统计，全年共落实年度林业生态省建设资金101亿元，较上年增长10.1%。其中：争取省级及中央级各类无偿资金26.9亿元(省级财政8.6亿元，中央资金18.3亿元)，较上年增长13%；市县财政投入22.4亿元，吸引社会资金28亿元；林业贴息贷款规模达到23.7亿元，较上年增长19%，各项资金投资总量均为历年来之最。二是依法治林力度加大。林业地方性法规立法工作有效推进，河南省首部森林防火地方性法规《河南省森林防火条例》通过省人大审议，将对河南省今后的森林防火工作起到重要推动作用。加强了执法监督，做好行政复议和全省首次林业行政许可专项检查工作，组织对林业行政强制规定进行清理，发布了规范性文件清理结果，开展了全省行政处罚案卷评查，共抽查案卷204个。三是科教兴林不断强化。围绕林业生态省建设深化专题调研，启动了淮河流域生态保育研究，完成了《河南省林业发展空间布局研究》和新型城镇化、新型农业现代化林业部分等40多篇调研报告，组织专家对林业如何在中原经济区建设中发挥作用进行了研讨，进一步明晰了林业发展思路。组织制定国家、省级林业标准9个，推广林业新技术16项和林果新品种22个，完成了44个林木品种的审(认)定工作，16项林业科技成果获省政府科技进步奖。继续抓好10个科技示范县建设，新建了18个林业科技示范园区。深入开展送科技下乡活动，全省组织开展送科技下乡等科普活动2300余次，培训林农69万人次以上，提高了林业科技服务水平。加快了林业科研重点实验室建设，已建成省、厅级重点实验室4个，省级林业工程技术中心1个。河南林校成功举办60年校庆，扩大了社会影响，中职教育教学质量评估和国家重点中专复评取得优异成绩，调整优化了专业布局，积极推进教学改革，创新人才培养模式，加强校企合作，全年招生1727人，高职生、中职生就业率分别达90%、96%。四是林业信息化建设稳步推进。河南省被列为全国林业信息化建设示范省，确定了两个主题示范项目“营造林管理系统”和“林业执法综合管理平台建设”，目前，营造林管理系统中的“作业设计及审查子系统”已上线运行。升级改造了河南林业信息网网站群，完成了全省森林资源数据库建设及数据更新工作，建成了信息资源共享与交换平台，整合了公共基础软硬件平台。开发了河南省森林公安机关警务信息平台、刑侦信息化应用平台和森林公安被装管理系统，完善了河南省森林公安机关网络执法与监督系统，全省市、县森林公安机关全部实现了网上办案。五是林业基础管理进一步夯实。印发了《河南省“十二五”林业发展规划》，编制了《河南省木材战略储备生产基地规划(2011～2020年)》等规划。外资项目管理进一步规范，制定了《森林经营管理指南》等制度，使项目做到规范实施、客观评价。完成了森林覆盖率、森林蓄积量“双增”目标考核工作。开展了河南省县域经济评价林木覆盖率指标考评，对108个县(市)“林木覆盖率”有关的森林(地)资源年度变化情况进行了调查评价。建设种质资源项目36个，保存22个树种402个品种的种质资源。新建1个国家级湿地公园和2个省级森林公园，加强了自然保护区、国有林场、森林防火、野生动物疫源疫病监测、林业有害生物防控、科技推广中心站、基层林业站、中试基地等基础设施建设。推进了森林公安装备和基础设施建设，采购各类装备2854台(件)、警车202辆，初步缓解了基层执法装备紧缺和陈旧的困难局面。第一批3101户国有林场职工危旧房改造顺利进行；实施了第二批危旧房改造工程，涉及59个林场，5900户职工，改造面积44万多平方米，目前已全部开工。

自身建设全面发展 切实加强了党的建设，着力推进学习型党组织和机关思想作风建设，组织林业系统党员干部重点学习了国务院《指导意见》和省第九次党代会精神、何平“九论十八谈”、“新十八谈”等政论文章，提升了林业系统广大干部职工积极投身中原经济区建设的热情。在全厅各基层党组织和党员中广泛开展了以“双百夺旗争星”为主要内容的创先争优评比竞赛活动。加强了干部队伍建设，厅直事业单位均确定了岗位类别和岗位等级，厅机关新招录公务员4人，森林公安系统招警220人，改善了干部队伍的年龄和知识结构。基层林业站呈恢复向好趋势，近40所基层林业中心站恢复成立。省政府出台了加强和规范木材检查站管理的规定，强化了木材检查站执法职能；开展了木材运输检查“执法监督年”活动，全省全年未发生大的林业公路“三乱”事件。加大了干部培训力度，完成了429名基层林业站站长能力测试和400余名林业行政执法人员的培训，增强了基层工作人员依法行政的自觉性，提高了干部队伍的整体素质。大力推进市、县两级森林公安机关“三定”工作，全省18个省辖市和108个县(市)全部出台了森林公安“三定”方案，有16个省辖市局和72个县(市)局配备了领导班子，严格警籍、警衔管理，完成了653人警衔晋升工作。加强森林公安派出所等级评定工作，命名了11个二级所、45个三级所，占全省森林公安派出所的68.3%。积极推进生态文化建设，全省新增3个“全国生态文化村”和1个“国家生态文明教育基地”。加强了林业宣传工作，开展了国际森林年、义务植树30周年和天保工程10周年等纪念活动，制定了林业新闻宣传管理办法，组织中央及省内主要媒体对河南省林业生态效益发布、花博会等进行宣传报道，全省在省级以上新闻媒体上发表稿件近4000(篇)条，广泛宣传了河南省林业的地位、作用及建设成效、经验做法，提升了林业形象，为林业生态省建设营造了良好的舆论氛围。加强了党风廉政建设，积极推进政务公开工作，全厅共办理行政许可事项339件，办结率100%。各级林业部门在抓好业务工作的同时，高度重视党风廉政建设和行风建设，较好地保持了全省林业系统清正廉洁的良好形象，省林业厅在全省民主评议政风行风活动中被评为优秀单位。加强了老干部工作，积极为老干部办实事、做好事。推进节约型机关建设，完成了年度节能目标；加快推进干部职工住房建设，40号院住宅楼改造顺利进行。

2011年以来，省委、省政府主要领导和分管领导非常关心、重视林业工作，省委书记卢展工亲自过问，指示要搞好林业工作。3月20日，卢展工书记率领23名省党政军领导同志在花园口黄河滩区参加义务植树，并发表重要讲话，强调开展植树造林，很重要的就是重在持续、锲而不舍，踏踏实实、认认真真地坚持下去；改善生态环境，建设绿色河南，全省人民都要行动起来、坚持下去，作出自己应有的贡献。8月15日，国家林业局与省政府签订了《共同推进中原经济区建设框架协议》，贾治邦局长和郭庚茂省长代表双方签署了协议，根据协议约定，国家林业局将加大对中原经济区林业建设资金的支持力度，5年林业总投资力争达到80亿元，协调贴息贷款总规模力争突破100亿元。省委书记卢展工在会见贾治邦局长时指出，林业的持续发展保障了粮食丰收、改善了气候环境，中原经济区建设做到“两不牺牲”，“三化”协调科学发展，需要发挥林业的重要作用。郭庚茂在2011年的《政府工作报告》中，把林业生态建设作为“五网一系统”基础支撑体系建设之一，强调要加大力度，切实抓好。叶冬松、刘满仓等省领导多次对林业工作提出具体要求。省政府去年首次将林业“双增”指标纳入政府目标考核管理体系，省政府办公厅印发了林业生态省建设年度实施方案。省政府专门召开了全省林业生态建设现场会、森林防火电视电话会议、全省天然林保护工程工作会议，对植树造林、森林防火、天然林保护工程二期建设任务做了具体安排，为全省林业改革发展奠定了良好基础。

【国家林业局与省政府签订共同推进中原经济区建设框架协议】 2011年8月15日，国家林业局与河南省人民政府举行了共同推进中原经济区建设框架协议签字仪式，贾治邦局长和郭庚茂省长代表双方签署了协议。

依据框架协议工作目标，国家林业局将积极协调国家有关部门，加大对中原经济区林业建设资金的支持力度，5年林业总投资力争达到80亿元，用于林业产业发展的贴息贷款总规模力争突破100亿元。到“十二五”期末，河南省森林覆盖率将达到23.61%，森林面积达到393.5万公顷，林业资源综合效益价值达到5740亿元。

【全省林业生态建设现场会】 2011年3月4日在新乡召开河南省林业生态建设现场会，省绿化委员会成员单位负责同志，各省辖市分管副市长、林业局局长，省直管试点县(市)分管副县(市)长、林业局局长参加了会议。

会议指出，春季造林绿化工作时间有限，要抓紧时间，统筹规划，因地制宜，分步实施，重点抓好荒山造林、防沙治沙、公路及河道绿化，并结合农业综合开发和土地整理项目，合理布局和建设农田林网。在造林过程中，要结合生态、经济、社会三大效益，把握好造林利于农业生产、利于防风防洪、利于美化环境、利于造福子孙后代的原则，做到树种多样化，落实好造林政策，解决好造林占地与基本农田的关系，强化依法治林、森林防火、病虫害防治等资源管护措施，确保圆满完成年度林业生态省建设任务。

会议强调，一是要充分肯定成绩，清醒分析形势。二是要认真做好春季造林工作，大力推进林业生态省建设，确保如期实现目标。三是要大力推进林业产业化，突出抓好林产品精深加工，大力发展花卉产业、林果产业、林下经济、生态旅游，围绕市场，打造精品和品牌，做强做大林业产业。四是改革创新，扩大开放，大力招商，搞活林业。扎实做好林改工作，狠抓薄弱环节和配套改革，注重实际，讲求实效；积极推进国有林场改革；培育林业产业化龙头企业；大力推进高效特色林业标准化、规模化种植经营；提升档次和科技水平，延伸产业链条；大力招商引资；高度重视花卉、园艺人才队伍建设。五是加强依法治林、管林和林业安全建设。要依法管理，规范管理，文明执法；紧绷森林防火这根弦，严防重大森林火灾发生；加强林业病虫害防治。

会前，与会代表先后实地观摩了新乡卫辉市唐庄西山山区整地造林、凤凰山矿山修复造林、延津林场西荒林区防沙治沙造林和新乡县祥和新村新型社区绿化等造林绿化现场。

【集体林权制度改革】 河南省集体林权制度改革工作从2007年正式开始，通过四年多的努力，林改工作进展顺利，取得了较大的成绩，成效开始显现。第一，确权发证任务基本完成。确权发证工作经过调查摸底、勘界确权、建档发证、总结验收四个阶段，已基本完成任务。2011年9~10月，省林改领导小组组织人员对全省林改确权发证工作进行了验收，验收结果表明：集体林权制度改革工作涉及全省的153个县(市、区)，452.53万公顷集体林地，涉及农村人口4255.6万人，均分到户率93.3%、其中家庭承包率为68%、纠纷调处率93.7%、勘界准确率97.6%、合同签订率97.0%、登记合格率98.3%、林权证发放率93.2%，林改档案建设工作平均得分81.8分，群众对林改工作满意率98.2%，省级验收一次通过率96.7%。第二，林权管理服务体系初步形成。为更好地服务农民群众，实现兴林富民，多个省辖市组建了市级负责林业改革发展的常设机构和县级负责林业改革发展工作的林权管理服务机构，初步建立了林权管理服务体系，为林改工作常态化管理奠定了基础。第三，林权抵押贷款工作健康推进。各地积极推广林业产业化龙头企业承贷模式，实行"公司+基地+林农"的运作方式，大力发展林业合作组织成员或者协会成员联保、互保方式发放贷款。据统计，2011年林权抵押贷款17.3亿元，其中浉河区林权抵押贷款8.28亿元。第四，农民林业专业合作社迅速发展。在强力推进基础改革的同时，河南省把发展农民林业专业合作社作为深化集体林权制度改革工作的重点，大力宣传普及农民林业专业合作组织的有关知识，引导林业专业合作社的发展。目前河南省农民林业专业合作社有1350家，入社农户12.8万户，经营林地19.27万公顷。陕县已建立林业专业合作社101家，注册资金3521.44万元，经营面积1.53万公顷。第五，林下经济发展迅速。林地均分到户后，各地积极引导林农，探索出了一条"不砍树能致富"、"资源增长农民增收"双赢的林下经济发展新路。林下经济的发展，也促进了木材加工、果品储运等产业的迅速发展，2011年全省林业总产值超过900亿元。第六，林改效益在多方面显现。林改促进了全省的森林资源培育，解决了农村长期的林地纠纷，密切了干群关系，促进了农村的和谐稳定，不少农民在自家的林地上从事造林抚育等工作，增加了在家就业机会，减少了外出打工的辛苦，稳定了农村生产秩序，也促进了新农村建设。

【全省森林防火工作电视电话会议】 3月15日，全国森林防火工作电视电话会结束后，河南省召开森林防火工作电视电话会议。会议总结了当前和今后一段时间内防火的形势和任务，会议指出，随着清明节和"五一"劳动节的到来，旅游踏青、烧香祭祀等户外人为活动激增，火源点多面广，安全防范难度加大。各级护林防火指挥部成员单位要立即组织开展一次森林防火督导检查活动，查责任制是否落实，查火源管理是否到位，查火灾隐患是否清除，查防扑火准备是否充分，确保各项防控措施落到实处。

会议强调，一要"严"字当头，严格野外火源管理。抓好"四严"，即严格管理生产用火、严格管理进山火种、严格管理特殊人群、严格管理重要结合部。要建立健全火源管控长效机制，筑牢用火审批、入山检查、林内巡护和联防联保等"四条防线"。二要突出重点，认真开展火灾隐患排查整治。要把森林防火纳入重点督导内容，特别在重点地区、重点部位、重点时段，要重点督导。三要继续落实值班，及时处理火情。严禁出现脱岗、漏岗等现象，以确保火情动态、蔓延趋势、扑救情况和领导指示等重要信息能够及时上传下达，使各类森林火灾都能够得到及时、快速、妥善的处置。四要强化宣传教育，营造良好氛围。要进一步加大宣传力度，充分利用电视、广播、报刊等新闻媒体，采取群众喜闻乐见和图文并茂的方式，搞好森林防火公益宣传和法制宣传，积极营造浓厚的森林防火氛围，提高广大干部群众的森林防火意识。五要加强组织领导，严格责任追究。认真落实好政府行政首长负责制和部门分工负责制。建立绩效评估制度和责任追究制度，加强行政问责。要加大森林火灾案件查处力度，依法严厉打击和惩治火灾肇事者。

【《河南省森林防火条例》出台】 11月25日，省十一届人大常委会第二十四次会议审议通过了《河南省森林防火条例》，并于2012年1月1日起正式施行。《条例》明确规定，各级政府应当加强森林防火工作的领导，建立健全森林防火责任制度，森林防火工作实行各级政府行政首长负责制和责任追究制，并纳入政府目标管理，将森林防火责任落实到了各级政府。《条例》规定，各级政府应将森林防火经费纳入本级财政预算，县级以上政府应当按照辖区内的森林面积安排森林防火经费，依托森林资源从事旅游观光活动的经营者，应当将不低于5%的门票收入用于本区域的森林防火，为森林防火工作顺利开展提供了资金支持和保障。《条例》强调了森林防火组织建设，确立了森林防火预防为主、科学补救、积极消灭的方针并将每年的11月份定为本省的森林防火宣传月。《条例》要求，组织群众扑救森林火灾，不得动员残疾人、孕妇和未成年人及其他不适宜参加森林火灾扑救的人员参加，因扑救森林火灾负伤、残疾或者死亡的人员按照国家和省有关规定给予医疗、抚恤，对在扑救森林火灾中符合烈士条件的，依照国家各有关规定执行。对在森林防火工作中作出突出贡献的单位和个人，给予表彰和奖励，违反《条例》规定的，将视具体情况追究法律责任。

1988年，省政府制定颁布了《河南省〈森林防火条例〉实施办法》，随着经济社会和现代林业的发展，《实施办法》的一些规定已不能适应当前森林防火形势的要求。河南省积极推进新《河南省森林防火条例》的立法工作，2011年4月28日，郭庚茂省长主持省政府第85次常务会议，审议并原则通过了《河南省森林防火条例(草案)》。省人大常委会在省内外进行《条例(草案)》立法调研，对《条例(草案)》进行了多次修改完善。

【花卉苗木】 第二十九届中国洛阳牡丹文化节于2011年4月1日至5月10日举办，2011年是洛阳牡丹花会升格为国家级节会后的第一年，升格"国家级"后，牡丹文化节将设立北京、上海两个分会场，分别在北京房山牡丹园和上海市植物园举办丰富的节会活动。为满足不同游客的观赏需求，2011年洛阳对全市牡丹观赏园进行了整体规划，并通过人工调控花期，确保在文化节期间，洛阳市区、市郊、南部山区的牡丹形成早、中、晚次第开放的格局，拉长牡丹观赏期，满足不同时段赏花游客的需求。同时，还围绕改善牡丹观赏效果，提升牡丹园艺水平，加大牡丹调整、改造和种植力度，加强园区牡丹文化内涵建设，使牡丹种植规模不断扩大，品质不断提高。

第十一届中原花木交易博览会于9月26日在鄢陵县国家花木博览园隆重开幕。本届花博会由国家林业局、河南省人民政府主办，以“魅力花都·绿色家园”为主题，突出“政府引导、市场运作、社会参与、低碳经济”理念。花博会期间现场签约92个合作项目，总投资达216亿元，还将举办以“花木产业升级与中原经济区建设”为主题的花木产业高层论坛、许昌生态文化游和插花花艺大赛、中州盆景大赛及展示等活动。

2011年，河南省花卉种植面积达11万公顷，花卉企业达2390家，从业人员42万人，年产值90亿元，位居全国第二位。形成了以郑州和南阳为主的月季、洛阳牡丹、开封菊花、濮阳鲜切花、安阳桂花和盆景、鄢陵和潢川的观赏苗木等六大特色花卉生产集聚区；形成生产、深加工、物流、会展服务、零售、园林工程设计施工等较完整的花卉产业链；产品远销德国、日本、美国等国家。

【林业有害生物防治工作会议】 5月5日，河南省召开全省林业有害生物防治工作会议。会议传达贯彻了全国林业有害生物防治工作座谈会精神；总结、推广近年来杨树食叶害虫防治工作经验，明确杨树食叶害虫治理工作的思路和对策；安排部署了2011年全省林业有害生物防治工作。会议指出，2011年全省主要林业有害生物呈偏重发生态势，全省林业有害生物预测发生面积65.8万公顷，发生率约12.54%，松材线虫病防控形势严峻，美国白蛾扩散加剧；杨树食叶害虫将继续保持高发态势；杨树病害持续六年维持上升趋势，防治形势依然严峻。

会议强调，一要积极行使部门职能当好政府参谋，积极争取地方政府支持，在财力、物力等方面给予支持和保证。二要主动加强与铁路、交通、水利等部门的联系和协作。充分发挥各自职能优势，共同做好防治工作。三要突出重点，科学防控。特别要加强廊道绿化林、环城防护林、大面积纯林及进出城区的窗口地段林有害生物的防治。四要探索新的防治机制，提高防治率。继续推进社会化防治工作。采用专业队防治、大户承包防治、公司化防治和群防群治等相结合的多种形式社会化防治。五要建立联防联治新机制。相邻地区特别是省辖市之间要经过友好协商，签订杨树食叶害虫联防联治协议，密切协作，互相配合，适时协调组织交界市、县开展共同防治。六要建立通报奖惩制度，用制度促进防控。省林业厅将对杨树食叶害虫防治成效进行专项检查，并对检查情况进行通报，检查结果将作为2011年森防目标考核的重要依据。

会议要求，一是要加强森防体系建设，提高综合防控能力。二是要加强监测预报，为防治提供科学依据。三是要进一步强化检疫执法，防止检疫性林业有害生物传播蔓延。四是要拔除松材线虫病疫点，全面完成目标任务。信阳市在全面拔除松树病死木及病死木所在小班所有松树的基础上，强化发生区周边松褐天牛的防治，力争按期全面拔除松材线虫病疫点。五是要抓好美国白蛾防治，遏制疫情扩散。濮阳市、安阳市、鹤壁市要科学制订防治方案，采取飞机防治和群防群治相结合的办法，降低危害程度。

【朱鹮繁育取得新进展】 2011年，董寨国家级自然保护区朱鹮繁育基地繁殖出34只朱鹮幼鸟，出雏率为97.6%，成活率达到83%，目前，该基地朱鹮数量已达到88只。

朱鹮是世界上最为濒危的鸟类之一，属国家一级重点保护动物，由于外表美丽优雅，被人们称为“吉祥之鸟”和“东方瑰宝”。朱鹮野外觅食能力、适应能力、繁殖能力差，且野生分布只局限一个区域，如遇大的传染病发生，就有导致该物种灭绝的危险。为了解决朱鹮野外种群生存等问题，国家林业局在董寨国家级自然保护区设立了朱鹮繁育基地，2007年将17只朱鹮调往董寨保护区，该保护区在2008年就人工繁殖出5只幼鸟，特别是2011年在科技和工作人员辛勤的努力下，又繁殖出34只幼鸟。

随着朱鹮数量日益增多，河南省将建野化训练网笼，编制野化放飞方案，同时倡导无公害种植，向公众宣传朱鹮保护知识，为朱鹮的野外放飞创造良好环境，使这一濒危物种在中原大地重新焕发生机。

【生态文明建设持续推进】 6月18日在辽宁省大连市举行的第八届中国城市森林论坛开幕式上洛阳市被授予国家森林城市称号，至此河南省已有许昌市、新乡市、漯河市、洛阳市先后成功创建国家森林城市。12月5～9日，创建国家森林城市工作考察组对三门峡市进行考察，考察组一行深入陕县甘山国家森林公园、三门峡职业技术学院、渑池县会盟广场、灵宝函谷关镇坡寨村等地，实地察看该市森林生态网络、城乡绿化、生态文化建设等情况，认为三门峡市创建国家森林城市38项指标全部符合国家有关规定，森林覆盖率、绿化覆盖率、人均绿地等重点考核的14项指标全部超过。

9月23日，在辽宁省鞍山市召开的第四届中国生态文化高峰论坛上，河南省新乡市凤凰山森林公园获得国家生态文明教育基地称号，河南省博爱县寨豁乡青天河村、长葛市古桥乡师庄村、鹤壁市淇滨区金山办事处蔡庄村等3个村被命名为全国生态文化村，至此，河南省共有6个村被命名为全国生态文化村。

【飞机播种造林圆满完成】 截至8月11日，2011年全省飞机播种造林1.33万公顷计划已全部完成。全省播区涉及三门峡、洛阳、新乡、焦作、济源、安阳、许昌、鹤壁8个省辖市的16个县(市、区)，先后使用了卢氏、安阳、济源、上街4个机场，实际飞行140架次，作业时间达155小时。河南省的飞机播种造林主要集中在雨季的6、7、8三个月，2011年雨季降水较多，预计将取得较好成效。河南省飞播30余年来，已累计完成造林92.6万公顷，目前成林面积已达22.13万公顷，为全省林业生态建设作出了较大贡献。

【林业厅组织专家送科技下乡】 4月26日，省林业厅组织10余名专家以及来自当地的林业技术骨干和林果种植大户300多人在光山县槐店乡开展送科技下乡活动。专家们就当地林农迫切需要的香樟、桂花等景观树种的引种、栽植技术和油茶的栽培技术，进行了认真的讲解。专家们还在现场开展了技术咨询，并发放了有关技术资料。在活动中，林业专家们把广大林农最急需的林业新科技成果和林木新品种、新技术、新信息送到了生产一线，尤其针对当地油茶生产中存在的热点、难点问题，进行了重点讲解和咨询，受到了基层群众的热烈欢迎。此次活动，举行了专题讲座1个，展出科技版面、挂图30多幅，现场技术咨询200多人次，向林农赠送了《林业实用技术汇编》等科普书籍和技术资料3000多份，取得了良好的效果。

【《2010年河南省林业生态效益公报》发布】 2011年8月4日，省政府在河南省南阳宝天曼国家森林公园举行新闻发布会，发布《2010年河南省林业生态效益公报》。《公报》指出，中国森林生态系统定位研究网络中心、北京林业大学和河南省林业科学研究院等单位专家，按照国家林业局2008年3月31日发布的《森林生态系统服务功能评估规范》(LY/T 1721－2008)和河南省森林及湿地资源等资料，共同完成了河南省林业生态效益评估(2010年度)项目。按涵养水源、保育土壤、固碳释氧、积累营养物质、净化大气、保护生物多样性、防护农田、森林游憩、节能减排9个方面共26项指标计算出了河南省森林生态服务功能的实物量和价值量。按保护生物多样性、景观游憩、蓄水调洪、净化水质、固碳释氧5项指标计算出了河南省湿地生态服务功能的实物量和价值量。经评估，2010年河南省林业生态效益总价值为4590.66亿元，其中森林生态效益价值为3675.92亿元，湿地生态效益价值为914.74亿元。森林涵养水源价值为906.32亿元/年。全省森林净化大气总价值120.96亿元/年。全省森林保护生物多样性总价值829.93亿元/年。防护农田效益总价值288.31亿元/年。全省林业系统管辖的自然保护区和森林公园接待游客2670万人次/年，提供森林游憩的价值为237.36亿元/年。全省村镇森林节能574.34亿千瓦时/年，节约能源的价值为189.52亿元/年。全省村镇森林节能减排总价值为408.16亿元/年。湿地生态效益总价值为914.74亿元。

【全省林业局长视频会议】 1月20日，河南省召开全省林业局长视频会议，厅机关全体人员、厅直单位处级干部在主会场参加了会议。

会议传达了省委农村工作会议精神和全国林业厅局长会议精神，总结"十一五"期间和2010年的林业工作，表彰先进，安排部署"十二五"期间和2011年的林业建设任务。

会议指出，2010年河南省林业改革发展继续保持良好的态势，各项林业工作目标圆满完成。一是稳步推进生态建设，生态功能不断增强。二是不断深化集体林权制度改革，发展活力进一步激发。三是全面加强资源管护，灾害防控成效显著。四是扎实推进林业产业，兴林富民取得新成效。五是保障能力建设得到加强，发展条件持续改善。"十一五"期间，河南省林业生态建设飞跃发展，森林资源显著增长，林业产业日益增强，林业领域不断扩展，林业地位显著提升，林业机制不断创新，是河南省林业发展中不平凡的五年。

会议强调，"十二五"期间的主要目标是，完成造林86.67万公顷，新增森林48.67万公顷，森林覆盖率达到24%以上(林木覆盖率达到30%以上)，森林蓄积量达到1.35亿立方米；林业资源综合效益价值达到5740亿元，所有的县(市)建成林业生态县；林业产业总产值达到1300亿元，林业产业集群初步建立；生态文化体系初步构成，生态文明观念广泛传播。

会议要求，一要坚持以生态建设为主导，建设中原经济区的生态屏障。中原经济区建设要实现"两不牺牲"、"三化协调"和"五个创新"的发展目标，既要有产业支撑，也必须有良好的生态环境作保障。没有良好的生态环境作基础，就不可能实现《中原经济区建设纲要》所确定的发展目标。必须紧紧围绕林业"双增"目标和"十二五"时期森林覆盖率、森林蓄积量这两个约束性指标，层层分解任务，加大考核力度，确保森林面积和森林蓄积同步增长。二要坚持以兴林富民为宗旨，奠定农民持续就业增收的坚实基础。发展好林业，是根本性的民生工程。必须牢固树立兴林为了富民、富民才能兴林的理念，做到在富民中兴林，在兴林中富民，不断提高林业在农民收入中的比重。三要坚持以改革创新为动力，建立林业持续发展的长效机制。没有改革就没有林业的兴旺发达，实践证明，只有深化改革，才能增强林业发展的动力；只有深化改革，才能理顺生产关系，解放发展生产力，建立充满活力的现代林业体制。四要坚持以转变发展方式为主线，激活林业发展的内在潜力。加快经济发展方式转变，是深入贯彻落实科学发展观的重要目标和战略举措。把林业工作融入转变经济发展方式大局，就要落实到加快转变林业发展方式上。只有在转变中谋发展，在发展中促转变，才能实现森林资源不断增长、生态环境稳步改善、林业产业快速发展、农民群众持续增收的发展目标。

【航空护林】 河南航站2010~2011年冬春航自2010年11月15日顺利开航至2011年3月15日圆满结航，历时121天，累计飞行149小时18分钟，计62架次(含调机)，其中巡护26架次，火场侦察15架次，扑火演练3架次，吊桶训练9架次，吊桶洒水作业8架次，计洒水69桶(吊灭42桶，吊训27桶)。在省森林航空消防站与青岛直升机航空有限公司的共同努力下，始终坚持"安全、高效、有序"的工作原则，圆满完成了航空护林任务。本航期正式启用了南阳机场实施航空护林作业，首次实现了全省重点林区航空护林全覆盖，并成功实施了转场补给作业，扩大直升机扑火半径，提高航护效益，为保护河南省森林资源作出了应有的贡献。

(河南省林业由杨晓周、张志阳供稿)

湖北省林业

【人工造林与封山育林】 2011 年，全省完成荒山荒地造林总面积 19.47 万公顷，其中人工造林面积 14.59 万公顷，在人工造林面积中，有竹林面积 2914 公顷。按林种分，用材林 6.67 万公顷；经济林 3.87 万公顷；防护林 8.57 万公顷；薪炭林 34 公顷；特种用途林 3478 公顷。按树种分，速生树种 7.39 万公顷、乡土树种 9.26 万公顷、珍贵树种 5924 公顷；按权属分，公有经济成分造林 4.6 万公顷，其中国有经济成分造林 2.23 万公顷，集体经济成分造林 2.37 万公顷；非公有经济成分造林 14.87 万公顷。在人工造林中，林业重点工程完成人工造林面积 6.03 万公顷，其中完成天然林资源保护工程人工造林 5734 公顷，退耕还林工程 36 009 公顷；长江流域防护林二期工程造林 18 564 公顷。2011 年全省完成无林地和疏林地新封山育林面积 48 743 公顷，有林地和灌木林地 17 682 公顷。2011 年，全省共完成中幼林抚育面积 22.06 万公顷、完成四旁零星植树 1.23 亿株。2011 年，湖北造林工作转变营造林工作思路。大力实施造林绿化从山上向山下推进，从农村向城市推进，从室外向室内推进，从平面向立体推进，确保“山上治本”与“身边增绿”同步发展；继续推进专业化造林、机械化造林、科技化造林和四季化造林。全省共有造林专业公司和专业队 140 个，营造林机械 14 035 台(套)投入营造林，机械化造林水平有明显提升。营造林方式，推行项目业主制，由重造轻管的造林方式向造、管、封、改、抚综合经营模式转变。确保营造林由数量扩张为主向数量质量并重发展。培育新的营造林主体，鼓动引导公司造林，吸引凯迪电力等 400 家企业通过租赁荒山等多种方式投资造林。推广合作社造林，全省共有 319 个林业专业合作社造林。支持大户造林，全省共有造林面积在 7 公顷以上的大户 3374 个。全省 2011 年 70% 以上的造林都是公司、林业合作组织和造林大户等主体实施的。2011 年春夏，湖北省遭遇了 50 年一遇的特大干旱，干旱造成全省营造林直接经济损失 19.9 亿元。省林业厅及时发出了《关于进一步抓好营造林抗旱工作的紧急通知》，部署林业抗旱救灾，由于措施到位，完成了全年林业生产各项目标。

【新农村建设】 2011 年，湖北省林业厅组织完成了仙洪试验区、鄂州城乡一体化、88 个新农村建设试点乡镇、竹房城镇带等多个层次的新农村绿色家园建设任务。组织开展了一系列大别山革命老区林业建设活动，在长防林、低产林改造等项目计划安排上给予了重点支持，督促完成了“绿色大别山”的造林绿化任务。

【油茶产业发展】 2011 年湖北省年末实有油茶林面积 13.56 万公顷，其中当年新造面积 20 417 公顷、当年低产林改造的油茶面积 6870 公顷，全省油茶繁殖圃 40 个，面积 1811 公顷，油茶苗木产量 6197.48 万株。全省油茶籽产量 82 916 吨。全省油茶产业年产值 13.66 亿元。油茶苗木生产经营严格按“四定三清楚”原则执行。已有 75 % 以上的油茶育苗采用轻基质营养袋嫁接育苗，逐步淘汰了普通重基质营养袋嫁接苗技术，使得苗木成活率、苗木质量大幅度提高。组织专家对 2 个新申报的油茶临时采穗圃进行了认定，对 10 个油茶临时采穗穗圃 30 个采穗点进行了重新审查，淘汰了 2 个不符合技术规程要求的临时采穗圃及 8 个不符合技术规程要求的采穗点。对 9 个新建油茶采穗圃项目，在优良品种的引进、苗木栽植及管理方面加强了指导，保证了油茶采穗圃的建设质量。组织专家对阳新县、麻城市、咸安区、黄彼区油茶采穗圃等四个项目进行竣工验收。6 月 9 日由国家林业局油茶办主办、湖北省林业厅承办的全国油茶产业发展研讨会暨华彸茶油高峰论坛在宜昌举行，全国 14 个油茶发展省(区、市)油茶办负责人、龙头企业和造林大户的 100 多位代表参加了大会。7 月下旬至 8 月上旬，在全省范围内开展了油茶造林和种苗质量专项检查活动，采取各地自查和重点抽查相结合的方法，组织了两个检查组，赴襄阳、随州、黄冈、咸宁等地进行实地检查。参加了于 9 月 27 日在广东省梅州市召开的第四次全国油茶产业发展现场会。2011 年国家林业局场圃总站对湖北省新增油茶重点示范县造林补助 140 万元，达到 1440 万元、将湖北华彸木本油脂有限公司等 5 个涉油茶企业确定为“全国油茶重点企业”、将咸宁市国有林场管理处油茶示范基地确定为“全国油茶科技示范基地”。

【集体林权制度改革】 2011 年，全省已完成林改确权面积 787.94 万公顷，发证面积 781.57 万公顷，分别占总任务的 99.61% 和 98.81%，发放林权证 366.02 万本。全省林地流转面积 85.12 万公顷，交易金额 23.43 亿元；抵押林地 11.34 万公顷，抵押贷款金额 20.27 亿元；森林保险投保面积 36.12 万公顷，保险金额 27.49 亿元；组建林业专业合作社和林业专业协会 1811 个，入社会员 53.86 万户，年纯收入 27.39 亿元。1 月 13 日，湖北省委、省政府召开了全省深化集体林权制度配套改革工作电视电话会议。会议传达了全国林改百县经验交流会议精神；通报了全省林改情况；表彰了 67 个林改先进单位和 100 名先进个人，恩施等 4 个林改先进县市作大会典型发言。湖北省省长王国生、省委副书记张昌尔、副省长赵斌等领导出席会议并讲话。4 月中下旬开展了全省集体林权制度主体改革“回头看”活动，组织人员到咸宁、襄阳和十堰等地进行检查督办，7 月 1 日，省林业厅召开贯彻落实全国人大常委会审议林改工作报告会精神电视电话会，国家林业局造林司巡视员丁付林作宣讲报告，厅长王海涛主持电视电话会，省人大、省委农办、国家林业局驻武汉专员办，省林业厅在家厅领导以及副处级以上干部及厅直单位主要负责人参加会议，各市、州、县的有关负责人共507位同志在分会场参加会议。争取中央财政支持农民专业合作组织发展资金200万元。为支持湖北省农民林业专业合作组织发展，切实提高林农进入市场化组织化程度，重点扶持20个林业专业合作社。上报《湖北省森林资源流转条例》制度廉洁性评估报告。上报了一批林改典型在全国林改工作会议上交流经验。恩施市作为全国5个典型之一，在3月国家林业局举办的地方党政领导干部深化林改专题研究班上介绍了经验。在10月召开的全国林下经济现场会上，恩施市和大悟县、罗田县、南漳县、潜江市、枝江市等6个县市作为书面材料和典型材料在大会上作了交流。

【木本生物质能源林建设】 2011年全省生物质能源林培育及更新、改造面积47 109公顷，其中荒山荒地新造面积8599公顷。按照国家林业局的部署，省林业厅组织编制了《湖北省生物质能源林发展规划》。

【林业碳汇工作】 制定了《湖北省森林碳汇规划》。开展了碳汇造林的试点工作。在黄冈市的蕲春、荆门市的京山县造133.3公顷的碳汇林。由省林科院开展碳汇的监测与计量。开展高固碳良种培育工作。根据不同区域特点、气候条件和各地基础，结合湖北省林业发展规划，将全省划分为六个育种区，在各区域内开展高固碳抗性良种的引进、筛选、培育和推广工作。引进优良品种，注重湖北乡土树种选育工作。建立了碳汇计量监测管理部门，在现有人员、物资基础上设立碳汇计量、监测评估机构，负责森林碳汇营造林的计量、监测评估等，计量本省的林业碳汇及其动态变化。加强森林保护，减少森林的碳排放。通过合理控制采伐、减少毁林、防控森林火灾与病虫害以及优化植物配置结构和种类等措施，减少森林的碳排放。

【林业血防工程造林】 2011年度全省有24个县(市、区)实施林业血防工程，共完成当年造林任务1.67万公顷。2011年，湖北省政府与省林业厅等省直相关部门签定了2011年度血防目标责任书。省林业厅对所联系的黄州区血防联系点，由主管厅领导亲自带队检查督办2次，促进了血防综合治理的整体推进。各实施单位编制了县级实施方案，将具体建设目标与任务层层分解落实到基层建设单位，落实到山头地块和田间地头，做到重点突出、布局合理、任务明确。在工程建设中，积极推行项目法人负责制、合同制和监理制。建立和完善规章制度，规范工程管理，把工程建设纳入到法制化、规范化和科学化管理的轨道。省林业厅组织省财政、省发改委、省血防办及相关林业专家对林业血防工程“年度作业设计”进行了评审。各项目县市根据“年度作业设计”组织施工，省林业厅派出工程监理专班对实施质量进行检查与监督，为提高造林质量打下基础。

【低产林改造】 2011年全省完成低产低效林改造面积3.3万公顷，严格按照《省人民政府关于推进低丘岗地和低产林改造工作的意见》、《湖北省低产林改造总体规划方案》、《湖北省低产林改造工程建设管理办法》和《省林业局关于加强和改进低产林改造工作的意见》的政策要求和制度规定，组织各地择优选定改造对象，严格执行技术标准，保证了工作的顺利推进。创新和推广“项目业主制、计划奖惩制、任务议标制、质量监理制、资金报账制”的低改工作新机制，增强了低改工作活力。制定了2011年度低改工程项目作业《设计要求》和《审核要点》，组织作业设计，严格设计质量审查，进行审核批复，将改造任务落实到项目业主和山头地块。组织由厅领导带队的春季林业重点工作督办、对低改工程建设全过程监理、定期或不定期开展质量检查等措施，切实加强施工监管，确保工程建设实现优化森林结构，提高林分质量，培育速生、丰产、优质、高效森林资源和林特产品和高产出、高效益、生态好的目标。开展综合改造试点。继续抓罗田、老河口、通山、桂花林管局、崇阳、京山、松滋、当阳、秭归、恩施市等试点。已组织各市州林业局继续采取“改造对象、整地质量、造林质量、苗木质量、适地适树”五个关键因子一票否决的办法，开展工程建设年度检查验收，在此基础上抓好资金兑现和考评奖惩，用检查验收结果检验低改工作执行力，确保工程建设质量。

【国有林场改革与建设】 2011年全省国有林场235个，在册职工人数1.19万人。2011年，全省危旧房改造任务为11 040户。4月29日，全省国有林场危旧房改造现场会在罗田召开，湖北省国有林场工作站共派出16个组次，112人次，分别对全省14个市州、68个县市区、136个林场进行危改督办。10月8～20日，省林业厅分片对林场危改开工率较低的襄阳、随州等10市(州)63个县市区进行了调研督办。通过调研督办，全省林场危改开工率达89%，湖北省人大副主任林志慧对《关于省林业厅领导带队调研督办襄阳、随州等地林场危改工作情况的报告》(鄂林场危改办[2011]8号)给予了肯定和高度评价，批示在全省有保障房任务的9个厅局转发该报告。国有林场基础设施问题纳入了国家专项建设规划，逐步解决林场基础设施问题。编制《湖北省国有林场“十二五”扶贫规划》、开展全省国有林区(场)防火与营林道路基础数据调查、供电情况调查和编制电网改造规划、广播电视覆盖情况调查、公路数据和电子地图采集工作。2011年，全站经营和管理收入过1100万元大关。其中林工商公司完成经营收入800万元，全站争取项目资金200余万元。全站干部职工年工资和福利比2010年人平均增收8100元，全站共投入近245万元改善办公设施条件，其中省林工商公司投入230万元新增5台出租车，更新15台出租车、一台职工班车和一台公务用车，为公司可持续发展打下了基础。太子山林管局加大对林业生产的投入，全年投入近900万元；加大了中幼林抚育力度，积极争取国家森林抚育补贴试点项目，扩大中幼林抚育面积；在王岭林场投资300万元发展特色高档苗木66.67公顷，启动对接“中国农谷”建设战略，协助“农谷大道”的开工建设；加强林管局驻地集镇基础设施建设以及环境改造和王莽洞景区建设；全年完成新造林287.1公顷，播种育苗林木施肥131.9公顷，防火带化学除草212.9千米，木材生产9300立方米，抚育与松毛虫防治1421公顷，全年完成单位收入6932万元，其中第一产业703万元，第二产业5940万元，第三产业289万元，利润总额378万元，职工自营经济收入2200万元。修建的15套廉租房已经举行入住仪式，仙女林场、雁门林场场部危改小区进入主体施工阶段，太子山镇危改小区共14幢楼房进入屋面装饰装修，水电安装工程阶段。在京山县注册成立了湖北太子山森林资源投资有限公司，太子山度假村项目中按四星级标准改造的太子宾馆已于2011年4月中旬正式迎宾；野生动物驯养繁殖场基础设施中的屋舍、道路、水、电等建设已完工，一期300头梅花鹿已入舍；《湖北太子山狩猎场总体规划》已通过专家评审；与太子山森林旅游开发中心签订了景区租赁合同。太子山国家森林公园被国家林业局、教育部、共青团中央、中国生态文化协会授予国家生态文明教育基地称号。

【外资造林】 2011年，全省林业利用外资项目8个，实际利用外资金额425万美元，其中100万美元全部为无偿援助。已完成对日元贷款项目日贷余款调整新增造林县的工作。新增造林8620公顷，经省林勘院检查验收，平均面积核实率99.96%，合格率97%。组织报账新增投资9.3亿日元。于2月底至7月初，接待日本国际协力机构财务和工程检查团，重点抽查了谷城县、通城县和崇阳县。组织德国政府援助二期项目各项目县开展年度项目报账工作，报回德方援助资金714万元。配合德国森林经营专家，对德援项目5个县分别开展了近一个月的森林抚育培训。召开由各县市分管局长和项目办主任参加的项目工作座谈会。组织林勘院对项目封山育林和森林经营示范区进行监测，11月底至12月初配合国际监测专家对项目单位进行了检查。全年开展对德贷三期项目启动前的调研工作。9月初与中国林科院、国家林业局专家共同完成了三期项目外方咨询公司的评标工作。组织上报世行贷款“林业持续发展项目”湖北省人工林部分竣工总结材料。5月份国家林业局计资司和速丰办召开的欧洲投资银行项目座谈会上，国家林业局相关司指出湖北省作为欧洲投资银行贷款项目全国3个省份之一，有31个县市区上欧投项目。编制了涉及31个县市区、总投资11.4亿元的项目建议书。开展了世行贷款债务减免工作。

【义务植树】 2月15日，湖北省委书记李鸿忠、省长王国生带领省委、省人大、省政府、省政协、省军区、省武警总队的领导，与600多名干部群众一起，在武汉市江夏区青龙山森林公园参加了集体义务植树活动。参加的副省级以上的领导达到25人，全省2011年完成义务植树9522万株。3月12日，湖北省委书记、省人大常委会主任李鸿忠在湖北日报头版发表了《为湖北经济社会跨越式发展提供绿色支撑》的署名文章。制定了《湖北省古树名木鉴定标准与鉴定程序(试行)》和《湖北省古树名木养护技术规范(试行)》。省林业厅与省教育厅联合成立检查组，对广水市、江夏区等地的中小学校创建情况进行了检查验收。省绿化委员会、省教育厅、省林业厅3月28日作出决定，授予江夏区第一中学等100所学校“绿色文明校园”荣誉称号，4月23日召开表彰大会，为获奖学校颁发了奖牌和证书。8月12日，省绿化委员会、省教育厅、省林业厅联合在武汉大学举办了千名中学校长绿化知识大培训活动。环“一江两山”林业生态景观工程交通沿线各市县共完成补植补造408.3公顷，占计划任务的100%。潜江市、夷陵、房县、随县四个示范县(市、区)共栽植常绿树、果树等苗木20.1万株。湖北省林业厅、荆门市政府、武汉钢铁公司被全国绿化委员会表彰为国土绿化突出贡献单位。共落实全国绿化先进集体8个，全国绿化劳模、先进工作者10个，以省绿化委员会、人社厅、林业厅名义，对全省义务植树30年来国土绿化先进单位和先进个人进行表彰，其中先进单位70个，先进个人100名。

【孝感市六项管理推进森林抚育补贴试点工作】 湖北省孝感市林业局实行目标、任务、资金、责任“四到位”，全面推进六项管理措施，确保森林抚育试点工作项目建设的有效实施。加强计划管理，按年度设计进行施工。加强合同管理，严格按合同实施和兑现。加强施工管理。认真开展工程监理，建立项目监督管理制度和检查验收制度，保证项目实施质量。加强资金管理，按合同规定的工程质量验收结果，进行报账。加强信息管理。对样地进行动态监测，积累抚育经验。加强档案管理。建立项目专门档案，进行全面归档备案。2011年全市森林抚育补贴试点工作得到有序推进。

【恩施州恩施市林业局完成2011年各项工作】 恩施州恩施市林业局围绕“仙居恩施”、建设八大生态走廊战略部署，实施林业重点工程，强化资源保护，创新林业发展模式，林业各项工作保持良好的发展态势。全市共完成营造林任务0.89万公顷，组织开展社会造林，完成义务植树121万株，四旁植树102万株。林业产业总产值完成16.07亿元，其中一产业7.38亿元，二产业8.12亿元，三产业0.57亿元。

【天门市全年植树680万株】 天门市全面推进全民身边增绿活动，重点抓好长防林、血防林、生态公益林、碳汇造林等工程建设，大力开展植树造林，让绿色进城、入村、到户。大力发展庭院经济，改善村庄生态环境，促进农民增收，实行村旁、宅旁、路旁、河渠旁以及农户庭院栽满种足林木，实行全方位绿化；整合农业综合开发、土地整理及低丘岗地开发项目，实行水、林、田、路综合治理，形成“田旁有林、林下有农、农林结合”的水乡生态格局；广泛开展社会造林，积极推进林业招商引资，吸纳社会资金进入林业，全年社会造林植树达到680万株。

【天然林保护】 2011年，全省天然林资源保护工程荒山荒地造林面积23 694公顷，其中人工造林5734公顷，新封山育林面积11 239公顷。2011年末全省实有森林管护面积36.98万公顷，管护人员10 443人。本年一次性安置职工人数397人，安置费1146万元。全年全部林业投资完成额31 071万元。其中用于造林3378万元，用于森林管护14 857万元，社会保险3757万元，政策性支出1513万元，其他4375万元。在省纪委牵头组织开展的使用国有资金专项治理活动中，完成了《关于天保工程建设领域突出问题专项治理情况的报告》等，4月，组织人员对中央财政专项资金使用情况进行了检查与总结，会同省财政厅联合上报了财政部和国家林业局。8月9～18日，国家林业局核查组到湖北省进行了为期10天的核查。按照国家林业局天保中心的统一部署，组织各县市区总结和宣传湖北省天保工程一期十年建设经验和成效，在全省天保区组织开展了先进集体和先进个人的评选工作，神农架林管局和五峰县两个单位及5名个人为全国天保一期建设先进集体和个人，评选出全省天保一期建设7个先进集体和23名先进个人。5月20日在国务院召开的全国天保工程工作会议上，对湖北省神农架林管局和五峰林业局两个先进集体以及5名先进个人进行了表彰。湖北省林业厅荣获优秀组织奖称号。6月28日，全省天然林资源保护工程电视电话工作会议召开，湖北省副省长赵斌在会上作了讲话。根据国家四部委局联合下发的《关于继续组织实施长江上游、黄河上中游地区和东北内蒙古等重点国有林区天然林资源保护工程的通知》要求，开展了全省天保二期实施方案的编制工作，已经省政府审定同意。争取天保工程封山育林总规模8.87万公顷，资金达9310万元。提高天保区国有林管护标准的政策。分解下达到各单位2011年中央投资湖北省天保工程53 738万元。

【生态公益林】 2011年，湖北省国家级公益林面积为104.84万公顷，地方公益林面积为124.96万公顷。落实补偿资金35 393万元，其中国家级公益林补偿资金27 534万元，省级公益林补偿资金7859万元。加强检查监督。按照《湖北省生态公益林管理办法》的规定和要求，开展县级自查，要求所有公益林实施单位严格按照《湖北省生态公益林管理办法》内容进行逐条检查，并提交书面自查报告。制定了《湖北省2011年度生态公益林省级核查方案》，明确核查范围，确定核查内容，组织核查前人员培训，全省随机抽取了武汉市洪山区等35个县(市、区)作为省级核查对象。对确因工程项目和其他原因需要采伐、征占和调整公益林的，由县级林业局提出意见，再报市州林业局审核，按照《湖北省生态公益林管理办法》的规定负责审核，重点对采伐的方式、强度、郁闭度以及专家出具的采伐验证报告进行严格把关。各级林业主管部门与有公益林管护任务的国有林场、自然保护区、乡镇林业站等签订了目标管理责任书。组成专职护林员与兼职护林员相结合的管护队伍，形成县、乡(镇)、村三级生态公益林管护网络体系。建立管护员考试聘用制度，公开公正公平选用管护员，落实管护责任；建立管护人员考勤及巡山管护制度，要求管护员每周巡山不得低于3次并有巡山日志记载；建立管护员考核奖惩制度，实行一年一考核，根据考核情况按有关规定兑现奖惩。签订管护合同。按照责、权、利相统一的原则，根据公益林国有、集体、个人权属不同，层层签订管护合同，落实管护责任。举办了全省林业基层单位生态公益林管理技术人员培训班，邀请林业科研单位专家、学者授课，讲解生态公益林操作技术规程。对基层单位创新出来的好经验、好做法，通过厅林情专报、林业信息、林业信息网等宣传工具予以报道。

【退耕还林工程建设】 2011年，退耕地配套的荒山荒地造林3.6万公顷，年末实有封山育林面积9995公顷。2011年粮款兑现退耕地总面积30.59万公顷，粮食补助资金61 132万元，生活费兑现金额10 886万元，粮款兑现涉及农户1 287 245户。全部林业投资完成额111 549万元。其中粮食补助资金61 132万元，种苗费4647万元，生活费补助10 886万元，巩固退耕还林成果专项资金29 211万元，其他费用5673万元。2011年，向国家发改委、国家林业局申报全国退耕还林工程效益监测站建设项目5个。退耕还林工程阶段验收工作涉及74个工程县(市、区)、组织省林调院等7家林调院，对到期面积进行为期3个月的全查，配合国家林业局中南院开展了近一个月重点核查。核查结果显示湖北省2011年到期退耕还林面积保存率达99.99%、林权证发放率100%、建档率100%、管护率98.5%。9月27日，国家林业局授予湖北省林业厅退耕还林工程阶段验收先进单位荣誉。2011年共接收群众来信、来电、来访18件，40余人次，已全部办结。组织省林调院按国家要求20%比例，抽查了18个工程县(市、区)的2007年、2010年度荒山造林及封山育林实绩，向国家林业局上报了《湖北省退耕还林工程2011年度检查验收省级复查报告》。国家林业局中南院进行造林实绩核查，核查结果2010年荒山造林核实率99%，合格率99.2%，2007年荒山造林保存率100%。配合省财政厅、省发改委，完成2011～2015年巩固退耕还林成果专项规划调整工作，上报国家有关部委并获得审批。配合省发改委完成了鄂州、天门、神农架林管局2011年巩固退耕还林成果专项实施方案审查工作。3月16～18日，国家林业局退耕办在江西召开全国2011年度退耕还林工程阶段验收工作座谈会，湖北在会上作交流发言。9月13～15日，国家林业局在新疆阿勒泰召开全国退耕还林工程工作会议，会上国家林业局通报表彰湖北省林业厅等8个省为2011年度退耕还林工程阶段验收先进单位，湖北在会上作了交流发言。

【长江防护林工程】 2011年，全省长江防护林工程造林面积3.65万公顷，其中人工造林1.86万公顷，封山育林1.79万公顷，涉及茅箭、张湾和神农架林区等45个县市区，完成投资8458万元，其中中央投资6958万元，地方配套1500万元。

【自然保护区建设】 2011年全省实有自然保护区个数49个、面积919 672公顷，其中国家级自然保护区7个、面积253 253公顷。经国务院批准十堰赛武当晋升为国家级自然保护区。组织完成了堵河源、三峡大老岭、十八里长峡和大别山晋升国家级自然保护区的申报工作；经省政府批准，宜昌三峡万朝山、襄阳漳河源和十堰五龙河晋升为省级自然保护区，组织完成了武汉上涉湖、十堰五朵峰、八卦山、黄冈大崎山、恩施野山河等五个市、县级自然保护区晋升省级自然保护区的申报工作；接待国家林业局在神农架召开的全国自然保护区管理局长会议，参会人员达100多人。组织开展了全省自然保护区调查，撰写了调研报告。经国家林业局批准，赛武当、龙感湖国家级自然保护区基础设施建设项目总投资3975万元；其中中央投资3068万元；财政部下拨了神农架、后河、星斗山、七姊妹山和九宫山5个国家级自然保护区能力建设补助资金600万元。

【“绿色大别山活动”在黄冈市启动】 1月12日，“绿色大别山活动”启动仪式在黄冈市红安县李先念故居纪念园隆重举行。湖北省绿化委员会主任、副省长赵斌出席仪式并宣布“绿色大别山活动”正式开始。为加快大别山革命老区经济社会发展，“十二五”伊始，湖北省委、省政府作出建设“大别山革命老区经济社会统筹发展试验区”部署，提出建设“红色大别山、发展大别山、绿色大别山、富裕大别山”目标。建设“绿色大别山”是其中一项重要内容，率先启动，进入实施阶段。湖北省林业厅将建设“绿色大别山活动”纳入“十二五”总体规划。在“十二五”期间，采取中央、省扶持，地方投入，社会融资等方式投资70亿元，其中中央和省扶持20多亿元，带动社会投资40多亿元，大力支持绿色大别山建设，将“红色老区”建成“生态老区”。

【湿地保护与管理】 2011年，湖北省境内国际重要湿地1个，面积41 412公顷。全省湿地示范区面积35 466公顷。国家下达湖北省洪湖国际重要湿地、沉湖湿地自然保护区、赤壁陆水湖国家湿地公园、大九湖国家湿地公园、麻城浮桥河国家湿地公园湿地补助资金1250万元。据检查，湿地生态补助资金项目实施良好，按照实施方案完成各项建设任务。新增国家级湿地公园5个。4月21日召开全省湿地资源调查启动会后，成立了以王海涛厅长为组长的领导小组并成立了工作专班，确定了全省开展调查工作的省级技术单位，制定出《湖北省第二次湿地资源调查工作方案》、《湖北省第二次湿地资源调查技术方案》和《湖北省第二次湿地资源调查实施细则》。财政部下拨了湿地保护资金1330万元。国家发改委下拨了湿地保护与恢复工程项目中央投资1600万元，其中宜昌三峡库区湿地600万元、洪湖湿地600万元、长湖湿地保护资金400万元。

【野生动物疫源疫病监测与防控】 2011年，全省野生动植物科研及监测机构69个，专业技术人员197人。湖北省林业厅转发了国家林业局《关于做好春季野生动物疫源疫病监测防控工作的通知》。组织召开了湖北省野生动物疫源疫病监测与防控专家座谈会，编制了监测防控“十二五”规划。对全省203处野生动物驯养繁殖场所的疫病防控工作进行了一次全面调查，采样检测样本1053份，已经检测出能引发新城疫、白痢、喉管炎、法氏囊病、猪瘟等动物疫病的病原微生物。全年发布了“湖北省野生动物疫源疫病监测趋势预报”3期，11月7日，国家林业局在杭州召开的全国野生动物疫源疫病监测防控经验交流会上，湖北省在大会上作了先进典型发言。

【野生动植物保护与管理】 2011年，全省野生动物种源繁育基地37个，野生植物种源培养基地13个，野生动植物保护管理站119个，野生动物园2个，植物园2个，狩猎场3个。制定下发了《关于进一步加强陆生野生动植物保护管理的通知》和《关于进一步加强鸟类等野生动植物保护管理的紧急通知》，组织全省开展野生动植物保护执法检查，严厉打击违法违规行为。共办理各类野生动植物行政许可事项120份。以“爱鸟周”、“世界湿地日”等活动为载体，加强野生动植物保护宣传。5月11日，湖北省林业厅被国家林业局授予保护森林和野生动植物资源先进集体光荣称号；7月8日，在省太子山林管局召开了全省野生动植物产业发展座谈会。9月20日，在随州天勤猕猴繁育生物科技公司主持召开了现场办公会。帮助企业解决在生产经营中遇到的困难和问题。加大执法监督力度，规范经营利用行为。暗访或实地明查了武汉、宜昌、荆门、黄冈、襄樊等地的动物园、野生动物园及梅花鹿等野生动物养殖、经营单位。做好华南虎放归自然项目的争取和技术支撑。安排专家陪同国家林业局和南非专家对后河保护区华南虎项目实施地进行实地考察，组织召开项目领导小组会议，安排人员到宜昌进行现场指导和督办。制定了《湖北省第二次陆生野生动物资源调查方案》，对湖北重点保护的珍稀野生动植物、湿地资源相关资料进行了收集整理，给中国野生动植物博物馆、湿地馆提供了100余幅野生动植物照片及说明。8月20日在后河国家级自然保护区举办猫科动物保护与监测技术培训班。国家林业局下拨湖北省珍稀濒危野生动植物拯救、培育与监管等项目资金235万元。

【野生动物救护】 2011年累计救护动物29种248头(只、条)，其中国家一级的1种1条，国家二级9种26头只(条)，救护成活率达89.3%。开展科学放生动物行动11次，共168只。制定并落实了“电话登记、救护档案、动物放生、动物托管、饲养管理”等五项救护制度，提高全省救护能力和水平。

【十堰市竹山县九女峰森林公园晋升国家级】 2011年，湖北省十堰市竹山县九女峰森林公园通过国家林业局组织的专家评审，晋升为国家级森林公园。九女峰森林公园总面积3421公顷，森林覆盖率达97%。园内生物资源丰富，现存2000多种动植物，其中有国家级珍稀保护植物红豆杉、珙桐、鹅掌楸等31种，猕猴、黑熊、豹、林麝等国家野生保护动物43种；公园地文景观奇特，武陵峡景区青峰断裂带，峡谷全长7千米，谷底与峰顶平均高差800米以上，峡谷最宽处20多米，最窄处不到2米；园内保留的景观具有较高的文化、科研、观赏、探险、美学和旅游价值。

【宜昌市兴山县被纳入全国石漠化综合治理重点县】 湖北省发改委以鄂发改农经〔2011〕1680号对兴山县石漠化综合治理2011年度项目初步设计予以批复，这标志着兴山县石漠化综合治理正式进入施工阶段。全国共有200个县被确定为石漠化综合治理重点县，其中湖北省15个县，兴山县是其中之一。该项工程分3个年度实施，中央投资3000万元。该县石漠化综合治理岩溶面积41.7平方千米，实施封山育林1956.27公顷，人工造林33.6公顷，草地建设153.33公顷，整个排水沟5.8千米，新建谷坊7座，沉沙池14口，蓄水池51口，田间生产道路4.7千米等。

【神农架林区首批102户林业棚户区居民住进新居】 危旧房改造工程业已完工，神农架林区102户居民喜入新居。分得住房的林业棚户区居民除按林区物价局批准的价格上交购房款项外，还将享受国家2万元的购房补贴，并拥有100%的房屋产权。

【湖北省林业厅、荆门市委市政府共商“中国农谷”发展举措】 10月7日，湖北省林业厅、荆门市委市政府在省林业厅就推动荆门“中国农谷”建设举行了专题会谈。省林业厅党组书记、厅长王海涛，荆门市委书记王玲，市长万勇等参加了会谈。会谈紧紧围绕李鸿忠书记在荆门调研时提出的打造“中国农谷”的总思路和保护生态、坚持科学发展、推动跨越发展的总要求，就发挥荆门市生态环境优势，支持荆门市林业生态和产业发展等问题进行了深入探讨，就相关问题达成共识。省林业厅在林业发展政策、生态保护工程建设、森工产业建设、森林旅游、农林科技等方面给予荆门大力支持，协助做好武荆高速太子山出口至屈家岭连接线建设征用占用林地、太子山路段的拆迁工作，保障该连接线尽快完成建设任务，迅速打通屈家岭出口通道，为“中国农谷”建设提供强有力的交通支持。将太子山林场打造成全国示范林场，使之成为“中国农谷”的重要组成部分。

【首届湖北湿地保护奖评选及表彰活动展开】 8月，首届湖北湿地保护奖评选及表彰活动主办单位负责人会商会在武汉召开。湖北省林业厅等出席会商会的各主办单位负责人分别就积极参与湖北湿地保护奖评选及表彰活动表明了态度，并对扎实开展表彰活动提出了合理化的建议。

【神农溪自然保护区发现20余种新植物物种】 中南民族大学生命科学院刘虹博士、中科院武汉植物所廖廓博士等组成专家组深入神农溪自然保护区进行植物考察。专家组在考察活动中，采集了大量的珍贵标本。经初步鉴定，共发现近200科、2000余种植物，其中发现了20余种从未记载的新植物物种。考察中还发现了大量名贵中药材，其中土家族神参被誉为“草药之王”的北三七，桔梗科袋果草，五加科异叶梁王茶，枇杷叶荚蒾等中药材均系首次发现。

【湖北省首个生态水文站落户神农架】 2011年，湖北省首个生态水文站在神农架林区建成并投入使用。该站位于神农架林区松柏城区下游，青阳河左岸，集水面积104平方千米。水文站的建成对林区范围内的降水、水气蒸发、土壤墒情、土壤温度及湿度、气压和风向、风速以及太阳辐射等进行监测，对林业植树造林土壤的适宜度进行监测，有利于造林及水土保持等工作的开展。

【湖北省十堰市竹山县九华山林场成为全国最大人工林日本花柏丰产林基地】 2011年，湖北省竹山县国有九华山林场，通过科技支撑、生态工程项目实施，大力栽植日本花柏速生丰产林，面积达1467公顷，成为国内日本花柏最大人工林基地。日本花柏属四季常绿树种，具有病虫少、耐寒、适应高海拔、生长快、生长期长等优良特性，与其他乡土树种相比具有很强的优势，是高山区域首选的优良生态林造林树种。

【全国油茶高峰论坛】 6月9日，由国家林业局油茶产业发展办公室主办，湖北省林业厅承办，宜昌市林业局、湖北华饴木本油脂有限公司协办的全国油茶产业发展研讨会在宜昌举行。来自全国的油茶行业的一百多位专家、领导参加了会议。国家林业局计财司副司长、油茶办常务副主任郝燕湘，省林业厅厅长王海涛，国家林业局场圃总站站长杨超，省林业厅副厅长董祚华，宜昌市副市长王国斌等领导、专家出席了本次论坛。会上郝燕湘就种苗质量、产业模式、龙头企业等提出了工作重点。王国斌介绍宜昌的木本油料产业百亿发展规划。作为高端食用油，茶油被誉为“东方橄榄油”。与会专家就国内食用油发展现状及发展对策、油茶市场的定位和营销策略等主题展开讲座和讨论，并参观了湖北华饴木本油脂有限公司生产车间及油茶造林基地。

【赛武当成为湖北省第七个国家级自然保护区】 2011年，经国务院批准(国办发〔2011〕16号)建立湖北赛武当国家级自然保护区。湖北赛武当自然保护区始建于1987年，2002年晋升为省级自然保护区。赛武当国家级自然保护区总面积21 203公顷。调查表明，赛武当分布有维管束植物185科837属1752种，其中国家级重点保护野生植物15种；陆生野生动物有302种，其中国家重点保护野生动物53种。建设管理好赛武当自然保护区将对调节鄂西北区域气候、保护物种多样性和维护区域生态平衡发挥重要作用。

【中国映山红第一城花落麻城】 4月23日，中国映山红第一城授牌仪式在北京国际竹藤大厦隆重举行。中国花卉协会会长江泽慧、副会长刘向东、赵光华、湖北省人民政府副省长赵斌、省林业厅厅长王海涛、黄冈市副市长费仁平等领导出席了授牌仪式。这是中国花卉协会命名管理办法出台后，首次以“花”命名城市授牌。

【湖北省第二十九届爱鸟周启动】 3月30日，以“科学爱鸟护鸟，弘扬生态文明”为主题、由湖北省林业厅、武汉市林业局、蔡甸区人民政府和世界自然基金会共同主办的湖北省暨武汉市第二十九届“爱鸟周”启动仪式在武汉市沉湖省级湿地自然保护区举行。湖北省人大副主任、省野生动植物保护协会名誉会长罗辉宣布湖北省暨武汉市第二十九届“爱鸟周”活动正式启动。湖北省政协副主席、省野生动植物保护协会名誉会长郑心穗，省林业厅副厅长李新水，世界自然基金会武汉项目办主任雷刚等领导分别讲话。武汉市林业局、武汉市野生动植物保护协会表彰了武汉市观鸟会等10个武汉市爱鸟周活动先进集体和夏青等10位武汉市爱鸟护鸟先进个人。蔡甸区学生代表宣读了爱鸟护鸟倡议书。

【濒危植物陕西羽叶报春在竹溪繁殖成功】 2011年，中国仅有、且被世界植物学界称为“活化石”的陕西羽叶报春在湖北省十堰市竹溪野外大规模有性繁殖获得成功。陕西羽叶报春原生长在陕西南部、湖北西部海拔200～1500米背阴和湿润的石灰岩缝中，后经栽培试验，成为世界珍贵的室内观赏植物。

【湖北天然林资源保护工程生态效益】 2011年，湖北省天然林资源保护工程生态效益评估报告依据国家行业标准《森林生态系统服务功能评估规范》的评价方法和主要指标体系，在监测数据和资源清查的基础上，定量计算了全省天保工程的生态效益价值。报告显示，2010年工程区水源涵养总量为127 526万吨，土壤保持总量为4783万吨，固碳量为359.3万吨，释氧量为961.2万吨。生态效益价值总量为317.77亿元，其中涵养水源价值为16.32亿元，水土保持效益价值为66.82亿元，固碳效益价值43.11亿元，释氧效益价值为36.32亿元，生物多样性保护效益价值为155.2亿元。该项报告是湖北省首份天保工程生态效益评估报告，为全省天保工程十年所实现的生态效益价值提供了科学依据，报告中提出的天保工程相关政策、技术规范建议，对天保工程二期的实施具有重要参考价值和意义。

【林产工业】 2011年全省林业产业年总产值896.41亿元，其中第一产业392.11亿元、第二产业362.42亿元、第三产业141.88亿元。2011年，全省木材产量292.15万立方米，竹材产量2836.02万根。主要林产品锯材70.16万立方米、木片19.75万立方米，人造板产量333.18万立方米，其中胶合板50.28万立方米，纤维板216.13万立方米，刨花板14.39万立方米，细木工板等其他人造板52.38万立方米。2011年，全省现代林业科技产业园区达到20个。园区实现产值300亿元，新增企业60家；招商引资近40亿元，新增工业基地林5.3万公顷。3月1日，湖北省林业产业促进会第一届会员代表大会在武昌召开。300余名会员代表参加了大会。4月8日，主办了全国涉林上市公司、中央企业"投资湖北林业、共创跨越发展"招商说明会暨签约仪式。20家涉林上市公司、5家中央企业、8家证券投资公司、金融单位、12家拟上市企业和湖北省林业企业家150余人参加了会议。7月，湖北省林业厅与海通证券公司签署战略合作协议，海通证券帮助湖北省林业企业发债20亿元。全年没有发生林产品质量安全事件和厅直系统安全生产责任事故。继武汉家具CBD以后，华中家具城和红安融园家具产业城相继开工。全省野生动物驯养利用产业异军突起。全省种植、加工、物流到生物质能源利用、野生动物驯养、森林旅游开发等一二三产业协同发展的新格局已经构建。

【湖北省组团参加中国国际林博会】 11月1～4日，湖北省组团参加了由国家林业局、浙江省人民政府主办的在浙江义乌举行的以"贸易为主、展示为辅"为主题的第二届中国国际林业产业暨第四届中国义乌国际森林产品博览会。湖北省组团参展成果丰硕：捧回最佳组织和最佳展台两项大奖，获奖金3万元；参展产品获31个金奖、62个优质产品奖，位居全国第三位。在本次大会上，国家林业局以"发展现代林业产业体系的创新者"将"中国林业产业突出贡献奖特别奖"颁发给湖北省林业厅厅长王海涛。湖北展团现场成交效果明显。初步统计共签单1.26亿元。其中，十堰武当红、劲酒、发夏茶油、汇澄茶油、华饴公司、建始木塑等企业现场签约均在2000万元以上。同时，也展示了湖北省现代林业科技产业园建设成果，有力地推进了林业品牌战略的实施。

【主要经济林产品】 2011年全省主要经济林产品生产情况为：水果产量437.84万吨，年末实有种植面积40.31万公顷，年末实有结果面积35.78万公顷，其中苹果1.14万吨、柑橘275.47万吨、梨60.68万吨、葡萄9.6万吨、桃68.29万吨、杏2775吨、猕猴桃1.61万吨。干果产量44.6万吨，年末实有种植面积35.42万公顷，年末实有结果面积20.9万公顷，其中核桃8.95万吨、板栗28.89万吨、枣3.22万吨、柿子1.77万吨、银杏白果9212吨。林产饮料产品15.84万吨，年末实有种植面积20.16万公顷，其中毛茶15.82万吨。林产调料产品6796吨，年末实有种植面积6363公顷，其中花椒3281吨、桂皮34吨。森林食品13.9万吨，其中竹笋干1.07万吨、食用菌10.36万吨、山野菜9991吨。木本药材15.1万吨，年末实有种植面积11.55万公顷，其中杜仲1.55万吨、黄柏3111吨、厚朴8539吨、枸杞114吨、山茱萸1896吨、其他木本药材12.18万吨。木本油料8.38万吨，年末实有种植面积13.61万公顷，年末实有结果面积7.78万公顷，其中油茶籽8.29万吨。林产工业原料7.96万吨，其中：生漆0.75万吨、油桐籽1.74万吨、乌桕籽1.23万吨、五倍子3337吨、棕片3622吨、松脂3.52万吨。2011年全部经济林产品的种植与采集产值239.06亿元，其中水果及干果的种植与采集108.53亿元、茶及其他饮料作物的种植与采集产值48.73亿元、林产中药材的种植与采集29.41亿元、森林食品的种植与采集40.54亿元。竹产业产值14.25亿元。

【苗木花卉】 2011年全省实有国有苗圃40个，在册职工人数549人。年末实有母树林面积5450公顷，年末实有种子园面积3059公顷，林木种子采集量3972吨，其中良种种子采集量1816吨。完成育苗面积3.48万公顷，其中本年新增育苗面积8366公顷，当年苗木产量11.43亿株，其中良种苗木产量6.07亿株。当年的育种与育苗总产值20.81亿元。年末实有花卉种植面积3.57万公顷。切花切叶产量0.872亿支，盆花植物产量1.33亿盆，观赏苗木产量2.79亿株，草坪产量1018.04万平方米，全省共有花卉市场247个，花卉企业1294个，花卉从业人员11.48万人，全年花卉种植总产值30.72亿元。

【森林公园和森林旅游】 2011年，全省林业旅游与休闲产业2784.5万人次，旅游收入87.97亿元，林业旅游与休闲产业直接带动的其他产业产值107.93亿元，其中全省林业旅游2495.89万人次，旅游收入79.2亿元，林业旅游直接带动的其他产业产值95.94亿元；林业疗养与休闲288.62万人次，旅游收入8.77亿元，直接带动的其他产业产值11.99亿元。根据竹溪偏头山和竹山九女峰要求晋升国家森林公园的申请，组织有关专家进行了实地考察，9月编制《国家级森林公园设立可研报告》上报国家林业局，组织专家对房县柳树桠和十堰黄龙进行实地考察和论证，11月批准了这两个省级森林公园的设立。组织专家对柴埠溪、潜山国家森林公园总体规划进行评审。完成国家森林公园监督检查工作，对国家级森林公园的林地征占用手续办理、管理机构设置、规章制度制定、规划建设进程、森林旅游经营等情况进行了核查。在全国森林旅游工作会议上，神农架自然保护区被评为全国森林旅游示范区试点景区。全年争取了国家森林公园规划补助项目20万元，国家森林公园林相改造项目180万元。全年由省森林旅行社直接组织的森林旅游游客达11 000人次，实现营业收入1058万元，组织了对西安世界园艺博览会和海南2011中国森林旅游博览会的参展工作。

【野生动物驯养繁殖】 2011年全省野生动物种源繁育基地37个。全年陆生野生动物繁育与利用总产值5.06亿元。修改完善《湖北省野生动物产业“十二五”发展规划》、《湖北省野生动物产业发展指导意见》，做好全省产业规划；联合省内外专家成立野生动物产业专家委员会，提供养殖开发技术支持；组建野生动物养殖协会，打通各企业交流屏障；开办《湖北野生动物产业简报》，加强产业信息交流。为全省野生动植物企业搞好服务，解决企业在生产经营中面临的困难和问题，精心培育以天勤猕猴、武穴隆攀和恩施国盛蛇类、太子山、白鹿春梅花鹿、监利斑嘴鸭为代表的一批野生动物养殖精品、名牌。对全省野生动物人工驯养繁殖和加工利用企业进行了全面调查摸底；对全省野生动物龙头企业进行了现场调研；对林麝、蛇类、野生禽类、豪猪等主要品种驯养繁殖和开发利用情况进行了专题调研。组织编印《湖北省野生动物养殖技术》一书。

【湖北跻身全国林业产业发展的第一集团】 4月8日，全国涉林上市公司、中央企业“投资湖北林业、共创跨越发展”招商说明会暨签约仪式在武昌举行。共签订9个经济合作项目，签约资金27.65亿元。湖北省林业厅与国家林业局林产工业设计院签订了战略合作备忘录。国家林业局副局长张永利在会上说：湖北省林业产业“起步早，增速快，特色明，后劲足”，已经跻身于全国林业产业发展的第一集团；在林业产业园区建设、招商引资、银企对接等多项工作领跑全国，可圈可点。特别是这次又把全国涉林上市公司和央企的老总请到湖北来共谋发展，“在全国林业系统堪称首创，为全国林业产业发展带了个好头，值得好好宣传”。

【五峰县被认定为国家非木质林产品生物产业基地】 湖北省宜昌市五峰县被国家林业局认定为“湖北五峰国家非木质林产品生物产业基地”，这是全国第三个“非木质林产品生物产业基地”。五峰县森林资源丰富，气候温暖湿润，具有发展非木质林产品得天独厚的条件，已初步形成了以五倍子、高山野菜、中药材、茶叶等为主导的森林资源培育产业。

【襄阳市11个林产品喜获第二届中国国际林业产业博览会大奖】 襄阳市11个林产品喜获第二届中国国际林业产业博览会大奖，获奖名额位居湖北省前列。其中荣获金奖4个，分别是老河口市仙仙果品有限公司生产的“汉水”梨，湖北玉皇剑茶业有限公司生产的“玉皇剑”茶，湖北老龙洞杜仲开发有限公司生产的“似仙”牌杜仲自然醒、湖北永续植物科技股份有限公司生产的“永续”牌玫瑰祛疤果油。

【森林防火】 2011年，全省共发生森林火灾510起，其中一般森林火灾379起，较大森林火灾131起；过火面积3113.9公顷，受害森林面积676.9公顷，森林火灾受害率0.095‰，不足全国1‰标准的十分之一。2011年国家林业局已下达湖北省预警监测和神农架、恩施州、十堰、咸宁、黄冈、随州森林重点火险区综合治理等7个森林防火基建项目资金共4454万元。上报了鄂东北、鄂西南两片森林防火通信项目等13个项目，已有5个项目获国家林业局批复立项，其中中央投资资金3651万元。国家级森林防火物资储备库以及省级森林防火物资储备库待批复立项，其中中央投资资金将达3500万元。5月，实现部队营房主体建筑破土动工。主体工程已封顶。10月20日，湖北省召开了全省森林防火工作电视电话会议。先后10次印发国家森防指和省委、省政府指示精神，在春节、清明节、“五一”劳动节等森林防火紧要关头，先后6次下发通知，指导各地抓好森林防火工作。每月对全省森林防火值班情况进行全面检查，并将检查情况通报全省。派人深入麻城、通山、黄陂等地指导森林火灾扑救，不定期到基层检查督办，对存在的问题提出整改措施。全省发生的508起森林火灾中，有406起当日被扑灭，火灾当日扑灭率达80%。组织有关人员深入林区，宣传森林防火知识，传授扑火机具的使用维护方法，对此湖北卫视还进行了报道。重新改版湖北省森林防火信息网，规范了信息发布程序，增加了信息发布量。编发《森林防火简报》25期，向国家林业局报送信息18条，其中8条被国家林业局采用。指导武警驻鄂森林部队加强战备训练，熟悉湖北林情火情，先后5次共派出兵力300人次成功扑救武汉黄陂、黄冈麻城等多起森林火灾。组织4个小组深入林区开展森林防火督查。派出小分队进驻武当山，增强对鄂西北地区防火兵力投放能力。与省武警总队协调，在省总队组建500人的武警消防队伍，配发森林防火装备。各市、县分别组建设50人、20人的武警消防队伍，由地方财政配备森林防火装备。与省军区联合，对全省5000多名军官进行森林消防知识培训，进一步扩大森林火灾扑救队伍。

【森林病虫害防治】 2011年，全省森林病虫害防治站73个，从业人员即在册职工人数545人。林业有害生物防治林业建设资金完成投资3384万元。全省林业有害生物发生面积30.2万公顷。成灾面积控制在0.93万公顷，成灾率为1.1‰，达到了年初确定的3‰以内的目标；无公害防治率93.5%，测报准确率87.2%，种苗产地检疫率99%，均超额完成了国家林业局下达年度目标管理指标。组织申报项目5个，有3个项目获批实施，总投资2324万元，其中中央投资1059万元，国家项目建设资金到位950万元，涉及5个项目的实施；国家减灾资金到位800万元；省发改委基础设施建设预算内投资205万元；省级财政预算400万元。重点对高等级公路行道树和重点堤防林开展跨区域、跨部门、多层次、多形式的联防联治行动，有效地控制了杨树食叶害虫的危害。推广应用生物及仿生农药，采取性诱、灯诱等无公害防治手段，督促、指导各地开展预防性治理，使松毛虫发生面积下降，没有出现大面积爆发成灾。组织各地抓好主要林业有害生物的监测调查，并督促其落实病虫情联系报告、应急周报等制度。定期发布病虫害中、长期趋势预报和短期生产性预报，为各地林业部门和广大林农开展防治提供科学依据。组织抓好森林植物产地检疫、调运检疫和复检工作，加强检疫执法，重点做好松材线虫病疫木监管，有效防范疫情扩散蔓延。制定的补充林业检疫性有害生物萧氏松茎象检疫技术规程等3项地方标准，于2011年5月起正式实施。《栗链蚧检疫技术规程》组织专家鉴定。向国家提交了《双钩异翅长蠹检疫技术规程》行业标准待审。“桦三节叶蜂生物学特性及防治技术研究”、“马尾松毛虫性信息素应用技术研究”等2个项目通过专家鉴定。特别是桦三节叶蜂防治技术研究项目，专家组一致认为研究成果整体上达到了国际先进水平，在天敌研究方面达到了国际领先水平。该项目已获省政府科技进步三等奖。启动了“春尺蛾生物学特性及防治技术研究”及“马尾松毛虫可持续控制技术研究”课题研究工作。与国家森防总站合作，开展噻虫啉防治松褐天牛试验；到贵州、湖南学习考察花绒寄甲防治松褐天牛的应用情况，与中科院动物所、华农、南林等科研院所及部分药剂药械厂家建立了长期的合作关系，提升了湖北省防治技术水平。开展湖北网络森林医院建设。投入10万元搭建了网院服务平台；组织技术人员录入300余种林业有害生物的特征及防治资料；省市县三级分别聘请了专家坐诊，能够为基层和林农提供便捷、快速、有效的网络在线防治技术咨询服务。组织举办了全省网络森林医院管理与应用培训班，使网院正式步入运行轨道。完成了《湖北省“十二五”期间林业有害生物防治建设规划》编制工作，在宜昌召开了全省森防站长会议。组织了2期监测预报技术培训班、1期专职检疫员培训班和1期网络森林医院应用培训班，累计培训业务人员320余人次，选派了60余人参加国家举办的松材线虫病鉴定技术、药剂药械使用技术、森防通讯员等培训班。组织开展林业植物检疫执法专项行动，拟定有害生物防治公共服务体系建设实施方案，协助省森防站组织多个督办组开展松材线虫病除治和预防工作专项检查督办，全省林业有害生物防治总体情况良好，各项控制指标均没有超标。

【森林公安队伍建设】 3月13～15日，湖北省林业厅厅长王海涛率领省、市森林公安局局长到江西考察学习。4月7日，省林业厅召开了全省森林公安工作会议。国家林业局、省林业厅和省公安厅领导出席会议讲话。全省相继开展了“春季攻势”行动、“打击破坏古树名木资源”行动、“禁种铲毒”行动、“亮剑”行动、“楚天绿剑行动”等一系列专项整治行动，制定了《湖北省市州和省直管森林公安机关年度工作考核办法(试行)》等8项考评制度和6项内务管理制度，组织全省1344名民警参加了执法资格考试。全省相继开展了警车、涉案财物、涉案人员非正常死亡等专项治理整顿，强制报废超期车辆12辆、改民牌5辆，未发生涉案人员非正常死亡事件。开展了“开门评警”活动，工作成果和经验在《中国绿色时报》大篇幅刊发。成立警务督察队，实行民警违纪记分制，开展督察活动97次，民警违纪率控制在3‰以内。训练民警1900余人次，公开招录民警113名。争取到市县森林公安业务用房建设项目11个，总投资4125万元，其中中央投资2858万元，落实中央财政2011年度森林公安转移支付项目资金1910万元，为基层森林公安机关配发警车80辆、电脑1100台。全省136个派出所中，有98个完成建设任务，国家林业局新批准湖北省二级派出所3个，使全省森林公安一、二级派出所达到21个。7月，国家林业局森林公安局通报全国省级森林公安机关2010年度工作目标考核成绩，湖北省森林公安局名列第三名。

【森林公安办案】 2011年全省森林公安机关全年共受理各类涉林案件6488起，查处6349起。其中刑事案件立案607起，侦破512起；省森林公安局督办大要案件123起，结案106起；受理行政案件5881起，查处5841起，综合查处率为97.8%。处理各类违法犯罪人员9606人次，收缴木材8590立方米、国家重点保护野生植物1700余株，野生动物16 682头(只)，为国家挽回直接经济损失6594万元，有效地维护了林区治安稳定。1月28日至5月30日，全省森林公安机关组织开展了“春季攻势”专项行动。全省共清查木材交易市场、经营加工场所及征占用林地1296处，查处森林和野生动物案件1674起，侦破刑事案件123起，其中重大案件17起，特大案件11起，查处林业行政案件1493起；抓获违法犯罪人员198人，打掉犯罪团伙7个，行政处罚1502人次；收缴木材3553立方米，为国家挽回经济损失1108万元，林区治安环境明显好转。4月，全省森林公安机关组织开展了“禁种铲毒”专项行动。全省森林公安机关共出动民警13 346人次，车辆3156台次，清查国有林场、站、苗圃及林区基层单位5138个，摸排重点人员5300多人次，清查森林面积506.67万公顷，发现案件线索23起，查处违法犯罪人员26名，铲除毒品原植物罂粟3093株，有力地推动了无毒林区建设。4月13日起，组织开展了严厉打击破坏古树名木专项行动。全省共办理非法采伐、运输、收购、销售“大树”案件526起，其中非法采伐、运输、收购、销售国家重点保护植物刑事案件43起，林业行政案件483起，收缴国家重点保护植物1200余株，其中国家一级保护植物银杏、红豆杉等218株，省重点保护植物对节白蜡等457株，400年以上古树2株，100年以上古树76株，移送起诉35人，行政处罚547人，打掉犯罪团伙11个，端掉销售窝点7个，有效遏制了破坏国家重点保护植物违法犯罪行为。8月1日至10月31日，在全省范围内组织开展了“亮剑”行动，全省共出动人员16 400人次，其中森林公安民警11 436人次，出动车辆5100

台次；清查占用征收林地项目712个，查处涉林案件475起，其中刑事案件54起。7月21日、8月30日、9月28日，省林业厅分三批将十堰市宜联房地产开发有限公司非法占用林地案等25起案件列为省级挂牌督办案件。共查处行政案件421起；收回非法占用征收林地153公顷，收缴林木1575立方米，收缴违法所得768万元，补征森林植被恢复费1140万元，涉案总金额3045万元。1至10月份，国家林业局挂牌督办湖北省案件7起，已全部侦破。省挂牌督办案件113起，直接组织查处案件1起，实地督办案件23起。

【森林采伐】 2011年，全省共办理采伐证110 628份，商品材总采伐量为226.8万立方米，楠竹1311万根。完成了全省"十二五"期间年森林采伐限额分解下达工作。严格实行全省2011年度木材生产备案计划蓄积735.4万立方米和全省天保工程区2011年人工商品林采伐蓄积90.15万立方米的计划指标。实行采伐许可证网上办理制度。按照国家林业局要求，实行采伐限额"蓄积量"单项控制，对非规划林地林木采伐不纳入限额管理、木材生产计划备案等方面进行了改革。组织开展恩施市屯堡乡林业站等三个林业站非国有林简易森林经营方案编制试点工作。

【林地管理】 2011年，共受理征占用林地1201宗，审核审批征占用林地5691公顷，收取森林植被恢复费3.47亿元。按照国家林业局统一要求，完成了《湖北省林地保护利用规划大纲》编制，通过国家林业局审查。坚持"总量控制、定额管理、合理供地、节约用地、占补平衡"原则，守住全省林地资源"红线"，确保全年占用征收林地面积未突破5900公顷的定额指标。实行林地网上审批管理系统，执行项目审核审批情况月报制度，实行集中审核制度。

【林业案件】 2011年，全省资源林政系统共受理林业行政案件16 350起，查处16 254起，查处率99.41%，其中，违法收购运输木材、非法经营加工木材、滥伐林木这三类案件仍为林业行政案件的主体。督查督办破坏森林资源案件，严厉打击乱砍滥伐林木、非法占用林地等破坏森林资源行为。与河南省林业厅联合制定了《豫鄂边界地区森林资源保护管理跨区联动执法机制实施方案》，成立了联动执法领导小组，以加强两省边界地区的联系，形成"资源共享、协同应对、快速处置"的森林资源保护管理跨区联动执法机制，切实保护好森林资源，共同维护两省边界地区林区社会稳定。配合国家林业局驻武汉专员办完成了2011年度《征占用林地行政许可被许可人监督检查》工作及重大违法占用林地及违规执法案件查处工作。

【木材流通管理】 2011年，全省木材检查站154个，从业人员即在册职工人数1247人。共办理木材运输证198 037份。完成木材运输管理系统的软硬件调试，1月1日正式开通运营，实现与国家林业局木材运输管理系统的同步运行。开展木材流通管理"执法监督年"活动及"严肃执法、严格管理、严明纪律、严谨作风"为主题的教育活动，进一步规范执法行为，全面提升木材运输管理水平。

【林业工作站】 2011年全省实有林业工作站870个，在册职工人数5497人。9月13～17日在省林业厅招待所举办了2011年湖北省乡镇林业站站长能力测试培训班，全省17个县市区的乡镇林业站站长共计186人参加了培训。国家林业局林业工作站管理总站林海涛副总站长出席会议指导。选派一名业务骨干到北京国家总站挂职锻炼一年。加大林业站宣传力度。已组织编印《湖北林业站网讯》4期共4800份，定期下发至市州、县(市、区)林业局和基层乡镇林业站；采编林业站建设发展的稿件向《全国林业站网讯》、《国家总站工作简报》、《湖北林业网》等投稿36余篇，组织对全省乡镇林业站职工危旧房进行了大量调查摸底工作后汇总统计出最终数据上报国家林业局。

【森林资源监测】 2011年，按照国家林业局要求，为实现"一张图、一套数、一盘棋"的森林资源"一体化"监测体系目标，开展了森林资源监测工作。已完成二类资源调查的外业调查，进入内业整理，建设森林资源管理数据库。正式启动全省森林资源动态监测体系建设工作。编写系统建设工作方案和需求分析报告；完成系统建设的硬件配置。开展全省森林资源二类调查内业成果及全省林地一张图制作技术培训。对全省数据进行系统化、标准化整理，全省森林资源数据入库工作进展顺利。全面完成三峡工程生态与环境监测系统湖北省森林资源监测体系建设工作。湖北中心站在库区共设置了78个典型样地，完成了78个典型样地的调查。4月向国家重点站提交了相关数据以及三峡库区监测相关调查成果报表，并顺利通过国家重点站检查验收。完成森林生物量调查与数据采集。根据国家林业局要求，组建工作专班，详细开展外业调查、勘测记载、样本采集、装车运输、晾晒烘干、分析测定、数据整理、审核输机和实物资料提取等一系列工作，9月中旬将验收后的样本和数据分别送至中南林业调查规划设计院，为加强森林碳汇监测、增强森林资源监测应对全球气候变化的服务能力做出了实绩。

【林业勘察设计】 2011年，省林业勘察设计院开展了全省湿地资源调查工作，安排6批工作专班数十人次深入各县(市、区)加强业务指导，解答疑难问题，统一图形处理和数据录入流程，保障了外业调查质量。收集整理了所有106个调查单位的基础数据，全面完成了图形拼接、逻辑检查及数据汇总等工作。全省岩溶地区第二次石漠化监测工作。全面掌握全省石漠化监测工作的技术标准、方法和技术要求，组织宜昌、十堰、恩施3个重点岩溶地区相关人员参加国家林业局举办的全国岩溶地区第二次石漠化监测技术骨干培训班；编制完成《湖北省岩溶地区第二次石漠化监测工作方案》、《湖北省岩溶地区第二次石漠化监测技术细则》、《湖北省岩溶地区第二次石漠化监测质量管理和检查验收办法》等技术规范；组建专班做好遥感影像数据获取与相关技术处理工作，为开展省级技术培训、现地调查打下基础；

开展技术培训，强化督查指导，组织近100人次的工作专班深入各监测县(市、区)开展县级技术培训，督促外业工作，检查调查质量。已有24个县(市、区)完成外业，其他县(市、区)外业调查全面结束，确保完成石漠化监测各项工作。湖北省遥感样地调查工作，全省共布设19个样地，涉及全省各市(州)28个县(市、区)。该项目利用卫星遥感影像以及1990年、2000年和2005年森林资源调查设计相关信息，通过解译、判读和实地验证，于3月向国家林业局规划院提交了《湖北省2010年全球森林资源评估工作总结报告》和相关数据，通过专家检查验收。设计院共签订合同240项，合同额4500万元，到账额2400万元。

【湖北省林业调查规划院咨询项目获国家、部级奖项】 2011年，在中国工程咨询协会发布的《关于公布全国优秀工程咨询成果奖2010年度获奖项目的通知》中，由湖北省林调院完成的《武汉城市圈林业有害生物防控及森林健康示范工程建设项目可行性研究报告》获2010年度全国优秀工程咨询成果三等奖，由该院完成的《襄樊市三口两路绿化方案》获2010年度全国林业优秀工程咨询成果二等奖；《湖北省马尾松毛虫等林业有害生物监测预报体系建设项目可行性研究报告》、《武汉城市圈武汉城郊森林重点火险区综合治理工程项目可行性研究报告》和《阳江至云浮高速公路阳江段至阳春段绿化方案》获2010年度全国林业优秀工程咨询成果三等奖。

【林业法制建设】 2011年，省林业厅完成“五五”普法工作。开展了普法达标“回头看”活动，8月，省林业厅被省依法治省工作领导小组授予“2006～2010年全省法制宣传教育和法治建设先进单位”称号。9月2日，组织召开了全省林业系统“五五”普法总结表彰暨“六五”法制宣传教育工作电视电话会议。省林业厅副厅长蔡静峰，省司法厅党委委员、副厅长、省依法治省工作领导小组办公室副主任陈文贵，省政府法制办经济法制处领导等出席会议讲话。制发了《省林业厅2011年林业系统法制宣传教育工作要点》和《湖北省林业系统2011～2015年法治建设暨第六个五年法制宣传教育工作规划》组织召开了全省林业系统“六五”普法工作电视电话会议，对丹江口市、兴山县和洪湖市等3个林业综合行政执法情况进行了专题调研。印制完成4万余本《便民手册》，下发到每个“三万”活动工作组。开展了林业行政许可实施情况专项监督检查项目，落实工作经费8万元。按照“减行政审批事项、减审批环节、减审批时限、减审批费用”的要求，将林业行政审批项目精简合并为14项，缩短了审批时限，每一个行政审批项目时限缩短了四个工作日以上。制发了《省林业厅关于开展政府责任体系及履责机制建设活动实施方案》。

【科技推广】 2011年，共组织申报各类科技项目70多项，立项39项，争取项目经费2283万元；在全省范围内选派了60名科技特派员，开展了600余次送林业科技下乡活动，出台了《关于进一步加强林业科教工作的意见》，全年共验收、鉴定10项成果，向省政府科技奖励办公室推荐了8项优秀成果参选省政府科技奖励，获奖4项。全年修制订林业地方标准13项，推广新科技、新成果15项。编制了《林业科教“十二五”规划》，出台了《关于进一步加强林业科教工作的意见》；编制了《湖北省分区域造林绿化模式》、《湖北省适宜推广的11种林下经济模式》。全年共举办22期培训：结合中央财政推广项目实施，培训技术人员近200人次，依托厅直科研、推广、教育单位举办培训班20期，培训科技人员超过5000人次。表彰了24个林业科技工作先进集体和94个林业科技工作先进个人，推进厅校合作，与华中农业大学、南京林业大学签订战略框架合作协议。批复成立了省林科院恩施州分院、襄阳分院，林科院在省内的分院和专业院所达7家。与华中农业大学联合组建国家林业局三峡及丹江口库区森林生态环境重点实验室、与黄冈师范学院联合组建国家林业局森林药材种质资源改良与利用重点实验室。与20个科技产业园签订了科技合作协议，收集整理了20项重大科技成果在湖北省主要造林模式及林下经济模式新闻发布会上进行宣传推介；成立湖北省现代林业科技产业园科技支撑工作暨科技特派员协调服务领导小组，全年共选派60名科技特派员深入生产一线，靠前服务。在全省开展了知识产权试点工作。全省全年共组织开展送科技下乡活动600余次，培训林农8万多人次，组织有关单位专家在新洲开展了林业科技下乡活动，组织科技团队参加了科技周活动，省林业科技推广中心在大别山试验区推广油茶优良新品种长林4号、23号，使产果量比一般品种提高5～8倍；推广油茶轻基质容器育苗和覆膜造林新技术，使造林成活率提高20%以上；推广板栗低产林改造技术，使其亩产提高185%。在武陵山少数民族区推广金丝油桐、紫油厚朴、鄂建1号核桃良种和生态经济型防护林营造技术、高效吸水脂造林技术等。在五峰县和鹤峰县实施的天麻杂种优势利用项目，通过国家林业局验收。推广的杂交天麻栽培基地产量达15.8千克/平方米，在武昌、阳新、罗田、黄陂、随县、当阳、夷陵等地结合天保工程后续产业发展、全省经济林技术培训、种苗站长和林业站长培训10多期，共培训林业技术人员和林农3000人次以上。

【教育与培训】 2011年，省生态工程职业技术学院和省园林工程技术学校共招生3137人，其中生态学院2568人、园林技校569人；输入毕业生2046人，其中生态学院1841人，毕业生就业率达90%，其中林业专业就业率达100%，园林技校205人，毕业生就业率达98%。举办了22期实用技术培训班，培训科技人员超过5000人次。省生态工程职业技术学院“名师工程”建设争取到园林技术和林业技术两个专业的“楚天技能名师”岗位。林业技术专业的生物质能源方向已被省教育厅确定为第二批湖北省普通高等学校战略性新兴支柱产业人才培养计划项目；景观设计、建筑工程技术两个新专业获得省教育厅的批准设置；全院获得省级精品课程两门，即园林规划设计和企业会计实务，获得“青年教师深入企业行动计划”项目7个，省级教学改革试点专业2个，即园林技术和森林生态旅游，教学研究项目3个，新建了组织培养实验室、土壤实验室、生物实验室、病理实验室、综合实验室等五个实验室；按照规范的程序和步骤完成全体中层干部和工作人员的轮岗交流工作，与大冶、安陆、钟祥、宣恩等县市林业局和福汉、康欣等林业企业联合开办过多期培训班。完成了多项校园建设和制度改革。省园林工程技术学校于2011年被评定为省级示范中等职业学校，荣获湖北五一劳动奖状和招生就业工作先进单位荣誉称号。完成各类培训鉴定1800人，校办产业完成产值645万元。根据市场需求，调整专业设置，增设汽车运用等专业。制订和完善了《湖北省园林工程学校安全应急预案》、《学生实习管理办法》、《教师教学水平评价方案》、《学校国家助学金管理办法》等制度。

【林业科研】 2011年，省林科院开展科技攻关，验收项目3项，成果鉴定4项，成果登记7项，获得省成果奖励4项，其中科技进步二等奖1项、三等奖1项、科技成果推广三等奖2项，研制并发布湖北省地方标准2项，选育出具有自主知识产权林木新品种2个。在黄州、蕲春两地分别建设了林下经济示范基地；完成了“湖北省农业领域林业及林产工业、花卉产业链技术创新规划”；启动了“湖北省陆地生态系统定位研究站建设规划”；编制了《湖北省古树名木鉴定标准与鉴定程序(试行)》、《湖北省古树名木养护技术规范(试行)》、“湖北省林业抗旱救灾技术要点”、“湖北省十一五林业科技工作总结及十二五林业科技规划设想”。申报各类项目60项，新立项17项，其中包括国家林业局“948”项目1项、林业行业标准1项，国家外专局引智项目1项，中国林科院林业公益科研专项1项；共争取项目经费3350万元，到位项目经费达1503万元。在潜江、堵河源、九华山挂牌成立实验基地，营建油茶采穗圃，提供穗条200万根，各类苗木花卉340万株(盆)。印发《湖北省适宜推广的11种林下经济模式》实用技术手册，与麻城市政府签订了对口科技支持大别山革命老区经济社会发展试验区合作协议书，与湖北四季春茶油有限公司签订科技合作协议，就加强油茶资源的研究与开发利用开展技术合作。院属企业已实现产值3320万元，楚林园林绿化中心实现产值1050万元；金安公司实现销售收入1700万元；九峰森林动物园实现收入570万。成立了湖北省林业血防专家指导组。

【中国林业科学研究院湖北分院揭牌成立】 2011年4月，中国林业科学研究院湖北分院在武汉揭牌。湖北省委书记李鸿忠、省长王国生代表省委、省政府联名发来贺信。国家林业局副局长张永利、省委常委张昌尔、副省长赵斌、中科院院士蒋有绪、中国林科院院长张守攻出席揭牌仪式。湖北省政府与中国林科院于2008年10月签订全面科技合作协议。中国林科院与省林科院在联合科技攻关、科技成果推广应用、人员培养交流方面开展了一系列重大科研项目研究，取得了多项重大科研成果。

【对外合作交流】 2011年省林业厅全年共办理4个出国考察团和3个赴台考察团手续。开展了小渊基金造林项目的实施。2月25日，接待了日本森林综合研究所佐藤隆先生一行，3月12日，与省对外友协接待了日本茨城县日中友协理事长松丸胜二先生一行，3月15日，在鄂州市开展了百名外国专家植树造林活动。完成了德国政府贷款项目500万欧元前期论证、规划及贷款手续，移交厅外资管理部门组织实施。编制了《神农架大九湖湿地保护与恢复工程项目建议书》、《湖北孝昌、浠水生态林营造工程项目建议书》，上报国家林业局外资项目管理中心。

【资金与计划管理】 2011年，全省林业系统实际到位资金中央和省级林业投资38.14亿元。组织编制了《湖北省竹产业发展规划(2011～2020)》、《湖北大别山革命老区经济社会发展试验区林业发展规划(2011～2015年)》等8个专业规划，上报国家发改委、财政部、国家林业局。全年共争取落实国家和省对武汉城市圈、鄂西生态文化旅游圈、大别山革命老区经济社会发展试验区和武陵山少数民族经济发展试验区的林业建设投入达35亿多元；组织开展了长江防护林、林业血防、退耕还林、生态公益林、林业有害生物防治、森林重点火险区综合治理、湿地保护与恢复、石漠化综合治理试点、油茶产业发展、林木种苗生产、低产林改造、国有林场危旧房改造等工程项目建设。全年厅机关行政财务运行良好，财政拨款收入到位进度快，支出总进度基本合理。配合省审计厅对全省2007年至2010年的林业重点生态建设资金进行了专项审计，省林业厅被省财政厅评为湖北省2011年度财会工作先进集体。做好“616”、对口援藏、少数民族地区对口扶持等各项工作；全年共落实各类对口帮扶、支援资金达4.7亿元。印发《省林业厅办公室关于进一步做好国有林场基础设施建设工作的通知》，组织全省国有林场开展道路建设、安全饮水、电网改造升级和电视覆盖情况调查，及时将调查数据上报国家和省有关部门。3月30日，召开了全省林业计财工作会议，对全省林业系统项目申报和资金管理进行部署。4月19日至5月10日，对全省2009年、2010年实施农发林业项目的28个县(市、区)进行了综合检查，督促各地按照农发部门项目资金管理办法规定，切实加强项目资金管理，专账核算，专人管理，专款专用。开展了省治理“小金库”工作。对全省9个市州20个县市(林区)和7个自然保护区的林业重点生态建设资金进行了审计。与省统计局联合召开了林业统计座谈会，联合印发了《关于切实加强林业统计工作的通知》，4月20日，省林业厅与省农业厅、省商务厅共同主办了鹤峰绿色食品暨特色农产品推介会。

【林业贴息贷款与资金稽查管理】 2011年，实施林业贴息贷款项目的企业共有40家，全年共安排林业贴息贷款计划7.5亿元，落实贴息资金4078万元；根据省政府和国家林业局稽查办的工作要求，完成了全省扩大内需、工程专项治理和强农惠农政策落实情况三项检查和林木种苗工程资金与森林抚育补贴试点资金的稽查工作，向国家局稽查办上报了自查报告；组织厅机关各处室和厅直属单位对照审计厅张永祥厅长的辅导报告中关于当前单位和个人在经济活动中存在的违纪违规行为进行自查的工作。加强了湖北省林业贴息贷款项目的监管。根据国家林业局基金管理总站《关于开展2010年度林业贴息贷款项目及贴息资金检查工作的通知》要求，对黄冈晨鸣林业公司2009、2010年度的林业贴息贷款使用管理情况进行了检查。通过市、县各项目单位的全面检查和省级抽查，进一步规范了全省的林业贴息贷款项目的管理，10月25日，在武汉市新洲区召开了全省林业贴息贷款工作会议。全省各市、州林业局长和计财科长及项目企业负责人近200人参加了会议。举办了林业贴息贷款培训。全省各市、州林业局计财科长和项目企业负责人及项目经办人员130多人参加了培训。4月5～20日，对恩施州、潜江市的扩大内需、工程专项治理和强农惠农政策落实情况进行了检查。

【种苗管理】 2011年，全省林木种苗站42个，在册职工人数507人。已建成了杉木、日本落叶松、马尾松、杨树、水杉、湿地松、板栗、核桃、油茶等主要造林树种的良种基地，形成了比较完善的良种繁育体系。经评审，遴选了太子山马尾松种子园、鹤峰马褂木良种基地、石首杨树等10个良种基地作为省级良种基地。向国家林业局申报新增了太子山马尾松种子园、兴山核桃良种基地、麻城油茶、石首杨树良种基地等4个良种基地为国家级良种补贴试点单位，经国家林业局组织的专家委员会实地考核，已评审通过。已收到30个单位申报的46个新品种审(认)定申请材料，已正式受理24个新品种的审(认)定材料。全省"两证"的发证率达到93%，在全国排名第五。全省共查处无证生产、经营案件142件，责令限期整改的有119家，取缔无证生产、经营10家，编制了全省34个基层种苗站基础能力建设项目可研报告，项目总投资约2038万元，其中中央财政补助1343万元。该项目可研报告已报省发改委评审。中日技术合作林木育种项目开展的中国马褂木与北美鹅掌楸人工杂交育种，已培育出了一组新的马褂木杂交品种，并掌握了这些新品种扩大繁殖的关键技术。争取到多个课题和项目。在种苗场已建成桂花育种群体林、有200多个桂花品种的种质资源收集林、建设珍稀树种采穗圃、油茶良繁基地、彩叶树种园、控根栽培、马褂木培育基地、容器苗生产线、高档盆景等重点项目。

【宣传、信息管理工作】 2011年，省林业厅强化"大宣传"理念，组织全省林业系统 围绕集体林权制度改革、造林绿化、重点工程、林业产业、森林城市创建和生态文明教育等重点工作，利用广播、电视、报刊等传统主流媒体和网络等新兴媒体，形成全方位、立体式的林业宣传工作格局，在新闻媒体刊发林业宣传稿件180余条，组织全省林业系统在省、部级以上新闻媒体刊(播)发反映湖北省林业建设成就的报道900余篇(条)，内容涵盖了湖北林业的各个方面。《湖北日报》、《中国绿色时报》在头版刊发的有关湖北林业新闻就有40多篇，在《湖北日报》、《中国绿色时报》进行了6个整版宣传。湖北卫视《新闻联播》播发林业新闻30余条，湖北电视台拍摄播出宣传天保工程专题宣传片21集和"当代林业人"先进典型专题片60余集。《人民日报》头版报道了湖北省林业系统开展"三万"活动、打造绿色大别山和神农架大九湖湿地的新闻，中央电视台新闻联播播出湖北省林业系统开展"三万"活动长达2分30多秒。网站已发布各类信息9000余条。9月8日，在湖北省政协召开了首届"湖北省森林城市"创建工作会议，省政协主席杨松亲自批示，同意命名宜昌、随州两市为首届"湖北省森林城市"。12月底，组织召开首届湖北省森林城市颁奖晚会，给两市授牌。在全省开展了生态文明教育基地创建活动，授予宜昌市三峡植物园、神农架大九湖国家湿地公园管理局、襄阳市林业科学研究所、随州市大洪山国家森林公园、钟祥市大口国家森林公园、咸宁市潜山国家森林公园、湖北诗经源国家森林公园、蕲春县三江生态旅游度假区、孝感市双峰山旅游度假区、赤壁市官塘驿林场等10个单位湖北省生态文明教育基地称号。11月10日，组织召开了全省林业宣传工作会议。完成了"湖北林业"门户网站的升级改版，强化了网站信息公开、网上办事和公众互动功能；已经完成了机关大楼的内网综合布线，全年接收国家林业局召开的视频会议9次，保障全省林业系统视频会议21次，全年组织开展了2次全省林业专网和视频会议系统设备巡检，维修设备43台，现场培训各地管理人员54人次。

【林业大事】

1月4日 湖北省自然保护区评审委员会宣布，三峡万朝山、五龙河、漳河源晋升为省级自然保护区。

1月6日 国家林业局党组成员、中纪委驻国家林业局纪检组组长陈述贤在京接见了湖北省林业厅厅长王海涛、副厅长王铭德，随州市委常委、副市长彭明方等一行，听取随州市创建国家森林城市的情况汇报。在听取汇报后，陈述贤同志作了重要讲话。

1月7日 湖北省林业厅厅党组书记、厅长王海涛率副厅长刘晓洪、麻城市委书记李开寿等一行8人到北京国际竹藤网络中心向全国政协人口资源环境委员会副主任、中国花卉协会会长、国际竹藤网络中心主任江泽慧教授全面汇报了湖北省"十一五"林业发展情况和"十二五"林业工作安排，重点介绍了林业血防、低碳经济、竹产业和花卉产业等有关林业工作情况。国际竹藤中心副主任费本华研究员、中国花卉协会副秘书长陈建武等领导出席了会议。

1月12日 湖北省绿色大别山活动启动仪式在黄冈市红安县李先念故居纪念园隆重举行。湖北省绿化委员会主任、省政府副省长赵斌出席仪式并宣布绿色大别山活动正式开始，省绿化委员会副主任、省林业厅党组书记、厅长王海涛讲话，黄冈市委副书记韩进致辞，省林业厅副厅长董祚华主持了启动仪式。省政府副秘书长梅祖恩，黄冈市政府副市长王浩鸣，省林业厅副厅长李新水等领导出席了启动仪式。

1月12日 全省林业局长会议在红安县召开。湖北省政府副省长、省绿化委员会主任赵斌出席会议并讲话。

1月13日 湖北省委、省政府召开全省深化集体林权制度配套改革工作电视电话会议。省委副书记、代省长王国生出席会议并作了重要讲话。会议由省委常委张昌尔主持，省政府副省长越斌传达了全国集体林权制度改革百县经验交流会议精神，省人大副主任罗辉、省政协副主席郑心穗出席会议，省政府副秘书长梅祖恩宣读了省人民政府表彰全省集体林权制度主体改革工作先进单位和先进个人的通报，省林业厅党组书记、厅长王海涛通报了全省集体林权制度改革工作进展情况。会议为全省集体林权制度主体改革工作先进单位和先进个人代表颁发了奖牌。湖北省各市、州、县党委或政府主要负责同志，各市、州、县集体林权制度改革工作领导小组成员，各乡镇（街道）党政主要负责人在各分会场参加了会议。

1月14日 在北京召开的国家科学技术奖励大会上，由中国林科院主持，湖北省林科院作为主要完成单位参与完成的“落叶松现代遗传改良与定向培育技术体系”项目获得2010年度国家科学技术进步奖二等奖。

1月17日 湖北省林业厅党组书记、厅长王海涛与湖北省广播电视总台党委书记、台长张良成在省广电总台签署战略合作协议。双方就加强现代林业和生态文明建设、推动湖北广播影视事业产业发展达成战略共识。

1月19日 湖北省委常委、省纪委书记黄先耀，省纪委书记副书记吴志锋、调研室主任王立兵等一行到省林业厅调研。黄先耀听取了省林业厅党组书记、厅长王海涛关于林业工作和党风建设情况汇报。省林业厅其他厅领导以及厅机关各处室主要负责人参加了汇报会。

1月20日 湖北省政府在武昌召开了全省消防工作紧急电视电话会议，对全省消防工作进行了紧急动员部署。会议通报了全省消防工作和森林防火工作情况，省人民政府副省长、省森林防火指挥部指挥长赵斌在会上作了重要讲话，省森林防火指挥部常务副指挥长、省林业厅党组书记、厅长王海涛通报了2010年全省森林防火工作情况。参加会见的还有湖北省政府副秘书长梅祖恩，省林业厅党组书记、厅长王海涛等及武警驻鄂森林部队大队长穆秋会。

1月25日 木林子自然保护区通过国家级自然保护区评委会评审，晋升为国家级自然保护区。

2月15日 湖北省省委书记李鸿忠，省委副书记、代省长王国生，省政协主席宋育英来到武汉市江夏区青龙山森林公园，与省绿化委员会成员、省林业厅机关干部、森林武警部队官兵、江夏区干部群众共600余人一道义务植树。湖北省委常委、统战部长苏晓云，省委常委张昌尔，省委常委、省纪委书记黄先耀，省委常委、组织部长侯长安，省委常委、省委秘书长李春明，省委常委、省政法委书记吴永文，省委常委、宣传部长尹汉宁，省人大常务副主任周坚卫，省人大副主任刘友凡、任世茂、蒋大国、周洪宇，副省长郭生练、赵斌、段轮一、张通，省政协副主任李佑才、仇小乐，武警湖北总队总队长杨波、政委贾临波，省政府秘书长傅德辉等领导参加了植树活动。

2月15日 湖北省人大副主任、省诗词学会会长罗辉到省林业厅调研。

3月1日 湖北省林业产业促进会在武汉成立并召开第一届会员代表大会。湖北省省委书记李鸿忠、省长王国生代表省委、省政府给成立大会发来贺信。

3月7日 湖北省省委副书记、省长王国生在北京会见了国家林业局局长贾治邦一行。双方就进一步加快林业改革、积极推进林业发展方式转变、谋求林业更大发展进行了会谈。全国人大环境与资源保护委员会副主任委员罗清泉出席会谈。国家林业局领导祝列克、张建龙、孙扎根、陈述贤、张永利会谈时在座。湖北省委常委、组织部部长侯长安，副省长赵斌，省政府秘书长傅德辉等参加会谈。

3月11日 湖北省林业厅召开贯彻落实《全国林地保护利用规划纲要（2010～2020年）》电视电话会，湖北省林业厅厅长王海涛进行全面部署。

3月12日 湖北省省委书记、省人大常委会主任李鸿忠在《湖北日报》上发表署名文章《为湖北经济社会跨越式发展提供绿色支撑》。纪念开展全民义务植树活动30周年和国际森林启动年。《湖北日报》同时配发评论文章《走绿色繁荣之路》。

3月15日 湖北省召开全省森林防火工作电视电话会议，对全省森林防火工作进行动员。湖北省政府副省长赵斌，湖北省林业厅厅长王海涛，省军区、省武警总队、省法院、省检察院、省委组织部、省委宣传部等部门相关负责人参加了会议，省政府副秘书长梅祖恩主持会议。

3月21日 湖北省政协副主席郑心穗听取省林业厅厅长王海涛汇报。省政协人资环委主任白景义、专职副主任苏征耀等参加了汇报会。

3月26日 中央电视台《新闻联播》播放了湖北省林业厅开展“三万”活动服务于基层的内容。

3月30日 湖北省暨武汉市第二十九届“爱鸟周”启动仪式在武汉市沉湖省级湿地自然保护区举行。湖北省人大副主任、省野生动植物保护协会名誉会长罗辉出席并宣布湖北省暨武汉市第二十九届“爱鸟周”活动正式启动。湖北省政协副主席、省野生动植物保护协会名誉会长郑心穗，省林业厅副厅长李新水，世界自然基金会武汉项目办主任雷刚等领导分别讲话。

4月7日 湖北省林业厅在省森林公安警察培训中心召开全省森林公安工作会议。省林业厅党组书记、厅长王海涛，国家林业局森林公安局局长杜永胜，湖北警官学院党委书记赵志飞，省公安厅副厅长周家柱，省警官学院院长曹诗权，省森林公安局局长陈毓安出席会议并讲话。省林业厅副厅长李新水主持会议。各市、州、县、神农架林区林业主管部门主要负责人，各国家级自然保护区管理局主要负责人，省林业厅机关和厅直有关单位主要负责人，全省森林公安局局长，驻鄂武警森林部队部分官兵以及省森林公安局和武汉市森林公安机关民警等300多人参加会议。

4月8日 国家林业局副局长张永利，中国林科院院长张守攻一行在湖北省林业厅厅长王海涛，咸宁市委副书记、赤壁市委书记丁小强，省林业厅副厅长蔡静峰、王铭德，咸宁市副市长镇方松，赤壁市委副书记曾向阳等陪同下，实地考察了湖北省赤壁市旅游快速通道绿化工作。

4月8日 中国林业科学研究院湖北分院在武汉举行了揭牌仪式。国家林业局党组成员、副局长张永利，湖北省委常委张昌尔，副省长赵斌，省政府副秘书长梅祖恩，省林业厅厅长王海涛，国家林业局全国木材行业管理办公室主任孙建，科技司司长彭有冬，人事司副司长蓝增寿，国家林业局调查规划设计院院长周鸿升，中国林科院院长张守攻，中国林科院副院长储富祥，中国科学院院士蒋有绪等领导出席了揭牌仪式。

4月8日 由湖北省绿化委员会、湖北省林业厅主办，湖北省林业产业促进会承办，省商务厅、农发行省分行、省农信联社、湖北日报传媒集团、农业银行省分行、民生银行武汉分行给予支持的全国涉林上市公司、中央企业“投资湖北林业、共创跨越发展”招商说明会暨签约仪式在武汉市隆重举行。来自全国各地的20家涉林上市公司、5家中央企业的高管，湖北省各市、州、直管市、林区林业局主要负责同志和省林业厅有关处室负责同志参加了签约仪式。

4月16日 国务院办公厅印发了《关于发布河北驼梁等16处新建国家级自然保护区名单的通知》(国办发〔2011〕16号)。湖北省赛武当国家级自然保护区名列其中。

4月18日 经国家林业局批准，湖北省黄冈市遗爱湖公园进入国家湿地公园行列。

4月19日 湖北省自然保护区评委会通报，十堰市竹溪县的十八里长峡省级自然保护区，已通过国家有关部门组织的专家评审，晋升为国家级自然保护区。

4月20日 国家森林防火指挥部在北京召开全国森林防火紧急电视电话会议。湖北省在省林业厅设立分会场，省森林防火指挥部第一副指挥长、省政府副秘书长梅祖恩、省森林防火指挥部副指挥长、省林业厅副厅长王铭德、省森林公安局局长陈毓安，省森林防火指挥部各成员单位领导，厅机关相关负责人，省林科院、省生态学院主要负责同志以及武警驻鄂森林部队主要负责人参加了会议。

4月11～22日 湖北省副省长赵斌率省政府林业代表团，赴英国、芬兰、瑞典三国进行访问。

4月23日 在北京国际竹藤大厦，中国花卉协会会长江泽慧将“中国映山红第一城”匾牌，郑重颁发给湖北省麻城市市委书记李开寿。中国花卉协会会长江泽慧，副会长刘向东、赵光华，湖北省人民政府副省长赵斌，湖北省林业厅厅长王海涛，黄冈市副市长费仁平等领导出席了授牌仪式。

4月26日 湖北省湿地保护基金会第一届理事会第七次会议在武汉召开。省湿地保护基金会理事长宋德福、副理事长王学雷出席会议，省林业厅副厅长李新水及省民政厅民间组织管理局、省林业厅人事处的负责同志应邀出席会议。

4月28日 湖北省国有林场危旧房改造现场会在黄冈市罗田县天堂寨林场召开。

4月29日 湖北省林业厅召开厅直系统党建工作推进会。省林业厅党组书记、厅长王海涛出席会议并作重要讲话。厅领导李新水、刘晓洪、蔡静峰、陈年山、洪石、陈毓安、刘兴礼、陈精华出席会议，省林业厅党组成员、纪检组长陈年山主持了会议。厅机关全体党员和厅直单位党政主要负责人参加了会议。

5月20日 全国天然林资源保护工程工作会议在北京召开。中共中央政治局委员、国务院副总理回良玉出席会议并作重要讲话。湖北省副省长赵斌，省林业厅王海涛厅长以及省发改委、财政厅、人社厅相关负责人参加了会议。

6月14日 湖北省科技创新奖励大会在武汉市召开，表彰获得2010年度湖北省科学技术奖的科技工作者和科技创新先进县市。湖北省林科院作为科研院所代表应邀参加了本次大会。

6月21日 湖北副省长赵斌率省林业厅厅长王海涛一行到国家林业局汇报林业工作情况。国家林业局副局长赵树丛、孙扎根、印红以及国家林业局办公室、计资司、造林司、资源司、保护司、林改司、宣传办负责人参加汇报会。

6月28日 湖北省政府在武昌召开了全省天然林资源保护工程工作电视电话会议。湖北省副省长赵斌出席会议并讲话。省政府副秘书长梅祖恩主持会议。省林业厅厅长王海涛、省发改委副主任刘兆麟、省财政厅副厅长王华新、省人社厅副巡视员马武云、省林业厅总工程师洪石以及省林业厅处(室)及厅直单位主要负责人参加会议。有关市、州、县政府和神农架林区政府分管领导，林业、发改委、财政、人社部门相关负责人和天保办主任在分会场参加会议。

6月28～29日 国家林业局党组成员、副局长张建龙一行到湖北省恩施市，在湖北省林业厅党组成员、副厅长刘晓洪及恩施州委常委、市委书记谭文骄等陪同下，就该市集体林权制度改革等工作进行调研。

6月29日 湖北省天然林资源保护工程二期正式启动。

7月14～17日 全国政协提案委员会副主任王生铁率领湖北省湿地保护基金会调研组来到大九湖，专题调研湿地保护与恢复及公园建设情况。省湿地保护基金会理事长宋德福，省林业厅党组成员、副厅长李新水等主要负责人陪同调研。

7月28日 湖北省林业厅党组书记、厅长王海涛一行在上海拜会了海通证券股份有限公司董事长王开国，并会见了海通证券上层高管，双方共同签署了《关于开展资本市场战略合作协议》。

7月16日 湖北省林业厅党组书记、厅长王海涛应黄冈市委市政府的邀请，来到“黄冈讲坛”上为该市四大家领导、市直单位党政干部演讲《生态文明建设》。市委副书记、市长刘雪荣主持讲座。

7月18日 湖北省森林资源管理工作会在随州市召开，湖北省林业厅党组书记、厅长王海涛出席会议并作重要讲话，省林业厅党组成员、副厅长刘晓洪，省林业厅党组成员、省森林公安局局长陈毓安出席会议。随州市市长刘晓鸣等及湖北省发改委、财政厅、省国土资源厅、省交通厅、省水利厅、省劳教局、省电力公司等单位相关负责人出席会议。

7月29～31日 以国家林业局办公室副主任李金华为组长，北京林业大学林学院教授郑小贤、国家林业局造林司处长周力军、国家林业局宣传办副处长那春风为成员的国家生态文明教育基地考察核验组，在湖北省林业厅副厅长王铭德、省林业厅宣传办负责人的陪同下，对湖北省2011年申报的“国家生态文明教育基地”太子山国家森林公园进行实地考察核验。

7月30日至8月1日 湖北省省长王国生在神农架林区就林区保护与发展进行调研。

8月5日 首届“湖北湿地保护奖”评选及表彰活动

主办单位负责人会商会在武汉召开。原湖北省政协副主席、省湿地保护基金会理事长宋德福，湖北省林业厅党组书记、厅长王海涛，湖北省委统战部副部长、省工商联党组书记杨万贵，省委宣传部副巡视员刘连宏、省林业厅党组成员、副厅长李新水，湖北日报副总编、楚天都市报总编张勤耘，省广播电视总台总编室主任王正中，世界自然基金会中国项目副总监王利民，省林业厅副巡视员、省湿地保护基金会副理事长罗昌文等出席会议。会议由李新水主持。

8月17日 湖北省林业厅、教育厅、共青团湖北省委日前联合发文，授予湖北省宜昌市三峡植物园、神农架大九湖国家湿地公园管理局、襄阳市林业科学研究所、随州市大洪山国家森林公园、钟祥市大口国家森林公园、咸宁市潜山国家森林公园、湖北诗经源国家森林公园、蕲春县三江生态旅游度假区、孝感市双峰山旅游度假区、赤壁市官塘驿林场等10个单位“湖北省生态文明教育基地”称号。

8月19日 湖北省林业厅召开治庸问责动员大会。

8月24日 湖北省总工会副主席李如春、省总工会帮扶中心主任彭敏，在湖北省林业局工会主任陈遵发，太子山林场管理局党委书记、局长代新平等的陪同下，调研太子山林场管理局职工家庭产业的发展情况和省总工会小额借款帮扶资金在发展职工家庭产业中的作用。

8月25~26日 湖北省林业系统会计信息化知识技能竞赛培训班在神农架林区举办。

9月8日 根据湖北省委省政府和国家林业局的要求和部署，首届湖北省森林城市创建工作会议在武昌政协之家隆重召开。湖北省政协副主席、省“关注森林”活动组委会副主任郑心穗出席会议并作重要讲话，省林业厅厅长、省“关注森林”活动执行委员会主任王海涛，首届湖北省森林城市创建组委会成员、省政协人资环委主任白景义，省政协人资环委专职副主任苏征耀，湖北日报社副总编辑张勤耘，省广电总台总编室主任王正中，省林业厅总工程师洪石等出席会议。会议由省林业厅副厅长、省“关注森林”活动执行委员会副主任王铭德主持。

9月9日 由新华社湖北分社、湖北省委农办、中国移动湖北公司共同打造的湖北“三农信息综合服务平台”暨该平台的首个惠农信息产品“新华农讯”正式上线在武汉举行启动仪式，湖北省委常委张昌尔、省委副秘书长刘田喜，湖北省林业厅厅长王海涛出席启动仪式。

9月9~11日 在河北省邢台市举行的首届中国核桃节上，湖北省选送的兴山、夷陵、巴东、保康等4个产品全部获奖。

9月15日 湖北省2011年度乡镇林业工作站站长能力测试培训班在武汉开班。湖北省林业厅党组书记、厅长王海涛，国家林业局林业工作站管理总站副总站长林海涛，国家林业局管理干部学院相关负责人出席仪式。湖北省林业厅副厅长刘晓洪主持开班仪式。来自全省11个县市区的乡镇林业工作站站长180人参加能力测试培训。

9月21日 湖北省林业厅推进落实“一主两副”现场办公会精神暨襄阳国家森林城市建设启动座谈会在襄阳市召开。湖北省委常委、襄阳市市委书记范锐平等领导出席会议。座谈会期间，范锐平书记与湖北省林业厅党组书记、厅长王海涛一起为湖北省林业科学研究院襄阳分院揭牌。

9月23日 第四届中国生态文化高峰论坛暨中国生态文明建设高层论坛在辽宁鞍山举行，国家林业局、教育部、共青团中央、中国生态文化协会授予湖北省太子山国家森林公园等10个单位国家生态文明教育基地称号。中国生态文化协会授予湖北省襄阳市谷城县五山镇堰河村、钟祥市石牌镇彭墩村全国生态文化村称号。

9月28日 湖北襄阳花鸟虫鱼苗木大市场项目奠基仪式在南漳县涌泉经济开发区举行。湖北省委常委、襄阳市委书记范锐平，襄阳市市长别必雄，省林业厅副厅长王铭德，襄阳市委常委、南漳县委书记潘启胜，南漳县县长黄其洲等省市县领导出席了奠基仪式，襄阳市委常委、副市长李述永主持奠基仪式。

10月7日 湖北省荆门市与省林业厅形成决定，共同推进“中国农谷”建设。

10月14~16日 由国家林业局、国际竹藤组织、江西省人民政府举办的第六届中国竹文化节在江西省宜春市隆重举行。全国政协副主席罗富和出席开幕式，国家林业局副局长赵树丛，国际竹藤组织董事会联合主席、中国竹产业协会会长江泽慧作重要讲话。来自全国17个产竹省区市的代表、专家和客商共计2100余人参加了本次竹文化节。

10月8日 湖北省副省长、宜昌市市委书记郭有明一行来到湖北省林业厅召开座谈会，共同研究推进落实湖北省委“一主两副”会议精神暨宜昌林业建设与发展。座谈会上郭有明作重要讲话。

10月20日 湖北省政府在武汉召开全省森林防火工作电视电话会议，对全省进行森林防火战前动员和工作布置。湖北省政府副省长、省森林防火指挥部指挥长赵斌，省森林防火指挥部常务副指挥长、省林业厅厅长王海涛，国家林业局驻武汉专员办相关负责人出席会议，省森防指18个成员单位的负责人以及武警驻鄂森林部队负责同志参加会议，各市、州、县人民政府分管领导及有关部门负责人在分会场参加会议。省政府副秘书长梅祖恩主持会议。赵斌作重要讲话。

10月21日 由湖北省农民体协主办、湖北省林业厅承办、潜江市人民政府协办的湖北省直农口第十九届“兴农杯”运动会在潜江市体育中心举行。湖北省人大副主任罗辉、省委副秘书长张洪、省政府副秘书长严官金等领导出席，潜江市市委书记朱汉桥致欢迎词，省林业厅厅长、本届运动会组委会执行主任王海涛致辞，省农业厅厅长、省农民体协执行主席祝金水致开幕词，运动员、裁判员代表宣誓，罗辉宣布开幕。来自省委办公厅、省人大办公厅、省政府办公厅、省政协办公厅和省农业、林业、水利等17个参赛单位的运动员、裁判员400多人参加。省林业厅党组成员、纪检组长陈年山主持开幕式。

10月25日 湖北省营造林主体、苗木花卉企业暨林业贴息贷款工作座谈会在武汉市新洲区召开。湖北省林业厅厅长王海涛到会并作重要讲话，省林业厅副厅长董祚华、王铭德，纪检组长陈年山出席会议，来自全省林业企业精英、造林大户和营造林主体代表近200人参加了座谈会。会议由省林业厅副厅长董祚华主持。

10月29日 2011中国(湖北)花卉苗木交易会在湖北武汉南湖花木城举行。湖北省林业厅党组书记、厅长王海涛，湖北省花协会长左雄中，湖北省林业厅副厅长王铭德，武汉市洪山区副区长张光合等出席开幕式。

10月30日 湖北省林业厅党组书记、厅长王海涛与南京林业大学校长曹福亮在南京共同签署产学研合作框架协议。江苏省林业局局长夏春胜出席签约仪式并讲话，南京林业大学党委书记封超年致欢迎辞，南京林业大学校长曹福亮、副校长薛建辉介绍学校发展情况。

11月1日 第二届中国国际林业产业博览会暨第四届中国义乌国际森林产品博览会在浙江省义乌市隆重开幕。国家林业局局长贾治邦出席开幕式后参观博览会展馆。

11月2日 湖北省林业厅与黑龙江森林工业总局在武汉共同举行现代林业建设座谈会暨战略合作签约仪式。湖北省林业厅党组书记、厅长王海涛与黑龙江森林工业总局总局长魏殿生共同签署了战略合作签约仪式。湖北省林业厅副厅长王铭德、黑龙江森林工业总局副总局长毕卫星，副巡视员张维铎出席仪式。

11月4日 国家林业局中国林业产业突出贡献奖评选组委会和中国林业产业联合会决定授予湖北省林业厅王海涛厅长等24名同志中国林业产业突出贡献奖特别奖。

11月14日 湖北省林业厅聘请了张粒、张用江、李犁、刘兆君、邓涛5位律师为本厅的常年法律顾问，聘任仪式在省林业厅举行。湖北省林业厅党组书记、厅长王海涛向5位律师颁发聘书并作重要讲话。省林业厅党组成员、副厅长李新水宣读《湖北省林业厅关于成立厅法律顾问组的通知》，湖北省司法厅党委委员、副厅长、省律师协会党委书记马安骏出席聘任仪式并讲话。聘任仪式由湖北省林业厅党组成员、副厅长蔡静峰主持。

11月24日 湖北省省委副书记、省长王国生在广州举办的湖北、广东(珠三角地区)投资项目推介会上接见了来湖北投资的林业企业家。广东省委副书记、代省长朱小丹出席推介会并致辞。湖北省委常委、纪委书记黄先耀，湖北省委常委、襄阳市委书记范锐平，湖北省武汉市市长唐良智，广东省政府秘书长唐豪，湖北省政府秘书长傅德辉，广州市副市长曹鉴燎出席项目推介会。湖北省副省长田承忠主持推介会。湖北省林业厅党组书记、厅长王海涛作为省直部门代表参会。

11月29日 受湖北省委副秘书长、省委政研室主任吕东升的邀请，湖北省林业厅党组书记、厅长王海涛到湖北省委政研室作生态文明专题报告。

11月28日 湖北省林业厅组织林地管理专题讲座。国家林业局资源司司长汪绚应邀作题为《我国林地管理历史、现状及发展要略》的主题报告。讲座由湖北省林业厅党组书记、厅长王海涛主持。国家林业局驻武汉森林资源监督专员办专员何美成、资源司副司长袁少清等领导及湖北省林业厅副厅长李新水、刘晓洪，总工程师洪石，省森林公安局局长陈毓安和湖北省林业厅机关全体干部和厅直单位主要负责人听取了专题讲座。

12月6日 湖北省副省长、省森林防火指挥部指挥长赵斌深入黄冈等地检查森林防火工作。

12月17日 “中国唐苑杯”盆景新人、新作、新园大奖赛活动签字仪式在武汉举行。湖北省林业厅党组书记、厅长王海涛亲切接见了中国盆景界精英。湖北省林业厅副厅长王铭德出席了签字仪式及欢迎晚宴并向世界盆景石文化协会会长、陕西万达实业(集团)有限公司董事长张小斌颁发了花木盆景杂志社名誉社长聘书。花木盆景杂志社社长刘源望主持签字仪式。花木盆景杂志社总编辑熊俊龙与陕西万达实业(集团)有限公司副总裁张晓钧签署了共同举办“中国唐苑杯”盆景新人、新作、新园大奖赛活动的合作协议。

12月20日 根据湖北省委组织部《关于黄德华同志工作调动和职务任免的通知》(鄂组干[2011]844号)，湖北省委决定：黄德华同志任省林业厅副厅长。任职时间从2011年11月28日起计算。

12月27日 湖北省林业厅厅长王海涛、副厅长蔡静峰带领湖北省林业厅代表团到北京林业大学，出席湖北省林业厅与北京林业大学产学研合作框架协议签约仪式。湖北省林业厅厅长王海涛与北京林业大学校长宋维明代表双方签定产学研战略合作框架协议。国家林业局科技司副司长杜纪山、北京林业大学副校长姜恩来、张启翔、骆有庆、北林大各院负责人及省林业厅有关处室负责人出席了签约仪式。

12月30日 “湖北省关注森林”颁奖晚会在武昌洪山礼堂举行，湖北省政协主席杨松，省委常委、宣传部长尹汉宁，全国政协常委、人口资源环境委员会副主任王少阶，全国关注森林活动组委会副主任、国家林业局纪检组长陈述贤，湖北省人大副主任罗辉，副省长赵斌，省政协副主席郑心穗，省政协秘书长王树华，全国政协人资环委办公室主任白煜章，国家林业局武汉专员办专员何美成，省林业厅厅长王海涛等领导出席了晚会。（湖北省林业由彭锦云供稿）

湖南省林业

【概　述】 2011年，全省完成造林26.3万公顷，封山育(护)林20万公顷，义务植树1.26亿株。全省森林覆盖率57.13%，比2010年增长0.12个百分点；森林蓄积量4.16亿立方米，同比增长1400万立方米。全省林业产业总产值1445亿元，同比增长25.6%。全省森林生态功能效益总价值8628亿元。

绿色湖南建设 受省委、省政府的委托，省林业厅牵头完成《绿色湖南建设实施纲要》，并经省政府常务会议审议通过。《纲要》提出绿色湖南建设的指导思想、基本原则、发展目标、主要任务和保障措施，确立了林业部门在绿色湖南建设中的主体地位。

国土绿化建设　改造低产林20万公顷，抚育中幼林33.3万公顷；培育无节良材7.4万公顷，优材更替1万公顷；实施退耕还林6.28万公顷；完成"三边"(城边、路边、林边)造林4.74万公顷，其中湘江流域造林1.67万公顷；公路铁路两旁"天坑"植被恢复533处117.5公顷。营造林质量、退耕还林工程质量均名列全国第一。

城乡绿化全　秀美村庄、秀美社区创建活动。益阳、岳阳、常德、株洲、邵阳、张家界、湘西自治州、永州等市州开展绿色品牌创建和大规模绿化行动。

产业富民　①传统产业加快崛起，油茶产业投入16.89亿元，良种苗木实现质升量增，完成新造和垦复生产任务7.9万公顷。全省油茶林面积127.8万公顷、茶油年产量13.4万吨、产值107.2亿元，均继续保持全国第一。全省竹林面积新增2.9万公顷，垦复3万公顷，总面积87.53万公顷19.51亿株。全省速生丰产林新造6.67万公顷，总面积达160万公顷。湖南获批成为国家木材战略生产储备基地试点省。②新兴产业迅速扩张。建成6个省级林业产业园，吸引145家省内外企业投资湖南家具。依托森林公园、湿地公园、自然保护区，全年接待游客2461万人次，实现生态旅游综合收入137.6亿元，同比增长46.49%和54.61%。花卉种植面积和销售总额增幅分别达到97.1%和69.7%。林下经济产值突破100亿元。全年争取中央和省级各类资金投入林业53.22亿元，在山区林区实施11项林业政策性补贴，农民林业收入占人均年收入的比重达20%以上。

生态文化建设　举办湖南世界名花生态节、张家界国际森林保护节、长江湿地保护网络年会、植树节、爱鸟周以及绿色恋歌——湖南省林业系统纪念建党90周年文艺晚会，开展送文艺下乡活动，走进深山老林，慰问林区百姓。推出《梦萦张家界》、《洞庭渔姑》、《林海淌金》等生态文学作品，湖南林下经济典型在中央七台播出。更名后的《林业与生态》杂志，突破地域与行业局限，质量和发行量位居全国同类期刊前列。郴州市选送的《林改春风进万家》和夏本安撰写的《森林礼赞》等作品，分别获得全国"林改改变生活"摄影大赛和国际森林年全国征文大赛一等奖。望城区光明村被授予全国生态文化示范村称号，冷水江市国有毛易林场等6家单位被授予湖南省生态文明教育基地称号。省林业厅原党组书记吴鹤鸣退休后10年躬耕湖区林业，郴州市宜章县退伍老人刘真茂29年守护3万公顷森林，成为省委开展向杨善洲式好党员好干部学习的典型人物。

林业改革　明晰产权任务。自林改启动以来，全省累计完成集体林地确权1195.3万公顷，林权发证1191.3万公顷，调处山林权属纠纷39.6万公顷，确权率、发证率、调处率分别达99.7%、99.4%和93.3%。省委、省政府召开集体林权制度主体改革总结表彰大会。相关配套改革初显成效。成立了107个县级林权交易机构和109个森林资源资产评估机构，累计流转林地57.89万公顷，流转金额达33.96亿元；森林抵押9.1万公顷，获得贷款21.18亿元。656.2万公顷森林纳入森林保险，投入保费1.57亿元，保险金额达374.55亿元。成立农民林业专业合作社1544个，11个县(市)被国家林业局确定为首批创建全国农民林业专业合作社示范县。118个县(市、区)启动林权权属数据库建设。湖南纳入全国国有林场改革两个整体推进试点省之一，制订国有林场改革试点实施方案。成立省属青羊湖国有林场，填补了湖南省没有省管林场的空白。

林业资源管护　①加大森林资源管护力度。完成湖南省林地保护利用规划、县级林地保护利用规划编制和林地落界工作。从2011年1月起，征占用城市及城市规划区内的林地一律按同类地类标准2倍征收森林植被恢复费。全省确定中央和省级生态公益林486.93万公顷，占湖南省林业用地面积37.65%，其中90%以上纳入财政补偿和政策性保险。森林采伐限额管理、采伐指标进村入户稳步推进，各项林业证件审批全面实现网上办理，公益林管理宣传年活动、木材运输检查"五统一"和"执法监督年"活动在全国率先推开，木竹经营加工管理严格有序，古树名木管理日益规范，林业资源管护更加科学，林农利益得到有力保障。全省森林防火实现火灾次数、受害森林面积、损失林木蓄积、伤亡人数重点指标的4个下降。全省林业有害生物成灾率控制在2.5‰以下，比预定目标低1.5‰，成功拔除3个松材线虫病疫点。发挥森林公安机关和林业检察、审判机关的作用，开展林地、种苗、野生动植物保护等专项打击行动，保障了林业资源安全和林区社会的和谐稳定。②推进湿地资源管护。新建6处国家湿地公园，全省国家湿地公园达19处15.6万公顷，数量居全国首位。洞庭湖、湘资沅澧四水湿地保护重点推进，湿地恢复项目取得突破性进展。③加强生物多样性保护。新增7处国家级和省级森林公园、4处国家级和省级自然保护区，全省建成森林公园108处44.36万公顷、国有林场206处104万公顷、自然保护区119处134.5万公顷。继续严格实施禁止猎捕野生鸟类的禁令，加强对候鸟迁徙通道的巡护。

健全基础保障措施　①设施基础逐步完善。省委、省政府将国有林场危旧房改造列入2011年为民办实事考核项目。全年确保了3.5万户国有林场危旧房改造工程全部开工，其中主体完工2万户，竣工1.2万户，顺利完成省政府确定目标。乡镇林业站管理机构保持稳定，木材检查站示范建设成效显著，推进基层森林公安派出所建设。②起草完成《绿色湖南建设实施纲要》、《湖南省植物园条例》，颁布实施湖南省人民政府办公厅《关于加快竹产业发展的意见》，林业政策法制体系更加完善。全年中央、省级新闻媒体刊(播)发的林业稿件2800篇，省政府新闻办先后4次召开涉林新闻发布会。③夯实科技基础。全国首个林地测土配方系统正式推广应用，年点击量达76万人次。湘潭县等地着力强化科技服务林业，岳阳县林地测土配方系统使用率达80%，中央电视台等作了长篇报道。科技部正式批准在湖南设立全国唯一的国家油茶工程技术研究中心，湖南首个国际合作组织亚欧水资源研究和利用中心落户湖南省林科院。林业信息化应用领域不断拓展，湖南省林业厅内网与乡镇林业站联网率达97.87%，50%的市州县林业局实现无纸化办公，湖南林业门户网站年访问量近1000万人次。林业对外科技合作交流日益频繁。人才基础得到加强。启动实施了湖南省林业科技领军人才培养计划、管理性人才培养计划和2000名转业(退伍)军人培训计划。

行业建设 湖南省先后在全国林业工作、全国资源林政工作、全国林业信息化工作、全国林业系统党风廉政建设工作等全国会议上作典型发言，接受中央电视台、《人民日报》、新华社、《湖南日报》、湖南卫视等国内主流媒体约访，做客人民网强国论坛、中国网、红网等网站作在线访谈，在湖南省省直单位中唯一获得中组部颁发的全国老干部工作先进集体称号。在严格执行国家林地征占用管理定额的情况下，审核审批征占用林地项目2583宗6.72千公顷，有力保障了高速公路、廉租房、棚户区、农村公路、农网、饮水安全、医疗卫生服务等重点工程和民生项目建设。省林业厅在省政府年度绩效考核中连续两年位居省直单位第二，被省纪委、省监察厅评为全省反腐倡廉先进单位。

存在问题 ①全省生态环境整体良好但局部恶化的趋势仍然存在。②全省林地生产力还处在较低水平。③全省林业产业散、小、弱的局面没有根本转变。④全省林业资源保护压力持续增大。 (张 林)

【邓三龙当选第十届中共湖南省委委员】 2011年11月21日，湖南省第十届党代会举行第二次全体会议，选举产生中共湖南省第十届委员会。湖南省林业厅党组书记、厅长邓三龙以高票当选为中共湖南省第十届委员会委员。 (胡 锋)

【湖南省营造林质量】 在2011年全国营造林综合核查中，湖南省营造林实绩和营造林重点工程质量位居全国第一，受到国家林业局通报表扬。至此，湖南省营造林质量连续3年位居全国第一。 (王中超)

【湖南组团参加第二届中国林博会】 2011年11月1～4日，湖南省林业厅组团参加在浙江义乌举办的第二届中国国际林业产业博览会。本次林博会，湖南馆共吸引5万多人次进馆参观，现场和协议订单销售金额达5000多万元。湖南展团获得最佳组织奖、最佳参观奖等4个奖项以及产品奖70个。 (何 宏)

【湖南省人民政府召开集体林权制度主体改革工作总结表彰会议】 2011年12月27日，湖南省人民政府在长沙召开全省集体林权制度主体改革工作总结表彰会议。省委副书记、省长徐守盛作重要讲话。会议表彰了全省集体林权制度主体改革工作先进集体94个、先进个人150人。 (赵继锋)

【国家油茶工程技术研究中心】 2011年12月30日，国家科学技术部发文(国科发计〔2011〕685号)批准在湖南省林科院设立国家油茶工程技术研究中心。该中心以油茶为主要研究对象，运用现代生物育种、资源定向培育、油脂绿色加工、装备制造等工程领域的高新技术，切实解决油茶高产、优质、高效和生态发展等技术难题，科学引领和支撑油茶产业可持续发展。 (吴 慧 钟武洪)

【送文艺下乡活动】 湖南省林业厅于2011年7月2～15日举行送文艺下乡活动。该活动是湖南省林业厅首次以“唱绿色恋歌、颂林业风采”为主题，32名演职人员跋涉2000多千米，深入江华、新邵和会同等地的森林防火瞭望台、基层林业站等林业生产第一线，进行7场慰问演出，吸引基层林业干部职工、林农群众等观众4000多人。 (何志高)

【公益林保护建设10周年暨公益林管理宣传年活动】 2011年，湖南以公益林保护建设10周年为契机，全面推进公益林管理宣传年活动。全省新建公益林保护宣传牌4100多座(块)，发表公益林宣传报道2000多条(篇)，签订公益林管护合同295万份，建立公益林专兼职管护队伍1.8万人。 (蓝成云)

【2011年度全国退耕还林阶段验收】 2011年，湖南林业厅被国家林业局授予全国退耕还林工程阶段验收先进单位称号。全省退耕还林面积保存率99.99%，林权发证率100%，建档率100%，管护率99.9%，成林率96.9%。工程质量继续名列全国前茅。 (刘正平)

【湖南森林公安机关首次获得独立执法权限】 2011年3月17日，湖南省高级人民法院、湖南省人民检察院和湖南省公安厅联合下发《关于森林公安机关办理涉林刑事案件有关问题的通知》(湘公通〔2011〕45号)、《关于森林公安机关办理治安和林业行政案件有关问题的通知》(湘林公〔2011〕4号)，赋予全省行政级别为正科级或者编制15人以上(含)的县级以上森林公安局(分局)独立行使涉林刑事案件和治安案件执法权。

(谭政平)

【湖南第二次湿地资源调查成果】 2011年2月22日，湖南第二次湿地资源调查成果通过专家评审会评审。省财政厅、国土资源厅、水利厅、农业厅、国家林业局中南林业调查规划设计院、中南林业科技大学、省林业科学院等单位专家参加评审。 (徐永新)

【举办世界名花生态文化节】 2011年3月12，由湖南省林业厅、长沙市人民政府主办，湖南省森林植物园、湖南省花协共同承办的湖南省世界名花生态文化节开幕。湖南省森林植物园从国内外引进70余万株郁金香、4万余株洋水仙、5万余株风信子、1万余株牡丹、60余万株向日葵、2万余盆荷花，在全年200多天的展出花期内，先后推出“春之歌”、“夏之恋”、“秋之色”、“冬之韵”等不同主题的花展，吸引国内外游客80余万人次。 (康用权 牟 村)

【《湖南省森林植物园条例》通过省政府常务会议审议】 2011年11月3日，湖南省人民政府省长徐守盛主持召开省政府常务会议，原则通过《湖南省森林植物园条例(草案)》，要求进一步修改完善后提请省人大常委会审议。 (黄锡良)

【省级林业产业园区】 2011年，湖南省林业厅批复筹建湖南林业（长沙）家具产业园、湖南林业（新晃）森工产业园、湖南林业（慈利）家具物流园、湖南林业（苏仙）现代产业园、湖南林业（鹿溪）家装产业园、湖南林业（云鹤）家具产业园6个省级林业产业园区。

（何　宏）

广东省林业

【概　述】 2011年是“十二五”开局之年，是深入推进林业体制机制改革创新、加快建设现代林业强省的关键之年。省委、省政府立足于全省经济社会发展战略大局，审视和谋划林业的改革发展，大力实施绿色发展和低碳发展战略，提升省部合作共建现代林业强省水平。全省各级林业部门紧紧围绕“加快转型升级，建设幸福广东”这一核心，着力谋篇布局，开好头、起好步，扎实做好各项林业工作。一年来，广东省与国家林业局签署《合作建设现代林业强省框架协议》，启动生态景观林带建设工程，如期完成集体林权制度改革任务，全省生态建设和资源保护全面加强，林业产业显著提升，生态文化不断繁荣，实现了“十二五”林业改革发展的良好开局。省林业局更名为省林业厅，调整为省政府组成部门。2011年，全省林业用地面积为1097.3万公顷，有林地966.5万公顷，森林蓄积量达4.553亿立方米，森林覆盖率57.3%，森林生态效益总值达9796亿元，林业产业总产值达3300亿元，稳居全国第一。全省参加义务植树3192万人（次），植树10 047万株。2011年落实中央和省级林业部门预算及专项资金33.08亿元，创历史新高，落实贴息贷款15.7亿元，为全省现代林业发展提供了有力的资金保障。全省完成造林作业面积23.656万公顷，中幼林抚育26.71万公顷，封山育林4.03万公顷。

【集体林权制度改革】 全省纳入林改的集体林地面积0.098亿公顷，涉及20个地级以上市、108个县（市、区）、1316个镇，4346万农民。2009年9月林改全面铺开以来，各级党政高度重视，全省上下同心同德，林业部门全力以赴推林改，如期实现了省委、省政府确定的改革目标。2011年，全省已完成外业勘界0.095亿公顷，占全省林改面积的97.7%；完成宗地确权面积0.094亿公顷，林地确权率为96.6%；发放林地使用权林权证108.1万本，发证面积共913.33万公顷，占全省林改面积的93.4%；发放集体山林股份权益证书823万本，涉及林地面积606.31万公顷；通过林改共调处山林纠纷2.7万宗，涉及争议林地面积32.8万公顷，调处率为89.2%。全省基本完成了基层林业体制改革，1143个林业工作站和179个木材检查站落实定员定编8269人，人员经费全额纳入地方财政核拨。郁南、仁化、遂溪等64个县（市、区）单独设置了林权登记管理机构；广州、珠海、东莞等6个地级以上市建立了市级林业产权交易服务管理机构；四会、龙门等79个县（市、区）建立了林业产权交易服务管理机构；紫金、翁源等68个县（市、区）成立了森林资源资产评估机构；69个县（市、区）成立1221个农民林业专业合作社；全省累计发放林权抵押贷款55亿元。全省所有涉及林改的县（市、区）通过验收，其中2/3的县（市、区）达到优秀等级。林改以来，通过减轻负担、放活经营、规范流转、让利于民，促进了林业产业发展。全省农民涉林收入增加372亿元，人均涉林收入由2009年的936元增加到2011年的1792元，增幅达91.4%。韶关、河源、梅州等8个林业大市农民人均涉林收入由2009年的1191元增加到2011年的2676元，增幅达124.7%，促进了广大林农持续增收。总体而言，林改实现山定权、树定根、人定心，达到资源增长、农民增收、生态良好、林区和谐的目标。

【林业生态建设】 2011年，全省超额完成全年造林计划任务，造林规模创历史新高。全省完成造林作业面积23.656万公顷，其中人工造林面积14.68万公顷，迹地更新6.07万公顷，低产林改造2.906万公顷。进一步提高了生态公益林效益补偿标准，2011年列入补偿的省级以上生态公益林总面积为388万公顷，其中国家级公益林81万公顷。补偿标准为原国家级和省级生态公益林叠加补偿的73万公顷为每公顷255元，其余315万公顷为每公顷240元，落实省级以上生态公益林效益补偿资金9.4亿元。推进创建林业生态市县活动，佛山、肇庆两市被评为广东省林业生态市，连南县、阳山县、雷州市，广州市天河区、南沙区、番禺区、黄埔区，深圳市宝安区，韶关市浈江区、武江区，江门市蓬江区，茂名市茂港区以及潮州市湘桥区等13个县（市、区）被授予广东省林业生态县称号。至此，全省已有6个地级市被评为林业生态市，88个县（市、区）被评为林业生态县。

【林业重点生态工程】 全省林业系统坚持以生态建设为主，充分发挥重点工程的示范带动作用，开拓进取，多措并举，推动绿化、美化、生态化。全面启动实施生态景观林带建设工程。省政府出台了《关于建设生态景观林带构建区域生态安全体系的意见》，召开了生态景观林带建设工作会议，省政府常务会议审议通过了《广东省生态景观林带建设规划》，决定到2020年建成23条、1万千米、53.67万公顷生态景观林带。省财政将连续三年，每年安排1.5亿元专项资金补助生态景观林带建设。省林业厅快速行动，狠抓落实，及时印发了督导工作方案，厅领导分工带队到各地开展督促检查。到2011年年底，各地级以上市全面完成建设规划和示范段施工设计，广州、深圳、佛山、惠州、东莞、中山、湛江、肇庆、清远、揭阳等市已基本确定了资金来源和投入额度，部分县已专门安排资金解决建设用地的租金问题。同时，还启动了森林碳汇、森林进城围城工程的规划编制和前期准备工作，以全面推动城市增绿、城市升级和消灭宜林荒山、改造疏残林及纯松林工作。认真抓好碳汇林、林分改造、水源涵养林、沿海防护林及红树林、绿色通道和城市林业等重点生态工程建设，大力推进植树造林和国土绿化工作。积极参与低碳示范省建设，实施林业应对气候变化行动计划，营造碳汇林6.67万公顷。成功申请设立中国绿色碳汇基金广东专项，并获得广州长隆集团首笔捐款1000万元。中国绿化基金会宝安基金已收到捐款超亿元。完成2320个林业生态文明村的建设任务，全省累计建成6767个林业生态文明村。积极参与绿道网建设，参与规划建设城市绿道1604.1千米，参与建设社区绿道1329.3千米。

【资源林政管理】 积极稳妥地探索资源管理新机制，切实提高森林和野生动植物保护水平，巩固和提升生态建设和造林绿化成果。森林覆盖率和蓄积量两个指标纳入国家和省"十二五"规划的约束性指标，作为森林资源保护和发展目标责任制考核重要内容。省政府与各地级以上市政府签订责任书，明确了全省到"十二五"期末新增森林面积60万公顷、森林蓄积1.32亿立方米的"双增"目标。从严控制下达木材生产计划，推行森林采伐公示制度。建立固定检查与流动巡查相结合的木材运输执法新机制，全省首批29个县相继上路执法。加强征占用林地审核审批，既保证重点建设项目的用地需要，又切实加强林地保护管理。全年共审核审批征占用林地项目1106宗，批准使用林地面积0.887万公顷，收缴森林植被恢复费4.98亿元，其中审核审批省以上重点项目469宗，批准使用林地面积0.42万公顷，有力保障了省重点建设项目和"双转移"项目用地需要。

【森林灾害防治】 推广航空护林和以水灭火措施，提升森林防火立体防控能力。构建了覆盖全省各市、县的森林防火指挥系统，组建了55支森林消防专业队和113支半专业森林消防队伍。全省全年共发生山火239宗，过火面积3367公顷，受害森林面积1476公顷，森林火灾受害率为0.15‰，无人员死亡和重特大森林火灾。创新森林病虫害监控手段，提高预警预报能力。在全省建成了以监测预警、检疫御灾为主线的多功能网络森林医院综合服务系统，以松材线虫病和薇甘菊防治为重点，实施林业有害生物防治作业面积22万公顷。省政府与各地级以上市政府签署责任书，落实重大林业有害生物防治责任。

【林业产业发展】 以林业增效、林农增收、生态增优为目标，坚定不移地推动林业产业发展转型升级，产业体系逐步完善，产业规模不断扩大，布局日趋合理，林业经济功能不断拓展。2011年林业产业总产值达3300亿元，比2010年增长17.8%，连续多年位居全国第一。国家林业局在梅州召开了全国油茶产业发展现场会。人造板、木竹家具、竹制品加工、林产化工、木竹浆纸以及水果、调料香料、木本粮油、森林食品、森林药材等林业产业逐步形成了规模化、专业化、产业化格局。珍贵树种、油茶产业继续稳步发展。佛山沃德森公司成为全国废弃木材循环利用技术最先进、产业化规模最大的林业企业。梅州新大地公司茶油和化妆品销售额达1亿，同比增长23%。新增省林业龙头企业20家，2011年总数达到93家。湛江晨鸣纸业70万吨纸浆项目已完成投资100亿元并正式投产，将逐步建成中国最大的造纸基地。加快以森林生态旅游为主的第三产业发展，优化产业结构，培育林业经济新的增长极。推进"森林生态旅游示范基地"建设，全省已有77家森林旅游单位达到标准。2011年，新建省级森林公园4处，使全省森林公园总数达458处，总面积106.7万公顷，占全省国土面积的5.9%，其中，国家级25处，省级71处。森林公园年接待游客人数超过7600万人(次)，直接旅游收入达17.68亿元，分别比2010年增长5.5%和15.5%。长隆旅游度假区成为集生态、文化、旅游为一体的5A景区；保利(东莞)公司投资100亿元的森林生态城项目，已在省樟木头林场正式奠基。

【林业科技】 加强省级林业科研试验示范基地、省优良珍贵树种培育试验示范基地、大南山现代林业试验示范基地等林业科技创新平台建设。省林业科技创新专项实施了珍贵树种、油茶良种选育及高效栽培技术研究与示范等30个项目，取得科技成果7项，选育林木新品系27个，申请专利9项，建立科技试验示范基地0.2万多公顷；樟树组培育苗技术研究取得突破；繁育优良珍贵树种优质苗木2000多万株。抓好中央财政林业科技推广示范专项项目实施，已营建推广示范林533.33多公顷。编制并印发了《广东省林业科技"十二五"发展规划》。林业科技项目获奖创近年之最，有3项林业科技成果获2010年度省科学技术奖；有2项参与完成的林业科技成果获2010年国家科学技术奖二等奖；有3项林业科技成果获第四届梁希林业科学技术奖；有11项林业科技推广项目获2010年度广东省农业技术推广奖。15项林业行业和地方标准发布实施；6个国家级和省级林业标准化示范区通过验收；7个林产品被评为省名牌产品；3家企业被国家林业局列为第二批全国林业知识产权试点单位；9个林木和花卉新品种申报林业植物新品种权，1个新品种获得林业植物新品种授权。有1名林业科技人员获得第十一届中国林业青年科技奖。林业科技投入创历史新高，2011年中央和省有关部门投入林业科技项目资金达4641万元，其中：中央财政投入1991万元、省财政投入2650万元。进一步拓展粤港澳林业交流合作，为香港渔农自然护理署举办林业培训班3期，培训44人，收效良好。开展粤港相互间林业考察交流活动共7批，33人(次)。加强林业国际交流合作，接待来访外宾15批、80多人(次)。与省侨办联合举办森林年和中美中学生保护红树林湿地行动活动。

【自然保护区建设】 2011年，全省林业部门主管的自然保护区建设管理各项工作进展顺利，自然保护区科学发展迈出了新步伐。3月，省十一届人大常委会第25次会议听取审议了议案办理情况的报告并作出了《关于批准省人民政府〈关于加快我省自然保护区建设步伐议案办理情况的报告〉的决议》，同意将原省财政安排的自然保护区建设议案补助资金转为自然保护区建设专项资金并在今后适当增加。为强化资源管护，省林业厅转发了国务院办公厅《关于做好自然保护区管理有关工作的通知》和国家林业局《关于进一步加强林业系统自然保护区管理工作的通知》，并就加强自然保护区建设管理工作提出明确要求；组织编制了《广东省国家级自然保护区数字化监测与管护平台实施计划》，启动了自然保护区数字化监测与管护平台试点建设；加快了自然保护区地方标准研究制订步伐；完成了自然保护区管护机构分类改革工作，林业系统国家级、省级自然保护区被列为公益一类事业单位。截至2011年年底，全省已建立各种类型、不同级别的林业系统自然保护区270个，其中国家级5个，省级53个，市、县级212个，总面积123.15万公顷，占全省国土面积的6.85%，自然保护区的生态效益日益显著，社会影响力不断提高。

【湿地资源保护】 根据《广东省湿地保护条例》的规定，结合办理省政协《加强湿地保护，建立重点湿地生态补偿机制》重点提案，选取6个重点湿地开展试点，确定了湿地生态效益补偿的补偿方式、补偿对象、资金使用等，在全国率先实施湿地生态效益补偿，落实湿地生态效益补偿试点经费1000万元。积极推进湿地保护工程项目建设。河源新港、珠海淇澳－担杆岛、莲花山白盆珠和汕头海岸湿地等4个湿地保护与恢复项目工程建设进一步加快。湛江红树林湿地保护补助项目进展顺利，海丰国际候鸟湿地补助项目正式启动。广东南澳候鸟省级自然保护区湿地保护与恢复工程项目初步设计已完成，进入准备施工阶段。新建广东万绿湖、广东南雄孔江2处国家湿地公园。2011年，全省已建湿地公园9处，其中国家级5处，省级4处，总面积达3.07万公顷。

【野生动植物保护】 组织开展"绿粤"、"亮剑"等专项行动，严厉打击各类破坏森林资源的违法犯罪活动，保护森林资源安全。全省森林公安机关共查处森林和野生动物案件5871起，收缴国家保护野生动物4506只，收缴木材4.3万立方米，挽回直接经济损失4407.4万元，林区治安秩序持续稳定。举办广东省第三十届"鸟节"、"爱鸟周"和第二十一届"野生动物宣传月"系列宣传活动。举办"香江野生动物世界杯"保护濒危野生动植物公益海报设计大赛。组织实施了华南虎、鳄蜥、伯乐树等珍稀濒危物种保护工程，开展了沉香属植物资源保护与贸易状况调查。推进粤北华南虎省级自然保护区开展华南虎人工驯养繁殖，2011年成功繁殖2胎共4只。"广东省鳄蜥保护和繁育研究"项目通过专家科技成果鉴定，达到国内领先水平。湛江徐闻木兰园培植中心(属于全国野生动植物保护及自然保护区建设工程项目)获得国家林业局批准建设。启动全省第二次陆生野生动物资源调查，编制了《广东省第二次陆生野生动物资源调查工作方案》。进一步规范敏感物种羚羊角、穿山甲、稀有蛇类、象牙及其制品的经营利用，严格按限额和专用标识进行经营利用。发布实施广东省地方标准《湾鳄和暹罗鳄人工驯养繁育技术规范》和《主要商品苏铁类植物生产技术与产品质量分级》。组织编制《广东省野生动物疫源疫病站点的建设及管理规范》，并于2011年7月1日起正式启用野生动物疫源疫病监测信息网络直报系统。开展野生动物携带病源检测研究，共采集各种样本1800多份。

【森林消防"立体灭火"实战演习】 12月8日，省森林防火指挥部、省林业厅在广州增城市太子森林公园成功举行全省历史上最大规模的森林消防"立体灭火"实战演习。广东省副省长刘昆出席并宣布演习开始，演习结束后还就森林防火工作发表电视讲话。这次实战演习以扑救珠三角地区重大森林火灾为背景，模拟火场面积达12公顷，采取传统方法与现代方法扑火相结合，直接灭火和间接灭火相结合，人工扑火和飞机灭火相结合，实施多手段立体灭火，采用高科技传输火情信息，是全省最大规模的一次成功森林扑火演习。25支专业森林消防队近300名消防员在4架直升机的协同配合下，奋战1小时后成功扑灭山火。其中M－26直升机是目前世界上最大的直升机，一次吊桶洒水可达15吨，水线长达100多米，其洒水量大、扑救效果好的突出特点得到了众多森林防火专家的青睐。近年来，全省各地大力发展以水灭火和飞机吊桶灭火新技术，探索立体灭火新机制。在清远、河源、梅州等地建立了10个航空护林基地，对全省重点林区和森林火灾多发区域展开航空巡护、火情侦察、吊桶灭火、机降灭火、火场救援等工作。

【林业大事】

1月5日 广东省珠三角省立绿道网全线贯通暨"青年记者绿道行"启动仪式在广州萝岗区生物岛绿道举行。中共中央政治局委员、广东省省委书记汪洋在启动仪式上宣布珠三角省立绿道网全线贯通。这标志着珠三角绿道网基本建成。

1月5日 中国油茶产业发展高峰论坛在肇庆召开，全国新农村产业化办公室主任张宝亮出席论坛并讲话。

1月28日 广东省副省长刘昆到省林业局调研现代林业建设情况。

2月7日 全国政协副主席、农工党中央常务副主席陈宗兴考察淇澳红树林保护区。

2月17日 省政府在广州召开全省林业工作会议。省委副书记、省长黄华华出席会议并讲话。

3月1日 中共中央政治局委员、省委书记汪洋和省领导王荣、徐少华等来到深圳湾大运会场馆周围的滨海休闲带，亲自动手参加义务植树。汪洋提出：全省共同行动起来，使我们的家园更绿、环境更好、生活更美。

3月1日 以"共建绿色家园、共享幸福广东——国际森林年广东党政军民在行动"为主题的义务植树活动在广州白云区白云湖举行。广东省省长黄华华，广州军区司令员徐粉林、政委张阳等领导参加了义务植树活动。

3月4日 国家林业局与广东省人民政府在北京签署《合作建设广东现代林业强省框架协议》。中共中央政治局委员、省委书记汪洋，省长黄华华，国家林业局局长贾治邦等出席签约仪式。

3月19日 青春绿万村活动在肇庆正式启动，来自广东和香港的20多位杰出青年代表及100多名团员代表，在肇庆市共植友谊树，见证"粤港青年菁英林"落成揭幕。

4月1日 中国绿化基金会绿色宝安基金在广东省深圳市宝安区成立。这是广东省首家由政府主导在中国绿化基金会设立的专项基金。

4月11~12日 省林业局在河源市、梅州市召开全省建设全国最好林相暨森林碳汇重点项目现场会。

5月9日 广东华南虎"公主"再产双胞胎，标志着中国圈养的华南虎数量已超过100只。

7月19~21日 莫桑比克农业部土地和林业局局长 Dinis Caetano Lissave 率团从北京前来广东参观访问。

9月9日 广东生态工程职业学院（筹）正式挂牌，举行了学院综合教学楼奠基仪式。

9月15~17日 由中国林学会、广东省林业局主办，中国林学会桉树专业委员会、广东省林学会等单位承办的第五届第二次全国桉树论坛暨产业展示会在广州召开。

9月16日 广东省生态景观林带建设工作会议在东莞市召开，部署启动生态景观林带建设工作。省委常委、常务副省长朱小丹出席会议并讲话。副省长刘昆主持会议。

9月26~27日 全国油茶产业发展现场会在梅州召开。会议由国家林业局副局长赵树丛主持，广东省人民政府党组成员李容根在会上致辞。国家林业局局长贾治邦作讲话。

9月28日 中共中央政治局委员、省委书记汪洋在广州会见国家林业局局长贾治邦。

10月26日 广东省政府通报了2010年度全省森林资源保护和发展目标责任制考核情况，东莞市综合考评第一名，广州、惠州两市并列第二名，中山市获第三名。省政府对以上4个市人民政府予以通报表扬。

11月30日 广东省机构编制委员会办公室粤机编办〔2011〕380号文复函，经中央编办批复，广东省林业局更名为广东省林业厅，由省政府直属机构调整为省政府组成部门，列广东省农业厅之后。

12月8日 广东省举办历史上最大规模的空中、地面联合森林防火实战演习，首次动用了4架直升机协同作战，实现了空中、陆地全方位灭火。

（广东省林业由欧阳学工供稿）

广西壮族自治区林业

【概　述】 2011年，广西林业系统认真贯彻落实科学发展观，紧紧围绕建设生态文明示范区和林业强区的总目标，加快转变林业发展方式，着力抓好深化改革、造林绿化、林业产业和林下经济发展. 全区林业经济保持平稳较快增长，林业改革、生态建设、产业发展齐头并进，实现了"十二五"良好开局。

①完成集体林权制度主体改革任务。主要验收指标均达到国家标准，比中央要求提前一年完成主体改革任务，配套改革处于全国领先地位。②"绿满八桂"造林绿化工程扎实推进。山上造林与山下绿化并重，通道、城镇、村屯绿化"三大战役"扎实推进。森林覆盖率达到60.5%，森林蓄积量达6.2亿立方米。③创建"国家森林城市"。梧州、南宁先后获国家森林城市称号。桂林、钦州获2011年中国十佳绿色城市称号。④林业产业实现跨越式发展。广西林业产业总产值1672亿元，同比增长31%。广西丰林集团成为广西首家上市林业企业。⑤林下经济发展成为全国典型。林下经济产值230亿元。国家林业局在广西召开了全国林下经济现场会，广西作了典型发言。在2011年12月召开的全国林业厅局长会议上，广西就林下经济发展再次作典型发言。⑥落实中央林业投资成效明显。共落实中央林业投资33.7亿元。⑦林业投资规模不断扩大。林业固定资产投资达505亿元，同比增长35.8%。国有林场危旧房改造、乡镇林业工作站基础设施建设、木材检查站基础设施建设、森林公安派出所基础设施建设和区直国有林场场部基础设施建设"五大会战"进展顺利。⑧重大项目征占用林地得到保障。审批征占用林地项目542宗，林地面积6067公顷，保证了"三个优先发展"重大项目及新型工业化、城镇化建设使用林地的需要。⑨国家木材战略核心储备基地建设正式启动。森林年生长量、年采伐量、森林蓄积年净增量均居全国第一，成为全国最大的木材生产基地和全国木材战略核心储备基地示范省区之一。⑩林业干部队伍建设取得重大进展。厅机关、厅直属单位乃至全区林业系统干部队伍的结构明显优化，整体素质明显提高，为加快林业改革发展奠定了人才基础。

【组织编制"十二五"规划】 2011年，广西林业部门组织开展"在山上再造一个广西"活动，进行广西森林覆盖率增长潜力、做大做强做优广西林业、林下经济发展，组建广西北部湾林业股份有限公司（1+N）等一批公司、组建区直林场人造板集团、搭建区直林场投融资平台等系列调研，在建设林业强区"三步走"战略和"12345"工作思路的基础上，进一步理清广西林业改革发展思路，明确要全力谱好林权改革、生态建设、林业产业及林下经济发展"三部曲"，把广西建设成为全国生态文明示范区、全国林业强区、全国木材战略核心储备基地和全国林下经济发展的排头兵。按照新思路，首次采用"综合性规划加专项规划"的编制体系，组织编制了《广西林业发展"十二五"总体规划》、《广西林地保护利用"十二五"规划》、《广西森林经营规划》等3个综合性规划和生态建设（"绿满八桂"造林绿化工程、广西北部湾绿色生态屏障、西江黄金水道沿江造林绿化、野生动植物保护、湿地保护等）、林业产业发展（木材加工、林下经济发展、木材战略储备生产基地建设、珍贵树种发展、速丰林、油茶、森林旅游等）、基础保障（林业科技、林木种苗、森林防火、林业信息化、林业有害生物防治等）、教育人才（林业人才、林业教育培训）4个方面共32个专项规划，形成了广西林业“十二五”、“3+32”规划体系，进一步明确和完善了林业改革和发展的工作思路和政策措施。

【林业改革】

集体林权制度主体改革 2011年，广西林业部门组织开展了“检查验收年”、“纠纷调处年”、“配套改革推进年”活动。经检查验收，广西林改的确权发证率、均山到户率等核心指标均达到国家确定的验收标准，已完成以明晰产权、承包到户为主要内容的主体改革任务。广西累计完成勘界确权1326.67万公顷，占集体林地总面积的99.1%；累计完成登记发证面积1273.33万公顷，确权发证率为95.1%；494.5万农户拿到林权证，发放林权证600多万本，登记林地1549.1万宗。林木采伐管理改革试点、森林保险保费补贴试点等配套改革在全国领先，成为中央财政2011年扩大森林保险保费补贴的3个试点省份之一，林权管理服务中心建设的12个试点省份之一。

国有林场改革 2011年，广西出台推动区直林场跨越发展上台阶的意见，开始筹备组建广西北部湾林业股份有限公司和广西华岭林业股份有限公司等一批专业公司。进一步规范区直林场的自营经济和承包造林行为。区直林场从2011年起执行新会计准则。高峰林场被评为国家级农业产业化重点龙头企业和全国十佳林场。

自治区直属林业企业改革 通过实行包干制，落实责任，列入2011年广西壮族自治区改制计划的7家区直林业企业基本完成改制任务。

行政审批制度改革 广西壮族自治区林业厅下放15项审批事项的部分权限，委托下放1项审批事项的部分权限，扩大县级林业部门的部分行政管理权限。

【林业生态建设】 2011年，广西植树造林29.48万公顷，其中速生丰产林19.27万公顷，珍贵树种4533公顷，义务植树9423万株。全面实施“绿满八桂”造林绿化工程，打好通道绿化、城镇绿化、村屯绿化“三大战役”，完成通道绿化1636千米、城镇绿化2655万平方米、村屯绿化714个。退耕还林、珠防林、海防林、石漠化综合治理、森林生态效益补偿等林业重点生态工程扎实推进，生态环境进一步改善。

植树造林 2011年，按照“大种树、年年种、人人种”的要求，全区上下统一组织开展“大种树、优生态”主题实践活动、春季植树大行动、植树节活动、造林突击月、冬季植树造林突击月等5次大规模植树活动，自治区、市、县、乡四级党政领导带头参加植树活动，115个驻邕区直、中直单位全部参加植树活动。南宁、柳州、梧州、玉林、贺州等市实施了富有特色的造林绿化工程，尤其是玉林市开展的“植树日”活动，四大领导班子每月带头植树一次，成效明显。

造林绿化模式不断创新 各地不断创新工作方法，有效破解了绿化用地落实等难题。如梧州市、玉林市通过政府统一租地方式，兴安县、灵川县采取“林苗一体化”、“农民出地、政府造林”等模式推进通道绿化。

森林经营工作全面加强 武鸣县等7个县区和派阳山林场被列为全国森林可持续经营管理试点单位。广西完成中幼林抚育33.2万公顷，其中国家森林抚育补贴试点项目2万公顷。10个国家和自治区珍贵树种示范基地建设顺利推进。

沼气池建设 2011年，广西新建沼气池12万座。北流、恭城、鹿寨等10个县（市）开展农村沼气“全托管服务”模式试点，特别是创立“规模养殖大户+沼气服务公司+农户”的北流模式获得上级好评，并向全国推广。

【林业产业】

五大优势产业快速发展 2011年，广西积极推进北海林浆纸一体化项目重启谈判工作。造纸与木材加工业加快发展，林产化工等传统产业得到巩固提升。高峰五洲人造板有限公司年产15万立方米中（高）密度纤维板等一批重大项目竣工投产，柳州市柳北青茅花卉基地及14个花卉示范项目建设加快推进。完成新造油茶高产示范林1.67万公顷、低产林改造1万公顷，培育油茶优良无性系苗木7000多万株。

林下经济发展 广西全面启动发展林下经济“千万林农千元增收”工程，打造林下种植、林下养殖、林下产品加工、林下旅游等四大林下经济类型以及林菌、林药、林花、林禽、林畜、林蜂、藤芒编织加工和休闲度假旅游等8种林下经济模式，成为全国典型。

林业产业行业管理得到加强 广西组织开展了木材经营加工清理整顿活动，进一步规范了木材经营加工行政审批和木材经营加工市场秩序。进一步调整和优化了全区人造板区域布局和产品结构，控制纤维板新建项目，加快发展高档胶合板、刨花板项目。

【森林资源保护】

林地保护与管理全面加强 广西壮族自治区人民政府与各市签订“十二五”林业生态保护和管理目标责任状，完成了自治区林地保护利用规划编制工作，县级林地保护规划编制工作有序推进。坚持“有保有压”的原则，依法保障重大项目建设使用林地，压缩一般项目征占用林地，简化审核审批程序，对重大项目建设征占用林地审核开辟“绿色通道”。

生物多样性保护 广西完成了第二次全国重点保护野生植物资源调查试点工作任务，出台了《广西陆生野生动物驯养繁殖经营利用和运输管理办法》等4个规范性文件，加强了野生动植物保护与繁育利用监管和疫情应急处置工作。新建了拉沟自治区级自然保护区，大桂山鳄蜥等5处保护区申报了晋升国家级保护区，开展地方级自然保护区勘界工作。组织举办东黑冠长臂猿、鳄蜥等4次物种保护国际研讨会。广西驯养繁殖和经营利用野生动物许可单位达610家。

湿地保护 广西开展了北仑河口、山口红树林国家级自然保护区两个国际重要湿地日常监测工作，组织申报会仙和红花谷国家湿地公园，北海滨海湿地公园成为广西首个国家湿地公园。

提升应急处置能力 广西深入开展宣传教育，安全高效扑救森林火灾，森林防火形势总体平稳，森林火灾次数、火场面积、受害森林面积和伤亡人数均同比下降50%以上。松材线虫病等林业有害生物监测防治工作得到加强，广西林业有害生物灾害成灾面积同比下降49%。

森林公安工作 广西加强自治区森林公安局领导班子建设，主要领导按副厅长级高配。组织民警2万多人次开展"大走访开门评警"活动。组织开展"春季攻势"、"亮剑行动"、"打击破坏红豆杉专项行动"、"清网行动"、"冬季破案攻坚战"等打击破坏森林资源违法犯罪重大专项行动，其中"亮剑行动"、"清网行动"战果丰硕，国家林业局森林公安局专门发来贺电表示祝贺和慰问。

【林业科技与对外合作】 2011年，广西成功主办或承办了中国—东盟城市森林论坛、中国—东盟博览会林产品及木制品展、第一届广西园林园艺博览会、绿色中国行——走进南宁等大型系列主题公益活动，组织参加了2011年西安世界园艺博览会、第二届中国国际林业产业博览会、2011年中国森林旅游博览会、中国首届核桃节、第六届竹文化节等系列展会。

对外合作项目 世行贷款"广西综合林业发展和保护项目"造林任务已全部完成。碳汇造林工作顺利推进，组织碳交易获得碳汇款23万美元；平乐县全国碳汇造林试点项目开始实施。中国—东盟（南宁）林业产业物流园、中国—东盟花卉产业园等重点林业产业园区建设项目稳步推进，全区林业产业园区已达27个，面积3733公顷，进园企业800多家。

科技兴林 林业科技创新初见成效，3个国家级森林生态定位观测站筹建工作顺利推进，自治区重大研究课题——广西桉树人工林生态效应与控制机制研究项目顺利实施。建立各类林业科技成果示范推广点44个、面积上万亩。组织开展送科技下乡活动，科技服务能力进一步提升。广西壮族自治区林业厅与北京林业大学、南京林业大学、中南林业科技大学签署了"三校一区"产学研合作框架协议。开展了与越南、巴西、南非等国在桉树人工林可持续经营、病虫害监测与控制技术研究等方面的交流与合作。审（认）定了33个林木优良品种。

【林业基础设施建设】 2011年通过整合资源、整合项目、整合资金，广西国有林场危旧房改造、乡镇林业工作站基础设施建设、木材检查站基础设施建设、森林公安派出所基础设施建设、国有林场场部基础设施建设"五大会战"顺利推进。

落实中央林业投资 全年落实中央林业投资33.7亿元。成功争取欧洲投资银行造林贷款项目金额约4亿元。广西国有林场林区公路建设、林场饮水安全、电网改造等首次纳入中央投资计划。

林业信息化建设稳步推进 出台了《广西林业信息化建设管理办法》和《广西林业数据库建设指导意见》，广西林业数据中心初步建成。正式启用全国统一的木材运输管理系统，实现全区林业网上应用的新突破。

（广西壮族自治区林业厅办公室）

【森林资源培育】 据年报统计，2011年广西共完成人工造林（含人工更新）210 477公顷（其中荒山造林132 213公顷、人工更新66 568公顷、低产林改造造林11 696公顷）、萌芽更新68 707公顷、封山育林32 565公顷。截至2011年年底，广西森林面积达1437.48万公顷，森林覆盖率达60.5%，活立木蓄积量达6.2亿立方米。

退耕还林工程完成配套荒山造林15 245公顷，完成无林地和疏林地封育3001公顷。珠防林工程完成人工造林13 654公顷、封山育林4003公顷（其中无林地和疏林地封育2668公顷、有林地和灌木林封育1335公顷）。海防林工程完成人工造林8357公顷、封山育林4338公顷（其中无林地和疏林地封育2667公顷、有林地和灌木林地1671公顷）。石漠化治理工程完成人工造林1792公顷、封山育林19 577公顷（其中无林地和疏林地7261公顷、有林地和灌木林地12 316公顷）。速丰林工程新造速丰林141 042公顷，占年度任务的105.8%。油茶项目广西共培育油茶优良无性系苗木8500多万株，占年度任务的141%。完成油茶新造林11 153公顷，低产林改造1万公顷。造林补贴试点项目完成造林5000公顷，其中荒山造林2866.7公顷、迹地人工更新造林2133.3公顷。珍贵树种完成造林3574公顷，占年度任务的107.2%。

【珠防林工程】 2011年，广西有28个县（市、区、区直林场）实施珠防林工程项目，其中融水县、临桂县、阳朔县、平乐县、永福县、全州县、灌阳县、兴安县、资源县、龙胜县、藤县、左江区、那坡县、乐业县、田林县、隆林县、西林县、八步区、富川县、昭平县、钟山县、平桂区、金城江区、东兰县、宜州市、兴宾区、合山市共27个县（市、区）实施2010年度的计划任务，雅长林场实施2011年度的计划任务。据年报统计，广西共完成营造林面积16 322公顷，其中荒山造林13 654公顷、无林地和疏林地封育2668公顷。按林种分，防护林6461公顷、用材林9550公顷、经济林311公顷。完成低效林改造面积975公顷，完成有林地和灌木林封育1335公顷。共投入资金9964万元，其中国家投资4050万元，群众投工投劳折资3031万元。

【海防林工程】 2011年，广西共有13个县（市、区、区直林场）实施海防林工程项目，其中港口区、防城区、上思县、陆川县、博白县、龙州县、博白林场、派阳山林场实施2010年度的计划任务，东兴市、钦南区实施2011年度的计划任务，合浦县实施2009年度剩余的部分任务，宁明县实施2009年和2010年度的计划任务，浦北县实施2009年和2011年的计划任务。据年报统计，广西共完成营造林面积11 024公顷，其中荒山造林8357公顷、无林地和疏林地封育2667公顷。按林种分，防护林3942公顷、特用林41公顷、用材林7034公顷、经济林7公顷。完成低效林改造面积28公顷，完成有林地和灌木林地1671公顷。共投入资金5128万元，其中国家投资3579万元，群众投工投劳折资4078万元。

【发展珍贵树种】 2011年，广西壮族自治区林业厅多次召开厅长办公会议专题研究珍贵树种发展工作。下发了《关于抓好2011年珍贵树种培育示范基地建设工作的通知》(桂林营发〔2011〕198号)，以国有林场为主，通过示范基地建设，带动面上发展珍贵树种。年内，广西共完成降香黄檀、柚木、秃杉、西南桦等珍贵树种造林3574公顷，占计划任务的107.2%。完成珍贵树种零星种植500多万株。下发了《关于下达2011～2012年度珍贵树种育苗指导性计划的通知》(桂林营发〔2011〕195号)，提前下达了2012年珍贵树种定点育苗计划6000万株。联合自治区党委组织部下发了《关于组织开展"千万珍贵树种送农家"活动的通知》(桂林发〔2011〕84号)，制定了实施方案，组织开展了苗木招投标工作，为2012年开展活动打好基础。

【森林经营】 据年报统计，2011年，广西完成幼林抚育作业面积625 922公顷，幼林抚育实际面积425 588公顷；完成中、幼龄林抚育面积231 745公顷；完成成林抚育面积(包括间伐) 590 382公顷。其中完成国家森林抚育补贴试点项目32 950公顷。完成低产低效林改造面积12 461公顷。

编制《广西壮族自治区森林经营规划(2011～2020年)》 规划提出了实施森林经营10个"百千万亩"工程，即千万亩森林抚育补贴提质增效工程、千万亩低效公益林提质增效工程、千万亩大径材林培育工程、千万亩速丰林培育工程、百万亩珍贵用材林培育工程、百万亩马尾松低产林改造工程、百万亩杉木低产林改造工程、百万亩油茶低产林改造工程、百万亩八角低产林改造工程、百万亩毛竹高产示范林工程。

实施森林抚育补贴试点项目 广西组织实施2010年下达的2万公顷森林抚育补贴试点项目。按照国家要求，5月中下旬，广西壮族自治区林业厅组织核查组对全区56个项目林场进行了核查。核查结束后，下发了《关于2010年森林抚育补贴试点项目核查初步结果的通报》(桂林营发〔2011〕124号)和《关于对2010年度森林抚育补贴试点项目存在问题进行整改的通知》(桂林营发〔2011〕228号)，及时将核查结果向全区通报，对进度慢、任务未完成的市、县进行了通报批评，要求认真整改、加快进度、抓紧完成。6月9日，召开了森林抚育补贴试点项目整改汇报会，分析存在问题，落实整改措施，加快项目实施进度。10月，分解落实了2011年度8万公顷的试点项目任务。11月15日，举办了森林抚育业务培训班。组织编制和审核批复2011年度的实施方案，加强项目管理，强化督查指导，加快项目实施进度。下发了《关于印发〈自治区林业厅森林抚育经营工作领导小组工作制度〉的通知》(桂林营发〔2011〕235号)，建立制度定期研究森林抚育经营工作。

实施低效公益林改造试点 针对广西存在较多纯林公益林、疏残林等低效公益林的现状，广西壮族自治区林业厅从广西财政部门预算中安排120万元经费，在南宁树木园、派阳山林场、百色市百林林场、苍梧县分别实施低效公益林改造试点66.67公顷，共266.67公顷。下发了《关于做好低效公益林改造示范项目的通知》(桂林营发〔2011〕183号)，要求通过采取间伐、补植补种、多树种混交等技术措施，调整树种结构和林分结构，促进形成多树种、复层、异龄混交林，增加物种多样性，提高林分稳定性，增强森林的生态功能。

出台科学发展桉树的意见 针对有的地方不顾立地条件，盲目发展桉树，不注意科学种植、科学经营、科学管护，对生态环境造成一定影响的问题，11月8日，广西壮族自治区林业厅出台了《关于科学发展桉树速生丰产用材林的意见》(桂林营发〔2011〕236号)，提出了科学发展桉树有关要求和技术措施，推动桉树健康持续发展。

桉树高产示范林评比 2011年3月，根据《关于开展速生丰产用材林高产竞赛评比活动的通知》(桂林营发〔2008〕要求，广西林业部门对2008年新种植3年生的桉树高产示范林进行第一次检查评比。经对申报的14个单位的桉树高产示范林进行核查，有12个参赛单位的每年每亩蓄积生长量达2.5立方米以上，年平均每亩蓄积生长量最大的达到3.3214立方米，最小的也有2.5007立方米，所营造的桉树速丰林每亩蓄积量最大的达到9.2999立方米，最小的也有7.2445立方米。按照高产竞赛规则进行综合评定，桉树高产竞赛第一次评比结果如下，一等奖1名：七坡林场，奖励8万元；二等奖3名：雅长林场、三门江林场、来宾市林业局，各奖励5万元；三等奖3名：鹿寨县林场、南宁良凤江国家森林公园、崇左市林业局，各奖励3万元；鼓励奖5名：黄冕林场、维都林场、大桂山林场、钦州市林业局、柳州市林业局，各奖励0.8万元。

(广西壮族自治区林业厅营林处)

【国有林场】 广西现有国有林场174个，经营总面积146.67多万公顷，活立木总蓄积量5685万立方米。国有林场林区总人口10.3万人，2011年末职工总人数4.6万人，其中在职职工2.5万人，离退休人员2.1万人。按管理体制划分，中国林科院管理1家、自治区管理15家、地级市管理8家、县(区)管理150家；按经营类型划分，公益林比例50%以上的38家、占21.8%，公益林比例50%以下的136家、占78.2%；按经营面积划分，5万亩以下的63家、5万～10万亩的62家、10万～20万亩的24家、20万～30万亩的9家、30万亩以上的16家。

经营情况 2011年实现总产值100亿元，同比增长27%；经营总收入60亿元，同比增长28.3%；累计完成固定资产投资32亿元，同比增长35%；完成营造林面积26.93万公顷，同比增长35%；商品材产量250万立方米，实现利润5.5亿元，上缴税费2.8亿元；木材加工能力突破140万立产米，年产值达18亿元。

林区民生 2011年广西加大对国有林场基础设施投入力度，全面实施国有林场危旧房改造大会战和区直林场场部基础设施建设大会战，基础设施建设步伐明显加快，国有林场生产生活条件明显完善，截至2011年12月底止，累计开工建设25 728户，开工面积224.89万平方米；累计完工8741户，面积60.8万平方米；到位资金21.6亿元，其中中央预算内投资2.62亿元，自治区财政配套投资2.62亿元，市县政府补助、林场和职工自筹16.33亿元；累计完成投资6.82亿元。全区国有林场生产性用房、水、电路等基础设施明显改善，当年完成新建办公、生产用房1.5万平方米，维修

29 840 平方米；累计完成新建道路 355 千米、道路硬化 35 千米、维修林区公路 1590 千米、维修防火林道 4039 千米；完成供电配电设备 31 台(套)，修建供电线路 148.4 千米；解决 51 个国有林场饮水安全和饮水困难人口 19 494 人；解决不通电话单位(含分场)30 个。

(广西壮族自治区林业厅营林处)

【造纸与木材加工】 2011 年，广西已基本形成以木(竹)浆造纸、木材加工和林产化工为主的林产工业体系。全区以森林资源为原料的木材经营加工企业已超过 1.6 万家，其中木材初加工(单板)企业 2000 多家。

木(竹)浆造纸 广西现有浆纸企业 200 多家，大型的木(竹)浆造纸企业主要分布在南宁、柳州、北海、梧州、钦州、百色、贺州等地。其中较有规模的木(竹)浆造纸企业有广西金桂浆纸业有限公司、广西贺州华桂林浆纸业有限公司、柳州两面针纸业有限公司、广西华劲集团股份有限公司、广西劲达兴纸业有限公司、田东县金荣纸业有限公司、广西南宁凤凰纸业有限公司等龙头企业。金桂浆纸业有限公司是广西引入的沿海大型林浆纸一体化项目，2011 年 9 月建成中国第一套化机浆碱回收系统并投入试生产运行。另外，金桂林浆纸原料林基地已完成森林经营方案编制，北海林浆纸、华桂林浆纸一体化项目的原料林基地在 2011 年完成规划编制。

人造板生产 广西的人造板企业已达 1200 多家，年生产能力超过 3000 万立方米。其中纤维板企业数 53 家，年生产能力达 660 万立方米，胶合板企业 1025 家，生产能力 1920 万立方米，刨花板企业 20 家，生产能力 118 万立方米。较有规模的人造板企业有广西国有高峰林场人造板集团、广西三威林产工业公司、广西丰林木业集团股份有限公司、广西新凯骅实业集团股份有限公司、贺州欣荣星林业有限公司、广西博虎木业有限公司、苍梧县桂森林产品有限公司等。丰林集团于 2011 年 9 月底成功上市，成为全国为数不多的林业上市企业。自治区层面统筹推进的重大项目——广西高峰五洲人造板有限公司年产 15 万立方米纤维板项目于 2011 年 11 月 14 日建成投产。

木衣架和异性胶合板 荔浦的木衣架和容县异性胶合板是广西较有名气的木材加工产品。荔浦县被称为“中国木衣架生产基地”，有木衣架生产企业 120 多家，年产值 1 亿元以上的企业 5 家，涌现了多个国内外知名品牌，木衣架产品年产量 8 亿多支，品种 1000 多个，所生产的衣架制品 90% 以上出口外销世界各地，年出口量占全国同类产品出口总量的 50% 以上。容县被誉为“中国异性胶合板生产基地”，异性胶合板企业有 66 家，年产量达 30 万立方米，市场占有率达到了 70% 以上。

其他木材加工 贵港市依托本地胶合板产业规模效应，建设了一批实木复合地板和木地板基材等精深加工项目，其中贵港泰盛和海华等 7 家企业建设的 220 万平方米实木复合地板和 2800 万平方米木地板基材项目较为抢眼；凭祥市已成为中国最大的红木进口口岸和中国最大的红木市场，年成交额 30 多亿元人民币。2011 年 5 月，浙江翔盛集团广西林浆纤维一体化项目签约仪式在钦州举行。根据协议，项目建设规模为 40 万吨粘胶短纤维和生产所需 60 万吨木浆粕及其他配套项目，计划累计总投资约 100 亿元人民币，实现总产值约 200 亿元人民币。

【林产化工】

松香松节油 广西现有 110 多家松脂加工企业，主要分布在梧州、南宁、玉林、崇左、防城港等松林资源丰富的桂东南地区，初加工能力 60 万吨，深加工能力约 20 万吨。松香松节油深加工产品有歧化松香、歧化松香皂、聚合松香、氢化松香、马来松香等 40 多个系列。松脂加工重点龙头企业有广西梧州日成林产化工股份有限公司、广西梧州松脂股份有限公司等。

八角 广西年产八角干品约 6 万 ~ 7 万吨，占全国产量的 85%，占全球总产量的 80% 多。广西八角干品中有 4 万 ~ 5 万吨作为调香料供应中国北方市场，其余主要用于医药等行业，年出口量约 3000 ~ 4000 吨。八角的深加工产品有茴油、茴脑、天然茴香醛、莽草酸等，广西年产八角茴香油约 3000 吨，占全国产量的 90% 多，占世界总产量的 80%，年出口量约为 700 吨。八角深加工的龙头企业有广西万山香料有限责任公司、广西京桂香料有限公司等。

其他林化产品 除松香松节油、八角以外，广西还有肉桂、栲胶、上苍子、香茅、油桐、肚倍、角倍等产品。广西栲胶年产量保持在 7000 ~ 8000 吨，约占全国总产量的一半。广西的栲胶生产以武鸣栲胶厂和百色栲胶厂为主，主要产品为杨梅栲胶、橡椀栲胶、马占相思栲胶等。

【第二届中国国际林业产业博览会】 2011 年 11 月 1 ~ 4 日，第二届中国国际林业产业博览会暨第四届中国义乌国际森林产品博览会(以下简称第二届林博会)在浙江省义乌市隆重举行，广西林业厅组团参展并设立了广西展馆，展馆面积共 200 平方米。广西壮族自治区林业厅面向全区广泛征集展品，最后确定了涵括木浆造纸、木材精深加工、林产化工、油茶、花卉、森林旅游、竹藤芒编、野生动植物繁育利用、林下经济等九大产业 100 余种最具代表性的产品。另外，广西还选送了包括金花茶、山茶油、松香、红椎菌等 26 种产品参加国家主题馆的展示。

第二届林博会中，广西壮族自治区林业厅党组书记、厅长陈秋华，广西丰林木业集团股份有限公司董事长刘一川获得中国林业产业突出贡献奖特别奖(个人奖)；广西南方林业股份有限公司晏世和获中国林业产业突出贡献奖；广西林业产业行业协会、广西三威林产工业有限公司获得中国林业产业突出贡献奖(杰出基层单位奖)。

广西有 12 种产品荣获第二届林博会金奖产品称号，分别是广西三威林产工业有限公司生产的三威牌中密度纤维板、广西东兴永丰红木家具有限公司生产的鹏躍牌红木家具、田东县金荣纸业有限公司生产的达力牌高强度瓦楞原纸、广西梧州日成林产化工股份有限公司生产的龙舟牌水白氢化松香、三江县茶油科技有限公司生产的山寨皇牌有机茶籽油、广西融水县鑫源木业制品有限公司生产莫老爷牌高档竹地板、广西国有东门林场的东门尾巨桉无性系组培轻基质苗、广西桂台花卉有限公司的鹤之华兰花、广西乐业县顾式茶有限公司生产的顾式有机茶、广西合浦佳永金花茶开发有限公司生产的君王春牌金花茶产品、广西伟健药业有限公司生产的伟建牌养春酒。

第二届林博会优质产品 广西有11种产品获第二届林博会优质奖产品称号，分别是广西华峰林业股份有限公司生产的高林牌中密度纤维板、桂林俏天下家具用品集团公司生产的俏天下牌木制衣架、广西上思华林林产工业有限公司生产的桂华牌中密度纤维板、横县瑞丰香料有限公司生产的瑞丰牌茉莉浸膏、俊龙创新竹木有限公司生产的俊龙牌竹工艺品、广西桂人堂金花茶产业集团股份有限公司生产的桂人堂牌金花茶产品、广西三江源茶业有限公司生产的山寨皇牌三江侗眉、广西国有高峰林场生产的高林牌八角、广西国有派阳山林场生产的派阳牌八角、山弘(田林)农产品有限公司生产的笋干丝、广西丰林木业集团股份有限公司生产的丰林牌环保阻燃纤维板。

广西展馆还荣获了第二届林博会优秀组织奖、优秀展台奖等系列奖项，广西桂人堂金花茶产业集团股份有限公司荣获了最佳参展奖。

【2011年中国—东盟博览会林产品及木制品展】 2011年11月18～21日，2011年中国—东盟博览会林产品及木制品展(以下简称“林木展”)在南宁国际会展中心成功举办，广西林业厅是此次林木展的承办单位之一。广西林业厅专门组织了广西林业特色展馆，广西林业产业行业协会搭建了广西林业形象展台，14个地级市、13家区直林场分别搭建了自己的专门站台，50余家知名林业企业集体亮相，展示了各地区、各单位的名特优林产品。林木展期间还举行了2011年全国人造板市场研讨暨项目推介会和2011国际林产品贸易论坛等配套活动。 (广西壮族自治区林业厅产业处)

【园林花卉】 截至2011年年底，广西花卉种植面积3.3万公顷，花卉产业产值75亿元。据不完全统计，广西现有种植规模10公顷以上的花卉种植企业、花卉大户1000多家，花卉交易市场58个，各类从业人员50多万人，花农近10万户。

花卉产业规划 2011年6月20日，自治区林业厅正式印发《广西花卉产业“十二五”发展规划》、《广西特色花卉盆景产业“十二五”发展规划》。按照广西花卉产业“十二五”发展规划要求，到2015年广西花卉生产面积达到5.3万公顷、产值达到150亿元，广西将成为南方重要的花卉种植、加工、流通基地。

花卉龙头企业认定 2011年12月13日，根据广西各市林业局推荐及专家审核，自治区林业厅正式公布第六批广西现代林业产业龙头企业名单，其中玉林市汉桂园园林花木有限公司、防城港市百喜金花茶科技开发有限公司等两家花卉企业名列其中。

【花事活动】

广西南宁春节花卉交易会 2011年1月14～30日，由广西壮族自治区林业厅和南宁市人民政府主办的第十届广西南宁春节花卉交易会在广西花鸟交易市场举行。2011年花市在展销内容、规模、参观人数及交易额上较历届有大幅提升。期间，共展销各类名、优、新、特花卉产品及年桔、盆景、奇石等20多万盆(件)，其中热销的花卉以中高档的盆景、蝴蝶兰、大花蕙兰及组合盆栽花卉为主。据悉，本届花市参展及交易人数达6万多人，销售额近千万元。

2011西安世界园艺博览会 2011年4月28日至10月22日，自治区人民政府组团参展，并在园区建设名为“八桂谐苑”的广西展园。展园由自治区林业厅承建，广西林业勘测设计院设计及建设，广西花卉协会负责具体参展组织工作。在2011西安世界园艺博览会上，广西展园从全国20多个省市、40多个国家参展的109个展园脱颖而出，获得综合展园金奖。同时，广西园荣获水景银奖、优秀工程奖、植物配置优秀奖、优秀建筑奖等奖项，朱春林获得优秀组织者奖。

第七届全国茉莉花茶交易会和2011年中国国际茉莉花文化节 2011年8月16～17日，第七届全国茉莉花茶交易会和2011年中国国际茉莉花文化节在横县举行。本届展会由中国茶叶流通协会、南宁市人民政府及自治区林业厅共同主办，横县人民政府承办。广西壮族自治区林业厅副厅长韦纯良出席开幕式。横县茉莉花种植面积0.67万公顷，花农33万人，年产鲜花8万吨，花茶加工厂150家，茉莉花产量和花茶产量均占全国总量的80%以上，占世界总量的60%以上，茉莉鲜花年销售收入达7亿元。

第一届广西园林园艺博览会 2011年10月30日，由广西壮族自治区人民政府主办，自治区住房和城乡建设厅、农业厅、林业厅和柳州市人民政府承办的第一届广西园林园艺博览会在柳州市开幕。自治区林业厅厅长陈秋华出席开幕仪式。第一届广西园林园艺博览会以“秀美八桂，生态龙城”为主题，占地面积68万平方米，园内广西14个城市均建有各自的城市展园，并设有国际园区，来自日本、荷兰、缅甸等23个国家和地区参展。开幕当天共吸引了6万多名群众前往参观。博览会闭幕后，自治区林业厅被评为第一届广西园林园艺博览会先进集体；余健成、黄才芬、郑玉昆被评为第一届广西园林园艺博览会先进个人。

(广西壮族自治区林业厅产业处)

【野生动物保护】

野生动物保护与监测 2011年，广西加强珍稀濒危野生动植物拯救保护，强力推进珍稀濒危物种就地保护工作，将白头叶猴、东黑冠长臂猿、鳄蜥、黑颈长尾雉、冠斑犀鸟、林麝、中国穿山甲、弄岗穗鹛、圆鼻巨蜥、瑶山树蛙和猫儿山小鲵等20多种极度濒危野生动物纳入广西的重点保护和监测范围。组织编制16个野生动物资源调查项目和21项野生动植物救护繁育项目及调查监测项目报送国家林业局。

野生动物繁育利用监管 2011年，广西在全区范围内组织开展了餐饮业经营利用陆生野生动物及其产品行政许可专项检查活动，联合国家濒管办南宁办事处、南宁海关、自治区工商局及公安等部门开展3次边境野生动植物保护巡查活动，配合公安部门开展“清网行动”，进一步强化野生动物行政许可和执法工作，有力打击了乱捕滥猎野生动物、非法经营、走私野生动物及其产品等违法犯罪行为，有效遏制边境野生动物走私案件多发和野生动物非法贸易的势头。

野生动物收容救护 2011年，广西加强非正常来源野生动物收容救护工作，自治区野生动物救护研究中心2011年共接收非正常来源国家重点保护野生动物7776头(只)，产品3000千克，其中放生196头(只)。

野生动物繁育利用 2011年，广西大力扶持野生动物物种繁育加工重点企业、优势企业，带动上下游企业和相关配套企业的发展，形成产业集群，提升产业核心竞争力和国际影响力。经统计，2011年广西办理野生动物驯养繁殖和经营利用认可证的单位已达529家，其中驯养繁殖单位296家，涉及野生动物进出口的企业有19家，野生动物产业产值已超过30亿元。

野生动物资源调查 2011年，广西完成《广西壮族自治区全国第二次野生动物资源调查工作方案》，组织开展广西特有种——白头叶猴专项调查工作。截至2011年2月27日，广西白头叶猴种群数量从2003年的72群598只增长到约120群937只，8年间增加339只，平均年增长率为5.77%。

【野生动物疫源疫病监测防控】

疫源疫病检测体系建设 2011年，广西加强边境地区疫源疫病联防联控建设，启动大新县试点工作。依托自然保护区、森林公园等现有机构和资源，启动第一批47个自治区级陆生野生动物疫源疫病监测站建站工作，逐步完善了陆生野生动物疫源疫病监测网络体系。印发《广西壮族自治区林业厅突发陆生野生动物疫情应急预案》，组建突发陆生野生动物疫情应急专家组。

疫源疫病日常监测 2011年，广西林业部门严格按照国家林业局和广西壮族自治区人民政府的要求，落实野生动物疫源疫病日常监测制度．加强重点区域的巡查和监测，坚持严格值守和信息报送制度。广西上报监测报告3391份，网络直报2620次。全区无重大疫情发生。

【野生植物保护管理】

野生植物拯救保护 2011年，广西组织编制完成《广西极小种群野生植物名录及分布》，基本掌握了广西极小种群野生植物的分布区域，为科学组织开展极小种群保护提供了决策依据。加强极小种群物种的人工繁育和回归研究，在德保黄连山保护区回归种植的德保苏铁植株有8株开花，在防城港回归种植的膝柄木长势良好。木论国家级保护区人工繁育单性木兰小苗近2万株，为单性木兰的野外回归奠定了良好基础。组织制定并下发《广西壮族自治区重点保护植物人工培植单位备案登记管理办法》，加强对重点保护植物利用的监督管理。

野生植物资源调查 2011年，广西按照国家林业局关于开展第二次全国野生动植物资源调查工作的部署，组织广西植物研究所、广西林业勘测设计院和广西雅长兰科植物国家级自然保护区等单位开展广西火桐、德保苏铁等野生植物科学研究工作。德保苏铁、贵州地宝兰等在人工条件下繁(培)育成功，并相继建立了一定规模的人工种群。针对性地开展德保苏铁、广西火桐、兰科植物等重点珍稀濒危物种的专项研究，初步建立了动态监测体系，为濒危物种抢救性保护提供科学依据。德保苏铁4656株、十万大山苏铁432株，广西青梅127株、广西火桐395株，野外种群数量得到了巩固和扩大。组织开展对叉叶苏铁、德保苏铁、十万大山苏铁、锈毛苏铁等苏铁植物专项调查工作。根据国家林业局的要求，组织编制《广西第二次全国重点保护野生植物资源调查试点工作方案和技术方案》，并按要求组织开展了重点保护野生植物资源试点调查工作，上报了试点工作报告，完成了试点工作任务。

【野生动植物保护宣传】 2011年，分别与防城港市人民政府、百色市人民政府联合举办了2011年广西“爱鸟周”启动仪式暨电影《鹭语》首映式、2011年广西“保护野生动植物宣传月”启动仪式。活动期间，各地与整治行动、放生活动、知识竞赛等活动有机结合，采取多种形式，向社会宣传野生动植物保护法律法规和政策。全区累计开展宣传活动达408场次，张贴横幅1100多幅，标语1.3万多条，制作摆放展板500多块，发放宣传单和宣传小册子38万多份，受教育人数达110多万人。协助国家林业局在南宁举办了全国野生动植物保护与自然保护区建设管理工作会议，积极宣传广西野生动植物保护与自然保护区建设成就。编辑出版了2期《广西野生动植物保护》，创建了宣传交流平台，编印了1000套共5000张广西野生动物宣传挂图发至各市、县林业局和各自然保护区及社区张贴，宣传重点保护野生动物知识。

【野生动植物保护对外交流与合作】 2011年，广西林业部门与英国牛津大学、北京林业大学、东北林业大学、国家林业局人才开发交流中心等大学和培训机构，分别联合举办了中国猫科动物保护与监测技术培训班、野生动物鉴定技术培训班、广西野生动物保护与自然保护区管理研修班，培训野生动植物保护管理和技术人员达400多人次。与中国植物学会苏铁分会、深圳市中国科学院仙湖植物园联合承办了第九届国际苏铁生物学大会，美国、英国等5个国家共17名外国专家实地考察了广西的苏铁资源保护情况，广西壮族自治区副主席陈章良会见了外国专家一行并介绍了广西的生物多样性保护情况。与越南高平省农业与乡村发展厅、野生动植物保护国际联合举办中国－越南东部黑冠长臂猿栖息地恢复跨边界研讨会，中越双方签署了《关于合作开展东黑冠长臂猿及栖息地保护工作的备忘录》；与香港嘉道理农场暨植物园在南宁联合举办了首届中国犀鸟保育与研究国际研讨会，与来自泰国、新加坡、香港和国内的知名专家共商冠斑犀鸟特别是广西冠斑犀鸟的保育工作；举办了广西鳄蜥保护与繁育国际研讨会，与来自美国、德国以及国内动物界著名专家学者共同探讨鳄蜥的保护与繁育。

广西猫儿山国家级自然保护区加入了世界人与生物圈保护区网络，成为广西唯一一个森林生态系统类型的世界人与生物圈保护区网络成员。

【自然保护区建设管理】

保护区基础设施建设 2011年，广西共争取落实林业自然保护区建设资金3540万元。其中，落实国家安排雅长兰科植物保护区一期基建项目经费820万元和自治区财政配套经费430万元，指导编制完成了项目初步设计并顺利进入了建设期。十万大山、猫儿山两个国家级保护区一期基建项目已通过验收，二期可研报告已编制完成并报国家林业局。花坪等9个国家级保护区在建项目进展顺利。国家安排金钟山、花坪等6个国家级保护区能力建设补助资金580万元，自治区财政安排63个保护区管护补助经费1500万元。此外，争取各级政府配套实施GEF项目资金210万元。

保护区网络体系建设 新建田东绣毛苏铁自治区级保护区进入了报批程序，保护面积约2万公顷。组织崇左白头叶猴、大桂山鳄蜥等5处自治区级保护区申报晋升国家级保护区，其中崇左白头叶猴保护区完成各项晋升工作，待国务院批复。大桂山鳄蜥保护区晋升通过了国务院国家级评审委员会的评审。恩城、元宝山、邦亮等3个保护区申请晋升国家级通过了资格预审。拉沟县级保护区晋升为自治区级保护区。

保护区能力建设 全力推进23处地方级保护区的确界工作。完成12处保护区的《面积和界线确定方案》报自治区人民政府审批；基本完成11处保护区的外业确界工作，完成4处保护区的总体规划。

保护区建设管理工作 组织编制完成《广西林业系统自然保护区"十二五"发展规划》，组织召开全区林业系统自然保护区建设管理工作会议，出台《关于切实加强林业系统自然保护区管理工作的通知》(桂林发〔2011〕79号)，明确今后一段时期保护区发展目标任务，要求各地要坚持依法行政，加强对总体规划的编制和执行、主要保护对象的调查、旅游资源的管理、矿产资源开发清理、申报及审批程序和法制建设等。配合环保部门完成《广西壮族自治区人民政府关于切实加强自然保护区建设管理工作的意见(征求意见稿)》。组织汇编并印发了《广西林业系统自然保护区管理制度汇编》，推进保护区规范化建设。

(广西壮族自治区林业厅野生动植物保护与自然保护区管理处)

【湿地保护和GEF项目工作】

湿地保护和管理 2011年，广西组织编制完成《广西林业"十二五"湿地保护与恢复工程实施规划》。进一步讨论完善《广西湿地保护条例(草案)》，为湿地立法工作奠定了坚实的基础。组织林业、野生动物等多学科的600多名工程技术人员开展广西第二次湿地资源调查，12月下旬，《全区湿地资源调查报告》通过了专家审核。组织力量对山口红树林保护区、北仑河口红树林保护区和澄碧河水库3处国家重要湿地开展现场调查、收集数据资料、编制3处湿地资源环境评价调查报告，组织专家对环境评价报告进行评审，并向国家林业局申报国家重要湿地。向国家争取到广西茅尾海红树林自然保护区和涠洲岛自然保护区湿地保护与恢复项目资金700万元。指导北海市林业局策划筹建北海滨海国家湿地公园，组织桂林、柳州市申请报建会仙和红花谷国家湿地公园，其中会仙国家湿地公园获批准试点建设。组织开展第十五个"世界湿地日"宣传教育活动，通过《广西林业》杂志刊登2个版面的湿地专题报道。配合中央电视台组织开展了湿地电视专题片《湿润的文明》的拍摄工作。

GEF项目实施 2011年，广西改进工作思路和方法加快提款报账进度；全面启动检查站、管理站和界碑界桩等小型基础设施建设，其中猫儿山国家级自然保护区完成基础设施建设；充分发挥保护协调委员会，改善社区与保护区关系；开展农村实用技术培训，扶植周边社区环境友好项目131个，为社区群众增加收入约60多万元；完善参与式监测，指标监测全面达标；确定了21个小额科研课题，资助金额84万元，完成小额科研课题确定工作。 (广西壮族自治区林业厅野生动植物保护与自然保护区管理站)

【森林火灾】 2011年，广西共发生森林火灾350起，其中一般森林火灾171起，较大森林火灾179起；火场总面积5072公顷，受害森林面积883公顷；烧毁成林蓄积28 762立方米，烧死幼树76万株；森林火灾受害率0.064‰；因森林火灾死亡1人；森林火灾当日扑灭率98%。与2010年相比，火灾次数、火场面积、受害森林面积和伤亡人数分别下降51%、70%、45%和83%，受害率降低0.056个千分点，实现了无重特大森林火灾、无群死群伤事故和伤亡人数大幅下降的目标。

【森林防火基础设施建设】 2011年，广西共投入森林防火资金18 803万元(国家4848万元，地方13 955万元)，用于瞭望系统建设1296万元、通信系统建设310万元、阻隔系统建设2830万元，购置交通工具603万元、购置扑火机具1626万元，其他项目支出12 138万元。全年新建瞭望台78座、储备库28座808平方米，购买无线电台772台(部)、森林消防专用车辆74辆、扑火机具25 887台(把、套)、计算机61台，营建防火林带842千米，开设防火线1455千米。

森林防火队伍建设

组织机构 截至2011年底，广西有森林防火指挥部146个，其中省级1个、市级14个，县级131个；各级森林防火指挥部办公室专职防火人员共计921人；专业森林消防队伍112支、4482人，乡镇、村屯半专业森林消防队伍1575支、34 011人，义务森林消防队伍4490支、100 964人，专职护林员24 258人。

业务培训 2011年，广西各级共举办各类森林消防培训班108期，其中自治区级3期、市级28期，县级77期。培训人员8823人(次)。重点培训了森林防火基础知识、森林火灾扑救常识、安全避险常识。

防火演练 2011年，南宁、柳州、桂林、北海、贺州、玉林、贵港、崇左、钦州等市，武鸣等77个县(市、区)和10个自治区直属国有林场，分别进行森林火灾应急预案演练。

森林火灾防控

火源管理 根据广西历年森林火灾发生的时间、空间规律，广西壮族自治区森林防火指挥部将春节、清明、三月三、九月九等时段作为火源管控重点时段，将桂东、桂北、桂西北、桂中火灾多发区、林农交错地带、风景名胜区、自然保护区、森林公园、林场作为火源管控重点区域，推广火源管控"四个一"模式，不断建立健全基层火源管理队伍。强化野外用火审批制度，规范火源管理工作程序。2011年共组织1000多支专业、半专业森林消防队伍，动员干部群众8万多人次进行森林防火巡查，并开展清坟头、清地边、清林边、清矿边、清隔离带内可燃物的"五清"行动。

宣传教育　继续深入开展"课堂宣教"、"上门宣教"、"跟踪宣教"、"歌舞宣教"、" 案例宣教"、"定点宣教"、"网上宣教"、"上位宣教"、"伴游宣教"、"面上宣教"等10项宣教活动。组织开展森林防火"拒绝火灾、平安清明"宣传活动，大力宣传安全用火，倡导文明祭奠方式。在5月份"防灾减灾宣传周"组织群众开展森林防火"四个一"行动，即阅读一份森林防火宣传资料，观看一部森林防火教育影片(光碟)，开展一次家庭森林防火讨论，进行一次家庭承包经营森林的森林火险隐患排查。"中秋"至"十一"期间组织开展森林防火宣传周活动，增强全社会防火意识、安全意识。2011年，广西累计共出动宣传车9000多台次，设置宣传碑4600多块，悬挂、粘贴宣传标语34万多份，张贴宣传画1万多幅，播放森林防火公益广告3000多次、发送森林防火免费短信上百万条，播放宣传电影1000多场次，印发宣传资料600多万份。

【边界联防】　2011年12月14日，湘粤桂第32次边界护林联防工作会议在桂林市召开。广西壮族自治区人民政府副秘书长兼森林防火指挥部副指挥长蒋家柏、广西壮族自治区森林防火指挥部副指挥长兼自治区林业厅副厅长刘中奇、广东省森林防火指挥部专职副总指挥杨胜强、湖南省森林公安局政委隆义华出席会议。国家森林防火指挥部办公室副主任焦德发到会并作讲话。会议表彰了11个先进单位和22名先进个人，听取了广西三年来值班工作汇报，审议通过了湘粤桂第32次边界护林联防工作会议纪要，同时举行了交接班仪式，从2012年起，交由湖南省值班。三省(区)森林防火指挥部、林业厅(局)领导和防火办主任、各联防区2011年值班县(市、区)和所在市的代表以及边界护林联防先进单位与先进个人代表共80多人参加了会议。

【航空护林】　2011年，春航以田阳机场为基地开展航空护林工作，航期为2月21日至4月20日，历时59天。秋冬航以梧州、柳州两个基地同步开展森林航空消防作业。航期从2011年10月19日至2012年1月24日，历时98天。全年共使用4架直升机开展航空护林工作，总计飞行89架次189小时27分，空中发现林火8起，侦察卫星热点和火场20个，航空直接扑灭火16个火场，吊桶灭火洒水149桶，机降灭火38人次，投撒森林防火宣传单28万份。

(广西壮族自治区林业厅森林防火处)

【森林病虫害防治】　2011年，广西受到春季低温少雨、夏季高温干旱气候的影响，桉树、松树、八角、油桐食叶害虫和红树林害虫在部分市县呈暴发态势，林业有害生物的危害程度属偏重年份，发生面积居高不下，局部区域严重成灾。全区发生并造成较严重危害的林业有害生物共有60种，其中病害13种，虫害47种，发生总面积36.25万公顷(不含有害植物)，发生率为3.09%。其中病害发生面积3.09万公顷，占8.41%；虫害发生面积33.16万公顷，占91.59%。森林病虫成灾面积0.35万公顷，成灾率为0.30‰。主要种类有松材线虫病、松毛虫(含马尾松毛虫和松茸毒蛾)、松突圆蚧、萧氏松茎象、湿地松粉蚧、桉树枝瘿姬小蜂、桉尺蠖类、桉袋蛾类、桉蝙蛾、八角尺蠖、八角叶甲、竹广肩小蜂、黄脊竹蝗、刚竹毒蛾、丝点足毒蛾、白囊袋蛾、广州小斑螟、桉树焦枯病、桉树青枯病、桉树溃疡病、八角炭疽病、毛竹丛枝病等。松树病虫害发生面积4.96公顷，比2010年下降29.58%。桉树病虫害发生面积2.15公顷，与2010年同比上升86.67%。油桐尺蛾危害桉树面积0.76万公顷，危害油桐面积0.24万公顷，2011年是21世纪以来首次发现油桐尺蛾大面积危害油桐的年份，主要分布在百色市。松材线虫病新增西林县疫点。红树林虫害发生0.15万公顷，成灾面积0.02万公顷，比2010年上升105.61%。

(广西壮族自治区森林病虫害防治站)

【森林公安工作】　2011年，广西各级森林公安机关共受理各类涉林案件共受理各类涉林案件7880起，查破7537起，其中立刑事案件2159起(重大案件264起，特大案件186起)，破1892起(重大案件184起，特大案件110起)破案率为87.6%；受理林业行政案件5721起，查处5645起，查处率为98.6%。抓获各类违法犯罪嫌疑人10 169人；其中逮捕2190人，移送起诉1346人，行政拘留78人，行政处罚2670人，收缴木材39 775立方米，收回林地56.09公顷，收缴野生动物56 890头(只)，其中国家重点保护野生动物18 737头(只)及制品1683件，收缴红豆杉等国家重点保护植物及其制品3500余件，通过查处案件直接挽回经济损失3825万元。

春季攻势　2011年1月26日至4月30日，广西壮族自治区森林公安局在全区范围内组织开展了代号"春季攻势"的打击涉林犯罪、维护林区社会治安专项行动。行动期间，全区共出动森林公安民警46 363人次；立刑事案件662起，破案443起，其中破重特大案件89起；依法刑事拘留368人，依法逮捕312人，打掉犯罪团伙34个；查处行政案件2642起，行政处罚3221人，收缴林木木材18 284立方米；查获国家重点保护野生动物573只(头)，野生动物制品172件，收回非法占用林地89.453公顷。

打击走私濒危物种资源等非法行为　2011年5～10月，广西壮族自治区森林公安局联合林业、濒危办、工商、海关、边防等单位联合开展打击走私濒危物种资源等非法行为联合执法活动，根据广西红豆杉被破坏突出的情况，于8～9月在全区组织开展打击破坏红豆杉违法犯罪专项行动，通过创新方法成立行动队，重拳出击，探索异地调警用警，联合作战的工作模式，与市、县森林公安机关上下联动、协同作战，先后在南宁、融水、柳州、桂林、东兴、凭祥等地查破17起重特大案件，刑事拘留19人(含1名越南人)，共查获红豆杉制品3155件、象牙制品1103件(60多千克)，涉案价值超过2000万元。

亮剑行动　2011年8月1日至9月30日，广西壮族自治区森林公安局在全区范围内组织开展了代号为“亮剑行动”的打击破坏森林资源违法犯罪专项行动。行动中，全区共出动森林公安民警16 273人次；立刑事案件287起，破案213起，其中破重特大案件47起；依法刑事拘留179人，依法逮捕141人，打掉犯罪团伙18个；收缴林木木材3027.6立方米；查获国家重点保护野生动物5568只(头)，野生动物制品1226件，国家重点保护野生植物红豆杉及其制品3274件；破国家林业局督办案件1起，破自治区林业厅挂牌督办案件8起，收回非法占用林地25.5公顷，国家林业局森林公安局专门发来贺电通报表扬，同时自治区森林公安局、自治区森林公安局刑侦支队被国家林业局森林公安局评为“亮剑行动”先进单位。

清网行动 2011年，广西壮族自治区森林公安局在全区开展了代号为“清网行动”的抓捕网上逃犯专项行动。广西各级森林公安机关围绕“一降、二升、三提高”的目标，精心组织，周密部署，全体民警顽强拼搏，通过政策劝投、情报研判、落地追捕等多重攻势，截止行动结束，全区森林公安机关共抓获网上在逃人员129人，国家林业局森林公安局核定广西森林公安机关网上逃犯总数为131人，清网率达98.5%。“清网行动”得到了国家林业局森林公安局发来贺电通报表彰。

林区维稳 2011年，广西壮族自治区森林公安局继续抓好维护林区社会稳定工作，巩固“无毒林区”、“平安林区”成果。积极做好春节、“五一”、国庆、“两会一节”、第十次党代会期间安全保卫工作，妥善处置柳州国发纸厂职工群体上访事件等群体性事件，积极化解林区矛盾纠纷，维护了全区林区社会治安的和谐稳定。

表彰奖励 2011年，广西森林公安机关中，58个集体、137名民警获得表彰奖励，其中1个单位获集体二等功，13个单位获集体三等功；1人立个人一等功，1人立个人二等功，37人立三等功。

（广西壮族自治区森林公安局）

【农村生态能源建设】 2011年，广西新增建池户120 085户，年末累计364.9215万户，本年利用351.1054万户，沼气池年总产气量174 140.21万立方米，建池户年均产气量495.98立方米。全年投入农村能源建设资金35 927.1万元，其中中央财政拨款26 376万元，省级财政拨款5993.55万元，地级财政拨款822.26万元，县级财政拨款2719.09万元，乡级投入16.2万元，农户自筹25 731.73万元，其他投入30.06万元。全年投入农村能源建设资金35 927.1万元，其中投入沼气32 641万元，投入太阳能利用968.8万元，投入其他的2317.3万元。

大中型沼气工程 2011年，广西新增大中型沼气工程36处，年末累计建成大中型沼气工程2791处，总池容33.004万立方米，年产气量2846.82万立方米，供气户数26.882万户，沼气发电装机容量1320.48千瓦，年发电量495.29万千瓦时。其中年末累计处理工业废弃物工程14处，总池容4.47万立方米，年产气量33.74万立方米，供气户数3.345万户，沼气发电装机容量1.7千瓦，年发电量0.59万千瓦时；年新增处理农业废弃物工程213处，年末累计处理农业废弃物工程2777处，总池容28.534万立方米，年产气量2813.08万立米，供气户数23.5367万户，沼气发电装机容量1318.8千瓦，年发电量494.7万千瓦时。年末累计处理农业废弃物工程中，大型沼气工程74处，总池容5.46万立方米，年产气量572.424万立方米，供气户0.2951万户，装机容量973.8千瓦，年发电量389.08万千瓦时；中型沼气工程492处，总池容14.776万立方米，年产气量1158.646万立方米，供气户22.2万户，装机容量345千瓦，年发电量105.62万千瓦时；小型沼气工程2211处，总池容8.298万立方米，年产气量1082.011万立方米，供气户1.0416万户。

生活污水净化 2011年，广西建成生活污水净化沼气池570处，总池容3.88万立方米。其中村级处理系统88处，总池容0.2038万立方米；学校生活污水净化沼气池277处，总池容3.35万立方米。

微型水力开发 2011年年末，广西有微型水力发电机13 610台，装机总容量22 222千瓦。

风能利用 2011年，广西新增小型风力发电机8台，装机容量2.0千瓦。2011年年末，广西有小型风力发电机1124台，装机总容量116.5千瓦。

太阳能利用 2011年，广西新增太阳能热水器50 975台，共11.37万平方米，年末累计230 714台，共51.04万平方米。

秸秆能源化利用 2011年末广西有秸秆沼气集中供气4户，供气户数652户。

省柴节煤炉灶推广 2011年，广西新增省柴节煤灶7.8593万户，年末全区省柴节煤灶用户738.946万户。2011年，广西新增节能炉0.1892万台，年末累计有节能炉2.4377万台。

职业技能培训与鉴定情况 2011年，广西培训65 233人次，累计培训261 859人次。累计鉴定18 009人次，累计持证人数17 112人。其中沼气生产工当年培训64 439人次，累计培训246 300人次，持证人数17 048人；农村节能员累计培训14 774人次；太阳能利用工累计培训785人次。

农村能源产业发展 2011年，广西累计有农村能源企业475个，从业人员1889人，总产值13 918.7万元，固定资产6534.54万元，利润总额4249.65万元，缴纳税金796.67万元。其中沼气产业471个，从业人员1865人，总产值13 653.7万元，固定资产6254.54万元，利润总额4210.65万元，缴纳税金777.17万元。沼气产业中，其中沼气生产类企业1个，从业人员20人，总产值5336万元，固定资产610万元，利润总额639万元，缴纳税金266万元；沼气服务类企业470个，从业人员1845人，总产值8317.7万元，固定资产5644.54万元，利润总额3517.65万元，缴纳税金511.17万元；节能炉灶炕产业3个，从业人员16人，总产值135万元，固定资产250万元，利润总额19万元，缴纳税金9.5万元；太阳能热利用产业1个，从业人员8人，总产值130万元，固定资产30万元，利润总额20万元，缴纳税金10万元。

管理推广机构 2011年，广西有农村能源行政管理推广机构774个，工作人员2087人。其中省级机构1个，工作人员32人；地市级机构14个，工作人员72人；县级机构107个，工作人员720人；乡级机构652

个，工作人员1263人。全区农村能源管理推广人员中，本科及以上文化程度的304人，大专文化程度的972人，高中及以下文化程度的811人。

农村沼气服务体系建设 2011年，广西新增县级服务站8个，新增从业人员63人，年末累计县级服务站53个，从业人员290人；新增乡村沼气服务网点559个，新增从业人员1252人，年末累计乡村服务网点5697个，从业人员13 173人，可为204.6808万户沼气户提供服务。

农村地区能源消费 2011年，广西农村地区合计消费39 684.3万吨标煤，其中生活用能消费38 711.6万吨标煤，生产用能972.7万吨标煤。

农村生活用能情况

项　目	用　量	折标准煤（万吨）
秸秆	867.42万吨	372.6
薪柴	695.77万吨	397.3
煤炭	21 573.37万吨	15 409.9
电力	436 655.3万千瓦时	146.3
成品油	14 915.43万吨	21 946.6

（续）

项　目	用户数（万户）	使用量	折标准煤（万吨）
沼气	391.9	156 760万立方米	279.8
液化石油气	384.151	89.27万吨	153.036
太阳能	23.07	51.04万平方米	6.1
煤气	2.659	24.340	0.015

农村生产用能情况

项　目	用　量	折标准煤(万吨)
煤炭	593.89万吨	424.2
焦炭	35.86万吨	34.8
成品油	157.2万吨	231.3
电力	443 759.81万千瓦时	148.7
秸秆	94.09万吨	36.9
薪柴	169.5万吨	96.8

（广西壮族自治区农村能源办公室）

海南省林业

【概　述】 2011年，海南省林业局贯彻落实省委五届九次、十次全委会议、胡锦涛总书记视察海南重要讲话，以科学发展观为引领，坚持生态立省和环境优先的原则，紧紧围绕省委省政府重点工作，明确目标，强化措施，狠抓工作落实，林业各项工作进展顺利。2011年，全省共完成造林1.6万公顷，为全年造林任务1.33万公顷的120%；完成义务植树1030万株，为全年计划1000万株的103%；完成中幼林抚育2万公顷，完成了国家下达的抚育任务；培育造林苗木5000万株，其中珍贵乡土树种苗1100万株。全省海防林工程建设顺利通过省政府组织的综合考评验收，实现了断带合拢、窄带加宽、残带增强的建设目标。全省有10个市(县)、80名先进个人受到省政府表彰，其中三亚市、昌江县和文昌市被评为一等奖。全省有林面积达208万公顷，森林覆盖率达60.5%。全省林业总产值361.8亿元，同比增长9%，取得了“十二五”林业建设的良好开局。

【集体林权制度改革和国有林区林场改革】 继续完善集体林权制度主体改革。坚持把强化林改质量贯穿于改革的始终，以国家林业局集体林权制度改革督导检查为契机，查找存在问题，进行整改完善。①2011年，全省完成集体林地确权面积79.504万公顷(含规划外林地面积)，占林改总面积的104.5%，发放林权证面积75.94万公顷，林权证准确率100%，林权纠纷调处率95.1%，档案合格率100%，群众满意率100%。②整体推进集体林权制度配套改革。举办全省集体林权制度配套改革培训班，并结合海南林改的实际情况，草拟《中共海南省委　海南省人民政府关于进一步深化集体林权制度改革的意见》等8项政策性文件，确定屯昌县、五指山市、儋州市和昌江县为配套改革试点市县，选定申报儋州市、琼海市、东方市、屯昌县为全国农民林业专业合作社建设示范市县，有序推进配套改革。截至2011年，全省成立农民林业专业合作社768家，林下经济面积1.1万公顷，参与农户140 712户，产值达9.1亿元，共有9600多户农民用林权证抵押贷款2.97亿元。③稳步推进国有林区林场改革。海南省林业局成立国有林区林场改革领导小组，按照改革管理体制、实行分类经营、实现统一管理、创新经营机制、解决遗留问题的改革思路，制订国有林区林场改革方案，完成26个国有林场(包括四大林区)生态公益型和商品经营型林场摸底界定工作，草拟《中共海南省委 海南省人民政府关于加快推进国有林场改革的意见》，启动霸王岭林业局和英州林场两家国有林区林场改革试点工作，召开全省国有林区林场改革现场会，全省国有林场改革工作有序稳步开展。

【造林绿化】 2011年省委、省政府把加强国土绿化列为全省重点工作，根据海南国际旅游岛建设的总体布局，提出建设绿色宝岛生态工程。海南省林业局及时分解任务，印发技术要求，派出工作组，深入市县加强督导，以全民义务植树30周年为契机，狠抓工作落实。各市(县)也结合“十二五”规划，加大了林业投入，全面推进造林绿化工作的开展。①编制《海南省“绿化宝岛”工程建设总体规划》和《海南省“绿化宝岛”工程建设实施方案》，启动“绿化宝岛”行动。②开展全省种苗执法和工程造林大检查。加大对不合格苗圃的整治力度，加强质量监管，进一步提高造林质量。③开展造林绿化工程建设。采取领导带动、政策引导、提高造林补贴、加强舆论宣传等措施，充分调动群众造林的积极性，推进各地义务植树活动深入开展。文昌市率先开展“绿化宝岛”大行动；陵水县把海防林建设、道路绿化和城镇绿化纳入县政府十项重大工作之一，制定陵水黎族自治县公路绿化实施方案，县四套班子领导带领全县机关干部职工2500多人，在黎安港门坡海滩开展营造海防林活动，全县共种植苗木300万株，绿化各级公路105.9千米，完成计划任务的109.4%；澄迈县启动“绿色澄迈”造林绿化工程，发放造林补助222万元，无偿提供给群众造林苗木350万株，完成各类造林面积0.08万公顷，带动了全省造林绿化事业的发展。④珍贵乡土树种和特色经济林发展迅速。积极引导农民调整种植结构，大力发展效益好、增收快的珍贵乡土树种。全省累计赠送珍贵乡土树种苗木达300万株，橡胶、槟榔、果树、南药、藤竹、珍贵乡土树种等种植面积进一步扩大。五指山市橡胶种植面积已达1.23万公顷，南药0.2万公顷。国家林业局批准东方市为花梨之乡、万宁市为槟榔之乡。⑤开展退耕还林检查验收工作。2007年度1.33万公顷人工造林和2005年度的1万公顷封山育林的林木保存率均为100%；2003年2.93万公顷的退耕还林顺利通过省级复查和国家重点核查，林木保存率为99.2%。

【森林资源管护】 2011年采取有效措施，进一步做好森林资源管护工作。①全面启动省级和县级林地保护利用规划修编工作。其中《海南省林地保护利用规划(2010～2020年)》已经省政府同意，上报国家林业局初审。②严格执行占用征收林地定额管理和审批制度。林地使用坚持“总量控制、定额管理、节约用地、占补平衡”的原则，在确保国家、省重点项目用地的基础上，统筹各地发展用地规模，合理下达各市县林地定额指标，全年使用林地定额423.4公顷，占国家下达全省年度林地定额为800公顷的52.9%。全年共办理省级林业行政许可事项19 125件，按时办结率为100%，提前办结率为100%，实现零投诉，依法收取各种行政事业性收费2441万元。③严格执行森林采伐限额管理制度。全年木材生产147万立方米，占年木材生产计划307万立方米的47.9%，连续7年低于年度采伐限额。④全面使用高分辨率遥感数据，完成全省18个市(县)森林资源二类调查。组织开展木麻黄、桉树、马占相思3个主要树种的数表编制，推动了林业数表体系建设。⑤生态公益林补偿力度继续加大。森林生态效益补偿标准提高到每公顷每年255元，补偿资金达1.4745亿元。省财政对市县政府保护生态环境给予的财力性补偿，已从2008年每年补偿2000万元，提高到每年6000万元，提前完成在2012年计划完成的目标。三亚市首次实施生态补偿财政补贴试点，对768位农民发放补贴资金185万元，让农民得到实惠，受到农民的欢迎。⑥加大对重点公益林的监督管理。完成2010年度天保工程实施情况自查，开展对全省42个重点公益林实施单位的公益林管护与资金使用情况的检查，重点公益林管护质量和管护状况普遍得到加强。⑦天保工程一期建设任务全面完成。将45.9万公顷天保工程区管护责任落实到11个天保实施单位和1401名护林员，签订天然林管护合同1401份。天保工程区的基础设施大为改善，产业结构进一步优化，经济活力不断增强。⑧召开全省天然林资源保护工作会议。启动天保工程二期建设，落实目标责任，编制天保工程二期实施方案，其中省级实施方案已通过专家评审。⑨加大了对违法犯罪活动的打击力度。全省各级森林公安机关以“破案大会战”为主线，相继组织开展“清网行动”、“亮剑行动”和打击盗挖偷运风景树等集中严打整治行动，共受理各类森林和野生动植物案件1451起，查处1332起，挽回直接经济损失510.3万元，其中森林刑事案件立案329起，侦破267起，刑拘208人，逮捕194人；林政、治安案件受理1122起，处理1065起。在“三项行动”的高压态势下，“3.14”乐东县石门坡水库滥伐林木案、“10.30”乐东毁林占地案等一批影响大、社会反应强烈的案件相继告破，涉林违法犯罪的猖獗势头得到有效遏制。

【森林防火】 召开全省森林防火工作会议，开展全省森林防火演练和大检查，森林火灾得到有效防控。对以往火灾多发的西部7个市(县)进行联控联防，发放扑火器材设备2398件。积极争取森林防火基础设施建设资金，海南省林火预警监测系统建设项目等一批建设项目通过国家林业局的批准。全省半专业森林消防队伍已达26支。2011年，全省共发生森林火灾42起，受害森林面积118.2公顷，火灾发生次数和受害面积同比减少65.3%和6.67%，连续21年没有发生重、特大森林火灾。

【森林病虫害防治】 2011年继续抓好森林病虫害防治工作。①有效控制椰心叶甲疫情。2011年初，全省遭遇持续低温多雨的天气，椰心叶甲疫情出现了反弹，部分椰树出现心叶干枯现象，为此海南省林业局加大椰心叶甲防治力度，继续采取以释放寄生蜂等生物防治为主，以挂包法等化学防治为辅的综合防治措施开展防治工作。全省累计生产和释放寄生蜂46 670.48万头，其中姬小蜂38 441.82万头、啮小蜂8228.66万头。挂药包防治277 330株。放蜂和挂药包区域害虫虫口密度普遍降低，被害症状大大减轻，椰树心叶大都转绿，年初由于长期低温多雨而造成的椰心叶甲疫情反弹得到有效遏制。②抓好薇甘菊防治工作。薇甘菊是新发现传入海南省的林业检疫性有害植物，危害区域包括海口、文昌、琼海、五指山、临高、澄迈、定安、昌江、屯昌等9个市(县)，合计发生危害面积850.67公顷。在海南省林业局的统一部署和指导下，各市(县)林业局积极开展疫情监测调查和综合防治工作，共防治薇甘菊100多公顷。③加强桉树枝樱姬小蜂和金钟藤防治工作。除文昌市外，海南有17个市(县)发生桉树枝瘿姬小蜂危害，危害面积达0.67万公顷。2011年采取加强普查监测、强化检疫检查和检疫封锁等防控措施，安排资金在岛西林场开展监测及防治工作，监测面积0.13万公顷，防治桉树枝瘿姬小蜂215.07公顷。在吊罗山林业局和儋州市、琼中县开展金钟藤防治工作。海南省林业局在吊罗山、儋州市安排资金分别防治金钟藤25公顷和13.33公顷；琼中县林业局自筹资金防治金钟藤66.67公顷。

【台风灾害应急防范】 2011年，海南省遭遇3次台风灾害袭击，海南省林业局把确保人民生命安全放在第一位，紧急启动林业防灾减灾应急预案，动员灾区职工抗灾救灾，有效化解险情，没有发生人员伤亡事故。同时，争取省政府救灾资金3500万元投入灾后重建和恢复生产工作。

【野生动物疫源疫病监测】 在全省33个野生动物疫源疫病监测站开展陆生野生动物疫源疫病的监测工作。加强监测防控体系建设，启用监测网络直报系统，维护海南无规定动物疫病区品牌，促进野生动物养殖业健康持续发展。

【林业产业】 2011年，全省林业产业快速推进。①森林旅游发展取得突破。国家林业局和海南省人民政府签订了《加快推进海南森林生态旅游建设战略合作协议》，明确海南为全国森林旅游试验示范区；省委五届十次全会通过了《中共海南省委　海南省人民政府关于加快森林旅游发展的决定》，为海南省森林旅游发展提供了有力政策保障；《海南省热带森林旅游发展总体规划》已完成专家论证和修改，并上报省旅观委；按照"统筹规划、合理布局、分步实施"的原则，抓好尖峰岭海南森林旅游试点示范区建设，积极推动霸王岭、五指山等森林旅游资源开发；成功承办2011年中国森林旅游博览会暨全国森林旅游工作会，海南被国家林业局、国家旅游局确定为全国唯一省级全国森林旅游示范区试点单位。②花卉产业快速推进。编制《海南省花卉产业发展规划(2009～2015)》，省政府印发《关于加快热带花卉产业发展的意见》。全省花卉种植总面积达0.61万公顷，花卉企业达556家，从业人员2.9万人，花卉年销售额达8.1亿元。③林木种苗业稳步发展。全省现有苗圃基地286家，经营面积约0.25万公顷，年综合生产能力3.5亿株。其中非公有苗圃246家，生产规模0.12万公顷，年生产能力达2.5亿株，年产值超过25亿元。林业种苗业已成为林业产业的新兴产业和支柱产业。④野生动物驯养业不断壮大。野生动物驯养繁殖企业87家，海南省已发展成为全国最大的龟鳖养殖基地和全国唯一的蟒蛇养殖基地。2011年，白沙县养蛇共计1.6万条，仅出售蛇蛋就增加产值70万元，野生动物驯养业成为农民增收致富的又一渠道。⑤木材加工业得到加强。全省共有木材经营加工企业543家，基本形成以大型企业为龙头、门类齐全的木材经营加工体系，年产值达85亿元，出口额3000万美元，从业人员3.8万人。

【林业危旧房改造】 继续对危旧房改造工程实行领导干部问责制，省林业局与项目实施单位签订目标责任书，明确了国有林场危旧房改造的目标、任务、完成时限、责任和工程管理"五落实"。加强监督管理，严格把好设计关、审查关、材料关、施工关、验收关。同时，确定省林业局局机关各处室对口帮促17个实施单位危旧房改造。全省国有林场2011年改造任务为1882户，已全部开工，竣工率达93.6%。2011年2月，全国林业系统棚户区改造会议在海南召开，海南省林业危旧房改造工作得到了国家林业局的充分肯定。

【林业保障体系建设】 2011年，海南省林业保障体系得到加强。①林业投资明显增加。全省林业投资达7.85亿元，同比增长18.24%，其中中央投资3.97亿元，省财政专项资金3.88亿元。中央退耕还林补助资金、森林抚育补贴试点资金、森林生态效益补偿基金和国有林区棚户区改造资金、库区移民棚户区改造资金全部如期到位。②项目监管有效推进。完成申报2011年林业固定资产中央投资建议计划和2011年林业贷款贴息项目计划，建立了覆盖全省林区林场的财务网络监管系统。海南省林火预警监测系统建设项目、海南尖峰岭林区森林病虫害监测防治体系建设项目等一批建设项目已通过国家林业局的批准。③科技支撑能力逐步提高。组织申报林业科技项目18项，报送2012年度科研课题22项。《花梨木栽培技术规程》、《花梨木种子、种苗技术标准》、《沉香栽培技术规程》、《沉香种子、种苗技术标准》等4个技术标准通过批准正式实施。④林业立法步伐加快。组织起草《海南省森林生态旅游管理条例》、《海南省珍稀树种与名木古树管理规定》、《海南省红树林保护规定》、《海南省森林公园条例》等4个地方性法规，其中《海南省红树林保护规定》已通过省人大常委会修正颁布实施。

【林业行业建设】 ①林业机构队伍建设不断加强。积极争取省林业种子(苗)总站编制列入省财政全额拨款事业单位，人员编制从原来的8人增加到16人；制订《2011年事业单位公开招聘工作人员实施方案》，面向全国招聘省种子(苗)站等事业单位15名专业人才，其中硕士研究生6人、全日制本科生9人，招录森林公安干警26人，干部队伍结构得到进一步优化；推进干部人事制度改革，首批拿出16个中层领导干部岗位，在全系统实行跨单位、跨体制的竞争上岗，拓宽了选人用人渠道；制订《海南省林业局直属林区林场机构和人员设置方案》，对省林科所等13个直属单位实行核定人员编制和职数管理，进一步规范了人事管理制度。②推进创先争优活动深入开展，开展以"精神状态佳、行政能力强、服务群众好、机关风气正"为主题的机关作风专项整治活动和文明大行动活动。成立了省森林公安局党委和省林科所党委，进行省林业局直属机关党委换届选举。以"服务中心、建设队伍"为核心，举办建党90周年纪念活动，加强对基层党支部书记的培训，开展学习杨善洲的活动。

【全国林业计财暨棚改工作会议】 2011年2月25～26日，国家林业局在海南召开会议，中共和国务院有关部门的领导、来自全国各省区市林业厅(局)长及计财和棚改工作的负责人参加了会议，国家林业局局长贾治邦和副局长祝列克张建龙出席了会议。海南省副省长李秀领代表海南省委、省政府在会上致辞，海南省林业局作了“加强国有林场危旧房改造　努力改善林场民生”的典型发言。

会议期间，国家林业局和海南省签订了《国家林业局　海南省人民政府加快推进海南森林生态建设战略合作协议》，明确海南省为全国森林旅游试验示范区。

【2011中国森林旅游博览会暨全国森林旅游工作会】 2011年11月18～20日在海口举办。本次森博会是国家林业局、国家旅游局和海南省人民政府联合举办，也是国家旅游局和国家林业局签署《关于推进森林旅游发展的合作框架协议》后首次举办的会议。会议以“森林生态旅游，人类健康选择”为主题，以“森林，让生活更多彩”为口号，主要通过博览会、全国森林旅游工作会、招商推介及新闻发布会，全面展示全国特色森林旅游资源和森林旅游产业发展的最新成就。全国政协副主席白立忱，国家林业局党组书记、局长贾治邦，国家林业局党组成员、副局长张建龙，国家旅游局党组副书记、副局长王志发和党组成员、规划财务司司长吴文学，省委书记罗保铭、代省长蒋定之等省领导出席会议。参加本次博览会的代表有全国各省、自治区、直辖市林业厅(局)、旅游局(委)、相关处室领导，四大森工集团负责人，海南省有关厅局、省林业局直属单位、各市县政府及林业、旅游部门领导800多人，有20多个省(区、市)组织观摩团共3000余人前来参观。全国36家新闻媒体现场进行了报道，记者人数达112人，前来观看博览会的人数达12万人次。展区总面积19 771平方米，其中：综合自然馆占地面积5828平方米，设森博会综合、海南省、温州市三大展区。综合展区以展示全国特色森林旅游资源为主，体现全国森林旅游产业发展的新成就。海南展区占地1500平方米，主要以图片、实体模型展览配合声光电和动漫等多媒体等方式展示海南森林旅游风光、发展成就、精品旅游线路、特色旅游产品；和谐生态馆占地面积13943平方米，主要是各省(区、市)、森工集团和全国及海南主要森林旅游企业参展区，分华东、华南、华中、华北、西南、东北、西北及森工集团等8个参展集团、共36家参展单位。此外还设了16个独立特装展位，主要以招商引资项目、森林旅游产业成果、特色森林旅游产品展示和业务洽谈交易为主。

本次博览会通过展览和会议交流，全面展示和宣传了中国旅游取得的成果。以绿色、环保、低碳为特征的森林生态旅游已成为经济社会科学发展的社会共识和迫切需要。全面展示了国际旅游岛建设以来海南全国生态文明建设示范区的建设成果和生态保护成效。在森林旅游招商推介会中，海南省共签约5个合作项目，签订协议项目11个，总投资额127.0477亿元。其中全省林业系统8个，投资额70.5477亿元；市县3个，投资额56.5亿元。签订意向书项目4个，总投资额151.16亿元。其中省林业系统3个，投资额31.16亿元；市县1个，投资额120亿元。签订项目和投资规模都是历史上最多和最大的一次。　（海南省林业由慕立忠供稿）

重庆市林业

【概　述】 2011年，重庆市林业工作以森林工程建设为主线，全面推进城乡绿化一体化，全市创建国家森林城市，呈现出林地面积、森林面积、森林覆盖率和林木蓄积量四增长。全年完成森林工程建设任务34.05万公顷，种植各类苗木3.42亿株，投资145.7亿元。全市森林覆盖率达到39%，森林面积达到321.4万公顷，活立木蓄积量达到1.5亿立方米。全市林业总产值达到300亿元，农民人均林业收入达到600元。创建国家森林城市38项指标全部通过国家专家组验收。重庆获得全国生态中国城市奖和森林之都商标注册申报权。

【六大森林工程】 城市森林工程突出大绿量、近自然，增色添福，打造独具山水特色的近自然城市森林。在城区重要节点种植10厘米以上大苗630万株。树种多样共生，常绿落叶兼顾，高低错落有致。新建各类公园、小游园882处，其中33.33公顷以上公园56个，共2.25万公顷，市民不到500米就能进公园、进小游园。城区拆危后50%土地用于绿化，新建各类主题广场164个。新建城周森林屏障3.47万公顷，主城掩映在“四山”生态屏障之中，区县城周基本实现森林围城。316条城市干道、节点绿化升级，一些路段建成10～20米林带。全市建成区绿化覆盖率达到41.5%，建成区绿地率38.3%，人均公园面积14.3平方米。

农村森林工程重在绿荒山、建基地，兴林富民。坚持生态、产业两手抓，人工造林与飞播造林相结合，绿化荒山6.67万公顷，突出了高速公路两侧可视范围及已落实林权的荒山绿化。新发展速丰林及各类经济林36万公顷，产业链不断延伸。江津花椒、奉节脐橙、梁平笋竹、秀山金银花、黔江桑药、巫溪和城口的干果、北碚金槐和红豆杉，成为致富一方的骨干产业。升级改造森林旅游精品，开展“百万市民进森林”等活动促进了森林旅游，旅游人数突破4500万人(次)，旅游收入超过20亿元。培育林下产业基地40万公顷，林下产值达到70亿元。

通道森林工程突出扩林带、提档次，行车见绿。实施通道绿化2万千米，其中“二环八射”高速公路绿化

2000千米，9500千米国省道基本绿化。不断延伸的“绿色纽带”，成为展示重庆投资新环境，改革试验新高地，宜居、宜业、宜游新形象的重要窗口。

围绕乌江、嘉陵江、大宁河及区县绕城河等重要水源地，加大绿化力度。越来越好的生态环境吸引了中华秋沙鸭等国际濒危鸟类栖居。

长江两岸森林工程立足保生态、促安稳，造福子孙。长江生态屏障建设被列为全国林业“十二五”重大生态屏障建设予以实施。按照“交通方便，视线良好，全新造林，一流标准”的要求，全面打造示范片23片。从2011年起投资6.2亿元，在库区17个区县175米库岸线到第一层山脊，拟提前实施25度以上坡耕地退耕还林2.07万公顷，已完成1.2万公顷。在长江两岸造林绿化进程中，注重生态与产业同步推进，因地制宜共建产业基地4万公顷，有力推动了库区产业发展。

苗圃基地工程强调上规模、兴产业，欣欣向荣。立足打造西部地区“苗木仓库”，坚持政府引导、业主投入，发展种苗基地3.13万公顷，建设上千亩的苗圃基地32个，其中5000亩以上的特大型苗圃6个。全市在圃苗木达16亿株，形成了小苗、中苗、大苗梯度培育的格局。苗木价值大幅提升，苗木总产值116.8亿元，成为老百姓致富的朝阳产业。

【集体林权制度改革】 在全面完成集体林权主体改革的基础上，深化配套改革成为重中之重。20个区县建立了林权管理服务中心。涪陵建成了全市第一个标准的区域性林权交易所。全市林地流转面积25.07万公顷，流转金额近7亿元；林权抵押贷款成效显著，超过82亿元，相当于近三年每年有20多亿元金融资本投入林业。

林业合作组织发展迅猛，超过1000个，参加农户36万户，经营林地面积达到10.2万公顷。南川、梁平、丰都、石柱等8个区县成为全国首批林业专业合作社示范区县；林木采伐管理进一步放宽；森林保险试点得以推开；探索林地使用权和林木所有权“两权分离”管理模式；开展森林景观资源流转。农民自发造林、合作造林面积超过13.3万公顷。

【重点项目建设】 退耕还林工程：完成2010年度工程新增建设任务荒山荒地造林2.2万公顷、封山育林1.3万公顷，建设2011年工程新增任务荒山荒地造林1.3万公顷、封山育林1.07万公顷。巩固2008～2010年度林业专项工程任务，下达2011年度林业专项工程。

天然林保护工程：开展全市天然林保护一期工程建设情况的全面总结工作。编制完成天保工程二期市级实施方案和各区县的县级实施方案。以“七落实”为工作目标，全面组织开展了重点公益林和一般公益林的管护工作。落实管护面积287.4万公顷，完成率为100%。签订管护责任书7408份，签订管护合同15 630份，落实管护人员15 630人。组织开展了全市2010年度天保工程县级自查、“四到县”考核自查、市级复查工作。狠抓信访工作，确保林区社会稳定。

【森林资源管理】 切实加强森林资源保护和管理工作。全面落实森林资源保护管理责任、改革完善森林采伐管理制度、严格规范森林采伐限额管理、切实加强林地保护管理、稳步推进森林可持续经营、严格木材经营加工和运输管理、切实加强森林资源管理能力建设等七个方面作安排部署。

坚持采伐限额管理制度。认真执行“十二五”期限间年森林采伐限额，全面启动森林采伐分类管理。全面总结森林采伐管理改革试点。继续在万州等13个区(县)开展森林采伐管理改革试点，全面总结了改革试点工作，参加了全国森林采伐管理改革试点总结交流会，黔江、丰都两个区(县)代表试点区县作了经验交流发言。

强化林地保护管理，严格林地征收占用审批(核)管理。严格执行“十二五”期间征占用林地定额制度，切实保护林地“绿线”。全面开展林地征收占用清理工作。加强林地征收占用宣传和服务。

抓好森林资源监测工作。全力推进森林资源规划设计调查(二类调查)工作。组织开展了三峡库区森林资源专项调查。规范林业调查规划设计资质管理。按照林业调查规划设计资质管理的有关规定，授予57个单位林业调查规划设计资质，为规范开展森林资源调查打下了坚实基础。

严格木材经营加工和运输管理。规范木材检查站管理，推行了流动和固定检查方式，有效杜绝了“公路三乱”现象发生。规范木材运输证办证和证件管理。积极争取国家投入，支持全市8个一级木材检查站的基础设施建设。加强木材经营加工管理。

加强基层林业体系建设。加强业务培训，编制完成了“十二五”全市林业站站长培训规划，完成了国家下达的年度林业站站长培训任务。积极争取国家支持9个林业工作站标准站建设和林业站重点县建设。

【林业有害生物防治】 狠抓松材线虫病防控，加强松材线虫病集中除治督导。全面完成松材线虫病疫情普查，共监测松林面积136.77万公顷，监测覆盖率100%。召开全市林业有害生物防治工作会议，与区县政府签订了2011～2013年松材线虫病等重大林业有害生物防控目标责任书，明确了各区县的防控目标和责任。

强化检疫执法工作。深入开展利剑执法专项行动，全市共出动执法人员5000余人次，查处各类检疫违法案件319件，涉及金额3000余万元。重点对木材市场、涉木企业开展了专项整治行动，取得了较好的效果。首次开展“利剑2011”联合检疫执法专项行动督导工作，有效的指导区县开展检疫执法和监管，确保检疫执法专项行动取得实效。

加强监测预报工作。分别在年初和年中发布了全市主要林业有害生物发生趋势预报，指导各国家级中心测报点及时发布短期预报，为及时防治提供了科学依据。

指导云阳县开展长江防护林柏木叶蜂飞机防治工作。完成防治面积0.53万余公顷，虫口密度由飞防前的平均每株81.2头减少到飞防后的平均每株0.6头，柏木叶蜂虫灾得到全面有效控制。积极开展森林黑翅土白蚁防治、木瓜病虫综合防治等课题研究，在全市推广使用肿腿蜂防治松褐天牛。

【森林防火】 全年共发生森林火灾162起，森林火灾受害率为0.09‰，其中一般森林火灾115起，较大森林火灾47起，过火面积752.66公顷，受害森林面积295.95公顷，无重特大森林火灾和重大人员伤亡事故发生。与同样遭受高温伏旱的2006年同期比较，总数减少32.8%，过火面积减少58.8%，受害森林面积减少55.45%，森林火灾损失大幅减少。

加强森林防火工作部署，多次召开全市森林防火电视电话会议、森林防火指挥长培训会、全市森林防火指挥长紧急会议等专题会议，对各个阶段的森林防火工作进行安排部署，研究解决森林防火工作中的有关问题。开展森林防火宣传工作。组织开展内容丰富的"森林防火宣传月"活动。

加强森林防火项目推进。开展森林防火信息指挥系统、通信系统、预警监测系统等项目的初步设计工作。指导有关区县实施重点火险区综合治理等建设项目。启动航空护林站建设前期准备工作。

健全立法和责任追究制度。《重庆市森林防火条例》经市人大审议通过，2011年11月1日颁布实施。重庆市政府与各区县签订了森林防火目标考核责任书。与市监察局联合出台了《关于进一步落实森林防火工作责任的通知》，明确了森林防火责任追究的内容、程度、方法和要求。

开展航空护林工作。争取国家防火办和西南航空护林总站的支持，在重庆市首次开展航空护林工作，历时63天，起降35架次、扑救了12次较大森林火灾，实现了卫星监测、飞机护航、地面扑救三位一体的森林资源防控体系。

深化森林防火培训。举办了全市森林防火指挥部指挥长和驻渝部队指挥员培训班。强化应急处置工作，加强应急演练和考核。组建了应急分队，参与了12场较大森林火灾的扑救。组建了市级森林消防专业水泵分队。

狠抓防火物资储备。区县共投入4000多万元，储备了40个品种26万余台(件、套)防火物资、装备；市级采购1100多万元装备、物资。

狠抓隐患排查与治理工作。对全市林区内军事设施、油(气)库、炸药库、电力设施等重要设施存在的隐患进行排查、登记，共排查、整改火险隐患1000余个。

【森林公安】 突出主业，强化打击，林区社会秩序持续稳定。以开展春季攻势、亮剑行动、打击处理森林火灾违法犯罪专项行动等集中清理整治行动为抓手，严厉查处打击了涉林违法犯罪。全市各级森林公安机关共办理各类林业案件4440起，侦破查处4395起；受理行政案件4118起，查处4113起，查处率99.9%；打击处理各类违法犯罪人员5306人；收缴木材6807立方米，罚款769.9万元；协助清理征占用林地项目1579宗，挽回经济损失210万元。开展集中严查森林火灾和违章用火行为专项行动。进一步强化国有林区禁种铲毒工作，继续保持零目标。全年共侦破森林火灾刑事案件62起，打击66人；查处行政案件158起，处罚179人。

【自然保护区和野生动植物管理】 提升自然保护区建设。新建2处县级湿地自然保护区，全市林业系统自然保护区由50处增加到52处，面积到达69万公顷，占幅员面积的8.37%。晋升2处国家级湿地公园，新建2处县级湿地自然保护区。

加强自然保护区管理，开展自然保护区建设管理竞赛活动。组织参与重庆·开县崖柏及珍稀野生动植物保护与开发利用国际研讨会等合作交流活动。规范并强化自然保护行政管理，开展科普宣教活动。

指导开展陆生野生动物疫源疫病监测防控工作。在强化野外监测的基础上，开展了全市野生动物驯养繁殖场所的疫源疫病监测防控工作检查，进一步推动了全市的监测防控工作，实现了重点区域监测全覆盖和重点时段监测全天候，全市没有重大疫情发生。着手全市第二次陆生野生动物资源调查准备工作。

【林业科技工作】 狠抓林业科技创新。积极申报科技攻关项目。全年共计向国家和市申报了18项重点项目。认真推进林业科研。重点推进了"西部山地型森林城市"、"三峡库区流域生态修复关键技术"等一批重点研究项目。着力抓好"森林工程"重大科技专项研究。

狠抓林业科技推广。开展实用技术的集成优化。开展送科技下乡活动。派出240多名科技人员对1万多农户开展了技术指导。推进重点科技推广项目建设。完成了8个项目的立项，开展了19个在建项目的检查和绩效考核。推进国家科技示范县建设，涌现出了以梁平、荣昌、黔江、北碚等为代表的科技兴林典型区县。推进实用技术培训。全年完成培训7万人(次)。推进科技特派员工作。全年派出市级林业科技特派员200多名。

狠抓林业质量标准。开展国家行业标准建设。抓好地方技术规程编制。三是开展木材检验技术培训。

狠抓科技平台建设。开展森林空气负离子监测。建成了43个监测点，实现了日测日报目标。加强科技创新平台建设与运行。推进了重庆武陵山森林生态定位站和重庆市林木遗传育种与快繁技术中心的建设以及重庆三峡库区森林生态定位站、重庆三峡库区森林生态恢复市级重点实验室的运行，三峡湿地生态定位站建设获得批准，申报了重庆油茶研发中心建设。开展区县科技推广设备建设。

狠抓林业科技管理。加强科技项目的管理。参与《农业技术推广法》的修改工作。召开科技推广专题会议，安排部署今年任务。完善林业科技成果数据库。加强林业科技宣传。

助推油茶产业发展。组织开展全年油茶造林工作。组织开展了油茶芽接育苗1500万株。市林木良种繁育中心和酉阳康友粮油有限公司分别获得全国油茶科技示范基地、全国油茶重点企业称号。

【创建国家森林城市】 重庆市以森林"六大工程"为载体，围绕创建国家森林城市这一目标，开展了森林村镇、森林通道等"1+7"创建活动。全市已有33个区(县)成功创建市级森林城市，命名一批森林村镇、单位、小区、通道、市街及特色森林公园。围绕全民义务植树活动，先后开展了不同主题的活动，营建了各种纪念林。种树、护绿已成为一种时尚。

2011年11月，由关注森林活动组委会和国家林业局组织的专家组，对重庆市国家森林城市创建工作进行了考察验收。考察组对19个区(县)108个点进行检查验收，38个指标全部达到国家森林城市创建标准，其中10多个指标远超国家标准。重庆市创建国家森林城市工作得到肯定。

【林业大事】

7月19日 在重庆市首次开展森林消防直升机航护和灭火作业，圆满完成了历时63天的航空护林任务。期间共计飞行35架次，扑火12起，洒水189桶计302吨，受到了各级领导和广大干部群众的一致好评，航空护林翻开了重庆市科学防火的新篇章。

7月22～24日 重庆市林业局与市委组织部联合召开了全市深化林改暨工作培训会议，各区县党委、政府分管领导、林业局长、林改办主任(科长)参加。全面总结了全市林改工作成效，交流了各地林改经验做法，学习了福建永安的林改先进经验，研究部署了下一步深化林改工作。

7月28～29日 由国家林业局、重庆市政府主办的2011中国(重庆武隆)森林旅游节隆重开幕，并举行百万市民走进森林活动及“森林旅游节纪念林”嘉宾植树活动。森林旅游节期间，共接待旅游额30.68万人次，旅游收入1.5亿元。在此期间，全市200余万市民进入森林，体验建设成果，享受优美的森林环境。

9月22日 重庆市第三届人民代表大会常务委员会第二十六次会议通过《重庆市森林防火条例》，自2011年11月1日正式实施，将对保护我市森林资源起到积极作用。

11月25～30日 由“关注森林”活动组委会和国家林业局组织的专家组，对重庆市创建国家森林城市工作进行了考察并通过验收。

(重庆市林业由谭挺锋供稿)

四川省林业

【概　述】 2011年，四川省林业战线围绕“发展现代林业、建设生态文明”主题，扎实推进各项工作，“十二五”林业建设实现良好开局。四川省现有林地0.24亿公顷，居全国第三位；森林面积0.17亿公顷，居全国第四位；森林蓄积16.66亿立方米，居全国第二位。完成营造林53.87万公顷，全省森林覆盖率达35.1%。实现林业总产值1444亿元，居全国第六位、西部地区首位，同比增长24.8%；实现农民人均林业收入650元，同比增长12.8%。

【灾后生态修复】 坚持应急与长远、人工修复与自然修复、生物措施与工程措施相结合，科学确定重建时序和技术路线，加强修复技术指导。经过三年多的努力，地震灾区72个林业重建项目已完工65个，完成投资97.2亿元，占规划总投资的91.7%，恢复林草植被30.67万公顷、大熊猫栖息地10.37万公顷，分别占规划任务的100%、97%。将生态修复与培育特色产业相结合，与城乡、新村绿化相结合，增强生态修复实效。先期启动住房、学校、医院重建，优先实施林区道路、水电、种苗等重建项目，修复林区水电路通讯线路3698千米、房屋90万平方米，林区生产生活条件显著改善。

【造林绿化】 2011年完成人工造林39.53万公顷、封山育林14.33万公顷，抚育中幼林19.87万公顷，改造低产低效林16.93万公顷，建设“血防林”0.09万公顷，实施碳汇项目造林766.67公顷。大力发展珍稀林木，落实省级建设资金3000余万元，新建珍稀树木示范基地2866.67公顷。加强森林公园建设与管理，全省森林公园总数达到116个。全面推进城市、城周、集镇、通道和乡村绿化，完成农田林网和平原绿化1333.33公顷，建设绿色通道8000千米，义务植树1.75亿株，绿化覆盖率达到61.8%，城市人均公园绿地面积达到8.4平方米。深入推进森林城市及绿化模范创建活动，命名省级森林城市1个，认定省级绿化模范县14个。泸州市成功创建国家森林城市，自贡、泸州、绵阳、遂宁4个市林业局获表彰为全国绿化先进集体，认定11个省级重点林木良种基地，其中4个上升为国家级。加强林木良种繁育推广，实施林木良种补贴，新审(认)定林木良种46个，全省林木良种使用率提高到35.2%。

【天然林资源保护工程】 及时组织编制省、市、县天然林资源保护工程二期工程实施方案，加强政策宣传和业务培训，深入推进“四到市州”考核，组织开展省级复查，确保工程的有序衔接。全年完成工程人工造林0.73万公顷、封山育林7.13万公顷，抚育国有中幼林7.69万公顷。全省206个天保工程实施单位认真落实森林管护责任制，层层签订森林管护责任书(合同)，全省0.122亿公顷国有林和646.67余万公顷集体公益林得到有效管护。四川省4万多名国有林业职工通过森林管护、公益林建设、国有中幼林抚育、多种经营等渠道，均得到妥善安置。天保工程实施单位职工养老保险、医疗、工伤、失业、生育等5项保险得到全面落实，12万名在职职工和离退休人员均纳入社会保障体系，职工利益得到有效保护。

【退耕还林工程】 2011年，落实中央和省级财政退耕还林工程各类补助资金34.91亿元。其中：中央财政直补退耕农户资金17.80亿元，中央财政巩固成果专项建设资金13.64亿元，中央财政新增后续产业发展专项资金1.6亿元，中央财政荒山造林封山育林造林补助费

0.61 亿元，省财政增加民族地区直补资金 1.26 亿元。全省 645 万农户、2317 万农民从中受益。调整退耕还林专项建设规划，完善管理办法，开展工程效益监测，工程阶段验收、专项建设新增任务基本完成。实施配套造林和封山育林 2.13 万公顷，有效巩固 188.83 万公顷退耕还林成果，退耕还林面积合格率 99.8%。

【野生动植物保护】 2011 年，繁育成活大熊猫 13 胎 19 只，全省人工圈养大熊猫总数已达到 275 只。成功回捕野外放归大熊猫“泸欣”，3 只大熊猫在半野化环境下成功产仔，“草草”等 5 只大熊猫在半野化环境下带仔野化训练顺利推进。救护野生大熊猫 3 只并成活 1 只，第四次大熊猫调查正式启动。进一步理顺兰科植物和松茸出口管理程序，规范野生植物采集与移栽审批管理，全年办理出口松茸 2300 吨、曼地亚红豆杉 200 余吨、兰花 2000 余株。加强野生动物库存原材料管理，完成全省固定狩猎场清理和重点野生动物繁育企业年检工作。编制完成全省陆生野生动物资源第二次调查方案和技术规程，启动极小种群物种拯救恢复项目。加快发展猕猴、兰科植物等野生动植物产业，全年实现产业总产值 60 亿元。

【自然保护区建设】 2011 年，多渠道争取保护项目资金 7000 余万元，自然保护区建设继续加强，晋升国家级保护区 1 个、省级保护区 3 个，林业自然保护区总数达到 125 个，国家级、省级保护区分别达到 18 个、54 个，保护面积 780 万公顷，占全省幅员的 16.1%，居全国第三位。开展国家级保护区管理评估工作，参与全国评估的 17 个保护区全部合格，其中 12 个被评定为“优”。加强贡嘎山、邛海等保护区基建和补助项目管理，总结 13 个国家级保护区基础设施建设情况，完成验收马边大风顶、若尔盖、米仓山等 3 个保护区基建项目以及 27 个工程建设项目进入自然保护区生物多样性评价报告初审、专家评审、行政许可等工作。

【沙化石漠化治理工程】 加强政策研究和工作协调，完善《川西藏区生态建设和环境保护规划(2011～2020 年)》，调增了防沙治沙规模。扩大川西北防沙治沙工程试点，落实省级财政投入 4000 万元，在阿坝州的若尔盖、红原、壤塘、阿坝及甘孜州的理塘、石渠、色达、稻城共 8 个试点县组织实施，治理沙化土地 0.43 万公顷。发挥林业的职能作用，开展第二次石漠化监测工作，新增邻水县、木里县、甘洛县、叙永县、古蔺县 5 个县为石漠化治理试点县，连续 3 年平均每县年国家投入石漠化治理资金 800 万元，完成石漠化岩溶区综合治理 500 平方千米。

【湿地恢复保护工程】 编制完成全省湿地资源第二次调查方案和技术规程，制定《四川省湿地公园管理办法》、《四川省湿地保护中长期规划编制大纲》，组织编报日干乔、二滩、若尔盖等湿地保护与恢复项目。加快建立全省湿地资源数据库，完成四川湿地保护基金会名称核定工作，开展世界湿地日主题宣传活动。全年新建和升级湿地公园 7 处，国家级、省级湿地公园分别达到 9 处、7 处。

【林业产业】 2011 年，培育林业产业基地 29.27 万公顷，其中木质原料林 7.53 万公顷，竹林 9.87 万公顷，珍稀用材林 1.33 万公顷，特色干果、木本油料、木本药材、森林蔬菜等特色经济林基地 10.53 万公顷。全省累计建成现代林业产业基地 83.73 万公顷，林业产业基地总规模突破 533.33 万公顷。首批认定省级林业产业化龙头企业 100 家，全省规模以上林业企业 550 家，其中亿元企业 75 家；竹浆产能 190 万吨，居全国第一位；木竹人造板产能突破 750 万立方米，特色经济林产品加工能力 75 万吨，达到发达省区水平；木竹家具产能 2500 万件(套)，板式家具产销量居全国第一位。林下经济快速发展，林茶、林菌等种植规模达到 80 万公顷，林下养禽养畜突破 2000 万头(只)，建成苗木花卉基地 4.33 万公顷，野生动植物繁育利用业不断壮大。组织参加全国第二届林博会、第九届农交会、森林旅游博览会，推介林产招商项目 81 个，获奖产品 22 个，创历届博览会之最。大竹、万源、北川、江安、青神、华蓥等 6 县(市)获省政府认定为林业产业强县，全省产业强县总数达 16 个。

【集体林权制度改革】 2011 年，全省确权集体林 0.109 亿公顷，确权率超过 99%，颁发林权证 0.107 亿公顷，颁证率 97%，涉及林改的 4200 余个乡镇全面完成主体改革任务。完善纠纷调处机制，扎实开展以林权流转清理、林权纠纷调处、林权档案管理为主要内容的“回头看”活动，妥善解决历史遗留问题，累计调处林权纠纷 5 万多件，调处面积 23.4 万公顷，有效调处率 96%，主体改革成果有效巩固。深入推进林木采伐管理改革，出台优化指标分配、简化审批环节、完善采伐公示制度、改革采伐监管方式等政策规定。选择 68 个县(市、区)启动实施政策性森林保险试点，制定实施方案，出台政策文件，落实投保森林 218.67 万公顷、风险保障 143 亿元，参保林农达 379 万户，森林保险起步良好。加强示范建设，南部、沐川等 11 个县(市、区)被确定为创建全国农民林业专业合作社示范县，大邑、彭州、珙县、高坪、通江、苍溪等 6 个县(市、区)成为全国林下经济发展典型县。林权流转管理服务进一步加强，已建立林权交易机构 43 个，流转林权 45.73 万公顷，流转金额 18 亿元；落实林权抵押贷款面积 13.13 万公顷，贷款金额 17.6 亿元。农民组织化程度进一步提升，建成林业专业合作社 1100 个，带动农民 170 万户。

【森林资源保护管理】 林业法制建设持续推进，出台《四川省林区野外火源管理办法(试行)》。积极参与森林法修改以及城乡环境治理、野生动物损害补偿立法，组织清理涉林行政权力 226 项，获全国林业系统“五五”普法先进集体。组织编制省、县两级林地保护利用十年规划，加强林地定额管理，坚持“提前介入、依法加快”原则，优化重点工程征占用林地审核审批流程，查验和审查省级重点建设项目征占用林地现场 33 个、可行性报告 26 个，审核审批征占用林地项目 647 个、面积 0.68 万公顷。分解下达“十二五”年森林采伐限额，争取国家每年新增公益林采伐限额97.9万立方米。规范采伐许可证发放，推进采伐公示制，落实采伐监管责任，支持灾后重建和藏区民生工程建设用材，采伐总量没有突破国家指标限额。启动木材运输流动巡查试点，组织开展木材经营加工清理整顿及木材检查站"执法监督年"活动，实现了全省联网办证、联网检查，发放木材运输证36万余份。"两集中、两到位"改革深入推进，林业行政许可授权率、现场办结率、按时办结率、群众满意率均达100%。全年办理行政审批事项2494件，实际办理提速83.47%。

【林业"三防"】 森林防火责任制全面落实，基层基础"六有"建设有效推进，军警地联动协同机制初步建立。重点火险区二期工程建设基本完成，三期工程顺利启动，防火基础设施建设投资超过2亿元。严格管控野外火源，科学组织扑救火灾，全年发生森林火灾303起，受害森林面积521公顷，损失林木蓄积2.7万立方米，同比分别下降14%、58%和84%，森林火灾损失率0.03‰，为近年来火灾发生次数最少、过火面积最小、当日扑灭率最高、资源损失最少的一年。编制完成全省"十二五"森林病虫害防治规划和5个重大森林病虫害防控预案，中央和省级财政防治体系建设投入超过3000万元。加强松材线虫、蜀柏毒蛾等重点有害生物防治，实施飞机防控2.67万公顷。组织开展"利剑2011"检疫执法专项行动，种苗产地检疫率100%。全省林业有害生物成灾513.33公顷，成灾率0.026‰，测报准确率94.6%，无公害防治率93.3%。野生动物疫源疫病监测防控体系继续加强，野生动物疫情得到有效处置。出台森林公安队伍正规化建设意见，落实涉林案件独立执法权限，落实基础建设投入7000余万元。加强执法规范化建设，组织开展"亮剑行动"、"春季攻势"、"火案查处"、"清网行动"等专项严打行动，全年受理各类案件超过1.1万件，案件综合查处率98%，成功侦破一批大要案，挽回直接经济损失5000余万元，林区社会治安形势稳定。

【林业支撑保障能力建设】 编制实施四川省林业发展"十二五"规划及一系列专项规划，落实中央和省级财政林业投入90.2亿元，同口径增加16亿元，增幅24.4%。编制完成国有林区棚户区和国有林场危旧房改造工程实施方案，足额落实年度省级配套资金7686万元，8000余户林区职工、10万余名林区人口分别纳入国家和省"十二五"农村广播电视、安全饮水建设规划，国有林区安全饮水工程正式启动。强力推进林业棚户区改造，开工项目7456户，开工率97%。加强林业重大科技项目储备申报，获国家和省批准立项49个，林业科技投入同比增长57%。审定林业地方标准8项，鉴定省级林业科技成果10项，其中7项获省科技进步奖。实施林业科技重点推广项目31个，培训林农46万余人次，完成科技试验示范1.53万公顷。深化与国内外非政府组织的交流合作，落实外援资金2.03亿元，同比增长56%，与美国迪斯尼集团签订200万美元碳汇贸易协定。成立四川省生态文化促进会，策划开展湿地日、爱鸟周、森林年等大型宣传活动。

【生态旅游】 2011年，四川省接待生态旅游游客1.7亿人次，实现直接收入309亿元，同比增长26%，带动社会收入1190亿元。编制《四川省生态旅游"十二五"发展规划》、《四川省森林旅游发展规划(2011～2020)》，明确今后一段时期生态旅游发展总体目标。加强部门合作，与四川省旅游局签署《关于推进林业生态旅游发展的合作框架协议》，联合成立全省林业生态旅游工作协调领导小组。联合举办2011四川首届花卉生态旅游年、中国·成都第三届森林文化旅游节、2011年四川阿坝米亚罗红叶温泉节，广泛宣传四川生态旅游。2011年3月，在全国首次推出花卉观赏指数，反映四川各花卉景区不同花卉的开放状态，每周发布一次，全年共发布12期。2011年秋冬季，连续第六年向广大游客监测和发布红叶指数，全年共发布5期。

(四川省林业由张革成、贺捷供稿)

贵州省林业

【概　述】 2011年，完成营造林面积27.6万公顷，其中人工造林13.13万公顷、封山育林14.47万公顷，为省政府下达营造林任务23.3万公顷的118.3%，排名全国第十位。天保二期工程正式启动，中央总投资达60.57亿元，为一期工程的2.39倍。退耕还林工程总投资达18.1亿元，其中兑现退耕农户补助10.19亿元；安排巩固退耕还林成果专项资金7.3亿元，营造经济林3.46万公顷。珠江防护林三期工程正式启动，国家安排3750万元用于18个珠防县和11个九万大山扶贫县防护林建设。落实特色经济林建设任务12.13万公顷，完成干鲜果4.82万公顷，油茶2.1万公顷，茶园0.69万公顷。培育木本药材、竹子和短周期工业原料林4.21万公顷，培育花卉及观赏苗木400多公顷。育苗0.14万公顷，生产合格苗5.5亿株，在38个县开展林木种苗质监站建设。落实森林抚育经营项目计划8.33万公顷。完成义务植树2888.2万株。

全年正式下达各地年度木材生产计划采伐量800.3万立方米；从省级预留计划中追加因征占用林地、森林火灾、中幼林抚育等特殊情况的木材生产计划采伐量6.47万立方米。截至12月底，全省实际生产木材311万立方米，仅占年度木材生产计划806.77万立方米的37%。人造板生产能力达到100万立方米。

全年林业投入达38.15亿元，比"十一五"期间年均投入高出三分之一以上，其中中央投资29.92亿元、省级投资8.23亿元。首次落实国家造林补贴试点资金2000万元，实施造林补贴面积0.67万公顷。新增良种苗木补贴200万元，使全省林木良种补贴达到580万元。森林抚育补贴试点面积由2010年的2万公顷增加到4.4万公顷，补贴资金6932万元，同比增长131.1%。全省共有103个林业(涉林)招商引资项目成功签约，总投资达到244.41亿元，已有71个项目落地，到位资金13.87亿元。实现林业总产值340亿元，较2010年增长15%。

全年发生森林火灾429起，森林火灾受害率为0.12‰；林业有害生物发生面积27.16万公顷，成灾面积0.18万公顷，成灾率为0.26‰；防治面积18.9万公顷，其中无公害防治面积18.58万公顷，无公害防治率达到98.3%。

【国家副主席习近平深入贵定县甘溪林场实地考察生态建设和保护情况】 2011年5月9日，中共中央政治局常委、中央书记处书记、国家副主席习近平在贵州省委书记、省人大常委会主任栗战书，省委副书记、省长赵克志等领导陪同下，深入黔南州贵定县甘溪林场，实地考察生态建设和保护情况，对进一步抓好林业生态建设，强化生态文明观念提出了要求。

在贵定县的甘溪林场，看到400公顷郁郁葱葱、一派生机的林木，通过听取贵州林业生态建设情况汇报，得知“十二五”时期贵州森林覆盖率每年要上升一个百分点，“十二五”期末要达到45%以上，习近平充分肯定贵州这些年来林业生态建设取得的成绩。他强调，要继续强化植树造林、石漠化治理、草地湿地恢复保护等生态工程建设，正确处理好加快经济发展与生态建设和林业效益相结合、天然林保护与农民生活的关系问题。国家和各级的生态保护补偿制度要不断健全，补偿规模还要加大。总的来讲，既要金山银山又要绿水青山，还要在更高境界上做到绿水青山就是金山银山，要把这个关系处理好。贵州生态既有优势，又有薄弱点，优势是森林覆盖率逐年增加，生态环境越来越好；薄弱点就是生态脆弱，石漠化还很严重。薄弱的要加以修复，加以完善，优势的要挖掘潜力，这也是贵州的后发优势。

习近平强调，要紧扣科学发展这个主题，围绕加快转变经济发展方式这条主线，牢牢把握国家实施新一轮西部大开发战略和新一轮扶贫开发等重大机遇，用足用好中央的支持政策，充分发挥自身优势，努力做到又好又快，在转变经济发展方式中实现跨越发展。进一步强化生态文明观念，努力形成尊重自然、热爱自然、善待自然的良好氛围，形成节约资源能源、保护生态环境的产业结构、增长方式、消费模式，使贵州的青山常在、碧水长流，切实增强加快发展、可持续发展的生态保障能力。

【实现78个县石漠化综合治理工程范围全覆盖】 2011年2月8日，国家发改委、国家林业局、农业部和水利部联合发出通知，决定从2011年起，将“十一五”期间中央预算内投资支持的100个石漠化综合治理试点县改为综合治理重点县，并在此基础上扩大覆盖范围，再增加100个综合治理重点县，其中，贵州新增23个，涉及全省5个市州，其中贵阳市7个，遵义市6个，铜仁市3个，黔东南州3个，黔南州5个。这标志着从2011年起，贵州有石漠化治理任务的78个县全部纳入中央专项资金支持之列，成为目前全国唯一一个实现石漠化综合治理工程范围全覆盖的省份。

【国务院批准《贵州省水利建设生态建设石漠化治理综合规划》】 2011年7月，国务院批准《贵州省水利建设生态建设石漠化治理综合规划》。依据《规划》，贵州生态建设的主要工作是大力推进退耕还林(草)工程、天然林资源保护和森林抚育工程、长江珠江防护林工程、自然保护区建设工程、湿地保护与恢复工程、草地开发利用工程等。《规划》测算总投资1472亿元，其中生态建设工程概算总投资265亿元。《规划》提出，到2020年，“两江”上游生态屏障建设取得重大进展，森林覆盖率达到50%，活立木蓄积量达到4.5亿立方米，自然保护区面积占国土面积的比例达到6%以上；治理石漠化面积2.1万平方千米，从根本上遏制住石漠化扩展势头，生态环境脆弱状况得到根本改善。

【“十二五”森林采伐管理在十二个方面取得新突破】 2011年，贵州省人民政府发出《关于分解下达全省“十二五”期间年森林采伐限额意见的通知》，下达全省“十二五”期间年森林采伐限额842.3万立方米，森林采伐管理在十二个方面取得了新突破。“十二五”时期，一是竹林以及非林地上林木的采伐，不纳入采伐限额管理，由经营者自主经营，自主采伐，不需办理林木采伐许可证。需上市流通销售的，凭当地村委会或乡镇林业工作站证明办理木材运输手续。二是古大树及国家重点保护的野生树木采伐按有关规定执行。三是建立以森林经营方案为基础的森林采伐管理机制，简化林木采伐申报、审批程序，提高森林采伐审批和办证效率。四是推行伐区简易设计，森林采伐由森林经营者对伐前、伐中、伐后自主管理，林业主管部门提供技术指导和服务。五是建立森林、林木、林地流转交易服务平台，取消各地自行制定的限制木材直接出境销售的规定。六是改革森林采伐限额蓄积、出材量双项控制，实行按蓄积量单项管理。七是皆伐作业按照面积控制采伐，核定采伐量。八是取消采伐限额按照消耗结构的管理。短轮伐期用材林的采伐，按照原工业原料林的相关规定执行。九是改进木材运输和经营加工管理制度，农村居民采伐自有的木材出售，办理木材运输证时不需提交木材经营加工许可证。十是省林业厅每年将木材生产计划下达各编限单位，各县(市、区)的集体林年度木材生产计划要按照公开、公平、公正的原则，采取预下达、正式下达两个步骤分解下达到乡镇、村组，并报上一级林业主管部门备案。十一是对已编制森林经营方案并审批备案的，可以依据森林经营方案确定的合理年伐量调整年度间木材生产计划。十二是因自然灾害、工程建设征占用林地等特殊情况，经批准的林木采伐期限及计划指标执行期限只能延长至下一年度。初步实现了全省森林采伐管理由“以林为本”向“以人为本”的重大转变，进一步解决了长期以来困扰和阻碍林业发展以及森林资源保护与利用的一些突出问题。

【柏木等主要树种林业系列数表编制完成】 贵州省林

业厅结合第八次全国森林资源清查贵州省第六次复查工作，在全省组织开展了杉木、人工马尾松、软阔、硬阔、柏木、云南松、华山松、毛竹、其他竹类、喀斯特山地灌木、非喀斯特山地灌木等主要树种组林业系列数表编制工作。2011 年 3 月，杉木和人工马尾松二元立木材积表、地径材积表、二元立木材积生长率表、相对树高曲线表、单株立木地上部分二元生物量表等 10 个地方标准由贵州省质量技术监督局批准发布实施。杉木和人工马尾松等 10 个林业数表以地方标准的形式发布使用，不仅填补了贵州森林资源管理林业数表标准制定历史空白，而且在编制方法和技术上具有独特的创新性，达到了国内领先水平，走在全国前列。

【"十二五"林业生态建设规划编制完成】 "十二五"时期贵州林业生态的主要目标：完成林业工程项目营造林 100 万公顷(天保工程 23.33 万公顷，退耕还林 46.67 万公顷，长防工程 5.33 万公顷，珠防工程 16.67 万公顷，植被恢复费等专项 8 万公顷)；完成石漠化综合治理植被恢复 69.27 万公顷；完成中幼林抚育 166.67 万公顷，低质低效林改造 40 万公顷。到"十二五"期末，重点区域生态治理取得显著成效，基本建成功能完备的"两江"上游生态屏障；林业特色优势资源初具规模，产业结构和布局更加合理，竞争力明显增强；生态文化产品明显增加，生态文化体系初步形成。林地保有量达到 866.67 万公顷，森林覆盖率达到 45%，森林蓄积量达到 4.03 亿立方米以上；全省自然保护区(含湿地公园)总数达到 120 个，保护区面积达到 105.33 万公顷以上；林业产业总产值年均增长 15% 以上，达到 600 亿元以上；基地供种率达到 85% 以上，良种使用率达到 55% 以上；森林火灾受害率控制在 1‰以下，林业有害生物成灾率控制在 3‰以下。

【天保工程二期正式启动】 按照国务院批准的天保工程二期实施方案，贵州省天保工程区仍是长江流域的 8 个市(州、地)，涉及 73 县(市、区、特区、开发区和管委会)。工程建设期为 2011 ~2020 年。天保工程二期的主要任务是，严格管护好工程区 439.73 万公顷森林资源；完成公益林建设 29.33 万公顷(人工造林和封山育林各 14.665 万公顷)；完成国有中幼龄林抚育 10.73 万公顷；落实好工程区国有森工企业和林场职工社会保险补助政策。通过二期工程的实施，进一步促进改善工程区生态状况，有效减少水土流失，增加生物多样性，全面改善民生，实现林区经济繁荣与社会和谐稳定。

中央对贵州省天保工程二期的总投资为 605 688 万元，其中：财政专项资金 524 288 万元(森林管护费与生态补偿基金 442 054 万元、社会保险补助 49 769 万元、政社性支出补助 13 145 万元、森林抚育补助 19 320 万元)，预算内资金 81 400 万元。与一期工程相比，二期总投资额增加了一倍多，年均达 6 亿多元。

【森林防火实现"四个历史新低"】 2011 年，全省共发生森林火灾 429 起，其中一般森林火灾 300 起，较大森林火灾 129 起，没有发生重特大森林火灾。全年过火面积 2611.4 公顷，受害森林面积 903 公顷，森林火灾受害率为 0.127‰，远远低于年度考核预期数，因森林火灾死亡 7 人、轻伤 3 人，森林火灾次数、过火面积、受害森林面积、伤亡人数分别比 2010 年同期下降 83.1%、90.9%、90.1%、80.8%，部分县还出现了森林火灾的零发生。实现了全省大旱之年森林防火工作"四个历史新低"。

省林业厅出台了《关于严格实行森林防火行政首长负责制的意见》和《关于全省森林防火工作纳入各级政府目标考核的意见》，采取非常规做法督促各市州制定了《森林防火行政首长负责制度》、《森林防火层级管理责任制度》、《森林防火责任追究制度》和《森林防火办法》等为主要内容的各项制度，实行了"市(州)领导(部门)包县(市、区)、县(市、区)领导(部门)包乡镇、乡镇(街道)领导包村组(社区)、村组(社区)领导包村(居)民、家长包子女(家属)、学校包师生、单位包职工"的包保责任制，划定责任区，明确责任人，层层签订了责任书，纳入了各级政府年度工作目标绩效考核内容。省林业厅党组班子成员按照包片联系林业工作的责任分工，督促各级政府将森林防火工作纳入重要议事日程，落实各项工作措施。

创新激励机制，省林业厅将全省森林防火经费数量与目标绩效考核、森林火灾受害率挂钩，改变了以前"干与不干一个样，干好干坏一个样"的现象。创新宣传手段，制作了《森林防火知识及森林火灾典型案例分析》课件、利用学校、社区、广场和单位的 LED 显示屏滚动宣传，将森林防火方针政策编成侗歌、侗戏、秧歌、花灯歌舞、花灯道白、围腰印刷等形式，融入群众文化生活，进入学校课堂教学内容，利用通讯平台向全省手机移动用户发送森林防火公益性短信。创新火源管控措施，督促各地积极探索并实行生产用火审批制度。司法机关提前介入森林火灾案件，发生一起、追究一起，从重从严从快追究刑事责任。

在森林防火紧要期，贵州各级森林防火指挥部启动森林防火应急预案，各级政府发布森林防火戒严令，全省各级森林公安机关做到全警动员，全员上岗，协调当地公安机关增加配合执勤警力，加大巡查、查处力度和范围，坚决依法严厉快速查处森林火灾案件，查处 142 起违规野外用火行为，处理 135 人(其中刑事处罚 49 人)。

【石阡县鸳鸯湖湿地公园、威宁县锁黄仓湿地公园被国家林业局列为国家湿地公园试点】 3 月 25 日，国家林业局同意河北省北戴河等 45 处湿地开展国家湿地公园试点工作，贵州石阡县鸳鸯湖湿地公园名列其中，成为贵州第一个国家湿地公园。鸳鸯湖湖长 10 余千米，宽 30 ~80 米，是修筑山坪水库形成的人工湖泊，境内生态环境良好，生物多样性丰富，特别是常年栖息的 1000 余对属国家二级保护动物的野生鸳鸯为国内所罕见。

12 月 12 日，国家林业局同意浙江杭州湾等 54 处湿地开展国家湿地公园试点工作，贵州威宁县锁黄仓湿地公园是其中之一，成为贵州第二个国家湿地公园。锁黄仓湿地毗邻草海，仅相隔 6 千米，规划面积为 3.39 平方千米，总投资 5000 多万元。

【国有林区道路建设首次列入国家投资计划】 在省直有关部门的大力支持下，贵州省562千米国有林区道路建设首次纳入国家交通建设投资计划，中央投资1.9亿元。其中2011年安排建设122千米，项目投资5735万元。目前各项目单位与当地交通部门共同协商，采取自主实施、委托实施或联合实施等形式，积极开展项目建设工作。

【新增18家省级林业产业龙头企业】 根据省级龙头企业的认定和监测管理办法的规定，贵州省林业厅认真开展省级龙头企业申报、认定和第二批龙头企业监测评审工作。2011年，共有44家企业申请认定和监测，其中新申报企业23家，监测企业申报21家。经过组织省财政、省经信委、省农行、省农发行和厅有关处室专家评审，贵州银燕木业有限责任公司等19家省级龙头企业通过复审，新认定贵州大自然科技有限公司等18家企业为贵州省林产化经营省级龙头企业。省级林业产业龙头企业由26家增加到37家。据统计，这37家龙头企业直接带动农户达16万多户，间接带动农户达22万户，实现户均年增收达2000元左右。

【"四帮四促"活动帮扶工作取得实效】 在"四帮四促"和"挂帮"活动中，贵州省林业厅共派出处级及其以上干部67人开展"处长下基层、作风大转变"活动，其中柴忠金的民情日记被省活动办和贵州日报刊登。共有146人次深入基层，帮助解决问题48项，帮助办实事61件。投入资金450万元，帮助台江县建设林业特色优势资源基地、发展村级公益事业和农户家庭经济。投入资金580万元，实施威宁县迤那镇林业项目，完成666.67公顷封山育林、1533.33公顷镇郊绿化和34千米公路绿化。投入资金615万元，帮助从江县建设866.67公顷干鲜果基地，解决农村饮水困难和村寨防火、森林防火问题。得到基层单位的高度赞誉和农民群众的普遍好评。

【开展农民林业专业合作社建设试点】 贵州省选择基础条件好、群众积极性高的遵义市正安县庙塘镇、汇川区板桥镇开展建立林业专业合作社建设的试点工作。2011年3月，正安县庙塘正鑫竹业农民专业合作社、遵义市益民速生杨种植专业合作社分别挂牌成立。

正安县庙塘正鑫竹业农民专业合作社由庙塘镇从事方竹笋用林栽植、培育、加工、销售的经营大户和方竹产区林农共同组建，注册资金为100.8万元，社员168户，入社竹林面积2576.67公顷。合作社成立以来，自筹资金160万元改造方竹林733.33公顷，高标准营造方竹333.33公顷，修筑林区公路35千米，建收购方竹笋用房800平方米。向社员收购方竹笋518吨，产值207万元，户均增收1860元。

遵义市益民速生杨种植专业合作社，是由遵义几个企业组建的大型合作社，以速生杨育苗、种植、加工、销售为运行模式，实现产、供、销一站式发展。合作社入社人数9800余人，2600余户，资产规模460余万元，实现社员人均收入年增长1000元。

（贵州省林业由姚世超供稿）

云南省林业

【概　述】 2011年，云南省林业围绕桥头堡和森林云南建设目标任务，共计下达中央、省级林业投资52.1亿元，同比增长11.6%；完成营造林70.67万公顷，为计划的1.63倍；实现林业产值688亿元，同比增长19.6%，保持了又好又快的发展势头。

森林生态建设上升为国家战略　云南省抓住桥头堡建设战略机遇，研究林业在桥头堡建设中的功能定位、特色优势、建设重点、拓展方向、政策需求，提出把生物多样性宝库和生态安全屏障建设列为桥头堡建设战略目标。在国务院组织起草支持云南桥头堡建设意见过程中，先后陪同中央财经领导小组、国务院联合调研组开展专题调研活动，参与桥头堡建设课题研究，向中央有关部委反映森林生态建设的重大意义和发展潜力，争取纳入桥头堡建设总体规划。同时，组织编制了《云南省生物多样性宝库和生态安全屏障建设规划》，国发〔2011〕11号文件明确把建设中国重要的生物多样性宝库和西南生态安全屏障作为桥头堡建设的五大战略定位之一。云南省第九次党代会报告也明确把建设森林云南，推进生态安全屏障和生物多样性宝库建设作为今后5年全省经济社会发展六大目标之一。国家林业局还将与云南省政府签订部省战略合作协议，明确林业支持桥头堡建设的目标任务和政策措施。

林业发展思路进一步清晰　通过编制《云南林业"十二五"发展规划》、《云南省生物多样性宝库和生态安全屏障建设规划》以及林产业、科技推广、湿地保护、林地保护利用等专项规划，组织起草省政府关于加快林业产业发展的意见、关于加强自然保护区建设和管理的意见、关于继续推进天然林资源保护工程的意见等文件，筹备召开森林云南建设推进会，使森林云南和生态安全屏障建设的目标做到了有机统一，林业发展方向进一步明确，发展思路进一步明晰，政策措施进一步完善，为林业科学发展、和谐发展、跨越发展奠定了基础。

改革发展中凸显的问题得到破解　省级以上公益林实现了同等标准补偿和管护补助全覆盖。云南省0.1187亿公顷国家级和省级公益林全部纳入生态效益补偿或天保工程森林管护补助范围；云南省政府第55次常务会还决定从2011年开始将省级公益林补偿标准由每公顷75元提高到150元，达到国家标准。森林政策性保险范围大幅扩展。云南省森林火灾保险试点由昆明等5州（市）扩大到了15个州（市），投保林地面积达0.2173亿公顷，涉及林业经营者820余万户。野生动物公众责任

保险由西双版纳、普洱、临沧 3 个州(市)6 个县扩大到保山、迪庆 5 个州(市)14 个县。森工企业职工生产生活得到保障。积极争取国家支持，出台天保二期的政策措施，组织完成省、县两级实施方案编制，将资金、任务、责任落实到山头地块和单位，使 11 980 名森工企业职工得到妥善安置，17 374 名离退休人员纳入基本养老和医疗保险，确保养老金按时足额发放，实现从一期到二期的平稳过渡，保持了社会稳定。陡坡地生态治理工程即将启动。云南省政府第 68 次常务会专题听取了关于推进森林云南建设的情况汇报，决定从 2012 年起用 10 年时间，在生态脆弱区实施 66.67 万公顷、25 度以上陡坡地生态治理工程，这是生态建设的重大举措。

集体林权制度配套改革迈出新步伐 2011 年，云南省组建了省级林权交易中心，建成州(市)、县(区)林权管理服务中心 117 家，开通了全省林权管理信息系统，推进了林权管理网络化、数字化进程，进一步规范了林权流转管理。先后依法流转林地 51.93 万公顷，流转金额 24 亿元。成立森林资源资产评估机构 67 家，认证评估咨询人员 700 多名。云南省林业厅报请省政府出台关于加快推进林权抵押贷款工作的意见，编印林权抵押贷款简明实用手册，有效推进了林权抵押贷款工作，全省林权抵押贷款余额突破 70 亿元，居全国第一位。云南省林业厅与云南省供销社联合下发关于加快发展林农专业合作社的实施意见，出台云南省林农专业合作社章程、云南省林农专业合作社省级示范社认定管理办法，成立林农专业合作社 2024 个，涉及林农 11.4 万户、林地面积 29.11 万公顷，14 个县、市、区申报为国家林业专业合作社示范县。

林业生态建设保护成效明显 2011 年，云南省落实森林资源目标管理责任制，执行林地定额和林木采伐限额制度，编制完成省级林地保护利用规划，全面启动县级林地保护利用规划编制工作。加快推进林业重点生态工程建设，完成天保工程公益林建设、石漠化治理、防护林建设、退耕还林及巩固成果造林 31.27 万公顷；新建农村户用沼气池 15.6 万户、节柴改灶 14.9 万户；完成湿地恢复工程 5 项，新增国家公园 3 个、国家湿地公园 2 个、生物多样性保护教育基地 8 个；科学编制了 4 个省级自然保护区总体规划，昆明轿子山晋升为国家级自然保护区；在全国率先开展了自然保护区生态服务功能价值评估并向社会公开发布；争取国家、省级投入森林防火经费 1.1 亿元，批准森林防火基础设施建设项目经费 1.5 亿元，发生的 108 起森林火灾当日扑灭率达 98.3%，火案查处率 88%，受害率 0.3‰，各项防控指标均创历史最高水平；发生林业有害生物 31.10 万公顷，防治率达 89.8%，成灾率 5.8‰，被国家林业局评为有害生物防治先进单位；严厉打击涉林违法犯罪，共受理各类林业案件 19 779 起，查处 19 498 起，查处率达 98.58 %，维护了森林资源安全。

林业产业发展质量进一步提升 2011 年，云南省投放林业贴息贷款 8.54 亿元；完成木本油料基地建设 37.33 万公顷、占年计划的 124%；以桉树、竹材等为主的速生丰产林基地达到 133.33 万公顷；启动实施了珍贵、特殊树种培育试点，建成珍贵用材林基地 20 万公顷；完成中低产林改造 27.13 万公顷，比 2010 年翻了一番；林业企业超过 1 万家，其中省级龙头企业 252 家、产值达 269.4 亿元，分别比 2010 年增加 58 家、52.4 亿元；昆明杨林家具产业园区、昆明泛亚国际林产业园区、玉溪林产业园区等相继开工建设，楚雄野生菌、宜良观赏苗木等一批林产品交易市场初步形成。

基层基础建设进一步夯实 ①棚户区改造顺利推进。全面完成 2010 年跨年度实施改造建设任务；2011 年 4560 户建设任务全面开工，到位资金 2.6 亿元，占计划投资的 89%，完成投资 1.8 亿元，超过计划投资的 60%。基层站所条件进一步改善。争取国家、省级资金 6125 万元，新建、改建森林公安派出所 121 个、乡镇林业站 50 个、标准化林业站 6 个、木材检查站 8 个，建立了木材运输管理网络平台，实现了木材运输证管理全国一票通。②科技支撑进一步加强。承担完成国家及省部级科技攻关 2 大类 17 项，科研成果获奖 41 项。完成良种审(认)定 74 个，推广新技术、新品种 82 项。建立科技示范县 10 个、标准化示范区 6 个、示范基地 11 个，示范面积 0.107 万公顷，带动推广面积 2.16 万公顷。完成 26 个林业标准编制，评审通过 14 个。③法制建设稳步推进。出台了《云南省林地管理条例》、《云南省林木种苗管理规定》,《云南省森林防火条例》已进入省人大常委会二审程序。林业普法工作成效明显，行政执法进一步强化。行政许可管理更加规范，公开、公正、高效办理了 1500 多件行政许可事项，有力地支持了地方经济建设。

【网络森林医院远程诊断系统建立】 为了给广大林农和防治主体提供快捷、便利、专业和高效的林业有害生物防治公共服务，解决森林个体分散经营管理与联防联治需求之间的矛盾，2011 年，云南省成立了网络森林医院，设立了云南省网络森林医院远程诊断信息管理中心。目前，通过该系统即可实现自我诊治林业有害生物、方便及时查询信息资源，得到专家面对面的咨询服务和现场指导帮助，可以在最短的时间内向林检部门上报林业有害生物灾情。

【中越生物多样性保护合作达成框架协议】 2011 年，以越南科学院热带生物学研究所副所长 Vu Ngoc Long 为团长的 6 人代表团，在云南省西双版纳州勐仑镇与中科院西双版纳热带植物园、西双版纳国家级自然保护区管理局就生物多样性保护项目进行合作商谈。双方在科研、管理人员互访交流；人才互换培养；生态旅游能力建设；科研项目合作；跨境区域生物多样性联合调查等方面形成了 5 年的合作谅解备忘录。

【南滚河国家公园建立】 建立南滚河国家公园是云南临沧市重点工程之一，该项目自 2010 年 2 月启动实施以来，先后完成南滚河国家级自然保护区生态旅游总体规划、南滚河国家公园资源调查及评价报告、南滚河国家公园初步规划等的编制，其中云南南滚河国家级自然保护区生态旅游总体规划于 2010 年 11 月 30 日获得国家林业局批准。2011 年，云南省人民政府对临沧市人民政府关于建立云南南滚河国家公园的请示作出批复，同意临沧市建立南滚河国家公园。

【全国最大小熊猫繁育基地落户普洱国家公园】 2011年，44只国家二级重点保护野生动物小熊猫由云南怒江傈僳族自治州姚家坪小熊猫繁育基地迁至普洱市普洱国家公园，至此普洱国家公园已拥有100多只小熊猫，成为全国最大的小熊猫繁育基地。

【云南跻身全国最大老虎驯养繁殖基地行列】 2011年，云南野生动物园的东北虎、孟加拉虎、白虎陆续产仔，共有16只小虎出生，且全部成活，加上原有的老虎，云南野生动物园目前已拥有近200只老虎，老虎的高繁殖率和高成活率，让云南野生动物园跻身全国最大的老虎驯养繁殖基地之一。

【云南省杨善洲绿化基金会成立】 2011年，云南省杨善洲绿化基金会在昆明成立，该基金会由云南省林业厅、国土资源厅、环境保护厅、农业厅、水利厅共同发起，为公募基金会，公募范围为云南省。基金会原始基金人民币600万元，来源于云南省林业厅、国土资源厅、环境保护厅、农业厅、水利厅的捐赠。云南省林业厅为基金会业务主管单位。根据基金会章程，基金会将以深入贯彻落实"生态立省、环境优先"发展战略，大力弘扬杨善洲精神，动员和鼓励社会各界共同参与生态建设与环境保护，积极推动森林云南建设，把云南建设成为中国西南绿色生态屏障，促进云南经济社会可持续发展为宗旨。

【云南省五个单位和个人荣膺第三届"中国边境生物卫士奖"】 近国际野生动物保护学会（WCS）、中华环境保护基金会（CEPF）和中国野生动物保护协会（CWCA）共同主办的第三届中国边境生物卫士奖对来自林业、海关、公安、边防部队、自然保护区系统和边境村镇的25个单位和个人获奖。云南省有5个单位和个人荣获此项荣誉，分别是：云南保山市森林公安局获卓越卫士奖，云南省沧源南滚河国家级自然保护区管理局获杰出卫士奖，云南省西双版纳州森林公安局勐腊派出所张勇、云南省临沧市森林公安局刑侦大队、云南省盈江县森林公安局王德能获优秀卫士奖。

【云南省森林火灾保险方案】 为巩固集体林权制度改革成果，有效化解森林火灾风险，提高林业防灾减灾能力和灾后自我救助能力，调动社会各界投资造林的积极性，促进森林云南建设，根据中央、省委林业工作会议精神以及国家有关部委对森林保险的一系列政策规定，2011年云南省林业厅、云南省财政厅、云南保监局联合制订了云南省森林火灾保险方案。根据方案内容，云南省森林火灾保险将按照政府引导、市场运作、自主自愿、协同推进的基本原则，坚持以政府引导为依托，以林业经营者自主自愿为基础，以市场化运作为手段，以协同推进为要求，以林业经营者受益为目的，探索建立森林火灾风险保障体系。一是坚持"三个兼顾"，即兼顾林业经营者的缴费能力，兼顾政府财政的补贴能力，兼顾共保联合体的风险承受能力；二是坚持"两低一保"，即低保额、低保费、保成本；三是坚持林业经营者受益；四是坚持加强和促进森林防火工作；五是坚持协调配合，财政、林业、保监、保险经纪公司、承保公司等部门要密切配合，共同做好森林火灾保险投保、查勘、定损、理赔等各环节的工作。

【首批林业标准技术审查专家库建立】 为积极推进云南省林业标准化建设工作，加强林业标准技术审查管理，提高技术标准制定、修订和评审工作的科学性，保证林业标准项目工作质量，云南省林业标准化技术委员会在全省林业科研院所、大专院校、科技推广部门组织开展林业标准技术审查专家征集，经过各单位公开推荐、标准委员会资质审查和遴选，组建了云南省首批林业标准技术审查专家库。首批林业标准技术审查专家库由32名长期从事森林生态、林业调查规划、林木遗传育种、林木种苗、森林培育、经济林栽培、林产化工、林业有害生物防治、园林植物栽培等专业领域研究和应用技术推广的专家组成。林业标准技术审查专家主要职责是积极参与林业标准项目审查、论证工作；协助开展林业标准相关理论研究、技术标准推广和交流等工作；对林业标准化建设工作提供工作意见和建议。专家库的建立，将为推进云南省林业标准化建设提供技术智能支持和科技咨询服务。

【林业改革取得突破】 截至2011年年末，云南省集体林权制度主体改革已基本完成，全省各级共投入林改经费13.4亿元，完成确权面积0.18亿公顷、确权率达到98.9%，均山到户率达到92.4%，调处纠纷16.5万起、调处率达到98.8%，是西部地区最早完成明晰产权任务的省份，走在全国前列。配套改革正逐步展开，建立林权流转中心117个，成立各类林业专业合作社2024个，林权抵押贷款金额达70亿元、居全国第一，全省林业产权交易市场正式挂牌。同时，大力推进林业分类经营、林木采伐管理等各项改革，森林火灾保险全面启动，林业发展活力不断增强。

【林权宗地管理数据库初步建成】 2011年，云南省建成林权宗地管理数据库，林权管理信息范围系统覆盖全省，入库宗地已达690多万宗，全省120个林权管理服务中心与省林业厅已基本实现联网运行，可完成林权宗地的林权登记、变更、注销、林权证打印以及林权宗地信息统计等职能工作，并可面向社会提供宗地及林权证查询、信息发布、林地拍卖等服务工作。云南林权交易中心网站也已开通，林权流转信息系统和交易竞价系统可实施远程异地信息公告和林权异地竞价交易。

【农村能源建设】 截至2011年12月底，云南省2011年新建农村户用沼气累计达到156 180户（其中省级项目55 113户、国债项目69 934户、退耕还林项目25 930户、其他项目5203户）。完成农村改灶149 116户（其中省级项目63 479户、退耕还林项目39 100户、其他项目46 537户）。

【国家野生食用菌科研基地落户龙陵】 2011年，云南省生物技术和种质资源研究所与云南省保山市龙陵县小黑山省级自然保护区管理所签订国家食用菌产业技术体系野生菌种质原生地保护保育点建设项目。项目以龙陵县境内的野生木耳、香菇等腐生食用菌为研究对象，重点围绕食用菌资源保护、优质高效栽培生产技术、食用菌产业升级关键技术等问题进行研究。科研基地占地20公顷，总投资15万元，计划实施5年。科研成果将对促进保山乃至云南发展优质、高产、高效的食用菌产业注入活力，依靠科技创新能力推动食用菌产业升级发展，将对促进云南由食用菌产业大省向食用菌产业强省转变发挥积极作用。

【云南省森林火灾保险试点工作】 2011年，云南省开展森林火灾保险试点工作的突出特点是做到了“一个全国最低，四个全国唯一”。一是费率全国最低，昆明等5州(市)森林火灾保险试点费率为1‰，为全国最低；二是唯一按综合赔付率提取防灾防损费用于森林防火工作的试点省，为基层加强森林火灾综合防控能力建设提供了有利条件；三是唯一设立火灾保险工作奖励基金的试点省，有利于发挥试点地区的积极性；四是唯一引入保险经纪公司代理火灾保险招标、业务督办的试点省，可保证试点工作依法、高效、安全开展；五是唯一通过政府公开招标采购，优选承保公司的试点省，能够降低费率、提高服务质量和水平。森林火灾保险工作综合形成了云南特色的森林火灾保险模式，收到了良好效果，得到了国家林业局、财政部、中国保监会的充分肯定。

【特色林产业】 通过加强政策引导、加大资金投入、加快中低产林改造等措施，到2011年，云南省以核桃为主的木本油料种植面积已达237.33万公顷，年总产量超过50万吨，总产值超140亿元，均居全国第一位；林浆纸一体化、林化工、野生动物驯养繁殖、森林生态旅游、木材加工等特色林产业全面发展。全省林业总产值达到670亿元，是2005年2.8倍；林业企业达到1万多家，其中省级林业龙头企业达252家、增加237家；林农人均特色经济林收入达到600元；林产业已成为全省快速发展的产业，部分山区林农收入超过坝区林农。

【云南省国家公园建设】 根据云南省国家公园发展规划纲要和保山市、临沧市和红河州政府的申请，云南省政府分别于2011年3月、5月和10月批准建立高黎贡山、南滚河和大围山3处国家公园。截至2011年年底，经省政府批准建立的国家公园已达8处。按建立的先后顺序分别为：普达措、丽江老君山、西双版纳、梅里雪山、普洱、高黎贡山、南滚河和大围山国家公园。

【石漠化治理】 2011年，云南省石漠化综合治理工程县由2010年的12个增加为35个，全年封山育林58.9万公顷、人工造林1.95万公顷，完成全部封山育林任务。自2008年实施石漠化综合治理试点至2011年底，全省已完成封山育林64.1万公顷、人工造林3.7万公顷。

【云南省自然保护区森林生态系统服务功能价值评估】 2010年7月，云南省林业厅委托云南省林业调查规划院开展云南省自然保护区森林生态系统服务功能价值评估，2011年11月通过专家评审。此次评估采用国家统一的技术标准，客观、科学地评估了云南省自然保护区森林生态系统服务功能及其价值，是全国首个省级尺度上的自然保护区森林生态系统服务功能价值评估。经过评估，云南纳入评估的国家级、省级自然保护区2010年提供的森林生态服务价值达2009.02亿元，相当于云南省2010年地区生产总值(GDP)的27.8%。自然保护区每年每公顷的森林生态服务价值达12.31万元，为云南省平均森林生态服务价值5.06万元的2.4倍，充分体现了自然保护区这一特殊区域的森林生态服务的价值和地位。

【新增两处国家级自然保护区】 2011年，国务院办公厅批准云南省云龙天池自然保护区、元江自然保护区新增为国家级自然保护区。元江自然保护区位于玉溪市的元江哈尼族彝族傣族自治县境内，地处国际河流元江(红河)河谷，是全国唯一位于北回归线，在干热河谷自然条件下形成的森林生态系统类型的自然保护区，保护面积22 379公顷。云龙天池自然保护区位于云南省西北部大理白族自治州云龙县境内，保存全国最集中连片的大面积原始云南松林，保护区也是滇金丝猴活动的最主要区域，保护面积14 475公顷。

(云南省林业由王锐供稿)

西藏自治区林业

【概　述】 西藏林业系统坚持走有中国特色、西藏特点的发展路子，牢牢把握“西藏是国家重要生态安全屏障”的战略定位，紧紧围绕“发展现代林业、建设生态文明、实现林业又好又快发展”的总体要求和“确保西藏生态环境良好”的大目标，坚持从西藏实际出发，进一步理清工作思路，突出工作重点，强化措施和工作落实，全区林业工作实现了“十二五”良好开局。2011年，全区完成造林绿化4.67万公顷；完成安居木材供应27.33万立方米；到位林业建设资金14.23亿元，同比增长35.78%；实现林业产值9.80亿元，同比增长9.50%；带动农牧民增收8.60亿元，同比增长21.43%。

造林绿化　2011年，全区完成造林和封山育林4.67万公顷。完成育苗267.33公顷，出圃各类苗木3700余万株。同时，自治区人民政府召开了全区成片造林现场会暨“植树造林 绿化高原 优化生态 促进发展”全民行动启动仪式，对全区造林绿化工作起到了很好的推动和示范作用。

退耕还林　2011年，全区完成荒山荒地造林0.4万公顷、封育0.47万公顷、低产田改造0.28万公顷，实施了后续产业发展、退耕农牧民培训、补植补造等项目；完成了县级自查、省级复查和国家重点核查验收工作。西藏30.6万农牧民继续受益，生态、社会和经济效益良好。

防沙治沙 2011年，全区完成投资5400万元。在拉萨、山南、日喀则、林芝等地治理沙化土地1.07万公顷，完成了全区“十一五”防沙治沙目标责任终期考核自查工作。

林木种苗 2011年，全区加大了育苗工作力度，指导各地、市加强种苗余缺调剂工作。全年完成育苗262公顷，出圃各类苗木3000余万株。

森林资源保护 2011年，编制了全区“十二五”期间年森林采伐限额，年森林采伐限额为210万立方米，及时下达木材生产计划132.27万立方米(森林蓄积量)；下达了2012年度木材生产计划8万立方米(折合森林蓄积17.78万立方米)，全部供应2012年安居工程。2011年审核(审批)征收占用林地36件，占用征收林地面积934.45公顷，未突破年度占用征收林地定额；累计收取森林植被恢复费7737.48万元；编制完成《西藏林地保护利用规划纲要(2010～2020年)》。安居工程木材供应延伸“供需双方直接见面”政策，出台了《西藏自治区农牧民安居工程木材供应管理办法补充规定》，堵塞安居木材供应、运输、分配等环节漏洞；2011年全区安居木材计划需求量48.17万立方米，实际木材供应量为27.33万立方米，供应量减少了20.84万立方米；编制完成了针对资源林政管理方面的突出问题，探求解决问题的路子，形成了《西藏自治区资源林政管理工作一揽子行动方案(初稿)》。

天然林保护工程 继续对127.7万公顷天然林进行常年有效管护，工程区未发生森林火灾、森林病虫害及乱砍滥伐现象；完成了《天然林资源保护工程二期实施方案》的编制并经自治区政府批准实施，确定了天保二期工程建设内容和投资规模，管护天然林131万公顷，封山育林1.93万公顷，人工造林0.27万公顷，中幼林抚育11.2万公顷，总投资约为12亿元，是一期工程投资的2.6倍。

森林生态效益补偿基金 下达了2011年全区中央财政森林生态效益补偿基金7.64亿元；会同财政厅向国家林业局和财政部上报了《西藏自治区林业局 财政厅关于恳请提高公益林森林生态效益补偿标准的请示》。全区配备重点公益林管护人员8万余人，管护1011.27万公顷国家重点公益林，增加农牧民收入约4.5亿元。

生物多样性 完成了察隅慈巴沟、芒康滇金丝猴、类乌齐马鹿3个保护区二期工程建设和雅江中游河谷黑颈鹤国家级自然保护区二期建设及然乌湖湿地保护、麦地卡生态监测站工程；启动了自治区级以上自然保护区地理信息数据库建设；申报白朗县年楚河国家湿地公园1个，完成了巴松错等4处国家森林公园的景观改造；新审批了林芝自然博物馆驯养繁殖国家Ⅱ级重点保护动物猕猴及大绯胸鹦鹉项目，全区野生动物驯养繁育单位由原来的3家增至4家，驯养物种由单一向多种转变。对自治区藏药厂等6家企业实行了野生动物利用专用标识管理。

集体林权制度改革 全区纳入改革试点的集体林地面积2433.82公顷，共完成试点勘界确权面积2433.82公顷，669个宗地，涉及农户4625户，涉及农牧民19 865人。林改试点工作中，确权率为100%；到户率为4.8%；共发生纠纷19起，调解19起，纠纷调解率为100%；发放林权证300本，发证宗地438个，林改试点发证率为100%。集体林权制度改革试点主体改革工作已基本完成。

森林防火 据统计，2011年全区共发生林火2起，过火面积约1公顷，受害森林面积0.5公顷，与2010年同期相比，火灾次数、过火面积、受害面积都实现了大幅度下降，并且没有人员伤亡，呈现出“三个大幅度下降”，取得了自治区森林防火历史上最好成绩。

林业有害生物防控 2011年，全区林业有害生物发生面积与2010年基本持平。全年发生面积26.91万公顷，其中虫害发生面积14.31万公顷，病害发生面积7.57万公顷，鼠(兔)害发生面积为5.03万公顷。全区防治工作提前布置，各地(市)加强了对林业有害生物发生情况的监测和防治力度。全区共完成防治任务14.91万公顷，其中虫害防治面积7.94万公顷，病害防治面积4.04万公顷，鼠(兔)害防治面积2.93万公顷。

森林和野生动植物保护 严格办案程序和办案要求，坚决打击破坏森林和野生动植物资源的违法犯罪行为。全区共发生林业各类案件108起(行政案件102起、刑事案件6起)，查处108起，查处率100%。与2010年同期相比发案率下降25.3%，林业案件发案率已连续两年大幅下降，林业执法得到进一步加强。同时，联合相关部门开展依法查处非法经营野生动物产品及其制品活动，重点清理了拉萨、日喀则、那曲等10个集贸市场、132家商店，收缴藏羚羊等保护动物头角85个、皮2张、象牙制品29个。全区除拉萨市外已按要求实现了野生动物疫病监测信息网络直报系统传报监测信息。组织实施了9个野生动物疫源疫病监测站建设工程并建成6个。

林业基础工作 第八次全国森林资源连续清查暨西藏第二次复查工作已完成；开展了珠峰、芒康、工布等保护区资源调查工作和西藏湿地资源调查及青海境内唐北地区西藏实际管辖内550万公顷区域内的湿地调查；开展了“西藏沙棘优良品种选育及综合利用技术推广示范”等多个项目的研究。

林业宣传 2011年，中央和西藏主要媒体刊播林业新闻报道30多条(次)，开展重大主题宣传活动10多场，拍摄了林业专题片《至高利益》，为林业改革发展营造了良好氛围；上报林业信息209条，采用率82%，同比增加10%，在区直部门、全国各省级林业厅(局)中均名列前茅。编写了《西藏林业工作手册》，编制完成了《中国林业年鉴》、《西藏年鉴》等涉林部分的文字征稿和图片征集等工作。西藏自治区林业局分别被自治区人民政府、国家林业局评为“全区信息工作先进集体”、“全国林业年鉴工作先进集体”。

林业规划 完成了西藏林业“十二五”发展和林地保护利用等规划，资源林政、营造林、野生动植物保护、自然保护区建设及湿地保护与恢复、森林防火等方面共计30多个项目的前期工作。

【“十二五”期间西藏林业工作的总体目标】 到2015年，新增人工林地26万公顷(包括人工造林和封山育林)，治理沙化土地18万公顷，自然湿地保护率达到46%，森林覆盖率达到12.11%以上，活立木蓄积量达22.75亿立方米，林业系统生产总产值达20亿元以上，年带动农牧民增收10亿元以上；原生植被、生态公益林、重要湿地和珍稀野生动植物种群得到有效保护，可治理沙化土地得到有效治理，沙化土地扩展的趋势得到初步遏制，重点区域生态环境进一步改善，林产品生产能力进一步增强，初步建立起林业生态体系、林业产业体系和林业支撑保障体系。

【珠峰国家级自然保护区范围调整方案通过专家论证】 2011年3月30日，环保部邀请有关专家和国家林业局、西藏自治区环境保护厅、西藏自治区林业局、西藏日喀则地区行署、西藏珠穆朗玛峰国家级自然保护区管理局代表在北京召开会议，对修改完善后的西藏珠穆朗玛峰国家级自然保护区范围调整方案进行了论证。会议认为，修改完善后的方案在保持原保护区范围和功能区划整体不变的基础上，将定日、定结、聂拉木和吉隆4个县城，樟木镇等口岸、28个乡镇政府所在地和人口较为密集的村寨，以及国道、省道调出自然保护区；将旅游通道、边防公路和乡村公路由核心区、缓冲区调为实验区。保护区总面积由3 381 900公顷调整为3 268 153公顷。与会专家认为修改完善后的西藏珠穆朗玛峰国家级自然保护区调整方案适宜、可行，一致同意按照此方案上报审批。

【山南地区66.67公顷泽当防护林春尺蠖防治工作成效显著】 2011年3月中旬，山南地区林业局派检疫人员对泽当防护林内春尺蠖虫灾情况进行了详细的调查，对虫灾严重、有大量雌虫活动和即将产卵的雌虫活动的地方进行了标记，并抓住3月底、4月中旬是春尺蠖的产卵季节的最佳时机，组织人员开展虫卵清除工作。共组织民工400多人次、出动机械120台，防治面积约66.67公顷。

【西藏林业工程呈现出的三个亮点】 一是前期工作扎实到位，工程投资大，到位资金早。二是工程建设亮点多，成效好，新开工项目多，造林补贴、湿地补助等新项目顺利启动实施。三是项目管理规范，竣工验收工作得到进一步加强。

【西藏天然林资源保护二期工程】 《西藏天然林资源保护工程二期实施方案》已编制完成，确定了天保二期工程建设内容和投资规模，管护天然林131万公顷，封山育林1.93万公顷，人工造林0.27万公顷，中幼林抚育11.2万公顷，总投资约为12亿元，是一期工程投资的2.6倍。

【林业大事】

1月5日 自治区林业局召开局机关和直属事业单位干部大会，传达学习全区经济工作会议精神，重点传达学习了张庆黎书记、白玛赤林主席和郝鹏副书记的重要讲话精神。

1月8日 自治区林业局组织6个验收组分赴拉萨、山南、林芝、日喀则、昌都、那曲6地(市)41个县(市)，对国家2003年下达的6560.47公顷退耕地还生态林计划任务进行全面检查验收。

2月17~18日 西藏自治区副主席格桑次仁调研林业工作，实地察看了西藏自治区林业规划研究院、西藏自治区林木科学研究院、机场快速通道，详细了解了曲水县聂当乡青杨天牛防治、林改试点工作情况，实地参观了创园第一林、药王山公园的绿化情况和萨青园林绿化工程有限公司的苗圃建设等工作，并专程到自治区林业局机关听取了林业工作汇报。

2月26日 山南地区召开林业工作会议，自治区林业局副局长索朗旺堆、地区行署副专员乔增楼、地区政协副主席索朗旺堆、人大工委副秘书长尚新出席会议，各县分管林业工作的副县长、县林业局局长以及地直相关部门的领导和地区林业局在家的干部职工，共计87人参加了此次会议。

3月2日 拉萨市召开退耕还林暨林业绿化工作会议。会议的主要任务是，总结全市8年来退耕还林所取得的成绩，分析巩固退耕还林成果所面临的形式，部署当前和今后一个时期退耕还林工作，总结2010年林业绿化工作，研究部署2011年的林业绿化工作和表彰奖励退耕还林及林业绿化先进集体和个人，签订相关目标责任书。

3月5日 自治区加强基层建设年活动领导小组办公室第一巡回检查组组长张福山，率第一巡回检查组全体同志，深入林芝地区波密县八盖乡雄金村，看望自治区林业局加强基层建设年活动驻村工作组的全体同志，并对驻村工作组的工作情况进行了检查指导。

4月1日 成都专员办副专员张志忠、成都专员办西藏处处长王青山一行，深入日喀则地区检查植树造林、苗圃工作，调研珠穆朗玛峰国家级自然保护区建设情况，对樟木口岸开展濒危物种进出口管理及边境市场进行巡查。

4月3日 西藏森林资源连续清查第二次复查工作于2011年4月3日启动，由西藏自治区林业局和国家林业局中南林业调查规划设计院共同承担，300多位专业技术人员分赴全区68个县开展第二次复查野外调查工作。

4月8日 西藏自治区党委书记张庆黎、自治区主席白玛赤林等自治区领导和拉萨市党政军领导及自治区(中)直和市直机关干部、驻拉萨解放军、武警官兵、少先队员、群众5000多人，来到位于拉萨市堆龙德庆县柳梧乡正在建设中的拉萨至贡嘎机场专用公路两侧参加义务植树，以实际行动履行全民植树义务。

4月1~30日 林芝地区林业局、地区森警支队以及林芝、工布江达、米林等六个县林业局联合开展了“千里防火”宣传活动。

5月5日 国家林业局中南院、西藏自治区林业调查规划研究院50多人组成12个核查验收组，分赴全区各退耕还林工程县，对2011年度退耕还林到期面积保存情况进行重点核查。

6月9日 西藏自治区林业局召开全区集体林权制度改革试点工作情况通报会。国家林业局森林资源管理司汪绚司长、国家林业局中南林业规划院周光辉院长、自治区人大农环工委丹增多吉副主任、自治区人民政府秘书三处黄潇处长等出席会议。全区七地(市)林业局局长、分管林改工作的科长和5个试点县林业局局长及林改工作骨干人员、自治区林业局副县级以上干部参加了会议。

6月10～11日 西藏自治区林业局在拉萨举办了由七地(市)林业局长和工程项目管理人员参加的林业工程项目管理培训班。

6月29日至7月2日 阿里地区林业局协同日土县森林公安局，对羌塘国家级自然保护区阿汝地段进行了为期3天的重点巡逻。7月1日在阿汝乡群众的监督下，对收缴和群众上交的32只藏羚羊头角、50多张藏羚羊皮进行了销毁。

10月5～11日 自治区林业局局长雷桂龙带领工作组，先后到阿里地区普兰、札达、日土、噶尔等西四县就重点区域造林、防沙治沙、苗圃建设、原生植被和湿地保护、野生动物保护和肇事补偿以及林业机构建设等方面进行了深入细致的调研。阿里地区行署洛桑副专员、四县分管领导和地区林业局、四县林业局相关负责人陪同调研。

10月12日 自治区林业局召开"创先争优强基础惠民生活动"动员大会。动员大会由自治区林业局党组书记杰巴主持，全体干部职工参会。

11月1～4日 西藏自治区林业局组团参加由国家林业局和浙江省人民政府共同主办的第二届中国国际林业产业博览会暨第四届义乌森林产品博览会。西藏展厅共展示经济林产品、林下资源、野生植物、藏药材等6大类50多种产品。西藏展团荣获优秀组织奖、最佳展台设计奖和优秀展台奖；参展产品荣获优秀产品金奖2项，优胜奖1项。

11月16日 西藏召开全区森林防火工作会议，自治区副主席格桑次仁出席会议并作重要讲话。自治区政府副秘书长普布次仁，各地(市)林业局局长、防火办主任，武警西藏森林总队，西藏自治区林业局各处(室、局、办、站)以及下属事业单位的领导共计83人参加会议。

12月19日 自治区林业局驻波密县八盖乡雄吉村工作队在村委会举行元旦、春节、藏历年三大节日来临之前的送温暖慰问活动。自治区林业局党组书记、局"强基惠民"活动领导小组组长杰巴出席并作重要讲话，自治区林业局党组成员、自治区纪委驻局纪检组组长郭林豫及波密县"强基惠民"活动办公室、八盖乡党委、政府等领导参加。 (西藏自治区林业由陈平供稿)

陕西省林业

【概　述】 2011年，陕西省各级林业部门按照国家林业局、省委、省政府的总体部署，围绕"十二五"林业发展思路和工作重点，以建设"绿色陕西、生态陕西"为目标，各项工作顺利开展，造林绿化任务超额完成，森林资源得到有效保护，林业产业发展势头强劲，集体林权制度改革稳步推进。

造林绿化 2011年共完成造林绿化32.57万公顷，超额完成计划任务16%，其中人工造林19.96万公顷、飞播造林4万公顷、封山育林8.61万公顷。改造低产低效林6.59万公顷，抚育中幼林22.37万公顷。①林业重点工程稳步推进。天保二期工程实施8.93万公顷；退耕还林荒山造林、补植补造13.33万公顷；营建三北防护林、长江防护林8.07万公顷，治理沙化和荒漠化土地5.93万公顷，榆林沙区纳入国家京津风沙源治理二期规划。②重点区域绿化不断深入。千里绿色长廊建设快速推进，建成林带5521千米，208个村建成"三化一片林"绿色家园，几大重点板块绿化进展较快。西安市大水大绿工程建设成效显著、关中环线绿化效果迅速显现，渭南市南塬绿化基本完成，安康、汉中两市汉江绿化取得新进展，榆林市完成樟子松基地建设1.47万公顷，宝鸡市完成陕西西大门道路、水系绿化。③义务植树活动广泛开展。利用国际森林年和全民义务植树30周年纪念活动，广泛开展义务植树、认建认养活动，1300万人次参加义务植树8400多万株。

森林资源保护 ①森林火灾防控成效显著。在持续干旱、森林火险等级居高不下的严峻形势下，采取多种措施加强森林防火工作，森林火灾受害率控制在0.03‰以内，实现了无大火、无重大人员伤亡的目标。陕西省森林防火在全国综合考核排名跃居第四，得到了国家森防指、国家林业局的充分肯定。②有害生物防治工作卓有成效。全面推行各级政府和林业主管部门双线目标管理责任制，重点加强松材线虫病的防控工作，拔除了略阳县、汉滨区、山阳县5个乡镇的疫点，全省林业有害生物成灾率控制在4.14‰以内。③管护力度不断加大。坚持依法管理、积极服务国家重点工程建设和全省经济社会发展，全年审核征占用林地项目444起，征占用林地0.55万公顷，有计划采伐人工商品林65.6万立方米，查处各类林业案件4988起，维护了森林资源安全，保持了林区治安秩序稳定。④野生动植物和湿地保护稳步推进。认真实施动植物检疫，组织开展湿地资源调查，全面启动第四次大熊猫调查工作，延安黄龙山褐马鸡和米仓山自然保护区晋升为国家级自然保护区。承办全国大熊猫工作会议和朱鹮保护30年国际研讨会，提升了陕西省野生动植物保护在全国的地位。

林业产业 坚持产业发展与生态建设紧密结合、相互促进，林业总产值达322亿元，较2010年增长23.4%。①干杂果经济林基地建设初见成效。新增核桃、红枣、板栗、花椒、柿子五大干杂果经济林9.13万公顷，改造6.47万公顷，实现产值75亿元。全省五大干杂果总面积达118.13万公顷，基地建设初具规模。②种苗产业发展迅速。全省培育造林绿化苗木2万公顷，可产合格苗木29.8亿株，实现产值47.5亿元。建成119处核桃采穗圃和苗木繁育基地，年产优质核桃苗木3000万株以上，基本满足全省核桃产业基地建设所需良种壮苗。③森林旅游方兴未艾。全省建成78处森林公园，接待游客1034万人次，以门票为主的旅游直接收入达4亿元，森林公园成为城乡群众节假日休闲度假的首选地。④林下经济蓬勃发展。林下种植业、养殖业、采集业多头并进的局面正在形成，宁陕县林下经济收入达2.45亿元，农民人均收入在4000元以上，占总收入的70%。

林权制度改革 ①集体林权主体改革不断完善，巩固改革成果。林权证发放任务全面完成，累计发证358万本，发证面积985.43万公顷，发证率达100%；调处林权纠纷24 244起，调处面积42.2万公顷，纠纷调处率99%。②集体林权配套改革稳步推进。27个县级林权管理服务中心相继成立，落实林权抵押贷款11.8亿元、生态效益补偿资金1.9亿元，扶持发展林业专业合作组织763个，注册资金4亿元，成员2.5万人，规范林地流转，累计流转14.2万公顷，集体林经营逐步向集约化、规模化发展。③造林机制不断创新。推行造林绿化招投标制、合同制、报账制、监理制，实行市场化运作，专业公司施工，成活率大幅提高。榆林市能源企业投资造林不断深入，全年投入资金1.65亿元，造林1万公顷。

林区民生建设 民生工程陆续启动，林区群众生产生活条件逐步改善。①主动参与移民搬迁工程。按照省政府移民搬迁工作部署，制定移民搬迁生态修复规划，出台优先安排生态修复资金和征占用林地、林木采伐指标等多项优惠政策，免征育林基金，并将林业工程建设任务和项目向移民搬迁的县(区)倾斜，落实资金6.5亿元，解决移民搬迁用地、用材等问题。②林业棚户区(危旧房)改造全部开工。争取中央补助和省级配套资金2.7亿元，加快推进立项、征地、设计等各项工作，全省开工建设12 616户，开工率100%。③林区基础设施建设不断加强。国有林区饮水安全工程纳入全国农村饮水安全规划，国有林场广播电视建设项目纳入全省广播电视村村通工程计划，省宁西林业局、永寿槐坪林场等电网改造项目纳入全省农村电网改造计划，省直国有林业局林区道路建设纳入全省农村公路建设计划，建设总规模80.9千米。④国有林区职工收入低的问题初步解决。森林抚育、天保工程公益林建设等国家林业重点项目进一步向国有林场倾斜，促进了职工增收。省属森工企业自己动手实施工程建设，大力发展林场经济，职工收入月均提高730元。

投资与科技 ①林业投资持续增长。全省落实中央林业资金50.1亿元。重点工程和棚户区改造投资占全部林业建设资金总额的82.2%，省级重点项目配套资金实现了历史性突破，配套资金总量达到历史最高。对宝鸡航空护林站、牛背梁保护区等国家林业局审批的项目给予全额配套。市县财政对林业投入大幅增加，超过18亿元，特别是榆林、延安两市市县财政分别投入5亿元和3.5亿元。②科技支撑能力不断加强。继续实施“十百千”林业科技示范工程，建设科技示范基地14个、示范点123个、示范户1134户，完成各类适用技术示范推广面积7.93万公顷，培训林农22.2万人次。

【陕西省林业工作会议】 2011年1月13日，陕西省林业工作会议在西安召开。会议主要学习贯彻省委十一届七次全会和全国林业厅(局)长会议精神，总结全省2010年和“十一五”林业工作，安排部署“十二五”和2011年的工作，表彰全省集体林权制度改革先进单位、全省绿化先进单位和工作者，为获得陕西省生态文明教育基地称号的单位授牌。会议由林业厅陈玉忠副厅长主持，副省长姚引良参加会议并讲话；省政府副秘书长胡小平宣读表彰决定；张社年厅长作题为《把握机遇，乘势而上，推进全省林业再上新台阶》的主题报告。会议指出，“十二五”期间，陕西林业发展，要以科学发展观为指导，以转变发展方式为主线，以国土增绿、农民增收为目标，以城乡绿化、林业产业和森林保护为重点，坚持生态建设与农民增收相结合、造林绿化与改善人居环境相结合、扩大规模与巩固成果相结合，深化改革，创新机制，科技兴林，依法治林，推动全省林业全面、协调、可持续发展，为建设西部强省做出新贡献。力争到“十二五”末，争取国家林业投资280亿元以上，全省森林覆盖率达到43%，活立木蓄积量达到4.7亿立方米，林地保有量1226.67万公顷，林业总产值达到800亿元。姚引良副省长要求林业工作做到“五个不放松”，他强调：要抓住造林绿化不放松，加大投入力度，广泛运用新技术，不断提高造林绿化质量；要抓住深化林改不放松，加快推进配套改革，依法有序开展林权流转；要抓住产业发展不放松，加快发展干杂果经济林以及种苗花卉、森林旅游等产业，促进林农增收致富；要抓住资源保护不放松，搞好森林防火和病虫害防治，保护生态建设成果；要抓住提高职工收入不放松，加快林场改革，鼓励和扶持林业职工发展产业。各市、县、区政府分管林业工作的副市长、副县长、副区长和林业局长，杨凌示范区管委会分管主任和科教发展局局长；省发改委、省财政厅、省人力资源和社会保障厅、交通厅、运输厅、水利厅、农业厅、审计厅、省政府研究室的负责人；省军区、省委政策研究室、省气象局、西安铁路局、西北农林科技大学、国家林业局驻西安专员办、西北林业调查规划院、中国农业银行陕西省分行的有关负责人；林业厅领导和各处(室、局)、厅直单位主要负责人参加会议并参观西安世园会园区建设现场。西部网对会议进行现场直播。

【签署合作共建“绿色陕西”备忘录】 2011年3月6日，国家林业局与陕西省人民政府共同签署合作共建“绿色陕西”备忘录。签字仪式由国家林业局副局长祝列克主持，国家林业局贾治邦局长和陕西省省长赵正永分别代表国家林业局和陕西省政府签署备忘录。根据协议，双方将通过深化林改、构筑“三屏三带”、实施移民搬迁生态恢复工程等措施，使陕西到2015年全省森林覆盖率达43%以上，活立木蓄积量达4.7亿立方米，林地保有量达1226.67万公顷以上，全省自然保护区数量达51处，面积达115万公顷，生态环境得到明显改善；林业产业总产值翻两番，达到800亿元，林业产业结构进一步调整，实现由资源大省向产业强省的转变；国家和省级生态文明教育基地达12处以上，林业可持续发展能力进一步加强，基本建成布局合理、结构优化、功能完备的现代林业体系。省委书记赵乐际和贾治邦分别致辞。

【朱鹮保护30周年国际研讨会】 2011年5月23～24日，由国家林业局和陕西省政府共同举办的朱鹮保护30周年国际研讨会在陕西洋县召开。1981年5月，中国科学院动物研究所刘荫增先生在秦岭南麓洋县姚家沟发现当时仅有的7只朱鹮，从此拉开了保护朱鹮的序幕。目前，陕西朱鹮种群已发展到1440余只，其中野外种群数量近1000只，人工饲养种群数量达到440多只；朱鹮分布范围由发现时的500公顷扩大到60万公顷，涉及陕西省汉中、安康和宝鸡3市9个县(区)。

研讨会开幕式由国家林业局国际合作司副司长章红燕主持，陕西省政协副主席李冬玉、国家林业局保护司司长张希武分别致辞，陕西省林业厅厅长张社年介绍了陕西省30年来朱鹮保护工作情况。开幕式结束后，全体与会代表在洋县梨园景区参加了朱鹮放飞活动。国家林业局、陕西、河南、浙江、北京等省市林业厅(局)和汉中市、日本驻华大使馆、日本环境省野生生物课、韩国庆尚南道环境政策科等国内外领导嘉宾共100多人出席会议。研讨会上，国家林业局保护司、陕西省林业厅、日本环境省、韩国昌宁郡牛浦沼管理事务等有关朱鹮保护、管理和研究部门的十多位国内外专家分别介绍了朱鹮保护的发展状况及项目建设情况，浙江大学、日本京都大学、日本新泻大学的专家教授分别作了朱鹮保护方面的学术报告。国家林业局保护司总工程师严旬作总结讲话。

【陕西省天保工程工作会议】 2011年7月7日，陕西省天然林资源保护工程工作会议在西安召开。会上，祝列克副省长作了讲话，并代表省政府和各市政府签订了天保工程二期目标责任书，张社年厅长作天然林保护工程工作报告。并代表省林业厅和各市林业局签订天保工程二期年度考核责任书。对天保工程一期先进个人和集体颁发了奖状，安排部署天保工程建设二期工作。

祝列克要求，实施天保工程二期建设，要严格执行天然林禁伐政策，建立健全管护制度，切实保护现有森林资源；要加大森林资源培育力度，推进公益林建设，努力增加森林资源总量；要坚持多元化发展方向，积极引进和大力培育龙头企业，加快推进林区发展；要不断改善林区民生，加快基础设施建设，完善社会保障体系，加强社区社会管理；要积极深化林区改革，尽快实现行政管理、森林资源管理和企业经营“三分开”，构建天然林保护的长效机制。

【陕西天然林资源保护一期工程建设】 陕西省从1998年试点启动天然林资源保护工程、2000年全面实施以来，全面完成了工程一期建设任务，取得显著成效，产生了良好的生态效益、社会效益和经济效益，为全省经济社会发展提供了生态保障。①天然林得到有效保护，森林资源快速增长。通过采取禁止天然林商品性采伐、人工林限伐，开展飞播造林、封山育林、加强森林管护和抚育等措施，全省森林资源得到有效保护，总量持续增长，实现了“一降三增”：林木消耗量明显下降，累计减少森林资源消耗5500万立方米，相当于全省林木年净生长量的5倍多；有效保护532.13万公顷天然林，新建公益林187.6万公顷，全省森林面积比工程实施前增加216.47万公顷，达853.27万公顷，增长了34%；活立木蓄积量比工程实施前增加0.9亿立方米，达4.24亿立方米，增长了27%；森林覆盖率比工程实施前增加8.9个百分点，达41.42%，增长率达27%，大大超过了规划目标。陕北地区成效尤为明显，特别是延安市活立木蓄积量由工程实施前的4520万立方米增加到现在的5376万立方米，净增856万立方米；天然林面积由工程实施前的108.33万公顷增加到126.2万公顷，净增17.87万公顷。②生态环境发生显著变化，生物多样性得到有效保护。天保工程实施13年，全省森林生态功能逐步增强，平均每年吸收二氧化碳2097万吨，释放氧气1794万吨。森林植被逐步恢复，水源涵养功能明显增强，水土流失面积和沙尘暴发生次数逐年减少，流入黄河泥沙平均每年减少1.8亿吨，最近几年基本没有发生沙尘暴。全省生态状况实现了由“整体恶化、局部好转”到“整体好转、局部良性循环”的历史性转变，为经济社会可持续发展奠定了良好的生态基础。随着生态环境的逐步好转，动植物生存环境得到明显改善。野生动物种群扩大，数量增加。秦岭大熊猫栖息地“岛屿化”现象得到缓解，种群数量增加到273只；朱鹮种群自然分布区扩大到洋县及周边的9个县(区)，数量达1440余只。在一些地方消失多年的狼、狐狸、金钱豹、鹰、梅花鹿、锦鸡、猫头鹰等走兽飞禽重新出现。国家Ⅰ、Ⅱ级保护植物珙桐、独叶草、秦岭冷杉、太白红杉、红豆杉等物种数量明显增加。③产业结构得到有效调整，林区经济总量不断增加。林区的经济主业由从事木材生产转为生态建设，经济林、林下经济、种养殖业、森林旅游业等非木产业得到较快发展，全省林业产业总产值从1998年的34亿元增长到2010年的261亿元。其中，第一产业结构优化，年森林资源消耗量由815万立方米减少到237万立方米，降低70.9%；商品材产量由1998年的231万立方米减少到2002年的零计划，调减幅度100%。经济林得到极大的发展，全省五大干杂果经济林总面积达110.8万公顷，产量达68万吨，产值超过60亿元，花椒和核桃基地面积、产量、产值分别列全国第一、二位，干杂果经济林已成为全省广大山区农民增收的重要途径。种苗花卉业发展迅速，年生产各类苗木15亿株以上、花卉2840万株、林木种子3200吨，年产值7.8亿元。第二产业明显缩小，木材加工业所占比例由1998年的16.6%下降到6.6%。第三产业成为天保工程区新的经济增长点，森林旅游与休闲服务收入大幅提高，2010年森林旅游直接收入3.3亿元，综合收入达140亿元。同时，金融机构免除了国有林业单位近4亿元的贷款本息，极大地减轻了企业负担。④林业职工和林农生活有较大改善，林区社会和谐发展。国家累计投入全省天保工程中央资金49.95亿元，财政转移支付9.88亿元，地方实际配套资金3.5亿元，为工程实施提供了重要的资金保障，不仅为禁伐减产后职工转岗创造了就业条件，保证了职工收入，而且保障了木材停伐后林区教育、医疗卫生等社会管理、公共服务正常运行，解决了职工养老、医疗等社会保险，确保了林区社会稳定。同时，还加大了基础设施建设，将林区饮水安全、电网改造、林区道路建设纳入国家规划，进行全面建设。从2009年开始，投资16.5亿元实施林业棚户区(危旧房)改造工程，改造住房25 248户。工程完成后，林区住房面貌焕然一新，职工生产生活条件将得到极大改善，林区社会更加和谐。

【林业棚户区(危旧房)改造全面开工】 2011年，陕西省林业棚户区(危旧房)改造已经全面开工，主要采取了以下措施。①加强领导，高位推动。省林业厅成立以张社年厅长为组长，分管副厅长为副组长，厅计资处、林场站、资源局为成员的林业棚户区(危旧房)改造领导小组，多次召开专题会议，研究部署林业棚户区(危旧房)改造工作。各市、县(区)成立了以分管市、县(区)长为组长的林业棚户区(危旧房)改造领导和督查小组，组织林业、发改、国土、财政、城建等部门研究解决工程中遇到的困难和问题。省、市、县三级联动，高位推进，确保林业棚户区(危旧房)改造工作快速推进。②周密部署，落实责任。林业厅与住房和城乡建设厅联合下发《关于将国有林场危旧房改造工程任务纳入各市、县目标责任考核的通知》，将国有林场危旧房改造责任落实到各市、县人民政府，得到市、县政府高度重视和大力支持，国有林场危旧房改造进度明显加快。9月20日，召开林业棚户区(危旧房)改造统计工作会议。10月8日，下发《陕西省林业厅关于进一步加快林业棚户区(危旧房)改造建设进度的紧急通知》，提出全省林业棚户区(危旧房)改造开工最后时间表，制定了进度旬报、排名通报、领导约谈、投资调控、责任追究等多项保障措施。③蹲点督查，攻坚破难。针对3季度全省林业棚户区(危旧房)改造进度仍然不十分理想的问题，省林业厅紧急召开厅务会议，专题研究林业棚户区建设进度。从10月11日起，由8名厅领导带队，组成8个督查组，分赴全省10市及省资源局系统，现场督导林业棚户区(危旧房)改造工作。各市林业局、省森林资源管理局专人蹲点，不全面开工不返回。④跟踪统计，动态监测。从10月起启动全省林业棚户区(危旧房)改造旬报制度，各市每月5日、15日、25日对改造进展情况进行统计上报，对各地开工建设进度进行全省通报。与省统计局互相沟通、联合评估，发现问题及时协商解决；对省资源局系统各林业局跨县区的项目，专门与统计部门沟通，确定落实统计定点报送单位；对开工难度较大的县(局)和项目，除实施专人蹲点督查外，还实行信息动态监测，一有进度马上统计。

【冬季森林防火演练】 2011年10月26日，陕西省在黄陵县举行森林防火演练。副省长祝列克、省政府副秘书长胡小平、省林业厅厅长张社年等出席演练。

演练共分通讯设施、105火炮、120火炮、消防水车、60火箭筒和综合演练6个科目。在防火队员娴熟的操作下，灭火炮精确命中目标，大火应势熄灭。为防止火情复燃，消防水车立即开到火场，对残留火星进行扑灭，不到10分钟火情全部消灭。在综合演练项目中，防火应急分队队员在指挥长的带领下，迅速赶赴火场，按照指定队形分成若干个扑火队，手持风力灭火机、铁锨等消防器械，用分割包围、逐个击破的战术进行防火扑火演练，在队员们的协同努力下，实战演练取得圆满成功。

【打击侵犯林业知识产权和制售假冒伪劣种苗专项行动】 2010年12月至2011年3月，陕西省林业厅在全省林业系统集中开展打击侵犯林业知识产权和制售假冒伪劣种苗专项行动。在经济林发展区和种苗基地，以核桃等五大干杂果为重点，集中打击侵犯他人品种权及制售假冒伪劣种苗的行为；在林产品市场，以人造板、木地板、木质门为重点，集中打击侵犯他人商标权、专利权及制售假冒伪劣产品的行为。

通过开展专项行动，对侵犯林业知识产权和制售假冒伪劣种苗的案件进行严肃查处，对违法违规企业与个人进行曝光，对假冒伪劣品种种苗进行灭活处理，增强了企业守法意识，形成自觉抵制假冒伪劣产品、重视知识产权保护的社会氛围。

【中日技术合作中国西部地区林业人才培养项目座谈会】 2011年4月24日，中日技术合作中国西部地区林业人才培养项目座谈会在西安召开。会上，日方专家就项目联合委员会第二次会议内容和项目计划的修改等情况进行说明，为完善《培训实施手册》提出修改意见，双方并就2011年度的培训任务和需求进行深入探讨，确认项目2011年度培训计划，为确保项目顺利实施奠定了基础。中日双方均表示要借这次座谈会，加大对项目的宣传，扩大项目影响力，实现项目目标。

【“十二五”野生动植物保护工作目标】 陕西省林业厅提出，“十二五”期间，陕西省野生动植物、湿地保护与自然保护区建设的目标是：建成高标准、现代化的秦岭大熊猫繁育基地，全省人工圈养大熊猫种群达到30只以上；继续实施朱鹮野化放飞项目，全省朱鹮种群数量达到2000只以上；建立全国最大林麝繁育基地，全省林麝种群数量达到4000只以上；加大湿地保护工作，全省50%以上的自然湿地得到有效保护；申报晋升国家级自然保护区5个，规划新建各类自然保护区5个，使保护区总面积达到115万公顷，占全省国土面积的5.6%；进一步完善省、市、县三级野生动植物保护管理机构，加强疫源疫病监测站点建设，有效提高保护区管理水平。实现上述目标，主要靠实施重点保护、实施自然保护区示范、实施产业带动、实施疫病防控、实施原产地保护、实施保护与恢复并举6项措施。

【2011西安世界园艺博览会】 2011年4月28日至10月22日，第41届世界园艺博览会在陕西西安成功举办。博览会由陕西省政府、国家林业局、中国贸促会、中国花卉协会共同举办，西安市政府承办。本届博览会以“天人长安，创意自然”为主题，以“绿色引领时尚”为宣传口号。博览会园区总面积418公顷，其中水域面积188公顷，总投资20亿元。共有105个国内外城市和机构参展，设置室外展园109个，入园游客达到1572.89万人次。本届博览会有五个鲜明的特点：一是充分体现绿色低碳环保理念；二是始终坚持国际化标准；三是全景展示一流园林景观；四是积极顺应群众愿

望和期盼；五是对经济社会发展的带动效应明显。2011西安世界园艺博览会的成功举办，展示了人类与自然、城市与自然和谐共生的新理念和新创意，是一届跨越经济、文化、科技等领域的多元化、综合性、世界级的博览盛会。

为力保2011世界园艺博览会落户西安并成功举办，陕西省林业厅领导数次赴京汇报，认真做好联络协调和筹备工作，组织实施园区和周边绿化，切实抓好引进植物检疫，精选42只“秦岭四宝”(朱鹮、大熊猫、金丝猴和羚牛)入驻世园，热情接待国内外来宾100多批次2000多人次，为世园会成功举办发挥了重要的协调和保障作用。 （陕西省林业由郭震、吕旭东供稿）

甘肃省林业

【概 述】 2011年以来，在甘肃省委、省政府的正确领导下，在国家林业局的大力支持下，全省各级林业部门坚持以科学发展观为指导，认真学习贯彻胡锦涛总书记在庆祝中国共产党成立90周年大会上的重要讲话精神，以大地增绿、农民增收为目标，按照发展现代林业、建设生态文明、促进科学发展的要求，不断解放思想、开拓创新、扎实工作，各项林业建设保持了良好的发展态势。

推进生态建设 2011年度全省共完成人工造林16.29万公顷，封山育林10.07万公顷，新育苗9867公顷，出圃各类苗木23.8亿株。完成义务植树8746.8万株，新建义务植树基地681个，绿色通道和城乡一体化建设稳步推进。完成了全省退耕还林和天保工程省级检查验收及国家级阶段核查工作，正在组织编制天保工程二期方案和筹备全省天保工程工作会议。推进三北工程建设，泾渭河流域、元城河流域、黑河流域3个百万亩项目初步纳入国家三北五期规划。玛曲黄河首曲湿地和太子山省级自然保护区晋升国家级自然保护区的相关工作正有序进行。

深化林业改革 按照甘肃省委、省政府要求，向在林权制度改革中存在突出问题的25个县下发督办通知，有力促进了整改工作。至目前，全省已完成勘界确权面积368.29万公顷，占应改林地面积的99.94%，其中家庭承包经营350.53万公顷，占勘界确权面积的95.18%。已完成林权颁证面积368.29万公顷，占应发证面积的99.94%，全省排查林权纠纷5231起，调处5230起，调处率99.99%，有280.08万农户拿到林权证。制订下发《甘肃省集体林权制度主体改革检查验收工作方案》，14个市州全面开展自查自验。7个试点县(区)积极推进配套改革，大力发展林下经济。已开展林权流转2.14万公顷，盘活了森林资源资产。按照“产权到户、补贴到户”的原则，为128.57万户农民落实公益林生态效益补偿资金。办理抵押林地宗数2232宗，抵押林地面积1.12万公顷，落实林权抵押贷款10 463.75万元。已建立农民林业专业合作社129个，合作经营林地面积7.57万公顷，提高了农民的组织化水平。7个试点县(区)分别建立林业综合服务中心，为农户提供技术培训、林权登记、资源评估、产权交易、法律咨询和科技培训服务。积极推进国有林场改革，向国家发改委编报《甘肃省国有林场改革试点方案》，庆阳市被国家发改委、财政部等八部委列为全国国有林场体制改革试点单位。

积极改善民生 加强对厅系统灾后重建及棚户区改造项目建设的监督检查，及时召开推进会，向有关市(州)政府下发催办函，以确保建设任务如期完成。各相关单位和市(州)强化措施，切实加快灾后重建和棚户区(危旧房)改造进程。截至2011年底，“5·12”地震灾后恢复重建厅直单位304个项目全部开工建设，其中完工项目301个，在建项目3个。完成中央投资5.29亿元，占中央投资计划的100%。2011年，国家安排全省林业棚户区(危旧房)改造任务9300户，其中5000户被省委、省政府列为为民办的27件实事之一。截至2011年底，9300户全部开工建设，开工率100%。

项目资金管理 截至2011年底，落实到位中央和省级林业建设投资41.37亿元，其中中央投资31.05亿元，省级投资3.26亿元，其他投资7.06亿元。加大项目争取力度，《石羊河流域防沙治沙及生态恢复专项规划》已经国家发改委批准实施，《祁连山水源涵养区生态环境保护和综合治理规划》正在审批之中。编报完成《甘肃省林业发展“十二五”规划(送审稿)》和年度林业固定资产投资项目储备及林业财政专项资金申报工作。全面完成2010年森林抚育试点任务4万公顷和造林补贴试点任务2.19万公顷。对外合作交流取得新进展，3个新增项目顺利启动，利用外资3542.67万美元，13个正在执行的林业外资项目进展良好。

促进产业发展 紧紧围绕促进农民增收六大行动，以1000万亩优质林果基地建设为依托，大力开展林业产业建设。组织召开全省优质林果基地建设培训会，分解目标任务，制定具体的扶持、考核办法和考核细则。与陇南市委、市政府主办了2011中国陇南(武都)花椒产销对接暨经贸洽谈会。争取省政府出台了《甘肃省林果产业扶持办法》，全省各地普遍把经济林果建设作为发展农村经济、促进农民增收的主要手段全力推进。2011年是省政府《1000万亩优质林果基地建设发展规划》付诸实施的第一年，计划完成18.88万公顷，其中新造5.04万公顷，提质增产和低产改造13.84万公顷。截至2011年底，已完成19.41万公顷，其中新造5.12万公顷，提质增产和低产改造14.29万公顷。出台《关于支持葡萄酒产业发展的意见》，进一步优化全省葡萄酒区域资源与品种结构，推动标准化生产和产业化经营。顺利完成西安世界园艺博览会甘肃百合园的筹建和参展工作。组织召开全省林木种苗工作会议暨康乐县育苗产业现场会，有力推进全省林木种苗产业健康、协调发展，促进了农民增收致富。

强化资源保护 《甘肃省林业生态环境保护条例》于2011年6月1日起正式施行。制定并实施了《甘肃省林业行政处罚自由裁量权实施办法》和《甘肃省林业行政处罚自由裁量权实施标准》，林业执法工作进一步规范。组织开展"执法监督年"活动、加大林政案件查处力度。2011年，全省共发生林政案件2634起，查处2612起，查处率99.16%。林地林权管理更加规范，林地保护利用规划编制工作有序推进。加强采伐限额管理，规范集体林采伐管理。全省一类清查工作进展顺利，二类调查外业验收工作全面完成。组织开展了"亮剑行动"，依法有效打击各类破坏森林资源的违法行为。林业应急处理突发能力进一步增强，森林病虫害及野生动植物疫源疫病得到有效防控，连城"6·7"森林火灾得到及时科学有序扑救。

提升保障能力 按照省委要求，深入开展"创先争优"和"建设学习型党组织"活动。以纪念建党90周年为契机，积极组织"唱红歌"、"讲党史"等庆典活动，广大林业干部职工的宗旨意识、责任意识、服务意识明显增强。坚持科技兴林，积极申报国家和省级科研项目，不断加大林业科技推广力度，有重点地扶持油橄榄、核桃、葡萄等优质特色林果基地建设以及先进实用技术的示范与推广。继续深化人事制度改革，大力推行领导干部竞争上岗和轮岗交流制度，制定出台《处级领导干部竞争上岗实施办法》，进一步优化干部结构，完善用人机制，增强党组公信力。严格落实党风廉政建设责任制，不断加强《廉政准则》的贯彻执行力度和权力运行的监督制约，增强领导干部廉洁从政的自觉性和主动性。省政府政务大厅林业窗口工作进一步加强，人大建议和政协提案高效办理。热情接待来信来访，妥善处理信访问题。政务公开和机关日常管理进一步规范，林业综合服务保障能力明显增强。

【甘肃基本林情】 甘肃省自然环境严酷，森林植被稀疏、生态环境脆弱，林业生态建设任务十分艰巨。据全省第六次森林资源连续清查成果显示，全省现有林业用地955.44万公顷，占全省国土总面积的21.24%，居全国第12位。其中有林地239.23万公顷，占林地总面积的25.04%。活立木总蓄积2.17亿立方米，居全国第26位。经济林总面积25.71万公顷（不含沙棘和文冠果面积）。森林覆盖率13.42%，居全国第26位。全省共分布有高等植物4400余种，属国家重点保护的34种；陆栖脊椎动物843种，列入国家重点保护的104种，其中国家Ⅰ级保护动物32种，Ⅱ级保护动物72种。还有93种被列入《濒危野生动植物种国际贸易公约》。特别是白水江林区的大熊猫、金丝猴和祁连山林区的雪豹、白唇鹿等闻名世界。甘肃省还是全国中药材主产区之一，现有中药材9500个品种（包括野生），居全国第二位。全省共有288个国有林场、站和108个国有苗圃，83处森林公园。省、地、县、乡四级均设有专门的林业管理和服务机构，2011年末，全省在册林业职工人数40 916人。

【天保二期工程】 甘肃省天保二期工程实施范围与一期工程实施范围相一致，包括兰州、白银、天水、定西、平凉、庆阳、陇南、甘南、临夏、武威等市（州）的67个县（市、区）及14个市（州）属国有林业总场（管理局、林场、站、绿化指挥部）；省直白龙江林管局所属林业局、小陇山林业实验局及白水江、祁连山、兴隆山、太子山、莲花山、尕海则岔等国家级自然保护区管理局，共94个实施单位，工程区土地总面积2093.07万公顷，占全省土地面积的46.1%。甘肃省天保二期工程建设（2011～2020年）工程总投资121.27亿元，其中中央总投资105.34亿元，省级投资11.94亿元，市县投资3.99亿元。主要建设任务：一是继续停止天然林商品性采伐；二是强化森林资源管护，确保工程区森林资源的安全；三是继续加强公益林建设，完成人工造林36.67万公顷，封山育林51万公顷；四是加强森林经营，完成国有中幼龄林抚育68.87万公顷；五是增加林区就业，提高职工收入，完善社会保障。基本目标是到2020年，森林面积增加60多万公顷，工程区森林覆盖率提高近2.8个百分点，达到24%以上；森林蓄积净增4500万立方米，增加碳汇2250万吨；二期工程实施期间，为林区提供职工就业岗位25 544个，林区职工收入和社会保障接近或达到社会平均水平。

【三北五期工程】 甘肃省三北五期工程规划范围涵盖包括酒泉、嘉峪关、张掖、金昌、武威、兰州、白银、临夏、定西、天水、平凉、庆阳12个市（州）的70个县（市、区）。行政单位分别占全省14个市（州）、87个县（市、区）的86%和80%；土地面积39.05万平方千米，占全省总土地面积45.44万平方千米的86%。三北五期工程规划造林总任务量为110万公顷，其中人工造林50万公顷，封山育林60万公顷。基本目标是通过人工造林、封山育林、退化林分改造、中幼林抚育等项目建设，新增林地面积110万公顷；治理沙化土地360万公顷，沙化土地治理率达30%以上；更新改造农田林网2.4万公顷（折合约4万千米），林网改造率达到100%，农田林网化率达90%以上；治理水土流失面积300万公顷，水土流失治理率达35%以上；林木良种率达到80%以上，林业科技贡献率达40以上；力争到2020年使工程区森林覆盖率由现在的12.5%提高到14.5%。

【森林采伐】 《国务院批转林业局关于全国"十二五"期间年森林采伐限额审核意见的通知》（国发〔2011〕3号），批准甘肃省"十二五"期间年森林采伐限额111.2万立方米。按林分起源分：人工林采伐限额63.4万立方米，天然林采伐限额47.8万立方米；按采伐类型分：抚育采伐限额56.6万立方米，更新采伐限额7.6万立方米，其他（包括低效林改造）采伐限额47万立方米。2011年，全省采伐消耗森林、林木活立木蓄积量9.4333万立方米，占全省"十二五"期间年森林采伐总限额的8.5%。按林分起源分：人工林采伐消耗量6.6368万立方米，占人工林年采伐限额的10.5%；天然林采伐消耗量2.7965万立方米，占天然林年采伐限额的5.9%。按采伐类型分：抚育采伐消耗量4.7981万立方米，占年抚育采伐限额的8.5%；更新采伐消耗量1.0312万立方米，占年更新采伐限额的13.6%；其他采伐消耗量3.6040万立方米，占年其他采伐限额的7.7%。2011

年，全省采伐生产商品材4.3092万立方米。运输木材1.386万立方米，占全省全年商品材出材量的32.2%。2011年，全省因项目建设征收、占用、临时占用林地、森林经营以及林区农牧民群众生产生活用材采伐消耗天然林活立木蓄积量2.7965万立方米，出材量1.4938万立方米。

【林政稽查】 2011年，甘肃省不断加强林政执法建设，完善基础设施、改进执法手段、加强服务管理，林政执法水平有明显提高。各级林政执法部门严格落实执法责任制，严格执行"收支两条线"制度，坚持持证上岗、亮证执法、依法行政、公正文明，树立良好的执法形象。正式启用全国林业行政案件统计分析系统，确保林政案件统计的及时性、科学性，林政执法的科学化进程进一步加快。2011年，全省共发生林政案件2634起，查处2612起，查处率99.16%，与2010年同期相比增加903起。其中盗伐林木案件512起，滥伐林木案件468起，违法占用林地案件347起，违法运输木材案件436起，非法收购、经营、加工木材案件182起，乱捕滥猎野生动物案件22起，有力地打击了各种破坏森林资源的违法行为。同时，严格票证管理，实行专人保管、专人发放、逐领逐审、年终集中审验等申领审批制度，有效维护了木材流通秩序。严格落实木材经营加工许可和年检制度，在全省范围内开展木材市场的清理整顿，较好地解决了木材加工秩序混乱，私收滥购木材，无证经营加工木材等问题。

【甘肃花椒】 花椒是甘肃省具有明显竞争优势的经济林树种之一，产量和产值在全国名列前茅，主要分布在甘肃陇南、天水、临夏、平凉、甘南、定西、庆阳、兰州等市(州)的33个县(区)。其中陇南、临夏、天水3市(州)的22个县(区)的栽培面积占全省栽培总面积的96%。在全省33个花椒栽培县(区)中，栽培面积排名前10位的是武都区、康县、临夏县、积石山县、文县、礼县、宕昌县、秦安县、西和县、甘谷县，约占全省栽培总面积的85%。截至2011年底，全省花椒栽培总面积达25.04万公顷，产量8.65万吨，产值3.38亿元。特别是甘肃陇南自古素有"千年椒乡"的美誉，是优质花椒"大红袍"的故乡。甘肃省林业厅、陇南市委、市政府按照做大做强特色优势产业的战略部署，坚持把花椒产业作为兴林富民、促农增收的战略性主导产业来抓，全省花椒产业发展迅速，成效十分显著。2011年7月19日，中国陇南(武都)花椒产销对接暨经贸洽谈会在甘肃陇南成功举办，有效提升甘肃省花椒品牌的知名度，实现了产销对接，促进了当地区域经济发展。花椒产业已经成为推进甘肃农业结构调整，繁荣农村经济，增加农民收入的优势林果产业。

【甘肃苹果】 苹果产业是甘肃省在全国具有明显竞争优势和发展潜力的特色产业。天水"花牛苹果"、"平凉金果"等苹果品牌在国内外市场有相当知名度和影响力，"静宁苹果"、"泾龙"、"赤诚"、"陇蜜"、"董志塬"、"礼县苹果"、"秦安苹果"等苹果品牌以其优良的品质，赢得国内外消费者的青睐。苹果也是甘肃省分布范围最广、栽培面积最大的果树树种，全省14个市、州都有苹果栽培。位于陇东南黄土高原的平凉、庆阳、天水、陇南(礼县、西和)是全省的苹果主产区。截至2011年底，全省苹果种植面积38.68万公顷，产量369.80万吨，产值65.48亿元。其中平凉、庆阳、天水、陇南4市栽培苹果36.19万公顷，产量330.54万吨，产值55.61亿元。全省建成1000吨级以上现代化果品气调库130座，500~1000吨级气调库578座，机械低温冷藏库220座，以土窑洞为主的各种简易贮藏果窖3.2万个，总贮藏能力达72万吨，占全省苹果产量的44%。仅甘肃静宁县成立贮藏营销企业15家，建成500吨级以上气调库26座，果品总贮藏能力16万吨，占全县苹果产量的70%。全省有各类苹果加工、包装、产后处理、苗木繁育等相关企业150多家。其中苹果浓缩果汁加工企业8家，有自营出口权的果品企业16家，果袋生产企业24家，苹果采后商品化处理(清洗、消毒、分级、打蜡、包装等)生产线11条，6.67公顷以上苹果良种苗木繁育企业4家，还有苹果醋、苹果酒、苹果脆片等中小型加工企业9家，部分企业尚处于起步阶段。全省建设中小型果品批发市场、产地交易市场60多处，年交易量约60多万吨。在历次中国国际农产品交易会、中国国际水果展览会等大型展会上，甘肃花牛苹果、平凉金果、庆阳红富士苹果等均为展会的一个亮点，荣获一系列金奖和"奥运推荐果品"、"中华名果"等称号，甘肃苹果的市场知名度不断提升，竞争力明显增强。

【外资项目】 2011年，甘肃省正在实施和争取的外资项目共20个，其中在建项目13个，当年新启动项目3个，正在衔接争取的项目4个。正在实施的有中德合作天水造林、日本小渊基金援助的敦煌造林、兰州造林、民勤造林、古浪造林，世行贷款林业持续发展、世界自然基金会大熊猫保护、欧盟生物多样性保护、GEF土地退化防治管理与政策支持项目等13个林业外资项目，围绕造林、生物多样性保护、林业技术合作、土地退化防治等内容，按计划完成了当年工作任务。2011年新启动项目3个。一是全球环境基金赠款利用生态方法保护洮河流域生物多样性项目。2011年4月15日正式启动，编制完成了项目《启动报告》、《2011年度工作计划》，并报送联合国开发计划署区域中心审批；二是亚行贷款甘肃林业生态发展项目，2011年12月16日在西安正式启动实施；三是日援舟曲灾后重建项目。积极与灾后重建经验丰富、技术先进的日本衔接争取项目援助，并邀请日本国际善邻协会理事八岛继男一行到舟曲灾区进行考察，争取到小渊基金赠款2800万日元，用于舟曲县开展泥石流灾后植被恢复重建。2011年新申报外资项目4个。一是中法合作法开署贷款甘肃文冠果生物能源项目，二是亚行碳汇基金甘肃林业援助项目，三是中韩合作改善敦煌生态项目，四是中德兰州新区生态综合治理项目，项目衔接工作有序开展。

【种苗产业】 截至2011年底，甘肃省共建成国有苗圃108处，经营面积1791.8公顷，年平均产量为12 172.4万株，分布在14个市(州)、60个县(区)。国有林场苗圃共有221处，经营面积3300.64公顷，年平均产量为

40 205.6 万株。2011 年共育苗 33 亿株，育苗面积达 19 100 公顷。其中留床面积 9200 公顷，育苗量 9.2 亿株；新育 9867 公顷，育苗量 23.8 亿株。主要树种以庆阳子午岭油松、小陇山落叶松、临夏云杉、玉门新疆杨为主。2011 年共计销售苗木 4.9 亿株，销售金额 5.8 亿元。

【森林旅游】 甘肃省共建立森林公园 83 处(国家级 21 处、省级 62 处)，建设旅游道路 1823.39 千米、车船 188 辆(艘)、旅游接待床位 10 645 张、餐位 12 503 个；从事森林旅游业的职工有 3573 人、导游 217 人，其他社会从业人员 7170 人；麦积、冶力关、大峪、天祝三峡、官鹅沟、鸡峰山、腊子口、沙滩、小陇山、莲花山等国家级森林公园获得中国国家森林公园专用标志使用授权；2011 年，全省森林公园共接待游客 416.55 万人次，其中海外游客 1.81 万人次。旅游收入总额 6190.86 万元。其中门票收入 2410.55 万元，食宿收入 2525.87 万元，娱乐配套服务收入 564.18 万元，其他旅游收入 690.26 万元。

【森林防火】 2011 年，甘肃省共发生一般森林火灾 7 起，其中较大森林火灾 3 起。过火总面积 143.92 公顷，受害森林面积 23.61 公顷(其中原始林 14.03 公顷)。损失蓄积 1412.43 立方米、幼林 2.04 万株。损失折款 7.9 万元。出动扑火工日 7337 人(次)、车辆 638 台(次)。扑火经费 77.51 万元。全年没有发生重大森林火灾和人员伤亡事故。全省春防期间共张贴标语 13.7 万张，散发各种宣传材料 43.4 万份，出动宣传车辆 2645 台次，出动宣传人员 9627 人次，悬挂横幅 218 条，在公众场合播放影视 1322 场，书写标语 1688 处，设置警示牌 182 处，召开各种森林防火工作会议 1090 场次、受教育群众达 190.8 万人次。

【病虫害防治】 2011 年，甘肃省林业有害生物发生面积 29.06 万公顷，其中病害 6.38 万公顷、虫害 13.37 万公顷、鼠害 9.30 万公顷，成灾面积 1.99 万公顷，完成防治面积 25.75 万公顷，其中无公害防治面积 21.58 万公顷，成灾率为 3.2‰，无公害防治率 83.83%，全年未发生重大林业有害生物疫情。为及时向各行业和林农提供便捷服务，利用中国移动公司推出的集团短信(企信通)快捷方便的短信群发功能，开通全省森林病虫害监测预警信息发布平台业务，2011 年 7 月份正式向全省进行林业有害生物监测预报信息发布，累计发送林业有害生物监测预警信息 12 条，信息发布量达 10 536 条次。甘肃省网络森林医院于 2010 年 9 月开始筹建，2011 年全面完成数字填报、专家组建立、项目申报、网站建设、应用试点、宣传推广、反馈完善等各项后期检测工作，并开始试运营。目前有 20 位森防专家在线轮流坐诊，为果农、林农现场答疑解惑。该网络森林医院的建成，标志着甘肃省林业有害生物防治工作由传统人工服务方式进入了网络信息化服务的快车道，对全面提升甘肃省林业有害生物防治水平具有重要意义。2011 年 9 月，甘肃省森防站正式更名为甘肃省林业有害生物防治检疫局。

【林业科技】 2011 年，省级科研单位争取国家部委科研项目 15 项，省级科技计划项目 16 项。通过验收鉴定科研推广项目 51 项，获得甘肃省科技进步奖励 9 项。组织申报国家林业行业标准 13 项，参与审定通过地方行业标准 16 项，地理标志产品 1 项，获得专利 5 项。全省林业科研单位出版论著 5 部，发表科技论文 350 余篇。组织申报 2011 年中央财政林业科技推广项目 10 个，重点扶持油橄榄、核桃、葡萄、枣等优质特色林果基地建设及先进实用技术的示范与推广。对全省 2009 年和 2010 年中央财政林业科技示范资金安排的 18 个项目进行绩效评价，项目评分为 97 分、评价等级为 A 级。2011 年度确定全省林业科技特派员 60 名，组织科普宣传活动 60 次，印发林业适用技术科普资料 2 万份(册)，出动宣传车 50 次，悬挂标语 102 幅，举办各类培训班 150 期，培训专业技术人员 500 人次，培训农民技术员 3000 人次。2011 年，甘肃省林业信息化建设取得明显成效，成立全省林业信息化建设领导小组和工作办公室。领导小组由省林业厅厅长高清和任组长，副厅长赵建林、张肃斌任副组长，厅机关各处室负责人为成员。全省 14 个市(州)林业局和 26 个厅直属单位相继成立林业信息化领导小组，确定专门工作人员负责信息化建设。

【林业大事】

3 月 8 日 在甘肃礼县召开全省集体林权制度改革现场会，甘肃省委副书记鹿心社、副省长泽巴足和国家林业局林改司副司长李近如出席会议并分别作讲话。

3 月 9 日 全省林业局长会议在甘肃礼县召开，会议认真总结 2010 年林业建设成效，安排部署 2011 年林业生态建设任务。

3 月 12 日 省绿委办会同有关部门在兰州市东方红广场举行以“践行低碳生活，共建绿色家园”为主题的大型宣传咨询活动，现场参与群众近万人。

4 月 1 日 《甘肃省林业生态环境保护条例》经甘肃省第十一届人民代表大会常务委员会第二十次会议审议通过，于 2011 年 6 月 1 日起施行。

5 月 20 日 原中国科协副主席、中国沙漠及沙漠化领域研究的开拓者刘恕一行到甘肃省治沙研究所民勤野外工作站考察指导工作。

5 月 31 日 全省森林抚育试点工作现场会在甘肃天水召开，会议总结分析了甘肃省实施森林抚育试点工作以来取得的成效和存在的问题，交流了工作经验，对今后的森林抚育试点工作作出全面部署。

7 月 29 日 在甘肃康县召开全省林木种苗工作会议暨康乐县育苗产业现场会，系统总结甘肃省林木种苗工作取得的成就和经验，安排部署全省林木种苗工作。

8 月 23 日 甘肃省副省长李建华一行来省林业厅调研林业生态建设情况，并就加强甘肃林业生态建设工作作出指示。

10 月 7 日 全国油橄榄产业发展研讨会暨中国经济林协会油橄榄协作组换届会议在甘肃陇南武都召开。

10 月 9 日 甘肃省政府出台《关于进一步加强三北防护林体系建设的意见》。(甘肃省林业由赵俊供稿)

青海省林业

【概　述】 2011年，全年共完成营造林任务12.47万公顷，其中完成人工造林任务5.07万公顷，封山育林7.4万公顷，义务植树1424万株，累计落实各项林业建设资金16.1亿元。2月22日，在全省林业工作会议上，省林业厅出台林业工程"亮牌"制度，推行林业工程建设质量与投资挂钩制度，完善造林质量监督检查和责任追究制度，调动各地对林业工程建设的积极性。2011年，全省林业投资和营造林质量均为历年之最，实现了林业"十二五"良好开局。

2011年，各项林业工程取得新进展。①退耕还林工程。完成人工造林0.87万公顷，封山育林1.4万公顷。完成了对全省2003年度7.33万公顷退耕还林地及玉树州(玉树县除外)两个县2002年度的退耕地造林省级全面自查和国家重点抽查核查，经国家重点核查，全省面积保存率达99.93%，比2010年提高0.23个百分点，名列全国前茅。②三北防护林建设工程。完成人工造林1.87万公顷，封山育林3.33万公顷。全省防沙治沙目标责任通过国家考核组考核。启动实施三北防护林建设五期工程。编制完成《2011～2020年防沙治沙规划》、《三北五期工程规划》。西宁市大南山绿色屏障建设项目、大通县景阳镇水源涵养林建设项目被国家林业局评为三北防护林体系建设2010年度优质工程，为全省起到了示范和带动作用。③天然林保护工程。完成人工造林0.15万公顷，封山育林2.67万公顷。启动实施天保二期工程，编制完成《青海省天保工程二期实施方案(2011～2020年)》和《青海省天保工程二期2011年度森林管护实施方案》。6月28日召开全省天然林资源保护工程工作会议，专门对天保二期工程进行安排部署。制定并引发《青海省天然林资源保护工程财政专项资金管理实施细则》。全省天然林管护面积达367.8万公顷，中央投资达到3.4亿元。④野生动植物和自然保护区建设工程。三江源生态建设工程林业项目年度任务全面完工，落实投资6355万元，共完成封山育林3.9万公顷，沙漠化防治1.27万公顷，湿地保护2万公顷。青海湖流域生态环境保护与综合治理工程林业项目全面完成年度计划任务，共完成生态林建设1.47万公顷，沙漠化土地治理1.8万公顷，湿地保护13.33万公顷。青海湖、扎陵湖、鄂陵湖3处国际重要湿地保护补助试点工作稳步推进。全省湿地资源野外调查工作全面完成。围绕全省重点工程和经济社会发展大局，顺利完成三江源自然保护区总体规划修编任务，祁连山保护区功能区调整工作以及柴达木梭梭林省级自然保护区晋升国家级自然保护区工作。组织起草《青海省重点保护陆生野生动物造成人身财产损失补偿办法》，并经省政府审议通过。

【国土绿化】

城镇绿化　围绕"身边增绿、建设绿色家园"活动，以西宁南北山绿化和格尔木城市周边防沙治沙为重点，重点加大了对人口聚居区的绿化工作，2011年的造林重点安排在城镇周边，集中连片、具备灌溉条件的地块。要求高起点、高标准的造林，造林尽量采用大苗，力求一次造林成型、成林，取得实效。在城镇绿化中，将重点放到主要街道和城镇中心绿地绿化上。造林中缩短苗木假植环节，提高了造林成活率。西宁南北山高质量、高标准完成480公顷的春季造林任务，为计划任务的135%。栽植各类苗木200万余株，为构筑西宁绿色屏障打下坚实的基础。

村庄绿化按照建设社会主义新农村、新牧区的要求，2011年安排资金4000万元，完成200个村的村庄绿化工作，重点开展村庄、道路、庭院、农田林网绿化。

全民义务植树活动　4月2日，省委书记、省人大常委会主任强卫，省委副书记、省长骆惠宁，省委副书记王建军，省政协主席白玛等省五大班子领导与300多名干部群众在西宁南山公园的浦宁友好园等植树点参加义务植树活动。积极组织开展"三八林"、"护士林"、"厅局长林"、"玉树常青林"等一系列有特色的义务植树活动和保护"古树名木"等活动，完成义务植树1424万株，通过行之有效的宣传活动，动员社会参与义务植树活动。

【集体林权制度改革】 2011年是全省集体林权制度改革主体改革全面推开的第二年，也是主体改革的攻坚之年。在省委省政府的高度重视和正确领导下，全省累计完成确权发证面积212.72万公顷，占全省林改工作总任务的96.14%。西宁、海东、海南、黄南、海北、海西等地全面完成林改任务。一年来，全省各级林改机构认真贯彻落实党委政府工作部署，抽调工作人员3000多人投入林改。各级政府在工作经费缺口较大的情况下，克服困难，积极筹措经费，仅西宁、海东自筹经费就达300余万元。为确保工作进度，实行林改工作进展月通报制和领导分片督导责任制，省林业厅党组成员全部参加了分片督导，责任包干，全厅5个督导组全年实地督导均在3轮以上。省委、省政府督查室还专门下发督办通知，专项督查州、县党委政府组织、领导、落实、推进林改工作的情况。针对工作中出现的新情况、新问题，及时召开部分地区集体林权制度改革工作专题督导会议，确保全省主体改革符合实际，健康推进，为全面完成主体改革的目标任务，深化配套改革奠定坚实的基础。造林投资机制改革和公益林管护机制改革同步推进，林权抵押、森林保险、农牧民林业专业合作社等林改配套改革调研和探索取得积极进展。

【生态效益补偿】 全面完成国家重点公益林306.74万公顷的管护任务，完成森林抚育补贴试点中幼林抚育1.33万公顷。为保证国家级公益林建设工程健康运行，规范运作，根据财政部有关规定和《青海省实施〈中央财政森林生态效益补偿基金管理办法〉细则》，省林业厅会同省财政厅编制《青海省2011年森林生态效益补偿基金实施方案》。全省按照不同地类、权属、林种和管护主体，将国家级公益林全部落实到山头地块，层层抓落实，做到任务、目标、资金、责任和管护"五落实"，切实把国家级公益林管护责任落实到了乡、村、林场、地块和管护者。

【碳汇造林和生态系统服务功能价值评估体系建设】积极探索并开展林业碳汇造林试点工作。开展全省林业碳汇潜力评估等前期工作。编制完成《2012年青海省碳汇造林实施方案》，完成了0.14万公顷碳汇造林地块选择和碳汇基线现地调查以及参与式社区调查工作。为探讨青藏高原气候变化对生态系统及碳汇功能的影响，与国家林业局科技司、中国林科院组织召开青藏高原气候变化与生态系统碳汇功能国际研讨会。结合澳援碳汇造林示范项目，完成《青海省胡丹、下营流域碳储量估测及林地碳吸收潜力评价》和《青海基于林业碳汇社区生态效益补偿研究》的碳汇造林课题研究，有效推动全省碳汇造林进程。

为准确掌握青海省生态价值，为生态立省战略提供科学依据，开展了全省生态系统服务功能价值评估体系建设工作，积极争取国家对青海生态价值评估和监测站建设项目的支持，委托国家林业局调查规划设计院完成《青海省生态系统服务功能价值评估体系建设方案》。规划在全省不同地类建立陆地生态系统定位研究站8个，进一步建立完善生态安全监测体系，开展动态监测。目前，除已建成的三江源湿地生态站、共和荒漠生态站外，大通高寒区森林生态系统定位研究站建设项目已经国家林业局批复实施并开工建设。

【森林资源安全】

森林防火 坚持"预防为主、积极消灭"的方针，广泛宣传动员群众，狠抓火源管理，认真督促检查各项预防措施的落实，全年未发生重大森林火灾和人员伤亡事故，全省取得连续25年未发生重大森林火灾和人员伤亡事故的好成绩。据统计，全省共发生森林火灾6起，其中一般森林火灾2起，较大森林火灾4起，受害森林面积72公顷。

林业有害生物防控 开展了首次林业有害生物检疫执法活动，开通青海省网络森林医院。全面完成国家林业局2011年下达青海省的林业有害生物防治考核"四率"指标。全省完成林业有害生物防治面积17.44万公顷，为防控目标任务的131%，防治率达56.69%，防治作业面积达26.45万公顷(次)，其中防治病害1.3万公顷，防治虫害6.06万公顷，防治鼠害10.08万公顷；无公害防治面积达25.8万公顷，无公害防治率达97.55%；预测发生面积28.13万公顷，测报准确率达96%；全省完成种苗产地检疫0.29万公顷，种苗产地检疫率达到100%；林业有害生物成灾面积1.03万公顷，成灾率为2.3‰，比2010年下降0.5‰。

严打专项行动 各级森林公安机关先后开展"春季攻势"、"亮剑行动"、"啄木鸟行动"等严厉打击破坏森林和野生动物资源的违法犯罪行动，全力维护林区的治安稳定。共查处各类森林和野生动物案件1760起，案件综合查处率为98%，共打击处理各类违法案件犯罪人员1913人(次)，收缴木材356立方米，野生动物制品519件，为国家挽回经济损失337万元。

【林业产业】 始终把发展林业产业作为促进农牧民增收致富的重要抓手，按照省委、省政府"东部沙棘，西部枸杞"的产业发展思路，采取政府引导、大户带动、退耕户参与的发展模式，积极培育和发展产业。编制完成《青海省枸杞产业发展规划》、《青海省沙棘产业发展规划》、《青海省木本油料发展规划》，其中沙棘和枸杞发展规划已经省政府批转实施。结合三北工程、退耕还林等林业重点工程，在西宁、海东等地区新建沙棘基地0.2万公顷，在海西以及共和盆地等地区新建枸杞基地0.14万公顷，在河湟谷地新建核桃等经济兼用林基地0.11万公顷。2011年，全省沙棘林面积达到14.87万公顷，可采果利用面积近6.67万公顷；枸杞种植规模达到1.47万公顷，其中0.47万余公顷已进入产果期，年产干果1.05万吨。在第二届中国国际林业产业博览会、2011中国森林旅游博览会和中国首届核桃节上，青海省高原特色林产品受到很多客商的青睐，推荐的林特产品和森林旅游产品获得4个金奖和3个优质奖。全省林业产业已逐步走上规模化、标准化、规范化生产模式，并极大地带动了农牧民增收致富。据统计，仅枸杞产业一项年产值就达5亿元，实现项目区人均增收1500元。

【林业项目】 完成日元贷款青海湖流域周边地区生态环境综合治理项目人工造林4408公顷，封山(沙)育林(草)13 490公顷，工程固沙969公顷，完成总投资4521万元。澳援项目ACEDP青海子项目、GEF土地退化防治项目、三江源生物多样性保护项目、欧盟生物多样性保护项目、小渊基金植树造林项目、WWF高原湿地保护等外援项目顺利推进。积极组织编报2012年中央预算内林业投资建议计划草案，共申请中央预算内投资项目137个，申请"十二五"期间藏区发展生态建设与环境保护项目16个。编制完成了《青海省"十二五"林业发展规划》、《2011～2020年防沙治沙规划》、《三北五期工程规划》、《湿地保护工程实施规划(2011～2015)》。同时，抓住国家继续实施西部大开发战略，结合加快藏区发展和国家林业局对口支援班玛县等机遇，编制《湟水流域百万亩人工林基地建设规划》、《青海省林地保护利用规划》、《青海省玛可河国家重点国有林区基础设施建设规划》、《班玛县林业生态建设规划》，进一步丰富和完善高原现代林业建设的规划体系。

【科技推广】 共落实国家科技推广项目5项，落实资金600万元。组织实施省科技厅下达的"柴达木地区枸杞良种选育及规范化栽培技术研究"和"沙棘、白刺生态经济林种植技术推广及优质原料基地建设"科技攻关项目。结合全省实际，研究制定《金(银)露梅播种育苗及造林技术规程》、《青杨雄株扦插育苗技术规程》、《西丰杨扦插育苗及造林技术规程》、《河北杨扦插育苗及造林技术规程》4个地方标准。结合海西州梭梭林资源优势，推广肉苁蓉人工接种技术项目，在海西州德令哈市怀头塔拉镇、乌兰县柯柯镇天然梭梭林地人工接种肉苁蓉120公顷，进一步拓展了林业产业和沙产业的发展空间。完成4个县林业科技推广站能力建设项目和5个标准化乡镇林业站建设任务。

【种苗工作】 编制印发《青海林木种苗"十二五"发展规划》。先后开展全省林木种苗质量检查和打击制售假冒伪劣林木种苗和保护植物新品种权专项行动。审（认）定通过青杨雄株优良无性系等7个林木品种。完成新育苗0.11万公顷，为计划任务的107%，共储备各类林木种子19万千克，出圃各类苗木3.76亿株，全省种苗合格率达96%。

【生态文化】 先后组织开展以"爱鸟护鸟，促进生态文明"、"加强濒危动物保护、建设美好生态家园"、"森林与湿地和水息息相关"为主题的爱鸟周、野生动物保护宣传月、湿地日和林业防灾减灾等宣传活动。开展"省树"评选活动，全省各界约11万人次参与了评选。制作《天保十年》纪实专题片，编印《大美青海·绿色家园》、《青海省国家级、省级重点保护野生动物物种识别手册》等宣传资料。结合林业重点工程建设、林业产业发展、集体林权制度改革和义务植树等活动，进一步加大林业生态建设宣传力度，全省主要媒体播发林业新闻500余条，开展深度主题宣传活动10余次，为林业发展营造了良好的舆论氛围。依托自然保护区和森林公园，建成一批生态文化宣传教育基地。全省生态建设成就展馆和野生动物展馆相继落成，进一步丰富和拓展了高原生态文化的内涵。

【玉树灾后重建】 积极推进玉树灾后生态恢复重建工作，共下达玉树地震灾后恢复重建林业项目29项，投资1.3亿元；全年共安排21批42位处级干部驻玉树州指导开展生态恢复和灾后重建工作；完成三江源纪念碑碑体修复并通过验收。按照省住房领导小组的安排，落实全省国有林区危旧房改造任务1500户，开工率达100%。

【对口帮扶】 加强班玛县灯塔乡的对口帮扶工作，筹措资金141万元解决人畜饮水和出行难题。积极扶持农牧民发展林下经济，推广农作物新品种，为群众发放生活物资，有效解决了当地群众的实际困难。

【队伍建设】 通过"抓作风建设，促工作落实"、"创先争优"等活动，不断推进"四型"机关建设。为提高林业行业依法行政水平，组织开展全省林业系统行政执法培训，完成林业行政执法资格考试和执法证换发工作，开展年度行业职业技能鉴定和培训工作。积极服务全省经济发展大局，在林地征占用、林木采伐等方面做到提前介入、主动服务、简化程序，努力为全省重点工程建设做好行政审批。同时，全面推行政务公开制度，高度重视信访工作和人大代表建议、政协提案的办理工作。建立健全教育、制度、监督并重的惩防体系，不断创新机制，认真落实党风廉政建设责任制，建立了一支作风优、工作实、敢打硬仗的林业工作队伍。

【林业大事】

1月8日 青海省林业厅举行揭牌仪式，青海省林业局正式更名为青海省林业厅。青海省委书记、省人大常委会主任强卫，省委副书记、省长骆惠宁，国家林业局党组副书记、副局长祝列克，省委常委、省总工会主席穆东升，省人大常委会副主任马福海，副省长邓本太，省政协副主席陈资全出席揭牌仪式。

1月10日 青海省林业厅对重大林业有害生物疫情实行周报告制度，进一步完善林业有害生物月报告制度。

2月22日 在全省林业工作会议上，省政府与六州、西宁市政府、海东地区行署签订2011年林业有害生物目标责任书，将林业有害生物防控"四率"指标纳入政府目标考核内容。

2月25日 青海省完成林业有害植物普查工作。

3月20日至6月20日 青海省林业厅组织开展首次林业有害生物春季检疫执法行动。

3月30日 青海省政府召开全省全民义务植树暨造林绿化总结表彰电视电话会议，副省长邓本太出席会议并讲话。

4月7日 中日民间绿化合作小渊基金项目湟中县南朔山造林工程正式开工建设。计划造林66.67公顷，投资158.2万元，其中小渊基金资助53.8万元（700万日元），国内配套104.4万元。

4月20日 "布哈河流域明亮长脚金龟子发生规律及综合防治技术研究"通过省科技厅成果评审，并获国家实用新型专利一项，成果达到国际同类研究先进水平。

8月10日 青海省首个网络森林医院正式开通。

10月10～12日 青海省林业厅邀请西北农林科技大学林学院专家为全省天然林区针叶林病害防控提出科学防控措施。

11月1～4日 在第二届中国国际林业产业博览会上，青海省推荐的林特产品获得4个金奖和3个优质奖，青海诺木洪农场被评为最佳参展奖。

11月4日 青海省大通县组建了全省第一支森林防火专业扑火队。

11月11日 青海省被国家林业局抽查的16个林木种子样品的净度、发芽度、含水量指标全部达标，林木种子质量全部合格。

11月15日 青海省林业厅编制的《青海省枸杞产业发展规划》经省政府批准实施。

11月25日 省林木品种审定委员会召开2011年度林木良种审（认）定会议，审（认）定通过7个林木品种，其中审定通过2个林木品种，认定通过5个林木品种。

11月30日 青海省林改办"全省集体林权制度主体改革进展情况月通报（12月份）"通报全省累计完成确权发证面积212.72万公顷，为林改总面积的96.14%。青海省提前一年基本完成林改主体改革任务。

12月22日 青海省林业厅编制的《青海沙棘产业发展规划（2011～2020年）》经省政府批准实施。

（青海省林业由宋晓英供稿）

宁夏回族自治区林业

【概　述】 2011年，全区共完成营造林面积10.15万公顷，其中人工造林6.77万公顷，封山、封沙育林3.39万公顷；建设特色经济林基地2.67万公顷，实现林业及相关产值132亿元；完成全民义务植树2001万株。全区林地面积达180.1万公顷，其中森林面积61.8万公顷，森林覆盖率达到11.89%，比2005年增长了2.05个百分点。完成沙化土地治理面积9.44万公顷。国务院专家组对宁夏"十一五"防沙治沙目标责任制落实情况给予了充分肯定和高度赞扬；国家林业局贾治邦局长专程率领国家林业局四个司局的十多位领导和专家，亲自视察宁夏防沙治沙工作，高度赞扬"宁夏是全国防沙治沙的一面旗帜"。

【优势特色产业】 完成经果林基地建设3.34万公顷，其中枸杞0.46万公顷，葡萄0.47万公顷，红枣1.26万公顷。苹果0.23万公顷，花卉0.05万公顷，其他经果林0.87万公顷。目前已形成全区苹果4.73万公顷、枸杞5.13万公顷、葡萄2.93万公顷、红枣6.4万公顷的种植规模。经果林年总产量达11亿千克，产值达75亿元，林业及相关产业产值达132亿元。建立了"中国枸杞馆"和"中国枸杞博物馆"，中宁县被国家林业局再次命名为"国家枸杞示范基地"；贺兰山东麓百万亩葡萄产业文化长廊建设全面启动，完成了《宁夏贺兰山东麓百万亩葡萄长廊基地建设总体规划》，自治区党委正式批准成立葡萄花卉产业管理局。

【生态移民工程】 组织编写了《宁夏中部干旱带生态移民安置区特色经济林建设规划(2011～2015)》，完成了10个移民示范村、20个移民示范户的特色经济林基地建设，举办生态移民温棚果树栽培技术培训班12期。

【科学综合治理】 加强了对盐池县、灵武市、同心县、沙坡头区四个县级综合示范区和灵武白芨滩、盐池哈巴湖、中卫林场等多个综合治理示范林场的建设，各示范区综合治理沙漠化土地0.2万公顷；中德财政合作中国北方荒漠化综合治理项目完成沙漠化综合治理2万公顷。

【湿地保护】 全区45%以上的自然湿地得到了有效保护，湿地保护面积已达27.2万公顷，比第一次普查时增加了1.67万公顷，是全国为数不多、湿地面积不减反增的省区之一；鸣翠湖、悦海、星海湖等三家国家湿地公园被国家林业局正式授牌，创造了国家一次给予一个省区批准多个国家湿地公园的记录；在全国13家国家级湿地公园补助试点中宁夏有4家入围，补助资金达1450万元。

【天保工程】 宁夏天保工程得到了国家林业局的大力支持，共有102.05万公顷天然林纳入管护范围，46.75万公顷天然林纳入国家生态效益补偿范围，完成公益林建设1.75万公顷、中幼林抚育0.73万公顷，6879名国有林场职工全部参加了"五种"社会保险，共争取落实天保资金2.3亿元，是2010年的5倍，资金增加幅度名列全国第一，宁夏天然林真正实现了应保尽保，应保全保。

【退耕还林】 全面完成了国家下达的0.6万公顷退耕还林建设任务，完成了1.69万公顷的退耕还林补植补造任务，退耕还林合格保存率逐年提高。

【森林防火】 2011年把森林防火工作纳入到了自治区政府对五个地级市效能目标考核指标体系，森林火灾受害率远远低于1‰的控制指标，续写了连续62年没有发生较大森林火灾的记录。

【林政稽查】 全区共发生林业行政案件547起，查处538起，查处率为98.35%。其中盗伐林木15起，占2.75%；滥伐林木86起，占15.73%；毁坏林木、苗木32起，占5.85%；违法征、占用林地77起，占14.08%；非法收购、运输木材5起，占0.74%；违法经营、加工木材10起，占1.83%；非法猎捕野生动物8起，占1.47%；非法收购、出售、运输野生动物及其产品4起，占0.74%；违反森林植物检疫规定6起，占1.1%；违反林木种苗管理规定2起，占0.37%；其他案件303起，占55.4%。

【自然保护区管理】 2011年完成了《宁夏森林旅游发展规划》，建立了兴庆区月牙湖胡杨林自然保护区；各自然保护区相继实施了一批基础设施及能力建设项目，贺兰山管理局投资2400万元，完成了"贺兰山阙"旅游景区的主体工程建设，实现旅游收入530万元；启动了区级森林公园审批工作，批准建立7家区级森林公园。

【森林病虫害防治工作】 2011年健全完善了区、市、县三级森林病虫害预测检疫网络、信息管理系统和目标管理责任制，强化了调控手段和约束机制，积极推广无公害防治技术，有效预防和阻止了重大危险性森林病虫害的发生和蔓延。

【集体林权制度改革】 全区集体林权制度改革工作全面推进。创造了全国生态脆弱区林改的"宁夏模式"。彭阳县、泾源县被评为"全国林改典型县"；沙坡头区、中宁县、海原县等7区县被评为"全国林改林下经济发展百县典型"；彭阳，泾源、同心、中宁等4个县被国家林业局确定为"首批创建全国农民林业专业合作社示范县"。

【防沙治沙工作】 继续实施全国防沙治沙示范区项目，认真组织实施盐池县、灵武市、同心县、中卫市防沙治沙示范县项目，综合治理荒漠化土地0.2万公顷，实施中德北方荒漠化综合治理2.2万公顷，宁夏防沙治沙与生态保护项目通过项目评估。由联合国环境规划署与宁夏合办的全球第一所防沙治沙大学——中国防沙治沙大学，2011年正式建成招生，宁夏成为为全球培养防沙治沙专门人才的基地。成功举办了"阿拉伯国家防沙治沙培训班"，为阿拉伯国家培养了300多名治沙人才，举办了"阿尔及利亚防沙治沙培训班"，开始为非洲培养治沙人才。

【林业宣传】 全年在人民日报、光明日报、中央人民广播电台、中国绿色时报、宁夏日报、宁夏电视台、新华网等多家中央及自治区主要新闻媒体对宁夏林业建设进行了集中报道，报道篇目达8000多篇(条)。澳门日报等9家澳门媒体记者专门到联合国UNEP/中国防沙治沙大学(学院)采访报道。配合宁夏电视台制作了《构建祖国西部生态安全屏障——宁夏林业生态建设纪实》、《全世界防沙治沙人才的摇篮——联合国UNEP/中国防沙治沙大学(学院)》、《实施天保工程 建设绿色家园》等三部专题片。3月份在自治区政府召开了退耕还林工程新闻发布会，11月份在北京人民大会堂举行了"宁夏多种一棵树、华北少落一粒沙、北京减少沙尘害"大型宣传活动。

【科技成果】 2011年，全区林业科技工作者共获得12项自治区科技成果，其中有6项成果获奖，"六盘山无脊椎动物资源考察"等3个项目获得自治区科技进步二等奖，"西部沙樱等灌木资源引进及开发应用"等3个项目获自治区科技进步三等奖；在第二届中国国际林业产业博览会和第四届苹果擂台赛上，宁夏参展的林产品获得金奖7个、三等奖1个、优秀奖10个。

【科技推广】 全年在原州区、中卫等地大力推广宁南山区枸杞优新品种高产栽培、中卫南山台地区苹果优质高效配套生产、枣树优质丰产栽培等22项林业新技术，建立SOD精品苹果、有机葡萄、落叶松低产林改造等科技示范园15个，示范面积826.67万公顷；建立灵武长枣、中宁枸杞、永宁设施果树栽培等全国标准化示范区4个，贺兰山森林生态系统定位研究站正式通过国家林业局批复立项。

【科技下乡】 2011年自治区各级林业部门组织大规模送科技下乡活动8次，开展技术讲座20场次，共发放培训书籍1800多册、技术资料16 000多份，培训基层技术人员、果农4100多人次，培训农民53 000多人次。自治区林业局为固原市、原州区等3个基层林业工作站配送了30多万元的电脑、投影机等培训物资，培训基层技术人员、果农4100多人次，培训农民5.3万人次，为全区林业系统基层单位建设农家书屋119个。

【林业标准化编制】 组织编制了枸杞(枸杞子)、牛心朴子生物碱提取工艺技术标准、乌拉尔甘草栽培技术规程等国家标准3个、黄土丘陵沟壑区造林技术规程行业标准1个、宁夏杠柳苗木繁育技术规程、红道乐园栽培技术规程、枣树促花促果调控技术规范等林业地方标准12个。

【林业大事】

1月6日 宁夏GEF执行办组织召开了宁夏土地退化监测与评价指标体系建设研讨会。

2月 吴忠市被国家林业局命名为"国家园林城市"，盐池县和隆德县被命名为"国家园林县城"。

3月15日 全区林业局局长会议在银川召开，自治区副主席郝林海出席会议并作了重要讲话。

4月2日 自治区绿化委员会和首府绿化委员会共同举行领导干部参加义务植树活动，自治区党委、人大、政府、政协，宁夏军区、武警部队副省级以上领导以及自治区各厅局、委办和银川市有关部门的领导和群众约4000人共同参加义务植树。

4月20日 召开了宁夏IEM土地退化防治战略与行动计划应用研讨会。

7月 中宁县被国家林业局再次命名为"国家枸杞示范基地"。

8月 国家林业局局长贾治邦在视察宁夏时指出，宁夏在"十一五"期间完成了治沙目标任务的351%，在全国乃至全世界树立了防沙治沙的一面旗帜，尤其在沙产业发展方面，变沙害为沙利，开创了一条防沙治沙用沙的新模式、新思路。

9月 贺兰山森林生态系统定位研究站正式通过国家林业局批复立项；贺兰山森林生态系统定位研究站正式通过国家林业局批复立项；国务院对省级政府"十一五"防沙治沙目标责任考核时，对宁夏的防沙治沙工作给予高度评价。宁夏防沙治沙职业技术学院一期工程全面完工，正式搬迁并招生。

10月 鸣翠湖、悦海、星海湖等三家国家湿地公园被国家林业局正式授牌。

12月 银川市人民政府、灵武市白芨滩国家级自然保护区管理局被全国绿化委员会评为国土绿化突出贡献单位；灵武市白芨滩国家级自然保护区管理局局长王有德、宁夏盐池县柳杨堡乡边子村农民白春兰、宁夏盐池县哈巴湖国家级自然保护区管理局局长张生英被全国绿化委员会评为国土绿化突出贡献人物。

(宁夏回族自治区林业由马永福供稿)

新疆维吾尔自治区林业

【概 述】 2011年，新疆各级林业部门和单位以科学发展为主题，以加快转变林业发展方式为主线，坚持“环保优先、生态立区”理念，走“资源开发可持续、生态环境可持续”道路，全力推进以防沙治沙为重点的林业生态体系，以特色林果林业为重点的林业产业体系和内涵丰富的生态文化体系建设，大力实施林业十大生态工程，全面完成2011年度目标任务。全年完成造林22.33万公顷，同比增加13.6%，义务植树1.32亿株，育苗1.35万公顷，苗木总产量6.8亿株。全区特色林果总面积突破120公顷，产量650万吨，产值256亿元。全区农民来自林果收入达到1000多元，林果业发展较早的地州、县市，林果业收入已占农民人均收入的45%。在阿克苏市召开了全国林果业发展现场会暨经济林经营技能培训班。以无公害、绿色、有机、注册果园、丰产栽培、节水灌溉为重点，建设各类林果示范基地3000多个，面积0.36万公顷。大力推进“生态健康果园”建设试点工作，在阿克苏地区、巴州分别建立苹果、核桃、香梨和红枣“生态健康果园”试点示范基地，并取得阶段性成果。加快林果产品地域保护认证和品牌创建步伐，全区品牌名牌林果产品达到121个，其中国家地理标志保护产品33个，中国驰名商标、中国名牌、中国农业名牌等产品12个，新疆著名商标、新疆名牌等产品76个。积极组织参加中国首届核桃节，获得金奖2个、银奖3个、优秀奖7个。特色林果外销平台建设不断向广度深度推进，广东·新疆生态大果园产品展示直销中心顺利落成，第三届新疆特色林果产品广州交易会成功举办，共签约项目78个，签约资金32亿元，实现现场销售362万元。天保后续产业全年完成产值9200万元，实现利润2160万元，分别比2010年同期增长43%和9.9%。全区森林公园共接待游客403万人次，旅游直接收入1.66亿元，均同比增长10%。积极开展自治区级生态文明教育基地创建工作，新命名5家自治区生态文明教育基地。石河子市成为继阿克苏市之后新疆第二个“国家森林城市”。和布克赛尔县江格尔村被评为新疆第三个“全国生态文化村”。新疆成为西北地区国家级生态文明教育基地、国家森林城市、全国生态文化村数量最多、命名最全的省区。林业自身建设成效显著。通过开展创先争优、“热爱伟大祖国、建设美好家园”主题教育、学习型党组织建设和纪念中国共产党成立90周年系列活动，有力地促进了基层党组织建设。各级领导班子和干部队伍建设不断加强，党风廉政建设责任制得到落实，加大查办违纪违法案件和纠风工作力度，2011年新疆维吾尔自治区林业厅被自治区纪委、自治区人力资源和社会保障厅、自治区监察厅评为全区纪检监察系统先进集体。林区民族团结得到巩固，林区社会稳定。机关精神文明创建和社会治安综合治理工作得到加强。厅机关连续15年获自治区文明单位称号，在2011年第三季度自治区效能办对厅局效能建设满意度测评中，林业厅排名第一。总的来看，2011年新疆林业发展开局良好，全区林业呈现持续健康快速发展的良好态势，为全面实现林业“十二五”发展规划奠定了坚实的基础。 （俞言琳）

【民生工程】 2011年棚户区改造和危旧房改造工程，中央和地方配套投资已全部到位，800户国有林区棚户区改造计划已开工573户，竣工154户。600户国有林场危旧房改造任务已全部开工，竣工246户。落实国有林场广播电视村村通工程设备4679套。实施国有林场扶贫项目26个，投资1000万元。安排发展和壮大农村集体经济工程建设资金1000万元，边境扶贫开发和兴边富民工程建设资金2000万元。落实三大国有林管理局所辖林场退休人员生活补贴300万元。落实昭苏林场老场部和巩留林场生活困难人员专项补助资金100万元。在林业厅直属单位开展“送温暖献爱心”慰问活动，为602户困难职工送去慰问金24万元。在林业厅直属企事业单位开展“金秋助学”活动，对32名困难职工家庭发放助学金12.2万元。 （俞言琳）

【林政执法】 加大对林权纠纷调处和林政案件督办工作力度。接待群众来信、来访85起，做到起起有落实，件件有结果。全年森林公安共出动警力16 635人次，车辆8325台次，受理各类破坏森林和野生动物资源案件2032起，查处1824起，综合查处率89.76%，同比上升11.4%。其中受理刑事案件99起，查破80起，破案率为80.8%，同比上升94.11%；受理林业行政案件1810起，查处1623起，查处率89.66%。共打击处理各类违法人员3316人，其中逮捕11人，拘留23人，收缴木材1469.5立方米，收缴林木树木471.98立方米，收缴野生动物1123头(只)。 （伍永明）

【护林防火】 2011年发生森林火灾59起，其中一般森林火灾46起，较大森林火灾13起，火场总面积713.72公顷，受害森林面积114.94公顷，火灾受害率为0.014‰，扑火出动人工日11 814个，扑火经费1948万元，完成了年初确定的“全年不发生大的森林火灾”的任务，实现了“火灾损失少、人员无伤亡”的目标。新成立15支半专业化扑火队伍，与武警森林总队分别在巴州、昌吉州进行灭火实战培训演练，开展了巴州、阿勒泰、伊犁、天山中东部航空巡护工作。 （马 辉）

【重点公益林建设】 国家级公益林总面积680.54万公顷，除天然林保护工程区的国家级公益林享受中央天然林保护资金外，577.71万公顷国家级公益林全部享受中央财政森林生态效益补偿，每亩补助5元，每年可享受补助43 328万元。地方公益林区划界定工作，截至2011年底，各实施单位的区划界定工作基本完成，自

治区正在审核和完善中。 （王丙超）

【天然林保护工程】 全面总结天然林资源保护工程一期工程13年来建设情况，召开了自治区天然林资源保护工程会议，自治区人民政府与各地州市人民政府签订《新疆维吾尔自治区人民政府天然林资源保护工程目标管理责任书》。自治区林业厅与各国有林管理局和有天保工程区的地州市林业局签订《新疆维吾尔自治区天然林资源保护工程建设目标管理责任书》。出台《新疆维吾尔自治区人民政府关于进一步推进天然林保护工程建设的意见》。自治区林业厅与国家林业局于8月21日至9月6日在国家林业局干部管理学院联合举办了新疆天然林保护工程管理人员培训班。 （王丙超）

【防沙治沙工程】 《塔里木盆地周边防沙治沙工程建设规划(2010~2015年)》获得国家发改委批复。首次召开自治区防沙治沙工作会议，提炼出“矢志不移、艰苦奋斗、防沙治沙、播绿惠民”的新疆防沙治沙精神。全区有6个地(州)成立防沙治沙工作协调领导小组，至此全区地(州)级防沙治沙工作协调领导小组全面成立。全年完成防沙治沙工程建设任务71.19万公顷。其中4个国家级防沙治沙综合示范区完成治沙造林933.3公顷，退化草原治理工程完成围栏禁牧70万公顷，水土保持和小流域治理工程完成1.1万公顷。 （伍永明）

【退耕还林工程】 积极争取国家补拨退耕还林原粮食补助资金9561万元，下拨2011年巩固退耕还林成果专项建设资金9176万元。投入退耕还林政策补助和建设资金4.7亿元，兑现原补助政策面积4.38万公顷，完善政策面积16.34万公顷，低质低效林改造800公顷。自治区林业厅被国家林业局评为2011年度退耕还林阶段性验收工作先进单位。 （马 辉）

【林业有害生物防控】 10个地州市和12个县市完成森防检疫机构“站”改“局”工作，新建监测站点258个、防治服务队153支，全区监测站点达490个，防治服务队达427支，基本构建起以林果主产区为主的林业有害生物防控网络。制定印发《自治区林业有害生物防控“十二五”规划》，完成特色林果有害生物普查工作，制定出台一批检疫、监测、防治方面的技术规程和技术标准。建立了防范林业外来有害生物联席会议制度，开展了检疫联合执法专项行动。 （伍永明）

【森林资源管理】 逐级签订森林资源管理目标责任状，把山区森林资源经营管理纳入年度考核，实行一票否决制。根据国务院批准全区“十二五”森林采伐限额，完成了《新疆维吾尔自治区“十二五”期间年森林采伐限额》和《简明县级森林经营方案》规划编制工作。办理各类工程征占用林地事项319宗，审核审批各类征占用林地3769公顷；审核审批灾害木清理23项，林木采伐蓄积31 278立方米；安排实施2011年度植被恢复造林任务1712.2公顷，确保工程建设征占用林地后，自治区森林资源不减少。 （伍永明）

【集体林权制度改革】 依据《新疆维吾尔自治区人民政府关于开展集体林权制度改革工作的意见》，制定下发《新疆维吾尔自治区集体林权制度改革工作实施方案》，拨付用于保障林改工作的补助资金2166万元。全区集体林权制度改革工作进入勘界确权和发证阶段，集体林权主体改革基本完成。改革不仅增加了农民收入，而且有效壮大了农村集体经济。 （王丙超）

【野生动物保护】 2011年5月6日在各地州开展了“关爱鸟类，保护自然”为主题的野生动物保护宣传月暨爱鸟周活动。新疆野生动物疫源疫病监测防控、救护体系建设工程，项目总投资7600万元，已经自治区人民政府批准实施。2011年投资1450万元，新建20个野生动物疫源疫病监测站，有力地推进了全区的野生动植物保护和管理体系建设。 （马 辉）

【林木种苗】 截至2011年底，全疆现有苗圃6000多处，其中有国家重点林木良种基地6个。实际育苗10万多公顷，年均可供合格苗木8.5亿株，良种穗条2000万根。受理跨省区调运苗木备案302批次，涉及苗木总量9283万株。全区通过审(认)定的有效林木良种达227个。2011年在积极申请中央林木良种补贴资金的同时，对自治区安排林木良种补贴资金1200万元，补贴树种10个。 （马 辉）

【森林公园】 全区共建各级森林公园56处，经营总面积129.64万公顷。其中国家级森林公园17处，经营总面积80.79万公顷，自治区级森林公园31处，经营总面积48.66万公顷，县级森林公园8处，经营总面积0.19公顷。全区森林公园共接待游客403万人次，旅游直接收入1.66亿元，均同比增长10%。 （伍永明）

【林业科技】 落实各类林业科技项目97项，项目资金3760万元，获得自治区科技进步二、三等奖各两项。建立各类科技示范园120个，面积0.13万公顷。顺利通过自治区科技兴新评估验收委员会的检查验收，新疆林业厅名列自治区科技兴新先进厅局第一名。编印完成涵盖15个林果树种的《新疆特色果树栽培实用技术》和《新疆林果业主要树种栽培模式》技术手册，委托区内外林业院校加强对全区林业科技骨干的培训，为特色林果业发展提供科技服务。 （王丙超）

【林业基础设施建设】 落实乡镇林业站基础设施建设投资5610万元，启动第一批187个乡镇林业站建设。启动全区120个森林公安派出所建设，主体完工94个。落实森林公安业务装备地方配套资金1178万元，下达基层公安车辆配备专项资金3469万元。 （马 辉）

【项目资金管理】 落实各项林业投资23.9亿元，其中中央投资20亿元，自治区投资3.9亿元。制定印发《新疆林业发展“十二五”规划》及各类单项规划。积极配合国家林业局做好伊犁河谷百万亩生态经济林工程建设规划编制论证工作。积极推进造林补贴、森林抚育补贴、林木种质资源调查、林木良种补贴等试点工作。协调中国农业银行新疆分行出据天然林保护工程区森工企业免债证明，免除债务本息共计1263万元。落实2011年天保二期工程投资2.76亿元。落实林业贴息贷款9.46亿元，争取中央财政贴息资金3924万元。（伍永明）

【林业援疆工作座谈会】 2011年7月4日，自治区党委、人民政府与国家林业局召开林业“十二五”援疆工作座谈会。自治区党委书记张春贤、自治区主席努尔·白克力、副主席钱智和国家林业局局长贾治邦、副局长张永利、总工程师陈凤学出席会议，签订《加快新疆林业发展合作共建框架协议》。国家林业局表示：将进一步加大林业援疆工作力度，力争“十二五”时期林业援疆投入比“十一五”时期翻一番，在林业重点工程、基础建设、特色林果业发展、民生改善、科技支撑和人才培养等方面全方位予以支持，并全力支持伊犁河谷百万亩生态经济林工程规划和建设。（俞言琳）

【林业大事】

1月12日 自治区林业厅党委召开机关干部大会，传达贯彻落实自治区党委书记张春贤关于解决乌鲁木齐市市民出行难等民生问题的讲话精神。

1月19日 自治区林业厅认真落实自治区扶桑绵粉蚧疫情防控工作会议精神，安排部署林业系统扶桑绵粉蚧疫情防控工作。

1月26日 2011年自治区林业工作会议召开，自治区副主席钱智出席会议并讲话。

3月10日 自治区林业厅派出7个由厅级领导带队的工作组赴全疆各地开展春季林业生产督查指导工作。

3月15日 自治区人民政府召开森林草原防火工作电视电话会议。

4月5日 《“十二五”期间简明森林经营方案》评审通过，自治区正式启动平原人工林采伐管理改革工作。

4月13日 自治区绿化委员会第22次全委扩大会议召开，自治区主席努尔·白克力出席会议。

4月15日 自治区党委书记张春贤，自治区主席努尔·白克力，自治区人大常委会主任艾力更·依明巴海，自治区政协主席艾斯海提·克里木拜等领导在新疆国际会展中心绿轴广场参加义务植树。

6月25日 自治区天然林资源保护工作会议召开，自治区副主席钱智出席会议并讲话。

8月29日 自治区人大常委会开展《种子法》实施情况执法检查。

10月8~9日 全国经济林发展现场会在新疆阿克苏市召开。

11月4日 自治区人民政府办公厅下发《关于加强松材线虫病预防工作的通知》(新政办发〔2011〕180号)。

（伍永明）

新疆生产建设兵团林业

【概　述】 2011年是“十二五”起步之年，在新疆生产建设兵团(简称兵团)以林业重点二程建设为核心，强化管理、改进服务方式、做好监管，取得良好开局。

造林任务超额完成 2011年，国家下达兵团造林计划任务3万公顷，兵团实际完成造林任务3071千公顷，为国家计划任务的102.4%，其中防护林2238.5千公顷，经济林827.7千公顷；参加义务植树92.4万人，植树25 564万株，尽责率为92.5%。

退耕还林工作 兵团2011年度80万亩退耕还林阶段验收省级自查工作，经国家林业局西北院检查验收组抽查2.67万公顷进行验收合格率运到99.7%，顺利通过国家验收。与此同时，巩固退耕还林成果建设项目和2011年退耕还林工程建设顺利展丆，1.3533万公顷特色林果基地建设和0.2667万公顷封山育林计划任务全部得到落实。

防沙治沙目标责任考核 防沙治沙目标责任考核是兵团领导政绩的指标之一，兵团成立了防沙治沙协调领导小组，负责协调兵团有关部门防沙治沙考核工作，并制定考核工作方案，形成了《兵团防沙治沙目标责任考核报告》和《兵团防沙治沙目标责任考核资料汇编》。2011年7月，国家防沙治沙目标责任考核对新疆到兵团进行考核，在听取兵团“十一五”防沙治沙工作汇报的基础上，赴农八师各治沙团场进行实地考察。考核组通过召开座谈会、查阅资料和实地查看的方式，对兵团“十一五”防沙治沙工作给予高度评价。

三北四期自评估工作 为了总结三北防护林四期工程成效、经验和存在问题，根据国家林业局三北局的要求，新疆兵团林业局开展了自评估工作。成立了自评估领导小组，制定了工作方案，全面组织兵团林调院和各师林业局、团场通过现地调查、查阅资料和召开座谈会的形式自下而上开展了自评估工作，经国家林业局检查验收组来兵团实地进行检查评估，对兵团三北四期自评估工作给予了充分肯定。

林木种苗管理工作成效 经监督检查，兵团2011年林木种苗出圃合格率达到95.5%，标签使用率达到92%，许可证发放率达到100%，杜绝了无证生产和经营的现象，对提高造林质量奠定了很好的基础。

天然林资源保护工程二期 组织召开了天保工程二期实施启动工作会议，总结一期主要工作，部署安排二期工作；完成了天保二期新疆兵团省级实施方案和实施团场的实施方案编制工作，并上报国家有关部委；针对天保工程实施团场林管机构、管护人员等级待遇偏低、收入水平偏少、基础设施建设薄弱的问题，深入部分实施团场进行调研，切实帮助解决实际问题，使中央的惠民政策得到很好落实。

森林资源管理保护工作 林地占用征收审核审批工作进一步规范，全年办理林地占用征收审核审批34宗、面积198.19公顷；林地保护利用省级规划已完成并上

报国家林业局，试点县(团场)林地保护利用规划和落界工作已经展开，各项工作进展顺利；林地资源保护力度进一步加强，2011年新疆兵团林业局与新疆高级人民法院兵团分院、新疆人民检察院兵团分院、兵团公安局和兵团国土资源局联合下发了《关于加强森林资源保护严厉打击破坏林地资源违法犯罪行为的通知》，林地资源保护的重视程度越来越高；严格落实各项森林防火措施，森林防火工作取得较好成绩，全兵团2011年发生森林火灾41起，其中一般森林火灾39起、较大森林火灾2起，没有发生重大森林火灾；林业有害生物防治工作得到强化，预测预报体系已经建立，基础设施建设得到加强，工作条件得到改善，防治装备进一步提升，林业有害生物危害得到有效控制；湿地资源调查工作全面展开，调查成果有望年底出来。

国家级公益林管护工作　①管护任务已经落实到山头地块，已落实管理人员495人、管护人员2466人。②建立健全了管护责任制，并层层签订管护合同。③制定和完善了逐级定期检查考核制度，并实行奖罚，强化责任监管。④大力开展抚育工作，新建围栏405千米，累计建设围栏964千米；新建瞭望塔4座，累计建设瞭望塔20座；实施补植补造1819.93公顷，累计实施补植补造2498.33公顷。⑤探索林业发展新途径。在国家级公益林管护区内以补植补造的方式先后探索出林药间作、林果间作、乔灌间作和林下养殖的国家级公益林保护与利用的新模式，林业生态经济效益显著，为林业实现可持续发展提供了示范典型。⑥严厉打击国家级公益林毁林开垦行为。已查处毁林开垦案件28起，起到了很好的威慑作用。

存在问题　林业的机制、体制落后，改革步伐缓慢，林业发展的内在活力不强、后劲不足。林业管理的工作量较大，管理人员较少，不能深入细致地开展工作。基础设施比较薄弱，办公设施和条件比较落后，不能适应现代林业的发展。森林公安队伍严重不足、内设机构不全，执法难度大；同时，基础建设和警务信息化建设仍然滞后，执法工作不规范，违法打击的力度还需要进一步加大。（贾寿珍）

【植树造林】　2011年，为了贯彻落实全国林业厅局长、兵团农(林牧)业工作会议精神，切实抓好2011年造林绿化工作，新疆兵团林业局对2011年造林绿化工作作出全面部署。据统计，2011年兵团共完成人工造林3.038万公顷，(完成国家下达1.3333万公顷人工造林计划的227.9%)，同时，100%完成国家下达退耕还林封沙育林0.2667万公顷的任务；100%完成国家下达三北封沙育林0.6067万公顷任务。2011年造林面积中私有造林面积达0.862万公顷；共完成育苗面积0.0567万公顷，留床0.02333万公顷；低产林改造1.2533万公顷，中幼林抚育7.2万公顷。全兵团参加义务植树的干部职工人数为99.76万人，全民义务植树尽责率为91.66%，义务植树5786.87万株。（滕晓宁）

【经济林园艺业】　2011年，兵团经济林园艺业各项工作全面完成。

果园面积达19.5667万公顷，其中当年新增果园面积为2.5067万公顷。主要以南疆的红枣和北疆的葡萄为主，其中红枣新增面积1.2333万公顷，葡萄新增面积为1.0667万公顷。果品总产量123.5万吨，较2010年122.5万吨略有增加。产值约76亿元。

蔬菜及保护地生产面积达到5.92万多公顷(包括加工番茄)，较2010年减少约1.3333万公顷。蔬菜总产390万吨，产值约25亿元。其中保护地生产面积增长是兵团历年增长最快的一年，新增保护地面积666.67多公顷(包括温室、大棚、小拱棚)，兵团保护地面积已达666.67万公顷。

其他园艺作物(西甜瓜、加工万寿菊、香料植物等)生产保持稳定，面积为1.9133万公顷，产值约4.3亿元。

【森林公安】　2011年组织开展打击盗伐、滥伐林木，毁林开垦、非法占用林地等违法犯罪活动。组织开展“春季攻势”、“亮剑行动”等一系列专项行动，有效保护森林和野生动植物资源安全。共查处各类破坏森林和野生动物资源案件275起，立破刑事案件69起，查处行政案件207起，打击和处理各类违法犯罪人员349人次，其中逮捕2人，刑事拘留30人，取保候审46人，林业行政处罚213人，“清网行动”抓获网上在逃人员1人。收缴野生植被12 260千克，补种树木9437棵，林政罚款104.94万元，挽回直接经济损失2000余万元，有力地打击并遏制了破坏资源等违法犯罪活动。

（熊　杰）

【国家林业局与兵团签署加快兵团林业发展合作共建框架协议】　2011年7月7日，国家林业局和兵团在乌鲁木齐签署《加快兵团林业发展合作共建框架协议》。国家林业局党组书记、局长贾治邦，新疆维吾尔自治区党委副书记、兵团党委书记、政委车俊出席签字仪式并致辞，兵团副司令员刘新齐、副秘书长成家竹出席签约仪式。

兵团副司令员刘新齐与国家林业局总工程师陈凤学代表双方签署框架协议。根据框架协议，兵团将认真贯彻落实中央新疆工作座谈会和全国对口支援新疆工作会议精神，落实科学发展观，充分发挥林业在贯彻可持续发展战略中的重要地位、在生态建设中的首要地位、在西部大开发中的基础地位、在应对气候变化中的特殊地位的作用，走以生态建设为主的林业可持续发展道路，以国家林业重点工程为载体，以科技为支撑，大力保护、培育和合理利用森林资源，改善兵团生态状况，以特色林果业为突破口，加快推进兵团农业结构调整，不断推动兵团生态建设步伐和产业发展步伐，壮大团场经济，致富职工群众，更好地履行党和国家赋予屯垦戍边的职责和使命。每年完成造林50万亩以上，到2015年，兵团森林覆盖率达到8%，沙化土地扩大趋势得到进一步遏制；优质林果面积发展到400万亩，林果产量达到300万吨以上，林果业总产值达到400亿元。初步建成较为完整的综合防护林体系和较为发达的林果业产业体系。林业基础显著增强，发展质量明显提高，林业生态效益、经济效益和社会效益充分发挥。

（滕晓宁）

【国家林业局局长贾治邦考察“援疆生态林”】　“援疆生

态林”位于兵团农六师五家渠市境内，2009年初，在自治区、兵团中央援疆干部倡议下，经农六师五家渠市、兵团党委组织部和自治区党委组织部共同协商，决定在农六师五家渠市开展以援疆干部为主体的植树造林暨荒漠治理工程，工程得到了援疆干部的积极响应，并得到各级领导的肯定。中央组织部副部长李智勇，山西省原省委书记张宝顺、省长王君，自治区主席努尔·白克力，兵团司令员华士飞等中组部、援疆省（区、市）、兵团领导和广大援疆干部近千人次先后到“援疆生态林”参加义务植树活动并踊跃捐款。中共中央政治局委员、中央书记处书记、中央组织部部长李源潮将这一工程命名为“援疆生态林”，并邀请书法大师张海题写了碑名。新疆自治区党委书记、兵团第一政委张春贤为工程题词“援疆生态公园”。“援疆生态林”工程规划总面积0.732万公顷，工程自2009年秋季开工建设，现已完成植树造林面积50.2公顷，种植树种40余种近13万株。

2011年7月7日，国家林业局局长贾治邦视察“援疆生态林”工程并参加植树活动。贾治邦局长高度评价了“援疆生态林”工程，认为在古尔班通古特沙漠边缘开展以荒漠综合治理为主的植树活动，将有效改善乌鲁木齐市、五家渠市等城市周边生态环境，是兵团精神的继承和发扬。（滕晓宁）

【三北防护林四期工程自评估工作】 2011年2～5月，依据国家林业局三北评估统一要求及评估技术方案，进行兵团省级三北四期工程评估工作的技术培训，由师林业局组织力量初审各团的数据采集及数据填报工作，并依据上报数据进行检查。兵团省级自评估涉及内容包括三北四期工程决策评估、工程过程评估、工程目标评估、工程管理与可持续性评估、工程效益与工程影响评估五大类，涉及兵团13个师，155个工程农牧团场（合并后团场数）2001～2010年三北工程建设成果。通过分析评估看出，工程建设的质量、效益逐步明显提高，造林成活率、保存率明显增加，森林面积不断增大，生态环境显著改观，社会经济快步发展，社会生产能力显著增强，人民社会水平和经济收入稳步提高。

（滕晓宁）

【林业科技工作】 2011年，新疆兵团林业局进一步科学、规范地推进兵团生态文明建设。

开展科技造林 3月7日，兵团绿化委、兵团林业局转发了《全国绿化委员会国家林业局关于切实做好2011年造林绿化工作的通知》的通知（兵绿发〔2011〕1号），并对于兵团各师将林业科技工作贯穿于当年植树造林的整个过程之中提出要求。据统计，2011年兵团共完成人工造林3.038万公顷，完成大田育苗4010万株，容器育苗10.2万株，完成低产林改造1.2533万公顷，中幼林抚育7.2万公顷。2011年造林中，科技成果应用率达74.39%。

加强对科技推广项目管理 ①由新疆农垦科学院林园所承担的优良沙棘新品种示范与推广项目（2010～2012年），国家林业局三北局投资30万元，完成100公顷的示范林建设任务。2011年到位资金12万，完成60公顷建设任务。②由石河子大学农学院林学系承担的《干旱地区造林高效保水剂技术应用与推广》（2009～2012年）项目，国家林业局下达项目资金40万元。建立示范区13.33公顷，推广面积53.33公顷，2011年，正进行测定土壤水分和观测树生长阶级，比对施用保水剂和未用保水剂苗木生长的差异，形成干旱地区使用保水剂造林技术体系。

申报和争取林业科技项目 ①按照国家林业局科技司《关于申报林业公益性行业科研专项2012年度项目建议》的要求，组织各师开展项目的申报工作，筛选出2012度林业科研项目2项，按要求完成了准噶尔盆地梭梭可持续经营技术研究与示范项目实施方案和预算编制审核及上报工作。②按照《2012年中央部门预算林业科技项目申报指南》的通知，经过筛选，申报兵团林业标准化示范区项目1项，即农四师61团树上干杏标准化示范区项目，上报任务书及项目申报汇总表。③按照编报《2011年度三北工程科技推广项目可行性研究报告》的通知，筛选出2011年林业科技推广项目1项，将项目可行性研究报告上报国家林业局三北防护林建设局。④转发《2011年国家标准项目立项指南》、《造林项目碳汇计量与监测指南》等通知，要求各师林业干部职工认真学习研究，对兵团开展新的林业科技项目发挥指导性作用。（滕晓宁）

【防沙治沙】 ①2011年6月，国家发改委正式批复《新疆塔里木盆地周边防沙治沙工程建设规划》，同意启动实施塔里木盆地周边防沙治沙工程，该工程建设总规模62.53万公顷，规划总投资17.24亿元，用5年时间，在塔里木盆地周边5个地州的42个县市和兵团4个师，以人工造林和封沙育林为主要措施，依托国家投资引导和示范带动作用，通过工程建设初步完成绿洲内部生物防沙治沙体系以及绿洲边缘大型防风基干林和灌木林草相配套的防护体系框架；基本完成绿洲外围天然荒漠林封育保护，提高天然植被质量和覆盖度，进一步改善生态环境，维护绿洲生存、发展空间和生态安全，以此促进区域经济社会的稳定发展。②开展兵团“十一五”防沙治沙目标责任期末综合考核自查工作。2011年3月，兵团林业局分成两个工作组，在各师自查的基础上进行了复查。并将检查结果上报国家林业局防沙治沙办：兵团与国家签订的“十一五”防沙治沙目标责任书中，沙化土地治理总面积为35.6万公顷，其中人工造林8.5万公顷，封沙育林25.6万公顷，人工种草1.5万公顷。2006～2010年兵团实际完成沙化土地治理总面积51.23万公顷，完成计划的143.9%。其中人工造林8.89万公顷（完成计划的104.6%），封沙育林29.03万公顷（完成计划的113.4%），人工种草13.31万公顷（完成计划的887.3%），草原围栏35.33万公顷。责任书中各项指标均超额完成。（滕晓宁）

【退耕还林工程】 ①完成2011年退耕还林封育任务。国家安排兵团退耕还林工程封沙育林任务2666.67公顷，兵团发改委、林业局将任务下达给农二师34团、农二师且末支队、农十二师221团。经全面检查，各团场共计上报任务完成面积2666.67公顷，核实面积2666.67公顷，合格面积2666.67公顷，计划完成率

100%，面积核实率100%，面积合格率100%。②全面开展省级阶段验收工作。为掌握兵团退耕还林2004年还生态林到期团场退耕造林保存的基本情况，及时发现和解决工程建设及管理工作中存在的问题，兵团林业局于2011年11月委托兵团林调院对2004年实施的退耕还生态林情况开展省级全面检查验收工作。2004年到期退耕地还林工程计划任务1万公顷，其中还生态林任务9880公顷，到期已验收经济林任务120公顷。验收内容：2004年还生态林退耕地小班面积保存情况，退耕地造林质量情况和退耕还林工程管理情况。主要针对验收指标如保存面积测算、有林地郁闭度及灌木林地覆盖度调查，株数保存率现地测算、林权证及管理情况的调查。经核查，兵团2004年到期还生态林任务9880公顷，核查保存总面积为9813.067公顷，面积保存率99.3%。未保存面积66.93公顷，未保存面积中不存在转为经济林面积，保存面积中转为经济林面积为139.73公顷，经济林占保存面积的1.4%。 （滕晓宁）

【林地管理工作】 2011年林地管理工作以管理为重点，围绕占用征收林地审核审批、林地保护利用规划编制等工作，增强依法监管力度，注重组织协调，改进服务方式，林地管理工作进一步规范。

做好服务　2011年年初分别向自治区和兵团交通、铁路部门及各师通报情况，要求及早做好占用征收林地项目调查统计，提前做好向国家申报林地指标的前期准备，尽可能地为自治区和兵团的重点建设项目实施服务好。

加强申报审核工作的业务指导　通过下发文件的形式，对占用征收林地项目申报文件、申报程序和申报材料，作出明确的具体要求，使师申报占用征收林地项目有章可循，申报质量好于往年。

全面启动占用征收林地管理信息网络系统，网上申报项目审核审批工作全面展开，运行良好。

实行与兵团国土资源局共同管理机制　针对建设项目涉及林地未先经林业部门审核审批就上报到国土资源局的问题，主动与兵团国土资源局进行沟通协商，最终达成一致意见，凡涉及占用征收林地的建设项目，必须由林业部门先办理林地审核审批手续后，再向国土部门申报相关土地审批材料；对涉及占用征收林地项目，未经兵团林业部门审核同意的，兵团国土资源局将不予受理；确保了林地的依法使用。

做好占用征收林地定额指标的申请工作。兵团2011年林地管理定额指标为32公顷，已于2011年3月底前被使用完。但兵团随着城镇化、新型工业化和农业现代化建设不断深入，占用征收林地的建设项目还很多，为此，向国家林业局申请国家预留的林地管理定额备用指标。一方面将各师已落实的建设项目进行汇总申报；另一方面加强与国家林业局的协调，争取国家理解和支持。全年申请占用征收林地定额指标项目3批，39个项目，申请占用征收林地指标215.88公顷。截至2011年年底，兵团办理占用征收林地34宗、面积198.19公顷，收缴森林植被恢复费1075.93万元。

开展征占用征收林地检查　协同国家林业局驻乌鲁木齐森林资源监督专员办对兵团农七师奎北铁路、农一师阿沙公路、农四师开发区道路和农八师肯斯瓦特水利工程占用林地项目进行现地检查，针对出现的临时使用林地未办理相关手续，工程外沿管理不善，出现多占林地等问题，及时进行纠正，并限期进行整改。通过检查和整改，进一步提高占用征收林地单位依法按章使用林地的意识。

查处违法占用征收林地的行为　督办昌吉电力局项目建设违法占用林地案件。协助农六师林业局对昌吉电力局进行细致解释和说服工作，使昌吉电力局自觉接受农六师森林公安局的处理，并补办相关占用林地手续，较好地解决非法占用林地的问题，同时也提高了地方建设单位依法使用林地的意识，起到了警示教育作用。

兵团林地保护利用规划编制工作　2011年，按照国家林业局统一部署，组织完成《兵团省级规划大纲》、《兵团省级林地保护利用规划》、《林地落界工作方案》、《林地落界实施细则》的编制和审定工作，并分别上报国家林业局。启动了129团和33团2个县(团)级林地利用规划编制试点工作，试点团场林地保护和利用规划已完成。 （贾寿珍）

【重点公益林管护工作】 2011年，兵团重点公益林管护监督管理工作得到加强，管护责任制进一步落实。兵团纳入中央森林生态效益补偿基金范围的国家级公益林面积98.1333万公顷，每年得到中央森林生态效益补偿基金7360万元。落实管理人员495名、管护人员2466名，建立健全各项管护责任制，并层层签订了管护合同，各项管护工作全面展开。①加大对公益林毁林开垦案件的查处工作。联合兵团纪检委对44团毁林开垦案件进行现场调查查处，责令农六师林业局对105团、新湖农场毁林开垦案件进行查处，这些案件的及时查处，有效地遏制国家公益林被毁开垦的势头。②抓好国家级公益林管护站建设。在中央森林生态效益补偿资金安排管护站建设资金510万元，支持30个国家级公益林管护实施团场管护站建设，下发《关于抓好管护站建设的通知》，对管护站建设的内容、标准、质量、完成和检查时间等工作作出具体部署安排。③落实2011年公益林重大抚育项目。安排中央财政森林生态效益补偿基金2944万元，实施国家级公益林抚育项目。其中补植造林1819.93公顷，投资700万元；建围栏405千米，投资566万元；建瞭望塔6座，投资76万元；购置太阳能杀虫灯320个，投资160万元；配自动化森林机械10套，投资195万元；购置森防药剂83万元；补助预测预报站138万元等。 （贾寿珍）

【林业有害生物防治】 2011年，兵团林业有害生物防治工作继续稳步推进。①组织申报2011年财政部林业有害生物防治补助费100万元，并落实资金分配方案。②组织实施兵团2010年林业有害生物防治预警体系建设项目。组织拟定项目实施方案，并组织实施。③组织编制并上报《兵团环塔里木盆地林业有害生物防空预警体系基础建设可行性研究报告》，该规划已纳入国家“十二五”林业有害生物防治建设规划。④落实兵团2011年林业有害生物防治预算资金方案，将林业有害生物防治资金落到实处。组织实施林业有害生物防治设

备、药剂的统采工作。⑤组织国家级兵团级林业有害生物预测预报中心站检查和考核，并下发检查考核通知。（贯寿珍）

【启动森林抚育工作】 2011年，财政部、国家林业局下达兵团中央财政森林抚育补贴试点任务为7466.67公顷，下拨森林抚育试点补助资金1138万元，涉及兵团13个师61个团场。根据国家下达的森林抚育任务，将任务落实到各师和有关团场，确保工作顺利进行。①根据《财政部森林抚育补助资金暂行管理办法》，拟定《新疆生产建设兵团森林抚育补助资金暂行管理办法实施细则》并经兵团财务局修改完善后印发各师执行，规范森林抚育补助资金的使用。②要求各团场成立由主要领导任组长、分管领导任副组长，相关科室和单位为成员的项目领导小组和业务办公室，负责森林抚育项目的组织领导、技术指导和抚育质量的监管工作。③做好作业设计编制审批工作。国家下达计划任务后，协调兵团财务局及时将任务分解到各试点单位，并下发《关于认真做好2011年森林抚育项目工作的通知》对抓好森林抚育项目工作作出具体部署和安排，要求各试点单位坚持实事求是、因地制宜的原则，认真完成编制森林抚育补贴作业设计，把试点任务落实到林班、小班和山头地块，作业设计编制完成后报师林业局审核，审核后报兵团林业局审批。④落实森林抚育补贴试点资金。按照《财政部关于拨付2011年森林抚育补贴试点资金的通知》的要求，商兵团财务局于2011年10月下发《关于拨付2011年森林抚育试点补贴资金的通知》，下拨森林抚育试点补助资金1138万元，其中非天然林资源保护工程区1030万元，天然林资源保护工程区108万元，将森林抚育补贴试点资金拨付到有关师、团，要求严格实行专款专用，按照森林抚育作业设计中确定的管理定额、工作量工作进度，向承包职工兑现补贴资金。非天然林资源保护工程区1030万元中，森林抚育作业直接费用978.5万元，间接费用51.5万元主要用于作业设计、检查验收、档案管理等。天然林资源保护工程区108万元中：森林抚育作业直接费用102.6万元，间接费用5.4万元。⑤建立档案管理制度，及时收集项目实施过程的有关资料，主要包括作业设计及批复、公示材料和图片、合同、施工记录、进度情况、工作总结等相关文件，将整个森林抚育试点工作实施过程形成一套完整档案资料，并安排专人负责管理。（贯寿珍）

【完成全国森林资源连续清查任务】 2011年根据国家林业局的总体部署和安排，组织兵团林业规划调查设计院从6～10月全面按时完成全国森林资源连续清查新疆第七次森林资源连续清查工作，调查样地13 936个，其中固地样地3484个、遥感判读解译样地10 452个，并通过国家林业局技术组的检查验收。（贯寿珍）

【林权改革】

兵团林改 据统计，兵团13个农业师，已有10个师、96个团场开展林权制度改革，改制林地面积5万公顷，实现兵团林业发展史上重大突破，为推进走兵团特色林业可持续发展道路注入了活力。

兵团的林权改制与地方集体林权制度改革，既有共性，又有个性。共性主要是林改的目的相同，即解决动力不足的问题，解决林业投资多元化的问题和解决团场经营负担的问题；所有制均为国家所有，所不同的是兵团属兵团大集体所有，地方属乡、村、社等小集体所有。兵团的林权具有6个特殊性，①兵团体制特殊，兵团既不是军队，也不是企业，更不是政府，按照中共中央〔1997〕17号文件精神，兵团的性质是实行党政军企合一的特殊组织；②兵团使命特殊，即屯垦戍边、维护祖国统一和新疆稳定；③所处生态区位特殊，兵团成立时，本是不与民争利和使命的需要，兵团178个团场绝大多数分布在路到头、水到头、地到头的塔克拉玛干和古尔班通古特两大沙漠边缘以及中哈边境线上，生态环境十分恶劣。森林是团场赖以生存和发展生产的绿色屏障，一旦遭到破坏，团场生存和生产将受到严重威胁；④兵团改革的主体特殊，兵团改革的主体是职工，而不是农民。兵团职工是兵团履行使命的主要力量，但职工履行使命的前提是生活要有保障，而今保障团场职工基本生活的方式不再是发工资而是通过承包团场经营管理土地，如耕地或林地，从事生产而达到自食其力的目的。兵团履行使命是一项长期的任务，需要几代军垦人甚至几十代军垦人的新老交替才能完成，但兵团的土地资源(包括林地资源)又十分有限，为此，为长期忠实履行好使命，兵团林改的主体只能是职工，否则资源流失，将影响职工队伍的稳定；⑤兵团林改的对象特殊，兵团林改的对象主要为兵团公益林的人工农田防护林、退耕还林等，与南方集中连片的山林有所不同，兼有生态、经济双重效益，经营管理的约束性较大；⑥林木抚育特殊，新疆属灌溉林业，造林抚育每年要浇水，与内地靠天“吃饭”不同，若一年少浇水或不浇水，树木生长就会受到影响，甚至死亡，即使成年大树也是如此；同时新疆水资源又十分匮乏，对推动林改影响很大。兵团的林权改革虽然也属集体林权制度改革的范畴，但改革的主体、对象、方式方法、深度和广度不能简单等同于地方集体林权制度改革，必须结合实际，因地制宜，认真研究，慎重实施，循序渐进，稳步推行。

兵团林改的主要模式：在水土条件较好的团场实行林随地走，即承包农田的职工可优先承包其农田四周的林地进行经营，谁种谁有，采伐时按比例分成；或作价归职工或竞价拍卖给职工，明晰产权，自主经营，承包期为职工退休年龄，一般为15年，个别为30年；团场提供一些优惠政策，如提供一定量的水资源或自行打井团场给予补助等；采伐需报批并办理采伐证，但林业部门可优先安排采伐并上门服务，确保职工利益。

林下经济发展 随着林改的不断深入和配套改革的进一步推进，发展林下经济已成为兵团巩固和扩大林改成果，其经济效益也十分可观。据不完全统计，2010年兵团林下经济发展规模达到4.3万公顷，占林改5万公顷的86.6%，产值达到5亿元，利润1.95亿元，每公顷平均收益4500元。

兵团林下经济发展模式有4种：①兵团林下经济发展的主要模式，林下间种农作物或药材模式，农作物如打瓜、茴香等，药材如板蓝根，约占林改面积的80%多。②林间套林再套种农作物模式，如农一师3团林地主栽薄皮核桃，在核桃株行距间套种红枣，再在红枣行间套种茴香，这种模式的优点是土地利用率高，经济效益更可观，栽植当年每公顷获利 1.8 万元，从第二年起，每亩纯利润从 1000 元起步，逐年递增，最终公顷利润可达 18 万元，收益显著。兵团发展 0.28 万公顷，主要在南疆阿克苏垦区。③林下种草发展养殖业，如养鸡、养鸭、养兔、养羊等，公顷利润在 2400 ~ 3000 元。④利用肉苁蓉(简称大芸)寄生梭梭、柽柳的特性，在梭梭、柽柳灌木林中接种大芸，发展药材。

发展林下经济的主要做法：①广泛宣传，政策推动。发展林下经济职工存在"四怕"，即：怕政策不稳定，怕项目不落实，怕个人不受益，怕工作难开展。为此，团场利用电视媒体广泛进行宣传，发动职工积极参与；同时，团场提供各种优惠政策给予扶持，如提供资金扶持，或由团场担保协调银行给予小额贷款，或免费提供种禽、种畜和技术服务等，调动职工的积极性。②周到服务，关心职工。团场林业站提供各项服务，如提供技术和产前、产中、产后服务，组织相互观摩，对于养殖业实行统一防疫，统一销售等服务，帮助林农解决实际困难。③因地制宜，科学发展。实行宜农则农、宜药则药、宜草则草、宜养则养，多元化发展林下经济。④榜样带动，典型示范。按照统一规划、培育亮点、示范引导、稳步推进的原则，各团场均选择不同典型先行抓好榜样和试点，在试点成功的基础上，认真总结经验，通过现场观摩，进一步扩大推广。（贾寿珍）

【自治区绿化先进集体】 2011 年 5 月，自治区绿化委员会决定授予兵团农二师 223 团、农八师石河子总场、农十师 181 团、石河子市森林病虫害防治检疫站、石河子泽众水务有限公司一水厂自治区绿化先进集体称号。（滕晓宁）

【自治区绿化奖章获得者】 2011 年 5 月，自治区绿化委员会决定授予兵团农二师 33 团林业工作站站长鲁健英(女)、农三师 46 团副团长郭建斌、农七师 131 团园林果蔬服务中心主任窦万里、农八师 142 团 25 连职工徐德建、农八师 147 团林业工作站站长吴大江、农十师 181 团林业工作站护林员保寿春、石河子市森林病虫害防治检疫站站长邢海洪、石河子市园林管理处处长邓新生、新疆交通建设公路局石河子管理处后勤服务科科长郭继英自治区绿化奖章。（滕晓宁）

林业人事劳动

18

国家林业局领导成员

局长、党组书记：贾治邦
副局长、党组副书记：祝列克(2011年4月免职)
赵树丛(2011年4月任职)
副局长、党组成员兼直属机关党委书记：张建龙
副局长：印　红
副局长、党组成员：孙扎根
中央纪委驻国家林业局纪检组组长、党组成员：陈述贤
副局长、党组成员：张永利
总工程师：陈凤学(2011年5月任职)
国家森林防火指挥部专职副总指挥：杜永胜(2011年11月任职)

新任国家林业局副局长、党组副书记

赵树丛　男，汉族，1955年3月出生，山东诸城人，1973年7月加入中国共产党，在职研究生学历，工商管理硕士学位。1969年6月参加工作。1975年在山东医学院毕业后历任山东医学院教师、辅导员、党支部书记、团委干事、团委副书记、团委书记；1985年8月起先后任共青团山东省委常委、宣传部部长，共青团山东省委副书记、书记，其间：1987年7月至1988年7月挂职任山东省临邑县委副书记；1996年2月起任山东省泰安市委副书记、市政府副市长、党组副书记，市政府代市长、市长；1998年12月起先后任安徽省安庆市委副书记、市政府代市长、市长、市委书记；2003年1月任安徽省政府副省长、党组成员，2006年10月任安徽省委常委、省政府副省长、党组副书记；2011年4月任国家林业局副局长、党组副书记(副部长级)。

是中国共产党十四大、十六大、十七大代表，九届全国人大代表，八届全国政协委员，共青团十三届中央常委，山东省第八届政协常委。

新任国家林业局总工程师

陈凤学　男，汉族，1956年6月出生，黑龙江木兰人，1975年3月加入中国共产党，大学本科学历，学士学位，高级工程师。1978年8月东北林学院毕业后在黑龙江省营林局森林经营处参加工作，1983年4月任黑龙江省林业厅病虫害防治站科长。1987年8月任黑龙江省森林植物园副主任(副处级)。1991年3月任黑龙江省林业厅经济协作办公室、外资项目管理办公室主任(正处级)。1998年3月任国家林业局森林病虫害防治总站副总站长(副司局级)，2002年1月任国家林业局森林病虫害防治总站党委书记、总站长(正司局级)，2002年11月任国家林业局森林病虫害防治总站党委书记。2004年7月任国家林业局西北、华北、东北防护林建设局党组书记、局长。2008年3月任国家林业局林业工作站管理总站总站长。2011年5月任国家林业局总工程师。

新任国家森林防火指挥部专职副总指挥

杜永胜　男，汉族，1956年11月出生，辽宁铁岭人，中共党员，中央党校在职研究生学历，学士学位，高级工程师。1974年7月参加工作；1978年3月至1982年2月在东北林学院森保专业学习；1982年2月起先后在原林业部森林保护司、公安局(公安部第十六局)、森林防火办公室(武装森林警察办公室)工作，历任副处长、处长、副局长(副主任)，其间曾在贵州省从江县扶贫、在内蒙古呼伦贝尔盟挂职锻炼任盟长助理。2002年10月任国家林业局森林公安局局长(防火办主任)、分党组书记，2007年2月至2008年11月兼任南京森林公安高等专科学校党委书记(正司局级)；2011年5月兼任国家森林防火指挥部副总指挥、国家森林防火指挥部办公室常务副主任。2011年11月任国家森林防火指挥部专职副总指挥。

国家林业局机关各司(局)负责人

办公室

主任：彭有冬(2011 年 1 月免职)
王海忠主持工作(2011 年 1—9 月)
主任：张鸿文(2011 年 9 月任职)
巡视员：王建子
副主任：朱新飞
李金华(2011 年 3 月任职)
王恩光(2011 年 3 月挂职锻炼任职)

政策法规司

司长：刘永范
副司长：王洪杰　卢昌强
副巡视员：祁　宏

造林绿化管理司(全国绿化委员会办公室、长江流域防护林体系建设管理办公室)

司长(秘书长、主任)：王祝雄
副司长(常务副秘书长)：赵良平(2011 年 9 月任职)
巡视员：于建亚(2011 年 11 月任职)　丁付林
正司局级干部：黄正秋(2011 年 1 月免职)
副秘书长：向可文(2011 年 9 月免职)
总工程师：吴　坚
副司长：吴秀丽(2011 年 8 月任职)
霍健明(2011 年 3 月挂职锻炼任职)

森林资源管理司

司长：汪　绚
巡视员：李忠平
副司长：徐济德　袁少青(2011 年 3 月任职)
司长助理：刘晓春(2011 年 3 月挂职锻炼任职)

野生动植物保护与自然保护区管理司(野生动植物保护及自然保护区建设工程管理办公室)

司长(主任)：张希武
巡视员：陈建伟　孟　沙(2011 年 4 月任职)
副司长：刘亚文
副司长(副主任)：贾建生
总工程师：严　旬

农村林业改革发展司

司长：张　蕾
巡视员：安丰杰
副司长：李近如　江机生

森林公安局(国家森林防火指挥部办公室)

局长(副主任)、分党组书记：杜永胜(2011 年 11 月免职)
王海忠(2011 年 11 月任职)
副局长、分党组副书记：王海忠(2011 年 9 月任职，11 月免职)
副局长(副主任)、分党组成员：焦德发
巡视员、分党组成员：曹　真
副局长、分党组成员：潘世学(2011 年 5 月免职)
张　萍　崔永环

发展规划与资金管理司(全国木材行业管理办公室)

司长：封加平
副司长：郝燕湘
巡视员：高玉英　王前进
副司长(主任)：孙　建
副司长：杨　冬
副巡视员：张艳红　汤晓文

科学技术司

司长：魏殿生(2011 年 1 月免职)
彭有冬(2011 年 1 月任职)
副司长：胡章翠
巡视员：张志达
副司长：靳　芳　李　兴
副巡视员：杜纪山

国际合作司(港澳台办公室)

司长：曲桂林(2011 年 9 月免职，退休)
苏春雨(2011 年 9 月任职)
巡视员：金普春(2011 年 3 月任职)
副司长：章红燕(2011 年 9 月任职)

人事司

司长：谭光明
副司长：蓝增寿　丁立新　郝育军(2011 年 11 月任职)

直属机关党委(直属机关纪委)

常务副书记：高红电
巡视员：杨百瑾
副书记、纪委书记：王希玲

直属机关工会

主席：杨建新
副主席：孟庆芳(2011 年 11 月任职)

离退休干部局

局长：孙传玉
副局长：闫立民　张　强
副巡视员：马世魁　王景奇(2011 年 11 月免职，退休)

中央纪委、监察部驻国家林业局纪检组、监察局负责人

组长：陈述贤
副组长、局长：张习文
副局长：严晓凌(2011 年 11 月免职)
周　洪(2011 年 11 月任职)
副司级纪律检查员、监察专员：陈汉蓉(2011 年 11 月任职)
综合室主任：周　洪(2011 年 11 月免职)
纪检监察一室主任：籍永刚
纪检监察二室主任：吴兰香

国家林业局直属单位负责人

国家林业局机关服务局

局长、党委副书记：王永海
副局长：运文田　王寿奎　周　瑄　张全洲（2011年9月免职）
副巡视员：徐志霞
副局长、基本建设管理办公室专职副主任：姚志斌（2011年11月任职）

国家林业局国有林场和林木种苗工作总站

总站长：杨　超
副总站长：张周忙（2011年10月任职）
总工程师：张健民（2011年10月免职）
副总站长：杨连清　尹刚强　刘春延（2011年5月任职）

国家林业局林业工作站管理总站

总站长：陈凤学（2011年5月免职）
　潘世学（2011年5月任职）
巡视员：林海涛
副总站长：闫　振（2011年1月免职）
　张全洲（2011年9月任职）
　陈雪峰（2011年6月任职）

国家林业局林业基金管理总站（审计中心）

总站长：孔　明
副总站长：王翠槐　路　健
副主任：陈　彤
副总站长：李　冰

国家林业局宣传中心

主任：程　红
研究会秘书长：柳维河（2011年8月免职）
副主任：叶　智（2011年4月免职）
　李金华（2011年3月免职）
　李天送（2011年4月任职）
　樊喜斌（2011年9月任职）

国家林业局濒危物种进出口管理中心（中华人民共和国濒危物种进出口管理办公室）

主任：印　红（兼）
常务副主任：苏春雨（2011年9月免职）
　孟宪林（2011年9月任职）
巡视员：孟　沙（2011年4月免职）
　周亚非（2011年9月任职）
副主任：周亚非（2011年9月免职）
　孟宪林（2011年9月免职）
　周志华（2011年9月任职）

国家林业局天然林保护工程管理中心

主任：孙国吉（2011年1月任职）
总工程师：叶荣华
副主任：陈学军　文海忠　樊　华

国家林业局退耕还林（草）工程管理中心

主任：张鸿文（2011年9月免职）
　周鸿升（2011年9月任职）
副主任：刘雪平　王殿富
巡视员：张秀斌
副主任：韩　冰　吴礼军
总工程师：敖安强

国家林业局防治荒漠化管理中心

主任：刘　拓
巡视员：王信建
副主任：罗　斌　许　庆　刘金富
总工程师：屠志方

国家林业局世界银行贷款项目管理中心（速生丰产用材林基地建设工程管理办公室）

主任：闫　振（2011年1月任职）
副主任：姜喜山　陈道东（2011年4月免职）
　王连志　黄采艺
总工程师：许传德

国家林业局对外合作项目中心

主任：曲桂林（兼，2011年9月免职，退休）
　苏春雨（兼，2011年9月任职）
常务副主任：金普春（2011年3月免职）
　苏　明（2011年10月任职）
副主任：苏　明（2011年10月免职）
　吴志民　刘立军

国家林业局科技发展中心

主任：胡章翠（兼）
常务副主任：于建亚（2011年11月免职）
　王　伟（2011年11月任职）
副主任：王　伟（2011年11月免职）
　李明琪　黄发强

国家林业局经济发展研究中心

主任：刘东生
党委书记：王焕良
副主任：戴广翠　周少舟
　吴秀丽（2011年8月免职）
　王剑波（2011年9月任职）

国家林业局人才开发交流中心

主任：黄正秋（2011年1月任职）
副主任：路永斌　李天送（2011年4月免职）
　文世峰（2011年9月任职）

国家林业局森林防火预警监测信息中心

主任：张　萍（兼，2011年11月免职）
　焦德发（兼，2011年11月任职）
副主任：王元法　陈介平

国家林业局森林资源监督管理办公室

主任：汪　绚（兼）
副主任：张松丹　苏祖云
副巡视员：王洪波（2011年6月任职）

国家林业局湿地保护管理中心
主任：马广仁
副主任：严承高　袁继明
国家林业局信息中心
主任：李世东
副主任：王福东(2011 年 9 月任职)
郝育军(2011 年 9 月任职、11 月免职)
国家林业局国际竹藤中心
主任：江泽慧(兼)
常务副主任：岳永德
副主任：程　良　费本华　李凤波(2011 年 9 月任职)
中国林业科学研究院
院长、分党组书记：张守攻
分党组副书记、京区党委书记：叶　智(2011 年 4 月任职)
副院长、纪检组组长、分党组成员：陈幸良(2011 年 4 月任副院长)
副院长、分党组成员：储富祥　刘世荣
孟　平(2011 年 4 月任职)
黄　坚(2011 年 4 月任职)
国家林业局调查规划设计院
党委书记、副院长：王忠武
常务副院长：刘国强
副院长：赵中南　唐小平
总工程师：张煜星
副书记、纪委书记：严晓凌(2011 年 8 月任职)
国家林业局林产工业规划设计院
院长：周鸿升(2011 年 9 月免职)
党委书记：郭青俊
常务副院长：李　鹏
总工程师：肖小兵
副院长：李玉印　徐新华　王欲飞(兼)
国家林业局管理干部学院
院长：贾治邦(兼)
党委书记：李向阳
常务副院长、党委副书记：张周忙(2011 年 10 月免职)
张健民(2011 年 10 月任职)
副院长：方怀龙　刘家顺(2011 年 3 月免职)
党委副书记、纪委书记：黄桂荣
副院长：梁宝君(2011 年 3 月任职)
中国绿色时报社
社长、党委副书记：柏章良
总编辑：厉建祝
常务副社长：柳维河(2011 年 8 月任职)
副总编辑：张连友　曾联盟
副社长：刘　宁
中国林业出版社
党委书记：柳学军
社长、党委副书记：金　旻
副社长、党委副书记、纪委书记：李玉峰
副社长、副总编辑：刘东黎
副总编辑：邵权熙
国家林业局亚太森林网络管理中心
主任：曲桂林(兼，2011 年 9 月免职，退休)
苏春雨(兼，2011 年 9 月任职)
常务副主任：章红燕(2011 年 9 月免职)
鲁　德(2011 年 10 月任职)
副主任：鲁　德(2011 年 10 月免职)
王春峰　李淑新(2011 年 9 月任职)
中国林学会
秘书长：赵良平(2011 年 9 月免职)
常务副秘书长：李岩泉
副秘书长：沈　贵　尹发权
中国野生动物保护协会
秘书长：臧春林
副秘书长：李青文　赵胜利
中国花卉协会
秘书长：刘　红
副秘书长：陈建武　张引潮
中国绿化基金会
副秘书长兼办公室主任：陈　蓬
办公室副主任：赵志营　杨旭东
中国林业产业联合会
秘书长：王　满
副秘书长：石　峰　王欲飞
中国绿色碳汇基金会
秘书长：李怒云
副秘书长：苏宗海
国家林业局驻内蒙古自治区森林资源监督专员办事处(中华人民共和国濒危物种进出口管理办公室内蒙古自治区办事处)
专员(主任)、党组书记：刘树人
副专员(副主任)、党组成员：李国臣(2011 年 9 月任副主任)
高广文(2011 年 9 月任副主任)
国家林业局驻长春森林资源监督专员办事处(中华人民共和国濒危物种进出口管理办公室长春办事处)
专员(主任)、党组书记：王志高
副专员(副主任)、党组成员：李伟明(2011 年 9 月任副主任)
傅俊卿(2011 年 9 月任副主任)
国家林业局驻黑龙江省森林资源监督专员办事处(中华人民共和国濒危物种进出口管理办公室黑龙江省办事处)
专员(主任)、党组书记：赵恩举
副专员(副主任)、党组成员：孙文义(2011 年 9 月任副主任)
左焕玉(2011 年 1 月任副专员、党组成员，2011 年 9 月任副主任)

国家林业局驻大兴安岭林业集团公司森林资源监督专员办事处

专员、党组书记：孙国吉(2011年1月免职)
蒋周明(2011年1月任职)
副专员、党组成员：王荣满　段光晨(2011年3月免职，退休)
杜晓明(2011年8月任职)

国家林业局驻合肥森林资源监督专员办事处(中华人民共和国濒危物种进出口管理办公室合肥办事处)

专员(主任)、党组书记：薛全福

国家林业局驻福州森林资源监督专员办事处(中华人民共和国濒危物种进出口管理办公室福州办事处)

专员(主任)、党组书记：冯树清

国家林业局驻武汉森林资源监督专员办事处(中华人民共和国濒危物种进出口管理办公室武汉办事处)

专员(主任)、党组书记：何美成

国家林业局驻海口森林资源监督专员办事处(中华人民共和国濒危物种进出口管理办公室海口办事处)

专员(主任)、党组书记：许　辉(2011年4月任专员、党组书记)
副专员(主任)、党组成员：许　辉(2011年4月免副专员、党组成员)
副专员(副主任)、党组成员：关进敏(2011年4月任副专员、党组成员，2011年9月任副主任)

国家林业局驻成都森林资源监督专员办事处(中华人民共和国濒危物种进出口管理办公室成都办事处)

专员(主任)、党组书记：付　贵(2011年5月任职)
副专员(副主任)、党组成员：张志忠(2011年9月任副主任)

国家林业局驻贵阳森林资源监督专员办事处(中华人民共和国濒危物种进出口管理办公室贵阳办事处)

专员(主任)、党组书记：蒋周明(2011年4月免职)
康晓达(2011年4月任职)

国家林业局驻云南省森林资源监督专员办事处(中华人民共和国濒危物种进出口管理办公室云南省办事处)

专员(主任)、党组书记：万兆奇
副专员(副主任)、党组成员：连文海(2011年1月任副专员、党组成员，2011年9月任副主任)

国家林业局驻西安森林资源监督专员办事处(中华人民共和国濒危物种进出口管理办公室西安办事处)

专员(主任)、党组书记：侯　龙
副专员(副主任)、党组成员：李彦华(2011年4月任副专员、党组成员，2011年9月任副主任)
党组成员：刘　丛(2011年4月任职)

国家林业局驻乌鲁木齐森林资源监督专员办事处(中华人民共和国濒危物种进出口管理办公室乌鲁木齐办事处)

专员(主任)、党组书记：刘家顺(2011年3月任职)
副专员(主任)、党组副书记：袁少青(2011年3月免职)

国家林业局驻上海森林资源监督专员办事处(中华人民共和国濒危物种进出口管理办公室上海办事处)

专员(主任)、党组书记：程　鹏(2011年9月任专员、党组书记)
副专员(副主任)、党组成员：王招英(2011年9月任副专员、党组成员)

国家林业局驻北京森林资源监督专员办事处(中华人民共和国濒危物种进出口管理办公室北京办事处)

副专员(副主任)、党组成员：向可文(2011年9月任职)

国家林业局西北华北东北防护林建设局

党组书记、副局长：曹丕玉(2011年6月免职)
局长、党组副书记：潘迎珍
党组书记、副局长：张　炜(2011年6月任职)
副局长、党组成员：张　炜(2011年6月免职)
梁宝君(2011年3月免职)
杨金恒(2011年6月任职)
王作谊(2011年6月任职)
总工程师、党组成员：洪家宜(2011年6月任职)

国家林业局森林病虫害防治总站

总站长：马爱国
党委书记：李青松
常务副总站长：潘宏阳(2011年5月免职，退休)
总工程师：宋玉双
纪委书记：李永成

国家林业局东北航空护林中心

主任：张惠新
党委书记：付　贵(2011年5月免职)
党委副书记、纪委书记：李炳泉(2011年3月免职，退休)
副主任：李世奇　张宝柱　张克江(2011年8月任职)
总工程师：张喜忠(2011年8月任职)

国家林业局西南航空护林总站

总站长、党委书记：郝佩和
副总站长：史永林　和　宏(2011年3月免职，退休)
吴　灵(2011年6月任职)
袁俊杰(2011年6月任职)

南京森林警察学院

党委书记：王海忠(2011年1月免职)
王邱文(2011年3月任职)
院长、党委副书记：张高文
常务副院长：张治平(2011年3月任职)
正院级调研员：苏惠民
党委副书记、纪委书记：王邱文(2011年3月免职)
李　明(2011年3月任职)
副书记、政治部主任：林　平(2011年3月任副书记)
副院长：张治平(2011年3月免职)
李　明(2011年3月免职)
陶　珑(2011年3月任职)
吉小林(2011年3月任职)

傅冰钢(2011 年 3 月任职)

国家林业局华东林业调查规划设计院

院长、党委副书记：傅宾领
党委书记、副院长：刘裕春
党委副书记、纪委书记、副院长：周　琪
副院长、总工程师：何时珍
副院长：丁文义

国家林业局中南林业调查规划设计院

院长、党委副书记：周光辉
党委书记、副院长：康晓达(2011 年 4 月免职)
　　彭长清(2011 年 4 月任职)
副院长：蒋云安
总工程师、副院长：熊智平
党委副书记、纪委书记、副院长：周学武

国家林业局西北林业调查规划设计院

院长、党委副书记：张　翼
党委书记、副院长：陈道东(2011 年 4 月任职)
副院长：彭长清(2011 年 4 月免职)
总工程师：李立球
副院长：吴海平(2011 年 4 月任职)

国家林业局昆明勘察设计院

院长、党委副书记：唐芳林
党委书记、副院长：胡培兴
副院长、总工程师：张敏琦
副院长、纪委书记：周红斌
副院长：张光元(2011 年 6 月任职)
　　汪秀根(2011 年 6 月任职)

各省(区、市)林业厅(局)负责人

北京市园林绿化局(首都绿化办)

局长(主任)、党组书记：董瑞龙(2011 年 2 月免职)
局长(主任)、党组书记：邓乃平(2011 年 2 月任职)
党组副书记、巡视员：刘宝军
副主任：王苏梅　甘　敬
副局长：史贵升(正局级)　王振江　强　健　黄德峰　高士武　周剑平
副巡视员：朱国城　张建民　廉国钊　贲权民

天津市林业局(绿化委员会办公室)

党委书记、局长：陶润立(2011 年 12 月免局长职务)
局长(主任)：张宗启(2011 年 12 月任职)
副巡视员、副局长(副主任)：王海静　齐龙云(2011 年 1 月任副巡视员)
党委副书记：李春国
副局长：吴学东

河北省林业局

厅长、党组书记：王海洋(2011 年 4 月任职)
副厅长、党组成员：雷永怀　闫铁龙　刘凤庭
副厅长：葛会波
纪检组组长、监察专员、党组成员：王金品
巡视员：张　静
副巡视员：李桂征

山西省林业厅

厅长、党组书记：耿怀英(2011 年 1 月免职)
　　李永林(2011 年 1 月任职)
副厅长、党组成员：霍转业(正厅级)　常光明
副厅长、党组成员、巡视员：周　洪(2011 年 5 月任巡视员)
纪检组组长、党组成员：谢　璞
总工程师、党组成员：任建中
总规划师、党组成员：张云龙(2011 年 4 月任职)
巡视员：杜创业
副巡视员：姚文达　温普德　刘虎山
党组成员、省森林公安局局长：李　更

内蒙古自治区林业厅

党组书记、厅长：高锡林
党组成员、巡视员：曹文仲(2011 年 3 月免副厅长，任巡视员)
　　李树平(2011 年 10 月免纪检组组长，任巡视员)
党组成员、副厅长：田选明　呼　群　龚家栋
党组成员、总工程师：高桂英
党组成员、自治区防火指挥部专职副总指挥(副厅级)：阿勇嘎(2011 年 10 月任党组成员)
副巡视员：杨俊平　乔　云　肖文武　王福英　魏　江

辽宁省林业厅

厅长、党组书记：曹　元
副厅长、党组副书记：侯喜丰
副厅长、党组成员：马志刚　黄庆宇(2011 年 8 月退休)　田树槐(2011 年 11 月任职)
纪检组组长、党组成员：张志茹
副巡视员：史广海　赵永新　马乃胜(2011 年 11 月任职)

吉林省林业厅

党组书记、厅长：张德新
党组成员、副厅长、省绿委副主任(正厅级)：栾胜宽
党组成员、副厅长：金德友
党组成员、纪检组组长、监察专员：姜国军
党组成员、副厅长：乔　恒
副厅长：孙光芝
党组成员、副厅长、森林防火专职副指挥：孙亚强
副巡视员：闫活承　尚静敏

黑龙江省林业厅

厅长、党组书记：蔡炳华

党组成员、巡视员：刘亚文(2011 年 4 月调出)
党组成员、副厅长：杨克杰　王凤友(2011 年 4 月调出)
党组成员、副厅长、森林草原防火指挥部专职副指挥：李树铭
党组成员、纪检组组长：王瑞斌
党组成员、副厅长：张恒芳(2011 年 1 月任职)
李跃民(2011 年 4 月任职)
杨国亭（2011 年 4 月任职)
党组成员、副厅长、省绿化委员会专职副主任：张凤仙
副巡视员：李跃民(2011 年 4 月免职)
杨国亭(2011 年 4 月免职)　金　强

上海市绿化和市容管理局(上海市林业局)

局长、党组书记：马云安（2011 年 9 月免党组书记职务)
党组书记、副局长：陆月星(2011 年 9 月任职)
党组副书记：刘　磊(2011 年 9 月免职)
副局长：崔丽萍　夏颖彪　蔡友铭　鲁建平
恽奇伟　方　岩(2011 年 9 月任职)
副局长、总工程师：黄兴华(2011 年 9 月调出)
总工程师：唐家富(2011 年 12 月任职)
巡视员：陶　渊(2011 年 8 月退休)
刘　磊(2011 年 9 月任职)

江苏省林业局

局长、党委书记兼任农委副主任、党组成员：夏春胜
农委(江苏省林业局)副巡视员、江苏省护林防火指挥部副指挥：严宏生(2011 年 3 月任省护林防火指挥部副指挥)
副局长、党委委员：葛明宏　卢兆庆　傅　兵
纪委书记、党委委员：邱昱东
党委委员：仲志勤

浙江省林业厅

厅长、党组书记：楼国华
副厅长、党组成员、巡视员：邢最荣
副厅长、党组成员：叶胜荣(2011 年 2 月免职)
杨幼平　俞　坚
副厅长：吴　鸿
纪检组组长、监察专员、党组成员：陈亚敏
总工程师：蓝晓光
巡视员：叶胜荣(2011 年 2 月任职)
副巡视员：王章明(2011 年 5 月任职)

安徽省林业厅

厅长、党组书记：韩柏泉
巡视员、党组成员：汪炳瑜　程　鹏
副厅长、党组成员：赵　波　潘法祥　齐　新
纪检组组长、党组成员：张盛林
总工程师、党组成员：汤　坚
副巡视员：唐丽影　江贻东
副厅级纪律检查员、监察专员：孙桂英

福建省林业厅

厅长、党组书记：陈家东
副厅长、党组成员：林少霖　张明接　谢再钟
纪检组组长、党组成员：黄文书
省森林防火指挥部专职副指挥(副厅级)、党组成员：谭　论(2011 年 7 月任职)

江西省林业厅

厅长、党组书记：刘礼祖
党组成员、巡视员：肖　河
党组成员、副厅长：魏运华　郭　家　詹春森
党组成员，省林科院院长、党委书记：黄小春
党组成员、副厅长：罗　勤
党组成员、森林公安局政委：邱水文
党组成员、驻厅纪检组组长：李晓浩
副巡视员：毛赣华
总工程师：胡跃进

山东省林业厅

厅长、党组书记：贾崇福
副厅长、党组副书记：丁希滨(2011 年 10 月免职)
纪检组组长、党组成员：张保卫
副厅长、党组成员：辛福智　吴庆刚　刘建武(2011 年 5 月任职)　亓文辉
巡视员：田庆斌（2011 年 8 月退休)
副巡视员：李登开(2011 年 8 月任职)
马福义(2011 年 8 月任职)

河南省林业厅

厅长、党组书记：王照平
副厅长、党组成员：刘有富　王德启　丁荣耀
李　军
纪检组组长、党组成员：乔大伟
党组成员、巡视员：张胜炎(2011 年 3 月退休)
党组成员、森林公安局局长、巡视员：
宋全胜(2011 年 4 月任巡视员，免省森林公安局局长职务)
副厅长、党组成员、省森林公安局局长：
侯怀堂(2011 年 7 月任职)
副巡视员：谢晓涛　王学会(2011 年 4 月任职)
师永全(2011 年 12 月任职)

湖北省林业厅

厅长、党组书记：王海涛
副厅长、党组成员：李新水　董祚华　刘晓洪
蔡静峰　王铭德
副厅长：黄德华(2011 年 11 月任职)
纪检组组长、党组成员：陈年山
总工程师、党组成员：洪　石
党组成员、森林公安局局长、森林公安警察总队总队长：陈毓安
巡视员：李德珍（2011 年 1 月退休)
副巡视员：吴恒洲（2011 年 2 月退休)
何先国（2011 年 2 月退休)
鲁水清（2011 年 2 月退休)
余志中（2011 年 2 月退休)
罗昌文（2011 年 2 月退休)
刘兴礼（2011 年 2 月退休)
森林公安局副巡视员：陈精华

湖南省林业厅

厅长、党组书记：邓三龙

副厅长、党组副书记：胡长清
副厅长、党组成员：唐苗生　柏方敏　李益荣
总工程师、党组成员：文振军
纪检组组长、党组成员：王鹰柏(2011 年 9 月任职)
王光荣(2011 年 3 月退休)
副巡视员：柳开明　吴剑波

广东省林业厅

厅长、党组书记：张育文
党组成员、巡视员：陈俊勤
副厅长、党组成员：陈亚广　孟　帆　陈俊光
党组成员、省纪委、省监察厅驻厅纪检组组长、监察专员：肖伟昌
党组成员、总工程师：谭天泳
党组成员、省森林防火指挥部专职副总指挥：杨胜强
副巡视员：王惠恒　苏荣春(2011 年 1 月退休)
黄国如(2011 年 4 月任职，2011 年 8 月退休)　黄东志(2011 年 4 月任职，2011 年 8 月退休)　吴玩余(2011 年 12 月任职)　彭耀强(2011 年 12 月任职)

广西壮族自治区林业厅

厅长、党组书记：陈秋华
副厅长、党组副书记：莫一平
副厅长、党组成员：韦纯良　李明琪(挂职干部)
邓建华(2011 年 8 月任职)
刘中奇
总工程师、党组成员：蒋桂雄
纪检组组长、党组成员：王力生
区森林公安局局长(副厅长级)：罗卫东(2011 年 4 月任职)
区森林公安局政委(副厅长级)：李堂龙(2011 年 3 月任职)
副巡视员：肖　超　高聘荣(2011 年 4 月任职)

海南省林业厅

厅长：关进平
副厅长：倪陈兴　黄金城　刘艳玲
党组成员、防火办主任：周绪梅
党组成员、总工程师：周亚东(2011 年 7 月任职)
巡视员：秦忠文
副巡视员：曾　平

重庆市林业局

局长：吴　亚
副局长、副巡视员：邓东华(2011 年 12 月任副巡视员)
副局长：杨富权　张　洪　王声斌　戴栓友(挂职干部)
纪检组组长：邓兴华(2011 年 12 月免职)
庹清文(2011 年 12 月任职)
局长助理：彭泽民　谢志刚
总工程师：杜士才
副巡视员：张　静

四川省林业厅

厅长、党组书记：王　平
副厅长、党组成员：陶智全(2011 年 6 月任职)
罗增斌(2011 年 9 月调出)
郭亨孝　刘书贵　降　初
包建华(2011 年 12 月任职)
纪检组组长、党组成员：赵光钦
机关党委书记、党组成员：李　剑(2011 年 12 月任职)
防火指挥部专职副指挥长：龙先华
总工程师、党组成员：骆建国(2011 年 11 月任党组成员)
巡视员：赵光欣(2011 年 12 月任职)
副巡视员：张绍荣　包建华(2011 年 12 月免职)
廖志抗
森林公安局局长：范成绪
森林公安局政委(副厅级)：李春洪(2011 年 12 月任职)
林业工会主席：熊北蓉
卧龙特区主任：张和民
卧龙国家级自然保护区管理局党委书记：黄建华

贵州省林业厅

党组书记、厅长：金小麒
党组成员、副厅长：杨洪俊　甘如一(2011 年 7 月免职)　沈晓春　黎　平(2011 年 11 月任职)
正厅级干部：徐来富(2011 年 9 月任职)
党组成员、总工程师：聂朝俊
党组成员、机关党委书记：黄永昌
党组成员、驻厅纪检组组长：黄　勇
巡视员：甘如一(2011 年 7 月任职)
副巡视员：胡庆昌

云南省林业厅

党组书记：白成亮(2011 年 1 月免职)
党组书记、厅长：陈玉侯(2011 年 1 月任党组书记)
党组成员、副厅长：郭辉军　王德祥(2011 年 1 月免职)　冷　华　刘一丹
夏留常(2011 年 2 月任职)
森林公安局局长：李　华(2011 年 2 月任职)
党组成员、森林防火指挥部专职副指挥长：万　勇
党组成员、纪检组组长：拉玛·兴高(2011 年 11 月免职)
党组成员、厅长助理：罗　宁(2011 年 8 月去世)
巡视员：王德祥(2011 年 1 月任职，2011 年 6 月免职)
副巡视员：刘全英　习建国

西藏自治区林业厅

党组书记、副厅长：杰　巴
党组副书记、厅长：雷桂龙
党组成员、巡视员：布阿牛
党组成员、副厅长：布　穷　郭　杰　黄采艺(援藏干部)
党组成员、纪检组组长：郭林豫(2011 年 7 月)
党组成员、副厅长：索朗旺堆(2011 年 6 月任职)

陕西省林业厅

党组书记、厅长：张社年
党组成员：孙承骞　党双忍(2011 年 12 月任职)
党组成员、副厅长：陈玉忠　王建阳　高永民
(2011 年 12 月免党组成员职务)
拓　平　彭　鸿　李嘉农

党组成员、森林资源管理局党委书记、局长：郭道忠
党组成员、总工程师：范民康
党组成员、纪检组组长：赵钰莹
党组成员、秦岭国家植物园园长(正厅级)：沈茂才
副厅长：唐周怀
党组成员、森林公安局局长：马利民

甘肃省林业厅

党组书记、厅长：高清和
党组副书记、白龙江林业管理局党委书记：火统元
党组成员、副厅长、巡视员：高　攀(2011 年 4 月免党组成员、副厅长，任巡视员)
党组成员、副厅长：赵建林　段昌盛　樊　辉
党组成员、省绿化委员会办公室副主任、副厅长：张肃斌(2011 年 4 月免省绿化委员会办公室主任，任副厅长)
党组成员、省绿化委员会办公室副主任：陈浩文(2011 年 4 月任职)
党组成员、省森林公安局局长：张鹿鸣
党组成员、纪检组组长：李　智
省绿化委员会办公室副主任：郭　平(2011 年 10 月任职)
巡视员：增效先(2011 年 1 月免职)
副巡视员：王成锁　李万江(2011 年 4 月任职)

青海省林业厅

党组书记、厅长：党晓勇(2011 年 1 月任职)
党组成员、副厅长：郑　杰(2011 年 1 月任职)
邓尔平(2011 年 8 月任职)
赫万成(2011 年 1 月任职)
李　冰(援青干部，2011 年 1 月任职)　高静宇(2011 年 9 月任职)
党组成员、三江源国家级自然保护区管理局局长：李若凡
纪检组组长：马东田
副巡视员：肖俄力

宁夏回族自治区林业局

党组书记、局长：王德林
党组成员、副局长：王洪界　李月祥　马　林
党组成员、纪检组组长：开永安
巡视员：余进军(2011 年 5 月任职)
副巡视员：李　安

新疆维吾尔自治区林业厅

党委书记：张小平
党委副书记、厅长：尼加提·马合木提
党委委员、副厅长：侯翠花　英　胜
党委委员、纪检委书记：党元德
党委委员、副厅长：吾拉孜别克·索力坦
党委委员、政治部主任：彭小明
党委委员、总工程师：谢　军
党委委员、副厅长：李永成(2011 年 1 月离任)
王洪波(2011 年 8 月任职)
巡视员：阿西木·托乎提
副巡视员：曾　力(2011 年 2 月任职)

人事工作

【综　述】 2011 年，在局党组的正确领导下，人事司坚持以服务现代林业建设大局、服务直属机关干部队伍建设为核心，以改革创新的精神推动干部人事工作，着力提高科学化、民主化、制度化水平，各项工作取得了新成效。

创新机制，突出重点，不断加强各级领导班子和干部队伍建设　围绕干部队伍建设的核心内容和关键环节，从干部培养、发现、选任、管理各角度着手，探索新思路，提高干部工作质量。领导班子建设有了新加强，队伍结构有了新改善，干部整体素质有了新提高。

狠抓各级领导班子建设　以提高领导能力、优化结构、激发活力为重点，全年对 35 个直属机关领导班子进行了调整。工作过程中，从干部队伍实情出发，不断创新和完善选人用人机制，着力提高选人用人水平。一是进一步推进竞争性选拔。组织开展了全局范围的副司局级职位竞争上岗，选拔了 8 名副司局级干部。制定方案过程中，广泛征求意见，多次讨论研究，特别是强调注重平时、注重实干的用人导向，避免考试导向冲击干事导向。在组织实施过程中，做好信息公开，程序透明，提高干部群众的参与度，成立监督组，纪检监察部门全程监督。整个竞争上岗工作得到全局上下的普遍肯定，取得了良好效果。二是大力开展交流轮岗。对一把手进行大范围交流，加大机关和直属单位干部交流力度，充分考虑使用好中年同志、培养好年轻同志、发挥好老同志作用，强调干部提职交流，注重从基层和生产一线选拔交流优秀干部。全年一把手交流 10 人，副职交流 24 人，提拔交流 21 人，从地方交流了 3 名干部到国家林业局任职。目前，直属机关 67 个单位近 90 名党政一把手有 70 多名进行了交流，所有单位都有班子成员进行了交流，先后从地方交流了 15 名干部，推荐了 4 名司局级干部交流到地方任职。三是改进完善常规选拔方式。进一步扩大了会议推荐参加范围和个别谈话推荐参加范围，加强延伸谈话，更广泛地发挥民主，听取群众意见，有效保证了推荐出来干部的质量。

全面加强各单位处级干部队伍建设　针对部分单位特别是京外派驻机构处级干部队伍建设相对滞后的现状，区分轻重缓急，分期分批启动了 33 个单位的处级干部调整工作。大力推进竞争性选拔，有 28 个单位采

取竞争性选拔的方式，是国家林业局处级干部竞争性选拔力度最大的一年。根据《关键处室处长交流工作规定》，组织开展了关键处室处长交流。以关键岗位交流为重点，有 20 个单位近 100 名处级干部进行了交流。经过 2011 年的调整，处级干部建设力度得到了明显加强，极大地鼓舞和提高了各单位干部的工作热情和干劲，得到了广大单位和干部群众的充分肯定。

全面培养提高干部队伍整体素质和执政能力　素质和能力提升一直是干部工作的重要内容，坚持“缺什么补什么”，全面培养锻炼干部。一是坚持开展大规模的干部培训。积极争取名额，选派了 2 名局班子成员、23 名司局级干部参加中央党校、行政学院和三所干部学院组织的理论培训和专题培训，组织了 75 名司局级干部参加中组部组织的自主选学。充分发挥局属培训机构作用，组织举办了 2011 年春季公务员岗位培训班和全年累计组织理论培训和业务培训 13 期。通过多部门、多途径、多方面的培训，有力提高了干部政治理论水平、执政知识水平和业务知识水平。二是继续选派干部参加实践锻炼，2 名同志参加了中组部组织的到国家信访局挂职锻炼，选派了 3 名干部参加第六批援疆工作，其中首次选派干部支持新疆生产建设兵团工作。目前，国家林业局在地方挂职锻炼的干部 18 人。同时，安排了中央三部委选派的 3 名干部以及来自林业重点省区、市县的 27 名干部到国家林业局上挂锻炼。三是不断调整优化干部队伍结构，提升队伍活力。贯彻落实中央关于从基层一线培养选拔干部的精神，选调京外 2 名处级干部充实机关队伍。接收 213 名毕业生、引进 53 名紧缺高层次人才充实到国家林业局各有关事业单位。创新军转安置工作，通过考试择优录用了 2 名军转干部。

多措并举，加强干部管理监督　从加强干部管理、完善干部考核评价体系入手，为发现干部、使用干部打下坚实基础。一是坚持“四个必谈”，并加大了任免谈话制度的执行力度，对新任免干部实行局长、分管副局长、人事司长三重谈话制度，从不同层面对新任免干部提出明确要求。二是组织开展了个人重大事项报告工作。从局领导班子到直属机关各单位副处级以上干部填写上报了《领导干部个人有关事项报告表》，对适用《移居管理规定》的干部组织填写上报了《配偶子女均已移居国(境)外的国家工作人员有关情况报告表》。三是进一步加强了对有人事管理权限直属单位干部工作的管理监督。组织开展对其干部选拔任用工作的“一报告两评议”，要求其在调整干部时，必须制定工作方案，经人事司审核并报局党组同意后才能进行，调整结束后及时备案。通过这些举措，各有人事管理权限直属单位干部选拔任用工作的规范化、制度化明显加强。四是完善年度考核制度，确保实效。经过几年的摸索总结，形成了符合国家林业局实际的年度考核制度。首次对年度考核优秀的干部进行物质和精神奖励，真正发挥年度考核在干部工作中的激励和导向作用。2011 年，国家公务员局组织公务员法实施情况检查，对国家林业局公务员和参照单位干部管理水平给予了充分肯定。五是不断加强干部工作规范化建设。对局属事业单位 2010 年以来进人情况进行全面自查，组织草拟了《国家林业局事业单位公开招聘工作实施办法》，逐步推进符合国家林业局特点的事业单位公开招聘工作体系的建立。加强干部档案规范化管理，对 530 多名局管干部的档案进行了细致全面系统的整理，圆满通过了中组部档案管理部门的审核检查。

推进改革、服务全局，着力提高林业教育培训工作科学化水平　以贯彻落实中央《2010～2020 年干部教育培训改革纲要》为重点，不断推进林业干部教育培训改革，注重增强教育培训的针对性、实效性和前瞻性，统筹抓好林业行业培训、职业教育和高等教育工作，林业队伍能力建设有了新成绩。

贯彻落实干部教育培训改革纲要，推进林业干部教育培训改革　一是抓统筹协调。组织召集林业教育培训工作有关方面人员，统筹研究部署国家林业局干部教育培训工作一系列工作措施，科学确定了“十二五”时期干部教育培训工作的重点任务。二是抓行业规划。紧密结合林业“十二五”时期发展总体思路和主要任务，在系统总结“十一五”时期林业教育培训工作的基础上，编制了《全国林业教育培训“十二五”规划》，将按程序报批实施。三是抓培训质量。深入开展培训需求调研，进一步完善培训评估体系，建立培训质量反馈机制，切实提高培训质量。四是抓林业干部能力建设基础工作。贯彻教育培训改革纲要的要求，开展干部能力建设，组织开发干部能力模型试点工作，在林业工作站系统率先开展干部能力测试工作。全年 7400 多名林业站站长参加了测试，超额完成了年度任务。

加大行业培训力度，服务林业工作大局　一是与林改司共同组织举办了中组部下达的地方县级领导干部深化集体林权制度改革专题研究班，不断推进集体林改向纵深发展。全国 107 个集体林改典型县中的 98 个分管县长、31 个省区市林业厅局和新疆生产建设兵团的分管厅局长、林改处长等共 161 人参加了研究班。二是认真做好新疆林业干部培训工作。为落实中央关于援疆工作总体部署和林业援疆工作要求，在 2010 年专门举办 2 期新疆林业干部培训班的基础上，2011 年又举办了 2 期新疆林业干部培训班，培训林业厅处长、直属单位处级干部及直属林场场长等 112 人。三是协调组织完成其他司局专业技术干部培训班 119 期，培训学员 11823 人。四是强化农村党员干部现代远程教育林业专题教材制播工作，成立了林业教材制播中心，召开了局远程教育工作领导协调小组会议。全年完成了 52 期林业专题教材制作任务，向中组部报送 187 个课件合计 1560 分钟。

不断加强林业学科建设、高校共建和职业教育工作　一是高度重视林业学科建设，成立了国家林业局林业学科建设指导协调小组和专家咨询组，并召开了专门工作会议，研究部署“十二五”时期林业学科建设工作。强化对林业类专业学位的指导，成立了林业硕士、风景园林硕士教学指导委员会。组织了浙江农林大学“竹资源与高效利用”等 3 个授予博士学位的服务国家特殊需求人才培养项目的论证和推荐工作。二是强化涉林高校共建工作，推进共建内蒙古农业大学、福建农林大学。三是与教育部等部门联合印发了《关于加快发展面向农村的职业教育的意见》，联合召开了工作会议，进一步推进林业职业学校和涉林专业建设。部署了国家林业局林业职业教育特色专业、精品课程和重点实训基地评审

以及全国林业职业教育技能大赛工作，将于年内推出首批国家林业局高等职业教育精品课程。

加强统筹、注重规划，进一步推进林业人才工作

林业人才队伍是胡锦涛总书记提出的林业改革发展“三个依靠”的重要组成部分和骨干力量。2011年，我们坚持以贯彻学习全国人才工作会议精神为重点，大力实施人才强林战略，林业人才工作有了新进展。

着力加强林业人才工作的宏观指导和规划编制 一是印发了《国家林业局党组关于进一步加强林业人才工作的意见》。在多方征求意见以及提交年初全国林业厅局长会议研究讨论的基础上，经局党组审定，该《意见》向全行业印发实施。《意见》根据林业人才工作面临的林业新形势、新任务，提出了“十二五”及中长期全国林业人才工作的指导思想、发展目标、工作重点、重大人才工程及有关工作要求。二是组织编制了《全国林业人才发展“十二五”规划》，将编制《规划》作为加强行业人才队伍建设的重要抓手，明确了队伍建设的重点目标、任务和措施，努力做到人才队伍建设与林业生态建设重点工程同步规划、同步部署、同步实施。目前，已通过了评审论证，待报局里正式印发。三是建立林业系统人才统计制度，组织开展2010年人才状况调查统计，目前已完成汇总。同时，还参与了全国相关专业人才建设规划和人才队伍统计工作。

加强高层次专业技术人才队伍培养 一是扎实开展两院院士候选人的推荐工作。经遴选委员会专家评审、局党组审定，推荐了中国工程院院士候选人，并按期完成了申报工作。二是组织完成了国家“青年千人计划”人选和“百千万人才工程国家级人选赴国外交流考察团”人选的推荐工作。公布了2010年享受政府特殊津贴人员名单。三是积极开展第12批“博士服务团”成员选派工作，完成了赴云南、广西博士服务团成员考核工作。四是会同科技发展中心开展知识产权专家库参评人选的推荐工作，推荐3名同志为知识产权专家库专家参评人选。五是按照人社部的统一部署，启动了《国家职业大典》修订工作，成立了领导机构，制定了工作方案，完成了申领修订任务工作。

认真做好职称评审，提高专业技术人才评价水平 一是为提高林业人才评价工作的科学化和规范化水平，组织开展了林业工程专业技术资格标准条件修订工作。结合林业工程技术人员职业分类和技术特点，召开了3次专家会议，目前已形成初稿。二是组织开展了2011年职称评审工作。就国家林业局2011年度工程系列、会计系列（高级）等专业技术资格评审工作进行了部署，组织开展了工程系列高级评审会。

强化林业人才表彰奖励 一是开展保护森林和野生动植物资源先进集体、先进个人表彰工作。授予193个单位保护森林和野生动植物资源先进集体称号、331名同志保护森林和野生动植物资源先进个人称号、5个单位保护森林和野生动植物资源优秀组织奖称号。二是积极牵头组织完成了全国天然林保护工作会议的表彰任务。三是完成了第十一届林业青年科技奖的评选工作。评选表彰了20名第十一届林业青年科技奖获得者，并从中推荐产生了2名第十二届中国青年科技奖获得者。四是完成了全国老干部先进工作者表彰人选的推荐工作。推荐离退休干部局1名同志为全国老干部工作先进工作者表彰人选。

优化配置、科学规范，不断加强机构保障能力建设

始终把机构编制工作放在建设现代林业、全面推进集体林权制度改革的大局中去思考和谋划，着力推进机构编制工作的科学化、规范化，严格机构编制统一管理和审批备案，深入开展调研、注重内外协调，机构能力建设有了新进展。

派驻地方林业监管机构整合工作取得新突破 在贾治邦局长的亲自指导协调下，经过不懈努力、大力争取，中央编办批准了国家林业局派驻机构整合及编制分配方案，新成立了北京、上海专员办，司局级领导职数由24名增加至34名，极大地加强了派驻机构的班子配备和队伍建设。在此基础上，又会同相关司局单位组织召开了派驻机构整合实施工作座谈会，对派驻机构整合实施涉及的干部人事、财务及资产等相关问题进行了调研摸底。目前，正按照“四人小组”会议的有关精神，积极协调有关部门，扎实推进派驻机构整合实施涉及的法人登记、变更以及内设机构调整等工作。

高度重视、积极应对，审慎提出对《环保部组织条例》的意见 在局领导的亲自指导下，按照实事求是、职责法定、有理有据的总体考虑，组织协调局内相关司局和单位，经多次征求意见、梳理和汇总，立场鲜明地提出了回复意见，坚决维护林业职能的完整性和林业机构的应有地位。经过据理力争，中央编办不再维持环保部“三定”规定的表述，退回到三定规定可以改动的底线，取得了阶段性的胜利。在此基础上，进一步成立了专门的研究小组和起草小组，态度坚决、有理有据地提出“取消环保部生态保护职责”的建议，为下一步强化林业行政机构奠定良好基础。同时，近期在广泛征求意见的基础上，又汇总提出了对《国土资源部组织条例（征求意见稿）》、《水利部组织条例（草案）》的意见。

不断调整优化机关和直属事业单位职能配置和内设机构设置 根据林业面临的形势任务变化，及时提出有关司局和单位机构编制调整的建议，为林业中心工作提供强有力的机构保障。一是扎实推进机关内部“三定”工作。调整并明确了林改司等6个司局的编制数量、内设处室及处级领导职数配备。二是对场圃总站、东航中心、西南航站等10多个事业单位的内设机构及干部职数进行了调整。三是积极协调中央编办，竹藤中心更名并增加了40名编制，场圃总站加挂了“国家林业局森林公园保护与发展中心”牌子。四是结合事业单位清理规范，认真调研了“中国保护大熊猫研究中心”和“三局两院”管理体制问题，提出了有关建议。

以社团换届工作为重点，林业社团工作有了新进展 从加强社团管理、发挥社团积极作用的角度出发，组织召开了局属社会团体工作会议，及时提出了中国经济林协会等社会团体的换届批复意见，对换届工作进行了指导。大力加强社团规范化建设，指导中国林业产业联合会开展社团评估工作。积极与民政部沟通，筹备成立中国林业生态发展促进会。

把握主动、加强沟通，稳步推进事业单位改革 事业单位分类改革，事关干部职工切身利益，事关林业发展大局，局党组高度重视。自2010年中央编办有关文件征求意见以来，我们对此高度关注，积极跟踪进展情况。2011年以来，继续加强同有关部门的沟通协调，牢牢把握林业事业单位改革要与林业事业转型相结合的基本原则，积极争取在即将实施的事业单位各项改革中职能不减、阵地不失、人心不乱，赢得工作的有利地位。

认真学习贯彻中央5号文件精神　及时组织各事业单位对中央5号文件及其配套系列文件进行学习，强化与局内相关方面的协调配合，提出了贯彻落实中央5号文件精神的建议，明确了局分类推进事业单位改革工作领导机构和工作机构，为国家林业局事业单位分类改革的推进提供良好的基础。组织召开了2次领导小组会议，本着“工作要细、节奏要稳、谋划要长远”的原则，对推进国家林业局事业单位分类改革工作作出了部署安排，以坚持原则、平稳过渡、减少振动、各有所得为出发点，提出了工作推进的有关具体措施和建议。

扎实组织开展事业单位清理规范工作　清理规范工作是事业单位分类改革的第一步，是事业单位分类的基础。根据中央编办的通知精神，及时对国家林业局清理规范阶段的有关工作做出了部署安排，组织5个工作小组对清理规范范围内的局属事业单位进行了全面调查摸底，对涉及的机构、编制及职能等问题进行了认真梳理研究，形成了国家林业局事业单位清理规范意见初稿，重点突出国家林业局事业单位的行政管理属性和公益服务属性。目前正待与中央编办沟通。

继续推进参照管理单位实施工作　一是扎实开展了科技中心和退耕中心的公务员登记备案和工资转制工作。根据参照管理单位转制工作程序，科技中心人员经国家公务员局备案登记后，立即组织了该单位工资转制套改工作，对其工资转制套改材料进行了认真审核，现该中心人员工作已由人社部、财政部统一发放。二是就天保中心、预警中心、合作中心等单位申请参照管理问题以及成立预算执行中心有关事宜，继续积极呼吁、努力争取，为林业长远发展创造有利条件。三是完成了参照管理单位规范津贴补贴审核工作。根据财政部、人社部的审核批复，会同计财司对濒管办等7家单位的津贴补贴规范工作进行了部署，目前规范后的津贴补贴已经兑现。

认真开展劳资管理工作，推进事业单位收入分配制度改革　一是开展了直属事业单位津贴补贴清理摸底工作。根据五部委要求，对局属有关事业单位的津贴补贴情况进行了认真清理核查。二是完成了事业单位年度工资总额的申报下达工作。为事业单位实施绩效工资中收入水平能有较大幅度的提高打好基础，在各局属事业单位测算的基础上，对各单位报来的数据认真审核并多次反复沟通，将国家林业局2011年度工资总额测算报经人社部批复后，在已有基础上提高了17%，及时下达给各单位。三是兑现了局机关公务员工资正常变动和年终一次性奖金以及在京中央和国家机关第三步规范津贴补贴。四是积极协调争取中央国家机关副部级机构有关干部工资待遇政策，兑现了14名正副司局长的领导职务工资。五是完成了在京事业单位离休人员补贴测算审核工作和事业单位退休人员津贴补贴规范工作。从2012年1月起，退休人员生活补贴人均增长1100元。

（人事工作由严剑供稿）

人才劳资

【印发《国家林业局党组关于进一步加强林业人才工作的意见》】　为全面贯彻落实全国人才工作会议精神和《国家中长期人才发展规划纲要（2010～2020年）》，促进林业事业的快速发展和务林人的全面进步，根据中央林业工作会议对林业人才工作提出的新要求，组织制定了《国家林业局党组关于进一步加强林业人才工作的意见》。该意见以邓小平理论、“三个代表”重要思想和科学发展观为指导，进一步明确了当前和今后一个时期林业人才工作的指导思想、总体目标和重点任务，为我们做好林业人才工作，全力实施科教兴林战略，走人才强林之路指明了方向。

【印发《全国林业人才发展“十二五”规划》】　为贯彻落实全国人才工作会议精神，加快人才强林战略，培养造就一支数量充足、结构合理、素质较高的林业人才队伍，为建设现代林业提供有力的人才保障和智力支持，依据《国家中长期人才发展规划纲要（2010～2020年）》，研究制定了《全国林业人才发展“十二五”规划》。《规划》明确：“十二五”全国林业人才发展以“服务发展、人才优先，以用为本、激发活力，突出重点、高端引领，分类指导、分级实施”为原则。主要任务是加强重点人才培养，突出培养高层次创新型科技人才，大力开发急需紧缺骨干人才；统筹推进党政人才队伍、专业技术人才队伍、产业经营管理人才队伍、高技能人才队伍、基层实用技术人才队伍等各类人才队伍建设。同时，“十二五”期间将重点打造林业科技领军人才工程、急需紧缺骨干人才培养引进工程、青年英才培育工程、专业技术人才知识更新工程、高技能人才与基层实用人才开发工程、西部地区和基层一线人才援助工程等六大林业人才发展重点工程。

【2010年度享受政府特殊津贴人员】　根据《中共中央办公厅、国务院办公厅转发〈中央组织部、中央宣传部、中央统战部、人事部、财政部关于改革和完善政府特殊津贴制度的意见〉的通知》（中办发〔2004〕20号）和《关于高技能人才享受国务院颁发政府特殊津贴的意见》（国人部发〔2008〕24号）的要求，为切实加强林业高层次专业人才队伍建设，按照人力资源社会保障部部署，国家林业局开展了2010年享受政府特殊津贴人员选拔推荐工作，根据人力资源社会保障部《关于公布2010年享受政府特殊津贴人员名单的通知》（人社部函〔2011〕68号），经国务院批准，国家林业局所属单位7名专家

享受2010年度政府特殊津贴(名单见附表)。

2010年度享受政府特殊津贴人员名单

姓名	性别	工作单位	技术职称
卢 琦	男	中国林业科学研究院	研究员
张建国	男	中国林业科学研究院	研究员
肖小兵	男	国家林业局林产工业规划设计院	教授级高工
盛茂领	男	国家林业局森林病虫害防治总站	教授级高工
唐芳林	男	国家林业局昆明勘察设计院	教授级高工
姚小华	男	中国林业科学研究院	研究员
李忠平	男	国家林业局调查规划设计院	教授级高工

【第十一届中国林业青年科技奖和第十二届中国青年科技奖获得者】 根据中组部、人力资源和社会保障部、中国科协《关于开展第十二届中国青年科技奖候选人推荐与评选工作的通知》(科协发组字〔2011〕30号)精神和《中国林业青年科技奖条例》的有关规定,国家林业局组织开展了第十一届中国林业青年科技奖的评选工作和第十二届中国青年科技奖候选人的推荐工作。在各有关单位推荐的基础上,经中国林业青年科技奖专家评审委员会评审,并报中国林业青年科技奖领导工作委员会批准,丁珌等20人获得第十一届中国林业青年科技奖。其中,在国家林业局推荐的郭洪英等9名第十二届中国青年科技奖候选人中,饶小平、郭洪英等获得第十二届中国青年科技奖。

第十一届林业青年科技奖获奖者名单
按姓氏笔画排名

姓名	性别	工作单位	职 称
丁珌	女	福建省林业科学研究院	教授级高工
王军辉	男	中国林科院林业研究所	研究员
王毅力	男	北京林业大学	教授
孔祥波	男	中国林科院森林生态环境与保护研究所	副研究员
刘高强	男	中南林业科技大学	副教授
肖复明	男	江西省林业科学研究院	研究员
张仲凤	女	中南林业科技大学	副教授
张忠辉	男	吉林省林业科学研究院	研究员
张忠涛	男	国家林业局林产工业规划设计院	高级工程师
周金星	男	中国林科院荒漠化研究所	副研究员
周海宾	男	中国林科院木材工业研究所	副研究员
欧阳君祥	男	国家林业局调查规划设计院	高级工程师
饶小平	男	中国林科院林产化学工业研究所	副研究员
哈地尔依沙克	男	新疆维吾尔自治区林科院造林治沙研究所	副研究员
郭洪英	女	四川省林业科学研究院	副研究员
殷亚方	男	中国林科院木材工业研究所	副研究员
徐 勇	男	南京林业大学	副教授
高志民	男	国际竹藤网络中心	副研究员
解春霞	女	江苏省林科院森林保护研究所	高级工程师
魏安世	男	广东省林业调查规划院	教授级高工

(人才劳资由王常青供稿)

国家林业局直属单位

19

国家林业局经济发展研究中心

【综　述】

围绕林业工作重点，扎实履行服务职能

坚持服务决策不动摇　①以林业重大问题调研为抓手，组织撰写的多篇调研报告得到中央或局领导的批示。其中《舟曲特大泥石流与森林植被变化研究》报告，得到温家宝总理和回良玉副总理等中央领导的重要批示；《做好林下经济这篇大文章》、《高度重视森林防治水旱灾害的作用》、《中国林业食物生产的贡献与潜力》、《我国油茶产业发展现状与对策研究》、《通过林业建设改善城市环境》等研究报告得到贾治邦局长批示。②以林业重大问题研究为平台，邀请清华大学胡鞍钢教授在局党组理论中心组学习扩大会议上作"十二五"规划与绿色发展报告，报告突出国家"十二五"规划与林业的关系，林业在绿色转型中的独特作用。

坚持服务重点不松懈　①完成局领导批办重大任务。其中包括参与首届APEC林业部长级会议筹备材料组工作；参与林业厅局长会议材料起草；参加第二届亚太林业周及第二十四届亚太林委会会议，并承担会议简报的编审工作；参与林下经济发展、林农组织化建设、森林对绿色经济的贡献等方面的高层领导讲话；组织协调贾治邦局长确立的"三个系统一个多样性"书稿起草工作；落实国家和局领导关于建设碳交易市场、推进城市造林绿化、发展林下经济等重要批示，提出较好的对策建议；落实杨继平同志的指示，筹划组织"林业应对自然灾害"专题研讨会，提出林业减缓自然灾害的措施及建议；参加国家发改委、财政部、国家林业局等五部委重点国有林区民生调研，在开展入户调查、撰写专题报告、提交国务院政策建议的全过程中，发挥了重要作用；参与林业改革顶层设计、林改督导调研；参加林业基层党风廉政建设调研等。②承担造林司、国合司、林改司、计财司、科技中心、资源司、政法司、湿地办、防火办、人事司、机关党委等司局委托事项，发挥服务和决策咨询作用。

围绕林业热点，发挥职能特色　研究空间进一步拓展。2011年，集体林改跟踪监测扩大范围，优化指标；产业监测内容得到充实；森林抚育补贴政策监测等项目纳入相关司局2012年财政预算；启动了"气候谈判涉林议题(REDD+和LULUCFs)及其对我国木材进口影响"课题研究，对REDD+国家战略、资金机制、木材安全等议题进行跟踪和前瞻研究；启动并推进森林经营模式及政策研究、森林健康经营的政策保障研究；加快推进首都园林绿化结构调整和管理体制转变研究等。基础研究进一步强化。配合有关司局，全面开展林业应对气候变化研究(包括林业应对气候变化立法研究、森林碳汇产权立法及相关政策研究、森林经营法律问题研究等)；继续开展中国集体林产权改革相关政策问题研究和林业生态建设与农村可持续生计政策问题研究；开展国有林区改革模式评价研究；森林经营模式与政策研究；林业碳汇市场机制以及森林认证等研究项目。成果转化进一步加快。编辑整理研究成果的主要结论和政策建议，通过国际、国内相关学术期刊，宣传和扩大中国林业生态建设的影响；通过局内《林情专报》、《林业要情》，中心内部编办的《决策参考》、《气候变化、生物多样性与荒漠化问题动态参考》等渠道供领导参阅，提升决策服务能力。

品牌战略成效显著，品牌影响不断提升　以决策服务为宗旨，围绕林业改革发展的重点、热点问题，形成12项以相对长期的研究任务或业务工作为基础、以稳定的经费渠道为保障、以固定出版物为成果的工作品牌。包括国家林业局年度重大问题调研、年度《中国林业发展报告》、林业重点工程社会经济效益监测、中国林业产业监测、集体林权制度改革监测、中央财政森林抚育补贴政策成效监测、《中国林业产业与林产品年鉴》、《林业经济》(月刊)、《绿色中国》(A、B刊)、《决策参考》(不定期)、《气候变化、生物多样性与荒漠化问题动态参考》(不定期)、中国林业经济论坛(年度)。此外，由财政部支持的"中国农村林业政策研究创新基地"建设、绿色中国年度焦点人物和中国绿色宝贝评选活动、"绿色中国行"大型系列活动等品牌也正在逐步形成。

强化重点研究，精编品牌报告　着力强化重大问题调研选题的科学性和规范性，突出理论和实践中的重点和热点，注重解决林业现实问题。2011年确定的7大专项、19个专题调研任务，由清华大学、北京大学、中国林科院等19家单位参与研究。研究中强化目标管理，追求研究结果的独立性、科学性和有用性，对研究成果和重要建议建立支持决策的有效途径，充分发挥重大问题研究的特殊作用。

努力提升《中国林业发展报告》的权威性。围绕提升发展报告编制水平、真正发挥政府报告的功能和作用目标，形成了国家林业局的代表作。

加强《中国林业产业与林产品年鉴》编纂组织力度，决策服务价值进一步显现。组织召开全国林业产业与林产品年鉴编纂2011年工作会议，加强国家林业局对林业产业体系建设的指导作用，促进省、地、县三级林业产业组织机构建设；中国林业产业与林产品信息网络平台开创了全国各行业年鉴编制运用网络收集数据的先河，并在36个省级、333个地级、3463个县级单位正常运行5年。

强化实证研究，突出监测作用。

"重点工程社会经济效益监测"向纵深推进　颁布实施《国家林业重点工程社会经济效益监测管理办法》，进一步规范重点工程效益监测管理与运行；出版《退耕还林政策十年评价——农户的视角与大学生的观察》，扩大监测工作的社会影响；完成监测网报系统的开发与测试，推动中心的信息化建设。

着力培养“中国林业产业监测”的权威性　设立50个连续跟踪监测点，系统掌握林产品资源消耗、成本构成、技术水平、国际国内市场动态等基本资料，发布年度、季度、月度监测报告，为政府建立掌握林业产业信息动态的渠道；填补国内林业产业监测空白，为制定“十二五”林业产业规划和林业产业政策提供依据；发布林业生产与市场风险、质量风险、生态风险预警报告，为林业企业规避生产经营风险提供指导服务，承担了部分政府对企业的服务职能。

提高“集体林改跟踪监测”的针对性　通过县、村、户三级跟踪监测网络，对7省、56县、280村、2800户的集体林权制度改革进行跟踪监测，为改革宏观决策和顶层设计提供依据；进一步优化监测指标、完善监测方案，结合专题调查客观评价改革效果，解答党中央、国务院、国际社会关注的焦点、热点、难点问题，反映基层的呼声，宣传中国林业改革发展成果。

“森林抚育补贴政策成效监测”起步良好　围绕推进森林抚育补贴制度化，研究确定监测工作方案，组织起草《中央财政森林抚育补贴监测办法》，依托35个重点国有森工企业和200户林业职工家庭开展国有森工、国有林场、集体林3个组别的监测调研，为服务国有林改革发展打下了坚实的基础。

强化功能意识，扩大刊物影响

《林业经济》　经营及财务状况稳步好转，较好履行了行业刊物的职能。遵循一个“提高”两个“确保”原则，即提高组稿针对性，组稿内容涉及林业转型与绿色经济、低碳经济与林业碳汇、集体林改顶层设计等焦点热点问题，较好体现了国家对林业的新要求及林业重点工作；确保重点栏目重点文章，每期确保一两个重点栏目，并刊发重点文章；确保“研究报告”及“产业与竞争力”传统栏目精品文章，进一步推进专家匿名审稿制度的实施，较大幅度提升相关栏目刊文水平，CSSCI排位已从2009年的130上升至108位，具备了CSSCI候选资格。与此同时，大幅推进期刊协办经营，努力保持期刊发行量；财务状况在2010年扭亏的基础上，2011年继续好转，并努力为中心提供经费支持。

《绿色中国》　影响进一步扩大。《绿色中国》围绕林业重大热点、难点问题，继续推出“年度中国十大绿色事件”报导；聚焦两会人物，连续第七年成为获准进入“两会”的期刊；编辑出版《天然林保护工程》专辑；组织开展“百名大学生看林改”活动；组织迎接建党90周年华诞专访。开展社会活动，举办2010绿色中国年度焦点人物、中国绿色宝贝评选及颁奖盛典活动，2011（首届）中国玫瑰公主颁奖盛典活动；与绿化基金会、人民网及浙江省衢州市、内蒙古乌海市、广西南宁市联合主办大型公益活动，着力打造“绿色中国行”品牌；协办中国绿化博览会8+1对话：“弘扬生态文明 共建森林城市”；秉承开门办刊理念，与人民网、新浪网、中国学术期刊网、环境保护杂志社等新闻媒体合作，多渠道把《绿色中国》推向社会公众，社会影响力不断增强。

《决策参考》　以宣传林权制度改革和现代林业建设，推动林业工作又好又快发展为宗旨，广泛汇集国内外重要林业政策信息及各地林业重大和敏感事件，及时刊登中心政策性研究成果摘要，自2009年创办以来已编辑印制47期，得到局领导的充分肯定。2011年编辑的《决策参考》，有多篇稿件被局办公室采用，上报中办、国办。在圆满完成办刊宗旨的基础上，也为中心在政务信息报送排名的大幅跃升作出了贡献。

《气候变化、生物多样性与荒漠化问题动态参考》至2011年底共刊行33期，获得领导的肯定和普遍的赞誉。2011年年底，为做到常办常新、越办越好，中心对办刊工作多次研究，对办刊定位、主要内容、栏目设计、出版频率等进行全新的设计。同时，以南非德班会议为契机重新启动办刊工作，及时、精炼、系统、全面地处理关于气候变化、生物多样性与荒漠化问题的国内外信息，供决策参考，收到了服务决策参考的良好效果。

强化活动品牌，加大林业宣传　中国林业经济学会顺利换届，成功举办林业经济论坛等多项活动。圆满召开中国林业经济学会第七次会员代表大会，成功完成学会换届工作，全国政协副主席罗富和任学会第七届理事会名誉理事长，国家林业局原副局长李育材任理事长；组织开展了第九届林业经济论坛、中国林业经济学会优秀论文评选和表彰活动，并取得圆满成功；同时启动了中国林业经济学会奖准备工作。成功举办以“弘扬绿色理念、倡导生态文明”为主题的大型宣传活动。2010绿色中国年度焦点人物、中国绿色宝贝评选与颁奖活动顺利举行，“绿色中国行”系列活动举办3期。这些活动联系和团结了一大批对绿色事业有突出贡献的各级党政领导、社会知名人士，活动质量不断提升，社会影响越来越大

合作与交流进一步加强，研究组织成效显著　组建机构、建章立制，强化管理和服务。为适应研究工作的需要，2010年底组建成立的国际合作处在服务科研、扩大国际合作与交流方面发挥了积极的作用；制定了《经研中心外事管理办法》和《经研中心国际合作项目管理办法》，确保开展工作有章可循；代表国家林业局与黑龙江省伊春市政府共同承办第二届东北亚生态保护（伊春）论坛，完成中国森林可持续经营政策与模式项目总结会议。

研究组织由松散型逐步向紧密型合作延伸。在前期沟通调研的基础上，中心提出与林业院校签订合作协议，从研究项目、学科建设、人才培养、信息共享等方面，促进研究组织工作由松散型逐步向紧密型合作延伸。目前，已初步形成合作方案。

与国内相关机构开展合作研究和学术交流，强化课题横向合作。接受北京市园林绿化局委托的《加快推进首都园林绿化结构调整和体制机制转变》；参加国家发改委中国可持续发展的现代林业快速发展报告、《可持续发展和消除贫穷背景下的绿色经济》、“国家自然资源和地理空间基础信息库”林业项目等任务。

中澳、中德国际合作项目，研究成果丰硕，圆满结束。中澳合作“中国土地利用政策效率研究”项目跨时10年，历经两期，先后完成专题研究报告15篇，分别在国际和国内出版以退耕还林为主题的学术专著，在国际和国内发表多篇论文。中德技术合作的中国森林可持续经营政策与模式研究项目历时4年，形成各类报告70余份，编制3个森林可持续经营方案和10个实施技术

工具，推动福建、湖南和海南3个项目省森林可持续经营工作，提升了项目点森林经营水平。通过国际合作研究，组织国内外培训、考察30余次、有600余人次参加培训，锻炼培养了一支年轻的研究队伍，扩大了中国林业的国际影响。

扩大国际合作领域。与澳大利亚、瑞典、美国等多个国家的机构和组织开展学术交流活动，进一步加强与联合国开发计划署REDD项目、世界银行碳汇伙伴(FCPF)、世界资源研究所、日本国立环境研究所等机构的联系，推进与加拿大PEP、美国密歇根大学、英国诺丁汉大学等有关机构的国际合作项目，承担全球环境基金、联合国粮农组织、世界自然基金会等国际组织委托的研究项目。 （中心办公室）

【林业重大问题调查研究】 2011年继续深入贯彻落实中央林业工作会议精神和全国林业厅局长会议精神，坚持围绕中心、服务大局的方针，扎实开展林业重大问题调研工作。

抓住林业改革和发展中带有全局性的重大领域科学选题。围绕局领导"深入基层、深入群众、突出重点，对制定林业政策方略，推动科学决策发挥重要作用"的要求，2011年3～5月通过征求局内外多方面意见，最终由贾治邦局长亲自确定了理论研究、生态建设、林业产业、集体林权制度改革、国有林改革、林业应对气候变化、国际森林问题7个方面的19项重大调研题目。调研选题中增加了研究类题目的比重，注重前瞻性和宏观性，紧密结合林业"十二五"发展重点，突出加快转变林业发展方式主线，深入研究林业改革发展和生态建设的关键性问题。2011年5月下发《国家林业局办公室关于开展林业重大问题调研工作的通知》，调研工作正式启动。

严格项目管理，保障重大问题调研工作有序开展。积极落实项目检查，与调研委托单位签订合同，并定期进行项目进展跟踪，及时了解项目进展。密切联系重点调研课题，通过组织学术研讨会等形式，宣传研究成果。引入专家评价，对优秀调研成果给予鼓励和重点宣传。规范课题财务制度，课题承担方需按要求向委托方提交资金使用决算报告，确保财政资金使用的安全性、严肃性。

积极联系社会著名研究力量参与研究，提高决策服务的质量。继续加强与北京大学、清华大学、中国人民大学、北京林业大学等高校的合作，通过委托研究或合作研究，吸纳胡鞍钢等知名专家开展相关重大问题调研，调研成果对服务决策、宣传林业发挥了重要作用。清华大学国情研究中心开展了绿色经济发展与林业转型研究，清华大学胡鞍钢教授以林业重大问题调研成果为主要内容，在局党组理论中心组学习扩大会议上作"十二五"规划与绿色发展报告，进一步扩大了调研成果的影响力；胡鞍钢教授的《从森林赤字走向森林盈余：林业发展转型与绿色新政》得到了回良玉副总理的批示；中国人民大学孔祥智教授关于集体林权制度改革的调研成果《深化集体林权制度改革的着力点》在2011年在9月2日《人民日报》理论版第七版刊发；经研中心、治沙办和昆明勘察设计院于2011年12月14日在昆明召开了"林业应对自然灾害"专题研讨会，剖析了林业应对自然灾害、抵御自然灾害威胁的作用等，其主要内容在《绿色中国》和《绿色时报》发表。

加强宣传，发挥调研成果的政策影响力。2010年度林业重大问题调查研究报告已出版发行，共形成专题报告12篇，26万字。其中重要研究结论和政策建议经过提炼，在《决策参考》刊发，多篇得到领导批示。部分优秀调研成果在《林业经济》杂志刊登。

（生态建设与保护研究室）

【林业重点工程社会经济效益监测】 2011年是国家林业重点工程社会经济效益监测工作(以下简称"重点工程效益监测")第九年，经研中心和局计财司按照国家林业局党组关于抓好天然林保护等重点工程建设的要求，利用布局广泛和入村入户入企业的独特监测优势，继续对天然林资源保护、退耕还林、京津风沙源治理和野生动植物保护及自然保护区建设工程进行定点跟踪监测，全面深入地反映林业在保民生、促发展、转方式上的特殊贡献。全国27个省(区、市)的240个县(重点森工企业和自然保护区)、338个村(林场)和1665个农户(职工家庭)的监测结果表明：2010年，林业重点工程总体运行情况良好，工程区生态保护与植被恢复成效显著，经济社会较快发展，在维护生态安全、转变发展方式、保障能源资源安全、促进就业和改善民生等方面发挥了重要作用。其中，天然林资源保护工程一期建设任务于2010年底完成，工程建设取得了显著成效，工程区实现了森林资源由过度消耗向恢复性增长转变，生态状况由持续恶化向逐步改善转变，经济社会由举步维艰向全面发展转变。东北、内蒙古等重点国有林区大幅调减木材产量，加强森林资源培育和管护，开展中幼龄林抚育，推动林区改革，分流安置职工，完善社会保障体系；长江上游、黄河上中游地区禁止天然林商品性采伐，扭转了森林资源过度消耗、生态环境持续恶化的趋势，实现职工的转岗和分流安置，保持了林区社会稳定，为进一步改善生态打下了良好的基础。同时，森林质量不高，生态功能不强，政策间不协调等问题需要在天然林资源保护工程二期内逐步得到解决，"保生态、强民生、促改革"依然是二期建设的重点内容。退耕还林工程完善退耕还林政策稳步实施，巩固退耕还林专项建设取得初步成效；退耕还林补助兑现良好，退耕地林木经营管理有所加强；继续发挥显著的减贫和促进就业作用，退耕还林工程对解决三农问题贡献突出；在国家强农惠农政策和退耕工程的双重支持下，退耕农户的长期生计基础逐步建立，但退耕比较利益继续下降，给中东部地区的退耕还林成果巩固带来较大压力；退耕还林工程是绿色投资，在国家层面上长期执行，符合国家利益和全球可持续发展新趋势，应抓紧落实中央指示精神，尽快在重点地区适当增加退耕还林任务。京津风沙源工程实施10年来，工程区植被明显恢复，生态恶化的趋势得到控制，同时，工程建设对带动区域经济发展、增加农民收入、改善工程区农民生活水平发挥了积极作用，取得良好的生态、经济和社会效益。但京津风沙源区沙化土地治理是一个漫长、艰苦的过程，要实现京津工程的可持续发展，应进一步巩固、完善和提高工程的建设成果，加大公共财政投入力度，加强对工程区后续产业发展政策扶持，把加强生态建设与沙区产业发展相结合，拓宽农牧民增收渠道，提高工程对区域社会经济可持续发展的贡献率。野生动植物保护及自然保护区建设工程实施所带来的生态、经济和社会效益进一步显现。从生态效益来看，区内生物多样性得到有效保护，林地面积和林分质量稳中有升，区域生态环境进一步改善，保护区管护、宣教、科研和监测能力进一步增强。从社会效益方面来看，宣教教育范围扩大，带动就业能力进一步提升，社区居民收入明显增长，良好的生态环境带动了当地旅游服务业等相关行业的发展，一定程度上促进了当地经济的发展。投资不足、土地权属不清、野生动物肇事补偿不到位是保护区建设面临的主要问题。

2011 年，《国家林业重点工程社会经济效益监测管理办法》经中心批准后正式颁布实施，进一步规范了重点工程效益监测管理与运行，同时，监测网报系统的开发与测试为进一步提高监测工作效率、推动中心的信息化建设发挥积极作用。

（国家林业重点工程社会经济效益监测办公室）

【中国林业发展报告】《2011 中国林业发展报告》（以下简称《报告》）是国家林业局发布的第十二部林业白皮书，《报告》在结构上有所创新，包含“十一五”林业发展，生态建设，产业发展，生态文化，林业投资，支撑与保障，区域林业，国际合作与交流，改革、政策与法治，林产品市场 10 个部分。《报告》附有历年全国和 2010 年各省（区、市）营造林、六大林业重点工程建设、森工生产、林业投资、主要林产品进出口、森林防火、森林病虫鼠害防治情况及主要林产品生产、消费和贸易等方面的图表。（林业经济理论与宏观政策研究室）

【中国林业产业与林产品年鉴】该年鉴是由国家林业局组织编制。贾治邦局长任编委会主任，各副局长任编委会副主任，各司（局）负责人、各省（区、市）林业厅（局）及林业森工集团负责人任编委。年鉴编辑部由国家林业局经研中心、计财司、产业协会共同组建。参编单位和人员涉及中央、省、地、县各级林业主管部门和林业产业部门负责人。该年鉴以收集县一级经统计部门核实的林业产业年度基础数据为主要任务，全面、准确及时反映我国林业产业资源分布，生产力布局状况，为中央和地方政府宏观调控，为林业企业发展提供决策依据。

年鉴编制主要在网上进行，各县级单位数据传递以及各省、地分层数据审核均在网上完成。《年鉴》免费赠予各级林业主管部门参阅，有力地促进了林业产业信息的沟通，使我国林业产业状况能更快、更全面地为读者所了解。《年鉴》以其内容实用、信息完善等特点受到了社会各界的广泛好评，同时也引起一些图书馆及林业发达国家的关注，是一部较全面连续反映我国林业产业发展年度状况的权威参考书。

（林业产业与市场研究室）

【中国林业产业监测】是由国家林业局经研中心、计财司、产业协会共同实施的一项连续性调研监测项目。每季度发布监测结果。为国家林业局领导及各司局提供林业产业动态报告。

2010 年以来，在重点产业地区设立长期跟踪监测点，开展林业采购经理指数调查（FPMI），并与国家统计部门合作共享监测样本数据，监测数据发布具有权威性。已连续发布季度和年度监测报告。中国林业产业监测已进入常态状况。（林业产业与市场研究室）

【集体林权制度改革跟踪监测】2011 年，集体林改监测新增湖南 4 县、甘肃 2 县作为监测样本，使总样本增加到辽宁、福建、江西、湖南、云南、陕西、甘肃 7 省、56 县、280 村、2800 户，吸收中南林业科技大学和甘肃农业大学参加监测工作，同时，集体林改监测制度经国家统计局批准备案。根据项目组制定的监测方案，经济发展中心依托北京林业大学等 7 所高校，组织包括教师和研究生在内的 145 位调查员，历时 45 天，开展入户调查，收集大量一手数据。为保障监测质量，项目组采取了监测培训、样本复核抽检、电话回访等控制措施。监测结果总体表明，样本地区改革进展顺利，兴林富民的改革目标正在逐步实现。

样本地区基本完成确权任务，强林惠林政策激发农户投资活力。截至 2010 年底，样本地区勘界林地已基本完成确权任务，九成确权林地已核发林权证；抵押贷款林地面积 25.47 万公顷，占有林地总面积的 2.64%，总贷款额达到 34.21 亿元；样本县中已开展森林保险业务的 25 个县，投保林地面积 329.84 万公顷，占林地总面积的 26.70%。在强林惠林政策的多重推动下，农户营林投入增加，营林生产正在向“提质、增量、增效”的方向发展。林地产出率提高，户均林业收入近万元。样本县林地产出率为 271.14 元/亩，比 2009 年增长 14.35%。户均林业收入 8996.96 元，占家庭总收入的 18.96%，对农户收入增长贡献率达 13.32%；农民林业就业率达到 10.13%；林业产业对地区经济增长的贡献率近一成，拉动地区经济增长超过 2 个百分点。两成以上农户联户承包林地，部分农户开始转变联户承包态度。有 25.15% 的样本户参加联户承包，其中近八成农户是自愿参加的，六成以上农户对联户承包满意。但调查发现，部分参与农户开始对联户承包持怀疑甚至否定态度。林权流转规模下降，农户对林地依赖程度较强。与 2009 年相比，样本县林地流转面积下降 10.48%。近八成样本户目前不愿意流转林地，六成以上农户对流转结果满意。半数公益林均山到户，近五成开展林下种植养殖。样本村公益林中，五成以上均山到户、两成以上采取均股、均利的承包方式。近五成公益林中发展林下种植养殖。农户对改革措施总体满意，盼强林惠林政策入村到户。九成左右农户对确权结果满意；六成以上农户认为改革促进了资源保护和农民增收。九成农户期盼林业科技下乡。农户急需出台的政策排在前 5 位的依次是：中幼林抚育补贴、科技服务、政策性森林保险、林业合作组织和林权抵押贷款。（国有林政策研究室）

【中央财政森林抚育补贴试点成效监测】为跟踪试点情况，评价政策绩效，推动加强完善政策，中央财政森林抚育补贴政策成效监测（简称监测）于 2011 年正式启动。①组织开展监测调研，赴内蒙古、辽宁、吉林、浙江、四川、陕西等调研森林抚育情况。②组织起草《中央财政森林抚育补贴政策成效监测实施办法(试行)》及相关技术方案，以统一指导和规范全国监测工作。③建立起合作网络，确定了浙江农林大学、辽宁林业职业技术学院等合作单位，自8月起相继启动监测。④组织完成浙江、内蒙古、吉林、辽宁监测数据采集整理，抽取57个单位样本(县、森工局、林场、村)和682户级样本(林业职工和农民家庭)分析，撰写完成监测报告。

2011年的监测工作率先落实在内蒙古、吉林、辽宁、浙江等4省(区、森工集团)，从中共抽取57个单位样本(县、森工局、林场、村)和682户级样本(林业职工和农民家庭)进行了监测分析。监测结果表明，这项政策很受欢迎，政策落实较好，初步实现了提高森林质量和促进就业增收的效果。如在陕西省太白林业局苏家沟林场，抚育样地(规格均为20米×30米，约0.9亩)的林分明显改善，长势加快，在2年间抚育样地蓄积比对照样地多0.2立方米。又如，据不完全统计，各省2010年森林抚育任务需要60万~100万个工日，为林业职工和林农开辟了增收渠道，参加抚育作业的人人均增收2000~4000元。随着试点不断深入，政策的效应将不断显现、不断增强。同时，监测发现试点工作面临着一些问题和困难，或源于补贴设计不合理，或由于配套措施跟不上。针对这些突出问题，监测报告提出建议如下：继续扩大试点规模，争取每年补贴资金规模在100亿~200亿元，在10~15年内完成全国中幼龄林抚育一遍；加快转变抚育工作机制，加强落实责任制和技术规范制定，加快应用遥感等科技手段，从机制、规范和技术等方面加强间伐作业监管；争取提高补贴标准，从监测数据测算以平均补贴标准在280~300元/亩为宜；及时下达抚育采伐指标，允许县级试点单位自主安排作业时间，报省批准。（林业与气候变化研究室）

【《林业经济》期刊】 2011年，围绕国家对林业的新要求和局工作重点组织稿件，刊文质量有所提升。主要抓了一个“提高”两个“确保”。①提高组稿针对性。在掌握作者研究方向与专长基础上，加强组稿针对性。约稿对象包括国内知名学者，国家社科基金重大招标项目、自然科学基金项目、世行中国经济体制改革涉林项目等研究团队主要骨干及学术带头人。组稿内容涉及林业转型与绿色新政、低碳经济与林业碳汇、集体林改顶层设计等方面，较好体现了国家对林业的新要求及林业重点工作。②确保重点栏目重点文章。围绕局中心任务特别是年初厅局长会议确定的重点工作，每期确保一两个重点栏目，并有重点文章。③确保传统栏目精品文章。2011年，“研究报告”及“产业与竞争力”紧盯有关院校学科带头人和研究团队，确定刊文重点，获得了一批较高质量研究报告。同时继续施行专家匿名审稿机制，严把刊文学术质量。

2011年期刊协办在2010年基础上继续大幅推进，其持续发展的思路通过业务增长得以印证，收入较2010年提高约60%。发行工作，克服主办人员再度更替的不利影响，经努力基本保持2010年水平。

（《林业经济》期刊社）

【绿色中国杂志】

杂志编辑 2011年，该刊采访国家林业局局长贾治邦，发表开篇文章《继往开来 确保林业实现“两增”目标》；继续推出杂志的品牌栏目“年度中国十大绿色事件”，对节能减排、集体林权制度改革、天然林资源保护第二期工程、“绿化长江重庆行动”等重大热点、难点问题进行深度剖析；深入采访2011年全国林业厅局长会议，发表《聚精会神谋发展 实现林业新跨越》文章；聚焦两会人物，采访代表的“两会”心声。在3月号刊发专访贾治邦局长的报道；《抓住机遇促转变 开创现代林业发展新局面》。截至2011年已刊行70期。

网络电视 绿色中国网络电视经过五年的发展，继续强化新闻频道的内容，增加新闻播报的信息量，2011年制作《全国地方新闻联播》60期，并重点加强访谈类的《新闻会客厅》、《两会人物专访》、《焦点人物》等栏目的制作水平；跨媒体合作，打造“绿色中国”品牌，推动“绿色中国年度焦点人物评选”、“中国绿色宝贝评选”、“绿色中国行”活动的开展，借助网络电视，通过网站视频播放和网络投票，对候选人进行文字、图片、视频报道，使更多人参与宣传绿色理念的事业当中。

品牌活动 2011年继续与中国绿化基金会、中国生态文明研究与促进会、人民网联合主办“2010绿色中国年度焦点人物评选活动”和“2010中国绿色宝贝评选活动”等活动。

“绿色中国行”大型公益活动由全国绿委、国家林业局和中国绿化基金会联合主办，国家林业局宣传办公室、国家林业局经济发展研究中心、人民网、绿色中国杂志社联合承办。“绿色中国行”活动是在“绿色中国年度焦点人物”评选活动的基础上，组成传播绿色文化的公益团队，行走中国大地，传播绿色文化，唱响绿色颂歌，倡导绿色事业，树立绿色典型。

2011年6月1~2日在北京市房山区佛子庄乡召开了绿色财富论坛项目规划座谈会，国家林业局原副局长、绿色财富论坛组委会主任李育材出席并指示，到会的专家、学者发表了建设性的意见和看法。2011年10月17日，北京市人民政府复函同意作为绿色财富论坛联合主办，这对该论坛的进展推进了一大步。

（绿色中国杂志社）

【中国林业经济论坛】 2011年12月10日，由中国林业经济论坛组委会、中国林业经济学会、华南农业大学经济管理学院共同主办，华南农业大学林学院、林业经济研究中心承办的第九届中国林业经济论坛在华南农业大学红满堂礼堂开幕。来自瑞典农业大学、台湾大学、台湾林业实验所及全国20多个省(区、市)的高校和研究机构共200余名专家学者赴会，共同探讨新时期林业的机遇、改革与发展。

此次论坛为期两天，共设“生态专题”、“产业专题”、“改革专题”、“经营专题”四个分会场，各位专家就林业经济领域的研究热点和未来发展趋势展开深度探讨与交流。共收集论文110篇，经专家评审推荐产生一等奖论文10篇，二等奖论文15篇，三等奖论文20篇。主题围绕“新时期的林业：机遇、改革、发展”展开了卓有成效的探讨。本次论坛中心刘东生主任、戴广翠主任应邀参加会议，并分别作了学术报告。

（林经学会秘书处办公室）

【气候变化、生物多样性保护和荒漠化治理动态参考】 在2011年年底，经济发展研究中心对《动态参考》办刊工作进行改造，明确由林业与气候变化研究室具体负责《动态参考》办刊工作，对《动态参考》办刊宗旨、栏目内容、出刊频率进行调整，探索创立专家顾问库、特约撰稿以及年度辑要等制度。自改造以来，《动态参考》密切跟踪气候变化德班会议、RIO＋20周年峰会、绿色经济发展等重点和热点议题，及时搜集、汇总和分析世界重要国家和机构的政策和行动信息，有多篇信息获得了局领导批示，较好地贯彻落实服务决策的办刊宗旨。

（林业与气候变化研究室）

【2011第二届东北亚(伊春)生态论坛】 2011年8月27日由黑龙江省人民政府、国家林业局、博鳌亚洲论坛研究院共同主办，国家林业局经研中心、对外合作项目中心和伊春市人民政府承办的“第二届东北亚(伊春)生态论坛”在黑龙江省伊春市召开。国家林业局副局长张永利，黑龙江省委常委、省政法委书记黄建盛等出席论坛开幕式并致辞。来自中国、韩国、日本、德国、印度等国政府官员、联合国机构和国际组织代表、国内外专家学者150余人参加了论坛。与会专家学者围绕“林业与应对气候变化”这一主题展开讨论，共同发起倡议，要充分发挥林业碳汇作用，强化森林管理，应对全球气候变化。

（国际合作处）

国家林业局人才开发交流中心

【综 述】 2011年是“十二五”的开局之年，也是现代林业建设进入全面发展的关键之年，国家林业局人才中心在局党组的正确领导和人事司的直接指导下，2011年初组建了以黄正秋同志为首的新一届领导班子。人才中心新的领导班子深入贯彻落实全国人才工作会议和全国林业厅局长会议精神，按照《国家中长期人才发展规划纲要(2010～2020)》和《国家林业局党组关于进一步加强林业人才工作的意见》(林发〔2011〕11号)，统筹谋划、科学提炼，形成了“十二五”期间人才中心整体发展新思路；贯彻中央和国家林业局有关人才工作意见，不断拓展人才工作新领域；行政公益性人才服务工作抓创新、有突破、上了新水平；立足长远，筑牢基础，编制修订各类人才服务标准及办法；规范人才培训，创品牌、提质量、树形象；创先争优，狠抓内部管理，干部职工作风明显改善；社会效益与经济效益实现双增长。

围绕林业中心工作，确立了“十二五”人才中心整体发展新思路

大兴调研之风，为林业人才事业科学发展探索新路 按照局党组关于加强调研，为林业“十二五”发展攻坚破难，全面开展现代林业建设的新要求，强调深入基层抓落实，一方面先后到吉林、辽宁、陕西、云南、福建、湖南、安徽、广西等十几个省(自治区)开展林业人才工作专题调研，了解基层林业人才工作现状，另一方面向局造林司、林改司等业务司局和科技中心、天保办、工作总站、森防总站、中南院、昆明院等十几家局属单位调查了解重点林业工作中面临的人才困境，积极探索林业人才工作的发展新路。通过广泛调研，初步确立了以开展林农创业培训，积极服务林改大局，作为人才中心为林业“十二五”发展作贡献的攻坚破难目标任务。

召开不同层面的研讨会，集思广益，深入研讨林业人才事业发展思路 先后组织召开了林业财会人才培训工作研讨会、经济林人才队伍建设与经济林产业发展座谈会、学习贯彻《国家中长期人才发展规划纲要》研讨会、贯彻落实《国家林业局党组关于进一步加强林业人才工作的意见》座谈会、第六届林业产业发展与人才开发论坛等6个专门研讨会议，集中研讨加强各类林业人才工作的措施和有关政策，达成了广泛的共识。

认真总结、统筹谋划、科学规划，形成人才中心“十二五”整体发展新思路 反复研讨，认真分析“十一五”林业人才工作特点，并总结归纳人才中心成立十二年来的富有成效的工作，黄正秋主任带领人才中心新一届领导班子，统筹谋划、科学提炼，形成了“十二五”期间人才中心的整体发展新思路，概况为“一二三四五”。即坚持一个中心，实现两大目标，搭建好三个平台，抓好四支队伍，做好五项重点工作，创建五大品牌。坚持一个中心，就是坚持以服务现代林业建设为中心；实现两大目标，一是加快林业人才队伍建设，实现林业人才总量显著增加的目标；二是提高林业人才队伍整体素质、管理水平和创新能力，实现人才质量大幅提升的目标。搭建好三个服务平台，一是发挥行政管理优势，为各司局搭建关键岗位人才开发服务平台；二是发挥林业系统的行业优势，搭建为地方高技能人才服务平台；三是发挥社会各界资源优势，搭建急需紧缺型人才服务平台。重点抓好四支队伍，一是林业基层行业管理执法型人才队伍；二是林业基层高技能人才队伍；三是林业企业经营管理型人才队伍；四是林农创业带头型人才队伍。积极开展五个方面的人才服务项目，培育林业人才开发五大品牌，一是加快推进林业职业技能鉴定项目，抓紧编制国家职业技能标准，建立健全林业职业技能鉴定试题库，注重职业技能鉴定工作质量，努力提高林业技能人才队伍整体素质；二是深入开展林业人才业务素质与能力培训项目，整合培训资源，建立培训基地，规范培训服务，提高培训质量，服务于现代林业建设；三是研究开展林业人才评价与资质认证项目，探索建立行业人才评价制度与职业准入制度；四是落实林业关键岗位持证上岗制度，在森林病虫害防治员、森林防火指挥员等关键岗位探索建立持证上岗制度，为现代林业建设提供可靠的人才保障；五是积极开展林农创业培训、大学生创业竞赛与“十佳”毕业生评选等项目，努力促进林科毕业生就业，帮助林农创业致富。

这一全新的发展思路，使人才中心更加积极地面向

"十二五"，紧紧围绕林业中心工作，振奋精神，艰苦创业，大力加强林业人力资源能力建设，努力推动林业人事制度改革，全面开展人事代理、职业技能鉴定、人才评价等新型林业人才服务项目，为现代林业建设作出应有的贡献。

贯彻中央和国家林业局有关人才工作意见，不断拓展人才工作新领域

强化对林业人才工作的宣传 为贯彻落实中央人才工作会议精神和《国家林业局党组关于进一步加强林业人才工作的意见》，虽然人才中心是自收自支性质的事业单位，本身经费并不宽裕，但是从自己有限的专项资金中专门拨出经费用于人才工作宣传。一方面争取在《中国绿色时报》头版作连续四期大篇幅的系列报道，集中宣传人才工作的重要意义以及中央和局党组关于人才工作新的部署，取得了较好的社会影响；另一方面，我们加强了在中国绿色人才网、中国林业网、北京人才协会会刊、中国人才协会国家机关分会会刊等宣传媒体的宣传报道。全年在正式刊物上人才中心同志们发表的专题宣传报导就达100多篇，是2010年的近6倍，林科"十佳"毕业生评选和大学生绿色创业大赛等活动还分别得到新华网、新浪网、中央七台等近千家主流媒体的普遍关注，相关活动得到各媒体的广泛转载。

深入开展大学生就业促进活动 为贯彻落实中央和局党组关于促进大学生就业的要求，策划并实施了全国首届林科大学生创业大赛，吸引了20多所林业院校共1000多名大学生参加比赛；组织实施了2012届全国林科"十佳"大学毕业生评选活动；挑选了7家大中型林业企业作为林科大学生就业实习基地。

组织实施林农创业示范培训 在福建三明和辽宁本溪两个林改重点县建立了林农创业培训示范基地，举办了两期林农创业培训示范班，培训了150人，受到林农群众的喜爱和衷心拥护。

举办林业系统党政领导干部高级研修班 按照局党组关于充分利用中央党校等优秀培训机构开展领导干部大培训的要求，与中央党校干部教育学院合作开办了高级党政领导干部研修班，20多名厅局级及厅局级后备干部参加培训，受到广泛好评。

参与局人事人才基础建设工作 协助人事司开展了事业单位公开招聘工作调研、参与了《国家林业局党组关于进一步加强林业人才工作的意见》、"十二五"林业人才规划、"十二五"林业教育培训规划、《国家林业局直属单位公开招聘试行办法》等的起草和编制工作。

组织实施林业人才认证培训项目 人才中心充分利用财政经费支持，开展了人才调研、林农创业培训、技能鉴定、急需紧缺关键岗位人才培训、职称评审、大学生创业大赛等重点工作，对林业人才工作起到了重要推动和基础保障作用。

人才行政服务工作抓创新、有突破，上了新水平

人才行政服务工作政策性强，工作要求高，其工作质量直接影响到人民群众的切身利益。为此，我们在强调服务质量的同时，强调抓创新，各项工作取得了新的突破。

职称工作抓改革 一是首次在同行专家审定环节实行"盲评"；二是完善职称评审条件；三是组织编制职称评审全流程系统，提高信息化水平。

人事档案抓达标 承担了干部档案审核任务，顺利通过了中组部的检查验收，促进了档案管理水平的进一步提高。

毕业生接收抓程序 进一步规范了2011届毕业生接收程序，并对部分代理接收单位开展了检查，顺利完成全年接收任务。

人才统计抓需求 根据国家有关要求，开展了全国林业系统人才资源现状统计、全国生态环保人才资源统计和全国林业系统海洋人才资源统计等工作，摸清了林业人才队伍的状况。

人事代理抓市场 把握市场需求，新增9家人事代理和存档单位；为部分单位开展了代理招聘；完成了北京市园林绿化局事业单位公开招聘毕业生笔试阶段的组织工作。人事代理工作保持了良好的发展势头。

技能鉴定抓基础 林业职业技能鉴定工作是林业技能人才培养的重要手段，基础建设是关键。一是加强了鉴定督导及考评人员队伍建设，举办了一期鉴定督导员培训班和两期考评人员培训班，培训督导员近100人，考评员200多人。二是抓紧了十多个国家职业标准编制工作，2012年上半年将陆续进入审定和出版阶段。三是承担了国家职业分类大典中林业职业的修订工作，承担修订的职业44个，参与修订的职业48个，另外还有准备新增的若干新职业。四是建立了两个高技能人才培养基地，并同意吉林森工集团为人才中心的培训基地。这些工作有力地推动了林业技能人才的培养，全年审核发放的职业资格证书已经接近4万本，比2010年增长约10%。

立足长远，构筑基础，抓紧编制和修订人才服务标准及办法 为做好林业人才工作，必须有相应的人才服务标准和评价测评办法，这事关林业人才建设的长远发展和根本成效。一是为加强技能人才队伍建设，抓紧做好十多个国家职业标准的编制工作；二是为做好专业技术人员的职称评审工作，组织开展了工程系列初级、中级、副高、正高等各等级的职称评审标准修订工作；三是为配合森林资源资产评估工作，组织开展了森林资源资产评估咨询人员认证培训标准修订工作，并对考试试题库进行了更新改造；四是为加强基层林业干部队伍建设，配合林业工作总站制定了2011年基层林业工作站站长能力测试办法，并组织专家编制了测试试题，全年共完成8个省区近8000名站长的能力测试工作；五是为配合并推动林科大学生就业，对全国林科十佳毕业生评审标准进行了修订，制定了全国林科大学生绿色创业大赛竞赛章程及初赛、复赛、决赛办法等，形成了整套工作流程和办法；六是按照全国林业信息化工作会议的要求，起草了人才中心网站信息更新办法，并广泛征求意见。

综上所述，人才中心全年共编制修订达20多项各类标准和办法，是"十一五"期间编制数量总和的5倍还多，充分体现了人才中心领导班子对人才基础建设的极其重视和取得的突出成绩。

规范人才培训，创品牌、提质量、树形象 针对前一段时间培训市场出现的一些负面因素，我们从规范培训工作出发，加强了监管，确立了培训重点，强化了公益服务职能，整合了培训资源，提升了培训质量，人才培训工作树立了新形象。

清理整顿，加强监管 一是对合作单位进行精简和统一认定，对原来的20多家社会合作机构进行了全面清理，最后只保留了3家信誉较好的单位。二是加强师资库和培训教材建设，为森林资源资产评估咨询人员师资库大量补充培训师资，并组织开发相应的培训教材；配合局造林司组织修订营造林工程监理员培训教材；协助局科技中心开发森林认证审核员培训教材。三是清理整顿培训项目，科学制定培训计划，在2011年年初就将上报局人事司的培训计划主动压缩30%强，并将重复交叉的项目全面整合，确保了人才培训工作的重点。四是调整部分处室职责分工，整合了培训项目，解决了内部矛盾。五是建立会签制度，明确培训项目必须先会签培训处。六是加强对培训项目实施过程的监管，明确跟班制度，严肃培训招商工作的有关纪律要求。

明确重点，创立品牌 一是明确培训重点，加强培训内容的针对性，紧紧围绕局党组中心工作，认真开展需求调研，重点围绕林权改革、森林保险、林业投融资、森林资产评估、森林经营、森林防火、油茶林改造、项目资金管理和营造林工程监理等内容，受到广泛欢迎，全年培训人数将近7000人次。二是创立品牌，建立了两个高技能人才培训示范基地，1个云南培训基地，两个林农创业培训示范点，整合资源，共同打造林业人才培训品牌。三是加强与局有关司局和直属单位的合作与联系，优势互补，全面提升人才服务质量，已经与造林司、林改司、政法司、天保办、森防总站等部门签订了人才强林战略合作协议。四是强化公益服务，树立良好形象。服务林改大局，积极开展免费的林农创业示范培训项目；服务大规模培训党政领导干部的需要，积极组织林业系统高级党政领导干部在中央党校参加进修，采取非盈利模式，适当收取成本费用；服务森林资产评估工作的需要，开展森林资源资产评估咨询人员认证培训，采取微利模式，适当收取部分培训费用，以满足人才中心正常工资及业务支出的需要。这些公益服务，凸显了人才中心在建设现代林业、发展生态文明和推动林业科学发展中的重要地位和作用，取得良好的社会影响。

通过以上大量卓有成效的工作，人才培训工作走上了规范发展之路，培训规模不仅没有因清理整顿而减小，反而有较大的增长，全年完成培训班50多期，培训近7000人次，培训质量也得到大大提升，并广受欢迎。

创先争优，狠抓内部管理，切实改变党员干部工作作风 按照局党组的部署，积极开展“创先争优强作风、兴林富民促发展”主题教育活动，全面强化作风建设，努力形成学习先进、崇尚先进、争当先进的良好氛围，切实转变工作作风，以良好的作风凝聚人心，以优良的政风推动工作。

强化学习引导 先后组织召开了8次学习宣传动员会，26次集体学习座谈会，重点学习贯彻党的十七大和十七届三中、四中、五中、六中全会，中央经济、农村、林业工作会议以及全国人才工作、组织部长、林业厅局长等会议精神，还对学习弘扬杨善洲精神、塞罕坝精神以及对照检查并学习党员领导干部廉政守则等作了专门动员部署。通过深入开展学习实践科学发展观、“讲党性、重品行、作表率”、“创四型机关、做五个模范”、“强党性、促政风、带行风”廉洁从政警示教育和“创先争优”活动，人才中心惩治和预防腐败体系进一步健全，党员干部的风貌焕然一新，工作效能全面提高。

积极开展交心谈心以及各类生动活泼、丰富多彩的学习活动，促进作风养成和凝聚人心 一是与人事司党支部共同组织职工到河北塞罕坝机械林场参观学习，亲身感受塞罕坝的巨大生态建设成果，感受几代塞罕坝人用心血和汗水甚至生命凝结而成的伟大精神。二是与人社部人力资源市场司、局人事司联合组织开展了上霞云岭，重温《没有共产党就没有新中国》歌曲创作历程，迎建党90周年活动。三是和人事司女同志一起开展庆“三八”登山活动，重视发挥妇女半边天作用。四是组织职工参加了局篮球、羽毛球、秋季趣味运动会比赛和唱红歌迎建党90周年等系列活动，活跃了职工业余文化生活，增强了职工爱党敬业的自觉性与主动性。

完善制度、加强内部管理、狠抓作风建设 一是认真开展廉政风险防控工作，形成了可靠的廉政风险预警防控机制；二是黄主任代表领导班子与处负责人签订资金安全协议；三是与聘用人员全部补签了聘用合同；四是制定了财务报销补充办法，提倡阳光消费，加强财务监督制约，节约了运行成本，压缩了公务费用支出，仅业务招待费一项就不到2010年的1/3；五是接受局内部审计，以此为契机进一步规范财务管理，提升了财务能力和管理水平；六是制定处室周计划和月计划报告制度，强化处室目标责任制；七是进行支部改选，产生了四名新的支部委员，给支部建设增添了活力；八是加强对入党积极分子培养，重点培养两名入党积极分子，并指定了党内联系人。

人才中心在新一届领导班子的带领下，积极开拓人才服务新领域，开创了可喜的局面，社会效益与经济效益实现双增长。2011年5月当选为北京人力资源服务行业协会副会长单位，下半年被推选为中国林业教育学会副理事长单位；人才中心职工也不断获得各项荣誉。

（张永生）

中国林业科学研究院

【综 述】

为宏观决策提供技术支持 全面参与“十二五”林业规划、农业与农村科技发展规划、林业科技发展规划等，推动京津风沙源治理二期规划等重大咨询项目实施，完成多功能林业发展模式与评价体系等重点项目研究。组建全国油茶技术协作组，在核桃、板栗、榛子、杜仲等经济林作物的良种栽培、深加工利用等方面取得新进展，“木竹产业技术创新战略联盟”承担的国家“863”计划项目取得阶段性成果，深入开展集体林权改革等研究，依托中国林科院成立了国家林业局国际森林问题研究中心。

坚持自主创新，科技创新 2011 年，全院新增各类纵向科研项目(课题)156 项，总经费 2.1 亿元，经费同比增长 20%。其中，“973”项目 1 项、课题 2 项，“863”课题 3 项，“十二五”科技支撑课题 4 项。全院验收项目 460 余项、鉴定(认定)科技成果 48 项、授权专利 125 项、新品种授权 14 个、审定标准 23 项、出版科技专译著 45 部、发表科技论文 1376 篇(其中 SCI/EI 收录 284 篇)；获省部级一等奖 3 项，二等奖 11 项。

强化推广应用，稳步推进产业发展工作 大力推广用材树种、南方珍贵树种、经济林树种、生态树种新品种扩繁与栽培技术，开展退化湿地恢复等关键技术的推广应用，向企业转化应用多项林化产品加工和木材加工利用技术，组织参加 12 次省市级科技项目对接活动，与新疆天西林管局等地方政府部门签订全面科技合作协议 9 项。在甘肃、安徽等地组织各类培训和讲座 20 多次，培训技术骨干 1000 余人。派出近百名科技特派员开展林业科技创业行动。全院产业开发与推广实现总产值 3.8 亿元。

条件平台建设增强 全年新获批复基本建设项目 11 项，财政修购资金上亿元。院重点实验室、生态定位站、工程技术研究中心等创新平台体系进一步完善，承建的国家林业科学数据平台、国家林木种质资源平台通过认定，生物防治等 5 个工程技术研究中心和贵州普定石漠化生态系统定位研究站通过专家评审和论证，钱江源森林生态定位站等 3 个定位站建设项目已获批准。依托中国林科院成立国家林业局林产品质量检验检测中心(北京)，国家林业局盐碱地研究开发中心筹建工作顺利。

创新人才培养选拔模式，加强人才队伍建设 院领导班子增补到位，6 个所中心领导班子进行调整或换届，全院副司局级干部岗位交流变化 11 人，完成院各部门领导干部的新一轮聘任，两个非法人独立机构荒漠化研究所、湿地所的干部配备初步到位；1 人获得中国青年科技奖、6 人获得林业青年科技奖；新增正高级科技人员 11 人、副高级 37 人。全年引进各类人才近百名，进站博士后 23 人，出站博士后 18 人，完成“西部之光”和“新疆特培”12 名地方科技人才的培养工作。新增一级学科博士点 1 个，一级学科硕士点 1 个。全年新增博士生导师 11 人，硕士生导师 14 人。8 名研究生获茅以升木材科学技术教育奖学金；4 名研究生分获 2012 届全国林科十佳、优秀毕业生称号，2011 年录取博士研究生 113 人、硕士研究生 215 人，全院各类在读研究生已达 953 人。

稳步推进国际合作 中国林科院代表团分别成功出访意大利、西班牙、印度，签署 3 个双边合作协议；获得各类国际合作项目 17 项，项目总经费折合人民币 2855 万元。派出 252 人次出国讲学、访问，邀请 25 人次来华讲学和合作研究。首次获得国家外专局 2012 年度管理人员出国(境)培训项目 1 项，新增引智示范基地 1 个，获得首批高端引智项目 1 项、面上引智项目 16 项。全院共主办、承办和协办 17 次国际会议和国际培训班。

【王佐书到中国林科院视察指导】 2011 年 1 月 7 日，全国人大常委、民进中央副主席王佐书一行到中国林科院视察指导，与中国林科院分党组书记、院长张守攻，中国林科院分党组成员、副院长储富祥座谈。双方分别介绍智力支边扶贫工作情况和中国林科院 2010 年完成的主要工作，交流现代林业发展中的热点问题。王佐书副主席结合国内林业生态发展战略、荒漠化防治与产业提升、油茶产业发展、林业科技服务与创新、国家级林业重点实验室申报等提出建设性的建议。

【中国林科院 2011 年工作会议】 2011 年 1 月 10 日在京召开。会议旨在研究落实全国林业厅局长及有关上级会议精神，系统总结“十一五”，认真谋划“十二五”、全面部署 2011 年工作。国家林业局副局长印红出席会议并讲话。科技部政策法规司副司长翟立新出席会议并讲话。中国林科院张守攻院长作《把握机遇 有所作为 为现代林业科学发展提供强大科技支撑》工作报告，中国林科院分党组成员、纪检组组长陈幸良对中国林科院“十二五”规划进行说明。国家林业局办公室、造林司、科技司、国际司、人事司，科技部农村司负责人出席会议。中国林科院各所、中心所长(主任)、党委(总支)书记、纪委书记和工会主席，荒漠化所、湿地所、盐碱地开发中心和联合共建单位主要负责人，院各部门负责人等参加会议。

【中国林科院 2011 年党建暨政研会年会】 2011 年 1 月 11 日在京召开。中国林科院分党组书记、院长张守攻主持会议。国家林业局直属机关党委常务副书记高红电、全国党建研究会科研院所专委会主任王庭大出席会议并讲话。中国林科院分党组成员、纪检组组长陈幸良作《认真总结“十一五”，科学谋划“十二五”，为推进林业科技创新提供思想政治保障》的专题报告。会议部署了 2011 年的主要工作，表彰和奖励了中国林科院政研会评选出的 27 篇基层党建工作创新经验征文和京区党委评选出的 18 项优秀主题党日活动。全国党建研究会科研院所专委会秘书处、国家林业局直属机关工会、监察局、政研会、文明办负责人出席会议，2011 年工作会议的全体代表参加了会议。

【北京湿地中心共建协议签字暨揭牌仪式】 2011 年 1 月 13 日在中国林科院举行，国家林业局原总工程师姚昌恬、中国林科院院长张守攻、北京市园林绿化局局长董瑞龙、北京市科委常务副主任朱世龙出席仪式并讲话。张守攻与董瑞龙分别代表双方签署协议，与会领导为北京湿地中心揭牌。中国林科院分组成员、储富祥副院长主持仪式活动。国家林业局办公室、计财司、科技司、人事司、保护司，北京市园林绿化局、北京市科委以及中国林科院领导出席仪式。

【林产品国际贸易研究中心年会暨林业对外贸易政策培训会】 2011年1月14日在京召开。会议旨在探讨后国际金融危机时代加快转变林业对外贸易发展方式与林业产业科学发展之路，研究积极应对国际贸易壁垒与实施林业外贸多元化战略之计，会商推动林业利用外资与促进境外林业投资合作之策。主题为“回顾与展望”开幕式上，国家林业局林产品国际贸易研究中心名誉主任、国家林业局原总工程师姚昌恬作主旨报告，国家林业局计财司司长封加平致辞，副司长张艳红主持开幕式。会议总结了“中心”开展的工作。中国林科院分组成员、副院长刘世荣主持“机遇与挑战”专题报告会，4位专家分别作国际绿色贸易壁垒下中国林业企业发展面临的障碍及对策、促进境外林业投资合作、中国人造板发展趋势和世界林产品发展历程、趋势及中国的政策需求的报告。

【张永利到中国林科院林化所调研指导工作】 2011年1月20日，国家林业局党组成员、副局长张永利到中国林科院林化所调研，听取林化所的基本情况、“十一五”以来取得的主要成绩、存在的问题以及“十二五”发展规划等汇报并讲话。中国林科院副院长储富祥以及林化所全体干部职工参加汇报会。

【张永利到中国林科院调研指导】 2011年2月16日，国家林业局党组成员、副局长张永利到中国林科院调研，并对中国林科院近期及长远发展提出要求。全院副处以上干部、各所(中心)党办主任参加了会议。

【大敦煌生态保护与区域发展战略专家研讨会】 2011年3月5日在中国林科院召开。该研究是中国科学院院士咨询项目。中国科学院院士、中国林科院首席科学家蒋有绪主持研讨会。中国林科院院长张守攻出席并讲话。会上，4个专题组分别汇报工作情况和研究报告，重点对咨询报告初稿进行讨论和咨询。与会院士和专家对项目报告的亮点和创新点表示赞赏，并对报告的修改提出建议。来自中国科学院、中国水科院、中国林科院、清华大学、南京大学、北京林业大学和兰州大学等科研、教学单位的专家及项目组成员参加会议。

【中国林科院与安徽淮南市政府全面科技合作框架协议】 2011年3月29日协议签字仪式在淮南举行。中国林科院院长张守攻与淮南市市长曹勇代表双方签署协议。安徽省林业厅厅长韩柏泉，淮南市人大常委会副主任吴晓予、市政协副主席戴多斌等出席签字仪式。戴多斌致辞，相信通过与中国林科院的全面合作，能实现双方的优势互补、互利双赢。张守攻表示，将进一步加强双方在人才培养、项目示范、科技服务等方面强强联合，为推进淮南“两型城市”建设提供有力支撑。中国林科院林业所、亚林所、林化所，院办公室、科技处、人教处负责人以及淮南各县区、市直有关单位负责人出席签字仪式。

【林木遗传育种国家重点实验室获批立项】 2011年3月29日在科技部发布的《关于组织制定国家重点实验建设计划的通知》中，该国家重点实验室获得立项。该实验室填补了国内林业行业在国家重点实验室领域的空白，使林业科技创新有了更高水平的平台。该实验室的建设依托于中国林科院和东北林业大学，以林木遗传育种国家级重点学科为核心，以国家林业局林木培育重点实验室和林木遗传育种与生物技术教育部重点实验室为基础进行共建。

【中林东珠景观设计研究院成立】 2011年3月30日成立大会在中国林科院举行。江苏省无锡市人民政府副秘书长周浩清，中国林科院院长张守攻、副院长储富祥以及中林东珠景观设计研究院董事长席惠明出席并为其揭牌。储富祥、周浩清、席惠明分别致辞。席惠明为中林东珠景观设计研究院所聘的3位专家顾问颁发聘书。中国林科院研究生院与中林东珠景观设计研究院签订风景园林设计专业研究生培养基地战略协议。国家林业局湿地保护管理办公室、场圃总站、宣传中心、北京园林绿化局以及中国林科院职能部门，京内各所、中心主要负责人参加成立仪式。

【中国林科院湖北分院成立】 2011年4月8日成立揭牌仪式在武汉举行。湖北省委书记李鸿忠、省长王国生致信祝贺，希望中国林科院湖北分院充分发挥人才和技术优势，大力推进林业科技创新，为加强湖北生态建设和现代林业建设，推进湖北科学发展、跨越式发展作出积极贡献。国家林业局副局长张永利，湖北省委常委张昌尔、副省长赵斌，中国林科院院长张守攻共同为湖北分院揭牌。张永利、赵斌分别致辞，共同希望中国林科院湖北分院紧紧围绕湖北经济社会发展和林业建设大局，始终扣住建设长江流域生态屏障、集体林权制度改革等工作重点，调整力量部署，优化工作布局，加大工作力度，提高服务水平。张守攻院长表示将集成中国林科院的科技、人才、成果优势和湖北特有的区位、资源优势，协同解决区域林业生产和生态建设中的关键技术难题。国家林业局科技司司长彭有冬主持揭牌仪式，国家林业局木材办、人事司，湖北省林业厅、科技厅等单位领导出席揭牌仪式。揭牌仪式后，有关专家作专题报告。

【中国林科院院领导班子调整】 2011年5月4日，国家林业局党组成员、副局长张永利等到中国林科院宣布院领导班子调整决定。中共国家林业局党组决定：叶智任中共中国林业科学研究院分党组副书记、京区党委书记(正司局级)；任命陈幸良为中国林业科学研究院副院长(兼)；任命孟平、黄坚为中国林业科学研究院副院长；张建国不再担任中共中国林业科学研究院林业研究所委员会书记职务，任中国林业科学研究院林业研究所所长。

【林业科普活动获全国科技活动周暨北京科技周活动优秀组织奖】 2011年5月14日，2011年“全国科技活动周暨北京科技周”主场活动在奥林匹克森林公园举办。国家林业局科技司与中国林科院共同组织以“体验科学、走进自然、低碳生活”为主题的科普活动。国家林业局党组成员、副局长孙扎根出席开幕式，并在科技司巡视员张志达，中国林科院院长张守攻、副院长黄坚陪同下，到参展活动区慰问工作人员，与中学生一起开展苗木移栽科技互动活动。

【江西现代林业发展战略研究与规划评审会】 2011年5月14日项目评审会在京举行。该项目由江西省人民政府和中国林科院联合组织完成。项目专家组组长彭镇华教授介绍项目研究成果。来自中国科学院、中国工程院、国务院研究室、参事室，国家发改委、中国林科院、北京林业大学、南京林业大学等有关部门和单位的院士、专家组成的评审委员会，对规划进行评审，从森林多功能经营和珍贵树种培育、生物多样性保护、碳汇能力提高、森林可持续发展等方面提出宝贵意见，进一步完善规划内容。全国政协环资委副主任、国际竹藤组织董事会联合主席、国家林业局科技委常务副主任、项目领导小组组长江泽慧，江西省政协副主席、省政府党组成员胡幼桃，省林业厅厅长刘礼祖出席会议并讲话。

【中国林科院庆祝中国共产党成立90周年系列活动】 2011年6月7日系列活动启动仪式和动员部署会在中国林科院举行。中国林科院分党组副书记、京区党委书记叶智主持并讲话，中国林科院分党组成员、副院长陈幸良致辞。系列活动主题是"同庆党的生日，共创林科辉煌"，内容包括开展"两优一先"评选，深入开展创先争优主题党日活动，举办"两优一先"表彰暨"唱红歌、颂党情"大合唱比赛，走访慰问老党员和困难党员活动；举办职工书画、摄影作品展览。中国林科院各所(中心)党委(总支)书记、工会主席、党办主任，各职能处室党支部书记参加启动仪式和部署会。

【罗保铭到中国林科院热林所试验站调研】 2011年6月22日，海南省委副书记、省长罗保铭在省长助理、省旅游委主任陆志远，省政府秘书长徐庄、省林业局局长关进平等陪同下，考察热带树木园，参观檀香、海南黄花梨、白木香、坡垒等热带珍贵树种，详细询问试验站的基本情况，充分肯定试验站在热带种质资源收集、保存和示范推广方面取得的成绩，并表示海南省政府将大力支持试验站建设和发展。

【"南京森林城市建设总体规划"评审会】 2011年6月24日在南京举行。该项目由南京市农业委员会(南京市林业局)和中国林科院联合组织开展。来自南京林业大学、北京林业大学、中国林学会、江苏省林业局、江苏省林科院等单位的专家组成的评审委员会，一致认为该规划运用景观生态学、城市生态学、生态足迹理论、遥感与地理信息系统等先进技术，全面分析了南京市生态环境特点、城市森林建设现状和发展潜力；提出的"一轴一心、两翼两区、多廊多点、五大基地、十二板块"南京森林城市建设格局，凸显了南京森林城市建设特色；提出的南京城市森林建设指标体系系统全面，阶段发展指标量化科学，对南京森林城市建设具有引领性和可操作性。并建议南京市人民政府按相关程序予以批准实施。中国林科院副院长陈幸良、南京市副市长陈维健、江苏省林业局局长夏春胜及南京市有关创建国家森林城市工作成员单位的分管领导参加会议。

【中国林科院2011届研究生毕业典礼暨学位授予仪式】 2011年7月7日在中国林科院举行。仪式上宣读了中国林科院第七届学位评定委员会第四次会议审核通过的学位获得者名单、关于表彰2011年度优秀博士学位论文的作者及导师的决定并颁奖。中国林科院学位评定委员会主席、院长张守攻讲话，并分别和各单位领导为毕业研究生授予学位证书和导师寄语。本届有75名博士生、157名硕士生分别获得博士和硕士学位。其中工学博士学位14人、理学博士学位18人、农学博士学位43人；工学硕士学位38人、理学硕士学位29人、农学硕士学位54人、管理学硕士学位6人、研究生硕士专业学位30人。中国林科院第七届学位评定委员会委员，院领导，所、中心、有关职能部门负责人，导师、毕业研究生和在读研究生等参加仪式。

【访问意大利国家级研究机构】 2011年7月15~16日，中国林科院院长张守攻等4人组团应邀赴意大利，访问意大利国家研究委员会。张守攻与农业食品局局长Domenico Pignone签署科技合作协议，相关部门负责人签署2012~2013年项目合作协议，双方回顾近20年来的良好合作，交流气候变化、林木遗传育种、经济林培育等领域研究，并表示将以签署新协议为契机，进一步加强双边合作。在访问意大利农业研究委员会时，与相关研究人员开展了学术交流，张守攻与Paolo Cescon签署科技合作协议，双方将重点在杨树林木遗传育种和气候变化等方面开展广泛合作。

【2011年国际合作创新团队评估会】 2011年7月27日在京召开。由国际杨树委员会主席比索菲教授、美国北卡罗来纳大学副教务长李百炼教授，中国科学院院士张新时、唐守正、蒋有绪等国内外专家组成的国际合作创新团队评估委员会，高度评价中国林科院2008年组建的10支国际合作创新团队，其中森环森保所的森林生态系统对气候变化的响应与适应团队、木工所的木质复合材料制备加工的增值技术团队和木材品质特性及其生物形成基础团队3支团队荣获优秀团队称号。

【"城乡携手，共建文明"林业科技服务和科普惠民活动】 2011年7月28日由国家林业局科技司、北京市园林绿化局、中国林科院和延庆县人民政府共同在北京延庆举行。北京市园林绿化局、首都绿化办副主任甘敬主持启动仪式。中央国家机关精神文明协调领导小组副组长陈占国，中国林科院院长张守攻，北京市延庆县政府副县长徐凤翔出席启动仪式并致辞。中央国家机关精神文明协调办主任杨宝琴、科技部政策法规司副司长王宇、国家林业局科技司副司长李兴、中国林科院副院长黄坚等出席启动仪式。活动期间，与会领导向延庆县有关单位赠送中国湿地等专业书籍和科技期刊；签订《北京市延庆县园林绿化局、中国林科院资源所森林多功能经营工程技术研究与示范项目合作协议书》、《中国林科院湿地所、北京市延庆县园林绿化局科技共建协议》；

分别举行现场教学、科普宣教和科技咨询活动。

【国家林业局国际林业科技培训中心揭牌】 2011年8月13日揭牌仪式暨国际培训结业典礼在杭州国家林业局竹子研究开发中心举行。国家林业局副局长印红、国际合作司司长曲桂林，中国林科院院长张守攻、卢旺达驻华大使H. E. Ngarambe Francois Xavier等出席典礼并讲话。中国林科院副院长刘世荣主持典礼。印红和张守攻为国际林业科技培训中心揭牌，有关领导为浙江临安、浙江安吉、浙江义乌、广东广宁和福建华安等竹子中心的培训基地授牌，与会领导为参加2011发展中国家竹业技术培训班学员颁发结业证书。浙江省商务厅、科技厅、林业厅，亚太小水电培训中心、南京林业大学、浙江农林大学等单位的领导以及来自17个国家的40名培训班学员参加结业典礼。

【王永乐考察中国林科院油茶产学研实验示范基地】 2011年9月4日，中华全国归国华侨联合会副主席王永乐考察中国林科院油茶产学研实验示范基地，出席滇东南油茶轻基质网袋容器育苗项目现场查定暨油茶产业发展调研座谈会，代表中国侨联授予滇东南油茶轻基质网袋容器育苗项目助侨惠农工程示范项目牌。并在座谈会上希望继续保持项目科技含量，继续保持多方合作的良好模式，继续保持实验基地的示范样板作用。中国林科院副院长陈幸良、云南省文山州副州长肖建国、云南省侨联主席李嵘等陪同考察和座谈，听取项目组执行专家、基地负责人和企业家对项目汇报后并发言。

【国家林业局库姆塔格荒漠生态系统定位研究站成立】 2011年9月8日挂牌仪式在敦煌举行。甘肃省林业厅副厅长赵建林、总工程师冠明君，敦煌市副市长苟小卫、中国林科院副院长黄坚等出席揭牌仪式。敦煌市林业局局长高华主持仪式，西湖国家级自然保护区管理局、中国林科院荒漠化研究所负责人致辞。建立库姆塔格荒漠生态定位站是探索干旱地区荒漠化生态环境变化规律、获取干旱地区荒漠化防治及荒漠生态系统研究第一手资料、制定区域生态环境治理规划的有效途径和重大举措。

【中国绿化基金会－祁述雄桉树基金启动】 2011年9月15日启动仪式在第五届第二次全国桉树论坛暨产业展示会期间举行。全国政协委员、国家林业局原局长、中国绿化基金会主席王志宝宣布祁述雄桉树基金成立；广东省林学会丘国栋副理事长致辞。祁述雄先生是我国大面积引种发展桉树的开拓者，已从事桉树生产、科研工作近60年，是现代国内桉树事业的先行者。祁述雄桉树基金专项公益平台，旨在通过奖励在桉树研究、桉树产业发展表现突出的优秀者，加强桉树学科的人才培养，引导、鼓励和支持创新型桉树科研、产业优秀拔尖人才脱颖而出，进一步促进桉树事业发展。

【陈际瓦到中国林科院热林中心调研】 2011年9月26日，广西壮族自治区党委副书记陈际瓦在区党委、区林业厅、崇左市委领导陪同下，到中国林科院热林中心调研，参观珍贵树种红椎大径材高效培育模式与示范等3个示范样板，详细了解珍贵树种的培育模式与效益情况，听取中国林科院热林中心科研、示范推广、科技开发、精神文明建设情况的汇报，充分肯定热林中心取得的成绩，希望热林中心在珍贵树种良种选育方面取得新的突破，为广西林业提供优质种苗和技术培训服务，为广西“绿满八桂”和即将启动的“千万株树苗送农户”行动贡献力量，并表示，区党委将全力支持热林中心的科研工作，各级党委政府和林业部门要主动服务和支持热林中心发展。

【李金早到中国林科院热林中心调研】 2011年9月30日，广西壮族自治区党委常委、常务副主席李金早在崇左市委领导的陪同下，到中国林科院热林中心实地调研珍贵树种的发展。在听取了热林中心的基本情况、在珍贵树种研究方面所取得的成绩介绍，实地逐一了解了热林中心石山树木园和珍贵树种繁育基地中的30多个珍贵树种的林木采种、育苗、种植、管护、发展以及经济价值后说，热林中心是一座“绿色银行”。并表示，要紧紧依靠热林中心的资源优势、人才优势、科技优势，在道路绿化、城镇绿化、村屯绿化“三大战役”中，大力推广珍贵树种的种植；要在广西大力开展“大种树，优生态，惠民生，促发展”的活动，把广西的生态环境建设好。

【促进中国与发展中国家林业(竹业)合作部长级论坛暨部级研讨班结业仪式】 2011年11月1日在浙江义乌，由国家商务部、国家林业局、浙江省人民政府主办，国家林业局竹子研究开发中心等承办。国家林业局副局长赵树丛出席并在论坛上作《中国林业发展形势》主旨报告。浙江省人大常委会副主任程渭山出席论坛并就浙江省林业(竹业)产业发展发表讲话。肯尼亚林业和野生动物部部长NOAH M. WEKESA和乌干达水利和环境部环境国务部长M. FLAVIA NABUGERE代表研讨班官员就本国国情、林业、竹业发展情况以及和竹子中心合作开展的项目等作交流报告。来自瑞士、日本、柬埔寨、尼日利亚、阿根廷等15个国家的代表，国家林业局相关司局和中国林科院的有关领导、专家以及各省(市)代表、当地领导和林业系统代表等200余人参加论坛。

【森林重庆项目专家咨询论证会】 2011年11月6日论证会在中国林科院召开。重庆市林业局总工程师杜士才主持项目汇报，项目组成员分别汇报研究总报告以及3个研究专题。汇报结束后，专家论证会上，与会专家充分肯定了该项目对保护三峡库区生态安全，森林城市建设以及倡导绿色经济、绿色发展理念的重要意义，并对报告提出针对性和建设性的建议。该项目森林重庆的基本发展经验极其蕴含的创造国民财富与福利思想研究(简称森林重庆)由中国林科院、清华大学国情研究中心与重庆市林业局共同开展。

【危朝安到中国林科院热林中心调研】 2011年11月8日，广西壮族自治区党委副书记危朝安在广西崇左市委书记、市人大常委会主任赵乐秦，市长黄克的陪同下，到中国林科院热林中心调研，先后考察珍贵树种种苗繁育基地和石山树木园珍贵树种保存区，听取热林中心在珍贵树种研究、示范推广和党建以及精神文明建设情况的汇报并对今后工作提出希望。

【中国林科院与辽宁营口市签署战略合作框架协议】 2011年11月15日在2011辽宁(营口)科技成果与资本对接大会上，北京大学、清华大学、中国科学院沈阳分院等百家高校和科研机构分别与营口市人民政府和企业签约。中国林科院副院长黄坚与营口市人民政府副市长唐心恩代表双方签署战略合作框架协议。根据协议，双方将充分发挥各自优势，以建设沿海经济强市为目标，以加快现代林业建设为发展方向，围绕营口地区盐碱地造林、生态恢复、森林城市建设以及林业产业发展的技术需求，重点开展区域和行业的发展战略咨询及关键技术的合作研发和创新，共建市院产学研合作基地，促进中国林科院科技成果在营口转化，为营口林业生态建设和林业产业发展提供技术支撑。

【陈述贤听取井冈山干部学院亚林中心教学点建设工作汇报】 2011年11月16日，国家林业局党组成员、中纪委驻局纪检组组长陈述贤到中国林科院，听取中国林科院纪检组组长、副院长陈幸良等关于教学点总体情况、教学点建设进展情况的汇报，充分肯定了教学点的建设，并对教学点建设提出要求。①中国林科院和井冈山干部学院要发挥优势互补，实现林业科技与干部教育交汇融合；②教学活动要按照精干教学管理队伍、精炼教学片、精彩并具有震撼力的亮点，吸引力、感染力、影响力，知识性、观赏性、趣味性的要求，不断提高办学水平；③做好各项保障工作，保证教学活动的顺利进行；④通过教学点树立林业形象，展示林人业务精神风貌和业务素质。国家林业局计财司、科技司、人事司等部门负责人一同听取汇报并对教学点建设提出建议。中国林科院分党组书记、院长张守攻主持座谈。中国林科副院长储富祥、刘世荣、孟平出席座谈。

【赵树丛到中国林科院热林中心调研】 2011年11月19日，国家林业局党组副书记、副局长赵树丛在局计财司、广西林业厅领导以及中国林科院分党组副书记、京区党委书记叶智等陪同下，先后考察中国林科院热林中心伏波实验场珍贵树种试验示范林、中德合作开展的森林多功能研究项目基地、石山树木园、友谊关边境国防林区，听取了热林中心发展思路和珍贵树种研究与示范情况汇报。赵树丛肯定了中国林科院热林中心立足区位和科技优势，借鉴德国经验，发展多功能森林的思路和想法，并对今后工作提出要求。

【绿色发展背景下的林业经济论坛】 2011年12月17日论坛在中国林科院举行。国家林业局党组成员、副局长张建龙出席论坛开幕式并致辞，中国林科院院长张守攻出席论坛开幕式，中国林科院副院长陈幸良主持开幕式。南京农业大学、中国人民大学、北京林业大学、吉林农业大学、中国林科院等单位的专家分别就宏观背景与林业战略调整、世界木质林产品贸易发展现状及趋势、中国林业发展的若干问题、中国林业产业绿色转型趋势分析、森林富国论——寻找绿色发展中森林的位置作主旨报告。

【中国林科院与印度林业研究和教育委员会开展交流与合作】 2011年12月19～26日，中国林科院院长张守攻率热林中心、热林所、亚林所等单位专家和负责人访问印度，与印度林业研究和教育委员会负责人和研究人员探讨金砖五国框架下的林业科技合作、科研成果资源共享、研究生培养、科研人员短期互访、共同举办国际学术会议等，签署中国林科院与印度林业研究和教育委员会合作谅解备忘录；与印度林业研究和教育委员会遗传育种研究所专家交流木麻黄和桉树等树种以及生物技术、生物提取、基因组学和组培实验、碳汇实验等研究。与克拉拉邦林业研究所负责人和专家座谈交流，就基因克隆测序、生物防治、种质资源等重点研究领域开展信息交换、人员交流培训达成初步合作意向。

【维克多·罗伊·斯夸尔教授获2011年度国家友谊奖】 由中国林科院推荐的国际合作伙伴、澳大利亚生态学专家维克多·罗伊·斯夸尔(Victor Roy Squires)教授荣获2011年度国家友谊奖。斯夸尔教授，1937年12月出生，美国犹他州立大学自然资源管理与草原生态学博士，长期在非洲、中东地区及中国工作。在中国工作时间长达20年，在与中国林科院的多年合作中，帮助引进荒漠化治理和干旱地区生态恢复的关键技术，为中国的防沙治沙工作作出重要贡献，极大地推动中国荒漠化研究的国际化进程，同时通过与中方科学家共同撰写英文论著帮助多位中方合作者成为干旱区管理和荒漠化研究领域的国际型科研、教学和管理人才。2008年曾荣获中华人民共和国国际科学技术合作奖。

【中国林科院2011年度科技奖】 根据《中国林业科学研究院科技奖励办法》，经中国林科院科技奖评审委员会评审并经院长办公会议研究决定，授予森林资源综合监测技术体系研究、杨树种质资源创新与利用及功能分子标记开发2项成果2011年度中国林科院科技奖一等奖，授予天然林生态恢复的原理与技术研究、环境安全型木塑复合人造板及工程材料制造技术、典型退化湿地功能恢复与评价技术体系3项成果2011年度中国林科院科技奖二等奖，并给予表彰奖励。

【核桃增产潜势技术创新体系获2011年度国家科技进步二等奖】 该项目由中国林科院林业所裴东研究员主持完成。项目首次将核桃适生区划分为东部近海、黄土丘陵、秦巴山地、云贵高原、新疆绿洲和西藏6个区域，建立核桃坚果品质优质化指标体系，揭示核桃栽培区划分的关键影响因子。研究解决了核桃嫁接成活率低、嫁接成本高、培育壮苗周期长的技术难题，实现核桃砧木当年播种、当年嫁接和当年成苗，嫁接成活率达95%以上。研究核桃不同栽培区的栽培密度配置、整地方式、水肥管理、整形修剪和花果管理等关键技术，建立核桃主产区优质高效栽培技术体系。建成优异种质遗传评价和基因源的鉴定体系，新选育抗晚霜和高油脂等生产急需品种10个，创建中国核桃集约化栽培管理体系，丰富和完善核桃高效遗传改良的技术和理论。项目获省部级奖励10项，授权专利2项，制定国家、行业和地方标准20项，出版著作12部，发表学术论文161篇。成果在8省(区)进行推广应用，建立示范园207.7万公顷。

【杜仲高产胶良种选育及果园化高效集约栽培技术获河南省科技进步一等奖】 该项目由国家林业局泡桐研究开发中心李芳东研究员、杜红岩研究员主持完成。研究首次提出杜仲果园化、园艺化栽培和产业化发展的新思路；首次以杜仲果实的利用为育种方向，选育出华仲6~9号4个杜仲高产胶良种，比普通杜仲产胶量提高2.6~4.6倍，已通过国家林木良种审定；制定杜仲果园化栽培技术规程，总结出控形修剪、密度控制、配方施肥等系列栽培技术，产胶量比传统栽培模式提高3~4倍。揭示杜仲含胶特性的群体和个体遗传变异规律，全面对杜仲果实、杜仲皮和杜仲叶内杜仲胶形成积累规律进行系统研究。创新杜仲产果量和产胶量的栽培技术，使开花结果期提前5年，产果量由每公顷75千克提高到3900千克。建立杜仲高产胶良种苗木繁育基地6个，高产胶良种及果园化栽培技术示范基地11个，繁育杜仲高产胶良种苗木2350万株，带动示范推广0.70万公顷。 (中国林业科学研究院由王秋丽供稿)

国家林业局调查规划设计院

【综　述】 2011年，规划院在局党组的领导下，按照发展现代林业，建设生态文明，推进科学发展的总体要求和以服务现代林业建设为主线，以林业“双增”目标为指针，进一步解放思想，开拓创新，优化管理，完善机制，全年承担各类生产、科研任务400余项。

①扎实推进森林资源监测、野生动植物资源监测和自然保护区建设工作、湿地资源监测、荒漠化和沙化土地年度监测、林业碳汇计量监测等林业资源监测工作。②规划院主持或参与编制了一批全国性的林业专项和生态建设规划取得实质性进展。③不断加大信息化建设力度，深化服务层次，积极为现代林业建设提供服务。④按照“科技强院”方针，积极开展林业应用性研究和国际林业科技合作，推进林业标准制修订工作，形成了一批具有良好应用推广价值的优秀科技成果，一批重点科研项目和关键技术研究取得了新突破。⑤技术质量管理取得重大突破。2011年，规划院首次通过了ISO9001：2008质量管理体系认证，连续6年获得质量信得过单位称号，项目成果100%经过各级质量审查，用户满意度达到95%以上，多项成果获得国家级奖项。⑥增强服务基层意识，为地方各级政府和社会各界提供优质服务，完成可行性研究和规划设计320余项，遍布全国20多个省(区、市)。⑦国内外合作取得新成效，互惠共赢促进业务拓展。先后与国家开发银行、中铁资源集团有限公司等国有企业签署战略合作协议，完成俄罗斯、东南亚10国、刚果(金)等国家森林资源开发和林业发展规划项目。⑧重视信息宣传工作，对外宣传报道形式多样，政务信息报道在局机关和直属单位中排名前列，并完成大量国家林业局委托的对外宣传报道任务。⑨重视全院干部职工的政治思想建设、作风建设和廉政建设，全年无违规违纪的现象发生。规划院被评为2010年度中央国家机关平安单位，院党委荣获国家林业局先进基层党组织称号，院工会、妇工委分别获得2008~2010年度局优秀工会组织、优秀妇女组织称号。李强、于晓光、包国媛被局直属机关党委授予优秀共产党员称号、优秀党务工作者称号，党务副院长刘国强、常孝本、张秀存分获优秀职工之友、优秀工会干部、优秀工会积极分子称号，包国媛、靳爱仙、高伟分获优秀妇女工作干部、巾帼建功先进个人称号。⑩进一步加强人才队伍建设，壮大专业技术队伍，深入推进干部人事制度改革。⑪3月16日在汇报规划院2011年重点工作和具体措施的《情况反映》上，国家林业局局长贾治邦对规划院工作作出批示：“规划院今年工作部署有创新、有亮点。从院实际出发，抓住了工作之魂，即解放思想、实事求是和改革开放、制度创新；抓住了工作之要，即党的建设和廉政建设；抓住了工作之薄弱，即工作落实和工作作风。望动员团结全院干部职工努力奋斗，在原来的工作基础上再创新局面，再上新台阶”。

(办公室)

【国家林业局3个重点科研项目通过验收】 国家林业局科技司在京组织专家对规划院承担的3个国家林业局重点科研项目半干旱地区华北落叶松人工林可持续经营技术应用开发与试验示范、森林火灾扑救指挥及战术系统开发与示范和多阶卫星遥感技术在沙尘暴灾害实时、量化监测中的应用开发进行了验收。

经专家委员会的审查和讨论，一致认为各项目按合同规定完成了各项研究任务和考核指标，数据详实，材料齐全，经费使用合理，成果有一定创新，具有较强的可操作性和明显的应用效益，同意通过验收。

(总工办　工程设计处　荒漠化处)

【完成全国“十二五”期间年森林采伐限额编制任务】 “十二五”期间年森林采伐限额编制工作自2009年7月在全国正式展开，规划院作为技术支撑单位，在历时一年半的时间里，先后开展限额编制调研，制定工作方案和技术规定，开发森林合理年采伐量测算系统，组织全国编限技术培训，审核汇总全国限额数据，制定东北、内蒙古重点国有林区木材调减计划，编写“十二五”期间年森林采伐限额报告等工作，完成了全国“十二五”期间年森林采伐限额编制任务。 (信息管理处)

【沙尘暴灾害应急工作】 2011年，规划院发挥技术优势，配合局治沙办科学开展沙尘暴灾害监测预警工作。3月12~13日，南疆盆地、甘肃西部、内蒙古西部和内蒙古东部的部分地区出现首场沙尘天气，局部地区发生沙尘暴，规划院运用遥感和地面手段实时监测沙尘天气的发生发展，对沙尘天气过程进行全过程跟踪监测，对沙尘暴发生源地、强度、路径、影响范围等天气灾害情况进行了评估，并及时向局领导和有关部门上报了监测和评估结果。（荒漠化监测处）

【规划院获得测绘甲级资质证书】 2011年1月，规划院获得国家测绘局颁发的测绘甲级资质。新证书包含地图编制专业和乙级升甲级的地理信息系统专业，新甲级增扩了两专业的业务范围，为规划院拓展业务领域、扩大发展空间奠定了基础。（生产经营处）

【通过ISO9001质量管理体系认证】 11月21日，规划院通过了ISO9001：2008质量管理体系认证，标志着规划院质量管理体系与国际质量管理体系实现了接轨。（总工办）

【规划院干部任命】 12月27日，规划院召开会议，宣布国家林业局党组关于规划院领导干部任命的决定。会议宣读了国家林业局党组关于严晓凌任国家林业局调查规划设计院党委副书记兼纪委书记的决定。（人事处）

【全国第二次陆生野生动物资源调查会议】 1月11～12日，国家林业局在京召开会议，成立了全国第二次陆生野生动物资源调查技术指导委员会和专家技术委员会，并审议通过了调查方案、技术规程和技术细则等技术文件，标志着中国第二次陆生野生动物资源调查全面展开。

规划院副院长唐小平当选为全国第二次陆生野生动物资源专家委员会副主任委员，委员会办公室设在规划院，由规划院承担全国第二次陆生野生动物资源调查工作的总技术支撑。（湿野中心）

【第二次全国重点保护野生植物资源调查试点启动】 5月12日，国家林业局野生动植物保护与自然保护区管理司在北京召开第二次全国重点保护野生植物资源调查专家委员会成立会议。规划院副院长唐小平被聘为专家技术委员会副主任委员。本次会议的召开标志着第二次全国重点保护野生植物资源调查试点工作正式启动。

规划院为本次调查工作的技术支撑单位，主要负责调查成果的质量保障和调查技术文件的制定与完善，负责各省实施细则的审核、技术指导和技术监督，以及野生植物资源调查信息系统的构建与维护及汇总全国调查成果等，并承担野生植物资源调查专家支撑体系的日常事务和相关组织协调工作。（湿野中心）

【《全国第四次大熊猫调查方案》通过评审】 1月6～7日，国家林业局大熊猫保护办公室组织召开全国第四次大熊猫调查方案专家评审会，会议由局规划院承办，全国大熊猫专家委员会全体成员以及四川、陕西、甘肃三省主管部门、中国保护大熊猫研究中心和世界自然基金会派员参加了会议。

会议对规划院编制的《全国第四次大熊猫调查方案》和3个专项调查方案进行了评审，经与会专家审阅、质询讨论，一致认为《全国第四次大熊猫调查方案》是指导全国开展第四次大熊猫调查的基础性技术文件，对于下一步制定大熊猫调查技术规程、进行大熊猫调查试点工作、宏观布局大熊猫调查样线等方面具有重要的指导意义。（湿野中心）

【全国第四次大熊猫调查正式启动】 2011年10月24日，全国第四次大熊猫调查启动会在京召开，会议宣布针对大熊猫及其栖息地的第四次专项调查工作正式启动。规划院唐小平副院长被选为本次调查专家技术委员会副主任委员。

规划院是第四次大熊猫调查的技术支撑单位，负责组织起草有关技术文件，组织实施全国技术培训，对调查进行指导、检查与验收，并进行成果汇总，承担第四次大熊猫调查的信息交流与宣传工作，负责顾问委员会和专家技术委员会的组织与联络工作。（湿野中心）

【获测绘奖】 规划院推荐的科技成果《中国森林资源图集》编制和森林资源遥感监测定量化综合处理与业务运行系统分别荣获2011年全国优秀测绘工程奖金奖和2011年全国测绘科技进步奖二等奖。（总工办）

【3项成果荣获第四届梁希林业科学技术奖】 2011年在第四届梁希林业科学技术奖评选中，规划院参与完成的森林资源综合监测技术体系研究项目荣获一等奖，主持完成的旱区机械化集雨整地造林技术和半干旱地区华北落叶松人工林可持续经营技术应用开发与试验示范项目荣获三等奖。（总工办）

【获第十一届林业青年科技奖】 根据国家林业局《关于表彰第十一届林业青年科技奖获奖者的决定》（林人发〔2011〕263号），规划院森林经营规划处副处长、高级工程师欧阳君祥荣获第十一届林业青年科技奖。（人事处）

【《中俄原油管道（漠河—大庆段）工程使用林地可行性报告》】 根据中国工程咨询协会《关于公布全国优秀工程咨询成果奖2010年度获奖项目的通知》（协政字〔2011〕1号）精神，规划院完成的《中俄原油管道（漠河—大庆段）工程使用林地可行性报告》，获2010年度全国优秀工程咨询成果一等奖。（总工办）

【规划院与国家开发银行签署合作协议】 5月27日，规划院与国家开发银行在北京签署合作协议。根据双方签署的协议，规划院与国开行将在国际林业规划咨询、专家资源共享、课题研究、行业信息交流等方面加强合作，并建立日常合作沟通机制，指定合作负责部门，确保全面合作的持续性和有效性。通过双方合作，将规划院智力优势与国开行的融资优势相结合，实现优势互补，合作共赢，共同打造以服务国家经济发展和“走出去”战略的国家林业规划咨询专家合作平台，推动“规划先行”理念在经济社会发展中发挥更大作用。（生产经营处）

【规划院与中铁资源集团有限公司签署合作协议】 为联手打造自然资源合理开发利用平台，发挥各自优势，在建设工程占用林地、森林植被恢复、园林绿化美化设计、森林资源资产评估、水资源建设项目论证和国内外林业资源开发建设等方面开展务实合作，8月18日，我院与中国中铁资源集团有限公司在北京签署战略合作协议。国家林业局副局长张建龙、中国中铁股份有限公司董事长李长进等领导出席签字仪式。（生产处）

【规划院与天然林保护工程管理中心签署合作协议】 为积极参与"天保"二期工程建设，发挥规划院的技术优势，做好工程管理的技术支撑服务工作，12月8日，规划院与天然林保护工程管理中心在北京签署《"天保"工程管理业务应用系统建设合作协议》，双方拟在"天保"工程管理业务应用系统建设及相关工作方面建立全面、长期的合作关系。（数据中心）

【完成森林抚育补贴试点检查验收外业工作】 截至2011年11月15日，规划院完成了2010年度中央财政森林抚育补贴试点检查验收外业二作，共完成全国29个省级单位中的141个县级试点单位，并已转入内业整理、编撰报告阶段，为全国汇总做准备。（生态规划处）

【全球干旱土地退化评估项目亚洲区域培训】 4月11～16日，全球干旱土地退化评估项目亚洲区域培训在北京举行，来自亚洲11个国家的12名学员接受了培训。

规划院作为项目的主要完成单位和培训的协办单位，制定了详细的培训计划和日程安排，编写了培训材料和实习手册。培训中，技术人员 句学员讲授了国家和当地层面的土地退化评估理论、方法和步骤，介绍了中国LADA项目的成果和经验，指导学员的野外调查和实习。（荒漠化监测处）

【"中国干旱区土地退化评估"专题报告】 为了交流土地退化评估项目技术，展示中国荒漠化、沙化监测所取得的成果，规划院专家参加了11月7～11日在北京国际会议中心举办的联合国粮农组织第二届亚太林业周和第24届亚太林委会会议，并在会上作题为"中国干旱区土地退化评估"的专题报告，全面介绍了土地退化评估项目的实施情况、主要技术方法、在我国的实践经验和取得成果以及中国荒漠化、沙化土地的监测情况。（荒漠化处）

【技术培训】 受联合国粮农组织的委托，规划院承担了菲律宾土地退化评估技术援助项目土地退化评估和气候变化适应的国家能力建设的培训任务，主要是为菲律宾技术人员培训干旱区土地退化评估的方法。

10月24日至11月5日，规划院赴菲律宾开展第一次技术培训。培训取得了良好效果，也得到了联合国粮农组织项目专家的充分肯定。（荒漠化处）

【国家林业局全国党员干部现代远程教育林业教材制播中心揭牌仪式在京举行】 国家林业局批准在规划院挂牌成立国家林业局全国党员干部现代远程教育林业教材制播中心。8月19日举行揭牌仪式，国家林业局党组成员、副局长张永利为中心揭牌并作讲话。

规划院从2005年起开展全国党员干部现代远程教育林业教材制播工作，已制作完成林业专题155期。其中多部宣传片、专题片获奖，节目受到了中组部全国远程办的充分肯定。（信息应用处）

【东北森林资源监测区林地保护工作】 ①6月24～25日，规划院在北京召开东北森林资源监测区林地保护利用规划编制工作会议。会议通报了林地落界和保护利用规划编制等工作的进展情况、存在主要问题，要求加快推进省级林地保护利用规划编制，做好林地落界成果检查验收入库工作，按期完成东北监测区林地保护利用规划。②12月11～15日，规划院（国家林业局东北森林资源监测中心）在北京举办东北监测区林地落界成果检查验收培训班，北京、天津、内蒙古、河北、辽宁、吉林、黑龙江林业厅（局），内蒙古、吉林、龙江、大兴安岭林业（集团）公司及规划院的42名技术人员参加了培训班。

培训班学习了《林地保护利用规划林地落界成果检查验收办法》和林地落界质检工具，交流了各地工作情况和经验。（监测二处）

【全国中长期森林抚育经营补贴政策研究项目通过专家评审】 6月3日，国家林业局计财司组织召开全国中长期森林抚育经营补贴政策研究项目成果专家评审会。

森林抚育是森林资源科学经营培育的重要措施，对增加数量、提高质量和改善结构、保障"双增"目标实现、推进林业可持续发展具有重大意义。与会专家一致认为，"全国中长期森林抚育经营补贴政策研究"对于完善森林抚育经营补贴政策，加大森林抚育投入，明确今后10年内应抚森林资源数量，确定森林抚育储备任务，建立森林抚育长效机制都具有积极作用，为今后确定森林抚育任务及补贴机制提供了重要的决策依据。评审专家组一致同意通过项目成果的评审。（湿野中心）

【三峡工程生态与环境监测系统森林资源监测重点站2010年度监测成果通过验收】 7月15日，国务院三峡工程建设委员会办公室水库管理司组织有关专家在京召开三峡工程生态与环境监测系统森林资源监测重点站2010年度监测成果验收会。验收组一致认为：森林资源监测重点站2010年度监测技术方法科学，监测成果翔实、准确，超额完成了合同约定的监测任务，同意通过监测成果验收。（监测二处）

【《全国林业生物质能源发展规划（2011～2020年）》通过专家评审】 10月11日，由规划院承担的《全国林业生物质能源发展规划（2011～2020）》（以下称《规划》）顺利通过专家评审。

专家委员会一致认为，《规划》以《可再生能源中长期发展规划》为依据，以实现林业生物质能源对化石能源的部分替代为目标，结合中国能源林和可用于发展林业生物质能源林土地的实际情况，在科学测算林业生物质能源资源和分析能源现状的基础上编制完成，指导思想明确，目标可行，布局合理，建设任务与进度安排得当，重点项目针对性强，体现了规模化、产业化和市场化的思想，构建了资源－技术－产品－市场一体化的发展模式，具有较强的指导性和可操作性。

（生物质能源评估中心）

【《全国湿地保护工程实施规划（2011～2015年）》顺利通过国家林业局科技委评审】 2011年7月8日，国家林业局科学技术委员会在京召开会议，对规划院编制的《全国湿地保护工程实施规划（2011～2015年）》（以下简称《规划》）进行评审。

与会专家对一致认为，《规划》是在总结和分析中国“十一五”湿地保护工作的基础上，结合《全国湿地保护工程规划（2002～2030年）》阶段目标以及《国民经济和社会发展第十二个五年规划纲要》中有关湿地保护的总体要求编制而成的；该《规划》将对加大中国的湿地保护力度，实现中国“十二五”期间湿地保护阶段目标，促进中国湿地保护事业的蓬勃发展，具有十分重要的战略意义；该《规划》内容全面，重点突出，编制规范、结构合理、条理清晰，各项建设任务明确，项目设置比较合理，具有较强的可操作性。（湿野中心）

【第八次全国森林资源清查2010年度清查结果通过专家评审】 7月1日，国家林业局森林资源管理司在京组织召开第八次全国森林资源清查2010年度清查结果专家评审会。

规划院在对2010年度黑龙江、辽宁、山西、江苏、广西、贵州、宁夏等7省（区）的清查结果进行数据检查和汇总分析的基础上，编制完成《第八次全国森林资源清查2010年度7省（区）森林资源清查主要结果报告》。

与会专家一致认为，清查成果统计方法科学、严谨，结果可靠，客观反映了近5年来7省（区）林业建设和改革发展的成就，对于总体把握森林资源变化趋势，进行林业宏观决策和开展森林经营管理等具有重要的作用，一致通过评审。（监测二处）

【《陆地生态系统碳监测卫星工程项目建议书》通过专家论证】 6月23日，国家林业局计财司在京组织召开《陆地生态系统碳监测卫星工程项目建议书》专家论证会。

与会专家一致认为：项目建议书所确定的目标、主要建设内容和建设阶段符合中国当前对地面观测发展的实际状况，符合国际卫星遥感发展与温室气体源/汇监测技术发展趋势，卫星载荷设计的主要指标达到了国际先进水平。碳卫星项目的实施，可以充分发挥林业行业地面监测系统技术和资源优势，有效实现与传统陆地生态系统监测体系的整合。专家组一致同意通过项目建议书，建议修改完善后尽快上报主管部门批准立项。

（数据中心）

【重庆、内蒙古等9省（区、市）湿地资源调查成果通过专家鉴定】 12月3日，国家林业局第二次全国湿地资源调查领导小组在北京组织专家对重庆、内蒙古、辽宁、福建、湖南、西藏、陕西、甘肃和宁夏9省（区、市）湿地资源调查成果进行了技术鉴定。

规划院作为全国第二次湿地资源调查技术支撑牵头单位，主要负责《全国湿地资源调查技术规程》的编制、各省（区、市）湿地调查工作方案、实施细则和调查成果的审查，以及部分调查省份湿地调查的技术支撑工作。（湿野中心）

【总结汇报2011年营造林综合核查工作】 11月15～19日，2011年全国营造林综合核查汇总汇报会在湖南召开，规划院常务副院长刘国强带领相关技术人员参加会议并作工作汇报。会议对规划院在2011年综合核查工作中取得的成绩以及保证质量、廉政建设方面的做法给予充分肯定，同时也肯定了规划院在新技术应用研究、新方法新举措探讨等方面所作的工作。（监测一处）

【《县级林地保护利用规划制图规范》通过专家评审】 11月29日，国家林业局科技司组织召开专家评审会，评审规划院完成的《制图规范》。与会专家一致认为《制图规范》目的明确，设计思路清晰，结构层次清楚，涵盖内容全面，技术先进，可操作性强，会议同时也提出了修改完善的意见和建议。（监测二处）

【《全国极度濒危陆生野生动物拯救保护规划》专家咨询会】 2011年11月3～6日，国家林业局保护司在京召开专家咨询会。会议就极度濒危陆生野生动物的定义、极度濒危陆生野生动物名录、各物种的主要受威胁因素、各物种的保护对策及有关保护项目进行了分析、研究和讨论，明确了相关问题的解决方案，会议取得了预期成果。（湿野中心）

【《中国东北地区与俄罗斯远东及东西伯利亚地区林业合作规划》通过专家评审】 12月2日，国家开发银行组织专家对《中国东北地区与俄罗斯远东及东西伯利亚地区林业合作规划》进行评审。

与会专家一致认为：《规划》的编制是落实《中国东北地区与俄罗斯远东及东西伯利亚地区林业合作纲要》的重要举措，规划内容科学、全面，数据翔实可靠，措施针对性强，具有较强的科学性、可操作性、前瞻性。《规划》实施后，将有力地推动中俄两国林业合作向深层次、宽领域方向发展，为中俄两国区域经济发展和林业合作起到重要的推动作用，对中国林业“走出去”将起到重要的指导作用。（对外开发处）

【中俄森林资源合作三期规划通过专家评审】 12月15日，由规划院承担完成的《中俄森林资源开发利用合作第三期规划（伊尔库茨克州规划）》（以下简称《规划》）通过专家评审。

与会专家一致认为，《规划》思路清晰，内容丰富，资料翔实，布局合理，方案科学，具有前瞻性、科学性和指导性，符合中俄两国利益，对促进中俄两国林业领域合作，推动中国林业实施“走出去”的发展战略具有重要意义。（对外开发处）

【获得质量信得过单位称号】 根据北京市质量评价中心关于《质量信得过单位奖项到期复审工作的通知》（京质评字〔2011〕第15号）精神，规划院继续组织开展了质量信得过单位认定复审工作。经过材料申报、专家调查、评估等程序，北京市质量评价中心认为规划院质量管理体系健全，服务规范，再次授予规划院质量信得过单位称号。规划院已连续3次获得该称号。

（总工办）

【规划院获第二届林博会最佳组织奖】 第二届中国国际林业产业博览会暨第四届中国义乌国际森林产品博览会于11月1～4日在浙江省义乌市举行。规划院作为国家主题馆林业高新技术成果展区的参展单位参加了林博会。经过评选，规划院的展示形式和展示内容被大会组委会评为最佳组织奖。（总工办）

国家林业局林产工业规划设计院

【综　述】 2011年，院党政领导班子带领全院干部职工以科学发展观为指导，全面实施"人才强院、用户至上和效益第一"的发展战略，以市场需求为导向，以结构转型为目标，按照把设计院办成国内知名、行业领先的一流设计院的要求，克服困难，齐心协力，统一思想、稳中求进，各项工作有序协调推进，取得较好的成绩。全年累积签订合同额13 537万元，实现总收入9720万元，实现利润517.5万元。采取项目经理制，签订合同额643.9万元，按30%上交院内收入108.17万元。

林产工业等板块持续稳定发展。工业所全年签订的合同额相比2010年成倍增长，施工图设计合同数量明显增加；民用建筑板块发展平稳。先后承接黑龙江两个林业局的棚改工程设计任务，为民用板块度过难关、平稳发展奠定了基础。林业板块在森林城市、湿地公园规划项目以及城市景观设计中作出许多开拓性尝试，取得很好的效果。林业生态建设领域的业务范围不断拓宽。监理公司产值持续超过1000万元，发展势头良好。

工程总承包业务开局良好，锻炼了队伍，积累了经验，为进一步拓宽工程总承包市场打下良好的基础。科技项目评优工作更具有针对性和可操作性。学习型党组织建设成效显著。项目经理制等激励机制，深入挖掘管理部门承揽项目的潜力，充分调动了全体职工参与市场开拓和市场营销的积极性。

【工程咨询设计】 2011年，林产工业规划设计院在工程咨询设计业务上取得新进展。

山西省晋城市国家森林城市建设总体规划获2011年度林产工业规划设计院优秀工程咨询成果一等奖。

该项目的实施，将通过森林城市建设提高晋城的综合竞争力，规划晋城市面临的新问题与新挑战。项目提出保护是前提，发展是目标，在全面加强保护的基础上，促进晋城林业的全面发展为经济社会发展提供生态保障，为林业产业的发展提供资源保障。项目强调生态优先和效益统一。规划以林业生态工程建设为重点，在生态建设中构建点线面相结合的森林生态网络体系；把林业建设与促进经济发展、产业开发、农民增加收入、提高人民生活水平及全面建设小康社会紧密结合起来，使林业社会、经济和生态效益得到有效统一。《总体规划》与晋城市现有的社会经济发展、农业、旅游等相关规划相适应，紧密结合林区地理资源状况，科学论证，统一规划，突出重点，分步实施。从有利于稳定和改善森林生态体系的要求出发，在保护建设的前提下，合理开发林下资源，大力开展多种经营，充分体现了尊重自然规律和经济规律，建立长效林业发展机制的战略思想。

江西马头山国家级自然保护区华南虎野化放归项目总体规划获2011年度林产工业规划设计院优秀工程咨询成果一等奖。

华南虎是仅分布于中国的特有虎亚种，亦是现存5个虎亚种中最濒危的亚种。它不仅在生态系统中发挥着极其重要的作用，而且在研究虎的起源和演化等方面具有不可替代的科学价值。江西省资溪县位于江西省东部、武夷山北麓，曾是华南虎重要栖息地之一。拟选定的资溪县马头山华南虎野化放归区气候条件适宜，地理环境多样，生物资源丰富，为华南虎生存提供了良好的条件。项目区分试验野放区和科研教育服务区两个区，共24.74平方千米。试验野放区为华南虎野化放归区域，面积20.04平方千米，采用围栏围合，进一步优化栖息地生境，开展放归自然试验和科研监测工作。科研教育服务区位于试验野放区外围西部，面积4.70平方千米，主要包括补充猎物繁育区和科研教育区。实施江西马头山国家级自然保护区华南虎野化放归一期建设项目既是实施全球生物多样性保护的需要，也是重建华南虎野外种群的需要，既是建立健康稳定的生态生物食物链的需要，也是扩大我国野生动物保护工作在国际上影响力的需要。

中俄托木斯克木材工贸合作区建设项目（一期）控制性详细规划获2011年度林产工业规划设计院优秀工程咨询成果二等奖。

中俄森林资源开发与利用是在中俄两国元首倡导下，在中俄总理定期会晤机制下确定的合作项目。2007年11月，经商务部批准，西北林业公司联合中国国际海运集装箱（集团）股份有限公司，在俄罗斯联邦托木斯克州建立中俄托木斯克木材工贸合作区。《详规》的总体目标是建设年产采伐加工原条450.0万立方米的工贸合作区。其中年处理原木制材88万立方米；年产指接集成材2万立方米；年产定向刨花板20万立方米；年产胶合板8万立方米；年产中密度纤维板40万立方米；年产刨花板12万立方米；年产单板20万立方米；年产贴面人造板700万平方米；年产装饰材料2万立方米；年产家具40万件（套）；年产强化地板300万平方米；年产纸浆60万吨；热电联产12兆瓦。

2011西安世界园艺博览会景观工程4（区）秦岭园工程施工图设计获2011年度林产工业规划设计院优秀工程设计成果一等奖。

秦岭园位于2011西安世界园艺博览会小终南山南麓，园内建设内容涉及珍稀植物和秦岭四宝馆，其中馆中大熊猫、金丝猴、朱鹮、羚牛4种珍稀动物的展示，在国内世界园艺博览会中属于首创，对体现本次世界园艺博览会"天人长安 创意自然"的主题具有重要的意义。该项目分为建筑工程和景观工程两大类。建筑工程为羚牛馆、熊猫馆、朱鹮馆、金丝猴馆及泵房工程，建筑抗震设防烈度为8度。耐火等级为二级。景观工程的主要的节点有滨水木平台、入口广场一、观景平台、流峪飞瀑、羚牛岭、傥骆古栈、台沟宝泉、朱鹮潭、熊猫谷、入口广场二、金丝猴园、太乙仙亭及太乙仙台。设计内容为植物种植、景石摆放、假山工程、水池、瀑布跌水、景桥、栈道、木亭、园路铺装；喷雾系统、喷灌系统、景观循环水系统、景观排水系统、植物及景观照明系统、弱电系统等。该项目的实施给当地带来可观的社会、经济效益。

凯跃集团成都天澜木业有限公司年产15万立方米中密度纤维板项目施工图设计获2011年度林产工业规划设计院优秀工程设计成果二等奖。

该项目设计充分体现节约用地的原则，在操作方便、经济合理的前提下，对工艺布置进行方案优化设计，将热能供应与负荷中心的干燥系统有机地结合在一起，使用生产能源负荷相对集中，减少了能源损失；热能供给与干燥工段设计方案比传统布置节约用地约50%，同时减少热能输送损失3%，解决了以往生产废料不能满足生产用热的行业难题。

项目注重清洁生产，产品通过世界最严格环保标准CABR认证。设计贯彻了清洁生产宗旨，从污染的源头进行治理，并把污染治理设计与工艺设计融为一体。工程应用了原料剥皮、水洗技术，高效率在线施胶技术，木片高温预热技术等行业领先科技，具有一定的代表性和先进性。 （田健夫）

国家林业局管理干部学院

【综　述】 2011年，学院坚持以科学发展观为指导，围绕林业中心工作，服务林业改革发展大局，大力开展干部教育培训，各项工作取得显著成效。

干部教育培训 围绕林业改革发展中心工作和行业领导干部素质的全面提升，坚持服务林业中心工作抓培训、服务机关能力建设抓培训、服务基层林业发展抓培训，认真落实局年度培训计划，大力开展干部教育培训。全年举办各类培训班122期，培训8883人次，培训班次和人数比2010年分别增长43.53%、60.37%；各类培训班学员总体满意率在90%以上，主体班次学员综合满意率达97.34%，年度培训规模和质量创历史最高记录，为发展现代林业、建设生态文明、推动科学发展提供了有力的人才保障和智力支持。

体制机制改革 根据培训事业发展需要，对培训机构进行调整，更改原培训实施部门名称，将培训一部、二部分别更名为行业培训部和地方林业与企业培训部，新增公务员培训部和远程教育与社会培训部，培训机构体系更加完善。进一步理顺培训部门职能分工，优化人员队伍配置，着力提升干部教育培训的针对性和专业化水平。改革培训业绩考核与分配办法，逐级签订工作目标责任书，职工的积极性、主动性得到进一步的调动和发挥。

开放办学 坚持开放办学思路，与场圃总站、工作总站、天保办等3个业务单位，新疆维吾尔自治区林业厅、山西省林业厅、吉林省延边州林管局等3个地方林业主管部门以及龙江森林工业集团签订干部教育培训合作协议，建立干部教育培训战略合作关系。在西北农林科技大学成立西北分院，在河北省塞罕坝机械林场、山东省淄博原山林场、福建永安建立3个干部教育培训现场教学基地。

中日技术合作中国西部地区林业人才培养项目 围绕集体林权制度改革和国有林场改革，组织举办16期688人次的示范培训班，承办西部地区集体林权改革专题研讨会，受到科技部和日本国际协力机构的充分肯定。开展发展中国家森林执法与施政官员研修班、朝鲜蔬菜栽培技术研修班和朝鲜营造林管理与苗圃研修班，来自缅甸、喀麦隆等18个发展中国家54名林业官员及代表参加培训。加强国际项目开发，策划并实施联合国粮农组织对华林业政策培训班，与瑞典SSC林业公司、芬兰林业发展中心达成国际培训合作意向，出国培训项目开发取得新突破。

科研咨询 围绕林业人才和教育培训规划编制，协助人事司完成《全国林业人才发展"十二五"规划》和《全国林业教育培训"十二五"规划》的修改审定工作。以干部教育培训理论研究为重点，开展《林业关键岗位干部胜任能力模型研究》和《现代林业教育培训体系建设》等局级课题研究，为林业干部培训决策提供参考。完成《林业干部教育培训机构管理信息平台研建》、《林业生态体系建设专门人才及干部教育培训大纲编制》等课题的报批。与中国林科院合作开展胡杨功能基因组数据库管理信息系统项目，提升学院支撑国家级重点科研项目的能力，为推进科研咨询工作进行有益的探索。

【贾治邦慰问教职工】 9月13日，国家林业局局长贾治邦来学院慰问全体教职员工，并以此向全国林业教育工作者致以节日的慰问和良好的祝愿，向所有关心支持林业教育培训工作的各界人士表示衷心感谢。贾治邦强调，要坚持实事求是，开放办学，坚持与时俱进，办出特色，努力争创一流国家级行业干部学院。

贾治邦听取学院党委书记李向阳的工作汇报，对学院近年来在教育培训、开放办学、队伍建设等方面取得的成绩给予充分肯定，并要求学院要做好4个方面的工作：①认真学习贯彻胡锦涛主席等中央领导在亚太经合组织林业部长级会议上的讲话精神，进一步增强责任感、使命感，为林业战线培养更多人才，推动现代林业科学发展。②坚持正确的办学方向，加强中国特色社会主义理论教育，提高学员的政治素质、思想素质，增强学员忠于党的事业、忠于林业事业的信念，提高学员推进林业各项事业科学发展的能力。③与时俱进，办出特色，增强教育培训的针对性，围绕林业中心工作，结合林业工作实际，增加如油茶丰产技术、森林抚育技术等培训内容，贴近现代林业发展的需要，贴近林农的生产需求，为林业科学发展、为林农增收致富培养人才。④加强学院管理，提高学院的科学管理水平，要引进先进的管理理念，提高日常管理的科学性、实用性和时效性，全面提升学院的管理水平和工作效率。贾治邦要求，各司局要继续关心支持管理干部学院的发展。贾治邦考察学院图书馆电子阅览室，并与在场师生亲切交流。

【成立西北分院】 4月27日，国家林业局管理干部学院西北分院在西北农林科技大学挂牌成立。国家林业局局长贾治邦和陕西省副省长姚引良共同为分院成立揭牌。国家林业局副局长赵树丛宣读国家林业局关于同意加挂国家林业局管理干部学院西北分院牌子的批复。揭牌仪式由国家林业局科技司司长彭有冬主持，西北农林科技大学党委书记张光强、校长孙其信，国家林业局办公室副主任、信息办主任李世东，计财司副司长郝燕湘，学院党委书记李向阳，陕西省林业厅厅长张社年等领导出席揭牌仪式。

期间，学院与西北农林科技大学举行西北分院共建协议签署仪式。西北农林科技大学常务副校长赵忠主持仪式，学院党委书记李向阳，西北农林科技大学成人教育(继续教育)学院院长石民友、党委书记付增光、副院长王雄以及双方相关部门负责人出席仪式。李向阳书记、赵忠常务副校长共同签署了西北分院共建协议。

【2011年工作会议】 3月3～4日，国家林业局管理干部学院组织召开2011年工作会议。常务副院长张周忙作学院工作报告，对2010年工作进行总结，对2011年重点抓好的五项工作作出全面部署。党委书记李向阳作题为《解放思想，抢抓机遇，努力开创干部教育培训事业发展新局面》的主题报告。他要求全院职工努力实现学院发展的良好开局，明确思路，抓好落实；创新管理，提高效率；转变作风，强化责任；听取民意，集中民智。会议期间，召开了学院党建工作会议，并举行处级以上干部座谈会，就2011年工作思路和学院改革发展的建议开展讨论。

【签署干部教育培训战略合作协议】 1月19日，场圃总站与学院签署干部教育培训战略合作协议。场圃总站站长杨超、总工张健民及有关处室相关人员出席仪式，学院常务副院长张周忙、副院长方怀龙以及培训部门各处室的负责人参加仪式。

3月15日，林业工作站管理总站与学院签署干部教育培训战略合作协议。林业工作总站站长陈凤学、巡视员林海涛及有关处室相关人员出席仪式，学院党委书记李向阳、常务副院长张周忙、副院长方怀龙以及培训部门各处室的负责人参加仪式。陈凤学和张周忙代表双方签订协议。

4月27日，学院副院长方怀龙一行到吉林省延边州林管局开展培训需求调研，同延边州林管局组织部领导、工商班学员及相关部门负责人进行座谈。座谈会后，方怀龙副院长和延边州林管局朱哲洙书记共同签订干部教育培训战略合作协议。

6月13日，学院与山西省林业厅签署开展干部教育培训合作协议。山西省林业厅副厅长常光明，学院党委书记李向阳、副院长方怀龙及双方相关部门负责人出席协议签订仪式，山西省林业厅总规划师张云龙主持仪式。

7月25日，学院与新疆维吾尔自治区林业厅签订干部教育培训战略合作协议。学院党委书记李向阳、新疆维吾尔自治区林业厅党委书记张小平出席签字仪式并讲话。学院副院长方怀龙，新疆维吾尔自治区林业厅厅长尼加提·马合木提分别代表双方在战略协议上签字。

8月2日，学院与黑龙江森林工业总局签订关于开展干部教育培训合作的协议。学院常务副院长张周忙，黑龙江森林工业总局局长魏殿生在合作协议签字仪式上致辞，并代表双方签署协议，学院副院长方怀龙主持仪式。

9月2日，学院与国家林业局天然林保护工程管理中心签订干部教育培训合作协议。国家林业局天然林保护工程管理中心主任孙国吉、总工程师叶荣华，学院常务副院长张周忙、党委副书记黄桂荣、副院长梁宝君及双方相关处室负责人出席签字仪式。

【共建培训现场教学基地】 3月30日，在全国深化集体林权制度改革会暨地方党政领导干部深化林改专题研究班举行之际，学院与福建省三明市政府正式签署现场教学基地共建协议，并在全国林改示范基地永安市洪田村福建(永安)林改陈列馆举行现场教学基地揭牌仪式。常务副院长张周忙与福建省三明市副市长洪明德共同为基地揭牌，副院长方怀龙、国家林业局人事司教育处处长吴友苗、福建省三明市林业局局长王怀毅、永安市副市长张德乾等出席揭牌仪式。

7月5日，学院与山东省淄博市原山林场举行共建现场教学基地揭牌仪式。学院党委书记李向阳和山东省淄博市副市长刘有先为教学基地揭牌，学院副院长方怀龙、原山林场场长高玉红在揭牌仪式上致辞，山东省淄博市市长助理邹光平主持揭牌仪式。

8月8日，学院与河北省塞罕坝机械林场正式签署现场教学基地共建协议，并在塞罕坝机械林场总场举行国家林业局管理干部学院与塞罕坝机械林场共建现场教学基地揭牌仪式。学院常务副院长张周忙与塞罕坝机械林场总场场长田军共同为基地揭牌，学院副院长方怀龙、塞罕坝机械林场总场副场长刘海莹等出席揭牌仪式。

【林业教育培训工作研讨会】 2月24日，林业教育培训工作研讨会在学院召开，国家林业局人事司副司长丁立新、学院副院长方怀龙出席会议。全国林业干部培训、高等教育、职业教育、成人教育、远程培训、教育学会等工作负责人参加会议。丁立新充分肯定2010年各方面工作取得的成绩，并对2011年工作进行部署。

与会单位负责人分别作工作汇报交流。

【瑞典 SSC 林业公司总裁一行来访】 3月28日，瑞典SSC林业公司总裁 Berty van Hensbergen 一行3人访问学院。常务副院长张周忙出席会谈并代表学院致欢迎辞，并向SSC及瑞典国际发展署对学院国际培训人才培养工作的支持表示感谢。双方就合作开展森林认证方面的培训进行会谈并达成初步意向。

【韩国山林人力开发院来访】 9月19日，韩国山林人力开发院院长金铉植先生一行3人来学院参观访问。常务副院长张周忙出席会谈并致欢迎辞，培训教学部负责人向访问团介绍学院国内培训概况。双方就开展国际培训合作进行商谈，并达成初步意向。会谈后，金铉植先生一行参观了校园、培训楼和图书馆。

【学院青年工作委员会成立】 5月27日，学院召开青年工作委员会成立大会。局直属机关党委副书记、纪委书记、青联主席王希玲，院党委书记李向阳出席会议并讲话。会议由党委副书记、纪委书记黄桂荣主持。大会通过青年工作委员会工作条例，选举产生第一届委员会常务委员7名。王希玲对学院成立青年工作委员会表示祝贺，希望青工委紧密结合学院和林业实际，找准位置、发挥作用、搭建平台、拓宽思路，认真履行好工作职责，团结广大青年职工为推动学院发展、建设现代林业作出积极贡献。党委书记李向阳在讲话中指出，青年职工要坚定信念，构筑当代青年的精神支柱；要加强学习，不断优化知识结构、提高知识素养，锻造过硬本领；要勤奋工作，始终保持饱满的热情和干劲，脚踏实地，创造一流业绩；要锤炼品行，努力培养良好的品德，提高自身素质，完善人格品质，倡导时代新风。党委副书记黄桂荣就今年青工委工作进行部署。

【中央党校中央国家机关分校领导来院调研】 11月11日，中央党校中央国家机关分校常务副校长杨文玖、副局级组织员王国宏、教务处副处长高峰一行来学院就进一步加强和改进党校工作进行调研。学院党委书记、党校副校长李向阳介绍学院总体工作情况和局党校办学总体情况，局党校办公室主任王浩详细汇报党校教学管理工作。杨文玖指出，做好党校工作，必须坚定不移地贯彻中央关于干部教育的总要求，扎实做好党的理论教育；要按照“干什么学什么”、“缺什么补什么”的原则，拓展教学领域，开办专题培训。他希望中共国家林业局党校在以往办学成绩的基础上，坚持改革创新，根据干部教育培训任务和需求，以高质量的教学工作，为党的干部教育培训事业作出更大贡献。

【与中南林业科技大学续签合作办学协议】 12月12日，学院与中南林业科技大学签署协议，在以往合作办学基础上，继续合作举办高等专科教育。学院党委书记李向阳、副书记黄桂荣，中南林业科技大学校长周先雁、副校长任湘郴、曹福祥及两校相关部门负责人出席签字仪式。

（国家林业局管理干部学院由潘世英供稿）

国际竹藤中心

【2011年国际竹藤中心科研项目】 2011年，国际竹藤中心科研成果的数量和质量持续增长，在研项目64项，新增项目13项，结题项目9项(不包含基本科研业务费专项资金项目)。全年在国内外科技期刊上发表科技论文167篇，其中核心期刊90篇，同时被SCI和EI收录9篇，SCI收录5篇，EI收录10篇；主编著作2部；申请专利3件，包括发明专利2件、实用新型专利1件；获授权专利10件，包括发明专利6件、实用新型专利4件；鉴定科技成果6项。竹藤中心主任江泽慧教授主持的木竹材性光谱速测及品质鉴别关键技术与应用获得梁希林业科学技术一等奖；岳永德教授主持的竹提取物杀虫、抗菌活性高效筛选与制剂制备技术和费本华研究员主持的木结构构件连接关键技术研究获梁希林业科学技术三等奖。1人获茅以升基金会木材科研一等奖，2人获茅以升科学技术奖木材科技教育奖学金。1人获第十一届中国林业青年科技奖称号，费本华研究员获得全国优秀科技工作者称号。获中国林学会竹子分会四届五次全委会暨第七届中国竹业学术大会论文奖一等奖1项、二等奖1项、三等奖7项。“十二五”国家科技支撑项目绿色竹质房屋主要构件关键制造技术研究与示范通过科技部论证。

【荣获“十一五”国家科技计划执行优秀团队奖】 “十一五”期间，国际竹藤中心研究团队认真按照中央、国家林业局的部署要求，在贯彻执行国家科技计划管理制度、科技成果产出及支撑竹藤产业发展、解决国家重大需求、国家科技计划经费管理等方面团结进取、成效显著，在2011年2月18日召开的全国科技工作会议上，竹藤中心荣获“十一五”国家科技计划执行优秀团队奖，江泽慧主任出席会议并接受刘延东国务委员的颁奖。

【竹类资源环境友好经营与循环利用关键技术研究与示范】 2011年3月3日，中心承担的“十一五”国家科技支撑计划竹类资源环境友好经营与循环利用关键技术研究与示范项目通过科技部组织的专家验收。项目负责人、竹藤中心常务副主任岳永德教授代表项目组汇报项目完成情况、项目经费管理情况及取得的经验和成果。该项目于2008年立项实施，针对中国竹产业发展面临的现实难题，对小径竹和丛生竹的开发利用、竹产业加工剩余物循环利用、竹材环境友好型防护技术和竹林环境友好经营等关键技术进行深入研究，取得一批重大科技成果。项目研发可降解竹纤维高分子复合材料、可降解超轻质竹纤维发泡新材料、太阳能圆竹预制房屋、竹焦油基耐高温树脂、竹醋果蔬防腐保鲜剂、竹笋膳食纤维、天然饲料添加剂、竹材天然防护剂、竹材防霉辐照改性技术、竹林专用矿渣肥等新产品与新工艺；申报专利27件，授权专利12件；制定国家标准1项，行业标准3项；出版专著2部；培养了一批博士和硕士研究生。

【竹藤资源培育与高附加值加工利用技术研究项目】 2011年6月23日，国际竹藤中心承担的“十一五”国家科技支撑计划竹藤资源培育与高附加值加工利用技术研究项目顺利通过科技部验收。竹藤中心副主任费本华研究员代表项目组向与会专家汇报项目任务完成情况、取得的成果和经费使用情况等。经过5年的全国性攻关研究和产学研合作，项目建立竹林高效培育技术和生态功能评价指标体系；构建竹藤技术标准体系；获得新产品(或新品种)、新技术、新工艺、新装置43项；授权专利14件；制定技术标准32项、国家标准11项、行业标准21项；成果转让6项，直接经济效益1.6亿元；培养博士26名，硕士80名。

【毛竹基因组测序研究】 2011年，国际竹藤中心参与承担的国家林业公益性行业专项毛竹基因组测序研究项目取得重要进展，开展毛竹大片段BAC(细菌人工染色体)文库构建和测序工作，获得10 000对BAC末端的序列数据，约0.6倍的毛竹全基因组覆盖率，为毛竹Solexa(第二代测序仪型号)测序获得序列的精确组装及重要功能基因的基因组定位和序列分析提供数据支撑；开展毛竹全基因组序列的进一步深度测序及精细组装，将全基因组测序数据总量覆盖率从100倍提高至120倍或以上，获得毛竹全基因组序列总量从90%提高到94%或以上；毛竹全基因组序列组装质量由先前的N50＝8，250 bp大幅度提高至N50＝10 000 bp，组装获得的最大contig(克隆重叠群)长度由先前的11 000bp提高18 000 bp，这两个指标已达到目前庞大、复杂生物基因组序列组装质量的领先水平；开展毛竹基因组序列的全面整体分析，发现毛竹基因组重复序列比例占55%以上，并证实大量LTR(长末端重复序列)序列的存在是其主要原因；同时，预测毛竹基因数量30 000多个，平均基因长度约1800 bp，基因密度约30 kb/基因(非重复区域)，平均外显子数为6个/基因。

【丛生竹高附加值建筑制品制造关键技术研究】 2011年，国际竹藤中心承担的国家林业公益性行业专项丛生竹高附加值建筑制品制造关键技术研究项目，完成慈竹不同变异类型纤维形态、建筑用丛生竹开花研究、丛生竹分子辅助育种SSR分子标记的开发、建筑用丛生竹基本生物学特性、林分结构调整技术、林地管理技术、建筑用丛生竹竹材基本性质、建筑用丛生竹竹材高效防护技术、建筑用丛生竹复合材料的长效防霉技术、丛生竹加工剩余物高附加值利用、竹线片材真空辅助成型制造技术、建筑结构竹木复合梁柱制造技术、竹木复合梁柱胶合植筋连接方法、竹材分片刀头与竹篾平排缝拼关键技术研究与设备试制、竹构件的设计与基材处理、竹材帚化、重组材抗白蚁性能、竹篾层积材、丛生竹材帚化竹束单板制备、节点连接等20项技术研究；发表论文25篇，其中SCI收录1篇，EI收录2篇；申报国家和行业标准4项；申请实用新型专利1件；培养硕士生、博士生、博士后共15人；建立中试线1条。项目研究取得显著成果。

【竹木建筑结构材制造技术与应用项目】 2011年5月28日，国家林业局科技司在国际竹藤中心安徽太平试验中心召开“竹木建筑结构材制造技术与应用”科技成果鉴定会，科技司司长彭有冬主持会议。鉴定委员会专家听取竹藤中心副主任费本华研究员所作的成果汇报，查阅审核鉴定材料，并进行实地考察。经过评议和讨论，一致同意该科技成果通过鉴定。项目研究过程中研发4项新技术，建成4条示范生产线，研制4套加工和测试新设备，形成2套建造技术，制定4项标准，发表学术论文36篇，申请发明专利5项，获授权发明专利3项，获授权实用新型专利4项，认定成果7项。

【唐山生态城市建设总体规划项目】 2011年9月18日，国际竹藤中心主持的唐山生态城市建设总体规划项目完成评审。来自中国科学院、中国工程院、国务院研究室、国务院参事、国家发展与改革委员会、国家环境保护部、国家林业局等有关部门和单位的院士、专家组成的评审组对该规划进行评审。《规划》提出“绿色唐山，幸福家园”的发展理念，明确唐山“绿色发展领军城市”、“北方山水宜居城市”、“包容增长乐业城市”、“生态文明示范城市”、“绿色港口开放城市”的发展战略定位，提出“两核、一带、二区、七极、多点”为一体的总体空间格局，按照生态环境、生态产业、生态文化三大体系提出30项重点工程和布局。专家一致认为，规划理念先进，定位准确，指标科学，具有较强的创新性和可操作性，对唐山生态城市发展建设具有重要的意义和实践价值。

【生态建设驱动模式与监测评价研究】 2011年，国际竹藤中心承担的国家林业公益性行业科研专项生态建设驱动模式与监测评价研究项目，初步提出生态建设驱动理论及生态建设的驱动模式，重点研究人与自然的矛盾及构建和谐共存关系而开展生态保护和建设的内生和外生驱动机制，并讨论形成生态技术驱动理论、模式及示范研究书稿大纲。开展生态建设有效驱动数据库和科技信息网络平台建设。明确驱动生态建设的管理创新框架。到安徽、四川、海南进行调研，赴美国考察学习并进行学术交流。发表论文5篇，国际会议发言1次，国内学术会议论文摘要和美国生态学年会摘要各1篇。

【竹质结构工程材料标准体系研究】 2011年5月16日，国际竹藤中心承担的林业公益性行业科研专项竹质结构工程材料标准体系研究召开中期进展研讨会。竹藤中心副主任、全国竹藤标准化技术委员会副主任费本华研究员主持会议。会上，专家对项目框架结构，标准规划提出建设性意见，要求加强调研，了解企业对标准的需求，更好地指导企业生产，为企业服务并减少企业风险，力争使该项目成为国际标准。项目中期研究提出竹质结构工程材料标准体系框架1套；起草国家标准草案1项，行业标准草案4项，撰写并发表论文5篇。

【竹材剩余物制备专用活性炭精制技术等6个项目通过验收】 2011年12月9～10日，国际竹藤中心承担的国家林业科技推广计划竹材剩余物制备专用活性炭精制技术等6个项目通过国家林业局科技司组织的验收。验收专家组听取项目负责人关于项目执行情况的汇报，审阅验收材料，并结合现场查定意见和财务审查意见，对项目进行质疑答辩和综合评议。在各验收小组排名中，竹藤中心承担的6个项目得分均居各小组前列，得到专家组的一致肯定。

【退耕竹林水土保持功能高效经营技术研究】 2011年，国际竹藤中心牵头承担的国家林业公益性行业专项退耕竹林水土保持功能高效经营技术研究，完成不同退耕时间梯度的几种主要丛生竹和散生竹林群落结构特征及生产力动态研究，建立了硬头黄竹和撑绿竹等退耕竹种的胸径和株高生长关系模型和生物量积累模型；完成退耕竹林土壤理化性质、水源涵养功能、土壤抗侵蚀能力等水土保持功能研究，建立以水稳性团聚体含量、土壤渗透性、平均重量直径和几何平均直径等为主体的竹林土壤抗侵蚀能力参数指标；完成竹林结构调整、林地施肥、树种配置等林地管理措施的技术组装和研发工作，建立退耕丛生竹林水土保持功能综合指标评价体系。发表论文11篇，培养博士生3人，硕士生2人。

【国际竹藤中心"948"项目和国家林业局重点项目】 2011年1月14～15日，中心有5项"948"项目、3项国家林业局重点项目通过验收。验收分为培育、生态组和加工、森林保护组。验收委员会根据项目组提交的验收文件，结合现场查定意见和财务审查意见，采取听取项目汇报、审核资料、质疑答辩和评议等方式，对各项目的执行情况、项目经费使用情况、取得的成果及效益等进行综合评议和成果认定等工作。竹藤中心的8个项目共认定成果6项，全部通过验收。

【2011年度基本科研业务费专项资金项目评审工作】 2011年，国际竹藤中心继续做好基本科研业务费专项资金项目评审工作，加强项目管理，依照项目评审有关规定，发布项目申报通知和申请指南，认真组织开展项目的申报和受理工作。7月19日，江泽慧主任主持召开竹藤中心2011年度基本科研业务费专项资金项目评审会，会议采取项目申报人答辩汇报、专家质询、专家独立打分的方式，经过竹藤中心学术委员会的认真评审，共审定重点项目6项，经费总额240万元。

【国家竹藤工程技术研究中心通过科技部验收】 2011年9月15日，科技部在北京召开2011年度国家工程技术研究中心综合评审会，包括国家竹藤工程技术研究中心（简称竹藤工程中心）在内的13个拟建国家工程技术研究中心参评。岳永德常务副主任代表竹藤中心参加评审会，详细汇报竹藤工程中心建设情况，并回答综评委专家的质询。11月，科技部正式下达通知，经专家现场检查评估和国家工程技术研究中心验收委员会综合评议，竹藤中心筹建的竹藤工程中心通过验收。竹藤工程中心筹建以来，经过4年的建设，完成各项考核指标。独立及合作建设中试基地11个，建成竹藤种苗繁育、竹藤资源培育与经营、竹质工程材料3个成果集散中心；承担省部级以上科研项目21项、横向科研项目6项、转化推广科技成果14项；完成竹藤良种种质资源收集和繁育、竹藤资源可持续经营、竹木结构建筑、竹藤材综合利用等关键技术攻关，并在竹藤种苗快繁、竹藤培育和加工利用等领域开展技术示范与推广。经评定，竹藤工程中心技术成果工程化、产业化进展良好，人才流动合理有序，对外开放合作深入开展，机构设置比较完整，发展方向符合行业需求。

【全国竹藤标准化技术委员会换届】 2011年12月5日，全国竹藤标准化技术委员会召开换届大会。全国政协人资环委副主任、国际竹藤中心主任江泽慧，国家标准化管理委员会党组成员、副主任孙晓康出席会议并致辞。国家标准委农业食品标准部主任刘霜秋宣读第二届竹藤标准化技术委员会成立批复文件。孙晓康副主任为江泽慧主任颁发主任委员证书。同日，新换届的全国竹藤标准化技术委员会召开第一次全体会议，总结上届秘书处工作，讨论通过章程、秘书处工作细则、第二届委员会工作计划和会徽。

【参加国家林业局2011年科技活动周活动】 2011年5月15日，国际竹藤中心组织参加在北京植物园举办的以"森林为民"为主题的国家林业局2011年科技活动周活动。竹藤中心有关专家和30余名研究生科普志愿者参加开幕式，并完成活动周的各项工作。竹藤中心4位竹藤专家参加林业科技咨询活动，并组织编印《神奇的竹子》科普宣传册，向市民普及宣传竹子生长、竹子产品、竹子生态功能和竹文化等知识。

【林业公益性行业研究专项管理办公室成立】 2011年2月18日，林业公益性行业研究专项管理办公室（简称专项办）在国际竹藤中心召开筹建对接会，明确专项办挂靠竹藤中心正式成立。国家林业局科技司副司长李兴主持会议并讲话，科技司、计财司有关人员，竹藤中心岳永德常务副主任、费本华副主任等参加会议。

【与福建省林业厅商谈共建基地事宜】 2011年4月24日，在参加中国林学会竹子分会四届四次常委会和福建竹产业发展论坛期间，国际竹藤中心与福建省林业厅就共建生物资源和竹藤资源研究与示范基地的有关事宜进行会谈，竹藤中心副主任费本华，福建省林业厅副厅长谢再钟以及福建省林业厅国有林场管理局、省林科院、竹藤中心科教处的有关人员参加会谈。经过会谈，福建省林业厅拟将基地设在福清灵石国有林场，整合各方资源，做好基地建设工作。竹藤中心将在已经签订的共建协议框架下，在研究队伍、研究条件、成果转化与示范、项目申报等方面全力支持基地建设。

【中美共建中国园项目】 2011年，中美共建中国园项目取得积极进展。1月10日，全国政协人资环委副主任、国际竹藤组织董事会联合主席、国际竹藤中心主任、中国园项目中方总执行人江泽慧会见来访的美国助理国务卿坎贝尔一行，双方通报中国园项目最新的进展情况，就续签谅解备忘录的有关事宜深入交换意见。1月20～25日，应美国农业部部长维尔萨克邀请，江泽慧率中国园项目中方代表团出访美国华盛顿和纽约，在美召开中国园项目中美双方第三次联合工作组会议，签署中华人民共和国国家林业局和美利坚合众国农业部关于共建中国园的谅解备忘录。1月30日，国家林业局副局长张永利在京主持召开中国园领导小组会议，就中国园项目实施单位由中国林科院变更为国际竹藤中心进行部署。5月，在美国华盛顿召开的第三轮中美战略与经济对话会议上，再次将中国园项目列为对话内容，中国园项目组召开中美双方第四次、第五次联合工作组会议和中方建设工作组会议。9月14日，江泽慧会见来访的全美中国园基金会主席鲍勃·斯多曼一行。中国园项目在中美两国的长期共同努力下，各项工作取得突破性进展，中方建设资金基本落实，方案设计已经完成，施工设计方案与美方达成共识，建设用木材已经购买；订购明清仿古家具和扬州漆器、仿元明清高档景德镇瓷器等室内工艺品；明确工程管理单位和实施单位；全美中国园基金会完成美方资金的部分筹集工作，美方正在开展工程可行性研究等施工前的各项准备工作。项目进入具体实施阶段。

【全国政协人资环委考察国际竹藤中心】 2011年6月20日，全国政协人资环委主任张维庆，副主任王少阶、任启兴、汪啸风、张黎、庄国荣、张基尧，全国政协常委林而达等一行，到国际竹藤中心考察调研。全国政协人资环委副主任、国际竹藤组织董事会联合主席、国际竹藤中心主任江泽慧主持考察调研活动，介绍了国际竹藤中心和国际竹藤组织的组建、成长和发展历程及其在生态建设中发挥的重要作用。竹藤中心常务副主任岳永德和国际竹藤组织副总干事李智勇分别汇报工作开展情况。张维庆在听取介绍和汇报后，围绕竹藤中心在中国林业和生态建设中所发挥的作用作了发言。考察团还参观竹藤科学与技术重点实验室和国际竹藤展室。

【与国际竹藤组织开展合作交流】 2012年4月22日，国际竹藤组织(INBAR)、国家林业局、国际竹藤中心以及国际竹藤组织部分成员国的驻华使节等在北京紫竹院公园共同进行植竹活动，共庆联合国森林年，全国政协人资环委副主任、国际竹藤组织董事会联合主席、竹藤中心主任江泽慧，国际竹藤组织总干事古珍，国家林业局副局长印红以及37个成员国驻华大使馆和主要资助方驻华办事处的使节参加活动。5月24日，国际竹藤中心与国际竹藤组织召开合作交流会。江泽慧出席会议并讲话；竹藤中心常务副主任岳永德和国际竹藤组织总干事古珍分别通报双方2010年主要工作进展和2011年重点工作安排；双方项目及科研人员还就国际竹藤标准以及全球气候与环境变化等战略性问题作专题报告，并进行深入交流和讨论。

【出席全球重要农业文化遗产国际论坛】 2011年6月9～12日，联合国粮农组织主办，中国科学院地理科学与资源研究所承办的全球重要农业文化遗产国际论坛在北京举行，来自联合国粮农组织、生物多样性公约组织、联合国教科文组织、国际竹藤组织等国际组织的官员学者和中外专家代表等150人参加论坛。全国政协人资环委副主任、国际竹藤组织董事会联合主席、国际竹藤中心主任江泽慧出席开幕式，并作题为“传承农业遗产，共建生态文明”的主题发言。论坛通过搭建农业遗产与农业文明的交流平台，加深对农业文化遗产重要作用的了解和认识，推动中国与非洲国家的南南合作，为农业文化遗产在中国的发展创造了有利条件。

【出席第五届中国生物产业大会】 2011年6月17～20日，由中国生物工程学会等18家学(协)会、科学时报社、深圳市人民政府联合主办的第五届中国生物产业大会在深圳召开。全国政协人资环委副主任、国际竹藤中心主任江泽慧出席大会开幕式并在高层论坛上作题为“林业生物产业发展战略”的报告。江泽慧在报告中从全国林业生物产业发展的现状与优势、思路与重点、对策与措施3个方面进行全面而深刻的阐述，并对发展林业生物产业提出对策和建议，建议加强政策扶持、加大资金投入、构建产学研结合的技术创新体系、形成全社会支持的良好氛围。

【出席2011年国际生物经济大会生物资源与生物多样性分会】 2011年6月26～27日，由科技部和天津市人民政府主办，中国林学会、中国生态学会、国际竹藤中心和国际竹藤组织承办的2011年国际生物经济大会生物资源与生物多样性分会在天津召开。会议由国际竹藤组织总干事古珍主持，国际木材科学院院士、全国政协人资环委副主任、国际竹藤组织董事会联合主席、中国林学会理事长、国际竹藤中心主任江泽慧教授出席会议致欢迎辞，并作题为“加强生物资源保护利用，推动绿色包容性发展”的主题报告。竹藤中心常务副主任岳永德教授出席会议并作题为“竹子资源高值化利用现状与展望”的报告。

【江泽慧会见美国木材科学与技术学会一行】 2011年7月5日，全国政协人资环委副主任、国际竹藤组织董事会联合主席、国际竹藤中心主任江泽慧会见来访的美国木材科学与技术学会执行主任 Victoria L. Herian 女士，副主席 Sheldon Shi 博士以及 *Wood and Fiber Science* 杂志主编 H. Michael Barnes 教授，进一步商定联合主办美国木材科学与技术学会2012年国际大会的具体事宜。美国木材科学与技术学会2012年国际大会将于2012年8月在北京举办，共同主办单位为国际竹藤中心，主题定为“新全球经济下的木材与生物资源的可持续发展”，大会包括全球贸易、能源与碳、竹材和其他农业纤维的研究与开发、未来可持续利用的资源、先进木材加工技术等专题。

【出席青藏高原气候变化与生态系统碳汇功能国际研讨会】 2011年7月12～14日，全国政协人资环委副主任、PRC/GEF 中央项目指导委员会主任、国际竹藤组织董事会联合主席、国际竹藤中心主任江泽慧出席由国家林业局科技司、PCR－GEF 中央项目执行办、澳大利亚国际发展署和青海省林业厅主办的青藏高原气候变化与生态系统碳汇功能国际研讨会，并作题为“应对气候变化与综合生态系统管理”的主旨发言。会议期间，江泽慧考察了西宁市湟源县胡旦示范点。

【江泽慧会见马来西亚自然资源与环境部部长一行】 2011 年 9 月 8 日，全国政协人资环委副主任、国际竹藤组织董事会联合主席、国际竹藤中心主任江泽慧会见来访的马来西亚自然资源与环境部部长道格拉斯一行。双方就签署合作谅解备忘录，互派访问学者和研究生，在竹藤种质资源保存、资源培育和加工利用方面开展合作研究，共同申请双边科技合作项目，联合召开学术研讨会，共享有关科技信息、资料、文献和研究成果，人员培训等方面深入交换意见。

【出席第六届中国竹文化节活动】 2011 年 10 月 14～15 日，全国政协人资环委副主任、国际竹藤组织董事会联合主席、中国竹产业协会会长、国际竹藤中心主任江泽慧率竹藤中心代表团出席在江西宜春举办的第六届中国竹文化节系列活动。本届文化节由国家林业局、江西省人民政府和国际竹藤组织主办，共有国际竹子研讨会、中国竹产业协会四届四次常务理事会、“宜春竹园”种植纪念竹、中国竹产业博览会、参观宜春竹文化博物馆、参观竹林培育和加工企业、竹资源培育和加工利用技术培训、观看专题文艺演出《竹风》等 10 项活动。国际竹藤中心安徽太平试验中心在竹文化节开幕式上被授予中国竹产业科技示范基地称号。

【江泽慧率团访问新加坡和斯里兰卡】 2011 年 11 月 12～21 日，全国政协人资环委副主任、国际竹藤组织董事会联合主席、中国花卉协会会长、国际竹藤中心主任江泽慧应新加坡第二十届世界兰花大会组委会和斯里兰卡技术研究部邀请，率团赴新加坡和斯里兰卡访问，全面了解世界兰花发展形势，实地考察商品共同基金（CFC）资助、竹藤中心实施的从中国向孟加拉和斯里兰卡输出竹笋生产、加工和销售技术项目在斯里兰卡的实施情况，并与斯里兰卡技术研究部部长帕维拉万尼阿拉齐举行会谈。访问期间，江泽慧拜会了斯里兰卡工业技术研究所，参观康提皇家植物园。

【江泽慧率中国竹藤代表团出访欧盟】 2011 年 12 月 7～12 日，全国政协人资环委副主任、国际竹藤组织董事会联合主席、国际竹藤中心主任江泽慧率中国竹藤代表团一行 6 人，赴比利时布鲁塞尔欧盟总部，与欧委会发展合作总司长弗提亚迪斯就推进欧盟加入国际竹藤组织进行会谈，双方同意建立联络协调机制，成立工作组，力争在 2012 年国际竹藤组织成立 15 周年前完成欧盟加入国际竹藤组织的内部审批程序。

【竹人造板预制房在亚非的开发和商品化项目】 2011 年，国际竹藤中心承担的商品共同基金竹人造板预制房在亚非的开发和商品化项目取得进展，召开项目中方工作组会议和领导小组会议，讨论项目 2011 年工作计划和工作思路，确定项目预加工中心、胶合板车间、指接车间和测试实验室的建设方案及设备采购清单和运输安装调试方案，开始设备制造工作；明确项目非标设备设计和建造、竹预制房设计和建造及项目技术手册编写；编写完成设备英文说明书；完成项目测试设备和制胶培训等。

【国际热带木材组织（ITTO）藤项目召开后期评估会】 2011 年 9 月 28 日，国际热带木材组织（ITTO）中国藤类种植资源可持续发展能力建设项目召开后期评估会。会议由国际竹藤中心主任江泽慧教授主持，国际热带木材组织外聘澳大利亚顾问苏里亚诺女士、中国林科院热林所黄世能博士、竹藤中心副主任费本华研究员及项目有关人员出席会议。该项目是竹藤中心承担的第一个国际项目，旨在广东和广西两省区建立示范区，开展藤类种植和管理利用培训。项目历时 7 年多，在 3 个不同的生态区建立示范基地，用于藤种植和管理技术的可持续发展和传播；出版 3 本有关藤栽培、管理、收割以及藤加工的技术手册；为 3 个国家举办培训班，在亚洲举行一次有关藤种植、管理、利用和营销的研讨会。取得显著成果。

【四川省竹制抗震建筑标准项目启动】 2011 年 11 月 29 日，由国际竹藤中心主持的四川省竹制抗震建筑标准项目召开项目启动会。该项目是欧盟援建“四川灾后生计可持续恢复”项目的一部分，主要任务是制定四川省竹制抗震建筑标准，为四川省竹质建筑标准在当地的立项提供依据。竹藤中心副主任费本华出席会议并讲话，参会专家和代表就标准制定、项目实施等提出意见建议。经会议讨论决定，该项目将制定“工程竹结构技术规范”，并形成规范纲要，明确了参加单位、任务分工和实施计划。

【印度人民党主席一行访问国际竹藤中心】 2011 年 1 月 20 日，印度人民党主席尼丁·加德卡里阁下率 11 人代表团访问国际竹藤中心。竹藤中心副主任程良与印度客人会谈，简要介绍竹藤中心在科学研究、人才培养、技术培训、国际合作、条件建设等方面的工作情况以及中国竹产业发展的总体情况，并就印方关心的问题进行交流。尼丁·加德卡里希望双方今后加强在竹产业发展方面的交流和合作。

【喀麦隆林业代表团访问国际竹藤中心】 2011 年 6 月 29 日，喀麦隆林业代表团访问国际竹藤中心。代表团一行 4 人分别来自喀麦隆林业发展局、林业和野生动物部。双方就竹子育苗、造林、丰产抚育和引种栽培等方面的问题进行深入的探讨与交流，达成进一步加强合作的共识。国际竹藤组织与竹藤中心相关人员参加会见。

【举办发展中国家竹藤产业发展及产品标准化研修班】 2011 年 5 月 25 日至 6 月 14 日，国际竹藤中心举办发展中国家竹藤产业发展及产品标准化研修班，全国政协人资环委副主任、国际竹藤组织董事会联合主席、竹藤中心主任江泽慧，商务部国际商务官员研修学院院长金旭出席开班式并致辞。来自22个发展中国家的36名学员进行为期21天的培训、交流和研讨。学员们赴安徽太平试验中心参观考察竹藤与花卉种子资源保存库、竹木复合结构示范房屋等，到浙江省安吉县参观银坑毛竹丰产林基地、安吉国际竹艺商贸城，并考察竹产品加工制造企业。

【举办中非合作论坛框架下荒漠化防治高级研修班】 2011年6月17日至7月7日，国际竹藤中心和国家林业局治沙办联合承办为期21天的中非合作论坛框架下荒漠化防治高级研修班，来自14个国家的36名高级学员参加研修。国家林业局局长贾治邦、副局长张永利出席开班式，联合国秘书长潘基文发来贺信。研修班邀请17位来自各相关领域的知名院士、专家、政府官员和企业家，从法律制度等方面介绍中国生态建设和荒漠化防治的措施和体系。同时通过实地考察京津风沙源治理工程、互动讨论等研修形式与非洲代表共同探讨交流荒漠化防治的有效措施，取得良好的效果和国际影响。

【开展国内竹藤技术培训】 2011年，国际竹藤中心围绕林业中心工作，以兴林富民为宗旨，立足促进竹产业发展、竹产区农村经济发展和农民增收，积极开展科技培训。围绕国家林业局对口援藏工作，应西藏定结县政府和自治区林业厅的要求，在竹藤中心四川青神竹编培训基地为定结县藏族群众举办竹编工艺培训班；围绕国家林业局对口扶贫工作，为支持广西、贵州发展竹、油茶、核桃产业，与国家林业局计财司联合举办3期扶贫技术培训班，培训基层技术推广人员300多名，并开展向基层赠送科技图书和组织专家现场咨询指导活动，竹藤中心的扶贫培训已在广西、贵州形成品牌；为竹藤中心在广西、贵州培训示范点的林农举办竹编培训班；在江西宜春中国竹文化节期间为江西省举办竹产业发展培训班；赴重庆市进行技术培训成效追踪调研，为今后更好地开展技术扶贫培训工作打基础。竹子实用技术培训项目通过国家林业科技推广计划项目验收。

【协办首届绿色复合材料中国－加拿大国际研讨会】 2011年5月9～10日，由北京航空材料研究院主办，加拿大复合材料创新中心、国际竹藤中心协办，国际先进材料与工艺技术学会和北京分会承办的2011绿色复合材料中国－加拿大国际研讨会在北京理工大学召开。来自中国、加拿大、美国、澳大利亚等国家和香港特别行政区的86位代表出席会议。竹藤中心王戈研究员在开幕式上发言，覃道春研究员作关于“竹材定向刨花板防霉技术研究”的报告。研讨会就天然纤维增强材料、生物基体材料、绿色复合材料制备工艺工程应用以及未来瞭望等方面进行交流和讨论。

【参加中国木结构技术及产业发展高峰论坛】 2011年8月15日，国际竹藤中心组团参加由中国林科院木材工业研究所、牡丹江市政府主办的中国木结构技术及产业发展高峰论坛。竹藤中心副主任费本华研究员和产业处副处长王戈研究员分别作“木框架墙体热工性能研究进展”、“竹质结构材料及其在建筑中的应用”的论坛报告，使参会者对木结构产业发展、新型竹木基房屋建筑形式、节能墙体施工、结构件制造、标准化构件及连接件的制造和检测技术等有了较为全面的了解和认识。

【召开第二次中芬木结构技术合作框架研讨会】 2011年9月26日，由国际竹藤中心和中国林科院木材工业研究所共同主办的第二次中芬木结构技术合作框架研讨会在中国林科院木材工业研究所召开。会议由竹藤中心副主任费本华主持，芬兰ESF／ESR木结构项目组主要成员及公司代表出席会议。会上对生态、抗震性、低碳竹木结构建筑的技术合作框架进行深入研讨，并探讨互派学生交流、共同申报课题和增进中芬木结构企业交流等事宜。

【参加国际林联(IUFRO)中国区域合作研讨会】 2011年9月27日，由中国林科院主办的国际林联(IUFRO)中国区域合作研讨会在北京举行。来自国际林联以及国内14个林业科研院校的代表共计30余人参加会议。国际竹藤中心副主任费本华研究员出席会议，并作题为“中国的竹子产业和相关科学研究”的报告。

【国际竹藤中心竹藤生物资源化学利用学科访问美国丹佛植物科学中心等研究院所】 2011年11月5～17日，应美国丹佛植物科学中心Oliver Yu教授等邀请，国际竹藤中心竹藤生物资源化学利用学科岳永德教授率团访问美国丹佛植物科学中心、美国林产品实验室、威斯康辛大学麦迪逊分校等研究院所。双方就植物化学、生物工程及相关学科研究进展开展广泛的学术交流。访问期间，岳永德教授介绍了竹藤中心研究领域与成果以及国际合作等情况，并与美国丹佛植物科学中心等机构达成合作意向。

【中国－欧盟生物多样性项目中国北方干旱区珍稀濒危植物复壮更新技术规范编写研讨会暨项目启动仪式】 2011年7月18日，国际竹藤中心举行中国北方干旱区珍稀濒危植物复壮更新技术规范编写研讨会暨项目启动仪式。该项目建议书由竹藤中心提出，2011年5月30日在中国－欧盟生物多样性项目招标评审会上经专家评委会评审中标。中欧生物多样性项目管理机构、国家林业局保护司、造林司及项目有关单位的领导和专家出席会议。竹藤中心虞毅研究员代表项目组汇报项目投标等前期进展及今后规范编制工作的具体实施计划。到会专家就更新复壮实施过程的技术难点、规范编写的适用范围等问题进行研讨，并提出指导意见。

【国家森林种质保存库安装工程通过验收】 2011年9月9～10日，国际竹藤中心在安徽太平试验中心召开国家森林种质保存库安装工程验收会议，来自中国林科院林业研究所、中国农科院作物科学研究所国家作物种质库、中国科学院昆明植物研究所、安徽农业大学等单位的种质资源专家对森林种质保存库进行验收。与会专家查看验收报告，听取安装施工单位对设备检测、施工条件和预运行状况的汇报，考察种质库现场，进行质询和评议，一致认为该保存库达到设计技术指标要求，同意通过验收。该保存库是国内林业系统建成的第一座大型的专业种质保存库，对重要、典型和珍稀濒危森林种质的保护和利用具有重要意义。

【竹子植物新品种测试基地项目通过验收】 2011 年 9 月 24～26 日，国家林业局竹子植物新品种测试基地项目在国际竹藤中心安徽太平试验中心召开验收会。专家组审阅验收材料，听取项目实施情况的汇报，并实地考察测试基地，对项目取得的成绩给予充分肯定，对未来建设工作提出指导性意见。经专家组评审，认为该项目完成合同规定的考核指标，一致同意通过验收。该项目占地 3.33 公顷，其中保存区 8 公顷，测试区 0.67 公顷，收集并栽种保存竹子 DUS 测试用标准品种、对照品种的繁殖材料 201 种 300 个无性系，1 万余株。

【参与主办 2011 福建永安笋竹旅游文化节暨全国竹系列家具展销会】 2011 年 10 月 18 日，国际竹藤中心与中国林产工业协会竹材专业委员会、福建省家具协会和永安市委、市政府在福建永安共同主办 2011 福建永安笋竹旅游文化节暨全国竹系列家具展销会。竹藤中心副主任费本华代表主办单位致辞，并作关于“中国竹产业与科技发展现状与趋势”的主题报告。展销会期间，还举行永安市政府与竹藤中心战略合作协议签约仪式、重点项目签约与开竣工仪式、永安地方特色产品大型展销、2011 中国(永安)竹木家具产业发展论坛等系列活动。

【参加第二届中国国际林业产业博览会】 2011 年 11 月 1～4 日，由国家林业局、浙江省人民政府主办，浙江省林业厅、义乌市人民政府、中国林业产业联合会承办的第二届中国国际林业产业博览会在浙江义乌举行。国际竹藤中心在国家馆专题展区设立面积 200 平方米的竹藤展区，共展出家居类、材料类、日用品类、工艺品类、化工类和综合类等 6 大类 150 余种产品及竹藤中心科技、交流和培训等相关成果。竹藤展区全面展示竹藤的新技术、新产品、新成果和深刻的竹藤文化内涵。经评选，竹藤中心荣获组委会颁发的最佳组织奖。

(国际竹藤中心供稿)

国家林业局森林病虫害防治总站

【概　述】

林业有害生物防治　坚持“预防为主，科学治理，依法监管，强化责任”的防治方针，强化监测预报、检疫执法，狠抓主要林业有害生物防控，积极推进体制和机制创新，重大林业生物灾害得到控制。2011 年，全国主要林业有害生物发生形势总体平稳，危害程度有所下降。全国主要林业有害生物发生面积为 1168.13 万公顷，与 2010 年同期发生面积基本持平，其中虫害发生 845.13 万公顷，病害发生 120.47 万公顷，鼠(兔)害发生 202.53 万公顷。另外，有害植物发生 15.53 万公顷。全国重度发生面积 71.27 万公顷，与 2010 年同期相比，发生面积下降了 35%。

野生动物疫源疫病监测　认真贯彻落实全国野生动植物保护及自然保护区管理工作会议精神，强化监测信息汇总分析，加强体系建设，不断提高疫情预警水平和监控能力，保障全国野生动物疫源疫病监测防控工作有序开展。

【林业有害防治目标管理】 落实政府参与的重大危险性林业有害生物防治“双线”责任、加强对各地防治工作开展情况的目标管理，是“十二五”林业有害生物防治工作抓住战略机遇、转变发展方式的重要内容，也是 2011 年全国林业有害生物防治工作会议的主要精神。2011 年初在国家林业局统一安排下，总站参与检查组，赴福建、浙江、广东、广西、安徽、江西、云南、贵州等松材线虫病疫情发生省(区)，对《2008～2010 年松材线虫病防治(预防)目标责任书》完成情况进行了考核检查，并协助国家林业局造林司完成了检查情况报告，起草了国家林业局关于 2008 ～2010 年松材线虫病防治目标责任履责情况考核结果的通报。为进一步加强林业有害生物防治目标管理，总站在深入分析和系统总结的基础上，提出了硬化“十二五”林业有害生物防治目标管理工作的要求和措施，确定了“十二五”林业有害生物防治目标管理总指标和各省份指标，以国家林业局文下发各地。同时在全国选择了试点单位、制订试点方案，组织开展了深化目标管理试点。

【气候变化对林业生物灾害影响及适应对策研究】 受气候变暖等影响，当前和今后一段时期我国林业生物灾害持续高发，严重制约了我国现代林业的科学发展。森防总站通过 3 年的努力，联合国家气象中心、北京林业大学等多家单位开展了气候变化对我国林用生物灾害影响及适应对策研究攻关，系统研究了气候变化对林业生物灾害的影响规律，建立了林业生物灾害预测模型，研发了灾害预测与信息发布软件工具，对我国主要林业有害生物分别作出了中长期趋势预测，科学研制了我国林业生物灾害预警等级指标，建立了重大林业生物灾害发生发展中短期和中长期气象气候预测预报指标体系，区划了林业生物灾害气象等级指标并建立了气象等级预报模型，研究提出了松褐天牛、松毛虫、松材线虫、美国白蛾气象风险区，对气候变化背景下我国林业生物灾害损失进行了科学评估。在此基础上，从政策法规、体系建设、资金投入、科研支撑等不同角度提出了应对气候变化林业生物灾害防控的公共策略。同时，紧紧围绕我国生态建设和林业发展大局，提出了林业重点工程区和重点生态区域应对气候变化林业生物灾害防控对策。研究成果对于提高我国林业有害生物防控决策和能力水平具有重要意义。

【网络森林医院建设】 为适应集体林权制度改革后广大林农群众成为防治主体急需防治技术指导的新形势，总站开通了国家网络森林医院服务平台。2011年来，总站先后起草了网院专家管理办法、用户管理办法、机构管理办法、服务管理办法、数据库管理办法、地方网院管理办法等6个管理办法，规范网院管理，强化对网院工作的管理和考核。召开了国家网络医院建设与管理研讨会，总结了工作经验，探讨研究了网院存在问题，提出了促进网院发展的思路、对策和具体措施，部署了新的建设任务。网院建设取得很大进步，也获得了社会的进一步认同和良好评价，在国家网络森林医院的平台上，已有26个省份建成了地方网络森林分院，网络森林医院聘用各级服务专家4800多人，基本形成了国家、省、市、县4级网院专家服务体系，填入林业有害生物防治基础数据达5477条次，涉及林业有害生物1914种，已占我国林业有害生物种类的近1/4，网院用户到访总数已达244.53万人次，收到的用户文字提问2600多条，超过83%的问题得到专家较好解答。

【林用农药登记管理】 为进一步加强对林业用农药的管理，牢固树立绿色防治、环保防治、低碳防治理念，积极推进以昆虫天敌、生物制剂为主的无公害防治，维护森林食品、森林环境和森林生物安全，总站加强与农业部农药检定所的沟通协调，推进我国林业用农药登记管理规范化工作。①促成农药监管部门将林业用农药单列为一类，实行针对性管理。②扩展林业用农药登记药效试验认证单位并合理布局，以满足林业用农药产品登记需求。③初步制订了林业用农药登记药效试验标准方案，对我国林业用农药药效试验进行规范，确保防治药效。

【重点区位林业有害生物防治】 编制黄帝陵古柏保护工程实施方案。针对黄帝陵古柏生长衰退的实际情况，总站组织了土壤、生理生态、林业有害生物防治、古树保护等方面的专家，科学分析和研究了导致黄帝陵古柏生长衰退的土壤、树木生理、森林生态、林业有害生物、古树综合保护等综合因素，系统提出了黄帝陵古柏保护工程实施方案，并对当前保护工作提出了合理性建议。

【林业生物灾害监测预警】 加强监测预警行业管理。对各地贯彻落实《国家林业局办公室关于加强林业有害生物疫情信息管理的通知》精神进行督促检查，开发了“林业生物灾害应急报告系统”，实现与国务院应急办周报制度的衔接。积极鼓励引导各地与相关部门的横向合作，通过多种渠道及时发布短期生产性预警信息，服务广大林农群众。制定了林业有害生物监测预报补助定额标准和经费管理办法，规范补助资金的使用和管理，组织开展各地林业有害生物监测预报工作绩效考核，并予以公布。实行国家级中心测报点信息直报，并对各站点工作落实情况进行了检查。制定了《全国主要林业有害生物灾害统计、调查方法》；举办了林业生物灾害应急报告系统培训班。强化林业生物灾害信息处理和报告。及时收集全国林业有害生物灾害相关信息，全面准确掌握我国林业有害生物发生发展动态。向国家林业局等有关部门按时上报突发有害生物事件月报和灾情报告，及时发布预警信息。完成了2010年全国发生防治报表及人财物统计表的汇总。组织并发布了全国林业有害生物2010年发生情况和2011年发生趋势、2011年上半年和下半年发生趋势报告。一年来共收到各地虫情简讯2500余条，电话问询各地病虫情信息500余次。在中央电视台一套播发预警信息两次，发布《虫情动态》6期，向国务院应急办报告虫情信息12次。

【林业有害生物检疫执法】 2011年组织开展了危险性有害生物的风险评估工作，细化完善了《林业危险性有害生物风险分析指标体系》，提出了评估对象名单，全面开展风险分析评估工作，共完成了333种林业有害生物风险分析。启动开展了检疫追溯系统软件开发工作，并对引种审批系统进行了完善。修订了林业植物检疫工作程序规范、林业植物检疫执法行为规范、林业植物检疫执法规范用语等3个行业规范。举办3期松材线虫病检测鉴定技术培训班工作，培训基层业务人员200余人。起草了2011年松材线虫病疫区公告、2011年撤消的松材线虫病疫区公告，现已由国家林业局2011年第3号公告和2011年第2号公告发布。开展了2011年度植物检疫证书印发招标及植物检疫证书的印发工作。筹备召开了全国植物检疫标准化技术委员会林业植物检疫分技术委员会第二届第三次全体委员会议，审订和通过了分委会归口管理行业标准。组织上报了《化学信息诱引松材线虫快速取样技术规程》、《应施检疫的林业植物产品代码》、《枣实蝇检疫技术规程》、《林业主要有害生物调查总则》4个行业标准的报批稿。

【主要有害生物治理】

松材线虫病防治 2011年总站继续把松材线虫病作为“一号工程”，狠抓全国松材线虫病防治工作会议和全国松材线虫病防治工作动员部署会精神的全面落实，指导各地编制2011年防治实施方案；继续实行防治技术指导分片包干负责制，对各地春季松材线虫病防治任务完成情况进行检查；加强对新发疫点除治工作的指导，派专人帮助制定除治方案，督促除治进度，防止疫情扩散。为积极探索松材线虫病疫木安全利用新途径，在福建漳州市云霄县开展了利用松材线虫病疫木种植茯苓进行疫木安全利用试点工作。为进一步细化并落实各地政府防治松材线虫病工作的责任，总站协助造林司细化了松材线虫病防控目标责任考核评分标准，在与松材线虫病发生、预防省份多次沟通协调的基础上起草了2011～2013年目标责任书。

美国白蛾防治 拟定美国白蛾最新疫区，以国家林业局2011年第5号公告发布；对美国白蛾防治指标进行了调整和修订，并将调整后的防治指标纳入了国家林业局拟与各有关省级政府责任状；在美国白蛾第一代关键防治期集中对北京、山东、河南、吉林等地进行了现场督导，并对全年防治效果进行了检查。

突发林业有害生物管理 针对2010年冬2011年春以来我国华北、华东和中南部分地区干旱高温林业有害生物发生危害加剧之情，及时下发紧急通知，指导受灾地区切实做好干旱气候条件下林业有害生物防治工作。向17个受冰雪冰冻天气影响的省区市下发《关于切实做好雨雪冰冻天气过程中林业有害生物防治工作的通知》。针对今年较为普遍的松毛虫灾情反弹情况，派员赴湖北、湖南、江西、福建等省对暴发原因进行调查并进行防治工作指导，并在中央电视台发布了预警信息。在草履蚧发生期赴江苏、安徽、河南3省调查草履蚧发生及防治情况，指导当地开展防治工作。对内蒙古森工集团莫尔道嘎林业局樟子松发生大面积病害，组织专家赴现地进行了调查，制订了详细的防治方案。

【创新防治机制】 2011年总站紧紧围绕推进集体林权制度改革，继续加强对公共服务体系建设试点工作进行指导，并在辽宁、重庆、甘肃等6省(区、市)继续开展林业有害生物社会化防治试点。组织制定了《林业有害生物防治成本估算指标(试行)》，并通过专家审定。

【科学研究和技术推广】 组织全站的专业技术人员针对有害生物和寄主植物种类开展定向研究，培养专家型技术人才。汇编印发了《定向研究论文集》，组织汇编了13个技术规范。加强科学研究和技术推广。目前在研的国家推广项目“落叶松鞘蛾性信息素应用技术推广”、“948”项目“重齿小蠹聚集信息素及其应用技术”等10多个科研项目进展良好，国家林业局重点项目“灰斑古毒蛾综合控制技术试验与应用”已通过验收。制定《轻型直升机喷洒防治林业有害生物技术规程》等行业技术标准规范7项。

【疫源疫病疫情监测】 确立全年每日应急值班制度，及时处理各地上报的野生动物异常情况，及时跟踪国内外动物疫情动态，适时分析评估野生动物疫情发生趋势。配合国家林业局保护司下发《国家林业局关于做好春季野生动物疫源疫病监测防控工作的通知》和《国家林业局关于开展野生动物驯养繁殖场所疫源疫病监测防控工作检查的通知》，指导各地做到第一时间发现、第一现场控制，努力阻断野生动物疫病的扩散蔓延。启动了野生动物疫源疫病监测信息网络直报系统，坚持监测信息日报告制度。2011年编发《野生动物疫源疫病监测信息快报》334期，形成阶段性总结报告(月度、季度和上半年)10份，完成了《2010年突发野生动物公共卫生事件应对工作评估分析报告》。指导基层监测站点开展监测工作，也为国家林业局科学制定监测防控策略提供了有力依据。

加强督导检查，保障监测工作有序开展。为切实加强野生动物疫源疫病监测防控，在元旦、春节等节假日期间对北京等重点省(区、市)344处(次)国家级监测站应急值守情况进行了电话抽查，指导做好日常监测和应急准备。

【培训与宣传】 举办林用药剂药械使用技术培训班、森防站长培训班和全国森防宣传通讯员培训班。举办了全国野生动物疫源疫病监测技能培训班、野生动物疫源疫病预警培训班，培训技术骨干150多人次。组团赴意大利进行了野生动物疫源疫病监测防控技术培训。编辑出版科技核心期刊《中国森林病虫》6期。利用报刊、网络、宣传橱窗、宣传册等形式广泛宣传林业有害生物防治工作，并在《中国绿色时报》、《人民网》、《中国网》等新闻媒体上刊发典型文章20篇。2011年共发布林业和森防动态信息1.9万余条，刊发《森防工作简报》12期，为国家林业局网站提供了大量图文信息。组织开展了“我为森防添风采”系列宣传活动，全国180幅书法、绘画作品获得优秀奖，20个省(区、市)的森防局(站长)接受新闻媒体采访，全国基层森防战线78名风采人物介绍了典型工作经验。加强陆生野生动物疫源疫病监测网建设，及时更新发布国内外动物疫情、防控经验和技术，2011年来监测网站信息总数达3084条，发表、转载各地监测新闻、国内外疫情动态和相关科研动态新闻126条，在绿色时报等新闻媒体发表文章2篇。完成了《野生动物监测和疫情处置程序》录像片外景拍摄工作。

【林业大事】

1月1~3日 对广东、广西、海南、云南、福建5省区47个国家级野生动物疫源疫病监测站“元旦”假日期间应急值守情况进行了电话抽查，其中有36个监测站有监测人员应急值守，在岗值守比率76.7%，抽查结果上报国家林业局保护司并向相关省级监测管理机构反馈。

1月12~13日 常务副总站长潘宏阳、张旭东在北京参加了“中国科协2011年生物灾害防治研讨会”。会上，对全国林业有害生物2010年发生情况、2011年主要林业有害生物发生趋势及对策建议进行了研讨，并提交了专题报告。会后，发布了《预防与控制生物灾害咨询报告(2011)》(中国科学技术协会)。

1月17日 研究中心承担的国家林业局重点项目“灰斑古毒蛾综合控制技术试验与应用”通过国家林业局科技司验收。

1月18日 国家林业局张永利副局长、人事司谭光明司长、造林司王祝雄司长送总站新任职党委书记李青松同志报到。

1月26日 为贯彻落实国家林业局办公室《关于进一步做好雨雪冰冻天气防范应对工作的通知》精神，切实做好灾雨雪冰冻天气过程中林业有害生物防治工作，紧急起草并以林防总站〔2011〕3号文件，向相关17个省(区、市)下发《关于切实做好雨雪冰冻天气过程中林业有害生物防治工作的通知》。

1月28日 “国家网络森林医院”项目荣获2010年全国林业十大信息化事件第5名。

1月30日 总站起草了2011年松材线虫病疫区公告、2011年撤消的松材线虫病疫区公告，已由国家林业局2011年第3号公告和2011年第2号公告发布。

2月23日 结合我国华北、华东和中南部分地区降水持续偏少，春季气温回升和旱情的加剧，旱区林业有害生物发生危害较去年同期将呈加剧之势，一些食叶害虫和蛀干害虫将提早发生，局部地区突发大规模病虫灾害的可能性极高的紧急情况，组织起草并以〔2011〕4号文件下发了《关于贯彻落实〈国家林业局关于进一步做好抗旱减灾工作的紧急通知〉的通知》。

3月2日 在中央电视台《新闻联播》的《天气预报》栏目中以"中国气象局和国家林业局联合提醒"方式播发"2011年春季干旱区林业有害生物发生预警"。提醒有关部门和广大林农华北干旱地区杨树蛀干害虫将发生偏重，要密切注意虫情，提早做好应急防控各项准备工作，最大程度减轻灾害损失。

3月15日 林业植物检疫分委会秘书处筹备召开了全国植物检疫标准化技术委员会林业植物检疫分技术委员会第二届第三次全体委员会议。会议对2010年检疫分委会工作做了总结，宣布了分委会关于委员调整和补选的建议。此外，会议还讨论和提出了林业植物检疫领域2012年拟申报的标准项目，审订和通过了分委会归口管理的林业行业标准。

4月1日 为落实《国家林业局办公室关于加强林业有害生物疫情信息管理的通知》（办造字〔2010〕166号）精神，落实国务院应急办和国家减灾委的有关要求，切实抓好林业有害生物应急周报、月报，总站开发了"林业生物灾害应急报告系统"，经过操作培训，在全国正式运行。

4月22日 根据国务院应急办的要求，以电子版形式下发关于上报重大林业有害生物主要应急物资和队伍情况的通知，并于25日对各省生物灾害主要物资和队伍的电子数据进行整理归纳，并形成电子版报告报造林司。

5月1～3日 对重庆、四川、陕西、甘肃、宁夏5省（区、市）及内蒙古森工的44个国家级监测站"五一"假日期间应急值守情况进行电话抽查，其中有37个监测站有监测人员应急值守，在岗值守比率84.1%，抽查结果上报局保护司并向相关省级监测管理机构反馈。

5月19日 在中央电视台《新闻联播》的《天气预报》栏目中以"中国气象局和国家林业局联合提醒"方式播发"长江中下游旱区松毛虫将大发生预警"。提醒有关部门和广大林农，要密切注意虫情，提早做好应急防控各项准备工作，最大限度减轻灾害损失。

6月13日 总站组委会邀请专家对"我为森防增风采"宣传活动参赛作品进行了认真评选，评选出180幅优秀作品并举办了大型展览。在森防人物风采纪实征稿活动中，20多个省（区、市）的森防局（站长）接受新闻媒体采访，深度解析森防工作；全国基层森防战线78名风采人物介绍了典型工作经验，经验材料已经汇集成册。

7月23日 《林业有害生物防治在中国》大型画册编印完成。《画册》从10个方面全面反映我国"十一五"期间林业有害生物防治工作取得的重大成就。

8月17日 全国林业有害生物防治工作会议在浙江省宁波市召开。国家林业局局长贾治邦主持会议，国家林业局副局长张永利作大会报告，并代表国家林业局与各省（区、市）签订了《2011－2013年松材线虫病等重大林业有害生物防治目标责任书》。浙江省委常委、副省长葛慧君出席会议并讲话，国家林业局集体林权制度改革领导小组副组长黄建兴等出席会议。

9月2日 广西壮族自治区林业厅报告百色市西林县发生松材线虫病疫情。

9月26日 国家发改委和国家林业局以（林规发〔2011〕225号）文件对《全国林业有害生物防治建设规划（2011～2020年）》进行了批复，并印发到各地发改委及林业厅（局）。

10月1～8日 对北京、天津、河北、浙江、福建、江西、广东、广西、海南9省（区、市）的82个国家级监测站应急值守情况进行了二次电话抽查，其中有70个监测站有监测人员应急值守，在岗值守比率85.4%。

11月5日 按国家减灾委员会办公室《关于提供2011年减灾工作素材和2012年工作计划的通知》（国减办函〔2011〕46号）要求，完成了《2011年林业有害生物减灾工作素材和2012年减灾工作计划》的报告材料。

11月5～11日 受联合国粮农组织林业处的邀请，总站派员参加在北京召开的"亚太林业周"国际会议，在亚太林业外来入侵种网络研讨会上，作了"中国林业外来入侵种的早期监测和应急防控"的专题发言。

11月7～8日 国家林业局保护司与监测总站共同主办的"全国野生动物疫源疫病监测防控现场经验交流会"在浙江杭州召开。与会代表近现场观看了浙江林业厅和浙江农林大学、杭州感知软件科技有限公司研发的监测系统、一线信息采集器。李青松书记主持大会。

12月1日 《森防风采——纪念建党90周年全国森防行业书法绘画比赛获奖作品集》由东北林业大学出版社出版发行，国家林业局森林病虫害防治总站编著，国家林业局党组成员、中央纪委驻局纪检组组长陈述贤为该作品集撰写序言。

12月8～9日 2012年野生动物疫病发生趋势预测会商会在贵州省贵阳市召开，中科院动物所、军科院兽医所及北京市等6个省级监测管理机构负责人等16位专家，国家林业局保护司防控处罗颖处长应邀参会。

12月30日 在中国农业科学研究院信息所组织的中国农业核心期刊评选中，《中国森林病虫》被评选为《中国农业核心期刊》，并被编入《中国农业核心期刊概览2010》。

（国家林业局森林病虫害防治总站由闫峻供稿）

国家林业局东北航空护林中心

【综　述】 2011年，国家林业局东北航空护林中心（简称东航中心）领导班子坚持以邓小平理论和"三个代表"重要思想为指导，深入贯彻落实科学发展观和党的十七大精神，按照中央林业工作会议的部署和全国林业厅局长会议精神，紧紧围绕林业工作大局和东北森林航空消防工作重点，周密部署，科学组织，带领全体职工求真务实，开拓创新，全面推进北方森林航空消防各项工作：积极配合国家森林防火办公室妥善处置森林火灾，科学周密制定扑大火预案；组织召开航空护林租机协调会议，满足北方各省区用机需要；首次跨区增援华北、西北地区森林火灾扑救，赴火场第一工作组圆满完成任务；有效使用中央飞行费，充分发挥资金作用；提升飞行观察员队伍整体业务能力，加强东北航空护林飞行观察队伍建设；加大对飞行安全的监管力度，保障飞行灭火任务顺利实施；完成卫星林火监测工作室的建设，使卫星林火监测工作向规范化迈进；向国家林业局上报东航中心和东航系统各航空护林站的工作情况，反映工作动态，政务信息编报及时，数量增加；加强干部思想政治建设，完善考核制度，加大对年轻干部的培养力度；确保廉政风险防控工作取得实际成效，以完成好各项工作来检验廉政风险防控工作的成果；坚持科学发展观，履行部门职责，规范政务管理。

【**航空护林飞行灭火**】 2011年，东北、内蒙古林区的森林航空消防工作自3月15日至11月8日结束，春、夏、秋三个航期历时239天。共租用126架飞机，其中66架固定翼，60架直升机。全年共计飞行5409小时26分，日租天数6401天。其中，机降飞行207小时10分、138架次、3808人次；洒水飞行165架次、1531吨。空中发现火场115个，参与扑救火场79个，运送扑火物资35.2吨。对6个火场实施113架次航化灭火作业，喷洒化灭药液89.3吨。

【**航空护林空中管制**】 2011年，东北航空护林总调度室航空管制无一例危险接近，更无漏报和错报，杜绝了不安全事件的发生，快速、准确、有序地为东北航空护林飞行任务的实施提供了管制指挥保障和气象服务保障。共受理各类飞行计划3824条，取消1674条，实飞2150条，其中正常计划3355条，取消1550条，实飞1805条；临时计划469条，取消124条，实飞345条。指挥飞行5186架次，其中正常飞行4014架次，临时飞行1172架次；处理气象报文44 162份，其中接收航空护林站本场实况报17 800份，转发本场实况报17 800份，接收航站预报1087份，转发航站预报3291份，接收航路预报893份，转发航路预报3291份。

【**提前调研用机情况　组织召开租机协调会议**】 东北航空护林总调度室提前着手调研用机情况，与供机部门取得联系，了解租用飞机的当前状态以及调机中存在的困难。根据各省区用机的类型、数量，与各有关供机单位联系，积极挖掘机源，抢前落实飞机。针对大、中型直升机不足问题，主动协调军航单位出飞机支援东北航空护林工作，满足北方各省区的用机需要。分别在春、夏、秋航期前组织召开北方航空护林租机协调（合同）会议，与供需双方签订2011年各航期固定翼、直升机租机合同和航行地面保障协议。并于开航前多方协调，积极联络，确保执行森林航空消防任务的飞机按时进场到位。

【**严格审批飞行计划　提高飞行费使用效率**】 东北航空护林总调度室科学、合理、有效地使用中央飞行费，充分发挥资金的作用。航期开始前，对飞行费的支出进行科学测算。在审批临时、次日飞行计划时，一方面动态掌握每架飞机的飞行时间，另一方面依据中国气象局发布的气象卫星云图和各地的气象预报、中国森林防火网即时发布的森林火险等级报告，按照东航中心制定的飞行计划审批制度要求，认真审批受理飞行计划，杜绝无效飞行。对不按火险等级安排巡护的现象给予及时纠正，使有限的飞行时间用在高火险期和扑救火灾的紧要关头，有效提高飞行费使用效率。

【**统筹兼顾　周密制定扑大火预案**】 东北森林防火协调中心为配合国家森防办妥善处置森林火灾，根据2011年航空护林工作特点，按实际要求细化预案，分别修订完善《东北森林防火协调中心2011年春（夏、秋）航扑大火预案》。三份《预案》紧密结合东北、华北、西北省（区、市）森林防火实际，从全局出发，通盘考虑，逐条分析，逐字推敲，把准与实际工作的联系程度，认真考虑飞机调用和各环节人员配备，确保及时出动，全面提高《预案》的可操作性和启动《预案》后的实效性，做到准备充分、责任明确、快速反应。特别是根据2011年华北、西北部分地区出现严重干旱情况，进一步加强赴辽宁、河北、北京、山西、陕西、甘肃、宁夏、青海、新疆九省（区、市）森林火灾现场的力量，未雨绸缪，有力地配合国家森防办妥善处置森林火灾。

【**第一工作组完成赴火场任务**】 东航中心赴火场第一工作组2011年先后参加了赴河北省抚宁县大兴寨镇“4·12”、山东省济南市长清区万德镇“4·18”、新疆维吾尔自治区布尔津禾木乡“9·13”三起森林火灾的紧急处置工作。这是国家林业局重新调整东北森林防火协调中心职能后乃至成立东北航空护林以来，东航中心赴火场第一工作组首次跨区执行增援华北、西北地区的森林火灾扑救任务。按照国家林业局指示，工作组进行了远距离、大跨度的出动。经过13天的艰苦奋斗，赴火场第一工作组克服困难、连续作战，圆满完成对三个火场的火情侦察、火场实时视频传输、火场协调等各项工作任务，为有效保护国家重要设施、生态环境、名胜古迹、风景区以及人民生命财产安全作出重大贡献，充分发挥航空护林在森林火灾扑救中的尖兵作用，得到国家林业局和地方各级政府领导的一致好评和认可。火场总计飞行28小时45分，向火场前指报告情况25次，随时报告重要火点16个，向国家森防指传输火场照片3张；制作火场态势图2份。

【**卫星林火监测工作向规范化迈进**】 自建立东北林火卫星监测分中心以来，做到全天候监测东北、内蒙古林区云图态势，按时接收卫星图像，判读林火监测热点，及时通报并提醒各有关省（区）注意巡查或侦察。遇有重、特大火情，分中心立即向国家林业局防火办报告，极大地提高了森林航空消防工作的主动性和决策的科学性。2011年共发布卫星林火监测图像1393幅，其中公众东北监测图像621幅，黑龙江原始监测图像377幅，内蒙古原始监测图像321幅，吉林原始监测图像74幅。为使卫星林火监测工作更加规范化，2011年度完成了卫星林火监测工作室的建设，使卫星林火监测工作向规范化迈进一步。

【森防物资储备库管理有序确保物资安全】 认真履行国家林业局东北森林防火物资储备中心职责，严格按照各项管理规定，切实做好森防物资的入库、出库及防火、防盗等日常管理工作，确保国家森林防火物资的安全。储备库管理人员坚持经常对储备库库房进行全面检查(特殊天气情况下随时检查库房)，发现问题及时报告。春、夏、秋航期保证24小时通讯畅通，随叫随到。2011年东北森林防火物资储备库没有出、入库防火物资任务。现库存物资有双人帐篷1225顶、羽绒睡袋1600套、储水池20个、油锯4台、灭火耙400套、组合工具250套、吊桶3套。

【精心整理专业资料提供场站建设意见】 在河北省、山东省境内发生森林火灾后，东航中心多次应邀为河北省林业厅提供《航空护林专业机场选址与程序》，为山东省林业厅提供《关于山东航空护林站建设调研论证发言》等航空护林站建设的相关资料，提供建站工作程序、建设规模、建设类型、建设标准等建议和资料依据，使河北、山东两地根据航空护林任务、巡护范围确定飞机数量和主要机型，确定航空护林站(机场)的建设规模，按照航空护林机场建设标准或按所需机场规模比照民航对应的机场分级标准进行建设，顺利完成上报航空护林站建设方案。并派员参加国家林业局调研组赴山东进行航空护林站建设论证。

【严格把关强化飞行观察员考核制度】 重点加强东北航空护林飞行观察队伍建设，提升飞行观察队伍整体业务能力。2011年春航期间，东航中心向各航空护林站下发《关于加强东北航空护林系统飞行观察员管理工作的通知》，要求各航空护林站一定要把加强飞行观察员管理，提升飞行观察队伍能力作为重要任务来抓，努力建设一支思想稳定、技术过硬、踏实工作、恪尽职守、蓬勃向上的飞行观察队伍。对在飞行中不负责任、技术不过硬、没有标绘仪就不能勾画火场的飞行观察员实行延期考核晋升。东航中心飞行观察员考核领导小组本着严格管理、重点培养的原则，认真履行新飞行观察员考核程序，慎重接收，严把入口关，真正把有责任心、身体好、素质佳、热爱飞行观察工作的人员吸收到飞行观察队伍中来，为航空护林飞行观察队伍注入新鲜血液。

【恪尽职守做好气象转报工作】 航空气象是航空护林巡护、观察火情、机(索)降灭火、吊桶灭火、空投空运等所有飞行任务能否实施的重要保证。执行飞行任务前，机组需要精确的高空风、温度预报以及航路重要天气预报；飞机起飞、降落都依据严格的天气标准，不同的机型、不同的机长和不同的跑道都有不同的标准；飞行过程中，遇有航路或者降落机场影响飞行安全的危险天气时，机长要依据天气情况决定绕航、返航或者备降，航空气象对于航空护林飞行安全、飞行任务的完成具有举足轻重的作用。东航中心总调度室气象转报人员牢固树立安全是生命线的理念，认真执行民航气象工作有关法规、规章、规范及标准，不断提高服务质量，认真审核各航空护林站上报的本场天气实况，纠正本场实况报格式不规范的现象，对未按规定时间上报的航站进行督促，及时接、转航站与航路预报，为安全、快速实施航空护林飞行任务提供有力保障。

【深入重点林区靠前驻防快速反应】 2011年是东北林区发生火灾最少且没有重大火灾的一年，是华北、西北森林火灾多发的一年，是赴火场工作组第一次跨出东北，到华北、西北协助扑火的一年，也是航空护林在华北、西北影响最大的一年。为应对2011年日趋严峻的春防形势，进一步提高快速反应能力，东航中心赴火场第一工作组按照《2011年春季扑大火预案》安排，先后分两组轮流赴加格达奇航空护林站驻防。驻防期间，工作组全力做好赴火场各项准备工作，时刻保持人员与设备的最佳状态，确保快速反应，及时出动。同时进行了空中实际飞行训练、电子标绘系统实际应用练习等相关赴火场业务技能训练。

【强化监督规范运行保障飞行安全】 东北航空护林总调度室在2011年的春航、夏航、秋航工作中，牢固树立“飞行安全责任重大”意识，正确认识“有了安全不等于有了一切，没有安全将会丧失一切”，加大对飞行安全的监管力度，严格要求执行飞行任务的机长按规定守听，航站管制员必须掌握所指挥的飞机飞行动态、位置、高度，严格执行各项规章制度，坚决杜绝违规飞行。针对防火紧要期和发生重大火情期间，航站飞行任务多、穿插飞行频繁的特点，及时通过航站管制员提醒每架飞机所处位置并保持相互联系，避免发生危险接近及产生飞行冲突，保障了2011年飞行灭火任务的顺利实施。

【提高安全意识　举办航油培训班】 2011年春航初期，经过东航中心与各相关部门长达3年多的联系、协商得以顺利地实施的东北航空护林系统航空油料员培训班在哈尔滨成功举办。通过这次培训学习，使东北航空护林系统各航空护林站的41名学员提高了航油安全意识，增进了航油操作技能，为今后的航空护林油料安全和飞行安全打下坚实基础。

【加强火场标绘系统保密管理】 火场标绘系统中装有涉密数据，因此，加强对火场标绘系统的保密管理工作尤为重要。根据《中华人民共和国测绘法》、《中华人民共和国保守国家秘密法》和《中华人民共和国测绘成果管理条例》、《中华人民共和国保守国家秘密法实施办法》等有关法律法规以及国家林业局有关保密资料使用管理规定，制定完善内部使用的《东航中心火场标绘系统保密管理制度》，严防泄密事件发生。同时对安装《火场航空侦察标绘系统》和《火场综合信息标绘系统》的计算机实行登记管理，专机专人专用，不许外借、转借他人使用。发生泄密事件，追究机主责任，有效杜绝不安全因素和涉密事件发生。

【开展卫星林火监测调研】 为充分发挥卫星遥感在森林防火中的优势，使卫星林火监测工作更好地服务于地方森林防火，东航中心开展了对监测区各级森林防火部门的调研工作。调研前，广泛收集各方面意见和建议，梳理归类后，带着问题到地方有关部门进行调研，掌握了解情况。通过深入调研，对当前工作与地方森林防火实际需求之间存在的差距有了进一步了解，明确了今后需要改进和努力的方向。调研结束后，再次组织人员对问题和建议进行整理，写出调研报告呈报给国家林业局和中心领导。

【政务信息编报及时、数量增加】 在报送政务信息工作中，不断提高信息质量，严格审核，慎重把关，及时向国家林业局上报东航中心和东航系统各航空护林站的工作情况，反映工作动态，使国家林业局能真实全面地了解和掌握北方森林航空消防工作，为各级领导正确决策提供及时准确的信息服务。东航中心机关各处室领导和东航系统各航空护林站领导对本单位、本部门政务信息工作给予高度重视，认真审阅，严格把关，保质保量完成本处室、本航站信息报送任务。不断加大开发采集信息内容的力度，恰如其分地反映中心、各航站工作的进展和成绩；真实准确地反映森林航空消防工作中的困难和问题。坚持实事求是的原则，搞好政务信息采编工作。确保政务信息的时效性。重点工作情况及时报送，紧急重大突发事件(如发生重特大森林火灾等)立即报送，情况有发展的续报新的进展情况。时刻保持清醒头脑，用心寻找信息、及时撰写信息、严格编审信息，尽快报送信息，同时坚持精益求精，不断提升政务信息的文稿质量，提高数量。2011 年共向国家林业局报送政务信息 293 条，在京外直属单位排名中名列前茅，其中多条信息被《林情调研》、《林业信息》采用。

【突出重点抓住关键开展廉政风险防控工作】 开展廉政风险防控工作是国家林业局 2011 年反腐倡廉工作的一项重要内容，为确保廉政风险防控工作取得实际成效，东航中心多次组织召开会议，认真查找廉政风险点，深入分析在工作流程、制度执行等方面可能存在的廉政风险，并在找准风险点、确定风险等级的基础上，逐条对照，认真研究，初步制定有针对性的防控措施与制约机制。加强领导，落实责任，突出重点，抓住关键，结合主体可能发生腐败行为的关键点，突出解决思想道德、岗位职责和制度机制等方面存在的问题。坚持边学习、边提高认识、边查找问题，边实践、边整改问题，以此建立健全靠制度办事、用制度管人的办事规则。做到统筹兼顾，精心安排，既要坚持进度服从质量，高标准、严要求、突出实效。在认真抓好廉政风险防控机制建设工作的同时，没有放松对各项业务工作的要求，坚持“两手抓”，以廉政风险防控工作促进中心各项工作的开展，以完成好各项工作来检验廉政风险防控工作的成果，切实做到“两不误、两促进”。

【大力推进领导班子建设】 2011 年 9 月 15 日，国家林业局林人任字〔2011〕49 号文件任命两名优秀干部充实到东航中心领导班子之中。这充分体现出上级领导对东航中心领导班子建设的重视以及对森林航空消防事业发展的高度关注。东航中心新一届领导班子成立以来，注重强化自身能力建设，在相互理解、相互支持的基础上，营造出“同心谋事、协力干事、团结成事”的良好氛围，进一步提升了领导班子讲正气、稳大局、谋发展的凝聚力、向心力和创造力，树立了“团结、干事、创新、务实”的领导班子形象，为森林航空消防事业科学发展提供坚强的组织保证。

【加强干部思想政治建设】 制定在职干部年度政策理论学习安排意见，加强在职干部的思想政治建设。注重对广大干部现实工作、学习等各方面情况的了解，总体掌握干部队伍的基本情况。建立副科级以上干部年度考核档案，完善副科级以上干部年度考核办法和东航中心一般工作人员年度考核办法，强化干部队伍的教育、考核和监督。强调注重年轻干部的培养和使用，加大对年轻干部的培养力度，使他们系统掌握作为中层领导所需要的理论知识，要求他们不仅要在业务上有所建树，更要在理论水平和政治素养上达到优秀领导干部的标准。2011 年为适应森林航空消防工作的长远发展，接收本科、硕士毕业生 6 人，做好人才引进和配套管理工作。

【增加内设机构及干部职数】 2011 年 12 月 31 日，国家林业局以办人字〔2011〕238 号《国家林业局办公室关于国家林业局东北航空护林中心内设机构和处级干部职数调整的批复》文件批准东航中心内设机构由 7 个增加至 12 个，管理干部职数也相应增加，进一步明确各内设机构的职能与定位。从而使东航中心的体制机制能够更好地适应新形势、新任务和新要求，最大限度地发挥好上级赋予东北航空护林中心的各项职能，同时也为从根本上理顺长期困扰和制约森林航空消防事业发展的体制机制问题奠定坚实基础。

【履行部门职责　规范政务管理】 后勤保障部门坚持科学发展观，统一思想，凝聚力量，把握东航中心工作重点，认真履行部门职责，规范政务管理，使行政工作在强化素质求生存、规范管理树形象、抓住机遇谋发展、集思广义创效益、团结协作争一流方面，为广大职工提供优质服务。遵守财经纪律，做好预算资金落实工作，合理安排支出计划，严格执行财务法规和各项财务制度，确保各项资金按时到位。密切关注工作流程，严格遵守各项规章制度，确保基本建设稳步有序开展。健全采购物品档案，加强财产管理，进一步建设节约型机关。强化超前预防理念和安全责任意识，健全完善各项安全管理制度。成立阅览室，购买大量图书资料，营造文化学习氛围。机关工会和共青团积极开展各项工作，组织丰富多彩的文体活动，坚持把工作做到实处。东航中心领导班子积极倡导和谐，时刻关注民生，在政治上对职工严格要求，工作上对职工讲求质量，生活上对职工关心爱护，切实解决了广大干部职工的实际困难。

（东北航空护林中心由黄丽梅供稿）

国家林业局西南航空护林总站

【综　述】 2011年，西南航空护林总站深入贯彻党的十七大及三中、四中、五中、六中全会精神，全面贯彻落实科学发展观和全国林业厅局长会议精神，按照国家林业局的总体安排和部署，深入开展"创先争优"活动，以提高森林航空消防效益为中心，以"构建和谐航站"和"创建五好班子"为推动力，采取超常规措施，科学制定应急预案，科学安排航护飞行，及时发现和扑救森林火情，及时派出赴火场工作组处置重要火场，认真做好卫星林火监测和森林防火物资储备工作，认真履行好国家林业局赋予总站的四项职能，在历次森林火灾扑救中发挥了至关重要的作用，为生态建设和森林防火工作作出了贡献。

【森林航空消防】 2011年春季(1～5月)，西航总站共租用17架飞机，在江西南昌，河南洛阳，广东清远、梅州，广西梧州、柳州、田阳，四川道孚、绵阳、西昌，云南大理、保山、丽江、普洱等6个省(区)14个航站(基地)执行森林航空消防任务。1月1日至5月20日，累计飞行1000多小时，空中发现和参与处置林火62起，对其中的48起林火实施了吊桶灭火，投撒防火传单30万份。夏季(7～9月)，根据国家森防办的统一部署和安排，西航总站在云南丽江和重庆市各部署1架M－171直升机，以应对西南地区的森林火灾。7月至9月15日，两架直升机共飞行150小时，对13起林火实施吊桶灭火，投撒森林防火宣传单2万余份。秋冬季(10～12月)，西航总站共租用11架飞机，在江西南昌、赣州，河南洛阳，广东清远、梅州、河源，广西梧州、柳州等省(区)8个航站(基地)执行森林航空消防任务，截至12月31日，共累计飞行350小时，空中发现和参与处置林火23起，对其中22起林火实施吊桶灭火，投撒防火传单1万份。

【森林防火协调】 2011年，根据国家森防指的安排，西南森林防火协调中心对云南、四川进行了森林防火检查，对两省森林防火存在的问题提出了意见，并将检查情况和火场信息及时上报国家林业局防火办。赴火场工作组第一梯队精心备战，积极应变，对云南昆明、大理、丽江等地发生的3起影响较大的森林火灾进行了处置，完成了第一梯队的工作任务，得到了国家林业局和云南省森林防火指挥部的表彰。

【卫星林火监测】 2011年，西南卫星林火监测分中心切实履行职责，接收每条过境轨道，认真监测、判别、分析和传递、通报林火信息，全年共监测热点6589个，将每条轨道数据准确及时地提交中国森林防火网及西南森林防火网并通知各省区，督促各省区防火办及时做好林火反馈，西南10省区对所监测到的热点反馈率为99.4%。同时，分中心还对重特大森林火灾进行连续跟踪监测，及时将火场热点变化趋势报告给赴火场工作组。

【森林防火物资储备】 2011年，按照国家林业局政府采购中心和防火办的要求，西南森林防火物资储备中心组织两次森林防火物资招标采购，并将防火物资安全验收入库，完成了森林防火物资招标工作。同时，储备中心对防火物资的仓储管理工作加大力度，严把出入库关，严格按照国家林业局防火办的出库通知及时调拨物资。全年共向相关省(区)调拨灭火水枪、灭火机、割灌机、赴火服、指挥帐篷、双人帐篷等防火物资近2万台(件)，完成了森林防火物资储备调拨工作，受到了国家林业局的好评。

【帮扶云南怒江定点挂钩扶贫点】 1月6日，总站派出由史永林副总站长带队的工作组一行4人，赴总站定点挂钩扶贫点怒江州泸水县开展帮扶和调研工作。工作组在泸水县扶贫办举行了捐赠仪式，将一批凝聚着总站党委和全站职工关怀的物资捐赠给了泸水县扶贫办和上江乡政府，这批物资包括6台新的台式电脑和4台旧的台式电脑以及1台一体机、1台碎纸机，价值6.6万余元。期间，工作组还在泸水县人民政府会议室与当地领导就总站的定点挂钩扶贫工作进行了座谈，深入交换意见。怒江州扶贫办、泸水县政府、县扶贫办、县林业局、上江乡政府的领导参加了座谈，并对总站的扶贫工作给予高度评价。

【召开2011年工作会议】 1月17～18日，总站在云南昆明组织召开了2011年工作会议，总站机关副处以上干部和西南森林航空消防系统内的普洱、保山、丽江、成都、西昌、百色、江西、河南8个航站的站长(支部书记)、副站长、办公室主任、航护科长以及总站机关离退休党支部书记、委员参加了会议。国家森林防火指挥部办公室副主任崔永环、扑救处处长周俊亮、云南省森林防火指挥部专职副指挥长万勇亲临会议指导。会议由史永林、和宏两位副总站长主持召开。会议贯彻落实了2011年全国林业厅局长会议精神，全面总结了"十一五"期间总站建设和发展经验，研究部署了"十二五"期间和2011年重点工作。会上，总站党委书记、总站长郝佩和代表总站党委作了题为《坚持生态建设发展战略，再创"十二五"期间西南森林航空消防发展新局面》的主题报告，并与各直属航站、机关各处室的负责人签定了2011年全员聘用续聘合同、2010～2011年度党风廉政责任书、2011年度项目和资金安全运行责任书等3个文本。崔永环副主任作了重要讲话，转达了国家森林防火指挥部副总指挥、国家林业局副局长孙扎根对全站职工的亲切问候，并为获得2010年度西南森林航空消防系统先进集体和先进个人颁发奖牌和证书。会议期间，丽江、西昌、百色、江西航站和航护处、计财处等6个单位(部门)作了典型发言。

【张建龙副局长到江西航站检查指导工作】 1月17日，国家林业局副局长、局直属机关党委书记张建龙一行到江西省航空护林站检查指导工作，江西省林业厅党组书记、厅长刘礼祖陪同检查。张建龙副局长一行实地查看了江西航站基础设施建设情况，并参观了航站综合办公大楼。在详细听取了江西航站工作情况汇报后，对该站组建以来所做的工作和取得的成绩给予了充分肯定。他希望江西航站能够认真总结经验，再接再厉，继续充实完善好基地建设，为江西绿色生态建设作出更多更大贡献。

【云南省副省长孔垂柱到总站进行春节慰问】 1月27日，春节前夕，云南省人民政府副省长孔垂柱在云南省林业厅陈玉侯厅长、省森林防火指挥部专职副指挥长万勇、昆明市人民政府李喜副市长等有关领导的陪同下，来到西南航空护林总站慰问全站干部职工。孔垂柱副省长一行在总站党委书记、总站长郝佩和的陪同下，视察了西南卫星林火监测分中心，看望了正在值班的人员，了解了当日云南境内卫星热点的监测情况，并听取了总站监测处负责同志的汇报。随后，孔垂柱副省长一行来到西南森林航空消防调度指挥中心，与总站机关副处以上干部进行了座谈。在慰问座谈中，郝佩和总站长代表全站干部职工对孔副省长一行莅临总站检查指导和慰问表示欢迎，并就总站各项工作情况及目前存在的困难和问题向孔副省长作了简要汇报。听取汇报后，孔垂柱指出，近年来，云南林业发展较快，森林覆盖率高，森林资源丰富，森林管护任务重，总站在森林资源保护、卫星林火监测等方面做了大量的工作，特别是空中灭火发挥了很好的作用，在扑救安宁、易门、石林等几个重要火场中，发挥了不可替代的空中优势，有效缩短了扑火时间，最大限度地保护了森林资源，为云南经济建设发挥了积极作用。孔垂柱代表省委、省政府和昆明市委、市政府以及省市两级森林防火指挥部对总站表示衷心感谢，并向全站职工拜年。同时，孔垂柱表示对总站所反映的西南森林防火物资储备库项目建设用地问题，节后请昆明市专题研究；同时对总站2010年在云南抗击百年不遇的旱灾中，为全省森林防火工作所做的努力和作出的突出贡献，给予一定的经济奖励。

【森林航空消防工作】 2011年夏季，重庆市遭受了极端高温干旱天气，森林防火形势异常严峻，在重庆市政府和森防指的高度重视下，在国家森防指的亲切关怀下，西航总站首次正式在重庆开展森林航空消防工作。7月19日，重庆夏季森林航空消防首航仪式在江北国际机场隆重举行，史永林副总站长、航空护林处吴卫红处长应邀出席开航仪式。9月13日，重庆夏季森林航空消防总结会议在重庆森林航空消防基地召开，会上，重庆市政府丁先军副秘书长作了讲话，他充分肯定了森林航空消防工作所取得的成绩，认为在2011年这种极端高温天气的情况下，森林火灾呈爆发态势，比2006年的高温干旱时森林火灾还要多，但受到的损失比2006年少，更没有人员伤亡和人民群众的财产损失，这充分说明森林航空消防直升机在这些火灾扑救的关键时刻发挥了重要作用。他要求，出席会议的市级相关单位的领导要作出计划，加强森林航空消防工作的建设，为“森林重庆”的五个建设和保护三峡库区良好的生态环境作出更多更大贡献。据统计，重庆森林航空消防基地整个夏航共飞行36架次115小时13分钟，吊桶灭火12个火场，洒水189桶，空中投撒森林防火宣传单2万余份。

【完成处置火场实战演练】 2011年，为积极应对南方严峻的森林防火形势，根据国家森林防火指挥部办公室指示，西南森林防火协调中心多次组织赴火场工作组第一梯队进行处置火场的实战演练。在演练中，第一梯队对大型通信指挥车视频通信系统和卫星接收设备进行了维护，在现场实际操作了指挥车各系统设备，并与总站调度室进行了视频通话。同时，对出现的问题及时作了排除。

【派员参加森林扑火安全研讨会】 9月1～2日，全国森林扑火安全研讨会在甘肃兰州隆重召开，西航总站派出以史永林副总站长带队的9人组成的代表团参加了会议。此次会议由中国林学会森林防火专业委员会主办，会议紧紧围绕扑火安全教育、扑火安全训练、扑火指挥员培训、扑火安全技战术、扑火案例分析和扑火安全防护装备器材等六个方面展开研讨与交流。大会共征集到127篇论文，有12篇论文被森林防火专业委员会推荐作大会交流，总站系统共提交了7篇论文，其中《南方森林航空消防安全生产对策研究》作为12篇交流论文中的一篇，在大会上作了交流发言。

【召开建站50周年座谈会】 11月7日，西航总站成立50周年座谈会在云南省昆明市召开，国家森林防火指挥部办公室、云南省森林防火指挥部、武警云南省森林总队、西南林业大学及国家林业局驻滇各单位的领导应邀出席了座谈会，总站党委书记、总站长郝佩和，总站党委委员、副总站长史永林、吴灵、袁俊杰和总站机关全体在职职工、离退休老干部，总站直属的普洱、保山、丽江、成都、西昌、百色六个航空护林站以及江西省航空护林站、河南省森林航空消防站的领导参加了座谈会。会上，郝佩和总站长对建站五十年来所取得的成绩、经验进行了认真总结和回顾。国家森林防火指挥部总指挥、国家林业局局长贾治邦为西南航空护林总站成立50周年题词：林海雄鹰，再展英姿。会上，国家森防办航空护林处处长张连生宣读了国家森林防火指挥部、国家林业局为西南航空护林总站成立50周年发来的慰问信，慰问信说，五十年来，西南航空护林总站在党中央、国务院的亲切关怀和国家林业局的正确领导下，在相关部门的大力支持下，认真贯彻国家大政方针，牢记使命，攻坚克难，积极进取，各项工作取得了明显成效。特别是改革开放以来，总站全体干部职工发扬艰苦奋斗、无私奉献的优良作风，抢抓发展机遇，锐意开拓进取，基础设施逐步完善，综合能力不断增加，航护效益显著提升。在处置多起重特大森林火灾过程中，总站精心组织、周密安排、科学指挥、英勇奋战，圆满完成了打火头、攻险段的重要任务，为保护国家森林资源和人民群众生命财产安全作出了突出贡献。慰问信说，森林防火工作事关全局，责任重大，使命光荣。西南航护区覆盖范围大，森林资源丰富，地形和气候条件复杂，航空护林难度大，保护好这一区域森林资源任务十分艰巨。希望总站以建站50周年为新的起点，以邓小平理论和"三个代表"重要思想为指导，深入贯彻落实科学发展观，勇挑重担，再接再厉，开拓创新，为发展现代林业、建设生态文明、推动科学发展作出新的更大贡献。国家森林防火指挥部办公室副主任崔永环、云南省森林防火指挥部专职副指挥长万勇在会上讲了话。座谈会后，还举行了总站与滇中、成都、西昌、百色、普洱、保山、丽江7个移动航站特种车辆交接仪式，这对提高和加强西南森林航空消防野外飞行保障能力，有效扩大航空直接灭火范围提供了条件。

【队伍建设取得重大进展】 2011年，在国家林业局的亲切关怀下，总站班子建设取得了重大进展，原计财处处长吴灵和政治处处长袁俊杰被提拔为副总站长，这是总站第一次从内部产生了两名总站领导，使总站班子得到了充实和加强。此外，总站按照民主、公平、竞争、择优的原则，认真总结近年来干部人事制度改革经验，进一步建立健全内部激励机制和约束机制，完善了《西南航空护林总站全员岗位聘用制办法》和《西南航空护林总站站处长竞争上岗实施方案》，完成了第五轮岗位聘用工作，处级干部调整力度比较大，有5位同志被提拔到正处级领导岗位，6位同志被提拔到副处级领导岗位，总站机关9个处室和下属6个航空护林站领导班子于年底全部到位。

【编制上报"十二五"森防规划】 2011年，总站围绕提升西南森林航空消防履行职责的综合能力，通过深入调研论证，结合西南地区森林防火和森林航空消防工作的实际需求，对西南森林航空消防"十二五"期间的基本建设项目进行了系统整合，编制完成《西南森林航空消防"十二五"发展建设规划》，并正式上报国家林业局。同时，吴灵副总站长带领项目办的同志，会同设计咨询单位，全力做好全站系统重点建设项目的调研论证和编制上报工作，努力把全站系统建设任务落实在项目上，落实在年度计划中，扎扎实实推进西南森林航空消防事业向前发展。经过努力，国家林业局正式批复了总站编制上报的丽江站白沙直升机场、保山站长岭岗直升机场、西昌站盐源直升机场三个建设项目，总投资3675万元。此外，西南森林防火物资储备库建设项目和西南森林航空消防移动航站建设项目的投资计划共计4100多万元全部到位。通过储备库项目的实施，将建成西南地区第一个国家级的森林防火物资储备库，并配套建设卫星林火监测中心用房、调度指挥中心用房及移动航站车库，为总站今后的发展打下良好的基础。截至2011年底，储备库项目建设用地征地工作已经取得实质性进展，各项建设工作正有序开展，移动航站项目已全部实施并投入使用。同时，总站启动了成都站、百色站、普洱站直升机起降场的选址和调研论证工作以及西南航空护林总站江川直升机场建设项目、西南森林航空消防航行指挥信息系统建设项目的调研论证和报批工作。"十二五"期间，通过这些重点建设项目的实施，从根本上解决制约西南森林航空消防发展的重点难点问题，提升西南森林航空消防履行职责的综合能力。

【组织开展信息化与电子政务培训班】 为了深入贯彻落实首届、第二届全国林业信息化工作会议精神，更好地推广运用电子公文管理系统，进一步加强公文管理、档案管理和政务信息工作，大力推进办公自动化水平，全面加快信息化与电子政务建设步伐，10月30日至11月1日，西航总站在云南昆明举办了信息化与电子政务培训班。参加此次培训的人员有：总站机关各处（室）的政务信息员和网络管理员以及总站下属的普洱、保山、丽江、成都、西昌、百色6个航空护林站分管办公室的副站长、办公室主任、政务信息员和网络管理员，共计40余人。此次培训的内容非常丰富，主要有：全国林业信息化建设现状及发展趋势、总站公文管理系统的使用、公文写作知识、政务信息写作知识、保密知识、视频会议系统的使用等内容。为了办好此次培训班，总站还专门邀请到国家林业局有关部门的同志到会指导并为学员授课。同时，负责开发总站公文管理系统的公司也派出了两位技术人员为培训班授课。在开班仪式上，袁俊杰副总站长传达了首届、第二届全国林业信息化工作会议精神，并代表总站党委对顺利开班表示热烈祝贺，对参加培训的学员提出了希望。开班仪式上，总站还对2008 ~2011年度政务信息工作先进单位进行了表彰。经过三天的紧张学习，全体学员基本掌握了公文管理系统的收文、发文、归档等功能模块的操作，进一步掌握了公文写作和政务信息写作的要领，提高了信息安全和保密意识。全体学员还顺利通过了上机考核，并取得了结业证书。培训达到了预期目的。

【编报政务信息】 2011年，西航总站在报送政务信息工作中，不断提高信息质量，严格审核，慎重把关，及时向国家林业局和国家森防办上报总站和各航站的工作情况，反映工作动态，使国家林业局和国家森防办能真实全面地了解、掌握南方森林航空消防工作，为各级领导正确决策提供及时准确的信息服务，切实发挥政务信息的"直通车"、"主渠道"的重要作用。2011年总站共向国家林业局和国家森防办报送信息288条，这些信息均被国家林业局政府网和中国森林防火网采用，政务信息工作取得了可喜成绩。

【党建工作取得实效】 2011年，总站党建工作紧紧围绕森林航空消防中心工作，突出建设坚强组织、抓好队伍建设、强化制度落实三个重点，以深入开展创先争优活动为动力，全面加强机关和基层党的思想、组织、作风、制度和反腐倡廉建设。一是狠抓政治理论学习，提高干部队伍素质。紧紧围绕以"提高能力，增强素质"为核心，按照活动带动政治学习与业务学习齐动、制度推动的思路，营造干部职工自觉学习氛围。同时采取多种形式把学习贯穿于各个阶段，保证学习的实效性。二是以提高党建工作的规范化制度化为重点，突出抓好领导班子、党员队伍和制度规范"三项建设"，深入推进党建工作责任制和党风廉政建设责任制的落实，提高党建工作的规范化。三是突出抓好深入开展学习杨善洲等先进典型活动、党务公开活动、党组织和党员公开承诺活动及基层党建工作等“四项重点”活动，深入推进创先争优活动。四是围绕党建工作目标任务，重视入党积极分子的培养教育，认真开展纪念建党90周年系列活动，加强离退休干部党支部建设。

（西南航空护林总站由杨林供稿）

国家林业局华东林业调查规划设计院

【综　述】 2011年，华东林业调查规划设计院（以下简称华东院）遵照国家林业局领导要求做好搬迁准备和职工思想工作的指示，做到搬迁和工作两不误，完成2011年各项生产任务和华东院整体搬迁工作。

【森林资源监测工作】 2011年，华东院承担完成包括森林资源清查、营造林实绩综合核查、森林采伐限额执行情况检查、占用征收林地情况检查、退耕还林工程阶段验收的重点核查验收等国家林业局下达的指令性任务16项。

全国森林资源清查 ①完成江西省森林资源清查方案审核和操作细则审批、技术指导、质量检查、外业成果验收、内业统计分析、卫片处理等工作，共辅导性检查样地31个，地面样地检查81个，实地验证遥感判读样地1708个，内业验收样地卡片2608份，提交简要报告。②组织完成了湿地松、亚热带地区阔叶树和人工杨树等3个树种（组）生物量调查建模的样本采集、系数测定和模型研建，提交相关技术和工作总结报告。③完成全国森林资源清查统计程序的优化完善、技术培训和服务工作，提交工作总结报告。④指导华东监测区各省林业数表建设，参与审查安徽、福建两省相关成果。

全国营造林实绩综合核查 完成华东监测区营造林实绩综合核查和专题调研工作，核查华东监测区8个省（市）、79个县级单位、253个乡级单位、7098个小班、24个管护责任区、2个播区，抽查上报面积4.3万公顷。完成速生丰产用材林基地建设工程、长江防护林建设工程核查全国汇总分析工作，提交各项核查报告。

全国森林采伐限额执行情况检查 ①完成华东监测区采伐限额执行情况检查任务，抽查华东监测区7个省、10个县级单位、99个乡级单位、432个村级单位，检查了有效林木采伐许可证18 593份，提交检查工作成果报告。②完成全国森林采伐限额检查技术业务协调、管理、技术支持、全国数据的统计分析和成果汇总等工作，编写提交全国报告。

全国占用征收林地情况检查 完成华东监测区占用征收林地情况检查任务，检查华东监测区7个省、28个县级单位，检查占用征收林地1037项，提交检查工作成果报告。

退耕还林阶段重点核查验收 完成安徽、江西、河南、山西4省退耕还林阶段验收重点核查任务，抽查4个省，291个县级单位，92 697个小班，抽查面积15.8万公顷，提交检查验收成果报告。

其他森林资源监测工作 ①承担华东监测区各省（市）森林资源规划设计调查和森林资源档案建立及更新指导工作。②完成《全国沿海防护林体系工程建设成效评估》技术方案编写，各省（区、市）技术指导、自评报告初审，全国汇总、报告初稿编写工作。③完成华东监测区县级林地保护利用规划和全国林地“一张图”建设技术支持与指导和省级林地保护利用规划大纲和规划成果的审查工作。完成全国林地保护利用规划高分辨率遥感影像处理工作。④完成内蒙古重点国有林区两个林场“三总量”检查工作所需卫片处理和外业检查技术指导工作。⑤承担森林资源清查与动态监测项目支出定额标准编制，完成《森林资源清查与动态监测项目支出定额标准（初稿）》编写工作。⑥承担全国森林采伐限额执行情况检查技术规程标准编制，完成《全国森林采伐限额执行情况检查技术规程（初稿）》编写工作。⑦承担全国湿地保护补助项目监测评估办法编制工作，完成全国湿地保护补助项目监测评估试点和《监测评估办法》编写任务。

【对外技术服务】 2011年，华东院积极开拓林业技术服务市场，开展对外技术服务工作，完成对外技术服务项目370个，合同金额4264万元。

【科研和技术发展情况】 ①开展优秀成果和优秀论文评选，评选出院优秀成果9项，优秀论文7篇。②职工在公开发行的刊物上发表学术、技术论文21篇。③获全国优秀工程咨询成果二等奖1项，全国林业优秀工程咨询成果一等奖1项和二等奖1项。

【部门预算】 2011年，华东院部门预算收入总计6944万元（含上年结转的专项结余50万元），部门预算支出6885万元，收支结余59万元，全面完成年度预算任务。

【林业信息化建设】 按照加快林业信息化，带动林业现代化的总体思路，结合华东院杭州新址建设工程加强软硬件建设，坚持强化基础、提升水平、拓展领域、深化合作、规范管理，有序开展华东院的信息化建设工作。贯彻落实国家林业局有关网络安全规定，加强涉密计算机和涉密存储器的管理，在涉密人员签订保证书的基础上，采取对涉密计算机和涉密存储器进行不定时检查的办法，同时定期及时向当地保密部门汇总上报院的涉密计算机和涉密人员情况，从而确保华东院涉密资料的安全。

【自身能力建设】 2011年，华东院加强干部队伍思想作风建设，增强班子和干部队伍的凝聚力、创造力和战斗力，抓好队伍自身能力建设。①坚持森林资源监测廉政反馈卡制度，加强外业人员自觉执行资源管理各项廉政规定的监督检查。②组织开展廉政风险防控工作，以明确岗位职权为基础，以排查廉政风险点为核心，以健全制度机制为保障，以规范权力运行为目标，着力规范岗位权力，着力降低廉政风险，努力构建廉政风险防控网络。③试行干部选拔任用新机制，组织实施部分处级干部岗位竞聘上岗，结合华东院实际，编制竞聘上岗工作实施方案，并按照实施方案规定的人选范围、资格条件、竞聘程序，组织开展竞聘上岗。

【完成整体搬迁工作】 2011年4月20日，华东院举行杭州新址办公楼落成典礼，完成整体搬迁杭州工作。

【增设内设机构】 经国家林业局办人字〔2010〕92号文批复同意，2011年4月27日，华东院增设离退休干部处和金华院区管理处。

【杭州院区附属用房建设】 按基本建设相关规定启动华东院杭州院区职工单身宿舍等附属用房项目建设，严格进行项目招投标工作，确保相关工作的管理、监督到位，项目于2011年11月18日开工。

（华东林业调查规划设计院由楼毅供稿）

国家林业局中南林业调查规划设计院

【综　述】 中南院成立于1962年，与国家林业局中南森林资源监测中心、国家林业局石漠化监测中心实行一套人马、三块牌子的管理模式。主要承担国家和国家林业局有关部门下达的森林资源、湿地资源、石漠化监测以及全国或区域性重大林业建设规划，技术标准、规程规范的编制、制定，林业专项调查和林业工程规划设计、林业行政职能检查核查、林业信息系统建设与运用等技术与管理工作。2011年，中南院按照建设一流队伍、培养一流作风、创造一流业绩的奋斗目标，围绕中心，服务大局，认真履行国家森林资源监测职责，进一步解放思想，科学谋划，强化管理，创新机制，推进各项工作的开展。2011年年末职工总数250人，其中在职职工166人，离退休84人。在职职工中，具有教授级高级工程师11人，高级工程师53人。11人享受国务院政府特殊津贴，6人获林业部有突出贡献的中青年专家称号。

西藏自治区森林资源连续清查第二次复查工作 在国家林业局党组的领导、局资源司的具体指导和西藏自治区的支持下，中南院强化质量管理、健全工作制度、落实监督措施、严守工作纪律，选派富有连清工作经验的专业技术队伍，完成了西藏森林资源连续清查第二次复查各项工作，并取得6项成果。①完成第一副总体范围内5855个固定样地的复查、第二副总体范围内的有林地、灌木经济林、未成林造林地等347个样地的调查和第一、第二副总体范围内101个村的四旁树复位调查以及遥感判读样地306 930个；②对波密县康玉乡、察隅县察瓦龙乡等部分遥感样地或目测样地进行实测调查；③对于第二副总体范围内的有林地、灌木经济林和未成林造林地样地，进行加密抽样；④应用激光测高测距仪，提高测高测距精度；全部样地实行GPS航迹、典型照片管理、QQ群管理，调查质量进一步提高；⑤增加生物量小样方调查，调查内容更加丰富；⑥编制西藏常见植物手册，加强植物知识培训，将树种进一步细化，调查落实到种。

中南监测区营造林综合核查、采伐限额检查、占用征收征用林地检查和退耕还林工程阶段验收工作 完成中南监测区7省(区)95个县、336个乡、9411个小班、28个播区、320个天保管护责任区的营造林综合核查任务，抽查营造林面积6.62万公顷。完成湖北、湖南、广东、广西、海南、贵州和云南等省(区)28个县级单位占用征收林地检查。完成湖北省蕲春县和随县、湖南省靖州苗族侗族自治县、广东省翁源县、广西壮族自治区宁明县和藤县、海南省海口市、贵州省从江县、云南省云龙县和宁洱哈尼族彝族自治县等省(区)10个县(市)的2010年度森林采伐限额执行情况检查，共抽查44个乡(镇、场)，139个行政村(林班)，查验12 560张林木采伐许可证，现地检查400个有证成片采伐伐区和24个无证成片采伐伐区。完成湖南、湖北、贵州、广西、海南、西藏等省(区)退耕还林工程国家重点核查验收任务，共抽查面积27.77万公顷，核查验收县级单位416个、核查乡镇2702个，核查小班42.5万个。

（齐建文）

【资源调查监测工作】 ①在国家林业局湿地办的具体指导下，做好国家层面技术支撑工作，与湖北、广西、江西和安徽等省(区)加强合作，及时做好相关工作方案与实施细则的制定、调查技术培训、遥感图像处理和判读区划，全程跟踪外业调查，开展技术指导，完成全国第二次湿地资源调查2011年度各项工作任务。②在国家林业局治沙办的指导下，开展了岩溶地区8省(区)第二次石漠化监测工作。在湖南省新邵县开展试点的基础上，进一步修订完善《岩溶地区石漠化监测技术规定》，并结合实际制定《岩溶地区石漠化监测质量检查验收办法》。完成对各省区技术骨干、省级监测队伍的技术培训，研发了石漠化监测管理信息系统。③完成吉林森工露水河、八佳子林业局两期卫星遥感数据处理和采伐地块的区划判读以及“三总量”遥感检查工作。④完成2011年度森林生物量建模工作。完成湖南、湖北、广西、云南等7个省(区)生物量建模外业样本采集的技术指导，涉及杨树、亚热带阔叶树(木荷)、亚热带湿地松、西南地区落叶松、西藏云杉、西藏冷杉、西南地区云南松等树种(组)共计650株样木。牵头完成云杉、冷杉和云南松等树种的样本试验测定和生物量模型建立工作。⑤牵头完成《国家级珍贵树种培育示范县建设标准》的制定。⑥牵头完成《造林绿化任期目标责任制管理办法》的制订。⑦组织完成《全国营造林综合核查技术规程》行业标准的制定。⑧做好湖北、湖南、广东、广西、海南、贵州、云南和西藏等省(区)的林地保护利用规划编制与林地落界工作技术指导、督导与检查。

(齐建文)

【国家林业局石漠化监测中心揭牌】 2011年11月15日，监测中心揭牌仪式在中南院举行，国家林业局副局长张永利、湖南省人大常委会副主任谢勇为监测中心揭牌，张永利作了讲话。 (院办公室)

【张永利到中南院考察】 11月15日，国家林业局副局长张永利到中南院实地察看了院区基本建设情况，参观院展览室和职工活动室，听取中南院有关工作情况的汇报，看望并慰问了全院干部职工并作讲话。

(院办公室)

【中央组织部领导到中南院考察】 2011年11月29日，中央组织部干部四局副局长陈玉明、国家林业局人事司司长谭光明一行在湖南省林业厅厅长邓三龙等陪同下，到中南院调研创先争优活动的开展情况。

陈玉明一行在中南院调研期间，察看了中南院展览室和职工活动室，观看了中南院结合西藏森林资源连续清查工作开展创先争优活动工作纪实录像专题片，了解中南院组织开展“创先争优”主题实践活动和向杨善洲学习等活动。中南院2010年以来先后获得全国模范职工之家、湖南省直单位模范集体、全国林业系统“五五”法制宣传教育先进单位、湖南省厂(校、院)务公开民主管理先进单位等称号和“五一”奖状，陈玉明对中南院在创先争优活动中取得的成绩给予了肯定。

(党群人事处)

【湖南省厂(校、院)务公开民主管理先进单位】 2011年根据湖南省《关于表彰湖南省厂(校、院)务公开民主管理先进单位的决定》，中南院被湖南省厂务公开工作领导小组授予湖南省院务公开民主管理先进单位称号。

中南院自2002年实行院务公开工作以来，把推行院务公开、民主管理作为民主政治建设的一项重点任务来抓，结合实际，不断推进和深化院务公开，使院务公开工作走上规范化、制度化、程序化的轨道。①坚持中心组学习和职工代表大会制度，使全院干部职工参与改革和发展等重大方案的审议过程。②利用网站、院务公开栏，对院务公开的领导、组织、监督、实施等内容进行广泛宣传。③组织职工进行座谈，听取职工的意见，完善院务公开的内容。④设立院长信箱和意见箱，对职工疑问及时作出解释。⑤利用院网站，将人才招聘等信息向全社会公开，扩大公开信息覆盖面。⑥建立院务公开档案。将院务公开内容整理成文字材料记录在案。⑦推进依法治院、民主治院和廉政建设进程，为职工监督院务公开工作提供保障。 (院工会)

【中南院岗位聘用管理工作暨第三轮全员聘用动员大会】 2011年12月16日，中南院组织召开全院岗位聘用管理暨第三轮全员聘用工作动员大会。会议总结中南院自2006年实行岗位聘用管理工作以来取得的成功经验和存在的不足，对中南院2012年度岗位聘用管理工作进行全面部署和动员。 (党群人事处)

【中南监测区林地保护利用规划编制和林地落界工作座谈会】 6月30日，中南院在湖南长沙组织召开座谈会。会议由中南院总工程师、副院长熊智平主持。国家林业局资源司副司长徐济德、林地处处长王洪波，中南院院长周光辉和党委副书记、副院长周学武同中南监测区8省(区)林业厅(局)主管副厅(局)长、资源林政处处长、设计院院长以及项目负责人40多人参加会议。

(生产技术处)

【中南院获全国优秀工程咨询成果奖】 2011年根据《关于公布全国优秀工程咨询成果奖2010年度获奖项目的通知》(协政字〔2011〕1号)文件，中南院承担完成的海南省三亚市森林防火规划(2010 ~2014)获2010年度全国优秀工程咨询成果二等奖，中南院与西藏自治区林业调查规划研究院共同完成的西藏自治区重点区域生态公益林建设工程规划(2007 ~2010年)获2010年度全国优秀工程咨询成果三等奖。 (生产技术处)

【《岩溶地区石漠化监测技术规定》通过专家评审】 中南院作为国家林业局石漠化防治技术支撑单位，2010年5月开始承担《岩溶地区石漠化监测技术规定》的修订任务。2011年1月，中南院进一步征求专家和技术人员的意见，并召开会议，对《岩溶地区石漠化监测技术规定》进行修改完善。

3月18日，国家林业局防治荒漠化管理中心在北京组织召开《岩溶地区石漠化监测技术规定》专家论证会，防治荒漠化管理中心主任刘拓主持会议，来自中国科学院、中国林科院、中国地质科学院、北京林业大学、贵州大学、中南林业科技大学、国家林业局调查规划设计院、广西壮族自治区林业调查规划设计院等单位的评审专家参加了会议。

会上，评审专家组认为该成果在保持原有监测技术路线、主要指标的前提下，对局部结构、个别指标及区划方法等进行了完善，既确保了两期石漠化监测指标与方法的连续性和稳定性，又在石漠化演变评价、石漠化变化原因等方面进行合理的充实和完善。《岩溶地区石漠化监测技术规定》通过专家评审。《岩溶地区石漠化监测规定》为国家林业局2011年启动岩溶地区第二次石漠化监测工作提供了评价依据。 (石漠化监测处)

国家林业局西北林业调查规划设计院

【综　述】 2011 年，西北林业调查规划设计院(以下简称西北院)坚决贯彻落实全国林业厅局长会议精神和国家林业局各项工作部署，准确把握形势，抢抓发展机遇，深入实施“项目带动、科技兴院、人才强院”三个战略，不断加强和创新管理，各项工作扎实推进并取得成效。

保证各项指令性任务完成　2011 年，国家林业局资源司、造林司、保护司、科技司、天保办、退耕办、治沙办、湿地办等司(局、办)共下达西北院各类指令性任务 23 大项、73 个子项，任务量较 2010 年增加 40%以上，任务难度和重要程度明显增大。其中，林地保护利用规划、全国第八次森林资源清查、国家级公益林监管等 3 项任务，列入了国家林业局 2011 年度林业重点工作。除跨年度项目外，截至 2011 年年底，所有任务均按计划如期完成，成果质量得到好评。

全面加强西北监测区林地保护利用规划编制的督导和试点工作，保证了监测区各省(区、市)林地保护利用规划编制按计划有序开展。2011 年 5 月，西北院在全国率先组织召开了西北监测区林地保护利用规划编制工作座谈会，会议统一了监测区各省(区、市)对编制工作的思想认识，明确了目标任务，商讨了措施办法。会后，各省(区、市)迅速行动，克服种种困难，落实技术力量，落实项目经费，有力推进了监测区林地保护利用规划编制工作。

指导完成了甘肃、新疆两个省(区)森林资源连续清查工作。2011 年全国开展的第八次森林资源连续清查工作，甘肃、新疆两省(区)占有举足轻重的地位，两省(区)清查面积达到 211 平方千米，占国土面积的 22%，任务量占本年度全国清查任务量的 53%。西北院通过提早介入、精心组织、科学布置，及时完成了前期各项技术筹备、遥感数据处理、工作方案和技术方案的审查、操作细则的审批、调查队伍的培训评估、外业调查前的技术指导等工作，为清查工作顺利开展提供了重要技术支撑。中期阶段，通过严格把关，深入现地检查、验证，有效保证了两省(区)复查工作质量。

按期完成了监测区营造林实绩综合核查、林地占用征收、采伐限额执行情况检查等 3 项常规性任务。自 5 月开始检查工作，至 10 月下旬完成监测区 9 个省级单位 128 个县(市、区)的营造林实绩综合核查，10 个县(局)的森林采伐限额执行情况检查和 28 个县的占用征收林地情况检查任务。国家林业局资源司、监督办有关领导对西北院在 3 项检查中开展“质量年”活动和结合热点问题主动研究、提出建议的做法给予了充分肯定。

组织开展了重点生态工程的检查验收和调查评估工作。2011 年，全国共有 153.33 万公顷退耕还林地补助到期，其中西北院承担了 48 万公顷阶段验收任务，占总任务量的 1/3。10 月底前顺利完成，全面兑现了西北院接受任务时做出的郑重承诺。

此外，2011 年还承担完成全国 20 个省级单位天然林保护工程年度“四到省”考核、全国第二次湿地调查质量验收、三北防护林体系建设四期工程评估、全国湿地“十一五”保护工程评估、国家级公益林监测与评价试点、《国家级公益林绩效考评方案》编制、水土流失治理技术推广试点等工作。

为林业发展和生态建设提供支撑　在全面完成主体监测任务的同时，大力强化技术服务职能，为林业发展和生态建设提供全方位服务，在增强自身发展能力的同时，促进了监测区林业技术水平的提高。一是围绕林业中心工作，发挥技术人才优势，提供技术支持。2011 年围绕林地保护利用规划编制工作，在技术力量相对紧张或薄弱地区承担 146 个县级林地规划编制，推广林地落界质量检查系统达到 200 个县，有力保证了监测区林地保护利用规划编制工作的进度和质量。二是参与国家重点林业工程与生态工程建设，为天然林保护、退耕还林、京津风沙源治理、三北防护林体系建设、自然保护区、森林公园、湿地保护等工程提供规划设计、咨询、工程监理与评估服务，为国家重点林业工程的顺利实施和取得预期成效做出了贡献。三是利用调查规划领域的独特优势，服务地方林业发展。根据林地保护利用规划编制工作需要，2011 年重庆全市开展了森林资源二类调查工作，在时间要求紧、市县技术力量严重不足的情况下，西北院及时组织力量，积极承担了 10 个县(区)的调查任务，加快了整体工作进度，服务了地方林业发展。四是推出精品，以实际行动献礼世园会。利用西安 2011 世园会平台，充分展示西北院园林设计水平，扩大品牌影响，巩固了园林绿化发展成果。西北院设计的汉中园被国际园艺生产者协会授予特等奖，并且作为陕西唯一的一个园被媒体推介。

(西北林业调查规划设计院由王义贵供稿)

国家林业局昆明勘察设计院

【综　述】 2011 年，昆明勘察设计院(简称昆明院)按照国家林业局的整体部署，按照发展现代林业、建设生态文明、推动科学发展的总体要求，紧紧围绕服务林业大局，改革创新，强化管理，优化服务，扎实工作，新签项目合同257项，总产值达12 180万元，较上年增长了15%，职工收入增长10%，科技队伍增长10%，完成年初制定的各项工作任务。2011年12月27日，国家林业局同意在昆明勘察设计院加挂国家林业局自然保护区及野生动植物西南监测中心牌子。

【业务工作】 退耕还林工程重点核查验收工作，2011年，负责四川、云南两个省退耕还林工程国家级重点核查验收工作，完成验收面积为13.067万公顷。完成全国林地保护利用规划卫星遥感影像集中处理工作。2011年，派出3名技术人员参与全国林地保护利用规划卫星遥感影像集中处理工作，并受到表彰。参与全国防沙治沙目标责任考核工作。由胡培兴书记任组长，对青海、陕西、内蒙古等省级政府"十一五"防沙治沙目标责任工作完成情况进行了期末综合考核。林业碳汇计量工作。2011年，昆明院负责全国碳汇造林试点项目云南省腾冲县、广西壮族自治区平乐县、四川省大英县、利州区共613.33公顷碳汇造林计量与监测任务及大英县、平乐县、腾冲县3个项目县的林业碳汇造林作业设计任务，指导四川省林勘院完成广元市利州区的作业设计。完成国家林业局举办的全国林业碳汇第四期、第五期的培训班授课任务。完成《森林与水旱灾害关系研究》课题研究，并组织召开了专题研讨会。承担林业工程标准编制工作。完成了《森林火险预警监测系统建设标准》和《森林防火专业队伍建设标准》的征求意见稿并已上报，编制完成《生物质能源林造林规范》初稿。《林业建设》期刊编辑出版发行工作。2011年对编辑部人员进行了充实，制订了新的工作流程，在稿件组织、栏目设置和版面编排上进行了较大的改变，刊物从内容到外观均有所改进和提高，赢得了协会及业内人士的肯定，共完成《林业建设》6期期刊的编辑和出版发行工作。

【服务林业生态建设工作】 按照全国林业厅局长会议的总体部署，在森林资源保护、生态环境建设、湿地保护和石漠化防治等方面充分发挥综合性勘察设计院的特色和优势，为推进现代林业建设提供技术服务。2011年完成林业项目172个。①积极为天保工程二期县(局)级实施方案编制提供技术支撑。完成了楚雄、红河、昆明、迪庆等市(州)共16个县(区)天保二期实施方案编制和云南维西等6个县的国家级和省级生态公益林实施方案编制。②完成福建省寿宁县林地保护利用规划技术指导工作。③完成云南轿子山国家级自然保护区、拉市海高原湿地省级自然保护区、哀牢山国家级自然保护区普洱片区自然文化遗产地保护建设项目等多个总体规划。④林业生态建设项目。2011年承担了昆明市倘甸工业园区和轿子山旅游开发区的林业生态建设系列规划、昆明珍稀植物保护发展基地规划、东川生态文明试点县实施规划、昆明市县(区)创建国家森林城市实施规划(方案)、南滚河国家级自然保护区综合科学考察、云南开远等12个县2011 ~2013年石漠化治理实施方案的编制、表碧公路R5生态恢复治理施工图设计、滇池度假区退耕还林规划、维西县森林抚育作业设计、滇池林业生态恢复重建2011年度造林作业设计、芒市低产林改造作业设计以及金山化学纤维有限公司原料林基地可行性研究报告等。⑤生物质发电项目资源调查评价。完成云南省先期建设的3个生物质发电项目的资源调查评价报告的编制，为云南省生物质发电燃料资源的供应起到很好的指导作用。

【实施林业"走出去"战略】 为了落实局党组关于加强林业国际合作的工作方针，全院抓住桥头堡战略机遇，发挥对热带森林熟悉的技术优势和毗邻东南亚国家的地缘优势，寻求新的发展空间，实施"走出去"战略。2011年上半年完成印度尼西亚巴布亚省纳比雷县8.6万公顷莎谷林采伐运输方案、柬埔寨东北四省森林资源开发项目和老挝森林资源开发项目初步踏查。唐芳林院长以专家身份参与亚太森林网络柬埔寨退化林地多功能恢复与管理示范项目启动会并作专题报告，为成为亚太森林网络的技术支撑单位做有益的铺垫。

【服务社会工作】 发挥昆明院在林业和工程上综合性勘察设计优势，在农业、交通、水电、市政工程等领域，完成大量的工程规划勘察设计工作，认真做好云南德维二级公路和西藏觉巴电站进场公路、G317线设计的后续服务，巩固与云南华能澜沧江水电有限公司的《战略合作协议》；2011年11月，与芒市人民政府签署了《战略合作协议》。承担了芒市机场至风平佛塔段道路设计、德宏州芒瑞大道工程设计，参加了云南盈江灾后重建项目的勘察设计工作；水电市场实现零的突破，承接了临沧市临翔区龙浩坝水库的勘察设计工作；农业方面完成勐海县土地整治规划项目。

【职工队伍建设】 2011年通过严格的选拔，吸收博士毕业生4人、硕士毕业生16人，充实了人才队伍。全院正式职工401人(其中离退休职工197人，在职204人)，另有不在编制的外聘技术人员近200人。专业技术人员占在职人员的87%，在职职工平均年龄38岁，90%以上职工具有大学本科以上学历，60%以上具有硕士以上学历或者高级工程师以上职称。

根据院第七届职代会第二次会议讨论通过的国家林业局昆明勘察设计院岗位设置管理实施方案和相关配套办法，2011年1~2月开展了新一轮的岗位聘任工作。1月1日起开始执行的国家林业局昆明勘察设计院绩效工资发放办法。2011年10月底至11月，首次组织对空缺的两个处长岗位进行了公开竞争上岗。通过竞岗演讲、综合能力测试、民主推荐测评、考官组打分考核、领导班子集体研究、考察谈话、公示、院长同意、聘任等程序，选拔出新的处长人选，为优秀人才脱颖而出提供了一个平台。

【质量技术管理】 2011年11月，为规范昆明院勘察设计后期服务工作、明确现场设计代表工作程序和内容，编写发布院《勘察设计后期服务现场工作通则(试行)》，并纳入ISO9001：2008质量管理体系(2011B版)中的管理性作业文件。

2011年完成的思澜公路糯扎渡电站淹没改线工程获云南交通优秀设计三等奖，小湾水电站水库淹没凤庆县漭街渡大桥复建工程获云南交通优秀勘察二等奖。

2011年12月22日，林业调查规划所被评为云南省“十一五”森林云南建设先进集体，朱丽艳所长被评为先进个人，受到云南省人民政府的表彰。（云政发〔2011〕256号）

【院内学术氛围初步形成】 开展了2011年入院博士、硕士研究生学术交流会，院内学术论坛、讲座等丰富多样的技术交流活动，与国家林业局经研中心合作，由刘文国博士等完成了“西南地区森林资源与水旱灾害的关系研究”课题研究，得到贾治邦局长的批示；由张治军博士等完成“云南省森林生态系统生态服务功能研究”，报告得到云南省副省长孔垂柱的批示；唐芳林、王梦君博士等完成的《云南省国家公园试点效果比较分析》一文被选入云南省发展内参，引起较大反响，高峰副省长批示全省认真学习，云南省林业厅厅长陈玉侯批示全省林业部门认真学习贯彻；李华等同志研制了征占用林地统计软件；与重庆交科院合作了“公路改城市道路技术研究”。

2011年度组织有关人员参加了城市规划、测绘、咨询、资产评估、造价、出版、结构、招标、公用设备、环保、岩土等各类注册执业资格考试、培训、继续教育以及结构规范详解、GIS应用、土地整理等培训共115人次，支出55 496元。2011年1人考取注册测绘师，1人考取交通部甲级造价工程师。2011年唐芳林院长经国务院批准取得国务院政府特殊津贴专家称号，郭景堂获云南交通十名优秀工程师，曹智伟获云南交通青年科学技术奖。（昆明勘察设计院由张凤仙供稿）

林业社会团体

20

中国林学会

【综　述】 2011年，学会扎实抓好学术交流、科学普及、决策咨询、科技奖励、期刊编辑等各项工作，在中国科协优秀调研成果评选中获得特等奖、一等奖、二等奖各1项，并获得优秀组织奖。

国内学术交流　2011年，学会和各分会共举办学术交流活动30余次，参会代表7000人次，交流论文1500余篇。组织召开2011年现代林业发展高层论坛、全国林下经济发展学术研讨与经验交流会、中国科协年会林业分会场——沿海生态建设与城乡人居环境学术研讨会、2011中国林业青年科技论坛等学术交流活动。围绕森林培育、森林食品、生物质材料、林木遗传育种、树木学、林业机械、森林防火、森林生态、森林工程等重点学科组织开展20项专题学术交流活动。参与中国湖泊论坛、农产品质量安全与现代农业发展专家论坛等筹办工作。组织开展《林学名词》的第二版的修订。

国际交流与合作学会　举办2011国际生物经济大会的分会——生物资源与生物多样性。加强与澳大利亚、新西兰、加拿大林学会等外国林学会和国际树木学会、世界自然保护联盟(IUCN)等国际组织及台湾中华林学会的联系。派员参加亚洲保护论坛、国际树木学大会等国际会议。筹备第二届森林科学论坛——森林可持续经营国际学术研讨会。

科学普及组织开展科普服务林改试点工作，制定科普服务林改试点行动年度工作计划，在辽宁宽甸、浙江龙泉、陕西蓝田开展相关试点工作；组织开展系列林业科普"六进"活动。组织开展"追求绿色时尚，走向绿色文明"植树节科普宣传活动、以"防灾减灾，从我做起"为主题的防灾减灾科普宣传活动、"健康森林、健康人生"环湖行走科普宣传活动，积极参加国际森林年活动，创办"森林大讲堂"，协办2011年国家林业局林业科技周活动，举办"森林为民"科普展、第二十七届青少年林学夏令营、核桃高效栽培技术培训班和油茶实用技术培训班，推广普及核桃、油茶栽培实用技术。组织开展林业科普基地标准化建设和科普资源共享共建工作。组织起草《全国林业科普基地评估标准》，召开全国林业科普基地座谈会，举办"全国科普日——走进林业科普基地"活动，组织河北等4省林学会开展核桃、板栗等科普资源共建共享工作。完成中国科协高校科普工作调研任务。组织专家挑选适合天宫一号科学实验的森林植物种子。

决策咨询学会　在2011年全国林学会秘书长会议上对决策咨询工作作了动员部署，提出加强学会系统决策咨询工作提出明确要求。组织召开2011年学会决策咨询工作座谈会，探讨工作思路，落实具体任务。开展学会系统优秀决策咨询成果评选活动，调动广大科技工作者建言献策的积极性。组织开展森林经营与森林质量专题调研，深入典型地区进行实地调研，总结森林经营先进经验，了解森林质量现状和存在问题，组织专家深入研讨，提出加强森林经营工作的专家建议。组织专家完成木本粮油产业发展战略研究项目，完成《我国木本粮油产业发展战略研究总报告》和《油茶产业发展研究报告》、《板栗生产现状和发展战略研究报告》、《油桐产业化发展战略调查研究报告》、《枣产业发展报告》4个分报告。组织专家参加组织编制中国科协《预防与控制生物灾害咨询报告(2011)》，组织专家编写《2011年全国主要林业有害生物成灾情况及2011年发生趋势与防控对策建议》林业部分，分析2011年林业生物灾害发生趋势，提出预防和控制对策措施，报有关部门决策参考。

搭建产学研交流平台　主办第二届中国银杏节暨第十一届中国·太湖明珠——长兴国际投资贸易洽谈会，举办全国银杏学术研讨会、银杏新成果和新产品展示、全国银杏书画摄影作品展、2011年长兴国际投资贸易洽谈会、古银杏长廊参观考察、大型文艺晚会等系列活动。召开2011年全国桉树论坛暨产业展示会，围绕桉树遗传育种、桉树栽培、经营管理、木材加工、生态保护和多资源利用等问题进行交流与研讨。举办第七届中国竹业学术大会，分设中国竹产业发展论坛和中国竹业青年学术论坛两个分会场，围绕竹资源培育、开发利用技术、产业发展等问题展开研讨。同时，结合召开学术研讨会和分会年会，组织开展生物质材料、木材加工、林产化工、林业机械等领域的产学研交流活动。

期刊编辑学会加强期刊质量管理，启用采编系统短信平台，加强作者、编辑、读者之间的联系与沟通。加强期刊网络平台建设，实现过刊和现刊上网，方便读者查询阅读。2011年，学会主办期刊——《林业科学》继续被评为中国科协精品科技期刊，在中国科技期刊综合评价总分排名中，在4936种科技期刊的1998种核心期刊中位居第六位，在2008年第九位、2009年的第七位的基础上再创新高。在《林业科学》上刊载的一篇论文入选中国百篇最具影响国内学术论文。

表彰奖励　与国家林业局人事司共同组织开展第十一届中国林业青年科技奖评选及第十二届中国青年科技奖候选人推荐工作，评选出20名中国林业青年科技奖获得者，其中饶小平、郭洪英2名林业科技工作者荣获中国青年科技奖。组织开展第四届梁希林业科学技术奖评选工作，从127项申报项目中共评选出获奖项目89项。其中一等奖4项，二等奖36项、三等奖49项。启动第三届梁希优秀学子奖与梁希科普奖评选工作。组织开展中国科协第八届中国青年女科学家、第九届光华工程奖候选人推荐工作。组织对《梁希林业科学技术奖奖励办法》等4个奖励办法进行完善修订。

组织建设　召开全国林学会秘书长会议暨分支机构主任委员座谈会，总结2010年学会工作，分析学会发展面临的新形势，研究学会发展思路，安排部署2011年工作。组织开展学会发展情况调研，采取问卷调查和实地调研相结合、广泛听取意见与专题研究相结合的方式，全面了解全国林业学会事业发展现状，总结经验，查找问题，研究提出推进学会事业发展的对策措施。加强对分支机构的管理。强化对分支机构换届改选的审批、业务活动的指导，树木引种驯化、林业科技期刊、生物质材料科学、森林生态 4 个分支机构进行换届改选。2011 年经中国科协、民政部批准，申请成立森林食品、竹藤资源利用两个分会(专业委员会)，学会分会、专业委员会总数达 36 个。加强学会网站等信息化建设，做好会员发展与服务，壮大会员队伍。加强信息报送和对外宣传工作，2011 年共向中国科协、国家林业局报送信息 100 余条。

【现代林业发展高层论坛】 12 月 23 日，由中国林学会主办的 2011 年现代林业发展高层论坛暨第四届梁希林业科学技术奖颁奖仪式在北京举行。国家林业局局长贾治邦出席并讲话，国家林业局副局长孙扎根宣读“中林集团杯”第四届梁希林业科学技术奖评选结果的通报，中国林学会理事长、国际木材科学院院士江泽慧作主旨报告，中国科协书记处书记王春法出席论坛并发表讲话。科技部国家科学技术奖励工作办公室副主任陈志敏、国家发改委农经司副司长吴晓松、财政部农业司副司长褚利明、梁希奖冠名资助单位——中国林业集团公司总经理张樟德、国家林业局各有关司局和直属单位领导出席开幕式和颁奖仪式。开幕式由中国林学会副理事长兼秘书长赵良平主持。来自全国各省、自治区、直辖市林业厅(局)、林学会，国家林业局各直属单位，林业高等院校、科研院所的领导和专家，全国优秀科技工作者和第四届梁希林业科学技术奖获奖代表共 260 余人参加了论坛。

中国科学院院士唐守正、清华大学国情研究中心主任胡鞍钢、中国林科院首席科学家盛炜彤、中国林科院首席科学家彭镇华、国家林业局造林司司长王祝雄、北京林业大学校长宋维明等 12 位专家就森林质量与森林可持续经营、中国绿色发展理论与实践、非木质林产品研究和利用、城市森林质量与人居环境、森林经营与绿色增长、中国木材安全等议题作特邀报告和专题报告。与会代表围绕论坛主题，广泛交流了中国森林经营的成功模式和先进经验，认真分析森林质量现状、存在问题及原因，深入探讨了进一步加强我国森林经营工作、提高森林质量的主要思路和对策措施，形成了共识，提出了提升森林质量、促进绿色增长的决策建议。

【第二届中国银杏节暨第十一届中国 · 太湖明珠——长兴国际投资贸易洽谈会】 由中国林学会、浙江省生态文化协会、浙江省林业厅主办，浙江省长兴县人民政府、中国林学会银杏分会、浙江省湖州市林业局承办，洽谈会于 10 月 22 日在浙江省长兴县举办。国家林业局总工程师陈凤学、浙江省人大常委会副主任程渭山、浙江省政协副主席、浙江省生态文化协会会长陈艳华出席开幕式。中国林学会副理事长兼秘书长赵良平、浙江省林业厅厅长楼国华以及国家林业局有关司局领导、湖州市和长兴县相关部门的领导出席开幕式并参加节庆活动。

本届银杏节的主题为“传播银杏文化，促进经济发展”。节会期间举办了全国第十九次银杏学术研讨会，来自全国 12 个省(市、区)从事银杏科研教学、行业管理及生产企业等单位的 150 余名代表，围绕银杏产业的发展现状、趋势等议题开展研讨。研讨会共收到论文 53 篇，并评选出优秀论文一等奖 3 篇，二等奖 6 篇，优秀奖 36 篇。举办“银杏之乡 大美印象”摄影展，共展出摄影作品 63 幅，从不同角度展示了中国银杏生产区的自然风光、地域风情及其深厚的文化内涵。同时还举办银杏新产品、新成果展示、现场书法绘画创作，古银杏长廊参观考察，经贸洽谈等多项内容。中央电视台、《人民日报》、新华社、浙江卫视、凤凰卫视等 40 多家媒体到会采访，新华网对开幕式进行了全程直播。

【国际生物经济大会生物资源与生物多样性分会】 6 月 26 ~ 28 日，受 2011 国际生物经济大会组委会委托，中国林学会、国际竹藤中心、中国生态学学会、国际竹藤组织共同组织召开 2011 国际生物经济大会“生物资源与生物多样性”分会场会议。全国政协人资环委副主任、中国林学会理事长、国际竹藤组织董事会主席、国际木材科学院院士、2011 国际生物经济大会学术委员会副主席江泽慧，中国林学会副理事长兼秘书长赵良平，中国林学会副秘书长沈贵，国际竹藤组织总干事 Jacoba Hoogendoorn(古珍)等出席分会场会议。

江泽慧致欢迎辞，并以《加强生物资源保护利用，推动绿色包容性发展》为题，作分会主旨报告。世界林业研究中心、世界自然基金会、芬兰东芬兰大学、国际竹藤组织、中国科学院等国内外高等林业院校、科研院所的著名专家学者围绕“生物资源与生物多样性”这一分会主题做学术报告。中国林科院、北京林业大学、国际竹藤网络中心、国际竹藤组织、河北农业大学、天津市林业局、天津理工大学等单位的专家和师生 200 多人参加会议。

【林下经济发展学术研讨会与经验交流会】 10 月 26 ~ 27 日，交流会在山东德州召开。会议由中国林学会和国家林业局林业工作站管理总站主办，山东省林业局和德州市人民政府承办。国家林业局总工程师陈凤学，国家林业局集体林改领导小组副组长黄建兴，中国科学院院士、国务院参事唐守正，中国林科院首席科学家盛炜彤，中国林学会副理事长兼秘书长赵良平，国家林业局林业工作站管理总站站长潘世学等领导和专家出席会议并讲话。会议开幕式由潘世学站长主持。来自全国各地林业行政、科研、教学、生产及企业等单位的 110 余名科技工作者以及新闻媒体的记者参加会议。

会议征集论文 100 余篇，评出优秀论文 39 篇，其中 6 篇一等奖，14 篇二等奖，19 篇三等奖。会议期间，与会代表现场考察了德州市临邑、乐陵和庆云三县的林下经济发展情况。

【2011 中国林业青年科技论坛】 9 月 5 ~ 6 日，论坛在甘肃省小陇山举行。论坛的主题是“森林多功能经营与现代林业”。论坛由中国林学会主办，中国林学会青年工作委员会、甘肃省小陇山林业实验局承办，中国林科

院资源信息研究所、中国林科院林业科技信息研究所和甘肃省林学会共同协办。中国林学会副秘书长尹发权、甘肃省林业厅副厅长张肃斌、甘肃省林业厅副巡视员李万江、甘肃省小陇山林业实验局局长刘锡良等领导和专家出席开幕式。开幕式由中国林学会青年工作委员会秘书长曾祥谓主持。

论坛分三节，每节由特邀报告、专题报告和学术讨论组成，分别围绕"森林多功能经营的背景和概念"、"森林多功能经营的技术及模式"、"森林多功能经营的政策与应用"开展学术交流。

中国林科院侯元兆研究员、张会儒研究员、陈永富研究员、陆元昌研究员和王彦辉研究员以及北京林业大学李小勇副教授分别作题为"多功能森林的地位和经营技术体系"、"森林多功能经营的概念及现状"、"森林多功能经营模式"、"森林多功能经营林分作业法"、"多功能林业理念及其应用探索"、"中国多功能林业政策体系初探"的特邀报告。来自科研、教学和规划部门的11位专家作专题报告。本次会议参会代表103人，收到会议学术论文43篇。

【森林食品科学技术专业委员会成立大会暨首届森林食品学术研讨会】 7月4～5日，研讨会在浙江杭州召开。中国林学会副理事长兼秘书长赵良平、常务副秘书长李岩泉，国家林业局科技司副巡视员杜纪山，浙江省林业厅厅长楼国华、副厅长吴鸿，浙江农林大学副校长金佩华等领导出席会议。赵良平在开幕式上讲话，对做好新形势下森林食品专业委员会的工作提出了4点要求。楼国华在开幕式上致辞。杜纪山代表国家林业局科技司发表了讲话。会议由李岩泉主持。来自全国各地森林食品领域的科技工作者及森林食品科学技术专业委员会第一届委员会的委员候选人共100余人参加会议。

大会采取无记名投票方式，选举产生了森林食品科学技术专业委员会第一届委员会、第一届常委会，以及第一届主任委员、副主任委员和秘书长。浙江省林业厅副厅长吴鸿教授当选为第一届主任委员，中国林科院林业所王贵禧研究员、浙江大学科学研究院副院长陈昆松教授、黑龙江省林业厅副厅长杨国亭教授、北京林业大学张柏林教授、东北林业大学王振宇教授、南京林业大学吴彩娥教授当选为第一届副主任委员，浙江省林产品质量检测站站长江波研究员当选为秘书长。

会议邀请中国农科院茶叶研究所陈宗懋院士作大会特邀报告。本次会议收到学术论文60多篇，张柏林等8位专家在会上作学术报告。会议代表考察了浙江森林食品生产基地。

【第七届中国竹业学术大会】 9月26～28日，大会在安徽省霍山县召开。会议由中国林学会、安徽省林业厅联合主办，中国林学会竹子分会和安徽省霍山县人民政府承办，安徽省霍山县林业局、安徽龙华竹业集团等单位协办。来自全国12个省(市)的竹类专家、学者、管理工作者和企业家代表以及工作人员230余人参加会议。中国林学会常务副秘书长李岩泉、安徽省林业厅副厅长赵波、浙江省林业厅总工程师蓝晓光出席会议并讲话，竹子分会副主任委员、浙江农林大学党委副书记方伟致开幕词，霍山县委常委、副县长许海东致欢迎辞，分会副主任委员兼秘书长傅懋毅、中国林学会学术部主任曾祥谓、安徽省六安市林业局局长张作仿、中国林科院亚林所研究员马乃训等领导与专家出席开幕式。中国林学会竹子分会副主任委员、南京林业大学国际教学学院院长丁雨龙主持开幕式。

大会分设中国竹产业发展论坛和中国竹业青年学术论坛两个分会场，大会有5位专家报告和53篇论文进行交流。会议共收到论文114篇，评选出36篇优秀论文，其中《竹子光合捕光蛋白分子特征研究》等3篇论文获一等奖，《竹林金针虫监测及综合控制技术》等8篇论文获二等奖，《水培条件下不同磷浓度对毛竹实生苗根系生长发育的影响》等25篇论文获三等奖。会议期间，与会代表参观考察了安徽龙华竹业集团和霍山县毛竹现代示范园区。

【第五届第二次全国桉树论坛暨产业展示会】 9月15～17日，在广州召开。会议由中国林学会、广东省林业局主办，中国林学会桉树专业委员会、广东省林学会等单位承办。全国政协委员、国家林业局原局长、中国绿化基金会主席王志宝，原林业部副部长蔡延松，全国政协委员、原林业部副部长、中国林学会原理事长刘于鹤，中国林学会常务副秘书长李岩泉，中国林科院副院长孟平，国家林业局科技司推广处处长田亚玲，国家林业局速丰办总工程师许传德等出席会议并讲话。

此次会议的主题为"加强科学经营和开发利用研究，促进桉树可持续发展"。中国林学会桉树专业委员会主任委员谢耀坚研究员、华南农业大学陈晓阳校长、金光集团APP中国林务事业部黄文丁博士、澳大利亚CSIRO育种首席科学家吴夏明研究员等10位专家作主题报告，26位专家在分会场作专题报告。与会代表分别就桉树遗传育种、桉树栽培、经营管理、木材加工、桉树生态环境保护和多资源利用等各个层面中的重点、热点和难点进行广泛交流与研讨。来自国内外桉树产业技术领域的专家、学者和企业界的代表448人参加会议。

【全国第九次杨树学术研讨会】 8月21～24日在郑州召开。会议由中国林学会杨树专业委员会主办，河南省林学会协办。来自中国林科院、北京林业大学、东北林业大学、南京林业大学、中国科学院、河南省林科院等50多个科研、教学、生产和管理单位的代表93人参加会议。中国工程院院士、杨树专业委员会主任委员尹伟伦，中国林学会常务副秘书长李岩泉，河南省林学会理事长、河南省林业厅副厅长丁荣耀等领导出席会议并讲话。国际杨树委员会执行委员、杨树专业委员会副主任委员兼秘书长、中国林科院林业所副所长卢孟柱主持开幕式。

会议有16名代表作报告，内容涵盖杨树遗传育种、栽培与生理、木材加工、资源评价以及杨树病害防控等不同研究领域。尹伟伦院士作了"中国杨树栽培与生理研究"的主题报告。中国林科院林业所张绮纹研究员、中国科学院上海生命科学研究院李来庚研究员、中国林科院张星耀研究员和南京林业大学梅长彤教授分别就"中国杨树遗传改良几个问题的思考"、"杨树与林木分子生物学”、“杨树病害研究进展”和“杨树木材加工研究进展”等方面作特邀报告。河南省林科院院长朱延林研究员、北京林业大学康向阳教授和西北农林科技大学樊军锋研究员等10名代表结合自己的研究领域，分别就不同省区杨树发展概况、杨树杂交育种、多倍体育种实践等方面交流了研究成果与心得体会。卢孟柱研究员就“第二十四届国际杨树会议中国杨树国家报告编写事项”进行了汇报，安排2012年第二十四届国际杨树会议中国杨树和柳树国家报告撰写任务。

【创办森林大讲堂】 中国林学会创办森林大讲堂旨在贯彻落实《中华人民共和国科学技术普及法》和《全民科学素质行动计划纲要(2006～2010～2020)》，响应第六十一届联合国大会关于2011年为国际森林年的决议，按照全国绿化委员会、国家林业局《2011国际森林年中国行动方案》的要求，普及林业科学知识、传播科学思想、倡导科学方法、弘扬科学精神，广泛宣传森林的作用，唤起人们高度审视现代工业给人类所带来的危机与挑战，引导公众关注森林问题，增强生态意识，推动全民科学素质进一步提高。

4月26日，由世界自然保护联盟(IUCN)、中国林学会共同主办的2011森林大讲堂揭幕仪式暨第一讲在北京林业大学举行。中国林学会副秘书长沈贵、世界自然保护联盟(IUCN)森林保护项目主任Stwuart Maginnis为森林大讲堂开讲揭幕。2011森林大讲堂第一讲的主题是“森林与气候变化”。世界自然保护联盟(IUCN)森林保护项目主任Stwuart Maginnis、亚太森林恢复与可持续管理网络中心副主任王春峰教授、北京林业大学孙建新教授，分别以“森林的重要性”、“森林在应对气候变化的特殊作用”和“气候变化与森林生态系统的响应和适应”为题作科普报告。活动期间，举办了以森林与气候变化、森林景观恢复内容为主的科普展览。北京林业大学的师生、《中国绿色时报》、新浪网等新闻单位记者200多人参加活动。

随后，学会分别在北京师范大学、联想集团、诺基亚集团举办了三次科普报告会，向广大师生、企业员工普及林业知识。

【全国林业科普基地座谈会】 9月22～23日，由中国林学会主办、新疆艾比湖湿地国家级自然保护区管理局承办的全国林业科普基地座谈会在新疆博乐市召开。中国林学会副秘书长沈贵，博尔塔拉蒙古自治州州委副秘书长、州科协主席尤里瓦斯出席座谈会开幕式并致辞。会议总结交流全国林业科普基地近两年来的科普工作，分析探讨新形势下如何搞好科普“六进”活动，推进科普资源共建共享，引导做好“十二五”期间全国林业科普基地的科普工作。

座谈会上，沈贵、中国科普研究所副研究员谢小军就掌握科普理论、提升科普能力、搞好资源共建共享作专题报告。新疆艾比湖湿地国家级自然保护区管理局、陕西长青国家级自然保护区管理局、东莞市林业科学研究所、贵州省龙里林场分别作典型发言。来自部分省(区、市)林学会、全国林业科普基地的70余名代表参加会议。 (中国林学会供稿)

中国野生动物保护协会

【综　述】 2011年，中国野生动物保护协会按照“十二五”林业工作总体思路，结合野生动植物保护工作实际，转变工作方式，创新工作方法，动员社会力量开展野生动植物保护工作，全国会员达35万余人。

【野生动植物图片展】 2011年2～10月，由国家林业局和北京市地铁运营有限公司共同主办，中国野生动物保护协会、中国野生植物保护协会承办的“中国雉鸡王国”、“魅力三江源”、“走进黄河三角洲湿地”摄影展在北京市地铁5号线车站展出，增强社会各界对野生鸟类、三江源与黄河湿地的生态环境的认识和了解。

【2010年斯巴鲁生态保护奖颁奖典礼】 2011年1月6日，2010年斯巴鲁生态保护奖颁奖典礼在北京798艺术区尤伦斯当代艺术中心举行。根据《2010年斯巴鲁生态保护奖评奖办法》，经过专家评选，李理等70人获得2010年斯巴鲁生态保护奖。在颁奖典礼上，中国野生动物保护协会和斯巴鲁汽车(中国)有限公司向来自全国各地的获奖个人颁发奖牌，以表彰他们为中国生态建设和野生动植物保护事业所作的突出贡献。中国野生动物保护协会、斯巴鲁汽车(中国)有限公司、国家林业局野生动植物保护与自然保护区管理司、国家濒危物种进出口管理办公室的领导与获奖人员、媒体人士近200人参加典礼。

【非政府组织联谊会】 2011年3月4日，由中国野生动物保护协会举办的非政府组织联谊会在北京召开，来自世界自然基金会(WWF)、山水自然保护中心等16家生物多样性保护方面的国际、国内非政府组织的代表出席会议。国家林业局保护司、国际合作中心、国家林业局濒管办的相关代表参加会议。

会上，参会的非政府组织介绍各自的相关情况和主要工作领域，并就加强各个组织在野生动植物保护领域工作的交流和合作进行探讨。大家一致认为，野生动植物保护是生态建设的重要内容，需要全社会的共同参与。非政府组织在动员公众参与、提供公共服务等方面具有优势，是政府职能的有益补充。

【第三届中国边境野生生物卫士奖颁奖】 2011年5月8日，国际野生生物保护学会(WCS)、中华环境保护基金会(CEPF)和中国野生动物保护协会(CWCA)共同主办的第三届中国边境野生生物卫士奖，在北京中国科学院文献情报中心报告厅举行颁奖典礼。全国政协常委、副秘书长，中国致公党中央常务副主席王钦敏，国际野生生物保护学会(WCS)资深保护专家、Panthera 基金会副总裁乔治·夏勒博士，全国政协委员、著名导演、WCS 野生生物保护形象大使冯小宁出席并颁奖，来自林业、海关、公安、边防部队、自然保护区系统和边境村镇的 25 个单位和个人获奖。其中卓越卫士奖 5 个、杰出卫士奖 5 个、优秀卫士奖 15 个。

【全国“爱鸟周”30 周年纪念活动】 2011 年是国务院批准设立“爱鸟周”活动 30 周年。5 月 11 日，国家林业局在象征着保护鸟类的“鸟巢”国家体育场前举行“爱鸟周”30 周年纪念活动，并对在爱鸟护鸟方面作出突出贡献的保护森林和野生动植物资源的 42 个先进集体和 41 位先进个人进行表彰。全国政协副主席陈宗兴出席活动，并和国家林业局副局长印红、中央纪委驻国家林业局纪检组组长陈述贤等领导一起，向受表彰的先进集体和先进个人代表颁发奖牌、奖章和证书。

【首届中国自然保护论坛】 2011 年 5 月 22～23 日，由中国野生动物保护协会、北京林业大学、北京富群环境研究院共同主办的首届中国自然保护论坛在北京举行。国家林业局副局长印红、中国野生动物保护协会会长赵学敏出席论坛并致辞。首届中国自然保护论坛以“生物多样性与森林”为主题，秉承“加强自然保护区建设，保护生物多样性”的基本理念，共同探讨自然保护区建设、管理与生物多样性保护，协调生态保护与社会经济发展。论坛期间，中外专家深入交流中外自然保护与管理，特别是自然保护区建设、湿地与重点野生动植物保护研究中的进展与经验，分析中国自然保护区建设与管理当前面临的关键问题，探讨中国自然保护工作中的公众参与机制，并提出野生动植物保护、湿地保护和自然保护区事业未来的发展战略。中外专家达成广泛共识，共同发表《北京宣言》。

【全国野生动植物保护协会工作会议暨首届“中国野生动物之乡”座谈会】 2011 年 8 月 10～11 日，中国野生动物保护协会在山东荣成召开全国野生动植物保护协会工作会议暨首届“中国野生动物之乡”座谈会。来自全国各省级野生动植物保护协会会长、秘书长及“中国野生动物之乡”市(县)级领导和业务部门的领导出席会议。会议由中国野生动物保护协会秘书长臧春林主持，山东省林业局刘建武副局长，中共荣成市委副书记、纪委书记江山，荣成市人民政府副市长、荣成市政协副主席王莹出席会议并致欢迎辞。全国政协委员、中国野生动物保护协会会长赵学敏作中国野生动物保护协会工作报告，有关省协会秘书长作典型经验发言。“中国野生动物之乡”的代表就如何做好“中国野生动物之乡”的工作，充分发挥示范作用进行了座谈。

【第十一期全国学会秘书长沙龙】 2011 年 9 月 9 日，由中国科协学会学术部主办，中国野生动物保护协会承办的第十一期中国科协所属全国学会秘书长沙龙在陕西汉中举行。中国科协学会党组成员、学会学术部部长沈爱民和中国科协学会学术部副部长朱雪芬、中国野生动物保护协会秘书长臧春林、陕西省林业厅副厅长唐周怀、陕西省汉中市副市长张雁毅等有关领导参加沙龙开幕仪式并致辞。

【未成年人生态道德教育】 2011 年 12 月 10 日，由中国野生动物保护协会和国家林业局宣传中心联合召开的未成年人生态道德教育经验交流会暨《绿野寻踪》节目总结会在北京举行。中央纪委驻国家林业局纪检组组长、国家林业局党组成员陈述贤出席会议开幕式并讲话。陈述贤指出，对未成年人实施生态道德教育，是促进林业发展的迫切需要，是建设生态文明的必然要求，是繁荣发展社会主义文化的重要内容。

【国际合作交流】 2011 年 2 月 21 日，中国野生动物保护协会与中国保护大熊猫研究中心将大熊猫“比力”和“仙女”顺利运抵东京恩赐上野动物园，开启了中日大熊猫国际合作新的篇章。2011 年 8 月，中国野生动物保护协会与陕西野生动物保护协会在陕西共同举办中日小朋友朱鹮保护交流活动。来自日本佐渡市的 13 名小学生和日本环境省官员以及洋县朱鹮湖小学的 10 多名小学生进行交流。交流活动增进了中日小朋友对野生动物保护的了解和认识，促进了两国人民的友好交流。2011 年 12 月 3 日，中国野生动物保护协会与中国保护大熊猫研究中心共同为赴英大熊猫“阳光”和“甜甜”举办欢送仪式。来自卧龙中心的大熊猫“阳光”和“甜甜”于 12 月 4 日启程赴苏格兰爱丁堡动物园。

(中国野生动物保护协会秘书处供稿)

中国野生植物保护协会

【中国野生植物保护协会第二次全国会员代表大会】 2011 年 8 月 31 日，会员代表大会在北京召开。会议审议通过“中国野生植物保护协会第一届理事会工作报告”、“第一届理事会财务工作报告”和《中国野生植物保护协会章程(修改草案)》；选举产生中国野生植物保护协会第二届理事会和常务理事会、会长、副会长和秘书长。国家林业局党组成员、中央纪委驻国家林业局纪检组组长陈述贤出席会议并致辞，农业部、民政部等有关部门的领导和嘉宾出席会议，来自全国 31 个省(区、市)的会员代表 130 余人参加大会。

【中国野生植物保护协会蕨类植物保育委员会成立】 2011 年 3 月 25 日，在北京组织召开中国野生植物保护协会蕨类植物保育委员会成立大会，有关专家、企业代表和新闻媒体等40余人参加会议。会议由中国野生植物保护协会赵胜利副秘书长主持。植物所葛颂副所长代表挂靠单位讲话。中国野生植物保护协会臧春林秘书长宣布蕨类植物保育委员会成立并讲话。会上，中科院华南植物园邢福武研究员作“我国珍稀濒危蕨类的野外现状与评估”的报告，中科院植物所北京植物园石雷研究员作“中国野生蕨类植物资源保育及利用”的报告。

【第三届全国中药资源可持续利用学术研讨会】 学术研讨会由中国野生植物保护协会与中国医学科学院药用植物研究所主办，中国野生植物保护协会药用植物保育委员会与中国医学科学院药用植物研究所新疆分所承办，2011年8月15日在新疆乌鲁木齐召开，药用植物资源保护、研究和开发方面的相关部门领导、国内外知名专家学者及企业家150余位参加会议。会议收集论文170余篇。多位专家学者和企业家在会上就发展中遇到的一些问题进行探讨，对药用植物今后的保护与发展提出了战略性的意见和建议。

【第七届北京兰展】 2011年1月28日至2月5日，由中国野生植物保护协会与中国植物学会兰花分会联合主办的第七届北京兰展在北京植物园举行。全国政协副主席白立忱出席开幕式。中国野生植物保护协会副秘书长赵胜利在开幕式上致辞，强调在发展兰花产业的同时注重对野生资源保护的重要性。此次兰展对普及兰花知识、弘扬兰花文化、宣传可持续发展理念、推动兰花产业健康发展发挥了积极作用。

（中国野生植物保护协会秘书处供稿）

中国花卉协会

【综　述】 2011年4月14日，中国花卉协会常务理事（扩大）会议在安徽省合肥市召开，通过新增协会理事人员名单、《中国花卉协会分支机构财务管理办法》、《中国花卉协会命名授牌管理办法》。

信息化建设 逐步构建完善的信息平台。协会网站信息的数量和质量不断提高；参与中国花卉电子博物馆建设；《中国花卉园艺》杂志质量大幅提高，发行量有所上升。

行业管理 ①完成《全国花卉产业发展（2011～2020）规划（征求意见稿）》；通过实地考察、行业调研、征求意见，完成《全国花卉产业发展（2011～2020）规划》编写大纲初稿。②完成建立中国花卉产业现代物流体系的专题调研。中国花卉协会成立调研组，制定调研实施方案，形成调研提纲，广泛收集资料，开展实地调研。分赴江苏、云南、福建等主要花卉产地，通过实地考察、召开座谈会，形成《关于加快我国花卉产业现代物流体系建设的调研报告》。③推进花卉标准化工作。召开花卉标准审定会议；筹备全国花卉标准化技术委员会换届工作会议。④启动中国花卉协会命名授牌工作。按照《中国花卉协会命名授牌管理办法（暂行）》，正式启动命名授牌工作。⑤开展2011年度全国十佳花木种植企业评选活动。14个省（区、市）的29家企业提出申报，产生出2011年度全国十佳花木种植企业；推荐浙江虹越花卉有限公司参加2011年度国际种植者评选并荣获优胜奖。⑥举办第七届中国花卉产业论坛。2011年11月7～9日，中国花卉协会和国家林业局造林绿化管理司在江苏常州共同主办第七届中国花卉产业论坛。江泽慧会长作《大力发展现代花卉物流业，努力突破产业发展瓶颈》的主旨演讲，近300人参加论坛。

展会活动 ①成功举办西安世界园艺博览会。2011西安世园会由国家林业局、中国贸促会、中国花卉协会和陕西省人民政府主办，西安市人民政府承办，于4月28日至10月22日在西安浐灞生态区举办，占地418公顷，有52个国家和地区的相关单位参加展出，接待游客1572.89万人次。②2011年4月在上海举办第十三届中国国际花卉园艺展览会，总面积1.5万平方米，吸引20个国家和地区391家参展商参展，接待专业观众14 859人。③2011年1月8～14日在三亚举办第五届中国（三亚）国际热带兰花博览会，展出面积1.2万平方米，16个国家以及港澳台地区的120多家参展商展出兰花3万余盆（株）。④11月3～5日在广州锦汉展览中心举办2011广州国际盆栽植物及花园花店用品展览会，9个国家和地区的73家企业参展，展出面积6000平方米，境内外专业观众3845人次。⑤4月18日在扬州瘦西湖万花园举办2011年中国扬州万花会。国家林业局局长贾治邦、中国花卉协会会长江泽慧出席。⑥3月18～22日组织大陆选手参加在台北举办的洲际杯花艺大赛。⑦组织并完成北京市、上海市、西安市、洛阳市参加台北国际花卉博览会参展的任务，促进了两岸人民的交流和了解，沟通了花卉产业发展的情况。⑧3月在浙江省萧山区举办2011中国（萧山）花木节和授牌表彰仪式。国家林业局副局长张建龙、中国花卉协会副会长王兆成等领导出席开幕式，并为2010年全国十佳花木种植企业和2010中国花木产业年度人物进行授牌。

筹备3项展会活动。①筹备参加2012年荷兰世界园艺博览会；②推进2014年青岛世界园艺博览会筹备工作；③确定第八届中国花卉博览会举办城市并开展筹备工作。

分支机构展会活动 加强国内外交流。组织重点省（区、市）花协赴台湾考察花卉产业；参加国际园艺生产者协会（AIPH春季）会议；9月在西安召开第六十三届国际园艺生产者协会（AIPH）年会；9月26日召开全球绿色城市高峰论坛；11月12～21日观摩新加坡世界兰花大会并考察斯里兰卡。（宿友民）

中国绿化基金会

【综　述】 2011年，中国绿化基金会在局党组和理事会的领导下，围绕建设现代林业这一中心任务，以扩大社会募集资金规模、提高公众参与度、促进社会林业发展为目标，创新思路，开拓进取，团结奋进、务求实效，筹集到账资金3.15亿元，比2010年翻了一番多，再创年度募集资金历史记录。全年共实施绿化公益项目28个，造林绿化和城市园林改造面积约6.67万公顷；签订各类捐赠合作协议176项；组织开展大型公益活动15次，其中国家领导人出席的重大活动5次，参与绿化和生态公益事业的人数超过百万，实现募集资金和公众参与的双丰收，为支持林业发展，壮大自身力量作出了贡献。

【地方绿化专项基金成立】 2011年2月28日，中国绿化基金会与大连市政府合作，成立绿色大连基金，国家林业局党组成员、中央纪委驻局纪检组组长陈述贤，中国绿化基金会主席王志宝，中共辽宁省委常委、大连市委书记夏德仁，大连市人民政府市长李万才等领导出席启动仪式。首批62家企业认捐2.5亿元。

2011年4月1日，中国绿化基金会与深圳市宝安区政府合作，成立绿色宝安基金，中国绿化基金会副主席兼秘书长卓榕生、中国绿化基金会常务副秘书长陈蓬、宝安区区长张备等领导出席启动仪式。社会各界积极捐资，共募集资金9600万元。

【第三届中国网络植树节启动】 2011年3月11日，中国绿化基金会、联合国环境规划署、东南卫视共同主办的第三届中国网络植树节启动仪式在北京亮马河大厦举行。原全国政协副主席张思卿、时任国家林业局副局长祝列克、中国绿化基金会主席王志宝、联合国环境规划署驻华代表处代表张世钢、东南卫视副总监方健文等领导以及彭江、代悦等演艺明星和媒体记者百余人出席启动仪式，并现场参与网络植树公益活动。针对互联网对社会公众的强大影响力和公众参与的便捷性，中国绿化基金会创建"网络植树"及"保护自然"网群系统，打造现代网络募资平台，举办以自然探索为主题系列活动。

【2010绿色公益盛典活动】 2011年4月13日，中国绿色公民行动——10699969手机短信捐款植树启动仪式暨2010绿色公益盛典在北京举行。全国政协副主席林文漪，全绿委副主任、国家林业局局长贾治邦，中国绿化基金会主席王志宝，重庆市委常委、常务副市长马正其等触摸手机模型，共同启动10699969手机短信捐款植树公益平台。国家林业局副局长祝列克，中国绿化基金会副主席杨继平，中国绿化基金会副主席兼秘书长卓榕生，联合国环境规划署驻华代表处代表张世钢，世界知识出版社总编辑、外交部原发言人沈国放出席启动仪式。启动仪式由中央电视台著名节目主持人张泉灵主持，著名女歌手张靓颖受邀成为中国绿化基金会形象大使、10699969手机短信捐款植树代言人。

10699969是由中国绿化基金会向工信部申请的国内首个用于生态建设捐款手机短信专用号码，2011年中国绿化基金会携手中国移动、中国电信、中国联通三大通信运营商开通10699969手机短信捐款平台，组织开展绿色公民行动——带你走进阿拉善、绿色公民行动——带你走进苹果公司、绿色公民行动——带你走进成都循博会等多个活动，吸引社会公众的广泛参与和广大企业团体的加盟。

【2010绿色中国年度焦点人物颁奖活动】 4月22日，由中国绿化基金会、中国生态文明研究与促进会、人民网、绿色中国杂志社共同主办的，吉林森工·泉阳泉冠名的2010绿色中国年度焦点人物评选活动，在北京举行颁奖仪式，盛典上2010绿色中国年度焦点人物各奖项获得者揭晓。中共中央原政治局委员、第九届全国人大常委会副委员长姜春云，中共青海省委书记、省人大常委会主任强卫，国家开发银行董事长陈元获年度大奖；云南省原保山地委书记杨善洲获年度特别奖；中国电影表演艺术学会会长、中国电视家协会副主席唐国强，中央电视台著名主持人朱军，总政歌舞团著名歌唱演员谭晶，中国农业银行董事长项俊波，搜狐首席执行官兼总裁张朝阳等46人获得各种奖项。

姜春云，人民日报社原社长，中国新闻工作者协会名誉主席邵华泽，人民日报社副总编辑马利，国家林业局副局长张永利，原国家环保总局副局长祝光耀，新华社原副社长何东君，国家林业局原党组成员、中国绿化基金会副主席杨继平、人民网总裁廖玒等领导出席颁奖典礼并为获奖者颁奖。

【向日本地震灾区捐款】 6月10日下午，中国绿化基金会主席王志宝、副主席兼秘书长卓榕生、副秘书长兼办公室主任陈蓬等一行前往日本国驻华大使馆，向日本东北地震赈灾捐款15万元。日本驻华大使丹羽宇一郎、公使山崎和之、参事官佐竹健次出席并接受捐赠。

【"幸福家园——西部绿化行动"生态扶贫公益项目获公益创新奖】 2011年5月15日，中国绿化基金会"幸福家园——西部绿化行动"生态扶贫公益项目获第二届芯世界公益创新奖——技术应用奖。第二届芯世界公益创新奖为中国公益事业的发展开创了新模式，由英特尔(中国)有限公司、中国扶贫基金会、南都公益基金会和北京万通公益基金会跨界共同搭建公益创新平台，为公益组织的发展提供强有力的支持，为推动中国公益事业蓬勃发展，为构建和谐社会发挥了积极作用。

【学习杨善洲　绿化彩云南活动启动】 7月1日，由中国绿化基金会、云南省林业厅、云南省杨善洲绿化基金会、保山市人民政府、昆明森工集团有限公司主办，中共施甸县委、施甸人民政府承办的“学习杨善洲　绿化彩云南”活动启动仪式在杨善洲无私奉献21载的善洲林场举行。原中纪委驻国家林业局纪检组组长、国家林业局党组成员、中国绿化基金会副主席杨继平出席了活动。

【星际精灵蓝多多首播仪式】 2011年7月7日，由中国绿化基金会、环境保护部环境发展中心、中央电视台少儿频道等单位联合出品的百集儿童环保科幻情景剧《星际精灵蓝多多》首播仪式在北京举行。中国绿化基金会会副秘书长兼办公室主任陈蓬出席仪式。这部儿童情景剧真人、动画、特技相结合，生动地演绎出生态环保故事。

【“为爱远征”自然探索公益活动】 2011年，中国绿化基金会先后与内蒙古阿拉善腾格里沙漠东缘生态治理示范区、四川省卧龙国家级自然保护区、云南高黎贡山国家级自然保护区合作，开展了“为爱远征”自然探索系列公益活动，为公众提供荒漠化防治、大熊猫保护、原始森林及生物多样性保护等现场自然生态探访教育活动，广大公众积极关注并踊跃参与了系列公益活动。

【参与绿色低碳体育赛事活动】 2011年，中国绿化基金会和中体产业集团合作成功牵手“2011环中国国际公路自行车赛”、“2011北京马拉松赛－为慈善而跑”等重大的国际体育赛事，首次把体育赛事和国土绿化公益项目，特别是自然保护的绿色公益行动融合起来，探索体育与公益的跨界合作。

【出席联合国南非·德班气候变化大会】 2011年11月29日，中国绿化基金会副秘书长兼办公室主任陈蓬带队前往南非参加联合国南非·德班气候变化大会，并与气候组织联合，在德班会议中国角举办“百万森林项目巡展”活动。会议期间，陈蓬分别与联合国气候变化公约秘书处、全球森林联盟、日本环境部、南非环境部等国际机构的负责人进行会谈，就如何建立并加强与中国绿化基金会的战略合作，共同在中国开展植树造林、生态建设、自然保护等进行了交流，为拓展国际交流，加强国际合作，提升国际影响力，奠定了良好的基础。

（费　勇）

中国林业产业联合会

【协会更名仪式暨产业联合会第一次会长办公会】 2011年1月5日，中国林业产业协会更名仪式暨中国林业产业联合会第一次会长办公会在北京举行。国家林业局局长、中国林业产业联合会会长贾治邦出席会议讲话，会议通过了中国林业产业联合会组织机构调整。贾治邦会长和民政部民间组织管理局贾晓九副局长为中国林业产业联合会揭牌。会议由国家林业局副局长、中国林业产业联合会常务副会长祝列克主持。

【中国人造板工业热点问题论坛暨协会胶合板专业委员会换届大会】 1月13日，2011中国人造板工业热点问题论坛暨协会胶合板专业委员会换届大会在山东省临沂市举办。国家森林防火指挥部副总指挥、国家林业局原副局长李育材，中国林业产业联合会副会长、中国工程院院士张齐生，中国林业产业联合会秘书长、中国林产工业协会执行会长王满，中国林产工业协会轮值会长曹效军，中国林产工业协会秘书长石峰，山东省林业局局长贾崇福，临沂市市长张少军等有关方面领导出席会议。来自全国人造板行业的专家、企业代表300余人参加会议。

会议首先进行颁奖、授牌活动。作为中国林业产业创新奖按行业颁发的首个奖项，人造板业共颁发12个奖项，其中6个项目获得三等奖、5个项目获得二等奖、1个项目获得一等奖。获得一等奖的上海人造板机器厂有限公司，同时获得BY74平压式连续压机新产品鉴定证书。

会议期间，山东省临沂市被中国林产工业协会授予中国板材之都荣誉称号；中国林产工业协会秘书长石峰和临沂市副市长刘彦祥签署共建中国板材之都协议；召开中国林产工业协会胶合板专业委员会换届大会和山东省临沂市林产工业协会成立大会；与会专家、企业家就人造板工业技术创新、品牌塑造、产品转型、结构升级等问题进行讨论。

【首届世界木门大会】 由中国林产工业协会、中国产业报协会、中国建筑装饰协会和第十届中国国际门业展览会组委会共同主办的首届世界木门大会于2011年3月8日在北京国际会议中心举行。第十届全国人大常委会副委员长蒋正华出席会议并致辞。

大会的主题为“绿色创想未来，携手共赢世界”。20多个木门生产国家、地区组织、机构代表和中国木门产业的600多家骨干企业代表参加会议。大会设置主旨演讲、国际会议、品牌与传媒会议和2011低碳经济与林业可持续经营国际研讨会等环节。大会邀请全国工商联原副主席王治国，国家林业局原局长、中国林业产业联合会顾问王志宝，全国政协委员、国家森林防火指挥部副总指挥、国家林业局原副局长李育材，品牌中国产业联盟主席艾丰等十几位国内嘉宾和联合国欧洲经济委员会/粮农组织木材委员会主席、智利共和国驻华大使馆商务参赞、美国门窗制造商协会副主席及德国、意大利、马来西亚、波兰、日本、越南等国家的十几位国际嘉宾围绕中国经济、世界木门产业发展趋势作主旨演讲和专题演讲。

与会企业共同发布《2011世界木门大会北京宣言》，

呼吁木门产业界自觉履行社会责任，树立绿色、低碳发展理念，构筑全方位合作体系，创新合作模式，保持与利益相关者的和谐发展；加快产业升级转型步伐，提高企业自主创新能力。以标准化、规模化为契机，促进木门产业规模经营、规范发展。加强品质管理，推进品牌建设；加大实施名牌战略的力度，争做品牌标杆企业，引领木门产业升级。强化行业自律，规范木门产业秩序。实施诚信体系建设，发挥诚信企业的示范作用，推动木门产业健康发展。大会对由中国产业媒体联盟等推介产生的中国木门十年功勋企业、品牌、人物进行了表彰。

【第十届中国国际门业展览会】 2011 年 3 月 9 ~ 12 日，引领中国木门行业发展风向标的 CIDE – 2011 第十届中国国际门业展览会在北京中国国际展览中心新馆召开。

本届展会规模 11 万平方米，展商 1000 多家，展位 6000 多个，与会观众近 10 万人次。现已成为行业内较有知名度的盛会，有着"全球门业第一展新标杆"之美誉。展会始终坚持为买卖双方提供公平、公开的贸易大平台。展会上，组委会加大对外销类门业的推广，以期满足海外买家不断变化和扩大的需求，分享经济全球化、一体化的发展成果。

【湖北省林业产业促进会成立】 2011 年 3 月 1 日，湖北省林业产业促进会在武汉市成立并召开第一届会员代表大会，湖北省委书记李鸿忠、省长王国生发来贺信，国家森林防火指挥部副总指挥、国家林业局原副局长李育材，湖北省副省长赵斌，省政协副主席陈柏槐，国家林业局木材行业管理办公室常务副主任孙建，中国林业产业联合会秘书长王满，湖北省林业厅厅长王海涛出席成立大会。

贺信说，发展林业产业，建设现代林业，对加强生态建设、构建和谐社会，对解决"三农"问题，推进新农村建设，对推动湖北科学发展、跨越式发展，都具有重大的战略意义。

在预备会上，220 家林业企业表决通过了促进会章程，选举出 127 家企业为促进会理事单位，43 家企业为促进会常务理事单位。

据悉，湖北省现有林业企业近万家，其中规模以上企业 1000 多家，2010 年，林业产业实现总产值达 750 亿元。到"十二五"末，全省林业产业将力争实现总产值 1500 亿元的目标。

【2011 世界地板大会在沪召开】 由国家林业局、中国林业产业联合会支持，中国林产工业协会、中国林业科学研究院共同举办，由中国林业产业联合会地板专业委员会，中国林科院木材工业研究所联合承办的第二届世界地板大会于 3 月 21 日在上海开幕。大会的主题是"全球市场与可持续和谐发展"。国家森林防火指挥部副总指挥、国家林业局原副局长李育材，国家林业局原总工程师姚昌恬，中国林业产业联合会秘书长、中国林产工业协会执行会长王满出席开幕式并致辞。来自中国、美国、德国、意大利、俄罗斯等国家的林业产业与地板业界精英就"中国地板业发展方向"、"地板产业集群和竞争发展"等内容进行主题演讲和讨论。

【第五届(中国·横林)国际地板博览会举行】 2011 年 3 月 22 日，以"创新提升，发展低碳"为主题的第五届(中国·横林)国际地板博览会在上海新国际展览中心举行。国家林业局原总工程师姚昌恬，中国林业产业联合会秘书长、中国林产工业协会执行会长王满，江苏省常州市武进区副区长蒋锋出席会议。(中国·横林)国际地板博览会作为横林的一张靓丽名片，国内强化木地板产业最为集聚的一个品牌，为横林地板产业的转型升级发挥了重要作用。会上，中国林产工业协会再次授予横林镇中国强化木地板之都的荣誉称号。横林镇人民政府与中国林产工业协会签署全面战略合作的共建协议。

【第七届中国(沈阳)国际地板博览会】 4 月 29 日至 5 月 3 日，2011 第七届中国(沈阳)国际地板博览会在沈阳辽宁工业展览馆举办。中国林业产业联合会秘书长王满、辽宁省经济和信息化委员会副主任藺晓刚、沈阳市政府副秘书长刘祥、沈阳市地板行业协会理事长祖树武等出席开幕式。

中国(沈阳)国际地板博览会是由沈阳市政府、中国林业产业联合会联合主办，沈阳市服务业委员会、辽宁省家具协会、沈阳市地板行业协会联合承办的国内地板贸易的惟一展会，也是中国第二、北方第一的大规模地板专业会展。展会面积达 2 万平方米，参展企业达 200 余家，展出 7000 余个地板品种。参展人数达 7 万人，其中业内人士突破 1 万人。大自然等国际国内知名品牌，"辽宁地板十佳"为代表辽宁地板行业品牌集中亮相会展。

【第一届全国林业企业上市研讨班】 2011 年 4 月 29 日，中国林业产业联合会会同山东省林业局在济南联合举办第一届全国林业企业上市研讨班。国家林业局原总工程师、中国绿化基金会秘书长卓榕生以及国家发改委、山东省林业局等有关单位领导出席研讨班开班仪式并讲话，中国林业产业联合会副秘书长、中国林产工业协会秘书长石峰主持。首期研讨班以山东省和吉林、黑龙江、内蒙古、大兴安岭等国有林区拟上市的林业企业为主，参会企业代表约 60 人。

本次研讨班特邀清华大学继续教育学院、和灵资本、北京林业大学、招商证券、中银律师事务所等有关方面专家、学者就有关事项作专题演讲。本次研讨班旨在全面实施林业"十二五"规划和《林业产业振兴规划》，扶持林业龙头企业发展，加速企业资本运作进程，为中国林业产业发展在资本上作出示范。

【召开中国林业产业联合会、中国林产工业协会专家座谈会】 2011 年 6 月 7 日，中国林业产业联合会、中国林产工业协会组织的《"十二五"期间我国六大林业产业经济带重点发展领域及区域性林产工业园区建设布局研究》课题专家座谈会在北京召开。国家发改委农经司副司长吴晓松、国家林业局发展规划与资金管理司副司长郝燕湘、国家林业局经济发展研究中心主任刘东升等有关方面领导、专家就课题内容和课题计划进行讨论。中国林业产业联合会副秘书长、中国林产工业协会秘书长石峰主持会议。

该课题旨在全面贯彻落实林业"十二五"规划，将规划中林业产业发展领域及区域布局予以细化，并辅以政策建议，更好地推进现代林业的可持续经营与发展。

【第五届中国生物产业大会】 6月17～19日，由国家发改委、科技部和国家林业局等部委支持，中国林业产业联合会等10多家社团承办的第五届中国生物产业大会在深圳举行。展会汇集500多项最新生物产业技术成果，现场签约22个合作协议、金额为280多亿元。大会展览面积3万平方米，吸引了国内科研机构、知名生物企业以及美国、德国等国家和地区的企业组团参展，展商293家，突破历届展览规模。大会参会参展人数约1.3万人，参与论坛会议等活动的人数达8000人次，参观展览人数达4.6万人次。

为期3天的大会聚焦生物领域热点，广泛对接产、学、研结合体系，推进生物产业升级，促进市场培育。

【中国林业产业联合会、中国林产工业协会理事会年会】 2011年7月8日，中国林业产业联合会、中国林产工业协会理事会年会在广州召开。中国林业产业联合会副会长、中国林产工业协会顾问寇文正，中国林业产业联合会秘书长、中国林产工业协会执行会长王满，中国林业产业联合会副秘书长、中国林产工业协会秘书长石峰等出席会议，吉林森工集团有限责任公司、大自然地板(中国)有限公司等会员单位代表132人参加大会。寇文正主持会议。王满和石峰分别就中国林业产业联合会和中国林产工业协会作年度工作报告和财务报告，中国林业产业联合会信息业务部主任李志伟和综合业务部主任陈圣林分别就林业产业突出贡献奖的评比工作与中国林业产业重大问题调研报告作了说明。

与会代表一致认为，协会一年来为促进行业发展做了大量工作，在行业内产生很好的影响力和凝聚力，较好地完成了理事会的目标任务，取得了新的成绩。会议以全票通过年度工作报告和财务报告。

【全国试点木制建材下乡】 2011年6月28日，中国林产工业协会在北京召开全国木制建材下乡试点成果调研报告新闻发布会。会上发布的调研报告显示，14家试点企业在试点期间销售额超过3亿元。该报告由中国人民大学农业与农村发展学院编制。报告称，木制建材下乡14家试点企业在试点期间销售额为37 334.93万元，消费者直接获得企业补贴总额6522.41万元，实现了"一次下乡、两头惠农、多方受益"的目标。企业在规模经济和营销方式上获得了很大的促进，在产业拉动方面，14家试点企业试点期间拉动上游人造板产业价值需求19 866.23万元。

调研报告也反映出首批建材下乡试点工作存在的问题，如企业面临的运输和生产成本过高、外部监管机制等方面不够完善。专家建议，应尽快将木制建材下乡纳入国家财政统一补助范畴，建立木制建材下乡企业淘汰机制，合理布局木制建材下乡经销商网点。

【中国林产工业协会红木分会成立】 2011年6月28日，中国林产工业协会红木分会在北京召开成立大会，这标志着中国首个覆盖全产业链的红木产业行业组织正式成立。

据了解，中国林产工业协会红木分会于2011年1月11日获民政部批准成立，该会覆盖了包括森林资源培育到红木制品终端产品的全程产业链。红木分会的服务内容，包括为红木行业发展提供政策、标准、信息、咨询、培训等，形成系统的行业产业图景和发展趋势判断。

中国林产工业协会秘书长石峰在成立大会上表示，红木分会的成立能促进红木行业在市场经济规律下，提高生产技术、促进生产发展、提升产品质量，推动红木行业的健康持续发展。红木分会挂靠中国林业科学研究院木材工业研究所，将为红木产业发展提供科技支撑。红木分会还将专设顾问委员会和专家委员会，由业内权威专家对产业发展进行指导。

【林业企业国际维权贡献奖颁发】 中国林产工业协会首次就积极应对"双反"调查的企业进行表彰。在应对当前正在进行中的美国对中国多层实木复合地板反倾销、反补贴调查中，一批维护企业、行业和国家合法权益的优秀企业，敢于应对挑战、勇于担当社会责任、在竞争中包容合作，为维护行业发展作出贡献。为表彰这些企业，中国林产工业协会在对其进行书面表扬后，2011年于7月8日召开的第四届理事会第三次会议上，对部分企业予以大会表彰。

中国林产工业协会相关负责人表示，此次"双反"调查已进入终裁抗辩阶段，中国林产工业协会希望通过表彰发挥这些企业的模范带头作用，号召涉案企业团结一致，积极配合，共同应对，争取终裁取得理想结果，维护行业整体利益。

【林企社会责任报告编写指南发布】 2011年7月8日，中国林业产业联合会和中国林产工业协会联合发布《中国林产工业企业社会责任报告编写指南》。这是中国林业产业首次发布关于企业社会责任报告编写的统一规范。

发布现场，吉林森工集团、德华兔宝宝装饰新材有限公司、中国地板控股有限公司、广东宜华木业有限公司、广西三威林产工业有限公司5家业内龙头企业与中国林产工业协会签订合作协议。

【第二届中国·上海门业产业展览会】 2011年8月22日，第二届中国·上海门业产业展览会在上海新国际博览中心开幕。展览会开幕式由中装伟佳展览策划有限公司总经理邬成佳主持。原林业部副部长蔡延松，中国林业产业联合会秘书长王满、中国林产工业协会秘书长石峰，中国林业科学研究院木材工业研究所所长叶克林，中国林产工业协会副会长钱小瑜，中国建筑装饰装修材料协会秘书长任长清，北京伟士佳和展览策划有限公司董事长陈伟等出席会议并剪彩。

在中国国际门业展览会成功举办的基础上，举办了上海门业产业展览会，这是门业展览会的第二届。较首届相比，在参展面积、参展企业、参会人数上增加了1倍，各大门业集中亮相上海。本次展览会得到了政府、业内协会的大力支持。在此，不仅为门企提供商贸交流和文化交流的平台。展览会专业、务实、高效、精诚地为企业提供优质服务，搭建招商加盟桥梁，推动产业链合作，促进与会各方共同发展。

【第二届中国国际林业产业博览会组委会第一次工作会议】 第二届中国国际林业产业博览会组委会第一次工作会议于2011年8月4日 ~5日在浙江省义乌市召开。执委会秘书长、国家林业局计财司副司长孙建对筹备工作进行总结，对下一步重点工作作了部署。执委会秘书长、浙江省林业厅厅长楼国华，义乌市市长何美华，执委会副秘书长、浙江省林业厅副厅长邢最荣，国家林业局办公室副主任朱新飞，国家林业局对外项目合作中心副主任苏明，中国林业产业联合会副秘书长石峰，义乌市委副书记陈秀仙，执委会委员、国家林业局场圃总站总站长杨超等到会指导。

会议讨论通过《第二届林博会省市馆展位申报确认办法》，按照“大中小相结合、大者优先、优化配置”的原则对每个申报主体的展位进行抽签定位，并颁发《第二届林博会展位确认书》。组委会第一次工作会议的召开标志着第二届林博会筹备工作已由前期准备转入组织实施阶段，工作重点是组委会制度建设和招展招商。来自全国各省(区、市)林业厅(局)、森工集团的产业部门领导，国家林业局有关司局、直属单位的联络员等120人参加会议。

【中国林业产业(油茶)突出贡献奖颁奖】 9月27日，国家林业局在广东省梅州市召开第四次全国油茶产业发展现场会。国家林业局局长贾治邦参会并讲话，国家林业局副局长赵树丛主持会议，并宣读了《中国林业产业联合会关于表彰林业产业突出贡献奖的决定》和《国家林业局关于认定全国油茶产业重点企业和全国油茶科技示范基地的决定》，广东省人民政府党组成员李容根致辞。

会议表彰22名在推动油茶产业发展中作出突出贡献的科技工作者，并为第一批获得国家林业局认定、命名的43个全国油茶重点企业和19个全国油茶科技示范基地授牌。

【张思卿、贾治邦、赵树丛接见中国林业产业突出贡献奖获奖代表】 2011年11月1日在浙江省义乌市国际博览中心广场，全国政协原副主席张思卿、国家林业局局长贾治邦和国家林业局副局长赵树丛接见吉林森林工业集团有限责任公司董事长柏广新，龙江森林工业(集团)总公司党委书记高金芳、总经理魏殿生，内蒙古森林工业集团有限责任公司董事长张学勤，大兴安岭林业集团公司党委书记肖建春，浙江省林业产业联合会会长邢最荣，延边林业集团公司副董事长焦祝平，嘉汉板业(中国)投资有限公司董事长陈德源，广东润成创展木业有限公司董事长关润开等40多名来自全国各地的中国林业产业突出贡献奖获奖代表，并合影留念。

中国林业产业突出贡献奖是经国务院批准，按照《中国林业产业突出贡献奖管理办法》的总体要求，由中国林业产业联合会联合国家林业局有关司局、社团组织和科研院校多名专家开展评定的第一届中国林业产业突出贡献奖，是对全国林业产业各领域作出突出贡献的基层组织和个人进行鼓励和表彰，是国内林业产业系统的最高奖项。

【第二届中国国际林博会】 2011年11月1日，第二届中国国际林业产业博览会暨第四届中国义乌国际森林产品博览会在义乌开幕。本届林博会由国家林业局、浙江省人民政府主办，浙江省林业厅、义乌市政府、中国林业产业联合会承办，全国政协原副主席张思卿，国家林业局局长、中国林业产业联合会会长贾治邦，浙江省省委副书记、代省长夏宝龙，国家林业局党组副书记、副局长赵树丛，海峡两岸关系协会副会长李炳才，内蒙古自治区副主席刘新乐等领导出席开幕式。出席开幕式的还有肯尼亚林业和野生动物部部长诺·威克撒、菲律宾班格特省省长内斯特·丰望、乌干达水利和环境部环境国务部长姆拿巴·佛拉维亚·纳布格雷、越南农业与农村发展部副部长华都尼以及肯尼亚、斐济、苏里南、美国等26个国家的驻华使领馆官员等。

本届展览会以“展示产业成就，检阅产业队伍，扩大交流合作，推动转型升级”为宗旨，以“兴林富民，共享绿色低碳生活”为主题，展示中国林业产业发展新成就，构建林产品贸易与交流平台，是中国规格最高、亚太地区规模最大的一次国际性林业合作与交流博览会，来自30多个国家和地区的300多家企业和国内31个省(区、市)的1700多家企业参展，设标准展位4519个，2000余家企业参展，展览面积8万平方米，展位数量、参展企业、展览面积同比分别增长109%、67%、60%，参展规模居亚太之最。

博览会下设中国林业发展成果展、台湾农林精品专业展、竹藤制品专业展等8个专业展览，除国家主题馆、省市馆、国际展区外，其他展区都实行专业化分类布展。本届博览会还组织中国国际林业产业发展论坛等38项活动。展会期间开展了中国林业产业突出贡献奖，第二届林博会优质产品奖、组织奖评选活动。

【中林天合(北京)森林认证中心完成股份制改造】 根据6月8日国家林业局局长办公会议和中国林业产业联合会7月8日理事会精神，联合会加快推进中林天合(北京)森林认证中心(以下简称认证中心)改制工作。从8月底开始，成立认证中心改制工作领导小组，确立责任人；委托中介机构分别完成认证中心的资产清查、审计、资产评估工作；9月底，制定企业改制方案和职工安置并征求职工意见；10月初，以通讯方式召开理事会履行联合会章程所规定的有关手续，通过公开方式征集并确定了投资方。10月上旬，完成向局资产部门的报批手续；11月7日，与新投资方签订投资合同和章程，确定新公司董事会的组成，由中国林业产业联合会独资筹建的中林天合(北京)森林认证中心改制为由北京资富投资有限公司与中国林业产业联合会共同持股的股份制有限公司，改制工作顺利完成。

【召开亚太区域林业相关企业论坛暨中国林业产业突出贡献奖获奖代表座谈会】 2011年11月8日，亚太区域林业相关企业论坛暨林业产业突出贡献奖获奖代表座谈会在北京国际会议中心召开，来自世界各国的代表100多人参加会议。

中国林业产业联合会秘书长王满出席会议并致辞，与会的中国林业产业突出贡献奖获奖代表就企业社会责任，品牌质量与创新等问题进行了讨论。森林国际旅行社、大自然家居(中国)有限公司、江西竹产业协会、河南好想你枣业股份有限公司、福建金森林业股份有限公司等协会和企业代表就会议主题展开了圆桌论坛，反响强烈。

据悉，本次会议为第二届亚太森林周惟一邀请中国林业企业发表声音的论坛，为推动中国林企走入国际市场、促进中国林业产业多元化发展、提高中国林业产业品牌知名度具有重大意义。

【召开2011中国林业产业信息座谈会暨《中国林业产业》杂志编委会】 2011年11月17日，中国林业产业联合会主办的2011中国林业产业信息座谈会暨《中国林业产业》杂志编委会在广西南宁召开。来自全国各省(区、市)林业产业主管部门及协会、企业代表30多人出席会议。

会议就一年来中国林业产业联合会所做的工作以及首届中国林业产业突出贡献奖的评定及相关工作作了介绍；部署了林业产业突出贡献奖获奖单位和个人的宣传报道工作，并与会议代表研讨了第二届中国林业产业突出贡献奖的申报工作；通报了受托的将于2012年度开展的林业龙头企业的推介、评定工作。

中国林业产业联合会信息业务部主任、《中国林业产业》杂志副总编辑李志伟介绍了由中国林业产业联合会、《中国林业产业》杂志、中国林业产业网评定，拟定于2012年2月在北京举行颁奖的中国林业产业年度人物等多个奖项申报推荐工作，并对《中国林业产业》杂志、中国林业产业网的稿件组织工作进行说明。

会上，与会代表就如何推动中国林业产业信息工作，为林业产业发展搭建信息平台，推动林业产业健康快速发展，为促进中国林业产业信息采集和交流进行讨论和协商。

【2011年中国—东盟博览会林产品与木制品展在南宁开幕】 11月18日，2011年中国—东盟博览会林产品与木制品展(简称林木展)在广西南宁开幕。国家林业局副局长赵树丛宣布展览开幕。国家森林防火指挥部副总指挥、国家林业局原副局长李育材，广西壮族自治区人民政府副主席陈章良出席开幕式。

林木展由中国—东盟博览会秘书处、中国林产工业协会、广西壮族自治区林业厅承办，共设6个展区，折合国际标准展位1000余个。林木展集中展示中国与东盟各国互补性强、符合双方市场需求的特色商品、优质项目和先进技术。有13个国家和地区的200余家企业、4.5万人次参展参会。林产品与木制品展览会由中国商务部、文莱工业和初级资源部、柬埔寨商业部、印度尼西亚贸易部、老挝工业贸易部、马来西亚国际贸易和工业部、缅甸商务部、菲律宾贸易和工业部、新加坡贸易及工业部、泰国商业部、越南工业贸易部及东盟秘书处联合主办，来自中国和东盟10国的200多家林产品与木制品原料商、采购商、经销商及相关企业参加了展览。

本届展览会在中国-东盟自由贸易区全面建成之际，依托林木展的品牌影响力，展示中国与东盟林木业的广阔市场与合作机遇，推动中国林木企业快速开拓东盟市场，并引进东盟国家优质林木产品，丰富中国林木消费市场，进一步促进中国-东盟林木业企业间的合作。

【召开中国入世10周年林业对外贸易的机遇与挑战座谈会】 座谈会由国家林业局发展规划与资金管理司、国家林业局林产品国际贸易研究中心和中国林业产业联合会联合主办2011年12月13日在北京召开，来自国家发改委、商务部、海关总署、国家林业局等部门的代表以及林业系统的相关专家出席会议。

与会专家就入世对中国林业产业发展影响以及中国林业产业发展对世界的贡献进行探讨，总结中国林业产业融入国际市场的成功经验，深入分析当前与未来建设具有国际竞争力的企业所面临的新形势和新挑战，在入世10年的背景下，更理性地审视中国林业产业的发展。

专家们认为，中国入世10年，是中国林业产业机遇与挑战并存的10年，是产业大发展的10年；加入世贸组织，对推动产业升级、资本运作和品牌建设具有深远影响，在未来更多的10年中利用后入世时代的入世效应，对林业产业是一个机遇，更是一个挑战。未来林业产业应该推进可持续性和公平竞争的发展策略，并进行产业的第二次转型和改革，培植国内市场的消费能力，作为林业产业发展的内在动力，并不断扩大中国林业产业的市场影响力，使市场不断完善，更具活力。

(白会学供稿)

中国水土保持学会

【综　述】

组织建设 ①1月，中国水土保持学会开展《中国水土保持学会“十二五”事业发展纲要》(以下简称《纲要》)编制工作，于2011年年底完成。②3月4日，中国水土保持学会四届二次常务理事会在北京召开，经投票表决，推荐中国科协八大代表及委员候选人。③7月15日，中国水土保持学会工作会扩大会议在北京召开。会议传达中国科协八大会议精神，介绍《纲要》，通报优秀水土保持方案报告评选表彰结果。与会代表围绕《纲要》、专委会管理、学会与地方学会合作、水土保持方案编制资质管理等主题展开讨论。④ 9 月 14 日，中国水土保持学会迎接民政部社会组织评估工作专家组的实地考察评估。经过全国性社会组织评估委员会评定，中国水土保持学会在 2011 年度社会组织评估中被评为 4A 等级。⑤ 11 月 16～17 日，中国水土保持学会城市水土保持生态建设专业委员会成立大会在深圳召开。会议审议通过中国水土保持学会城市水土保持生态建设专业委员会管理办法，并选举产生第一届领导机构。⑥ 12 月 21 日，中国水土保持学会四届三次常务理事会在北京召开。大会听取、讨论并审议通过中国水土保持学会 2011 年工作报告、《纲要》、2011 年财务报告、分支机构管理办法、副秘书长变更申请、《中国水土保持科学》第三届编委会组成方案和《中国水土保持科学》第三届优秀论文评选结果，通报中国水土保持学会 2011 年理事会费和团体会员会费交纳情况。

学术交流 ① 4 月 15～17 日，中国水土保持学会生态修复专业委员会、水土保持与荒漠化防治教育部重点实验室和林业生态工程教育部工程研究中心主办，北京华森启达企业管理咨询有限公司承办的第四届全国水土保持生态修复学术研讨会在广东深圳召开。来自全国各地的 70 名水土保持科技工作者参加会议，与会代表围绕水土保持林草植被构建、困难立地植被恢复与重建、开发建设项目废弃地生态修复、严重侵蚀劣地植被恢复与生态修复、山地灾害防治工程及生态修复、高效生态经济园林景观型林草植被构建、生态文明与生态修复、生态修复效益监测与评价等进行了学术交流与技术探讨，新颁布的《中华人民共和国水土保持法》对生态修复工作的促进及新《中华人民共和国水土保持法》贯彻执行成为与会代表讨论的焦点。

② 6 月 29 日，中国水土保持学会预防监督专业委员会第八次会议在乌鲁木齐召开。各流域机构、省(区、市)、计划单列市水土保持局(处)的专委会成员 60 人参加会议。参会人员交流了中国水土保持学会预防监督专业委员会第七次会议以来水土保持监督管理工作的经验，分析和研究存在的问题，提出相应对策和建议。

③ 7 月 9～12 日，中国科学院水利部水土保持研究所、西北农林科技大学水土保持研究所、黄土高原土壤侵蚀与旱地农业国家重点实验室、世界水土保持协会和中国水土保持学会联合主办，江西省水土保持科学研究所和西北大学城市与环境学院协办，区域水土保持与环境研究室承办的区域水土保持研究学术研讨会在陕西杨凌召开。来自 12 个省(市)的 110 名代表就全国和区域尺度水土保持理论与方法、区域水土流失评价因子及其机制、区域水土流失治理方法(模式)与成效、不同尺度水土保持监测和区域水土保持环境效应等主题进行学术交流，对中国主要水土流失区(黑土、黄土、红壤、喀斯特和青藏高原等)的宏观和区域性的水土保持研究和水土流失治理进展展开讨论，提出区域土壤侵蚀过程与评价模型、区域土壤侵蚀与水土保持环境效应评价、区域水土流失与全球气候变化及宏观战略对策和区域水土保持基础信息设施建设等需要强化的研究方向。

④ 7 月 27～30 日，中国水土保持学会主办，台湾中华水土保持学会、中国水土保持学会泥石流滑坡防治专业委员会协办，新疆维吾尔自治区水土保持学会承办的第八届海峡两岸山地灾害与环境保育学术研讨会在乌鲁木齐召开。部分省(区、市)水土保持行政主管部门领导，海峡两岸有关高等院校、科研院所和企事业单位的 90 名代表参加研讨会，其中 25 位专家学者分别就中国大陆重大地质灾害特点、新疆水土流失特点及成因、台湾极端气候的土石流防灾策略、汶川地震区震后泥石流活动特征与防治对策、台湾原住民的分布及其面对的灾害类型等主题作学术交流。会后，全体与会代表对吐鲁番干旱地区农业灌溉系统和天山地区高寒荒漠地带森林植被保育等进行野外考察。

⑤ 9 月 4～8 日，中国水土保持学会组团参加在西宁举办的第五届国际沙棘协会大会，大会的主题是“和谐生态、健康生活”，来自 16 个国家的 85 名专家和国内 20 个省(区、市)的 605 名专家、企业和政府部门代表参加大会。大会通过研讨会、沙棘产品展示、实地考察沙棘种植基地等形式，展示沙棘新产品、新技术、新工艺，分享和交流全球沙棘研究开发的最新成果，促进建立国际间沙棘技术和产业的合作，创造市场推广和贸易合作的平台。

⑥ 10 月 14～15 日，中国水土保持学会工程绿化专业委员会主办，北京市环境卫生设计科学研究所与北京林业大学边坡绿化研究所协办的矿化垃圾资源化利用与填埋场绿化技术研讨会在北京召开。来自全国城市环卫、园林绿化等科研院所、企事业单位和高等院校的 90 名专家、工程技术人员参加会议，其中 12 名学者就北京市非正规垃圾填埋场污染特性和风险评价、北京市垃圾填埋场植物现状及植被恢复建植技术、矿化垃圾资腐殖土安全性评价与应用方法、非正规垃圾填埋场的原位治理等主题进行学术交流。会后，与会代表前往北京丰台区、房山区实地考察矿化垃圾筛分工艺及流程、矿化垃圾资源化利用示范。

⑦ 11 月 6 日，中国水土保持学会科技协作工作委员会主办，水利部水土保持生态工程技术研究中心、四川省水利厅、四川省绵阳市水务局承办，长江水利委员会长江科学院、中国科学院寒区旱区环境与工程研究所、中国科学院水利部水土保持研究所协办的中国水土保持学会科技协作工作委员会 2011 年年会在四川绵阳召开。60 个委员单位的 100 名委员参加会议。会议总结、交流“十一五”水土保持科技成果，探讨近期水土保持科技工作重点方向。国家“973”计划项目黄河上游沙漠宽谷段风沙水沙过程与调控机理、国家科技支撑计划重点项目红壤退化的阻控和定向修复与高效优质生态农业关键技术研究与试验示范、水利部公益性行业专项水蚀地区坡面水土流失阻控技术研究等一批国家重大科研项目的首席科学家分别介绍项目的基本情况与研究进展，交流了项目的研究特色、技术创新和取得的成果。来自科研院所和高等院校的 10 个委员单位总结“十一五”期间的科研工作，交流最新科研成果，展示在水土保持科研领域的实力和特色，介绍今后水土保持科学研究的新方向、新问题和新现象。会后，与会代表参观水利部四川盐亭水土保持科技示范园区暨中国科学院盐亭紫色土农业生态试验站和新北川县城。

⑧ 11 月 20 ~21 日，中国水土保持学会小流域综合治理专委会和水利部水土保持监测中心联合主办的坡耕地水土流失综合治理学术研讨会在福建厦门召开。80 名领导和学者参加会议，其中 26 人围绕坡耕地以及小流域水土流失综合治理等进行学术交流。

⑨ 12 月 10 ~11 日，中国科学技术协会主办，中国水土保持学会、中国林学会、中国环境学会、中国生态学学会等 12 家全国学会共同协办的首届"湖泊健康与可持续发展"为主题的中国湖泊论坛在南京召开。来自全国的 800 名湿地、生态、环境、水利湖泊等领域的专家、学者和科技工作者参加会议，对湖泊资源利用、湖泊生态保护、流域综合治理及水科技创新等进行跨学科、跨行业、综合性的交流和研讨。

⑩ 12 月 10 ~11 日，中国水土保持学会规划设计专业委员会主办，广西壮族自治区水土保持学会、广西水利电力勘测设计研究院承办的中国水土保持学会规划设计专业委员会 2011 年年会暨学术研讨会在广西桂林召开。水利部水土保持司、水利部各流域机构、部分省(市、区)水利厅(局)以及水利水电、公路、铁路、冶金、矿山、高校等 87 家会员单位的代表 150 人参加会议。会议表彰 2010 ~2011 年度专委会活动中表现优异的 12 家会员单位和 10 名先进个人；会议收到论文 54 篇，其中 27 篇进行大会交流，评选出 10 篇优秀论文。

⑪ 12 月 10 日，中国水土保持学会规划设计专业委员会在广西桂林举行《生产建设项目水土保持设计指南》(以下简称《设计指南》)首发仪式。中国水土保持学会规划设计专业委员会会员单位、主编单位和参编单位代表及特邀嘉宾参加会议。会上举行新书赠书仪式。

科普与青少年工作 ①4 月，"小学生室外水土保持知识调查问卷"新闻摄影作品获"2010 年度中国科协网全国学会优秀图片奖"三等奖。②5 月 12 日，参加由中国科协主办的 2011 年"防灾减灾日"主题科普活动启动仪式，展出了 10 张"山地灾害防灾减灾科普知识"展板，聘请了防灾减灾专家现场咨询，并发放了 1000 册宣传画册。③7 月 10 日，新《中华人民共和国水土保持法》宣讲活动在北京植物园举行，展出了水土保持 60 年成就与相关科普知识展板，发放新《中华人民共和国水土保持法》宣传手册 1 万册。④2011 年 10 月 10 日，中国水土保持学会受水利部委托组织编写的全国水土保持科普宣传教育系列丛书——《水土保持科普读本》(小学版)顺利通过专家审定。

四、期刊工作 ①完成中国水土保持学会会刊《中国水土保持科学》6 期正刊的出版工作，刊出文章 120 篇，第 2 期推出水土流失监测技术专栏，对水土流失监测中的新方法和新技术进行集中报道。②正式启用编辑部远程办公和网刊系统，并充实网站(www. sswcc. org)内容，所有过刊全文上网。③据 2011 年版《中国科技期刊引证报告(核心版)》公布的数据，《中国水土保持科学》2010 年影响因子为 0. 708，在 1998 种中国科技论文统计源期刊中，影响因子排序为第 307 位，在农业工程类期刊中，影响因子和综合评价总分均分别为第五位和第三位。④《中国水土保持科学》成功入选中国科学引文数据库(简称 CSCD)，并加入中国科学院科技期刊开放存取平台。⑤根据《〈中国水土保持科学〉优秀论文奖评选办法(试行)》规定，开展《中国水土保持科学》第三届优秀论文评选工作。评选范围为 2006 年 1 期至 2010 年 6 期正式发表的 799 篇论文，通过编辑部初选、编委初评、复评和专家现场评选 4 个环节，并报请常务理事会审议通过，评选出 15 篇优秀论文，其中包括一等奖 3 篇，二等奖 5 篇，三等奖 7 篇。⑥按照《〈中国水土保持科学〉编辑出版工作条例》有关规定，经中国水土保持学会秘书处研究，并报请常务理事会审议通过，完成第三届编辑委员会换届工作。编委会顾问 15 人，主任委员 1 人、编委 50 人，特邀国际编委 4 人。

资质管理 3 月，中国水土保持学会启动水土保持方案编制乙、丙级资格证书的申报工作，经过申报、初审、审核和公示，7 月 15 日，在中国水土保持学会工作会扩大会议上对 123 家单位颁发《水土保持方案编制乙级资格证书》，对 152 家单位颁发《水土保持方案编制丙级资格证书》。

培训工作 ①举办两期生产建设项目水土保持方案编制资格证书单位甲级水土保持方案编制技术人员培训班，培训学员 500 人。举办两期乙、丙级水土保持方案编制技术人员培训班，培训学员 400 人。培训内容包括水土保持法规与评审规定，开发建设项目水土保持技术规范、水土流失防治标准(新国标)，开发建设项目水土保持措施设计，水土保持方案审查要点与常见问题，开发建设项目水土保持监测技术，水土保持工程概(估)算编制方法等。②举办一期新《中华人民共和国水土保持法》培训班，培训学员 200 人。培训内容包括新法主要内容、重要制度、依法行政的理论与实践、生产建设项目水土保持工作等。③与中国水利水电勘测设计协会联合举办两期注册土木工程师(水利水电工程)水土保持考前培训班，培训学员 189 人。

网络建设 继续维护中国水土保持学会网站 http://www. sbxh. org 和《中国水土保持科学》网站 http://www. sswcc. org，及时更新内容和发布信息。

(郑 慧)

中国林业教育学会

【综 述】 2011 年，林业教育学会围绕林业建设的中心工作，积极开展各项工作，不断开拓，各项工作取得了新的进展。

调研工作 继 2010 年杨继平理事长围绕"涉林院校林科教育和林业队伍专业化水平"的问题进行调查研究后，2011 年 5 月，杨继平又率队赴陕西、新疆对西北地区林业院校人才培养、就业情况进行了调研，并形成《林业人才培养及林业队伍专业化素质》的调研报告。

积极向政府主管部门建言献策，得到国家林业局党组的高度重视。贾治邦局长就调研报告给予了批复，要求有关职能部门进一步加强对林业人才培养工作管理，为给现代林业建设多输人才、输好人才提供服务。

重要活动 为了激励和引导林科毕业生勤奋学习，毕业后服务于现代林业建设，促进林业企业共同参与新时期林业人才的培养，为林科毕业生搭建就业平台，由北美枫情(上海)商贸有限公司独家冠名，中国林业教育学会、国家林业局人才开发交流中心2010年共同举办了首届全国林科十佳毕业生评选活动。此项活动在社会上引起广泛关注，对林科院校毕业生产生了深远影响。2011年继续开展了以“学林、爱林、干林”为主题的第二届北美枫情杯全国林科十佳毕业生评选活动。此次评选活动，突出了实现个人价值目标与艰苦奋斗相结合的主题。对江西省林业厅推荐的扎根林业基层16年的林科毕业生刘子英进行了现场专访。他的事迹为所有的林科毕业生树立了学习的榜样。

中央电视台(CCTV7)、《中国绿色时报》、《中国组织人事报》、《北京晚报》、《中国林业教育》、《中国人造板》、中国林业网、新浪、搜狐、网易、新华网等多家媒体对此次活动进行了报道。

重要会议 2011年8月20日，中国林业教育学会第四次会员代表大会在北京召开。来自全国60所高中等林业院校、28个国家林业局的直属单位、27个省、市林业厅(局)、5个林业企业的178名代表出席了大会。

大会履行换届程序，选举产生第四届理事会理事175名、常务理事58名、理事会领导21名。特邀第十届全国政协副主席张怀西、原林业部副部长刘于鹤、中国工程院院士尹伟伦担任名誉理事长；杨继平继续担任中国林业教育学会第四届理事会理事长；林业管理干部学院党委书记李向阳当选法人代表；北京林业大学副校长骆有庆当选秘书长。大会通过了聘任12位担任副秘书长名单。

林业教育国际研讨会 由国家林业局和加拿大国家林务局发起的，由中国林业教育学会、加拿大林业高等教育协会、北京林业大学、不列颠哥伦比亚大学以及林业教育国际伙伴联合举办的以奥林匹克精神为主题的林业教育国际研讨会分别于2008年和2010年在北京和温哥华两地召开。会议旨在通过加拿大和中国主要林业院(校)长、专家与世界其他地区以及关注林业教育的国际组织的代表共同探讨全球林业和林业教育面临的问题、全球林业教育机构的共同利益和世界各国林业院校间的潜在合作空间。中国林业教育学会在会后认真学习杨继平在开幕式上的讲话，对加拿大、美国、芬兰、德国、中国等22个国家的150名参会代所提出的议题进行分析，坚持在会上各国代表达成的共识：面对全球林业及教育领域面临诸多困难和挑战，迫切需要全球林业教育机构保持广泛、紧密的国际合作与交流，以更深层次和更高效率的合作，应对林业相关领域面临的挑战；林业教育应适时作出调整，提升应变能力，开扩国际教育的视野，解决社会发展对林业的需求与林业教育发展不相适应的矛盾。

培训工作 结合当前林业建设和林业教育的热点、

北美枫情杯2011届全国林科十佳毕业生名单

序号	姓名	性别	单　　位
研究生组十佳名单(按姓氏笔画，下同)			
1	干昌伟	男	南京林业大学
2	文甲龙	男	西北农林科技大学
3	关桦楠	男	东北林业大学
4	刘蔚漪	女	国际竹藤网络中心
5	范庆君	男	浙江农林大学
6	涂利华	男	四川农业大学
7	秦　景	男	北京林业大学
8	戚红晨	女	中南林业科技大学
9	曾伟生	男	中国林业科学研究院
10	缪福俊	男	西南林业大学
本专科组十佳名单			
1	邓霁廷	女	内蒙古农业大学
2	刘晓梅	女	中南林业科技大学
3	宋莎莎	女	河北农业大学
4	肖雪芹	女	南京林业大学
5	欧阳靓	女	西南林业大学
6	金香香	女	东北林业大学
7	施鹏程	女	北京林业大学
8	焦玉涛	男	山东农业大学
9	戴唯立	女	南京森林警察学院
10	魏京龙	男	辽宁林业职业技术学院

北美枫情杯2012届全国林科十佳毕业生名单

序号	姓名	性别	单　　位
研究生组十佳名单			
1	于子绚	女	国际竹藤中心
2	刘庆新	男	中国林业科学研究院
3	刘　彬	男	四川农业大学
4	刘　毅	男	北京林业大学
5	孙小明	男	浙江农林大学
6	朱铭强	男	西北农林科技大学
7	何中声	男	福建农林大学
8	吴凤娟	女	中南林业科技大学
9	李永峰	男	东北林业大学
10	李　彪	男	西南林业大学
11	董　琛	男	南京林业大学
本专科组十佳名单			
1	于晶晶	女	辽宁林业职业技术学院
2	王　念	女	南京森林警察学院
3	刘家霖	男	东北林业大学
4	吕广林	男	山东农业大学
5	宋　颂	女	西北农林科技大学
6	李玉琳	女	华南农业大学
7	明　慧	女	西南林业大学
8	郑青荷	女	南京林业大学
9	盛萱宜	女	北京林业大学
10	虞晓凡	女	河北农业大学

难点问题，学会各分支机构在林业不同领域不同层面继续组织开展各种培训工作。2011 年主要开展了全国林业远程培训教材建设暨网络课程建设工作培训班、海峡两岸高职教育园林技术专业师资培训班、《园林工程招投标与预决算》课程建设研讨班、林区中小学教育与研究培训班、集体林权制度改革后土地流转与国有林场改革、森林抚育补贴试点项目技术、天然林保护工程二期政策等培训活动。

教育研究工作 成教分会组织各会员单位和省级林业培训基地，开展现代林业干部教育培训体系研究，主要研究林业干部教育培训管理、体系和运行机制，林业培训基地核心能力建设和林业基层关键岗位人员培训需求及项目设计。完成了《林业干部教育培训管理创新研究》和《林产品贸易政策对林业的影响及对策研究》，为政府主管部门决策提供了科学依据。

信息化建设 ①成教分会围绕行业教育培训中心工作，依托中国林业教育培训网，完成了林业教育培训网站的改版工作，设置了“行业培训”、“高等教育”、“职业教育”和“社团工作”等栏目，刊登新闻稿件 500 余篇，更新“林权制度改革”和“林业基础知识”课程近 30 部，增设“十二五”规划及《纲要》解读栏目。

②职教分会定期出版《林业职业教育动态》7 期，并寄发上级有关部门、各省教育厅(局)和全国林业职业院校。

③高等教育分会网页在移植平台，避免病毒侵害，提高质量等后台管理方面加强了维护，为各团体会员单位开展学术交流创造了基本条件，为各团体会员单位沟通信息建立平台。

④秘书处收集全国高等林业院校教育信息，编制《林业高等教育信息动态》4 期。

【分会工作】

重点会议 ①2011 年 8 月，高等教育分会工作会议在北京召开。20 所林(农)业大学林学院的 50 多名领导和代表参加了会议。会议邀请了国务院学位委员会办公室欧百钢处长作了有关林科重点学科和重点实验室建设工作的专题报告。国家林业局人事司丁立新副司长和科技司彭有冬司长分别就国家林业局今后一个时期林科重点学科建设和重点实验室建设的工作思路进行了说明。与会代表就林学专业人才培养、高等林业院校开展视频公开课和精品课程共享资源建设问题作了交流。

②2011 年 11 月，职教分会全国林业职业院校就业工作研讨会在江西省赣州市召开，20 多所林业职业院校 100 多人出席了会议。各校就业负责人分别介绍了学院的就业工作情况。会议对 2011 年度全国林业职业院校就业工作先进集体和先进个人进行了表彰和颁奖。

③2011 年 9 月，全国中等林业教育改革创新研讨会在北京召开。会议就林业中等职业教育改革发展进行了研讨。会议在齐心协力、积极作为，为创新林业中职教育，提高教育质量，更好地服务林业、服务地方经济发展等方面达成了共识。

评奖工作 ①2011 年 11 月，职教分会在江西省赣州市举办了以“提升林科大学生创业能力和创业意识，服务现代林业建设”为主题的全国林业职业院校大学生绿色创业大赛。评选出 2011 年全国林业职业院校大学生绿色创业大赛一等奖 4 名、二等奖 5 名、三等奖 6 名、优秀奖 20 名和指导教师一等奖 6 名、二等奖 10 名、三等奖 11 名、优胜奖 20 名以及优秀组织奖 9 个。

②高教分会组织开展了第二届高等林业教育研究优秀论文的评奖活动。共收到 10 多所院校的参评论文 213 篇。参评论文的数量和质量也较第一届优秀论文评选活动有了较大的提高。共评出一等奖 6 篇、二等奖 21 篇、三等奖 39 篇。

③职教分会组织开展了 2011 年全国林业职业教育优秀论文的评选工作。评出了一等奖 18 篇、二等奖 27 篇、三等奖 27 篇、优秀奖 15 篇。

④职教分会协同国家林业局职教中心，在国家林业局人事司的领导下，组织开展了国家林业局高等职业教育重点专业评审等工作，评出高职精品课程 10 门。

⑤成教分会为推动行业教育培训类网站建设，开展了全国林业行业教育培训类网站评优活动，评出一等奖 3 个、二等奖 4 个、三等奖 5 个。

⑥成教分会组织会员单位参与中国职协举办的优秀科研成果评比活动，《林业干部教育培训规范化建设研究》一书获得课题类一等奖。 （贯笑微）

林业大事记与重要会议

21

2011 年中国林业大事记

1 月

4 日 国家林业局发布第四次全国荒漠化和沙化监测成果。截至 2009 年年底，全国荒漠化土地面积 262.37 万平方千米，沙化土地面积 173.11 万平方千米，分别为国土总面积的 27.33% 和 18.03%。2005 ~ 2009 年，全国荒漠化土地面积年均减少 2491 平方千米，沙化土地面积年均减少 1717 平方千米。

5 ~6 日 全国林业厅局长会议在北京召开，全面总结"十一五"林业工作，认真谋划"十二五"发展思路，安排部署 2011 年重点工作。国家林业局局长贾治邦作题为《抓住战略机遇，转变发展方式，全面开创现代林业科学发展新局面》的主题报告，副局长祝列克主持会议。局领导张建龙、印红、孙扎根、陈述贤，武警森林指挥部副主任李全海等出席会议。

10 日 在国务院副总理李克强和英国副首相尼克·克莱格的共同见证下，中国野生动物保护协会与苏格兰皇家动物学会在伦敦签署中英共同开展大熊猫保护研究合作协议。国家林业局副局长张永利出席仪式。根据协议，中方将向英方提供一对大熊猫赴爱丁堡动物园进行为期 10 年的合作研究。

11 日 全国第二次陆生野生动物资源调查专家委员会成立暨第一次会议在北京召开，国家林业局副局长印红出席会议并讲话。

18 日 澳门大熊猫馆开馆，中央政府赠送澳门的一对大熊猫"开开"、"心心"正式与游人见面。全国政协副主席何厚铧，国务院副秘书长张勇，澳门特别行政区行政长官崔世安，国家林业局党组成员、中央纪委驻局纪检组组长陈述贤出席开馆仪式。

20 日 国家林业局直属机关党的建设和机关建设工作会议在北京召开。国家林业局党组书记、局长贾治邦出席会议并讲话，局党组副书记、副局长祝列克主持会议，局党组成员、副局长张建龙对机关党建工作作出部署，局党组成员、中央纪委驻局纪检组组长陈述贤对 2011 年反腐倡廉工作作出安排。副局长印红，局党组成员、副局长孙扎根出席会议。

21 日 中国野生动物保护协会与美国斯密桑宁国家动物园在华盛顿签署关于合作研究和繁殖大熊猫的延期协议，同意将大熊猫"美香"、"添添"留美参与合作研究期限延长到 2016 年。

24 日 《中华人民共和国国家林业局和美利坚合众国农业部关于共建中国园的谅解备忘录》签字仪式在美国举行。中国驻美大使张业遂与美国农业部部长维尔萨克签署备忘录，中国园项目中方总执行人江泽慧出席仪式。根据协议，中美双方将在美国国家树木园共同建造面积为 5 公顷的中国江南园林。

24 日至 2 月 4 日 联合国森林论坛第九届会议在位于联合国总部召开，会议围绕"森林造福人民、改善民生和消除贫穷"的总主题，着力探讨以社区为基础的森林管理、社会发展和民生问题以及森林的社会功能和文化价值 3 个方面的问题；2 月 2 日会议正式启动 2011 国际森林年活动，主题是"森林为民"。中国代表团团长、国家林业局副局长祝列克在 2 月 2 日举行的高级别部长会议上发表讲话；高级别部长会议期间，祝列克分别会见联合国副秘书长沙祖康、韩国林业部部长哈永贤、美国国务院副助理国务卿丹·雷夫斯奈德。

25 日 贾治邦局长签署国家林业局令第 26 号，公布《国家林业局关于废止和修改部分部门规章的决定》，废止《林业系统内部审计工作规定》，对《植物检疫条例实施细则（林业部分）》等部门规章的部分条款作出修改。

同日，中国荒漠化防治试验示范基地授牌暨科尔沁沙地生态环境治理签约启动仪式在北京举行。全国政协副主席李金华、中央统战部党组书记金哲洙、国家发改委副主任杜鹰、国家林业局副局长祝列克共同将中国荒漠化防治试验示范基地的牌匾授予亿利资源集团董事会主席王文彪。

26 日 财政部、国家林业局印发《中央财政林业科技推广示范资金绩效评价暂行办法》。

27 日 国家林业局移动办公系统正式运行。

2 月

1 日 国家林业局发布 2011 年第 4 号公告，公布新增的试点使用中国野生动物经营利用管理专用标识的企业及其产品。

14 日 国家林业局印发《全国木材（林业）检查站建设规划（2011 ~2015 年）》。

15 日 国家林业局发布《能源林可持续培育指南》及《小桐子可持续培育指南》。

16 日 国家林业局与中国电信集团公司在北京签署战略合作框架协议，双方确定在推动林业信息化全面快速发展的同时，促进中国电信业务又好又快发展。国家林业局局长贾治邦、中国电信集团公司总经理王晓初出席签字仪式并致辞。国家林业局副局长祝列克、中国电信集团公司副总经理孙康敏代表双方在战略合作框架协议上签字。

18 ~23 日 应台湾动物园暨水族馆协会邀请，中国野生动物保护协会名誉会长贾治邦赴台湾交流，实地考察阳明山等台湾特有的自然地质生态区域，了解台湾自然保护区和森林管理体系，并专程到台北看望赠台大熊猫"团团"、"圆圆"。在台期间，贾治邦还会见了海峡交流基金会董事长江丙坤以及叶世文、颜仁德等重要人士，并就两岸林业问题与台湾林业同行进行深入交流。

25 日 国家林业局与海南省人民政府在海口市举行《关于加快推进海南森林生态旅游建设战略合作协议》签字仪式。国家林业局局长贾治邦，海南省省长罗保铭分别在协议书上签字。国家林业局副局长祝列克、张建龙，海南省委书记卫留成出席签字仪式。

同日，国家林业局发布 2011 年第 5 号公告，公布 2011 年美国白蛾疫区。

27 日 中共中央政治局常委、国务院总理温家宝到中国政府网、新华网与网民在线交流时指出，集体林权制度改革是继家庭联产承包责任制后的又一项重大改革。我们推进这项改革，给老百姓又一条发展生产的路子，他们的生活一定会得到改变。

28 日至 3 月 1 日 全国野生动植物保护与自然保护区建设管理工作会议在南宁市举行。国家林业局副局长印红出席会议并讲话。

3 月

4 日 国家林业局与广东省人民政府在北京签署合作建设广东现代林业强省框架协议。国家林业局局长贾治邦、广东省省长黄华华分别在协议书上签字，广东省委书记汪洋出席签字仪式。国家林业局副局长祝列克主持签字仪式，局领导印红、孙扎根、陈述贤、张永利出席。

6 日 国务院总理温家宝在参加十一届全国人大四次会议甘肃代表团的审议时说，如果沙进人退的趋势得不到遏制，敦煌也会重蹈楼兰的覆辙。我们必须继续加大防沙治沙的力度，坚决遏制敦煌生态环境恶化的趋势，决不让敦煌成为第二个楼兰。

同日，国家林业局与陕西省人民政府在北京签署合作共建“绿色陕西”备忘录。国家林业局局长贾治邦、陕西省省长赵正永分别在备忘录上签字。陕西省委书记赵乐际、副省长姚引良出席签字仪式。国家林业局副局长祝列克主持签字仪式，局领导张建龙、印红、孙扎根、陈述贤、张永利出席。

9 日 国家林业局印发《全国防沙治沙综合示范区建设规划(2011～2020 年)》。

10 日 国家林业局发布 2011 年第 7 号公告，公布湖北利川水杉母树林种子等 29 个品种、认定通过的金铃等 4 个品种作为林木良种。

11 日 财政部印发《关于整合和统筹资金支持木本油料产业发展的意见》(财农〔2011〕19 号)，决定从 2011 年起整合和统筹资金支持木本油料产业发展，当年实施范围包括 21 个省(区、市)。

12 日 国家林业局发布《2010 年中国国土绿化状况公报》。

14 日 国家林业局启动乡镇林业工作站站长能力测试工作。“十二五”期间，拟对全国近 3 万个乡镇林业工作站站长进行关键岗位能力测试。

15 日 国务院召开全国森林防火工作电视电话会议，总结“十一五”期间森林草原防火工作，安排部署“十二五”及 2011 年森林草原防火重点任务。中共中央政治局委员、国务院副总理回良玉出席会议并讲话。国家森林防火指挥部总指挥、国家林业局局长贾治邦通报了森林防火工作情况。

同日，国家林业局召开打击制售假劣林木种苗和保护新品种权专项行动电视电话会议。张建龙副局长出席会议并讲话。

17 日 关注森林活动组委会 2011 年主任工作会在北京举行。中共中央政治局委员、全国政协副主席王刚出席并讲话。全国政协人资环委主任张维庆主持会议。全国绿委副主任、国家林业局局长贾治邦作工作报告。国家林业局党组成员、中央纪委驻局纪检组组长陈述贤等出席会议。

20 日 中共中央组织部作出决定，追授杨善洲同志全国优秀共产党员称号。

25 日 国家林业局印发《全国林业信息化发展“十二五”规划(2011～2015 年)》。

25～26 日 全国林业计划财务暨棚户区改造工作会议在海南省召开。国家林业局局长贾治邦出席会议并讲话，副局长祝列克作主题报告，副局长张建龙主持会议，海南省副省长李秀领致辞。

26 日 全国绿委、中共中央直属机关绿委、中央国家机关绿委、首绿委联合组织的共和国部长义务植树活动在北京举行，197 名部级领导参加义务植树。

28～29 日 京津风沙源、石漠化综合治理工程林业建设暨第二次石漠化监测启动会议在长沙市召开。会议决定，从 2011 年起，石漠化综合治理工程规模将由“十一五”期间的 100 个石漠化治理重点县扩大到 200 个县，并逐步将 451 个岩溶地区石漠化县全部覆盖。国家林业局副局长祝列克出席会议并讲话。

29 日 全国绿委全体会议在北京举行，总结“十一五”时期国土绿化工作，安排部署植树造林和国土绿化重点任务。审议通过了《全国造林绿化规划纲要(2011～2020 年)》和《关于表彰全国绿化先进集体、劳动模范和先进工作者的决定》。中共中央政治局委员、国务院副总理、全国绿委主任回良玉出席会议并讲话，全国绿委副主任、国家林业局局长贾治邦作工作报告。

30 日 国务院总理温家宝主持召开国务院常务会议，讨论通过《青藏高原区域生态建设与环境保护规划(2011～2030 年)》。

同日，全国深化集体林权制度改革会暨地方党政领导干部林改专题研究班开班仪式在福建省永安市举行。全国政协副主席罗富和出席并讲话，中央农村工作领导小组副组长陈锡文作专题报告，国家林业局副局长张建龙，福建省副省长倪岳峰出席并讲话。

31 日 2011 年中华环保世纪行宣传活动启动仪式在北京举行。宣传活动的主题是：“保护环境、促进发展”。全国人大常委会副委员长陈至立发来贺信，全国人大环资委副主任委员蒲海清主持启动仪式，国家林业局党组成员、中央纪委驻局纪检组组长陈述贤等出席启动仪式。

4 月

2 日 党和国家领导人胡锦涛、吴邦国、温家宝、贾庆林、李长春、习近平、李克强、贺国强、周永康等到北京市永定河畔参加首都义务植树活动。胡锦涛强调，要在新的起点上进一步推进植树造林工作，坚持依靠群众、依靠科技、依靠改革，不断提高生态文明建设成效，努力促进经济社会可持续发展。

7 日 中共中央组织部决定赵树丛同志任国家林业局党组副书记。

同日，国家林业局副局长印红在北京会见濒危野生动植物种国际贸易公约秘书长约翰·斯甘伦，双方就进一步加强濒危物种国际贸易管理等事宜交换了意见。

8日 中国加入濒危野生动植物种国际贸易公约30周年座谈会在北京人民大会堂举行。国家林业局局长贾治邦出席会议并讲话，副局长印红主持会议，农业部常务副部长危朝安、公约秘书长约翰·斯甘伦等出席座谈会。

9日 2011国际友人义务植树暨国际森林年中国行动启动仪式在北京举行。国家林业局局长贾治邦、副局长印红，北京市副市长夏占义，联合国环境规划署驻华代表张世纲，联合国儿童基金会驻华办事处代办替姆·沙藤参加植树活动并为国际森林年纪念碑揭幕。

同日，国家林业局、最高人民检察院联合编写的《破坏森林资源渎职案例评析》正式出版。

13日 “中国绿色公民行动——10699969手机短信捐款植树启动仪式暨2010绿色公益盛典”在北京举行。全国政协副主席林文漪，国家林业局局长贾治邦，中国绿化基金会主席王志宝共同启动10699969手机短信捐款植树公益平台。国家林业局副局长祝列克出席启动仪式。

14~15日 全国林业系统党风廉政建设工作会议在南昌市召开。国家林业局党组成员、中央纪委驻局纪检组组长陈述贤出席会议并讲话。

16日 国务院办公厅公布河北驼梁等16处新建国家级自然保护区，其中林业自然保护区15处。

18日 国务院任命赵树丛为国家林业局副局长(副部长级)。

19日 国家林业局副局长印红在北京会见韩国山林厅次长河泳孝，双方就进一步加强中韩两国在森林经营、野生动物保护、防治荒漠化、森林旅游、病虫害防治等领域的合作进行了广泛交流，并共同签署《中国国家林业局和韩国山林厅关于继续开展东北虎繁殖合作的协议》。

同日，经中央编办批复，设立国家林业局驻北京、上海森林资源监督专员办事处；撤销国家林业局驻兰州森林资源监督专员办事处；撤销国家林业局濒危物种进出口管理中心北京、上海等22个办事处。调整后，国家林业局设立15个派驻地方森林资源监督专员办事处，除大兴安岭专员办外，其他14个专员办均加挂“中华人民共和国濒危物种进出口管理办公室××办事处”牌子。

20日 十一届全国人大常委会第二十次会议在北京举行，听取和审议国务院关于集体林权制度改革工作情况的报告。受国务院委托，国家林业局局长贾治邦向会议报告了集体林权制度改革工作情况。随后，国家林业局派出10个督导组，分赴全国31个省(区、市)传达宣讲全国人大常委会审议意见精神，督导检查各省(区、市)林改工作。

22日 国家林业局与黑龙江省人民政府在哈尔滨市签署合作共建框架协议，旨在推动黑龙江省实现森林面积和森林蓄积量“双增”目标。国家林业局局长贾治邦、黑龙江省省长王宪魁出席会议，国家林业局副局长赵树丛宣布省局共建实现黑龙江省林业“双增”目标行动启动。

同日，共青团中央、全国绿委、国家林业局共同主办的“保护母亲河——2011年度青少年植树行动”全国统一行动日活动在江西省瑞金市举行启动仪式。国家林业局党组成员、中央纪委驻局纪检组组长陈述贤，共青团中央农村工作部部长郭祥玉出席启动仪式并为“全国保护母亲河——青年长征纪念林”揭牌。

同日，世界“地球日”植竹活动在北京紫竹院公园举行，国家林业局副局长印红，全国政协人资环委副主任、国际竹藤组织董事会联合主席江泽慧及国际竹藤组织37个成员国的驻华使节参加植竹活动。

26~27日 全国森林资源管理工作会议在重庆市举行。国家林业局局长贾治邦出席会议并讲话，副局长赵树丛宣读关于表彰保护森林和野生动植物资源先进个人和先进集体的决定。副局长张建龙主持会议，重庆市副市长童小平出席会议。

26~27日 全国林业知识产权高层论坛在北京举行，论坛主题是“知识产权与现代林业”。国家林业局副局长张永利出席论坛并讲话。

28日至10月22日 2011西安世界园艺博览会在西安浐灞生态区举办。4月28日，全国政协副主席王刚宣布博览会开幕，陕西省委书记赵乐际主持开幕式，省长赵正永致开幕辞。世界园艺生产者协会主席杜克·法博、国家林业局局长贾治邦等出席开幕式。

29日 国家林业局青年联合会成立大会在北京举行。国家林业局副局长、局直属机关党委书记张建龙，中央国家机关团工委书记、青联主席张璐出席会议。

5月

4日 国家林业局印发《林业生物能源原料基地检查验收办法》(林造发〔2011〕114号)。

5日 第二批全国林业信息化示范省建设工作启动，北京、山西、内蒙古、江西、山东、河南、广东、陕西、沈阳为第二批示范省(自治区、直辖市)和计划单列市。

8日 国家林业局局长贾治邦与辽宁省省长陈政高在沈阳签署《合作共建绿色辽宁框架协议》。为确保共建协议的实施，国家林业局和辽宁省人民政府共同设立合作共建的工作机制。国家林业局副局长张永利及辽宁省相关部门领导出席签字仪式。

9~10日 第二届全国林业信息化工作会议在沈阳市举行。国家林业局局长贾治邦出席会议并讲话，副局长张永利主持会议。辽宁省副省长邴志刚致辞。会议确定了全国林业信息化建设“五个统一”的基本原则。

10日 国家林业局、教育部、共青团中央、中国生态文化协会联合授予云南省保山市施甸县善洲林场国家生态文明教育基地称号。

同日，正在美国参加第三轮中美战略与经济对话的国家林业局副局长赵树丛在华盛顿会见美国林务局副局长吉姆·里弗斯，双方针对森林应对气候变化林业科研、病虫害防治等议题广泛交换了意见，就进一步加强中美林业交流与合作达成共识。

11日 国家林业局、国家旅游局在北京举行《关于推进森林旅游发展的合作框架协议》签字仪式。国家林业局局长贾治邦、国家旅游局局长邵琪伟出席仪式并分别在协议上签字。国家林业局副局长张建龙主持签字仪式，副局长印红、国家旅游局副局长杜一力等出席签字仪式。

同日，国家林业局主办的全国“爱鸟周”30周年纪念活动暨保护森林和野生动植物资源先进集体和先进个人表彰大会在北京举行。全国政协副主席陈宗兴，国家林业局副局长印红，局党组成员、中央纪委驻局纪检组组长陈述贤出席活动。

11～17日 由财政部、国家林业局、中央电视台联合摄制的全面反映荒漠化生态系统和防沙治沙的7集大型电视生态专题片《大漠长河》在中央电视台播出。

12日 第二次全国重点保护野生植物资源调查专家委员会成立暨资源调查试点启动部署会议在北京举行。国家林业局副局长印红出席会议并讲话。

13日 国家林业局副局长印红在北京会见瑞典农业事务部国务秘书麦格那斯·廷布一行，双方就加强中瑞林业合作事宜广泛交换了意见，并一致同意进一步推动两国政府部门林业企业、行业协会之间的交流与合作。

15日 中国首个绿色碳汇基金会碳汇研究院在浙江省温州市挂牌。国家林业局副局长张建龙出席授牌仪式。

16日 国家林业局副局长印红在北京会见国际热带木材组织执行主任泽梅卡一行，双方探讨了进一步合作的领域。会见结束后，亚太森林恢复与可持续管理网络与国际热带木材组织共同签署了合作备忘录。

17日 国家林业局任命陈凤学为国家林业局总工程师。

18日 国家林业局发布2011年第8号公告，对威海恺达利进出口有限公司等4家企业的林木种子经营许可证予以注销。

20日 国务院在北京召开全国天然林资源保护工程工作会议，总结天保工程一期建设成效和经验，研究部署工程二期建设各项工作。中共中央政治局委员、国务院副总理回良玉出席会议并讲话，国家林业局局长贾治邦宣读表彰决定并作会议总结，国务院副秘书长丁学东主持会议。国家林业局副局长赵树丛代表国家林业局发言，局领导张建龙、孙扎根、张永利出席会议。

同日，贾治邦局长签署国家林业局第27号令，公布《国家级森林公园管理办法》，自2011年8月1日起施行。

同日，国家林业局印发《履行濒危野生动植物种国际贸易公约发展规划(2011～2015年)》。

26日 国家林业局、中国科学院野生动物疫病研究中心挂牌仪式在中国科学院动物研究所举行。国家林业局副局长印红、中科院副院长李家洋共同为中心揭牌。

30日 国家林业局印发《国家重点林木良种基地管理办法》(林场发〔2011〕138号)。

6月

9日 国家林业局副局长印红在北京会见世界自然基金会总干事詹姆斯·李普一行，双方探讨了未来合作领域并就湿地保护、东北虎保护及长江流域生态恢复广泛交换了意见。

10日 国家林业局发布2011年第9号公告，公布《油茶低产林改造技术》等91项行业标准。

同日，国家林业局局长贾治邦在北京会见日本驻华大使丹羽宇一郎。双方就中日林业合作，大熊猫、朱鹮等野生动物保护，木材进出口贸易等议题广泛交换了意见，并商讨了亚太经合组织林业部长级会议、中日林业高层会晤等事宜。

16日 全国绿委、国家林业局联合印发《全国造林绿化规划纲要(2011～2020年)》(全绿字〔2011〕6号)。

同日，国家林业局、国家发改委、监察部、国土资源部、环保部、水利部、农业部7部委联合召开防沙治沙目标责任考核工作电视电话会议。国家林业局局长贾治邦主持会议并作讲话，副局长张永利安排部署省级政府防沙治沙目标责任考核工作。

17日 中非合作论坛框架下荒漠化防治高级研修班在北京开班。这是联合国防治荒漠化10年在中国系列行动的首个活动。联合国秘书长潘基文发来贺信。国家林业局局长、中国防治荒漠化协调小组组长贾治邦出席并会见部分会议嘉宾，副局长张永利，阿尔及利亚驻华大使哈桑纳·拉贝希等出席开班仪式。

18～19日 第八届中国城市森林论坛在大连市召开，主题是"城市森林·绿色经济·幸福家园"。全国政协副主席王刚出席开幕式并讲话，全国政协常委、全国政协人资环委主任张维庆主持论坛。国家林业局局长贾治邦出席并致辞，国家林业局党组成员、中央纪委驻局纪检组组长陈述贤宣读授予大连市等8城市国家森林城市称号的决定。

20日 中美林业工作组第五次会议在北京举行。国家林业局副局长印红、美国林务局副局长吉姆·里弗斯出席会议。会议通过2011～2013年度中美林业合作计划。

24日 国家林业局印发《核桃示范基地建设指南》(林造发〔2011〕159号)。

28日 中国林产工业协会红木分会成立，挂靠中国林科院木材工业研究所。

7月

4日 国家林业局与新疆维吾尔自治区人民政府在乌鲁木齐市召开林业"十二五"援疆工作座谈会。新疆维吾尔自治区人民政府副主席钱智主持会议，国家林业局副局长张永利、局总工程师陈凤学，新疆维吾尔自治区党委常委、秘书长白志杰，新疆生产建设兵团副司令员孔星隆出席会议。

7日 国家林业局和新疆生产建设兵团在乌鲁木齐市签署《加快兵团林业发展合作共建框架协议》。国家林业局局长贾治邦，新疆生产建设兵团党委书记、政委车俊出席签字仪式。国家林业局总工程师陈凤学、新疆生产建设兵团副司令员刘秀齐在框架协议上签字。

11～12日 全国巩固退耕还林成果部际联席会议第二次会议暨现场会在广西南宁举行。全国巩固退耕还林成果部际联席会议副召集人、国家林业局副局长张永利出席会议并讲话。

12日 中俄第二次边境森林防火联防会议在哈尔滨市召开。国家森林防火指挥部副总指挥、国家林业局副局长孙扎根会见俄罗斯联邦林务局副局长契卡尔约克。双方议定将进一步加强经验交流、信息共享和定期会晤，强化森林防火联防机制。

14日 "丝绸之路生态文化万里行"活动组委会成立大会暨新闻发布会在北京举行，国家林业局党组成员、中央纪委驻局纪检组组长陈述贤任组委会副主任并在大会上讲话。

15日 国家林业局党组扩大会暨全国林业厅局长电视电话会议在北京召开。局党组书记、局长贾治邦出席会议并讲话，局党组副书记、副局长赵树丛作工作报告，局领导张建龙、印红、孙扎根、陈述贤、张永利等出席会议。

18日 经中央编办批复，同意在国家林业局国有林场和林木种苗工作总站加挂国家林业局森林公园保护与发展中心牌子，其管理实行"一套人马、两块牌子"。

19～20日 全国天然林资源保护工程二期工作部署会在内蒙古牙克石市召开。国家林业局副局长赵树丛出席会议并讲话，内蒙古自治区人民政府副主席刘新乐出席会议，国家林业局总工程师陈凤学主持会议。

25日 国家林业局贾治邦局长签署国家林业局令第28号，发布《大熊猫国内借展管理规定》，自2011年9月1日起施行。

25～31日 国家林业局联合清华大学举办首届全国林业CIO高级研修班。

28日 国家林业局支持西藏林业生态建设座谈会在拉萨市召开。国家林业局副局长赵树丛出席会议并讲话，西藏自治区党委副书记、自治区政府常务副主席郝鹏出席会议，西藏自治区政府副主席格桑次仁主持会议。

29日 国家林业局发布《中国野生虎恢复计划》。

8月

1日至9月30日 国家林业局在全国范围内开展代号为"亮剑行动"的严厉打击破坏林地资源违法犯罪专项行动。

11日 国家林业局副局长赵树丛赴深圳看望慰问南京森林警察学院参加第26届世界大学生夏季运动会安保工作的师生。

13日 国家林业局国际林业科技培训中心揭牌仪式暨国际培训结业典礼在杭州国家林业局竹子研究开发中心举行。国家林业局副局长印红为国际林业科技培训中心揭牌。

15日 国家林业局、河南省人民政府在郑州市举行《共同推进中原经济区建设框架协议》签字仪式。国家林业局局长贾治邦、河南省省长郭庚茂出席并分别签字，国家林业局副局长张永利、河南省副省长刘满仓发表讲话。

同日，国家林业局印发《国家林业局关于进一步加强林业有害生物防治工作的意见》（林造发〔2011〕183号）。

16日 中国绿化基金会"绿色家园"公益项目在北京启动。项目力争在5年内绿化美化1500个社区、500所学校，并将在黄河两岸、运河沿岸建设绿化带。全国政协副主席张梅颖，国家林业局党组成员、中央纪委驻局纪检组组长陈述贤，中国绿化基金会主席王志宝等出席启动仪式。

16～18日 第五届中国（牡丹江）—俄罗斯（远东）国际木业博览会在黑龙江省牡丹江市举办。全国人大常委会副委员长周铁农，国家林业局副局长赵树丛，黑龙江省人大常委会副主任刘东辉，俄罗斯滨海边疆区杜马副主席科尔恰金等出席开幕式。赵树丛在开幕式上致辞，周铁农宣布木博会开幕。

17日 全国林业有害生物防治工作会议在浙江省宁波市召开。国家林业局局长贾治邦出席会议并讲话，副局长张永利作主题报告，并代表国家林业局与各省（区、市）签订2011～2013年松材线虫病等重大林业有害生物防治目标责任书。浙江省委常委、副省长葛慧君出席会议并讲话。

18～19日 全国林业系统廉政风险防控机制建设工作现场会在黑龙江省桦南林业局召开。国家林业局党组成员、中央纪委驻国家林业局纪检组组长陈述贤出席会议并讲话。

19日 国家林业局局长贾治邦在北京会见日本林野厅长官皆川芳嗣率领的日本林业代表团，并与皆川芳嗣举行第六次中日林业高层会晤。

同日，国家林业局全国党员干部现代远程教育林业教材制播中心在国家林业局调查规划设计院挂牌成立。副局长张永利揭牌并讲话。

26～28日 中共中央政治局常委、国务院总理温家宝在河北省张家口退耕还林还草工程区调研时说，近些年坝上生态环境改善，对促进农牧业可持续发展，促进旅游业和其他产业发展发挥了重要作用。要在国家支持下，协调各方面力量，继续推进生态环境建设，这也是扶贫工作的重要内容。

29日 经中央编办批复，国家林业局国际竹藤网络中心更名为国家林业局国际竹藤中心。

30日 国家林业局印发《林业发展"十二五"规划》（林规发〔2011〕194号）。

9月

5日 国家林业局局长贾治邦在北京会见亚太经合组织执行秘书诺尔大使和首届亚太经合组织林业部长级会议联席主席、马来西亚自然资源与环境部部长恩巴斯先生和秘鲁农业部部长扎扎利先生。副局长赵树丛、印红参加会见。

6日 首届亚太经合组织林业部长级会议在人民大会堂开幕。国家主席胡锦涛出席并致辞。国务院副总理回良玉出席会议。会议主题是"加强区域合作，促进绿色增长，实现亚太林业可持续发展"。来自亚太经合组织21个成员的代表团，亚太经合组织秘书处、联合国粮农组织、联合国森林论坛、国际竹藤组织等国际组织的代表，我国有关部门负责人出席会议。

7日 亚太森林恢复与可持续管理组织揭牌仪式在北京举行。国务院副总理回良玉出席揭牌仪式。

9日 "丝绸之路生态文化万里行"活动在居庸关举行开拔仪式。全国政协副主席孙家正宣布驼队开拔，全国政协人资环委副主任、中国生态文化协会会长江泽慧，国家林业局副局长孙扎根致辞。

10～11日 国家林业局、河北省人民政府联合主办的首届中国核桃节在邢台市举行。全国政协副主席罗富和出席开幕式，国家林业局副局长张永利致辞。

14日 国家林业局副局长赵树丛在肯尼亚内罗毕会见肯尼亚林业与野生动物部部长维凯萨。赵树丛介绍了中国生态保护和建设的立场、主要政策和措施。维凯萨部长对中国给予肯尼亚的帮助表示感谢，并希望与中国在竹子种植和加工等领域开展合作。

16日 全国秋冬季森林防火工作会议在山东省泰安市召开，国家森林防火指挥部副总指挥、国家林业局副局长孙扎根出席会议并讲话。

19日 国家林业局副局长赵树丛在加蓬利伯维尔会见加蓬水和森林部部长马尼亚尼亚。赵树丛介绍了中国林业的法规、政策和森林资源培育与木材利用的主要做法，并提出了加强两国林业合作的具体建议。马尼亚尼亚表示愿推动与中国在林业领域的合作。双方就进一步加强两国林业交流与合作达成广泛共识。

同日，国家林业局副局长张建龙在瑞士伯尔尼会见瑞士环境署署长安德里亚斯·高兹，双方交流了两国林业发展近况和重点工作，探讨了在林业政策、应对气候变化、多功能林业等领域的合作前景，并就签署两国林业合作谅解备忘录达成共识。

21日 国家林业局印发《国家林业局关于加强林业系统廉政风险防控机制建设的意见》(林监发〔2011〕210号)。

23日 国家林业局副局长张建龙在意大利罗马会见联合国粮农组织助理总干事爱德华多·罗哈斯·布里亚莱斯。双方回顾了30年来良好的项目合作，探讨了在林权改革、森林经营、林业应对气候变化等领域的合作前景。

26日 财政部、国家税务总局印发《关于天然林保护工程(二期)实施企业和单位房产税、城镇土地使用税政策的通知》，明确2011~2020年国家对用于天然林保护工程的房产、土地以及实施天然林保护工程闲置一年以上不用的房产和土地，免征房产税、城镇土地使用税。

同日，国家林业局党组成员、中央纪委驻局纪检组组长陈述贤在北京会见国际林联主席尼尔斯·科克一行，双方就加强合作事宜交换了意见，并期待进一步加强林业科研领域的合作与交流。

27日 第四次全国油茶产业发展现场会在广东省梅州市举行。国家林业局局长贾治邦出席会议并讲话，副局长赵树丛主持会议，并宣读中国林业产业联合会关于表彰林业产业突出贡献奖的决定和国家林业局关于认定全国油茶产业重点企业和全国油茶科技示范基地的决定，广东省人民政府党组成员李容根致辞。

10月

9~10日 全国林下经济现场会在广西北海市和南宁市召开，部署加快发展林下经济，深入推进集体林权制度改革工作。全国人大常委会副委员长陈昌智出席会议并讲话，国家林业局局长贾治邦作主题报告。广西壮族自治区人民政府主席马飚致辞，国家林业局副局长张建龙主持会议。

10~21日 国家林业局副局长印红为团长，率外交部、国家发改委、财政部、国家林业局组成的中国政府代表团，出席在韩国昌原举行的联合国防治荒漠化公约第10届缔约方大会。印红在高级别圆桌会议上就里约+20会议背景下的荒漠化公约议题阐述了中方的立场和观点，并就公约未来的实施提出建议。

11日 国际湿地公约秘书长安纳达先生宣布中国新增4块国际重要湿地，至此中国的国际重要湿地总数达41块。

11~13日 第二届中国湿地文化节暨亚洲湿地论坛在江苏省无锡市举行。全国政协副主席罗富和宣布开幕，国家林业局局长贾治邦作主旨发言，副局长张永利主持开幕式。

14日 中奥林业工作组第一次会议在奥地利格蒙登召开。国家林业局党组成员、中央纪委驻局纪检组组长陈述贤和奥地利联邦农业、林业、环境和水利部林业总司司长格哈德·曼斯伯格出席会议。

15~16日 国家林业局、江西省人民政府、国际竹藤组织联合主办的第六届中国竹文化节在江西省宜春市举行。全国政协副主席罗富和宣布第六届中国竹文化节开幕。全国政协人资环委副主任、国际竹藤组织董事会联合主席、中国竹产业协会会长江泽慧，国家林业局副局长赵树丛，国际竹藤组织董事会主席特斯凡·泰科，江西省副省长姚木根在开幕式上致辞。

17~21日 国家林业局副局长张永利率团出席在墨西哥瓦哈卡市举行的大森林论坛2011年年会。期间会见墨西哥环境与自然资源部部长胡安·奎萨达，就进一步加强中墨两国林业合作交换了意见。

17日 国家林业局、国家发改委联合发出通知，在河北、浙江、安徽、江西、山东、湖南、甘肃7省开展全国国有林场改革试点。试点工作原则上在2年内完成。

18日 全国林业利用国际金融组织贷款工作会议在安徽省黄山市召开。截至2010年年底，我国林业共利用国际贷赠款15亿美元，带动国内配套资金87亿元人民币，项目区累计营造各类人工林582万公顷，增加森木蓄积量约5.5亿立方米。国家林业局副局长赵树丛出席会议并讲话。

20日 国家林业局局长贾治邦在堪培拉会见澳大利亚农渔林业部部长乔·路德维格先生，双方就两国进一步加强林业合作达成共识。

22日 国家林业局、广西壮族自治区人民政府共同举办的中国—东盟城市森林论坛在南宁市举行，论坛的主题是"中国—东盟共同推动森林城市、低碳城市、宜居城市建设"。国家林业局副局长赵树丛，广西壮族自治区党委常委车荣福、自治区人民政府副主席陈章良出席开幕式并讲话，国家林业局党组成员、中央纪委驻局纪检组组长陈述贤宣读授予南宁市国家森林城市称号的决定。

24日 国家林业局在北京召开全国第四次大熊猫调查启动会，副局长印红出席会议并讲话。

25日 国家林业局局长贾治邦会见文莱工业与初级资源部部长叶海亚，双方探讨了加强林业交流与合作事宜，并就签署两国部门间林业合作谅解备忘录达成共识。

26日 国家林业局、商务部主办的促进中国与发展中国家林业(竹业)合作部级研讨班在北京举行。国家林业局副局长孙扎根出席开班仪式并讲话。

27日 第二届中芬林业合作研讨会在北京举行。国家林业局副局长印红、芬兰农林部部长杰瑞·科斯基宁出席研讨会并致辞。

27~28日 首届全国林业信息化学术研讨会在北

京举行。会议以“科技先导，应用创新”为主题，对全国林业信息化发展战略、信息技术与林业应用创新等议题进行了探讨。

30日 中国绿色能源发展基金在北京成立。全国人大常委会副委员长周铁农，国家林业局党组成员、中央纪委驻局纪检组组长陈述贤等出席启动仪式，并共同为基金揭幕。

31日 国家林业局副局长印红在北京会见南非水利和环境部部长埃德纳·莫莱瓦一行，双方就共同关心的犀牛盗猎问题交换了意见。

同日，国家林业局印发《全国林业“十二五”利用国际金融组织贷款项目发展规划》。

11月

1日 经国家林业局同意，中国绿色碳汇基金会与华东林业产权交易所先行开展林业碳汇交易试点，这是全国启动的首个林业碳汇交易试点。国家林业局副局长赵树丛出席启动仪式。

1~4日 第二届中国国际林业产业博览会暨第四届中国义乌国际森林产品博览会在浙江省义乌市举行。原全国政协副主席张思卿、国家林业局局长贾治邦、浙江省代省长夏宝龙为博览会启幕，国家林业局副局长赵树丛、浙江省副省长葛慧君分别致辞。

2日 国家林业局正式启动森林资源可持续经营管理试点工作，拟在全国200个单位开展以森林采伐管理改革为核心的森林资源可持续经营管理试点工作。

同日，中国木本粮油发展高峰论坛在浙江省义乌市举行，国家林业局副局长赵树丛出席论坛并讲话。

6~9日 第七届海峡两岸林业博览会暨投资贸易洽谈会在福建省三明市举行，主题是“建设绿色海西，发展现代林业”。全国人大常委会副委员长陈至立出席开幕式，国家林业局副局长赵树丛、海峡两岸关系协会会长陈云林、国务院台湾事务办公室常务副主任郑立中、福建省副省长倪岳峰等出席开幕式，赵树丛、倪岳峰分别致辞。

7日 联合国粮农组织第2届亚太林业周和第24届亚太林委会会议在北京开幕。国家林业局局长贾治邦、副局长印红，联合国粮农组织副总干事布莱利斯等出席林业周开幕式，贾治邦在开幕式上致辞，印红主持林业周开幕式。

同日，在联合国粮农组织第二届亚太林业周和第二十四届亚太林委会举办的森林认证国际研讨会上，国家林业局宣布，中国国家森林认证体系正式运转，中国森林认证体系网站同时开通。

9日 国务院总理温家宝主持召开国务院常务会议，讨论通过《“十二五”控制温室气体排放工作方案》，明确了中国控制温室气体排放的总体要求和重点任务。其中，努力增加森林碳汇成为该方案的重要内容之一。

同日，国家林业局、国家旅游局印发《关于加快发展森林旅游的意见》，提出共同把发展森林旅游上升为国家战略，作为建设生态文明的重要任务，实现兴林富民战略支撑点，推动绿色低碳发展的重点领域，促进旅游业发展的新的增长极。

10日 财政部、国家林业局印发《中央财政湿地保护补助资金管理暂行办法》(财农〔2011〕423号)。

11日 国家林业局局长贾治邦在北京会见联合国副秘书长沙祖康，双方就进一步加强国际合作等事宜交换了意见，副局长赵树丛参加会见。

15日 国家林业局石漠化监测中心在长沙市挂牌成立。国家林业局副局长张永利为中心揭牌。

16日 国务院总理温家宝主持召开国务院常务会议，决定建立青海三江源国家生态保护综合试验区。会议批准实施《青海三江源国家生态保护综合试验区总体方案》。试验区包括玉树、果洛、黄南、海南4个藏族自治州21个县和格尔木市唐古拉山镇。

18~20日 2011中国森林旅游博览会在海口市举行，主题是“森林生态旅游，人类健康选择”。全国政协副主席白立忱，国家林业局局长贾治邦、副局长张建龙，国家旅游局副局长王志发等出席开幕式。

18~21日 2011年中国—东盟博览会林产品与木制品展在南宁市举行。国家林业局副局长赵树丛，广西壮族自治区政府副主席陈章良出席开幕式。

21日 经国务院批准，财政部、国家税务总局印发《关于调整完善资源综合利用产品及劳务增值税政策的通知》，明确对以三剩物、次小薪材和农作物秸秆为原料生产的综合利用产品将继续实行增值税即征即退等优惠政策。

22日 国务院新闻办公室发布《中国应对气候变化的政策与行动(2011)》白皮书，提出中国应对气候变化的主要目标，其中包括3项重要林业指标：“十二五”时期中国新增森林面积1250万公顷，森林覆盖率提高到21.66%，森林蓄积量增加6亿立方米。

同日，西藏林业网正式开通，标志着全国省级林业门户网站实现全覆盖。

28日 集体林权制度改革专家座谈会在北京举行。国家林业局局长贾治邦出席会议并讲话，副局长赵树丛主持会议，副局长张建龙介绍全国集体林权制度改革进展情况。中央党校教授李兴山、北京大学教授厉以宁等8名专家参加座谈会。

12月

1日 中共中央、国务院印发《中国农村扶贫开发纲要(2011~2020年)》，提出农村扶贫开发工作的总体要求和目标任务。其中林业和生态扶贫目标任务是：到2015年，贫困地区森林覆盖率比2010年底增加1.5个百分点；到2020年，森林覆盖率比2010年底增加3.5个百分点。

1~4日 中国农林水利工会第三届全国委员会第一次全体会议在北京召开，选举新一届领导机构。国家林业局党组成员、中央纪委驻局纪检组组长陈述贤出席会议并讲话。

2日 2011年度中国政府网站绩效评估结果公布，国家林业局政府网跨入中央部委网站前10名。

4日 中国野生动物保护协会与苏格兰皇家动物学会开展合作的一对大熊猫“阳光”与“甜甜”运抵爱丁堡动物园，成为17年来英国境内动物园迎来的第一对大熊猫。

9日 部门间濒危野生动植物种国际贸易公约执法工作协调小组第一次联席会议在北京召开，15个部委的代表出席会议。国家林业局副局长印红主持会议并宣布协调小组正式成立。

12 日 国家林业局副局长张永利代表国家林业局与25个省(区、市)人民政府和新疆生产建设兵团，在北京签订2011年度退耕还林工程责任书。

13 日 国家林业局在北京召开纪念全民义务植树运动30周年新闻发布会。30年来，全国参加义务植树人数累计达127亿人次，义务植树589亿株，全民义务植树运动取得了巨大成就。发布会同时介绍了2011国际森林年中国行动的有关情况。副局长张永利出席发布会并讲话。

15 日 经国家林业局批准，宁波杭州湾国家湿地公园建立。国家林业局局长贾治邦出席揭牌仪式并为湿地公园揭牌。

15～16 日 全国林业生物质成型燃料现场会在吉林省延吉市召开。全国政协副主席厉罗富和出席会议并讲话，国家林业局副局长张永利出席会议。

16 日 亚洲开发银行贷款“西北三省区林业生态发展”项目在西安市启动。亚行拟贷款1.7亿美元支持陕西、甘肃和新疆3省区55个县改善生态环境。

23 日 2011现代林业发展高层论坛暨第四届梁希林业科学技术奖颁奖仪式在北京举行。国家林业局局长贾治邦出席并讲话，副局长孙扎根宣读“中林集团杯”第四届梁希林业科学技术奖评选结果的通报。

同日，中国林业职工思想政治工作研究会第六届会员代表大会在北京举行。国家林业局副局长赵树丛出席会议并讲话，局党组成员、中央纪委驻局纪检组组长陈述贤主持会议。

同日，中国治沙暨沙业学会会长(扩大)会在北京举行。原全国人大常委会副委员长、中国治沙暨沙业学会名誉会长许嘉璐出席会议并讲话，国家林业局局长贾治邦、副局长赵树丛、张永利出席会议。

28 日 国家林业局印发《全国林业人才发展“十二五”规划》和《全国林业教育培训“十二五”规划》。

29～30 日 全国林业厅局长会议在北京召开，对2011年的林业工作进行全面总结，对当前的林业形势与任务进行深入分析，安排部署2012年林业工作。国家林业局局长贾治邦作题为《提升多种功能，促进绿色增长，把现代林业建设不断推向前进》的主题报告，副局长赵树丛主持会议，局领导张建龙、印红、孙扎根、陈述贤、张永利等出席会议。 (林 军)

2011 年林业重要会议

【2011 年全国林业厅局长会议】 2011年1月5～6日在北京召开。会议的主要任务是：认真学习贯彻党的十七大和十七届三中、四中、五中全会，中央经济工作、农村工作、林业工作会议以及全国人才工作、组织部长会议精神，全面总结“十一五”林业工作，认真谋划“十二五”发展思路，安排部署2011年重点工作。中共中央政治局委员、国务院副总理回良玉会前专门听取汇报，对林业工作作出重要指示。

国家林业局局长贾治邦作了题为《抓住战略机遇，转变发展方式，全面开创现代林业科学发展新局面》的主题报告，副局长祝列克作总结讲话，副局长张建龙、印红、孙扎根，中央纪委驻局纪检组组长陈述贤，副局长张永利，武警森林指挥部副主任李全海出席会议。

会议首先对“十一五”林业工作作了简要回顾，认为“十一五”期间，党中央、国务院高度重视林业工作，颁发了《中共中央国务院关于全面推进集体林权制度改革的意见》，召开了首次中央林业工作会议和全国集体林权制度改革百县经验交流会，明确了林业的“四个地位”、“四大使命”和“五大功能”，把林业摆上了前所未有的战略高度。全国务林人奋发进取，锐意改革，扎实工作，有效破解了长期以来严重制约林业发展的体制机制性障碍，成功应对了各种重大自然灾害和国际金融危机的冲击，林业三大体系建设和各项工作取得了辉煌成就，林业的面貌发生了重大而深刻的变化，为促进经济社会发展作出了历史性贡献。

根据对林业形势的判断，会议提出“十二五”时期林业工作的总体思路：高举中国特色社会主义伟大旗帜，以邓小平理论和“三个代表”重要思想为指导，深入贯彻落实科学发展观，全面实施以生态建设为主的林业发展战略，以推动林业科学发展为主题，以加快转变林业发展方式为主线，以确保如期实现“双增”目标为核心，以兴林富民为宗旨，坚持依靠人民群众，坚持依靠科学技术，坚持依靠深化改革，加大生态建设保护力度，加强森林抚育经营，加速培育主导产业，加快繁荣生态文化，全面开创现代林业科学发展新局面，为夺取全面建设小康社会新胜利作出新贡献。力争到2015年，森林覆盖率达到21.66%，森林蓄积量达到143亿立方米，林地保有量达到3.09亿公顷，森林植被总碳储量达到84亿吨，林业总产值达到3.5万亿元，生态文明观念全面增强，为到2020年实现生态良好奠定坚实基础。按照这一总体思路，会议提出“十二五”时期在全面完成各项林业建设任务的基础上，必须重点建设十大生态屏障，加快发展十大主导产业，为维护国家生态安全和扩大内需、改善民生作出更大贡献。十大生态屏障是：东北森林屏障、北方防风固沙屏障、东部沿海防护林屏障、西部高原生态屏障、长江流域生态屏障、黄河流域生态屏障、珠江生态屏障、中小河流及库区生态屏障、平原农区生态屏障、城市森林生态屏障。十大主导产业是：木材及其他原料林培育产业、林产工业、木本粮油和特色经济林产业、森林旅游产业、林下经济产业、竹产业、花卉苗木产业、林业生物产业、野生动植物繁育利用产业、沙产业。

会议强调，2011年是“十二五”规划的开局之年，也是转变林业发展方式的关键之年，要按照党中央、国务院的决策部署和“十二五”林业工作总体思路，重点抓好九项工作：一是着力深化林业改革，增强发展活力。全面深化集体林权制度改革，抓好国有林场改革，稳步推进重点国有林区改革。二是继续推进造林绿化，努力改善生态状况。全年计划安排营造林任务600万公顷，抚育森林533.33万公顷，低产林改造166.67万公顷，义务植树25亿株。三是加大资源保护力度，切实巩固建设成果。加强森林资源保护，加强湿地资源保护，加强荒漠资源保护，加强生物多样性保护。四是强化林业应急管理，提升灾害防控能力。全力抓好森林防火，强化林业有害生物防治，加强野生动物疫源疫病监测防控，加大林区治安防范力度。五是加快发展林业产业，促进农民就业增收。继续壮大林业产业规模，大力发展林下经济，不断提高综合服务水平，加强林产品市场信息搜集与分析，提升林业企业应对国际贸易技术壁垒的能力。六是加强生态文化建设，提升生态文明水平。加强林业宣传，推进生态文明基地建设，开展生态文化宣传教育活动，加大生态文化作品创作力度。七是推进基础设施建设，切实改善林区民生。加快林区棚户区危旧房改造，加强林区道路、饮水、供电等基础设施建设，做好灾区生态和基础设施恢复重建工作。八是增强支撑保障能力，促进林业可持续发展。进一步完善强林惠林政策体系，推进科技创新和成果转化，强化依法治林工作，深化国际交流合作。九是全面抓好自身建设，提高服务管理能力。加强干部培养管理，抓好基层林业队伍建设，推进反腐倡廉建设，强化作风建设。

重庆市林业局、山西省林业厅、辽宁省林业厅、广东省林业厅、江西省林业厅、湖南省林业厅的主要负责同志在会上作典型发言。各省、自治区、直辖市林业厅(局)，内蒙古、吉林、龙江、大兴安岭森工(林业)集团公司，新疆生产建设兵团林业局的主要负责同志及办公室主任，各计划单列市林业局的主要负责同志，国家林业局各司局、各直属单位的主要负责同志出席会议。中央和国务院有关部门、有关林业高等院校和林业企业的负责同志应邀出席会议。（涂先喜）

【国家林业局党组扩大会暨全国林业厅局长电视电话会】 2011年7月15日在北京召开。会议的主要任务是认真学习胡锦涛总书记“七一”重要讲话，全面总结上半年林业工作，安排部署下半年重点任务，确保“十二五”林业开好局、起好步，为全面完成“十二五”各项林业建设任务奠定坚实基础。

国家林业局局长贾治邦在会上作重要讲话，副局长赵树丛作工作报告，副局长张建龙、印红、孙扎根，中央纪委驻局纪检组组长陈述贤，副局长张永利，总工程师陈凤学，武警森林指挥部政委亢进忠出席会议。

贾治邦在会上指出：上半年各级林业部门认真落实年初全国林业厅局长会议精神，各项工作进展顺利，取得了明显成效，林业改革发展整体上保持了平稳较快的态势。下半年工作任务依然繁重，完成下半年工作，全面实现“十二五”开局之年的工作目标，责任重大，意义深远，要认真抓好三项重点工作。一是要认清形势，齐心协力，共同把林业改革发展推向新的阶段。当前林业正处于大有作为的战略机遇期和黄金发展期。为抓住机遇，加快发展，国家林业局党组号召和要求林业系统的每个党员干部积极投入林业改革发展的伟大实践，带头讲工作、讲责任、讲效率，为党和人民的事业敢抓、敢管、敢负责，严格履行自己的职能，不推诿、不扯皮，出色地完成各项工作任务；号召和要求林业系统的每个党员干部带头深入实际、深入群众、深入基层，勤政廉洁，严格要求，服务基层，服务群众，切实提高林业部门服务水平，努力建设学习型、服务型机关；号召和要求林业系统的每个党员干部带头讲政治、讲大局、讲团结，齐心协力，同心同德，抓住林业建设的大好机遇和大好形势，集中精力抓好各项业务工作，努力开创林业改革发展新局面。二是要加强学习，提高认识，深刻领会胡锦涛总书记“七一”重要讲话精神实质。胡锦涛总书记在庆祝中国共产党成立90周年大会上，站在历史和全局的高度发表了重要讲话，这是又一篇马克思列宁主义纲领性文献。各级林业部门的广大干部职工一定要按照中央要求，认真学习、深刻领会讲话的精神实质，努力做到“五个深刻认识”，即要深刻认识中国共产党90年来革命、建设、改革所取得的伟大成就，要深刻认识马克思列宁主义政党的先进性，要深刻认识党面临的“四个考验”和要防止的“四个危险”，要深刻认识在新的历史条件下提高党的建设科学化水平“五个必须坚持”的基本要求，要深刻认识在新的历史条件下推进中国特色社会主义事业必须做到“五个坚定不移”的大政方针。三是要改进作风，狠抓落实，全面完成全年各项工作任务。抓工作落实，最重要的是要抓好“三个环节”，即要明确主题和主线抓落实，要明确责任抓落实，要搞好结合抓落实。

赵树丛代表国家林业局党组在会上作工作报告。他在总结上半年的林业工作时指出：上半年各级林业部门在党中央、国务院和各级地方党委政府的正确领导下，坚持以科学发展为主题，以加快转变发展方式为主线，以实现林业“双增”目标为核心，以兴林富民为宗旨，认真按照全国林业厅局长会议部署，锐意改革，狠抓落实，顺利完成了各项工作任务。

在部署下半年的工作时，赵树丛强调：要认真按照年初全国林业厅局长会议的部署，加强领导，强化措施，狠抓落实，确保全面完成全年各项建设任务。特别要抓好以下各项重点工作：一是继续深化林业改革。进一步深化集体林权制度改革，全面启动国有林场改革试点，稳步推进重点国有林区改革。二是抓好造林绿化和森林经营。切实加强营造林组织管理，深入实施林业重点工程，继续强化森林经营工作，积极应对全球气候变化。三是强化资源保护与灾害防控。全面加强森林资源保护管理，高度重视森林防火，切实抓好林业有害生物防治，继续推进防沙治沙工作，着力强化湿地保护管理，努力保护生物多样性，认真开展野生动物疫源疫病监测防控。四是大力发展林业产业。积极优化林业产业发展环境，加快发展木材培育加工业，做大做强森林旅游业，大力发展木本粮油和花卉产业。五是切实加强林业宣传文化工作。继续强化林业宣传工作，积极创作生态文化作品，不断加强基础设施建设。六是不断提升支撑保障能力。积极争取林业政策和资金，强化依法治林工作，提高林业科技支撑能力，加快林业信息化建设步伐，深化国际交流与合作。七是深入推进机关“两建”工作。继续开展主题实践活动，加强干部培训管理和机构建设，推进林业反腐倡廉建设。

各省、自治区、直辖市林业厅(局)，内蒙古、吉林、龙江、大兴安岭森工(林业)集团公司，新疆生产建设兵团林业局，各计划单列市林业局的主要负责同志，国家林业局各司局、各直属单位的主要负责同志出席会议。中央和国务院有关部门的同志应邀出席会议。

(涂先喜)

【2012年全国林业厅局长会议】 2011年12月29～30日在北京召开。会议的主要任务是深入贯彻党的十七大及十七届三中、四中、五中、六中全会，中央扶贫开发工作会议、中央经济工作会议、中央农村工作会议和首届亚太经合组织林业部长级会议精神，总结2011年林业工作，分析林业形势与任务，部署2012年林业工作。党中央、国务院对这次会议高度重视。中共中央政治局委员、国务院副总理回良玉专门作出重要批示，充分肯定了2011年林业工作成绩，对2012年工作提出了明确要求。

国家林业局局长贾治邦作了题为《提升多种功能，促进绿色增长，把现代林业建设不断推向前进》的主题报告，副局长赵树丛作总结讲话、副局长张建龙、印红、孙扎根，中央纪委驻局纪检组组长陈述贤，副局长张永利，总工程师陈凤学，国家森林防火指挥部专职副总指挥杜永胜，武警森林指挥部副主任李全海出席会议。

这次会议是在“十二五”时期顺利开局、现代林业建设全面推进的关键时刻召开的一次重要会议。会议在回顾2011年林业工作时指出，一年来，在党中央、国务院的正确领导下，成功召开了首届亚太经合组织林业部长级会议，向全国人大常委会报告了集体林权制度改革工作情况，启动了天然林资源保护工程二期。全年完成造林613.8万公顷，义务植树25.14亿株，实现林业总产值2.83万亿元，同比增长24.1%。全国林业改革发展又取得了新进展新成效，“十二五”时期林业建设实现良好开局。

会议在分析当前林业形势与任务的基础上，提出了2012年林业工作的总体要求：高举中国特色社会主义伟大旗帜，以邓小平理论和“三个代表”重要思想为指导，深入贯彻落实科学发展观，全面实施以生态建设为主的林业发展战略，正确处理兴林与富民、改革与发展、生态与产业、保护与利用的关系，加快转变林业发展方式，着力维护生态安全，着力发展绿色产业，着力保障木材供给，着力创新体制机制，着力强化科技支撑，进一步提升林业多种功能和生态产品、林产品供给能力，为建设生态文明、推动科学发展、扩大国内需求、促进绿色增长作出新的更大贡献。按照这一总体要求，当前和今后一个时期的林业工作，必须在坚持原有好做法好经验的基础上，牢牢把握几个重大问题：一是必须把维护生态安全作为林业建设的首要任务，全面实施以生态建设为主的林业发展战略；二是必须把发展绿色产业作为林业建设的重要内容，不断增强农民持续增收能力；三是必须把保障木材供给作为林业建设的重大使命，切实加强资源培育和保护；四是必须把创新体制机制作为林业建设的强大动力，继续深化各项林业改革；五是必须把强化科技支撑作为林业建设的重要保障，着力推进科教兴林进程。

2012年是实施“十二五”规划承上启下的一年，党的十八大将胜利召开，做好全年林业工作意义十分重大。根据“十二五”规划的安排部署和中央经济工作、中央农村工作会议的要求，会议强调，2011年要着力抓好9项重点工作：一是继续深化林业改革。巩固集体林权制度改革成果，全面完成发证任务。继续抓好国有林场改革和国有林区改革试点。二是稳步推进造林绿化。全年计划安排造林任务600万公顷，森林抚育533.33万公顷，低产林改造166.67万公顷，义务植树25亿株。三是切实加强资源保护管理。加强以林地为核心的森林资源保护管理，加强湿地保护与恢复，加强野生动植物保护和自然保护区建设管理。四是全面增强林业应急能力。强化森林防火工作，狠抓林业有害生物防控，加强野生动物疫源疫病监测防控，做好沙尘暴监测预警工作。五是加快发展林业产业。加大政策引导和宏观调控力度，进一步加大对木本油料的扶持力度，积极培育战略性新兴产业，不断强化综合服务，提高林业企业抵御市场风险的能力。六是积极繁荣生态文化。加强林业宣传工作，强化生态文学创作，丰富生态文化活动，培育生态文化产业。七是不断强化科技创新。推进科技创新和科技推广，重视林业科技新兴领域，加强林业科技能力建设。八是着力夯实发展基础。完善和落实林业政策，加快林业信息化建设步伐，加强林业法制建设，强化森林公安队伍建设，加强国际交流与合作。九是有效提升林业行政能力。继续加强干部培养管理，努力转变工作作风，全面强化基层队伍建设，不断推进林业反腐倡廉建设。

辽宁省林业厅、广西壮族自治区林业厅、江西省林业厅、湖南省林业厅、广东省林业厅、海南省林业局及辽宁省本溪市人民政府的主要负责同志在会上作典型发言。各省、自治区、直辖市林业厅(局)，内蒙古、吉林、龙江、大兴安岭森工(林业)集团公司，新疆生产建设兵团林业局的主要负责同志及办公室主任，各计划单列市林业局的主要负责同志，国家林业局各司局、各直属单位的主要负责同志出席会议。中央和国务院有关部门、有关林业高等院校和林业企业的负责同志应邀出席会议。

(涂先喜)

附　录

国家林业局各司（局）和直属单位等全称简称对照

1. 国家林业局办公室（办公室）
2. 政策法规司（政法司）
3. 造林绿化管理司（造林司）
   长江流域防护林体系设管理办公室（长防办）
4. 森林资源管理司（资源司）
5. 野生动植物保护与自然保护区管理司（保护司）
   野生动植物保护及自然保护区建设工程管理办公室（保护办）
6. 农村林业改革发展司（林改司）
7. 森林公安局（公安局）
   国家森林防火指挥部办公室（防火办）
8. 发展规划与资金管理司（计资司）
   全国木材行业管理办公室（行管办）
9. 科学技术司（科技司）
10. 国际合作司（国际司）
11. 人事司（人事司）
12. 直属机关党委（机关党委）
13. 监察部驻国家林业局监察局（监察局）
14. 离退休干部局（老干部局）
15. 机关服务局（服务局）
16. 信息化管理办公室（信息办）
17. 国有林场和林木种苗工作总站（场圃总站）
18. 林业工作站管理总站（工作总站）
    国家林业局森林资源行政案件稽查办公室（稽查办）
19. 林业基金管理总站（基金总站）
    审计中心
20. 宣传办公室（宣传中心）（宣传办）
21. 濒危物种进出口管理中心（濒管办）
    濒危物种进出口管理办公室
22. 天然林资源保护工程管理中心（天然林资源保护工程管理办公室）（天保办）
23. 西北华北东北防护林建设局（三北局）
24. 退耕还林（草）工程管理中心〔退耕还林（草）工程管理办公室〕（退耕办）
25. 防治荒漠化管理中心（环北京地区防沙治沙工程管理办公室）（治沙办）
26. 世界银行贷款项目管理中心（世行中心）
    速生丰产用材林基地建设工程管理办公室（速丰办）
27. 科技发展中心（科技中心）
    植物新品种办公室（新品办）
28. 经济发展研究中心（经研中心）
29. 人才开发交流中心（人才中心）
30. 对外合作项目中心（合作中心）
31. 森林防火预警监测信息中心（预警中心）
32. 湿地保护管理中心（湿地办）
33. 森林资源监督管理办公室（监督办）
34. 亚太森林网络管理中心（亚太中心）
35. 中国林业科学研究院（林科院）
36. 调查规划设计院（规划院）
37. 林产工业规划设计院（设计院）
38. 管理干部学院（林干院）
39. 中国绿色时报社（报社）
40. 中国林业出版社（出版社）
41. 竹藤网络中心（竹藤中心）
42. 中国林学会（林学会）
43. 中国野生动物保护协会（中动协）
    中国植物保护协会（中植协）
44. 中国花卉协会（花协）
45. 中国绿化基金会（中绿基）
46. 中国林业产业联合会（中产联）
47. 驻内蒙古自治区森林资源监督专员办事处（内蒙古专员办）
48. 驻长春森林资源监督专员办事处（长春专员办）
49. 驻黑龙江省森林资源监督专员办事处（黑龙江专员办）
50. 驻大兴安岭林业集团公司森林资源监督专员办事处（大兴安岭专员办）
51. 驻成都森林资源监督专员办事处（成都专员办）
52. 驻云南省森林资源监督专员办事处（云南专员办）
53. 驻福州森林资源监督专员办事处（福州专员办）
54. 驻西安森林资源监督专员办事处（西安专员办）
55. 驻武汉森林资源监督专员办事处（武汉专员办）
56. 驻贵阳森林资源监督专员办事处（贵阳专员办）
57. 驻海口森林资源监督专员办事处（海口专员办）
58. 驻合肥森林资源监督专员办事处（合肥专员办）
59. 驻乌鲁木齐森林资源监督专员办事处（乌鲁木齐专员办）
60. 驻上海森林资源监督专员办事处（上海专员办）
61. 驻北京森林资源监督专员办事处（北京专员办）
62. 森林病虫害防治总站（森防总站）
    野生动物疫源疫病监测总站（监测总站）
63. 北方航空护林总站（北航总站）
64. 南方航空护林总站（南航总站）
65. 南京森林警察学院（南京警院）
66. 华东林业调查规划设计院（华东院）
67. 中南林业调查规划设计院（中南院）
68. 西北林业调查规划设计院（西北院）
69. 昆明勘察设计院（昆明院）

书中部分单位、词汇全称简称对照

北京林业大学（北林大）
长江流域防护林（长防林）
东北林业大学（东北林大）
国家发展和改革委员会（国家发展改革委）
国家工商行政管理总局（国家工商总局）
国家开发银行（国开行）
国家环境保护部（国家环保部）
国家森林防火指挥部（国家森防指）
国务院法制办公室（国务院法制办）
国务院纠正行业不正之风办公室（国务院纠风办）
国务院西部地区开发领导小组办公室（国务院西部开发办）
国有资产监督管理委员会（国资委）
林业工作站（林业站）
林业科学研究所（林科所）
林业科学研究院（林科院）
南京林业大学（南林大）
全国绿化委员会（全国绿委）
全国绿化委员会办公室（全国绿委办）
全国人大常委会法制工作委员会（全国人大常委会法工委）
全国人大环境与资源保护委员会（全国人大环资委）
全国人大农业与农村委员会（全国人大农委）
全国普及法律常识办公室（全国普法办）
全国政协人口资源环境委员会（全国政协人资环委）
森林病虫害防治（森防）
森林病虫害防治检疫站（森防站）
森林防火指挥部（森防指）
森林工业（森工）
世界银行（世行）
速生丰产林（速丰林）
天然林资源保护工程（天保工程）
西北、华北北部、东北西部风沙危害和水土流失严重地区防护林建设（三北防护林建设）
亚洲开发银行（亚行）
中国光彩事业促进会（中国光彩会）
中国吉林森林工业（集团）总公司（吉林森工集团）
中国科学院（中科院）
中国龙江森林工业（集团）总公司（龙江森工集团）
中国内蒙古森林工业集团有限责任公司（内蒙古森工集团）
中国农业发展银行（中国农发行）
中国农业科学院（中国农科院）
中国银行业监督管理委员会（中国银监会）
中国证券监督管理委员会（中国证监会）
中央机构编制委员会办公室（中央编办）
珠江流域防护林（珠防林）

书中部分国际组织中英文对照

濒危野生动植物种国际贸易公约（CITES，Convention on International Trade in Endangered Species of Wild Fauna and Floraesertification）
大自然保护协会（TNC，The Nature Conservancy）
国际热带木材组织（ITTA，International Tropical Timber Organization）
国际野生生物保护学会（WCS，The Wildlife Conservation Society）
国际植物新品种保护联盟（UPOV，Intemarional Union For The Protection of New Varieties of Plants）
联合国防治荒漠化公约（UNCCD，United Nations Convention to Combat Desertification）
联合国粮食及农业组织（FAO，Food and Agriculture Organization of the United Nations）
欧洲投资银行（EIB，European Investment Bank）
全球环境基金（GEF，Global Environment Facility）
森林管理委员会（FSC，Forest Stewardship Council）
森林认证认可计划委员会，泛欧森林认证体系（PEFC，Pan European Forest Certification）
湿地国际（WI，Wetlands International）
世界自然保护联盟（IUCN，International Union for Conservation of Nature and Natural Resources）
世界自然基金会（WWF，旧称 World Wildlife Fund Intenational——世界野生生物基金会，现在更名 World Wide Fund for Nature）
亚太经济合作组织（APEC，Asia-Pacific Economic Cooperation）
亚太森林恢复与可持续管理网络（APFNet，Asia-Pacific Network for Sustainable Forest Management and Rehabilitation.）
亚洲开发银行（ADB，Bsian Development Bank）

索引

A

B

C

D

E

F

G

H

N

Q

R

S

T

W

X

Y

Z